# espagnol
## maxi

# Le Robert
# & Collins

## espagnol
## maxi

français-espagnol / espagnol-français

**HarperCollins Publishers**
Westerhill Road
Bishopbriggs
Glasgow
G64 2QT
Great Britain

Sixième édition/Sexta edición 2015

© William Collins Sons & Co. Ltd 1988
© HarperCollins Publishers 1995, 1997, 1999, 2004, 2007, 2009, 2010, 2015

ISBN 978-0-00-754643-5

Collins® is a registered trademark of HarperCollins Publishers Limited

www.collinslanguage.com

Dictionnaires Le Robert
25, avenue Pierre-de-Coubertin
75211 Paris cedex 13
France

www.lerobert.com

ISBN Maxi+ 978-2-32100-633-6
ISBN Maxi 978-2-32100-625-1

Dépôt légal mars 2015
Achevé d'imprimer en mars 2015

Photocomposition/Fotocomposición
Davidson Pre-Press, Glasgow
RefineCatch Ltd, Bungay, Suffolk

Imprimé en Italie par/
Impreso en Italia por Legoprint

Tous droits réservés/Reservados todos los derechos

DIRECTION ÉDITORIALE/
DIRECCIÓN EDITORIAL
Catherine Love
Helen Newstead

CHEF DE PROJET/JEFE DE PROYECTO
Teresa Álvarez

COLLABORATEURS/COLABORADORES
Lola Busuttil
Xavier Carulla
Bérangère Chevallier

Arielle Bitton
Laurence Larroche
Val McNulty
Christian Salzédo
Vicky Santolaria
Eduardo Vallejo

INFORMATIQUE ÉDITORIALE/
INFORMÁTICA EDITORIAL
Thomas Callan
Agnieszka Urbanowicz

POUR LA MAISON D'ÉDITION/
PARA LA EDITORIAL
Gerry Breslin
Kerry Ferguson

---

Pour l'achat du **Maxi espagnol**, le téléchargement de 6000 mots prononcés vous est offert. Rendez-vous sur www.lerobert.com et suivez les instructions.
Les droits de propriété intellectuelle attachés à ces contenus téléchargés sont détenus par Dictionnaires Le Robert qui vous accorde un droit de consultation et d'utilisation dans les conditions définies ci-dessous.
De manière générale, vous vous engagez en tant qu'utilisateur à ne pas louer, vendre, distribuer, modifier ou adapter, sous quelque forme ou au moyen de quelque procédé que ce soit, tout ou partie des contenus téléchargés. Cela exclut notamment toute reproduction de ces contenus à des fins commerciales ou de diffusion en nombre, gratuite ou payante (notamment sur les réseaux « peer-to-peer », les blogs, les sites web contributifs...).
Compte tenu des caractéristiques intrinsèques de l'Internet, Dictionnaires Le Robert ne peut être tenu responsable des interruptions de services, de détournement, d'intrusion, de contamination et de piratage de vos données, programmes et fichiers et de tout dommage subi par vos ordinateurs consécutif à l'utilisation des contenus téléchargés.
Il vous appartient également de prendre toutes les mesures nécessaires pour vous assurer que les caractéristiques techniques de votre équipement, et notamment la configuration requise pour le téléchargement des contenus, vous permettent la bonne utilisation de ces contenus.

# Table des matières

| | |
|---|---|
| Introduction | vi |
| Abréviations | xii |
| Transcription phonétique | xiv |
| Verbes espagnols | xvi |
| Verbes français | xviii |
| Les nombres | xx |
| L'heure et la date | xxii |
| FRANÇAIS – ESPAGNOL | 1–522 |
| ESPAGNOL – FRANÇAIS | 523–930 |
| L'espagnol en situation | 1–32 |
| Grammaire espagnole | 65–162 |

# Índice

| | |
|---|---|
| Introducción | ix |
| Abreviaturas | xii |
| Transcripción fonética | xiv |
| Los verbos españoles | xvi |
| Los verbos franceses | xviii |
| Los números | xx |
| La hora y la fecha | xxii |
| FRANCÉS – ESPAÑOL | 1–522 |
| ESPAÑOL – FRANCÉS | 523–930 |
| Francés activo | 33–64 |
| Gramática española | 65–162 |

**MARQUES DÉPOSÉES**
Les termes qui constituent à notre connaissance une marque déposée ont été désignés comme tels. La présence ou l'absence de cette désignation ne peut toutefois être considérée comme ayant valeur juridique.

**MARCAS REGISTRADAS**
Las marcas que creemos que constituyen marcas registradas las denominamos como tales. Sin embargo, no debe considerarse que la presencia o la ausencia de esta designación tenga que ver con la situación legal de ninguna marca.

# Introduction

Vous désirez apprendre l'espagnol ou approfondir des connaissances déjà solides. Vous voulez vous exprimer dans la langue de Cervantès, lire ou rédiger des textes en espagnol ou converser avec des interlocuteurs de langue espagnole. Que vous soyez lycéen, étudiant, touriste, secrétaire ou chef d'entreprise, vous venez de choisir le compagnon de travail idéal pour vous exprimer et communiquer en espagnol, à l'oral comme à l'écrit. Résolument pratique et moderne, ce dictionnaire fait une large place au vocabulaire de tous les jours, aux domaines de l'actualité, des affaires, de la bureautique et du tourisme. Comme dans tous nos dictionnaires, nous avons mis l'accent sur la langue contemporaine et les expressions idiomatiques.

## Mode d'emploi
Vous trouverez ci-après quelques explications sur la manière dont les informations sont présentées dans ce dictionnaire.

## Les articles
Voici les différents éléments dont se compose une entrée ou un article type du dictionnaire :

## Transcription phonétique
La prononciation de tous les mots figure, entre crochets, immédiatement après l'entrée qui est en caractères gras. Comme la plupart des dictionnaires modernes, nous avons opté pour le système dit « alphabet phonétique international ». Vous trouverez ci-après, aux pages xiv et xv, une liste complète des caractères utilisés.

## Données grammaticales
Les mots appartiennent tous à une catégorie grammaticale donnée : substantif, verbe, adjectif, adverbe, pronom, article, conjonction, abréviation. Les substantifs peuvent être masculins ou féminins, singuliers ou pluriels. Les verbes peuvent être transitifs, intransitifs, pronominaux (ou réfléchis) ou encore impersonnels. La catégorie grammaticale des mots est indiquée en *italique*, immédiatement après le mot.

Souvent un mot se subdivise en plusieurs catégories grammaticales. Ainsi le français **creux** peut-il être un adjectif ou un nom masculin, et l'espagnol **conocido** un adjectif, « connu », ou un substantif, « connaissance ». De même le verbe **fumer** est parfois transitif (« fumer un cigare »), parfois intransitif (« défense de fumer »). Pour vous permettre de trouver plus rapidement le sens que vous cherchez, et pour aérer la présentation, nous avons séparé les différentes catégories grammaticales par un petit triangle bleu ▶.

## Subdivisions sémantiques
La plupart des mots ont plus d'un sens ; ainsi, **bouchon** peut être un objet en liège servant à boucher une bouteille, ou un embouteillage. D'autres mots se traduisent différemment selon le contexte dans lequel ils sont employés. Par exemple, le verbe

**ronfler** se traduit en espagnol par « roncar » s'il s'agit d'une personne, mais par
« zumbar » s'il s'agit d'un poêle ou d'un moteur. Pour vous permettre de choisir
la bonne traduction dans tous les contextes, nous avons subdivisé les articles en
catégories de sens : chaque catégorie est introduite par une « indication d'emploi »
entre parenthèses et en italique. Pour les exemples qui précèdent, les articles se
présenteront donc comme suit :

> **bouchon** [buʃɔ̃] *nm (en liège)* corcho; *(autre matière)* tapón *m*; *(embouteillage)* atasco; [...]
>
> **ronfler** [ʀɔ̃fle] *vi (personne)* roncar; *(moteur, poêle)* zumbar

De même, certains mots changent de sens lorsqu'ils sont employés dans un domaine
spécifique, comme par exemple **charme** que nous employons tous les jours dans son
acception d'« attrait », mais qui peut également désigner un arbre. Pour montrer à
l'utilisateur quelle traduction choisir, nous avons donc ajouté, en *italique* et entre
parenthèses, une indication de domaine, dans ce cas (*Botanique*), que nous avons
abrégée pour gagner de la place en (*Bot*) :

> **charme** [ʃaʀm] *nm* encanto; *(Bot)* carpe *m*

Une liste complète des abréviations utilisées dans ce dictionnaire figure aux pages
xii à xiii.

## Traductions

La plupart des mots français se traduisent par un seul mot espagnol, et vice-versa,
comme dans les exemples précédents. Parfois cependant, il arrive qu'il n'y ait pas
d'équivalent exact dans la langue d'arrivée, auquel cas nous avons donné un
équivalent approximatif, indiqué par le signe ≈. C'est le cas par exemple du mot
composé **brevet (des collèges)**, dont l'équivalent espagnol est « Graduado Escolar » :
il ne s'agit pas d'une traduction à proprement parler puisque les deux systèmes
scolaires sont différents :

> **brevet** [bʀəvɛ] *nm* certificado; [...]
> ~ **(des collèges)** ≈ Graduado Escolar

Parfois, il est même impossible de trouver un équivalent approximatif. C'est le cas
par exemple pour les noms de plats régionaux, comme ce plat des Asturies :

> **fabada** *nf potage mijoté avec des haricots et du chorizo*

L'explication remplace ici une traduction (qui n'existe pas) ; pour plus de clarté,
cette explication, ou glose, est donnée en *italique*.

Souvent aussi, on ne peut traduire isolément un mot ou une acception particulière
d'un mot. La traduction espagnole de **malin**, par exemple, est « astuto », « pícaro » ;

cependant **faire le malin** se traduit par « dárselas de listo ». Même une expression toute simple comme **machine à laver** nécessite une traduction séparée, en l'occurrence « lavadora » (et non « máquina de lavar »). C'est là que votre dictionnaire se révélera particulièrement utile et complet, car il contient un maximum de mots composés, de phrases et d'expressions idiomatiques.

## Registre

En français, vous saurez instinctivement quand dire **j'en ai assez** et quand dire **j'en ai marre** ou **j'en ai ras le bol**. Mais lorsque vous essayez de comprendre quelqu'un qui s'exprime en espagnol, ou de vous exprimer vous-même en espagnol, il est très important de savoir ce qui est poli et ce qui l'est moins. Nous avons donc ajouté l'indication (*fam*) aux expressions de langue familière ; les expressions particulièrement grossières se voient dotées d'un point d'exclamation supplémentaire (*fam!*) (dans la langue de départ comme dans la langue d'arrivée), vous incitant à une prudence accrue.

## Mots-clés

Vous constaterez que certains mots apparaissent dans des encadrés. Il s'agit de certains des mots les plus courants, comme **avoir** et **faire** ou leurs équivalents espagnols **tener** et **hacer**, que nous avons traités d'une manière plus approfondie parce que ce sont des éléments de base de la langue.

## Notes culturelles

Les informations présentées sous forme de notices en-dessous de l'entrée expliquent certains aspects intéressants de la culture des pays de langue espagnole et française, comme la politique, l'éducation et les fêtes nationales.

## Notes linguistiques

De nombreuses notes sur la langue espagnole ont été introduites pour compléter l'information donnée dans les entrées. Ces notes d'usage permettent d'éviter un certain nombre d'erreurs courantes en espagnol et d'expliquer plus en détail certaines différences entre les deux langues.

# Introducción

Si quieres aprender francés o profundizar en los conocimientos ya adquiridos, si quieres ser capaz de explicarte en la lengua de Balzac, leer o estudiar textos franceses o conversar con personas de habla francesa, acabas de escoger el compañero de trabajo ideal para poder hacerlo, ya estés en el instituto o en la universidad, seas turista, administrativo/a o empresario/a. Este diccionario, totalmente práctico y al día, abarca gran parte del vocabulario cotidiano, del relacionado con el mundo de los negocios, de la actualidad, de la administración y del turismo.

## Cómo usar el diccionario
Más abajo tienes las explicaciones necesarias para entender cómo está presentada la información en este diccionario.

## Los artículos
Estos son los elementos que pueden componer una entrada o un artículo cualquiera del diccionario:

## Transcripción fonética
Esta va inmediatamente después del lema (así denominamos a la palabra cabeza del artículo que aparece en **negrita**) y entre corchetes. Al igual que la mayor parte de los diccionarios actuales, hemos optado por el sistema denominado "alfabeto fonético internacional". En las páginas xiv y xv encontrarás una lista completa de los símbolos fonéticos utilizados.

## Información gramatical
Todas las voces incluidas en el diccionario pertenecen a una determinada categoría gramatical: sustantivo, verbo, adjetivo, pronombre, artículo, conjunción, abreviatura. Los sustantivos pueden ser masculinos o femeninos, ir en singular o en plural. Los verbos pueden ser transitivos, intransitivos, pronominales (o reflexivos) y también impersonales. La categoría gramatical de cada voz aparece en *cursiva*, inmediatamente después de la transcripción fonética.

A menudo una misma palabra puede funcionar con distintas categorías gramaticales. Por ejemplo **deber** puede ser verbo o sustantivo, el término francés **expert** puede ser sustantivo o adjetivo. Incluso un mismo verbo como **importer** a veces será transitivo y a veces intransitivo, dependiendo de su significado. Para que resulte más fácil encontrar la categoría gramatical buscada (en el caso de que haya varias dentro de un mismo artículo) y para que la presentación sea más clara, aquellas aparecen separadas por pequeños triángulos azules ▶.

## Acepciones

La mayor parte de las palabras tienen más de un sentido. Así por ejemplo **crucero** puede ser, entre otros, un tipo de barco o un tipo de viaje turístico, y según la acepción que busquemos la traducción varía: "croiseur" en el primer caso y "croisière" en el segundo. Otras palabras se traducen de forma distinta según el contexto: **crecer** puede ser "grandir", pero también "pousser" si estamos hablando del pelo, "s'agrandir" si de una ciudad, "grossir" si de un río, etc. Para que se pueda escoger la traducción más indicada para cada acepción o contexto hemos incorporado indicaciones de uso o significado, que aparecen entre paréntesis y en *cursiva*. Así figuran los anteriores ejemplos en el diccionario:

> **crucero** nm (*barco*) croiseur m ; (*viaje*) croisière f
>
> **crecer** vi grandir ; (*planta, pelo*) pousser ;
> (*ciudad*) s'agrandir ; (*río*) grossir ; [...]

De la misma forma, muchas voces tienen un sentido distinto según el contexto en el que se usen. Así por ejemplo, **giro** puede ser un movimiento, pero tiene un significado específico en gramática y finanzas. Con la incorporación de indicaciones de campo semántico (tales como *Comercio* en este caso), resulta más fácil saber cuál es la acepción que necesitamos. La mayoría de dichas acepciones aparecen abreviadas para ganar espacio:

> **giro** nm tour m ; (*Com*) virement m ; [...]

Puede verse la lista completa de las abreviaturas que hemos utilizado en las páginas xii y xiii.

## Traducciones

La mayor parte de las palabras españolas tienen su traducción al francés y viceversa, como en los ejemplos que acabamos de ver. Sin embargo hay ocasiones en las que no hay un equivalente exacto en la lengua término, fundamentalmente por razones socioculturales. En este caso hemos dado una traducción aproximada (que suele ser en realidad un equivalente cultural) y lo indicamos con el signo ≈. Este es el caso de **département**, cuyo equivalente en español peninsular es "provincia", o de **sobresaliente**, que equivale a "mention très bien": no se trata de traducciones propiamente dichas, puesto que ambos sistemas administrativos y educativos son diferentes.

> **département** [depaʀtəmã] nm ≈ provincia
>
> **sobresaliente** adj excellent(e) ▶ nm (*Escol*)
> ≈ mention f « très bien »

A veces es imposible encontrar incluso un equivalente aproximado, como en el caso de los platos o tradiciones regionales, por lo que se hace necesario dar una explicación en lugar de la traducción. Así ocurre, por ejemplo, con:

**novillada** nf *course de jeunes taureaux*

Como puede verse, la explicación o glosa aparece en *cursiva*, para mayor claridad. Así mismo, a menudo no se puede traducir una palabra aislada, o una acepción determinada de una voz. La traducción al francés de **comer** es "manger", pero en la expresión **comerse el coco** la traducción será "se faire du mouron". De la misma forma, aunque **machine** se traduce normalmente por "máquina", **machine à laver** es en realidad "lavadora". Es en este tipo de situaciones en las que el diccionario te será más útil, pues es muy completo en compuestos nominales, frases y expresiones idiomáticas.

## Niveles lingüísticos

En español, sabemos instintivamente cuándo usar **estoy muy cansando** y cuándo **estoy hecho polvo**. Sin embargo, a la hora de intentar comprender a alguien que está hablando en francés o bien de expresarnos nosotros mismos en esa lengua, adquiere una importancia especial saber si una palabra es coloquial o no. Así pues, hemos marcado las palabras o expresiones que no suelen utilizarse más que en una situación familiar con la indicación (*fam*) y aquellas con las que hay que tener especial cuidado (pues pueden sonar muy vulgares a los oídos de mucha gente) con la indicación (*fam!*).

## Palabras clave

Algunas de las palabras más básicas en ambas lenguas requieren un tratamiento especial dentro del diccionario: verbos como **hacer** o **estar** en español, o **avoir** o **faire** en francés. Por ello, aparecen indicadas como "palabra clave", y se ha hecho un análisis más profundo de ellas, pues son elementos básicos de la lengua.

## Información de tipo cultural

La información que aparece en la nota cultural explica diversos aspectos de la cultura en países de habla española y francesa, como la política, la educación, medios de comunicación y fiestas nacionales.

## Notas lingüísticas

Hemos añadido numerosas notas con información lingüística que complementan la información dada en las entradas. Con estas notas pretendemos avisar sobre posibles errores cometidos con frecuencia por el estudiante a la hora de hablar o escribir en francés o explicar más claramente diferencias entre ambas lenguas.

# Abréviations      Abreviaturas

| | | |
|---|---|---|
| abréviation | *abr* | abreviatura |
| adjectif | *adj* | adjetivo |
| administration | *Admin* | administración |
| adverbe | *adv* | adverbio |
| agriculture | *Agr* | agricultura |
| quelqu'un | *algn* | alguien |
| Amérique latine | *Am* | América Latina |
| anatomie | *Anat* | anatomía |
| Andes | *And* | Andes |
| architecture | *Archit* | arquitectura |
| Argentine | *Arg* | Argentina |
| architecture | *Arq* | arquitectura |
| article | *art* | artículo |
| astrologie | *Astrol* | astrología |
| astronomie | *Astron* | astronomía |
| automobile | *Auto* | automóvil |
| auxiliaire | *aux* | auxiliar |
| aviation | *Aviat* | aviación |
| biologie | *Biol, Bio* | biología |
| botanique | *Bot* | botánica |
| Amérique centrale | *CAm* | Centroamérica |
| Caraïbes | *Carib* | Caribe |
| Chili | *Chi* | Chile |
| chimie | *Chim* | química |
| cinéma | *Ciné* | cine |
| Colombie | *Col* | Colombia |
| commerce | *Comm, Com* | comercio |
| conjonction | *conj* | conjunción |
| construction | *Constr* | construcción |
| Argentine, Chili et Uruguay | *CSur* | Cono Sur |
| Cuba | *Cu* | Cuba |
| cuisine | *Culin* | cocina |
| défini | *déf, def* | definido |
| démonstratif | *dém, demos* | demostrativo |
| déterminant | *dét, det* | determinante |
| économie | *Écon, Econ* | economía |
| électricité, électronique | *Élec, Elec* | eletricidad, electrónica |
| Le Salvador | *ElS* | El Salvador |
| enseignement | *Escol* | escolar |
| Espagne | *Esp* | España |
| surtout | *esp* | especialmente |
| et cetera | *etc* | etcétera |
| euphémisme | *euf* | eufemismo |
| exclamation | *excl* | exclamación |
| féminin | *f* | femenino |
| familier | *fam* | lengua familiar |
| vulgaire | *fam!* | vulgar |
| chemins de fer | *Ferro* | ferrocarril |
| figuré | *fig* | figurado |
| philosophie | *Filos* | filosofía |
| finance | *Fin* | finanzas |
| physique | *Fís* | física |
| physiologie | *Fisiol* | fisiología |
| photographie | *Foto* | fotografía |
| en général, généralement | *gén, gen* | generalmente |
| géographie | *Géo, Geo* | geografía |
| géométrie | *Géom, Geom* | geometría |
| Guatemala | *Guat* | Guatemala |
| histoire | *Hist* | historia |
| humoristique | *hum* | humorístico |
| impersonnel | *impers* | impersonal |
| indéfini | *indéf, indef* | indefinido |

| | | |
|---|---|---|
| indirect | *indir* | indirecto |
| industrie | *Indus* | industria |
| informatique | *Inform* | informática |
| interrogatif | *interrog* | interrogativo |
| invariable | *inv* | invariable |
| ironique | *iron, irón* | irónico |
| juridique | *Jur* | jurídico |
| linguistique | *Ling* | lingüística |
| littérature | *Litt, Lit* | literatura |
| littéraire | *littér, liter* | literario |
| masculin | *m* | masculino |
| mathématiques | *Math, Mat* | matemáticas |
| masculin/féminin | *m/f* | masculino/femenino |
| médecine | *Méd, Med* | medicina |
| météorologie | *Météo* | meteorología |
| Mexique | *Mex, Méx* | México |
| militaire | *Mil* | militar |
| musique | *Mus, Mús* | música |
| nom | *n* | nombre |
| nautisme | *Naut, Náut* | náutica |
| Nicaragua | *Nic* | Nicaragua |
| numéral | *num* | numeral |
| Panama | *Pan* | Panamá |
| péjoratif | *péj, pey* | peyorativo |
| personnel | *pers* | personal |
| philosophie | *Philos* | filosofía |
| photographie | *Photo* | fotografía |
| physique | *Phys* | física |
| physiologie | *Physiol* | fisiología |
| pluriel | *pl* | plural |
| politique | *Pol* | política |
| possessif | *poss* | posesivo |
| participe passé | *pp* | participio de pasado |
| préfixe | *préf, pref* | prefijo |
| préposition | *prép, prep* | preposición |
| pronom | *pron* | pronombre |
| psychologie | *Psych, Psico* | psicología |
| quelque chose | *qch* | algo |
| quelqu'un | *qn* | alguien |
| chimie | *Quím* | química |
| chemins de fer | *Rail* | ferrocarril |
| religion | *Rel* | religión |
| relatif | *rel* | relativo |
| enseignement | *Scol* | escolar |
| singulier | *sg* | singular |
| subjonctif | *subj* | subjuntivo |
| suffixe | *suf* | sufijo |
| sujet | *suj* | sujeto |
| superlatif | *superl* | superlativo |
| aussi | *tb* | también |
| tauromachie | *Taur* | tauromaquia |
| technique | *Tech, Tec* | técnica, tecnología |
| télécommunications | *Tél, Telec* | telecomunicaciones |
| typographie | *Tip* | tipografía |
| télévision | *TV* | televisión |
| typographie | *Typo* | tipografía |
| université | *Univ* | universidad |
| verbe | *vb* | verbo |
| Venezuela | *Ven* | Venezuela |
| verbe intransitif | *vi* | verbo intransitivo |
| verbe pronominal | *vpr* | verbo pronominal |
| verbe transitif | *vt* | verbo transitivo |
| zoologie | *Zool* | zoología |
| marque déposée | ® | marca registrada |
| indique une équivalence culturelle | ≈ | indica un equivalent cultural |

# Transcription phonétique

## Consonnes / Consonantes

| | | |
|---:|:---:|:---|
| *p*ou*p*ée | p | *p*apel |
| *b*om*b*e | b | *b*oda |
| | β | la*b*or u*v*a |
| *t*en*t*e *th*ermal | t | *t*in*t*o |
| *d*in*d*e | d | *d*ama |
| *c*o*q* *qu*i *k*épi | k | *c*asa *qu*e *k*ilo |
| *g*a*g* ba*gu*e | g | *g*oma |
| | ɣ | pa*g*ar |
| *s*ale *c*e na*t*ion | s | quizá*s* |
| *z*éro ro*s*e | z | |
| ta*ch*e *ch*at | ʃ | |
| *g*ilet *j*uge | ʒ | |
| *tch*ao | tʃ | *ch*iste |
| *f*er *ph*are | f | *f*in |
| *v*al*v*e | v | |
| | θ | tena*z* *c*ena[1] |
| | ð | cui*d*ad |
| *l*ent sa*ll*e | l | *l*ejos |
| mi*lli*on | ʎ | ta*ll*e[2] |
| *r*a*r*e *r*ent*r*er | ʀ | |
| | r | ca*r*o quita*r* |
| | rr | ga*rr*a |
| *m*a*m*an fe*mm*e | m | *m*adre |
| *n*on *n*o*nn*e | n | *n*ara*n*ja |
| ag*n*eau vi*gn*e | ɲ | ni*ñ*o |
| parki*ng* | ŋ | |
| *h*op! | h | |
| *y*aourt pai*ll*e | j | *y*unta |
| | x | *j*ugar |

[1] se prononce parfois [s]  [2] se prononce parfois [j] ou [ʒ]

## Semi-consonnes / Semiconsonantes

| | | |
|---:|:---:|:---|
| | ja | v*ia*je |
| p*i*ed | je | v*ie*ne |
| | jo | rad*io* |
| | ju | v*iu*da |
| | wa | c*ua*nto |
| n*ou*er | we | s*ue*ño |
| *ou*i | wi | r*ui*do |
| | wo | c*uo*ta |
| h*ui*le l*ui* | ɥ | |

xiv

# Transcripción fonética

## Voyelles / Vocales

| | | |
|---|---|---|
| ici vie lyrique | i | pino |
| jouer été | e | me |
| lait jouet merci | ɛ | |
| plat amour | a | pata |
| bas pâte | ɑ | |
| le premier | ə | |
| beurre peur | œ | |
| peu deux | ø | |
| or homme | ɔ | |
| mot eau gauche | o | loco |
| genou roue | u | lunes |
| rue urne | y | |

## Diphtongues / Diptongos

| | |
|---|---|
| ai | baile |
| au | auto |
| ei | veinte |
| eu | deuda |
| oi | hoy |

## Voyelles nasales / Nasales

| | |
|---|---|
| matin plein | ɛ̃ |
| brun | œ̃ |
| gens jambe dans | ɑ̃ |
| non pont pompe | ɔ̃ |

## Divers / Diversos

dans la transcription phonétique de l'espagnol : précède la syllabe accentuée ' en la transcripción fonética del francés: indica que la h impide el enlace entre dos palabras sucesivas

# Verbes espagnols

1 gerundio 2 imperativo 3 presente 4 pretérito 5 futuro 6 presente de subjuntivo
7 imperfecto de subjuntivo 8 participio pasado 9 imperfecto

**acertar** 2 acierta 3 acierto, aciertas, acierta, aciertan 6 acierte, aciertes, acierte, acierten

**acordar** 2 acuerda 3 acuerdo, acuerdas, acuerda, acuerdan 6 acuerde, acuerdes, acuerde, acuerden

**advertir** 1 advirtiendo 2 advierte 3 advierto, adviertes, advierte, advierten 4 advirtió, advirtieron 6 advierta, adviertas, advierta, advirtamos, advirtáis, adviertan 7 advirtiera *etc*

**agradecer** 3 agradezco 6 agradezca *etc*

**andar** 4 anduve, anduviste, anduvo, anduvimos, anduvisteis, anduvieron 7 anduviera *ou* anduviese *etc*

**aparecer** 3 aparezco 6 aparezca *etc*

**aprobar** 2 aprueba 3 apruebo, apruebas, aprueba, aprueban 6 apruebe, apruebes, apruebe, aprueben

**atravesar** 2 atraviesa 3 atravieso, atraviesas, atraviesa, atraviesan 6 atraviese, atravieses, atraviese, atraviesen

**caber** 3 quepo 4 cupe, cupiste, cupo, cupimos, cupisteis, cupieron 5 cabré *etc* 6 quepa *etc* 7 cupiera *etc*

**caer** 1 cayendo 3 caigo 4 cayó, cayeron 6 caiga *etc* 7 cayera *etc*

**calentar** 2 calienta 3 caliento, calientas, calienta, calientan 6 caliente, calientes, caliente, calienten

**cerrar** 2 cierra 3 cierro, cierras, cierra, cierran 6 cierre, cierres, cierre, cierren

**COMER** 1 comiendo 2 come, comed 3 como, comes, come, comemos, coméis, comen 4 comí, comiste, comió, comimos, comisteis, comieron 5 comeré, comerás, comerá, comeremos, comeréis, comerán 6 coma, comas, coma, comamos, comáis, coman 7 comiera, comieras, comiera, comiéramos, comierais, comieran 8 comido 9 comía, comías, comía, comíamos, comíais, comían

**conocer** 3 conozco 6 conozca *etc*

**contar** 2 cuenta 3 cuento, cuentas, cuenta, cuentan 6 cuente, cuentes, cuente, cuenten

**costar** 2 cuesta 3 cuesto, cuestas, cuesta, cuestan 6 cueste, cuestes, cueste, cuesten

**dar** 3 doy 4 di, diste, dio, dimos, disteis, dieron 7 diera *etc*

**decir** 2 di 3 digo 4 dije, dijiste, dijo, dijimos, dijisteis, dijeron 5 diré *etc* 6 diga *etc* 7 dijera *etc* 8 dicho

**despertar** 2 despierta 3 despierto, despiertas, despierta, despiertan 6 despierte, despiertes, despierte, despierten

**divertir** 1 divirtiendo 2 divierte 3 divierto, diviertes, divierte, divierten 4 divirtió, divirtieron 6 divierta, diviertas, divierta, divirtamos, divirtáis, diviertan 7 divirtiera *etc*

**dormir** 1 durmiendo 2 duerme 3 duermo, duermes, duerme, duermen 4 durmió, durmieron 6 duerma, duermas, duerma, durmamos, durmáis, duerman 7 durmiera *etc*

**empezar** 2 empieza, empiece, empecemos, empiecen 3 empiezo, empiezas, empieza, empiezan 4 empecé 6 empiece, empieces, empiece, empecemos, empecéis, empiecen

**entender** 2 entiende 3 entiendo, entiendes, entiende, entienden 6 entienda, entiendas, entienda, entiendan

**ESTAR** 2 está 3 estoy, estás, está, están 4 estuve, estuviste, estuvo, estuvimos, estuvisteis, estuvieron 6 esté, estés, esté, estén 7 estuviera *etc*

**HABER** 3 he, has, ha, hemos, habéis, han 4 hube, hubiste, hubo, hubimos, hubisteis, hubieron 5 habré *etc* 6 haya *etc* 7 hubiera *etc*

**HABLAR** 1 hablando 2 habla, hable, hablemos, hablad, hablen 3 hablo, hablas, habla, hablamos, habláis, hablan 4 hablé, hablaste, habló, hablamos, hablasteis, hablaron 5 hablaré, hablarás, hablará, hablaremos, hablaréis, hablarán 6 hable, hables, hable, hablemos, habléis, hablen 7 hablara *ou* hablase, hablaras *ou* hablases, habláramos *ou* hablásemos, hablarais *ou* hablaseis, hablaran *ou* hablasen 8 hablado 9 hablaba, hablabas, hablaba, hablábamos, hablabais, hablaban 10 hablaría, hablarías, hablaría, hablaríamos, hablaríais, hablarían

**hacer** 2 haz 3 hago 4 hice, hiciste, hizo, hicimos, hicisteis, hicieron 5 haré *etc* 6 haga *etc* 7 hiciera *etc* 8 hecho

**instruir** 1 instruyendo 2 instruye 3 instruyo, instruyes, instruye, instruyen 4 instruyó, instruyeron 6 instruya *etc* 7 instruyera *etc*

**ir** 1 yendo 2 ve 3 voy, vas, va, vamos, vais,

xvi

van **4** fui, fuiste, fue, fuimos, fuisteis, fueron **6** vaya, vayas, vaya, vayamos, vayáis, vayan **7** fuera *etc* **9** iba, ibas, iba, íbamos, ibais, iban
**jugar 2** juega **3** juego, juegas, juega, juegan **4** jugué **6** juegue *etc*
**leer 1** leyendo **4** leyó, leyeron **7** leyera *etc*
**morir 1** muriendo **2** muere **3** muero, mueres, muere, mueren **4** murió, murieron **6** muera, mueras, muera, muramos, muráis, mueran **7** muriera *etc* **8** muerto
**mostrar 2** muestra **3** muestro, muestras, muestra, muestran **6** muestre, muestres, muestre, muestren
**mover 2** mueve **3** muevo, mueves, mueve, mueven **6** mueva, muevas, mueva, muevan
**negar 2** niega **3** niego, niegas, niega, niegan **4** negué **6** niegue, niegues, niegue, neguemos, neguéis, nieguen
**ofrecer 3** ofrezco **6** ofrezca *etc*
**oír 1** oyendo **2** oye **3** oigo, oyes, oye, oyen **4** oyó, oyeron **6** oiga *etc* **7** oyera *etc*
**oler 2** huele **3** huelo, hueles, huele, huelen **6** huela, huelas, huela, huelan
**parecer 3** parezco **6** parezca *etc*
**pedir 1** pidiendo **2** pide **3** pido, pides, pide, piden **4** pidió, pidieron **6** pida *etc* **7** pidiera *etc*
**pensar 2** piensa **3** pienso, piensas, piensa, piensan **6** piense, pienses, piense, piensen
**perder 2** pierde **3** pierdo, pierdes, pierde, pierden **6** pierda, pierdas, pierda, pierdan
**poder 1** pudiendo **2** puede **3** puedo, puedes, puede, pueden **4** pude, pudiste, pudo, pudimos, pudisteis, pudieron **5** podré *etc* **6** pueda, puedas, pueda, puedan **7** pudiera *etc*
**poner 2** pon **3** pongo **4** puse, pusiste, puso, pusimos, pusisteis, pusieron **5** pondré *etc* **6** ponga *etc* **7** pusiera *etc* **8** puesto
**preferir 1** prefiriendo **2** prefiere **3** prefiero, prefieres, prefiere, prefieren **4** prefirió, prefirieron **6** prefiera, prefieras, prefiera, prefiramos, prefiráis, prefieran **7** prefiriera *etc*
**querer 2** quiere **3** quiero, quieres, quiere, quieren **4** quise, quisiste, quiso, quisimos, quisisteis, quisieron **5** querré *etc* **6** quiera, quieras, quiera, quieran **7** quisiera *etc*
**reír 2** ríe **3** río, ríes, ríe, ríen **4** reí, rieron **6** ría, rías, ría, riamos, riáis, rían **7** riera *etc*
**repetir 1** repitiendo **2** repite **3** repito, repites, repite, repiten **4** repitió, repitieron **6** repita *etc* **7** repitiera *etc*
**rogar 2** ruega **3** ruego, ruegas, ruega,
ruegan **4** rogué **6** ruegue, ruegues, ruegue, roguemos, roguéis, rueguen
**saber 3** sé **4** supe, supiste, supo, supimos, supisteis, supieron **5** sabré *etc* **6** sepa *etc* **7** supiera *etc*
**salir 2** sal **3** salgo **5** saldré *etc* **6** salga *etc*
**seguir 1** siguiendo **2** sigue **3** sigo, sigues, sigue, siguen **4** siguió, siguieron **6** siga *etc* **7** siguiera *etc*
**sentar 2** sienta **3** siento, sientas, sienta, sientan **6** siente, sientes, siente, sienten
**sentir 1** sintiendo **2** siente **3** siento, sientes, siente, sienten **4** sintió, sintieron **6** sienta, sientas, sienta, sintamos, sintáis, sientan **7** sintiera *etc*
**SER 2** sé **3** soy, eres, es, somos, sois, son **4** fui, fuiste, fue, fuimos, fuisteis, fueron **6** sea *etc* **7** fuera *etc* **9** era, eras, era, éramos, erais, eran
**servir 1** sirviendo **2** sirve **3** sirvo, sirves, sirve, sirven **4** sirvió, sirvieron **6** sirva *etc* **7** sirviera *etc*
**soñar 2** sueña **3** sueño, sueñas, sueña, sueñan **6** sueñe, sueñes, sueñe, sueñen
**tener 2** ten **3** tengo, tienes, tiene, tienen **4** tuve, tuviste, tuvo, tuvimos, tuvisteis, tuvieron **5** tendré *etc* **6** tenga *etc* **7** tuviera *etc*
**traer 1** trayendo **3** traigo **4** traje, trajiste, trajo, trajimos, trajisteis, trajeron **6** traiga *etc* **7** trajera *etc*
**valer 2** vale **3** valgo **5** valdré *etc* **6** valga *etc*
**venir 2** ven **3** vengo, vienes, viene, vienen **4** vine, viniste, vino, vinimos, vinisteis, vinieron **5** vendré *etc* **6** venga *etc* **7** viniera *etc*
**ver 3** veo **6** vea *etc* **8** visto **9** veía *etc*
**vestir 1** vistiendo **2** viste **3** visto, vistes, viste, visten **4** vistió, vistieron **6** vista *etc* **7** vistiera *etc*
**VIVIR 1** viviendo **2** vive, viva, vivamos, vivid, vivan **3** vivo, vives, vive, vivimos, vivís, viven **4** viví, viviste, vivió, vivimos, vivisteis, vivieron **5** viviré, vivirás, vivirá, viviremos, viviréis, vivirán **6** viva, vivas, viva, vivamos, viváis, vivan **7** viviera *ou* viviese, vivieras *ou* vivieses, viviera *ou* viviese, viviéramos *ou* viviésemos, vivierais *ou* vivieseis, vivieran *ou* viviesen **8** vivido **9** vivía, vivías, vivía, vivíamos, vivíais, vivían **10** viviría, vivirías, viviría, viviríamos, viviríais, vivirían
**volcar 2** vuelca, vuelque, volquemos, vuelquen **3** vuelco, vuelcas, vuelca, vuelcan **4** volqué **6** vuelque, vuelques, vuelque, volquemos, volquéis, vuelquen
**volver 2** vuelve **3** vuelvo, vuelves, vuelve, vuelven **6** vuelva, vuelvas, vuelva, vuelvan **8** vuelto

# Los verbos franceses

1 Participe présent 2 Participe passé 3 Présent 4 Imparfait 5 Futur 6 Conditionnel
7 Subjonctif présent 8 Impératif

**acquérir** 1 acquérant 2 acquis 3 acquiers, acquérons, acquièrent 4 acquérais 5 acquerrai 7 acquière
**ALLER** 1 allant 2 allé 3 vais, vas, va, allons, allez, vont 4 allais 5 irai 6 irais 7 aille
**asseoir** 1 asseyant 2 assis 3 assieds, asseyons, asseyez, asseyent 4 asseyais 5 assiérai 7 asseye
**atteindre** 1 atteignant 2 atteint 3 atteins, atteignons 4 atteignais 7 atteigne
**AVOIR** 1 ayant 2 eu 3 ai, as, a, avons, avez, ont 4 avais 5 aurai 6 aurais 7 aie, aies, ait, ayons, ayez, aient
**battre** 1 battant 2 battu 3 bats, bat, battons 4 battais 7 batte
**boire** 1 buvant 2 bu 3 bois, buvons, boivent 4 buvais 7 boive
**bouillir** 1 bouillant 2 bouilli 3 bous, bouillons 4 bouillais 7 bouille
**conclure** 1 concluant 2 conclu 3 conclus, concluons 4 concluais 7 conclue
**conduire** 1 conduisant 2 conduit 3 conduis, conduisons 4 conduisais 7 conduise
**connaître** 1 connaissant 2 connu 3 connais, connaît, connaissons 4 connaissais 7 connaisse
**coudre** 1 cousant 2 cousu 3 couds, cousons, cousez, cousent 4 cousais 7 couse
**courir** 1 courant 2 couru 3 cours, courons 4 courais 5 courrai 7 coure
**couvrir** 1 couvrant 2 couvert 3 couvre, couvrons 4 couvrais 7 couvre
**craindre** 1 craignant 2 craint 3 crains, craignons 4 craignais 7 craigne
**croire** 1 croyant 2 cru 3 crois, croyons, croient 4 croyais 7 croie
**croître** 1 croissant 2 crû, crue, crus, crues 3 croîs, croissons 4 croissais 7 croisse
**cueillir** 1 cueillant 2 cueilli 3 cueille, cueillons 4 cueillais 5 cueillerai 7 cueille
**devoir** 1 devant 2 dû, due, dus, dues 3 dois, devons, doivent 4 devais 5 devrai 7 doive
**dire** 1 disant 2 dit 3 dis, disons, dites, disent 4 disais 7 dise
**dormir** 1 dormant 2 dormi 3 dors, dormons 4 dormais 7 dorme
**écrire** 1 écrivant 2 écrit 3 écris, écrivons 4 écrivais 7 écrive
**ÊTRE** 1 étant 2 été 3 suis, es, est, sommes, êtes, sont 4 étais 5 serai 6 serais 7 sois, sois, soit, soyons, soyez, soient
**FAIRE** 1 faisant 2 fait 3 fais, fais, fait, faisons, faites, font 4 faisais 5 ferai 6 ferais 7 fasse
**falloir** 2 fallu 3 faut 4 fallait 5 faudra 7 faille
**FINIR** 1 finissant 2 fini 3 finis, finis, finit, finissons, finissez, finissent 4 finissais 5 finirai 6 finirais 7 finisse
**fuir** 1 fuyant 2 fui 3 fuis, fuyons, fuient 4 fuyais 7 fuie, fuyions
**joindre** 1 joignant 2 joint 3 joins, joignons 4 joignais 7 joigne
**lire** 1 lisant 2 lu 3 lis, lisons 4 lisais 7 lise
**luire** 1 luisant 2 lui 3 luis, luisons 4 luisais 7 luise
**maudire** 1 maudissant 2 maudit 3 maudis, maudissons 4 maudissait 7 maudisse
**mentir** 1 mentant 2 menti 3 mens, mentons 4 mentais 7 mente
**mettre** 1 mettant 2 mis 3 mets, mettons 4 mettais 7 mette
**mourir** 1 mourant 2 mort 3 meurs, mourons, meurent 4 mourais 5 mourrai 7 meure
**naître** 1 naissant 2 né 3 nais, naît, naissons 4 naissais 7 naisse
**offrir** 1 offrant 2 offert 3 offre, offrons 4 offrais 7 offre
**PARLER** 1 parlant 2 parlé 3 parle, parles, parle, parlons, parlez, parlent 4 parlais, parlais, parlait, parlions, parliez, parlaient 5 parlerai, parleras, parlera, parlerons, parlerez, parleront 6 parlerais, parlerais, parlerait, parlerions, parleriez, parleraient 7 parle, parles, parle, parlions, parliez, parlent 8 parle, parlons, parlez
**partir** 1 partant 2 parti 3 pars, partons 4 partais 7 parte
**plaire** 1 plaisant 2 plu 3 plais, plaît, plaisons 4 plaisais 7 plaise
**pleuvoir** 1 pleuvant 2 plu 3 pleut, pleuvent 4 pleuvait 5 pleuvra 7 pleuve
**pourvoir** 1 pourvoyant 2 pourvu 3 pourvois, pourvoyons, pourvoient 4 pourvoyais 7 pourvoie
**pouvoir** 1 pouvant 2 pu 3 peux, peut, pouvons, peuvent 4 pouvais 5 pourrai 7 puisse
**prendre** 1 prenant 2 pris 3 prends, prenons, prennent 4 prenais 7 prenne
**prévoir** *como* **voir** 5 prévoirai
**RECEVOIR** 1 recevant 2 reçu 3 reçois, reçois, reçoit, recevons, recevez, reçoivent 4 recevais 5 recevrai 6 recevrais 7 reçoive

xviii

**RENDRE** 1 rendant 2 rendu 3 rends, rends, rend, rendons, rendez, rendent 4 rendais 5 rendrai 6 rendrais 7 rende

**résoudre** 1 résolvant 2 résolu 3 résous, résout, résolvons 4 résolvais 7 résolve

**rire** 1 riant 2 ri 3 ris, rions 4 riais 7 rie

**savoir** 1 sachant 2 su 3 sais, savons, savent 4 savais 5 saurai 7 sache 8 sache, sachons, sachez

**servir** 1 servant 2 servi 3 sers, servons 4 servais 7 serve

**sortir** 1 sortant 2 sorti 3 sors, sortons 4 sortais 7 sorte

**souffrir** 1 souffrant 2 souffert 3 souffre, souffrons 4 souffrais 7 souffre

**suffire** 1 suffisant 2 suffi 3 suffis, suffisons 4 suffisais 7 suffise

**suivre** 1 suivant 2 suivi 3 suis, suivons 4 suivais 7 suive

**taire** 1 taisant 2 tu 3 tais, taisons 4 taisais 7 taise

**tenir** 1 tenant 2 tenu 3 tiens, tenons, tiennent 4 tenais 5 tiendrai 7 tienne

**vaincre** 1 vainquant 2 vaincu 3 vaincs, vainc, vainquons 4 vainquais 7 vainque

**valoir** 1 valant 2 valu 3 vaux, vaut, valons 4 valais 5 vaudrai 6 vaudrais 7 vaille

**venir** 1 venant 2 venu 3 viens, venons, viennent 4 venais 5 viendrai 7 vienne

**vivre** 1 vivant 2 vécu 3 vis, vivons 4 vivais 7 vive

**voir** 1 voyant 2 vu 3 vois, voyons, voient 4 voyais 5 verrai 6 verrais 7 voie

**vouloir** 1 voulant 2 voulu 3 veux, veut, voulons, veulent 4 voulais 5 voudrai 7 veuille 8 veuillez

# Les nombres / Los números

| Français | | Español |
|---|---|---|
| un(e) | 1 | un(o)(-a) |
| deux | 2 | dos |
| trois | 3 | tres |
| quatre | 4 | cuatro |
| cinq | 5 | cinco |
| six | 6 | seis |
| sept | 7 | siete |
| huit | 8 | ocho |
| neuf | 9 | nueve |
| dix | 10 | diez |
| onze | 11 | once |
| douze | 12 | doce |
| treize | 13 | trece |
| quatorze | 14 | catorce |
| quinze | 15 | quince |
| seize | 16 | dieciséis |
| dix-sept | 17 | diecisiete |
| dix-huit | 18 | dieciocho |
| dix-neuf | 19 | diecinueve |
| vingt | 20 | veinte |
| vingt et un(e) | 21 | veintiun(o)(-a) |
| vingt-deux | 22 | veintidós |
| trente | 30 | treinta |
| trente et un(e) | 31 | treinta y uno(-a) |
| trente-deux | 32 | treinta y dos |
| quarante | 40 | cuarenta |
| cinquante | 50 | cincuenta |
| soixante | 60 | sesenta |
| soixante-dix | 70 | setenta |
| soixante et onze | 71 | setenta y uno(-a) |
| soixante-douze | 72 | setenta y dos |
| quatre-vingts | 80 | ochenta |
| quatre-vingt-un(e) | 81 | ochenta y uno(-a) |
| quatre-vingt-dix | 90 | noventa |
| quatre-vingt-onze | 91 | noventa y uno(-a) |
| cent | 100 | cien(to) |
| cent un(e) | 101 | ciento un(o)(-a) |
| cent cinquante-six | 156 | ciento cincuenta y seis |
| deux cents | 200 | doscientos(-as) |
| trois cent un(e) | 301 | trescientos(-as) uno(-a) |
| cinq cents | 500 | quinientos(-as) |
| mille | 1 000 | mil |
| cinq mille | 5 000 | cinco mil |
| un million | 1 000 000 | un millón |

## Les nombres

premier (première), 1er (1ère)
deuxième, 2e, 2ème
troisième, 3e, 3ème
quatrième
cinquième
sixième
septième
huitième
neuvième
dixième
onzième
douzième
treizième
quatorzième
quinzième
seizième
dix-septième
dix-huitième
dix-neuvième
vingtième
vingt et unième
vingt-deuxième
trentième
centième
cent-unième
millième

## Los números

primer(o)(-a), 1º (1ª)
segundo(-a), 2º (2ª)
tercer(o)(-a), 3º (3ª)
cuarto(-a)
quinto(-a)
sexto(-a)
séptimo(-a)
octavo(-a)
noveno(-a)
décimo(-a)
undécimo(-a)
duodécimo(-a)
decimotercero(-a)
decimocuarto(-a)
decimoquinto(-a)
decimosexto(-a)
decimoséptimo(-a)
decimoctavo(-a)
decimonoveno(-a)
vigésimo(-a)
vigesimoprimero(-a)
vigesimosegundo(-a)
trigésimo(-a)
centésimo(-a)
centésimo(-a) primero(-a)
milésimo(-a)

## L'heure

*quelle heure est-il ?*
*il est ...*
il est une heure
il est quatre heures
il est midi
il est minuit

une heure (du matin)
une heure cinq
une heure dix
une heure et quart
une heure vingt-cinq
une heure et demie, une heure trente
deux heures moins vingt-cinq
deux heures moins vingt, une heure quarante
deux heures moins le quart, une heure quarante-cinq
deux heures moins dix
deux heures (de l'après-midi)
sept heures (du soir)

*à quelle heure ?*

à minuit
à sept heures
à une heure
dans vingt minutes
il y a dix minutes

## La date

aujourd'hui
demain
après-demain
hier
avant-hier
la veille
le lendemain
le matin
l'après-midi/le soir
ce matin
cet après-midi/ce soir
hier matin
hier après-midi/soir

## La hora

*¿qué hora es?*
*es/son ...*
es la una
son las cuatro
es mediodía/son las doce (de la mañana)
es la medianoche/son las doce de la noche

la una (de la madrugada)
la una y cinco
la una y diez
la una y cuarto
la una y veinticinco
la una y media, la una y treinta
las dos menos veinticinco
las dos menos veinte

las dos menos cuarto

las dos menos diez
las dos (de la tarde)
las siete (de la tarde)

*¿a qué hora?*

a medianoche
a las siete
a la una
dentro de veinte minutos
hace diez minutos

## La fecha

hoy
mañana
pasado mañana
ayer
antes de ayer, anteayer
la víspera
el día siguiente
por la mañana
por la tarde
esta mañana
esta tarde
ayer por la mañana
ayer por la tarde

| | |
|---|---|
| demain matin | mañana por la mañana |
| demain après-midi/soir | mañana por la tarde |
| dans la nuit de samedi à dimanche | en la noche del sábado al domingo |
| il viendra samedi | vendrá el sábado |
| le samedi | los sábados |
| tous les samedis | todos los sábados |
| samedi dernier | el sábado pasado |
| samedi prochain | el sábado que viene, el próximo sábado |
| samedi en huit | del sábado en ocho días |
| samedi en quinze | del sábado en quince días |
| du lundi au samedi | de lunes a sábado |
| tous les jours | todos los días |
| une fois par semaine | una vez a la semana |
| une fois par mois | una vez al mes |
| deux fois par semaine | dos veces a la semana |
| il y a une semaine *ou* huit jours | hace una semana *o* ocho días |
| il y a quinze jours | hace quince días |
| l'année dernière | el año pasado |
| dans deux jours | dentro de dos días |
| dans huit jours *ou* une semaine | dentro de ocho días *o* una semana |
| dans quinze jours | dentro de quince días |
| le mois prochain | el mes que viene, el próximo mes |
| l'année prochaine | el año que viene, el próximo año |
| | |
| *quel jour sommes-nous ?* | *¿a qué o a cuántos estamos?* |
| le 1er/24 octobre 2015 | el 1/24 de octubre de 2015 |
| je suis né le 22 octobre 1987 | nací el 22 de octubre de 1987 |
| Barcelone, le 24 octobre 2015 (*lettre*) | Barcelona, a 24 octubre de 2015 (*carta*) |
| en 2015 | en 2015 |
| mille neuf cent quatre-vingt-seize | mil novecientos noventa y seis |
| deux mille quinze | dos mil quince |
| 44 av. J.-C. | 44 a. de J.C. |
| 14 apr. J.-C. | 14 d. de J.C. |
| au XIXe (siècle) | en el (siglo) XIX |
| dans les années trente | en los años treinta |
| il était une fois ... | érase una vez ... |

**A¹, a¹** [a] *nm inv* (*lettre*) A, a *f*; **A comme Anatole** ≈ A de Antonio; **de A à Z** de cabo a rabo; **prouver qch par A plus B** demostrar algo de manera concluyente

**A²** [ɑ] *abr* (= *ampère(s)*) A (= *amperio(s)*) ▶ *sigle f* (= *autoroute*) A *f* (= *autopista*)

**a²** [a] *vb voir* **avoir**

MOT-CLÉ

**à** [a] (à + le = **au**, à + les = **aux**) *prép* **1** (*endroit, situation*) en; **être à Paris/au Portugal** estar en París/en Portugal; **être à la maison/à l'école/au bureau** estar en casa/en el colegio/en la oficina; **être à la campagne** estar en el campo; **c'est à 10 km/à 20 minutes (d'ici)** está a 10 km/a 20 minutos (de aquí); **à la radio/télévision** en la radio/televisión
**2** (*direction*) a; **aller à Paris/au Portugal** ir a París/a Portugal; **aller à la maison/à l'école/au bureau** ir a casa/al colegio/a la oficina; **aller à la campagne** ir al campo
**3** (*temps*) a; **à trois heures/à minuit** a las tres/a medianoche; **à demain/lundi/la semaine prochaine !** ¡hasta mañana/el lunes/la semana que viene!; **au printemps/au mois de juin** en primavera/el mes de junio; **à cette époque-là** en aquella época; **nous nous verrons à Noël** nos veremos por Navidad; **visites de cinq heures à six heures** visitas de cinco a seis
**4** (*attribution, appartenance*) de; **le livre est à lui/à nous/à Paul** el libro es suyo/nuestro/de Pablo; **un ami à moi** un amigo mío; **donner qch à qn** dar algo a algn
**5** (*moyen*) : **se chauffer au gaz/à l'électricité** calentarse con gas/con electricidad; **à bicyclette** en bicicleta; **à pied** a pie; **à la main/machine** a mano/máquina; **pêcher à la ligne** pescar con caña
**6** (*provenance*) de; **boire à la bouteille** beber de la botella; **prendre de l'eau à la fontaine** coger *ou* (AM) tomar agua de la fuente
**7** (*caractérisation, manière*) : **l'homme aux yeux bleus/à la veste rouge** el hombre de ojos azules/de la chaqueta roja; **café au lait** café con leche; **à sa grande surprise** para su gran sorpresa; **à ce qu'il prétend** según

pretende (él); **à l'européenne/la russe** a la europea/la rusa; **à nous trois nous n'avons pas su le faire** no hemos sabido hacerlo entre los tres
**8** (*but, destination* : *de choses ou personnes*) : **tasse à café** taza de café; « **à vendre** » « se vende »; **à bien y réfléchir** pensándolo bien; **problèmes à régler** problemas *mpl* por solucionar
**9** (*rapport, évaluation, distribution*) : **100 km/unités à l'heure** 100 km/unidades por hora; **payé au mois/à l'heure** pagado por mes/por hora; **cinq à six** cinco a seis; **ils sont arrivés à quatre** llegaron cuatro

**AB** [ɑbe] *abr* = **assez bien**

**abaissement** [abɛsmɑ̃] *nm* (*de température*) descenso; (*de l'âge de la retraite*) reducción *f*

**abaisser** [abese] *vt* bajar; (*fig*) rebajar; **s'abaisser** *vpr* (*aussi fig*) rebajarse; **s'~ à faire/à qch** rebajarse a hacer/a algo

**abandon** [abɑ̃dɔ̃] *nm* abandono; **être à l'~** estar abandonado(-a); **laisser à l'~** dejar abandonado(-a); **dans un moment d'~** en un momento de abandono

**abandonné, e** [abɑ̃dɔne] *adj* abandonado(-a)

**abandonner** [abɑ̃dɔne] *vt* abandonar; **~ qch à qn** entregar algo a algn ▶ *vi* (*Sport*) abandonar; (*Inform*) salir; **s'abandonner** *vpr* abandonarse; **s'~ à** abandonarse a

**abaque** [abak] *nm* ábaco

**abasourdi, e** [abazurdi] *adj* estupefacto(-a)

**abasourdir** [abazurdir] *vt* dejar estupefacto(-a)

**abat** [aba] *vb voir* **abattre**

**abâtardi, e** [abatardi] *adj* (*style, langue*) bastardeado(-a)

**abat-jour** [abaʒur] (*pl* **~(s)**) *nm* pantalla

**abats** [aba] *vb voir* **abattre** ▶ *nmpl* (*Culin*) menudos *mpl*

**abattage** [abataʒ] *nm* (*du bois*) tala; (*d'un animal*) matanza; (*entrain*) brío

**abattant** [abatɑ̃] *vb voir* **abattre** ▶ *nm* (*d'un meuble*) tapa

**abattement** [abatmɑ̃] *nm* (*physique, moral*) abatimiento; (*déduction*) deducción *f*; **~ fiscal** deducción fiscal

## abattis – abricotier

**abattis** [abati] *vb voir* **abattre** ▶ *nmpl* menudos *mpl*
**abattoir** [abatwaʀ] *nm* matadero
**abattre** [abatʀ] *vt (arbre)* talar; *(mur, maison, avion)* derribar; *(tuer)* abatir; *(épuiser)* postrar; *(déprimer)* desanimar; **~ du travail** *(ou* **de la besogne)** trabajar duro; **~ ses cartes** *(aussi fig)* enseñar las cartas; **s'abattre** *vpr (mât, malheur)* caerse; **s'~ sur** *(aussi fig)* caer sobre
**abattu, e** [abaty] *pp de* **abattre** ▶ *adj (déprimé)* abatido(-a); *(fatigué)* postrado(-a); **à bride abattue** como un rayo
**abbatiale** [abasjal] *nf* iglesia abacial
**abbaye** [abei] *nf* abadía
**abbé** [abe] *nm (d'une abbaye)* abad *m*; *(de paroisse)* cura *m*; **M. l'~** señor cura
**abbesse** [abes] *nf* abadesa
**abc, ABC** [abese] *nf* abecé *m*
**abcès** [apsɛ] *nm* absceso
**abdication** [abdikasjɔ̃] *nf* abdicación *f*
**abdiquer** [abdike] *vi* abdicar ▶ *vt (pouvoir, dignité)* renunciar a
**abdomen** [abdɔmɛn] *nm* abdomen *m*
**abdominal, e, -aux** [abdɔminal, o] *adj* abdominal; **abdominaux** *nmpl (muscles, exercices)* abdominales *mpl*; **faire des abdominaux** hacer abdominales
**abdos** [abdo] *(fam) nmpl (muscles, exercices)* abdominales *mpl*; **faire des ~** hacer abdominales
**abécédaire** [abesedɛʀ] *nm* abecedario
**abeille** [abɛj] *nf* abeja
**aberrant, e** [abeʀɑ̃, ɑ̃t] *adj* aberrante
**aberration** [abeʀasjɔ̃] *nf* aberración *f*
**abêtir** [abetiʀ] *vt* embrutecer; **s'abêtir** *vpr* embrutecerse
**abêtissant, e** [abetisɑ̃, ɑ̃t] *adj* embrutecedor(a)
**abhorrer** [abɔʀe] *vt* aborrecer
**abîme** [abim] *nm (aussi fig)* abismo
**abîmé, e** [abime] *adj* estropeado(-a); *(fig)*: **~ dans la prière** sumido en la oración
**abîmer** [abime] *vt* estropear; **s'abîmer** *vpr* estropearse; *(fig)* abismarse, sumirse; **s'~ les yeux** dañarse *ou* estropearse la vista
**abject, e** [abʒɛkt] *adj* abyecto(-a)
**abjection** [abʒɛksjɔ̃] *nf* abyección *f*
**abjurer** [abʒyʀe] *vt* abjurar
**ablatif** [ablatif] *nm* ablativo
**ablation** [ablasjɔ̃] *nf* ablación *f*
**ablutions** [ablysjɔ̃] *nfpl*: **faire ses ~** hacer sus abluciones
**abnégation** [abnegasjɔ̃] *nf* abnegación *f*
**aboie** [abwa] *vb voir* **aboyer**
**aboiement** [abwamɑ̃] *nm* ladrido
**abois** [abwa] *nmpl*: **être aux ~** estar acorralado(-a)
**abolir** [abɔliʀ] *vt* abolir
**abolition** [abɔlisjɔ̃] *nf* abolición *f*
**abolitionniste** [abɔlisjɔnist] *adj, nmf* abolicionista *mf*

**abominable** [abɔminabl] *adj* abominable
**abomination** [abɔminasjɔ̃] *nf* abominación *f*
**abondamment** [abɔ̃damɑ̃] *adv* en abundancia
**abondance** [abɔ̃dɑ̃s] *nf* abundancia; **société d'~** sociedad *f* de consumo
**abondant, e** [abɔ̃dɑ̃, ɑ̃t] *adj* abundante
**abonder** [abɔ̃de] *vi* abundar; **~ en** abundar en; **~ dans le sens de qn** abundar en la opinión de algn
**abonné, e** [abɔne] *adj (à un journal)* suscrito(-a); *(au téléphone)* abonado(-a) ▶ *nm/f* suscriptor(-a), abonado(-a)
**abonnement** [abɔnmɑ̃] *nm (à un journal)* suscripción *f*; *(transports en commun, théâtre)* abono
**abonner** [abɔne] *vt*: **~ qn à** *(revue)* suscribir a algn a; **s'abonner** *vpr*: **s'~ à** *(revue, compte Twitter)* suscribirse a; *(téléphone)* abonarse a
**abord** [abɔʀ] *nm*: **être d'un ~ facile/difficile** ser de fácil/difícil acceso; **d'~** primero, en primer lugar; **tout d'~** antes de nada; **de prime ~, au premier ~** a primera vista; **abords** *nmpl (d'un lieu)* alrededores *mpl*
**abordable** [abɔʀdabl] *adj (personne)* accesible; *(prix, marchandise)* asequible
**abordage** [abɔʀdaʒ] *nm* abordaje *m*
**aborder** [abɔʀde] *vi* abordar ▶ *vt (aussi fig)* abordar; *(virage, vie)* tomar
**aborigène** [abɔʀiʒɛn] *nmf* aborigen *mf*
**Abou Dhabi** [abudabi] *nm* Abu Dabi
**abouler** [abule] *(fam) vt (payer)* aflojar *(fam)*; **~ le fric** aflojar la mosca *ou* la pasta *(fam)* ▶ *vi (arriver, venir)* venirse *(fam)*
**aboulique** [abulik] *adj* abúlico(-a)
**abouti, e** [abuti] *adj* acabado(-a)
**aboutir** [abutiʀ] *vi* tener éxito; **~ à** *(lieu)* dar a; *(fig)* conducir a
**aboutissants** [abutisɑ̃] *nmpl voir* **tenant**
**aboutissement** [abutismɑ̃] *nm* logro
**aboyer** [abwaje] *vi* ladrar
**abracadabrant, e** [abʀakadabʀɑ̃, ɑ̃t] *adj* estrambótico(-a)
**abrasif, -ive** [abʀazif, iv] *adj* abrasivo(-a)
**abrasion** [abʀazjɔ̃] *nf* abrasión *f*
**abrégé** [abʀeʒe] *nm* resumen *m*; *(livre)* compendio; **en ~** en resumen
**abréger** [abʀeʒe] *vt* acortar
**abreuver** [abʀœve] *vt* abrevar; *(fig)*: **~ qn de** *(injures)* colmar a algn de; **s'abreuver** *vpr (animal)* abrevar; *(fam)* privar, mamar
**abreuvoir** [abʀœvwaʀ] *nm* abrevadero
**abréviation** [abʀevjasjɔ̃] *nf* abreviatura
**abri** [abʀi] *nm* refugio; **à l'~** *(des intempéries, financièrement)* a cubierto; *(de l'ennemi)* a salvo; **à l'~ de** *(fig: erreur)* al abrigo de
**abribus** [abʀibys] *nm* marquesina
**abricot** [abʀiko] *nm* albaricoque *m*, damasco *(AM)*
**abricotier** [abʀikɔtje] *nm* albaricoquero, damasco *(AM)*

## abrité – accablant

**abrité, e** [abʀite] *adj* resguardado(-a)
**abriter** [abʀite] *vt* (*lieu*) resguardar; (*personne*) albergar; (*recevoir, loger*) alojar; **s'abriter** *vpr* resguardarse; (*fig*) ampararse
**abrogation** [abʀɔɡasjɔ̃] *nf* abrogación *f*
**abroger** [abʀɔʒe] *vt* abrogar
**abrupt, e** [abʀypt] *adj* abrupto(-a); (*personne, ton*) rudo(-a)
**abruti, e** [abʀyti] (*fam*) *nm/f* tonto(-a)
**abrutir** [abʀytiʀ] *vt* (*abêtir*) embrutecer; (*étourdir*) aturdir; **s'abrutir** *vpr* (*s'abêtir*) atontarse; **rester à s'~ devant la télé** quedarse atontado(-a) delante de la tele; **s'~ de travail** matarse a trabajar
**abrutissant, e** [abʀytisɑ̃, ɑ̃t] *adj* embrutecedor(a)
**abscisse** [apsis] *nf* abscisa
**abscons, e** [apskɔ̃, ɔ̃s] *adj* abstruso(-a)
**absence** [apsɑ̃s] *nf* ausencia; **en l'~ de** en ausencia de
**absent, e** [apsɑ̃, ɑ̃t] *adj, nm/f* ausente *mf*
**absentéisme** [apsɑ̃teism] *nm* absentismo
**absenter** [apsɑ̃te] : **s'absenter** *vpr* ausentarse
**abside** [apsid] *nf* ábside *m*
**absinthe** [apsɛ̃t] *nf* ajenjo
**absolu, e** [apsɔly] *adj* absoluto(-a) ▶ *nm* (*Philos*) : **l'~** el absoluto; **dans l'~** en abstracto
**absolument** [apsɔlymɑ̃] *adv* (*oui*) sí, por supuesto; (*sans faute, à tout prix*) absolutamente; **~ pas** en absoluto
**absolution** [apsɔlysjɔ̃] *nf* absolución *f*
**absolutisme** [apsɔlytism] *nm* absolutismo
**absolvais** [apsɔlvɛ] *vb voir* **absoudre**
**absolve** *etc* [apsɔlv] *vb voir* **absoudre**
**absorbant, e** [apsɔʀbɑ̃, ɑ̃t] *adj* absorbente
**absorbé, e** [apsɔʀbe] *adj* absorto(-a)
**absorber** [apsɔʀbe] *vt* absorber; (*manger, boire*) tomar; **s'absorber** *vpr* (*dans un travail, une activité*) : **s'~ dans** sumergirse en
**absorption** [apsɔʀpsjɔ̃] *nf* absorción *f*
**absoudre** [apsudʀ] *vt* absolver
**absous, -oute** [apsu, ut] *pp de* **absoudre**
**abstenir** [apstəniʀ] : **s'abstenir** *vpr* abstenerse; **s'~ de faire** abstenerse de hacer
**abstention** [apstɑ̃sjɔ̃] *nf* abstención *f*
**abstentionnisme** [apstɑ̃sjɔnism] *nm* abstencionismo
**abstentionniste** [apstɑ̃sjɔnist] *nmf* abstencionista *mf*
**abstenu, e** [apstəny] *pp de* **abstenir**
**abstiendrai** *etc* [apstjɛ̃dʀe] *vb voir* **abstenir**
**abstiens** *etc* [apstjɛ̃] *vb voir* **abstenir**
**abstinence** [apstinɑ̃s] *nf* abstinencia; **faire ~** hacer abstinencia
**abstint** [apstɛ̃] *vb voir* **abstenir**
**abstraction** [apstʀaksjɔ̃] *nf* abstracción *f*; **faire ~ de** hacer caso omiso de; **~ faite de ...** dejando de lado ...
**abstraire** [apstʀɛʀ] *vt* abstraer; **s'abstraire** *vpr* : **s'~ (de)** abstraerse (de)

**abstrait, e** [apstʀɛ, ɛt] *pp de* **abstraire** ▶ *adj* abstracto(-a); **art ~** arte *m* abstracto ▶ *nm* : **dans l'~** en abstracto
**abstrayais** *etc* [apstʀɛjɛ] *vb voir* **abstraire**
**absurde** [apsyʀd] *adj* absurdo(-a) ▶ *nm* : **l'~** el absurdo; **raisonnement par l'~** razonamiento por reducción al absurdo
**absurdité** [apsyʀdite] *nf* absurdidad *f*
**Abu Dhabî** [abudabi] *nm* = **Abou Dhabi**
**abus** [aby] *nm* abuso; **il y a de l'~** (*fam*) es un abuso; **~ de confiance** abuso de confianza; (*détournement de fonds*) desfalco; **~ de faiblesse** abuso de debilidad; **~ de pouvoir** abuso de poder
**abuser** [abyze] *vi* abusar; **~ de** abusar de; **~ de la patience de qn** abusar de la paciencia de algn ▶ *vt* engañar; **s'abuser** *vpr* equivocarse; **si je ne m'abuse** si no me equivoco
**abusif, -ive** [abyzif, iv] *adj* abusivo(-a)
**abusivement** [abyzivmɑ̃] *adv* con abuso
**abyssal, e, -aux** [abisal, o] *adj* (*Géo : milieu, fosse*) abisal; (*fig : déficit, décalage*) abismal
**abysse** [abis] *nm* (*fonds marin*) abismo; **abysses** *nmpl* : **les abysses** el abismo, los abismos
**AC** *abr, sigle f* (*= appellation contrôlée*) ≈ denominación *f* de origen
**acabit** [akabi] *nm* : **de cet/du même ~** de esta/de la misma calaña
**acacia** [akasja] *nm* acacia
**académicien, ne** [akademisjɛ̃, jɛn] *nm/f* académico(-a)
**académie** [akademi] *nf* academia; (*Art*) desnudo; (*Scol*) circunscripción administrativa de la enseñanza en Francia; **l'A~ (française)** la Academia Francesa; *ver nota*

> **ACADÉMIE FRANÇAISE**
>
> La **Académie française**, (a veces llamada *la Coupole*), fue fundada por el cardenal Richelieu en 1635 durante el reinado de Luis XIII. La forman cuarenta eruditos y escritores electos a los que se conoce como *les Quarante* o *les Immortels*. Una de las funciones de la Academia es regular la evolución de la lengua francesa y sus recomendaciones son con frecuencia objeto de encendido debate. Ha publicado varias ediciones de su conocido diccionario y concede diversos premios literarios.

**académique** [akademik] *adj* académico(-a); (*Univ*) universitario(-a)
**Acadie** [akadi] *nf* Acadia
**acadien, ne** [akadjɛ̃, jɛn] *adj* acadiense
**acajou** [akaʒu] *nm* caoba
**acariâtre** [akaʀjɑtʀ] *adj* desabrido(-a)
**acarien** [akaʀjɛ̃] *nm* ácaro *m*
**accablant, e** [akɑblɑ̃, ɑ̃t] *adj* (*témoignage, preuve*) abrumador(a); (*chaleur, poids*) agobiante

## accablé – accomplir

**accablé, e** [akable] *adj (physiquement)* agobiado(-a), abrumado(-a); *(moralement)* abatido(-a); **avoir l'air** ~ parecer agobiado

**accablement** [akɑbləmɑ̃] *nm (physiquement)* agobio; *(moralement)* abatimiento

**accabler** [akɑble] *vt (physiquement)* agobiar; *(moralement)* abatir; *(preuves, témoignage)* inculpar; ~ **qn d'injures/de travail** colmar a algn de injurias/de trabajo; **accablé de dettes/soucis** cargado de deudas/preocupaciones; **accablé de chagrin** abrumado por la pena, afligido

**accalmie** [akalmi] *nf (aussi fig)* calma, tregua

**accaparant, e** [akapaʀɑ̃, ɑ̃t] *adj* acaparador(a)

**accaparer** [akapaʀe] *vt* acaparar

**accéder** [aksede] *vt* : ~ **à** *(lieu)* tener acceso a; *(fig) (indépendance)* lograr

**accélérateur** [akseleʀatœʀ] *nm* acelerador *m*

**accélération** [akseleʀasjɔ̃] *nf* aceleración *f*

**accéléré** [akseleʀe] *nm (Ciné)* : **en** ~ a cámara rápida

**accélérer** [akseleʀe] *vt, vi* acelerar; **s'accélérer** *vpr (processus, rythme)* acelerarse

**accent** [aksɑ̃] *nm* acento; **aux accents de** *(musique)* a los acordes de; **mettre l'** ~ **sur** *(fig)* hacer hincapié en; ~ **aigu/circonflexe/grave** acento agudo/circunflejo/grave

**accentuation** [aksɑ̃tɥasjɔ̃] *nf (d'un mot)* acentuación *f*; *(de l'inflation)* agravación *f*

**accentué, e** [aksɑ̃tɥe] *adj* acentuado(-a)

**accentuer** [aksɑ̃tɥe] *vt (aussi fig)* acentuar; **s'accentuer** *vpr* acentuarse

**acceptable** [aksɛptabl] *adj* aceptable

**acceptation** [aksɛptasjɔ̃] *nf* aceptación *f*

**accepter** [aksɛpte] *vt* aceptar; *(admettre)* aceptar, admitir; ~ **de faire** aceptar hacer; ~ **que qn fasse** aceptar que algn haga; ~ **que** admitir que; **accepteriez-vous que je m'en aille ?** ¿le importaría que me fuese?; **j'accepte !** ¡vale!; **je n'accepterai pas cela** eso no lo admitiré

**acception** [aksɛpsjɔ̃] *nf* acepción *f*; **dans toute l'** ~ **du terme** en toda la acepción de la palabra

**accès** [aksɛ] *nm* acceso; **d'** ~ **facile/malaisé** de fácil/difícil acceso; **l'** ~ **aux quais est interdit** el acceso a los andenes está prohibido; **donner** ~ **à** dar acceso a; **avoir** ~ **auprès de qn** tener entrada con algn; ~ **de colère** arrebato; ~ **de fièvre** acceso de fiebre; ~ **de toux** ataque *m* de tos ▸ *nmpl (routes, entrées)* accesos *mpl*

**accessible** [aksesibl] *adj* accesible; *(prix, objet)* asequible; ~ **(à qn)** *(livre, sujet)* accesible (a algn); **être** ~ **à la pitié/à l'amour** ser capaz de compasión/de amor

**accession** [aksesjɔ̃] *nf* acceso; ~ **à la propriété** acceso a la propiedad

**accessit** [aksesit] *nm* accésit *m*

**accessoire** [aksesWAR] *adj* secundario(-a) ▸ *nm* accesorio

**accessoirement** [aksesWARmɑ̃] *adv* ocasionalmente

**accessoiriste** [aksesWARist] *nmf* accesorista *mf*, attrezzista *mf*

**accident** [aksidɑ̃] *nm* accidente *m*; *(événement fortuit)* incidente *m*; **par** ~ por accidente; ~ **de la route/du travail** accidente de carretera/de trabajo; ~ **de parcours** desliz *msg*; **accidents de terrain** accidentes *mpl* del terreno

**accidenté, e** [aksidɑ̃te] *adj* accidentado(-a); *(voiture)* accidentado(-a), siniestrado(-a) ▸ *nm/f* herido(-a); **un** ~ **de la route** un herido de la carretera

**accidentel, le** [aksidɑ̃tɛl] *adj* accidental; *(fortuit)* casual

**accidentellement** [aksidɑ̃tɛlmɑ̃] *adv* accidentalmente; *(par hasard)* casualmente

**accidenter** [aksidɑ̃te] *vt (personne)* atropellar; *(véhicule)* colisionar con

**accise** [aksiz] *nf* sisa

**acclamation** [aklamasjɔ̃] *nf* : **par** ~ por aclamación; **acclamations** *nfpl* vítores *mpl*

**acclamer** [aklame] *vt* aclamar

**acclimatation** [aklimatasjɔ̃] *nf* aclimatación *f*

**acclimater** [aklimate] *vt* aclimatar; *(personne)* acostumbrar; **s'acclimater** *vpr* aclimatarse

**accointances** [akwɛ̃tɑ̃s] *nfpl* : **avoir des** ~ **avec** tener relaciones con

**accolade** [akɔlad] *nf* abrazo; *(signe typographique)* llave *f*; **donner l'** ~ **à qn** *(entre amis)* dar un abrazo a algn; *(dans une cérémonie)* dar el espaldarazo a algn

**accoler** [akɔle] *vt* juntar

**accommodant, e** [akɔmɔdɑ̃, ɑ̃t] *adj* condescendiente

**accommodement** [akɔmɔdmɑ̃] *nm* acomodo

**accommoder** [akɔmɔde] *vt (Culin)* aliñar; ~ **qch à** adaptar algo a ▸ *vi* adaptar; **s'accommoder** *vpr* : **s'** ~ **à** adaptarse a; **s'** ~ **de** contentarse con

**accompagnateur, -trice** [akɔ̃paɲatœʀ, tʀis] *nm/f* acompañante *mf*

**accompagnement** [akɔ̃paɲmɑ̃] *nm (Mus)* acompañamiento; *(Culin)* aderezo; *(Mil)* escolta

**accompagner** [akɔ̃paɲe] *vt* acompañar; **vous permettez que je vous accompagne ?** ¿me permite que le acompañe?; **s'accompagner** *vpr* acompañarse; **s'** ~ **de** ir acompañado(-a) de

**accompli, e** [akɔ̃pli] *adj (fait)* consumado(-a); *(devoir)* cumplido(-a)

**accomplir** [akɔ̃pliʀ] *vt* cumplir; **s'accomplir** *vpr* cumplirse

## accomplissement – acculturation

**accomplissement** [akɔ̃plismɑ̃] nm
realización f
**accord** [akɔʀ] nm (entente) acuerdo; (Ling) concordancia; (consentement, autorisation) consentimiento; (Mus) acorde m; **mettre deux personnes d'~** poner a dos personas de acuerdo; **se mettre d'~** ponerse de acuerdo; **être d'~ (avec qn)** estar de acuerdo (con algn); **être d'~ (pour faire/que)** estar de acuerdo (en hacer/en que); **d'~!** ¡de acuerdo!; **d'un commun ~** de común acuerdo; **en ~ avec qn** de acuerdo con algn; **donner son ~** dar su consentimiento; **~ en genre et en nombre** concordancia en género y número; **~ parfait** (Mus) acorde perfecto
**accord-cadre** [akɔʀkadʀ] (pl **accords-cadres**) nm acuerdo marco inv
**accordéon** [akɔʀdeɔ̃] nm acordeón m; **en ~** en acordeón
**accordéoniste** [akɔʀdeɔnist] nmf acordeonista mf
**accorder** [akɔʀde] vt (faveur, délai) conceder; (harmoniser) conciliar; (Mus) afinar; (Ling) concordar; **~ de l'importance/de la valeur à qch** dar importancia/valor a algo; **je vous accorde que ...** le concedo que ...; **s'accorder** vpr (être d'accord) estar de acuerdo; (se mettre d'accord) ponerse de acuerdo; (couleurs, caractères) casar; (Ling) concordar; (un moment de répit) darse
**accordeur, -euse** [akɔʀdœʀ, øz] nm/f afinador(a)
**accoster** [akɔste] vt (Naut) acostar; (personne) abordar ▸ vi acostar
**accotement** [akɔtmɑ̃] nm arcén m; **~ stabilisé/non stabilisé** arcén pavimentado/no pavimentado
**accoter** [akɔte] vt: **~ qch contre/à** apoyar algo contra/en; **s'accoter** vpr: **s'~ contre/à** apoyarse contra/en
**accouchement** [akuʃmɑ̃] nm parto; **~ à terme/sans douleur** parto a término/sin dolor
**accoucher** [akuʃe] vi, vt dar a luz; **~ d'une fille** dar a luz una niña
**accoucheur** [akuʃœʀ] nm: **(médecin) ~** tocólogo
**accoucheuse** [akuʃøz] nf comadrona
**accouder** [akude]: **s'accouder** vpr: **s'~ à/contre/sur** acodarse en/sobre; **accoudé à la fenêtre** acodado en la ventana
**accoudoir** [akudwaʀ] nm brazo
**accouplement** [akupləmɑ̃] nm apareamiento; (Tech) acoplamiento
**accoupler** [akuple] vt (moteurs) conectar; (bœufs) uncir; (animaux) aparear; **s'accoupler** vpr aparearse
**accourir** [akuʀiʀ] vi precipitarse
**accoutrement** [akutʀəmɑ̃] nm (péj) atavío
**accoutrer** [akutʀe] (péj) vt ataviar;
**s'accoutrer** vpr ataviarse

**accoutumance** [akutymɑ̃s] nf (au climat) adaptación f; (drogue) adicción f
**accoutumé, e** [akutyme] adj acostumbrado(-a); **être ~ à qch/à faire** estar acostumbrado(-a) a algo/a hacer; **comme à l'accoutumée** como de costumbre
**accoutumer** [akutyme] vt: **~ qn à qch/à faire** acostumbrar a algn a algo/a hacer; **s'accoutumer** vpr: **s'~ à qch/à faire** acostumbrarse a algo/a hacer
**accréditer** [akʀedite] vt (personne) acreditar; (nouvelle) dar crédito a; **~ qn (auprès de)** acreditar a algn (ante)
**accro** [akʀo] (fam) nmf yonqui mf
**accroc** [akʀo] nm (déchirure) desgarrón m; **sans accrocs** (fig) sin contratiempos; **faire un ~ à** (vêtement) hacer un desgarrón en; (fig) atentar contra
**accrochage** [akʀɔʃaʒ] nm (d'un tableau) colgamiento; (d'une remorque) enganche m; (accident) choque m; (escarmouche) escaramuza; (dispute) pelea
**accroche-cœur** [akʀɔʃkœʀ] (pl **accroche-cœurs**) nm caracol m
**accrocher** [akʀɔʃe] vt (vêtement, tableau) colgar; (wagon, remorque) enganchar; (véhicule) chocar con; (déchirer: robe, pull) rasgar; (Mil) entablar combate con; (fig: regard, client) atraer ▸ vi (fermeture éclair) engancharse; (pourparlers) atascarse; (plaire: disque) pegar (fam);
**s'accrocher** vpr (se disputer) pelearse; (ne pas céder) resistir; **s'~ à** (rester pris à) engancharse en; (agripper) agarrarse a; (personne) pegarse a; (espoir, idée) aferrarse a; **il faut s'~** (fam) hay que seguir
**accrocheur, -euse** [akʀɔʃœʀ, øz] adj (vendeur) tenaz; (publicité, titre) llamativo(-a)
**accroire** [akʀwaʀ] vt: **faire** ou **laisser ~ à qn qch/que** hacer creer a algn algo/que
**accrois** etc [akʀwa] vb voir **accroître**
**accroissais** etc [akʀwasɛ] vb voir **accroître**
**accroissement** [akʀwasmɑ̃] nm aumento
**accroître** [akʀwatʀ] vt acrecentar;
**s'accroître** vpr acrecentarse
**accroupi, e** [akʀupi] adj en cuclillas
**accroupir** [akʀupiʀ]: **s'accroupir** vpr ponerse en cuclillas
**accru, e** [akʀy] pp de **accroître**
**accu** [aky] (fam) nm = **accumulateur**
**accueil** [akœj] nm acogida; (endroit) recepción f; **centre/comité d'~** centro/comité m de recepción
**accueillant, e** [akœjɑ̃, ɑ̃t] adj acogedor(a)
**accueillir** [akœjiʀ] vt (recevoir, saluer) acoger; (loger) alojar; (fig) recibir
**acculer** [akyle] vt: **~ qn à** ou **contre/dans** acorralar a algn contra/en; **~ qn à** (faillite, suicide) conducir a algn a
**acculturation** [akyltyʀasjɔ̃] nf aculturación f

5

**accumulateur** [akymylatœʀ] nm acumulador m
**accumulation** [akymylasjɔ̃] nf acumulación f; **une ~ de ...** un montón de ...; **chauffage/radiateur à ~** calefacción f/radiador m por acumulación
**accumuler** [akymyle] vt acumular; **s'accumuler** vpr acumularse
**accusateur, -trice** [akyzatœʀ, tʀis] adj, nm/f acusador(a)
**accusatif** [akyzatif] nm acusativo
**accusation** [akyzasjɔ̃] nf acusación f; **l'~** (Jur) la acusación; **mettre qn en ~** iniciar causa en contra de algn; **acte d'~** acta de acusación
**accusé, e** [akyze] adj, nm/f acusado(-a) ▶ nm : **~ de réception** acuse m de recibo
**accuser** [akyze] vt (aussi fig) acusar; (fig : souligner) acentuar; **~ qn de qch** acusar a algn de algo; **~ qch de qch** culpar a algo de algo; **~ réception de** acusar recibo de; **~ le coup** (fig, fam) acusar el golpe; **s'accuser** vpr (s'accentuer) acentuarse; **s'~ de qch/d'avoir fait qch** culparse de algo/de haber hecho algo
**acerbe** [asɛʀb] adj acerbo(-a)
**acéré, e** [aseʀe] adj acerado(-a); (fig) mordaz
**acétate** [asetat] nm acetato
**acétique** [asetik] adj : **acide ~** ácido acético
**acétone** [asetɔn] nf acetona
**acétylène** [asetilɛn] nm acetileno
**achalandé, e** [aʃalɑ̃de] adj : **bien/mal ~** bien/mal surtido(-a)
**acharné, e** [aʃaʀne] adj (combat, lutte) encarnizado(-a)
**acharnement** [aʃaʀnəmɑ̃] nm encarnizamiento
**acharner** [aʃaʀne] : **s'acharner** vpr : **s'~ contre/sur** ensañarse con; **s'~ à faire** empeñarse en hacer
**achat** [aʃa] nm compra; **faire l'~ de** comprar; **faire des achats** ir de compras
**acheminement** [aʃ(ə)minmɑ̃] nm envío
**acheminer** [aʃ(ə)mine] vt (courrier, troupes, train) enviar; **s'~ vers** (aussi fig) encaminarse hacia
**acheter** [aʃ(ə)te] vt comprar; **~ à crédit** comprar a crédito; **~ qch à qn** comprar algo a algn
**acheteur, -euse** [aʃ(ə)tœʀ, øz] nm/f comprador(a); **l'~ et le vendeur** el comprador y el vendedor
**achevé, e** [aʃ(ə)ve] adj : **d'un ridicule/comique ~** de un ridículo/cómico espantoso
**achèvement** [aʃɛvmɑ̃] nm finalización f
**achever** [aʃ(ə)ve] vt acabar, finalizar; (blessé) rematar; **~ de faire qch** (aussi fig) acabar de hacer algo; **s'achever** vpr acabarse
**achoppement** [aʃɔpmɑ̃] nm : **pierre d'~** traba
**achopper** [aʃɔpe] vi tropezar; **~ sur** (problème) tropezar con

**acide** [asid] adj ácido(-a); (ton) áspero(-a) ▶ nm ácido
**acidifiant** [asidifjɑ̃] nm acidificante m
**acidifier** [asidifje] vt acidificar; **s'acidifier** vpr acidificarse
**acidité** [asidite] nf acidez f
**acidulé** [asidyle] adj ácido(-a); **bonbons acidulés** caramelos mpl ácidos
**acier** [asje] nm acero; **~ inoxydable** acero inoxidable
**aciérie** [asjeʀi] nf acería
**acné** [akne] nf acné f; **~ juvénile** acné juvenil
**acolyte** [akɔlit] (péj) nm compinche m
**acompte** [akɔ̃t] nm (arrhes) señal f; (sur somme due) adelanto; (sur salaire) anticipo
**acoquiner** [akɔkine] : **s'acoquiner avec** vpr compincharse con
**Açores** [asɔʀ] nfpl : **les ~** las Azores
**à-côté** [akote] nm (point accessoire) cuestión f secundaria; (argent : aussi pl) dinero extra inv
**à-coup** [aku] (pl **à-coups**) nm (du moteur) sacudidas fpl; (du commerce, de l'économie) altibajos mpl; **sans à-coups** sin interrupción; **par à-coups** a tirones
**acouphène** [akufɛn] nm (Méd) acúfeno; **souffrir d'acouphènes** sufrir acúfenos
**acoustique** [akustik] nf acústica ▶ adj acústico(-a)
**acquéreur** [akeʀœʀ] nm comprador(a); **se porter ~ de qch** ofrecerse como comprador de algo; **se rendre ~ de qch** adquirir algo
**acquérir** [akeʀiʀ] vt adquirir; (résultats) obtener
**acquiers** etc [akjɛʀ] vb voir **acquérir**
**acquiescement** [akjɛsmɑ̃] nm consentimiento; **en signe d'~** en señal de conformidad
**acquiescer** [akjese] vi asentir; **~ (à qch)** consentir (en algo)
**acquis, e** [aki, iz] pp de **acquérir** ▶ nm (savoir, expérience) conocimientos mpl; **acquis** nmpl : **les ~ sociaux** los logros sociales ▶ adj adquirido(-a); (résultats) obtenido(-a); **tenir qch pour ~** (comme allant de soi) dar algo por sabido; (comme décidé) dar algo por hecho; **être ~ à** ser adicto(-a) a; **caractère ~** carácter m adquirido; **vitesse acquise** velocidad f adquirida
**acquisition** [akizisjɔ̃] nf (action d'acquérir) adquisición f; (objet acquis) compra; **faire l'~ de** comprar
**acquit** [aki] vb voir **acquérir** ▶ nm recibo; **pour ~** recibí m; **par ~ de conscience** para quedarse etc más tranquilo
**acquittement** [akitmɑ̃] nm (d'un accusé) absolución f; (d'une dette) pago, satisfacción f
**acquitter** [akite] vt (accusé) absolver; (payer) abonar, pagar; **s'acquitter de** vpr (promesse, tâche) cumplir con; (dette) satisfacer
**âcre** [ɑkʀ] adj acre

**âcreté** [akʀəte] nf acritud f
**acrimonie** [akʀimɔni] nf acrimonia
**acrimonieux, -euse** [akʀimɔnjø, jøz] adj agrio(-a)
**acrobate** [akʀɔbat] nmf acróbata mf
**acrobatie** [akʀɔbasi] nf (aussi fig) acrobacia; ~ **aérienne** acrobacia aérea
**acrobatique** [akʀɔbatik] adj acrobático(-a)
**acronyme** [akʀɔnim] nm acrónimo
**Acropole** [akʀɔpɔl] nf Acrópolis fsg
**acrosport** [akʀɔspɔʀ] nm gimnasia acrobática, acrosport m
**acrostiche** [akʀɔstiʃ] nm (poème) acróstico
**acrylique** [akʀilik] nm acrílico
**acte** [akt] nm (Théâtre, action) acto; (document) acta; **prendre ~ de** tomar nota de; **faire ~ de présence** hacer acto de presencia; **faire ~ de candidature** presentar una candidatura; **~ d'accusation** acta de acusación; **~ de baptême** fe f de bautismo; **~ de mariage/de naissance** partida de matrimonio/de nacimiento; **~ de vente** escritura; **actes** nmpl (compte-rendu) actas fpl
**acteur, -trice** [aktœʀ, tʀis] nm/f actor (actriz)
**actif, -ive** [aktif, iv] adj activo(-a); (remède) eficaz; **prendre une part active à qch** tomar parte activa en algo ▶ nm activo; **l'~ et le passif** el activo y el pasivo; **~ toxique** activo tóxico
**action** [aksjɔ̃] nf acción f; (déploiement d'énergie) actividad f; **une bonne/mauvaise ~** una buena/mala acción; **mettre en ~** poner en práctica; **passer à l'~** pasar a la acción; **un homme d'~** un hombre de acción; **sous l'~ de** bajo el efecto de; **un film d'~** una película de acción; **~ de grâce(s)** acción de gracias; **~ en diffamation** demanda por difamación
**actionnaire** [aksjɔnɛʀ] nmf accionista mf
**actionnariat** [aksjɔnaʀja] nm (statut, actionnaires) accionariado
**actionner** [aksjɔne] vt accionar
**activation** [aktivasjɔ̃] nf activación f
**active** [aktiv] adj voir **actif**
**activement** [aktivmɑ̃] adv activamente
**activer** [aktive] vt activar; **s'activer** vpr (se presser) apresurarse; (s'affairer) trajinar
**activisme** [aktivism] nm activismo
**activiste** [aktivist] nmf activista mf
**activité** [aktivite] nf actividad f; **cesser toute ~** abandonar toda actividad; **en ~** (fonctionnaire, militaire) en activo; (volcan, industrie) en actividad; **activités subversives** actividades subversivas
**actrice** [aktʀis] nf voir **acteur**
**actualisation** [aktyalizasjɔ̃] nf actualización f
**actualiser** [aktyalize] vt actualizar
**actualité** [aktyalite] nf actualidad f; **l'~ politique/sportive** la actualidad política/deportiva; **d'~** de actualidad; **actualités** nfpl: **les actualités** las noticias

**actuariel, le** [aktyaʀjɛl] adj: **taux ~** interés m actuarial
**actuel, le** [aktyɛl] adj actual; **à l'heure actuelle** hoy en día, en el momento actual
**actuellement** [aktyɛlmɑ̃] adv actualmente
**acuité** [akyite] nf (des sens) agudeza; (d'une crise, douleur) intensidad f
**acuponcteur, -trice** [akypɔ̃ktœʀ, tʀis], **acupuncteur, -trice** [akypɔ̃ktœʀ, tʀis] nm/f acupuntor(a)
**acuponcture** [akypɔ̃ktyʀ], **acupuncture** [akypɔ̃ktyʀ] nf acupuntura
**adage** [adaʒ] nm adagio
**adagio** [ada(d)ʒjo] nm adagio
**adaptable** [adaptabl] adj adaptable
**adaptateur, -trice** [adaptatœʀ, tʀis] nm/f (Théâtre) adaptador(a) ▶ nm (Élec) adaptador m
**adaptation** [adaptasjɔ̃] nf adaptación f
**adapter** [adapte] vt: ~ **à** adaptar a; ~ **qch sur/dans/à** ajustar algo sobre/en/a; **s'adapter** vpr: **s'~ (à)** (personne) adaptarse (a); (objet, prise etc) ajustarse (a)
**addenda** [adɛ̃da] nm addenda m
**addictologie** [adiktɔlɔʒi] nf adictología
**Addis-Ababa** [adisababa], **Addis-Abeba** [adisabəba] n Addis Abeba
**additif** [aditif] nm aditivo; (note, clause) nota; **~ alimentaire** aditivo alimenticio
**addition** [adisjɔ̃] nf (Math) adición f; (au restaurant) cuenta; (d'une clause) inclusión f
**additionnel, le** [adisjɔnɛl] adj adicional
**additionner** [adisjɔne] vt sumar; **~ un vin d'eau** añadir agua al vino; **s'additionner** vpr sumarse
**adduction** [adyksjɔ̃] nf canalización f
**adepte** [adɛpt] nmf (d'une religion) adepto(-a); (d'un sport) partidario(-a)
**adéquat, e** [adekwa(t), at] adj adecuado(-a)
**adéquation** [adekwasjɔ̃] nf adecuación f
**adhérence** [adeʀɑ̃s] nf adherencia; **assurer une bonne ~** asegurar una buena adherencia
**adhérent, e** [adeʀɑ̃, ɑ̃t] adj adherente ▶ nm/f miembro mf
**adhérer** [adeʀe] vi adherirse ▶ vt: ~ **à** (coller) adherir a; (se rallier à) adherirse a; (devenir membre de) afiliarse a; (être membre de) estar afiliado(-a) a
**adhésif, -ive** [adezif, iv] adj adhesivo(-a) ▶ nm adhesivo
**adhésion** [adezjɔ̃] nf (à un club) afiliación f; (à une opinion) adscripción f
**ad hoc** [adɔk] adj inv ad hoc inv
**adieu** [adjø] excl ¡adiós! ▶ nm adiós msg; **dire ~ à qn** decir adiós a algn; **dire ~ à qch** decir adiós a algo; **adieux** nmpl: **faire ses adieux à qn** despedirse de algn
**adipeux, -euse** [adipø, øz] adj adiposo(-a)
**adiposité** [adipozite] nf adiposidad f

## adjacent – adresse

**adjacent, e** [adʒasɑ̃, ɑ̃t] *adj* : **~ (à)** adyacente (a); **angles adjacents** ángulos *mpl* adyacentes

**adjectif, -ive** [adʒɛktif, iv] *adj* adjetivo(-a) ▶ *nm* adjetivo; **~ attribut/démonstratif/épithète** adjetivo atributo/demostrativo/epíteto; **~ numéral/possessif/qualificatif** adjetivo numeral/posesivo/calificativo

**adjectival, e, -aux** [adʒɛktival, o] *adj* adjetival

**adjoignais** *etc* [adʒwaɲɛ] *vb voir* **adjoindre**

**adjoindre** [adʒwɛ̃dʀ] *vt* : **~ qch à qch** agregar algo a algo; (*ajouter*) añadir algo a algo; **~ qn à** asociar a algn a; **s'~ un collaborateur** tomar un colaborador

**adjoint, e** [adʒwɛ̃, wɛ̃t] *nm/f* adjunto(-a); **~ au maire** teniente *mf* de alcalde ▶ *adj* adjunto(-a); **directeur ~** director(a) adjunto(-a)

**adjonction** [adʒɔ̃ksjɔ̃] *nf* añadido; **sans ~ de sucre/conservateur** sin azúcar/conservante

**adjudant** [adʒydɑ̃] *nm* brigada *m*

**adjudant-chef** [adʒydɑ̃ʃɛf] (*pl* **adjudants-chefs**) *nm* ≈ subteniente *m*

**adjudicataire** [adʒydikatɛʀ] *nmf* adjudicatario(-a)

**adjudicateur, -trice** [adʒydikatœʀ, tʀis] *nm/f* adjudicador(a)

**adjudication** [adʒydikasjɔ̃] *nf* adjudicación *f*

**adjuger** [adʒyʒe] *vt* adjudicar; **adjugé !** ¡adjudicado!; **s'adjuger** *vpr* adjudicarse

**adjurer** [adʒyʀe] *vt* : **~ qn de faire** implorar a algn que haga

**adjuvant** [adʒyvɑ̃] *nm* coadyuvante *m*

**ad libitum** [adlibitɔm] *adv* ad libitum

**admettre** [admɛtʀ] *vt* admitir; (*candidat*) admitir, aprobar; **~ que** admitir que; **j'admets que** admito que; **je n'admets pas ce genre de conduite** no admito este tipo de comportamiento; **je n'admets pas que tu fasses cela** no admito que hagas esto; **admettons** admitamos; **admettons que ...** admitamos que ...

**administrateur, -trice** [administʀatœʀ, tʀis] *nm/f* administrador(a); **~ délégué(e)** consejero(-a) delegado(-a); **~ judiciaire** interventor(a)

**administratif, -ive** [administʀatif, iv] *adj* administrativo(-a)

**administration** [administʀasjɔ̃] *nf* administración *f*; **l'A~** la Administración

**administrativement** [administʀativmɑ̃] *adv* administrativamente

**administré, e** [administʀe] *nm/f* : **ses administrés** sus administrados

**administrer** [administʀe] *vt* administrar

**admirable** [admiʀabl] *adj* admirable

**admirablement** [admiʀabləmɑ̃] *adv* admirablemente

**admirateur, -trice** [admiʀatœʀ, tʀis] *nm/f* admirador(a)

**admiratif, -ive** [admiʀatif, iv] *adj* admirativo(-a)

**admiration** [admiʀasjɔ̃] *nf* admiración *f*; **être en ~ devant** estar boquiabierto(-a) ante

**admirativement** [admiʀativmɑ̃] *adv* admirativamente, con admiración

**admirer** [admiʀe] *vt* admirar

**admis, e** [admi, iz] *pp de* **admettre**

**admissibilité** [admisibilite] *nf* admisibilidad *f*

**admissible** [admisibl] *adj* (*candidat*) admitido(-a); (*comportement : gén nég*) admisible

**admission** [admisjɔ̃] *nf* admisión *f*; **tuyau** *etc* **d'~** tubo *etc* de admisión; **demande d'~** solicitud *f* de admisión; **le service des admissions** el servicio de admisiones

**admonester** [admɔnɛste] *vt* amonestar

**ADN** [adeɛn] *sigle m* (= *acide désoxyribonucléique*) ADN *m*

**ado** [ado] (*fam*) *nmf* adolescente *mf*

**adolescence** [adɔlesɑ̃s] *nf* adolescencia

**adolescent, e** [adɔlesɑ̃, ɑ̃t] *nm/f* adolescente *mf*

**adonner** [adɔne] : **s'adonner** *vpr* : **s'~ à** entregarse a

**adopter** [adɔpte] *vt* (*enfant, politique*) adoptar; (*projet de loi*) aprobar

**adoptif, -ive** [adɔptif, iv] *adj* adoptivo(-a)

**adoption** [adɔpsjɔ̃] *nf* (*d'un projet*) aprobación *f*; (*d'un enfant*) adopción *f*; **son pays/sa ville d'~** su país/su ciudad de adopción

**adorable** [adɔʀabl] *adj* adorable

**adoration** [adɔʀasjɔ̃] *nf* adoración *f*; **être en ~ devant** sentir adoración por

**adorer** [adɔʀe] *vt* adorar

**adossé, e** [adose] *adj* : **~ à** (*mur, contreforts : personne*) apoyado en *ou* contra; (: *maison*) adosado a

**adosser** [adose] *vt* : **~ qch à/contre** adosar algo a/contra; **être adossé à/contre** (*personne*) estar apoyado en *ou* contra; (*maison*) estar adosado a; **s'adosser** *vpr* : **s'~ à/contre** apoyarse en/contra

**adouber** [adube] *vt* (*Hist : vassal*) armar caballero a; (*nommer : successeur, ministre*) nombrar

**adoucir** [adusiʀ] *vt* (*aussi fig*) suavizar; (*avec du sucre*) endulzar; (*peine, douleur*) aliviar; (*eau*) descalcificar; **s'adoucir** *vpr* suavizarse

**adoucissant** [adusisɑ̃] *nm* (*pour le linge*) suavizante *m*

**adoucissement** [adusismɑ̃] *nm* mejoría

**adoucisseur** [adusisœʀ] *nm* : **~ (d'eau)** descalcificador *m* (de agua)

**adr.** *abr* (= *adresse*) Dir. (= *dirección*)

**adrénaline** [adʀenalin] *nf* adrenalina

**adresse** [adʀɛs] *nf* (*habileté*) habilidad *f*; (*domicile*) dirección *f*; **à l'~ de** a la atención de; **partir sans laisser d'~** marchar sin dejar la dirección; **~ Web** dirección *f* de Internet

## adresser – affaire

**adresser** [adʀese] vt (expédier) enviar; (écrire l'adresse sur) poner la dirección en; (injure, compliments) dirigir; **~ qn à un docteur/un bureau** enviar a algn a un médico/una oficina; **~ la parole à qn** dirigir la palabra a algn; **s'adresser** vpr : **s'~ à** dirigirse a; (suj : livre, conseil) estar dirigido(-a) a
**Adriatique** [adʀijatik] nf : **l'~, la mer ~** el (mar) Adriático
**adroit, e** [adʀwa, wat] adj hábil; (rusé) astuto(-a)
**adroitement** [adʀwatmɑ̃] adv hábilmente; (fig) astutamente
**ADSL** [adeɛsɛl] sigle m (= asymmetrical digital subscriber line) ADSL m ou f
**adulation** [adylasjɔ̃] nf adulación f
**aduler** [adyle] vt adular
**adulte** [adylt] nmf adulto(-a); **film pour adultes** película para adultos; **formation des/pour adultes** formación f de/para adultos ▶ adj adulto(-a); (attitude) maduro(-a); **l'âge ~** la edad adulta
**adultère** [adyltɛʀ] adj adúltero(-a) ▶ nm adulterio
**adultérin, e** [adyleʀɛ̃, in] adj adulterino(-a)
**advenir** [advəniʀ] vi ocurrir; **qu'adviendra-t-il/qu'est-il advenu de … ?** ¿qué ocurrirá?/¿qué ha ocurrido con …?; **quoi qu'il advienne** pase lo que pase
**adventice** [advɑ̃tis] adj adventicio(-a)
**adventiste** [advɑ̃tist] nmf adventista mf
**adverbe** [advɛʀb] nm adverbio; **~ de manière** adverbio de modo
**adverbial, e, -aux** [advɛʀbjal, jo] adj adverbial
**adversaire** [advɛʀsɛʀ] nmf adversario(-a); **~ de qch** adversario(-a) de algo
**adverse** [advɛʀs] adj adverso(-a); **la partie ~** (Jur) la parte contraria
**adversité** [advɛʀsite] nf adversidad f
**AELE** [aəɛlə] sigle f (= Association européenne de libre-échange) EFTA
**aérateur** [aeʀatœʀ] nm ventilador m
**aération** [aeʀasjɔ̃] nf (action d'aérer) aeración f; (circulation de l'air) ventilación f; **bouche/conduit d'~** boca/conducto de ventilación
**aéré, e** [aeʀe] adj ventilado(-a); (tissu) vaporoso(-a); **centre ~** centro de ocio infantil al aire libre
**aérer** [aeʀe] vt (pièce, literie) ventilar; (style) aligerar; **s'aérer** vpr airearse, tomar el aire
**aérien, ne** [aeʀjɛ̃, jɛn] adj (aussi fig) aéreo(-a); **compagnie aérienne** compañía aérea; **ligne aérienne** línea aérea
**aérobic** [aeʀɔbik] nf aerobic m inv
**aérobie** [aeʀɔbi] adj aerobio(-a)
**aéro-club** [aeʀoklœb] (pl **aéro-clubs**) nm aeroclub m
**aérodrome** [aeʀodʀom] nm aeródromo

**aérodynamique** [aeʀodinamik] adj aerodinámico(-a) ▶ nf aerodinámica
**aérofrein** [aeʀofʀɛ̃] nm freno aerodinámico
**aérogare** [aeʀogaʀ] nf terminal f; (en ville) estación f terminal
**aéroglisseur** [aeʀoglisœʀ] nm aerodeslizador m
**aérogramme** [aeʀogʀam] nm carta por avión
**aéromodélisme** [aeʀomɔdelism] nm aeromodelismo
**aéronaute** [aeʀonot] nm aeronauta mf
**aéronautique** [aeʀonotik] adj aeronáutico(-a) ▶ nf aeronáutica
**aéronaval, e** [aeʀonaval] adj aeronaval ▶ nf : **l'Aéronavale** las Fuerzas aeronavales
**aéronef** [aeʀɔnɛf] nm aeronave f
**aérophagie** [aeʀofaʒi] nf aerofagia
**aéroport** [aeʀopɔʀ] nm aeropuerto; **~ d'embarquement** aeropuerto de embarque
**aéroporté, e** [aeʀopɔʀte] adj aerotransportado(-a)
**aéroportuaire** [aeʀopɔʀtɥɛʀ] adj del aeropuerto
**aéropostal, e, -aux** [aeʀopostal, o] adj aeropostal
**aérosol** [aeʀosɔl] nm aerosol m
**aérospatial, e, -aux** [aeʀospasjal, jo] adj aeroespacial
**aérospatiale** [aeʀospasjal] nf (science) ciencia aeroespacial; (industrie) industria aeroespacial
**aérostat** [aeʀosta] nm aerostato
**aérotrain** [aeʀotʀɛ̃] nm aerotren m
**AF** sigle fpl (= allocations familiales) voir **allocation**
**AFAT** [afat] sigle f = **auxiliaire féminin de l'armée de terre**
**affabilité** [afabilite] nf afabilidad f
**affable** [afabl] adj afable
**affabulateur, -trice** [afabylatœʀ, tʀis] nm/f fabulador(a)
**affabulation** [afabylasjɔ̃] nf fábula
**affabuler** [afabyle] vi fabular
**affacturage** [afaktyʀaʒ] nm cobro de facturas
**affadir** [afadiʀ] vt (plat) volver soso(-a); (texte, style) quitar gracia a; **s'affadir** vpr (plat) volverse soso(-a); (texte, style) quedarse sin gracia
**affaibli, e** [afebli] adj debilitado(-a)
**affaiblir** [afebliʀ] vt debilitar; **s'affaiblir** vpr debilitarse
**affaiblissement** [afeblismɑ̃] nm debilitamiento
**affaire** [afɛʀ] nf (problème, question) asunto; (criminelle, judiciaire) caso; (entreprise, magasin) negocio, empresa; (marché, transaction) negocio; (occasion intéressante) ganga; **tirer qn/se tirer d'~** sacar a algn/salir de un apuro; **en faire son ~** encargarse de ello;

## affairé – affolement

**n'en fais pas une ~ !** ¡no hagas una montaña de eso!; **avoir ~ à qn/qch** (*comme adversaire*) tener que vérselas con algn/algo; (*comme contact*) estar en relación con algn/algo; **tu auras ~ à moi !** ¡te las verás conmigo!; **cela fera l'~** eso bastará; **c'est une ~ de goût/d'argent** es una cuestión de gusto/dinero; **c'est l'~ d'une minute/heure** es cosa de un minuto/una hora; **affaires** *nfpl* negocios *mpl*; (*objets, effets personnels*) cosas *fpl*; **ce sont mes/tes affaires** (*cela me/te concerne*) es asunto mío/tuyo; **occupe-toi de tes affaires !** ¡ocúpate de tus asuntos!; **les Affaires étrangères** Asuntos Exteriores; **toutes affaires cessantes** dejándolo todo

**affairé, e** [afeʀe] *adj* ocupado(-a)
**affairer** [afeʀe] : **s'affairer** *vpr* afanarse
**affairisme** [afeʀism] *nm* especulación *f*
**affairiste** [afeʀist] *nmf* especulador(a)
**affaissé, e** [afese] *adj* (*terrain, immeuble*) hundido(-a); (*épaules, seins*) caído(-a); (*traits*) flácido(-a)
**affaissement** [afesmɑ̃] *nm* (*de terrain, immeuble*) hundimiento; (*de traits*) flacidez *f*
**affaisser** [afese] : **s'affaisser** *vpr* (*terrain, immeuble*) hundirse; (*personne*) desplomarse
**affalé, e** [afale] *adj* : **~ dans un fauteuil** repantingado(-a) en un sillón; **~ sur un banc** repantingado(-a) sobre un banco
**affaler** [afale] : **s'affaler** *vpr* : **s'~ dans/sur** dejarse caer en/sobre
**affamé, e** [afame] *adj* hambriento(-a)
**affamer** [afame] *vt* hacer padecer hambre
**affectation** [afɛktasjɔ̃] *nf* (*de crédits, à un poste*) asignación *f*; (*prétention*) afectación *f*; (*feinte*) fingimiento
**affecté, e** [afɛkte] *adj* (*prétentieux*) afectado(-a); (*feint*) fingido(-a)
**affecter** [afɛkte] *vt* (*toucher, émouvoir*) afectar; (*feindre*) fingir; (*telle ou telle forme*) presentar; **~ qch/qn à** destinar algo/a algn a; **~ qch d'un coefficient/indice** asignar a algo un coeficiente/índice
**affectif, -ive** [afɛktif, iv] *adj* afectivo(-a)
**affection** [afɛksjɔ̃] *nf* afecto, cariño; (*Méd*) afectación *f*; **avoir de l'~ pour** tener cariño a; **prendre en ~** tomar cariño a
**affectionner** [afɛksjɔne] *vt* tener afecto a, tener cariño a
**affectueusement** [afɛktɥøzmɑ̃] *adv* afectuosamente
**affectueux, -euse** [afɛktɥø, øz] *adj* afectuoso(-a)
**afférent, e** [afeʀɑ̃, ɑ̃t] *adj* : **~ à** inherente a
**affermir** [afɛʀmiʀ] *vt* (*sol*) afirmar; (*muscles*) fortalecer; (*peau*) dar firmeza a; (*position, pouvoir*) consolidar; **s'affermir** *vpr* (*muscles*) fortalecerse; (*peau*) adquirir firmeza; (*position, pouvoir*) consolidarse

**affichage** [afiʃaʒ] *nm* anuncio; (*électronique*) marcador *m*; **« ~ interdit »** « se prohíbe fijar carteles »; **panneau/tableau d'~** panel *m*/tablón *m* de anuncios; **~ à cristaux liquides** marcador de cristales líquidos; **~ digital/numérique** marcador digital/numérico
**affiche** [afiʃ] *nf* cartel *m*, afiche *m* (*Am*); (*officielle*) anuncio; **être à l'~** estar en cartelera; **tenir l'~** mantenerse en cartelera
**affiché, e** [afiʃe] *adj* (*ambition, volonté, optimisme*) manifiesto(-a)
**afficher** [afiʃe] *vt* anunciar, mostrar; (*Inform*) visualizar; (*fig, péj*) hacer alarde de; **« défense d'~ »** « prohibido fijar carteles »; **s'afficher** *vpr* (*s'exhiber*) dejarse ver; (*Inform*) aparecer, visualizarse
**affichette** [afiʃɛt] *nf* cartel *m* pequeño
**affilé, e** [afile] *adj* afilado(-a)
**affilée** [afile] : **d'~** *adv* de un tirón
**affiler** [afile] *vt* afilar
**affiliation** [afiljasjɔ̃] *nf* afiliación *f*
**affilié, e** [afilje] *adj* : **être ~ à** estar afiliado(-a) a ▸ *nm/f* afiliado(-a)
**affilier** [afilje] : **s'affilier à** *vpr* afiliarse a
**affinage** [afinaʒ] *nm* (*de fromages*) maduración *f*; (*de métaux*) afino
**affiner** [afine] *vt* (*fromage*) madurar; (*métal*) afinar, purificar; (*analyse*) afinar; (*goût, esprit*) refinar; **s'affiner** *vpr* (*fromage*) madurar; (*manières*) refinarse
**affinité** [afinite] *nf* (*aussi fig*) afinidad *f*
**affirmatif, -ive** [afiʀmatif, iv] *adj* (*réponse*) afirmativo(-a); (*personne*) seguro(-a) de sí mismo(-a) ▸ *nf* : **répondre par l'affirmative** responder afirmativamente; **dans l'affirmative** en caso afirmativo
**affirmation** [afiʀmasjɔ̃] *nf* afirmación *f*
**affirmativement** [afiʀmativmɑ̃] *adv* afirmativamente
**affirmé, e** [afiʀme] *adj* (*volonté*) expreso(-a), manifiesto(-a); (*personnalité*) acusado(-a)
**affirmer** [afiʀme] *vt* afirmar; **s'affirmer** *vpr* afirmarse
**affleurer** [aflœʀe] *vi* emerger
**affliction** [afliksjɔ̃] *nf* aflicción *f*
**affligé, e** [afliʒe] *adj* afligido(-a); **~ d'une maladie/tare** aquejado(-a) por una enfermedad/tara
**affligeant, e** [afliʒɑ̃, ɑ̃t] *adj* desolador(a)
**affliger** [afliʒe] *vt* (*accabler*) afectar; (*attrister*) afligir; **s'affliger** *vpr* : **s'~ de** afligirse por
**affluence** [aflyɑ̃s] *nf* afluencia; **heure/jour d'~** hora/día *m* de afluencia
**affluent** [aflyɑ̃] *nm* afluente *m*
**affluer** [aflye] *vi* afluir
**afflux** [afly] *nm* (*de gens, capitaux*) afluencia; (*de sang*) flujo
**affolant, e** [afɔlɑ̃, ɑ̃t] *adj* enloquecedor(a)
**affolé, e** [afɔle] *adj* enloquecido(-a)
**affolement** [afɔlmɑ̃] *nm* pánico

## affoler – agios

**affoler** [afɔle] vt asustar; **s'affoler** vpr asustarse
**affranchi, e** [afʀɑ̃ʃi] adj (lettre) franqueado(-a); (esclave) liberto(-a); **~ de qch** (conventions, entraves, chaînes) libre de algo, liberado de algo; **esprit ~** espíritu m libre
**affranchir** [afʀɑ̃ʃiʀ] vt (lettre) franquear; (esclave) libertar; (d'une contrainte, menace) liberar; **s'affranchir** vpr : **s'~ de** liberarse de
**affranchissement** [afʀɑ̃ʃismɑ̃] nm (d'une lettre) franqueo; (d'un esclave) liberación f; **tarifs d'~** tarifas fpl de franqueo; **~ insuffisant** franqueo insuficiente
**affres** [afʀ] nfpl : **dans les ~ de** en las angustias de
**affréter** [afʀete] vt fletar
**affreusement** [afʀøzmɑ̃] adv horriblemente
**affreux, -euse** [afʀø, øz] adj horrible
**affriolant, e** [afʀijɔlɑ̃, ɑ̃t] adj seductor(a)
**affront** [afʀɔ̃] nm afrenta
**affrontement** [afʀɔ̃tmɑ̃] nm enfrentamiento
**affronter** [afʀɔ̃te] vt (adversaire) afrontar, hacer frente a; (tempête, critiques) afrontar; **s'affronter** vpr confrontarse
**affubler** [afyble] (péj) vt : **~ qn de** (accoutrement) disfrazar a algn de; **~ qn du surnom de** poner a algn el mote de
**affût** [afy] nm (de canon) cureña; **à l'~ (de)** (aussi fig) al acecho (de)
**affûter** [afyte] vt afilar
**afghan, e** [afgɑ̃, an] adj afgano(-a)
**Afghanistan** [afganistɑ̃] nm Afganistán m
**afin** [afɛ̃] : **~ que** conj a fin de que; **~ de faire** a fin de hacer, con el fin de hacer
**AFNOR** [afnɔʀ] sigle f (= Association française de normalisation) ≈ Oficina Nacional de Normalización
**a fortiori** adv a fortiori
**AFP** [aɛfpe] sigle f = **Agence France-Presse**
**AFPA** [afpa] sigle f = **Association pour la formation professionnelle des adultes**
**africain, e** [afʀikɛ̃, ɛn] adj africano(-a) ▶ nm/f : **Africain, e** africano(-a)
**afrikaans** [afʀikɑ̃s] adj inv, nm afrikaans m inv
**afrikaner** [afʀikanɛʀ], **Afrikander** [afʀikɑ̃dɛʀ] nmf afrikaner mf
**Afrique** [afʀik] nf África; **~ australe/du Nord/du Sud** África austral/del Norte/del Sur
**afro** [afʀo] adj : **coiffure ~** peinado afro
**afro-américain, e** [afʀoameʀikɛ̃, ɛn] (pl **afro-américains, -es**) adj afroamericano(-a)
**AG** [aʒe] sigle f = **assemblée générale**
**agaçant, e** [agasɑ̃, ɑ̃t] adj irritante, pesado(-a)
**agacement** [agasmɑ̃] nm irritación f
**agacer** [agase] vt irritar; (aguicher) provocar
**agapes** [agap] nfpl (festin) ágape m
**agate** [agat] nf ágata

**agave** [agav] nm agave mf, pita
**AGE** [aʒeə] sigle f = **assemblée générale extraordinaire**
**âge** [aʒ] nm edad f; **quel ~ as-tu ?** ¿qué edad tienes?; **une femme d'un certain ~** una mujer de cierta edad; **bien porter son ~** llevar bien los años; **prendre de l'~** envejecer; **limite/dispense d'~** límite m/ dispensa de edad; **troisième ~** tercera edad; **avoir l'~ de raison** tener uso de razón; **l'~ ingrat** la edad del pavo; **~ légal/mental** edad legal/mental; **l'~ mûr** la edad madura
**âgé, e** [aʒe] adj de edad; **~ de 10 ans** de 10 años de edad; **les personnes âgées** los ancianos, la gente mayor
**agence** [aʒɑ̃s] nf agencia; (succursale) sucursal f; **~ immobilière/matrimoniale** agencia inmobiliaria/matrimonial; **~ de placement/de publicité/de voyages** oficina de empleo/de publicidad/de viajes
**agencé, e** [aʒɑ̃se] adj : **bien/mal ~** bien/mal dispuesto(-a)
**agencement** [aʒɑ̃smɑ̃] nm disposición f
**agencer** [aʒɑ̃se] vt (éléments, appartement) disponer; (texte) componer
**agenda** [aʒɛ̃da] nm agenda
**agenouillé, e** [aʒ(ə)nuje] adj arrodillado(-a)
**agenouiller** [aʒ(ə)nuje] : **s'agenouiller** vpr arrodillarse
**agent, e** [aʒɑ̃, ɑ̃t] nm/f (Admin) agente mf; **~ commercial(e)** agente comercial; **~ d'assurances/de change** agente de seguros/de cambio; **~ (de police)** policía mf, agente mf (AM); **~ immobilier(-ère)** agente inmobiliario(-a); **~ secret(-ète)** agente secreto(-a) ▶ nm (élément, facteur) agente m, factor m; **complément d'~** (Ling) complemento agente
**agglo** [aglo] nm = **aggloméré**
**agglomérat** [aglɔmeʀa] nm aglomerado
**agglomération** [aglɔmeʀasjɔ̃] nf aglomeración f; (de huttes) poblado; **l'~ parisienne** el área metropolitana de París
**aggloméré** [aglɔmeʀe] nm aglomerado
**agglomérer** [aglɔmeʀe] vt aglomerar; **s'agglomérer** vpr aglomerarse
**agglutiner** [aglytine] vt aglutinar; **s'agglutiner** vpr aglutinarse
**aggravant, e** [agʀavɑ̃, ɑ̃t] adj : **circonstance aggravante** circunstancia agravante
**aggravation** [agʀavasjɔ̃] nf agravamiento, empeoramiento
**aggraver** [agʀave] vt agravar, empeorar; (Jur) agravar; **~ son cas** agravar su caso; **s'aggraver** vpr agravarse
**agile** [aʒil] adj ágil
**agilement** [aʒilmɑ̃] adv ágilmente
**agilité** [aʒilite] nf agilidad f
**agio** [aʒjo] nm agio
**agios** [aʒjo] nmpl gastos mpl bancarios

## agir – ahurir

**agir** [aʒiʀ] vi actuar; *(avoir de l'effet)* hacer ou surtir efecto; **~ sur qch** *(sujet médicament, substance)* actuar sobre algo; **s'agir** vpr **il s'agit de** se trata de; **il s'agit de faire** se trata de hacer; **de quoi s'agit-il ?** ¿de qué se trata?; **s'agissant de** tratándose de
**agissements** [aʒismɑ̃] nmpl *(gén péj)* manejos mpl
**agitateur, -trice** [aʒitatœʀ, tʀis] nm/f agitador(a)
**agitation** [aʒitasjɔ̃] nf agitación f
**agité, e** [aʒite] adj *(personne)* inquieto(-a); *(vie, voyage)* agitado(-a); **une mer agitée** un mar agitado ou revuelto; **un sommeil ~** un sueño intranquilo
**agiter** [aʒite] vt agitar; *(question, problème)* discutir; *(personne)* inquietar; **« ~ avant l'emploi »** «agitar antes de usar»; **s'agiter** vpr *(aussi fig)* agitarse
**agneau** [aɲo] nm cordero
**agnelet** [aɲ(ə)lɛ] nm corderillo
**agnostique** [agnɔstik] adj, nmf agnóstico(-a)
**agonie** [agɔni] nf *(aussi fig)* agonía
**agonir** [agɔniʀ] vt : **~ qn d'injures** colmar a algn de injurias
**agoniser** [agɔnize] vi agonizar
**agoraphobe** [agɔʀafɔb] adj agorafóbico(-a)
**agoraphobie** [agɔʀafɔbi] nf agorafobia
**agrafe** [agʀaf] nf *(de bureau, Méd)* grapa; *(de vêtement)* corchete m
**agrafer** [agʀafe] vt *(des feuilles de papier)* grapar; *(vêtement)* abrochar
**agrafeuse** [agʀaføz] nf grapadora
**agraire** [agʀɛʀ] adj agrario(-a)
**agrandir** [agʀɑ̃diʀ] vt agrandar, ampliar; **(faire) ~ sa maison** (hacer) ampliar su casa; **s'agrandir** vpr agrandarse
**agrandissement** [agʀɑ̃dismɑ̃] nm ampliación f, ensanche m; *(Photo)* ampliación
**agrandisseur** [agʀɑ̃disœʀ] nm ampliadora
**agréable** [agʀeabl] adj agradable
**agréablement** [agʀeabləmɑ̃] adv agradablemente
**agréé, e** [agʀee] adj autorizado(-a); **magasin/concessionnaire ~** establecimiento/concesionario autorizado
**agréer** [agʀee] vt acceder; **~ à** acceder a; **se faire ~** hacerse admitir; **veuillez ~ ...** le saluda ...
**agrég** [agʀɛg] *(fam)* nf = **agrégation**
**agrégateur** [agʀegatœʀ] nm *(Inform)* agregador m *(de noticias)*
**agrégation** [agʀegasjɔ̃] nf oposición f; ver nota

: **AGRÉGATION**
:
: La **agrégation**, que se conoce
: familiarmente como *agrég*, es un examen
: de oposición para profesores de enseñanza
: secundaria. El número de opositores
: siempre excede en mucho al número de
: plazas. La mayor parte del profesorado de
: las *classes préparatoires* y del profesorado
: universitario ha aprobado la **agrégation**.

**agrégé, e** [agʀeʒe] nm/f catedrático(-a)
**agréger** [agʀeʒe] : **s'agréger** vpr asociarse
**agrément** [agʀemɑ̃] nm *(accord)* consentimiento; *(attraits)* atractivo; *(plaisir)* agrado; **jardin d'~** jardín m de recreo; **voyage d'~** viaje m de placer
**agrémenter** [agʀemɑ̃te] vt amenizar; **~ qch de** embellecer algo con
**agrès** [agʀɛ] nmpl aparatos mpl
**agresser** [agʀese] vt agredir
**agresseur, -euse** [agʀesœʀ, øz] nm/f agresor(a)
**agressif, -ive** [agʀesif, iv] adj agresivo(-a); *(couleur, toilette)* provocador(a)
**agression** [agʀesjɔ̃] nf agresión f
**agressivement** [agʀesivmɑ̃] adv agresivamente
**agressivité** [agʀesivite] nf agresividad f
**agreste** [agʀɛst] adj agreste
**agricole** [agʀikɔl] adj agrícola
**agriculteur, -trice** [agʀikyltœʀ, tʀis] nm/f agricultor(a)
**agriculture** [agʀikyltyʀ] nf agricultura
**agripper** [agʀipe] vt agarrar; **s'agripper** vpr : **s'~ à** agarrarse a, aferrarse a
**agritourisme** [agʀituʀism] nm agroturismo
**agro-alimentaire** [agʀoalimɑ̃tɛʀ] *(pl* **agro-alimentaires***)* adj agroalimenticio(-a)
**agrocarburant** [agʀokaʀbyʀɑ̃] nm agrocarburante m, agrocombustible m
**agro-industrie** [agʀoɛ̃dystʀi] *(pl* **agro-industries***)* nf agroindustria, industria agrícola; **les agro-industries** las agroindustrias, el sector agroindustrial
**agronome** [agʀɔnɔm] nmf agrónomo(-a)
**agronomie** [agʀɔnɔmi] nf agronomía
**agronomique** [agʀɔnɔmik] adj agronómico(-a)
**agrumes** [agʀym] nmpl cítricos mpl, agrios mpl
**aguerri, e** [ageʀi] adj aguerrido(-a), curtido(-a)
**aguerrir** [ageʀiʀ] vt curtir; **s'aguerrir** vpr : **s'~ (contre)** endurecerse (contra)
**aguets** [agɛ] : **aux ~** adv : **être aux ~** estar al acecho
**aguichant, e** [agiʃɑ̃, ɑ̃t] adj excitante
**aguicher** [agiʃe] vt excitar
**aguicheur, -euse** [agiʃœʀ, øz] adj incitador(a)
**ah** [ˈɑ] excl ¡ah!; **ah bon ?** ¿ah sí?; **ah mais ... !** ¡ah pero ...!; **ah non !** ¡ni hablar!
**ahuri, e** [ayʀi] adj *(stupéfait)* estupefacto(-a); *(stupide)* atontado(-a)
**ahurir** [ayʀiʀ] vt asombrar

## ahurissant – aimer

**ahurissant, e** [ayʀisɑ̃, ɑ̃t] adj sorprendente
**ai** [ɛ] vb voir **avoir**
**aide** [ɛd] nf ayuda; **à l'~ de** con (la) ayuda de; **à l'~!** ¡socorro!; **appeler (qn) à l'~** pedir ayuda (a algn); **venir en ~ à qn** ayudar a algn; **il est venu à mon ~** vino en mi ayuda; **~ familiale** ayuda familiar; **~ judiciaire** ayuda judicial; **~ ménagère** ayuda doméstica; **~ sociale** (assistance) asistencia social ▶ nmf ayudante mf; **~ de camp** ayudante de campo; **~ de laboratoire** auxiliar mf de laboratorio; **~ technique** asistente mf técnico(-a)
**aide-comptable** [ɛdkɔ̃tabl(ə)] (pl **aides-comptables**) nmf auxiliar mf de contabilidad
**aide-éducateur, -trice** [ɛdedykatœʀ, tʀis] (pl **aides-éducateurs, aides-éducatrices**) nm/f ayudante mf de clase
**aide-électricien** [ɛdelɛltʀisjɛ̃] (pl **aides-électriciens**) nm auxiliar mf electricista
**aide-mémoire** [ɛdmemwaʀ] (pl **~(s)**) nm memorándum m
**aider** [ede] vt ayudar; **~ qn à faire qch** ayudar a algn a hacer algo; **~ à** (faciliter, favoriser) ayudar a; **s'aider de** vpr ayudarse de, servirse de
**aide-soignant, e** [ɛdswaɲɑ̃, ɑ̃t] (pl **aides-soignants, -es**) nm/f auxiliar mf de enfermería
**aie** etc [ɛ] vb voir **avoir**
**aïe** [aj] excl ¡ay!
**aïeul, e** [ajœl] (pl **aïeuls, aïeules**) nm/f abuelo(-a); **aïeux** nmpl (ancêtres) antepasados mpl
**aigle** [ɛgl] nm águila
**aiglefin** [ɛgləfɛ̃] nm = **églefin**
**aigre** [ɛgʀ] adj (aussi fig) agrio(-a); **tourner à l'~** agriarse
**aigre-doux, -douce** [ɛgʀədu, dus] (pl **aigres-doux, -douces**) adj agridulce
**aigrefin** [ɛgʀəfɛ̃] nm estafador(a)
**aigrelet, te** [ɛgʀəlɛ, ɛt] adj (goût, voix) ligeramente agrio(-a); (pomme etc) ácido(-a); (vin) picado(-a)
**aigrette** [ɛgʀɛt] nf (plume) copete m
**aigreur** [ɛgʀœʀ] nf acidez f; (d'un propos) acritud f; **aigreurs d'estomac** acidez de estómago
**aigri, e** [egʀi] adj amargado(-a)
**aigrir** [egʀiʀ] vt agriar; **s'aigrir** vpr agriarse
**aigu, ë** [egy] adj (voix, note, douleur) agudo(-a); (objet, arête) afilado(-a)
**aigue-marine** [ɛgmaʀin] (pl **aigues-marines**) nf aguamarina
**aiguillage** [egɥijaʒ] nm agujas fpl; (manœuvre) cambio de agujas
**aiguille** [egɥij] nf aguja; (montagne) picacho; **~ à tricoter** aguja de tejer
**aiguiller** [egɥije] vt orientar; (Rail) cambiar las agujas

**aiguillette** [egɥijɛt] nf (Culin) tajada
**aiguilleur** [egɥijœʀ] nm guardagujas msg; **~ du ciel** controlador m aéreo
**aiguillon** [egɥijɔ̃] nm (d'abeille) aguijón m; (de la peur, du désir) acicate m
**aiguillonner** [egɥijɔne] vt (fig) acuciar
**aiguiser** [egize] vt afilar; (fig) aguzar
**aiguisoir** [egizwaʀ] nm afilador m
**aïkido** [aikido] nm aikido
**ail** (pl **aulx**) [aj, o] nm ajo
**aile** [ɛl] nf ala; (de voiture) aleta; **battre de l'~** estar alicaído(-a); **voler de ses propres ailes** volar solo(-a); **~ libre** vuelo libre
**ailé, e** [ele] adj alado(-a)
**aileron** [ɛlʀɔ̃] nm (de requin) aleta; (d'avion, de voiture) alerón m
**ailette** [ɛlɛt] nf aleta
**ailier, -ière** [elje, jɛʀ] nm/f extremo mf; **~ droit(e)/gauche** extremo derecho/izquierdo
**aille** etc [aj] vb voir **aller**
**aillé, e** [aje] adj (beurre, pain, sauce) de ajo
**ailleurs** [ajœʀ] adv en otra parte; **partout/nulle part ~** en cualquier/en ninguna otra parte; **d'~** además; **par ~** por otra parte
**ailloli** [ajoli] nm alioli m
**aimable** [ɛmabl] adj amable; **vous êtes bien ~** es usted muy amable
**aimablement** [ɛmabləmɑ̃] adv amablemente
**aimant, e** [ɛmɑ̃] adj amoroso(-a) ▶ nm imán m
**aimanté, e** [ɛmɑ̃te] adj imantado(-a)
**aimanter** [ɛmɑ̃te] vt imantar
**aimer** [eme] vt (d'amour) querer, amar; (d'amitié, affection) querer; (chose, activité) gustar; **bien ~ qn/qch, j'aime le cinéma/faire du sport** me gusta el cine/hacer deporte; **j'aime bien l'anglais** me gusta el inglés; **j'aime bien Pierre** me cae bien Pedro; **aimeriez-vous que je vous accompagne ?** ¿le gustaría que le acompañase?; **j'aimerais (bien) m'en aller** me gustaría (mucho) irme; **j'aimerais te demander si ...** quisiera preguntarle si ...; **j'aimerais que la porte soit fermée** me gustaría que la puerta estuviese cerrada; **tu aimerais que je fasse qch pour toi ?** ¿te gustaría que hiciese algo por ti?; **j'aime mieux** ou **autant vous dire que** prefiero decirle que; **j'aimerais autant** ou **mieux y aller maintenant** preferiría ir ahora; **j'aimerais avoir ton avis/opinion** me gustaría conocer tu opinión; **j'aime mieux Paul que Pierre** prefiero a Paul antes que a Pierre; **s'aimer** vpr amarse

> **Aimer** a plusieurs traductions en espagnol : pour exprimer l'amour pour quelqu'un, on emploie *amar* ou *querer*. Pour exprimer l'affection pour quelqu'un, on emploie *querer*. Pour exprimer un goût ou

une préférence pour quelque chose, on emploie la construction avec *gustar* :
**Je t'aime.** Te amo./Te quiero.
**Elle aime beaucoup sa sœur.** Quiere mucho a su hermana.
**Je n'aime pas parler en public.** No me gusta hablar en público.

**aine** [ɛn] *nf* ingle *f*
**aîné, e** [ene] *adj* mayor ▶ *nm/f* primogénito(-a); **il est mon ~ (de deux ans)** es (dos años) mayor que yo; **aînés** *nmpl* (*fig* : *anciens*) antepasados *mpl*
**aînesse** [ɛnɛs] *nf* : **droit d'~** primogenitura
**ainsi** [ɛ̃si] *adv* (*de cette façon, ce faisant*) así; (*introduisant une question*) así que; **~ que** (*comme*) (así) como; (*et aussi*) así como; **pour ~ dire** por así decirlo; **~ donc** así pues; **~ soit-il** así sea; **et ~ de suite** y así sucesivamente
**aïoli** [ajɔli] *nm* = **ailloli**
**air** [ɛʀ] *nm* aire *m*; (*expression, attitude*) aspecto, aire; **dans l'~** (*atmosphère, ambiance*) en el aire; **tout mettre en l'~ dans une pièce** poner una habitación patas arriba; **regarder en l'~** mirar hacia arriba; **tirer en l'~** disparar al aire; **parole/menace en l'~** palabra/amenaza al aire; **prendre l'~** tomar el aire; **avoir l'~** parecer, verse (AM); **il a l'~ de manger/dormir/faire** parece que está comiendo/durmiendo/haciendo; **avoir l'~ d'un homme/clown** parecer un hombre/payaso; **prendre de grands airs (avec qn)** darse aires de grandeza (con algn); **avoir l'~ triste** parecer triste; **ils ont un ~ de famille** se dan un aire de familia; **courant d'~** corriente *f* de aire; **le grand ~** el aire libre; **mal de l'~** mareo; **tête en l'~** despistado(-a); **~ comprimé/conditionné/liquide** aire comprimido/acondicionado/líquido
**airbag** [ɛʀbag] *nm* airbag *m*
**aire** [ɛʀ] *nf* área *f*; (*domaine, zone*) campo; (*nid*) aguilera; **~ d'atterrissage** pista de aterrizaje; **~ de jeu/de lancement** área de juego/de lanzamiento; **~ de stationnement** área de estacionamiento; (*d'autoroute*) área de descanso
**airelle** [ɛʀɛl] *nf* arándano
**aisance** [ɛzɑ̃s] *nf* (*facilité*) facilidad *f*; (*grâce, adresse*) desenvoltura; (*richesse*) bienestar *m*; (*Couture*) holgura; **être dans l'~** estar desahogado(-a)
**aise** [ɛz] *nf* (*confort*) comodidad *f*; (*financière*) desahogo; **soupirer/frémir d'~** suspirar/temblar de gozo; **être à l'~** estar a gusto; (*pas embarrassé*) estar a sus anchas; (*financièrement*) estar desahogado(-a); **se mettre à l'~** ponerse a gusto; **être mal à l'~** estar a disgusto; (*gêné*) estar molesto(-a); **mettre qn à l'~/mal à l'~** hacer que algn se sienta cómodo(-a)/incómodo(-a); **à votre ~** como usted guste; **en faire à son ~** hacer lo que a uno le plazca; **en prendre à son ~ avec qch** tomarse algo con calma; **aises** *nfpl* : **prendre ses aises** instalarse a sus anchas; **il aime ses aises** le gusta la comodidad ▶ *adj* : **être bien ~ de/que** estar encantado(-a) de/de que
**aisé, e** [eze] *adj* (*facile*) fácil; (*naturel*) desenvuelto(-a); (*assez riche*) acomodado(-a)
**aisément** [ezemɑ̃] *adv* (*sans peine*) fácilmente; (*dans la richesse*) holgadamente
**aisselle** [ɛsɛl] *nf* axila
**ait** [ɛ] *vb voir* **avoir**
**ajonc** [aʒɔ̃] *nm* aulaga
**ajouré, e** [aʒuʀe] *adj* calado(-a)
**ajournement** [aʒuʀnəmɑ̃] *nm* aplazamiento
**ajourner** [aʒuʀne] *vt* (*débat, décision*) aplazar, postergar (AM); (*candidat*) suspender; (*conscrit*) reemplazar
**ajout** [aʒu] *nm* añadido
**ajouter** [aʒute] *vt* añadir, agregar (*surtout* AM); (*Inform*) juntar, añadir; **~ que** añadir que; **~ foi à** dar crédito a; **à ~** añadir a; **s'~ à** añadirse a
**ajustage** [aʒystaʒ] *nm* ajuste *m*
**ajusté, e** [aʒyste] *adj* : **bien ~** ajustado(-a)
**ajustement** [aʒystəmɑ̃] *nm* ajuste *m*
**ajuster** [aʒyste] *vt* (*Tech*) ajustar; (*vêtement*) adaptar; (*cravate*) anudar; (*viser*) apuntar; **~ qch à** adaptar algo a
**ajusteur** [aʒystœʀ] *nm* ajustador *m*
**alaise** [alɛz] *nf* = **alèse**
**alambic** [alɑ̃bik] *nm* alambique *m*
**alambiqué, e** [alɑ̃bike] *adj* alambicado(-a)
**alangui, e** [alɑ̃gi] *adj* lánguido(-a)
**alanguir** [alɑ̃giʀ] *vt* languidecer; **s'alanguir** *vpr* languidecer
**alarmant, e** [alaʀmɑ̃, ɑ̃t] *adj* alarmante
**alarme** [alaʀm] *nf* (*signal*) alarma; (*inquiétude*) inquietud *f*; **donner l'~** dar la alarma; **jeter l'~** sembrar la alarma; **à la première ~** al primer toque de alarma
**alarmer** [alaʀme] *vt* alarmar; **s'alarmer** *vpr* alarmarse
**alarmiste** [alaʀmist] *adj* alarmista
**Alaska** [alaska] *nm* Alaska
**albanais, e** [albanɛ, ez] *adj* albanés(-esa) ▶ *nm* (*Ling*) albanés *m* ▶ *nm/f* : **Albanais, e** albanés(-esa)
**Albanie** [albani] *nf* Albania
**albâtre** [albɑtʀ] *nm* alabastro
**albatros** [albatʀos] *nm* albatros *m*
**albigeois, e** [albiʒwa, waz] *adj* albigense
**albinos** [albinos] *nmf* albino(-a)
**album** [albɔm] *nm* álbum *m*; **~ à colorier/de timbres** álbum para colorear/de sellos
**albumen** [albymɛn] *nm* clara
**albumine** [albymin] *nf* albúmina; **avoir** *ou* **faire de l'~** tener albúmina
**alcalin, e** [alkalɛ̃, in] *adj* alcalino(-a)
**alchimie** [alʃimi] *nf* alquimia
**alchimiste** [alʃimist] *nmf* alquimista *mf*

## alcool – alléguer

**alcool** [alkɔl] *nm* : **l'**~ el alcohol; **un** ~ un aguardiente; ~ **à 90°** alcohol de 90°; ~ **à brûler** alcohol de quemar; ~ **camphré** alcohol alcanforado; ~ **de poire/de prune** aguardiente de pera/de ciruela

**alcoolémie** [alkɔlemi] *nf* : **taux d'**~ tasa de alcoholemia

**alcoolique** [alkɔlik] *adj, nmf* alcohólico(-a)

**alcoolisé, e** [alkɔlize] *adj* alcoholizado(-a); **fortement/peu** ~ muy/poco alcoholizado(-a)

**alcoolisme** [alkɔlism] *nm* alcoholismo

**alcoolo** [alkɔlo] (*fam*) *adj, nmf* alcohólico(-a)

**alcootest®** [alkɔtɛst] *nm* (*objet*) alcohómetro; (*épreuve*) prueba del alcohol; **faire subir l'**~ **à qn** hacer la prueba del alcohol a algn

**alcopop** [alkɔpɔp] *nm* alcopop *m*, *combinado de refresco y alcohol que se vende embotellado*

**alcôve** [alkov] *nf* alcoba

**aléas** [alea] *nmpl* riesgos *mpl*

**aléatoire** [aleatwaʀ] *adj* aleatorio(-a)

**alémanique** [alemanik] *adj* alemánico(-a)

**alentour** [alãtuʀ] *adv* alrededor; **alentours** *nmpl* alrededores *mpl*; **aux alentours de** en los alrededores de

**alerte** [alɛʀt] *adj* vivo(-a) ▶ *nf* (*menace*) alerta; (*signal, inquiétude*) alarma; **donner l'**~ dar la alerta; **à la première** ~ al primer toque de alarma; ~ **rouge** alerta roja

**alerter** [alɛʀte] *vt* alertar

**alésage** [alezaʒ] *nm* (*opération*) calibrado; (*diamètre intérieur*) calibre *m*

**alèse** [alɛz] *nf* funda impermeable

**aléser** [aleze] *vt* calibrar, fresar

**alevin** [alvẽ] *nm* alevín *m*

**alevinage** [alvinaʒ] *nm* repoblación *f* de los ríos y estanques

**Alexandrie** [alɛksãdʀi] *n* Alejandría

**alexandrin** [alɛksãdʀẽ] *nm* alejandrino

**alezan, e** [alzã, an] *adj, nm/f* alazán(-ana); ~ **clair(e)** alazán(-ana) claro(-a)

**algarade** [algaʀad] *nf* altercado

**algèbre** [alʒɛbʀ] *nf* álgebra

**algébrique** [alʒebʀik] *adj* algebraico(-a)

**Alger** [alʒe] *n* Argel

**Algérie** [alʒeʀi] *nf* Argelia

**algérien, ne** [alʒeʀjẽ, jɛn] *adj* argelino(-a) ▶ *nm/f* : **Algérien, ne** argelino(-a)

**algérois, e** [alʒeʀwa, waz] *nm/f* argelino(-a) ▶ *nm* : **l'A**~ la provincia de Argel

**algorithme** [algɔʀitm] *nm* algoritmo

**algue** [alg] *nf* alga; **algues vertes** algas verdes

**alias** [aljas] *adv* alias

**alibi** [alibi] *nm* coartada

**aliénation** [aljenasjɔ̃] *nf* alienación *f*; ~ **mentale** enajenación *f* mental

**aliéné, e** [aljene] *nm/f* enajenado(-a)

**aliéner** [aljene] *vt* alienar; **s'aliéner** *vpr* perder

**aligné, e** [aliɲe] *adj* alineado(-a); **pays non alignés** países *mpl* no alineados

**alignement** [aliɲ(ə)mã] *nm* alineación *f*; **à l'**~ en fila

**aligner** [aliɲe] *vt* alinear; ~ **qch sur** poner algo en línea con; **s'aligner** *vpr* alinearse; **s'**~ **(sur)** (*Pol*) estar alineado(-a) (con)

**aliment** [alimã] *nm* (*aussi fig*) alimento; ~ **complet** alimento completo

**alimentaire** [alimãtɛʀ] *adj* alimenticio(-a); (*péj : besogne*) para poder comer; **produits** *ou* **denrées alimentaires** productos *mpl* alimenticios

**alimentation** [alimãtasjɔ̃] *nf* alimentación *f*; (*en eau, en électricité*) provisión *f*; ~ **à feuille** alimentación de hojas; ~ **de base** alimentación básica; ~ **en continu** alimentación continua; ~ **en papier** alimentación de papel; ~ **générale** alimentación

**alimenter** [alimãte] *vt* alimentar; (*conversation*) sostener; (*en eau, électricité*) : ~ **(en)** alimentar (con), abastecer (con); **s'alimenter** *vpr* alimentarse

**alinéa** [alinea] *nm* párrafo; « **nouvel** ~ » « punto y aparte », « nuevo párrafo »

**alité, e** [alite] *adj* (*malade*) encamado(-a), en cama

**aliter** [alite] : **s'aliter** *vpr* encamarse, guardar cama; **infirme alité** enfermo encamado

**alizé** [alize] *adj, nm* : (**vent**) ~ (viento) alisio

**allaitement** [alɛtmã] *nm* lactancia; ~ **au biberon/maternel/mixte** lactancia con biberón/materna/mixta

**allaiter** [alete] *vt* (*femme*) dar el pecho a; (*animal*) amamantar

**allant** [alã] *nm* energía

**alléchant, e** [aleʃã, ãt] *adj* (*odeur*) atrayente; (*proposition*) tentador(a)

**allécher** [aleʃe] *vt* (*suj : proposition, odeur*) tentar

**allée** [ale] *nf* (*de jardin, parc*) paseo, sendero; (*en ville*) avenida; **allées** *nfpl* : **allées et venues** idas *fpl* y venidas *fpl*

**allégation** [a(l)legasjɔ̃] *nf* alegación *f*

**allégé, e** [aleʒe] *adj* (*yaourt etc*) bajo(-a) en grasas

**allégeance** [aleʒãs] *nf* juramento

**allègement** [alɛʒmã] *nm* (*des programmes scolaires, impôts*) reducción *f*

**alléger** [aleʒe] *vt* aligerar; (*programmes scolaires, impôts, souffrance*) reducir

**allégorie** [a(l)legɔʀi] *nf* alegoría

**allégorique** [a(l)legɔʀik] *adj* alegórico(-a)

**allègre** [a(l)lɛgʀ] *adj* (*vif*) resuelto(-a); (*joyeux*) alegre

**allègrement** [a(l)lɛgʀəmã] *adv* (*aussi péj*) alegremente

**allégresse** [a(l)legʀɛs] *nf* alegría

**allegretto** [al(l)egʀe(t)to] *nm, adv* allegretto

**allegro** [a(l)legʀo] *nm, adv* allegro

**alléguer** [a(l)lege] *vt* alegar

**Allemagne** [almaɲ] *nf* Alemania; **l'~ de l'Est/de l'Ouest/fédérale** (*Hist*) Alemania del este/del oeste/federal

**allemand, e** [almɑ̃, ɑ̃d] *adj* alemán(-ana) ▶ *nm/f*: **Allemand, e** alemán(-ana); **A~ de l'Est/de l'Ouest** (*Hist*) alemán(-ana) del este/del oeste ▶ *nm* (*Ling*) alemán *m*

MOT-CLÉ

**aller** [ale] *nm* ida
▶ *vi* **1** ir; **aller à la chasse/pêche** ir a cazar/pescar, ir de caza/pesca; **aller au théâtre/au concert/au cinéma** ir al teatro/a conciertos/al cine; **aller à l'école** ir al colegio
**2** (*état, santé*) andar, estar; **comment allez-vous ?** ¿qué tal está usted?; **comment ça va ? ¿qué tal?; ça va ? — oui, ça va/non, ça ne va pas** ¿qué tal? — bien/mal; **comment ça va les affaires ?** ¿qué tal van las cosas?; **ça ne va pas très bien (au bureau)** las cosas no van muy bien (en la oficina); **ça va bien/mal** anda bien/mal; **tout va bien** todo va bien; **il va bien/mal** está bien/mal; **il y va de leur vie** les va en ello la vida; **il n'y est pas allé par quatre chemins** (*fig*) no se anduvo con rodeos; **tu y vas un peu fort** exageras un poco; **aller à qn** (*suj : forme, pointure*) sentar *ou* quedar bien a algn; **cette robe te va très bien** este vestido te sienta *ou* queda muy bien; **cela me va** (*couleur, vêtement*) esto me sienta *ou* va bien; **aller avec** (*couleurs, style etc*) pegar con; **ça ne va pas sans difficultés** esto conlleva dificultades; **aller sur** (*âge*) acercarse a; **ça ira** (*comme ça*) está bien así; **se laisser aller** (*se négliger*) abandonarse, dejarse; **aller jusqu'à Paris/10 euros** (*limite*) llegar hasta París/10 euros; **ça va de soi** se cae por su propio peso; **ça va sans dire** ni qué decir tiene; **il va sans dire que...** ni qué decir tiene que...
**3** (*fonction d'auxiliaire*) : **je vais me fâcher/le faire** voy a enfadarme/hacerlo; **aller chercher/voir qn** ir a buscar/a ver a algn; **je vais m'en occuper demain** voy a ocuparme de ello mañana
**4 : allons-y !** ¡vamos!; **allez !** ¡venga!; **allons donc !** ¡anda ya!; **aller mieux** ir mejor; **aller en empirant** ir empeorando; **allez, fais un effort** vamos, haz un esfuerzo; **allez, je m'en vais** bueno, me voy; **s'en aller** irse; **aller (simple)** ida; **aller (et) retour** viaje *m* de ida y vuelta

**allergène** [alɛʀʒɛn] *nm* alérgeno
**allergie** [alɛʀʒi] *nf* alergia
**allergique** [alɛʀʒik] *adj* (*aussi fig*) alérgico(-a); **~ à** alérgico(-a) a
**allergologue** [alɛʀɡɔlɔɡ] *nmf* alergista *mf*, alergólogo(-a)

**allez** [ale] *vb voir* **aller**
**alliage** [aljaʒ] *nm* aleación *f*
**alliance** [aljɑ̃s] *nf* alianza; (*mariage*) matrimonio; **neveu par ~** sobrino político
**allié, e** [alje] *adj, nm/f* aliado(-a); **les Alliés** los Aliados; **parents et alliés** parientes *mpl* y allegados *mpl*
**allier** [alje] *vt* aliar; (*métaux*) alear; (*fig*) unir; **s'allier** *vpr* aliarse; **s'~ à** aliarse con
**alligator** [aligatɔʀ] *nm* aligator *m*
**allitération** [a(l)liteʀasjɔ̃] *nf* aliteración *f*
**allô** [alo] *excl* dígame, aló (AM)
**allocataire** [alɔkatɛʀ] *nmf* beneficiario(-a)
**allocation** [alɔkasjɔ̃] *nf* subsidio, prestación *f*; **~ (de) chômage** subsidio de desempleo; **~ (de) logement/de maternité** prestación *f* para alojamiento/por maternidad; **allocations familiales** ayuda *fsg* familiar
**allocs** [alɔk] (*fam*) *nfpl* (*allocations familiales*) ayuda *fsg* familiar
**allocution** [a(l)lɔkysjɔ̃] *nf* alocución *f*; **~ télévisée** alocución televisada
**allongé, e** [alɔ̃ʒe] *adj* (*long*) alargado(-a); (*étendu*) tumbado(-a); **être ~** (*étendu*) estar tumbado(-a); **café ~** café largo; **mine allongée** cara larga
**allongement** [alɔ̃ʒmɑ̃] *nm* (*de jours*) alargamiento; (*de durée de travail*) extensión *f*
**allonger** [alɔ̃ʒe] *vt* (*personne*) tumbar; (*objet, durée*) alargar; (*bras*) estirar; (*sauce*) extender; (*fam : coup, argent*) largar; **~ le pas** aligerar el paso; **s'allonger** *vpr* (*personne*) tumbarse; (*jours*) alargarse; (*durée de travail*) extenderse
**allouer** [alwe] *vt* : **~ qch à** asignar algo a
**allumage** [alymaʒ] *nm* encendido
**allume-cigare** [alymsigaʀ] (*pl* **allume-cigares**) *nm* (*Auto*) encendedor *m* (*de coche*)
**allume-gaz** [alymɡɑz] *nm inv* encendedor *m*
**allumer** [alyme] *vt* encender, prender (AM); **~ la lumière *ou* l'électricité** encender (la luz *ou* la electricidad); **~ la radio/la télévision** encender la radio/la televisión; **~ le/un feu** encender el/un fuego; **s'allumer** *vpr* encenderse
**allumette** [alymɛt] *nf* cerilla, fósforo; **~ au fromage** empanadilla de queso
**allumeur** [alymœʀ] *nm* delco
**allumeuse** [alymøz] (*péj*) *nf* provocadora
**allure** [alyʀ] *nf* (*d'un véhicule*) velocidad *f*; (*d'un piéton*) paso; (*démarche, maintien*) presencia; (*aspect, air*) aspecto; **avoir de l'~** tener buena presencia; **à toute ~** a toda velocidad
**allusion** [a(l)lyzjɔ̃] *nf* (*référence*) referencia; (*sous-entendu*) alusión *f*; **faire ~ à** hacer referencia a; (*avec sous-entendu*) hacer alusión a
**alluvions** [a(l)lyvjɔ̃] *nfpl* aluvión *msg*
**almanach** [almana] *nm* almanaque *m*
**aloès** [alɔɛs] *nm* áloe *m*
**aloi** [alwa] *nm* : **de bon/mauvais ~** de buen/mal gusto

## alors – amateur

**MOT-CLÉ**

**alors** [alɔʀ] *adv* (*à ce moment-là*) entonces; **il habitait alors à Paris** vivía entonces en París ▶ *conj* (*par conséquent*) entonces; **tu as fini ? alors je m'en vais** ¿has acabado? entonces, me voy; **et alors ?** (*pour en savoir plus*) ¿entonces?; (*indifférence*) ¿y qué?

**alors que** *conj* **1** (*au moment où*) cuando; **il est arrivé alors que je partais** llegó cuando me iba

**2** (*pendant que*) cuando, mientras; **alors qu'il était à Paris, il a visité ...** mientras estaba en París, visitó ...

**3** (*tandis que, opposition*) mientras que; **alors que son frère travaillait dur, lui se reposait** mientras que su hermano trabajaba duro, él descansaba

**alouette** [alwɛt] *nf* alondra
**alourdir** [aluʀdiʀ] *vt* hacer pesado(-a); (*fig*) entorpecer; **s'alourdir** *vpr* ponerse pesado(-a)
**aloyau** [alwajo] *nm* solomillo
**alpaga** [alpaga] *nm* alpaca
**alpage** [alpaʒ] *nm* pasto de montaña
**Alpes** [alp] *nfpl* : **les ~** los Alpes
**alpestre** [alpɛstʀ] *adj* alpino(-a)
**alphabet** [alfabɛ] *nm* alfabeto
**alphabétique** [alfabetik] *adj* alfabético(-a); **par ordre ~** por orden alfabético
**alphabétisation** [alfabetizasjɔ̃] *nf* alfabetización *f*
**alphabétiser** [alfabetize] *vt* alfabetizar
**alphanumérique** [alfanymeʀik] *adj* alfanumérico(-a)
**alpin, e** [alpɛ̃, in] *adj* alpino(-a); (*club*) de alpinismo
**alpinisme** [alpinism] *nm* alpinismo, andinismo (*AM*)
**alpiniste** [alpinist] *nmf* alpinista *mf*, andinista *mf* (*AM*)
**Alsace** [alzas] *nf* Alsacia
**alsacien, ne** [alzasjɛ̃, jɛn] *adj* alsaciano(-a) ▶ *nm/f* : **Alsacien, ne** alsaciano(-a)
**altercation** [altɛʀkasjɔ̃] *nf* altercado
**alter ego** [altɛʀego] *nm* alter ego *m*
**altérer** [alteʀe] *vt* (*falsifier*) falsificar; (*abîmer*) adulterar; (*Inform*) alterar; (*donner soif à*) dar sed a; **s'altérer** *vpr* (*s'abîmer*) estropearse
**altermondialisation** [altɛʀmɔ̃djalizasjɔ̃] *nf* antiglobalización *f*
**altermondialisme** [altɛʀmɔ̃djalism] *nm* antiglobalización *f*
**altermondialiste** [altɛʀmɔ̃djalist] *adj, nmf* antiglobalizador(a)
**alternance** [altɛʀnɑ̃s] *nf* alternancia; **en ~** alternativamente; **formation en ~** formación *f* en alternancia
**alternateur** [altɛʀnatœʀ] *nm* alternador *m*
**alternatif, -ive** [altɛʀnatif, iv] *adj* alternativo(-a)

**alternative** [altɛʀnativ] *nf* alternativa
**alternativement** [altɛʀnativmɑ̃] *adv* alternativamente
**alterner** [altɛʀne] *vt* (*choses*) alternar; (*cultures*) rotar; **~ avec qch** alternar con algo; **(faire) ~ qch avec qch** alternar algo con algo ▶ *vi* alternar
**Altesse** [altɛs] *nf* : **son ~ le ...** su Alteza el ...
**altier, -ière** [altje, jɛʀ] *adj* altivo(-a)
**altimètre** [altimɛtʀ] *nm* altímetro
**altiport** [altipɔʀ] *nm* altipuerto
**altiste** [altist] *nmf* viola *mf*
**altitude** [altityd] *nf* (*par rapport à la mer*) altitud *f*; (*par rapport au sol*) altura; **à 500 m d'~** a 500 m de altitud; **en ~** en las alturas; **perdre/prendre de l'~** perder/coger altura; **voler à haute/basse ~** volar alto/bajo
**alto** [alto] *nm* (*instrument à cordes*) viola; (*saxophone*) saxo alto ▶ *nf* (*chanteuse*) contralto *f*
**altruisme** [altʀyism] *nm* altruismo
**altruiste** [altʀyist] *adj, nmf* altruista *mf*
**alu** [aly] (*fam*) *nm* (*aluminium*) aluminio; **en ~** de aluminio
**aluminium** [alyminjɔm] *nm* aluminio; **en ~** de aluminio
**alun** [alœ̃] *nm* alumbre *m*
**alunir** [alyniʀ] *vi* alunizar
**alunissage** [alynisaʒ] *nm* alunizaje *m*
**alvéole** [alveɔl] *nf ou m* celdilla, alveolo
**alvéolé, e** [alveɔle] *adj* alveolado(-a)
**amabilité** [amabilite] *nf* amabilidad *f*; **il a eu l'~ de ...** ha tenido la amabilidad de ...
**amadou** [amadu] *nm* yesca
**amadouer** [amadwe] *vt* (*enjôler*) engatusar; (*adoucir*) ablandar
**amaigri, e** [amegʀi] *adj* (*visage, personne*) enflaquecido(-a)
**amaigrir** [amegʀiʀ] *vt* enflaquecer; **s'amaigrir** *vpr* enflaquecerse
**amaigrissant, e** [amegʀisɑ̃, ɑ̃t] *adj* : **régime ~** régimen *m* de adelgazamiento
**amalgame** [amalgam] *nm* amalgama; **pratiquer l'~** practicar la amalgama
**amalgamer** [amalgame] *vt* amalgamar
**amande** [amɑ̃d] *nf* almendra; (*de noyau de fruit*) pepita; **en ~** (*yeux*) con forma de almendra, almendrado(-a)
**amandier** [amɑ̃dje] *nm* almendro
**amanite** [amanit] *nf* amanita
**amant, e** [amɑ̃, ɑ̃t] *nm/f* amante *mf*
**amarre** [amaʀ] *nf* amarra; **amarres** *nfpl* amarras *fpl*
**amarrer** [amaʀe] *vt* (*Naut*) amarrar; (*gén*) amarrar, atar
**amaryllis** [amaʀilis] *nf* amarilis *f*
**amas** [ama] *nm* montón *m*
**amasser** [amase] *vt* amontonar; **s'amasser** *vpr* amontonarse
**amateur, -trice** [amatœʀ, tʀis] *nm/f* aficionado(-a); **en ~** como aficionado(-a);

## amateurisme – amincir

**~ de musique/de sport** aficionado(-a) a la música/al deporte ▶ *adj* aficionado(-a); **musicien/sportif ~** músico/deportista aficionado; **le sport ~** el deporte amateur *ou* aficionado

**amateurisme** [amatœʀism] *nm* calidad *f* de aficionado; (*péj*) diletantismo

**Amazone** [amazon] *nf* : **l'~** el Amazonas

**amazone** [amazon] *nf* : **en ~** a la amazona

**Amazonie** [amazɔni] *nf* Amazonia

**ambages** [ɑ̃baʒ] : **sans ~** *adv* sin ambages

**ambassade** [ɑ̃basad] *nf* embajada; **en ~** (*mission*) como embajada; **secrétaire/ attaché(e) d'~** secretario(-a)/agregado(-a) de embajada

**ambassadeur, -drice** [ɑ̃basadœʀ, dʀis] *nm/f* (*Pol, fig*) embajador(a)

**ambiance** [ɑ̃bjɑ̃s] *nf* ambiente *m*; **il y a de l'~** hay animación

**ambiant, e** [ɑ̃bjɑ̃, jɑ̃t] *adj* ambiente

**ambidextre** [ɑ̃bidɛkstʀ] *adj* ambidiestro(-a)

**ambigu, -uë** [ɑ̃bigy] *adj* ambiguo(-a)

**ambiguïté** [ɑ̃biguite] *nf* ambigüedad *f*

**ambitieux, -euse** [ɑ̃bisjø, jøz] *adj, nm/f* ambicioso(-a)

**ambition** [ɑ̃bisjɔ̃] *nf* ambición *f*; **une ~** (*but, visée*) una aspiración

**ambitionner** [ɑ̃bisjɔne] *vt* ambicionar

**ambivalence** [ɑ̃bivalɑ̃s] *nf* ambivalencia

**ambivalent, e** [ɑ̃bivalɑ̃, ɑ̃t] *adj* ambivalente

**amble** [ɑ̃bl] *nm* : **aller l'~** amblar

**ambre** [ɑ̃bʀ] *nm* : **jaune/gris** ámbar *m* amarillo/gris

**ambré, e** [ɑ̃bʀe] *adj* (*couleur*) ambarino(-a); (*parfum*) con olor a ámbar

**ambulance** [ɑ̃bylɑ̃s] *nf* ambulancia

**ambulancier, -ière** [ɑ̃bylɑ̃sje, jɛʀ] *nm/f* conductor(a) de una ambulancia

**ambulant, e** [ɑ̃bylɑ̃, ɑ̃t] *adj* ambulante

**âme** [ɑm] *nf* alma; **village de 200 âmes** pueblo de 200 almas; **rendre l'~** entregar el alma; **joueur/tricheur dans l'~** jugador/ tramposo empedernido; **bonne ~** (*aussi iron*) alma caritativa; **en mon ~ et conscience** en conciencia; **~ sœur** alma gemela

**amélioration** [ameljɔʀasjɔ̃] *nf* mejoría

**améliorer** [ameljɔʀe] *vt* mejorar; **s'améliorer** *vpr* mejorarse

**aménagé, e** [amenaʒe] *adj* (*ferme, local*) acondicionado(-a)

**aménagement** [amenaʒmɑ̃] *nm* (*de ferme, local*) acondicionamiento; (*de cuisine, rangements*) instalación *f*; **l'~ du territoire** el fomento de los recursos de un país; **aménagements fiscaux** desgravaciones *fpl* fiscales

**aménager** [amenaʒe] *vt* (*ferme, local*) acondicionar; (*cuisine, rangements*) habilitar

**amende** [amɑ̃d] *nf* multa; **mettre à l'~** reprender; **faire ~ honorable** retractarse

**amendement** [amɑ̃dmɑ̃] *nm* (*Jur*) enmienda

**amender** [amɑ̃de] *vt* (*loi*) enmendar; (*terre*) abonar; **s'amender** *vpr* enmendarse

**amène** [amɛn] *adj* : **peu ~** poco ameno(-a)

**amener** [am(ə)ne] *vt* llevar; (*occasionner*) provocar; (*baisser : voiles*) arriar; **~ qn à qch/à faire** llevar a algn a algo/a hacer; **s'amener** *vpr* (*fam*) venirse

**amenuiser** [amənɥize] : **s'amenuiser** *vpr* disminuir

**amer, amère** [amɛʀ] *adj* amargo(-a); (*personne*) amargado(-a)

**amèrement** [amɛʀmɑ̃] *adv* amargamente

**américain, e** [ameʀikɛ̃, ɛn] *adj* americano(-a); **en vedette américaine** en segundo plano ▶ *nm* (*Ling*) americano ▶ *nm/f* : **Américain, e** americano(-a)

**américaniser** [ameʀikanize] *vt* americanizar

**américanisme** [ameʀikanism] *nm* americanismo

**amérindien, ne** [ameʀɛ̃djɛ̃, jɛn] *adj* amerindio(-a)

**Amérique** [ameʀik] *nf* América; **~ centrale/ du Nord/du Sud/latine** América central/del Norte/del Sur/latina

**Amerloque** [amɛʀlɔk] (*péj*) *nmf* yanqui *mf*

**amerrir** [ameʀiʀ] *vi* amarar

**amerrissage** [ameʀisaʒ] *nm* amaraje *m*

**amertume** [amɛʀtym] *nf* amargura

**améthyste** [ametist] *nf* amatista

**ameublement** [amœbləmɑ̃] *nm* mobiliario; **articles d'~** muebles *mpl*; **tissu d'~** género de tapicería

**ameublir** [amœbliʀ] *vt* mullir

**ameuter** [amøte] *vt* (*badauds*) alborotar; (*peuple*) amotinar

**ami, e** [ami] *nm/f* amigo(-a); **un ~ des arts/ des chiens** un amigo de las artes/de los perros; **petit ~/petite amie** (*fam*) novio/ novia, pololo/polola (CHI *fam*) ▶ *adj* amigo(-a); **être (très) ~ avec qn** ser (muy) amigo de algn; **être ~ de l'ordre/de la précision** ser amigo del orden/de la precisión; **famille amie** familia amiga; **pays/groupe ~** país *m*/ grupo aliado

**amiable** [amjabl] *adj* amistoso(-a); **à l'~** amistosamente

**amiante** [amjɑ̃t] *nm* amianto

**amibe** [amib] *nf* ameba

**amical, e, -aux** [amikal, o] *adj* amistoso(-a)

**amicale** [amikal] *nf* círculo

**amicalement** [amikalmɑ̃] *adv* amistosamente; (*formule épistolaire*) cordialmente

**amidon** [amidɔ̃] *nm* almidón *m*

**amidonner** [amidɔne] *vt* almidonar

**amincir** [amɛ̃siʀ] *vt* (*suj : vêtement*) hacer más delgado(-a); (*objet*) rebajar; **s'amincir** *vpr* (*objet*) disminuir; (*personne*) adelgazar

**amincissant, e** [amɛ̃sisɑ̃, ɑ̃t] adj adelgazante
**aminé, e** [amine] adj : **acide ~** ácido aminado
**amiral, e, -aux** [amiʀal, o] nm/f almirante mf
**amirauté** [amiʀote] nf almirantazgo
**amitié** [amitje] nf amistad f; **prendre en ~** tomar afecto a; **avoir de l' ~ pour qn** sentir afecto por algn; **faire** ou **présenter ses amitiés à qn** dar ou enviar recuerdos a algn; **amitiés** (formule épistolaire) cordialmente
**ammoniac** [amɔnjak] nm : **(gaz) ~** amoníaco
**ammoniaque** [amɔnjak] nf amoníaco
**amnésie** [amnezi] nf amnesia
**amnésique** [amnezik] adj amnésico(-a)
**amniocentèse** [amnjosɛ̃tɛz] nf amniocentesis f
**amnistie** [amnisti] nf amnistía
**amnistier** [amnistje] vt amnistiar
**amocher** [amɔʃe] (fam) vt (paysage, objet) estropear; (qn en le frappant) desfigurar
**amoindrir** [amwɛ̃dʀiʀ] vt reducir
**amollir** [amɔliʀ] vt ablandar
**amonceler** [amɔ̃s(ə)le] vt (objets) amontonar; (travail, fortune) acumular; **s'amonceler** vpr amontonarse; (fig) acumularse
**amoncellement** [amɔ̃sɛlmɑ̃] nm montón m
**amont** [amɔ̃] adv : **en ~** (d'un cours d'eau) río arriba; (d'une pente) arriba; (d'un processus) precedente; **en ~ de** más arriba de
**amoral, e, -aux** [amɔʀal, o] adj amoral
**amorce** [amɔʀs] nf (sur un hameçon) cebo; (explosif) fulminante m; (tube) pistón m; (de pistolet d'enfant) mixto; (fig) principio
**amorcer** [amɔʀse] vt (hameçon, munition) cebar; (fig : négociations) emprender; (geste) esbozar; (virage) coger
**amorphe** [amɔʀf] adj amorfo(-a)
**amortir** [amɔʀtiʀ] vt (choc, bruit) amortiguar; (douleur) atenuar; (Comm) amortizar; **~ un abonnement** amortizar un abono
**amortissable** [amɔʀtisabl] adj (Comm) amortizable
**amortissement** [amɔʀtismɑ̃] nm amortización f
**amortisseur** [amɔʀtisœʀ] nm amortiguador m
**amour** [amuʀ] nm (sentiment, goût) amor m; (statuette) amorcillo; **faire l' ~** hacer el amor; **filer le parfait ~** vivir una historia de amor; **un ~ de** un encanto de; **l' ~ libre** el amor libre; **~ platonique** amor platónico
**amouracher** [amuʀaʃe] : **s'amouracher** vpr (péj) : **s' ~ de** encapricharse con
**amourette** [amuʀɛt] nf amorío
**amoureusement** [amuʀøzmɑ̃] adv amorosamente
**amoureux, -euse** [amuʀø, øz] adj amoroso(-a); **être ~ de qch/qn** estar enamorado(-a) de algo/algn; **tomber ~ (de qn)** enamorarse (de algn) ▶ nm/f enamorado(-a); **un ~ des bêtes/de la nature** un enamorado de los animales/de la naturaleza ▶ nmpl enamorados mpl
**amour-propre** [amuʀpʀɔpʀ] (pl **amours-propres**) nm amor m propio
**amovible** [amɔvibl] adj amovible
**ampère** [ɑ̃pɛʀ] nm amperio
**ampèremètre** [ɑ̃pɛʀmɛtʀ] nm amperímetro
**amphétamine** [ɑ̃fetamin] nf anfetamina
**amphi** [ɑ̃fi] (fam) nm (Scol) = **amphithéâtre**
**amphibie** [ɑ̃fibi] adj anfibio(-a)
**amphibien** [ɑ̃fibjɛ̃] nm anfibio
**amphithéâtre** [ɑ̃fiteɑtʀ] nm anfiteatro
**amphore** [ɑ̃fɔʀ] nf ánfora
**ample** [ɑ̃pl] adj amplio(-a); (ressources) abundante
**amplement** [ɑ̃pləmɑ̃] adv ampliamente; **~ suffisant** más que suficiente
**ampleur** [ɑ̃plœʀ] nf amplitud f; (de vêtement) anchura; **prendre de l' ~** extenderse
**ampli** [ɑ̃pli] (fam) nm = **amplificateur**
**amplificateur** [ɑ̃plifikatœʀ] nm amplificador m
**amplification** [ɑ̃plifikasjɔ̃] nf amplificación f; (d'image) ampliación f
**amplifier** [ɑ̃plifje] vt amplificar; (image) ampliar; **s'amplifier** vpr amplificarse
**ampliforme** [ɑ̃plifɔʀm] adj (soutien-gorge) con relleno
**amplitude** [ɑ̃plityd] nf amplitud f; (des températures) variación f
**ampoule** [ɑ̃pul] nf (Élec) bombilla, foco (Am), bombillo (Am); (de médicament, aux mains) ampolla
**ampoulé, e** [ɑ̃pule] (péj) adj ampuloso(-a)
**amputation** [ɑ̃pytasjɔ̃] nf amputación f; (crédits) recorte m
**amputer** [ɑ̃pyte] vt amputar; (fig) recortar; **~ qn d'un bras/pied** amputar un brazo/pie a algn
**Amsterdam** [amstɛʀdam] n Amsterdam
**amulette** [amylɛt] nf amuleto
**amusant, e** [amyzɑ̃, ɑ̃t] adj divertido(-a)
**amusé, e** [amyze] adj divertido(-a)
**amuse-gueule** [amyzgœl] (pl **amuse-gueules**) nm tapa
**amusement** [amyzmɑ̃] nm diversión f
**amuser** [amyze] vt divertir; (détourner l'attention de) distraer; **s'amuser** vpr divertirse; **s' ~ de qch** divertirse con algo; **s' ~ de qn** burlarse de algn
**amusette** [amyzɛt] nf pasatiempo
**amuseur, -euse** [amyzœʀ, øz] nm/f bromista mf; (péj) bufón m
**amygdale** [amidal] nf amígdala; **opérer qn des amygdales** operar a algn de las amígdalas
**amygdalite** [amidalit] nf amigdalitis f
**AN** sigle f (= Assemblée nationale) voir **assemblée**
**an** [ɑ̃] nm año; **être âgé de** ou **avoir trois ans** tener tres años de edad; **en l'an 2007** en el

## anabolisant – angelot

año 2007; **le jour de l'an, le premier de l'an** el día de año nuevo; **le nouvel an** el año nuevo

**anabolisant** [anabɔlizɑ̃] nm anabolizante m

**anachronique** [anakʀɔnik] (péj) adj anacrónico(-a)

**anachronisme** [anakʀɔnism] nm (aussi péj) anacronismo

**anaconda** [anakɔ̃da] nm anaconda

**anaérobie** [anaeʀɔbi] adj anaerobio(-a)

**anagramme** [anagʀam] nf anagrama m

**anal, e, -aux** [anal, o] adj anal

**analgésique** [analʒezik] nm analgésico

**anallergique** [analɛʀʒik] adj antialérgico(-a)

**analogie** [analɔʒi] nf analogía

**analogique** [analɔʒik] adj analógico(-a)

**analogiquement** [analɔʒikmɑ̃] adv analógicamente

**analogue** [analɔg] adj análogo(-a); **~ à** análogo(-a) a

**analphabète** [analfabɛt] adj, nmf analfabeto(-a)

**analphabétisme** [analfabetism] nm analfabetismo

**analyse** [analiz] nf análisis m inv; **faire l'~ de** hacer el análisis de; **une ~ approfondie** un análisis minucioso; **en dernière ~** en última instancia; **avoir l'esprit d'~** tener una mente analítica; **~ grammaticale/logique** análisis gramatical/lógico

**analyser** [analize] vt analizar

**analyste** [analist] nmf analista mf

**analyste-programmeur, -euse** [analistpʀɔgʀamœʀ, øz] (pl **analystes-programmeurs, -euses**) nm/f analista-programador(a)

**analytique** [analitik] adj analítico(-a)

**analytiquement** [analitikmɑ̃] adv analíticamente

**ananas** [anana(s)] nm piña, ananá(s) m (AM)

**anarchie** [anaʀʃi] nf anarquía

**anarchique** [anaʀʃik] adj anárquico(-a)

**anarchisme** [anaʀʃism] nm anarquismo

**anarchiste** [anaʀʃist] adj, nmf anarquista mf

**anathème** [anatɛm] nm: **jeter l'~ sur** anatemizar a

**anatomie** [anatɔmi] nf anatomía

**anatomique** [anatɔmik] adj anatómico(-a)

**ancestral, e, -aux** [ɑ̃sɛstʀal, o] adj ancestral

**ancêtre** [ɑ̃sɛtʀ] nmf (parent) antepasado(-a); **l'~ de** (fig) el precursor de; **ancêtres** nmpl (aïeux) antepasados mpl

**anche** [ɑ̃ʃ] nf lengüeta

**anchois** [ɑ̃ʃwa] nm (poisson) boquerón m; (conservé dans du sel ou de l'huile) anchoa

**ancien, ne** [ɑ̃sjɛ̃, jɛn] adj antiguo(-a), viejo(-a); (de jadis, de l'Antiquité) antiguo(-a); (précédent, ex-) antiguo(-a), ex; **un ~ ministre** un antiguo ministro; **mon ancienne voiture** mi antiguo coche; **être plus ~ que** qn (dans la hiérarchie) tener más antigüedad que algn; (par l'expérience) tener más experiencia que algn; **~ combattant** ex combatiente; **~ élève** ex alumno(-a) ▶ nm: **l'~** (l'immobilier) vivienda antigua; (mobilier) antigüedades fpl ▶ nm/f anciano(-a)

**anciennement** [ɑ̃sjɛnmɑ̃] adv antiguamente

**ancienneté** [ɑ̃sjɛnte] nf antigüedad f

**ancrage** [ɑ̃kʀaʒ] nm (d'un câble) fijación f; (Naut) fondeadero; (Constr) anclaje m

**ancre** [ɑ̃kʀ] nf ancla; **jeter/lever l'~** echar/levar anclas; **à l'~** anclado(-a)

**ancrer** [ɑ̃kʀe] vt (câble) fijar; (idée) afianzar, anclar; **s'ancrer** vpr (Naut, fig) anclarse

**andalou, -ouse** [ɑ̃dalu, uz] adj andaluz(a)

**Andalousie** [ɑ̃daluzi] nf Andalucía

**andante** [ɑ̃dɑ̃t] adv andante ▶ nm andante m

**Andes** [ɑ̃d] nfpl: **les ~** los Andes

**andin, e** [ɑ̃dɛ̃, in] adj andino(-a)

**Andorre** [ɑ̃dɔʀ] nf Andorra

**andouille** [ɑ̃duj] nf embutido a base de tripas de cerdo; (fam) imbécil mf

**andouiller** [ɑ̃duje] nm cornamenta

**andouillette** [ɑ̃dujɛt] nf especie de embutido

**androgyne** [ɑ̃dʀɔʒin] adj, nmf andrógino(-a)

**âne** [ɑn] (aussi péj) nm burro

**anéantir** [aneɑ̃tiʀ] vt (détruire) aniquilar; (accabler) abatir

**anéantissement** [aneɑ̃tismɑ̃] nm (destruction) aniquilamiento; (accablement) abatimiento

**anecdote** [anɛkdɔt] nf anécdota

**anecdotique** [anɛkdɔtik] adj anecdótico(-a)

**anémie** [anemi] nf anemia

**anémié, e** [anemje] adj (aussi fig) anémico(-a)

**anémique** [anemik] adj anémico(-a)

**anémone** [anemɔn] nf anémona; **~ de mer** anémona de mar

**ânerie** [ɑnʀi] nf tontería

**anéroïde** [aneʀɔid] adj voir **baromètre**

**ânesse** [ɑnɛs] nf burra

**anesthésiant, e** [anɛstezjɑ̃, ɑ̃t] adj (produit) anestésico(-a) ▶ nm anestésico

**anesthésie** [anɛstezi] nf anestesia; **sous ~** bajo anestesia; **~ générale/locale** anestesia general/local

**anesthésier** [anɛstezje] vt anestesiar; (fig) adormecer

**anesthésique** [anɛstezik] adj (produit) anestésico(-a) ▶ nm anestésico

**anesthésiste** [anɛstezist] nmf anestesista mf

**aneth** [anɛt] nm eneldo

**anévrisme** [anevʀism] nm: **rupture d'~** rotura de aneurisma

**anfractuosité** [ɑ̃fʀaktɥozite] nf fisura

**ange** [ɑ̃ʒ] nm (aussi fig) ángel m; **être aux anges** estar en la gloria; **~ gardien** (aussi fig) ángel de la guarda

**angélique** [ɑ̃ʒelik] adj angelical ▶ nf angélica

**angelot** [ɑ̃ʒ(ə)lo] nm angelote m

**angélus** [ɑ̃ʒelys] *nm* ángelus *m*
**angevin, e** [ɑ̃ʒ(ə)vɛ̃, in] *adj* angevino(-a) ▶ *nm/f*: **Angevin, e** angevino(-a)
**angine** [ɑ̃ʒin] *nf* angina; **~ de poitrine** angina de pecho
**angiome** [ɑ̃ʒjom] *nm* angioma *m*
**anglais, e** [ɑ̃glɛ, ɛz] *adj* inglés(-esa); **filer à l'anglaise** tomar las de Villadiego, despedirse a la francesa; **à l'anglaise** (*Culin*) al vapor ▶ *nm* (*Ling*) inglés *m* ▶ *nm/f*: **Anglais, e** inglés(-esa); **les A~** los ingleses; **anglaises** *nfpl* (*cheveux*) tirabuzones *mpl*
**angle** [ɑ̃gl] *nm* (*coin*) esquina; (*Géom, fig*) ángulo; **~ aigu** ángulo agudo; **~ droit** ángulo recto; **~ mort/obtus** ángulo muerto/obtuso
**Angleterre** [ɑ̃glətɛʀ] *nf* Inglaterra
**anglican, e** [ɑ̃glikɑ̃, an] *adj, nm/f* anglicano(-a)
**anglicanisme** [ɑ̃glikanism] *nm* anglicanismo
**anglicisme** [ɑ̃glisism] *nm* anglicismo
**angliciste** [ɑ̃glisist] *nmf* anglicista *mf*
**anglo...** [ɑ̃glɔ] *préf* anglo...
**anglo-américain, e** [ɑ̃gloameʀikɛ̃] (*pl* **anglo-américains, -es**) *adj* angloamericano(-a) ▶ *nm* (*Ling*) angloamericano
**anglo-arabe** [ɑ̃gloaʀab] (*pl* **anglo-arabes**) *adj* angloárabe
**anglo-canadien, ne** [ɑ̃glokanadjɛ̃, jɛn] (*pl* **anglo-canadiens, -nes**) *adj* anglocanadiense ▶ *nm* (*Ling*) anglocanadiense *m*
**anglo-normand, e** [ɑ̃glonɔʀmɑ̃, ɑ̃d] (*pl* **anglo-normands, -es**) *adj* anglonormando(-a); **les îles anglo-normandes** las islas anglonormandas
**anglophile** [ɑ̃glɔfil] *adj, nmf* anglófilo(-a)
**anglophobe** [ɑ̃glɔfɔb] *adj, nmf* anglófobo(-a)
**anglophone** [ɑ̃glɔfɔn] *adj, nmf* anglófono(-a)
**anglo-saxon, ne** [ɑ̃glosaksɔ̃, ɔn] (*pl* **anglo-saxons, -nes**) *adj, nm/f* anglosajón(-ona)
**angoissant, e** [ɑ̃gwasɑ̃, ɑ̃t] *adj* angustioso(-a)
**angoisse** [ɑ̃gwas] *nf* angustia; **avoir des angoisses** estar angustiado(-a)
**angoissé, e** [ɑ̃gwase] *adj* angustiado(-a)
**angoisser** [ɑ̃gwase] *vt* angustiar
**Angola** [ɑ̃gɔla] *nm* Angola
**angolais, e** [ɑ̃gɔlɛ, ɛz] *adj, nm/f* angoleño(-a)
**angora** [ɑ̃gɔʀa] *adj* angora ▶ *nm* angora *f*
**anguille** [ɑ̃gij] *nf* anguila; **il y a ~ sous roche** hay gato encerrado; **~ de mer** congrio
**angulaire** [ɑ̃gylɛʀ] *adj* angular
**anguleux, -euse** [ɑ̃gylø, øz] *adj* anguloso(-a)
**anhydride** [anidʀid] *nm* anhídrido
**anicroche** [anikʀɔʃ] *nf* inconveniente *m*
**animal, e, -aux** [animal, o] *adj* animal ▶ *nm* (*aussi fig*) animal *m*; **~ domestique/sauvage** animal doméstico/salvaje
**animalerie** [animalʀi] *nf* (*magasin*) tienda de animales

**animalier** [animalje] *adj*: **peintre ~** pintor(a) de animales
**animalité** [animalite] *nf* animalidad *f*
**animateur, -trice** [animatœʀ, tʀis] *nm/f* animador(a); (*de spectacle*) presentador(a)
**animation** [animasjɔ̃] *nf* animación *f*; **animations** *nfpl* (*activités*) animación *fsg*
**animé, e** [anime] *adj* (*rue, lieu*) animado(-a)
**animer** [anime] *vt* animar; **s'animer** *vpr* animarse
**animisme** [animism] *nm* animismo
**animiste** [animist] *adj* animista
**animosité** [animozite] *nf* animosidad *f*
**anis** [ani(s)] *nm* anís *m*
**anisé, e** [anize] *adj* anisado(-a)
**anisette** [anizɛt] *nf* anisete *m*
**Ankara** [ɑ̃kaʀa] *n* Ankara
**ankyloser** [ɑ̃kiloze]: **s'ankyloser** *vpr* anquilosarse
**annales** [anal] *nfpl* anales *mpl*
**anneau, x** [ano] *nm* (*de rideau*) anilla; (*de chaîne*) eslabón *m*; (*bague*) anillo; **anneaux** *nmpl* (*Sport*) anillas *fpl*; **exercices aux anneaux** ejercicios *mpl* de anillas
**année** [ane] *nf* año; **souhaiter la bonne ~ à qn** felicitar el año a algn; **tout au long de l'~** a lo largo del año; **d'une ~ à l'autre** de un año a otro; **d'~ en ~** de año en año; **l'~ scolaire** el curso escolar; **l'~ fiscale** el año fiscal
**année-lumière** [anelymjɛʀ] (*pl* **années-lumière**) *nf* año luz
**annexe** [anɛks] *adj* (*problème*) anexo(-a); (*document*) adjunto(-a); (*salle*) contiguo(-a) ▶ *nf* anexo
**annexer** [anɛkse] *vt* (*pays, biens*) anexionar; (*joindre*): **~ qch à** adjuntar algo a; **s'annexer** *vpr* (*s'approprier*) anexionarse
**annexion** [anɛksjɔ̃] *nf* anexión *f*
**annihiler** [aniile] *vt* aniquilar
**anniversaire** [anivɛʀsɛʀ] *adj*: **jour ~** aniversario ▶ *nm* (*d'une personne*) cumpleaños *m inv*; (*d'un événement, bâtiment*) aniversario
**annonce** [anɔ̃s] *nf* anuncio; (*Cartes, avis*) aviso; **les petites annonces** anuncios *mpl* por palabras
**annoncer** [anɔ̃se] *vt* anunciar; (*Cartes*) cantar; **~ la couleur** (*fig*) poner las cartas boca arriba; **je vous annonce que** le anuncio que; **s'annoncer** *vpr*: **s'~ bien/difficile** presentarse bien/difícil
**annonceur, -euse** [anɔ̃sœʀ, øz] *nm/f* (*TV, Radio*) locutor(a); (*publicitaire*) anunciador(a)
**annonciateur, -trice** [anɔ̃sjatœʀ, tʀis] *adj*: **~ d'un événement** anunciador(a) de un acontecimiento
**Annonciation** [anɔ̃sjasjɔ̃] *nf* (*Rel*) Anunciación *f*
**annotation** [anɔtasjɔ̃] *nf* anotación *f*
**annoter** [anɔte] *vt* anotar

**annuaire** [anɥɛʀ] nm anuario;
~ **électronique** anuario electrónico;
~ **téléphonique** guía telefónica
**annuel, le** [anɥɛl] adj anual
**annuellement** [anɥɛlmɑ̃] adv anualmente
**annuité** [anɥite] nf anualidad f
**annulaire** [anylɛʀ] nm anular m
**annulation** [anylasjɔ̃] nf anulación f
**annuler** [anyle] vt anular; **s'annuler** vpr anularse
**anoblir** [anɔbliʀ] vt (aussi fig) ennoblecer
**anoblissement** [anɔblismɑ̃] nm ennoblecimiento
**anode** [anɔd] nf ánodo
**anodin, e** [anɔdɛ̃, in] adj anodino(-a)
**anomalie** [anɔmali] nf anomalía
**ânon** [ɑnɔ̃] nm borriquillo
**ânonner** [ɑnɔne] vi, vt balbucear
**anonymat** [anɔnima] nm anonimato;
**garder l'~** mantener el anonimato
**anonyme** [anɔnim] adj (aussi fig) anónimo(-a)
**anonymement** [anɔnimmɑ̃] adv anónimamente
**anorak** [anɔʀak] nm anorak m
**anorexie** [anɔʀɛksi] nf anorexia
**anorexique** [anɔʀɛksik] adj, nmf anoréxico(-a)
**anormal, e, -aux** [anɔʀmal, o] adj (exceptionnel, inhabituel) anormal; (injuste) injusto(-a); (personne) subnormal ▶ nm/f subnormal mf
**anormalement** [anɔʀmalmɑ̃] adv anormalmente
**anse** [ɑ̃s] nf asa; (Géo) ensenada
**antagonisme** [ɑ̃tagɔnism] nm antagonismo
**antagoniste** [ɑ̃tagɔnist] adj antagonista ▶ nmf adversario(-a)
**antalgique** [ɑ̃talʒik] adj analgésico(-a), antiálgico(-a) ▶ nm analgésico
**antan** [ɑ̃tɑ̃] : **d'~** adj de antaño
**antarctique** [ɑ̃taʀktik] adj antártico(-a); **le cercle/l'océan ~** el círculo polar antártico/el océano Antártico ▶ nm : **l'A~** la Antártida
**antécédent** [ɑ̃tesedɑ̃] nm (Ling) antecedente m; **antécédents** nmpl (Méd, affaire) antecedentes mpl; **antécédents professionnels** informes mpl profesionales
**antédiluvien, ne** [ɑ̃tedilyvjɛ̃, jɛn] adj antediluviano(-a)
**anténatal, e** [ɑ̃tenatal] adj antenatal
**antenne** [ɑ̃tɛn] nf antena; (poste avancé, succursale, agence) unidad f; **à l'~** en antena; **passer à l'~** salir en la televisión; **avoir l'~** estar en conexión; **prendre l'~** salir en antena; **deux heures d'~** un espacio de dos horas; **hors ~** fuera de antena;
~ **chirurgicale** (Mil) unidad f quirúrgica;
~ **parabolique** antena parabólica
**antenne-relais** [ɑ̃tɛnʀəlɛ] (pl **antennes-relais**) nf antena repetidora

**antépénultième** [ɑ̃tepenyltjɛm] adj antepenúltimo(-a)
**antérieur, e** [ɑ̃teʀjœʀ] adj anterior; ~ **à** anterior a; **passé/futur ~** pasado/futuro anterior
**antérieurement** [ɑ̃teʀjœʀmɑ̃] adv anteriormente; ~ **à** antes de
**antériorité** [ɑ̃teʀjɔʀite] nf anterioridad f
**anthologie** [ɑ̃tɔlɔʒi] nf antología
**anthracite** [ɑ̃tʀasit] nm antracita ▶ adj : **(gris) ~** (gris) antracita
**anthropocentrisme** [ɑ̃tʀɔpɔsɑ̃tʀism] nm antropocentrismo
**anthropologie** [ɑ̃tʀɔpɔlɔʒi] nf antropología
**anthropologique** [ɑ̃tʀɔpɔlɔʒik] adj antropológico(-a)
**anthropologue** [ɑ̃tʀɔpɔlɔg] nmf antropólogo(-a)
**anthropométrie** [ɑ̃tʀɔpɔmetʀi] nf antropometría
**anthropométrique** [ɑ̃tʀɔpɔmetʀik] adj : **fiche/signalement ~** ficha/descripción f antropométrica
**anthropomorphisme** [ɑ̃tʀɔpɔmɔʀfism] nm antropomorfismo
**anthropophage** [ɑ̃tʀɔpɔfaʒ] adj, nmf antropófago(-a)
**anthropophagie** [ɑ̃tʀɔpɔfaʒi] nf antropofagia
**anti...** [ɑ̃ti] préf anti...
**antiaérien, ne** [ɑ̃tiaeʀjɛ̃, jɛn] adj antiaéreo(-a); **abri ~** refugio antiaéreo
**antialcoolique** [ɑ̃tialkɔlik] adj antialcohólico(-a); **ligue ~** liga antialcohólica
**antiatomique** [ɑ̃tiatɔmik] adj : **abri ~** refugio atómico
**antibactérien, ne** [ɑ̃tibakteʀjɛ̃, jɛn] adj (gel, savon, lingettes) antibacteriano(-a)
**antibiotique** [ɑ̃tibjɔtik] nm antibiótico ▶ adj antibiótico(-a)
**antibrouillard** [ɑ̃tibʀujaʀ] adj : **phare ~** faro antiniebla
**antibruit** [ɑ̃tibʀɥi] (pl **~(s)**) adj : **mur ~** muro antirruido
**antibuée** [ɑ̃tibɥe] adj inv : **dispositif ~** dispositivo antivaho
**anticalcaire** [ɑ̃tikalkɛʀ] adj inv anticalcáreo(-a), antical inv
**anticancéreux, -euse** [ɑ̃tikɑ̃seʀø, øz] adj anticancerígeno(-a); **centre ~** centro contra el cáncer
**anticapitaliste** [ɑ̃tikapitalist] adj anticapitalista
**anticasseur** [ɑ̃tikasœʀ] adj : **loi/mesure ~(s)** ley f/medida antidisturbios
**antichambre** [ɑ̃tiʃɑ̃bʀ] nf antecámara; **faire ~** esperar
**antichar** [ɑ̃tiʃaʀ] adj anticarro
**antichoc** [ɑ̃tiʃɔk] adj antichoque

## anticipation – antitétanique

**anticipation** [ɑ̃tisipasjɔ̃] *nf* anticipación *f*, previsión *f*; **par ~** (*Comm*) por adelantado; **livre/film d'~** libro/película de anticipación

**anticipé, e** [ɑ̃tisipe] *adj* (*règlement, paiement*) por adelantado; (*joie*) anticipado(-a); (*retraite*) anticipado(-a); **avec mes remerciements anticipés** agradeciéndole de antemano

**anticiper** [ɑ̃tisipe] *vt* (*événement, coup*) anticipar; (*en imaginant*) prever; (*paiement*) adelantar; **~ sur** anticiparse a ▶ *vi* : **n'anticipons pas** no nos adelantemos

**anticlérical, e, -aux** [ɑ̃tiklerikal, o] *adj* anticlerical

**anticléricalisme** [ɑ̃tiklerikalism] *nm* anticlericalismo

**anticoagulant, e** [ɑ̃tikɔagylɑ̃, ɑ̃t] *adj* anticoagulante ▶ *nm* anticoagulante *m*

**anticolonialisme** [ɑ̃tikɔlɔnjalism] *nm* anticolonialismo

**anticonceptionnel, le** [ɑ̃tikɔ̃sepsjɔnɛl] *adj* anticonceptivo(-a)

**anticonformisme** [ɑ̃tikɔ̃fɔrmism] *nm* anticonformismo

**anticonformiste** [ɑ̃tikɔ̃fɔrmist] *adj, nmf* anticonformista *mf*

**anticonstitutionnel, le** [ɑ̃tikɔ̃stitysjɔnɛl] *adj* anticonstitucional

**anticorps** [ɑ̃tikɔr] *nm* anticuerpo

**anticyclone** [ɑ̃tisiklon] *nm* anticiclón *m*

**antidater** [ɑ̃tidate] *vt* antedatar

**antidémocratique** [ɑ̃tidemɔkratik] *adj* antidemocrático(-a); (*peu démocratique*) antidemócrata

**antidérapant, e** [ɑ̃tiderapɑ̃, ɑ̃t] *adj* antideslizante

**antidopage** [ɑ̃tidɔpaʒ] *adj* antidoping

**antidote** [ɑ̃tidɔt] *nm* antídoto

**antiémeute** [ɑ̃tiemøt] *adj* antidisturbios *inv*

**antienne** [ɑ̃tjɛn] *nf* antífona; (*fig*) estribillo

**antigang** [ɑ̃tigɑ̃g] *adj* : **brigade ~** brigada contra bandas

**antigel** [ɑ̃tiʒɛl] *nm* anticongelante *m*

**antigène** [ɑ̃tiʒɛn] *nm* antígeno

**antigouvernemental, e, -aux** [ɑ̃tiguvɛrnəmɑ̃tal, o] *adj* antigubernamental

**antihéros** [ɑ̃tiero] *nm* antihéroe *m*

**antihistaminique** [ɑ̃tiistaminik] *nm* antihistamínico

**anti-inflammatoire** [ɑ̃tiɛ̃flamatwar] (*pl* **anti-inflammatoires**) *adj* antiinflamatorio(-a) ▶ *nm* antiinflamatorio

**anti-inflationniste** [ɑ̃tiɛ̃flasjɔnist] (*pl* **anti-inflationnistes**) *adj* antiinflacionista

**antillais, e** [ɑ̃tijɛ, ɛz] *adj* antillano(-a) ▶ *nm/f* : **Antillais, e** antillano(-a)

**Antilles** [ɑ̃tij] *nfpl* : **les ~** las Antillas; **les grandes/petites ~** las grandes/pequeñas Antillas

**antilope** [ɑ̃tilɔp] *nf* antílope *m*

**antimatière** [ɑ̃timatjɛr] *nf* antimateria

**antimilitarisme** [ɑ̃timilitarism] *nm* antimilitarismo

**antimilitariste** [ɑ̃timilitarist] *adj* antimilitarista

**antimissile** [ɑ̃timisil] *adj* antimisil

**antimite** [ɑ̃timit] *adj, nm* antipolillas *m inv*

**antimondialisation** [ɑ̃timɔ̃djalizasjɔ̃] *nf* antiglobalización

**antinomique** [ɑ̃tinɔmik] *adj* antinómico(-a)

**antioxydant** [ɑ̃tiɔksidɑ̃] *nm* antioxidante *m*

**antiparasite** [ɑ̃tiparazit] *adj* (*Radio, TV*) antiparásitos; **dispositif ~** dispositivo antiparasitario

**antipathie** [ɑ̃tipati] *nf* antipatía

**antipathique** [ɑ̃tipatik] *adj* antipático(-a)

**antipelliculaire** [ɑ̃tipelikylɛr] *adj* anticaspa

**antipersonnel** [ɑ̃tipɛrsɔnɛl] *adj inv* (*mines*) antipersona, antipersonal

**antiphrase** [ɑ̃tifraz] *nf* : **par ~** por antífrasis

**antipodes** [ɑ̃tipɔd] *nmpl* : **les ~** las antípodas; **être aux ~ de** (*fig*) estar en las antípodas de

**antipoison** [ɑ̃tipwazɔ̃] *adj* : **centre ~** servicio de antídotos

**antipoliomyélitique** [ɑ̃tipɔljɔmjelitik] *adj* antipoliomielítico(-a)

**antiquaire** [ɑ̃tikɛr] *nmf* anticuario(-a)

**antique** [ɑ̃tik] *adj* (*gréco-romain, très vieux*) antiguo(-a); (*démodé*) anticuado(-a)

**antiquité** [ɑ̃tikite] *nf* (*objet ancien*) antigüedad *f*; (*péj*) antigualla; **l'A~** la Antigüedad; **magasin d'antiquités** tienda de antigüedades

**antirabique** [ɑ̃tirabik] *adj* antirrábico(-a)

**antiracisme** [ɑ̃tirasism] *nm* antirracismo

**antiraciste** [ɑ̃tirasist] *adj, nmf* antirracista

**antireflet** [ɑ̃tirəflɛ] *adj* : **verre ~** cristal *m* antirreflejo

**antirépublicain, e** [ɑ̃tirepyblikɛ̃, ɛn] *adj* antirrepublicano(-a)

**antirides** [ɑ̃tirid] *adj* antiarrugas

**antirouille** [ɑ̃tiruj] *adj* : **peinture/produit ~** pintura/producto antioxidante; **traitement ~** tratamiento antioxidante

**antisémite** [ɑ̃tisemit] *adj, nmf* antisemita *mf*

**antisémitisme** [ɑ̃tisemitism] *nm* antisemitismo

**antiseptique** [ɑ̃tisɛptik] *adj* antiséptico(-a) ▶ *nm* antiséptico

**antisismique** [ɑ̃tisismik] *adj* antisísmico(-a)

**antisocial, e, -aux** [ɑ̃tisɔsjal, jo] *adj* antisocial

**antispasmodique** [ɑ̃tispasmɔdik] *adj* antiespasmódico(-a)

**antisportif, -ive** [ɑ̃tispɔrtif, iv] *adj* antideportivo(-a)

**antitabac** [ɑ̃titaba] *adj inv* antitabaco *inv*

**antiterroriste** [ɑ̃titɛrɔrist] *adj* antiterrorista

**antitétanique** [ɑ̃titetanik] *adj* antitetánico(-a)

**antithèse** [ɑ̃titɛz] *nf* antítesis *f inv*
**antitrust** [ɑ̃titʀœst] *adj* antitrust
**antituberculeux, -euse** [ɑ̃titybɛʀkylø, øz] *adj* antituberculoso(-a)
**antitussif, -ive** [ɑ̃titysif, iv] *adj* antitusígeno(-a)
**antivariolique** [ɑ̃tivaʀjɔlik] *adj* antivariólico(-a)
**antiviral, e, --aux** [ɑ̃tiviʀal, -o] *adj* (*Méd*) antiviral
**antivirus** [ɑ̃tiviʀys] *nm* (*Inform*) antivirus *m inv*
**antivol** [ɑ̃tivɔl] *adj* : (**dispositif**) ~ (dispositivo) antirrobo ▶ *nm* antirrobo
**antonyme** [ɑ̃tɔnim] *nm* antónimo
**antre** [ɑ̃tʀ] *nm* (*aussi fig*) antro
**anus** [anys] *nm* ano
**anxiété** [ɑ̃ksjete] *nf* ansiedad *f*
**anxieusement** [ɑ̃ksjøzmɑ̃] *adv* ansiosamente
**anxieux, -euse** [ɑ̃ksjø, jøz] *adj* ansioso(-a); **être ~ de faire** estar ansioso(-a) por hacer
**anxiogène** [ɑ̃ksjɔʒɛn] *adj* (*situation, climat*) ansiógeno(-a)
**anxiolytique** [ɑ̃ksjɔlitik] *nm* ansiolítico
**AOC** *sigle f* (= *appellation d'origine contrôlée*) ≈ DO *f* (= *denominación de origen*); *voir aussi* **appellation**

: **AOC**
:
: **AOC** es la certificación francesa que
: garantiza que vinos y otros productos
: agrícolas son de mayor calidad y han sido
: elaborados siguiendo unos criterios
: estrictos.

**aorte** [aɔʀt] *nf* aorta
**août** [u(t)] *nm* agosto; *voir aussi* **juillet**
**aoûtien, ne** [ausjɛ̃, jɛn] *nm/f* veraneante *mf* de agosto
**AP** *sigle f* (= *Assistance publique*) *voir* **assistance**
**apaisant, e** [apezɑ̃, ɑ̃t] *adj* apaciguador(a)
**apaisement** [apezmɑ̃] *nm* (*aussi Pol*) apaciguamiento; **apaisements** *nmpl* : **donner des apaisements à qn** tranquilizar a algn
**apaiser** [apeze] *vt* tranquilizar; **s'apaiser** *vpr* tranquilizarse
**apanage** [apanaʒ] *nm* : **être l'~ de** ser el privilegio de
**aparté** [apaʀte] *nm* aparte *m*; **en ~** (*dire*) confidencialmente
**apartheid** [apaʀtɛd] *nm* apartheid *m*
**apathie** [apati] *nf* apatía
**apathique** [apatik] *adj* apático(-a)
**apatride** [apatʀid] *adj, nmf* apátrida *mf*
**APCE** [apeseə] *sigle f* (= *Agence pour la création d'entreprises*) agencia de ayuda a la creación de empresas
**apercevoir** [apɛʀsəvwaʀ] *vt* (*voir*) distinguir; (*constater, percevoir*) percibir; **s'~ de/que** darse cuenta de/de que; **sans s'en ~** sin darse cuenta
**aperçu** [apɛʀsy] *pp de* **apercevoir** ▶ *nm* visión *f* de conjunto; (*gén pl* : *intuition*) idea
**apéritif, -ive** [apeʀitif, iv] *adj* aperitivo(-a) ▶ *nm* aperitivo; **prendre l'~** tomar el aperitivo
**apéro** [apeʀo] (*fam*) *nm* (*apéritif*) aperitivo; **prendre l'~** tomar el aperitivo
**apesanteur** [apəzɑ̃tœʀ] *nf* ingravidez *f*
**à-peu-près** [apøpʀɛ] (*péj*) *nm inv* aproximación *f*
**apeuré, e** [apœʀe] *adj* atemorizado(-a)
**aphasie** [afazi] *nf* afasia
**aphone** [afɔn] *adj* afónico(-a)
**aphorisme** [afɔʀism] *nm* aforismo
**aphrodisiaque** [afʀɔdizjak] *adj* afrodisíaco(-a) ▶ *nm* afrodisíaco
**aphte** [aft] *nm* afta
**aphteux, -euse** [aftø, øz] *adj* : **fièvre aphteuse** fiebre *f* aftosa
**à-pic** [apik] *nm* (*d'une falaise*) caída
**apicole** [apikɔl] *adj* apícola
**apiculteur, -trice** [apikyltœʀ, tʀis] *nm/f* apicultor(a)
**apiculture** [apikyltyʀ] *nf* apicultura
**apitoiement** [apitwamɑ̃] *nm* compasión *f*
**apitoyer** [apitwaje] *vt* apiadar; **~ qn sur qch** enternecer a algn con algo; **s'apitoyer** *vpr* apiadarse; **s'~ sur qn** apiadarse de algn; **s'~ sur le sort de qn** apiadarse de la suerte de algn
**ap. J.-C.** [apʀeʒise] *abr* (= *après Jésus-Christ*) d. C.
**APL** [apeɛl] *sigle f* (= *aide personnalisée au logement*) ayuda personalizada para el acceso a la vivienda
**aplanir** [aplaniʀ] *vt* (*surface*) aplanar; (*difficultés*) allanar
**aplati, e** [aplati] *adj* achatado(-a)
**aplatir** [aplatiʀ] *vt* aplastar; **s'aplatir** *vpr* aplastarse; (*fig*) tumbarse; (*fam* : *tomber*) caerse; (*péj* : *s'humilier*) rebajarse; **s'~ contre** (*fam*) aplastarse contra
**aplomb** [aplɔ̃] *nm* (*équilibre*) equilibrio; (*sang-froid, Constr*) aplomo; (*péj*) desfachatez *f*; **d'~** (*en équilibre*) derecho(-a); **remettre qch d'~** poner algo derecho; **remettre qn d'~** (*fig*) dejar a algn como nuevo; (**ne pas**) **se sentir d'~** (no) sentirse con fuerzas
**APN** *sigle m* (= *appareil photo(graphique) numérique*) cámara *f* digital
**apnée** [apne] *nf* apnea; **apnées du sommeil** apneas del sueño; **en ~** en apnea
**apocalypse** [apɔkalips] *nf* apocalipsis *m*
**apocalyptique** [apɔkaliptik] *adj* (*fig*) apocalíptico(-a)
**apocryphe** [apɔkʀif] *adj* apócrifo(-a)
**apogée** [apɔʒe] *nm* apogeo
**apolitique** [apɔlitik] *adj* apolítico(-a)

## apologie – applaudir

**apologie** [apɔlɔʒi] nf apología; (Jur) defensa
**apoplexie** [apɔplɛksi] nf apoplejía
**a posteriori** adv a posteriori
**apostolat** [apɔstɔla] nm apostolado
**apostolique** [apɔstɔlik] adj apostólico(-a)
**apostrophe** [apɔstrɔf] nf (signe) apóstrofe m; (interpellation) improperio
**apostropher** [apɔstrɔfe] vt increpar
**apothéose** [apɔteoz] nf apoteosis f
**apothicaire** [apɔtikɛʀ] nm boticario(-a)
**apôtre** [apotʀ] nm apóstol m; **se faire l'~ de** (fig) ser el apóstol de
**apparaître** [apaʀɛtʀ] vi aparecer; (avec attribut) parecer; **il apparaît que** es evidente que; **il m'apparaît que** me parece que
**apparat** [apaʀa] nm : **tenue/dîner d'~** traje m/cena de etiqueta
**appareil** [apaʀɛj] nm aparato; **~ digestif/ reproducteur** aparato digestivo/ reproductor; **qui est à l'~ ?** ¿quién está al aparato?; **dans le plus simple ~** como Dios lo(-a) trajo al mundo; **~ numérique** cámara digital; **~ photographique**, **~ photo** cámara de fotos; **~ productif** aparato productivo; **~ 24x36** ou **petit format** cámara de 24 por 36
**appareillage** [apaʀɛjaʒ] nm (appareils, installation) equipo; (Naut) partida
**appareiller** [apaʀeje] vi zarpar ▶ vt (assortir) emparejar; (Méd) poner una prótesis a
**apparemment** [apaʀamɑ̃] adv aparentemente, dizque (AM)
**apparence** [apaʀɑ̃s] nf apariencia; **malgré les apparences** a pesar de las apariencias; **en ~** en apariencia
**apparent, e** [apaʀɑ̃, ɑ̃t] adj (visible) aparente; (évident) evidente; (illusoire, superficiel) ilusorio(-a); **coutures apparentes** costuras fpl visibles; **poutres apparentes** vigas fpl al descubierto
**apparenté, e** [apaʀɑ̃te] adj : **~ à** (aussi fig) emparentado(-a) con
**apparenter** [apaʀɑ̃te] : **s'apparenter** vpr : **s'~ à** parecerse a
**apparier** [apaʀje] vt emparejar
**appariteur, -trice** [apaʀitœʀ, tʀis] nm/f bedel(a)
**apparition** [apaʀisjɔ̃] nf aparición f; **faire une ~** aparecer brevemente; **faire son ~** hacer su aparición
**appartement** [apaʀtəmɑ̃] nm piso, departamento (AM)
**appartenance** [apaʀtənɑ̃s] nf : **~ à** pertenencia a
**appartenir** [apaʀtəniʀ] : **~ à** vt pertenecer a; **il lui appartient de** (c'est son rôle) le corresponde; **il ne m'appartient pas de (faire)** no me corresponde (hacer)
**appartiendrai** etc [apaʀtjɛ̃dʀe] vb voir **appartenir**
**appartiens** etc [apaʀtjɛ̃] vb voir **appartenir**

**apparu, e** [apaʀy] pp de **apparaître**
**appas** [apa] nmpl encantos mpl
**appât** [apa] nm (aussi fig) cebo
**appâter** [apate] vt (canne à pêche, hameçon) colocar el cebo a; (gibier, poisson, fig) atraer
**appauvrir** [apovʀiʀ] vt (aussi fig) empobrecer; **s'appauvrir** vpr empobrecerse
**appauvrissement** [apovʀismɑ̃] nm empobrecimiento
**appeau** [apo] nm reclamo
**appel** [apɛl] nm llamada, llamado (AM); (attirance) reclamo; (nominal) lista; (Mil) alistamiento a filas; (Jur) apelación f, llamado (AM); **faire ~ à** (invoquer) apelar a; (avoir recours à) recurrir a; (nécessiter) necesitar; **faire** ou **interjeter ~** (Jur) apelar; **faire l'~** pasar lista; **sans ~** (fig) sin apelación; **faire un ~ de phares** hacer señales con los faros; **indicatif d'~** señal f distintiva; **numéro d'~** número telefónico; **~ d'air** aspiración f de aire; **~ d'offres** llamada a licitación; **~ (téléphonique)** llamada (telefónica)
**appelé** [ap(ə)le] nm (Mil) recluta m
**appeler** [ap(ə)le] vt llamar; (en faisant l'appel) pasar lista; (nommer : avec attribut ou complément) nombrar; (nécessiter) requerir; **~ au secours** ou **à l'aide** pedir ayuda; (en cas de danger) pedir socorro ou auxilio; **~ qn à un poste/à des fonctions** destinar a algn a un puesto/a unas funciones; **être appelé à** (fig) ser llamado a; **~ qn à comparaître** (Jur) citar a algn; **en ~ à qn/qch** apelar a algn/algo; **~ police-secours** llamar al 091; **s'appeler** vpr llamarse; **il s'appelle** se llama; **comment ça s'appelle ?** ¿cómo se llama esto?; **je m'appelle** me llamo; **ça s'appelle un(e) ...** se llama un(a) ...
**appellation** [apelasjɔ̃] nf (d'un produit) denominación f; **vin d'~ contrôlée** vino con denominación de origen
**appelle** [apɛl] vb voir **appeler**
**appendice** [apɛ̃dis] nm apéndice m
**appendicectomie** [apɛ̃disɛktɔmi] nf apendicectomía
**appendicite** [apɛ̃disit] nf apendicitis f
**appentis** [apɑ̃ti] nm cobertizo
**appert** [apɛʀ] vb : **il ~ que** es evidente que
**appesantir** [apəzɑ̃tiʀ] : **s'appesantir** vpr hacerse más pesado; **s'~ sur** (fig) insistir en
**appétissant, e** [apetisɑ̃, ɑ̃t] adj apetitoso(-a)
**appétit** [apeti] nm apetito; **avoir un gros/ petit ~** tener mucho/poco apetito; **couper l'~ de qn** quitar las ganas a algn; **bon ~ !** ¡buen provecho!
**applaudimètre** [aplodimɛtʀ] nm aplaudímetro
**applaudir** [aplodiʀ] vt, vi aplaudir; **~ à** (décision, projet) aprobar; **~ à tout rompre** aplaudir a rabiar

## applaudissements – appropriation

**applaudissements** [aplodismɑ̃] *nmpl* aplausos *mpl*
**appli** [apli] *nf* aplicación *f*
**applicable** [aplikabl] *adj* aplicable
**applicateur** [aplikatœʀ] *nm* aplicador *m*
**application** [aplikasjɔ̃] *nf* aplicación *f*; **mettre en ~** poner en aplicación; **avec ~** aplicadamente; **applications** *nfpl* (*d'une théorie, méthode*) aplicación *fsg*
**applique** [aplik] *nf* aplique *m*
**appliqué, e** [aplike] *adj* aplicado(-a)
**appliquer** [aplike] *vt* aplicar; **s'appliquer** *vpr* aplicarse; **s'~ à** aplicarse a; **s'~ à faire qch** esmerarse en hacer algo; **s'~ sur** (*coïncider avec*) encajar con; **il s'est (beaucoup) appliqué** se ha esmerado (mucho)
**appoggiature** [apɔ(d)ʒjatyʀ] *nm* apoyatura
**appoint** [apwɛ̃] *nm* (*fig*) ayuda; **avoir/faire l'~** (*en payant*) tener/dar suelto; **chauffage/lampe d'~** calefacción *f*/lámpara suplementaria
**appointements** [apwɛ̃tmɑ̃] *nmpl* honorarios *mpl*
**appontage** [apɔ̃taʒ] *nm* aterrizaje *m* en un portaaviones
**appontement** [apɔ̃tmɑ̃] *nm* muelle *m*
**apponter** [apɔ̃te] *vi* aterrizar en un portaaviones
**apport** [apɔʀ] *nm* aportación *f*
**apporter** [apɔʀte] *vt* (*fleurs, bonbons*) traer; (*soutien, preuve*) aportar; (*soulagement*) procurar; (*suj: remarque*) añadir

> Il faut faire la distinction en espagnol entre *llevar* (qui implique un mouvement d'éloignement) et *traer* (qui implique un mouvement de rapprochement) :
> **Qu'est-ce que j'apporte pour le pique-nique ? À manger ou à boire ? — Apporte du vin.** ¿Qué llevo para el picnic?, ¿Comida o bebida? — Trae vino.

**apposer** [apoze] *vt* aplicar
**apposition** [apozisjɔ̃] *nf* aposición *f*; **en ~** en aposición
**appréciable** [apʀesjabl] *adj* apreciable
**appréciation** [apʀesjasjɔ̃] *nf* apreciación *f*; **appréciations** *nfpl* (*commentaire, avis*) observaciones *fpl*
**apprécier** [apʀesje] *vt* apreciar; **s'apprécier** *vpr* (*monnaie*) apreciarse
**appréhender** [apʀeɑ̃de] *vt* (*craindre*) temer; (*aborder*) aprehender; (*suj: police*) detener; **~ que/de faire** temer que/hacer
**appréhension** [apʀeɑ̃sjɔ̃] *nf* aprehensión *f*
**apprendre** [apʀɑ̃dʀ] *vt* aprender; (*nouvelle, résultat*) enterarse de; **~ qch à qn** (*informer*) informar de algo a algn; (*enseigner*) enseñar algo a algn; **~ à faire qch** aprender a hacer algo; **~ à qn à faire qch** enseñar a algn a hacer algo; **tu me l'apprends !** ¡qué noticia!

> **Apprendre** ne se traduit par *aprender* que dans le sens de « s'initier à ». Dans le sens d'« enseigner », on emploiera toujours *enseñar* :
> **J'ai appris à nager l'été dernier.** Aprendí a nadar el verano pasado.
> **C'est lui qui m'a appris à nager.** Él me enseñó a nadar.

**apprenti, e** [apʀɑ̃ti] *nm/f* (*aussi fig*) aprendiz(a)
**apprentissage** [apʀɑ̃tisaʒ] *nm* aprendizaje *m*; **faire l'~ de qch** iniciarse en algo; **école** *ou* **centre d'~** escuela *ou* centro de aprendizaje
**apprêt** [apʀɛ] *nm* (*sur un cuir*) adobo, (*sur une étoffe, un papier*) apresto; (*sur un mur*) aparejo; **sans ~** (*fig*) sin artificio
**apprêté, e** [apʀete] *adj* (*fig*) amanerado(-a), rebuscado(-a)
**apprêter** [apʀete] *vt* (*voir nm*) adobar; aprestar; **s'apprêter** *vpr*: **s'~ à qch/à faire qch** disponerse a algo/a hacer algo
**appris, e** [apʀi, iz] *pp de* **apprendre**
**apprivoisé, e** [apʀivwaze] *adj* domesticado(-a)
**apprivoiser** [apʀivwaze] *vt* domesticar
**approbateur, -trice** [apʀɔbatœʀ, tʀis] *adj* de aprobación
**approbatif, -ive** [apʀɔbatif, iv] *adj* aprobativo(-a)
**approbation** [apʀɔbasjɔ̃] *nf* (*autorisation*) aprobación *f*, conformidad *f*; (*jugement favorable*) aprobación, asentimiento; **digne d'~** digno de aprobación
**approchant, e** [apʀɔʃɑ̃, ɑ̃t] *adj* (*résultat, genre*) parecido(-a), semejante; **quelque chose d'~** algo parecido
**approche** [apʀɔʃ] *nf* (*d'une date*) proximidad *f*; (*arrivée*) acercamiento; (*d'un problème*) enfoque *m*; **à l'~ de** (*Noël, anniversaire*) al acercarse; **à l'~ du bateau/de l'ennemi** al acercarse el barco/el enemigo; **travaux d'~** (*fig*) trabajos *mpl* de zapa; **approches** *nfpl* (*abords*) acceso *msg*, cercanías *fpl*
**approché, e** [apʀɔʃe] *adj* aproximativo(-a), aproximado(-a)
**approcher** [apʀɔʃe] *vi* acercarse, aproximarse ▸ *vt* (*vedette, artiste*) relacionarse con; (*rapprocher*) : **~ qch (de qch)** acercar algo (a algo); **~ de** (*but, moment*) acercarse a, estar más cerca de; (*nombre, quantité*) rozar; **s'approcher de** *vpr* acercarse a; **approchez-vous** acérquese
**approfondi, e** [apʀɔfɔ̃di] *adj* ahondado(-a); (*connaissance, étude*) profundo(-a)
**approfondir** [apʀɔfɔ̃diʀ] *vt* (*sujet, question*) profundizar (en); **sans ~** sin profundizar
**approfondissement** [apʀɔfɔ̃dismɑ̃] *nm* (*de connaissances*) profundización *f*
**appropriation** [apʀɔpʀijasjɔ̃] *nf* apropiación *f*

26 · FRANÇAIS | ESPAGNOL

## approprié – arbitrage

**approprié, e** [apʀɔpʀije] *adj* apropiado(-a), adecuado(-a); **~ à** adecuado(-a) a, conforme a

**approprier** [apʀɔpʀije] *vt* adaptar; **s'approprier** *vpr* apropiarse de, adueñarse de

**approuver** [apʀuve] *vt* (*autoriser*) aprobar; (*être d'accord avec*) estar de acuerdo con; **je vous approuve entièrement** estoy completamente de acuerdo con usted; **je ne vous approuve pas** no estoy de acuerdo con usted; **lu et approuvé** leído y conforme

**approvisionnement** [apʀɔvizjɔnmɑ̃] *nm* (*d'une ville, d'un magasin*) abastecimiento; (*provisions*) provisiones *fpl*

**approvisionner** [apʀɔvizjɔne] *vt* (*magasin, personne*) abastecer, proveer; (*compte bancaire*) cubrir; **~ qn en** abastecer *ou* proveer a algn de; **s'~ dans un magasin/au marché** comprar en una tienda/en el mercado; **s'~ en** proveerse de

**approximatif, -ive** [apʀɔksimatif, iv] *adj* aproximativo(-a); (*idée*) aproximado(-a)

**approximation** [apʀɔksimasjɔ̃] *nf* aproximación *f*

**approximativement** [apʀɔksimativmɑ̃] *adv* aproximadamente

**appt** *abr* = **appartement**

**appui** [apɥi] *nm* apoyo; (*de fenêtre*) antepecho; (*d'escalier etc*) soporte *m*; (*soutien, aide*) apoyo, sostén *m*; **prendre ~ sur** apoyarse en; **point d'~** punto de apoyo; **à l'~ de** (*pour prouver*) en prueba de; **à l'~** como prueba

**appuie** [apɥi] *vb voir* **appuyer**

**appuie-tête** [apɥitɛt] (*pl* **appuie-têtes**) *nm* cabezal *m*

**appuyé, e** [apɥije] *adj* (*regard*) insistente; (*politesse, compliment*) excesivo(-a)

**appuyer** [apɥije] *vt* (*personne, demande*) apoyar, respaldar; **~ qch sur/contre/à** apoyar algo en/contra/en; **~ contre** (*mur, porte*) apoyar contra; **~ sur** (*bouton*) apretar; (*frein*) pisar; (*insister sur*) recalcar, insistir en; (*peser sur*) descansar sobre; **~ à droite** *ou* **sur sa droite** dirigirse a la derecha; **~ sur le champignon** (*fam*) apretar el acelerador; **s'~ sur** (*s'accouder à*) apoyarse contra; (*se baser sur*) basarse en; (*compter sur*) contar con; **s'~ sur qn** (*fig*) apoyarse en algn

**âpre** [ɑpʀ] *adj* (*goût, vin*) áspero(-a); (*voix*) áspero(-a), duro(-a); (*hiver, froid*) riguroso(-a); (*discussion*) duro(-a), violento(-a); (*lutte, bataille*) encarnizado(-a); **~ au gain** ávido(-a) de lucro

**après** [apʀɛ] *prép* después de; **~ qu'il est parti/avoir fait** después de que se fuera/de haber hecho; **courir ~ qn** correr detrás de algn; **crier ~ qn** reñir a algn; **être toujours ~ qn** (*critiquer*) meterse con algn; **~ quoi** después, a continuación; **d'~ lui/moi** según él/yo; **~ coup** posteriormente; **~ tout** después de todo ▶ *adv* después; **deux heures ~** dos horas después; **et (puis) ~!** ¿y qué?

**après-demain** [apʀɛdmɛ̃] *adv* pasado mañana

**après-guerre** [apʀɛgɛʀ] (*pl* **après-guerres**) *nm* posguerra; **d'~** de posguerra

**après-midi** [apʀɛmidi] (*pl* **~(s)**) *nm ou f* tarde *f*

**après-rasage** [apʀɛʀazaʒ] (*pl* **après-rasages**) *nm*: **lotion ~** loción *f* para después del afeitado

**après-shampooing** [apʀɛʃɑ̃pwɛ̃] (*pl* **après-shampooings**) *nm* acondicionador *m*

**après-ski** [apʀɛski] (*pl* **après-skis**) *nm* bota *f* « après-ski »

**après-soleil** [apʀɛsɔlej] *adj inv* after-sun *inv* ▶ *nm* after-sun *m inv*

**après-vente** [apʀɛvɑ̃t] (*pl* **~(s)**) *adj* posventa

**âpreté** [ɑpʀəte] *nf* aspereza; rigor *m*; dureza

**a priori** *adv* a priori

**à-propos** [apʀopo] *nm inv* ocurrencia; **faire preuve d'~** mostrar ingenio; **avec ~** con oportunidad

**apte** [apt] *adj* : **~ à qch/à faire qch** apto(-a) para algo/para hacer algo; **~ (au service)** (*Mil*) apto (para el servicio)

**aptitude** [aptityd] *nf* aptitud *f*; **avoir des aptitudes pour** tener aptitudes para

**apurer** [apyʀe] *vt* (*Comm*) comprobar

**aquaculture** [akwakyltyʀ] *nf* acuicultura

**aquagym®** [akwaʒim] *nf* aquagym *m*

**aquaplanage** [akwaplanaʒ] *nm* (*Auto*) acuaplaning *m*

**aquaplane** [akwaplan] *nm* acuaplano

**aquaplaning** [akwaplaniŋ] *nm* (*Auto*) = **aquaplanage**

**aquarelle** [akwaʀɛl] *nf* acuarela

**aquarelliste** [akwaʀelist] *nmf* acuarelista *mf*

**aquarium** [akwaʀjɔm] *nm* acuario

**aquatique** [akwatik] *adj* acuático(-a)

**aqueduc** [ak(ə)dyk] *nm* acueducto

**aqueux, -euse** [akø, øz] *adj* acuoso(-a)

**aquilin** [akilɛ̃] *adj m* : **nez ~** nariz *f* aguileña

**Aquitaine** [akitɛn] *nf* Aquitania

**AR** [aɛʀ] *sigle m* (*Aviat, Rail etc*) = **aller (et) retour**

**arabe** [aʀab] *adj* árabe ▶ *nm* (*Ling*) árabe *m* ▶ *nmf* : **Arabe** árabe *mf*

**arabesque** [aʀabɛsk] *nf* arabesco

**Arabie** [aʀabi] *nf* Arabia; **l'~ saoudite** Arabia Saudita

**arable** [aʀabl] *adj* arable

**arachide** [aʀaʃid] *nf* (*plante*) cacahuete *m*; (*graine*) cacahuete, maní *m*

**Aragon** [aʀagɔ̃] *nm* Aragón *m*

**araignée** [aʀeɲe] *nf* araña; **~ de mer** centollo

**araser** [aʀɑze] *vt* (*mur*) enrasar; (*menuiserie*) cepillar

**aratoire** [aʀatwaʀ] *adj* : **instrument ~** instrumento de labranza

**arbalète** [aʀbalɛt] *nf* ballesta

**arbitrage** [aʀbitʀaʒ] *nm* (*voir vb*) arbitraje *m*; moderación *f*

## arbitraire – argumenter

**arbitraire** [aʀbitʀɛʀ] *adj* arbitrario(-a)
**arbitrairement** [aʀbitʀɛʀmɑ̃] *adv* arbitrariamente
**arbitre** [aʀbitʀ] *nmf* (*Sport, aussi fig*) árbitro(-a); (*Jur, Tennis, Cricket*) juez *mf*
**arbitrer** [aʀbitʀe] *vt* (*Sport*) arbitrar; (*fig*) moderar
**arboré, e** [aʀbɔʀe] *adj* arbolado(-a)
**arborer** [aʀbɔʀe] *vt* (*drapeau, enseigne*) izar, enarbolar; (*vêtement, chapeau*) lucir; (*attitude, sourire*) ostentar, mostrar
**arborescence** [aʀbɔʀesɑ̃s] *nf* arborescencia
**arboricole** [aʀbɔʀikɔl] *adj* arborícola
**arboriculture** [aʀbɔʀikyltyʀ] *nf* arboricultura; **~ fruitière** arboricultura frutal
**arbre** [aʀbʀ] *nm* árbol *m*; **~ à cames** árbol de levas; **~ de Noël** árbol de navidad; **~ de transmission** árbol de transmisión; **~ fruitier** árbol frutal; **~ généalogique** árbol genealógico
**arbrisseau** [aʀbʀiso] *nm* arbusto
**arbuste** [aʀbyst] *nm* arbusto
**arc** [aʀk] *nm* arco; **en ~ de cercle** en arco de círculo; **~ de triomphe** arco de triunfo
**arcade** [aʀkad] *nf* (*Archit*) arcada; **~ sourcilière** arco superciliar; **arcades** *nfpl* (*d'un pont*) arcadas *fpl*; (*d'une rue*) soportales *mpl*
**arcanes** [aʀkan] *nmpl* arcanos *mpl*
**arc-boutant** [aʀkbutɑ̃] (*pl* **arcs-boutants**) *nm* arbotante *m*
**arc-bouter** [aʀkbute] : **s'arc-bouter** *vpr* apoyarse, apuntalarse; **s'~ contre** apoyarse en, afianzarse en
**arceau** [aʀso] *nm* arco
**arc-en-ciel** [aʀkɑ̃sjɛl] (*pl* **arcs-en-ciel**) *nm* arco iris *m*
**archaïque** [aʀkaik] *adj* arcaico(-a)
**archaïsme** [aʀkaism] *nm* arcaísmo
**archange** [aʀkɑ̃ʒ] *nm* arcángel *m*
**arche** [aʀʃ] *nf* arco; **~ de Noé** arca de Noe
**archéologie** [aʀkeɔlɔʒi] *nf* arqueología
**archéologique** [aʀkeɔlɔʒik] *adj* arqueológico(-a)
**archéologue** [aʀkeɔlɔg] *nmf* arqueólogo(-a)
**archer** [aʀʃe] *nm* arquero
**archet** [aʀʃɛ] *nm* arco
**archétype** [aʀketip] *nm* arquetipo
**archevêché** [aʀʃəveʃe] *nm* arzobispado
**archevêque** [aʀʃəvɛk] *nm* arzobispo
**archi...** [aʀʃi] *préf* archi...
**archibondé, e** [aʀʃibɔ̃de] *adj* archirrepleto(-a)
**archiduc** [aʀʃidyk] *nm* archiduque *m*
**archiduchesse** [aʀʃidyʃɛs] *nf* archiduquesa
**archipel** [aʀʃipɛl] *nm* archipiélago
**archisimple** [aʀʃisɛ̃pl] *adj* sencillísimo(-a)
**architecte** [aʀʃitɛkt] *nmf* arquitecto(-a); (*fig : de la réussite*) artífice *mf*
**architectural, e, -aux** [aʀʃitɛktyʀal, o] *adj* arquitectural, arquitectónico(-a)
**architecture** [aʀʃitɛktyʀ] *nf* arquitectura; (*structure, agencement*) arquitectura, estructura
**architrave** [aʀʃitʀav] *nf* (*Archit*) arquitrabe *m*
**archivage** [aʀʃivaʒ] *nm* archivo (*acción*)
**archiver** [aʀʃive] *vt* archivar
**archives** [aʀʃiv] *nfpl* (*documents*) archivos *mpl*; (*local*) archivo *msg*
**archiviste** [aʀʃivist] *nmf* archivero(-a)
**arçon** [aʀsɔ̃] *nm* voir **cheval**
**arctique** [aʀktik] *adj* ártico(-a); **le cercle ~** el círculo polar ártico; **l'océan A~** el océano Ártico ▶ *nm* : **l'A~** el Ártico
**ardemment** [aʀdamɑ̃] *adv* ardientemente
**Ardennes** [aʀdɛn] *nfpl* Ardenas *fpl*
**ardent, e** [aʀdɑ̃, ɑ̃t] *adj* ardiente; (*feu, soleil*) ardiente, abrasador(a); (*prière*) fervoroso(-a)
**ardeur** [aʀdœʀ] *nf* (*du soleil, feu*) ardor *m*, calor *m*; (*fig*) ardor, vehemencia; **~ au travail** entusiasmo con el que trabaja
**ardoise** [aʀdwaz] *nf* pizarra; **un toit en ~** un techo de pizarra; **avoir une ~** (*fig*) tener cuenta
**ardu, e** [aʀdy] *adj* arduo(-a); (*pente*) empinado(-a)
**are** [aʀ] *nm* área
**arène** [aʀɛn] *nf* arena; **l'~ politique/littéraire** la palestra política/literaria; **arènes** *nfpl* (*de corrida*) ruedo; (*bâtiment*) plaza *fsg* de toros
**arête** [aʀɛt] *nf* (*de poisson*) espina; (*d'une montagne*) cresta; (*d'un solide*) arista; (*d'une poutre, d'un toit*) cumbrera
**argent** [aʀʒɑ̃] *nm* (*métal, couleur*) plata; (*monnaie*) dinero; **en avoir pour son ~** lo comido por lo servido; **gagner beaucoup d'~** ganar mucho dinero; **changer de l'~** cambiar dinero; **~ comptant** dinero en efectivo; **~ de poche** dinero para gastos menudos; **~ liquide** dinero líquido
**argenté, e** [aʀʒɑ̃te] *adj* plateado(-a)
**argenter** [aʀʒɑ̃te] *vt* platear
**argenterie** [aʀʒɑ̃tʀi] *nf* plata
**argentin, e** [aʀʒɑ̃tɛ̃, in] *adj* argentino(-a) ▶ *nm/f*: **Argentin, e** argentino(-a)
**Argentine** [aʀʒɑ̃tin] *nf* Argentina
**argentique** [aʀʒɑ̃tik] *adj* (*appareil-photo*) analógico(-a), no digital
**argile** [aʀʒil] *nf* arcilla
**argileux, -euse** [aʀʒilø, øz] *adj* arcilloso(-a)
**argot** [aʀgo] *nm* argot *m*, jerga
**argotique** [aʀgɔtik] *adj* argótico(-a)
**arguer** [aʀgɥe] : **~ de** *vt* argüir, alegar; **~ que** argüir que
**argument** [aʀgymɑ̃] *nm* argumento
**argumentaire** [aʀgymɑ̃tɛʀ] *nm* lista de argumentos de venta; (*brochure*) folleto publicitario
**argumentation** [aʀgymɑ̃tasjɔ̃] *nf* argumentación *f*
**argumenter** [aʀgymɑ̃te] *vi* argumentar

28 · FRANÇAIS | ESPAGNOL

**argus** [aʀgys] *nm* (*Auto*) revista especializada en el mercado de los coches de ocasión
**arguties** [aʀgysi] (*péj*) *nfpl* argucias *fpl*
**aride** [aʀid] *adj* (*sol, pays*) árido(-a); (*texte, sujet*) árido(-a)
**aridité** [aʀidite] *nf* (*voir adj*) aridez *f*; dureza
**arien, ne** [aʀjɛ̃, ɛn] *adj* arriano(-a)
**aristocrate** [aʀistɔkʀat] *nmf* aristócrata *mf*
**aristocratie** [aʀistɔkʀasi] *nf* aristocracia
**aristocratique** [aʀistɔkʀatik] *adj* aristocrático(-a)
**arithmétique** [aʀitmetik] *adj* aritmético(-a) ▶ *nf* aritmética
**armada** [aʀmada] *nf* armada
**armagnac** [aʀmaɲak] *nm* aguardiente *m* de Armagnac
**armateur** [aʀmatœʀ] *nm* armador *m*, naviero
**armature** [aʀmatyʀ] *nf* armazón *m*; (*Constr, fig*) armazón, estructura; (*Mus*) armadura
**arme** [aʀm] *nf* arma; **à armes égales** en igualdad de condiciones; **ville/peuple en armes** ciudad *f*/pueblo en armas; **passer par les armes** pasar por las armas; **prendre les armes** tomar las armas; **armes de destruction massive** armas de destrucción massiva; **~ à feu/blanche** arma de fuego/blanca; **armes** *nfpl* (*blason*) armas *fpl*; (*profession*) : **les armes** las armas; **présenter les armes** presentar armas
**armé, e** [aʀme] *adj* armado(-a); **~ de** equipado(-a) con, armado(-a) con
**armée** [aʀme] *nf* ejército; (*fig*) nube *f*, ejército; **~ de l'air/de terre** ejército del aire/de tierra; **~ du Salut** ejército de Salvación
**armement** [aʀməmɑ̃] *nm* armamento; **course aux armements** carrera de armamentos; **armements nucléaires** armamentos *mpl* nucleares
**Arménie** [aʀmeni] *nf* Armenia
**arménien, ne** [aʀmenjɛ̃, jɛn] *adj* armenio(-a) ▶ *nm* (*Ling*) armenio ▶ *nm/f* : **Arménien, ne** armenio(-a)
**armer** [aʀme] *vt* armar; (*d'une pointe, d'un blindage*) proveer, equipar; (*de pouvoirs etc*) dotar; (*arme à feu, appareil photo*) montar; **~ qch de** armar algo con; **~ qn de** armar a algn con; **s'~ de** (*courage, patience*) armarse de; (*bâton, fusil*) armarse con
**armistice** [aʀmistis] *nm* armisticio; **l'A~** el armisticio
**armoire** [aʀmwaʀ] *nf* armario, closet *ou* clóset (*AM*); (*penderie*) ropero; **~ à glace** (*fig*) mole *f*; **~ à pharmacie** botiquín *m*
**armoiries** [aʀmwaʀi] *nfpl* escudo *msg* de armas
**armure** [aʀmyʀ] *nf* armadura
**armurerie** [aʀmyʀʀi] *nf* (*fabrique*) fábrica de armas; (*magasin*) armería
**armurier** [aʀmyʀje] *nm* armero

**ARN** [aɛʀɛn] *sigle m* (= *acide ribonucléique*) ARN *m*
**arnaque** [aʀnak] (*fam*) *nf* : **de l'~** un timo
**arnaquer** [aʀnake] (*fam*) *vt* timar; **tu t'es fait ~** te han timado
**arnaqueur, -euse** [aʀnakœʀ, øz] (*fam*) *nm/f* timador(a)
**arnica** [aʀnika] *nm* : (**teinture d'**)**~** (tintura de) árnica
**arobase** [aʀɔbaz] *nf* arroba
**aromates** [aʀɔmat] *nmpl* hierbas *fpl* aromáticas
**aromathérapie** [aʀɔmateʀapi] *nf* aromaterapia
**aromatique** [aʀɔmatik] *adj* aromático(-a)
**aromatisé, e** [aʀɔmatize] *adj* aromatizado(-a)
**aromatiser** [aʀɔmatize] *vt* aromatizar
**arôme** [aʀom] *nm* aroma *m*
**arpège** [aʀpɛʒ] *nm* arpegio
**arpentage** [aʀpɑ̃taʒ] *nm* agrimensura
**arpenter** [aʀpɑ̃te] *vt* recorrer a grandes pasos
**arpenteur** [aʀpɑ̃tœʀ] *nm* agrimensor(a)
**arqué, e** [aʀke] *adj* arqueado(-a)
**arr., arrt** *abr* = **arrondissement**
**arrachage** [aʀaʃaʒ] *nm* : **~ des mauvaises herbes** arranque *m* de malas hierbas
**arraché** [aʀaʃe] *nm* (*haltérophilie*) arrancada; **obtenir à l'~** (*fig*) obtener con gran esfuerzo
**arrachement** [aʀaʃmɑ̃] *nm* (*affectif*) desgarramiento
**arrache-pied** [aʀaʃpje] *adv* : **d'~** (*combattre*) a brazo partido; (*talonner*) sin desmayo
**arracher** [aʀaʃe] *vt* arrancar; (*clou, dent*) sacar, extraer; (*par explosion, accident*) desgarrar; (*fig*) sacar, arrancar; **~ qch à qn** arrebatar algo a algn; (*fig*) sonsacar algo a algn; **~ qn à** (*solitude, rêverie*) sacar a algn de, arrancar a algn de; (*famille*) arrancar a algn de; **s'arracher** *vpr* (*personne, article très recherché*) rifarse; **s'~ de** desprenderse de; (*lieu*) alejarse de, separarse de
**arraisonner** [aʀɛzɔne] *vt* inspeccionar, registrar
**arrangeant, e** [aʀɑ̃ʒɑ̃, ɑ̃t] *adj* acomodaticio(-a)
**arrangement** [aʀɑ̃ʒmɑ̃] *nm* (*agencement*) arreglo, disposición *f*; (*compromis*) acuerdo; (*Mus*) arreglo
**arranger** [aʀɑ̃ʒe] *vt* (*appartement*) arreglar, disponer; (*voyage*) organizar; (*rendez-vous*) concertar; (*montre, voiture*) arreglar; (*problème, difficulté*) arreglar, solucionar; (*Mus*) adaptar; **cela m'arrange** eso me conviene; **si cela peut vous ~** si esto le puede servir; **s'arranger** *vpr* (*se mettre d'accord*) ponerse de acuerdo; (*querelle, situation*) arreglarse; (*se débrouiller*) : **s'~ pour que** arreglárselas para que; **je vais m'~** voy a arreglarme; **ça va s'~** eso va a solucionarse; **s'~ pour faire** componérselas para hacer

**arrangeur, -euse** [aʀɑ̃ʒœʀ, øz] *nm/f* (*Mus*) arreglista *mf*
**arrestation** [aʀɛstasjɔ̃] *nf* detención *f*
**arrêt** [aʀɛ] *nm* (*de movimiento*) parada, detención *f*; (*de proceso, servicio*) interrupción *f*; (*Jur*) fallo; **être à l'~** estar parado(-a); **rester** *ou* **tomber en ~ devant ...** quedarse atónito(-a) ante ...; **sans ~** (*sans interruption*) sin parar; (*très fréquemment*) continuamente; **~ d'autobus** parada de autobús, paradero (*Am*); **~ de mort** sentencia de muerte; **~ de travail** (*grève*) huelga; (*congé*) baja; **~ facultatif** paro facultativo; **arrêts** *nmpl* (*Mil*) arresto *msg*
**arrêté, e** [aʀete] *adj* firme ▸ *nm* decreto; **~ municipal** decreto municipal
**arrêter** [aʀete] *vt* (*projet, maladie*) parar, interrumpir; (*voiture, personne*) detener, parar; (*compte*) liquidar; (*point*) sacar; (*date, choix*) fijar, decidir; (*suspect, criminel*) detener; **~ de faire (qch)** dejar de hacer (algo); **arrête de te plaindre** para de quejarte; **ne pas ~ de faire** no parar de hacer; **~ son choix sur** decidirse por; **s'arrêter** *vpr* pararse; (*pluie, bruit*) cesar; **s'~ sur** (*yeux*) fijarse en; **s'~ net** parar en seco
**arrhes** [aʀ] *nfpl* arras *fpl*, señal *f*; **verser des ~** pagar una señal
**arrière** [aʀjɛʀ] *adj inv* (*Auto*) trasero(-a); **siège ~** asiento trasero ▸ *nm* (*d'une voiture, maison*) parte *f* trasera; (*Sport*) defensa; **à l'~** detrás; **en ~** hacia atrás; **en ~ de** detrás de; **arrières** *nmpl* : **protéger ses arrières** (*fig*) proteger sus espaldas
**arriéré, e** [aʀjeʀe] (*péj*) *adj* retrasado(-a) ▸ *nm* (*d'argent*) atraso
**arrière-boutique** [aʀjɛʀbutik] (*pl* **arrière-boutiques**) *nf* trastienda
**arrière-cour** [aʀjɛʀkuʀ] (*pl* **arrière-cours**) *nf* traspatio
**arrière-cuisine** [aʀjɛʀkɥizin] (*pl* **arrière-cuisines**) *nf* trascocina
**arrière-garde** [aʀjɛʀgaʀd] (*pl* **arrière-gardes**) *nf* retaguardia
**arrière-goût** [aʀjɛʀgu] (*pl* **arrière-goûts**) *nm* regusto
**arrière-grand-mère** [aʀjɛʀgʀɑ̃mɛʀ] (*pl* **arrière-grands-mères**) *nf* bisabuela
**arrière-grand-père** [aʀjɛʀgʀɑ̃pɛʀ] (*pl* **arrière-grands-pères**) *nm* bisabuelo
**arrière-grands-parents** [aʀjɛʀgʀɑ̃paʀɑ̃] *nmpl* bisabuelos *mpl*
**arrière-pays** [aʀjɛʀpei] *nm inv* interior *m*, tierra adentro
**arrière-pensée** [aʀjɛʀpɑ̃se] (*pl* **arrière-pensées**) *nf* segunda intención *f*; (*réserves, doute*) reserva
**arrière-petite-fille** [aʀjɛʀpətitfij] (*pl* **arrière-petites-filles**) *nf* bisnieta
**arrière-petit-fils** [aʀjɛʀpətifis] (*pl* **arrière-petits-fils**) *nm* bisnieto
**arrière-petits-enfants** [aʀjɛʀpətizɑ̃fɑ̃] *nmpl* bisnietos *mpl*
**arrière-plan** [aʀjɛʀplɑ̃] (*pl* **arrière-plans**) *nm* segundo plano; **à l'~** en segundo plano
**arrière-saison** [aʀjɛʀsɛzɔ̃] (*pl* **arrière-saisons**) *nf* final *m* del otoño
**arrière-salle** [aʀjɛʀsal] (*pl* **arrière-salles**) *nf* sala posterior
**arrière-train** [aʀjɛʀtʀɛ̃] (*pl* **arrière-trains**) *nm* cuarto trasero
**arrimer** [aʀime] *vt* estibar
**arrivage** [aʀivaʒ] *nm* arribada
**arrivant, e** [aʀivɑ̃, ɑ̃t] *nm/f* recién llegado(-a)
**arrivée** [aʀive] *nf* (*de bateau*) arribada; (*concurrent, visites*) llegada, arribo (*surtout Am*); (*ligne d'arrivée*) línea de llegada; **à mon ~** a mi llegada; **courrier à l'~** correo en mano; **~ d'air/de gaz** entrada de aire/de gas
**arriver** [aʀive] *vi* (*événement, fait*) ocurrir, suceder; **~ à qch/faire qch** lograr algo/hacer algo; **j'arrive!** ¡ya voy!; **il arrive à Paris à 8 h** llega a París a las 8; **~ à destination** llegar a destino; **j'arrive de Strasbourg** llego de Estrasburgo; **il arrive que** ocurre que; **il lui arrive de faire** suele hacer; **je n'y arrive pas** no lo consigo; **~ à échéance** vencer; **en ~ à faire** llegar a hacer
**arrivisme** [aʀivism] *nm* arribismo
**arriviste** [aʀivist] *adj, nmf* arribista *mf*
**arrogance** [aʀɔgɑ̃s] *nf* arrogancia, prepotencia (*surtout Am*)
**arrogant, e** [aʀɔgɑ̃, ɑ̃t] *adj* arrogante, prepotente (*surtout Am*)
**arroger** [aʀɔʒe] : **s'arroger** *vpr* arrogarse; **s'~ le droit de ...** arrogarse el derecho de ...
**arrondi, e** [aʀɔ̃di] *adj* redondeado(-a) ▸ *nm* redondeo
**arrondir** [aʀɔ̃diʀ] *vt* redondear; **~ ses fins de mois** aumentar sus ingresos; **s'arrondir** *vpr* (*dos*) encorvarse; (*ventre*) engordar
**arrondissement** [aʀɔ̃dismɑ̃] *nm* distrito

**ARRONDISSEMENT**

Un **arrondissement** municipal es una subdivisión administrativa de las ciudades de París, Lyon y Marsella (las cuales cuentan con 20, 9 y 16 **arrondissements** respectivamente). Cada uno de ellos tiene un consejo electo que, a su vez, elige un alcalde. No debe confundirse con el *arrondissement départemental*, que es una subdivisión de un departamento formada por varios cantones.

**arrosage** [aʀozaʒ] *nm* riego; **tuyau d'~** manguera
**arroser** [aʀoze] *vt* regar; (*fig*) mojar; (*Culin*) rociar; (*suj : fleuve, rivière*) bañar
**arroseur** [aʀozœʀ] *nm* (*tourniquet*) aspersor *m*
**arroseuse** [aʀozøz] *nf* camión *m* de riego

## arrosoir – aspic

**arrosoir** [aʀozwaʀ] *nm* regadera
**arsenal, -aux** [aʀsənal, o] *nm* (*aussi fig*) arsenal *m*; (*Naut*) arsenal, astillero
**arsenic** [aʀsənik] *nm* arsénico
**art** [aʀ] *nm* arte *m*; (*expression artistique*) : **l'~** el arte; **avoir l'~ de faire** tener la habilidad de hacer; **les arts** las artes; **livre/critique d'~** libro/crítica de arte; **les arts et métiers** artes y oficios; **~ dramatique** arte dramático; **arts ménagers** artes domésticas; **arts plastiques** artes plásticas
**art.** *abr* = **article**
**artère** [aʀtɛʀ] *nf* arteria
**artériel, le** [aʀteʀjɛl] *adj* arterial
**artériosclérose** [aʀteʀjoskleʀoz] *nf* arterioesclerosis *f*
**arthrite** [aʀtʀit] *nf* artritis *f*
**arthropode** [aʀtʀɔpɔd] *nm* artrópodo
**arthroscopie** [aʀtʀɔskɔpi] *nf* artroscopia
**arthrose** [aʀtʀoz] *nf* artrosis *f*
**artichaut** [aʀtiʃo] *nm* alcachofa
**article** [aʀtikl] *nm* artículo; **faire l'~** (*Comm, aussi fig*) hacer el artículo; **à l'~ de la mort** in articulo mortis, en el artículo de la muerte; **~ défini** artículo determinado; **~ de fond** (*Presse*) artículo de fondo; **~ indéfini** artículo indeterminado; **articles de bureau** artículos *mpl* de despacho; **articles de voyage** artículos de viaje
**articulaire** [aʀtikylɛʀ] *adj* articular
**articulation** [aʀtikylasjɔ̃] *nf* (*aussi fig*) articulación *f*
**articulé, e** [aʀtikyle] *adj* articulado(-a)
**articuler** [aʀtikyle] *vt* articular; **s'articuler** *vpr* : **s'~ (sur)** articularse (con); **s'~ autour de** (*fig*) articularse en torno a
**artifice** [aʀtifis] *nm* artificio
**artificiel, le** [aʀtifisjɛl] *adj* artificial; (*jambe*) ortopédico(-a); (*péj*) artificial, fingido(-a)
**artificiellement** [aʀtifisjɛlmɑ̃] *adv* artificialmente
**artificier** [aʀtifisje] *nm* pirotécnico
**artificieux, -euse** [aʀtifisjø, jøz] *adj* artificioso(-a), falso(-a)
**artillerie** [aʀtijʀi] *nf* artillería
**artilleur** [aʀtijœʀ] *nm* artillero
**artimon** [aʀtimɔ̃] *nm* albero di mesana
**artisan, e** [aʀtizɑ̃, an] *nm/f* artesano(-a); (*fig*) artífice *mf*; **l'~ de la victoire/du malheur** el/la artífice de la victoria/de la desgracia
**artisanal, e, -aux** [aʀtizanal, o] *adj* artesanal
**artisanalement** [aʀtizanalmɑ̃] *adv* artesanalmente
**artisanat** [aʀtizana] *nm* artesanía
**artiste** [aʀtist] *adj* artista ▶ *nmf* artista *mf*
**artistique** [aʀtistik] *adj* artístico(-a)
**ARTT** [aɛʀtete] *nm* (= *accord sur la réduction du temps de travail*) acuerdo para la reducción de las horas de trabajo
**arum** [aʀɔm] *nm* aro, yaro

**aryen, ne** [aʀjɛ̃, jɛn] *adj* ario(-a)
**AS** [aɛs] *sigle fpl* = **assurances sociales** ▶ *sigle f* = **Association sportive**
**as¹** [a] *vb voir* **avoir**
**as²** [ɑs] *nm as m*; **fagoté comme l'as de pique** hecho un fantoche
**ascendance** [asɑ̃dɑ̃s] *nf* ascendencia
**ascendant, e** [asɑ̃dɑ̃, ɑ̃t] *adj* ascendente ▶ *nm* ascendiente *m*; **ascendants** *nmpl* (*parents*) ascendientes *mpl*
**ascenseur** [asɑ̃sœʀ] *nm* ascensor *m*, elevador *m* (*Am*)
**ascension** [asɑ̃sjɔ̃] *nf* ascensión *f*; **l'A~** (*Rel*) la Ascensión; *ver nota*

- **ASCENSION**
- El día de **l'Ascension**, que suele caer en
- mayo, es festivo en Francia. Como se
- celebra en jueves, en muchas empresas se
- suele hacer puente.

**ascète** [asɛt] *nmf* asceta *mf*
**ascétique** [asetik] *adj* ascético(-a)
**ascétisme** [asetism] *nm* ascetismo
**ascorbique** [askɔʀbik] *adj* : **acide ~** ácido ascórbico
**ASE** [aɛsə] *sigle f* (= *Agence spatiale européenne*) ESA
**asepsie** [asɛpsi] *nf* asepsia
**aseptique** [asɛptik] *adj* aséptico(-a)
**aseptisé, e** [asɛptize] *adj* esterilizado(-a)
**aseptiser** [asɛptize] *vt* esterilizar
**asexué, e** [asɛksɥe] *adj* asexuado(-a)
**ashkénaze** [aʃkenaz] *adj* asquenazí, askenazí ▶ *nmf* : **Ashkénaze** asquenazí *mf*, askenazí *mf*
**Asiate** [azjat] *nmf* (*péj*) asiático(-a)
**asiatique** [azjatik] *adj* asiático(-a) ▶ *nmf* : **Asiatique** asiático(-a)
**Asie** [azi] *nf* Asia
**asile** [azil] *nm* asilo; (*refuge, abri*) refugio; **droit d'~** derecho de asilo; **accorder l'~ politique à qn** conceder asilo político a algn; **chercher/trouver ~ quelque part** buscar/encontrar asilo en alguna parte
**asocial, e, -aux** [asɔsjal, jo] *adj* asocial
**aspartame** [aspaʀtam] *nm* aspartamo
**aspect** [aspɛ] *nm* aspecto, apariencia; (*fig*) aspecto; **à l'~ de ...** a la vista de ...
**asperge** [aspɛʀʒ] *nf* espárrago
**asperger** [aspɛʀʒe] *vt* rociar
**aspérité** [aspeʀite] *nf* aspereza
**aspersion** [aspɛʀsjɔ̃] *nf* aspersión *f*
**asphalte** [asfalt] *nm* asfalto
**asphalter** [asfalte] *vt* asfaltar
**asphyxiant, e** [asfiksjɑ̃, jɑ̃t] *adj* asfixiante
**asphyxie** [asfiksi] *nf* (*aussi fig*) asfixia
**asphyxier** [asfiksje] *vt* asfixiar; **mourir asphyxié** morir asfixiado
**aspic** [aspik] *nm* (*Zool*) áspid *m*; (*Culin*) fiambre o pescado etc con gelatina

## aspirant – assimilable

**aspirant, e** [aspirɑ̃, ɑ̃t] *adj* : **pompe aspirante** bomba aspirante ▶ *nm* (*Naut*) guardiamarina *m*
**aspirateur** [aspiratœʀ] *nm* aspiradora
**aspiration** [aspirasjɔ̃] *nf* aspiración *f*, absorción *f*; (*gén pl* : *ambitions*) aspiraciones *fpl*
**aspirer** [aspire] *vt* aspirar; (*liquide*) absorber; **~ à qch** aspirar a algo; **~ à faire** aspirar a hacer
**aspirine** [aspirin] *nf* aspirina
**assagir** [asaʒir] *vt* sosegar; **s'assagir** *vpr* sosegarse, aplacarse
**assaillant, e** [asajɑ̃, ɑ̃t] *nm/f* agresor(a), asaltante *mf*
**assaillir** [asajir] *vt* atacar, asaltar; (*de questions, reproches*) asediar, acosar
**assainir** [asenir] *vt* (*quartier, logement, aussi fig*) sanear; (*air, eau*) depurar
**assainissement** [asenismɑ̃] *nm* (*voir vb*) saneamiento; depuración *f*
**assaisonnement** [asɛzɔnmɑ̃] *nm* aliño; (*ingrédient*) condimento
**assaisonner** [asɛzɔne] *vt* aliñar, condimentar; **bien assaisonné** bien aliñado, bien condimentado
**assassin** [asasɛ̃] *nm* asesino(-a)
**assassinat** [asasina] *nm* asesinato
**assassiner** [asasine] *vt* asesinar
**assaut** [aso] *nm* asalto; (*fig*) embestida; **prendre d'~** tomar por asalto; **donner l'~ (à)** asaltar; **faire ~ de** rivalizar en
**assèchement** [asɛʃmɑ̃] *nm* desecación *f*
**assécher** [aseʃe] *vt* desecar
**ASSEDIC** [asedik] *sigle f* (= *Association pour l'emploi dans l'industrie et le commerce*) fondo de seguro de desempleo
**assemblage** [asɑ̃blaʒ] *nm* (*action d'assembler*) ensamblaje *m*, montaje *m*; (*Menuiserie*) ensamblaje; **un ~ de** una mezcla de; **langage d'~** (*Inform*) lenguaje *m* de compilación
**assemblée** [asɑ̃ble] *nf* asamblea; **~ des fidèles** asamblea de los fieles; **l'A~ nationale** la Asamblea nacional; *ver nota*

: **ASSEMBLÉE NATIONALE**
:
: La **Assemblée nationale** es la cámara
: baja del parlamento francés (la cámara
: alta recibe el nombre de *Sénat*) y se reúne en
: el Palais Bourbon de París. Sus miembros,
: o *députés*, son elegidos cada cinco años.

**assembler** [asɑ̃ble] *vt* (*Tech, gén*) ensamblar, juntar; (*mots, idées*) ensamblar, unir; (*amasser*) reunir; **s'assembler** *vpr* congregarse
**assembleur** [asɑ̃blœʀ] *nm* (*Inform*) compilador *m*
**assener, asséner** [asene] *vt* : **~ un coup à qn** asestar un golpe a algn; **~ la vérité à qn** espetar la verdad a algn

**assentiment** [asɑ̃timɑ̃] *nm* asentimiento
**asseoir** [aswaʀ] *vt* sentar; (*autorité, réputation*) asentar; **faire ~ qn** hacer sentarse a algn; **~ qch sur** asentar algo sobre; (*appuyer*) fundar algo en, basar algo en; **s'asseoir** *vpr* sentarse
**assermenté, e** [asɛʀmɑ̃te] *adj* juramentado(-a)
**assertion** [asɛʀsjɔ̃] *nf* aserción *f*
**asservir** [asɛʀviʀ] *vt* esclavizar
**asservissement** [asɛʀvismɑ̃] *nm* (*action*) avasallamiento; (*état*) esclavitud *f*
**assesseur** [asesœʀ] *nm* asesor(a)
**asseyais** [asɛjɛ] *vb voir* **asseoir**
**assez** [ase] *adv* (*suffisamment*) bastante; (*passablement*) suficientemente, bastante; **~!** ¡basta!; **~/pas ~ cuit** bastante/no muy hecho; **est-il ~ fort/rapide ?** ¿es bastante fuerte/rápido?; **il est passé ~ vite** pasó bastante rápido; **~ de pain** bastante pan; **~ de livres** bastantes libros; **vous en avez ~** tiene bastante; **en avoir ~ de qch** estar harto(-a) de algo; **~ ... pour ...** bastante ... para ...

> Dans le sens de « plutôt », **assez** se traduit par *bastante*. Dans le sens de « suffisamment », il se traduit par *suficiente* ou *bastante*. **Assez de** se traduit par *suficiente(s)* ou *bastante(s)*, sans *de* :
> **Elle est assez douée en dessin.** Está bastante dotada para el dibujo.
> **Il n'a pas assez de travail.** No tiene suficiente/bastante trabajo.
> **Il y a assez de verres pour tout le monde.** Hay suficientes vasos para todos.

**assidu, e** [asidy] *adj* asiduo(-a); (*zélé*) aplicado(-a); **~ auprès de qn** solícito(-a) con algn
**assiduité** [asiduite] *nf* asiduidad *f*; **assiduités** *nfpl* (*attentions inlassables*) cortesías *fpl*
**assidûment** [asidymɑ̃] *adv* asiduamente
**assied** *etc* [asje] *vb voir* **asseoir**
**assiégé, e** [asjeʒe] *adj* sitiado(-a)
**assiéger** [asjeʒe] *vt* sitiar; (*fig*) asediar
**assiérai** *etc* [asjere] *vb voir* **asseoir**
**assiette** [asjɛt] *nf* plato; (*stabilité, équilibre*) equilibrio; **~ à dessert** plato de postre; **~ anglaise** plato de fiambres variados; **~ creuse** plato hondo; **~ de l'impôt** estimación *f* de la base imponible; **~ plate** plato llano
**assiettée** [asjete] *nf* plato
**assignation** [asiɲasjɔ̃] *nf* asignación *f*; (*Jur*) citación *f*; **~ à résidence** arresto domiciliario
**assigner** [asiɲe] *vt* asignar; (*valeur, importance*) atribuir; (*limites*) imponer, establecer; **~ un rôle à qn** asignar un papel a algn; **~ qn à résidence** imponer un arresto domiciliario a algn
**assimilable** [asimilabl] *adj* asimilable

## assimilation – assurance-vol

**assimilation** [asimilasjɔ̃] nf asimilación f; (d'immigrant) integración f; (identification) equiparación f

**assimilé, e** [asimile] adj (semblable) similar, semejante ▶ nm asimilado(-a); **cadres et assimilés** ejecutivos y asimilados

**assimiler** [asimile] vt asimilar; (immigrant) integrar; (identifier) : **- qch/qn à** equiparar algo/a algn con; **ils sont assimilés aux infirmiers** están equiparados con los enfermeros; **s'assimiler** vpr integrarse

**assis, e** [asi, iz] pp de **asseoir** ▶ adj sentado(-a); **~ en tailleur** sentado(-a) a la turca

**assise** [asiz] nf (Constr) hilada; (Géo) capa, lecho; (fig) base f, cimientos mpl; **assises** nfpl (Jur) sala fsg de lo criminal; (congrès) sesión fsg, congreso msg

**assistanat** [asistana] nm ayudantía

**assistance** [asistɑ̃s] nf (public) asistencia, público; (aide) asistencia; **porter/prêter ~ à qn** llevar/prestar ayuda a algn; **enfant de l'A~ (publique)** niño(-a) del hospicio; **A~ (publique)** hospicio; **~ technique** asistencia técnica

**assistant, e** [asistɑ̃, ɑ̃t] nm/f (Scol) lector(a); (d'un professeur, cinéaste) ayudante mf; **~ social(e)** asistente(-a) social; **assistants** nmpl (auditeurs) asistentes mfpl

**assisté, e** [asiste] adj (Auto) asistido(-a) ▶ nm/f (péj) parásito(-a)

**assister** [asiste] vt ayudar ▶ vi : **~ à** asistir a

**associatif, -ive** [asɔsjatif, iv] adj : **le mouvement ~** el movimiento asociativo

**association** [asɔsjasjɔ̃] nf asociación f; (musicale, sportive) grupo, asociación; **~ d'idées** asociación de ideas

**associé, e** [asɔsje] adj asociado(-a) ▶ nm/f socio(-a); (Comm) asociado(-a)

**associer** [asɔsje] vt asociar; **~ qn à** asociar a algn a; (joie, triomphe) hacer partícipe a algn de; **~ qch à** unir algo a; **s'associer** vpr asociarse; (un collaborateur) asociarse con; **s'~ à** (couleurs) combinar con; (opinions, joie de qn) hacerse partícipe de

**assoie** [aswa] vb voir **asseoir**

**assoiffé, e** [aswafe] adj sediento(-a); **~ de** (fig) sediento de

**assoirai** etc [aswaʀe] vb voir **asseoir**

**assois** etc [aswa] vb voir **asseoir**

**assolement** [asɔlmɑ̃] nm rotación f de cultivos

**assombrir** [asɔ̃bʀiʀ] vt oscurecer; (fig) ensombrecer; **s'assombrir** vpr (ciel) oscurecerse, ensombrecerse; (fig) ensombrecerse

**assommant, e** [asɔmɑ̃, ɑ̃t] adj (ennuyeux, fatigant) pesado(-a)

**assommer** [asɔme] vt (tuer) acogotar; (étourdir) dejar inconsciente de un golpe; (étourdir, abrutir : médicament) aturdir, atontar; (fam : importuner) fastidiar

**Assomption** [asɔ̃psjɔ̃] nf : **l'~** la Asunción

**assorti, e** [asɔʀti] adj (en harmonie) combinado(-a); **fromages assortis** quesos mpl surtidos; **~ à** a juego con; **~ de** (conditions, conseils) acompañado(-a) de; **bien/mal ~** bien/mal surtido(-a)

**assortiment** [asɔʀtimɑ̃] nm (aussi Comm) surtido; (harmonie de couleurs, formes) combinación f

**assortir** [asɔʀtiʀ] vt combinar; **~ qch à** combinar algo con; **~ qch de** acompañar algo con; **s'assortir** vpr hacer juego; **s'~ de** estar acompañado(-a) de ou por

**assoupi, e** [asupi] adj (aussi fig) adormecido(-a)

**assoupir** [asupiʀ] vpr : **s'~** adormecerse

**assoupissement** [asupismɑ̃] nm (aussi fig) adormecimiento

**assouplir** [asupliʀ] vt (cuir) ablandar; (membres, corps, aussi fig) flexibilizar; (caractère) suavizar; **s'assouplir** vpr (cuir) ablandarse; (lois, réglementation) hacerse más flexible; suavizarse

**assouplissant** [asuplisɑ̃] nm suavizante m

**assouplissement** [asuplismɑ̃] nm (voir vt) ablandamiento; suavización f; flexibilización f; **exercices d'~** ejercicios mpl de flexibilidad

**assourdir** [asuʀdiʀ] vt (étouffer) atenuar, amortiguar; (suj : bruit) ensordecer

**assourdissant, e** [asuʀdisɑ̃, ɑ̃t] adj ensordecedor(a)

**assouvir** [asuviʀ] vt saciar

**assouvissement** [asuvismɑ̃] nm satisfacción f

**assoyais** [aswajɛ] vb voir **asseoir**

**assujetti, e** [asyʒeti] adj sometido(-a); **~ (à)** sometido(-a) (a); **~ à l'impôt** sujeto(-a) a impuestos

**assujettir** [asyʒetiʀ] vt (peuple, pays) someter; (fixer) sujetar; **~ qn à** someter a algn a

**assujettissement** [asyʒetismɑ̃] nm sujeción f

**assumer** [asyme] vt asumir; (poste, rôle) desempeñar; **s'assumer** vpr asumirse

**assurance** [asyʀɑ̃s] nf (certitude) certeza; (confiance en soi) seguridad f; (contrat, secteur commercial) seguro; **prendre une ~ contre** hacer un seguro contra; **~ contre l'incendie/le vol** seguro contra incendios/robos; **société d'~** sociedad f de seguros; **compagnie d'assurances** compañía de seguros; **~ au tiers** seguro contra terceros; **~ maladie** seguro de enfermedad; **~ tous risques** seguro a todo riesgo; **assurances sociales** seguros mpl sociales

**assurance-vie** [asyʀɑ̃svi] (pl **assurances-vie**) nf seguro de vida

**assurance-vol** [asyʀɑ̃svɔl] (pl **assurances-vol**) nf seguro contra robo

**assuré, e** [asyʀe] *adj* : ~ **de** seguro(-a) de; **être** ~ (*assurance*) estar asegurado(-a) ▸ *nm/f* asegurado(-a); ~ **social** asegurado(-a) social
**assurément** [asyʀemɑ̃] *adv* seguramente
**assurer** [asyʀe] *vt* asegurar; (*succès, victoire*) asegurar, garantizar; ~ **qch à qn** (*emploi, revenu*) garantizar algo a algn; (*fait etc*) asegurar algo a algn; ~ **(à qn) que** asegurar (a algn) que; **je vous assure que non/si** le aseguro que no/sí; ~ **qn de son amitié** garantizar a algn su amistad; ~ **ses arrières** guardarse las espaldas; **s'assurer** *vpr* : **s'~ (contre)** asegurarse (contra); **s'~ de/que** asegurarse de/de que; **s'~ sur la vie** hacer un seguro de vida; **s'~ le concours/la collaboration de qn** asegurarse la ayuda/la colaboración de algn
**assureur** [asyʀœʀ] *nm* asegurador(a)
**astérisque** [asteʀisk] *nm* asterisco
**astéroïde** [asteʀɔid] *nm* asteroide *m*
**asthénie** [asteni] *nf* astenia
**asthénique** [astenik] *adj* asténico(-a)
**asthmatique** [asmatik] *adj* asmático(-a)
**asthme** [asm] *nm* asma
**asticot** [astiko] *nm* cresa
**asticoter** [astikɔte] *vt* fastidiar
**astigmate** [astigmat] *adj, nmf* astigmático(-a)
**astiquer** [astike] *vt* abrillantar
**astrakan** [astʀakɑ̃] *nm* astracán *m*
**astral, e, -aux** [astʀal, o] *adj* astral
**astre** [astʀ] *nm* astro
**astreignant, e** [astʀɛɲɑ̃, ɑ̃t] *adj* esclavizante
**astreindre** [astʀɛ̃dʀ] *vt* : ~ **qn à qch/à faire** forzar a algn a algo/a hacer; **s'~ à** obligarse a, forzarse a
**astreinte** [astʀɛ̃t] *nf* disponibilidad *f*; **être d'~** estar en disponibilidad
**astringent, e** [astʀɛ̃ʒɑ̃, ɑ̃t] *adj, nm* astringente *m*
**astrologie** [astʀɔlɔʒi] *nf* astrología
**astrologique** [astʀɔlɔʒik] *adj* astrológico(-a)
**astrologue** [astʀɔlɔg] *nmf* astrólogo(-a)
**astronaute** [astʀɔnot] *nmf* astronauta *mf*
**astronautique** [astʀɔnotik] *nf* astronáutica
**astronef** [astʀɔnɛf] *nm* astronave *f*
**astronome** [astʀɔnɔm] *nmf* astrónomo(-a)
**astronomie** [astʀɔnɔmi] *nf* astronomía
**astronomique** [astʀɔnɔmik] *adj* astronómico(-a)
**astrophysicien, ne** [astʀofizisjɛ̃, jɛn] *nm/f* astrofísico(-a)
**astrophysique** [astʀofizik] *nf* astrofísica
**astuce** [astys] *nf* astucia; (*truc*) truco; (*plaisanterie*) picardía, broma
**astucieusement** [astysjøzmɑ̃] *adv* ingeniosamente
**astucieux, -euse** [astysjø, jøz] *adj* ingenioso(-a)
**Asturies** [astyʀi] *nfpl* Asturias *fpl*

**asymétrie** [asimetʀi] *nf* asimetría
**asymétrique** [asimetʀik] *adj* asimétrico(-a)
**asymptomatique** [asɛ̃ptɔmatik] *adj* asintomático(-a)
**AT** *abr* (= *Ancien Testament*) A.T.
**atavique** [atavik] *adj* atávico(-a)
**atavisme** [atavism] *nm* atavismo
**ataxie** [ataksi] *nf* ataxia
**atelier** [atəlje] *nm* taller *m*; (*de peintre*) estudio; ~ **de musique/poterie** taller de música/cerámica
**atermoiements** [atɛʀmwamɑ̃] *nmpl* dilaciones *fpl*
**atermoyer** [atɛʀmwaje] *vi* andar con dilaciones
**athée** [ate] *adj, nmf* ateo(-a)
**athéisme** [ateism] *nm* ateísmo
**Athènes** [atɛn] *n* Atenas
**athénien, ne** [atenjɛ̃, jɛn] *adj* ateniense ▸ *nm/f* : **Athénien, ne** ateniense *mf*
**athlète** [atlɛt] *nmf* atleta *mf*
**athlétique** [atletik] *adj* atlético(-a)
**athlétisme** [atletism] *nm* atletismo; **tournoi d'~** torneo de atletismo; **faire de l'~** hacer atletismo
**atlantique** [atlɑ̃tik] *adj* atlántico(-a) ▸ *nm* : **l'(océan) A~** el (océano) Atlántico
**atlantiste** [atlɑ̃tist] *adj, nmf* atlantista *mf*
**Atlas** [atlɑs] *nm* : **l'~** el Atlas
**atlas** [atlɑs] *nm* atlas *m*
**atmosphère** [atmɔsfɛʀ] *nf* atmósfera; (*fig*) ambiente *m*
**atmosphérique** [atmɔsfeʀik] *adj* atmosférico(-a)
**atoll** [atɔl] *nm* atolón *m*
**atome** [atom] *nm* átomo
**atomique** [atomik] *adj* atómico(-a)
**atomiser** [atomize] *vt* (*vaporiser*) atomizar
**atomiseur** [atomizœʀ] *nm* atomizador *m*
**atomiste** [atomist] *nmf* atomista *mf*
**atone** [atɔn] *adj* (*personne*) indolente; (*regard*) inexpresivo(-a); (*Ling*) átono(-a)
**atours** [atuʀ] *nmpl* adornos *mpl*
**atout** [atu] *nm* (*aussi fig*) triunfo; ~ **pique/trèfle** triunfo de picas/de trébol
**âtre** [ɑtʀ] *nm* hogar *m*
**atroce** [atʀɔs] *adj* atroz; (*très désagréable, pénible*) atroz, terrible
**atrocement** [atʀɔsmɑ̃] *adv* (*cruellement*) atrozmente; (*excessivement*) terriblemente
**atrocité** [atʀɔsite] *nf* atrocidad *f*; (*gén pl : actes atroces*) atrocidades *fpl*; (: *calomnies*) barbaridades *fpl*
**atrophie** [atʀɔfi] *nf* atrofia
**atrophier** [atʀɔfje] : **s'atrophier** *vpr* atrofiarse
**atropine** [atʀɔpin] *nf* atropina
**attabler** [atable] : **s'attabler** *vpr* sentarse a la mesa; **s'~ à la terrasse** sentarse en la terraza
**ATTAC** *sigle f* (= *Association pour la taxation des transactions pour l'aide aux citoyens*) ATTAC *f*

## attachant – attentivement

(= *Asociación por una tasa sobre las transacciones especulativas para ayuda a los ciudadanos*)

**attachant, e** [ataʃɑ̃, ɑ̃t] *adj* encantador(a)

**attache** [ataʃ] *nf* grapa; (*fig*) lazo; **à l'~** (*chien*) atado(-a); **attaches** *nfpl* (*relations*) relaciones *fpl*

**attaché, e** [ataʃe] *adj* atado(-a); **être ~ à** (*aimer*) estar encariñado(-a) con ▸ *nm, nf* agregado(-a); **~ commercial/d'ambassade** agregado(-a) comercial/de embajada; **~ de presse** agregado(-a) de prensa

**attaché-case** [ataʃekɛz] (*pl* **attachés-cases**) *nm* maletín *m*

**attachement** [ataʃmɑ̃] *nm* cariño, afecto

**attacher** [ataʃe] *vt* atar; (*bateau*) amarrar; (*étiquette à qch*) pegar, fijar; **~ qch à** atar algo a; **~ qn à** (*fig*) vincular a algn a; **~ du prix/de l'importance à** atribuir valor/importancia a; **~ son regard/ses yeux sur** fijar la mirada/los ojos en ▸ *vi* (*poêle*) pegar; (*riz, sucre*) pegarse; **s'attacher** *vpr* abrocharse; **s'~ à** encariñarse con; **s'~ à faire qch** consagrarse a hacer algo

**attaquant** [atakɑ̃] *nm* (*Mil*) agresor *m*; (*Sport*) atacante *mf*

**attaque** [atak] *nf* ataque *m*; (*Sport*) ofensiva; **être/se sentir d'~** sentirse con fuerzas; **~ à main armée** ataque a mano armada

**attaquer** [atake] *vt* (*aussi fig*) atacar; (*entreprendre*) acometer; **~ qn en justice** entablar una acción judicial contra algn ▸ *vi* atacar; **s'attaquer** *vpr* enfrentarse con; (*épidémie, misère*) luchar contra

**attardé, e** [atarde] *adj* retrasado(-a); (*péj*) atrasado(-a), retrógrado(-a)

**attarder** [atarde] : **s'attarder** *vpr* (*sur qch, en chemin*) demorarse; (*chez qn*) entretenerse

**atteignais** *etc* [atɛɲɛ] *vb voir* **atteindre**

**atteindre** [atɛ̃dʀ] *vt* alcanzar; (*cible, fig*) conseguir; (*blesser*) alcanzar, herir; (*émouvoir*) afectar

**atteint, e** [atɛ̃, ɛ̃t] *pp de* **atteindre** ▸ *adj* : **être ~ de** estar aquejado(-a) de

**atteinte** [atɛ̃t] *nf* (*à l'honneur, au prestige*) ofensa; (*gén pl* : *d'un mal*) ataque *m*; **hors d'~** (*aussi fig*) fuera del alcance; **porter ~ à** atentar contra

**attelage** [at(ə)laʒ] *nm* (*de remorque*) enganche *m*; (*chevaux*) tiro; (*bœufs*) yunta

**atteler** [at(ə)le] *vt* (*cheval, wagons*) enganchar; (*bœufs*) uncir; **s'~ à** (*fig*) consagrarse a

**attelle** [atɛl] *nf* tablilla

**attenant, e** [at(ə)nɑ̃, ɑ̃t] *adj* contiguo(-a), lindante; **~ à** contiguo a, lindante con

**attendant** [atɑ̃dɑ̃] : **en ~** *adv* (*dans l'intervalle*) entretanto, mientras tanto; (*quoi qu'il en soit*) de todos modos

**attendre** [atɑ̃dʀ] *vt* esperar; **~ un enfant** esperar un niño; **je n'attends plus rien (de la vie)** no espero nada más (de la vida); **~ qn de pied ferme** esperar a algn con pie firme; **~ de faire/d'être** esperar hacer/ser; **~ qch de**
**qn** *ou* **qch** esperar algo de algn *ou* algo; **~ que** esperar que; **faire ~ qn** hacer esperar a algn; **j'attends vos excuses** espero sus disculpas; **se faire ~** hacerse esperar ▸ *vi* esperar; **attendez que je réfléchisse** espere a que reflexione; **s'attendre** *vpr* : **s'~ à (ce que)** esperarse (que); **je ne m'y attendais pas** no me lo esperaba; **ce n'est pas ce à quoi je m'attendais** no es lo que yo me esperaba

**attendri, e** [atɑ̃dʀi] *adj* tierno(-a)

**attendrir** [atɑ̃dʀiʀ] *vt* (*personne*) enternecer; (*viande*) ablandar; **s'attendrir** *vpr* : **s'~ (sur)** enternecerse (con)

**attendrissant, e** [atɑ̃dʀisɑ̃, ɑ̃t] *adj* enternecedor(a)

**attendrissement** [atɑ̃dʀismɑ̃] *nm* (*tendre*) ternura, enternecimiento; (*apitoyé*) enternecimiento

**attendrisseur** [atɑ̃dʀisœʀ] *nm* máquina para ablandar la carne

**attendu, e** [atɑ̃dy] *pp de* **attendre** ▸ *adj* esperado(-a); **tant ~** tan esperado(-a); **~ que** puesto que; **attendus** *nmpl* (*Jur*) considerandos *mpl*

**attentat** [atɑ̃ta] *nm* atentado; **~ à la bombe/à la pudeur** atentado con bomba/contra el pudor; **~ suicide** atentado *m* suicida *inv*

**attente** [atɑ̃t] *nf* espera; (*espérance*) espera, expectativa; **contre toute ~** contra toda previsión

**attenter** [atɑ̃te] : **~ à** *vt* atentar contra; **~ à la vie de qn** atentar contra la vida de algn; **~ à ses jours** atentar contra su propia vida

**attentif, -ive** [atɑ̃tif, iv] *adj* (*auditeur, élève*) atento(-a); (*soins*) cuidadoso(-a); (*travail*) cuidadoso(-a), concienzudo(-a); **~ à** (*scrupuleux*) escrupuloso(-a) con; (*ses devoirs*) cuidadoso(-a) con

**attention** [atɑ̃sjɔ̃] *nf* atención *f*; **à l'~ de** (*pour*) a la atención de; **porter qch à l'~ de qn** presentar algo a la consideración de algn; **attirer l'~ de qn sur qch** llamar la atención de algn sobre algo; **faire ~ à** (*remarquer, noter*) prestar atención a; (*prendre garde à*) tener cuidado con; **faire ~ que/à ce que** tener cuidado que; **~ !** ¡cuidado!; **~, si vous ouvrez cette lettre** (*sanction*) ojo, si abre esta carta; **~, respectez les consignes de sécurité** atención, respeten las consignas de seguridad; **mériter ~** merecer atención; **attentions** *nfpl* atenciones *fpl*

**attentionné, e** [atɑ̃sjɔne] *adj* atento(-a), solícito(-a)

**attentisme** [atɑ̃tism] *nm* política de espera

**attentiste** [atɑ̃tist] *adj* (*politique*) que practica la política de espera ▸ *nmf* partidario(-a) de la política de espera

**attentivement** [atɑ̃tivmɑ̃] *adv* atentamente

## atténuant – audience

**atténuant, e** [atenɥɑ̃, ɑ̃t] *adj* : **circonstances atténuantes** circunstancias *fpl* atenuantes
**atténuer** [atenɥe] *vt* atenuar; *(douleur)* aliviar; **s'atténuer** *vpr* atenuarse
**atterrant, e** [ateʀɑ̃, ɑ̃t] *adj* aterrador(a)
**atterrer** [ateʀe] *vt* aterrar
**atterrir** [ateʀiʀ] *vi* aterrizar
**atterrissage** [ateʀisaʒ] *nm* aterrizaje *m*; ~ **forcé/sans visibilité/sur le ventre** aterrizaje forzoso/sin visibilidad/de panza
**attestation** [atɛstasjɔ̃] *nf* certificado; ~ **de paiement** comprobante *m* de pago
**attesté, e** [atɛste] *adj (mot, emploi)* documentado(-a)
**attester** [atɛste] *vt (vérité, fait)* testimoniar, atestiguar; *(suj : chose)* atestiguar; ~ **que** atestiguar que
**attiédir** [atjedir] *vt* templar, entibiar; *(fig)* entibiar, enfriar
**attifé, e** [atife] *(fam) adj* emperifollado(-a)
**attifer** [atife] *vt* emperifollar
**attique** [atik] *nm* : **appartement en** ~ ático
**attirail** [atiʀaj] *nm (de pêche)* aparejos *mpl*; *(photo, camping)* cosas *fpl*; *(péj)* bártulos *mpl*
**attirance** [atiʀɑ̃s] *nf (de qch)* atractivo; *(vers qch)* atracción *f*
**attirant, e** [atiʀɑ̃, ɑ̃t] *adj* atractivo(-a)
**attirer** [atiʀe] *vt* atraer; ~ **qn dans un coin/vers soi** llevar a algn a un rincón/hacia sí; ~ **l'attention de qn sur qch** llamar la atención de algn sobre algo; ~ **des louanges à qn** granjear elogios a algn; ~ **des ennuis à qn** acarrear problemas a algn; **s'**~ **des ennuis** acarrearse problemas
**attiser** [atize] *vt* atizar; *(fig)* avivar
**attitré, e** [atitre] *adj* titulado(-a)
**attitude** [atityd] *nf (comportement)* actitud *f*, conducta; *(position du corps)* postura; *(état d'esprit)* actitud, disposición *f*
**attouchements** [atuʃmɑ̃] *nmpl* toques *mpl*; *(sexuels)* caricias *fpl*
**attractif, -ive** [atʀaktif, iv] *adj* atractivo(-a)
**attraction** [atʀaksjɔ̃] *nf* atracción *f*; *(de cabaret, cirque)* atracción, número
**attrait** [atʀɛ] *nm (de l'argent, de la gloire)* atractivo, incentivo; *(d'un lieu, d'une personne)* atractivo; **éprouver de l'**~ **pour** sentirse atraído(-a) por; **attraits** *nmpl (d'une femme)* encantos *mpl*
**attrape** [atʀap] *nf voir* **farce** ▶ *préf* : ~... engaña...
**attrape-nigaud** [atʀapnigo] *(pl* **attrape-nigauds***) nm* engañabobos *m inv*
**attraper** [atʀape] *vt (saisir)* atrapar, coger, agarrar *(AM)*; *(voleur, animal)* atrapar, agarrar; *(train, maladie, amende)* pillar; *(fam : réprimander)* reñir; *(duper)* engañar
**attrayant, e** [atʀɛjɑ̃, ɑ̃t] *adj* atrayente
**attribuer** [atʀibɥe] *vt (prix)* otorgar; *(rôle, tâche)* asignar; *(conséquence, fait, qualité)* atribuir; *(échec)* achacar; *(importance)* conceder, dar; **s'attribuer** *vpr* atribuirse
**attribut** [atʀiby] *nm* atributo
**attribution** [atʀibysjɔ̃] *nf* atribución *f*; **complément d'**~ complemento de atribución; **attributions** *nfpl (Admin)* atribuciones *fpl*
**attristant, e** [atʀistɑ̃, ɑ̃t] *adj* entristecedor(a)
**attrister** [atʀiste] *vt* entristecer; **s'attrister** *vpr* : **s'**~ **de qch** entristecerse por algo
**attroupement** [atʀupmɑ̃] *nm* aglomeración *f*
**attrouper** [atʀupe] : **s'attrouper** *vpr* aglomerarse, agolparse
**atypique** [atipik] *adj (Méd, fig)* atípico(-a)
**au** [o] *voir* **à**
**aubade** [obad] *nf* serenata, alborada
**aubaine** [obɛn] *nf (avantage inattendu)* suerte *f*; *(Comm)* ganga
**aube** [ob] *nf* alba, amanecer *m*; *(de communiant)* alba; **l'**~ **de** *(fig)* los albores de, el amanecer de; **à l'**~ al alba, al amanecer
**aubépine** [obepin] *nf* espino
**auberge** [obɛʀʒ] *nf* posada, mesón *m*; ~ **de jeunesse** albergue *m* de juventud
**aubergine** [obɛʀʒin] *nf* berenjena
**aubergiste** [obɛʀʒist] *nmf* mesonero(-a)
**auburn** [obœʀn] *adj inv* color caoba
**aucun, e** [okœ̃, yn] *adj* ningún(-una); **cela n'a** ~ **sens** eso no tiene ningún sentido, eso no tiene sentido alguno ▶ *pron* ninguno(-a), nadie
**aucunement** [okynmɑ̃] *adv* de ninguna manera
**audace** [odas] *nf* audacia; *(péj)* atrevimiento; **payer d'**~ manifestar audacia; **il a eu l'**~ **de** tuvo el atrevimiento de; **vous ne manquez pas d'**~ **!** ¡no le falta atrevimiento!
**audacieusement** [odasjøzmɑ̃] *adv* audazmente, con audacia
**audacieux, -euse** [odasjø, jøz] *adj* audaz
**au-dedans** [odədɑ̃] *adv* dentro ▶ *prép* : ~ **de** dentro de
**au-dehors** [odəɔʀ] *adv* fuera ▶ *prép* : ~ **de** fuera de
**au-delà** [od(ə)la] *adv* más allá; ~ **de** más allá de ▶ *nm* : **l'**~ el más allá
**au-dessous** [odsu] *prép* abajo, debajo; ~ **de** *(dans l'espace)* debajo de; *(dignité, condition, somme)* por debajo de; ~ **de tout** incalificable
**au-dessus** [odsy] *adv* arriba, encima; ~ **de** *(dans l'espace)* arriba de, encima de; *(limite, somme, loi)* por encima de
**au-devant** [od(ə)vɑ̃] : ~ **de** *prép* al encuentro de; **aller** ~ **de** *(personne, danger)* ir al encuentro de; *(désirs de qn)* adelantarse a; *(ennuis, difficultés)* buscarse
**audible** [odibl] *adj* audible
**audience** [odjɑ̃s] *nf (attention)* atención *f*, interés *m*; *(auditeurs, lecteurs)* auditorio,

## audimat – auteur

público; (entrevue, séance) audiencia; **trouver ~ auprès de** encontrar buena acogida en; **~ télévisée** audiencia televisiva

**audimat**® [odimat] nm (taux d'écoute) (índice m de) audiencia

**audio** [odjo] adj inv (fichier, enregistrement, matériel) audio inv

**audioguide** [odjogid] nm audioguía

**audiométrie** [odjometri] nf audiometría

**audiovisuel, le** [odjovizɥɛl] adj audiovisual ▶ nm (techniques) técnicas fpl audiovisuales; (méthodes) métodos mpl audiovisuales; **l'~** los medios audiovisuales

**audit** [odit] nm auditoría

**auditeur, -trice** [oditœr, tris] nm/f (à la radio) oyente mf; (à une conférence) asistente mf; **~ libre** oyente libre

**auditif, -ive** [oditif, iv] adj auditivo(-a); **appareil ~** aparato auditivo

**audition** [odisjɔ̃] nf audición f; (Jur) audiencia; (Mus, Théâtre) prueba, audición

**auditionner** [odisjɔne] vt hacer una audición ▶ vi dar una audición

**auditoire** [oditwar] nm auditorio

**auditorium** [oditɔrjɔm] nm auditorio, auditorium m

**auge** [oʒ] nf (abreuvoir) bebedero; (mangeoire) pesebre m

**augmentation** [ɔgmɑ̃tasjɔ̃] nf (action, résultat) aumento; (prix) subida; **~ (de salaire)** aumento (del salario)

**augmenter** [ɔgmɑ̃te] vt aumentar; (prix) subir; (employé, salarié) subir el sueldo a ▶ vi aumentar; **~ de poids/volume** aumentar de peso/volumen

**augure** [ogyr] nm agorero; (Hist) augur m; **de bon/mauvais ~** de buen/mal augurio

**augurer** [ogyre] vt: **~ qch de qch** augurar algo de algo; **cela augure bien de l'avenir** eso augura un buen futuro

**auguste** [ogyst] adj augusto(-a)

**aujourd'hui** [oʒurdɥi] adv hoy; (de nos jours) hoy en día; **~ en huit/en quinze** de hoy en ocho días/en quince días; **à dater** ou **partir d'~** a partir de hoy

**aulne** [o(l)n] nm aliso

**aumône** [omon] nf limosna; **faire l'~ (à qn)** dar limosna (a algn); **faire l'~ de qch à qn** (fig) conceder la gracia de algo a algn

**aumônerie** [omonri] nf capellanía

**aumônier** [omonje] nm capellán m

**aune** [on] nf: **à l'~ de** según el rasero de

**auparavant** [oparavɑ̃] adv antes

**auprès** [oprɛ]: **~ de** prép al lado de, cerca de; (du tribunal) ante; (en comparaison de) comparado(-a) con; (dans l'opinion de) según

**auquel** [okɛl] prép + pron voir **lequel**

**aura** [ɔra] nf (halo, atmosphère) aura ▶ vb voir **avoir**

**aurai** etc [ɔre] vb voir **avoir**

**auréole** [ɔreɔl] nf (de saint, fig) aureola; (tache) marca

**auréolé, e** [ɔ(o)reɔle] adj: **~ de gloire** rodeado(-a) de una aureola de gloria

**auriculaire** [ɔrikylɛr] nm auricular m

**aurifère** [ɔrifɛr] adj aurífero(-a)

**aurons** etc [orɔ̃] vb voir **avoir**

**aurore** [ɔrɔr] nf aurora; **~ boréale** aurora boreal

**auscultation** [ɔskyltasjɔ̃] nf auscultación f

**ausculter** [ɔskylte] vt auscultar

**auspices** [ɔspis] nmpl: **sous les ~ de** bajo los auspicios de; **sous de bons/mauvais ~** con buenos/malos auspicios

**aussi** [osi] adv también; (de comparaison : avec adj, adv) tan; (si, tellement) tan; **~ fort/rapidement que** tan fuerte/rápidamente como; **lui ~** él también; **~ bien que** (de même que) lo mismo que; **il l'a fait/va y aller — moi ~** lo hizo/va a ir — yo también; **je le pense ~** yo también lo pienso ou creo ▶ conj (par conséquent) por lo tanto

**aussitôt** [osito] adv enseguida, inmediatamente; **~ que** tan pronto como; **~ fait** ni bien hecho; **~ envoyé** ni bien enviado

**austère** [ostɛr] adj austero(-a)

**austérité** [osterite] nf austeridad f; **plan/budget d'~** plan m/presupuesto de austeridad

**austral, e** [ɔstral] adj austral; **l'océan ~** el océano austral; **les terres australes** las tierras australes

**Australie** [ostrali] nf Australia

**australien, ne** [ostraljɛ̃, jɛn] adj australiano(-a) ▶ nm/f: **Australien, ne** australiano(-a)

**autant** [otɑ̃] adv (tant, tellement) tanto; (comparatif): **~ (que)** tanto (como), tan (como); **~ (de)** tanto(-a), tantos(-as); **n'importe qui aurait pu en faire ~** cualquiera hubiera hecho lo mismo; **~ partir/ne rien dire** mejor marchar/no decir nada; **~ dire que ...** eso es tanto como decir que ...; **fort ~ que courageux** tan fuerte como valeroso; **il n'est pas découragé pour ~** no se ha desanimado por eso; **pour ~ que** en la medida en que; **d'~** (à proportion) otro tanto; **d'~ plus/moins/mieux (que)** tanto más/menos/mejor (cuanto que); **~ ... ~ ...** tanto ... tanto ...; **tout ~** tanto; **ce sont ~ d'erreurs/d'échecs** son otros tantos errores/fracasos; **y en a-t-il ~ (qu'avant) ?** ¿queda tanto (como antes)?; **il y a ~ de garçons que de filles** hay tantos niños como niñas

**autarcie** [otarsi] nf autarquía

**autarcique** [otarsik] adj autárquico(-a)

**autel** [otɛl] nm altar m

**auteur, e** [otœr] nm/f autor(a); **droit d'~** derecho de autor

**auteur-compositeur – autoritairement**

**auteur-compositeur** [otœRkɔ̃pozitœR] (*pl* **auteurs-compositeurs**) *nm* cantautor(a)
**authenticité** [otɑ̃tisite] *nf* autenticidad *f*
**authentification** [otɑ̃tifikasjɔ̃] *nf* autentificación *f*
**authentifier** [otɑ̃tifje] *vt* autentificar
**authentique** [otɑ̃tik] *adj* auténtico(-a); (*récit, histoire*) auténtico(-a), cierto(-a); (*réel, sincère*) auténtico(-a), verdadero(-a)
**authentiquement** [otɑ̃tikmɑ̃] *adv* auténticamente
**autisme** [otism] *nm* autismo
**autiste** [otist] *adj, nmf* autista *mf*
**auto** [oto] *nf* coche *m*, carro (Am), auto (*surtout* Am); **autos tamponneuses** coches *mpl* de choque
**auto...** [oto] *préf* auto...
**autobiographie** [otobjɔgRafi] *nf* autobiografía
**autobiographique** [otobjɔgRafik] *adj* autobiográfico(-a)
**autobus** [otobys] *nm* autobús *m*, camión *m* (Mex); **ligne d'**~ línea de autobús
**autocar** [otokaR] *nm* autocar *m*
**autocensure** [otosɑ̃syR] *nf* autocensura
**autochtone** [otoktɔn] *adj, nmf* autóctono(-a)
**autoclave** [otoklav] *adj* autoclave
**autocollant, e** [otokɔlɑ̃, ɑ̃t] *adj* autoadhesivo(-a) ▶ *nm* autoadhesivo
**autocouchette** [otokuʃɛt] (*pl* **autocouchettes**), **auto-couchettes** [otokuʃɛt] (*pl* **autos-couchettes**) *adj* : **train** ~ coche *m* cama
**autocratie** [otokRasi] *nf* autocracia
**autocratique** [otokRatik] *adj* autocrático(-a)
**autocritique** [otokRitik] *nf* autocrítica
**autocuiseur** [otokɥizœR] *nm* olla a presión
**autodafé** [otodafe] *nm* auto de fe
**autodéfense** [otodefɑ̃s] *nf* autodefensa; **groupe d'**~ grupo de autodefensa
**autodérision** [otodeRizjɔ̃] *nf* autoburla, burla de uno(-a) mismo(-a)
**autodestruction** [otodɛstRyksjɔ̃] *nf* autodestrucción *f*
**autodétermination** [otodetɛRminasjɔ̃] *nf* autodeterminación *f*
**autodidacte** [otodidakt] *nmf* autodidacta *mf*
**autodiscipline** [otodisiplin] *nf* autodisciplina
**autodrome** [otodRom] *nm* autódromo
**auto-école** [otoekɔl] (*pl* **auto-écoles**) *nf* autoescuela
**auto-entrepreneur, -euse** [otoɑ̃tRəpRənœR, øz] (*pl* ~, **-euses**) *nm/f* autoemprendedor(a)
**autofinancement** [otofinɑ̃smɑ̃] *nm* autofinanciamiento
**autogéré, e** [otoʒeRe] *adj* autogestionado(-a)
**autogestion** [otoʒɛstjɔ̃] *nf* autogestión *f*
**autographe** [otogRaf] *nm* autógrafo

**autoguidé, e** [otogide] *adj* autodirigido(-a)
**automate** [otomat] *nm* (*aussi fig*) autómata *m*
**automatique** [otomatik] *adj* automático(-a); (*réflexe, geste*) automático(-a), mecánico(-a) ▶ *nm* (*pistolet*) automática
**automatiquement** [otomatikmɑ̃] *adv* automáticamente
**automatisation** [otomatizasjɔ̃] *nf* automatización *f*
**automatiser** [otomatize] *vt* automatizar
**automatisme** [otomatism] *nm* automatismo
**automédication** [otomedikasjɔ̃] *nf* automedicación *f*
**automitrailleuse** [otomitRajøz] *nf* autoametralladora
**automnal, e, -aux** [otɔnal, o] *adj* otoñal
**automne** [otɔn] *nm* otoño
**automobile** [otomɔbil] *nf* coche *m*, automóvil *m*; **l'**~ la industria automovilística ▶ *adj* automóvil
**automobiliste** [otomɔbilist] *nmf* automovilista *mf*
**automutilation** [otomytilasjɔ̃] *nf* automutilación *f*
**automutiler** [otomytile] : **s'automutiler** *vpr* automutilarse
**autonettoyant, e** [otonetwajɑ̃, ɑ̃t] *adj* : **four** ~ horno de autolimpieza
**autonome** [otonom] *adj* autónomo(-a)
**autonomie** [otonomi] *nf* autonomía; ~ **de vol** autonomía de vuelo
**autonomiste** [otonomist] *adj, nmf* autonomista *mf*
**autoportrait** [otopɔRtRɛ] *nm* autorretrato
**autoproclamé, e** [otopRɔklame] *adj* autoproclamado(-a); **le président** ~ el autoproclamado presidente
**autoproclamer** [otopRɔklame] : **s'autoproclamer** *vpr* autoproclamarse
**autopsie** [otɔpsi] *nf* autopsia
**autopsier** [otɔpsje] *vt* hacer la autopsia a
**autoradio** [otoRadjo] *nm* autorradio
**autorail** [otoRaj] *nm* autovía *m*
**autorisation** [otɔRizasjɔ̃] *nf* (*permission*) autorización *f*, permiso; (*papiers*) licencia, permiso; **donner à qn l'**~ **de** dar a algn la autorización para; **avoir l'**~ **de faire** tener permiso para hacer
**autorisé, e** [otɔRize] *adj* autorizado(-a); ~ **(à faire)** autorizado(-a) (para hacer); **dans les milieux autorisés** en medios oficiales
**autoriser** [otɔRize] *vt* (*donner la permission*) autorizar, permitir; (*rendre possible*) permitir; ~ **qn à faire** autorizar a algn a hacer; **s'autoriser** *vpr* permitirse; **s'**~ **à faire** permitirse hacer
**autoritaire** [otɔRitɛR] *adj* autoritario(-a)
**autoritairement** [otɔRitɛRmɑ̃] *adv* autoritariamente

## autoritarisme – avancer

**autoritarisme** [ɔtɔRitaRism] *nm* autoritarismo

**autorité** [ɔtɔRite] *nf* autoridad *f*; *(prestige, réputation)* autoridad, fama; **les autorités** las autoridades; **faire** ~ ser una autoridad; **d'**~ *(de façon impérative)* autoritariamente; *(sans réflexion)* directamente; **autorités administratives** autoridades administrativas

**autoroute** [otoRut] *nf* autopista

**autoroutier, -ière** [otoRutje, jɛR] *adj (réseau)* de autopista; *(trafic)* en las autopistas

**autosatisfaction** [otosatisfaksjɔ̃] *nf* autosatisfacción *f*

**auto-stop** [otostɔp] *(pl* **autos-stops***) nm* : **l'**~ el autostop; **faire de l'**~ hacer autostop; **prendre qn en** ~ coger a algn en autostop

**auto-stoppeur, -euse** [otostɔpœR, øz] *(pl* **auto-stoppeurs, -euses***) nm/f* autostopista *mf*

**autosuffisance** [otosyfizɑ̃s] *nf* autosuficiencia

**autosuffisant, e** [otosyfizɑ̃, ɑ̃t] *adj* autosuficiente

**autosuggestion** [otosygʒɛstjɔ̃] *nf* autosugestión *f*

**autour** [otuR] *adv* alrededor, en torno; ~ **de** *(en cercle)* alrededor de, en torno de *ou* a; *(près de)* cerca de; *(environ, à peu près)* aproximadamente, alrededor de; **tout** ~ por todas partes

MOT-CLÉ

**autre** [otR] *adj* **1** *(différent)* otro(-a); **je préférerais un autre verre** preferiría otro vaso

**2** *(supplémentaire)* : **je voudrais un autre verre d'eau** querría otro vaso de agua

**3** *(d'une paire, dans une dualité)* otro(-a); **autre chose** otra cosa; **penser à autre chose** pensar en otra cosa; **autre part** *(aller)* a otra parte; *(se trouver)* en otra parte; **d'autre part** *(en outre)* además; **d'une part ..., d'autre part ...** por una parte ..., por otra parte ...
▶ *pron* : **un autre** otro; **nous autres** nosotros(-as); **vous autres** vosotros(-as); *(politesse)* ustedes; **d'autres** otros(-as); **les autres** los (las) otros(-as); *(autrui)* los demás; **l'un et l'autre** uno y otro; **se détester l'un l'autre/les uns les autres** detestarse uno a otro/unos a otros; **la difficulté est autre** la dificultad es otra; **d'une minute à l'autre** de un momento a otro; **entre autres** entre otros(-as); **j'en ai vu d'autres** *(indifférence)* estoy curado de espanto; **à d'autres !** ¡cuéntaselo a otro!; **ni l'un ni l'autre** ni uno ni otro; **donnez-m'en un autre** deme otro; **de temps à autre** de vez en cuando; **se sentir autre** sentirse otro; *voir aussi* **part** ; **temps** ; **un**

**autrefois** [otRəfwa] *adv* antaño, en otro tiempo

**autrement** [otRəmɑ̃] *adv (d'une manière différente)* de otro modo; *(sinon)* si no, de lo contrario; **je n'ai pas pu faire** ~ no he podido hacer otra cosa; ~ **dit** en otras palabras; *(c'est-à-dire)* es decir

**Autriche** [otRiʃ] *nf* Austria

**autrichien, ne** [otRiʃjɛ̃, jɛn] *adj* austríaco(-a) ▶ *nm/f* : **Autrichien, ne** austríaco(-a)

**autruche** [otRyʃ] *nf* avestruz *m*; **faire l'**~ meter la cabeza debajo del ala

**autrui** [otRɥi] *pron* el prójimo, los demás

**auvent** [ovɑ̃] *nm (de maison)* alero, tejadillo; *(de tente)* alero

**auvergnat, e** [ovɛRɲa, at] *adj* auvernés(-esa)

**Auvergne** [ovɛRɲ] *nf* Auvernia

**aux** [o] *voir* **à**

**auxiliaire** [ɔksiljɛR] *adj* auxiliar ▶ *nmf* auxiliar *mf*; *(aide, adjoint)* ayudante *mf*; *(Ling)* auxiliar *m*

**auxquelles** [okɛl] *prép + pron voir* **lequel**

**auxquels** [okɛl] *prép + pron voir* **lequel**

**av.** *abr (= avenue)* Av., Avda. *(= Avenida)*

**avachi, e** [avaʃi] *adj (chaussure, vêtement)* deformado(-a); ~ **sur qch** apoltronado(-a) sobre algo

**avais** *etc* [avɛ] *vb voir* **avoir**

**aval** [aval] *nm* visto bueno; **en** ~ *(d'un cours d'eau)* río abajo; *(d'une pente)* más abajo; **en** ~ **de** más abajo de; *(fig)* después de

**avalanche** [avalɑ̃ʃ] *nf (aussi fig)* avalancha

**avaler** [avale] *vt* tragar; *(fig)* devorar; *(croire)* tragarse

**avaliser** [avalize] *vt* avalar

**avance** [avɑ̃s] *nf* avance *m*; *(d'argent)* adelanto, anticipo; *(opposé à retard)* adelanto; *(Inform)* : ~ **(du) papier** avance del papel; **une** ~ **de 300 m/4 h** una ventaja de 300 m/4 h; **(être) en** ~ *(sur l'heure fixée)* (estar) adelantado(-a); *(sur un programme)* (ir) adelantado(-a); **on n'est pas en** ~ **!** ¡no adelantamos nada!; **être en** ~ **sur qn** *(pendant une action)* ir delante de algn; *(résultat)* llegar antes que algn; **il est très en** ~ **pour son âge** está muy adelantado para su edad; **à l'**~, **par** ~ de antemano; **d'**~ por anticipado; **payer d'**~ pagar por adelantado; **avances** *nfpl (ouvertures, aussi amoureuses)* proposiciones *fpl*

**avancé, e** [avɑ̃se] *adj* avanzado(-a); *(travail)* adelantado(-a); **d'un âge** ~ de edad avanzada

**avancée** [avɑ̃se] *nf (progrès)* avance *m*; *(sur une construction)* saliente *m*

**avancement** [avɑ̃smɑ̃] *nm (professionnel)* ascenso; *(de travaux)* progreso

**avancer** [avɑ̃se] *vi* avanzar; *(travail, montre, réveil)* adelantar; *(être en saillie, surplomb)* avanzar, sobresalir; **j'avance (d'une heure)** estoy adelantado(-a) (una hora) ▶ *vt* adelantar; *(troupes)* hacer avanzar;

39

## avanies – aveuglant

(*hypothèse, idée*) proponer, sugerir; **s'avancer** *vpr* (*s'approcher*) adelantarse, acercarse; (*se hasarder*) aventurarse; (*être en saillie, surplomb*) sobresalir

**avanies** [avani] *nfpl* agravios *mpl*

**avant** [avɑ̃] *prép* antes de; **~ qu'il (ne) parte/de faire** antes de que marche/de hacer; **en ~ de** (*en tête de, devant*) delante de; **~ tout** ante todo ▶ *adv* : **en ~** (*marcher, regarder*) hacia adelante; **trop/plus ~** demasiado/más lejos ▶ *adj inv* : **siège ~** asiento delantero ▶ *nm* (*d'un véhicule, bâtiment*) delantera, frente *m*; (*Sport*) delantero; **à l'~** (*dans un véhicule*) en la delantera; **aller de l'~** marchar bien

**avantage** [avɑ̃taʒ] *nm* (*supériorité*) ventaja; (*intérêt, bénéfice*) ventaja, beneficio; **à l'~ de qn** en beneficio de algn; **être à son ~** estar favorecido(-a); **tirer ~ de** sacar provecho de; **vous auriez ~ à faire** sería mejor que hiciese; **avantages en nature** retribución *f* en especies; **avantages sociaux** beneficios *mpl* sociales

**avantager** [avɑ̃taʒe] *vt* favorecer

**avantageusement** [avɑ̃taʒøzmɑ̃] *adv* : **remplacer ~ qch** ser una mejor alternativa a algo

**avantageux, -euse** [avɑ̃taʒø, øz] *adj* ventajoso(-a); (*portrait, coiffure*) favorecedor(a); **conditions avantageuses** condiciones *fpl* ventajosas

**avant-bras** [avɑ̃bʀa] *nm inv* antebrazo

**avant-centre** [avɑ̃sɑ̃tʀ] (*pl* **avant-centres**) *nm* delantero centro

**avant-coureur** [avɑ̃kuʀœʀ] (*pl* **avant-coureurs**) *adj* premonitorio(-a), anunciador(a); **signe ~** signo anunciador

**avant-dernier, -ière** [avɑ̃dɛʀnje, jɛʀ] (*pl* **avant-derniers, -ières**) *adj, nm/f* penúltimo(-a)

**avant-garde** [avɑ̃gaʀd] (*pl* **avant-gardes**) *nf* (*aussi fig*) vanguardia; **d'~** de vanguardia

**avant-goût** [avɑ̃gu] (*pl* **avant-goûts**) *nm* anticipo

**avant-hier** [avɑ̃tjɛʀ] *adv* anteayer

**avant-poste** [avɑ̃pɔst] (*pl* **avant-postes**) *nm* puesto avanzado

**avant-première** [avɑ̃pʀəmjɛʀ] (*pl* **avant-premières**) *nf* preestreno; **en ~** antes de la presentación oficial

**avant-projet** [avɑ̃pʀɔʒɛ] (*pl* **avant-projets**) *nm* anteproyecto

**avant-propos** [avɑ̃pʀɔpo] *nm inv* prólogo, prefacio

**avant-veille** [avɑ̃vɛj] (*pl* **avant-veilles**) *nf* : **l'~** la antevíspera

**avare** [avaʀ] *adj, nmf* avaro(-a); **~ de compliments/caresses** parco(-a) en cumplidos/caricias

**avarice** [avaʀis] *nf* avaricia

**avarie** [avaʀi] *nf* (*Naut*) avería; **en cas d'~** en caso de avería

**avarié, e** [avaʀje] *adj* (*viande, fruits*) pasado(-a), estropeado(-a); (*navire*) averiado(-a)

**avaries** [avaʀi] *nfpl* averías *fpl*

**avatar** [avataʀ] *nm* avatar *m*; (*malheur*) avatar, vicisitud *f*

**avec** [avɛk] *prép* con; (*contre : se battre*) con, contra; (*en plus de, en sus de*) además de; **~ habileté/lenteur** con habilidad/lentitud; **~ eux/ces maladies** (*en ce qui concerne*) con ellos/estas enfermedades; **~ ça** (*malgré ça*) a pesar de eso; **et ~ ça ?** ¿algo más?; **~ l'été les noyades se multiplient** en verano se ahoga mucha más gente; **~ cela que …** además de que …

**avenant, e** [av(ə)nɑ̃, ɑ̃t] *adj* afable, cordial ▶ *nm* (*assurance*) póliza adicional; **à l'~** por el estilo

**avènement** [avɛnmɑ̃] *nm* llegada; (*d'un roi*) llegada, advenimiento

**avenir** [avniʀ] *nm* : **l'~** el porvenir, el futuro; **l'~ du monde/de l'automobile** el porvenir del mundo/del automóvil; **à l'~** en el futuro; **sans ~** sin futuro; **c'est une idée sans ~** es una idea sin futuro; **métier/politicien d'~** trabajo/político con futuro

**Avent** [avɑ̃] *nm* : **l'~** Adviento

**aventure** [avɑ̃tyʀ] *nf* aventura; **partir à l'~** marchar a la aventura; **roman/film d'~** novela/película de aventuras

**aventurer** [avɑ̃tyʀe] *vt* aventurar, arriesgar; (*remarque, opinion*) aventurar; **s'aventurer** *vpr* aventurarse; **s'~ à faire qch** arriesgarse a hacer algo

**aventureux, -euse** [avɑ̃tyʀø, øz] *adj* (*personne*) aventurado(-a), arriesgado(-a); (*projet*) arriesgado(-a); (*vie*) azaroso(-a)

**aventurier, -ière** [avɑ̃tyʀje, jɛʀ] *nm/f* (*aussi péj*) aventurero(-a)

**avenu, e** [av(ə)ny] *adj* : **nul et non ~** nulo y sin efecto

**avenue** [avny] *nf* avenida

**avéré, e** [aveʀe] *adj* probado(-a); **il est ~ que** está probado que

**avérer** [aveʀe] : **s'avérer** *vpr* (*avec attribut*) : **s'~ faux/coûteux** revelarse falso/costoso

**averse** [avɛʀs] *nf* aguacero, chaparrón *m*; (*de pierres, flèches*) chaparrón, lluvia

**aversion** [avɛʀsjɔ̃] *nf* aversión *f*

**averti, e** [avɛʀti] *adj* entendido(-a)

**avertir** [avɛʀtiʀ] *vt* : **~ qn de qch/que** prevenir a algn de algo/de que; (*renseigner*) advertir a algn de algo/de que

**avertissement** [avɛʀtismɑ̃] *nm* advertencia; (*blâme*) amonestación *f*; (*d'un livre*) aviso

**avertisseur** [avɛʀtisœʀ] *nm* bocina; (*d'incendie*) alarma de incendio

**aveu** [avø] *nm* confesión *f*, declaración *f*; **passer aux aveux** confesar; **de l'~ de** según la opinión de

**aveuglant, e** [avœglɑ̃, ɑ̃t] *adj* deslumbrador(a)

40 · FRANÇAIS | ESPAGNOL

**aveugle – avoir**

**aveugle** [avœgl] *adj, nmf (aussi fig)* ciego(-a); **les aveugles** los ciegos; **mur** ~ pared *f* ciega; **test en double** ~ ensayo a doble ciego
**aveuglement** [avœgləmɑ̃] *nm (aussi fig)* ceguera, obcecación *f*
**aveuglément** [avœglemɑ̃] *adv* ciegamente
**aveugler** [avœgle] *vt* cegar
**aveuglette** [avœglɛt] : **à l'**~ *adv* a ciegas; *(fig)* al tuntún
**avez** [ave] *vb voir* **avoir**
**aviaire** [avjɛR] *adj* aviario(-a), aviar
**aviateur, -trice** [avjatœR, tRis] *nm/f* aviador(a)
**aviation** [avjasjɔ̃] *nf (aussi Mil)* aviación *f*; **terrain d'**~ campo de aviación; ~ **de chasse** aviones *mpl* de caza
**avicole** [avikɔl] *adj* avícola
**aviculteur, -trice** [avikyltœR, tRis] *nm/f* avicultor(a)
**aviculture** [avikyltyR] *nf* avicultura
**avide** [avid] *adj* ávido(-a); *(péj)* codicioso(-a); ~ **d'honneurs/d'argent/de sang** ávido(-a) de honores/de dinero/de sangre; ~ **de connaître/d'apprendre** ávido(-a) de conocer/de aprender
**avidement** [avidmɑ̃] *adv* ávidamente
**avidité** [avidite] *nf* avidez *f*, ansia
**avilir** [aviliR] *vt* envilecer
**avilissant, e** [avilisɑ̃, ɑ̃t] *adj* envilecedor(a)
**avilissement** [avilismɑ̃] *nm* envilecimiento
**aviné, e** [avine] *adj* ebrio(-a)
**avion** [avjɔ̃] *nm* avión *m*; **par** ~ por avión; **aller (quelque part) en** ~ ir (a algún sitio) en avión; ~ **à réaction** avión de *ou* a reacción; ~ **de chasse/de ligne/supersonique** avión de caza/de línea/supersónico
**avion-cargo** [avjɔ̃kaRgo] *(pl* **avions-cargos)** *nm* avión *m* de carga
**avion-citerne** [avjɔ̃sitɛRn] *(pl* **avions-citernes)** *nm* avión *m* cisterna
**aviron** [aviRɔ̃] *nm* remo; *(sport)* : **l'**~ el remo
**avis** [avi] *nm (point de vue)* opinión *f*; *(conseil)* opinión, consejo; *(notification)* aviso; **à mon** ~ en mi opinión; **j'aimerais avoir l'**~ **de Paul** me gustaría conocer la opinión de Paul; **je suis de votre** ~ estoy de acuerdo con usted; **vous ne me ferez pas changer d'**~ no me hará cambiar de opinión; **être d'**~ **que** ser del parecer que; **changer d'**~ cambiar de opinión; **sauf** ~ **contraire** salvo aviso contrario; **sans** ~ **préalable** sin previo aviso; **jusqu'à nouvel** ~ hasta nuevo aviso; ~ **de crédit/débit** nota de crédito/débito; ~ **de décès** esquela (mortuoria)
**avisé, e** [avize] *adj* sensato(-a); **être bien/ mal** ~ **de faire** ser muy/poco sensato(-a) hacer
**aviser** [avize] *vt (informer)* avisar; *(voir)* divisar, advertir; ~ **qn de qch/que** avisar a algn de algo/de que ▶ *vi* decidir; **s'aviser** *vpr* : **s'**~ **de**

**qch/que** darse cuenta de algo/de que; *(s'aventurer à)* : **s'**~ **de faire qch** ocurrírsele hacer algo
**aviver** [avive] *vt* avivar
**av. J.-C.** [avɑ̃ʒise] *abr (= avant Jésus-Christ)* a. C.
**avocat, e** [avɔka, at] *nm/f (aussi fig)* abogado(-a); **se faire l'**~ **du diable** ser el abogado del diablo; **l'**~ **de la défense/de la partie civile** el (la) abogado(-a) defensor(a)/ de la acusación particular; ~ **d'affaires** abogado(-a) de empresa; ~ **général(e)** fiscal *mf* ▶ *nm (Bot, Culin)* aguacate *m*, palta (AND, CSUR)
**avocat-conseil** [avɔkakɔ̃sɛj] *(pl* **avocats-conseils)** *nm* abogado asesor
**avocat-stagiaire** [avɔkastaʒjɛR] *(pl* **avocats-stagiaires)** *nm* pasante *mf* (de abogado)
**avoine** [avwan] *nf* avena

MOT-CLÉ

**avoir** [avwaR] *vt* **1** *(posséder)* tener; **elle a deux enfants/une belle maison** tiene dos niños/ una casa bonita; **il a les yeux gris** tiene los ojos grises; **vous avez du sel ?** ¿tiene sal?; **avoir du courage/de la patience** tener valor/paciencia; **avoir du goût** tener gusto; **avoir horreur de** tener horror a; **avoir rendez-vous** tener una cita
**2** *(âge, dimensions)* tener; **il a trois ans** tiene tres años; **le mur a trois mètres de haut** la pared tiene tres metros de alto; *voir aussi* **faim** ; **peur** *etc*
**3** *(fam : duper)* quedarse con; **on t'a bien eu !** ¡cómo nos hemos quedado contigo!
**4** : **en avoir après** *ou* **contre qn** estar enojado(-a) con algn; **en avoir assez** estar harto; **j'en ai pour une demi-heure** tengo para media hora
**5** *(obtenir : train, tickets)* coger, agarrar (AM)
▶ *vb aux* **1** haber; **avoir mangé/dormi** haber comido/dormido; **hier, je n'ai pas mangé** ayer no comí
**2** *(avoir + à + infinitif)* : **avoir à faire qch** tener que hacer algo; **vous n'avez qu'à lui demander** no tiene más que preguntarle; *(en colère)* pregúntele a él; **tu n'as pas à me poser de questions** no tienes porqué hacerme preguntas; **tu n'as pas à le savoir** no tienes porqué saberlo
▶ *vb impers* **1** : **il y a** (*+ sing, pl*) hay; **qu'y a-t-il ?** ¿qué ocurre?; **qu'est-ce qu'il y a ?** ¿qué pasa?; **il n'y a rien** no pasa nada; **qu'as-tu ?** ¿qué tienes?; **qu'est-ce que tu as ?** ¿qué te pasa?; **il doit y avoir une explication** tiene que haber una explicación; **il n'y a qu'à recommencer ...** no hay más que volver a empezar ...; **il ne peut y en avoir qu'un** no puede haber más que uno; **il n'y a pas de quoi** no hay de qué

## avoisinant – azyme

**2** (*temporel*) : **il y a 10 ans** hace 10 años; **il y a 10 ans/longtemps que je le sais** hace 10 años/mucho tiempo que lo sé; **il y a 10 ans qu'il est arrivé** hace 10 años que llegó
▶ *nm* haber *m*; **avoir fiscal** (*Fin*) crédito fiscal

**avoisinant, e** [avwazinɑ̃, ɑ̃t] *adj* cercano(-a)
**avoisiner** [avwazine] *vt* estar cerca de; (*fig* : *limite, nombre*) acercarse a; (: *l'indifférence, l'insolence*) rayar en
**avons** [avɔ̃] *vb voir* **avoir**
**avorté, e** [avɔʀte] *adj* (*fig*) fallido(-a)
**avortement** [avɔʀtəmɑ̃] *nm* aborto
**avorter** [avɔʀte] *vi* abortar; (*fig*) abortar, malograrse; **faire ~** abortar; **se faire ~** abortar
**avorton** [avɔʀtɔ̃] (*péj*) *nm* aborto, feto
**avouable** [avwabl] *adj* confesable
**avoué, e** [avwe] *adj* confesado(-a), reconocido(-a) ▶ *nm* procurador *m* judicial
**avouer** [avwe] *vt* confesar, declarar; (*admettre*) confesar, reconocer; **~ avoir fait/être/que** confesar haber hecho/ser/que; **~ que oui/non** confesar que sí/no ▶ *vi* confesar; **s'avouer** *vpr* : **s'~ vaincu/incompétent** declararse vencido(-a)/incompetente
**avril** [avʀil] *nm* abril *m*; *voir aussi* **juillet**
**axe** [aks] *nm* eje *m*; (*fig*) orientación *f*; **dans l'~ de** en la línea de; **~ de symétrie** eje de simetría; **~ routier** carretera general
**axer** [akse] *vt* (*fig*) : **~ qch sur** centrar algo en
**axial, e, -aux** [aksjal, jo] *adj* axial
**axiome** [aksjom] *nm* axioma *m*
**ayant** [ɛjɑ̃] *vb voir* **avoir**
**ayant droit** (*pl* **ayants droit**) *nm* derechohabiente *mf*
**ayatollah** [ajatɔla] *nm* ayatolá *m*
**ayons** *etc* [ɛjɔ̃] *vb voir* **avoir**
**azalée** [azale] *nf* azalea
**azimut** [azimyt] *nm* acimut *m*; **tous azimuts** *adj, adv* (*fig*) en todas las direcciones
**azote** [azɔt] *nm* nitrógeno
**azoté, e** [azɔte] *adj* nitrogenado(-a)
**aztèque** [astɛk] *adj* azteca
**azur** [azyʀ] *nm* (*couleur*) azul *m*; (*ciel*) cielo
**azyme** [azim] *adj* : **pain ~** pan *m* ácimo

**B¹, b** [be] *nm inv* B, b f; **B comme Berthe** ≈ B de Barcelona
**B²** [be] *abr* (= *bien*) B (= bien)
**BA** [bea] *sigle f* = **bonne action**
**baba¹** [baba], **baba cool** [kul] (*fam*) *adj inv*, *nmf* jipi *mf*, hippie *mf*
**baba²** [baba] *adj inv* : **en être ~** (*fam*) quedarse pasmado(-a) ▶ *nm* : **~ au rhum** bizcocho de ron
**B.A.-BA** [beaba] *nmsg* abecé *m*; **le ~ de qch** el abecé de algo
**babil** [babil] *nm* balbuceo
**babillage** [babijaʒ] *nm* parloteo
**babiller** [babije] *vi* parlotear; (*bébé*) balbucear
**babines** [babin] *nfpl* morros *mpl*
**babiole** [babjɔl] *nf* chuchería; (*vétille*) bagatela
**bâbord** [bɑbɔR] *nm* : **à** *ou* **par ~** a babor
**babouin** [babwɛ̃] *nm* babuino
**baby-foot** [babifut] (*pl* **baby-foots**) *nm* futbolín *m*
**Babylone** [babilɔn] *n* Babilonia
**babylonien, ne** [babilɔnjɛ̃, jɛn] *adj* babilónico(-a)
**baby-sitter** [babisitœR] (*pl* **baby-sitters**) *nmf* canguro *mf*
**baby-sitting** [babisitiŋ] (*pl* **baby-sittings**) *nm* : **faire du ~** hacer de canguro
**bac¹** [bak] *nm* (*bateau*) transbordador *m*; (*récipient*) cubeta; **~ à litière** caja de arena para gatos; **~ à glace** bandeja para el hielo; **~ à légumes** compartimento para las verduras
**bac²** [bak] (*fam*) *nm* = **baccalauréat**
**baccalauréat** [bakalɔRea] *nm* título de enseñanza secundaria, ≈ selectividad *f*; *ver nota*

: **BACCALAURÉAT**
:
: En Francia el **baccalauréat** o *bac* es un
: título que se obtiene al terminar los
: estudios de enseñanza secundaria superior
: a la edad de dieciocho años y que permite el
: ingreso en la universidad. Se pueden
: escoger distintas combinaciones de
: asignaturas dentro de cada una de las tres
: modalidades principales: general,
: profesional y tecnológico.

**bâche** [bɑʃ] *nf* toldo
**bachelier, -ière** [baʃəlje, jɛR] *nm/f* bachiller *mf*
**bâcher** [bɑʃe] *vt* entoldar
**bachotage** [baʃɔtaʒ] *nm* empolle *m*
**bachoter** [baʃɔte] (*fam*) *vi* empollar
**bacille** [basil] *nm* bacilo
**bâcler** [bakle] *vt* hacer de prisa y corriendo
**bacon** [bekɔn] *nm* bacon *m ou* beicon *m*
**bactéricide** [bakteRisid] *nm* bactericida *m*
**bactérie** [bakteRi] *nf* bacteria
**bactérien, ne** [bakteRjɛ̃, jɛn] *adj* bacteriano(-a)
**bactériologie** [bakteRjɔlɔʒi] *nf* bacteriología
**bactériologique** [bakteRjɔlɔʒik] *adj* bacteriológico(-a)
**bactériologiste** [bakteRjɔlɔʒist] *nmf* bacteriólogo(-a)
**badaud, e** [bado, od] *nm/f* curioso(-a), mirón(-ona)
**baderne** [badɛRn] (*péj*) *nf* : **vieille ~** vejestorio
**badge** [badʒ] *nm* chapa
**badger** [badʒe] *vi* fichar (*en el trabajo*)
**badigeon** [badiʒɔ̃] *nm* (*peinture*) enlucido
**badigeonner** [badiʒɔne] *vt* enlucir, encalar; (*Méd*) untar
**badin, e** [badɛ̃, in] *adj* animado(-a)
**badinage** [badinaʒ] *nm* broma
**badine** [badin] *nf* bastoncillo
**badiner** [badine] *vi* bromear; **~/ne pas ~ avec qch** bromear/no bromear con algo
**badminton** [badmintɔn] *nm* bádminton *m*
**BAFA** [bafa] *sigle m* (= *Brevet d'aptitude aux fonctions d'animation*) en Francia, diploma para ejercer de animador
**baffe** [baf] (*fam*) *nf* bofetada, torta
**baffle** [bafl] *nm* baf(f)le *m*
**bafouer** [bafwe] *vt* mofarse de, escarnecer
**bafouillage** [bafujaʒ] *nm* farfulla
**bafouiller** [bafuje] *vi*, *vt* farfullar
**bâfrer** [bɑfRe] (*fam*) *vi* engullir
**bagage** [bagaʒ] *nm* (*fig*) bagaje *m*; **un (seul) ~ à main** un (solo) bulto de mano; **~ littéraire** (*fig*) bagaje *m* literario; **bagages** *nmpl* equipaje *msg*; **bagages à main** equipaje de mano
**bagagiste** [bagaʒist] *nmf* mozo(-a) de equipajes

## bagarre – balai-brosse

**bagarre** [bagaʀ] *nf* pelea; **il aime la ~** le gusta la pelea
**bagarrer** [bagaʀe] : **se bagarrer** *vpr* pelearse
**bagarreur, -euse** [bagaʀœʀ, øz] *adj* peleón(-ona); **il est ~** es un camorrista ▸ *nm/f* camorrista *mf*
**bagatelle** [bagatɛl] *nf* bagatela
**Bagdad** [bagdad] *n* Bagdad
**bagnard** [baɲaʀ] *nm* presidiario
**bagne** [baɲ] *nm* presidio; **c'est le ~** (*fig*) es como los trabajos forzados
**bagnole** [baɲɔl] (*fam*) *nf* coche *m*; (*vieille*) cacharro
**bagout** [bagu] *nm* labia; **avoir du ~** tener labia
**bague** [bag] *nf* anillo, sortija; (*d'identification*) anilla; **~ de fiançailles** anillo de compromiso; **~ de serrage** casquillo
**baguenauder** [bagnode] *vi* callejear
**baguer** [bage] *vt* (*oiseau*) anillar
**baguette** [bagɛt] *nf* (*bâton*) varilla, (*chinoise*) palillo; (*de chef d'orchestre*) batuta; (*pain*) barra; (*Constr*) junquillo; **mener qn à la ~** tratar a algn a la baqueta; **~ de sourcier** varilla de zahorí; **~ de tambour** palillo; **~ magique** varita mágica
**Bahamas** [baamas] *nfpl* **les (îles) ~** las Bahamas
**Bahreïn** [baʀɛn] *nm* Bahrein *m*
**bahut** [bay] *nm* arcón *m*; (*fam : lycée*) insti *m*
**bai, e** [bɛ] *adj* bayo(-a)
**baie** [bɛ] *nf* bahía; (*fruit*) baya; **~ vitrée** ventanal *m*
**baignade** [bɛɲad] *nf* baño; « **~ interdite** » « prohibido bañarse »
**baigné, e** [beɲe] *adj* : **~ de** (*lumière*) bañado(-a) de, inundado(-a) de; (*sang, sueur, larmes*) bañado(-a) en, anegado(-a) en
**baigner** [beɲe] *vt* bañar ▸ *vi* : **il baignait dans son sang** estaba bañado *ou* anegado en sangre; **~ dans la brume** estar rodeado(-a) de bruma; « **ça baigne !** » (*fam*) « ¡todo marcha bien! »; **se baigner** *vpr* bañarse
**baigneur, -euse** [beɲœʀ, øz] *nm/f* bañista *mf* ▸ *nm* (*poupée*) muñequilla
**baignoire** [beɲwaʀ] *nf* bañera, tina (*Am*); (*Théâtre*) palco de platea
**bail** [baj] (*pl* **baux**) *nm* (contrato de) arrendamiento; **donner** *ou* **prendre qch à ~** arrendar algo, alquilar algo; **~ commercial** traspaso
**bâillement** [bajmɑ̃] *nm* bostezo
**bâiller** [baje] *vi* bostezar; (*être ouvert*) estar entreabierto(-a), estar entornado(-a)
**bailleur** [bajœʀ] *nm* arrendador(a); **~ de fonds** socio capitalista
**bâillon** [bajɔ̃] *nm* mordaza
**bâillonner** [bajɔne] *vt* amordazar; (*fig*) amordazar, cohibir

**bain** [bɛ̃] *nm* baño; **se mettre dans le ~** (*fig*) meterse en el asunto; **prendre un ~** tomar un baño; **prendre un ~ de foule** meterse entre la multitud; **prendre un ~ de pieds** darse un baño de pies; **~ de bouche** elixir *m* (para enjuagarse la boca); **~ de siège** baño de asiento; **~ de soleil** baño de sol; **~ moussant** baño de espuma; **bains de mer** baños *mpl* de mar; **bains(-douches) municipaux** baños públicos
**bain-marie** [bɛ̃maʀi] (*pl* **bains-marie**) *nm* baño (de) María; **faire chauffer au ~** calentar al baño (de) María
**baïonnette** [bajɔnɛt] *nf* bayoneta; **douille/ ampoule à ~** casquillo/bombilla de bayoneta
**baisemain** [bɛzmɛ̃] *nm* besamanos *m inv*
**baiser** [beze] *nm* beso ▸ *vt* besar; (*fam !*) tirarse a (*fam !*), coger (*fam ! : Am*)
**baisse** [bɛs] *nf* (*de température, des prix*) descenso, bajada; **la ~ des prix de l'essence** el abaratamiento de la gasolina, la bajada del precio de la gasolina; **la ~ de la TVA** la bajada del IVA; « **~ sur la viande** » « abaratamiento de la carne »; **en ~** en baja; **à la ~** a la baja
**baisser** [bese] *vt* bajar ▸ *vi* (*niveau, température*) bajar, descender; (*jour, lumière*) disminuir; **sa vue baisse** está perdiendo vista; **ses facultés baissent** está perdiendo facultades; **se baisser** *vpr* inclinarse, agacharse
**baissier, -ière** [besje, jɛʀ] *adj* (*Fin : marché, cycle, tendance*) bajista; **une spirale baissière** una espiral bajista
**bajoues** [baʒu] *nfpl* carrillos *mpl*; (*péj*) mofletes *mpl*
**bakchich** [bakʃiʃ] (*fam*) *nm* propina
**bal** [bal] *nm* baile *m*; **~ costumé** baile de disfraces; **~ masqué** baile de máscaras; **~ musette** *baile popular en el que el acordeón es el instrumento principal*
**balade** [balad] *nf* (*à pied*) paseo, vuelta; (*en voiture*) vuelta; **faire une ~** dar una vuelta
**balader** [balade] *vt* pasear; **se balader** *vpr* pasear; **aller se ~** ir a pasear
**baladeur** [baladœʀ] *nm* : **~ MP3** reproductor *m* de MP3
**baladeuse** [baladøz] *nf* bombilla portátil
**baladin** [baladɛ̃] *nm* juglar *m*
**baladodiffusion** [baladodifyzjɔ̃] *nf* podcasting *m*
**balafre** [balafʀ] *nf* (*coupure, cicatrice*) tajo, chirlo; (: *avec un couteau*) cuchillada
**balafrer** [balafʀe] *vt* dar un tajo; (*avec un couteau*) acuchillar
**balai** [balɛ] *nm* escoba; (*Auto, Mus*) escobilla; **donner un coup de ~** dar un barrido
**balai-brosse** [balɛbʀɔs] (*pl* **balais-brosses**) *nm* cepillo

44 · FRANÇAIS | ESPAGNOL

**balance** [balɑ̃s] *nf* balanza; (*Astrol*): **B~** Libra; **être B~** ser Libra; **~ commerciale** balanza comercial; **~ des paiements** balanza de pagos; **~ romaine** romana
**balancelle** [balɑ̃sɛl] *nf* balancín *m*
**balancer** [balɑ̃se] *vt* balancear; (*fam: lancer*) arrojar; (*renvoyer, jeter*) despedir; **~ qch à la poubelle** (*fam*) tirar algo a la basura ▶ *vi* (*hésiter*) oscilar; **se balancer** *vpr* balancearse, mecerse; (*branche*) mecerse; (*sur une balançoire*) columpiarse; **je m'en balance** (*fam*) me importa un pito
**balancier** [balɑ̃sje] *nm* (*de pendule*) péndulo; (*perche, montre*) balancín *m*
**balançoire** [balɑ̃swaʀ] *nf* (*suspendue*) columpio; (*sur pivot*) balancín *m*, subibaja *m*
**balayage** [balɛjaʒ] *nm* barrido; (*électronique*) exploración *f*
**balayer** [baleje] *vt* barrer; (*suj: radar, phares*) explorar
**balayette** [balɛjɛt] *nf* escobilla
**balayeur, -euse** [balɛjœʀ, øz] *nm/f* barrendero(-a)
**balayeuse** [balɛjøz] *nf* (*engin*) barredora
**balayures** [balejyʀ] *nfpl* barreduras *fpl*
**balbutiement** [balbysimɑ̃] *nm* balbuceo; **balbutiements** *nmpl* (*débuts*) balbuceos *mpl*
**balbutier** [balbysje] *vi, vt* balbucear
**balcon** [balkɔ̃] *nm* balcón *m*
**balconnet** [balkɔnɛ] *nm* sujetador *m* de media copa
**baldaquin** [baldakɛ̃] *nm* baldaquino
**Bâle** [bɑl] *n* Basilea
**Baléares** [baleaʀ] *nfpl*: **les (îles) ~** las (islas) Baleares
**baleine** [balɛn] *nf* (*Zool, de parapluie*) ballena
**baleinier** [balenje] *nm* ballenero
**baleinière** [balɛnjɛʀ] *nf* ballenera
**balisage** [balizaʒ] *nm* balizaje *m*
**balise** [baliz] *nf* baliza
**baliser** [balize] *vt* balizar ▶ *vi* (*fam*) tener canguelo
**balistique** [balistik] *adj* balístico(-a) ▶ *nf*: **la ~ la** balística
**balivernes** [balivɛʀn] *nfpl* pamplinas *fpl*
**balkanique** [balkanik] *adj* balcánico(-a)
**Balkans** [balkɑ̃] *nmpl*: **les ~** los Balcanes
**ballade** [balad] *nf* balada
**ballant, e** [balɑ̃, ɑ̃t] *adj*: **les bras ballants** los brazos colgando; **les jambes ballantes** las piernas colgando
**ballast** [balast] *nm* lastre *m*; (*Rail*) balasto
**balle** [bal] *nf* (*de fusil*) bala; (*de tennis, golf*) pelota; (*du blé*) cascarilla, cascabillo; (*paquet*) fardo; **~ perdue** bala perdida; **balles** *nfpl* (*fam: franc*) francos *mpl*
**ballerine** [bal(ə)ʀin] *nf* bailarina; (*chaussure*) zapatilla
**ballet** [balɛ] *nm* ballet *m*; **~ diplomatique** actividad *f* diplomática

**ballon** [balɔ̃] *nm* (*de sport*) balón *m*; (*aéronautique, jouet*) globo; (*de vin*) copa; **~ d'essai** (*aussi fig*) globo *m* sonda *inv*; **~ de football** balón de fútbol; **~ d'oxygène** globo de oxígeno
**ballonné, e** [balɔne] *adj* hinchado(-a); **se sentir ~** sentirse hinchado; **j'ai le ventre ~** tengo el vientre hinchado
**ballonner** [balɔne] *vt* hinchar
**ballon-sonde** [balɔ̃sɔ̃d] (*pl* **ballons-sondes**) *nm* globo *m* sonda *inv*
**ballot** [balo] *nm* fardo, bulto; (*péj*) ceporro
**ballottage** [balɔtaʒ] *nm*: **il y a ~** no hay un resultado mayoritario
**ballotter** [balɔte] *vi* bambolearse ▶ *vt* bambolear; **être ballotté entre ...** dudar entre ...
**ballottine** [balɔtin] *nf*: **~ de volaille** balotina de ave
**ball-trap** [baltʀap] (*pl* **ball-traps**) *nm* (*appareil*) proyector *m*; (*tir*) tiro al plato
**balluchon** [balyʃɔ̃] *nm* hatillo
**balnéaire** [balneɛʀ] *adj* (*station, centre*) de costa, costero(-a); (*tourisme*) de sol y playa, costero(-a)
**balnéothérapie** [balneoteʀapi] *nf* balneoterapia
**balourd, e** [baluʀ, uʀd] *adj, nm/f* palurdo(-a)
**balourdise** [baluʀdiz] *nf* torpeza
**balsamique** [balsamik] *adj* balsámico(-a); **vinaigre ~** vinagre *m* balsámico
**balte** [balt] *adj* báltico(-a) ▶ *nmf*: **Balte** báltico(-a)
**baltique** [baltik] *adj* báltico(-a) ▶ *nf*: **la (mer) B~** el (mar) Báltico
**baluchon** [balyʃɔ̃] *nm* = **balluchon**
**balustrade** [balystʀad] *nf* balaustrada
**bambin** [bɑ̃bɛ̃] *nm* niño(-a), chiquillo(-a)
**bambou** [bɑ̃bu] *nm* bambú *m*
**ban** [bɑ̃] *nm*: **ouvrir/fermer le ~** abrir/cerrar una ceremonia militar con un toque; **être/mettre au ~ de** estar/poner al margen de; **le ~ et l'arrière-~ de sa famille** todos los miembros de su familia; **bans** *nmpl* (*de mariage*) amonestaciones *fpl* matrimoniales
**banal[1], e** [banal] *adj* (*aussi péj*) banal
**banal[2], e** [banal] *adj* (*pl* **banaux**): **four ~** (*Hist*) molino comunal
**banalement** [banalmɑ̃] *adv* banalmente
**banalisé, e** [banalize] *adj* banalizado(-a); (*voiture de police*) camuflado(-a)
**banaliser** [banalize] *vt* banalizar
**banalité** [banalite] *nf* banalidad *f*; **dire des banalités** decir banalidades
**banane** [banan] *nf* plátano, banana (*surtout AM*)
**bananeraie** [bananʀɛ] *nf* platanar *m*
**bananier** [bananje] *nm* plátano; (*cargo*) barco bananero
**banc** [bɑ̃] *nm* banco; **~ d'essai** (*fig*) banco de prueba; **~ de sable** banco de arena; **~ des**

## bancaire – barbu

accusés/témoins banquillo de los acusados/testigos; **~ de poissons** banco de peces
**bancaire** [bɑ̃kɛʀ] adj bancario(-a)
**bancal, e** [bɑ̃kal] adj cojo(-a); (fig) defectuoso(-a)
**bandage** [bɑ̃daʒ] nm vendaje m
**bande** [bɑ̃d] nf banda; (de tissu) faja; (pour panser) venda; (motif, dessin) banda, franja; **une ~ de ...** (copains, voyous) una pandilla de ...; **donner de la ~** (Naut) dar a la banda, escorar; **par la ~** (fig) indirectamente; **faire ~ à part** hacer rancho aparte; **~ de roulement** banda de rodadura; **~ de terre** faja de tierra; **~ dessinée** (dans un journal) tira cómica, historieta; ver nota; (livre) cómic m; **~ magnétique** cinta magnética; **~ perforée** banda perforada; **~ sonore** banda sonora; **~ Velpeau®** venda; **~ vidéo** cinta de vídeo

> **BANDE DESSINÉE**
>
> La **bande dessinée** o BD goza de gran popularidad en Francia tanto entre los niños, como entre los adultos. Cada mes de enero se celebra en Angulema el Salón Internacional del Cómic. Astérix, Tintín, Tinteuf, Lucky Luke y Gaston Lagaffe son algunos de los personajes de tebeo más famosos que acuden al certamen.

**bandé, e** [bɑ̃de] adj : **les yeux bandés** los ojos vendados; **la main bandée** la mano vendada
**bande-annonce** [bɑ̃danɔ̃s] (pl **bandes-annonces**) nf tráiler m
**bandeau** [bɑ̃do] nm venda; (autour du front) cinta, venda, vincha (And, CSur)
**bandelette** [bɑ̃dlɛt] nf venda
**bander** [bɑ̃de] vt (blessure) vendar; (muscle, arc) tensar; **~ les yeux à qn** vendar los ojos a algn ▶ vi (fam!) empalmarse (fam!)
**banderille** [bɑ̃dʀij] nf banderilla
**banderole** [bɑ̃dʀɔl] nf banderola
**bande-son** [bɑ̃dsɔ̃] (pl **bandes-son**) nf banda sonora
**bandit** [bɑ̃di] nm bandido; (fig) estafador m
**banditisme** [bɑ̃ditism] nm bandidaje m
**bandoulière** [bɑ̃duljɛʀ] nf : **en ~** en bandolera
**Bangkok** [bɑ̃kɔk] n Bangkok
**Bangladesh** [bɑ̃ɡladɛʃ] nm Bangladesh m
**banjo** [bɑ̃(d)ʒo] nm banjo
**banlieue** [bɑ̃ljø] nf suburbio; **quartier de ~** barrio suburbano; **lignes/trains de ~** líneas fpl/trenes mpl de cercanías
**banlieusard, e** [bɑ̃ljøzaʀ, aʀd] nm/f habitante mf de los suburbios
**bannière** [banjɛʀ] nf estandarte m
**bannir** [baniʀ] vt desterrar
**banque** [bɑ̃k] nf banco; (activités) banca; **~ d'affaires** banco de negocios; **~ de dépôt** banco de depósito; **~ de données** (Inform) banco de datos; **~ d'émission** banca central; **~ des yeux/du sang** banco de ojos/de sangre
**banqueroute** [bɑ̃kʀut] nf bancarrota
**banquet** [bɑ̃kɛ] nm banquete m
**banquette** [bɑ̃kɛt] nf banqueta; (d'auto) asiento corrido
**banquier, -ière** [bɑ̃kje, jɛʀ] nm/f banquero(-a)
**banquise** [bɑ̃kiz] nf banco de hielo, banquisa
**bantou, e** [bɑ̃tu] adj bantú
**baobab** [baɔbab] nm (Bot) baobab m
**baptême** [batɛm] nm (sacrement) bautismo; (cérémonie) bautizo; **~ de l'air** bautismo del aire
**baptiser** [batize] vt bautizar
**baptiste** [batist] adj bautista
**baquer** [bake] (fam) : **se baquer** vpr bañarse
**baquet** [bakɛ] nm cubeta
**bar** [baʀ] nm bar m, cantina (surtout Am); (comptoir) barra, mostrador m; (poisson) lubina
**baragouin** [baʀaɡwɛ̃] nm jerigonza; (à l'étranger) chapurreo
**baragouiner** [baʀaɡwine] vi, vt chapurrear
**baraque** [baʀak] nf barraca; (cabane, hutte) caseta; (fam) casucha; **~ foraine** barraca de feria
**baraqué, e** [baʀake] (fam) adj cachas inv
**baraquements** [baʀakmɑ̃] nmpl campamento de barracas
**baratin** [baʀatɛ̃] (fam) nm (pour vendre) charlatanería; (pour séduire) camelo
**baratiner** [baʀatine] (fam) vt (pour vendre) charlatanear; (pour séduire) camelar
**baratineur, -euse** [baʀatinœʀ, øz] (fam) nm/f (vendeur) charlatán(-ana); (séducteur) camelista mf
**baratte** [baʀat] nf mantequera
**barbant, e** [baʀbɑ̃, ɑ̃t] (fam) adj pesado(-a)
**barbare** [baʀbaʀ] adj, nmf bárbaro(-a)
**barbarie** [baʀbaʀi] nf barbarie f
**barbarisme** [baʀbaʀism] nm barbarismo
**barbe** [baʀb] nf barba; **au nez et à la ~ de qn** en las barbas de algn; **quelle ~ !** (fam) ¡qué lata!; **~ à papa** algodón m de azúcar
**barbecue** [baʀbəkju] nm barbacoa, asado (Am)
**barbelé** [baʀbəle] nm alambre m de púas
**barber** [baʀbe] (fam) vt dar la lata a; **se barber** vpr (fam) aburrirse
**barbiche** [baʀbiʃ] nf perilla
**barbichette** [baʀbiʃɛt] nf perilla
**barbiturique** [baʀbityʀik] nm barbitúrico
**barboter** [baʀbɔte] vi chapotear ▶ vt (voler) birlar, mangar
**barboteuse** [baʀbɔtøz] nf pelele m
**barbouillé, e** [baʀbuje] adj : **avoir l'estomac ~** tener el estómago revuelto
**barbouiller** [baʀbuje] vt (couvrir, salir) embadurnar; (péj : mur, toile) pintarrajear; (: écrire, dessiner) emborronar
**barbu, e** [baʀby] adj barbudo(-a)

**barbue** [baʁby] *nf* rodaballo menor
**Barcelone** [baʁsəlɔn] *n* Barcelona
**barda** [baʁda] (*fam*) *nm* bártulos *mpl*
**barde** [baʁd] *nf* albardilla ▶ *nm* (*poète*) bardo
**bardé, e** [baʁde] *adj* : **~ de médailles** abarrotado(-a) de medallas
**bardeaux** [baʁdo] *nmpl* ripias *fpl*
**barder** [baʁde] *vi* (*fam*) : **ça va ~** se va a armar la gorda ▶ *vt* enalbardar
**barème** [baʁɛm] *nm* (*des prix, des tarifs*) baremo, tabla; (*cotisations, notes*) baremo; **~ des salaires** tabla de salarios
**barge** [baʁʒ] *nf* pontón *m*
**barguigner** [baʁɡiɲe] *vi* : **sans ~** sin vacilar
**baril** [baʁi(l)] *nm* barril *m*
**barillet** [baʁijɛ] *nm* (*de revolver*) tambor *m*
**bariolé, e** [baʁjɔle] *adj* abigarrado(-a)
**barman** [baʁman] *nm* barman *m inv*
**baromètre** [baʁɔmɛtʁ] *nm* (*aussi fig*) barómetro; **~ anéroïde** barómetro aneroide
**baron, ne** [baʁɔ̃, ɔn] *nm/f* barón(-onesa); (*fig*) magnate
**baroque** [baʁɔk] *adj* (*Art*) barroco(-a); (*fig*) estrambótico(-a)
**baroud** [baʁud] *nm* : **faire un ~ d'honneur** quemar el último cartucho
**baroudeur** [baʁudœʁ] (*fam*) *nm* pendenciero
**barque** [baʁk] *nf* barca
**barquette** [baʁkɛt] *nf* (*en aluminium*) envase *m*; (*en bois*) caja; (*tartelette*) tartaleta
**barracuda** [baʁakyda] *nm* barracuda
**barrage** [baʁaʒ] *nm* pantano, embalse *m*; (*sur route*) barrera; **~ de police** cordón *m* policial, retén *m* (*Am*)
**barre** [baʁ] *nf* barra; (*Naut*) timón *m*; (*écrite*) raya; **comparaître à la ~** comparecer ante el juez; **être à** *ou* **tenir la ~** llevar el timón; **~ à mine** barrena; **~ de mesure** (*Mus*) barra de compás; **~ d'outils** barra de herramientas; **~ fixe** (*Gymnastique*) barra fija; **barres parallèles** barras paralelas
**barreau, x** [baʁo] *nm* barrote *m*; (*Jur*) : **le ~** el foro, la abogacía
**barrer** [baʁe] *vt* (*route*) obstruir; (*mot*) tachar; (*chèque*) cruzar; (*Naut*) timonear; **~ le passage** *ou* **la route à qn** cerrar el paso a algn; **se barrer** *vpr* (*fam*) largarse, pirarse
**barrette** [baʁɛt] *nf* (*pour les cheveux*) pasador *m*; (*Rel*) birrete *m*; (*broche*) broche *m*
**barreur** [baʁœʁ] *nm* timonel *m*
**barricade** [baʁikad] *nf* barricada
**barricader** [baʁikade] *vt* (*rue*) levantar barricadas en; (*porte, fenêtre*) atrancar; **se ~ chez soi** (*fig*) encerrarse en su casa
**barrière** [baʁjɛʁ] *nf* (*aussi fig*) barrera; **~ de dégel** (*Admin, Auto*) circulación de vehículos pesados prohibida a causa del deshielo; **barrières douanières** barreras *fpl* aduaneras
**barrique** [baʁik] *nf* barrica, tonel *m*
**barrir** [baʁiʁ] *vi* bramar

**bar-tabac** [baʁtaba] (*pl* **bars-tabacs**) *nm* bar *m* (*donde se venden tabaco y sellos*)
**baryton** [baʁitɔ̃] *nm* barítono
**bas, basse** [ba, bas] *adj* bajo(-a); (*vue*) corto(-a); (*action*) bajo(-a), vil; **la tête basse** cabizbajo; **avoir la vue basse** ser corto(-a) de vista; **au ~ mot** por lo menos, por lo bajo; **enfant en ~ âge** niño de corta edad; **~ morceaux** despojos *mpl* ▶ *nm* (*chaussette*) calcetín *m*; (*de femme*) media; (*partie inférieure*) : **le ~ de …** la parte de abajo de …; **un ~ de laine** ahorros *mpl*; **de ~ en haut** de abajo arriba; **des hauts et des ~** altibajos *mpl* ▶ *adv* bajo; **plus ~** más bajo, más abajo; **parler plus ~** hablar más bajo; **en ~** abajo; **en ~ de** debajo de, en la parte baja de; **mettre ~** parir; « **à ~ la dictature/l'école !** » « ¡abajo la dictadura/la escuela! »
**basalte** [bazalt] *nm* basalto
**basané, e** [bazane] *adj* curtido(-a); (*immigré*) moro(-a)
**bas-côté** [bakote] (*pl* **bas-côtés**) *nm* (*de route*) arcén *m*; (*d'église*) nave *f* lateral
**bascule** [baskyl] *nf* : **(jeu de) ~** subibaja *m*; **(balance à) ~** báscula; **fauteuil à ~** mecedora
**basculer** [baskyle] *vi* (*tomber*) volcar; (*benne*) bascular ▶ *vt* (*gén* : *faire basculer*) volcar
**base** [baz] *nf* base *f*; (*Pol*) : **la ~** la(s) base(s); **jeter les bases de** sentar las bases de; **à la ~ de** (*fig*) en el origen de; **sur la ~ de** (*fig*) tomando como base; **principe/produit de ~** principio/producto de base; **à ~ de café** a base de café; **~ de données** (*Inform*) base de datos; **~ de lancement** base de lanzamiento
**base-ball** [bɛzbol] (*pl* **base-balls**) *nm* béisbol *m*
**baser** [baze] *vt* : **~ qch sur** basar algo en; **se ~ sur** basarse en; **basé à/dans** (*Mil*) con base en
**bas-fond** [bafɔ̃] (*pl* **bas-fonds**) *nm* (*Naut*) bajío; **bas-fonds** *nmpl* (*fig*) bajos fondos *mpl*, hampa *fsg*
**basilic** [bazilik] *nm* albahaca
**basilique** [bazilik] *nf* basílica
**basket** [baskɛt] *nm* = **basket-ball**
**basket-ball** [baskɛtbol] (*pl* **basket-balls**) *nm* baloncesto
**baskets** [baskɛt] *nfpl* (*chaussures*) playeras *fpl*, zapatillas *fpl* de deporte
**basketteur, -euse** [baskɛtœʁ, øz] *nm/f* baloncestista *mf*
**basquaise** [baskɛz] *adj f* vasca ▶ *nf* : **B~** vasca
**basque** [bask] *adj, nm/f* vasco(-a); **le Pays ~** el País vasco ▶ *nm* (*Ling*) vasco, vascuence *m*
**basques** [bask] *nfpl* faldones *mpl*; **pendu aux ~ de qn** pegado a las faldas de algn
**bas-relief** [baʁəljɛf] (*pl* **bas-reliefs**) *nm* bajorrelieve *m*
**basse** [bas] *adj f voir* **bas** ▶ *nf* bajo
**basse-cour** [baskuʁ] (*pl* **basses-cours**) *nf* (*cour*) corral *m*; (*animaux*) aves *fpl* de corral

## bassement – bavardage

**bassement** [basmɑ̃] *adv* bajamente, vilmente
**bassesse** [basɛs] *nf* bajeza
**basset** [basɛ] *nm* basset *m*
**bassin** [basɛ̃] *nm* (*cuvette*) palangana, cubeta; (*pièce d'eau*) estanque *m*; (*de fontaine*) pila; (*Géo*) cuenca; (*Anat*) pelvis *f*; (*portuaire*) dársena; ~ **houiller** cuenca hullera
**bassine** [basin] *nf* balde *m*
**bassiner** [basine] *vt* (*plaie*) humedecer; (*lit*) calentar; (*fam*) dar el tostón a
**bassiste** [basist] *nmf* bajista *mf*, bajo
**basson** [basɔ̃] *nm* (*instrument*) fagot *m*; (*musicien*) fagotista *mf*, fagot *m*
**bastide** [bastid] *nf* (*maison*) quinta; (*ville*) bastida
**bastingage** [bastɛ̃gaʒ] *nm* borda
**bastion** [bastjɔ̃] *nm* bastión *m*; (*fig*) baluarte *m*
**baston** [bastɔ̃] (*fam!*) *nm ou f* bronca, pelotera (*fam*)
**bastonner** [bastɔne] (*fam*): **se bastonner** *vpr* pegarse
**bas-ventre** [bavɑ̃tʀ] (*pl* **bas-ventres**) *nm* bajo-vientre *m*
**bat** [ba] *vb voir* **battre**
**bât** [bɑ] *nm* albarda
**bataille** [batɑj] *nf* (*aussi fig*) batalla; **en** ~ (*cheveux*) desgreñado(-a); ~ **rangée** batalla campal
**bataillon** [batajɔ̃] *nm* batallón *m*
**bâtard, e** [bɑtaʀ, aʀd] *adj* (*solution*) espurio(-a); (*fig*) híbrido(-a); **chien** ~ perro bastardo ▶ *nm/f* (*enfant*) bastardo(-a) ▶ *nm* (*boulangerie*) barra
**batavia** [batavja] *nf* lechuga de hojas anchas y rizadas
**bateau, x** [bato] *nm* barco; (*grand*) navío, buque *m*; (*abaissement du trottoir*) vado; ~ **à moteur/de pêche** barco de motor/de pesca ▶ *adj* (*banal, rebattu*) típico(-a)
**bateau-citerne** [batositɛʀn] (*pl* **bateaux-citernes**) *nm* barco cisterna *inv*
**bateau-mouche** [batomuʃ] (*pl* **bateaux-mouches**) *nm* golondrina
**bateau-pilote** [batopilɔt] (*pl* **bateaux-pilotes**) *nm* barco piloto *inv*
**bateleur, -euse** [batlœʀ, øz] *nm/f* titiritero(-a), cómico(-a)
**batelier, -ière** [batəlje] *nm/f* barquero(-a)
**bat-flanc** [baflɑ̃] *nm* (*pour dormir*) mampara
**bâti, e** [bati] *adj* (*terrain*) edificado(-a); **bien** ~ (*personne*) bien hecho(-a), fornido(-a) ▶ *nm* (*armature*) armazón *m*; (*Couture*) hilván *m*
**batifoler** [batifɔle] *vi* retozar
**batik** [batik] *nm* batik *m*
**bâtiment** [batimɑ̃] *nm* edificio; (*Naut*) navío; **le** ~ (*industrie*) la construcción
**bâtir** [batiʀ] *vt* edificar, construir; (*fig*) edificar; (*Couture*) hilvanar; **fil à** ~ (*Couture*) hilo de hilvanar

**bâtisse** [batis] *nf* construcción *f*
**bâtisseur, -euse** [batisœʀ, øz] *nm/f* constructor(a), fundador(a)
**batiste** [batist] *nf* batista
**bâton** [batɔ̃] *nm* palo, vara; (*d'agent de police*) porra; **mettre des bâtons dans les roues à qn** poner trabas a algn; **à bâtons rompus** sin orden ni concierto; ~ **de rouge (à lèvres)** barra (de labios); ~ **de ski** bastón *m* de esquiar
**bâtonnet** [batɔnɛ] *nm* palo pequeño
**bâtonnier** [batɔnje] *nm* (*Jur*) decano del colegio de abogados
**batraciens** [batʀasjɛ̃] *nmpl* batracios *mpl*
**bats** [ba] *vb voir* **battre**
**battage** [bataʒ] *nm* propaganda exagerada
**battant, e** [batɑ̃, ɑ̃t] *vb voir* **battre** ▶ *adj* : **pluie battante** aguacero, lluvia recia; **tambour** ~ (*fig*) con firmeza ▶ *nm* (*de cloche*) badajo; (*de volet, de porte*) hoja, batiente *m*; **porte à double** ~ puerta de doble batiente ▶ *nm, nf* (*personne*) persona combativa
**batte** [bat] *nf* pala, bate *m*
**battement** [batmɑ̃] *nm* (*de cœur*) latido, palpitación *f*; (*intervalle*) intervalo; **10 minutes de** ~ 10 minutos de intervalo; ~ **de paupières** parpadeo
**batterie** [batʀi] *nf* (*aussi Mus*) batería; ~ **de tests** batería de tests; ~ **de cuisine** batería de cocina
**batteur, -euse** [batœʀ, øz] *nm/f* (*Mus*) batería *mf* ▶ *nm* (*appareil*) batidora ▶ *nf* (*machine agricole*) trilladora
**battoir** [batwaʀ] *nm* (*à linge, tapis*) pala, paleta
**battre** [batʀ] *vt* pegar; (*suj : pluie, vagues*) golpear, azotar; (*vaincre*) vencer, derrotar; (*œufs*) batir; (*blé*) trillar; (*tapis*) sacudir; (*cartes*) barajar; (*passer au peigne fin*) rastrear; ~ **froid à qn** tratar a algn con frialdad; ~ **la mesure** llevar el compás; ~ **en brèche** batir en brecha; ~ **son plein** estar en su apogeo; ~ **pavillon espagnol** enarbolar bandera española; ~ **la semelle** zapatear (para calentarse) ▶ *vi* (*cœur*) latir; (*volets*) golpear, batir; ~ **en retraite** batirse en retirada; ~ **de l'aile** (*fig*) estar alicaído(-a); ~ **des ailes** aletear; ~ **des mains** dar palmas; **se battre** *vpr* pelearse, luchar; (*fig*) esforzarse
**battu, e** [baty] *pp de* **battre**
**battue** [baty] *nf* batida
**baud** [bo] *nm* baudio
**baudruche** [bodʀyʃ] *nf* : **ballon de** ~ globo de goma; (*fig*) botarate *m*
**baume** [bom] *nm* bálsamo; (*fig*) bálsamo, consuelo; **mettre du** ~ **au cœur (à qn)** servir de consuelo (a algn)
**bauxite** [boksit] *nf* bauxita
**bavard, e** [bavaʀ, aʀd] *adj* parlanchín(-ina)
**bavardage** [bavaʀdaʒ] *nm* charla

## bavarder – belette

**bavarder** [bavaʀde] vi charlar, platicar (MEX); (indiscrètement) charlatanear, irse de la lengua
**bavarois, e** [bavaʀwa, waz] adj bávaro(-a)
▶ nm (Culin) crema bávara, bavarois m
**bave** [bav] nf baba
**baver** [bave] vi babear; (encre, couleur) chorrear; **en ~** (fam) pasar las de Caín, pasarlas negras
**bavette** [bavɛt] nf (de bébé) babero; (de tablier, salopette) peto
**baveux, -euse** [bavø, øz] adj baboso(-a); **omelette baveuse** tortilla babosa
**Bavière** [bavjɛʀ] nf: **la ~** Baviera
**bavoir** [bavwaʀ] nm babero
**bavure** [bavyʀ] nf rebaba, mancha; (fig) error m; **~ policière** atropello policial
**bayadère** [bajadɛʀ] adj bayadera
**bayer** [baje] vi: **~ aux corneilles** estar en Babia
**bazar** [bazaʀ] nm bazar m; (fam) leonera
**bazarder** [bazaʀde] (fam) vt liquidar
**BCBG** [besebeʒe] sigle adj = **bon chic bon genre**; **une fille ~** una chica bien vestida
**BCG** [beseʒe] sigle m (= bacille Calmette-Guérin) vacuna de la tuberculosis
**bcp** abr = **beaucoup**
**BD** sigle f (= bande dessinée) voir **bande**; (= base de données) base f de datos
**bd** abr (= boulevard) Blvr. (= bulevar)
**b.d.c.** abr (= bas de casse) c.b. (= caja baja)
**béant, e** [beã, ãt] adj abierto(-a)
**béarnais, e** [beaʀnɛ, ɛz] adj bearnés(-esa)
▶ nm/f: **Béarnais, e** bearnés(-esa)
**béat, e** [bea, at] adj beato(-a); (sourire etc) plácido(-a)
**béatitude** [beatityd] nf beatitud f
**beau, belle** [bo, bɛl] (devant nm commençant par voyelle ou h muet **bel**) (mpl **beaux**, fpl **belles**) adj (gén) bonito(-a); (plus formel) hermoso(-a), bello(-a), lindo(-a) (surtout AM fam); (personne) guapo(-a); **il a ~ jeu de protester** etc le es fácil protestar etc; **un bel homme** un hombre guapo; **un ~ geste** un gesto noble; **un ~ salaire** un buen salario; **un ~ gâchis/rhume** (iron) un buen despilfarro/resfriado; **le ~ monde** la buena sociedad; **un ~ jour ...** un buen día ...; **~ parleur** hombre m de labia
▶ nm: **avoir le sens du ~** tener sentido estético; **le plus ~ c'est que ...** lo mejor es que ...; **«c'est du ~!»** ¡qué bonito!»; **faire le ~** (chien) ponerse en dos patas ▶ adv: **il fait ~** hace buen tiempo; **on a ~ essayer ...** por más que se intente ...; **de plus belle** más y mejor; **bel et bien** de verdad
**beauceron, ne** [bosʀɔ̃, ɔn] adj de la Beauce
▶ nm/f: **Beauceron, ne** nativo(-a) ou habitante mf de la Beauce
**beaucoup** [boku] adv mucho; **il boit ~** bebe mucho; **il ne rit pas ~** no ríe mucho; **il est ~ plus grand** es mucho más grande; **il en a ~** tiene mucho(s)(-a(s)); **~ trop de** demasiado(s)(-a(s)); **(pas) ~ de** (no) mucho(s)(-a(s)); **~ d'étudiants/de touristes** muchos estudiantes/turistas; **~ de courage** mucho valor; **il n'a pas ~ d'argent** no tiene mucho dinero; **de ~** adv con mucho; **~ le savent** (emploi nominal) muchos lo saben
**beau-fils** [bofis] (pl **beaux-fils**) nm yerno; (remariage) hijastro
**beau-frère** [bofʀɛʀ] (pl **beaux-frères**) nm cuñado
**beau-père** [bopɛʀ] (pl **beaux-pères**) nm suegro; (remariage) padrastro
**beauté** [bote] nf belleza; **de toute ~** de gran belleza; **en ~**: **finir en ~** terminar brillantemente
**beaux-arts** [bozaʀ] nmpl bellas artes fpl
**beaux-parents** [bopaʀã] nmpl suegros mpl
**bébé** [bebe] nm bebé m
**bébé-éprouvette** [bebeepʀuvɛt] (pl **bébés-éprouvette**) nm bebé-probeta m
**bec** [bɛk] nm pico; (de plume) punta; (d'une clarinette etc) boquilla; **clouer le ~ à qn** (fam) cerrar el pico a algn; **de gaz** farola; **~ verseur** pico
**bécane** [bekan] (fam) nf bici f
**bécarre** [bekaʀ] nm becuadro
**bécasse** [bekas] nf becada f; (fam) tonta
**bec-de-cane** [bɛkdəkan] (pl **becs-de-cane**) nm picaporte m
**bec-de-lièvre** [bɛkdəljɛvʀ] (pl **becs-de-lièvre**) nm labio leporino
**béchamel** [beʃamɛl] nf: **(sauce) ~** (salsa) bechamel f
**bêche** [bɛʃ] nf pala
**bêcher** [beʃe] vt (terre) cavar
**bêcheur, -euse** [beʃœʀ, øz] (fam) adj criticón(-ona) ▶ nm/f criticón(-ona); (snob) engreído(-a)
**bécoter** [bekɔte]: **se bécoter** vpr besuquearse
**becquée** [beke] nf: **donner la ~ à** dar de comer a
**becqueter** [bɛkte] (fam) vi papear
**bedaine** [bədɛn] nf barriga
**bédé** [bede] (fam) nf (= bande dessinée) voir **bande**
**bedeau, x** [bədo] nm sacristán m
**bedonnant, e** [bədɔnã, ãt] adj barrigudo(-a)
**bée** [be] adj: **bouche ~** boquiabierto(-a)
**beffroi** [befʀwa] nm campanario
**bégaiement** [begɛmã] nm tartamudeo
**bégayer** [begeje] vi, vt tartamudear
**bégonia** [begɔnja] nm begonia
**bègue** [bɛg] nmf tartamudo(-a)
**bégueule** [begœl] adj mojigato(-a)
**béguin** [begɛ̃] nm: **avoir le ~ pour** estar encaprichado(-a) con
**beige** [bɛʒ] adj beige
**beignet** [bɛɲɛ] nm buñuelo
**bel** [bɛl] adj m voir **beau**
**bêler** [bele] vi balar
**belette** [bəlɛt] nf comadreja

## belge – besogneux

**belge** [bɛlʒ] *adj* belga ▶ *nmf*: **Belge** belga *mf*; *ver nota*

> **FÊTE NATIONALE BELGE**
>
> La **fête nationale belge**, que se celebra el 21 de julio, conmemora la coronación de Leopold de Saxe-Coburg Gotha como Rey Leopold I, que tuvo lugar en 1831.

**Belgique** [bɛlʒik] *nf* Bélgica
**Belgrade** [bɛlgʀad] *n* Belgrado
**bélier** [belje] *nm* (*Zool*) carnero; (*engin*) ariete *m*; (*Astrol*): **B~** Aries *m*; **être B~** ser Aries
**Bélize** [beliz] *nm* Belice *m*
**bellâtre** [bɛlɑtʀ] *nm* niño bonito
**belle** [bɛl] *adj f voir* **beau** ▶ *nf* (*Sport*): **la ~** el desempate; **belles** *nfpl*: **en faire/dire de belles** hacerlas/decirlas buenas
**belle-famille** [bɛlfamij] (*pl* **belles-familles**) (*fam*) *nf* familia política
**belle-fille** [bɛlfij] (*pl* **belles-filles**) *nf* nuera; (*remariage*) hijastra
**belle-mère** [bɛlmɛʀ] (*pl* **belles-mères**) *nf* suegra; (*remariage*) madrastra
**belle-sœur** [bɛlsœʀ] (*pl* **belles-sœurs**) *nf* cuñada
**belliciste** [belisist] *adj* belicista
**belligérant, e** [beliʒeʀɑ̃, ɑ̃t] *nm/f* beligerante *mf*
**belliqueux, -euse** [belikø, øz] *adj* belicoso(-a)
**belote** [bəlɔt] *nf* ≈ tute *m*
**belvédère** [bɛlvedɛʀ] *nm* mirador *m*
**bémol** [bemɔl] *nm* bemol *m*
**ben** [bɛ̃] (*fam*) *excl* pues
**bénédiction** [benediksjɔ̃] *nf* bendición *f*
**bénéfice** [benefis] *nm* (*Comm*) beneficio; (*avantage*) beneficio, provecho; **au ~ de** a favor de
**bénéficiaire** [benefisjɛʀ] *nm* beneficiario(-a)
**bénéficier** [benefisje] *vi*: **~ de** (*jouir de, avoir, obtenir*) disfrutar de; (*tirer profit de*) beneficiarse de
**bénéfique** [benefik] *adj* benéfico(-a)
**Bénélux** [benelyks] *nm* Benelux *m*
**benêt** [bənɛ] *adj, nm* pánfilo(-a)
**bénévolat** [benevɔla] *nm* voluntariado
**bénévole** [benevɔl] *adj* (*personne*) benévolo(-a); (*aide*) voluntario(-a) ▶ *nmf* voluntario(-a)
**bénévolement** [benevɔlmɑ̃] *adv* voluntariamente
**Bengale** [bɛ̃gal] *nm* Bengala; **le golfe du ~** el golfo de Bengala
**bengali** [bɛ̃gali] *adj, nm* bengalí *m*
**Bénin** [benɛ̃] *nm* Benin *m*
**bénin, -igne** [benɛ̃, iɲ] *adj* benigno(-a)
**béninois, e** [beninwa, waz] *adj* de Benin ▶ *nm/f*: **Béninois, e** nativo(-a) *ou* habitante *mf* de Benin
**bénir** [beniʀ] *vt* bendecir

**bénit, e** [beni, it] *adj* bendito(-a); **eau bénite** agua bendita
**bénitier** [benitje] *nm* pila de agua bendita
**benjamin, e** [bɛ̃ʒamɛ̃, in] *nm/f* benjamín(-ina); (*Sport*) alevín *mf*
**benne** [bɛn] *nf* (*de camion*) volquete *m*; (*de téléphérique*) cabina; **~ basculante** volquete
**benzine** [bɛ̃zin] *nf* bencina
**béotien, ne** [beɔsjɛ̃, jɛn] *nm/f* tosco(-a)
**BEP** [beøpe] *sigle m* (= *brevet d'études professionnelles*) certificado de estudios profesionales
**BEPC** [beøpese] *sigle m* (= *brevet d'études du premier cycle*) ≈ Graduado Escolar
**béquille** [bekij] *nf* muleta; (*de bicyclette*) soporte *m*
**berbère** [bɛʀbɛʀ] *adj* berberisco(-a) ▶ *nm* (*Ling*) bereber *m* ▶ *nmf*: **Berbère** bereber *mf*
**bercail** [bɛʀkaj] *nm* redil *m*
**berceau, x** [bɛʀso] *nm* (*aussi fig*) cuna
**bercer** [bɛʀse] *vt* acunar, mecer; (*suj: musique*) mecer; **~ qn de promesses** engañar a algn con promesas; **se bercer** *vpr*: **se ~ d'illusions** hacerse ilusiones
**berceur, -euse** [bɛʀsœʀ, øz] *adj* mecedor(a)
**berceuse** [bɛʀsøz] *nf* (*chanson*) canción *f* de cuna, nana
**Bercy** [bɛʀsi] *n* sede del Ministerio de Economía y Finanzas francés
**béret** [beʀɛ] *nm*: **~ (basque)** boina
**bergamote** [bɛʀgamɔt] *nf* bergamota
**berge** [bɛʀʒ] *nf* orilla; (*fam: an*) taco (*fam*)
**berger, -ère** [bɛʀʒe, ʒɛʀ] *nm/f* pastor(a) ▶ *nm*: **~ allemand** pastor *m* alemán
**bergerie** [bɛʀʒəʀi] *nf* aprisco
**bergeronnette** [bɛʀʒəʀɔnɛt] *nf* aguzanieves *f inv*
**béribéri** [beʀibeʀi] *nm* beriberi *m*
**Berlin** [bɛʀlɛ̃] *n* Berlín; **~ Est/Ouest** (*Hist*) Berlín este/oeste
**berline** [bɛʀlin] *nf* berlina
**berlingot** [bɛʀlɛ̃go] *nm* (*emballage*) envase *m* de cartón; (*bonbon*) caramelo con forma de rombo
**berlinois, e** [bɛʀlinwa, waz] *adj* berlinés(-esa)
**berlue** [bɛʀly] *nf*: **avoir la ~** ver visiones
**bermuda** [bɛʀmyda] *nm* bermudas *mpl ou fpl*
**Bermudes** [bɛʀmyd] *nfpl*: **les (îles) ~** las (islas) Bermudas
**Berne** [bɛʀn] *n* Berna
**berne** [bɛʀn] *nf*: **en ~** a media asta; **mettre en ~** izar a media asta
**berner** [bɛʀne] *vt* estafar
**bernois, e** [bɛʀnwa, waz] *adj* bernés(-esa) ▶ *nm/f*: **Bernois, e** bernés(-esa)
**berrichon, ne** [beʀiʃɔ̃, ɔn] *adj* de Berry ▶ *nm/f*: **Berrichon, ne** nativo(-a) *ou* habitante *mf* de Berry
**Berry** [beʀi] *nm* Berry *m*
**besace** [bəzas] *nf* alforjas *fpl*
**besogne** [bəzɔɲ] *nf* tarea, faena
**besogneux, -euse** [bəzɔɲø, øz] *adj* tedioso(-a)

**besoin** [bəzwɛ̃] nm necesidad f; (pauvreté) : **le ~ la necesidad, la estrechez**; **le ~ d'argent** la necesidad de dinero; **être dans le ~** pasar necesidad; **il n'y a pas ~ de (faire)** no hay necesidad de (hacer); **avoir ~ de qch/de faire qch** tener necesidad de algo/de hacer algo; **au ~** si es menester; **les besoins (naturels)** las necesidades; **faire ses besoins** hacer sus necesidades; **pour les besoins de la cause** por exigencias del objetivo

**bestial, e, -aux** [bɛstjal, jo] adj bestial

**bestiaux** [bɛstjo] nmpl ganado, reses fpl

**bestiole** [bɛstjɔl] nf bicho

**bêta** [beta] (Inform) adj inv beta inv

**bétail** [betaj] nm ganado

**bétaillère** [betajɛʀ] nf remolque m para transportar ganado

**bête** [bɛt] nf (gén) animal m; (insecte, bestiole) bicho; **chercher la petite ~** buscarle tres pies al gato; **les bêtes** (bétail) el ganado; **~ de somme** bestia de carga; **~ noire** pesadilla, bestia negra; **bêtes sauvages** fieras fpl, animales mpl salvajes ▶ adj (stupide) tonto(-a), bobo(-a)

**bêtement** [bɛtmɑ̃] adv tontamente; **tout ~** simplemente, sin rodeos

**Bethléem** [bɛtleɛm] n Belén

**bêtifier** [betifje] vi decir tonterías

**bêtise** [betiz] nf (défaut d'intelligence) estupidez f, tontería; (action, remarque) tontería; (bonbon) caramelo de menta; **faire/dire une ~** hacer/decir una tontería

**bêtisier** [betizje] nm antología de disparates

**béton** [betɔ̃] nm hormigón m; **en ~** (fam : alibi, argument) irrefutable, de peso; **~ armé/précontraint** hormigón armado/pretensado

**bétonner** [betɔne] vt construir con hormigón

**bétonnière** [betɔnjɛʀ] nf hormigonera

**bette** [bɛt] nf acelga

**betterave** [bɛtʀav] nf remolacha, betarraga (CHI); **~ fourragère/sucrière** remolacha forrajera/azucarera

**beuglement** [bøgləmɑ̃] nm mugido, bramido; (personne, radio) berridos mpl

**beugler** [bøgle] vi (bovin) mugir, bramar; (personne, radio) berrear ▶ vt (péj : chanson) berrear

**Beur** [bœʀ] nmf joven árabe nacido en Francia de padres emigrantes; ver nota

: **BEUR**
:
: **Beur** es el término que se utiliza para referirse a una persona nacida en Francia de padres emigrantes norteafricanos. No es un término racista: los medios de comunicación, los grupos antiracistas y la segunda generación misma de norteafricanos lo usan con frecuencia. La palabra proviene de un tipo de argot llamado *verlan*.

**beurre** [bœʀ] nm mantequilla, manteca (AM); **mettre du ~ dans les épinards** (fig) hacer el agosto; **~ de cacao** manteca de cacao; **~ noir** mantequilla requemada

**beurré, e** [bœʀe] adj (avec du beurre) con mantequilla; (fam : ivre) pedo (fam), trompa (fam)

**beurrer** [bœʀe] vt untar con mantequilla

**beurrier** [bœʀje] nm mantequera

**beuverie** [bøvʀi] nf sesión f de borrachos

**bévue** [bevy] nf patinazo

**Beyrouth** [beʀut] n Beirut

**bi...** [bi] préf bi...

**Biafra** [bjafʀa] nm Biafra

**biafrais, e** [bjafʀɛ, ɛz] adj biafreño(-a) ▶ nm/f : **Biafrais, e** biafreño(-a)

**biais** [bjɛ] nm (d'un tissu) sesgo; (bande de tissu) bies m; (moyen) rodeo, vuelta; **en ~, de ~** (obliquement) al sesgo

**biaiser** [bjeze] vi andarse con rodeos

**biathlon** [bjatlɔ̃] nm biatlón m

**bibelot** [biblo] nm chuchería

**biberon** [bibʀɔ̃] nm biberón m; **nourrir au ~** alimentar con biberón

**bible** [bibl] nf biblia

**biblio...** [biblijo] préf biblio...

**bibliobus** [biblijobys] nm biblioteca ambulante, bibliobús m

**bibliographie** [biblijɔgʀafi] nf bibliografía

**bibliophile** [biblijɔfil] nmf bibliófilo(-a)

**bibliothécaire** [biblijɔtekɛʀ] nmf bibliotecario(-a)

**bibliothèque** [biblijɔtɛk] nf biblioteca; **~ municipale** biblioteca municipal

**biblique** [biblik] adj bíblico(-a)

**bibliquement** [biblikmɑ̃] adv : **connaître qn ~** conocer a algn en el sentido bíblico

**bic**® [bik] nm boli m

**bicarbonate** [bikaʀbɔnat] nm : **~ (de soude)** bicarbonato (sódico)

**bicentenaire** [bisɑ̃t(ə)nɛʀ] nm bicentenario

**biceps** [bisɛps] nm bíceps m inv

**biche** [biʃ] nf cierva

**bichonner** [biʃɔne] vt acicalar; (personne) mimar

**bicolore** [bikɔlɔʀ] adj bicolor

**bicoque** [bikɔk] (péj) nf casucha

**bicorne** [bikɔʀn] nm bicornio

**bicross** [bikʀɔs] nm bicicross m

**bicyclette** [bisiklɛt] nf bicicleta

**bidasse** [bidas] (fam) nm recluta m

**bide** [bid] (fam) nm (ventre) panza; (Théâtre) fracaso

**bidet** [bidɛ] nm bidé m

**bidoche** [bidɔʃ] (fam) nf carne f

**bidon** [bidɔ̃] nm (récipient) bidón m ▶ adj inv (fam) amañado(-a)

**bidonnant, e** [bidɔnɑ̃, ɑ̃t] (fam) adj desternillante

**bidonville** [bidɔ̃vil] nm chabolas fpl

**bidule** [bidyl] *nm* trasto, chisme *m*
**bielle** [bjɛl] *nf* biela
**biélorusse** [bjelɔrys] *adj* bieloruso(-a) ▶ *nm* (Ling) bieloruso ▶ *nmf*: **Biélorusse** bieloruso(-a)
**Biélorussie** [bjelɔrysi] *nf* Bielorrusia

[MOT-CLÉ]

**bien** [bjɛ̃] *nm* **1** (*avantage, profit, moral*) bien *m*; **faire du bien à qn** hacer bien a algn; **faire le bien** hacer el bien; **dire du bien de qn/qch** hablar bien de algn/algo; **c'est pour son bien** es por su bien; **changer en bien** cambiar para bien; **mener à bien** llevar a buen término; **je te veux du bien** te quiero bien; **le bien public** el bien público **2** (*possession, patrimoine*) bien; **son bien le plus précieux** su bien más preciado; **avoir du bien** tener fortuna; **biens de consommation** bienes *mpl* de consumo
▶ *adv* **1** (*de façon satisfaisante*) bien; **elle travaille/mange bien** trabaja/come bien; **vite fait, bien fait** pronto y bien; **croyant bien faire, je ...** creyendo hacer bien, yo ... **2** (*valeur intensive*) muy, mucho; **bien jeune** muy joven; **j'en ai bien assez** tengo más que suficiente; **bien mieux** mucho mejor; **bien souvent** muy a menudo; **c'est bien fait !** ¡te está bien empleado!; **j'espère bien y aller** sí espero poder ir; **je veux bien le faire** (*concession*) lo haré aunque me duela; **il faut bien le faire** hay que hacerlo; **il faut bien l'admettre** hay que admitirlo; **il y a bien deux ans** hace dos años largos; **Paul est bien venu, n'est-ce pas ?** Paul sí ha venido, ¿verdad?; **tu as eu bien raison de dire cela** hiciste muy bien en decir eso; **j'ai bien téléphoné** sí llamé por teléfono; **se donner bien du mal** molestarse mucho; **où peut-il bien être passé ?** ¿dónde se habrá metido?; **on verra bien** ya veremos **3** (*beaucoup*): **bien du temps/des gens** mucho tiempo/mucha gente
▶ *excl*: **eh bien ?** bueno, ¿qué?
▶ *adj inv* **1** (*en bonne forme, à l'aise*): **être/se sentir bien** estar/sentirse bien; **je ne me sens pas bien** no me siento bien; **on est bien dans ce fauteuil** se está bien en este sillón **2** (*joli, beau*) bien; **tu es bien dans cette robe** estás bien con este vestido; **elle est bien, cette femme** está bien esa mujer **3** (*satisfaisant, adéquat*) bien; **elle est bien, cette maison** está bien esta casa; **elle est bien, cette secrétaire** es buena esta secretaria; **c'est bien ?** ¿está bien?; **mais non, c'est très bien** que no, está muy bien; **c'est très bien (comme ça)** está muy bien (así) **4** (*juste, moral, respectable*) bien *inv*; **ce n'est pas bien de ...** no está bien ...; **des gens biens** gente bien **5** (*en bons termes*): **être bien avec qn** estar a bien con algn; **si bien que** (*résultat*) de tal manera que; **tant bien que mal** así, así **6**: **bien que** *conj* aunque **7**: **bien sûr** *adv* desde luego

**bien-aimé, e** [bjɛ̃neme] (*pl* ~, -es) *adj*, *nm/f* bienamado(-a)
**bien-être** [bjɛ̃nɛtʀ] *nm inv* bienestar *m*
**bienfaisance** [bjɛ̃fəzɑ̃s] *nf* beneficencia
**bienfaisant, e** [bjɛ̃fəzɑ̃, ɑ̃t] *adj* beneficioso(-a)
**bienfait** [bjɛ̃fɛ] *nm* favor *m*; (*de la science*) beneficio; **bienfaits** *nmpl* beneficios *mpl*
**bienfaiteur, -trice** [bjɛ̃fɛtœʀ, tʀis] *nm/f* bienhechor(a)
**bien-fondé** [bjɛ̃fɔ̃de] (*pl* **bien-fondés**) *nm* pertinencia; **reconnaître le ~ de** reconocer la pertinencia de
**bien-fonds** [bjɛ̃fɔ̃] (*pl* **biens-fonds**) *nm* bienes *mpl* raíces
**bienheureux, -euse** [bjɛ̃nœʀø, øz] *adj* bienaventurado(-a)
**biennal, e, -aux** [bjenal, o] *adj* bienal
**bien-pensance** [bjɛ̃pɑ̃sɑ̃s] (*pl* **bien-pensances**) *nf* buenismo
**bien-pensant, e** [bjɛ̃pɑ̃sɑ̃, ɑ̃t] (*pl* **bien-pensants, -es**) (*péj*) *adj* biempensante ▶ *nm/f*: **les bien-pensants** la gente de orden
**bienséance** [bjɛ̃seɑ̃s] *nf* decoro, decencia; **bienséances** *nfpl* (*convenances*) conveniencias *fpl*
**bienséant, e** [bjɛ̃seɑ̃, ɑ̃t] *adj* decoroso(-a), decente
**bientôt** [bjɛ̃to] *adv* pronto, luego; **à ~** hasta pronto
**bienveillance** [bjɛ̃vɛjɑ̃s] *nf* benevolencia
**bienveillant, e** [bjɛ̃vɛjɑ̃, ɑ̃t] *adj* benévolo(-a)
**bienvenu, e** [bɛ̃vny] *adj* bienvenido(-a)
▶ *nm/f*: **être le ~/la bienvenue** ser bienvenido/bienvenida
**bienvenue** [bjɛ̃vny] *nf*: **souhaiter la ~ à** desear la bienvenida a; **~ à** bienvenido(-a) a

> À la différence de l'exclamation française **Bienvenue !**, l'équivalent en espagnol s'accorde en genre et en nombre en fonction de si l'on s'adresse à une ou plusieurs personnes, de sexe masculin ou féminin :
> **Mes chers amis, bienvenue !** Queridos amigos, ¡bienvenidos !

**bière** [bjɛʀ] *nf* cerveza; (*cercueil*) ataúd *m*; **~ blonde/brune** cerveza rubia/negra; **~ (à la) pression** cerveza de barril
**biffer** [bife] *vt* tachar, rayar
**bifteck** [biftɛk] *nm* bistec *m*, bisté *m*, bife *m* (ARG); **défendre son ~** (*fam*) mirar por lo suyo

## bifurcation – bis

**bifurcation** [bifyʀkasjɔ̃] nf bifurcación f; (fig) bifurcación, desvío
**bifurquer** [bifyʀke] vi (route) bifurcarse; (véhicule, aussi fig) desviarse
**bigame** [bigam] adj bígamo(-a)
**bigamie** [bigami] nf bigamia
**bigarré, e** [bigaʀe] adj (bariolé) abigarrado(-a); (disparate) heterogéneo(-a)
**bigarreau, x** [bigaʀo] nm cereza rosa
**bigleux, -euse** [biglø, øz] adj bizco(-a)
**bigorneau, x** [bigɔʀno] nm bígaro
**bigot, e** [bigo, ɔt] (péj) adj santurrón(-ona), beato(-a) ▶ nm/f beato(-a)
**bigoterie** [bigɔtʀi] nf beatería
**bigoudi** [bigudi] nm bigudí m
**bigrement** [bigʀəmɑ̃] (fam) adv : **elle est ~ jolie** está la mar de guapa
**bijou, x** [biʒu] nm (aussi fig) joya, alhaja
**bijouterie** [biʒutʀi] nf (bijoux) joyas fpl; (magasin) joyería
**bijoutier, -ière** [biʒutje, jɛʀ] nm/f joyero(-a)
**bikini** [bikini] nm biquini m
**bilan** [bilɑ̃] nm balance m; **faire le ~ de** hacer el balance de; **déposer son ~** declararse en quiebra; **~ carbone** método utilizado para calcular las emisiones de gases de efecto invernadero; **~ de santé** chequeo
**bilatéral, e, -aux** [bilateʀal, o] adj bilateral
**bilboquet** [bilbɔkɛ] nm boliche m
**bile** [bil] nf bilis f; **se faire de la ~** (fam) hacerse mala sangre
**biler** [bile] (fam) : **se biler** vpr preocuparse
**biliaire** [biljɛʀ] adj biliar
**bilieux, -euse** [biljø, jøz] adj bilioso(-a); (fig) bilioso(-a), colérico(-a)
**bilingue** [bilɛ̃g] adj bilingüe
**bilinguisme** [bilɛ̃gɥism] nm bilingüismo
**billard** [bijaʀ] nm billar m; **c'est du ~** (fam) está tirado, es pan comido; **passer sur le ~** (fam) pasar por el quirófano; **~ électrique** billar automático
**bille** [bij] nf bola; (du jeu de billes) canica; **jouer aux billes** jugar a las canicas
**billet** [bijɛ] nm billete m; (de cinéma) entrada; (courte lettre) billete, esquela; **~ à ordre** pagaré m; **~ aller retour** billete de ida y vuelta; **~ d'avion** billete de avión; **~ de commerce** letra de cambio; **~ de faveur** pase m de favor; **~ de loterie** billete de lotería; **~ de train** billete de tren; **~ doux** carta de amor; **~ électronique** billete electrónico
**billetterie** [bijɛtʀi] nf emisión f y venta de billetes; (distributeur) taquilla; (Banque) cajero (automático)
**billion** [biljɔ̃] nm billón m
**billot** [bijo] nm tajo
**bimbeloterie** [bɛ̃blɔtʀi] nf comercio de baratijas
**bimensuel, le** [bimɑ̃sɥɛl] adj bimensual, quincenal
**bimestriel, le** [bimɛstʀijɛl] adj bimestral
**bimoteur** [bimɔtœʀ] adj bimotor
**binaire** [binɛʀ] adj binario(-a)
**biner** [bine] vt binar
**binette** [binɛt] nf azada
**binoclard, e** [binɔklaʀ, aʀd] (fam) adj, nm/f gafudo(-a)
**binocle** [binɔkl] nm quevedos mpl; **binocles** nmpl (fam) gafas fpl
**binoculaire** [binɔkylɛʀ] nf binoculares mpl
**binôme** [binom] nm binomio
**bio** [bjo] adj bio, biológico(-a)
**bio...** [bjɔ] préf bio...
**biocarburant** [bjokaʀbyʀɑ̃] nm biocarburante m
**biochimie** [bjoʃimi] nf bioquímica
**biochimique** [bjoʃimik] adj bioquímico(-a)
**biochimiste** [bjoʃimist] nmf bioquímico(-a)
**biocompatible** [bjokɔ̃patibl] adj biocompatible
**biodégradable** [bjodegʀadabl] adj biodegradable
**biodiesel** [bjodjezɛl] nm biodiésel m
**biodiversité** [bjodivɛʀsite] nf biodiversidad f
**bioéthique** [bjoetik] nf bioética
**biographe** [bjɔgʀaf] nmf biógrafo(-a)
**biographie** [bjɔgʀafi] nf biografía
**biographique** [bjɔgʀafik] adj biográfico(-a)
**biologie** [bjɔlɔʒi] nf biología
**biologique** [bjɔlɔʒik] adj biológico(-a)
**biologiste** [bjɔlɔʒist] nmf biólogo(-a)
**biomasse** [bjomas] nf biomasa
**biométrique** [bjometʀik] adj biométrico(-a)
**biopsie** [bjɔpsi] nf biopsia
**biosphère** [bjɔsfɛʀ] nf biosfera
**biotechnologie** [bjoteknɔlɔʒi] nf biotecnología; **les biotechnologies** las biotecnologías
**bioterrorisme** [bjoteʀɔʀism] nm bioterrorismo
**bioterroriste** [bjoteʀɔʀist] nmf bioterrorista mf
**biotope** [bjɔtɔp] nm biotopo
**bipartisme** [bipaʀtism] nm bipartidismo
**bipartite** [bipaʀtit] adj bipartidista
**bipède** [bipɛd] nm bípedo
**biphasé** [bifaze] adj bifásico(-a)
**biplace** [biplas] adj, nm dos plazas
**biplan** [biplɑ̃] nm biplano
**bipolaire** [bipɔlɛʀ] adj bipolar
**bique** [bik] nf cabra; **vieille ~** (péj) bruja
**biquet, te** [bikɛ, ɛt] nm/f cabrito; **mon ~** pichoncito mío
**biréacteur** [biʀeaktœʀ] nm birreactor m
**birman, e** [biʀmɑ̃, an] adj birmano(-a) ▶ nm (Ling) birmano ▶ nm/f : **Birman, e** birmano(-a)
**Birmanie** [biʀmani] nf Birmania
**bis, e** [(adj) bi, biz, (adv, excl, nm) bis] adj pardo(-a) ▶ adv : **12 ~** 12 bis ▶ excl ¡otra! ▶ nm bis m

## bisaïeul – blême

**bisaïeul, e** [bizajœl] *nm/f* bisabuelo(-a)
**bisannuel, le** [bizanɥɛl] *adj* bienal
**bisbille** [bisbij] *nf*: **être en ~ avec qn** estar de pique con algn
**Biscaye** [biskɛ] *nf*: **le golfe de ~** el golfo de Vizcaya
**biscornu, e** [biskɔʀny] *adj* deforme; (*bizarre, aussi péj*) estrafalario(-a)
**biscotte** [biskɔt] *nf* biscote *m*
**biscuit** [biskɥi] *nm* (*gâteau sec*) galleta; (*gâteau, porcelaine*) bizcocho; **~ à la cuiller** bizcocho
**biscuiterie** [biskɥitʀi] *nf* (*fabrication*) fábrica de galletas; (*commerce*) tienda de galletas
**bise** [biz] *adj f voir* **bis** ▶ *nf* (*baiser*) beso; (*vent*) cierzo
**biseau, x** [bizo] *nm* bisel *m*; **en ~** biselado(-a)
**biseauter** [bizote] *vt* biselar
**bisexué, e** [bisɛksɥe] *adj* bisexual
**bisexuel, le** [bisɛksɥɛl] *adj* bisexual
**bismuth** [bismyt] *nm* bismuto
**bison** [bizɔ̃] *nm* bisonte *m*
**bisou** [bizu] (*fam*) *nm* besito
**bisque** [bisk] *nf*: **~ d'écrevisses** *etc* sopa de cangrejos *etc*
**bissectrice** [bisɛktʀis] *nf* bisectriz *f*
**bisser** [bise] *vt* (*faire rejouer*) hacer repetir; (*rejouer*) repetir
**bissextile** [bisɛkstil] *adj*: **année ~** año bisiesto
**bistouri** [bisturi] *nm* bisturí *m*
**bistre** [bistʀ] *adj* (*couleur*) tostado(-a); (*peau, teint*) moreno(-a)
**bistro, bistrot** [bistʀo] *nm* bar *m*, café *m*, cantina (*surtout Am*)
**BIT** *sigle m* (= *Bureau international du travail*) OIT *f* (= *Organización Internacional del Trabajo*)
**bit** [bit] *nm* bit *m*
**bite** [bit] (*fam!*) *nf* (*pénis*) polla (*fam!*), picha (*fam*)
**biterrois, e** [bitɛʀwa, waz] *adj* de Béziers ▶ *nm/f*: **Biterrois, e** nativo(-a) *ou* habitante *mf* de Béziers
**bitte** [bit] *nf*: **~ d'amarrage** bita; (*fam! : pénis*) polla (*fam!*), picha (*fam*)
**bitume** [bitym] *nm* asfalto
**bitumer** [bityme] *vt* asfaltar
**bivalent, e** [bivalɑ̃, ɑ̃t] *adj* bivalente
**bivouac** [bivwak] *nm* vivac *m*, vivaque *m*
**bivouaquer** [bivwake] *vi* vivaquear, acampar
**bizarre** [bizaʀ] *adj* raro(-a)
**bizarrement** [bizaʀmɑ̃] *adv* extrañamente
**bizarrerie** [bizaʀʀi] *nf* rareza
**blackbouler** [blakbule] *vt* derrotar
**blafard, e** [blafaʀ, aʀd] *adj* pálido(-a)
**blague** [blag] *nf* (*propos*) chiste *m*; (*farce*) broma; « **sans ~ !** » (*fam*) « ¡no me digas! »; **~ à tabac** petaca
**blaguer** [blage] *vi* bromear ▶ *vt* embromar
**blagueur, -euse** [blagœʀ, øz] *adj, nm/f* bromista *mf*

**blair** [blɛʀ] (*fam*) *nm* napias *fpl*
**blaireau, x** [blɛʀo] *nm* (*Zool*) tejón *m*; (*brosse*) brocha de afeitar
**blairer** [blɛʀe] (*fam*) *vt*: **je ne peux pas le ~** no lo trago
**blâmable** [blɑmabl] *adj* censurable
**blâme** [blɑm] *nm* (*jugement*) reprobación *f*; (*sanction*) sanción *f*
**blâmer** [blɑme] *vt* (*réprouver*) reprobar; (*réprimander*) sancionar; **~ qn pour qch** censurar a algn por algo
**blanc, blanche** [blɑ̃, blɑ̃ʃ] *adj* blanco(-a); **d'une voix blanche** con una voz opaca; **aux cheveux blancs** de pelo blanco ▶ *nm/f* blanco(-a) ▶ *nm* blanco; (*linge*): **le ~** la ropa blanca; (*aussi*: **blanc d'œuf**) clara; (*aussi*: **blanc de poulet**) pechuga; **le ~ de l'œil** el blanco del ojo; **laisser en ~** dejar en blanco; **chèque en ~** cheque *m* en blanco; **à ~** *adv* (*chauffer*) al rojo vivo; (*tirer, charger*) con munición de fogueo; **saigner à ~** desangrar; **~ cassé** color *m* hueso
**blanc-bec** [blɑ̃bɛk] (*pl* **blancs-becs**) *nm* mocoso
**blanchâtre** [blɑ̃ʃɑtʀ] *adj* (*teint, lumière*) blanquecino(-a); (*péj*) blancuzco(-a)
**blanche** [blɑ̃ʃ] *adj f voir* **blanc** ▶ *nf* (*Mus*) blanca
**blancheur** [blɑ̃ʃœʀ] *nf* blancura
**blanchiment** [blɑ̃ʃimɑ̃] *nm*: **~ d'argent sale** blanqueo de dinero (negro)
**blanchir** [blɑ̃ʃiʀ] *vt* (*gén, argent, linge*) blanquear; (*Culin*) escaldar; (*disculper*) rehabilitar; **blanchi à la chaux** encalado ▶ *vi* blanquear; (*cheveux*) blanquear, encanecer
**blanchissage** [blɑ̃ʃisaʒ] *nm* lavado
**blanchisserie** [blɑ̃ʃisʀi] *nf* lavandería
**blanchisseur, -euse** [blɑ̃ʃisœʀ, øz] *nm/f* lavandero(-a)
**blanc-seing** [blɑ̃sɛ̃] (*pl* **blancs-seings**) *nm* firma en blanco
**blanquette** [blɑ̃kɛt] *nf*: **~ de veau** estofado de ternera
**blasé, e** [blaze] *adj* hastiado(-a)
**blaser** [blaze] *vt* hastiar
**blason** [blazɔ̃] *nm* blasón *m*
**blasphématoire** [blasfematwaʀ] *adj* blasfemo(-a)
**blasphème** [blasfɛm] *nm* blasfemia
**blasphémer** [blasfeme] *vi* blasfemar ▶ *vt* blasfemar contra
**blatte** [blat] *nf* cucaracha
**blazer** [blazɛʀ] *nm* blázer *m*
**blé** [ble] *nm* trigo; (*fam : argent*) pasta; **~ en herbe** trigo en ciernes; **~ noir** trigo sarraceno
**bled** [blɛd] *nm* (*péj*) poblacho; (*en Afrique du nord*): **le ~** el interior
**blême** [blɛm] *adj* pálido(-a)

## blêmir – boire

**blêmir** [blemiʀ] *vi* palidecer
**blennorragie** [blenɔʀaʒi] *nf* blenorragia
**blessant, e** [blesɑ̃, ɑ̃t] *adj* hiriente
**blessé, e** [blese] *adj* (*aussi fig*) herido(-a);
~ **dans son orgueil** herido en su orgullo
▶ *nm/f* herido(-a); **un ~ grave** un herido grave
**blesser** [blese] *vt* herir; **se blesser** *vpr* herirse;
**se ~ au pied** *etc* lastimarse el pie *etc*
**blessure** [blesyʀ] *nf* herida; (*fig*) herida, ofensa
**blet, te** [blɛ, blɛt] *adj* pasado(-a)
**blette** [blɛt] *nf* (*Bot*) = **bette**
**bleu, e** [blø] *adj* azul; (*bifteck*) poco hecho; **une peur bleue** un miedo cerval; **zone bleue** zona azul; **fromage ~** queso azul ▶ *nm* azul *m*; (*novice*) bisoño; (*contusion*) cardenal *m*; (*vêtement*) mono, overol *m* (*AM*); (*Culin*) : **au ~** forma de cocer el pescado; ~ **(de lessive)** azulete *m*; ~ **de méthylène** azul de metileno; ~ **marine** azul marino; ~ **nuit** azul oscuro; ~ **roi** azulón *m*
**bleuâtre** [bløɑtʀ] *adj* azulado(-a)
**bleuet** [bløɛ] *nm* aciano
**bleuir** [bløiʀ] *vt* azular ▶ *vi* ponerse azul, azulear
**bleuté, e** [bløte] *adj* azulado(-a)
**blindage** [blɛ̃daʒ] *nm* blindaje *m*
**blindé, e** [blɛ̃de] *adj* blindado(-a); (*fig*) blindado(-a), inmunizado(-a) ▶ *nm* tanque *m*, carro de combate; **les blindés** los vehículos blindados
**blinder** [blɛ̃de] *vt* blindar; (*fig*) inmunizar
**bling-bling** [bliŋbliŋ] (*fam*) *adj inv* (*clinquant, voyant*) de oropel; (*design, ensemble, cadeau*) ostentoso(-a) ▶ *nmsg* bling bling *m*
**blizzard** [blizaʀ] *nm* ventisca
**bloc** [blɔk] *nm* bloque *m*; (*de papier à lettres*) bloc *m*; (*ensemble*) montón *m*; **serré à ~** apretado a fondo; **en ~** en bloque; **faire ~** aliarse; ~ **opératoire** quirófano
**blocage** [blɔkaʒ] *nm* (*aussi Psych*) bloqueo
**bloc-cuisine** [blɔkkɥizin] (*pl* **blocs-cuisines**) *nm* módulo de cocina
**bloc-cylindres** [blɔksilɛ̃dʀ] (*pl* **blocs-cylindres**) *nm* bloque *m* de cilindros
**bloc-évier** [blɔkevje] (*pl* **blocs-éviers**) *nm* fregadero
**bloc-moteur** [blɔkmɔtœʀ] (*pl* **blocs-moteurs**) *nm* bloque *m* del motor
**bloc-notes** [blɔknɔt] (*pl* **blocs-notes**) *nm* bloc *m* de notas
**blocus** [blɔkys] *nm* bloqueo
**blog, blogue** [blɔg] *nm* (*Internet*) blog *m*
**blogging** [blɔgiŋ] *nm* (*Internet*) blogging *m*
**blogosphère** [blɔgɔsfɛʀ] *nf* (*Internet*) blogosfera
**bloguer** [blɔge] *vi* (*Internet*) bloguear
**blond, e** [blɔ̃, blɔ̃d] *adj* rubio(-a); (*sable, blés*) dorado(-a); ~ **cendré** rubio ceniciento ▶ *nm/f* rubio(-a)

**blondeur** [blɔ̃dœʀ] *nf* color *m* rubio
**blondinet, te** [blɔ̃dinɛ, ɛt] *nm/f* rubito(-a)
**blondir** [blɔ̃diʀ] *vi* volverse rubio(-a)
**bloquer** [blɔke] *vt* bloquear; (*jours de congé*) agrupar; ~ **les freins** frenar bruscamente; **se bloquer** *vpr* atascarse
**blottir** [blɔtiʀ] *vt* resguardar; **se blottir** *vpr* acurrucarse
**blousant, e** [bluzɑ̃, ɑ̃t] *adj* ablusado(-a)
**blouse** [bluz] *nf* bata
**blouser** [bluze] *vi* ablusar
**blouson** [bluzɔ̃] *nm* cazadora; ~ **noir** (*fig*) gamberro
**blue-jean** [bludʒin] *nm*, **blue-jeans** [bludʒins] *nm inv* (*pl* **blue-jeans**) vaqueros *mpl*, blue-jean(s) *m(pl)* (*surtout AM*)
**blues** [bluz] *nm* blues *m inv*
**bluet** [blyɛ] *nm* = **bleuet**
**bluff** [blœf] *nm* farol *m*
**bluffer** [blœfe] *vi* ir de farol, tirarse un farol ▶ *vt* (*fam*) engañar
**BNF** [beɛnɛf] *sigle f* = **Bibliothèque nationale de France**
**boa** [bɔa] *nm* boa
**bob** [bɔb] *nm* = **bobsleigh**
**bobard** [bɔbaʀ] (*fam*) *nm* patraña
**bobèche** [bɔbɛʃ] *nf* arandela
**bobine** [bɔbin] *nf* (*de fil*) carrete *m*; (*de film*) carrete, rollo; (*Élec*) bobina; ~ **(d'allumage)** bobina (de encendido); ~ **de pellicule** carrete de película
**bobo¹** [bobo] *nm* (*langage enfantin*) pupa
**bobo²** [bobo] *nmf* (*bourgeois-bohème*) pijoprogre (pijaprogre) (*fam*)
**boboïsation** [boboizasjɔ̃] *nf* (*d'un quartier, d'une ville*) aburguesamiento
**boboïser** [boboize] : **se boboïser** *vpr* (*quartier, ville*) aburguesarse
**bobonne** [bɔbɔn] (*fam, péj*) *nf* parienta (*fam*)
**bobsleigh** [bɔbslɛg] *nm* bobsleigh *m*
**bocage** [bɔkaʒ] *nm* (*Géo*) prados cercados con setos o árboles; (*bois*) boscaje *m*
**bocal, -aux** [bɔkal, o] *nm* tarro (de vidrio)
**bock** [bɔk] *nm* jarra (de cerveza)
**body** [bɔdi] *nm* body *m*; (*Sport*) malla
**bœuf** [bœf] *nm* buey *m*; (*Culin*) carne *f* de vaca
**bof** [bɔf] (*fam*) *excl* ¡bah!; **tu aimes ça ? - ~ ...** ¿te gusta? - pche...; **comment ça va ? - ~ ! pas terrible** ¿qué tal te va? - ¡bah!, voy tirando
**Bogota** [bɔgɔta] *n* Bogotá
**bogue** [bɔg] *nf* (*Bot*) erizo (*de castaña*) ▶ *nm* (*Inform*) fallo *ou* error *m* (de software), bug *m*
**Bohême** [bɔɛm] *nf* Bohemia
**bohème** [bɔɛm] *adj* bohemio(-a)
**bohémien, ne** [bɔemjɛ̃, jɛn] *nm/f* bohemio(-a)
**boire** [bwaʀ] *vt* beber, tomar (*AM*); (*s'imprégner de*) chupar; ~ **un coup** echar un trago ▶ *vi* beber

**bois – bon**

**bois** [bwa] *vb voir* **boire** ▶ *nm* (*matière*) madera; (*forêt*) bosque *m*; **les ~** (*Mus*) la madera; (*Zool*) la cornamenta; **de ~, en ~** de madera; **poêle/cuisinière à ~** estufa/cocina de leña; **~ de chauffage** leña; **~ de lit** armazón *m* de la cama; **~ mort/vert** madera seca/verde

**boisé, e** [bwaze] *adj* arbolado(-a); (*goût*) a madera

**boiser** [bwaze] *vt* (*chambre*) enmaderar, revestir de madera; (*galerie de mine*) entibar; (*terrain*) cubrir de árboles

**boiseries** [bwazʀi] *nfpl* artesonado *msg*

**boisson** [bwasɔ̃] *nf* bebida; **pris de ~** (*ivre*) bebido; **boissons alcoolisées/gazeuses** bebidas *fpl* alcohólicas/gaseosas

**boit** [bwa] *vb voir* **boire**

**boîte** [bwat] *nf* caja; (*de fer*) lata; **il a quitté sa ~** (*fam : entreprise*) ha dejado el curro (*fam*); **aliments en ~** alimentos *mpl* en lata; **mettre qn en ~** (*fam*) tomar el pelo a algn; **~ à gants** guantera; **~ à musique** caja de música; **~ à ordures** cubo de basura; **~ aux lettres** buzón *m*; **~ crânienne** caja craneana; **~ d'allumettes** caja de cerillas; **~ de conserve** lata de conservas; **~ de nuit** discoteca; **~ de petits pois/de sardines** lata de guisantes/de sardinas; **~ de vitesses** caja de cambios; **~ noire** caja negra; **~ postale** apartado de correos; **~ vocale** (*Tél*) buzón *m* de voz

**boiter** [bwate] *vi* (*aussi fig*) cojear, renguear (*AM*)

**boiteux, -euse** [bwatø, øz] *adj* (*aussi fig*) cojo(-a), rengo(-a) (*AM*)

**boîtier** [bwatje] *nm* (*d'appareil-photo*) cuerpo; **~ de montre** caja de reloj

**boitiller** [bwatije] *vi* cojear ligeramente

**boive** *etc* [bwav] *vb voir* **boire**

**bol** [bɔl] *nm* tazón *m*; (*contenu*) **un ~ de café** un tazón de café; **un ~ d'air** una bocanada de aire; **en avoir ras le ~** (*fam*) estar hasta la coronilla; **un coup de ~** (*fam*) un golpe de suerte

**bolée** [bɔle] *nf* tazón *m*

**boléro** [bɔleʀo] *nm* torera

**bolet** [bɔlɛ] *nm* boleto

**bolide** [bɔlid] *nm* bólido; **comme un ~** como un bólido

**Bolivie** [bɔlivi] *nf* Bolivia

**bolivien, ne** [bɔlivjɛ̃, jɛn] *adj* boliviano(-a) ▶ *nm/f* : **Bolivien, ne** boliviano(-a)

**bollos** [bɔlɔs] (*fam*) *nmf* = **bolos**

**bolognais, e** [bɔlɔɲɛ, ɛz] *adj* boloñés(-esa)

**bolos, boloss, bollos** [bɔlɔs] (*fam*) *nmf* (*nase, nul*) pringado(-a) (*fam*)

**bombance** [bɔ̃bɑ̃s] *nf* : **faire ~** estar de francachela

**bombardement** [bɔ̃baʀdəmɑ̃] *nm* bombardeo

**bombarder** [bɔ̃baʀde] *vt* (*Mil*) bombardear; **~ qn de** bombardear a algn con, acosar a algn con; **~ qn directeur** *etc* nombrar a algn director *etc* de sopetón

**bombardier** [bɔ̃baʀdje] *nm* bombardero

**bombe** [bɔ̃b] *nf* bomba; (*atomiseur*) atomizador *m*; (*Équitation*) visera; **faire la ~** (*fam*) ir de juerga; **~ à retardement** bomba de efecto retardado; **~ atomique** bomba atómica

**bombé, e** [bɔ̃be] *adj* abombado(-a); (*mur*) pandeado(-a)

**bomber** [bɔ̃be] *vi* pandearse, curvarse ▶ *vt* (*couvrir de graffiti*) hacer pintadas en; **~ le torse** sacar el pecho

---

**MOT-CLÉ**

**bon, bonne** [bɔ̃, bɔn] *adj* **1** (*agréable, satisfaisant*) bueno(-a); (*avant un nom masculin*) buen; **un bon repas/restaurant** una buena comida/un buen restaurante; **vous êtes trop bon** es usted demasiado bueno; **avoir bon goût** tener buen gusto; **elle est bonne en maths** se le dan bien las matemáticas

**2** (*bienveillant, charitable*) : **être bon (envers)** ser bueno(-a) (con)

**3** (*correct*) correcto(-a); **le bon numéro** el número correcto; **le bon moment** el momento oportuno

**4** (*souhaits*) : **bon anniversaire !** ¡feliz cumpleaños!; **bon voyage !** ¡buen viaje!; **bonne chance !** ¡(buena) suerte!; **bonne année !** ¡feliz año nuevo!; **bonne nuit !** ¡buenas noches!

**5** (*approprié, apte*) : **bon à/pour** bueno(-a) para; **ces chaussures sont bonnes à jeter** estos zapatos están para tirarlos; **c'est bon à savoir** está bien saberlo; **bon à tirer** listo para imprimir

**6** : **bon enfant** bonachón(-ona); **de bonne heure** temprano; **bon marché** barato(-a)

**7** (*valeur intensive*) largo(-a); **ça m'a pris deux bonnes heures** me llevó dos horas largas

▶ *nm* **1** (*billet*) bono, vale *m*; **bon cadeau** vale regalo; **c'est un bon vivant** le gusta la buena vida; **bon à rien** inútil *mf*; **bon d'essence** vale de gasolina; **bon de caisse/du Trésor** bono de caja/del tesoro; **bon mot** ocurrencia; **bon sens** sentido común

**2** : **avoir du bon** tener ventajas; **pour de bon** de verdad, en serio; **il y a du bon dans ce qu'il dit** lo que dice tiene sentido

▶ *adv* : **il fait bon** hace bueno; **sentir bon** oler bien; **tenir bon** resistir; **à quoi bon ?** ¿para qué?; **juger bon de faire ...** juzgar oportuno hacer ...; **pour faire bon poids** para compensar; **le bus/ton frère a bon dos** (*fig*) siempre es el autobús/tu hermano

▶ *excl* : **bon !** ¡bueno!; **ah bon ?** ¿ah, sí?; **bon, je reste** bueno, me quedo; *voir aussi* **bonne**

**bonasse** [bɔnas] *adj* buenazo(-a)
**bonbon** [bɔ̃bɔ̃] *nm* caramelo
**bonbonne** [bɔ̃bɔn] *nf* bombona, damajuana; **~ de gaz** bombona de gas
**bonbonnière** [bɔ̃bɔnjɛʀ] *nf* bombonera
**bond** [bɔ̃] *nm* (*saut*) salto; (*fig*) salto, avance *m*; **faire un ~** dar un salto; **d'un seul ~** de un salto; **~ en avant** (*fig*) salto hacia delante
**bonde** [bɔ̃d] *nf* (*d'évier*) tapón *m*; (*trou*) desagüe *m*; (*de tonneau*) piquera, canillero
**bondé, e** [bɔ̃de] *adj* abarrotado(-a)
**bondieuserie** [bɔ̃djøzʀi] (*péj*) *nf* baratija religiosa
**bondir** [bɔ̃diʀ] *vi* saltar, brincar; **~ de joie** (*fig*) saltar de alegría
**bonheur** [bɔnœʀ] *nm* felicidad *f*; **avoir le ~ de** tener el placer de; **porter ~ (à qn)** dar buena suerte (a algn); **au petit ~** a la buena de Dios; **par ~** por fortuna
**bonhomie** [bɔnɔmi] *nf* sencillez *f*
**bonhomme** [bɔnɔm] (*pl* **bonshommes**) *nm* hombre *m*; **un vieux ~** un viejo; **aller son ~ de chemin** ir paso a paso; **~ de neige** muñeco de nieve ▶ *adj* bonachón(-ona)
**boni** [bɔni] *nm* sobrante *m*, beneficio
**bonification** [bɔnifikasjɔ̃] *nf* bonificación *f*
**bonifier** [bɔnifje] *vt* bonificar; **se bonifier** *vpr* mejorar
**boniment** [bɔnimã] *nm* camelo, charlatanería
**bonjour** [bɔ̃ʒuʀ] *excl*, *nm* buenos días *mpl*; **donner** *ou* **souhaiter le ~ à qn** dar los buenos días a algn; **~ Monsieur** buenos días, señor; **dire ~ à qn** saludar a algn
**Bonn** [bɔn] *n* Bonn
**bonne** [bɔn] *adj f voir* **bon** ▶ *nf* criada, mucama (*CSur*), recamarera (*Mex*)
**bonne-maman** [bɔnmamã] (*pl* **bonnes-mamans**) *nf* abuelita
**bonnement** [bɔnmã] *adv* : **tout ~** lisa y llanamente
**bonnet** [bɔnɛ] *nm* gorro; (*de soutien-gorge*) copa; **~ d'âne** ≈ orejas *fpl* de burro; **~ de bain** gorro de baño
**bonneterie** [bɔnɛtʀi] *nf* tienda de artículos de punto
**bon-papa** [bɔ̃papa] (*pl* **bons-papas**) *nm* abuelito
**bonshommes** [bɔ̃zɔm] *nmpl de* **bonhomme**
**bonsoir** [bɔ̃swaʀ] *excl*, *nm* buenas tardes *fpl*; (*plus tard*) buenas noches; *voir aussi* **bonjour**
**bonté** [bɔ̃te] *nf* bondad *f*; (*gén pl* : *attention*, *gentillesse*) bondad, amabilidad *f*; **avoir la ~ de ...** tener la bondad de ...
**bonus** [bɔnys] *nm inv* (*Assurance*) descuento en la prima por poca siniestralidad
**bonze** [bɔ̃z] *nm* bonzo
**boomerang** [bumʀɑ̃g] *nm* bumerang *m*
**booster** [buste] (*fam*) *vt* estimular; **~ les ventes** estimular las ventas

**boots** [buts] *nmpl* botas *fpl*
**borborygme** [bɔʀbɔʀigm] *nm* borborigmo
**bord** [bɔʀ] *nm* (*de table, verre, falaise*) borde *m*; (*de lac, route*) orilla, borde; (*de vêtement*) ribete *m*; (*de chapeau*) ala; (*Naut*) : **à ~** a bordo; **monter à ~** subir a bordo; **jeter par-dessus ~** arrojar por la borda; **le commandant/les hommes du ~** el comandante/los hombres de a bordo; **du même ~** (*fig*) de la misma opinión; **au ~ de la mer/de la route** a orillas del mar/de la carretera; **être au ~ des larmes** estar a punto de llorar; **être au ~ de la crise de nerfs** estar al borde de un ataque de nervios; **sur les bords** (*fam* : *fig*) un poco, ligeramente; **de tous bords** de todas clases; **le ~ du trottoir** el bordillo
**bordages** [bɔʀdaʒ] *nmpl* (*Naut*) borda, tablazón *m*
**bordeaux** [bɔʀdo] *nm inv* (*vin*) burdeos *m inv* ▶ *adj inv* (*couleur*) burdeos *inv*, rojo violáceo *inv*
**bordée** [bɔʀde] *nf* (*salve*) andanada; **tirer une ~** (*fig*) correrse una juerga; **une ~ d'injures** una sarta de injurias
**bordel** [bɔʀdɛl] (*fam*) *nm* burdel *m*; (*fig*) follón *m*; **mettre le ~** (*dans une chambre*) crear un desbarajuste; (*dans un lieu public*) montar un follón ▶ *excl* ¡joder! (*fam !*)
**bordelais, e** [bɔʀdəlɛ, ɛz] *adj* bordelés(-esa) ▶ *nm/f* : **Bordelais, e** bordelés(-esa)
**bordélique** [bɔʀdelik] (*fam*) *adj* desordenado(-a)
**border** [bɔʀde] *vt* (*être le long de*) orillar, bordear; (*personne, lit*) arropar; **~ qch de** (*garnir*) ribetear algo de
**bordereau, x** [bɔʀdəʀo] *nm* (*formulaire*) impreso; (*relevé*) lista; (*facture*) factura
**bordure** [bɔʀdyʀ] *nf* borde *m*; (*sur un vêtement*) ribete *m*; **en ~ de** a orillas de; **~ de trottoir** bordillo
**boréal, e** *ou* **aux** [bɔʀeal, o] *adj* boreal
**borgne** [bɔʀɲ] *adj* tuerto(-a); (*fenêtre*) tragaluz *m*; **hôtel ~** hotel *m* de mala fama
**bornage** [bɔʀnaʒ] *nm* deslinde *m*
**borne** [bɔʀn] *nf* (*pour délimiter, kilométrique*) mojón *m*; **bornes** *nfpl* (*fig*) límites *mpl*; **dépasser les bornes** pasarse de la raya; **sans ~(s)** sin límites
**borné, e** [bɔʀne] *adj* limitado(-a); (*personne*) corto(-a) (de luces)
**Bornéo** [bɔʀneo] *nm* Borneo
**borner** [bɔʀne] *vt* (*horizon, aussi fig*) limitar; (*terrain*) acotar; **se ~ à faire** limitarse a hacer
**bosniaque** [bɔznjak] *adj* bosnio(-a) ▶ *nmf* : **Bosniaque** bosnio(-a)
**Bosnie-Herzégovine** [bɔsniɛʀzegɔvin] *nf* Bosnia-Herzegovina
**Bosphore** [bɔsfɔʀ] *nm* Bósforo
**bosquet** [bɔskɛ] *nm* bosquecillo
**bosse** [bɔs] *nf* (*de terrain*) montículo; (*sur un objet*) protuberancia; (*enflure*) bulto; (*du bossu*,

**bosseler – bouffi**

*du chameau*) joroba; **avoir la ~ des maths** (*fam*) ser un hacha en matemáticas; **rouler sa ~** (*fam*) ver mundo
**bosseler** [bɔsle] *vt* (*ouvrer*) repujar; (*abîmer*) abollar
**bosser** [bɔse] (*fam*) *vt* (*étudier*) empollar; (*travailler*) currar
**bosseur, -euse** [bɔsœR, øz] (*fam*) *nm/f* currante *mf*
**bossu, e** [bɔsy] *adj*, *nm/f* jorobado(-a)
**bot** [bo] *adj m* : **pied ~** pie *m* zopo
**botanique** [bɔtanik] *nf* botánica ▸ *adj* botánico(-a)
**botaniste** [bɔtanist] *nmf* botánico(-a)
**Botswana** [bɔtswana] *nm* Botswana
**botte** [bɔt] *nf* (*chaussure*) bota; (*de carottes*) manojo; (*Escrime*) estocada; **~ de paille** haz *m* de paja; **~ d'asperges/de radis** manojo de espárragos/rábanos; **bottes de caoutchouc** botas *fpl* de goma
**botter** [bɔte] *vt* (*chausser de bottes*) poner las botas a; (*ballon, balle*) patear; **ça me botte** (*fam*) eso me chifla ▸ *vi* (*Rugby*) patear
**bottier** [bɔtje] *nm* zapatero(-a) a la medida
**bottillon** [bɔtijɔ̃] *nm* botín *m*
**bottin** [bɔtɛ̃] *nm* guía telefónica
**bottine** [bɔtin] *nf* botina
**botulisme** [bɔtylism] *nm* botulismo
**bouc** [buk] *nm* (*animal*) macho cabrío; (*barbe*) perilla; **~ émissaire** chivo expiatorio
**boucan** [bukɑ̃] (*fam*) *nm* jaleo
**bouche** [buʃ] *nf* boca; **les bouches inutiles** los holgazanes; **une ~ à nourrir** una boca que mantener; **de ~ à oreille** confidencialmente; **pour la bonne ~** para el final; **faire du ~(-)à(-)~ à qn** hacer el boca a boca a algn; **faire venir l'eau à la ~** hacérsele a algn la boca agua; « **~ cousue !** » « ¡punto en boca! »; **~ d'aération** respiradero; **~ de chaleur** entrada de aire caliente; **~ d'égout** sumidero, alcantarilla; **~ de métro/d'incendie** boca de metro/de incendios
**bouché, e** [buʃe] *adj* (*flacon*) tapado(-a); (*tuyau, égout*) atascado(-a); (*cidre*) espumoso(-a); (*temps, ciel*) encapotado(-a); (*fig* : *secteur, avenir*) sin salida(-a); (*trompette*) con sordina; **avoir le nez ~** tener la nariz tapada; **t'es ~ ou quoi ?** (*fam*) ¿tú eres sordo o qué?
**bouchée** [buʃe] *nf* bocado; **ne faire qu'une ~ de qn** hacer picadillo a algn; **pour une ~ de pain** por una bicoca; **~ à la reine** pastel de hojaldre de pollo
**boucher** [buʃe] *nm* carnicero ▸ *vt* (*mettre un bouchon*) taponar; (*colmater*) rellenar; (*passage*) cerrar; (*porte*) obstruir; **se boucher** *vpr* (*tuyau*) taponarse; **se ~ le nez** taparse la nariz
**bouchère** [buʃɛR] *nf* carnicera
**boucherie** [buʃRi] *nf* (*aussi fig*) carnicería
**bouche-trou** [buʃtRu] (*pl* **bouche-trous**) *nm* comodín *m*

**bouchon** [buʃɔ̃] *nm* (*en liège*) corcho; (*autre matière*) tapón *m*; (*embouteillage*) atasco; (*Pêche*) flotador *m*; **~ doseur** tapón dosificador; **~ verseur** pico
**bouchonner** [buʃɔne] *vt* (*frotter*) restregar; (*fam* : *caresser*) acariciar ▸ *vi* : **ça commence à ~** se ha formado un atasco
**bouchot** [buʃo] *nm* vivero para mariscos
**bouclage** [buklaʒ] *nm* (*d'un quartier*) acordonamiento; (*d'un journal*) cierre *m*
**boucle** [bukl] *nf* (*de cheveux*) rizo; (*de ceinture*) hebilla; (*d'un fleuve*) meandro; (*Inform*) bucle *m*; **en ~** (*écouter, passer*) en continuo; **~ (de cheveux)** bucle; **boucles d'oreilles** pendientes *mpl*, aretes *mpl* (*surtout AM*)
**bouclé, e** [bukle] *adj* (*cheveux*) rizado(-a)
**boucler** [bukle] *vt* (*ceinture*) abrochar; (*valise, magasin, circuit*) cerrar; (*affaire*) concluir; (*budget*) equilibrar; (*fam* : *enfermer*) encerrar; (: *mettre en prison*) meter en chirona; (*quartier*) acordonar; **~ la boucle** (*Aviat, fig*) rizar el rizo; **arriver à ~ ses fins de mois** llegar a fin de mes ▸ *vi* : **faire ~** rizar
**bouclette** [buklɛt] *nf* tirabuzón *m*
**bouclier** [buklije] *nm* escudo; **~ fiscal** *disposición fiscal que limita la imposición máxima de los contribuyentes por muy altos que sean sus ingresos*
**bouddha** [buda] *nm* buda *m*
**bouddhisme** [budism] *nm* budismo
**bouddhiste** [budist] *nmf* budista *mf*
**bouder** [bude] *vi* enojarse ▸ *vt* (*suj* : *personne* : *cadeaux, chose*) poner mala cara a
**bouderie** [budRi] *nf* enojo
**boudeur, -euse** [budœR, øz] *adj* enojadizo(-a)
**boudin** [budɛ̃] *nm* (*Culin*) morcilla; (*Tech*) pestaña; **~ blanc** morcilla blanca
**boudiné, e** [budine] *adj* (*doigt*) amorcillado(-a); **~ dans** (*vêtement*) embutido(-a) en
**boudoir** [budwaR] *nm* (*salon*) tocador *m*; (*biscuit*) soletilla
**boue** [bu] *nf* barro, fango; **boues industrielles** vertidos *mpl* industriales
**bouée** [bwe] *nf* (*balise*) boya; (*de baigneur*) flotador *m*; **~ (de sauvetage)** (*aussi fig*) salvavidas *m inv*
**boueux, -euse** [bwø, øz] *adj* fangoso(-a) ▸ *nm* basurero
**bouffant, e** [bufɑ̃, ɑ̃t] *adj* bufado(-a)
**bouffarde** [bufaRd] (*fam*) *nf* pipa
**bouffe** [buf] (*fam*) *nf* (*repas*) comilona; (*nourriture*) papeo
**bouffée** [bufe] *nf* bocanada; **~ de chaleur** sofoco; **~ de fièvre** calenturón *m* breve; **~ de honte** sofoco; **~ d'orgueil** arranque *m* de orgullo
**bouffer** [bufe] *vi* (*fam*) jalar; (*Couture*) abullonar ▸ *vt* (*fam*) jalar
**bouffi, e** [bufi] *adj* hinchado(-a)

## bouffon – bourrasque

**bouffon, ne** [bufɔ̃, ɔn] *adj* bufón(-ona) ▶ *nm* bufón *m*

**bouge** [buʒ] *nm* tugurio

**bougeoir** [buʒwaʀ] *nm* palmatoria

**bougeotte** [buʒɔt] (*fam*) *nf*: **avoir la ~** ser un culo inquieto *ou* un culo de mal asiento

**bouger** [buʒe] *vi* moverse; (*changer*) alterarse; (*agir*) agitarse ▶ *vt* mover; **se bouger** *vpr* (*fam*) moverse, menearse

**bougie** [buʒi] *nf* vela; (*Auto*) bujía

**bougon, ne** [bugɔ̃, ɔn] *adj* gruñón(-ona)

**bougonner** [bugɔne] *vi* refunfuñar, gruñir

**bougre** [bugʀ] *nm* tipo; **ce ~ de ...** (*fam*) este bribón de ...

**boui-boui** [bwibwi] (*pl* **bouis-bouis**) (*fam*) *nm* cafetucho

**bouillabaisse** [bujabɛs] *nf* sopa de pescado

**bouillant, e** [bujɑ̃, ɑ̃t] *adj* hirviendo; (*fig*) ardiente; **~ de colère** *etc* lleno(-a) de cólera *etc*

**bouille** [buj] (*fam*) *nf* cara; (*sens négatif*) jeta

**bouilleur** [bujœʀ] *nm*: **~ de cru** cosechero destilador

**bouillie** [buji] *nf* gachas *fpl*; (*de bébé*) papilla; **en ~** (*fig*) en papilla

**bouillir** [bujiʀ] *vi* hervir; (*fig*) hervir, arder; **faire ~** hervir; **~ de colère/d'impatience/d'indignation** arder de ira/de impaciencia/de indignación

**bouilloire** [bujwaʀ] *nf* hervidor *m*

**bouillon** [bujɔ̃] *nm* (*Culin*) caldo; (*bulles, écume*) borbotón *m*, burbuja; **~ de culture** caldo de cultivo

**bouillonnement** [bujɔnmɑ̃] *nm* (*d'un liquide*) hervor *m*; (*des idées*) efervescencia

**bouillonner** [bujɔne] *vi* borbotear; (*fig*) arder

**bouillotte** [bujɔt] *nf* calentador *m*, bolsa de agua caliente

**boulanger, -ère** [bulɑ̃ʒe, ʒɛʀ] *nm/f* panadero(-a)

**boulangerie** [bulɑ̃ʒʀi] *nf* panadería

**boulangerie-pâtisserie** [bulɑ̃ʒʀipɑtisʀi] (*pl* **boulangeries-pâtisseries**) *nf* panadería-pastelería

**boule** [bul] *nf* bola; (*pour jouer*) bolo; **roulé en ~** hecho un ovillo; **se mettre en ~** cabrearse; **perdre la ~** (*fam*) perder la chaveta; **faire ~ de neige** (*nouvelle, information*) aumentar como una bola de nieve; **~ de gomme** gominola; **~ de neige** bola de nieve

**bouleau, x** [bulo] *nm* abedul *m*

**bouledogue** [buldɔg] *nm* buldog *m*

**bouler** [bule] *vt*: **envoyer ~ qn** mandar a algn a paseo

**boulet** [bulɛ] *nm* (*aussi*: **boulet de canon**) bala de cañón; (*de bagnard*) bola de hierro; (*charbon*) bola

**boulette** [bulɛt] *nf* (*petite boule*) bolita; (*fam*: *gaffe*) torpeza

**boulevard** [bulvaʀ] *nm* bulevar *m*

**bouleversant, e** [bulvɛʀsɑ̃, ɑ̃t] *adj* (*émouvant*) conmovedor(a)

**bouleversé, e** [bulvɛʀse] *adj* trastornado(-a), alterado(-a)

**bouleversement** [bulvɛʀsəmɑ̃] *nm* trastorno, alteración *f*

**bouleverser** [bulvɛʀse] *vt* (*papiers, objets*) revolver; (*changer, troubler*) trastornar; (*émouvoir*) emocionar

**boulier** [bulje] *nm* ábaco

**boulimie** [bulimi] *nf* bulimia

**boulimique** [bulimik] *adj* bulímico(-a)

**bouliste** [bulist] *nmf* jugador(a) de bolos

**boulocher** [bulɔʃe] *vi* formar bolas

**boulodrome** [bulɔdʀom] *nm* bolera

**boulon** [bulɔ̃] *nm* perno

**boulonner** [bulɔne] *vt* empernar

**boulot, te** [bulo, ɔt] (*fam*) *adj* rechoncho(-a) ▶ *nm* trabajo, curro

**boum** [bum] *nm* bum *m* ▶ *nf* fiesta

**bouquet** [bukɛ] *nm* (*de fleurs*) ramo, ramillete *m*; (*de persil*) manojo; (*parfum*) aroma *m*; « **c'est le ~ !** » (*fig*) « ¡es el colmo! »; **~ garni** hierbas *fpl* finas

**bouquetin** [buk(ə)tɛ̃] *nm* cabra *f* montés *inv*

**bouquin** [bukɛ̃] (*fam*) *nm* libro

**bouquiner** [bukine] (*fam*) *vi* leer

**bouquiniste** [bukinist] *nmf* librero de viejo

**bourbeux, -euse** [buʀbø, øz] *adj* cenagoso(-a)

**bourbier** [buʀbje] *nm* cenagal *m*

**bourde** [buʀd] *nf* (*erreur*) fallo; (*gaffe*) metedura de pata

**bourdon** [buʀdɔ̃] *nm* abejorro; **avoir le ~** (*fam*) tener morriña

**bourdonnement** [buʀdɔnmɑ̃] *nm* zumbido; **avoir des bourdonnements d'oreilles** tener zumbidos en los oídos

**bourdonner** [buʀdɔne] *vi* zumbar

**bourg** [buʀ] *nm* burgo

**bourgade** [buʀgad] *nf* aldea

**bourgeois, e** [buʀʒwa, waz] *adj* (*souvent péj*) burgués(-esa); (*maison etc*) acomodado(-a) ▶ *nm/f* burgués(-esa)

**bourgeoisie** [buʀʒwazi] *nf* burguesía; **petite ~** pequeña burguesía

**bourgeon** [buʀʒɔ̃] *nm* brote *m*, yema

**bourgeonner** [buʀʒɔne] *vi* brotar

**bourgmestre** [buʀgmɛstʀ] *nm* burgomaestre *m*

**Bourgogne** [buʀgɔɲ] *nf* Borgoña ▶ *nm*: **bourgogne** (*vin*) vino de borgoña

**bourguignon, ne** [buʀgiɲɔ̃, ɔn] *adj* borgoñón(-ona); (**bœuf**) **~** *guiso de buey al vino tinto* ▶ *nm/f*: **Bourguignon, ne** borgoñón(-ona)

**bourlinguer** [buʀlɛ̃ge] *vi* correr mundo

**bourrade** [buʀad] *nf* empellón *m*

**bourrage** [buʀaʒ] *nm* (*papier*) relleno; **~ de crâne** lavado de cerebro; (*Scol*) empolle *m*

**bourrasque** [buʀask] *nf* borrasca

## bourratif – braguette

**bourratif, -ive** [buʀatif, iv] *adj* pesado(-a)
**bourre** [buʀ] *nf* (*de coussin, matelas*) borra; **être à la ~** (*fam*) ir mal de tiempo
**bourré, e** [buʀe] *adj* (*fam*) trompa *inv*; **~ de** (*rempli*) cargado(-a) de
**bourreau** [buʀo] *nm* (*aussi fig*) verdugo; **~ de travail** fiera para el trabajo
**bourreler** [buʀle] *vt* : **être bourrelé de remords** estar torturado por los remordimientos
**bourrelet** [buʀlɛ] *nm* (*isolant*) burlete *m*; (*de peau*) papada
**bourrer** [buʀe] *vt* (*pipe*) cargar; (*valise, poêle*) rellenar; **~ de** (*de nourriture*) atiborrar de; **~ qn de coups** moler a golpes a algn; **~ le crâne à qn** calentar la cabeza a algn; (*endoctriner*) lavar el cerebro a algn
**bourrichon** [buʀiʃɔ̃] (*fam*) *nm* : **se monter le ~** hacerse ilusiones
**bourricot** [buʀiko] *nm* borriquillo
**bourrique** [buʀik] *nf* borrico
**bourru, e** [buʀy] *adj* rudo(-a)
**bourse** [buʀs] *nf* (*subvention*) beca; (*porte-monnaie*) bolsa; **la B~** la Bolsa; **sans ~ délier** sin soltar un céntimo; **B~ du travail** bolsa del trabajo; **bourses** *nfpl* (*Anat*) bolsas *fpl*
**boursicoter** [buʀsikɔte] *vi* jugar flojo a la Bolsa
**boursier, -ière** [buʀsje, jɛʀ] *adj* (*élève*) becario(-a); (*Comm*) bursátil ▶ *nm/f* becario(-a)
**boursouflé, e** [buʀsufle] *adj* (*visage*) abotargado(-a); (*style*) ampuloso(-a)
**boursoufler** [buʀsufle] *vt* hinchar; **se boursoufler** *vpr* (*visage*) abotargarse; (*peinture*) ampollarse
**boursouflure** [buʀsuflyʀ] *nf* (*du visage*) abotargamiento; (*de la peinture*) ampolla; (*du style*) ampulosidad *f*
**bous** [bu] *vb voir* **bouillir**
**bousculade** [buskylad] *nf* (*mouvements de foule*) aglomeración *f*; (*précipitation*) ajetreo, prisa
**bousculer** [buskyle] *vt* empujar; (*presser*) meter prisa a; **se bousculer** *vpr* empujarse; (*idées*) agolparse
**bouse** [buz] *nf* : **~ (de vache)** boñiga (de vaca)
**bousiller** [buzije] (*fam*) *vt* hacer polvo
**boussole** [busɔl] *nf* brújula
**bout** [bu] *vb voir* **bouillir** ▶ *nm* (*morceau*) trozo; (*extrémité*) punta; (*de table*) extremo; (*fin, rue*) final *m*; **au ~ de** (*après*) al cabo de, al final de; **au ~ du compte** a fin de cuentas; **être à ~** no poder más; **pousser qn à ~** poner a algn al límite; **venir à ~ de qch** terminar algo; **venir à ~ de qn** poder con algn; **~ à ~** uno tras otro; **à tout ~ de champ** a cada paso; **d'un ~ à l'autre, de ~ en ~** de cabo a rabo; **à ~ portant** a quemarropa; **un ~ de chou** (*enfant*) un angelito; **~ filtre** emboquillado
**boutade** [butad] *nf* ocurrencia
**boute-en-train** [butɑ̃tʀɛ̃] *nm inv* animador(a)
**bouteille** [butɛj] *nf* botella; (*de gaz*) bombona; **prendre de la ~** (*fam*) envejecer
**boutique** [butik] *nf* tienda; (*de mode, de grand couturier*) tienda, boutique *f*
**boutoir** [butwaʀ] *nm* : **coup de ~** golpe *m* violento; (*fig*) puñalada
**bouton** [butɔ̃] *nm* botón *m*; (*sur la peau*) grano; (*de porte*) pomo; **~ de manchette** gemelo; **~ d'or** (*Bot*) botón de oro
**boutonnage** [butɔnaʒ] *nm* abotonamiento
**boutonner** [butɔne] *vt* abotonar; **se boutonner** *vpr* abotonarse
**boutonneux, -euse** [butɔnø, øz] *adj* lleno(-a) de granos
**boutonnière** [butɔnjɛʀ] *nf* ojal *m*
**bouton-poussoir** [butɔ̃puswaʀ] (*pl* **boutons-poussoirs**) *nm* pulsador *m*
**bouton-pression** [butɔ̃pʀesjɔ̃] (*pl* **boutons-pressions**) *nm* automático
**bouture** [butyʀ] *nf* esqueje *m*; **faire des boutures** desquejar
**bouvreuil** [buvʀœj] *nm* pardillo
**bovidé** [bɔvide] *nm* (*gén pl*) bóvido
**bovin, e** [bɔvɛ̃, in] *adj* (*aussi fig*) bovino(-a); **bovins** *nmpl* ganado *msg* bovino
**bowling** [bulin] *nm* juego de bolos; (*salle*) bolera
**box** [bɔks] *nm* (*de garage*) plaza de garaje; (*de salle, dortoir*) compartimento; (*d'écurie*) box *m*; (*aussi* : **box-calf**) box-calf *f*; **le ~ des accusés** el banquillo de los acusados
**box-calf** [bɔkskalf] *nm inv* box-calf *f*
**boxe** [bɔks] *nf* boxeo, box *m* (*Am*)
**boxer** [bɔkse] *vi* boxear ▶ *nm* [bɔksɛʀ] (*chien*) bóxer *m*
**boxeur, -euse** [bɔksœʀ, øz] *nm/f* boxeador(a)
**boyau, x** [bwajo] *nm* (*corde de raquette*) cuerda de tripa; (*galerie*) pasadizo; (*pneu de bicyclette*) tubular *m*; **boyaux** *nmpl* (*viscères*) tripas *fpl*
**boycottage** [bɔjkɔtaʒ] *nm* boicoteo
**boycotter** [bɔjkɔte] *vt* boicotear
**BP** [bepe] *sigle f* (= *boîte postale*) Apdo. (= *Apartado de correos*), C.P. *f* (*Am*) (= *Casilla Postal*)
**brabançon, ne** [bʀabɑ̃sɔ̃, ɔn] *adj* brabanzón(-ona) ▶ *nm/f* : **Brabançon, ne** brabanzón(-ona)
**bracelet** [bʀaslɛ] *nm* pulsera
**bracelet-montre** [bʀaslɛmɔ̃tʀ] (*pl* **bracelets-montres**) *nm* reloj *m* de pulsera
**braconnage** [bʀakɔnaʒ] *nm* caza/pesca furtiva
**braconner** [bʀakɔne] *vt* cazar/pescar furtivamente
**braconnier, -ière** [bʀakɔnje, jɛʀ] *nm/f* cazador(a)/pescador(a) furtivo(-a)
**brader** [bʀade] *vt* vender a precio de saldo
**braderie** [bʀadʀi] *nf* (*marché*) mercadillo
**braguette** [bʀagɛt] *nf* bragueta

## braillard – breuvage

**braillard, e** [bʀajaʀ, aʀd] *adj* gritón(-ona), chillón(-ona)
**braille** [bʀaj] *nm* braille *m*
**braillement** [bʀajmɑ̃] *nm* grito, chillido
**brailler** [bʀaje] *vi, vt* gritar, chillar
**braire** [bʀɛʀ] *vi* rebuznar
**braise** [bʀɛz] *nf* brasas *fpl*
**braiser** [bʀɛze] *vt* estofar; **bœuf braisé** carne *f* de vaca estofada
**bramer** [bʀame] *vi* bramar; (*fig*) lamentarse
**brancard** [bʀɑ̃kaʀ] *nm* (*civière*) camilla; (*bras, perche*) varal *m*
**brancardier, -ière** [bʀɑ̃kaʀdje, jɛʀ] *nm/f* camillero(-a)
**branchages** [bʀɑ̃ʃaʒ] *nmpl* ramajes *mpl*
**branche** [bʀɑ̃ʃ] *nf* rama; (*de lunettes*) patilla
**branché, e** [bʀɑ̃ʃe] *adj* (*personne*) a la última; (*boîte de nuit*) de moda; **un mec ~** un chico que va a la última
**branchement** [bʀɑ̃ʃmɑ̃] *nm* empalme *m*
**brancher** [bʀɑ̃ʃe] *vt* enchufar; (*téléphone*) conectar; **~ qch/qn sur** (*fig*) orientar algo/a algn hacia
**branchies** [bʀɑ̃ʃi] *nfpl* branquias *fpl*
**brandade** [bʀɑ̃dad] *nf* bacalao a la provenzal
**brandebourgeois, e** [bʀɑ̃dəbuʀʒwa, waz] *adj* brandeburgués(-esa)
**brandir** [bʀɑ̃diʀ] *vt* (*arme*) blandir; (*document*) esgrimir
**brandon** [bʀɑ̃dɔ̃] *nm* tea
**branlant, e** [bʀɑ̃lɑ̃, ɑ̃t] *adj* oscilante
**branle** [bʀɑ̃l] *nm* : **mettre en ~** poner en movimiento; **donner le ~ à** poner en marcha
**branle-bas** [bʀɑ̃lba] *nm inv* zafarrancho
**branler** [bʀɑ̃le] *vi* moverse ▶ *vt* : **~ la tête** menear la cabeza; **se branler** *vpr* (*fam! : se masturber*) pelársela (*fam!*), hacerse una paja (*fam!*)
**braquage** [bʀakaʒ] *nm* (*fam*) atraco (a mano armada); **rayon de ~** (*Auto*) ángulo de giro
**braque** [bʀak] *nm* perro perdiguero
**braquer** [bʀake] *vi* (*Auto*) girar ▶ *vt* (*regard*) clavar; (*fam : banque*) atracar a mano armada; **~ qn** enfurecer a algn; **~ qch sur qn** (*revolver*) apuntar a algn con algo; **se braquer** *vpr* cerrarse en banda; **se ~ (contre)** rebelarse (contra)
**bras** [bʀa] *nm* brazo; **~ dessus ~ dessous** cogidos(-as) del brazo; **avoir le ~ long** tener mucha influencia; **à ~ raccourcis** a brazo partido; **à tour de ~** con toda la fuerza; **baisser les ~** tirar la toalla; **une partie de ~ de fer** (*fig*) una prueba de fuerza; **~ de levier/ de mer** brazo de palanca/de mar; **~ droit** (*fig*) brazo derecho; **~ de fer** brazo de hierro ▶ *nmpl* (*travailleurs*) brazos *mpl*
**brasero** [bʀazeʀo] *nm* brasero
**brasier** [bʀazje] *nm* (*aussi fig*) hoguera
**Brasilia** [bʀazilja] *n* Brasilia

**bras-le-corps** [bʀalkɔʀ] *adv* : **à ~** por la cintura
**brassage** [bʀasaʒ] *nm* (*de la bière*) elaboración *f*; (*fig*) mezcla
**brassard** [bʀasaʀ] *nm* brazalete *m*
**brasse** [bʀas] *nf* braza; **~ papillon** braza mariposa
**brassée** [bʀase] *nf* brazada
**brasser** [bʀase] *vt* (*bière*) fabricar; (*remuer*) mezclar; **~ de l'argent/des affaires** manejar dinero/negocios
**brasserie** [bʀasʀi] *nf* (*restaurant*) cervecería; (*usine*) fábrica de cerveza
**brasseur** [bʀasœʀ] *nm* (*de bière*) cervecero; **~ d'affaires** hombre *m* de negocios
**brassière** [bʀasjɛʀ] *nf* (*de bébé*) camisita; (*de sauvetage*) chaleco
**bravache** [bʀavaʃ] *nmf* fanfarrón(-ona)
**bravade** [bʀavad] *nf* : **par ~** por fanfarronería
**brave** [bʀav] *adj* valiente; (*bon, gentil*) bueno(-a); **c'est une ~ femme** es una buena mujer
**bravement** [bʀavmɑ̃] *adv* valientemente; (*résolument*) decididamente
**braver** [bʀave] *vt* (*ordre*) desafiar; (*danger*) afrontar
**bravo** [bʀavo] *excl, nm* bravo
**bravoure** [bʀavuʀ] *nf* bravura
**break** [bʀɛk] *nm* (*Auto*) ranchera
**brebis** [bʀəbi] *nf* oveja; **~ galeuse** oveja negra
**brèche** [bʀɛʃ] *nf* brecha; **être sur la ~** (*fig*) estar en la brecha; **battre en ~** batir en brecha
**bredouille** [bʀəduj] *adj* : **revenir ~** volver con las manos vacías
**bredouiller** [bʀəduje] *vi, vt* farfullar
**bref, brève** [bʀɛf, bʀɛv] *adj* breve; **d'un ton ~** con un tono tajante; **à ~ délai** en breve plazo; **en ~** en resumen ▶ *adv* total
**brelan** [bʀəlɑ̃] *nm* : **un ~** un trío; **un ~ d'as** un trío de ases
**breloque** [bʀəlɔk] *nf* dije *m*
**brème** [bʀɛm] *nf* brema
**Brésil** [bʀezil] *nm* Brasil *m*
**brésilien, ne** [bʀeziljɛ̃, jɛn] *adj* brasileño(-a) ▶ *nm/f* : **Brésilien, ne** brasileño(-a)
**bressan, e** [bʀesɑ̃, an] *adj* de la Bresse ▶ *nm/f* : **Bressan, e** nativo(-a) *ou* habitante *mf* de la Bresse
**Bretagne** [bʀətaɲ] *nf* Bretaña
**bretelle** [bʀətɛl] *nf* (*de fusil*) correa; (*de vêtement*) tirante *m*; (*d'autoroute*) enlace *m*; **~ de contournement** carretera de circunvalación; **~ de raccordement** carretera *ou* vía de acceso; **bretelles** *nfpl* (*pour pantalons*) tirantes *mpl*, suspensores *mpl* (*Am*)
**breton, ne** [bʀətɔ̃, ɔn] *adj* bretón(-ona) ▶ *nm* (*Ling*) bretón *m* ▶ *nm/f* : **Breton, ne** bretón(-ona)
**breuvage** [bʀœvaʒ] *nm* brebaje *m*

**brève** [bʀɛv] *adj f voir* **bref** ▶ *nf (nouvelle)* breve *f*; **(voyelle)** ~ vocal *f* breve
**brevet** [bʀəve] *nm* certificado; ~ **(d'invention)** patente *f*; ~ **d'apprentissage** certificado de idoneidad; ~ **(des collèges)** ≈ Graduado Escolar; ~ **d'études du premier cycle** bachillerato elemental
**breveté, e** [bʀəv(ə)te] *adj (invention)* patentado(-a); *(diplômé)* cualificado(-a)
**breveter** [bʀəv(ə)te] *vt* patentar
**bréviaire** [bʀevjɛʀ] *nm* breviario
**briard, e** [bʀijaʀ, aʀd] *adj* de Brie ▶ *nm/f*: **Briard, e** nativo(-a) *ou* habitante *mf* de Brie ▶ *nm (chien)* mastín *m*
**bribe** [bʀib] *nf*: **bribes de conversation** fragmentos *mpl ou* retazos *mpl* de conversación
**bribes** [bʀib] *nfpl (de conversation)* fragmentos *mpl*; **par** ~ por retazos
**bric** [bʀik] *adv*: **un ameublement de** ~ **et de broc** muebles *mpl* de aquí y de allí
**bric-à-brac** [bʀikabʀak] *nm inv* baratillo
**bricolage** [bʀikɔlaʒ] *nm* bricolaje *m*; *(péj)* chapuza
**bricole** [bʀikɔl] *nf (babiole)* menudencia; *(chose insignifiante)* nadería; *(petit travail)* chapuza
**bricoler** [bʀikɔle] *vi* hacer chapuzas; *(passe-temps)* hacer bricolaje ▶ *vt (réparer)* arreglar; *(mal réparer)* hacer una chapuza con; *(trafiquer)* amañar
**bricoleur, -euse** [bʀikɔlœʀ, øz] *nm/f* mañoso(-a), manitas *mf inv* ▶ *adj* mañoso(-a)
**bridage** [bʀidaʒ] *nm (Auto)* limitación *f (de la potencia o velocidad de un motor)*
**bride** [bʀid] *nf* brida; *(d'un bonnet)* cinta; **à** ~ **abattue** a rienda suelta; **tenir en** ~ sujetar; **lâcher la** ~ **à**, **laisser la** ~ **sur le cou à** dar rienda suelta a
**bridé, e** [bʀide] *adj*: **yeux bridés** ojos *mpl* oblicuos
**brider** [bʀide] *vt (réprimer)* sujetar; *(cheval)* embridar; *(Culin)* atar
**bridge** [bʀidʒ] *nm (jeu)* bridge *m*; *(dentaire)* puente *m*
**bridger** [bʀidʒe] *vi* jugar al bridge
**brie** [bʀi] *nm* queso de Brie
**briefer** [bʀife] *vt* poner al tanto, informar
**brièvement** [bʀijɛvmã] *adv* brevemente
**brièveté** [bʀijɛvte] *nf* brevedad *f*
**brigade** [bʀigad] *nf (gén)* cuadrilla; *(Police, Mil)* brigada
**brigadier, -ière** [bʀigadje, jɛʀ] *nm/f (Mil)* cabo *mf*; *(Police)* jefe(-a)
**brigadier-chef** [bʀigadjeʃɛf] *(pl* **brigadiers-chefs***) nm* cabo *m* primera *inv*
**brigand** [bʀigã] *nm* salteador *m*, bandolero
**brigandage** [bʀigãdaʒ] *nm* bandolerismo
**briguer** [bʀige] *vt (poste)* pretender; *(suffrages)* solicitar

**brillamment** [bʀijamã] *adv* estupendamente
**brillant, e** [bʀijã, ãt] *adj* brillante; *(luisant)* reluciente ▶ *nm* brillante *m*
**briller** [bʀije] *vi (aussi fig)* brillar
**brimade** [bʀimad] *nf (vexation)* incordio
**brimbaler** [bʀɛ̃bale] *vb* = **bringuebaler**
**brimer** [bʀime] *vt* incordiar
**brin** [bʀɛ̃] *nm* hebra; **un** ~ **de** *(fig)* una pizca de; **un** ~ **mystérieux** *etc (fam)* un poquito misterioso *etc*; ~ **d'herbe** brizna de hierba; ~ **de muguet** ramita de muguete; ~ **de paille** brizna de paja
**brindille** [bʀɛ̃dij] *nf* ramita
**bringue** [bʀɛ̃g] *(fam) nf*: **faire la** ~ irse de juerga, ir de farra *(AM fam)*
**bringuebaler** [bʀɛ̃g(ə)bale] *vi* bambolearse ▶ *vt* bambolear
**brio** [bʀijo] *nm* brío; **avec** ~ con brío
**brioche** [bʀijɔʃ] *nf* bollo, queque *m (AM)*; *(fam: ventre)* barriga
**brioché, e** [bʀijɔʃe] *adj* que tiene la consistencia o el sabor de un bollo
**brique** [bʀik] *nf* ladrillo ▶ *adj inv (couleur)* de color teja
**briquer** [bʀike] *(fam) vt* frotar
**briquet** [bʀikɛ] *nm* mechero, encendedor *m*
**briqueterie** [bʀik(ə)tʀi] *nf* fábrica de ladrillos
**bris** [bʀi] *nm*: ~ **de clôture** *(Jur)* allanamiento; ~ **de glaces** *(Auto)* rotura de cristales
**brisant** [bʀizã] *nm (rocher)* rompiente *m*; *(vague)* rompeolas *m inv*
**brise** [bʀiz] *nf* brisa
**brisé, e** [bʀize] *adj* quebrado(-a); **d'une voix brisée** con voz quebrada; ~ **(de fatigue)** molido(-a); **pâte brisée** pasta quebrada
**brisées** [bʀize] *nfpl*: **aller** *ou* **marcher sur les** ~ **de qn** pisar el terreno a algn; **suivre les** ~ **de qn** seguir las huellas de algn
**brise-glace** *nm*, **brise-glaces** *nm inv* [bʀizglas] *(pl* **brise-glaces***)* rompehielos *m inv*
**brise-jet** [bʀizʒɛ] *nm* tubo amortiguador
**brise-lames** [bʀizlam] *nm inv* rompeolas *m inv*
**briser** [bʀize] *vt (casser)* romper; *(fig)* arruinar, destrozar; *(volonté)* quebrantar; *(grève)* romper; *(résistance)* vencer; *(personne)* destrozar; *(fatiguer)* moler; **se briser** *vpr* romperse; *(fig)* venirse abajo
**brise-tout** [bʀiztu] *nm inv* destrozón *m*
**briseur, -euse** [bʀizœʀ, øz] *nm/f*: ~ **de grève** esquirol *mf*
**brise-vent** [bʀizvã] *(pl* ~**(s)***) nm* abrigaño
**bristol** [bʀistɔl] *nm (carte de visite)* tarjeta de visita
**britannique** [bʀitanik] *adj* británico(-a) ▶ *nmf*: **Britannique** británico(-a); **les Britanniques** los británicos
**broc** [bʀo] *nm* jarra
**brocante** [bʀɔkãt] *nf (marché)* baratillo; *(commerce)* chamarileo

**brocanteur, -euse** [bʀɔkɑ̃tœʀ, øz] *nm/f* chamarilero(-a)
**brocart** [bʀɔkaʀ] *nm* brocado
**broche** [bʀɔʃ] *nf* (*bijou*) broche *m*; (*Culin*) espetón *m*; (*fiche*) clavija; (*Méd*) alambre *m*; **à la ~** (*Culin*) al asador
**broché, e** [bʀɔʃe] *adj* (*livre*) en rústica; (*tissu*) brochado(-a), briscado(-a)
**brochet** [bʀɔʃɛ] *nm* lucio
**brochette** [bʀɔʃɛt] *nf* pincho, brocheta
**brochure** [bʀɔʃyʀ] *nf* folleto
**brocoli** [bʀɔkɔli] *nm* brécol *m*
**brodequins** [bʀɔdkɛ̃] *nmpl* borceguíes *mpl*
**broder** [bʀɔde] *vt* bordar ▶ *vi*: **~ (sur des faits/une histoire)** adornar (hechos/una historia)
**broderie** [bʀɔdʀi] *nf* bordado
**bromure** [bʀɔmyʀ] *nm* bromuro
**broncher** [bʀɔ̃ʃe] *vi*: **sans ~** sin protestar
**bronches** [bʀɔ̃ʃ] *nfpl* bronquios *mpl*
**bronchite** [bʀɔ̃ʃit] *nf* bronquitis *f inv*
**bronchodilatateur** [bʀɔ̃kodilatatœʀ] *nm* broncodilatador *m*
**broncho-pneumonie** [bʀɔ̃kopnømɔni] (*pl* **broncho-pneumonies**) *nf* bronconeumonía
**bronzage** [bʀɔ̃zaʒ] *nm* bronceado
**bronze** [bʀɔ̃z] *nm* bronce *m*
**bronzé, e** [bʀɔ̃ze] *adj* bronceado(-a)
**bronzer** [bʀɔ̃ze] *vt* (*peau*) broncear; (*métal*) pavonar ▶ *vi* broncearse; **se bronzer** *vpr* broncearse
**brosse** [bʀɔs] *nf* cepillo, escobilla (*AM*); **donner un coup de ~ à qch** cepillar algo; **coiffé en ~** peinado al cepillo; **~ à cheveux** cepillo para el pelo; **~ à dents/à habits** cepillo de dientes/de (la) ropa
**brosser** [bʀɔse] *vt* (*nettoyer*) cepillar; (*fig*) bosquejar; **se brosser** *vpr* cepillarse; **se ~ les dents** cepillarse los dientes; « **tu peux te ~ !** » (*fam*) « ¡espérate sentado! »
**brou de noix** [bʀud(ə)nwa] *nm* (*pour bois*) nogalina; (*liqueur*) licor *m* de nuez
**brouette** [bʀuɛt] *nf* carretilla
**brouhaha** [bʀuaa] *nm* alboroto
**brouillage** [bʀujaʒ] *nm* interferencia
**brouillard** [bʀujaʀ] *nm* niebla; **être dans le ~** (*fig*) no enterarse
**brouille** [bʀuj] *nf* desavenencia
**brouillé, e** [bʀuje] *adj*: **il est ~ avec ses parents** está reñido con sus padres; (*teint*) alterado(-a)
**brouiller** [bʀuje] *vt* mezclar; (*embrouiller*) embarullar, enredar; (*Radio*) interferir; (*rendre trouble, confus*) enturbiar; (*amis*) enemistar; **~ les pistes** (*fig*) borrar el rastro; **se brouiller** *vpr* (*ciel, temps*) cubrirse, nublarse; (*vue*) nublarse; (*détails*) confundirse; **se ~ (avec)** enfadarse (con)
**brouillon, ne** [bʀujɔ̃, ɔn] *adj* desordenado(-a) ▶ *nm* (*écrit*) borrador *m*, copia en sucio; **cahier de ~** cuaderno para trabajos en sucio

**broussailles** [bʀusaj] *nfpl* maleza *fsg*
**broussailleux, -euse** [bʀusajø, øz] *adj* (*sourcils*) enmarañado(-a); (*terrain*) cubierto(-a) de maleza
**brousse** [bʀus] *nf* monte *m* bajo
**brouter** [bʀute] *vt* pacer ▶ *vi* vibrar
**broutille** [bʀutij] *nf* fruslería
**broyer** [bʀwaje] *vt* triturar; **~ du noir** verlo todo negro
**bru** [bʀy] *nf* nuera
**brugnon** [bʀynɔ̃] *nm* griñón *m*
**bruine** [bʀɥin] *nf* llovizna, garúa (*AM*)
**bruiner** [bʀɥine] *vi*: **il bruine** llovizna
**bruire** [bʀɥiʀ] *vi* (*eau*) murmurar; (*feuilles, étoffe*) crujir
**bruissement** [bʀɥismɑ̃] *nm* (*eau*) murmullo; (*feuilles, étoffe*) crujido
**bruit** [bʀɥi] *nm* ruido; (*rumeur*) rumor *m*; **pas/trop de ~** nada/demasiado ruido; **sans ~** sin ruido; **faire du ~** hacer ruido; **faire grand ~ de** hablar mucho de; **le ~ court que** corre el rumor de que...; **~ de fond** ruido de fondo
**bruitage** [bʀɥitaʒ] *nm* efectos *mpl* sonoros
**bruiter** [bʀɥite] *vt* (*film*) producir efectos sonoros para
**bruiteur** [bʀɥitœʀ] *nm* especialista *mf* en efectos sonoros
**brûlant, e** [bʀylɑ̃, ɑ̃t] *adj* ardiente; (*liquide*) hirviendo; (*fiévreux*) caliente; (*sujet*) candente
**brûlé, e** [bʀyle] *adj* quemado(-a) ▶ *nm*: **odeur de ~** olor *m* a quemado; **les grands brûlés** los grandes quemados
**brûle-pourpoint** [bʀylpuʀpwɛ̃] *adv*: **à ~** a quemarropa
**brûler** [bʀyle] *vt* quemar; (*consumer, consommer*) consumir; (*suj: eau bouillante*) escaldar; (*enfiévrer*) arder; (*feu rouge*) saltarse; **~ les étapes** quemar etapas ▶ *vi* (*se consumer*) consumirse; (*feu*) arder; (*lampe, bougie*) lucir; (*être brûlant, ardent*) estar caliente; (*jeu*): **tu brûles** caliente-caliente; **~ (d'impatience) de faire qch** consumirse (de impaciencia) por hacer algo; **se brûler** *vpr* (*accidentellement*) quemarse; **se ~ la cervelle** pegarse un tiro
**brûleur** [bʀylœʀ] *nm* (*Tech*) quemador *m*
**brûlot** [bʀylo] *nm* (*Culin*) aguardiente destilado con azúcar
**brûlure** [bʀylyʀ] *nf* (*lésion*) quemadura; (*sensation*) ardor *m*; **brûlures d'estomac** ardores *mpl* de estómago
**brume** [bʀym] *nf* bruma
**brumeux, -euse** [bʀymø, øz] *adj* brumoso(-a); (*fig*) confuso(-a)
**brumisateur** [bʀymizatœʀ] *nm* vaporizador *m*
**brun, e** [bʀœ̃, bʀyn] *adj* moreno(-a) ▶ *nm* pardo
**brunâtre** [bʀynɑtʀ] *adj* parduzco(-a)
**brunch** [bʀœntʃ] *nm* desayuno-almuerzo
**brune** [bʀyn] *nf* anochecer *m*

**Brunei** [bʀunɛi] *nm* Brunei *m*
**brunette** [bʀynɛt] *nf* morena, morocha (*Am*), prieta (*Mex*)
**brunir** [bʀyniʀ] *vi* ponerse moreno ▶ *vt* tostar
**brushing** [bʀœʃiŋ] *nm* marcado; **faire un ~** lavar y marcar
**brusque** [bʀysk] *adj* (*soudain*) repentino(-a); (*rude*) brusco(-a)
**brusquement** [bʀyskəmã] *adv* (*soudainement*) repentinamente
**brusquer** [bʀyske] *vt* (*personne*) apremiar; (*événements, affaire*) precipitar; **ne rien ~** no precipitarse
**brusquerie** [bʀyskəʀi] *nf* brusquedad *f*
**brut, e** [bʀyt] *adj* bruto(-a); (*diamant*) en bruto ▶ *nm*: **(champagne) ~** champán *m ou* cava *m* seco; **(pétrole) ~** crudo
**brutal, e, -aux** [bʀytal, o] *adj* brutal; (*franchise*) rudo(-a)
**brutalement** [bʀytalmã] *adv* brutalmente
**brutaliser** [bʀytalize] *vt* maltratar
**brutalité** [bʀytalite] *nf* (*voir adj*) brutalidad *f*; **brutalités** *nfpl* (*violences*) malos tratos *mpl*
**brute** [bʀyt] *adj f voir* **brut** ▶ *nf* bruto
**Bruxelles** [bʀysɛl] *n* Bruselas
**bruxellois, e** [bʀysɛlwa, waz] *adj* bruselense ▶ *nm/f*: **Bruxellois, e** bruselense *mf*
**bruyamment** [bʀɥijamã] *adv* ruidosamente
**bruyant, e** [bʀɥijã, ãt] *adj* ruidoso(-a)
**bruyère** [bʀyjɛʀ] *nf* brezo
**BT** [bete] *sigle m* (= *brevet de Technicien*) ≈ título de bachillerato técnico
**BTA** [beteɑ] *sigle m* (= *brevet de technicien agricole*) ≈ título de bachillerato técnico agrícola
**BTP** [betepe] *sigle mpl* (= *Bâtiments et travaux publics*) sector de la construcción y obras públicas
**BTS** [beteɛs] *sigle m* (= *brevet de technicien supérieur*) diploma de enseñanza técnica
**BU** [bey] *sigle f* = **bibliothèque universitaire**
**bu, e** [by] *pp de* **boire**
**buanderie** [bɥɑ̃dʀi] *nf* lavadero
**Bucarest** [bykaʀɛst] *n* Bucarest
**buccal, e, -aux** [bykal, o] *adj*: **par voie buccale** por vía oral
**bûche** [byʃ] *nf* leño; **prendre une ~** (*fam*) pegarse un batacazo; **~ de Noël** bizcocho de navidad
**bûcher** [byʃe] *nm* hoguera ▶ *vi, vt* (*fam*) empollar
**bûcheron, ne** [byʃʀɔ̃, ɔn] *nm/f* leñador(a)
**bûchette** [byʃɛt] *nf* astilla
**bûcheur, -euse** [byʃœʀ, øz] (*fam*) *adj, nm/f* empollón(-ona)
**bucolique** [bykɔlik] *adj* bucólico(-a)
**Budapest** [bydapɛst] *n* Budapest
**budget** [bydʒɛ] *nm* presupuesto
**budgétaire** [bydʒetɛʀ] *adj* presupuestario(-a)
**budgéter** [bydʒete], **budgétiser** [bydʒetize] *vt* presupuestar
**budgétiser** [bydʒetize] *vt* presupuestar

**buée** [bɥe] *nf* vaho
**Buenos Aires** [bwenɔzɛʀ] *n* Buenos Aires
**buffet** [byfɛ] *nm* (*meuble*) aparador *m*; (*de réception*) buffet *m*; **~ (de gare)** cantina (de estación)
**buffle** [byfl] *nm* búfalo
**buis** [bɥi] *nm* boj *m*
**buisson** [bɥisɔ̃] *nm* matorral *m*
**buissonnière** [bɥisɔnjɛʀ] *adj f*: **faire l'école ~** hacer novillos
**bulbe** [bylb] *nm* bulbo
**bulgare** [bylgaʀ] *adj* búlgaro(-a) ▶ *nm* (*Ling*) búlgaro ▶ *nmf*: **Bulgare** búlgaro(-a)
**Bulgarie** [bylgaʀi] *nf* Bulgaria
**bulldozer** [buldozɛʀ] *nm* bul(l)dozer *m*
**bulle** [byl] *adj, nm*: **(papier) ~** papel *m* en estraza ▶ *nf* burbuja; (*de bande dessinée*) bocadillo; (*papale*) bula; **~ de savon** pompa de jabón
**bulletin** [byltɛ̃] *nm* boletín *m*; (*papier*) folleto; (*de bagages*) recibo; **~ d'informations** boletín informativo; **~ de naissance** partida de nacimiento; **~ de salaire** nómina; **~ de santé** parte médico; **~ (de vote)** papeleta; **~ météorologique** boletín *ou* parte *m* meteorológico; **~ réponse** bono de respuesta; **~ scolaire** notas *fpl*
**buraliste** [byʀalist] *nmf* (*de bureau de tabac*) estanquero(-a); (*de poste*) empleado(-a) de correos
**bure** [byʀ] *nf* sayal *m*
**bureau, x** [byʀo] *nm* (*meuble*) escritorio; (*pièce*) despacho; **~ de change/de poste** oficina de cambio/de correos; **~ d'embauche/de placement** oficina de empleo/de colocación; **~ de location** agencia de alquiler; **~ de tabac** estanco; **~ de vote** colegio electoral; **bureaux** *nmpl* (*d'une entreprise*) oficinas *fpl*
**bureaucrate** [byʀokʀat] *nm* burócrata *mf*
**bureaucratie** [byʀokʀasi] *nf* burocracia
**bureaucratique** [byʀokʀatik] *adj* burocrático(-a)
**bureautique** [byʀotik] *nf* ofimática
**burette** [byʀɛt] *nf* (*de mécanicien*) aceitera; (*de chimiste*) bureta
**burin** [byʀɛ̃] *nm* escoplo; (*Art*) buril *m*
**buriné, e** [byʀine] *adj* (*visage*) marcado(-a), ajado(-a)
**Burkina** [byʀkina] *nm* Burkina Faso
**burkinabé, e** [byʀkinabe] *adj* burkinés(-esa) ▶ *nmf*: **Burkinabé, e** burkinés(-esa)
**Burkina-Faso** [byʀkinafaso] *nm* Burkina Faso
**burlesque** [byʀlɛsk] *adj* burlesco(-a)
**burnous** [byʀnu(s)] *nm* albornoz *m*
**Burundi** [buʀundi] *nm* Burundi *m*
**bus** [(vb) by, (nm) bys] *vb voir* **boire** ▶ *nm* autobús *m*, bus *m* (*surtout Am*), camión *m* (*Mex*); (*Inform*) bus *m*
**busard** [byzaʀ] *nm* dardabasí *m*

**buse** [byz] *nf* cernícalo, gallinazo (AM), zopilote *m* (CAM, MEX)

**busqué, e** [byske] *adj* : **nez ~** nariz *f* aguileña

**buste** [byst] *nm* busto; (*de femme*) pecho

**bustier** [bystje] *nm* (*soutien-gorge*) sujetador *m* con cuerpo

**but** [(vb) by, (nm) byt] *vb voir* **boire** ▶ *nm* (*cible*) meta; (*d'un voyage*) destino; (*d'une entreprise, d'une action*) objetivo; (*Football : limites*) portería, arco (AM); (*Sport : point*) gol *m*, tanto; **de ~ en blanc** de buenas a primeras; **avoir pour ~ de faire** tener como objetivo hacer; **dans le ~ de** con el propósito de; **gagner par trois buts à deux** ganar por tres tantos a dos

**butane** [bytan] *nm* butano; (*domestique*) gas *m* butano

**buté, e** [byte] *adj* terco(-a)

**butée** [byte] *nf* (*Tech*) tope *m*; (*Archit*) contrafuerte *m*

**buter** [byte] *vi* : **~ contre** *ou* **sur qch** tropezar con algo ▶ *vt* (*mur etc*) apuntalar; (*fam : personne*) cargarse a; **se buter** *vpr* obstinarse

**buteur** [bytœʀ] *nm* goleador *m*

**butin** [bytɛ̃] *nm* botín *m*

**butiner** [bytine] *vt, vi* libar

**butor** [bytɔʀ] *nm* (*fig*) bruto

**butte** [byt] *nf* (*éminence*) loma; **être en ~ à** estar expuesto(-a) a

**buvable** [byvabl] *adj* bebible; (*roman etc*) pasable

**buvais** *etc* [byvɛ] *vb voir* **boire**

**buvard** [byvaʀ] *nm* secante *m*

**buvette** [byvɛt] *nf* puesto de bebidas

**buveur, -euse** [byvœʀ, øz] *nm/f* (*péj*) borracho(-a); (*consommateur*) bebedor(a); **~ de cidre/de vin** bebedor(a) de sidra/de vino

**buvons** [byvɔ̃] *vb voir* **boire**

**buzz** [bœz] *nm* marketing *m* boca a boca

**BVP** [bevepe] *sigle m* (= *Bureau de vérification de la publicité*) centro de control publicitario

**byzantin, e** [bizɑ̃tɛ̃, in] *adj* bizantino(-a)

**BZH** *abr* (= *Breizh*) Bretaña

# Cc

**C¹, c¹** [se] *nm inv* C, c *f*; **C comme Célestin** ≈ C de Carmen

**C²** [se] *abr* (= Celsius) C

**c²** [se] *abr* (= centime) cént (= céntimo)

**c'** [s] *voir* **ce**

**CA** *sigle m* (= chiffre d'affaires) *voir* **chiffre**; (= conseil d'administration) *voir* **conseil**

**ça** [sa] *pron* (*proche*) esto; (*pour désigner*) eso; (*plus loin*) aquello; **ça m'étonne que** me sorprende que; **ça va ?** ¿qué tal?; (*d'accord ?*) ¿vale?; **ça alors !** (*désapprobation*) ¡pero bueno!; (*étonnement*) ¡anda!; **c'est ça** eso es; **ça fait une heure que j'attends** hace una hora que espero

**çà** [sa] *adv* : **çà et là** aquí y allá

**cabale** [kabal] *nf* cábala

**cabalistique** [kabalistik] *adj* : **signe ~** signo cabalístico

**caban** [kabɑ̃] *nm* chaquetón *m*

**cabane** [kaban] *nf* cabaña; (*de skieurs, de montagne*) cabaña, refugio

**cabanon** [kabanɔ̃] *nm* cabañuela; (*en Provence*) casita de campo; (*remise*) cobertizo

**cabaret** [kabaʀɛ] *nm* cabaret *m*

**cabas** [kaba] *nm* cabás *m*, capazo

**cabestan** [kabɛstɑ̃] *nm* cabrestante *m*

**cabillaud** [kabijo] *nm* bacalao fresco

**cabine** [kabin] *nf* cabina; (*de bateau*) camarote *m*; (*de plage*) caseta; (*de piscine etc*) cabina, vestuario; **~ (d'ascenseur)** caja (de ascensor); **~ de douche** cabina de ducha; **~ d'essayage** probador *m*; **~ de projection** cabina de proyección; **~ spatiale** cabina de nave espacial; **~ (téléphonique)** cabina (telefónica), locutorio

**cabinet** [kabinɛ] *nm* (*aussi Pol*) gabinete *m*; (*de médecin*) gabinete, consulta; (*d'avocat, de notaire*) gabinete, despacho; (*clientèle*) clientela; **~ d'affaires** gestoría; **~ de toilette** cuarto de aseo; **~ de travail** gabinete de trabajo, despacho; **cabinets** *nmpl* servicios *mpl*

**câble** [kabl] *nm* cable *m*; (*télégramme*) cable, cablegrama *m*

**câblé, e** [kable] *adj* (*Tech*) cableado(-a); (*fam*) enterado(-a)

**câbler** [kable] *vt* (*nouvelle*) cablegrafiar; (*quartier : TV*) cablear

**câblo-opérateur** [kabloɔpeʀatœʀ] (*pl* **câblo-opérateurs**) *nm* operador *m* de cable

**cabossé, e** [kabɔse] *adj* abollado(-a)

**cabosser** [kabɔse] *vt* abollar

**cabot** [kabo] (*péj*) *nm* chucho

**cabotage** [kabɔtaʒ] *nm* cabotaje *m*

**caboteur** [kabɔtœʀ] *nm* barco de cabotaje

**cabotin, e** [kabɔtɛ̃, in] (*péj*) *nm/f* (*personne maniérée*) comediante *mf*; (*acteur*) comicastro(-a)

**cabotinage** [kabɔtinaʒ] *nm* comedia

**cabrer** [kabʀe] *vt* encabritar; **se cabrer** *vpr* (*aussi fig*) encabritarse

**cabri** [kabʀi] *nm* cabrito

**cabriole** [kabʀijɔl] *nf* (*d'un enfant*) cabriola; (*d'un clown, gymnaste*) voltereta, cabriola

**cabriolet** [kabʀijɔlɛ] *nm* (*aussi* : **voiture cabriolet**) descapotable *m*

**CAC** [kak] *sigle f* = **Compagnie des agents de change**; **indice ~** ≈ índice *m* de valores

**caca** [kaka] *nm* caca; **faire ~** hacer caca; **~ d'oie** (*couleur*) de color verdoso

**cacahuète** [kakaɥɛt] *nf* cacahuete *m*, maní *m* (*Am*), cacahuate *m* (*Am*)

**cacao** [kakao] *nm* cacao

**cachalot** [kaʃalo] *nm* cachalote *m*

**cache** [kaʃ] *nm* (*pour texte, photo, diapositive*) ocultador *m*; (*pour protéger l'objectif*) tapa ▸ *nf* (*cachette*) escondite *m*; **~ d'armes** zulo de armas

**caché, e** [kaʃe] *adj* oculto(-a), escondido(-a)

**cache-cache** [kaʃkaʃ] *nm inv* : **jouer à ~** jugar al escondite

**cache-col** [kaʃkɔl] *nm* bufanda

**cachemire** [kaʃmiʀ] *nm* cachemira, cachemir *m*; **C~** Cachemira ▸ *adj* de cachemira

**cache-nez** [kaʃne] *nm inv* bufanda

**cache-pot** [kaʃpo] *nm* macetero

**cache-prise** [kaʃpʀiz] *nm* tapa protectora de enchufe

**cacher** [kaʃe] *vt* ocultar, esconder; **je ne vous cache pas que** no le oculto que; **~ qch à qn** ocultar algo a algn; **~ son jeu** ocultar sus intenciones; **se cacher** *vpr* esconderse, ocultarse; **il se cache d'elle pour fumer** fuma a escondidas de ella; **il ne s'en cache pas** no lo oculta

## cache-sexe – caillasse

**cache-sexe** [kaʃsɛks] nm taparrabo
**cachet** [kaʃɛ] nm (*comprimé*) pastilla; (*sceau*) sello; (*rétribution*) caché m; (*caractère*) carácter m
**cacheter** [kaʃte] vt cerrar, sellar; **vin cacheté** vino en botellas lacradas
**cachette** [kaʃɛt] nf escondite m; **en ~** a escondidas
**cachot** [kaʃo] nm calabozo
**cachotteries** [kaʃɔtri] nfpl misterios; **faire des ~** andar con misterios
**cachottier, -ière** [kaʃɔtje, jɛr] adj misterioso(-a)
**cachou** [kaʃu] nm : **pastilles de ~** pastillas fpl Juanolas
**cacophonie** [kakɔfɔni] nf cacofonía
**cacophonique** [kakɔfɔnik] adj cacofónico(-a)
**cactus** [kaktys] nm inv cactus m inv
**c.-à-d.** abr (= *c'est-à-dire*) es decir
**cadastral, e, -aux** [kadastral, o] adj catastral
**cadastre** [kadastr] nm catastro
**cadavéreux, -euse** [kadaverø, øz] adj (*teint*) cadavérico(-a)
**cadavérique** [kadaverik] adj cadavérico(-a)
**cadavre** [kadavr] nm cadáver m
**caddie** [kadi] nm (*au supermarché*) carrito
**caddy** [kadi] nm = **caddie**
**cadeau, x** [kado] nm regalo; **faire un ~ à qn** hacer un regalo a algn; **ne pas faire de ~ à qn** (*fig*) no ponérselo fácil a algn; **faire ~ de qch à qn** regalar algo a algn
**cadenas** [kadna] nm candado
**cadenasser** [kadnase] vt cerrar con candado
**cadence** [kadɑ̃s] nf cadencia; (*rythme*) compás m; (*de travail*) ritmo; **en ~** (*régulièrement*) rítmicamente; (*ensemble, en mesure*) al compás; **à la ~ de 10 par jour** a un ritmo de 10 diarios
**cadencé, e** [kadɑ̃se] adj cadencioso(-a), acompasado(-a); **au pas ~** a paso acompasado
**cadet, te** [kadɛ, ɛt] adj (*plus jeune*) menor; (*le plus jeune*) menor, más pequeño(-a) ▶ nm/f (*de la famille*) benjamín(-ina); **le ~/la cadette** el/la menor; **il est mon ~ (de deux ans)** (*rapports non familiaux*) él es (dos años) menor que yo; **les cadets** (*Sport*) los juveniles; **le ~ de mes soucis** lo que menos me preocupa
**cadrage** [kadraʒ] nm enfoque m, encuadre m
**cadran** [kadrɑ̃] nm (*de pendule, montre*) esfera; (*du téléphone*) disco; **~ solaire** reloj m de sol
**cadre** [kadr] nm (*aussi Inform*) marco; (*de vélo*) cuadro; (*sur formulaire*) recuadro; (*limites*) límite m; **rayer qn des cadres** (*Mil, Admin*) dar de baja a algn; **dans le ~ de** (*fig*) en el marco de ▶ nmf (*responsable*) ejecutivo(-a), cuadro; **~ moyen/supérieur** cuadro medio/superior
**cadré, e** [kadre] adj (*Photo*) encuadrado(-a); (*Inform*) situado(-a); **~ à gauche/droite** situado a la izquierda/derecha
**cadrer** [kadre] vi : **~ avec qch** cuadrar con algo ▶ vt (*Photo*) encuadrar; (*Inform*) situar
**cadreur, -euse** [kadrœr, øz] nm/f encuadrador(a)
**caduc, -uque** [kadyk] adj caduco(-a)
**CAF** [seaɛf] sigle f (= *Caisse d'allocations familiales*) servicio de ayuda familiar ▶ abr (= *coût, assurance, fret*) c.s.f. (= *coste, seguro y flete*)
**cafard** [kafar] nm cucaracha; **avoir le ~** (*fam*) estar depre
**cafardeux, -euse** [kafardø, øz] adj triste
**café** [kafe] nm café m; **~ au lait** café con leche; **~ crème** café cortado; **~ en grains/en poudre** café en grano/molido; **~ liégeois** helado de café con nata; **~ noir** café solo ▶ adj café
**café-concert** [kafekɔ̃sɛr] (pl **cafés-concerts**) nm (*aussi* : **caf' conc'**) café m concierto
**caféine** [kafein] nf cafeína
**café-tabac** [kafetaba] (pl **cafés-tabacs**) nm café-estanco
**cafétéria** [kafeterja] nf cafetería
**café-théâtre** [kafeteatr] (pl **cafés-théâtres**) nm café m teatro
**cafetier, -ière** [kaftje, jɛr] nm/f cafetero(-a)
**cafetière** [kaftjɛr] nf cafetera
**cafouillage** [kafujaʒ] (*fam*) nm (*paroles confuses*) farfulla; (*actions confuses*) enredo
**cafouiller** [kafuje] vi (*dans ses paroles*) farfullar; (*dans ses actions*) no dar pie con bola; (*appareil, projet*) fallar
**cage** [kaʒ] nf jaula; **en ~** enjaulado(-a); **~ d'ascenseur** caja del ascensor; **~ (des buts)** portería; **~ d'escalier** caja de la escalera; **~ thoracique** caja torácica
**cageot** [kaʒo] nm caja
**cagibi** [kaʒibi] nm trastero
**cagneux, -euse** [kaɲø, øz] adj patizambo(-a), zambo(-a)
**cagnotte** [kaɲɔt] nf (*aussi fig*) hucha
**cagoule** [kagul] nf (*de moine*) capucha; (*de bandit*) pasamontañas m inv; (*ski etc*) gorro; (*d'enfant*) verdugo
**cahier** [kaje] nm (*de classe*) cuaderno, libreta; (*Typo*) cuadernillo, pliego; **~ d'exercices** cuaderno de ejercicios; **~ de brouillon** cuaderno de sucio; **~ de doléances** libro de quejas; **~ de revendications** pliego de reivindicaciones; **~ des charges** pliego de condiciones; **cahiers** nmpl (*revue*) cuadernos mpl
**cahin-caha** [kaɛ̃kaa] adv (*fig*) a trompicones
**cahot** [kao] nm traqueteo
**cahoter** [kaɔte] vi traquetear, dar sacudidas ▶ vt sacudir
**cahoteux, -euse** [kaɔtø, øz] adj lleno(-a) de baches
**cahute** [kayt] nf chabola, choza
**caïd** [kaid] nm cabecilla m
**caillasse** [kajas] nf guijarros mpl

**caille** [kaj] *nf* codorniz *f*
**caillé, e** [kaje] *adj* : **lait ~** leche *f* cuajada
**caillebotis** [kajbɔti] *nm* enrejado
**cailler** [kaje] *vi* (*lait*) cuajar; (*sang*) coagular; (*fam : avoir froid*) tener pelete; (: *faire froid*) hacer pelete
**caillot** [kajo] *nm* coágulo
**caillou, x** [kaju] *nm* guijarro, piedra; **le C~** denominación familiar de Grande Terre, la isla más grande del archipiélago de Nueva Caledonia
**caillouter** [kajute] *vt* empedrar
**caillouteux, -euse** [kajutø, øz] *adj* pedregoso(-a)
**cailloutis** [kajuti] *nm* guijo, grava
**caïman** [kaimɑ̃] *nm* caimán *m*
**Caire** [kɛʀ] *nm* : **le ~** el Cairo
**caisse** [kɛs] *nf* caja; (*recettes*) caja, recaudación *f*; **faire sa ~** (*Comm*) hacer caja; **~ claire** tambor *m* pequeño; **~ d'épargne/de retraite** caja de ahorros/de jubilaciones; **~ enregistreuse** caja registradora; **~ noire** caja negra
**caissier, -ière** [kesje, jɛʀ] *nm/f* cajero(-a)
**caisson** [kɛsɔ̃] *nm* arcón *m*; (*de décompression*) campana
**cajoler** [kaʒɔle] *vt* mimar
**cajoleries** [kaʒɔlʀi] *nfpl* mimos *mpl*, arrumacos *mpl*
**cajou** [kaʒu] *nm* anacardo
**cake** [kɛk] *nm* plum-cake *m*
**CAL** [seaɛl] *sigle m* (= *Comité d'action lycéen*) grupo estudiantil para la reforma de los colegios
**cal**[1] [kal] *nm* callo
**cal**[2] *abr* (= *calorie(s)*) cal. (= *caloría(s)*)
**calamar** [kalamaʀ] *nm* = **calmar**
**calaminé, e** [kalamine] *adj* (*Auto*) cubierto de sustancia carbonosa
**calamité** [kalamite] *nf* calamidad *f*
**calandre** [kalɑ̃dʀ] *nf* (*Auto*) rejilla del radiador, calandra; (*machine*) calandria
**calanque** [kalɑ̃k] *nf* cala
**calcaire** [kalkɛʀ] *nm* caliza ▶ *adj* calcáreo(-a); (*Géo*) calcáreo(-a), calizo(-a)
**calciné, e** [kalsine] *adj* calcinado(-a)
**calcium** [kalsjɔm] *nm* calcio
**calcul** [kalkyl] *nm* (*aussi fig*) cálculo; **le ~** el cálculo; **d'après mes calculs** según mis cálculos; **~ biliaire** cálculo biliar; **~ différentiel/intégral/mental** cálculo diferencial/integral/mental; **~ rénal** (*Méd*) cálculo renal
**calculateur** [kalkylatœʀ] *nm* calculadora
**calculatrice** [kalkylatʀis] *nf* calculadora
**calculé, e** [kalkyle] *adj* : **risque ~** riesgo calculado
**calculer** [kalkyle] *vt* calcular; **~ qch de tête** calcular algo de memoria ▶ *vi* calcular; (*péj : combiner*) maquinar
**calculette** [kalkylɛt] *nf* calculadora de bolsillo

**cale** [kal] *nf* (*de bateau*) bodega; (*en bois*) cuña; **~ de construction** grada; **~ de radoub** dique *m* de carena; **~ sèche** dique seco
**calé, e** [kale] *adj* (*fixé*) fijo(-a); (*voiture*) calado(-a); (*fam : personne*) empollado(-a); (: *problème*) difícil
**calebasse** [kalbɑs] *nf* calabaza
**calèche** [kalɛʃ] *nf* calesa
**caleçon** [kalsɔ̃] *nm* calzoncillos *mpl*
**calembour** [kalɑ̃buʀ] *nm* retruécano, calambur *m*
**calendes** [kalɑ̃d] *nfpl* : **renvoyer qch aux ~ grecques** dejar algo para el día del juicio final
**calendrier** [kalɑ̃dʀije] *nm* calendario; (*programme*) calendario, programa *m*
**cale-pied** [kalpje] *nm* rastral *m*
**calepin** [kalpɛ̃] *nm* bloc *m* nostras
**caler** [kale] *vt* (*fixer*) calzar, fijar; (*malade*) acomodar; (*avec une pile de livres etc*) arrellanar; **~ (son moteur/véhicule)** calar (el motor/vehículo) ▶ *vi* (*fig : ne plus pouvoir continuer*) rendirse; **se caler** *vpr* : **se ~ dans un fauteuil** arrellanarse en un sillón
**calfater** [kalfate] *vt* calafatear
**calfeutrage** [kalføtʀaʒ] *nm* acción de tapar con burletes
**calfeutrer** [kalføtʀe] *vt* tapar con burletes; **se calfeutrer** *vpr* encerrarse en casa
**calibre** [kalibʀ] *nm* (*d'un fruit*) diámetro; (*d'une arme*) calibre *m*; (*fig*) calibre, envergadura
**calibrer** [kalibʀe] *vt* clasificar
**calice** [kalis] *nm* cáliz *m*; **boire le ~ jusqu'à la lie** apurar el cáliz hasta las heces
**calicot** [kaliko] *nm* calicó
**calife** [kalif] *nm* califa *m*
**Californie** [kalifɔʀni] *nf* California
**californien, ne** [kalifɔʀnjɛ̃, jɛn] *adj* californiano(-a) ▶ *nm/f* : **Californien, ne** californiano(-a)
**califourchon** [kalifuʀʃɔ̃] : **à ~** *adv* a horcajadas; **à ~ sur** a horcajadas en *ou* sobre
**câlin, e** [kɑlɛ̃, in] *adj* mimoso(-a)
**câliner** [kɑline] *vt* mimar
**câlineries** [kɑlinʀi] *nfpl* mimos *mpl*
**calisson** [kalisɔ̃] *nm* pastelillo de turrón
**calleux, -euse** [kalø, øz] *adj* calloso(-a), encallecido(-a)
**calligraphie** [ka(l)ligʀafi] *nf* caligrafía
**calligraphier** [ka(l)ligʀafje] *vt* caligrafiar
**callosité** [kalozite] *nf* callosidad *f*
**calmant, e** [kalmɑ̃, ɑ̃t] *adj, nm* calmante *m*
**calmar** [kalmaʀ] *nm* calamar *m*
**calme** [kalm] *adj* tranquilo(-a); (*ville, mer, endroit*) tranquilo(-a), apacible ▶ *nm* (*d'un lieu*) tranquilidad *f*; (*d'une personne*) tranquilidad, calma; **sans perdre son ~** sin perder la calma; **~ plat** (*Naut, aussi fig*) calma chicha
**calmement** [kalməmɑ̃] *adv* tranquilamente

## calmer – camphré

**calmer** [kalme] *vt* tranquilizar, calmar; *(douleur, colère)* calmar, sosegar; **se calmer** *vpr* calmarse; *(personne)* calmarse, tranquilizarse

**calomniateur, -trice** [kalɔmnjatœʀ, tʀis] *nm/f* calumniador(a)

**calomnie** [kalɔmni] *nf* calumnia

**calomnier** [kalɔmnje] *vt* calumniar

**calomnieux, -euse** [kalɔmnjø, jøz] *adj* calumnioso(-a)

**calorie** [kalɔʀi] *nf* caloría

**calorifère** [kalɔʀifɛʀ] *nm* estufa

**calorifique** [kalɔʀifik] *adj* calorífico(-a)

**calorifuge** [kalɔʀifyʒ] *adj* calorífugo(-a) ▶ *nm* aislante *m*

**calot** [kalo] *nm* gorra

**calotte** [kalɔt] *nf* (*coiffure*) birreta; (*gifle*) bofetada; **la ~** (*péj : clergé*) los curas, el clero; **~ glaciaire** casquete *m* glaciar

**calque** [kalk] *nm (aussi* : **papier calque**) calco, papel *m* de calco; *(dessin)* calco

**calquer** [kalke] *vt (aussi fig)* calcar

**calvados** [kalvados] *nm* calvados *m inv*

**calvaire** [kalvɛʀ] *nm* calvario

**calvitie** [kalvisi] *nf* calvicie *f*

**camaïeu** [kamajø] *nm* monocromía; **en ~** en diferentes tonalidades de un mismo color

**camarade** [kamaʀad] *nmf* compañero(-a); *(Pol)* camarada *mf*; **~ d'école/de jeu** compañero(-a) de escuela/de juegos

**camaraderie** [kamaʀadʀi] *nf* amistad *f*, camaradería

**camarguais, e** [kamaʀgɛ, ɛz] *adj* de Camarga ▶ *nm/f* : **Camarguais, e** nativo(-a) *ou* habitante *mf* de Camarga

**Camargue** [kamaʀg] *nf* Camarga

**cambiste** [kɑ̃bist] *nm* cambista *m*

**Cambodge** [kɑ̃bɔdʒ] *nm* Camboya

**cambodgien, ne** [kɑ̃bɔdʒjɛ̃, jɛn] *adj* camboyano(-a) ▶ *nm/f* : **Cambodgien, ne** camboyano(-a)

**cambouis** [kɑ̃bwi] *nm* grasa (sucia)

**cambré, e** [kɑ̃bʀe] *adj* : **avoir les reins cambrés, être ~** tener la espalda arqueada; **avoir le pied très ~** tener el pie muy combado *ou* arqueado

**cambrer** [kɑ̃bʀe] *vt* combar; **~ la taille** *ou* **les reins** arquear la espalda; **se cambrer** *vpr* arquearse

**cambriolage** [kɑ̃bʀijɔlaʒ] *nm* robo (con efracción)

**cambrioler** [kɑ̃bʀijɔle] *vt* robar (con efracción)

**cambrioleur, -euse** [kɑ̃bʀijɔlœʀ, øz] *nm/f* atracador(a), ladrón(-ona)

**cambrure** [kɑ̃bʀyʀ] *nf (du pied)* combadura, arqueo; *(de la route)* combadura, alabeo; **~ des reins** arqueo de la espalda

**cambuse** [kɑ̃byz] *nf (Naut)* pañol *m*; (*péj* : *chambre*) cuchitril *m*

**came** [kam] *nf (fam : drogue)* droga; **arbre à cames (en tête)** árbol *m* de levas (en cabeza)

**camée** [kame] *nm* camafeo

**caméléon** [kameleɔ̃] *nm (aussi fig)* camaleón *m*

**camélia** [kamelja] *nm* camelia

**camelot** [kamlo] *nm* vendedor *m* ambulante

**camelote** [kamlɔt] *(fam) nf* baratija

**camembert** [kamɑ̃bɛʀ] *nm* camembert *m*

**caméra** [kameʀa] *nf* cámara

**caméraman** [kameʀaman] *nm* cameraman *m*, operador *m*

**Cameroun** [kamʀun] *nm* Camerún *m*

**camerounais, e** [kamʀunɛ, ɛz] *adj* del Camerún ▶ *nm/f* : **Camerounais, e** nativo(-a) *ou* habitante *mf* del Camerún

**caméscope** [kameskɔp] *nm* cámara de vídeo

**camion** [kamjɔ̃] *nm* camión *m*; **~ de sable/ cailloux** *(charge)* camión de arena/de grava

**camion-citerne** [kamjɔ̃sitɛʀn] (*pl* **camions-citernes**) *nm* camión *m* cisterna

**camionnage** [kamjɔnaʒ] *nm* : **frais/ entreprise de ~** gastos *mpl*/empresa de camionaje

**camionnette** [kamjɔnɛt] *nf* camioneta

**camionneur, -euse** [kamjɔnœʀ, øz] *nm/f* (*chauffeur*) camionero(-a); (*entrepreneur*) transportista *mf*

**camisole** [kamizɔl] *nf* : **~ (de force)** camisa (de fuerza)

**camomille** [kamɔmij] *nf* manzanilla

**camouflage** [kamuflaʒ] *nm* camuflaje *m*

**camoufler** [kamufle] *vt* camuflar; *(fig)* camuflar, disimular

**camouflet** [kamuflɛ] *(fam) nm* desaire *m*, feo

**camp** [kɑ̃] *nm (militaire, d'expédition)* campo, campamento; *(réfugiés, prisonniers)* campamento; *(fig)* campo; **~ de concentration** campo de concentración; **~ de nudistes/de vacances** colonia nudista/ de vacaciones

**campagnard, e** [kɑ̃paɲaʀ, aʀd] *adj, nm/f* campesino(-a)

**campagne** [kɑ̃paɲ] *nf* campo; (*Mil, Pol, Comm*) campaña; **en ~** (*Mil*) de campaña; **à la ~** en el campo; **faire ~ pour** hacer campaña por; **~ de publicité** campaña de publicidad; **~ électorale** campaña electoral

**campanile** [kɑ̃panil] *nm* campanario; *(séparé)* campanilo

**campé, e** [kɑ̃pe] *adj* : **bien ~** (*fig* : *personnage, tableau*) bien logrado(-a)

**campement** [kɑ̃pmɑ̃] *nm* campamento

**camper** [kɑ̃pe] *vi* acampar ▶ *vt* (*chapeau, casquette*) plantarse; *(personnage)* representar; **se camper** *vpr* : **se ~ devant qn/qch** plantarse delante de algn/algo

**campeur, -euse** [kɑ̃pœʀ, øz] *nm/f* campista *mf*

**camphre** [kɑ̃fʀ] *nm* alcanfor *m*

**camphré, e** [kɑ̃fʀe] *adj* alcanforado(-a)

## camping – canton

**camping** [kɑ̃piŋ] *nm* camping *m*; **(terrain de)** ~ (terreno de) camping; **faire du** ~ hacer camping; **faire du** ~ **sauvage** hacer camping salvaje

**camping-car** [kɑ̃piŋkaʀ] (*pl* **camping-cars**) *nm* coche caravana *m*

**camping-gaz**® [kɑ̃piŋgaz] *nm inv* camping gas *m inv*

**campus** [kɑ̃pys] *nm inv* campus *m inv*

**camus, e** [kamy, yz] *adj* : **nez** ~ nariz *f* chata

**Canada** [kanada] *nm* Canadá *m*

**canadair**® [kanadɛʀ] *nm* avión apaga incendios

**canadien, ne** [kanadjɛ̃, jɛn] *adj* canadiense ▶ *nm/f* : **Canadien, ne** canadiense *mf*

**canadienne** [kanadjɛn] *nf* (*veste*) cazadora

**canaille** [kanɑj] *nf* (*crapule*) canalla *mf* ▶ *adj* (*air, sourire*) picarón(-ona), pillín(-ina)

**canal, -aux** [kanal, o] *nm* canal *m*; (*Anat*) conducto; **par le** ~ **de** (*Admin*) por medio de; ~ **de distribution** canal de distribución; ~ **de Panama/de Suez** canal de Panamá/de Suez; ~ **de télévision** canal de televisión

**canalisation** [kanalizasjɔ̃] *nf* (*tuyau*) canalización *f*, cañería; (*d'un cours d'eau*) canalización

**canaliser** [kanalize] *vt* canalizar; (*fig*) canalizar, encauzar

**canapé** [kanape] *nm* (*siège*) canapé *m*, sofá *m*; (*Culin*) canapé

**canapé-lit** [kanapeli] (*pl* **canapés-lits**) *nm* sofá-cama *m*

**canaque** [kanak] *adj* canaco(-a) ▶ *nmf* : **canaque** canaco(-a)

**canard** [kanaʀ] *nm* pato; (*fam : journal*) periódico

**canari** [kanaʀi] *nm* canario

**Canaries** [kanaʀi] *nfpl* : **les (îles)** ~ las (islas) Canarias

**cancaner** [kɑ̃kane] *vi* chismorrear, cotillear; (*canard*) parpar

**cancanier, -ière** [kɑ̃kanje, jɛʀ] *adj* chismoso(-a), cotilla

**cancans** [kɑ̃kɑ̃] *nmpl* chismes *mpl*

**cancer** [kɑ̃sɛʀ] *nm* (*aussi fig*) cáncer *m*; (*Astrol*) : **C~** Cáncer *m*; **il a un** ~ tiene un cáncer; **être C~** ser Cáncer

**cancéreux, -euse** [kɑ̃seʀø, øz] *adj, nm/f* canceroso(-a)

**cancérigène** [kɑ̃seʀiʒɛn] *adj* cancerígeno(-a)

**cancérologue** [kɑ̃seʀɔlɔg] *nmf* cancerólogo(-a)

**cancre** [kɑ̃kʀ] *nm* holgazán(ana)

**cancrelat** [kɑ̃kʀəla] *nm* cucaracha

**candélabre** [kɑ̃delɑbʀ] *nm* candelabro

**candeur** [kɑ̃dœʀ] *nf* candor *m*

**candi** [kɑ̃di] *adj* : **sucre** ~ azúcar *m* cande

**candidat, e** [kɑ̃dida, at] *nm/f* (*examen, Pol*) candidato(-a); (*à un poste*) candidato(-a), aspirante *mf*; **être** ~ **à** ser candidato(-a) a

**candidature** [kɑ̃didatyʀ] *nf* candidatura; **poser sa** ~ presentar su candidatura

**candide** [kɑ̃did] *adj* cándido(-a)

**cane** [kan] *nf* pata

**caneton** [kantɔ̃] *nm* patito

**canette** [kanɛt] *nf* (*de bière*) botellín *m*; (*de machine à coudre*) canilla

**canevas** [kanva] *nm* (*Couture*) cañamazo; (*d'un texte, récit*) bosquejo

**caniche** [kaniʃ] *nm* caniche *m*

**caniculaire** [kanikylɛʀ] *adj* de canícula

**canicule** [kanikyl] *nf* canícula

**canif** [kanif] *nm* navaja

**canin, e** [kanɛ̃, in] *adj* canino(-a); **exposition canine** exposición *f* canina

**canine** [kanin] *nf* canino

**caniveau** [kanivo] *nm* cuneta

**cannabis** [kanabis] *nm* can(n)abis *m*

**canne** [kan] *nf* bastón *m*; ~ **à pêche** caña de pescar; ~ **à sucre** caña de azúcar

**canné, e** [kane] *adj* de rejilla

**cannelé, e** [kanle] *adj* acanalado(-a)

**cannelle** [kanɛl] *nf* canela

**cannelure** [kan(ə)lyʀ] *nf* acanaladura

**canner** [kane] *vt* poner asiento de rejilla a

**cannibale** [kanibal] *adj*, *nmf* caníbal *mf*

**cannibalisme** [kanibalism] *nm* canibalismo

**canoë** [kanɔe] *nm* canoa; ~ **(kayak)** (*Sport*) piragüismo

**canon** [kanɔ̃] *nm* cañón *m*; (*Mus*) canon *m*; (*fam : de vin*) chato; ~ **rayé** cañón rayado ▶ *adj* (*fam : très beau*) bueno(-a); (: *très bien*) genial; **droit** ~ derecho canónico; **une fille** ~ (*fam*) una tía buena

**cañon** [kaɲɔ̃] *nm* cañón *m*

**canonique** [kanɔnik] *adj* : **âge** ~ edad *f* canónica

**canoniser** [kanɔnize] *vt* canonizar

**canonnade** [kanɔnad] *nf* cañoneo

**canonnier** [kanɔnje] *nm* artillero

**canonnière** [kanɔnjɛʀ] *nf* lancha cañonera

**canopée** [kanɔpe] *nf* dosel *m* arbóreo

**canot** [kano] *nm* (*bateau*) bote *m*, lancha; ~ **de sauvetage** bote salvavidas; ~ **pneumatique** bote neumático

**canotage** [kanɔtaʒ] *nm* pasear *m* en bote

**canoter** [kanɔte] *vi* pasear en bote

**canotier** [kanɔtje] *nm* canotié *m*

**Canson**® [kɑ̃sɔ̃] *nm* : **papier** ~ papel *m* Canson

**Cantal** [kɑ̃tal] *nm* Cantal *m*

**cantate** [kɑ̃tat] *nf* cantata

**cantatrice** [kɑ̃tatʀis] *nf* cantante *f*

**cantilène** [kɑ̃tilɛn] *nf* cantilena

**cantine** [kɑ̃tin] *nf* (*réfectoire*) comedor *m*, cantina; (*malle*) baúl *m*; **manger à la** ~ comer en comedor

**cantique** [kɑ̃tik] *nm* cántico

**canton** [kɑ̃tɔ̃] *nm* (*en France*) distrito; *ver nota*; (*en Suisse*) cantón *m*

## cantonade – Capricorne

> **CANTON**
> En Francia un **canton** es una división administrativa de un *arrondissement*, que es a su vez una división de un *département*.
> Cada **canton** está representado por un concejal en el *Conseil départemental*.

**cantonade** [kɑ̃tɔnad] : **à la ~** adv por los cuatro vientos
**cantonais, e** [kɑ̃tɔnɛ, ɛz] adj cantonés(-esa) ▶ nm (Ling) cantonés m ▶ nm/f : **Cantonais, e** cantonés(-esa)
**cantonal, e, -aux** [kɑ̃tɔnal, o] adj (en Suisse) cantonal; (en France : élections) por distritos
**cantonnement** [kɑ̃tɔnmɑ̃] nf (Mil) acantonamiento
**cantonner** [kɑ̃tɔne] vt (Mil) acantonar; **se cantonner** vpr : **se ~ à qch** limitarse a algo; **se ~ dans** (maison, attitude) encerrarse en; (études) aislarse en
**cantonnier** [kɑ̃tɔnje] nm peón m caminero
**canular** [kanylaʀ] nm inocentada
**canule** [kanyl] nf (Méd) cánula
**CAO** [seao] sigle f (= conception assistée par ordinateur) CAO f (= concepción asistida por ordenador)
**caoutchouc** [kautʃu] nm caucho; (bande élastique) goma; **en ~** de goma, de caucho; **~ mousse**® gomaespuma
**caoutchouté, e** [kautʃute] adj impermeabilizado(-a)
**caoutchouteux, -euse** [kautʃutø, øz] adj gomoso(-a), correoso(-a)
**CAP** [seape] sigle m (= certificat d'aptitude professionnelle) ≈ título de FP1
**cap** [kap] nm (Géo) cabo; **changer de ~** (Naut) cambiar de rumbo; **passer le ~ de** (fig) superar la barrera de; **mettre le ~ sur** poner rumbo a; **le C~** el Cabo; **le ~ de Bonne Espérance** el cabo de Buena Esperanza; **le ~ Horn** el cabo de Hornos
**capable** [kapabl] adj (compétent) competente; **~ de faire** capaz de hacer; **~ de dévouement/d'un effort** capaz de dedicación/de un esfuerzo; **il est ~ d'oublier** es capaz de olvidar; **spectacle/livre ~ d'intéresser** espectáculo/libro susceptible de interesar
**capacité** [kapasite] nf capacidad f; **~ à faire qch** capacidad de hacer algo; **~ (en droit)** capacitación f (en derecho); **capacités** nfpl (physiques, intellectuelles) capacidades fpl
**caparaçonner** [kaparasɔne] vt (fig) cubrir a
**cape** [kap] nf capa; **rire sous ~** reír para sus adentros
**capé, e** [kape] adj (Sport) : **le joueur le plus ~** el jugador con más internacionalidades, el jugador que más veces ha sido internacional
**capeline** [kaplin] nf capelina

**CAPES** [kapɛs] sigle m (= certificat d'aptitude au professorat de l'enseignement du second degré) título de profesor de enseñanza secundaria
**capésien, ne** [kapesjɛ̃, jɛn] nm/f capesiano(-a)
**CAPET** [kapɛt] sigle m (= certificat d'aptitude au professorat de l'enseignement technique) título de profesor de formación profesional
**capharnaüm** [kafaʀnaɔm] nf leonera
**capillaire** [kapilɛʀ] adj capilar ▶ nm culantrillo
**capillarité** [kapilarite] nf capilaridad f
**capilotade** [kapilɔtad] : **en ~** adv en papilla
**capitaine** [kapitɛn] nmf capitán mf; **~ au long cours** capitán de altura
**capitainerie** [kapitɛnʀi] nf capitanía
**capital, e, -aux** [kapital, o] adj, nm (aussi fig) capital m; **les sept péchés capitaux** los siete pecados capitales; **exécution/peine capitale** ejecución f/pena capital; **~ confiance** (Pol) capital de confianza; **~ d'exploitation** capital de explotación; **~ social** capital social; **capitaux** nmpl (fonds) capitales mpl
**capitale** [kapital] nf (ville) capital f; (lettre) mayúscula
**capitalisation** [kapitalizasjɔ̃] nf (aussi fig) capitalización f
**capitaliser** [kapitalize] vt (aussi fig) capitalizar
**capitalisme** [kapitalism] nm capitalismo
**capitaliste** [kapitalist] adj, nmf capitalista mf
**capital-risque** [kapitalʀisk] (pl **capitaux-risques**) nm capital m (de) riesgo
**capiteux, -euse** [kapitø, øz] adj (parfum, vin) embriagador(a)
**capitonnage** [kapitɔnaʒ] nm acolchado
**capitonné, e** [kapitɔne] adj acolchado(-a)
**capitonner** [kapitɔne] vt acolchar
**capitulation** [kapitylasjɔ̃] nf capitulación f
**capituler** [kapityle] vi capitular
**caporal, e, -aux** [kapɔʀal, o] nm/f cabo mf
**caporal-chef** [kapɔʀalʃɛf] (pl **caporaux-chefs**) nm cabo primero
**capot** [kapo] nm capó ▶ adj inv (Cartes) : **être ~** quedarse zapatero(-a)
**capote** [kapɔt] nf (de voiture) capota; (de soldat) capote m; **~ (anglaise)** (fam) condón m
**capoter** [kapɔte] vi (voiture) volcar; (négociations) fracasar
**câpre** [kɑpʀ] nf alcaparra
**caprice** [kapʀis] nm capricho, antojo; (toquade amoureuse) capricho; **faire un ~** coger una rabieta; **faire des caprices** tener caprichos; **caprices** nmpl (de la mode etc) caprichos mpl
**capricieux, -euse** [kapʀisjø, jøz] adj (aussi fig) caprichoso(-a)
**Capricorne** [kapʀikɔʀn] nm (Astrol) Capricornio; **être ~** ser Capricornio

**capsule** [kapsyl] *nf* cápsula; *(de bouteille)* cápsula, chapa
**captage** [kaptaʒ] *nm* captación *f*
**capter** [kapte] *vt* captar; *(fam : comprendre)* captar, entender
**capteur** [kaptœʀ] *nm* : **~ solaire** captador *m* solar
**captieux, -euse** [kapsjø, jøz] *adj* capcioso(-a)
**captif, -ive** [kaptif, iv] *adj, nm/f* cautivo(-a)
**captivant, e** [kaptivɑ̃, ɑ̃t] *adj* cautivador(-a)
**captiver** [kaptive] *vt* cautivar
**captivité** [kaptivite] *nf* cautiverio; **en ~** en cautiverio
**capture** [kaptyʀ] *nf* captura; **~ d'écran** *(Inform)* captura de pantalla
**capturer** [kaptyʀe] *vt* capturar, apresar
**capuche** [kapyʃ] *nf* capucha
**capuchon** [kapyʃɔ̃] *nm (de vêtement)* capucha, capuchón *m*; *(de stylo)* capuchón
**capucin** [kapysɛ̃] *nm* capuchino
**capucine** [kapysin] *nf* capuchina
**capverdien, ne, cap-verdien, ne** [kapvɛʀdjɛ̃, jɛn] *adj* caboverdiano(-a) ▸ *nm (Ling)* criollo caboverdiano ▸ *nm/f* : **Cap(-)verdien, e** caboverdiano(-a)
**Cap-Vert** [kapvɛʀ] *nm* : **le ~** Cabo Verde; **les îles du ~** las islas de Cabo Verde
**caquelon** [kaklɔ̃] *nm cacerola para la fondue*
**caquet** [kakɛ] *nm* : **rabattre le ~ à qn** bajar los humos a algn
**caqueter** [kakte] *vi* cacarear
**car** [kaʀ] *nm* autocar *m*; **~ de police/de reportage** furgoneta de policía/de reportaje ▸ *conj* pues, porque
**carabine** [kaʀabin] *nf* carabina; **~ à air comprimé** carabina de aire comprimido
**carabiné, e** [kaʀabine] *adj* endiablado(-a)
**Caracas** [kaʀakas] *n* Caracas
**caraco** [kaʀako] *nm* chambra
**caracoler** [kaʀakɔle] *vi (cheval)* caracolear; *(gambader)* cabriolar
**caractère** [kaʀaktɛʀ] *nm (humeur, tempérament)* carácter *m*; *(de choses)* naturaleza; *(cachet)* carácter, personalidad *f*; **avoir bon/mauvais ~** tener buen/mal carácter; **caractères/seconde** pulsaciones *fpl*/segundo; **en caractères gras** en negrita; **en petits caractères** en minúsculas; **en caractères d'imprimerie** en letras mayúsculas; **avoir du ~** tener carácter
**caractériel, le** [kaʀakteʀjɛl] *adj, nm/f* inadaptado(-a); **troubles caractériels** trastornos *mpl* de carácter
**caractérisé, e** [kaʀakteʀize] *adj* : **c'est une grippe caractérisée** es una gripe característica; **c'est de l'insubordination caractérisée** es una clara insubordinación
**caractériser** [kaʀakteʀize] *vt* caracterizar; **se caractériser par** *vpr* caracterizarse por

**caractéristique** [kaʀakteʀistik] *adj* característico(-a) ▸ *nf* característica
**caractérologie** [kaʀakteʀɔlɔʒi] *nf* caracterología
**carafe** [kaʀaf] *nf (pot)* jarra, garrafa; *(d'eau, de vin)* jarra
**carafon** [kaʀafɔ̃] *nm voir* **carafe**
**caraïbe** [kaʀaib] *adj* caribeño(-a); **les Caraïbes** *nfpl* el Caribe; **la mer des Caraïbes** el mar (del) Caribe
**carambolage** [kaʀɑ̃bɔlaʒ] *nm* colisiones *fpl* en serie
**caramel** [kaʀamɛl] *nm* caramelo; *(bonbon)* caramelo blando ▸ *adj inv* caramelo *inv*
**caraméliser** [kaʀamelize] *vt* caramelizar
**carapace** [kaʀapas] *nf (d'animal, fig)* caparazón *m*; *(de crabe)* concha
**carapater** [kaʀapate] *(fam) vi* : **se ~** pirarse
**carat** [kaʀa] *nm* quilate *m*; **or à 18 carats** oro de 18 quilates; **pierre de 12 carats** piedra de 12 quilates
**caravane** [kaʀavan] *nf* caravana
**caravanier** [kaʀavanje] *nm (camping)* campista *mf* con caravana
**caravaning** [kaʀavaniŋ] *nm (camping)* camping *m* en caravana; *(terrain)* camping para caravanas
**caravelle** [kaʀavɛl] *nf* carabela
**carbonate** [kaʀbɔnat] *nm* : **~ de soude** carbonato de sosa
**carbone** [kaʀbɔn] *nm* carbono; *(aussi* : **papier carbone**) papel *m* carbón; *(document)* copia
**carbonique** [kaʀbɔnik] *adj* carbónico(-a); **gaz ~** gas *m* carbónico; **neige ~** nieve *f* carbónica
**carbonisé, e** [kaʀbɔnize] *adj* carbonizado(-a); **mourir ~** morir carbonizado(-a)
**carboniser** [kaʀbɔnize] *vt* carbonizar
**carburant** [kaʀbyʀɑ̃] *nm* carburante *m*
**carburateur** [kaʀbyʀatœʀ] *nm* carburador *m*
**carburation** [kaʀbyʀasjɔ̃] *nf* carburación *f*
**carburer** [kaʀbyʀe] *vi* : **bien/mal ~** carburar bien/mal
**carcan** [kaʀkɑ̃] *nm (fig)* yugo
**carcasse** [kaʀkas] *nf (d'un animal mort)* huesos *mpl*; *(de voiture)* carcasa
**carcéral, e, -aux** [kaʀseʀal, o] *adj* carcelario(-a)
**carcinogène** [kaʀsinɔʒɛn] *adj* carcinógeno(-a)
**cardan** [kaʀdɑ̃] *nm* cardán *m*
**carder** [kaʀde] *vt* cardar
**cardiaque** [kaʀdjak] *adj, nmf* cardíaco(-a); **être ~** estar cardíaco(-a)
**cardigan** [kaʀdigɑ̃] *nm* rebeca
**cardinal, e, -aux** [kaʀdinal, o] *adj* cardinal ▸ *nm* cardenal *m*
**cardiologie** [kaʀdjɔlɔʒi] *nf* cardiología
**cardiologue** [kaʀdjɔlɔg] *nmf* cardiólogo(-a)

## cardio-vasculaire – carte

**cardio-vasculaire** [kaʀdjovaskylɛʀ] (*pl* **cardio-vasculaires**) *adj* cardiovascular
**cardon** [kaʀdɔ̃] *nm* cardo
**carême** [kaʀɛm] *nm* : **le C~** Cuaresma
**carénage** [kaʀenaʒ] *nm* carenadura
**carence** [kaʀɑ̃s] *nf* ineptitud *f*; (*manque*) carencia; (*fig*) insuficiencia; **~ vitaminique** carencia vitamínica
**carène** [kaʀɛn] *nf* carena, obra viva
**caréner** [kaʀene] *vt* carenar
**caressant, e** [kaʀesɑ̃, ɑ̃t] *adj* (*enfant, animal*) cariñoso(-a); (*voix, regard*) tierno(-a)
**caresse** [kaʀɛs] *nf* caricia
**caresser** [kaʀese] *vt* (*aussi fig*) acariciar
**cargaison** [kaʀgɛzɔ̃] *nf* carga, cargamento
**cargo** [kaʀgo] *nm* carguero, buque *m* de carga; **~ mixte** carguero mixto
**cari** [kaʀi] *nm* = **curry**
**caricatural, e, -aux** [kaʀikatyʀal, o] *adj* caricaturesco(-a)
**caricature** [kaʀikatyʀ] *nf* caricatura
**caricaturer** [kaʀikatyʀe] *vt* caricaturizar
**caricaturiste** [kaʀikatyʀist] *nmf* caricaturista *mf*
**carie** [kaʀi] *nf* caries *f inv*; **la ~ (dentaire)** la caries (dental)
**carié, e** [kaʀje] *adj* : **dent cariée** diente *m* cariado
**carillon** [kaʀijɔ̃] *nm* (*d'église*) carillón *m*; (*pendule*) reloj *m* de pared con carillón; **~ (électrique)** timbre *m*
**carillonner** [kaʀijɔne] *vi* (*cloches*) repicar; (*à la porte*) dar timbrazos ▶ *vt* (*heure*) dar; (*nouvelle*) pregonar
**caritatif, -ive** [kaʀitatif, iv] *adj* caritativo(-a)
**carlingue** [kaʀlɛ̃g] *nf* carlinga
**carmélite** [kaʀmelit] *nf* carmelita
**carmin** [kaʀmɛ̃] *adj inv* carmín *inv*
**carnage** [kaʀnaʒ] *nm* carnicería, matanza
**carnassier, -ière** [kaʀnasje, jɛʀ] *adj* carnicero(-a) ▶ *nm* carnicero
**carnation** [kaʀnasjɔ̃] *nf* encarnación *f*
**carnaval** [kaʀnaval] *nm* carnaval *m*
**carné, e** [kaʀne] *adj* a base de carne
**carnet** [kaʀnɛ] *nm* libreta *f*; (*de loterie etc*) taco; (*de timbres*) cuadernillo; **~ à souches** taco de matrices; **~ d'adresses** agenda de direcciones; **~ de chèques** talonario de cheques; **~ de commandes** talonario *ou* libreta de pedidos; **~ de notes** boletín *m* de notas
**carnier** [kaʀnje] *nm* morral *m*
**carnivore** [kaʀnivɔʀ] *adj* carnívoro(-a) ▶ *nm* carnívoro
**carotide** [kaʀɔtid] *nf* carótida
**carotte** [kaʀɔt] *nf* zanahoria
**carpe** [kaʀp] *nf* carpa
**carpette** [kaʀpɛt] *nf* alfombrilla
**carquois** [kaʀkwa] *nm* carcaj *m*
**carre** [kaʀ] *nf* (*de ski*) ángulo

**carré, e** [kaʀe] *adj* cuadrado(-a); (*franc*) directo(-a); **mètre/kilomètre ~** metro/kilómetro cuadrado ▶ *nm* (*Géom*) cuadrado; (*de jardin*) cuadro; (*Naut*) cámara de oficiales; **le ~ (d'un nombre)** el cuadrado (de un número); **élever un nombre au ~** elevar un número al cuadrado; **~ d'agneau** brazuelo de cordero; **~ d'as/de rois** (*Cartes*) póker *m* de ases/de reyes; **~ de soie** pañuelo de seda
**carreau, x** [kaʀo] *nm* (*par terre*) baldosa; (*au mur*) azulejo; (*de fenêtre*) cristal *m*; (*dessin*) cuadro; (*Cartes : couleur*) diamantes *mpl*; (: *carte*) diamante *m*; **papier/tissu à carreaux** papel *m*/tela de cuadros
**carrefour** [kaʀfuʀ] *nm* (*aussi fig*) encrucijada
**carrelage** [kaʀlaʒ] *nm* (*sol*) embaldosado; (*mur*) alicatado
**carreler** [kaʀle] *vt* (*sol*) embaldosar; (*mur*) alicatar
**carrelet** [kaʀlɛ] *nm* (*filet*) red *f* cuadrada; (*poisson*) platija, acedía
**carreleur** [kaʀlœʀ] *nm* embaldosador *m*, alicatador *m*
**carrément** [kaʀemɑ̃] (*fam*) *adv* (*franchement*) francamente; (*sans détours, sans hésiter*) directamente; (*nettement*) verdaderamente; **il l'a ~ mis à la porte** lo puso directamente de patitas en la calle
**carrer** [kaʀe] : **se carrer** *vpr* : **se ~ dans un fauteuil** arrellanarse en un sillón
**carrier** [kaʀje] *nm* : **(ouvrier) ~** cantero
**carrière** [kaʀjɛʀ] *nf* (*de craie, sable*) cantera; (*métier*) carrera; **militaire de ~** militar *m* de carrera; **faire ~ dans** hacer carrera en
**carriériste** [kaʀjeʀist] *nmf* arribista *mf*
**carriole** [kaʀjɔl] *nf* (*charrette*) carreta; (*péj*) cacharro
**carrossable** [kaʀɔsabl] *adj* transitable
**carrosse** [kaʀɔs] *nm* carroza
**carrosserie** [kaʀɔsʀi] *nf* carrocería; **atelier de ~** taller *m* de carrocería
**carrossier** [kaʀɔsje] *nm* (*ouvrier*) carrocero; (*dessinateur*) diseñador *m* de carrocerías
**carrousel** [kaʀuzɛl] *nm* (*aussi fig*) carrusel *m*
**carrure** [kaʀyʀ] *nf* (*d'une personne*) anchura de espalda; (*d'un vêtement*) espalda; (*fig*) clase *f*; **de ~ athlétique** de complexión atlética
**cartable** [kaʀtabl] *nm* cartera
**carte** [kaʀt] *nf* (*Géo*) mapa *m*; (*au restaurant*) carta; (*Cartes*) carta, naipe *m*; (*de parti*) carné *m*; (*d'électeur*) tarjeta; (*d'abonnement*) abono; (*aussi* : **carte postale**) postal *f*; (*aussi* : **carte de visite**) tarjeta; **avoir/donner ~ blanche** tener/dar carta blanca; **jouer aux cartes** jugar a las cartas; **jouer cartes sur table** (*fig*) poner las cartas boca arriba; **tirer les cartes à qn** echar las cartas a algn; **à la ~** a la carta; **~ à puce** tarjeta inteligente; **~ bancaire/de crédit** tarjeta bancaria/de crédito; **C~ Bleue®** tarjeta de débito; **~ de**

**séjour** permiso de residencia; ~ **des vins** carta de vinos; ~ **d'état-major** mapa de Estado Mayor; ~ **d'identité** carnet de identidad, documento nacional de identidad, cédula (de identidad) (Am); ~ **grise** documentación f de un automóvil; ~ **mémoire** (d'appareil photo numérique) tarjeta de memoria; ~ **perforée** ficha perforada; ~ **routière** mapa de carreteras; ~ **SIM** tarjeta SIM; ~ **téléphonique** tarjeta de teléfono; ~ **vermeil** abono de transporte para jubilados; ~ **verte** (Auto) carta verde; ~ **vitale** (Méd) tarjeta sanitaria

: **CARTE VITALE**
:
: El sistema sanitario nacional francés
: expide una **carte vitale** a todas las
: personas mayores de 16 años. Esta tarjeta
: inteligente está provista de una fotografía
: y un chip, y contiene todos los detalles del
: seguro médico del paciente en su interior.
: Los médicos y el resto de personal sanitario
: utilizan un lector de tarjetas para informar
: directamente de los gastos contraídos a las
: compañías de seguros de modo que el
: paciente pueda así ser reembolsado
: posteriormente.

**cartel** [kaʀtɛl] nm cartel m
**carte-lettre** [kaʀtəlɛtʀ] (pl **cartes-lettres**) nf aerograma m
**carte-mère** [kaʀtəmɛʀ] (pl **cartes-mères**) nf (Inform) placa madre
**carter** [kaʀtɛʀ] nm cárter m
**carte-réponse** [kaʀt(ə)ʀepɔ̃s] (pl **cartes-réponses**) nf cupón m de respuesta
**cartésien, ne** [kaʀtezjɛ̃, jɛn] adj cartesiano(-a)
**carthaginois, e** [kaʀtaʒinwa, waz] adj cartaginés(-esa)
**cartilage** [kaʀtilaʒ] nm cartílago m
**cartilagineux, -euse** [kaʀtilaʒinø, øz] adj cartilaginoso(-a)
**cartographe** [kaʀtɔgʀaf] nm cartógrafo(-a)
**cartographie** [kaʀtɔgʀafi] nf cartografía
**cartographier** [kaʀtɔgʀafje] vt cartografiar
**cartomancie** [kaʀtɔmɑ̃si] nf cartomancia
**cartomancien, ne** [kaʀtɔmɑ̃sjɛ̃, jɛn] nm/f cartomántico(-a)
**carton** [kaʀtɔ̃] nm (Art, matériau) cartón m; (boîte) caja (de cartón); (d'invitation) tarjeta; **en ~ de cartón; faire un ~** (au tir) tirar al blanco; (suj : film) arrasar; ~ **à dessin** cartapacio
**cartonnage** [kaʀtɔnaʒ] nm embalaje m de cartón
**cartonné, e** [kaʀtɔne] adj de tapa dura
**carton-pâte** [kaʀtɔ̃pɑt] (pl **cartons-pâtes**) nm cartón piedra m; **de ~** (fig) de cartón piedra

**cartouche** [kaʀtuʃ] nf (de fusil) cartucho; (de stylo) cartucho, recambio; (de cigarettes) cartón m; (de film, de ruban encreur) carrete m
**cartouchière** [kaʀtuʃjɛʀ] nf (ceinture) cartuchera, canana; (sac) cartuchera
**cas** [kɑ] nm caso; **faire peu de ~/grand ~ de** hacer poco/mucho caso a; **le ~ échéant** llegado el caso; **en aucun ~** en ningún caso, bajo ningún concepto; **au ~ où** (+conditionnel) en caso de que + subj, por si acaso + indicatif; **dans** ou **en ce ~** en ese caso; **en ~ de** en caso de; **en ~ de besoin** en caso de necesidad; **en ~ d'urgence** en caso de urgencia; **en tout ~** de todas maneras; **~ de conscience** caso de conciencia; **~ de force majeure** caso de fuerza mayor; **~ limite** caso extremo; **~ social** caso social
**Casablanca** [kazablɑ̃ka] n Casablanca
**casanier, -ière** [kazanje, jɛʀ] adj hogareño(-a)
**casaque** [kazak] nf casaca
**cascade** [kaskad] nf cascada; (fig) lluvia; (Ciné) escena de riesgo
**cascadeur, -euse** [kaskadœʀ, øz] nm/f (Ciné) doble mf
**case** [kɑz] nf casilla; (hutte) choza; (pour le courrier) casillero; **cochez la ~ correspondante** marque la casilla correspondiente
**caséine** [kazein] nf caseína
**casemate** [kazmat] nf casamata
**caser** [kɑze] vt (aussi péj) colocar; **se caser** vpr (personne) colocarse; (péj) conseguir casarse
**caserne** [kazɛʀn] nf cuartel m
**casernement** [kazɛʀnəmɑ̃] nm acuartelamiento
**cash** [kaʃ] adv : **payer ~** pagar al contado
**casier** [kɑzje] nm casillero; (à journaux) revistero; (de bureau) fichero; (à clé) taquilla; (Pêche) nasa; **~ à bouteilles** botellero; **~ judiciaire** antecedentes mpl penales
**casino** [kazino] nm casino
**casque** [kask] nm casco; (chez le coiffeur) secador m; (pour audition) casco, auricular m; **les Casques bleus** los cascos azules
**casquer** [kaske] (fam) vi apoquinar, soltar la mosca
**casquette** [kaskɛt] nf gorra
**cassable** [kɑsabl] adj (fragile) quebradizo(-a)
**cassant, e** [kɑsɑ̃, ɑ̃t] adj quebradizo(-a); (personne, voix) áspero(-a)
**cassate** [kasat] nf : **(glace) ~** helado de tutti frutti
**cassation** [kɑsasjɔ̃] nf : **se pourvoir en ~** apelar al Tribunal Supremo; **recours en ~** recurso de casación; **cour de ~** tribunal supremo
**casse** [kɑs] nf : **mettre à la ~** dar ou vender como chatarra; (dégâts) : **il y a eu de la ~** hubo unos destrozos; **haut/bas de ~** (Typo) caja alta/baja

## cassé – cause

**cassé, e** [kɑse] *adj (voix)* cascado(-a); *(vieillard)* achacoso(-a); **blanc ~** color hueso *inv*

**casse-cou** [kɑsku] *(pl* **~(s))** *adj (dangereux)* superpeligroso(-a); *(imprudent)* alocado(-a) ▶ *nmf (personne)* cabeza loca

**casse-croûte** [kɑskʀut] *(pl* **~(s))** *nm* tentempié *m*

**casse-noisette** *nm*, **casse-noisettes** *nm inv* [kɑsnwazɛt] *(pl* **casse-noisettes)** cascanueces *m inv*

**casse-noix** [kɑsnwa] *nm inv* cascanueces *m inv*

**casse-pied** [kɑspje] *(pl* **casse-pieds)** *(fam) adj*, *nmf* pesado(-a)

**casser** [kɑse] *vt (verre)* romper; *(montre, moteur)* estropear; *(gradé)* cesar; *(Jur)* anular; **~ les prix** romper los precios; **à tout ~** *(extraordinaire)* fenomenal, formidable; *(fam : tout au plus)* a lo más ▶ *vi (corde)* romperse; **se casser** *vpr* romperse; *(fam)* largarse; *(être fragile)* romperse, quebrarse; **se ~ la jambe** romperse la pierna; **se ~ net** romperse de un golpe

**casserole** [kɑsʀɔl] *nf* cacerola, cazuela; **à la ~** a la cazuela

**casse-tête** [kɑstɛt] *(pl* **casse-têtes)** *nm (fig)* quebradero de cabeza; *(jeu)* rompecabezas *m inv*

**cassette** [kɑsɛt] *nf (bande magnétique)* cassette *f*, casete *f*; *(coffret)* joyero

**casseur** [kɑsœʀ] *nm (Pol)* provocador *m*

**cassis** [kasis] *nm (fruit)* grosella negra; *(liqueur)* licor *m* de grosella negra; *(de la route)* badén *m*

**cassonade** [kɑsɔnad] *nf* azúcar *m* moreno

**cassoulet** [kasulɛ] *nm* guiso de alubias y carne típico del suroeste de Francia

**cassure** [kɑsyʀ] *nf* rotura

**castagnettes** [kastaɲɛt] *nfpl* castañuelas *fpl*

**caste** [kast] *nf* casta

**castillan, e** [kastijɑ̃, an] *adj* castellano(-a) ▶ *nm (Ling)* castellano ▶ *nm/f*: **Castillan, e** castellano(-a)

**Castille** [kastij] *nf* Castilla

**castor** [kastɔʀ] *nm* castor *m*

**castrer** [kastʀe] *vt (animal mâle, homme)* castrar, capar; *(femelle)* castrar

**cataclysme** [kataklism] *nm* cataclismo

**catacombes** [katakɔ̃b] *nfpl* catacumbas *fpl*

**catadioptre** [katadjɔptʀ] *nm* = **cataphote**

**catafalque** [katafalk] *nm* catafalco

**catalan, e** [katalɑ̃, an] *adj* catalán(-ana) ▶ *nm (Ling)* catalán ▶ *nm/f*: **Catalan, e** catalán(-ana)

**catalepsie** [katalɛpsi] *nf* catalepsia

**Catalogne** [katalɔɲ] *nf* Cataluña

**catalogue** [katalɔg] *nm (aussi fig)* catálogo

**cataloguer** [katalɔge] *vt* catalogar; **~ qn** *(péj)* tener fichado a algn

**catalyse** [kataliz] *nf* catálisis *f*

**catalyser** [katalize] *vt* catalizar

**catalyseur** [katalizœʀ] *nm* catalizador *m*

**catalytique** [katalitik] *adj*: **pot ~** catalizador *m*

**catamaran** [katamaʀɑ̃] *nm* catamarán *m*

**cataphote** [katafɔt] *nm* reflectante *m*, catadióptrico

**cataplasme** [kataplasm] *nm* cataplasma

**catapulte** [katapylt] *nf* catapulta

**catapulter** [katapylte] *vt* catapultar

**cataracte** [kataʀakt] *nf* catarata; **opérer qn de la ~** operar a algn de cataratas

**catarrhe** [kataʀ] *nm* catarro

**catarrheux, -euse** [kataʀø, øz] *adj* catarroso(-a)

**catastrophe** [katastʀɔf] *nf* catástrofe *f*; **atterrir en ~** aterrizar por emergencia; **partir en ~** salir a escape

**catastrophé, e** [katastʀɔfe] *(fam) adj* desalentado(-a)

**catastrophique** [katastʀɔfik] *adj* catastrófico(-a)

**catch** [katʃ] *nm (Sport)* lucha libre, catch *m*

**catcheur, -euse** [katʃœʀ, øz] *nm/f* luchador(a) de catch

**catéchiser** [kateʃize] *vt* catequizar; *(fig)* adoctrinar

**catéchisme** [kateʃism] *nm* catecismo

**catéchumène** [katekymɛn] *nmf* catecúmeno(-a)

**catégorie** [kategɔʀi] *nf* categoría; **de première/deuxième ~** de primera/segunda categoría

**catégorique** [kategɔʀik] *adj* categórico(-a)

**catégoriquement** [kategɔʀikmɑ̃] *adv* tajantemente

**catégoriser** [kategɔʀize] *vt* categorizar

**caténaire** [katenɛʀ] *nf* catenaria

**cathédrale** [katedʀal] *nf* catedral *f*

**cathéter** [katetɛʀ] *nm* catéter *m*

**cathode** [katɔd] *nf* cátodo

**cathodique** [katɔdik] *adj* catódico(-a)

**catholicisme** [katɔlisism] *nm* catolicismo

**catholique** [katɔlik] *adj*, *nmf* católico(-a); **pas très ~** *(fig)* no muy católico(-a)

**catimini** [katimini]: **en ~** *adv* a escondidas

**catogan** [katɔgɑ̃] *nm* lazo para el pelo

**cauchemar** [koʃmaʀ] *nm* pesadilla

**cauchemardesque** [koʃmaʀdɛsk] *adj* de pesadilla

**caudal, e, -aux** [kodal, o] *adj* caudal; **la nageoire caudale** la aleta caudal

**causal, e** [kozal] *(pl* **-als** *ou* **-aux)** *adj (Ling)* causal

**causalité** [kozalite] *nf* causalidad *f*

**causant, e** [kozɑ̃, ɑ̃t] *(fam) adj* hablador(a)

**cause** [koz] *nf* causa; *(accident)* causa, motivo; *(Jur)* caso; *(intérêts)* causa; **faire ~ commune avec qn** hacer causa común con algn; **être ~ de** ser causa de; **à ~ de** debido a; *(par la faute de)* por culpa de; **pour ~ de** por causa de, por;

## causer – cédille

**(et) pour ~** claro está; **être en ~** (*personne*) tener parte de culpa; (*qualité, intérêts*) estar en juego; **mettre en ~** culpar; **remettre en ~** poner en tela de juicio; **être hors de ~** quedar fuera de sospecha; **en tout état de ~** de todas formas

**causer** [koze] *vt* causar ▶ *vi* charlar; (*jaser*) chismorrear

**causerie** [kozʀi] *nf* charla, plática (*MEX*)

**causette** [kozɛt] *nf*: **faire la ~ à qn** dar conversación a algn; **faire un brin de ~** darle a la lengua

**caustique** [kostik] *adj* (*aussi fig*) cáustico(-a)

**cauteleux, -euse** [kotlø, øz] *adj* (*personne, air*) taimado(-a)

**cautère** [kotɛʀ] *nm*: **c'est un ~ sur une jambe de bois** es la carabina de Ambrosio

**cautériser** [koteʀize] *vt* cauterizar

**caution** [kosjɔ̃] *nf* (*argent, Jur*) fianza; (*fig*) garantía, aval *m*; **payer la ~ de qn** pagar la fianza de algn; **se porter ~ pour qn** ser aval de algn; **libéré sous ~** libre bajo fianza; **sujet à ~** en tela de juicio

**cautionnement** [kosjɔnmɑ̃] *nm* (*contrat*) contrato de garantía; (*somme*) fianza

**cautionner** [kosjɔne] *vt* (*moralement*) responder por; (*financièrement*) ser aval de; (*fig*) apoyar

**cavalcade** [kavalkad] *nf* (*fig*) correteo

**cavale** [kaval] *nf*: **être en ~** ser un(a) fugado(-a)

**cavalerie** [kavalʀi] *nf* caballería

**cavalier, -ière** [kavalje, jɛʀ] *adj* brusco(-a); **allée** *ou* **piste cavalière** camino de herradura ▶ *nm/f* (*à cheval*) jinete *mf*; (*au bal*) pareja; **faire ~ seul** hacer rancho aparte ▶ *nm* (*Échecs*) caballo

**cavalièrement** [kavaljɛʀmɑ̃] *adv* bruscamente

**cave** [kav] *nf* sótano; (*réserve de vins*) bodega; (*cabaret*) cabaret *m* ▶ *adj*: **yeux caves** ojos *mpl* hundidos; **joues caves** mejillas *fpl* chupadas

**caveau, x** [kavo] *nm* cripta

**caverne** [kavɛʀn] *nf* caverna

**caverneux, -euse** [kavɛʀnø, øz] *adj*: **voix caverneuse** voz *f* cavernosa

**caviar** [kavjaʀ] *nm* caviar *m*

**caviste** [kavist] *nmf* bodeguero(-a); (*dans un restaurant*) sumiller *mf*

**cavité** [kavite] *nf* cavidad *f*

**Cayenne** [kajɛn] *n* Cayena

**CB** [sibi] *sigle f* (= *citizens' band, canaux banalisés*) BC (= *Banda Ciudadana*); = **carte bancaire**

**CC** [sese] *abr* (= *corps consulaire*) CC (= *Cuerpo Consular*); (= *compte courant*) c/c (= *cuenta corriente*)

**CCI** [sesei] *sigle f* (= *Chambre de commerce et d'industrie*) voir **chambre**; (= *Chambre de commerce international*) CCI *f* (= *Cámara de Comercio Internacional*)

**CCP** [sesepe] *sigle m* (= *compte chèque postal*) voir **compte**

**CD** [sede] *sigle m* (= *compact disc*) CD *m* (= *compact disc*); (= *corps diplomatique*) CD *m* (= *Cuerpo Diplomático*)

**CDD** [sedede] *sigle m* (= *contrat à durée déterminée*) contrato temporal

**CDI** [sedei] *sigle m* (= *centre de documentation et d'information*) biblioteca escolar; (= *contrat à durée indéterminée*) contrato indefinido

**CDIsation, cédéisation** [sedeizasjɔ̃] *nf* (*des contractuels etc*) concesión de CDI o contratos indefinidos a trabajadores temporales

**CDIser, cédéiser** [sedeize] *vt* (*contractuels*) hacer un contrato indefinido a

**CD-Rom** [sedeʀɔm] *sigle m* CD-Rom

**CDS** [sedeɛs] *sigle m* (= *Centre des démocrates sociaux*) partido político

**CE** [seə] *sigle f* (= *Communauté européenne*) CE *f* ▶ *sigle m* (= *comité d'entreprise*) voir **comité**; (= *cours élémentaire*) voir **cours**

---

> MOT-CLÉ

**ce, c', cette** [sə, s, sɛt] (*devant nm commençant par voyelle ou h aspiré* **cet**, *pl* **ces**) *adj dém* (*proche*) este (esta); (*intermédiaire*) ese (esa); (*plus loin*) aquel(la); **cette maison(-ci/là)** esta casa/esa *ou* aquella casa; **cette nuit** esta noche

▶ *pron* **1**: **c'est** es; **c'est un peintre/ce sont des peintres** (*métier*) es un pintor/son pintores; (*en désignant*) es un pintor/son unos pintores; **c'est le facteur** es el cartero; **qui est-ce?** ¿quién es?; **qu'est-ce?** ¿sí?; **c'est toi qui le dis** lo dices tú; **c'est toi qui lui as parlé** eres tú quien le hablaste; **sur ce** tras esto; **c'est qu'il est lent/a faim** es que es lento/tiene hambre; **c'est petit/grand** es pequeño/grande

**2**: **ce qui, ce que** lo que; (*chose qui*): **il est bête, ce qui me chagrine** es tonto, lo cual me apena; **tout ce qui bouge** todo lo que se mueve; **tout ce que je sais** todo lo que sé; **ce dont j'ai parlé** eso de lo que hablé; **ce que c'est grand!** ¡qué grande es!; **veiller à ce que ...** procurar que ...; *voir aussi* **ci**; **est-ce que**; **n'est-ce pas**; **c'est-à-dire**

---

**CEA** [seəa] *sigle m* (= *Commissariat à l'énergie atomique*) ≈ Consejo de Energía Nuclear

**ceci** [səsi] *pron* esto

**cécité** [sesite] *nf* ceguera

**cédéiser** [sedeize] *vt* = **CDIser**

**céder** [sede] *vt* (*maison, droit*) ceder, traspasar ▶ *vi* ceder; **~ à** (*tentation etc*) ceder a; **~ à qn** (*se soumettre*) someterse a algn

**cédérom** [sedeʀɔm] *nm* cederrón *m*

**CEDEX** [sedɛks] *sigle m* (= *courrier d'entreprise à distribution exceptionnelle*) correo especial para empresas

**cédille** [sedij] *nf* cedilla

**cédrat** [sedʀa] *nm* cidro
**cèdre** [sedʀ] *nm* cedro
**CEE** [seəə] *sigle f* (= *Communauté économique européenne*) CEE *f* (= Comunidad Económica Europea)
**CEI** [seəi] *sigle f* (= *Communauté des États indépendants*) CEI *f* (= Comunidad de los Estados Independientes)
**ceindre** [sɛ̃dʀ] *vt* ceñir; **~ qch de qch** (*entourer*) ceñir algo con *ou* de algo
**ceinture** [sɛ̃tyʀ] *nf* cinturón *m*; (*taille*) cintura; (*d'un pantalon, d'une jupe*) cintura, cinturilla; **~ de sauvetage** cinturón salvavidas; **~ de sécurité** cinturón de seguridad; **~ (de sécurité) à enrouleur** cinturón (de seguridad) retráctil; **~ noire/verte** (*Judo*) cinturón negro/verde
**ceinturer** [sɛ̃tyʀe] *vt* (*saisir*) agarrar por la cintura a; (*entourer*) rodear
**ceinturon** [sɛ̃tyʀɔ̃] *nm* cinto, cinturón *m*
**cela** [s(ə)la] *pron* eso; (*plus loin*) aquello; **~ m'étonne que** me extraña que; **quand ~ ?** ¿cuándo?
**célébrant** [selebʀɑ̃] *nm* (*Rel*) celebrante *m*
**célébration** [selebʀasjɔ̃] *nf* celebración *f*
**célèbre** [selɛbʀ] *adj* famoso(-a), célebre
**célébrer** [selebʀe] *vt* celebrar; (*louer*) celebrar, encomiar
**célébrité** [selebʀite] *nf* (*gloire, star*) celebridad *f*
**céleri** [sɛlʀi] *nm* : **~(-rave)** apio (nabo); **~ en branche** apio
**célérité** [seleʀite] *nf* celeridad *f*
**céleste** [selɛst] *adj* celeste
**célibat** [seliba] *nm* (*prêtre*) celibato; (*d'homme, de femme*) soltería
**célibataire** [selibatɛʀ] *adj* soltero(-a); **mère ~** madre *f* soltera ▶ *nmf* soltero(-a)
**celle, celles** [sɛl] *pron voir* **celui**
**cellier** [selje] *nm* bodega
**cellophane**® [selɔfan] *nf* celofán *m*
**cellulaire** [selylɛʀ] *adj* celular; **voiture** *ou* **fourgon ~** coche *m ou* furgón *m* celular; **régime ~** régimen *m* celular
**cellule** [selyl] *nf* (*aussi fig*) célula; (*de prisonnier, moine*) celda; **~ (photo-électrique)** célula (fotoeléctrica); **~ souche** célula madre
**cellulite** [selylit] *nf* celulitis *f inv*
**celluloïd**® [selylɔid] *nm* celuloide *m*
**cellulose** [selyloz] *nf* celulosa
**celte** [sɛlt] *adj* celta
**celtique** [sɛltik] *adj voir* **celte**
**celui, celle** [səlɥi, sɛl] (*mpl* **ceux**, *fpl* **celles**) *pron* : **~-ci** este/ese; **celle-ci** esta/esa; **~-là** aquel/aquella; **ceux-ci/celles-ci** estos/estas; **ceux-là/celles-là** esos *ou* aquellos/esas *ou* aquellas; **~ de mon frère** el de mi hermano; **~ du salon/du dessous** el del salón/de abajo; **~ qui bouge** (*pour désigner*) el que se mueve; **~ que je vois** el que veo; **~ dont je parle** (*personne*) ese del que hablo; (*chose*) eso de lo que hablo; **~ qui veut** (*valeur indéfinie*) el que quiera
**cénacle** [senakl] *nm* cenáculo
**cendre** [sɑ̃dʀ] *nf* ceniza; **sous la ~** (*Culin*) en las cenizas; **cendres** *nfpl* cenizas *fpl*
**cendré, e** [sɑ̃dʀe] *adj* ceniciento(-a); (**piste**) **cendrée** pista de ceniza
**cendrier** [sɑ̃dʀije] *nm* cenicero
**cène** [sɛn] *nf* cena
**censé, e** [sɑ̃se] *adj* : **je suis ~ faire sept heures par jour** se supone que hago siete horas diarias
**censément** [sɑ̃semɑ̃] *adv* aparentemente
**censeur, e** [sɑ̃sœʀ] *nm/f* (*du lycée*) subdirector(a); (*Pol, Presse, Ciné*) censor(a)
**censure** [sɑ̃syʀ] *nf* censura
**censurer** [sɑ̃syʀe] *vt* censurar
**cent** [sɑ̃] *adj* (*avant un nombre*) ciento; (*avant un substantif*) cien; **~ cinquante** ciento cincuenta; **~ euros** cien euros; **faire les ~ pas** ir y venir, ir de un lado para otro ▶ *nm* ciento; (*Math*) cien *m inv*; **pour ~** por ciento; **un ~ de** un centenar de
**centaine** [sɑ̃tɛn] *nf* centena; **une ~ (de)** un centenar (de); **plusieurs centaines (de)** varios centenares (de); **des centaines (de)** centenares (de)
**centenaire** [sɑ̃t(ə)nɛʀ] *adj, nmf* centenario(-a) ▶ *nm* (*anniversaire*) centenario
**centième** [sɑ̃tjɛm] *adj, nmf* centésimo(-a) ▶ *nm* (*fraction, de seconde*) centésima; *voir aussi* **cinquantième**
**centigrade** [sɑ̃tigʀad] *nm* centígrado
**centigramme** [sɑ̃tigʀam] *nm* centigramo
**centilitre** [sɑ̃tilitʀ] *nm* centilitro
**centime** [sɑ̃tim] *nm* céntimo; **~ d'euro** céntimo de euro
**centimètre** [sɑ̃timɛtʀ] *nm* centímetro; (*ruban*) cinta métrica
**centrafricain, e** [sɑ̃tʀafʀikɛ̃, ɛn] *adj* centroafricano(-a)
**central, e, -aux** [sɑ̃tʀal, o] *adj* (*aussi fig*) central ▶ *nm* : **~ (téléphonique)** central *f* (telefónica)
**centrale** [sɑ̃tʀal] *nf* (*prison*) central *f*; **~ d'achat** centro de compras; **~ électrique/nucléaire** central eléctrica/nuclear; **~ syndicale** central sindical
**centralisation** [sɑ̃tʀalizasjɔ̃] *nf* centralización *f*
**centraliser** [sɑ̃tʀalize] *vt* centralizar
**centralisme** [sɑ̃tʀalism] *nm* centralismo
**centraméricain, e** [sɑ̃tʀameʀikɛ̃, ɛn] *adj* centroamericano(-a)
**centre** [sɑ̃tʀ] *nm* centro; (*Football : joueur*) centrocampista; **le ~** (*Pol*) el centro; **~ aéré** *centro de ocio infantil al aire libre*; **~ commercial/culturel** centro comercial/cultural; **~ d'appels** centro de llamadas;

**centrer – cessation**

**~ d'apprentissage** centro de formación profesional; **~ d'attraction** centro de atracción; **~ d'éducation surveillée** centro de enseñanza vigilada; **~ de détention** centro penitenciario; **~ de gravité** centro de gravedad; **~ de loisirs** centro de recreo; **~ de semi-liberté** centro de reclusión en régimen abierto; **~ de tri** centro de correos; **~ hospitalier/sportif** centro hospitalario/deportivo; **centres nerveux** (Anat) centros mpl nerviosos

**centrer** [sɑ̃tʀe] vt, vi centrar; **~ sur** (débat) centrar en

**centre-ville** [sɑ̃tʀəvil] (pl **centres-villes**) nm centro de la ciudad

**centrifuge** [sɑ̃tʀifyʒ] adj : **force ~** fuerza centrífuga

**centrifuger** [sɑ̃tʀifyʒe] vt centrifugar

**centrifugeuse** [sɑ̃tʀifyʒøz] nf centrifugadora

**centripète** [sɑ̃tʀipɛt] adj : **force ~** fuerza centrípeta

**centrisme** [sɑ̃tʀism] nm centrismo

**centriste** [sɑ̃tʀist] adj, nmf centrista mf

**centuple** [sɑ̃typl] nm : **le ~ de qch** el céntuplo de algo; **au ~** con creces

**centupler** [sɑ̃typle] vi, vt centuplicar

**CEP** [seəpe] sigle m (= certificat d'études primaires) voir **certificat**

**cep** [sɛp] nm cepa

**cépage** [sepaʒ] nm cepa

**cèpe** [sɛp] nm boleto

**cependant** [s(ə)pɑ̃dɑ̃] conj sin embargo, no obstante

**céramique** [seʀamik] nf cerámica

**céramiste** [seʀamist] nmf ceramista mf

**cerbère** [sɛʀbɛʀ] (péj) nm cancerbero

**cerceau, x** [sɛʀso] nm aro

**cercle** [sɛʀkl] nm (Géom) círculo; (objet circulaire) círculo, aro; (de jeu, bridge) club m; **décrire un ~** describir un círculo; **~ d'amis** círculo de amigos; **~ de famille** entorno familiar; **~ vertueux** círculo virtuoso; **~ vicieux** círculo vicioso

**cercler** [sɛʀkle] vt : **lunettes cerclées d'or** gafas fpl con montura de oro

**cercueil** [sɛʀkœj] nm ataúd m, féretro

**céréale** [seʀeal] nf cereal m; **céréales** nfpl (du petit déjeuner) cereales mpl

**céréalier, -ière** [seʀealje, jɛʀ] adj cerealista

**cérébral, e, -aux** [seʀebʀal, o] adj cerebral; (fig) cerebral, analizador(a)

**cérémonial** [seʀemɔnjal] nm ceremonial m

**cérémonie** [seʀemɔni] nf ceremonia; **cérémonies** nfpl (péj : façons, chichis) formalidades fpl

**cérémonieux, -euse** [seʀemɔnjø, jøz] (péj) adj ceremonioso(-a)

**cerf** [sɛʀ] nm ciervo

**cerfeuil** [sɛʀfœj] nm perifollo

**cerf-volant** [sɛʀvɔlɑ̃] (pl **cerfs-volants**) nm cometa; **jouer au ~** jugar a la cometa

**cerisaie** [s(ə)ʀizɛ] nf cerezal m

**cerise** [s(ə)ʀiz] nf, adj inv cereza; **la ~ sur le gâteau** (fig) la guinda (del pastel)

**cerisier** [s(ə)ʀizje] nm cerezo

**CERN** [sɛʀn] sigle m (= Conseil européen pour la recherche nucléaire) CERN m (= Consejo Europeo para la Investigación Nuclear)

**cerné, e** [sɛʀne] adj (ville, armée) cercado(-a); (yeux) ojeroso(-a)

**cerner** [sɛʀne] vt (armée, ville) cercar; (problème) delimitar; (être autour) rodear

**cernes** [sɛʀn] nmpl (des yeux) ojeras fpl

**certain, e** [sɛʀtɛ̃, ɛn] adj (indéniable) cierto(-a), seguro(-a); (personne) : **~ (de/que)** seguro(-a) (de/de que), convencido(-a) (de/de que); (plus ou moins défini) : **un ~ Georges** un tal Georges; **un ~ courage** (non négligeable) mucho valor; **certains cas** algunos casos; **d'un ~ âge** de cierta edad; **un ~ temps** cierto tiempo; **sûr et ~** completamente seguro

**certainement** [sɛʀtɛnmɑ̃] adv (probablement) probablemente; (bien sûr) sin duda, por supuesto

**certains** [sɛʀtɛ̃] pron pl algunos

**certes** [sɛʀt] adv (bien sûr) por supuesto; (sans doute) sin duda alguna; (en réponse) ciertamente

**certificat** [sɛʀtifika] nm certificado; **~ de fin d'études secondaires** certificado de fin de estudios secundarios; **~ médical/de vaccination** certificado médico/de vacunación

**certifié, e** [sɛʀtifje] adj : **professeur ~** profesor m diplomado; **copie certifiée conforme (à l'original)** copia compulsada

**certifier** [sɛʀtifje] vt asegurar; (document, signature) certificar; **~ à qn que** asegurar a algn que

**certitude** [sɛʀtityd] nf certeza

**cérumen** [seʀymɛn] nm cerumen m

**cerveau, x** [sɛʀvo] nm (aussi fig) cerebro

**cervelas** [sɛʀvəla] nm salchicha corta y gruesa de carne y sesos

**cervelle** [sɛʀvɛl] nf (d'un animal) cerebro; (Culin) sesos mpl; **se creuser la ~** romperse la cabeza, devanarse los sesos

**cervical, e, -aux** [sɛʀvikal, o] adj cervical

**cervidés** [sɛʀvide] nmpl cérvidos mpl

**CES** [seəɛs] sigle m (= collège d'enseignement secondaire) ≈ Instituto de Enseñanza Media

**ces** [se] adj dém voir **ce**

**césarienne** [sezaʀjɛn] nf cesárea

**cessantes** [sesɑ̃t] adj fpl : **toutes affaires ~** con prioridad

**cessation** [sesasjɔ̃] nf cese m; **~ de commerce** cese de comercio; **~ de paiements** suspensión f de pagos; **~ des hostilités** cese de hostilidades

## cesse – chambre

**cesse** [sɛs] : **sans ~** adv sin parar; **n'avoir de ~ que** no descansar hasta que

**cesser** [sese] vt cesar ▶ vi parar, cesar; **~ de faire** dejar de hacer; **faire ~** (bruit, scandale) acabar con

**cessez-le-feu** [sesel(ə)fø] nm inv alto el fuego

**cession** [sesjɔ̃] nf cese m

**c'est** [sɛ] voir **ce**

**c'est-à-dire** [sɛtadiʀ] adv es decir; **~ ?** (demander de préciser) ¿es decir?, ¿y?; **~ que** (en conséquence) es decir que, o sea que; (manière d'excuse) es decir que

**CET** [seəte] sigle m (= collège d'enseignement technique) ≈ centro de FP

**cet** [sɛt] adj dém voir **ce**

**cétacé** [setase] nm cetáceo

**cette** [sɛt] adj dém voir **ce**

**ceux** [sø] pron voir **celui**

**cévenol, e** [sevnɔl] adj de Cévennes ▶ nm/f : **Cévenol, e** nativo(-a) ou habitante mf de Cévennes

**cf.** [seef] abr (= confer) cfr. (= confróntese)

**CFAO** [seefao] sigle f = **conception et fabrication assistées par ordinateur**

**CFC** [seefse] sigle m (= chlorofluorocarbone) CFC m (= clorofluorocarbono)

**CFF** [seefɛf] (SUISSE) sigle m (= Chemins de fer fédéraux) ≈ RENFE ou Renfe f (= Red Nacional de los Ferrocarriles Españoles)

**CFP** [seefpe] sigle m (= Centre de formation professionnelle) ≈ centro de formación profesional para adultos

**CFTC** [seeftese] sigle f (= Confédération française des travailleurs chrétiens) sindicato obrero

**CGC** [segese] sigle f (= Confédération générale des cadres) sindicato de cuadros

**CGT** [seʒete] sigle f (= Confédération générale du travail) sindicato obrero

**CH** abr = **Confédération helvétique**

**ch.** abr = **charge** ; **chauffage** ; = **cherche**

**chacal** [ʃakal] nm chacal m

**chacun, e** [ʃakœ̃, yn] pron cada uno(-a); (indéfini) todos(-as)

**chagrin, e** [ʃagʀɛ̃, in] adj triste, taciturno(-a) ▶ nm pena; **avoir du ~** sentir pena

**chagriner** [ʃagʀine] vt apenar; (contrarier) enojar

**chahut** [ʃay] nm jaleo; (Scol) alboroto

**chahuter** [ʃayte] vt incordiar ▶ vi alborotar

**chahuteur, -euse** [ʃaytœʀ, øz] nm/f alborotador(a)

**chai** [ʃɛ] nm bodega

**chaîne** [ʃɛn] nf cadena; (TV) cadena, canal m; **travail à la ~** trabajo en cadena; **réactions en ~** reacciones fpl en cadena; **faire la ~** hacer una cadena humana; **~ audio** equipo ou cadena audio; **~ de fabrication/de montage** cadena de fabricación/de montaje; **~ de montagnes** cadena de montañas, cordillera; **~ de solidarité** cadena de solidaridad; **~ hi-fi** equipo de alta fidelidad; **~ stéréo** equipo estéreo; **chaînes** nfpl (liens, asservissement) lazos mpl; (pour pneus) cadenas fpl

**chaînette** [ʃɛnɛt] nf cadenita, esclava

**chaînon** [ʃɛnɔ̃] nm (fig) eslabón m; **le ~ manquant** el eslabón perdido

**chair** [ʃɛʀ] nf carne f; **la ~** (Rel) la carne; **avoir la ~ de poule** tener la carne ou piel de gallina; **être bien en ~** estar entrado(-a) en carnes; **en ~ et en os** de carne y hueso; **~ à saucisses** carne picada de cerdo ▶ adj inv : **(couleur) ~** (color) carne inv

**chaire** [ʃɛʀ] nf (d'église) púlpito; (Univ) cátedra

**chaise** [ʃɛz] nf silla; **~ de bébé** silla de bebé; **~ électrique** silla eléctrica; **~ longue** tumbona, hamaca

**chaland** [ʃalɑ̃] nm chalana, gabarra

**châle** [ʃɑl] nm chal m

**chalet** [ʃalɛ] nm chalet m, chalé m

**chaleur** [ʃalœʀ] nf (aussi fig) calor m; (ardeur, emportement) ardor m; **en ~** en celo

**chaleureusement** [ʃalœʀøzmɑ̃] adv calurosamente

**chaleureux, -euse** [ʃalœʀø, øz] adj (accueil, gens) caluroso(-a)

**challenge** [ʃalɑ̃ʒ] nm (Sport) trofeo

**challenger** [ʃalɑ̃ʒɛʀ] nm (Sport) aspirante mf

**chaloupe** [ʃalup] nf (de sauvetage) bote m salvavidas

**chalumeau, x** [ʃalymo] nm soplete m

**chalut** [ʃaly] nm red f; **pêcher au ~** pescar con redes ou traínas

**chalutier** [ʃalytje] nm trainera; (pêcheur) pescador m

**chamade** [ʃamad] nf : **battre la ~** retumbar

**chamailler** [ʃamaje] (fam) : **se chamailler** vpr reñir

**chamarré, e** [ʃamaʀe] adj recargado(-a)

**chambard** [ʃɑ̃baʀ] (fam) nm jaleo, alboroto

**chambardement** [ʃɑ̃baʀdəmɑ̃] (fam) nm : **c'est le grand ~** es el gran desbarajuste

**chambarder** [ʃɑ̃baʀde] (fam) vt (objets) revolver; (projets) cambiar

**chamboulé, e** [ʃɑ̃bule] (fam) adj alterado(-a), trastocado(-a); **se trouver ~** trastocarse, verse alterado

**chamboulement** [ʃɑ̃bulmɑ̃] (fam) nm desbarajuste m, desorden m; (bouleversement) alteración f

**chambouler** [ʃɑ̃bule] (fam) vt (objets) revolver; (projets) alterar, trastocar

**chambranle** [ʃɑ̃bʀɑ̃l] nm chambrana, marco

**chambre** [ʃɑ̃bʀ] nf (d'un logement) habitación f, cuarto; (Tech, Pol, Comm) cámara; (Jur) sala; **faire ~ à part** dormir en habitaciones separadas; **stratège/alpiniste en ~** estratega mf/alpinista mf de tres al cuarto; **~ à air** cámara de aire; **~ à coucher** dormitorio; **~ à gaz** cámara de gas; **~ à un lit/deux lits** (à l'hôtel) habitación individual/

## chambrée – chantonner

doble; **~ d'accusation** sala de acusación; **~ d'agriculture** cámara agrícola; **~ d'amis** cuarto de invitados; **~ de combustion** cámara de combustión; **C~ de commerce et d'industrie** cámara de comercio y de industria; **C~ des députés** Cámara de los diputados; **~ des machines** sala de máquinas; **C~ des métiers** Cámara de oficios; **~ d'hôte** habitación de huéspedes; **~ forte** cámara acorazada; **~ froide** cámara frigorífica; **~ meublée** habitación amueblada; **~ noire** (Photo) cámara oscura; **~ pour une/deux personne(s)** habitación para una/dos persona(s)

**chambrée** [ʃɑ̃bʀe] nf dormitorio

**chambrer** [ʃɑ̃bʀe] vt (vin) poner a temperatura ambiente

**chameau, x** [ʃamo] nm camello

**chamois** [ʃamwa] nm gamuza ▶ adj inv : **(couleur) ~** (color) gamuza

**champ** [ʃɑ̃] nm (aussi fig) campo; **dans le ~** (Photo) en el campo visual; **prendre du ~** alejarse, tomar distancia; **laisser le ~ libre à qn** dejar el campo libre a algn; **~ d'action** campo de acción; **~ de bataille** campo de batalla; **~ de courses** hipódromo; **~ de manœuvre/de mines/de tir** campo de maniobras/de minas/de tiro; **~ d'honneur** campo de honor; **~ visuel** campo visual; **les champs** nmpl (la campagne) el campo

**Champagne** [ʃɑ̃paɲ] nf Champaña

**champagne** [ʃɑ̃paɲ] nm champán m; **fine ~** coñac m

**champenois, e** [ʃɑ̃pənwa, waz] adj de Champaña ▶ nm/f : **Champenois, e** nativo(-a) ou habitante mf de Champaña

**champêtre** [ʃɑ̃pɛtʀ] adj campestre

**champignon** [ʃɑ̃piɲɔ̃] nm seta; (Bot) hongo; (fam : accélérateur) acelerador m; **~ de couche** ou **de Paris** champiñón; **~ vénéneux** seta venenosa

**champion, ne** [ʃɑ̃pjɔ̃, jɔn] adj campeón(-ona) ▶ nm/f (Sport) campeón(-ona); (d'une cause) paladín m; **~ du monde** campeón(-ona) del mundo

**championnat** [ʃɑ̃pjɔna] nm campeonato

**chance** [ʃɑ̃s] nf suerte f; (occasion) oportunidad f; **bonne ~ !** ¡buena suerte!; **avoir de la ~** tener suerte; **je n'ai pas de ~** no tengo suerte; **encore une ~ que tu viennes !** ¡qué suerte ou bien que vengas!; **donner sa ~ à qn** dar una oportunidad a algn; **chances** nfpl (probabilités) posibilidades fpl; **il y a de fortes chances pour que Paul soit malade** es muy posible que Paul esté enfermo; **il a des chances de gagner** tiene probabilidades de ganar

**chancelant, e** [ʃɑ̃s(ə)lɑ̃, ɑ̃t] adj (personne, pas) tambaleante; (santé) delicado(-a)

**chanceler** [ʃɑ̃s(ə)le] vi tambalearse

**chancelier** [ʃɑ̃səlje] nm canciller m

**chancellerie** [ʃɑ̃sɛlʀi] nf cancillería

**chanceux, -euse** [ʃɑ̃sø, øz] adj afortunado(-a)

**chancre** [ʃɑ̃kʀ] nm chancro

**chandail** [ʃɑ̃daj] nm jersey m

**Chandeleur** [ʃɑ̃dlœʀ] nf : **la ~** la Candelaria

**chandelier** [ʃɑ̃dəlje] nm candelabro

**chandelle** [ʃɑ̃dɛl] nf vela; **faire une ~** (Sport) hacer un voleo; **monter en ~** (Aviat) elevarse verticalmente; **dîner aux chandelles** cenar a la luz de las velas; **tenir la ~** llevar el cesto, ir de carabina

**change** [ʃɑ̃ʒ] nm cambio; **opérations de ~** operaciones fpl de cambio; **le contrôle des changes** el control de cambio; **gagner/perdre au ~** ganar/perder en ou con el cambio; **donner le ~ à qn** (fig) dar gato por liebre a algn

**changeant, e** [ʃɑ̃ʒɑ̃, ɑ̃t] adj variable

**changement** [ʃɑ̃ʒmɑ̃] nm cambio; **~ climatique** cambio climático; **~ de vitesse** cambio de velocidades ou marchas

**changer** [ʃɑ̃ʒe] vt cambiar; **~ qn/qch de place** cambiar a algo/algn de lugar; **~ qch en** convertir algo en; **cela me change** esto es un cambio para mí; **~ de** cambiar de; **~ d'air** cambiar de aires; **~ de vêtements** cambiarse de ropa; **~ de place avec qn** cambiar de sitio con algn; **~ de vitesse** (Auto) cambiar de velocidad ou de marcha ▶ vi cambiar; **il faut ~ à Lyon** hay que cambiar en Lyon; **se changer** vpr cambiarse

**changeur** [ʃɑ̃ʒœʀ] nm cambista mf; **~ automatique** máquina (automática) para (dar) cambio

**chanoine** [ʃanwan] nm canónigo

**chanson** [ʃɑ̃sɔ̃] nf canción f; **c'est toujours la même ~** (fig) siempre con la misma cantinela

**chansonnette** [ʃɑ̃sɔnɛt] nf cancioncilla

**chansonnier** [ʃɑ̃sɔnje] nm (de cabaret) tonadillero(-a); (livre) cancionero

**chant** [ʃɑ̃] nm canto; **posé de** ou **sur ~** (Tech) colocado de canto; **~ de Noël** villancico

**chantage** [ʃɑ̃taʒ] nm chantaje m; **faire du ~** chantajear ou hacer chantaje

**chantant, e** [ʃɑ̃tɑ̃, ɑ̃t] adj melodioso(-a)

**chanter** [ʃɑ̃te] vt cantar; (louer) alabar ▶ vi cantar; **~ juste** cantar sin desafinar; **~ faux** desafinar; **si cela lui chante** (fam) si le apetece; **faire ~ qn** chantajear ou hacer chantaje a algn

**chanterelle** [ʃɑ̃tʀɛl] nf cantarela

**chanteur, -euse** [ʃɑ̃tœʀ, øz] nm/f cantante mf; **~ de charme** cantante de melodías sentimentales

**chantier** [ʃɑ̃tje] nm obra; **être/mettre en ~** estar/poner en obras; **~ naval** astillero

**chantilly** [ʃɑ̃tiji] nf voir **crème**

**chantonner** [ʃɑ̃tɔne] vi, vt canturrear

**chantre** [ʃɑ̃tR] *nm (fig)* poeta cantor *m*
**chanvre** [ʃɑ̃vR] *nm* cáñamo
**chaos** [kao] *nm* caos *m inv*
**chaotique** [kaɔtik] *adj* caótico(-a)
**chapardage** [ʃapaRdaʒ] *nm* sisa, hurto
**chaparder** [ʃapaRde] *vt* sisar, hurtar
**chapeau, x** [ʃapo] *nm* sombrero; *(Presse)* entradilla; ~! *excl* ¡bravo!; **partir sur les chapeaux de roues** arrancar a toda velocidad; ~ **melon** bombín *m*; ~ **mou** sombrero flexible
**chapeauter** [ʃapote] *vt (Admin)* tener bajo su mando
**chapelain** [ʃaplɛ̃] *nm* capellán *m*
**chapelet** [ʃaplɛ] *nm (Rel, fig)* rosario; *(d'ail)* ristra; **dire son** ~ rezar el rosario
**chapelier, -ière** [ʃapəlje, jɛR] *nm/f* sombrerero(-a)
**chapelle** [ʃapɛl] *nf* capilla; ~ **ardente** capilla ardiente
**chapellerie** [ʃapɛlRi] *nf* sombrerería
**chapelure** [ʃaplyR] *nf* pan rallado
**chaperon** [ʃapRɔ̃] *nm* carabina
**chaperonner** [ʃapRɔne] *vt* hacer de carabina, acompañar
**chapiteau, x** [ʃapito] *nm (Archit)* capitel *m*; *(de cirque)* carpa
**chapitrage** [ʃapitRaʒ] *nm* división *f* en capítulos *(de un DVD)*
**chapitre** [ʃapitR] *nm* capítulo; *(sujet)* tema; *(Rel)* cabildo; **avoir voix au** ~ tener voz y voto
**chapitrer** [ʃapitRe] *vt* reprender, echar una bronca
**chapon** [ʃapɔ̃] *nm* capón *m*
**chaque** [ʃak] *adj* cada; **c'est deux euros** ~ son dos euros cada uno(-a); ~ **fois que** cada vez que
**char** [ʃaR] *nm* carro; *(Mil : aussi :* **char d'assaut***)* carro de combate; *(de carnaval)* carroza
**charabia** [ʃaRabja] *(péj) nm* galimatías *msg*
**charade** [ʃaRad] *nf* charada
**charbon** [ʃaRbɔ̃] *nm* carbón *m*; ~ **de bois** carbón de leña
**charbonnage** [ʃaRbɔnaʒ] *nm* : **Charbonnages de France** *(compagnie)* explotaciones hulleras francesas
**charbonnier, -ière** [ʃaRbɔnje, jɛR] *adj, nm/f* carbonero(-a)
**charcuterie** [ʃaRkytRi] *nf (magasin)* charcutería; *(produits)* embutidos *mpl*
**charcutier, -ière** [ʃaRkytje, jɛR] *nm/f* chacinero(-a)
**chardon** [ʃaRdɔ̃] *nm* cardo
**chardonneret** [ʃaRdɔnRɛ] *nm* jilguero
**charentais, e** [ʃaRɑ̃tɛ, ɛz] *adj* de Charente ▶ *nm/f* : **Charentais, e** nativo(-a) *ou* habitante *mf* de Charente
**charentaise** [ʃaRɑ̃tɛz] *nf (pantoufle)* zapatilla
**Charentes** [ʃaRɑ̃t] *nfpl* Charentes *mpl*

## chantre – charogne

**charge** [ʃaRʒ] *nf* carga; *(rôle)* misión *f*, responsabilidad *f*; *(Mil)* ataque *m*; *(travail, Jur)* cargo; **à** ~ **de** a cargo de; **prise en** ~ **(par la Sécurité Sociale)** gastos cubiertos por la Seguridad Social; **à** ~ **de revanche** en desquite; **prendre en** ~ hacerse cargo de; **revenir à la** ~ volver a la carga; ~ **utile** carga máxima; *(Comm)* carga rentable; **charges sociales** cargas sociales; **charges** *nfpl (du loyer)* facturas *fpl*; *(d'un commerçant)* gastos *mpl*
**chargé, e** [ʃaRʒe] *adj* cargado(-a); *(journée)* ocupado(-a); *(estomac)* pesado(-a); ~ **de** encargado(-a) de ▶ *nm/f* : ~ **d'affaires** encargado(-a) de negocios; ~ **de cours** *(Univ)* profesor(-a) adjunto(-a)
**chargement** [ʃaRʒəmɑ̃] *nm (marchandises)* cargamento; *(action)* carga
**charger** [ʃaRʒe] *vt* cargar; *(Jur)* declarar en contra de; *(un portrait, une description)* recargar; ~ **qn de qch/faire qch** encargar a algn de algo/que haga algo ▶ *vi* cargar; **se charger** *vpr* : **se** ~ **de** encargarse de; **se** ~ **de faire qch** encargarse de hacer algo
**chargeur** [ʃaRʒœR] *nm* cargador *m*; ~ **de batterie** cargador de batería
**chariot** [ʃaRjo] *nm* carretilla; *(à bagages, provisions)* carro; *(charrette)* carreta; *(de machine à écrire)* rodillo; ~ **élévateur** carretilla elevadora
**charisme** [kaRism] *nm* carisma *m*
**charitable** [ʃaRitabl] *adj* caritativo(-a); *(gentil)* amable
**charité** [ʃaRite] *nf* caridad *f*; *(aumône)* limosna; **faire la** ~ **à** dar limosna a; **fête/vente de** ~ fiesta/venta benéfica
**charivari** [ʃaRivaRi] *nm* cencerrada, jaleo
**charlatan** [ʃaRlatɑ̃] *nm* charlatán *m*
**charlotte** [ʃaRlɔt] *nf* tarta de frutas recubierta con bizcochos de azúcar
**charmant, e** [ʃaRmɑ̃, ɑ̃t] *adj* encantador(a)
**charme** [ʃaRm] *nm* encanto; *(Bot)* carpe *m*; *(envoûtement)* encanto, hechizo; **c'est ce qui fait son** ~ es lo que le da encanto; **faire du** ~ **(à qn)** coquetear (con algn); **aller** *ou* **se porter comme un** ~ estar más sano que una manzana; **charmes** *nmpl (appas)* encanto *msg*
**charmer** [ʃaRme] *vt (plaire)* fascinar; *(envoûter)* encantar, hechizar; **je suis charmé de** *(enchanté)* estoy encantado de
**charmeur, -euse** [ʃaRmœR, øz] *adj, nm/f* seductor(a); ~ **de serpents** encantador(a) de serpientes
**charnel, le** [ʃaRnɛl] *adj* carnal
**charnier** [ʃaRnje] *nm* osario
**charnière** [ʃaRnjɛR] *nf (de porte)* bisagra, gozne *m*; *(fig : du siècle)* punto decisivo; (: *du texte)* punto de inflexión
**charnu, e** [ʃaRny] *adj* carnoso(-a)
**charogne** [ʃaRɔɲ] *nf* carroña; *(fam !)* ruin *m*

**charolais, e** [ʃaʀɔlɛ, ɛz] *adj* charolés(-esa) ▶ *nm* : **le C~** el Charolais ▶ *nm/f* : **Charolais, e** charolés(-esa)

**charpente** [ʃaʀpɑ̃t] *nf (d'un bâtiment)* armazón *m*; *(fig)* estructura; *(carrure)* estructura, constitución *f*

**charpenté, e** [ʃaʀpɑ̃te] *adj* : **bien** *ou* **solidement ~** *(personne)* de constitución fuerte; *(texte)* bien estructurado(-a)

**charpenterie** [ʃaʀpɑ̃tʀi] *nf* carpintería de armar

**charpentier, -ière** [ʃaʀpɑ̃tje, jɛʀ] *nm/f* carpintero(a) de armar

**charpie** [ʃaʀpi] *nf* : **en ~** hecho(-a) trizas *ou* picadillo

**charretier** [ʃaʀtje] *nm* carretero; **de ~** *(péj : langage etc)* de carretero

**charrette** [ʃaʀɛt] *nf* carreta

**charrier** [ʃaʀje] *vt* transportar; *(fleuve)* arrastrar ▶ *vi (fam)* pasarse de la raya

**charroyer** [ʃaʀwaje] *vt* acarrear

**charrue** [ʃaʀy] *nf* arado

**charte** [ʃaʀt] *nf* carta

**charter** [ʃaʀtɛʀ] *nm* chárter *m*

**chas** [ʃɑ] *nm* ojo

**chasse** [ʃas] *nf* caza; *(aussi :* **chasse d'eau***)* cisterna; **la ~ est ouverte/fermée** la veda está levantada/cerrada; **aller à la ~** ir de caza; **prendre en ~** perseguir, dar caza a; **donner la ~ à** *(fugitif)* dar caza a; **tirer la ~ (d'eau)** tirar de la cadena; **~ à courre** caza a caballo; **~ à l'homme** cacería humana; **~ aérienne** caza aérea; **~ gardée** *(aussi fig)* coto vedado; **~ sous-marine** caza submarina

**châsse** [ʃɑs] *nf* relicario

**chassé-croisé** [ʃasekʀwaze] *(pl* **chassés-croisés***) nm (Danse)* cruzado; *(fig)* cruce *m*

**chasse-neige** [ʃasnɛʒ] *(pl* **~(s)***) nm* quitanieves *m inv*

**chasser** [ʃase] *vt* cazar; *(expulser)* echar; *(idée)* desechar; *(dissiper)* disipar ▶ *vi* cazar; *(Auto)* patinar, derrapar

**chasseur, -euse** [ʃasœʀ, øz] *nm/f (de gibier)* cazador(a); **~ de têtes** *(fig)* cazatalentos *m inv*; **~ d'images** cazador(a) de imágenes; **chasseurs alpins** *(Mil)* cazadores de montaña del ejército francés ▶ *nm (avion)* (avión de) caza *m*; *(domestique)* botones *m inv*

**chassieux, -euse** [ʃasjø, jøz] *adj* legañoso(-a)

**châssis** [ʃɑsi] *nm (de voiture)* chasis *m inv*; *(cadre : en bois, métal)* bastidor *m*; *(de jardin)* vivero

**chaste** [ʃast] *adj* casto(-a)

**chasteté** [ʃastəte] *nf* castidad *f*

**chasuble** [ʃazybl] *nf* casulla; **robe ~** casulla

**chat¹** [ʃa] *nm* gato; **avoir un ~ dans la gorge** tener carraspera; **avoir d'autres chats à fouetter** tener cosas más importantes; **~ sauvage** gato montés

**chat²** [tʃat] *nm (Internet)* chat *m*

**châtaigne** [ʃatɛɲ] *nf* castaña

**châtaignier** [ʃatɛɲe] *nm* castaño

**châtain** [ʃatɛ̃] *adj* castaño(-a)

**château, x** [ʃato] *nm* castillo; **~ d'eau** arca de agua; **~ de sable** castillo de arena; **~ fort** fortaleza, alcázar *m*

**châtelain, e** [ʃat(ə)lɛ̃, ɛn] *nm/f* castellano(-a) ▶ *nf (ceinture)* cadena con dijes

**châtié, e** [ʃatje] *adj (langage, style)* pulido(-a)

**châtier** [ʃatje] *vt* castigar; *(langage, style)* pulir

**chatière** [ʃatjɛʀ] *nf* gatera

**châtiment** [ʃatimɑ̃] *nm* castigo; **~ corporel** castigo corporal

**chatoiement** [ʃatwamɑ̃] *nm* viso

**chaton** [ʃatɔ̃] *nm (Zool)* gatito; *(Bot)* candelilla; *(de bague)* engaste *m*

**chatouillement** [ʃatujmɑ̃] *nm* cosquilleo; *(chatouilles)* cosquillas *fpl*

**chatouiller** [ʃatuje] *vt* hacer cosquillas a; **~ l'odorat** abrir el olfato; **~ le palais** estimular el paladar; **ça chatouille !** ¡qué cosquillas!

**chatouilleux, -euse** [ʃatujø, øz] *adj (aussi fig)* cosquilloso(-a)

**chatoyant, e** [ʃatwajɑ̃, ɑ̃t] *adj* tornasolado(-a)

**chatoyer** [ʃatwaje] *vi* tornasolar

**châtrer** [ʃɑtʀe] *vt (aussi fig)* castrar, capar

**chatte** [ʃat] *nf* gata

**chatter** [tʃate] *vi (Internet)* chatear

**chatterton** [ʃatɛʀtɔn] *nm (Élec)* cinta aislante

**chaud, e** [ʃo, ʃod] *adj* caliente; *(très chaud)* ardiente; *(vêtement)* abrigado(-a); *(couleur)* cálido(-a); *(félicitations)* ardiente, cálido(-a); *(discussion)* acalorado(-a); **il fait ~** hace calor; **tenir ~** abrigar; **ça me tient ~** eso me abriga; **ça me donne ~** eso me da calor ▶ *nm* calor *m*; **avoir ~** tener calor; **rester au ~** permanecer abrigado(-a); **tenir au ~** mantener caliente; **~ et froid** *(Méd)* enfriamiento ▶ *adv* : **manger/boire ~** comer/beber caliente

**chaudement** [ʃodmɑ̃] *adv (s'habiller)* con ropa de abrigo; *(féliciter, défendre etc)* ardientemente

**chaudière** [ʃodjɛʀ] *nf* caldera

**chaudron** [ʃodʀɔ̃] *nm* caldero

**chaudronnerie** [ʃodʀɔnʀi] *nf* calderería

**chauffage** [ʃofaʒ] *nm* calentamiento, calefacción *f*; *(appareils)* calefacción; **arrêter le ~** apagar la calefacción; **~ électrique** calefacción eléctrica; **~ au charbon/au gaz** calefacción de carbón/de gas; **~ central** calefacción central; **~ par le sol** calefacción por suelo

**chauffagiste** [ʃofaʒist] *nm* calefactor *m*

**chauffant, e** [ʃofɑ̃, ɑ̃t] *adj* : **couverture/plaque chauffante** manta/placa térmica

**chauffard** [ʃofaʀ] *(péj) nm* loco(-a) del volante

**chauffe-bain** [ʃofbɛ̃] *(pl* **chauffe-bains***) nm* = **chauffe-eau**

**chauffe-biberon** [ʃofbibʀɔ̃] *nm inv* calientabiberones *m inv*

**chauffe-eau** [ʃofo] *nm inv* calentador *m* de agua
**chauffe-plats** [ʃofpla] *nm inv* calientaplatos *m inv*
**chauffer** [ʃofe] *vt* calentar ▶ *vi* calentar; *(suj: moteur)* calentarse; **se chauffer** *vpr* calentarse
**chaufferie** [ʃofʀi] *nf* sala de máquinas
**chauffeur, -euse** [ʃofœʀ, øz] *nm/f* chófer *mf*, chofer *mf (AM)*; **voiture avec/sans ~** coche *m* con/sin conductor
**chauffeuse** [ʃoføz] *nf* sillita para sentarse junto al fuego
**chauler** [ʃole] *vt (mur)* encalar; *(terre)* abonar con cal
**chaume** [ʃom] *nm (du toit)* paja; *(tiges)* caña
**chaumière** [ʃomjɛʀ] *nf* choza
**chaussée** [ʃose] *nf* calzada; *(digue)* terraplén *m*
**chausse-pied** [ʃospje] *(pl* **chausse-pieds***) nm* calzador *m*
**chausser** [ʃose] *vt* calzar; **~ du 38/42** calzar el 38/42; **~ grand** *(suj: soulier)* dar mucho número; **se chausser** *vpr* calzarse
**chausse-trappe** [ʃostʀap] *(pl* **chausse-trappes***) nf* trampa para alimañas
**chaussette** [ʃosɛt] *nf* calcetín *m*, media *(AM)*
**chausseur** [ʃosœʀ] *nm* zapatero
**chausson** [ʃosɔ̃] *nm* zapatilla; *(de bébé)* patuco; **~ aux pommes** pastel *m* de manzana
**chaussure** [ʃosyʀ] *nf* zapato; **la ~** *(Comm)* el calzado; **chaussures basses** zapatos *mpl* bajos; **chaussures de ski** botas *fpl* de esquí; **chaussures montantes** botas
**chaut** [ʃo] *vt*: **peu me ~** poco me atañe
**chauve** [ʃov] *adj* calvo(-a)
**chauve-souris** [ʃovsuʀi] *(pl* **chauves-souris***) nf* murciélago
**chauvin, e** [ʃovɛ̃, in] *adj*, *nm/f* chovinista *mf*
**chauvinisme** [ʃovinism] *nm* patriotería
**chaux** [ʃo] *nf* cal *f*; **blanchi à la ~** encalado
**chavirer** [ʃaviʀe] *vi (bateau)* zozobrar
**chef** [ʃɛf] *nmf* jefe(-a); **au premier ~** ante todo; **coupable au premier ~** culpable en el más alto grado; **de son propre ~** por su propia iniciativa; **général/commandant en ~** general *mf*/comandante *mf* en jefe; **~ d'accusation** base *f* de acusación; **~ d'atelier** jefe(-a) de taller; **~ d'entreprise** empresario(-a), **~ d'équipe** capataz(a), capataz *mf*; **~ d'État** jefe(-a) de Estado; **~ d'orchestre** director(a) de orquesta; **~ de bureau** jefe(-a) de oficina; **~ de clinique** director(a) de clínica; **~ de famille** cabeza de familia; **~ de file** *(de parti etc)* jefe(-a) de fila(s); **~ de gare** jefe(-a) de estación; **~ de rayon/de service** jefe(-a) de sección/de departamento
**chef-d'œuvre** [ʃɛdœvʀ] *(pl* **chefs-d'œuvre***) nm* obra maestra
**chef-lieu** [ʃɛfljø] *(pl* **chefs-lieux***) nm* cabeza de distrito
**cheftaine** [ʃɛftɛn] *nf* jefa de scouts

**cheikh** [ʃɛk] *nm* jeque *m*
**chelou, e** [ʃəlu] *(fam) adj* sospechoso(-a); **il est ~, ce mec, faut s'en méfier** ese tipo tiene un aspecto sospechoso, cuidado con él
**chemin** [ʃ(ə)mɛ̃] *nm (aussi fig)* camino; **en ~** por el camino; **~ faisant** de camino; **les chemins de fer** los ferrocarriles *mpl*; **~ de terre** camino de tierra
**cheminée** [ʃ(ə)mine] *nf* chimenea
**cheminement** [ʃ(ə)minmɑ̃] *nm* evolución *f*
**cheminer** [ʃ(ə)mine] *vi* caminar; *(fig)* evolucionar, progresar
**cheminot** [ʃ(ə)mino] *nm* ferroviario
**chemise** [ʃ(ə)miz] *nf (vêtement)* camisa; *(dossier)* carpeta; **~ de nuit** camisón *m*
**chemiserie** [ʃ(ə)mizʀi] *nf* camisería
**chemisette** [ʃ(ə)mizɛt] *nf* camiseta
**chemisier** [ʃ(ə)mizje] *nm* blusa
**chenal, -aux** [ʃənal, o] *nm* canal *m*
**chenapan** [ʃ(ə)napɑ̃] *nm (garnement)* pillín *m*; *(péj: vaurien)* granuja *m*
**chêne** [ʃɛn] *nm* roble *m*
**chenet** [ʃ(ə)nɛ] *nm* morillo
**chenil** [ʃ(ə)nil] *nm* perrera; *(élevage)* criadero de perros
**chenille** [ʃ(ə)nij] *nf* oruga; **véhicule à chenilles** coche *m* oruga
**chenillette** [ʃ(ə)nijɛt] *nf* automóvil *m* oruga
**cheptel** [ʃɛptɛl] *nm* ganado
**chèque** [ʃɛk] *nm* cheque *m*, talón *m*; **faire/toucher un ~** extender/cobrar un cheque; **par ~** con cheque; **~ au porteur** cheque al portador; **~ barré** cheque cruzado; **~ de voyage** cheque de viaje; **~ en blanc** cheque en blanco; **~ postal** cheque postal; **~ sans provision** cheque sin fondos
**chèque-cadeau** [ʃɛkkado] *(pl* **chèques-cadeaux***) nm* cheque *m* regalo
**chèque-repas** [ʃɛkʀəpɑ] *(pl* **chèques-repas***) nm* cheque *m* de comida
**chèque-restaurant** [ʃɛkʀɛstɔʀɑ̃] *(pl* **chèques-restaurant***) nm* cheque *m* de comida
**chéquier** [ʃekje] *nm* talonario de cheques
**cher, chère** [ʃɛʀ] *adj (aimé)* querido(-a); *(coûteux)* caro(-a); **mon ~, ma chère** querido(-a) ▶ *adv*: **coûter ~** costar caro; **cela coûte ~** esto cuesta caro; **payer ~** pagar mucho dinero
**chercher** [ʃɛʀʃe] *vt* buscar; **~ des ennuis** buscarse problemas; **~ la bagarre** buscar pelea; **aller ~** ir a buscar; **~ à faire** tratar de hacer
**chercheur, -euse** [ʃɛʀʃœʀ, øz] *nm/f* investigador(a); **~ d'or** buscador(a) de oro
**chère** [ʃɛʀ] *nf*: **la bonne ~** la buena mesa; *voir aussi* **cher**
**chèrement** [ʃɛʀmɑ̃] *adv* cariñosamente
**chéri, e** [ʃeʀi] *adj* querido(-a); **(mon) ~** querido (mío)

**chérir** [ʃeRiR] *vt* querer
**cherté** [ʃɛRte] *nf* : **la ~ de la vie** la carestía de la vida
**chérubin** [ʃeRybɛ̃] *nm* querubín *m*
**chétif, -ive** [ʃetif, iv] *adj* enclenque
**cheval, -aux** [ʃ(ə)val, o] *nm* caballo; **~ vapeur** caballo de vapor; **10 chevaux** 10 caballos; **faire du ~** practicar equitación; **à ~** a caballo; **à ~ sur** (*mur etc*) a horcajadas en *ou* sobre; (*périodes*) a caballo entre; **être à ~ sur** (*domaines*) emanar de; **être à ~ sur le règlement** ser muy estricto(-a) con el reglamento; **monter sur ses grands chevaux** subirse a la parra; **~ à bascule** caballito de balancín; **~ d'arçons** potro; **~ de bataille** (*fig*) caballo de batalla; **~ de course** caballo de carreras; **chevaux de bois** (*des manèges*) caballitos *mpl*; (*manège*) tiovivo; **chevaux de frise** alambradas *fpl*
**chevaleresque** [ʃ(ə)valRɛsk] *adj* caballeresco(-a)
**chevalerie** [ʃ(ə)valRi] *nf* caballería
**chevalet** [ʃ(ə)valɛ] *nm* caballete *m*
**chevalier** [ʃ(ə)valje] *nm* caballero; **~ servant** galán *m*
**chevalière** [ʃ(ə)valjɛR] *nf* (sortija de) sello
**chevalin, e** [ʃ(ə)valɛ̃, in] *adj* (*air, profil*) caballuno(-a); (*race*) caballar; **boucherie chevaline** carnicería de carne de caballo
**cheval-vapeur** [ʃəvalvapœR] *nm* (*pl* **chevaux-vapeur**) *nm voir* **cheval**
**chevauchée** [ʃ(ə)voʃe] *nf* cabalgada
**chevauchement** [ʃ(ə)voʃmɑ̃] *nm* coincidencia
**chevaucher** [ʃ(ə)voʃe] *vi* (*aussi* : **se chevaucher**) montar ▶ *vt* montar
**chevaux** [ʃəvo] *nmpl voir* **cheval**
**chevelu, e** [ʃəv(ə)ly] *adj* cabelludo(-a); (*péj*) melenudo(-a)
**chevelure** [ʃəv(ə)lyR] *nf* cabello
**chevet** [ʃ(ə)vɛ] *nm* presbiterio; **au ~ de qn** al lecho de algn; **lampe de ~** lámpara de noche; **livre de ~** libro que se lee antes de dormir; **table de ~** mesilla de noche
**cheveu, x** [ʃ(ə)vø] *nm* pelo, cabello; **cheveux** *nmpl* pelo *msg*; **se faire couper les cheveux** cortarse el pelo; **avoir les cheveux courts/en brosse** tener el pelo corto/de punta; **tiré par les cheveux** (*histoire*) inverosímil; **cheveux d'ange** (*vermicelles*) cabello *msg* de ángel; (*décoration*) pelusa plateada para árboles de Navidad
**cheville** [ʃ(ə)vij] *nf* (*Anat*) tobillo; (*de bois*) clavija, tarugo; (*pour enfoncer une vis*) clavija; **être en ~ avec qn** tener relación con algn; **~ ouvrière** (*Auto*) clavija maestra; (*fig*) alma
**chèvre** [ʃɛvR] *nf* cabra; **ménager la ~ et le chou** saber nadar y guardar la ropa ▶ *nm* queso de cabra
**chevreau, x** [ʃəvRo] *nm* (*Zool*) cabrito, chivo; (*peau*) cabritilla
**chèvrefeuille** [ʃɛvRəfœj] *nm* madreselva
**chevreuil** [ʃəvRœj] *nm* corzo
**chevron** [ʃəvRɔ̃] *nm* (*poutre*) cabrio; (*galon*) galón *m*; (*motif*) espiga, espiguilla; **à chevrons** de espiguilla
**chevronné, e** [ʃəvRɔne] *adj* veterano(-a)
**chevrotant, e** [ʃəvRɔtɑ̃, ɑ̃t] *adj* trémulo(-a)
**chevroter** [ʃəvRɔte] *vi* (*personne*) hablar con voz temblorosa; (*voix*) temblar
**chevrotine** [ʃəvRɔtin] *nf* perdigón *m*
**chewing-gum** [ʃwiŋgɔm] (*pl* **chewing-gums**) *nm* chicle *m*
**chez** [ʃe] *prép* (*à la demeure de*) en casa de; (*direction*) a casa de; (*auprès de, parmi*) entre; **~-moi/~-soi/~-toi** casa; **~ qn** en casa de algn; **~ moi** (*à la maison*) en mi casa; (*direction*) a mi casa; **~ Racine** en Racine; **~ ce poète** en este poeta; **~ les Français/les renards** entre los franceses/los zorros; **~ lui c'est un devoir** es un deber en él; **aller ~ le boulanger/le dentiste** ir a la panadería/al dentista; **il travaille ~ Renault** trabaja en la Renault
**chf. cent.** *abr* (= *chauffage central*) cal. cen. (= *calefacción central*)
**chiader** [ʃjade] (*fam*) *vt* : **tu l'as chiadé, ton dessin** el dibujo te ha quedado hecho una virguería
**chialer** [ʃjale] (*fam*) *vi* lloriquear
**chiant, e** [ʃjɑ̃, ʃjɑ̃t] (*fam*) *adj* : **c'est ~ !** ¡qué paliza!; **t'es ~ !** ¡qué paliza eres!
**chic** [ʃik] *adj* (*élégant*) elegante; (*de la bonne société*) distinguido(-a); (*généreux*) amable; **faire qch de ~** ser generoso(-a) al hacer algo; **c'était ~ de sa part** ha sido muy amable de su parte ▶ *nm* (*élégance*) elegancia; **avoir le ~ pour** tener el don de; **~ !** ¡estupendo!
**chicane** [ʃikan] *nf* (*obstacle*) : **chicanes** obstáculos *mpl* en zigzag; (*querelle*) pleito
**chicaner** [ʃikane] *vi* : **~ sur** ser quisquilloso(-a) con
**chiche**[1] [ʃiʃ] *adj* tacaño(-a)
**chiche**[2] [ʃiʃ] *excl* (*en réponse à un défi*) ¡a que sí!; **tu n'es pas ~ de lui parler !** ¡a que no te atreves a hablarle!
**chichement** [ʃiʃmɑ̃] *adv* miserablemente; (*mesquinement*) con tacañería
**chichis** [ʃiʃi] *nmpl* : **faire des ~** hacer cursilerías
**chicorée** [ʃikɔRe] *nf* achicoria; **~ frisée** escarola
**chicot** [ʃiko] *nm* raigón *m*
**chien** [ʃjɛ̃] *nm* perro; (*de pistolet*) gatillo; **temps de ~** tiempo de perros; **vie de ~** vida perra; **en ~ de fusil** hecho(-a) un ovillo; **entre ~ et loup** entre dos luces; **~ d'aveugle** perro lazarillo; **~ de chasse/de garde** perro de caza/guardián; **~ de traîneau/de race** perro esquimal/de raza; **~ policier** perro policía
**chiendent** [ʃjɛ̃dɑ̃] *nm* grama

## chien-loup – cholestérol

**chien-loup** [ʃjɛ̃lu] (*pl* **chiens-loups**) *nm* perro lobo

**chienne** [ʃjɛn] *nf* perra

**chier** [ʃje] (*fam!*) *vi* cagar (*fam!*); **faire ~ qn** (*importuner*) dar el coñazo a algn (*fam!*); (*causer des ennuis à*) joder a algn (*fam!*); **se faire ~** (*s'ennuyer*) amuermarse

**chiffe** [ʃif] *nf*: **il est mou comme une ~, c'est une ~ molle** (*fig*) es débil de carácter, no tiene personalidad

**chiffon** [ʃifɔ̃] *nm* trapo

**chiffonné, e** [ʃifɔne] *adj* (*visage*) cansado(-a)

**chiffonner** [ʃifɔne] *vt* arrugar; (*tracasser*) inquietar

**chiffonnier** [ʃifɔnje] *nm* trapero; (*meuble*) mueble con cajones para guardar trapos, joyas etc

**chiffrable** [ʃifrabl] *adj* calculable

**chiffre** [ʃifr] *nm* cifra; (*montant, total*) total *m*; **en chiffres ronds** en números redondos; **écrire un nombre en chiffres** escribir un número en cifras; **chiffres arabes/romains** números *mpl* arábigos/romanos; **~ d'affaires** cifra de negocios; **~ de ventes** cifra de ventas

**chiffrer** [ʃifre] *vt* (*dépense*) calcular; (*message*) cifrar ▶ *vi*: **~ à** ascender a; **se chiffrer à** *vpr* ascender a

**chignole** [ʃiɲɔl] *nf* taladradora de mano

**chignon** [ʃiɲɔ̃] *nm* moño

**chiite** [ʃiit] *adj* chiíta

**Chili** [ʃili] *nm* Chile *m*

**chilien, ne** [ʃiljɛ̃, jɛn] *adj* chileno(-a) ▶ *nm/f*: **Chilien, ne** chileno(-a)

**chimère** [ʃimɛʀ] *nf* quimera

**chimérique** [ʃimeʀik] *adj* quimérico(-a)

**chimie** [ʃimi] *nf* química

**chimio** [ʃimjo] *nf voir* **chimiothérapie**

**chimiothérapie** [ʃimjoteʀapi] *nf* quimioterapia

**chimique** [ʃimik] *adj* químico(-a); **produits chimiques** productos *mpl* químicos

**chimiste** [ʃimist] *nmf* químico(-a)

**chimpanzé** [ʃɛ̃pɑ̃ze] *nm* chimpancé *m*

**chinchilla** [ʃɛ̃ʃila] *nm* chinchilla

**Chine** [ʃin] *nf* China; **la République populaire de ~** la República Popular de China

**chine** [ʃin] *nm* papel *m* de China; (*porcelaine*) porcelana china ▶ *nf* (*brocante*) chamarileo

**chiné, e** [ʃine] *adj* de varios colores

**chiner** [ʃine] *vt* teñir de varios colores ▶ *vi* chamarilear

**chinois, e** [ʃinwa, waz] *adj* chino(-a) ▶ *nm* (*Ling*) chino ▶ *nm/f*: **Chinois, e** chino(-a)

**chinoiserie, chinoiseries** [ʃinwazʀi] (*péj*) *nf* (*gén pl*) tabarra

**chiot** [ʃjo] *nm* cachorro (de perro)

**chiper** [ʃipe] (*fam*) *vt* birlar, mangar

**chipie** [ʃipi] *nf* bruja

**chipolata** [ʃipolata] *nf* chipolata

**chipoter** [ʃipote] *vi* (*manger*) comiscar, picotear; (*ergoter*) discutir por nimiedades; (*marchander*) regatear

**chips** [ʃips] *nfpl* (*aussi*: **pommes chips**) patatas *fpl* fritas *ou* chips

**chique** [ʃik] *nf* mascada

**chiquenaude** [ʃiknod] *nf* papirotazo, papirotada

**chiquer** [ʃike] *vi*, *vt* mascar

**chiromancie** [kiʀɔmɑ̃si] *nf* quiromancia

**chiromancien, ne** [kiʀɔmɑ̃sjɛ̃, jɛn] *nm/f* quiromántico(-a)

**chiropracteur** [kiʀɔpʀaktœʀ] *nm voir* **chiropraticien**

**chiropraticien, ne** [kiʀɔpʀatisjɛ̃, jɛn] *nm/f* quiropráctico(-a)

**chirurgical, e, -aux** [ʃiʀyʀʒikal, o] *adj* quirúrgico(-a)

**chirurgie** [ʃiʀyʀʒi] *nf* cirugía; **~ esthétique** cirugía estética

**chirurgien, ne** [ʃiʀyʀʒjɛ̃, jɛn] *nm/f* cirujano(-a); **~ dentiste** dentista *mf*, odontólogo(-a)

**chiure** [ʃjyʀ] *nf*: **chiures de mouche** cagadas *fpl* de mosca

**ch.-l.** *abr* = **chef-lieu**

**chlore** [klɔʀ] *nm* cloro

**chloroforme** [klɔʀɔfɔʀm] *nm* cloroformo

**chlorophylle** [klɔʀɔfil] *nf* clorofila

**chlorure** [klɔʀyʀ] *nm* cloruro

**choc** [ʃɔk] *nm* choque *m*; **de ~** de choque; **en état de ~** en estado de choque; **~ en retour** (*fig*) choque de rechazo; **~ nerveux** ataque *m* de nervios; **~ opératoire** choque operatorio ▶ *adj*: **prix ~** precio de ganga

**chocolat** [ʃɔkɔla] *nm* chocolate *m*; (*bonbon*) bombón *m*; **~ à croquer** chocolate negro; **~ à cuire** chocolate a la taza; **~ au lait** chocolate con leche; **~ en poudre** chocolate en polvo

**chocolaté, e** [ʃɔkɔlate] *adj* con chocolate

**chocolaterie** [ʃɔkɔlatʀi] *nf* chocolatería

**chocolatier, -ière** [ʃɔkɔlatje, jɛʀ] *nm/f* chocolatero(-a)

**chœur** [kœʀ] *nm* coro; **en ~** a coro

**choir** [ʃwaʀ] *vi*: **laisser ~** abandonar

**choisi, e** [ʃwazi] *adj* (*de premier choix*) escogido(-a), selecto(-a); **textes choisis** (*d'anthologie*) textos *mpl* escogidos

**choisir** [ʃwaziʀ] *vt* escoger, elegir; (*candidat*) elegir; **~ de faire qch** elegir hacer algo

**choix** [ʃwa] *nm* elección *f*; (*assortiment*) selección *f*, surtido; **avoir le ~ de/entre** tener la opción de/entre; **de premier ~** (*Comm*) de primera calidad; **je n'avais pas le ~** no tenía opción; **de ~** escogido(-a), de calidad; **au ~** a escoger; **de mon/son ~** por mi/su gusto; **tu peux partir ou rester, tu as le ~** te vas o te quedas, tú eliges

**choléra** [kɔleʀa] *nm* cólera *m*

**cholestérol** [kɔlɛsteʀɔl] *nm* colesterol *m*

**chômage** [ʃomaʒ] *nm* paro, cesantía (AM); **mettre au ~** dejar en el paro; **être au ~** estar en paro; **~ partiel/structurel/technique** paro parcial/estructural/técnico

**chômé, e** [ʃome] *adj* : **jour ~** día *m* festivo

**chômer** [ʃome] *vi (travailleur, équipements)* estar en paro forzoso

**chômeur, -euse** [ʃomœʀ, øz] *nm/f* parado(-a)

**chope** [ʃɔp] *nf* jarra

**choper** [ʃɔpe] *(fam) vt (attraper : maladie)* pillar (*fam*); *(dérober)* mangar (*fam*)

**choquant, e** [ʃɔkɑ̃, ɑ̃t] *adj* chocante

**choquer** [ʃɔke] *vt* chocar; *(commotioner)* conmocionar

**choral, e** [kɔʀal] *(pl* **-als** *ou* **-aux)** *adj* coral ▶ *nm* coral *m*

**chorale** [kɔʀal] *nf* coral *f*

**chorégraphe** [kɔʀegʀaf] *nmf* coreógrafo(-a)

**chorégraphie** [kɔʀegʀafi] *nf* coreografía

**choriste** [kɔʀist] *nmf* corista *mf*

**chorus** [kɔʀys] *nm* : **faire ~ (avec)** hacer coro (con)

**chose** [ʃoz] *nf* cosa; **dire bien des choses à qn** dar muchos recuerdos a algn; **faire bien les choses** hacer las cosas bien; **parler de choses et d'autres** hablar un poco de todo; **c'est peu de ~** es poca cosa ▶ *nm (fam : machin)* cosa; **choses** *nfpl (situation)* cosas *fpl* ▶ *adj inv* : **être/se sentir tout ~** *(fam : bizarre)* estar/sentirse raro(-a); *(malade)* estar/sentirse mal

**chou, x** [ʃu] *nm* col *f*, berza; **mon petit ~** tesoro mío, amor mío, mi negro (AM); **faire ~ blanc** errar el tiro; **bout de ~** niñito(-a); **~ (à la crème)** pastelillo (de crema); **~ de Bruxelles** col de Bruselas ▶ *adj inv* mono(-a), encantador(a)

**choucas** [ʃuka] *nm* chova

**chouchou, te** [ʃuʃu, ut] *(fam) nm/f* preferido(-a)

**chouchouter** [ʃuʃute] *(fam) vt* mimar

**choucroute** [ʃukʀut] *nf* chucrut *m*

**chouette** [ʃwɛt] *nf* lechuza ▶ *adj (fam)* guay, estupendo(-a); **~ !** ¡qué guay!

**chou-fleur** [ʃuflœʀ] *(pl* **choux-fleurs***) nm* coliflor *f*

**chou-rave** [ʃuʀav] *(pl* **choux-raves***) nm* colinabo

**chouraver** [ʃuʀave] *(fam) vt* mangar (*fam*)

**choyer** [ʃwaje] *vt* mimar

**CHR** [seaɛʀ] *sigle m* = **Centre hospitalier régional**

**chrétien, ne** [kʀetjɛ̃, jɛn] *adj, nm/f* cristiano(-a)

**chrétiennement** [kʀetjɛnmɑ̃] *adv* cristianamente

**chrétienté** [kʀetjɛ̃te] *nf* cristiandad *f*

**Christ** [kʀist] *nm* : **le ~** el Cristo; **un christ** *(crucifix, peinture)* un cristo; **Jésus ~** Jesucristo

**christianiser** [kʀistjanize] *vt* cristianizar

**christianisme** [kʀistjanism] *nm* cristianismo

**chromatique** [kʀɔmatik] *adj* cromático(-a)

**chrome** [kʀom] *nm* cromo

**chromé, e** [kʀome] *adj* cromado(-a)

**chromosome** [kʀomozom] *nm* cromosoma *m*

**chronique** [kʀɔnik] *adj* crónico(-a) ▶ *nf* crónica; **la ~ locale** la crónica local; **la ~ sportive/théâtrale** la crónica deportiva/teatral

**chroniqueur** [kʀɔnikœʀ] *nm* cronista *mf*

**chrono** [kʀɔno] *nm* = **chronomètre**

**chronologie** [kʀɔnɔlɔʒi] *nf* cronología

**chronologique** [kʀɔnɔlɔʒik] *adj* cronológico(-a); **tableau ~** cuadro cronológico

**chronologiquement** [kʀɔnɔlɔʒikmɑ̃] *adv* cronológicamente

**chronomètre** [kʀɔnɔmɛtʀ] *nm* cronómetro

**chronométrer** [kʀɔnɔmetʀe] *vt* cronometrar

**chronométreur** [kʀɔnɔmetʀœʀ] *nm* cronometrador *m*

**chrysalide** [kʀizalid] *nf* crisálida

**chrysanthème** [kʀizɑ̃tɛm] *nm* crisantemo

**chtarbé, e** [ʃtaʀbe] *(fam) adj* chalado(-a) *(fam)*

**CHU** [seaʃy] *sigle m (= centre hospitalo-universitaire)* hospital universitario

**chuchotement** [ʃyʃɔtmɑ̃] *nm* cuchicheo

**chuchoter** [ʃyʃɔte] *vt, vi* cuchichear

**chuintement** [ʃɥɛ̃tmɑ̃] *nm* sonido silbante

**chuinter** [ʃɥɛ̃te] *vi* silbar

**chut** [ʃyt] *excl* ¡chitón!

**chute** [ʃyt] *nf (aussi fig)* caída; *(de papier)* recorte *m*; *(de tissu)* retal *m*; **la ~ des cheveux** la caída del cabello; **faire une ~ (de 10 mètres)** caerse (10 metros); **~ (d'eau)** salto de agua; **~ de reins** rabadilla; **~ libre** caída libre; **chutes de neige** nevadas *fpl*

**chuter** [ʃyte] *vi (ventes, croissance, popularité)* caer; *(tomber par terre)* caer(se); **faire ~** *(gouvernement)* derrocar, derribar; *(équipe championne)* destronar; **faire ~ les cours** hacer caer los precios; **~ dans les sondages** caer en las encuestas

**Chypre** [ʃipʀ] *n* Chipre *f*

**chypriote** [ʃipʀiɔt] *adj, nmf* = **cypriote**

**ci** [si] *adv* : **ce garçon/cet homme-ci** este chico/este hombre; **ces hommes/femmes-ci** estos hombres/estas mujeres; *voir aussi* **par** ; **comme** ; **ci-contre** *etc*

**CIA** [seia] *sigle f* CIA *f*

**ciao** [tʃao] *(fam) excl* ¡chao!

**ci-après** [siapʀɛ] *adv* a continuación

**cibiste** [sibist] *nm* radioaficionado

**cible** [sibl] *nf (aussi fig)* blanco; **atteindre sa ~** *(sujet missile, tireur)* dar en el blanco; *(fig)* alcanzar su objetivo

**cibler** [sible] *vt* dirigirse a, poner la mira en

## ciboire – circonscrire

**ciboire** [sibwaʀ] nm copón m
**ciboule** [sibul] nf cebollino
**ciboulette** [sibulɛt] nf cebolleta
**ciboulot** [sibulo] (fam) nm chola
**cicatrice** [sikatʀis] nf cicatriz f
**cicatriser** [sikatʀize] vi, vt cicatrizar; **se cicatriser** vpr cicatrizarse
**ci-contre** [sikɔ̃tʀ] adv al lado
**ci-dessous** [sidəsu] adv más abajo
**ci-dessus** [sidəsy] adv arriba
**ci-devant** [sidəvɑ̃] nmf inv (Hist) noble mf (nombre que recibían durante la revolución francesa)
**CIDJ** [seideʒi] sigle m (= centre d'information et de documentation de la jeunesse) Centro de Información y Documentación Juvenil
**cidre** [sidʀ] nm sidra
**cidrerie** [sidʀəʀi] nf sidrería
**Cie** abr (= compagnie) Cía (= compañía)
**ciel** [sjɛl] (pl **ciels** ou littér **cieux**) nm cielo; **à ~ ouvert** a cielo abierto; **tomber du ~** (arriver à l'improviste) venir como caído del cielo; (être stupéfait) caer de las nubes; **~!** ¡cielos!; **~ de lit** dosel m; **cieux** nmpl cielos mpl; **sous d'autres cieux** en otros lugares
**cierge** [sjɛʀʒ] nm cirio; **~ pascal** cirio pascual
**cieux** [sjø] nmpl voir **ciel**
**cigale** [sigal] nf cigarra
**cigare** [sigaʀ] nm cigarro, puro
**cigarette** [sigaʀɛt] nf cigarrillo; **~ (à) bout filtre** cigarrillo con filtro; **~ électronique** cigarrillo electrónico
**ci-gît** [siʒi] adv + vb aquí yace
**cigogne** [sigɔɲ] nf cigüeña
**ciguë** [sigy] nf cicuta
**ci-inclus, e** [siɛ̃kly, yz] adj incluso(-a) ▶ adv incluso
**ci-joint, e** [siʒwɛ̃, ɛ̃t] adj adjunto(-a) ▶ adv adjunto; **veuillez trouver ~ ...** encontrará adjunto ...
**cil** [sil] nm pestaña
**ciller** [sije] vi pestañear, parpadear
**cimaise** [simɛz] nf gola, cimacio
**cime** [sim] nf cima
**ciment** [simɑ̃] nm cemento; **~ armé** cemento armado
**cimenter** [simɑ̃te] vt cimentar; (fig) cimentar, afirmar
**cimenterie** [simɑ̃tʀi] nf fábrica de cemento
**cimetière** [simtjɛʀ] nm cementerio, camposanto; **~ de voitures** cementerio de coches
**cinéaste** [sineast] nmf cineasta mf
**ciné-club** [sineklœb] (pl **ciné-clubs**) nm cineclub m
**cinéma** [sinema] nm cine m; **aller au ~** ir al cine; **~ d'animation** cine de animación
**cinémascope®** [sinemaskɔp] nm cinemascope® m
**cinémathèque** [sinematɛk] nf cinemateca

**cinématographie** [sinematɔgʀafi] nf cinematografía
**cinématographique** [sinematɔgʀafik] adj cinematográfico(-a)
**cinéphile** [sinefil] nmf cinéfilo(-a)
**cinétique** [sinetik] adj cinético(-a)
**cingalais, e, cinghalais, e** [sɛ̃galɛ, ɛz] adj cingalés(-esa) ▶ nm (Ling) cingalés m ▶ nm/f: **Cing(h)alais, e** cingalés(-esa)
**cinglant, e** [sɛ̃glɑ̃, ɑ̃t] adj (froid, vent) azotador(a); (propos, ironie) mordaz; (échec) estrepitoso(-a)
**cinglé, e** [sɛ̃gle] (fam) adj chiflado(-a)
**cingler** [sɛ̃gle] vt azotar; (suj: insulte etc) fustigar ▶ vi (Naut): **~ vers** singlar hacia
**cinq** [sɛ̃k] adj inv, nm inv cinco inv; **avoir ~ ans** tener cinco años; **le ~ décembre** el cinco de diciembre; **à ~ heures** a las cinco; **nous sommes ~** somos cinco
**cinquantaine** [sɛ̃kɑ̃tɛn] nf: **une ~ (de)** una cincuentena (de); **avoir la ~** estar en la cincuentena
**cinquante** [sɛ̃kɑ̃t] adj inv, nm inv cincuenta inv; voir aussi **cinq**
**cinquantenaire** [sɛ̃kɑ̃tnɛʀ] adj cincuentenario(-a) ▶ nm (anniversaire) cincuentenario
**cinquantième** [sɛ̃kɑ̃tjɛm] adj, nmf quincuagésimo(-a); **son ~ anniversaire** su cincuenta cumpleaños ▶ nm (partitif) cincuentavo; **vous êtes le ~** Usted es el (número) cincuenta
**cinquième** [sɛ̃kjɛm] adj, nmf quinto(-a); **trois cinquièmes** tres quintos; **un ~ de la population** un quinto de la población ▶ nm quinto ▶ nf (Auto) quinta; (Scol) segundo año de educación secundaria en el sistema francés
**cinquièmement** [sɛ̃kjɛmmɑ̃] adv en quinto lugar
**cintre** [sɛ̃tʀ] nm percha; **plein ~** (Archit) medio punto
**cintré, e** [sɛ̃tʀe] adj (chemise) entallado(-a); (porte, fenêtre) con cimbra
**CIO** [seio] sigle m (= centre d'information et d'orientation) centro de orientación profesional; (= Comité international olympique) COI m (= Comité Olímpico Internacional)
**cirage** [siʀaʒ] nm betún m
**circoncire** [siʀkɔ̃siʀ] vt circuncidar
**circoncis** [siʀkɔ̃si] adj m circunciso
**circoncision** [siʀkɔ̃sizjɔ̃] nf circuncisión f
**circonférence** [siʀkɔ̃feʀɑ̃s] nf circunferencia
**circonflexe** [siʀkɔ̃flɛks] adj: **accent ~** acento circunflejo
**circonlocution** [siʀkɔ̃lɔkysjɔ̃] nf (gén pl) circunloquio
**circonscription** [siʀkɔ̃skʀipsjɔ̃] nf: **~ électorale** circunscripción f electoral
**circonscrire** [siʀkɔ̃skʀiʀ] vt (incendie) circunscribir; (propriété) delimitar

## circonspect – claire-voie

**circonspect, e** [siʀkɔ̃spɛ(kt), ɛkt] *adj* circunspecto(-a)
**circonspection** [siʀkɔ̃spɛksjɔ̃] *nf* circunspección *f*
**circonstance** [siʀkɔ̃stɑ̃s] *nf* circunstancia; **œuvre/air/tête de** ~ obra/aspecto/cara de circunstancias; **circonstances atténuantes** circunstancias *fpl* atenuantes
**circonstancié, e** [siʀkɔ̃stɑ̃sje] *adj* detallado(-a)
**circonstanciel, le** [siʀkɔ̃stɑ̃sjɛl] *adj* (Ling) circunstancial
**circonvenir** [siʀkɔ̃v(ə)niʀ] *vt* embaucar
**circonvolutions** [siʀkɔ̃vɔlysjɔ̃] *nfpl* circunvoluciones *fpl*
**circuit** [siʀkɥi] *nm* circuito; ~ **automobile** circuito automovilístico; ~ **de distribution** circuito de distribución; ~ **fermé/intégré** circuito cerrado/integrado
**circulaire** [siʀkylɛʀ] *adj, nf* circular *f*
**circulation** [siʀkylasjɔ̃] *nf* circulación *f*; **bonne/mauvaise** ~ (du sang) buena/mala circulación; **la** ~ (Auto) la circulación, el tráfico; **il y a beaucoup de** ~ hay mucho tráfico; **mettre en** ~ poner en circulación
**circulatoire** [siʀkylatwaʀ] *adj*: **avoir des troubles circulatoires** tener problemas circulatorios
**circuler** [siʀkyle] *vi* circular; **faire** ~ hacer circular
**cire** [siʀ] *nf* cera; ~ **à cacheter** lacre *m*
**ciré, e** [siʀe] *adj* encerado(-a) ▶ *nm* impermeable *m*
**cirer** [siʀe] *vt* (chaussures) embetunar; (parquet) encerar
**cireur, -euse** [siʀœʀ, øz] *nm/f* limpiabotas *mf inv*
**cireuse** [siʀøz] *nf* (appareil) enceradora
**cireux, -euse** [siʀø, øz] *adj* (teint) ceroso(-a)
**cirque** [siʀk] *nm* circo; (désordre) desbarajuste *m*
**cirrhose** [siʀoz] *nf*: ~ **du foie** cirrosis *f* (hepática)
**cisaille** [sizaj] *nf* cizalla
**cisailler** [sizaje] *vt* cizallar
**cisailles** [sizaj] *nfpl* cizalla
**ciseau, x** [sizo] *nm*: ~ **(à bois)** escoplo; **ciseaux** *nmpl* (gén, de tailleur) tijeras *fpl*; **saut en ciseaux** salto de tijeras
**ciseler** [siz(ə)le] *vt* cincelar
**ciselure** [siz(ə)lyʀ] *nf* cinceladura, cincelado
**Cisjordanie** [sisʒɔʀdani] *nf* Cisjordania
**citadelle** [sitadɛl] *nf* (aussi fig) ciudadela
**citadin, e** [sitadɛ̃, in] *nm/f, adj* ciudadano(-a)
**citation** [sitasjɔ̃] *nf* (d'auteur) cita; (Jur) citación *f*; (Mil) mención *f*
**cité** [site] *nf* ciudad *f*; ~ **ouvrière** ciudad obrera; ~ **universitaire** ciudad universitaria
**cité-dortoir** [sitedɔʀtwaʀ] (*pl* **cités-dortoirs**) *nf* ciudad *f* dormitorio

**cité-jardin** [siteʒaʀdɛ̃] (*pl* **cités-jardins**) *nf* ciudad *f* jardín
**citer** [site] *vt* citar; (nommer) citar, mencionar; ~ **en exemple** (personne) poner como ejemplo; **je ne veux ~ personne** no quiero nombrar a nadie
**citerne** [sitɛʀn] *nf* cisterna
**cithare** [sitaʀ] *nf* cítara
**citoyen, ne** [sitwajɛ̃, jɛn] *nm/f* ciudadano(-a)
**citoyenneté** [sitwajɛnte] *nf* ciudadanía
**citrique** [sitʀik] *adj*: **acide** ~ ácido cítrico
**citron** [sitʀɔ̃] *nm* limón *m*; ~ **pressé** (boisson) limonada; ~ **vert** lima
**citronnade** [sitʀɔnad] *nf* limonada
**citronné, e** [sitʀɔne] *adj* (boisson) con limón; (eau de toilette) al limón
**citronnelle** [sitʀɔnɛl] *nf* toronjil *m*
**citronnier** [sitʀɔnje] *nm* limonero
**citrouille** [sitʀuj] *nf* calabaza
**cive** [siv] *nf* cebolleta
**civet** [sivɛ] *nm* (de lièvre, de chevreuil) civet *m*; ~ **de lièvre** civet de liebre
**civette** [sivɛt] *nf* (Bot, Culin) = **cive(s)**; (Zool) gato de algalia
**civière** [sivjɛʀ] *nf* camilla
**civil, e** [sivil] *adj* civil; (poli) cortés; **habillé en** ~ vestido de paisano *ou* de civil; **mariage/enterrement** ~ matrimonio/entierro civil ▶ *nm* civil *m*; **dans le** ~ en la vida civil
**civilement** [sivilmɑ̃] *adv* cortésmente; **se marier** ~ casarse por lo civil
**civilisation** [sivilizasjɔ̃] *nf* civilización *f*
**civilisé, e** [sivilize] *adj* civilizado(-a)
**civiliser** [sivilize] *vt* civilizar
**civilité** [sivilite] *nf* cortesía; **présenter ses civilités** presentar sus respetos
**civique** [sivik] *adj* cívico(-a); **instruction** ~ educación *f* cívica
**civisme** [sivism] *nm* civismo
**cl** *abr* (= centilitre(s)) cl. (= centilitro(s))
**clafoutis** [klafuti] *nm* pastel *m* de cerezas
**claie** [klɛ] *nf* (de fruit, fromage) enrejado, encañizado; (crible) rejilla de tamizar
**clair, e** [klɛʀ] *adj* (aussi fig) claro(-a); (sauce, soupe) flojo(-a); **pour être** ~ para ser claro(-a); **bleu/rouge** ~ azul/rojo claro; **par temps** ~ en un día claro ▶ *adv*: **voir** ~ ver claro; **y voir** ~ (comprendre) verlo claro; **tirer qch au** ~ sacar algo en claro; **il ne voit plus très** ~ ya no ve con mucha claridad; **mettre au** ~ (notes etc) poner en limpio, pasar a limpio ▶ *nm*: ~ **de lune** claro de luna; **le plus** ~ **de son temps/argent** la mayor parte de su tiempo/dinero; **en** ~ (TV: non crypté) en abierto; (c'est-à-dire) claramente, es decir
**claire** [klɛʀ] *nf*: **(huître de)** ~ ostra de criadero
**clairement** [klɛʀmɑ̃] *adv* claramente
**claire-voie** [klɛʀvwa] (*pl* **claires-voies**) *nf*: **à** ~ (porte, fenêtre) enrejado(-a); (volets, caisse) con aberturas

**clairière** [klɛʀjɛʀ] nf claro, calvero
**clair-obscur** [klɛʀɔpskyʀ] (pl **clairs-obscurs**) nm claroscuro
**clairon** [klɛʀɔ̃] nm clarín m
**claironner** [klɛʀɔne] vt (fig) pregonar, vocear
**clairsemé, e** [klɛʀsəme] adj (cheveux, herbe) ralo(-a), escaso(-a); (maisons) esparcido(-a)
**clairvoyance** [klɛʀvwajɑ̃s] nf clarividencia
**clairvoyant, e** [klɛʀvwajɑ̃, ɑ̃t] adj (perspicace) clarividente; (doué de vision) vidente
**clam** [klam] nm especie de almeja grande
**clamer** [klame] vt clamar
**clameur** [klamœʀ] nf clamor m
**clan** [klɑ̃] nm clan m
**clandestin, e** [klɑ̃dɛstɛ̃, in] adj clandestino(-a); **passager ~** polizón m; **immigration clandestine** inmigración f clandestina
**clandestinement** [klɑ̃dɛstinmɑ̃] adv clandestinamente
**clandestinité** [klɑ̃dɛstinite] nf : **dans la ~** en la clandestinidad; **entrer dans la ~** entrar en la clandestinidad
**clapet** [klapɛ] nm válvula
**clapier** [klapje] nm conejera, madriguera
**clapotement** [klapɔtmɑ̃] nm chapoteo
**clapoter** [klapɔte] vi chapotear
**clapotis** [klapɔti] nm chapoteo
**claquage** [klakaʒ] nm distensión f, tirón m
**claque** [klak] nf bofetada; **la ~** (Théâtre) la claque ▶ nm (chapeau) clac m
**claqué, e** [klake] (fam) adj (épuisé) reventado(-a), molido(-a)
**claquement** [klakmɑ̃] nm (de porte) portazo
**claquemurer** [klakmyʀe] : **se claquemurer** vpr encerrarse en casa
**claquer** [klake] vi (coup de feu) sonar; (porte) golpear; **elle claquait des dents** le castañeteaban los dientes; **~ des doigts** chasquear los dedos ▶ vt (gifler) abofetear; (fam : épuiser) reventar; **~ la porte** dar un portazo; **se claquer** vpr : **se ~ un muscle** distenderse un músculo
**claquettes** [klakɛt] nfpl claquetas fpl
**clarification** [klaʀifikasjɔ̃] nf (fig) aclaración f
**clarifier** [klaʀifje] vt (fig) aclarar
**clarinette** [klaʀinɛt] nf clarinete m
**clarinettiste** [klaʀinetist] nmf clarinetista mf
**clarté** [klaʀte] nf claridad f; **manquer de ~** ser confuso(-a)
**clash** [klaʃ] nm enfrentamiento, disputa
**clasher** [klaʃe] (fam) vt despotricar de; **il n'a pas résisté à ~ son ex-copine via Twitter** no ha podido evitar despotricar de su ex novia en Twitter ▶ vi : **ça va ~** se va a liar (una buena); (personnes) enfrentarse, pelearse
**classe** [klɑs] nf (aussi fig) clase f; (local) clase, aula; **un (soldat de) deuxième ~** un soldado raso; **1re/2e ~** 1ª/2ª clase; **de ~** (de qualité) de clase, de calidad; **faire la ~** dar clase; **aller en ~** ir a clase; **faire ses classes** (Mil) hacer la instrucción; **aller en ~ verte/de neige/de mer** ir al campo/a la nieve/a la playa con la escuela; **~ dirigeante** clase dirigente; **~ grammaticale** clase ou categoría gramatical; **~ ouvrière/sociale/touriste** clase obrera/social/turista; **classes préparatoires** ver nota

**CLASSES PRÉPARATOIRES**

Las **classes préparatoires** consisten en dos años de estudios intensivos en los que los estudiantes se preparan para los exámenes de acceso a las *grandes écoles*. Estos cursos, que presentan gran dificultad, son una continuación del *baccalauréat* y se hacen normalmente en un *lycée*. Se considera que los colegios que imparten estas clases son más prestigiosos que el resto.

**classement** [klasmɑ̃] nm clasificación f; **premier au ~ général** primero en la clasificación general
**classer** [klase] vt clasificar; (personne : péj) encasillar; (Jur) archivar, cerrar; **se ~ premier/dernier** clasificarse el primero/el último
**classeur** [klasœʀ] nm (cahier) clasificador m; (meuble) archivador m; **~ (à anneaux)** carpeta (de anillas)
**classification** [klasifikasjɔ̃] nf clasificación f
**classifier** [klasifje] vt clasificar
**classique** [klasik] adj clásico(-a); (habituel) típico(-a); **études classiques** estudios mpl clásicos ▶ nm (œuvre, auteur) clásico
**claudication** [klodikasjɔ̃] nf claudicación f
**clause** [kloz] nf cláusula
**claustrer** [klostʀe] vt enclaustrar
**claustrophobie** [klostʀɔfɔbi] nf claustrofobia
**clavecin** [klav(ə)sɛ̃] nm clavicordio, clavecín m
**claveciniste** [klav(ə)sinist] nmf clavicordista mf
**clavicule** [klavikyl] nf clavícula
**clavier** [klavje] nm teclado
**clé** [kle] nf llave f; (de boîte de conserves) abrelatas m inv, abridor m; (fig) clave f; **mettre sous ~** poner bajo llave; **prendre la ~ des champs** tomar las de Villadiego; **roman à ~** novela en la que personas reales aparecen como personajes de ficción; **à la ~** (à la fin) al final; **prix clés en main** precio llave en mano; **~ à molette** ou **~ anglaise** llave inglesa; **~ d'ut/de fa/de sol** clave de do/de fa/de sol; **~ de contact** llave de contacto; **~ de voûte** piedra angular; **~ USB** memoria USB, llave USB ▶ adj : **problème/position ~** problema m/posición f clave
**clef** [kle] nf = **clé**

**clématite** [klematit] *nf* clemátide *f*
**clémence** [klemɑ̃s] *nf* clemencia
**clément, e** [klemɑ̃, ɑ̃t] *adj (temps)* suave; *(personne)* clemente
**clémentine** [klemɑ̃tin] *nf* clementina
**cleptomane** [klɛptɔman] *nmf* = **kleptomane**
**clerc** [klɛʀ] *nm* : **~ de notaire** ou **d'avoué** pasante *mf* de notario ou de abogado
**clergé** [klɛʀʒe] *nm* clero
**clérical, e, -aux** [kleʀikal, o] *adj* clerical
**clic** [klik] *nm* clic *m*; **en un ~** en un solo clic
**cliché** [kliʃe] *nm* cliché *m*; *(Ling)* tópico, cliché
**client, e** [klijɑ̃, klijɑ̃t] *nm/f* cliente(-a)
**clientèle** [klijɑ̃tɛl] *nf* clientela; **accorder/retirer sa ~ à** hacerse/dejar de ser cliente(-a) de
**cligner** [kliɲe] *vi* : **~ des yeux** *(rapidement)* parpadear; *(fermer à demi)* entornar los ojos; **~ de l'œil** guiñar (el ojo)
**clignotant, e** [kliɲɔtɑ̃, ɑ̃t] *adj* intermitente ▶ *nm (Auto)* intermitente *m*, direccional *m (AM)*; *(indice de danger)* señal *f* de peligro
**clignoter** [kliɲɔte] *vi (lumière)* parpadear; *(yeux)* parpadear, pestañear
**climat** [klima] *nm* clima *m*; *(fig)* clima, ambiente *m*
**climatique** [klimatik] *adj* climático(-a)
**climatisation** [klimatizasjɔ̃] *nf* climatización *f*
**climatisé, e** [klimatize] *adj* climatizado(-a)
**climatiser** [klimatize] *vt* climatizar
**climatiseur** [klimatizœʀ] *nm* climatizador *m*
**clin d'œil** [klɛ̃dœj] *nm* guiño; **en un ~** en un abrir y cerrar de ojos
**clinique** [klinik] *adj* clínico(-a) ▶ *nf* clínica
**cliniquement** [klinikmɑ̃] *adv* clínicamente
**clinquant, e** [klɛ̃kɑ̃, ɑ̃t] *adj* chillón(-ona), de relumbrón
**clip** [klip] *nm* clip *m*
**clique** [klik] *nf (péj : bande)* pandilla; **prendre ses cliques et ses claques** *(fam)* liar el petate
**cliquer** [klike] *vi (Inform)* clicar; **~ deux fois** clicar dos veces
**cliquet** [klikɛ] *nm* trinquete *m*
**cliqueter** [klik(ə)te] *vi* tintinear; *(Auto)* picar
**cliquetis** [klik(ə)ti] *nm* tintineo
**clitoris** [klitɔris] *nm* clítoris *m inv*
**clivage** [klivaʒ] *nm (Géo)* crucero; *(fig)* divergencia, discrepancia
**clivant, e** [klivɑ̃, ɑ̃t] *adj (sujet, personnalité)* controvertido(-a)
**cloaque** [klɔak] *nm* cloaca
**clochard, e** [klɔʃaʀ, aʀd] *nm/f* mendigo(-a)
**cloche** [klɔʃ] *nf (d'église)* campana; *(fam : niais)* tonto(-a); (: *les clochards*) los mendigos; *(chapeau)* sombrero de campana; **se faire sonner les cloches** *(fam)* recibir un rapapolvo; **~ à fromage** quesera
**cloche-pied** [klɔʃpje] : **à ~** *adv* a la pata coja
**clocher** [klɔʃe] *nm* campanario; **de ~** *(péj)* de pueblo ▶ *vi (fam)* fallar, no andar bien

**clocheton** [klɔʃtɔ̃] *nm* pináculo
**clochette** [klɔʃɛt] *nf* campanilla; *(de vache)* esquila
**clodo** [klodo] *(fam) nm* = **clochard**
**cloison** [klwazɔ̃] *nf* tabique *m*; *(fig)* separación *f*, barrera; **~ étanche** *(fig)* compartimento estanco
**cloisonner** [klwazɔne] *vt (Tech)* tabicar; *(fig)* compartimentar
**cloître** [klwatʀ] *nm* claustro
**cloîtrer** [klwatʀe] *vt* : **se cloîtrer** *(aussi Rel)* enclaustrarse
**clonage** [klɔnaʒ] *nm* clonación *f*
**clone** [klɔn] *nm* clon *m*
**cloner** [klɔne] *vt* clonar
**clope** [klɔp] *(fam) nm* ou *f* pitillo, pito
**clopin-clopant** [klɔpɛ̃klɔpɑ̃] *adv* cojeando, renqueando; *(fig)* renqueando
**clopiner** [klɔpine] *vi* cojear, renquear
**cloporte** [klɔpɔʀt] *nm* cochinilla
**cloque** [klɔk] *nf* ampolla
**cloqué, e** [klɔke] *adj* : **étoffe cloquée** tejido de cloqué
**cloquer** [klɔke] *vi* formar ampollas
**clore** [klɔʀ] *vt (séance, inscriptions)* cerrar, clausurar; **~ une session** *(Inform)* cerrar una sesión; **la séance est close** se cierra la sesión
**clos, e** [klo, kloz] *adj (fermé)* cerrado(-a) ▶ *nm* cercado
**clôt** [klo] *vb voir* **clore**
**clôture** [klotyʀ] *nf (barrière)* cercado, valla; *(des débats, d'un festival)* clausura; *(des portes)* cierre *m*; *(des inscriptions)* cierre del plazo; *(d'une manifestation)* cierre, final *m*
**clôturer** [klotyʀe] *vt (terrain)* cercar; *(festival, débats)* clausurar
**clou** [klu] *nm* clavo; *(Méd)* divieso; **le ~ du spectacle** *(fig)* la principal atracción del espectáculo; **~ de girofle** clavo de especia; **clous** *nmpl (passage clouté)* paso *msg* de peatones; **pneus à clous** neumáticos *mpl* para nieve ou montaña
**clouer** [klue] *vt* clavar; *(de surprise)* dejar clavado(-a); *(suj : coup, maladie)* inmovilizar
**clouté, e** [klute] *adj* claveteado(-a), tachonado(-a)
**clown** [klun] *nm* payaso, clown *m*; **faire le ~** hacer el payaso ou el tonto
**clownerie** [klunʀi] *nf* : **faire des clowneries** hacer payasadas
**club** [klœb] *nm* club *m*
**CM** *sigle m (Scol* : = *cours moyen) voir* **cours**
**cm** *abr* (= *centimètre(s)*) cm. (= *centímetro(s)*)
**CMU** [seɛmy] *nf* (= *couverture maladie universelle*) seguro de enfermedad para personas sin recursos económicos
**CNC** [seɛnse] *sigle m* (= *Conseil national de la consommation*) oficina nacional del consumidor
**CNDP** [seɛndepe] *sigle m* = **Centre national de documentation pédagogique**

**CNED** [knɛd] *sigle m* (= *Centre national d'enseignement à distance*) UNED *f* (= *Universidad Nacional de Educación a Distancia*)

**CNIL** [knil] *sigle f* (= *Commission nationale de l'informatique et des libertés*) Comisión Nacional de Libertades e Informática

**CNIT** [knit] *sigle m* (= *Centre national des industries et des techniques*) centro de exposiciones en Paris

**CNRS** [seɛnɛRɛs] *sigle m* (= *Centre national de la recherche scientifique*) ≈ CSIC *m* (= *Consejo Superior de Investigaciones Científicas*)

**c/o** *abr* (= *care of*) a/c (= al cuidado de)

**coagulant** [kɔagylɑ̃] *nm* coagulante *m*

**coaguler** [kɔagyle] *vi* (*aussi*: **se coaguler**) coagularse

**coaliser** [kɔalize] *vi* : **se ~** agruparse

**coalition** [kɔalisjɔ̃] *nf* coalición *f*

**coasser** [kɔase] *vi* croar

**coauteur** [kootœʀ] *nm* coautor *m*

**coaxial, e, -aux** [kɔaksjal, jo] *adj* coaxial

**cobalt** [kɔbalt] *nm* cobalto

**cobaye** [kɔbaj] *nm* (*aussi fig*) cobaya *m ou f*, conejillo de Indias

**COBOL, cobol** [kɔbɔl] *nm* COBOL *m*, lenguaje *m* común a los problemas de gestión

**cobra** [kɔbʀa] *nm* cobra

**coca** [kɔka] *nf* coca

**cocagne** [kɔkaɲ] *nf*: **pays de ~** Jauja; **mât de ~** cucaña

**cocaïne** [kɔkain] *nf* cocaína

**cocarde** [kɔkaʀd] *nf* escarapela

**cocardier, -ière** [kɔkaʀdje, jɛʀ] *adj* patriotero(-a)

**cocasse** [kɔkas] *adj* chistoso(-a)

**coccinelle** [kɔksinɛl] *nf* mariquita

**coccyx** [kɔksis] *nm* coxis *m*

**coche** [kɔʃ] *nm*: **manquer** *ou* **louper le ~** perder la oportunidad

**cocher** [kɔʃe] *nm* cochero ▶ *vt* marcar (con una cruz)

**cochère** [kɔʃɛʀ] *adj f*: **porte ~** puerta cochera

**cochon, ne** [kɔʃɔ̃, ɔn] *nm* cerdo(-a), chancho(-a) (*AM*); **~ d'Inde** conejillo de Indias, cobaya *m ou f*; **~ de lait** cochinillo, lechón *m* ▶ *nm/f* (*péj*) cerdo(-a) ▶ *adj* (*fam*: *livre, histoire, propos*) verde

**cochonnaille** [kɔʃɔnaj] (*péj*) *nf* charcutería

**cochonnerie** [kɔʃɔnʀi] (*fam*) *nf* porquería; (*grivoiserie*) cochinada

**cochonnet** [kɔʃɔnɛ] *nm* bolín *m*

**cocker** [kɔkɛʀ] *nm* cocker *m*

**cocktail** [kɔktɛl] *nm* cóctel *m*, highball *ou* jaibol *m* (*AM*), daiquiri *ou* daiquirí *m* (*AM*)

**coco** [koko] *nm voir* **noix**; (*fam*) tipo ▶ *nf* (*fam*: *cocaïne*) coca

**cocon** [kɔkɔ̃] *nm* capullo

**cocorico** [kɔkɔʀiko] *excl* ¡quiquiriquí! ▶ *nm* quiquiriquí *m*

**cocotier** [kɔkɔtje] *nm* cocotero

**cocotte** [kɔkɔt] *nf* olla, cacerola; **ma ~** (*fam*) guapa; **~ en papier** pajarita de papel; **~ minute**® olla a presión

**cocu, e** [kɔky] (*fam*) *adj* cornudo(-a) ▶ *nm* cornudo

**cocufier** [kɔkyfje] (*fam*) *vt* poner los cuernos a

**codage** [kɔdaʒ] *nm* codificación *f*

**code** [kɔd] *nm* código; (*conventions*) reglas *fpl*; **se mettre en ~(s)** (*Auto*) poner las luces de cruce; **éclairage** *ou* **phares ~(s)** luz *f* de cruce; **~ barres** código de barras; **~ civil** código civil; **~ de caractère** código de carácter; **~ de conduite** código de conducta; **~ de la route** código de la circulación; **~ machine** código máquina; **~ pénal** código penal; **~ postal** código postal; **~ secret** código secreto

**code-barres** [kɔdbaʀ] (*pl* **codes-barres**) *nm* código de barras

**codéine** [kɔdein] *nf* codeína

**coder** [kɔde] *vt* codificar

**codétenu, e** [kɔdet(ə)ny] *nm/f* compañero(-a) de cárcel

**codicille** [kɔdisil] *nm* codicilo

**codifier** [kɔdifje] *vt* codificar

**codirecteur, -trice** [kɔdiʀɛktœʀ, tʀis] *nm/f* codirector(a)

**coéditeur, -trice** [koeditœʀ, tʀis] *nm/f* co-editor(a); (*rédacteur*) corredactor(a)

**coefficient** [kɔefisjɑ̃] *nm* coeficiente *m*; **~ d'erreur** coeficiente de error

**coéquipier, -ière** [koekipje, jɛʀ] *nm/f* compañero(-a) de equipo

**coercition** [kɔɛʀsisjɔ̃] *nf* coerción *f*

**cœur** [kœʀ] *nm* corazón *m*; (*Cartes*: *couleur*) corazones *mpl*; (*carte*) corazón; **affaire de ~** asunto del corazón, asunto sentimental; **avoir bon/du ~** tener buen corazón; **avoir mal au ~** tener náuseas; **contre son ~** contra su pecho; **opérer qn à ~ ouvert** operar a algn a corazón abierto; **recevoir qn à ~ ouvert** recibir a algn con las manos llenas; **parler à ~ ouvert** hablar con el corazón en la mano; **de tout son ~** de todo corazón; **avoir le ~ gros** *ou* **serré** estar acongojado; **en avoir le ~ net** saber a qué atenerse; **avoir le ~ sur la main** ser muy generoso; **par ~** de memoria; **de bon ~** de buen corazón; **avoir à ~ de faire** empeñarse en hacer; **cela lui tient à ~** esto le apasiona; **prendre les choses à ~** tomar las cosas a pecho; **s'en donner à ~ joie** gozar; **être de tout ~ avec qn** estar de todo corazón con algn; **~ d'artichaut** corazón de alcachofa; **~ de la forêt** corazón del bosque; **~ de laitue** cogollo de lechuga; **~ de l'été** pleno verano; **~ du débat** (*fig*) centro del debate, meollo del debate

**coexistence** [kɔɛgzistɑ̃s] *nf* coexistencia; **~ pacifique** coexistencia pacífica

**coexister** [kɔɛgziste] *vi* coexistir

**coffrage** [kɔfʀaʒ] *nm* (*Constr*) encofrado

**coffre** [kɔfʀ] *nm* (*meuble*) arca; (*coffre-fort*) cofre *m*; (*d'auto*) maletero, baúl *m* (*AM*), maletera (*AND, CSUR*); **avoir du ~** (*fam*) tener mucho fuelle
**coffre-fort** [kɔfʀəfɔʀ] (*pl* **coffres-forts**) *nm* caja fuerte
**coffrer** [kɔfʀe] (*fam*) *vt* meter en chirona
**coffret** [kɔfʀɛ] *nm* cofrecito; **~ à bijoux** joyero
**cogérant, e** [kɔʒeʀɑ̃, ɑ̃t] *nm/f* cogerente *mf*
**cogestion** [kɔʒɛstjɔ̃] *nf* cogestión *f*
**cogiter** [kɔʒite] *vi, vt* cavilar
**cognac** [kɔɲak] *nm* coñac *m*
**cognement** [kɔɲmɑ̃] *nm* golpeteo
**cogner** [kɔɲe] *vt, vi* golpear; **~ sur/contre** golpear en/contra; **~ à la porte/fenêtre** golpear a la puerta/ventana; **se cogner** *vpr* darse un golpe
**cohabitation** [kɔabitasjɔ̃] *nf* cohabitación *f*
**cohabiter** [kɔabite] *vi* cohabitar
**cohérence** [kɔeʀɑ̃s] *nf* coherencia
**cohérent, e** [kɔeʀɑ̃, ɑ̃t] *adj* coherente
**cohésion** [kɔezjɔ̃] *nf* cohesión *f*
**cohorte** [kɔɔʀt] *nf* cohorte *f*
**cohue** [kɔy] *nf* tropel *m*
**coi, coite** [kwa, kwat] *adj* : **rester ~** no decir esta boca es mía
**coiffe** [kwaf] *nf* cofia
**coiffé, e** [kwafe] *adj* : **bien/mal ~** bien/mal peinado(-a); **d'un béret/d'un chapeau** cubierto(-a) con una boina/un sombrero; **~ en arrière** peinado(-a) hacia atrás; **~ en brosse** peinado(-a) con el cepillo
**coiffer** [kwafe] *vt* peinar; (*colline, sommet*) coronar; (*Admin*) estar al frente de; (*dépasser*) ganar, sobrepasar; **~ qn d'un béret** cubrir la cabeza de algn con una boina; **~ qn sur le fil** *ou* **sur le poteau** adelantar a algn en los últimos metros; **se coiffer** *vpr* peinarse; (*se couvrir*) tocarse
**coiffeur, -euse** [kwafœʀ, øz] *nm/f* peluquero(-a)
**coiffeuse** [kwaføz] *nf* (*table*) tocador *m*, coqueta
**coiffure** [kwafyʀ] *nf* (*cheveux*) peinado; (*chapeau*) tocado; **la ~** la peluquería
**coin** [kwɛ̃] *nm* (*gén, d'une table, d'une rue*) esquina; (*pour caler*) calzo; (*pour fendre le bois*) cuña; (*d'une pièce etc*) rincón *m*; (*poinçon*) troquel *m*; **l'épicerie du ~** el ultramarinos de la esquina; **dans le ~** por aquí; **au ~ du feu** al amor de la lumbre; **du ~ de l'œil** de reojo; **regard/sourire en ~** mirada/sonrisa de soslayo
**coincé, e** [kwɛ̃se] *adj* (*tiroir, pièce mobile*) atascado(-a); (*fig*) corto(-a)
**coincer** [kwɛ̃se] *vt* calzar; (*fam : par une question, une manœuvre*) pillar; **se coincer** *vpr* atascarse
**coïncidence** [kɔɛ̃sidɑ̃s] *nf* coincidencia
**coïncider** [kɔɛ̃side] *vi* : **~ avec** coincidir con
**coin-coin** [kwɛ̃kwɛ̃] *nm inv* cuac cuac *m*

**coing** [kwɛ̃] *nm* membrillo; **pâte de ~** carne *f* de membrillo
**coït** [kɔit] *nm* coito
**coite** [kwat] *adj v* **coi**
**coke**[1] [kɔk] *nm* (*charbon*) cok *m*, coque *m*
**coke**[2] [kɔk] (*fam*) *nf* (*cocaïne*) coca
**col**[1] [kɔl] *nm* cuello; (*de montagne*) puerto; **~ de l'utérus** cuello del útero; **~ du fémur** cuello del fémur; **~ roulé** cuello vuelto
**col**[2] [kɔl] *abr* (= *colonne*) col., col.ª (= *columna*)
**coléoptère** [kɔleɔptɛʀ] *nm* coleóptero
**colère** [kɔlɛʀ] *nf* ira, cólera, enojo (*surtout AM*); **être en ~ (contre qn)** estar enfadado(-a) *ou* enojado(-a) (*surtout AM*) (con algn); **mettre qn en ~** hacer enfadar a algn, enojar a algn (*surtout AM*); **se mettre en ~** enfadarse, enojarse (*surtout AM*); **piquer une ~** (*fam*) ponerse hecho una furia
**coléreux, -euse** [kɔleʀø, øz] *adj* colérico(-a)
**colérique** [kɔleʀik] *adj* colérico(-a)
**colibacille** [kɔlibasil] *nm* colibacilo
**colibacillose** [kɔlibasiloz] *nf* colibacilosis *f*
**colifichet** [kɔlifiʃɛ] *nm* baratija, bagatela
**colimaçon** [kɔlimasɔ̃] *nm* caracol *m*; **escalier en ~** escalera de caracol
**colin** [kɔlɛ̃] *nm* merluza
**colin-maillard** [kɔlɛ̃majaʀ] (*pl* **colin-maillards**) *nm* gallina ciega
**colique** [kɔlik] *nf* cólico *m*; (*fig*) tostón *m*; **~ néphrétique** cólico nefrítico
**colis** [kɔli] *nm* paquete *m*; **par ~ postal** por paquete postal
**colistier** [kɔlistje] *nm* miembro de una misma candidatura
**colite** [kɔlit] *nf* colitis *f inv*
**collaborateur, -trice** [kɔ(l)labɔʀatœʀ, tʀis] *nm/f* colaborador(a); (*Pol*) colaboracionista *mf*
**collaboration** [kɔ(l)labɔʀasjɔ̃] *nf* colaboración *f*; (*Hist*) colaboracionismo; **en ~ avec** en colaboración con
**collaborer** [kɔ(l)labɔʀe] *vi* (*aussi Hist*) colaborar; **~ à** colaborar en
**collage** [kɔlaʒ] *nm* collage *m*
**collagène** [kɔlaʒɛn] *nm* colágeno
**collant, e** [kɔlɑ̃, ɑ̃t] *adj* adherente; (*robe*) ajustado(-a); (*péj : personne*) pegajoso(-a) ▶ *nm* (*bas*) pantis *mpl*; (*de danseur*) malla
**collatéral, e, -aux** [kɔ(l)lateʀal, o] *adj* : **les collatéraux** los familiares colaterales
**collation** [kɔlasjɔ̃] *nf* colación *f*
**colle** [kɔl] *nf* (*à papier*) pegamento; (*à papiers peints*) cola; (*devinette*) pega; **avoir une ~** (*Scol*) quedarse castigado; **~ de bureau** goma de pegar; **~ forte** cola fuerte
**collecte** [kɔlɛkt] *nf* colecta; **faire une ~** hacer una colecta
**collecter** [kɔlɛkte] *vt* colectar
**collecteur** [kɔlɛktœʀ] *nm* (*égout*) colector *m*

## collectif – colporteur

**collectif, -ive** [kɔlɛktif, iv] adj colectivo(-a); **immeuble ~** edificio social ▶ nm colectivo; **~ budgétaire** ley f de presupuestos adicional

**collection** [kɔlɛksjɔ̃] nf colección f; (Comm) muestrario; **pièce de ~** pieza de colección; **faire (la) ~ de** coleccionar, hacer (una) colección de; **(toute) une ~ de** (fig) (toda) una colección de; **~ (de mode)** colección (de moda)

**collectionner** [kɔlɛksjɔne] vt coleccionar

**collectionneur, -euse** [kɔlɛksjɔnœʀ, øz] nm/f coleccionista mf

**collectivement** [kɔlɛktivmɑ̃] adv colectivamente

**collectiviser** [kɔlɛktivize] vt colectivizar

**collectivisme** [kɔlɛktivism] nm colectivismo

**collectivité** [kɔlɛktivite] nf colectivo; **la ~** la colectividad; **collectivités locales** administraciones fpl locales

**collège** [kɔlɛʒ] nm colegio; ver nota; **~ d'enseignement secondaire** colegio de enseñanza media; **~ électoral** colegio electoral

- **COLLÈGE**
- 
- El **collège** es un centro público de
- educación secundaria para estudiantes de
- entre once y quince años. Los alumnos
- siguen un plan de estudios que consta de
- una serie de asignaturas comunes y varias
- optativas. Los **collèges** tienen libertad para
- elaborar sus propios horarios y escoger su
- propia metodología. Antes de que dejen el
- **collège**, los alumnos son evaluados
- mediante un examen con el que obtienen
- el denominado *brevet des collèges*.

**collégial, e, -aux** [kɔleʒjal, jo] adj colegiado(-a)

**collégien, ne** [kɔleʒjɛ̃, jɛn] nm/f colegial mf

**collègue** [kɔ(l)lɛg] nmf colega mf

**coller** [kɔle] vt pegar; (papier peint) encolar; (fam: mettre) meter; (par une devinette) pillar; (Scol: fam) catear; **~ son front à la vitre** pegar la frente contra el cristal; **~ qch sur** pegar algo en ▶ vi (être collant) pegarse; (adhérer) pegar; **~ à** adherir a; (fig) cuadrar con

**collerette** [kɔlʀɛt] nf cuello de encaje; (Tech) collar

**collet** [kɔlɛ] nm lazo; **prendre qn au ~** (cou) agarrar a algn por el cuello; **~ monté** encopetado(-a)

**colleter** [kɔlte] vt coger por el cuello; **se ~ avec** agarrarse con

**colleur, -euse** [kɔlœʀ, øz] nm/f: **~ d'affiches** cartelero, pegador(a) de carteles

**collier** [kɔlje] nm collar m; (Tech) collar m, abrazadera; **~ (de barbe), barbe en ~** sotabarba; **~ de serrage** brida de apriete

**collimateur** [kɔlimatœʀ] nm: **être dans le ~** (fig) ser el punto de mira; **avoir qn/qch dans le ~** (fig) tener a algn/a algo en el punto de mira

**colline** [kɔlin] nf colina

**collision** [kɔlizjɔ̃] nf colisión f; (fig) choque m; **entrer en ~ (avec)** chocar (con)

**colloque** [kɔ(l)lɔk] nm coloquio

**collusion** [kɔlyzjɔ̃] nf colusión f

**collutoire** [kɔlytwaʀ] nm colutorio

**collyre** [kɔliʀ] nm colirio

**colmater** [kɔlmate] vt taponar

**coloc** [kɔlɔk] (fam) nmf compañero(-a) de piso

**colocation** [kɔlɔkasjɔ̃] nf: **être en ~** compartir piso

**colombage** [kɔlɔ̃baʒ] nm entramado

**colombe** [kɔlɔ̃b] nf paloma

**Colombie** [kɔlɔ̃bi] nf Colombia

**colombien, ne** [kɔlɔ̃bjɛ̃, jɛn] adj colombiano(-a) ▶ nm/f: **Colombien, ne** colombiano(-a)

**colon** [kɔlɔ̃] nm colono; (enfant) niño de una colonia de vacaciones

**côlon** [kolɔ̃] nm colon m

**colonel** [kɔlɔnɛl] nm coronel m

**colonial, e, -aux** [kɔlɔnjal, jo] adj colonial

**colonialisme** [kɔlɔnjalism] nm colonialismo

**colonialiste** [kɔlɔnjalist] adj, nmf colonialista

**colonie** [kɔlɔni] nf colonia; **~ (de vacances)** colonia (de vacaciones)

**colonisation** [kɔlɔnizasjɔ̃] nf colonización f

**coloniser** [kɔlɔnize] vt colonizar

**colonnade** [kɔlɔnad] nf columnata

**colonne** [kɔlɔn] nf columna; **se mettre en ~ par deux/quatre** formar columna de a dos/cuatro; **en ~ par deux** en columna de a dos; **~ de secours** columna de socorro; **~ (vertébrale)** columna vertebral

**colophane** [kɔlɔfan] nf colofonía

**colorant, e** [kɔlɔʀɑ̃, ɑ̃t] adj colorante ▶ nm colorante m

**coloration** [kɔlɔʀasjɔ̃] nf (couleur) color m; **se faire faire une ~** teñirse

**coloré, e** [kɔlɔʀe] adj (style) florido(-a)

**colorer** [kɔlɔʀe] vt colorear; **se colorer** vpr (ciel) colorearse; (joues) sonrojarse; (tomates, raisins) coger color

**coloriage** [kɔlɔʀjaʒ] nm coloreado

**colorier** [kɔlɔʀje] vt colorear, pintar; **album à ~** álbum m de colorear

**coloris** [kɔlɔʀi] nm colorido

**coloriste** [kɔlɔʀist] nmf colorista mf

**colossal, e, -aux** [kɔlɔsal, o] adj colosal

**colosse** [kɔlɔs] nm coloso

**colostrum** [kɔlɔstʀɔm] nm calostro

**colporter** [kɔlpɔʀte] vt (marchandises) vender de forma ambulante; (nouvelle) propagar

**colporteur, -euse** [kɔlpɔʀtœʀ, øz] nm/f vendedor(a) ambulante

**colt – comme**

**colt** [kɔlt] *nm* colt *m*
**coltiner** [kɔltine] *vt* llevar a hombros; **se coltiner** *vpr* cargar con
**colza** [kɔlza] *nm* colza
**coma** [kɔma] *nm* coma *m*; **être dans le ~** estar en coma
**comateux, -euse** [kɔmatø, øz] *adj* comatoso(-a)
**combat** [kɔ̃ba] *vb voir* **combattre** ▶ *nm* (Mil) combate *m*; (fig) lucha; **~ de boxe** combate de boxeo; **~ de rues** pelea callejera
**combatif, -ive** [kɔ̃batif, iv] *adj* combativo(-a)
**combativité** [kɔ̃bativite] *nf* combatividad *f*
**combattant, e** [kɔ̃batɑ̃, ɑ̃t] *vb voir* **combattre** ▶ *adj* combatiente ▶ *nm* combatiente *m*; (*d'une rixe*) contendiente *m*; **ancien ~** antiguo combatiente
**combattre** [kɔ̃batʀ] *vt, vi* combatir
**combien** [kɔ̃bjɛ̃] *adv* (*interrogatif*) cuánto(-a); (*nombre*) cuántos(-as); (*exclamatif : comme, que*) cómo, qué; **~ de** cuántos(-as); **~ de temps** cuánto tiempo; **~ coûte/pèse ceci ?** ¿cuánto cuesta/pesa esto?; **vous mesurez ~ ?** ¿cuánto mide usted?; **ça fait ~ ?** ¿cuánto es?; **ça fait ~ en largeur ?** ¿cuánto mide de ancho?
**combinaison** [kɔ̃binezɔ̃] *nf* combinación *f*; (*astuce*) plan *m*; (*vêtement, Sport*) traje *m*; (*bleu de travail*) mono, overol *m* (Am)
**combine** [kɔ̃bin] *nf* truco, artimaña
**combiné** [kɔ̃bine] *nm* (*aussi* : **combiné téléphonique**) auricular *m*; (Ski) combinada; (*vêtement*) conjunto (de lencería); **~ nordique** combinada nórdica
**combiner** [kɔ̃bine] *vt* combinar; (*organiser*) organizar
**comble** [kɔ̃bl] *adj* abarrotado(-a); **faire salle ~** (*spectacle, chanteur*) llenar ▶ *nm* (*du bonheur, plaisir*) colmo; **de fond en ~** de arriba abajo; **pour ~ de malchance** para colmo de desgracia; **c'est le ~ !** ¡es el colmo!; **combles** *nmpl* (Constr) armazón *msg* del tejado; **sous les combles** en el desván
**combler** [kɔ̃ble] *vt* (*trou*) llenar; (fig) llenar, cubrir; (*satisfaire*) colmar; **~ qn de joie/d'honneurs** colmar a algn de alegría/de honores
**combustible** [kɔ̃bystibl] *adj, nm* combustible *m*
**combustion** [kɔ̃bystjɔ̃] *nf* combustión *f*
**comédie** [kɔmedi] *nf* comedia; **jouer la ~** (fig) hacer la comedia; **C~ française** ver nota; **~ musicale** comedia musical

> **COMÉDIE FRANÇAISE**
>
> La **Comédie française**, fundada en 1680 por Luis XIV, es el teatro nacional de Francia. Financiado con fondos públicos, la compañía actúa principalmente en el Palais Royal de París y fundamentalmente pone en escena obras del teatro clásico francés.

**comédien, ne** [kɔmedjɛ̃, jɛn] *nm/f* (Théâtre, fig) comediante(-a); (*comique*) cómico(-a)
**comédon** [kɔmedɔ̃] *nm* comedón *m*
**comestible** [kɔmɛstibl] *adj* comestible; **comestibles** *nmpl* comestibles *mpl*
**comète** [kɔmɛt] *nf* cometa *m*
**comice** [kɔmis] *nm* : **comices agricoles** círculos *mpl* de labradores
**comique** [kɔmik] *adj* cómico(-a) ▶ *nmf* cómico(-a); **le ~ de qch** lo gracioso de algo
**comité** [kɔmite] *nm* comité *m*; **petit ~** reunión *f* íntima; **~ d'entreprise** comité de empresa; **~ des fêtes** comité de las fiestas; **~ directeur** junta directiva
**commandant, e** [kɔmɑ̃dɑ̃, ɑ̃t] *nm/f* comandante *mf*; **~ (de bord)** comandante (de a bordo)
**commande** [kɔmɑ̃d] *nf* (Comm) pedido; (*Inform*) mando; **passer une ~ (de)** hacer un pedido (de); **sur ~** de encargo; **véhicule à double ~** vehículo de doble mando; **~ à distance** mando a distancia; **commandes** *nfpl* mandos *mpl*; **prendre les commandes** (*d'un avion, d'un parti*) tomar los mandos; (*fig : d'un mouvement*) tomar las riendas
**commandement** [kɔmɑ̃dmɑ̃] *nm* (*d'une armée*) mando; (*ordre*) mandato; (Rel) mandamiento
**commander** [kɔmɑ̃de] *vt* (Comm) encargar, pedir; (*diriger, ordonner*) mandar; (*contrôler*) regular, controlar; (*imposer*) exigir; **~ à** (Mil) mandar a; (fig) dominar a; **~ à qn de faire qch** ordenar a algn que haga algo; **c'est moi qui commande ici !** ¡aquí mando yo!
**commanditaire** [kɔmɑ̃ditɛʀ] *nm* socio comanditario
**commandite** [kɔmɑ̃dit] *nf* : **(société en) ~** (sociedad *f* en) comandita
**commanditer** [kɔmɑ̃dite] *vt* comanditar
**commando** [kɔmɑ̃do] *nm* comando

[MOT-CLÉ]

**comme** [kɔm] *prép* **1** (*comparaison*) como; **tout comme son père** igual que su padre; **fort comme un bœuf** fuerte como un toro; **il est petit comme tout** es muy pequeño; **il est rond comme une bille** (fam) está como una cuba; **comme c'est pas permis** (fam) como él (ella) solo(-a)
**2** (*manière*) : **comme ça** así; **comment ça va ? — comme ça** ¿qué tal? — así, así; **comme ci, comme ça** así, así; **faites comme cela** hágalo así; **on ne parle pas comme ça à …** no se habla así a …
**3** (*en tant que*) : **donner comme prix/heure** dar como precio/hora; **travailler comme secrétaire** trabajar de secretaria
▶ *conj* **1** (*ainsi que*) como; **elle écrit comme elle parle** escribe como habla; **comme on dit** como se dice; **comme si** como si;

**comme quoi ...** (*disant que*) en el/la/los/las que dice *etc* que ...; (*d'où il s'ensuit que*) lo que demuestra que ...; **comme de juste** como es natural; **comme il faut** como es debido
**2** (*au moment où, alors que*) cuando; **il est parti comme j'arrivais** se marchó cuando yo llegaba
**3** (*parce que, puisque*) como; **comme il était en retard, ...** como se retrasaba, ...
▶ *adv* (*exclamation*) : **comme c'est bon/il est fort !** ¡qué bueno está!/¡qué fuerte es!

**commémoratif, -ive** [kɔmemɔʀatif, iv] *adj* conmemorativo(-a)
**commémoration** [kɔmemɔʀasjɔ̃] *nf* conmemoración *f*
**commémorer** [kɔmemɔʀe] *vt* conmemorar
**commencement** [kɔmɑ̃smɑ̃] *nm* comienzo; **au ~** al principio; **commencements** comienzos *mpl*
**commencer** [kɔmɑ̃se] *vt, vi* comenzar, empezar; (*être placé au début de*) iniciar; **~ à faire** comenzar *ou* empezar a hacer; **~ par qch** comenzar *ou* empezar por algo; **~ par faire qch** comenzar *ou* empezar por hacer algo
**commensal, e, -aux** [kɔmɑ̃sal, o] *nm/f* comensal *mf*
**comment** [kɔmɑ̃] *adv* (*interrogatif*) cómo; **~ ?** ¿cómo?, ¿mande (usted)?; **~ !** (*affirmatif : de quelle façon*) ¡claro!; **et ~ !** ¡pero cómo!; **~ donc !** (*bien sûr*) ¡por supuesto!, ¡pues claro!; **~ aurais-tu fait ?** ¿cómo habrías hecho?; **~ tu t'y serais pris ?** ¿qué habrías hecho tú?; **~ faire ?** ¿cómo hacemos?; **~ se fait-il que ?** ¿cómo es que ...?; **~ est-ce que ça s'appelle ?** ¿cómo se llama eso?; **~ est-ce qu'on ... ?** ¿cómo se ...?; **le ~ et le pourquoi** el cómo y el por qué
**commentaire** [kɔmɑ̃tɛʀ] *nm* (*gén pl*) comentario; **~ (de texte)** comentario (de textos); **~ sur image** comentario con soporte gráfico
**commentateur, -trice** [kɔmɑ̃tatœʀ, tʀis] *nm/f* comentarista *mf*; **~ sportif(-ive)** comentarista deportivo(-a)
**commenter** [kɔmɑ̃te] *vt* comentar
**commérages** [kɔmeʀaʒ] *nmpl* chismes *mpl*
**commerçant, e** [kɔmɛʀsɑ̃, ɑ̃t] *adj* (*rue, ville*) comercial; (*personne*) comerciante ▶ *nm/f* comerciante *mf*
**commerce** [kɔmɛʀs] *nm* (*activité*) comercio, negocio; (*boutique*) comercio, tienda; (*fig : rapports*) trato; **le petit ~** el pequeño comercio; **faire ~ de** comerciar *ou* negociar en; (*fig : péj*) comerciar en; **chambre de ~** cámara de comercio; **livres de ~** libros de comercio; **vendu dans le ~** de venta en comercios; **vendu hors-~** de venta fuera de comercio; **~ en** *ou* **de gros** comercio al por mayor; **~ équitable** comercio justo; **~ extérieur** comercio exterior; **~ intérieur** comercio interior
**commercer** [kɔmɛʀse] *vi* : **~ avec** comerciar *ou* negociar con
**commercial, e, -aux** [kɔmɛʀsjal, jo] *adj* (*aussi péj*) comercial ▶ *nm/f* comercial *mf*; **les commerciaux** los comerciales
**commerciale** [kɔmɛʀsjal] *nf* (*véhicule*) furgoneta
**commercialisable** [kɔmɛʀsjalizabl] *adj* comercializable
**commercialisation** [kɔmɛʀsjalizasjɔ̃] *nf* comercialización *f*
**commercialiser** [kɔmɛʀsjalize] *vt* comercializar
**commère** [kɔmɛʀ] *nf* comadre *f*
**commettant** [kɔmetɑ̃] *vb voir* **commettre** ▶ *nm* (*Jur*) comitente *m*
**commettre** [kɔmɛtʀ] *vt* cometer; **avocat commis d'office** abogado (nombrado) de oficio; **se commettre** *vpr* comprometerse
**commis** [kɔmi] *vb voir* **commettre** ▶ *nm* empleado; **~ voyageur** viajante *m*
**commisération** [kɔmizeʀasjɔ̃] *nf* conmiseración *f*
**commissaire** [kɔmisɛʀ] *nmf* comisario(-a); **~ aux comptes** interventor(a) *ou* censor(a) de cuentas; **~ du bord** sobrecargo *mf*
**commissaire-priseur** [kɔmisɛʀpʀizœʀ] (*pl* **commissaires-priseurs**) *nm* perito tasador
**commissariat** [kɔmisaʀja] *nm* comisaría; (*Admin*) comisariado
**commission** [kɔmisjɔ̃] *nf* comisión *f*; (*message*) recado; (*course*) encargo, recado; **~ d'examen** comisión de examen, tribunal *m*; **commissions** *nfpl* compras *fpl*
**commissionnaire** [kɔmisjɔnɛʀ] *nm* (*livreur*) repartidor *m*; (*messager*) intermediario; (*Transport*) transportista *m*
**commissure** [kɔmisyʀ] *nf* : **la ~ des lèvres** la comisura de los labios
**commode** [kɔmɔd] *adj* cómodo(-a); (*air, personne*) amable; **pas ~** difícil ▶ *nf* cómoda
**commodément** [kɔmɔdemɑ̃] *adv* cómodamente
**commodité** [kɔmɔdite] *nf* comodidad *f*; **commodités** *nfpl* comodidades *fpl*
**commotion** [kɔmosjɔ̃] *nf* conmoción *f*; **~ (cérébrale)** conmoción (cerebral)
**commotionné, e** [kɔmosjɔne] *adj* conmocionado(-a)
**commuer** [kɔmɥe] *vt* conmutar
**commun, e** [kɔmœ̃, yn] *adj* común, colectivo(-a); **sans commune mesure** sin comparación; **bien ~** bien *m* común; **être à ~** ser propio(-a) de; **peu ~** poco común; **d'un ~ accord** de común acuerdo ▶ *nm* : **cela sort du ~** eso sale de lo común; **le ~ des mortels** el común de las gentes; **en ~** en común; **communs** *nmpl* dependencias *fpl*

## communal – compétence

**communal, e, -aux** [kɔmynal, o] *adj* municipal

**communard, e** [kɔmynaʀ, aʀd] *nm/f* partidario de la Comuna

**communautaire** [kɔmynotɛʀ] *adj* comunitario(-a)

**communauté** [kɔmynote] *nf* comunidad *f*; *(Jur)* : **régime de la ~** régimen *m* de la comunidad

**commune** [kɔmyn] *adj f voir* **commun** ▶ *nf* municipio

**communément** [kɔmynemɑ̃] *adv* comúnmente

**communiant, e** [kɔmynjɑ̃, jɑ̃t] *nm/f* comulgante *mf*; **premier ~** niño que hace la Primera Comunión

**communicant, e** [kɔmynikɑ̃, ɑ̃t] *adj* comunicante

**communicatif, -ive** [kɔmynikatif, iv] *adj* *(personne)* comunicativo(-a); *(rire)* contagioso(-a)

**communication** [kɔmynikasjɔ̃] *nf* comunicación *f*; **vous avez la ~** ya tiene la llamada; **donnez-moi la ~ avec** páseme la llamada con; **avoir la ~ (avec)** recibir la llamada (de); **mettre qn en ~ avec qn** *(en contact)* poner a algn en contacto con algn; *(au téléphone)* poner a algn en comunicación con; **travailler dans la ~** trabajar en una empresa de comunicación; **faire des études de ~** estudiar ciencias de la comunicación; **~ avec préavis** aviso de conferencia; **~ d'entreprise** comunicación de empresa; **~ interurbaine** llamada interurbana; **communications** *nfpl* comunicaciones *fpl*

**communier** [kɔmynje] *vi* comulgar

**communion** [kɔmynjɔ̃] *nf* comunión *f*; **première ~** primera comunión; **~ solennelle** comunión solemne

**communiqué** [kɔmynike] *nm* comunicado; **~ de presse** comunicado de prensa

**communiquer** [kɔmynike] *vt* comunicar; *(demande, dossier)* presentar; *(maladie, chaleur)* transmitir; **~ avec** comunicar con ▶ *vi* comunicarse; **se communiquer à** *vpr* tra(n)smitirse a

**communisme** [kɔmynism] *nm* comunismo

**communiste** [kɔmynist] *adj, nmf* comunista *mf*

**commutateur** [kɔmytatœʀ] *nm* conmutador *m*

**commutation** [kɔmytasjɔ̃] *nf* *(Inform)* conmutación *f*; **~ de messages** conmutación de mensajes; **~ de paquets** conmutación de paquetes

**Comores** [kɔmɔʀ] *nmpl* : **les (îles) ~** las (islas) Comores

**comorien, ne** [kɔmɔʀjɛ̃, jɛn] *adj* de Comores ▶ *nm/f* : **Comorien, ne** nativo(-a) *ou* habitante *mf* de Comores

**compact, e** [kɔ̃pakt] *adj* compacto(-a); *(foule)* denso(-a)

**compagne** [kɔ̃paɲ] *nf* compañera

**compagnie** [kɔ̃paɲi] *nf* compañía; **la ~ de qn** la compañía de algn; **homme/femme de ~** hombre *m*/mujer *f* de compañía; **tenir ~ à qn** hacer compañía a algn; **fausser ~ à qn** plantar a algn; **en ~ de** en compañía de; **Dupont et ~, Dupont et Cie** Dupont y compañía, Dupont y Cía; **~ aérienne** compañía aérea

**compagnon, ne** [kɔ̃paɲɔ̃, ɔn] *nm (conjoint, concubin)* compañero ▶ *nm/f (personne)* compañero(-a); *(ouvrier)* obrero

**comparable** [kɔ̃paʀabl] *adj* : **~ (à)** comparable (a)

**comparaison** [kɔ̃paʀɛzɔ̃] *nf* comparación *f*; **en ~ (de)** en comparación (con); **par ~ (à)** comparado(-a) (a); **sans ~** sin comparación

**comparaître** [kɔ̃paʀɛtʀ] *vi* : **~ (devant)** comparecer (ante)

**comparatif, -ive** [kɔ̃paʀatif, iv] *adj* comparativo(-a) ▶ *nm (Ling)* comparativo

**comparativement** [kɔ̃paʀativmɑ̃] *adv* comparativamente; **~ à** en comparación con

**comparé, e** [kɔ̃paʀe] *adj* : **littérature/grammaire comparée** literatura/gramática comparada

**comparer** [kɔ̃paʀe] *vt* comparar; **~ qch/qn à** *ou* **et** comparar algo/algn a *ou* con

**comparse** [kɔ̃paʀs] *(péj) nmf* comparsa *mf*

**compartiment** [kɔ̃paʀtimɑ̃] *nm (de train)* compartim(i)ento; *(case)* casilla

**compartimenté, e** [kɔ̃paʀtimɑ̃te] *adj* con compartimientos; *(fig)* dividido(-a)

**comparu** [kɔ̃paʀy] *pp de* **comparaître**

**comparution** [kɔ̃paʀysjɔ̃] *nf* comparecencia

**compas** [kɔ̃pa] *nm* compás *m*

**compassé, e** [kɔ̃pase] *adj* afectado(-a)

**compassion** [kɔ̃pasjɔ̃] *nf* compasión *f*

**compatibilité** [kɔ̃patibilite] *nf* compatibilidad *f*

**compatible** [kɔ̃patibl] *adj* : **~ (avec)** compatible (con)

**compatir** [kɔ̃patiʀ] *vi* : **~ (à)** compadecerse (de)

**compatissant, e** [kɔ̃patisɑ̃, ɑ̃t] *adj* compasivo(-a)

**compatriote** [kɔ̃patʀijɔt] *nmf* compatriota *mf*

**compensateur, -trice** [kɔ̃pɑ̃satœʀ, tʀis] *adj* compensador(a)

**compensation** [kɔ̃pɑ̃sasjɔ̃] *nf* *(dédommagement)* compensación *f*; **en ~** en compensación

**compensé, e** [kɔ̃pɑ̃se] *adj* : **semelle compensée** plataforma

**compenser** [kɔ̃pɑ̃se] *vt* compensar

**compère** [kɔ̃pɛʀ] *nm* compinche *m*

**compétence** [kɔ̃petɑ̃s] *nf (aussi Jur)* competencia

## compétent – comprimé

**compétent, e** [kɔ̃petɑ̃, ɑ̃t] *adj* competente
**compétitif, -ive** [kɔ̃petitif, iv] *adj* (*Comm*) competitivo(-a)
**compétition** [kɔ̃petisjɔ̃] *nf* competencia; (*Sport*) competición *f*; **la ~** la competición; **être en ~ avec** estar en competencia con; **~ automobile** competición automovilística
**compétitivité** [kɔ̃petitivite] *nf* competitividad *f*
**compilateur** [kɔ̃pilatœʀ] *nm* compilador *m*
**compiler** [kɔ̃pile] *vt* compilar
**complainte** [kɔ̃plɛ̃t] *nf* endecha
**complaire** [kɔ̃plɛʀ] : **se complaire** *vpr* : **se ~ dans/parmi** disfrutar con/entre
**complaisais** [kɔ̃plɛzɛ] *vb voir* **complaire**
**complaisamment** [kɔ̃plɛzamɑ̃] *adv* amablemente; (*péj*) con suficiencia
**complaisance** [kɔ̃plɛzɑ̃s] *nf* (*amabilité*) amabilidad *f*; (*péj*) suficiencia; **attestation de ~** certificado expedido con benevolencia; **pavillon de ~** pabellón *m* de conveniencia
**complaisant, e** [kɔ̃plɛzɑ̃, ɑ̃t] *vb voir* **complaire** ▶ *adj* (*aimable*) complaciente; (*péj*) suficiente
**complaît** [kɔ̃plɛ] *vb voir* **complaire**
**complément** [kɔ̃plemɑ̃] *nm* (*gén, aussi Ling*) complemento; (*reste*) resto;
**~ (circonstanciel) de lieu** complemento (circunstancial) de lugar; **~ d'agent** complemento agente; **~ d'information** (*Admin*) suplemento (informativo);
**~ (d'objet) direct/indirect** complemento directo/indirecto; **~ de nom** complemento del nombre
**complémentaire** [kɔ̃plemɑ̃tɛʀ] *adj* complementario(-a)
**complet, -ète** [kɔ̃plɛ, ɛt] *adj* completo(-a) ▶ *nm* (*aussi* : **complet-veston**) traje *m*; **au (grand) ~** al completo
**complètement** [kɔ̃plɛtmɑ̃] *adv* completamente; (*étudier*) a fondo; **~ nu** completamente desnudo
**compléter** [kɔ̃plete] *vt* completar; **se compléter** *vpr* complementarse
**complexe** [kɔ̃plɛks] *adj* complejo(-a) ▶ *nm* complejo; **faire un ~** tener complejo;
**~ d'infériorité** complejo de inferioridad;
**~ industriel/portuaire/hospitalier** complejo industrial/portuario/hospitalario
**complexé, e** [kɔ̃plɛkse] *adj* acomplejado(-a)
**complexité** [kɔ̃plɛksite] *nf* complejidad *f*
**complication** [kɔ̃plikasjɔ̃] *nf* complicación *f*; **complications** *nfpl* (*Méd*) complicaciones *fpl*
**complice** [kɔ̃plis] *nmf* cómplice *mf*
**complicité** [kɔ̃plisite] *nf* complicidad *f*
**compliment** [kɔ̃plimɑ̃] *nm* cumplido; **compliments** *nmpl* (*félicitations*) enhorabuena *fsg*; **tous mes compliments!** ¡mi enhorabuena!
**complimenter** [kɔ̃plimɑ̃te] *vt* felicitar
**compliqué, e** [kɔ̃plike] *adj* complicado(-a)
**compliquer** [kɔ̃plike] *vt* complicar; **se ~ la vie** complicarse la vida; **se compliquer** *vpr* complicarse
**complot** [kɔ̃plo] *nm* complot *m*
**comploter** [kɔ̃plɔte] *vi* complotar ▶ *vt* tramar
**complu** [kɔ̃ply] *pp de* **complaire**
**comportement** [kɔ̃pɔʀtəmɑ̃] *nm* comportamiento
**comporter** [kɔ̃pɔʀte] *vt* constar de; (*impliquer*) conllevar; **se comporter** *vpr* comportarse
**composant** [kɔ̃pozɑ̃] *nm* componente *m*
**composante** [kɔ̃pozɑ̃t] *nf* componente *m*
**composé, e** [kɔ̃poze] *adj* compuesto(-a); (*visage, air*) de circunstancias; **~ de** compuesto(-a) por ▶ *nm* (*Chim*) compuesto; (*Ling*) nombre *m* compuesto
**composer** [kɔ̃poze] *vt* componer; **~ un numéro** marcar *ou* discar (*AM*) un número ▶ *vi* (*Scol*) redactar; (*transiger*) transigir; **se composer** *vpr* : **se ~ de** componerse de
**composite** [kɔ̃pozit] *adj* variado(-a)
**compositeur, -trice** [kɔ̃pozitœʀ, tʀis] *nm/f* (*Mus*) compositor(a); (*Typo*) cajista *mf*
**composition** [kɔ̃pozisjɔ̃] *nf* composición *f*; (*Scol* : *d'histoire, de math*) prueba; **de bonne ~** acomodadizo(-a); **~ française** redacción *f* de francés
**compost** [kɔ̃pɔst] *nm* compost *m*, abono
**composter** [kɔ̃pɔste] *vt* (*dater*) fechar; (*poinçonner*) picar, cancelar; (*déchets*) compostar
**composteur** [kɔ̃pɔstœʀ] *nm* (*timbre dateur*) sello de caracteres móviles; (*poinçon*) cuño
**compote** [kɔ̃pɔt] *nf* compota; **~ de pommes** compota de manzana
**compotier** [kɔ̃pɔtje] *nm* frutero
**compréhensible** [kɔ̃pʀeɑ̃sibl] *adj* comprensible
**compréhensif, -ive** [kɔ̃pʀeɑ̃sif, iv] *adj* comprensivo(-a)
**compréhension** [kɔ̃pʀeɑ̃sjɔ̃] *nf* comprensión *f*
**comprendre** [kɔ̃pʀɑ̃dʀ] *vt* (*se composer de, être muni de*) comprender, constar de; (*sens, problème*) comprender, entender; (*sympathiser avec*) comprender; (*point de vue*) entender; **se faire ~** hacerse entender; **je me fais ~ ?** ¿me explico?
**compresse** [kɔ̃pʀɛs] *nf* compresa
**compresser** [kɔ̃pʀese] *vt* (*Inform*) comprimir
**compresseur** [kɔ̃pʀesœʀ] *adj m voir* **rouleau** ▶ *nm* (*Tech*) compresor *m*
**compressible** [kɔ̃pʀesibl] *adj* (*Phys*) compresible; (*dépenses*) reducible
**compression** [kɔ̃pʀesjɔ̃] *nf* (*d'un gaz*) compresión *f*; (*d'un crédit, des effectifs*) reducción *f*
**comprimé, e** [kɔ̃pʀime] *adj* : **air ~** aire *m* comprimido ▶ *nm* comprimido, pastilla

## comprimer – concerter

**comprimer** [kɔ̃pʀime] vt (*substance, air*) comprimir; (*crédit, effectifs*) reducir; (*larmes, colère*) reprimir

**compris, e** [kɔ̃pʀi, iz] pp de **comprendre**; **~ ?** ¿entendido? ▶ adj (*inclus*) incluido(-a); **~ entre ...** (*situé*) situado(-a) entre ...; **livraison comprise/non comprise** entrega a domicilio incluida/no incluida; **y/non ~ la maison** inclusive la casa/sin incluir la casa; **service ~** servicio incluido; **20 euros tout ~** 20 euros con todo incluido

**compromettant, e** [kɔ̃pʀɔmetɑ̃, ɑ̃t] adj comprometedor(a)

**compromettre** [kɔ̃pʀɔmɛtʀ] vt comprometer

**compromis** [kɔ̃pʀɔmi] vb voir **compromettre** ▶ nm arreglo

**compromission** [kɔ̃pʀɔmisjɔ̃] nf compromiso

**comptabiliser** [kɔ̃tabilize] vt contabilizar

**comptabilité** [kɔ̃tabilite] nf contabilidad f; **~ en partie double** contabilidad por partida doble

**comptable** [kɔ̃tabl] nmf, adj contable mf, contador m (AM); **~ de** responsable de

**comptant** [kɔ̃tɑ̃] adv : **payer/acheter ~** pagar/comprar al contado

**compte** [kɔ̃t] nm cuenta; **ouvrir un ~** abrir una cuenta; **rendre des comptes à qn** (*fig*) dar cuentas a algn; **faire le ~ de** hacer la cuenta de; **tout ~ fait, au bout du ~** después de todo; **à ce ~-là** (*dans ce cas*) en este caso; (*à ce train-là*) a este paso; **en fin de ~** (*fig*) a fin de cuentas; **à bon ~** a buen precio; **avoir son ~** (*fig : fam*) tener su merecido; **pour le ~ de qn** por cuenta de algn; **pour son propre ~** por su propia cuenta; **sur le ~ de qn** (*à son sujet*) acerca de algn; **travailler à son ~** trabajar por su cuenta; **mettre qch sur le ~ de qn** echar la culpa de algo a algn; **prendre qch à son ~** hacerse cargo de algo; **trouver son ~ à** sacar provecho a, tener interés en; **régler un ~** ajustar cuentas; **rendre ~ (à qn) de qch** dar cuenta de algo (a algn); **tenir ~ de qch/ que** tener en cuenta algo/que; **~ tenu de** teniendo en cuenta, habida cuenta de; **il a fait cela sans avoir tenu ~ de ...** hizo eso sin haber tenido en cuenta ...; **~ à rebours** cuenta atrás; **~ chèque postal, ~ chèques postaux** cuenta de cheques postales; **~ client** cuentas por cobrar; **~ courant** cuenta corriente; **~ de dépôt/d'exploitation** cuenta de depósito/de explotación; **~ fournisseur** cuentas por pagar; **~ rendu** informe m; (*de film, livre*) reseña; **comptes** nmpl (*comptabilité*) cuentas fpl

**compte-goutte** nm, **compte-gouttes** nm inv [kɔ̃tgut] (pl **compte-gouttes**) cuentagotas m inv; **au ~** (*fig*) con cuentagotas

**compter** [kɔ̃te] vt contar; (*facturer*) cobrar; (*comporter*) constar de; **~ réussir/revenir** esperar aprobar/volver; **sans ~ que** sin contar con que; **je compte bien que** espero que ▶ vi contar; (*être économe*) hacer números; **~ pour** (*valoir*) servir para, contar para; **~ parmi** figurar entre; **~ sur** contar con; **~ avec/sans qch/qn** contar con/sin algo/ algn; **à ~ du 10 janvier** a partir del 10 de enero; **ça compte beaucoup pour moi** esto tiene mucha importancia para mí

**compte-tours** [kɔ̃ttuʀ] nm inv cuentarrevoluciones m inv

**compteur** [kɔ̃tœʀ] nm (*d'auto*) cuentakilómetros m inv; (*à gaz, électrique*) contador m; **~ de vitesse** velocímetro

**comptine** [kɔ̃tin] nf canción f infantil

**comptoir** [kɔ̃twaʀ] nm (*de magasin*) mostrador m; (*de café*) barra; (*ville coloniale*) factoría; **prendre un café au ~** tomar un café en la barra

**compulser** [kɔ̃pylse] vt compulsar

**comte, comtesse** [kɔ̃t, kɔ̃tɛs] nm/f conde (condesa)

**con, ne** [kɔ̃, kɔn] (*fam !*) adj, nm/f gilipollas mf inv (*fam !*)

**concasser** [kɔ̃kase] vt machacar

**concave** [kɔ̃kav] adj cóncavo(-a)

**concéder** [kɔ̃sede] vt (*défaite, point*) reconocer, admitir; (*avantage, droit*) conceder; **~ que** admitir que

**concélébrer** [kɔ̃selebʀe] vt concelebrar

**concentration** [kɔ̃sɑ̃tʀasjɔ̃] nf concentración f

**concentrationnaire** [kɔ̃sɑ̃tʀasjɔnɛʀ] adj de campo de concentración

**concentré, e** [kɔ̃sɑ̃tʀe] adj concentrado(-a) ▶ nm concentrado; **~ de tomate(s)** concentrado de tomate

**concentrer** [kɔ̃sɑ̃tʀe] vt concentrar; **se concentrer** vpr concentrarse

**concentrique** [kɔ̃sɑ̃tʀik] adj concéntrico(-a)

**concept** [kɔ̃sɛpt] nm concepto

**concepteur** [kɔ̃sɛptœʀ] nm diseñador m

**conception** [kɔ̃sɛpsjɔ̃] nf (*d'un projet, d'un enfant*) concepción f; (*d'une machine etc*) diseño

**concernant** [kɔ̃sɛʀnɑ̃] prép (*se rapportant à*) referente a, relativo(-a) a; (*en ce qui concerne*) en lo concerniente a

**concerner** [kɔ̃sɛʀne] vt concernir a; **en ce qui me concerne** en lo que a mí respecta; **en ce qui concerne ceci** en lo que concierne a esto, en lo referente a esto

**concert** [kɔ̃sɛʀ] nm (*Mus*) concierto; (*fig*) coro; **de ~** de concierto

**concertation** [kɔ̃sɛʀtasjɔ̃] nf (*échange de vues*) concertación f; (*rencontre*) encuentro

**concerter** [kɔ̃sɛʀte] vt concertar; **se concerter** vpr ponerse de acuerdo, concertarse

## concertiste – condescendant

**concertiste** [kɔ̃sɛrtist] nmf concertista mf
**concerto** [kɔ̃sɛrto] nm concierto
**concession** [kɔ̃sesjɔ̃] nf concesión f
**concessionnaire** [kɔ̃sesjɔnɛr] nmf concesionario(-a)
**concevable** [kɔ̃s(ə)vabl] adj concebible
**concevoir** [kɔ̃s(ə)vwar] vt concebir; (*imaginer*) imaginar; (*machine*) diseñar; (*éprouver*) sentir; (*comprendre*) comprender; **appartement bien/mal conçu** piso bien/mal diseñado; **se concevoir** vpr (*être imaginable*) concebirse; (*être compréhensible*): **ça se conçoit** se entiende
**concierge** [kɔ̃sjɛrʒ] nmf portero(-a); (*d'hôtel*) conserje m
**conciergerie** [kɔ̃sjɛrʒəri] nf portería
**concile** [kɔ̃sil] nm concilio
**conciliable** [kɔ̃siljabl] adj conciliable
**conciliabules** [kɔ̃siljabyl] nmpl conciliábulos mpl
**conciliant, e** [kɔ̃siljɑ̃, ɑ̃t] adj conciliador(a)
**conciliateur, -trice** [kɔ̃siljatœr, tris] nm/f conciliador(a)
**conciliation** [kɔ̃siljasjɔ̃] nf conciliación f
**concilier** [kɔ̃silje] vt conciliar; **se ~ qn/l'appui de qn** ganarse a algn/el apoyo de algn
**concis, e** [kɔ̃si, iz] adj conciso(-a)
**concision** [kɔ̃sizjɔ̃] nf concisión f
**concitoyen, ne** [kɔ̃sitwajɛ̃, jɛn] nm/f conciudadano(-a)
**conclave** [kɔ̃klav] nm cónclave m
**concluant, e** [kɔ̃klyɑ̃, ɑ̃t] vb voir **conclure** ▶ adj concluyente
**conclure** [kɔ̃klyr] vt (*accord, pacte*) concluir; (*terminer*) concluir, terminar; **~ qch de qch** deducir algo de algo; **~ à** (*Jur, gén*): **~ au suicide** decidirse ou pronunciarse por un suicidio; **~ à l'acquittement** pronunciarse por la absolución, dictar la libre absolución; **~ un marché** cerrar un trato; **j'en conclus que** deduzco que
**conclusion** [kɔ̃klyzjɔ̃] nf conclusión f; **en ~** en conclusión; **conclusions** nfpl (*Jur*) conclusiones fpl
**concocter** [kɔ̃kɔkte] vt tramar
**conçois** etc [kɔ̃swa] vb voir **concevoir**
**conçoive** etc [kɔ̃swav] vb voir **concevoir**
**concombre** [kɔ̃kɔ̃br] nm pepino
**concomitant, e** [kɔ̃kɔmitɑ̃, ɑ̃t] adj concomitante
**concordance** [kɔ̃kɔrdɑ̃s] nf concordancia; **la ~ des temps** la concordancia de los tiempos
**concordant, e** [kɔ̃kɔrdɑ̃, ɑ̃t] adj concordante
**concorde** [kɔ̃kɔrd] nf concordia
**concorder** [kɔ̃kɔrde] vi concordar
**concourir** [kɔ̃kurir] vi (*en sport*) competir; **~ à** contribuir a
**concours** [kɔ̃kur] vb voir **concourir** ▶ nm concurso; (*Scol*) examen m eliminatorio; **recrutement par voie de ~** (*Admin*) incorporación f mediante oposición; (*Scol*) incorporación mediante examen eliminatorio; **apporter son ~ à** ayudar a; **~ de circonstances** cúmulo de circunstancias; **~ hippique** concurso hípico
**concret, -ète** [kɔ̃krɛ, ɛt] adj concreto(-a); **musique concrète** música concreta
**concrètement** [kɔ̃krɛtmɑ̃] adv concretamente
**concrétisation** [kɔ̃kretizasjɔ̃] nf concreción f
**concrétiser** [kɔ̃kretize] vt concretar; **se concrétiser** vpr concretarse
**conçu, e** [kɔ̃sy] pp de **concevoir**
**concubin, e** [kɔ̃kybɛ̃, in] nm/f (*Jur*) compañero(-a)
**concubinage** [kɔ̃kybinaʒ] nm concubinato
**concubine** [kɔ̃kybin] nf (*maîtresse*) concubina; voir aussi **concubin**
**concupiscence** [kɔ̃kypisɑ̃s] nf concupiscencia
**concurremment** [kɔ̃kyramɑ̃] adv (*conjointement*) conjuntamente; (*en même temps*) simultáneamente
**concurrence** [kɔ̃kyrɑ̃s] nf competencia; **en ~ avec** en competencia con; **jusqu'à ~ de** hasta un total de; **~ déloyale** competencia desleal
**concurrencer** [kɔ̃kyrɑ̃se] vt hacer la competencia a
**concurrent, e** [kɔ̃kyrɑ̃, ɑ̃t] adj (*société*) competidor(a); (*parti*) opositor(a) ▶ nm/f (*Sport, Écon*) competidor(a); (*Scol*) candidato(-a)
**concurrentiel, le** [kɔ̃kyrɑ̃sjɛl] adj competitivo(-a)
**conçus** [kɔ̃sy] vb voir **concevoir**
**condamnable** [kɔ̃dɑnabl] adj condenable
**condamnation** [kɔ̃dɑnasjɔ̃] nf condena; **~ à mort** condena de muerte
**condamné, e** [kɔ̃dɑne] nm/f condenado(-a)
**condamner** [kɔ̃dɑne] vt condenar; (*malade*) desahuciar; (*fig*) invalidar; **~ qn à qch/à faire** (*obliger*) condenar a algn a algo/a hacer; **~ qn à deux ans de prison** condenar a algn a dos años de prisión; **~ qn à une amende** imponer una multa a algn
**condensateur** [kɔ̃dɑ̃satœr] nm condensador m
**condensation** [kɔ̃dɑ̃sasjɔ̃] nf condensación f
**condensé, e** [kɔ̃dɑ̃se] adj condensado(-a) ▶ nm extracto
**condenser** [kɔ̃dɑ̃se] vt (*texte*) resumir, condensar; (*gaz*) condensar; **se condenser** vpr (*matière*) condensarse
**condescendance** [kɔ̃desɑ̃dɑ̃s] nf condescendencia
**condescendant, e** [kɔ̃desɑ̃dɑ̃, ɑ̃t] adj condescendiente

## condescendre – conflagration

**condescendre** [kɔ̃desɑ̃dʀ] vi : **~ à qch/à faire qch** condescender a algo/a hacer algo
**condiment** [kɔ̃dimɑ̃] nm condimento
**condisciple** [kɔ̃disipl] nmf condiscípulo(-a)
**condition** [kɔ̃disjɔ̃] nf condición f; **sans ~** sin condiciones; **à/sous ~ de/que** a/con la condición de/de que; **en bonne ~** (*aliments, envoi*) en buenas condiciones; **mettre en ~** (*Sport*) entrenar; (*Psych*) condicionar; **conditions** nfpl (*tarif, prix, circonstances*) condiciones fpl; **conditions atmosphériques** condiciones atmosféricas; **conditions de vie** condiciones de vida
**conditionné, e** [kɔ̃disjɔne] adj (*produit*) envasado(-a); **air ~** aire m acondicionado; **réflexe ~** reflejo condicionado
**conditionnel, le** [kɔ̃disjɔnɛl] adj condicional ▶ nm (*Ling*) condicional m
**conditionnement** [kɔ̃disjɔnmɑ̃] nm acondicionamiento; (*emballage*) embalaje m, envasado; (*fig*) condicionamiento
**conditionner** [kɔ̃disjɔne] vt (*aussi fig*) condicionar; (*produit*) envasar, acondicionar
**condoléances** [kɔ̃dɔleɑ̃s] nfpl pésame m
**conducteur, -trice** [kɔ̃dyktœʀ, tʀis] adj conductor(a) ▶ nm (*Élec*) conductor m ▶ nm/f conductor(a)
**conduire** [kɔ̃dɥiʀ] vt conducir; (*passager*) llevar; (*diriger*) dirigir; **~ vers/à** (*suj : route*) conducir a, llevar hacia/a; **~ à** (*suj : attitude, erreur*) llevar a; **~ qn quelque part** llevar a algn a algún sitio; **se conduire** vpr comportarse, portarse; **se ~ bien/mal** portarse bien/mal
**conduit** [kɔ̃dɥi] pp de **conduire** ▶ nm conducto
**conduite** [kɔ̃dɥit] nf (*en auto*) conducción f, manejo (AM); (*comportement*) conducta; (*d'eau, gaz*) conducto; **sous la ~ de** bajo la dirección de; **~ à gauche** conducción f por la izquierda; **~ forcée** tubería ou conducción f forzada; **~ intérieure** coche m cerrado, limusina
**cône** [kon] nm cono; **en forme de ~** en forma de cono; **~ d'avalanche** cono de avalancha; **~ de déjection** cono de deyección
**confection** [kɔ̃fɛksjɔ̃] nf confección f; **la ~** (*Couture*) la confección; **vêtement de ~** ropa de confección
**confectionner** [kɔ̃fɛksjɔne] vt confeccionar
**confédération** [kɔ̃fedeʀasjɔ̃] nf confederación f
**conférence** [kɔ̃feʀɑ̃s] nf conferencia; **~ au sommet** conferencia cumbre; **~ de presse** conferencia de prensa
**conférencier, -ière** [kɔ̃feʀɑ̃sje, jɛʀ] nm/f conferenciante mf
**conférer** [kɔ̃feʀe] vt : **~ à qn** (*titre, grade*) otorgar ou conferir a algn; **~ à qn/qch** (*attitude, aspect*) conferir a algn/algo

**confesser** [kɔ̃fese] vt confesar; **se confesser** vpr confesarse
**confesseur** [kɔ̃fesœʀ] nm confesor m
**confession** [kɔ̃fesjɔ̃] nf confesión f
**confessionnal, -aux** [kɔ̃fesjɔnal, o] nm confesionario
**confessionnel, le** [kɔ̃fesjɔnɛl] adj confesional
**confetti** [kɔ̃feti] nm confetis mpl
**confiance** [kɔ̃fjɑ̃s] nf confianza; **avoir ~ en** tener confianza en; **faire ~ à** confiar en; **en toute ~** con toda confianza; **mettre qn en ~** dar confianza a algn; **de ~** de confianza; **question/vote de ~** moción f/voto de confianza; **inspirer ~ à** inspirar confianza a; **digne de ~** digno de confianza; **~ en soi** confianza en sí mismo
**confiant, e** [kɔ̃fjɑ̃, jɑ̃t] adj confiado(-a)
**confidence** [kɔ̃fidɑ̃s] nf confidencia
**confident, e** [kɔ̃fidɑ̃, ɑ̃t] nm/f confidente mf
**confidentiel, le** [kɔ̃fidɑ̃sjɛl] adj confidencial
**confidentiellement** [kɔ̃fidɑ̃sjɛlmɑ̃] adv confidencialmente
**confier** [kɔ̃fje] vt confiar; **~ qch à qn** (*en dépôt, garde*) confiar algo a algn; **se ~ à qn** confiarse a algn
**configuration** [kɔ̃figyʀasjɔ̃] nf configuración f
**configurer** [kɔ̃figyʀe] vt configurar
**confiné, e** [kɔ̃fine] adj (*air*) viciado(-a); (*chez soi*) recluido(-a)
**confiner** [kɔ̃fine] vt : **~ à** limitar con; (*toucher*) lindar con; **la maladie le confine chez lui** la enfermedad lo tiene recluido en casa; **se confiner dans** ou **à** vpr (*se restreindre*) encerrarse en; (*dans un lieu*) confinarse en, encerrarse en
**confins** [kɔ̃fɛ̃] nmpl : **aux ~ de** en los confines de
**confire** [kɔ̃fiʀ] vt (*au sucre*) confitar; (*au vinaigre*) encurtir
**confirmation** [kɔ̃fiʀmasjɔ̃] nf confirmación f
**confirmer** [kɔ̃fiʀme] vt confirmar; **~ qn dans une croyance** reafirmar a algn en sus creencias; **~ qn dans ses fonctions** ratificar a algn en sus funciones; **~ qch à qn** confirmar algo a algn
**confiscation** [kɔ̃fiskasjɔ̃] nf confiscación f
**confiserie** [kɔ̃fizʀi] nf confitería; **confiseries** nfpl golosinas fpl
**confiseur, -euse** [kɔ̃fizœʀ, øz] nm/f confitero(-a)
**confisquer** [kɔ̃fiske] vt (*Jur*) confiscar; (*à un enfant*) quitar
**confit, e** [kɔ̃fi, it] adj : **fruits confits** frutas fpl confitadas; **~ d'oie** nm conserva de oca en su grasa
**confiture** [kɔ̃fityʀ] nf confitura, mermelada; **~ d'oranges** mermelada de naranja
**conflagration** [kɔ̃flagʀasjɔ̃] nf conflagración f

100 · FRANÇAIS | ESPAGNOL

## conflictuel – conjurer

**conflictuel, le** [kɔ̃fliktɥɛl] *adj* conflictivo(-a)
**conflit** [kɔ̃fli] *nm* conflicto; *(fig)* choque *m*, conflicto; **~ armé** conflicto armado
**confluent** [kɔ̃flyɑ̃] *nm* confluencia
**confondre** [kɔ̃fɔ̃dʀ] *vt* confundir; **~ qch/qn avec qch/qn d'autre** confundir algo/a algn con algo/con algn; **se confondre** *vpr* confundirse; **se ~ en excuses/remerciements** deshacerse en disculpas/agradecimientos
**confondu, e** [kɔ̃fɔ̃dy] *pp de* **confondre** ▶ *adj* *(stupéfait)* confuso(-a), perplejo(-a); **toutes catégories confondues** para todas las categorías
**conformation** [kɔ̃fɔʀmasjɔ̃] *nf* conformación *f*
**conforme** [kɔ̃fɔʀm] *adj*: **~ à** conforme a; **copie certifiée ~ (à l'original)** copia compulsada; **~ à la commande** según el pedido, conforme con el pedido
**conformé, e** [kɔ̃fɔʀme] *adj*: **bien ~** bien formado(-a)
**conformément** [kɔ̃fɔʀmemɑ̃] *adv*: **~ à** conforme a, según
**conformer** [kɔ̃fɔʀme] *vt*: **~ qch à** adecuar algo a; **se conformer à** *vpr* adecuarse a, adaptarse a
**conformisme** [kɔ̃fɔʀmism] *nm* conformismo
**conformiste** [kɔ̃fɔʀmist] *adj, nmf* conformista *mf*
**conformité** [kɔ̃fɔʀmite] *nf* conformidad *f*; **en ~ avec** *(un modèle, une règle)* en conformidad con; *(idées)* de acuerdo con
**confort** [kɔ̃fɔʀ] *nm* confort *m*; **tout ~** con todas las comodidades
**confortable** [kɔ̃fɔʀtabl] *adj* confortable, cómodo(-a); *(avance)* holgado(-a)
**confortablement** [kɔ̃fɔʀtabləmɑ̃] *adv* *(dans le confort)* cómodamente; *(dans la richesse)* holgadamente; *(dans une association)* generosamente
**conforter** [kɔ̃fɔʀte] *vt* confortar
**confrère** [kɔ̃fʀɛʀ] *nm* colega *m*
**confrérie** [kɔ̃fʀeʀi] *nf* cofradía
**confrontation** [kɔ̃fʀɔ̃tasjɔ̃] *nf* confrontación *f*; *(Jur)* careo
**confronté, e** [kɔ̃fʀɔ̃te] *adj*: **~ à** enfrentado(-a) a
**confronter** [kɔ̃fʀɔ̃te] *vt* confrontar; *(textes)* cotejar, confrontar; *(Jur)* confrontar, hacer un careo entre
**confus, e** [kɔ̃fy, yz] *adj* confuso(-a)
**confusément** [kɔ̃fyzemɑ̃] *adv* *(distinguer)* confusamente; *(parler)* de forma ininteligible
**confusion** [kɔ̃fyzjɔ̃] *nf* confusión *f*; **~ des peines** confusión de las penas
**congé** [kɔ̃ʒe] *nm* *(vacances)* vacaciones *fpl*; *(arrêt de travail)* descanso; *(Mil)* permiso; *(avis de départ)* baja; **en ~** de vacaciones; *(en arrêt de travail)* de descanso; *(soldat)* de licencia; **semaine/jour de ~** semana/día *m* de vacaciones; **prendre ~ de qn** despedirse de algn; **donner son ~ à** despedir a; **~ de maladie** baja por enfermedad; **~ de maternité** baja maternal; **congés payés** vacaciones pagadas
**congédier** [kɔ̃ʒedje] *vt* despedir
**congélateur** [kɔ̃ʒelatœʀ] *nm* congelador *m*
**congélation** [kɔ̃ʒelasjɔ̃] *nf* congelación *f*
**congeler** [kɔ̃ʒ(ə)le] *vt* congelar; **se congeler** *vpr* congelarse
**congénère** [kɔ̃ʒenɛʀ] *nmf* congénere *mf*
**congénital, e, -aux** [kɔ̃ʒenital, o] *adj* congénito(-a)
**congère** [kɔ̃ʒɛʀ] *nf* montón *m* de nieve
**congestion** [kɔ̃ʒɛstjɔ̃] *nf* *(routière, postale)* congestión *f*; **~ cérébrale** derrame *m* cerebral; **~ pulmonaire** congestión pulmonar
**congestionner** [kɔ̃ʒɛstjɔne] *vt* congestionar
**conglomérat** [kɔ̃glɔmeʀa] *nm* conglomerado
**Congo** [kɔ̃gɔ] *nm*: **le ~** *(pays, fleuve)* el Congo
**congolais, e** [kɔ̃gɔlɛ, ɛz] *adj* congolés(-esa) ▶ *nm/f*: **Congolais, e** congolés(-esa)
**congratuler** [kɔ̃gʀatyle] *vt* congratular
**congre** [kɔ̃gʀ] *nm* congrio
**congrégation** [kɔ̃gʀegasjɔ̃] *nf* congregación *f*
**congrès** [kɔ̃gʀɛ] *nm* congreso
**congressiste** [kɔ̃gʀesist] *nmf* congresista *mf*
**congru, e** [kɔ̃gʀy] *adj*: **portion congrue** porción *f* congrua
**conifère** [kɔnifɛʀ] *nm* conífera
**conique** [kɔnik] *adj* cónico(-a)
**conjecture** [kɔ̃ʒɛktyʀ] *nf* conjetura
**conjecturer** [kɔ̃ʒɛktyʀe] *vt* conjeturar ▶ *vi* hacer conjeturas
**conjoint, e** [kɔ̃ʒwɛ̃, wɛ̃t] *adj* conjunto(-a) ▶ *nm/f* *(époux)* cónyuge *mf*
**conjointement** [kɔ̃ʒwɛ̃tmɑ̃] *adv* conjuntamente
**conjonctif, -ive** [kɔ̃ʒɔ̃ktif, iv] *adj*: **tissu ~** tejido conjuntivo
**conjonction** [kɔ̃ʒɔ̃ksjɔ̃] *nf* conjunción *f*
**conjonctivite** [kɔ̃ʒɔ̃ktivit] *nf* conjuntivitis *f inv*
**conjoncture** [kɔ̃ʒɔ̃ktyʀ] *nf* coyuntura; **la ~ économique** la coyuntura económica
**conjoncturel, le** [kɔ̃ʒɔ̃ktyʀɛl] *adj* coyuntural
**conjugaison** [kɔ̃ʒygɛzɔ̃] *nf* conjugación *f*
**conjugal, e, -aux** [kɔ̃ʒygal, o] *adj* conyugal
**conjugué, e** [kɔ̃ʒyge] *adj* conjugado(-a)
**conjuguer** [kɔ̃ʒyge] *vt* *(Ling)* conjugar; *(efforts)* conjugar, aunar
**conjuration** [kɔ̃ʒyʀasjɔ̃] *nf* conjuración *f*
**conjuré, e** [kɔ̃ʒyʀe] *nm/f* conjurado(-a)
**conjurer** [kɔ̃ʒyʀe] *vt* conjurar; **~ qn de faire qch** *(supplier)* rogar *ou* suplicar a algn que haga algo

101

**connais** [kɔnɛ] *vb voir* **connaître**
**connaissais** [kɔnesɛ] *vb voir* **connaître**
**connaissance** [kɔnɛsɑ̃s] *nf* (*savoir*) conocimiento; (*personne connue*) conocido(-a); (*conscience, perception*) conocimiento, sentido; **être sans ~** (*Méd*) estar sin conocimiento; **perdre/reprendre ~** perder/recobrar el conocimiento; **à ma/sa ~** por lo que sé/sabe; **faire ~ avec qn** *ou* **la ~ de qn** (*rencontrer*) conocer a algn; (*apprendre à connaître*) llegar a conocer a algn; **avoir ~ de** (*document, fait*) tener conocimiento de; **j'ai pris ~ de ...** ha llegado a mi conocimiento ...; **en ~ de cause** con conocimiento de causa; **de ~** conocido(-a); **connaissances** *nfpl* (*savoir*) conocimientos *mpl*
**connaissant** [kɔnesɑ̃] *vb voir* **connaître**
**connaissement** [kɔnɛsmɑ̃] *nm* conocimiento
**connaisseur, -euse** [kɔnɛsœʀ, øz] *nm/f* conocedor(a), entendido(-a) ▶ *adj* de entendido(-a)
**connaître** [kɔnɛtʀ] *vt* conocer; (*adresse*) conocer, saber; **~ qn de nom/vue** conocer a algn de nombre/vista; **s'y ~ en qch** entender mucho de algo; **se connaître** *vpr* conocerse; (*se rencontrer*) conocerse, encontrarse; **ils se sont connus à Genève** se conocieron en Ginebra
**connasse** [kɔnas] (*fam !*) *nf* gilipollas *mf inv* (*fam !*)
**connecté, e** [kɔnɛkte] *adj* (*Inform*) conectado(-a), en línea
**connecter** [kɔnɛkte] *vt* conectar; **se connecter** *vpr* : **se ~ à Internet** conectarse a Internet
**connectivité** [kɔnɛktivite] *nf* (*Inform*) conectividad *f*
**connerie** [kɔnʀi] (*fam !*) *nf* gilipollez *f*
**connexe** [kɔnɛks] *adj* conexo(-a)
**connexion** [kɔnɛksjɔ̃] *nf* conexión *f*
**connivence** [kɔnivɑ̃s] *nf* connivencia
**connotation** [kɔ(n)nɔtasjɔ̃] *nf* connotación *f*
**connu, e** [kɔny] *pp de* **connaître** ▶ *adj* conocido(-a)
**conque** [kɔ̃k] *nf* caracola
**conquérant, e** [kɔ̃keʀɑ̃, ɑ̃t] *adj* conquistador(a)
**conquérir** [kɔ̃keʀiʀ] *vt* (*en luttant*) conquistar; (*en séduisant*) conquistar, cautivar
**conquerrai** [kɔ̃kɛʀʀe] *vb voir* **conquérir**
**conquête** [kɔ̃kɛt] *nf* conquista
**conquière** *etc* [kɔ̃kjɛʀ] *vb voir* **conquérir**
**conquiers** *etc* [kɔ̃kjɛʀ] *vb voir* **conquérir**
**conquis, e** [kɔ̃ki, iz] *pp de* **conquérir**
**consacré, e** [kɔ̃sakʀe] *adj* consagrado(-a); **~ à** (*destiné à*) destinado(-a) a
**consacrer** [kɔ̃sakʀe] *vt* (*Rel*) : **~ qch (à)** consagrar algo (a); (*fig*) consagrar; **~ son temps/argent à faire** dedicar su tiempo/dinero a hacer; **~ qch à** (*employer*) dedicar algo a; **se consacrer** *vpr* : **se ~ à qch/à faire** dedicarse a algo/a hacer
**consanguin, e** [kɔ̃sɑ̃gɛ̃, in] *adj* : **frère ~** hermano consanguíneo; **mariage ~** matrimonio consanguíneo
**consciemment** [kɔ̃sjamɑ̃] *adv* conscientemente
**conscience** [kɔ̃sjɑ̃s] *nf* conciencia; **avoir ~ de** ser consciente de; **prendre ~ de** (*situation, responsabilité*) tomar conciencia de; **avoir qch sur la ~** tener el peso de algo en la conciencia; **perdre/reprendre ~** perder/recuperar el conocimiento; **avoir bonne/mauvaise ~** tener buena/mala conciencia; **en (toute) ~** en conciencia; **~ professionnelle** conciencia profesional
**consciencieux, -euse** [kɔ̃sjɑ̃sjø, jøz] *adj* concienzudo(-a)
**conscient, e** [kɔ̃sjɑ̃, jɑ̃t] *adj* consciente; **~ de** consciente de
**conscription** [kɔ̃skʀipsjɔ̃] *nf* quinta, reclutamiento
**conscrit** [kɔ̃skʀi] *nm* recluta *m*
**consécration** [kɔ̃sekʀasjɔ̃] *nf* consagración *f*
**consécutif, -ive** [kɔ̃sekytif, iv] *adj* consecutivo(-a); **~ à** debido(-a) a
**consécutivement** [kɔ̃sekytivmɑ̃] *adv* consecutivamente; **~ à** a consecuencia de
**conseil** [kɔ̃sɛj] *nm* consejo; **~ en recrutement** (*expert*) asesor *m* de contratación; **tenir ~** celebrar consejo; **je n'ai pas de ~ à recevoir de vous** no necesito recibir consejo de usted; **donner un ~/des conseils à qn** dar un consejo/consejos a algn; **demander ~ à qn** pedir consejo a algn; **prendre ~ (auprès de qn)** consultar (a algn); **~ d'administration** consejo de administración; **~ de classe/de discipline** (*Scol*) consejo escolar/disciplinario; **~ de guerre** consejo de guerra; **~ départemental** consejo departamental; *ver nota*; **~ de révision** junta de clasificación *ou* de revisión; **~ des ministres** consejo de ministros; **~ municipal** concejo, pleno municipal; **~ régional** consejo regional ▶ *adj* : **ingénieur(-)~** ingeniero consultor

### CONSEIL DÉPARTEMENTAL

En Francia, el **Conseil départemental** se ocupa de las ayudas sociales, las infraestructuras de transportes, el turismo, el servicio de bomberos, ciertos aspectos de la cultura y la educación a nivel de cada *département*. Forman el consejo los *conseillers départementaux*, cada uno de los cuales representa a un *canton* y es elegido por un período de seis años. La mitad de los miembros del consejo son elegidos cada tres años.

## conseiller – conspirateur

**conseiller¹** [kɔ̃seje] vt aconsejar a; **~ qch à qn** aconsejar algo a algn; **~ à qn de faire qch** aconsejar a algn hacer algo

> Pour traduire **conseiller de**, on n'emploie pas de préposition en espagnol :
> **Il m'a conseillé d'utiliser un dictionnaire.**
> Me aconsejó utilizar un diccionario.

**conseiller², -ère** [kɔ̃seje, ɛʀ] nm/f consejero(-a); **~ d'orientation** (Scol) asesor(a) de orientación profesional; **~ matrimonial(e)** asesor(a) matrimonial; **~ municipal(e)** concejal(a)

**consensuel, le** [kɔ̃sɑ̃sɥɛl] adj consensuado(-a); (Jur) consensual

**consensus** [kɔ̃sɛ̃sys] nm consenso

**consentement** [kɔ̃sɑ̃tmɑ̃] nm consentimiento

**consentir** [kɔ̃sɑ̃tiʀ] vt : **~ (à qch/à faire)** consentir (en algo/en hacer); **~ qch à qn** consentir algo a algn

**conséquence** [kɔ̃sekɑ̃s] nf consecuencia; **en ~** (donc) en consecuencia, por consiguiente; (de façon appropriée) en consecuencia; **ne pas tirer à ~** no traer consecuencias; **sans ~** sin consecuencia; **lourd de ~** lleno de consecuencias; **conséquences** nfpl (effet, répercussion) consecuencias fpl

**conséquent, e** [kɔ̃sekɑ̃, ɑ̃t] adj (personne, attitude) consecuente; (fam : important) importante; **par ~** por consiguiente, por lo tanto

**conservateur, -trice** [kɔ̃sɛʀvatœʀ, tʀis] adj conservador(a) ▶ nm/f conservador(a) ▶ nm (Biol, Chim : produit) conservante m

**conservation** [kɔ̃sɛʀvasjɔ̃] nf conservación f

**conservatisme** [kɔ̃sɛʀvatism] nm conservadurismo

**conservatoire** [kɔ̃sɛʀvatwaʀ] nm (de musique) conservatorio; (de comédiens) escuela de arte dramático

**conserve** [kɔ̃sɛʀv] nf (gén pl : aliments) conserva; **en ~** en conserva; **de ~** (ensemble) juntos(-as); (naviguer) en conserva; **conserves de poisson** conservas de pescado

**conservé, e** [kɔ̃sɛʀve] adj : **bien ~** (personne) bien conservado(-a)

**conserver** [kɔ̃sɛʀve] vt conservar; (habitude) mantener, conservar; « **~ au frais** » « conservar en frío »; **se conserver** vpr conservarse

**conserverie** [kɔ̃sɛʀvəʀi] nf fábrica de conservas, conservería

**considérable** [kɔ̃sideʀabl] adj considerable

**considérablement** [kɔ̃sideʀabləmɑ̃] adv considerablemente

**considération** [kɔ̃sideʀasjɔ̃] nf consideración f; (raison) razonamiento, consideración; **prendre en ~** tomar en consideración; **cela mérite ~** eso merece ser considerado; **en ~ de** en consideración a; **considérations** nfpl (remarques, réflexions) consideraciones fpl

**considéré, e** [kɔ̃sideʀe] adj considerado(-a); **tout bien ~** considerándolo mejor

**considérer** [kɔ̃sideʀe] vt considerar; (regarder) examinar; **~ que** considerar que; **~ qch comme** considerar algo como

**consigne** [kɔ̃siɲ] nf (ordre, instruction, de gare) consigna; (de bouteilles) importe m (del envase); (retenue) castigo; (Mil) arresto; **~ automatique** consigna automática; **consignes de sécurité** consignas de seguridad

**consigné, e** [kɔ̃siɲe] adj : **~/non ~** retornable/no retornable

**consigner** [kɔ̃siɲe] vt (note, pensée) consignar, anotar; (marchandises) consignar; (Mil) arrestar; (élève) castigar; (emballage) cobrar el envase

**consistance** [kɔ̃sistɑ̃s] nf (d'une substance) consistencia; (fig) solidez f

**consistant, e** [kɔ̃sistɑ̃, ɑ̃t] adj consistente; (argument) consistente, de peso

**consister** [kɔ̃siste] vi : **~ en** ou **dans** consistir en; **~ à faire** consistir en hacer

**consœur** [kɔ̃sœʀ] nf colega

**consolation** [kɔ̃sɔlasjɔ̃] nf : **avoir la ~ de** tener el consuelo de; **lot/prix de ~** lote m/premio de consolación

**console** [kɔ̃sɔl] nf (table) consola; (Constr) ménsula; (Inform) tablero; (d'enregistrement) mesa de grabación; **~ de jeu** consola (de videojuegos); **~ de visualisation** consola de visualización; **~ graphique** mesa de trazador

**consoler** [kɔ̃sɔle] vt consolar; **se ~ (de qch)** consolarse (de algo)

**consolider** [kɔ̃sɔlide] vt (aussi fig) consolidar; (meuble) reforzar; **bilan consolidé** balance m consolidado

**consommateur, -trice** [kɔ̃sɔmatœʀ, tʀis] nm/f (Écon) consumidor(a); (dans un café) cliente mf

**consommation** [kɔ̃sɔmasjɔ̃] nf consumo; (au café) consumición f; **la ~** (Écon) el consumo; **de ~** (biens) de consumo; **~ aux 100 km** (Auto) consumo cada 100 km

**consommé, e** [kɔ̃sɔme] adj consumado(-a) ▶ nm consomé m

**consommer** [kɔ̃sɔme] vt consumir; (mariage) consumar ▶ vi (dans un café) consumir, tomar

**consonance** [kɔ̃sɔnɑ̃s] nf consonancia; **nom à ~ étrangère** nombre m que suena extranjero

**consonne** [kɔ̃sɔn] nf consonante f

**consortium** [kɔ̃sɔʀsjɔm] nm consorcio

**consorts** [kɔ̃sɔʀ] (péj) nmpl : **et ~** y secuaces

**conspirateur, -trice** [kɔ̃spiʀatœʀ, tʀis] nm/f conspirador(a)

## conspiration – content

**conspiration** [kɔ̃spirasjɔ̃] *nf* conspiración *f*
**conspirer** [kɔ̃spire] *vi* conspirar; **~ à** (*tendre à*) contribuir a; (*qch de négatif*) conspirar a
**conspuer** [kɔ̃spɥe] *vt* abuchear
**constamment** [kɔ̃stamɑ̃] *adv* constantemente
**constance** [kɔ̃stɑ̃s] *nf* constancia
**constant, e** [kɔ̃stɑ̃, ɑ̃t] *adj* constante
**constante** [kɔ̃stɑ̃t] *nf* constante *f*
**constat** [kɔ̃sta] *nm* (*d'huissier*) acta; (*après un accident*) atestado; **faire un ~ démoralisant** llegar a una conclusión desmoralizante; **faire un ~ d'échec** reconocer su *etc* fracaso; **~ (à l'amiable)** (*Auto*) parte *m* amistoso
**constatation** [kɔ̃statasjɔ̃] *nf* (*d'un fait*) constatación *f*; (*remarque*) constatación, observación *f*
**constater** [kɔ̃state] *vt* (*remarquer*) advertir, observar; (*Admin, Jur*) testificar; (*dégâts*) constatar; **~ que** (*remarquer*) notar que; (*faire observer, dire*) advertir que
**constellation** [kɔ̃stelasjɔ̃] *nf* constelación *f*
**constellé, e** [kɔ̃stele] *adj* : **~ de** (*joyaux, lumières*) cuajado(-a) de; (*taches*) salpicado(-a) de
**consternant, e** [kɔ̃stɛrnɑ̃, ɑ̃t] *adj* desolador(a)
**consternation** [kɔ̃stɛrnasjɔ̃] *nf* consternación *f*
**consterner** [kɔ̃stɛrne] *vt* consternar
**constipation** [kɔ̃stipasjɔ̃] *nf* estreñimiento
**constipé, e** [kɔ̃stipe] *adj* estreñido(-a); (*fig*) crispado(-a)
**constiper** [kɔ̃stipe] *vt* estreñir
**constituant, e** [kɔ̃stitɥɑ̃, ɑ̃t] *adj* constituyente; **assemblée constituante** asamblea constituyente
**constitué, e** [kɔ̃stitɥe] *adj* : **~ de** constituido(-a) por, integrado(-a) por; **bien/ mal ~** bien/mal constituido(-a) *ou* formado(-a)
**constituer** [kɔ̃stitɥe] *vt* constituir; (*dossier*) elaborar; (*collection*) reunir; **se ~ partie civile** constituirse en parte civil; **se ~ prisonnier** entregarse a la justicia
**constitution** [kɔ̃stitysjɔ̃] *nf* constitución *f*; (*d'un dossier*) elaboración *f*; (*composition*) composición *f*
**constitutionnel, le** [kɔ̃stitysjɔnɛl] *adj* constitucional
**constructeur** [kɔ̃stryktœr] *nm* constructor *m*; **~ automobile** fabricante *m* de coches
**constructible** [kɔ̃stryktibl] *adj* edificable
**constructif, -ive** [kɔ̃stryktif, iv] *adj* constructivo(-a)
**construction** [kɔ̃stryksjɔ̃] *nf* construcción *f*
**construire** [kɔ̃strɥir] *vt* construir; **se construire** *vpr* : **ça s'est beaucoup construit dans la région** se edificó mucho en la región
**consul** [kɔ̃syl] *nmf* cónsul *mf*
**consulaire** [kɔ̃sylɛr] *adj* consular

**consulat** [kɔ̃syla] *nm* consulado
**consultant, e** [kɔ̃syltɑ̃, ɑ̃t] *adj* consultor(a)
**consultatif, -ive** [kɔ̃syltatif, iv] *adj* consultivo(-a)
**consultation** [kɔ̃syltasjɔ̃] *nf* consulta; **être en ~** (*délibération*) estar en deliberación; (*Méd*) estar pasando consulta; **aller à la ~** (*Méd*) ir a la consulta; **heures de ~** (*Méd*) horas *fpl* de consulta; **consultations** *nfpl* (*pourparlers*) deliberaciones *fpl*
**consulter** [kɔ̃sylte] *vt* consultar ▶ *vi* (*médecin*) examinar; **se consulter** *vpr* consultarse
**consumer** [kɔ̃syme] *vt* consumir; **se consumer** *vpr* consumirse; **se ~ de chagrin/ douleur** consumirse de pena/dolor
**consumérisme** [kɔ̃symerism] *nm protección de los intereses de los consumidores*
**contact** [kɔ̃takt] *nm* contacto; **au ~ de** al contacto con; **mettre/couper le ~** (*Auto*) encender *ou* poner/apagar *ou* quitar el contacto; **entrer en ~** (*fils, objets*) hacer contacto; **se mettre en ~ avec qn** ponerse en contacto con algn; **prendre ~ avec** ponerse en contacto con
**contacter** [kɔ̃takte] *vt* contactar con
**contagieux, -euse** [kɔ̃taʒjø, jøz] *adj* contagioso(-a)
**contagion** [kɔ̃taʒjɔ̃] *nf* contagio
**container** [kɔ̃tenɛr] *nm* contenedor *m*, container *m*
**contamination** [kɔ̃taminasjɔ̃] *nf* contaminación *f*
**contaminer** [kɔ̃tamine] *vt* contaminar
**conte** [kɔ̃t] *nm* cuento; **~ de fées** cuento de hadas
**contemplatif, -ive** [kɔ̃tɑ̃platif, iv] *adj* contemplativo(-a)
**contemplation** [kɔ̃tɑ̃plasjɔ̃] *nf* (*aussi Rel, Philos*) contemplación *f*; **être en ~ devant** estar ensimismado(-a) delante de
**contempler** [kɔ̃tɑ̃ple] *vt* contemplar
**contemporain, e** [kɔ̃tɑ̃pɔrɛ̃, ɛn] *adj, nm/f* contemporáneo(-a)
**contenance** [kɔ̃t(ə)nɑ̃s] *nf* (*d'un récipient*) capacidad *f*, cabida; (*attitude*) compostura, actitud *f*; **perdre ~** (*se mettre en colère*) perder los estribos; (*être embarrassé*) perder el aplomo; **se donner une ~** fingir serenidad, disimular; **faire bonne ~ devant** mostrar aplomo ante
**conteneur** [kɔ̃t(ə)nœr] *nm* contenedor *m*
**conteneurisation** [kɔ̃tnœrizasjɔ̃] *nf* contenerización *f*
**contenir** [kɔ̃t(ə)nir] *vt* (*aussi fig*) contener; (*local*) tener una capacidad de *ou* para; **se contenir** *vpr* contenerse
**content, e** [kɔ̃tɑ̃, ɑ̃t] *adj* contento(-a); **~ de qn/qch** contento(-a) con algn/algo; **~ de soi** contento(-a) de sí mismo(-a), satisfecho(-a) de sí mismo(-a); **je serais ~ que tu ...** me alegraría que tú ...

## contentement – contrariant

Pour dire que l'on est content de quelque chose, on emploie le plus souvent la construction *alegrarse de* suivie du subjonctif :
**Je suis content que tu sois venu.** Me alegro de que hayas venido.

**contentement** [kɔ̃tɑ̃tmɑ̃] nm satisfacción f
**contenter** [kɔ̃tɑ̃te] vt (personne) contentar; (envie, caprice) satisfacer; **se contenter de** vpr contentarse con
**contentieux** [kɔ̃tɑ̃sjø] nm (litiges) contencioso; **le ~** (service) lo contencioso
**contenu, e** [kɔ̃t(ə)ny] pp de **contenir** ▶ adj (colère, sentiments) contenido(-a) ▶ nm contenido; **les créateurs de contenus** (Internet) los creadores de contenido
**conter** [kɔ̃te] vt contar, relatar; **il m'en a conté de belles !** ¡lo que me ha contado!
**contestable** [kɔ̃tɛstabl] adj discutible
**contestataire** [kɔ̃tɛstatɛʀ] adj, nmf contestatario(-a)
**contestation** [kɔ̃tɛstasjɔ̃] nf (d'un résultat) cuestionamiento; (discussion) polémica; **la ~** (Pol) la oposición
**conteste** [kɔ̃tɛst] : **sans ~** adv sin discusión
**contesté, e** [kɔ̃tɛste] adj controvertido(-a)
**contester** [kɔ̃tɛste] vt discutir, cuestionar ▶ vi discutir
**conteur, -euse** [kɔ̃tœʀ, øz] nm/f (écrivain) cuentista mf; (narrateur) narrador(a)
**contexte** [kɔ̃tɛkst] nm (aussi fig) contexto
**contiendrai** etc [kɔ̃tjɛ̃dʀe] vb voir **contenir**
**contiens** etc [kɔ̃tjɛ̃] vb voir **contenir**
**contigu, -uë** [kɔ̃tigy] adj (choses) contiguo(-a); (domaines) afín; **~ à** contiguo(-a) a
**continent** [kɔ̃tinɑ̃] nm continente m
**continental, e, -aux** [kɔ̃tinɑ̃tal, o] adj continental
**contingences** [kɔ̃tɛ̃ʒɑ̃s] nfpl contingencias fpl; (de la vie quotidienne) hechos mpl intrascendentes
**contingent** [kɔ̃tɛ̃ʒɑ̃] nm (Mil) contingente m; (Comm) provisión f, abastecimiento ▶ adj (sans importance) intrascendente
**contingenter** [kɔ̃tɛ̃ʒɑ̃te] vt (Comm) contingentar, fijar un contingente sobre
**contins** etc [kɔ̃tɛ̃] vb voir **contenir**
**continu, e** [kɔ̃tiny] adj continuo(-a); **courant ~** corriente f continua
**continuation** [kɔ̃tinɥasjɔ̃] nf continuación f
**continuel, le** [kɔ̃tinɥɛl] adj (qui se répète) constante; (continu : pluie etc) continuo(-a)
**continuellement** [kɔ̃tinɥɛlmɑ̃] adv continuamente
**continuer** [kɔ̃tinɥe] vt continuar; (voyage, études etc) continuar, proseguir; (suj : allée, rue) seguir a continuación de; **~ à** ou **de faire** seguir haciendo ▶ vi continuar; (voyageur) continuar, seguir; **vous continuez tout droit** siga todo derecho; **se continuer** vpr continuar

**continuité** [kɔ̃tinɥite] nf continuidad f
**contondant, e** [kɔ̃tɔ̃dɑ̃, ɑ̃t] adj : **arme contondante** arma contundente
**contorsion** [kɔ̃tɔʀsjɔ̃] nf (gén pl) contorsión f
**contorsionner** [kɔ̃tɔʀsjɔne] : **se contorsionner** vpr (aussi péj) contorsionarse
**contorsionniste** [kɔ̃tɔʀsjɔnist] nmf contorsionista mf
**contour** [kɔ̃tuʀ] nm (d'un objet) contorno; (d'un visage) perfil m; **contours** nmpl (d'une rivière etc) meandros mpl
**contourner** [kɔ̃tuʀne] vt (aussi fig) rodear, evitar
**contraceptif, -ive** [kɔ̃tʀasɛptif, iv] adj anticonceptivo(-a) ▶ nm anticonceptivo
**contraception** [kɔ̃tʀasɛpsjɔ̃] nf contracepción f
**contracté, e** [kɔ̃tʀakte] adj (muscle) contraído(-a); (personne) tenso(-a); **article ~** (Ling) artículo contracto
**contracter** [kɔ̃tʀakte] vt (muscles, maladie, aussi fig) contraer; (assurance) contratar; **se contracter** vpr (métal, muscles) contraerse; (fig : personne) crisparse
**contraction** [kɔ̃tʀaksjɔ̃] nf contracción f; **contractions** nfpl (de l'accouchement) contracciones fpl
**contractuel, le** [kɔ̃tʀaktɥɛl] adj contractual ▶ nm/f (agent) controlador(a) del estacionamiento; (employé) empleado(-a) eventual del estado
**contradicteur, -trice** [kɔ̃tʀadiktœʀ, tʀis] nm/f contradictor(a)
**contradiction** [kɔ̃tʀadiksjɔ̃] nf contradicción f; **en ~ avec** en contradicción con
**contradictoire** [kɔ̃tʀadiktwaʀ] adj contradictorio(-a); **débat ~** debate m contradictorio
**contraignant, e** [kɔ̃tʀɛɲɑ̃, ɑ̃t] vb voir **contraindre** ▶ adj apremiante
**contraindre** [kɔ̃tʀɛ̃dʀ] vt : **~ qn à qch/à faire qch** forzar a algn a algo/a hacer algo
**contraint, e** [kɔ̃tʀɛ̃, ɛ̃t] pp de **contraindre** ▶ adj (air) afectado(-a); (geste, sourire, mine) forzado(-a)
**contrainte** [kɔ̃tʀɛ̃t] nf coacción f; **sans ~** sin coacción
**contraire** [kɔ̃tʀɛʀ] adj contrario(-a), opuesto(-a); **~ à** contrario(-a) a, opuesto(-a) a; **au ~** al contrario ▶ nm contrario; **je ne peux pas dire le ~** no puedo decir lo contrario; **le ~ de** lo contrario de
**contrairement** [kɔ̃tʀɛʀmɑ̃] adv : **~ à** contrariamente a; (dans une comparaison) al contrario de
**contralto** [kɔ̃tʀalto] nm contralto
**contrariant, e** [kɔ̃tʀaʀjɑ̃, jɑ̃t] adj : **être ~** (personne) llevar siempre la contraria; (incident) ser una contrariedad

## contrarier – contrer

**contrarier** [kɔ̃tʀaʀje] vt (irriter) contrariar; (mouvement, action) dificultar
**contrariété** [kɔ̃tʀaʀjete] nf contrariedad f
**contraste** [kɔ̃tʀast] nm contraste m
**contraster** [kɔ̃tʀaste] vi : ~ **(avec)** contrastar (con)
**contrat** [kɔ̃tʀa] nm contrato; (accord) acuerdo; ~ **de mariage/travail** contrato de matrimonio/trabajo
**contravention** [kɔ̃tʀavɑ̃sjɔ̃] nf (infraction) contravención f; (amende) multa; **dresser** ~ **à** poner una multa a
**contre** [kɔ̃tʀ] prép contra; (en échange) por; **par** ~ en cambio
**contre-amiral** [kɔ̃tʀamiʀal] (pl **contre-amiraux**) nm contra(a)lmirante m
**contre-attaque** [kɔ̃tʀatak] (pl **contre-attaques**) nf contraataque m
**contre-attaquer** [kɔ̃tʀatake] vi contraatacar
**contrebalancer** [kɔ̃tʀəbalɑ̃se] vt contrapesar; (fig) contrarrestar
**contrebande** [kɔ̃tʀəbɑ̃d] nf contrabando; **faire la** ~ **de** hacer contrabando de
**contrebandier, -ière** [kɔ̃tʀəbɑ̃dje, jɛʀ] nm/f contrabandista m/f
**contrebas** [kɔ̃tʀəba] : **en** ~ adv más abajo
**contrebasse** [kɔ̃tʀəbas] nf contrabajo
**contrebassiste** [kɔ̃tʀəbasist] nmf contrabajo m/f
**contre-braquer** [kɔ̃tʀəbʀake] vi virar en sentido contrario
**contrecarrer** [kɔ̃tʀəkaʀe] vt oponerse a
**contrechamp** [kɔ̃tʀəʃɑ̃] nm (Ciné) toma desde el ángulo opuesto
**contrecœur** [kɔ̃tʀəkœʀ] : **à** ~ adv de mala gana, a regañadientes
**contrecoup** [kɔ̃tʀəku] nm rebote m; **par** ~ de rebote
**contre-courant** [kɔ̃tʀəkuʀɑ̃] (pl **contre-courants**) nm contracorriente f; **à** ~ (Naut) contra la corriente
**contredire** [kɔ̃tʀədiʀ] vt contradecir; **se contredire** vpr contradecirse
**contredit, e** [kɔ̃tʀədi] pp de **contredire** ▶ nm : **sans** ~ indiscutiblemente
**contrée** [kɔ̃tʀe] nf comarca
**contre-écrou** [kɔ̃tʀekʀu] (pl **contre-écrous**) nm contratuerca
**contre-enquête** [kɔ̃tʀɑ̃kɛt] (pl **contre-enquêtes**) nf investigación f de comprobación
**contre-espionnage** [kɔ̃tʀɛspjɔnaʒ] (pl **contre-espionnages**) nm contraespionaje m
**contre-exemple** [kɔ̃tʀɛgzɑ̃pl(ə)] (pl **contre-exemples**) nm ejemplo contrario
**contre-expertise** [kɔ̃tʀɛkspɛʀtiz] (pl **contre-expertises**) nf peritaje m de comprobación
**contrefaçon** [kɔ̃tʀəfasɔ̃] nf falsificación f; ~ **de brevet** falsificación de la patente

**contrefaire** [kɔ̃tʀəfɛʀ] vt (document) falsificar; (personne, démarche) imitar; (sa voix, son écriture) desfigurar
**contrefait, e** [kɔ̃tʀəfɛ, ɛt] pp de **contrefaire** ▶ adj (difforme) contrahecho(-a)
**contrefasse** etc [kɔ̃tʀəfas] vb voir **contrefaire**
**contreferai** etc [kɔ̃tʀəfəʀe] vb voir **contrefaire**
**contre-filet** [kɔ̃tʀəfilɛ] (pl **contre-filets**) nm solomillo
**contreforts** [kɔ̃tʀəfɔʀ] nmpl estribaciones fpl
**contre-haut** [kɔ̃tʀəo] : **en** ~ adv más arriba; (regarder) de abajo arriba
**contre-indication** [kɔ̃tʀɛ̃dikasjɔ̃] (pl **contre-indications**) nf contraindicación f
**contre-indiqué, e** [kɔ̃tʀɛ̃dike] (pl **contre-indiqués, -es**) adj contraindicado(-a)
**contre-indiquer** [kɔ̃tʀɛ̃dike] vt contraindicar
**contre-interrogatoire** [kɔ̃tʀɛ̃teʀɔgatwaʀ] (pl **contre-interrogatoires**) nm segundo interrogatorio; (au tribunal) interrogatorio realizado por la parte adversa
**contre-jour** [kɔ̃tʀəʒuʀ] : **à** ~ adv a contraluz
**contremaître** [kɔ̃tʀəmɛtʀ] nmf contramaestre m, capataz mf
**contre-manifestant, e** [kɔ̃tʀəmanifɛstɑ̃, ɑ̃t] (pl **contre-manifestants, -es**) nm/f contramanifestante mf
**contre-manifestation** [kɔ̃tʀəmanifɛstasjɔ̃] (pl **contre-manifestations**) nf contramanifestación f
**contremarque** [kɔ̃tʀəmaʀk] nf contraseña
**contre-offensive** [kɔ̃tʀɔfɑ̃siv] (pl **contre-offensives**) nf contraofensiva
**contre-ordre** [kɔ̃tʀɔʀdʀ] (pl **contre-ordres**) nm = **contrordre**
**contrepartie** [kɔ̃tʀəpaʀti] nf (compensation) contrapartida; **en** ~ como contrapartida
**contre-performance** [kɔ̃tʀəpɛʀfɔʀmɑ̃s] (pl **contre-performances**) nf (Sport) actuación f desfavorable
**contrepèterie** [kɔ̃tʀəpetʀi] nf trastocamiento de letras (como juego de palabras)
**contre-pied** [kɔ̃tʀəpje] (pl **contre-pieds**) nm : **le** ~ **de ...** lo contrario de ...; **prendre le** ~ **de qn** llevar la contraria a algn; **prendre qn à** ~ (Sport) despistar a algn
**contreplaqué** [kɔ̃tʀəplake] nm contrachapado
**contre-plongée** [kɔ̃tʀəplɔ̃ʒe] (pl **contre-plongées**) nf (Ciné) contrapicado
**contrepoids** [kɔ̃tʀəpwa] nm contrapeso; **faire** ~ hacer contrapeso
**contre-poil** [kɔ̃tʀəpwal] : **à** ~ adv (aussi fig) a contra pelo
**contrepoint** [kɔ̃tʀəpwɛ̃] nm contrapunto
**contrepoison** [kɔ̃tʀəpwazɔ̃] nm contraveneno, antídoto
**contrer** [kɔ̃tʀe] vt (Sport) parar; (adversaire, gén) oponerse a

**contre-révolution** [kɔ̃tʁəʁevɔlysjɔ̃] (pl **contre-révolutions**) nf contrarrevolución f
**contre-révolutionnaire** [kɔ̃tʁəʁevɔlysjɔnɛʁ] (pl **contre-révolutionnaires**) adj, nmf contrarrevolucionario(-a)
**contresens** [kɔ̃tʁəsɑ̃s] nm contrasentido; **à ~** en sentido contrario
**contresigner** [kɔ̃tʁəsiɲe] vt refrendar
**contretemps** [kɔ̃tʁətɑ̃] nm contratiempo; **à ~** (Mus) a contratiempo; (fig) a destiempo
**contre-terrorisme** [kɔ̃tʁətɛʁɔʁism] (pl **contre-terrorismes**) nm contraterrorismo
**contre-terroriste** [kɔ̃tʁətɛʁɔʁist(ə)] (pl **contre-terroristes**) nmf contraterrorista mf
**contre-torpilleur** [kɔ̃tʁətɔʁpijœʁ] (pl **contre-torpilleurs**) nm contratorpedo
**contrevenant, e** [kɔ̃tʁəv(ə)nɑ̃, ɑ̃t] vb voir **contrevenir** ▸ nm/f contraventor(a)
**contrevenir** [kɔ̃tʁəv(ə)niʁ] : **~ à** vt contravenir, transgredir
**contre-voie** [kɔ̃tʁəvwa] : **à ~** adv (en sens inverse) por la vía contraria; (du mauvais côté) por el lado contrario
**contribuable** [kɔ̃tʁibɥabl] nmf contribuyente mf
**contribuer** [kɔ̃tʁibɥe] : **~ à** vt contribuir a
**contribution** [kɔ̃tʁibysjɔ̃] nf contribución f; **mettre à ~** utilizar los servicios de; **contributions directes/indirectes** impuestos mpl directos/indirectos; **les contributions** nfpl (Admin) la oficina de recaudación
**contrit, e** [kɔ̃tʁi, it] adj contrito(-a)
**contrôlable** [kɔ̃tʁolabl] adj controlable
**contrôle** [kɔ̃tʁol] nm (Scol, d'un véhicule, gén) control m; (vérification) control, comprobación f; (maîtrise : de soi) control, dominio; **~ continu** (Scol) evaluación f continua; **~ d'identité** control de identidad; **~ des changes/des prix** control de cambios/de precios; **~ des naissances** control de natalidad; **~ judiciaire** control judicial
**contrôler** [kɔ̃tʁole] vt controlar; (vérifier) comprobar; (maîtriser) dominar, controlar; **~ ses émotions** controlar sus emociones; **se contrôler** vpr (personne) controlarse, dominarse
**contrôleur, -euse** [kɔ̃tʁolœʁ, øz] nm/f revisor(a), inspector(a) de boletos (Am); **~ aérien(ne)** controlador(a) aéreo(-a); **~ de la navigation aérienne** controlador(a) del tráfico aéreo; **~ des postes** inspector(a) de correos; **~ financier(-ière)** interventor(a)
**contrordre** [kɔ̃tʁɔʁdʁ] nm contraorden f; **sauf ~** salvo contraorden
**controverse** [kɔ̃tʁɔvɛʁs] nf controversia
**controversé, e** [kɔ̃tʁɔvɛʁse] adj controvertido(-a)
**contumace** [kɔ̃tymas] : **par ~** adv (Jur) en rebeldía

### contre-révolution – converger

**contusion** [kɔ̃tyzjɔ̃] nf contusión f
**contusionné, e** [kɔ̃tyzjɔne] adj contusionado(-a)
**conurbation** [kɔnyʁbasjɔ̃] nf conurbación f
**convaincant, e** [kɔ̃vɛ̃kɑ̃, ɑ̃t] vb voir **convaincre** ▸ adj convincente
**convaincre** [kɔ̃vɛ̃kʁ] vt : **~ qn (de qch/de faire)** convencer a algn (de algo/para que haga); **~ qn de** (Jur) inculpar a algn de
**convaincu, e** [kɔ̃vɛ̃ky] pp de **convaincre** ▸ adj convencido(-a); **d'un ton ~** con un tono seguro ou convencido; **~ de** convencido(-a) de
**convainquais** [kɔ̃vɛ̃kɛ] vb voir **convaincre**
**convalescence** [kɔ̃valesɑ̃s] nf convalecencia; **maison de ~** casa de reposo
**convalescent, e** [kɔ̃valesɑ̃, ɑ̃t] adj, nm/f convaleciente mf
**convecteur** [kɔ̃vɛktœʁ] nm convector m
**convenable** [kɔ̃vnabl] adj (personne, manières) decente, correcto(-a); (moment, endroit) adecuado(-a); (salaire, travail) aceptable
**convenablement** [kɔ̃vnabləmɑ̃] adv (placé, choisi) adecuadamente; (s'habiller, s'exprimer) correctamente; **il est ~ payé/logé** tiene un sueldo/alojamiento aceptable
**convenance** [kɔ̃vnɑ̃s] nf : **à ma/votre ~** a mi/su conveniencia; **pour convenances personnelles** por motivos personales; **convenances** nfpl (bienséance) conveniencias fpl
**convenir** [kɔ̃vniʁ] vi convenir; **~ à** (être approprié à) ser apropiado(-a) para; (être utile à) venir bien a; (arranger, plaire à) convenir a; **il convient de** es conveniente; **~ de** (admettre) admitir, reconocer; (fixer) convenir, acordar; **~ que** (admettre) admitir que; **~ de faire qch** acordar hacer algo; **il a été convenu que/de faire ...** se ha acordado que/hacer ...; **comme convenu** como estaba acordado
**convention** [kɔ̃vɑ̃sjɔ̃] nf (accord) convenio; (Art, Théâtre) reglas fpl; (Pol) convención f; **de ~** convencional; (péj) de cumplido; **~ collective** convenio colectivo; **conventions** nfpl (règles, convenances) convenciones fpl
**conventionnalisme** [kɔ̃vɑ̃sjɔnalism(ə)] nm convencionalismo
**conventionné, e** [kɔ̃vɑ̃sjɔne] adj (clinique) concertado(-a); (médecin, pharmacie) que tiene un acuerdo con la Seguridad Social
**conventionnel, le** [kɔ̃vɑ̃sjɔnɛl] adj convencional
**conventionnellement** [kɔ̃vɑ̃sjɔnɛlmɑ̃] adv convencionalmente
**conventuel, le** [kɔ̃vɑ̃tɥɛl] adj conventual
**convenu, e** [kɔ̃vny] pp de **convenir** ▸ adj (heure) acordado(-a)
**convergence** [kɔ̃vɛʁʒɑ̃s] nf convergencia
**convergent, e** [kɔ̃vɛʁʒɑ̃, ɑ̃t] adj convergente
**converger** [kɔ̃vɛʁʒe] vi converger, convergir; **~ vers** ou **sur** converger ou convergir hacia ou en

**conversation** [kɔ̃vɛRsasjɔ̃] nf conversación f; **avoir de la ~** tener conversación
**converser** [kɔ̃vɛRse] vi conversar
**conversion** [kɔ̃vɛRsjɔ̃] nf conversión f; (Ski) viraje m
**convertible** [kɔ̃vɛRtibl] adj (Écon) canjeable ▶ nm (aussi: **canapé convertible**) sofá cama m
**convertir** [kɔ̃vɛRtiR] vt: **~ qn (à)** convertir a algn (a); **~ qch en** convertir algo en; **se convertir (à)** vpr convertirse (a)
**convertisseur** [kɔ̃vɛRtisœR] nm (Élec) transformador m
**convexe** [kɔ̃vɛks] adj convexo(-a)
**conviction** [kɔ̃viksjɔ̃] nf convicción f; **sans ~** sin convicción
**conviendrai** etc [kɔ̃vjɛ̃dRe] vb voir **convenir**
**convienne** etc [kɔ̃vjɛn] vb voir **convenir**
**conviens** etc [kɔ̃vjɛ̃] vb voir **convenir**
**convier** [kɔ̃vje] vt: **~ qn à** invitar a algn a
**convint** [kɔ̃vɛ̃] vb voir **convenir**
**convive** [kɔ̃viv] nmf convidado(-a)
**convivial, e, -aux** [kɔ̃vivjal, jo] adj sociable; (Inform) fácil de usar
**convocation** [kɔ̃vɔkasjɔ̃] nf convocatoria
**convoi** [kɔ̃vwa] nm convoy m; **~ (funèbre)** cortejo (fúnebre)
**convoité, e** [kɔ̃vwate] pp de **convoiter** ▶ adj codiciado(-a)
**convoiter** [kɔ̃vwate] vt codiciar
**convoitise** [kɔ̃vwatiz] nf codicia; (sexuelle) concupiscencia
**convoler** [kɔ̃vɔle] vi: **~ en justes noces** pasar por la vicaría
**convoquer** [kɔ̃vɔke] vt (assemblée, candidat) convocar; (subordonné, témoin) convocar, citar; (patient) citar; **~ qn (à)** convocar a algn (a)
**convoyer** [kɔ̃vwaje] vt escoltar
**convoyeur** [kɔ̃vwajœR] nm (Naut) buque m de escolta; (bande de transport) cinta transportadora; **~ de fonds** guarda jurado
**convulsé, e** [kɔ̃vylse] adj convulso(-a)
**convulsif, -ive** [kɔ̃vylsif, iv] adj convulsivo(-a)
**convulsions** [kɔ̃vylsjɔ̃] nfpl (Méd) convulsiones fpl
**cookie** [kuki] nm (Inform) cookie f
**coopérant, e** [kɔɔpeRɑ̃, ɑ̃t] nm/f cooperante mf
**coopératif, -ive** [kɔɔpeRatif, iv] adj cooperativo(-a)
**coopération** [kɔɔpeRasjɔ̃] nf cooperación f; **la C~ militaire/technique** la cooperación militar/técnica
**coopérative** [kɔɔpeRativ] nf cooperativa
**coopérer** [kɔɔpeRe] vi: **~ (à)** cooperar (en)
**coordination** [kɔɔRdinasjɔ̃] nf coordinación f
**coordonnateur, -trice** [kɔɔRdɔnatœR, tRis] nm/f coordinador(a)
**coordonné, e** [kɔɔRdɔne] adj coordinado(-a); **coordonnés** nmpl (vêtements) coordinados mpl
**coordonnée** [kɔɔRdɔne] nf (Ling) oración f coordinada; **coordonnées** nfpl (Math, gén) coordenadas fpl; (détails personnels) complementos mpl
**coordonner** [kɔɔRdɔne] vt coordinar
**copain, copine** [kɔpɛ̃, kɔpin] (fam) nm/f (ami) amigo(-a), colega mf; (de classe, de régiment) compañero(-a); **petit(e) ~** novio(-a) ▶ adj: **être ~ avec** ser amigo(-a) de
**copeau, x** [kɔpo] nm viruta
**Copenhague** [kɔpənag] n Copenhague
**copie** [kɔpi] nf copia; (feuille d'examen) hoja de examen; (devoir) examen m; (Journalisme) ejemplar m; **~ certifiée conforme** copia compulsada; **~ d'écran** (Inform) captura de pantalla; **~ papier** copia impresa
**copier** [kɔpje] vt copiar; **~ coller** (Inform) copiar y pegar ▶ vi (tricher) copiar; **~ sur** copiar a
**copier-coller** [kɔpjekɔle] nm inv operación f de copiar y pegar ▶ vt copiar y pegar
**copieur** [kɔpjœR] nm copiadora
**copieusement** [kɔpjøzmɑ̃] adv abundantemente, copiosamente
**copieux, -euse** [kɔpjø, jøz] adj (repas) copioso(-a), abundante; (portion, notes, exemples) abundante
**copilote** [kɔpilɔt] nm copiloto
**copinage** [kɔpinaʒ] (péj) nm amiguismo
**copine** [kɔpin] nf voir **copain**
**copiste** [kɔpist] nmf copista mf
**coproduction** [kɔpRɔdyksjɔ̃] nf coproducción f
**copropriétaire** [kɔpRɔpRijetɛR] nmf copropietario(-a)
**copropriété** [kɔpRɔpRijete] nf copropiedad f; **acheter un appartement en ~** comprar un apartamento en copropiedad
**copulation** [kɔpylasjɔ̃] nf cópula
**copuler** [kɔpyle] vi copular
**copyright** [kɔpiRajt] nm copyright m
**coq** [kɔk] nm gallo; **~ au vin** gallo al vino; **~ de bruyère** urogallo; **le ~ du village** (fig, péj) el Don Juan del pueblo ▶ adj inv: **poids ~** (Boxe) peso gallo
**coq-à-l'âne** [kɔkalɑn] nm inv: **passer du ~** saltar de una cosa a otra
**coque** [kɔk] nf (de noix) cáscara; (de bateau, d'avion) casco; (mollusque) berberecho; **à la ~** (Culin) pasado por agua
**coquelet** [kɔklɛ] nm gallo joven
**coquelicot** [kɔkliko] nm amapola
**coqueluche** [kɔklyʃ] nf (Méd) tos f ferina; **être la ~ de** (fig) ser el (la) preferido(-a) de
**coquet, te** [kɔkɛ, ɛt] adj (qui veut plaire) coqueto(-a); (bien habillé) elegante; (robe, appartement) coquetón(-ona); (salaire) considerable; (somme) bonito(-a)
**coquetier** [kɔk(ə)tje] nm huevera
**coquettement** [kɔkɛtmɑ̃] adv (sourire, regarder) con coquetería; (s'habiller, meubler) con gusto

108 · FRANÇAIS | ESPAGNOL

## coquetterie – corps

**coquetterie** [kɔkɛtʀi] *nf* coquetería
**coquillage** [kɔkijaʒ] *nm* (*mollusque*) marisco; (*coquille*) concha
**coquille** [kɔkij] *nf* (*de mollusque*) concha; (*de noix, d'œuf*) cáscara; (*Typo*) errata; **~ de noix** (*Naut*) barquita; **~ d'œuf** *adj inv* (*couleur*) blanquecino(-a); **~ St Jacques** vieira
**coquillettes** [kɔkijɛt] *nfpl* conchas *fpl* pequeñas (de pasta)
**coquin, e** [kɔkɛ̃, in] *adj* (*enfant, sourire, regard*) pícaro(-a); (*histoire*) picarón(-ona) ▶ *nm/f* pícaro(-a)
**cor** [kɔʀ] *nm* (*Mus*) trompa; (*au pied*) callo; **réclamer à ~ et à cri** reclamar a grito pelado; **~ anglais** corno inglés; **~ de chasse** cuerno de caza
**corail, -aux** [kɔʀaj, o] *nm* coral *m*
**Coran** [kɔʀɑ̃] *nm* : **le ~** el Corán
**coraux** [kɔʀo] *npl de* **corail**
**corbeau, x** [kɔʀbo] *nm* cuervo
**corbeille** [kɔʀbɛj] *nf* cesta; (*Inform*) papelera de reciclaje; (*Théâtre*) piso principal; **la ~** (*à la Bourse*) el corro; **~ à ouvrage** costurero; **~ à pain** cesta del pan; **~ à papiers** cesto de los papeles; **~ de mariage** regalos *mpl* de boda
**corbillard** [kɔʀbijaʀ] *nm* coche *m* fúnebre
**cordage** [kɔʀdaʒ] *nm* cordaje *m*, jarcia; **cordages** *nmpl* (*de voilure*) jarcias *fpl*
**corde** [kɔʀd] *nf* (*gén*) cuerda; (*de violon, raquette*) cuerda; **la ~** (*trame de tissu*) la trama; (*Athlétisme, Auto*) cuerda; **les cordes** (*Boxe*) las cuerdas; **la ~ sensible** la vena sensible; **les (instruments à) cordes** los instrumentos de cuerda; **tapis/semelles de ~** alfombra/suelas *fpl* de esparto; **tenir la ~** (*Athlétisme, Auto*) llevar la cuerda; **tomber des cordes** llover a cántaros; **tirer sur la ~** tirar de la cuerda; **usé jusqu'à la ~** raído; **~ à linge** tendedero; **~ à nœuds** cuerda de nudos; **~ à sauter** comba; **~ lisse/raide** cuerda lisa/floja; **cordes vocales** cuerdas *fpl* vocales
**cordeau, x** [kɔʀdo] *nm* cordel *m*; **tracé au ~** trazado a cordel
**cordée** [kɔʀde] *nf* cordada
**cordelette** [kɔʀdəlɛt] *nf* cuerdecilla
**cordelière** [kɔʀdəljɛʀ] *nf* cordón *m*
**cordial, e, -aux** [kɔʀdjal, jo] *adj*, *nm* cordial *m*
**cordialement** [kɔʀdjalmɑ̃] *adv* cordialmente
**cordialité** [kɔʀdjalite] *nf* cordialidad *f*
**cordillère** [kɔʀdijɛʀ] *nf* : **la ~ des Andes** la cordillera de los Andes
**cordon** [kɔʀdɔ̃] *nm* cordón *m*; **~ littoral** cordón litoral; **~ ombilical** cordón umbilical; **~ sanitaire/de police** cordón sanitario/policial
**cordon-bleu** [kɔʀdɔ̃blø] (*pl* **cordons-bleus**) *nm* gran cocinero(-a)
**cordonnerie** [kɔʀdɔnʀi] *nf* zapatería
**cordonnet** [kɔʀdɔnɛ] *nm* cordoncillo
**cordonnier, -ière** [kɔʀdɔnje, ijɛʀ] *nm/f* zapatero(-a)

**Cordoue** [kɔʀdu] *n* Córdoba
**Corée** [kɔʀe] *nf* Corea; **la ~ du Sud/du Nord** Corea del Sur/del Norte; **la République (démocratique populaire) de ~** la República (democrática popular) de Corea
**coréen, ne** [kɔʀeɛ̃, ɛn] *adj* coreano(-a) ▶ *nm* (*Ling*) coreano ▶ *nm/f*: **Coréen, ne** coreano(-a)
**coreligionnaire** [kɔʀ(ə)liʒɔnɛʀ] *nmf* correligionario(-a)
**coriace** [kɔʀjas] *adj* correoso(-a)
**coriandre** [kɔʀjɑ̃dʀ] *nf* cilantro
**cormoran** [kɔʀmɔʀɑ̃] *nm* cormorán *m*
**cornac** [kɔʀnak] *nm* cornaca *m*
**corne** [kɔʀn] *nf* cuerno; **~ d'abondance** cuerno de la abundancia; **~ de brume** sirena de bruma
**cornée** [kɔʀne] *nf* córnea
**corneille** [kɔʀnɛj] *nf* corneja
**cornélien, ne** [kɔʀneljɛ̃, jɛn] *adj* corneliano(-a)
**cornemuse** [kɔʀnəmyz] *nf* cornamusa, gaita; **joueur de ~** gaitero
**corner** [(*n*) kɔʀnɛʀ, (*vb*) kɔʀne] *nm* (*Football*) córner *m*, saque *m* de banda ▶ *vt* (*pages*) doblar la esquina de ▶ *vi* (*klaxonner*) tocar la bocina
**cornet** [kɔʀnɛ] *nm* (*de frites, glace*) cucurucho; **~ à piston** cornetín *m*
**cornette** [kɔʀnɛt] *nf* toca, cofia
**corniaud** [kɔʀnjo] *nm* (*chien*) perro de cruce; (*péj*) gilipollas *m inv* (*fam!*)
**corniche** [kɔʀniʃ] *nf* (*d'armoire*) cornisa; (*route*) carretera de cornisa
**cornichon** [kɔʀniʃɔ̃] *nm* pepinillo
**cornue** [kɔʀny] *nf* retorta
**corollaire** [kɔʀɔlɛʀ] *nm* corolario
**corolle** [kɔʀɔl] *nf* corola
**coron** [kɔʀɔ̃] *nm* (*maison*) casa de mineros; (*quartier*) barrio minero
**coronaire** [kɔʀɔnɛʀ] *adj* coronario(-a)
**corporation** [kɔʀpɔʀasjɔ̃] *nf* (*d'artisans*) gremio
**corporel, le** [kɔʀpɔʀɛl] *adj* corporal; **soins corporels** cuidados *mpl* corporales
**corps** [kɔʀ] *nm* (*aussi fig*) cuerpo; **à son ~ défendant** a pesar suyo; **à ~ perdu** en cuerpo y alma; **le ~ diplomatique** el cuerpo diplomático; **perdu ~ et biens** (*Naut*) perdido con toda su carga; **prendre ~** tomar cuerpo; **faire ~ avec** formar cuerpo con, confundirse con; **~ et âme** cuerpo y alma; **~ à ~** *nm, adv* cuerpo a cuerpo; **~ constitués** (*Pol*) instituciones *fpl*; **~ consulaire/législatif** cuerpo consular/legal; **~ de ballet/de garde** cuerpo de ballet/de guardia; **~ du délit** (*Jur*) cuerpo del delito; **~ électoral** censo electoral; **~ enseignant** cuerpo docente; **~ étranger** (*Méd, Biol*) cuerpo extraño; **~ expéditionnaire/d'armée** cuerpo expedicionario/de ejército; **~ médical** clase *f* médica

**corpulence** [kɔʀpylɑ̃s] *nf* corpulencia; **de forte ~** de gran complexión
**corpulent, e** [kɔʀpylɑ̃, ɑ̃t] *adj* corpulento(-a)
**corpus** [kɔʀpys] *nm* corpus *m inv*
**corpusculaire** [kɔʀpyskylɛʀ] *adj* corpuscular
**correct, e** [kɔʀɛkt] *adj* (*exact, bienséant*) correcto(-a); (*passable*) correcto(-a), aceptable
**correctement** [kɔʀɛktəmɑ̃] *adv* correctamente
**correcteur, -trice** [kɔʀɛktœʀ, tʀis] *nm/f* (*d'examen*) examinador(a); (*Typo*) corrector(a)
**correctif, -ive** [kɔʀɛktif, iv] *adj* correctivo(-a) ▶ *nm* (*mise au point*) correctivo
**correction** [kɔʀɛksjɔ̃] *nf* corrección *f*; (*idée, trajectoire*) modificación *f*; (*coups*) paliza, golpiza (*AM*); **~ (des épreuves)** corrección (de pruebas); **~ sur écran** corrección en pantalla
**correctionnel, le** [kɔʀɛksjɔnɛl] *adj* : **tribunal ~** tribunal *m* correccional
**corrélation** [kɔʀelasjɔ̃] *nf* correlación *f*
**correspondance** [kɔʀɛspɔ̃dɑ̃s] *nf* correspondencia; (*de train, d'avion*) empalme *m*; **ce train assure la ~ avec l'avion de 10 heures** este tren enlaza con el vuelo de las 10; **cours par ~** curso por correspondencia; **vente par ~** venta por correo
**correspondancier, -ière** [kɔʀɛspɔ̃dɑ̃sje, jɛʀ] *nm/f* corresponsal *mf*
**correspondant, e** [kɔʀɛspɔ̃dɑ̃, ɑ̃t] *adj* correspondiente ▶ *nm/f* corresponsal *mf*; (*au téléphone*) interlocutor(a)
**correspondre** [kɔʀɛspɔ̃dʀ] *vi* corresponder; (*chambres*) corresponderse; **~ à** corresponder a; (*se rapporter à*) corresponderse con; **~ avec qn** cartearse con algn
**Corrèze** [kɔʀɛz] *nf* Corrèze *f*
**corrida** [kɔʀida] *nf* corrida
**corridor** [kɔʀidɔʀ] *nm* pasillo
**corrigé** [kɔʀiʒe] *nm* (*Scol*) solución *f*
**corriger** [kɔʀiʒe] *vt* (*aussi Méd*) corregir; (*idée, trajectoire*) rectificar; (*punir*) castigar; **~ qn de qch** (*défaut*) corregir (algo) a algn; **il l'a corrigé** le dio una paliza; **se ~ de** corregirse de
**corroborer** [kɔʀɔbɔʀe] *vt* corroborar
**corroder** [kɔʀɔde] *vt* corroer
**corrompre** [kɔʀɔ̃pʀ] *vt* corromper
**corrompu, e** [kɔʀɔ̃py] *adj* corrompido(-a)
**corrosif, -ive** [kɔʀozif, iv] *adj* corrosivo(-a)
**corrosion** [kɔʀozjɔ̃] *nf* corrosión *f*
**corruption** [kɔʀypsjɔ̃] *nf* corrupción *f*
**corsage** [kɔʀsaʒ] *nm* (*d'une robe*) cuerpo; (*chemisier*) blusa
**corsaire** [kɔʀsɛʀ] *nm* corsario
**corse** [kɔʀs] *adj* corso(-a) ▶ *nf* : **C~** Córcega ▶ *nmf* : **Corse** corso(-a)
**corsé, e** [kɔʀse] *adj* (*café etc*) fuerte; (*problème*) arduo(-a); (*histoire*) escabroso(-a)
**corselet** [kɔʀsəlɛ] *nm* (*vêtement*) corpiño; (*Zool*) coselete *m*

**corser** [kɔʀse] *vt* (*difficulté*) incrementar; (*histoire, intrigue, récit*) complicar, dar interés a; (*sauce*) salpimentar
**corset** [kɔʀsɛ] *nm* corsé *m*; (*d'une robe*) corpiño; **~ orthopédique** corsé ortopédico
**corso** [kɔʀso] *nm* : **~ fleuri** desfile *m* de carrozas de flores
**cortège** [kɔʀtɛʒ] *nm* (*funèbre*) comitiva; (*de manifestants*) desfile *m*
**corticostéroïde** [kɔʀtikosteʀɔid] *nm* corticosterona
**cortisone** [kɔʀtizɔn] *nf* cortisona
**corvée** [kɔʀve] *nf* (*aussi Mil*) faena
**cosaque** [kozak] *nm* cosaco
**cosignataire** [kosiɲatɛʀ] *adj, nmf* cofirmante *mf*
**cosinus** [kosinys] *nm* coseno
**cosmétique** [kɔsmetik] *nm* (*pour les cheveux*) fijador *m*; (*produit de beauté*) cosmético ▶ *adj* cosmético(-a)
**cosmétologie** [kɔsmetɔlɔʒi] *nf* cosmética
**cosmique** [kɔsmik] *adj* cósmico(-a)
**cosmonaute** [kɔsmɔnot] *nmf* cosmonauta *mf*
**cosmopolite** [kɔsmɔpɔlit] *adj* cosmopolita
**cosmos** [kɔsmɔs] *nm* cosmos *m*
**cosse** [kɔs] *nf* (*Bot*) vaina; (*Élec*) guardacabos *m inv*
**cossu, e** [kɔsy] *adj* señorial
**Costa Rica** [kɔstaʀika] *nm* Costa Rica
**costaricien, ne** [kɔstaʀisjɛ̃, jɛn] *adj* costarricense, costarriqueño(-a) ▶ *nm/f* : **Costaricien, ne** costarricense *mf*, costarriqueño(-a)
**costaud, e** [kɔsto, od] *adj* robusto(-a)
**costume** [kɔstym] *nm* traje *m*; (*de théâtre*) vestuario
**costumé, e** [kɔstyme] *adj* disfrazado(-a)
**costumer** [kɔstyme] *vt* vestir; **se costumer** *vpr* disfrazarse; (*acteur*) vestirse; **se ~ en qn/qch** disfrazarse de algn/algo
**costumier, -ière** [kɔstymje, jɛʀ] *nm/f* (*fabricant*) sastre(-a); (*loueur*) dueño(-a) de una tienda de trajes de alquiler; (*Théâtre*) guardarropa *mf*
**cotangente** [kɔtɑ̃ʒɑ̃t] *nf* cotangente *f*
**cotation** [kɔtasjɔ̃] *nf* cotización *f*
**cote** [kɔt] *nf* (*d'une valeur boursière*) cotización *f*; (*d'une voiture, d'un timbre*) valoración *f*; (*d'un cheval*) clasificación *f*; (*d'un candidat etc*) popularidad *f*; (*mesure*) cota; (*de classement, d'un document*) signatura; **avoir la ~** (*fam*) estar muy cotizado(-a); **inscrit à la ~** registrado; **~ d'alerte** nivel *m* de alarma; **~ de popularité** cota de popularidad; **~ mal taillée** (*fig*) cuenta aproximada
**coté, e** [kɔte] *adj* : **être ~ en Bourse** cotizarse en Bolsa; **être bien/mal ~** estar bien/mal considerado(-a)

## côte – couleur

**côte** [kot] *nf* (*rivage*) costa; (*pente*) cuesta; (*Anat, Boucherie*) costilla; (*d'un tricot, tissu*) canalé *m*; **point de côtes** (*Tricot*) punto de canalé; **~ à ~** uno al lado de otro; **la C~ (d'Azur)** la Costa Azul; **la C~ d'Ivoire** Costa de Marfil

**côté** [kote] *nm* (*Géom, gén*) lado; (*du corps*) costado; (*feuille*) cara; (*de la rivière*) orilla; **de 10 m de ~** de 10 m. de lado; **des deux côtés de la route/frontière** en ambos lados de la carretera/frontera; **de tous (les) côtés** por todos lados, por todas partes; **de quel ~ est-il parti ?** ¿en qué dirección salió?; **de ce/de l'autre ~** de este/del otro lado; **d'un ~ ... d'un autre ~** por una parte ... por otra; **du ~ de** (*direction*) en dirección a, de camino a; (*proximité*) cerca de, por; **il habite du ~ de Lyon** vive cerca de Lyon; **de ~** (*marcher*) de lado; (*être, se tenir*) a un lado; **laisser de ~** dejar de lado; **mettre de ~** poner a un lado; **sur le ~ de** por el lado de; **de chaque ~ (de)** a cada lado (de), a ambos lados (de); **du ~ gauche** por la izquierda; **de mon ~** por mi parte; **regarder de ~** mirar de soslayo; **à ~** al lado; **à ~ de** al lado de; **tirer à ~ (de la cible, des buts)** (*manquer*) errar el tiro; **être aux côtés de** estar al/del lado de

**coteau** [kɔto] *nm* colina

**côtelé, e** [kot(ə)le] *adj* de canalé; **pantalons en velours ~** pantalones *mpl* de pana

**côtelette** [kotlɛt] *nf* chuleta

**coter** [kɔte] *vt* cotizar

**coterie** [kɔtʀi] *nf* clan *m*

**côtier, -ière** [kotje, jɛʀ] *adj* costero(-a)

**cotillons** [kɔtijɔ̃] *nmpl* objetos *mpl* de fiesta

**cotisation** [kɔtizasjɔ̃] *nf* (*à un club, syndicat*) cuota; (*pour une pension, sécurité sociale*) cotización *f*

**cotiser** [kɔtize] *vi* (*à une assurance etc*) : **~ (à)** cotizar; (*à une association*) pagar la cuota (de); **se cotiser** *vpr* pagar a escote

**coton** [kɔtɔ̃] *nm* algodón *m*; **drap/robe de ~** sábana/vestido de algodón; **c'est ~ !** (*fam: ardu, complexe*) ¡no es moco de pavo!; **~ hydrophile** algodón hidrófilo

**cotonnade** [kɔtɔnad] *nf* cotonada

**Coton-Tige**® [kɔtɔ̃tiʒ] (*pl* **Cotons-Tiges**) *nm* bastoncillo

**côtoyer** [kotwaje] *vt* (*rencontrer*) codearse con; (*précipice, rivière*) bordear; (*fig*) rayar en

**cotte** [kɔt] *nf* : **~ de mailles** cota de mallas

**cou** [ku] *nm* cuello

**couac** [kwak] (*fam*) *nm* gallo

**couard, e** [kwaʀ, kwaʀd] *adj* cobarde

**couchage** [kuʃaʒ] *nm* ropa de cama; **~ pour six personnes** cama para seis personas

**couchant** [kuʃɑ̃] *adj* : **soleil ~** sol *m* poniente

**couche** [kuʃ] *nf* (*de bébé*) pañal *m*; (*gén, Géologie*) capa; **couches sociales** capas *fpl* sociales; **couches** *nfpl* (*Méd*) parto *msg*; **elle est morte en couches** murió en el parto

**couché, e** [kuʃe] *adj* tumbado(-a), tendido(-a); (*au lit*) acostado(-a); **~ sur l'herbe** tumbado(-a) sobre la hierba

**couche-culotte** [kuʃkylɔt] (*pl* **couches-culottes**) *nf* pañal braguita *m*

**coucher** [kuʃe] *nm* (*du soleil*) puesta; **~ de soleil** puesta de sol; **à prendre avant le ~** (*Méd*) tomar antes de acostarse ▶ *vt* (*mettre au lit*) acostar; (*étendre*) tumbar, tender; (*loger*) alojar; (*idées*) anotar ▶ *vi* dormir; (*fam*) : **~ avec qn** acostarse con algn; **se coucher** *vpr* (*pour dormir*) acostarse; (*pour se reposer*) tumbarse, acostarse; (*se pencher*) inclinarse; (*soleil*) ponerse

**couchette** [kuʃɛt] *nf* litera

**coucheur** [kuʃœʀ] *nm* : **mauvais ~** individuo de malas pulgas

**couci-couça** [kusikusa] (*fam*) *adv* así así

**coucou** [kuku] *nm* cuclillo ▶ *excl* ¡hola!

**coude** [kud] *nm* codo; (*de la route*) recodo; **~ à ~** codo a codo

**coudée** [kude] *nf* : **avoir les coudées franches** tener campo libre, tener carta blanca

**cou-de-pied** [kudpje] (*pl* **cous-de-pied**) *nm* empeine *m*

**coudoyer** [kudwaje] *vt* (*frôler*) rozar al pasar; (*fig*) codearse

**coudre** [kudʀ] *vt, vi* coser

**couenne** [kwan] *nf* tocino

**couette** [kwɛt] *nf* (*édredon*) edredón *m*; **couettes** *nfpl* (*cheveux*) coletas *fpl*

**couffin** [kufɛ̃] *nm* (*de bébé*) moisés *m*

**couilles** [kuj] (*fam !*) *nfpl* cojones *mpl* (*fam !*)

**couillu, e** [kujy] (*fam*) *adj* (*courageux : personne*) con un par de huevos (*fam !*); **c'est ~ ce que tu as fait !** ¡hay que tener un par de huevos para hacer lo que has hecho! (*fam !*)

**couiner** [kwine] *vi* chillar

**coulage** [kulaʒ] *nm* (*Comm*) pérdida

**coulant, e** [kulɑ̃, ɑ̃t] *adj* (*indulgent*) tolerante; (*fromage etc*) derretido(-a); (*style*) fluido(-a)

**coulée** [kule] *nf* (*de métal*) colada; **~ de lave** río de lava; **~ de boue** corriente *f* de barro

**couler** [kule] *vi* (*fleuve*) fluir; (*liquide*) correr; (*stylo*) perder tinta; (*robinet*) gotear; (*bateau*) hundirse; **avoir le nez qui coule** moquear; **~ de source** caer por su peso; **~ à pic** irse a pique; **faire ~ un bain** preparar un baño; **laisser ~** dejar correr ▶ *vt* colar; (*bateau*) hundir; (*entreprise*) hundir, arruinar; **~ une vie heureuse** llevar una vida feliz; **~ une bielle** (*Auto*) fundir una biela; **se couler** *vpr* (*se glisser*) : **se ~ dans** (*interstice, ouverture*) colarse en; (*fig*) : **se ~ dans le moule** fundirse en la masa; **se ~ dans le moule de qch** amoldarse a algo

**couleur** [kulœʀ] *nf* (*aussi fig*) color *m*; (*Cartes*) palo; **de ~** de color; **sous ~ de faire** con el pretexto de hacer; **film/télévision en**

## couleuvre – coupon-réponse

**couleurs** película/televisión *f* en color; **couleurs** *nfpl* (*du teint, dans un tableau*) colores *mpl*, colorido; (*Mil*) bandera
**couleuvre** [kulœvʀ] *nf* culebra
**coulissant, e** [kulisɑ̃, ɑ̃t] *adj* corredizo(-a)
**coulisse** [kulis] *nf* (*Tech*) ranura; **porte à ~** puerta de corredera; **coulisses** *nfpl* (*Théâtre*) bastidores *mpl*; **dans les coulisses** (*fig*) entre bastidores
**coulisser** [kulise] *vi* deslizarse
**couloir** [kulwaʀ] *nm* pasillo; (*Sport, route*) calle *f*; (*ravin*) garganta; **~ aérien** pasillo aéreo; **~ d'avalanche** corredor *m* de aludes; **~ de navigation** ruta de navegación
**coulpe** [kulp] *nf* : **battre sa ~** llorar con lágrimas de sangre
**coup** [ku] *nm* golpe *m*; (*avec arme à feu*) disparo; (*frappé par une horloge*) campanada; (*fam : fois*) vez *f*; (*Échecs*) jugada; **à coups de hache** a hachazos; **à coups de marteau** a martillazos; **être sur un ~** (*fam*) tener un asuntillo entre manos; **en ~ de vent** como un rayo; **donner un ~ de corne à qn** dar una cornada a algn; **donner** *ou* **passer un ~ de balai (dans)** dar un barrido (a), pasar la escoba (por); **boire un ~** (*fam*) echar un trago; **à tous les coups** todas las veces; **à tous les coups il a oublié** seguro que se le ha olvidado; **être dans le/hors du ~** estar/no estar en el ajo; **il a raté son ~** le falló la jugada; **du ~** así que; **pour le ~** por una vez; **d'un seul ~** (*subitement*) de repente; (*à la fois*) de un solo golpe; **du premier ~** al primer intento; **faire un ~ bas à qn** dar un golpe bajo a algn; **du même ~** al mismo tiempo; **à ~ sûr ...** seguro que ...; **après ~** después; **~ sur ~** uno(-a) tras otro(-a); **sur le ~** en el acto; **sous le ~ de** (*surprise etc*) afectado(-a) por; **tomber sous le ~ de la loi** (*Jur*) caer bajo el peso de la ley; **~ d'éclat** proeza; **~ d'envoi** (*Sport*) saque *m* de centro; (*fig*) pistoletazo de salida; **~ d'essai** ensayo; **~ d'État** golpe de estado; **~ d'œil** vistazo, ojeada; **~ de chance** golpe de suerte; **~ de chapeau** sombrerazo; **~ de coude** codazo; **~ de couteau** cuchillada; **~ de crayon** trazo; **~ de feu** disparo; **~ de fil** (*fam*) llamada; **~ de filet** redada; **~ de foudre** flechazo; **~ de fouet** latigazo; **~ de frein** (*Auto*) frenazo; **~ de fusil** clavada; **~ de genou** rodillazo; **~ de grâce** golpe de suerte; **~ de main** : **un ~ de main à qn** echar una mano a algn; **~ de maître** acción *f* magistral; **~ de pied** patada; **~ de pinceau** pincelada; **~ de poing** puñetazo; **~ de soleil** insolación *f*; **~ de sonnette** timbrazo; **~ de téléphone** telefonazo, llamado (*Am*); **~ de tête** (*fig*) cabezonada; **~ de théâtre** (*fig*) hecho imprevisto; **~ de tonnerre** trueno; **~ de vent** ráfaga de viento; **~ du lapin** golpe en la nuca; **~ dur** golpe duro; **~ fourré** mala jugada; **~ franc** golpe franco; **~ sec** golpe seco
**coupable** [kupabl] *adj, nmf* culpable *mf*
**coupant, e** [kupɑ̃, ɑ̃t] *adj* cortante
**coupe** [kup] *nf* corte *f*; (*verre, Sport*) copa; (*à fruits*) frutero; **vue en ~** corte transversal; **être sous la ~ de** estar bajo la férula de; **faire des coupes sombres dans** hacer un recorte drástico en
**coupé, e** [kupe] *adj* cortado(-a); (*vêtement*) : **bien/mal ~** bien/mal cortado(-a) ▶ *nm* (*Auto*) cupé *m*
**coupe-circuit** [kupsiʀkɥi] *nm inv* cortacircuitos *m inv*
**coupe-faim** [kupfɛ̃] (*pl* **~(s)**) *nm* (*anorexigène*) supresor *m* del apetito
**coupe-feu** [kupfø] *nm* cortafuego
**coupe-gorge** [kupgɔʀʒ] *nm* sitio peligroso
**coupelle** [kupɛl] *nf* copela
**coupe-ongles** [kupɔ̃gl] *nm inv* cortaúñas *m inv*
**coupe-papier** [kuppapje] *nm inv* cortapapeles *m inv*
**couper** [kupe] *vt* cortar; (*retrancher*) suprimir; (*eau, courant*) cortar, quitar; (*appétit, fièvre*) quitar; (*vin, liquide*) aguar; (*Tennis etc*) volear; **se faire ~ les cheveux** cortarse el pelo; **~ l'appétit à qn** quitar el apetito a algn; **~ la parole à qn** quitar la palabra a algn, interrumpir a algn; **~ les vivres à qn** suprimir los subsidios a algn; **~ le contact** *ou* **l'allumage** (*Auto*) quitar el contacto *ou* el encendido; **~ les ponts (avec qn)** cortar el contacto (con algn) ▶ *vi* cortar; (*prendre un raccourci*) atajar; (*Cartes*) cortar; (: *avec l'atout*) cortar triunfo; **se couper** *vpr* cortarse; (*en témoignant etc*) contradecirse
**couperet** [kupʀɛ] *nm* machete *m*
**couperosé, e** [kupʀoze] *adj* congestionado(-a)
**couple** [kupl] *nm* pareja; **~ de torsion** par *m* de torsión

> Le terme espagnol de *pareja* peut désigner un couple ou seulement l'un des membres d'un couple :
> **Mes voisins sont un couple de Français.** Mis vecinos son una pareja de franceses.
> **Mon compagnon est architecte.** Mi pareja es arquitecto.

**coupler** [kuple] *vt* acoplar
**couplet** [kuplɛ] *nm* (*Mus*) copla, estrofa; (*péj*) cantilena
**coupleur** [kuplœʀ] *nm* : **~ acoustique** acoplador *m* acústico
**coupole** [kupɔl] *nf* cúpula; **la C~** la Academia Francesa; *ver nota*
**coupon** [kupɔ̃] *nm* (*ticket*) cupón *m*, bono; (*tissu : rouleau*) pieza; (: *reste*) retal *m*
**coupon-réponse** [kupɔ̃repɔ̃s] (*pl* **coupons-réponses**) *nm* cupón *m* de respuesta

## coupure – court

**coupure** [kupyʀ] nf corte m; (billet de banque) billete m; (de presse) recorte m; ~ **de courant/d'eau** corte de corriente/de agua

**cour** [kuʀ] nf (de ferme) corral m; (de jardin, immeuble) patio; (Jur) tribunal m; (royale) corte f; **faire la ~ à qn** hacer la corte a algn; ~ **d'appel** tribunal de apelación; ~ **d'assises** sala de lo criminal; ~ **de cassation** ≈ tribunal supremo; ~ **de récréation** patio; ~ **des comptes** (Admin) tribunal de cuentas; ~ **martiale** consejo de guerra

**courage** [kuʀaʒ] nm valor m; (ardeur, énergie) coraje m; **un peu de** ~ ánimo; **bon** ~ ! ¡ánimo!

**courageusement** [kuʀaʒøzmɑ̃] adv valientemente

**courageux, -euse** [kuʀaʒø, øz] adj valiente, valeroso(-a)

**couramment** [kuʀamɑ̃] adv (souvent) frecuentemente; (parler) con soltura

**courant, e** [kuʀɑ̃, ɑ̃t] adj (fréquent) corriente, común; (gén, Comm) corriente; (en cours) en curso; « **anglais** ~ » « inglés fluido » ▶ nm (aussi fig) corriente f; **être au ~ (de)** estar al corriente (de); **mettre qn au ~ (de)** poner a algn al corriente (de); **se tenir au ~ (de)** mantenerse al corriente (de); **dans le ~ de** durante; ~ **octobre** a lo largo de octubre; **le 10** ~ el 10 del corriente; ~ **d'air** corriente de aire; ~ **électrique** corriente eléctrica

**courbature** [kuʀbatyʀ] nf agotamiento; **courbatures** (Sport) agujetas fpl

**courbaturé, e** [kuʀbatyʀe] adj derrengado(-a); (Sport) : **je suis tout ~** tengo agujetas por todas partes

**courbe** [kuʀb] adj curvo(-a) ▶ nf curva; ~ **de niveau** curva de nivel

**courber** [kuʀbe] vt doblar; ~ **la tête** inclinar la cabeza; **se courber** vpr (branche etc) doblarse; (personne) inclinarse

**courbette** [kuʀbɛt] nf corveta, reverencia

**coure** [kuʀ] vb voir **courir**

**coureur, -euse** [kuʀœʀ, øz] nm/f corredor(a); ~ **automobile** corredor automovilístico; ~ **cycliste** ciclista mf ▶ adj m, nm (péj) mujeriego ▶ adj f, nf (péj) pendón m

**courge** [kuʀʒ] nf calabaza

**courgette** [kuʀʒɛt] nf calabacín m

**courir** [kuʀiʀ] vi (aussi fig) correr; **le bruit court que ...** corre la voz de que ...; **par les temps qui courent** en los tiempos que corren, en estos tiempos; ~ **après qn** correr detrás de algn; (péj) andar detrás de algn; **laisser** ~ **qch/qn** dejar en paz algo/a algn; **faire** ~ **qn** llevar a algn al retortero; **tu peux (toujours)** ~ ! ¡espera sentado! ▶ vt (Sport) disputar; (danger, risque) correr; ~ **les cafés/bals** frecuentar los cafés/bailes; ~ **les magasins** ir de compras, ir de tiendas

**couronne** [kuʀɔn] nf (aussi fig) corona; ~ **(funéraire** ou **mortuaire)** corona (mortuoria)

**couronnement** [kuʀɔnmɑ̃] nm coronación f

**couronner** [kuʀɔne] vt (roi) coronar; (lauréat, livre, ouvrage) galardonar; (carrière, efforts) coronar

**courons** etc [kuʀɔ̃] vb voir **courir**

**courrai** etc [kuʀe] vb voir **courir**

**courre** [kuʀ] vb voir **chasse**

**courriel** [kuʀjɛl] nm mail m, email m, correo electrónico; **envoyer qch par** ~ enviar algo por mail ou email ou correo electrónico

**courrier** [kuʀje] nm correo; (rubrique) prensa; **qualité** ~ calidad f de correspondencia; **long/moyen** ~ (Aviat) avión m de distancias largas/medias; ~ **du cœur** prensa del corazón; ~ **électronique** correo electrónico

**courroie** [kuʀwa] nf correa; ~ **de transmission/de ventilateur** correa de transmisión/del ventilador

**courrons** etc [kuʀɔ̃] vb voir **courir**

**courroucé, e** [kuʀuse] adj encolerizado(-a)

**cours** [kuʀ] vb voir **courir** ▶ nm clase f; (série de leçons) clases fpl, curso; (établissement) academia; (des événements, d'une rivière) curso; (avenue) avenida, paseo; (Comm) valor m, precio; (Bourse) cotización f; (des matières premières) valor; (déroulement) transcurso; **donner libre ~ à** dar rienda suelta a; **avoir ~** (monnaie) estar en circulación; (fig) estilarse; (Scol) tener clase; **en ~** (année) en curso; (travaux) en curso, pendiente; **en ~ de route** en el camino; **au ~ de** durante, en el transcurso de; **le ~ du change** el cambio; ~ **d'eau** río; ~ **du soir** (Scol) clase nocturna; ~ **élémentaire** (Scol) ciclo inicial de educación primaria en el sistema francés; ~ **moyen** (Scol) ciclo medio de educación primaria en el sistema francés; ~ **préparatoire** (Scol) año preparatorio de educación primaria en el sistema francés

**course** [kuʀs] nf (gén, d'un taxi, du soleil) carrera; (d'un projectile) trayectoria; (d'une pièce mécanique) recorrido; (excursion en montagne) marcha, excursión f; (autocar) recorrido; (petite mission) recado; **à bout de** ~ reventado(-a); ~ **à pied/automobile** carrera a pie/automovilística; ~ **de côte** (Auto) carrera de ascensión; ~ **d'obstacles/de vitesse/par étapes** carrera de obstáculos/de velocidad/por etapas; **courses** nfpl (achats) compras fpl; (Hippisme) carreras fpl (hípicas); **faire les** ou **ses courses** ir de compras; **jouer aux courses** apostar en las carreras; **courses de chevaux** carreras de caballos

**coursier, -ière** [kuʀsje, jɛʀ] nm/f recadero(-a)

**coursive** [kuʀsiv] nf (Naut) pasillo

**court, e** [kuʀ, kuʀt] adj (temps) corto(-a), breve; (en longueur, distance) corto(-a); (en hauteur) bajo(-a); **ça fait** ~ es un poco escaso;

**avoir le souffle ~** quedarse en seguida sin aliento; **tirer à la courte paille** echar pajas; **faire la courte échelle à qn** aupar a algn; **~ métrage** (*Ciné*) cortometraje *m* ▶ *adv* corto; **tourner ~** acabarse de golpe; **couper ~ à ...** acabar con ...; **pour faire ~** para abreviar ▶ *nm* (*de tennis*) pista, cancha; **à ~ de** escaso de; **prendre qn de ~** pillar a algn de imprevisto

**courtage** [kuʀtaʒ] *nm* (*Comm*) corretaje *m*

**court-bouillon** [kuʀbujɔ̃] (*pl* **courts-bouillons**) *nm* caldo de pescado

**court-circuit** [kuʀsiʀkɥi] (*pl* **courts-circuits**) *nm* cortocircuito

**court-circuiter** [kuʀsiʀkɥite] *vt* (*fig*) saltarse

**courtier, -ière** [kuʀtje, jɛʀ] *nm/f* corredor(a)

**courtisan** [kuʀtizɑ̃] *nm* cortesano; (*fig*) adulador *m*

**courtisane** [kuʀtizan] *nf* cortesana

**courtiser** [kuʀtize] *vt* cortejar

**courtois, e** [kuʀtwa, waz] *adj* cortés

**courtoisement** [kuʀtwazmɑ̃] *adv* cortésmente

**courtoisie** [kuʀtwazi] *nf* cortesía

**couru, e** [kuʀy] *pp de* **courir** ▶ *adj* (*spectacle*) concurrido(-a); **c'est ~ (d'avance)!** (*fam*) ¡está claro!

**cousais** etc [kuzɛ] *vb voir* **coudre**

**couscous** [kuskus] *nm* cuscús *m*, alcuzcuz *m*

**cousin, e** [kuzɛ̃, in] *nm/f* primo(-a); **~ germain(e)** primo(-a) hermano(-a) *ou* carnal; **~ issu de germain(e)** primo(-a) segundo(-a) ▶ *nm* (*Zool*) típula

**cousons** [kuzɔ̃] *vb voir* **coudre**

**coussin** [kusɛ̃] *nm* cojín *m*; (*Tech*) almohadilla; **~ d'air** (*Tech*) almohadilla neumática

**cousu, e** [kuzy] *pp de* **coudre** ▶ *adj* : **~ d'or** forrado(-a) de dinero

**coût** [ku] *nm* (*d'un travail, objet*) coste *m*, precio; **le ~ de la vie** el coste de la vida

**coûtant** [kutɑ̃] *adj m* : **au prix ~** a precio de coste

**couteau, x** [kuto] *nm* cuchillo; (*mollusque*) navaja; **~ à cran d'arrêt** navaja de resorte; **~ à pain/de cuisine** cuchillo del pan/de cocina; **~ de poche** navaja de bolsillo

**couteau-scie** [kutosi] (*pl* **couteaux-scies**) *nm* cuchillo de sierra

**coutelier, -ière** [kutəlje, jɛʀ] *nm/f* cuchillero(-a)

**coutellerie** [kutɛlʀi] *nf* cuchillería

**coûter** [kute] *vt* (*aussi fig*) costar ▶ *vi* : **~ à qn** costarle a algn; **~ cher** costar caro; **ça va lui ~ cher** (*fig*) va a pagarlo caro; **combien ça coûte?** ¿cuánto cuesta?, ¿cuánto vale?; **coûte que coûte** a toda costa

**coûteusement** [kutøzmɑ̃] *adv* a alto precio

**coûteux, -euse** [kutø, øz] *adj* costoso(-a); (*fig*) sacrificado(-a)

**coutume** [kutym] *nf* costumbre *f*; (*Jur*) : **la ~** el derecho consuetudinario; **de ~** de costumbre, de ordinario

**coutumier, -ière** [kutymje, jɛʀ] *adj* habitual; **être ~ de** (*péj*) : **elle est coutumière du fait** es habitual en ella

**couture** [kutyʀ] *nf* costura

**couturier, -ière** [kutyʀje, jɛʀ] *nm/f* costurero(a) ▶ *nm* modisto(a) *mf*

**couvade** [kuvad] *nf* síndrome *m* de la covada, embarazo simpático

**couvée** [kuve] *nf* (*de poussins*) pollada

**couvent** [kuvɑ̃] *nm* convento

**couver** [kuve] *vt* (*œufs, maladie*) incubar; (*personne*) mimar; **~ qch/qn des yeux** no quitar los ojos de algo/de algn; (*convoiter*) comerse con los ojos algo/a algn ▶ *vi* (*feu*) mantenerse; (*révolte*) incubarse, prepararse

**couvercle** [kuvɛʀkl] *nm* tapa

**couvert, e** [kuvɛʀ, ɛʀt] *pp de* **couvrir** ▶ *adj* (*ciel, coiffé d'un chapeau*) cubierto(-a); (*protégé*) protegido(-a), resguardado(-a); **~ de** cubierto(-a) por; **bien ~** bien abrigado(-a) ▶ *nm* cubierto; **mettre le ~** poner la mesa; **service de 12 couverts en argent** juego de 12 cubiertos de plata; **à ~ de** a cubierto, a resguardo; **sous (le) ~ de** bajo la apariencia de; **couverts** *nmpl* cubiertos *mpl*

**couverture** [kuvɛʀtyʀ] *nf* (*de lit*) manta, frazada (*Am*), cobija (*Am*); (*de bâtiment*) cubierta; (*de livre, cahier*) forro; (*d'un espion*) máscara; (*Assurance, Presse*) cobertura; **de ~** (*lettre etc*) de garantía; **~ chauffante** manta térmica

**couveuse** [kuvøz] *nf* incubadora

**couvre** [kuvʀ] *vb voir* **couvrir**

**couvre-chef** [kuvʀəʃɛf] (*pl* **couvre-chefs**) *nm* sombrero

**couvre-feu** [kuvʀəfø] (*pl* **couvre-feux**) *nm* toque *m* de queda

**couvre-lit** [kuvʀəli] (*pl* **couvre-lits**) *nm* colcha

**couvre-pieds** [kuvʀəpje] *nm inv* cubrepiés *m inv*

**couvreur** [kuvʀœʀ] *nm* techador *m*

**couvrir** [kuvʀiʀ] *vt* cubrir; (*supérieur hiérarchique*) proteger; (*voix, pas*) cubrir, tapar; (*erreur*) ocultar; (*distance*) recorrer; (*Zool*) cubrir; (*d'ornements, d'éloges*) : **~ qch/qn de** cubrir a algo/algn de; **se couvrir** *vpr* cubrirse; **se ~ de** (*fleurs, boutons*) llenarse de

**cover-girl** [kɔvœʀgœʀl] (*pl* **cover-girls**) *nf* modelo *f*

**cow-boy** [kobɔj] (*pl* **cow-boys**) *nm* vaquero

**coyote** [kɔjɔt] *nm* coyote *m*

**CP** *sigle m* (= *cours préparatoire*) *voir* **cours**

**CPAM** [sepeaɛm] *sigle f* (= *Caisse primaire d'assurances maladie*) organismo que gestiona las cotizaciones de la Seguridad Social

**CQFD** [sekyɛfde] *abr* (= *ce qu'il fallait démontrer*) QED

**crabe** [kʀab] *nm* cangrejo (de mar)
**crachat** [kʀaʃa] *nm* escupitajo
**craché, e** [kʀaʃe] *adj* : **son père tout ~** el retrato vivo de su padre
**cracher** [kʀaʃe] *vi, vt* escupir; *(lave, injures)* escupir, arrojar; **~ du sang** escupir sangre
**crachin** [kʀaʃɛ̃] *nm* llovizna, garúa (AM)
**crachiner** [kʀaʃine] *vi* lloviznar
**crachoir** [kʀaʃwaʀ] *nm* escupidera
**crachotement** [kʀaʃɔtmɑ̃] *nm* escupitajo, parásitos *mpl*
**crachoter** [kʀaʃɔte] *vi* tener parásitos
**crack** [kʀak] *nm (intellectuel)* hacha, as *m*; *(sportif)* as; *(poulain)* potro favorito
**Cracovie** [kʀakɔvi] *n* Cracovia
**cradingue** [kʀadɛ̃g] *(fam) adj* guarro(-a)
**craie** [kʀɛ] *nf (substance)* greda; *(morceau)* tiza, gis *m* (MEX)
**craignais** [kʀɛɲɛ] *vb voir* **craindre**
**craindre** [kʀɛ̃dʀ] *vt* temer; *(être sensible à)* no tolerar; **je crains que vous (ne) fassiez erreur** (me) temo que se equivoca; **~ de/que** temer/temer que; **crains-tu de ... ?** ¿temes ...?
**crainte** [kʀɛ̃t] *nf* temor *m*; **soyez sans ~** no tema nada; **(de) ~ de/que** por temor a/a que
**craintif, -ive** [kʀɛ̃tif, iv] *adj* temeroso(-a)
**craintivement** [kʀɛ̃tivmɑ̃] *adv* temerosamente
**cramer** [kʀame] *(fam) vi* chamuscarse
**cramoisi, e** [kʀamwazi] *adj* carmesí
**crampe** [kʀɑ̃p] *nf* calambre *m*; **~ d'estomac** cólico de estómago
**crampon** [kʀɑ̃pɔ̃] *nm (de semelle)* taco; *(Alpinisme)* crampón *m*; **raccrocher les crampons** *(fig)* colgar las botas
**cramponner** [kʀɑ̃pɔne] : **se cramponner (à)** *vpr* agarrarse (a)
**cran** [kʀɑ̃] *nm (entaille, trou)* muesca; *(de courroie)* ojete *m*; *(courage)* agallas *fpl*; **être à ~** estar que se lo llevan los demonios; **~ d'arrêt** muelle *m*; **~ de sûreté** seguro
**crâne** [kʀɑn] *nm* cráneo
**crânement** [kʀɑnmɑ̃] *adv* con orgullo
**crâner** [kʀɑne] *(fam) vi* farolear, fanfarronear
**crânien, ne** [kʀɑnjɛ̃, jɛn] *adj* craneal, craneano(-a)
**crapaud** [kʀapo] *nm* sapo
**crapule** [kʀapyl] *nf* depravado(-a)
**crapuleux, -euse** [kʀapylø, øz] *adj* : **crime ~** crimen *m* depravado
**craquelure** [kʀaklyʀ] *nf* desconchón *m*
**craquement** [kʀakmɑ̃] *nm* crujido
**craquer** [kʀake] *vi (bois, plancher)* crujir; *(fil, branche)* romperse; *(couture)* estallar; *(s'effondrer)* derrumbarse; **je craque** *(fam)* me vuelvo loco(-a); **~ pour qch** *(fam)* sucumbir al encanto de algo ▶ *vt* : **~ une allumette** frotar una cerilla

**crash** [kʀaʃ] *(pl* **crashs** *ou* **crashes**) *nm* accidente *m* aéreo; **~ boursier** crac *m* bursátil
**crasher** [kʀaʃe] : **se crasher** *vpr (avion)* estrellarse; *(fam)* emborracharse, pillar una turca *(fam)*
**crasse** [kʀas] *nf* mugre *f* ▶ *adj (ignorance)* craso(-a)
**crasseux, -euse** [kʀasø, øz] *adj* mugriento(-a), mugroso(-a) (AM)
**crassier** [kʀasje] *nm* escorial *m*
**cratère** [kʀatɛʀ] *nm* cráter *m*
**cravache** [kʀavaʃ] *nf* fusta
**cravacher** [kʀavaʃe] *vt* azotar con la fusta
**cravate** [kʀavat] *nf* corbata
**cravater** [kʀavate] *vt* poner la corbata a; *(fig)* tirarse al cuello de
**crawl** [kʀol] *nm* crol *m*
**crawlé, e** [kʀole] *adj* : **dos ~** crol *m* de espaldas
**crayeux, -euse** [kʀɛjø, øz] *adj* gredoso(-a); *(fig)* pálido(-a)
**crayon** [kʀɛjɔ̃] *nm* lápiz *m*; *(de rouge à lèvres etc)* perfilador *m*, lápiz; **écrire au ~** escribir con lápiz; **~ à bille** bolígrafo; **~ de couleur** lápiz de color; **~ optique** lápiz óptico
**crayon-feutre** [kʀɛjɔ̃føtʀ] *(pl* **crayons-feutres**) *nm* rotulador *m*
**crayonnage** [kʀɛjɔnaʒ] *nm* bosquejo
**crayonner** [kʀɛjɔne] *vt* bosquejar
**CRDP** [seɛʀdepe] *sigle m* = **Centre régional de documentation pédagogique**
**créance** [kʀeɑ̃s] *nf (Comm)* crédito; **donner ~ à qch** dar crédito a algo
**créancier, -ière** [kʀeɑ̃sje, jɛʀ] *nm/f* acreedor(a)
**créateur, -trice** [kʀeatœʀ, tʀis] *adj* creador(a) ▶ *nm/f (gén)* creador(a); *(de mode etc)* diseñador(a); **le C~** *(Rel)* el Creador
**créatif, -ive** [kʀeatif, iv] *adj (personne)* creativo(-a)
**création** [kʀeasjɔ̃] *nf* creación *f*; *(nouvelle robe, voiture etc)* creación, diseño
**créativité** [kʀeativite] *nf* creatividad *f*
**créature** [kʀeatyʀ] *nf* criatura
**crécelle** [kʀesɛl] *nf* carraca
**crèche** [kʀɛʃ] *nf (de Noël)* nacimiento, belén *m*; *(garderie)* guardería
**crédence** [kʀedɑ̃s] *nf* aparador *m*
**crédibilité** [kʀedibilite] *nf* credibilidad *f*
**crédible** [kʀedibl] *adj* creíble
**crédit** [kʀedi] *nm (confiance, autorité, Écon)* crédito; *(d'un compte bancaire)* crédito, haber *m*; **payer/acheter à ~** pagar/comprar a plazos; **faire ~ à qn** tener confianza en algn; **crédits** *nmpl* fondos *mpl*
**crédit-bail** [kʀedibaj] *(pl* **crédits-bails**) *nm* arrendamiento financiero, leasing *m*
**créditer** [kʀedite] *vt* : **~ un compte (de)** abonar en cuenta
**créditeur, -trice** [kʀeditœʀ, tʀis] *adj, nm/f* acreedor(-a)

**credo – criminologie**

**credo** [kʀedo] *nm* credo
**crédule** [kʀedyl] *adj* crédulo(-a)
**crédulité** [kʀedylite] *nf* credulidad *f*
**créer** [kʀee] *vt* crear; *(spectacle)* montar; *(rôle)* crear
**crémaillère** [kʀemajɛʀ] *nf* cremallera; **direction à** ~ *(Auto)* dirección *f* de cremallera; **pendre la** ~ festejar el estreno de una casa
**crémation** [kʀemasjɔ̃] *nf* cremación *f*
**crématoire** [kʀematwaʀ] *adj* : **four** ~ horno crematorio
**crématorium** [kʀematɔʀjɔm] *nm* crematorio
**crème** [kʀɛm] *nf* crema; *(du lait)* nata, crema; *(Pharmacie)* crema, pomada; **un (café)** ~ un café con leche; **à raser** crema de afeitar; ~ **Chantilly** nata Chantilly; ~ **fouettée** nata batida; ~ **glacée** helado ▶ *adj inv* crema
**crémerie** [kʀɛmʀi] *nf* lechería
**crémeux, -euse** [kʀemø, øz] *adj* cremoso(-a)
**crémier, -ière** [kʀemje, jɛʀ] *nm/f* lechero(-a)
**créneau, x** [kʀeno] *nm (de fortification)* almena; *(fig)* hueco; *(Comm)* segmento de mercado; **faire un** ~ *(Auto)* aparcar hacia atrás
**créole** [kʀeɔl] *adj* criollo(-a) ▶ *nm (Ling)* criollo ▶ *nm/f* : **Créole** criollo(-a)
**créosote** [kʀeɔzɔt] *nf* creosota
**crêpe** [kʀɛp] *nf* crêpe *f*, panqueque *m (Am)* ▶ *nm (tissu)* crespón *m*; *(de deuil)* crespón, gasa negra; **semelle (de)** ~ suela de crepé; ~ **de Chine** crespón de China
**crêpé, e** [kʀepe] *adj* encrespado(-a)
**crêperie** [kʀɛpʀi] *nf* creperia
**crépi** [kʀepi] *nm* enlucido
**crépir** [kʀepiʀ] *vt* enlucir
**crépitement** [kʀepitmɑ̃] *nm (du feu)* chasquido; *(d'une mitrailleuse)* tableteo
**crépiter** [kʀepite] *vi* crepitar; *(mitrailleuse)* tabletear
**crépon** [kʀepɔ̃] *nm* crespón *m*; **papier** ~ papel *m* crespón
**crépu, e** [kʀepy] *adj* crespo(-a)
**crépuscule** [kʀepyskyl] *nm* crepúsculo
**crescendo** [kʀeʃɛndo] *nm, adv (Mus)* crescendo; *(fig)* : **aller** ~ ir en crescendo
**cresson** [kʀesɔ̃] *nm* berro
**Crète** [kʀɛt] *nf* Creta
**crête** [kʀɛt] *nf* cresta; *(montagne)* cumbre *f*, cresta
**crétin, e** [kʀetɛ̃, in] *nm/f (aussi péj)* cretino(-a)
**crétois, e** [kʀetwa, waz] *adj* cretense ▶ *nm/f* : **Crétois, e** cretense *mf*
**cretonne** [kʀətɔn] *nf* cretona
**Creuse** [kʀøz] *nf* : **la** ~ la Creuse
**creuser** [kʀøze] *vt* cavar; *(bois)* vaciar; *(problème, idée)* profundizar en; **ça creuse** *(fam)* eso abre el apetito; **se** ~ **la cervelle** *ou* **la tête** romperse la cabeza
**creuset** [kʀøzɛ] *nm* crisol *m*

**creusois, e** [kʀøzwa, waz] *adj* de la Creuse ▶ *nm/f* : **Creusois, e** nativo(-a) *ou* habitante *mf* de la Creuse
**creux, creuse** [kʀø, kʀøz] *adj* hueco(-a); **heures creuses** *(transports)* horas *fpl* de menos tráfico; *(travail)* horas muertas; *(pour électricité, téléphone)* horas de tarifa baja; **mois/jours** ~ meses *mpl*/días *mpl* muertos ▶ *nm* hueco; *(fig)* vacío; **le** ~ **de l'estomac** la boca del estómago
**crevaison** [kʀəvɛzɔ̃] *nf* pinchazo
**crevant, e** [kʀəvɑ̃, ɑ̃t] *adj* agotador(a); *(amusant)* para desternillarse de risa
**crevasse** [kʀəvas] *nf* grieta
**crevé, e** [kʀəve] *adj (pneu)* pinchado(-a); *(fam)* : **je suis** ~ estoy reventado(-a)
**crève-cœur** [kʀɛvkœʀ] *nm* pesadumbre *f*
**crever** [kʀəve] *vt* estallar, explotar; ~ **l'écran** barrer; **cela lui a crevé un œil** esto le dejó tuerto; ~ **l'abcès** *(fig)* cortar por lo sano ▶ *vi (pneu, automobiliste)* pinchar; *(abcès, outre)* reventar; *(nuage)* descargar; *(fam : mourir)* palmarla; ~ **d'envie/de peur** morirse de ganas/de miedo; ~ **de faim/de soif/de froid** morirse de hambre/de sed/de frío
**crevette** [kʀəvɛt] *nf* : ~ **rose** gamba; ~ **grise** quisquilla, camarón *m*
**cri** [kʀi] *nm* grito; **à grands cris** a grito pelado; **cris d'enthousiasme** gritos *mpl* de entusiasmo; **c'est le dernier** ~ es el último grito; **cris de protestation** gritos de protesta
**criant, e** [kʀijɑ̃, kʀijɑ̃t] *adj (injustice)* escandaloso(-a)
**criard, e** [kʀijaʀ, kʀijaʀd] *adj (couleur)* chillón(-ona)
**crible** [kʀibl] *nm* criba; **passer qch au** ~ cribar algo; *(fig)* mirar algo con lupa
**criblé, e** [kʀible] *adj* : ~ **de** acribillado(-a) de
**cric** [kʀik] *nm (Auto)* gato
**cricket** [kʀikɛt] *nm* cricket *m*
**criée** [kʀije] *nf* : **(vente à la)** ~ (venta en) pública subasta
**crier** [kʀije] *vi* gritar; *(grincer)* chirriar; ~ **au secours** pedir socorro; ~ **au scandale** poner el grito en el cielo; ~ **au meurtre** clamar contra el asesinato ▶ *vt (ordre)* dar a gritos; *(injure)* lanzar; **sans** ~ **gare** sin avisar; ~ **famine** quejarse de hambre; ~ **grâce** pedir merced
**crieur** [kʀijœʀ] *nm* : ~ **de journaux** vendedor *m* de periódicos
**crime** [kʀim] *nm* crimen *m*; **le** ~ **organisé** el crimen organizado
**Crimée** [kʀime] *nf* Crimea
**criminalité** [kʀiminalite] *nf* criminalidad *f*
**criminel, le** [kʀiminɛl] *adj (acte)* criminal; *(poursuites, droit)* penal; *(fig)* abominable ▶ *nm/f* criminal *mf*; ~ **de guerre** criminal de guerra
**criminologie** [kʀiminɔlɔʒi] *nf* criminología

116 · FRANÇAIS | ESPAGNOL

## criminologue – croquette

**criminologue** [kʀiminɔlɔg] *nmf* criminologista *mf*

**crin** [kʀɛ̃] *nm* crin *f*; *(comme fibre)* crin, cerda; **à tous crins, à tout** ~ de tomo y lomo

**crinière** [kʀinjɛʀ] *nf (de cheval)* crines *fpl*; *(de lion)* melena

**crique** [kʀik] *nf* cala

**criquet** [kʀikɛ] *nm* langosta

**crise** [kʀiz] *nf* crisis *f inv*; ~ **cardiaque** ataque *m* cardíaco; ~ **de foie** cólico biliar; ~ **de la foi** crisis de (la) fe; ~ **de nerfs** ataque de nervios, crisis nerviosa

**crispant, e** [kʀispɑ̃, ɑ̃t] *adj* irritante

**crispation** [kʀispasjɔ̃] *nf* crispación *f*

**crispé, e** [kʀispe] *adj* crispado(-a)

**crisper** [kʀispe] *vt* crispar; **se crisper** *vpr* crisparse

**crissement** [kʀismɑ̃] *nm (des pneus)* rechinamiento

**crisser** [kʀise] *vi* crujir; *(pneu)* rechinar

**cristal, -aux** [kʀistal, o] *nm* cristal *m*; *(neige)* cristal, copo; ~ **de plomb** vidrio de plomo, cristal de plomo; ~ **de roche** cristal de roca; **cristaux** *nmpl (objets de verre)* cristalería *fsg*; **cristaux de soude** sosa *fsg* en polvo

**cristallin, e** [kʀistalɛ̃, in] *adj* cristalino(-a) ▶ *nm (Anat)* cristalino

**cristalliser** [kʀistalize] *vi, vt (aussi :* **se cristalliser***)* cristalizar

**critère** [kʀitɛʀ] *nm* criterio

**critérium** [kʀiteʀjɔm] *nm (Sport)* prueba de clasificación

**critiquable** [kʀitikabl] *adj* discutible

**critique** [kʀitik] *adj* crítico(-a) ▶ *nf (aussi article)* crítica; **la** ~ *(activité, personnes)* la crítica ▶ *nmf (personne)* crítico(-a)

**critiquer** [kʀitike] *vt* criticar

**croasser** [kʀɔase] *vi* graznar

**croate** [kʀɔat] *adj* croata ▶ *nm (Ling)* croata *m* ▶ *nmf* : **Croate** croata *mf*

**Croatie** [kʀɔasi] *nf* Croacia

**croc** [kʀo] *nm (dent)* colmillo; *(de boucher)* gancho

**croc-en-jambe** [kʀɔkɑ̃ʒɑ̃b] *(pl* **crocs-en-jambe***)* *nm* : **faire un** ~ **à qn** poner *ou* echar una zancadilla a algn

**croche** [kʀɔʃ] *nf* corchea; **double** ~ semicorchea; **triple** ~ fusa

**croche-pied** [kʀɔʃpje] *(pl* **croche-pieds***)* *nm* = **croc-en-jambe**

**crochet** [kʀɔʃɛ] *nm* gancho; *(tige, clef)* ganzúa; *(détour)* desvío, rodeo; *(Tricot)* ganchillo; *(Boxe)* : ~ **du gauche** gancho de izquierda; **crochets** *nmpl (Typo)* corchetes *mpl*; **vivre aux crochets de qn** vivir a expensas de algn

**crocheter** [kʀɔʃte] *vt (serrure)* abrir con una ganzúa

**crochu, e** [kʀɔʃy] *adj* corvo(-a); *(mains, doigts)* ganchudo(-a)

**crocodile** [kʀɔkɔdil] *nm* cocodrilo

**crocus** [kʀɔkys] *nm* croco

**croire** [kʀwaʀ] *vt* creer; ~ **qn honnête** creer en la honestidad de algn; **se** ~ **fort** considerarse fuerte; ~ **que** creer que; **j'aurais cru que si** hubiera creído que sí; **je n'aurais pas cru cela (de lui)** nunca lo hubiera pensado (de él); **vous croyez ?** ¿lo cree usted?, ¿lo piensa usted?; **vous ne croyez pas ?** ¿no lo cree así?; ~ **à** *ou* **en** creer en; ~ **(en Dieu)** creer (en Dios)

**crois** [kʀwa] *vb voir* **croître**

**croisade** [kʀwazad] *nf* cruzada

**croisé, e** [kʀwaze] *adj* cruzado(-a) ▶ *nm (guerrier)* cruzado

**croisée** [kʀwaze] *nf* ventana; **à la** ~ **des chemins** en el cruce de (los) caminos; ~ **d'ogives** bóveda de crucería

**croisement** [kʀwazmɑ̃] *nm (carrefour, Biol)* cruce *m*

**croiser** [kʀwaze] *vt* cruzar; *(personne, voiture)* cruzarse con, encontrar; ~ **les jambes/les bras** cruzar las piernas/los brazos ▶ *vi* navegar; **se croiser** *vpr* cruzarse; **se** ~ **les bras** *(fig)* cruzarse de brazos

**croiseur** [kʀwazœʀ] *nm* crucero

**croisière** [kʀwazjɛʀ] *nf* crucero; **vitesse de** ~ velocidad *f* de crucero

**croisillon** [kʀwazijɔ̃] *nm* : **motif/fenêtre à croisillons** enrejado

**croissais** [kʀwasɛ] *vb voir* **croître**

**croissance** [kʀwasɑ̃s] *nf* crecimiento; **troubles de la/maladie de** ~ trastornos *mpl*/enfermedad *f* del crecimiento; ~ **économique** crecimiento económico

**croissant, e** [kʀwasɑ̃, ɑ̃t] *vb voir* **croître** ▶ *adj* creciente ▶ *nm (pâtisserie)* croissant *m*; *(motif)* media luna; ~ **de lune** media luna

**croître** [kʀwatʀ] *vi* crecer

**croix** [kʀwa] *nf* cruz *f*; **la C~-Rouge** la Cruz Roja; **en** ~ *adj* en cruz; *adv* en forma de cruz, en cruz

**croquant, e** [kʀɔkɑ̃, ɑ̃t] *adj* crujiente ▶ *nm (péj)* campesino

**croque-madame** [kʀɔkmadam] *nm inv* sandwich de jamón, queso (tostado) con un huevo frito encima

**croque-mitaine** [kʀɔkmitɛn] *(pl* **croque-mitaines***)* *nm* coco

**croque-monsieur** [kʀɔkməsjø] *nm inv* sandwich de jamón y queso (tostado)

**croque-mort** [kʀɔkmɔʀ] *(pl* **croque-morts***)* *(péj) nm* enterrador *m*

**croquer** [kʀɔke] *vt (manger, fruit)* comer; *(dessiner)* bosquejar; **chocolat à** ~ chocolate *m* negro; ~ **la vie à belles dents** *(fig)* vivir la vida a tope; **être à** ~ *(fig : enfant, personne)* estar para comérselo(-a); *(: vêtement, objet)* ser monísimo(-a) ▶ *vi* crujir

**croquet** [kʀɔkɛ] *nm* croquet *m*

**croquette** [kʀɔkɛt] *nf* croqueta

## croquis – cuirassé

**croquis** [kʀɔki] nm croquis m inv, boceto; (*description*) bosquejo

**cross** [kʀɔs], **cross-country** [kʀɔskuntʀi] (*pl* **~-countries**) nm (*Sport*) cross m; (*course*) carrera campo a través *ou* a campo traviesa

**crosse** [kʀɔs] nf (*d'arme à feu*) culata; (*d'évêque*) báculo; (*de hockey*) palo

**crotale** [kʀɔtal] nm crótalo

**crotte** [kʀɔt] nf caca; ~! (*fam*) ¡córcholis!, ¡concho!

**crotté, e** [kʀɔte] adj (*sale*) embarrado(-a)

**crottin** [kʀɔtɛ̃] nm : ~ **(de cheval)** excremento (de caballo); (*petit fromage de chèvre*) quesito *redondo de cabra*

**croulant, e** [kʀulɑ̃, ɑ̃t] (*fam*) nm/f vejestorio(-a)

**crouler** [kʀule] vi (*s'effondrer*) derrumbarse; (*être délabré*) venirse abajo, hundirse; ~ **sous (le poids de) qch** hundirse bajo (el peso de) algo

**croupe** [kʀup] nf grupa; **en** ~ a la grupa

**croupi, e** [kʀupi] adj estancado(-a)

**croupier** [kʀupje] nm crupier m

**croupières** [kʀupjɛʀ] nfpl : **tailler des ~ à** (*faire concurrence à*) competir; (*Écon, Comm*) robar mercado a

**croupion** [kʀupjɔ̃] nm rabadilla

**croupir** [kʀupiʀ] vi (*eau*) estancarse; (*personne*) pudrirse

**CROUS** [kʀus] sigle m (= *Centre régional des œuvres universitaires et scolaires*) organización estudiantil

**croustade** [kʀustad] nf empanada de paté

**croustillant, e** [kʀustijɑ̃, ɑ̃t] adj crujiente; (*histoire*) picante

**croustiller** [kʀustije] vi crujir

**croûte** [kʀut] nf (*du fromage, pain*) corteza; (*de vol-au-vent*) hojaldre m; (*de glace*) capa; (*Méd*) costra, postilla; (*de tarte, peinture*) costra; (*péj : peinture*) mamarracho; **en** ~ (*Culin*) en costra; ~ **au fromage/aux champignons** rebanada de pan tostado con queso/con champiñones; ~ **de pain** (*morceau*) mendrugo; ~ **terrestre** corteza terrestre

**croûton** [kʀutɔ̃] nm (*Culin*) picatoste m; (*extrémité : du pain*) cuscurro

**croyable** [kʀwajabl] adj creíble

**croyais** [kʀwajɛ] vb voir **croire**

**croyance** [kʀwajɑ̃s] nf creencia

**croyant, e** [kʀwajɑ̃, ɑ̃t] vb voir **croire** ▸ adj (*Rel*) : **être/ne pas être ~** ser/no ser creyente ▸ nm/f (*Rel*) creyente mf

**Crozet** [kʀɔze] n : **les îles ~** las islas Crozet

**CRS** [seeʀɛs] = **Compagnies républicaines de sécurité** ▸ sigle fpl (*corps de la police*) brigada antidisturbios ▸ sigle m (*policier*) (agente mf) antidisturbios mf inv

**cru, e** [kʀy] pp de **croire** ▸ adj (*non cuit*) crudo(-a); (*lumière, couleur*) fuerte, vivo(-a); (*description, langage*) crudo(-a) ▸ nm (*vignoble*) viñedo; (*vin*) caldo; **monter à** ~ (*cheval*) montar a pelo; **de son (propre)** ~ (*fig*) de su (propia) cosecha; **du** ~ de la región

**crû, e** [kʀy] pp de **croître**

**cruauté** [kʀyote] nf crueldad f

**cruche** [kʀyʃ] nf cántaro

**crucial, e, -aux** [kʀysjal, jo] adj crucial

**crucifier** [kʀysifje] vt crucificar

**crucifix** [kʀysifi] nm crucifijo

**crucifixion** [kʀysifiksjɔ̃] nf crucifixión f

**cruciforme** [kʀysifɔʀm] adj cruciforme

**cruciverbiste** [kʀysivɛʀbist] nmf aficionado(-a) a los crucigramas

**crudité** [kʀydite] nf (*d'un éclairage, d'une couleur*) viveza; **crudités** nfpl (*Culin*) verduras fpl y hortalizas crudas

**crue** [kʀy] pp de **croire** ; **croître** ▸ adj f voir **cru** ▸ nf crecida; **en** ~ con crecida

**cruel, le** [kʀyɛl] adj (*personne, sort*) cruel; (*froid*) despiadado(-a)

**cruellement** [kʀyɛlmɑ̃] adv cruelmente

**crûment** [kʀymɑ̃] adv crudamente

**crus** etc [kʀy] vb voir **croire**

**crûs** etc [kʀy] vb voir **croître**

**crustacés** [kʀystase] nmpl crustáceos mpl

**cryptage** [kʀiptaʒ] nm codificación f

**crypte** [kʀipt] nf cripta

**crypté, e** [kʀipte] adj codificado(-a)

**crypter** [kʀipte] vt codificar

**CSA** [seesa] sigle m = **Conseil supérieur de l'audiovisuel**

**CSG** [seesʒe] sigle f (= *contribution sociale généralisée*) contribución suplementaria para ayudar al desfavorecido

**CSM** [seesɛm] sigle m (= *Conseil supérieur de la magistrature*) CSM m

**Cuba** [kyba] nf ou m Cuba

**cubage** [kybaʒ] nm volumen m

**cubain, e** [kybɛ̃, ɛn] adj cubano(-a) ▸ nm/f : **Cubain, e** cubano(-a)

**cube** [kyb] nm cubo; (*Math*) : **2 au** ~ = **8** 2 al cubo = 8; **gros** ~ cubo grande; **mètre** ~ metro cúbico; **élever au** ~ (*Math*) elevar al cubo

**cubique** [kybik] adj cúbico(-a)

**cubisme** [kybism] nm cubismo

**cubiste** [kybist] nmf cubista mf

**cubitus** [kybitys] nm cúbito

**cueillette** [kœjɛt] nf recolección f; (*récolte*) cosecha; **la ~ des fraises** la recolección *ou* recogida de la fresa

**cueillir** [kœjiʀ] vt recoger; (*fam : attraper*) pillar

**cuiller** [kɥijɛʀ] nf cuchara; ~ **à café** cucharilla; ~ **à soupe** cuchara sopera

**cuillère** [kɥijɛʀ] nf = **cuiller**

**cuillerée** [kɥijʀe] nf cucharada; ~ **à soupe/café** cucharada sopera/cucharadita

**cuir** [kɥiʀ] nm cuero

**cuirasse** [kɥiʀas] nf coraza

**cuirassé** [kɥiʀase] nm acorazado

## cuire – curseur

**cuire** [kɥiʀ] vt (aliments, poterie) cocer; (au four) asar ▶ vi cocerse; (picoter) escocer
**cuisant, e** [kɥizɑ̃, ɑ̃t] vb voir **cuire** ▶ adj (douleur) punzante; (souvenir, échec) doloroso(-a)
**cuisine** [kɥizin] nf cocina; **faire la ~** preparar la comida; **la ~ française/espagnole** la cocina francesa/española
**cuisiné, e** [kɥizine] adj : **plat ~** plato cocinado
**cuisiner** [kɥizine] vt cocinar; (fam) acribillar a preguntas a ▶ vi cocinar
**cuisinette** [kɥizinɛt] nf cocina pequeña
**cuisinier, -ière** [kɥizinje, jɛʀ] nm/f cocinero(-a)
**cuisinière** [kɥizinjɛʀ] nf (poêle) cocina
**cuissardes** [kɥisaʀd] nfpl botas fpl
**cuisse** [kɥis] nf (Anat) muslo; (de poulet) muslo; (de mouton) pierna
**cuisson** [kɥisɔ̃] nf cocción f
**cuissot** [kɥiso] nm pernil m
**cuistre** [kɥistʀ] nm sabihondo(-a)
**cuit, e** [kɥi, kɥit] pp de **cuire** ▶ adj cocido(-a); (viande) hecho(-a); **bien ~** bien hecho ou pasado; **trop ~** demasiado hecho ou pasado; **pas assez ~** no muy hecho ou pasado; **~ à point** hecho en su punto
**cuite** [kɥit] (fam) nf moña, cogorza
**cuiter** [kɥite] (fam) : **se cuiter** vpr emborracharse, pillar una turca (fam)
**cuivre** [kɥivʀ] nm cobre m; **les cuivres** (Mus) los cobres; **~ jaune** latón m; **~ (rouge)** cobre (rojizo)
**cuivré, e** [kɥivʀe] adj cobrizo(-a)
**cul** [ky] nm (fam ! : derrière) culo (fam !); **~ de bouteille** culo de botella
**culasse** [kylas] nf culata
**culbute** [kylbyt] nf (en jouant) voltereta; (accidentelle) batacazo; **faire la ~** (fig) dar el pelotazo
**culbuter** [kylbyte] vi darse un batacazo
**culbuteur** [kylbytœʀ] nm (Auto) balancín m
**cul-de-jatte** [kydʒat] (pl **culs-de-jatte**) nm lisiado sin piernas
**cul-de-sac** [kydsak] (pl **culs-de-sac**) nm callejón m sin salida
**culinaire** [kylinɛʀ] adj culinario(-a)
**culminant** [kylminɑ̃] adj : **point ~** punto culminante
**culminer** [kylmine] vi : **~ (à)** culminar (en)
**culot** [kylo] nm (d'ampoule) casquillo; (fam : effronterie) cara, desfachatez f; **il a du ~** tiene cara
**culotte** [kylɔt] nf (pantalon) pantalón m corto; (d'homme) calzoncillos mpl, calzones mpl; (de femme) : **(petite) ~** bragas fpl, calzones mpl (AM); **~ de cheval** pantalón de montar; (chez les femmes) celulitis f inv
**culotté, e** [kylɔte] adj (pipe) curado(-a); (cuir) usado(-a); (effronté) descarado(-a)
**culpabiliser** [kylpabilize] vt : **~ qn** culpabilizar a algn

**culpabilité** [kylpabilite] nf culpabilidad f
**culte** [kylt] nm culto; (en apposition) de culto; **un film ~** una película de culto
**cultivable** [kyltivabl] adj cultivable
**cultivateur, -trice** [kyltivatœʀ, tʀis] nm/f cultivador(a)
**cultivé, e** [kyltive] adj (terre) cultivado(-a); (personne) culto(-a)
**cultiver** [kyltive] vt cultivar; **se cultiver** vpr cultivarse
**culture** [kyltyʀ] nf (de plantes) cultivo; (connaissances) cultura; **~ physique** cultura física; **cultures** nfpl cultivos mpl; **champs de cultures** campos mpl de cultivo
**culturel, le** [kyltyʀɛl] adj cultural
**culturisme** [kyltyʀism] nm culturismo
**culturiste** [kyltyʀist] nmf culturista mf
**cumin** [kymɛ̃] nm comino
**cumul** [kymyl] nm cúmulo, acumulación f; **~ de peines** acumulación de penas
**cumulable** [kymylabl] adj acumulable
**cumuler** [kymyle] vt acumular
**cupide** [kypid] adj codicioso(-a)
**cupidité** [kypidite] nf codicia
**curable** [kyʀabl] adj curable
**Curaçao** [kyʀaso] n Curasao, Curaçao
**curaçao** [kyʀaso] nm curasao
**curare** [kyʀaʀ] nm curare m
**curatif, -ive** [kyʀatif, iv] adj curativo(-a)
**cure** [kyʀ] nf (Méd) cura; (Rel : fonction) curato; (: maison) casa del cura; **faire une ~ de fruits** hacer una cura de frutas; **n'avoir ~ de** traerle a uno sin cuidado; **faire une ~ thermale** hacer una cura de aguas termales; **~ d'amaigrissement** régimen m de adelgazamiento; **~ de repos** cura de reposo; **~ de sommeil** cura de sueño
**curé** [kyʀe] nm cura m, párroco; **M. le ~** el Señor cura
**cure-dent** [kyʀdɑ̃] (pl **cure-dents**) nm palillo, mondadientes m inv
**curée** [kyʀe] nf (fig) forcejeo
**cure-ongles** [kyʀɔ̃gl] nm inv limpiaúñas m inv
**cure-pipe** [kyʀpip] (pl **cure-pipes**) nm limpiapipas m inv
**curer** [kyʀe] vt limpiar; **se curer** vpr : **se ~ les dents** limpiarse los dientes con un palillo
**curetage** [kyʀtaʒ] nm (Méd) raspado, legrado
**curieusement** [kyʀjøzmɑ̃] adv curiosamente
**curieux, -euse** [kyʀjø, jøz] adj curioso(-a) ▶ nmpl curiosos mpl, mirones mpl
**curiosité** [kyʀjozite] nf curiosidad f; (objet, site) singularidad f
**curiste** [kyʀist] nmf agüista mf
**curriculum vitae** [kyʀikylɔmvite] (pl **curriculum(s)-vitae**) nm curriculum vitae m
**curry** [kyʀi] nm curry m; **poulet au ~** pollo al curry
**curseur** [kyʀsœʀ] nm cursor m

## cursif – cytologie

**cursif, -ive** [kyʀsif, iv] *adj* : **écriture cursive** escritura cursiva
**cursus** [kyʀsys] *nm* carrera
**curviligne** [kyʀviliɲ] *adj* curvilíneo(-a)
**cutané, e** [kytane] *adj* cutáneo(-a)
**cuti-réaction** [kytiʀeaksjɔ̃] (*pl* **cuti-réactions**) *nf* reacción *f* cutánea
**cuve** [kyv] *nf* cuba; (*à mazout etc*) depósito, tanque *m*
**cuvée** [kyve] *nf* cuba, cosecha
**cuvette** [kyvɛt] *nf* (*récipient*) palangana; (*du lavabo*) pila; (*des w-c*) taza; (*Géo*) hondonada
**CV** [seve] *sigle m* (= *cheval vapeur*) C.V. (= *caballos de vapor*); (= *curriculum vitae*) CV (= *currículum vítae*)
**cyanure** [sjanyʀ] *nm* cianuro
**cybercafé** [sibɛʀkafe] *nm* cibercafé *m*
**cyberculture** [sibɛʀkyltyʀ] *nf* cybercultura
**cyberespace** [sibɛʀɛspas] *nm* ciberespacio
**cybernaute** [sibɛʀnot] *nmf* internauta *mf*
**cybernétique** [sibɛʀnetik] *nf* cibernética
**cyclable** [siklabl] *adj* : **piste ~** pista para ciclistas
**cyclamen** [siklamɛn] *nm* ciclamen *m*
**cycle** [sikl] *nm* (*vélo*) velocípedo; (*naturel, biologique*) ciclo; **1er ~** (*Scol*) ≈ segunda etapa de educación primaria; **2e ~** ≈ educación secundaria
**cyclique** [siklik] *adj* cíclico(-a)
**cyclisme** [siklism] *nm* ciclismo
**cycliste** [siklist] *nmf* ciclista *mf* ▶ *adj* : **coureur ~** corredor *m* ciclista
**cyclo-cross** [siklokʀɔs] *nm inv* (*Sport*) ciclocross *m*; (*épreuve*) carrera de ciclocross
**cyclomoteur** [siklomɔtœʀ] *nm* ciclomotor *m*
**cyclomotoriste** [siklomɔtɔʀist] *nmf* ciclomotorista *mf*
**cyclone** [siklon] *nm* ciclón *m*
**cyclotourisme** [sikloturism(ə)] *nm* cicloturismo
**cygne** [siɲ] *nm* cisne *m*
**cylindre** [silɛ̃dʀ] *nm* cilindro; **moteur à quatre cylindres en ligne** motor *m* de cuatro cilindros en línea
**cylindrée** [silɛ̃dʀe] *nf* cilindrada; **une (voiture de) grosse ~** un coche de gran cilindrada
**cylindrique** [silɛ̃dʀik] *adj* cilíndrico(-a)
**cymbale** [sɛ̃bal] *nf* platillo
**cynique** [sinik] *adj* cínico(-a)
**cyniquement** [sinikmɑ̃] *adv* cínicamente
**cynisme** [sinism] *nm* cinismo
**cyprès** [sipʀɛ] *nm* ciprés *m*
**cypriote** [sipʀijɔt] *adj* chipriota ▶ *nmf* : **Cypriote** Chipriota *mf*
**cyrillique** [siʀilik] *adj* cirílico(-a)
**cystite** [sistit] *nf* cistitis *f inv*
**cytise** [sitiz] *nm* cítiso, codeso
**cytologie** [sitɔlɔʒi] *nf* citología

# Dd

**D, d** [de] *nm inv* (*lettre*) D, d *f*; **D comme Désiré** ≈ D de Dinamarca

**d'** [d] *prép voir* **de**

**D1** *nf* (*ligue 1 : = première division*) primera (división *f*)

**D2** *nf* (*ligue 2 : = deuxième division*) segunda (división *f*)

**DAB** [dab] *sigle m* (*= distributeur automatique de billets*) cajero automático

**Dacca** [dəkə] *n* Dacca

**dactylographier** [daktilɔgʀafje] *vt* mecanografiar

**dada** [dada] *nm* tema *m* de siempre

**dadais** [dadɛ] *nm* bobo

**dague** [dag] *nf* daga

**dahlia** [dalja] *nm* dalia

**daigner** [deɲe] *vt* dignarse

**daim** [dɛ̃] *nm* (*Zool*) gamo; (*peau*) ante *m*; (*imitation*) piel *f* vuelta

**dais** [dɛ] *nm* dosel *m*

**Dakar** [dakaʀ] *n* Dakar

**dallage** [dalaʒ] *nm* enlosado

**dalle** [dal] *nf* losa

**daller** [dale] *vt* enlosar

**dalmatien** [dalmasjɛ̃] *nm* dálmata *mf*

**daltonien, ne** [daltɔnjɛ̃, jɛn] *adj*, *nm/f* daltónico(-a)

**daltonisme** [daltɔnism] *nm* daltonismo

**dam** [dã] *nm* : **au grand ~ de** con gran perjuicio de

**damas** [dama(s)] *nm* damasco

**damassé, e** [damase] *adj* adamascado(-a)

**dame** [dam] *nf* señora; (*femme du monde*) dama; (*Cartes*, *Échecs*) reina; **les (toilettes des) dames** los servicios de señoras; **~ de charité** dama de la caridad; **~ de compagnie** señora de compañía; **dames** *fpl* (*jeu*) damas *nfpl*

**dame-jeanne** [damʒan] (*pl* **dames-jeannes**) *nf* damajuana

**damer** [dame] *vt* apisonar; **~ le pion à qn** ganar la partida a algn

**damier** [damje] *nm* (*échiquier*) damero; **en ~** (*dessin*) de cuadros

**damner** [dɑne] *vt* condenar; **se damner** *vpr* condenarse; **être à se ~** estar de muerte; **belle à se ~** guapa a rabiar

**dancing** [dɑ̃siŋ] *nm* sala de baile

**dandinement** [dɑ̃dinmɑ̃] *nm* contoneo

**dandiner** [dɑ̃dine] : **se dandiner** *vpr* bambolearse; (*en marchant*) contonearse

**dandy** [dɑ̃di] *nm* dandi *m*

**Danemark** [danmaʀk] *nm* Dinamarca

**danger** [dɑ̃ʒe] *nm* peligro; **être/mettre en ~** estar/poner en peligro; **être en ~ de mort** estar en peligro de muerte; **être hors de ~** estar fuera de peligro

**dangereusement** [dɑ̃ʒʀøzmɑ̃] *adv* (*blessé*, *malade*) gravemente; (*vivre*) peligrosamente

**dangereux, -euse** [dɑ̃ʒʀø, øz] *adj* peligroso(-a)

**danois, e** [danwa, waz] *adj* danés(-esa) ▶ *nm* (*Ling*, *chien*) danés *msg* ▶ *nm/f* : **Danois, e** danés(-esa)

(MOT-CLÉ)

**dans** [dã] *prép* **1** (*position*) en; **dans le tiroir/le salon** en el cajón/el salón; **marcher dans la ville** andar por la ciudad; **je l'ai lu dans un journal** lo leí en un periódico; **monter dans une voiture/le bus** subir a un coche/al autobús; **dans la rue** en la calle; **être dans les premiers** ser de los primeros

**2** (*direction*) a; **elle a couru dans le salon** corrió al salón

**3** (*provenance*) de; **je l'ai pris dans le tiroir/salon** lo saqué del cajón/salón; **boire dans un verre** beber en un vaso

**4** (*temps*) dentro de; **dans deux mois** dentro de dos meses; **dans quelques instants** dentro de unos momentos; **dans quelques jours** dentro de unos días; **il part dans quinze jours** se marcha dentro de quince días; **je serai là dans la matinée** estaré allí por la mañana

**5** (*approximation*) alrededor de; **dans les 20 euros/quatre mois** alrededor de 20 euros/cuatro meses

**6** (*intention*) con; **dans le but de faire qch** con objeto de hacer algo

**dansant, e** [dɑ̃sɑ̃, ɑ̃t] *adj* : **soirée dansante** velada con baile; (*bal*) bailable *m*

**danse** [dɑ̃s] *nf* danza; **une ~** un baile; **~ du ventre** danza del vientre; **~ moderne** danza moderna

**danser** [dɑ̃se] *vt*, *vi* bailar, danzar

## danseur – débarcadère

**danseur, -euse** [dɑ̃sœʀ, øz] *nm/f* (*gen, de ballet*) bailarín(-ina); (*cavalier*) pareja; **en danseuse** (*cyclisme*) de pie sobre los pedales; **~ de claquettes** bailarín(-ina) de claqué; **~ de flamenco** bailaor(a)

> On emploie *bailarín(-ina)* pour désigner un danseur en général, mais *bailador(a)* pour un danseur de danse populaire de type andalou, et *bailaor(a)* pour un danseur de flamenco.

**DAO** [deao] *sigle m* (= *dessin assisté par ordinateur*) DAO *m* (= *diseño asistido por ordenador*)
**dard** [daʀ] *nm* aguijón *m*
**darder** [daʀde] *vt* lanzar
**dare-dare** [daʀdaʀ] *adv* volando
**Dar-es-Salaam, Dar-es-Salam** [daʀɛsalam] *n* Dar es Salam
**darne** [daʀn] *nf* rodaja
**darse** [daʀs] *nf* dársena
**dartre** [daʀtʀ] *nf* (*Méd*) descamación *f*
**datation** [datasjɔ̃] *nf* datación *f*
**date** [dat] *nf* (*jour*) fecha; **de longue ~** (*ami*) viejo(-a); (*anticipé, planifié*) desde hace mucho tiempo; **de fraîche ~** reciente; (*arrivé, élu*) recientemente; **premier/dernier en ~** más antiguo/reciente; **prendre ~ (avec qn)** fijar fecha (con algn); **faire ~** hacer época; **~ limite** fecha límite; **~ limite de vente** fecha de caducidad; **~ de naissance** fecha de nacimiento
**dater** [date] *vt* fechar ▶ *vi* estar anticuado(-a); **~ de** (*remonter à*) datar de; **à ~ de** a partir de
**dateur** [datœʀ] *nm* (*timbre*) fechador *m*; (*de montre*) calendario
**datif** [datif] *nm* dativo
**datte** [dat] *nf* dátil *m*
**dattier** [datje] *nm* datilera
**daube** [dob] *nf* : **bœuf en ~** (carne *f* de) vaca estofada
**dauber** [dobe] (*fam*) *vi* (*puer*) apestar
**dauphin, e** [dofɛ̃, dofin] *nm* (*cétacé*) delfín *m* ▶ *nm/f* (*Hist, fig*) delfín(-ina)
**Dauphiné** [dofine] *nm* Delfinado
**dauphinois, e** [dofinwa, waz] *adj* de Delfinado
**daurade** [doʀad] *nf* besugo
**davantage** [davɑ̃taʒ] *adv* más; (*plus longtemps*) más tiempo; **~ de** más; **~ que** más que
**DCA** [desea] *sigle f* (= *défense contre avions*) defensa antiaérea
**DDASS** [das] *sigle f* (= *Direction départementale de l'action sanitaire et sociale*) delegación provincial de sanidad y seguridad social
**DDT** [dedete] *sigle m* (= *dichloro-diphénol-trichloroéthane*) DDT *m* (= *diclorodifeniltricloroetano*)

MOT-CLÉ

**de, d'** [də, d] (*de* + *le* = **du**, *de* + *les* = **des**) *prép*
**1** (*appartenance*) de; **le toit de la maison** el tejado de la casa; **la voiture d'Élisabeth/e mes parents** el coche de Elisabeth/de mis padres
**2** (*moyen*) con; **suivre des yeux** seguir con la mirada; **nier de la tête** negar con la cabeza; **estimé de ses collègues** estimado por sus colegas
**3** (*provenance*) de; **il vient de Londres** viene de Londres; **elle est sortie du cinéma** salió del cine
**4** (*caractérisation, mesure*) : **un mur de brique** un muro de ladrillo; **un verre d'eau** un vaso de agua; **un billet de 100 €** un billete de 100 euros; **une pièce de 2 m de large** *ou* **large de 2 m** una habitación de 2 m de ancho; **un bébé de 10 mois** un bebé de 10 meses; **12 mois de crédit/travail** 12 meses de crédito/trabajo; **augmenter** *etc* **de 10 €** aumentar *etc* 10 euros; **trois jours de libres** tres días libres; **de nos jours** en nuestros días; **être payé 10 € de l'heure** cobrar 10 € por hora
**5** (*rapport*) : **de 14 à 18** de 14 a 18; **de Madrid à Paris** de Madrid a París; **voyager de pays en pays** viajar de país en país
**6** (*cause*) de; **mourir de faim** morir(se) de hambre; **rouge de colère** rojo(-a) de ira
**7** (*vb* + *de* + *infinitif*) : **je vous prie de venir** le ruego que venga; **il m'a dit de rester** me dijo que me quedara
**8** : **cet imbécile de Pierre** el tonto de Pierre
▶ *art* : **du vin/de l'eau/des pommes** vino/agua/manzanas; **des enfants sont venus** vinieron unos niños; **pendant des mois** durante meses; **il mange de tout** come de todo; **y a-t-il du vin ?** ¿hay vino?; **il n'a pas de chance/d'enfants** no tiene suerte/niños

**dé** [de] *nm* dado; (*aussi* : **dé à coudre**) dedal *m*; (*Culin*) : **couper en dés** cortar en dados; **dés** *nmpl* (*jeu*) dados *mpl*; **un coup de dés** una tirada de dados
**DEA** [deəa] *sigle m* (= *diplôme d'études approfondies*) diploma de pos(t)grado
**dealer** [dilœʀ] *nm* camello(-a)
**déambulateur** [deãbylatœʀ] *nm* andador *m*
**déambuler** [deãbyle] *vi* deambular
**débâcle** [debɑkl] *nf* (*dégel*) deshielo; (*armée*) desbandada
**déballage** [debalaʒ] *nm* desembalaje *m*; (*fig*) revoltijo
**déballer** [debale] *vt* desembalar; (*fam : savoir, connaissance*) desembuchar
**débandade** [debɑ̃dad] *nf* desbandada
**débander** [debɑ̃de] *vt* desvendar
**débaptiser** [debatize] *vt* (*rue*) cambiar el nombre de
**débarbouillage** [debaʀbujaʒ] *nm* aseo
**débarbouiller** [debaʀbuje] *vt* lavar la cara a; **se débarbouiller** *vpr* lavarse la cara
**débarcadère** [debaʀkadɛʀ] *nm* desembarcadero

## débardeur – débrider

**débardeur, -euse** [debaʀdœʀ, øz] nm/f (forestier) transportista mf de madera ▶ nm (maillot) camiseta de tirantes; (docker) estibador m

**débarquement** [debaʀkəmɑ̃] nm desembarco

**débarquer** [debaʀke] vt desembarcar ▶ vi desembarcar; (fam) plantarse

**débarras** [debaʀɑ] nm trastero; (placard) armario trastero; « **bon ~ !** » « ¡adiós, muy buenas! »

**débarrasser** [debaʀɑse] vt despejar; **~ la table** quitar la mesa; **~ qn de qch** (vêtements) recogerle algo a algn; (paquets) ayudar a algn con algo; **~ qch de** despejar algo de ▶ vi quitar la mesa; **se débarrasser** vpr : **se ~ de** desembarazarse de; (vêtement) quitarse; (habitude) librarse de

**débat** [deba] nm debate m; **débats** nmpl (Pol) debate msg

**débattre** [debatʀ] vt (question, prix) debatir, discutir; **se débattre** vpr debatirse

**débauchage** [deboʃaʒ] nm (de personnel) despido

**débauche** [deboʃ] nf (libertinage) vicio; (profusion) derroche m; **une ~ de** (fig) un derroche de

**débauché, e** [deboʃe] adj, nm/f vicioso(-a)

**débaucher** [deboʃe] vt (licencier) despedir; (entraîner) corromper; (inciter à la grève) instigar

**débile** [debil] adj débil; (fam : idiot) imbécil ▶ nmf : **~ mental** retrasado(-a) mental

**débilitant, e** [debilitɑ̃, ɑ̃t] adj (climat) agotador(a); (atmosphère) desmoralizador(a)

**débilité** [debilite] nf debilidad f; (fam) estupidez f; **~ mentale** debilidad mental

**débiner** [debine] vt (dénigrer) despellejar; **se débiner** vpr (fam) pirarse (fam), pirárselas (fam)

**débit** [debi] nm (d'un robinet) presión f; (d'un fleuve, rivière) caudal m; (élocution) cadencia; (d'un magasin) ventas fpl; (du trafic) fluidez f; (bancaire) débito; **avoir un ~ de 10 euros** tener un débito de 10 euros; **gros/faible ~** mucha/poca presión; **haut ~** (Internet) de banda ancha; **~ de boissons** establecimiento de bebidas; **~ de données** (Inform) velocidad f de datos; **~ de tabac** estanco

**débiter** [debite] vt (compte) cargar (en cuenta); (liquide, gaz) suministrar; (bois, viande) cortar; (vendre) despachar; (péj : discours) soltar

**débiteur, -trice** [debitœʀ, tʀis] adj, nm/f deudor(a)

**déblai** [deblɛ] nm desmonte m

**déblaiement** [deblɛmɑ̃] nm desmonte m; **travaux de ~** trabajos mpl de desmonte

**déblatérer** [deblateʀe] vi : **~ contre** despotricar contra

**déblayage** [deblɛjaʒ] nm despejo, despeje m

**déblayer** [deblɛje] vt despejar

**déblocage** [deblɔkaʒ] nm desbloqueo

**débloquer** [deblɔke] vt desbloquear; (crédits) descongelar ▶ vi (fam) disparatar

**débobiner** [debɔbine] vt desbobinar

**déboires** [debwaʀ] nmpl sinsabores mpl; **avoir/essuyer des ~** tener/recibir sinsabores

**déboisement** [debwazmɑ̃] nm desmonte m

**déboiser** [debwaze] vt desmontar; **se déboiser** vpr deforestarse

**déboîter** [debwate] vi (Auto) salirse de la fila; **se déboîter** vpr dislocarse

**débonnaire** [debɔnɛʀ] adj bonachón(-ona)

**débordant, e** [debɔʀdɑ̃, ɑ̃t] adj desbordante

**débordé, e** [debɔʀde] adj : **être ~** estar desbordado(-a)

**débordement** [debɔʀdəmɑ̃] nm (rivière) desbordamiento; (eau, lait) derramamiento; (Mil, Sport) adelantamiento; **~ d'enthousiasme/de vitalité** exceso de entusiasmo/de vitalidad

**déborder** [debɔʀde] vi (rivière) desbordarse; (eau, lait) derramarse; (dépasser) : **~ (de) qch** rebosar de algo; **~ de joie/zèle** (fig) rebosar de alegría/fervor ▶ vt (Mil, Sport) adelantar

**débouché** [debuʃe] nm (gén pl : pour vendre un produit) mercado; (perspectives d'emploi) salida; **au ~ de la vallée** a la salida del valle

**déboucher** [debuʃe] vt (évier, tuyau) desatascar; (bouteille) descorchar ▶ vi desembocar; **~ sur** desembocar en; (fig) conducir a; **~ de** salir de

**débouler** [debule] vi caer rodando ▶ vt : **~ l'escalier** rodar escaleras abajo

**déboulonner** [debulɔne] vt desmontar; (renvoyer) despedir; (détruire le prestige de) desacreditar

**débours** [debuʀ] nmpl desembolso m

**débourser** [debuʀse] vt desembolsar

**déboussoler** [debusɔle] vt despistar

**debout** [d(ə)bu] adv (personne, chose) de pie; (levé, éveillé) levantado(-a); **être encore ~** (fig) estar todavía en pie; **mettre qch/qn ~** poner algo/a algn de pie; **se mettre ~** ponerse de pie; **se tenir ~** mantenerse en pie; **« ~ ! »** « ¡de pie! »; (du lit) « ¡arriba! »; **cette histoire/ça ne tient pas ~** esta historia/eso no se tiene en pie

**débouter** [debute] vt (Jur) : **~ qn de sa demande** desestimar la demanda de algn

**déboutonner** [debutɔne] vt desabrochar, desabotonar; **se déboutonner** vpr desabrocharse, desabotonarse; (fig) desahogarse

**débraillé, e** [debʀɑje] adj (tenue) desaliñado(-a); (manières) descuidado(-a)

**débrancher** [debʀɑ̃ʃe] vt (appareil électrique) desenchufar; (téléphone) desconectar

**débrayage** [debʀɛjaʒ] nm (Auto : aussi action) desembrague m; (grève) paro

**débrayer** [debʀɛje] vi (Auto) desembragar; (cesser le travail) hacer paro

**débridé, e** [debʀide] adj desenfrenado(-a)

**débrider** [debʀide] vt (cheval) desembridar; (volaille) quitar los hilos a; **sans ~** de un tirón

## débriefer – déchanter

**débriefer** [debʀife] vt poner al corriente, informar
**débris** [debʀi] nm trozo ▶ nmpl restos mpl
**débrouillard, e** [debʀujaʀ, aʀd] adj avispado(-a)
**débrouillardise** [debʀujaʀdiz] nf ingenio
**débrouiller** [debʀuje] vt (affaire, cas) desembrollar; (écheveau) desenredar; **se débrouiller** vpr arreglárselas
**débroussailler** [debʀusaje] vt desbrozar
**débroussailleuse** [debʀusɑjøz] nf desbrozadora
**débusquer** [debyske] vt desemboscar
**début** [deby] nm comienzo, principio; **un bon/mauvais ~** un buen/mal comienzo; **au ~** al principio; **dès le ~** desde el principio; **débuts** nmpl (Ciné, Sport etc) debut msg; (carrière) comienzos mpl; **faire ses débuts** debutar
**débutant, e** [debytɑ̃, ɑ̃t] nm/f, adj principiante mf
**débuter** [debyte] vi comenzar; (personne) debutar
**deçà** [dəsa] prép: **en ~ de** de este lado de; **être en ~ de** (vérité, réalité) no alcanzar ▶ adv: **en ~** de este lado
**décacheter** [dekaʃ(ə)te] vt desellar, abrir
**décade** [dekad] nf década
**décadence** [dekadɑ̃s] nf decadencia
**décadent, e** [dekadɑ̃, ɑ̃t] adj decadente
**décaféiné, e** [dekafeine] adj descafeinado(-a)
**décalage** [dekalaʒ] nm desfase m; (écart) separación f; (désaccord) desacuerdo; **un ~** (de position) un desplazamiento; (temporel) una diferencia; (fig) un desfase; **le ~ entre ...** el desfase entre ...; **~ horaire** diferencia de horario
**décalaminer** [dekalamine] vt descalaminar
**décalcifiant, e** [dekalsifjɑ̃, ɑ̃t] adj descalcificador(a)
**décalcification** [dekalsifikasjɔ̃] nf descalcificación f
**décalcifier** [dekalsifje] vt descalcificar; **se décalcifier** vpr descalcificarse
**décalcomanie** [dekalkɔmani] nf calcomanía
**décalé, e** [dekale] adj (style, humour) poco convencional
**décaler** [dekale] vt (changer de position) desplazar; (dans le temps: retarder) aplazar; (: avancer) adelantar; **~ de 10 cm** desplazar 10 cm; **~ de deux heures la réunion** (retarder) aplazar dos horas la reunión; (avancer) adelantar dos horas la reunión; **se décaler** vpr (personne) correrse, desplazarse; **se ~ d'une place** moverse un sitio, desplazarse un sitio
**décalitre** [dekalitʀ] nm decalitro
**décalogue** [dekalɔg] nm decálogo
**décalque** [dekalk] nm calco
**décalquer** [dekalke] vt calcar
**décamètre** [dekamɛtʀ] nm decámetro
**décamper** [dekɑ̃pe] vi largarse, rajarse (Am)

**décan** [dekɑ̃] nm decanato
**décanter** [dekɑ̃te] vt clarificar; **se décanter** vpr clarificarse; (fig) aclararse
**décapage** [dekapaʒ] nm decapado
**décapant** [dekapɑ̃] adj corrosivo(-a) ▶ nm decapante m
**décaper** [dekape] vt decapar
**décapiter** [dekapite] vt (par accident) decapitar; (arbres etc) descabezar; (une organisation) decapitar, eliminar la cúpula de
**décapotable** [dekapɔtabl] adj descapotable
**décapoter** [dekapɔte] vt descapotar
**décapsuler** [dekapsyle] vt abrir
**décapsuleur** [dekapsylœʀ] nm abrebotellas m inv
**décarcasser** [dekaʀkase]: **se décarcasser** vpr partirse el pecho
**décathlon** [dekatlɔ̃] nm decatlón m
**décati, e** [dekati] adj (tissu) deslustrado(-a); (personne) ajado(-a)
**décatir** [dekatiʀ]: **se décatir** vpr ajarse
**décédé, e** [desede] adj fallecido(-a); **~ le 10 janvier** fallecido(-a) el 10 de enero
**décéder** [desede] vi fallecer
**décelable** [des(ə)labl] adj detectable
**déceler** [des(ə)le] vt detectar; (révéler) revelar
**décélération** [deseleʀasjɔ̃] nf desaceleración f
**décélérer** [deseleʀe] vi desacelerar
**décembre** [desɑ̃bʀ] nm diciembre m; voir aussi **juillet**
**décemment** [desamɑ̃] adv decentemente
**décence** [desɑ̃s] nf decencia
**décennal, e, -aux** [desenal, o] adj decenal
**décennie** [deseni] nf decenio
**décent, e** [desɑ̃, ɑ̃t] adj decente
**décentralisation** [desɑ̃tʀalizasjɔ̃] nf descentralización f
**décentraliser** [desɑ̃tʀalize] vt descentralizar
**décentrer** [desɑ̃tʀe] vt descentrar; **se décentrer** vpr descentrarse
**déception** [desɛpsjɔ̃] nf decepción f
**décerner** [desɛʀne] vt (prix) otorgar; (compliment) presentar
**décès** [desɛ] nm fallecimiento; **acte de ~** partida de defunción
**décevant, e** [des(ə)vɑ̃, ɑ̃t] adj decepcionante
**décevoir** [des(ə)vwaʀ] vt decepcionar; (espérances, confiance) defraudar
**déchaîné, e** [deʃene] adj (mer) encrespado(-a); (personne, foule, passions) desenfrenado(-a); (opinion publique) encolerizado(-a)
**déchaînement** [deʃɛnmɑ̃] nm (passions, colère) desencadenamiento
**déchaîner** [deʃene] vt desencadenar; **se déchaîner** vpr (tempête) desencadenarse; (mer, passions, colère) desatarse; (se mettre en colère) encolerizarse; **se ~ contre qn** enfurecerse contra algn
**déchanter** [deʃɑ̃te] vi desengañarse

## décharge – déclencheur

**décharge** [deʃaʀʒ] nf (dépôt d'ordures) vertedero; (Jur) descargo; (salve, électrique) descarga; **à la ~ de** en descargo de
**déchargement** [deʃaʀʒəmɑ̃] nm descargo
**décharger** [deʃaʀʒe] vt descargar; **~ qn de** dispensar a algn de; **~ sa colère (sur)** (fig) descargar su cólera (en); **~ sa conscience** (fig) descargar la conciencia; **se ~ dans** (se déverser) derramarse en; **se ~ d'une affaire sur qn** delegar un asunto en algn
**décharné, e** [deʃaʀne] adj descarnado(-a), demacrado(-a); (arbre etc) seco(-a)
**déchaussé, e** [deʃose] adj (dent) descarnado(-a)
**déchausser** [deʃose] vt descalzar; (skis) quitar; **se déchausser** vpr (personne) descalzarse; (dent) descarnarse
**dèche** [dɛʃ] (fam) nf: **être dans la ~** no tener un duro (fam)
**déchéance** [deʃeɑ̃s] nf decadencia
**déchet** [deʃɛ] nm desecho; (perte) pérdida; **déchets** nmpl (ordures) restos mpl, residuos mpl; **déchets radioactifs** residuos radiactivos; **déchets verts** residuos vegetales
**déchiffrage** [deʃifʀaʒ] nm descifrado, ejecución f por primera vez
**déchiffrement** [deʃifʀəmɑ̃] nm desciframiento, descifre m
**déchiffrer** [deʃifʀe] vt descifrar; (partition) leer, descifrar
**déchiqueté, e** [deʃik(ə)te] adj despedazado(-a)
**déchiqueter** [deʃik(ə)te] vt despedazar
**déchirant, e** [deʃiʀɑ̃, ɑ̃t] adj desgarrador(a)
**déchiré, e** [deʃiʀe] adj roto(-a); (muscle) desgarrado(-a); (fig) destrozado(-a)
**déchirement** [deʃiʀmɑ̃] nm desgarrón m; (chagrin) desgarramiento; (gén pl: conflit) conflictividad f
**déchirer** [deʃiʀe] vt (vêtement, livre) desgarrar; (mettre en morceaux) rasgar; (pour ouvrir) rasgar; (arracher) arrancar; (fig) destrozar; **se déchirer** vpr desgarrarse; (fig) destrozarse; **se ~ un muscle/tendon** desgarrarse un músculo/tendón
**déchirure** [deʃiʀyʀ] nf desgarrón m; **~ musculaire** desgarrón muscular
**déchoir** [deʃwaʀ] vi (personne) venir a menos; **~ de** perder
**déchu, e** [deʃy] pp de **déchoir** ▶ adj venido(-a) a menos
**décibel** [desibɛl] nm decibelio, decibel m
**décidé, e** [deside] adj decidido(-a); **c'est ~** está decidido; **être ~ à faire** estar resuelto(-a) a hacer
**décidément** [desidemɑ̃] adv decididamente
**décider** [deside] vt: **~ qch** decidir algo; **~ que** decidir que; **~ qn (à faire qch)** animar a algn (a hacer algo); **~ de faire** decidir hacer; **~ de qch** decidir algo; **se décider** vpr (personne) decidirse; (problème, affaire) resolverse; **se ~ à faire qch** decidirse a hacer algo; **se ~ pour qch** decidirse por algo; « **décide-toi !** » «¡decídete!»
**décideur** [desidœʀ] nm apoderado
**décilitre** [desilitʀ] nm decilitro
**décimal, e, -aux** [desimal, o] adj decimal
**décimale** [desimal] nf decimal m
**décimaliser** [desimalize] vt reducir al sistema decimal
**décimer** [desime] vt diezmar
**décimètre** [desimɛtʀ] nm decímetro; **double ~** doble decímetro
**décisif, -ive** [desizif, iv] adj decisivo(-a)
**décision** [desizjɔ̃] nf decisión f; (Admin, Jur) resolución f; **prendre la ~ de faire** tomar la decisión de hacer; **emporter** ou **faire la ~** zanjar la cuestión; **~ de justice** resolución judicial
**déclamation** [deklamasjɔ̃] nf declamación f; (péj) perorata
**déclamatoire** [deklamatwaʀ] adj declamatorio(-a)
**déclamer** [deklame] vt declamar; (péj) perorar
**déclarable** [deklaʀabl] adj declarable
**déclaration** [deklaʀasjɔ̃] nf declaración f; **~ (d'amour)** declaración (de amor); **~ (de changement de domicile)** certificado (de cambio de domicilio); **~ de décès** certificación f de fallecimiento; **~ de guerre** declaración de guerra; **~ d'impôts** declaración de la renta; **~ de naissance** partida de nacimiento; **~ de perte** denuncia de pérdida; **~ de revenus** declaración de la renta; **~ de sinistre** declaración de siniestro; **~ de vol** denuncia de robo
**déclaré, e** [deklaʀe] adj declarado(-a)
**déclarer** [deklaʀe] vt declarar; (vol: à la police) denunciar; (décès, naissance) certificar; **~ que** declarar que; **~ qch/qn inutile** etc declarar algo/a algn inútil etc; **~ la guerre** declarar la guerra; **se déclarer** vpr declararse; **se ~ favorable/prêt à** declararse favorable/dispuesto a
**déclassé, e** [deklɑse] adj desclasado(-a); (matériel) anticuado(-a)
**déclassement** [deklɑsmɑ̃] nm (Rail etc) cambio de clase
**déclasser** [deklɑse] vt (sportif, cheval) descalificar; (hôtel) rebajar de categoría; (déranger) desordenar
**déclenchant, e** [deklɑ̃ʃɑ̃, ɑ̃t] adj (facteur) desencadenante
**déclenchement** [deklɑ̃ʃmɑ̃] nm detonante m; (d'un mécanisme etc) puesta en marcha
**déclencher** [deklɑ̃ʃe] vt activar; (attaque) lanzar; (grève) poner en marcha; (fig) provocar; **se déclencher** vpr desencadenarse
**déclencheur** [deklɑ̃ʃœʀ] nm disparador m

## déclic – déconseillé

**déclic** [deklik] nm (*mécanisme*) trinquete m; (*bruit*) chasquido
**déclin** [deklɛ̃] nm decadencia
**déclinable** [deklinabl] adj (*modèle*) : **~ en qch** disponible en algo; **~ à l'infini** que permite infinitas combinaciones
**déclinaison** [deklinɛzɔ̃] nf (*Ling*) declinación f
**décliner** [dekline] vi (*empire, acteur*) decaer; (*jour, soleil, santé*) declinar ▶ vt (*Ling*) declinar; (*identité*) dar a conocer; **se décliner** vpr (*Ling*) declinarse
**déclivité** [deklivite] nf declive m; **en ~** en declive
**décloisonner** [deklwazɔne] vt (*fig*) descompartimentalizar
**déclouer** [deklue] vt desclavar
**décocher** [dekɔʃe] vt arrojar; (*regard*) lanzar
**décoction** [dekɔksjɔ̃] nf decocción f
**décodage** [dekɔdaʒ] nm descodificación f
**décoder** [dekɔde] vt descodificar
**décodeur** [dekɔdœʀ] nm (*TV*) descodificador m
**décoiffant, e** [dekwafɑ̃, ɑ̃t] adj (*fig*) alucinante
**décoiffé, e** [dekwafe] adj : **elle est toute décoiffée** está completamente despeinada
**décoiffer** [dekwafe] vt despeinar; **se décoiffer** vpr despeinarse
**décoincer** [dekwɛ̃se] vt (*objet*) desbloquear; (*fig : fam : personne*) relajar; **se décoincer** vpr (*objet*) desbloquearse; (*fig : fam : personne*) relajarse
**déçois** etc [deswa] vb voir **décevoir**
**déçoive** etc [deswav] vb voir **décevoir**
**décolérer** [dekɔleʀe] vi : **il ne décolère pas** sigue enfadado
**décollage** [dekɔlaʒ] nm despegue m, decolaje m (*Am*); (*fig : de la croissance, des ventes*) despegue m
**décollé, e** [dekɔle] adj : **oreilles décollées** orejas fpl de soplillo
**décollement** [dekɔlmɑ̃] nm : **~ de la rétine** desprendimiento de retina
**décoller** [dekɔle] vt, vi despegar, decolar (*Am*); (*fig : croissance, ventes*) despegar; **se décoller** vpr despegarse
**décolletage** [dekɔltaʒ] nm (*Tech*) torneado
**décolleté, e** [dekɔlte] adj escotado(-a) ▶ nm escote m
**décolleter** [dekɔlte] vt (*vêtement*) escotar; (*Tech*) desmochar
**décolonisation** [dekɔlɔnizasjɔ̃] nf descolonización f
**décoloniser** [dekɔlɔnize] vt descolonizar
**décolorant, e** [dekɔlɔʀɑ̃, ɑ̃t] adj, nm decolorante m
**décoloration** [dekɔlɔʀasjɔ̃] nf decoloración f; **se faire faire une ~** (*chez le coiffeur*) decolorarse (el pelo)
**décoloré, e** [dekɔlɔʀe] adj (*vêtement, cheveux*) decolorado(-a); (: *avec l'âge*) descolorido(-a)

**décolorer** [dekɔlɔʀe] vt decolorar; (*suj: âge, lumière*) descolorar; **se décolorer** vpr descolorarse
**décombres** [dekɔ̃bʀ] nmpl escombros mpl
**décommander** [dekɔmɑ̃de] vt (*marchandise*) anular; (*réception*) cancelar; **il faut ~ les invités** tenemos que avisar a los invitados de que no vengan; **se décommander** vpr (*invité*) excusarse
**décomplexé, e** [dekɔ̃plɛkse] adj desacomplejado(-a)
**décomposable** [dekɔ̃pozabl] adj descomponible
**décomposé, e** [dekɔ̃poze] adj descompuesto(-a)
**décomposer** [dekɔ̃poze] vt descomponer; **se décomposer** vpr descomponerse
**décomposition** [dekɔ̃pozisjɔ̃] nf descomposición f; **en ~** en descomposición
**décompresser** [dekɔ̃pʀese] vt distenderse
**décompresseur** [dekɔ̃pʀesœʀ] nm descompresor m
**décompression** [dekɔ̃pʀesjɔ̃] nf descompresión f
**décomprimer** [dekɔ̃pʀime] vt descomprimir
**décompte** [dekɔ̃t] nm descuento; (*facture détaillée*) desglose m
**décompter** [dekɔ̃te] vt descontar
**déconcentration** [dekɔ̃sɑ̃tʀasjɔ̃] nf (*d'une entreprise, d'une administration*) descentralización f; **~ des pouvoirs** descentralización de poderes
**déconcentré, e** [dekɔ̃sɑ̃tʀe] adj desconcentrado(-a)
**déconcentrer** [dekɔ̃sɑ̃tʀe] vt (*Admin*) descentralizar; **se déconcentrer** vpr desconcentrarse
**déconcertant, e** [dekɔ̃sɛʀtɑ̃, ɑ̃t] adj desconcertante
**déconcerter** [dekɔ̃sɛʀte] vt desconcertar
**déconditionner** [dekɔ̃disjɔne] vt desintoxicar
**déconfit, e** [dekɔ̃fi, it] adj decepcionado(-a)
**déconfiture** [dekɔ̃fityʀ] nf derrota; (*morale*) decepción f; (*financière*) quiebra
**décongélation** [dekɔ̃ʒelasjɔ̃] nf descongelación f
**décongelé, e** [dekɔ̃ʒle] adj descongelado(-a)
**décongeler** [dekɔ̃ʒ(ə)le] vt descongelar
**décongestionner** [dekɔ̃ʒɛstjɔne] vt (*Méd, circulation*) descongestionar
**déconnecté, e** [dekɔnɛkte] adj desconectado(-a); (*fig*) : **~ de la réalité** ou **des réalités** desconectado(-a) de la realidad
**déconnecter** [dekɔnɛkte] vt (*aussi fig*) desconectar
**déconner** [dekɔne] (*fam*) vi (*en parlant*) decir chorradas (*fam*); (*faire des bêtises*) hacer pijadas (*fam*); **sans ~** en serio
**déconseillé, e** [dekɔ̃seje] adj desaconsejable; **c'est ~** no es aconsejable, es desaconsejable

## déconseiller – décrocher

**déconseiller** [dekɔ̃seje] vt : **~ qch (à qn)** desaconsejar algo (a algn); **~ à qn de faire** desaconsejar a algn hacer

**déconsidérer** [dekɔ̃sidere] vt desacreditar

**déconsigner** [dekɔ̃siɲe] vt (valise) retirar de la consigna; (bouteille) devolver el dinero del/el casco de

**décontamination** [dekɔ̃taminasjɔ̃] nf descontaminación f

**décontaminer** [dekɔ̃tamine] vt descontaminar

**décontenancé, e** [dekɔ̃tnɑ̃se] adj desconcertado(-a)

**décontenancer** [dekɔ̃t(ə)nɑ̃se] vt desconcertar

**décontracté, e** [dekɔ̃trakte] adj (personne) relajado(-a); (ambiance) distendido(-a)

**décontracter** [dekɔ̃trakte] vt relajar; **se décontracter** vpr (personne) relajarse

**décontraction** [dekɔ̃traksjɔ̃] nf relajación f

**déconventionnement** [dekɔ̃vɑ̃sjɔnmɑ̃] nm (de médecins) suspensión del acuerdo con la Seguridad Social motivada por una infracción; (de logements sociaux) pérdida de la subvención pública

**déconventionner** [dekɔ̃vɑ̃sjɔne] vt (médecins : pour faute) suspender el acuerdo con la Seguridad Social de

**déconvenue** [dekɔ̃v(ə)ny] nf decepción f

**décor** [dekɔr] nm (d'un palais etc) decoración f; (paysage) panorama m; (gén pl : Théâtre, Ciné) decorado; **changement de ~** (fig) cambio de situación; **entrer dans le ~** (fig) salirse de la carretera; **en ~ naturel** (Ciné) en exteriores

**décorateur, -trice** [dekɔratœr, tris] nm/f decorador(a); (Ciné) escenógrafo(-a)

**décoratif, -ive** [dekɔratif, iv] adj decorativo(-a); **arts décoratifs** artes fpl decorativas

**décoration** [dekɔrasjɔ̃] nf decoración f; (médaille) condecoración f

**décorer** [dekɔre] vt decorar; (médailler) condecorar

**décortiqué, e** [dekɔrtike] adj pelado(-a)

**décortiquer** [dekɔrtike] vt (riz) descascarillar; (amandes, crevettes) pelar; (fig) desmenuzar

**décorum** [dekɔrɔm] nm protocolo

**décote** [dekɔt] nf exoneración f

**découcher** [dekuʃe] vi dormir fuera de casa

**découdre** [dekudr] vt descoser; **en ~** (fig) pelearse; **se découdre** vpr descoserse

**découler** [dekule] vi : **~ de** derivarse de

**découpage** [dekupaʒ] nm recorte m; (de viande) corte m; (gén pl : image) recortable m; **~ électoral** establecimiento de las circunscripciones electorales

**découpe** [dekup] nf (de viande) corte m; (Tech : découpage : de pièces, documents) recorte m; (forme) corte m

**découper** [dekupe] vt recortar; (fig) fragmentar; **se ~ sur** (le ciel, fond) perfilarse en

**découplé, e** [dekuple] adj : **bien ~** bien plantado(-a)

**découpure** [dekupyr] nf : **découpures** recortes mpl; (d'une côte, arête) sinuosidades fpl

**décourageant, e** [dekuraʒɑ̃, ɑ̃t] adj desalentador(a)

**découragement** [dekuraʒmɑ̃] nm desánimo, desaliento

**décourager** [dekuraʒe] vt desanimar, desalentar; **~ qn de faire/de qch** desalentar ou desanimar a algn de hacer/de algo; **se décourager** vpr desanimarse

**décousu, e** [dekuzy] pp de **découdre** ▶ adj descosido(-a); (fig) deshilvanado(-a)

**découvert, e** [dekuvɛr, ɛrt] pp de **découvrir** ▶ adj (tête) descubierto(-a); (lieu) pelado(-a); **à visage ~** a cara descubierta ▶ nm (bancaire) descubierto; **à ~** (Mil) al descubierto; (ouvertement) abiertamente; (compte) en descubierto

**découverte** [dekuvɛrt(ə)] nf descubrimiento; **aller à la ~ (de)** ir en busca (de)

**découvrir** [dekuvrir] vt descubrir; (casserole) destapar; (apercevoir) divisar; (voiture) descapotar; **~ que** descubrir que ▶ vi (mer) descubrirse; **se découvrir** vpr (ôter le chapeau) descubrirse; (se déshabiller) desvestirse; (au lit) destaparse; (ciel) despejarse; **se ~ des talents de** descubrir que se tiene talento para

**décrassage** [dekrasaʒ] nm limpieza a fondo; (Sport) recuperación f; **une séance de ~** una sesión de recuperación

**décrasser** [dekrase] vt limpiar a fondo

**décrêper** [dekrepe] vt alisar

**décrépi, e** [dekrepi] adj desconchado(-a)

**décrépit, e** [dekrepi, it] adj decrépito(-a)

**décrépitude** [dekrepityd] nf decrepitud f

**decrescendo** [dekreʃɛndo] nm (Mus) decrescendo; **aller ~** (fig) ir decreciendo

**décret** [dekrɛ] nm decreto

**décréter** [dekrete] vt decretar; **~ que** decretar que

**décret-loi** [dekrɛlwa] (pl **décrets-lois**) nm decreto-ley m

**décrié, e** [dekrije] adj desprestigiado(-a)

**décrire** [dekrir] vt describir

**décrisper** [dekrispe] vt (relations, atmosphère) distender; (personne) relajar; **se décrisper** vpr (relations, atmosphère) distenderse; (personne, visage) relajarse

**décrochage** [dekrɔʃaʒ] nm (d'un tableau, rideau) descolgado; (Scol : d'élève) abandono; (Écon : de Bourse, marché, salaires) caída f; **~ scolaire** abandono escolar

**décrochement** [dekrɔʃmɑ̃] nm desenganche m; (d'un mur etc) retranqueo

**décrocher** [dekrɔʃe] vt descolgar; (contrat, poste) conseguir ▶ vi (pour répondre au téléphone) descolgar; (abandonner) retirarse; (Scol)

**décrois** etc [dekʀwa] vb voir **décroître**

**décroisé, e** [dekʀwaze] adj (Football : tir, tête) al palo corto; (Tennis : revers, coup droit, smash) a contrapié
abandonar los estudios; (perdre sa concentration) desconectar; **se décrocher** vpr (tableau, rideau) descolgarse

**décroiser** [dekʀwaze] vt descruzar

**décroissant, e** [dekʀwasɑ̃, ɑ̃t] vb voir **décroître** ▶ adj decreciente; **par ordre ~** por orden decreciente

**décroître** [dekʀwatʀ] vi decrecer

**décrotter** [dekʀɔte] vt limpiar; **se ~ le nez** limpiarse la nariz

**décru** [dekʀy] pp de **décroître**

**décrue** [dekʀy] nf decrecida

**décryptage** [dekʀiptaʒ] nm desciframiento; (Inform) descodificación f; **le ~ du génome humain** el desciframiento del genoma humano

**décrypter** [dekʀipte] vt descifrar; (Inform) descodificar

**déçu, e** [desy] pp de **décevoir** ▶ adj (personne) decepcionado(-a); (espoir) frustrado(-a)

**déculotter** [dekylɔte] vt : **~ qn** quitar los pantalones ou los calzoncillos a algn; **se déculotter** vpr quitarse los pantalones ou los calzoncillos

**déculpabiliser** [dekylpabilize] vt librar del sentimiento de culpa a; **se déculpabiliser** vpr librarse del sentimiento de culpa

**décuple** [dekypl] nm : **le ~ de** el décuplo de; **au ~** diez veces más

**décupler** [dekyple] vt decuplicar ▶ vi decuplicarse

**déçut** etc [desy] vb voir **décevoir**

**dédaignable** [dedɛɲabl] adj : **pas ~** nada despreciable

**dédaigner** [dedɛɲe] vt desdeñar; **~ de faire** desdeñar hacer

**dédaigneusement** [dedɛɲøzmɑ̃] adv desdeñosamente

**dédaigneux, -euse** [dedɛɲø, øz] adj desdeñoso(-a)

**dédain** [dedɛ̃] nm desdén m

**dédale** [dedal] nm dédalo

**dedans** [dədɑ̃] adv dentro, adentro (surtout Am) ▶ nm interior m; **là-~** ahí dentro; **au ~** (por) dentro; **en ~** por dentro

**dédiaboliser** [dedjabɔlize] vt (parti, image) desdemonizar

**dédicace** [dedikas] nf dedicatoria

**dédicacer** [dedikase] vt dedicar

**dédié, e** [dedje] adj : **ordinateur ~** ordenador m dedicado ou especializado

**dédier** [dedje] vt : **~ à** (livre) dedicar a; (efforts) consagrar a; **se dédier** vpr (se consacrer) : **se ~ à qn/qch** dedicarse a algn/algo, consagrarse a algn/algo

**dédire** [dediʀ] : **se dédire** vpr desdecirse

**dédit** [dedi] pp de **dédire** ▶ nm indemnización f; (Comm) retracto

**dédommagement** [dedɔmaʒmɑ̃] nm (indemnité) indemnización f

**dédommager** [dedɔmaʒe] vt : **~ qn (de)** indemnizar a algn (por); (remercier) recompensar a algn (por)

**dédouaner** [dedwane] vt aduanar; **se dédouaner** vpr restaurar su buen nombre; **se ~ de qch** (responsabilités, accusation) inhibirse de algo

**dédoublement** [dedubləmɑ̃] nm desdoblamiento; (d'un train) servicio complementario; **~ de la personnalité** (Psych) desdoblamiento de la personalidad

**dédoubler** [deduble] vt desdoblar; (couverture etc) desplegar; **~ un train/les trains** poner un tren/trenes complementario(s); **se dédoubler** vpr (Psych) desdoblarse

**dédramatiser** [dedʀamatize] vt (situation, événement) desdramatizar

**déductible** [dedyktibl] adj deducible

**déduction** [dedyksjɔ̃] nf (d'argent) descuento; (raisonnement) deducción f

**déduire** [deduiʀ] vt : **~ qch (de)** deducir algo (de)

**déesse** [deɛs] nf diosa

**défaillance** [defajɑ̃s] nf desfallecimiento; (technique) fallo; (morale) debilidad f; **~ cardiaque** fallo cardíaco

**défaillant, e** [defajɑ̃, ɑ̃t] adj (mémoire) que falla; (personne) desfalleciente; (témoin) contumaz

**défaillir** [defajiʀ] vi desfallecer; (mémoire etc) fallar

**défaire** [defɛʀ] vt (installation, échafaudage) desmontar; (paquet etc) abrir; (nœud) desatar; (vêtement) descoser; (déranger) deshacer; (cheveux) despeinar; **~ ses bagages** deshacer las maletas; **~ le lit** (pour changer les draps) deshacer la cama; (pour se coucher) abrir la cama; **se défaire** vpr (cheveux, nœud) deshacerse; **se ~ de** deshacerse de

**défait, e** [defɛ, ɛt] pp de **défaire** ▶ adj deshecho(-a); (nœud) desatado(-a); (visage) descompuesto(-a)

**défaite** [defɛt] nf (aussi Mil) derrota

**défaites** [defɛt] vb voir **défaire**

**défaitisme** [defetism] nm derrotismo

**défaitiste** [defetist] adj, nmf derrotista mf

**défalcation** [defalkasjɔ̃] nf desfalco

**défalquer** [defalke] vt desfalcar

**défasse** [defas] vb voir **défaire**

**défausser** [defose] vt rectificar; **se défausser** vpr (Cartes) descartarse

**défaut** [defo] nm defecto; (d'étoffe, métal) falla; (Inform) fallo; **~ de** (manque, carence) falto de; **~ de la cuirasse** (fig) punto débil; **en ~** en falta; **faire ~** faltar; **à ~** al menos; **à ~ de** a falta de; **par ~** (Jur) en rebeldía; (Inform) por defecto

**défaveur** [defavœʀ] nf descrédito
**défavorable** [defavɔʀabl] adj desfavorable
**défavorablement** [defavɔʀabləmã] adv desfavorablemente
**défavoriser** [defavɔʀize] vt desfavorecer
**défécation** [defekasjɔ̃] nf defecación f
**défectif, -ive** [defɛktif, iv] adj : **verbe ~** verbo defectivo
**défection** [defɛksjɔ̃] nf defección f; **faire ~** desertar
**défectueux, -euse** [defɛktɥø, øz] adj defectuoso(-a)
**défectuosité** [defɛktɥozite] nf imperfección f; (défaut) defecto
**défendable** [defãdabl] adj defendible
**défendeur, -eresse** [defãdœʀ, dʀɛs] nm/f (Jur) demandado(-a)
**défendre** [defãdʀ] vt defender; (interdire) prohibir; **~ à qn qch/de faire** prohibir a algn algo/hacer; **il est défendu de cracher** está prohibido escupir; **c'est défendu** está prohibido; **se défendre** vpr defenderse; (se justifier) justificarse; **il se défend** (fig) va defendiéndose; **ça se défend** (fig) esto se sostiene; **se ~ de/contre** (se protéger) protegerse de/contra; **se ~ de** (se garder de) evitar; (nier) negar; **se ~ de vouloir** no tener la intención de
**défendu, e** [defãdy] adj voir **défendre**
**défenestrer** [defənɛstʀe] vt defenestrar; **se défenestrer** vpr tirarse por la ventana
**défense** [defãs] nf defensa; **ministre de la ~** ministro de defensa; **la ~ nationale** la defensa nacional; **la ~ contre avions** la defensa aérea; **« ~ de fumer/cracher »** « prohibido fumar/escupir »; **prendre la ~ de qn** defender a algn; **~ des consommateurs** defensa de los consumidores
**défenseur** [defãsœʀ] nm defensor(a)
**défensif, -ive** [defãsif, iv] adj defensivo(-a)
▶ nf : **être sur la défensive** estar a la defensiva
**déféquer** [defeke] vi defecar
**déferai** [defʀe] vb voir **défaire**
**déférence** [defeʀãs] nf deferencia; **par ~ pour** por deferencia a
**déférent, e** [defeʀã, ãt] adj deferente
**déférer** [defeʀe] vt (Jur) deferir; **~ à** deferir a; **~ qn à la justice** hacer comparecer a algn ante la justicia
**déferlant, e** [defɛʀlã, ãt] adj : **vague déferlante** ola que se rompe
**déferlement** [defɛʀləmã] nm (vagues) rompimiento; (foule) oleada
**déferler** [defɛʀle] vi (vagues) romper; (foule) desplegarse
**défi** [defi] nm desafío, reto; **mettre qn au ~ de faire qch** desafiar ou retar a algn a hacer algo; **relever un ~** aceptar un desafío

**défiance** [defjãs] nf desconfianza
**déficeler** [defis(ə)le] vt desatar
**déficience** [defisjãs] nf deficiencia
**déficient, e** [defisjã, jãt] adj deficiente
**déficit** [defisit] nm (Comm) déficit m; (Psych etc) deficiencia; **être en ~** tener déficit; **~ budgétaire** déficit presupuestario
**déficitaire** [defisitɛʀ] adj deficitario(-a)
**défier** [defje] vt desafiar; **~ qn de faire qch** desafiar a algn a hacer algo; **~ qn à** desafiar a algn a; **~ toute comparaison/concurrence** excluir toda comparación/competencia; **se défier de** vpr desconfiar de
**défigurer** [defigyʀe] vt desfigurar
**défilé** [defile] nm (Géo) desfiladero; (soldats, manifestants) desfile m; **un ~ de** (voitures, visiteurs) un desfile de
**défiler** [defile] vi desfilar; **faire ~** (bande, film) proyectar; (Inform) hacer un scroll; **se défiler** vpr escaquearse
**défini, e** [defini] adj definido(-a)
**définir** [definiʀ] vt definir
**définissable** [definisabl] adj definible
**définitif, -ive** [definitif, iv] adj definitivo(-a)
**définition** [definisjɔ̃] nf definición f
**définitive** [definitiv] nf : **en ~** en definitiva
**définitivement** [definitivmã] adv definitivamente
**défiscaliser** [defiskalize] vt eximir de impuestos
**déflagration** [deflagʀasjɔ̃] nf deflagración f
**déflation** [deflasjɔ̃] nf (Écon) deflación f
**déflationniste** [deflasjɔnist] adj deflacionista
**déflecteur** [deflɛktœʀ] nm (Auto) deflector m
**déflorer** [deflɔʀe] vt desflorar
**défoncé, e** [defɔ̃se] adj hundido(-a); (sous l'effet d'une drogue) colgado(-a) (fam)
**défoncer** [defɔ̃se] vt hundir; (caisse) desfondar; **se défoncer** vpr (fam : se donner à fond) desmadrarse; (se droguer) colocarse (fam)
**défont** [defɔ̃] vb voir **défaire**
**déformant, e** [defɔʀmã, ãt] adj : **glace** ou **miroir ~(e)** cristal m ou espejo deformante
**déformation** [defɔʀmasjɔ̃] nf deformación f; **~ professionnelle** deformación profesional
**déformer** [defɔʀme] vt deformar; **se déformer** vpr deformarse
**défoulement** [defulmã] nm (gén) desahogo; (Psych) liberación f
**défouler** [defule] : **se défouler** vpr (gén) desahogarse; (Psych) liberarse
**défraîchi, e** [defʀeʃi] adj (peinture) deslucido(-a); (article à vendre) pasado(-a)
**défraîchir** [defʀeʃiʀ] : **se défraîchir** vpr deslucirse
**défrayer** [defʀeje] vt : **~ qn (de)** resarcir a algn (de); **~ la chronique** (fig) saltar a los titulares
**défrichement** [defʀiʃmã] nm desbrozo

## défricher – dégringolade

**défricher** [defʀiʃe] vt desbrozar
**défriser** [defʀize] vt (*cheveux*) desrizar; (*fig*) fastidiar
**défroisser** [defʀwase] vt desarrugar
**défroque** [defʀɔk] nf harapo
**défroqué** [defʀɔke] nm exclaustrado
**défroquer** [defʀɔke] vt exclaustrar ▶ vi colgar los hábitos
**défunt, e** [defœ̃, œ̃t] adj : **son ~ père** su difunto padre ▶ nm/f difunto(-a)
**dégagé, e** [degaʒe] adj (*ciel, vue*) despejado(-a); (*ton, air*) desenvuelto(-a)
**dégagement** [degaʒmɑ̃] nm despejo; (*espace libre*) espacio despejado; (*couloir*) pasillo; (*Football*) saque m; (*Mil*) levantamiento del cerco; **voie de ~** vía muerta; **itinéraire de ~** carretera de circunvalación
**dégager** [degaʒe] vt liberar; (*exhaler*) desprender; (*désencombrer*) despejar; (*idée, aspect*) extraer; (*crédits*) desbloquear; **~ qn de** liberar a algn de; **dégagé des obligations militaires** exento de las obligaciones militares; **se dégager** vpr (*odeur*) desprenderse; (*passage, ciel*) despejarse; **se ~ de** liberarse de
**dégaine** [degɛn] nf facha
**dégainer** [degene] vt (*revolver*) desenfundar; (*épée*) desenvainar
**dégarni, e** [degaʀni] adj : **il a le crâne ~** se está quedando calvo; **il a les tempes dégarnies** cada vez tiene más entradas
**dégarnir** [degaʀniʀ] vt vaciar; **se dégarnir** vpr vaciarse; (*tempes, crâne*) despoblarse
**dégâts** [dega] nmpl : **faire des ~** causar daños
**dégauchir** [degoʃiʀ] vt (*Tech*) desalabear
**dégazage** [degaza3] nm desgasificación f
**dégazer** [degaze] vt desgasificar
**dégel** [deʒɛl] nm deshielo; (*des prix etc*) descongelación f
**dégeler** [deʒ(ə)le] vt (*fig*) descongelar; **~ l'atmosphère** romper el hielo ▶ vi deshelarse; **se dégeler** vpr (*atmosphère, relations*) animarse
**dégénéré, e** [deʒeneʀe] adj, nm/f degenerado(-a)
**dégénérer** [deʒeneʀe] vi degenerar; **~ en** degenerar en
**dégénérescence** [deʒeneʀesɑ̃s] nf degeneración f
**dégingandé, e** [deʒɛ̃gɑ̃de] adj desgarbado(-a)
**dégivrage** [deʒivʀaʒ] nm (*frigo*) descongelación f; (*vitres*) deshielo
**dégivrer** [deʒivʀe] vt (*frigo*) descongelar; (*vitres*) deshelar
**dégivreur** [deʒivʀœʀ] nm descongelador m
**déglinguer** [deglɛ̃ge] vt descuajaringar
**déglutir** [deglytiʀ] vi deglutir
**déglutition** [deglytisjɔ̃] nf deglución f
**dégonflé, e** [degɔ̃fle] adj (*pneu*) desinflado(-a), deshinchado(-a) ▶ nm/f (*fam*) rajado(-a)

**dégonfler** [degɔ̃fle] vt desinflar, deshinchar ▶ vi deshincharse; **se dégonfler** vpr (*fam*) rajarse (*fam*)
**dégorger** [degɔʀʒe] vi (*Culin*) : **faire ~ les concombres/escargots** dejar que suelten el agua los pepinos/caracoles; (*rivière*) : **~ dans** desembocar en ▶ vt desaguar; **se dégorger** vpr desembocar
**dégoter** [degɔte] vt encontrar
**dégouliner** [deguline] vi chorrear; **~ de** chorrear
**dégoupiller** [degupije] vt (*grenade*) quitar el pasador a
**dégourdi, e** [deguʀdi] adj espabilado(-a)
**dégourdir** [deguʀdiʀ] vt (*sortir de l'engourdissement*) desentumecer; (*faire tiédir*) templar; (*personne*) despabilar, espabilar; **se dégourdir** vpr : **se ~ les jambes** estirar las piernas
**dégoût** [degu] nm asco; (*aversion*) repugnancia
**dégoûtant, e** [degutɑ̃, ɑ̃t] adj asqueroso(-a); **c'est ~ !** (*injuste*) ¡no hay derecho!
**dégoûté, e** [degute] adj asqueado(-a); (*fig*) melindroso(-a); **~ de** asqueado(-a) de
**dégoûter** [degute] vt asquear; **~ qn de faire qch** (*aussi fig*) quitarle a algn las ganas de hacer algo; **se ~ de** (*se lasser de*) hartarse de
**dégoutter** [degute] vi gotear; **~ de** gotear de
**dégradant, e** [degʀadɑ̃, ɑ̃t] adj degradante
**dégradation** [degʀadasjɔ̃] nf degradación f; (*gén pl* : *dégâts*) deterioro
**dégradé, e** [degʀade] adj (*couleur, teinte*) en gradación; (*cheveux*) en capas ▶ nm gradación f
**dégrader** [degʀade] vt (*Mil, fig*) degradar; (*abîmer*) deteriorar; **se dégrader** vpr deteriorarse; (*roche*) erosionarse; (*Phys*) degradarse
**dégrafer** [degʀafe] vt desabrochar
**dégraissage** [degʀesaʒ] nm desengrase m; (*Écon*) reducción f de plantilla
**dégraissant** [degʀesɑ̃] nm desengrasante m
**dégraisser** [degʀese] vt (*soupe*) desengrasar; (*vêtement*) quitar las manchas de grasa de; (*Écon*) reducir la plantilla de
**degré** [dəgʀe] nm grado; (*escalier*) peldaño; (*niveau, taux*) punto; **brûlure/équation au 1er/2ème ~** quemadura/ecuación f de $1^{er}/2^o$ grado; **le premier ~** (*Scol*) el primer grado; **alcool à 90 degrés** alcohol m de 90 grados; **vin de 10 degrés** vino de 10 grados; **par ~(s)** gradualmente
**dégressif, -ive** [degʀesif, iv] adj decreciente; **tarif ~** tarifa decreciente
**dégrèvement** [degʀɛvmɑ̃] nm desgravación f
**dégrever** [degʀəve] vt desgravar
**dégriffé, e** [degʀife] adj (*vêtement*) rebajado por no llevar la etiqueta del diseñador
**dégringolade** [degʀɛ̃gɔlad] nf caída

## dégringoler – délice

**dégringoler** [degʀɛ̃gɔle] vi caer rodando; (prix, Bourse) hundirse ▶ vt (escalier) bajar corriendo

**dégriser** [degʀize] vt desembriagar

**dégrossir** [degʀosiʀ] vt (bois, personne) desbastar; (ébaucher) bosquejar

**dégroupage** [degʀupaʒ] nm (Internet) desagregación f

**dégroupé, e** [degʀupe] adj (Internet) desagregado(-a)

**déguenillé, e** [deg(ə)nije] adj harapiento(-a)

**déguerpir** [degɛʀpiʀ] vi largarse

**dégueulasse** [degœlas] (fam) adj asqueroso(-a)

**dégueuler** [degœle] (fam) vi echar las tripas

**déguisé, e** [degize] adj disfrazado(-a); **~ en** disfrazado(-a) de

**déguisement** [degizmɑ̃] nm disfraz m

**déguiser** [degize] vt disfrazar; **se déguiser** vpr disfrazarse; **se ~ en** disfrazarse de

**dégustation** [degystasjɔ̃] nf degustación f; (vin) cata

**déguster** [degyste] vt degustar; (vin) catar; (fig) saborear ▶ vi (fam) pasarlas moradas (fam)

**déhancher** [deɑ̃ʃe] : **se déhancher** vpr contonearse

**dehors** [dəɔʀ] adv fuera, afuera (surtout AM); **mettre** ou **jeter ~** echar fuera; **au ~** (por) fuera; (en apparence) por fuera; **au ~ de** fuera de; **de ~** desde afuera; **en ~** (vers l'extérieur) hacia afuera; **en ~ de** (hormis) fuera de ▶ nm exterior m ▶ nmpl (apparences) apariencias fpl

**déifier** [deifje] vt deificar

**déiste** [deist] adj deista

**déjà** [deʒa] adv ya; **quel nom, ~ ?** (interrogatif) entonces, ¿qué nombre?; **c'est ~ pas mal** (intensif) no está nada mal; **as-tu ~ été en France ?** ¿ya has estado en Francia?; **c'est ~ quelque chose** ya es algo

**déjanté, e** [deʒɑ̃te] (fam) adj (personne, spectacle) extravagante

**déjanter** [deʒɑ̃te] : **se déjanter** vpr (pneu) salirse de la llanta

**déjà-vu** [deʒavy] nm inv : **c'est du ~** no es nada nuevo

**déjeuner** [deʒœne] vi (matin) desayunar; (à midi) almorzar, comer ▶ nm (petit déjeuner) desayuno; (à midi) almuerzo, comida; **~ d'affaires** comida de negocios

**déjouer** [deʒwe] vt (personne, attention) burlar; (complot) hacer fracasar

**déjuger** [deʒyʒe] : **se déjuger** vpr retractarse

**delà** [dəla] prép, adv : **par-~** (plus loin que) más allá de; (de l'autre côté de) al otro lado de; **au-~ (de)** más allá (de)

**délabré, e** [delabʀe] adj deteriorado(-a)

**délabrement** [delabʀəmɑ̃] nm deterioro

**délabrer** [delabʀe] : **se délabrer** vpr deteriorarse

**délacer** [delase] vt desatar

**délai** [delɛ] nm plazo; (sursis) prórroga; **sans ~** sin demora; **à bref ~** en breve plazo; **dans les délais** dentro de los plazos; **un ~ de 30 jours** un plazo de 30 días; **compter un ~ de livraison de 10 jours** contar un plazo de entrega de 10 días; **~ de livraison** plazo de entrega

**délaissé, e** [delese] adj abandonado(-a)

**délaisser** [delese] vt abandonar

**délassant, e** [delasɑ̃, ɑ̃t] adj relajante

**délassement** [delasmɑ̃] nm recreo

**délasser** [delase] vt (membres) descansar; (personne) recrear; **se délasser** vpr recrearse

**délateur, -trice** [delatœʀ, tʀis] nm/f delator(a)

**délation** [delasjɔ̃] nf delación f

**délavé, e** [delave] adj descolorido(-a)

**délayage** [delɛjaʒ] nm desleimiento, dilución f

**délayer** [deleje] vt diluir; (discours, devoir) alargar

**delco®** [dɛlko] nm (Auto) delco

**délectation** [delɛktasjɔ̃] nf deleite m

**délecter** [delɛkte] : **se délecter** vpr : **se ~ de** deleitarse con

**délégation** [delegasjɔ̃] nf delegación f; **~ de pouvoir** (document) poder m

**délégué, e** [delege] adj delegado(-a); **ministre ~ à** ministro(-a) delegado(-a) de ▶ nm/f delegado(-a); (syndical) enlace mf; **~ médical(e)** delegado(-a) médico(-a)

**déléguer** [delege] vt delegar

**délestage** [delɛstaʒ] nm deslastre m; **itinéraire de ~** desviación f

**délester** [delɛste] vt deslastrar; **~ une route** descongestionar una carretera

**délétère** [deletɛʀ] adj deletéreo(-a); (fig : climat) nocivo(-a), pernicioso(-a)

**Delhi** [dɛli] n Delhi

**délibérant, e** [delibeʀɑ̃, ɑ̃t] adj : **assemblée délibérante** asamblea deliberativa

**délibératif, -ive** [delibeʀatif, iv] adj : **avoir voix délibérative** tener voz deliberativa

**délibération** [delibeʀasjɔ̃] nf deliberación f; **délibérations** nfpl (décisions) deliberaciones fpl

**délibéré, e** [delibeʀe] adj deliberado(-a); (déterminé) resuelto(-a); **de propos ~** adrede

**délibérément** [delibeʀemɑ̃] adv deliberadamente; (résolument) resueltamente

**délibérer** [delibeʀe] vi deliberar; **~ de** (décider) deliberar sobre

**délicat, e** [delika, at] adj delicado(-a); (attentionné) atento(-a); **procédés peu délicats** procedimientos mpl poco limpios

**délicatement** [delikatmɑ̃] adv delicadamente; (subtilement) con delicadeza

**délicatesse** [delikatɛs] nf delicadeza; (gén pl : attentions) atenciones fpl

**délice** [delis] nm delicia; **délices** nfpl (plaisirs) placeres mpl

## délicieusement – demandeur

**délicieusement** [delisjøzmɑ̃] adv deliciosamente

**délicieux, -euse** [delisjø, jøz] adj (goût, femme) delicioso(-a); (sensation) placentero(-a); (robe) precioso(-a)

**délictueux, -euse** [deliktɥø, øz] adj delictivo(-a)

**délié, e** [delje] adj (mince) delgado(-a); (doigts etc) ágil ▶ nm : **les déliés** los trazos finos

**délier** [delje] vt desatar; ~ **qn d'un serment/ vœu** liberar a algn de su juramento/promesa

**délimitation** [delimitasjɔ̃] nf delimitación f; **délimitations** nfpl (d'un terrain) deslinde msg

**délimiter** [delimite] vt delimitar

**délinquance** [delɛ̃kɑ̃s] nf delincuencia; ~ **juvénile** delincuencia juvenil

**délinquant, e** [delɛ̃kɑ̃, ɑ̃t] adj, nm/f delincuente mf

**déliquescence** [delikesɑ̃s] nf : **en** ~ en decadencia

**déliquescent, e** [delikesɑ̃, ɑ̃t] adj decadente

**délirant, e** [delirɑ̃, ɑ̃t] adj (Méd, imagination) delirante; (fam : déraisonnable) loco(-a)

**délire** [delir] nm (fièvre, fig) delirio; (folie) locura

**délirer** [delire] vi delirar

**delirium tremens** [delirjɔmtremɛ̃s] nm delirium m tremens

**délit** [deli] nm (Jur, gén) delito; **commettre un** ~ cometer un delito; ~ **de fuite** delito de fuga; ~ **de presse** delito de prensa; ~ **politique** delito político

**délivrance** [delivrɑ̃s] nf liberación f; (sentiment) alivio

**délivrer** [delivre] vt (prisonnier) liberar; (passeport, certificat) expedir; ~ **qn de** (ennemis, responsabilité) liberar a algn de; (maladie) curar a algn de; **se délivrer** vpr : **se ~ de** liberarse de

**délocalisation** [delɔkalizasjɔ̃] nf (de société) traslado; (d'emplois) reubicación f

**délocaliser** [delɔkalize] vt (société) trasladar; (emplois) reubicar

**déloger** [delɔʒe] vt (locataire, ennemi) desalojar; (objet coincé) desenganchar

**déloyal, e, -aux** [delwajal, o] adj desleal; **concurrence déloyale** (Comm) competencia desleal

**delta** [dɛlta] nm (Géo) delta m

**deltaplane®** [dɛltaplan] nm ala delta

**déluge** [delyʒ] nm diluvio; ~ **de** (grand nombre) avalancha de

**déluré, e** [delyre] adj avispado(-a); (péj) descarado(-a)

**démagnétiser** [demaɲetize] vt desmagnetizar

**démagogie** [demagɔʒi] nf demagogia

**démagogique** [demagɔʒik] adj demagógico(-a)

**démagogue** [demagɔg] adj, nmf demagogo(-a)

**démaillé, e** [demaje] adj (bas) desmallado(-a)

**démailloter** [demajɔte] vt (enfant) quitar los pañales a

**demain** [d(ə)mɛ̃] adv mañana; ~ **matin/soir** mañana por la mañana/tarde; ~ **midi** mañana a mediodía; **à** ~ hasta mañana

**demande** [d(ə)mɑ̃d] nf petición f; (Admin, formulaire) instancia, solicitud f; **la ~** (Écon) la demanda; **à la ~ générale** a petición general; **faire sa ~ (en mariage)** pedir la mano; **« demandes d'emploi »** « demandas fpl de empleo »; ~ **de naturalisation/poste** solicitud de nacionalidad/empleo; ~ **d'emploi** solicitud de empleo

**demandé, e** [d(ə)mɑ̃de] adj : **très** ~ muy solicitado(-a)

**demander** [d(ə)mɑ̃de] vt pedir; (question) preguntar; (autorisation) solicitar; (médecin, plombier, infirmier) necesitar; (de l'habileté, du courage, aussi Jur) requerir; (personnel) precisar; ~ **de la ponctualité** etc **de qn** (suj : personne) exigir puntualidad etc a algn; ~ **qch à qn** preguntar algo a algn; ~ **l'heure/son chemin** preguntar la hora/el camino; ~ **la main de qn** (fig) pedir la mano de algn; ~ **des nouvelles de qn** pedir noticias de algn; ~ **pardon à qn** pedir perdón a algn; ~ **à** ou **de voir/faire** solicitar ver/hacer; **cela demande de la patience/beaucoup de temps** eso requiere paciencia/mucho tiempo; ~ **à qn de faire** pedir a algn que haga; ~ **que** pedir ou solicitar que; **il a demandé 300 €par mois** pidió 300 euros al mes; **ils demandent deux secrétaires et un ingénieur** solicitan dos secretarias y un ingeniero; ~ **la parole** pedir la palabra; ~ **la permission de** pedir permiso para; **on vous demande au téléphone** le llaman por teléfono; **je n'en demandais pas davantage** no necesitaba más; **je me demande comment tu as pu ...** me pregunto cómo has podido ...; **je me le demande** me lo pregunto; **je me demande vraiment pourquoi** es que no entiendo por qué; **se ~ si/pourquoi** etc preguntarse si/por qué etc; **il ne demande que ça/qu'à faire ...** (iro) justo lo que quería/lo que quería hacer ...; **je ne demande pas mieux que ...** no deseo otra cosa más que ...

> Ne confondez pas *preguntar* (dans le sens d'« interroger ») et *pedir* (dans le sens de « réclamer ») :
> **Elle m'a demandé si je connaissais cet acteur.** Me preguntó si conocía a ese actor.
> **Elle m'a demandé son numéro de téléphone.** Me pidió su número de teléfono.

**demandeur, -euse** [dəmɑ̃dœr, øz] nm/f : ~ **d'emploi** demandante mf de empleo

## démangeaison – demi-finale

**démangeaison** [demɑ̃ʒɛzɔ̃] nf picor m
**démanger** [demɑ̃ʒe] vi picar; **la main me démange** pegaría a alguien; **l'envie** ou **ça le démange de faire ...** (fig) tiene muchas ganas de hacer ...
**démantèlement** [demɑ̃tɛlmɑ̃] nm desmantelamiento
**démanteler** [demɑ̃t(ə)le] vt desmantelar
**démaquillant, e** [demakijɑ̃, ɑ̃t] adj desmaquillador(a) ▶ nm desmaquillador m
**démaquiller** [demakije] vt desmaquillar; **se démaquiller** vpr desmaquillarse
**démarcage** [demarkaʒ] nm = **démarquage**
**démarcation** [demarkasjɔ̃] nf demarcación f; (fig) frontera; **ligne de ~** línea de demarcación
**démarchage** [demarʃaʒ] nm (Comm) venta domiciliaria
**démarche** [demarʃ] nf (allure) paso; (intervention) trámite m; (intellectuelle etc) proceso; (requête, tractation) gestión f; **faire** ou **entreprendre des démarches (auprès de qn)** hacer ou iniciar gestiones (ante algn)
**démarcheur, -euse** [demarʃœr, øz] nm/f (Comm) vendedor(a) a domicilio; (Pol etc) gestor(a)
**démarquage** [demarkaʒ] nm (Sport) desmarque m
**démarque** [demark] nf (Comm) saldo, rebaja
**démarqué, e** [demarke] adj (Football) desmarcado(-a); **prix démarqués** (Comm) precios mpl rebajados
**démarquer** [demarke] vt (prix) rebajar, saldar; (Sport) desmarcar; **se démarquer** vpr (Sport) desmarcarse
**démarrage** [demaraʒ] nm (d'une voiture, d'une machine) arranque m; (fig) arranque, comienzo; (Sport) arrancada; **~ en côte** arranque en pendiente
**démarrer** [demare] vi arrancar; (coureur) acelerar; (travaux, affaire) ponerse en marcha ▶ vt (voiture) arrancar; (travail) poner en marcha
**démarreur** [demarœr] nm (Auto) arranque m (dispositivo)
**démasquer** [demaske] vt desenmascarar; **se démasquer** vpr (fig) desenmascararse
**démâter** [demate] vt desarbolar ▶ vi desarbolarse
**démêlant, e** [demɛlɑ̃, ɑ̃t] adj : **crème démêlante** ou **baume ~** crema suavizante
**démêler** [demele] vt (fil, cheveux) desenredar; (problèmes) desembrollar
**démêlés** [demele] nmpl diferencias fpl; **avoir des ~ avec la justice** tener problemas con la justicia
**démembrement** [demɑ̃brəmɑ̃] nm desmembramiento
**démembrer** [demɑ̃bre] vt (fig) desmembrar
**déménagement** [demenaʒmɑ̃] nm mudanza; **entreprise/camion de ~** empresa/camión m de mudanzas

**déménager** [demenaʒe] vt mudar ▶ vi mudarse
**déménageur, -euse** [demenaʒœr, øz] nm/f encargado(-a) de mudanzas; (entrepreneur) empresario(-a) de mudanzas
**démence** [demɑ̃s] nf (Méd) demencia; (extravagance) locura; **~ sénile** demencia senil
**démener** [dem(ə)ne] : **se démener** vpr agitarse; (fig) bregar
**dément¹, e** [demɑ̃, ɑ̃t] vb voir **démentir**
**dément², e** [demɑ̃, ɑ̃t] adj (fou) demente; (fam) loco(-a)
**démenti** [demɑ̃ti] nm desmentido
**démentiel, le** [demɑ̃sjɛl] adj demencial
**démentir** [demɑ̃tir] vt desmentir; **ne pas se ~** no cesar
**démerder** [demɛrde] (fam!) : **se démerder** vpr arreglárselas; **démerde-toi tout seul!** ¡búscate la vida!
**démériter** [demerite] vi : **~ (auprès de qn)** desmerecer (ante algn)
**démesure** [dem(ə)zyr] nf desmesura
**démesuré, e** [dem(ə)zyre] adj desmesurado(-a)
**démesurément** [dem(ə)zyremɑ̃] adv desmesuradamente
**démettre** [demɛtr] vt : **~ qn de** destituir a algn de; **se démettre** vpr (épaule etc) dislocarse; (démissionner) dimitir; **se ~ de ses fonctions** dimitir de sus funciones
**demeurant** [d(ə)mœrɑ̃] : **au ~** adv por lo demás, después de todo
**demeure** [d(ə)mœr] nf residencia; **dernière ~** (fig) tumba; **mettre qn en ~ de faire ...** intimar a algn a hacer ...; **à ~** de forma permanente
**demeuré, e** [d(ə)mœre] adj, nm/f retrasado(-a)
**demeurer** [d(ə)mœre] vi (habiter) residir, vivir; (séjourner) permanecer; (rester) quedar, permanecer; **en ~ là** quedarse así
**demi, e** [dəmi] adj medio(-a); **~-rempli** medio lleno; **trois bouteilles et demie** tres botellas y media; **il est deux heures/midi et demie** son las dos/doce y media; **à ~** a medias; (presque : sourd, idiot) medio(-a); (: fini, corrigé) a medio ▶ nm (bière) caña; (Football) medio; **~ de mêlée/d'ouverture** (Rugby) medio de melé/de apertura ▶ nf : **à la demie** (heure) a la media
**demi...** [dəmi] préf voir **demi**
**demi-bas** [dəmiba] nm inv (chaussette) medias fpl de media pierna
**demi-bouteille** [dəmibutɛj] (pl **demi-bouteilles**) nf media botella
**demi-cercle** [dəmisɛrkl] (pl **demi-cercles**) nm semicírculo; **en ~** en semicírculo
**demi-douzaine** [dəmiduzɛn] (pl **demi-douzaines**) nf media docena
**demi-finale** [dəmifinal] (pl **demi-finales**) nf semifinal f

## demi-finaliste – démonte-pneu

**demi-finaliste** [dəmifinalist] (pl **demi-finalistes**) nmf semifinalista mf
**demi-fond** [dəmifɔ̃] nm mediofondo
**demi-frère** [dəmifʀɛʀ] (pl **demi-frères**) nm medio hermano, hermanastro
**demi-gros** [dəmigʀo] nm inv comercio intermedio entre el por mayor y el por menor
**demi-heure** [dəmijœʀ] (pl **demi-heures**) nf media hora
**demi-jour** [dəmiʒuʀ] (pl **~(s)**) nm media luz
**demi-journée** [dəmiʒuʀne] (pl **demi-journées**) nf media jornada
**démilitariser** [demilitaʀize] vt desmilitarizar
**demi-litre** [dəmilitʀ] (pl **demi-litres**) nm medio litro
**demi-livre** [dəmilivʀ] (pl **demi-livres**) nf media libra
**demi-longueur** [dəmilɔ̃gœʀ] (pl **demi-longueurs**) nf medio cuerpo
**demi-lune** [dəmilyn] : **en ~** adj inv en media luna inv
**demi-mal** [dəmimal] (pl **demi-maux**) nm : **il n'y a que ~** el daño es poco
**demi-mesure** [dəmimzyʀ] (pl **demi-mesures**) nf medida insuficiente
**demi-mot** [dəmimo] : **à ~** adv (se comprendre) sin necesidad de palabras
**déminer** [demine] vt levantar las minas
**démineur** [deminœʀ] nm técnico que levanta las minas
**demi-pension** [dəmipɑ̃sjɔ̃] (pl **demi-pensions**) nf media pensión f; **être en ~** estar de media pensión
**demi-pensionnaire** [dəmipɑ̃sjɔnɛʀ] (pl **demi-pensionnaires**) nmf (lycée) mediopensionista mf
**demi-place** [dəmiplas] (pl **demi-places**) nf medio billete m
**démis, e** [demi, iz] pp de **démettre** ▸ adj (épaule etc) dislocado(-a)
**demi-saison** [dəmisɛzɔ̃] (pl **demi-saisons**) nf : **vêtements de ~** ropa de entretiempo
**demi-sel** [dəmisɛl] adj inv semisalado(-a)
**demi-sœur** [dəmisœʀ] (pl **demi-sœurs**) nf media hermana, hermanastra
**demi-sommeil** [dəmisɔmɛj] (pl **demi-sommeils**) nm somnolencia
**demi-soupir** [dəmisupiʀ] (pl **demi-soupirs**) nm (Mus) silencio de corchea
**démission** [demisjɔ̃] nf dimisión f; **donner sa ~** presentar la dimisión
**démissionnaire** [demisjɔnɛʀ] adj, nmf demisionario(-a)
**démissionner** [demisjɔne] vi dimitir
**demi-tarif** [dəmitaʀif] (pl **demi-tarifs**) nm media tarifa; **voyager à ~** viajar con media tarifa
**demi-teinte** [d(ə)mitɛ̃t] (pl **demi-teintes**) nf : **en demi teinte** (bilan, rentrée) con luces y sombras

**demi-ton** [dəmitɔ̃] (pl **demi-tons**) nm (Mus) semitono
**demi-tour** [dəmituʀ] (pl **demi-tours**) nm media vuelta; **faire un ~** dar media vuelta; **faire ~** dar la vuelta
**démobilisation** [demɔbilizasjɔ̃] nf desmovilización f
**démobiliser** [demɔbilize] vt (Mil) desmovilizar
**démocrate** [demɔkʀat] adj, nmf demócrata mf
**démocrate-chrétien, ne** [demɔkʀatkʀetjɛ̃, jɛn] (pl **démocrates-chrétiens, -nes**) adj, nm/f democristiano(-a)
**démocratie** [demɔkʀasi] nf democracia; **~ libérale/populaire** democracia liberal/popular
**démocratique** [demɔkʀatik] adj democrático(-a); (sport, moyen de transport etc) popular
**démocratiquement** [demɔkʀatikmɑ̃] adv democráticamente
**démocratisation** [demɔkʀatizasjɔ̃] nf democratización f
**démocratiser** [demɔkʀatize] vt democratizar; **se démocratiser** vpr democratizarse
**démodé, e** [demɔde] adj pasado(-a) de moda
**démoder** [demɔde] : **se démoder** vpr pasarse de moda
**démographe** [demɔgʀaf] nmf demógrafo(-a)
**démographie** [demɔgʀafi] nf demografía
**démographique** [demɔgʀafik] adj demográfico(-a); **poussée ~** alza demográfica
**demoiselle** [d(ə)mwazɛl] nf señorita; **~ d'honneur** dama de honor
**démolir** [demɔliʀ] vt (bâtiment) demoler; (théorie, système) echar abajo; (personne) arruinar
**démolisseur** [demɔlisœʀ] nm (ouvrier) obrero demoledor
**démolition** [demɔlisjɔ̃] nf demolición f; **entreprise de ~** empresa de demolición
**démon** [demɔ̃] nm demonio; **le ~ du jeu** el demonio del juego; **le D~** el demonio
**démonétiser** [demɔnetize] vt desmonetizar
**démoniaque** [demɔnjak] adj demoníaco(-a)
**démonstrateur, -trice** [demɔ̃stʀatœʀ, tʀis] nm/f (dans un magasin, à domicile) demostrador(a)
**démonstratif, -ive** [demɔ̃stʀatif, iv] adj (affectueux) expresivo(-a); (Ling) demostrativo(-a) ▸ nm demostrativo
**démonstration** [demɔ̃stʀasjɔ̃] nf demostración f; (aérienne, navale) exhibición f
**démontable** [demɔ̃tabl] adj desmontable
**démontage** [demɔ̃taʒ] nm desmonte m
**démonté, e** [demɔ̃te] adj encrespado(-a)
**démonte-pneu** [demɔ̃t(ə)pnø] (pl **démonte-pneus**) nm desmontable m

## démonter – dentiste

**démonter** [demɔ̃te] vt desmontar; *(discours, théorie)* desmoronar; *(personne)* desconcertar; **se démonter** vpr desconcertarse
**démontable** [demɔ̃tRabl] adj demostrable
**démontrer** [demɔ̃tRe] vt demostrar; *(des talents, du courage)* mostrar
**démoralisant, e** [demɔRalizɑ̃, ɑ̃t] adj desmoralizante
**démoralisateur, -trice** [demɔRalizatœR, tRis] adj desmoralizador(a)
**démoraliser** [demɔRalize] vt desmoralizar; **se démoraliser** vpr desmoralizarse
**démordre** [demɔRdR] vi : **ne pas ~ de** no ceder en
**démotiver** [demɔtive] vt desmotivar; **se démotiver** vpr desmotivarse
**démoulage** [demulaʒ] nm extracción f del molde
**démouler** [demule] vt *(gâteau)* extraer del molde
**démultiplicateur, -trice** [demyltiplikatœR, tRis] adj decelerador(a)
**démultiplication** [demyltiplikasjɔ̃] nf desmultiplicación f
**démuni, e** [demyni] adj *(population)* necesitado(-a), desfavorecido(-a); **~ de** desprovisto(-a) de; **les plus démunis** los más necesitados, los más desfavorecidos
**démunir** [demyniR] vt desproveer; **se ~ de** desprenderse de
**démuseler** [demyzle] vt quitar el bozal a
**démystifier** [demistifje] vt desengañar
**démythifier** [demitifje] vt desmitificar
**dénatalité** [denatalite] nf disminución f de la natalidad
**dénationalisation** [denasjɔnalizasjɔ̃] nf desnacionalización f
**dénationaliser** [denasjɔnalize] vt desnacionalizar
**dénaturé, e** [denatyRe] adj desnaturalizado(-a)
**dénaturer** [denatyRe] vt *(goût)* desnaturalizar; *(pensée, fait)* desvirtuar
**dénégations** [denegasjɔ̃] nfpl negativas fpl
**déneigement** [denɛʒmɑ̃] nm retirada de la nieve
**déneiger** [deneʒe] vt quitar la nieve de
**dengue** [dɛ̃g] nf dengue m
**déni** [deni] nm : **~ (de justice)** denegación f (de justicia)
**déniaiser** [denjeze] vt : **~ qn** espabilar a algn
**dénicher** [deniʃe] vt encontrar
**dénicotinisé, e** [denikɔtinize] adj : **cigarette dénicotinisée** cigarrillo bajo en nicotina
**denier** [dənje] nm *(monnaie)* denario; *(de bas)* denier m; **de ses (propres) deniers** de su (propio) bolsillo; **~ du culte** ofrenda para el culto; **deniers publics** erario msg público
**dénier** [denje] vt negar; **~ qch à qn** denegar algo a algn

**dénigrement** [denigRəmɑ̃] nm denigración f; **campagne de ~** campaña de denigración
**dénigrer** [denigRe] vt denigrar
**dénivelé, e** [denivle] adj desnivelado(-a) ▶ nm desnivel m
**déniveler** [deniv(ə)le] vt desnivelar
**dénivellation** [denivelasjɔ̃] nf desnivel m
**dénivellement** [denivɛlmɑ̃] nm = **dénivellation**
**dénombrer** [denɔ̃bRe] vt *(compter)* contar; *(énumérer)* enumerar
**dénominateur** [denɔminatœR] nm *(Math)* denominador m; **~ commun** común denominador
**dénomination** [denɔminasjɔ̃] nf *(nom)* denominación f
**dénommé, e** [denɔme] adj : **le ~ Dupont** el tal *ou* llamado Dupont
**dénommer** [denɔme] vt denominar
**dénoncer** [denɔ̃se] vt denunciar; **se dénoncer** vpr denunciarse
**dénonciateur, -trice** [denɔ̃sjatœR, tRis] nm/f denunciante mf
**dénonciation** [denɔ̃sjasjɔ̃] nf denuncia
**dénoter** [denɔte] vt denotar
**dénouement** [denumɑ̃] nm desenlace m
**dénouer** [denwe] vt desatar; *(intrigue, affaire)* aclarar
**dénoyauter** [denwajote] vt deshuesar, despepitar; **appareil à ~** deshuesadora
**dénoyauteur** [denwajotœR] nm deshuesadora
**denrée** [dɑ̃Re] nf producto; **denrées alimentaires** productos mpl alimenticios
**dense** [dɑ̃s] adj denso(-a)
**densité** [dɑ̃site] nf densidad f
**dent** [dɑ̃] nf diente m; **avoir une ~ contre qn** tener manía a algn; **avoir les dents longues** *(fig)* ser muy ambicioso(-a); **se mettre quelque chose sous la ~** tener algo que llevarse a la boca; **être sur les dents** estar en guardia; **faire ses dents** salirle los dientes; **à belles dents** con ganas; **en dents de scie** *(fig)* con altibajos; **ne pas desserrer les dents** no despegar los labios; **~ de lait** diente de leche; **~ de sagesse** muela del juicio
**dentaire** [dɑ̃tɛR] adj dental; **cabinet ~** clínica dental; **école ~** escuela de odontología
**denté, e** [dɑ̃te] adj : **roue dentée** rueda dentada
**dentelé, e** [dɑ̃t(ə)le] adj dentado(-a)
**dentelle** [dɑ̃tɛl] nf encaje m; **ne pas faire dans la ~** *(fam)* no andarse con miramientos
**dentelure** [dɑ̃t(ə)lyR] nf *(gén pl)* perfil m dentado
**dentier** [dɑ̃tje] nm dentadura
**dentifrice** [dɑ̃tifRis] adj : **pâte/eau ~** pasta/agua dentífrica ▶ nm dentífrico
**dentiste** [dɑ̃tist] nmf dentista mf

## dentition – dépeuplement

**dentition** [dɑ̃tisjɔ̃] *nf* (*dents*) dentadura; (*formation*) dentición *f*
**dénucléariser** [denykleaʀize] *vt* desnuclearizar
**dénudé, e** [denyde] *adj* pelado(-a)
**dénuder** [denyde] *vt* (*corps*) desnudar; (*sol*) pelar; (*fil électrique*) quitar la funda a; **se dénuder** *vpr* desnudarse
**dénué, e** [denɥe] *adj* : ~ **de** desprovisto(-a) de; (*intérêt*) falto(-a) de
**dénuement** [denymɑ̃] *nm* indigencia
**dénutrition** [denytʀisjɔ̃] *nf* desnutrición *f*
**déodorant** [deɔdɔʀɑ̃] *nm* desodorante *m*
**déontologie** [deɔ̃tɔlɔʒi] *nf* deontología
**déontologique** [deɔ̃tɔlɔʒik] *adj* deontológico(-a)
**dép.** *abr* = **département**; **départ**
**dépannage** [depanaʒ] *nm* reparación *f*; **service de ~** (*Auto*) servicio de reparaciones; **camion de ~** (*Auto*) camión *m* grúa *inv*
**dépanner** [depane] *vt* reparar; (*fig*) sacar de apuros
**dépanneur** [depanœʀ] *nm* (*Auto*) mecánico; (*TV*) técnico
**dépanneuse** [depanøz] *nf* grúa
**dépareillé, e** [depaʀeje] *adj* (*collection, service*) descabalado(-a); (*gant, volume, objet*) desparejado(-a)
**déparer** [depaʀe] *vt* afear
**départ** [depaʀ] *nm* partida, marcha; (*d'un employé*) despido; (*Sport, sur un horaire : du train*) salida; **à son ~** a su marcha; **au ~** al principio; **courrier au ~** correo saliente; **consulter le tableau des départs** consultar el panel de salidas
**départager** [depaʀtaʒe] *vt* desempatar
**département** [depaʀtəmɑ̃] *nm* ≈ provincia; *ver nota*; (*de ministère*) ministerio; (*d'université*) departamento; (*de magasin*) sección *f*; **~ d'outre-mer** provincia de ultramar

> **DÉPARTEMENT**
>
> Francia se halla dividida en 96 unidades administrativas denominadas **départements**. Al frente de estas divisiones de la administración local se encuentra el *préfet*, nombrado por el gobierno, y su administración corre a cargo de un *Conseil départemental* electo. Los **départements** por lo general deben su nombre a algún accidente geográfico importante, como un río o una cordillera; véase también *DOM-TOM, ROM et COM*.

**départemental, e, -aux** [depaʀtəmɑ̃tal, o] *adj* (*Admin*) ≈ provincial
**départementaliser** [depaʀtəmɑ̃talize] *vt* descentralizar
**départir** [depaʀtiʀ] : **se départir de** *vpr* abandonar

**dépassé, e** [depɑse] *adj* pasado(-a) de moda; (*fig*) desbordado(-a)
**dépassement** [depɑsmɑ̃] *nm* rebasamiento; (*Auto*) adelantamiento; (*Psych*) superación *f*
**dépasser** [depɑse] *vt* (*véhicule, concurrent*) adelantar; (*endroit*) dejar atrás; (*somme, limite fixée, prévisions*) rebasar; (*fig*) superar; (*être en saillie sur*) sobresalir de; **cela me dépasse** esto no me cabe en la cabeza ▶ *vi* (*Auto*) adelantarse; (*ourlet, jupon*) sobresalir; **être dépassé** estar desbordado; **se dépasser** *vpr* (*se surpasser*) superarse
**dépassionner** [depɑsjɔne] *vt* moderar
**dépaver** [depave] *vt* levantar el pavimento de
**dépaysé, e** [depeize] *adj* extrañado(-a)
**dépaysement** [depeizmɑ̃] *nm* extrañamiento
**dépayser** [depeize] *vt* (*désorienter*) extrañar; (*changer agréablement*) cambiar de aires
**dépecer** [depəse] *vt* descuartizar
**dépêche** [depɛʃ] *nf* despacho; **~ (télégraphique)** despacho (telegráfico)
**dépêcher** [depeʃe] *vt* despachar; **se dépêcher** *vpr* darse prisa, apresurarse, apurarse (*Am*); **se ~ de faire qch** darse prisa *ou* apurarse (*Am*) en hacer algo
**dépeindre** [depɛ̃dʀ] *vt* describir
**dépénalisation** [depenalizasjɔ̃] *nf* despenalización *f*
**dépendance** [depɑ̃dɑ̃s] *nf* dependencia; (*Méd*) adicción *f*
**dépendant, e** [depɑ̃dɑ̃, ɑ̃t] *vb voir* **dépendre** ▶ *adj* dependiente
**dépendre** [depɑ̃dʀ] *vi* descolgar; **~ de** depender de; **ça dépend** depende
**dépens** [depɑ̃] *nmpl* : **aux ~ de** a expensas de
**dépense** [depɑ̃s] *nf* gasto; (*comptabilité*) desembolso; (*fig*) consumo; **une ~ de 100 euros** un gasto de 100 euros; **pousser qn à la ~** incitar a algn al consumo; **dépenses de fonctionnement** gastos *mpl* de funcionamiento; **~ de temps** consumo *ou* gasto de tiempo; **dépenses d'investissement** gastos de inversión; **~ physique** consumo *ou* gasto físico; **dépenses publiques** gastos públicos
**dépenser** [depɑ̃se] *vt* gastar; (*fig*) consumir; **se dépenser** *vpr* fatigarse
**dépensier, -ière** [depɑ̃sje, jɛʀ] *adj* : **il est ~** es un derrochador
**déperdition** [depɛʀdisjɔ̃] *nf* pérdida
**dépérir** [depeʀiʀ] *vi* (*personne, animal*) debilitarse; (*plante*) marchitarse
**dépersonnaliser** [depɛʀsɔnalize] *vt* despersonalizar
**dépêtrer** [depetʀe] : **se dépêtrer de** *vpr* librarse de
**dépeuplé, e** [depœple] *adj* despoblado(-a)
**dépeuplement** [depœpləmɑ̃] *nm* despoblamiento

136 · FRANÇAIS | ESPAGNOL

## dépeupler – dépravé

**dépeupler** [depœple] vt despoblar; **se dépeupler** vpr despoblarse
**déphasage** [defazaʒ] nm (fig) desfase m
**déphasé, e** [defaze] adj desfasado(-a)
**déphaser** [defaze] vt (fig) desfasar
**dépiauter** [depjote] vt (lapin) despellejar; (fruit) pelar; (bonbon) pelar, abrir; (fig: revue, site) desmenuzar
**dépilation** [depilasjɔ̃] nf depilación f
**dépilatoire** [depilatwaʀ] adj depilatorio(-a)
**dépistage** [depistaʒ] nm (Méd) reconocimiento; **~ du sida** prueba del sida
**dépister** [depiste] vt (Méd) detectar; (voleur) descubrir el rastro de; (semer, déjouer) despistar
**dépit** [depi] nm despecho; **en ~ de** a pesar de; **en ~ du bon sens** sin sentido común
**dépité, e** [depite] adj contrariado(-a)
**dépiter** [depite] vt contrariar
**déplacé, e** [deplase] adj fuera de lugar inv; **personne déplacée** persona desplazada
**déplacement** [deplasmɑ̃] nm traslado; (voyage) viaje m; **en ~** de viaje; **~ d'air** corriente f de aire; **~ de vertèbre** vértebra dislocada
**déplacer** [deplase] vt mover; (employé) trasladar; (conversation, sujet) cambiar; **se déplacer** vpr (objet, personne) moverse; (voyager) desplazarse, viajar; (vertèbre etc) desplazarse; **se ~ en voiture/avion** desplazarse en coche/avión
**déplafonnement** [deplafɔnmɑ̃] nm (de cotisations, allocations) supresión f del tope máximo
**déplafonner** [deplafɔne] vt (cotisations, allocations) suprimir el tope máximo de
**déplaire** [deplɛʀ] vi desagradar; **~ à qn** desagradar a algn; **ceci me déplaît** esto me desagrada; **il cherche à nous ~** intenta molestarnos; **se déplaire** vpr hallarse a disgusto
**déplaisant, e** [deplɛzɑ̃, ɑ̃t] vb voir **déplaire** ▶ adj desagradable
**déplaisir** [deplɛziʀ] nm disgusto
**déplaît** [deplɛ] vb voir **déplaire**
**dépliant** [deplijɑ̃] nm folleto
**déplier** [deplije] vt desplegar; **se déplier** vpr desplegarse
**déplisser** [deplise] vt quitar los pliegues a
**déploiement** [deplwamɑ̃] nm despliegue m
**déplomber** [deplɔ̃be] vt (caisse, compteur) quitar el precinto a; (Inform) romper el precinto de
**déplorable** [deplɔʀabl] adj deplorable; (blâmable) lamentable
**déplorer** [deplɔʀe] vt deplorar
**déployer** [deplwaje] vt desplegar; **se déployer** vpr desplegarse
**déplu** [deply] pp de **déplaire**
**déplumé, e** [deplyme] adj (oiseau) desplumado(-a); (fam: personne, crâne) pelón(-ona) (fam)

**déplumer** [deplyme]: **se déplumer** vpr (fam: perdre ses cheveux) quedarse calvo(-a); (oiseau, poule) desplumarse; (arbre, plante) perder las hojas
**dépointer** [depwɛ̃te] vi desapuntar
**dépoli, e** [depɔli] adj: **verre ~** vidrio esmerilado
**dépolitiser** [depɔlitize] vt despolitizar
**dépopulation** [depɔpylasjɔ̃] nf despoblamiento
**déportation** [depɔʀtasjɔ̃] nf deportación f
**déporté, e** [depɔʀte] nm/f (Pol: 1939-1945) deportado(-a)
**déporter** [depɔʀte] vt (Pol) deportar; (voiture) desviar; **se déporter** vpr (voiture) desviarse
**déposant, e** [depozɑ̃, ɑ̃t] nm/f (épargnant) depositante m
**dépose** [depoz] nf desmonte m
**déposé, e** [depoze] adj depositado(-a); (marque) registrado(-a)
**déposer** [depoze] vt poner, dejar; (à la banque) ingresar; (caution) prestar; (serrure, moteur) desmontar; (rideau) descolgar; (roi) deponer; (Admin, Jur) presentar; **~ son bilan** (Comm) declararse en quiebra; **~ de l'argent** ingresar dinero ▶ vi (vin etc) sedimentar; (Jur): **~ (contre)** declarar (contra); **se déposer** vpr depositarse
**dépositaire** [depoziteʀ] nmf (d'un secret) confidente mf; (Comm) concesionario(-a); **~ agréé** concesionario autorizado
**déposition** [depozisjɔ̃] nf (Jur) deposición f
**déposséder** [deposede] vt desposeer
**dépôt** [depo] nm (d'argent) ingreso; (de sable) sedimento; (de poussière) acumulación f; (de candidature) presentación f; (entrepôt) depósito; (gare) cochera; (prison) cárcel f transitoria; **~ bancaire** depósito bancario; **~ de bilan** declaración f de suspensión de pagos; **~ d'ordures** basurero, vertedero; **~ légal** depósito legal
**dépoter** [depote] vt transplantar
**dépotoir** [depotwaʀ] nm vertedero
**dépouille** [depuj] nf (d'animal) piel f; **~ (mortelle)** (humaine) despojos mpl
**dépouillé, e** [depuje] adj (style) sobrio(-a); **~ de** despojado(-a) de
**dépouillement** [depujmɑ̃] nm (de scrutin) escrutinio
**dépouiller** [depuje] vt (animal) desollar; (personne) despojar; (résultats, documents) analizar; **~ qch/qn de** despojar algo/a algn de; **~ le scrutin** hacer el escrutinio
**dépourvu, e** [depuʀvy] adj: **~ de** desprovisto(-a) de; **au ~**: **prendre qn au ~** coger a algn desprevenido(-a)
**dépoussiérer** [depusjeʀe] vt quitar el polvo de
**dépravation** [depʀavasjɔ̃] nf depravación f
**dépravé, e** [depʀave] adj depravado(-a)

137

**dépraver** [depʀave] vt depravar
**dépréciation** [depʀesjasjɔ̃] nf (d'un bien) depreciación f
**déprécier** [depʀesje] vt (personne) menospreciar; (chose) depreciar; **se déprécier** vpr depreciarse
**déprédations** [depʀedasjɔ̃] nfpl (dégâts) daños mpl; (Mil) depredaciones fpl
**dépressif, -ive** [depʀesif, iv] adj depresivo(-a)
**dépression** [depʀesjɔ̃] nf depresión f; **~ (nerveuse)** depresión (nerviosa)
**déprimant, e** [depʀimɑ̃, ɑ̃t] adj deprimente
**déprime** [depʀim] (fam) nf depre f
**déprimé, e** [depʀime] adj deprimido(-a)
**déprimer** [depʀime] vt deprimir
**déprogrammer** [depʀɔgʀame] vt suspender
**dépt** abr = **département**
**dépuceler** [depys(ə)le] (fam) vt desvirgar
**depuis** [dəpɥi] prép desde; **~ qu'il m'a dit ça** desde que me dijo eso; **~ combien de temps ?** ¿cuánto tiempo hace?; **il habite Paris ~ cinq ans** vive en París desde hace cinco años, lleva cinco años viviendo en París; **~ quand le connaissez-vous ?** ¿desde cuándo lo conoce usted?; **je le connais ~ neuf ans** lo conozco desde hace nueve años; **~ quand ?** (excl) ¿desde cuándo?; **il a plu ~ Metz** ha estado lloviendo desde Metz; **elle a téléphoné ~ Valence** llamó por teléfono desde Valencia; **~ les plus petits jusqu'aux plus grands** desde los más pequeños hasta los más grandes; **~ lors** desde entonces; **~ que** desde que ▶ adv (temps) desde entonces; **je ne lui ai pas parlé ~** no he vuelto a hablar con él ou ella

> La traduction la plus courante de **depuis** est rendue à l'aide de la construction *desde hace* ou à l'aide du verbe *llevar* (+ gérondif) : **Je travaille dans cette entreprise depuis deux ans.** Trabajo en esta empresa desde hace dos años./Llevo dos años (trabajando) en esta empresa.

⚠ No debe traducirse por *después*, que en francés corresponde a **après**.

**dépuratif, -ive** [depyʀatif, iv] adj depurativo(-a)
**députation** [depytasjɔ̃] nf (groupe) delegación f; (fonction) diputación f
**député, e** [depyte] nm/f (Pol) diputado(-a)
**députer** [depyte] vt delegar; **~ qn auprès de** enviar a algn como delegado de
**déraciné, e** [deʀasine] adj desarraigado(-a)
**déracinement** [deʀasinmɑ̃] nm desarraigo
**déraciner** [deʀasine] vt desarraigar
**déraillement** [deʀajmɑ̃] nm descarrilamiento
**dérailler** [deʀaje] vi (train) descarrilar; (fam) desvariar; **faire ~** hacer descarrilar
**dérailleur** [deʀajœʀ] nm cambio de velocidades
**déraison** [deʀɛzɔ̃] nf desatino
**déraisonnable** [deʀɛzɔnabl] adj desatinado(-a)
**déraisonner** [deʀɛzɔne] vi desatinar, disparatar
**dérangeant, e** [deʀɑ̃ʒɑ̃, ɑ̃t] adj (question, scène) inquietante
**dérangement** [deʀɑ̃ʒmɑ̃] nm molestia; **en ~** averiado(-a)
**déranger** [deʀɑ̃ʒe] vt desordenar; (personne) molestar; **est-ce que cela vous dérange si ... ?** ¿le molesta si ...?; **ça te dérangerait de faire ... ?** ¿te importaría hacer ...?; **excusez-moi de vous ~** perdone que le moleste; **se déranger** vpr molestarse; (changer de place) cambiar de sitio; **ne vous dérangez pas** no se moleste
**dérapage** [deʀapaʒ] nm patinazo, derrape m; (des prix) descontrol m; (fig : verbal) salida de tono; **~ contrôlé** (Auto) derrape controlado
**déraper** [deʀape] vi (voiture) derrapar, patinar; (personne, couteau) resbalar; (déficit) descontrolarse
**dératé, e** [deʀate] nm/f : **courir comme un ~** correr como un desesperado
**dératiser** [deʀatize] vt desratizar
**derby** [dɛʀbi] nm (sportif) derby m
**déréglé, e** [deʀegle] adj (mécanisme) estropeado(-a); (estomac) revuelto(-a); (mœurs, vie) desordenado(-a)
**dérèglement** [deʀɛgləmɑ̃] nm (mécanisme) desarreglo; (estomac) indisposición f; (mœurs, vie) desorden m
**déréglementation** [deʀɛgləmɑ̃tasjɔ̃] nf desregulación f
**déréglementer** [deʀɛgləmɑ̃te] vt desregular
**dérégler** [deʀegle] vt (mécanisme) estropear; (estomac) indisponer; (mœurs, vie) desordenar; **se dérégler** vpr (mécanisme) estropearse; (estomac) indisponerse; (mœurs, vie) descarriarse
**dérégulation** [deʀegylasjɔ̃] nf desregulación f
**déréguler** [deʀegyle] vt desregular
**déremboursement** [deʀɑ̃buʀs(ə)mɑ̃] nm (de médicaments) supresión del reembolso de un medicamento por parte de la Seguridad Social francesa
**dérider** [deʀide] vt alegrar; **se dérider** vpr sonreír
**dérision** [deʀizjɔ̃] nf burla; **par ~** en broma; **tourner en ~** burlarse de
**dérisoire** [deʀizwaʀ] adj irrisorio(-a)
**dérivatif** [deʀivatif] nm distracción f
**dérivation** [deʀivasjɔ̃] nf (d'un cours d'eau) desviación f; (Ling) derivación f
**dérive** [deʀiv] nf (Naut) orza de quilla; **aller à la ~** (Naut, fig) ir a la deriva; **~ des continents** (Géologie) deriva de los continentes

## dérivé – désarticulé

**dérivé, e** [deʀive] adj derivado(-a) ▶ nm derivado

**dérivée** [deʀive] nf (Math) derivada

**dériver** [deʀive] vt (Math, Élec) derivar; (cours d'eau etc) desviar ▶ vi (bateau, avion) desviarse; **~ de** (Ling) derivar de; (Chim, gén) derivarse de

**dériveur** [deʀivœʀ] nm (Naut) balandro

**dermatite** [dɛʀmatit] nf dermatitis f inv

**dermato** [dɛʀmato] (fam) nmf = **dermatologue**

**dermatologie** [dɛʀmatɔlɔʒi] nf dermatología

**dermatologue** [dɛʀmatɔlɔg] nmf dermatólogo(-a)

**dermatose** [dɛʀmatoz] nf dermatosis f inv

**dermite** [dɛʀmit] nf = **dermatite**

**dernier, -ière** [dɛʀnje, jɛʀ] adj último(-a); **lundi/le mois ~** el lunes/el mes pasado; **du ~ chic** de última moda; **le ~ cri** (Mode) el último grito; **les derniers honneurs** los últimos honores; **rendre le ~ soupir** exhalar el último suspiro; **en ~ ressort** en última instancia; **avoir le ~ mot** tener la última palabra ▶ nm/f último(-a); **ce ~/cette dernière** este último/esta última ▶ nm (étage) último piso; **en ~** al final, por último

**dernièrement** [dɛʀnjɛʀmɑ̃] adv últimamente

**dernier-né, dernière-née** [dɛʀnjene, dɛʀnjɛʀne] (pl **derniers-nés, dernières-nées**) nm/f (enfant) último(-a) hijo(-a); (voiture) último modelo

**dérobade** [deʀɔbad] nf escapatoria

**dérobé, e** [deʀɔbe] adj (porte, escalier) falso(-a); **à la dérobée** a hurtadillas

**dérober** [deʀɔbe] vt hurtar; **~ qch à (la vue de) qn** ocultar algo a (a la vista de) algn; **se dérober** vpr escabullirse; **se ~ sous** (s'effondrer) hundirse bajo; **se ~ à** eludir

**dérogation** [deʀɔgasjɔ̃] nf derogación f

**déroger** [deʀɔʒe] vi : **~ à** faltar a; (Jur) infringir

**dérouiller** [deʀuje] vt : **se ~ les jambes** estirar las piernas

**déroulant, e** [deʀulɑ̃, ɑ̃t] adj (menu) desplegable

**déroulement** [deʀulmɑ̃] nm desenrollamiento; (d'une opération) desarrollo; **le ~ des faits** el desarrollo de los hechos

**dérouler** [deʀule] vt (ficelle, papier) desenrollar; **se dérouler** vpr (avoir lieu) desarrollarse

**déroutant, e** [deʀutɑ̃, ɑ̃t] adj desconcertante

**déroute** [deʀut] nf desbandada; (d'une entreprise, d'un parti) hundimiento; **mettre en ~** poner en desbandada; **en ~** en desbandada

**dérouter** [deʀute] vt (avion, train) desviar; (fig) despistar

**derrick** [deʀik] nm torre f de perforación

**derrière** [dɛʀjɛʀ] prép detrás de; (fig) tras, más allá de ▶ adv detrás, atrás ▶ nm (d'une maison) trasera; (postérieur) trasero; **les pattes/roues de ~** las patas/ruedas traseras; **par ~** por detrás

**derviche** [dɛʀviʃ] nm derviche m

**DES** [deəɛs] sigle m (= diplôme d'études supérieures) diploma de pos(t)grado

**des** [de] voir **de**

**dès** [dɛ] prép desde; **~ que** tan pronto como; **~ à présent** desde ahora; **~ réception** en cuanto se reciba; **~ son retour** en cuanto vuelva; **~ lors** desde entonces; (en conséquence) por lo tanto; **~ lors que** en cuanto; (puisque, étant donné que) ya que

**désabusé, e** [dezabyze] adj desengañado(-a)

**désaccord** [dezakɔʀ] nm desacuerdo; (contraste) discordancia; **en ~ avec** en desacuerdo con

**désaccordé, e** [dezakɔʀde] adj desafinado(-a)

**désacraliser** [desakʀalize] vt desacralizar

**désaffecté, e** [dezafɛkte] adj en desuso

**désaffection** [dezafɛksjɔ̃] nf : **~ pour** desafecto por

**désagréable** [dezagʀeabl] adj desagradable

**désagréablement** [dezagʀeabləmɑ̃] adv desagradablemente

**désagrégation** [dezagʀegasjɔ̃] nf disgregación f

**désagréger** [dezagʀeʒe] : **se désagréger** vpr disgregarse

**désagrément** [dezagʀemɑ̃] nm desagrado

**désaltérant, e** [dezalteʀɑ̃, ɑ̃t] adj refrescante

**désaltérer** [dezalteʀe] vt quitar la sed a ▶ vi refrescar; **ça désaltère** esto refresca; **se désaltérer** vpr beber

**désamorcer** [dezamɔʀse] vt (bombe) desactivar; (fig) neutralizar

**désappointé, e** [dezapwɛ̃te] adj decepcionado(-a)

**désappointement** [dezapwɛ̃tmɑ̃] nm decepción f

**désappointer** [dezapwɛ̃te] vt decepcionar

**désapprobateur, -trice** [dezapʀɔbatœʀ, tʀis] adj desaprobatorio(-a)

**désapprobation** [dezapʀɔbasjɔ̃] nf desaprobación f

**désapprouver** [dezapʀuve] vt desaprobar

**désarçonner** [dezaʀsɔne] vt desarzonar; (fig) desconcertar

**désargenté, e** [dezaʀʒɑ̃te] adj sin un duro (fam)

**désarmant, e** [dezaʀmɑ̃, ɑ̃t] adj conmovedor(a)

**désarmé, e** [dezaʀme] adj (fig) conmovido(-a)

**désarmement** [dezaʀməmɑ̃] nm desarme m

**désarmer** [dezaʀme] vt (aussi fig) desarmar; (fusil) descargar; (: mettre le cran de sûreté) desmontar ▶ vi (pays) desarmarse; (haine) cesar; (personne) rendirse

**désarroi** [dezaʀwa] nm desasosiego

**désarticulé, e** [dezaʀtikyle] adj desarticulado(-a)

## désarticuler – déshonorer

**désarticuler** [dezaʀtikyle] : **se désarticuler** vpr desarticularse

**désassorti, e** [dezasɔʀti] adj (incomplet) desemparejado(-a); (magasin, marchand) desprovisto(-a); (mal assorti) desavenido(-a)

**désastre** [dezastʀ] nm desastre m

**désastreux, -euse** [dezastʀø, øz] adj desastroso(-a)

**désavantage** [dezavɑ̃taʒ] nm (handicap) inferioridad f; (inconvénient) desventaja

**désavantager** [dezavɑ̃taʒe] vt desfavorecer

**désavantageux, -euse** [dezavɑ̃taʒø, øz] adj desventajoso(-a)

**désaveu** [dezavø] nm desaprobación f

**désavouer** [dezavwe] vt desaprobar

**désaxé, e** [dezakse] adj, nm/f (fig) desequilibrado(-a)

**désaxer** [dezakse] vt (roue) descentrar; (personne) desequilibrar

**desceller** [desele] vt (pierre) arrancar

**descendance** [desɑ̃dɑ̃s] nf descendencia

**descendant, e** [desɑ̃dɑ̃, ɑ̃t] vb voir **descendre** ▶ adj voir **marée** ▶ nm/f descendiente mf

**descendeur, -euse** [desɑ̃dœʀ, øz] nm/f (cycliste, skieur) especialista mf en descensos

**descendre** [desɑ̃dʀ] vt bajar; (fam : abattre) cargarse (fam); (fam : boire) pimplarse (fam); ~ **la rue/rivière** ir calle/río abajo ▶ vi bajar, descender; (passager) bajar(se); (avion, chemin, marée) bajar; (nuit) caer; ~ **à pied/en voiture** bajar a pie/en coche; ~ **de** (famille) descender de; ~ **du train/d'un arbre/de cheval** bajar(se) del tren/de un árbol/del caballo; ~ **à l'hôtel** alojarse en un hotel; ~ **dans l'estime de qn** bajar en la estima de algn; ~ **dans la rue** (manifester) salir a la calle; ~ **dans le Midi** bajar al Sur de Francia; ~ **en ville** ir al centro

**descente** [desɑ̃t] nf bajada, descenso; (route) pendiente f; (Ski) descenso; **au milieu de la ~** en medio de la bajada; ~ **de lit** alfombra de cama; ~ **(de police)** redada (de la policía), allanamiento (Am)

**descriptif, -ive** [dɛskʀiptif, iv] adj descriptivo(-a); **linguistique/mathématique descriptive** lingüística/matemática descriptiva ▶ nm descripción f

**description** [dɛskʀipsjɔ̃] nf descripción f

**désembourber** [dezɑ̃buʀbe] vt desatollar

**désembuer** [dezɑ̃bɥe] vt desempañar

**désemparé, e** [dezɑ̃paʀe] adj desamparado(-a); (bateau, avion) averiado(-a)

**désemparer** [dezɑ̃paʀe] vi : **sans ~** sin parar

**désemplir** [dezɑ̃pliʀ] vi : **ne pas ~** (fig) estar siempre lleno(-a)

**désenchanté, e** [dezɑ̃ʃɑ̃te] adj desencantado(-a)

**désenchantement** [dezɑ̃ʃɑ̃tmɑ̃] nm desencanto

**désenclaver** [dezɑ̃klave] vt acabar con el aislamiento de

**désencombrer** [dezɑ̃kɔ̃bʀe] vt despejar

**désenfler** [dezɑ̃fle] vi deshincharse

**désengagement** [dezɑ̃gaʒmɑ̃] nm (Pol) ruptura del compromiso

**désensabler** [dezɑ̃sable] vt desencallar

**désensibiliser** [desɑ̃sibilize] vt insensibilizar

**désenvenimer** [dezɑ̃vnime] vt (plaie) desinfectar; (fig) suavizar

**désépaissir** [dezepesiʀ] vt desmontar

**déséquilibre** [dezekilibʀ] nm desequilibrio; **en ~** desequilibrado(-a)

**déséquilibré, e** [dezekilibʀe] nm/f (Psych) desequilibrado(-a)

**déséquilibrer** [dezekilibʀe] vt desequilibrar

**désert, e** [dezɛʀ, ɛʀt] adj desierto(-a) ▶ nm desierto

**déserter** [dezɛʀte] vi (Mil) desertar ▶ vt (salle) abandonar; (école) dejar desierto(-a)

**déserteur, -euse** [dezɛʀtœʀ, øz] nm/f desertor(a)

**désertion** [dezɛʀsjɔ̃] nf deserción f

**désertique** [dezɛʀtik] adj desértico(-a)

**désescalade** [dezɛskalad] nf (Mil) reducción f del dispositivo militar; (sociale) descenso de tensión

**désespérant, e** [dezɛspeʀɑ̃, ɑ̃t] adj desesperante

**désespéré, e** [dezɛspeʀe] adj, nm/f desesperado(-a); **état ~** (Méd) estado desesperado

**désespérément** [dezɛspeʀemɑ̃] adv desesperadamente; (avec acharnement) encarnizadamente

**désespérer** [dezɛspeʀe] vi desesperar; ~ **de qn/qch** perder la esperanza en algn/algo; ~ **de (pouvoir) faire qch** desesperar de (poder) hacer algo; **se désespérer** vpr desesperarse

**désespoir** [dezɛspwaʀ] nm desesperación f, desesperanza; **être** ou **faire le ~ de qn** ser la desesperación de algn; **en ~ de cause** como último recurso

**déshabillé, e** [dezabije] adj desvestido(-a) ▶ nm salto de cama

**déshabiller** [dezabije] vt desvestir; **se déshabiller** vpr desnudarse, desvestirse (surtout Am)

**déshabituer** [dezabitɥe] : **se déshabituer** vpr : **se ~ de** desacostumbrarse de

**désherbant** [dezɛʀbɑ̃] nm herbicida m

**désherber** [dezɛʀbe] vt desherbar

**déshérité, e** [dezeʀite] adj desheredado(-a) ▶ nm/f (gén pl : pauvre) desheredado(-a)

**déshériter** [dezeʀite] vt desheredar

**déshonneur** [dezɔnœʀ] nm deshonor m

**déshonorant, e** [dezɔnɔʀɑ̃, ɑ̃t] adj deshonroso(-a)

**déshonorer** [dezɔnɔʀe] vt deshonrar (a); **se déshonorer** vpr deshonrarse

## déshumaniser – dessaisir

**déshumaniser** [dezymanize] *vt* deshumanizar
**déshydratation** [dezidratasjɔ̃] *nf* deshidratación *f*
**déshydraté, e** [dezidrate] *adj* deshidratado(-a)
**déshydrater** [dezidrate] *vt* deshidratar
**desiderata** [deziderata] *nmpl* desiderata *fsg*
**design** [dizajn] *nm* diseño ▶ *adj* de diseño
**désignation** [deziɲasjɔ̃] *nf* (à un poste) nombramiento; (signe, mot) designación *f*
**designer** [dizajnœr] *nmf* diseñador(a)
**désigner** [dezine] *vt* (montrer) enseñar; (dénommer) designar; (représentant) nombrar
**désillusion** [dezi(l)lyzjɔ̃] *nf* desilusión *f*
**désillusionner** [dezi(l)lyzjɔne] *vt* desilusionar
**désincarné, e** [dezɛ̃karne] *adj* desencarnado(-a)
**désinence** [dezinɑ̃s] *nf* (Ling) desinencia
**désinfectant, e** [dezɛ̃fɛktɑ̃, ɑ̃t] *adj* desinfectante ▶ *nm* desinfectante *m*
**désinfecter** [dezɛ̃fɛkte] *vt* desinfectar
**désinfection** [dezɛ̃fɛksjɔ̃] *nf* desinfección *f*
**désinformation** [dezɛ̃fɔrmasjɔ̃] *nf* desinformación *f*
**désintégration** [dezɛ̃tegrasjɔ̃] *nf* desintegración *f*
**désintégrer** [dezɛ̃tegre] *vt* desintegrar; **se désintégrer** *vpr* desintegrarse
**désintéressé, e** [dezɛ̃terese] *adj* desinteresado(-a)
**désintéressement** [dezɛ̃terɛsmɑ̃] *nm* desinterés *msg*
**désintéresser** [dezɛ̃terese] : **se désintéresser** *vpr* : **se ~ (de qn/qch)** desinteresarse (por algn/algo), perder el interés (por algn/algo)
**désintérêt** [dezɛ̃terɛ] *nm* desinterés *msg*
**désintoxication** [dezɛ̃tɔksikasjɔ̃] *nf* desintoxicación *f*; **faire une cure de ~** hacer una cura de desintoxicación
**désintoxiquer** [dezɛ̃tɔksike] *vt* desintoxicar; **se désintoxiquer** *vpr* desintoxicarse
**désinvolte** [dezɛ̃vɔlt] *adj* desenvuelto(-a)
**désinvolture** [dezɛ̃vɔltyr] *nf* desparpajo, desenvoltura
**désir** [dezir] *nm* deseo; **exprimer le ~ de** (politesse) expresar el deseo de
**désirable** [dezirabl] *adj* (femme) deseable
**désirer** [dezire] *vt* desear; **je désire ...** (formule de politesse) desearía ...; **~ que** desear que; **il désire que tu l'aides** desea que le ayudes; **~ faire qch** desear hacer algo; **ça laisse à ~** deja mucho que desear
**désireux, -euse** [dezirø, øz] *adj* : **~ de** deseoso(-a) de
**désistement** [dezistəmɑ̃] *nm* desistimiento; (Pol) abandono
**désister** [deziste] : **se désister** *vpr* renunciar; **se ~ en faveur de** renunciar en favor de

**désobéir** [dezɔbeir] *vi* : **~ (à qn/qch)** desobedecer (a algn/algo)
**désobéissance** [dezɔbeisɑ̃s] *nf* desobediencia; **~ civile** desobediencia civil
**désobéissant, e** [dezɔbeisɑ̃, ɑ̃t] *adj* desobediente
**désobligeant, e** [dezɔbliʒɑ̃, ɑ̃t] *adj* desagradable
**désobliger** [dezɔbliʒe] *vt* disgustar
**désodorisant, e** [dezɔdɔrizɑ̃, ɑ̃t] *adj* desodorante ▶ *nm* desodorante *m*; (d'appartement) ambientador *m*
**désodorisé, e** [dezɔdɔrize] *adj* inodoro(-a)
**désodoriser** [dezɔdɔrize] *vt* desodorizar
**désœuvré, e** [dezœvre] *adj, nm/f* desocupado(-a), ocioso(-a)
**désœuvrement** [dezœvrəmɑ̃] *nm* desocupación *f*, ocio
**désolant, e** [dezɔlɑ̃, ɑ̃t] *adj* (affligeant) desolador(a); **« c'est ~ ! »** « ¡es lamentable! »
**désolation** [dezɔlasjɔ̃] *nf* desolación *f*; **scène/paysage de ~** escena desolada/paisaje *m* desolado
**désolé, e** [dezɔle] *adj* desolado(-a); **je suis ~, il n'y en a plus** lo siento, ya no hay más
**désoler** [dezɔle] *vt* entristecer; **se désoler** *vpr* entristecerse
**désolidariser** [desɔlidarize] : **se désolidariser** *vpr* : **se ~ de** *ou* **d'avec** desolidarizarse de
**désopilant, e** [dezɔpilɑ̃, ɑ̃t] *adj* hilarante
**désordonné, e** [dezɔrdɔne] *adj* desordenado(-a)
**désordre** [dezɔrdr] *nm* desorden *m*; **en ~** en desorden; **dans le ~** (tiercé) sin dar el orden; **désordres** *nmpl* (Pol) disturbios *mpl*
**désorganisation** [dezɔrganizasjɔ̃] *nf* desorganización *f*
**désorganisé, e** [dezɔrganize] *adj* desorganizado(-a)
**désorganiser** [dezɔrganize] *vt* desorganizar
**désorienté, e** [dezɔrjɑ̃te] *adj* desorientado(-a)
**désorienter** [dezɔrjɑ̃te] *vt* desorientar
**désormais** [dezɔrmɛ] *adv* (de ahora) en adelante
**désosser** [dezɔse] *vt* (viande) deshuesar; **côtelette désossée** costilla deshuesada
**désoxyder** [dezɔkside] *vt* desoxidar
**despote** [dɛspɔt] *nm* déspota *mf*
**despotique** [dɛspɔtik] *adj* despótico(-a)
**despotisme** [dɛspɔtism] *nm* despotismo
**desquamer** [dɛskwame] : **se desquamer** *vpr* descamarse
**desquelles** [dekɛl] *prép + pron voir* **lequel**
**desquels** [dekɛl] *prép + pron voir* **lequel**
**DESS** [deəɛsɛs] *sigle m* (= *diplôme d'études supérieures spécialisées*) diploma de pos(t)grado
**dessaisir** [desezir] *vt* : **~ un tribunal d'une affaire** declarar a un tribunal incompetente sobre un caso; **se dessaisir** *vpr* : **se ~ de** desprenderse de

141

## dessaler – détachement

**dessaler** [desale] *vt* desalar; *(fig, fam)* : **~ qn** espabilar a algn ▶ *vi (voilier)* capotar

**desséché, e** [deseʃe] *adj* seco(-a)

**dessèchement** [desɛʃmɑ̃] *nm (de la peau)* deshidratación *f*

**dessécher** [deseʃe] *vt* desecar; *(cœur)* endurecer; **se dessécher** *vpr* secarse; *(peau, lèvres)* secarse, resecarse

**dessein** [desɛ̃] *nm* intención *f*, propósito; **dans le ~ de** con la intención de, con el propósito de; **à ~** a propósito

**desseller** [desele] *vt* desensillar

**desserrer** [desere] *vt* aflojar; *(poings)* abrir; *(objets alignés)* espaciar; *(crédit)* reabrir; **ne pas ~ les dents** no despegar los labios; **se desserrer** *vpr (aussi fig)* aflojarse; *(fig)* : **l'étau se desserre** el cerco se abre

**dessert** [desɛʀ] *vb voir* **desservir** ▶ *nm (moment du repas)* postres *mpl*; *(mets)* postre *m*

**desserte** [desɛʀt] *nf (table)* mesa de servicio; **le bus assure la ~ du village** el autobús cubre el servicio de comunicación del pueblo; **chemin** *ou* **voie de ~** camino vecinal

**desservir** [desɛʀviʀ] *vt (suj : moyen de transport)* cubrir el servicio de; (: *voie de communication*) comunicar con; (: *vicaire : paroisse*) atender; *(personne)* perjudicar a; **~ la table** quitar la mesa

**dessiccation** [desikasjɔ̃] *nf* desecación *f*

**dessiller** [desije] *vt (fig)* : **~ les yeux à qn** abrir los ojos a algn

**dessin** [desɛ̃] *nm* dibujo; **~ animé** dibujos *mpl* animados; **~ humoristique** dibujo humorístico, viñeta; **~ industriel** diseño industrial

**dessinateur, -trice** [desinatœʀ, tʀis] *nm/f* dibujante *mf*; **~ de mode** diseñador(a) de moda; **~ industriel(le)** diseñador(a) industrial

**dessiner** [desine] *vt* dibujar; *(concevoir)* diseñar; *(suj : robe : taille)* resaltar; **se dessiner** *vpr* perfilarse

**dessoûler** [desule] *vt* quitar la borrachera a ▶ *vi* pasársele a algn la borrachera

**dessous** [d(ə)su] *adv* debajo, abajo; **en ~** *(sous)* debajo; *(plus bas)* por debajo; *(fig : en catimini)* a hurtadillas; **de ~** de abajo; **de ~ le lit** debajo de la cama ▶ *nm* parte *f* inferior; *(de voiture)* bajos *mpl*; *(étage inférieur)* : **les voisins/l'appartement du ~** los vecinos/el piso de abajo; **avoir le ~** tener *ou* llevar la peor parte; **dessous** *nmpl (fig)* secretos *mpl*; *(sous-vêtements)* ropa interior *fsg*; *voir aussi* **au-dessous**; **par-dessous**

**dessous-de-bouteille** [dəsudbutɛj] *nm inv* posavasos *m inv*

**dessous-de-plat** [dəsudpla] *nm inv* salvamanteles *m inv*

**dessous-de-table** [dəsudtabl] *nm inv* (dinero de) soborno

**dessus** [d(ə)sy] *adv* encima, arriba; **c'est écrit ~** está ahí; **bras ~ bras dessous** cogidos(-as) del brazo; **sens ~ dessous** patas arriba; **en ~** encima, arriba; **de ~** de arriba, de encima ▶ *nm* parte *f* superior; *(étage supérieur)* : **les voisins/l'appartement du ~** los vecinos/el piso de arriba; **avoir/prendre le ~** ir ganando; **reprendre le ~** recobrarse; *voir aussi* **au-dessus**; **par-dessus**

**dessus-de-lit** [dəsydli] *nm inv* colcha

**déstabilisation** [destabilizasjɔ̃] *nf* desestabilización *f*

**déstabiliser** [destabilize] *vt* desestabilizar

**destin** [dɛstɛ̃] *nm* destino

**destinataire** [dɛstinatɛʀ] *nmf* destinatario(-a); **aux risques et périls du ~** a cuenta y riesgo del destinatario

**destination** [dɛstinasjɔ̃] *nf* destino; *(usage)* función *f*; **à ~ de** con destino a

**destiné, e** [dɛstine] *adj* : **être ~ à** *(personne)* estar destinado(-a) a; *(outil, objet)* servir para; **des mesures destinées à** medidas destinadas a

**destinée** [dɛstine] *nf* destino

**destiner** [dɛstine] *vt* : **~ qn à** destinar a algn a/para; **~ qch à** destinar algo a; **~ qch à qn** destinar a algn para algo; **se ~ à l'enseignement** pensar dedicarse a la enseñanza

**destituer** [dɛstitɥe] *vt* destituir; **~ qn de ses fonctions** destituir a algn de su cargo

**destitution** [dɛstitysjɔ̃] *nf* destitución *f*

**déstresser** [destʀese] *(fam) vi* relajarse

**destroyer** [dɛstʀwaje] *nm* destructor *m*

**destructeur, -trice** [dɛstʀyktœʀ, tʀis] *adj* destructor(a)

**destructif, -ive** [dɛstʀyktif, iv] *adj* destructivo(-a)

**destruction** [dɛstʀyksjɔ̃] *nf* destrucción *f*

**déstructuré, e** [destʀyktyʀe] *adj* : **vêtements déstructurés** ropa desestructurada

**déstructurer** [destʀyktyʀe] *vt* desestructurar

**désuet, -ète** [dezɥɛ, ɛt] *adj (technologies, règlement)* desusado(-a); *(démodé)* anticuado(-a)

**désuétude** [desɥetyd] *nf* : **tomber en ~** caer en desuso

**désuni, e** [dezyni] *adj* desunido(-a)

**désunion** [dezynjɔ̃] *nf* desunión *f*

**désunir** [dezyniʀ] *vt* desunir; **se désunir** *vpr (athlète)* perder el ritmo

**détachable** [detaʃabl] *adj* separable; *(capuche)* de quita y pon

**détachant** [detaʃɑ̃] *nm* quitamanchas *m inv*

**détaché, e** [detaʃe] *adj (air, ton)* indiferente

**détachement** [detaʃmɑ̃] *nm (action)* desprendimiento; *(désintéressement)* desapego; *(Mil)* destacamento; **être en ~** tener un destino temporal

## détacher – détournement

**détacher** [detaʃe] vt (ôter) desprender; (délier) desatar, soltar; (Mil) destacar; (vêtement) limpiar; **~ qn (auprès de** ou **à)** (Admin) enviar a algn (a); **se détacher** vpr (Sport) descolgarse; (prisonnier etc) desatarse; (tomber, se défaire) desprenderse; **se ~ (de qn/qch)** (se désintéresser) perder interés (por algn/algo); **se ~ sur** (se dessiner) destacarse en

**détail** [detaj] nm detalle m; **le ~** (Comm) la venta al por menor; **prix de ~** precio al por menor; **au ~** (Comm) al por menor; (individuellement) por unidades; **faire/donner le ~ de** detallar; (compte, facture) desglosar; **en ~** en detalle

**détaillant, e** [detajã, ãt] nm/f minorista mf

**détaillé, e** [detaje] adj detallado(-a)

**détailler** [detaje] vt detallar; (personne) examinar

**détaler** [detale] vi salir corriendo

**détartrage** [detartraʒ] nm desincrustación f, eliminación f de la cal; (de dents) limpieza bucal

**détartrant** [detartrã] nm antical m

**détartrer** [detartre] vt (radiateur) desincrustar, eliminar la cal de; (dents) limpiar el sarro de

**détaxe** [detaks] nf (réduction) descuento; (suppression) exoneración f de impuestos; (remboursement) devolución f de impuestos

**détaxé, e** [detakse] adj (produits) libre ou extento(-a) de impuestos

**détaxer** [detakse] vt (réduire) desgravar; (supprimer) exonerar impuestos de

**détecter** [detɛkte] vt detectar

**détecteur** [detɛktœʀ] nm (Tech) detector m; **~ de mensonges** detector de mentiras; **~ (de mines)** detector (de minas)

**détection** [detɛksjɔ̃] nf detección f

**détective** [detɛktiv] nmf (en Grande Bretagne: policier) inspector(a); **~ privé(e)** detective mf privado(-a)

**déteindre** [detɛ̃dʀ] vi desteñir; (suj: soleil) decolorar; **~ sur** teñir; (influencer) influir sobre

**déteint, e** [detɛ̃, ɛ̃t] pp de **déteindre**

**dételer** [det(ə)le] vt desenganchar ▶ vi pararse

**détendeur** [detãdœʀ] nm (de bouteille à gaz) descompresor m

**détendre** [detãdʀ] vt (fil, corde) aflojar; (atmosphère, relations) relajar; (lessive, linge) recoger; (gaz) descomprimir; **se détendre** vpr (personne) relajarse; (ressort) aflojarse; (se reposer) descansar

**détendu, e** [detãdy] adj (personne, atmosphère) distendido(-a), relajado(-a)

**détenir** [det(ə)niʀ] vt poseer; (otage) retener; (prisonnier) tener preso a; (record) ostentar; **~ le pouvoir** (Pol) ostentar el poder

**détente** [detɑ̃t] nf distensión f, relajación f; (politique, sociale) distensión; (loisirs) esparcimiento, descanso; (d'une arme) disparador m, gatillo; (d'un athlète qui saute) resorte m

**détenteur, -trice** [detɑ̃tœʀ, tʀis] nm/f (d'un record) poseedor(a); (d'un prix) ganador(a); **le ~ du pouvoir** el que ostenta el poder

**détention** [detɑ̃sjɔ̃] nf posesión f; (d'un otage) retención f; (d'un prisonnier) encarcelamiento; **la ~ du pouvoir par …** el hecho de que el poder fuera ostentado por …; **~ préventive** ou **provisoire** prisión f preventiva

**détenu, e** [det(ə)ny] pp de **détenir** ▶ nm/f (prisonnier) preso(-a)

**détergent** [detɛʀʒɑ̃] nm detergente m

**détérioration** [deteʀjɔʀasjɔ̃] nf deterioro

**détériorer** [deteʀjɔʀe] vt deteriorar; **se détériorer** vpr deteriorarse

**déterminant, e** [detɛʀminɑ̃, ɑ̃t] adj determinante; **un facteur ~** un factor determinante ▶ nm (Ling) determinante m

**détermination** [detɛʀminasjɔ̃] nf determinación f

**déterminé, e** [detɛʀmine] adj (personne, air) decidido(-a); (but, intentions) claro(-a); (fixé: quantité, période) determinado(-a); **être ~ à faire qch** estar decidido(-a) a hacer algo

**déterminer** [detɛʀmine] vt (date, quantité) determinar; **~ qn à faire qch** decidir a algn a hacer algo; **se ~ à faire qch** determinarse a hacer algo

**déterminisme** [detɛʀminism] nm determinismo

**déterministe** [detɛʀminist] adj, nmf determinista mf

**déterré, e** [detere] nm/f: **avoir une mine de ~** tener cara de muerto(-a)

**déterrer** [detere] vt desenterrar

**détersif, -ive** [detɛʀsif, iv] adj detersivo(-a), detergente ▶ nm detergente m

**détestable** [detɛstabl] adj detestable

**détester** [detɛste] vt (haïr) detestar, odiar; (sens affaibli) detestar; **elle déteste les épinards** detesta las espinacas

**détiendrai** etc [detjɛ̃dʀe] vb voir **détenir**

**détiens** etc [detjɛ̃] vb voir **détenir**

**détonant, e** [detɔnɑ̃, ɑ̃t] adj: **mélange ~** mezcla explosiva

**détonateur** [detɔnatœʀ] nm detonador m

**détonation** [detɔnasjɔ̃] nf detonación f

**détoner** [detɔne] vi detonar

**détonner** [detɔne] vi (Mus, aussi fig) desentonar

**détortiller** [detɔʀtije] vt destorcer

**détour** [detuʀ] nm rodeo; (tournant, courbe) curva, recodo; (subterfuge) subterfugio; **au ~ du chemin** a la vuelta del camino; **sans ~** (parler) sin rodeos

**détourné, e** [deturne] adj (sentier, chemin) indirecto(-a); (moyen) dudoso(-a)

**détournement** [deturnəmɑ̃] nm desvío; **~ d'avion** secuestro aéreo; **~ de fonds**

143

## détourner – devenir

malversación f de fondos; **~ de mineur** corrupción f de menores

**détourner** [detuʀne] vt desviar; (avion : par la force) secuestrar; (yeux) apartar; (tête) volver; (de l'argent) malversar; **~ la conversation/l'attention (de qn)** desviar la conversación/la atención (de algn); **~ qn de son devoir/travail** apartar a algn de su deber/trabajo; **se détourner** vpr (tourner la tête) apartar la cara

**détracteur, -trice** [detʀaktœʀ, tʀis] nm/f detractor(a)

**détraqué, e** [detʀake] adj fastidiado(-a) ▶ nm/f majara mf

**détraquer** [detʀake] vt fastidiar, cargarse; (santé, estomac) estropear; **se détraquer** vpr : **ma montre s'est détraquée** se me ha fastidiado el reloj

**détrempe** [detʀɑ̃p] nf (Art) temple m

**détrempé, e** [detʀɑ̃pe] adj (sol) empapado(-a)

**détremper** [detʀɑ̃pe] vt (peinture) desleír

**détresse** [detʀɛs] nf angustia; (misère) desamparo; **en ~** en peligro; **appel/signal de ~** llamada/señal f de socorro; **~ respiratoire** insuficiencia respiratoria

**détriment** [detʀimɑ̃] nm : **au ~ de** en detrimento de; **à mon/son ~** en mi/su perjuicio

**détritus** [detʀity(s)] nmpl detritus msg

**détroit** [detʀwa] nm estrecho; **le ~ de Be(h)ring/de Gibraltar/de Magellan/du Bosphore** el estrecho de Bering/de Gibraltar/de Magallanes/del Bósforo

**détromper** [detʀɔ̃pe] vt desengañar; **se détromper** vpr desengañarse

**détrôner** [detʀone] vt destronar

**détrousser** [detʀuse] vt atracar

**détruire** [detʀɥiʀ] vt destruir; (population) acabar con; (hypothèse) echar abajo; (espoir) romper; (santé) perjudicar

**détruit, e** [detʀɥi, it] pp de **détruire**

**dette** [dɛt] nf deuda; **~ de l'État** ou **publique** deuda pública

**DEUG** [døg] sigle m (= diplôme d'études universitaires générales) título universitario que se obtenía tras los dos primeros años de estudio en Francia

**deuil** [dœj] nm luto; **porter le ~** llevar luto; **être en/prendre le ~** estar/ponerse de luto

**DEUST** [døst] sigle m (= diplôme d'études universitaires scientifiques et techniques) diplomatura

**deutérium** [døteʀjɔm] nm deuterio

**deux** [dø] adj inv, nm inv dos m inv; **les ~** los (las) dos, ambos(-as); **les ~ mains** las dos manos; **tous les ~ jours/mois** cada dos días/meses; **à ~ pas** a dos pasos; **~ points** (ponctuation) dos puntos mpl; voir aussi **cinq**

**deuxième** [døzjɛm] adj, nmf segundo(-a); **~ classe** segunda clase f; voir aussi **cinquième**

**deuxièmement** [døzjɛmmɑ̃] adv en segundo lugar

**deux-pièces** [døpjɛs] nm inv (maillot de bain) biquini m; (appartement) apartamento de dos habitaciones

**deux-roues** [døʀu] nm inv vehículo de dos ruedas

**deux-temps** [døtɑ̃] adj inv (moteur) de dos tiempos ▶ nm inv (moteur) motor m de dos tiempos

**devais** [dəvɛ] vb voir **devoir**

**dévaler** [devale] vt (escalier) bajar corriendo; **~ la piste** lanzarse pista abajo

**dévaliser** [devalize] vt desvalijar

**dévalorisant, e** [devalɔʀizɑ̃, ɑ̃t] adj que desvaloriza

**dévalorisation** [devalɔʀizasjɔ̃] nf desvalorización f

**dévaloriser** [devalɔʀize] vt desvalorizar; **se dévaloriser** vpr desvalorizarse

**dévaluation** [devalɥasjɔ̃] nf devaluación f

**dévaluer** [devalɥe] vt devaluar; **se dévaluer** vpr devaluarse

**devancer** [d(ə)vɑ̃se] vt adelantar; (arriver avant, aussi fig) adelantarse a; **~ l'appel** (Mil) alistarse como voluntario

**devancier, -ière** [d(ə)vɑ̃sje, jɛʀ] nm/f antecesor(a)

**devant** [d(ə)vɑ̃] vb voir **devoir** ▶ adv delante, adelante ▶ prép (en face de) delante de, frente a; (passer, être) delante de; (en présence de) ante; (face à) ante, delante de; (étant donné) ante ▶ nm (de maison) fachada; (de vêtement, voiture) delantera; **prendre les devants** adelantarse; **de ~** delantero(-a); **par ~** por delante

**devanture** [d(ə)vɑ̃tyʀ] nf (étalage, vitrine) escaparate m, vidriera (AM)

**dévastateur, -trice** [devastatœʀ, tʀis] adj devastador(a)

**dévastation** [devastasjɔ̃] nf devastación f

**dévasté, e** [devaste] adj devastado(-a)

**dévaster** [devaste] vt devastar

**déveine** [devɛn] (fam) nf mala suerte f

**développement** [dev(ə)lɔpmɑ̃] nm desarrollo; (photo) revelado; (exposé) exposición f; (Géom) proyección f; (gén pl) evolución f; **~ durable** desarrollo sostenible; **développements** nmpl desarrollos mpl; **les derniers/les récents développements en matière de** los últimos/los recientes desarrollos en materia de

**développer** [dev(ə)lɔpe] vt desarrollar; (Photo) revelar; (Géom) proyectar; **se développer** vpr desarrollarse; (affaire) evolucionar

**développeur, -euse** [dev(ə)lɔpœʀ, øz] nm/f (Inform) desarrollador(a)

**devenir** [dəv(ə)niʀ] vi volverse; **~ fou** volverse loco; **~ vieux/grand** hacerse viejo/mayor;

**~ médecin** hacerse médico; **que sont-ils devenus ?** ¿qué ha sido de ellos? ▶ nm : **le ~ de qch** el futuro de algo

**devenu** [dəvny] pp de **devenir**

**dévergondé, e** [devɛʀɡɔ̃de] adj desvergonzado(-a)

**dévergonder** [devɛʀɡɔ̃de] : **se dévergonder** vpr espabilarse

**déverrouiller** [devɛʀuje] vt abrir el cerrojo de

**devers** [dəvɛʀ] adv : **par-~ soi** para sí, en su poder

**déverser** [devɛʀse] vt verter, derramar; (injures, colère) descargar; **se ~ dans** verterse en

**déversoir** [devɛʀswaʀ] nm vertedero

**dévêtir** [devetiʀ] vt desvestir; **se dévêtir** vpr desvestirse

**devez** [dəve] vb voir **devoir**

**déviation** [devjasjɔ̃] nf desviación f; (Auto) desvío; **~ de la colonne (vertébrale)** desviación de la columna vertebral

**déviationnisme** [devjasjɔnism] nm desviacionismo

**déviationniste** [devjasjɔnist] nmf desviacionista mf

**dévider** [devide] vt devanar

**dévidoir** [devidwaʀ] nm devanadera

**deviendrai** etc [dəvjɛ̃dʀe] vb voir **devenir**

**devienne** etc [dəvjɛn] vb voir **devenir**

**deviens** etc [dəvjɛ̃] vb voir **devenir**

**dévier** [devje] vt desviar ▶ vi desviarse

**devin** [dəvɛ̃] nm adivino

**deviner** [d(ə)vine] vt adivinar; (apercevoir) atisbar

**devinette** [d(ə)vinɛt] nf adivinanza

**devint** etc [dəvɛ̃] vb voir **devenir**

**devis** [d(ə)vi] nm presupuesto; **~ descriptif/estimatif** presupuesto detallado/aproximado

**dévisager** [devizaʒe] vt mirar de arriba abajo

**devise** [dəviz] nf (formule) lema m, divisa; (Écon) divisa

**deviser** [dəvize] vi platicar

**dévisser** [devise] vt desatornillar; **se dévisser** vpr desatornillarse

**de visu** [devizy] adv en persona

**dévitaliser** [devitalize] vt (dent) matar el nervio de

**dévoiler** [devwale] vt (statue) descubrir; (secret) desvelar, revelar; **se dévoiler** vpr (secret) desvelarse, revelarse

**devoir** [d(ə)vwaʀ] nm deber m; (Scol) deberes mpl; **se faire un ~ de faire** creerse en la obligación de hacer; **se mettre en ~ de faire qch** empezar a hacer algo; **faire ses devoirs** hacer los deberes; **derniers devoirs** fpl fúnebres; **~ sur table** examen (escrito); **devoirs de vacances** deberes mpl de vacaciones ▶ vt deber; **il doit le faire** (obligation) debe hacerlo, tiene que hacerlo; **il doit partir demain** (intention) se va mañana; **il doit être tard** (probabilité) debe (de) ser tarde; **cela devait arriver** (fatalité) tenía que ocurrir (un día); **je devrais faire** tendría que hacer; **tu n'aurais pas dû** no deberías haberlo hecho; (politesse) no tendrías que haberlo hecho; **je lui dois beaucoup** le debo mucho; **se devoir** vpr deberse; **comme il se doit** (comme il faut) como debe ser

**dévolu, e** [devɔly] adj (temps, part) destinado(-a), atribuido(-a) ▶ nm : **jeter son ~ sur** poner sus miras en

**devons** [dəvɔ̃] vb voir **devoir**

**dévorant, e** [devɔʀɑ̃, ɑ̃t] adj (faim) voraz; (feu, passion) devastador(a)

**dévorer** [devɔʀe] vt devorar; **~ qch/qn des yeux** ou **du regard** devorar algo/a algn con la mirada

**dévot, e** [devo, ɔt] adj, nm/f devoto(-a); **un faux ~** un mojigato

**dévotion** [devosjɔ̃] nf devoción f; **être à la ~ de qn** estar dedicado(-a) a algn; **avoir une ~ pour qn** querer a algn con devoción

**dévoué, e** [devwe] adj servicial

**dévouement** [devumɑ̃] nm dedicación f

**dévouer** [devwe] : **se dévouer** vpr : **se ~ (pour)** sacrificarse (por); **se ~ à** dedicarse a

**dévoyé, e** [devwaje] adj descarriado(-a) ▶ nm/f descarriado(-a)

**dévoyer** [devwaje] vt descarriar; **~ l'opinion publique** engañar a la opinión pública; **se dévoyer** vpr descarriarse

**devrai** [dəvʀe] vb voir **devoir**

**dextérité** [dɛksteʀite] nf destreza

**dextrose** [dɛkstʀoz] nm dextrosa

**dézipper** [dezipe] vt (Inform) descomprimir

**DG** [deʒe] sigle m (= directeur général) voir **directeur**

**DGE** [deʒeə] sigle f (= dotation globale d'équipement) contribución del Estado al presupuesto municipal

**DGSE** [deʒeɛsə] sigle f (= Direction générale de la sécurité extérieure) servicio de inteligencia francés

**dia** [dja] abr = **diapositive**

**diabète** [djabɛt] nm (Méd) diabetes f inv

**diabétique** [djabetik] adj, nmf diabético(-a)

**diable** [djabl] nm diablo; (chariot à deux roues) carretilla; **petit ~** (enfant) diablillo; **pauvre ~** pobre diablo; **une musique du ~** una música infernal; **il fait une chaleur du ~** hace un calor infernal; **avoir le ~ au corps** tener el diablo en el cuerpo; **habiter/être situé au ~** vivir/estar en el quinto infierno

**diablement** [djabləmɑ̃] adv endiabladamente

**diableries** [djabləʀi] nfpl (d'enfant) diabluras fpl, travesuras fpl

**diablesse** [djablɛs] nf (petite fille) diablillo

**diablotin** [djablɔtɛ̃] nm diablillo; (pétard) petardo

**diabolique** [djabɔlik] *adj* diabólico(-a)
**diaboliser** [djabɔlize] *vt* demonizar
**diabolo** [djabɔlo] *nm (jeu)* diábolo; *(boisson)* mezcla de gaseosa y almíbar; **~ menthe** menta con gas
**diacre** [djakʀ] *nm* diácono
**diadème** [djadɛm] *nm* diadema
**diagnostic** [djagnɔstik] *nm* diagnóstico
**diagnostiquer** [djagnɔstike] *vt* diagnosticar
**diagonal, e, -aux** [djagɔnal, o] *adj* diagonal
**diagonale** [djagɔnal] *nf* diagonal *f*; **en ~** en diagonal; *(fig)* : **lire en ~** leer por encima
**diagramme** [djagʀam] *nm* diagrama *m*
**dialecte** [djalɛkt] *nm* dialecto
**dialectique** [djalɛktik] *adj* dialéctico(-a)
**dialogue** [djalɔg] *nm* diálogo; **cesser/reprendre le ~** interrumpir/reanudar el diálogo; **~ de sourds** diálogo de besugos
**dialoguer** [djalɔge] *vi* dialogar
**dialoguiste** [djalɔgist] *nmf* dialoguista *mf*
**dialyse** [djaliz] *nf* diálisis *f inv*
**diamant** [djamɑ̃] *nm* diamante *m*
**diamantaire** [djamɑ̃tɛʀ] *nm* diamantista *mf*
**diamantifère** [djamɑ̃tifɛʀ] *adj* diamantífero(-a)
**diamétralement** [djametʀalmɑ̃] *adv* diametralmente; **~ opposés** totalmente opuestos
**diamètre** [djamɛtʀ] *nm* diámetro
**diapason** [djapazɔ̃] *nm* diapasón *m*; **être/se mettre au ~ (de)** *(fig)* estar/ponerse al nivel (de)
**diaphane** [djafan] *adj* diáfano(-a)
**diaphragme** [djafʀagm] *nm* diafragma *m*
**diapo** [djapo] *nf* diapositiva
**diaporama** [djapɔʀama] *nm* montaje *m* audiovisual
**diapositive** [djapozitiv] *nf* diapositiva
**diapré, e** [djapʀe] *adj* tornasolado(-a)
**diarrhée** [djaʀe] *nf* diarrea
**diaspora** [djaspɔʀa] *nf* diáspora
**diatribe** [djatʀib] *nf* diatriba
**dichotomie** [dikɔtɔmi] *nf* dicotomía
**dico** [diko] *(fam) nm* diccionario
**dictaphone**® [diktafɔn] *nm* dictáfono
**dictateur** [diktatœʀ] *nm* dictador *m*
**dictatorial, e, -aux** [diktatɔʀjal, jo] *adj* dictatorial
**dictature** [diktatyʀ] *nf* dictadura
**dictée** [dikte] *nf* dictado; **prendre sous ~** tomar al dictado
**dicter** [dikte] *vt (aussi fig)* dictar
**diction** [diksjɔ̃] *nf* dicción *f*; **cours de ~** curso de dicción
**dictionnaire** [diksjɔnɛʀ] *nm* diccionario; **~ bilingue** diccionario bilingüe; **~ encyclopédique/de langue** diccionario enciclopédico/de la lengua
**dicton** [diktɔ̃] *nm* refrán *m*, dicho
**didacticiel** [didaktisjɛl] *nm* programa *m* educativo

**didactique** [didaktik] *adj* didáctico(-a)
**dièse** [djɛz] *nm* almohadilla; *(Mus)* sostenido; **appuyez sur la touche ~** pulse (la tecla) almohadilla
**diesel** [djezɛl] *nm* diesel *m*; **un (véhicule/moteur) ~** un (vehículo/motor) diesel
**diète** [djɛt] *nf* dieta; **être à la ~** estar a dieta
**diététicien, ne** [djetetisjɛ̃, jɛn] *nm/f* dietista *mf*
**diététique** [djetetik] *adj* dietético(-a); **magasin ~** tienda de dietética ▶ *nf* dietética
**dieu, x** [djø] *nm (aussi fig)* dios *msg*; **D~** Dios; **le bon D~** Dios; **mon D~ !** ¡Dios mío!
**diffamant, e** [difamɑ̃, ɑ̃t] *adj* difamatorio(-a)
**diffamateur, -trice** [difamatœʀ, tʀis] *adj, nm/f* difamador(a)
**diffamation** [difamasjɔ̃] *nf* difamación *f*; **attaquer qn en ~** atacar a algn por difamación
**diffamatoire** [difamatwaʀ] *adj* difamatorio(-a)
**diffamer** [difame] *vt* difamar
**différé, e** [difeʀe] *adj (Inform)* : **traitement ~** procesamiento por lotes; **crédit ~** crédito con carencia ▶ *nm* (TV) : **en ~** en diferido
**différemment** [difeʀamɑ̃] *adv* de forma diferente
**différence** [difeʀɑ̃s] *nf* diferencia; **à la ~ de** a diferencia de
**différenciation** [difeʀɑ̃sjasjɔ̃] *nf* diferenciación *f*
**différencier** [difeʀɑ̃sje] *vt* diferenciar; **se différencier** *vpr* : **se ~ (de)** diferenciarse (de)
**différend** [difeʀɑ̃] *nm* discrepancia
**différent, e** [difeʀɑ̃, ɑ̃t] *adj* : **~ (de)** distinto(-a) (de), diferente (de); **différents objets/personnages** varios objetos/personajes; **à différentes reprises** en varias ocasiones; **pour différentes raisons** por distintas razones
**différentiel, le** [difeʀɑ̃sjɛl] *adj* diferencial ▶ *nm* diferencial *m*
**différer** [difeʀe] *vt* diferir, postergar (AM) ▶ *vi* : **~ (de)** diferir (de)
**difficile** [difisil] *adj* difícil; **faire le** *ou* **la ~** hacer remilgos
**difficilement** [difisilmɑ̃] *adv* difícilmente; **~ compréhensible/lisible** difícil de comprender/leer
**difficulté** [difikylte] *nf* dificultad *f*; **faire des difficultés (pour)** poner dificultades (para); **en ~** en apuros; **avoir de la ~ à faire qch** tener dificultad en hacer algo; **avoir des difficultés pour faire qch** tener dificultades para hacer algo; **rencontrer des difficultés** tropezar con dificultades
**difforme** [difɔʀm] *adj* deforme
**difformité** [difɔʀmite] *nf* deformidad *f*
**diffracter** [difʀakte] *vt* difractar
**diffus, e** [dify, yz] *adj* difuso(-a)

**diffuser** [difyze] vt emitir; (nouvelle, idée) difundir; (Comm) distribuir

**diffuseur** [difyzœR] nm emisor m; (de chaleur) difusor m; (Comm) distribuidor m

**diffusion** [difyzjɔ̃] nf emisión f; (de journaux) distribución f; **journal/magazine à grande** ~ periódico/revista de gran difusión

**digérer** [diʒeRe] vt (aussi fig) digerir

**digeste** [diʒɛst] adj digestible

**digestible** [diʒɛstibl] adj digestible

**digestif, -ive** [diʒɛstif, iv] adj digestivo(-a) ▶ nm licor m

**digestion** [diʒɛstjɔ̃] nf digestión f; **bonne/ mauvaise** ~ buena/mala digestión

**Digicode®** [diʒikɔd] nm sistema de acceso a los edificios basado en un código numérico

**digit** [didʒit] nm dígito; ~ **binaire** dígito binario

**digital, e, -aux** [diʒital, o] adj digital; (empreintes) dactilar

**digitale** [diʒital] nf (Bot) digital f, dedalera

**digitaline** [diʒitalin] nf digitalina

**digne** [diɲ] adj (respectable) digno(-a); ~ **d'intérêt/d'admiration** digno(-a) de interés/de admiración; ~ **de foi** digno(-a) de fe; ~ **de qn/qch** digno(-a) de algn/algo

**dignement** [diɲ(ə)mɑ̃] adv (dans la dignité) dignamente; (comme il se doit) debidamente, como corresponde

**dignitaire** [diɲitɛR] nm dignatario

**dignité** [diɲite] nf dignidad f

**digresser** [digRese] vi divagar

**digression** [digRɛsjɔ̃] nf digresión f

**digue** [dig] nf dique m; (pour protéger la côte) rompeolas m inv

**dijonnais, e** [diʒɔnɛ, ɛz] adj de Dijon ▶ nm/f: **Dijonnais, e** nativo(-a) ou habitante mf de Dijon

**diktat** [diktat] nm imposición f

**dilapidation** [dilapidasjɔ̃] nf dilapidación f

**dilapider** [dilapide] vt dilapidar

**dilatation** [dilatasjɔ̃] nf dilatación f

**dilater** [dilate] vt dilatar; **se dilater** vpr dilatarse

**dilatoire** [dilatwaR] adj dilatorio(-a)

**dilemme** [dilɛm] nm dilema m

**dilettante** [diletɑ̃t] nmf diletante mf, aficionado(-a); **en** ~ como aficionado(-a)

**dilettantisme** [diletɑ̃tism] nm dilettantismo

**diligence** [diliʒɑ̃s] nf diligencia; **faire** ~ apresurarse

**diligent, e** [diliʒɑ̃, ɑ̃t] adj diligente

**diluant** [dilɥɑ̃] nm disolvente m

**diluer** [dilɥe] vt diluir; (péj : discours etc) meter paja en

**dilution** [dilysjɔ̃] nf dilución f

**diluvien, ne** [dilyvjɛ̃, jɛn] adj : **pluie diluvienne** lluvia torrencial

**dimanche** [dimɑ̃ʃ] nm domingo; **le** ~ **des Rameaux/de Pâques** el domingo de Ramos/ de Pascua; voir aussi **lundi**

**dîme** [dim] nf diezmo

**dimension** [dimɑ̃sjɔ̃] nf dimensión f; **dimensions** fpl (cotes, coordonnées) dimensiones fpl

**diminué, e** [diminɥe] adj (personne) disminuido(-a)

**diminuer** [diminɥe] vt disminuir; (dénigrer) desacreditar; (tricot) menguar ▶ vi disminuir

**diminutif** [diminytif] nm (Ling) diminutivo; (surnom) diminutivo cariñoso

**diminution** [diminysjɔ̃] nf disminución f; (morale) descrédito; (tricot) menguado

**dînatoire** [dinatwaR] adj : **goûter** ~ merienda y cena

**dinde** [dɛ̃d] nf pava

**dindon** [dɛ̃dɔ̃] nm pavo

**dindonneau** [dɛ̃dɔno] nm pavipollo, pavezno

**dîner** [dine] nm cena, comida (AM); ~ **de famille/d'affaires** cena familiar/de negocios ▶ vi cenar

**dînette** [dinɛt] nf : **jouer à la** ~ jugar a los cacharritos; ~ **de poupée** cacharritos mpl

**dîneur, -euse** [dinœR, øz] nm/f comensal mf

**dinghy** [dingi] nm bote m neumático de salvamento

**dingue** [dɛ̃g] (fam) adj chalado(-a) (fam)

**dinosaure** [dinɔzɔR] nm dinosaurio

**diocèse** [djɔsɛz] nm diócesis f inv

**diode** [djɔd] nf diodo

**dioxine** [djɔksin] nf dioxina

**dioxyde** [djɔksid] nm dióxido

**diphasé, e** [difaze] adj (Élec) difásico(-a)

**diphtérie** [diftɛRi] nf difteria

**diphtongue** [diftɔ̃g] nf diptongo

**diplodocus** [diplɔdɔkys] nm diplodocus m inv

**diplomate** [diplɔmat] adj diplomático(-a) ▶ nmf diplomático(-a) ▶ nm (Culin) bizcocho (con licor, frutas confitadas y crema)

**diplomatie** [diplɔmasi] nf diplomacia

**diplomatique** [diplɔmatik] adj diplomático(-a)

**diplomatiquement** [diplɔmatikmɑ̃] adv diplomáticamente

**diplôme** [diplom] nm diploma m, título; (examen) examen m de diplomatura; **avoir des diplômes** tener títulos; **un** ~ **d'ingénieur** un título de ingeniero

**diplômé, e** [diplome] adj, nm/f titulado(-a), diplomado(-a)

**diptère** [diptɛR] nm díptero

**diptyque** [diptik] nm díptico

**dire** [diR] nm : **au** ~ **de** al decir de, en la opinión de; **dires** nmpl opiniones fpl ▶ vt decir; (suj : horloge etc) decir, marcar; (ordre, invitation) : ~ **à qn qu'il fasse** ou **de faire qch** decir a algn que haga algo; (objecter) : **n'avoir rien à** ~ **(à)** no tener nada que decir (a); (signifier) : **vouloir** ~ **que** querer decir que; (plaire) : **cela me/lui dit de faire** me/le apetece hacer; (penser) : **que dites-vous**

de ... ? ¿qué opina usted de ...?; **ça ne me dit rien** no me apetece; *(rappeler qch)* no me suena; **à vrai ~** a decir verdad; **pour ainsi ~** por decirlo así; **cela va sans ~** ni qué decir tiene; **dis donc !/dites donc !** *(pour attirer attention)* ¡oye!/¡oiga!; *(au fait)* ¡a propósito!; *(agressif)* ¡oye!/¡oiga Vd!; **et ~ que ...** y pensar que ...; **ceci** *ou* **cela dit** a pesar de todo; *(à ces mots)* dicho esto; **c'est dit**, **voilà qui est dit** está dicho; **il n'y a pas à ~** realmente; **c'est ~ si** muestra hasta qué punto; **c'est beaucoup/peu ~** es mucho/poco decir; **c'est toi qui le dis** lo dices tú; **je ne vous le fais pas ~** estoy muy de acuerdo; **je te l'avais dit** te lo había dicho; **je ne peux pas ~ le contraire** no puedo decir lo contrario; **tu peux le ~**, **à qui le dis-tu** y que lo digas; **~ quelque chose/ce qu'on pense** decir algo/lo que uno piensa; **~ la vérité/l'heure** decir la verdad/la hora; **dis pardon** pide perdón; **dis merci** da las gracias; **on dit que** dicen que; **comme on dit** como se dice; **on dirait que** parece que; **on dirait du vin** *etc* parece vino *etc*; **se dire** *vpr* decirse; *(se prétendre):* **se ~ malade** *etc* pretenderse enfermo(-a) *etc*; **ça se dit ... en anglais** se dice ... en inglés; **cela ne se dit pas comme ça** no se dice así; **se ~ au revoir** decirse adiós

**direct, e** [diʀɛkt] *adj* directo(-a); **train/bus ~** tren *m*/autobús *msg* directo ▶ *nm (train, Boxe)* directo; **en ~** en directo; **~ du gauche/du droit** directo con la izquierda/derecha

**directement** [diʀɛktəmɑ̃] *adv* directamente

**directeur, -trice** [diʀɛktœʀ, tʀis] *adj (principe, fil)* rector(a); **comité ~** comité *m* directivo ▶ *nm/f* director(a); **~ général(e)/commercial(e)/du personnel** director(a) general/comercial/de personal; **~ de thèse** director(a) de tesis

**direction** [diʀɛksjɔ̃] *nf* dirección *f*; **sous la ~ de** bajo la dirección de; **en ~ de** en dirección a; **« toutes directions »** *(Auto)* « todas las direcciones »

**directionnel, le** [diʀɛksjɔnɛl] *adj* direccional

**directive** [diʀɛktiv] *nf (gén pl)* directriz *f*

**directoire** [diʀɛktwaʀ] *nm* directorio

**directorial, e, -aux** [diʀɛktɔʀjal, jo] *adj* de director

**directrice** [diʀɛktʀis] *adj*, *nf voir* **directeur**

**dirent** [diʀ] *vb voir* **dire**

**dirigeable** [diʀiʒabl] *adj* dirigible ▶ *nm*: **(ballon) ~** (globo) dirigible *m*

**dirigeant, e** [diʀiʒɑ̃, ɑ̃t] *adj*, *nm/f* dirigente *mf*

**diriger** [diʀiʒe] *vt* dirigir; **~ sur** *(regard)* dirigir hacia; **~ son arme sur qn** apuntar a algn con un arma; **~ contre** *(critiques, plaisanteries)* dirigir contra; **se diriger** *vpr* dirigirse; **se ~ vers** *ou* **sur** dirigirse hacia

**dirigisme** [diʀiʒism] *nm (Écon)* dirigismo

**dirigiste** [diʀiʒist] *adj* dirigista

**dirlo** [diʀlo] *(fam) nmf* dire *mf (fam)*

**dis** [di] *vb voir* **dire**

**disais** [dizɛ] *vb voir* **dire**

**discal, e, -aux** [diskal, o] *adj*: **hernie discale** hernia discal

**discernable** [disɛʀnabl] *adj* detectable

**discernement** [disɛʀnəmɑ̃] *nm* discernimiento

**discerner** [disɛʀne] *vt (apercevoir)* divisar; *(motif, cause)* discernir

**disciple** [disipl] *nmf (Rel, aussi fig)* discípulo(-a)

**disciplinaire** [disiplinɛʀ] *adj* disciplinario(-a); **bataillon ~** *(Mil)* batallón *m* disciplinario

**discipline** [disiplin] *nf* disciplina

**discipliné, e** [disipline] *adj* disciplinado(-a)

**discipliner** [disipline] *vt* disciplinar; *(cheveux)* mantener

**disco** [disko] *adj inv* disco *inv* ▶ *nm* música disco

**discobole** [diskɔbɔl] *nm* discóbolo

**discographie** [diskɔgʀafi] *nf* discografía

**discontinu, e** [diskɔ̃tiny] *adj* discontinuo(-a)

**discontinuer** [diskɔ̃tinɥe] *vi*: **sans ~** sin interrupción

**disconvenir** [diskɔ̃v(ə)niʀ] *vi*: **ne pas ~ de qch/que** no negar algo/que

**discordance** [diskɔʀdɑ̃s] *nf* discordancia

**discordant, e** [diskɔʀdɑ̃, ɑ̃t] *adj* discordante

**discorde** [diskɔʀd] *nf* discordia

**discothèque** [diskɔtɛk] *nf* discoteca

**discourais** [diskuʀɛ] *vb voir* **discourir**

**discourir** [diskuʀiʀ] *vi* disertar

**discours** [diskuʀ] *vb voir* **discourir** ▶ *nm* discurso; **le ~** *(Ling)* el enunciado; **~ direct/indirect** discurso directo/indirecto ▶ *nmpl (bavardages)* palabrería *fsg*

**discourtois, e** [diskuʀtwa, waz] *adj* descortés

**discrédit** [diskʀedi] *nm*: **jeter le ~ sur** desacreditar

**discréditer** [diskʀedite] *vt* desacreditar; **se discréditer** *vpr*: **se ~ aux yeux de** *ou* **auprès de qn** desacreditarse a los ojos de algn

**discret, -ète** [diskʀɛ, ɛt] *adj* discreto(-a); **un endroit ~** un lugar tranquilo

**discrètement** [diskʀɛtmɑ̃] *adv* discretamente

**discrétion** [diskʀesjɔ̃] *nf* discreción *f*; **à ~** *(boisson etc)* a discreción; **à la ~ de qn** según la voluntad de algn

**discrétionnaire** [diskʀesjɔnɛʀ] *adj* discrecional

**discrimination** [diskʀiminasjɔ̃] *nf* discriminación *f*; **sans ~** sin discriminación

**discriminatoire** [diskʀiminatwaʀ] *adj* discriminatorio(-a)

**disculper** [diskylpe] *vt (Jur)* absolver; **se disculper** *vpr* disculparse

**discussion** [diskysjɔ̃] *nf* discusión *f*; **discussions** *nfpl* negociaciones *fpl*

## discutable – disque

**discutable** [diskytabl] *adj* discutible
**discutailler** [diskytaje] *vi* discutir por nimiedades
**discuté, e** [diskyte] *adj* controvertido(-a)
**discuter** [diskyte] *vt* (*débattre*) debatir; (*contester*) discutir; **~ le prix** discutir el precio ▶ *vi* (*parler*) hablar; **~ de qch** hablar de algo; **se discuter** *vpr* (*exprime le doute*) ser discutible; **ça se discute** es discutible

⚠ El uso más frecuente de *discutir* en español corresponde en francés a **se disputer**.

**dise** [diz] *vb voir* **dire**
**disert, e** [dizɛʀ, ɛʀt] *adj* elocuente
**disette** [dizɛt] *nf* hambruna
**diseur, -euse** [dizœʀ, øz] *nm/f* recitador(a); **diseuse de bonne aventure** echadora de buenaventura
**disgrâce** [disgʀɑs] *nf* desgracia; **être en ~** estar en desgracia
**disgracié, e** [disgʀasje] *adj* caído(-a) en desgracia
**disgracieux, -euse** [disgʀasjø, jøz] *adj* desagradable
**disjoindre** [disʒwɛ̃dʀ] *vt* desunir; **se disjoindre** *vpr* separarse
**disjoint, e** [disʒwɛ̃, wɛ̃t] *pp de* **disjoindre** ▶ *adj* separado(-a), desunido(-a)
**disjoncter** [disʒɔ̃kte] *vi* (*Élec*) desconectarse; (*fam: personne*) írsele la olla (*fam*); **tu disjonctes ou quoi ?** ¿se te va la olla o qué?
**disjoncteur** [disʒɔ̃ktœʀ] *nm* (*Élec*) disyuntor *m*
**dislocation** [dislɔkasjɔ̃] *nf* (*d'une articulation*) dislocación *f*; (*d'une empire*) desmembramiento
**disloquer** [dislɔke] *vt* (*membre*) dislocar; (*chaise*) desencajar; (*manifestation, cortège*) disolver; **se disloquer** *vpr* (*manifestation, cortège*) disolverse; (*parti*) desmembrarse, disgregarse; (*empire*) desmembrarse; **se ~ l'épaule** dislocarse el hombro
**disons** [dizɔ̃] *vb voir* **dire**
**disparaître** [dispaʀɛtʀ] *vi* desaparecer; **faire ~ qch/qn** hacer desaparecer algo/a algn
**disparate** [dispaʀat] *adj* discordante
**disparité** [dispaʀite] *nf* disparidad *f*
**disparition** [dispaʀisjɔ̃] *nf* desaparición *f*
**disparu, e** [dispaʀy] *pp de* **disparaître** ▶ *adj*: **être porté ~** ser dado por desaparecido ▶ *nm/f* (*dont on a perdu la trace*) desaparecido(-a); (*défunt*) fallecido(-a)
**dispendieux, -euse** [dispɑ̃djø, jøz] *adj* dispendioso(-a)
**dispensaire** [dispɑ̃sɛʀ] *nm* dispensario
**dispense** [dispɑ̃s] *nf* dispensa; **~ d'âge** dispensa de edad
**dispenser** [dispɑ̃se] *vt* (*soins etc*) prestar; (*exempter*): **~ qn de qch/faire qch** dispensar a algn de algo/hacer algo; **se ~ de qch/faire qch** librarse de algo/hacer algo; **se faire ~ de qch** lograr eximirse de algo
**dispersant** [dispɛʀsɑ̃] *nm* dispersante *m*
**dispersé, e** [dispɛʀse] *adj* disperso(-a)
**disperser** [dispɛʀse] *vt* dispersar; (*efforts*) dividir; **se disperser** *vpr* (*foule*) dispersarse; (*fig*) dividirse
**dispersion** [dispɛʀsjɔ̃] *nf* dispersión *f*; (*fig*) división *f*
**disponibilité** [disponibilite] *nf* disponibilidad *f*; (*Admin*): **être/se mettre en ~** estar/ponerse en excedencia; **en fonction de vos/leurs disponibilités** en función de su disponibilidad (horaria); **disponibilités** *nfpl* (*Comm*) fondos *mpl* disponibles
**disponible** [disponibl] *adj* disponible
**dispos** [dispo] *adj m*: **(frais et) ~** fresco(-a)
**disposé, e** [dispoze] *adj* dispuesto(-a); **bien/mal ~** de buen/mal humor; **être bien/mal ~ envers qn** tener buena/mala disposición hacia algn; **~ à** dispuesto(-a) a; **pièces bien/mal disposées** habitaciones *fpl* bien/mal distribuidas
**disposer** [dispoze] *vt* (*objets*) disponer; (*préparer, inciter*): **~ qn à qch/faire qch** predisponer a algn para algo/hacer algo ▶ *vi*: **vous pouvez ~** puede retirarse; **~ de** disponer de; **se disposer** *vpr*: **se ~ à faire qch** disponerse a hacer algo
**dispositif** [dispozitif] *nm* dispositivo; (*d'un texte de loi*) parte *f* resolutiva; **~ de sûreté** dispositivo de seguridad
**disposition** [dispozisjɔ̃] *nf* disposición *f*; (*arrangement*) distribución *f*, disposición *f*; **à la ~ de qn** a disposición de algn; **dispositions** *nfpl* (*aptitudes*) disposición *fsg*; (*préparatifs*) preparativos *mpl*; **(être) dans de bonnes dispositions** (estar) en buenas condiciones; **prendre ses dispositions pour qch/pour faire qch** tomar medidas para algo/para hacer algo
**disproportion** [dispʀɔpɔʀsjɔ̃] *nf* desproporción *f*
**disproportionné, e** [dispʀɔpɔʀsjɔne] *adj* desproporcionado(-a)
**dispute** [dispyt] *nf* riña, disputa
**disputer** [dispyte] *vt* (*match, épreuve*) disputar; **~ qch à qn** disputar algo a algn; **se disputer** *vpr* (*réciproque*) reñir, discutir; (*match, épreuve*) disputarse; **se ~ avec qn** pelearse con algn; **ils se disputent sans cesse** se están peleando todo el rato
**disquaire** [diskɛʀ] *nmf* vendedor(-a) de discos
**disqualification** [diskalifikasjɔ̃] *nf* descalificación *f*
**disqualifier** [diskalifje] *vt* descalificar; **se disqualifier** *vpr* descalificarse
**disque** [disk] *nm* disco; **le lancement du ~** el lanzamiento de disco; **l'industrie du ~**

149

la industria discográfica; **~ compact** disco compacto; **~ d'embrayage** (Auto) disco de embrague; **~ de stationnement** disco de estacionamiento; **~ dur** (Inform) disco duro; **~ laser** disco láser; **~ système** sistema m de disco

**disquette** [diskɛt] nf (Inform) diskette m
**dissection** [disɛksjɔ̃] nf disección f
**dissemblable** [disɑ̃blabl] adj desemejante
**dissemblance** [disɑ̃blɑ̃s] nf desemejanza
**dissémination** [diseminasjɔ̃] nf diseminación f
**disséminer** [disemine] vt diseminar; **se disséminer** vpr diseminarse
**dissension** [disɑ̃sjɔ̃] nf (gén pl : familiales) desavenencias fpl; (politiques) disensiones fpl
**disséquer** [diseke] vt disecar; (fig) analizar minuciosamente
**dissertation** [disɛʀtasjɔ̃] nf (Scol) redacción f
**disserter** [disɛʀte] vi disertar; (gén, Scol) redactar; **~ sur** disertar sobre
**dissidence** [disidɑ̃s] nf disidencia
**dissident, e** [disidɑ̃, ɑ̃t] adj, nm/f disidente mf
**dissimilitude** [disimilityd] nf disimilitud f
**dissimulateur, -trice** [disimylatœʀ, tʀis] adj, nm/f disimulador(a)
**dissimulation** [disimylasjɔ̃] nf disimulación f, ocultación f; (duplicité) disimulo; **~ de bénéfices/revenus** ocultación de beneficios/rentas
**dissimulé, e** [disimyle] adj hipócrita
**dissimuler** [disimyle] vt disimular, ocultar; **se dissimuler** vpr cubrirse; (être masqué, caché) ocultarse
**dissipation** [disipasjɔ̃] nf disipación f; (indiscipline) distracción f
**dissipé, e** [disipe] adj (indiscipliné) distraído(-a)
**dissiper** [disipe] vt disipar; (fortune) derrochar; **se dissiper** vpr disiparse; (élève) distraerse
**dissociable** [disɔsjabl] adj disociable
**dissocier** [disɔsje] vt disociar; **se dissocier** vpr (éléments, groupe) desunirse; **se ~ de** (point de vue) disociarse de; (groupe) separarse de
**dissolu, e** [disɔly] adj disoluto(-a)
**dissolution** [disɔlysjɔ̃] nf (aussi Pol, Jur) disolución f
**dissolvant, e** [disɔlvɑ̃, ɑ̃t] vb voir **dissoudre** ▶ nm (Chim) disolvente m
**dissonant, e** [disɔnɑ̃, ɑ̃t] adj disonante
**dissoudre** [disudʀ] vt (substance, parlement) disolver; **se dissoudre** vpr disolverse
**dissous** [disu] pp de **dissoudre**
**dissuader** [disɥade] vt : **~ qn de faire qch/de qch** disuadir a algn de hacer algo/de algo
**dissuasif, -ive** [disɥazif, iv] adj disuasivo(-a)
**dissuasion** [disɥazjɔ̃] nf disuasión f; **force de ~** fuerza de disuasión
**dissymétrie** [disimetʀi] nf disimetría
**dissymétrique** [disimetʀik] adj disimétrico(-a)

**distance** [distɑ̃s] nf distancia; (de temps) diferencia; **à ~** a distancia; **avec la ~** con el tiempo; **(situé) à ~** (Inform) (situado) a distancia; **tenir qn à ~** tener a algn a raya; **se tenir à ~** mantenerse a distancia; **une ~ de 10 km** una distancia de 10 km; **à 10 km de ~** a 10 km de distancia; **à deux ans de ~** con dos años de diferencia; **prendre ses distances** tomar las distancias; **garder ses distances** guardar las distancias; **tenir la ~** resistir el recorrido; **~ de sécurité** (Auto) distancia de seguridad; **~ focale** (Photo) distancia focal
**distancer** [distɑ̃se] vt (concurrent) distanciarse de; **se laisser ~** quedarse atrás
**distanciation** [distɑ̃sjasjɔ̃] nf distanciamiento
**distancier** [distɑ̃sje] : **se distancier** vpr distanciarse
**distant, e** [distɑ̃, ɑ̃t] adj (aussi fig) distante; **être ~ de 5 km** distar 5 km
**distendre** [distɑ̃dʀ] vt distender, aflojar; **se distendre** vpr (aussi fig) distenderse
**distillation** [distilasjɔ̃] nf destilación f
**distillé, e** [distile] adj : **eau distillée** agua destilada
**distiller** [distile] vt (aussi fig) destilar
**distillerie** [distilʀi] nf destilería
**distinct, e** [distɛ̃(kt), ɛ̃kt] adj distinto(-a); (net) claro(-a)
**distinctement** [distɛ̃ktəmɑ̃] adv (voir) con nitidez; (parler) con claridad
**distinctif, -ive** [distɛ̃ktif, iv] adj distintivo(-a)
**distinction** [distɛ̃ksjɔ̃] nf distinción f; **sans ~** sin distinción
**distingué, e** [distɛ̃ge] adj distinguido(-a)
**distinguer** [distɛ̃ge] vt distinguir; **~ qch/qn de** (suj : caractéristique, trait) distinguir algo/a algn de; **se distinguer** vpr : **se ~ (de)** distinguirse (de)
**distinguo** [distɛ̃go] nm distingo
**distorsion** [distɔʀsjɔ̃] nf (fig) distorsión f
**distraction** [distʀaksjɔ̃] nf distracción f
**distraire** [distʀɛʀ] vt distraer; (amuser) distraer, entretener; (somme d'argent) distraer; **~ qn de qch** distraer a algn de algo; **~ l'attention** distraer la atención ▶ vi distraer; **se distraire** vpr distraerse
**distrait, e** [distʀɛ, ɛt] pp de **distraire** ▶ adj distraído(-a)
**distraitement** [distʀɛtmɑ̃] adv distraídamente
**distrayant, e** [distʀɛjɑ̃, ɑ̃t] vb voir **distraire** ▶ adj distraído(-a), entretenido(-a)
**distribuer** [distʀibɥe] vt repartir; (hum : gifles, coups) propinar; (rôles) repartir; (Cartes) dar; (Comm) distribuir
**distributeur, -trice** [distʀibytœʀ, tʀis] nm/f (Comm) distribuidor(a) ▶ nm (Auto) delco; (aussi : **distributeur automatique**) máquina

## distribution – docteur

expendedora; **~ automatique de billets** (*Banque*) cajero automático
**distribution** [distribysjɔ̃] *nf* reparto; (*livres, ordonnance, répartition*) distribución *f*; **circuits de ~** circuitos *mpl* de distribución; **~ des prix** reparto de premios
**district** [distrikt] *nm* distrito
**dit, e** [di, it] *pp de* **dire**; **X, ~ Pierrot** X, llamado Pierrot ▶ *adj* : **le jour ~** el día fijado
**dites** [dit] *vb voir* **dire**
**dithyrambique** [ditirɑ̃bik] *adj* elogioso(-a)
**diurétique** [djyretik] *adj* diurético(-a) ▶ *nm* diurético
**diurne** [djyrn] *adj* diurno(-a)
**divagations** [divagasjɔ̃] *nfpl* divagaciones *fpl*
**divaguer** [divage] *vi* divagar; (*malade*) delirar
**divan** [divɑ̃] *nm* sofá *m*
**divan-lit** [divɑ̃li] (*pl* **divans-lits**) *nm* sofá cama *m*
**divergence** [diverʒɑ̃s] *nf* (*gén pl* : *d'opinion*) discrepancia; (*Géom, Optique*) divergencia
**divergent, e** [diverʒɑ̃, ɑ̃t] *adj* (*lignes*) divergente; (*opinions, interprétations*) discrepante
**diverger** [diverʒe] *vi* (*personnes, idées*) discrepar; (*rayons, lignes*) divergir
**divers, e** [diver, ers] *adj* (*varié*) diverso(-a), vario(-a); (*différent*) variado(-a); (*plusieurs*) varios(-as), diversos(-as); « **~** » « varios »; **frais ~** gastos *mpl* varios; **un fait ~** un suceso; **~ et variés/diverses et variées** surtidos y variados/surtidas y variadas
**diversement** [diversəmɑ̃] *adv* de forma diversa, desigualmente; **être ~ accueilli** despertar reacciones diversas
**diversification** [diversifikasjɔ̃] *nf* diversificación *f*
**diversifier** [diversifje] *vt* diversificar; **se diversifier** *vpr* diversificarse
**diversion** [diversjɔ̃] *nf* (*dérivatif*) distracción *f*; (*Mil etc*) diversión *f*
**diversité** [diversite] *nf* diversidad *f*
**divertir** [divertir] *vt* divertir; **se divertir** *vpr* divertirse
**divertissant, e** [divertisɑ̃, ɑ̃t] *adj* entretenido(-a)
**divertissement** [divertismɑ̃] *nm* diversión *f*; (*Mus*) divertimento
**dividende** [dividɑ̃d] *nm* (*Math, Comm*) dividendo
**divin, e** [divɛ̃, in] *adj* (*aussi fig*) divino(-a)
**divinateur, -trice** [divinatœr, tris] *adj* adivinador(-a)
**divination** [divinasjɔ̃] *nf* adivinación *f*
**divinatoire** [divinatwar] *adj* adivinatorio(-a); **baguette ~** varilla de zahorí
**divinement** [divinmɑ̃] *adv* divinamente
**divinisation** [divinizasjɔ̃] *nf* divinización *f*
**diviniser** [divinize] *vt* divinizar

**divinité** [divinite] *nf* divinidad *f*
**divisé, e** [divize] *adj* (*opinions*) dividido(-a)
**diviser** [divize] *vt* dividir; **~ par** dividir por; **~ un nombre par un autre** dividir un número entre otro; **se diviser** *vpr* : **se ~ en** dividirse en
**diviseur** [divizœr] *nm* (*Math*) divisor *m*
**divisible** [divizibl] *adj* divisible
**division** [divizjɔ̃] *nf* división *f*; **1ère/2ème ~** (*Sport*) 1a/2a división; **~ du travail** (*Écon*) división del trabajo
**divisionnaire** [divizjɔner] *adj* : **commissaire ~** inspector(a) de división
**divorce** [divɔrs] *nm* (*aussi fig*) divorcio
**divorcé, e** [divɔrse] *adj, nm/f* divorciado(-a)
**divorcer** [divɔrse] *vi* divorciarse; **~ de** *ou* **d'avec qn** divorciarse de algn
**divulgation** [divylgasjɔ̃] *nf* divulgación *f*
**divulguer** [divylge] *vt* divulgar
**dix** [dis] *adj inv, nm inv* diez *m inv*; *voir aussi* **cinq**
**dix-huit** [dizɥit] *adj inv, nm inv* dieciocho *m inv*; *voir aussi* **cinq**
**dix-huitième** [dizɥitjɛm] (*pl* **dix-huitièmes**) *adj, nmf* decimoctavo(-a) ▶ *nm* (*partitif*) dieciochoavo; *voir aussi* **cinquantième**
**dixième** [dizjɛm] *adj, nmf* décimo(-a) ▶ *nm* décimo; *voir aussi* **cinquième**
**dixièmement** [dizjɛmmɑ̃] *adv* en décimo lugar
**dix-neuf** [diznœf] *adj inv, nm inv* diecinueve *m inv*; *voir aussi* **cinq**
**dix-neuvième** [diznœvjɛm] (*pl* **dix-neuvièmes**) *adj, nmf* decimonoveno(-a) ▶ *nm* (*partitif*) diecinueveavo; *voir aussi* **cinquantième**
**dix-sept** [disɛt] *adj inv, nm inv* diecisiete *m inv*; *voir aussi* **cinq**
**dix-septième** [disɛtjɛm] (*pl* **dix-septièmes**) *adj, nmf* decimoséptimo(-a) ▶ *nm* (*partitif*) diecisieteavo; *voir aussi* **cinquantième**
**dizaine** [dizɛn] *nf* (*unité*) decena; **une ~ de ...** unos(-as) diez ...; **dire une ~ de chapelet** rezar una decena del rosario
**Djakarta** [dʒakarta] *n* Yakarta
**Djibouti** [dʒibuti] *n* Yibuti
**DM** *abr* (= *deutschmark*) *marco alemán*
**dm** *abr* (= *décimètre(s)*) dm.
**do** [do] *nm inv* (*Mus*) do
**doberman** [dɔberman] *nm* dóberman *m*
**docile** [dɔsil] *adj* dócil
**docilement** [dɔsilmɑ̃] *adv* dócilmente
**docilité** [dɔsilite] *nf* docilidad *f*
**dock** [dɔk] *nm* dique *m*; (*hangar, bâtiment*) depósito, almacén *m*; **~ flottant** dique flotante
**docker** [dɔker] *nm* estibador *m*
**docte** [dɔkt] (*péj*) *adj* docto(-a)
**docteur, e** [dɔktœr] *nm/f* (*médecin*) médico(-a), doctor(a); (*d'Université*) doctor(a); **~ en médecine** doctor(a) en medicina

## doctoral – dommages-intérêts

**doctoral, e, -aux** [dɔktɔʀal, o] *adj* doctoral
**doctorat** [dɔktɔʀa] *nm (aussi* : **doctorat d'État**) doctorado
**doctoresse** [dɔktɔʀɛs] *nf* médica, doctora
**doctrinaire** [dɔktʀinɛʀ] *adj* doctrinal; (*péj* : *ton, personne*) sentencioso(-a)
**doctrinal, e, -aux** [dɔktʀinal, o] *adj* doctrinal
**doctrine** [dɔktʀin] *nf* doctrina
**document** [dɔkymɑ̃] *nm* documento
**documentaire** [dɔkymɑ̃tɛʀ] *adj* documental
▶ *nm* documental *m*
**documentaliste** [dɔkymɑ̃talist] *nmf* documentalista *mf*
**documentation** [dɔkymɑ̃tasjɔ̃] *nf* documentación *f*
**documenté, e** [dɔkymɑ̃te] *adj* documentado(-a)
**documenter** [dɔkymɑ̃te] *vt* documentar; **se documenter** *vpr* documentarse
**dodelinement** [dɔd(ə)linmɑ̃] *nm* cabezada
**dodeliner** [dɔd(ə)line] *vi* : **~ de la tête** cabecear, dar cabezadas
**dodo** [dodo] *nm* : **aller faire ~** ir a la camita
**dodu, e** [dody] *adj* rollizo(-a)
**dogmatique** [dɔgmatik] *adj* dogmático(-a)
**dogmatiquement** [dɔgmatikmɑ̃] *adv* dogmáticamente
**dogmatisme** [dɔgmatism] *nm* dogmatismo
**dogme** [dɔgm] *nm* dogma *m*
**dogue** [dɔg] *nm* (perro) dogo
**doigt** [dwa] *nm* dedo; **être à deux doigts de** estar a dos dedos de; **un ~ de** (*fig* : *whisky*) un dedo de; **le petit ~** el (dedo) meñique; **au ~ et à l'œil** (*obéir*) puntualmente; **compter sur ses doigts** contar con los dedos de la *ou* una mano; **lever le ~** (*Scol*) levantar la mano; **montrer du ~** señalar con el dedo; **connaître qch sur le bout des doigts** saber algo al dedillo; **mettre le ~ sur la plaie** poner el dedo en la llaga; **les doigts dans le nez** (*fam* : *très facilement*) con la gorra; **~ de pied** dedo del pie
**doigté** [dwate] *nm* (*Mus*) digitación *f*; (*fig*) tiento
**doigtier** [dwatje] *nm* dedil *m*
**dois** *etc* [dwa] *vb voir* **devoir**
**doit** *etc* [dwa] *vb voir* **devoir**
**doive** *etc* [dwav] *vb voir* **devoir**
**doléances** [dɔleɑ̃s] *nfpl* quejas *fpl*
**dolent, e** [dɔlɑ̃, ɑ̃t] *adj* penoso(-a)
**dollar** [dɔlaʀ] *nm* dólar *m*
**dolmen** [dɔlmɛn] *nm* dolmen *m*
**DOM** [dɔm] *sigle m ou mpl* (= *département(s) d'outre-mer*) provincias de ultramar
**domaine** [dɔmɛn] *nm* (*aussi fig*) dominio; (*Jur*) : **tomber dans le ~ public** pasar al dominio público; **dans tous les domaines** en todos los órdenes
**domanial, e, -aux** [dɔmanjal, jo] *adj* público(-a)
**dôme** [dom] *nm* cúpula

**domestication** [dɔmɛstikasjɔ̃] *nf* (*animaux*) domesticación *f*; (*peuple*) sometimiento; (*vent, marées*) aprovechamiento
**domesticité** [dɔmɛstisite] *nf* domesticidad *f*
**domestique** [dɔmɛstik] *adj* doméstico(-a)
▶ *nmf* sirviente(-a), criado(-a)
**domestiquer** [dɔmɛstike] *vt* (*animal*) domesticar; (*peuple*) someter; (*vent, marées*) aprovechar
**domicile** [dɔmisil] *nm* domicilio; **à ~** a domicilio; **élire ~ à** fijar el domicilio en; **sans ~ fixe** sin domicilio fijo; **~ conjugal/légal** domicilio conyugal/legal
**domiciliation** [dɔmisiljasjɔ̃] *nf* domiciliación *f*
**domicilié, e** [dɔmisilje] *adj* : **être ~ à** estar domiciliado(-a) en
**dominant, e** [dɔminɑ̃, ɑ̃t] *adj* dominante
**dominante** [dɔminɑ̃t] *nf* (*trait*) rasgo dominante; (*couleur*) color *m* dominante
**dominateur, -trice** [dɔminatœʀ, tʀis] *adj* dominante
**domination** [dɔminasjɔ̃] *nf* dominación *f*; (*influence*) dominio
**dominer** [dɔmine] *vt* dominar; (*passions*) dominar, controlar; (*surpasser*) sobrepasar a
▶ *vi* dominar; (*être le plus nombreux*) predominar; **se dominer** *vpr* dominarse, controlarse
**dominicain, e** [dɔminikɛ̃, ɛn] *adj* (*Géo*) dominicano(-a); (*Rel*) dominico(-a) ▶ *nm/f* : **Dominicain, e** (*Géo*) dominicano(-a); (*Rel*) dominico(-a)
**dominical, e, -aux** [dɔminikal, o] *adj* dominical
**Dominique** [dɔminik] *nf* Dominica
**domino** [dɔmino] *nm* dominó *m*; **dominos** *nmpl* (*jeu*) dominó *msg*; **jouer aux dominos** jugar al dominó
**dommage** [dɔmaʒ] *nm* daño, perjuicio; **quel ~ !** ¡qué pena!; **c'est ~ de faire/que ...** es una lástima *ou* pena hacer/que ...; **dommages** *nmpl* (*dégâts, pertes*) daños *mpl*, pérdidas *fpl*; **dommages corporels** daños físicos; **dommages et intérêts** daños y perjuicios; **dommages matériels** daños materiales

> L'expression **c'est dommage de ...** se traduit par *es una pena* (ou *lástima*) sans préposition, et **c'est dommage que** + *subjonctif* par *es una pena* (ou *lástima*) *que* + *subjonctif* :
>
> **C'est dommage de le jeter.** Es una pena tirarlo.
> **C'est dommage que tu ne l'aies pas vue.** Es una lástima que no la hayas visto.

**dommageable** [dɔmaʒabl] *adj* perjudicial; **~ pour qch/qn** perjudicial para algo/algn
**dommages-intérêts** [dɔmaʒ(əz)ɛ̃teʀɛ] *nmpl* daños y perjuicios *mpl*

**dompter** [dɔ̃(p)te] vt domar; (*passions*) dominar
**dompteur, -euse** [dɔ̃(p)tœR, øz] nm/f domador(a)
**DOM-TOM** [dɔmtɔm], **DOM-ROM** [dɔmRɔm] sigle m ou mpl (= *département(s) et territoire(s)/régions d'outre-mer*) provincias y territorios franceses de ultramar; *ver nota*

### DOM-TOM, ROM ET COM

Francia tiene cinco *départements d'outre-mer* o **DOM**: Guadalupe, Martinica, Reunión, Mayotte y la Guayana francesa. Su forma de gobierno es similar a la de los *départements* de la Francia metropolitana y sus habitantes tienen ciudadanía francesa. En lo que se refiere a la administración, también son *régions* y por eso se les conoce también como **ROM** (*Régions d'outre-mer*). El término **DOM-TOM** se usa todavía con frecuencia, pero el término *Territoire d'outre-mer* ha sido sustituido por el de *Collectivité d'outre-mer* (**COM**). Entre los **COM** destacan la Polinesia francesa, Nueva Caledonia y Wallis y Futuna, así como los asentamientos polares. Aunque son independientes, cada territorio está supervisado por un representante del gobierno francés.

**don** [dɔ̃] nm (*charité*) donativo; (*aptitude*) don m; **faire ~ de** donar; **avoir des dons pour** tener don ou tener gracia para; **~ d'organes** donación f de órganos; **~ en argent** donativo en metálico
**donateur, -trice** [dɔnatœR, tRis] nm/f donante mf
**donation** [dɔnasjɔ̃] nf donación f
**donc** [dɔ̃k] conj (*en conséquence*) por tanto; (*après une digression*) así pues; **voilà ~ la solution** (*intensif*) aquí está la solución; **je disais ~ que** como decía; **c'est ~ que** así que; **c'est ~ que j'avais raison** entonces yo tenía razón; **venez ~ dîner à la maison** venid por favor a cenar a casa; **faites ~ !** ¡adelante!; **« allons ~ ! »** « ¡no me digas! », « ¡anda, vamos! »
**dongle** [dɔ̃gl] nm pincho
**donjon** [dɔ̃ʒɔ̃] nm torreón m
**don Juan** [dɔ̃ʒɥɑ̃] nm (*séducteur*) don Juan m
**donnant, e** [dɔnɑ̃, ɑ̃t] adj **~, ~ a** toma y daca
**donne** [dɔn] nf (*Cartes*) reparto; (*fig*): **une nouvelle ~** un nuevo escenario; **changer la ~** cambiar el escenario; **il y a mauvaise** ou **fausse ~** (las cartas) están mal dadas
**donné, e** [dɔne] adj (*convenu*): **prix/jour ~** precio/día m determinado; **c'est ~** es tirado, está regalado; **étant ~ que ...** puesto ou dado que ...
**donnée** [dɔne] nf dato
**donner** [dɔne] vt dar; (*offrir*) regalar; (*maladie*) pegar; (*film, spectacle*) echar, poner; **~ qch à qn** dar algo a algn; **~ l'heure à qn** decir la hora a algn; **~ le ton** (*fig*) marcar la tónica ▶ vi: **~ à penser/entendre que ...** parecer indicar que ...; **~ sur** (*fenêtre, chambre*) dar a; **~ dans** (*piège etc*) caer en; **faire ~ l'infanterie** hacer cargar a la infantería; **se donner** vpr: **se ~ à fond** entregarse a fondo; **se ~ du mal** ou **de la peine (pour faire qch)** afanarse (por hacer algo); **s'en ~ (à cœur joie)** (*fam*) pasarlo bomba (*fam*)
**donneur, -euse** [dɔnœR, øz] nm/f (*Méd*) donante mf; (*Cartes*) repartidor(a); **~ de sang** donante de sangre; **~ d'ordre** ordenante mf

MOT-CLÉ

**dont** [dɔ̃] pron relatif **1** (*complément d'un nom sujet*) cuyo(-a), cuyos(-as); **une méthode dont je ne connais pas les résultats** un método cuyos resultados desconozco; **c'est le chien dont le maître habite en face** es el perro cuyo dueño vive enfrente
**2** (*complément de verbe ou adjectif*): **le voyage dont je t'ai parlé** el viaje del que te hablé; **le pays dont il est originaire** el país del que es originario; **la façon dont il l'a fait** la forma en que lo hizo
**3** (*parmi lesquel(le)s*): **deux livres, dont l'un est gros** dos libros, uno de los cuales es gordo; **il y avait plusieurs personnes, dont Gabrielle** había varias personas, entre ellas Gabriela; **dix blessés, dont deux grièvement** diez heridos, dos de ellos de gravedad

**donzelle** [dɔ̃zɛl] (*péj*) nf mocita
**dopage** [dɔpaʒ] nm doping m
**dopant, e** [dɔpɑ̃, ɑ̃t] adj dopante ▶ nm dopante m
**doper** [dɔpe] vt dopar; (*fig: croissance, investissements*) estimular; **se doper** vpr doparse
**doping** [dɔpiŋ] nm doping m
**dorade** [dɔRad] nf = **daurade**
**doré, e** [dɔRe] adj dorado(-a)
**dorénavant** [dɔRenavɑ̃] adv en adelante, en lo sucesivo
**dorer** [dɔRe] vt dorar; **~ la pilule à qn** dorar la píldora a algn ▶ vi (*Culin: poulet*): **(faire) ~** dorar; (*gâteau*) bañar en yema; **se dorer** vpr: **se ~ au soleil** tostarse al sol
**dorloter** [dɔRlɔte] vt mimar; **se faire ~** dejarse mimar
**dormant, e** [dɔRmɑ̃, ɑ̃t] adj: **eau dormante** agua estancada ▶ nm (*de porte*) durmiente m
**dorme** [dɔRm] vb voir **dormir**
**dormeur, -euse** [dɔRmœR, øz] nm/f durmiente mf; **je suis un grand ~** me gusta mucho dormir
**dormir** [dɔRmiR] vi (*aussi fig*) dormir; (*être endormi*) dormir, estar dormido(-a); **il dort**

**bien/mal** duerme bien/mal; **ne fais pas de bruit, il dort** no hagas ruido, está durmiendo; **~ à poings fermés** dormir a pierna suelta

**dorsal, e, -aux** [dɔʀsal, o] *adj* dorsal

**dortoir** [dɔʀtwaʀ] *nm* dormitorio; **cité ~** ciudad *f* dormitorio

**dorure** [dɔʀyʀ] *nf* dorado

**doryphore** [dɔʀifɔʀ] *nm* (Zool) doríforo, escarabajo de la patata

**dos** [do] *nm* espalda; *(d'un animal, d'un livre)* lomo; *(d'un chèque etc)* dorso; *(de la main)* dorso; **voir au ~** véase al dorso; **robe décolletée dans le ~** vestido escotado de espalda; **de ~** de espaldas; **~ à ~** de espaldas uno a otro; **sur le ~** *(s'allonger)* boca arriba; **à ~ de** *(chameau)* a lomo de; **elle a bon ~, ta mère !** ¡qué fácil es echarle la culpa a tu madre!; **se mettre qn à ~** enemistarse con algn

**dosage** [dozaʒ] *nm* dosificación *f*

**dos-d'âne** [dodan] *nm inv* badén *m*; **pont en ~** puente *m* en escarpe

**dose** [doz] *nf* dosis *f inv*; **forcer la ~** *(fig)* exagerar

**doser** [doze] *vt (aussi fig)* dosificar

**doseur** [dozœʀ] *nm* dosificador *m*; **bouchon ~** tapón *m* dosificador

**dossard** [dosaʀ] *nm* dorsal *m*

**dossier** [dosje] *nm* expediente *m*; *(chemise, enveloppe, Inform)* carpeta; *(de chaise)* respaldo; *(Presse)* dossier *m*; **le ~ social/monétaire** *(fig)* la cuestión social/monetaria; **~ suspendu** expediente archivado

**dot** [dɔt] *nf* dote *f*

**dotation** [dɔtasjɔ̃] *nf* dotación *f*

**doté, e** [dɔte] *adj* : **~ de** dotado(-a) de

**doter** [dɔte] *vt (équiper)* : **~ qch/qn de** dotar algo/a algn de

**douairière** [dwɛʀjɛʀ] *nf* señora anciana

**douane** [dwan] *nf* aduana; *(taxes)* arancel *m*; **passer la ~** pasar la aduana; **en ~** en la aduana

**douanier, -ière** [dwanje, jɛʀ] *adj, nm/f* aduanero(-a)

**doublage** [dublaʒ] *nm (film)* doblaje *m*

**double** [dubl] *adj* doble; **à ~ sens** con doble sentido; **à ~ tranchant** de doble filo; **faire ~ emploi** sobrar; **à doubles commandes** de doble mando; **en ~** por duplicado; **~ carburateur** doble carburador *m*; **~ toit** *(tente)* doble techo; **~ vue** doble vista ▸ *adv* : **voir ~** ver doble ▸ *nm (autre exemplaire)* copia; *(sosie)* doble; **le ~ (de)** el doble (de); **~ messieurs/mixte** *(Tennis)* dobles *mpl* masculinos/mixtos

**doublé, e** [duble] *adj (lettre)* doble; *(voyelle)* geminado(-a); *(vêtement)* forrado(-a); *(film)* doblado(-a); **~ de** forrado(-a) de; *(fig)* además de

**double-clic** [dubləklik] *(pl* **doubles-clics***) nm* doble clic *m*

**double-cliquer** [dubl(ə)klike] *vi (Inform)* hacer doble clic

**doublement** [dubləmɑ̃] *nm* duplicación *f* ▸ *adv* doblemente

**doubler** [duble] *vt* duplicar; *(vêtement, chaussures)* forrar; *(voiture etc)* adelantar; *(film)* doblar; *(acteur)* doblar a; *(Scol)* : **~ (la classe)** repetir (curso); **~ un cap** *(Naut)* doblar un cabo; *(fig)* pasar una etapa ▸ *vi* duplicarse; **se doubler** *vpr* : **se ~ de** *(fig)* complicarse con

**doublure** [dublyʀ] *nf (de vêtement)* forro; *(acteur)* doble *m*

**douce** [dus] *adj voir* **doux**

**douceâtre** [dusɑtʀ] *adj* dulzón(-ona)

**doucement** [dusmɑ̃] *adv (délicatement)* con cuidado; *(à voix basse)* bajo; *(lentement)* despacio; *(graduellement)* poco a poco

**doucereux, -euse** [dus(ə)ʀø, øz] *(péj) adj* empalagoso(-a)

**douceur** [dusœʀ] *nf* suavidad *f*; *(d'une personne, saveur etc)* dulzura; *(de gestes)* delicadeza; **en ~** con suavidad; **douceurs** *nfpl* golosinas *fpl*

**douche** [duʃ] *nf* ducha; **prendre une ~** ducharse; **~ froide** *(fig)* jarro de agua fría; **douches** *nfpl (salle)* duchas *fpl*

**doucher** [duʃe] *vt* : **~ qn** duchar a algn; *(fig)* echar un jarro de agua fría a algn; **se doucher** *vpr* ducharse

**doudou** [dudu] *(fam) nm* peluche, mantita o pedazo de tela preferido de un bebé, que le reconforta y con el que suele dormir

**doudoune** [dudun] *nf* anorak *m*

**doué, e** [dwe] *adj* dotado(-a); **~ de** *(possédant)* dotado(-a) de; **être ~ pour** tener facilidad para

**douille** [duj] *nf (Élec)* casquillo; *(de projectile)* casquete *m*

**douillet, te** [dujɛ, ɛt] *adj (personne)* delicado(-a); *(lit)* mullido(-a); *(maison)* confortable

**douleur** [dulœʀ] *nf* dolor *m*; **ressentir des douleurs** sentir dolores; **il a eu la ~ de perdre son père** tuvo la desgracia de perder a su padre

**douloureux, -euse** [duluʀø, øz] *adj* doloroso(-a); *(membre)* dolido(-a)

**doute** [dut] *nm* duda; **sans ~** seguramente; **sans nul** *ou* **aucun ~** sin ninguna duda; **hors de ~** fuera de duda; **nul ~ que** no hay ninguna duda de que; **mettre en ~** poner en duda; **mettre en ~ que** dudar que

**douter** [dute] *vt* dudar; **~ de** dudar de; **~ que** dudar que; **j'en doute** lo dudo; **se ~ de qch/que** sospechar algo/que; **je m'en doutais** me lo figuraba; **ne ~ de rien** estar muy seguro(-a)

**douteux, -euse** [dutø, øz] *adj* dudoso(-a); *(discutable)* discutible; *(péj)* de aspecto dudoso

**douve** [duv] *nf (de château)* foso; *(de tonneau, du foie)* duela

## doux – droitier

**doux, douce** [du, dus] *adj* suave; *(personne, saveur, eau)* dulce; *(gestes)* delicado(-a); *(climat)* templado(-a); **en douce** *(partir etc)* a la chita callando; **tout ~** despacio

**douzaine** [duzɛn] *nf* docena; **une ~ (de)** *(environ douze)* una docena (de)

**douze** [duz] *adj inv, nm inv* doce *m inv*; *voir aussi* **cinq**

**douzième** [duzjɛm] *adj, nmf* duodécimo(-a) ▶ *nm* duodécimo; *voir aussi* **cinquième**

**doyen, ne** [dwajɛ̃, jɛn] *nm/f (en âge)* mayor *mf*; *(de faculté)* decano(-a); **le ~ de ...** *(en ancienneté)* el más antiguo de ...

**DPLG** [depeɛlʒe] *abr (= diplômé par le gouvernement)* con un título especial del Estado

**Dr** *abr (= docteur)* Dr(a). *(= doctor(a))*

**dr.** *abr (= droit)* der.; *(= droite)* dcha.

**draconien, ne** [drakɔnjɛ̃, jɛn] *adj* draconiano(-a); *(mesure)* drástico(-a)

**dragée** [draʒe] *nf* peladilla; *(Méd)* gragea

**dragéifié, e** [draʒeifje] *adj* : **comprimé ~** gragea

**dragon** [dragɔ̃] *nm* dragón *m*

**drague** [drag] *nf (filet)* red *f* barredera; *(bateau)* draga

**draguer** [drage] *vt (rivière)* dragar; *(fam : filles)* ligar con *(fam)* ▶ *vi (fam)* ligar *(fam)*

**dragueur** [dragœr] *nm* dragaminas *m inv*; **quel ~ !** *(péj : séducteur)* ¡menudo ligón!

**drain** [drɛ̃] *nm (Méd)* cánula

**drainage** [drɛnaʒ] *nm* drenaje *m*; *(des capitaux)* atracción *f*

**drainer** [drene] *vt* drenar; *(visiteurs, capitaux)* atraer

**dramatique** [dramatik] *adj* dramático(-a) ▶ *nf (TV)* teledrama *m*

**dramatiquement** [dramatikmɑ̃] *adv* dramáticamente

**dramatisation** [dramatizasjɔ̃] *nf* dramatización *f*

**dramatiser** [dramatize] *vt (exagérer)* dramatizar

**dramaturge** [dramatyrʒ] *nmf* dramaturgo(-a)

**drame** [dram] *nm* drama *m*; **le ~ de l'alcoolisme** el drama del alcoholismo; **~ familial** drama familiar

**drap** [dra] *nm* sábana; *(tissu)* paño; **être dans de beaux draps** *(fam)* estar apañado(-a) *(fam)*; **~ de dessous/de dessus** (sábana) bajera/encimera; **~ de plage** toalla de playa

**drapé** [drape] *nm (d'un vêtement)* pliegues *mpl*

**drapeau, x** [drapo] *nm* bandera; **sous les drapeaux** en filas; **le ~ blanc** la bandera blanca

**draper** [drape] *vt (personne, statue)* vestir; *(robe, jupe)* colocar los pliegues de

**draperies** [drapri] *nfpl* colgaduras *fpl*

**drap-housse** [draus] *(pl* **draps-housses***) nm* sábana ajustable

**drapier** [drapje] *nm* pañero(-a)

**drastique** [drastik] *adj* drástico(-a)

**drépanocytose** [drepanositoz] *nf* drepanocitosis *f*

**dressage** [dresaʒ] *nm (d'un animal domestique)* entrenamiento; *(d'un animal de cirque)* amaestramiento

**dresser** [drese] *vt* levantar; *(liste)* redactar; *(animal domestique)* entrenar; *(animal de cirque)* amaestrar; **~ l'oreille** aguzar el oído; **~ la table** poner la mesa; **~ qn contre qn d'autre** indisponer a algn con otra persona; **~ un procès-verbal** *ou* **une contravention à qn** levantar acta a algn; **se dresser** *vpr (église, falaise)* erguirse; *(obstacle)* presentarse; *(avec grandeur, menace)* erguirse

**dresseur, -euse** [drescœr, øz] *nm/f* domador(a)

**dressoir** [dreswar] *nm* trinchero

**dribble** [dribl] *nm (Sport)* dribling *m*

**dribbler** [drible] *vt, vi* driblar

**dribbleur** [driblœr] *nm* jugador(a) que dribla a menudo

**drille** [drij] *nm* : **joyeux ~** persona jovial

**drogue** [drɔg] *nf* droga; **~ douce/dure** droga blanda/dura

**drogué, e** [drɔge] *nm/f* drogadicto(-a)

**droguer** [drɔge] *vt* drogar; **se droguer** *vpr* drogarse

**droguerie** [drɔgri] *nf* droguería

**droguiste** [drɔgist] *nmf* droguero(-a)

**droit, e** [drwa, at] *adj* derecho(-a), recto(-a); *(opposé à gauche)* derecho(-a); *(fig)* recto(-a) ▶ *adv* derecho; **~ au but** *ou* **au fait** al grano; **~ au cœur** al corazón ▶ *nm* derecho; *(Boxe)* : **direct/crochet du ~** directo/gancho de derecha; *(lois, matière)* : **le ~** el derecho; **avoir ~ à** tener derecho a; **être en ~ de** tener el derecho de; **faire ~ à** hacer justicia a; **à bon ~** con razón; **avoir ~ de cité (dans)** *(fig)* tener derecho de entrada (en); **avoir le ~ de** tener el derecho de; **être dans son ~** estar en su derecho; **de quel ~ ?** ¿con qué derecho?; **à qui de ~** a quien corresponda; **~ coutumier** derecho consuetudinario; **~ de regard** derecho de control; **~ de réponse/de visite/de vote** derecho de réplica/de visita/al voto; **droits** *nmpl (taxes)* derechos *mpl*; **droits d'auteur** derechos de autor; **droits de douane** aranceles *mpl*, derechos arancelarios *ou* de aduana; **droits d'inscription** matrícula

**droite** [drwat] *nf (direction)* derecha; *(Math)* recta; *(Pol)* : **la ~** la derecha; **à ~ (de)** a la derecha (de); **de ~** *(Pol)* de derechas

**droit-fil** [drwafil] *(pl* **droits-fils***) nm* sentido de los hilos; *(fig)* orientación *f*; **jupe ~** falda cortada en el sentido de los hilos

**droitier, -ière** [drwatje, jɛr] *adj, nm/f* diestro(-a)

## droiture – dyspepsie

**droiture** [dʀwatyʀ] *nf (morale)* rectitud *f*
**drôle** [dʀol] *adj (gracioso(-a); (bizarre)* raro(-a); **un ~ de ...** un ... muy raro
**drôlement** [dʀolmɑ̃] *adv* tremendamente; **il fait ~ froid** hace un frío que pela *(fam)*
**drôlerie** [dʀolʀi] *nf* gracia
**dromadaire** [dʀɔmadɛʀ] *nm* dromedario
**dru, e** [dʀy] *adj (cheveux)* tupido(-a); *(pluie)* recio(-a) ▶ *adv (pousser)* tupido; **la pluie tombait ~** llovía a cántaros
**drugstore** [dʀœgstɔʀ] *nm* drugstore *m*
**druide** [dʀɥid] *nm* druida *m*
**DST** [deɛste] *sigle f (= Direction de la surveillance du territoire)* dirección de la seguridad del Estado
**du** [dy] *dét + dét, prép voir* **de**
**dû, due** [dy] *pp de* **devoir** ▶ *adj (somme)* debido(-a); **dû à** debido a ▶ *nm* : **le dû** lo debido; **réclamer son dû** reclamar el pago de la deuda
**dualisme** [dɥalism] *nm* dualismo
**dubitatif, -ive** [dybitatif, iv] *adj* dubitativo(-a)
**Dublin** [dyblɛ̃] *n* Dublín
**duc** [dyk] *nm* duque *m*
**duché** [dyʃe] *nm* ducado
**duchesse** [dyʃɛs] *nf* duquesa
**duel** [dɥɛl] *nm* duelo; *(oratoire)* enfrentamiento; *(économique)* guerra
**duettiste** [dɥetist] *nmf* duetista *mf*
**duffel-coat** (*pl* **duffel-coats**), **duffle-coat** (*pl* **duffle-coats**) [dœfœlkot] *nm* trenca
**dûment** [dymɑ̃] *adv* debidamente
**dumping** [dœmpiŋ] *nm* dumping *m*, abaratamiento
**dune** [dyn] *nf* duna
**Dunkerque** [dœ̃kɛʀk] *n* Dunkerque
**duo** [dɥo] *nm (Mus)* dúo; *(couple)* pareja
**duodénal, e, -aux** [dɥɔdenal, o] *adj* duodenal
**dupe** [dyp] *nf* engañado(-a) ▶ *adj* : **(ne pas) être ~ de** (no) dejarse engañar por
**duper** [dype] *vt* engañar
**duperie** [dypʀi] *nf* engaño
**duplex** [dyplɛks] *nm (appartement)* dúplex *m*; **émission en ~** doble emisión *f*
**duplicata** [dyplikata] *nm* duplicado
**duplicateur** [dyplikatœʀ] *nm* multicopista *m*
**duplicité** [dyplisite] *nf* duplicidad *f*
**duquel** [dykɛl] *prép + pron voir* **lequel**
**dur, e** [dyʀ] *adj* duro(-a); *(lumière)* fuerte; *(fam)* almidonado(-a); **mener la vie dure à qn** dar mala vida a algn; **~ d'oreille** duro(-a) de oído ▶ *nm* : **en ~** *(construction)* de fábrica ▶ *adv (travailler)* duro; *(taper)* fuerte ▶ *nf* : **à la dure** en condiciones penosas
**durabilité** [dyʀabilite] *nf* durabilidad *f*
**durable** [dyʀabl] *adj* duradero(-a)
**durablement** [dyʀabləmɑ̃] *adv* duraderamente
**duralumin** [dyʀalymɛ̃] *nm* duraluminio
**durant** [dyʀɑ̃] *prép* durante; **~ des mois, des mois ~** durante meses enteros
**durcir** [dyʀsiʀ] *vt, vi* endurecer; **se durcir** *vpr* endurecerse
**durcissement** [dyʀsismɑ̃] *nm* endurecimiento
**durée** [dyʀe] *nf* duración *f*; **de courte/longue ~** breve/prolongado(-a); **pile de longue ~** pila de larga duración; **pour une ~ illimitée** por un periodo ilimitado
**durement** [dyʀmɑ̃] *adv (très)* fuertemente; *(traiter)* severamente, duramente; **~ touché par la crise** duramente afectado(-a) por la crisis
**durent** [dyʀ] *vb voir* **devoir**
**durer** [dyʀe] *vi* durar
**dureté** [dyʀte] *nf* dureza; *(de la lumière)* fuerza
**durillon** [dyʀijɔ̃] *nm* callosidad *f*
**durit®** [dyʀit] *nf* durita
**DUT** [deyte] *sigle m (= diplôme universitaire de technologie)* diplomatura en ingeniería técnica
**dut** *etc* [dy] *vb voir* **devoir**
**duvet** [dyvɛ] *nm* plumón *m*; *(sac de couchage)* saco de dormir (de plumón)
**duveteux, -euse** [dyv(ə)tø, øz] *adj* suave
**DVD** [devede] *sigle m (= digital versatile disc)* DVD *m*
**DVD-Rom** [devedeʀɔm] *nm inv* DVD-Rom *m*
**dynamique** [dinamik] *adj* dinámico(-a)
**dynamiser** [dinamize] *vt* dinamizar, agilizar
**dynamisme** [dinamism] *nm* dinamismo
**dynamite** [dinamit] *nf* dinamita
**dynamiter** [dinamite] *vt* dinamitar
**dynamo** [dinamo] *nf* dinamo *f* (*m en AM*)
**dynastie** [dinasti] *nf* dinastía
**dysenterie** [disɑ̃tʀi] *nf* disentería
**dysfonctionnement** [disfɔ̃ksjɔnmɑ̃] *nm* disfunción *f*
**dyslexie** [dislɛksi] *nf* dislexia
**dyslexique** [dislɛksik] *adj* disléxico(-a)
**dyspepsie** [dispɛpsi] *nf* dispepsia

# Ee

**E¹, e¹** [ə] *nm inv* (*lettre*) E, e *f*; **E comme Eugène** ≈ E de España

**E²** [ə] *abr* (= *Est*) E

**EAO** [əao] *sigle m* (= *enseignement assisté par ordinateur*) EAO *f* (= *enseñanza asistida por ordenador*)

**EAU** *abr* (= *Émirats arabes unis*) EAU *mpl* (= *Emiratos Árabes Unidos*)

**eau, x** [o] *nf* agua; **sans ~** (*whisky etc*) solo; **prendre l'~** (*chaussure, vêtements*) calarse; **tomber à l'~** (*fig*) fracasar; **à l'~ de rose** rosa; **~ bénite** agua bendita; **~ courante/douce/salée** agua corriente/dulce/salada; **~ de Cologne/de toilette** agua de Colonia/de olor; **~ de javel** lejía; **~ de pluie** agua de lluvia; **~ distillée/minérale/oxygénée** agua destilada/mineral/oxigenada; **~ du robinet** agua del grifo; **~ plate/gazeuse** agua sin gas/con gas; **eaux** *nfpl* (*thermales*) aguas *fpl*; **prendre les eaux** tomar las aguas; **eaux territoriales** aguas jurisdiccionales; **eaux usées** aguas *fpl* residuales

> Bien que *agua* soit un nom féminin, il est précédé au singulier de l'article masculin, comme tous les noms féminins commençant par *a* ou *ha* accentué (ou *á* ou *há*) :
> **L'eau est glaciale !** ¡El agua está helada!
> **J'ai une faim de loup.** Tengo un hambre canina.

**eau-de-vie** [odvi] (*pl* **eaux-de-vie**) *nf* aguardiente *m*

**eau-forte** [ofɔʀt] (*pl* **eaux-fortes**) *nf* aguafuerte *f*

**ébahi, e** [ebai] *adj* atónito(-a)

**ébahir** [ebaiʀ] *vt* dejar atónito(-a)

**ébats** [eba] *vb voir* **ébattre** ▶ *nmpl* retozos *mpl*

**ébattre** [ebatʀ] : **s'ébattre** *vpr* retozar

**ébauche** [ebof] *nf* esbozo, boceto

**ébaucher** [ebofe] *vt* esbozar, bosquejar; **~ un sourire/geste** esbozar una sonrisa/un gesto; **s'ébaucher** *vpr* esbozarse

**ébène** [eben] *nf* ébano

**ébéniste** [ebenist] *nm* ebanista *mf*

**ébénisterie** [ebenist(ə)ʀi] *nf* (*métier*) ebanistería; (*bâti*) armazón *m*

**éberlué, e** [ebɛʀlɥe] *adj* boquiabierto(-a)

**éblouir** [ebluiʀ] *vt* (*aussi fig*) deslumbrar; (*aveugler*) cegar

**éblouissant, e** [ebluisɑ̃, ɑ̃t] *adj* (*aussi fig*) deslumbrante

**éblouissement** [ebluismɑ̃] *nm* deslumbramiento; (*faiblesse*) vahído

**ébonite** [ebɔnit] *nf* ebonita

**éborgner** [ebɔʀɲe] *vt* : **~ qn** dejar tuerto(-a) a algn

**éboueur, -euse** [ebwœʀ, øz] *nm/f* basurero(-a)

**ébouillanter** [ebujɑ̃te] *vt* escaldar; **s'ébouillanter** *vpr* escaldarse

**éboulement** [ebulmɑ̃] *nm* derrumbamiento; (*amas*) escombros *mpl*

**ébouler** [ebule] : **s'ébouler** *vpr* derrumbarse

**éboulis** [ebuli] *nm* desprendimiento

**ébouriffant, e** [ebuʀifɑ̃, ɑ̃t] (*fam*) *adj* alucinante (*fam*), asombroso(-a)

**ébouriffé, e** [ebuʀife] *adj* desgreñado(-a)

**ébouriffer** [ebuʀife] *vt* desgreñar

**ébranlement** [ebʀɑ̃lmɑ̃] *nm* estremecimiento

**ébranler** [ebʀɑ̃le] *vt* (*vitres, immeuble*) estremecer; (*poteau, mur*) mover; (*résolution, personne*) hacer vacilar; (*régime*) desestabilizar; (*santé*) debilitar; **s'ébranler** *vpr* (*train*) ponerse en movimiento

**ébrécher** [ebʀefe] *vt* (*assiette*) lascar; (*lame*) mellar

**ébriété** [ebʀijete] *nf* : **en état d'~** en estado de embriaguez

**ébrouer** [ebʀue] : **s'ébrouer** *vpr* (*cheval*) resoplar; (*s'agiter*) sacudirse

**ébruiter** [ebʀɥite] *vt* divulgar; **s'ébruiter** *vpr* divulgarse

**ébullition** [ebylisjɔ̃] *nf* ebullición *f*; **en ~** en ebullición; (*fig*) en efervescencia

**écaille** [ekaj] *nf* (*de poisson*) escama; (*de coquillage*) concha; (*matière*) concha, carey *m*; **en ~** (*lunettes*) de pasta; (*peigne*) de concha; (*de peinture*) desconchón *m*

**écaillé, e** [ekaje] *adj* desconchado(-a)

**écailler** [ekaje] *vt* (*poisson*) escamar; (*huître*) abrir; (*aussi* : **faire s'écailler**) desconchar; **s'écailler** *vpr* (*peinture*) desconcharse

**écaler** [ekale] *vt* (*œuf dur*) pelar

**écarlate** [ekaʀlat] *adj* escarlata

## écarquiller – échelonner

**écarquiller** [ekaʀkije] vt : **~ les yeux** abrir desmesuradamente los ojos

**écart** [ekaʀ] nm (de prix etc) diferencia; (dans l'espace) separación f, diferencia; (de temps) lapso; (mouvement) desviación f, desvío; **l'~ entre les pays riches et les pays pauvres** la brecha entre los países ricos y los países pobres; **l'~ entre les deux concurrents** la diferencia entre los dos participantes; **à l'~** (éloigné) alejado(-a), apartado(-a); (fig) aislado(-a); **faire le grand ~** hacer el spagat; **~ de conduite** desviación f de conducta; **~ de langage** grosería

**écarté, e** [ekaʀte] adj (bras, jambes) abierto(-a); (endroit) apartado(-a)

**écarteler** [ekaʀtəle] vt (aussi fig) descuartizar

**écartement** [ekaʀtəmã] nm (distance, intervalle) separación f; (des rails) ancho

**écarter** [ekaʀte] vt (éloigner) alejar; (personnes) separar; (ouvrir) abrir; (Cartes, candidat, possibilité) descartar; **~ les jambes/les bras** abrir las piernas/los brazos; **s'écarter** vpr (parois, jambes) abrirse; (personne) alejarse; **s'~ de** alejarse de; (fig) desviarse de

**ecchymose** [ekimoz] nf equimosis f inv

**ecclésiastique** [eklezjastik] adj eclesiástico(-a) ▶ nm eclesiástico

**écervelé, e** [esɛʀvəle] adj atolondrado(-a)

**ECG** [əseʒe] sigle m (= électrocardiogramme) ECG m (= electrocardiograma)

**échafaud** [eʃafo] nm cadalso

**échafaudage** [eʃafodaʒ] nm (Constr) andamiaje m; (amas) montón m

**échafauder** [eʃafode] vt (fig : plan) trazar

**échalas** [eʃala] nm rodrigón m; (personne) espárrago

**échalote** [eʃalɔt] nf chalote m, chalota

**échancré, e** [eʃɑ̃kʀe] adj (robe, corsage) escotado(-a); (côte) recortado(-a)

**échancrer** [eʃɑ̃kʀe] vt escotar

**échancrure** [eʃɑ̃kʀyʀ] nf (de robe) escote m; (de côte, arête rocheuse) escotadura

**échange** [eʃɑ̃ʒ] nm intercambio; **en ~ (de)** a cambio (de); **échanges commerciaux/ culturels** intercambios mpl comerciales/ culturales; **échanges de lettres/de politesses** intercambio msg de cartas/de cumplidos; **~ de vues** cambio de impresiones

**échangeable** [eʃɑ̃ʒabl] adj intercambiable

**échanger** [eʃɑ̃ʒe] vt intercambiar; **~ qch (contre)** (troquer) canjear algo (por); **~ qch avec qn** intercambiar algo con algn

**échangeur** [eʃɑ̃ʒœʀ] nm cruce m (a diferentes niveles)

**échangisme** [eʃɑ̃ʒism] nm intercambio de parejas, swinging m

**échangiste** [eʃɑ̃ʒist] adj (club) liberal, de intercambio de parejas ▶ nmf swinger mf, persona que practica el intercambio de parejas

**échantillon** [eʃɑ̃tijɔ̃] nm (aussi fig) muestra

**échantillonnage** [eʃɑ̃tijɔnaʒ] nm (aussi Inform) muestreo; (collection) muestrario

**échantillonner** [eʃɑ̃tijɔne] vt (Comm) escoger muestras de; (Inform) muestrear; (Mus) samplear

**échappatoire** [eʃapatwaʀ] nf escapatoria

**échappée** [eʃape] nf (vue) punto de vista, vista; (Cyclisme) escapada

**échappement** [eʃapmã] nm escape m; **~ libre** escape libre

**échapper** [eʃape] : **~ à** vt escapar de; (punition, péril) librarse de; **~ à qn** escapársele a algn; **l'~ belle** escapar por los pelos ▶ vi : **~ des mains de qn** escaparse de las manos de algn; **laisser ~** dejar escapar; **s'échapper** vpr escaparse

**écharde** [eʃaʀd] nf astilla

**écharpe** [eʃaʀp] nf (cache-nez) bufanda; (de maire) banda; **avoir un bras en ~** tener un brazo en cabestrillo; **prendre en ~** (dans une collision) coger de refilón

**écharper** [eʃaʀpe] vt despedazar; (fig) linchar

**échasse** [eʃas] nf zanco

**échassier** [eʃasje] nm (ave f) zancuda

**échaudé, e** [eʃode] adj (fig) escarmentado(-a)

**échauder** [eʃode] vt : **se faire ~** recibir un palmetazo

**échauffement** [eʃofmã] nm (de moteur) recalentamiento; (Sport) calentamiento

**échauffer** [eʃofe] vt (métal, moteur) recalentar; (corps, personne) calentar; (exciter) irritar; **s'échauffer** vpr (Sport) calentarse; (dans la discussion) acalorarse; **les esprits s'échauffent** los ánimos se caldean

**échauffourée** [eʃofuʀe] nf escaramuza

**échéance** [eʃeɑ̃s] nf (date) vencimiento; (somme due) deuda; (d'engagements, promesses) plazo; **à brève/longue ~** adj, adv a corto/largo plazo

**échéancier** [eʃeɑ̃sje] nm registro de vencimientos

**échéant** [eʃeɑ̃] : **le cas ~** adv llegado el caso

**échec** [eʃɛk] nm fracaso; (Échecs) jaque m; **~ et mat/au roi** jaque mate/al rey; **mettre en ~** hacer fracasar; **tenir en ~** tener en jaque; **faire ~ à** fracasar; **échecs** nmpl (jeu) ajedrez msg

**échelle** [eʃɛl] nf (de bois) escalera de mano; (fig) escala; **à l'~ de** a escala de; **sur une grande/ petite ~** en gran/pequeña escala; **faire la courte ~ à qn** aupar a algn; **~ de corde** escala de cuerda

**échelon** [eʃ(ə)lɔ̃] nm (d'échelle) escalón m; (Admin) escalafón m; (Sport) categoría

**échelonnement** [eʃ(ə)lɔnmã] nm escalonamiento

**échelonner** [eʃ(ə)lɔne] vt escalonar; **paiements échelonnés** pagos escalonados; **s'échelonner** vpr (être compris) : **s'~ entre X et Y** oscilar entre X e Y; **s'~ de X à Y** ir de X a Y

## écheveau – écologique

**écheveau, x** [eʃ(ə)vo] *nm* madeja
**échevelé, e** [eʃəv(ə)le] *adj* desgreñado(-a); *(fig)* alocado(-a)
**échine** [eʃin] *nf* espinazo; ~ **de porc** lomo de cerdo; **courber l'**~ *(fig)* bajar *ou* doblar la cerviz
**échiner** [eʃine] : **s'échiner** *vpr* deslomarse
**échiquier** [eʃikje] *nm* tablero
**écho** [eko] *nm (aussi fig)* eco; *(potins)* cotilleo; **rester sans** ~ *(suggestion)* no tener eco; **se faire l'**~ **de** hacerse eco de; **échos** *nmpl (Presse)* gacetilla *fsg*
**échographie** [ekɔgʀafi] *nf* ecografía
**échoir** [eʃwaʀ] *vi* vencer; ~ **à** corresponder a
**échoppe** [eʃɔp] *nf* tenderete *m*
**échouer** [eʃwe] *vi (tentative)* fracasar; *(candidat)* suspender; *(bateau)* encallar; *(débris)* llegar; *(aboutir : personne)* ir a parar ▶ *vt (bateau)* embarrancar; **s'échouer** *vpr* embarrancarse
**échu, e** [eʃy] *pp de* **échoir**
**échut** [eʃy] *vb voir* **échoir**
**éclabousser** [eklabuse] *vt* salpicar; *(fig)* mancillar
**éclaboussure** [eklabusyʀ] *nf* salpicadura; *(fig)* repercusión *f*
**éclair** [eklɛʀ] *nm (d'orage)* relámpago; *(de flash)* disparo; *(de l'intelligence)* chispa ▶ *adj inv (de génie, d'intelligence)* chispa ▶ *adj inv (voyage etc)* relámpago *inv*
**éclairage** [eklɛʀaʒ] *nm* iluminación *f*; *(Ciné, lumière)* luz *f*; *(fig)* punto de vista; ~ **indirect** iluminación indirecta
**éclairagiste** [eklɛʀaʒist] *nmf* técnico(-a) en iluminación
**éclairant, e** [eklɛʀɑ̃, ɑ̃t] *adj (loupe)* luminoso(-a); **fusée éclairante** bengala
**éclaircie** [eklɛʀsi] *nf* escampada
**éclaircir** [eklɛʀsiʀ] *vt (aussi fig)* aclarar; *(sauce)* aguar; **s'éclaircir** *vpr (ciel)* despejarse; *(cheveux)* caerse; *(situation)* aclararse; **s'**~ **la voix** aclararse la voz
**éclaircissement** [eklɛʀsismɑ̃] *nm (d'une couleur)* aclarado; *(gén pl : explication)* aclaración *f*
**éclairé, e** [eklɛʀe] *adj (esprit)* ilustrado(-a); *(amateur)* experto(-a)
**éclairer** [eklɛʀe] *vt (suj : lampe, lumière)* iluminar; *(avec une lampe de poche)* alumbrar; *(instruire)* instruir; *(rendre compréhensible)* aclarar ▶ *vi* : ~ **bien/mal** iluminar bien/mal; **s'éclairer** *vpr (phare, rue)* iluminarse; *(situation)* aclararse; **s'**~ **à la bougie/l'électricité** alumbrarse con velas/electricidad
**éclaireur, -euse** [eklɛʀœʀ, øz] *nm (Mil)* explorador *m*; **partir en** ~ adelantarse ▶ *nm/f (scout)* explorador(a)
**éclat** [ekla] *nm (de bombe, verre)* fragmento; *(du soleil, d'une couleur)* brillo; *(d'une cérémonie)* brillantez *f*; **faire un** ~ *(scandale)* montar un número; **action d'**~ hazaña; **voler en éclats** volar en pedazos; **des éclats de verre** cristales *mpl*; ~ **de rire** carcajada; **éclats de voix** subidas *fpl* de tono

**éclatant, e** [eklatɑ̃, ɑ̃t] *adj (couleur)* brillante; *(lumière)* resplandeciente; *(voix, son)* vibrante; *(évident)* incuestionable; *(succès)* clamoroso(-a); *(revanche)* sensacional
**éclatement** [eklatmɑ̃] *nm* estallido *m*; *(de groupe, parti)* fragmentación *f*
**éclater** [eklate] *vi (aussi fig)* estallar; *(groupe, parti)* fragmentarse; ~ **de rire** estallar de risa; ~ **en sanglots** romper a llorar; **s'éclater** *vpr (fam)* pasarlo bomba *(fam)*
**éclectique** [eklɛktik] *adj* ecléctico(-a)
**éclectisme** [eklɛktism] *nm* eclecticismo
**éclipse** [eklips] *nf (aussi fig)* eclipse *m*
**éclipser** [eklipse] *vt* eclipsar; **s'éclipser** *vpr* eclipsarse
**éclopé, e** [eklɔpe] *adj* cojo(-a)
**éclore** [eklɔʀ] *vi (œuf, fleur)* abrirse; *(talent)* surgir
**éclosion** [eklozjɔ̃] *nf* eclosión *f*
**écluse** [eklyz] *nf* esclusa
**écluser** [eklyze] *(fam) vt* soplar *(fam)*, pimplar *(fam)* ▶ *vi* privar *(fam)*
**éclusier, -ière** [eklyzje, jɛʀ] *nm/f* esclusero(-a)
**écobuage** [ekɔbyaʒ] *nm* artiga, roza
**écocertification** [ekosɛʀtifikasjɔ̃] *nf* ecoetiquetado, etiquetado ecológico
**écœurant, e** [ekœʀɑ̃, ɑ̃t] *adj* asqueroso(-a)
**écœurement** [ekœʀmɑ̃] *nm* asco
**écœurer** [ekœʀe] *vt (suj : gâteau, goût)* dar asco a; *(personne, attitude)* desagradar; *(démoraliser)* destrozar
**école** [ekɔl] *nf* escuela; **aller à l'**~ ir a la escuela; **faire** ~ formar escuela; **les Grandes Écoles** las Grandes Escuelas; ~ **de danse/de dessin/de musique/de secrétariat** escuela de baile/de dibujo/de música/de secretariado; ~ **hôtelière** escuela de hostelería; ~ **maternelle** escuela de párvulos; *ver nota*; ~ **normale (d'instituteurs)/supérieure** escuela normal (de maestros)/superior; ~ **normale supérieure** escuela normal superior; ~ **élémentaire**, ~ **primaire** escuela primaria; ~ **privée/publique/secondaire** escuela privada/pública/secundaria

> **ÉCOLE MATERNELLE**
>
> En Francia la escuela infantil, la **école maternelle**, está subvencionada por el Estado y, pese a no ser obligatoria, la mayoría de los niños de entre dos y seis años acuden a ella. La educación obligatoria comienza con la educación primaria, la *école primaire*, que va desde los seis hasta los diez u once años.

**écolier, -ière** [ekɔlje, jɛʀ] *nm/f* escolar *mf*
**écolo** [ekɔlo] *(fam) nmf* verde *mf*
**écologie** [ekɔlɔʒi] *nf* ecología
**écologique** [ekɔlɔʒik] *adj* ecológico(-a)

## écologiste – écrouler

**écologiste** [ekɔlɔʒist] *nmf* ecologista *mf*
**écomusée** [ekomyze] *nm* ecomuseo
**éconduire** [ekɔ̃dyiʀ] *vt (congédier)* despedir
**économat** [ekɔnɔma] *nm* economato
**économe** [ekɔnɔm] *adj* ahorrador(a) ▶ *nmf (de lycée etc)* ecónomo(-a)
**économétrie** [ekɔnɔmetʀi] *nf* econometría
**économie** [ekɔnɔmi] *nf* economía *f; (vertu)* ahorro; *(plan, arrangement d'ensemble)* organización *f*; **une ~ de temps/d'argent** un ahorro de tiempo/de dinero; **~ dirigée** economía planificada; **économies** *nfpl* ahorros *mpl*
**économique** [ekɔnɔmik] *adj* económico(-a)
**économiquement** [ekɔnɔmikmɑ̃] *adv* económicamente; **les ~ faibles** los económicamente débiles
**économiser** [ekɔnɔmize] *vt* ahorrar, economizar ▶ *vi* ahorrar dinero
**économiseur** [ekɔnɔmizœʀ] *nm (Inform)* : **~ d'écran** protector *m* de pantalla
**économiste** [ekɔnɔmist] *nmf* economista *mf*
**écoper** [ekɔpe] *vt* achicar ▶ *vi* achicar; *(fig)* pagar el pato; **~ (de)** *(recevoir)* ganarse
**écorce** [ekɔʀs] *nf* corteza; *(de fruit)* piel *f*, cáscara
**écorcer** [ekɔʀse] *vt* descortezar
**écorché** [ekɔʀʃe] *nm (Tech)* figura anatómica desollada; **~ vif** *(fig)* despellejado vivo
**écorcher** [ekɔʀʃe] *vt (animal)* desollar; *(égratigner)* arañar; *(une langue)* lastimar; **s'~ le genou** *etc* arañarse la rodilla *etc*
**écorchure** [ekɔʀʃyʀ] *nf* arañazo
**écorner** [ekɔʀne] *vt (taureau)* descornar; *(livre)* doblar las puntas de la página de
**écossais, e** [ekɔsɛ, ɛz] *adj* escocés(-esa) ▶ *nm (Ling)* escocés *m; (tissu)* tela escocesa ▶ *nm/f* : **Écossais, e** escocés(-esa)
**Écosse** [ekɔs] *nf* Escocia
**écosser** [ekɔse] *vt* desgranar
**écosystème** [ekosistɛm] *nm* ecosistema *m*
**écot** [eko] *nm* : **payer son ~** pagar a escote
**écotaxe** [ekotaks] *nf* ecotasa
**écotourisme** [ekoturism] *nm* ecoturismo
**écoulement** [ekulmɑ̃] *nm (d'un liquide)* canalización *f; (faux billets)* circulación *f; (stock)* liquidación *f*
**écouler** [ekule] *vt (stock)* liquidar; *(faux billets)* hacer circular; **s'écouler** *vpr (rivière, eau)* fluir; *(foule)* dispersarse; *(jours, temps)* transcurrir
**écourter** [ekuʀte] *vt* acortar
**écoute** [ekut] *nf (Radio, TV)* : **temps/heure d'~** tiempo/hora de audición; *(Naut)* escota; **heure de grande ~** hora de gran audiencia; **bonne/mauvaise ~** buena/mala audición; **prendre l'~** sintonizar; **être/rester à l'~ (de)** estar/seguir a la escucha (de); **écoutes téléphoniques** escuchas *fpl* telefónicas
**écouter** [ekute] *vt* escuchar; *(fig)* hacer caso de *ou* a, escuchar a ▶ *vi* escuchar; **s'écouter** *vpr (s'apitoyer)* hacerse caso; **si je m'écoutais** si por mí fuera; **s'~ parler** escucharse hablar
**écouteur** [ekutœʀ] *nm (téléphone)* auricular *m*; **écouteurs** *nmpl (Radio)* auriculares *mpl*
**écoutille** [ekutij] *nf* escotilla
**écouvillon** [ekuvijɔ̃] *nm* escobillón *m*
**écrabouiller** [ekʀabuje] *(fam) vt* espachurrar *(fam)*
**écran** [ekʀɑ̃] *nm* pantalla; **porter à l'~** llevar a la pantalla; **faire ~** hacer pantalla; **le petit ~** la pequeña pantalla; **~ de fumée** pantalla de humo; **~ plat** pantalla plata; **~ tactile** pantalla táctil
**écrasant, e** [ekʀɑzɑ̃, ɑ̃t] *adj (responsabilité, travail)* agobiante; *(supériorité, avance)* abrumador(a), aplastante
**écraser** [ekʀɑze] *vt (broyer)* aplastar; *(suj : voiture, train)* atropellar; *(ennemi, équipe adverse)* aplastar; *(Inform)* sobreescribir; *(suj : travail, impôts)* abrumar; *(: responsabilités)* agobiar; *(dominer, humilier)* humillar; **écrase(-toi)!** *(fam)* ¡cierra el pico!; **se faire ~** ser atropellado(-a); **s'~ (au sol)** *(avion)* estrellarse (contra el suelo); **s'~ contre/sur** *(suj : voiture, objet)* estrellarse contra/en
**écrémage** [ekʀemaʒ] *nm (du lait)* desnatado; *(fig)* criba *f*
**écrémé, e** [ekʀeme] *adj (lait)* desnatado(-a)
**écrémer** [ekʀeme] *vt (lait)* desnatar; *(fig)* hacer una criba de, escoger lo mejor de
**écrevisse** [ekʀəvis] *nf* cangrejo de río
**écrier** [ekʀije] : **s'écrier** *vpr* exclamar
**écrin** [ekʀɛ̃] *nm* joyero
**écrire** [ekʀiʀ] *vt, vi* escribir; **~ à qn (que)** escribir a algn (que); **s'écrire** *vpr (réciproque)* escribirse; *(mot)* : **ça s'écrit comment ?** ¿cómo se escribe eso?
**écrit, e** [ekʀi, it] *pp de* **écrire** ▶ *adj* : **bien/mal ~** bien/mal escrito(-a) ▶ *nm* escrito; **par ~** por escrito
**écriteau, x** [ekʀito] *nm* letrero
**écritoire** [ekʀitwaʀ] *nf* escritorio
**écriture** [ekʀityʀ] *nf* escritura; *(style)* estilo; **l'É~ (sainte)** la (sagrada) Escriture; **écritures** *nfpl (Comm)* escrituras *fpl*; **les Écritures** las Escrituras
**écrivaillon, ne** [ekʀivajɔ̃, ɔn] *nm/f* escritorzuelo(-a)
**écrivain, e** [ekʀivɛ̃, ɛn] *nm/f* escritor(a)
**écrivais** [ekʀivɛ] *vb voir* **écrire**
**écrou** [ekʀu] *nm* tuerca
**écrouer** [ekʀue] *vt* encarcelar
**écroulé, e** [ekʀule] *adj (de fatigue)* derrumbado(-a); **~ (de rire)** muerto(-a) (de risa)
**écroulement** [ekʀulmɑ̃] *nm (d'un mur)* derrumbamiento; *(d'un animal etc)* desplome *m*
**écrouler** [ekʀule] : **s'écrouler** *vpr (mur)* derrumbarse; *(personne, animal)* desplomarse; *(projet etc)* venirse abajo

## écru – effleurer

**écru** [ekʀy] *adj* crudo(-a)
**écueil** [ekœj] *nm (aussi fig)* escollo
**écuelle** [ekɥɛl] *nf* escudilla
**éculé, e** [ekyle] *adj (chaussure)* destaconado(-a); *(péj : plaisanterie)* trasnochado(-a)
**écume** [ekym] *nf* espuma; **~ de mer** espuma de mar
**écumer** [ekyme] *vt (Culin)* espumar; *(région, bibliothèque)* recorrer ▶ *vi (mer)* hacer espuma; *(fig)* echar chispas por la boca
**écumoire** [ekymwaʀ] *nf* espumadera
**écureuil** [ekyʀœj] *nm* ardilla
**écurie** [ekyʀi] *nf* cuadra; *(de course automobile)* escudería; *(de course hippique)* caballeriza
**écusson** [ekysɔ̃] *nm* insignia
**écuyer, -ère** [ekɥije, jɛʀ] *nm/f* jinete *mf*
**eczéma** [ɛgzema] *nm* eczema *m*
**éd.** *abr (= édition)* ed. *(= edición)*
**édam** [edam] *nm* edam *m*
**edelweiss** [edɛlvajs] *nm inv* edelweiss *m inv*
**Éden** [edɛn] *nm* Édén *m*
**édenté, e** [edɑ̃te] *adj* desdentado(-a)
**EDF** [ədəɛf] *sigle f* = **Électricité de France**
**édicter** [edikte] *vt* decretar
**édifiant, e** [edifjɑ̃, jɑ̃t] *adj* edificante
**édification** [edifikasjɔ̃] *nf* edificación *f*
**édifice** [edifis] *nm (bâtiment)* edificio; *(fig)* estructura
**édifier** [edifje] *vt (bâtiment)* edificar; *(plan, théorie)* construir; *(Rel : personne)* edificar; *(: iro)* informar
**édiles** [edil] *nmpl (Admin)* ediles *mpl*, concejales *mpl*; *(hum)* ediles
**Édimbourg** [edɛ̃buʀ] *n* Edimburgo
**édit** [edi] *nm* edicto
**éditer** [edite] *vt* editar
**éditeur, -trice** [editœʀ, tʀis] *nm/f* editor(a)
**édition** [edisjɔ̃] *nf* edición *f*; *(Presse : exemplaires d'un journal)* tirada; **~ sur écran** *(Inform)* edición en pantalla; **l'~** *(industrie du livre)* la edición
**édito** [edito] *(fam) nm* = **éditorial**
**éditorial, -aux** [editɔʀjal, jo] *nm* editorial *f*
**éditorialiste** [editɔʀjalist] *nmf* editorialista *mf*
**édredon** [edʀədɔ̃] *nm* edredón *m*
**éducateur, -trice** [edykatœʀ, tʀis] *adj* educativo(-a) ▶ *nm/f* educador(a); **~ spécialisé(e)** educador(a) especializado(-a)
**éducatif, -ive** [edykatif, iv] *adj* educativo(-a)
**éducation** [edykasjɔ̃] *nf* educación *f*; **bonne/mauvaise ~** buena/mala educación; **sans ~** *(mal élevé)* sin educación; **l'É~ nationale** *(Admin)* ≈ la educación pública; **~ permanente** educación permanente; **~ physique** educación física
**édulcorant** [edylkɔʀɑ̃] *nm* edulcorante *m*
**édulcorer** [edylkɔʀe] *vt (aussi fig)* edulcorar
**éduquer** [edyke] *vt* educar; **bien/mal éduqué** bien/mal educado
**EEG** [eəʒe] *sigle m (= électroencéphalogramme)* EEG *m (= electroencefalograma)*

**effaçable** [efasabl] *adj (feutre, CD)* borrable
**effacé, e** [efase] *adj (menton)* hundido(-a); *(fig : personne, caractère)* discreto(-a)
**effacer** [efase] *vt (aussi fig)* borrar; **s'effacer** *vpr* borrarse; *(pour laisser passer)* apartarse
**effaceur** [efasœʀ] *nm* borrador *m* de tinta, borratinta *m*
**effarant, e** [efaʀɑ̃, ɑ̃t] *adj* espantoso(-a)
**effaré, e** [efaʀe] *adj* espantado(-a)
**effarement** [efaʀmɑ̃] *nm* espanto
**effarer** [efaʀe] *vt* espantar
**effarouchement** [efaʀuʃmɑ̃] *nm* espantada
**effaroucher** [efaʀuʃe] *vt (animal)* espantar; *(personne)* asustar
**effectif, -ive** [efɛktif, iv] *adj* efectivo(-a) ▶ *nm (Mil, Comm : gén pl)* efectivos *mpl*; *(d'une classe)* alumnado
**effectivement** [efɛktivmɑ̃] *adv* efectivamente; *(réellement)* realmente
**effectuer** [efɛktɥe] *vt* efectuar; *(mouvement)* realizar; **s'effectuer** *vpr* efectuarse; *(mouvement)* producirse
**efféminé, e** [efemine] *adj* afeminado(-a)
**effervescence** [efɛʀvesɑ̃s] *nf (fig)* : **en ~** en efervescencia
**effervescent, e** [efɛʀvesɑ̃, ɑ̃t] *adj (aussi fig)* efervescente
**effet** [efɛ] *nm* efecto; **avec ~ rétroactif** con efecto retroactivo; **faire de l'~** *(médicament, menace)* hacer efecto; *(nouvelle, décor)* causar efecto; **sous l'~ de** bajo el efecto de; **donner de l'~ à une balle** dar efecto a una pelota; **à cet ~** con este fin; **en ~** en efecto; **~ (de commerce)** efecto (comercial); **~ de couleur/de lumière/de style** efecto de color/de luz/de estilo; **effets de voix** efectos *mpl* de voz; **effets spéciaux** efectos especiales; **effets** *nmpl (vêtements etc)* efectos *mpl*, enseres *mpl*; **effets personnels** efectos personales
**effeuiller** [efœje] *vt* deshojar
**efficace** [efikas] *adj* eficaz
**efficacement** [efikasmɑ̃] *adv* eficazmente, con eficacia
**efficacité** [efikasite] *nf* eficacia
**effigie** [efiʒi] *nf* efigie *f*; **brûler qn en ~** quemar la efigie de algn
**effilé, e** [efile] *adj* afilado(-a); *(doigt)* delgado(-a); *(pointe)* aguzado(-a); *(carrosserie)* refinado(-a)
**effiler** [efile] *vt (cheveux)* atusar; *(tissu)* deshilachar
**effilocher** [efilɔʃe] : **s'effilocher** *vpr* deshilacharse
**efflanqué, e** [eflɑ̃ke] *adj* flaco(-a)
**effleurement** [eflœʀmɑ̃] *nm* : **touche à ~** tecla sensible al tacto
**effleurer** [eflœʀe] *vt (avec la main, le corps)* rozar; *(fig : sujet, idée)* tocar; **~ qn** *(suj : pensée)* pasar por la cabeza de algn

## effluves – égrener

**effluves** [eflyv] *nmpl* efluvios *mpl*
**effondré, e** [efɔ̃dʀe] *adj (par un malheur)* abatido(-a)
**effondrement** [efɔ̃dʀəmɑ̃] *nm (d'un mur)* desmoronamiento; *(des prix, du marché)* hundimiento; *(d'un coureur)* desplome *m*; *(moral)* decaimiento
**effondrer** [efɔ̃dʀe] : **s'effondrer** *vpr (mur, bâtiment)* desmoronarse; *(prix, marché)* hundirse; *(blessé, coureur)* desplomarse; *(craquer moralement)* hundirse
**efforcer** [efɔʀse] : **s'efforcer de** *vpr* esforzarse por; **s'~ de faire** esforzarse por hacer
**effort** [efɔʀ] *nm* esfuerzo; **faire un ~** hacer un esfuerzo; **faire tous ses efforts** hacer todos los esfuerzos posibles; **faire l'~ de ...** hacer el esfuerzo de ...; **sans ~** *adj, adv* sin esfuerzo; **~ de mémoire/de volonté** esfuerzo de memoria/de voluntad
**effraction** [efʀaksjɔ̃] *nf* efracción *f*; **vol avec** *ou* **par ~** robo con efracción; **s'introduire par ~ dans** entrar mediante efracción en
**effrangé, e** [efʀɑ̃ʒe] *adj* con flecos; *(effiloché)* deshilachado(-a)
**effrayant, e** [efʀɛjɑ̃, ɑ̃t] *adj* horroroso(-a), espantoso(-a)
**effrayé, e** [efʀeje] *adj* asustado(-a)
**effrayer** [efʀeje] *vt* asustar; **s'effrayer (de)** *vpr* asustarse (de)
**effréné, e** [efʀene] *adj* desenfrenado(-a)
**effritement** [efʀitmɑ̃] *nm* desmoronamiento
**effriter** [efʀite] : **s'effriter** *vpr* desmoronarse
**effroi** [efʀwa] *nm* pavor *m*
**effronté, e** [efʀɔ̃te] *adj* descarado(-a)
**effrontément** [efʀɔ̃temɑ̃] *adv (mentir)* descaradamente
**effronterie** [efʀɔ̃tʀi] *nf* descaro
**effroyable** [efʀwajabl] *adj* espantoso(-a)
**effroyablement** [efʀwajabləmɑ̃] *adv* horriblemente
**effusion** [efyzjɔ̃] *nf (gén pl)* efusión *f*; **sans ~ de sang** sin derramamiento de sangre
**égailler** [egaje] : **s'égailler** *vpr* dispersarse
**égal, e, -aux** [egal, o] *adj (gén)* igual; *(terrain, surface)* liso(-a); *(vitesse, rythme)* regular; **être ~ à lui/nous est ~** le/nos da igual; **c'est ~** es igual ▶ *nm/f* igual *mf*; **sans ~** sin igual; **à l'~ de** *(comme)* al igual que; **d'~ à ~** de igual a igual
**également** [egalmɑ̃] *adv (partager etc)* en partes iguales; *(en outre, aussi)* igualmente
**égaler** [egale] *vt* igualar; **trois plus trois égalent six** tres más tres igual a seis
**égalisateur, -trice** [egalizatœʀ, tʀis] *adj (Sport)*: **but ~** tanto del empate
**égalisation** [egalizasjɔ̃] *nf (Sport)* empate *m*
**égaliser** [egalize] *vt* igualar ▶ *vi (Sport)* empatar
**égalitaire** [egalitɛʀ] *adj* igualitario(-a)

**égalitarisme** [egalitaʀism] *nm* igualitarismo
**égalitariste** [egalitaʀist] *adj* igualitarista
**égalité** [egalite] *nf* igualdad *f*; **être à ~ (de points)** estar empatados(-as) (en tantos); **~ d'humeur** serenidad *f*; **~ de droits** igualdad de derechos
**égard** [egaʀ] *nm* consideración *f*; **à cet ~/certains égards/tous égards** a este respecto/en ciertos aspectos/por todos los conceptos; **eu ~ à** teniendo en cuenta; **par/sans ~ pour** por/sin consideración para; **à l'~ de** con respecto a; **égards** *nmpl (marques de respect)* atenciones *fpl*
**égaré, e** [egaʀe] *adj (personne, animal)* perdido(-a); *(air, regard)* extraviado(-a)
**égarement** [egaʀmɑ̃] *nm (d'esprit)* extravío; *(gén pl : débauche)* desliz *m*; **dans un moment d'~** en un momento de extravío
**égarer** [egaʀe] *vt (perdre)* perder; *(personne)* echar a perder; **s'égarer** *vpr (aussi fig)* perderse; *(objet)* extraviarse
**égayer** [egeje] *vt (personne : divertir)* distraer; *(récit, endroit)* alegrar
**Égée** [eʒe] *adj* : **la mer ~** el (mar) Egeo
**égéen, ne** [eʒeɛ̃, ɛn] *adj* del Egeo
**égérie** [eʒeʀi] *nf* : **l'~ de qn/qch** la inspiración de algn/algo
**égide** [eʒid] *nf* : **sous l'~ de** bajo la égida de
**églantier** [eglɑ̃tje] *nm* escaramujo
**églantine** [eglɑ̃tin] *nf* zarzarrosa
**églefin** [egləfɛ̃] *nm* abadejo
**église** [egliz] *nf* iglesia; **aller à l'~** *(être pratiquant)* ir a la iglesia; **l'É~ catholique** la Iglesia católica; **l'É~ presbytérienne** la Iglesia presbiteriana
**ego** [ego] *nm* ego
**égocentrique** [egosɑ̃tʀik] *adj* egocéntrico(-a)
**égocentrisme** [egosɑ̃tʀism] *nm* egocentrismo
**égoïne** [egɔin] *nf* serrucho
**égoïsme** [egɔism] *nm* egoísmo
**égoïste** [egɔist] *adj, nm/f* egoísta *mf*
**égoïstement** [egɔistəmɑ̃] *adv* egoístamente
**égorger** [egɔʀʒe] *vt* degollar
**égosiller** [egozije] : **s'égosiller** *vpr* desgañitarse
**égotisme** [egɔtism] *nm* egotismo
**égout** [egu] *nm* alcantarilla; **le tout(-)à(-)l'~** la red de saneamiento *ou* evacuación; **eaux d'~** aguas *fpl* residuales
**égoutier** [egutje] *nm* pocero
**égoutter** [egute] *vt* escurrir ▶ *vi* gotear; **s'égoutter** *vpr* escurrirse; *(eau)* gotear
**égouttoir** [egutwaʀ] *nm* escurridero
**égratigner** [egʀatiɲe] *vt* rasguñar; *(fig)* burlarse de; **s'égratigner** *vpr* rasguñarse
**égratignure** [egʀatiɲyʀ] *nf* rasguño
**égrener** [egʀəne] *vt* desgranar; **~ une grappe/des raisins** desgranar un racimo/las

## égrillard – électronicien

uvas; **s'égrener** vpr desgranarse; (se disperser) diseminarse
**égrillard, e** [egʀijaʀ, aʀd] adj verde
**Égypte** [eʒipt] nf Egipto
**égyptien, ne** [eʒipsjɛ̃, jɛn] adj egipcio(-a)
▶ nm/f : **Égyptien, ne** egipcio(-a)
**égyptologie** [eʒiptɔlɔʒi] nf egiptología
**égyptologue** [eʒiptɔlɔg] nmf egiptólogo(-a)
**eh** [e] excl eh; **eh bien !** (surprise) ¡pero bueno!; **eh bien ?** (attente, doute) ¿y bien?; **eh bien** (donc) entonces
**éhonté, e** [eɔ̃te] adj desvergonzado(-a)
**éjaculation** [eʒakylasjɔ̃] nf eyaculación f; **~ précoce** eyaculación precoz
**éjaculer** [eʒakyle] vi eyacular
**éjectable** [eʒɛktabl] adj : **siège ~** asiento eyectable
**éjecter** [eʒɛkte] vt (Tech) eyectar; (fam) echar
**éjection** [eʒɛksjɔ̃] nf (Tech) eyección f; (fam) echamiento
**élaboration** [elabɔʀasjɔ̃] nf elaboración f
**élaboré, e** [elabɔʀe] adj elaborado(-a)
**élaborer** [elabɔʀe] vt elaborar
**élagage** [elagaʒ] nm (des arbres) poda
**élaguer** [elage] vt (aussi fig) podar
**élagueur, -euse** [elagœʀ, øz] nm/f (personne) podador(a)
**élagueuse** [elagøz] nf (machine) podadora
**élan** [elɑ̃] nm (Zool) alce m; (mouvement, lancée) impulso; (fig) arrebato; **perdre son ~** perder impulso; **prendre de l'~** tomar carrerilla; **prendre son ~** tomar impulso
**élancé, e** [elɑ̃se] adj esbelto(-a)
**élancement** [elɑ̃smɑ̃] nm (gén pl : douleur) punzada
**élancer** [elɑ̃se] : **s'élancer** vpr lanzarse; (arbre, clocher) alzarse
**élargir** [elaʀʒiʀ] vt (porte, route) ensanchar; (vêtement) sacar a; (fig : groupe, débat) ampliar; (Jur) liberar; **s'élargir** vpr ensancharse
**élargissement** [elaʀʒismɑ̃] nm ensanchamiento; (d'un groupe) ampliación f; (Jur) puesta en libertad
**élasticité** [elastisite] nf elasticidad f; **~ de l'offre/de la demande** elasticidad de la oferta/de la demanda
**élastique** [elastik] adj elástico(-a); (Phys) flexible; (fig : parfois péj) contemporizador(a) ▶ nm (de bureau) elástico, goma; (pour la couture) goma
**élastomère** [elastɔmɛʀ] nm goma
**eldorado** [ɛldɔʀado] nm Eldorado
**électeur, -trice** [elɛktœʀ, tʀis] nm/f elector(a)
**électif, -ive** [elɛktif, iv] adj (président, charge) electivo(-a); (Méd) localizado(-a)
**élection** [elɛksjɔ̃] nf elección f; **sa terre/ patrie d'~** su tierra/patria de elección; **~ partielle** elección parcial; **élections** nfpl (Pol) elecciones fpl; **élections législatives** elecciones legislativas; ver nota

**ÉLECTIONS**

En Francia se celebran **élections législatives** cada cinco años con el fin de elegir a los *députés* de la *Assemblée nationale*. Hay además una **election présidentielle** en la que se elige al presidente y que se celebra también cada cinco años. La votación, que siempre tiene lugar un domingo, es por sufragio universal y se realiza en dos vueltas.

**électoral, e, -aux** [elɛktɔʀal, o] adj electoral
**électoralisme** [elɛktɔʀalism] nm electoralismo
**électorat** [elɛktɔʀa] nm electorado
**électricien, ne** [elɛktʀisjɛ̃, jɛn] nm/f electricista mf
**électricité** [elɛktʀisite] nf electricidad f; (fig) tensión f; **avoir l'~** tener corriente eléctrica; **fonctionner à l'~** funcionar con electricidad; **allumer/éteindre l'~** encender/apagar la luz; **~ statique** electricidad estática
**électrification** [elɛktʀifikasjɔ̃] nf electrificación f
**électrifier** [elɛktʀifje] vt electrificar
**électrique** [elɛktʀik] adj eléctrico(-a); (fig) tenso(-a)
**électriser** [elɛktʀize] vt (aussi fig) electrizar
**électro...** [elɛktʀɔ] préf electro...
**électro-aimant** [elɛktʀɔemɑ̃] (pl **électro-aimants**) nm electroimán m
**électrocardiogramme** [elɛktʀokaʀdjɔgʀam] nm electrocardiograma m
**électrocardiographe** [elɛktʀokaʀdjɔgʀaf] nm electrocardiógrafo
**électrochoc** [elɛktʀoʃɔk] nm electrochoque m
**électrocuter** [elɛktʀokyte] vt electrocutar
**électrocution** [elɛktʀokysjɔ̃] nf electrocución f
**électrode** [elɛktʀɔd] nf electrodo
**électroencéphalogramme** [elɛktʀoɑ̃sefalogʀam] nm electroencefalograma m
**électrogène** [elɛktʀɔʒɛn] adj voir **groupe**
**électroluminescence** [elɛktʀolyminesɑ̃s] nf electroluminiscencia
**électroluminescent, e** [elɛktʀolyminesɑ̃, ɑ̃t] adj electroluminiscente
**électrolyse** [elɛktʀoliz] nf electrólisis f inv
**électromagnétique** [elɛktʀomaɲetik] adj electromagnético(-a)
**électroménager** [elɛktʀomenaʒe] adj : **appareils électroménagers** aparatos mpl electrodomésticos; **l'~** (secteur commercial) el sector de los electrodomésticos
**électron** [elɛktʀɔ̃] nm electrón m; **l'~ libre (de)** (fig) el electrón libre (de)
**électronicien, ne** [elɛktʀɔnisjɛ̃, jɛn] nm/f electrónico(-a)

## électronique – Élysée

**électronique** [elɛktrɔnik] adj electrónico(-a) ▶ nf electrónica
**électronucléaire** [elɛktrɔnykleɛʀ] adj electronuclear ▶ nm: **l'~** lo electronuclear
**électrophone** [elɛktrɔfɔn] nm tocadiscos m inv
**électrostatique** [elɛktrɔstatik] adj electro(e)stático(-a) ▶ nf electro(e)stática
**électrothérapie** [elɛktʀoteʀapi] nf electroterapia
**élégamment** [elegamɑ̃] adv elegantemente
**élégance** [elegɑ̃s] nf elegancia
**élégant, e** [elegɑ̃, ɑ̃t] adj (aussi fig) elegante
**élégiaque** [eleʒjak] adj elegíaco(-a)
**élégie** [eleʒi] nf elegía
**élément** [elemɑ̃] nm elemento; **éléments** nmpl (eau, air etc) elementos mpl; (rudiments) rudimentos mpl
**élémentaire** [elemɑ̃tɛʀ] adj elemental
**éléphant** [elefɑ̃] nm elefante m; **~ de mer** elefante marino
**éléphanteau, x** [elefɑ̃to] nm elefantillo
**éléphantesque** [elefɑ̃tɛsk] adj enorme
**élevage** [el(ə)vaʒ] nm (de bétail, de volaille) cría; (activité, secteur économique) ganadería; (vin) crianza
**élévateur** [elevatœʀ] nm elevador m
**élévation** [elevasjɔ̃] nf elevación f; (de la température) ascenso; (Géom, Rel) elevación
**élevé, e** [el(ə)ve] adj (aussi fig) elevado(-a); **bien/mal ~** bien/mal educado(-a)
**élève** [elɛv] nmf alumno(-a); **~ infirmière** aspirante f a enfermera
**élever** [el(ə)ve] vt (enfant) educar, criar; (animaux, vin) criar; (hausser) subir; (monument, âme, esprit) elevar; **~ une protestation/critique** elevar una protesta/crítica; **~ la voix/le ton** levantar la voz/el tono; **~ qn au rang/grade de** ascender ou elevar a algn al rango/grado de; **~ un nombre au carré/cube** elevar un número al cuadrado/cubo; **s'élever** vpr (avion, alpiniste) ascender; (clocher, montagne) alzarse; (protestations) levantar; (cri) oírse; (niveau) subir; (température) ascender; (survenir : difficultés) surgir; **s'~ contre qch** rebelarse contra algo; **s'~ à** (frais, dégâts) elevarse a
**éleveur, -euse** [el(ə)vœʀ, øz] nm/f (de bétail) ganadero(-a)
**elfe** [ɛlf] nm elfo
**élidé, e** [elide] adj: **article/pronom ~** artículo/pronombre m elidido
**élider** [elide]: **s'élider** vpr elidirse
**éligibilité** [eliʒibilite] nf elegibilidad f
**éligible** [eliʒibl] adj elegible
**élimé, e** [elime] adj raído(-a)
**élimer** [elime]: **s'élimer** vpr: **cette veste s'élime aux coudes** a esta chaqueta se le están rayando los codos

**élimination** [eliminasjɔ̃] nf eliminación f
**éliminatoire** [eliminatwaʀ] adj eliminatorio(-a) ▶ nf eliminatoria
**éliminer** [elimine] vt eliminar
**élire** [eliʀ] vt (Pol etc) elegir; **~ domicile à ...** domiciliarse en ...
**élisabéthain, e** [elizabetɛ̃, ɛn] adj isabelino(-a)
**élision** [elizjɔ̃] nf elisión f
**élite** [elit] nf élite f; **les élites** las élites; **tireur d'~** tirador m de primera; **chercheur d'~** investigador m de categoría
**élitisme** [elitism] nm elitismo
**élitiste** [elitist] adj elitista
**élixir** [eliksiʀ] nm elixir m
**elle** [ɛl] pron ella; **Marie est-~ rentrée ?** ¿ha vuelto María?; **c'est à ~** es suyo(-a), es de ella; **ce livre est à ~** ese libro es suyo; **avec ~** (réfléchi) consigo
**elle-même** [ɛlmɛm] pron ella misma; (avec préposition) sí misma; **elles-mêmes** pron pl ellas mismas; (après préposition) sí mismas
**ellipse** [elips] nf elipsis f inv
**elliptique** [eliptik] adj elíptico(-a)
**élocution** [elɔkysjɔ̃] nf elocución f; **défaut d'~** defecto de dicción
**éloge** [elɔʒ] nm (compliment : gén pl) elogio; (discours) panegírico; **faire l'~ de qn/qch** hacer el elogio de algn/algo; **ne pas tarir d'éloges sur qn/qch** no escatimar elogios a algn/algo; **~ funèbre** oración f fúnebre
**élogieusement** [elɔʒjøzmɑ̃] adv elogiosamente
**élogieux, -euse** [elɔʒjø, jøz] adj elogioso(-a)
**éloigné, e** [elwaɲe] adj (gén) alejado(-a); (date, échéance, parent) lejano(-a)
**éloignement** [elwaɲmɑ̃] nm (action d'éloigner) alejamiento; (distance : aussi fig) lejanía
**éloigner** [elwaɲe] vt (échéance, but) retrasar; (soupçons, danger) ahuyentar; **~ qch (de)** alejar algo (de); **~ qn (de)** distanciar a algn (de); **s'éloigner** vpr alejarse; (fig) distanciarse; **s'~ de** alejarse de; (fig : sujet, but) salirse de
**élongation** [elɔ̃gasjɔ̃] nf elongación f
**éloquence** [elɔkɑ̃s] nf elocuencia
**éloquent, e** [elɔkɑ̃, ɑ̃t] adj elocuente
**élu, e** [ely] pp de **élire** ▶ nm/f (Pol) elegido(-a), electo(-a); (Rel) elegido(-a); **l'~ de son cœur** su amado(-a); **les élus locaux** los cargos electos locales
**élucider** [elyside] vt dilucidar
**élucubrations** [elykybʀasjɔ̃] nfpl elucubraciones fpl
**éluder** [elyde] vt eludir
**élus** [ely] vb voir **élire**
**élusif, -ive** [elyzif, iv] adj elusivo(-a)
**Élysée** [elize] nm: **l'~, le palais de l'~** el Elíseo, el palacio del Elíseo; ver nota; **les Champs-Élysées** los Campos Elíseos

### PALAIS DE L'ÉLYSÉE

El **palais de l'Élysée**, que está situado en el centro mismo de París, a muy poca distancia de los Campos Elíseos, es la residencia oficial del presidente francés. Fue construido en el siglo XVIII, y ha sido la residencia presidencial desde 1876. Se usa con frecuencia una versión reducida de su nombre, **l'Élysée**, para referirse a la presidencia misma.

**émacié, e** [emasje] adj demacrado(-a)
**émail, -aux** [emaj, o] nm esmalte m
**e-mail** [imɛl] (pl **e-mails**) nm mail m, email m; **envoyer qch par ~** enviar algo por (e)mail
**émaillé, e** [emaje] adj esmaltado(-a); **~ de** (parsemé) plagado(-a) de
**émailler** [emaje] vt esmaltar; **~ de** (parsemer) plagar de
**émanation** [emanasjɔ̃] nf (gén pl) emanación f; **être l'~ de** (provenir de) emanar de
**émancipation** [emɑ̃sipasjɔ̃] nf emancipación f
**émancipé, e** [emɑ̃sipe] adj emancipado(-a)
**émanciper** [emɑ̃sipe] vt (Jur) emancipar; (gén : aussi moralement) liberar; **s'émanciper** vpr (fig) liberarse
**émaner** [emane] : **~ de** vt emanar de
**émarger** [emaʀʒe] vt marginar; **~ de 100 € à un budget** cobrar 100 euros de un presupuesto
**émasculer** [emaskyle] vt emascular; (fig) mutilar
**emballage** [ɑ̃balaʒ] nm embalaje m; (d'un cadeau) envoltura; **~ perdu** embalaje no retornable
**emballant, e** [ɑ̃balɑ̃, ɑ̃t] (fam) adj : **ce n'est pas très ~** (film, livre) no es nada del otro mundo; (proposition) no es muy entusiasmante
**emballer** [ɑ̃bale] vt (marchandise, moteur) embalar; (cadeau) envolver; (fig : personne) encantar; **j'ai été emballé par le spectacle** el espectáculo me ha encantado; **s'emballer** vpr (moteur, personne) embalarse; (cheval) desbocarse; **ne t'emballe pas !** ¡no te embales!
**emballeur, -euse** [ɑ̃balœʀ, øz] nm/f embalador(a)
**embarcadère** [ɑ̃baʀkadɛʀ] nm embarcadero
**embarcation** [ɑ̃baʀkasjɔ̃] nf embarcación f
**embardée** [ɑ̃baʀde] nf bandazo; **faire une ~** dar un bandazo
**embargo** [ɑ̃baʀgo] nm embargo; **mettre l'~ sur** embargar
**embarqué, e** [ɑ̃baʀke] adj (électronique, équipement) embebido(-a), empotrado(-a)
**embarquement** [ɑ̃baʀkəmɑ̃] nm embarque m; « **~ immédiat porte n° 5** » « embarque inmediato puerta n° 5 »

**embarquer** [ɑ̃baʀke] vt embarcar; (fam : voler) mangar; (: arrêter) trincar ▶ vi embarcar; **s'embarquer** vpr embarcarse; **s'~ dans** (affaire, aventure) embarcarse en
**embarras** [ɑ̃baʀa] nm aprieto, apuro; (obstacle) estorbo; (ennui) problema m; **être dans l'~** (être ennuyé) estar apurado(-a); (gêne financière) estar en apuros; **plonger qn dans l'~** poner a algn en un aprieto ou un apuro; **~ gastrique** molestia intestinal
**embarrassant, e** [ɑ̃baʀasɑ̃, ɑ̃t] adj molesto(-a)
**embarrassé, e** [ɑ̃baʀase] adj (encombré) atestado(-a); (air, sourire) incómodo(-a); (personne) turbado(-a), apurado(-a); (explications) confuso(-a)
**embarrasser** [ɑ̃baʀase] vt (encombrer) estorbar; (gêner) molestar; (troubler) turbar; **s'embarrasser de** vpr (paquets) cargarse de; **ne pas s'~ de** (scrupules, précautions) no andarse con
**embauche** [ɑ̃boʃ] nf contratación f; (travail) trabajo; **bureau d'~** oficina de contratación
**embaucher** [ɑ̃boʃe] vt contratar; **s'embaucher** vpr : **s'~ comme** inscribirse como
**embauchoir** [ɑ̃boʃwaʀ] nm horma
**embaumement** [ɑ̃bomɑ̃] nm embalsamamiento
**embaumer** [ɑ̃bome] vt embalsamar; **~ la lavande/l'encaustique** oler a lavanda/a cera ▶ vi oler muy bien
**embellie** [ɑ̃beli] nf (aussi fig) calma
**embellir** [ɑ̃beliʀ] vt (aussi fig) embellecer ▶ vi estar cada vez más bonito(-a)
**embellissement** [ɑ̃belismɑ̃] nm (décoration etc) adorno; (d'une ville, d'une maison) arreglo
**emberlificoter** [ɑ̃bɛʀlifikɔte] (fam) : **s'emberlificoter** vpr enredarse, liarse
**embêtant, e** [ɑ̃bɛtɑ̃, ɑ̃t] (fam) adj molesto(-a), embromado(-a) (AM, fam)
**embêté, e** [ɑ̃bete] adj incómodo(-a), contrariado(-a)
**embêtement** [ɑ̃bɛtmɑ̃] (fam) nm (gén pl) problema m
**embêter** [ɑ̃bete] (fam) vt (importuner) molestar, embromar (AM, fam); (ennuyer) aburrir; (contrarier) fastidiar; **s'embêter** vpr aburrirse; (iro) : **il ne s'embête pas !** ¡no se aburre!
**emblée** [ɑ̃ble] : **d'~** adv de golpe
**emblématique** [ɑ̃blematik] adj emblemático(-a)
**emblème** [ɑ̃blɛm] nm (aussi fig) emblema m
**embobiner** [ɑ̃bɔbine] vt encanillar; **~ qn** (fam : enjôler) embaucar a algn
**emboîtable** [ɑ̃bwatabl] adj encajable
**emboîtement** [ɑ̃bwatmɑ̃] nm encaje m
**emboîter** [ɑ̃bwate] vt encajar; **~ le pas à qn** (aussi fig) seguir los pasos de algn; **s'emboîter** vpr : **s'~ dans** encajarse en; **s'~ (l'un dans l'autre)** encajarse (uno en otro)
**embolie** [ɑ̃bɔli] nf embolia

**embonpoint** [ɑ̃bɔ̃pwɛ̃] *nm* gordura; **prendre de l'~** engordar
**embouché, e** [ɑ̃buʃe] *adj* : **mal ~** mal hablado(-a)
**embouchure** [ɑ̃buʃyʀ] *nf* (*Géo*) desembocadura; (*Mus*) embocadura
**embourber** [ɑ̃buʀbe] : **s'embourber** *vpr* atascarse; **s'~ dans** (*fig*) atrancarse en
**embourgeoiser** [ɑ̃buʀʒwaze] : **s'embourgeoiser** *vpr* aburguesarse
**embout** [ɑ̃bu] *nm* contera
**embouteillage** [ɑ̃butɛjaʒ] *nm* embotellado; (*fig*) embotellamiento
**embouteiller** [ɑ̃buteje] *vt* embotellar
**emboutir** [ɑ̃butiʀ] *vt* (*Tech*) forjar; (*entrer en collision avec*) chocar contra
**embranchement** [ɑ̃bʀɑ̃ʃmɑ̃] *nm* (*routier*) bifurcación *f*; (*Science*) tipo, filo
**embrancher** [ɑ̃bʀɑ̃ʃe] *vt* empalmar; **~ qch sur** empalmar algo con
**embrasement** [ɑ̃bʀazmɑ̃] *nm* (*fig*) escalada de la violencia
**embraser** [ɑ̃bʀaze] : **s'embraser** *vpr* abrasarse; (*fig*) encenderse
**embrassade** [ɑ̃bʀasad] *nf* (*gén pl*) abrazo
**embrasse** [ɑ̃bʀas] *nf* alzapaño
**embrasser** [ɑ̃bʀase] *vt* (*étreindre*) abrazar; (*donner un baiser*) besar; (*sujet, période*) abarcar; **~ une carrière/un métier** abrazar una carrera/un oficio; **~ du regard** abarcar con la mirada; **s'embrasser** *vpr* besarse
**embrasure** [ɑ̃bʀazyʀ] *nf* vano; **dans l'~ de la porte** en el vano de la puerta
**embrayage** [ɑ̃bʀɛjaʒ] *nm* embrague *m*
**embrayer** [ɑ̃bʀeje] *vi* embragar ▶ *vt* (*affaire*) emprender; **~ sur qch** empalmar con algo
**embrigadement** [ɑ̃bʀigadmɑ̃] *nm* reclutamiento; (*fig* : *péj*) captación *f*
**embrigader** [ɑ̃bʀigade] *vt* reclutar; (*fig* : *péj*) liar
**embringuer** [ɑ̃bʀɛ̃ge] (*fam*) *vt* liar (*fam*), enredar; **~ qn dans qch** liar a algn en algo, enredar a algn en algo; **se laisser ~ dans qch** dejarse liar en algo; **s'embringuer** *vpr* : **s'~ dans qch** enredarse en algo
**embrocher** [ɑ̃bʀɔʃe] *vt* ensartar; (*fig*) atravesar (con espada)
**embrouillamini** [ɑ̃bʀujamini] (*fam*) *nm* barahúnda
**embrouille** [ɑ̃bʀuj] (*fam*) *nf* (*tromperie*) chanchullo (*fam*)
**embrouillé, e** [ɑ̃bʀuje] *adj* embrollado(-a)
**embrouiller** [ɑ̃bʀuje] *vt* (*aussi fig*) enredar; (*personne*) liar (*fam*); **s'embrouiller** *vpr* enredarse
**embroussaillé, e** [ɑ̃bʀusaje] *adj* (*terrain*) lleno(-a) de maleza; (*cheveux*) enmarañado(-a)
**embrumé, e** [ɑ̃bʀyme] *adj* (*paysage, horizon*) nublado(-a); (*cerveau, esprit*) aturdido(-a)
**embruns** [ɑ̃bʀœ̃] *nmpl* rociones *mpl*

**embryologie** [ɑ̃bʀijɔlɔʒi] *nf* embriología
**embryon** [ɑ̃bʀijɔ̃] *nm* (*aussi fig*) embrión *m*
**embryonnaire** [ɑ̃bʀijɔnɛʀ] *adj* (*aussi fig*) embrionario(-a)
**embûches** [ɑ̃byʃ] *nfpl* obstáculos *mpl*
**embué, e** [ɑ̃bɥe] *adj* empañado(-a); **yeux embués de larmes** ojos *mpl* empañados por las lágrimas
**embuscade** [ɑ̃byskad] *nf* emboscada; **tendre une ~ à qn** tender una emboscada a algn
**embusqué** [ɑ̃byske] (*péj*) *nm* enchufado
**embusquer** [ɑ̃byske] *vt* emboscar; **s'embusquer** *vpr* emboscarse; (*péj*) enchufarse
**éméché, e** [emeʃe] *adj* achispado(-a)
**émeraude** [em(ə)ʀod] *nf, adj inv* esmeralda
**émergence** [emɛʀʒɑ̃s] *nf* emergencia
**émergent, e** [emɛʀʒɑ̃, ɑ̃t] *adj* emergente
**émerger** [emɛʀʒe] *vi* emerger; (*fig*) surgir
**émeri** [em(ə)ʀi] *nm* : **toile ~** lija de esmeril
**émérite** [emeʀit] *adj* emérito(-a)
**émerveillement** [emɛʀvɛjmɑ̃] *nm* maravilla
**émerveiller** [emɛʀveje] *vt* maravillar; **s'émerveiller** *vpr* : **s'~ (de qch)** maravillarse (de algo)
**émet** [emɛ] *vb voir* **émettre**
**émétique** [emetik] *nm* emético(-a)
**émetteur, -trice** [emetœʀ, tʀis] *adj* emisor(a) ▶ *nm* emisor *m*
**émetteur-récepteur** [emetœʀʀesɛptœʀ] (*pl* **émetteurs-récepteurs**) *nm* emisor-receptor *m*
**émettre** [emɛtʀ] *vt, vi* emitir; **~ sur ondes courtes** emitir en onda corta
**émeus** *etc* [emø] *vb voir* **émouvoir**
**émeute** [emøt] *nf* motín *m*
**émeutier, -ière** [emøtje, jɛʀ] *nm/f* amotinado(-a)
**émeuve** [emœv] *vb voir* **émouvoir**
**émietter** [emjete] *vt* (*pain*) desmigajar; (*terre*) deshacer; (*fig*) dividir; **s'émietter** *vpr* (*terre*) desmenuzarse; (*pain*) desmigajarse
**émigrant, e** [emigʀɑ̃, ɑ̃t] *nm/f* emigrante *mf*
**émigration** [emigʀasjɔ̃] *nf* emigración *f*
**émigré, e** [emigʀe] *nm/f* emigrado(-a)
**émigrer** [emigʀe] *vi* emigrar
**émincé** [emɛ̃se] *nm* : **~ de veau** plato de rodajas muy finas de carne de ternera
**émincer** [emɛ̃se] *vt* (*viande*) trinchar; (*oignons etc*) cortar en rodajas finas
**éminemment** [eminamɑ̃] *adv* eminentemente
**éminence** [eminɑ̃s] *nf* eminencia; (*colline*) elevación *f*; **Son/Votre É~** Su/Vuestra Eminencia; **~ grise** eminencia gris
**éminent, e** [eminɑ̃, ɑ̃t] *adj* eminente
**émir** [emiʀ] *nm* emir *m*
**émirat** [emiʀa] *nm* emirato; **les Émirats arabes unis** los Emiratos Árabes Unidos

## émis – emplette

**émis** [emi] pp de **émettre**
**émissaire** [emisɛʀ] nm emisario
**émission** [emisjɔ̃] nf emisión f
**émit** [emi] vb voir **émettre**
**emmagasinage** [ɑ̃magazinaʒ] nm almacenamiento
**emmagasiner** [ɑ̃magazine] vt almacenar
**emmailloter** [ɑ̃majɔte] vt poner pañales a
**emmanchure** [ɑ̃mɑ̃ʃyʀ] nf sisa
**emmêlement** [ɑ̃mɛlmɑ̃] nm enmarañamiento
**emmêler** [ɑ̃mele] vt (aussi fig) enmarañar; **s'emmêler** vpr enmarañarse
**emménagement** [ɑ̃menaʒmɑ̃] nm mudanza
**emménager** [ɑ̃menaʒe] vi mudarse; **~ dans** instalarse en
**emmener** [ɑ̃m(ə)ne] vt llevar; (comme otage, capture, avec soi) llevarse; **~ qn au cinéma/restaurant** llevar a algn al cine/restaurante
**emmental, emmenthal** [emɛtal] nm emmental m
**emmerdement** [ɑ̃mɛʀdəmɑ̃] (fam) nm (plus souvent au pluriel : ennui) problema m, marrón m (fam)
**emmerder** [ɑ̃mɛʀde] (fam !) vt dar el coñazo a (fam !), fregar (AM fam !); **s'emmerder** vpr aburrirse la hostia (fam !); **je t'emmerde !** ¡que te den! (fam !)
**emmitoufler** [ɑ̃mitufle] vt arropar; **s'emmitoufler** vpr arroparse
**emmurer** [ɑ̃myʀe] vt (dans un cachot) encerrar; (accidentellement) emparedar
**émoi** [emwa] nm emoción f; (trouble) inquietud f; **en ~** excitado(-a); **créer l'~** causar conmoción
**émollient, e** [emɔljɑ̃, jɑ̃t] adj emoliente
**émoluments** [emɔlymɑ̃] nmpl emolumentos mpl
**émonder** [emɔ̃de] vt (arbre) podar; (amande etc) mondar
**émoticone** [emɔtikɔn] nm emoticono
**émotif, -ive** [emɔtif, iv] adj (troubles etc) emocional; (personne) emotivo(-a)
**émotion** [emosjɔ̃] nf emoción f; **avoir des émotions** (fig) tener sobresaltos; **donner des émotions à** dar sobresaltos a; **sans ~** sin emoción
**émotionnant, e** [emosjɔnɑ̃, ɑ̃t] adj emocionante
**émotionnel, le** [emosjɔnɛl] adj emocional
**émotionner** [emosjɔne] vt emocionar
**émoulu, e** [emuly] adj : **frais ~ de** recién salido(-a) de
**émoussé, e** [emuse] adj desafilado(-a)
**émousser** [emuse] vt (couteau, lame) desafilar; (fig) debilitar
**émoustiller** [emustije] vt alegrar
**émouvant, e** [emuvɑ̃, ɑ̃t] adj conmovedor(a)
**émouvoir** [emuvwaʀ] vt (attendrir) conmover; (troubler) turbar; **s'émouvoir** vpr (s'attendrir) conmoverse; (se troubler) turbarse; **s'~ de qch** conmoverse por algo
**empailler** [ɑ̃paje] vt disecar
**empailleur, -euse** [ɑ̃pajœʀ, øz] nm/f disecador(a)
**empaler** [ɑ̃pale] vt empalar; **s'empaler** vpr : **s'~ sur** empalarse en
**empaquetage** [ɑ̃paktaʒ] nm empaquetado
**empaqueter** [ɑ̃pakte] vt empaquetar
**emparer** [ɑ̃paʀe] : **s'emparer de** vpr apoderarse de; (Mil) adueñarse de; **s'~ du pouvoir** hacerse con el poder
**empâter** [ɑ̃pate] : **s'empâter** vpr engordar
**empathie** [ɑ̃pati] nf (Psych) empatía
**empattement** [ɑ̃patmɑ̃] nm (Auto) batalla; (Typo) grueso
**empêché, e** [ɑ̃peʃe] adj ocupado(-a)
**empêchement** [ɑ̃peʃmɑ̃] nm impedimento
**empêcher** [ɑ̃peʃe] vt impedir; **~ qn de faire qch** impedir a algn que haga algo; **~ que qch (n')arrive/que qn (ne) fasse** impedir que algo pase/que algn haga; **il n'empêche que** eso no quita que; **je ne peux pas m'~ de penser** no puedo dejar de pensar; **il n'a pas pu s'~ de rire** no pudo evitar reírse
**empêcheur** [ɑ̃peʃœʀ] nm : **~ de danser** ou **tourner en rond** aguafiestas mf inv
**empeigne** [ɑ̃pɛɲ] nf empeine m
**empennage** [ɑ̃penaʒ] nm (Aviat) estabilizador m
**empereur** [ɑ̃pʀœʀ] nm emperador m
**empesé, e** [ɑ̃pəze] adj (fig) afectado(-a)
**empeser** [ɑ̃pəze] vt almidonar
**empester** [ɑ̃pɛste] vt, vi apestar; **~ le tabac/le vin** apestar a tabaco/a vino
**empêtrer** [ɑ̃petʀe] : **s'empêtrer** vpr (aussi fig) enredarse; **s'~ dans ses explications** enredarse en sus explicaciones
**emphase** [ɑ̃faz] nf énfasis msg; **avec ~** con énfasis
**emphatique** [ɑ̃fatik] adj enfático(-a)
**empiècement** [ɑ̃pjɛsmɑ̃] nm (Couture) canesú m
**empierrer** [ɑ̃pjeʀe] vt empedrar
**empiéter** [ɑ̃pjete] : **~ sur** vt (aussi fig) invadir
**empiffrer** [ɑ̃pifʀe] : **s'empiffrer** vpr (péj) atiborrarse; **s'~ de qch** atiborrarse de algo
**empiler** [ɑ̃pile] vt apilar; **s'empiler** vpr amontonarse
**empire** [ɑ̃piʀ] nm imperio; (fig) dominio; **style E~** estilo imperio; **sous l'~ de** bajo los efectos de
**empirer** [ɑ̃piʀe] vi empeorar
**empirique** [ɑ̃piʀik] adj empírico(-a)
**empirisme** [ɑ̃piʀism] nm empirismo
**emplacement** [ɑ̃plasmɑ̃] nm emplazamiento; **sur l'~ de** en el emplazamiento de
**emplâtre** [ɑ̃plɑtʀ] nm cataplasma
**emplette** [ɑ̃plɛt] nf : **faire des emplettes** ir de tiendas; **faire l'~ de** adquirir

**emplir** [ɑ̃pliʀ] *vt* llenar; **s'emplir (de)** *vpr* llenarse (de)

**emploi** [ɑ̃plwa] *nm* empleo; **l'~** (*Comm, Écon*) el empleo; **d'~ facile/délicat** de uso fácil/delicado; **offre/demande d'~** oferta/demanda de empleo; **le plein ~** pleno empleo; **~ du temps** horario

**emploie** [ɑ̃plwa] *vb voir* **employer**

**employé, e** [ɑ̃plwaje] *nm/f* empleado(-a); **~ de banque** empleado(-a) de banco; **~ de bureau** oficinista *mf*; **~ de maison** criado(-a)

**employer** [ɑ̃plwaje] *vt* emplear; **~ la force/les grands moyens** emplear fuerza/fuerzas mayores; **s'employer** *vpr* : **s'~ à qch/à faire** esforzarse por algo/por hacer

**employeur, -euse** [ɑ̃plwajœʀ, øz] *nm/f* empleador(a)

**empocher** [ɑ̃pɔʃe] *vt* embolsar

**empoignade** [ɑ̃pwaɲad] *nf* altercado

**empoigne** [ɑ̃pwaɲ] *nf* : **foire d'~** batalla campal

**empoigner** [ɑ̃pwaɲe] *vt* empuñar; **s'empoigner** *vpr* (*fig*) ir a las manos

**empois** [ɑ̃pwa] *nm* engrudo

**empoisonné, e** [ɑ̃pwazɔne] *adj* (*volontairement*) envenenado(-a); (*fig*) : **un cadeau ~** un regalo envenenado

**empoisonnement** [ɑ̃pwazɔnmɑ̃] *nm* (*volontairement*) envenenamiento; (*accidentellement*) intoxicación *f*

**empoisonner** [ɑ̃pwazɔne] *vt* (*volontairement*) envenenar; (*accidentellement, empester*) intoxicar; (*fam : embêter*) : **~ qn** fastidiar a algn; **~ l'atmosphère** (*fig*) cargar la atmósfera; **il nous empoisonne l'existence** nos amarga la existencia; **s'empoisonner** *vpr* (*volontairement*) envenenarse; (*accidentellement*) intoxicarse

**empoissonner** [ɑ̃pwasɔne] *vt* poblar de peces

**emporté, e** [ɑ̃pɔʀte] *adj* arrebatado(-a)

**emportement** [ɑ̃pɔʀtəmɑ̃] *nm* enfurecimiento

**emporte-pièce** [ɑ̃pɔʀtəpjɛs] (*pl* **emporte-pièces**) *nm* (*Tech*) sacabocados *m inv*; **à l'~** (*fig* : *péj* : *déclarations, jugement*) de trazo grueso

**emporter** [ɑ̃pɔʀte] *vt* llevar; (*en dérobant, enlevant*) arrebatar; (*suj : courant, vent, avalanche*) arrastrar; (*suj : enthousiasme, colère*) arrebatar; (*gagner, Mil*) lograr; **la maladie qui l'a emporté** la enfermedad que se lo ha llevado; **l'~** ganar; **l'~ sur** desbancar a; **boissons/plats chauds à ~** bebidas *fpl*/comidas *fpl* calientes para llevar; **s'emporter** *vpr* enfurecerse

**empoté, e** [ɑ̃pɔte] *adj* torpe, zoquete

**empourpré, e** [ɑ̃puʀpʀe] *adj* enrojecido(-a)

**empreint, e** [ɑ̃pʀɛ̃, ɛ̃t] *adj* : **~ de** impregnado(-a) de

**empreinte** [ɑ̃pʀɛ̃t] *nf* (*aussi fig*) huella; **~ carbone** huella de carbono; **empreintes (digitales)** huellas *fpl* (dactilares); **~ écologique** huella ecológica

**empressé, e** [ɑ̃pʀese] *adj* solícito(-a)

**empressement** [ɑ̃pʀɛsmɑ̃] *nm* (*sollicitude*) solicitud *f*; (*hâte*) prisa

**empresser** [ɑ̃pʀese] : **s'empresser** *vpr* apresurarse; **s'~ auprès de qn** mostrarse solícito(-a) con algn; **s'~ de faire** apresurarse a hacer

**emprise** [ɑ̃pʀiz] *nf* influencia; **sous l'~ de** bajo la influencia de

**emprisonnement** [ɑ̃pʀizɔnmɑ̃] *nm* encarcelamiento; **une peine d'~ de trois à cinq ans** una pena de prisión de tres a cinco años

**emprisonner** [ɑ̃pʀizɔne] *vt* encarcelar; (*fig*) encerrar

**emprunt** [ɑ̃pʀɛ̃] *nm* (*gén, Fin*) préstamo; (*littéraire*) imitación *f*; **nom d'~** (p)seudónimo; **~ d'État** empréstito de Estado; **~ public à 5%** empréstito público al 5%; **« palabres » est un ~ à l'espagnol** « palabra » « palabres » es un préstamo del español « palabra »

**emprunté, e** [ɑ̃pʀœ̃te] *adj* (*fig*) forzado(-a)

**emprunter** [ɑ̃pʀœ̃te] *vt* (*gén, Fin*) pedir *ou* tomar prestado; (*route, itinéraire*) seguir; (*style, manière*) imitar; **~ de l'argent** pedir dinero prestado, pedir un préstamo; **~ qch à qn** tomar prestado algo de algn

> Pour traduire le verbe **emprunter** en espagnol, on a recours au verbe *prestar* (**prêter**). On parle ainsi de *pedir prestado* (« demander en prêt ») ou *tomar prestado* (« prendre en prêt ») :
> **Je lui ai emprunté son appareil photo.** Le pedí prestada su cámara.
> **Il m'a emprunté ma voiture.** Me ha tomado prestado el coche.

**emprunteur, -euse** [ɑ̃pʀœ̃tœʀ, øz] *nm/f* prestatario(-a)

**empuantir** [ɑ̃pɥɑ̃tiʀ] *vt* infestar

**ému, e** [emy] *pp de* **émouvoir** ▶ *adj* (*de joie, gratitude*) emocionado(-a); (*d'attendrissement*) conmovido(-a)

**émulation** [emylasjɔ̃] *nf* emulación *f*

**émule** [emyl] *nmf* (*aussi péj*) émulo(-a)

**émulsion** [emylsjɔ̃] *nf* emulsión *f*

**émut** [emy] *vb voir* **émouvoir**

[MOT-CLÉ]

**en** [ɑ̃] *prép* **1** (*endroit, pays*) en; (*direction*) a; **habiter en France/en ville** vivir en Francia/en la ciudad; **aller en France/en ville** ir a Francia/a la ciudad

**2** (*temps*) en; **en trois jours/20 ans** en tres días/20 años; **en été/juin** en verano/junio

**3** (*moyen*) en; **en avion/taxi** en avión/taxi

**4** (*composition*) de; **c'est en verre/bois** es de cristal/madera; **un collier en argent** un collar de plata

**5** (description, état) : **une femme en rouge** una mujer de rojo; **peindre qch en rouge** pintar algo de rojo; **en T/étoile** en forma de T/en estrella; **en chemise/chaussettes** en camisa/calcetines; **en soldat** de soldado; **en civil** de civil ou paisano; **en deuil** de luto; **cassé en plusieurs morceaux** roto en varios pedazos; **en réparation** en reparación; **partir en vacances** marcharse de vacaciones; **le même en plus grand** el mismo en tamaño más grande; **en bon diplomate, il n'a rien dit** como buen diplomático, no dijo nada; **expert/licencié en ...** experto/licenciado en ...; **fort en maths** fuerte en matemáticas; **être en bonne santé** estar bien de salud; **en deux volumes/une pièce** en dos volúmenes/una pieza; voir aussi **tant**; **croire** etc
**6** (en tant que) : **en bon chrétien** como buen cristiano; **je te parle en ami** te hablo como amigo
**7** (avec gérondif) : **en travaillant/dormant** al trabajar/dormir, trabajando/durmiendo; **en apprenant la nouvelle/sortant, ...** al saber la noticia/al salir, ...; **sortir en courant** salir corriendo

▶ pron **1** (indéfini) : **j'en ai ...** tengo ...; **en as-tu ?** ¿tienes?; **en veux-tu ?** ¿quieres?; **je n'en veux pas** no quiero; **j'en ai deux** tengo dos; **j'en ai assez** (fig) tengo bastante; (j'en ai marre) estoy harto de eso; **combien y en a-t-il ?** ¿cuántos hay?; **où en étais-je ?** ¿dónde estaba?; **j'en viens à penser que ...** eso me lleva a pensar que ...; **il en va ainsi** ou **de même pour toi !** ¡y tú igual!
**2** (provenance) de allí; **j'en viens/sors** vengo/salgo (de allí)
**3** (cause) : **il en est malade/perd le sommeil** está enfermo/pierde el sueño (por ello); (: instrument, agent) : **il en est aimé** es estimado (por ello)
**4** (complément de nom, d'adjectif, de verbe) : **j'en connais les dangers/défauts** conozco los peligros/defectos de eso; **j'en suis fier** estoy orgulloso de ello; **j'en ai besoin** lo necesito

**ENA** [ena] sigle f (= École nationale d'administration) universidad de élite para altos cargos de la Administración
**énarque** [enaʀk] nmf diplomado por la ENA (École nationale d'administration)
**encablure** [ɑ̃kablyʀ] nf (Naut) cable m
**encadrement** [ɑ̃kadʀəmɑ̃] nm (de porte) marco; **l'~ des loyers** el control del precio del alquiler; **~ du crédit** control m del crédito
**encadrer** [ɑ̃kadʀe] vt (tableau, image) enmarcar; (entourer) rodear; (personnel) dirigir; (soldats) tener a su mando; (crédit) controlar
**encadreur** [ɑ̃kadʀœʀ] nm montador m de marcos

### ENA – enclaver

**encaisse** [ɑ̃kɛs] nf : **~ or/métallique** respaldo de oro/de metal
**encaissé, e** [ɑ̃kese] adj encajonado(-a)
**encaisser** [ɑ̃kese] vt (chèque, argent) cobrar; (coup, défaite) encajar
**encaisseur** [ɑ̃kesœʀ] nm cobrador m
**encan** [ɑ̃kɑ̃] : **à l'~** adv en subasta
**encanailler** [ɑ̃kanaje] : **s'encanailler** vpr corromperse
**encart** [ɑ̃kaʀ] nm encarte m; **~ publicitaire** volante m publicitario
**encarter** [ɑ̃kaʀte] vt insertar
**en-cas** [ɑ̃ka] nm inv tentempié m
**encastrable** [ɑ̃kastʀabl] adj (four) empotrable
**encastré** [ɑ̃kastʀe] adj empotrado(-a)
**encastrer** [ɑ̃kastʀe] vt : **~ qch dans** (mur) empotrar algo en; (boîtier) encastrar algo en; **s'encastrer** vpr : **s'~ dans** embutirse en; (boîtier) encastrarse en
**encaustique** [ɑ̃kostik] nf cera
**encaustiquer** [ɑ̃kostike] vt encerar
**enceinte** [ɑ̃sɛ̃t] adj f : **~ de six mois** encinta ou embarazada de seis meses ▶ nf (mur) muralla; (espace) recinto; **~ (acoustique)** bafle m
**encens** [ɑ̃sɑ̃] nm incienso
**encenser** [ɑ̃sɑ̃se] vt incensar; (fig) adular
**encensoir** [ɑ̃sɑ̃swaʀ] nm incensario
**encéphalogramme** [ɑ̃sefalɔgʀam] nm encefalograma m
**encercler** [ɑ̃sɛʀkle] vt cercar
**enchaîné** [ɑ̃ʃene] nm (Ciné) encadenado
**enchaînement** [ɑ̃ʃɛnmɑ̃] nm encadenamiento
**enchaîner** [ɑ̃ʃene] vt encadenar ▶ vi proseguir
**enchanté, e** [ɑ̃ʃɑ̃te] adj encantado(-a); **~ de faire votre connaissance** encantado(-a) de conocerle
**enchantement** [ɑ̃ʃɑ̃tmɑ̃] nm encantamiento; **comme par ~** como por arte de magia
**enchanter** [ɑ̃ʃɑ̃te] vt encantar
**enchanteur, -eresse** [ɑ̃ʃɑ̃tœʀ, tʀɛs] adj encantador(-a)
**enchâsser** [ɑ̃ʃɑse] vt (diamant) engarzar; **~ qch dans** encastrar algo en
**enchère** [ɑ̃ʃɛʀ] nf oferta; **faire une ~ pour** hacer una oferta por, pujar por; **mettre aux enchères** sacar a subasta; **vendre qch aux enchères** subastar algo; **les enchères montent** las ofertas suben; **faire monter les enchères** (fig) hacer subir las ofertas
**enchérir** [ɑ̃ʃeʀiʀ] vi : **~ sur qn** (aussi fig) sobrepujar a algn
**enchevêtré, e** [ɑ̃ʃ(ə)vetʀe] adj enredado(-a)
**enchevêtrement** [ɑ̃ʃ(ə)vetʀəmɑ̃] nm lío
**enchevêtrer** [ɑ̃ʃ(ə)vetʀe] vt enredar; **s'enchevêtrer** vpr enredarse
**enclave** [ɑ̃klav] nf enclave m
**enclaver** [ɑ̃klave] vt encerrar

## enclencher – endroit

**enclencher** [ɑ̃klɑ̃ʃe] vt (*mécanisme*) enganchar; (*affaire*) iniciar; **s'enclencher** vpr ponerse en marcha

**enclin, e** [ɑ̃klɛ̃, in] adj : **~ à qch/à faire** propenso(-a) a algo/a hacer

**enclore** [ɑ̃klɔʀ] vt cercar

**enclos** [ɑ̃klo] nm cercado

**enclume** [ɑ̃klym] nf yunque m

**encoche** [ɑ̃kɔʃ] nf muesca

**encoder** [ɑ̃kɔde] vt codificar

**encodeur** [ɑ̃kɔdœʀ] nm codificador m

**encoignure** [ɑ̃kɔɲyʀ] nf rincón m

**encoller** [ɑ̃kɔle] vt encolar

**encolure** [ɑ̃kɔlyʀ] nf (*mesure*) (medida del) cuello; (*col, cou*) cuello

**encombrant, e** [ɑ̃kɔ̃bʀɑ̃, ɑ̃t] adj voluminoso(-a)

**encombre** [ɑ̃kɔ̃bʀ] : **sans ~** adv sin dificultad

**encombré, e** [ɑ̃kɔ̃bʀe] adj (*pièce, passage*) abarrotado(-a); (*lignes téléphoniques, marché*) saturado(-a)

**encombrement** [ɑ̃kɔ̃bʀəmɑ̃] nm (*d'un lieu*) obstrucción f; (*de circulation*) embotellamiento; (*des lignes téléphoniques*) saturación f; (*d'un objet*) volumen m

**encombrer** [ɑ̃kɔ̃bʀe] vt (*couloir, rue*) obstruir; (*mémoire, marché*) abarrotar; (*personne*) estorbar; **~ le passage** obstruir el paso; **s'encombrer** vpr : **s'~ de** (*bagages etc*) cargarse de ou con

**encontre** [ɑ̃kɔ̃tʀ] : **à l'~ de** prép (*contre*) en contra de, contra; (*contraire à*) en contra de

**encorbellement** [ɑ̃kɔʀbɛlmɑ̃] nm (*Archit*) saledizo; **fenêtre en ~** ventana en saliente

**encorder** [ɑ̃kɔʀde] : **s'encorder** vpr encordarse

MOT-CLÉ

**encore** [ɑ̃kɔʀ] adv **1** (*continuation*) todavía; **il travaille encore** trabaja todavía; **pas encore** todavía no

**2** (*de nouveau*) : **elle m'a encore demandé de l'argent** me ha vuelto a pedir dinero; **encore !** (*insatisfaction*) ¡otra vez!; **encore un effort** un esfuerzo más; **j'irai encore demain** iré también mañana; **encore une fois** una vez más; **encore deux jours** dos días más

**3** (*intensif*) : **encore plus fort/mieux** aún más fuerte/mejor; **hier encore** todavía ayer; **non seulement ..., mais encore** no solo ... sino también

**4** (*restriction*) al menos; **encore pourrais-je le faire, si j'avais de l'argent** si al menos tuviera dinero, podría hacerlo; **si encore** si por lo menos; **(et puis) quoi encore ?** ¿y qué más?; **encore que** conj aunque

**encourageant, e** [ɑ̃kuʀaʒɑ̃, ɑ̃t] adj alentador(a)

**encouragement** [ɑ̃kuʀaʒmɑ̃] nm (*récompense*) estímulo; (*acte, parole*) ánimos mpl

**encourager** [ɑ̃kuʀaʒe] vt (*personne*) animar; (*activité, tendance*) fomentar; **~ qn à faire qch** animar a algn para que haga algo

**encourir** [ɑ̃kuʀiʀ] vt exponerse a

**encrasser** [ɑ̃kʀase] vt ensuciar; **s'encrasser** vpr (*tuyau, filtre*) atascarse; (*bougies d'allumage*) cubrirse de grasa

**encre** [ɑ̃kʀ] nf tinta; **~ de Chine** tinta china; **~ indélébile** tinta indeleble; **~ sympathique** tinta simpática ou invisible

**encrer** [ɑ̃kʀe] vt entintar

**encreur** [ɑ̃kʀœʀ] adj m : **rouleau ~** rodillo entintador

**encrier** [ɑ̃kʀije] nm tintero

**encroûter** [ɑ̃kʀute] : **s'encroûter** vpr (*fig*) embrutecerse

**encyclique** [ɑ̃siklik] nf encíclica

**encyclopédie** [ɑ̃siklɔpedi] nf enciclopedia

**encyclopédique** [ɑ̃siklɔpedik] adj enciclopédico(-a)

**endémique** [ɑ̃demik] adj (*aussi fig*) endémico(-a)

**endetté, e** [ɑ̃dete] adj endeudado(-a); **très ~ envers qn** (*fig*) muy endeudado(-a) con algn

**endettement** [ɑ̃dɛtmɑ̃] nm endeudamiento

**endetter** [ɑ̃dete] vt endeudar; **s'endetter** vpr endeudarse

**endeuiller** [ɑ̃dœje] vt enlutar; **manifestation endeuillée par ...** manifestación f marcada por ...

**endiablé, e** [ɑ̃djable] adj (*allure, rythme*) endiablado(-a); (*enfant*) revoltoso(-a)

**endiguer** [ɑ̃dige] vt encauzar; (*fig*) refrenar

**endimanché, e** [ɑ̃dimɑ̃ʃe] adj endomingado(-a); **avoir l'air ~** parecer incómodo(-a) con la ropa

**endimancher** [ɑ̃dimɑ̃ʃe] : **s'endimancher** vpr endomingarse, vestirse de domingo

**endive** [ɑ̃div] nf endibia

**endocrine** [ɑ̃dɔkʀin] adj f : **glande ~** glándula endocrina

**endoctrinement** [ɑ̃dɔktʀinmɑ̃] nm adoctrinamiento

**endoctriner** [ɑ̃dɔktʀine] vt adoctrinar

**endolori, e** [ɑ̃dɔlɔʀi] adj dolorido(-a)

**endommager** [ɑ̃dɔmaʒe] vt dañar

**endormant, e** [ɑ̃dɔʀmɑ̃, ɑ̃t] adj adormecedor(a)

**endormi, e** [ɑ̃dɔʀmi] pp de **endormir** ▶ adj dormido(-a); (*indolent, lent*) lento(-a)

**endormir** [ɑ̃dɔʀmiʀ] vt adormecer, dormir; (*soupçons*) engañar; (*ennemi*) burlar; (*ennuyer*) adormecer; (*Méd*) anestesiar; **s'endormir** vpr (*aussi fig*) dormirse

**endoscope** [ɑ̃dɔskɔp] nm endoscopio

**endoscopie** [ɑ̃dɔskɔpi] nf endoscopia

**endosser** [ɑ̃dose] vt (*responsabilité*) asumir; (*chèque*) endosar; (*uniforme*) ponerse

**endroit** [ɑ̃dʀwa] nm lugar m, sitio; (*opposé à l'envers*) derecho; **à l'~** (*vêtement*) al derecho;

## enduire – engager

**à l'~ de** (à l'égard de) con respecto a; **les gens de l'~** la gente del lugar; **par endroits** en algunos sitios; **à cet ~** en ese sitio

**enduire** [ɑ̃dɥiʀ] vt : **~ qch de** recubrir algo con ou de; **s'enduire** vpr untarse

**enduit, e** [ɑ̃dɥi, it] pp de **enduire** ▶ nm argamasa

**endurance** [ɑ̃dyʀɑ̃s] nf resistencia

**endurant, e** [ɑ̃dyʀɑ̃, ɑ̃t] adj resistente

**endurci, e** [ɑ̃dyʀsi] adj : **buveur/célibataire ~** borracho/solterón m empedernido

**endurcir** [ɑ̃dyʀsiʀ] vt endurecer; **s'endurcir** vpr endurecerse

**endurer** [ɑ̃dyʀe] vt aguantar

**énergétique** [enɛʀʒetik] adj energético(-a)

**énergie** [enɛʀʒi] nf (aussi fig) energía

**énergique** [enɛʀʒik] adj enérgico(-a)

**énergiquement** [enɛʀʒikmɑ̃] adv enérgicamente

**énergisant, e** [enɛʀʒizɑ̃, ɑ̃t] adj energético(-a)

**énergumène** [enɛʀɡymɛn] nm energúmeno

**énervant, e** [enɛʀvɑ̃, ɑ̃t] adj irritante

**énervé, e** [enɛʀve] adj nervioso(-a); (agacé) irritado(-a)

**énervement** [enɛʀvəmɑ̃] nm nerviosismo

**énerver** [enɛʀve] vt poner nervioso(-a), enervar; **s'énerver** vpr ponerse nervioso(-a), enervarse

**enfance** [ɑ̃fɑ̃s] nf (âge) niñez f; (fig) principio; (enfants) infancia; **c'est l'~ de l'art** está tirado; **petite ~** primera infancia; **souvenir/ami d'~** recuerdo/amigo de infancia; **retomber en ~** volver a la niñez

**enfant** [ɑ̃fɑ̃] nmf (garçon, fillette : aussi fig) niño(-a); (fils, fille : aussi fig) hijo(-a); **petit ~** nene(-a); **bon ~** bonachón(-ona); **~ adoptif** hijo(-a) adoptivo(-a); **~ de chœur** (Rel, fig) monaguillo; **~ naturel(le)/unique** hijo(-a) natural/único(-a); **~ prodige** niño(-a) prodigio

**enfanter** [ɑ̃fɑ̃te] vi dar a luz, parir ▶ vt (œuvre) dar a luz

**enfantillage** [ɑ̃fɑ̃tijaʒ] (péj) nm chiquillada

**enfantin, e** [ɑ̃fɑ̃tɛ̃, in] adj infantil

**enfer** [ɑ̃fɛʀ] nm infierno; **allure/bruit d'~** ritmo/ruido infernal

**enfermer** [ɑ̃fɛʀme] vt (à clé etc) encerrar; **s'enfermer** vpr encerrarse; **s'~ à clé** cerrarse con llave; **s'~ dans la solitude/le mutisme** encerrarse en la soledad/el mutismo

**enferrer** [ɑ̃feʀe] : **s'enferrer** vpr : **s'~ dans** enredarse con

**enfiévré** [ɑ̃fjevʀe] adj (fig) enardecido(-a)

**enfilade** [ɑ̃filad] nf : **une ~ de ruelles/de maisons** una hilera de calles/de casas; **en ~** en fila; **prendre des rues en ~** enfilar las calles

**enfiler** [ɑ̃file] vt (perles) ensartar; (aiguille) enhebrar; (rue, couloir) enfilar; **~ qch** (vêtement) ponerse algo; **~ qch dans** (insérer) meter algo en; **s'enfiler** vpr : **s'~ dans** (entrer dans) enfilar

**enfin** [ɑ̃fɛ̃] adv (pour finir) finalmente; (en dernier lieu, pour conclure) por último; (de restriction, résignation) en fin; (eh bien !) ¡por fin!

**enflammé, e** [ɑ̃flame] adj (torche, allumette) encendido(-a); (Méd) inflamado(-a); (nature, discours) entusiasta

**enflammer** [ɑ̃flame] vt (aussi fig) inflamar; **s'enflammer** vpr inflamarse

**enflé, e** [ɑ̃fle] (aussi péj) adj hinchado(-a)

**enfler** [ɑ̃fle] vi (Méd) inflamar, hincharse

**enflure** [ɑ̃flyʀ] nf inflamación f

**enfoncé, e** [ɑ̃fɔ̃se] adj hundido(-a); **yeux enfoncés (dans les orbites)** ojos mpl hundidos (en las órbitas)

**enfoncement** [ɑ̃fɔ̃smɑ̃] nm (recoin) hueco

**enfoncer** [ɑ̃fɔ̃se] vt (clou) clavar; (forcer, défoncer, faire pénétrer) hundir; (lignes ennemies) derrotar; (fam : surpasser) derribar; **~ un chapeau sur la tête** calarse un sombrero en la cabeza; **~ qn dans la dette** hundir a algn en deudas ▶ vi (dans la vase etc) hundirse; **s'enfoncer** vpr hundirse; **s'~ dans** hundirse en; (forêt, ville) adentrarse en; (mensonge) sumirse en; (erreur) andar en

**enfouir** [ɑ̃fwiʀ] vt (dans le sol) enterrar; (dans un tiroir, une poche) meter en el fondo; **s'enfouir** vpr : **s'~ dans/sous** refugiarse en/ocultarse bajo

**enfourcher** [ɑ̃fuʀʃe] vt montar a horcajadas; **~ son dada** (fig) comenzar con su tema

**enfourner** [ɑ̃fuʀne] vt poner al horno, meter en el horno; **~ qch dans** meter algo en; **s'enfourner** vpr : **s'~ dans** meterse en

**enfreignais** [ɑ̃fʀɛɲɛ] vb voir **enfreindre**

**enfreindre** [ɑ̃fʀɛ̃dʀ] vt infringir

**enfuir** [ɑ̃fɥiʀ] : **s'enfuir** vpr huir

**enfumé, e** [ɑ̃fyme] adj lleno(-a) de humo

**enfumer** [ɑ̃fyme] vt ahumar

**enfuyais** [ɑ̃fɥijɛ] vb voir **enfuir**

**engagé, e** [ɑ̃ɡaʒe] adj (littérature, politique) comprometido(-a) ▶ nm (Mil) voluntario

**engageant, e** [ɑ̃ɡaʒɑ̃, ɑ̃t] adj atractivo(-a)

**engagement** [ɑ̃ɡaʒmɑ̃] nm compromiso; (contrat professionnel) contrato; (combat) intervención f; (recrutement) alistamiento voluntario; (Sport) saque m de centro; **prendre l'~ de faire** comprometerse a hacer; **sans ~** (Comm) sin compromiso

**engager** [ɑ̃ɡaʒe] vt (embaucher) contratar; (débat) iniciar; (négociations) entablar; (lier) comprometer; (impliquer, entraîner) implicar; (argent) colocar; (faire intervenir) hacer intervenir; **10 chevaux sont engagés dans cette course** 10 caballos toman parte en esta carrera; **~ qn à faire/à qch** incitar a algn a hacer/a algo; **~ qch dans** (faire pénétrer) meter algo en; **s'engager** vpr (s'embaucher) incorporarse; (Mil) alistarse; (politiquement,

*promettre*) comprometerse; (*négociations*) entablarse; **s'~ à faire qch** comprometerse a hacer algo; **s'~ dans** (*rue, passage*) enfilar; (*voie, carrière, discussion*) meterse en
**engazonner** [ɑ̃gazɔne] *vt* cubrir de césped
**engeance** [ɑ̃ʒɑ̃s] *nf* (*péj*) gentuza
**engelures** [ɑ̃ʒlyʀ] *nfpl* sabañones *mpl*
**engendrer** [ɑ̃ʒɑ̃dʀe] *vt* engendrar
**engin** [ɑ̃ʒɛ̃] *nm* máquina; (*péj*) artefacto; (*missile*) proyectil *m*; **~ blindé** vehículo blindado; **~ de terrassement** excavadora; **~ explosif** artefacto explosivo; **engins (spéciaux)** misiles *mpl*
**englober** [ɑ̃glɔbe] *vt* englobar
**engloutir** [ɑ̃glutiʀ] *vt* (*aussi fig*) tragar; **s'engloutir** *vpr* hundirse
**englué, e** [ɑ̃glye] *adj* enviscado(-a)
**engoncé, e** [ɑ̃gɔ̃se] *adj* : **~ dans** embutido(-a) en
**engorgement** [ɑ̃gɔʀʒəmɑ̃] *nm* atasco; (*Méd*) hinchazón *f*
**engorger** [ɑ̃gɔʀʒe] *vt* (*tuyau, rue*) atascar; (*marché*) saturar; **s'engorger** *vpr* atascarse
**engouement** [ɑ̃gumɑ̃] *nm* apasionamiento
**engouffrer** [ɑ̃gufʀe] *vt* engullir; **s'engouffrer** *vpr* : **s'~ dans** (*suj : vent, eau*) penetrar en; (: *personnes*) precipitarse en
**engourdi, e** [ɑ̃guʀdi] *adj* entumecido(-a)
**engourdir** [ɑ̃guʀdiʀ] *vt* (*membres*) entumecer; (*esprit*) abotargar; **s'engourdir** *vpr* entumecerse; abotargarse
**engourdissement** [ɑ̃guʀdismɑ̃] *nm* (*des membres*) entumecimiento; (*de l'esprit*) abotargamiento
**engrais** [ɑ̃gʀɛ] *nm* abono; **~ chimique/ minéral/naturel** abono químico/mineral/natural; **~ organique/vert** abono orgánico/verde
**engraisser** [ɑ̃gʀese] *vt* (*animal*) cebar; (*terre*) abonar ▶ *vi* (*péj : personne*) forrarse
**engranger** [ɑ̃gʀɑ̃ʒe] *vt* (*foin*) entrojar; (*fig*) almacenar
**engrenage** [ɑ̃gʀənaʒ] *nm* (*aussi fig*) engranaje *m*
**engueulade** [ɑ̃gœlad] (*fam*) *nf* bronca
**engueuler** [ɑ̃gœle] (*fam*) *vt* : **~ qn** echar una bronca a algn (*fam*); **se faire ~** llevarse una bronca; **s'engueuler** *vpr* tener una bronca
**enguirlander** [ɑ̃giʀlɑ̃de] (*fam*) *vt* echar un rapapolvo a (*fam*)
**enhardir** [ɑ̃aʀdiʀ] *vt* animar; **s'enhardir** *vpr* envalentonarse
**énième** [ɛnjɛm] *adj voir* **nième**
**énigmatique** [enigmatik] *adj* enigmático(-a)
**énigmatiquement** [enigmatikmɑ̃] *adv* enigmáticamente
**énigme** [enigm] *nf* enigma *m*
**enivrant, e** [ɑ̃nivʀɑ̃, ɑ̃t] *adj* embriagador(a)
**enivrer** [ɑ̃nivʀe] *vt* (*aussi fig*) embriagar, emborrachar; **s'enivrer** *vpr* (*en buvant*) emborracharse, embriagarse; **s'~ de** (*fig*) embriagarse de, emborracharse de
**enjambée** [ɑ̃ʒɑ̃be] *nf* zancada; **d'une ~** de una zancada
**enjambement** [ɑ̃ʒɑ̃bmɑ̃] *nm* (*en poésie*) encabalgamiento
**enjamber** [ɑ̃ʒɑ̃be] *vt* franquear
**enjeu, x** [ɑ̃ʒø] *nm* apuesta; (*d'une élection, d'un match*) lo que está en juego
**enjoindre** [ɑ̃ʒwɛ̃dʀ] *vt* : **~ qn de faire** ordenar a algn que haga
**enjôler** [ɑ̃ʒole] *vt* engatusar
**enjôleur, -euse** [ɑ̃ʒolœʀ, øz] *adj* zalamero(-a)
**enjolivement** [ɑ̃ʒɔlivmɑ̃] *nm* adorno
**enjoliver** [ɑ̃ʒɔlive] *vt* (*aussi fig*) adornar
**enjoliveur** [ɑ̃ʒɔlivœʀ] *nm* (*Auto*) embellecedor *m*
**enjoué, e** [ɑ̃ʒwe] *adj* alegre
**enlacer** [ɑ̃lase] *vt* (*étreindre*) abrazar; (*suj : corde, liane*) enredarse alrededor de
**enlaidir** [ɑ̃ledir] *vt* afear ▶ *vi* afearse
**enlevé, e** [ɑ̃l(ə)ve] *adj* (*Mus*) ejecutado(-a) brillantemente
**enlèvement** [ɑ̃lɛvmɑ̃] *nm* (*rapt*) rapto; **l'~ des ordures ménagères** la recogida de basuras
**enlever** [ɑ̃l(ə)ve] *vt* quitar; (*ordures, meubles à déménager*) recoger; (*kidnapper*) raptar; (*prix, victoire*) conseguir; (*Mil*) tomar; **~ qch à qn** (*possessions, espoir*) quitar algo a algn; **la maladie qui nous l'a enlevé** (*euphémisme*) la enfermedad que nos lo ha llevado; **s'enlever** *vpr* (*tache*) quitarse
**enlisement** [ɑ̃lizmɑ̃] *nm* hundimiento; (*fig : de négociations, conflit*) estancamiento
**enliser** [ɑ̃lize] : **s'enliser** *vpr* hundirse; (*fig : négociations, conflit*) estancarse
**enluminure** [ɑ̃lyminyʀ] *nf* iluminación *f*
**enneigé, e** [ɑ̃neʒe] *adj* (*pente, col*) nevado(-a); (*maison*) cubierto(-a) de nieve
**enneigement** [ɑ̃nɛʒmɑ̃] *nm* cantidad *f* de nieve; **bulletin d'~** estado de la nieve
**ennemi, e** [ɛnmi] *adj, nm/f* enemigo(-a); **être ~ de** (*tendance, activité*) ser enemigo(-a) de ▶ *nm* (*Mil, gén*) enemigo
**ennoblir** [ɑ̃nɔbliʀ] *vt* ennoblecer
**ennui** [ɑ̃nɥi] *nm* (*lassitude*) aburrimiento; (*difficulté*) problema *m*; **avoir/s'attirer des ennuis** tener/buscarse problemas
**ennuie** [ɑ̃nɥi] *vb voir* **ennuyer**
**ennuyé, e** [ɑ̃nɥije] *adj* (*préoccupé, contrarié*) contrariado(-a)
**ennuyer** [ɑ̃nɥije] *vt* (*importuner, gêner*) molestar; (*contrarier*) fastidiar; (*lasser*) aburrir; **si cela ne vous ennuie pas** si no le molesta; **s'ennuyer** *vpr* (*se lasser*) aburrirse; **s'~ de qch/ qn** (*regretter*) echar de menos algo/a algn
**ennuyeux, -euse** [ɑ̃nɥijø, øz] *adj* (*lassant*) aburrido(-a); (*contrariant*) molesto(-a)
**énoncé** [enɔ̃se] *nm* enunciado
**énoncer** [enɔ̃se] *vt* enunciar; (*conditions*) formular

## énonciation – ensommeillé

**énonciation** [enɔ̃sjasjɔ̃] *nf* enunciación *f*
**enorgueillir** [ɑ̃nɔʀɡœjiʀ] : **s'enorgueillir de** *vpr* enorgullecerse de
**énorme** [enɔʀm] *adj* enorme
**énormément** [enɔʀmemɑ̃] *adv (avec vb)* muchísimo; ~ **de neige/gens** muchísima nieve/gente
**énormité** [enɔʀmite] *nf* barbaridad *f*; *(d'une faute etc)* enormidad *f*
**enquérir** [ɑ̃keʀiʀ] : **s'enquérir de** *vpr* preguntar por
**enquête** [ɑ̃kɛt] *nf (judiciaire, administrative, de police)* investigación *f*; *(de journaliste, sondage)* encuesta
**enquêter** [ɑ̃kete] *vi (gén, police)* investigar; *(journaliste, sondage)* hacer una encuesta; ~ **sur** investigar sobre
**enquêteur, -euse, -trice** [ɑ̃kɛtœʀ, øz, tʀis] *nm/f* investigador(a)
**enquière** *etc* [ɑ̃kjɛʀ] *vb voir* **enquérir**
**enquiers** *etc* [ɑ̃kje] *vb voir* **enquérir**
**enquiquiner** [ɑ̃kikine] *vt* chinchar *(fam)*
**enquiquineur, -euse** [ɑ̃kikinœʀ, øz] *(fam) nm/f* plasta *mf (fam)*, pesado(-a)
**enquis** [ɑ̃ki] *pp de* **enquérir**
**enraciné, e** [ɑ̃ʀasine] *adj* arraigado(-a)
**enragé, e** [ɑ̃ʀaʒe] *adj (chien)* rabioso(-a); *(personne)* furioso(-a); *(passionné)* apasionado(-a); ~ **de** fanático(-a) de
**enrageant, e** [ɑ̃ʀaʒɑ̃] *adj* irritante
**enrager** [ɑ̃ʀaʒe] *vi* : **il enrage de ne pas pouvoir** ... le da rabia no poder ...; **faire ~ qn** hacer rabiar a algn
**enrayer** [ɑ̃ʀeje] *vt (maladie)* cortar; *(processus)* interrumpir; **s'enrayer** *vpr (arme à feu)* encasquillarse
**enrégimenter** [ɑ̃ʀeʒimɑ̃te] *(péj) vt* incorporar a
**enregistrement** [ɑ̃ʀ(ə)ʒistʀəmɑ̃] *nm (d'un disque)* grabación *f*; *(d'un fichier, d'une plainte)* registro; ~ **des bagages** facturación *f*; ~ **magnétique** grabación magnética
**enregistrer** [ɑ̃ʀ(ə)ʒistʀe] *vt (Mus)* grabar; *(Inform)* archivar; *(Admin, Comm, fig)* registrar; *(bagages : aussi :* **faire enregistrer***)* facturar
**enregistreur, -euse** [ɑ̃ʀ(ə)ʒistʀœʀ, øz] *adj* registrador(a) ▶ *nm* aparato registrador; ~ **de vol** registrador *m* de vuelo
**enrhumé, e** [ɑ̃ʀyme] *adj* : **il est ~** está acatarrado *ou* constipado *ou* resfriado
**enrhumer** [ɑ̃ʀyme] : **s'enrhumer** *vpr* acatarrarse, constiparse, resfriarse
**enrichi, e** [ɑ̃ʀiʃi] *adj* enriquecido(-a)
**enrichir** [ɑ̃ʀiʃiʀ] *vt* enriquecer; **s'enrichir** *vpr* enriquecerse
**enrichissant, e** [ɑ̃ʀiʃisɑ̃, ɑ̃t] *adj (expérience)* enriquecedor(a)
**enrichissement** [ɑ̃ʀiʃismɑ̃] *nm* enriquecimiento
**enrobé, e** [ɑ̃ʀɔbe] *adj (comprimé)* recubierto(-a)

**enrober** [ɑ̃ʀɔbe] *vt* : ~ **qch de** envolver algo con, cubrir algo con; *(fig)* disfrazar algo con
**enrôlement** [ɑ̃ʀolmɑ̃] *nm* alistamiento, reclutamiento
**enrôler** [ɑ̃ʀole] *vt* reclutar; *(Mil)* alistar; **s'enrôler** *vpr* : **s'~ (dans)** enrolarse (en), alistarse (en)
**enroué, e** [ɑ̃ʀwe] *adj* ronco(-a)
**enrouer** [ɑ̃ʀwe] : **s'enrouer** *vpr* enronquecer
**enrouler** [ɑ̃ʀule] *vt* enrollar; ~ **qch autour de** enrollar algo alrededor de; **s'enrouler** *vpr* enrollarse
**enrouleur, -euse** [ɑ̃ʀulœʀ, øz] *adj* enrollador(a) ▶ *nm voir* **ceinture**
**enrubanné, e** [ɑ̃ʀybane] *adj* adornado(-a) con cintas
**ENS** *sigle f (= école normale supérieure) voir* **école**
**ensablement** [ɑ̃sɑbləmɑ̃] *nm (de port, canal)* enarenado; *(d'embarcation)* encallamiento
**ensabler** [ɑ̃sɑble] *vt (port, canal)* enarenar; *(embarcation)* encallar; **s'ensabler** *vpr (voir vt)* enarenarse, encallarse
**ensacher** [ɑ̃saʃe] *vt* ensacar
**ensanglanté, e** [ɑ̃sɑ̃glɑ̃te] *adj* ensangrentado(-a)
**enseignant, e** [ɑ̃sɛɲɑ̃, ɑ̃t] *adj, nm/f* docente *mf*
**enseigne** [ɑ̃sɛɲ] *nf* rótulo; **à telle ~ que** ... la prueba es que ...; **être logé à la même ~** *(fig)* estar en el mismo caso; ~ **lumineuse** rótulo luminoso ▶ *nmf* : ~ **de vaisseau** alférez *mf* de navío
**enseignement** [ɑ̃sɛɲ(ə)mɑ̃] *nm* enseñanza; ~ **primaire/secondaire** enseñanza primaria/secundaria; ~ **privé/public** enseñanza privada/pública; ~ **supérieur** enseñanza superior; ~ **technique** enseñanza técnica
**enseigner** [ɑ̃seɲe] *vt (suj : professeur)* enseñar, dar clase de; *(: choses)* enseñar; ~ **qch à qn** enseñar algo a algn; ~ **à qn que** enseñar a algn que ▶ *vi (être professeur)* enseñar
**ensemble** [ɑ̃sɑ̃bl] *adv (l'un avec l'autre)* juntos(-as); *(en même temps)* juntos(-as); **aller ~** *(être assorti)* combinarse ▶ *nm* conjunto; **l'~ du/de la** la totalidad del/de la; **impression/ idée d'~** impresión *f*/idea de conjunto; **dans l'~** *(en gros)* en conjunto; **dans son ~** *(en gros, au total)* en su conjunto; ~ **instrumental/vocal** conjunto *ou* grupo instrumental/vocal
**ensemblier** [ɑ̃sɑ̃blije] *nm* decorador(a)
**ensemencement** [ɑ̃s(ə)mɑ̃smɑ̃] *nm* siembra
**ensemencer** [ɑ̃s(ə)mɑ̃se] *vt* sembrar
**enserrer** [ɑ̃seʀe] *vt (cou, taille)* ceñir; *(village, champ)* rodear
**ensevelir** [ɑ̃səv(ə)liʀ] *vt* sepultar
**ensilage** [ɑ̃silaʒ] *nm* ensilaje *m*
**ensoleillé, e** [ɑ̃sɔleje] *adj* soleado(-a)
**ensoleillement** [ɑ̃sɔlɛjmɑ̃] *nm* : **journées d'~** días *mpl* soleados
**ensommeillé, e** [ɑ̃sɔmeje] *adj* adormilado(-a)

173

## ensorcelant – entourage

**ensorcelant, e** [ɑ̃sɔʀsəlɑ̃, ɑ̃t] adj (fig : regard, sourire) encantador(a), cautivador(a)
**ensorceler** [ɑ̃sɔʀsəle] vt hechizar; (fig) cautivar
**ensuite** [ɑ̃sɥit] adv (dans une succession : après) a continuación; (plus tard) después; **~ de quoi** después de lo cual
**ensuivre** [ɑ̃sɥivʀ] : **s'ensuivre** vpr resultar; **il s'ensuit que ...** de lo que resulta que ...; **et tout ce qui s'ensuit** y toda la pesca (fam)
**entaché, e** [ɑ̃taʃe] adj : **~ de nullité** con vicio de nulidad
**entacher** [ɑ̃taʃe] vt manchar
**entaille** [ɑ̃taj] nf (encoche) muesca; (blessure) cortada; **se faire une ~** hacerse una cortada
**entailler** [ɑ̃taje] vt cortar; **s'~ le doigt** etc cortarse el dedo etc
**entamer** [ɑ̃tame] vt (pain, bouteille) empezar; (hostilités, pourparlers) iniciar; (réputation, confiance) mermar; (bonne humeur) hacer perder
**entartrer** [ɑ̃taʀtʀe] : **s'entartrer** vpr cubrirse de sarro; (dents) tener sarro
**entassement** [ɑ̃tasmɑ̃] nm amontonamiento
**entasser** [ɑ̃tase] vt (objets) amontonar; (personnes) hacinar; **s'entasser** vpr (objets) amontonarse; (personnes) hacinarse; **s'~ dans** hacinarse en, amontonarse en
**entendant, e** [ɑ̃tɑ̃dɑ̃, ɑ̃t] nm/f oyente mf
**entendement** [ɑ̃tɑ̃dmɑ̃] nm entendimiento
**entendeur** [ɑ̃tɑ̃dœʀ] nm : **à bon ~, salut!** a buen entendedor, pocas palabras bastan
**entendre** [ɑ̃tɑ̃dʀ] vt oír; (vouloir dire) querer decir; (littér : comprendre) entender; **j'ai entendu dire que** he oído que; **~ être obéi/que** (vouloir) pretender ser obedecido/que; **~ parler de** oír hablar de; **~ raison** entrar en razón; **laisser ~ que** dar a entender que; **qu'est-ce qu'il ne faut pas ~!** ¡lo que hay que oír!; **j'ai mal entendu** no he comprendido; **je suis heureux de vous l'~ dire** es un placer oírselo decir; **je vous entends très mal** le oigo muy mal; **s'entendre** vpr (sympathiser) entenderse; (se mettre d'accord) ponerse de acuerdo; **s'~ à qch/à faire qch** ser competente para algo/para hacer algo; **je m'entends** sé lo que (me) digo; **ils s'entendent bien** se entienden bien; **entendons-nous** expliquémonos; **(cela) s'entend** por supuesto, naturalmente; **ça s'entend !** (c'est audible) ¡se oye!

⚠ No debe traducirse normalmente por *entender*, que en francés suele corresponder a **comprendre**.

**entendu, e** [ɑ̃tɑ̃dy] pp de **entendre** ▸ adj (affaire) concluido(-a); (air) entendido(-a); **étant ~ que** dando por supuesto que; **(c'est) ~!** ¡de acuerdo!, ¡entendido!; **c'est ~** (concession) entendido; **bien ~!** ¡por supuesto!

**entente** [ɑ̃tɑ̃t] nf (entre amis, pays) entendimiento; (accord, traité) acuerdo; **à double ~** de doble sentido
**entériner** [ɑ̃teʀine] vt ratificar
**entérite** [ɑ̃teʀit] nf enteritis f inv
**enterrement** [ɑ̃tɛʀmɑ̃] nm entierro
**enterrer** [ɑ̃tɛʀe] vt enterrar; (suj : avalanche etc) sepultar; (dispute, projet) echar tierra sobre
**entêtant, e** [ɑ̃tɛtɑ̃, ɑ̃t] adj (odeur, atmosphère) mareante
**entêté, e** [ɑ̃tete] adj obstinado(-a), cabezota (fam)
**en-tête** [ɑ̃tɛt] (pl **en-têtes**) nm membrete m; **enveloppe/papier à ~** sobre m/papel m con membrete
**entêtement** [ɑ̃tɛtmɑ̃] nm cabezonería
**entêter** [ɑ̃tete] : **s'entêter** vpr obstinarse, empeñarse; **s'~ (à faire)** empeñarse (en hacer)
**enthousiasmant, e** [ɑ̃tuzjasmɑ̃, ɑ̃t] adj apasionante
**enthousiasme** [ɑ̃tuzjasm] nm entusiasmo; **avec ~** con entusiasmo
**enthousiasmé, e** [ɑ̃tuzjasme] adj entusiasmado(-a)
**enthousiasmer** [ɑ̃tuzjasme] vt entusiasmar; **s'enthousiasmer** vpr : **s'~ (pour qch)** entusiasmarse (con algo)
**enthousiaste** [ɑ̃tuzjast] adj, nmf entusiasta mf
**enticher** [ɑ̃tiʃe] : **s'enticher de** vpr encapricharse con ou por
**entier, -ière** [ɑ̃tje, jɛʀ] adj entero(-a); (en totalité) entero(-a), completo(-a); (personne, caractère) íntegro(-a); **en ~** por completo; **se donner tout ~ à qch** entregarse enteramente a algo; **lait ~** leche f entera; **nombre ~** número entero ▸ nm (Math) entero
**entièrement** [ɑ̃tjɛʀmɑ̃] adv enteramente
**entité** [ɑ̃tite] nf entidad f
**entomologie** [ɑ̃tɔmɔlɔʒi] nf entomología
**entomologique** [ɑ̃tɔmɔlɔʒik] adj entomológico(-a)
**entomologiste** [ɑ̃tɔmɔlɔʒist] nmf entomólogo(-a)
**entonner** [ɑ̃tɔne] vt entonar
**entonnoir** [ɑ̃tɔnwaʀ] nm (ustensile) embudo; (trou) hoyo
**entorse** [ɑ̃tɔʀs] nf esguince m; **~ à la loi/au règlement** infracción f de la ley/del reglamento; **se faire une ~ à la cheville/au poignet** hacerse un esguince en el tobillo/en la muñeca
**entortiller** [ɑ̃tɔʀtije] vt : **~ qch dans/avec** envolver algo en/con; **~ qch autour de** enrollar algo alrededor de; **~ qn** (fam) liar a algn; **s'entortiller** vpr : **s'~ dans** (draps) enroscarse en; (fig) enredarse en
**entourage** [ɑ̃tuʀaʒ] nm (personnes proches) allegados mpl; (ce qui enclôt) cerco

## entouré – entrepreneur

**entouré, e** [ɑ̃tuʀe] *adj* (*recherché, admiré*) agasajado(-a); **~ de** rodeado(-a) de

**entourer** [ɑ̃tuʀe] *vt* (*par une clôture*) cercar; (*Mil, gén*) sitiar; (*faire cercle autour de*) rodear; (*apporter son soutien à*) atender; **~ qch de** rodear algo con; **~ qn de soins/prévenances** prodigar a algn cuidados/atenciones; **s'entourer** *vpr* (*collaborateurs*) rodearse de; **s'~ de mystère/de luxe/de précautions** rodearse de misterio/de lujo/de precauciones

**entourloupe** [ɑ̃tuʀlup] *nf*, **entourloupette** [ɑ̃tuʀlupɛt] *nf* mala pasada, jugarreta (*fam*)

**entournures** [ɑ̃tuʀnyʀ] *nfpl*: **être gêné aux ~** estar apretado de hombros; (*moralement*) estar a disgusto; (*financièrement*) andar escaso de dinero

**entracte** [ɑ̃tʀakt] *nm* entreacto

**entraide** [ɑ̃tʀɛd] *nf* ayuda mutua

**entraider** [ɑ̃tʀede]: **s'entraider** *vpr* ayudarse mutuamente

**entrailles** [ɑ̃tʀaj] *nfpl* (*aussi fig*) entrañas *fpl*

**entrain** [ɑ̃tʀɛ̃] *nm* brío; **avec ~** con brío; **faire qch sans ~** hacer algo con desgana

**entraînant, e** [ɑ̃tʀenɑ̃, ɑ̃t] *adj* (*musique, air*) animado(-a)

**entraînement** [ɑ̃tʀɛnmɑ̃] *nm* entrenamiento; **~ à chaîne/galet** tracción *f* a cadena/rodillo; **manquer d'~** estar desentrenado(-a); **~ par ergots/friction** (*Inform*) arrastre *m* por tracción/fricción

**entraîner** [ɑ̃tʀene] *vt* (*tirer*) arrastrar; (*charrier*) acarrear; (*moteur, poulie*) accionar; (*emmener*) llevarse; (*joueurs, soldats*) guiar; (*Sport*) entrenar; (*influencer*) influenciar; (*impliquer, causer*) ocasionar; **~ qn a/à faire qch** (*inciter*) arrastrar a algn a/a hacer algo; **des blessures pouvant ~ la mort** heridas que pueden provocar la muerte; **s'entraîner** *vpr* (*Sport*) entrenarse; **s'~ à qch/à faire qch** (*s'exercer*) ejercitarse en algo/en hacer algo

**entraîneur, -euse** [ɑ̃tʀɛnœʀ, øz] *nm/f* (*Sport*) entrenador(a); (*Hippisme*) picador(a)

**entraîneuse** [ɑ̃tʀɛnøz] *nf* (*de bar*) cabaretera, gancho

**entrapercevoir** [ɑ̃tʀapɛʀsəvwaʀ] *vt* ver de pasada

**entrave** [ɑ̃tʀav] *nf* obstáculo; **~ à la concurrence** obstaculización *f* de la competencia

**entraver** [ɑ̃tʀave] *vt* obstaculizar

**entre** [ɑ̃tʀ] *prép* entre; **l'un d'~ eux/nous** uno de ellos/nosotros; **le meilleur d'~ eux/nous** el mejor de ellos/nosotros; **ils préfèrent rester ~ eux** prefieren permanecer entre ellos; **~ autres (choses)** entre otras (cosas); **~ nous, ...** entre nosotros, ...; **ils se battent ~ eux** se pelean entre sí; **~ ces deux solutions, il n'y a guère de différence** entre estas dos soluciones no hay mucha diferencia

**entrebâillé, e** [ɑ̃tʀəbaje] *adj* entreabierto(-a)

**entrebâillement** [ɑ̃tʀəbajmɑ̃] *nm*: **dans l'~ (de la porte)** en el resquicio (de la puerta)

**entrebâiller** [ɑ̃tʀəbaje] *vt* entreabrir

**entrechat** [ɑ̃tʀəʃa] *nm* trenzado

**entrechoquer** [ɑ̃tʀəʃɔke]: **s'entrechoquer** *vpr* entrechocar

**entrecôte** [ɑ̃tʀəkot] *nf* entrecot(e) *m*

**entrecoupé, e** [ɑ̃tʀəkupe] *adj* entrecortado(-a)

**entrecouper** [ɑ̃tʀəkupe] *vt*: **~ qch de** interrumpir algo por; **s'entrecouper** *vpr* (*traits, lignes*) entrecruzarse

**entrecroiser** [ɑ̃tʀəkʀwaze] *vt* entrecruzar; **s'entrecroiser** *vpr* entrecruzarse

**entrée** [ɑ̃tʀe] *nf* entrada; **erreur d'~** error *m* de principio; **faire son ~** (*aussi fig*) hacer su entrada; **d'~** de entrada; **~ de service/des artistes** entrada de servicio/de artistas; **~ en matière** comienzo; **~ en scène** salida a escena; **~ en vigueur** entrada en vigor; « **~ interdite** » « prohibida la entrada »; « **~ libre** » « entrada libre »; **entrées** *nfpl*: **avoir ses entrées chez/auprès de** tener libre acceso a/fácil contacto con

**entrefaites** [ɑ̃tʀəfɛt] *nfpl*: **sur ces ~** *adv* en ese momento

**entrefilet** [ɑ̃tʀəfilɛ] *nm* noticia breve

**entregent** [ɑ̃tʀəʒɑ̃] *nm*: **avoir de l'~** tener don de gentes

**entrejambe** [ɑ̃tʀəʒɑ̃b] *nm* (*Couture*) cruz *f*

**entrelacement** [ɑ̃tʀəlasmɑ̃] *nm*: **un ~ de ...** un entrelazado de ...

**entrelacer** [ɑ̃tʀəlase] *vt* entrelazar; **s'entrelacer** *vpr* entrelazarse

**entrelacs** [ɑ̃tʀəla] *nm* entrelazado

**entrelarder** [ɑ̃tʀəlaʀde] *vt* (*viande*) mechar; **entrelardé de** (*fig*) salpicado de

**entremêler** [ɑ̃tʀəmele] *vt* entremezclar; **~ qch de** entremezclar algo con

**entremets** [ɑ̃tʀəmɛ] *nm* postre *m*

**entremetteur, -euse** [ɑ̃tʀəmɛtœʀ, øz] *nm/f* intermediario(-a); (*péj*) alcahuete(-a)

**entremettre** [ɑ̃tʀəmɛtʀ]: **s'entremettre** *vpr* mediar; (*péj*) entrometerse

**entremise** [ɑ̃tʀəmiz] *nf* mediación *f*; **par l'~ de** por mediación de

**entrepont** [ɑ̃tʀəpɔ̃] *nm* entrecubierta; **dans l'~** en la entrecubierta

**entreposer** [ɑ̃tʀəpoze] *vt* almacenar

**entrepôt** [ɑ̃tʀəpo] *nm* almacén *m*, galpón *m* (*CSur*); **~ frigorifique** almacén frigorífico

**entreprenant, e** [ɑ̃tʀəpʀənɑ̃, ɑ̃t] *vb voir* **entreprendre** ▶ *adj* emprendedor(a); (*trop galant*) atrevido(-a)

**entreprendre** [ɑ̃tʀəpʀɑ̃dʀ] *vt* emprender; **~ qn sur un sujet** abordar a algn con un tema; **~ de faire qch** decidir hacer algo

**entrepreneur, euse** [ɑ̃tʀəpʀənœʀ, øz] *nm/f* empresario(-a); **~ de pompes funèbres** empresario(-a) de pompas fúnebres; **~ en bâtiment** contratista *mf* de obras

**entrepreneuriat – environnement**

**entrepreneuriat** [ɑ̃tʀəpʀənœʀja], **entreprenariat** [ɑ̃tʀəpʀənaʀja] *nm* empresariado

**entreprise** [ɑ̃tʀəpʀiz] *nf* empresa; **~ agricole/de travaux publics** empresa agraria/de obras públicas

**entrer** [ɑ̃tʀe] *vi* entrar; **(faire) ~ qch dans** (*objet*) meter algo en; **~ dans** entrar en; (*entrer en collision avec*) chocar con; (*vues, craintes de qn*) compartir; **~ au couvent/à l'hôpital** ingresar en el convento/en el hospital; **~ en fureur** enfurecerse; **~ en ébullition** entrar en ebullición; **~ en scène** salir a escena; **~ dans le système** (*Inform*) entrar en el sistema; **laisser ~ qch/qn** (*lumière, air*) dejar pasar algo/a algn; **faire ~** hacer pasar; (*marchandises*) introducir ▶ *vt* (*marchandises : aussi :* **faire entrer**) introducir; (*Inform*) meter, introducir

**entresol** [ɑ̃tʀəsɔl] *nm* entresuelo

**entre-temps** [ɑ̃tʀətɑ̃] *adv* entretanto

**entretenir** [ɑ̃tʀət(ə)niʀ] *vt* mantener; **~ qn (de qch)** conversar con algn (sobre algo); **~ de bonnes relations (avec)** mantener buenas relaciones (con); **s'entretenir** *vpr* **: s'~ (de qch)** conversar (sobre algo)

**entretenu, e** [ɑ̃tʀət(ə)ny] *pp de* **entretenir** ▶ *adj* **: femme entretenue** querida; **bien/mal ~** (*maison*) bien/mal cuidado(-a)

**entretien** [ɑ̃tʀətjɛ̃] *nm* (*d'une maison, d'une famille, d'un service*) mantenimiento; (*discussion*) conversación *f*; (*audience*) entrevista; **frais d'~** gastos *mpl* de mantenimiento; **~ d'embauche** entrevista de trabajo; **entretiens** *nmpl* (*pourparlers*) conversaciones *fpl*

**entretiendrai** [ɑ̃tʀətjɛ̃dʀe], **entretiens** [ɑ̃tʀətjɛ̃] *vb voir* **entretenir**

**entretuer** [ɑ̃tʀətɥe] **: s'entretuer** *vpr* matarse

**entreverrai** [ɑ̃tʀ(ə)veʀe], **entrevit** [ɑ̃tʀ(ə)vi] *vb voir* **entrevoir**

**entrevoir** [ɑ̃tʀəvwaʀ] *vt* entrever; (*solution, problème*) vislumbrar

**entrevu, e** [ɑ̃tʀəvy] *pp de* **entrevoir** ▶ *nf* entrevista

**entrouvert, e** [ɑ̃tʀuvɛʀ, ɛʀt] *pp de* **entrouvrir** ▶ *adj* entreabierto(-a)

**entrouvrir** [ɑ̃tʀuvʀiʀ] *vt* entreabrir; **s'entrouvrir** *vpr* entreabrirse

**entuber** [ɑ̃tybe] (*fam*) *vt* timar; **se faire ~** ser timado(-a); **tu t'es fait ~ !** ¡te han timado!

**énucléer** [enyklee] *vt* enuclear

**énumération** [enymeʀasjɔ̃] *nf* enumeración *f*

**énumérer** [enymeʀe] *vt* enumerar

**énurésie** [enyʀezi] *nf* enuresis *f inv*

**énurétique** [enyʀetik] *adj* enurético(-a)

**envahir** [ɑ̃vaiʀ] *vt* invadir

**envahissant, e** [ɑ̃vaisɑ̃, ɑ̃t] *adj* (*péj : personne*) avasallador(a)

**envahissement** [ɑ̃vaismɑ̃] *nm* invasión *f*

**envahisseur** [ɑ̃vaisœʀ] *nm* invasor *m*

**envasement** [ɑ̃vazmɑ̃] *nm* encenagamiento

**envaser** [ɑ̃vaze] **: s'envaser** *vpr* encenagarse; (*bateau*) encallarse

**enveloppe** [ɑ̃v(ə)lɔp] *nf* sobre *m*; (*revêtement, gaine*) revestimiento; **mettre sous ~** poner en un sobre; **~ à fenêtre** sobre de ventana; **~ autocollante** sobre autoadhesivo; **~ budgétaire** dotación *f* presupuestaria

**enveloppé, e** [ɑ̃vlɔpe] *adj* (*grassouillet*) metido(-a) en carnes, rellenito(-a)

**envelopper** [ɑ̃v(ə)lɔpe] *vt* (*aussi fig*) envolver; **s'envelopper** *vpr* **: s'~ dans un châle/une couverture** envolverse en un chal/una manta

**envenimer** [ɑ̃v(ə)nime] *vt* envenenar; **s'envenimer** *vpr* (*relations*) envenenarse; (*plaie*) infectarse

**envergure** [ɑ̃vɛʀgyʀ] *nf* envergadura; (*d'une personne*) valía; **d'~** (*travaux, opération*) de envergadura

**enverrai** *etc* [ɑ̃veʀe] *vb voir* **envoyer**

**envers** [ɑ̃vɛʀ] *prép* hacia; **~ et contre tous** *ou* **tout** contra viento y marea; **ses sentiments ~ elle** sus sentimientos hacia ella ▶ *nm* **: l'~** (*d'une feuille*) el dorso; (*d'un vêtement*) el revés; (*d'un problème*) la otra cara; **à l'~** al revés

**enviable** [ɑ̃vjabl] *adj* envidiable; **peu ~** poco envidiable

**envie** [ɑ̃vi] *nf* envidia; (*sur la peau*) antojo; (*autour des ongles*) padrastro; **avoir ~ de qch/de faire qch** tener ganas de algo/de hacer algo; **avoir ~ que** tener ganas de que; **donner à qn l'~ de qch/de faire qch** dar a algn ganas de algo/de hacer algo; **ça lui fait ~** le da envidia

> Pour exprimer qu'on a envie de quelque chose, l'expression la plus courante est *tener ganas de*, ou, dans le sens d'« être tenté par » quelque chose, la construction avec *apetecer* :
> **J'ai envie d'être en vacances.** Tengo ganas de estar de vacaciones.
> **Est-ce que tu as envie d'aller à la plage ?** ¿Te apetece ir a la playa?

**envier** [ɑ̃vje] *vt* envidiar; **~ qch à qn** envidiar algo a algn; **n'avoir rien à ~ à** no tener nada que envidiarle a

**envieux, -euse** [ɑ̃vjø, jøz] *adj, nm/f* envidioso(-a)

**environ** [ɑ̃viʀɔ̃] *adv* aproximadamente; **3 h/ 2 km ~** 3 h/2 km aproximadamente; **~ 3 h/ 2 km** alrededor de 3 h/2 km

**environnant, e** [ɑ̃viʀɔnɑ̃, ɑ̃t] *adj* cercano(-a); **milieu ~** entorno; **la campagne environnante** los campos circundantes

**environnement** [ɑ̃viʀɔnmɑ̃] *nm* (*nature*) medio ambiente; (*milieu*) entorno; **la protection de l'~** la protección del medio ambiente; **un ~ stable/sain/agréable** un entorno estable/sano/agradable; **~ de travail** ambiente *m* de trabajo

## environnemental – éperonner

**environnemental, e, -aux** [ãviʀɔnmãtal, o] adj medioambiental

**environnementaliste** [ãviʀɔnmãtalist] nmf ecologista mf

**environner** [ãviʀɔne] vt rodear

**environs** [ãviʀɔ̃] nmpl alrededores mpl; **aux ~ de** en los alrededores de; (fig : temps, somme) alrededor de

**envisageable** [ãvizaʒabl] adj posible

**envisager** [ãvizaʒe] vt considerar; (avoir en vue) prever; **~ de faire** tener planeado hacer

**envoi** [ãvwa] nm envío; (paquet, colis) paquete m; **~ contre remboursement** (Comm) envío contra reembolso

**envoie** [ãvwa] vb voir **envoyer**

**envol** [ãvɔl] nm (d'un oiseau) vuelo; (d'un avion) despegue m; **prendre son ~** (oiseau) levantar el vuelo; (fig) tomar vuelo

**envolée** [ãvɔle] nf (des cours) subida vertiginosa

**envoler** [ãvɔle] : **s'envoler** vpr (oiseau) echarse a volar; (avion) despegar; (papier, feuille) volarse; (espoir, illusion) esfumarse

**envoûtant, e** [ãvutã, ãt] adj hechizador(a)

**envoûtement** [ãvutmã] nm hechizo

**envoûter** [ãvute] vt hechizar

**envoyé, e** [ãvwaje] nm/f (Pol) enviado(-a); **~ spécial(e)** enviado(-a) especial; **~ permanent(e)** corresponsal mf permanente ▶ adj : **bien ~** (fam : remarque) atinado(-a)

**envoyer** [ãvwaje] vt enviar; (projectile, ballon) lanzar; **~ une gifle à qn** (fam) soltar una bofetada a algn; **~ une critique à qn** lanzar una crítica a algn; **~ les couleurs** izar la bandera nacional; **~ chercher qch/qn** mandar a buscar algo/a algn; **~ par le fond** (bateau) hundir; **~ un SMS à qn** enviar un SMS a algn; **~ promener** ou **paître qn** (fam) enviar a algn a paseo (fam); **s'envoyer** vpr (fam : repas etc) zamparse

**envoyeur, -euse** [ãvwajœʀ, øz] nm/f remitente mf

**enzyme** [ãzim] nm ou f enzima

**éolien, ne** [eɔljɛ̃, jɛn] adj eólico(-a); **énergie éolienne** energía eólica ▶ nf turbina eólica ▶ nm energía eólica; **l'~ terrestre/maritime** la energía eólica terrestre/marina ou marítima

**épagneul, e** [epaɲœl] nm/f podenco(-a)

**épais, se** [epɛ, ɛs] adj (tissu, mur) grueso(-a); (liquide, brouillard) espeso(-a); (foule) denso(-a); (forêt) tupido(-a); (péj : esprit) corto(-a)

**épaisseur** [epɛsœʀ] nf espesor m, grosor m

**épaissir** [epesiʀ] vt espesar ▶ vi (suj : sauce) espesar; (partie du corps etc) engordar; **s'épaissir** vpr (sauce, brouillard) espesarse; **le mystère s'épaissit** el misterio se oscurece

**épaississant** [epesisã] nm espesante m

**épaississement** [epesismã] nm (du brouillard) espesamiento; (de la peau) engrosamiento; (de la taille) engordamiento

**épanchement** [epɑ̃ʃmã] nm (fig : du cœur) desahogo; **~ de synovie** derrame m sinovial; **épanchements** nmpl (fig) desahogos mpl

**épancher** [epɑ̃ʃe] vt desahogar; **s'épancher** vpr desahogarse; (liquide) derramarse

**épandage** [epãdaʒ] nm (d'engrais) abono

**épanoui, e** [epanwi] adj (éclos, ouvert, sourire) abierto(-a); (visage) radiante; (corps, formes) desarrollado(-a)

**épanouir** [epanwiʀ] : **s'épanouir** vpr (fleur) abrirse; (visage) iluminarse; (fig) florecer

**épanouissement** [epanwismã] nm (d'une fleur) abertura; (d'un visage) iluminación f; (fig) florecimiento

**épargnant, e** [eparɲã, ãt] nm/f ahorrador(a)

**épargne** [eparɲ] nf ahorro; **l'~-logement** el ahorro-vivienda

**épargner** [eparɲe] vt ahorrar; (ennemi) perdonar la vida a; (récolte, région) no afectar a; **~ qch à qn** ahorrarle algo a algn ▶ vi ahorrar

**éparpillement** [eparpijmã] nm (de papiers) esparcimiento; (des efforts) dispersión f

**éparpiller** [eparpije] vt esparcir; (pour répartir) diseminar; (fig : efforts) dispersar; **s'éparpiller** vpr esparcirse; (fig : étudiant, chercheur etc) dispersarse los esfuerzos

**épars, e** [epar, ars] adj (maisons) disperso(-a); (cheveux) despeinado(-a)

**épatant, e** [epatã, ãt] (fam) adj estupendo(-a)

**épaté, e** [epate] adj : **nez ~** nariz f chata

**épater** [epate] (fam) vt impresionar

**épaule** [epol] nf (Anat) hombro; (Culin) espaldilla

**épaulé** [epole] nm (Sport) levantada

**épaulé-jeté** [epoleʒ(ə)te] (pl **épaulés-jetés**) nm (Sport) levantada y tierra

**épaulement** [epolmã] nm (Mil, mur) parapeto; (Géo) escarpa

**épauler** [epole] vt (aider) apoyar; (arme) apoyar en el hombro; (viser) apuntar

**épaulette** [epolɛt] nf (Mil) charretera; (bretelle) tirante m; (rembourrage) hombrera

**épave** [epav] nf pecio; (fig : personne) desecho

**épeautre** [epotʀ] nm espelta, escanda

**épée** [epe] nf espada

**épeler** [ep(ə)le] vt deletrear; **comment s'épelle ce mot ?** ¿cómo se deletrea esa palabra?

**épépiner** [epepine] vt despepitar

**éperdu, e** [epɛʀdy] adj (personne, regard) desquiciado(-a); (sentiment) imperioso(-a); (fuite) enloquecido(-a)

**éperdument** [epɛʀdymã] adv desesperadamente; (aimer) perdidamente; **~ amoureux** perdidamente enamorado; **je m'en fiche ~** me da exactamente igual

**éperlan** [epɛʀlã] nm eperlano

**éperon** [epʀɔ̃] nm (de botte) espuela; (Géo, de navire) espolón m

**éperonner** [epʀɔne] vt (cheval, fig) espolear; (navire) embestir con el espolón

## épervier – éponger

**épervier** [epɛRvje] nm (Zool) gavilán m; (Pêche) esparavel m
**éphèbe** [efɛb] nm efebo
**éphémère** [efemɛR] adj efímero(-a)
**éphéméride** [efemeRid] nf efeméride f
**épi** [epi] nm (de blé) espiga; (dans les cheveux) remolino; **en ~** (stationnement, se garer) en batería
**épice** [epis] nf especia
**épicé, e** [epise] adj (aussi fig) picante
**épicéa** [episea] nm abeto del Norte
**épicentre** [episɑ̃tR] nm epicentro
**épicer** [epise] vt condimentar; (fig) salpimentar
**épicerie** [episRi] nf (magasin) tienda de ultramarinos, boliche m (AM); (produits) comestibles mpl; **~ fine** ultramarinos mpl finos
**épicier, -ière** [episje, jɛR] nm/f tendero(-a)
**épicurien, ne** [epikyRjɛ̃, jɛn] adj epicúreo(-a)
**épicurisme** [epikyRism] nm epicureísmo
**épidémie** [epidemi] nf epidemia
**épidémiologie** [epidemjɔlɔʒi] nf epidemiología
**épidémiologique** [epidemjɔlɔʒik] adj epidemiológico(-a)
**épidémiologiste** [epidemjɔlɔʒist] nmf epidemiólogo(-a)
**épidémique** [epidemik] adj epidémico(-a)
**épiderme** [epidɛRm] nm epidermis f inv
**épidermique** [epidɛRmik] adj (Méd) epidérmico(-a); (fig) superficial
**épier** [epje] vt (personne) espiar; (arrivée, occasion) estar pendiente de
**épieu, x** [epjø] nm venablo
**épigramme** [epigRam] nf epigrama
**épigraphe** [epigRaf] nf epígrafe m
**épilation** [epilasjɔ̃] nf depilación f
**épilatoire** [epilatwaR] adj depilatorio(-a)
**épilepsie** [epilɛpsi] nf epilepsia
**épileptique** [epilɛptik] adj, nmf epiléptico(-a)
**épiler** [epile] vt depilar; **s'~ les jambes/les sourcils** depilarse las piernas/las cejas; **se faire ~** (ir a) depilarse; **crème à ~** crema depilatoria; **pince à ~** pinzas fpl de depilar
**épilogue** [epilɔg] nm (Théâtre) epílogo; (fig : dénouement) desenlace m
**épiloguer** [epilɔge] vi : **~ (sur)** comentar (sobre)
**épinard** [epinaR] nm (Bot) espinaca; **épinards** nmpl (Culin) espinacas fpl
**épine** [epin] nf espina; **~ dorsale** espina dorsal
**épinette** [epinɛt] nf (petit clavecin) espineta
**épineux, -euse** [epinø, øz] adj (aussi fig) espinoso(-a)
**épine-vinette** [epinvinɛt] (pl **épines-vinettes**) nf (Bot) agracejo
**épinglage** [epɛ̃glaʒ] nm sujeción f con alfileres

**épingle** [epɛ̃gl] nf alfiler m; **tirer son ~ du jeu** salir del apuro; **tiré à quatre épingles** de punta en blanco; **monter qch en ~** poner algo de manifiesto; **virage en ~ à cheveux** curva muy cerrada; **~ à chapeau** alfiler de sombrero; **~ à cheveux** horquilla; **~ de cravate** alfiler de corbata; **~ à nourrice** ou **de sûreté** imperdible m
**épingler** [epɛ̃gle] vt sujetar con alfileres; (sur un mur) clavar con alfileres; **~ qn** (fam) pillar a algn
**épinière** [epinjɛR] adj f voir **moelle**
**épinoche** [epinɔʃ] nf espinoso
**Épiphanie** [epifani] nf epifanía
**épiphénomène** [epifenɔmɛn] nm epifenómeno
**épique** [epik] adj épico(-a); (fig : extraordinaire, aussi hum) memorable
**épiscopal, e, -aux** [episkɔpal, o] adj episcopal
**épiscopat** [episkɔpa] nm episcopado
**épisiotomie** [epizjɔtɔmi] nf episiotomía
**épisode** [epizɔd] nm episodio; **film en trois épisodes** película en tres episodios
**épisodique** [epizɔdik] adj episódico(-a)
**épisodiquement** [epizɔdikmɑ̃] adv episódicamente
**épissure** [episyR] nf empalme m
**épistémologie** [epistemɔlɔʒi] nf epistemología
**épistémologique** [epistemɔlɔʒik] adj epistemológico(-a)
**épistolaire** [epistɔlɛR] adj epistolar; **être en relations épistolaires avec qn** cartearse con algn
**épitaphe** [epitaf] nf epitafio
**épithète** [epitɛt] nf (Ling) epíteto; (nom, surnom) apodo ▸ adj : **adjectif ~** adjetivo epíteto
**épître** [epitR] nf epístola
**épizootie** [epizɔɔti] nf epizootia
**éploré, e** [eplɔRe] adj desconsolado(-a); (carta) desesperado(-a)
**épluchage** [eplyʃaʒ] nm (de légumes) peladura; (de dossier) examen m minucioso
**épluche-légume** nm, **épluche-légumes** nm inv [eplyʃlegym] (pl **épluche-légumes**) pelador m, mondador m
**éplucher** [eplyʃe] vt (fruit, légumes) pelar; (fig : texte) examinar minuciosamente
**éplucheur** [eplyʃœR] nm peladora
**épluchures** [eplyʃyR] nfpl mondas fpl
**épointer** [epwɛ̃te] vt despuntar
**éponge** [epɔ̃ʒ] nf esponja; **passer l'~** (fig) hacer borrón y cuenta nueva; **passer l'~ sur** correr un tupido velo sobre; **jeter l'~** (fig) tirar la toalla; **~ métallique** estropajo metálico ▸ adj : **tissu ~** tela de felpa
**éponger** [epɔ̃ʒe] vt (liquide, aussi fig) enjugar; (surface) pasar una esponja por; **s'~ le front**

## éponyme – équipe

enjugarse la frente; **~ ses dettes** enjugar sus deudas

**éponyme** [epɔnim] *adj* epónimo(-a)

**épopée** [epɔpe] *nf* epopeya

**époque** [epɔk] *nf* época; **d'~** (*meubles*) de época; **à cette ~** (*dans l'histoire*) en aquella/esa época; (*les mois/années qui précèdent*) entonces; **à l'~ de/où** en la época de/en que; **faire ~** hacer época

**épouiller** [epuje] *vt* despiojar

**époumoner** [epumɔne] : **s'époumoner** *vpr* desgañitarse

**épouse** [epuz] *nf voir* **époux**

**épouser** [epuze] *vt* casarse con; (*vues, idées*) adherirse a; (*forme, mouvement*) adaptarse a

**époussetage** [epustaʒ] *nm* limpieza del polvo

**épousseter** [epuste] *vt* limpiar el polvo de

**époustouflant, e** [epustuflɑ̃, ɑ̃t] (*fam*) *adj* pasmante

**époustoufler** [epustufle] (*fam*) *vt* dejar pasmado(-a) (*fam*)

**épouvantable** [epuvɑ̃tabl] *adj* horroroso(-a), espantoso(-a)

**épouvantablement** [epuvɑ̃tabləmɑ̃] *adv* tremendamente

**épouvantail** [epuvɑ̃taj] *nm* (*aussi fig*) espantapájaros *m inv*

**épouvante** [epuvɑ̃t] *nf* espanto; **film/livre d'~** película/novela de terror

**épouvanter** [epuvɑ̃te] *vt* (*terrifier*) horrorizar; (*sens affaibli*) espantar

**époux, épouse** [epu, uz] *nm/f* esposo(-a) ▶ *nmpl* : **les ~** los esposos

**éprendre** [eprɑ̃dr] : **s'éprendre de** *vpr* enamorarse de

**épreuve** [eprœv] *nf* prueba; (*Scol*) examen *m*; **à l'~ des balles/du feu** a prueba de balas/de fuego; **à toute ~** a toda prueba; **mettre à l'~** poner a prueba; **~ de force** (*fig*) prueba de fuerza; **~ de sélection** (*prueba*) eliminatoria

**épris, e** [epri, iz] *vb voir* **éprendre** ▶ *adj* : **~ de** enamorado(-a) de

**éprouvant, e** [epruvɑ̃, ɑ̃t] *adj* agotador(a)

**éprouvé, e** [epruve] *adj* probado(-a); **un homme ~** (*par les malheurs*) un hombre a quien la vida ha puesto a prueba

**éprouver** [epruve] *vt* (*fatigue, douleur*) sufrir, padecer; (*sentiment*) sentir; (*difficultés*) encontrar; (*personne*) afectar; (*machine*) probar; (*mettre à l'épreuve*) poner a prueba

**éprouvette** [epruvɛt] *nf* probeta; **bébé ~** bebé *m* probeta

**EPS** [əpeɛs] *sigle f* (= *éducation physique et sportive*) educación *f* física

**épuisant, e** [epɥizɑ̃, ɑ̃t] *adj* agotador(a)

**épuisé, e** [epɥize] *adj* agotado(-a)

**épuisement** [epɥizmɑ̃] *nm* agotamiento; **jusqu'à ~ des stocks** hasta que se agoten los stocks

**épuiser** [epɥize] *vt* agotar; **s'épuiser** *vpr* agotarse

**épuisette** [epɥizɛt] *nf* (*Pêche*) salabre *m*

**épuration** [epyrasjɔ̃] *nf* depuración *f*

**épure** [epyr] *nf* alzado

**épurer** [epyre] *vt* (*aussi fig*) depurar

**équarrir** [ekarir] *vt* (*pierre, poutre*) escuadrar; (*animal*) descuartizar

**équarrissage** [ekarisaʒ] *nm* (*de pierre, poutre*) corte *m* a escuadra; (*d'animal*) descuartizamiento

**équateur** [ekwatœr] *nm* ecuador *m*; **É~** Ecuador *m*; **la république de l'É~** la república de Ecuador

**équation** [ekwasjɔ̃] *nf* ecuación *f*; **mettre en ~** convertir en ecuación; **~ du premier/ second degré** ecuación de primer/segundo grado

**équatorial, e, -aux** [ekwatɔrjal, jo] *adj* ecuatorial

**équatorien, ne** [ekwatɔrjɛ̃, jɛn] *adj* ecuatoriano(-a) ▶ *nm/f* : **Équatorien, ne** ecuatoriano(-a)

**équerre** [ekɛr] *nf* (*pour dessiner, mesurer*) escuadra; (*pour fixer*) angular *m*; **à l'~, en ~, d'~** a *ou* en escuadra; **les jambes en ~** las piernas en ángulo recto; **double ~** doble escuadra

**équestre** [ekɛstr] *adj* ecuestre; **statue ~** estatua ecuestre

**équeuter** [ekøte] *vt* quitar el rabillo a

**équidé** [ekide] *nm* équido

**équidistance** [ekɥidistɑ̃s] *nf* : **à ~ (de)** equidistante (de)

**équidistant, e** [ekɥidistɑ̃, ɑ̃t] *adj* equidistante; **~ de** equidistante de

**équilatéral, e, -aux** [ekɥilateral, o] *adj* equilátero(-a)

**équilibrage** [ekilibraʒ] *nm* : **~ des roues** equilibrado de las ruedas

**équilibre** [ekilibr] *nm* equilibrio; **être/ mettre en ~** estar/poner en equilibrio; **avoir le sens de l'~** tener sentido del equilibrio; **garder/perdre l'~** guardar/perder el equilibrio; **en ~ instable** en equilibrio inestable; **~ budgétaire** equilibrio presupuestario

**équilibré, e** [ekilibre] *adj* equilibrado(-a)

**équilibrer** [ekilibre] *vt* equilibrar; **s'équilibrer** *vpr* equilibrarse

**équilibriste** [ekilibrist] *nmf* equilibrista *mf*

**équinoxe** [ekinɔks] *nm* equinoccio; **~ d'automne/de printemps** equinoccio de otoño/de primavera

**équipage** [ekipaʒ] *nm* (*de bateau, d'avion*) tripulación *f*; (*Sport, Auto*) equipo; (*d'un roi*) séquito; **en grand ~** con gran cortejo

**équipe** [ekip] *nf* (*de joueurs*) equipo; (*de travailleurs*) cuadrilla; (*bande : parfois péj*) panda (*fam*); **travailler par équipes** trabajar por equipos; **travailler en ~** trabajar en equipo;

**faire ~ avec** formar equipo con; **~ de chercheurs/de sauveteurs/de secours** equipo de investigadores/de salvamento/de socorro

**équipé, e** [ekipe] *adj* equipado(-a)

**équipée** [ekipe] *nf* escapada

**équipement** [ekipmã] *nm* equipo; *(d'une cuisine)* instalación *f*; **biens/dépenses d'~** bienes *mpl*/gastos *mpl* de equipo; **équipements sportifs/collectifs** instalaciones *fpl* deportivas/colectivas; **(le ministère de) l'É~** *(Admin)* ≈ MOPT *m* *(Ministerio de Obras Públicas y Transportes)*

**équiper** [ekipe] *vt* equipar; *(région)* dotar; **~ qch/qn de** equipar algo/a algn con; **s'équiper** *vpr* equiparse

**équipier, -ière** [ekipje, jɛʀ] *nm/f* compañero(-a) de equipo

**équitable** [ekitabl] *adj* equitativo(-a); **commerce ~** comercio justo

**équitablement** [ekitabləmã] *adv* equitativamente

**équitation** [ekitasjɔ̃] *nf* equitación *f*; **faire de l'~** practicar la equitación

**équité** [ekite] *nf* equidad *f*

**équivaille** [ekivaj] *vb voir* **équivaloir**

**équivalence** [ekivalɑ̃s] *nf* equivalencia; *(de diplômes)* convalidación *f*

**équivalent, e** [ekivalɑ̃, ɑ̃t] *adj* equivalente ▶ *nm* : **l'~ de qch** el equivalente de algo

**équivaloir** [ekivalwaʀ] : **~ à** *vt* equivaler a

**équivaut** [ekivo] *vb voir* **équivaloir**

**équivoque** [ekivɔk] *adj* equívoco(-a) ▶ *nf* equívoco

**érable** [eʀabl] *nm* arce *m*

**éradication** [eʀadikasjɔ̃] *nf* erradicación *f*

**éradiquer** [eʀadike] *vt* erradicar

**érafler** [eʀafle] *vt* arañar; **s'érafler** *vpr* : **s'~ (la main/les jambes)** arañarse (la mano/las piernas)

**éraflure** [eʀaflyʀ] *nf* rasguño, arañazo

**éraillé, e** [eʀaje] *adj* *(voix)* cascado(-a)

**ère** [ɛʀ] *nf* era; **en l'an 1050 de notre ~** en el año 1050 de nuestra era; **~ chrétienne** : **l'~ chrétienne** la era cristiana

**érectile** [eʀɛktil] *adj* eréctil

**érection** [eʀɛksjɔ̃] *nf* erección *f*

**éreintant, e** [eʀɛ̃tɑ̃, ɑ̃t] *nm* agotador(a)

**éreinté, e** [eʀɛ̃te] *adj* agotado(-a)

**éreintement** [eʀɛ̃tmã] *nm* derrengamiento

**éreinter** [eʀɛ̃te] *vt (épuiser)* agotar; *(fig : œuvre, auteur)* poner por los suelos; **s'éreinter** *vpr* : **s'~ (à faire qch/à qch)** volcarse (haciendo algo/con algo)

**ergonomie** [ɛʀɡɔnɔmi] *nf* ergonomía

**ergonomique** [ɛʀɡɔnɔmik] *adj* ergonómico(-a)

**ergonomiste** [ɛʀɡɔnɔmist] *nmf* ergonomista *mf*

**ergot** [ɛʀɡo] *nm (de coq)* espolón *m*; *(Tech)* saliente *m*; **~ du seigle** cornezuelo

**ergoter** [ɛʀɡɔte] *vi* discutir

**ergoteur, -euse** [ɛʀɡɔtœʀ, øz] *nm/f* discutidor(a)

**ergothérapeute** [ɛʀɡɔteʀapøt] *nmf* ergoterapeuta *mf*

**ergothérapie** [ɛʀɡɔteʀapi] *nf* ergoterapia

**ériger** [eʀiʒe] *vt* erigir; **~ qch en principe/loi** elevar algo a principio/ley; **s'ériger** *vpr* : **s'~ en juge/critique de ...** erigirse en juez/crítico de ...

**ermitage** [ɛʀmitaʒ] *nm* ermita; *(retraite isolée)* retiro

**ermite** [ɛʀmit] *nm* ermitaño

**éroder** [eʀɔde] *vt* erosionar; *(suj : acide)* corroer

**érogène** [eʀɔʒɛn] *adj* erógeno(-a)

**érosion** [eʀozjɔ̃] *nf* erosión *f*; *(par acide)* corrosión *f*

**érotique** [eʀɔtik] *adj* erótico(-a)

**érotiser** [eʀɔtize] *vt* erotizar

**érotisme** [eʀɔtism] *nm* erotismo

**érotomane** [eʀɔtɔman] *nmf* erotómano(-a)

**errance** [eʀɑ̃s] *nf* vagabundeo

**errant, e** [eʀɑ̃, ɑ̃t] *adj* : **chien ~** perro vagabundo

**errata** [eʀata] *nm ou nmpl (liste)* fe *f* de erratas

**erratum** [eʀatɔm] *(pl* **errata***) nm* errata

**errements** [eʀmã] *nmpl* hábitos *mpl*

**errer** [eʀe] *vi* vagar

**erreur** [eʀœʀ] *nf* error *m*; *(de jeunesse)* desliz *m*; **tomber/être dans l'~** *(état)* incurrir/estar en el error; **induire qn en ~** inducir a algn a error; **par ~** por error; **faire ~** equivocarse; **~ d'écriture/d'impression** error de escritura/de imprenta; **~ de calcul** error de cálculo; **~ de date** equivocación *f* de fecha; **~ de jugement** error de juicio; **~ judiciaire/tactique** error judicial/táctico

**erroné, e** [eʀɔne] *adj* erróneo(-a)

**ersatz** [ɛʀzats] *nm* sucedáneo

**éructer** [eʀykte] *vi* eructar ▶ *vt (fig : injures)* proferir

**érudit, e** [eʀydi, it] *adj, nm/f* erudito(-a)

**érudition** [eʀydisjɔ̃] *nf* erudición *f*

**éruptif, -ive** [eʀyptif, iv] *adj* eruptivo(-a)

**éruption** [eʀypsjɔ̃] *nf (aussi Méd)* erupción *f*; *(de joie, colère)* arrebato; **en ~** *(volcan)* en erupción; **~ volcanique** erupción volcánica

**érythème** [eʀitɛm] *nm* eritema *m*; **~ fessier** eritema del pañal

**es** [ɛ] *vb voir* **être**

**ès** [ɛs] *prép* : **licencié ès lettres/sciences** licenciado en letras/ciencias; **docteur ès lettres** doctor(a) en letras

**ESB** *nf* (*= encéphalopathie spongiforme bovine*) EEB *f* (*= encefalopatía espongiforme bovina*)

**esbroufe** [ɛsbʀuf] *nf* : **faire de l'~** chulear

**escabeau, x** [ɛskabo] *nm (tabouret)* escabel *m*; *(échelle)* escalera de tijera

**escadre** [ɛskadʀ] *nf* escuadra

**escadrille** [ɛskadʀij] *nf* escuadrilla

**escadron** [ɛskadʀɔ̃] *nm* escuadrón *m*

## escalade – espoir

**escalade** [ɛskalad] nf escalada; **l'~ de la guerre/violence** la escalada de la guerra/violencia; **~ artificielle/libre** escalada artificial/libre

**escalader** [ɛskalade] vt escalar

**escalator** [ɛskalatɔʀ] nm escalera mecánica

**escale** [ɛskal] nf escala; **faire ~ (à)** hacer escala (en); **vol sans ~** vuelo sin escala; **~ technique** escala técnica

**escalier** [ɛskalje] nm escalera; **dans l'~** ou **les escaliers** en la escalera ou las escaleras; **descendre l'~** ou **les escaliers** bajar la escalera ou las escaleras; **~ à vis** ou **en colimaçon** escalera de caracol; **~ de secours/de service** escalera de socorro/de servicio; **~ roulant** ou **mécanique** escalera mecánica

**escalope** [ɛskalɔp] nf escalope m

**escamotable** [ɛskamɔtabl] adj (train d'atterrissage, antenne) replegable; (table, lit) plegable

**escamoter** [ɛskamɔte] vt escamotear; (train d'atterrissage) replegar; (mots) saltarse

**escampette** [ɛskɑ̃pɛt] nf voir **poudre**

**escapade** [ɛskapad] nf escapada

**escarbille** [ɛskaʀbij] nf carbonilla

**escarcelle** [ɛskaʀsɛl] nf : **faire tomber dans l'~** hacer caer en la bolsa

**escargot** [ɛskaʀgo] nm caracol m

**escarmouche** [ɛskaʀmuʃ] nf escaramuza

**escarpé, e** [ɛskaʀpe] adj escarpado(-a)

**escarpement** [ɛskaʀpəmɑ̃] nm escarpadura

**escarpin** [ɛskaʀpɛ̃] nm escarpín m

**escarpolette** [ɛskaʀpɔlɛt] nf columpio

**escarre** [ɛskaʀ] nf escara

**Escaut** [ɛsko] nm : **l'~** el Escalda

**eschatologique** [ɛskatɔlɔʒik] adj escatológico(-a)

**escient** [esjɑ̃] nm : **à bon ~** juiciosamente

**esclaffer** [ɛsklafe] : **s'esclaffer** vpr reírse a carcajadas

**esclandre** [ɛsklɑ̃dʀ] nm escándalo; **faire un ~** armar un escándalo

**esclavage** [ɛsklavaʒ] nm esclavitud f

**esclavagiste** [ɛsklavaʒist] adj, nmf esclavista mf

**esclave** [ɛsklav] nmf esclavo(-a); **être ~ de qn/qch** ser esclavo(-a) de algn/algo

**escogriffe** [ɛskɔgʀif] (péj) nm espingarda

**escomptable** [ɛskɔ̃tabl] adj descontable

**escompte** [ɛskɔ̃t] nm descuento

**escompter** [ɛskɔ̃te] vt (Comm) descontar; (espérer) contar con

**escorte** [ɛskɔʀt] nf escolta; **faire ~ à** escoltar a

**escorter** [ɛskɔʀte] vt escoltar (a)

**escorteur** [ɛskɔʀtœʀ] nm barco escolta

**escouade** [ɛskwad] nf (Mil) escuadra; (groupe de personnes) cuadrilla

**escrime** [ɛskʀim] nf esgrima; **faire de l'~** practicar la esgrima

**escrimer** [ɛskʀime] : **s'escrimer** vpr : **s'~ à faire qch** empeñarse en hacer algo

**escrimeur, -euse** [ɛskʀimœʀ, øz] nm/f esgrimidor(a)

**escroc** [ɛskʀo] nm estafador(a)

**escroquer** [ɛskʀɔke] vt : **~ qn (de qch)** timar a algn (con algo); **~ qch (à qn)** estafar algo (a algn)

**escroquerie** [ɛskʀɔkʀi] nf estafa

**esgourdes** [ɛzguʀd] (fam) nfpl orejas fpl

**ésotérique** [ezɔteʀik] adj esotérico(-a)

**ésotérisme** [ezɔteʀism] nm esoterismo

**espace** [ɛspas] nm espacio; **manquer d'~** faltarle a algn espacio; **~ publicitaire/vital** espacio publicitario/vital

**espacé, e** [ɛspase] adj espaciado(-a)

**espacement** [ɛspasmɑ̃] nm espaciamiento; **~ proportionnel** distancia proporcional

**espacer** [ɛspase] vt espaciar; **s'espacer** vpr espaciarse

**espadon** [ɛspadɔ̃] nm pez m espada inv, emperador m

**espadrille** [ɛspadʀij] nf alpargata

**Espagne** [ɛspaɲ] nf España

**espagnol, e** [ɛspaɲɔl] adj español(a) ▶ nm (Ling) español m, castellano (surtout Am) ▶ nm/f : **Espagnol, e** español(a)

**espagnolette** [ɛspaɲɔlɛt] nf falleba; **fermé à l'~** cerrado(-a) con falleba

**espalier** [ɛspalje] nm (arbre fruitier) espaldera; **culture en espaliers** cultivo en emparrado

**espèce** [ɛspɛs] nf especie f; **une ~ de** una especie de; **~ de maladroit/de brute !** ¡pedazo de ou so inútil/bruto! (fam); **de toute ~** de toda clase; **l'~ humaine** la especie humana; **cas d'~** caso especial; **espèces** nfpl (Comm) metálico; (Rel) especies fpl; (sorte, genre) clases fpl; **payer en espèces** pagar en metálico

**espérance** [ɛspeʀɑ̃s] nf esperanza; **contre toute ~** contra toda esperanza; **~ de vie** esperanza de vida

**espérantiste** [ɛspeʀɑ̃tist] adj, nmf esperantista mf

**espéranto** [ɛspeʀɑ̃to] nm esperanto

**espérer** [ɛspeʀe] vt esperar; **~ que/faire** esperar que/hacer; **je n'en espérais pas tant** no esperaba tanto ▶ vi confiar; **j'espère bien** eso espero; **~ en qn/qch** confiar en algn/algo

**espiègle** [ɛspjɛgl] adj travieso(-a)

**espièglerie** [ɛspjɛgləʀi] nf travesura

**espion, ne** [ɛspjɔ̃, jɔn] nm/f espía mf ▶ adj : **bateau/avion ~** barco/avión m espía

**espionnage** [ɛspjɔnaʒ] nm espionaje m; **film/roman d'~** película/novela de espionaje; **~ industriel** espionaje industrial

**espionner** [ɛspjɔne] vt espiar

**esplanade** [ɛsplanad] nf explanada

**espoir** [ɛspwaʀ] nm esperanza; **l'~ de qch/de faire qch** la esperanza de algo/de hacer algo;

## esprit – estampe

**avoir bon ~ que** tener muchas esperanzas de que; **garder l'~ que** conservar la esperanza de que; **dans l'~ de/que** con la esperanza de/de que; **reprendre ~** recuperar la esperanza; **un ~ de la boxe/du ski** una promesa del boxeo/del esquí; **c'est sans ~** no tiene esperanza

**esprit** [ɛspri] *nm* espíritu *m*; **l'~ de parti/de clan** espíritu de partido/de clan; **paresse/vivacité d'~** pereza/vivacidad mental; **l'~ d'une loi/réforme** el espíritu de una ley/reforma; **l'~ d'équipe/de compétition/d'entreprise** espíritu de equipo/de competencia/de empresa; **dans mon ~** en mi opinión; **faire de l'~** hacerse el gracioso; **reprendre ses esprits** recuperar el sentido; **perdre l'~** perder la razón; **avoir bon/mauvais ~** tener buenas/malas intenciones; **avoir l'~ à faire qch** estar con ánimos para hacer algo; **avoir l'~ critique** tener sentido crítico; **esprits chagrins** espíritus *mpl* sombríos; **~ de contradiction** espíritu de contradicción; **~ de corps** sentido de solidaridad; **~ de famille** espíritu de familia; **l'~ malin** el espíritu del mal

**esquif** [ɛskif] *nm* esquife *m*

**esquille** [ɛskij] *nf* (*fragment d'os*) esquirla

**esquimau, de, x** [ɛskimo, od] *adj* esquimal; **chien ~** perro esquimal ▶ *nm* (*Ling*) esquimal *m*; (*glace*) pingüino ▶ *nm/f*: **Esquimau, de** esquimal *mf*

**esquinter** [ɛskɛ̃te] (*fam*) *vt* hacer polvo (*fam*); **s'esquinter** *vpr* (*fam*): **s'~ à faire qch** empeñarse haciendo algo

**esquisse** [ɛskis] *nf* esbozo *m*; (*de changement*) amago, **l'~ d'un sourire** el esbozo de una sonrisa

**esquisser** [ɛskise] *vt* esbozar; **~ un geste/un sourire** esbozar un gesto/una sonrisa; **s'esquisser** *vpr* esbozarse

**esquive** [ɛskiv] *nf* finta

**esquiver** [ɛskive] *vt* esquivar; **s'esquiver** *vpr* esquivarse

**essai** [ese] *nm* (*d'une voiture, d'un vêtement*) prueba; (*tentative, aussi Sport*) intento; (*Rugby, Litt*) ensayo; **à l'~** a prueba; **~ gratuit** prueba gratuita; **essais** *nmpl* (*Sport*) pruebas *fpl*

**essaim** [esɛ̃] *nm* enjambre *m*; **~ d'enfants** (*fig*) enjambre de niños

**essaimer** [eseme] *vi* (*abeilles*) enjambrar; (*fig*) extenderse

**essayage** [esɛjaʒ] *nm* prueba; **salon** *ou* **cabine d'~** probador *m*

**essayer** [eseje] *vt* probar; **~ de faire qch** intentar hacer algo, tratar de hacer algo ▶ *vi* intentar; **essayez un peu!** ¡inténtalo!; **s'essayer** *vpr*: **s'~ à faire qch/à qch** intentar hacer algo/ algo

**essayeur, -euse** [esɛjœr, øz] *nm/f* maniquí que se prueba el traje delante del cliente

**essayiste** [esejist] *nmf* ensayista *mf*

**ESSEC** [esɛk] *sigle f* (= *École supérieure des sciences économiques et sociales*) universidad de élite de ciencias económicas y empresariales

**essence** [esɑ̃s] *nf* (*carburant*) gasolina, nafta (Arg), bencina (Chi); (*d'une plante, fig*) esencia; (*espèce : d'arbre*) especie *f*; **par ~** (*par définition*) por esencia; **prendre** *ou* **faire de l'~** echar gasolina, repostar; **~ de café** extracto de café; **~ de citron/lavande/térébenthine** esencia de limón/lavanda/trementina

**essentiel, le** [esɑ̃sjɛl] *adj* esencial; **être ~ à** ser esencial para **~ à**: **l'~ d'un discours/d'une œuvre** la mayor parte de un discurso/de una obra; **emporter/acheter l'~** llevar/comprar lo esencial; **c'est l'~** es lo esencial; **l'~ de** la mayor parte de

**essentiellement** [esɑ̃sjɛlmɑ̃] *adv* esencialmente; (*absolument*) principalmente

**esseulé, e** [esœle] *adj* solo(-a), desamparado(-a)

**essieu, x** [esjø] *nm* eje *m*

**essor** [esɔʀ] *nm* (*de l'économie etc*) auge *m*; **prendre son ~** (*oiseau*) tomar el vuelo

**essorage** [esɔʀaʒ] *nm* escurrido; (*à la machine*) centrifugado

**essorer** [esɔʀe] *vt* escurrir; (*à la machine*) centrifugar

**essoreuse** [esɔʀøz] *nf* (*à rouleaux*) escurridor *m*; (*à tambour*) secadora

**essoufflé, e** [esufle] *adj* sofocado(-a), sin aliento

**essoufflement** [esufləmɑ̃] *nm* (*de personne*) sofoco; (*de croissance, économie*) debilitamiento

**essouffler** [esufle] *vt* dejar sin aliento; **s'essouffler** *vpr* sofocarse; (*fig : écrivain, cinéaste*) perder la inspiración; (*croissance, économie*) debilitarse

**essuie** [esɥi] *vb voir* **essuyer**

**essuie-glace** [esɥiglas] (*pl* **essuie-glaces**) *nm* limpiaparabrisas *m inv*

**essuie-main** [esɥimɛ̃] (*pl* **essuie-mains**) *nm* toalla de manos

**essuierai** *etc* [esɥire] *vb voir* **essuyer**

**essuie-tout** [esɥitu] *nm inv* rollo de papel (de cocina)

**essuyage** [esɥijaʒ] *nm* (*chose mouillée*) secado; (*meuble*) limpieza

**essuyer** [esɥije] *vt* secar; (*épousseter*) limpiar; (*fig : défaite, tempête*) soportar; **~ la vaisselle** secar los platos; **s'essuyer** *vpr* secarse

**est¹** [ɛ] *vb voir* **être**

**est²** [ɛst] *nm* este *m*; **à l'~** (*situation*) al este; (*direction*) hacia el este; **à l'~ de** al este de; **les pays de l'E~** los países del Este ▶ *adj inv* este *inv*

**estafette** [ɛstafɛt] *nf* (*Mil*) mensajero

**estafilade** [ɛstafilad] *nf* cuchillada, tajo

**estaminet** [ɛstaminɛ] *nm* cafetín *m*

**estampe** [ɛstɑ̃p] *nf* (*image*) estampa, lámina

**estamper** [ɛstɑ̃pe] vt (monnaies etc) acuñar, estampar; (fam) timar
**estampille** [ɛstɑ̃pij] nf sello
**est-ce que** [ɛskə] adv : **~ c'est cher/c'était bon ?** ¿es caro?/¿estaba bueno?; **quand est-ce qu'il part ?** ¿cuándo se marcha?; **où est-ce qu'il va ?** ¿dónde va?; **qui est-ce qui le connaît/a fait ça ?** ¿quién le conoce/ha hecho esto?
**este** [ɛst] adj estonio(-a) ▶ nmf : **Este** estonio(-a)
**esthète** [ɛstɛt] nmf esteta mf
**esthéticien, ne** [ɛstetisjɛ̃, jɛn] nm/f (Art, Philos) esteta mf
**esthéticienne** [ɛstetisjɛn] nf (d'institut de beauté) esteticista
**esthétique** [ɛstetik] adj estético(-a) ▶ nf estética; **~ industrielle** diseño industrial
**esthétiquement** [ɛstetikmɑ̃] adv estéticamente
**estimable** [ɛstimabl] adj estimable
**estimatif, -ive** [ɛstimatif, iv] adj estimativo(-a)
**estimation** [ɛstimasjɔ̃] nf valoración f; **d'après mes estimations** según mis cálculos
**estime** [ɛstim] nf estima; **avoir de l'~ pour qn** tener estima a algn
**estimer** [ɛstime] vt (personne, qualité) estimar, apreciar; (expertiser : bijou etc) valorar; (évaluer : prix, distance) calcular; **~ que/être ...** (penser) estimar que/ser ..., considerar que/ser ...; **s'~ satisfait/heureux** sentirse satisfecho/feliz; **j'estime le temps nécessaire à trois jours** calculo que necesitaremos unos tres días
**estival, e, -aux** [ɛstival, o] adj estival; **station estivale** estación f estival
**estivant, e** [ɛstivɑ̃, ɑ̃t] nm/f veraneante mf
**estoc** [ɛstɔk] nm : **frapper d'~ et de taille** dar tajos y estocadas
**estocade** [ɛstɔkad] nf : **donner l'~ à** dar la estocada a
**estomac** [ɛstɔma] nm estómago; **j'ai mal à l'~** me duele el estómago
**estomaqué, e** [ɛstɔmake] (fam) adj pasmado(-a) (fam), patidifuso(-a) (fam)
**estomaquer** [ɛstɔmake] (fam) vt pasmar, dejar patidifuso(-a) (fam)
**estompe** [ɛstɔ̃p] nf esfumino
**estompé, e** [ɛstɔ̃pe] adj difuminado(-a)
**estomper** [ɛstɔ̃pe] vt (Art, Photo) difuminar; (suj : brume etc) desdibujar; (fig : souvenir, sentiment) esfumar; **s'estomper** vpr (bruit, souvenirs) atenuarse; (couleurs, forme) difuminarse
**Estonie** [ɛstɔni] nf Estonia
**estonien, ne** [ɛstɔnjɛ̃, jɛn] adj estonio(-a) ▶ nm (Ling) estonio ▶ nm/f : **Estonien, ne** estonio(-a)
**estourbir** [ɛsturbir] (fam) vt (assommer) noquear

**estrade** [ɛstrad] nf estrado
**estragon** [ɛstragɔ̃] nm estragón m
**Estrémadure** [ɛstremadyr] nf Extremadura
**estropié, e** [ɛstrɔpje] nm/f lisiado(-a), tullido(-a)
**estropier** [ɛstrɔpje] vt lisiar, tullir; (fig : mot) alterar
**estuaire** [ɛstɥɛr] nm estuario
**estudiantin, e** [ɛstydjɑ̃tɛ̃, in] adj estudiantil
**esturgeon** [ɛstyrʒɔ̃] nm esturión m
**et** [e] conj y; **et aussi/lui** y también/él; **et puis ?** ¿y qué?; **et alors** ou **(puis) après ?** (qu'importe !) ¿y qué?; (ensuite) ¿y entonces?
**ét.** abr = **étage**
**ETA** [ətea] sigle m (= Euskadi Ta Askatasuna) ETA f
**étable** [etabl] nf establo
**établi, e** [etabli] adj (en place, solide) establecido(-a); (vérité) confirmado(-a); **l'ordre ~** el orden establecido ▶ nm banco
**établir** [etablir] vt establecer; (papiers d'identité) hacer; (facture) hacer, realizar; (liste, programme) establecer, fijar; (installer : entreprise, camp) establecer, instalar; (personne : aider à s'établir) colocar; (relations, liens d'amitié) entablar, establecer; **~ un record** establecer un récord; **s'établir** vpr establecerse; (colonie) asentarse; **s'~ (à son compte)** establecerse (por su cuenta)
**établissement** [etablismɑ̃] nm establecimiento; (papiers d'identité) realización f; **~ commercial/industriel** establecimiento comercial/industrial; **~ de crédit** entidad f de crédito; **~ hospitalier/ public** establecimiento hospitalario/público; **~ scolaire** establecimiento escolar
**étage** [etaʒ] nm (d'immeuble) piso, planta; (de fusée) cuerpo; (de culture, végétation) capa, estrato; **habiter à l'~/au deuxième ~** vivir en el piso de arriba/en el segundo piso; **maison à deux étages** casa de dos pisos ou plantas; **de bas ~** (fig) de clase baja; (médiocre) de baja estofa
**étagement** [etaʒmɑ̃] nm escalonamiento
**étager** [etaʒe] vt (aussi fig) escalonar; **s'étager** vpr escalonarse
**étagère** [etaʒɛr] nf estante m
**étai** [etɛ] nm puntal m
**étain** [etɛ̃] nm estaño; **pot en ~** vasija de estaño
**étais** etc [etɛ] vb voir **être**
**étal** [etal] nm (de marché) puesto
**étalage** [etalaʒ] nm (de richesses, connaissances) ostentación f; (vitrine de magasin) escaparate m; (marchandises) surtido; **faire ~ de** hacer alarde de, hacer ostentación de
**étalagiste** [etalaʒist] nmf escaparatista mf
**étale** [etal] adj quieto(-a)
**étalement** [etalmɑ̃] nm (voir vt) extensión f; exposición f; ostentación f; (échelonnement) escalonamiento

## étaler – ethnie

**étaler** [etale] vt (carte, nappe) extender, desplegar; (beurre, nappe) extender; (paiements, dates) escalonar; (marchandises) exponer; (richesses, connaissances) ostentar; **s'étaler** vpr (liquide) desparramarse; (luxe etc) ser ostensible; (fam : tomber) caer a lo largo; **s'~ sur** (suj : travaux, paiements) repartirse en

**étalon** [etalɔ̃] nm (mesure) patrón m; (cheval) semental m; **l'~-or** el patrón oro

**étalonnage** [etalɔnaʒ] nm calibración f

**étalonner** [etalɔne] vt calibrar

**étamer** [etame] vt estañar

**étameur** [etamœʀ] nm estañador m

**étamine** [etamin] nf (de fleur) estambre m; (tissu) estameña

**étanche** [etɑ̃ʃ] adj (montre) sumergible; (cloison) estanco(-a); **à l'air** hermético(-a)

**étanchéité** [etɑ̃ʃeite] nf impermeabilidad f

**étancher** [etɑ̃ʃe] vt (liquide) estancar; (sang) restañar; **~ sa soif** apagar la sed

**étançon** [etɑ̃sɔ̃] nm puntal m

**étançonner** [etɑ̃sɔne] vt apuntalar

**étang** [etɑ̃] nm estanque m

**étant** [etɑ̃] vb voir **être** ; **donné**

**étape** [etap] nf etapa; **faire ~ à** hacer una etapa en; **brûler les étapes** quemar etapas

**état** [eta] nm estado, (liste, inventaire) registro; **être boucher de son ~** (condition professionnelle) ser carnicero de oficio; **l'É~** el Estado; **en bon/mauvais ~** en buen/mal estado; **être en ~ (de marche)** funcionar; **remettre en ~** volver a poner en condiciones, arreglar; **hors d'~** fuera de uso, inservible; **être en ~/hors d'~ de faire qch** estar/no estar en condiciones de hacer algo; **en tout ~ de cause** en todo caso, de todos modos; **être dans tous ses états** estar fuera de sí; **faire ~ de** hacer valer; **être en ~ d'arrestation** (Jur) quedar arrestado(-a), estar detenido(-a); **en ~ de grâce** (Rel, fig) en estado de gracia; **en ~ d'ivresse** en estado de embriaguez; **~ civil** (Admin) estado civil; **~ d'urgence/de guerre/de siège** estado de excepción/de guerra/de sitio; **~ d'alerte** estado de alerta; **~ d'esprit** mentalidad f; **~ de choses** estado de cosas; **~ de santé** estado de salud; **~ de veille** estado de vigilia; **~ des lieux** estado del inmueble; **états de service** (Mil, Admin) hoja fsg de servicios; **les États du Golfe** los Estados del Golfo

**étatique** [etatik] adj estatal

**étatisation** [etatizasjɔ̃] nf nacionalización f

**étatiser** [etatize] vt nacionalizar

**étatisme** [etatism] nm estatismo

**étatiste** [etatist] adj partidario(-a) del estatismo

**état-major** [etamaʒɔʀ] nm (pl **états-majors**) nm (Mil) estado mayor; (de parti, d'entreprise) plana mayor

**État-providence** [etapʀɔvidɑ̃s] (pl **États-providence**) nm Estado de bienestar

**États-Unis** [etazyni] nmpl: **les ~** los Estados Unidos

**étau, x** [eto] nm (Tech) torno; **être pris dans un ~** (fig) estar acorralado

**étayer** [eteje] vt (construction, fig) apuntalar

**etc.** [ɛtsetera] abr (= et c(a)etera) etc.

**et caetera, et cetera** [ɛtsetera] adv etcétera

**été** [ete] pp de **être** ▸ nm verano; **en ~** en verano

**éteignais** [etɛɲɛ] vb voir **éteindre**

**éteignoir** [etɛɲwaʀ] nm (objet) apagavelas m inv; (personne) aguafiestas mf inv

**éteindre** [etɛ̃dʀ] vt apagar; (incendie) extinguir, apagar; (Jur : dette) extinguir; **s'éteindre** vpr (aussi fig) apagarse

**éteint, e** [etɛ̃, ɛ̃t] pp de **éteindre** ▸ adj apagado(-a); **tous feux éteints** (rouler) con las luces apagadas

**étendard** [etɑ̃daʀ] nm estandarte m

**étendoir** [etɑ̃dwaʀ] nm (fil ou séchoir à linge) tendedero

**étendre** [etɑ̃dʀ] vt extender; (carte, tapis) extender, desplegar; (lessive, linge) tender, colgar; (blessé, malade) tender; (vin, sauce) diluir, rebajar; (fig : agrandir) extender, ampliar; (fam) tumbar; (Scol) catear; **s'étendre** vpr extenderse; **s'~ (sur)** (personne) tenderse (sobre ou en); (fig : sujet, problème) extenderse (en); **s'~ jusqu'à** extenderse hasta

**étendu, e** [etɑ̃dy] adj (terrain) extenso(-a); (connaissances, pouvoirs) amplio(-a)

**étendue** [etɑ̃dy] nf extensión f; (des connaissances) amplitud f; (importance) alcance m; **une ~ d'eau** una extensión de agua

**éternel, le** [etɛʀnɛl] adj eterno(-a); (habituel) inseparable; **les neiges éternelles** las nieves eternas ou perpetuas

**éternellement** [etɛʀnɛlmɑ̃] adv eternamente

**éterniser** [etɛʀnize] : **s'éterniser** vpr eternizarse

**éternité** [etɛʀnite] nf eternidad f; **il y a ou ça fait une ~ que** hace una eternidad que; **de toute ~** de tiempo inmemorial

**éternuement** [etɛʀnymɑ̃] nm estornudo

**éternuer** [etɛʀnɥe] vi estornudar

**êtes** [ɛt(z)] vb voir **être**

**étêter** [etete] vt descabezar

**éthanol** [etanɔl] nm etanol m

**éther** [etɛʀ] nm éter m

**éthéré, e** [etere] adj etéreo(-a)

**Éthiopie** [etjɔpi] nf Etiopía

**Éthiopien, ne** [etjɔpjɛ̃, jɛn] adj etíope ▸ nm/f: **Éthiopien, ne** etíope mf

**éthique** [etik] adj ético(-a) ▸ nf ética

**ethnicité** [ɛtnisite] nf etnicidad f

**ethnie** [ɛtni] nf etnia

184 · FRANÇAIS | ESPAGNOL

## ethnique – étrave

**ethnique** [ɛtnik] *adj* étnico(-a)
**ethnocentrique** [ɛtnɔsɑ̃trik] *adj* etnocéntrico(-a)
**ethnocentrisme** [ɛtnɔsɑ̃trism] *nm* etnocentrismo
**ethnographe** [ɛtnɔgraf] *nmf* etnógrafo(-a)
**ethnographie** [ɛtnɔgrafi] *nf* etnografía
**ethnographique** [ɛtnɔgrafik] *adj* etnográfico(-a)
**ethnologie** [ɛtnɔlɔʒi] *nf* etnología
**ethnologique** [ɛtnɔlɔʒik] *adj* etnológico(-a)
**ethnologue** [ɛtnɔlɔg] *nmf* etnólogo(-a)
**éthologie** [etɔlɔʒi] *nf* etología
**éthylique** [etilik] *adj* etílico(-a); **alcool ~** alcohol *m* etílico
**éthylisme** [etilism] *nm* etilismo
**éthylomètre** [etilɔmɛtʀ] *nm* alcoholímetro
**éthylotest** [etilɔtɛst] *nm* test *m* de alcoholemia
**étiage** [etjaʒ] *nm* estiaje *m*
**étiez** [etje] *vb voir* **être**
**étincelant, e** [etɛ̃s(ə)lɑ̃, ɑ̃t] *adj* resplandeciente
**étinceler** [etɛ̃s(ə)le] *vi* resplandecer
**étincelle** [etɛ̃sɛl] *nf* chispa, fulgor *m*; *(fig)* destello, chispa
**étiolement** [etjɔlmɑ̃] *nm (d'une plante)* marchitamiento
**étioler** [etjɔle] : **s'étioler** *vpr (fleur)* marchitarse; *(enfant, esprit)* languidecer, marchitarse
**étique** [etik] *adj* enteco(-a), flaco(-a)
**étiquetage** [etik(ə)taʒ] *nm* etiquetado
**étiqueter** [etik(ə)te] *vt (aussi fig)* etiquetar
**étiqueteuse** [etiktøz] *nf (machine)* etiquetadora
**étiquette** [etikɛt] *nf (aussi fig)* etiqueta; **l'~** *(protocole)* la etiqueta; **sans ~** *(Pol)* sin etiqueta
**étirement** [etirmɑ̃] *nm* estiramiento; **faire des étirements** hacer estiramientos
**étirer** [etire] *vt* estirar; **~ ses bras/jambes** estirar los brazos/las piernas; **s'étirer** *vpr* estirarse; *(convoi, route)* : **s'~ sur plusieurs kilomètres** extenderse por varios kilómetros
**étoffe** [etɔf] *nf* tejido, tela; **avoir l'~ d'un chef** *(fig)* tener madera de jefe; **avoir de l'~** *(fig)* tener personalidad
**étoffer** [etɔfe] *vt (discours, récit)* dar cuerpo a; **s'étoffer** *vpr (personne)* desarrollarse
**étoile** [etwal] *nf* estrella; *(signe)* asterisco; **la bonne/mauvaise ~ de qn** la buena/mala estrella de algn; **à la belle ~** al sereno, al aire libre; **~ de mer** estrella de mar; **~ filante** estrella fugaz; **~ polaire** estrella polar ▶ *adj* : **danseur/danseuse ~** primer bailarín/primera bailarina
**étoilé, e** [etwale] *adj* estrellado(-a)
**étoiler** [etwale] *vt (parsemer)* sembrar de estrellas; *(fêler)* resquebrajar
**étole** [etɔl] *nf* estola

**étonnamment** [etɔnamɑ̃] *adv* asombrosamente
**étonnant, e** [etɔnɑ̃, ɑ̃t] *adj (surprenant)* asombroso(-a), sorprendente; *(valeur intensive)* sorprendente
**étonné, e** [etɔne] *adj* asombrado(-a)
**étonnement** [etɔnmɑ̃] *nm* asombro, estupefacción *f*; **à mon grand ~ ...** con gran asombro mío ...
**étonner** [etɔne] *vt* asombrar, sorprender; **cela m'étonnerait (que)** me sorprendería (que); **s'étonner** *vpr* : **s'~ que/de** asombrarse de que/de
**étouffant, e** [etufɑ̃, ɑ̃t] *adj (ambiance)* asfixiante
**étouffé, e** [etufe] *adj* ahogado(-a)
**étouffée** [etufe] : **à l'~** *adv (Culin)* estofado(-a)
**étouffement** [etufmɑ̃] *nm* ahogo
**étouffer** [etufe] *vt (personne)* ahogar; *(bruit)* acallar; *(nouvelle, scandale)* ocultar, tapar ▶ *vi (aussi fig)* ahogarse; *(avoir trop chaud)* asarse, achicharrarse; **ouvre la fenêtre, on étouffe ici !** ¡abre la ventana, que aquí se asa uno!; **s'étouffer** *vpr (en mangeant)* atragantarse
**étouffoir** [etufwar] *nm (Mus)* apagador *m*
**étoupe** [etup] *nf* estopa
**étourderie** [etuʀdəʀi] *nf* descuido; **faute d'~** despiste *m*
**étourdi, e** [etuʀdi] *adj* aturdido(-a), distraído(-a)
**étourdiment** [etuʀdimɑ̃] *adv* con descuido
**étourdir** [etuʀdiʀ] *vt (assommer)* aturdir, atontar; *(griser)* aturdir
**étourdissant, e** [etuʀdisɑ̃, ɑ̃t] *adj* impresionante
**étourdissement** [etuʀdismɑ̃] *nm* aturdimiento
**étourneau, x** [etuʀno] *nm* estornino
**étrange** [etʀɑ̃ʒ] *adj* extraño(-a), raro(-a)
**étrangement** [etʀɑ̃ʒmɑ̃] *adv (bizarrement)* de forma extraña; *(étonnamment)* sorprendentemente
**étranger, -ère** [etʀɑ̃ʒe, ɛʀ] *adj (d'un autre pays)* extranjero(-a); *(pas de la famille)* extraño(-a); *(non familier)* extraño(-a), desconocido(-a); **~ à** ajeno(-a) a ▶ *nm/f (d'un autre pays)* extranjero(-a); *(inconnu)* extraño(-a) ▶ *nm* : **l'~** el extranjero; **à l'~** *(partir, voyager)* al extranjero; *(habiter)* en el extranjero; **de l'~** del extranjero
**étrangeté** [etʀɑ̃ʒte] *nf* extrañeza, rareza
**étranglé, e** [etʀɑ̃gle] *adj* : **d'une voix étranglée** con una voz sofocada
**étranglement** [etʀɑ̃gləmɑ̃] *nm (action)* estrangulación *f*; *(d'une route, vallée, canalisation)* estrechamiento
**étrangler** [etʀɑ̃gle] *vt (intentionnellement)* estrangular; *(accidentellement)* ahogar; *(fig : presse, libertés)* ahogar, asfixiar; **s'étrangler** *vpr (en mangeant etc)* atragantarse; *(se resserrer : tuyau, rue)* estrecharse
**étrave** [etʀav] *nf* roda

## être – EURATOM

**MOT-CLÉ**

**être** [εtR] *vb + attribut, vi* **1** *(qualité essentielle, permanente, profession)* ser; **il est fort/ intelligent** es fuerte/inteligente; **être journaliste** ser periodista
**2** *(état temporaire, position, + adj/pp)* estar; **comme tu es belle!** ¡qué guapa estás!; **être marié** estar casado; **il est à Paris/au salon** está en París/en el salón; **je ne serai pas ici demain** no estaré aquí mañana; **ça y est!** ¡ya está!
**3** : **être à** *(appartenir)* ser de; **le livre est à Paul** el libro es de Pablo; **c'est à moi/eux** es mío(-a)/suyo(-a) *ou* de ellos
**4** : **être de** *(provenance, origine, appartenance)* ser de; **il est de Paris** es de París; **être de Genève/de la même famille** ser de Ginebra/ de la misma familia; **il est des nôtres** es de los nuestros
**5** *(date)* : **nous sommes le six juin** estamos a seis de junio
▶ *vb aux* **1** haber; **être arrivé/allé** haber llegado/ido; **il est parti** (él) se ha marchado; **il est parti hier** *(verbe au passé simple quand la période dans laquelle se situe l'action est révolue)* se marchó ayer
**2** *(forme passive)* ser; **être fait par** ser hecho por; **il a été promu** ha sido ascendido
**3** *(+ à : obligation)* : **c'est à faire/réparer** está por hacer/reparar; **c'est à essayer** está por ensayar; **il est à espérer/souhaiter que** es de esperar/desear que
▶ *vb impers* **1** : **il est** *(+ adjectif)* es; **il est impossible de le faire** es imposible hacerlo; **il serait facile de/souhaitable que** sería fácil/deseable que
**2** *(heure, date)* : **il est 10 heures** son las 10
**3** *(emphatique)* : **c'est moi** soy yo; **c'est à lui de le faire/de décider** tiene que hacerlo/ decidirlo él
▶ *nm* ser *m*; **être humain** ser humano

**étreindre** [etRɛ̃dR] *vt (pour s'accrocher, retenir)* agarrarse a; *(amoureusement, amicalement)* abrazar; *(suj : douleur, peur)* oprimir;
**s'étreindre** *vpr (personnes)* abrazarse
**étreinte** [etRɛ̃t] *nf (amicale, amoureuse)* abrazo; *(pour s'accrocher, retenir : aussi de lutteurs)* apretón *m*; **resserrer son ~ autour de** *(fig)* cerrar el cerco en torno a
**étrenner** [etRene] *vt* estrenar
**étrennes** [etRɛn] *nfpl (cadeaux)* regalos *mpl*; *(gratifications)* aguinaldo *msg*
**étrier** [etRije] *nm* estribo
**étrille** [etRij] *nf (brosse)* almohaza
**étriller** [etRije] *vt (cheval)* almohazar; *(fam : battre)* zurrar
**étriper** [etRipe] *vt* destripar; **~ qn** *(fam)* rajar a algn
**étriqué, e** [etRike] *adj (aussi fig)* estrecho(-a)

**étroit, e** [etRwa, wat] *adj (gén, fig)* estrecho(-a); **à l'~** con estrechez; **~ d'esprit** de miras estrechas
**étroitement** [etRwatmɑ̃] *adv* estrechamente; *(rigoureusement)* estrictamente
**étroitesse** [etRwatɛs] *nf* estrechez *f*; **~ d'esprit** estrechez de miras
**étron** [etRɔ̃] *nm* mojón *m*, zurullo *(fam)*
**étrusque** [etRysk] *adj* etrusco(-a)
**étude** [etyd] *nf* estudio; *(de notaire)* bufete *m*; *(Scol : salle de travail)* sala de estudio; **être à l'~** *(projet etc)* estar en estudio; **faire une ~ de cas** ver un caso práctico; **~ de faisabilité/de marché** estudio de factibilidad/de mercado; **études** *nfpl (Scol)* estudios *mpl*; **faire des études de droit/médecine** cursar estudios de *ou* estudiar derecho/medicina; **études secondaires/supérieures** estudios secundarios/superiores
**étudiant, e** [etydjɑ̃, jɑ̃t] *nm/f (Univ)* estudiante *mf*, universitario(-a) ▶ *adj* estudiante
**étudié, e** [etydje] *adj* estudiado(-a)
**étudier** [etydje] *vt, vi* estudiar
**étui** [etɥi] *nm (à lunettes)* funda, estuche *m*; *(à cigarettes)* estuche
**étuve** [etyv] *nf* baño turco; *(appareil)* estufa
**étuvée** [etyve] : **à l'~** *adv (Culin)* estofado(-a)
**étymologie** [etimɔlɔʒi] *nf* etimología
**étymologique** [etimɔlɔʒik] *adj* etimológico(-a)
**EU, EUA** *sigle mpl* (= *États-Unis (d'Amérique)*) EE. UU. (= *Estados Unidos*)
**eu, eue** [y] *pp de* **avoir**
**eucalyptus** [økaliptys] *nm* eucalipto
**Eucharistie** [økaRisti] *nf* Eucaristía
**eucharistique** [økaRistik] *adj* eucarístico(-a)
**euclidien, ne** [øklidjɛ̃, jɛn] *adj* : **géométrie euclidienne** geometría euclidiana
**eugénique** [øʒenik] *adj* eugenésico(-a)
**eugénisme** [øʒenism] *nm* eugenesia
**euh** [ø] *excl* ee
**eunuque** [ønyk] *nm* eunuco
**euphémique** [øfemik] *adj* eufemístico(-a)
**euphémisme** [øfemism] *nm* eufemismo
**euphonie** [øfɔni] *nf* eufonía
**euphorbe** [øfɔRb] *nf* euforbio
**euphorie** [øfɔRi] *nf* euforia
**euphorique** [øfɔRik] *adj* eufórico(-a)
**euphorisant, e** [øfɔRizɑ̃, ɑ̃t] *adj (atmosphère)* que provoca euforia; *(médicament)* estimulante
**eurafricain, e** [øRafRikɛ̃, ɛn] *adj* euroafricano(-a)
**eurasiatique** [øRazjatik] *adj* euroasiático(-a)
**Eurasie** [øRazi] *nf* Eurasia
**eurasien, ne** [øRazjɛ̃, jɛn] *adj* euroasiático(-a)
▶ *nm/f* : **Eurasien, ne** euroasiático(-a)
**EURATOM** [øRatom] *sigle f* Euratom *f*

## eurent – évitement

**eurent** [yʀ] vb voir **avoir**
**euro** [øʀo] nm (monnaie) euro m
**euro...** [øʀo] préf euro...
**eurocrate** [øʀɔkʀat] (péj) nmf eurócrata mf
**eurodevise** [øʀɔdəviz] nf eurodivisa
**eurodollar** [øʀodɔlaʀ] nm eurodólar m
**Euroland** [øʀolɑ̃d] nm zona (del) euro
**euromonnaie** [øʀomɔnɛ] nf euromoneda
**Europe** [øʀɔp] nf Europa; **l'~ centrale** la Europa central; **l'~ verte** la Europa verde
**européanisation** [øʀɔpeanizasjɔ̃] nf europeización f
**européaniser** [øʀɔpeanize] vt europeizar; **s'européaniser** vpr europeizarse
**européen, ne** [øʀɔpeɛ̃, ɛn] adj europeo(-a) ▶ nm/f: **Européen, ne** europeo(-a)
**europhile** [øʀofil] adj, nmf europeísta mf
**eurosceptique** [øʀosɛptik] nmf euroescéptico(-a)
**Eurovision** [øʀovizjɔ̃] nf Eurovisión f; **(émission) en ~** (emisión f) vía Eurovisión
**eus** etc [y] vb voir **avoir**
**euthanasie** [øtanazi] nf eutanasia
**euthanasier** [øtanazje] vt (animal) sacrificar; (personne) practicar la eutanasia a
**eux** [ø] pron ellos; **~, ils ont fait ...** ellos han hecho ...
**eux-mêmes** [ømɛm] pron ellos mismos; (avec préposition) sí mismos
**évacuation** [evakɥasjɔ̃] nf evacuación f
**évacué, e** [evakɥe] adj evacuado(-a)
**évacuer** [evakɥe] vt evacuar
**évadé, e** [evade] adj, nm/f evadido(-a)
**évader** [evade]: **s'évader** vpr (aussi fig) evadirse
**évaluation** [evalɥasjɔ̃] nf evaluación f
**évaluer** [evalɥe] vt evaluar, calcular
**évanescent, e** [evanesɑ̃, ɑ̃t] adj evanescente
**évangélique** [evɑ̃ʒelik] adj evangélico(-a)
**évangélisateur, -trice** [evɑ̃ʒelizatœʀ, tʀis] adj evangelizador(a) ▶ nm evangelizador m
**évangélisation** [evɑ̃ʒelizasjɔ̃] nf evangelización f
**évangéliser** [evɑ̃ʒelize] vt evangelizar
**évangéliste** [evɑ̃ʒelist] nm evangelista m
**évangile** [evɑ̃ʒil] nm evangelio; (texte de la Bible): **É-** Evangelio; **ce n'est pas l'É-** (fig) esto no es la Biblia
**évanoui, e** [evanwi] adj desvanecido(-a); **tomber ~** caer desvanecido(-a)
**évanouir** [evanwiʀ]: **s'évanouir** vpr desmayarse, desvanecerse; (fig) desvanecerse, desaparecer
**évanouissement** [evanwismɑ̃] nm (Méd) desmayo, desvanecimiento
**évaporation** [evapɔʀasjɔ̃] nf evaporación f
**évaporé, e** [evapɔʀe] (péj) adj (personne) alocado(-a), atolondrado(-a)
**évaporer** [evapɔʀe]: **s'évaporer** vpr evaporarse
**évasé, e** [evɑze] adj acampanado(-a)

**évaser** [evɑze] vt (tuyau) ensanchar; (jupe, pantalon) acampanar; **s'évaser** vpr ensancharse
**évasif, -ive** [evazif, iv] adj evasivo(-a)
**évasion** [evazjɔ̃] nf (aussi fig) evasión f; **littérature d'~** literatura de evasión; **~ des capitaux** evasión de capitales; **~ fiscale** evasión fiscal
**évasivement** [evazivmɑ̃] adv evasivamente
**évêché** [eveʃe] nm obispado
**éveil** [evej] nm despertar m; **être en ~** estar sobre aviso; **mettre qn en ~, donner l'~ à qn** poner sobre aviso ou avisar a algn; **activités d'~** actividades fpl de aprendizaje
**éveillé, e** [eveje] adj despierto(-a)
**éveiller** [eveje] vt despertar; **s'éveiller** vpr (aussi fig) despertarse
**événement** [evɛnmɑ̃] nm acontecimiento, suceso; **événements** nmpl (Pol etc: situation générale) acontecimientos mpl
**éventail** [evɑ̃taj] nm abanico; **en ~** en abanico
**éventaire** [evɑ̃tɛʀ] nm escaparate m
**éventé, e** [evɑ̃te] adj alterado(-a); (secret) descubierto(-a)
**éventer** [evɑ̃te] vt (secret, complot) descubrir; **s'éventer** vpr (vin, parfum) alterarse; (avec un éventail) abanicarse
**éventrer** [evɑ̃tʀe] vt (animal, personne) destripar; (sac, matelas etc) reventar
**éventualité** [evɑ̃tɥalite] nf eventualidad f; **dans l'~ de** en la eventualidad de; **parer à toute ~** prevenir contra toda eventualidad
**éventuel, le** [evɑ̃tɥɛl] adj eventual
**éventuellement** [evɑ̃tɥɛlmɑ̃] adv eventualmente
**évêque** [evɛk] nm obispo
**Everest** [ɛv(ə)ʀɛst] nm: **l'~, le mont ~** el (monte) Everest
**évertuer** [evɛʀtɥe]: **s'évertuer** vpr: **s'~ à faire** afanarse por ou en hacer
**éviction** [eviksjɔ̃] nf exclusión f; (de locataire) expulsión f
**évidemment** [evidamɑ̃] adv evidentemente; **~!** ¡claro!
**évidence** [evidɑ̃s] nf evidencia; **se rendre à/nier l'~** rendirse ante/negar la evidencia; **à l'~** sin duda alguna; **de toute ~** a todas luces, evidentemente; **en ~** en evidencia; **mettre en ~** (problème, détail) poner de manifiesto
**évident, e** [evidɑ̃, ɑ̃t] adj evidente; **ce n'est pas ~** (cela pose des problèmes) no es nada fácil; (pas sûr) no está claro
**évider** [evide] vt ahuecar
**évier** [evje] nm fregadero
**évincer** [evɛ̃se] vt excluir
**éviscérer** [evisɛʀe] vt eviscerar
**évitable** [evitabl] adj evitable
**évitement** [evitmɑ̃] nm: **place d'~** (Auto) apartadero

**éviter** [evite] vt evitar; (fig : problème, question) evitar, eludir; (importun, raseur : fuir) rehuir, evitar; (coup, projectile, obstacle) esquivar; **~ de faire/que qch ne se passe** evitar hacer/que algo suceda; **~ qch à qn** evitar algo a algn

**évocateur, -trice** [evɔkatœʀ, tʀis] adj evocador(a)

**évocation** [evɔkasjɔ̃] nf evocación f

**évolué, e** [evɔlɥe] adj desarrollado(-a); (personne) moderno(-a)

**évoluer** [evɔlɥe] vi evolucionar

**évolutif, -ive** [evɔlytif, iv] adj evolutivo(-a)

**évolution** [evɔlysjɔ̃] nf evolución f; **évolutions** nfpl evoluciones fpl

**évolutionnisme** [evɔlysjɔnism] nm evolucionismo

**évolutionniste** [evɔlysjɔnist] adj, nmf evolucionista mf

**évoquer** [evɔke] vt evocar

**ex.** abr (= exemple) ej (= ejemplo)

**ex-** [ɛks] préf : **~ministre/président** ex-ministro/-presidente; **son ~mari/femme** su ex-marido/-mujer

**exacerbé, e** [ɛgzasɛʀbe] adj exacerbado(-a)

**exacerber** [ɛgzasɛʀbe] vt exacerbar

**exact, e** [ɛgza(kt), ɛgzakt] adj (précis) exacto(-a); (personne : ponctuel) puntual; **l'heure exacte** la hora exacta; **c'est ~** exacto

**exactement** [ɛgzaktəmɑ̃] adv exactamente

**exaction** [ɛgzaksjɔ̃] nf exacción f

**exactitude** [ɛgzaktityd] nf exactitud f

**ex aequo** [ɛgzeko] adv iguales ▶ adj inv : **ils sont ~** han quedado iguales

**exagération** [ɛgzaʒeʀasjɔ̃] nf exageración f

**exagéré, e** [ɛgzaʒeʀe] adj exagerado(-a)

**exagérément** [ɛgzaʒeʀemɑ̃] adv exageradamente

**exagérer** [ɛgzaʒeʀe] vt exagerar ▶ vi (abuser) abusar; (déformer les faits, la vérité) exagerar; **encore en retard, tu exagères !** ¡otra vez tarde, te estás pasando!; **sans ~** sin exagerar; **il ne faut pas ~** no hay que exagerar; **s'exagérer** vpr sobreestimar; **s'~ qch** sobreestimar algo

**exaltant, e** [ɛgzaltɑ̃, ɑ̃t] adj exaltador(a)

**exaltation** [ɛgzaltasjɔ̃] nf exaltación f

**exalté, e** [ɛgzalte] adj, nm/f (aussi péj) exaltado(-a)

**exalter** [ɛgzalte] vt exaltar; **s'exalter** vpr exaltarse

**examen** [ɛgzamɛ̃] nm examen m; **à l'~** en examen; **mettre en ~** (Jur) inculpar; **~ médical** examen ou reconocimiento médico; **~ blanc** prueba preliminar; **~ de conscience** examen de conciencia; **~ de la vue** examen de la vista; **~ final/d'entrée** examen final/de ingreso

**examinateur, -trice** [ɛgzaminatœʀ, tʀis] nm/f examinador(a)

**examiner** [ɛgzamine] vt examinar

**exaspérant, e** [ɛgzaspeʀɑ̃, ɑ̃t] adj exasperante

**exaspération** [ɛgzaspeʀasjɔ̃] nf exasperación f

**exaspéré, e** [ɛgzaspeʀe] adj exasperado(-a)

**exaspérer** [ɛgzaspeʀe] vt exasperar

**exaucer** [egzose] vt (vœu) conceder; **~ qn** satisfacer a algn

**ex cathedra** [ɛkskatedʀa] adv, adj ex cátedra

**excavateur** [ɛkskavatœʀ] nm excavadora

**excavation** [ɛkskavasjɔ̃] nf excavación f

**excavatrice** [ɛkskavatʀis] nf = **excavateur**

**excédé, e** [ɛksede] adj (agacé) exasperado(-a); **~ de fatigue** agotado(-a); **~ de travail** saturado(-a) de trabajo

**excédent** [ɛksedɑ̃] nm excedente m; **en ~** en excedente; **payer 60 € d'~** pagar 60 euros en exceso; **~ commercial** excedente comercial; **~ de bagages** exceso de equipaje

**excédentaire** [ɛksedɑ̃tɛʀ] adj excedente, sobrante

**excéder** [ɛksede] vt (dépasser) exceder, sobrepasar; (agacer) exasperar

**excellence** [ɛksɛlɑ̃s] nf excelencia; **son E~** su Excelencia; **par ~** por excelencia

**excellent, e** [ɛksɛlɑ̃, ɑ̃t] adj excelente

**exceller** [ɛksele] vi : **~ (en** ou **dans)** destacar (en), sobresalir (en)

**excentré, e** [ɛksɑ̃tʀe] adj periférico(-a)

**excentricité** [ɛksɑ̃tʀisite] nf excentricidad f

**excentrique** [ɛksɑ̃tʀik] adj excéntrico(-a)

**excentriquement** [ɛksɑ̃tʀikmɑ̃] adv excéntricamente

**excepté, e** [ɛksɛpte] adj : **les élèves exceptés/dictionnaires exceptés** excepto los alumnos/los diccionarios ▶ prép : **~ les élèves** salvo los alumnos; **~ si/quand ...** salvo si/cuando ...; **~ que** salvo que

**excepter** [ɛksɛpte] vt exceptuar

**exception** [ɛksɛpsjɔ̃] nf excepción f; **faire ~** ser una excepción; **faire une ~** (dérogation) hacer una excepción; **sans ~** sin excepción; **à l'~ de** con excepción de; **mesure/loi d'~** medida/ley f de excepción

**exceptionnel, le** [ɛksɛpsjɔnɛl] adj excepcional

**exceptionnellement** [ɛksɛpsjɔnɛlmɑ̃] adv excepcionalmente

**excès** [ɛksɛ] nm exceso; **à l'~** (méticuleux, généreux) en exceso; **tomber dans l'~ inverse** pasar de un extremo al otro; **avec/sans ~** con/sin exceso; **~ de langage** lenguaje m abusivo; **~ de pouvoir/de zèle** exceso de poder/de celo; **~ de vitesse** exceso de velocidad ▶ nmpl (abus) excesos mpl

**excessif, -ive** [ɛksesif, iv] adj excesivo(-a)

**excessivement** [ɛksesivmɑ̃] adv excesivamente

**excipient** [ɛksipjɑ̃] nm excipiente m

**exciser** [ɛksize] vt (Méd) extirpar

## excision – exhausser

**excision** [ɛksizjɔ̃] nf excisión f
**excitant** [ɛksitɑ̃] adj, nm excitante m
**excitation** [ɛksitasjɔ̃] nf excitación f
**excité, e** [ɛksite] adj excitado(-a)
**exciter** [ɛksite] vt excitar; **~ qn à** (la révolte, au combat) incitar a algn a; **s'exciter** vpr excitarse
**exclamatif, -ive** [ɛksklamatif, iv] adj exclamativo(-a)
**exclamation** [ɛksklamasjɔ̃] nf exclamación f
**exclamer** [ɛksklame]: **s'exclamer** vpr exclamar; « zut », **s'exclama-t-il** « caramba », exclamó
**exclu, e** [ɛkskly] pp de **exclure** ▶ adj: **il est/n'est pas ~ que** cabe/no cabe la posibilidad de que; **ce n'est pas ~** cabe esa posibilidad; **les exclus** nmpl los excluidos mpl
**exclure** [ɛksklyʀ] vt excluir; (d'une salle, d'un parti) expulsar, excluir
**exclusif, -ive** [ɛksklyzif, iv] adj exclusivo(-a); **avec la mission exclusive/dans le but ~ de** con la misión exclusiva/con la finalidad exclusiva de
**exclusion** [ɛksklyzjɔ̃] nf expulsión f, exclusión f; **à l'~ de** con exclusión de; **la lutte contre l'~** la lucha contra la exclusión social
**exclusivement** [ɛksklyzivmɑ̃] adv (s'intéresser) exclusivamente; (jouir d'un droit) en exclusiva; (gén Comm: non inclus) exclusive
**exclusivité** [ɛksklyzivite] nf exclusividad f; **en ~** en exclusiva; **film passant en ~** película en exclusiva
**excommunication** [ɛkskɔmynikasjɔ̃] nf excomunión f
**excommunier** [ɛkskɔmynje] vt excomulgar
**excréments** [ɛkskʀemɑ̃] nmpl excrementos mpl
**excréter** [ɛkskʀete] vt excretar
**excrétion** [ɛkskʀesjɔ̃] nf excreción f
**excroissance** [ɛkskʀwasɑ̃s] nf excrecencia
**excursion** [ɛkskyʀsjɔ̃] nf excursión f; **faire une ~** hacer una ou ir de excursión
**excursionniste** [ɛkskyʀsjɔnist] nmf excursionista mf
**excusable** [ɛkskyzabl] adj excusable
**excuse** [ɛkskyz] nf excusa; **mot d'~** (Scol) justificante m; **excuses** nfpl (expression de regret) disculpas fpl; **faire des excuses** disculparse, excusarse; **faire/présenter ses excuses** pedir disculpas; **lettre d'excuses** carta de disculpa
**excuser** [ɛkskyze] vt excusar, disculpar; **~ qn de qch** (dispenser) dispensar a algn de algo; « excusez-moi » (en passant devant qn) « discúlpeme »; (pour attirer l'attention) « perdón »; **se faire ~** excusarse; **s'excuser** vpr (par politesse) disculparse, excusarse; **s'~ (de)** disculparse (de), excusarse (por)
**exécrable** [ɛgzekʀabl] adj execrable
**exécrer** [ɛgzekʀe] vt execrar

**exécutable** [ɛgzekytabl] adj, nm (Inform) ejecutable m
**exécutant, e** [ɛgzekytɑ̃, ɑ̃t] nm/f ejecutante mf
**exécuter** [ɛgzekyte] vt (Inform, Mus, prisonnier) ejecutar; (opération, mouvement) efectuar, realizar; **s'exécuter** vpr cumplir
**exécuteur, -trice** [ɛgzekytœʀ, tʀis] nm/f (Jur) ejecutor(a) ▶ nm (bourreau) verdugo
**exécutif, -ive** [ɛgzekytif, iv] adj ejecutivo(-a) ▶ nm: **l'~** (Pol) el ejecutivo
**exécution** [ɛgzekysjɔ̃] nf ejecución f; **mettre à ~** llevar a cabo; **~ capitale** ejecución capital
**exécutoire** [ɛgzekytwaʀ] adj ejecutorio(-a)
**exégèse** [ɛgzeʒɛz] nf exégesis f
**exégète** [ɛgzeʒɛt] nm exégeta m
**exemplaire** [ɛgzɑ̃plɛʀ] adj ejemplar ▶ nm ejemplar m; **en deux/trois exemplaires** por duplicado/triplicado
**exemplairement** [ɛgzɑ̃plɛʀmɑ̃] adv ejemplarmente
**exemplarité** [ɛgzɑ̃plaʀite] nf ejemplaridad f
**exemple** [ɛgzɑ̃pl] nm ejemplo; **par ~** por ejemplo; (valeur intensive) ¡no es posible!; **sans ~** (bêtise, gourmandise) sin igual; **donner l'~** dar ejemplo; **prendre ~ sur qn** tomar ejemplo de algn; **suivre l'~ de qn** seguir el ejemplo de algn; **à l'~ de** a ejemplo de; **servir d'~ (à qn)** servir de ejemplo (a algn); **pour l'~** (punir) para que sirva etc de escarmiento ou de ejemplo
**exempt, e** [ɛgzɑ̃, ɑ̃(p)t] adj: **~ de** exento(-a) de; **~ de taxes** exento(-a) de tasas
**exempter** [ɛgzɑ̃(p)te] vt: **~ qn de** eximir a algn de
**exemption** [ɛgzɑ̃psjɔ̃] nf exención f
**exercé, e** [ɛgzɛʀse] adj ejercitado(-a)
**exercer** [ɛgzɛʀse] vt ejercer; (former: personne) acostumbrar; (animal) adiestrar; (faculté, partie du corps) ejercitar ▶ vi (médecin) ejercer; **s'exercer** vpr (sportif) entrenarse; (musicien) practicar; **s'~ (sur/contre)** (pression, poussée) ejercerse (sobre/contra); **s'~ à faire qch** ejercitarse en hacer algo
**exercice** [ɛgzɛʀsis] nm ejercicio; **à l'~** (Mil) de maniobras; **en ~** (Admin) en ejercicio, en activo; **dans l'~ de ses fonctions** en ejercicio de sus funciones; **exercices d'assouplissement** ejercicios mpl de flexibilidad
**exergue** [ɛgzɛʀg] nm: **mettre en ~** poner de relieve; **porter en ~** llevar inscrito(-a)
**exfoliant, e** [ɛksfɔljɑ̃, jɑ̃t] adj exfoliante ▶ nm exfoliante m
**exfoliation** [ɛksfɔljasjɔ̃] nf exfoliación f
**exfolier** [ɛksfɔlje] vt exfoliar
**exhalaison** [ɛgzalɛzɔ̃] nf exhalación f
**exhaler** [ɛgzale] vt exhalar; **s'exhaler** vpr desprenderse
**exhausser** [ɛgzose] vt (construction) levantar

## exhausteur – expertiser

**exhausteur** [εgzostœʀ] *nm* bomba *(para extraer líquidos)*
**exhaustif, -ive** [εgzostif, iv] *adj* exhaustivo(-a)
**exhaustivement** [εgzostivmɑ̃] *adv* exhaustivamente
**exhiber** [εgzibe] *vt* exhibir; **s'exhiber** *vpr* exhibirse
**exhibition** [εgzibisjɔ̃] *nf (présentation, étalage)* exhibición *f*; *(Sport)* partido de exhibición
**exhibitionnisme** [εgzibisjɔnism] *nm* exhibicionismo
**exhibitionniste** [εgzibisjɔnist] *nmf* exhibicionista *mf*
**exhortation** [εgzɔʀtasjɔ̃] *nf* exhortación *f*
**exhorter** [εgzɔʀte] *vt* : **~ qn à faire qch** exhortar a algn a hacer algo
**exhumation** [εgzymasjɔ̃] *nf (de corps)* exhumación *f*
**exhumer** [εgzyme] *vt (un corps)* exhumar
**exigeant, e** [εgziʒɑ̃, ɑ̃t] *adj* exigente
**exigence** [εgziʒɑ̃s] *nf* exigencia
**exiger** [εgziʒe] *vt* exigir
**exigible** [εgziʒibl] *adj* exigible
**exigu, -uë** [εgzigy] *adj* exiguo(-a)
**exiguïté** [εgziɡɥite] *nf* exigüidad *f*
**exil** [εgzil] *nm* exilio; **en ~** en el exilio; **~ fiscal** exilio fiscal
**exilé, e** [εgzile] *nm/f* exiliado(-a); **~ fiscal** exiliado(-a) fiscal
**exiler** [εgzile] *vt* exiliar; **s'exiler** *vpr* exiliarse
**existant, e** [εgzistɑ̃, ɑ̃t] *adj (tarif)* vigente; *(bâtiment)* existente
**existence** [εgzistɑ̃s] *nf* existencia; **moyens d'~** medios *mpl* de existencia, medios de vida
**existentialisme** [εgzistɑ̃sjalism] *nm* existencialismo
**existentialiste** [εgzistɑ̃sjalist] *adj, nmf* existencialista *mf*
**existentiel, le** [εgzistɑ̃sjεl] *adj* existencial
**exister** [εgziste] *vi* existir; **il existe une solution/des solutions** existe una solución/existen soluciones
**exocet** [εgzɔsε] *nm (poisson)* pez *m* volador; *(missile)* misil *m* Exocet®
**exode** [εgzɔd] *nm* éxodo; **~ rural** éxodo rural
**exogamie** [εgzɔgami] *nf* exogamia
**exonération** [εgzɔneʀasjɔ̃] *nf* exoneración *f*
**exonéré, e** [εgzɔneʀe] *adj* : **~ de TVA** exento(-a) de IVA
**exonérer** [εgzɔneʀe] *vt* : **~ qn/qch de** eximir a algn/a algo de
**exorbitant, e** [εgzɔʀbitɑ̃, ɑ̃t] *adj* exorbitante
**exorbité, e** [εgzɔʀbite] *adj* : **yeux exorbités** ojos *mpl* desorbitados
**exorciser** [εgzɔʀsize] *vt* exorcizar
**exorcisme** [εgzɔʀsism] *nm* exorcismo
**exorciste** [εgzɔʀsist] *nmf* exorcista *mf*
**exorde** [εgzɔʀd] *nm* exordio
**exotique** [εgzɔtik] *adj* exótico(-a)

**exotisme** [εgzɔtism] *nm* exotismo
**exp.** *abr* (= *expéditeur*) Rte. (= *remite, remitente*)
**expansif, -ive** [εkspɑ̃sif, iv] *adj* expansivo(-a), comunicativo(-a)
**expansion** [εkspɑ̃sjɔ̃] *nf* expansión *f*
**expansionnisme** [εkspɑ̃sjɔnism] *nm* expansionismo
**expansionniste** [εkspɑ̃sjɔnist] *adj* expansionista
**expansivité** [εkspɑ̃sivite] *nf* carácter *m* expansivo
**expatrié, e** [εkspatʀije] *nm/f* expatriado(-a)
**expatrier** [εkspatʀije] *vt (argent)* llevar al extranjero; **s'expatrier** *vpr* expatriarse
**expectative** [εkspεktativ] *nf* : **être dans l'~** estar a la expectativa
**expectorant, e** [εkspεktɔʀɑ̃, ɑ̃t] *adj* : **sirop ~** jarabe *m* expectorante
**expectorer** [εkspεktɔʀe] *vi* expectorar
**expédient** [εkspedjɑ̃] *nm (parfois péj)* recurso; **vivre d'expédients** vivir del cuento
**expédier** [εkspedje] *vt (lettre)* expedir; *(troupes, renfort)* enviar; *(péj : faire rapidement)* despachar; **~ par la poste** expedir por correo; **~ par bateau** enviar por barco
**expéditeur, -trice** [εkspeditœʀ, tʀis] *nm/f* remitente *mf*
**expéditif, -ive** [εkspeditif, iv] *adj* expeditivo(-a)
**expédition** [εkspedisjɔ̃] *nf (d'une lettre)* envío; *(Mil, scientifique)* expedición *f*; **~ punitive** expedición de castigo
**expéditionnaire** [εkspedisjɔnεʀ] *adj* : **corps ~** cuerpo expedicionario
**expérience** [εkspeʀjɑ̃s] *nf* experiencia; **une ~** *(scientifique)* un experimento; **avoir de l'~** tener experiencia; **avoir l'~ de** tener experiencia en; **faire l'~ de qch** experimentar algo; **~ de chimie** experimento de química
**expérimental, e, -aux** [εkspeʀimɑ̃tal, o] *adj* experimental
**expérimentalement** [εkspeʀimɑ̃talmɑ̃] *adv* experimentalmente
**expérimentation** [εkspeʀimɑ̃tasjɔ̃] *nf* experimentación *f*
**expérimenté, e** [εkspeʀimɑ̃te] *adj* experimentado(-a)
**expérimenter** [εkspeʀimɑ̃te] *vt* experimentar
**expert, e** [εkspεʀ, εʀt] *adj* : **~ en** experto(-a) en ▶ *nm/f* experto(-a), perito(-a); **~ en assurances** perito(-a) de seguros
**expert-comptable, experte-comptable** [εkspεʀkɔ̃tabl, εkspεʀtkɔ̃tabl] *(pl* **expert(e)s-comptables**) *nm/f* perito(-a) contable
**expertise** [εkspεʀtiz] *nf* peritaje *m*; *(Jur)* prueba pericial
**expertiser** [εkspεʀtize] *vt* valorar pericialmente, hacer un peritaje de

## expiation – extase

**expiation** [ɛkspjasjɔ̃] *nf* expiación *f*
**expiatoire** [ɛkspjatwaʀ] *adj* expiatorio(-a)
**expier** [ɛkspje] *vt* expiar
**expiration** [ɛkspiʀasjɔ̃] *nf* expiración *f*
**expirer** [ɛkspiʀe] *vi* *(passeport, bail)* vencer, expirar; *(respirer)* espirar; *(littér: mourir)* expirar
**explétif, -ive** [ɛkspletif, iv] *adj* (Ling) expletivo(-a)
**explicable** [ɛksplikabl] *adj*: **pas ~** *(erreur, geste)* incomprensible, inexplicable
**explicatif, -ive** [ɛksplikatif, iv] *adj* explicativo(-a)
**explication** [ɛksplikasjɔ̃] *nf* explicación *f*; *(discussion)* discusión *f*; **~ de texte** (Scol) comentario de texto
**explicite** [ɛksplisit] *adj* explícito(-a)
**explicitement** [ɛksplisitmɑ̃] *adv* explícitamente
**expliciter** [ɛksplisite] *vt* explicitar
**expliquer** [ɛksplike] *vt* explicar; **~ (à qn) comment/que** explicar (a algn) cómo/que; **s'expliquer** *vpr* explicarse; *(discuter)* discutir; *(se disputer)* pelearse; **je ne m'explique pas son retard/absence** *(comprendre)* no me explico su retraso/ausencia; **son erreur s'explique** su error tiene una explicación
**exploit** [ɛksplwa] *nm* hazaña
**exploitable** [ɛksplwatabl] *adj* explotable
**exploitant** [ɛksplwatɑ̃] *nm* (Agr) agricultor(a), labrador(a); **les petits exploitants** *(Agr)* los pequeños agricultores
**exploitation** [ɛksplwatasjɔ̃] *nf* explotación *f*; **~ agricole** explotación agrícola
**exploiter** [ɛksplwate] *vt* explotar; *(tirer parti de: faiblesse de qn)* aprovecharse
**exploiteur, -euse** [ɛksplwatœʀ, øz] *(péj) nm/f* explotador(a)
**explorateur, -trice** [ɛksplɔʀatœʀ, tʀis] *nm/f* explorador(a)
**exploration** [ɛksplɔʀasjɔ̃] *nf* exploración *f*
**explorer** [ɛksplɔʀe] *vt* *(pays, grotte, problème)* explorar
**exploser** [ɛksploze] *vi* *(bombe)* explotar, estallar; *(joie, colère)* estallar; **faire ~** hacer estallar
**explosif, -ive** [ɛksplozif, iv] *adj* explosivo(-a) ▶ *nm* explosivo
**explosion** [ɛksplozjɔ̃] *nf* explosión *f*; **~ démographique** explosión demográfica
**expo** [ɛkspo] *(fam) nf* exposición *f*
**exponentiel, le** [ɛkspɔnɑ̃sjɛl] *adj* exponencial
**export** [ɛkspɔʀ] *nm* exportación *f*
**exportable** [ɛkspɔʀtabl] *adj* (aussi Inform) exportable
**exportateur, -trice** [ɛkspɔʀtatœʀ, tʀis] *adj, nm/f* exportador(a)
**exportation** [ɛkspɔʀtasjɔ̃] *nf* (aussi Inform) exportación *f*
**exporter** [ɛkspɔʀte] *vt* (aussi fig) exportar

**exposant, e** [ɛkspozɑ̃, ɑ̃t] *nm/f (personne)* expositor(a) ▶ *nm* (Math) exponente *m*
**exposé, e** [ɛkspoze] *adj (orienté)* orientado(-a); **~ à l'est/au sud** orientado(-a) al este/al sur; **bien ~** bien orientado(-a); **très ~** *(personne)* muy expuesto(-a) ▶ *nm* *(écrit)* informe *m*; *(oral)* charla; *(Scol)* exposición *f*
**exposer** [ɛkspoze] *vt* exponer; *(orienter: maison)* orientar; **~ sa vie** *(mettre en danger)* exponer su vida; **~ qn/qch à** exponer a algn/algo a; **s'exposer à** *vpr* exponerse a
**exposition** [ɛkspozisjɔ̃] *nf* exposición *f*; **temps d'~** (Photo) tiempo de exposición
**exprès¹, expresse** [ɛkspʀɛs] *adj* expreso(-a) ▶ *adj inv*: **lettre/colis ~** carta/paquete *m* urgente; **envoyer qch en ~** enviar algo urgente
**exprès²** [ɛkspʀɛ] *adv (délibérément)* a propósito, adrede; *(spécialement)* expresamente; **faire ~ de faire qch** hacer algo deliberadamente; **il l'a fait/ne l'a pas fait ~** lo hizo/no lo hizo adrede *ou* a propósito
**express** [ɛkspʀɛs] *adj, nm*: **(café) ~** (café) exprés *m*; **(train) ~** (tren) expreso
**expressément** [ɛkspʀesemɑ̃] *adv* expresamente
**expressif, -ive** [ɛkspʀesif, iv] *adj* expresivo(-a)
**expression** [ɛkspʀesjɔ̃] *nf* expresión *f*; **réduit à sa plus simple ~** reducido a su mínima expresión; **liberté/moyens d'~** libertad *f*/medios *mpl* de expresión; **~ toute faite** frase *f* hecha
**expressionnisme** [ɛkspʀesjɔnism] *nm* expresionismo
**expressivité** [ɛkspʀesivite] *nf* expresividad *f*
**exprimer** [ɛkspʀime] *vt* *(sentiment, idée)* expresar; *(littér: jus, liquide)* exprimir; **s'exprimer** *vpr* expresarse; **bien s'~** expresarse bien; **s'~ en français** expresarse en francés

⚠ No debe traducirse normalmente por *exprimir*, que en francés suele corresponder a **presser**.

**expropriation** [ɛkspʀɔpʀijasjɔ̃] *nf* expropiación *f*; **frapper d'~** declarar como expropiado(-a)
**exproprier** [ɛkspʀɔpʀije] *vt* expropiar
**expulser** [ɛkspylse] *vt* expulsar; *(locataire)* echar
**expulsion** [ɛkspylsjɔ̃] *nf* expulsión *f*
**expurger** [ɛkspyʀʒe] *vt* expurgar
**exquis, e** [ɛkski, iz] *adj (personne, élégance, parfum)* exquisito(-a); *(temps)* delicioso(-a)
**exsangue** [ɛksɑ̃g] *adj* exangüe
**exsuder** [ɛksyde] *vt* exudar
**extase** [ɛkstɑz] *nf* éxtasis *msg*; **être en ~** estar en éxtasis

**extasier** [εkstazje] : **s'extasier** vpr : **s'~ sur** extasiarse ante

**extatique** [εkstatik] adj extático(-a)

**extenseur** [εkstɑ̃sœR] nm extensor m

**extensible** [εkstɑ̃sibl] adj extensible

**extensif, -ive** [εkstɑ̃sif, iv] adj extensivo(-a)

**extension** [εkstɑ̃sjɔ̃] nf extensión f; (fig : développement) expansión f; **en ~** (Méd) en extensión

**exténuant, e** [εkstenɥɑ̃, ɑ̃t] adj extenuante

**exténuer** [εkstenɥe] vt extenuar

**extérieur, e** [εksteRjœR] adj exterior; (pressions, calme) externo(-a) ▶ nm exterior m; **contacts avec l'~** contactos mpl con el exterior; **à l'~** (dehors) fuera, afuera (AM); (à l'étranger) en el exterior; (Sport) por el exterior

**extérieurement** [εksteRjœRmɑ̃] adv exteriormente

**extérioriser** [εksteRjɔRize] vt exteriorizar

**exterminateur, -trice** [εkstεRminatœR, tRis] adj exterminador(a)

**extermination** [εkstεRminasjɔ̃] nf exterminación f

**exterminer** [εkstεRmine] vt exterminar

**externat** [εkstεRna] nm externado m

**externe** [εkstεRn] adj externo(-a) ▶ nmf externo(-a); (étudiant en médecine) alumno(-a) en prácticas

**extincteur** [εkstɛ̃ktœR] nm extintor m

**extinction** [εkstɛ̃ksjɔ̃] nf extinción f; **~ de voix** afonía

**extirper** [εkstiRpe] vt extirpar

**extorquer** [εkstɔRke] vt : **~ qch à qn** sacar algo a algn

**extorsion** [εkstɔRsjɔ̃] nf : **~ de fonds** extorsión f de fondos

**extra** [εkstRa] adj, préf extra ▶ nm extra m; (employé) eventual mf

**extracommunautaire** [εkstRakɔmynotεR] adj extracomunitario(-a)

**extraconjugal, e, -aux** [εkstRakɔ̃ʒygal, o] adj extraconyugal

**extracteur** [εkstRaktœR] nm (d'air, de chaleur) extractor m

**extraction** [εkstRaksjɔ̃] nf extracción f

**extrader** [εkstRade] vt extraditar

**extradition** [εkstRadisjɔ̃] nf extradición f

**extra-fin, e** [εkstRafɛ̃, fin] (pl **extra-fins, -es**) adj extra fino(-a)

**extra-fort, e** [εkstRafɔR, fɔRt] (pl **extra-forts, -es**) adj extra fuerte

**extraire** [εkstRεR] vt extraer; **~ qch de** extraer algo de

**extrait, e** [εkstRε, εt] pp de **extraire** ▶ nm extracto; (de film, livre) pasaje m; **~ de naissance** partida de nacimiento

**extra-lucide** [εkstRalysid] (pl **extra-lucides**) adj : **voyante ~** vidente f

**extraordinaire** [εkstRaɔRdinεR] adj extraordinario(-a); **si par ~ ...** en el caso poco probable de que ...; **mission/envoyé ~** misión f/enviado especial; **ambassadeur ~** embajador m especial ou extraordinario; **assemblée ~** asamblea extraordinaria

**extraordinairement** [εkstRaɔRdinεRmɑ̃] adv extraordinariamente

**extrapoler** [εkstRapɔle] vt extrapolar

**extra-sensoriel, le** [εkstRasɑ̃sɔRjεl] (pl **extra-sensoriels, -les**) adj extrasensorial

**extra-terrestre** [εkstRatεRεstR(ə)] (pl **extra-terrestres**) nmf extraterrestre mf

**extra-utérin, e** [εkstRayteRɛ̃, in] (pl **extra-utérins, -es**) adj extrauterino(-a)

**extravagance** [εkstRavagɑ̃s] nf extravagancia

**extravagant, e** [εkstRavagɑ̃, ɑ̃t] adj extravagante

**extraverti, e** [εkstRavεRti] adj extravertido(-a), extrovertido(-a)

**extrayais** etc [εkstRεjε] vb voir **extraire**

**extrême** [εkstRεm] adj extremo(-a); **d'une ~ simplicité/brutalité** (intensif) de una extrema simplicidad/brutalidad ▶ nm : **les extrêmes** los extremos mpl; **d'un ~ à l'autre** de un extremo a(l) otro; **à l'~** al extremo, en sumo grado; **à l'~ rigueur** en extremo rigor

**extrêmement** [εkstRεmmɑ̃] adv extremadamente

**extrême-onction** [εkstRεmɔ̃ksjɔ̃] (pl **extrême-onctions**) nf (Rel) extremaunción f

**Extrême-Orient** [εkstRεmɔRjɑ̃] nm Extremo Oriente m

**extrême-oriental, e, -aux** [εkstRεmɔRjɑ̃tal, o] (pl **extrême-orientaux, -orientales**) adj extremoriental

**extrémisme** [εkstRemism] nm extremismo

**extrémiste** [εkstRemist] adj, nmf extremista mf

**extrémité** [εkstRemite] nf extremo; (d'un doigt, couteau) punta; (geste désespéré) extremos mpl; **à la dernière ~** en las últimas; **extrémités** nfpl (pieds et mains) extremidades fpl

**extroverti, e** [εkstRɔvεRti] adj = **extraverti**

**extrusion** [εkstRyzjɔ̃] nf (Tech) extrusión f

**exubérance** [εgzybeRɑ̃s] nf exuberancia

**exubérant, e** [εgzybeRɑ̃, ɑ̃t] adj exuberante

**exulter** [εgzylte] vi exultar

**exutoire** [εgzytwaR] nm derivativo

**ex-voto** [εksvɔto] nm inv exvoto

**eye-liner** [ajlajnœR] (pl **eye-liners**) nm lápiz m de ojos

# Ff

**F¹, f¹** [ɛf] nm inv F, f f; **F comme François** = F de Francia

**F²** [ɛf] abr = **franc**; = **Fahrenheit** ▶ nm (appartement): **un F2/F3** un piso de 2/3 habitaciones

**fa** [fɑ] nm inv fa m

**fable** [fabl] nf fábula; (mensonge) cuento

**fabricant** [fabʀikɑ̃] nm fabricante mf

**fabrication** [fabʀikasjɔ̃] nf fabricación f

**fabrique** [fabʀik] nf fábrica

**fabriquer** [fabʀike] vt fabricar; (forger) acuñar; **~ en série** fabricar en serie; **qu'est-ce qu'il fabrique ?** (fam) ¿qué está tramando?

**fabulateur, -trice** [fabylatœʀ, tʀis] nm/f fabulador(a)

**fabulation** [fabylasjɔ̃] nf fabulación f

**fabuleusement** [fabyløzmɑ̃] adv fabulosamente

**fabuleux, -euse** [fabylø, øz] adj fabuloso(-a)

**fac** [fak] (pl **facs**) (fam) siglef (= faculté) facu f (fam)

**façade** [fasad] nf (aussi fig) fachada; **de ~** (superficiel) de fachada

**face** [fas] nf (visage) cara, rostro; (côté) cara; **perdre la ~** caer en descrédito; **sauver la ~** salvar las apariencias; **regarder qn en ~** mirar a algn a la cara; **la maison/le trottoir d'en ~** la casa/la acera de enfrente; **il habite en ~** vive enfrente; **en ~ de** enfrente de; **de ~** de frente; **~ à** prép frente a, ante; **faire ~ à qn/qch** hacer frente a algn a algo; **faire ~ à la demande** (Comm) hacer frente a la demanda; **~ à ~** adv frente a frente, cara a cara ▶ adj: **le côté ~** cara

**face-à-face** [fasafas] nm inv (rencontre) confrontación f; (discussion, débat) (debate m) cara a cara m; (Sport: duel) uno contra uno m, cara a cara m

**facéties** [fasesi] nfpl broma fsg

**facétieux, -euse** [fasesjø, jøz] adj bromista

**facette** [fasɛt] nf (aussi fig) faceta; **à facettes** con muchas facetas

**fâché, e** [fɑʃe] adj enfadado(-a); (désolé, contrarié) contrariado(-a); **être ~ avec qn** (brouillé) estar enfadado(-a) con algn

**fâcher** [fɑʃe] vt enfadar; **se fâcher** vpr: **se ~ (contre** ou **avec qn)** enfadarse (con algn)

**fâcherie** [fɑʃʀi] nf enfado

**fâcheusement** [fɑʃøzmɑ̃] adv desagradablemente; **avoir ~ tendance à** tener la mala costumbre de

**fâcheux, -euse** [fɑʃø, øz] adj (événement, affaire) lamentable; (contretemps, initiative) fastidioso(-a)

**facho** [faʃo] (fam) adj, nmf = **fasciste**

**facial, e, -aux** [fasjal, jo] adj facial

**faciès** [fasjɛs] nm facciones fpl; **contrôle (d'identité) au faciès** control de identidad debido a la apariencia física

**facile** [fasil] adj (aussi péj) fácil; **~ à faire** fácil de hacer; **c'est ~ de critiquer** es fácil criticar; **personne ~ à tromper** persona fácil de engañar

**facilement** [fasilmɑ̃] adv con facilidad, fácilmente; (au moins) por lo menos; **se fâcher/se tromper ~** enfadarse/equivocarse con facilidad

**facilité** [fasilite] nf facilidad f; **il a la ~ de rencontrer des gens** tiene facilidad para encontrar gente; **facilités** nfpl (possibilités) facilidades fpl; **facilités de crédit/ paiement** facilidades de crédito/pago

**faciliter** [fasilite] vt facilitar

**façon** [fasɔ̃] nf modo, manera; (d'une robe, veste) hechura; **de quelle ~ l'a-t-il fait/construit ?** ¿cómo lo ha hecho/construido?; **sans ~** adv simplemente; adj (personne, déjeuner) sencillo(-a); **d'une autre ~** de otra manera; **en aucune ~** de ningún modo; **de ~ agréable/agressive** etc de manera agradable/agresiva etc; **de ~ à faire/à ce que** de modo que haga/de modo que; **de (telle) ~ que** de tal forma que; **de toute ~** de todos modos; **~ de parler** manera de hablar; **travail à ~** trabajo a destajo; **châle ~ cachemire** chal m imitación cachemir; **façons** nfpl (péj) modales mpl; **faire des façons** (péj: être affecté) ser remilgado(-a); (: faire des histoires) venir con historias

**faconde** [fakɔ̃d] nf (souvent péj) verborrea

**façonnage** [fasɔnaʒ] nm (fabrication) fabricación f; (travail) trabajo

**façonner** [fasɔne] vt (fabriquer) fabricar, hacer; (travailler) trabajar, dar forma a; (fig: personne, caractère) moldear

## fac-similé – faire

**fac-similé** [faksimile] (pl **fac-similés**) nm facsímil m
**facteur, -trice** [faktœʀ, tʀis] nm/f cartero(-a); (d'instruments) fabricante mf; **~ d'orgues** fabricante de órganos; **~ de pianos** fabricante de pianos ▸ nm (Math, fig) factor m; **le ~ humain** el factor humano; **~ rhésus** factor Rh
**factice** [faktis] adj falso(-a)
**faction** [faksjɔ̃] nf (groupe) facción f; (Mil, gén) guardia; (dans une entreprise) turno; **en ~ de** guardia
**factoriel, le** [faktɔʀjɛl] adj factorial
**factotum** [faktɔtɔm] nm factótum m
**factuel, le** [faktɥɛl] adj factual
**facturation** [faktyʀasjɔ̃] nf facturación f
**facture** [faktyʀ] nf factura; (façon de faire) ejecución f, factura
**facturer** [faktyʀe] vt facturar
**facturette** [faktyʀɛt] nf comprobante m (de pago con tarjeta de crédito)
**facturier, -ière** [faktyʀje, jɛʀ] nm/f facturador(a)
**facultatif, -ive** [fakyltatif, iv] adj (enseignement, matière) facultativo(-a)
**faculté** [fakylte] nf facultad f; **facultés** nfpl (moyens intellectuels) facultades fpl
**fada** [fada] (fam : FRANCE SUD) adj, nmf chiflado(-a) (fam)
**fadaises** [fadɛz] nfpl sandeces fpl
**fade** [fad] adj soso(-a); (fig) insulso(-a)
**fadette** [fadɛt] nf factura detallada
**fadeur** [fadœʀ] nf sosería; (fig) insulsez f
**fading** [fadiŋ] nm fading m
**fagot** [fago] nm haz m, gavilla
**fagoté, e** [fagɔte] (fam) adj : **tu es drôlement ~** estás hecho(-a) una facha
**Fahrenheit** [faʀɛnajt] adj, nm Fahrenheit m
**FAI** [efai] sigle m (= fournisseur d'accès à Internet) PSI m (= proveedor de servicios de Internet)
**faiblard, e** [fɛblaʀ, aʀd] adj (personne) debilucho(-a); (son, lumière) débil; (péj : raisonnement, argument) flojo(-a)
**faible** [fɛbl] adj débil; (intellectuellement) flojo(-a); (protestations, résistance) escaso(-a); (rendement, revenus) bajo(-a); **le point ~ de qn/qch** el punto flaco de algn/algo; **~ d'esprit** débil mf mental ▸ nm : **avoir un ~ pour qn/qch** tener debilidad por algn/algo
**faiblement** [fɛbləmɑ̃] adv (mollement) sin convicción; (éclairer etc) débilmente
**faiblesse** [fɛblɛs] nf debilidad f; (défaillance) desmayo; (lacune) punto flaco; (défaut) defecto, debilidad
**faiblir** [fɛbliʀ] vi debilitarse; (vent) amainar; (résistance, intérêt) decaer
**faïence** [fajɑ̃s] nf loza
**faignant, e** [fɛɲɑ̃, ɑ̃t] nm/f, adj = **fainéant**
**faille** [faj] vb voir **falloir** ▸ nf (Géo) falla; (fig : d'une théorie) fallo

**failli, e** [faji] adj, nm/f quebrado(-a)
**faillible** [fajibl] adj falible
**faillir** [fajiʀ] vi : **j'ai failli tomber/lui dire** estuve a punto de caer/decirle; **~ à une promesse/un engagement** faltar a una promesa/un compromiso

> Pour exprimer qu'on est sur le point de faire ou qu'on a failli faire quelque chose, on emploie *estar a punto de* ou la construction avec *casi* :
> **J'ai failli tout annuler.** Estuve a punto de anularlo todo.
> **Elle a failli tomber du lit.** Casi se cae de la cama.

**faillite** [fajit] nf (échec) fracaso; **être en/faire ~** estar en/hacer quiebra
**faim** [fɛ̃] nf hambre f; **la ~ dans le monde** el hambre en el mundo; **avoir ~** tener hambre; **je suis resté sur ma ~** (fig) me ha sabido a poco
**fainéant, e** [fɛneɑ̃, ɑ̃t] adj, nm/f holgazán(-ana), flojo(-a) (AM)
**fainéanter** [fɛneɑ̃te] vi holgazanear
**fainéantise** [fɛneɑ̃tiz] nf holgazanería

⌐ MOT-CLÉ ¬

**faire** [fɛʀ] vt **1** (fabriquer, être l'auteur de) hacer; **faire du vin/une offre/un film** hacer vino/una oferta/una película; **faire du bruit/des taches/des dégâts** hacer ruido/manchas/destrozos; **fait à la main/la machine** hecho a mano/máquina

**2** (effectuer : travail, opération) hacer; **que faites-vous ?** ¿qué hace?; (quel métier etc) ¿a qué se dedica (usted)?; **faire la lessive** hacer la colada; **faire la cuisine/le ménage/les courses** hacer la cocina/la limpieza/la compra; **faire les magasins/l'Europe** ir de tiendas/por Europa

**3** (étudier, pratiquer) : **faire du droit/du français** hacer derecho/francés; **faire du sport/rugby** hacer deporte/rugby; **faire du cheval** montar a caballo; **faire du ski/du vélo** ir a esquiar/en bicicleta; **faire du violon/piano** tocar el violín/piano

**4** (simuler) : **faire l'ignorant/l'innocent** hacerse el ignorante/el inocente

**5** (transformer, avoir un effet sur) : **faire de qn un frustré/avocat** hacer de algn un frustrado/abogado; **ça ne me fait rien** ou **ni chaud ni froid** no me importa nada; **ça ne fait rien** no importa; **je n'ai que faire de tes conseils** no me hacen falta tus consejos

**6** (calculs, prix, mesures) : **deux et deux font quatre** dos y dos son cuatro; **neuf divisé par trois fait trois** nueve entre tres es tres; **ça fait 10 m/15 euros** son 10 m/15 euros; **je vous le fais 10 euros** (j'en demande 10 euros) se lo dejo en 10 euros; voir aussi **mal** ; **entrer** ; **sortir**

## faire-part – faîte

**7**: **qu'a-t-il fait de sa valise/de sa sœur?** ¿qué ha hecho con su maleta/con su hermana?; **que faire?** ¿qué voy etc a hacer?; **tu fais bien de me le dire** haces bien en decírmelo

**8**: **ne faire que**: **il ne fait que critiquer** no hace más que criticar

**9** (*dire*) decir; « **vraiment?** » **fit-il** « ¿de verdad? » dijo

**10** (*maladie*) tener; **faire du diabète/de la tension/de la fièvre** tener diabetes/tensión/fiebre

**11** (*remplaçant un autre verbe*) hacer; **je viens de le faire** acabo de hacerlo; **je peux le voir? — faites!** ¿puedo verlo? — ¡desde luego!

▶ vi **1** (*agir, s'y prendre*) hacer; **il faut faire vite** hay que darse prisa; **comment a-t-il fait?** ¿cómo lo ha hecho?; **faites comme chez vous** está en su casa

**2** (*paraître*): **tu fais jeune dans ce costume** este traje te hace joven; **ça fait bien** queda bien

▶ vb impers **1**: **il fait beau** hace bueno; *voir aussi* **jour**; **froid** *etc*

**2** (*temps écoulé, durée*): **ça fait cinq ans/heures qu'il est parti** hace cinco años/horas que se fue; **ça fait deux ans/heures qu'il y est** hace dos años/horas que está allí

▶ vb semi-aux: **faire** + *infinitif* hacer + *infinitif*; **faire tomber/bouger qch** hacer caer/mover algo; **cela fait dormir** esto hace dormir; **faire réparer qch** llevar algo a arreglar; **que veux-tu me faire croire/comprendre?** ¿qué quieres hacerme creer/comprender?; **il m'a fait ouvrir la porte** me hizo abrir la puerta; **il m'a fait traverser la rue** me ayudó a cruzar la calle

**se faire** vpr **1** (*vin, fromage*) hacerse

**2**: **cela se fait beaucoup** eso se hace mucho; **cela ne se fait pas** eso no se hace

**3**: **se faire** (+ *nom ou pron*): **se faire une jupe** hacerse una falda; **se faire des amis** hacer amigos; **se faire du souci** inquietarse; **il ne s'en fait pas** no se preocupa; **se faire des illusions** hacerse ilusiones; **se faire beaucoup d'argent** hacer mucho dinero

**4**: **se faire** + *adj* (*devenir*): **se faire vieux** hacerse viejo; (*délibérément*): **se faire beau** ponerse guapo

**5**: **se faire à** (*s'habituer*) acostumbrarse a; **je n'arrive pas à me faire à la nourriture/au climat** no acabo de acostumbrarme a la comida/al clima

**6**: **se faire** + *infinitif*: **se faire opérer/ examiner les yeux** operarse/examinarse la vista; **se faire couper les cheveux** cortarse el pelo; **il va se faire tuer/punir** le van a matar/castigar; **il s'est fait aider par qn** le ha ayudado algn; **se faire faire un vêtement** hacerse un vestido; **se faire ouvrir (la porte)** hacerse abrir (la puerta); **je me suis fait expliquer le texte par Anne** Anne me explicó el texto

**7** (*impersonnel*): **comment se fait-il que…?** ¿cómo es que…?; **il peut se faire que…** puede ocurrir que…

**faire-part** [fɛʀpaʀ] nm inv: **~ de mariage** participación f de boda; **~ de décès** esquela de defunción

**fair-play** [fɛʀplɛ] adj inv: **il n'est pas très ~** no juega muy limpio

**fais** [fɛ] vb voir **faire**

**faisabilité** [fəzabilite] nf factibilidad f

**faisable** [fəzabl] adj factible

**faisais** [fəzɛ] vb voir **faire**

**faisan, e** [fəzɑ̃, an] nm/f faisán(-ana)

**faisandé, e** [fəzɑ̃de] adj (*aussi fig, péj*) manido(-a)

**faisceau, x** [fɛso] nm haz m; (*de branches etc*) haz, gavilla; (*fig*): **un ~ de preuves** un cúmulo de pruebas

**faiseur, -euse** [fəzœʀ, øz] nm/f: **~ d'embarras** (*péj*) intrigante mf

**faisons** [fəzɔ̃] vb voir **faire**

**faisselle** [fɛsɛl] nf escurridor m

**fait¹** [fɛ] vb voir **faire** ▶ nm hecho; **le ~ que…** el hecho de que…; **le ~ de manger/ travailler** el hecho de comer/trabajar; **être le ~ de** ser cosa de, ser obra de; **être au ~ de** estar al corriente de; **au ~** a propósito; **aller droit au ~** ir al grano; **en venir au ~** pasar a los hechos; **mettre qn au ~** poner a algn al corriente; **de ~** adj (*opposé à: de droit*) de hecho; adv (*en fait*) en realidad; **du ~ que** por el hecho de que; **du ~ de** a causa de; **de ce ~** por esto; **en ~** de hecho; **en ~ de repas/vacances** a guisa de comida/vacaciones; **c'est un ~** es un hecho, es verdad; **le ~ est que…** el caso es que…; **prendre ~ et cause pour qn** tomar partido por algn; **prendre qn sur le ~** coger a algn con las manos en la masa; **hauts faits** hazañas fpl; **dire à qn son ~** decir a algn cuatro cosas; **les faits et gestes de qn** todos los movimientos de algn; **~ accompli** hecho consumado; **~ d'armes** hecho de armas; **~ divers** suceso

**fait², e** [fɛt] pp de **faire** ▶ adj hecho(-a); (*fromage*) maduro(-a); (*yeux*) maquillado(-a); (*ongles*) pintado(-a); **un homme ~** un hombre hecho; **c'en est ~ de lui** es su fin; **c'en est ~ de notre tranquillité** se acabó la tranquilidad; **tout(e) ~(e)** (*préparé à l'avance*) ya listo(-a), ya preparado(-a); **idée toute faite** idea común; **c'est bien ~ pour lui!** ¡le está bien empleado!; **être ~ pour** (*conçu pour*) estar pensado(-a) para; (*naturellement doué pour*) estar dotado(-a) para

**faîte** [fɛt] nm (*d'un arbre*) copa; (*du toit*) caballete m; **au ~ de la gloire/des honneurs** (*fig*) en la cima de la gloria/de los honores

**faites – fantasmer**

**faites** [fɛt] *vb voir* **faire**
**faîtière** [fɛtjɛʀ] *nf (de tente)* cumbrera
**faitout** [fɛtu] *nm* cacerola
**fakir** [fakiʀ] *nm* faquir *m*
**falaise** [falɛz] *nf* acantilado
**falbalas** [falbala] *nmpl* faralaes *mpl*; *(grande toilette)* vestido *msg* de tiros largos
**fallacieux, -euse** [fa(l)lasjø, jøz] *adj* falaz
**falloir** [falwaʀ] *vb impers (besoin)* : **il va ~ 10 euros** se necesitarán 10 euros; **il doit ~ du temps pour …** se necesitará tiempo para …; **il faut** (+ *infinitif* : *obligation*) hay que + *infinitif*; **il faut faire les lits** hay que hacer las camas; **il faut qu'il ait oublié/qu'il soit malade** *(hypothèse)* debe haberse olvidado/estar enfermo; **il faut que tu arrives à ce moment !** *(fatalité)* ¡sólo nos faltaba que llegaras ahora!; **il me faut/faudrait 100 €/de l'aide** necesito/necesitaría 100 euros/ayuda; **il vous faut tourner à gauche après l'église** tiene que girar a la izquierda después de la iglesia; **nous avons ce qu'il (nous) faut** tenemos lo necesario; **il faut que je fasse les lits** tengo que hacer las camas; **il a fallu que je parte** tuve que irme; **il faudrait qu'elle rentre** convendría que volviese; **il faut toujours qu'il s'en mêle** está siempre entrometiéndose; **comme il faut** *adj, adv (bien, convenable)* como Dios manda; **s'en ~** : **il s'en faut/s'en est fallu de cinq minutes/10 € (pour que …)** faltan/faltaron cinco minutos/10 euros (para que …); **il t'en faut peu !** ¡con poco te conformas!; **il ne fallait pas** *(pour remercier)* no era necesario; **faut le faire !** *(surprise)* ¡hay que ver!; **il faudrait que …** convendría que …; **il s'en faut de beaucoup que …** mucho falta para que …; **il s'en est fallu de peu que …** faltó poco para que …; **tant s'en faut !** ¡ni mucho menos!; **… ou peu s'en faut …** o poco falta
**fallu** [faly] *pp de* **falloir**
**falot, e** [falo, ɔt] *adj (personne)* insignificante ▶ *nm (lanterne)* farol *m*
**falsification** [falsifikasjɔ̃] *nf* falsificación *f*
**falsifier** [falsifje] *vt* falsificar
**famé, e** [fame] *adj* : **mal ~** de mala fama
**famélique** [famelik] *adj* famélico(-a)
**fameux, -euse** [famø, øz] *adj (illustre)* famoso(-a), ilustre; *(bon)* excelente; *(parfois péj : de référence)* famoso(-a); **~ problème** *(intensif)* menudo problema; **ce n'est pas ~** no es maravilloso
**familial, e, -aux** [familjal, jo] *adj* familiar
**familiale** [familjal] *nf (Auto)* coche *m* familiar
**familiariser** [familjaʀize] *vt* : **~ qn avec** familiarizar a algn con; **se familiariser** *vpr* : **se ~ avec** familiarizarse con
**familiarité** [familjaʀite] *nf* familiaridad *f*; **~ avec** *(connaissance)* conocimiento de;

**familiarités** *nfpl* familiaridades *fpl*, confianzas *fpl*
**familier, -ière** [familje, jɛʀ] *adj (connu)* familiar; *(rapports)* de confianza; *(Ling)* familiar, coloquial; **tu es un peu trop ~ avec lui** *(cavalier, impertinent)* te tomas demasiadas confianzas con él ▶ *nm* asiduo(-a)
**familièrement** [familjɛʀmɑ̃] *adv (simplement, sans recherche)* llanamente; *(cavalièrement)* con familiaridades
**famille** [famij] *nf* familia; **il a de la ~ à Paris** tiene familia en París; **de ~** *(secrets)* de familia; *(dîner, fête)* en familia; **~ monoparentale/homoparentale** familia monoparental/homoparental
**famine** [famin] *nf* hambruna
**fan** [fan] *nmf* fan *mf*
**fana** [fana] *(fam) adj, nmf* fanático(-a); **c'est une ~ de football** es una fanática del fútbol
**fanal, -aux** [fanal, o] *nm* fanal *m*; *(lanterne à main)* linterna
**fanatique** [fanatik] *adj, nmf* fanático(-a); **~ de rugby/de voile** *(sens affaibli)* fanático(-a) del rugby/de la vela
**fanatiquement** [fanatikmɑ̃] *adv* fanáticamente
**fanatiser** [fanatize] *vt* fanatizar
**fanatisme** [fanatism] *nm* fanatismo
**fane** [fan] *nf* mata; **des fanes de radis** hojas de rábano
**fané, e** [fane] *adj (fleur, beauté)* marchito(-a)
**faner** [fane] *vi (fleur)* marchitarse; **se faner** *vpr (fleur)* marchitarse; *(couleur, tissu)* deslucirse
**faneuse** [fanøz] *nf (Tech)* henificadora
**fanfare** [fɑ̃faʀ] *nf* fanfarria, charanga; *(musique)* fanfarria; **en ~** con gran estruendo
**fanfaron, ne** [fɑ̃faʀɔ̃, ɔn] *nm/f* fanfarrón(-ona)
**fanfaronnades** [fɑ̃faʀɔnad] *nfpl* fanfarronadas *fpl*
**fanfaronner** [fɑ̃faʀɔne] *vi* fanfarronear
**fanfreluches** [fɑ̃fʀəlyʃ] *nfpl* perendengues *mpl*
**fange** [fɑ̃ʒ] *nf* fango; *(fig)* abyección *f*
**fanion** [fanjɔ̃] *nm* banderín *m*
**fanon** [fanɔ̃] *nm (de baleine)* barba; *(repli de peau)* papada
**fantaisie** [fɑ̃tezi] *nf* fantasía; *(caprice)* antojo; **œuvre de ~** obra de imaginación; **agir selon sa ~** hacer lo que le place ▶ *adj* : **bijou/pain ~** joya/pan *m* de fantasía
**fantaisiste** [fɑ̃tezist] *adj (hypothèses, estimations)* fantasioso(-a); *(péj)* caprichoso(-a) ▶ *nmf (de music-hall)* artista *mf* de variedades
**fantasmagorique** [fɑ̃tasmagɔʀik] *adj* fantasmagórico(-a)
**fantasmatique** [fɑ̃tasmatik] *adj* fantasmal
**fantasme** [fɑ̃tasm] *nm* fantasma *m*
**fantasmer** [fɑ̃tasme] *vi* ensoñar, fantasear

## fantasque – faufil

**fantasque** [fɑ̃task] *adj* peregrino(-a)
**fantassin** [fɑ̃tasɛ̃] *nm* infante *m*, soldado de infantería
**fantastique** [fɑ̃tastik] *adj* fantástico(-a); **littérature/cinéma ~** literatura fantástica/cine *m* fantástico
**fantoche** [fɑ̃tɔʃ] (*péj*) *nm* fantoche *m*
**fantomatique** [fɑ̃tɔmatik] *adj* fantasmal
**fantôme** [fɑ̃tom] *nm* fantasma *m*; **gouvernement ~** gobierno en la sombra
**FAO** [ɛfao] *sigle f* (= *Food and Agricultural Organization*) FAO *f*
**faon** [fɑ̃] *nm* cervatillo
**FAQ** *sigle f* (= *foire aux questions*) preguntas frecuentes
**far** [faʀ] *nm* (*aussi:* **far breton**) *especie de flan original de la Bretaña francesa*
**faramineux, -euse** [faʀaminø, øz] (*fam*) *adj* (*bêtise*) pasmoso(-a) (*fam*); (*quantité*) descomunal
**farandole** [faʀɑ̃dɔl] *nf* farándula
**farce** [faʀs] *nf* (*Culin*) relleno; (*Théâtre*) farsa; **faire une ~ à qn** gastar una broma a algn; **magasin de farces et attrapes** tienda de objetos de broma; **farces et attrapes** bromas *fpl* y engaños
**farceur, -euse** [faʀsœʀ, øz] *nm/f* bromista *mf*; (*péj*) payaso(-a)
**farci, e** [faʀsi] *adj* relleno(-a)
**farcir** [faʀsiʀ] *vt* (*Culin*) rellenar; **~ qch de** (*fig*) atiborrar algo con; **se farcir** *vpr* (*fam*): **je me suis farci la vaisselle** me tragué todo el fregado (*fam*)
**fard** [faʀ] *nm* maquillaje *m*; **~ à joues** colorete *m*; **~ à paupières** sombra de ojos
**fardeau, x** [faʀdo] *nm* (*aussi fig*) carga
**farder** [faʀde] *vt* maquillar; (*vérité*) disfrazar; **se farder** *vpr* maquillarse
**farfadet** [faʀfadɛ] *nm* duende *m*
**farfelu, e** [faʀfəly] *adj* estrambótico(-a)
**farfouiller** [faʀfuje] (*fam*) *vi* revolver
**fariboles** [faʀibɔl] *nfpl* pamplinas *fpl*
**farine** [faʀin] *nf* harina; **~ de blé/de maïs** harina de trigo/de maíz; **~ lactée** harina lacteada; **farines animales** harinas animales
**fariner** [faʀine] *vt* enharinar
**farineux, -euse** [faʀinø, øz] *adj* harinoso(-a) ▶ *nmpl* harinosos *mpl*
**farniente** [faʀnjɛnte] *nm* ocio
**farouche** [faʀuʃ] *adj* (*animal*) salvaje; (*personne*) arisco(-a); (*volonté, détermination*) férreo(-a); **peu ~** (*péj*) fácil
**farouchement** [faʀuʃmɑ̃] *adv* enérgicamente
**fart** [faʀt] *nm* (*Ski*) cera
**fartage** [faʀtaʒ] *nm* enceramiento
**farter** [faʀte] *vt* (*skis*) encerar
**fascicule** [fasikyl] *nm* fascículo
**fascinant, e** [fasinɑ̃, ɑ̃t] *adj* fascinante
**fascination** [fasinasjɔ̃] *nf* (*fig*) fascinación *f*
**fasciner** [fasine] *vt* fascinar
**fascisant, e** [faʃizɑ̃, ɑ̃t] *adj* de tendencia fascista
**fascisme** [faʃism] *nm* fascismo
**fasciste** [faʃist] *adj, nmf* fascista *mf*
**fasse** *etc* [fas] *vb voir* **faire**
**faste** [fast] *nm* fasto ▶ *adj*: **c'est un jour ~** es un día fasto
**fastidieux, -euse** [fastidjø, jøz] *adj* fastidioso(-a)
**fastoche** [fastɔʃ] *adj* (*fam*) chupado(-a) (*fam*), tirado(-a) (*fam*)
**fastueux, -euse** [fastɥø, øz] *adj* fastuoso(-a)
**fat** [fa(t)] *adj m* fatuo(-a)
**fatal, e** [fatal] *adj* (*coup, erreur*) mortal; (*inévitable*) inevitable
**fatalement** [fatalmɑ̃] *adv* fatalmente
**fatalisme** [fatalism] *nm* fatalismo
**fataliste** [fatalist] *adj* fatalista
**fatalité** [fatalite] *nf* fatalidad *f*
**fatidique** [fatidik] *adj* fatídico(-a)
**fatigant, e** [fatigɑ̃, ɑ̃t] *adj* fatigante; (*agaçant*) pesado(-a)
**fatigue** [fatig] *nf* fatiga, cansancio; (*d'un matériau*) deterioro; **les fatigues du voyage** el cansancio del viaje
**fatigué, e** [fatige] *adj* cansado(-a), fatigado(-a); (*estomac, foie*) cansado(-a)

> Ne confondez pas *estar cansado* (**être fatigué**) et *ser cansado* (**être fatigant**): **Je suis très fatigué ces derniers temps.** Últimamente estoy muy cansado. **Ce voyage a été fatigant.** Este viaje ha sido cansado.

**fatiguer** [fatige] *vt* (*personne, membres*) cansar, fatigar; (*moteur etc*) forzar; (*importuner*) cansar ▶ *vi* (*moteur*) forzarse; **se fatiguer** *vpr* cansarse, fatigarse; **se ~ de** (*fig*) cansarse de; **se ~ à faire qch** molestarse en hacer algo
**fatras** [fatʀɑ] *nm* revoltijo
**fatuité** [fatɥite] *nf* fatuidad *f*
**faubourg** [fobuʀ] *nm* suburbio
**faubourien, ne** [fobuʀjɛ̃, jɛn] *adj* (*accent*) ordinario(-a)
**fauche** [foʃ] *nf* (*de pré, d'herbe*) siega; (*fam: vol*) robo, choriceo (*fam*)
**fauché, e** [foʃe] (*fam*) *adj* pelado(-a)
**faucher** [foʃe] *vt* (*pré, herbe: aussi fig*) segar; (*fam: voler*) birlar (*fam*)
**faucheur, -euse** [foʃœʀ, øz] *nm/f* segador(a)
**faucheuse** [foʃøz] *nf* (*machine*) segadora
**faucheux** [foʃø] *nm* segador *m*
**faucille** [fosij] *nf* hoz *f*
**faucon** [fokɔ̃] *nm* halcón *m*
**fauconnerie** [fokɔnʀi] *nf* (*dressage*) cetrería; (*chasse*) cetrería, halconería
**faudra** [fodʀa] *vb voir* **falloir**
**faufil** [fofil] *nm* hilván *m*

## faufilage – fédérateur

**faufilage** [fofilaʒ] *nm* hilvanado
**faufiler** [fofile] *vt* hilvanar; **se faufiler** *vpr* : **se ~ dans/parmi/entre** deslizarse en/entre
**faune** [fon] *nf* (*fig, péj*) fauna; **~ marine** fauna marina ▶ *nm* fauno
**faussaire** [fosɛʀ] *nmf* falseador(a)
**fausse** [fos] *adj voir* **faux²**
**faussement** [fosmã] *adv* (*accuser*) en falso; (*croire*) engañosamente
**fausser** [fose] *vt* (*serrure, objet*) torcer; (*résultat, données*) falsear; **~ compagnie à qn** dejar plantado/a a algn
**fausset** [fosɛ] *nm* : **voix de ~** voz *f* de falsete
**fausseté** [foste] *nf* falsedad *f*
**faut** [fo] *vb voir* **falloir**
**faute** [fot] *nf* (*de calcul*) error *m*; (*Sport, d'orthographe*) falta; (*Rel*) culpa; **par la ~ de** por culpa de; **c'est de sa/ma ~** es culpa suya/mía; **être en ~** hacer mal; (*être responsable*) tener la culpa; **prendre qn en ~** pillar a algn; **~ de** por falta de; **~ de mieux ...** a falta de algo mejor ...; **sans ~** (*à coup sûr*) sin falta; **~ d'inattention/d'orthographe** falta de atención/de ortografía; **~ de frappe** error de máquina; **~ de goût** falta de gusto; **~ professionnelle** error profesional
**fauter** [fote] *vi* (*commettre une faute*) cometer una falta de ortografía; (*vieilli : femme, fille*) tener un desliz
**fauteuil** [fotœj] *nm* sillón *m*; **~ à bascule** mecedora; **~ club** sillón amplio de cuero; **~ d'orchestre** (*Théâtre*) butaca de patio; **~ roulant** sillón de ruedas
**fauteur** [fotœʀ] *nm* : **~ de troubles** promotor *m ou* instigador *m* de disturbios
**fautif, -ive** [fotif, iv] *adj* (*incorrect*) erróneo(-a); (*responsable*) culpable ▶ *nm/f* culpable *mf*
**fauve** [fov] *nm* fiera; (*peintre*) fauvista *mf* ▶ *adj* (*couleur*) rojizo(-a)
**fauvette** [fovɛt] *nf* curruca
**fauvisme** [fovism] *nm* fauvismo
**faux¹** [fo] *nf* (*Agr*) guadaña
**faux², fausse** [fo, fos] *adj* falso(-a); (*inexact*) erróneo(-a); (*rire, personne*) falso(-a), hipócrita; (*barbe, dent*) postizo(-a); (*Mus*) desafinado(-a); (*opposé à bon, correct : numéro*) confundido(-a); **faire fausse route** ir por mal camino; **faire ~ bond à qn** fallarle a algn; **fausse alerte** falsa alarma; **fausse clé** llave *f* falsa; **fausse couche** aborto natural *ou* espontáneo; **fausse joie** chasco; **fausse note** (*Mus, fig*) nota discordante; **~ ami** (*Ling*) falso amigo; **~ col** cuello postizo; **~ départ** (*Sport, fig*) salida falsa; **~ frais** *nmpl* gastos *mpl* menudos; **~ frère** (*fig : péj*) traidor *m*; **~ mouvement** movimiento en falso; **~ nez** nariz *f* postiza; **~ nom** nombre *m* falso; **~ pas** (*aussi fig*) paso en falso; **~ témoignage** (*délit*) falso testimonio ▶ *adv* : **jouer/chanter ~** tocar/cantar desafinadamente
▶ *nm* (*peinture, billet*) falsificación *f*; **distinguer le vrai du ~** distinguir lo verdadero de lo falso
**faux-filet** [fofilɛ] (*pl* **faux-filets**) *nm* solomillo bajo
**faux-fuyant** [fofɥijã] (*pl* **faux-fuyants**) *nm* pretexto, evasiva
**faux-monnayeur** [fomɔnɛjœʀ] (*pl* **faux-monnayeurs**) *nm* falsificador(a) de moneda
**faux-semblant** [fosãblã] (*pl* **faux-semblants**) *nm* engaño
**faux-sens** [fosãs] *nm inv* interpretación *f* errónea
**faveur** [favœʀ] *nf* favor *m*; **avoir la ~ de qn** gozar del favor de algn; **régime/traitement de ~** régimen *m*/tratamiento preferencial; **à la ~ de** (*la nuit, une erreur*) aprovechando; **en ~ de qn/qch** en favor de algn/algo; **faveurs** *nfpl* favores *mpl*
**favorable** [favɔʀabl] *adj* favorable; **~ à qn/qch** favorable a algn/algo
**favorablement** [favɔʀabləmã] *adv* favorablemente
**favori, te** [favɔʀi, it] *adj* favorito(-a) ▶ *nm/f* (*Sport*) favorito(-a); **favoris** *nmpl* (*barbe*) patillas *fpl*
**favoriser** [favɔʀize] *vt* favorecer
**favorite** [favɔʀit] *nf* favorita
**favoritisme** [favɔʀitism] (*péj*) *nm* favoritismo
**fax** [faks] *nm* fax *m*
**faxer** [fakse] *vt* enviar por fax
**fayot** [fajo] (*fam*) *nm* (*personne*) pelota *mf* (*fam*)
**fayoter** [fajɔte] (*fam*) *vi* hacer la pelota (*fam*)
**FB** *abr* = **franc belge**
**FBI** [ɛfbiaj] *sigle m* (= *Federal Bureau of Investigation*) FBI *m*
**FC** [ɛfse] *sigle m* (= *Football Club*) FC (= *Fútbol Club*), C.F. (= *Club de Fútbol*)
**fébrifuge** [febʀifyʒ] *nm* antitérmico
**fébrile** [febʀil] *adj* febril; **capitaux fébriles** (*Écon*) dinero *msg* caliente
**fébrilement** [febʀilmã] *adv* febrilmente
**fécal, e, -aux** [fekal, o] *adj voir* **matière**
**fécond, e** [fekɔ̃, ɔ̃d] *adj* (*aussi fig*) fértil, fecundo(-a)
**fécondation** [fekɔ̃dasjɔ̃] *nf* fecundación *f*; **~ in vitro** fecundación in vitro
**féconder** [fekɔ̃de] *vt* fecundar
**fécondité** [fekɔ̃dite] *nf* fecundidad *f*
**fécule** [fekyl] *nf* fécula; **~ de pomme de terre** fécula de patata
**féculents** [fekylã] *nmpl* féculas *fpl*
**FED** [ɛfəde] *sigle m* (= *Fonds européen de développement*) FED *m* (= *Fondo Europeo de Desarollo*)
**fédéral, e, -aux** [fedeʀal, o] *adj* federal
**fédéralisme** [fedeʀalism] *nm* federalismo
**fédéraliste** [fedeʀalist] *adj* federalista
**fédérateur, -trice** [fedeʀatœʀ, tʀis] *adj* (*mouvement, événement*) unificador(a)

## fédération – fermé

**fédération** [fedeʀasjɔ̃] *nf* federación *f*; **la F~ française de football** la Federación Francesa de Fútbol
**fédérer** [fedeʀe] *vt* (*États*) federar; (*secteur, membres d'une profession*) aglutinar, unificar; **se fédérer** *vpr* federarse
**fée** [fe] *nf* hada
**feeling** [filiŋ] (*fam*) *nf* (*intuition*) intuición *f*, olfato; **il marche au ~** hace lo que le dicta el corazón
**féerie** [fe(e)ʀi] *nf* mundo de hadas
**féerique** [fe(e)ʀik] *adj* (*histoire*) fantástico(-a); (*paysage, vision*) mágico(-a)
**feignant, e** [fɛɲɑ̃, ɑ̃t] *nm/f, adj* = **fainéant**
**feindre** [fɛ̃dʀ] *vt, vi* fingir; **~ de faire** fingir hacer
**feint, e** [fɛ̃, fɛ̃t] *pp de* **feindre** ▸ *adj* fingido(-a)
**feinte** [fɛ̃t] *nf* finta
**feinter** [fɛ̃te] *vi* (*Sport*) fintar
**fêlé, e** [fele] *adj* (*verre*) resquebrajado(-a); astillado(-a); (*fam*) chiflado(-a) (*fam*)
**fêler** [fele] *vt* (*verre, assiette*) resquebrajar; (*os*) astillar; **se fêler** *vpr* (*verre, assiette*) resquebrajarse; astillarse; **se ~ le tibia/le coccyx** hacerse una fisura en la tibia/en el coxis
**félicitations** [felisitasjɔ̃] *nfpl* felicidades *fpl*
**félicité** [felisite] *nf* felicidad *f*
**féliciter** [felisite] *vt* felicitar; **~ qn (de qch/d'avoir fait qch)** felicitar a algn (por algo/por haber hecho algo); **se féliciter** *vpr*: **se ~ de qch/d'avoir fait qch** alegrarse de algo/de haber hecho algo
**félidé** [felide] *nm* félido
**félin, e** [felɛ̃, in] *adj* felino(-a) ▸ *nm* felino
**fellaga, fellagha** [fɛlaga] *nm* fellagha *m*
**fellation** [felasjɔ̃] *nf* felación *f*
**félon, ne** [felɔ̃, ɔn] *adj* traidor(a)
**félonie** [feloni] *nf* felonía
**felouque** [fəluk] *nf* falucho
**fêlure** [felyʀ] *nf* resquebrajadura; (*d'un os*) fisura
**femelle** [fəmɛl] *nf* hembra ▸ *adj*: **souris/perroquet ~** ratón *m*/loro hembra; **prise/tuyau ~** (*Élec, Tech*) enchufe *m*/tubo hembra
**féminin, e** [feminɛ̃, in] *adj* femenino(-a) ▸ *nm* (*Ling*) femenino
**féminisation** [feminizasjɔ̃] *nf* (*de marché du travail, profession, noms de métier*) feminización *f*
**féminiser** [feminize] *vt* (*rendre efféminé*) afeminar; (*marché du travail, profession, noms de métier*) feminizar; **se féminiser** *vpr* feminizarse
**féminisme** [feminism] *nm* feminismo
**féministe** [feminist] *adj, nmf* feminista *mf*
**féminité** [feminite] *nf* feminidad *f*
**femme** [fam] *nf* mujer *f*; **être très ~** ser muy femenina; **devenir ~** hacerse mujer; **jeune ~** mujer joven; **~ au foyer** ama de casa; **~ célibataire/mariée** mujer soltera/casada; **~ d'affaires/d'intérieur** mujer de negocios/de su casa; **~ de chambre** doncella; **~ de ménage** asistenta; **~ de tête/du monde** mujer de carácter/de mundo; **~ fatale** mujer fatal
**femmelette** [famlɛt] (*fam*) *nf* nenaza (*fam*)
**fémoral, e, -aux** [femɔʀal, o] *adj* femoral
**fémur** [femyʀ] *nm* fémur *m*
**FEN** [fɛn] *sigle f* (= *Fédération de l'éducation nationale*) sindicato del profesorado estatal
**fenaison** [fənɛzɔ̃] *nf* siega del heno
**fendillé, e** [fɑ̃dije] *adj* agrietado(-a)
**fendiller** [fɑ̃dije] : **se fendiller** *vpr* agrietarse
**fendre** [fɑ̃dʀ] *vt* hender; (*suj: gel, séisme etc*) resquebrajar; (*foule, flots*) abrirse paso entre; **~ l'air** surcar el aire; **se fendre** *vpr* henderse
**fendu, e** [fɑ̃dy] *adj* resquebrajado(-a); (*crâne, lèvre*) partido(-a); (*jupe*) abierto(-a)
**fenêtre** [f(ə)nɛtʀ] *nf* ventana; **regarder par la ~** mirar por la ventana; **~ à guillotine** ventana de guillotina; **~ de lancement** (*Espace*) ventana de lanzamiento
**fennec** [fenɛk] *nm* zorro del Sáhara
**fenouil** [fənuj] *nm* hinojo
**fente** [fɑ̃t] *nf* (*fissure*) grieta, hendidura; (*de boîte à lettres*) ranura; (*dans un vêtement*) abertura
**féodal, e, -aux** [feɔdal, o] *adj* feudal
**féodalisme** [feɔdalism] *nm* feudalismo
**féodalité** [feɔdalite] *nf* feudalidad *f*
**fer** [fɛʀ] *nm* hierro; **objet de** *ou* **en ~** objeto de hierro; **santé/main de ~** salud *f*/mano de hierro; **au ~ rouge** con el hierro al rojo; **~ à cheval** herradura; **en ~ à cheval** (*fig*) en herradura; **~ à friser** plancha de rizar; **~ à repasser** plancha; **~ à souder** soldador *m*; **~ à vapeur** plancha de vapor; **~ de lance** (*Mil, fig*) punta de lanza; **~ forgé** hierro forjado; **fers** *nmpl* (*Méd : forceps*) fórceps *m inv*; **mettre aux fers** encadenar
**ferai** *etc* [fəʀe] *vb voir* **faire**
**fer-blanc** [fɛʀblɑ̃] (*pl* **fers-blancs**) *nm* hojalata
**ferblanterie** [fɛʀblɑ̃tʀi] *nf* (*métier*) hojalatería; (*produit*) objetos *mpl* de hojalata
**ferblantier** [fɛʀblɑ̃tje] *nm* hojalatero
**férié, e** [feʀje] *adj*: **jour ~** día *m* festivo
**ferions** *etc* [fəʀjɔ̃] *vb voir* **faire**
**férir** [feʀiʀ] : **sans coup ~** *adv* sin la menor dificultad
**fermage** [fɛʀmaʒ] *nm* arrendamiento rústico
**ferme**[1] [fɛʀm] *adj* firme; (*chair*) prieto(-a); **~ désir/intention de faire** deseo/intención *f* de hacer ▸ *adv* : **travailler ~** trabajar mucho; **discuter ~** discutir enérgicamente; **tenir ~** mantenerse firme
**ferme**[2] [fɛʀm] *nf* granja; **~ éolienne** parque *m* eólico
**fermé, e** [fɛʀme] *adj* (*aussi fig*) cerrado(-a); (*gaz, eau*) cortado(-a); (*personne, visage*) huraño(-a); **~ pour travaux** cerrado(-a) por obras

## fermement – feu

**fermement** [fɛʀməmɑ̃] *adv* firmemente, con firmeza; **~ décidé à faire/opposé à** firmemente decidido a hacer/opuesto a

**ferment** [fɛʀmɑ̃] *nm* fermento

**fermentation** [fɛʀmɑ̃tasjɔ̃] *nf* fermentación *f*

**fermenter** [fɛʀmɑ̃te] *vi* (*aussi fig*) fermentar

**fermer** [fɛʀme] *vt* cerrar; (*rideaux*) correr; (*eau, électricité, route*) cortar; (*lumière, radio, télévision*) apagar; **~ à clé** cerrar con llave; **~ au verrou** cerrar con cerrojo; **~ les yeux (sur qch)** (*fig*) hacer la vista gorda (sobre algo) ▶ *vi* cerrar; **se fermer** *vpr* cerrarse

**fermeté** [fɛʀməte] *nf* firmeza; (*des muscles*) dureza; **avec ~** con firmeza

**fermette** [fɛʀmɛt] *nf* pequeña granja

**fermeture** [fɛʀmətyʀ] *nf* cierre *m*; (*dispositif*) cerradura; **jour/heure de ~** día *m*/hora de cierre; **~ à glissière** cierre de cremallera; **~ éclair**® cierre relámpago

**fermier, -ière** [fɛʀmje, jɛʀ] *adj*: **beurre/cidre ~** mantequilla/sidra de granja ▶ *nm/f* granjero(-a)

**fermoir** [fɛʀmwaʀ] *nm* cierre *m*

**féroce** [feʀɔs] *adj* (*aussi fig*) feroz

**férocement** [feʀɔsmɑ̃] *adv* ferozmente

**férocité** [feʀɔsite] *nf* ferocidad *f*

**ferons** [fəʀɔ̃] *vb voir* **faire**

**ferrage** [feʀaʒ] *nm* (*d'un cheval*) herraje *m*

**ferraille** [feʀaj] *nf* chatarra; **mettre à la ~** tirar a la chatarra; **bruit de ~** ruido de chatarra

**ferrailler** [feʀaje] *vi* batirse a sable *ou* a espada; (*faire du bruit*) rechinar

**ferrailleur** [feʀajœʀ] *nm* chatarrero

**ferrant** [feʀɑ̃] *adj m voir* **maréchal**

**ferré, e** [feʀe] *adj* guarnecido(-a) con hierro, ferrado(-a); **~ en** *ou* **sur** (*fam*) fuerte en

**ferrer** [feʀe] *vt* (*cheval*) herrar; (*chaussure, canne*) guarnecer con hierro, ferrar; (*poisson*) enganchar con el anzuelo

**ferreux, -euse** [feʀø, øz] *adj* ferroso(-a)

**ferronnerie** [feʀɔnʀi] *nf* ferrería; **~ d'art** artesanía de hierro forjado

**ferronnier** [feʀɔnje] *nm* (*ouvrier*) herrero; (*commerçant*) vendedor *m* de objetos de forja

**ferroviaire** [feʀɔvjɛʀ] *adj* ferroviario(-a)

**ferrugineux, -euse** [feʀyʒinø, øz] *adj* ferruginoso(-a)

**ferrure** [feʀyʀ] *nf* (*objet*) herraje *m*

**ferry** [feʀe] (*pl* **ferries**), **ferry-boat** [fɛʀebot] (*pl* **~-boats**) *nm* ferry *m*, transbordador *m*

**fertile** [fɛʀtil] *adj* (*aussi fig*) fértil; **~ en événements/incidents** rico(-a) en acontecimientos/incidentes

**fertilisant** [fɛʀtilizɑ̃] *nm* fertilizante *m*

**fertilisation** [fɛʀtilizasjɔ̃] *nf* fertilización *f*

**fertiliser** [fɛʀtilize] *vt* (*terre*) fertilizar

**fertilité** [fɛʀtilite] *nf* fertilidad *f*

**féru, e** [feʀy] *adj*: **~ de** apasionado(-a) de

**férule** [feʀyl] *nf*: **être sous la ~ de qn** estar bajo la férula de algn

**fervent, e** [fɛʀvɑ̃, ɑ̃t] *adj* ferviente

**ferveur** [fɛʀvœʀ] *nf* fervor *m*

**fesse** [fɛs] *nf* nalga; **les fesses** las nalgas

**fessée** [fese] *nf* azote *m*, nalgada; **donner une ~ à** dar un azote a, dar una nalgada a

**fesser** [fese] *vt* dar una azotaina a

**fessier** [fesje] (*fam*) *nm* trasero

**festif, -ive** [fɛstif, iv] *adj* festivo(-a)

**festin** [fɛstɛ̃] *nm* festín *m*

**festival** [fɛstival] *nm* festival *m*

**festivalier** [fɛstivalje] *nm* asiduo(-a) de los festivales

**festivités** [fɛstivite] *nfpl* fiestas *fpl*

**feston** [fɛstɔ̃] *nm* festón *m*

**festoyer** [fɛstwaje] *vi* festejar

**fêtard, e** [fɛtaʀ, aʀd] (*fam*) *nm/f* juerguista *mf*

**fête** [fɛt] *nf* fiesta; (*kermesse*) romería; (*d'une personne*) santo; **faire la ~** estar de juerga *ou* de farra (*Am*); **faire ~ à qn** festejar a algn; **se faire une ~ de** estar deseando; **jour de ~** día *m* de fiesta; **les fêtes (de fin d'année)** las fiestas (de fin de año); **salle/comité des fêtes** sala/comité *m* de fiestas; **la ~ des Mères/des Pères** el día de la madre/del padre; **~ nationale** fiesta nacional; **~ de charité** fiesta de caridad; **~ de la musique** fiesta de la música; *ver nota*; **~ foraine** feria; **~ mobile** fiesta móvil

> **FÊTE DE LA MUSIQUE**
>
> La **fête de la musique** es un festival de música que se ha venido celebrando anualmente en Francia desde 1981. Tiene lugar el 21 de junio, y ese día en toda Francia se puede asistir gratuitamente a las actuaciones de músicos locales en parques, calles y plazas.

**Fête-Dieu** [fɛtdjø] (*pl* **Fêtes-Dieu**) *nf*: **la ~** el Corpus Christi

**fêter** [fete] *vt* (*personne, événement, anniversaire*) festejar

**fétiche** [fetiʃ] *nm* fetiche *m*; **animal/objet ~** animal *m*/objeto amuleto

**fétichisme** [fetiʃism] *nm* fetichismo

**fétichiste** [fetiʃist] *adj*, *nmf* fetichista

**fétide** [fetid] *adj* (*odeur*) fétido(-a)

**fétu** [fety] *nm*: **~ de paille** brizna de paja

**feu¹** [fø] *adj*: **~ le roi/Mme Dupont** el difunto rey/la difunta Sra. Dupont; **~ son père** su difunto padre

**feu², x** [fø] *nm* fuego; (*signal lumineux*) luz *f*; (*fig*) fuego, ardor *m*; (*sensation de brûlure*) escozor *m*; **au ~!** ¡fuego!; **à ~ doux/vif** a poco fuego/fuego vivo; **à petit ~** (*aussi fig*) a fuego lento; **faire ~** abrir fuego; **ne pas faire long ~** (*fig*) no durar mucho; **commander le ~** (*Mil*) dirigir el combate; **tué au ~** (*Mil*) muerto en

## feuillage – ficher

combate; **mettre à ~** (fusée) encender; **~ nourri/roulant** (Mil) fuego intenso/graneado; **en ~** ardiendo, quemando; **être tout ~ tout flamme (pour)** estar entusiasmadísimo(-a) (con); **avoir le ~ sacré** tener el fuego sagrado; **prendre ~** (maison) incendiarse; (vêtements, rideaux) prender fuego; **mettre le ~ à** meterle fuego a; **faire du ~** hacer fuego; **avez-vous du ~ ?** ¿tiene fuego?; **donner le ~ vert à qch/qn** (fig) dar luz verde a algo/a algn; **leur amour fut un ~ de paille** su amor fue efímero; **~ arrière** (Auto) luz f trasera, piloto trasero; **~ d'artifice** fuegos mpl de artificio; (spectacle) fuegos artificiales; **~ de camp/de cheminée** fuego de campamento/de chimenea; **~ de joie** fogata; **~ orange/rouge/vert** (Auto) disco ámbar/rojo/verde; **feux** nmpl (éclat, lumière) destello msg; (Auto : de circulation) semáforo msg; **tous feux éteints** con las luces apagadas; **être pris entre deux feux** (fig) estar entre la espada y la pared; **s'arrêter aux feux** ou **au ~ rouge** pararse en el semáforo ou con el disco rojo; **feux de brouillard/de croisement/de position/de stationnement** (Auto) luces fpl de niebla/de cruce/de posición/de estacionamiento; **feux de route** (Auto) luces largas ou de carretera

**feuillage** [fœjaʒ] nm follaje m
**feuillaison** [fœjɛzɔ̃] nf foliación f
**feuille** [fœj] nf hoja; (plaque : de carton) lámina; **rendre ~ blanche** (Scol) entregar el examen en blanco; **~ de chou** (fam, péj) periodicucho; **~ de déplacement** (Mil) parte m de desplazamiento; **~ de maladie** informe m médico; **~ de métal** lámina de metal; **~ (de papier)** hoja (de papel); **~ de paye** ou **paie** nómina; **~ de présence** parte de asistencia; **~ de route** hoja de ruta; **~ de température** gráfico de temperatura; **~ de vigne** hoja de parra; **~ d'impôts** declaración f de impuestos; **~ d'or** lámina de oro; **~ morte** hoja seca; **~ volante** hoja suelta
**feuillet** [fœjɛ] nm pliego, página
**feuilletage** [fœjtaʒ] nm (aspect feuilleté) hojaldrado
**feuilleté, e** [fœjte] adj (Culin) hojaldrado(-a); (verre) laminado(-a) ▸ nm (gâteau) hojaldre m
**feuilleter** [fœjte] vt (livre) hojear
**feuilleton** [fœjtɔ̃] nm (aussi TV, Radio) serial m
**feuillette** [fœjɛt] vb voir **feuilleter**
**feuillu, e** [fœjy] adj frondoso(-a) ▸ nm árbol m frondoso
**feulement** [følmɑ̃] nm bufido
**feutre** [føtʀ] nm fieltro; (chapeau) sombrero de fieltro; (stylo) rotulador m
**feutré, e** [føtʀe] adj (tissu) afelpado(-a); (pas, voix, atmosphère) amortiguado(-a)
**feutrer** [føtʀe] vt afelpar; (bruits) amortiguar ▸ vi apelmazarse; **se feutrer** vpr apelmazarse

**feutrine** [føtʀin] nf paño
**fève** [fɛv] nf haba; (dans la galette des Rois) sorpresa
**février** [fevʀije] nm febrero; voir aussi **juillet**
**fez** [fɛz] nm fez m
**FF** [ɛfɛf] abr = **franc français**
**FFA** sigle fpl = **Forces françaises en Allemagne**
**FFF** sigle f = **Fédération française de football**
**FFI** sigle fpl = **Forces françaises de l'intérieur**
**fi** [fi] excl : **faire fi de** hacer caso omiso de
**fiabilité** [fjabilite] nf fiabilidad f
**fiable** [fjabl] adj fiable
**fiacre** [fjakʀ] nm coche m de punto
**fiançailles** [fjɑ̃sɑj] nfpl noviazgo
**fiancé, e** [fjɑ̃se] nm/f novio(-a) ▸ adj : **être ~ (à)** estar prometido(-a) (con)
**fiancer** [fjɑ̃se] : **se fiancer** vpr : **se ~ (avec)** prometerse (con)
**fiasco** [fjasko] nm fiasco
**fiasque** [fjask] nf garrafa
**fibranne** [fibʀan] nf fibrana
**fibre** [fibʀ] nf fibra; (de bois) veta; (fig) vena; **avoir la ~ paternelle/militaire/patriotique** tener la vena paternal/militar/patriótica; **~ de verre/optique** fibra de vidrio/óptica
**fibreux, -euse** [fibʀø, øz] adj fibroso(-a)
**fibrillation** [fibʀijasjɔ̃] nf fibrilación f
**fibrociment** [fibʀosimɑ̃] nm fibrocemento
**fibrome** [fibʀom] nm fibroma m
**fibroscopie** [fibʀoskopi] nf fibroscopia
**fibule** [fibyl] nf fíbula (broche)
**ficelage** [fis(ə)laʒ] nm atadura; (liens) ligadura
**ficelé, e** [fisle] (fam) adj : **bien/mal ~** (habillé) bien/mal arreglado(-a); (conçu) bien/mal estructurado(-a)
**ficeler** [fis(ə)le] vt atar
**ficelle** [fisɛl] nf cordón m; (pain) violín m; **les ficelles du métier** (fig) los secretos del oficio; **tirer les ficelles** (fig) mover los hilos; **tirer sur la ~** (fig) pasarse
**fichage** [fiʃaʒ] nm fichaje m
**fiche** [fiʃ] nf ficha; (formulaire) ficha, impreso; (Élec) enchufe m; **~ de paye** nómina; **~ signalétique** (Police) ficha; **~ technique** ficha técnica
**ficher** [fiʃe] vt (pour un fichier) anotar en fichas; (suj : police, personne) fichar; **~ qch dans** clavar algo en; **il ne fiche rien** (fam) no da golpe (fam); **fiche-le dans un coin** (fam) ponlo en un rincón; **~ qn à la porte** (fam) poner a algn de patitas en la calle (fam); **cela me fiche la trouille** (fam) eso me da miedo; **fiche-moi la paix** (fam) déjame en paz; **fiche(-moi) le camp** (fam) lárgate (fam); **se ficher** vpr : **se ~ dans** (s'enfoncer) clavarse en, hundirse en; **se ~ de qch** (fam) pasar de algo (fam); **se ~ de qn** (fam) tomar el pelo a algn

**fichier** [fiʃje] *nm* fichero; (*à cartes*) archivador *m*, fichero; **~ actif** *ou* **en cours d'utilisation** (*Inform*) fichero activo *ou* en uso; **~ joint** (*Inform*) archivo *m* adjunto; **~ d'adresses** fichero de direcciones

**fichtre** [fiʃtʀ] *excl* (*vieilli, hum*) ¡atiza! (*fam*)

**fichtrement** [fiʃtʀəmɑ̃] (*fam, vieilli*) *adv*: **c'est ~ bon** está súper bueno; **je n'en sais ~ rien** no tengo ni la menor idea

**fichu, e** [fiʃy] *pp de* **ficher** ▶ *adj* (*fam: fini, inutilisable*) estropeado(-a); **être/n'être pas ~ de** (*fam*) ser/no ser capaz de; **être mal ~** (*fam: personne*) estar fastidiado(-a); (*: chose*) estar mal hecho(-a); **être bien ~** (*fam: avenant*) estar bueno(-a); **~ temps/caractère** tiempo/carácter *m* pajolero ▶ *nm* (*foulard*) pañoleta

**fictif, -ive** [fiktif, iv] *adj* (*emploi*) ficticio(-a); (*promesse, nom*) falso(-a)

**fiction** [fiksjɔ̃] *nf* ficción *f*

**fictivement** [fiktivmɑ̃] *adv* ficticiamente

**fidèle** [fidɛl] *adj* fiel; (*loyal*) leal; **~ à** fiel a ▶ *nmf* (*Rel, fig*) devoto(-a); **les fidèles** (*Rel*) los fieles

**fidèlement** [fidɛlmɑ̃] *adv* fielmente

**fidélisation** [fidelizasjɔ̃] *nf* (*de clientèle*) fidelización *f*

**fidéliser** [fidelize] *vt* (*clientèle*) fidelizar

**fidélité** [fidelite] *nf* fidelidad *f*; **~ conjugale** fidelidad conyugal

**Fidji** [fidʒi] *nfpl*: **(les îles) ~** (las islas) Fiji

**fiduciaire** [fidysjɛʀ] *adj* fiduciario(-a)

**fief** [fjɛf] *nm* feudo

**fieffé, e** [fjefe] *adj* empedernido(-a)

**fiel** [fjɛl] *nm* hiel *f*; (*fig*) hiel, amargura

**fiente** [fjɑ̃t] *nf* excremento

**fier**[1] [fje]: **se fier à** *vpr* fiarse de

**fier**[2]**, fière** [fjɛʀ] *adj* orgulloso(-a); **~ de qch/qn** orgulloso(-a) de algo/algn; **avoir fière allure** tener muy buen aspecto

**fièrement** [fjɛʀmɑ̃] *adv* (*dignement*) con orgullo

**fierté** [fjɛʀte] *nf* orgullo; **blessé dans sa ~** herido en su orgullo

**fièvre** [fjɛvʀ] *nf* (*aussi fig*) fiebre *f*; **avoir de la ~/39 de ~** tener fiebre/39 de fiebre; **~ jaune/typhoïde** fiebre amarilla/tifoidea

**fiévreusement** [fjevʀøzmɑ̃] *adv* (*fig*) febrilmente

**fiévreux, -euse** [fjevʀø, øz] *adj* febril

**FIFA** [fifa] *sigle f* (= *Fédération internationale de football association*) FIFA *f* (= *Federación Internacional de Fútbol Asociado*)

**fifre** [fifʀ] *nm* pífano

**figé, e** [fiʒe] *pp de* **figer** ▶ *adj* (*Ling*) fijo(-a); (*sourire*) helado(-a), petrificado(-a); (*sauce*) cuajado(-a); (*société*) anquilosado(-a); **~ sur place** (*personne*) petrificado(-a)

**figer** [fiʒe] *vt* (*sang*) coagular; (*huile, sauce*) cuajar; (*institutions, société*) entorpecer; (*personne*) petrificar; **se figer** *vpr* (*sang*) coagularse; (*huile, sauce*) cuajarse; (*institutions*) anquilosarse; (*personne, sourire*) petrificarse

**fignoler** [fiɲɔle] *vt* dar el último toque a

**figue** [fig] *nf* higo; **~ de Barbarie** higo chumbo

**figuier** [figje] *nm* higuera

**figurant, e** [figyʀɑ̃, ɑ̃t] *nm/f* (*aussi péj*) figurante *mf*; (*Théâtre*) figurante, comparsa *mf*; (*Ciné*) figurante, extra *m*

**figuratif, -ive** [figyʀatif, iv] *adj* (*art*) figurativo(-a)

**figuration** [figyʀasjɔ̃] *nf*: **la ~** (*les figurants: Théâtre*) los figurantes, la comparsa; (*Ciné*) los figurantes, los extras

**figure** [figyʀ] *nf* figura; (*visage*) cara; (*illustration, dessin*) figura, ilustración *f*; (*aspect*) aspecto; **se casser la ~** (*fam*) partirse la cara; **faire ~ de** (*avoir l'air de*) aparentar ser; (*passer pour*) quedar como; **faire bonne ~** poner buena cara; **faire triste ~** estar cabizbajo(-a); **prendre ~** tomar cuerpo; **~ de rhétorique/de style** figura retórica/estilística

**figuré, e** [figyʀe] *adj* figurado(-a)

**figurer** [figyʀe] *vi* figurar ▶ *vt* representar, figurar; **se figurer** *vpr*: **se ~ qch/que** imaginarse algo/que; **figurez-vous que** figúrese que ...

**figurine** [figyʀin] *nf* figurita

**fil** [fil] *nm* hilo; (*du téléphone*) cable *m*; (*tranchant*) filo; **au ~ des heures/des années** a lo largo *ou* con el correr de las horas/de los años; **le ~ d'une histoire/de ses pensées** el hilo de una historia/de sus pensamientos; **au ~ de l'eau** a favor de la corriente; **de ~ en aiguille** de una cosa a otra; **ne tenir qu'à un ~** estar pendiente de un hilo; **donner du ~ à retordre à qn** dar mucha guerra a algn; **donner/recevoir un coup de ~** dar/recibir un telefonazo; **~ à coudre** hilo de coser; **~ à pêche** sedal *m*; **~ à plomb** plomada; **~ à souder** hilo de estaño; **~ de fer** alambre *m*; **~ de fer barbelé** alambre de espino; **~ électrique** cable eléctrico

**filage** [filaʒ] *nm* hilado

**filaire** [filɛʀ] *adj* (*téléphone, micro*) alámbrico(-a)

**filament** [filamɑ̃] *nm* (*Élec*) filamento; (*de liquide etc*) hilo

**filandreux, -euse** [filɑ̃dʀø, øz] *adj* fibroso(-a)

**filant, e** [filɑ̃, ɑ̃t] *adj*: **étoile filante** estrella fugaz

**filasse** [filas] *adj inv*: **les cheveux (couleur) ~** el pelo rubio de estopa

**filature** [filatyʀ] *nf* (*fabrique*) hilandería; (*policière*) vigilancia; **prendre qn en ~** seguirle los pasos a algn

**fildefériste, fil-de-fériste** [fildəfeʀist] *nmf* funámbulo(-a)

**file** [fil] *nf* (*de voitures*) fila; (*de clients*) cola; **prendre la ~ de droite** (*Auto*) coger el carril

## filer – financier

de la derecha; **se mettre en ~** (Auto) ponerse en fila; **stationner en double ~** (Auto) aparcar en doble fila; **à la ~** (d'affilée) seguidos(-as); (l'un derrière l'autre) en fila; **en ~ indienne** en fila india; **~ d'attente** cola

**filer** [file] vt hilar; (verre) soplar; (dérouler) soltar; (note) modular; (prendre en filature) seguir los pasos a; **~ un mauvais coton** estar de capa caída; **~ qch à qn** (fam : donner) dar algo a algn ▶ vi (bas, maille) correrse, hacerse una carrera; (liquide, pâte) fluir; (aller vite) pasar volando; (fam : partir) largarse (fam); **~ à l'anglaise** despedirse a la francesa; **~ doux** ser dócil

**filet** [filɛ] nm red f; (à cheveux) redecilla; (de poisson) filete m; (viande) solomillo; (d'eau, sang) hilo; **~ à bagages** portoequipajes m inv; **~ à provisions** bolsa de malla

**filetage** [filtaʒ] nm roscado, rosca

**fileter** [filte] vt filetear, roscar

**filial, e, -aux** [filjal, jo] adj filial

**filiale** [filjal] nf filial f, sucursal f

**filiation** [filjasjɔ̃] nf (aussi fig) filiación f

**filière** [filjɛʀ] nf escalafón m; **suivre la ~** seguir el escalafón; **la ~ bois/viande/ automobile** (Indus) el sector de la madera/de la carne/del automóvil

**filiforme** [filifɔʀm] adj filiforme

**filigrane** [filigran] nm filigrana f; **en ~** (fig) sutilmente

**filin** [filɛ̃] nm (Naut) beta

**fille** [fij] nf chica; (opposé à fils) hija; (vieilli : opposé à femme mariée) soltera; (péj) mujerzuela; **petite ~** niña; **une jeune ~** una chica joven; **vieille ~** solterona; **~ de joie** prostituta; **~ de salle** (d'un restaurant) camarera; (d'un hôpital) auxiliar f

**fille-mère** [fijmɛʀ] (pl **filles-mères**) (péj) nf madre f soltera

**fillette** [fijɛt] nf chiquilla

**filleul, e** [fijœl] nm/f ahijado(-a)

**film** [film] nm película; (couche) capa;
**~ alimentaire** film m transparente;
**~ d'animation** película de animación;
**~ muet/parlant** película muda/sonora;
**~ policier** película policíaca

**filmer** [filme] vt filmar

**filmique** [filmik] adj fílmico(-a)

**filmographie** [filmɔgʀafi] nf filmografía

**filon** [filɔ̃] nm (aussi fig) filón m

**filou** [filu] nm (escroc) timador m

**fils** [fis] nm hijo; **le F~ (de Dieu)** (Rel) el Hijo (de Dios); **~ à papa** (péj) niño de papá; **~ de famille** niño bien

**filtrage** [filtraʒ] nm (d'un liquide) filtrado; (de visiteurs, nouvelles) control m

**filtrant, e** [filtʀɑ̃, ɑ̃t] adj filtrante

**filtre** [filtʀ] nm (aussi Inform) filtro; « **~ ou sans ~ ?** » « ¿con filtro o sin filtro? »; **café/ cafetière ~** café m/cafetera de filtro; **~ à air/ à huile/à particules** filtro de aire/de aceite/ de partículas; **~ à café** filtro para el café

**filtrer** [filtʀe] vt filtrar; (candidats, nouvelles) hacer una criba de ▶ vi filtrarse; (nouvelle, rumeurs) filtrarse

**fin¹** [fɛ̃] nf final m; (d'un projet, d'un rêve : aussi mort) final, fin m; **à la ~ mai/juin** a finales de mayo/junio; **en ~ de journée** al final del día; **prendre ~** terminar, acabar; **mener à bonne ~** llevar a buen término; **toucher à sa ~** llegar a su fin; **mettre ~ à qch** poner fin a algo; **mettre ~ à ses jours** poner fin a sus días; **à la ~** finalmente; **sans ~** sin fin, interminable; (sans cesse) sin cesar; **à cette ~** para ou con este fin; **~ de non-recevoir** (Jur, Admin) desestimación f de demanda; **~ de section** (de ligne d'autobus) final de zona; **fins** nfpl (desseins) fines mpl; **à toutes fins utiles** por si es etc de utilidad; **parvenir à ses fins** lograr su objetivo

**fin², e** [fɛ̃, fin] adj fino(-a); (taille) delgado(-a); (effilé) afilado(-a); (subtil) agudo(-a); **c'est ~ !** (iro) ¡qué gracioso!; **avoir la vue fine/l'ouïe fine** tener vista aguda/buen oído; **le ~ fond de ...** lo más recóndito de ...; **le ~ mot de ...** el quid de ...; **la fine fleur de ...** la flor y nata de ...; **or ~** oro puro; **linge ~** lencería fina ou selecta; **vin ~** vino selecto; **être un ~ gourmet** tener un paladar muy fino; **être ~ tireur** ser un muy buen tirador; **vouloir jouer au plus ~ (avec qn)** querer dárselas de listo (con algn); **fines herbes** hierbas fpl aromáticas; **fine mouche** (fig) lince m ▶ adv fino; **~ prêt/soûl** completamente listo/ borracho

**final, e** [final] (pl **-als** ou **-aux**) adj (aussi Philos) final; **cause finale** causa final ▶ nm (Mus) final m

**finale** [final] nf (Sport) final f; **quart/8èmes/16èmes de ~** cuartos/octavos/ dieciseisavos de final

**finalement** [finalmɑ̃] adv finalmente; (après tout) al final, después de todo

**finalisation** [finalizasjɔ̃] nf (de vente, projet) ultimación f

**finaliser** [finalize] vt (vente, projet) ultimar

**finaliste** [finalist] nm/f finalista mf

**finalité** [finalite] nf finalidad f

**finance** [finɑ̃s] nf finanzas fpl; **moyennant ~** con dinero; **la ~ internationale** las finanzas internacionales; **finances** nfpl (d'un club, pays) fondos mpl; (activités et problèmes financiers) finanzas

**financement** [finɑ̃smɑ̃] nm financiación f

**financer** [finɑ̃se] vt financiar

**financier, -ière** [finɑ̃sje, jɛʀ] adj financiero(-a) ▶ nm/f financiero(-a) ▶ nf (compagnie) (compañía) financiera ▶ nm (gâteau) pastelillo de almendras

**financièrement** [finɑ̃sjɛʁmɑ̃] *adv* financieramente

**finasser** [finase] *(péj) vi* trapacear

**finaud, e** [fino, od] *adj* ladino(-a)

**fine** [fin] *adj f voir* **fin²** ▸ *nf* aguardiente *m* fino

**finement** [finmɑ̃] *adv* finamente

**finesse** [finɛs] *nf* finura; delgadez *f*; afilamiento; *(d'esprit)* agudeza; **une réponse/écriture/analyse pleine de ~** una respuesta/un estilo/un análisis lleno(-a) de agudeza; **~ de goût** refinamiento; **finesses** *nfpl (subtilités)* sutilezas *fpl*

**fini, e** [fini] *adj* terminado(-a), acabado(-a); *(persona)* acabado(-a); *(Math : ensemble, espace)* finito(-a); **bien/mal ~** *(travail, vêtement)* bien/mal terminado(-a), bien/mal rematado(-a); **un égoïste ~** *(valeur intensive)* un egoísta consumado; **un nombre ~ de** un número finito de ▸ *nm (d'un objet)* acabado; **un ~ mat/brillant** un acabado mate/brillante

**finir** [finiʁ] *vt* acabar, terminar; *(être placé en fin de : période, livre)* finalizar; **~ de faire qch** *(terminer)* acabar de hacer algo; *(cesser)* dejar de hacer algo; **il a fini son travail** acabó su trabajo; **il n'a pas encore fini de parler** no ha acabado todavía de hablar; **il finit de manger** está acabando de comer ▸ *vi* terminarse, acabarse; **~ quelque part** terminar en algún sitio; **~ par qch/par faire qch** *(gén)* acabar con algo/haciendo *ou* por hacer algo; **il finit par m'agacer** acaba molestándome; **~ en pointe/tragédie** acabar en punta/tragedia; **en ~ (avec qn/qch)** acabar (con algn/algo); **à n'en plus ~** interminable; **cela/il va mal ~** eso/él acabará mal; **c'est bientôt fini ?** ¿terminas o no?

**finish** [finiʃ] *nm (Sport)* sprint *m* final

**finissage** [finisaʒ] *nm* acabado, remate *m*

**finisseur, -euse** [finisœʁ, øz] *nm/f (Sport) corredor que termina en buena posición*

**finition** [finisjɔ̃] *nf* último retoque *m*; *(fini)* acabado

**finlandais, e** [fɛ̃lɑ̃dɛ, ɛz] *adj* finlandés(-esa) ▸ *nm/f* : **Finlandais, e** finlandés(-esa) ▸ *nm* (*Ling*) finlandés

**Finlande** [fɛ̃lɑ̃d] *nf* Finlandia

**finnois, e** [finwa, waz] *adj* finlandés(-esa) ▸ *nm (Ling)* finlandés *m*

**fiole** [fjɔl] *nf* frasco; **se payer la ~ de qn** *(fam)* tomar el pelo a algn

**fiord** [fjɔʁ(d)] *nm voir* **fjord**

**fioriture** [fjɔʁityʁ] *nf* floritura; **sans ~(s)** sin florituras

**fioul** [fjul] *nm* fuel oil *m*

**firent** [fiʁ] *vb voir* **faire**

**firmament** [fiʁmamɑ̃] *nm* firmamento

**firme** [fiʁm] *nf* firma

**fis** [fi] *vb voir* **faire**

**fisc** [fisk] *nm* : **le ~** el fisco

**fiscal, e, -aux** [fiskal, o] *adj* fiscal; **l'année fiscale** el año fiscal; **charges fiscales** cargas fiscales

**fiscaliser** [fiskalize] *vt* fiscalizar, gravar

**fiscaliste** [fiskalist] *nmf* especialista *mf* en derecho fiscal

**fiscalité** [fiskalite] *nf* fiscalidad *f*; **~ directe/indirecte** fiscalidad directa/indirecta

**fissa** [fisa] *adv (fam)* de prisa

**fissible** [fisibl] *adj* fisible

**fission** [fisjɔ̃] *nf* fisión *f*

**fissure** [fisyʁ] *nf (aussi fig)* fisura

**fissurer** [fisyʁe] : **se fissurer** *vpr* agrietarse

**fiston** [fistɔ̃] *(fam) nm* hijito

**fistule** [fistyl] *nf* fístula

**fit** [fi] *vb voir* **faire**

**FIV** *sigle f (= fécondation in vitro)* FIV *f* (*= fecundación in vitro*)

**fixage** [fiksaʒ] *nm (Photo)* fijado

**fixateur** [fiksatœʁ] *nm* fijador *m*

**fixatif** [fiksatif] *nm* fijador *m*

**fixation** [fiksasjɔ̃] *nf* fijación *f*; **faire une ~ sur qn/qch** tener una fijación con algn/algo; **fixations** *nfpl (Ski)* fijaciones

**fixe** [fiks] *adj* fijo(-a); **à date/heure ~** en fecha/hora fijada; **menu à prix ~** menú *m* de precio fijo ▸ *nm (salaire de base)* sueldo base

**fixé, e** [fikse] *adj* : **être ~ (sur)** saber a qué atenerse (respecto a); **à l'heure fixée** en la hora fijada; **au jour ~** en el día fijado

**fixement** [fiksəmɑ̃] *adv (regarder)* fijamente

**fixer** [fikse] *vt* fijar; *(personne)* estabilizar; *(poser son regard sur)* fijar la mirada en; **~ qch à/sur** sujetar algo a/en, fijar algo a/en; **~ son regard/son attention sur** fijar su mirada/su atención en; **~ son choix sur qch** elegir algo; **se fixer** *vpr* : **se ~ quelque part** establecerse en algún sitio; **se ~ sur** *(suj : regard, attention)* fijarse en

**fixité** [fiksite] *nf (d'un regard)* fijeza

**fjord** [fjɔʁ(d)] *nm* fiordo

**flacon** [flakɔ̃] *nm* frasco

**flagada** [flagada] *(fam) adj* molido(-a) *(fam)*

**flagellation** [flaʒelasjɔ̃] *nf* flagelación *f*

**flageller** [flaʒele] *vt* flagelar

**flageolant, e** [flaʒɔlɑ̃, ɑ̃t] *adj* tembloroso(-a)

**flageoler** [flaʒɔle] *vi (jambes)* flaquear, temblar

**flageolet** [flaʒɔlɛ] *nm (Mus)* chirimía; **flageolets** *nmpl (Culin)* frijoles *mpl*

**flagornerie** [flagɔʁnəʁi] *nf* adulación *f*

**flagorneur, -euse** [flagɔʁnœʁ, øz] *nm/f* adulador(a)

**flagrant, e** [flagʁɑ̃, ɑ̃t] *adj* flagrante; **prendre qn en ~ délit** coger a algn en flagrante delito

**flair** [flɛʁ] *nm* olfato; **avoir du ~** *(fig)* tener olfato

**flairer** [fleʁe] *vt* olfatear; *(fig)* olerse

## flamand – fleurette

**flamand, e** [flamɑ̃, ɑ̃d] *adj* flamenco(-a) ▸ *nm* (*Ling*) flamenco ▸ *nm/f*: **Flamand, e** flamenco(-a); **les Flamands** los flamencos
**flamant** [flamɑ̃] *nm* (*Zool*) flamenco; **~ rose** flamenco rosa
**flambant** [flɑ̃bɑ̃] *adv*: **~ neuf** nuevo flamante
**flambé, e** [flɑ̃be] *adj* (*Culin: bananes, crêpe*) flameado(-a)
**flambeau, x** [flɑ̃bo] *nm* antorcha; **se passer le ~** pasarse la antorcha
**flambée** [flɑ̃be] *nf* llamarada; **~ de violence** (*fig*) ola de violencia; **~ des prix** disparo de los precios
**flamber** [flɑ̃be] *vi* llamear; (*maison*) arder ▸ *vt* (*poulet*) chamuscar; (*Culin*) flamear; (*fam: dépenser*) pulirse (*fam*)
**flambeur, -euse** [flɑ̃bœʀ, øz] *nm/f* (*fam*) persona rumbosa
**flamboyant, e** [flɑ̃bwajɑ̃, ɑ̃t] *adj* (*yeux, couleur*) resplandeciente; (*gothique*) flamígero(-a)
**flamboyer** [flɑ̃bwaje] *vi* (*aussi fig*) resplandecer
**flamenco** [flamɛnko] *nm* flamenco
**flamingant, e** [flamɛ̃gɑ̃, ɑ̃t] *adj* (*Géo*) flamenco(-a) ▸ *nm/f*: **Flamingant, e** nacionalista *mf* flamenco(-a)
**flamme** [flam] *nf* llama; (*fig*) pasión *f*; **en flammes** en llamas
**flammèche** [flamɛʃ] *nf* pavesa
**flammerole** [flamʀɔl] *nf* fuego fatuo
**flan** [flɑ̃] *nm* flan *m*; **en rester comme deux ronds de ~** (*fam*) quedarse patidifuso(-a) (*fam*)
**flanc** [flɑ̃] *nm* (*Anat*) costado; (*d'une armée*) flanco; (*montagne*) ladera; **à ~ de montagne/colline** en la ladera de la montaña/colina; **tirer au ~** (*fam*) escurrir el bulto (*fam*); **prêter le ~ à** (*fig*) dar pie a
**flancher** [flɑ̃ʃe] *vi* flaquear
**Flandre** [flɑ̃dʀ] *nf*: **les Flandres** Flandes *msg*
**flanelle** [flanɛl] *nf* franela
**flâner** [flɑne] *vi* callejear, deambular
**flânerie** [flɑnʀi] *nf* callejeo
**flâneur, -euse** [flɑnœʀ, øz] *adj*, *nm/f* callejero(-a)
**flanquer** [flɑ̃ke] *vt* flanquear; **~ qch sur/dans** (*fam: mettre*) tirar algo a/en; **~ par terre** (*fam*) arrojar al suelo; **~ à la porte** (*fam*) echar a la calle; **~ la frousse à qn** (*fam*) meter miedo a algn; **être flanqué de** (*suj: personne*) estar escoltado por
**flapi, e** [flapi] *adj* reventado(-a)
**flaque** [flak] *nf* charco; **une ~ d'eau/d'huile** un charco de agua/de aceite
**flash** [flaʃ] (*pl* **flashes**) *nm* (*Photo: dispositif*) flash *m*; (: *lumière*) flash, destello; **au ~** con el flash; **~ d'information** flash informativo; **~ publicitaire** flash publicitario
**flash-back** [flaʃbak] *nm inv* flash-back *m*
**flasque** [flask] *adj* flá(c)cido(-a) ▸ *nf* frasco

**flatter** [flate] *vt* (*personne*) halagar, adular; (*suj: honneurs, amitié*) halagar; (*animal*) acariciar; **se flatter** *vpr*: **se ~ de qch/de pouvoir faire qch** vanagloriarse de algo/de poder hacer algo
**flatterie** [flatʀi] *nf*: **la ~** adulación *f*; **une ~** un halago
**flatteur, -euse** [flatœʀ, øz] *adj* (*photo, profil*) halagüeño(-a); (*éloges*) halagador(a) ▸ *nm/f* (*personne*) adulador(a)
**flatulence** [flatylɑ̃s] *nf* flatulencia
**flatuosité** [flatɥozite] *nf* flato
**fléau, x** [fleo] *nm* (*calamité*) plaga, calamidad *f*; (*de balance*) fiel *m*; (*Agr*) mayal *m*
**fléchage** [fleʃaʒ] *nm* señalización *f*
**flèche** [flɛʃ] *nf* flecha; (*de clocher*) aguja; (*de grue*) aguilón *m*; (*critique*) dardo; **monter en ~** (*fig*) subir como una flecha; **partir en ~** (*fig*) marcharse como una flecha
**flécher** [fleʃe] *vt* señalizar
**fléchette** [fleʃɛt] *nf* dardo; **fléchettes** *nfpl* (*jeu*) dardos *mpl*; **jouer aux fléchettes** jugar a los dardos
**fléchir** [fleʃiʀ] *vt* (*genoux*) flexionar, doblar; (*détermination de qn*) doblegar ▸ *vi* (*poutre*) combarse; (*fig*) ceder, claudicar; (*prix*) bajar
**fléchissement** [fleʃismɑ̃] *nm* (*voir vt, vi*) flexión *f*; doblegamiento; combadura; (*de l'économie*) empeoramiento; (*des prix, des cours*) disminución *f*
**flegmatique** [flɛgmatik] *adj* flemático(-a)
**flegme** [flɛgm] *nm* flema
**flemmard, e** [flemaʀ, aʀd] (*fam*) *adj*, *nm/f* gandul(a)
**flemmarder** [flemaʀde] *vi* (*fam*) gandulear (*fam*)
**flemme** [flɛm] (*fam*) *nf*: **j'ai la ~ de faire ...** me da una pereza hacer ...
**flétan** [fletɑ̃] *nm* halibut *m*
**flétri, e** [fletʀi] *adj* (*feuilles, fleur*) marchito(-a); (*fruit*) pasado(-a); (*peau, visage*) ajado(-a)
**flétrir** [fletʀiʀ] *vt* (*feuilles, fleur*) marchitar; (*fruit*) secar; (*peau, visage*) ajar; **~ la mémoire de qn** (*fig*) mancillar la memoria de algn; **se flétrir** *vpr* (*feuilles, fleur*) marchitarse; (*fruit*) pasarse; (*peau, visage*) ajarse
**flétrissement** [fletʀismɑ̃] *nm* (*de feuilles, fleur*) marchitamiento; (*de la peau, du visage*) ajamiento
**fleur** [flœʀ] *nf* flor *f*; **être en ~** estar en flor; **tissu/papier/assiette à fleurs** tejido/papel *m*/plato de flores; **être ~ bleue** ser sentimental; **à ~ de terre/peau** a flor de tierra/piel; **faire une ~ à qn** hacer un favor a algn; **~ de lis** flor de lis
**fleurer** [flœʀe] *vt*: **~ la lavande/l'odeur des foins** oler a lavanda/heno
**fleuret** [flœʀɛ] *nm* (*arme, discipline*) florete *m*
**fleurette** [flœʀɛt] *nf*: **conter ~ à qn** lanzar piropos a algn

**fleurettiste** [flœʀɛtist] *nmf* floretista *mf*
**fleuri, e** [flœʀi] *adj (aussi fig)* florido(-a); *(papier, tissu)* floreado(-a); *(péj : teint, nez)* colorado(-a)
**fleurir** [flœʀiʀ] *vi (aussi fig)* florecer ▶ *vt (tombe)* poner flores en
**fleuriste** [flœʀist] *nmf* florista *mf*
**fleuron** [flœʀɔ̃] *nm (fig)* florón *m*
**fleuve** [flœv] *nm* río; **~ de sang/boue** *(fig)* río de sangre/barro; **discours~** discurso interminable; **roman~** novelón *m*
**flexibilité** [flɛksibilite] *nf* flexibilidad *f*
**flexible** [flɛksibl] *adj (aussi fig)* flexible
**flexion** [flɛksjɔ̃] *nf* flexión *f*
**flibustier** [flibystje] *nm (pirate)* filibustero
**flic** [flik] *(fam) nm* poli *m (fam)*
**flicage** [flikaʒ] *(fam, péj) nm* vigilancia policial
**flicaille** [flikaj] *nf (fam, péj)* madera *(fam)*, poli *f (fam)*
**flingue** [flɛ̃g] *(fam) nm* pistola
**flinguer** [flɛ̃ge] *vt (fam : tirer sur)* pegar un tiro a, disparar; *(détruire : moteur)* cargarse *(fam)*; **il s'est fait ~** le han disparado
**flippant, e** [flipɑ̃, ɑ̃t] *adj (fam : angoissant)* angustiante, angustioso(-a); *(déprimant)* deprimente
**flipper¹** [flipœʀ] *nm* flíper *m*
**flipper²** [flipe] *(fam) vi (angoisser)* angustiarse; *(déprimer)* deprimirse
**fliquer** [flike] *(fam, péj) vt (personnel)* vigilar
**flirt** [flœʀt] *nm* flirteo; *(personne)* flirt *m*
**flirter** [flœʀte] *vi* flirtear; **~ avec** *(fig)* flirtear con
**FLN** [ɛfɛlɛn] *sigle m* (= *Front de libération nationale*) FLN *m* (= Frente de Liberación Nacional)
**FLNKS** [ɛfɛlɛnkaɛs] *sigle m* (= *Front de libération nationale kanak et socialiste*) Frente de liberación nacional de Nueva Caledonia
**flocon** [flɔkɔ̃] *nm* copo; *(de laine etc : boulette)* pelotilla; **flocons d'avoine** copos *mpl* de avena
**floconneux, -euse** [flɔkɔnø, øz] *adj (nuages)* de algodón; *(laine)* esponjoso(-a)
**flonflons** [flɔ̃flɔ̃] *nmpl* tachín tachán *m*
**flood** [flød] *adj* : **lampe ~** *(Photo)* foco
**flop** [flɔp] *nm (échec)* fracaso; **faire un ~** ser un fracaso, fracasar
**flopée** [flɔpe] *nf* : **une ~ de** un montón de
**floraison** [flɔʀɛzɔ̃] *nf* floración *f*
**floral, e, -aux** [flɔʀal, o] *adj* floral
**floralies** [flɔʀali] *nfpl* exposición *f* de flores
**flore** [flɔʀ] *nf* flora; **~ bactérienne/microbienne** flora bacteriana/microbiana
**Florence** [flɔʀɑ̃s] *n* Florencia
**florentin, e** [flɔʀɑ̃tɛ̃, in] *adj* florentino(-a) ▶ *nm/f* : **Florentin, e** florentino(-a)
**floriculture** [flɔʀikyltyʀ] *nf* floricultura
**florifère** [flɔʀifɛʀ] *adj* florífero(-a)
**florilège** [flɔʀilɛʒ] *nm* florilegio
**florissant, e** [flɔʀisɑ̃, ɑ̃t] *adj (entreprise, commerce)* floreciente; *(santé, mine)* rebosante

**flot** [flo] *nm (fig)* torrente *m*; **mettre/être à ~** *(aussi fig)* sacar/estar a flote; **flots** *nmpl (de la mer)* olas *fpl*, mar *fsg*; **à flots** a raudales
**flottage** [flɔtaʒ] *nm (du bois)* transporte *m* fluvial
**flottaison** [flɔtɛzɔ̃] *nf* : **ligne de ~** línea de flotación
**flottant, e** [flɔtɑ̃, ɑ̃t] *adj (maison, parquet, Math)* flotante; *(vêtement)* de vuelo, ancho(-a); *(non fixe)* fluctuante
**flotte** [flɔt] *nf (bateaux)* flota; *(fam : eau)* agua; (: *pluie*) lluvia
**flottement** [flɔtmɑ̃] *nm (fig)* vacilación *f*; *(Écon)* fluctuación *f*
**flotter** [flɔte] *vi* flotar; *(drapeau, cheveux)* ondear; *(vêtements)* volar; *(Écon)* fluctuar ▶ *vb impers (fam)* : **il flotte** llueve ▶ *vt (bois : aussi :* **faire flotter***)* transportar mediante corriente fluvial
**flotteur** [flɔtœʀ] *nm (d'hydravion etc)* flotador *m*; *(de canne à pêche)* boya
**flottille** [flɔtij] *nf* flotilla
**flou, e** [flu] *adj* borroso(-a); *(idée)* vago(-a) ▶ *nm* : **être dans le ~** estar en el aire; **~ artistique** *(Photo)* flou *m*; *(fig)* ambigüedad *f*
**flouer** [flue] *vt* timar
**flouze** [fluz] *nm (fam)* pasta *(fam)*, guita *(fam)*
**fluctuant, e** [flyktɥɑ̃, ɑ̃t] *adj* fluctuante; *(opinions)* voluble
**fluctuation** [flyktɥasjɔ̃] *nf* fluctuación *f*
**fluctuer** [flyktɥe] *vi* fluctuar
**fluet, te** [flyɛ, ɛt] *adj (personne)* endeble; *(voix)* débil
**fluide** [flɥid] *adj* fluido(-a) ▶ *nm* fluido; *(force invisible)* efluvio
**fluidifier** [flɥidifje] *vt* fluidificar; **se fluidifier** *vpr (sang)* fluidificarse; *(circulation)* hacerse más fluido(-a); *(échanges)* agilizarse
**fluidité** [flɥidite] *nf* fluidez *f*
**fluor** [flyɔʀ] *nm* flúor *m*
**fluoration** [flyɔʀasjɔ̃] *nf* fluoración *f*
**fluoré, e** [flyɔʀe] *adj* fluorado(-a)
**fluorescence** [flyɔʀesɑ̃s] *nf* fluorescencia
**fluorescent, e** [flyɔʀesɑ̃, ɑ̃t] *adj* fluorescente
**flûte** [flyt] *nf* flauta; *(verre)* copa de flauta; *(pain)* barra pequeña de pan; **petite ~** flautín *m*; **~!** ¡caramba!; **~ à bec/traversière** flauta dulce/travesera; **~ de Pan** zampoña
**flûté, e** [flyte] *adj (voix)* aflautado(-a)
**flûtiste** [flytist] *nmf* flautista *mf*
**fluvial, e, -aux** [flyvjal, jo] *adj* fluvial
**flux** [fly] *nm (aussi fig)* flujo; **le ~ et le reflux** el flujo y el reflujo
**fluxion** [flyksjɔ̃] *nf* : **~ de poitrine** pulmonía
**FM** [ɛfɛm] *sigle f* (= *fréquence modulée*) FM *f* (= frecuencia modulada)
**FMI** [ɛfɛmi] *sigle m* (= *Fonds monétaire international*) FMI *m* (= Fondo monetario internacional)

## FN – fonctionnariser

**FN** [εfεn] sigle m (= Front national) partido de extrema derecha

**FNAC** [fnak] sigle f (= Fédération nationale des achats des cadres) cadena de tiendas de libros y música

**FNSEA** [εfεnεsəa] sigle f (= Fédération nationale des syndicats d'exploitants agricoles) sindicato de agricultores y ganaderos

**FO** [εfo] sigle f (= Force ouvrière) sindicato

**foc** [fɔk] nm foque m

**focal, e, -aux** [fɔkal, o] adj focal

**focale** [fɔkal] nf distancia focal

**focaliser** [fɔkalize] vt (fig) focalizar

**foehn** [føn] nm (viento) foehn m

**fœtal, e, -aux** [fetal, o] adj fetal

**fœtus** [fetys] nm feto

**foi** [fwa] nf fe f; **sous la ~ du serment** bajo juramento; **avoir ~ en** tener fe en; **ajouter ~ à** dar crédito a; **digne de ~** fidedigno(-a); **faire ~** acreditar, testificar; **le cachet de la poste faisant ~** dará fe el matasellos de correos; **sur la ~ de** en base a; **bonne/ mauvaise ~** buena/mala fe; **être de bonne/ mauvaise ~** actuar con buena/mala fe; **ma ~ !** ¡lo juro!

**foie** [fwa] nm hígado; **crise de ~** empacho; **~ gras** foie-gras m inv

**foin** [fwɛ̃] nm heno; **faire les foins** segar el heno; **faire du ~** (fig : fam) armar jaleo

**foire** [fwaʀ] nf feria; (fam) bulla (fam); **faire la ~** (fig : fam) irse de juerga ou de farra (AM); **~ aux questions** (Internet) preguntas frecuentes; **~ exposition** feria de muestras

**foirer** [fware] vi (fam : échouer) irse al garete (fam); **faire ~ qch** echar algo a perder, fastidiar (fam) algo

**foireux, -euse** [fwaʀø, øz] (fam) adj (voué à l'échec) chungo(-a) (fam); **il a toujours des idées foireuses** siempre tiene ideas de bombero (fam); (mauvais) lamentable; **un coup ~** una jugarreta (fam)

**fois** [fwa] nf : **une/deux ~** una vez/dos veces; **2 ~ 2** 2 por 2; **deux/quatre ~ plus grand (que)** dos/cuatro veces mayor (que); **encore une ~** una vez más; **cette ~** esta vez; **la ~ suivante/ précédente** la próxima vez/vez anterior; **une ~ pour toutes** de una vez por todas; **une ~ que c'est fait** una vez que esté hecho; **une ~ qu'il prend une décision, il ne ...** (quand) una vez que toma una decisión, no ...; **une ~ couché, il s'endort tout de suite** (dès que) en cuanto se acuesta, se duerme; **à la ~** (ensemble) a la vez; **à la ~ grand et beau** grande y a la vez bonito; **des ~** a veces; **chaque ~ que** cada vez que; **si des ~ ...** (fam) si por casualidad ...; **« non mais, des ~ ! »** (fam) « ¡ya vale! », « ¡ya está bien! »; **il était une ~ ...** érase una vez ...

**foison** [fwazɔ̃] nf : **une ~ de** una profusión de; **à ~** en profusión

**foisonnant, e** [fwazɔnɑ̃, ɑ̃t] adj abundante

**foisonnement** [fwazɔnmɑ̃] nm abundancia, acopio

**foisonner** [fwazɔne] vi abundar; **~ en** ou **de** rebosar de

**fol** [fɔl] adj voir **fou**

**folâtre** [fɔlɑtʀ] adj juguetón(-ona)

**folâtrer** [fɔlɑtʀe] vi juguetear

**foldingue** [fɔldɛ̃g] (fam) adj chalado(-a) (fam)

**folichon, ne** [fɔliʃɔ̃, ɔn] (fam) adj : **ça n'a rien de ~** no es para echarse a reír

**folie** [fɔli] nf locura; **la ~ des grandeurs** el delirio de grandeza; **faire des folies** hacer locuras, gastar a lo loco

**folk** [fɔlk] nm folk m ▶ adj folk inv

**folklore** [fɔlklɔʀ] nm folklore m

**folklorique** [fɔlklɔʀik] adj folklórico(-a), folclórico(-a); (péj) estrambótico(-a)

**folle** [fɔl] adj f, nf voir **fou**

**follement** [fɔlmɑ̃] adv (amoureux) locamente; (drôle, intéressant) tremendamente; **avoir ~ envie de faire qch** tener unas ganas tremendas de hacer algo

**follet** [fɔlε] adj m : **feu ~** fuego fatuo

**fomentateur, -trice** [fɔmɑ̃tatœʀ, tʀis] nm/f instigador(a)

**fomenter** [fɔmɑ̃te] vt instigar

**foncé, e** [fɔ̃se] adj oscuro(-a); **bleu/rouge ~** azul/rojo oscuro

**foncer** [fɔ̃se] vt oscurecer ▶ vi oscurecerse; (fam : aller vite) ir volando; **~ sur** (fam) arremeter contra

**fonceur, -euse** [fɔ̃sœʀ, øz] (fam) nm/f emprendedor(a)

**foncier, -ière** [fɔ̃sje, jεʀ] adj (honnêteté etc) innato(-a); (Comm : impôt) territorial; **propriétaire ~** dueño de tierras; (grande superficie) terrateniente m

**foncièrement** [fɔ̃sjεʀmɑ̃] adv profundamente; (absolument) totalmente

**fonction** [fɔ̃ksjɔ̃] nf función f; (poste) cargo; **voiture/maison de ~** coche m/casa de empresa; **être ~ de** depender de; **en ~ de** dependiendo de; **faire ~ de** (suj : personne) hacer las veces de; (: chose) servir para; **entrer en/reprendre ses fonctions** tomar posesión de/reincorporarse a su cargo; **la ~ publique** la función pública; **fonctions** nfpl (activité, pouvoirs) competencias fpl; (corporelles, biologiques) funciones fpl

**fonctionnaire** [fɔ̃ksjɔnεʀ] nmf funcionario(-a)

**fonctionnaliser** [fɔ̃ksjɔnalize] vt : **~ qch** hacer algo funcional

**fonctionnalité** [fɔ̃ksjɔnalite] nf (aussi Inform) funcionalidad f

**fonctionnariat** [fɔ̃ksjɔnaʀja] nm funcionariado

**fonctionnariser** [fɔ̃ksjɔnaʀize] vt (personne) hacer ou convertir en funcionario; (entreprise etc) convertir en público(-a)

## fonctionnel – force

**fonctionnel, le** [fɔ̃ksjɔnɛl] *adj* funcional
**fonctionnellement** [fɔ̃ksjɔnɛlmɑ̃] *adv* funcionalmente
**fonctionnement** [fɔ̃ksjɔnmɑ̃] *nm* funcionamiento
**fonctionner** [fɔ̃ksjɔne] *vi* funcionar; **faire ~** poner en funcionamiento
**fond** [fɔ̃] *nm* fondo; **un ~ de verre/bouteille** el resto del vaso/de la botella; **donnez m'en seulement un ~** póngame solo un dedo; **le ~** (*Sport*) el fondo; **course/épreuve de ~** carrera/prueba de fondo; **au ~ de** (*récipient*) en el fondo de; (*salle*) al fondo de; **aller au ~ des choses/du problème** ir al fondo de las cosas/del problema; **le ~ de sa pensée** el fondo de su pensamiento; **sans ~** sin fondo; **toucher le ~** (*aussi fig*) tocar fondo; **envoyer par le ~** echar a pique; **à ~** a fondo; (*soutenir*) a capa y espada; **à ~ (de train)** (*fam*) a todo correr, a toda marcha; **dans le ~, au ~** en resumidas cuentas; **de ~ en comble** de arriba a abajo; **~ de teint** maquillaje *m* de fondo; **~ sonore** fondo sonoro
**fondamental, e, -aux** [fɔ̃damɑ̃tal, o] *adj* fundamental
**fondamentalement** [fɔ̃damɑ̃talmɑ̃] *adv* fundamentalmente
**fondamentalisme** [fɔ̃damɑ̃talism] *nm* fundamentalismo
**fondamentaliste** [fɔ̃damɑ̃talist] *adj, nmf* fundamentalista *mf*
**fondant, e** [fɔ̃dɑ̃, ɑ̃t] *adj* : **gâteau ~ fondant** *m*; **la neige/glace fondante** la nieve/el hielo que se derrite ▶ *nm* (*bonbon*) caramelo relleno; **~ au chocolat** fondant de chocolate
**fondateur, -trice** [fɔ̃datœʀ, tʀis] *nm/f* fundador(a); **groupe/membre ~** grupo/miembro fundador
**fondation** [fɔ̃dasjɔ̃] *nf* fundación *f*; **travaux de ~** (*Constr*) trabajos *mpl* de cimentación; **fondations** *nfpl* (*d'une maison*) cimientos *mpl*
**fondé, e** [fɔ̃de] *adj* fundado(-a); **bien/mal ~** bien/mal fundado(-a); **être ~ à croire** *etc* estar facultado(-a) *ou* autorizado(-a) para creer *etc* ▶ *nm/f* : **~ de pouvoir** apoderado(-a)
**fondement** [fɔ̃dmɑ̃] *nm* : **sans ~** sin fundamento; **fondements** *nmpl* (*d'un édifice*) cimientos *mpl*; (*de la société, d'une théorie*) cimientos, base *fsg*
**fonder** [fɔ̃de] *vt* fundar; **~ qch sur** (*fig*) basar algo en; **se ~ sur qch** basarse en algo; **~ un foyer** fundar un hogar; **~ tous ses espoirs sur qn/qch** fundar todas sus esperanzas en algn/algo
**fonderie** [fɔ̃dʀi] *nf* fundición *f*
**fondeur, -euse** [fɔ̃dœʀ, øz] *nm/f* (*skieur*) fondista *mf* ▶ *nm* : (**ouvrier**) **~** fundidor *m*
**fondre** [fɔ̃dʀ] *vt* (*neige, glace*) fundir, derretir; (*métal*) fundir; (*dans l'eau : sucre*) disolver; (*mélanger*) mezclar ▶ *vi* fundirse, derretirse; (*métal*) fundirse; (*dans l'eau*) disolverse; (*argent, courage*) esfumarse; **faire ~** derretir; (*sucre*) disolver; **~ comme neige au soleil** (*argent, avance*) esfumarse; **~ en larmes** deshacerse en lágrimas; **~ sur** (*se précipiter*) abatirse sobre; **se fondre** *vpr* confundirse
**fondrière** [fɔ̃dʀijɛʀ] *nf* bache *m*, hoyo
**fonds** [fɔ̃] *nm* (*aussi fig*) fondo; **le F~ monétaire international** el Fondo Monetario Internacional; **~ (de commerce)** fondo de comercio; **~ de roulement** fondo de operaciones ▶ *nmpl* (*argent*) fondos *mpl*; **être en ~** tener fondos *ou* dinero; **à ~ perdus** a fondo perdido; **mise de ~** inversión *f* de capital; **~ publics** fondos públicos
**fondu, e** [fɔ̃dy] *adj* (*beurre*) derretido(-a); (*neige*) fundido(-a), derretido(-a); (*métal*) fundido(-a) ▶ *nm* (*Ciné*) fundido; **~ enchaîné** fundido encadenado
**fondue** [fɔ̃dy] *nf* : **~ (savoyarde)/bourguignonne** fondue *f* (saboyana)/burguiñona
**fongicide** [fɔ̃ʒisid] *nm* fungicida *m*
**font** [fɔ̃] *vb voir* **faire**
**fontaine** [fɔ̃tɛn] *nf* fuente *f*
**fontanelle** [fɔ̃tanɛl] *nf* fontanela
**fonte** [fɔ̃t] *nf* (*de la neige*) deshielo; (*d'un métal*) fundición *f*; (*métal*) hierro fundido *ou* colado; **en ~ émaillée** de hierro esmaltado; **la ~ des neiges** el deshielo
**fonts baptismaux** [fɔ̃batismo] *nmpl* pila *fsg* bautismal
**foot** [fut] (*fam*) *nm* fútbol *m*; **jouer au ~** jugar al fútbol
**football** [futbol] *nm* fútbol *m*; **~ américain/australien/gaélique** fútbol americano/australiano/gaélico
**footballeur, -euse** [futbolœʀ, øz] *nm/f* futbolista *mf*
**footeux, -euse** [futø, øz] (*fam*) *nm/f* apasionado(-a) del fútbol
**footing** [futiŋ] *nm* : **faire du ~** hacer footing
**for** [fɔʀ] *nm* : **dans** *ou* **en mon/son ~ intérieur** en mi/su fuero interno
**forage** [fɔʀaʒ] *nm* perforación *f*; **~ pétrolier** perforación petrolera
**forain, e** [fɔʀɛ̃, ɛn] *adj* ferial ▶ *nm/f* (*marchand*) feriante *mf*; (*bateleur*) saltimbamqui *m*, titiritero(-a)
**forban** [fɔʀbɑ̃] *nm* pirata *m*; (*escroc*) bandido
**forçat** [fɔʀsa] *nm* forzado; **travailler comme un ~** trabajar como un esclavo *ou* un condenado
**force** [fɔʀs] *nf* fuerza; (*d'une armée*) potencia; (*intellectuelle, morale*) fortaleza; **avoir de la ~** tener fuerza; **être à bout de forces** estar agotado(-a); **à la ~ du poignet** (*fig*) a pulso; **à ~ de critiques/de le critiquer/de faire** a fuerza de críticas/de criticarlo/de hacer; **arriver en ~** llegar en gran número; **de ~**

## forcé – former

(*prendre, enlever*) a la fuerza; **par la ~** por fuerza; **à toute ~** (*absolument*) a toda costa; **cas de ~ majeure** caso de fuerza mayor; **faire ~ de rames** remar con todas las fuerzas; **être de ~ à faire qch** ser capaz de hacer algo; **dans la ~ de l'âge** en la madurez; **de première ~** de primera; **par la ~ des choses** debido a las circunstancias; **par la ~ de l'habitude** por la fuerza de la costumbre; **la ~** (*Élec*) la energía; **la ~ publique** la fuerza pública; **c'est une ~ de la nature** (*personne*) es un sansón; **~ d'âme** ánimo, valor *m*; **~ de caractère** fuerza de carácter; **~ centrifuge/d'inertie** fuerza centrífuga/de la inercia; **~ de dissuasion** *ou* **de frappe** fuerza de disuasión; **forces** *nfpl* (*Mil, physiques*) fuerzas *fpl*; **d'importantes forces de police** importantes efectivos de la policía; **ménager ses/reprendre des forces** ahorrar/recuperar fuerzas; **c'est au-dessus de mes/ses forces** supera mis/sus fuerzas; **de toutes mes/ses forces** con todas mis/sus fuerzas; **les forces armées** las fuerzas armadas; **les forces de l'ordre** las fuerzas del orden; **forces d'intervention** fuerzas de intervención

**forcé, e** [fɔʀse] *adj* (*rire, attitude*) forzado(-a); (*bain, atterrissage*) forzoso(-a); (*comparaison*) rebuscado(-a); **c'est ~ !** ¡es lógico!, ¡es inevitable!

**forcément** [fɔʀsemɑ̃] *adv* (*obligatoirement*) forzosamente; (*bien sûr*) como es lógico; **pas ~** no necesariamente; **il n'est pas ~ bête** no es que sea tonto

**forcené, e** [fɔʀsəne] *adj* encarnizado(-a) ▶ *nm/f* furioso(-a)

**forceps** [fɔʀsɛps] *nm* fórceps *m inv*; **au(x) ~** (*fig*) con fórceps

**forcer** [fɔʀse] *vt* forzar; (*Agr*) impulsar el crecimiento de; **~ la main à qn** apretarle los tornillos a algn; **~ la dose** cargar la mano; **~ l'allure** aligerar; **~ la décision** determinar la decisión; **~ le destin** ir contra el destino; **~ l'attention** llamar la atención; **~ le respect** imponer el respeto; **~ la consigne** desacatar las órdenes; **~ qn à qch/à faire qch** forzar a algn a algo/a hacer algo ▶ *vi* esforzarse; **se forcer** *vpr*: **se ~ à qch/faire qch** forzarse a algo/a hacer algo

**forcing** [fɔʀsiŋ] *nm*: **faire le ~** redoblar el ataque

**forcir** [fɔʀsiʀ] *vi* (*grossir*) engordar; (*vent*) arreciar

**forclore** [fɔʀklɔʀ] *vt* (*Jur*) privar de un derecho por prescripción

**forclos, e** [fɔʀklo] *adj* (*Jur*) prescrito(-a)

**forclusion** [fɔʀklyzjɔ̃] *nf* (*Jur*) prescripción *f*

**forer** [fɔʀe] *vt* (*objet, rocher*) perforar, horadar; (*puits*) perforar

**forestier, -ière** [fɔʀɛstje, jɛʀ] *adj* forestal

**foret** [fɔʀɛ] *nm* broca

**forêt** [fɔʀɛ] *nf* bosque *m*; **Office national des forêts** ≈ ICONA (*Instituto para la conservación de la naturaleza*); **~ vierge** selva virgen

**foreuse** [fɔʀøz] *nf* perforadora

**forfait** [fɔʀfɛ] *nm* (*Comm*) ajuste *m*; (*crime*) crimen *m*; **déclarer ~** (*Sport*) retirarse; **gagner par ~** ganar por incomparecencia; **travailler à ~** trabajar a destajo; **vendre/acheter à ~** vender/comprar a tanto alzado

**forfaitaire** [fɔʀfetɛʀ] *adj* concertado(-a)

**forfait-vacances** [fɔʀfɛvakɑ̃s] (*pl* **forfaits-vacances**) *nm* paquete *m* turístico

**forfanterie** [fɔʀfɑ̃tʀi] *nf* (*caractère*) fanfarronería; (*parole, acte*) fanfarronada

**forge** [fɔʀʒ] *nf* forja; (*usine*) herrería

**forgé, e** [fɔʀʒe] *adj*: **~ de toutes pièces** inventado(-a) de cabo a rabo

**forger** [fɔʀʒe] *vt* (*aussi fig*) forjar; (*prétexte, alibi*) urdir; (*histoire, plan*) urdir, inventar

**forgeron, ne** [fɔʀʒəʀɔ̃, ɔn] *nm/f* herrero(-a)

**formaliser** [fɔʀmalize] : **se formaliser** *vpr* molestarse; **se ~ de qch** molestarse por algo

**formalisme** [fɔʀmalism] *nm* formalismo

**formaliste** [fɔʀmalist] *adj* formalista

**formalité** [fɔʀmalite] *nf* requisito, trámite *m*; **simple ~** mera formalidad *f*

**format** [fɔʀma] *nm* formato; **petit ~** de tamaño pequeño

**formatage** [fɔʀmataʒ] *nm* formateado

**formater** [fɔʀmate] *vt* formatear; **non formaté** sin formatear

**formateur, -trice** [fɔʀmatœʀ, tʀis] *adj* formador(a) ▶ *nm/f* educador(a)

**formation** [fɔʀmasjɔ̃] *nf* formación *f*; (*apprentissage*) educación *f*; **en ~** (*Mil, Aviat*) en formación; **la ~ permanente/continue** la formación permanente/continua; **la ~ professionnelle/des adultes** la formación profesional/de adultos

**forme** [fɔʀm] *nf* forma; (*type*) tipo; **en ~ de poire** con forma de pera; **sous ~ de** en forma de; **être en (bonne/pleine) ~** estar en (buena/plena) forma; **avoir la ~** estar en forma; **en bonne et due ~** con todos los requisitos; **sans autre ~ de procès** (*fig*) sin más ni más; **pour la ~** para guardar las apariencias; **prendre ~** tomar cuerpo; **formes** *nfpl* (*manières, silhouette*) formas *fpl*; **y mettre les formes** guardar las formas

**formé, e** [fɔʀme] *adj* (*adolescente*) desarrollado(-a); (*goût, jugement*) educado(-a)

**formel, le** [fɔʀmɛl] *adj* (*preuve, décision*) categórico(-a); (*logique*) formal; (*extérieur*) formalista

**formellement** [fɔʀmɛlmɑ̃] *adv* formalmente; (*interdit*) terminantemente

**former** [fɔʀme] *vt* formar; (*projet, idée*) concebir; (*caractère*) formar, desarrollar; (*goût, jugement*) educar; (*lettre etc*) componer; **se former** *vpr* formarse

209

## formica – fouillis

**formica®** [fɔʀmika] nm formica®
**formidable** [fɔʀmidabl] adj (excellent) estupendo(-a); (important) increíble
**formidablement** [fɔʀmidabləmɑ̃] adv formidablemente
**formol** [fɔʀmɔl] nm formol m
**formosan, e** [fɔʀmozɑ̃, an] adj formoseño(-a)
**Formose** [fɔʀmoz] n Formosa
**formulaire** [fɔʀmylɛʀ] nm impreso; **remplir un ~** rellenar un impreso
**formulation** [fɔʀmylasjɔ̃] nf formulación f
**formule** [fɔʀmyl] nf fórmula; (de vacances, crédit) sistema m; **selon la ~ consacrée** según la expresión consagrada; **~ de politesse** fórmula de cortesía; (en fin de lettre) fórmula epistolar
**formuler** [fɔʀmyle] vt formular
**fornication** [fɔʀnikasjɔ̃] nf fornicación f
**forniquer** [fɔʀnike] vi fornicar
**forsythia** [fɔʀsisja] nm forsythia
**fort, e** [fɔʀ, fɔʀt] adj (aussi fig) fuerte; (élevé) alto(-a); (gros) grueso(-a); (quantité) importante; (soleil) intenso(-a); **être ~ (en)** (doué) ser bueno(-a) (en); **c'est un peu ~ !** ¡ya es demasiado!, ¡se pasa!; **à plus forte raison** con mayor motivo; **se faire ~ de faire** comprometerse a hacer; **~ comme un Turc** fuerte como un toro; **forte tête** rebelde mf ▶ adv (frapper, serrer, sonner) con fuerza; (parler) alto; (beaucoup) mucho; (très) muy; **~ bien/peu** muy bien/poco; **vous aurez ~ à faire pour le convaincre** le costará trabajo convencerle ▶ nm (édifice, fig) fuerte m; **au plus ~ de** en lo más álgido de; **les forts et les faibles** (personnes) los fuertes y los débiles
**forte** [fɔʀte] nm forte m
**fortement** [fɔʀtəmɑ̃] adv (désirer, espérer) ansiosamente; (conseiller) encarecidamente; (s'intéresser) vivamente
**forteresse** [fɔʀtəʀɛs] nf fortaleza
**fortiche** [fɔʀtiʃ] adj (fam) : **être ~ (en qch)** estar hecho(-a) un hacha (fam) (en algo)
**fortifiant, e** [fɔʀtifjɑ̃, jɑ̃t] adj fortificante ▶ nm reconstituyente m
**fortifications** [fɔʀtifikasjɔ̃] nfpl fortificaciones fpl
**fortifier** [fɔʀtifje] vt (corps) fortalecer; (Mil) fortificar; **se fortifier** vpr fortalecerse
**fortin** [fɔʀtɛ̃] nm fortín m
**fortiori** [fɔʀsjɔʀi] : **à ~** adv a fortiori
**fortuit, e** [fɔʀtɥi, it] adj fortuito(-a)
**fortuitement** [fɔʀtɥitmɑ̃] adv fortuitamente
**fortune** [fɔʀtyn] nf fortuna; **des fortunes diverses** (sort) diversas suertes; **faire ~** hacer fortuna; **de ~** improvisado(-a); **bonne/mauvaise ~** buena/mala fortuna; **faire contre mauvaise ~ bon cœur** poner al mal tiempo buena cara
**fortuné, e** [fɔʀtyne] adj afortunado(-a)

**forum** [fɔʀɔm] nm foro; (débat) debate m; **participer à un ~ de discussion** participar en un foro de discusión; **~ de discussion** (Internet) foro de discusión
**fosse** [fos] nf fosa; **~ à purin** depósito de aguas de estiércol; **~ aux lions/aux ours** foso de los leones/de los osos; **~ commune** fosa común; **~ d'orchestre** foso; **~ septique** fosa séptica; **fosses nasales** fosas fpl nasales
**fossé** [fose] nm zanja; (fig) abismo
**fossette** [fosɛt] nf hoyuelo
**fossile** [fosil] nm fósil m ▶ adj : **animal/coquillage ~** animal m/concha fósil
**fossilisé, e** [fo(o)zilize] adj fosilizado(-a)
**fossoyeur, -euse** [foswajœʀ, øz] nm/f sepulturero(-a)
**fou, folle** [fu, fɔl] (devant nm commençant par voyelle ou h muet **fol**) adj loco(-a); (regard) extraviado(-a); (fam : extrême) inmenso(-a); **~ à lier** loco(-a) de atar; **~ furieux/folle furieuse** loco(-a) agresivo(-a); **être ~ de** estar loco(-a) por; **~ de chagrin** trastornado(-a) por el dolor; **~ de colère/joie** loco(-a) de ira/alegría; **avoir le ~ rire** tener un ataque de risa; **ça prend un temps ~** (fam) esto lleva mucho tiempo; **il a eu un succès ~** (fam) tuvo un éxito loco; **herbe folle** hierbajo ▶ nm/f loco(-a); **faire le ~** hacer el tonto ou el indio ▶ nm (d'un roi) bufón m; (Échecs) alfil m; **~ de Bassan** alcatraz m
**foucade** [fukad] nf capricho
**foudre** [fudʀ] nf rayo; **foudres** nfpl (colère) iras fpl; **s'attirer les foudres de qn** ganarse las iras de algn
**foudroyant, e** [fudʀwajɑ̃, ɑ̃t] adj fulminante
**foudroyer** [fudʀwaje] vt fulminar; **~ qn du regard** fulminar a algn con la mirada
**fouet** [fwɛ] nm látigo, fuete (AM), rebenque (AM); (Culin) batidor m; **de plein ~** (heurter) de frente
**fouettement** [fwɛtmɑ̃] nm : **le ~ de la pluie** el batir de la lluvia
**fouetter** [fwete] vt dar latigazos a; (Culin, pluie, vagues etc) batir
**foufou, fofolle** [fufu, fɔfɔl] adj loculeo(-a)
**fougasse** [fugas] nf (galette) ≈ hogaza
**fougère** [fuʒɛʀ] nf helecho
**fougue** [fug] nf fogosidad f
**fougueusement** [fugøzmɑ̃] adv fogosamente
**fougueux, -euse** [fugø, øz] adj fogoso(-a)
**fouille** [fuj] nf (voir nm) cacheo; registro; **fouilles** nfpl (archéologiques) excavaciones fpl
**fouillé, e** [fuje] adj exhaustivo(-a)
**fouiller** [fuje] vt (suspect) cachear; (local, quartier) registrar; (creuser) excavar; (approfondir) ahondar en ▶ vi (archéologue) hacer excavaciones; **~ dans/parmi** hurgar en/entre
**fouillis** [fuji] nm revoltijo

**fouine – foutre**

**fouine** [fwin] *nf* garduña, fuina
**fouiner** [fwine] *(fam, péj) vi* husmear
**fouineur, -euse** [fwinœR, øz] *(péj) adj* escudriñador(a)
**fouir** [fwiR] *vt* escarbar
**fouisseur, -euse** [fwisœR, øz] *adj* escarbador(a)
**foulage** [fulaʒ] *nm (du raisin)* pisa
**foulante** [fulɑ̃t] *adj f*: **pompe ~** bomba impelente
**foulard** [fulaR] *nm* pañuelo, fular *m*; **~ islamique** pañuelo islámico
**foule** [ful] *nf*: **la ~** la muchedumbre, la multitud; **une ~ énorme/émue** una muchedumbre inmensa/emocionada; **une ~ de** una multitud de; **les foules** las masas; **venir en ~** llegar en masa
**foulée** [fule] *nf (Sport)* zancada; **dans la ~ de** inmediatamente después de
**fouler** [fule] *vt (écraser)* prensar; *(raisin)* pisar; **~ aux pieds** *(fig)* pasar por encima de; **~ le sol de son pays** pisar el suelo de su país; **se fouler** *vpr (fam)* herniarse; **se ~ la cheville/le bras** torcerse el tobillo/el brazo
**foultitude** [fultityd] *nf*: **une ~ de qch** *(hum)* un montón de algo, un mogollón *(fam)* de algo
**foulure** [fulyR] *nf* esguince *m*
**four** [fuR] *nm* horno; *(échec)* fiasco; **allant au ~** resistente al horno
**fourbe** [fuRb] *adj* falso(-a)
**fourberie** [fuRbəRi] *nf* falsedad *f*
**fourbi** [fuRbi] *(fam) nm (choses)* bártulos *mpl*; *(désordre)* desbarajuste *m*
**fourbir** [fuRbiR] *vt (polir)* bruñir; **~ ses armes** *(fig)* preparar las armas
**fourbu, e** [fuRby] *adj (animal)* extenuado(-a); *(personne)* rendido(-a)
**fourche** [fuRʃ] *nf* horca; *(de bicyclette, de moto)* horquilla; *(d'une route)* bifurcación *f*
**fourcher** [fuRʃe] *vi*: **ma langue a fourché** se me trabó la lengua
**fourchette** [fuRʃɛt] *nf* tenedor *m*; *(Statistique)* horquilla; **~ à dessert** tenedor de postre; **~ de prix** horquilla de precios
**fourchu, e** [fuRʃy] *adj (langue)* bífido(-a); *(cheveu)* abierto(-a) en las puntas; *(arbre)* bifurcado(-a)
**fourgon** [fuRgɔ̃] *nm* furgón *m*; **~ mortuaire** funeraria
**fourgonnette** [fuRgɔnɛt] *nf* furgoneta
**fourguer** [fuRge] *(fam) vt (vendre)* vender, endosar
**fourme** [fuRm] *nf queso de leche de vaca que se elabora en el centro de Francia*
**fourmi** [fuRmi] *nf* hormiga; **avoir des fourmis dans les jambes/mains** *(fig)* tener un hormigueo en las piernas/manos
**fourmilier** [fuRmilje] *nm (mammifère)* oso hormiguero

**fourmilière** [fuRmiljɛR] *nf (aussi fig)* hormiguero
**fourmillement** [fuRmijmɑ̃] *nm (démangeaison)* hormigueo; *(grouillement)* enjambre *m*
**fourmiller** [fuRmije] *vi (gens)* hormiguear; **~ de** *(lieu)* estar plagado(-a) de
**fournaise** [fuRnɛz] *nf (aussi fig)* gran horno
**fourneau, x** [fuRno] *nm* horno
**fournée** [fuRne] *nf (aussi fig)* hornada
**fourni, e** [fuRni] *adj (barbe, cheveux)* tupido(-a), poblado(-a); **bien/mal ~ (en)** bien/mal equipado(-a) (en)
**fournil** [fuRni] *nm* amasadero
**fourniment** [fuRnimɑ̃] *(fam) nm* equipo
**fournir** [fuRniR] *vt* proporcionar; *(effort)* realizar; *(chose)* dar, proporcionar; **~ qch à qn** proporcionar algo a algn; **~ qn en** abastecer a algn de; **se fournir** *vpr*: **se ~ chez** abastecerse en
**fournisseur, -euse** [fuRnisœR, øz] *nm/f* proveedor(a); **~ d'accès à Internet** proveedor *m* de acceso a Internet
**fourniture** [fuRnityR] *nf* abastecimiento, suministro; **fournitures** *nfpl* material *msg*; **fournitures de bureau** artículos *mpl* de escritorio; **fournitures scolaires** material escolar
**fourrage** [fuRaʒ] *nm* forraje *m*
**fourrager¹** [fuRaʒe] *vi*: **~ dans/parmi** revolver en/entre
**fourrager², -ère** [fuRaʒe] *adj* forrajero(-a)
**fourragère** [fuRaʒɛR] *nf (Mil)* forrajera
**fourré, e** [fuRe] *adj (bonbon)* relleno(-a); *(manteau, bottes)* forrado(-a) ▶ *nm* maleza
**fourreau, x** [fuRo] *nm (d'épée)* vaina; *(de parapluie)* funda; **robe/jupe ~** vestido/falda de tubo
**fourrer** [fuRe] *(fam) vt*: **~ qch dans** meter algo en; **se fourrer** *vpr*: **se ~ dans/sous** meterse en/bajo
**fourre-tout** [fuRtu] *nm inv* bolsa de viaje; *(local, meuble)* trastero; *(fig)* cajón *m* de sastre
**fourreur** [fuRœR] *nm* peletero
**fourrière** [fuRjɛR] *nf (pour chiens)* perrera; *(voitures)* depósito de coches; **ma voiture a été mise en** *ou* **à la ~** se me ha llevado el coche la grúa
**fourrure** [fuRyR] *nf* piel *f*; **manteau/col de ~** abrigo/cuello de piel
**fourvoyer** [fuRvwaje]: **se fourvoyer** *vpr (aussi fig)* extraviarse, perderse; **se ~ dans** perderse en
**foutaise** [futɛz] *(fam) nf* tontería, chorrada *(fam)*; **c'est de la ~** no son más que tonterías
**foutoir** [futwaR] *nm (fam)* leonera *(fam)*; **c'est le ~ ici !** ¡esto parece una leonera!
**foutre** [futR] *(fam!) vt*: **je m'en fous** me importa un pito *(fam!)*; **qu'est-ce que tu fous ?** ¿qué coño haces? *(fam!)*; **j'en ai rien à ~** me importa un pito *(fam!)*

## foutrement – franchisage

**foutrement** [futʀəmɑ̃] (fam) adv : **j'en sais ~ rien** no tengo ni puñetera idea (fam); **~ bien écrit** súper bien escrito

**foutu, e** [futy] (fam!) adj : **c'est ~** no hay nada que hacer; **être bien ~** estar bueno(-a)

**foyer** [fwaje] nm hogar m; (fig) foco; (Théâtre) vestíbulo; (d'étudiants etc) residencia; (salon) salón m; **lunettes à double ~** gafas fpl ou anteojos mpl (AM) bifocales

**FPA** [ɛfpea] sigle f (= formation professionnelle pour adultes) educación para adultos

**frac** [fʀak] nm frac m

**fracas** [fʀaka] nm estruendo

**fracassant, e** [fʀakasɑ̃, ɑ̃t] adj (fig) estrepitoso(-a)

**fracasser** [fʀakase] vt destrozar; **se fracasser** vpr : **se ~ contre** ou **sur** estrellarse contra; **se ~ la tête/le bras** romperse la cabeza/el brazo

**fraction** [fʀaksjɔ̃] nf fracción f; (Math) fracción, quebrado; **une ~ de seconde** una fracción de segundo

**fractionnaire** [fʀaksjɔnɛʀ] adj fraccionario(-a)

**fractionnement** [fʀaksjɔnmɑ̃] nm fraccionamiento

**fractionner** [fʀaksjɔne] vt fraccionar; **se fractionner** vpr fraccionarse

**fracturation** [fʀaktyʀasjɔ̃] nf : **~ hydraulique** fracturación m hidráulica

**fracture** [fʀaktyʀ] nf (Méd, fig) fractura; **~ de la jambe/du crâne** fractura de pierna/de cráneo; **~ ouverte** fractura abierta

**fracturer** [fʀaktyʀe] vt (coffre, serrure) forzar; (os, membre) fracturar; **se ~ la jambe/le crâne** fracturarse la pierna/el cráneo

**fragile** [fʀaʒil] adj (aussi fig) frágil; (santé, personne) delicado(-a)

**fragilisation** [fʀaʒilizasjɔ̃] nf (aussi fig) debilitamiento

**fragiliser** [fʀaʒilize] vt (aussi fig) debilitar

**fragilité** [fʀaʒilite] nf fragilidad f

**fragment** [fʀagmɑ̃] nm (d'un objet) fragmento, trozo; (d'un discours) fragmento

**fragmentaire** [fʀagmɑ̃tɛʀ] adj fragmentario(-a)

**fragmentation** [fʀagmɑ̃tasjɔ̃] nf fragmentación f; **bombes à ~** bombas fpl de fragmentación

**fragmenter** [fʀagmɑ̃te] vt fragmentar; **se fragmenter** vpr fragmentarse

**frai** [fʀɛ] nm (ponte) desove m; (œufs) huevas fpl, ovas fpl

**fraîche** [fʀɛʃ] adj voir **frais**

**fraîchement** [fʀɛʃmɑ̃] adv (sans enthousiasme) fríamente; (récemment) recientemente

**fraîcheur** [fʀɛʃœʀ] nf (voir frais) frescor m, frescura; lozanía; (fig) frialdad f

**fraîchir** [fʀɛʃiʀ] vi (température, vent) refrescar

**frais, fraîche** [fʀɛ, fʀɛʃ] adj fresco(-a); (teint) lozano(-a); (accueil) frío(-a); **le voilà ~ !** (iron) ¡va listo!, ¡está arreglado!; **des troupes fraîches** tropas fpl de refresco; **~ et dispos** preparado y listo; **à boire/servir ~** beber/servir frío; **légumes/fruits ~** verduras fpl/frutas fpl frescas ▶ adv : **~ débarqué de sa province** recién llegado de su provincia; **il fait ~** hace ou está fresco ▶ nm : **mettre au ~** poner en el frigorífico; **prendre le ~** tomar el fresco ▶ nmpl (Comm, dépenses) gastos mpl; **faire des ~** hacer gasto; **à grands/peu de ~** con mucho/poco gasto; **faire les ~ de** (fig) pagar la factura de; **faire les ~ de la conversation** ser el centro de la conversación; **rentrer dans ses ~** recuperar su dinero; **tous ~ payés** con todos los gastos pagados; **en être pour ses ~** (aussi fig) haber perdido el tiempo; **~ d'entretien** gastos de mantenimiento; **~ de déplacement/logement** gastos de desplazamiento/alojamiento; **~ de scolarité** gastos de matrícula; **~ fixes/variables** gastos fijos/variables; **~ généraux** gastos generales

**fraise** [fʀɛz] nf (fruit) fresa, frutilla (AM); (outil) fresa; (de dentiste) torno, fresa; **~ des bois** fresa silvestre

**fraiser** [fʀɛze] vt (Tech) fresar; (Culin) amasar

**fraiseur, -euse** [fʀɛzœʀ, øz] nm/f (ouvrier) fresador(a)

**fraiseuse** [fʀɛzøz] nf (machine) fresadora

**fraisier** [fʀɛzje] nm (plante) fresa; (gâteau) pastel m de fresa

**framboise** [fʀɑ̃bwaz] nf frambuesa

**framboisier** [fʀɑ̃bwazje] nm frambueso

**franc, franche** [fʀɑ̃, fʀɑ̃ʃ] adj franco(-a); (refus, couleur) claro(-a); (coupure) limpio(-a); (intensif) auténtico(-a); **porte franche** porte pagado ▶ adv : **à parler ~** francamente ▶ nm (monnaie) franco; **~ belge/français/suisse** franco belga/francés/suizo

**français, e** [fʀɑ̃sɛ, ɛz] adj francés(-esa) ▶ nm (Ling) francés m ▶ nm/f : **Français, e** francés(-esa); **les F~** los franceses

**franc-comtois, e** [fʀɑ̃kɔ̃twa, waz] (pl **francs-comtois, -comtoises**) adj del Franco Condado ▶ nm/f nativo(-a) ou habitante mf del Franco Condado

**France** [fʀɑ̃s] nf Francia; **~ 2, ~ 3** canales públicos de televisión

**franche** [fʀɑ̃ʃ] adj f voir **franc**

**Franche-Comté** [fʀɑ̃ʃkɔ̃te] nf Franco Condado

**franchement** [fʀɑ̃ʃmɑ̃] adv francamente; (tout à fait) realmente; (excl) ¡pero bueno!

**franchir** [fʀɑ̃ʃiʀ] vt (obstacle) salvar; (seuil) franquear; **~ un cap** alcanzar un hito

**franchisage** [fʀɑ̃ʃizaʒ] nm (Comm) concesión f de licencia

212 · FRANÇAIS | ESPAGNOL

## franchise – frelon

**franchise** [fʀɑ̃ʃiz] *nf* franqueza; *(douanière, Assurance)* franquicia; *(Comm)* licencia; **en toute ~** con toda franqueza; **~ de bagages** franquicia de equipaje

**franchisé, e** [fʀɑ̃ʃize] *adj, nm/f* franquiciado(-a)

**franchissable** [fʀɑ̃ʃisabl] *adj (obstacle)* salvable

**franchissement** [fʀɑ̃ʃismɑ̃] *nm (d'obstacle)* superación *f*; *(de rivière, frontière)* paso

**franchouillard, e** [fʀɑ̃ʃujaʀ, aʀd] *(péj) adj* franchute *(péj)*

**francilien, ne** [fʀɑ̃siljɛ̃, jɛn] *adj* de la región de Île-de-France

**francisation** [fʀɑ̃sizasjɔ̃] *nf* afrancesamiento

**franciscain, e** [fʀɑ̃siskɛ̃, ɛn] *adj* franciscano(-a)

**franciser** [fʀɑ̃size] *vt* afrancesar

**franc-jeu** [fʀɑ̃ʒø] *(pl* **francs-jeux**) *nm* : **jouer ~** jugar limpio

**franc-maçon, ne** [fʀɑ̃masɔ̃, ɔn] *(mpl* **franc-maçons***, fpl* **franc-maçonnes**) *nm/f* francmasón(-ona)

**franc-maçonnerie** [fʀɑ̃masɔnʀi] *(pl* **franc-maçonneries**) *nf* francmasonería

**franco** [fʀɑ̃ko] *adv (Comm)* : **~ (de port)** porte pagado; *(fam)* : **y aller ~** lanzarse

**franco...** [fʀɑ̃ko] *préf* franco...

**franco-canadien** [fʀɑ̃kokanadjɛ̃] *(pl* **franco-canadiens**) *nm (Ling)* francocanadiense *m*

**francophile** [fʀɑ̃kɔfil] *adj, nmf* francófilo(-a)

**francophobe** [fʀɑ̃kɔfɔb] *adj, nmf* francófobo(-a)

**francophone** [fʀɑ̃kɔfɔn] *adj, nmf* francófono(-a)

**francophonie** [fʀɑ̃kɔfɔni] *nf* francofonía

**franco-québécois** [fʀɑ̃kokebekwa] *nm inv (Ling)* francés *m* del Quebec

**franc-parler** [fʀɑ̃paʀle] *(pl* **francs-parlers**) *nm* : **il a son ~** llama a las cosas por su nombre, no tiene pelos en la lengua

**franc-tireur, -euse** [fʀɑ̃tiʀœʀ, øz] *(mpl* **francs-tireurs***, fpl* **francs-tireuses**) *nm (aussi fig)* francotirador(a)

**frange** [fʀɑ̃ʒ] *nf* fleco, franja; *(de cheveux)* flequillo; *(fig)* franja

**frangé, e** [fʀɑ̃ʒe] *adj* con flecos

**frangin, e** [fʀɑ̃ʒɛ̃, in] *(fam) nm, nf* hermano(-a)

**frangipane** [fʀɑ̃ʒipan] *nf* crema almendrada

**frangipanier** [fʀɑ̃ʒipanje] *nm* franchipán *m*, frangipani *m*

**franglais** [fʀɑ̃glɛ] *nm* francés plagado de anglicismos

**franquette** [fʀɑ̃kɛt] : **à la bonne ~** *adv* a la buena de Dios, a la pata la llana

**franquisme** [fʀɑ̃kism] *nm* franquismo

**franquiste** [fʀɑ̃kist] *adj, nmf* franquista *mf*

**frappant, e** [fʀapɑ̃, ɑ̃t] *adj* sorprendente

**frappe** [fʀap] *nf (d'une dactylo, pianiste)* tecleo; *(d'une machine à écrire)* impresión *f*; *(boxe)* pegada; *(football)* disparo, chut *m*; *(péj : voyou)* golfo

**frappé, e** [fʀape] *adj (vin, café)* helado(-a); **~ de** *ou* **par qch** impresionado(-a) por algo; **~ de stupeur** estupefacto(-a)

**frapper** [fʀape] *vt* golpear; *(fig)* impresionar; *(malheur, impôt)* afectar; *(monnaie)* acuñar; **~ un grand coup** *(fig)* dar el golpe ▶ *vi (en arrivant chez qn)* llamar; **~ à la porte** llamar a la puerta; **~ dans ses mains** golpear con las manos; **~ du poing sur** dar un puñetazo en; **se frapper** *vpr (s'inquiéter, s'étonner)* impresionarse

**frasques** [fʀask] *nfpl* calaveradas *fpl*; **faire des ~** hacer calaveradas

**fraternel, le** [fʀatɛʀnɛl] *adj* fraterno(-a), fraternal

**fraternellement** [fʀatɛʀnɛlmɑ̃] *adv* fraternalmente

**fraternisation** [fʀatɛʀnizasjɔ̃] *nf* fraternización *f*

**fraterniser** [fʀatɛʀnize] *vi* fraternizar

**fraternité** [fʀatɛʀnite] *nf* fraternidad *f*

**fratricide** [fʀatʀisid] *adj* fratricida

**fratrie** [fʀatʀi] *nf* fratría

**fraude** [fʀod] *nf* fraude *m*; **passer qch en ~** pasar algo fraudulentamente; **~ électorale/fiscale** fraude electoral/fiscal

**frauder** [fʀode] *vi* cometer un fraude ▶ *vt* defraudar; **~ le fisc** defraudar al fisco

**fraudeur, -euse** [fʀodœʀ, øz] *nm/f* defraudador(a)

**frauduleusement** [fʀodyløzmɑ̃] *adv* fraudulentamente

**frauduleux, -euse** [fʀodylø, øz] *adj* fraudulento(-a)

**frayer** [fʀeje] *vt* abrir; **se ~ un passage/chemin dans** abrirse paso/camino en ▶ *vi* desovar; **~ avec qn** tratarse con algn

**frayeur** [fʀɛjœʀ] *nf* pavor *m*

**fredaines** [fʀədɛn] *nfpl* calaveradas *fpl*

**fredonner** [fʀədɔne] *vt* tararear

**freesia** [fʀezja] *nm* freesia

**freezer** [fʀizœʀ] *nm* congelador *m*

**frégate** [fʀegat] *nf* fragata

**frein** [fʀɛ̃] *nm* freno; **mettre un ~ à** *(fig)* poner freno a; **sans ~** sin freno; **freins à disques** frenos *mpl* de disco; **~ à main** freno de mano; **freins à tambours** frenos de tambor; **~ moteur** freno motor

**freinage** [fʀenaʒ] *nm* frenado; **le ~ de** *(fig)* el receso de; **distance de ~** distancia de frenado; **traces de ~** marcas *fpl* de frenazo

**freiner** [fʀene] *vi, vt* frenar

**frelaté, e** [fʀəlate] *adj* adulterado(-a); *(fig)* corrompido(-a)

**frêle** [fʀɛl] *adj* endeble

**frelon** [fʀəlɔ̃] *nm* abejón *m*

## freluquet – frisson

**freluquet** [fʀəlykɛ] (*péj*) *nm* engreído
**frémir** [fʀemiʀ] *vi* estremecerse; (*eau*) empezar a hervir; (*feuille*) temblar; **~ d'impatience/de colère** temblar de impaciencia/de ira
**frémissement** [fʀemismɑ̃] *nm* estremecimiento; (*agitation*) excitación *f*
**frêne** [fʀɛn] *nm* fresno
**frénésie** [fʀenezi] *nf* frenesí *m*; (*ardeur, violence*) enardecimiento
**frénétique** [fʀenetik] *adj* frenético(-a)
**frénétiquement** [fʀenetikmɑ̃] *adv* (*travailler*) frenéticamente; (*applaudir*) con frenesí
**fréquemment** [fʀekamɑ̃] *adv* frecuentemente, seguido (*AM*)
**fréquence** [fʀekɑ̃s] *nf* frecuencia; **haute/basse ~** (*Radio*) alta/baja frecuencia
**fréquent, e** [fʀekɑ̃, ɑ̃t] *adj* frecuente
**fréquentable** [fʀekɑ̃tabl] *adj* : **il est peu ~** es poco recomendable
**fréquentation** [fʀekɑ̃tasjɔ̃] *nf* frecuentación *f*; **fréquentations** *nfpl* (*relations*) : **de bonnes fréquentations** buenas relaciones; **mauvaises fréquentations** malas compañías
**fréquenté, e** [fʀekɑ̃te] *adj* : **très ~** muy concurrido(-a); **mal ~** de mala fama
**fréquenter** [fʀekɑ̃te] *vt* frecuentar; (*personne*) tratar, frecuentar; (*courtiser*) salir con; **se fréquenter** *vpr* tratarse, frecuentarse
**frère** [fʀɛʀ] *nm* hermano; (*Rel*) hermano, fraile *m*; **partis/pays frères** partidos *mpl*/países *mpl* hermanos
**frérot** [fʀeʀo] *nm* (*fam*) hermanito (*fam*)
**fresque** [fʀɛsk] *nf* fresco; (*Litt*) retrato
**fret** [fʀɛ(t)] *nm* flete *m*
**fréter** [fʀete] *vt* fletar
**frétillant, e** [fʀetijɑ̃, ɑ̃t] *adj* (*poisson*) coleante; **la queue frétillante** moviendo la cola
**frétiller** [fʀetije] *vi* colear; (*de joie etc*) bullir; **~ de la queue** mover la cola
**fretin** [fʀətɛ̃] *nm* : **le menu ~** la morralla
**freudien, ne** [fʀødjɛ̃, jɛn] *adj* freudiano(-a)
**freux** [fʀø] *nm* grajo
**friable** [fʀijabl] *adj* desmenuzable
**friand, e** [fʀijɑ̃, jɑ̃d] *adj* : **~ de** entusiasta de ▸ *nm* (*Culin*) empanadilla; (: *sucré*) empanadilla dulce
**friandise** [fʀijɑ̃diz] *nf* golosina
**fric** [fʀik] (*fam*) *nm* pasta (*fam*)
**fricassée** [fʀikase] *nf* fricasé *m*, guiso
**fricative** [fʀikativ] *nf* (*Ling*) fricativa
**fric-frac** [fʀikfʀak] (*fam*) *nm inv* robo con fractura
**friche** [fʀiʃ] *nf* baldío; **en ~** (*champ*) baldío(-a); (*fig*) inculto(-a); **~ industrielle** solar *m* industrial abandonado
**fricoter** [fʀikɔte] (*fam*) *vi* : **~ avec qn** acostarse con alguien

**friction** [fʀiksjɔ̃] *nf* fricción *f*; (*chez le coiffeur*) masaje *m*; (*Tech*) rozamiento; (*fig*) fricciones *fpl*
**frictionner** [fʀiksjɔne] *vt* friccionar
**frigidaire**® [fʀiʒidɛʀ] *nm* nevera, frigorífico
**frigide** [fʀiʒid] *adj* frígido(-a)
**frigidité** [fʀiʒidite] *nf* frigidez *f*
**frigo** [fʀigo] (*fam*) *nm* nevera
**frigorifié, e** [fʀigɔʀifje] *adj* (*fam : fig*) helado(-a)
**frigorifier** [fʀigɔʀifje] *vt* meter en el frigorífico; (*fig, fam*) helar, dejar helado(-a)
**frigorifique** [fʀigɔʀifik] *adj* frigorífico(-a)
**frileusement** [fʀiløzmɑ̃] *adv* con frío
**frileux, -euse** [fʀilø, øz] *adj* friolero(-a); (*fig*) encogido(-a)
**frilosité** [fʀilozite] *nf* (*manque d'audace*) : **la ~ du ministère en matière de sexualité** la pacatería del ministerio en materia de sexualidad; **la ~ des entreprises face au multimédia** la timidez de las empresas frente a los multimedia
**frimas** [fʀima] *nmpl* rocío
**frime** [fʀim] (*fam*) *nf* : **c'est de la ~** es puro rollo (*fam*); **pour la ~** para chulear
**frimer** [fʀime] (*fam*) *vi* chulear
**frimeur, -euse** [fʀimœʀ, øz] (*fam*) *nm/f* chulo(-a)
**frimousse** [fʀimus] (*fam*) *nf* carita
**fringale** [fʀɛ̃gal] *nf* pájara; **avoir la ~** tener la pájara
**fringant, e** [fʀɛ̃gɑ̃, ɑ̃t] *adj* (*personne*) airoso(-a)
**fringuer** [fʀɛ̃ge] (*fam*) *vt* vestir; **se fringuer** *vpr* vestirse
**fringues** [fʀɛ̃g] (*fam*) *nfpl* trapos *mpl* (*fam*)
**fripé, e** [fʀipe] *adj* arrugado(-a)
**friperie** [fʀipʀi] *nf* (*commerce*) ropavejería, prendería; (*vêtements*) ropa usada
**fripes** [fʀip] *nfpl* ropa usada
**fripier, -ière** [fʀipje, jɛʀ] *nm/f* ropavejero(-a)
**fripon, ne** [fʀipɔ̃, ɔn] *adj, nm/f* pillo(-a)
**fripouille** [fʀipuj] (*péj*) *nf* golfo
**friqué, e** [fʀike] (*fam*) *adj* rico(-a); **il faut être ~ pour ...** hay que estar forrado para ...
**frire** [fʀiʀ] *vt* (*aussi* : **faire frire**) freír ▸ *vi* freírse
**frise** [fʀiz] *nf* friso
**frisé, e** [fʀize] *adj* rizado(-a); (**chicorée**) **frisée** (achicoria) rizada
**friser** [fʀize] *vt* rizar; **se faire ~** rizarse el pelo ▸ *vi* ser rizado(-a)
**frisette** [fʀizɛt] *nf* rizo
**frisotter** [fʀizɔte] *vi* encresparse
**frisquet** [fʀiskɛ] (*fam*) *adj m* : **il fait ~** hace fresquito
**frisson** [fʀisɔ̃] *nm* escalofrío, estremecimiento; (*littér*) estremecimiento, temblor *m*; **avoir des frissons** tener escalofríos

## frissonnant – frusques

**frissonnant, e** [fʀisɔnɑ̃, ɑ̃t] *adj* tembloroso(-a)

**frissonnement** [fʀisɔnmɑ̃] *nm* escalofrío, estremecimiento; *(littér)* estremecimiento, temblor *m*

**frissonner** [fʀisɔne] *vi* estremecerse, tener escalofríos; *(littér)* estremecerse, temblar

**frit, e** [fʀi, fʀit] *pp de* **frire** ▶ *adj* frito(-a); **pommes frites** patatas *fpl ou* papas *fpl (AM)* fritas

**frite** [fʀit] *nf* patata *ou* papa *(AM)* frita

**friterie** [fʀitʀi] *nf* freiduría

**friteuse** [fʀitøz] *nf* freidora; **~ électrique** freidora eléctrica

**friture** [fʀityʀ] *nf* fritura; *(Radio)* interferencias *fpl*; **~ (de poissons)** fritura (de pescado)

**frivole** [fʀivɔl] *adj* frívolo(-a)

**frivolité** [fʀivɔlite] *nf* frivolidad *f*

**froc** [fʀɔk] *nm (Rel)* hábito; *(fam)* pantalón *m*

**froid, e** [fʀwa, fʀwad] *adj (aussi fig)* frío(-a); **manger/boire ~** comer/beber frío ▶ *nm* : **le ~** el frío; *(industrie)* la industria del frío; **il fait ~** hace frío; **avoir/prendre ~** tener/coger frío; **il y a un ~ entre eux** hay tirantez entre ellos; **à ~** en frío; **les grands froids** los grandes fríos; **jeter un ~** *(fig)* provocar el asombro; **être en ~ avec qn** estar enfadado(-a) con algn; **battre ~ à qn** tratar con frialdad a algn

**froidement** [fʀwadmɑ̃] *adv* fríamente; **~ assassiné** asesinado a sangre fría

**froideur** [fʀwadœʀ] *nf* frialdad *f*

**froissé, e** [fʀwase] *adj (tissu, vêtement)* arrugado(-a)

**froisser** [fʀwase] *vt (tissu, vêtement)* arrugar; *(fig)* ofender; **se froisser** *vpr (tissu, vêtement)* arrugarse; *(fig)* mosquearse; **se ~ un muscle** distendérsele a algn un músculo

**frôlement** [fʀolmɑ̃] *nm* roce *m*

**frôler** [fʀole] *vt (aussi fig)* rozar

**fromage** [fʀɔmaʒ] *nm* queso; **~ blanc** queso fresco, requesón *m*; **~ de tête** queso de cerdo

**fromager, -ère** [fʀɔmaʒe, ɛʀ] *adj, nm/f* quesero(-a)

**fromagerie** [fʀɔmaʒʀi] *nf* quesera; *(boutique)* quesería

**froment** [fʀɔmɑ̃] *nm* trigo candeal

**fronce** [fʀɔ̃s] *nf* frunce *m*

**froncé, e** [fʀɔ̃se] *adj* fruncido(-a)

**froncement** [fʀɔ̃smɑ̃] *nm* : **il nous arrêta d'un ~ de sourcils** al fruncir el ceño nos detuvo

**froncer** [fʀɔ̃se] *vt* fruncir; **~ les sourcils** fruncir el ceño

**frondaisons** [fʀɔ̃dɛzɔ̃] *nfpl* fronda *fsg*

**fronde** [fʀɔ̃d] *nf (arme)* honda; *(lance-pierre)* tirachinas *m inv*; *(opposition)* revuelta; **esprit de ~** *(fig)* espíritu *m* de revuelta

**frondeur, -euse** [fʀɔ̃dœʀ, øz] *adj* crítico(-a)

**front** [fʀɔ̃] *nm (Anat)* frente *f*; *(Mil, Météo, fig)* frente *m*; **le F~ de libération/lutte pour** el frente de liberación/lucha por; **aller au/être sur le ~** *(Mil)* ir al/estar en el frente; **avoir le ~ de faire qch** tener la cara de hacer algo; **de ~** de frente; *(rouler)* al lado; *(simultanément)* al mismo tiempo; **faire ~ à** hacer frente a; **~ de mer** paseo marítimo

**frontal, e, -aux** [fʀɔ̃tal, o] *adj* frontal

**frontalier, -ière** [fʀɔ̃talje, jɛʀ] *adj* fronterizo(-a) ▶ *nm/f* : **(travailleurs) frontaliers** (trabajadores *mpl*) fronterizos *mpl*

**frontière** [fʀɔ̃tjɛʀ] *nf (aussi fig)* frontera; **poste ~** puesto fronterizo; **ville ~** ciudad *f* fronteriza; **à la ~** en la frontera

**frontispice** [fʀɔ̃tispis] *nm* frontispicio

**frontiste** [fʀɔ̃tist] *adj (électorat)* del Front National francés ▶ *nmf* partidario del Front National francés

**fronton** [fʀɔ̃tɔ̃] *nm* frontón *m*

**frottement** [fʀɔtmɑ̃] *nm* frotamiento; *(bruit)* roce *m*; **frottements** *nmpl (fig : difficultés)* roces *mpl*

**frotter** [fʀɔte] *vi* frotar ▶ *vt* frotar; *(pour nettoyer)* frotar, estregar; *(avec une brosse)* cepillar; *(allumette)* encender; **se frotter** *vpr* : **se ~ à qn/qch** *(fig)* acercarse a algn/algo; **se ~ les mains** *(fig)* frotarse las manos

**frottis** [fʀɔti] *nm (Méd)* citología

**frottoir** [fʀɔtwaʀ] *nm* rascador *m*

**frou-frou** [fʀufʀu] *(pl* **frous-frous***) nm* frufrú *m*

**froufroutant, e** [fʀufʀutɑ̃, ɑ̃t] *adj* que hace frufrú

**froussard, e** [fʀusaʀ, aʀd] *adj, nm/f* miedica *mf (fam)*

**frousse** [fʀus] *(fam) nf* miedo; **avoir la ~** tener miedo

**fructifier** [fʀyktifje] *vi* fructificar; **faire ~** rentabilizar

**fructose** [fʀyktoz] *nm* fructosa

**fructueux, -euse** [fʀyktɥø, øz] *adj* fructuoso(-a)

**frugal, e, -aux** [fʀygal, o] *adj* frugal

**frugalement** [fʀygalmɑ̃] *adv* frugalmente

**frugalité** [fʀygalite] *nf* frugalidad *f*

**fruit** [fʀɥi] *nm (d'arbre, plante)* fruta; *(résultat)* fruto; **ne pas être le ~ du hasard** no ser casualidad; **fruits** *nmpl (fig)* frutos *mpl*; **porter ses fruits** dar sus frutos; **fruits de mer** mariscos *mpl*; **fruits de saison** fruta del tiempo; **fruits secs** frutos secos

**fruité, e** [fʀɥite] *adj (vin, goût)* afrutado(-a)

**fruiterie** [fʀɥitʀi] *nf* frutería

**fruitier, -ière** [fʀɥitje, jɛʀ] *adj* : **arbre ~** árbol *m* frutal ▶ *nm/f* frutero(-a)

**frusques** [fʀysk] *nfpl (péj)* trapos *mpl (fam)*, pingos *mpl (fam)*; **de vieilles ~** unos trapos viejos

**fruste** [fʀyst] *adj* tosco(-a)
**frustrant, e** [fʀystʀɑ̃, ɑ̃t] *adj* frustrante
**frustration** [fʀystʀasjɔ̃] *nf* frustración *f*
**frustré, e** [fʀystʀe] *adj* frustrado(-a)
**frustrer** [fʀystʀe] *vt* frustrar; **~ qn de qch** privar a algn de algo
**FS** *abr* (= *franc suisse*) franco suizo
**fuchsia** [fyʃja] *nm* fucsia
**fuel** [fjul] (*pl* **fuels**) *nm* fuel(-oil) *m*
**fugace** [fygas] *adj* fugaz
**fugitif, -ive** [fyʒitif, iv] *adj* (*lueur*) efímero(-a); (*prisonnier, esclave*) fugitivo(-a) ▸ *nm/f* fugitivo(-a)
**fugue** [fyg] *nf* (*aussi Mus*) fuga; **faire une ~** fugarse
**fuguer** [fyge] *vi* fugarse
**fugueur, -euse** [fygœʀ, øz] *adj* con tendencia recurrente a fugarse ▸ *nm/f* persona con tendencia recurrente a fugarse
**fuir** [fɥiʀ] *vt* huir ▸ *vi* huir; (*gaz, eau*) escaparse; (*robinet*) gotear; **~ devant l'ennemi** huir ante el enemigo
**fuite** [fɥit] *nf* huida; (*des capitaux etc*) fuga; (*d'eau*) escape *m*; (*divulgation*) filtración *f*; **être en ~** ser un(a) prófugo(-a); **mettre en ~** ahuyentar; **prendre la ~** escapar, huir
**fuiter** [fɥite] *vi* filtrarse, divulgarse
**fulgurant, e** [fylgyʀɑ̃, ɑ̃t] *adj* fulgurante
**fulminant, e** [fylminɑ̃, ɑ̃t] *adj* fulminante; **~ de colère** montado(-a) en cólera
**fulminer** [fylmine] *vi* : **~ (contre)** despotricar (contra)
**fumant, e** [fymɑ̃, ɑ̃t] *adj* humeante; **un coup ~** (*fam*) un golpe sensacional
**fumé, e** [fyme] *adj* ahumado(-a)
**fume-cigarette** [fymsigaʀɛt] *nm* boquilla
**fumée** [fyme] *nf* humo; **partir en ~** (*fig*) volverse agua de borrajas
**fumer** [fyme] *vi* echar humo; (*personne*) fumar ▸ *vt* (*cigarette, pipe*) fumar; (*jambon, poisson*) ahumar; (*terre, champ*) abonar
**fumerie** [fymʀi] *nf* : **~ d'opium** fumadero de opio
**fumerolles** [fymʀɔl] *nfpl* fumarolas *fpl*
**fûmes** [fym] *vb voir* **être**
**fumet** [fymɛ] *nm* olor *m*
**fumette** [fymɛt] (*fam*) *nf* (*fait de fumer de la drogue*) fumeteo
**fumeur, -euse** [fymœʀ, øz] *nm/f* fumador(a); **compartiment (pour) fumeurs/non-fumeurs** compartimento de fumadores/no fumadores
**fumeux, -euse** [fymø, øz] (*péj*) *adj* borroso(-a), confuso(-a)
**fumier** [fymje] *nm* estiércol *m*
**fumigation** [fymigasjɔ̃] *nf* (*Méd*) inhalación *f*
**fumigène** [fymiʒɛn] *adj* fumigador(a)
**fumiste** [fymist] *nm* (*ramoneur*) deshollinador *m* ▸ *nmf* (*péj*) gandul(a)

**fumisterie** [fymistəʀi] (*péj*) *nf* gandulería
**fumoir** [fymwaʀ] *nm* fumadero
**funambule** [fynɑ̃byl] *nm* funámbulo
**funboard** [fœnbɔʀd] *nm* funboard *m*
**funboarder** [fœnbɔʀde] *nmf*, **funboardeur, -euse** [fœnbɔʀdœʀ, øz] *nm/f* persona que practica el funboard
**funèbre** [fynɛbʀ] *adj* (*aussi fig*) fúnebre
**funérailles** [fyneʀaj] *nfpl* funeral *msg*
**funéraire** [fyneʀɛʀ] *adj* funerario(-a)
**funérarium** [fyneʀaʀjɔm] *nm* tanatorio
**funeste** [fynɛst] *adj* funesto(-a)
**funiculaire** [fynikylɛʀ] *nm* funicular *m*
**funky** [fœnki] *adj* funky
**FUNU** [fyny] *sigle f* = **Force d'urgence des Nations unies**
**fur** [fyʀ] : **au ~ et à mesure** *adv* poco a poco; **au ~ et à mesure que** a medida que, conforme; **au ~ et à mesure de leur progression** a medida que avanzan, conforme avanzan
**furax** [fyʀaks] (*fam*) *adj inv* hecho(-a) una fiera
**furent** [fyʀ] *vb voir* **être**
**furet** [fyʀɛ] *nm* (*Zool*) hurón *m*
**fureter** [fyʀ(ə)te] (*péj*) *vi* husmear, fisgonear
**fureteur** [fyʀ(ə)tœʀ] *nm* (*Internet* : CANADA : *navigateur*) navegador *m*
**fureur** [fyʀœʀ] *nf* furia, cólera; **faire ~** estar en boga, hacer furor
**furibard, e** [fyʀibaʀ, aʀd] (*fam*) *adj* furioso(-a)
**furibond, e** [fyʀibɔ̃, ɔ̃d] *adj* furibundo(-a)
**furie** [fyʀi] *nf* furia; **en ~** (*aussi fig*) desencadenado(-a)
**furieusement** [fyʀjøzmɑ̃] *adv* furiosamente
**furieux, -euse** [fyʀjø, jøz] *adj* furioso(-a); (*combat, tempête*) violento(-a); **être ~ contre qn** estar furioso(-a) con algn
**furoncle** [fyʀɔ̃kl] *nm* forúnculo
**furtif, -ive** [fyʀtif, iv] *adj* furtivo(-a)
**furtivement** [fyʀtivmɑ̃] *adv* furtivamente
**fus** [fy] *vb voir* **être**
**fusain** [fyzɛ̃] *nm* (*Bot*) bonetero; (*Art*) carboncillo
**fuseau, x** [fyzo] *nm* (*pantalon*) fuso; (*pour filer*) huso; **en ~** (*jambes*) estilizado(-a); (*colonne*) ensanchado(-a) en el centro; **~ horaire** huso horario
**fusée** [fyze] *nf* cohete *m*; (*de feu d'artifice*) volador *m*; **~ éclairante** bengala
**fuselage** [fyz(ə)laʒ] *nm* fuselaje *m*
**fuselé, e** [fyz(ə)le] *adj* (*jambes*) estilizado(-a); (*doigts*) bien formado(-a)
**fuser** [fyze] *vi* (*rires*) resonar; (*questions*) llover
**fusible** [fyzibl] *nm* fusible *m*
**fusil** [fyzi] *nm* (*de guerre, à canon rayé*) fusil *m*; (*de chasse, à canon lisse*) escopeta; **~ à deux coups** escopeta de dos cañones; **~ sous-marin** fusil submarino
**fusilier** [fyzilje] *nm* fusilero; **~ marin** soldado de infantería de marina

**fusillade** [fyzijad] *nf* (*bruit*) tiroteo; (*combat*) descarga de fusilería

**fusiller** [fyzije] *vt* fusilar; **~ qn du regard** fulminar a algn con la mirada

**fusil-mitrailleur** [fyzimitʀajœʀ] (*pl* **fusils-mitrailleurs**) *nm* fusil *m* ametrallador

**fusion** [fyzjɔ̃] *nf* (*aussi fig*) fusión *f*; **(entrer) en ~** (entrar) en fusión

**fusionner** [fyzjɔne] *vi* fusionarse

**fustiger** [fystiʒe] *vt* fustigar

**fut** [fy] *vb voir* **être**

**fût** [fy] *vb voir* **être** ▶ *nm* (*tonneau*) tonel *m*, barril *m*; (*de canon*) caña; (*d'arbre*) tronco; (*de colonne*) fuste *m*

**futaie** [fytɛ] *nf* plantación *f* de árboles

**futé, e** [fyte] *adj* ladino(-a)

**fûtes** [fyt] *vb voir* **être**

**futile** [fytil] *adj* fútil

**futilement** [fytilmɑ̃] *adv* fútilmente

**futilité** [fytilite] *nf* futilidad *f*; (*chose futile*) bagatela

**futur, e** [fytyʀ] *adj* futuro(-a); **son ~ époux** su futuro marido; **un ~ artiste** un futuro artista ▶ *nm* (*aussi Ling*) futuro; **le ~ de qch/qn** el futuro de algo/algn; **au ~** (*Ling*) en futuro; **~ antérieur** futuro perfecto

**futurisme** [fytyʀism] *nm* futurismo

**futuriste** [fytyʀist] *adj* futurista

**futurologie** [fytyʀɔlɔʒi] *nf* futurología

**fuyant, e** [fɥijɑ̃, ɑ̃t] *vb voir* **fuir** ▶ *adj* (*regard, personne*) huidizo(-a); (*lignes etc*) de fuga; **perspective fuyante** (*Art*) perspectiva de fuga

**fuyard, e** [fɥijaʀ, aʀd] *nm/f* fugitivo(-a)

**fuyons** [fɥijɔ̃] *vb voir* **fuir**

# Gg

**G, g¹** [ʒe] *nm inv* G, g f; **G comme Gaston** ≈ G de Gerardo

**g²** *abr* (= *gramme(s)*) gr.; (= *gauche*) izda.

**gabardine** [gabaʀdin] *nf* gabardina

**gabarit** [gabaʀi] *nm* (*Tech*) plantilla; (*fig* : *dimension, taille*) talla; (: *valeur*) nivel *m*; **du même ~** (*fig*) del mismo estilo

**gabegie** [gabʒi] (*péj*) *nf* desbarajuste *m*

**Gabon** [gabɔ̃] *nm* Gabón *m*

**gabonais, e** [gabɔnɛ, ɛz] *adj* gabonés(-esa) ▶ *nm/f*: **Gabonais, e** gabonés(-esa)

**gâcher** [gɑʃe] *vt* (*nourriture, argent, vie*) malgastar; (*occasion*) perder; (*plâtre, mortier*) amasar; **~ le métier** (*fig*) reventar precios

**gâchette** [gɑʃɛt] *nf* gatillo

**gâchis** [gɑʃi] *nm* (*désordre*) lío; (*gaspillage*) despilfarro

**gadget** [gadʒɛt] *nm* artilugio

**gadgétiser** [gadʒetize] *vt* llenar de artilugios

**gadin** [gadɛ̃] (*fam*) *nm* : **prendre un ~** caerse, darse un trompazo

**gadoue** [gadu] *nf* fango

**gaélique** [gaelik] *adj* gaélico(-a) ▶ *nm* (*Ling*) gaélico

**gaffe** [gaf] *nf* (*instrument*) bichero; (*fam* : *erreur*) metedura de pata (*fam*); **faire ~** (*fam*) tener cuidado

**gaffer** [gafe] *vi* meter la pata (*fam*)

**gaffeur, -euse** [gafœʀ, øz] *nm/f* metepatas *mf inv* (*fam*)

**gag** [gag] *nm* gag *m*

**gaga** [gaga] (*fam*) *adj* chocho(-a)

**gage** [gaʒ] *nm* (*dans un jeu, comme garantie*) prenda; (*fig* : *de fidélité*) prueba; **mettre en ~** empeñar; **laisser en ~** dejar en prenda; **gages** *nmpl* (*salaire*) sueldo

**gager** [gaʒe] *vt* : **~ que** apostar que

**gageure** [gaʒyʀ] *nf* : **c'est une ~** es una empresa imposible

**gagnable** [gaɲabl] *adj* ganable

**gagnant, e** [gaɲɑ̃, ɑ̃t] *adj* : **billet/numéro ~** billete *m*/número premiado ▶ *adv* : **jouer ~** (*aux courses*) jugar a ganador ▶ *nm/f* (*aux courses*) acertante *mf*; (*à la loterie*) ganador(a); (*dans un concours*) vencedor(a)

**gagne-pain** [gaɲpɛ̃] *nm inv* medio de vida

**gagne-petit** [gaɲpəti] (*péj*) *nm inv* empleaducho(-a) de poca monta

**gagner** [gaɲe] *vt* ganar; (*suj: maladie, feu*) extenderse a; (: *sommeil, faim, fatigue*) apoderarse de; (*envahir*) invadir; **~ qn/l'amitié de qn** (*se concilier*) granjearse a algn/la amistad de algn; **~ du temps/de la place** ganar tiempo/espacio; **~ sa vie** ganarse la vida; **~ du terrain** (*aussi fig*) ganar terreno; **~ qn de vitesse** (*aussi fig*) adelantarse a algn ▶ *vi* (*être vainqueur*) ganar; **~ à faire qch** convenirle a algn hacer algo; **il y gagne** sale ganando; **~ en élégance/rapidité** ganar en elegancia/rapidez

**gagneur, -euse** [gaɲœʀ, øz] *nm/f* ganador(a)

**gai, e** [ge] *adj* alegre

**gaiement** [gemɑ̃] *adv* alegremente; (*de bon cœur*) con entusiasmo

**gaieté** [gete] *nf* alegría; **de ~ de cœur** de buena gana

**gaillard, e** [gajaʀ, aʀd] *adj* (*robuste*) vigoroso(-a); (*grivois*) verde ▶ *nm/f*: **c'est un ~** es un roble

**gaillardement** [gajaʀdəmɑ̃] *adv* alegremente

**gain** [gɛ̃] *nm* (*bénéfice*) ganancia; (*revenu*) ingreso; (*avantage*) ventaja; (*lucre*) beneficio; **~ de temps/place** ahorro de tiempo/espacio; **avoir** *ou* **obtenir ~ de cause** (*Jur*) obtener una sentencia favorable; (*fig*) salirse con la suya; **quel ~ en as-tu tiré ?** (*avantage*) ¿qué has ganado con eso?

**gaine** [gɛn] *nf* (*de couteau*) funda; (*de sabre*) vaina; (*sous-vêtement*) faja

**gaine-culotte** [gɛnkylɔt] (*pl* **gaines-culottes**) *nf* faja braga

**gainer** [gene] *vt* enfundar

**gala** [gala] *nm* gala; **soirée de ~** fiesta de gala

**galamment** [galamɑ̃] *adv* galantemente

**galant, e** [galɑ̃, ɑ̃t] *adj* galante; (*entreprenant*) galanteador(a); **en galante compagnie** (*homme*) en gentil compañía; (*femme*) en galante compañía

**galanterie** [galɑ̃tʀi] *nf* galantería

**galantine** [galɑ̃tin] *nf* galantina

**Galapagos** [galapagɔs] *nfpl* : **les (îles) ~** las (islas) Galápagos

**galaxie** [galaksi] *nf* galaxia
**galbe** [galb] *nm* curva
**galbé, e** [galbe] *adj* (*jambes*) torneado(-a); (*corps*) curvilíneo(-a)
**gale** [gal] *nf* sarna
**galéjade** [galeʒad] *nf* cuento chino
**galère** [galɛʀ] *nf* galera; (*fam*) fastidio
**galérer** [galeʀe] (*fam*) *vi* currar (*fam*)
**galerie** [galʀi] *nf* galería; (*Théâtre*) palco; (*de voiture*) baca; (*fig: spectateurs*) público, galería; **~ de peinture** galería de arte; **~ marchande** centro comercial, galería comercial
**galérien** [galeʀjɛ̃] *nm* galeote *m*
**galeriste** [galʀist] *nmf* galerista *mf*
**galet** [galɛ] *nm* guijarro; (*Tech*) arandela; **galets** *nmpl* guijarros *mpl*
**galette** [galɛt] *nf* (*gâteau*) roscón *m*; (*crêpe*) crepe *f*, panqueque *m* (*AM*); **~ des Rois** ≈ roscón de Reyes; *ver nota*

⚠ No debe traducirse por *galleta*, que en francés corresponde a **biscuit**.

**GALETTE DES ROIS**

*La fête des Rois* se celebra el 6 de enero. Es costumbre agregar las figurillas de los Reyes Magos al belén y comer la **galette des Rois**, un pastel de bizcocho aplanado en el que se esconde una sorpresa (*la fève*). Quien encuentra la sorpresa se convierte en rey o reina y se pone una corona de papel.

**galeux, -euse** [galø, øz] *adj*: **un chien ~** un perro sarnoso
**Galice** [galis], **Galicie** [galisi] *nf* Galicia
**galiléen, ne** [galileɛ̃, ɛn] *adj* galileo(-a)
**galimatias** [galimatja] (*péj*) *nm* galimatías *m inv*
**galion** [galjɔ̃] *nm* galeón *m*
**galipette** [galipɛt] *nf* voltereta; **faire des galipettes** dar volteretas; (*fig*) darse un revolcón
**Galles** [gal] *nfpl*: **le pays de ~** el país de Gales
**gallicisme** [ga(l)lisism] *nm* galicismo
**gallinacé** [galinase] *nm* gallinácea
**gallois, e** [galwa, waz] *adj* galés(-esa) ▶ *nm* (*Ling*) galés *m* ▶ *nm/f*: **Gallois, e** galés(-esa)
**gallo-romain, e** [ga(l)lɔʀɔmɛ̃, ɛn] (*pl* **gallo-romains, -es**) *adj* galorromano(-a)
**galoche** [galɔʃ] *nf* zueco
**galocher** [galɔʃe] (*fam*) *vt* dar un morreo a (*fam*), morrear (*fam*)
**galon** [galɔ̃] *nm* galón *m*; **prendre du ~** (*Mil*, *fig*) subir en el escalafón
**galop** [galo] *nm* galope *m*; **au ~** al galope; **~ d'essai** (*fig*) temporada de prueba
**galopade** [galɔpad] *nf* (*fig*) carrera
**galopant, e** [galɔpɑ̃, ɑ̃t] *adj*: **inflation/démographie galopante** inflación *f*/demografía galopante
**galoper** [galɔpe] *vi* galopar; (*fig*) ir a galope

**galopin** [galɔpɛ̃] (*péj*) *nm* pillo
**galurin** [galyʀɛ̃] (*fam*) *nm* sombrero
**galvaniser** [galvanize] *vt* galvanizar; (*fig*) galvanizar, enardecer
**galvaudé, e** [galvode] *adj* trillado(-a)
**galvauder** [galvode] *vt* perjudicar
**gambade** [gɑ̃bad] *nf*: **faire des gambades** dar brincos
**gambader** [gɑ̃bade] *vi* brincar
**gamberger** [gɑ̃bɛʀʒe] (*fam*) *vt* maquinar ▶ *vi* (*réfléchir*) cavilar
**gambette** [gɑ̃bɛt] *nf* (*fam*) pierna, pata (*fam*)
**Gambie** [gɑ̃bi] *nf* (*fleuve, pays*) Gambia
**gambiller** [gɑ̃bije] (*fam*) *vi* (*danser*) bailotear
**gamelle** [gamɛl] *nf* escudilla; **ramasser une ~** (*fam*) caerse, darse un trompazo
**gamète** [gamɛt] *nm* gameto
**gamin, e** [gamɛ̃, in] *nm/f* chiquillo(-a), chamaco(-a) (*CAM, MEX*), pibe(-a) (*ARG*), cabro(-a) (*AND, CHI*) ▶ *adj* de chiquillo *ou* chamaco *ou* pibe *ou* cabro
**gaminerie** [gaminʀi] *nf* chiquillada
**gamme** [gam] *nf* (*Mus*) escala; (*fig*) gama
**gammée** [game] *adj f*: **croix ~** cruz *f* gamada
**ganache** [ganaʃ] *nf* (*crème*) crema a base de chocolate fundido y nata
**Gand** [gɑ̃] *n* Gante
**gang** [gɑ̃g] *nm* banda
**ganglion** [gɑ̃glijɔ̃] *nm* ganglio
**gangrène** [gɑ̃gʀɛn] *nf* gangrena; (*fig*) gangrena, corrupción *f*
**gangrener** [gɑ̃gʀəne] *vt* gangrenar; (*fig*) gangrenar, corromper; **se gangrener** *vpr* gangrenarse
**gangreneux, -euse** [gɑ̃gʀənø, øz] *adj* gangrenoso(-a)
**gangster** [gɑ̃gstɛʀ] *nm* gánster *m*
**gangstérisme** [gɑ̃gstɛʀism] *nm* gansterismo
**gangue** [gɑ̃g] *nf* ganga
**ganse** [gɑ̃s] *nf* trencilla
**gant** [gɑ̃] *nm* guante *m*; **prendre des gants** (*fig*) actuar con miramiento; **relever le ~** (*fig*) recoger el guante; **~ de toilette** manopla de baño; **gants de boxe/de caoutchouc/de crin** guantes *mpl* de boxeo/de goma/de crin
**ganté, e** [gɑ̃te] *adj*: **~ de blanc** con guantes blancos
**ganterie** [gɑ̃tʀi] *nf* guantería
**garage** [gaʀaʒ] *nm* garaje *m*; **~ à vélos** garaje de bicicletas
**garagiste** [gaʀaʒist] *nmf* (*propriétaire*) dueño(-a) de un garaje; (*mécanicien*) mecánico(-a)
**garance** [gaʀɑ̃s] *adj inv* grancé *inv*
**garant, e** [gaʀɑ̃, ɑ̃t] *nm/f* (*Jur, Pol*) garante *mf*, fiador(a); **se porter ~ de qch/de qn** salir fiador(a) de algo/de algn ▶ *nm* garantía
**garantie** [gaʀɑ̃ti] *nf* garantía; (**bon de**) **~** (bono de) garantía; **~ de bonne exécution** garantía de funcionamiento

## garantir – garnement

**garantir** [gaʀɑ̃tiʀ] vt garantizar; (attester) asegurar; **~ de qch** proteger contra ou de algo; **je vous garantis que ...** le garantizo que ...; **garanti deux ans** garantizado por dos años

**garce** [gaʀs] (péj) nf zorra

**garçon** [gaʀsɔ̃] nm niño; (fils) hijo; (célibataire) soltero; (jeune homme) chico; **petit ~** niño; **jeune ~** muchacho; **vieux ~** solterón m; **cette petite est un vrai ~ manqué** esta niña tenía que haber nacido chico; **~ boucher/coiffeur** aprendiz m de carnicero/de peluquero; **~ d'écurie** mozo de cuadra; **~ de bureau** ordenanza m; **~ de café** camarero; **~ de courses** recadero; **~ manqué** medio chico

**garçonnet** [gaʀsɔnɛ] nm chiquillo

**garçonnière** [gaʀsɔnjɛʀ] nf piso de soltero

**garde** [gaʀd(ə)] nmf guardia mf; (d'un domaine) guarda mf; **~ champêtre** guarda rural; **~ d'enfants** niñero(-a), canguro mf; **~ d'honneur** guardia de honor; **~ des Sceaux** ≈ ministro(-a) de Justicia; **~ du corps** guardaespaldas mf inv; **~ forestier(-ière)** guarda forestal; **~ mobile** policía f antidisturbios ▸ nf guardia f; (d'une arme blanche) guarnición f, empuñadura f; (Typo) guarda; **de ~** adj, adv de guardia; **mettre en ~** poner en guardia; **mise en ~** advertencia; **prendre ~ (à)** tener cuidado (con); **être sur ses gardes** estar en guardia; **monter la ~** montar guardia; **avoir la ~ des enfants** tener la custodia de los hijos; **jusqu'à la ~** (enfoncer) hasta la empuñadura; **~ à vue** (Jur) detención f provisional; **~ descendante** guardia saliente; **~ montante** guardia entrante

**garde-à-vous** [gaʀdavu] nm inv : **être/se mettre au ~** estar/ponerse firmes; **~!** ¡atentos!, ¡firmes!

**garde-barrière** [gaʀdəbaʀjɛʀ] (pl **gardes-barrière(s)**) nmf guardabarrera mf

**garde-boue** [gaʀdəbu] (pl **~(s)**) nm guardabarros m inv

**garde-chasse** [gaʀdəʃas] (pl **gardes-chasse(s)**) nmf guarda mf de caza

**garde-côte** [gaʀdəkot] (pl **garde-côtes**) nmf guardacostas m inv

**garde-feu** [gaʀdəfø] (pl **garde-feux**) nm pantalla

**garde-fou** [gaʀdəfu] (pl **garde-fous**) nm barandilla

**garde-malade** [gaʀdəmalad] (pl **gardes-malade(s)**) nmf enfermero(-a)

**garde-manger** [gaʀdmɑ̃ʒe] (pl **garde-mangers**) nm fresquera

**garde-meuble** [gaʀdəmœbl] (pl **garde-meubles**) nm guardamuebles m inv

**gardénal** [gaʀdenal] nm fenobarbital m, fenobarbitona

**gardénia** [gaʀdenja] nm gardenia

**garde-pêche** [gaʀdəpɛʃ] (pl **garde-pêches**) nm (personne) guarda m de pesca; (navire) guardapesca m

**garder** [gaʀde] vt (conserver : personne) mantener; (: sur soi : vêtement, chapeau) quedarse con; (: attitude) conservar; (surveiller : enfants) cuidar; (: prisonnier, lieu) vigilar; **~ le lit** guardar cama; **~ la chambre** permanecer en la habitación; **~ la ligne** cuidar la línea; **~ le silence** guardar silencio; **~ à vue** (Jur) detener provisionalmente; **pêche/chasse gardée** coto de pesca/caza; **se garder** vpr (aliment) conservarse; **se ~ de faire qch** abstenerse de hacer algo

**garderie** [gaʀdəʀi] nf guardería

**garde-robe** [gaʀdəʀɔb] (pl **garde-robes**) nf (meuble) ropero; (vêtements) guardarropa m

**gardeur, -euse** [gaʀdœʀ, øz] nm/f guarda(-esa); **~ de chèvres** cabrero(-a); **~ de vaches** vaquero(-a)

**gardian** [gaʀdjɑ̃] nm vaquero

**gardien, ne** [gaʀdjɛ̃, jɛn] nm/f (garde) vigilante mf; (de prison) oficial mf; (de domaine, réserve, cimetière) guarda mf; (de musée) guarda, vigilante; (de phare) farero(-a); (fig : garant) garante mf; (d'immeuble) portero(-a); **~ de but** portero(-a), arquero(-a) (surtout Am); **~ de la paix** agente mf del orden público; **~ de nuit** vigilante de noche

**gardiennage** [gaʀdjenaʒ] nm (emploi) vigilancia; (service de surveillance) servicio de vigilancia

**gardon** [gaʀdɔ̃] nm gobio

**gare** [gaʀ] nf estación f; **~ de triage** apartadero; **~ maritime** estación marítima; **~ routière** estación de autobuses; (camions) estacionamiento de camiones ▸ excl : **~ à ...** cuidado con ...; **~ à ne pas ...** ten cuidado de no ...; **~ à toi** cuidado con lo que haces; **sans crier ~** sin avisar

**garenne** [gaʀɛn] nf voir **lapin**

**garer** [gaʀe] vt aparcar; **se garer** vpr (véhicule, personne) aparcar; (pour laisser passer) apartarse

**gargantuesque** [gaʀgɑ̃tɥɛsk] adj gargantuesco(-a)

**gargariser** [gaʀgaʀize] : **se gargariser** vpr hacer gárgaras; **se ~ de** (fig) relamerse de

**gargarisme** [gaʀgaʀism] nm gargarismo

**gargote** [gaʀgɔt] nf (restaurant) casa de comidas; (péj) restaurante m baratucho

**gargouille** [gaʀguj] nf gárgola

**gargouillement** [gaʀgujmɑ̃] nm = **gargouillis**

**gargouiller** [gaʀguje] vi (eau) gargotear; **mon estomac gargouille** me suenan las tripas

**gargouillis** [gaʀguji] nm (gén pl) ruido de tripas

**garnement** [gaʀnəmɑ̃] nm tunante m

## garni – gazeux

**garni, e** [gaʀni] *adj* (*plat*) con guarnición ▶ *nm* (*appartement*) piso amueblado
**garnir** [gaʀniʀ] *vt* (*décorer*) decorar; (*remplir*) llenar; (*approvisionner*) proveer; (*table, pièce*) adornar; (*protéger*) revestir; (*Culin*) guarnecer; **se garnir** *vpr* (*pièce, salle*) llenarse
**garnison** [gaʀnizɔ̃] *nf* guarnición *f*
**garnissage** [gaʀnisaʒ] *nm* (*bourre*) relleno
**garniture** [gaʀnityʀ] *nf* (*Culin : légumes*) guarnición *f*; (: *persil etc*) aderezo; (: *farce*) relleno; (*décoration*) adorno; (*protection*) revestimiento; **~ de cheminée** juego de chimenea; **~ de frein** (*Auto*) forro de freno; **~ périodique** compresa
**Garonne** [gaʀɔn] *nf* : **la ~** la Garona
**garrigue** [gaʀig] *nf* monte *m* bajo
**garrot** [gaʀo] *nm* torniquete *m*
**garrotter** [gaʀɔte] *vt* (*fig*) amordazar
**gars** [gɑ] (*fam*) *nm* (*garçon*) chico; (*homme*) tío (*fam*)
**Gascogne** [gaskɔɲ] *nf* Gascuña
**gascon, ne** [gaskɔ̃, ɔn] *adj* (*Géo*) gascón(-ona) ▶ *nm* (*hâbleur*) fanfarrón *m* ▶ *nm/f* : **Gascon, ne** gascón(-ona)
**gas-oil** [gazwal] (*pl* **gas-oils**) *nm* gas-oil *m*
**gaspillage** [gaspijaʒ] *nm* derroche *m*
**gaspiller** [gaspije] *vt* derrochar, malgastar
**gaspilleur, -euse** [gaspijœʀ, øz] *adj* derrochador(a)
**gastéropode** [gasteʀɔpɔd] *nm* gasterópodo
**gastrique** [gastʀik] *adj* gástrico(-a)
**gastrite** [gastʀit] *nf* gastritis *f inv*
**gastro-entérite** [gastʀoɑ̃teʀit] (*pl* **gastro-entérites**) *nf* gastroenteritis *f inv*
**gastroentérologue** [gastʀoɑ̃teʀɔlɔg] *nmf* gastroenterólogo(-a)
**gastro-intestinal, e, -aux** [gastʀoɛ̃testinal, o] (*pl* **gastro-intestinaux, -intestinales**) *adj* gastrointestinal
**gastronome** [gastʀɔnɔm] *nmf* gastrónomo(-a)
**gastronomie** [gastʀɔnɔmi] *nf* gastronomía
**gastronomique** [gastʀɔnɔmik] *adj* : **menu ~** menú *m* gastronómico
**gâté, e** [gɑte] *adj* (*fruit*) estropeado(-a); (*enfant*) mimado(-a), malcriado(-a)
**gâteau, x** [gɑto] *nm* pastel *m*, tarta; **~ d'anniversaire** pastel de cumpleaños; **~ de riz** pastel de arroz; **~ sec** galleta ▶ *adj* (*fam*) : **papa-/maman-~** padrazo (*fam*)/madraza (*fam*)

⚠ No debe traducirse por *gato*, que en francés corresponde a **chat**.

**gâter** [gɑte] *vt* (*personne*) mimar, malcriar; (*plaisir, vacances*) estropear; **se gâter** *vpr* (*dent, fruit*) picarse; (*temps, situation*) empeorar
**gâterie** [gɑtʀi] *nf* chuchería
**gâteux, -euse** [gɑtø, øz] *adj* chocho(-a)
**gâtisme** [gɑtism] *nm* chochez *f*
**GATT** [gat] *sigle m* (= *General Agreement on Tariffs and Trade*) GATT *m*
**gauche** [goʃ] *adj* izquierda; (*personne, style*) torpe ▶ *nm* (*Boxe*) : **direct du ~** directo de izquierda ▶ *nf* izquierda; **à ~** a la izquierda; **à (la) ~ de** a la izquierda de; **de ~** (*Pol*) de izquierdas
**gauchement** [goʃmɑ̃] *adv* torpemente
**gaucher, -ère** [goʃe, ɛʀ] *adj*, *nm/f* zurdo(-a)
**gaucherie** [goʃʀi] *nf* torpeza
**gauchir** [goʃiʀ] *vt* (*planche, objet*) torcer; (*fig*) deformar
**gauchisant, e** [goʃizɑ̃, ɑ̃t] *adj* simpatizante de la izquierda
**gauchisme** [goʃism] *nm* política de izquierdas
**gauchiste** [goʃist] *adj*, *nmf* izquierdista *mf*
**gaudriole** [godʀijɔl] *nf* (*choses de l'amour*) ñacañaca *m* (*fam*); **il ne pense qu'à la ~** no piensa más que en el sexo
**gaufre** [gofʀ] *nf* (*pâtisserie*) gofre *m*; (*de cire*) panal *m*
**gaufrer** [gofʀe] *vt* gofrar
**gaufrette** [gofʀɛt] *nf* barquillo
**gaufrier** [gofʀije] *nm* barquillero (eléctrico)
**Gaule** [gol] *nf* Galia
**gaule** [gol] *nf* (*perche*) vara; (*canne à pêche*) caña
**gauler** [gole] *vt* varear
**gaullisme** [golism] *nm* gaullismo
**gaulliste** [golist] *adj*, *nmf* gaullista *mf*
**gaulois, e** [golwa, waz] *adj* galo(-a); (*grivois*) picante ▶ *nm/f* : **Gaulois, e** galo(-a)
**gauloiserie** [golwazʀi] *nf* chiste *m* verde
**gausser** [gose] : **se gausser de** *vpr* mofarse de
**gavage** [gavaʒ] *nm* (*d'animaux*) cebadura
**gaver** [gave] *vt* (*un animal*) cebar; **~ de** (*fig*) atiborrar de; **se gaver** *vpr* : **se ~ de** atiborrarse de
**gay** [gɛ] (*fam*) *adj*, *nm* gay *m*
**gaz** [gɑz] *nm inv* gas *m*; **avoir des ~** tener gases; **mettre les ~** (*Auto*) pisar el acelerador; **chambre/masque à ~** cámara/máscara de gas; **~ à effet de serre** gas de efecto invernadero; **~ butane** gas butano; **~ carbonique** gas carbónico; **~ de schiste** gas de esquisto; **~ de ville** gas ciudad; **~ en bouteilles** gas en bombonas; **~ hilarant/lacrymogène** gas hilarante/lacrimógeno; **~ naturel/propane** gas natural/propano
**gazage** [gɑzaʒ] *nm* gaseado
**gaze** [gɑz] *nf* gasa
**gazéifié, e** [gazeifje] *adj* : **eau/boisson gazéifiée** agua/bebida gasificada
**gazelle** [gazɛl] *nf* gacela
**gazer** [gɑze] *vt* gasear ▶ *vi* (*fam*) ir bien; (: *projet*) marchar, pitar (*fam*)
**gazette** [gazɛt] *nf* gaceta
**gazeux, -euse** [gɑzø, øz] *adj* gaseoso(-a); **eau/boisson gazeuse** agua/bebida con gas

## gazinière – générique

**gazinière** [gazinjɛʀ] *nf* cocina de gas
**gazoduc** [gazodyk] *nm* gasoducto, gaseoducto
**gazole** [gazɔl] *nm* = **gas-oil**
**gazomètre** [gazɔmɛtʀ] *nm* gasómetro
**gazon** [gazɔ̃] *nm* césped *m*; **motte de ~** cepellón *m*
**gazonné, e** [gazɔne] *adj* cubierto(-a) de césped, encespedado(-a)
**gazonner** [gazɔne] *vt* encespedar
**gazouillement** [gazujmɑ̃] *nm* gorjeo
**gazouiller** [gazuje] *vi* gorjear
**gazouillis** [gazuji] *nmpl* gorjeo
**GDF** [ʒedeɛf] *sigle m* = **Gaz de France**
**geai** [ʒɛ] *nm* arrendajo
**géant, e** [ʒeɑ̃, ɑ̃t] *adj* gigante ▶ *nm/f* gigante(-a)
**gecko** [ʒeko] *nm* geco
**gégène** [ʒeʒɛn] *nf* (*torture*) tortura con electrochoque
**geignard, e** [ʒɛɲaʀ, aʀd] *adj* (*fam : personne*) quejica (*fam*); (*voix, ton*) quejoso(-a)
**geignement** [ʒɛɲmɑ̃] *nm* gemido
**geindre** [ʒɛ̃dʀ] *vi* gemir; (*fam : se lamenter*) quejarse
**gel** [ʒɛl] *nm* (*temps*) helada; (*de l'eau*) hielo; (*cosmétique*) gel *m*; (*fig*) congelación *f*; **le ~ des prix** la congelación de los precios; **~ douche** gel de ducha
**gélatine** [ʒelatin] *nf* gelatina
**gélatineux, -euse** [ʒelatinø, øz] *adj* gelatinoso(-a)
**gelé, e** [ʒ(ə)le] *adj* helado(-a); (*Écon*) congelado(-a)
**gelée** [ʒ(ə)le] *nf* (*Culin*) gelatina; (*Météo*) helada; **viande en ~** carne *f* en gelatina; **~ blanche** escarcha; **~ royale** jalea real
**geler** [ʒ(ə)le] *vt* (*sol, liquide*) helar; (*Écon, aliment*) congelar ▶ *vi* (*sol, personne*) helarse ▶ *vb impers* helar; **il gèle** hiela
**gélifiant** [ʒelifjɑ̃] *nm* gelificante *m*
**gélule** [ʒelyl] *nf* gragea
**gelure** [ʒ(ə)lyʀ] *nf* congelación *f*
**Gémeaux** [ʒemo] *nmpl* (*Astrol*) : **les ~** Géminis *mpl*; **être ~** ser Géminis
**gémir** [ʒemiʀ] *vi* gemir
**gémissant, e** [ʒemisɑ̃, ɑ̃t] *adj* quejumbroso(-a)
**gémissement** [ʒemismɑ̃] *nm* gemido
**gemme** [ʒɛm] *nf* gema; *voir aussi* **sel**
**gémonies** [ʒemɔni] *nfpl* : **vouer qn aux ~** cubrir de oprobio a algn
**gênant, e** [ʒɛnɑ̃, ɑ̃t] *adj* molesto(-a)
**gencive** [ʒɑ̃siv] *nf* encía
**gendarme** [ʒɑ̃daʀm] *nmf* gendarme *mf*, ≈ guardia *mf* civil
**gendarmer** [ʒɑ̃daʀme] : **se gendarmer** *vpr* encolerizarse
**gendarmerie** [ʒɑ̃daʀməʀi] *nf* ≈ Guardia Civil; (*caserne, bureaux*) ≈ cuartel *m* de la Guardia Civil

**gendre** [ʒɑ̃dʀ] *nm* yerno
**gène** [ʒɛn] *nm* gen *m*; **~ dominant/récessif** gen dominante/recesivo
**gêne** [ʒɛn] *nf* (*à respirer, bouger*) molestia; (*dérangement*) malestar *m*; (*manque d'argent*) aprieto; (*embarras, confusion*) incomodidad *f*; **sans ~** descarado(-a); « **veuillez nous excuser de la ~ occasionnée** » « les rogamos disculpen las molestias ocasionadas »
**gêné, e** [ʒene] *adj* embarazoso(-a); (*dépourvu d'argent*) apurado(-a); **tu n'es pas ~ !** ¡qué fresco eres!
**généalogie** [ʒenealɔʒi] *nf* genealogía
**généalogique** [ʒenealɔʒik] *adj* genealógico(-a)
**généalogiste** [ʒenealɔʒist] *nmf* genealogista *mf*
**gêner** [ʒene] *vt* (*incommoder*) molestar; (*encombrer*) estorbar; (*déranger*) trastornar; **~ qn** (*embarrasser*) violentar a algn; **se gêner** *vpr* molestarse; **je vais me ~ !** (*fam, iron*) ¡no pienso cortarme!; **ne vous gênez pas !** (*fam, iron*) ¡no se corte!
**général, e, -aux** [ʒeneʀal, o] *adj, nm* general *m*; **en ~** en general; **à la satisfaction générale** con la satisfacción unánime; **à la demande générale** a petición general; **assemblée/grève générale** asamblea/huelga general; **culture/médecine générale** cultura/medicina general ▶ *nf* : (**répétition**) **générale** ensayo general
**généralement** [ʒeneʀalmɑ̃] *adv* (*communément*) al nivel general; (*habituellement*) generalmente; **~ parlant** en términos generales
**généralisable** [ʒeneʀalizabl] *adj* generalizable
**généralisation** [ʒeneʀalizasjɔ̃] *nf* generalización *f*
**généralisé, e** [ʒeneʀalize] *adj* generalizado(-a)
**généraliser** [ʒeneʀalize] *vt, vi* generalizar; **se généraliser** *vpr* generalizarse
**généraliste** [ʒeneʀalist] *nmf* (*médico(-a)*) generalista *mf*
**généralité** [ʒeneʀalite] *nf*, **généralités** *nfpl* (*banalités, introduction*) generalidades *fpl*
**générateur, -trice** [ʒeneʀatœʀ, tʀis] *adj* : **~ de** creador(a) de ▶ *nm* (*Tech, Inform*) generador *m*
**génération** [ʒeneʀasjɔ̃] *nf* generación *f*
**génératrice** [ʒeneʀatʀis] *nf* generador *m*
**générer** [ʒeneʀe] *vt* generar
**généreusement** [ʒeneʀøzmɑ̃] *adv* generosamente; (*avec abondance*) en abundancia
**généreux, -euse** [ʒeneʀø, øz] *adj* generoso(-a)
**générique** [ʒeneʀik] *adj* genérico(-a); **médicaments génériques** medicamentos genéricos ▶ *nm* (*Ciné, TV*) créditos *mpl*, títulos *mpl* de crédito, ficha técnica

## générosité – gerber

**générosité** [ʒeneʀozite] *nf* generosidad *f*
**genèse** [ʒənɛz] *nf* génesis *f*
**genêt** [ʒ(ə)nɛ] *nm* retama
**généticien, ne** [ʒenetisjɛ̃, jɛn] *nm/f* genetista *mf*
**génétique** [ʒenetik] *adj* genético(-a) ▶ *nf* genética
**génétiquement** [ʒenetikmɑ̃] *adv* genéticamente; **~ modifié** genéticamente modificado(-a)
**gêneur, -euse** [ʒɛnœʀ, øz] *nm/f (qui gêne)* estorbo; *(importun)* importuno(-a)
**Genève** [ʒ(ə)nɛv] *n* Ginebra
**genevois, e** [ʒən(ə)vwa, waz] *adj* ginebrino(-a) ▶ *nm/f*: **Genevois, e** ginebrino(-a)
**genévrier** [ʒənevʀije] *nm* enebro
**génial, e, -aux** [ʒenjal, jo] *(aussi fam) adj* genial
**génie** [ʒeni] *nm* genio; **le ~** *(Mil)* el cuerpo de ingenieros; **de ~** genial; **bon/mauvais ~** espíritu *m* favorable/maligno; **avoir du ~** ser un genio; **~ civil** cuerpo de ingeniería civil
**genièvre** [ʒənjɛvʀ] *nm (Bot, Culin)* enebro; *(boisson)* ginebra; **grain de ~** enebrina
**génique** [ʒenik] *adj* génico(-a)
**génisse** [ʒenis] *nf* ternera; **foie de ~** hígado de ternera
**génital, e, -aux** [ʒenital, o] *adj* genital
**géniteur, -trice** [ʒenitœʀ, tʀis] *nm/f (hum)* progenitor(a), viejo(-a) *(fam)*
**génitif** [ʒenitif] *nm* genitivo
**génocide** [ʒenɔsid] *nm* genocidio
**génois, e** [ʒenwa, waz] *adj* genovés(-esa) ▶ *nm/f*: **Génois, e** genovés(-esa) ▶ *nf (gâteau)* bizcocho
**génome** [ʒenom] *nm* genoma *m*
**génotype** [ʒenotip] *(Biol) nm* genotipo
**genou, x** [ʒ(ə)nu] *nm* rodilla; **à genoux** de rodillas; **se mettre à genoux** ponerse de rodillas; **prendre qn sur ses genoux** poner a algn encima de sus rodillas
**genouillère** [ʒ(ə)nujɛʀ] *nf* rodillera
**genre** [ʒɑ̃ʀ] *nm* género; *(allure)* estilo; **se donner un ~** darse tono; **avoir bon/mauvais ~** *(allure)* tener buena/mala pinta; *(éducation)* tener buenos/malos modales; **études de** *ou* **sur le ~** estudios de género; **s'accorder en ~ et en nombre** *(Ling)* concordar en género y número
**gens** [ʒɑ̃] *nmpl* gente *f*; **de braves ~** buena gente; **de vieilles ~** ancianos; **les ~ d'Église** el clero; **les ~ du monde** la gente mundana; **jeunes ~** jóvenes *mpl*; **~ de maison** servidumbre *f*
**gentiane** [ʒɑ̃sjan] *nf* genciana; *(boisson)* aperitivo de genciana
**gentil, le** [ʒɑ̃ti, ij] *adj (aimable)* amable; *(enfant)* bueno(-a); *(endroit etc)* agradable; *(intensif)* encantador(a); **un ~ garçon** un niño bueno;

**c'est très ~ à vous** es muy amable de su parte
**gentilhomme** [ʒɑ̃tizɔm] *nm (noble)* gentilhombre *m*
**gentilhommière** [ʒɑ̃tijɔmjɛʀ] *nf* casa solariega
**gentillesse** [ʒɑ̃tijɛs] *nf (voir adj)* amabilidad *f*; bondad *f*
**gentillet, te** [ʒɑ̃tijɛ, ɛt] *adj* agradable
**gentiment** [ʒɑ̃timɑ̃] *adv* amablemente
**gentleman** [dʒɑ̃tləmɛn] *nm (homme courtois)* caballero
**génuflexion** [ʒenyflɛksjɔ̃] *nf* genuflexión *f*
**géodésie** [ʒeodezi] *nf* geodesia
**géodésique** [ʒeodezik] *adj* geodésico(-a)
**géographe** [ʒeɔgʀaf] *nmf* geógrafo(-a)
**géographie** [ʒeɔgʀafi] *nf* geografía
**géographique** [ʒeɔgʀafik] *adj* geográfico(-a)
**geôlier** [ʒolje] *nm* carcelero
**géolocalisation** [ʒeolokalizasjɔ̃] *nf* geolocalización *f*
**géolocaliser** [ʒeolokalize] *vt* geolocalizar
**géologie** [ʒeɔlɔʒi] *nf* geología
**géologique** [ʒeɔlɔʒik] *adj* geológico(-a)
**géologiquement** [ʒeɔlɔʒikmɑ̃] *adv* geológicamente
**géologue** [ʒeɔlɔg] *nmf* geólogo(-a)
**géomancie** [ʒeomɑ̃si] *nf* geomancia
**géomètre** [ʒeomɛtʀ] *nmf*: **(arpenteur-)~** agrimensor(a)
**géométrie** [ʒeometʀi] *nf* geometría; **à ~ variable** *(Aviat, fig)* de geometría variable
**géométrique** [ʒeometʀik] *adj* geométrico(-a)
**géomorphologie** [ʒeomɔʀfɔlɔʒi] *nf* geomorfología
**géophysicien, ne** [ʒeofizisjɛ̃, jɛn] *nm/f* geofísico(-a)
**géophysique** [ʒeofizik] *nf* geofísica
**géopolitique** [ʒeopɔlitik] *nf* geopolítica
**Géorgie** [ʒeɔʀʒi] *nf* Georgia; **~ du Sud** Georgias *fpl* del Sur
**géorgien, ne** [ʒeɔʀʒjɛ̃, jɛn] *adj* georgiano(-a) ▶ *nm/f*: **Géorgien, ne** georgiano(-a)
**géostationnaire** [ʒeostasjɔnɛʀ] *adj* geoestacionario(-a)
**géothermie** [ʒeotɛʀmi] *nf* geotermia
**géothermique** [ʒeotɛʀmik] *adj*: **énergie ~** energía geotérmica
**gérable** [ʒeʀabl] *adj (situation, projet)* manejable, controlable
**gérance** [ʒeʀɑ̃s] *nf* gerencia; **mettre en ~** poner en gestión; **prendre en ~** gestionar
**géranium** [ʒeʀanjɔm] *nm* geranio
**gérant, e** [ʒeʀɑ̃, ɑ̃t] *nm/f* gerente *mf*; **~ d'immeuble** administrador(a) de fincas
**gerbe** [ʒɛʀb] *nf (de fleurs)* ramo; *(de blé)* gavilla; *(d'eau)* chorro; *(de particules)* haz *m*; *(d'étincelles)* lluvia
**gerber** [ʒɛʀbe] *vi (fam: vomir)* potar *(fam)*, echar la pota *(fam)*

**gercé, e** [ʒɛʀse] *adj* agrietado(-a)
**gercer** [ʒɛʀse] *vi* agrietar; **se gercer** *vpr* agrietarse
**gerçure** [ʒɛʀsyʀ] *nf* grieta
**gérer** [ʒeʀe] *vt* administrar; *(situation, projet)* manejar, controlar
**gerfaut** [ʒɛʀfo] *nm* gerifalte *m (halcón)*
**gériatrie** [ʒeʀjatʀi] *nf* geriatría
**gériatrique** [ʒeʀjatʀik] *adj* geriátrico(-a)
**germain, e** [ʒɛʀmɛ̃, ɛn] *adj voir* **cousin**
**germanique** [ʒɛʀmanik] *adj* germánico(-a)
**germaniste** [ʒɛʀmanist] *nmf* germanista *mf*
**germanophone** [ʒɛʀmanɔfɔn] *adj, nmf* germanohablante *mf*
**germanopratin, e** [ʒɛʀmanɔpʀatɛ̃, in] *adj* del barrio parisino de Saint-Germain-des-Prés
**germe** [ʒɛʀm] *nm* germen *m*; *(pousse)* brote *m*; **~ de blé** germen de trigo
**germer** [ʒɛʀme] *vi* germinar
**gérondif** [ʒeʀɔ̃dif] *nm* gerundio
**gérontocratie** [ʒeʀɔ̃tɔkʀasi] *nf* gerontocracia
**gérontologie** [ʒeʀɔ̃tɔlɔʒi] *nf* gerontología
**gérontologue** [ʒeʀɔ̃tɔlɔg] *nmf* gerontólogo(-a)
**GES** [ʒeəɛs] *sigle mpl* (= *gaz à effet de serre*) GEI *mpl* (= *gases de efecto invernadero*)
**gésier** [ʒezje] *nm* molleja
**gésir** [ʒeziʀ] *vi* yacer; *voir* **ci-gît**
**gestation** [ʒɛstasjɔ̃] *nf* gestación *f*
**geste** [ʒɛst] *nm* gesto; **s'exprimer par gestes** expresarse mediante gestos; **faire un ~ de refus** hacer un ademán de desaprobación; **il fit un ~ de la main pour m'appeler** me llamó con la mano; **ne faites pas un ~** no haga ni el menor gesto
**gesticuler** [ʒɛstikyle] *vi* gesticular
**gestion** [ʒɛstjɔ̃] *nf* gestión *f*; **la ~ différenciée des espaces verts** la gestión diferenciada de las zonas verdes; **~ de fichier(s)** *(Inform)* gestión de fichero(s)
**gestionnaire** [ʒɛstjɔnɛʀ] *nmf* gestor(-a)
**gestuelle** [ʒɛstɥɛl] *nf* gestualidad *f*
**geyser** [ʒezɛʀ] *nm* géiser *m*
**Ghana** [gana] *nm* Ghana
**ghetto** [geto] *nm* gueto
**ghettoïsation** [getoizasjɔ̃] *nf* conversión *f* en gueto, guetización *f*
**ghettoïser** [getoize] *vt* convertir en gueto
**gibbon** [ʒibɔ̃] *nm* gibón *m*
**gibecière** [ʒib(ə)sjɛʀ] *nf (de chasseur)* morral *m*; *(sac en bandoulière)* bandolera
**gibelotte** [ʒiblɔt] *nf* estofado de conejo
**gibet** [ʒibɛ] *nm* horca
**gibier** [ʒibje] *nm* caza; *(fig)* presa
**giboulée** [ʒibule] *nf* chaparrón *m*
**giboyeux, -euse** [ʒibwajø, øz] *adj* rico(-a) en caza
**Gibraltar** [ʒibʀaltaʀ] *nm* Gibraltar *m*
**gibus** [ʒibys] *nm* clac *m*
**giclée** [ʒikle] *nf* chorro

**gicler** [ʒikle] *vi* brotar
**gicleur** [ʒiklœʀ] *nm (Auto)* surtidor *m* (de parabrisas)
**GIE** *sigle m* (= *groupement d'intérêt économique*) *voir* **groupement**
**gifle** [ʒifl] *nf* bofetada
**gifler** [ʒifle] *vt* abofetear
**gigantesque** [ʒigɑ̃tɛsk] *adj* gigantesco(-a)
**gigantisme** [ʒigɑ̃tism] *nm* gigantismo
**gigaoctet** [ʒigaɔktɛ] *nm* gigabyte *m*
**GIGN** [ʒeiʒeɛn] *sigle m* (= *Groupe d'intervention de la gendarmerie nationale*) ≈ GEO *mpl* (= *Grupo Especial de Operaciones*)
**gigogne** [ʒigɔɲ] *adj*: **lits/tables gigognes** camas *fpl*/mesas *fpl* nido; **poupées gigognes** muñecas *fpl* encajables
**gigolo** [ʒigɔlo] *nm* gigolo
**gigot** [ʒigo] *nm (Culin)*: **~ (d'agneau)** pierna de cordero
**gigoter** [ʒigɔte] *vi* patalear
**gigue** [ʒig] *nf (fam)*: **une grande ~** una jirafa *(fam)*, una espingarda *(fam)*
**gilet** [ʒilɛ] *nm (de costume)* chaleco; *(tricot)* chaqueta (de punto); *(sous-vêtement)* camiseta; **~ de sauvetage** chaleco salvavidas; **~ pare-balles** chaleco antibalas
**gin** [dʒin] *nm* ginebra
**gingembre** [ʒɛ̃ʒɑ̃bʀ] *nm* jenjibre *m*
**gingivite** [ʒɛ̃ʒivit] *nf* gingivitis *f inv*
**girafe** [ʒiʀaf] *nf* jirafa
**giratoire** [ʒiʀatwaʀ] *adj*: **sens ~** sentido giratorio
**girofle** [ʒiʀɔfl] *nf*: **clou de ~** clavo
**giroflée** [ʒiʀɔfle] *nf* alhelí *m*
**girolle** [ʒiʀɔl] *nf* rebozuelo
**giron** [ʒiʀɔ̃] *nm (genoux)* regazo; *(fig)* seno
**Gironde** [ʒiʀɔ̃d] *nf* Gironda *m*
**gironde** [ʒiʀɔ̃d] *adj f (fam: bien faite)* bien plantada *(fam)*; *(bien en chair)* rellenita *(fam)*
**girouette** [ʒiʀwɛt] *nf* veleta
**gisait** *etc* [ʒize] *vb voir* **gésir**
**gisant** [ʒizɑ̃] *nm* estatua yacente
**gisement** [ʒizmɑ̃] *nm* yacimiento
**gît** [ʒi] *vb voir* **gésir**
**gitan, e** [ʒitɑ̃, an] *nm/f* gitano(-a)
**gîte** [ʒit] *nm (maison)* morada; *(du lièvre)* cama; **le ~ et le couvert** techo y comida; **~ rural** casa de turismo rural
**gîter** [ʒite] *vi* dar de banda
**givrage** [ʒivʀaʒ] *nm* formación *f* de hielo
**givrant, e** [ʒivʀɑ̃, ɑ̃t] *adj*: **brouillard ~** helada
**givre** [ʒivʀ] *nm* escarcha
**givré, e** [ʒivʀe] *adj*: **citron/orange ~(e)** limón *m* escarchado/naranja escarchada; *(fam)* tronado(-a) *(fam)*
**glabre** [glɑbʀ] *adj* lampiño(-a)
**glaçage** [glasaʒ] *nm* glaseado
**glace** [glas] *nf* hielo; *(crème glacée)* helado; *(verre)* cristal *m*; *(miroir)* espejo; *(de voiture)* ventanilla; **de ~** *(fig)* frío(-a); **il est resté de ~**

## glacé – gnou

ni se inmutó; **rompre la ~** (fig) romper el hielo; **glaces** nfpl (Géo) hielos mpl
**glacé, e** [glase] adj helado(-a); (fig) frío(-a)
**glacer** [glase] vt (lac, eau) helar; (refroidir) enfriar; (Culin, papier, tissu) glasear; **~ qn** (fig) dejar helado(-a) a algn
**glaciaire** [glasjɛʀ] adj glaciar
**glacial, e** [glasjal] adj glacial
**glaciation** [glasjasjɔ̃] nf (période) glaciación f
**glacier** [glasje] nm (Géo) glaciar m; (marchand) heladero; **~ suspendu** glaciar suspendido
**glacière** [glasjɛʀ] nf nevera
**glaçon** [glasɔ̃] nm témpano; (pour boisson) cubito de hielo
**gladiateur** [gladjatœʀ] nm gladiador m
**glaïeul** [glajœl] nm gladiolo
**glaire** [glɛʀ] nf flema
**glaise** [glɛz] nf greda
**glaive** [glɛv] nm espada
**glamour** [glamuʀ] nm glamour m ▶ adj glamuroso(-a)
**gland** [glɑ̃] nm (de chêne) bellota; (décoration) borla; (Anat) glande m
**glande** [glɑ̃d] nf glándula
**glander** [glɑ̃de] (fam) vi holgazanear, rascarse la barriga (fam)
**glandeur, -euse** [glɑ̃dœʀ, øz] nm/f (fam) zángano(-a) (fam)
**glandouiller** [glɑ̃duje] vi (fam) holgazanear, rascarse la barriga (fam)
**glaner** [glane] vi (Agr) espigar ▶ vt (fig) recoger
**glapir** [glapiʀ] vi gañir
**glapissement** [glapismɑ̃] nm gañido
**glas** [glɑ] nm doble m, toque m de difuntos; **sonner le ~** doblar, tocar a muerto; **sonner le ~ de qch** (fig) acabar con algo
**glaucome** [glokom] nm glaucoma m
**glauque** [glok] adj glauco(-a); (fig) triste
**glissade** [glisad] nf (par jeu) deslizamiento; (chute) resbalón m; **faire des glissades** deslizarse
**glissant, e** [glisɑ̃, ɑ̃t] adj resbaladizo(-a); **sur un terrain ~** (fig) en terreno resbaladizo
**glisse** [glis] nf : **sports de ~** deportes de deslizamiento
**glissement** [glismɑ̃] nm (aussi fig) deslizamiento; **~ de terrain** corrimiento de tierra
**glisser** [glise] vi resbalar; (patineur, fig) deslizarse; **~ sur** (détail, fait) pasar por alto ▶ vt (introduire : erreur, citation) deslizar; (mot, conseil) decir discretamente; **~ qch sous/dans** meter algo bajo/en; **se glisser** vpr (erreur) deslizarse; **se ~ dans/entre** deslizarse ou escurrirse en/entre
**glisser-déposer** [glisedepoze] nm inv operación f de arrastrar y soltar ▶ vt arrastrar y soltar
**glissière** [glisjɛʀ] nf corredera; **à ~** (porte, fenêtre) de corredera; **~ de sécurité** valla de seguridad

**glissoire** [gliswaʀ] nf resbaladero
**global, e, -aux** [global, o] adj global
**globalement** [globalmɑ̃] adv globalmente
**globalisation** [globalizasjɔ̃] nf globalización f
**globalité** [globalite] nf globalidad f; **dans sa ~** en su globalidad
**globe** [glob] nm globo; (d'une pendule) fanal m; (d'un objet) campana de cristal; **sous ~** (fig) en una urna; **~ oculaire/terrestre** globo ocular/terrestre
**globe-trotter** [globtʀotœʀ] (pl **globe-trotters**) nm trotamundos m inv
**globulaire** [globylɛʀ] adj : **numération ~** recuento globular
**globule** [globyl] nm glóbulo
**globuleux, -euse** [globylø, øz] adj : **yeux ~** ojos mpl saltones
**gloire** [glwaʀ] nf gloria; (mérite) mérito; **une ~ de la musique cubaine** una gloria de la música cubana
**glorieux, -euse** [gloʀjø, jøz] adj glorioso(-a)
**glorifier** [gloʀifje] vt glorificar; **se glorifier de** vpr vanagloriarse de
**gloriole** [gloʀjol] nf vanagloria
**glose** [gloz] nf glosa
**gloser** [gloze] vi : **~ sur qch** departir sobre algo
**glossaire** [glosɛʀ] nm glosario
**glotte** [glot] nf glotis f inv
**glouglouter** [gluglute] vi hacer gluglú
**gloussement** [glusmɑ̃] nm cloqueo; (rire) risa ahogada
**glousser** [gluse] vi cloquear; (rire) reír ahogadamente
**glouton, ne** [glutɔ̃, on] adj glotón(-ona)
**gloutonnerie** [glutonʀi] nf glotonería
**glu** [gly] nf liga
**gluant, e** [glyɑ̃, ɑ̃t] adj pegajoso(-a)
**glucide** [glysid] nm glúcido
**glucose** [glykoz] nm glucosa
**glutamate** [glytamat] nm : **~ de sodium** glutamato de sodio, glutamato monosódico
**gluten** [glytɛn] nm gluten m
**glycémie** [glisemi] nf glucemia
**glycérine** [gliseʀin] nf glicerina
**glycine** [glisin] nf glicina
**GMT** [ʒeɛmte] abr (= Greenwich Mean Time) hora media de Greenwich
**gnangnan** [ɲɑ̃ɲɑ̃] (fam) adj quejica
**GNL** [ʒeɛnɛl] sigle m = **gaz naturel liquéfié**
**gnognote, gnognotte** [ɲoɲot] nf (fam) : **c'est de la ~** no vale nada, es de chicha y nabo (fam); **c'est pas de la ~** no es moco de pavo (fam)
**gnôle** [ɲol] (fam) nf aguardiente m
**gnome** [gnom] nm gnomo
**gnon** [ɲɔ̃] (fam) nm porrazo (fam)
**gnou** [gnu] nm ñu m

## GO – goupillon

**GO** [ʒeo] sigle fpl (= grandes ondes) OL (= ondas largas) ▶ sigle m (= gentil organisateur) animador turístico del Club Mediterráneo
**go** [go] : **tout de go** adv de sopetón
**goal** [gol] nm portero, guardameta m
**gobelet** [gɔblɛ] nm cubilete m
**gober** [gɔbe] vt tragarse entero(-a); (fig) tragar
**goberger** [gɔbɛRʒe] (fam) : **se goberger** vpr darse la vida padre (fam)
**Gobi** [gɔbi] n : **désert de ~** desierto de Gobi
**godasse** [gɔdas] (fam) nf zapato
**godet** [gɔdɛ] nm (verre) vaso de chupito; (récipient) pocillo; (Couture) pliegue m
**godiche** [gɔdiʃ] (fam) adj, nmf (maladroit) patoso(-a) (fam); (niais) lelo(-a)
**godille** [gɔdij] nf (Navigation) espadilla; (Ski) wedeln m, técnica de descenso en esquí que consiste en dar giros cortos con los esquís paralelos
**godiller** [gɔdije] vi (Naut) cinglar; (Ski) virar en cuña
**godillot** [gɔdijo] (fam) nm (gros soulier) zapatón m
**goéland** [gɔelã] nm gaviota
**goélette** [gɔelɛt] nf goleta
**goémon** [gɔemɔ̃] nm tipo de fuco
**gogo** [gɔgo] (péj) nm primo; **à ~** en cantidad
**goguenard, e** [gɔg(ə)naR, aRd] adj guasón(-ona)
**goguette** [gɔgɛt] nf : **en ~** achispado(-a)
**goinfre** [gwɛ̃fR] adj, nmf tragón(-ona)
**goinfrer** [gwɛ̃fRe] : **se goinfrer** vpr atiborrarse, atracarse; **se ~ de qch** atiborrarse de algo
**goinfrerie** [gwɛ̃fRəRi] nf glotonería
**goitre** [gwatR] nm bocio
**golf** [gɔlf] nm golf m; **~ miniature** minigolf m
**golfe** [gɔlf] nm golfo; **~ d'Aden/de Gascogne/du Lion** golfo de Adén/de Vizcaya/de León; **~ Persique** golfo Pérsico
**golfeur, -euse** [gɔlfœR, øz] nm/f jugador(a) de golf
**gominé, e** [gɔmine] adj engominado(-a)
**gommage** [gɔmaʒ] nm peeling m
**gomme** [gɔm] nf (à effacer) goma (de borrar); (résine) resina; **boule de ~** gominola
**gommé, e** [gɔme] adj : **papier ~** papel m engomado
**gommer** [gɔme] vt (aussi fig) borrar; (enduire de gomme) engomar; (détails etc) atenuar
**gond** [gɔ̃] nm gozne m; **sortir de ses gonds** (fig) salirse de sus casillas
**gondole** [gɔ̃dɔl] nf góndola; (pour l'étalage) estantería
**gondoler** [gɔ̃dɔle] vi abombarse; **se gondoler** vpr abombarse; (fam) desternillarse de risa
**gondolier** [gɔ̃dɔlje] nm gondolero
**gonflable** [gɔ̃flabl] adj hinchable
**gonflage** [gɔ̃flaʒ] nm hinchado m
**gonflant, e** [gɔ̃flã, ãt] adj (fam : personne) pelmazo(-a) (fam); (: chose) pesado(-a) (fam); **j'ai trouvé ça ~** ha sido un rollo (fam)

**gonflé, e** [gɔ̃fle] adj hinchado(-a); **être ~** (fam) tener jeta (fam)
**gonflement** [gɔ̃fləmã] nm hinchamiento
**gonfler** [gɔ̃fle] vt hinchar; (fam) hartar, cargar (fam) ▶ vi hincharse; (Culin, pâte) inflarse
**gonflette** [gɔ̃flɛt] nf (péj) : **faire de la ~** hacer culturismo
**gonfleur** [gɔ̃flœR] nm bomba de aire
**gong** [gɔ̃(g)] nm (Mus) gong m; (Boxe) campana
**gonzesse** [gɔ̃zɛs] (fam) nf tía (fam!)
**googler** [gugle] vt googlear
**goret** [gɔRɛ] nm lechón m
**gorge** [gɔRʒ] nf garganta; (poitrine) pecho; (Géo) garganta, desfiladero; (rainure) ranura; **avoir mal à la ~** tener dolor de garganta; **avoir la ~ serrée** tener un nudo en la garganta
**gorgé, e** [gɔRʒe] adj : **~ de** ahíto(-a) de; (eau) empapado(-a) de
**gorgée** [gɔRʒe] nf trago; **boire à petites/grandes gorgées** beber a pequeños/grandes tragos
**gorger** [gɔRʒe] : **se gorger** vpr : **se ~ de** (personne) atiborrarse de; (terre) empaparse de
**gorgone** [gɔRgɔn] nf (Mythologie, Art) gorgona
**gorille** [gɔRij] (aussi fam) nm gorila
**gosier** [gozje] nm garganta
**gosse** [gɔs] (fam) nmf chiquillo(-a), chamaco(-a) (CAM, MEX), pibe(-a) (ARG), cabro(-a) (AND, CHI)
**gotha** [gɔta] nm (élite) élite f
**gothique** [gɔtik] adj gótico(-a); **~ flamboyant** gótico flamígero
**gouache** [gwaʃ] nf aguada
**gouaille** [gwaj] nf guasa
**goudron** [gudRɔ̃] nm alquitrán m
**goudronner** [gudRɔne] vt alquitranar
**gouffre** [gufR] nm sima, precipicio; (fig) abismo
**gougère** [guʒɛR] nf pastelillo de queso
**goujat** [guʒa] nm patán m
**goujaterie** [guʒatRi] nf patanería
**goujon** [guʒɔ̃] nm gobio
**goulée** [gule] nf (bouchée) bocado; (gorgée) trago
**goulet** [gulɛ] nm boca
**gouleyant, e** [gulɛjã, ãt] adj (vin) suave
**goulot** [gulo] nm cuello; **boire au ~** beber a morro
**goulu, e** [guly] adj glotón(-ona)
**goulûment** [gulymã] adv glotonamente, como un(a) glotón(-ona)
**goupille** [gupij] nf (Tech) pasador m
**goupiller** [gupije] vt (Tech) sujetar (con pasador); **se goupiller** vpr (fam) : **ça s'est bien/mal goupillé** toda ha ido ou salido bien/mal
**goupillon** [gupijɔ̃] nm (Rel) hisopo; (brosse) escobilla; **le ~** (fig) la Iglesia

226 · FRANÇAIS | ESPAGNOL

## goured - grammaire

**gourd, e** [guʀ, guʀd] *adj* entumecido(-a)
**gourde** [guʀd] *nf (récipient)* cantimplora; *(fam)* zoquete *mf (fam)*
**gourdin** [guʀdɛ̃] *nm* porra
**gourer** [guʀe] *(fam)* : **se gourer** *vpr* equivocarse
**gourmand, e** [guʀmɑ̃, ɑ̃d] *adj* goloso(-a)
**gourmandise** [guʀmɑ̃diz] *nf* gula; *(bonbon)* golosina
**gourmet** [guʀmɛ] *nm* gastrónomo(-a)
**gourmette** [guʀmɛt] *nf* pulsera (con el nombre)
**gourou** [guʀu] *nm* gurú *m*
**gousse** [gus] *nf* vaina; **~ d'ail** diente *m* de ajo
**gousset** [gusɛ] *nm* bolsillo
**goût** [gu] *nm* gusto, sabor *m*; *(fig)* gusto; **le bon ~** el buen gusto; **de bon/mauvais ~** de buen/mal gusto; **avoir du/manquer de ~** tener/no tener gusto; **avoir bon/mauvais ~** *(aliment)* saber bien/mal; *(personne)* tener mucho/poco gusto; **avoir du ~ pour** tener inclinación por; **prendre ~ à** aficionarse a; **goûts** *nmpl* : **chacun ses goûts** cada uno tiene sus gustos
**goûter** [gute] *vt (essayer : aussi : goûter à)* probar; *(apprécier)* apreciar; **~ de qch** probar algo ▶ *vi* merendar ▶ *nm* merienda; **~ d'anniversaire/d'enfants** merienda de cumpleaños/de niños
**goutte** [gut] *nf* gota; *(alcool)* aguardiente *m*; **~ à ~** gota a gota; **gouttes** *nfpl (Méd)* gotas *fpl*
**goutte-à-goutte** [gutagut] *nm inv* bomba de perfusión; **alimenter au ~** alimentar gota a gota
**gouttelette** [gut(ə)lɛt] *nf* gotita
**goutter** [gute] *vi* gotear
**gouttière** [gutjɛʀ] *nf* canalón *m*
**gouvernail** [guvɛʀnaj] *nm* timón *m*
**gouvernance** [guvɛʀnɑ̃s] *nf* gobernanza
**gouvernant, e** [guvɛʀnɑ̃, ɑ̃t] *adj* gobernante
**gouvernante** [guvɛʀnɑ̃t] *nf* institutriz *f*
**gouverne** [guvɛʀn] *nf* : **pour sa ~** para su gobierno
**gouvernement** [guvɛʀnəmɑ̃] *nm* gobierno; **membre du ~** miembro del gobierno
**gouvernemental, e, -aux** [guvɛʀnəmɑ̃tal, o] *adj* gubernamental
**gouverner** [guvɛʀne] *vt* gobernar; *(fig : émotions)* dominar
**gouverneur** [guvɛʀnœʀ] *nm* gobernador *m*
**goyave** [gɔjav] *nf* guayaba
**GPL** [ʒepeɛl] *sigle m (= gaz de pétrole liquéfié)* GLP *m (= gas licuado de petróleo)*
**graal** [gʀal] *nm (Rel) (santo)* grial *m*; *(fig)* piedra filosofal; **le ~ de la finance d'entreprise, c'est la croissance à deux chiffres du bénéfice opérationnel** la piedra filosofal de las finanzas corporativas es el crecimiento de dos dígitos del beneficio operativo
**grabataire** [gʀabatɛʀ] *adj* encamado(-a)

**grabuge** [gʀabyʒ] *(fam) nm* bronca
**grâce** [gʀɑs] *nf* gracia; *(faveur)* favor *m*; *(Jur)* indulto; **de bonne/mauvaise ~** de buena/mala gana; **faire ~ à qn de qch** perdonar algo a algn; **rendre ~(s) à** dar las gracias a; **demander ~** pedir perdón; **droit de/recours en ~** *(Jur)* derecho de/recurso de indulto; **~ à** gracias a; **grâces** *nfpl (Rel)* gracias *fpl*; **être dans les bonnes grâces de qn** gozar del favor de algn
**gracier** [gʀasje] *vt* indultar
**gracieusement** [gʀasjøzmɑ̃] *adv (aimablement)* amablemente; *(gratuitement)* gratuitamente; *(avec grâce)* con gracia
**gracieux, -euse** [gʀasjø, jøz] *adj* elegante; *(charmant, élégant)* encantador(a); *(aimable)* amable; **à titre ~** con carácter gratuito; **concours ~** colaboración *f* desinteresada
**gracile** [gʀasil] *adj* grácil
**gradation** [gʀadasjɔ̃] *nf* gradación *f*
**grade** [gʀad] *nm* grado; **monter en ~** ascender de grado
**gradé, e** [gʀade] *nm/f* suboficial *mf*
**gradin** [gʀadɛ̃] *nm* grada; **gradins** *nmpl (de stade)* gradas *fpl*; **en gradins** en gradas
**graduation** [gʀaduasjɔ̃] *nf* graduación *f*
**gradué, e** [gʀadɥe] *adj* graduado(-a); *(exercices)* progresivo(-a)
**graduel, le** [gʀadɥɛl] *adj* gradual
**graduellement** [gʀadɥɛlmɑ̃] *adv* gradualmente
**graduer** [gʀadɥe] *vt* graduar; *(effort)* dosificar
**graff** [gʀaf] *nm* grafiti *m*
**graffeur, -euse** [gʀafœʀ, øz] *nm/f* grafitero(-a)
**graffiti** [gʀafiti] *(pl* **~(s))** *nm* grafiti *m*
**grailler** [gʀaje] *vi (fam : manger)* papear *(fam)*, jalar *(fam)*; *(corneille)* graznar ▶ *vt (fam : manger)* papear *(fam)*, jalar *(fam)*
**grain** [gʀɛ̃] *nm* grano; *(de chapelet)* cuenta; *(averse)* aguacero; **un ~ de** *(fig)* una pizca de; **mettre son ~ de sel** *(fam)* meter la nariz; **~ de beauté** lunar *m*; **~ de café/de poivre** grano de café/de pimienta; **~ de poussière** mota de polvo; **~ de raisin** uva; **~ de sable** *(fig)* minucia
**graine** [gʀɛn] *nf* semilla; **mauvaise ~** *(fig)* mala hierba; **une ~ de voyou** un macarra en ciernes
**graineterie** [gʀɛntri] *nf* tienda de semillas
**grainetier, -ière** [gʀɛntje, jɛʀ] *nm/f* comerciante *mf* de semillas
**graissage** [gʀɛsaʒ] *nm* engrase *m*
**graisse** [gʀɛs] *nf* grasa
**graisser** [gʀese] *vt* engrasar; *(tacher)* manchar de grasa
**graisseux, -euse** [gʀɛsø, øz] *adj* grasiento(-a); *(Anat)* adiposo(-a)
**graminée** [gʀamine] *nf (Bot)* gramínea
**grammaire** [gʀa(m)mɛʀ] *nf* gramática*

## grammatical – gras

**grammatical, e, -aux** [gʀamatikal, o] *adj* gramatical

**gramme** [gʀam] *nm* gramo

**grand, e** [gʀɑ̃, gʀɑ̃d] *adj* grande; *(avant le nom)* gran; *(haut)* alto(-a); *(corde, voyage, période)* largo(-a); **de ~ matin** de madrugada; **un ~ homme/artiste** un gran hombre/artista; **un homme ~ et fort** un hombre alto y fuerte; **avoir ~ besoin de** tener mucha necesidad de; **il est ~ temps de** ya es hora de; **son ~ frère** su hermano mayor; **il est assez ~ pour** ya es bastante mayor para, ya tiene años para; **au ~ air** al aire libre; **au ~ jour** *(fig)* en pleno día, en plena luz; **faire le ~ écart** hacer el spagat; *(fig : Pol)* hacer malabarismos; **en ~** en grande; **faire les choses en ~** hacer las cosas a lo grande; **~ blessé/brûlé** herido/quemado grave; **~ écart** spagat *m*; **~ ensemble** gran barriada; **~ livre** *(Comm)* libro mayor; **~ magasin** grandes almacenes *mpl*; **~ malade/mutilé** enfermo/mutilado grave; **~ public** gran público; **grande personne** persona mayor; **grande surface** hipermercado; **grandes écoles** universidades de élite francesas; *ver nota*; **grandes lignes** líneas *fpl* principales; **grandes vacances** vacaciones *fpl* de verano ▶ *adv*: **~ ouvert** abierto de par en par; **voir ~** pensar a otro nivel

- **GRANDES ÉCOLES**

  Las **grandes écoles** son centros de estudios superiores muy prestigiosos que preparan a los alumnos para el ejercicio de profesiones específicas. Solo los que han finalizado los dos años de *classes préparatoires* que siguen al *baccalauréat* pueden presentarse al examen selectivo de acceso a las mismas. Las **grandes écoles** tienen una fuerte identidad corporativa y de ellas se alimenta en gran medida la élite intelectual, administrativa y política francesa.

**grand-angle** [gʀɑ̃tɑ̃gl] *(pl* **grands-angles***) nm* gran angular *m*

**grand-angulaire** [gʀɑ̃tɑ̃gylɛʀ] *(pl* **grands-angulaires***) nm* (objetivo) gran angular *m*

**grand-chose** [gʀɑ̃ʃoz] *nmf inv*: **pas ~** poca cosa

**Grande-Bretagne** [gʀɑ̃dbʀətaɲ] *nf* Gran Bretaña

**grandement** [gʀɑ̃dmɑ̃] *adv (tout à fait)* completamente; *(largement)* ampliamente; *(généreusement)* generosamente

**grandeur** [gʀɑ̃dœʀ] *nf* tamaño; *(mesure, quantité, aussi fig)* magnitud *f*; *(gloire, puissance)* grandeza; **~ nature** tamaño natural

**grand-guignolesque** [gʀɑ̃giɲɔlɛsk] *(pl* **grand-guignolesques***) adj* teatral, histriónico(-a)

**grandiloquence** [gʀɑ̃dilɔkɑ̃s] *nf* grandilocuencia

**grandiloquent, e** [gʀɑ̃dilɔkɑ̃, ɑ̃t] *adj* grandilocuente

**grandiose** [gʀɑ̃djoz] *adj* grandioso(-a)

**grandir** [gʀɑ̃diʀ] *vi (enfant, arbre)* crecer; *(bruit, hostilité)* aumentar ▶ *vt*: **~ qn** *(suj : vêtement, chaussure)* hacer más alto(-a) a algn; *(fig)* ennoblecer a algn

**grandissant, e** [gʀɑ̃disɑ̃, ɑ̃t] *adj* creciente

**grand-mère** [gʀɑ̃mɛʀ] *(pl* **grand(s)-mères***) nf* abuela

**grand-messe** [gʀɑ̃mɛs] *(pl* **grands-messes***) nf* misa mayor

**grand-oncle** [gʀɑ̃tɔ̃kl(ə)] *(pl* **grands-oncles***) nm* tío abuelo

**grand-peine** [gʀɑ̃pɛn]: **à ~** *adv* a duras penas

**grand-père** [gʀɑ̃pɛʀ] *(pl* **grands-pères***) nm* abuelo

**grand-route** [gʀɑ̃ʀut] *(pl* **grand-routes***) nf* carretera general

**grand-rue** [gʀɑ̃ʀy] *(pl* **grand-rues***) nf* calle *f* mayor

**grands-parents** [gʀɑ̃paʀɑ̃] *nmpl* abuelos *mpl*

**grand-tante** [gʀɑ̃tɑ̃t] *(pl* **grand(s)-tantes***) nf* tía abuela

**grand-voile** [gʀɑ̃vwal] *(pl* **grand(s)-voiles***) nf* vela mayor

**grange** [gʀɑ̃ʒ] *nf* granero

**granit** [gʀanit] *nm* granito

**granite** [gʀanit] *nm* = **granit**

**granité** [gʀanite] *nm* granizado

**granitique** [gʀanitik] *adj* granítico(-a)

**granule** [gʀanyl] *nm* pastilla (pequeña)

**granulé** [gʀanyle] *nm* granulado

**granuleux, -euse** [gʀanylø, øz] *adj* granuloso(-a)

**graphe** [gʀaf] *nm* grafo

**graphème** [gʀafɛm] *nm* grafema *m*

**graphie** [gʀafi] *nf* grafía

**graphique** [gʀafik] *adj* gráfico(-a) ▶ *nm* gráfico

**graphisme** [gʀafism] *nm* grafismo

**graphiste** [gʀafist] *nm* grafista *mf*

**graphite** [gʀafit] *nm* grafito

**graphologie** [gʀafɔlɔʒi] *nf* grafología

**graphologique** [gʀafɔlɔʒik] *adj* grafológico(-a)

**graphologue** [gʀafɔlɔg] *nmf* grafólogo(-a)

**grappe** [gʀap] *nf (Bot)* racimo; *(fig)* piña; **~ de raisin** racimo de uvas

**grappiller** [gʀapije] *vt (fig)* recolectar

**grappin** [gʀapɛ̃] *nm (Tech)* gancho; **mettre le ~ sur** *(fig)* echar el guante a

**gras, se** [gʀɑ, gʀɑs] *adj (viande, soupe, cheveux)* graso(-a); *(personne)* gordo(-a); *(surface)* grasiento(-a); *(terre)* viscoso(-a); *(toux)* flemático(-a); *(rire, plaisanterie)* grosero(-a); *(crayon)* blando(-a); *(Typo)* en negrita; **faire la grasse matinée** levantarse tarde; **en caractères ~** en negrita ▶ *nm (Culin)* grasa

228 · FRANÇAIS | ESPAGNOL

## gras-double – grève

**gras-double** [gʀɑdubl] (*pl* **gras-doubles**) *nm* callos *mpl*

**grassement** [gʀɑsmɑ̃] *adv* : **~ payé** largamente pagado; (*rire*) groseramente

**grassouillet, te** [gʀɑsujɛ, ɛt] *adj* regordete

**gratifiant, e** [gʀatifjɑ̃, jɑ̃t] *adj* gratificante

**gratification** [gʀatifikasjɔ̃] *nf* gratificación *f*

**gratifier** [gʀatifje] *vt* : **~ qn de** gratificar a algn con; (*sourire etc*) honrar a algn con

**gratin** [gʀatɛ̃] *nm* gratín *m*; **au ~** gratinado(-a); **tout le ~ parisien** (*fig*) la flor y nata parisina

**gratiné, e** [gʀatine] *adj* gratinado(-a); (*fam*) espantoso(-a)

**gratinée** [gʀatine] *nf* sopa gratinada

**gratiner** [gʀatine] *vi* gratinar; **faire ~ qch** gratinar algo

**gratis** [gʀatis] *adv, adj* gratis

**gratitude** [gʀatityd] *nf* gratitud *f*

**gratouiller** [gʀatuje] (*fam*) *vt* picar

**gratte-ciel** [gʀatsjɛl] (*pl* **~(s)**) *nm* rascacielos *m inv*

**grattement** [gʀatmɑ̃] *nm* ruido (*al arañar o al raspar*)

**gratte-papier** [gʀatpapje] (*péj*) *nm inv* chupatintas *m inv*

**gratter** [gʀate] *vt* (*frotter*) raspar; (*enlever*) quitar, borrar; (*bras, bouton*) rascar; **se gratter** *vpr* rascarse

**grattoir** [gʀatwaʀ] *nm* raspador *m*

**grattouiller** [gʀatuje] (*fam*) *vt* picar

**gratuit, e** [gʀatɥi, ɥit] *adj* (*aussi fig*) gratuito(-a)

**gratuité** [gʀatɥite] *nf* gratuidad *f*

**gratuitement** [gʀatɥitmɑ̃] *adv* gratuitamente

**gravable** [gʀavabl] *adj* (*CD, DVD*) escribible

**gravats** [gʀava] *nmpl* escombros *mpl*

**grave** [gʀav] *adj* grave; (*sujet, problème*) grave, serio(-a); **ce n'est pas ~ !** ¡no importa!; **blessé ~** herido grave ▶ *nm* (*Mus*) grave *m*

**graveleux, -euse** [gʀav(ə)lø, øz] *adj* (*terre*) guijoso(-a); (*fruit*) granuloso(-a); (*chanson, propos*) escabroso(-a)

**gravement** [gʀavmɑ̃] *adv* gravemente

**graver** [gʀave] *vt* (*aussi CD, DVD*) grabar; **~ qch dans son esprit/sa mémoire** (*fig*) grabar algo en su alma/su memoria

**graveur** [gʀavœʀ] *nm* grabadora *f*; **~ de CD/ DVD** grabadora de CD/DVD

**gravier** [gʀavje] *nm* grava

**gravillons** [gʀavijɔ̃] *nmpl* gravilla

**gravir** [gʀaviʀ] *vt* subir

**gravissime** [gʀavisim] *adj* gravísimo(-a)

**gravitation** [gʀavitasjɔ̃] *nf* gravitación *f*

**gravité** [gʀavite] *nf* (*aussi Phys*) gravedad *f*

**graviter** [gʀavite] *vi* (*aussi fig*) : **~ autour de** gravitar alrededor de

**gravure** [gʀavyʀ] *nf* grabado *m*

**gré** [gʀe] *nm* : **à son ~** a su gusto; **au ~ de** a merced de; **contre le ~ de qn** contra la voluntad de algn; **de son plein ~** por su propia voluntad; **de ~ ou de force** por las buenas o por las malas; **de bon ~** con mucho gusto; **il faut le faire bon ~ mal ~** hay que hacerlo, queramos o no; **de ~ à ~** (*Comm*) de común acuerdo; **savoir ~ à qn de qch** estar agradecido(-a) a algn por algo

**grec, grecque** [gʀɛk] *adj* griego(-a) ▶ *nm* (*Ling*) griego ▶ *nm/f* : **Grec, Grecque** griego(-a)

**Grèce** [gʀɛs] *nf* Grecia

**gredin, e** [gʀədɛ̃, in] *nm/f* granuja *mf*

**gréement** [gʀemɑ̃] *nm* aparejo

**greffe** [gʀɛf] *nf* (*Agr*) injerto; (*Méd*) tra(n)splante *m*; **~ du rein** tra(n)splante de riñón ▶ *nm* (*Jur*) archivo

**greffer** [gʀefe] *vt* (*tissu*) injertar; (*organe*) transplantar; **se greffer** *vpr* : **se ~ sur qch** incorporarse a algo

**greffier, -ière** [gʀefje, jɛʀ] *nm/f* escribano forense

**greffon** [gʀefɔ̃] *nm* (*Bot* : *partie greffée*) injerto; (*Méd* : *tissu*) injerto; (: *fragment*) trasplante *m*

**grégaire** [gʀegɛʀ] *adj* gregario(-a)

**grège** [gʀɛʒ] *adj* : **soie ~** seda cruda

**grégorien, ne** [gʀegɔʀjɛ̃, jɛn] *adj* gregoriano(-a)

**grêle** [gʀɛl] *adj* flaco(-a) ▶ *nf* granizo

**grêlé, e** [gʀele] *adj* picado(-a) de viruela

**grêler** [gʀele] *vb impers* : **il grêle** graniza

**grêlon** [gʀelɔ̃] *nm* granizo

**grelot** [gʀəlo] *nm* cascabel *m*

**grelottant, e** [gʀəlɔtɑ̃, ɑ̃t] *adj* tiritando

**grelotter** [gʀəlɔte] *vi* tiritar

**Grenade** [gʀənad] *nf* (*ville, île*) Granada

**grenade** [gʀənad] *nf* (*fruit, arme*) granada; **~ lacrymogène** bomba lacrimógena

**grenadier** [gʀənadje] *nm* (*Mil*) granadero; (*Bot*) granado

**grenadine** [gʀənadin] *nf* granadina

**grenat** [gʀəna] *adj inv* granate

**grenier** [gʀənje] *nm* (*de maison*) desván *m*, altillo (*Am*), entretecho (*Am*); (*de ferme*) granero

**grenouille** [gʀənuj] *nf* rana

**grenouillère** [gʀənujɛʀ] *nf* pelele *m*

**grenu, e** [gʀəny] *adj* granoso(-a)

**grès** [gʀɛ] *nm* (*roche*) arenisca; (*poterie*) gres *msg*

**grésil** [gʀezil] *nm* granizo menudo

**grésillement** [gʀezijmɑ̃] *nm* chirrido

**grésiller** [gʀezije] *vi* (*Culin*) chisporrotear; (*Radio*) chirriar

**gressin** [gʀesɛ̃] *nm* colín *m* (*de pan*)

**grève** [gʀɛv] *nf* huelga; (*plage*) playa; **se mettre en/faire ~** declararse en/hacer huelga; **~ bouchon** huelga parcial; **~ de la faim** huelga de hambre; **~ de solidarité** huelga de solidaridad; **~ du zèle** huelga de celo; **~ perlée/sauvage** huelga intermitente/

salvaje; **~ sur le tas** huelga de brazos caídos; **~ surprise/tournante** huelga sorpresa/escalonada

**grever** [gʀəve] vt gravar; **grevé d'impôts/d'hypothèques** gravado con impuestos/con hipotecas

**gréviste** [gʀevist] nmf huelguista mf

**gribouillage** [gʀibujaʒ] nm garabato

**gribouiller** [gʀibuje] vt, vi garabatear

**gribouillis** [gʀibuji] nm garabato

**grief** [gʀijɛf] nm queja; **faire ~ à qn de qch** reprochar algo a algn

**grièvement** [gʀijɛvmɑ̃] adv gravemente; **~ blessé** herido de gravedad

**griffe** [gʀif] nf garra; (fig : d'un couturier, parfumeur) marca

**griffé, e** [gʀife] adj (fig) de marca

**griffer** [gʀife] vt arañar

**griffon** [gʀifɔ̃] nm grifón m

**griffonnage** [gʀifɔnaʒ] nm garabato

**griffonner** [gʀifɔne] vt, vi garabatear

**griffure** [gʀifyʀ] nf arañazo

**grignotage** [gʀiɲɔtaʒ] nm picoteo

**grignoter** [gʀiɲɔte] vt roer; (manger peu) mordisquear; (manger en dehors des repas) picar, picotear; (argent, temps) consumir; **il lui a grignoté quelques secondes** (Sport) consiguió arrancarle unos segundos ▶ vi (manger peu) mordisquear; (manger en dehors des repas) picar, picotear

**grigri** [gʀigʀi] nm amuleto, grisgrís m

**gril** [gʀil] nm parrilla

**grillade** [gʀijad] nf carne f a la parrilla, asado (AM)

**grillage** [gʀijaʒ] nm (treillis) reja; (clôture) alambrada

**grillager** [gʀijaʒe] vt enrejar, alambrar

**grille** [gʀij] nf reja; (fig) red f; **~ (des programmes)** (Radio, TV) parrilla (de programación); **~ des salaires** cuadro de salarios

**grille-pain** [gʀijpɛ̃] (pl **~(s)**) nm tostador m de pan

**griller** [gʀije] vt (pain, café : aussi : **faire griller**) tostar; (viande) asar; (ampoule, résistance) fundir; (feu rouge) saltar ▶ vi (brûler) asarse

**grillon** [gʀijɔ̃] nm grillo

**grimaçant, e** [gʀimasɑ̃, ɑ̃t] adj gesticulante

**grimace** [gʀimas] nf gesto; (pour rire) mueca; **faire des grimaces** hacer muecas

**grimacer** [gʀimase] vi : **~ de** hacer gestos de

**grimacier, -ière** [gʀimasje, jɛʀ] adj que hace muecas

**grimer** [gʀime] vt maquillar

**grimoire** [gʀimwaʀ] nm (de sorcellerie) libro de magia; (ouvrage illisible) galimatías m inv

**grimpant, e** [gʀɛ̃pɑ̃, ɑ̃t] adj : **plante grimpante** planta trepadora

**grimper** [gʀɛ̃pe] vt trepar a o up por ▶ vi empinarse; (prix, nombre) subir; (Sport) escalar; **~ à/sur** trepar a/por ▶ nm : **le ~** (Sport) la cuerda

**grimpeur, -euse** [gʀɛ̃pœʀ, øz] nm/f escalador(a)

**grinçant, e** [gʀɛ̃sɑ̃, ɑ̃t] adj (fig) mordaz

**grincement** [gʀɛ̃smɑ̃] nm chirrido; crujido; **~ de dents** (fig) rechinar m de dientes

**grincer** [gʀɛ̃se] vi (porte, roue) chirriar; (plancher) crujir; **~ des dents** rechinar los dientes

**grincheux, -euse** [gʀɛ̃ʃø, øz] adj cascarrabias

**gringalet** [gʀɛ̃galɛ] nm mequetrefe m (fam)

**gringue** [gʀɛ̃g] (fam) nm : **faire du ~ à qn** tirar los tejos a algn (fam)

**griotte** [gʀijɔt] nf guinda

**grippal, e, -aux** [gʀipal, o] adj griposo(-a)

**grippe** [gʀip] nf gripe f; **avoir la ~** tener gripe; **prendre qn/qch en ~** (fig) coger manía a algn/algo; **~ aviaire** gripe aviar; **~ porcine** gripe porcina

**grippé, e** [gʀipe] adj : **être ~** estar griposo(-a); (moteur) estar gripado(-a)

**gripper** [gʀipe] vt gripar ▶ vi griparse

**grippe-sou** [gʀipsu] (pl **grippe-sous**) nmf tacaño(-a)

**gris, e** [gʀi, gʀiz] adj gris inv; (ivre) alegre; **il fait ~** está nublado; **faire grise mine (à qn)** poner mala cara (a algn) ▶ nm gris msg; **~ perle** gris perla

**grisaille** [gʀizaj] nf gris msg

**grisant, e** [gʀizɑ̃, ɑ̃t] adj embriagador(a)

**grisâtre** [gʀizɑtʀ] adj grisáceo(-a); (ciel, jour) gris

**grisé** [gʀize] adj (Inform : cadre, bandeau) con fondo gris ▶ nm sombreado

**griser** [gʀize] vt (fig) embriagar; **se griser** vpr : **se ~ de** (fig) embriagarse de

**griserie** [gʀizʀi] nf embriaguez f

**grisonnant, e** [gʀizɔnɑ̃, ɑ̃t] adj entrecano(-a)

**grisonner** [gʀizɔne] vi encanecer

**Grisons** [gʀizɔ̃] nmpl : **les ~** los Grisones

**grisou** [gʀizu] nm grisú m

**gris-vert** [gʀivɛʀ] adj inv gris verdoso(-a)

**grive** [gʀiv] nf tordo

**grivois, e** [gʀivwa, waz] adj atrevido(-a)

**grivoiserie** [gʀivwazʀi] nf atrevimiento

**Groenland** [gʀɔɛnlɑ̃d] nm Groenlandia

**grog** [gʀɔg] nm ponche m

**groggy** [gʀɔgi] adj grogui

**grogne** [gʀɔɲ] (fam) nf descontento

**grognement** [gʀɔɲmɑ̃] nm gruñido

**grogner** [gʀɔɲe] vi gruñir; (personne) gruñir, refunfuñar

**grognon, ne** [gʀɔɲɔ̃, ɔn] adj gruñón(-ona)

**groin** [gʀwɛ̃] nm hocico

**grolle** [gʀɔl] (fam) nf (chaussure) zapato

**grommeler** [gʀɔm(ə)le] vi mascullar

**grondement** [gʀɔ̃dmɑ̃] nm (de tonnerre) tronido

**gronder** [gʀɔ̃de] vi (canon, tonnerre) retumbar; (animal) gruñir; (fig) amenazar con estallar ▶ vt regañar

**grondin** [gʀɔ̃dɛ̃] nm rubio (pez)

**groom** [gʀum] nm botones m inv

**gros, se** [gʀo, gʀos] adj (personne) gordo(-a); (paquet, problème, fortune) gran, grande; (travaux, dégâts) importante; (commerçant) acaudalado(-a); (orage, bruit) fuerte; (trait, fil) grueso(-a); **par ~ temps** con temporal; **par grosse mer** con mar gruesa; **en ~ plan** en primer plano; **~ porteur** (Aviat) avión m de gran capacidad; **grosse caisse** (Mus) bombo; **~ sel** sal f gorda; **~ titre** (Presse) titular m; **~ intestin** intestino grueso; **~ lot** premio gordo; **~ mot** palabrota; **~ œuvre** (Constr) obra bruta; **~ plan** (Photo) primer plano ▶ adv : **risquer/gagner ~** arriesgar/ganar mucho; **écrire ~** escribir grueso; **en avoir ~ sur le cœur** estar con el corazón muy triste ▶ nm (Comm) : **le ~** el por mayor; **en ~** en líneas generales; **prix de/vente en ~** precio/venta al por mayor; **le ~ de** (troupe, fortune) el grueso de

**groseille** [gʀozɛj] nf grosella; **~ à maquereau** grosella espinosa; **~ (blanche)/(rouge)** grosella (blanca)/(roja)

**groseillier** [gʀozeje] nm grosellero

**grosse** [gʀos] adj voir **gros** ▶ nf (Comm) gruesa

**grossesse** [gʀosɛs] nf embarazo; **~ nerveuse** falso embarazo

**grosseur** [gʀosœʀ] nf (d'une personne) gordura; (d'un paquet) tamaño; (d'un trait) grosor m; (tumeur) bulto

**grossier, -ière** [gʀosje, jɛʀ] adj (vulgaire) grosero(-a); (laine) basto(-a); (travail, finition) tosco(-a); (erreur) burdo(-a), craso(-a)

**grossièrement** [gʀosjɛʀmɑ̃] adv groseramente; toscamente; (en gros, à peu près) aproximadamente; **il s'est ~ trompé** ha cometido un craso error

**grossièreté** [gʀosjɛʀte] nf grosería

**grossir** [gʀosiʀ] vi engordar; (fig) aumentar; (rivière, eaux) crecer ▶ vt (suj : vêtement) : **~ qn** hacer gordo(-a) a algn; (nombre, importance) aumentar; (histoire, erreur) exagerar

**grossissant, e** [gʀosisɑ̃, ɑ̃t] adj de aumento

**grossissement** [gʀosismɑ̃] nm aumento

**grossiste** [gʀosist] nmf (Comm) mayorista mf

**grosso modo** [gʀosomɔdo] adv grosso modo

**grotesque** [gʀɔtɛsk] adj grotesco(-a)

**grotte** [gʀɔt] nf gruta, cueva

**grouiller** [gʀuje] vi (foule) bullir; (fourmis) pulular; **~ de** estar atestado(-a) de; **se grouiller** vpr (fam) espabilar

**groupe** [gʀup] nm grupo; **médecine/thérapie de ~** medicina/terapia de grupo; **~ de parole** grupo de apoyo; **~ de pression** grupo de presión; **~ électrogène** grupo electrógeno; **~ sanguin/scolaire** grupo sanguíneo/escolar

**groupement** [gʀupmɑ̃] nm agrupación f; **~ d'intérêt économique** agrupación con intereses económicos

**grouper** [gʀupe] vt agrupar; **se grouper** vpr agruparse

**groupie** [gʀupi] nf groupie f

**groupuscule** [gʀupyskyl] (péj) nm grupúsculo

**gruau** [gʀyo] nm : **pain de ~** pan m candeal

**grue** [gʀy] nf grúa; (Zool) grulla; **faire le pied de ~** (fam) estar de plantón (fam)

**gruger** [gʀyʒe] vt timar

**grumeaux** [gʀymo] nmpl grumos mpl

**grumeleux, -euse** [gʀym(ə)lø, øz] adj (sauce) grumoso(-a); (peau) granuloso(-a)

**grutier** [gʀytje] nm conductor m ou operador m de grúa

**gruyère** [gʀyjɛʀ] nm gruyère m

**Guadeloupe** [gwadlup] nf Guadalupe f

**guadeloupéen, ne** [gwadlupeɛ̃, ɛn] adj guadalupeño(-a) ▶ nm/f : **Guadeloupéen, ne** guadalupeño(-a)

**guano** [gwano] nm guano

**Guatemala** [gwatemala] nm Guatemala

**guatémaltèque** [gwatemaltɛk] adj guatemalteco(-a) ▶ nmf : **Guatémaltèque** guatemalteco(-a)

**gué** [ge] nm vado; **passer à ~** vadear

**guenilles** [gənij] nfpl harapos mpl

**guenon** [gənɔ̃] nf mona

**guépard** [gepaʀ] nm guepardo

**guêpe** [gɛp] nf avispa

**guêpier** [gepje] nm (fig) avispero

**guêpière** [gɛpjɛʀ] nf faja

**guère** [gɛʀ] adv (avec adjectif, adverbe) : **ne ... ~** poco; (avec verbe) poco, apenas; **tu n'es ~ raisonnable** eres poco razonable; **il ne la connaît ~** apenas la conoce; **il n'y a ~ de** apenas hay; **il n'y a ~ que toi qui puisse le faire** apenas hay otro que puede hacerlo más que tú

**guéri, e** [geʀi] adj curado(-a); **être ~ de** (fig) estar curado(-a) de

**guéridon** [geʀidɔ̃] nm velador m

**guérilla** [geʀija] nf guerrilla

**guérillero** [geʀijeʀo] nm guerrillero(-a)

**guérir** [geʀiʀ] vt curar; **~ qn de** curar a algn de ▶ vi (personne) curarse; (plaie) curarse, sanar; **~ de** (Méd, fig) curar de

**guérison** [geʀizɔ̃] nf curación f

**guérissable** [geʀisabl] adj curable

**guérisseur, -euse** [geʀisœʀ, øz] nm/f curandero(-a)

**guérite** [geʀit] nf garita

**Guernesey** [gɛʀn(ə)zɛ] nf Guernesey m

**guerre** [gɛʀ] nf guerra; **~ atomique/de tranchées/d'usure** guerra atómica/de trincheras/de desgaste; **en ~** en guerra; **faire la ~ à** hacer la guerra a; **de ~ lasse** (fig) cansado(-a) de luchar; **de bonne ~**

legítimo(-a); ~ **civile** guerra civil; ~ **de religion** guerra de religión; ~ **froide/mondiale** guerra fría/mundial; ~ **sainte** guerra santa; ~ **totale** guerra total
**guerrier, -ière** [gɛRje, jɛR] *adj, nm/f* guerrero(-a)
**guerroyer** [gɛRwaje] *vi* guerrear
**guet** [gɛ] *nm* : **faire le** ~ estar al acecho
**guet-apens** [gɛtapɑ̃] (*pl* **guets-apens**) *nm* emboscada
**guêtre** [gɛtR(ə)] *nf* polaina
**guetter** [gete] *vt* (*pour épier, surprendre*) acechar; (*attendre*) aguardar
**guetteur** [getœR] *nm* centinela *m*
**gueulante** [gœlɑ̃t] *nf* (*fam*) : **pousser une ~ (contre)** montar un pollo (a) (*fam*)
**gueulard, e** [gœlaR, aRd] (*fam*) *adj* (*personne*) vocinglero(-a); (*criard : musique*) chillón(-ona) ▶ *nm/f* vocinglero(-a)
**gueule** [gœl] *nf* (*d'animal*) hocico; (*du canon, tunnel*) boca; (*fam : visage*) jeta (*fam*); (: *bouche*) pico (*fam*); **ta ~ !** (*fam*) ¡cierra el pico! (*fam*); ~ **de bois** (*fam*) resaca
**gueule-de-loup** [gœldəlu] (*pl* **gueules-de-loup**) *nf* (*boca de*) dragón *m*
**gueuler** [gœle] (*fam*) *vi* chillar
**gueuleton** [gœltɔ̃] (*fam*) *nm* comilona (*fam*)
**gueux** [gø] *nm* mendigo; (*coquin*) bribón *m*
**gugusse** [gygys] (*fam*) *nm* payaso (*fam*)
**gui** [gi] *nm* muérdago
**guibolle, guibole** [gibɔl] *nf* (*fam : jambe*) pierna, pata (*fam*)
**guichet** [giʃɛ] *nm* (*d'un bureau, d'une banque*) ventanilla; (*d'une porte*) portillo; **les guichets** (*à la gare, au théâtre*) la taquilla, la boletería (Am); **jouer à guichets fermés** actuar con todas las entradas vendidas
**guichetier, -ière** [giʃ(ə)tje, jɛR] *nm/f* taquillero(-a)
**guide** [gid] *nmf* guía *mf* ▶ *nm* (*livre*) guía *f* ▶ *nf* guía; **guides** *nfpl* (*d'un cheval*) riendas *fpl*
**guider** [gide] *vt* guiar
**guidon** [gidɔ̃] *nm* manillar *m*
**guigne** [giɲ] *nf* : **avoir la ~** tener la negra
**guigner** [giɲe] *vt* (*convoiter*) codiciar; (*regarder à la dérobée*) mirar de reojo
**guignol** [giɲɔl] *nm* guiñol *m*; (*fig*) payaso
**guili-guili** [giligili] (*fam*) *nm inv* cosquillas *fpl*; **faire des ~ à qn** hacer cosquillas a algn
**guillemets** [gijmɛ] *nmpl* : **entre ~** entre comillas
**guilleret, te** [gijRɛ, ɛt] *adj* vivaracho(-a)
**guillotine** [gijɔtin] *nf* guillotina
**guillotiner** [gijɔtine] *vt* guillotinar
**guimauve** [gimov] *nf* (*Bot*) malvavisco; (*sucrerie*) nube *f*; (*fig*) ñoñez *f*
**guimbarde** [gɛ̃baRd] *nf* (*vieille voiture*) cacharro (*fam*); (*instrument de musique*) birimbao
**guincher** [gɛ̃ʃe] *vi* (*fam*) bailar, mover el esqueleto (*fam*)
**guindé, e** [gɛ̃de] *adj* estirado(-a)
**Guinée** [gine] *nf* : **la (République de) ~** la (República de) Guinea; **la ~ équatoriale** la Guinea Ecuatorial
**Guinée-Bissau** [ginebiso] *nf* Guinea-Bissau
**guinéen, ne** [gineɛ̃, ɛn] *adj* guineano(-a) ▶ *nm/f* : **Guinéen, ne** guineano(-a)
**guingois** [gɛ̃gwa] : **de ~** *adv* de través
**guinguette** [gɛ̃gɛt] *nf* merendero
**guirlande** [giRlɑ̃d] *nf* guirnalda; ~ **de Noël/lumineuse** guirnalda de Navidad/de luces
**guise** [giz] *nf* : **à votre ~** como guste; **en ~ de** (*en manière de, comme*) a guisa de; (*à la place de*) en lugar de
**guitare** [gitaR] *nf* guitarra; ~ **sèche** guitarra española
**guitariste** [gitaRist] *nmf* guitarrista *mf*
**gustatif, -ive** [gystatif, iv] *adj* gustativo(-a); *voir* **papille**
**guttural, e, -aux** [gytyRal, o] *adj* gutural
**guyanais, e** [gɥijanɛ, ɛz] *adj* guayanés(-esa) ▶ *nm/f* : **Guyanais, e** guayanés(-esa)
**Guyane** [gɥijan] *nf* Guayana; **la ~ française** la Guayana francesa
**gymkhana** [ʒimkana] *nm* gymkana; ~ **motocycliste** gymkana de motos
**gymnase** [ʒimnaz] *nm* gimnasio
**gymnaste** [ʒimnast] *nmf* gimnasta *mf*
**gymnastique** [ʒimnastik] *nf* gimnasia; ~ **corrective/rythmique** gimnasia correctiva/rítmica
**gymnique** [ʒimnik] *adj* gímnico(-a)
**gynéco** [ʒineko] *nmf* (*aussi* : **gynécologue**) ginecólogo(-a)
**gynécologie** [ʒinekɔlɔʒi] *nf* ginecología
**gynécologique** [ʒinekɔlɔʒik] *adj* ginecológico(-a)
**gynécologue** [ʒinekɔlɔg] *nmf* ginecólogo(-a)
**gypse** [ʒips] *nm* yeso
**gyrocompas** [ʒiRokɔ̃pa] *nm* girocompás *msg*
**gyrophare** [ʒiRofaR] *nm* (*sur une voiture*) faro giratorio

# Hh

**H¹, h** [aʃ] nm inv (lettre) H, h f; **bombe H** bomba H; **à l'heure H** a la hora H; **H comme Henri** ≈ H de Historia
**H²** [aʃ] abr (= hydrogène) H (= hidrógeno)
**ha** abr (= hectare(s)) ha. (= hectárea(s))
**hab.** abr = **habitant**
**habile** [abil] adj hábil
**habilement** [abilmã] adv hábilmente
**habileté** [abilte] nf habilidad f
**habilité, e** [abilite] adj : **~ à faire** habilitado(-a) para hacer
**habiliter** [abilite] vt habilitar
**habillage** [abijaʒ] nm (el) vestir m; (d'un objet) revestimiento
**habillé, e** [abije] adj vestido(-a); (robe, costume) elegante; **~ de** (Tech) revestido(-a) de, forrado(-a) con
**habillement** [abijmã] nm ropa; (profession) confección f
**habiller** [abije] vt vestir; (objet) revestir, forrar; **s'habiller** vpr vestirse; (mettre des vêtements chic) vestir bien, ir bien vestido(-a); **s'~ de/en** vestirse de; **s'~ chez/à** vestirse en
**habilleuse** [abijøz] nf (Ciné, Théâtre) encargada del vestuario
**habit** [abi] nm traje m; **prendre l'~** (Rel) tomar hábito; **~ (de soirée)** traje de etiqueta; **habits** nmpl (vêtements) ropa
**habitabilité** [abitabilite] nf (de logement) habitabilidad f; (de voiture) capacidad f
**habitable** [abitabl] adj habitable
**habitacle** [abitakl] nm (de voiture) interior m; (de fusée etc) cabina
**habitant, e** [abitã, ãt] nm/f habitante mf; (d'une maison) ocupante mf; (d'un immeuble) vecino(-a); **loger chez l'~** alojarse con gente de la zona
**habitat** [abita] nm hábitat m
**habitation** [abitasjɔ̃] nf (bâtiment) vivienda; (domicile) domicilio; (fait de résider) habitación f; **habitations à loyer modéré** viviendas oficiales de bajo alquiler

⚠ No debe traducirse normalmente por habitación, cuya acepción más frecuente corresponde en francés a **pièce** y si se destina principalmente para dormir, a **chambre**.

**habité, e** [abite] adj habitado(-a)
**habiter** [abite] vt vivir en; (suj : sentiment, envie) anidar en ▶ vi : **~ à** ou **dans** vivir en; **~ chez** ou **avec qn** vivir en casa de ou con algn; **~ rue Montmartre** vivir en la calle Montmartre
**habitude** [abityd] nf costumbre f; **avoir l'~ de faire/qch** tener la costumbre de hacer/algo; (expérience) estar acostumbrado(-a) a hacer/algo; **avoir l'~ des enfants** estar acostumbrado(-a) a los niños; **prendre l'~ de faire qch** acostumbrarse a hacer algo; **perdre une ~** perder una costumbre; **d'~** normalmente; **comme d'~** como de costumbre; **par ~** por hábito ou costumbre
**habitué, e** [abitɥe] adj : **être ~ à** estar acostumbrado(-a) a ▶ nm/f (d'une maison) amigo(-a); (client : d'un café, d'un lieu) parroquiano(-a)
**habituel, le** [abitɥɛl] adj habitual; **à l'endroit ~** en el sitio habitual
**habituellement** [abitɥɛlmã] adv habitualmente; (presque toujours) generalmente
**habituer** [abitɥe] vt : **~ qn à qch/faire** acostumbrar a algn a algo/hacer; **s'habituer à** vpr acostumbrarse a; **s'~ à faire** acostumbrarse a hacer
**hâbleur, -euse** ['ablœʀ, øz] adj fanfarrón(-ona)
**hache** ['aʃ] nf hacha
**haché, e** ['aʃe] adj (Culin) picado(-a); (mot, style) entrecortado(-a); **viande hachée** carne f picada, picadillo
**hache-légumes** ['aʃlegym] nm inv picadora de legumbres
**hacher** ['aʃe] vt (viande, persil) picar; (entrecouper) cortar; **~ menu** hacer picadillo
**hachette** ['aʃɛt] nf hachuela
**hache-viande** ['aʃvjɑ̃d] nm picadora; (couteau) cuchilla de carnicero
**hachis** ['aʃi] nm picadillo; **~ de viande** picadillo de carne; **~ parmentier** pastel de carne picada de vaca y puré de patatas
**hachisch** ['aʃiʃ] nm voir **haschisch**
**hachoir** ['aʃwaʀ] nm (instrument) cuchilla de carnicero; (appareil) picadora; (planche) tabla de picar

## hachurer – hardiment

**hachurer** [aʃyʀe] *vt* (*Art*) plumear
**hachures** [ʾaʃyʀ] *nfpl* (*Art*) plumeado *msg*
**hagard, e** [ʾagaʀ, aʀd] *adj* enloquecido(-a)
**hagiographie** [aʒjɔgʀafi] *nf* hagiografía
**haie** [ʾɛ] *nf* seto; (*Sport*) valla; (*fig*: *rang*) hilera; **110 m/400 m haies** 110 m/400 m vallas; **~ d'honneur** hilera de honor
**haillons** [ʾajɔ̃] *nmpl* harapos *mpl*, andrajos *mpl*; **en ~** harapiento(-a), andrajoso(-a)
**haine** [ʾɛn] *nf* odio
**haineux, -euse** [ʾɛnø, øz] *adj* : **regard ~** mirada de odio
**haïr** [aiʀ] *vt* odiar; **se haïr** *vpr* odiarse
**hais** [ʾɛ] *vb voir* **haïr**
**haïs** [ʾai] *vb voir* **haïr**
**haïssable** [ʾaisabl] *adj* aborrecible
**Haïti** [aiti] *n* Haití *m*
**haïtien, ne** [aisjɛ̃, ɛn] *adj* haitiano(-a) ▶ *nm/f* : **Haïtien, ne** haitiano(-a)
**halage** [ʾalaʒ] *nm* : **chemin de ~** camino de sirga
**hâle** [ʾɑl] *nm* bronceado
**hâlé, e** [ʾɑle] *adj* bronceado(-a)
**haleine** [alɛn] *nf* aliento; **perdre ~** perder el aliento *ou* la respiración; **à perdre ~** hasta perder el aliento; **avoir mauvaise ~** tener mal aliento; **reprendre ~** recobrar el aliento; **hors d'~** sin aliento; **tenir en ~** tener en vilo; **de longue ~** de mucho esfuerzo
**haler** [ʾale] *vt* (*câble*) halar; (*remorquer*) sirgar
**haletant, e** [ʾal(ə)tɑ̃, ɑ̃t] *adj* (*personne*, *animal*) jadeante; (*match*, *rencontre*) apasionante
**haleter** [ʾalte] *vi* jadear
**hall** [ʾol] *nm* vestíbulo
**hallali** [alali] *nm* toque *m* de acoso
**halle** [ʾal] *nf* mercado; **halles** *nfpl* (*marché principal*) mercado central
**hallebarde** [ʾalbaʀd] *nf* alabarda; **il pleut des hallebardes** llueve a cántaros
**hallucinant, e** [alysinɑ̃, ɑ̃t] *adj* alucinante
**hallucination** [alysinasjɔ̃] *nf* alucinación *f*; **~ collective** alucinación colectiva
**hallucinatoire** [alysinatwaʀ] *adj* alucinador(a)
**halluciné, e** [alysine] *nm/f* alucinado(-a); (*fou*) loco(-a)
**halluciner** [a(l)lysine] (*fam*) *vi* alucinar (*fam*); **j'hallucine !** ¡alucino!; **~ sur qch** alucinar con algo
**hallucinogène** [a(l)lysinɔʒɛn] *adj* alucinógeno(-a) ▶ *nm* alucinógeno
**halo** [ʾalo] *nm* halo
**halogène** [alɔʒɛn] *nm* : **lampe (à) ~** lámpara halógena
**halte** [ʾalt] *nf* alto; (*escale*) parada; (*Rail*) apeadero; (*excl*) ¡alto!; **faire ~** hacer un alto, pararse
**halte-garderie** [ʾaltgaʀdəʀi] (*pl* **haltes-garderies**) *nf* guardería

**haltère** [altɛʀ] *nm* pesa; **haltères** *nmpl* : **faire des haltères** hacer pesas
**haltérophile** [altɛʀɔfil] *nmf* halterófilo(-a)
**haltérophilie** [altɛʀɔfili] *nf* halterofilia
**hamac** [ʾamak] *nm* hamaca
**hamburger** [ʾɑ̃buʀɡœʀ] *nm* hamburguesa
**hameau, x** [ʾamo] *nm* aldea
**hameçon** [amsɔ̃] *nm* anzuelo
**hameçonnage** [amsɔnaʒ] *nm* (*Internet*) phishing *m*
**hampe** [ʾɑ̃p] *nf* asta
**hamster** [ʾamstɛʀ] *nm* hámster *m*
**hanche** [ʾɑ̃ʃ] *nf* cadera
**hand** [ʾɑ̃d] (*fam*) *nm* balonmano
**handball** [ʾɑ̃dbal] (*pl* **handballs**) *nm* balonmano
**handballeur, -euse** [ʾɑ̃dbalœʀ, øz] *nm/f* jugador(a) de balonmano
**handicap** [ʾɑ̃dikap] *nm* handicap *m*
**handicapé, e** [ʾɑ̃dikape] *adj*, *nm/f* discapacitado(-a); **réservé aux handicapés** reservado para personas discapacitadas; **~ mental** discapacitado(-a) psíquico(-a); **~ moteur** discapacitado(-a) motor; **~ physique** discapacitado(-a) físico(-a)
**handicaper** [ʾɑ̃dikape] *vt* ser una desventaja para; (*Sport*) handicapar
**handisport** [ʾɑ̃dispɔʀ] *adj* paralímpico(-a); **jeux olympiques handisports** juegos *mpl* paralímpicos
**hangar** [ʾɑ̃gaʀ] *nm* cobertizo, galpón *m* (*CSUR*); (*Aviat*) hangar *m*
**hanneton** [ʾɑ̃tɔ̃] *nm* abejorro
**hanté, e** [ʾɑ̃te] *adj* (*maison*, *château*) encantado(-a)
**hanter** [ʾɑ̃te] *vt* (*suj*: *fantôme*) aparecer en; (*suj*: *idée*, *souvenir*) obsesionar, atormentar
**hantise** [ʾɑ̃tiz] *nf* fobia; **avoir la ~ de faire qch** tener fobia a hacer algo
**happer** [ʾape] *vt* (*avec la bouche*) atrapar; (*suj*: *train*, *voiture*) atropellar
**harangue** [ʾaʀɑ̃g] *nf* arenga
**haranguer** [ʾaʀɑ̃ge] *vt* arengar; (*sermonner*) sermonear
**haras** [ʾaʀɑ] *nm* acaballadero
**harassant, e** [ʾaʀasɑ̃, ɑ̃t] *adj* abrumador(a)
**harassé, e** [ʾaʀase] *adj* abrumado(-a); **être ~ de** (*travail etc*) estar abrumado(-a) de
**harcèlement** [ʾaʀsɛlmɑ̃] *nm* (*Chasse*, *fig*) acoso; (*Mil*) hostigamiento; **~ moral** acoso moral, mobbing *m*; **~ sexuel** acoso sexual
**harceler** [ʾaʀsəle] *vt* (*Chasse*, *fig*) acosar; (*Mil*) hostigar; **~ de questions** acosar a preguntas
**hardes** [ʾaʀd] (*péj*) *nfpl* trapos *mpl* (*fam*)
**hardi, e** [ʾaʀdi] *adj* audaz; (*décolleté*) atrevido(-a)
**hardiesse** [ʾaʀdjɛs] *nf* audacia; (*péj*: *effronterie*) atrevimiento; **hardiesses** *nfpl* (*actions*, *paroles*) libertades *fpl*
**hardiment** [ʾaʀdimɑ̃] *adv* audazmente

234 · FRANÇAIS | ESPAGNOL

**harem** ['aʀɛm] *nm* harén *m*
**hareng** ['aʀɑ̃] *nm* arenque *m*; **~ saur** arenque ahumado
**hargne** ['aʀɲ] *nf* saña
**hargneusement** ['aʀɲøzmɑ̃] *adv* con saña
**hargneux, -euse** ['aʀɲø, øz] *adj* arisco(-a), hosco(-a); (*critiques*) acerbo(-a)
**haricot** ['aʀiko] *nm* (*Bot*) judía; **~ blanc/ rouge** alubia blanca/pinta; **~ vert** judía verde
**harissa** [aʀisa] *nf* harissa, *condimento a base de guindilla*
**harki** ['aʀki] *nm* argelino alistado en el ejército francés durante la guerra de la independencia de Argelia
**harmonica** [aʀmɔnika] *nm* armónica
**harmonie** [aʀmɔni] *nf* armonía
**harmonieusement** [aʀmɔnjøzmɑ̃] *adv* armoniosamente
**harmonieux, -euse** [aʀmɔnjø, jøz] *adj* armonioso(-a)
**harmonique** [aʀmɔnik] *nm* (*Mus*) armónico
**harmoniser** [aʀmɔnize] *vt* armonizar; **s'harmoniser** *vpr* armonizar
**harmonium** [aʀmɔnjɔm] *nm* armonio
**harnaché, e** ['aʀnaʃe] *adj* (*fig*) ataviado(-a)
**harnachement** ['aʀnaʃmɑ̃] *nm* (*habillement*) atavío; (*équipement*) arneses *mpl*
**harnacher** ['aʀnaʃe] *vt* enjaezar
**harnais** ['aʀnɛ] *nm* arreos *mpl*
**haro** ['aʀo] *nm* : **crier ~ sur qn/qch** gritar indignado(-a) contra algn/algo
**harpe** ['aʀp] *nf* arpa
**harpie** ['aʀpi] *nf* arpía
**harpiste** ['aʀpist] *nmf* arpista *mf*
**harpon** ['aʀpɔ̃] *nm* arpón *m*
**harponner** ['aʀpɔne] *vt* arponear; (*fam*) enganchar (*fam*)
**hasard** ['azaʀ] *nm* azar *m*; **un ~** una casualidad; (*chance*) una suerte; **au ~** al azar; (*à l'aveuglette*) a ciegas; **par ~** por casualidad; **comme par ~** como de casualidad; **à tout ~** por si acaso
**hasarder** ['azaʀde] *vt* (*mot*) aventurar; (*fortune*) arriesgar; **se hasarder** *vpr* : **se ~ à faire** aventurarse a hacer
**hasardeux, -euse** ['azaʀdø, øz] *adj* (*entreprise*) arriesgado(-a); (*hypothèse*) aventurado(-a)
**hasch** ['aʃ] *nm* (*fam*) chocolate *m* (*fam*), costo (*fam*)
**haschisch** ['aʃiʃ] *nm* hachís *m*
**hassidique** [asidik] *adj* hasídico(-a), jasídico(-a)
**hâte** ['at] *nf* prisa; **à la ~** de prisa; **en ~** rápidamente; **avoir ~ de** tener prisa por
**hâter** ['ate] *vt* apresurar; **se hâter** *vpr* apresurarse; **se ~ de** apresurarse a
**hâtif, -ive** ['atif, iv] *adj* precipitado(-a); (*fruit, légume*) temprano(-a)
**hâtivement** ['ativmɑ̃] *adv* apresuradamente

**hauban** [obɑ̃] *nm* (*Naut*) obenque *m*
**hausse** ['os] *nf* alza; (*de la température*) subida, aumento; **à la ~** al alza; **en ~** (*prix*) en alza; (*température*) en aumento
**haussement** ['osmɑ̃] *nm* : **~ d'épaules** encogimiento de hombros; **avec un ~ de sourcils** arqueando las cejas
**hausser** ['ose] *vt* subir; **~ les épaules** encogerse de hombros; **~ les sourcils** arquear las cejas; **se hausser** *vpr* : **se ~ sur la pointe des pieds** ponerse de puntillas
**haussier, -ière** ['osje, jɛʀ] *adj* (*Fin* : *marché, scénario*) alcista
**haut, e** ['o, 'ot] *adj* alto(-a); (*température, pression*) elevado(-a), alto(-a); **~ de 2 m/5 étages** de 2 m/ 5 pisos de altura; **en haute montagne** en alta montaña; **en ~ lieu** en las altas esferas; **à haute voix, tout ~** en voz alta; **~ en couleur** (*personnage, scène*) pintoresco(-a); **un personnage ~ en couleur** un personaje pintoresco; **plus ~** más alto; (*dans un texte*) más arriba; **~ débit** (*Inform*) alta velocidad *f*; **haute coiffure/couture** alta peluquería/ costura; **haute fidélité** (*Élec*) alta fidelidad *f*; **haute finance** altas finanzas *fpl*; **haute trahison** alta traición *f* ▶ *adv* : **être/monter/ lever ~** estar/subir/levantar en alto; **tomber de ~** caer desde lo alto; (*fig*) quedarse de una pieza; **dire qch bien ~** decir algo bien fuerte; **prendre qch de ~** tomar algo con desdén; **traiter qn de ~** tratar con altanería a algn; **en ~** arriba; **en ~ de** (*être situé*) por encima de; (*aller, monter*) a lo alto de; « **~ les mains !** » « ¡arriba las manos! » ▶ *nm* alto; (*d'un arbre*) copa; (*d'une montagne*) cumbre *f*; **de 3 m de ~** de 3 m de alto *ou* altura; **des hauts et des bas** altibajos *mpl*; **du ~ de** desde lo alto de; **de ~ en bas** (*regarder*) de arriba abajo; (*frapper*) por todas partes
**hautain, e** ['otɛ̃, ɛn] *adj* altanero(-a)
**hautbois** ['obwa] *nm* oboe *m*
**hautboïste** ['obɔist] *nmf* oboe *mf*
**haut-commissaire** ['okɔmisɛʀ] (*pl* **hauts-commissaires**) *nmf* alto(-a) comisario(-a)
**haut-commissariat** ['okɔmisaʀja] (*pl* **hauts-commissariats**) *nm* alto comisionado
**haut-de-forme** ['odfɔʀm] (*pl* **hauts-de-forme**) *nm* sombrero de copa
**haute-contre** ['otkɔ̃tʀ] (*pl* **hautes-contre**) *nmf* (*Mus*) contralto
**hautement** ['otmɑ̃] *adv* sumamente
**hauteur** ['otœʀ] *nf* altura; (*noblesse*) grandeza; (*arrogance*) altanería, altivez *f*; **à ~ de** a la altura de; **à ~ des yeux** a la altura de los ojos; **à la ~ de** al nivel de; **à la ~** (*fig*) a la altura
**Haute-Volta** ['otvɔlta] *nf* Alto Volta
**haut-fond** ['ofɔ̃] (*pl* **hauts-fonds**) *nm* bajío
**haut-fourneau** ['ofuʀno] (*pl* **hauts-fourneaux**) *nm* alto horno

**haut-le-cœur** ['olkœʀ] *nm inv* náusea
**haut-le-corps** ['olkɔʀ] *nm inv* sobresalto
**haut-parleur** ['opaʀlœʀ] (*pl* **haut-parleurs**) *nm* altavoz *m*
**hauturier, -ière** ['otyʀje, jɛʀ] *adj* (*Naut*) : **pêche hauturière** pesca de altura
**havanais, e** ['avanɛ, ɛz] *adj* habano(-a) ▶ *nm/f* : **Havanais, e** habano(-a)
**Havane** ['avan] *nf* : **la ~** La Habana
**havane** ['avan] *nm* (*cigare*) habano
**hâve** ['ɑv] *adj* macilento(-a)
**havrais, e** ['ɑvʀɛ, ɛz] *adj* de Le Havre ▶ *nm/f* : **Havrais, e** nativo(-a) *ou* habitante *mf* de Le Havre
**havre** ['ɑvʀ] *nm* refugio
**havresac** ['ɑvʀəsak] *nm* mochila
**Hawaï, Hawaii** [awai] *n* Hawai; **les îles ~** las islas Hawai
**hawaïen, ne** [awajɛ̃, ɛn] *adj* hawaiano(-a) ▶ *nm* (*Ling*) hawaiano ▶ *nm/f* : **Hawaïen, ne** hawaiano(-a)
**Haye** ['ɛ] *n* : **la ~** La Haya
**hayon** ['ɛjɔ̃] *nm* (*Auto*) portón *m* trasero
**HCR** *sigle m* (= *Haut-Commissariat des Nations unies pour les réfugiés*) ACNUR (= *Alto Comisionado de las Naciones Unidas para los Refugiados*)
**hé** ['e] *excl* ¡eh!
**hebdo** [ɛbdo] (*fam*) *nm* semanario
**hebdomadaire** [ɛbdɔmadɛʀ] *adj* semanal ▶ *nm* semanario
**hébergement** [ebɛʀʒəmɑ̃] *nm* alojamiento, hospedaje *m*
**héberger** [ebɛʀʒe] *vt* alojar, hospedar; (*réfugiés*) alojar
**hébergeur** [ebɛʀʒœʀ] *nm* (*Internet*) servidor *m*
**hébété, e** [ebete] *adj* atontado(-a)
**hébétude** [ebetyd] *nf* entorpecimiento
**hébraïque** [ebʀaik] *adj* hebraico(-a)
**hébreu, x** [ebʀø] *adj* hebreo(-a) ▶ *nm* hebreo
**HEC** ['aʃese] *sigle fpl* (= *École des hautes études commerciales*) escuela de élite de comercio
**hécatombe** [ekatɔ̃b] *nf* hecatombe *f*
**hectare** [ɛktaʀ] *nm* hectárea
**hecto...** [ɛkto] *préf* hecto...
**hectolitre** [ɛktɔlitʀ] *nm* hectolitro
**hectomètre** [ɛktɔmɛtʀ] *nm* hectómetro
**hédonisme** [edɔnism] *nm* hedonismo
**hédoniste** [edɔnist] *adj, nmf* hedonista *mf*
**hégémonie** [eʒemɔni] *nf* hegemonía
**hégémonique** [eʒemɔnik] *adj* hegemónico(-a)
**hein** ['ɛ̃] *excl* (*comment ?*) ¿eh?; **tu m'approuves, ~ ?** ¿estás de acuerdo, eh?; **Paul est venu, ~ ?** Pablo vino, ¿no?; **j'ai eu tort, ~ ?** me equivoqué, ¿no?; **que fais-tu, ~ ?** ¿qué haces, eh?
**hélas** ['elɑs] *excl* ¡ay! ▶ *adv* desgraciadamente
**héler** ['ele] *vt* llamar; **~ un taxi** llamar un taxi
**hélice** [elis] *nf* hélice *f*; **escalier en ~** escalera de caracol

**hélicoïdal, e, -aux** [elikɔidal, o] *adj* helicoidal
**hélicoptère** [elikɔptɛʀ] *nm* helicóptero
**hélio** [eljo], **héliogravure** [eljɔgʀavyʀ] *nf* heliograbado
**héliomarin, e** [eljɔmaʀɛ̃, in] *adj* : **centre ~** sanatorio marítimo
**héliotrope** [eljɔtʀɔp] *nm* heliotropo
**héliport** [elipɔʀ] *nm* helipuerto
**héliporté, e** [elipɔʀte] *adj* helitransportado(-a)
**hélitreuillage** [elitʀœjaʒ] *nm* izado a un helicóptero
**hélitreuiller** [elitʀœje] *vt* izar a un helicóptero
**hélium** [eljɔm] *nm* helio
**hellébore** [e(ɛl)lebɔʀ] *nm* (*Bot*) eléboro
**hellène** [elɛn] *adj* heleno(-a)
**hellénique** [elenik] *adj* helénico(-a)
**hellénisant, e** [elenizɑ̃, ɑ̃t] *adj* helenista
**helléniste** [elenist] *nmf* helenista *mf*
**Helsinki** [ɛlzinki] *n* Helsinki
**helvète** [ɛlvɛt] *adj* helvecio(-a) ▶ *nmf* : **Helvète** helvecio(-a)
**Helvétie** [ɛlvesi] *nf* Helvecia
**helvétique** [ɛlvetik] *adj* helvético(-a)
**hématite** [ematit] *nf* (*pierre*) hematites *f inv*
**hématologie** [ematɔlɔʒi] *nf* hematología
**hématome** [ematom] *nm* hematoma *m*
**hémicycle** [emisikl] *nm* hemiciclo; (*Pol*) : **l'~** el hemiciclo
**hémiplégie** [emipleʒi] *nf* hemiplejía
**hémiplégique** [emipleʒik] *adj, nmf* hemipléjico(-a)
**hémisphère** [emisfɛʀ] *nm* : **~ nord/sud** hemisferio norte/sur
**hémisphérique** [emisfeʀik] *adj* hemisférico(-a)
**hémistiche** [emistiʃ] *nm* (*moitié de vers*) hemistiquio ; (*césure*) cesura
**hémodialyse** [emodjaliz] *nf* hemodiálisis *f inv*
**hémoglobine** [emɔglɔbin] *nf* hemoglobina
**hémophile** [emɔfil] *adj* hemofílico(-a)
**hémophilie** [emɔfili] *nf* hemofilia
**hémorragie** [emɔʀaʒi] *nf* hemorragia; **~ cérébrale/interne/nasale** hemorragia cerebral/interna/nasal
**hémorragique** [emɔʀaʒik] *adj* hemorrágico(-a)
**hémorroïdes** [emɔʀɔid] *nfpl* almorranas *fpl*, hemorroides *fpl*
**hémostatique** [emɔstatik] *adj* hemostático(-a)
**henné** ['ene] *nm* alheña
**hennir** ['eniʀ] *vi* relinchar
**hennissement** ['enismɑ̃] *nm* relincho
**hep** ['ɛp] *excl* ¡eh!
**hépatique** [epatik] *adj* hepático(-a)
**hépatite** [epatit] *nf* hepatitis *f inv*

## heptathlon – heurté

**heptathlon** [ɛptatlɔ̃] nm heptatlón m
**héraldique** [eRaldik] nf heráldica
**herbacé, e** [ɛRbase] adj herbáceo(-a); **plantes herbacées** plantas fpl herbáceas
**herbage** [ɛRbaʒ] nm herbaje m
**herbe** [ɛRb] nf hierba; **en ~** en cierne; **de l'~** hierba; **touffe/brin d'~** mata/brizna de hierba
**herbeux, -euse** [ɛRbø, øz] adj herboso(-a)
**herbicide** [ɛRbisid] nm herbicida m
**herbier** [ɛRbje] nm herbario
**herbivore** [ɛRbivɔR] nm herbívoro
**herboriser** [ɛRbɔRize] vi herborizar
**herboriste** [ɛRbɔRist] nmf herbolario(-a)
**herboristerie** [ɛRbɔRistəRi] nf (magasin) herbolario, herboristería; (commerce) comercio de plantas medicinales
**hercule** [ɛRkyl] nm (forain) hércules m, hombre m forzudo
**herculéen, ne** [ɛRkyleɛ̃, ɛn] adj hercúleo(-a)
**hère** ['ɛR] nm : **pauvre ~** pobre diablo
**héréditaire** [eRediteR] adj hereditario(-a)
**hérédité** [eRedite] nf herencia
**hérésie** [eRezi] nf herejía
**hérétique** [eRetik] nmf herético(-a)
**hérissé, e** ['eRise] adj erizado(-a); **~ de** erizado(-a) de
**hérisser** ['eRise] vt : **~ qn** (fig) poner los pelos de punta a algn; **se hérisser** vpr erizarse
**hérisson** ['eRisɔ̃] nm erizo
**héritage** [eRitaʒ] nm herencia; (legs) testamento; **faire un (petit) ~** recibir una (pequeña) herencia
**hériter** [eRite] vt, vi heredar; **~ qch (de qn)** heredar algo (de algn); **~ de qn** heredar de algn; **il a hérité deux millions de son oncle** heredó dos millones de su tío
**héritier, -ière** [eRitje, jɛR] nm/f heredero(-a)
**hermaphrodite** [ɛRmafRɔdit] adj, nm hermafrodita mf
**hermétique** [ɛRmetik] adj (récipient) hermético(-a); (étanche) impermeable; (fig) : **~ à** impermeable a
**hermétiquement** [ɛRmetikmɑ̃] adv herméticamente
**hermine** [ɛRmin] nf armiño
**herniaire** ['ɛRnjɛR] adj (sac) herniario(-a); **bandage ~** braguero
**hernie** ['ɛRni] nf hernia; **~ discale** hernia discal
**héroïne** [eRɔin] nf (femme, drogue) heroína
**héroïnomane** [eRɔinɔman] nmf heroinómano(-a)
**héroïque** [eRɔik] adj heroico(-a)
**héroïquement** [eRɔikmɑ̃] adv heroicamente
**héroïsme** [eRɔism] nm heroísmo
**héron** ['eRɔ̃] nm garza
**héros** ['eRo] nm héroe m
**herpès** [ɛRpɛs] nm herpes m inv
**herse** ['ɛRs] nf grada

**hertz** [ɛRts] nm hercio, hertz m
**hertzien, ne** [ɛRtsjɛ̃, ɛn] adj hertziano(-a)
**hésitant, e** [ezitɑ̃, ɑ̃t] adj vacilante, indeciso(-a)
**hésitation** [ezitasjɔ̃] nf indecisión f, vacilación f
**hésiter** [ezite] vi : **~ (à faire)** vacilar ou dudar (en hacer); **je le dis sans ~** lo digo sin vacilar ou dudar; **~ sur qch** vacilar ou dudar sobre algo; **~ entre** dudar entre
**hétéro** [eteRo] adj = **hétérosexuel**
**hétéroclite** [eteRɔklit] adj heteróclito(-a)
**hétérogène** [eteRɔʒɛn] adj heterogéneo(-a)
**hétérogénéité** [eteRɔʒeneite] nf heterogeneidad f
**hétérosexualité** [eteRosɛksɥalite] nf heterosexualidad f
**hétérosexuel, le** [eteRosɛksɥɛl] adj heterosexual
**hétérozygote** [eteRozigɔt] adj heterocigótico(-a)
**hêtre** ['ɛtR] nm haya
**heure** [œR] nf hora; (Scol) clase f; **c'est l'~** es la hora; **quelle ~ est-il ?** ¿qué hora es?; **pourriez-vous me donner l'~, s'il vous plaît ?** ¿me puede decir la hora, por favor?; **deux heures (du matin)** las dos (de la mañana); **à la bonne ~** (parfois iron) ¡me alegro!; **être à l'~** ser puntual; (montre) estar en hora; **mettre à l'~** poner en hora; **100 km à l'~** 100 km por hora; **à toute ~** a todas horas; **24 heures sur 24** las 24 horas, 24 horas al día; **à l'~ qu'il est** a esta hora; (fig) a estas horas ou alturas; **une ~ d'arrêt** una hora de parada; **sur l'~** inmediatamente; **pour l'~** por ahora; **d'~ en ~** cada hora; (d'une heure à l'autre) de hora en hora; **d'une ~ à l'autre** dentro de nada; **de bonne ~** de madrugada; **le bus passe à l'~** el autobús pasa a la hora en punto; **deux heures de marche/travail** dos horas de marcha/trabajo; **à l'~ actuelle** a estas horas, actualmente; **~ de pointe** hora punta; **~ locale/d'été** hora local/de verano; **heures supplémentaires/de bureau** horas fpl extraordinarias/de oficina
**heureusement** [œRøzmɑ̃] adv afortunadamente; **~ que ...** menos mal que ...
**heureux, -euse** [œRø, øz] adj feliz; (chanceux) afortunado(-a); **être ~ de qch/faire** alegrarse de algo/hacer; **être ~ que** alegrarle a algn que; **s'estimer ~ que/de qch** darse por contento(-a) de que/de algo; **encore ~ que ...** y menos mal que ...
**heurt** ['œR] nm choque m; **heurts** nmpl (fig : bagarre) choques mpl; (désaccord) desavenencias fpl
**heurté, e** ['œRte] adj contrastado(-a); (couleurs) chocante

## heurter – holistique

**heurter** ['œʀte] *vt* (*mur, porte*) chocar con *ou* contra; (*personne*) tropezar con; (*fig : personne, sentiment*) chocar (con); **~ qn de front** enfrentarse a algn; **se heurter** *vpr* chocar (con); (*voitures, personnes*) chocar; (*couleurs, tons*) contrastar; **se ~ à** (*fig*) enfrentarse a
**heurtoir** ['œʀtwaʀ] *nm* aldaba
**hévéa** [evea] *nm* jebe *m*
**hexadécimal, e, -aux** [ɛgzadesimal, o] *adj* hexadecimal
**hexagonal, e, -aux** [ɛgzagɔnal, o] *adj* hexagonal; (*souvent péj : français*) franchute (*fam*)
**hexagone** [ɛgzagon] *nm* hexágono; (**la France**) Francia
**HF** ['aʃɛf] *abr* (*= haute fréquence*) alta frecuencia
**hiatal, e, -aux** ['jatal, o] *adj* : **hernie hiatale** hernia de hiato
**hiatus** ['jatys] *nm* hiato
**hibernation** [ibɛʀnasjɔ̃] *nf* hibernación *f*; (*fig*) inactividad *f*
**hiberner** [ibɛʀne] *vi* hibernar
**hibiscus** [ibiskys] *nm* majagua, hibisco
**hibou, x** ['ibu] *nm* búho
**hic** ['ik] (*fam*) *nm* pega
**hideusement** ['idøzmã] *adv* horrendamente
**hideux, -euse** ['idø, øz] *adj* horrendo(-a)
**hier** [jɛʀ] *adv* ayer; **~ matin/soir/midi** ayer por la mañana/por la tarde/al mediodía; **toute la journée/la matinée d'~** todo el día/toda la mañana de ayer
**hiérarchie** ['jeʀaʀʃi] *nf* jerarquía
**hiérarchique** ['jeʀaʀʃik] *adj* jerárquico(-a)
**hiérarchiquement** ['jeʀaʀʃikmã] *adv* jerárquicamente
**hiérarchisation** ['jeʀaʀʃizasjɔ̃] *nf* jerarquización *f*
**hiérarchiser** ['jeʀaʀʃize] *vt* jerarquizar
**hiérarque** ['jeʀaʀk] *nm* (*de parti, organisme*) jerarca *mf*
**hiéroglyphe** ['jeʀɔglif] *nm* jeroglífico
**hiéroglyphique** ['jeʀɔglifik] *adj* jeroglífico(-a)
**hi-fi** ['ifi] *nf inv* hi-fi *m*
**hilarant, e** [ilaʀã, ãt] *adj* graciosísimo(-a)
**hilare** [ilaʀ] *adj* jovial
**hilarité** [ilaʀite] *nf* hilaridad *f*
**Himalaya** [imalaja] *n* Himalaya *m*
**hindou, e** [ɛ̃du] *adj* hindú ▸ *nm/f* : **Hindou, e** hindú *mf*
**hindouisme** [ɛ̃duism] *nm* hinduismo
**hippie** ['ipi] *adj, nmf* hippy *mf*
**hippique** [ipik] *adj* hípico(-a)
**hippisme** [ipism] *nm* hipismo
**hippocampe** [ipokɑ̃p] *nm* (*Zool, Anat*) hipocampo
**hippodrome** [ipodʀom] *nm* hipódromo
**hippophagique** [ipofaʒik] *adj* : **boucherie ~** carnicería de carne de caballo
**hippopotame** [ipopotam] *nm* hipopótamo

**hirondelle** [iʀɔ̃dɛl] *nf* golondrina
**hirsute** [iʀsyt] *adj* (*barbe*) hirsuto(-a); (*tête*) desgreñado(-a)
**hispanique** [ispanik] *adj* hispánico(-a)
**hispanisant, e** [ispanizã, ãt] *adj* hispanista
**hispaniste** [ispanist] *nmf* hispanista *mf*
**hispano-américain, e** [ispanoameʀikɛ̃, ɛn] (*pl* **hispano-américains, -es**) *adj* hispanoamericano(-a) ▸ *nm/f* : **Hispano-américain, e** hispanoamericano(-a)
**hispano-arabe** [ispanoaʀab] (*pl* **hispano-arabes**) *adj* hispanoárabe
**hispanophone** [ispanofɔn] *adj, nmf* hispanohablante *mf*
**hisser** ['ise] *vt* izar; **se hisser** *vpr* : **se ~ sur** levantarse sobre
**histoire** [istwaʀ] *nf* historia; (*chichis : gén pl*) lío; **l'~ de France** la historia de Francia; **l'~ sainte** la historia sagrada; **une ~ de** (*fig*) una cuestión de; **une ~ drôle** un chiste; **histoires** *nfpl* (*ennuis*) problemas *mpl*; **faire des histoires** crear problemas
**histologie** [istɔlɔʒi] *nf* histología
**historien, ne** [istɔʀjɛ̃, ɛn] *nm/f* historiador(a)
**historiographe** [istɔʀjɔgʀaf] *nm* historiografía
**historique** [istɔʀik] *adj* histórico(-a) ▸ *nm* : **faire l'~ de** hacer la crónica de
**historiquement** [istɔʀikmã] *adv* históricamente
**hitlérien, ne** [itleʀjɛ̃, jɛn] *adj* hitleriano(-a)
**hit-parade** ['itpaʀad] (*pl* **hit-parades**) *nm* lista de éxitos
**hittite** ['itit] *adj* hitita
**HIV** [aʃive] *sigle m* (*= human immunodeficiency virus*) HIV *m* (*= human immunodeficiency virus*), VHI *m* (*= virus de la inmunodeficiencia humana*)
**hiver** [ivɛʀ] *nm* invierno; **en ~** en invierno
**hivernal, e, -aux** [ivɛʀnal, o] *adj* invernal
**hivernant, e** [ivɛʀnã, ãt] *nm/f* invernante *mf*
**hiverner** [ivɛʀne] *vi* invernar
**HLM** ['aʃɛlɛm] *sigle m ou f* (*= habitations à loyer modéré*) viviendas oficiales de bajo alquiler
**hobby** ['ɔbi] *nm* hobby *m*
**hobereau** ['ɔbʀo] (*péj*) *nm* señor *m*
**hochement** ['ɔʃmã] *nm* : **~ de tête** cabeceo
**hocher** ['ɔʃe] *vt* : **~ la tête** cabecear; (*signe négatif ou dubitatif*) menear la cabeza
**hochet** ['ɔʃɛ] *nm* sonajero
**hockey** ['ɔkɛ] *nm* : **~ (sur glace/gazon)** hockey *m* (sobre hielo/hierba)
**hockeyeur, -euse** ['ɔkejœʀ, øz] *nm/f* jugador(a) de hockey
**holà** ['ɔla, hɔla] *nm* : **mettre le ~ à qch** poner fin a algo
**holding** ['ɔldiŋ] *nm* holding *m*
**hold-up** ['ɔldœp] *nm inv* atraco a mano armada
**holistique** [ɔlistik] *adj* holístico(-a)

## hollandais – hôpital

**hollandais, e** ['ɔlɑ̃dɛ, ɛz] adj holandés(-esa) ▶ nm (Ling) holandés msg ▶ nm/f : **Hollandais, e** holandés(-esa); **les H~** los holandeses
**Hollande** ['ɔlɑ̃d] nf Holanda ▶ nm : **hollande** (fromage) queso de Holanda
**hollywoodien, ne** ['ɔliwudjɛ̃, jɛn] adj hollywoodiense
**holocauste** [ɔlɔkost] nm holocausto
**hologramme** [ɔlɔgʀam] nm holograma m
**homard** ['ɔmaʀ] nm bogavante m
**homélie** [ɔmeli] nf homilía
**homéopathe** [ɔmeɔpat] nmf homeópata mf
**homéopathie** [ɔmeɔpati] nf homeopatía
**homéopathique** [ɔmeɔpatik] adj homeopático(-a)
**homérique** [ɔmeʀik] adj homérico(-a)
**homicide** [ɔmisid] nm homicidio; **~ involontaire** homicidio involuntario
**hominidé** [ɔminide] nm homínido
**hommage** [ɔmaʒ] nm homenaje m; **rendre ~ à** rendir homenaje a; **en ~ de** en prueba de; **faire ~ de qch à qn** obsequiar algo a algn; **hommages** nmpl (civilités) : **présenter ses hommages** presentar sus respetos
**homme** [ɔm] nm hombre m; (individu de sexe masculin) hombre, varón m; **l'~ de la rue** el hombre de la calle; **à tout faire** hombre para todo; **~ d'affaires** hombre de negocios; **~ d'Église** eclesiástico; **~ d'État** estadista m; **~ de loi** abogado; **~ de main** matón m; **~ de paille** hombre de paja; **~ des cavernes** hombre de las cavernas
**homme-grenouille** [ɔmgʀənuj] (pl **hommes-grenouilles**) nm hombre m rana inv
**homme-orchestre** [ɔmɔʀkɛstʀ] (pl **hommes-orchestres**) nm hombre m orquesta inv
**homme-sandwich** [ɔmsɑ̃dwitʃ] (pl **hommes-sandwichs**) nm hombre m anuncio inv
**homo** [omo] (fam) adj, nmf homosexual mf, gay m
**homogène** [ɔmɔʒɛn] adj homogéneo(-a)
**homogénéisé, e** [ɔmɔʒeneize] adj : **lait ~** leche f homogeneizada
**homogénéité** [ɔmɔʒeneite] nf homogeneidad f
**homographe** [ɔmɔgʀaf] nm homógrafo
**homologation** [ɔmɔlɔgasjɔ̃] nf homologación f
**homologue** [ɔmɔlɔg] nmf homólogo(-a)
**homologué, e** [ɔmɔlɔge] adj homologado(-a)
**homologuer** [ɔmɔlɔge] vt homologar
**homonyme** [ɔmɔnim] nm (Ling) homónimo; (d'une personne) tocayo(-a)
**homoparental, e, -aux** [ɔmɔpaʀɑ̃tal, o] adj (famille, foyer) homoparental
**homoparentalité** [ɔmɔpaʀɑ̃talite] nf homoparentalidad f
**homophobe** [ɔmɔfɔb] adj, nmf homófobo(-a)

**homophobie** [ɔmɔfɔbi] nf homofobia
**homophone** [ɔmɔfɔn] nm homófono
**homosexualité** [ɔmɔsɛksɥalite] nf homosexualidad f
**homosexuel, le** [ɔmɔsɛksɥɛl] adj homosexual ▶ nm/f homosexual mf
**homozygote** [omozigɔt] adj homocigótico(-a)
**Honduras** ['ɔ̃dyʀas] nm Honduras f
**hondurien, ne** ['ɔ̃dyʀjɛ̃, ɛn] adj hondureño(-a) ▶ nm/f : **Hondurien, ne** hondureño(-a)
**Hong-Kong** ['ɔ̃gkɔ̃g] n Hong-Kong
**hongre** ['ɔ̃gʀ] adj castrado(-a) ▶ nm caballo castrado
**Hongrie** ['ɔ̃gʀi] nf Hungría
**hongrois, e** ['ɔ̃gʀwa, waz] adj húngaro(-a) ▶ nm (Ling) húngaro ▶ nm/f : **Hongrois, e** húngaro(-a)
**honnête** [ɔnɛt] adj (intègre) honrado(-a), honesto(-a); (juste, satisfaisant) justo(-a), razonable
**honnêtement** [ɔnɛtmɑ̃] adv honestamente; (équitablement) justamente
**honnêteté** [ɔnɛtte] nf honestidad f
**honneur** [ɔnœʀ] nm honor m; (faveur) honra; (mérite) : **l'~ lui revient** es mérito suyo; **à qui ai-je l'~ ?** ¿con quién tengo el honor de hablar?; **cela me/te fait ~** esto me/te honra; « **j'ai l'~ de ...** » « tengo el honor de ... »; **en l'~ de** (personne) en honor de; (événement) en celebración de; **faire ~ à** (engagements) cumplir con; (famille, professeur) hacer honor a; (repas) hacer los honores a; **être à l'~** (personne) ser admirado(-a); (vêtement) estar de moda; **être en ~** gozar de consideración; **membre d'~** miembro de honor; **table d'~** mesa de honor
**Honolulu** [ɔnɔlyly] n Honolulú
**honorable** [ɔnɔʀabl] adj honorable; (suffisant) satisfactorio(-a)
**honorablement** [ɔnɔʀabləmɑ̃] adv honrosamente; (suffisamment bien) satisfactoriamente
**honoraire** [ɔnɔʀɛʀ] adj honorario(-a); **professeur ~** profesor(a) honorario(-a); **honoraires** nmpl honorarios mpl
**honorer** [ɔnɔʀe] vt honrar; (estimer) respetar; (Comm : chèque, dette) pagar; **~ qn de** honrar a algn con; **s'honorer de** vpr honrarse de
**honorifique** [ɔnɔʀifik] adj honorífico(-a)
**honte** ['ɔ̃t] nf vergüenza; **avoir ~ de** tener vergüenza de; **faire ~ à qn** avergonzar a algn
**honteusement** ['ɔ̃tøzmɑ̃] adv vergonzosamente
**honteux, -euse** ['ɔ̃tø, øz] adj avergonzado(-a); (conduite, acte) vergonzoso(-a)
**hop** ['ɔp] excl (vas-y !) : « **allez ~ !** » « ¡venga! »; (et voilà) : **et ~ !** ¡y ya está!
**hôpital, -aux** [ɔpital, o] nm hospital m

239

## hoquet – houx

**hoquet** [ɔkɛ] nm hipo; **avoir le ~** tener hipo
**hoqueter** [ˈɔkte] vi tener hipo
**horaire** [ɔRɛR] adj por hora ▶ nm horario;
  **~ mobile/à la carte** horario móvil/libre;
  **~ souple** ou **flexible** horario flexible;
  **horaires** nmpl (conditions, heures de travail) horario msg
**horde** [ˈɔRd] nf horda
**horizon** [ɔRizɔ̃] nm horizonte m; **sur l'~** en el horizonte; **horizons** nmpl (fig) horizontes mpl
**horizontal, e, -aux** [ɔRizɔ̃tal, o] adj horizontal ▶ nf: **à l'horizontale** en horizontal
**horizontalement** [ɔRizɔ̃talmɑ̃] adv horizontalmente
**horloge** [ɔRlɔʒ] nf reloj m; **~ normande** modalidad de reloj de pie; **~ parlante** reloj parlante ou telefónico
**horloger, -ère** [ɔRlɔʒe, ɛR] nm/f relojero(-a)
**horlogerie** [ɔRlɔʒRi] nf relojería; **pièces d'~** piezas fpl de relojería
**hormis** [ˈɔRmi] prép excepto
**hormonal, e, -aux** [ɔRmɔnal, o] adj hormonal
**hormone** [ɔRmɔn] nf hormona
**horodaté, e** [ɔRɔdate] adj (ticket) con la fecha y la hora; (stationnement) con registro de la fecha y hora
**horodateur, -trice** [ɔRɔdatœR, tRis] adj (appareil) expendedor(a) ▶ nm parquímetro
**horoscope** [ɔRɔskɔp] nm horóscopo
**horreur** [ɔRœR] nf horror m; **l'~ d'une action/d'une scène** lo horroroso de una acción/de una escena; **quelle ~!** ¡qué horror!; **avoir ~ de qch** sentir horror por algo; **cela me fait ~** eso me horroriza
**horrible** [ɔRibl] adj horrible, horrendo(-a); (laid) horroroso(-a)
**horriblement** [ɔRibləmɑ̃] adv horriblemente; (extrêmement) terriblemente
**horrifiant, e** [ɔRifjɑ̃, ɑ̃t] adj horripilante, horroroso(-a)
**horrifier** [ɔRifje] vt horrorizar
**horrifique** [ɔRifik] adj horroroso(-a)
**horripilant, e** [ɔRipilɑ̃, ɑ̃t] adj horripilante, exasperante
**horripiler** [ɔRipile] vt horripilar, exasperar
**hors** [ˈɔR] prép salvo; **~ de** fuera de; **~ de propos** fuera de lugar; **être ~ de soi** estar fuera de sí; **~ série** fuera de serie; **~ ligne** (Internet) sin conexión; **~ pair** fuera de serie; **~ service/d'usage** fuera de servicio/de uso
**hors-bord** [ˈɔRbɔR] (pl **~(s)**) nm fuera borda m inv
**hors-concours** [ˈɔRkɔ̃kuR] adj inv fuera de concurso
**hors-d'œuvre** [ˈɔRdœvR] nm inv entremés m
**hors-jeu** [ˈɔRʒø] (pl **~(x)**) nm fuera m de juego
**hors-la-loi** [ˈɔRlalwa] nm inv forajido
**hors-piste** [ˈɔRpist] (pl **~(s)**) nm (Ski) ski m fuera de pista

**hors-taxe** [ˈɔRtaks] adj libre de impuestos
**hors-texte** [ˈɔRtɛkst] (pl **~(s)**) nm lámina fuera de texto
**hortensia** [ɔRtɑ̃sja] nm hortensia
**horticole** [ɔRtikɔl] adj hortícola
**horticulteur, -trice** [ɔRtikyltœR, tRis] nm/f horticultor(a)
**horticulture** [ɔRtikyltyR] nf horticultura
**hospice** [ɔspis] nm (de vieillards) asilo; (asile) hospicio
**hospitalier, -ière** [ɔspitalje, jɛR] adj hospitalario(-a)
**hospitalisation** [ɔspitalizasjɔ̃] nf hospitalización f
**hospitaliser** [ɔspitalize] vt hospitalizar
**hospitalité** [ɔspitalite] nf hospitalidad f; **offrir l'~ à qn** dar hospitalidad a algn
**hostie** [ɔsti] nf (Rel) hostia
**hostile** [ɔstil] adj hostil; **~ à** contrario(-a) a
**hostilité** [ɔstilite] nf hostilidad f; **hostilités** nfpl (Mil) hostilidades fpl
**hosto** [ɔsto] (fam) nm hospital m
**hôte** [ot] nm (maître de maison) anfitrión m; **~ payant** huésped de pago ▶ nmf (invité) huésped mf; (client) cliente mf; (fig: occupant) ocupante mf
**hôtel** [otɛl] nm hotel m; **aller à l'~** ir a un hotel; **~ de ville** ayuntamiento; **~ (particulier)** palacete m
**hôtelier, -ière** [otəlje, jɛR] adj, nm/f hotelero(-a)
**hôtellerie** [otɛlRi] nf (profession) hostelería; (auberge) hostal m
**hôtesse** [otɛs] nf (maîtresse de maison) anfitriona; (dans une agence, une foire) azafata, recepcionista; **~ (de l'air)** azafata (de aviación), aeromoza (AM); **~ (d'accueil)** azafata (de recepción)
**hotte** [ˈɔt] nf (panier) cuévano m; (de cheminée) campana; **~ aspirante** (de cuisinière) campana extractora
**houblon** [ˈublɔ̃] nm lúpulo
**houe** [ˈu] nf azada
**houille** [ˈuj] nf hulla; **~ blanche** hulla blanca
**houiller, -ère** [uje, ɛR] adj hullero(-a)
**houillère** [ˈujɛR] nf mina de hulla
**houle** [ˈul] nf marejada
**houlette** [ˈulɛt] nf: **sous la ~ de** bajo la dirección de
**houleux, -euse** [ˈulø, øz] adj (mer) encrespado(-a); (discussion) agitado(-a)
**houppe** [ˈup] nf (cheveux) tupé m; (pour la poudre) borla, pompón m
**houppelande** [ˈuplɑ̃d] nf hopalanda
**houppette** [ˈupɛt] nf (pour la poudre) borla, pompón m; (cheveux) mechón m
**hourra** [ˈuRa] nm hurra m ▶ excl ¡hurra!
**houspiller** [ˈuspije] vt reprender
**housse** [ˈus] nf funda
**houx** [ˈu] nm acebo

240 · FRANÇAIS | ESPAGNOL

## HS – hydrographie

**HS** [aʃɛs] *abr* (= *hors service*) *voir* **hors**
**H.T.** [aʃte] *abr* = **hors-taxe**
**hublot** ['yblo] *nm* portilla
**huche** ['yʃ] *nf* : **~ à pain** artesa
**huées** ['ɥe] *nfpl* abucheo
**huer** ['ɥe] *vt* abuchear ▶ *vi* graznar; **il s'est fait ~** ha sido abucheado
**huguenot, e** ['yg(ə)no, ɔt] *nm/f* hugonote(-a)
**huile** [ɥil] *nf* aceite *m*; (*Art*) óleo; (*fam*) pez *m* gordo (*fam*); **mer d'~** balsa de aceite; **faire tache d'~** (*fig*) extenderse como cosa buena; **~ d'arachide/de table** aceite de cacahuete/de mesa; **~ de ricin/de foie de morue** aceite de ricino/de hígado de bacalao; **~ détergente** (*Auto*) aceite detergente; **~ essentielle** aceite esencial; **~ solaire** aceite bronceador
**huiler** [ɥile] *vt* aceitar
**huilerie** [ɥilʀi] *nf* fábrica de aceite
**huileux, -euse** [ɥilø, øz] *adj* aceitoso(-a)
**huilier** [ɥilje] *nm* vinagreras *fpl*
**huis** [ɥi] *nm* : **à ~ clos** a puerta cerrada
**huissier, -ière** [ɥisje, jɛʀ] *nm/f* ordenanza *mf*; (*Jur*) ujier *mf*
**huit** ['ɥi(t)] *adj inv, nm inv* ocho *m inv*; **samedi en ~** el sábado en ocho días; **dans ~ jours** dentro de ocho días; *voir aussi* **cinq**
**huitaine** ['ɥitɛn] *nf* : **une ~ de** unos ocho; **une ~ de jours** unos ocho días; **sous ~** (*Jur, Admin*) en ocho días
**huitante** ['ɥitɑ̃t] *num* (*SUISSE*) ochenta
**huitième** ['ɥitjɛm] *adj, nmf* octavo(-a) ▶ *nm* (*partitif*) octavo; *voir aussi* **cinquième**
**huître** [ɥitʀ] *nf* ostra
**hululement** ['ylylmɑ̃] *nm* ululato
**hululer** ['ylyle] *vi* ulular
**humain, e** [ymɛ̃, ɛn] *adj* humano(-a) ▶ *nm* humano
**humainement** [ymɛnmɑ̃] *adv* humanamente
**humanisation** [ymanizasjɔ̃] *nf* humanización *f*
**humaniser** [ymanize] *vt* humanizar
**humanisme** [ymanism] *nm* humanismo
**humaniste** [ymanist] *nmf* humanista *mf*
**humanitaire** [ymanitɛʀ] *adj* humanitario(-a)
**humanitarisme** [ymanitaʀism] *nm* humanitarismo
**humanité** [ymanite] *nf* humanidad *f*
**humanoïde** [ymanɔid] *nmf* humanoide *mf*
**humble** [œ̃bl] *adj* humilde
**humblement** [œ̃bləmɑ̃] *adv* humildemente
**humecter** [ymɛkte] *vt* humedecer; **s'humecter** *vpr* : **s'~ les lèvres** humedecerse los labios
**humer** ['yme] *vt* oler
**humérus** [ymeʀys] *nm* húmero
**humeur** [ymœʀ] *nf* (*momentanée*) humor *m*; (*tempérament*) carácter *m*; (*irritation*) mal humor; **de bonne/mauvaise ~** de buen/mal humor; **cela m'a mis de mauvaise/bonne ~** eso me puso de mal/buen humor; **je suis de mauvaise/bonne ~** estoy de mal/buen humor; **être d'~ à faire qch** estar de humor para hacer algo
**humide** [ymid] *adj* húmedo(-a)
**humidificateur** [ymidifikatœʀ] *nm* humectador *m*, humedecedor *m*
**humidifier** [ymidifje] *vt* humedecer
**humidité** [ymidite] *nf* humedad *f*; **traces d'~** rastros *mpl* de humedad
**humiliant, e** [ymiljɑ̃, ɑ̃t] *adj* humillante
**humiliation** [ymiljasjɔ̃] *nf* humillación *f*
**humilier** [ymilje] *vt* humillar; **s'humilier** *vpr* : **s'~ devant qn** humillarse delante de algn
**humilité** [ymilite] *nf* humildad *f*
**humoriste** [ymɔʀist] *nmf* humorista *mf*
**humoristique** [ymɔʀistik] *adj* humorístico(-a)
**humour** [ymuʀ] *nm* humor *m*; **il a un ~ particulier** tiene un humor muy particular; **avoir de l'~** tener sentido del humor; **~ noir** humor negro
**humus** [ymys] *nm* humus *msg*
**huppé, e** ['ype] *adj* (*personne*) encopetado(-a); (*oiseau*) moñudo(-a)
**hurlement** ['yʀləmɑ̃] *nm* aullido, alarido
**hurler** ['yʀle] *vi* (*animal*) aullar; (*personne*) dar alaridos; (*de peur*) chillar; (*fig* : *vent etc*) ulular; (: *couleurs etc*) chocar; **~ à la mort** aullar a la muerte
**hurluberlu** [yʀlybɛʀly] (*péj*) *nm* chiflado (*fam*)
**husky** ['œski] *nm* husky *m*
**hutte** ['yt] *nf* choza
**hybridation** [ibʀidasjɔ̃] *nf* (*Bot, Zool, Biol*) hibridación *f*
**hybride** [ibʀid] *adj* híbrido(-a) ▶ *nm* híbrido
**hydratant, e** [idʀatɑ̃, ɑ̃t] *adj* hidratante
**hydratation** [idʀatasjɔ̃] *nf* hidratación *f*
**hydrate** [idʀat] *nm* : **hydrates de carbone** hidratos *mpl* de carbono
**hydrater** [idʀate] *vt* hidratar; **s'hydrater** *vpr* hidratarse
**hydraulique** [idʀolik] *adj* hidráulico(-a)
**hydravion** [idʀavjɔ̃] *nm* hidroavión *m*
**hydro...** [idʀɔ] *préf* hidro...
**hydrocarbure** [idʀɔkaʀbyʀ] *nm* hidrocarburo
**hydrocéphale** [idʀosefal] *adj* hidrocéfalo(-a)
**hydrocution** [idʀɔkysjɔ̃] *nf* hidrocución *f*
**hydroélectricité** [idʀoelɛktʀisite] *nf* hidroelectricidad *f*
**hydro-électrique** [idʀoelɛktʀik] (*pl* **hydro-électriques**) *adj* hidroeléctrico(-a)
**hydrogène** [idʀɔʒɛn] *nm* hidrógeno
**hydrogéné, e** [idʀɔʒene] *adj* hidrogenado(-a)
**hydroglisseur** [idʀɔglisœʀ] *nm* hidroplano
**hydrographie** [idʀɔgʀafi] *nf* hidrografía

## hydrographique – Hz

**hydrographique** [idʀɔgʀafik] *adj* hidrográfico(-a)

**hydrolyse** [idʀɔliz] *nf* hidrólisis *f inv*

**hydromassage** [idʀɔmasaʒ] *nm* hidromasaje *m*

**hydrophile** [idʀɔfil] *adj voir* **coton**

**hydroponique** [idʀɔpɔnik] *adj* : **culture** ~ cultivo hidropónico

**hyène** [jɛn] *nf* hiena

**hygiaphone®** [iʒjafɔn] *nm* mampara perforada de una taquilla que permite hablar a la vez que protege de los gérmenes

**hygiène** [iʒjɛn] *nf* higiene *f*; ~ **corporelle/intime** higiene corporal/íntima

**hygiénique** [iʒenik] *adj* higiénico(-a)

**hygromètre** [igʀɔmɛtʀ] *nm* higrómetro

**hyménoptère** [imenɔptɛʀ] *nm* himenóptero

**hymne** [imn] *nm* himno; ~ **national** himno nacional

**hyper...** [ipɛʀ] *préf* hiper...

**hyperactif, -ive** [ipɛʀaktif, iv] *adj* hiperactivo(-a)

**hyperactivité** [ipɛʀaktivite] *nf* hiperactividad *f*

**hyperbole** [ipɛʀbɔl] *nf (figure de style)* hipérbole *f*; *(Math)* hipérbola

**hyperinflation** [ipɛʀɛ̃flasjɔ̃] *nf* hiperinflación *f*

**hyperlien** [ipɛʀljɛ̃] *nm* hipervínculo

**hypermarché** [ipɛʀmaʀʃe] *nm* hipermercado

**hypermétrope** [ipɛʀmetʀɔp] *adj* hipermétrope

**hypernerveux, -euse** [ipɛʀnɛʀvø, øz] *adj* hipernervioso(-a)

**hyperréalisme** [ipɛʀʀealism] *nm* hiperrealismo

**hyperréaliste** [ipɛʀʀealist] *adj, nmf* hiperrealista *mf*

**hypersensibilité** [ipɛʀsɑ̃sibilite] *nf* hipersensibilidad *f*

**hypersensible** [ipɛʀsɑ̃sibl] *adj* hipersensible

**hypertendu, e** [ipɛʀtɑ̃dy] *adj* hipertenso(-a)

**hypertension** [ipɛʀtɑ̃sjɔ̃] *nf* hipertensión *f*

**hypertexte** [ipɛʀtɛkst] *nm* hipertexto; **lien** ~ hipervínculo *m*, hiperenlace *m*

**hypertrophie** [ipɛʀtʀɔfi] *nf* hipertrofia

**hypertrophié, e** [ipɛʀtʀɔfje] *adj* hipertrofiado(-a)

**hypnose** [ipnoz] *nf* hipnosis *fsg*

**hypnothérapie** [ipnɔteʀapi] *nf* hipnoterapia

**hypnotique** [ipnɔtik] *adj* hipnótico(-a)

**hypnotiser** [ipnɔtize] *vt* hipnotizar

**hypnotiseur** [ipnɔtizœʀ] *nm* hipnotizador(a)

**hypnotisme** [ipnɔtism] *nm* hipnotismo

**hypoallergénique** [ipoalɛʀʒik] *adj* hipoalergénico(-a)

**hypocalorique** [ipokalɔʀik] *adj* hipocalórico(-a)

**hypocondriaque** [ipɔkɔ̃dʀijak] *adj* hipocondríaco(-a)

**hypocrisie** [ipɔkʀizi] *nf* hipocresía

**hypocrite** [ipɔkʀit] *adj, nmf* hipócrita *mf*

**hypocritement** [ipɔkʀitmɑ̃] *adv* hipócritamente

**hypodermique** [ipɔdɛʀmik] *adj* hipodérmico(-a)

**hypoglycémie** [ipoglisemi] *nf* hipoglucemia

**hypokhâgne** [ipɔkaɲ] *nf* primer curso de preparación a la oposición para entrar en la sección de letras de la École normale supérieure

**hypotendu, e** [ipotɑ̃dy] *adj* hipotenso(-a)

**hypotension** [ipotɑ̃sjɔ̃] *nf* hipotensión *f*

**hypoténuse** [ipotenyz] *nf* hipotenusa

**hypothécaire** [ipotekɛʀ] *adj* hipotecario(-a); **garantie/prêt** ~ garantía hipotecaria/préstamo hipotecario

**hypothèque** [ipotɛk] *nf* hipoteca

**hypothéquer** [ipoteke] *vt* hipotecar; ~ **l'avenir** hipotecar el porvenir

**hypothermie** [ipotɛʀmi] *nf* hipotermia

**hypothèse** [ipotɛz] *nf* hipótesis *f inv*; **dans l'~ où ...** en la hipótesis de que ...

**hypothétique** [ipotetik] *adj* hipotético(-a)

**hypothétiquement** [ipotetikmɑ̃] *adv* hipotéticamente

**hystérectomie** [isteʀɛktɔmi] *nf* histerectomía

**hystérie** [isteʀi] *nf* histeria, histerismo; ~ **collective** histeria colectiva

**hystérique** [isteʀik] *adj* histérico(-a)

**Hz** *abr* (= *Hertz*) Hz (= *hertzio*)

# I i

**I, i** [i] *nm inv* I, i f; **I comme Irma** ≈ I de Isabel
**IAC** [iase] *sigle f* (= *insémination artificielle entre conjoints*) inseminación f artificial entre cónyuges
**IAD** [iade] *sigle f* (= *insémination artificielle par donneur extérieur*) inseminación f artificial por donante anónimo
**ibère** [ibɛʀ] *adj* ibero(-a) ▶ *nmf*: **Ibère** ibero(-a)
**ibérique** [ibeʀik] *adj*: **la péninsule ~** la península ibérica
**ibis** [ibis] *nm* ibis m
**iceberg** [ajsbɛʀg] *nm* iceberg m
**ici** [isi] *adv* aquí; **jusqu'~** hasta aquí; (*temporel*) hasta ahora; **d'~ là** para entonces; (*en attendant*) mientras tanto; **d'~ peu** dentro de poco
**icône** [ikon] *nf* (*aussi Inform*) icono
**iconoclaste** [ikɔnɔklast] *nmf* iconoclasta mf
**iconographie** [ikɔnɔgʀafi] *nf* iconografía
**iconographique** [ikɔnɔgʀafik] *adj* iconográfico(-a)
**id** *abr* (= *idem*) íd. (= *ídem*)
**idéal, e, -aux** [ideal, o] *adj* ideal ▶ *nm* (*modèle, type parfait*) ideal m; (*système de valeurs*) ideales mpl; **l'~ serait de/que** lo ideal sería/sería que
**idéalement** [idealmɑ̃] *adv* idealmente
**idéalisation** [idealizasjɔ̃] *nf* idealización f
**idéaliser** [idealize] *vt* idealizar
**idéalisme** [idealism] *nm* idealismo
**idéaliste** [idealist] *adj*, *nmf* idealista mf
**idée** [ide] *nf* idea; **mon ~, c'est que ...** mi opinión es que ...; **je n'en ai pas la moindre ~** no tengo la menor idea; **à l'~ de/que** con la idea de/de que; **avoir ~ que, avoir dans l'~ que** tener la impresión de que; **il a dans l'~ que ...** (*il est convaincu que*) se le ha metido en la cabeza que ...; **agir/vivre à son ~** actuar/vivir de acuerdo con sus propias ideas; **venir à l'~ de qn** ocurrírsele a algn; **~ fixe** idea fija; **idées** *nfpl* (*opinions, conceptions*) ideas fpl; **se faire des idées** hacerse ilusiones; **en voilà des idées !** ¡menuda idea!, ¡vaya ocurrencia!; **avoir les idées larges** tener una mentalidad abierta; **idées noires** pensamientos mpl negros; **idées reçues** ideas preconcebidas
**idée-force** [idefɔʀs] (*pl* **idées-force(s)**) *nf* idea fuerza; **l'~ à la base de qch** la idea fuerza origen de algo

**identifiable** [idɑ̃tifjabl] *adj* identificable
**identifiant** [idɑ̃tifjɑ̃] *nm* (*Inform*) nombre m de usuario
**identification** [idɑ̃tifikasjɔ̃] *nf* identificación f
**identifier** [idɑ̃tifje] *vt* identificar; **~ qch/qn à** identificar algo/a algn con; **s'identifier** *vpr*: **s'~ avec** *ou* **à qch/qn** identificarse con algo/algn
**identique** [idɑ̃tik] *adj* idéntico(-a); **~ à** idéntico(-a) a
**identitaire** [idɑ̃titɛʀ] *adj* identitario(-a), de identidad; **une crise ~** una crisis de identidad; **une quête ~** una búsqueda de la identidad
**identité** [idɑ̃tite] *nf* (*de vues, goûts*) semejanza; (*d'une personne*) identidad f; **~ judiciaire** identidad judicial
**idéogramme** [ideɔgʀam] *nm* ideograma m
**idéologie** [ideɔlɔʒi] *nf* ideología
**idéologique** [ideɔlɔʒik] *adj* ideológico(-a)
**idéologue** [ideɔlɔg] *nmf* ideólogo(-a)
**idiomatique** [idjɔmatik] *adj*: **expression ~** expresión f idiomática
**idiome** [idjom] *nm* idioma m
**idiot, e** [idjo, idjɔt] *adj* (*Méd*) retrasado(-a); (*péj : personne*) idiota, estúpido(-a); (*film, réflexion*) estúpido(-a) ▶ *nm/f* idiota mf; **l'~ du village** el tonto del pueblo
**idiotie** [idjɔsi] *nf* retraso mental; idiotez f; (*propos, remarque inepte*) estupidez f, idiotez
**idiotisme** [idjɔtism] *nm* modismo, idiotismo
**idoine** [idwan] *adj* idóneo(-a)
**idolâtrer** [idɔlɑtʀe] *vt* idolatrar
**idolâtrie** [idɔlɑtʀi] *nf* idolatría
**idole** [idɔl] *nf* (*aussi fig*) ídolo
**idylle** [idil] *nf* idilio
**idyllique** [idilik] *adj* idílico(-a)
**if** [if] *nm* (*Bot*) tejo
**IFOP** [ifɔp] *sigle m* (= *Institut français d'opinion publique*) empresa de sondeos de opinión
**igloo** [iglu] *nm* iglú m
**IGN** [iʒeɛn] *sigle m* (= *Institut géographique national*) ≈ IGN m (= *Instituto Geográfico Nacional*)
**ignare** [iɲaʀ] *adj*, *nmf* ignorante mf
**ignifuge** [iɲifyʒ] *adj* ignífugo(-a) ▶ *nm* agente m ignífugo

## ignifugé – image

**ignifugé, e** [iɲifyʒe] *adj* ignífugo(-a)
**ignifuger** [iɲifyʒe] *vt* ignifugar
**ignoble** [iɲɔbl] *adj* (*individu, procédé*) ruin, innoble; (*taudis, nourriture*) asqueroso(-a)
**ignoblement** [iɲɔbləmɑ̃] *adv* ruinmente, innoblemente
**ignominie** [iɲɔmini] *nf* (*déshonneur, honte, acte ignoble*) ignominia; (*conduite*) ruindad *f*
**ignominieux, -euse** [iɲɔminjø, jøz] *adj* ignominioso(-a)
**ignorance** [iɲɔrɑ̃s] *nf* (*d'un événement*) desconocimiento; (*manque d'instruction*) ignorancia; **tenir qn dans l'~ de** tener algn en la ignorancia de; **être dans l'~ de** desconocer
**ignorant, e** [iɲɔrɑ̃, ɑ̃t] *adj, nm/f* ignorante *mf*; **~ en** (*une matière quelconque*) ignorante en; **faire l'~** hacerse el tonto
**ignoré, e** [iɲɔre] *adj* ignorado(-a)
**ignorer** [iɲɔre] *vt* (*loi, faits*) ignorar; (*personne, demande*) no hacer caso a, ignorar a; (*être sans expérience de : plaisir, guerre*) desconocer; **j'ignore comment/si** no sé cómo/si; **~ que** ignorar que, desconocer que; **je n'ignore pas que ...** soy consciente de que ...; **je l'ignore** lo ignoro
**IGPN** [iʒepeɛn] *sigle f* (= *Inspection générale de la police nationale*) inspección general de la policía nacional
**IGS** [iʒeɛs] *sigle f* (= *Inspection générale des services*) inspección general de los servicios de inteligencia
**iguane** [igwan] *nm* iguana
**il** [il] *pron* él; **ils** ellos; **il fait froid** hace frío; **il est midi** es mediodía; **Pierre est-il arrivé ?** ¿ha llegado Pedro?; *voir aussi* **avoir**
**île** [il] *nf* isla; **les îles** (*les Antilles*) las Antillas; **l'~ de Beauté** Córcega; **l'~ Maurice** la isla Mauricio; **les îles anglo-normandes/Britanniques** las islas del Canal/Británicas; **les (îles) Baléares/Canaries** las (islas) Baleares/Canarias; **les (îles) Marquises** las (islas) Marquesas
**iliaque** [iljak] *adj* : **os/artère ~** hueso ilíaco/arteria ilíaca
**îlien, ne** [iljɛ̃, iljɛn] *adj, nm, nf* isleño(-a)
**illégal, e, -aux** [i(l)legal, o] *adj* ilegal
**illégalement** [i(l)legalmɑ̃] *adv* ilegalmente
**illégalité** [i(l)legalite] *nf* ilegalidad *f*; **être dans l'~** estar en la ilegalidad
**illégitime** [i(l)leʒitim] *adj* (*enfant*) ilegítimo(-a); (*craintes*) injustificado(-a)
**illégitimement** [i(l)leʒitimmɑ̃] *adv* ilegítimamente
**illégitimité** [i(l)leʒitimite] *nf* ilegitimidad *f*; **gouverner dans l'~** gobernar en la ilegitimidad
**illettré, e** [i(l)letre] *adj* (*analphabète*) iletrado(-a), analfabeto(-a) ▶ *nm/f* analfabeto(-a)

**illettrisme** [i(l)letrism] *nm* analfabetismo funcional
**illicite** [i(l)lisit] *adj* ilícito(-a)
**illicitement** [i(l)lisitmɑ̃] *adv* ilícitamente
**illico** [i(l)liko] (*fam*) *adv* : **~ (presto)** ahora mismo, desde ya (ARG), al tiro (CHI), luego luego (MEX)
**illimité, e** [i(l)limite] *adj* ilimitado(-a); (*confiance*) infinito(-a); (*congé, durée*) indefinido(-a)
**illisible** [i(l)lizibl] *adj* (*indéchiffrable*) ilegible; (*roman*) intragable, insoportable
**illisiblement** [i(l)lizibləmɑ̃] *adv* ilegiblemente
**illogique** [i(l)lɔʒik] *adj* ilógico(-a)
**illogisme** [i(l)lɔʒism] *nm* incongruencia
**illumination** [i(l)lyminasjɔ̃] *nf* iluminación *f*; **illuminations** *nfpl* (*lumières*) luces *fpl*
**illuminé, e** [i(l)lymine] *adj* iluminado(-a) ▶ *nm/f* (*fig : péj*) visionario(-a)
**illuminer** [i(l)lymine] *vt* iluminar; **s'illuminer** *vpr* iluminarse
**illusion** [i(l)lyzjɔ̃] *nf* ilusión *f*; **se faire des illusions** hacerse ilusiones; **faire ~** dar el pego; **~ d'optique** ilusión óptica
**illusionner** [i(l)lyzjɔne] *vt* (*éblouir, tromper*) ilusionar; **s'illusionner** *vpr* : **s'~ (sur qn/qch)** ilusionarse (con algn/algo)
**illusionnisme** [i(l)lyzjɔnism] *nm* ilusionismo
**illusionniste** [i(l)lyzjɔnist] *nmf* ilusionista *mf*
**illusoire** [i(l)lyzwar] *adj* ilusorio(-a)
**illusoirement** [i(l)lyzwarmɑ̃] *adv* ilusoriamente
**illustrateur, -trice** [i(l)lystratœr, tris] *nm/f* ilustrador(a)
**illustratif, -ive** [i(l)lystratif, iv] *adj* ilustrativo(-a)
**illustration** [i(l)lystrasjɔ̃] *nf* ilustración *f*
**illustre** [i(l)lystr] *adj* ilustre
**illustré, e** [i(l)lystre] *adj* ilustrado(-a) ▶ *nm* (*périodique*) revista ilustrada; (*pour enfants*) tebeo
**illustrer** [i(l)lystre] *vt* ilustrar; (*de notes, commentaires*) glosar; **s'illustrer** *vpr* (*personne*) distinguirse
**îlot** [ilo] *nm* (*petite île*) islote *m*; (*bloc de maisons*) manzana; **un ~ de verdure** una isla verde
**îlotage** [ilɔtaʒ] *nm* vigilancia policial de barrio
**îlotier, -ière** [ilɔtje, jɛr] *nm/f* agente de policía de barrio
**ils** [il] *pron voir* **il**
**image** [imaʒ] *nf* imagen *f*; (*tableau, représentation*) imagen, representación *f*; **~ de** imagen de; **à l'~ de** (*comme*) como en el caso de; **~ de marque** (*d'un produit, d'une entreprise*) imagen de marca; (*d'une personne*) reputación *f*; **~ d'Épinal** cromo; (*présentation simpliste*) imagen estereotipada; **~ pieuse** imagen piadosa

## imagé – immobilisation

**imagé, e** [imaʒe] *adj* rico(-a) en imágenes
**imagerie** [imaʒʀi] *nf* (*Tech*) imagen *f*; **centre d'~ médicale** centro de imagen médica
**imaginable** [imaʒinabl] *adj* imaginable; **difficilement ~** difícil de imaginar
**imaginaire** [imaʒinɛʀ] *adj* imaginario(-a); **nombre ~** número imaginario
**imaginatif, -ive** [imaʒinatif, iv] *adj* imaginativo(-a)
**imagination** [imaʒinasjɔ̃] *nf* imaginación *f*; (*chimère, invention*) imaginaciones *fpl*
**imaginer** [imaʒine] *vt* imaginar; (*inventer*) idear; **~ que** suponer que; **j'imagine qu'il a voulu plaisanter** me figuro que habrá querido bromear; **que vas-tu ~ là ?** ¡qué ocurrencias tienes!; **s'imaginer** *vpr* (*scène*) imaginarse; **s'~ que** imaginarse que; **s'~ à 60 ans/en vacances** imaginarse a los 60 años/en vacaciones; **il s'imagine pouvoir faire ...** se imagina que va a poder hacer ...; **ne t'imagine pas que** no te imagines que
**imam** [imam] *nm* imam *m*
**imbattable** [ɛ̃batabl] *adj* imbatible
**imbécile** [ɛ̃besil] *adj, nmf* imbécil *mf*
**imbécillité** [ɛ̃besilite] *nf* (*Méd*) retraso mental, imbecilidad *f*; (*action, propos*) imbecilidad; (*film, livre*) estupidez *f*
**imberbe** [ɛ̃bɛʀb] *adj* imberbe
**imbibé, e** [ɛ̃bibe] *adj* : **~ de** (*liquide*) empapado(-a) de
**imbiber** [ɛ̃bibe] *vt* empapar; **~ qch de** empapar algo con; **s'imbiber de** *vpr* impregnarse de
**imbitable, imbittable** [ɛ̃bitabl] (*fam*) *adj* (*incompréhensible*) incomprensible
**imbriqué, e** [ɛ̃bʀike] *adj* imbricado(-a); (*plaques*) superpuesto(-a)
**imbriquer** [ɛ̃bʀike] *vt* (*cubes*) encajar; (*plaques*) superponer; **s'imbriquer** *vpr* (*problèmes, affaires*) relacionarse; (*plaques*) superponerse
**imbroglio** [ɛ̃bʀɔljo] *nm* embrollo; (*Théâtre*) enredo
**imbu, e** [ɛ̃by] *adj* : **~ de** imbuido(-a) de; **~ de sa personne** muy pagado(-a) de sí mismo(-a)
**imbuvable** [ɛ̃byvabl] *adj* imbebible; (*personne*) inaguantable
**imitable** [imitabl] *adj* imitable; **facilement ~** fácil de imitar
**imitateur, -trice** [imitatœʀ, tʀis] *nm/f* imitador(a)
**imitation** [imitasjɔ̃] *nf* imitación *f*; **un sac ~ cuir** un bolso imitación cuero *ou* de cuero imitación; **c'est en ~ cuir** es de cuero de imitación; **à l'~ de** a imitación de
**imiter** [imite] *vt* imitar; (*ressembler à*) imitar a; **il se leva et je l'imitai** se levantó y yo le imité
**immaculé, e** [imakyle] *adj* inmaculado(-a); **l'Immaculée Conception** la Inmaculada Concepción
**immanent, e** [imanɑ̃, ɑ̃t] *adj* inmanente
**immangeable** [ɛ̃mɑ̃ʒabl] *adj* incomible
**immanquable** [ɛ̃mɑ̃kabl] *adj* : **c'est ~** (*cible, but*) es imposible fallar; **c'était ~ !** (*succès etc*) ¡era inevitable!
**immanquablement** [ɛ̃mɑ̃kabləmɑ̃] *adv* irremediablemente
**immatériel, le** [imateʀjɛl] *adj* inmaterial
**immatriculation** [imatʀikylasjɔ̃] *nf* matrícula; (*à l'université*) inscripción *f*
**immatriculer** [imatʀikyle] *vt* matricular; (*à la Sécurité sociale*) inscribir; **se faire ~** matricularse, inscribirse; **une voiture immatriculée à Paris** un coche con matrícula de París
**immature** [imatyʀ] *adj* inmaduro(-a)
**immaturité** [imatyʀite] *nf* inmadurez *f*
**immédiat, e** [imedja, jat] *adj* inmediato(-a); **dans le voisinage ~ de** en las inmediaciones de ▶ *nm* : **dans l'~** por ahora
**immédiatement** [imedjatmɑ̃] *adv* inmediatamente
**immémorial, e, -aux** [i(m)memɔʀjal, jo] *adj* inmemorial
**immense** [i(m)mɑ̃s] *adj* inmenso(-a)
**immensément** [i(m)mɑ̃semɑ̃] *adv* inmensamente
**immensité** [i(m)mɑ̃site] *nf* inmensidad *f*
**immergé, e** [imɛʀʒe] *adj* sumergido(-a); (*rocher*) inmerso(-a)
**immerger** [imɛʀʒe] *vt* sumergir; **s'immerger** *vpr* (*sous-marin*) sumergirse
**immérité, e** [imeʀite] *adj* inmerecido(-a)
**immersion** [imɛʀsjɔ̃] *nf* inmersión *f*
**immettable** [ɛ̃metabl] *adj* imponible
**immeuble** [imœbl] *nm* (*bâtiment*) edificio; **~ de rapport** edificio de renta; **~ locatif** edificio de alquiler ▶ *adj* (*Jur: bien*) inmueble
**immigrant, e** [imigʀɑ̃, ɑ̃t] *nm/f* inmigrante *mf*
**immigration** [imigʀasjɔ̃] *nf* inmigración *f*
**immigré, e** [imigʀe] *nm/f* inmigrado(-a)
**immigrer** [imigʀe] *vi* inmigrar
**imminence** [iminɑ̃s] *nf* inminencia
**imminent, e** [iminɑ̃, ɑ̃t] *adj* inminente
**immiscer** [imise] : **s'immiscer** *vpr* inmiscuirse
**immixtion** [imiksjɔ̃] *nf* intromisión *f*
**immobile** [imɔbil] *adj* inmóvil; (*pièce de machine*) fijo(-a); (*dogmes, institutions*) inamovible; **rester/se tenir ~** quedar/quedarse inmóvil
**immobilier, -ière** [imɔbilje, jɛʀ] *adj* inmobiliario(-a) ▶ *nm* : **l'~** (*Comm*) el sector inmobiliario; (*Jur*) los bienes inmuebles; *voir aussi* **promoteur**; **société**
**immobilisation** [imɔbilizasjɔ̃] *nf* inmovilización *f*; (*de la circulation*) detención *f*; **immobilisations** *nfpl* (*Comm*) inmovilizaciones *fpl*

## immobiliser – imperdable

**immobiliser** [imɔbilize] vt inmovilizar; (file, circulation) detener; (véhicule : stopper) detener, parar; **s'immobiliser** vpr (personne) inmovilizarse; (machine, véhicule) pararse
**immobilisme** [imɔbilism] nm inmovilismo
**immobilité** [imɔbilite] nf inmovilidad f
**immodéré, e** [imɔdeʀe] adj inmoderado(-a)
**immodérément** [imɔdeʀemɑ̃] adv inmoderadamente
**immolation** [imɔlasjɔ̃] nf inmolación f; ~ **par le feu** inmolación con fuego
**immoler** [imɔle] vt (Rel) inmolar; **s'immoler** vpr inmolarse; **s'~ par le feu** inmolarse con fuego
**immonde** [imɔ̃d] adj inmundo(-a)
**immondices** [imɔ̃dis] nfpl basura fsg
**immoral, e, -aux** [imɔʀal, o] adj inmoral
**immoralement** [imɔʀalmɑ̃] adv inmoralmente
**immoralisme** [imɔʀalism] nm inmoralismo
**immoralité** [imɔʀalite] nf inmoralidad f
**immortaliser** [imɔʀtalize] vt inmortalizar
**immortalité** [imɔʀtalite] nf inmortalidad f
**immortel, le** [imɔʀtɛl] adj inmortal
**immortelle** [imɔʀtɛl] nf (Bot) siempreviva
**immuable** [imɥabl] adj (bonheur, vérité, loi) inmutable, inalterable; (routine, paysage) invariable; (sourire, coutume) inmutable; ~ **dans ses convictions** de convicciones inamovibles
**immuablement** [imɥabləmɑ̃] adv inmutablemente
**immunisation** [imynizasjɔ̃] nf inmunización f
**immunisé, e** [imynize] adj : ~ **contre** inmunizado(-a) contra
**immuniser** [imynize] vt (Méd, fig) inmunizar
**immunitaire** [imynitɛʀ] adj inmunitario(-a)
**immunité** [imynite] nf inmunidad f; ~ **diplomatique/parlementaire** inmunidad diplomática/parlamentaria
**immunodéficience** [imynodefisjɑ̃s] nf inmunodeficiencia
**immunodéprimé, e** [imynodeprime] adj, nm/f inmunodeprimido(-a)
**immunologie** [imynɔlɔʒi] nf inmunología
**immunosuppresseur** [imynosypʀesœʀ] adj inmunodepresor(a) ▶ nm inmunodepresor m
**immutabilité** [imytabilite] nf inmutabilidad f
**impact** [ɛ̃pakt] nm impacto; (d'une personne) influencia
**impair, e** [ɛ̃pɛʀ] adj impar; **numéros impairs** números mpl impares ▶ nm (gaffe) torpeza
**impalpable** [ɛ̃palpabl] adj impalpable
**imparable** [ɛ̃paʀabl] adj imparable
**impardonnable** [ɛ̃paʀdɔnabl] adj imperdonable; **vous êtes ~ d'avoir fait cela** no tiene perdón por haber hecho esto

**imparfait, e** [ɛ̃paʀfɛ, ɛt] adj (guérison, connaissance) incompleto(-a); (imitation, œuvre) deficiente ▶ nm (Ling) (pretérito) imperfecto
**imparfaitement** [ɛ̃paʀfɛtmɑ̃] adv de manera incompleta; deficientemente
**impartial, e, -aux** [ɛ̃paʀsjal, jo] adj imparcial
**impartialement** [ɛ̃paʀsjalmɑ̃] adv imparcialmente
**impartialité** [ɛ̃paʀsjalite] nf imparcialidad f
**impartir** [ɛ̃paʀtiʀ] vt : ~ **qch à qn** impartir algo a algn; (Jur : délai) otorgar; **dans les délais impartis** en los plazos asignados
**impasse** [ɛ̃pɑs] nf (aussi fig) callejón m sin salida; **faire une ~** (Scol) preparar solo una parte del temario; **être dans l'~** (négociations) estar en un punto muerto; **~ budgétaire** descubierto presupuestario
**impassibilité** [ɛ̃pasibilite] nf impasibilidad f
**impassible** [ɛ̃pasibl] adj impasible
**impassiblement** [ɛ̃pasibləmɑ̃] adv impasiblemente
**impatiemment** [ɛ̃pasjamɑ̃] adv impacientemente
**impatience** [ɛ̃pasjɑ̃s] nf impaciencia; **avec ~** con impaciencia; **mouvement/signe d'~** movimiento/signo de impaciencia
**impatient, e** [ɛ̃pasjɑ̃, jɑ̃t] adj impaciente; ~ **de faire qch** impaciente por hacer algo
**impatienter** [ɛ̃pasjɑ̃te] vt impacientar; **s'impatienter** vpr impacientarse; **s'~ de/ contre** impacientarse por/contra
**impavide** [ɛ̃pavid] adj impávido(-a)
**impayable** [ɛ̃pɛjabl] adj (drôle, amusant) graciosísimo(-a)
**impayé, e** [ɛ̃peje] adj impagado(-a); **impayés** nmpl (Comm) impagados mpl
**impeccable** [ɛ̃pekabl] adj impecable; (employé) impecable, intachable; (fam) genial (fam)
**impeccablement** [ɛ̃pekabləmɑ̃] adv impecablemente
**impénétrable** [ɛ̃penetʀabl] adj impenetrable
**impénitent, e** [ɛ̃penitɑ̃, ɑ̃t] adj impenitente
**impensable** [ɛ̃pɑ̃sabl] adj (inconcevable) impensable; (incroyable) increíble
**imper** [ɛ̃pɛʀ] (fam) nm impermeable m
**impératif, -ive** [ɛ̃peʀatif, iv] adj imperioso(-a); (Jur) preceptivo(-a) ▶ nm (Ling) : l'~ el imperativo; **impératifs** nmpl (d'une charge, fonction, de la mode) imperativos mpl
**impérativement** [ɛ̃peʀativmɑ̃] adv imperiosamente
**impératrice** [ɛ̃peʀatʀis] nf emperatriz f
**imperceptible** [ɛ̃pɛʀsɛptibl] adj imperceptible
**imperceptiblement** [ɛ̃pɛʀsɛptibləmɑ̃] adv imperceptiblemente
**imperdable** [ɛ̃pɛʀdabl] adj que no se puede perder

## imperfectible – import-export

**imperfectible** [ɛ̃pɛʀfɛktibl] *adj* imperfectible

**imperfection** [ɛ̃pɛʀfɛksjɔ̃] *nf* imperfección *f*; *(d'un travail)* fallo

**impérial, e, -aux** [ɛ̃peʀjal, jo] *adj* imperial

**impériale** [ɛ̃peʀjal] *nf (d'un autobus)* imperial *f*; **autobus à ~** autobús *m* con imperial

**impérialisme** [ɛ̃peʀjalism] *nm* imperialismo

**impérialiste** [ɛ̃peʀjalist] *adj* imperialista

**impérieusement** [ɛ̃peʀjøzmɑ̃] *adv* : **avoir ~ besoin de qch** tener necesidad imperiosa de algo

**impérieux, -euse** [ɛ̃peʀjø, jøz] *adj (air, ton)* imperioso(-a); *(pressant)* imperioso(-a), urgente

**impérissable** [ɛ̃peʀisabl] *adj* imperecedero(-a)

**imperméabilisation** [ɛ̃pɛʀmeabilizasjɔ̃] *nf* impermeabilización *f*

**imperméabiliser** [ɛ̃pɛʀmeabilize] *vt* impermeabilizar

**imperméabilité** [ɛ̃pɛʀmeabilite] *nf* impermeabilidad *f*

**imperméable** [ɛ̃pɛʀmeabl] *adj* impermeable; **~ à l'air** impermeable al aire; **~ à** *(fig : personne)* inaccesible a ▶ *nm* impermeable *m*

**impersonnel, le** [ɛ̃pɛʀsɔnɛl] *adj* impersonal

**impertinemment** [ɛ̃pɛʀtinamɑ̃] *adv* impertinentemente

**impertinence** [ɛ̃pɛʀtinɑ̃s] *nf* impertinencia

**impertinent, e** [ɛ̃pɛʀtinɑ̃, ɑ̃t] *adj* impertinente

**imperturbable** [ɛ̃pɛʀtyʀbabl] *adj (personne)* imperturbable; *(sang-froid, sérieux)* impasible; **rester ~** quedar impasible

**imperturbablement** [ɛ̃pɛʀtyʀbabləmɑ̃] *adv* imperturbablemente

**impétigo** [ɛ̃petigo] *nm* impétigo

**impétrant, e** [ɛ̃petʀɑ̃, ɑ̃t] *nm/f (Admin)* interesado(-a); *(prétendant)* candidato(-a)

**impétueux, -euse** [ɛ̃petɥø, øz] *adj* impetuoso(-a)

**impétuosité** [ɛ̃petɥozite] *nf* impetuosidad *f*

**impie** [ɛ̃pi] *adj* impío(-a)

**impiété** [ɛ̃pjete] *nf* impiedad *f*

**impitoyable** [ɛ̃pitwajabl] *adj* despiadado(-a)

**impitoyablement** [ɛ̃pitwajabləmɑ̃] *adv* despiadadamente

**implacable** [ɛ̃plakabl] *adj* implacable

**implacablement** [ɛ̃plakabləmɑ̃] *adv* implacablemente

**implant** [ɛ̃plɑ̃] *nm (Méd)* implante *m*

**implantation** [ɛ̃plɑ̃tasjɔ̃] *nf (voir vt)* implantación *f*; instalación *f*; establecimiento

**implanter** [ɛ̃plɑ̃te] *vt (Méd, usage, mode, industrie)* implantar; *(usine)* instalar; *(immigrants)* establecer; *(idée)* inculcar; **un préjugé solidement implanté** un prejuicio muy arraigado; **s'implanter** *vpr (voir vt)* : **s'~ dans** implantarse en; instalarse en; establecerse en

**implémenter** [ɛ̃plemɑ̃te] *vt (Inform)* implementar

**implication** [ɛ̃plikasjɔ̃] *nf* implicación *f*; **implications** *nfpl (conséquences, répercussions)* implicaciones *fpl*

**implicite** [ɛ̃plisit] *adj* implícito(-a)

**implicitement** [ɛ̃plisitmɑ̃] *adv* implícitamente

**impliquer** [ɛ̃plike] *vt (supposer, entraîner)* implicar, suponer; *(Math)* implicar; **~ qch/que** implicar algo/que; **~ qn (dans)** implicar a algn (en)

**implorant, e** [ɛ̃plɔʀɑ̃, ɑ̃t] *adj* implorante

**implorer** [ɛ̃plɔʀe] *vt* implorar

**imploser** [ɛ̃ploze] *vi* implosionar

**implosion** [ɛ̃plozjɔ̃] *nf* implosión *f*

**impoli, e** [ɛ̃pɔli] *adj* descortés

**impoliment** [ɛ̃pɔlimɑ̃] *adj* descortésmente

**impolitesse** [ɛ̃pɔlitɛs] *nf* descortesía

**impondérable** [ɛ̃pɔ̃deʀabl] *adj* imponderable; **impondérables** *nmpl (facteurs)* imponderables *mpl*; *(événements)* acontecimientos *mpl* imprevisibles

**impopulaire** [ɛ̃pɔpylɛʀ] *adj* impopular

**impopularité** [ɛ̃pɔpylaʀite] *nf* impopularidad *f*

**importable** [ɛ̃pɔʀtabl] *adj (Comm)* importable; *(vêtement)* imponible

**importance** [ɛ̃pɔʀtɑ̃s] *nf* importancia; **avoir de l'~** tener importancia; **sans ~** sin importancia; **quelle ~ ?** ¿qué más da?; **d'~** de importancia

**important, e** [ɛ̃pɔʀtɑ̃, ɑ̃t] *adj* importante; *(gamme de produits)* extenso(-a); *(péj : airs, ton)* de importancia; **c'est ~ à savoir** es importante saberlo ▶ *nm* : **l'~ (est de/que)** lo importante (es/es que)

**importateur, -trice** [ɛ̃pɔʀtatœʀ, tʀis] *adj*, *nm/f* importador(a); **pays ~ de blé** país *m* importador de trigo

**importation** [ɛ̃pɔʀtasjɔ̃] *nf (de marchandises, fig)* importación *f*; *(d'animaux, plantes, maladies)* introducción *f*

**importer** [ɛ̃pɔʀte] *vt (Comm)* importar; *(maladies, plantes)* importar, introducir ▶ *vi (être important)* importar; **~ à qn** importar a algn; **peu m'importe !** *(je n'ai pas de préférence)* ¡me da igual!; *(je m'en moque !)* ¡a mí qué me importa!; **peu importe !** ¡qué importa!; **peu importe que** poco importa que; **peu importe le prix, nous paierons** no importa el precio, pagaremos; **il importe de le faire/que nous le fassions** es importante hacerlo/que lo hagamos; *voir aussi* **n'importe**

**import-export** [ɛ̃pɔʀɛkspɔʀ] *(pl* **imports-exports***) nm* importación-exportación *f*

## importun – imprimer

**importun, e** [ɛ̃pɔʀtœ̃, yn] adj (curiosité, présence) importuno(-a); (visite, personne) inoportuno(-a) ▶ nm/f inoportuno(-a)

**importuner** [ɛ̃pɔʀtyne] vt importunar; (suj: insecte, bruit) molestar

**imposable** [ɛ̃pozabl] adj imponible

**imposant, e** [ɛ̃pozɑ̃, ɑ̃t] adj imponente

**imposé, e** [ɛ̃poze] adj (marchandises) gravado(-a); (Gymnastique etc : figure) obligatorio(-a); **être ~** (personne) pagar contribuciones

**imposer** [ɛ̃poze] vt (taxer) gravar; (faire accepter par force) imponer; **~ qch à qn** imponer algo a algn; **~ les mains** (Rel) imponer las manos; **en ~ à qn** impresionar a algn; **en ~** (personne, présence) imponer; **s'imposer** vpr imponerse; (montrer sa prééminence) destacar; (être importun) molestar; **ça s'impose !** ¡es de rigor!

**imposition** [ɛ̃pozisjɔ̃] nf (taxation) contribución f; **l'~ des mains** (Rel) la imposición de las manos

**impossibilité** [ɛ̃pɔsibilite] nf (chose impossible) : **c'est pour lui une ~** es algo imposible para ella; **je suis dans l'~ de faire** me es imposible hacerlo

**impossible** [ɛ̃pɔsibl] adj (irréalisable, improbable) imposible; (enfant) insoportable, inaguantable; (absurde, extravagant) increíble; **~ à faire** imposible de hacer; **il est ~ que** es imposible que; **il m'est ~ de le faire** me resulta imposible hacerlo; **si, par ~, je ne venais pas ...** si no viniera, lo cual es imposible ... ▶ nm : **l'~** lo imposible; **faire l'~** hacer lo imposible

**imposteur, -euse** [ɛ̃pɔstœʀ, øz] nm/f impostor(a)

**imposture** [ɛ̃pɔstyʀ] nf impostura

**impôt** [ɛ̃po] nm (taxe) impuesto; **~ direct/foncier/indirect** impuesto directo/sobre la propiedad/indirecto; **~ sur la fortune** impuesto sobre el patrimonio; **~ sur le chiffre d'affaires/le revenu** impuesto sobre el capital/la renta; **~ sur le revenu des personnes physiques** impuesto sobre la renta de las personas físicas; **~ sur les plus-values** impuesto sobre las plusvalías; **~ sur les sociétés** impuesto de sociedades; **impôts** nmpl (contributions) impuestos mpl; **impôts locaux** impuestos municipales

**impotence** [ɛ̃pɔtɑ̃s] nf invalidez f

**impotent, e** [ɛ̃pɔtɑ̃, ɑ̃t] adj (personne) impedido(-a), inválido(-a); (jambe, bras) paralítico(-a)

**impraticable** [ɛ̃pʀatikabl] adj (projet, idée) impracticable; (piste, chemin, sentier) intransitable, impracticable

**imprécation** [ɛ̃pʀekasjɔ̃] nf imprecación f

**imprécis, e** [ɛ̃pʀesi, iz] adj (contours, renseignement) impreciso(-a); (souvenir) impreciso(-a), borroso(-a); (tir) sin precisión

**imprécision** [ɛ̃pʀesizjɔ̃] nf imprecisión f

**imprégnation** [ɛ̃pʀeɲasjɔ̃] nf (de fluide) impregnación f

**imprégner** [ɛ̃pʀeɲe] vt : **~ (de)** impregnar (con ou de); (de lumière) bañar (de); (suj: amertume, ironie etc) cargar (de); **s'imprégner de** vpr impregnarse de; (de lumière) bañarse de; (idée, culture) imbuirse de, empaparse de

**imprenable** [ɛ̃pʀənabl] adj (forteresse, citadelle) inexpugnable; **vue ~** vista panorámica asegurada

**imprésario** [ɛ̃pʀesaʀjo] nm (d'un artiste) empresario

**imprescriptible** [ɛ̃pʀɛskʀiptibl] adj (Jur) imprescriptible

**impression** [ɛ̃pʀesjɔ̃] nf (sentiment, sensation : d'étouffement etc) sensación f; (Photo, d'un ouvrage) impresión f; (d'un tissu, papier peint) imprimación f; (dessin, motif) imprimación, estampación f; **faire bonne/mauvaise ~** causar buena/mala impresión; **faire/produire une vive ~** (émotion) causar/producir una viva impresión; **donner l'~ d'être ...** dar la impresión de ser ...; **donner une ~ de/l'~ que** dar una impresión de/la impresión de que; **avoir l'~ de/que** tener la impresión de/de que; **faire ~** (orateur, déclaration) impresionar; **impressions de voyage** impresiones fpl de viaje

**impressionnable** [ɛ̃pʀesjɔnabl] adj (enfant, nature) impresionable; (Photo) sensible

**impressionnant, e** [ɛ̃pʀesjɔnɑ̃, ɑ̃t] adj impresionante

**impressionner** [ɛ̃pʀesjɔne] vt impresionar

**impressionnisme** [ɛ̃pʀesjɔnism] nm impresionismo

**impressionniste** [ɛ̃pʀesjɔnist] nmf impresionista mf

**imprévisible** [ɛ̃pʀevizibl] adj imprevisible

**imprévoyance** [ɛ̃pʀevwajɑ̃s] nf imprevisión f

**imprévoyant, e** [ɛ̃pʀevwajɑ̃, ɑ̃t] adj poco previsor(a)

**imprévu, e** [ɛ̃pʀevy] adj imprevisto(-a) ▶ nm : **l'~** lo imprevisto; **en cas d'~** en caso de imprevisto; **sauf ~** salvo imprevisto

**imprimable** [ɛ̃pʀimabl] adj imprimible

**imprimante** [ɛ̃pʀimɑ̃t] nf (Inform) impresora; **~ (à) laser** impresora láser; **~ (ligne par) ligne** impresora de líneas; **~ matricielle** impresora matricial; **~ thermique** impresora térmica

**imprimé, e** [ɛ̃pʀime] adj (motif, tissu) estampado(-a); (livre, ouvrage) impreso(-a) ▶ nm impreso; (tissu) estampado; (dans une bibliothèque) libro (impreso); **un ~ à fleurs/pois** un estampado de flores/lunares

**imprimer** [ɛ̃pʀime] vt imprimir; (tissu) estampar; (visa, cachet) sellar; (mouvement, vitesse) comunicar, transmitir; (direction) imprimir, comunicar

## imprimerie – inanité

**imprimerie** [ɛ̃pʀimʀi] nf (atelier) imprenta; (technique) tipografía
**imprimeur, -euse** [ɛ̃pʀimœʀ, øz] nm/f impresor(a); (ouvrier) tipógrafo(-a)
**imprimeur-éditeur** [ɛ̃pʀimœʀeditœʀ] (pl **imprimeurs-éditeurs**) nm impresor m editor
**imprimeur-libraire** [ɛ̃pʀimœʀlibʀɛʀ] (pl **imprimeurs-libraires**) nm impresor m librero
**improbable** [ɛ̃pʀɔbabl] adj improbable
**improductif, -ive** [ɛ̃pʀɔdyktif, iv] adj improductivo(-a)
**impromptu, e** [ɛ̃pʀɔ̃pty] adj improvisado(-a)
**imprononçable** [ɛ̃pʀɔnɔ̃sabl] adj impronunciable
**impropre** [ɛ̃pʀɔpʀ] adj impropio(-a); (incorrect) incorrecto(-a); **~ à** no apto(-a) para; **~ à la consommation** (aliments, produits) no apto(-a) para el consumo
**improprement** [ɛ̃pʀɔpʀəmã] adv impropiamente
**impropriété** [ɛ̃pʀɔpʀijete] nf impropiedad f; **~ (de langage)** incorrección f (lingüística)
**improvisation** [ɛ̃pʀɔvizasjɔ̃] nf improvisación f
**improvisé, e** [ɛ̃pʀɔvize] adj improvisado(-a); **avec des moyens improvisés** con medios improvisados
**improviser** [ɛ̃pʀɔvize] vt, vi improvisar; **~ qn cuisinier** improvisar a algn como ou de cocinero; **s'improviser** vpr improvisarse; **s'~ cuisinier** improvisarse como ou de cocinero
**improviste** [ɛ̃pʀɔvist] : **à l'~** adv de improviso
**imprudemment** [ɛ̃pʀydamã] adv imprudentemente
**imprudence** [ɛ̃pʀydãs] nf imprudencia
**imprudent, e** [ɛ̃pʀydã, ãt] adj, nm/f imprudente mf
**impubère** [ɛ̃pybɛʀ] adj impúber
**impubliable** [ɛ̃pyblijabl] adj impublicable
**impudemment** [ɛ̃pydamã] adv descaradamente
**impudence** [ɛ̃pydãs] nf descaro
**impudent, e** [ɛ̃pydã, ãt] adj descarado(-a)
**impudeur** [ɛ̃pydœʀ] nf impudor m
**impudique** [ɛ̃pydik] adj impúdico(-a)
**impudiquement** [ɛ̃pydikmã] adv impúdicamente
**impuissance** [ɛ̃pɥisãs] nf impotencia, inutilidad f
**impuissant, e** [ɛ̃pɥisã, ãt] adj impotente; (effort) inútil, vano(-a); **~ à faire qch** incapaz de hacer algo ▶ nm impotente m
**impulsif, -ive** [ɛ̃pylsif, iv] adj impulsivo(-a)
**impulsion** [ɛ̃pylsjɔ̃] nf impulso; **~ donnée aux affaires/au commerce** impulso dado a los negocios/al comercio; **sous l'~ de leurs chefs ...** impulsados por sus jefes ...
**impulsivement** [ɛ̃pylsivmã] adv impulsivamente
**impulsivité** [ɛ̃pylsivite] nf impulsividad f

**impunément** [ɛ̃pynemã] adv impunemente
**impuni, e** [ɛ̃pyni] adj impune
**impunité** [ɛ̃pynite] nf impunidad f; **en toute ~** con toda impunidad
**impur, e** [ɛ̃pyʀ] adj (aussi fig) impuro(-a)
**impureté** [ɛ̃pyʀte] nf impureza
**imputable** [ɛ̃pytabl] adj : **~ à** imputable a; **~ sur** (Comm) imputable a
**imputation** [ɛ̃pytasjɔ̃] nf imputación f
**imputer** [ɛ̃pyte] vt : **~ qch à** ou **sur** imputar algo a
**imputrescible** [ɛ̃pytʀesibl] adj imputrescible
**in** [in] adj inv (à la mode) in inv
**INA** [ina] sigle m (= Institut national de l'audiovisuel) archivo nacional de radio y televisión
**inabordable** [inabɔʀdabl] adj (lieu) inaccesible; (cher, exorbitant) prohibitivo(-a)
**inaccentué, e** [inaksãtɥe] adj átono(-a)
**inacceptable** [inakseptabl] adj inaceptable
**inaccessible** [inaksesibl] adj (endroit) inaccesible; (obscur) incomprensible; (personne) inaccesible, inabordable; (objectif) inalcanzable; **~ à** (insensible à : suj : personne) insensible a
**inaccoutumé, e** [inakutyme] adj desacostumbrado(-a)
**inachevé, e** [inaʃ(ə)ve] adj inacabado(-a)
**inactif, -ive** [inaktif, iv] adj inactivo(-a); (machine, population) inactivo(-a), parado(-a); (inefficace) ineficaz
**inaction** [inaksjɔ̃] nf inacción f
**inactivité** [inaktivite] nf (Admin) : **(être/se faire mettre) en ~** (estar/quedar) en suspensión de servicios
**inadaptation** [inadaptasjɔ̃] nf (Psych) inadaptación f
**inadapté, e** [inadapte] adj, nm/f inadaptado(-a)
**inadéquat, e** [inadekwa(t), kwat] adj inadecuado(-a)
**inadéquation** [inadekwasjɔ̃] nf inadecuación f
**inadmissible** [inadmisibl] adj inadmisible
**inadvertance** [inadvɛʀtãs] : **par ~** adv por inadvertencia, por descuido
**inaliénable** [inaljenabl] adj inalienable
**inaltérable** [inalteʀabl] adj (aussi fig) inalterable; **couleur ~ (au lavage/à la lumière)** color m inalterable (al lavado/a la luz); **~ à l'air/à la chaleur** inalterable al aire/al calor
**inamovibilité** [inamɔvibilite] nf inamovilidad f
**inamovible** [inamɔvibl] adj (magistrat, sénateur) inamovible; (fixe : plaque, panneau) fijo(-a)
**inanimé, e** [inanime] adj inanimado(-a); **tomber ~** caer exánime
**inanité** [inanite] nf (d'un espoir, d'une illusion) inutilidad f; (d'une conversation) futilidad f

## inanition – incidemment

**inanition** [inanisjɔ̃] nf : **tomber/mourir d'~** caer/morir de inanición

**inaperçu, e** [inapɛʀsy] adj : **passer ~** pasar desapercibido(-a)

**inappétence** [inapetɑ̃s] nf inapetencia; (fig) inapetencia, desgana

**inapplicable** [inaplikabl] adj inaplicable

**inapplication** [inaplikasjɔ̃] nf desaplicación f, falta de aplicación

**inappliqué, e** [inaplike] adj (inattentif) desaplicado(-a); (pas mis en pratique) inaplicado(-a)

**inappréciable** [inapʀesjabl] adj (avantage, bonheur) inapreciable; (aide, service) inapreciable, inestimable

**inapproprié, e** [inapʀɔpʀije] adj inapropiado(-a)

**inapte** [inapt] adj (Mil) no apto(-a), incapacitado(-a); **~ à qch/faire qch** incapaz para ou de algo/hacer algo

**inaptitude** [inaptityd] nf ineptitud f

**inarticulé, e** [inaʀtikyle] adj inarticulado(-a)

**inassimilable** [inasimilabl] adj inasimilable

**inassouvi, e** [inasuvi] adj insatisfecho(-a)

**inattaquable** [inatakabl] adj (Mil) intacable; (texte) incuestionable; (argument, preuve) irrebatible; (réputation, personne) irreprochable

**inattendu, e** [inatɑ̃dy] adj inesperado(-a); (insoupçonné) insospechado(-a) ▶ nm : **l'~** lo inesperado

**inattentif, -ive** [inatɑ̃tif, iv] adj (lecteur, élève) desatento(-a); **~ à** (dangers, détails matériels) despreocupado(-a) de

**inattention** [inatɑ̃sjɔ̃] nf desatención f, despreocupación f; **par ~** por descuido; **faute ou erreur d'~** despiste m; **une minute d'~** un momento de despiste

**inaudible** [inodibl] adj inaudible

**inaugural, e, -aux** [inogyʀal, o] adj inaugural; **discours ~** discurso inaugural

**inauguration** [inogyʀasjɔ̃] nf (d'un musée, d'une route) inauguración f; (d'une plaque, statue) descubrimiento; **discours/cérémonie d'~** discurso/ceremonia de inauguración

**inaugurer** [inogyʀe] vt inaugurar; (statue) descubrir; (politique) inaugurar, estrenar

**inauthenticité** [inotɑ̃tisite] nf falta de autenticidad

**inavouable** [inavwabl] adj inconfesable

**inavoué, e** [inavwe] adj inconfesado(-a)

**INC** [iɛnse] sigle m (= Institut national de la consommation) ≈ INC m (= Instituto nacional de consumo)

**inca** [ɛ̃ka] adj inca ▶ nmf : **Inca** inca mf

**incalculable** [ɛ̃kalkylabl] adj incalculable; **un nombre ~ de** un número incalculable de

**incandescence** [ɛ̃kɑ̃desɑ̃s] nf incandescencia; **en ~** incandescente; **porter qch à ~** poner algo incandescente; **lampe/manchon à ~** lámpara/camisa incandescente

**incandescent** [ɛ̃kɑ̃desɑ̃] adj candente, incandescente; (gaz) incandescente

**incantation** [ɛ̃kɑ̃tasjɔ̃] nf conjuro

**incantatoire** [ɛ̃kɑ̃tatwaʀ] adj de conjuro

**incapable** [ɛ̃kapabl] adj incapaz; **~ de faire qch** incapaz de hacer algo; (pour des raisons physiques) incapacitado(-a) para hacer algo; **je suis ~ d'y aller** (dans l'impossibilité) no puedo ir

**incapacité** [ɛ̃kapasite] nf (incompétence) incapacidad f; (Jur) inhabilitación f; **je suis dans l'~ de vous aider** (impossibilité) me resulta imposible ayudarle; **~ de travail** incapacidad laboral; **~ électorale** inhabilitación electoral; **~ partielle/permanente/totale** incapacidad parcial/definitiva/total

**incarcération** [ɛ̃kaʀseʀasjɔ̃] nf encarcelamiento

**incarcérer** [ɛ̃kaʀseʀe] vt encarcelar

**incarnat, e** [ɛ̃kaʀna, at] adj encarnado(-a)

**incarnation** [ɛ̃kaʀnasjɔ̃] nf encarnación f

**incarné, e** [ɛ̃kaʀne] adj encarnado(-a); **ongle ~** uña encarnada

**incarner** [ɛ̃kaʀne] vt encarnar; **s'incarner** vpr (Rel) encarnarse

**incartade** [ɛ̃kaʀtad] nf (écart de conduite) incorrección f; (Équitation) espantada

**incassable** [ɛ̃kasabl] adj irrompible

**incendiaire** [ɛ̃sɑ̃djɛʀ] adj, nmf incendiario(-a)

**incendie** [ɛ̃sɑ̃di] nm incendio; **~ criminel/de forêt** incendio doloso/forestal

**incendier** [ɛ̃sɑ̃dje] vt incendiar; (accabler de reproches) vapulear; (visage, pommette) enrojecer

**incertain, e** [ɛ̃sɛʀtɛ̃, ɛn] adj incierto(-a); (éventuel, douteux) inseguro(-a), incierto(-a); (temps) inestable; (indécis, imprécis) indefinido(-a); (personne) indeciso(-a); (pas, démarche) inseguro(-a)

**incertitude** [ɛ̃sɛʀtityd] nf (d'un résultat, d'un fait) incertidumbre f; (d'une personne) indecisión f; **être dans l'~ (quant à qch)** estar sumido(-a) en la incertidumbre (respecto a algo); **incertitudes** nfpl (hésitations) vacilaciones fpl; (impondérables) eventualidades fpl

**incessamment** [ɛ̃sesamɑ̃] adv inmediatamente

**incessant, e** [ɛ̃sesɑ̃, ɑ̃t] adj incesante

**incessible** [ɛ̃sesibl] adj (Jur) intransferible

**inceste** [ɛ̃sɛst] nm incesto

**incestueux, -euse** [ɛ̃sɛstɥø, øz] adj incestuoso(-a)

**inchangé, e** [ɛ̃ʃɑ̃ʒe] adj invariable

**inchantable** [ɛ̃ʃɑ̃tabl] adj incantable

**inchauffable** [ɛ̃ʃofabl] adj imposible de calentar

**incidemment** [ɛ̃sidamɑ̃] adv incidentalmente

## incidence – inconditionnel

**incidence** [ɛ̃sidɑ̃s] nf incidencia, repercusión f; (Phys) incidencia
**incident, e** [ɛ̃sidɑ̃, ɑ̃t] adj (Jur: accessoire) incidental; **proposition incidente** (Ling) inciso ▶ nm incidente m; **~ de frontière** incidente fronterizo; **~ de parcours** (fig) pequeño contratiempo; **~ diplomatique** incidente diplomático; **~ technique** fallo técnico
**incinérateur** [ɛ̃sineʀatœʀ] nm incinerador m
**incinération** [ɛ̃sineʀasjɔ̃] nf incineración f
**incinérer** [ɛ̃sineʀe] vt incinerar
**incise** [ɛ̃siz] nf (Ling) inciso
**inciser** [ɛ̃size] vt hacer una incisión en
**incisif, -ive** [ɛ̃sizif, iv] adj incisivo(-a), mordaz
**incision** [ɛ̃sizjɔ̃] nf incisión f
**incisive** [ɛ̃siziv] nf incisivo
**incitatif, -ive** [ɛ̃sitatif, iv] adj (mécanisme, politique) incentivador(a)
**incitation** [ɛ̃sitasjɔ̃] nf (encouragement) incitación f
**inciter** [ɛ̃site] vt: **~ qn à (faire) qch** incitar a algn a (hacer) algo
**incivil, e** [ɛ̃sivil] adj incivil
**incivilité** [ɛ̃sivilite] nf falta de civismo; **incivilités** nfpl actos mpl incívicos
**inclassable** [ɛ̃klɑsabl] adj inclasificable
**inclinable** [ɛ̃klinabl] adj reclinable; **siège (à dossier) ~** asiento reclinable
**inclinaison** [ɛ̃klinɛzɔ̃] nf inclinación f; (d'une route) pendiente f
**inclination** [ɛ̃klinasjɔ̃] nf inclinación f; **montrer de l'~ pour les sciences** mostrar inclinación hacia ou por las ciencias; **~ de (la) tête** inclinación de (la) cabeza; **~ (du buste)** inclinación
**incliné, e** [ɛ̃kline] adj (plan, tête) inclinado(-a)
**incliner** [ɛ̃kline] vt inclinar; **~ la tête** (pour saluer) inclinar la cabeza; **s'incliner** vpr (personne, toit) inclinarse; (chemin, pente) bajar, descender; **s'~ (devant qn/qch)** (rendre hommage à) inclinarse (ante algn/algo); (s'avouer battu) doblegarse (ante algn/algo); **s'~ (devant qch)** (céder) ceder (ante algo)
**inclure** [ɛ̃klyʀ] vt incluir; (joindre à un envoi) adjuntar
**inclus, e** [ɛ̃kly, yz] pp de **inclure** ▶ adj (joint à un envoi) adjunto(-a); (compris: frais) incluido(-a); **~ dans** (Math: ensemble) incluido(-a) en; **jusqu'au troisième chapitre ~** hasta el tercer capítulo inclusive; **jusqu'au 10 mars ~** hasta el 10 de marzo inclusive
**inclusion** [ɛ̃klyzjɔ̃] nf inclusión f
**inclusivement** [ɛ̃klyzivmɑ̃] adv inclusive, inclusivamente
**inclut** [ɛ̃kly] vb voir **inclure**
**incoercible** [ɛ̃kɔɛʀsibl] adj (rire, sentiment) irrefrenable, incontenible
**incognito** [ɛ̃kɔɲito] adv de incógnito ▶ nm: **garder l'~** mantener el incógnito

**incohérence** [ɛ̃kɔeʀɑ̃s] nf incoherencia
**incohérent, e** [ɛ̃kɔeʀɑ̃, ɑ̃t] adj incoherente
**incollable** [ɛ̃kɔlabl] adj (riz) que no se pega; **il est ~** (fam) no hay quien lo pille
**incolore** [ɛ̃kɔlɔʀ] adj incoloro(-a); (style) insulso(-a)
**incomber** [ɛ̃kɔ̃be]: **~ à qn** vt (suj: devoirs, responsabilités) incumbir a algn; (: frais, travail) corresponder a algn
**incombustible** [ɛ̃kɔ̃bystibl] adj incombustible
**incommensurable** [ɛ̃kɔmɑ̃syʀabl] adj inconmensurable
**incommodant, e** [ɛ̃kɔmɔdɑ̃, ɑ̃t] adj incómodo(-a), molesto(-a)
**incommode** [ɛ̃kɔmɔd] adj incómodo(-a)
**incommodément** [ɛ̃kɔmɔdemɑ̃] adv incómodamente
**incommoder** [ɛ̃kɔmɔde] vt: **~ qn** incomodar a algn
**incommodité** [ɛ̃kɔmɔdite] nf incomodidad f
**incommunicabilité** [ɛ̃kɔmynikabilite] nf (entre personnes) incomunicabilidad f
**incommunicable** [ɛ̃kɔmynikabl] adj (droits, privilèges) intransferible; (pensée) incomunicable
**incomparable** [ɛ̃kɔ̃paʀabl] adj (dissemblable) no comparable; (inégalable) incomparable
**incomparablement** [ɛ̃kɔ̃paʀabləmɑ̃] adv incomparablemente
**incompatibilité** [ɛ̃kɔ̃patibilite] nf incompatibilidad f; **~ d'humeur** incompatibilidad de caracteres
**incompatible** [ɛ̃kɔ̃patibl] adj incompatible; **~ avec** incompatible con
**incompétence** [ɛ̃kɔ̃petɑ̃s] nf incompetencia
**incompétent, e** [ɛ̃kɔ̃petɑ̃, ɑ̃t] adj incompetente
**incomplet, -ète** [ɛ̃kɔ̃plɛ, ɛt] adj incompleto(-a)
**incomplètement** [ɛ̃kɔ̃plɛtmɑ̃] adv no completamente
**incompréhensible** [ɛ̃kɔ̃pʀeɑ̃sibl] adj incomprensible
**incompréhensif, -ive** [ɛ̃kɔ̃pʀeɑ̃sif, iv] adj (intransigeant) incomprensivo(-a), intransigente; (peu coopératif) poco comprensivo(-a)
**incompréhension** [ɛ̃kɔ̃pʀeɑ̃sjɔ̃] nf incomprensión f
**incompressible** [ɛ̃kɔ̃pʀesibl] adj (Phys) incompresible; (Jur, fig: peine) irreducible
**incompris, e** [ɛ̃kɔ̃pʀi, iz] adj incomprendido(-a)
**inconcevable** [ɛ̃kɔ̃s(ə)vabl] adj inconcebible; (extravagant) increíble
**inconciliable** [ɛ̃kɔ̃siljabl] adj inconciliable; **~ avec qch** inconciliable con algo
**inconditionnel, le** [ɛ̃kɔ̃disjɔnɛl] adj, nm/f incondicional mf

## inconditionnellement – incruster

**inconditionnellement** [ɛ̃kɔ̃disjɔnɛlmɑ̃] *adv* incondicionalmente
**inconduite** [ɛ̃kɔ̃dɥit] *nf* mala conducta
**inconfort** [ɛ̃kɔ̃fɔʀ] *nm* incomodidad *f*
**inconfortable** [ɛ̃kɔ̃fɔʀtabl] *adj (aussi fig)* incómodo(-a)
**inconfortablement** [ɛ̃kɔ̃fɔʀtabləmɑ̃] *adv* incómodamente
**incongru, e** [ɛ̃kɔ̃gʀy] *adj (attitude, remarque)* improcedente; *(visite)* intempestivo(-a), inoportuno(-a)
**incongruité** [ɛ̃kɔ̃gʀyite] *nf* improcedencia, inoportunidad *f*; *(parole, action incongrue)* salida de tono
**inconnu, e** [ɛ̃kɔny] *adj* desconocido(-a); *(joie, sensation)* desconocido(-a), extraño(-a) ▶ *nm/f* desconocido(-a); *(étranger, tiers)* extraño(-a) ▶ *nm* : **l'**~ lo desconocido
**inconnue** [ɛ̃kɔny] *nf (Math, fig)* incógnita
**inconsciemment** [ɛ̃kɔ̃sjamɑ̃] *adv* inconscientemente
**inconscience** [ɛ̃kɔ̃sjɑ̃s] *nf* inconsciencia
**inconscient, e** [ɛ̃kɔ̃sjɑ̃, jɑ̃t] *adj* inconsciente; ~ **de** *(événement extérieur)* ajeno(-a) a; **il est** ~ **de ...** no es consciente de ... ▶ *nm (Psych)* : **l'**~ el inconsciente ▶ *nm/f* inconsciente *mf*
**inconséquence** [ɛ̃kɔ̃sekɑ̃s] *nf* inconsecuencia
**inconséquent, e** [ɛ̃kɔ̃sekɑ̃, ɑ̃t] *adj* inconsecuente
**inconsidéré, e** [ɛ̃kɔ̃sideʀe] *adj* desconsiderado(-a)
**inconsidérément** [ɛ̃kɔ̃sideʀemɑ̃] *adv* desconsideradamente
**inconsistance** [ɛ̃kɔ̃sistɑ̃s] *nf* inconsistencia
**inconsistant, e** [ɛ̃kɔ̃sistɑ̃, ɑ̃t] *adj* inconsistente
**inconsolable** [ɛ̃kɔ̃sɔlabl] *adj* inconsolable
**inconstance** [ɛ̃kɔ̃stɑ̃s] *nf* inconstancia
**inconstant, e** [ɛ̃kɔ̃stɑ̃, ɑ̃t] *adj* inconstante
**inconstitutionnel, le** [ɛ̃kɔ̃stitysjɔnɛl] *adj* inconstitucional
**inconstitutionnellement** [ɛ̃kɔ̃stitysjɔnɛlmɑ̃] *adv* inconstitucionalmente
**inconstructible** [ɛ̃kɔ̃stʀyktibl] *adj* no edificable
**incontestable** [ɛ̃kɔ̃tɛstabl] *adj* indiscutible
**incontestablement** [ɛ̃kɔ̃tɛstabləmɑ̃] *adv* indiscutiblemente
**incontesté, e** [ɛ̃kɔ̃tɛste] *adj* indiscutido(-a), indiscutible
**incontinence** [ɛ̃kɔ̃tinɑ̃s] *nf (Méd)* incontinencia
**incontinent, e** [ɛ̃kɔ̃tinɑ̃, ɑ̃t] *adj (Méd)* incontinente ▶ *adv (tout de suite)* al instante, en el acto
**incontournable** [ɛ̃kɔ̃tuʀnabl] *adj* imprescindible; *(problème, rendez-vous)* ineludible

**incontrôlable** [ɛ̃kɔ̃tʀolabl] *adj (enfant, situation)* incontrolable; *(invérifiable)* no comprobable
**incontrôlé, e** [ɛ̃kɔ̃tʀole] *adj* incontrolado(-a)
**inconvenance** [ɛ̃kɔ̃v(ə)nɑ̃s] *nf* inconveniencia
**inconvenant, e** [ɛ̃kɔ̃v(ə)nɑ̃, ɑ̃t] *adj (malséant, déplacé)* inconveniente; *(indécent)* incorrecto(-a)
**inconvénient** [ɛ̃kɔ̃venjɑ̃] *nm* inconveniente *m*; *(d'un remède, changement)* inconveniente; **y a-t-il un** ~ **à ... ?** ¿hay algún inconveniente en ...?; **si vous n'y voyez pas d'**~ *(obstacle, objection)* si no tiene inconveniente
**inconvertible** [ɛ̃kɔ̃vɛʀtibl] *adj* inconvertible
**incorporation** [ɛ̃kɔʀpɔʀasjɔ̃] *nf (Mil)* incorporación *f*
**incorporé, e** [ɛ̃kɔʀpɔʀe] *adj* incorporado(-a)
**incorporel, le** [ɛ̃kɔʀpɔʀɛl] *adj (Jur)* : **biens incorporels** bienes *mpl* incorporales
**incorporer** [ɛ̃kɔʀpɔʀe] *vt* incorporar; ~ **(à)** *(mélanger)* incorporar (a); ~ **(dans)** *(insérer)* insertar (en); ~ **qn dans** *(Mil : affecter)* destinar a algn a
**incorrect, e** [ɛ̃kɔʀɛkt] *adj* incorrecto(-a)
**incorrectement** [ɛ̃kɔʀɛktəmɑ̃] *adv* incorrectamente
**incorrection** [ɛ̃kɔʀɛksjɔ̃] *nf* incorrección *f*
**incorrigible** [ɛ̃kɔʀiʒibl] *adj* incorregible
**incorruptible** [ɛ̃kɔʀyptibl] *adj* incorruptible
**incrédibilité** [ɛ̃kʀedibilite] *nf* incredibilidad *f*
**incrédule** [ɛ̃kʀedyl] *adj (Rel)* descreído(-a); *(personne, moue)* incrédulo(-a), escéptico(-a)
**incrédulité** [ɛ̃kʀedylite] *nf* incredulidad *f*; **avec** ~ con incredulidad
**increvable** [ɛ̃kʀəvabl] *adj (ballon, pneu)* a prueba de pinchazos; *(fam : personne)* infatigable, incansable
**incriminé, e** [ɛ̃kʀimine] *adj (article, livre)* incriminado(-a)
**incriminer** [ɛ̃kʀimine] *vt* incriminar; *(mettre en doute)* dudar de, sospechar de
**incrochetable** [ɛ̃kʀɔʃ(ə)tabl] *adj (serrure)* inviolable
**incroyable** [ɛ̃kʀwajabl] *adj* increíble
**incroyablement** [ɛ̃kʀwajabləmɑ̃] *adv* increíblemente
**incroyant, e** [ɛ̃kʀwajɑ̃, ɑ̃t] *nm/f (Rel)* descreído(-a)
**incrustation** [ɛ̃kʀystasjɔ̃] *nf (technique, ornement)* incrustación *f*; *(dans un récipient, radiateur)* sarro
**incruster** [ɛ̃kʀyste] *vt* incrustar; ~ **qch dans** *(Art)* incrustar algo en; ~ **un bijou de diamants** incrustar diamantes en una joya; **incrusté de** *(pierres précieuses)* incrustado de; **s'incruster** *vpr* incrustarse; *(invité)* instalarse, aposentarse; *(radiateur, conduite)* cubrirse de sarro; **s'**~ **dans** incrustarse en

## incubateur – indéterminable

**incubateur** [ɛ̃kybatœʀ] nm incubadora;
~ **d'entreprises** vivero de empresas
**incubation** [ɛ̃kybasjɔ̃] nf (aussi fig) incubación f; **période d'**~ (Méd) período de incubación
**inculpation** [ɛ̃kylpasjɔ̃] nf inculpación f, acusación f; (chef d'accusation) base f de acusación; **sous l'**~ **de** bajo la acusación de
**inculpé, e** [ɛ̃kylpe] nm/f inculpado(-a), acusado(-a)
**inculper** [ɛ̃kylpe] vt (Jur) : ~ **(de)** inculpar (de)
**inculquer** [ɛ̃kylke] vt : ~ **qch à qn** inculcar algo a ou en algn
**inculte** [ɛ̃kylt] adj (terres) inculto(-a), yermo(-a); (personne) inculto(-a); (cheveux, barbe) descuidado(-a)
**incultivable** [ɛ̃kyltivabl] adj incultivable
**inculture** [ɛ̃kyltyʀ] nf incultura
**incunable** [ɛ̃kynabl] nm incunable m
**incurable** [ɛ̃kyʀabl] adj (maladie, malade) incurable; (sottise, ignorance) irremediable
**incurie** [ɛ̃kyʀi] nf incuria
**incursion** [ɛ̃kyʀsjɔ̃] nf (attaque, invasion, fig) incursión f
**incurvé, e** [ɛ̃kyʀve] adj curvo(-a)
**incurver** [ɛ̃kyʀve] vt curvar; **s'incurver** vpr curvarse
**Inde** [ɛ̃d] nf India
**indéboulonnable** [ɛ̃debulɔnabl] adj inamovible
**indécelable** [ɛ̃des(ə)labl] adj imperceptible
**indécemment** [ɛ̃desamɑ̃] adv indecentemente
**indécence** [ɛ̃desɑ̃s] nf indecencia, falta de decoro
**indécent, e** [ɛ̃desɑ̃, ɑ̃t] adj indecente, indecoroso(-a); (inconvenant, déplacé) desconsiderado(-a)
**indéchiffrable** [ɛ̃deʃifʀabl] adj indescifrable; (pensée, personnage) inescrutable
**indéchirable** [ɛ̃deʃiʀabl] adj irrompible
**indécis, e** [ɛ̃desi, iz] adj (personne) indeciso(-a); (paix, victoire) dudoso(-a); (temps) dudoso(-a), inestable; (contours, formes) impreciso(-a), vago(-a)
**indécision** [ɛ̃desizjɔ̃] nf indecisión f
**indéclinable** [ɛ̃deklinabl] adj (Ling) indeclinable
**indécomposable** [ɛ̃dekɔ̃pozabl] adj no descomponible; **un tout** ~ (fig) un todo indivisible
**indécrottable** [ɛ̃dekʀɔtabl] (fam) adj incorregible
**indéfectible** [ɛ̃defɛktibl] adj indefectible
**indéfendable** [ɛ̃defɑ̃dabl] adj indefendible
**indéfini, e** [ɛ̃defini] adj indefinido(-a); (nombre) ilimitado(-a); (Ling : article) indeterminado(-a)
**indéfiniment** [ɛ̃definimɑ̃] adv indefinidamente
**indéfinissable** [ɛ̃definisabl] adj indefinible

**indéformable** [ɛ̃defɔʀmabl] adj indeformable
**indélébile** [ɛ̃delebil] adj indeleble; (fig) imborrable
**indélicat, e** [ɛ̃delika, at] adj (grossier) falto(-a) de delicadeza; (malhonnête) deshonesto(-a)
**indélicatesse** [ɛ̃delikatɛs] nf falta de delicadeza, indelicadeza; (malhonnêteté) deshonestidad f
**indémaillable** [ɛ̃demɑjabl] adj indesmallable
**indemne** [ɛ̃dɛmn] adj indemne
**indemnisable** [ɛ̃dɛmnizabl] adj indemnizable
**indemnisation** [ɛ̃dɛmnizasjɔ̃] nf indemnización f
**indemniser** [ɛ̃dɛmnize] vt indemnizar; ~ **qn de qch** indemnizar a algn por algo; **se faire** ~ cobrar una indemnización
**indemnité** [ɛ̃dɛmnite] nf (dédommagement) indemnización f; (allocation) subsidio; ~ **de licenciement** indemnización por despido; ~ **de logement** subsidio de vivienda; ~ **journalière de chômage** subsidio de paro; ~ **parlementaire** dietas fpl parlamentarias
**indémodable** [ɛ̃demɔdabl] adj que no pasa de moda
**indémontable** [ɛ̃demɔ̃tabl] adj indesmontable
**indéniable** [ɛ̃denjabl] adj innegable
**indéniablement** [ɛ̃denjabləmɑ̃] adv innegablemente
**indépendamment** [ɛ̃depɑ̃damɑ̃] adv independientemente; ~ **de** (en faisant abstraction de) independientemente de; (par surcroît, en plus) además de
**indépendance** [ɛ̃depɑ̃dɑ̃s] nf independencia; ~ **matérielle** independencia económica
**indépendant, e** [ɛ̃depɑ̃dɑ̃, ɑ̃t] adj independiente; ~ **de** independiente de; **travailleur** ~ trabajador autónomo; **chambre indépendante** habitación f independiente
**indépendantisme** [ɛ̃depɑ̃dɑ̃tism] nm independentismo
**indépendantiste** [ɛ̃depɑ̃dɑ̃tist] adj, nmf independentista mf
**indéracinable** [ɛ̃deʀasinabl] adj (fig) que no se puede desarraigar
**indéréglable** [ɛ̃deʀeglabl] adj que no se puede desarreglar
**indescriptible** [ɛ̃dɛskʀiptibl] adj indescriptible
**indésirable** [ɛ̃deziʀabl] adj indeseable
**indestructible** [ɛ̃dɛstʀyktibl] adj indestructible; (marque, impression) imborrable
**indétectable** [ɛ̃detɛktabl] adj indetectable
**indéterminable** [ɛ̃detɛʀminabl] adj indeterminable

## indétermination – indisposé

**indétermination** [ɛ̃detɛʀminasjɔ̃] *nf* indeterminación *f*
**indéterminé, e** [ɛ̃detɛʀmine] *adj* indeterminado(-a); *(texte, sens)* impreciso(-a)
**index** [ɛ̃dɛks] *nm (doigt, liste)* índice *m*; **mettre qch/qn à l'~** poner algo/a algn en la lista negra
**indexation** [ɛ̃dɛksasjɔ̃] *nf* ajuste *m*
**indexé, e** [ɛ̃dɛkse] *adj (Écon)* : **~ (sur)** ajustado(-a) (de acuerdo a *ou* según)
**indexer** [ɛ̃dɛkse] *vt (Écon)* : **~ (sur)** ajustar (de acuerdo a *ou* según)
**indic** [ɛ̃dik] *nmf (fam : informateur)* chivato(-a) *(fam)*, soplón(-ona) *(fam)*
**indicateur, -trice** [ɛ̃dikatœʀ, tʀis] *nm/f (de la police)* confidente *mf* ▶ *nm* : **~ de changement de direction** *(Auto)* indicador de cambio de dirección; **~ de niveau** indicador de nivel; **~ de pression** manómetro; **~ des chemins de fer** horario de trenes; **~ de vitesse** velocímetro; **~ immobilier** *(livre, brochure)* guía inmobiliaria; *(Écon)* indicador *m*, índice *m* ▶ *adj* : **panneau ~** panel *m* informativo; **poteau ~** indicador, señal *f* de orientación
**indicatif** [ɛ̃dikatif] *nm (Ling)* indicativo; *(Radio)* sintonía; *(téléphonique)* prefijo; **~ d'appel** *(Radio)* signo convencional ▶ *adj* : **à titre ~** a título informativo
**indication** [ɛ̃dikasjɔ̃] *nf* indicación *f*; **~ d'origine** *(Comm)* indicación de origen *ou* de procedencia; **indications** *nfpl (d'un médicament)* indicaciones *fpl*; *(directives)* indicaciones *fpl*, instrucciones *fpl*
**indice** [ɛ̃dis] *nm* indicio; *(Police)* indicio, pista; *(Écon, Science, Tech, Admin)* índice *m*; **~ de la production industrielle** índice de producción industrial; **~ de réfraction/des prix** índice de refracción/de precios; **~ de traitement** *(Admin)* escala de sueldos; **~ d'octane** *(d'un carburant)* índice de octano; **~ du coût de la vie** índice de coste de la vida; **~ inférieur** *(Inform)* índice inferior
**indicible** [ɛ̃disibl] *adj (joie, charme)* inefable; *(peine)* indecible
**indien, ne** [ɛ̃djɛ̃, jɛn] *adj* indio(-a); **l'océan I~** el Océano Indico ▶ *nm/f* : **Indien, ne** *(d'Amérique, d'Inde)* indio(-a)
**indifféremment** [ɛ̃diferamɑ̃] *adv* indiferentemente, indistintamente
**indifférence** [ɛ̃diferɑ̃s] *nf* indiferencia
**indifférencié, e** [ɛ̃diferɑ̃sje] *adj* indiferenciado(-a)
**indifférent, e** [ɛ̃diferɑ̃, ɑ̃t] *adj* indiferente; **~ à qn/qch** indiferente a algn/algo; **parler de choses indifférentes** hablar de cosas sin importancia; **ça m'est ~ (que ...)** me es indiferente (que ...)
**indifférer** [ɛ̃difere] *vt* : **cela m'indiffère** eso me deja indiferente
**indigence** [ɛ̃diʒɑ̃s] *nf* : **être/vivre dans l'~** estar/vivir en la indigencia

**indigène** [ɛ̃diʒɛn] *adj, nmf* indígena *mf*, criollo(-a) *(Am)*
**indigent, e** [ɛ̃diʒɑ̃, ɑ̃t] *adj (personne)* indigente; *(fig)* pobre
**indigeste** [ɛ̃diʒɛst] *adj* indigesto(-a); *(fig)* pesado(-a)
**indigestion** [ɛ̃diʒɛstjɔ̃] *nf* indigestión *f*; **avoir une ~** tener una indigestión
**indignation** [ɛ̃diɲasjɔ̃] *nf* indignación *f*; **~ générale/publique** indignación general/pública
**indigne** [ɛ̃diɲ] *adj* indigno(-a); **~ de** indigno(-a) de
**indigné, e** [ɛ̃diɲe] *adj* indignado(-a)
**indignement** [ɛ̃diɲmɑ̃] *adv* sin dignidad
**indigner** [ɛ̃diɲe] *vt* indignar; **s'indigner** *vpr* : **s'~ (de qch/contre qn)** *(se fâcher)* indignarse (por *ou* con algo/contra *ou* con algn)
**indignité** [ɛ̃diɲite] *nf* indignidad *f*
**indigo** [ɛ̃digo] *nm* añil *m*, índigo
**indiqué, e** [ɛ̃dike] *adj (date, lieu)* indicado(-a), acordado(-a); *(adéquat)* indicado(-a), adecuado(-a); **ce n'est pas très ~** no es muy adecuado; **remède/traitement ~** *(prescrit)* remedio/tratamiento adecuado
**indiquer** [ɛ̃dike] *vt* indicar; *(heure, solution)* indicar, informar; *(déterminer)* señalar, fijar; **~ qch/qn du doigt/du regard** *(désigner)* indicar *ou* señalar algo/a algn con el dedo/con la mirada; **à l'heure indiquée** a la hora acordada; **pourriez-vous m'~ les toilettes/l'heure ?** ¿puede indicarme dónde están los servicios/decirme la hora?
**indirect, e** [ɛ̃diʀɛkt] *adj* indirecto(-a)
**indirectement** [ɛ̃diʀɛktəmɑ̃] *adv* indirectamente
**indiscernable** [ɛ̃disɛʀnabl] *adj (identique)* indiscernible; *(nuance)* inapreciable
**indiscipline** [ɛ̃disiplin] *nf* indisciplina
**indiscipliné, e** [ɛ̃disipline] *adj (écolier, troupes)* indisciplinado(-a); *(cheveux etc)* rebelde
**indiscret, -ète** [ɛ̃diskʀɛ, ɛt] *adj* indiscreto(-a)
**indiscrétion** [ɛ̃diskʀesjɔ̃] *nf* indiscreción *f*; **sans ~, ...** si no es indiscreción, ...
**indiscutable** [ɛ̃diskytabl] *adj* indiscutible
**indiscutablement** [ɛ̃diskytabləmɑ̃] *adv* indiscutiblemente
**indiscuté, e** [ɛ̃diskyte] *adj* indiscutible
**indispensable** [ɛ̃dispɑ̃sabl] *adj (garanties, précautions, condition)* indispensable; *(objet, connaissances, personne)* imprescindible; **~ à qn/pour faire qch** imprescindible *ou* indispensable a algn/para hacer algo
**indisponibilité** [ɛ̃disponibilite] *nf* indisponibilidad *f*
**indisponible** [ɛ̃disponibl] *adj* indisponible, no disponible
**indisposé, e** [ɛ̃dispoze] *adj* indispuesto(-a)

254 · FRANÇAIS | ESPAGNOL

## indisposer – inéluctable

**indisposer** [ɛ̃dispoze] vt (incommoder) indisponer; (déplaire à, désobliger) incomodar, disgustar

**indisposition** [ɛ̃dispozisjɔ̃] nf indisposición f

**indissociable** [ɛ̃disɔsjabl] adj indisociable

**indissoluble** [ɛ̃disɔlybl] adj indisoluble

**indissolublement** [ɛ̃disɔlybləmɑ̃] adv indisolublemente

**indistinct, e** [ɛ̃distɛ̃(kt), ɛ̃kt] adj (objet) indistinto(-a); (voix, bruits, souvenirs) confuso(-a)

**indistinctement** [ɛ̃distɛ̃ktəmɑ̃] adv indistintamente; **tous les Français ~** todos los franceses sin distinción

**individu** [ɛ̃dividy] nm individuo

**individualiser** [ɛ̃dividɥalize] vt individualizar; **s'individualiser** vpr individualizarse

**individualisme** [ɛ̃dividɥalism] nm individualismo

**individualiste** [ɛ̃dividɥalist] adj, nmf individualista mf

**individualité** [ɛ̃dividɥalite] nf individualidad f

**individuel, le** [ɛ̃dividɥɛl] adj individual; **chambre/maison individuelle** habitación f/casa individual; **propriété individuelle** propiedad f particular ▶ nm/f (athlète) independiente mf

**individuellement** [ɛ̃dividɥɛlmɑ̃] adv individualmente

**indivis, e** [ɛ̃divi, iz] adj (Jur) indiviso(-a); (cohéritiers, propriétaires) por indiviso

**indivisible** [ɛ̃divizibl] adj indivisible

**Indochine** [ɛ̃dɔʃin] nf Indochina

**indochinois, e** [ɛ̃dɔʃinwa, waz] adj indochino(-a) ▶ nm/f : **Indochinois, e** indochino(-a)

**indocile** [ɛ̃dɔsil] adj indisciplinado(-a)

**indo-européen, ne** [ɛ̃doøʀɔpeɛ̃, ɛn] (pl **indo-européens, -nes**) adj indoeuropeo(-a) ▶ nm (Ling) indoeuropeo

**indolence** [ɛ̃dɔlɑ̃s] nf indolencia

**indolent, e** [ɛ̃dɔlɑ̃, ɑ̃t] adj indolente

**indolore** [ɛ̃dɔlɔʀ] adj indoloro(-a)

**indomptable** [ɛ̃dɔ̃(p)tabl] adj (fauve, fig) indomable

**indompté, e** [ɛ̃dɔ̃(p)te] adj indómito(-a)

**Indonésie** [ɛ̃dɔnezi] nf Indonesia

**indonésien, ne** [ɛ̃dɔnezjɛ̃, jɛn] adj indonesio(-a) ▶ nm/f : **Indonésien, ne** indonesio(-a)

**indu, e** [ɛ̃dy] adj : **à des heures indues** (travailler) tarde; (rentrer) a horas imprudentes

**indubitable** [ɛ̃dybitabl] adj indudable; **il est ~ que** es indudable que

**indubitablement** [ɛ̃dybitabləmɑ̃] adv indudablemente

**induction** [ɛ̃dyksjɔ̃] nf inducción f

**induire** [ɛ̃dɥiʀ] vt : **~ qch de** deducir algo de; **~ qn en erreur** inducir a algn a error

**indulgence** [ɛ̃dylʒɑ̃s] nf indulgencia; **avec ~** con indulgencia

**indulgent, e** [ɛ̃dylʒɑ̃, ɑ̃t] adj indulgente

**indûment** [ɛ̃dymɑ̃] adv indebidamente

**industrialisation** [ɛ̃dystʀijalizasjɔ̃] nf industrialización f

**industrialisé, e** [ɛ̃dystʀijalize] adj industrializado(-a)

**industrialiser** [ɛ̃dystʀijalize] vt industrializar; **s'industrialiser** vpr industrializarse

**industrie** [ɛ̃dystʀi] nf industria; **petite/moyenne/grande ~** pequeña/mediana/gran industria; **~ automobile** industria automovilística; **~ du livre/du spectacle** industria del libro/del espectáculo; **~ légère/lourde/textile** industria ligera/pesada/textil

**industriel, le** [ɛ̃dystʀijɛl] adj, nm/f industrial mf

**industriellement** [ɛ̃dystʀijɛlmɑ̃] adv industrialmente

**industrieux, -euse** [ɛ̃dystʀijø, jøz] adj industrioso(-a)

**inébranlable** [inebʀɑ̃labl] adj inquebrantable; (personne, certitude) firme

**inédit, e** [inedi, it] adj inédito(-a)

**ineffable** [inefabl] adj inefable

**ineffaçable** [inefasabl] adj (fig) imborrable

**inefficace** [inefikas] adj ineficaz; (machine, employé) ineficiente

**inefficacité** [inefikasite] nf ineficacia; (d'une machine, d'un employé) ineficiencia

**inégal, e, -aux** [inegal, o] adj (part, partage) desigual; (rythme, pouls, écrivain) irregular; (humeur) variable

**inégalable** [inegalabl] adj inigualable

**inégalé, e** [inegale] adj inigualado(-a)

**inégalement** [inegalmɑ̃] adv desigualmente; (différemment) diferentemente

**inégalitaire** [inegalitɛʀ] adj no igualitario(-a)

**inégalité** [inegalite] nf desigualdad f; **l'~ du partage des richesses** la desigualdad en la distribución de la riqueza; **inégalités** nfpl (dans une œuvre) desigualdades fpl; **inégalités d'humeur** variaciones fpl de humor; **inégalités de terrain** desigualdades del terreno; **inégalités économiques/sociales** desigualdades económicas/sociales

**inélégance** [inelegɑ̃s] nf (de manières) falta de finura; (d'une personne) falta de elegancia; (d'un procédé) falta de claridad

**inélégant, e** [inelegɑ̃, ɑ̃t] adj (manières, geste) poco fino(-a); (personne, allure) poco elegante; (procédés) poco claro(-a)

**inéligibilité** [ineliʒibilite] nf inelegibilidad f

**inéligible** [ineliʒibl] adj inelegible

**inéluctable** [inelyktabl] adj inevitable, ineluctable

**inéluctablement** [inelyktabləmɑ̃] *adv* inevitablemente
**inemployable** [inɑ̃plwajabl] *adj* inservible
**inemployé, e** [inɑ̃plwaje] *adj* desaprovechado(-a)
**inénarrable** [inenaʀabl] *adj* graciosísimo(-a)
**inepte** [inɛpt] *adj* necio(-a)
**ineptie** [inɛpsi] *nf* necedad *f*; (*idée, œuvre*) desatino
**inépuisable** [inepɥizabl] *adj* inagotable; **il est ~ sur** es inagotable en
**inéquitable** [inekitabl] *adj* desigual
**inerte** [inɛʀt] *adj* inerte; (*apathique*) pasivo(-a)
**inertie** [inɛʀsi] *nf* inercia
**inespéré, e** [inɛspeʀe] *adj* inesperado(-a)
**inesthétique** [inɛstetik] *adj* antiestético(-a)
**inestimable** [inɛstimabl] *adj* inestimable
**inévitable** [inevitabl] *adj* inevitable; (*effet*) consabido(-a), inevitable; (*hum : rituel*) consabido(-a)
**inévitablement** [inevitabləmɑ̃] *adv* inevitablemente
**inexact, e** [inɛgza(kt), akt] *adj* inexacto(-a); (*traduction etc*) incorrecto(-a); (*non ponctuel*) impuntual
**inexactement** [inɛgzaktəmɑ̃] *adv* incorrectamente
**inexactitude** [inɛgzaktityd] *nf* inexactitud *f*; (*d'une traduction*) incorrección *f*; (*d'une personne*) impuntualidad *f*; (*erreur*) error *m*
**inexcusable** [inɛkskyzabl] *adj* inexcusable
**inexécutable** [inɛgzekytabl] *adj* inejecutable
**inexistant, e** [inɛgzistɑ̃, ɑ̃t] *adj* inexistente
**inexistence** [inɛgzistɑ̃s] *nf* inexistencia
**inexorable** [inɛgzɔʀabl] *adj* (*personne*) : ~ **(à)** implacable (ante); (*arrêt, loi*) inflexible; (*fatalité*) inevitable
**inexorablement** [inɛgzɔʀabləmɑ̃] *adv* inevitablemente
**inexpérience** [inɛkspeʀjɑ̃s] *nf* inexperiencia
**inexpérimenté, e** [inɛkspeʀimɑ̃te] *adj* (*naïf*) ingenuo(-a); (*sans expérience : conducteur*) con poca experiencia; (*arme, procédé*) no probado(-a)
**inexplicable** [inɛksplikabl] *adj* inexplicable
**inexplicablement** [inɛksplikabləmɑ̃] *adv* inexplicablemente
**inexpliqué, e** [inɛksplike] *adj* inexplicado(-a)
**inexploitable** [inɛksplwatabl] *adj* inexplotable; (*données etc*) inutilizable
**inexploité, e** [inɛksplwate] *adj* inexplotado(-a)
**inexploré, e** [inɛksplɔʀe] *adj* inexplorado(-a)
**inexpressif, -ive** [inɛkspʀesif, iv] *adj* inexpresivo(-a)
**inexpressivité** [inɛkspʀesivite] *nf* inexpresividad *f*
**inexprimable** [inɛkspʀimabl] *adj* (*pensée*) inexpresable; (*haine, douceur*) indecible
**inexprimé, e** [inɛkspʀime] *adj* inexpresado(-a)
**inexpugnable** [inɛkspygnabl] *adj* inexpugnable
**inextensible** [inɛkstɑ̃sibl] *adj* (*tissu*) que no da de sí
**in extenso** [inɛkstɛ̃so] *adv* íntegramente ▶ *adj* íntegro(-a)
**inextinguible** [inɛkstɛ̃gibl] *adj* (*soif*) insaciable; (*rire*) interminable
**in extremis** [inɛkstʀemis] *adv, adj* in extremis
**inextricable** [inɛkstʀikabl] *adj* inextricable; (*complications*) serio(-a); (*affaire*) enrevesado(-a); (*dédale, labyrinthe*) intrincado(-a)
**inextricablement** [inɛkstʀikabləmɑ̃] *adv* inextricablemente
**infaillibilité** [ɛ̃fajibilite] *nf* infalibilidad *f*
**infaillible** [ɛ̃fajibl] *adj* infalible
**infailliblement** [ɛ̃fajibləmɑ̃] *adv* infaliblemente
**infaisable** [ɛ̃fəzabl] *adj* imposible de hacer
**infalsifiable** [ɛ̃falsifjabl] *adj* infalsificable
**infamant, e** [ɛ̃famɑ̃, ɑ̃t] *adj* infamante
**infâme** [ɛ̃fɑm] *adj* (*personne, complaisance etc*) detestable; (*trahison, action*) infame; (*malpropre*) inmundo(-a)
**infamie** [ɛ̃fami] *nf* infamia
**infanterie** [ɛ̃fɑ̃tʀi] *nf* infantería
**infanticide** [ɛ̃fɑ̃tisid] *adj* infanticida ▶ *nmf* infanticida *mf* ▶ *nm* infanticidio
**infantile** [ɛ̃fɑ̃til] *adj* (*aussi pej*) infantil
**infantilisation** [ɛ̃fɑ̃tilizasjɔ̃] *nf* infantilización *f*
**infantiliser** [ɛ̃fɑ̃tilize] *vt* infantilizar
**infantilisme** [ɛ̃fɑ̃tilism] *nm* infantilismo
**infarctus** [ɛ̃faʀktys] *nm* : ~ **(du myocarde)** infarto (de miocardio)
**infatigable** [ɛ̃fatigabl] *adj* infatigable, incansable
**infatigablement** [ɛ̃fatigabləmɑ̃] *adv* infatigablemente, incansablemente
**infatué, e** [ɛ̃fatɥe] *adj* engreído(-a); **être ~ de son importance** estar creído(-a) de su importancia
**infécond, e** [ɛ̃fekɔ̃, ɔ̃d] *adj* infecundo(-a)
**infect, e** [ɛ̃fɛkt] *adj* pestilente; (*goût*) asqueroso(-a); (*temps*) horroroso(-a); (*personne*) odioso(-a)
**infecter** [ɛ̃fɛkte] *vt* (*atmosphère, eau*) contaminar; (*personne*) contagiar; (*plaie*) infectar; **s'infecter** *vpr* infectarse
**infectieux, -euse** [ɛ̃fɛksjø, jøz] *adj* infeccioso(-a)
**infection** [ɛ̃fɛksjɔ̃] *nf* (*Méd*) infección *f*; (*puanteur*) pestilencia
**inféodé, e** [ɛ̃feɔde] *adj* : **être ~ à** estar sometido(-a) a
**inféoder** [ɛ̃feɔde] : **s'inféoder à** *vpr* someterse a

## inférer – infrarouge

**inférer** [ɛ̃feʀe] *vt* : **~ qch de** inferir algo de

**inférieur, e** [ɛ̃feʀjœʀ] *adj* inferior; *(classes sociales, intelligence)* bajo(-a); **~ à** inferior a ▶ *nm/f* inferior *mf*

**infériorité** [ɛ̃feʀjɔʀite] *nf* inferioridad *f*; **~ numérique** inferioridad numérica

**infernal, e, -aux** [ɛ̃fɛʀnal, o] *adj* infernal; *(satanique)* diabólico(-a); **tu es ~ !** *(enfant)* ¡estás hecho un diablillo!

**infester** [ɛ̃fɛste] *vt* infestar; **infesté de moustiques/de cafards** infestado de mosquitos/de cucarachas

**infichu, e** [ɛ̃fiʃy] *(fam) adj* : **être ~ de faire qch** ser incapaz de hacer algo

**infidèle** [ɛ̃fidɛl] *adj* infiel; *(narrateur, récit)* inexacto(-a)

**infidélité** [ɛ̃fidelite] *nf* infidelidad *f*; *(d'un récit)* inexactitud *f*

**infiltration** [ɛ̃filtʀasjɔ̃] *nf* infiltración *f*

**infiltrer** [ɛ̃filtʀe] : **s'infiltrer** *vpr* : **s'~ dans** infiltrarse en; *(vent, lumière)* colarse en

**infime** [ɛ̃fim] *adj* ínfimo(-a)

**infini, e** [ɛ̃fini] *adj* infinito(-a); *(discussions)* interminable ▶ *nm* : **l'~** *(Math, Photo)* el infinito; **à l'~** *(Math)* al infinito; *(discourir)* interminablemente; *(agrandir, variar)* ampliamente

**infiniment** [ɛ̃finimɑ̃] *adv* infinitamente

**infinité** [ɛ̃finite] *nf* : **une ~ de** una infinidad de

**infinitésimal, e, -aux** [ɛ̃finitezimal, o] *adj* infinitesimal

**infinitif, -ive** [ɛ̃finitif, iv] *nm (Ling)* infinitivo ▶ *adj (mode, proposition)* infinitivo(-a)

**infirme** [ɛ̃fiʀm] *adj, nmf* inválido(-a); **~ moteur(-trice)** deficiente *mf* físico(-a)

**infirmer** [ɛ̃fiʀme] *vt (preuve, témoignage)* quitar valor a; *(jugement)* invalidar

**infirmerie** [ɛ̃fiʀməʀi] *nf* enfermería

**infirmier, -ière** [ɛ̃fiʀmje, jɛʀ] *nm/f* enfermero(-a); **infirmière chef** enfermera jefe; **infirmière diplômée** diplomada en enfermería; **infirmière visiteuse** enfermera a domicilio ▶ *adj* : **élève ~(-ière)** alumno(-a) de enfermería

**infirmité** [ɛ̃fiʀmite] *nf* invalidez *f*

**inflammable** [ɛ̃flamabl] *adj* inflamable

**inflammation** [ɛ̃flamasjɔ̃] *nf* inflamación *f*

**inflammatoire** [ɛ̃flamatwaʀ] *adj* inflamatorio(-a)

**inflation** [ɛ̃flasjɔ̃] *nf* inflación *f*; **~ galopante** inflación galopante

**inflationniste** [ɛ̃flasjɔnist] *adj* inflacionista

**infléchir** [ɛ̃fleʃiʀ] *vt (politique)* reorientar; **s'infléchir** *vpr (poutre)* doblarse, curvarse

**infléchissement** [ɛ̃fleʃismɑ̃] *nm (fig)* reorientación *f*; *(d'une poutre)* curvatura

**inflexibilité** [ɛ̃flɛksibilite] *nf* inflexibilidad *f*

**inflexible** [ɛ̃flɛksibl] *adj* inflexible

**inflexion** [ɛ̃flɛksjɔ̃] *nf* inflexión *f*; **~ de la tête** inclinación *f* de cabeza

**infliger** [ɛ̃fliʒe] *vt (défaite, châtiment)* infligir; **il m'infligea un affront** me agravió

**influençable** [ɛ̃flyɑ̃sabl] *adj* influenciable

**influence** [ɛ̃flyɑ̃s] *nf* influencia; *(Pol)* predominio; **sous l'~ de qch** bajo la influencia de algo

**influencer** [ɛ̃flyɑ̃se] *vt* influir

**influenceur** [ɛ̃flyɑ̃sœʀ] *nm* influenciador(a)

**influent, e** [ɛ̃flyɑ̃, ɑ̃t] *adj* influyente

**influer** [ɛ̃flye] : **~ sur** *vt (fig)* influir en

**influx** [ɛ̃fly] *nm* : **~ magnétique/nerveux** flujo magnético/nervioso

**info** [ɛ̃fo] *nf (renseignement)* información *f*; *(Radio, TV : nouvelle)* noticia; **une ~ de dernière minute** una noticia de última hora; **infos** *nfpl (Radio, TV)* noticias *fpl*; **tu as écouté les infos ?** ¿has oído las noticias?

**infobulle** [ɛ̃fobyl] *nf (Inform)* ventana de ayuda

**infographie®** [ɛ̃fɔgʀafi] *nf* infografía

**infographiste** [ɛ̃fɔgʀafist] *nmf* infografista *mf*

**infondé, e** [ɛ̃fɔ̃de] *adj* infundado(-a)

**informateur, -trice** [ɛ̃fɔʀmatœʀ, tʀis] *nm/f* informador(a)

**informaticien, ne** [ɛ̃fɔʀmatisjɛ̃, jɛn] *nm/f* informático(-a)

**informatif, -ive** [ɛ̃fɔʀmatif, iv] *adj* informativo(-a)

**information** [ɛ̃fɔʀmasjɔ̃] *nf* información *f*; **voyage d'~** viaje *m* de investigación; **~ politique/sportive** *(TV etc)* información política/deportiva; **journal d'~** diario informativo; **informations** *nfpl (Radio)* noticias *fpl*

**informatique** [ɛ̃fɔʀmatik] *nf* informática

**informatisation** [ɛ̃fɔʀmatizasjɔ̃] *nf* informatización *f*

**informatiser** [ɛ̃fɔʀmatize] *vt* informatizar

**informe** [ɛ̃fɔʀm] *adj* informe; *(vêtement)* deforme; *(essai, projet)* esbozado(-a)

**informé** [ɛ̃fɔʀme] *nm* : **jusqu'à plus ample ~** hasta mayor información

**informel, le** [ɛ̃fɔʀmɛl] *adj* informal

**informer** [ɛ̃fɔʀme] *vt* : **~ qn (de)** informar a algn (de) ▶ *vi (Jur)* : **~ contre qn/sur qch** informar contra algn/ sobre algo; **s'informer** *vpr* : **s'~ (sur)** informarse (sobre)

**informulé, e** [ɛ̃fɔʀmyle] *adj* no expresado(-a)

**infortune** [ɛ̃fɔʀtyn] *nf* infortunio

**infortuné, e** [ɛ̃fɔʀtyne] *adj* desafortunado(-a)

**infos** [ɛ̃fo] *nfpl* = **informations**

**infoutu, e** [ɛ̃futy] *(fam) adj* : **être ~ de faire qch** ser incapaz de hacer algo

**infraction** [ɛ̃fʀaksjɔ̃] *nf* infracción *f*; **être en ~** haber cometido una infracción

**infranchissable** [ɛ̃fʀɑ̃ʃisabl] *adj* infranqueable; *(fig)* insalvable

**infrarouge** [ɛ̃fʀaʀuʒ] *adj* infrarrojo(-a) ▶ *nm* infrarrojo

## infrason – injection

**infrason** [ɛ̃fʀasɔ̃] *nm* infrasonido
**infrastructure** [ɛ̃fʀastʀyktyʀ] *nf* infraestructura; **~ touristique/hôtelière/ routière** infraestructura turística/hotelera/viaria; **infrastructures** *nfpl* (*d'un pays*) infraestructuras *fpl*
**infréquentable** [ɛ̃fʀekɑ̃tabl] *adj* (*gens*) poco recomendable
**infroissable** [ɛ̃fʀwasabl] *adj* que no se arruga
**infructueux, -euse** [ɛ̃fʀyktɥø, øz] *adj* infructuoso(-a)
**infus, e** [ɛ̃fy, yz] *adj* : **avoir la science infuse** tener ciencia infusa
**infuser** [ɛ̃fyze] *vt* (*aussi* : **faire infuser**) dejar reposar
**infusion** [ɛ̃fyzjɔ̃] *nf* infusión *f*
**ingambe** [ɛ̃gɑ̃b] *adj* ágil
**ingénier** [ɛ̃ʒenje] : **s'ingénier** *vpr* : **s'~ à faire qch** ingeniárselas para hacer algo
**ingénierie** [ɛ̃ʒeniʀi] *nf* ingeniería; **~ génétique** ingeniería genética
**ingénieur, e** [ɛ̃ʒenjœʀ] *nm/f* ingeniero(-a); **~ agronome/du son** ingeniero(-a) agrónomo(-a)/de sonido; **~ chimiste/des mines** ingeniero(-a) químico(-a)/de minas
**ingénieur-conseil** [ɛ̃ʒenjœʀkɔ̃sɛj] (*pl* **ingénieurs-conseils**) *nm* ingeniero consultor
**ingénieusement** [ɛ̃ʒenjøzmɑ̃] *adv* ingeniosamente
**ingénieux, -euse** [ɛ̃ʒenjø, jøz] *adj* ingenioso(-a)
**ingéniosité** [ɛ̃ʒenjozite] *nf* ingeniosidad *f*
**ingénu, e** [ɛ̃ʒeny] *adj* ingenuo(-a)
**ingénue** [ɛ̃ʒeny] *nf* (*Théâtre*) : **jouer les ingénues** actuar de ingenua
**ingénuité** [ɛ̃ʒenɥite] *nf* ingenuidad *f*
**ingénument** [ɛ̃ʒenymɑ̃] *adv* ingenuamente
**ingérable** [ɛ̃ʒeʀabl] *adj* (*situation, crise*) incontrolable
**ingérence** [ɛ̃ʒeʀɑ̃s] *nf* ingerencia
**ingérer** [ɛ̃ʒeʀe] : **s'ingérer** *vpr* : **s'~ dans** interferir en
**ingestion** [ɛ̃ʒɛstjɔ̃] *nf* ingestión *f*
**ingouvernable** [ɛ̃guvɛʀnabl] *adj* ingobernable
**ingrat, e** [ɛ̃gʀa, at] *adj* (*personne, travail*) ingrato(-a); (*sol*) estéril; (*visage*) poco agraciado(-a); **~ envers** ingrato(-a) con ▶ *nm/f* ingrato(-a)
**ingratitude** [ɛ̃gʀatityd] *nf* ingratitud *f*
**ingrédient** [ɛ̃gʀedjɑ̃] *nm* ingrediente *m*
**inguérissable** [ɛ̃geʀisabl] *adj* incurable
**inguinal, e, -aux** [ɛ̃gɥinal, o] *adj* inguinal
**ingurgiter** [ɛ̃gyʀʒite] *vt* tragar; (*avec voracité*) engullir; (*connaissances*) empollar (*fam*)
**inhabile** [inabil] *adj* torpe; (*fig*) incompetente
**inhabitable** [inabitabl] *adj* inhabitable
**inhabité, e** [inabite] *adj* (*régions*) despoblado(-a); (*maison*) deshabitado(-a)
**inhabituel, le** [inabitɥɛl] *adj* inhabitual

**inhalateur** [inalatœʀ] *nm* inhalador *m*; **~ d'oxygène** inhalador de oxígeno
**inhalation** [inalasjɔ̃] *nf* inhalación *f*; **faire une** *ou* **des ~(s)** (*Méd*) hacer inhalaciones
**inhaler** [inale] *vt* inhalar
**inhérent, e** [ineʀɑ̃, ɑ̃t] *adj* : **~ à** inherente a
**inhibé, e** [inibe] *adj* inhibido(-a)
**inhiber** [inibe] *vt* inhibir
**inhibiteur** [inibitœʀ] *nm* (*substance chimique*) inhibidor *m*
**inhibition** [inibisjɔ̃] *nf* inhibición *f*
**inhospitalier, -ière** [inɔspitalje, jɛʀ] *adj* inhospitalario(-a)
**inhumain, e** [inymɛ̃, ɛn] *adj* (*barbare*) inhumano(-a); (*cri etc*) atroz
**inhumation** [inymasjɔ̃] *nf* inhumación *f*
**inhumer** [inyme] *vt* inhumar
**inimaginable** [inimaʒinabl] *adj* inimaginable
**inimitable** [inimitabl] *adj* inimitable
**inimitié** [inimitje] *nf* enemistad *f*
**ininflammable** [inɛ̃flamabl] *adj* ininflamable
**inintelligent, e** [inɛ̃teliʒɑ̃, ɑ̃t] *adj* poco inteligente
**inintelligible** [inɛ̃teliʒibl] *adj* ininteligible
**inintelligiblement** [inɛ̃teliʒibləmɑ̃] *adv* ininteligiblemente
**inintéressant, e** [inɛ̃teʀesɑ̃, ɑ̃t] *adj* poco interesante
**ininterrompu, e** [inɛ̃teʀɔ̃py] *adj* ininterrumpido(-a); (*flot, vacarme*) continuo(-a)
**inique** [inik] *adj* inicuo(-a)
**iniquité** [inikite] *nf* iniquidad *f*
**initial, e, -aux** [inisjal, jo] *adj*, *nf* inicial; **initiales** *nfpl* iniciales *fpl*
**initialement** [inisjalmɑ̃] *adv* inicialmente
**initialisation** [inisjalizasjɔ̃] *nf* (*Inform*) inicialización *f*
**initialiser** [inisjalize] *vt* (*Inform*) inicializar
**initiateur, -trice** [inisjatœʀ, tʀis] *nm/f* precursor(-a)
**initiation** [inisjasjɔ̃] *nf* iniciación *f*
**initiatique** [inisjatik] *adj* iniciático(-a)
**initiative** [inisjativ] *nf* (*aussi Pol*) iniciativa; **avoir de l'~** tener iniciativa; **esprit d'~** (espíritu *m* de) iniciativa; **à** *ou* **sur l'~ de qn** a iniciativa de algn; **de sa propre ~** por propia iniciativa
**initié, e** [inisje] *adj*, *nm/f* iniciado(-a)
**initier** [inisje] *vt* iniciar; **~ qn à** iniciar a algn en; **s'initier** *vpr* : **s'~ à** iniciarse en
**injectable** [ɛ̃ʒɛktabl] *adj* inyectable
**injecté, e** [ɛ̃ʒɛkte] *adj* : **yeux injectés de sang** ojos *mpl* ensangrentados
**injecter** [ɛ̃ʒɛkte] *vt* inyectar
**injection** [ɛ̃ʒɛksjɔ̃] *nf* inyección *f*; **~ intraveineuse/sous-cutanée** inyección intravenosa/subcutánea; **à ~** (*moteur, système*) de inyección

## injoignable – inscription

**injoignable** [ɛ̃ʒwaɲabl] *adj* ilocalizable; **il est ~** está ilocalizable

**injonction** [ɛ̃ʒɔ̃ksjɔ̃] *nf* orden *f*; **~ de payer** mandamiento de pago

**injouable** [ɛ̃ʒwabl] *adj* (*pièce*) irrepresentable; (*musique*) inejecutable

**injure** [ɛ̃ʒyʀ] *nf* insulto

**injurier** [ɛ̃ʒyʀje] *vt* insultar

**injurieux, -euse** [ɛ̃ʒyʀjø, jøz] *adj* injurioso(-a)

**injuste** [ɛ̃ʒyst] *adj* injusto(-a); **~ (avec** *ou* **envers qn)** injusto(-a) (con algn)

**injustement** [ɛ̃ʒystəmɑ̃] *adv* injustamente

**injustice** [ɛ̃ʒystis] *nf* injusticia; **haïr/abhorrer l'~** odiar/aborrecer la injusticia

**injustifiable** [ɛ̃ʒystifjabl] *adj* injustificable

**injustifié, e** [ɛ̃ʒystifje] *adj* injustificado(-a)

**inlassable** [ɛ̃lɑsabl] *adj* incansable, infatigable

**inlassablement** [ɛ̃lɑsabləmɑ̃] *adv* incansablemente, infatigablemente

**inné, e** [i(n)ne] *adj* innato(-a)

**innocemment** [inɔsamɑ̃] *adv* inocentemente

**innocence** [inɔsɑ̃s] *nf* inocencia

**innocent, e** [inɔsɑ̃, ɑ̃t] *adj* inocente; (*crédule, naïf*) inocente, ingenuo(-a); (*jeu, plaisir*) inofensivo(-a) ▶ *nm/f* inocente *mf*; **faire l'~** hacerse el inocente

**innocenter** [inɔsɑ̃te] *vt* disculpar

**innocuité** [inɔkɥite] *nf* inocuidad *f*

**innombrable** [i(n)nɔ̃bʀabl] *adj* innumerable

**innommable** [i(n)nɔmabl] *adj* (*ordures*) inmundo(-a); (*conduite, action*) repulsivo(-a)

**innovant, e** [inɔvɑ̃, ɑ̃t] *adj* innovador(a)

**innovateur, -trice** [inɔvatœʀ, tʀis] *adj* innovador(a)

**innovation** [inɔvasjɔ̃] *nf* innovación *f*

**innover** [inɔve] *vt, vi* innovar; **~ en art/en matière d'art** innovar en arte/en temas de arte

**inobservable** [inɔpsɛʀvabl] *adj* inobservable

**inobservance** [inɔpsɛʀvɑ̃s] *nf* inobservancia

**inobservation** [inɔpsɛʀvasjɔ̃] *nf* (*Jur*) incumplimiento

**inoccupé, e** [inɔkype] *adj* desocupado(-a)

**inoculation** [inɔkylasjɔ̃] *nf* (*volontaire*) inoculación *f*; (*accidentelle*) contagio; (*fig: d'idées nocives*) inculcación *f*

**inoculer** [inɔkyle] *vt* (*volontairement*) inocular; (*accidentellement*) contagiar; (*fig: idées nocives*) inculcar

**inodore** [inɔdɔʀ] *adj* inodoro(-a)

**inoffensif, -ive** [inɔfɑ̃sif, iv] *adj* inofensivo(-a)

**inondable** [inɔ̃dabl] *adj* inundable

**inondation** [inɔ̃dasjɔ̃] *nf* inundación *f*; (*afflux massif*) invasión *f*

**inondé, e** [inɔ̃de] *adj* (*terres, zone*) inundado(-a); **population inondée** población *f* damnificada por las inundaciones

**inonder** [inɔ̃de] *vt* (*aussi fig*) inundar; **~ de** inundar de

**inopérable** [inɔpeʀabl] *adj* inoperable

**inopérant, e** [inɔpeʀɑ̃, ɑ̃t] *adj* inoperante

**inopiné, e** [inɔpine] *adj* imprevisto(-a); (*mort*) repentino(-a)

**inopinément** [inɔpinemɑ̃] *adv* de improviso

**inopportun, e** [inɔpɔʀtœ̃, yn] *adj* inoportuno(-a)

**inopportunément** [inɔpɔʀtynemɑ̃] *adv* inoportunamente

**inorganisation** [inɔʀganizasjɔ̃] *nf* desorganización *f*

**inorganisé, e** [inɔʀganize] *adj* desorganizado(-a)

**inoubliable** [inublijabl] *adj* inolvidable

**inouï, e** [inwi] *adj* inaudito(-a)

**inox** [inɔks] *adj* de acero inoxidable ▶ *nm abr* acero inoxidable

**inoxydable** [inɔksidabl] *adj* inoxidable; (*couteaux etc*) de acero inoxidable ▶ *nm* acero inoxidable

**inqualifiable** [ɛ̃kalifjabl] *adj* incalificable

**inquiet, -ète** [ɛ̃kjɛ, ɛ̃kjɛt] *adj* inquieto(-a); **~ de qch/au sujet de qn** inquieto(-a) *ou* preocupado(-a) por algo/algn ▶ *nm/f* inquieto(-a)

**inquiétant, e** [ɛ̃kjetɑ̃, ɑ̃t] *adj* inquietante, preocupante

**inquiéter** [ɛ̃kjete] *vt* inquietar, preocupar; (*suj: police*) molestar; **s'inquiéter** *vpr* inquietarse, preocuparse; **s'~ de** preocuparse por

**inquiétude** [ɛ̃kjetyd] *nf* inquietud *f*, preocupación *f*; **causer de l'~** causar inquietud *ou* preocupación

**inquisiteur, -trice** [ɛ̃kizitœʀ, tʀis] *adj* inquisidor(a)

**inquisition** [ɛ̃kizisjɔ̃] *nf* inquisición *f*

**INRA** [inʀa] *sigle m* = **Institut national de la recherche agronomique**

**inracontable** [ɛ̃ʀakɔ̃tabl] *adj* inenarrable, indescriptible

**inrayable** [ɛ̃ʀɛjabl] *adj* (CD, DVD) resistente a los arañazos

**insaisissable** [ɛ̃sezisabl] *adj* (*ennemi*) incapturable; (*nuance*) imperceptible; (*bien*) inembargable

**insalubre** [ɛ̃salybʀ] *adj* insalubre

**insalubrité** [ɛ̃salybʀite] *nf* insalubridad *f*

**insanité** [ɛ̃sanite] *nf* insensatez *f*

**insatiable** [ɛ̃sasjabl] *adj* insaciable

**insatisfaction** [ɛ̃satisfaksjɔ̃] *nf* insatisfacción *f*

**insatisfait, e** [ɛ̃satisfɛ, ɛt] *adj* insatisfecho(-a)

**inscriptible** [ɛ̃skʀiptibl] *adj* (CD, DVD) grabable

**inscription** [ɛ̃skʀipsjɔ̃] *nf* inscripción *f*; (*indication*) inscripción, letrero; (*à une institution*) inscripción, matrícula

**inscrire** [ɛ̃skʀiʀ] vt escribir, inscribir; (*renseignement*) anotar; (*à un budget*) hacer asiento de; (*nom : sur une liste etc*) anotar, apuntar; **~ qn à** matricular *ou* apuntar a algn a; **s'inscrire** vpr (*pour une excursion etc*) apuntarse, inscribirse; **s'~ (à)** (*un club, parti*) apuntarse (a), matricularse (en); (*l'université, un examen*) matricularse (en); **s'~ dans** (*suj : projet*) insertarse en; **s'~ en faux contre qch** desmentir algo

**inscrit, e** [ɛ̃skʀi, it] pp de **inscrire** ▶ adj (*étudiant*) matriculado(-a); (*électeur*) censado(-a)

**insécable** [ɛ̃sekabl] adj : **espace ~** espacio indivisible

**insecte** [ɛ̃sɛkt] nm insecto

**insecticide** [ɛ̃sɛktisid] adj insecticida ▶ nm insecticida m

**insectivore** [ɛ̃sɛktivɔʀ] adj insectívoro(-a) ▶ nm insectívoro

**insécurité** [ɛ̃sekyʀite] nf inseguridad f; **vivre dans l'~** vivir en la inseguridad

**INSEE** [inse] sigle m (= *Institut national de la statistique et des études économiques*) ≈ INE m (= *Instituto Nacional de Estadística*)

**insémination** [ɛ̃seminasjɔ̃] nf inseminación f; **~ artificielle** inseminación artificial

**insensé, e** [ɛ̃sɑ̃se] adj insensato(-a)

**insensibiliser** [ɛ̃sɑ̃sibilize] vt insensibilizar; **~ à qch** insensibilizar contra algo

**insensibilité** [ɛ̃sɑ̃sibilite] nf insensibilidad f

**insensible** [ɛ̃sɑ̃sibl] adj insensible; (*pouls, mouvement*) imperceptible; **~ aux compliments/à la chaleur** insensible a los halagos/al calor

**insensiblement** [ɛ̃sɑ̃sibləmɑ̃] adv imperceptiblemente

**inséparable** [ɛ̃sepaʀabl] adj inseparable; **inséparables** nmpl (*oiseaux*) periquitos mpl

**insérer** [ɛ̃seʀe] vt insertar; (*exemples*) introducir; **s'insérer** vpr : **s'~ dans** insertarse *ou* incluirse en

**INSERM** [insɛʀm] sigle m (= *Institut national de la santé et de la recherche médicale*) instituto nacional de investigación médica

**insert** [ɛ̃sɛʀ] nm inserto

**insertion** [ɛ̃sɛʀsjɔ̃] nf inserción f

**insidieusement** [ɛ̃sidjøzmɑ̃] adv insidiosamente

**insidieux, -euse** [ɛ̃sidjø, jøz] adj insidioso(-a); (*odeur*) penetrante

**insigne** [ɛ̃siɲ] nm insignia ▶ adj insigne; (*service*) notable

**insignifiance** [ɛ̃siɲifjɑ̃s] nf insignificancia

**insignifiant, e** [ɛ̃siɲifjɑ̃, jɑ̃t] adj insignificante; (*paroles, visage, livre*) insustancial

**insinuant, e** [ɛ̃sinɥɑ̃, ɑ̃t] adj insinuante

**insinuation** [ɛ̃sinɥasjɔ̃] nf insinuación f, indirecta; **procéder par ~** proceder con insinuaciones

**insinuer** [ɛ̃sinɥe] vt insinuar; **s'insinuer** vpr : **s'~ dans** (*odeur, humidité*) filtrarse en; (*personne*) colarse en

**insipide** [ɛ̃sipid] adj insípido(-a), insulso(-a); (*film etc*) insulso(-a); (*personne*) soso(-a)

**insistance** [ɛ̃sistɑ̃s] nf insistencia

**insistant, e** [ɛ̃sistɑ̃, ɑ̃t] adj insistente

**insister** [ɛ̃siste] vi insistir; **~ sur** insistir en; **~ pour (faire) qch** insistir en (hacer) algo

**insociable** [ɛ̃sɔsjabl] adj insociable

**insolation** [ɛ̃sɔlasjɔ̃] nf insolación f

**insolence** [ɛ̃sɔlɑ̃s] nf insolencia, descaro; **avec ~** con insolencia *ou* descaro

**insolent, e** [ɛ̃sɔlɑ̃, ɑ̃t] adj insolente, descarado(-a); (*indécent*) injurioso(-a) ▶ nm/f insolente mf, descarado(-a)

**insolite** [ɛ̃sɔlit] adj insólito(-a)

**insoluble** [ɛ̃sɔlybl] adj (*problème*) sin solución; **~ (dans)** insoluble (en)

**insolvabilité** [ɛ̃sɔlvabilite] nf insolvencia

**insolvable** [ɛ̃sɔlvabl] adj insolvente

**insomniaque** [ɛ̃sɔmnjak] adj insomne

**insomnie** [ɛ̃sɔmni] nf insomnio; **avoir des insomnies** tener insomnio

**insondable** [ɛ̃sɔ̃dabl] adj (*fig*) insondable; (*maladresse etc*) tremendo(-a)

**insonore** [ɛ̃sɔnɔʀ] adj insonoro(-a)

**insonorisation** [ɛ̃sɔnɔʀizasjɔ̃] nf insonorización f

**insonoriser** [ɛ̃sɔnɔʀize] vt insonorizar

**insouciance** [ɛ̃susjɑ̃s] nf despreocupación f; (*imprévoyance*) dejadez f

**insouciant, e** [ɛ̃susjɑ̃, jɑ̃t] adj despreocupado(-a); (*imprévoyant*) dejado(-a)

**insoumis, e** [ɛ̃sumi, iz] adj insumiso(-a); (*contrée, tribu*) sublevado(-a); (*soldat*) desertor(a) ▶ nm (*soldat*) desertor(a)

**insoumission** [ɛ̃sumisjɔ̃] nf insumisión f; (*Mil*) deserción f

**insoupçonnable** [ɛ̃supsɔnabl] adj insospechable

**insoupçonné, e** [ɛ̃supsɔne] adj insospechado(-a)

**insoutenable** [ɛ̃sut(ə)nabl] adj (*argument, opinion*) insostenible; (*lumière, chaleur, spectacle*) insoportable; (*effort*) insufrible

**inspecter** [ɛ̃spɛkte] vt inspeccionar; (*personne*) dar un repaso a; (*maison*) revisar

**inspecteur, -trice** [ɛ̃spɛktœʀ, tʀis] nm/f inspector(a); **~ d'Académie** inspector en una de las circunscripciones administrativas en las que se divide la enseñanza en Francia; **~ (de police)** inspector(a) (de policía); **~ des Finances** *ou* **des impôts** inspector(a) de hacienda; **~ (de l'enseignement) primaire** ≈ inspector(a) de educación primaria

**inspection** [ɛ̃spɛksjɔ̃] nf inspección f; **~ des Finances/du Travail** inspección de Hacienda/de trabajo

## inspirateur – instruction

**inspirateur, -trice** [ɛ̃spiRatœR, tRis] *nm/f* inspirador(a); *(instigateur)* instigador(a)

**inspiration** [ɛ̃spiRasjɔ̃] *nf* inspiración *f*; *(conseil)* sugerencia; **sous l'~ de qn** bajo la inspiración de algn; **d'~ orientale** de inspiración oriental

**inspiré, e** [ɛ̃spiRe] *adj*: **être bien/mal ~ de faire qch** tener la buena/mala idea de hacer algo

**inspirer** [ɛ̃spiRe] *vt* inspirar; *(intentions)* sugerir; **ça ne m'inspire pas beaucoup/ vraiment pas** eso no me dice mucho/nada; **~ qch à qn** sugerir algo a algn; *(crainte, horreur)* inspirar algo a algn ▶ *vi* inspirar; **s'inspirer** *vpr*: **s'~ de qch** inspirarse en algo

**instabilité** [ɛ̃stabilite] *nf* inestabilidad *f*; *(d'une personne, population)* nomadismo

**instable** [ɛ̃stabl] *adj* inestable

**installateur** [ɛ̃stalatœR] *nm* instalador *m*

**installation** [ɛ̃stalasjɔ̃] *nf* instalación *f*; *(dans un lieu précis)* colocación *f*; *(chez qn)* alojamiento; *(sur un siège)* acomodo; **une ~ provisoire** *ou* **de fortune** un alojamiento provisional; **l'~ électrique** la instalación eléctrica; **installations** *nfpl (équipement)*: **installations portuaires** instalaciones *fpl* portuarias; **installations industrielles** instalaciones industriales

**installé, e** [ɛ̃stale] *adj*: **bien/mal ~** *(maison, cuisine etc)* bien/mal instalado(-a); *(personne)* bien/mal acomodado(-a) *ou* instalado(-a)

**installer** [ɛ̃stale] *vt* instalar; *(asseoir, coucher)* acomodar; *(dans un lieu déterminé)* colocar; *(appartement)* acondicionar; *(fonctionnaire, magistrat)* dar posesión a; **~ une chambre dans le grenier** construir una habitación en el ático; **s'installer** *vpr* instalarse; *(à un emplacement)* acomodarse; *(maladie, grève)* arraigarse; **s'~ à l'hôtel/chez qn** alojarse en el hotel/en casa de algn

**installeur** [ɛ̃stalœR] *nm (Inform)* instalador *m*

**instamment** [ɛ̃stamɑ̃] *adv* insistentemente

**instance** [ɛ̃stɑ̃s] *nf (Jur)* instancia; **affaire en ~** asunto pendiente; **courrier en ~** correo pendiente; **être en ~ de divorce** estar en trámites de divorcio; **train en ~ de départ** tren *m* a punto de salir; **en première ~** en primera instancia; **instances** *nfpl (prières)* insistencia *fsg*; **les instances internationales** los organismos internacionales

**instant, e** [ɛ̃stɑ̃, ɑ̃t] *adj (prière etc)* apremiante ▶ *nm* instante *m*; **sans perdre un ~** sin perder un instante; **en** *ou* **dans un ~** en un instante; **à l'~**: **je l'ai vu à l'~** lo he visto hace nada; **à l'~ (même) où** en el (mismo) momento en que; **à chaque** *ou* **tout ~** a cada instante; **pour l'~** por el momento; **par instants** por momentos; **de tous les instants** constante; **dès l'~ où** *ou* **que ...** desde el momento en que *ou* en cuanto ...; **d'un ~ à l'autre** de un momento a otro, en cualquier momento

**instantané, e** [ɛ̃stɑ̃tane] *adj* instantáneo(-a) ▶ *nm (Photo)* instantánea

**instantanément** [ɛ̃stɑ̃tanemɑ̃] *adv* instantáneamente

**instar** [ɛ̃staR]: **à l'~ de** *prép* a semejanza de

**instauration** [ɛ̃stɔRasjɔ̃] *nf* instauración *f*

**instaurer** [ɛ̃stɔRe] *vt* instaurar; **s'instaurer** *vpr* instaurarse

**instigateur, -trice** [ɛ̃stigatœR, tRis] *nm/f* instigador(a)

**instigation** [ɛ̃stigasjɔ̃] *nf*: **à l'~ de** bajo la influencia de

**instillation** [ɛ̃stilasjɔ̃] *nf* instilación *f*

**instiller** [ɛ̃stile] *vt* instilar

**instinct** [ɛ̃stɛ̃] *nm* instinto; **avoir l'~ des affaires/du commerce** tener instinto para los negocios/el comercio; **d'~** por instinto; **~ grégaire/de conservation** instinto gregario/de conservación

**instinctif, -ive** [ɛ̃stɛ̃ktif, iv] *adj* instintivo(-a); *(personne)* impulsivo(-a)

**instinctivement** [ɛ̃stɛ̃ktivmɑ̃] *adv* instintivamente

**instit** [ɛ̃stit] *(fam) nmf* profe *mf (fam)*

**instituer** [ɛ̃stitɥe] *vt* establecer; *(un organisme)* fundar; *(évêque)* designar; *(héritier)* nombrar; **s'instituer** *vpr (relations)* establecerse; **s'~ défenseur d'une cause** erigirse en defensor(a) de una causa

**institut** [ɛ̃stity] *nm* instituto; **l'I~ de France** *institución que agrupa las cinco academias en Francia*, ≈ Real Academia Española; **~ de beauté** instituto de belleza; **~ médico-légal** instituto médico legal; **I~ universitaire de technologie (IUT)** ≈ Escuela Politécnica

**instituteur, -trice** [ɛ̃stitytœR, tRis] *nm/f* maestro(-a) (de escuela), profesor(a) de primaria

**institution** [ɛ̃stitysjɔ̃] *nf* institución *f*; *(régime)* régimen *m*; *(collège)* colegio privado; **institutions** *nfpl (structures politiques et sociales)* instituciones *fpl*

**institutionnaliser** [ɛ̃stitysjɔnalize] *vt* institucionalizar

**institutionnel, le** [ɛ̃stitysjɔnɛl] *adj* institucional

**instructeur, -trice** [ɛ̃stRyktœR, tRis] *adj* *(Mil)*: **officier ~** oficial *mf* instructor(a); *(Jur)*: **juge ~** juez *mf* de instrucción ▶ *nm/f* instructor(a)

**instructif, -ive** [ɛ̃stRyktif, iv] *adj* instructivo(-a)

**instruction** [ɛ̃stRyksjɔ̃] *nf (enseignement)* enseñanza; *(savoir)* cultura; *(Jur, Inform)* instrucción *f*; **~ publique/primaire** enseñanza pública/educación primaria; **~ ministérielle/préfectorale** circular *f*

## instruire – intelligentsia

ministerial/de la Prefectura; **~ civique** formación f cívica; **~ religieuse** formación religiosa; **instructions** nfpl (directives, mode d'emploi) instrucciones fpl

**instruire** [ɛ̃stʀɥiʀ] vt (élèves) enseñar; (Mil, Jur) instruir; **~ qn de qch** informar a algn de algo; **s'instruire** vpr instruirse; **s'~ de qch auprès de qn** informarse sobre algo por algn

**instruit, e** [ɛ̃stʀɥi, it] pp de **instruire** ▶ adj instruido(-a), culto(-a)

**instrument** [ɛ̃stʀymɑ̃] nm (aussi Mus) instrumento; **~ à cordes/à percussion/à vent/de musique** instrumento de cuerda/de percusión/de viento/musical; **~ de mesure/de travail** instrumento de medición/de trabajo

**instrumental, e, -aux** [ɛ̃stʀymɑ̃tal, o] adj: **musique instrumentale** música instrumental

**instrumentation** [ɛ̃stʀymɑ̃tasjɔ̃] nf instrumentación f

**instrumentiste** [ɛ̃stʀymɑ̃tist] nmf instrumentista mf

**insu** [ɛ̃sy] nm: **à l'~ de qn** a espaldas de algn; **à son ~** a sus espaldas

**insubmersible** [ɛ̃sybmɛʀsibl] adj insumergible

**insubordination** [ɛ̃sybɔʀdinasjɔ̃] nf (d'un élève) indisciplina; (Mil) insubordinación f

**insubordonné, e** [ɛ̃sybɔʀdɔne] adj (élève) indisciplinado(-a); (soldat) insubordinado(-a)

**insuccès** [ɛ̃syksɛ] nm fracaso; (à un examen) suspenso

**insuffisamment** [ɛ̃syfizamɑ̃] adv insuficientemente

**insuffisance** [ɛ̃syfizɑ̃s] nf insuficiencia; **~ cardiaque/hépatique** insuficiencia cardíaca/hepática; **insuffisances** nfpl (déficiences, lacunes) insuficiencias fpl

**insuffisant, e** [ɛ̃syfizɑ̃, ɑ̃t] adj insuficiente; (dimensions) reducido(-a); **~ en maths** insuficiente en matemáticas

**insuffler** [ɛ̃syfle] vt (Méd): **~ qch (dans)** insuflar algo (en); **~ qch à qn** transmitir algo a algn

**insulaire** [ɛ̃sylɛʀ] adj insular; (attitude) cerrado(-a)

**insularité** [ɛ̃sylaʀite] nf insularidad f

**insuline** [ɛ̃sylin] nf insulina

**insulinodépendant, e** [ɛ̃sylinɔdepɑ̃dɑ̃, ɑ̃t] adj (diabète, personne) insulinodependiente

**insultant, e** [ɛ̃syltɑ̃, ɑ̃t] adj insultante

**insulte** [ɛ̃sylt] nf insulto

**insulter** [ɛ̃sylte] vt insultar

**insupportable** [ɛ̃sypɔʀtabl] adj insoportable

**insupporter** [ɛ̃sypɔʀte] vt: **il m'insupporte** no lo soporto

**insurgé, e** [ɛ̃syʀʒe] adj, nm/f sublevado(-a), insurrecto(-a)

**insurger** [ɛ̃syʀʒe]: **s'insurger** vpr (aussi fig) sublevarse

**insurmontable** [ɛ̃syʀmɔ̃tabl] adj insuperable; (angoisse, aversion) invencible

**insurpassable** [ɛ̃syʀpasabl] adj insuperable

**insurrection** [ɛ̃syʀɛksjɔ̃] nf insurrección f, sublevación f

**insurrectionnel, le** [ɛ̃syʀɛksjɔnɛl] adj (mouvement) insurreccional; (gouvernement) insurrecto(-a)

**intact, e** [ɛ̃takt] adj intacto(-a); (réputation) íntegro(-a)

**intangible** [ɛ̃tɑ̃ʒibl] adj intangible, intocable

**intarissable** [ɛ̃taʀisabl] adj inagotable; **il est ~ sur ...** es inagotable cuando habla de ...

**intégral, e, -aux** [ɛ̃tegʀal, o] adj total; (édition) completo(-a); **nu ~** desnudo integral

**intégrale** [ɛ̃tegʀal] nf (Math) integral f; (œuvres complètes) obra completa

**intégralement** [ɛ̃tegʀalmɑ̃] adv totalmente, completamente

**intégralité** [ɛ̃tegʀalite] nf totalidad f; **dans son ~** en su totalidad

**intégrant, e** [ɛ̃tegʀɑ̃, ɑ̃t] adj: **faire partie intégrante de qch** formar parte integrante de algo

**intégration** [ɛ̃tegʀasjɔ̃] nf integración f

**intégrationniste** [ɛ̃tegʀasjɔnist] adj integracionista

**intègre** [ɛ̃tɛgʀ] adj íntegro(-a)

**intégré, e** [ɛ̃tegʀe] adj: **circuit ~** circuito integrado; **être ~** estar integrado(-a)

**intégrer** [ɛ̃tegʀe] vt (personnes) integrar; (théories, paragraphe) incorporar; (Univ) ingresar en; **s'intégrer** vpr: **s'~ à** ou **dans qch** integrarse en algo

**intégrisme** [ɛ̃tegʀism] nm integrismo

**intégriste** [ɛ̃tegʀist] adj, nmf integrista mf

**intégrité** [ɛ̃tegʀite] nf integridad f; (totalité) totalidad f

**intellect** [ɛ̃telɛkt] nm intelecto

**intellectualiser** [ɛ̃telɛktɥalize] vt intelectualizar

**intellectualisme** [ɛ̃telɛktɥalism] nm intelectualismo

**intellectuel, le** [ɛ̃telɛktɥɛl] adj, nm/f intelectual mf

**intellectuellement** [ɛ̃telɛktɥɛlmɑ̃] adv intelectualmente

**intelligemment** [ɛ̃teliʒamɑ̃] adv inteligentemente

**intelligence** [ɛ̃teliʒɑ̃s] nf inteligencia; (compréhension) comprensión f; **regard/sourire d'~** mirada/sonrisa de complicidad; **vivre en bonne/mauvaise ~ avec qn** llevarse bien/mal con algn; **être d'~** estar de común acuerdo; **~ artificielle** inteligencia artificial; **intelligences** nfpl (fig) cómplices mpl; **avoir des intelligences dans la place** (Mil) tener contactos en el sitio

**intelligent, e** [ɛ̃teliʒɑ̃, ɑ̃t] adj inteligente

**intelligentsia** [ɛ̃teliʒɛnsja] nf inteligencia

## intelligible – interdit

**intelligible** [ɛ̃teliʒibl] *adj (proposition etc)* inteligible; **parler de façon peu ~** hablar de forma poco clara

**intello** [ɛ̃telo] *(fam) adj, nmf* intelectual *mf*

**intempérance** [ɛ̃tɑ̃peʀɑ̃s] *nf* intemperancia

**intempérant, e** [ɛ̃tɑ̃peʀɑ̃, ɑ̃t] *adj* intemperante, inmoderado(-a); *(gourmand, sensuel)* inmoderado(-a); **faire un usage ~ de l'alcool** hacer uso abusivo del alcohol

**intempéries** [ɛ̃tɑ̃peʀi] *nfpl* inclemencias *fpl* del tiempo; **se protéger des ~** protegerse de las inclemencias del tiempo

**intempestif, -ive** [ɛ̃tɑ̃pɛstif, iv] *adj* intempestivo(-a)

**intemporel, le** [ɛ̃tɑ̃pɔʀɛl] *adj* intemporal

**intenable** [ɛ̃t(ə)nabl] *adj* inaguantable, insoportable; *(position)* indefendible; *(enfant)* inaguantable

**intendance** [ɛ̃tɑ̃dɑ̃s] *nf* dirección *f*; *(Mil)* intendencia; *(Pol)* administración *f*

**intendant, e** [ɛ̃tɑ̃dɑ̃, ɑ̃t] *nm/f (Mil)* intendente *m*; *(Scol)* administrador(a)

**intense** [ɛ̃tɑ̃s] *adj* intenso(-a)

**intensément** [ɛ̃tɑ̃semɑ̃] *adv* intensamente

**intensif, -ive** [ɛ̃tɑ̃sif, iv] *adj* intensivo(-a); **cours ~** curso intensivo; **culture intensive** cultivo intensivo

**intensification** [ɛ̃tɑ̃sifikasjɔ̃] *nf* intensificación *f*

**intensifier** [ɛ̃tɑ̃sifje] *vt* intensificar; **s'intensifier** *vpr* intensificarse

**intensité** [ɛ̃tɑ̃site] *nf* intensidad *f*; *(d'une expression)* fuerza

**intensivement** [ɛ̃tɑ̃sivmɑ̃] *adv* intensamente

**intenter** [ɛ̃tɑ̃te] *vt* : **~ un procès/une action contre** *ou* **à qn** entablar proceso/una acción contra algn

**intention** [ɛ̃tɑ̃sjɔ̃] *nf* intención *f*; *(but, objectif)* intención *f*, propósito; **contrecarrer les intentions de qn** oponerse a las intenciones de algn; **avec** *ou* **dans l'~ de nuire** con la premeditación de dañar; **avoir l'~ de faire qch** tener la intención de hacer algo; **à l'~ de qn** para algn; *(prière, messe)* por algn; *(fête)* en honor de algn; *(film, ouvrage)* dedicado(-a) a algn; **à cette ~** con este propósito; **sans ~ de** sin intención de; **faire qch sans mauvaise ~** hacer algo sin mala intención; **agir dans une bonne ~** actuar con buena intención

**intentionné, e** [ɛ̃tɑ̃sjɔne] *adj* : **être bien/mal ~** tener buena/mala intención

**intentionnel, le** [ɛ̃tɑ̃sjɔnɛl] *adj* intencionado(-a); *(Jur)* premeditado(-a)

**intentionnellement** [ɛ̃tɑ̃sjɔnɛlmɑ̃] *adv* intencionadamente

**interactif, -ive** [ɛ̃tɛʀaktif, iv] *adj* interactivo(-a)

**interaction** [ɛ̃tɛʀaksjɔ̃] *nf* interacción *f*

**interactivité** [ɛ̃tɛʀaktivite] *nf* interactividad *f*

**interagir** [ɛ̃tɛʀaʒiʀ] *vi* : **~ avec** interactuar con

**interbancaire** [ɛ̃tɛʀbɑ̃kɛʀ] *adj* interbancario(-a)

**intercalaire** [ɛ̃tɛʀkalɛʀ] *adj* intercalar ▶ *nm* separador *m*

**intercaler** [ɛ̃tɛʀkale] *vt* : **~ (dans)** introducir (en); **s'intercaler** *vpr* : **s'~ entre** interponerse (entre)

**intercéder** [ɛ̃tɛʀsede] *vi* : **~ (en faveur de qn)** interceder (en favor de algn)

**intercepter** [ɛ̃tɛʀsɛpte] *vt* interceptar; *(lumière etc)* impedir el paso de

**intercepteur** [ɛ̃tɛʀsɛptœʀ] *nm (Aviat)* interceptador *m*

**interception** [ɛ̃tɛʀsɛpsjɔ̃] *nf* intercepción *f*; **avion d'~** interceptador *m*

**intercession** [ɛ̃tɛʀsesjɔ̃] *nf* intercesión *f*

**interchangeabilité** [ɛ̃tɛʀʃɑ̃ʒabilite] *nf* intercambiabilidad *f*

**interchangeable** [ɛ̃tɛʀʃɑ̃ʒabl] *adj* intercambiable

**interclasse** [ɛ̃tɛʀklɑs] *nm* descanso

**interclubs** [ɛ̃tɛʀklœb] *adj* entre clubes *inv*

**intercommunal, e, -aux** [ɛ̃tɛʀkɔmynal, o] *adj* intermunicipal

**intercommunautaire** [ɛ̃tɛʀkɔmynotɛʀ] *adj* intercomunitario(-a)

**interconnecté, e** [ɛ̃tɛʀkɔnɛkte] *adj (Inform)* interconectado(-a)

**interconnexion** [ɛ̃tɛʀkɔnɛksjɔ̃] *nf (Inform)* interconexión *f*

**intercontinental, e, -aux** [ɛ̃tɛʀkɔ̃tinɑ̃tal, o] *adj* intercontinental

**intercostal, e, -aux** [ɛ̃tɛʀkɔstal, o] *adj* intercostal

**interdépartemental, e, -aux** [ɛ̃tɛʀdepaʀtəmɑ̃tal, o] *adj* interdepartamental

**interdépendance** [ɛ̃tɛʀdepɑ̃dɑ̃s] *nf* interdependencia

**interdépendant, e** [ɛ̃tɛʀdepɑ̃dɑ̃, ɑ̃t] *adj* interdependiente

**interdiction** [ɛ̃tɛʀdiksjɔ̃] *nf* interdicción *f*, prohibición *f*; **~ de fumer** prohibido *ou* se prohibe fumar; **~ de séjour** prohibición de residencia

**interdire** [ɛ̃tɛʀdiʀ] *vt* prohibir; *(Admin, Rel : personne)* inhabilitar; **~ qch à qn** prohibir algo a algn; **~ à qn de faire qch** prohibir a algn hacer algo; *(suj : chose)* impedir que algn haga algo; **s'interdire** *vpr* : **s'~ qch** privarse de algo; **il s'interdit d'y penser** se niega a pensar en ello

**interdisciplinaire** [ɛ̃tɛʀdisiplinɛʀ] *adj* interdisciplinar

**interdit, e** [ɛ̃tɛʀdi, it] *pp de* **interdire** ▶ *adj (accès, écrivain, livre)* prohibido(-a); *(stupéfait)* estupefacto(-a); *(prêtre)* inhabilitado(-a), incapacitado(-a); **film ~ aux moins de**

263

## intéressant – interparlementaire

**18/13 ans** película prohibida a los menores de 18/13 años; **sens/stationnement ~** dirección f/estacionamiento prohibido(-a); **être ~ bancaire** ou **~ de chéquier** *tener prohibido emitir cheques por haberlos emitido anteriormente sin fondos*; **~ de séjour** condenado(-a) a prohibición de residencia ▶ *nm* prohibición f; **prononcer l'~ contre qn** vetar a algn

**intéressant, e** [ɛ̃teʀesɑ̃, ɑ̃t] *adj* interesante; **faire l'~** hacerse el interesante

**intéressé, e** [ɛ̃teʀese] *adj* interesado(-a) ▶ *nm/f* : **l'intéressé, e** él (la) interesado(-a)

**intéressement** [ɛ̃teʀesmɑ̃] *nm* (*aux bénéfices*) participación f

**intéresser** [ɛ̃teʀese] *vt* (*élèves*) interesar; (*Admin : suj : mesure, loi*) concernir; (*Comm : aux bénéfices*) dar participación en; **ce film m'a beaucoup intéressé** he encontrado muy interesante esta película; **ça n'intéresse personne** eso no interesa a nadie; **~ qn dans une affaire** hacer partícipe a algn en un negocio; **~ qn à qch** interesar a algn en algo; **s'intéresser** *vpr* : **s'~ à qn/à ce que fait qn/qch** interesarse por algn/por lo que hace algn/algo; **s'~ à un sport** interesarse por un deporte

**intérêt** [ɛ̃teʀɛ] *nm* interés *msg*; (*avantage, originalité*) : **l'~ de ...** lo interesante de ...; **agir par ~** actuar por interés; **éveiller l'~ de qn** despertar el interés de algn; **porter de l'~ à qn** interesarse por algn; **il a ~ à acheter cette voiture** le interesa comprar ese coche; **tu aurais ~ à te taire !** ¡más te vale callarte!; **il y a ~ à ...** interesa ...; **~ composé** interés compuesto; **intérêts** *nmpl* intereses *mpl*; **les intérêts de la dette** los intereses de la deuda; **avoir des intérêts dans une société** tener intereses en una compañía

**interface** [ɛ̃teʀfas] *nf* (*Inform*) interfaz *m*

**interférence** [ɛ̃teʀfeʀɑ̃s] *nf* interferencia

**interférer** [ɛ̃teʀfeʀe] *vi* (*Phys*) interferir; (*fig*) : **~ (avec)** interferir (en)

**interféron** [ɛ̃teʀfeʀɔ̃] *nm* interferón *m*

**intergalactique** [ɛ̃teʀgalaktik] *adj* intergaláctico(-a)

**intergouvernemental, e, -aux** [ɛ̃teʀguvɛʀnəmɑ̃tal, o] *adj* intergubernamental

**intérieur, e** [ɛ̃teʀjœʀ] *adj* interior ▶ *nm* interior *m*; **un ~ bourgeois/confortable** una decoración burguesa/confortable; **à l'~ (de)** en el interior ou dentro ou adentro (*surtout Am*) (de); (*fig*) dentro (de); **en ~** (*Ciné*) en interiores; **ministère de l'I~** ministerio del Interior; **vêtement/veste/chaussures d'~** prenda/chaqueta/zapatos *mpl* de estar en casa

**intérieurement** [ɛ̃teʀjœʀmɑ̃] *adv* por dentro

**intérim** [ɛ̃teʀim] *nm* interinidad f; (*travail*) trabajo temporal; **assurer l'~ (de qn)** hacer la interinidad (de algn); **par ~** *adj* interino(-a); *adv* de interino; **travailler en ~** trabajar a través de una empresa de trabajo temporal

**intérimaire** [ɛ̃teʀimɛʀ] *adj* interino(-a); **personnel ~** personal *m* interino ▶ *nmf* trabajador(a) de una empresa de trabajo temporal

**intérioriser** [ɛ̃teʀjɔʀize] *vt* interiorizar

**interjection** [ɛ̃teʀʒɛksjɔ̃] *nf* interjección f

**interjeter** [ɛ̃teʀʒəte] *vt* (*appel*) interponer

**interligne** [ɛ̃teʀliɲ] *nm* línea; (*Mus*) espacio; **simple/double ~** un/doble espacio

**interlocuteur, -trice** [ɛ̃teʀlɔkytœʀ, tʀis] *nm/f* interlocutor(a); **~ valable** (*Pol*) interlocutor válido

**interlope** [ɛ̃teʀlɔp] *adj* fraudulento(-a); (*milieu, bar*) sospechoso(-a)

**interloquer** [ɛ̃teʀlɔke] *vt* desconcertar

**interlude** [ɛ̃teʀlyd] *nm* interludio

**intermède** [ɛ̃teʀmɛd] *nm* intermedio; **~ chanté/dansé** intermedio con canto/con baile

**intermédiaire** [ɛ̃teʀmedjɛʀ] *adj* intermedio(-a) ▶ *nmf* intermediario(-a); **par l'~ de** por mediación de; **intermédiaires** *nmpl* (*Comm*) intermediarios *mpl*

**interminable** [ɛ̃teʀminabl] *adj* interminable

**interminablement** [ɛ̃teʀminabləmɑ̃] *adv* interminablemente

**interministériel, le** [ɛ̃teʀministeʀjɛl] *adj* : **comité ~** comité *m* interministerial

**intermittence** [ɛ̃teʀmitɑ̃s] *nf* : **par ~** (*travailler*) con intermitencias; (*entendre qch*) a intervalos

**intermittent, e** [ɛ̃teʀmitɑ̃, ɑ̃t] *adj* intermitente; (*source, fontaine*) irregular; (*efforts*) discontinuo(-a) ▶ *nm/f* : **les intermittents du spectacle** los trabajadores intermitentes del sector del espectáculo

**internat** [ɛ̃teʀna] *nm* internado; (*Méd : fonction*) interno; (: *concours*) ≈ MIR

**international, e, -aux** [ɛ̃teʀnasjɔnal, o] *adj* internacional ▶ *nm/f* (*Sport*) jugador(a) internacional

**internationalisation** [ɛ̃teʀnasjɔnalizasjɔ̃] *nf* internacionalización f

**internationaliser** [ɛ̃teʀnasjɔnalize] *vt* internacionalizar

**internationalisme** [ɛ̃teʀnasjɔnalism] *nm* internacionalismo

**internaute** [ɛ̃teʀnot] *nmf* internauta *mf*

**interne** [ɛ̃teʀn] *adj* interno(-a) ▶ *nmf* (*élève*) interno(-a); (*Méd*) médico(-a) interno(-a)

**internement** [ɛ̃teʀnəmɑ̃] *nm* (*Méd*) internamiento; (*Pol*) reclusión f

**interner** [ɛ̃teʀne] *vt* (*réfugiés, soldats*) recluir; (*Méd*) internar

**Internet** [ɛ̃teʀnɛt] *nm* Internet *m*

**interparlementaire** [ɛ̃teʀpaʀləmɑ̃tɛʀ] *adj* interparlamentario(-a)

## interpellation - intituler

**interpellation** [ɛ̃tɛʀpelasjɔ̃] nf interpelación f; (par la police) detención f
**interpeller** [ɛ̃tɛʀpəle] vt interpelar; (police) detener; **s'interpeller** vpr (s'apostropher) interpelarse
**interphone** [ɛ̃tɛʀfɔn] nm interfono; (d'un appartement) portero automático
**interplanétaire** [ɛ̃tɛʀplanetɛʀ] adj interplanetario(-a)
**INTERPOL** [ɛ̃tɛʀpɔl] sigle m INTERPOL f
**interpoler** [ɛ̃tɛʀpɔle] vt interpolar
**interposer** [ɛ̃tɛʀpoze] vt interponer; **par personnes interposées** por un intermediario; **s'interposer** vpr interponerse
**interprétariat** [ɛ̃tɛʀpretaʀja] nm, **interprétation** [ɛ̃tɛʀpretasjɔ̃] nf interpretación f
**interprète** [ɛ̃tɛʀpʀɛt] nmf intérprete mf; **être l'~ de qn/de qch** ser el portavoz de algn/de algo
**interpréter** [ɛ̃tɛʀpʀete] vt interpretar
**interprofessionnel, le** [ɛ̃tɛʀpʀɔfesjɔnɛl] adj interprofesional
**interrègne** [ɛ̃tɛʀʀɛɲ] nm interregno
**interrogateur, -trice** [ɛ̃tɛʀɔɡatœʀ, tʀis] adj interrogante ▶ nm/f (Scol) examinador(a)
**interrogatif, -ive** [ɛ̃tɛʀɔɡatif, iv] adj interrogativo(-a)
**interrogation** [ɛ̃tɛʀɔɡasjɔ̃] nf interrogación f; **~ écrite/orale** (Scol) control m escrito/oral; **~ directe/indirecte** (Ling) interrogación directa/indirecta
**interrogatoire** [ɛ̃tɛʀɔɡatwaʀ] nm interrogatorio
**interroger** [ɛ̃tɛʀɔʒe] vt interrogar; (données) consultar; (candidat) examinar; **~ qn (sur qch)** preguntar a algn (por algo); **~ qn du regard** preguntar a algn con la mirada; **s'interroger** vpr preguntarse
**interrompre** [ɛ̃tɛʀɔ̃pʀ] vt interrumpir; (circuit électrique, communications) cortar; **s'interrompre** vpr interrumpirse
**interrupteur** [ɛ̃tɛʀyptœʀ] nm interruptor m; **~ à bascule** interruptor basculante
**interruption** [ɛ̃tɛʀypsjɔ̃] nf interrupción f; **sans ~** sin interrupción; **~ volontaire de grossesse** interrupción voluntaria del embarazo
**interscolaire** [ɛ̃tɛʀskɔlɛʀ] adj interescolar
**intersection** [ɛ̃tɛʀsɛksjɔ̃] nf intersección f
**intersidéral, e, -aux** [ɛ̃tɛʀsideʀal, o] adj intersideral
**interstice** [ɛ̃tɛʀstis] nm intersticio
**intersyndical, e, -aux** [ɛ̃tɛʀsɛ̃dikal, o] adj intersindical
**intertitre** [ɛ̃tɛʀtitʀ] nm leyenda
**interurbain, e** [ɛ̃tɛʀyʀbɛ̃, ɛn] adj interurbano(-a) ▶ nm : **l'~** el servicio telefónico interurbano

**intervalle** [ɛ̃tɛʀval] nm intervalo; **à deux mois d'~** con dos meses de intervalo; **à intervalles rapprochés** con mucha frecuencia; **par intervalles** a ratos; **dans l'~** mientras tanto
**intervenant, e** [ɛ̃tɛʀvənɑ̃, ɑ̃t] vb voir **intervenir** ▶ nm/f interventor(a)
**intervenir** [ɛ̃tɛʀvəniʀ] vi (survenir) ocurrir, tener lugar; (circonstances, volonté etc) influir; **~ dans** intervenir en; **~ (pour faire qch)** intervenir (para hacer algo); **~ auprès de qn/en faveur de qn** interceder ante algn/en favor de algn; **la police a dû ~** la policía tuvo que intervenir; **les médecins ont dû ~** los médicos tuvieron que intervenir
**intervention** [ɛ̃tɛʀvɑ̃sjɔ̃] nf intervención f; **~ chirurgicale** intervención quirúrgica; **prix d'~** precio de intervención; **~ armée** intervención armada
**interventionnisme** [ɛ̃tɛʀvɑ̃sjɔnism] nm intervencionismo
**interventionniste** [ɛ̃tɛʀvɑ̃sjɔnist] adj intervencionista
**intervenu** [ɛ̃tɛʀv(ə)ny] pp de **intervenir**
**intervertir** [ɛ̃tɛʀvɛʀtiʀ] vt invertir; **~ les rôles** invertir los papeles
**interviendrai** [ɛ̃tɛʀvjɛ̃dʀe], **interviens** [ɛ̃tɛʀvjɛ̃] vb voir **intervenir**
**interview** [ɛ̃tɛʀvju] nf interviú f, entrevista
**interviewer** [(vb) ɛ̃tɛʀvjuve, (n) ɛ̃tɛʀvjuvœʀ] vt entrevistar a ▶ nm entrevistador(a)
**intervins** [ɛ̃tɛʀvɛ̃] vb voir **intervenir**
**intestat** [ɛ̃tɛsta] adj (Jur) : **décéder ~** morir sin testar
**intestin, e** [ɛ̃tɛstɛ̃, in] nm intestino; **~ grêle** intestino delgado ▶ adj : **querelles/luttes intestines** querellas fpl/luchas fpl internas
**intestinal, e, -aux** [ɛ̃tɛstinal, o] adj intestinal; **occlusion/perforation intestinale** oclusión f/perforación f intestinal
**intifada** [intifada] nf intifada
**intime** [ɛ̃tim] adj íntimo(-a); (convictions) profundo(-a) ▶ nmf íntimo(-a)
**intimement** [ɛ̃timmɑ̃] adv (persuadé etc) profundamente; (liés etc) íntimamente
**intimer** [ɛ̃time] vt (Jur : citer) citar; (: signifier légalement) notificar; **~ à qn l'ordre de faire** ordenar a algn hacer
**intimidant, e** [ɛ̃timidɑ̃, ɑ̃t] adj intimidante
**intimidation** [ɛ̃timidasjɔ̃] nf : **manœuvres d'~** intimidación f
**intimider** [ɛ̃timide] vt intimidar
**intimiste** [ɛ̃timist] adj intimista
**intimité** [ɛ̃timite] nf intimidad f; **dans l'~** en la intimidad; (sans formalités) informalmente
**intitulé** [ɛ̃tityle] nm (d'une loi, d'un jugement) epígrafe m; (d'un ouvrage, chapitre) título
**intituler** [ɛ̃tityle] vt : **comment a-t-il intitulé son livre ?** ¿cómo tituló su libro?;

## intolérable – invective

**s'intituler** [vpr] (ouvrage) titularse; (personne) llamarse, denominarse
**intolérable** [ɛ̃tɔleRabl] adj (chaleur) insoportable; (inadmissible) intolerable
**intolérance** [ɛ̃tɔleRɑ̃s] nf intolerancia; ~ **à** (Méd) intolerancia a
**intolérant, e** [ɛ̃tɔleRɑ̃, ɑ̃t] adj intolerante
**intonation** [ɛ̃tɔnasjɔ̃] nf entonación f
**intouchable** [ɛ̃tuʃabl] adj (fig) intocable; (Rel) inviolable
**intox** [ɛ̃tɔks] (fam) nf intoxicación f informativa
**intoxication** [ɛ̃tɔksikasjɔ̃] nf intoxicación f; (fig) contaminación f; ~ **alimentaire** intoxicación alimenticia
**intoxiqué, e** [ɛ̃tɔksike] adj, nm/f intoxicado(-a)
**intoxiquer** [ɛ̃tɔksike] vt intoxicar; (fig) contaminar; **s'intoxiquer** vpr intoxicarse
**intradermique** [ɛ̃tRadɛRmik] adj intradérmico(-a)
**intraduisible** [ɛ̃tRadɥizibl] adj (aussi fig) intraducible
**intraitable** [ɛ̃tRɛtabl] adj despiadado(-a); ~ **(sur)** intransigente (en); **demeurer** ~ permanecer inflexible
**intramusculaire** [ɛ̃tRamyskylɛR] adj, nf: **(injection)** ~ (inyección f) intramuscular f
**intranet** [ɛ̃tRanɛt] nm Intranet f
**intransigeance** [ɛ̃tRɑ̃ziʒɑ̃s] nf intransigencia
**intransigeant, e** [ɛ̃tRɑ̃ziʒɑ̃, ɑ̃t] adj intransigente; (morale, passion) firme
**intransitif, -ive** [ɛ̃tRɑ̃zitif, iv] adj intransitivo(-a)
**intransportable** [ɛ̃tRɑ̃spɔRtabl] adj (blessé) que no se puede trasladar; (objet) que no se puede transportar
**intrant** [ɛ̃tRɑ̃] nm (Écon, Agr) insumo
**intraveineuse** [ɛ̃tRavɛnøz] nf intravenosa
**intraveineux, -euse** [ɛ̃tRavɛnø, øz] adj, nf: **(injection) intraveineuse** (inyección f) intravenosa
**intrépide** [ɛ̃tRepid] adj intrépido(-a)
**intrépidité** [ɛ̃tRepidite] nf intrepidez f
**intrigant, e** [ɛ̃tRigɑ̃, ɑ̃t] adj intrigante
**intrigue** [ɛ̃tRig] nf intriga
**intrigué, e** [ɛ̃tRige] adj (personne, air) intrigado(-a); ~ **par** intrigado(-a) por
**intriguer** [ɛ̃tRige] vi, vt intrigar
**intrinsèque** [ɛ̃tRɛ̃sɛk] adj intrínseco(-a)
**intrinsèquement** [ɛ̃tRɛ̃sɛkmɑ̃] adv intrínsecamente
**intro** [ɛ̃tRo] (fam) nf (de texte, chanson) introducción f
**introductif, -ive** [ɛ̃tRɔdyktif, iv] adj introductorio(-a)
**introduction** [ɛ̃tRɔdyksjɔ̃] nf introducción f; (de mots) incorporación f; **chapitre d'**~ capítulo introductorio; **lettre/mot d'**~ carta/nota de presentación; ~ **en Bourse** salida a Bolsa
**introduire** [ɛ̃tRɔdɥiR] vt introducir; (personne : présenter) presentar; (faire entrer) hacer pasar; (mots) incorporar; ~ **qn auprès de qn** conducir a algn ante algn; ~ **qn dans un club** introducir a algn en un club; ~ **une correction au clavier** teclear una corrección; **s'introduire** vpr introducirse; **s'**~ **dans** introducirse en
**introduit, e** [ɛ̃tRɔdɥi, it] pp de **introduire**
▶ adj : **bien** ~ (personne) bien relacionado(-a)
**intronisation** [ɛ̃tRɔnizasjɔ̃] nf entronización f
**introniser** [ɛ̃tRɔnize] vt entronizar
**introspectif, -ive** [ɛ̃tRɔspɛktif, iv] adj introspectivo(-a)
**introspection** [ɛ̃tRɔspɛksjɔ̃] nf introspección f
**introuvable** [ɛ̃tRuvabl] adj (personne) ilocalizable; (Comm : rare : édition, livre) imposible de encontrar; **ma montre est** ~ no encuentro mi reloj por ningún sitio
**introverti, e** [ɛ̃tRɔvɛRti] nm/f introvertido(-a)
**intrus, e** [ɛ̃tRy, yz] nm/f intruso(-a)
**intrusion** [ɛ̃tRyzjɔ̃] nf intrusión f; (ingérence) intromisión f
**intubation** [ɛ̃tybasjɔ̃] nf (Méd) intubación f
**intuber** [ɛ̃tybe] vt (Méd) intubar
**intuitif, -ive** [ɛ̃tɥitif, iv] adj intuitivo(-a)
**intuition** [ɛ̃tɥisjɔ̃] nf intuición f; **avoir une** ~ tener un presentimiento; **avoir l'**~ **de qch** tener la intuición de algo; **avoir de l'**~ tener intuición
**intuitivement** [ɛ̃tɥitivmɑ̃] adv intuitivamente
**inuit** [inɥit] adj inv inuit inv ▶ nm (Ling) inuit m ▶ nmf : **Inuit** inuit mf
**inusable** [inyzabl] adj duradero(-a)
**inusité, e** [inyzite] adj (Ling) poco frecuente
**inutile** [inytil] adj inútil; (superflu) innecesario(-a)
**inutilement** [inytilmɑ̃] adv inútilmente
**inutilisable** [inytilizabl] adj inutilizable
**inutilisé, e** [inytilize] adj inutilizado(-a)
**inutilité** [inytilite] nf inutilidad f
**invaincu, e** [ɛ̃vɛ̃ky] adj invicto(-a)
**invalide** [ɛ̃valid] adj, nmf inválido(-a); ~ **de guerre** inválido(-a) de guerra; ~ **du travail** inválido(-a) laboral
**invalider** [ɛ̃valide] vt invalidar, anular
**invalidité** [ɛ̃validite] nf invalidez f
**invariable** [ɛ̃vaRjabl] adj invariable
**invariablement** [ɛ̃vaRjablǝmɑ̃] adv invariablemente
**invasif, -ive** [ɛ̃vazif, iv] adj (traitement, cancer) invasivo(-a)
**invasion** [ɛ̃vazjɔ̃] nf (aussi fig) invasión f; (de sauterelles, rats) plaga, invasión
**invective** [ɛ̃vɛktiv] nf increpación f

## invectiver – ironique

**invectiver** [ɛ̃vɛktive] vt increpar ▶ vi : ~ **(contre qch/qn)** lanzar increpaciones (contra algo/algn)
**invendable** [ɛ̃vɑ̃dabl] adj invendible
**invendu, e** [ɛ̃vɑ̃dy] adj invendido(-a)
**invendus** [ɛ̃vɑ̃d] nmpl invendidos mpl
**inventaire** [ɛ̃vɑ̃tɛʀ] nm (aussi fig) inventario; **faire un** ~ (Comm, Jur, gén) hacer un inventario; **faire** ou **procéder à l'** ~ hacer inventario
**inventer** [ɛ̃vɑ̃te] vt inventar; (moyen) idear
**inventeur, -trice** [ɛ̃vɑ̃tœʀ, tʀis] nm/f inventor(a)
**inventif, -ive** [ɛ̃vɑ̃tif, iv] adj inventivo(-a)
**invention** [ɛ̃vɑ̃sjɔ̃] nf invención f; (objet inventé, expédient) invento; (fable, mensonge) ficción f, invención; **manquer d'** ~ no tener imaginación
**inventivité** [ɛ̃vɑ̃tivite] nf inventiva
**inventorier** [ɛ̃vɑ̃tɔʀje] vt inventariar
**invérifiable** [ɛ̃veʀifjabl] adj incomprobable
**inverse** [ɛ̃vɛʀs] adj (ordre) inverso(-a); (sens) inverso(-a), contrario(-a); **en proportion** ~ en proporción inversa; **dans l'ordre** ~ en orden inverso; **en** ou **dans le sens** ~ en sentido contrario; **dans le sens ~ des aiguilles d'une montre** en sentido contrario a las agujas del reloj ▶ nm : **l'** ~ lo contrario; **à l'** ~ al contrario
**inversement** [ɛ̃vɛʀsəmɑ̃] adv inversamente; ~ **proportionnel à** inversamente propocional a
**inverser** [ɛ̃vɛʀse] vt invertir
**inversion** [ɛ̃vɛʀsjɔ̃] nf inversión f
**invertébré, e** [ɛ̃vɛʀtebʀe] adj invertebrado(-a) ▶ nm invertebrado
**inverti, e** [ɛ̃vɛʀti] nm/f invertido(-a)
**investigation** [ɛ̃vɛstigasjɔ̃] nf investigación f
**investir** [ɛ̃vɛstiʀ] vt (argent, capital) invertir; (personne) investir; (Mil) cercar, sitiar; ~ **qn de** (d'une fonction, d'un pouvoir) investir a algn con ▶ vi invertir; **s'investir** vpr : **s'** ~ **(dans)** (s'impliquer) implicarse en
**investissement** [ɛ̃vɛstismɑ̃] nm inversión f
**investisseur** [ɛ̃vɛstisœʀ] nm inversor(a)
**investiture** [ɛ̃vɛstityʀ] nf investidura
**invétéré, e** [ɛ̃vetere] adj inveterado(-a); (bavard, buveur) empedernido(-a)
**invincibilité** [ɛ̃vɛ̃sibilite] nf invencibilidad f
**invincible** [ɛ̃vɛ̃sibl] adj (ennemi, armée, obstacle) invencible; (argument) irrebatible; (charme) irresistible
**inviolabilité** [ɛ̃vjɔlabilite] nf : ~ **parlementaire** inviolabilidad f parlamentaria
**inviolable** [ɛ̃vjɔlabl] adj inviolable
**inviolé, e** [ɛ̃vjɔle] adj (tombe, nature, région) inviolado(-a)
**invisibilité** [ɛ̃vizibilite] nf invisibilidad f
**invisible** [ɛ̃vizibl] adj invisible

**invitation** [ɛ̃vitasjɔ̃] nf invitación f; **à/sur l'** ~ **de qn** por/a invitación de algn; **carte/lettre d'** ~ tarjeta/carta de invitación
**invite** [ɛ̃vit] nf envite m, incitación f
**invité, e** [ɛ̃vite] nm/f invitado(-a)
**inviter** [ɛ̃vite] vt invitar; ~ **qn à faire qch** invitar a algn a hacer algo; ~ **à qch** (à la méfiance) incitar a algo; (à la promenade, méditation) invitar a algo
**invivable** [ɛ̃vivabl] adj insoportable
**invocation** [ɛ̃vɔkasjɔ̃] nf (prière) invocación f
**involontaire** [ɛ̃vɔlɔ̃tɛʀ] adj involuntario(-a)
**involontairement** [ɛ̃vɔlɔ̃tɛʀmɑ̃] adv involuntariamente
**invoquer** [ɛ̃vɔke] vt invocar; (excuse, argument) invocar, alegar; (loi, texte) apelar; (jeunesse, ignorance) alegar; ~ **la clémence/le secours de qn** implorar la clemencia/la ayuda de algn
**invraisemblable** [ɛ̃vʀɛsɑ̃blabl] adj (histoire) inverosímil; (aplomb, toupet) increíble
**invraisemblance** [ɛ̃vʀɛsɑ̃blɑ̃s] nf inverosimilitud f
**invulnérabilité** [ɛ̃vylneʀabilite] nf invulnerabilidad f
**invulnérable** [ɛ̃vylneʀabl] adj invulnerable; ~ **à** invulnerable a
**iode** [jɔd] nm yodo
**iodé, e** [jɔde] adj yodado(-a)
**ion** [jɔ̃] nm ión m
**ionique** [jɔnik] adj (Archit) jónico(-a); (Science) iónico(-a)
**ionisant, e** [jɔnizɑ̃, ɑ̃t] adj ionizante
**ionisation** [jɔnizasjɔ̃] nf ionización f
**iota** [jɔta] nm : **sans changer un** ~ sin cambiar un ápice
**iPod**® [aipɔd, ipɔd] nm iPod® m
**irai** etc [iʀe] vb voir **aller**
**Irak** [iʀak] nm Irak m
**irakien, ne** [iʀakjɛ̃, jɛn] adj iraquí ▶ nm/f : **Irakien, ne** iraquí mf
**Iran** [iʀɑ̃] nm Irán m
**iranien, ne** [iʀanjɛ̃, jɛn] adj iraní ▶ nm/f : **Iranien, ne** iraní mf
**Iraq** [iʀak] nm = **Irak**
**iraquien, ne** [iʀakjɛ̃, jɛn] adj, nm/f = **irakien**
**irascible** [iʀasibl] adj irascible
**iridescent, e** [iʀidesɑ̃, ɑ̃t] adj iridescente
**irions** etc [iʀjɔ̃] vb voir **aller**
**iris** [iʀis] nm (Bot) lirio; (Anat) iris m inv
**irisé, e** [iʀize] adj irisado(-a)
**irlandais, e** [iʀlɑ̃dɛ, ɛz] adj irlandés(-esa) ▶ nm/f : **Irlandais, e** irlandés(-esa); **les I**~ los irlandeses
**Irlande** [iʀlɑ̃d] nf Irlanda; **la mer d'** ~ el mar de Irlanda; ~ **du Nord/Sud** Irlanda del Norte/Sur
**ironie** [iʀɔni] nf ironía; ~ **du sort** ironía del destino
**ironique** [iʀɔnik] adj irónico(-a)

## ironiquement – isolé

**ironiquement** [iʀɔnikmɑ̃] adv irónicamente
**ironiser** [iʀɔnize] vi ironizar
**irons** etc [iʀɔ̃] vb voir **aller**
**IRPP** [iɛʀpepe] sigle m (= impôt sur le revenu des personnes physiques) ≈ IRPF m (= Impuesto sobre la Renta de las Personas Físicas)
**irradiation** [iʀadjasjɔ̃] nf irradiación f
**irradier** [iʀadje] vi irradiar ▶ vt irradiar, difundir
**irraisonné, e** [iʀezɔne] adj irrazonable
**irrationnel, le** [iʀasjɔnɛl] adj irracional
**irrattrapable** [iʀatʀapabl] adj (retard) irrecuperable; (bévue) insubsanable
**irréalisable** [iʀealizabl] adj irrealizable
**irréalisme** [iʀealism] nm falta de realismo
**irréaliste** [iʀealist] adj irrealista
**irréalité** [iʀealite] nf irrealidad f
**irrecevable** [iʀəs(ə)vabl] adj inadmisible
**irréconciliable** [iʀekɔ̃siljabl] adj irreconciliable
**irrécouvrable** [iʀekuvʀabl] adj incobrable, irrecuperable
**irrécupérable** [iʀekypeʀabl] adj irrecuperable
**irrécusable** [iʀekyzabl] adj (Jur) irrecusable
**irréductible** [iʀedyktibl] adj irreductible; (volonté) férreo(-a)
**irréductiblement** [iʀedyktibləmɑ̃] adv irreductiblemente
**irréel, le** [iʀeɛl] adj irreal; (Ling) : **(mode)** ~ (modo) condicional m ou hipotético
**irréfléchi, e** [iʀefleʃi] adj irreflexivo(-a)
**irréfutable** [iʀefytabl] adj irrefutable
**irréfutablement** [iʀefytabləmɑ̃] adv irrefutablemente
**irrégularité** [iʀegylaʀite] nf irregularidad f; **irrégularités** nfpl irregularidades fpl; (inégalité) desigualdades fpl
**irrégulier, -ière** [iʀegylje, jɛʀ] adj irregular; (développement, accélération) irregular, desigual; (peu honnête) deshonesto(-a)
**irrégulièrement** [iʀegyljɛʀmɑ̃] adv irregularmente
**irrémédiable** [iʀemedjabl] adj irremediable
**irrémédiablement** [iʀemedjabləmɑ̃] adv irremediablemente
**irremplaçable** [iʀɑ̃plasabl] adj irremplazable, (personne) irremplazable, insustituible
**irréparable** [iʀepaʀabl] adj (aussi fig) irreparable
**irrépréhensible** [iʀepʀeɑ̃sibl] adj irreprensible
**irrépressible** [iʀepʀesibl] adj irreprimible
**irréprochable** [iʀepʀɔʃabl] adj (personne, vie) irreprochable, intachable; (tenue, toilette) intachable
**irrésistible** [iʀezistibl] adj irresistible; (concluant : logique) contundente; (qui fait rire) graciosísimo(-a)

**irrésistiblement** [iʀezistibləmɑ̃] adv irresistiblemente
**irrésolu, e** [iʀezɔly] adj irresoluto(-a)
**irrésolution** [iʀezɔlysjɔ̃] nf irresolución f
**irrespectueux, -euse** [iʀɛspɛktɥø, øz] adj irrespetuoso(-a)
**irrespirable** [iʀɛspiʀabl] adj (aussi fig) irrespirable
**irresponsabilité** [iʀɛspɔ̃sabilite] nf irresponsabilidad f
**irresponsable** [iʀɛspɔ̃sabl] adj, nmf irresponsable mf
**irrévérence** [iʀeveʀɑ̃s] nf irreverencia
**irrévérencieux, -euse** [iʀeveʀɑ̃sjø, jøz] adj irreverente
**irréversible** [iʀevɛʀsibl] adj irreversible
**irréversiblement** [iʀevɛʀsibləmɑ̃] adv irreversiblemente
**irrévocable** [iʀevɔkabl] adj irrevocable
**irrévocablement** [iʀevɔkabləmɑ̃] adv irrevocablemente
**irrigation** [iʀigasjɔ̃] nf irrigación f
**irriguer** [iʀige] vt irrigar
**irritabilité** [iʀitabilite] nf irritabilidad f
**irritable** [iʀitabl] adj irritable
**irritant, e** [iʀitɑ̃, ɑ̃t] adj irritante
**irritation** [iʀitasjɔ̃] nf (colère) irritación f, enfado; (inflammation) irritación
**irrité, e** [iʀite] adj irritado(-a)
**irriter** [iʀite] vt irritar; **s'irriter** vpr irritarse; **s'~ contre qn/de qch** irritarse con algn/por algo
**irruption** [iʀypsjɔ̃] nf irrupción f; **faire ~ dans un endroit/chez qn** irrumpir en un lugar/en casa de algn
**isard** [izaʀ] nm gamuza
**ISBN** [iɛsbeen] sigle m (= International Standard Book Number) ISBN m (= Número Internacional Uniforme para los Libros)
**ISF** [iɛsɛf] sigle m = **impôt de solidarité sur la fortune**
**Islam** [islam] nm : **l'**~ el Islam
**islamique** [islamik] adj islámico(-a)
**islamisme** [islamism] nm islamismo
**islamiste** [islamist] adj, nmf islamista mf
**islamophobie** nf islamofobia
**islandais, e** [islɑ̃dɛ, ɛz] adj islandés(-esa) ▶ nm (Ling) islandés m ▶ nm/f : **Islandais, e** islandés(-esa)
**Islande** [islɑ̃d] nf Islandia
**isocèle** [izɔsɛl] adj isósceles inv
**isolant, e** [izɔlɑ̃, ɑ̃t] adj, nm aislante m
**isolateur** [izɔlatœʀ] nm aislador m
**isolation** [izɔlasjɔ̃] nf : ~ **acoustique/thermique** aislamiento acústico/térmico
**isolationnisme** [izɔlasjɔnism] nm aislacionismo
**isolationniste** [izɔlasjɔnist] adj, nmf aislacionista mf
**isolé, e** [izɔle] adj (aussi fig) aislado(-a); (éloigné) apartado(-a)

## isolement – ivrognerie

**isolement** [izɔlmã] nm aislamiento
**isolément** [izɔlemã] adv aisladamente
**isoler** [izɔle] vt (aussi fig) aislar; **s'isoler** vpr aislarse
**isoloir** [izɔlwaʀ] nm cabina electoral
**isorel®** [izɔʀɛl] nm aglomerado
**isotherme** [izɔtɛʀm] adj isotermo
**isotope** [izɔtɔp] nm isótopo
**Israël** [isʀaɛl] nm Israel m
**israélien, ne** [isʀaeljɛ̃, jɛn] adj israelí ▶ nm/f : **Israélien, ne** israelí mf
**israélite** [isʀaelit] adj (Rel) israelita ▶ nmf : **Israélite** israelita mf
**issu, e** [isy] adj : **~ de** descendiente de; (fig) resultante de
**issue** [isy] nf salida; (solution) salida, solución f; **à l'~ de** al concluir; **chemin/rue sans ~** camino/calle f sin salida; **~ de secours** salida de socorro
**Istamboul** [istãbul], **Istanbul** [istãbul] n Estambul
**isthme** [ism] nm istmo
**Italie** [itali] nf Italia
**italien, ne** [italjɛ̃, jɛn] adj italiano(-a) ▶ nm (Ling) italiano ▶ nm/f : **Italien, ne** italiano(-a)
**italique** [italik] nm : (**mettre un mot) en ~(s)** (poner una palabra) en cursiva
**item** [itɛm] nm ítem m
**itératif, -ive** [iteʀatif, iv] adj iterativo(-a), reiterado(-a)
**itinéraire** [itineʀɛʀ] nm itinerario
**itinérant, e** [itineʀɑ̃, ɑ̃t] adj itinerante
**itou** [itu] (fam) adv también; **tu vas bien ? — oui ! — moi ~ !** ¿todo bien? — ¡sí! — ¡yo también!; **le sol est crade, les murs ~** el suelo es cutre y las paredes también
**IUT** sigle m (= Institut universitaire de technologie) voir **institut**
**IVG** [iveʒe] sigle f (= interruption volontaire de grossesse) IVE f (= interrupción voluntaria del embarazo)
**ivoire** [ivwaʀ] nm marfil m
**ivoirien, ne** [ivwaʀjɛ̃, jɛn] adj marfileño(-a) ▶ nm/f : **Ivoirien, ne** marfileño(-a)
**ivraie** [ivʀɛ] nf : **séparer le bon grain de l'~** (fig) separar el grano de la cizaña
**ivre** [ivʀ] adj (saoul) ebrio(-a), beodo(-a); **~ de colère/de bonheur** ebrio(-a) de ira/de felicidad; **~ mort** borracho perdido
**ivresse** [ivʀɛs] nf embriaguez f
**ivrogne** [ivʀɔɲ] nmf borracho(-a)
**ivrognerie** [ivʀɔɲʀi] nf alcoholismo

**J, j** [ʒi] *nm inv (lettre)* J, j *f;* **jour J** ≃ día *m* D; **J comme Joseph** J de José

**j'** [ʒ] *pron voir* **je**

**jabot** [ʒabo] *nm (Zool)* buche *m; (de vêtement)* chorrera

**jacasser** [ʒakase] *vi* cotorrear, parlotear

**jacasseries** [ʒakasʀi] *nfpl* parloteo *sg*, cotorreo *sg*

**jachère** [ʒaʃɛʀ] *nf:* **(être) en ~** (estar) en barbecho

**jacinthe** [ʒasɛ̃t] *nf* jacinto; **~ des bois** jacinto silvestre

**jack** [(d)ʒak] *nm* jack *m*

**jackpot** [(d)ʒakpɔt] *nm (dans une machine à sous)* jackpot *m*, premio gordo; **~ roulant** jackpot *m;* **il a touché le ~** *(fig)* le ha tocado la lotería

**jacquard** [ʒakaʀ] *adj inv* jacquard *inv*

**jacquerie** [ʒakʀi] *nf* motín *m*

**jacuzzi®** [ʒakyzi] *nm* jacuzzi® *m*

**jade** [ʒad] *nm* jade *m*

**jadis** [ʒadis] *adv* antaño

**jaguar** [ʒagwaʀ] *nm* jaguar *m*

**jaillir** [ʒajiʀ] *vi (liquide)* brotar; *(fig)* surgir

**jaillissement** [ʒajismɑ̃] *nm (voir vb)* brote *m;* surgimiento

**jais** [ʒɛ] *nm* azabache *m;* **(d'un noir) de ~** (negro) azabache

**jalon** [ʒalɔ̃] *nm (aussi fig)* jalón *m*, hito; **poser des jalons** *(fig)* preparar el terreno

**jalonner** [ʒalɔne] *vt (aussi fig)* jalonar; **jalonné de** jalonado de

**jalousement** [ʒaluzmɑ̃] *adv* celosamente

**jalouser** [ʒaluze] *vt* envidiar

**jalousie** [ʒaluzi] *nf* celos *mpl; (store)* celosía

**jaloux, -se** [ʒalu, uz] *adj (envieux)* envidioso(-a); *(possessif)* celoso(-a); **être ~ de qn/qch** estar celoso(-a) de algn/algo, tener envidia de algn/algo

**jamaïcain, e, jamaïquain, e** [ʒamaikɛ̃, ɛn] *adj* jamaicano(-a) ▶ *nm/f:* **Jamaïcain, e** jamaicano(-a)

**Jamaïque** [ʒamaik] *nf* Jamaica

**jamais** [ʒamɛ] *adv* nunca, jamás; *(sans négation)* alguna vez; **~ de la vie!** ¡nunca jamás!; **ne ... ~** no ... nunca; **si ~ ...** si alguna vez ...; **à (tout) ~** para siempre

**jambage** [ʒɑ̃baʒ] *nm (de lettre)* trazo; *(de porte etc)* jamba

**jambe** [ʒɑ̃b] *nf (Anat)* pierna; *(d'un cheval)* pata; *(d'un pantalon)* pernil *m;* **à toutes jambes** a toda velocidad

**jambières** [ʒɑ̃bjɛʀ] *nfpl* polainas *fpl; (Sport)* espinilleras *fpl*

**jambon** [ʒɑ̃bɔ̃] *nm* jamón *m;* **~ cru** ≃ jamón serrano; **~ fumé** jamón ahumado

**jambonneau, x** [ʒɑ̃bɔno] *nm* lacón *m*

**jante** [ʒɑ̃t] *nf* llanta

**janvier** [ʒɑ̃vje] *nm* enero; *voir aussi* **juillet**

**Japon** [ʒapɔ̃] *nm* Japón *m*

**japonais, e** [ʒapɔnɛ, ɛz] *adj* japonés(-esa) ▶ *nm (Ling)* japonés *m* ▶ *nm/f:* **Japonais, e** japonés(-esa)

**japonaiserie** [ʒapɔnɛzʀi] *nf* objeto de arte japonés

**japonisant, e** [ʒapɔnizɑ̃, ɑ̃t] *adj* japonizante, de inspiración japonesa

**jappement** [ʒapmɑ̃] *nm* gañido

**japper** [ʒape] *vi* gañir

**jaquette** [ʒakɛt] *nf (de femme)* chaqueta; *(d'homme)* chaqué *m; (d'un livre)* sobrecubierta

**jardin** [ʒaʀdɛ̃] *nm* jardín *m;* **~ botanique** jardín botánico; **~ d'acclimatation** zoo de especies exóticas; **~ d'enfants** jardín de infancia; **~ japonais** jardín japonés; **~ potager** huerto; **~ public** parque *m* público; **jardins suspendus** jardines *mpl* colgantes

**jardinage** [ʒaʀdinaʒ] *nm* jardinería

**jardiner** [ʒaʀdine] *vi* cuidar el jardín

**jardinerie** [ʒaʀdinʀi] *nf* centro de jardinería

**jardinet** [ʒaʀdinɛ] *nm* jardincillo

**jardinier, -ière** [ʒaʀdinje, jɛʀ] *nm/f* jardinero(-a); **~ paysagiste** jardinero(-a) artístico(-a)

**jardinière** [ʒaʀdinjɛʀ] *nf (de fenêtre)* jardinera; **~ d'enfants** educadora infantil; **~ (de légumes)** *(Culin)* menestra

**jargon** [ʒaʀgɔ̃] *nm* jerga

**jarre** [ʒaʀ] *nf* tinaja

**jarret** [ʒaʀɛ] *nm (Anat)* corva; *(Culin)* morcillo

**jarretelle** [ʒaʀtɛl] *nf* liga

**jarretière** [ʒaʀtjɛʀ] *nf* liga

**jars** [ʒaʀ] *nm* ganso

**jaser** [ʒaze] *vi* charlar; *(indiscrètement)* cotorrear; *(médire)* cotillear

## jasmin – jeu

**jasmin** [ʒasmɛ̃] nm jazmín m
**jaspe** [ʒasp] nm jaspe m
**jatte** [ʒat] nf cuenco
**jauge** [ʒoʒ] nf (capacité) capacidad f; (d'un navire) arqueo; (instrument) aspilla, varilla graduada; **~ (de niveau) d'huile** indicador m (del nivel) de aceite
**jauger** [ʒoʒe] vt (mesurer) calibrar; (fig) juzgar ▶ vi (Naut): **~ six mètres/3000 tonneaux** tener seis metros de calado/una capacidad de 3000 toneladas
**jaunâtre** [ʒonɑtʀ] adj amarillento(-a)
**jaune** [ʒon] adj amarillo(-a) ▶ nm amarillo; (aussi: **jaune d'œuf**) yema ▶ nmf (briseur de grève) esquirol(a) ▶ adv: **rire ~** reír falsamente
**jaunir** [ʒoniʀ] vt amarillear ▶ vi amarillear(se)
**jaunisse** [ʒonis] nf ictericia
**Java** [ʒava] nf Java
**java** [ʒava] (fam) nf: **faire la ~** estar de juerga
**javanais, e** [ʒavanɛ, ɛz] adj javanés(-esa) ▶ nm (Ling) javanés m; (type d'argot) argot convencional consistente en intercalar las sílabas «va» o «av» en las palabras ▶ nm/f: **Javanais, e** javanés(-esa)
**Javel, javel** [ʒavɛl] (fam) nf lejía; **utiliser de la ~** usar lejía; voir aussi **eau**
**javelliser** [ʒavelize] vt desinfectar con lejía
**javelot** [ʒavlo] nm jabalina
**jazz** [dʒaz] nm jazz m
**jazzy** [dʒazi] adj inv jazzístico(-a)
**J.-C.** [ʒise] abr = **Jésus-Christ**
**JDC** [ʒidese] sigle f (= journée défense et citoyenneté) jornada sobre defensa y ciudadanía

> **JDC**
>
> Desde la abolición del servicio militar obligatorio, todos los franceses de entre 16 y 18 años participan en una jornada sobre defensa y ciudadanía (o **JDC**, en sus siglas en francés), en la que se les informa sobre las oportunidades de carrera en el ejército, así como sobre la estructura de la defensa en Francia. y los derechos y deberes de todo ciudadano. El certificado obtenido tras este día es un requisito imprescindible para presentarse a oposiciones, al examen del carnet de conducir o para acceder a la universidad.

**je** [ʒə], **j'** [ʒ] pron yo; **je sais** lo sé; **j'insisterai** insistiré
**jean** [dʒin] nm (Textile) tela vaquera; (pantalon) vaqueros mpl, blue-jean(s) m(pl) (surtout Am)
**jeannette** [ʒanɛt] nf (planchette) tabla pequeña para planchar; (Scoutisme) niña scout
**jeep** [(d)ʒip] nf jeep m
**jérémiades** [ʒeʀemjad] nfpl jeremiada sg, lloriqueos mpl
**jerrycan** [(d)ʒeʀikan] nm bidón m (de reserva)

**Jersey** [ʒɛʀzɛ] nf Jersey m
**jersey** [ʒɛʀzɛ] nm jersey m; **point de ~** (Tricot) punto de jersey
**Jérusalem** [ʒeʀyzalɛm] n Jerusalén
**jésuite** [ʒezɥit] nm jesuita m
**Jésus-Christ** [ʒezykʀi] n Jesucristo; **600 avant/après ~** ou **J.-C.** en el año 600 antes/después de Jesucristo ou J.C.
**jet¹** [dʒɛt] nm (avion) jet m, avión m a reacción
**jet²** [ʒɛ] nm (lancer) lanzamiento; (distance) tiro; (jaillissement, tuyau) chorro; **premier ~** (fig) bosquejo, esbozo; **arroser au ~** regar a chorro; **d'un (seul) ~** de un tirón, de una sola vez; **du premier ~** a la primera; **~ d'eau** chorro de agua; (fontaine) surtidor m
**jetable** [ʒ(ə)tabl] adj desechable
**jeté** [ʒ(ə)te] nm: **~ de lit** colcha; **~ de table** tapete m
**jetée** [ʒəte] nf (digue) escollera; (Aviat) muelle m de embarque
**jeter** [ʒ(ə)te] vt (lancer) tirar, botar (Am); (se défaire de) tirar; (passerelle, pont) construir, tender; (bases, fondations) establecer, sentar; (regard) echar; (cri, insultes) lanzar; (lumière, son) dar; **~ qch à la poubelle** tirar algo a la basura; **~ l'ancre** echar el ancla; **~ un coup d'œil (à)** echar un vistazo (a); **~ qch à qn** lanzar algo a algn; **~ les bras en avant/la tête en arrière** echar los brazos hacia adelante/la cabeza hacia atrás; **~ le trouble/l'effroi parmi ...** sembrar la confusión/el miedo entre ...; **~ un sort à qn** echar una maldición a algn; **~ qn dehors** echar a algn fuera; **~ qn en prison** meter a algn en la cárcel; **~ l'éponge** (fig) tirar la toalla; **~ des fleurs à qn** (fig) echar flores a algn; **~ la pierre à qn** (accuser, blâmer) echar la culpa a algn; **se jeter** vpr: **se ~ contre/dans/sur** arrojarse contra/en/sobre; **se ~ dans** (suj: fleuve) desembocar en; **se ~ par la fenêtre** tirarse por la ventana; **se ~ à l'eau** (fig) lanzarse a hacer algo
**jeton** [ʒ(ə)tɔ̃] nm ficha; **avoir les jetons** (fam) tener canguelo (fam); **jetons de présence** dieta fsg ou prima fsg de asistencia
**jette** etc [ʒɛt] vb voir **jeter**
**jeu, x** [ʒø] nm juego; (interprétation) actuación f, interpretación f; (Mus) interpretación; (Tech) juego, holgura; (défaut de serrage) holgura; **par ~** por juego; **d'entrée de ~** desde el principio; **cacher son ~** ocultar las intenciones; **c'est le ~** ou **la règle du ~** es el juego, son las reglas del juego; **c'est un ~ d'enfant** (fig) es un juego de niños; **il a beau ~ de dire ça** le resulta fácil decir eso; **être/remettre en ~** (Football) estar/poner en juego; **être en ~** (fig) estar en juego; **entrer/mettre en ~** (fig) entrar/poner en juego; **entrer dans le ~/le ~ de qn** (fig) entrar en el juego/en el juego de algn; **se piquer** ou **se prendre au ~**

cegarse por el juego; **jouer gros** ~ jugar fuerte, arriesgar mucho; ~ **de boules** *(activité)* juego de bolos; *(endroit)* bolera; ~ **de cartes** juego de naipes; *(paquet)* baraja; ~ **de clés/d'aiguilles** *(série)* juego de llaves/de agujas; ~ **de construction** juego de construcción, mecano; ~ **d'échecs** ajedrez *m*; ~ **d'écritures** traspaso de cuenta a cuenta; ~ **de hasard/de mots** juego de azar/de palabras; ~ **de l'oie** juego de la oca; ~ **d'orgue(s)** registros *mpl*; ~ **de massacre** *(à la foire, fig)* pim pam pum *m*; ~ **de patience/de société** juego de paciencia/de mesa; ~ **de physionomie** expresión *f*; **jeux de lumière** juego de luces; **Jeux olympiques** Juegos *mpl* Olímpicos

**jeu-concours** [ʒøkɔ̃kuʀ] *(pl* **jeux-concours**) *nm* juego concurso

**jeudi** [ʒødi] *nm* jueves *m inv*; ~ **saint** jueves santo; *voir aussi* **lundi**

**jeun** [ʒœ̃] : **à** ~ *adv* en ayunas

**jeune** [ʒœn] *adj* joven; *(récent)* joven, reciente; ~ **fille** muchacha, chica; ~ **homme** muchacho, chico; ~ **loup** *(Écon, Pol)* joven cachorro; ~ **premier** galán *m*; **jeunes gens** jóvenes *mpl*; **jeunes mariés** recién casados *mpl* ▶ *nmf* joven; **les jeunes** los jóvenes ▶ *adv* : **faire** ~ rejuvenecer; **s'habiller** ~ vestirse juvenil

**jeûne** [ʒøn] *nm* ayuno

**jeûner** [ʒøne] *vi* ayunar

**jeunesse** [ʒœnɛs] *nf* juventud *f*

**jeunisme** [ʒœnism] *nm* culto a la juventud

**jeunot, te** [ʒœno, ɔt] *(fam) adj* jovencito(-a) ▶ *nm* jovencito(-a), pipiolo(-a) *(fam)*

**jf** *sigle f (= jeune fille) voir* **jeune**

**jh** *sigle m (= jeune homme) voir* **jeune**

**jiu-jitsu** [ʒjyʒitsy] *nm* jiu-jitsu *m*

**JO** [ʒio] *sigle m (= Journal officiel)* ≈ BOE *m* *(= Boletín Oficial del Estado)* ▶ *sigle mpl (= Jeux olympiques)* JJ. OO. *(= Juegos Olímpicos)*

**joaillerie** [ʒɔajʀi] *nf* joyería

**joaillier, -ière** [ʒɔaje, jɛʀ] *nm/f* joyero(-a)

**job** [dʒɔb] *(fam) nm* trabajo; ~ **d'été/d'étudiant** trabajo de verano/de estudiante

**jobard, e** [ʒɔbaʀ, aʀd] *(péj) adj* pánfilo(-a)

**jockey** [ʒɔkɛ] *nm* jockey *m*

**joggeur, -euse** [dʒɔgœʀ, øz] *nm/f* corredor(a) de footing

**jogging** [dʒɔgiŋ] *nm* : **faire du** ~ hacer footing

**joie** [ʒwa] *nf (bonheur intense)* alegría, gozo; *(vif plaisir)* alegría; **joies** *nfpl (agrément)* alegrías *fpl*; *(iron : ennuis)* encantos *mpl*

**joignable** [ʒwaɲabl] *adj* localizable; **être** ~ estar localizable

**joignais** [ʒwaɲɛ] *vb voir* **joindre**

**joindre** [ʒwɛ̃dʀ] *vt* juntar, unir; *(qch à qch)* juntar; ~ **qch à** *(ajouter)* adjuntar algo a;

~ **un fichier à un mail** *(Inform)* adjuntar un archivo a un correo; ~ **qn** *(réussir à contacter)* dar con algn, localizar a algn; ~ **les mains/ talons** juntar las manos/los talones; ~ **les deux bouts** *(fig)* llegar a final de mes ▶ *vi (se toucher)* encajar; **se joindre** *vpr (mains etc)* unirse; **se** ~ **à** *(un groupe)* unirse a; *(se mêler, participer)* sumarse a

**joint, e** [ʒwɛ̃, ɛ̃t] *pp de* **joindre** ▶ *adj* junto(-a); **sauter à pieds joints** saltar con los pies juntos; ~ **à** *(un paquet, une lettre)* adjunto(-a) a; **pièce jointe** *(de lettre)* pieza adjunta; *(de mail)* archivo adjunto ▶ *nm (articulation, assemblage)* junta, empalme *m*; *(ligne, en ciment)* junta; *(de cannabis : fam)* porro; **chercher/trouver le** ~ *(fig)* buscar/encontrar la solución; ~ **de cardan/de culasse** junta de cardán/de culata; ~ **de robinet** junta de grifo; ~ **universel** junta universal

**jointure** [ʒwɛ̃tyʀ] *nf (Anat)* articulación *f*; *(Tech)* empalme *m*, junta

**jojo** [ʒoʒo] *(fam) adj* : **pas** ~ *(pas gai)* serio(-a); *(pas joli)* feo(-a) ▶ *nm* : **un affreux** ~ un niño insoportable

**jojoba** [ʒɔʒɔba] *nm* jojoba

**joker** [(d)ʒɔkɛʀ] *nm (Cartes, Inform)* comodín *m*

**joli, e** [ʒɔli] *adj* bonito(-a), lindo(-a) *(AM)*; **une jolie somme/situation** una buena suma/un buen puesto; **c'est du** ~ ! *(iron)* ¡muy bonito!; **c'est un** ~ **gâchis** *(iron)* ¡menudo lío!; **c'est bien** ~ **mais ...** está muy bien pero ...

**joliment** [ʒɔlimɑ̃] *adv* muy bien; *(fam : très)* muy

**jonc** [ʒɔ̃] *nm (Bot)* junco; *(bague, bracelet)* anillo

**joncher** [ʒɔ̃ʃe] *vt (répandre)* cubrir; *(sol, surface)* estar esparcido(-a) por; **jonché de** cubierto de

**jonction** [ʒɔ̃ksjɔ̃] *nf (action)* unión *f*; **(point de)** ~ *(de routes)* empalme *m*, enlace *m*; *(de fleuves)* confluencia; **opérer une** ~ *(Mil etc)* reunirse

**jongler** [ʒɔ̃gle] *vi* hacer juegos malabares; ~ **avec** *(fig)* hacer malabarismos con

**jongleur, -euse** [ʒɔ̃glœʀ, øz] *nm/f* malabarista *mf*

**jonque** [ʒɔ̃k] *nf* junco

**jonquille** [ʒɔ̃kij] *nf* junquillo

**Jordanie** [ʒɔʀdani] *nf* Jordania

**jordanien, ne** [ʒɔʀdanjɛ̃, jɛn] *adj* jordano(-a) ▶ *nm/f* : **Jordanien, ne** jordano(-a)

**jouabilité** [ʒuabilite] *nf (de logiciel de jeux)* jugabilidad *f*

**jouable** [ʒwabl] *adj (pièce de théâtre)* representable; *(fig)* : **il faut voir si c'est** ~ hay que ver si es posible

**joual** [ʒwal] *nm* variante dialectal popular del francés que se habla en Canadá

**joue** [ʒu] *nf* mejilla; **mettre en** ~ apuntar

**jouer** [ʒwe] *vt* jugar; *(pièce de théâtre)* representar; *(film, rôle)* interpretar; *(simuler)*

## jouet – judoka

fingir; (*morceau de musique*) ejecutar, tocar; **~ un tour à qn** jugar una mala pasada a algn; **~ la comédie** (*fig*) hacer teatro ▶ *vi* jugar; (*Mus*) tocar; (*Ciné, Théâtre*) actuar; (*aux cartes, à la roulette*) jugar a; (*bois, porte*) combarse; (*clé, pièce*) tener juego *ou* holgura; **~ sur** (*miser*) jugar con; **~ de** (*instrument*) tocar; (*fig*) : **~ du couteau** manejar el cuchillo; **~ des coudes** abrirse paso con los codos; **~ à** (*jeu, sport*) jugar a; **~ au héros** dárselas de héroe; **~ avec** (*sa santé etc*) jugar con; **~ à la baisse/à la hausse** (*Bourse*) jugar a la baja/al alza; **~ serré** actuar con tiento; **~ de malchance** *ou* **malheur** tener mala suerte; **~ sur les mots** tergiversar las palabras; **à toi/nous de ~** te toca a ti/nos toca a nosotros; **~ aux courses** jugar a las carreras; **se jouer** *vpr* : **se ~ de** (*difficultés*) pasar por alto; **se ~ de qn** (*tromper*) engañar a algn

**jouet** [ʒwɛ] *nm* juguete *m*; **être le ~ de** (*fig*) ser el juguete de

**joueur, -euse** [ʒwœʀ, øz] *nm/f* jugador(a); **joueur de flûte** tocador(a) de flauta, flautista *mf*; **être beau/mauvais ~** (*fig*) ser un buen/mal perdedor ▶ *adj* juguetón(-ona)

**joufflu, e** [ʒufly] *adj* mofletudo(-a)

**joug** [ʒu] *nm* yugo; **sous le ~ de** (*fig*) bajo el yugo de

**jouir** [ʒwiʀ] *vi* gozar; **~ de** (*avoir*) gozar de; (*savourer*) disfrutar de

**jouissance** [ʒwisɑ̃s] *nf* goce *m*; **la ~ de qch** (*Jur*) el usufructo de algo

**jouisseur, -euse** [ʒwisœʀ, øz] *nm/f* vividor(a)

**jouissif, -ive** [ʒwisif, iv] *adj* (*fam : génial*) genial (*fam*); **c'était ~ !** ¡fue una gozada! (*fam*)

**joujou, x** [ʒuʒu] (*fam*) *nm* juguete *m*

**joule** [ʒul] *nm* julio (*unidad de medida*)

**jour** [ʒuʀ] *nm* día *m*; (*clarté*) luz *f*; (*ouverture*) hueco, vano; (*Couture*) calado; **sous un ~ favorable/nouveau** (*fig*) bajo un aspecto más favorable/nuevo; **de ~** de día; **tous les jours** todos los días, a diario; **d'un ~ à l'autre** de un día a otro; **du ~ au lendemain** de la noche a la mañana; **au ~ le ~**, **de ~ en ~** día a día; **il fait ~** es de día; **en plein ~** en pleno día; **au ~** a la luz del día; **au petit ~** de madrugada, al amanecer; **au grand ~** (*fig*) a todas luces, de forma evidente; **mettre au ~** (*découvrir*) sacar a la luz; **être/mettre à ~** estar/poner al día; **mise à ~** puesta al día; **donner le ~ à** dar a luz a; **voir le ~** salir a la luz; **se faire ~** (*fig*) abrirse camino, triunfar; **de nos jours** hoy en día; **couler des jours heureux** llevar una vida feliz; **~ férié** día festivo; **~ ouvrable** día laborable

**Jourdain** [ʒuʀdɛ̃] *nm* Jordán *m*

**journal, -aux** [ʒuʀnal, o] *nm* periódico; (*personnel*) diario; **le J~ officiel (de la République française)** el Boletín oficial (de la República Francesa), ≈ el Boletín oficial del Estado; **tenir un ~** escribir un diario; **~ de bord** diario de a bordo; **~ intime** diario íntimo; **~ parlé** diario hablado; **~ télévisé** diario televisado, telediario

**journalier, -ière** [ʒuʀnalje, jɛʀ] *adj* diario(-a) ▶ *nm/f* jornalero(-a)

**journalisme** [ʒuʀnalism] *nm* periodismo

**journaliste** [ʒuʀnalist] *nmf* periodista *mf*

**journalistique** [ʒuʀnalistik] *adj* periodístico(-a)

**journée** [ʒuʀne] *nf* día *m*; (*travail d'une journée*) jornada; **toute la ~** todo el día; **la ~ continue** la jornada continua

**journellement** [ʒuʀnɛlmɑ̃] *adv* diariamente

**joute** [ʒut] *nf* justa

**jouvence** [ʒuvɑ̃s] *nf* : **bain de ~** baño de juventud

**jouxter** [ʒukste] *vt* lindar con

**jovial, e, -aux** [ʒɔvjal, jo] *adj* jovial

**jovialité** [ʒɔvjalite] *nf* jovialidad *f*

**joyau, x** [ʒwajo] *nm* (*aussi fig*) joya

**joyeusement** [ʒwajøzmɑ̃] *adv* con alegría

**joyeuseté** [ʒwajøzte] *nf* (*iron*) : **... et autres joyeusetés** ... y otras lindezas

**joyeux, -euse** [ʒwajø, øz] *adj* alegre; **~ Noël !** ¡feliz Navidad!; **~ anniversaire !** ¡feliz cumpleaños!; **d'humeur joyeuse** alegre

**joystick** [dʒɔjstik] *nm* joystick *m*

**JT** *sigle m* (*= journal télévisé*) *voir* **journal**

**jubilation** [ʒybilasjɔ̃] *nf* júbilo, regocijo

**jubilatoire** [ʒybilatwaʀ] *adj* hilarante

**jubilé** [ʒybile] *nm* quincuagésimo *ou* cincuenta aniversario

**jubiler** [ʒybile] *vi* regocijarse

**juché, e** [ʒyʃe] *adj* : **être ~ sur qch** estar encaramado(-a) sobre algo

**jucher** [ʒyʃe] *vt* : **~ qch/qn sur** poner algo/a algn sobre ▶ *vi* (*oiseau*) : **~ sur** morar en; **se jucher** *vpr* : **se ~ sur** posarse en *ou* sobre

**judaïque** [ʒydaik] *adj* judaico(-a)

**judaïsme** [ʒydaism] *nm* judaísmo

**judaïté** [ʒydaite] *nf* = **judéité**

**judas** [ʒyda] *nm* mirilla

**Judée** [ʒyde] *nf* Judea

**judéité** [ʒydeite] *nf* condición *f* de judío, judeidad *f*

**judéo...** [ʒydeɔ] *préf* judeo...

**judéo-allemand, e** [ʒydeɔalmɑ̃, ɑ̃d] (*pl* **judéo-allemands, -es**) *adj, nm/f* judeoalemán(-ana)

**judéo-chrétien, ne** [ʒydeokʀetjɛ̃, ɛn] (*pl* **judéo-chrétiens, -nes**) *adj* judeocristiano(-a)

**judiciaire** [ʒydisjɛʀ] *adj* judicial

**judicieusement** [ʒydisjøzmɑ̃] *adv* juiciosamente, sensatamente

**judicieux, -euse** [ʒydisjø, jøz] *adj* juicioso(-a), sensato(-a)

**judo** [ʒydo] *nm* judo

**judoka** [ʒydɔka] *nmf* judoka *mf*, yudoka *mf*

273

## juge – justesse

**juge** [ʒyʒ] *nmf* juez *mf*; **être bon/mauvais ~** (*fig*) ser un buen/mal árbitro; **~ d'instruction/de paix** juez de instrucción/de paz; **~ de touche** (*Football*) juez de línea; **~ des enfants** juez de menores

**jugé** [ʒyʒe] : **au ~** *adv* a bulto; (*fig*) a bulto, a ojo

**jugement** [ʒyʒmɑ̃] *nm* (*Jur*) sentencia; (*gén*) juicio; **~ de valeur** juicio de valor

**jugeote** [ʒyʒɔt] (*fam*) *nf* sentido común

**juger** [ʒyʒe] *vt* juzgar; (*Jur*) juzgar, sentenciar; **~ qch satisfaisant** considerar algo satisfactorio; **~ bon de faire ...** juzgar oportuno hacer ...; **~ que** estimar que; **~ de qch** juzgar algo; **jugez de ma surprise** imagine mi sorpresa ▸ *nm* : **au ~** a bulto

**jugulaire** [ʒygylɛʀ] *adj* yugular ▸ *nf* (*Anat*) yugular *f*; (*Mil*) barboquejo

**juguler** [ʒygyle] *vt* atajar

**juif, -ive** [ʒɥif, ʒɥiv] *adj* judío(-a) ▸ *nm/f* : **Juif, ive** judío(-a)

**juillet** [ʒɥijɛ] *nm* julio; **le premier ~** el uno de julio; **le deux/onze ~** el dos/once de julio; **début/fin ~** a primeros/finales de julio; **le 14 ~** el 14 de julio (*la fiesta nacional francesa*); *ver nota*

> **LE 14 JUILLET**
>
> En Francia, **le 14 juillet** es la fiesta nacional con la que se conmemora la toma de la Bastilla durante la Revolución Francesa. Se celebra con desfiles, música, baile y fuegos artificiales. En París tiene lugar un desfile militar por los Champs-Élysées que presencia el Presidente de la República.

**juin** [ʒɥɛ̃] *nm* junio; *voir aussi* **juillet**

**jules** [ʒyl] (*fam*) *nm* (*petit ami*) novio; (*mari*) marido

**julienne** [ʒyljɛn] *nf* (*Culin*) juliana

**jumeau, -elle, x** [ʒymo, ɛl] *adj, nm/f* gemelo(-a); **maisons jumelles** casas *fpl* gemelas

**jumelage** [ʒym(ə)laʒ] *nm* (*de villes*) hermanamiento

**jumeler** [ʒym(ə)le] *vt* (*Tech*) acoplar; (*villes*) hermanar; **roues jumelées** ruedas *fpl* gemelas; **billets de loterie jumelés** décimos *mpl* de lotería dobles; **pari jumelé** apuesta doble

**jumelle** [ʒymɛl] *vb voir* **jumeler** ▸ *adj, nf voir* **jumeau**; **jumelles** *nfpl* (*instrument*) gemelos *mpl*, prismáticos *mpl*

**jument** [ʒymɑ̃] *nf* yegua

**jungle** [ʒœ̃gl] *nf* jungla, selva; (*fig*) jungla

**junior** [ʒynjɔʀ] *adj* (*mode, style*) juvenil; (*Sport*) júnior, juvenil ▸ *nmf* (*Sport*) júnior *mf*

**junte** [ʒœ̃t] *nf* junta

**jupe** [ʒyp] *nf* falda, pollera (*AM*)

**jupe-culotte** [ʒypkylɔt] (*pl* **jupes-culottes**) *nf* falda *f* pantalón *inv*

**jupette** [ʒypɛt] *nf* falda corta

**jupon** [ʒypɔ̃] *nm* enaguas *fpl*

**Jura** [ʒyʀa] *nm* Jura *m*

**jurassien, ne** [ʒyʀasjɛ̃, jɛn] *adj* del Jura

**juré** [ʒyʀe] *nm* jurado ▸ *adj* : **ennemi ~** enemigo jurado

**jurer** [ʒyʀe] *vt* jurar; **~ de faire/que** jurar hacer/que ▸ *vi* jurar; **~ (avec)** (*couleurs*) chocar (con), desentonar (con); **~ de qch** jurar algo, responder de algo; **ils ne jurent que par lui** creen a ciegas en él; **je vous jure !** ¡se lo juro!

**juridiction** [ʒyʀidiksjɔ̃] *nf* jurisdicción *f*

**juridictionnel, le** [ʒyʀidiksjɔnɛl] *adj* jurisdiccional

**juridique** [ʒyʀidik] *adj* jurídico(-a)

**juridiquement** [ʒyʀidikmɑ̃] *adv* jurídicamente

**jurisconsulte** [ʒyʀiskɔ̃sylt] *nm* jurisconsulto

**jurisprudence** [ʒyʀispʀydɑ̃s] *nf* jurisprudencia; **faire ~** sentar jurisprudencia

**juriste** [ʒyʀist] *nmf* jurista *mf*

**juron** [ʒyʀɔ̃] *nm* juramento

**jury** [ʒyʀi] *nm* (*Jur*) jurado; (*Scol*) tribunal *m*; **~ d'examen** tribunal

**jus** [ʒy] *nm* zumo, jugo (*AM*); (*de viande*) jugo; (*fam : courant*) corriente *f* (eléctrica); (: *café*) café *m*; **~ de fruits** zumo de frutas; **~ d'orange/de pommes/de raisin/de tomates** zumo de naranja/de manzana/de uvas/de tomate

**jusant** [ʒyzɑ̃] *nm* reflujo

**jusqu'au-boutiste** [ʒyskobutist] (*pl* **jusqu'au-boutistes**) *adj, nmf* extremista *mf*

**jusque** [ʒysk] : **jusqu'à** *prép* hasta; **jusqu'au matin/soir** hasta la mañana/la tarde; **jusqu'à ce que** hasta que; **jusqu'à présent** *ou* **maintenant** hasta ahora; **~ sur/dans** hasta arriba de/en; (*y compris*) hasta, incluso; **~ vers** hasta cerca de; **~-là** (*temps*) hasta entonces; (*espace*) hasta ahí; **jusqu'ici** (*temps*) hasta ahora; (*espace*) hasta aquí; **jusqu'où** hasta dónde

**justaucorps** [ʒystokɔʀ] *nm* malla

**juste** [ʒyst] *adj* justo(-a); (*étroit*) ajustado(-a); (*insuffisant*) escaso(-a); **le ~ milieu** el término medio; **à ~ titre** con razón ▸ *adv* (*avec exactitude, précision*) con precisión; (*étroitement*) apretado; (*chanter*) afinado; (*seulement*) solamente, nomás (*AM*); **~ assez** justo lo que se necesita; **~ au-dessus** justo encima; **pouvoir tout ~ faire qch** poder solo hacer algo; **au ~** exactamente; **combien y en a-t-il au ~ ?** ¿cuánto hay exactamente?; **comme de ~** como es lógico

**justement** [ʒystəmɑ̃] *adv* justamente; **c'est ~ ce qu'il fallait faire** es precisamente lo que había que hacer

**justesse** [ʒystɛs] *nf* (*exactitude, précision*) precisión *f*, exactitud *f*; (*d'une remarque*) propiedad *f*; (*d'une opinion*) rectitud *f*; **de ~** por poco

## justice – juxtaposition

**justice** [ʒystis] *nf* justicia; **rendre la ~** administrar justicia; **traduire en ~** citar ante la justicia, hacer comparecer ante la justicia; **obtenir ~** lograr justicia; **rendre ~ à qn** hacer justicia a algn; **se faire ~** *(se venger)* tomarse la justicia por su mano; *(se suicider)* suicidarse

**justiciable** [ʒystisjabl] *adj* : **~ de** *(Jur)* sometido(-a) a la jurisdicción de; *(fig)* propio(-a) de

**justicier, -ière** [ʒystisje, jɛʀ] *nm/f* justiciero(-a)

**justifiable** [ʒystifjabl] *adj* justificable

**justificatif, -ive** [ʒystifikatif, iv] *adj* justificativo(-a) ▶ *nm* justificante *m*; **~ de domicile** justificante de domicilio

**justification** [ʒystifikasjɔ̃] *nf* justificación *f*

**justifié, e** [ʒystifje] *adj* justificado(-a); **non ~** injustificado(-a)

**justifier** [ʒystifje] *vt* justificar; **~ de** probar; **justifié à droite/gauche** justificado a la derecha/izquierda; **se justifier** *vpr* justificarse

**jute** [ʒyt] *nm* yute *m*

**juteux, -euse** [ʒytø, øz] *adj* jugoso(-a); *(fam)* jugoso(-a), sustancioso(-a)

**juvénile** [ʒyvenil] *adj* juvenil

**juxtaposer** [ʒykstapoze] *vt* yuxtaponer

**juxtaposition** [ʒykstapozisjɔ̃] *nf* yuxtaposición *f*

# Kk

**K, k** [ka] *nm inv (lettre)* K, k *f*; **K comme Kléber** ≈ K de kilo ▸ *abr* (= *kilooctet(s)*) K (= *kilobyte(s)*)
**Kaboul, Kabul** [kabul] *n* Kabul
**kabyle** [kabil] *adj* cabileño(-a) ▸ *nm (Ling)* lengua de Cabilia ▸ *nmf*: **Kabyle** cabileño(-a)
**Kabylie** [kabili] *nf* Cabilia
**kafkaïen, ne** [kafkajɛ̃, jɛn] *adj (fig)* kafkiano(-a)
**kaki** [kaki] *adj inv* caqui ▸ *nm (fruit)* caqui *m*
**kaléidoscope** [kaleidɔskɔp] *nm* caleidoscopio
**Kampala** [kɑ̃pala] *n* Kampala
**Kampuchéa** [kɑ̃putʃea] *nm*: **le ~ (démocratique)** la Kampuchea (democrática)
**kanak, e** [kanak] *adj* canaco(-a) ▸ *nm/f*: **Kanak, e** canaco(-a)
**kangourou** [kɑ̃guʁu] *nm* canguro
**kaolin** [kaɔlɛ̃] *nm* caolín *m*
**kapok** [kapɔk] *nm* miraguano
**karaoké** [kaʁaɔke] *nm* karaoke *m*
**karaté** [kaʁate] *nm* karate *m*
**karité** [kaʁite] *nm* karité *m*; **beurre de ~** manteca de karité
**kart** [kaʁt] *nm* kart *m*
**karting** [kaʁtiŋ] *nm* karting *m*
**kascher** [kaʃɛʁ] *adj inv* de acuerdo con las normas dietéticas de la ley hebraica
**kayac, kayak** [kajak] *nm* kayak *m*
**Kenya** [kenja] *n* Kenia
**kenyan, e** [kenjɑ̃, an] *adj* keniano(-a) ▸ *nm/f*: **Kenyan, e** keniano(-a)
**képi** [kepi] *nm* quepis *m*
**kératine** [keʁatin] *nf* queratina
**Kerguelen** [kɛʁgelɛn] *adj, n*: **les (îles) ~** las islas Kerguelen
**kermesse** [kɛʁmɛs] *nf* fiesta benéfica
**kérosène** [keʁozɛn] *nm* queroseno
**ketchup** [kɛtʃœp] *nm* ketchup *m*
**kg** *abr* (= *kilogramme(s)*) kg (= *kilogramo(s)*)
**KGB** [kaʒebe] *sigle m* KGB *m*
**khâgne** [kaɲ] *nf* segundo curso de preparación a la oposición para entrar en la sección de letras de la École normale supérieure
**khmer, -ère** [kmɛʁ] *adj* jemer ▸ *nm (Ling)* jemer *m* ▸ *nm/f*: **Khmer, -ère** jemer *mf*
**khôl** [kol] *nm* khol *m*

**kibboutz** [kibuts] *nm* kibbutz *m*
**kidnapper** [kidnape] *vt* secuestrar
**kidnappeur, -euse** [kidnapœʁ, øz] *nm/f* secuestrador(a)
**kidnapping** [kidnapiŋ] *nm* secuestro
**kiffer** [kife] *(fam) vt*: **je kiffe cette photo** me mola esta foto *(fam)* ▸ *vi* pasarlo bomba *(fam)*
**kif-kif** [kifkif] *(fam) adj inv*: **c'est ~** da lo mismo
**Kilimandjaro** [kilimɑ̃dʒaʁo] *nm* Kilimanjaro
**kilo** [kilo] *nm* kilo
**kilogramme** [kilɔgʁam] *nm* kilogramo
**kilométrage** [kilɔmetʁaʒ] *nm* kilometraje *m*; **faible ~** poco kilometraje, pocos kilómetros
**kilomètre** [kilɔmɛtʁ] *nm* kilómetro; **kilomètres (à l')heure** kilómetros por hora
**kilométrique** [kilɔmetʁik] *adj* kilométrico(-a); **compteur ~** cuentakilómetros *msg*
**kilooctet** [kilɔɔktɛ] *nm* kilobyte *m*
**kilowatt** [kilɔwat] *nm* kilovatio
**kilt** [kilt] *nm (traditionnel)* kilt *m*; *(de femme)* falda de tartán
**kimono** [kimɔno] *nm* quimono
**kiné** [kine] *(fam) nmf (kinésithérapeute)* fisio *mf (fam)*
**kinésithérapeute** [kineziteʁapøt] *nmf* fisioterapeuta *mf*
**kinésithérapie** [kineziteʁapi] *nf* fisioterapia
**kiosque** [kjɔsk] *nm (de jardin)* templete *m*; *(à journaux)* kiosco, quiosco; *(de fleuriste)* puesto; *(Tél etc)* torreta
**kippa** [kipa] *nf* kipa
**kir** [kiʁ] *nm* kir *m (vino blanco con licor de casis)*
**kirsch** [kiʁʃ] *nm* aguardiente *m* de cerezas
**kit** [kit] *nm* kit; **en ~** en kit, para montar; **~ piéton** *ou* **mains libres** manos libres *fsg*
**kitchenette** [kitʃənɛt] *nf* cocina pequeña
**kitsch** [kitʃ] *adj inv, nm* kitsch *m*
**kiwi** [kiwi] *nm (fruit, oiseau)* kiwi *m*
**klaxon** [klaksɔn] *nm* bocina, claxon *m*
**klaxonner** [klaksɔne] *vi* tocar la bocina *ou* el claxon
**kleptomane** [klɛptɔman] *nmf* cleptómano(-a)
**km** *abr* (= *kilomètre(s)*) km (= *kilómetro(s)*)

**km/h** *abr* (= *kilomètres/heure*) km/h (= *kilómetros por hora*)
**knock-out** [nɔkaut] *nm inv* (*Boxe*) knock-out *m*
**Ko** *abr* (*Inform* : = *kilooctet*) K
**K.-O.** [kao] *adj inv* K.O.
**koala** [kɔala] *nm* koala *m*
**kolkhoze** [kɔlkoz] *nm* koljós *msg*
**kosovar** [kɔsɔvaʀ] *adj* kosovar ▶ *nmf* : **Kosovar** kosovar *mf*
**Kosovo** [kɔsɔvo] *nm* Kosovo
**Koweït** [kɔwɛt] *nm* Kuwait *m*
**koweïtien, ne** [kɔwɛtjɛ̃, jɛn] *adj* kuwaití ▶ *nm/f* : **Koweïtien, ne** kuwaití *mf*.
**krach** [kʀak] *nm* quiebra, crac *m*
**kraft** [kʀaft] *nm* papel *m* de embalaje

**Kremlin** [kʀɛmlɛ̃] *nm* Kremlin *m*
**Kuala Lumpur** [kwalalumpuʀ] *n* Kuala Lumpur
**kumquat** [kɔmkwat] *nm* kumquat *m*
**kurde** [kyʀd] *adj* kurdo(-a), curdo(-a) ▶ *nm* (*Ling*) kurdo, curdo ▶ *nmf* : **Kurde** kurdo(-a), curdo(-a)
**Kurdistan** [kyʀdistɑ̃] *nm* Kurdistán *m*
**kW** *abr* (= *kilowatt(s)*) kW (= *kilovatio(s)*)
**k-way**® [kawɛ] *nm inv* chubasquero
**kW/h** *abr* (= *kilowattheure(s)*) kW/h (= *kilovatio(s)-hora*)
**kyrielle** [kiʀjɛl] *nf* : **une ~ de ...** una retahíla de ...
**kyste** [kist] *nm* quiste *m*

**L, l¹** [ɛl] nm inv L, l f; **L comme Louis** ≈ L de León

**l²** abr (= litre(s)) l (= litro(s))

**l'** [l] voir **le**

**la** [la] nm inv (Mus) la m inv ▸ art, pron voir **le**

**là** [la] adv (plus loin) ahí, allí; (ici) aquí; (dans le temps) entonces; **est-ce que Catherine est là ?** ¿está Catherine?; **elle n'est pas là** no está; **c'est là que** ahí ou allí es donde; (ici) aquí es donde; **là où** allí donde; **de là** (fig) de ahí; **par là** (fig) con eso; **que veux-tu dire par là ?** ¿qué quieres decir con eso?; **tout est là** todo está ahí; (fig) ahí está el fondo de la cuestión

**là-bas** [lɑbɑ] adv allí

**label** [labɛl] nm etiqueta, sello; **~ de qualité** sello de calidad

**labelliser** [labelize] vt (certifier, approuver) dar el sello de calidad a; **être labellisé** tener el sello de calidad; **La Bergerie, studio labellisé Gîtes de France** La Bergerie, estudio con el sello de calidad de Gîtes de France

**labeur** [labœʀ] nm labor f

**labial, e, -aux** [labjal, o] adj (Anat, Ling) labial; **baume ~** bálsamo para los labios

**labo** [labo] (fam) nm = **laboratoire**

**laborantin, e** [labɔʀɑ̃tɛ̃, in] nm/f técnico(-a) de laboratorio

**laboratoire** [labɔʀatwaʀ] nm laboratorio; **~ d'analyses/de langues** laboratorio de análisis/de idiomas

**laborieusement** [labɔʀjøzmɑ̃] adv con mucho trabajo

**laborieux, -euse** [labɔʀjø, jøz] adj laborioso(-a); (vie) sacrificado(-a); **classes laborieuses** clases fpl trabajadoras

**labour** [labuʀ] nm labor f, labranza; **cheval/bœuf de ~** caballo/buey m de labranza; **labours** nmpl (champs) labrantíos mpl

**labourable** [labuʀabl] adj laborable

**labourage** [labuʀaʒ] nm labranza

**labourer** [labuʀe] vt (aussi fig) labrar

**laboureur** [labuʀœʀ] nm labrador m

**labrador** [labʀadɔʀ] nm (chien) perro labrador; (Géo) : **le L~** el Labrador

**labyrinthe** [labiʀɛ̃t] nm laberinto

**lac** [lak] nm lago; **les Grands Lacs** los Grandes Lagos; **le ~ Léman** el lago Lemán; voir aussi **lacs**

**lacer** [lase] vt atar

**lacération** [laseʀasjɔ̃] nf (de vêtement) rasgado; (Méd) laceración f

**lacérer** [laseʀe] vt (vêtement) rasgar; (Méd) lacerar

**lacet** [lasɛ] nm (de chaussure) cordón m; (de route) curva cerrada; (piège) lazo; **chaussures à lacets** zapatos de cordones

**lâche** [lɑʃ] adj (poltron) cobarde; (procédé etc) ruin, vil; (desserré, pas tendu) flojo(-a); (morale, mœurs) relajado(-a) ▸ nmf cobarde mf

**lâchement** [lɑʃmɑ̃] adv cobardemente; (par bassesse) vilmente

**lâcher** [lɑʃe] nm (de ballons, d'oiseaux) lanzamiento ▸ vt (aussi fig) soltar; (Sport : distancer) despegarse de; (fam : abandonner) dejar colgado(-a); **~ prise** (fig) soltarse ▸ vi soltar; **se lâcher** vpr (fam : se décrisper) soltarse

**lâcheté** [lɑʃte] nf cobardía f; (bassesse) ruindad f, vileza

**lacis** [lasi] nm (de ruelles) laberinto

**laconique** [lakɔnik] adj lacónico(-a)

**laconiquement** [lakɔnikmɑ̃] adv lacónicamente

**lacrymal, e, -aux** [lakʀimal, o] adj lacrimal

**lacrymogène** [lakʀimɔʒɛn] adj lacrimógeno(-a)

**lacs** [lɑ] nm lazo

**lactation** [laktasjɔ̃] nf lactancia

**lacté, e** [lakte] adj lácteo(-a)

**lactique** [laktik] adj : **acide/ferment ~** ácido/fermento láctico

**lactose** [laktoz] nm lactosa

**lactosérum** [laktoseʀɔm] nm (petit-lait) lactosuero

**lacune** [lakyn] nf laguna

**lacustre** [lakystʀ] adj lacustre

**lad** [lad] nm mozo de cuadra

**là-dedans** [ladədɑ̃] adv ahí dentro; (fig) en eso

**là-dehors** [ladəɔʀ] adv allí afuera

**là-derrière** [ladɛʀjɛʀ] adv allí detrás; (fig) detrás de eso

**là-dessous** [ladsu] adv ahí debajo; (fig) detrás de eso

## là-dessus – lamproie

**là-dessus** [ladsy] *adv* ahí encima; *(fig)* luego; *(à ce sujet)* al respecto
**là-devant** [ladvɑ̃] *adv* allí delante
**ladite** [ladit] *adj voir* **ledit**
**ladre** [lɑdʀ] *adj* avariento(-a)
**lagon** [lagɔ̃] *nm* laguna (salada)
**lagopède** [lagɔpɛd] *nm* lagópodo; **~ des Alpes** lagópodo alpino
**Lagos** [lagɔs] *n* Lagos
**lagune** [lagyn] *nf* laguna
**là-haut** [lao] *adv* allí arriba
**laïc** [laik] *adj, nm* = **laïque**
**laïcisation** [laisizasjɔ̃] *nf* laicización *f*
**laïciser** [laisize] *vt* laicizar
**laïcité** [laisite] *nf* laicidad *f*
**laid, e** [lɛ, lɛd] *(aussi fig) adj* feo(-a)
**laideron** [lɛdʀɔ̃] *nm* adefesio
**laideur** [lɛdœʀ] *nf* fealdad *f*; *(fig)* vileza
**laie** [lɛ] *nf* jabalina
**lainage** [lɛnaʒ] *nm* (vêtement) jersey *m ou* chaqueta de lana; *(étoffe)* tejido de lana
**laine** [lɛn] *nf* lana; **pure ~** pura lana; **~ à tricoter** lana para tejer; **~ de verre** lana de vidrio; **~ peignée/vierge** lana cardada/virgen
**laineux, -euse** [lɛnø, øz] *adj* lanoso(-a); *(cheveux)* lanudo(-a)
**lainier, -ière** [lɛnje, jɛʀ] *adj* lanero(-a)
**laïque** [laik] *adj, nmf* laico(-a)
**laisse** [lɛs] *nf (de chien)* correa; **tenir en ~** tener atado(-a); *(fig)* manejar a su antojo
**laissé-pour-compte, laissée-pour-compte** [lesepuʀkɔ̃t] *(pl* **laissés-pour-compte, laissées-pour-compte**) *adj (Comm)* no vendido(-a); *(: refusé)* devuelto(-a) ▸ *nm/f (fig)* : **les laissés-pour-compte de la reprise économique** los que la recuperación económica ha dejado atrás
**laisser** [lese] *vt* dejar; **~ qch quelque part** dejar algo en algún sitio; **se ~ exploiter** dejarse explotar; **se ~ aller** abandonarse; **laisse-toi faire** déjate hacer; **rien ne laisse penser que ...** nada permite pensar que ...; **cela ne laisse pas de surprendre** esto no deja de sorprender; **~ qn tranquille** dejar a algn en paz
**laisser-aller** [leseale] *nm inv* dejadez *f*; *(péj : absence de soin)* desaliño
**laisser-faire** [lesefɛʀ] *nm inv* no intervencionismo
**laissez-passer** [lesepase] *nm inv* salvoconducto
**lait** [lɛ] *nm* leche *f*; **frère/sœur de ~** hermano/hermana de leche; **~ concentré/condensé** leche concentrada/condensada; **~ de beauté** leche de belleza; **~ de chèvre/de vache** leche de cabra/de vaca; **~ démaquillant** leche desmaquillante; **~ écrémé/entier/en poudre** leche descremada/entera/en polvo; **~ maternel** leche materna

**laitage** [lɛtaʒ] *nm* producto lácteo
**laiterie** [lɛtʀi] *nf* lechería
**laiteux, -euse** [lɛtø, øz] *adj* lechoso(-a)
**laitier, -ière** [letje, jɛʀ] *adj (produit, industrie)* lácteo(-a); **vache laitière** vaca lechera
**laiton** [lɛtɔ̃] *nm* latón *m*
**laitue** [lety] *nf* lechuga
**laïus** [lajys] *(fam, péj) nm* perorata
**lama** [lama] *nm* llama
**lamantin** [lamɑ̃tɛ̃] *nm* manatí *m*
**lamaserie** [lamazʀi] *nf* lamasería
**lambda** [lɑ̃bda] *nm (lettre grecque)* lambda ▸ *adj inv (fam : moyen)* medio(-a)
**lambeau, x** [lɑ̃bo] *nm* jirón *m*; **en lambeaux** hecho(-a) jirones
**lambin, e** [lɑ̃bɛ̃, in] *(péj) adj* holgazán(-ana)
**lambiner** [lɑ̃bine] *(péj) vi* entretenerse
**lambris** [lɑ̃bʀi] *nm* molduras *fpl*
**lambrissé, e** [lɑ̃bʀise] *adj* con molduras
**lame** [lam] *nf (de couteau)* hoja; *(de parquet)* lámina; *(vague)* ola; **~ de fond** mar *m* de fondo; **~ de rasoir** cuchilla de afeitar
**lamé, e** [lame] *adj* laminado(-a) ▸ *nm* lamé *m*
**lamelle** [lamɛl] *nf* laminilla; **couper en lamelles** cortar en láminas
**lamellé-collé** [lamelekɔle] *(pl* **lamellés-collés**) *nm* madera laminada encolada
**lamellibranche** [lamelibʀɑ̃ʃ] *nm* lamelibranquio
**lamentable** [lamɑ̃tabl] *adj* lamentable
**lamentablement** [lamɑ̃tabləmɑ̃] *adv* lamentablemente
**lamentation** [lamɑ̃tasjɔ̃] *nf* lamentación *f*; *(récrimination)* queja
**lamenter** [lamɑ̃te] : **se lamenter** *vpr* : **se ~ (sur)** quejarse (de)
**lamifié, e** [lamifje] *adj* laminado(-a) ▸ *nm* laminado
**laminage** [laminaʒ] *nm* laminación *f*
**laminer** [lamine] *vt* laminar; *(écraser)* aplastar
**lamineur** [laminœʀ] *nm* laminador *m*
**laminoir** [laminwaʀ] *nm* laminador *m*; **passer au ~** *(fig)* sudar tinta
**lampadaire** [lɑ̃padɛʀ] *nm* lámpara de pie; *(dans la rue)* farola
**lampe** [lɑ̃p] *nf* lámpara; *(de radio)* válvula; **~ à alcool** lámpara de alcohol; **~ à arc** arco voltaico; **~ à bronzer** lámpara (de rayos) UVA; **~ de chevet/halogène** lámpara de mesa/halógena; **~ à pétrole** lámpara de petróleo, quinqué *m*; **~ à souder** soplete *m*; **~ de poche** linterna; **~ témoin** piloto
**lampée** [lɑ̃pe] *(fam) nf* trago, lingotazo *(fam)*
**lampe-tempête** [lɑ̃ptɑ̃pɛt] *(pl* **lampes-tempêtes**) *nf* lámpara de gas a prueba de viento
**lampion** [lɑ̃pjɔ̃] *nm* farolillo
**lampiste** [lɑ̃pist] *nm* lampista *m*; *(fig)* burro de carga
**lamproie** [lɑ̃pʀwa] *nf* lamprea

## lance – lapin

**lance** [lɑ̃s] *nf* lanza; **~ à eau** manguera; **~ d'incendie/d'arrosage** manguera de incendios/de riego
**lancée** [lɑ̃se] *nf* : **être/continuer sur sa ~** aprovechar el impulso inicial
**lance-flammes** [lɑ̃sflam] *nm inv* lanzallamas *m inv*
**lance-fusées** [lɑ̃sfyze] *nm inv* lanzacohetes *m inv*
**lance-grenades** [lɑ̃sɡʀənad] *nm inv* lanzagranadas *m inv*
**lancement** [lɑ̃smɑ̃] *nm* lanzamiento; *(d'un bateau)* botadura; **offre de ~** oferta de lanzamiento
**lance-missiles** [lɑ̃smisil] *nm inv* lanzamisiles *m inv*
**lance-pierre** [lɑ̃spjɛʀ] *(pl* **lance-pierres***) nm* tirachinas *m inv*
**lancer** [lɑ̃se] *nm* lanzamiento; **~ du poids/du javelot/du marteau** lanzamiento de peso/de jabalina/de martillo ▶ *vt* lanzar; *(bateau)* botar; *(mandat d'arrêt)* dictar; *(emprunt)* emitir; *(moteur)* poner en marcha; **~ qch à qn** lanzar algo a algn; *(de façon agressive)* arrojar algo a algn; **~ un appel** lanzar un llamamiento; **~ qn sur un sujet** mencionar un tema a algn; **se lancer** *vpr* lanzarse; **se ~ sur** *ou* **contre** lanzarse sobre *ou* contra; **se ~ dans** lanzarse en
**lance-roquettes** [lɑ̃sʀɔkɛt] *nm inv* lanzacohetes *m inv*
**lance-torpilles** [lɑ̃stɔʀpij] *nm inv* lanzatorpedos *m inv*
**lanceur, -euse** [lɑ̃sœʀ, øz] *nm/f* lanzador(a) ▶ *nm (Espace)* lanzador *m*
**lancinant, e** [lɑ̃sinɑ̃, ɑ̃t] *adj* obsesivo(-a); *(douleur)* punzante
**lanciner** [lɑ̃sine] *vi (douleur)* punzar; *(fig)* obsesionar, atormentar
**landais, e** [lɑ̃dɛ, ɛz] *adj, nm/f* landés(-esa)
**landau** [lɑ̃do] *nm* coche *m ou* carro de niño
**lande** [lɑ̃d] *nf* landa
**Landes** [lɑ̃d] *nfpl* : **les ~** las Landas
**langage** [lɑ̃ɡaʒ] *nm* lenguaje *m*; **~ d'assemblage/de programmation** *(Inform)* lenguaje ensamblador/de programación; **~ évolué** *(Inform)* lenguaje evolucionado *ou* de última generación; **~ machine** *(Inform)* lenguaje máquina
**lange** [lɑ̃ʒ] *nm* pañal *m*; **langes** *nmpl (d'un bébé)* mantillas *fpl*
**langer** [lɑ̃ʒe] *vt* envolver en mantillas; **table à ~** cambiador *m*
**langoureusement** [lɑ̃ɡuʀøzmɑ̃] *adv* lánguidamente
**langoureux, -euse** [lɑ̃ɡuʀø, øz] *adj* lánguido(-a)
**langouste** [lɑ̃ɡust] *nf* langosta
**langoustine** [lɑ̃ɡustin] *nf* cigala
**langue** [lɑ̃ɡ] *nf (Anat, Géo)* lengua; *(Ling)* lengua, idioma *m*; **tirer la ~ (à)** sacar la lengua (a); **donner sa ~ au chat** rendirse; **de ~ française** de lengua francesa; **~ de bois** *lenguaje engañoso de los políticos*; **~ de terre** franja de tierra; **~ maternelle** lengua materna; **~ verte** germanía, argot *m*; **~ vivante** lengua viva; **langues étrangères** lenguas *fpl* extranjeras

> **Langue** ne se traduit pas toujours par *lengua*. Pour désigner un système d'expression, on emploie souvent *idioma*, et pour désigner une façon de s'exprimer, *lenguaje* :
> **La langue orale et la langue écrite.**
> La lengua oral y la lengua escrita.
> **Il parle trois langues.** Habla tres idiomas.
> **La langue juridique.** El lenguaje jurídico.

**langue-de-chat** [lɑ̃ɡdəʃa] *(pl* **langues-de-chat***) nf* lengua de gato
**Languedoc** [lɑ̃ɡdɔk] *nm* Languedoc *m*
**languedocien, ne** [lɑ̃ɡdɔsjɛ̃, jɛn] *adj* languedociano(-a) ▶ *nm/f* : **Languedocien, ne** languedociano(-a)
**languette** [lɑ̃ɡɛt] *nf* lengüeta
**langueur** [lɑ̃ɡœʀ] *nf* languidez *f*
**languide** [lɑ̃ɡid] *adj* lánguido(-a)
**languir** [lɑ̃ɡiʀ] *vi* languidecer; **faire ~ qn** hacer esperar a algn; **se languir** *vpr* languidecer
**languissant, e** [lɑ̃ɡisɑ̃, ɑ̃t] *adj* lánguido(-a)
**lanière** [lanjɛʀ] *nf (de fouet)* tralla; *(de valise, bretelle)* correa; **en lanières** *(Culin : couper, découper)* en tiras
**lanoline** [lanɔlin] *nf* lanolina
**lanterne** [lɑ̃tɛʀn] *nf* linterna; *(de voiture)* luz *f* de población; **prendre des vessies pour des lanternes** confundir la velocidad con el tocino; **éclairer la ~ de qn** ilustrar a algn; **~ rouge** *(fig)* farolillo rojo; **~ vénitienne** farolillo veneciano
**lanterneau, x** [lɑ̃tɛʀno] *nm* lucernario
**lanterner** [lɑ̃tɛʀne] *vi* holgazanear; **faire ~ qn** hacer esperar a algn
**Laos** [laɔs] *nm* Laos *m*
**laotien, ne** [laɔsjɛ̃, jɛn] *adj* laosiano(-a) ▶ *nm/f* : **Laotien, ne** laosiano(-a)
**lapalissade** [lapalisad] *nf* perogrullada
**laparotomie** [lapaʀɔtɔmi] *nf* laparotomía
**La Paz** [lapaz] *n* La Paz
**laper** [lape] *vt* beber a lengüetadas
**lapereau, x** [lapʀo] *nm* gazapo
**lapidaire** [lapidɛʀ] *adj (style, discours)* lapidario(-a); **musée ~** museo de lápidas
**lapidation** [lapidasjɔ̃] *nf (pour tuer)* lapidación *f*; *(pour attaquer)* apedreamiento
**lapider** [lapide] *vt (tuer)* lapidar; *(attaquer)* apedrear
**lapin** [lapɛ̃] *nm* conejo; **coup du ~** golpe *m* en la nuca; **poser un ~ à qn** *(fam)* dar un plantón a algn *(fam)*; **~ de garenne** conejo de monte

## lapis – lavande

**lapis** [lapis], **lapis-lazuli** [lapislazyli] nm inv lapislázuli m
**lapon, ne** [lapɔ̃, ɔn] adj lapón(-ona) ▶ nm (Ling) lapón m ▶ nm/f : **Lapon, ne** lapón(-ona)
**Laponie** [laponi] nf Laponia
**laps** [laps] nm : **~ de temps** lapso
**lapsus** [lapsys] nm lapsus m inv
**laquais** [lakɛ] nm lacayo
**laque** [lak] nm ou f laca
**laqué, e** [lake] adj lacado(-a)
**laquelle** [lakɛl] pron voir **lequel**
**larbin** [laʀbɛ̃] (péj) nm criado(-a)
**larcin** [laʀsɛ̃] nm ratería
**lard** [laʀ] nm (graisse) tocino; (bacon) bacón m
**larder** [laʀde] vt mechar
**lardon** [laʀdɔ̃] nm (Culin) torrezno; (fam : enfant) chiquillo(-a)
**largage** [laʀɡaʒ] nm lanzamiento
**large** [laʀʒ] adj ancho(-a); (généreux) espléndido(-a); **~ d'esprit** de mentalidad abierta, amplio(-a) de miras ▶ adv : **voir ~ calculer ~** calcular por lo alto; **voir ~** ver con amplitud; **ne pas en mener ~** temblarle las rodillas a algn ▶ nm : **5 mètres de ~** cinco metros de ancho; **le ~** alta mar; **au ~ de** a la altura de

⚠ No debe traducirse por largo, que en francés corresponde a **long**.

**largement** [laʀʒəmɑ̃] adv ampliamente; (au minimum) al menos; (de loin) indudablemente; (sans compter) generosamente; **il a ~ le temps** tiene tiempo de sobra; **il a ~ de quoi vivre** tiene más que suficiente para vivir
**largesse** [laʀʒɛs] nf esplendidez f, largueza; **largesses** nfpl (dons) regalos mpl espléndidos
**largeur** [laʀʒœʀ] nf anchura; (impression visuelle, fig) amplitud f; **~ d'esprit** amplitud de miras
**larguer** [laʀɡe] vt lanzar; (fam) dejar; **~ les amarres** (Naut, fig) soltar amarras; **elle s'est fait ~ par son copain** su novio la ha dejado
**larigot** [laʀiɡo] (fam) nm : **à tire-~** adv hasta reventar
**larme** [laʀm] nf lágrima; **une ~ de** (fig) una gota de; **en larmes** llorando; **pleurer à chaudes larmes** llorar a lágrima viva
**larmoyant, e** [laʀmwajɑ̃, ɑ̃t] adj lloroso(-a)
**larmoyer** [laʀmwaje] vi (yeux) lagrimear; (se plaindre) lloriquear
**larron** [laʀɔ̃] nm ladrón m
**larvaire** [laʀvɛʀ] adj (Biol) larvario(-a); **à l'état ~** en estado larvario
**larve** [laʀv] nf (aussi fig) larva
**larvé, e** [laʀve] adj larvado(-a)
**laryngite** [laʀɛ̃ʒit] nf laringitis f inv
**laryngologiste** [laʀɛ̃ɡɔlɔʒist] nmf laringólogo(-a)
**larynx** [laʀɛ̃ks] nm laringe f

**las, lasse** [lɑ, lɑs] adj fatigado(-a); **~ de qch/ qn/de faire qch** cansado(-a) ou harto(-a) de algo/algn/de hacer algo
**lasagne** [lazaɲ] nf lasaña
**lascar** [laskaʀ] (fam) nm bribón m; (malin) pícaro
**lascif, -ive** [lasif, iv] adj lascivo(-a)
**lascivement** [lasivmɑ̃] adv lascivamente
**lascivité** [lasivite] nf lascivia
**laser** [lazɛʀ] nm : (**rayon**) **~** (rayo) láser m; **chaîne** ou **platine ~** cadena ou pletina láser; **disque ~** disco láser
**lassant, e** [lɑsɑ̃, ɑ̃t] adj monótono(-a)
**lasse** [lɑs] adj f voir **las**
**lasser** [lɑse] vt (ennuyer) cansar; (décourager) agotar; **se lasser de** vpr cansarse de
**lassitude** [lɑsityd] nf cansancio
**lasso** [laso] nm lazo; **prendre au ~** coger a lazo
**latent, e** [latɑ̃, ɑ̃t] adj latente
**latéral, e, -aux** [lateʀal, o] adj lateral
**latéralement** [lateʀalmɑ̃] adv lateralmente; (arriver, souffler) de lado
**latérite** [lateʀit] nf laterita
**latex** [latɛks] nm inv látex m inv
**latin, e** [latɛ̃, in] adj latino(-a) ▶ nm (Ling) latín m; **j'y perds mon ~** no me aclaro ▶ nm/f : **Latin, e** latino(-a)
**latiniste** [latinist] nmf latinista mf; (étudiant) estudiante mf de latín
**latino-américain, e** [latinoameʀikɛ̃, ɛn] (pl **latino-américains, -es**) adj latinoamericano(-a)
**latitude** [latityd] nf latitud f; **avoir la ~ de faire** (fig) tener la libertad de hacer; **avoir toute ~ pour (faire qch)** tener toda la libertad para (hacer algo); **à 48 degrés de ~ nord** a 48 grados latitud norte; **sous toutes les latitudes** (fig) en todas las latitudes
**latrines** [latʀin] nfpl letrinas fpl
**latte** [lat] nf listón m
**lattis** [lati] nm enrejado de listones
**laudanum** [lodanɔm] nm láudano
**laudatif, -ive** [lodatif, iv] adj laudatorio(-a)
**lauréat, e** [lɔʀea, at] nm/f galardonado(-a)
**laurier** [lɔʀje] nm laurel m; **lauriers** nmpl (fig) laureles mpl; **s'endormir sur ses lauriers** dormirse en los laureles
**laurier-rose** [lɔʀjeʀoz] (pl **lauriers-roses**) nm adelfa
**laurier-tin** [lɔʀjetɛ̃] (pl **lauriers-tins**) nm viburno
**lavable** [lavabl] adj lavable
**lavabo** [lavabo] nm lavabo; **lavabos** nmpl (toilettes) servicios mpl
**lavage** [lavaʒ] nm lavado; **~ d'estomac/d'intestin** lavado de estómago/de intestino; **~ de cerveau** lavado de cerebro
**lavallière** [lavaljɛʀ] nf chalina
**lavande** [lavɑ̃d] nf lavanda

## lavandière – légèreté

**lavandière** [lavɑ̃djɛʀ] *nf* lavandera
**lave** [lav] *nf* lava
**lave-glace** [lavglas] (*pl* **lave-glaces**) *nm* lavaparabrisas *m inv*
**lave-linge** [lavlɛ̃ʒ] (*pl* **~(s)**) *nm* lavadora
**lavement** [lavmɑ̃] *nm* (*Méd*) lavativa
**laver** [lave] *vt* lavar; (*baigner*) bañar; (*accusation, affront*) limpiar; **~ la vaisselle** fregar los platos; **~ le linge** lavar la ropa; **~ qn d'une accusation** alejar una acusación que recae sobre algn; **~ qn de tous soupçons** limpiar a algn de toda sospecha; **se laver** *vpr* lavarse; **se ~ les dents/les mains** lavarse los dientes/las manos; **se ~ les mains de qch** (*fig*) lavarse las manos de algo
**laverie** [lavʀi] *nf*: **~ (automatique)** lavandería
**lavette** [lavɛt] *nf* estropajo; (*brosse*) cepillo; (*fig, péj*) calzonazos *m inv*
**laveur, -euse** [lavœʀ, øz] *nm/f* (*de carreaux*) lavacristales *m inv*; (*de voitures*) lavacoches *mf inv*
**lave-vaisselle** [lavvɛsɛl] (*pl* **~(s)**) *nm* lavaplatos *m inv*
**lavis** [lavi] *nm* aguada
**lavoir** [lavwaʀ] *nm* lavadero; (*bac*) tina
**laxatif, -ive** [laksatif, iv] *adj, nm* laxante *m*
**laxisme** [laksism] *nm* laxismo
**laxiste** [laksist] *adj* laxo(-a), flojo(-a)
**layette** [lɛjɛt] *nf* canastilla
**layon** [lɛjɔ̃] *nm* sendero
**lazaret** [lazaʀɛ] *nm* lazareto
**lazzi** [la(d)zi] *nm* burlas *fpl*

[MOT-CLÉ]

**le, la** [lə, la] (*devant nm commençant par voyelle ou h aspiré* **l'**, *pl* **les**) *art déf* **1** (*masculin*) el; (*féminin*) la; (*pluriel*) los (las); **la pomme/l'arbre** la manzana/el árbol; **les étudiants/femmes** los estudiantes/las mujeres
**2** (*indiquant la possession*): **avoir les yeux gris/le nez rouge** tener los ojos grises/la nariz roja
**3** (*temps*): **travailler le matin/le soir** trabajar por la mañana/la tarde; **le jeudi** (*d'habitude*) los jueves; (*ce jeudi-là*) el jueves; **le lundi je vais toujours au cinéma** los lunes voy siempre al cine
**4** (*distribution, évaluation*) el (la); **10 euros le mètre/la douzaine** 10 euros el metro/la docena; **le tiers/quart de** el tercio/cuarto de
▶ *pron* **1** (*masculin*) lo; (*féminin*) la; (*pluriel*) los (las); **je le/la/les vois** lo/la/los/las veo
**2** (*remplaçant une phrase*): **je ne le savais pas** no lo sabía; **il était riche et ne l'est plus** era rico y ya no lo es

**lé** [le] *nm* ancho
**leader** [lidœʀ] *nm* líder *mf*
**leadership** [lidœʀʃip] *nm* liderazgo
**leasing** [liziŋ] *nm* leasing *m*; **acheter en ~** comprar con leasing

**lèche** [lɛʃ] *nf* (*fam*): **faire de la ~ à qn** hacer la pelota a algn (*fam*)
**lèche-botte** [lɛʃbɔt] (*pl* **lèche-bottes**) *nm* pelota *mf* (*fam*), pelotillero(-a) (*fam*)
**lèchefrite** [lɛʃfʀit] *nf* grasera
**lécher** [leʃe] *vt* lamer; (*finir, polir*) pulir; **~ les bottes de qn** (*fam*) hacer la pelota a algn (*fam*); **~ les vitrines** mirar los escaparates; **se lécher** *vpr*: **se ~ qch** chuparse algo; **se ~ les babines** relamerse de gusto
**lèche-vitrine** [lɛʃvitʀin] (*pl* **lèche-vitrines**) *nm*: **faire du lèche-vitrines** mirar escaparates
**lécithine** [lesitin] *nf* lecitina; **~ de soja** lecitina de soja
**leçon** [ləsɔ̃] *nf* clase *f*; (*fig*) lección *f*; **une ~ de courage/d'humilité** una lección de coraje *ou* valentía/de humildad; **donner une (bonne) ~ à qn** dar una (buena) lección a algn; **faire la ~** dar la lección; **faire la ~ à** (*fig*) leer la cartilla a; **~ de choses** clase práctica; **leçons de conduite** clases de conducir; **leçons particulières** clases particulares
**lecteur, -trice** [lɛktœʀ, tʀis] *nm/f* lector(a)
▶ *nm* (*appareil*) reproductor *m*, lector *m*; **~ de CD/de DVD** reproductor de CD/de DVD; **~ MP3** reproductor de MP3
**lectorat** [lɛktɔʀa] *nm* lectorado
**lecture** [lɛktyʀ] *nf* lectura; **en première/seconde ~** (*d'une loi*) en primera/segunda lectura
**LED** [lɛd] *sigle f* (= *light emitting diode*) LED *m*
**ledit, ladite** [lədi, ladit] (*pl* **lesdits, lesdites**) *adj* susodicho(-a)
**légal, e, -aux** [legal, o] *adj* legal
**légalement** [legalmɑ̃] *adv* legalmente
**légalisation** [legalizasjɔ̃] *nf* legalización *f*
**légaliser** [legalize] *vt* legalizar
**légaliste** [legalist] *adj* (*personne, approche*) legalista
**légalité** [legalite] *nf* legalidad *f*; **être dans/sortir de la ~** estar dentro de/salirse de la ley
**légat** [lega] *nm* (*Rel*) legado
**légataire** [legatɛʀ] *nmf*: **~ universel** legatario(-a) universal
**légation** [legasjɔ̃] *nf* legación *f*
**légendaire** [leʒɑ̃dɛʀ] *adj* legendario(-a); (*fig*) ilustre
**légende** [leʒɑ̃d] *nf* leyenda; (*d'une photo*) pie *m*
**légender** [leʒɑ̃de] *vt* poner el pie a
**léger, -ère** [leʒe, ɛʀ] *adj* ligero(-a); (*erreur, retard*) leve; (*peu sérieux, personne*) superficial; (*volage*) frívolo(-a); **blessé ~** herido leve; **à la légère** a la ligera; **de mœurs légères** ligero(-a) de cascos
**légèrement** [leʒɛʀmɑ̃] *adv* ligeramente, suavemente; (*parler, agir*) superficialmente; **~ plus grand** ligeramente mayor; **~ en retard** con un ligero *ou* pequeño retraso
**légèreté** [leʒɛʀte] *nf* ligereza; (*d'une personne*) superficialidad *f*

**légiférer** [leʒifeʀe] *vi* legislar
**légion** [leʒjɔ̃] *nf (Mil)* legión *f*; **être ~** ser legión; **L~ d'honneur** legión de honor; *ver nota*; **L~ étrangère** legión extranjera

: **LÉGION D'HONNEUR**
:
: Creada por Napoleón en 1802 para premiar
: los servicios prestados a la nación, la
: **Légion d'honneur** es una prestigiosa orden
: encabezada por el Presidente de la
: República, el *Grand Maître*. Sus miembros
: reciben una paga anual libre de impuestos.

**légionellose** [leʒjɔneloz] *nf* legionela, legionelosis *f inv*
**légionnaire** [leʒjɔnɛʀ] *nm* legionario
**législateur** [leʒislatœʀ] *nm* legislador *m*
**législatif, -ive** [leʒislatif, iv] *adj* legislativo(-a); **législatives** *nfpl* elecciones *fpl* legislativas
**législation** [leʒislasjɔ̃] *nf* legislación *f*
**législature** [leʒislatyʀ] *nf* legislatura
**légiste** [leʒist] *adj*: **médecin ~** médico forense
**légitimation** [leʒitimasjɔ̃] *nf (Jur)* legitimación *f*
**légitime** [leʒitim] *adj* legítimo(-a); **en (état de) ~ défense** *(Jur)* en (estado de) legítima defensa
**légitimement** [leʒitimmɑ̃] *adv* legítimamente
**légitimer** [leʒitime] *vt (enfant)* legitimar; *(justifier)* justificar
**légitimité** [leʒitimite] *nf* legitimidad *f*
**legs** [lɛg] *nm (Jur, fig)* legado
**léguer** [lege] *vt (aussi fig)* legar
**légume** [legym] *nm* verdura; *(fam, fig: personne)* vegetal *m*; **légumes secs** legumbres *fpl*; **légumes verts** verduras

⚠ Escrito tal cual, no debe traducirse por *legumbre*, que en francés corresponde a **légume sec**.

**légumier** [legymje] *nm (plat)* fuente *f* para verduras
**légumineuses** [legyminøz] *nfpl* leguminosas *fpl*
**leitmotiv** [lejtmɔtiv] *nm* leitmotiv *m*
**Léman** [lemɑ̃] *nm voir* **lac**
**lémurien** [lemyʀjɛ̃] *nm* lémur *m*
**lendemain** [lɑ̃dmɛ̃] *nm*: **le ~** el día siguiente; **le ~ matin/soir** el día siguiente por la mañana/por la noche; **le ~ de** el día después de; **au ~ de** inmediatamente después de; **penser au ~** pensar en el mañana; **sans ~** sin futuro, sin porvenir; **de beaux lendemains** días *mpl* felices; **des lendemains qui chantent** un futuro feliz
**lénifiant, e** [lenifjɑ̃, jɑ̃t] *adj (propos)* consolador(a); *(climat)* suave
**léninisme** [leninism] *nm* leninismo
**léniniste** [leninist] *adj, nmf* leninista *mf*
**lent, e** [lɑ̃, lɑ̃t] *adj* lento(-a)
**lente** [lɑ̃t] *nf* liendre *f*
**lentement** [lɑ̃tmɑ̃] *adv* lentamente
**lenteur** [lɑ̃tœʀ] *nf* lentitud *f*; **lenteurs** *nfpl* *(actions, décisions lentes)* lentitud *fsg*
**lentille** [lɑ̃tij] *nf (Optique)* lente *f*; *(Bot, Culin)* lenteja; **~ d'eau** *(Bot)* lenteja de agua; **lentilles de contact** lentillas *fpl*
**léonin, e** [leɔnɛ̃, in] *adj (fig)* leonino(-a)
**léopard** [leɔpaʀ] *nm* leopardo; **tenue ~** *(Mil)* ropa de camuflaje
**LEP** [lɛp] *sigle m (= lycée d'enseignement professionnel)* en Francia, nombre que recibían hasta 1985 los centros de formación profesional
**lépidoptère** [lepidɔptɛʀ] *nm* lepidóptero
**lèpre** [lɛpʀ] *nf* lepra
**lépreux, -euse** [lepʀø, øz] *nm/f* leproso(-a) ▶ *adj (fig)* desconchado(-a)
**léproserie** [lepʀozʀi] *nf* leprosería
**lequel, laquelle** [ləkɛl, lakɛl] *(mpl* **lesquels**, *fpl* **lesquelles***)* (à + lequel = **auquel**, de + lequel = **duquel** *etc) pron (interrogatif)* cuál; *(relatif)* el/la cual, que; *(: après préposition)* el/la cual, el que/la que; **laquelle des chambres est la suya?** ¿cuál de las habitaciones es la suya?; **le bateau sur ~ nous étions** el barco en el que estábamos; **le monsieur auquel j'ai parlé** el señor al que hablé; **l'entreprise avec laquelle il doit travailler** la empresa con la que tiene que trabajar; **un homme sur la compétence duquel on ne peut compter** un hombre con cuya competencia no se puede contar ▶ *adj*: **auquel cas** en cuyo caso; **il prit un livre, ~ livre ...** cogió un libro, el cual ...
**les** [le] *art, pron voir* **le**
**lesbienne** [lɛsbjɛn] *nf* lesbiana
**lesdits, lesdites** [ledi, ledit] *adj voir* **ledit**
**lèse-majesté** [lɛzmaʒɛste] *(pl* **~(s)***) n*: **crime de ~** crimen *m* de lesa majestad
**léser** [leze] *vt* perjudicar; *(Méd)* lesionar
**lésiner** [lezine] *vi*: **~ (sur)** escatimar (en)
**lésion** [lezjɔ̃] *nf* lesión *f*; **lésions cérébrales** lesiones *fpl* cerebrales
**Lesotho** [lezɔto] *nm* Lesoto
**lesquels, lesquelles** [lekɛl] *pron voir* **lequel**
**lessivable** [lesivabl] *adj* lavable
**lessivage** [lesivaʒ] *nm* colada, lavado
**lessive** [lesiv] *nf* detergente *m*; *(linge)* colada; *(opération)* lavado; **faire la ~** hacer la colada
**lessivé, e** [lesive] *(fam) adj* hecho(-a) polvo *(fam)*
**lessiver** [lesive] *vt* lavar
**lessiveuse** [lesivøz] *nf especie de caldera donde se lava la ropa*
**lessiviel, le** [lesivjɛl] *adj* de limpieza
**lest** [lɛst] *nm* lastre *m*; **jeter** *ou* **lâcher du ~** *(fig)* soltar lastre

## leste – libeller

**leste** [lɛst] *adj* (*personne*) ágil, ligero(-a); (*propos*) atrevido(-a)
**lestement** [lɛstəmɑ̃] *adv* ágilmente
**lester** [lɛste] *vt* lastrar
**letchi** [lɛtʃi] *nm* = **litchi**
**léthargie** [letarʒi] *nf* letargo; **sortir de sa ~** salir de su letargo
**léthargique** [letarʒik] *adj* (*Méd*) letárgico(-a); (*gén*) amodorrado(-a)
**letton, ne** [lɛtɔ̃, ɔn] *adj* letón(-ona) ▶ *nm* (*Ling*) letón *m* ▶ *nm/f*: **Letton, ne** letón(-ona)
**Lettonie** [lɛtɔni] *nf* Letonia
**lettre** [lɛtʀ] *nf* (*écrit*) carta; (*symbole*) letra; **à la ~** (*fig*) al pie de la letra; **par ~** por carta; **en lettres majuscules** *ou* **capitales** en letras mayúsculas; **écrit en toutes lettres** escrito con todas las letras; **~ anonyme/piégée** carta anónima/bomba; **~ de change/de crédit** letra de cambio/de crédito; **~ morte**: **rester ~ morte** quedarse en papel mojado; **~ ouverte** (*Pol, de journal*) carta abierta; **lettres de noblesse** cartas *fpl* de nobleza; **lettres** *nfpl* (*Art, Scol*) letras *fpl*
**lettré, e** [letʀe] *adj* (*personne*) letrado(-a)
**lettre-transfert** [lɛtʀətʀɑ̃sfɛʀ] (*pl* **lettres-transferts**) *nf* calcomanías *fpl* de letras
**lettrine** [letʀin] *nf* (*letra*) capitular *f*
**leu** [lø] *nm voir* **queue**
**leucémie** [løsemi] *nf* leucemia
**leucémique** [løsemik] *adj* leucémico(-a)
**leucocyte** [løkɔsit] *nm* leucocito
**leur** [lœʀ] *adj poss* su; **~ maison** su casa; **leurs amis** sus amigos; **à ~ avis** en su opinión; **à ~ approche** al acercarse ellos; **à ~ vue** al verles ▶ *pron* (*objet indirect*) les; (: *après un autre pronom à la troisième personne*) se; **je le ~ ai donné** se lo di; **je ~ ai dit la vérité** les dije la verdad ▶ *pron poss*: **le/la ~** el/la suyo(-a); **les leurs** los/las suyos(-as)
**leurre** [lœʀ] *nm* (*Pêche*) cebo; (*fig*) engaño, señuelo
**leurrer** [lœʀe] *vt* dar ilusiones; **se leurrer** *vpr* engañarse
**leurs** [lœʀ] *adj poss* sus; *voir* **leur**
**levage** [ləvaʒ] *nm* (*de charge*) elevación *f*; **appareil de ~** aparato elevador
**levain** [ləvɛ̃] *nm* masa madre; **pain au ~** pan de masa madre; **sans ~** sin levadura
**levant, e** [ləvɑ̃, ɑ̃t] *adj*: **soleil ~** sol *m* naciente; **au soleil ~** al sol naciente ▶ *nm*: **le ~** el levante
**levé, e** [ləve] *adj*: **être ~** estar levantado(-a); **à mains levées** (*vote*) a mano alzada; **au pied ~** de forma improvisada ▶ *nm*: **~ de terrain** levantamiento de terreno
**levée** [ləve] *nf* (*Postes*) recogida; (*Cartes*) baza; **~ d'écrou** liberación *f*; **~ de boucliers** (*fig*) levantamiento de protestas; **~ de terre** terraplén *m*; **~ de troupes** reclutamiento; **~ du corps** levantamiento del cadáver; **~ en masse** (*Mil*) reclutamiento en masa
**lever** [l(ə)ve] *nm*: **au ~** al levantarse; **~ du rideau** subida del telón; **~ de rideau** (*pièce*) pieza preliminar; **~ de soleil/du jour** amanecer *m* ▶ *vt* levantar; (*vitre*) subir; (*difficulté*) superar; (*impôts*) recaudar; (*armée*) reclutar; (*Chasse*) ahuyentar; (*fam: fille*) enrollarse con (*fam*) ▶ *vi* (*Culin*) levantarse; (*semis, graine*) brotar; **se lever** *vpr* levantarse; (*soleil*) salir
**lève-tard** [lɛvtaʀ] *nmf inv* remolón(-ona)
**lève-tôt** [lɛvto] *nmf inv* madrugador(a)
**levier** [ləvje] *nm* palanca; (*fig*) incentivo; **faire ~ sur** hacer palanca en; **~ de changement de vitesse/de commande** palanca de cambios/de mando
**lévitation** [levitasjɔ̃] *nf* levitación *f*
**léviter** [levite] *vi* levitar
**levraut** [ləvʀo] *nm* lebrato
**lèvre** [lɛvʀ] *nf* labio; (*d'une plaie*) labio, borde *m*; **du bout des lèvres** (*manger*) con desgana; (*rire, parler, répondre*) con la boca pequeña; **petites/grandes lèvres** (*Anat*) labios menores/mayores
**lévrier** [levʀije] *nm* galgo
**levure** [l(ə)vyʀ] *nf*: **~ de boulanger/chimique** levadura de pan/química; **~ de bière** levadura de cerveza
**lexical, e, -aux** [lɛksikal, o] *adj* léxico(-a)
**lexicographe** [lɛksikɔgʀaf] *nmf* lexicógrafo(-a)
**lexicographie** [lɛksikɔgʀafi] *nf* lexicografía
**lexicologie** [lɛksikɔlɔʒi] *nf* lexicología
**lexicologue** [lɛksikɔlɔg] *nmf* lexicólogo(-a)
**lexique** [lɛksik] *nm* léxico
**lézard** [lezaʀ] *nm* lagarto
**lézarde** [lezaʀd] *nf* grieta
**lézardé, e** [lezaʀde] *adj* agrietado(-a)
**lézarder** [lezaʀde]: **se lézarder** *vpr* (*mur*) agrietarse; (*personne*) ponerse al sol como los lagartos
**liaison** [ljɛzɔ̃] *nf* (*rapport*) relación *f*; (*Rail, Aviat, Phonétique*) enlace *m*; (*relation amoureuse*) relaciones *fpl*; (*Culin*) trabazón *f*; **entrer/être en ~ avec** entrar/estar en comunicación con; **avoir une ~ avec qn** tener una relación con algn; **~ (de transmission de données)** (*Inform*) enlace (de transmisión de datos); **~ radio/téléphonique** contacto radiofónico/telefónico
**liane** [ljan] *nf* liana
**liant, e** [ljɑ̃, ljɑ̃t] *adj* sociable
**liasse** [ljas] *nf* fajo
**Liban** [libɑ̃] *nm* Líbano
**libanais, e** [libanɛ, ɛz] *adj* libanés(-esa) ▶ *nm/f*: **Libanais, e** libanés(-esa)
**libations** [libasjɔ̃] *nfpl* (*fig*) libaciones *fpl*
**libelle** [libɛl] *nm* libelo
**libellé** [libele] *nm* redacción *f*
**libeller** [libele] *vt* (*lettre, rapport*) redactar; (*chèque*): **~ (au nom de)** extender (a la orden de)

## libellule – lié

**libellule** [libelyl] *nf* libélula
**libéral, e, -aux** [liberal, o] *adj, nm/f* liberal *mf*; **les professions libérales** las profesiones liberales
**libéralement** [liberalmã] *adv* liberalmente
**libéralisation** [liberalizasjɔ̃] *nf* liberalización *f*; **~ du commerce** liberalización del comercio
**libéraliser** [liberalize] *vt* liberalizar
**libéralisme** [liberalism] *nm* liberalismo
**libéralité** [liberalite] *nf* liberalidad *f*; (*cadeau*) dádiva
**libérateur, -trice** [liberatœr, tris] *adj, nm/f* libertador(a)
**libération** [liberasjɔ̃] *nf* (*voir vt*) liberación *f*; puesta en libertad; licencia; **la L~** (1945) la liberación (*de Francia al final de la segunda guerra mundial*); **~ conditionnelle** puesta en libertad condicional
**libéré, e** [libere] *adj* liberado(-a); (*de prison*) puesto(-a) en libertad; **~ de** (*libre de*) liberado(-a) de; **être ~ sous caution/sur parole** ser puesto(-a) en libertad bajo fianza/bajo palabra
**libérer** [libere] *vt* liberar; (*de prison*) poner en libertad; (*soldat*) licenciar; (*cran d'arrêt, levier*) soltar; (*Écon*) liberalizar; **~ qn de** liberar a algn de; **se libérer** *vpr* (*pour un rendez-vous*) escaparse
**Libéria** [liberja] *nm* Liberia
**libérien, ne** [liberjɛ̃, jɛn] *adj* liberiano(-a) ▶ *nm/f*: **Libérien, ne** liberiano(-a)
**libéro** [libero] *nm* (*Football*) líbero
**libertaire** [libertɛr] *adj* libertario(-a)
**liberté** [liberte] *nf* libertad *f*; (*loisir*) tiempo libre; **mettre/être en ~** poner/estar en libertad; **en ~ provisoire/surveillée/conditionnelle** en libertad provisional/vigilada/condicional; **jours/heures de ~** días *mpl*/horas *fpl* libres; **~ d'action** libertad de acción; **~ d'association/de la presse/syndicale** libertad de asociación/de prensa/sindical; **~ d'esprit/de conscience** libertad de juicio/de conciencia; **~ d'opinion/de culte/de réunion** libertad de opinión/de culto/de reunión; **libertés** *nfpl* (*privautés*) libertades *fpl*; **libertés individuelles** libertades individuales; **libertés publiques** libertades públicas
**liberticide** [libertisid] *adj* liberticida
**libertin, e** [libertɛ̃, in] *adj* libertino(-a)
**libertinage** [libertinaʒ] *nm* libertinaje *m*
**libidineux, -euse** [libidinø, øz] *adj* libidinoso(-a)
**libido** [libido] *nf* líbido *f*
**libraire** [librɛr] *nmf* librero(-a)
**libraire-éditeur** [librɛreditœr] (*pl* **libraires-éditeurs**) *nm* librero editor
**librairie** [libreri] *nf* librería
**librairie-papeterie** [libreripapetri] (*pl* **librairies-papeteries**) *nf* librería papelería

**libre** [libr] *adj* libre; (*propos, manières*) atrevido(-a); (*ligne téléphonique*) desocupado(-a); (*Scol*) privado(-a); **de ~** (*place*) libre; **~ de qch/de faire** libre de algo/de hacer; **avoir le champ ~** tener el campo libre; **en vente ~** de venta libre; **~ arbitre** libre albedrío; **~ concurrence/entreprise** libre competencia/empresa
**libre-échange** [librefɑ̃ʒ] (*pl* **libres-échanges**) *nm* librecambio
**librement** [librəmã] *adv* libremente, con libertad; **il se conduit un peu ~** se toma demasiadas confianzas
**libre-penseur, -euse** [librəpɑ̃sœr, øz] (*pl* **libres-penseurs, -euses**) *nm/f* librepensador(a)
**libre-service** [librəservis] (*pl* **libres-services**) *nm* autoservicio
**librettiste** [libretist] *nm* libretista *mf*
**Libye** [libi] *nf* Libia
**libyen, ne** [libjɛ̃, ɛn] *adj* libio(-a) ▶ *nm/f*: **Libyen, ne** libio(-a)
**lice** [lis] *nf*: **entrer en ~** entrar en liza
**licence** [lisɑ̃s] *nf* licencia; (*des mœurs*) libertinaje *m*; (*diplôme*) título universitario que se obtiene tras tres años de estudios

> **LICENCE**
>
> La **licence générale** es el primer ciclo de tres años universitarios. El segundo y tercer curso están más especializados que el primero y a lo largo de la carrera existe, como mínimo, un periodo de prácticas. La **licence professionnelle** consiste en un año de formación de ámbito profesional. Va dirigida a estudiantes que ya tienen un título universitario técnico o que han cursado los dos primeros años de una **licence générale**. Para poder acceder a esta formación se realiza un proceso selectivo y las plazas suelen tener mucha demanda.

**licencié, e** [lisɑ̃sje] *nm/f* (*Sport*) poseedor(a) de licencia; **~ ès lettres/en droit** (*diplôme*) ≈ licenciado(-a) en letras/en derecho; **être ~** (*perdre son emploi*) ser despedido(-a)
**licenciement** [lisɑ̃simã] *nm* despido; **~ économique** despido objetivo por causas económicas
**licencier** [lisɑ̃sje] *vt* despedir
**licencieux, -euse** [lisɑ̃sjø, jøz] *adj* licencioso(-a)
**lichen** [likɛn] *nm* liquen *m*
**licite** [lisit] *adj* lícito(-a)
**licorne** [likɔrn] *nf* unicornio
**licou** [liku] *nm* cabestro
**lie** [li] *nf* heces *fpl*
**lié, e** [lje] *adj*: **être très ~ avec qn** tener mucha confianza con algn; **être ~ par** (*serment, promesse*) estar comprometido(-a) por;

**avoir partie liée (avec qn)** actuar de común acuerdo (con algn)
**Liechtenstein** [liʃtɛnʃtajn] *nm* Liechtenstein *m*
**lie-de-vin** [lidvɛ̃] *adj inv* de color vino
**liège** [ljɛʒ] *nm* corcho
**liégeois, e** [ljeʒwa, waz] *adj* de Lieja; **café/chocolat ~** helado de café/chocolate con nata ▶ *nm/f* : **Liégeois, e** nativo(-a) *ou* habitante *mf* de Lieja
**lien** [ljɛ̃] *nm* atadura; (*analogie*) vinculación *f*; (*rapport affectif, culturel*) vínculo; **établir un ~ entre (une chose et une autre)** establecer un vínculo (entre una cosa y otra), relacionar (una cosa con otra); **le ~ social** la cohesión social; **liens de famille** lazos *mpl* familiares; **~ de parenté** lazo de parentesco
**lier** [lje] *vt* (*attacher*) atar; (*joindre*) unir, ligar; (*fig*) unir; (*moralement*) vincular; (*sauce*) ligar; **~ qch à** (*attacher*) atar algo a; (*associer*) relacionar algo con; **~ amitié (avec)** trabar amistad (con); **~ connaissance (avec)** entablar relación (con), trabar conocimiento (con); **~ conversation (avec)** entablar conversación (con); **se lier** *vpr* : **se ~ (avec qn)** relacionarse (con algn)
**lierre** [ljɛʀ] *nm* hiedra
**liesse** [ljɛs] *nf* : **être en ~** estar alborozado(-a)
**lieu, x** [ljø] *nm* (*position*) lugar *m*, sitio; (*endroit*) lugar; **en ~ sûr** en lugar seguro; **en haut ~** en altas esferas; **en premier/dernier ~** en primer/último lugar; **avoir ~** tener lugar, suceder; **avoir ~ de** (*se demander, s'inquiéter*) tener razones *ou* motivos para; **il n'y a pas ~ de s'inquiéter** no hay por qué preocuparse; **tenir ~ de** hacer las veces de, fungir de (Aᴍ); **donner ~ à** dar lugar a; **au ~ de** en lugar de, en vez de; **au ~ qu'il y aille** en vez de ir él; **~ commun** lugar común; **~ de départ** punto de partida; **~ de naissance/rendez-vous/travail** lugar de nacimiento/encuentro/trabajo; **~ géométrique** punto geométrico; **~ public** lugar público; **lieux** *nmpl* lugar; **arriver/être sur les lieux** (*d'un accident, d'une manifestation*) llegar al/estar en el lugar; **vider** *ou* **quitter les lieux** (*habitation, salle*) desalojar el lugar
**lieu-dit** [ljødi] (*pl* **lieux-dits**) *nm* aldea
**lieue** [ljø] *nf* legua
**lieutenant, e** [ljøt(ə)nɑ̃, ɑ̃t] *nm/f* teniente *mf*; **~ de vaisseau** teniente de navío
**lieutenant-colonel** [ljøtnɑ̃kɔlɔnɛl] (*pl* **lieutenants-colonels**) *nm* teniente coronel *m*
**lièvre** [ljɛvʀ] *nm* liebre *f*; **lever un ~** (*fig*) levantar la liebre
**liftier, -ière** [liftje, jɛʀ] *nm/f* ascensorista *mf*
**lifting** [liftiŋ] *nm* lifting *m*
**ligament** [ligamɑ̃] *nm* ligamento
**ligature** [ligatyʀ] *nf* (*Méd*) ligadura; **~ des trompes** ligadura de trompas
**ligaturer** [ligatyʀe] *vt* (*Méd*) ligar
**ligne** [liɲ] *nf* línea; **en ~** (*Inform*) en línea; **en ~ droite** en línea recta; **« à la ~ »** « aparte »; **entrer en ~ de compte** entrar en cuenta; **garder la ~** guardar la línea; **~ de départ/d'arrivée** línea de salida/de llegada; **~ d'horizon** línea del horizonte; **~ de but/de touche** línea de meta/de banda; **~ de conduite** línea de conducta; **~ de flottaison/de mire** línea de flotación/de mira; **~ directrice** línea directriz; **~ fixe** (*Tél*) línea fija; **~ médiane** línea media; **~ ouverte** : **émission à ~ ouverte** emisión *f* en línea abierta
**ligné, e** [liɲe] *adj* : **papier ~** papel *m* rayado
**lignée** [liɲe] *nf* (*race, famille*) linaje *m*; (*postérité*) descendencia
**ligneux, -euse** [liɲø, øz] *adj* leñoso(-a)
**lignite** [liɲit] *nm* lignito
**ligoter** [ligɔte] *vt* (*bras, personne*) amarrar; (*fig*) atar
**ligue** [lig] *nf* (*association*) liga, asociación *f*; (*Sport*) liga; **~ arabe** (*Pol*) liga árabe
**liguer** [lige] : **se liguer** *vpr* aliarse; **se ~ contre** aliarse contra
**lilas** [lila] *nm* lila
**lillois, e** [lilwa, waz] *adj* de Lille ▶ *nm/f* : **Lillois, e** nativo(-a) *ou* habitante *mf* de Lille
**Lima** [lima] *n* Lima
**limace** [limas] *nf* babosa
**limaille** [limɑj] *nf* : **~ de fer** limaduras *fpl* de hierro
**limande** [limɑ̃d] *nf* limanda
**limande-sole** [limɑ̃dsɔl] (*pl* **limandes-soles**) *nf* falsa limanda
**limbes** [lɛ̃b] *nmpl* : **être dans les ~** (*fig*) estar en el limbo
**lime** [lim] *nf* lima; **~ à ongles** lima de uñas
**limer** [lime] *vt* limar
**limier** [limje] *nm* sabueso
**liminaire** [liminɛʀ] *adj* preliminar
**limitatif, -ive** [limitatif, iv] *adj* limitativo(-a)
**limitation** [limitasjɔ̃] *nf* limitación *f*; **sans ~ de temps** sin límite de tiempo; **~ de vitesse** limitación de velocidad; **~ des armements/des naissances** reducción *f* de armamento/de nacimientos
**limite** [limit] *nf* (*aussi fig*) límite *m*; (*de terrain*) límite, linde *m ou f*; **dans la ~ de** dentro de; **à la ~** (*au pire*) como mucho; **sans limites** sin límites; **vitesse/charge ~** velocidad *f*/carga límite; **cas ~** caso límite; **date ~ de vente/consommation** fecha límite de venta/consumo; **prix ~** precio límite; **~ d'âge** límite de edad
**limiter** [limite] *vt* : **~ qch (à)** (*restreindre*) limitar algo (a); **se limiter** *vpr* : **se ~ (à qch/à faire)** limitarse (a algo/a hacer); (*chose*) reducirse a
**limitrophe** [limitʀɔf] *adj* limítrofe; **~ de** limítrofe con

## limogeage – living

**limogeage** [limɔʒaʒ] nm destitución f
**limoger** [limɔʒe] vt destituir
**limon** [limɔ̃] nm limo
**limonade** [limɔnad] nf gaseosa

⚠ No debe traducirse por *limonada*, que en francés corresponde a **citronnade**.

**limonadier, -ière** [limɔnadje, jɛʀ] nm/f (*commerçant*) vendedor(a) de refrescos; (*fabricant de limonade*) fabricante mf de refrescos
**limoneux, -euse** [limɔnø, øz] adj limoso(-a)
**limousin, e** [limuzɛ̃, in] adj lemosín(-ina) ▶ nm (*région*) Lemosín m ▶ nm/f: **Limousin, e** lemosín(-ina)
**limousine** [limuzin] nf limusina
**limpide** [lɛ̃pid] adj límpido(-a); (*fig*) meridiano(-a), diáfano(-a)
**lin** [lɛ̃] nm lino
**linceul** [lɛ̃sœl] nm mortaja
**linéaire** [lineɛʀ] adj (*aussi fig*) lineal ▶ nm: **~ (de vente)** espacio de venta
**linge** [lɛ̃ʒ] nm (*vêtements*) ropa; (*serviettes etc*) ropa blanca; (*pièce de tissu*) lienzo; (*aussi*: **linge de corps**) ropa interior; (*lessive*) colada; **~ sale** ropa sucia
**lingère** [lɛ̃ʒɛʀ] nf ropera
**lingerie** [lɛ̃ʒʀi] nf lencería
**lingette** [lɛ̃ʒɛt] nf toallita (húmeda)
**lingot** [lɛ̃go] nm lingote m
**linguiste** [lɛ̃gɥist] nmf lingüista mf
**linguistique** [lɛ̃gɥistik] adj lingüístico(-a) ▶ nf lingüística
**lino** [linɔ], **linoléum** [linɔleɔm] nm linóleo
**linotte** [linɔt] nf: **tête de ~** cabeza de chorlito
**linteau** [lɛ̃to] nm dintel m
**lion, ne** [ljɔ̃, ljɔn] nm/f león (leona); (*Astrol*): **le L~** Leo; **être L~** ser Leo; **~ de mer** león (leona) marino(-a)
**lionceau, x** [ljɔ̃so] nm cachorro de león
**liposuccion** [liposy(k)sjɔ̃] nf liposucción f
**lippu, e** [lipy] adj bezudo(-a)
**liquéfier** [likefje] vt licuar; **se liquéfier** vpr (*gaz*) licuarse; (*fig*) derrumbarse
**liqueur** [likœʀ] nf licor m
**liquidateur, -trice** [likidatœʀ, tʀis] nm/f (*Jur*) liquidador(a); **~ judiciaire** liquidador(a) judicial
**liquidation** [likidasjɔ̃] nf liquidación f; (*règlement*) liquidación, pago; (*meurtre*) asesinato; **~ judiciaire** liquidación judicial
**liquide** [likid] adj líquido(-a); **air ~** aire m líquido ▶ nm líquido; **en ~** (*Comm*) en efectivo
**liquider** [likide] vt liquidar
**liquidités** [likidite] nfpl (*Comm*) liquidez fsg, disponibilidades fpl
**liquoreux, -euse** [likɔʀø, øz] adj licoroso(-a)
**lire** [liʀ] nf (*Hist*: *monnaie*) lira ▶ vt, vi (*aussi fig*) leer; **~ qch à qn** leer algo a algn
**lis** [lis] vb voir **lire** ▶ nm = **lys**

**lisais** [lizɛ] vb voir **lire**
**Lisbonne** [lisbɔn] n Lisboa
**lise** [liz] vb voir **lire**
**liseré** [lizʀe] nm (*ruban*) ribete m; (*bande*) cenefa
**liseron** [lizʀɔ̃] nm enredadera
**liseuse** [lizøz] nf (*Inform*) lector m electrónico
**lisible** [lizibl] adj legible; (*fig*: *politique, projet, offre*) transparente; **ce livre n'est pas ~** no merece la pena leer este libro
**lisiblement** [lizibləmɑ̃] adv de forma legible
**lisière** [lizjɛʀ] nf (*de forêt, bois*) lindero, linde m ou f; (*de tissu*) orillo
**lisons** [lizɔ̃] vb voir **lire**
**lisse** [lis] adj liso(-a)
**lisser** [lise] vt alisar
**lisseur** [li:sœʀ] nm alisadores mpl
**listage** [listaʒ] nm (*Inform*) listado
**liste** [list] nf lista; **faire la ~ de** hacer la lista de; **~ civile** presupuesto de la casa real o del jefe del Estado; **~ d'attente** lista de espera; **~ de mariage** lista de boda; **~ électorale/noire** lista electoral/negra
**lister** [liste] vt hacer una lista de, listar
**listing** [listiŋ] nm (*Inform*) listado; **qualité ~** calidad f de listado
**lit** [li] nm cama; (*de rivière*) lecho; **faire son ~** hacerse la cama; **aller/se mettre au ~** ir a/meterse en la cama; **prendre le ~** (*malade etc*) guardar cama; **d'un premier ~** (*Jur*) del primer matrimonio; **~ d'enfant** cuna; **~ de camp** cama de campaña; **~ simple/double** cama sencilla/de matrimonio
**litanie** [litani] nf (*fig*) letanía
**lit-cage** [likaʒ] (pl **lits-cages**) nm cama plegable
**litchi** [litʃi] nm lichi m
**literie** [litʀi] nf colchón y ropa de cama
**litho** [litɔ], **lithographie** [litɔgʀafi] nf litografía
**lithographier** [litɔgʀafje] vt litografiar
**litière** [litjɛʀ] nf cama de paja; **~ pour chat** arena para gatos
**litige** [litiʒ] nm litigio; **en ~** en litigio
**litigieux, -euse** [litiʒjø, jøz] adj litigioso(-a)
**litote** [litɔt] nf lítote f
**litre** [litʀ] nm litro; **~ de vin/bière** litro de vino/cerveza
**littéraire** [liteʀɛʀ] adj literario(-a)
**littéral, e, -aux** [liteʀal, o] adj literal
**littéralement** [liteʀalmɑ̃] adv literalmente
**littérature** [liteʀatyʀ] nf literatura
**littoral, e, -aux** [litɔʀal, o] adj, nm litoral m
**Lituanie** [litɥani] nf Lituania
**lituanien, ne** [litɥanjɛ̃, jɛn] adj lituano(-a) ▶ nm (*Ling*) lituano ▶ nm/f: **Lituanien, ne** lituano(-a)
**liturgie** [lityʀʒi] nf liturgia
**liturgique** [lityʀʒik] adj litúrgico(-a)
**livide** [livid] adj lívido(-a)
**living** [liviŋ] nm living m

**living-room** [liviŋʀum] (*pl* **living-rooms**) *nm* = **living**

**livrable** [livʀabl] *adj* (*Comm*) a entregar
**livraison** [livʀɛzɔ̃] *nf* entrega; (*de plusieurs marchandises*) reparto; **~ à domicile** entrega *ou* reparto a domicilio
**livre** [livʀ] *nm* libro; **traduire qch à ~ ouvert** traducir algo de corrido; **~ blanc** libro blanco; **~ d'or** libro de oro; **~ de bord** diario de navegación; **~ de chevet/de comptes** libro de cabecera/de cuentas; **~ de cuisine** libro de cocina; **~ de messe** libro de misa, misal *m*; **~ de poche** libro de bolsillo; **~ électronique** *ou* **numérique** libro electrónico ▶ *nf* (*poids, monnaie*) libra
**livré, e** [livʀe] *adj* : **~ à** (*soumis à*) sometido(-a) a; **~ à soi-même** abandonado a sí mismo
**livrée** [livʀe] *nf* librea
**livrer** [livʀe] *vt* (*marchandises, otage, complice*) entregar; (*plusieurs colis etc*) repartir; (*client*) hacer una entrega a; (*secret, information*) revelar; **~ bataille** librar una batalla; **se livrer à** *vpr* entregarse a; (*se confier à*) confiarse a; (*s'abandonner à*) darse a, entregarse a; (*enquête*) llevar a cabo
**livresque** [livʀɛsk] (*péj*) *adj* libresco(-a)
**livret** [livʀɛ] *nm* (*petit livre*) librito; (*d'opéra*) libreto; **~ de caisse d'épargne** libreta de ahorros; **~ de famille** libro de familia; **~ scolaire** libro escolar
**livreur, -euse** [livʀœʀ, øz] *nm/f* repartidor(a)
**lob** [lɔb] *nm* lob *m*
**lobby** [lɔbi] (*pl* **lobbys** *ou* **lobbies**) *nm* lobby *m*
**lobe** [lɔb] *nm* : **~ de l'oreille** lóbulo de la oreja
**lobé, e** [lɔbe] *adj* lobulado(-a)
**lober** [lɔbe] *vt* (*balle*) dar una volea a; (*adversaire, gardien de but*) volear (por alto)
**local, e, -aux** [lɔkal, o] *adj* local ▶ *nm* local *m*; **locaux** *nmpl* (*d'une compagnie*) locales *mpl*
**localement** [lɔkalmã] *adv* localmente
**localisé, e** [lɔkalize] *adj* localizado(-a)
**localiser** [lɔkalize] *vt* (*dans l'espace*) localizar; (*dans le temps*) situar
**localité** [lɔkalite] *nf* localidad *f*
**locataire** [lɔkatɛʀ] *nmf* inquilino(-a)
**locatif, -ive** [lɔkatif, iv] *adj* (*charges*) a cargo del inquilino; (*valeur*) del alquiler; (*immeuble*) de alquiler
**location** [lɔkasjɔ̃] *nf* alquiler *m*; (*par le propriétaire*) arriendo, alquiler; **« ~ de voitures »** « alquiler de coches »; **~ de vacances** piso *ou* casa de alquiler para las vacaciones
**location-vente** [lɔkasjɔ̃vãt] (*pl* **locations-ventes**) *nf* alquiler *m* con opción a compra
**lock-out** [lɔkaut] *nm inv* lock-out *m*
**lock-outer** [lɔkaute] *vt* (*atelier, usine*) cerrar; (*employés*) despedir
**locomoteur, -trice** [lɔkɔmɔtœʀ, tʀis] *adj* locomotor(a)

**locomotion** [lɔkɔmosjɔ̃] *nf* locomoción *f*; **moyen de ~** medio de locomoción
**locomotive** [lɔkɔmɔtiv] *nf* (*aussi fig*) locomotora
**locomotrice** [lɔkɔmɔtʀis] *nf* locomotora
**locuteur, -trice** [lɔkytœʀ, tʀis] *nm/f* (*Ling*) hablante *mf*; **~ natif(-ive)** hablante nativo(-a)
**locution** [lɔkysjɔ̃] *nf* (*Ling*) locución *f*
**loden** [lɔdɛn] *nm* (*Textile*) loden *m*; (*manteau*) abrigo loden
**lof** [lɔf] *nm* (*Naut*) barlovento; **aller au ~** ir a barlovento; **virer ~ pour ~** virar en redondo con viento en popa
**lofer** [lɔfe] *vi* orzar
**logarithme** [lɔgaʀitm] *nm* logaritmo
**loge** [lɔʒ] *nf* (*d'artiste*) camerino; (*de spectateurs*) palco; (*de concierge*) portería, conserjería; (*de franc-maçon*) logia
**logeable** [lɔʒabl] *adj* habitable
**logement** [lɔʒmã] *nm* alojamiento; (*maison, appartement*) vivienda; **le ~** (*Pol, Admin*) la vivienda; **chercher un ~** buscar una vivienda; **construire des logements bon marché** construir viviendas baratas; **crise du ~** crisis *fsg* de la vivienda; **~ de fonction** alojamiento de servicio
**loger** [lɔʒe] *vt* alojar; (*suj* : *hôtel, école*) alojar, albergar ▶ *vi* vivir; **se loger** *vpr* : **trouver à se ~** encontrar dónde alojarse *ou* vivir; **se ~ dans** (*suj* : *balle, flèche*) alojarse en
**logeur, -euse** [lɔʒœʀ, øz] *nm/f* casero(-a)
**loggia** [lɔdʒja] *nf* loggia
**logiciel, le** [lɔʒisjɛl] (*Inform*) *nm* software *m*, programa *m* (informático) ▶ *adj* (*solution, suite, système*) de software
**logicien, ne** [lɔʒisjɛ̃, jɛn] *nm/f* lógico(-a)
**logique** [lɔʒik] *adj* lógico(-a); **c'est ~** es lógico ▶ *nf* lógica; **la ~ de qch** la lógica de algo
**logiquement** [lɔʒikmã] *adv* lógicamente; (*raisonner etc*) con lógica; (*normalement*) normalmente
**logis** [lɔʒi] *nm* casa
**logisticien, ne** [lɔʒistisjɛ̃, jɛn] *adj, nm/f* lógico-matemático(-a)
**logistique** [lɔʒistik] *nf* logística ▶ *adj* (*moyens*) logístico(-a); **flotte ~** (*Mil*) flota logística; **soutien ~** (*Mil*) apoyo logístico
**logotype** [lɔgɔtip], **logo** [lɔgo] *nm* (*Comm*) logotipo
**loi** [lwa] *nf* ley *f*; **livre/tables de la ~** (*Rel*) libro/tablas *fpl* de la ley; **les lois de la mode** (*fig*) las leyes de la moda; **avoir force de ~** tener fuerza de ley; **faire la ~** dictar la ley; **la ~ de la jungle/du plus fort** la ley de la jungla/del más fuerte; **proposition/projet de ~** propuesta/proyecto de ley; **~ d'orientation** ≈ Ley de Autonomía Universitaria
**loi-cadre** [lwakadʀ(ə)] (*pl* **lois-cadres**) *nf* (*Pol*) ley *f* marco *inv*

## loin – lotissement

**loin** [lwɛ̃] *adv* lejos; **~ de** lejos de; **pas ~ de 100 euros** no mucho menos de 100 euros; **au ~** a lo lejos; **de ~** de lejos; *(de beaucoup)* con mucho; **il revient de ~** *(fig)* ha vuelto a nacer; **de ~ en ~** de vez en cuando; **aussi ~ que je puisse me rappeler ...** que yo recuerde ...; **~ de là** ni mucho menos

**lointain, e** [lwɛ̃tɛ̃, ɛn] *adj (aussi fig)* lejano(-a) ▶ *nm* : **dans le ~** en la lejanía

**loi-programme** [lwapʀɔgʀam] *(pl* **lois-programmes**) *nf* (Pol) ley *f* marco *inv*

**loir** [lwaʀ] *nm* lirón *m*; **dormir comme un ~** dormir como un lirón

**Loire** [lwaʀ] *nf* : **la ~** el Loira

**loisible** [lwazibl] *adj* : **il vous est ~ de ...** le está permitido ...

**loisir** [lwaziʀ] *nm* : **heures de ~** horas *fpl* de ocio; **prendre/avoir le ~ de faire qch** tomarse/tener tiempo para hacer algo; **(tout) à ~** con (toda) tranquilidad; *(autant qu'on le désire)* todo lo que se quiera, tanto como se quiera; **loisirs** *nmpl* tiempo *msg* libre; *(activités)* diversiones *fpl*

**lombaire** [lɔ̃bɛʀ] *adj* lumbar

**lombalgie** [lɔ̃balʒi] *nf* lumbalgia

**londonien, ne** [lɔ̃dɔnjɛ̃, jɛn] *adj* londinense ▶ *nm/f* : **Londonien, ne** londinense *mf*

**Londres** [lɔ̃dʀ] *n* Londres

**long, longue** [lɔ̃, lɔ̃g] *adj* largo(-a); **faire/ne pas faire ~ feu** durar mucho/poco; **au ~ cours** (Naut) de altura; **de longue date** de antiguo; **longue durée** larga duración; **de longue haleine** arduo(-a); **être ~ à faire** ser lento(-a) para hacer ▶ *adv* : **en dire/savoir ~** decir/saber mucho ▶ *nm* : **de cinq mètres de ~** de cinco metros de largo; **en ~** a lo largo; **(tout) le ~ de** *(rue, bord)* a lo largo de; **tout au ~ de** *(année, vie)* a lo largo de; **de ~ en large** de un lado a otro; **en ~ et en large** *(fig)* a fondo

**longanimité** [lɔ̃ganimite] *nf* longanimidad *f*, paciencia

**long-courrier** [lɔ̃kuʀje] *(pl* **long-courriers**) *nm* (Aviat) avión *m* de larga distancia

**longe** [lɔ̃ʒ] *nf* cabestro, correa; *(Culin)* lomo

**longer** [lɔ̃ʒe] *vt* bordear, costear; *(suj : mur, route)* bordear

**longévité** [lɔ̃ʒevite] *nf* longevidad *f*

**longiligne** [lɔ̃ʒiliɲ] *adj* longilíneo(-a)

**longitude** [lɔ̃ʒityd] *nf* longitud *f*; **à 45 degrés de ~ nord** a 45 grados longitud norte

**longitudinal, e, -aux** [lɔ̃ʒitydinal, o] *adj* longitudinal

**longtemps** [lɔ̃tɑ̃] *adv* mucho tiempo; **avant ~** dentro de poco; **pour/pendant ~** para/durante mucho tiempo; **je n'en ai pas pour ~** no voy a tardar mucho (tiempo); **mettre ~ à faire qch** costarle mucho tiempo a algn *ou* algo hacer algo; **ça ne va pas durer ~** eso no va a durar mucho; **elle/il en a pour ~ (à le faire)** le va a llevar un buen rato (hacerlo); **il y a/n'y a pas ~ que je travaille** hace/no hace mucho que trabajo; **il y a ~ que je n'ai pas travaillé** llevo mucho tiempo sin trabajar

**longue** [lɔ̃g] *adj f voir* **long** ▶ *nf* : **à la ~** a la larga

**longuement** [lɔ̃gmɑ̃] *adv* mucho tiempo, largamente; *(en détail)* detenidamente

**longueur** [lɔ̃gœʀ] *nf* longitud *f*; **une ~ (de piscine)** un largo (de piscina); **sur une ~ de 10 km** en una distancia de 10 km; **en ~** a lo largo; **tirer en ~** alargarse demasiado; **à ~ de journée** durante todo el día; **une ~** *(Sport)* por un largo, por un cuerpo; **~ d'onde** longitud de onda; **longueurs** *nfpl* : **il y a des longueurs dans ce film** *(fig)* hay momentos lentos en esta película

**longue-vue** [lɔ̃gvy] *(pl* **longues-vues**) *nf* catalejo

**look** [luk] *(fam) nm* look *m*; **un ~ d'enfer** un look genial; **un ~ plus jeune** un look más juvenil

**looping** [lupiŋ] *nm* (Aviat) looping *m*; **faire des loopings** hacer looping, hacer rizos

**lopin** [lɔpɛ̃] *nm* : **~ de terre** parcela de tierra

**loquace** [lɔkas] *adj* locuaz

**loque** [lɔk] *nf (personne)* ruina; **loques** *nfpl* *(habits)* harapos *mpl*, andrajos *mpl*; **être/tomber en loques** estar hecho(-a)/hacerse harapos

**loquet** [lɔkɛ] *nm* picaporte *m*

**lorgner** [lɔʀɲe] *vt (regarder)* mirar de reojo; *(convoiter)* tener echado el ojo a, codiciar; **~ sur qch** tener echado el ojo a algo

**lorgnette** [lɔʀɲɛt] *nf* anteojo

**lorgnon** [lɔʀɲɔ̃] *nm (face-à-main)* impertinentes *mpl*; *(pince-nez)* quevedos *mpl*

**loriot** [lɔʀjo] *nm* oropéndola

**lorrain, e** [lɔʀɛ̃, ɛn] *adj* lorenés(-esa) ▶ *nm/f* : **Lorrain, e** lorenés(-esa); *voir aussi* **quiche**

**Lorraine** [lɔʀɛn] *nf* Lorena

**lors** [lɔʀ] : **~ de** *prép* durante; **~ même que** aun cuando

**lorsque** [lɔʀsk] *conj* cuando

**losange** [lɔzɑ̃ʒ] *nm* rombo; **en ~** en forma de rombo, romboidal

**lot** [lo] *nm* lote *m*; *(de loterie)* premio; *(destin)* suerte *f*; **~ de consolation** premio de consolación

**loterie** [lɔtʀi] *nf (tombola)* lotería, rifa; *(fig)* lotería; **L~ nationale** Lotería nacional

**loti, e** [lɔti] *adj* : **être bien/mal ~** tener (buena)/mala suerte

**lotion** [losjɔ̃] *nf* loción *f*; **~ après rasage** loción para después del afeitado; **~ capillaire** loción capilar

**lotir** [lɔtiʀ] *vt* parcelar

**lotissement** [lɔtismɑ̃] *nm (de maisons, d'immeubles)* urbanización *f*; *(parcelle)* parcelación *f*

## lotisseur – lumbago

**lotisseur, -euse** [lɔtisœʀ, øz] *nm/f* responsable *mf* de la parcelación

**loto** [lɔto] *nm* lotería; **le L~** *(jeu de hasard)* la loto; *ver nota*

> **LOTO**
>
> La **Loto** es un sorteo nacional de lotería que distribuye grandes sumas de dinero. Se escogen 5 números de entre 49 y uno más del 1 al 10. Cuantos más números acertados, mayor es el premio. El sorteo se televisa tres veces a la semana.

**lotte** [lɔt] *nf (de mer)* rape *m*

**louable** [lwabl] *adj (action, personne)* loable; **~ à l'année** con contrato de alquiler anual

**louage** [lwaʒ] *nm (à louer)* arrendamiento; **voiture de ~** coche *m* de alquiler

**louange** [lwɑ̃ʒ] *nf*: **à la ~ de qn/de qch** en elogio de algn/de algo; **louanges** *nfpl (compliments)* elogios *mpl*, alabanzas *fpl*

**loubard** [lubaʀ] *nm* macarra *m*

**louche** [luʃ] *adj* sospechoso(-a) ▶ *nf* cucharón *m*

**loucher** [luʃe] *vi* bizquear; **~ sur qch** *(fig)* írsele los ojos tras de algo

**louer** [lwe] *vt* alquilar; *(réserver)* reservar; *(faire l'éloge de)* elogiar; *(Rel : Dieu)* alabar a; **« à ~ »** «se alquila»; **se ~ de qch/d'avoir fait qch** felicitarse por algo/por haber hecho algo

**loueur, -euse** [lwœʀ, øz] *nm/f* arrendador(a)

**loufoque** [lufɔk] *(fam) adj* estrafalario(-a)

**loukoum** [lukum] *nm* dulce oriental

**loulou** [lulu] *nm*: **~ de Poméranie** lulú *m*

**loup** [lu] *nm* lobo, *(poisson)* róbalo, lubina; *(masque)* antifaz *m*; **jeune ~** *(joven)* cachorro; **~ de mer** *(marin)* lobo de mar

**loupe** [lup] *nf (Optique)* lupa; **à la ~** *(fig)* con lupa; **~ de noyer** *(Menuiserie)* nudo de nogal

**louper** [lupe] *(fam) vt (train etc)* perder; *(examen)* catear *(fam)*

**lourd, e** [luʀ, luʀd] *adj (aussi fig)* pesado(-a); *(chaleur, temps)* bochornoso(-a); *(responsabilité, impôts)* importante; *(parfum, vin)* fuerte; **~ de** *(conséquences, menaces)* lleno(-a) de; **artillerie/industrie lourde** artillería/industria pesada ▶ *adv*: **peser ~** pesar mucho

**lourdaud, e** [luʀdo, od] *(péj) adj* torpe, tosco(-a); *(au moral)* zafio(-a)

**lourdement** [luʀdəmɑ̃] *adv (insister, appuyer)* excesivamente; **marcher/tomber ~** andar con paso pesado/caer como un plomo; **se tromper ~** equivocarse burdamente

**lourdeur** [luʀdœʀ] *nf* pesadez *f*; **lourdeurs d'estomac** pesadez *fsg* de estómago

**loustic** [lustik] *nm (farceur)* chistoso(-a); *(fam, péj)* tío

**loutre** [lutʀ] *nf* nutria

**louve** [luv] *nf* loba

**louveteau, x** [luv(ə)to] *nm (Zool)* lobezno; *(scout)* joven scout *m*

**louvoyer** [luvwaje] *vi (Naut)* bordear; *(fig)* andar con rodeos

**lover** [lɔve]: **se lover** *vpr (serpent)* enroscarse, enrollarse

**loyal, e, -aux** [lwajal, o] *adj* leal; *(fair-play)* legal

**loyalement** [lwajalmɑ̃] *adv* legalmente

**loyalisme** [lwajalism] *nm* lealtad *f*

**loyauté** [lwajote] *nf* lealtad *f*; **~ envers qn** lealtad a algn

**loyer** [lwaje] *nm* alquiler *m*; **~ de l'argent** interés *msg*

**LP** [ɛlpe] *sigle m* (= *lycée professionnel*) centro de formación profesional

**LSD** [ɛlɛsde] *sigle m* (= *Lyserg Säure Diäthylamid*) LSD *m* (= Dietilamida del Ácido Lisérgico)

**lu, e** [ly] *pp de* **lire**

**lubie** [lybi] *nf* capricho, antojo

**lubricité** [lybʀisite] *nf* lubricidad *f*

**lubrifiant** [lybʀifjɑ̃] *nm* lubrificante *m*

**lubrifier** [lybʀifje] *vt* lubrificar

**lubrique** [lybʀik] *adj* lúbrico(-a)

**lucarne** [lykaʀn] *nf* tragaluz *m*; **la petite ~** *(la télévision)* la pequeña pantalla

**lucide** [lysid] *adj* lúcido(-a)

**lucidité** [lysidite] *nf* lucidez *f*

**luciole** [lysjɔl] *nf* luciérnaga

**lucratif, -ive** [lykʀatif, iv] *adj* lucrativo(-a); **à but non ~** sin ánimo de lucro

**ludique** [lydik] *adj* lúdico(-a)

**ludothèque** [lydɔtɛk] *nf* ludoteca

**luette** [lɥɛt] *nf* campanilla

**lueur** [lɥœʀ] *nf (des étoiles, de la lune, d'une lampe)* resplandor *m*, fulgor *m*; *(fig : de désir, colère)* brillo, destello; *(: d'espoir)* rayo; *(: de raison, d'intelligence)* chispa

**luge** [lyʒ] *nf (objet)* trineo; *(discipline)* luge *m*; **faire de la ~** deslizarse en trineo

**lugeur, -euse** [lyʒœʀ, øz] *nm/f* patinador(a) de trineo

**lugubre** [lygybʀ] *adj* lúgubre; *(lumière, temps)* lóbrego(-a)

**lui¹** [lɥi] *pron (objet indirect)* le; *(après un autre pronom à la troisième personne)* se; *(sujet, objet direct : aussi forme emphatique)* él; **je ~ ai donné de l'argent** le di dinero; **je le ~ donne** se lo doy; **elle est riche, ~ est pauvre** ella es rica, él es pobre; **~, il est à Paris** él está en París; **c'est ~ qui l'a fait** lo hizo él; **je la connais mieux que ~** la conozco mejor que él; **à ~** *(possessif)* suyo(-a), de él; **cette voiture est à ~** ese coche es suyo

**lui²** [lɥi] *pp de* **luire**

**lui-même** [lɥimɛm] *pron* él mismo; *(avec préposition)* sí mismo; **il a agi de ~** obró por sí mismo

**luire** [lɥiʀ] *vi* brillar, relucir

**luisant, e** [lɥizɑ̃, ɑ̃t] *vb voir* **luire** ▶ *adj* reluciente, brillante

**lumbago** [lɔ̃bago] *nm* lumbago

**lumière** [lymjɛʀ] *nf* luz *f*; *(éclaircissement)* iluminación *f*, luz; *(personne)* lumbrera; **à la ~ de** *(aussi fig)* a la luz de; **à la ~ électrique** con luz eléctrica; **faire de la ~** encender la luz; **faire (toute) la ~ sur** *(fig)* esclarecer, aclarar; **mettre qch en ~** *(fig)* poner algo en claro, sacar algo a la luz; **~ du jour/du soleil** luz del día/del sol; **lumières** *nfpl* *(d'une personne)* luces *fpl*

**luminaire** [lyminɛʀ] *nm* luminaria

**luminescent, e** [lyminesã, ãt] *adj* luminescente

**lumineux, -euse** [lyminø, øz] *adj (aussi fig)* luminoso(-a); *(éclairé)* iluminado(-a)

**luminosité** [lyminozite] *nf* luminosidad *f*

**lump** [lœ̃p] *nm* : **œufs de ~** huevas *fpl* de lumbo

**lunaire** [lynɛʀ] *adj* lunar

**lunatique** [lynatik] *adj* lunático(-a)

**lunch** [lœ̃ntʃ] *nm (réception)* lunch *m*

**lundi** [lœ̃di] *nm* lunes *m inv*; **on est ~** estamos a lunes; **le ~ 20 août** el lunes 20 de agosto; **il est venu ~** llegó el lunes; **le(s) ~(s)** *(chaque lundi)* el (los) lunes; «**à ~**» « hasta el lunes »; **~ de Pâques** lunes de Pascua; **~ de Pentecôte** lunes de Pentecostés

**lune** [lyn] *nf* luna; **pleine/nouvelle ~** luna llena/nueva; **être dans la ~** estar en la luna; **~ de miel** luna de miel

**luné, e** [lyne] *adj* : **bien/mal ~** de buen/mal humor

**lunette** [lynɛt] *nf* : **lunettes** *nfpl* gafas *fpl*, anteojos *mpl* (AM); **~ arrière** *(Auto)* luneta (trasera); **~ d'approche** catalejo; **lunettes de plongée** gafas de bucear; **lunettes noires/de soleil** gafas negras/de sol

**lurent** [lyʀ] *vb voir* **lire**

**lurette** [lyʀɛt] *nf* : **il y a belle ~** hace siglos

**luron, ne** [lyʀɔ̃, ɔn] *nm/f* barbián(-ana); **joyeux** *ou* **gai ~** jaranero, juerguista

**lus** [ly] *vb voir* **lire**

**lustre** [lystʀ] *nm* araña; *(éclat)* brillo

**lustrer** [lystʀe] *vt* lustrar; *(vêtement)* gastar

**lut** [ly] *vb voir* **lire**

**luth** [lyt] *nm* laúd *m*

**luthier, -ière** [lytje, jɛʀ] *nm/f* fabricante *mf* de instrumentos de cuerda

**lutin** [lytɛ̃] *nm* duende *m*

**lutrin** [lytʀɛ̃] *nm* atril *m*

**lutte** [lyt] *nf* lucha; **de haute ~** en reñida lucha; **~ des classes** lucha de clases; **~ libre** *(Sport)* lucha libre

**lutter** [lyte] *vi* luchar; *(Sport)* luchar, combatir; **~ pour/contre qn/qch** luchar por/contra algn/algo

**lutteur, -euse** [lytœʀ, øz] *nm/f (aussi fig)* luchador(a)

**luxation** [lyksasjɔ̃] *nf* luxación *f*

**luxe** [lyks] *nm* lujo; **de ~** de lujo; **un ~ de** *(fig)* un lujo de; **l'industrie du ~** la industria del lujo

**Luxembourg** [lyksãbuʀ] *nm* Luxemburgo

**luxembourgeois, e** [lyksãbuʀʒwa, waz] *adj* luxemburgués(-esa) ▶ *nm/f* : **Luxembourgeois, e** luxemburgués(-esa)

**luxer** [lykse] *vt* : **se ~ l'épaule/le genou** luxarse el hombro/la rodilla

**luxueusement** [lyksɥøzmã] *adv* lujosamente

**luxueux, -euse** [lyksɥø, øz] *adj* lujoso(-a)

**luxure** [lyksyʀ] *nf* lujuria

**luxuriant, e** [lyksyʀjã, jãt] *adj* exuberante, lujuriante

**luzerne** [lyzɛʀn] *nf* alfalfa

**lycée** [lise] *nm* instituto, liceo (AM); *ver nota*; **~ professionnel** ≈ centro de formación profesional; **~ technique** instituto técnico

> **LYCÉE**
>
> Los estudiantes franceses pasan los tres últimos años de educación secundaria en un **lycée**, que es donde se examinan del *baccalauréat* antes de comenzar los estudios universitarios.
> Hay varios tipos de **lycée**, entre ellos los *lycées d'enseignement général et technologique*, que ofrecen cursos generales y técnicos, y los *lycées professionnels*, que ofrecen cursos que preparan directamente para una profesión. Algunos **lycées**, especialmente aquellos que cubren una zona territorial muy extensa o los que imparten cursos especializados, ofrecen a los alumnos la posibilidad de quedarse internos.

**lycéen, ne** [liseɛ̃, ɛn] *nm/f* alumno(-a) de instituto

**lymphatique** [lɛ̃fatik] *adj (aussi fig)* linfático(-a)

**lymphe** [lɛ̃f] *nf* linfa

**lyncher** [lɛ̃ʃe] *vt* linchar

**lynx** [lɛ̃ks] *nm* lince *m*

**Lyon** [ljɔ̃] *n* Lyon

**lyonnais, e** [ljɔnɛ, ɛz] *adj* lionés(-esa); **à la lyonnaise** *(Culin)* al estilo de Lyon ▶ *nm/f* : **Lyonnais, e** lionés(-esa)

**lyophilisé, e** [ljɔfilize] *adj* liofilizado(-a)

**lyre** [liʀ] *nf* lira

**lyrique** [liʀik] *adj* lírico(-a); **artiste ~** artista lírico(-a); **théâtre ~** teatro lírico; **comédie ~** comedia lírica

**lyrisme** [liʀism] *nm* lirismo

**lys** [lis] *nm (Bot)* lirio; *(emblème)* lis *m*

# Mm

**M¹, m¹** [ɛm] *nm inv* M, m *f*; **M comme Marcel** ≈ M de Madrid
**M²** *abr* (= Monsieur) Sr. (= Señor)
**m²** *abr* (= mètre(s)) m (= metro(s))
**m'** [m] *pron voir* **me**
**MA** [ɛma] *sigle m* (= maître auxiliaire) *voir* **maître²**
**ma** [ma] *voir* **mon**
**maboul, e** [mabul] (*fam*) *adj* chiflado(-a) (*fam*)
**macabre** [makabʀ] *adj* macabro(-a)
**macadam** [makadam] *nm* macadán *m*
**Macao** [makao] *n* Macao
**macaque** [makak] *nm* (*singe*) macaco
**macareux** [makaʀø] *nm* frailecillo
**macaron** [makaʀɔ̃] *nm* (*gâteau*) mostachón *m*; (*insigne*) insignia; (*natte*) rodete *m*
**macaroni** [makaʀɔni] *nmpl* macarrones *mpl*; **~ au fromage/au gratin** macarrones al queso/gratinados
**macchabée** [makabe] *nm* (*fam*) fiambre *m* (*fam*), cadáver *m*
**macédoine** [masedwan] *nf*: **~ de fruits** macedonia de frutas; **~ de légumes** menestra (*sin carne*)
**macérer** [maseʀe] *vi, vt* macerar
**mâche** [mɑʃ] *nf* (*salade*) canónigos *mpl*
**mâchefer** [mɑʃfɛʀ] *nm* cagafierro
**mâcher** [mɑʃe] *vt* masticar; **ne pas ~ ses mots** no tener pelos en la lengua; **~ le travail à qn** (*fig*) darle a algn el trabajo mascado
**machette** [maʃɛt] *nf* machete *m*
**machiavélique** [makjavelik] *adj* maquiavélico(-a)
**machiavélisme** [makjavelism] *nm* maquiavelismo
**machin** [maʃɛ̃] (*fam*) *nm* chisme *m* (*fam*); (*personne*): **M~** fulano
**machinal, e, -aux** [maʃinal, o] *adj* maquinal
**machinalement** [maʃinalmɑ̃] *adv* maquinalmente
**machination** [maʃinasjɔ̃] *nf* maquinación *f*
**machine** [maʃin] *nf* máquina; (*d'un navire, aussi fig*) maquinaria; (*fam: personne*): **M~** fulana; **faire ~ arrière** dar marcha atrás; **~ à coudre/à tricoter** máquina de coser/de tricotar; **~ à laver** lavadora; **~ à sous** máquina tragaperras *inv*; **~ à vapeur** máquina a *ou* de vapor

**machine-outil** [maʃinuti] (*pl* **machines-outils**) *nf* máquina herramienta
**machinerie** [maʃinʀi] *nf* maquinaria; (*d'un navire*) sala de máquinas
**machinisme** [maʃinism] *nm* maquinismo
**machiniste** [maʃinist] *nm* (*Théâtre*) tramoyista *mf*; (*de bus, métro*) conductor(a)
**machisme** [ma(t)ʃism] *nm* machismo
**machiste** [ma(t)ʃist] *adj, nmf* machista *mf*
**macho** [matʃo] (*fam*) *nm* machista *m* ▶ *adj* machista
**mâchoire** [mɑʃwaʀ] *nf* mandíbula; (*Tech*) mordaza; **~ de frein** zapata
**mâchonner** [mɑʃɔne] *vt* mordisquear
**mâchouiller** [mɑʃuje] (*fam*) *vt* mascar
**mâcon** [mɑkɔ̃] *nm* vino de Macón
**maçon, ne** [masɔ̃, ɔn] *nm/f* albañil *mf*
**maçonner** [masɔne] *vt* (*revêtir*) revestir; (*boucher*) taponar
**maçonnerie** [masɔnʀi] *nf* albañilería; (*murs*) muros *mpl*
**maçonnique** [masɔnik] *adj* masónico(-a)
**macramé** [makʀame] *nm* macramé *m*
**macro** [makʀo] *nf* (*Inform*) macro *f*
**macrobiotique** [makʀɔbjɔtik] *adj* macrobiótico(-a)
**macrocéphale** [makʀosefal] *adj* macrocéfalo(-a)
**macrocosme** [makʀokɔsm] *nm* macrocosmos *msg*
**macroéconomie** [makʀoekɔnɔmi] *nf* macroeconomía
**macrophotographie** [makʀofɔtɔgʀafi] *nf* macrofotografía
**macroscopique** [makʀoskɔpik] *adj* macroscópico(-a)
**maculer** [makyle] *vt* manchar; (*Typo: feuille*) macular; **maculé de** (*sang, boue*) manchado de
**Madagascar** [madagaskaʀ] *nf* Madagascar *m*
**madame** [madam] (*pl* **mesdames**) *nf* (*titre*) señora, doña; **M~ X** la señora X; **occupez-vous de M~** atienda a la señora; **bonjour ~** buenos días señora; **~ !** (*pour appeler*) ¡(oiga) señora!; **M~**, (*sur lettre*) Señora:; **Chère M~**, Estimada señora:; **M~ la Directrice** (la) señora directora; **Mesdames** Señoras

## madeleine – maigrelet

**madeleine** [madlɛn] nf (gâteau) magdalena
**mademoiselle** [madmwazɛl] (pl **mesdemoiselles**) nf Señorita; voir aussi **madame**
**madère** [madɛʀ] nm madeira m
**madone** [madɔn] nf madona
**madré, e** [madʀe] adj astuto(-a)
**Madrid** [madʀid] n Madrid
**madrier** [madʀije] nm madero
**madrigal, -aux** [madʀigal, o] nm madrigal m
**madrilène** [madʀilɛn] adj madrileño(-a)
▸ nmf : **Madrilène** madrileño(-a)
**maestria** [maɛstʀija] nf maestría
**maestro** [maɛstʀo] nm maestro
**mafia, maffia** [mafja] nf mafia
**mafieux, -euse** [mafjø, øz] adj, nm/f mafioso(-a)
**magasin** [magazɛ̃] nm tienda; (entrepôt) almacén m; (d'une arme) recámara; (Photo) carga; **en ~** (Comm) en almacén; **faire les magasins** ir de tiendas; **~ d'alimentation** tienda de ultramarinos
**magasinier, -ière** [magazinje, jɛʀ] nm/f mozo(-a) de almacén
**magazine** [magazin] nm revista; (radiodiffusé, télévisé) magazine m, magacín m
**mage** [maʒ] nm : **les Rois Mages** los Reyes Magos
**magenta** [maʒɛta] nm magenta m
**Maghreb** [magʀɛb] nm Magreb m
**maghrébin, e** [magʀebɛ̃, in] adj magrebí
▸ nm/f : **Maghrébin, e** magrebí mf
**magicien, ne** [maʒisjɛ̃, jɛn] nm/f mago(-a)
**magie** [maʒi] nf magia; **~ noire** magia negra
**magique** [maʒik] adj mágico(-a)
**magistral, -aux** [maʒistʀal, o] adj magistral; **cours ~** clase f teórica
**magistralement** [maʒistʀalmɑ̃] adv magistralmente
**magistrat, e** [maʒistʀa, at] nm/f magistrado(-a)
**magistrature** [maʒistʀatyʀ] nf magistratura; **~ assise** jueces mpl; **~ debout** fiscales mpl
**magma** [magma] nm magma m; (fig) embrollo
**magnanerie** [maɲanʀi] nf criadero de gusanos de seda
**magnanime** [maɲanim] adj magnánimo(-a)
**magnanimité** [maɲanimite] nf magnanimidad f
**magnat** [magna] nm magnate m; **~ de la presse** magnate de la prensa
**magner** [maɲe] : **se magner** vpr (fam) espabilar; **magne-toi, on est en retard !** ¡espabila, que llegamos tarde!
**magnésie** [maɲezi] nf magnesia
**magnésium** [maɲezjɔm] nm magnesio
**magnétique** [maɲetik] adj magnético(-a)
**magnétiser** [maɲetize] vt magnetizar

**magnétiseur, -euse** [maɲetizœʀ, øz] nm/f magnetizador(a)
**magnétisme** [maɲetism] nm magnetismo
**magnéto** [maɲeto] nf (Élec) magneto; (à cassettes) cassette m
**magnétocassette** [maɲetokasɛt] nm cassette m
**magnétophone** [maɲetɔfɔn] nm magnetófono; **~ (à cassettes)** cassette m
**magnétoscope** [maɲetɔskɔp] nm magnetoscopio
**magnificence** [maɲifisɑ̃s] nf magnificencia
**magnifier** [maɲifje] vt magnificar
**magnifique** [maɲifik] adj magnífico(-a)
**magnifiquement** [maɲifikmɑ̃] adv magníficamente
**magnitude** [maɲityd] nf (de séisme) magnitud f; **un séisme de ~ 4 sur l'échelle de Richter** un seísmo de magnitud 4 en la escala de Richter
**magnolia** [maɲɔlja] nm magnolia
**magnum** [magnɔm] nm botella de dos litros
**magot** [mago] nm pasta (fam); (économies) hucha
**magouille** [maguj] (fam) nf chanchullo (fam)
**magouiller** [maguje] (fam) vt maquinar, tramar ▸ vi hacer chanchullos (fam)
**magret** [magʀɛ] nm : **~ de canard** magret m de pato
**mahométan, e** [maɔmetɑ̃, an] adj mahometano(-a)
**mai** [mɛ] nm mayo; ver nota; voir aussi **juillet**

### MAI

**Le premier mai**, día internacional de los trabajadores, es costumbre en Francia llevar puestas e intercambiar ramitas de lirio de los valles. **Le 8 mai** es una fiesta oficial en Francia en la que se conmemora la rendición del ejército alemán ante Eisenhower el 7 de mayo de 1945. En la mayoría de las poblaciones hay desfiles de veteranos de guerra. La agitación social que tuvo lugar en mayo y junio de 1968, con manifestaciones estudiantiles, huelgas y disturbios, se conoce genéricamente como les événements de **mai 68**. El gobierno de De Gaulle resistió la presión, aunque se vio abocado a realizar reformas educativas y a avanzar hacia la descentralización.

**maigre** [mɛgʀ] adj (après nom : personne, animal) delgado(-a), flaco(-a); (: viande, fromage) magro(-a); (fig : avant nom : repas, salaire, profit) escaso(-a); (: résultat) mediocre; **jours maigres** días mpl de vigilia ▸ adv : **faire ~** comer de vigilia
**maigrelet, te** [mɛgʀəlɛ, ɛt] adj delgaducho(-a)

**maigreur** [mɛgRœR] *nf* delgadez *f*, flaqueza; *(de la végétation)* escasez *f*
**maigrichon, ne** [mɛgRiʃɔ̃, ɔn] *(fam) adj* delgaducho(-a) *(fam)*
**maigrir** [mɛgRiR] *vi* adelgazar ▸ *vt (suj: vêtement)* : **~ qn** hacer parecer más delgado(-a) a algn
**mail** [mɛl] *nm* e-mail *m*, correo electrónico
**mailing** [mɛliŋ] *nm* mailing *m*
**maille** [maj] *nf (d'une chaîne)* eslabón *m*; *(d'un filet)* malla; *(d'un tricot)* punto; **avoir ~ à partir avec qn** andar en dimes y diretes con algn; **~ à l'endroit/à l'envers** punto del derecho/del revés
**maillechort** [majʃɔR] *nm* alpaca
**maillet** [majɛ] *nm (outil)* mazo; *(de croquet)* palo
**maillon** [majɔ̃] *nm (d'une chaîne)* eslabón *m*
**maillot** [majo] *nm* malla; *(de sportif)* camiseta; **~ (de corps)** camiseta; **~ de bain** traje *m* de baño, bañador *m*; **~ deux pièces** biquini *m*; **~ jaune** *(Cyclisme)* jersey *m* amarillo, maillot *m* amarillo
**main** [mɛ̃] *nf* mano *f*; **la ~ dans la ~** cogidos(-as) de la mano; **à une ~** con una mano; **à deux mains** con las dos manos; **à la ~** a mano; **se donner la ~** darse la mano; **donner** *ou* **tendre la ~ à qn** dar *ou* tender la mano a algn; **se serrer la ~** estrecharse la mano; **serrer la ~ à qn** estrechar la mano a algn; **demander la ~ d'une femme** pedir la mano de una mujer; **sous la ~** a mano; **haut les mains** arriba las manos; **à ~ levée** *(Art)* a pulso; **à mains levées** *(voter)* a mano alzada; **attaque à ~ armée** ataque *m* a mano armada; **à ~ droite/gauche** a mano derecha/izquierda; **de première ~** de primera mano; **de ~ de maître** con mano maestra; **à remettre en mains propres** a entregar en mano; **faire ~ basse sur qch** apoderarse de algo; **mettre la dernière ~ à qch** dar el último toque a algo; **mettre la ~ à la pâte** poner manos a la obra; **avoir qch/qn bien en ~** conocer algo/a algn bien; **prendre qch en ~** *(fig)* hacerse cargo de algo; **avoir la ~** *(Cartes)* ser mano; **céder/passer la ~** *(Cartes)* ceder/pasar la mano; **forcer la ~ à qn** obligar a algn; **s'en laver les mains** *(fig)* lavarse las manos; **se faire la ~** entrenarse; **perdre la ~** estar desentrenado(-a); **en un tour de ~** *(fig)* en un periquete; **~ courante** pasamanos *m inv*
**mainate** [mɛnat] *nm* estornino de Malasia
**main-d'œuvre** [mɛ̃dœvR] *(pl* **mains-d'œuvre)** *nf* mano *f* de obra
**main-forte** [mɛ̃fɔRt] *nf* : **prêter ~ à qn** echar una mano a algn
**mainmise** [mɛ̃miz] *nf* confiscación *f*; *(fig)* : **avoir la ~ sur** tener control sobre
**mains libres** [mɛ̃libR] *adj inv (téléphone, kit)* manos libres
**maint, e** [mɛ̃, mɛ̃t] *adj* varios(-as); **à maintes reprises** en repetidas ocasiones
**maintenance** [mɛ̃t(ə)nɑ̃s] *nf* mantenimiento
**maintenant** [mɛ̃t(ə)nɑ̃] *adv* ahora; *(ceci dit)* ahora bien; **~ que** ahora que
**maintenir** [mɛ̃t(ə)niR] *vt* mantener; *(personne, foule, animal)* contener; **se maintenir** *vpr* mantenerse; *(préjugé)* conservarse
**maintien** [mɛ̃tjɛ̃] *nm* mantenimiento; *(allure)* compostura; **cours de ~** curso de buenas maneras; **~ de l'ordre** mantenimiento del orden
**maintiendrai** *etc* [mɛ̃tjɛ̃dRe] *vb voir* **maintenir**
**maintiens** [mɛ̃tjɛ̃] *vb voir* **maintenir**
**maire** [mɛR] *nmf* alcalde(sa), intendente(-a) *(CSur)*, regente *mf (Mex)*
**mairie** [meRi] *nf* ayuntamiento
**mais** [mɛ] *conj* pero; **~ non !** ¡que no!; **~ enfin !** ¡pero bueno!; **~ encore** sino que
**maïs** [mais] *nm* maíz *m*
**maison** [mɛzɔ̃] *nf* casa; *(famille)* : **fils/ami de la ~** niño/amigo de la casa; **à la ~** en casa; *(direction)* a casa; **~ centrale/mère** casa central/matriz; **~ close** *ou* **de passe** casa de citas; **~ d'arrêt** prisión *f*; **~ de campagne** casa de campo; **~ de la culture** casa de la cultura; **~ de repos** casa de reposo; **~ de correction** correccional *m*; **~ de retraite** asilo de ancianos; **~ de santé** centro de salud; **~ des jeunes** casa de la juventud; *ver nota* ▸ *adj inv (Culin)* casero(-a); *(dans un restaurant, fig)* de la casa; *(syndicat)* propio(-a); *(fam: bagarre etc)* bárbaro(-a)

**MAISONS DES JEUNES ET DE LA CULTURE**

Las **maisons des jeunes et de la culture** o **MJC**, parcialmente subvencionadas por el estado, son centros juveniles que organizan una amplia gama de actividades deportivas y culturales y además llevan a cabo una labor social.

**Maison-Blanche** [mɛzɔ̃blɑ̃ʃ] *nf* : **la ~** la Casa Blanca
**maisonnée** [mɛzɔne] *nf* familia
**maisonnette** [mɛzɔnɛt] *nf* casita
**maître¹, -esse** [mɛtR, ɛs] *nm/f (Scol)* maestro(-a); *(du chien)* dueño(-a); **le ~ des lieux** el dueño del lugar; **rester ~ de soi-même** dominarse a sí mismo; **~ d'école** maestro(-a) de primaria *o* de escuela; **~ de maison** amo(-a) *ou* dueño(-a) de la casa ▸ *adj* maestro(-a); *(Cartes)* principal; **une maîtresse femme** toda una mujer; **carte maîtresse** *(fig)* as *m* en la manga; *voir aussi* **maîtresse**
**maître²** [mɛtR] *nmf (peintre etc)* maestro(-a); **être ~ de** dominar; **passer ~ dans l'art de** llegar a dominar el arte de; **se rendre ~ de**

(*pays, ville*) adueñarse de; (*situation, incendie*) dominar; **maison de** ~ casa señorial; **voiture de** ~ coche *m* con chófer; ~ **à penser** maestro(-a); ~ **auxiliaire** (*Scol*) profesor(a) adjunto(-a); ~ **chanteur(-euse)** chantajista *mf*; ~ **d'armes** maestro(-a) de armas; ~ **de chapelle** maestro(-a) de capilla; ~ **de conférences** (*Univ*) profesor(a); ~ **d'hôtel** (*dans un restaurant*) jefe(-a) de comedor, maître *mf*; ~ **nageur(-euse)** monitor(a) de natación; (*qui porte secours*) socorrista *mf*; ~ **d'œuvre** (*Constr*) contratista *mf*; ~ **d'ouvrage** (*Constr*) maestro(-a) de obras; ~ **queux** jefe(-a) de cocina ▶ *nm* (*Jur*) maestro; **M**~ título *que se da en Francia a abogados, procuradores y notarios*

**maître-assistant, e** [mɛtʀasistɑ̃, ɑ̃t] (*pl* **maîtres-assistants, -es**) *nm/f* (*Univ*) profesor(a) adjunto(-a)

**maître-autel** [mɛtʀotɛl] (*pl* **maîtres-autels**) *nm* altar *m* mayor

**maîtresse** [mɛtʀɛs] *nf* (*amante*) amante *f*; *voir aussi* **maître**[1]

**maîtrise** [metʀiz] *nf* (*aussi* : **maîtrise de soi**) dominio de sí mismo; (*calme*) serenidad *f*; (*habileté, virtuosité*) maestría; (*suprématie*) dominio; (*diplôme*) ≈ licenciatura; (*contremaîtres et chefs d'équipe*) capataces *mpl*

**maîtriser** [metʀize] *vt* dominar; **se maîtriser** *vpr* dominarse

**maïzena**® [maizena] *nf* maicena, maizena®

**majesté** [maʒɛste] *nf* : ~ **royale/impériale** majestad *f* real/imperial; (*titre*) : **Sa/Votre M**~ Su/Vuestra Majestad

**majestueusement** [maʒɛstɥøzmɑ̃] *adv* majestuosamente

**majestueux, -euse** [maʒɛstɥø, øz] *adj* (*fleuve, édifice*) majestuoso(-a)

**majeur, e** [maʒœʀ] *adj* mayor; (*Jur* : *personne*) mayor de edad; (*préoccupation*) principal; **en majeure partie** en su mayor parte; **la majeure partie de** la mayor parte de ▶ *nm/f* (*Jur*) mayor *mf* de edad ▶ *nm* (*doigt*) (dedo) corazón *m*

**major** [maʒɔʀ] *nm* (*Mil*) ≈ subteniente *m*; ~ **de la promotion** (*Scol*) primero de la promoción

**majoration** [maʒɔʀasjɔ̃] *nf* recargo

**majordome** [maʒɔʀdɔm] *nm* mayordomo

**majorer** [maʒɔʀe] *vt* recargar

**majorette** [maʒɔʀɛt] *nf* majorette *f*

**majoritaire** [maʒɔʀitɛʀ] *adj* mayoritario(-a); **système/scrutin** ~ sistema *m*/escrutinio mayoritario

**majorité** [maʒɔʀite] *nf* mayoría; (*Jur*) mayoría de edad; **en** ~ en su mayoría; **avoir la** ~ tener la mayoría; **la** ~ **silencieuse** la mayoría silenciosa; ~ **absolue/relative** mayoría absoluta/relativa; ~ **civile** mayoría de edad (*para el ejercicio de los derechos civiles*); ~ **électorale** mayoría de edad para votar; ~ **pénale** mayoría de edad

**Majorque** [maʒɔʀk] *nf* Mallorca

**majorquin, e** [maʒɔʀkɛ̃, in] *adj* mallorquín(-ina) ▶ *nm/f* : **Majorquin, e** mallorquín(-ina)

**majuscule** [maʒyskyl] *adj, nf* : (**lettre**) ~ (letra) mayúscula

**mal, maux** [mal, mo] *nm* (*tort, épreuve, malheur*) desgracia; (*douleur physique*) dolor *m*; (*maladie*) mal *m*; (*difficulté*) dificultad *f*; (*souffrance morale*) sufrimiento; (*péché*) : **le** ~ el mal; **dire du** ~ **de qn** hablar mal de algn; **ne vouloir de** ~ **à personne** no querer hacer daño a nadie; **il n'a rien fait de** ~ no ha hecho nada malo; **penser du** ~ **de qn** pensar mal de algn; **ne voir aucun** ~ **à** no ver ningún mal en; **sans penser** *ou* **songer à** ~ sin mala intención; **faire du** ~ **à qn** hacer daño a algn; **il n'y a pas de** ~ no pasa nada; **se donner du** ~ **pour faire qch** esforzarse para hacer algo; **prendre** ~ ponerse enfermo(-a); **ça fait** ~ duele; **j'ai** ~ **(ici)** me duele (aquí); **j'ai** ~ **au dos** me duele la espalda; **avoir** ~ **à la tête/aux dents** tener dolor de cabeza/de muelas; **avoir** ~ **au cœur** tener náuseas; **se faire** ~ hacerse daño; **se faire** ~ **au pied** hacerse daño en el pie; **j'ai du** ~ **à le faire** me cuesta hacerlo; **avoir le** ~ **de l'air** marearse (en los aviones); **avoir le** ~ **du pays** tener morriña; ~ **de la route/ de mer** mareo; ~ **de ventre** dolor de barriga ▶ *adv* mal; **se sentir/se trouver** ~ sentirse/ encontrarse mal; **être** ~ **avec qn** andar de malas con algn; **il comprend** ~ no entiende bien; **il a** ~ **compris** ha entendido mal; ~ **tourner** ir mal; **craignant** ~ **faire** temiendo hacer mal ▶ *adj inv* : **c'est** ~ **(de faire)** está mal (hacer); **être** ~ (*mal installé*) estar incómodo(-a); ~ **en point** en mal estado

**malabar** [malabaʀ] *nm* grandullón *m*

**malachite** [malaʃit] *nf* malaquita

**malade** [malad] *adj* enfermo(-a); (*poitrine, jambe*) malo(-a); **tomber** ~ caer enfermo(-a); **être** ~ **du cœur** estar enfermo(-a) del corazón ▶ *nmf* enfermo(-a); **grand(e)** ~ enfermo(-a) grave; ~ **mental(e)** enfermo(-a) mental

**maladie** [maladi] *nf* enfermedad *f*; **être rongé par la** ~ estar consumido por la enfermedad; ~ **bleue** cianosis *f inv*; ~ **de peau** enfermedad de la piel

**maladif, -ive** [maladif, iv] *adj* enfermizo(-a)

**maladresse** [maladʀɛs] *nf* torpeza

**maladroit, e** [maladʀwa, wat] *adj* torpe

**maladroitement** [maladʀwatmɑ̃] *adv* torpemente

**mal-aimé, e** [maleme] (*pl* **mal-aimés, -es**) *nm/f* malquerido(-a)

**malais, e** [malɛ, ɛz] *adj* malayo(-a) ▶ *nm* (*Ling*) malayo ▶ *nm/f* : **Malais, e** malayo(-a)

**malaise** [malɛz] nm malestar m; **avoir un ~** marearse; **~ cardiaque** malestar cardíaco
**malaisé, e** [maleze] adj difícil
**Malaisie** [malɛzi] nf Malasia
**malappris, e** [malapʀi, iz] nm/f maleducado(-a)
**malaria** [malaʀja] nf malaria
**malavisé, e** [malavize] adj desacertado(-a)
**Malawi** [malawi] nm Malawi m
**malaxer** [malakse] vt amasar; (mêler) mezclar
**malaxeur** [malaksœʀ] nm (Tech) hormigonera
**Malaysia** [malɛzja] nf Malasia
**malbouffe** [malbuf] (fam) nf : **la ~** la comida basura
**malchance** [malʃɑ̃s] nf mala suerte f; (mésaventure) desgracia; **par ~** por desgracia; **quelle ~ !** ¡qué mala suerte!
**malchanceux, -euse** [malʃɑ̃sø, øz] adj desafortunado(-a)
**malcommode** [malkɔmɔd] adj incómodo(-a)
**Maldives** [maldiv] nfpl : **les (îles) ~** las (islas) Maldivas
**maldonne** [maldɔn] nf (Cartes) cartas mal dadas; **il y a ~** (fig) aquí hay un error
**mâle** [mɑl] nm macho ▶ adj macho; (viril) varonil, viril; **prise ~** (Élec) clavija; **souris ~** ratón m macho
**malédiction** [malediksjɔ̃] nf maldición f; (fatalité, malchance) desgracia
**maléfice** [malefis] nm maleficio
**maléfique** [malefik] adj maléfico(-a)
**malencontreusement** [malɑ̃kɔ̃tʀøzmɑ̃] adv desgraciadamente
**malencontreux, -euse** [malɑ̃kɔ̃tʀø, øz] adj desgraciado(-a)
**malentendant, e** [malɑ̃tɑ̃dɑ̃, ɑ̃t] nm/f : **les malentendants** las personas con defectos de audición
**malentendu** [malɑ̃tɑ̃dy] nm malentendido
**malfaçon** [malfasɔ̃] nf defecto
**malfaisant, e** [malfəzɑ̃, ɑ̃t] adj (bête) dañino(-a); (être) malo(-a); (idées, influence) nocivo(-a)
**malfaiteur, -trice** [malfɛtœʀ, tʀis] nm/f malhechor(a)
**malfamé, e** [malfame] adj de mala fama
**malformation** [malfɔʀmasjɔ̃] nf malformación f
**malfrat** [malfʀa] nm malhechor m
**malgache** [malgaʃ] adj malgache ▶ nm (Ling) malgache m ▶ nmf : **Malgache** malgache mf
**malgré** [malgʀe] prép (contre le gré de) contra la voluntad de; (en dépit de) a pesar de; **~ moi/lui** a pesar mío/suyo; **~ tout** a pesar de todo
**malhabile** [malabil] adj torpe
**malheur** [malœʀ] nm desgracia f; (ennui) problema m; **par ~** por desgracia; **quel ~ !** ¡qué desgracia!; **faire un ~** (fam : un éclat) explotar; (: avoir du succès) arrasar (fam)

**malheureusement** [maløʀøzmɑ̃] adv desgraciadamente
**malheureux, -euse** [maløʀø, øz] adj (triste : personne) infeliz, desdichado(-a); (existence, accident) desgraciado(-a), desdichado(-a); (malchanceux : candidat) derrotado(-a); (: tentative) fracasado(-a); (insignifiant) miserable; **la malheureuse femme/ victime** la desdichada mujer/víctima; **avoir la main malheureuse** (au jeu) tener poca fortuna; (tout casser) ser un manazas ▶ nm/f desgraciado(-a); **les ~** los desamparados
**malhonnête** [malɔnɛt] adj deshonesto(-a)
**malhonnêtement** [malɔnɛtmɑ̃] adv sin honradez
**malhonnêteté** [malɔnɛtte] nf falta de honradez
**Mali** [mali] nm Mali m
**malice** [malis] nf malicia; (méchanceté) : **par ~** por maldad; **sans ~** sin malicia
**malicieusement** [malisjøzmɑ̃] adv maliciosamente
**malicieux, -euse** [malisjø, jøz] adj malicioso(-a)
**malien, ne** [maljɛ̃, ɛn] adj maliense, malí ▶ nm/f : **Malien, ne** maliense mf, malí mf
**malignité** [maliɲite] nf malicia; (Méd) malignidad f
**malin, -igne** [malɛ̃, maliɲ] adj (rusé : f gén **maline**) astuto(-a); (malicieux : sourire) pícaro(-a); (Méd) maligno(-a); **faire le ~** dárselas de listo; **éprouver un ~ plaisir à** regodearse con; **c'est ~ !** (iron) ¡qué listo!
**malingre** [malɛ̃gʀ] adj enteco(-a)
**malintentionné, e** [malɛ̃tɑ̃sjɔne] adj malintencionado(-a)
**malle** [mal] nf baúl m; **~ arrière** (Auto) maletero
**malléabilité** [maleabilite] nf maleabilidad f
**malléable** [maleabl] adj maleable
**malle-poste** [malpɔst] (pl **malles-poste**) nf coche m correo
**mallette** [malɛt] nf maletín m; (coffret) cofre m; **~ de voyage** maletín de viaje
**malmener** [malməne] vt maltratar; (fig : adversaire) dejar maltrecho(-a)
**malnutrition** [malnytʀisjɔ̃] nf desnutrición f
**malodorant, e** [malɔdɔʀɑ̃, ɑ̃t] adj maloliente
**malotru** [malɔtʀy] nm/f grosero(-a)
**malouin, e** [malwɛ̃, in] adj de Saint-Malo ▶ nm/f : **Malouin, e** nativo(-a) ou habitante mf de Saint-Malo
**Malouines** [malwin] nfpl : **les (îles) ~** las (islas) Malvinas
**malpoli, e** [malpɔli] nm/f maleducado(-a)
**malpropre** [malpʀɔpʀ] adj sucio(-a); (travail) mal hecho(-a); (histoire, plaisanterie) grosero(-a); (malhonnête) inmoral
**malpropreté** [malpʀɔpʀəte] nf suciedad f
**malsain, e** [malsɛ̃, ɛn] adj malsano(-a)

**malséant, e** [malseɑ̃, ɑ̃t] *adj* inoportuno(-a)
**malsonnant, e** [malsɔnɑ̃, ɑ̃t] *adj* malsonante
**malt** [malt] *nm* malta; **whisky pur ~** whisky *m* de malta
**maltais, e** [maltɛ, ɛz] *adj* maltés(-esa) ▶ *nm* (*Ling*) maltés *m* ▶ *nm/f*: **Maltais, e** maltés(-esa)
**Malte** [malt] *nf* Malta
**malté, e** [malte] *adj* malteado(-a)
**maltraitance** [maltrɛtɑ̃s] *nf* maltrato
**maltraiter** [maltrete] *vt* maltratar; (*critiquer, éreinter*) vapulear
**malus** [malys] *nm* (*Assurance*) recargo
**malveillance** [malvɛjɑ̃s] *nf* mala voluntad *f*; (*intention de nuire*) mala intención *f*; (*Jur*) malevolencia
**malveillant, e** [malvɛjɑ̃, ɑ̃t] *adj* malintencionado(-a)
**malvenu, e** [malvəny] *adj*: **être ~ de/à faire qch** no tener derecho a hacer algo
**malversation** [malvɛʀsasjɔ̃] *nf* malversación *f*
**mal-vivre** [malvivʀ] *nm inv* malestar *m*
**malvoyant, e** [malvwajɑ̃, ɑ̃t] *nm/f* persona con visión parcial
**maman** [mamɑ̃] *nf* mamá
**mamelle** [mamɛl] *nf* teta
**mamelon** [mam(ə)lɔ̃] *nm* (*Anat*) pezón *m*; (*petite colline*) montecillo
**mamie** [mami] (*fam*) *nf* abuelita, nana (*fam*)
**mammaire** [mamɛʀ] *adj* mamario(-a)
**mammectomie** [mamɛktɔmi] *nf* mastectomía
**mammifère** [mamifɛʀ] *nm* mamífero
**mammographie** [mamɔgʀafi] *nf* mamografía
**mammoplastie** [mamɔplasti] *nf* mamoplastia
**mammouth** [mamut] *nm* mamut *m*
**mamours** [mamuʀ] (*fam*) *nmpl* carantoñas *fpl*; **se faire des ~** hacerse carantoñas
**management** [manadʒmɛnt] *nm* (*techniques de gestion*) dirección *f* y gestión *f* de empresas, management *m*
**manager** [manadʒɛʀ] *nmf* director(a); (*Comm*) gerente *mf*; (*Sport*) mánager *mf*
**managérial, e, -aux** [manaʒeʀjal, o] *adj* directivo(-a), de gestión
**manant** [manɑ̃] *nm* (*vilain*) villano
**manceau, -elle** [mɑ̃so, ɛl] *adj* de Le Mans ▶ *nm/f*: **Manceau, -elle** nativo(-a) *ou* habitante *mf* de Le Mans
**manche** [mɑ̃ʃ] *nf* manga; (*Géo*): **la M~** el Canal *m* de la Mancha; **à manches courtes/longues** (*vêtement*) de manga corta/larga; **faire la ~** pedir limosna; **~ à air** *nf* (*Aviat, Inform*) manga de aire ▶ *nm* mango; (*de violon, guitare*) mástil *m*; **se débrouiller comme un ~** (*fam*) hacer las cosas con los pies;

**~ à balai** *nm* palo de escoba; (*Aviat*) palanca de mando; (*Inform*) palanca
**manchette** [mɑ̃ʃɛt] *nf* (*de chemise*) puño; (*coup*) golpe dado con el antebrazo; (*Presse*) cabecera, titular *m*; **faire la ~ des journaux** saltar a los titulares
**manchon** [mɑ̃ʃɔ̃] *nm* manguito; **~ (à incandescence)** camisa (incandescente)
**manchot, e** [mɑ̃ʃo, ɔt] *adj* manco(-a) ▶ *nm* (*Zool*) pingüino
**mandale** [mɑ̃dal] *nf* (*fam*) torta (*fam*), sopapo (*fam*)
**mandarin** [mɑ̃daʀɛ̃] *nm* (*Ling, Hist, ponte*) mandarín *m*
**mandarine** [mɑ̃daʀin] *nf* mandarina
**mandarinier** [mɑ̃daʀinje] *nm* mandarino
**mandat** [mɑ̃da] *nm* (*postal*) giro; (*d'un député, président*) mandato; (*procuration*) poder *m*; (*Police*) orden *f*; **toucher un ~** cobrar un giro; **~ d'amener** orden de comparecencia; **~ d'arrêt** orden de arresto; **~ de dépôt** orden de prisión; **~ de police** orden de registro
**mandataire** [mɑ̃datɛʀ] *nmf* mandatario(-a)
**mandat-carte** [mɑ̃dakaʀt] (*pl* **mandats-cartes**) *nm* giro postal (*en forma de postal*)
**mandater** [mɑ̃date] *vt* (*personne*) encargar; **~ un paiement** extender un libramiento
**mandat-lettre** [mɑ̃datlɛtʀ] (*pl* **mandats-lettres**) *nm* giro postal (*en forma de carta*)
**mandat-poste** [mɑ̃dapɔst] (*pl* **mandats-postes**) *nm* giro postal
**mandature** [mɑ̃datyʀ] *nf* mandato
**mandchou, e** [mɑ̃tʃu] *adj* manchú ▶ *nm* (*Ling*) manchú *m* ▶ *nm/f*: **Mandchou, e** manchú *mf*
**Mandchourie** [mɑ̃tʃuʀi] *nf* Manchuria
**mander** [mɑ̃de] *vt* ordenar
**mandibule** [mɑ̃dibyl] *nf* mandíbula
**mandoline** [mɑ̃dɔlin] *nf* mandolina
**manège** [manɛʒ] *nm* (*école d'équitation*) picadero; (*à la foire*) tiovivo; (*fig: manœuvre*) maniobra; **faire un tour de ~** dar una vuelta en tiovivo; **~ de chevaux de bois** caballitos *mpl*
**manette** [manɛt] *nf* palanca; **~ de jeu** palanca de juego
**manganèse** [mɑ̃ganɛz] *nm* manganeso
**mangeable** [mɑ̃ʒabl] *adj* (*comestible*) comestible; (*juste bon à manger*) comible
**mangeaille** [mɑ̃ʒaj] (*péj*) *nf* bazofia
**mangeoire** [mɑ̃ʒwaʀ] *nf* pesebre *m*
**manger** [mɑ̃ʒe] *vt* comer; (*ronger: suj: rouille etc*) carcomer; (*consommer*) gastar; (*capital*) despilfarrar ▶ *vi* comer
**mange-tout** [mɑ̃ʒtu] *nm inv* (*Bot*) tirabeque *m*; **haricot ~** judía verde
**mangeur, -euse** [mɑ̃ʒœʀ, øz] *nm/f* comedor(a)
**mangouste** [mɑ̃gust] *nf* mangosta
**mangrove** [mɑ̃gʀɔv] *nf* manglar *m*

**mangue** [mɑ̃g] nf mango
**maniabilité** [manjabilite] nf manejabilidad f
**maniable** [manjabl] adj manejable; (fig: personne) manipulable
**maniaque** [manjak] adj maniático(-a) ▶ nmf (obsédé, fou) maníaco(-a); (pointilleux) maniático(-a)
**manichéen, ne** [manikeɛ̃, ɛn] adj maniqueo(-a)
**manie** [mani] nf manía
**maniement** [manimɑ̃] nm manejo; **~ d'armes** (Mil) manejo de armas
**manier** [manje] vt manejar
**manière** [manjɛʀ] nf manera; (genre, style) estilo; **de ~ à** con objeto de; **de telle ~ que** de tal manera que; **de cette ~** de esta manera; **d'une ~ générale** en general; **de toute ~** de todas maneras; **d'une certaine ~** en cierto sentido; **à la ~ de (qn)** a la manera de (algn); **employer la ~ forte** emplear la fuerza; **complément/adverbe de ~** complemento/adverbio de modo; **manières** nfpl (attitude) modales mpl; (chichis) melindres mpl; **manquer de manières** carecer de educación; **faire des manières** andar con remilgos; **sans manières** sin ceremonias
**maniéré, e** [manjeʀe] adj amanerado(-a)
**manif** [manif] (fam) nf mani f (fam), manifa (fam)
**manifestant, e** [manifɛstɑ̃, ɑ̃t] nm/f manifestante mf
**manifestation** [manifɛstasjɔ̃] nf manifestación f; (fête, réunion etc) acto
**manifeste** [manifɛst] adj manifiesto(-a) ▶ nm manifiesto
**manifestement** [manifɛstəmɑ̃] adv manifiestamente
**manifester** [manifɛste] vt manifestar ▶ vi (Pol) manifestarse; **se manifester** vpr manifestarse; (témoin) presentarse
**manigance** [manigɑ̃s] nf artimaña
**manigancer** [manigɑ̃se] vt tramar
**Manille** [manij] n Manila
**manioc** [manjɔk] nm mandioca
**manip** [manip] (fam) nf (Inform) operación f; **faire une fausse ~** cometer un error de manejo
**manipulateur, -trice** [manipylatœʀ, tʀis] nm/f (aussi péj) manipulador(a); (prestidigitateur) ilusionista mf
**manipulation** [manipylasjɔ̃] nf manipulación f; **~ génétique** manipulación genética
**manipuler** [manipyle] vt manipular
**manique** [manik] nf (pour saisir les plats chauds) manopla
**manitou** [manitu] nm (chez les Indiens d'Amérique) manitú m; (fam: chef): **grand ~** mandamás mf (fam), pez m gordo (fam)
**manivelle** [manivɛl] nf manivela

**manne** [man] nf maná m
**mannequin** [mankɛ̃] nm (Couture) maniquí m; **taille ~** talla maniquí ▶ nmf (Mode) modelo mf
**manœuvrabilité** [manœvʀabilite] nf maniobrabilidad f
**manœuvrable** [manœvʀabl] adj maniobrable
**manœuvre** [manœvʀ] nf maniobra; **fausse ~** maniobra falsa ▶ nm peón m (de obra)
**manœuvrer** [manœvʀe] vt (aussi fig) manejar ▶ vi maniobrar
**manoir** [manwaʀ] nm casa solariega
**manomètre** [manɔmɛtʀ] nm manómetro
**manouche** [manuʃ] nmf gitano(-a)
**manquant, e** [mɑ̃kɑ̃, ɑ̃t] adj: **la/les page(s) manquante(s)** la(s) página(s) que falta(n)
**manque** [mɑ̃k] nm falta; **par ~ de** por falta de; **être en ~** tener el síndrome de abstinencia; **~ à gagner** lucro cesante; **manques** nmpl (lacunes) lagunas fpl
**manqué, e** [mɑ̃ke] adj fracasado(-a), fallido(-a); voir aussi **garçon**
**manquement** [mɑ̃kmɑ̃] nm: **~ à** infracción f de
**manquer** [mɑ̃ke] vi faltar; (échouer) fallar, fracasar; **l'argent qui leur manque** el dinero que les falta; **la voix lui a manqué** le falló la voz; **~ à qch** faltar a algo; **~ à qn**: **il/cela me manque** le/lo echo de menos; **~ de** carecer de; **nous manquons de feutres** se nos han agotado los rotuladores, no nos quedan rotuladores; **ne pas ~ de faire**: **il n'a pas manqué de le dire** no dejó de decirlo; **je n'y manquerai pas** no dejaré de hacerlo; **~ (de) faire**: **il a manqué (de) se tuer** por poco se mata ▶ vt (coup, objectif) fallar; (cours, réunion) faltar a; (occasion) perder; **j'ai manqué la photo** no me ha salido bien la foto; **ne pas ~ qn** vérselas con algn ▶ vb impers: **il (nous) manque 1/10 euros** nos falta 1 euro/faltan 10 euros; **il manque des pages** faltan páginas; **il ne manquerait plus que ...** faltaría solo que ...

> En espagnol, pour dire que quelqu'un ou quelque chose nous manque, on emploie l'expression *echar de menos* dans laquelle c'est la personne qui ressent le manque qui est sujet de la phrase, la construction étant inversée par rapport au français: **Ma famille me manque.** Echo de menos a mi familia.

**mansarde** [mɑ̃saʀd] nf buhardilla
**mansardé, e** [mɑ̃saʀde] adj abuhardillado(-a)
**mansuétude** [mɑ̃sɥetyd] nf mansedumbre f
**mante** [mɑ̃t] nf: **~ religieuse** santateresa, mantis f inv religiosa

## manteau – marche

**manteau, x** [mɑ̃to] *nm* abrigo; *(de cheminée)* campana; **sous le ~** *(vendre)* bajo cuerda

**mantille** [mɑ̃tij] *nf* mantilla

**manucure** [manykyʀ] *nf* manicura

**manucuré, e** [manykyʀe] *adj (mains, ongles, personne)* manicurado(-a)

**manuel, le** [manɥɛl] *adj* manual; **travailleur ~** trabajador *m* manual ▶ *nm/f*: **je suis un ~** lo mío es trabajar con las manos ▶ *nm (livre)* manual *m*

**manuellement** [manɥɛlmɑ̃] *adv* manualmente

**manufacture** [manyfaktyʀ] *nf* manufactura

**manufacturé, e** [manyfaktyʀe] *adj* manufacturado(-a)

**manufacturier, -ière** [manyfaktyʀje, jɛʀ] *nm/f* fabricante *mf*

**manuscrit, e** [manyskʀi, it] *adj* manuscrito(-a) ▶ *nm* manuscrito

**manutention** [manytɑ̃sjɔ̃] *nf* manipulación *f*

**manutentionnaire** [manytɑ̃sjɔnɛʀ] *nmf* manipulador(a)

**manutentionner** [manytɑ̃sjɔne] *vt* manipular

**maoïste** [maɔist] *adj, nmf* maoísta *mf*

**maori, e** [maɔʀi] *adj* maorí *inv* ▶ *nm (Ling)* maorí *m* ▶ *nm/f*: **Maori, e** maorí *mf*

**maous, se** [maus] *(fam) adj* grandote *(fam)*, enorme

**mappemonde** [mapmɔ̃d] *nf* mapamundi *m*

**maquereau, x** [makʀo] *nm (Zool)* caballa; *(fam: proxénète)* chulo

**maquerelle** [makʀɛl] *(fam) nf* patrona de casa de citas

**maquette** [makɛt] *nf* maqueta; *(d'une page illustrée, affiche)* boceto

**maquettiste** [makɛtist] *nmf* maquetista *mf*; **~ publicitaire** maquetista publicitario(-a)

**maquignon** [makiɲɔ̃] *nm* chalán *m*

**maquillage** [makijaʒ] *nm* maquillaje *m*

**maquiller** [makije] *vt (aussi fig)* maquillar; *(passeport)* falsificar; **se maquiller** *vpr* maquillarse

**maquilleur, -euse** [makijœʀ, øz] *nm/f* maquillador(a)

**maquis** [maki] *nm (Géo)* monte *m* bajo; *(fig)* embrollo; *(Mil)* maquis *m inv*

**maquisard, e** [makizaʀ, aʀd] *nm/f* maquis *mf inv*

**marabout** [maʀabu] *nm* marabú *m*

**maraîchage** [maʀɛʃaʒ] *nm* cultivos *mpl* de huerta

**maraîcher, -ère** [maʀɛʃe, ɛʀ] *adj*: **cultures maraîchères** cultivos *mpl* de huerta ▶ *nm/f* hortelano(-a)

**marais** [maʀɛ] *nm* pantano; **~ salant** salina

**marasme** [maʀasm] *nm* marasmo

**marathon** [maʀatɔ̃] *nm* maratón *m*

**marathonien, ne** [maʀatɔnjɛ̃, jɛn] *nm/f* maratoniano(-a)

**marâtre** [maʀɑtʀ] *nf* madrastra

**maraude** [maʀod] *nf (vol)* ratería; *(vagabondage)* merodeo; **en ~** de ronda; *(taxi)* en busca de clientes

**maraudeur, -euse** [maʀodœʀ, øz] *nm/f* ratero(-a)

**marbre** [maʀbʀ] *nm* mármol *m*; *(Typo)* platina; **rester de ~** quedarse de piedra

**marbré, e** [maʀbʀe] *adj (matériau)* jaspeado(-a); *(peau)* amoratado(-a); **un gâteau ~** un pastel de mármol ▶ *nm (gâteau)* pastel *m* de mármol

**marbrer** [maʀbʀe] *vt (matériau)* jaspear; *(peau)* amoratar

**marbrerie** [maʀbʀəʀi] *nf* marmolería

**marbrier** [maʀbʀije] *nm* marmolista *m*

**marbrière** [maʀbʀijɛʀ] *nf* cantera de mármol

**marbrures** [maʀbʀyʀ] *nfpl* moraduras *fpl*

**marc** [maʀ] *nm (de raisin, pommes, aussi alcool)* orujo; **~ de café** poso de café

**marcassin** [maʀkasɛ̃] *nm* jabato

**marchand, e** [maʀʃɑ̃, ɑ̃d] *nm/f* comerciante *mf*; *(au marché)* vendedor(a); **~ au détail/en gros** vendedor(a) minorista/mayorista; **~ de biens** corredor(a) de fincas; **~ de canons** *(péj)* traficante *mf* de armas; **~ de charbon** carbonero(-a); **~ de couleurs** droguero(-a); **~ de cycles** vendedor(a) de bicicletas; **~ de fruits** frutero(-a); **~ de journaux** vendedor(a) de periódicos; **~ de légumes** verdulero(-a); **~ de poisson** pescadero(-a); **~ de sable** *(fig)* genio fabuloso que duerme a los niños; **~ de tableaux** marchante *mf*; **~ de tapis** vendedor(a) de alfombras; **~ de vins** vinatero(-a); **~ des quatre saisons** vendedor(a) ambulante de frutas y verduras ▶ *adj*: **prix ~** precio de coste; **valeur marchande** valor *m* comercial; **qualité marchande** calidad *f* corriente

**marchandage** [maʀʃɑ̃daʒ] *nm* regateo; *(péj: électoral)* negociaciones *fpl*

**marchander** [maʀʃɑ̃de] *vt, vi* regatear

**marchandisage** [maʀʃɑ̃dizaʒ] *nm* merchandising *m*, promoción *f* comercial

**marchandise** [maʀʃɑ̃diz] *nf* mercancía

**marchant, e** [maʀʃɑ̃, ɑ̃t] *adj*: **aile marchante** *(d'un parti)* ala activa

**marche** [maʀʃ] *nf* marcha; *(d'escalier)* escalón *m*; *(allure, démarche)* paso; *(du temps, progrès)* curso; **ouvrir/fermer la ~** abrir/cerrar la marcha; **à une heure de ~** a una hora de camino; **dans le sens de la ~** *(Rail)* en el sentido de la marcha; **monter/prendre en ~** subir/coger en marcha; **mettre en ~** poner en marcha; **remettre qch en ~** arreglar algo; **se mettre en ~** ponerse en marcha; **~ arrière** *(Auto)* marcha atrás; **faire ~ arrière** *(Auto, aussi fig)* dar marcha atrás; **~ à suivre** pasos *mpl* a seguir; *(sur notice)* método

## marché – marmaille

**marché** [maʀʃe] nm mercado; (accord, affaire) trato; **par-dessus le ~** por añadidura; **faire son ~** ir a la compra; **mettre à qn le ~ en main** obligar a algn a tomar una decisión; **~ à terme/au comptant** (Bourse) operación f a plazo/al contado; **~ aux fleurs** mercado de flores; **~ aux puces** rastro, mercadillo; **M~ commun** Mercado Común; **~ du travail** mercado de trabajo; **~ noir** mercado negro

**marchepied** [maʀʃəpje] nm (Rail) estribo; (fig) trampolín m

**marcher** [maʀʃe] vi andar; (se promener) caminar; (Mil, affaires) marchar; (fonctionner) funcionar; (fam : croire naïvement) tragar; **d'accord, je marche** (fam) bueno, me parece bien; **~ sur** caminar por; (mettre le pied sur) pisar; (Mil) avanzar hacia; **~ dans** (herbe, neige) caminar por; (flaque) meterse en; **faire ~ qn** (pour rire) tomar el pelo a algn; (pour tromper) engañar a algn

**marcheur, -euse** [maʀʃœʀ, øz] nm/f andarín(-ina)

**marcotte** [maʀkɔt] nf acodo
**marcotter** [maʀkɔte] vt acodar
**mardi** [maʀdi] nm martes m inv; **M~ gras** martes de Carnaval; voir aussi **lundi**
**mare** [maʀ] nf charco m; **~ de sang** charco de sangre
**marécage** [maʀekaʒ] nm ciénaga
**marécageux, -euse** [maʀekaʒø, øz] adj cenagoso(-a)
**maréchal, e, -aux** [maʀeʃal, o] nm/f mariscal mf; **~ des logis** sargento mf
**maréchal-ferrant** [maʀeʃalfeʀɑ̃] (pl **maréchaux-ferrants**) nm herrador m
**maréchaussée** [maʀeʃose] nf (hum) gendarmería
**marée** [maʀe] nf marea; (poissons) pescado fresco; **contre vents et marées** (fig) contra viento y marea; **~ basse/haute** marea baja/alta; **~ d'équinoxe** marea de equinoccio; **~ humaine** marea humana; **~ montante/descendante** flujo/reflujo; **~ noire** marea negra
**marelle** [maʀɛl] nf rayuela
**marémotrice** [maʀemɔtʀis] adj f : **usine/énergie ~** fábrica/energía maremotriz
**mareyeur, -euse** [maʀejœʀ, øz] nm/f marisquero(-a)
**margarine** [maʀgaʀin] nf margarina
**marge** [maʀʒ] nf margen m; **en ~ (de)** al margen (de); **~ bénéficiaire** (Comm) margen de beneficios; **~ de fluctuation** (Comm) banda de fluctuación; **~ d'erreur/de sécurité** margen de error/de seguridad
**margelle** [maʀʒɛl] nf brocal m
**margeur** [maʀʒœʀ] nm marginador m
**marginal, e, -aux** [maʀʒinal, o] adj marginal ▶ nm/f persona marginal

**marginalisation** [maʀʒinalizasjɔ̃] nf marginación f
**marginaliser** [maʀʒinalize] vt marginar
**marginalité** [maʀʒinalite] nf marginalidad f
**marguerite** [maʀgəʀit] nf margarita
**marguillier** [maʀgije] nm mayordomo de una parroquia
**mari** [maʀi] nm marido
**mariage** [maʀjaʒ] nm matrimonio; (noce) boda; (fig : de mots, couleurs) combinación f; **~ blanc** matrimonio de conveniencia (para obtener la residencia o la nacionalidad); **~ civil/religieux** matrimonio civil/religioso; **~ d'amour/d'intérêt/de raison** matrimonio por amor/por interés/de conveniencia
**marié, e** [maʀje] adj casado(-a) ▶ nm/f novio(-a); **les mariés** los novios; **les jeunes mariés** los recién casados; **vive la mariée !** ¡viva la novia!
**marier** [maʀje] vt casar; (fig : couleur) combinar; **se marier** vpr : **se ~ (avec)** casarse (con); (fig) casar (con)
**marijuana** [maʀiʒwana] nf marihuana, marijuana
**marin, e** [maʀɛ̃, in] adj marino(-a); (carte, lunette) náutico(-a); **avoir le pied ~** saber mantenerse el equilibrio a bordo de un barco; (ne pas avoir le mal de mer) no marearse en los barcos ▶ nm marino; (matelot) marinero
**marina** [maʀina] nf puerto deportivo
**marinade** [maʀinad] nf escabeche m
**marine** [maʀin] adj f voir **marin** ▶ nf (aussi Art) marina; **~ à voiles** marina de vela; **~ marchande/de guerre** marina mercante/de guerra ▶ adj inv azul marino ▶ nm (Mil) marine m, soldado de infantería de marina; (couleur) azul marino
**mariner** [maʀine] vt, vi escabechar; **faire ~ qn** (fam) tener a algn plantado(-a) (fam)
**marinier** [maʀinje] nm marinero
**marinière** [maʀinjɛʀ] nf blusa marinera ▶ adj inv : **moules ~** mejillones mpl a la marinera
**marionnette** [maʀjɔnɛt] nf (aussi péj) marioneta; **marionnettes** nfpl (spectacle) marionetas fpl
**marionnettiste** [maʀjɔnetist] nmf marionetista m
**marital, e, -aux** [maʀital, o] adj : **autorisation maritale** autorización f marital
**maritalement** [maʀitalmɑ̃] adv maritalmente
**maritime** [maʀitim] adj marítimo(-a)
**marjolaine** [maʀʒɔlɛn] nf mejorana
**mark** [maʀk] nm (monnaie) marco
**marketing** [maʀketiŋ] nm (Comm) marketing m, márquetin m, mercadotecnia
**marmaille** [maʀmaj] (péj) nf pandilla

# marmelade – martiniquais

**marmelade** [maʀməlad] *nf* mermelada; **en ~** (*fig*) hecho(-a) migas; **~ d'oranges** mermelada de naranja

**marmite** [maʀmit] *nf* (*récipient*) marmita; (*contenu*) cocido; **faire bouillir la ~** (*fig*) ganarse el pan

**marmiton** [maʀmitɔ̃] *nm* pinche *m*, marmitón *m*

**marmonner** [maʀmɔne] *vt* mascullar

**marmot** [maʀmo] (*fam*) *nm* renacuajo

**marmotte** [maʀmɔt] *nf* marmota

**marmotter** [maʀmɔte] *vt* mascullar

**marne** [maʀn] *nf* marga

**Maroc** [maʀɔk] *nm* Marruecos *msg*

**marocain, e** [maʀɔkɛ̃, ɛn] *adj* marroquí ▶ *nm/f*: **Marocain, e** marroquí *mf*

**maronite** [maʀɔnit] *adj*, *nmf* maronita *mf*

**maroquin** [maʀɔkɛ̃] *nm* (*peau*) tafilete *m*; (*fig*) cartera de ministro

**maroquinerie** [maʀɔkinʀi] *nf* marroquinería

**maroquinier** [maʀɔkinje] *nm* marroquinero(-a)

**marotte** [maʀɔt] *nf* manía

**marquage** [maʀkaʒ] *nm* marcado

**marquant, e** [maʀkɑ̃, ɑ̃t] *adj* destacado(-a); (*personnalité*) especial

**marque** [maʀk] *nf* marca; (*d'une fonction, d'un grade*) distintivo; **à vos marques !** (*Sport*) ¡preparados!; **de ~** *adj* (*Comm: produit*) de marca; (*fig*) destacado(-a); **~ d'affection** muestra de afecto; **~ de fabrique** marca de fábrica; **~ déposée** marca registrada; **~ du pluriel** (*Ling*) terminación *f* de plural

**marqué, e** [maʀke] *adj* marcado(-a); (*visage*) envejecido(-a); (*taille*) acentuado(-a); **il n'y a rien de ~** no hay nada anotado; **~ à gauche/à droite** (*personnalité, discours*) de izquierdas/de derechas, izquierdista/derechista

**marquer** [maʀke] *vt* marcar; (*inscrire*) anotar; (*frontières*) señalar; (*suj: chose: laisser une trace sur*) dejar una marca en; (*endommager*) afectar; (*fig: impressionner*) impresionar; (*assentiment, refus*) manifestar; **~ qch de/par** señalar algo con; **~ qn de son influence** influir en algn; **~ qch de son empreinte** dejar su impronta en algo; **~ un temps d'arrêt** hacer una pausa; **~ le pas** (*fig*) marcar el paso; **~ d'une pierre blanche** señalar con una piedra blanca; **~ les points** apuntar los tantos ▶ *vi* dejar marca; (*Sport*) marcar

**marqueté, e** [maʀkəte] *adj* taraceado(-a)

**marqueterie** [maʀkɛtʀi] *nf* marquetería

**marqueur, -euse** [maʀkœʀ, øz] *nm/f* (*Sport*) goleador(a) ▶ *nm* rotulador *m*

**marquis, e** [maʀki, iz] *nm/f* marqués(-esa)

**marquise** [maʀkiz] *nf* (*auvent*) marquesina

**Marquises** [maʀkiz] *nfpl*: **les (îles) ~** las (islas) Marquesas

**marraine** [maʀɛn] *nf* madrina

**Marrakech** [maʀakɛʃ] *n* Marrakech

**marrant, e** [maʀɑ̃, ɑ̃t] (*fam*) *adj* divertido(-a); **ce n'est pas ~** no tiene gracia

**marre** [maʀ] (*fam*) *adv*: **en avoir ~ (de)** estar harto(-a) (de)

**marrer** [maʀe] (*fam*): **se marrer** *vpr* reírse

**marron** [maʀɔ̃] *nm* (*aussi fam*) castaña; **~ d'Inde** castaña de Indias; **marrons glacés** castañas *fpl* confitadas ▶ *adj inv* (*couleur*) marrón *inv* ▶ *adj* (*péj: avocat, médecin*) corrupto(-a)

**marronnier** [maʀɔnje] *nm* castaño de Indias

**Mars** [maʀs] *nm ou f* Marte *m*

**mars** [maʀs] *nm* marzo; *voir aussi* **juillet**

**marseillais, e** [maʀsɛjɛ, ɛz] *adj* marsellés(-esa) ▶ *nm/f*: **Marseillais, e** marsellés(-esa); *ver nota*

> **LA MARSEILLAISE**
>
> La **Marseillaise** es el himno nacional francés desde 1879. La letra del *Chant de guerre de l'armée du Rhin*, título original de la canción, fue escrita en 1792 por el capitán del ejército Rouget de Lisle, basándose en una melodía anónima. Adoptada más tarde como marcha militar por el batallón de Marsella, terminó conociéndose como la Marsellesa.

**Marseille** [maʀsɛj] *n* Marsella

**marsouin** [maʀswɛ̃] *nm* marsopa

**marsupial, e, -aux** [maʀsypjal, jo] *adj*, *nm* marsupial *m* **marsupiaux** *nmpl* marsupiales *mpl*

**marteau** [maʀto] *nm* martillo; (*de porte*) aldaba; **~ pneumatique** martillo neumático

**marteau-pilon** [maʀtopilɔ̃] (*pl* **marteaux-pilons**) *nm* martillo pilón

**marteau-piqueur** [maʀtopikœʀ] (*pl* **marteaux-piqueurs**) *nm* martillo neumático

**martel** [maʀtɛl] *nm*: **se mettre ~ en tête** quemarse la sangre

**martèlement** [maʀtɛlmɑ̃] *nm* martilleo

**marteler** [maʀtəle] *vt* martillear; (*mots, phrases*) recalcar

**martial, e, -aux** [maʀsjal, jo] *adj* marcial; **arts martiaux** artes *fpl* marciales; **cour martiale** consejo de guerra; **loi martiale** ley *f* marcial

**martien, ne** [maʀsjɛ̃, jɛn] *adj* marciano(-a)

**martinet** [maʀtinɛ] *nm* (*fouet*) disciplinas *fpl*; (*Zool*) vencejo

**martingale** [maʀtɛ̃gal] *nf* (*Couture*) trabilla; (*Jeu*) martingala

**martiniquais, e** [maʀtinikɛ, ɛz] *adj* martiniqués(-esa) ▶ *nm/f*: **Martiniquais, e** martiniqués(-esa)

## Martinique – matériel

**Martinique** [maʀtinik] *nf* Martinica
**martin-pêcheur** [maʀtɛ̃pɛʃœʀ] (*pl* **martins-pêcheurs**) *nm* martín *m* pescador
**martre** [maʀtʀ] *nf* marta; **~ zibeline** marta cibelina
**martyr, e** [maʀtiʀ] *nm/f* mártir *mf* ▶ *adj* mártir; **enfants martyrs** niños *mpl* mártires
**martyre** [maʀtiʀ] *nm* (*aussi fig*) martirio; **souffrir le ~** pasar un martirio
**martyriser** [maʀtiʀize] *vt* martirizar
**marxisme** [maʀksism] *nm* marxismo
**marxiste** [maʀksist] *adj, nmf* marxista *mf*
**mas** [mɑ(s)] *nm* masía
**mascara** [maskaʀa] *nm* rímel *m*
**mascarade** [maskaʀad] *nf* mascarada
**mascotte** [maskɔt] *nf* mascota
**masculin, e** [maskylɛ̃, in] *adj* masculino(-a) ▶ *nm* masculino
**masculinité** [maskylinite] *nf* masculinidad *f*
**maso** [mazo] (*fam*) *adj, nmf* (*masochiste*) masoca *mf* (*fam*)
**masochisme** [mazɔʃism] *nm* masoquismo
**masochiste** [mazɔʃist] *adj, nmf* masoquista *mf*
**masque** [mask] *nm* (*aussi fig*) máscara; (*d'escrime, de soudeur*) careta; (*Méd*) mascarilla; **~ à gaz** máscara de gas, careta antigás *inv*; **~ à oxygène** máscara de oxígeno; **~ de beauté** mascarilla de belleza; **~ de plongée** gafas *fpl* de bucear
**masqué, e** [maske] *adj* enmascarado(-a); **bal ~** baile *m* de disfraces
**masquer** [maske] *vt* ocultar; (*goût, odeur*) disimular
**massacrant, e** [masakʀɑ̃, ɑ̃t] *adj* : **être d'une humeur massacrante** estar de un humor insoportable
**massacre** [masakʀ] *nm* masacre *f*; **jeu de ~** (*à la foire*) pim pam pum *m*; (*fig*) destrozo
**massacrer** [masakʀe] *vt* masacrar; (*fig*) destrozar
**massage** [masaʒ] *nm* masaje *m*; **~ cardiaque** masaje cardíaco
**masse** [mas] *nf* masa; (*de cailloux, documents*) montón *m*; (*d'un édifice, navire*) mole *f*; (*maillet*) maza; **la ~** (*péj* : *peuple*) la masa; **les masses laborieuses/paysannes** las masas trabajadoras/campesinas; **la grande ~ des …** la gran masa de …; **une ~ de, des masses de** (*fam*) un montón de, montones de; **en ~** en masa; **~ monétaire/salariale** masa monetaria/salarial
**massepain** [maspɛ̃] *nm* mazapán *m*
**masser** [mase] *vt* concentrar; (*personne, jambe*) dar masaje a; **se masser** *vpr* (*se regrouper*) concentrarse
**masseur, -euse** [masœʀ, øz] *nm/f* masajista *mf* ▶ *nm* (*appareil*) vibrador *m*
**massicot** [masiko] *nm* (*Typo*) guillotina
**massicotier, -ière** [masikɔtje, jɛʀ] *nm/f* (*Typo*) guillotinista *mf*

**massif, -ive** [masif, iv] *adj* (*porte, silhouette, or*) macizo(-a); (*dose*) masivo(-a) ▶ *nm* macizo
**massivement** [masivmɑ̃] *adv* masivamente
**mass media** [masmedja] *nmpl* mass media *mpl*, medios *mpl* de comunicación
**massue** [masy] *nf* maza; **argument ~** argumento contundente
**mastectomie** [mastɛktɔmi] *nf* mastectomía
**master** [mastɛʀ] *nm* (*Univ*) máster *m*
**mastère** [mastɛʀ] *nm* máster *m*
**mastic** [mastik] *nm* masilla
**masticage** [mastikaʒ] *nm* enmasillado
**mastication** [mastikasjɔ̃] *nf* masticación *f*
**mastiquer** [mastike] *vt* masticar; (*fente, vitre*) enmasillar
**mastoc** [mastɔk] (*fam*) *adj* : **c'est un type/édifice ~** ese tío/ese edificio es un mazacote *ou* una mole
**mastodonte** [mastɔdɔ̃t] *nm* mastodonte *m*
**masturbation** [mastyʀbasjɔ̃] *nf* masturbación *f*
**masturber** [mastyʀbe] *vt* : **se ~** masturbarse
**m'as-tu-vu** [matyvy] *nmf inv* presumido(-a)
**masure** [mazyʀ] *nf* chabola
**mat, e** [mat] *adj* mate *inv*; (*son*) sordo(-a); **être ~** (*Échecs*) ser mate
**mât** [mɑ] *nm* (*Naut*) mástil *m*; (*poteau*) poste *m*
**matamore** [matamɔʀ] *nm* matamoros *m inv*
**match** [matʃ] *nm* partido; **~ aller/retour** partido de ida/de vuelta; **~ nul** empate *m*; **faire ~ nul** empatar
**matelas** [mat(ə)lɑ] *nm* colchón *m*; **~ à ressorts** colchón de muelles; **~ pneumatique** colchón de aire
**matelassé, e** [mat(ə)lase] *adj* acolchado(-a)
**matelasser** [mat(ə)lase] *vt* acolchar
**matelassier, -ière** [mat(ə)lasje, jɛʀ] *nm/f* colchonero(-a)
**matelot** [mat(ə)lo] *nm* marinero
**mater** [mate] *vt* (*personne*) someter; (*révolte*) dominar; (*fam*) controlar
**matérialisation** [mateʀjalizasjɔ̃] *nf* materialización *f*
**matérialiser** [mateʀjalize] *vt* materializar; **se matérialiser** *vpr* materializarse
**matérialisme** [mateʀjalism] *nm* materialismo
**matérialiste** [mateʀjalist] *adj, nmf* materialista *mf*
**matériau** [mateʀjo] *nm* material *m*; **matériaux** *nmpl* (*documents*) material *msg*; **matériaux de construction** materiales *mpl* de construcción
**matériel, le** [mateʀjɛl] *adj* material; **il n'a pas le temps ~ de le faire** no tiene tiempo material para hacerlo; **panne matérielle** (*Inform*) fallo de hardware ▶ *nm* material *m*; (*de camping*) equipo *m*; (*de pêche*) aparejos *mpl*; (*Inform*) soporte *m* físico; **~ d'exploitation**

## matériellement – mauviette

(Comm) material de explotación; **~ informatique** hardware m; **~ roulant** (Rail) material móvil
**matériellement** [mateʀjɛlmɑ̃] adv materialmente; **c'est ~ impossible** es materialmente imposible
**maternel, le** [matɛʀnɛl] adj (amour) maternal; (grand-père, grand-mère) materno(-a)
**maternelle** [matɛʀnɛl] nf (aussi : **école maternelle**) escuela infantil
**materner** [matɛʀne] vt maternizar
**maternisé, e** [matɛʀnize] adj : **lait ~** leche f maternizada
**maternité** [matɛʀnite] nf maternidad f
**math** [mat] nfpl = **maths**
**mathématicien, ne** [matematisjɛ̃, jɛn] nm/f matemático(-a)
**mathématique** [matematik] adj matemático(-a); **mathématiques** nfpl matemáticas fpl
**matheux, -euse** [matø, øz] (fam) nm/f matemático(-a)
**maths** [mat] (fam) nfpl matemáticas fpl, mates fpl (fam)
**matière** [matjɛʀ] nf (Phys) materia; (Comm, Tech) material m; (d'un livre etc) tema m; (Scol) asignatura; **en ~ de** en materia de; (en ce qui concerne) en cuanto a; **donner ~ à** dar motivo de; **~ grise** materia gris; **~ plastique** plástico; **matières fécales** heces fpl; **matières grasses** grasas fpl; **matières premières** materias primas
**MATIF** [matif] sigle m (= Marché à terme international de France) organismo que regula las operaciones a término en la Bolsa
**Matignon** [matiɲɔ̃] n residencia del primer ministro francés; ver nota

: **HÔTEL MATIGNON**
:
: **L'hôtel Matignon** es el despacho y
: residencia del primer ministro francés en
: París. Por extensión, el término **Matignon**
: se emplea frecuentemente para designar
: al Primer Ministro o a su equipo.

**matin** [matɛ̃] nm mañana; **le ~** por la mañana; **dimanche ~** el domingo por la mañana; **jusqu'au ~** hasta la mañana; **le lendemain ~** a la mañana siguiente; **hier/demain ~** ayer/mañana por la mañana; **du ~ au soir** de sol a sol; **une heure du ~** la una de la mañana ou de la madrugada; **à demain ~ !** ¡hasta mañana por la mañana!; **un beau ~** un día de estos; **de grand** ou **bon ~** de madrugada; **tous les dimanches matins** todos los domingos por la mañana
**matinal, e, -aux** [matinal, o] adj (toilette, gymnastique) matutino(-a), matinal; (de bonne heure) tempranero(-a); **être ~** (personne) ser madrugador(a)

**mâtiné, e** [matine] adj cruzado(-a)
**matinée** [matine] nf mañana; (réunion) sesión f de la tarde; (spectacle) función f de tarde, vermú m (AM); **en ~** por la tarde
**matois, e** [matwa, waz] adj astuto(-a)
**matos** [matos] (fam) nm material m, equipamiento
**matou** [matu] (fam) nm gato
**matraquage** [matʀakaʒ] nm aporreamiento; **~ publicitaire** bombardeo publicitario
**matraque** [matʀak] nf (de malfaiteur) cachiporra; (de policier) porra
**matraquer** [matʀake] vt aporrear; (fig : touristes etc) clavar (fam); (: disque) poner una y otra vez
**matriarcal, e, -aux** [matʀijaʀkal, o] adj matriarcal
**matrice** [matʀis] nf (Anat, Math) matriz f; (Tech) molde m
**matricule** [matʀikyl] nf matrícula ▶ nm (Mil) número de registro; (Admin) registro
**matrimonial, e, -aux** [matʀimɔnjal, jo] adj matrimonial
**matrone** [matʀɔn] nf matrona
**mature** [matyʀ] adj maduro(-a)
**mâture** [matyʀ] nf (Naut) arboladura
**maturité** [matyʀite] nf (d'une personne) madurez f; (d'un fruit) sazón f
**maudire** [modiʀ] vt maldecir
**maudit, e** [modi, it] adj maldito(-a)
**maugréer** [mogʀee] vi refunfuñar
**mauresque** [mɔʀɛsk] adj moro(-a); (Art) árabe
**Maurice** [mɔʀis] nf : **(l'île) ~** (isla) Mauricio
**mauricien, ne** [mɔʀisjɛ̃, jɛn] adj de (isla) Mauricio ▶ nm/f : **Mauricien, ne** nativo(-a) ou habitante mf de (isla) Mauricio
**Mauritanie** [mɔʀitani] nf Mauritania
**mauritanien, ne** [mɔʀitanjɛ̃, jɛn] adj mauritano(-a) ▶ nm/f : **Mauritanien, ne** mauritano(-a)
**mausolée** [mozɔle] nm mausoleo
**maussade** [mosad] adj (personne) malhumorado(-a); (ciel, temps) desapacible; **(être) d'humeur ~** (estar) de mal humor
**mauvais, e** [mɔvɛ, ɛz] adj malo(-a); (placé avant le nom) mal; (rire) perverso(-a); **la mer est mauvaise** el mar está agitado; **~ coucheur** persona con malas pulgas; **~ coup** (fig) golpe m; **~ garçon** delincuente m; **~ joueur** mal jugador m; **~ pas** mal paso; **~ payeur** moroso; **~ plaisant** gracioso; **~ traitements** malos tratos mpl; **mauvaise herbe** mala hierba; **mauvaise langue** lengua viperina; **mauvaise passe** aprieto; (période) mala racha; **mauvaise tête** terco(-a) ▶ nm : **le ~** lo malo ▶ adv : **il fait ~** hace malo; **sentir ~** oler mal
**mauve** [mov] nm malva ▶ adj malva inv
**mauviette** [movjɛt] (péj) nf alfeñique mf

**maux – MEDEF**

**maux** [mo] *nmpl voir* **mal**
**max.** [maks] *abr* (= *maximum*) max. (= *máximo*)
**maxillaire** [maksilɛʀ] *nm* maxilar *m*;
~ **inférieur** maxilar inferior; **de puissants maxillaires** unos maxilares poderosos
**maximal, e, -aux** [maksimal, o] *adj* máximo(-a)
**maxime** [maksim] *nf* máxima
**maximiser** [maksimize] *vt* maximizar
**maximum** [maksimɔm] *adj* máximo(-a) ▶ *nm* máximo; **le ~ de chances** el máximo de posibilidades; **atteindre un/son ~** alcanzar un/su máximo; **au ~** (*adv : le plus possible*) al máximo; (*tout au plus*) como máximo
**mayonnaise** [majɔnɛz] *nf* mayonesa
**Mayotte** [majɔt] *nf* isla Mayotte
**mazout** [mazut] *nm* fuel-oil *m*, fuel *m*; **chaudière/poêle à ~** caldera/estufa de fuel-oil *ou* fuel
**mazouté, e** [mazute] *adj* lleno(-a) de petróleo
**MDM** [ɛmdeɛm] *sigle mpl* = **Médecins du monde**
**MDR** [ɛmdeɛʀ] *sigle adj* (= *mort de rire*) MSLGR (= *me se saltan las lágrimas de risa*)
**Me** *abr* (*Jur*) = **maître²**
**me** [mə], **m'** [m] *pron* me; **il m'a donné un livre** me ha dado un libro
**mea-culpa** [meakylpa] *nm inv* : **faire son ~** entonar el mea culpa
**méandres** [meɑ̃dʀ] *nmpl* meandros *mpl*; (*de la politique, pensée*) subterfugios *mpl*
**mec** [mɛk] (*fam*) *nm* tío (*fam*); (*petit ami*) novio; (*mari*) marido
**mécanicien, ne** [mekanisjɛ̃, jɛn] *nm/f* mecánico(-a); (*Rail*) maquinista *mf*; **~ de bord** *ou* **navigant** (*Aviat*) mecánico(-a) de vuelo
**mécanicien-dentiste, mécanicienne-dentiste** [mekanisjɛ̃dɑ̃tist, mekanisjɛn-] (*pl* **mécaniciens-dentistes, mécaniciennes-dentistes**) *nm/f* mecánico(-a) dentista
**mécanique** [mekanik] *adj* mecánico(-a); **ennui ~** problema *m* mecánico ▶ *nf* mecánica; (*mécanisme*) mecanismo; **s'y connaître en ~** saber de mecánica; **gripper la ~** (*fig*) atascar la maquinaria; **~ hydraulique/ondulatoire** mecánica hidráulica/ondulatoria
**mécaniquement** [mekanikmɑ̃] *adv* mecánicamente
**mécanisation** [mekanizasjɔ̃] *nf* mecanización *f*
**mécaniser** [mekanize] *vt* mecanizar
**mécanisme** [mekanism] *nm* mecanismo
**mécano** [mekano] (*fam*) *nm* mecánico
**mécanographe** [mekanɔgʀaf] *nmf* mecanógrafo(-a)
**mécanographie** [mekanɔgʀafi] *nf* mecanografía

**mécanographique** [mekanɔgʀafik] *adj* mecanográfico(-a)
**mécénat** [mesena] *nm* mecenazgo
**mécène** [mesɛn] *nmf* mecenas *mf inv*
**méchamment** [meʃamɑ̃] *adv* cruelmente
**méchanceté** [meʃɑ̃ste] *nf* maldad *f*, malicia
**méchant, e** [meʃɑ̃, ɑ̃t] *adj* (*personne*) malvado(-a); (*sourire*) malicioso(-a); (*enfant*) travieso(-a), revoltoso(-a); (*animal*) malo(-a); (*avant le nom : affaire, humeur*) mal; (*: intensif*) malísimo(-a); « **attention, chien ~** » « cuidado con el perro »
**mèche** [mɛʃ] *nf* (*de bougie*) mecha; (*de fouet*) tralla; (*de cheveux : coupés*) mechón *m*; (*d'une autre couleur*) mecha; **se faire faire des mèches** (*chez le coiffeur*) hacerse mechas; **vendre la ~** irse de la lengua; **être de ~ avec qn** estar conchabado(-a) con algn
**méchoui** [meʃwi] *nm* cordero asado
**mécompte** [mekɔ̃t] *nm* (*erreur de calcul*) error *m* de cálculo; (*désillusion*) desengaño
**méconnais** [mekɔnɛ] *vb voir* **méconnaître**
**méconnaissable** [mekɔnɛsabl] *adj* irreconocible
**méconnaissais** [mekɔnɛsɛ] *vb voir* **méconnaître**
**méconnaissance** [mekɔnɛsɑ̃s] *nf* desconocimiento
**méconnaître** [mekɔnɛtʀ] *vt* (*ignorer*) desconocer; (*méjuger*) infravalorar
**méconnu, e** [mekɔny] *pp de* **méconnaître** ▶ *adj* (*génie*) desconocido(-a)
**mécontent, e** [mekɔ̃tɑ̃, ɑ̃t] *adj* : **~ (de)** descontento(-a) (con); (*contrarié*) disgustado(-a) (con) ▶ *nm/f* descontento(-a)
**mécontentement** [mekɔ̃tɑ̃tmɑ̃] *nm* descontento
**mécontenter** [mekɔ̃tɑ̃te] *vt* disgustar
**Mecque** [mɛk] *nf* : **la ~** la Meca
**mécréant, e** [mekʀeɑ̃, ɑ̃t] *adj* (*peuple*) infiel; (*personne*) descreído(-a)
**médaille** [medaj] *nf* medalla
**médaillé, e** [medaje] *nm/f* medallista *mf*; **~ d'or/d'argent/de bronze** medalla de oro/de plata/de bronce
**médaillon** [medajɔ̃] *nm* medallón *m*; **en ~** *adj* (*carte*) en el medallón
**médecin** [med(ə)sɛ̃] *nmf* médico(-a); **~ de famille/du bord** médico(-a) de familia/de a bordo; **~ généraliste/légiste/traitant** médico(-a) general/forense/de cabecera
**médecine** [med(ə)sin] *nf* medicina; **~ du travail/générale/infantile** medicina laboral/general/infantil; **~ légale/préventive** medicina legal/preventiva
**MEDEF, Medef** [medɛf] *sigle m* (= *Mouvement des entreprises de France*) confederación francesa de empresarios, ≈ CEOE (= *confederación española de organizaciones empresariales*)

## média – mélasse

**média** [medja] *nm* medio (de comunicación); **un ~ d'information** un medio de información; **les médias** los medios (de comunicación), los media *mpl*
**médian, e** [medjɑ̃, jan] *adj* mediano(-a)
**médiateur, -trice** [medjatœʀ, tʀis] *nm/f* mediador(a) ▶ *nm* juez *m* árbitro
**médiathèque** [medjatɛk] *nf* mediateca
**médiation** [medjasjɔ̃] *nf* mediación *f*
**médiatique** [medjatik] *adj* mediático(-a)
**médiatisation** [medjatizasjɔ̃] *nf* mediatización *f*
**médiatisé, e** [medjatize] *adj* mediatizado(-a)
**médiatiser** [medjatize] *vt* mediatizar
**médiator** [medjatɔʀ] *nm* púa
**médical, e, -aux** [medikal, o] *adj* médico(-a)
**médicalement** [medikalmɑ̃] *adv* médicamente
**médicalisation** [medikalizasjɔ̃] *nf* medicalización *f*
**médicament** [medikamɑ̃] *nm* medicamento; **~ générique** medicamento genérico
**médicamenteux, -euse** [medikamɑ̃tø, øz] *adj* medicamentoso(-a)
**médication** [medikasjɔ̃] *nf* medicación *f*
**médicinal, e, -aux** [medisinal, o] *adj* medicinal
**médico-légal, e, -aux** [medikɔlegal, o] *adj* médico-forense
**médico-social, e, -aux** [medikɔsɔsjal, o] *adj* médico-social
**médiéval, e, -aux** [medjeval, o] *adj* medieval
**médiocre** [medjɔkʀ] *adj* mediocre
**médiocrité** [medjɔkʀite] *nf* mediocridad *f*
**médire** [mediʀ] : **~ de** *vt* hablar mal de
**médisance** [medizɑ̃s] *nf* maledicencia
**médisant, e** [medizɑ̃, ɑ̃t] *vb voir* **médire** ▶ *adj* maldiciente
**médit** [medi] *pp de* **médire**
**méditatif, -ive** [meditatif, iv] *adj* meditativo(-a)
**méditation** [meditasjɔ̃] *nf* meditación *f*; **se livrer à de longues méditations** entregarse a largas meditaciones; **entrer en ~** empezar a meditar
**méditer** [medite] *vt* meditar; *(préparer)* planear; **~ de faire qch** planear hacer algo ▶ *vi (réfléchir)* meditar; **~ sur qch** meditar sobre algo
**Méditerranée** [mediteʀane] *nf* : **la (mer) ~** el (mar) Mediterráneo
**méditerranéen, ne** [mediteʀaneɛ̃, ɛn] *adj* mediterráneo(-a) ▶ *nm/f* : **Méditerranéen, ne** mediterráneo(-a)
**médium** [medjɔm] *nmf* médium *mf*
**médius** [medjys] *nm* (dedo) medio, (dedo) corazón *m*
**méduse** [medyz] *nf* medusa
**méduser** [medyze] *vt* asombrar, dejar estupefacto(-a)

**meeting** [mitiŋ] *nm* mitin *m*; **~ aérien** exhibición *f* aérea
**méfait** [mefɛ] *nm (faute)* fechoría; **méfaits** *nmpl (ravages)* daños *mpl*
**méfiance** [mefjɑ̃s] *nf* desconfianza, recelo
**méfiant, e** [mefjɑ̃, jɑ̃t] *adj* desconfiado(-a), receloso(-a)
**méfier** [mefje] : **se méfier** *vpr* desconfiar; **se ~ de** desconfiar de; *(faire attention)* tener cuidado con
**mégabit** [megabit] *nm (Inform)* megabit *m*
**mégahertz** [megaɛʀts] *nm* megahercio
**mégalo** [megalo] *(fam) adj, nmf* megalómano(-a)
**mégalomane** [megalɔman] *adj, nmf* megalómano(-a)
**mégalomanie** [megalɔmani] *nf* megalomanía
**mégalopole** [megalɔpɔl] *nf* megalópolis *f inv*
**mégaoctet** [megaɔktɛ] *nm* megabyte *m*
**mégarde** [megaʀd] *nf* : **par ~** por descuido; *(par erreur)* por equivocación
**mégatonne** [megatɔn] *nf* megatón *m*
**mégawatt** [megawat] *nm* megavatio
**mégère** [meʒɛʀ] *(péj) (nf)* arpía, bruja
**mégot** [mego] *nm* colilla
**mégoter** [megɔte] *(fam) vi* racanear *(fam)*; **~ sur** escatimar
**meilleur, e** [mɛjœʀ] *adj* mejor; **~ marché** más barato ▶ *adv* mejor ▶ *nmf* : **le ~** el mejor; **la meilleure** la mejor; **le ~ des deux** el mejor de los dos ▶ *nf* : **c'est la meilleure !** ¡es el colmo!
**méjuger** [meʒyʒe] *vt* juzgar mal
**mél** [mɛl] *nm* mail *m*, email *m*, correo electrónico
**mélancolie** [melɑ̃kɔli] *nf* melancolía
**mélancolique** [melɑ̃kɔlik] *adj* melancólico(-a)
**mélanésien, ne** [melanezjɛ̃, jɛn] *adj* melanesio(-a) ▶ *nm (Ling)* melanesio *m* ▶ *nm/f* : **Mélanésien, ne** melanesio(-a)
**mélange** [melɑ̃ʒ] *nm* mezcla; **sans ~** *(pur)* sin mezcla; *(parfait)* perfecto(-a); **une joie/un bonheur sans ~** una alegría/una felicidad absoluta
**mélangé, e** [melɑ̃ʒe] *adj (laine)* con mezcla; *(fig : sentiments)* confuso(-a)
**mélanger** [melɑ̃ʒe] *vt* mezclar; *(mettre en désordre)* mezclar, desordenar; *(confondre)* : **vous mélangez tout !** ¡usted lo mezcla *ou* confunde todo!; **les cartes ne sont pas bien mélangées** las cartas no están bien mezcladas; **se mélanger** *vpr* mezclarse
**mélangeur** [melɑ̃ʒœʀ] *nm (machine)* mezcladora; *(robinet)* grifo mezclador; **~ de ciment** hormigonera
**mélanine** [melanin] *nf* melanina
**mélanome** [melanom] *nm* melanoma *m*
**mélasse** [melas] *nf* melaza

## mêlée – ménagerie

**mêlée** [mele] nf (*bataille*) pelea, contienda; (*fig*) conflicto, lucha; (*Rugby*) melé f; **entrer dans la ~** (*fig*) inmiscuirse; **~ générale** tangana

**mêler** [mele] vt mezclar; (*thèmes*) reunir, juntar; (*brouiller*) enredar, revolver; **~ qn à une affaire** implicar a algn en un asunto; **se mêler** vpr mezclarse; **se ~ à** mezclarse con; **se ~ de** entrometerse en; **mêle-toi de tes affaires!** ¡métete en tus asuntos!

**méli-mélo** [melimelo] nm inv (*désordre*) desbarajuste m, caos m inv; (*Culin*) ensalada mixta

**mélo** [melo] nm = **mélodrame** ▶ adj = **mélodramatique**

**mélodie** [melɔdi] nf melodía

**mélodieux, -euse** [melɔdjø, jøz] adj melodioso(-a)

**mélodique** [melɔdik] adj melódico(-a)

**mélodramatique** [melɔdramatik] adj melodramático(-a)

**mélodrame** [melɔdram] nm melodrama m

**mélomane** [melɔman] nmf melómano(-a)

**melon** [m(ə)lɔ̃] nm melón m; (*aussi*: **chapeau melon**) sombrero hongo; **~ d'eau** sandía

**mélopée** [melɔpe] nf melopea

**membrane** [mɑ̃bran] nf membrana

**membre** [mɑ̃br] nm (*Anat*) miembro; **~ de phrase** (*Ling*) constituyente m de la frase; **membres inférieurs** miembros inferiores; **~ (viril)** miembro (viril) ▶ nmf (*personne, groupe*) miembro; **être ~ de** ser miembro de ▶ adj: **les pays membres** los países miembros

**mémé** [meme] (*fam*) nf abuelita; (*vieille femme*) viejecita

MOT-CLÉ

**même** [mɛm] adj **1** (*avant le nom*) mismo(-a); **en même temps** al mismo tiempo; **ils ont les mêmes goûts** tienen los mismos gustos; **la même chose** lo mismo

**2** (*après le nom*: *renforcement*) mismo(-a); **il est la loyauté même** es la lealtad misma; **ce sont ses paroles mêmes** son sus mismas palabras

▶ pron: **le (la) même** el (la) mismo(-a)

▶ adv **1** (*renforcement*): **il n'a même pas pleuré** ni siquiera lloró; **même lui l'a dit** incluso él lo dijo; **ici même** aquí mismo

**2**: **à même**: **à même la bouteille** de la botella misma; **à même la peau** junto a la piel; **être à même de faire** estar en condiciones de hacer

**3**: **de même**: **faire de même** hacer lo mismo; **lui de même** también él; **de même que** lo mismo que; **il en va de même pour** lo mismo va para

**4**: **même si** conj aunque + subj

**mémento** [memɛ̃to] nm (*agenda*) agenda; (*ouvrage*) compendio

**mémère** [memɛr] nf (*fam, péj*: *femme âgée*) vejestorio (*fam, péj*); (*grosse femme*) gorda (*péj*)

**mémoire** [memwar] nf memoria; (*souvenir*) recuerdo; **avoir la ~ des visages/chiffres** tener memoria para las caras/los números; **n'avoir aucune ~** no tener nada de memoria; **avoir de la ~** tener memoria; **à la ~ de** en memoria de, en recuerdo de; **pour ~** a título de información; **de ~ d'homme** desde tiempo inmemorial; **de ~** (*adv*) de memoria; **mettre en ~** (*Inform*) guardar en memoria; **~ morte/vive** memoria ROM/RAM; **~ non volatile** *ou* **rémanente** memoria no volátil ▶ nm (*Univ*) tesina; (*Admin, Jur*) memoria; **mémoires** nmpl memorias fpl

**mémorable** [memɔrabl] adj memorable

**mémorandum** [memɔrɑ̃dɔm] nm memorándum m; (*note*) nota

**mémorial, -aux** [memɔrjal, jo] nm memorial m

**mémorialiste** [memɔrjalist] nmf memorialista mf

**mémorisable** [memɔrizabl] adj: **facilement ~** fácil de memorizar

**mémoriser** [memɔrize] vt memorizar; (*Inform*) almacenar

**menaçant, e** [mənasɑ̃, ɑ̃t] adj amenazador(a)

**menace** [mənas] nf amenaza; **~ en l'air** amenaza vana

**menacer** [mənase] vt amenazar; **~ qn de qch/de faire qch** amenazar a algn con algo/con hacer algo

**ménage** [menaʒ] nm quehaceres mpl domésticos, limpieza; (*couple*) pareja; (*Admin, famille*) hogar m; **faire le ~** hacer la limpieza; **faire des ménages** trabajar de asistenta; **monter son ~** poner la casa; **se mettre en ~ (avec)** irse a vivir en pareja (con); **heureux en ~** feliz con su pareja; **faire bon ~ avec qn** hacer buenas migas con algn; **~ à trois** triángulo amoroso; **~ de poupée** juego de batería de cocina de muñeca

**ménagement** [menaʒmɑ̃] nm deferencia; **ménagements** nmpl (*égards*) miramientos mpl; **sans ~(s)** sin miramientos

**ménager¹** [menaʒe] vt (*personne, animal*) tratar con consideración; (*monture*) no fatigar; (*ressources*) administrar; (*vêtements*) tener cuidado con; (*entretien*) organizar; (*ouverture*) practicar; **~ qch à qn** tener algo guardado para algn; **~ ses forces** administrar sus fuerzas; **se ménager** vpr cuidarse; **se ~ qch** procurarse algo

**ménager², -ère** [menaʒe, ɛr] adj doméstico(-a); (*enseignement*) del hogar; (*eaux*) residual

**ménagère** [menaʒɛr] nf ama de casa; (*service de couverts*) estuche m de cubertería

**ménagerie** [menaʒri] nf (*lieu*) jaulas fpl de fieras; (*animaux*) fieras fpl

## mendiant – merci

**mendiant, e** [mɑ̃djɑ̃, jɑ̃t] *nm/f* mendigo(-a), pordiosero(-a) ▸ *nm* postre de almendras, higos, avellanas y uvas

**mendicité** [mɑ̃disite] *nf* (*Admin*) : **être arrêté pour** ~ quedar detenido por mendicidad

**mendier** [mɑ̃dje] *vt*, *vi* mendigar

**menées** [məne] *nfpl* manejos *mpl*, tejemanejes *mpl*

**mener** [m(ə)ne] *vt* dirigir; (*enquête, vie, affaire*) llevar; ~ **à/dans/chez** (*emmener*) llevar a/en/a casa de; ~ **qch à bonne fin/à terme/à bien** llevar algo a buen fin/a término/a buen término; ~ **à rien/à tout** llevar *ou* conducir a nada/a todas partes ▸ *vi* : ~ (**à la marque**) (*Sport*) estar a la cabeza, ir en cabeza

**meneur, -euse** [mənœʀ, øz] *nm/f* dirigente *mf*; (*de grève, révolte*) cabecilla *mf*; ~ **d'hommes** líder *mf* innato(-a); ~ **de jeu** (*Radio, TV*) animador(a); (*Sport*) director(a) del juego

**menhir** [meniʀ] *nm* menhir *m*

**méninges** [menɛ̃ʒ] *nfpl* (*Anat*) meninges *fpl*; (*fam*) : **se creuser les** ~ estrujarse las meninges, devanarse los sesos

**méningite** [menɛ̃ʒit] *nf* meningitis *f inv*

**ménisque** [menisk] *nm* menisco

**ménopause** [menopoz] *nf* menopausia

**ménopausée** [menopoze] *adj f* menopáusica

**menotte** [mənɔt] *nf* (*langage enfantin*) manita; **menottes** *nfpl* esposas *fpl*; **passer les menottes à qn** poner las esposas a algn

**menotter** [mənɔte] *vt* esposar

**mens** [mɑ̃] *vb voir* **mentir**

**mensonge** [mɑ̃sɔ̃ʒ] *nm* mentira

**mensonger, -ère** [mɑ̃sɔ̃ʒe, ɛʀ] *adj* falso(-a)

**menstruation** [mɑ̃stʀyasjɔ̃] *nf* menstruación *f*

**menstruel, le** [mɑ̃stʀyɛl] *adj* menstrual

**mensualisation** [mɑ̃sɥalizasjɔ̃] *nf* mensualización *f*; **les paiements par** ~ los pagos mensualizados

**mensualiser** [mɑ̃sɥalize] *vt* (*salaire*) pagar mensualmente

**mensualité** [mɑ̃sɥalite] *nf* mensualidad *f*

**mensuel, le** [mɑ̃sɥɛl] *adj* mensual ▸ *nm/f* asalariado(-a) pagado(-a) mensualmente ▸ *nm* (*Presse*) publicación *f* mensual

**mensuellement** [mɑ̃sɥɛlmɑ̃] *adv* mensualmente

**mensurations** [mɑ̃sy ʀasjɔ̃] *nfpl* medidas *fpl*

**mentais** [mɑ̃tɛ] *vb voir* **mentir**

**mental, e, -aux** [mɑ̃tal, o] *adj* mental ▸ *nm* mentalidad *f*; **un** ~ **d'acier/de guerrier/à toute épreuve** una mentalidad de acero/de guerrero/a prueba de bomba

**mentalement** [mɑ̃talmɑ̃] *adv* mentalmente

**mentalité** [mɑ̃talite] *nf* mentalidad *f*; **quelle** ~ **!** ¡qué mentalidad!

**menteur, -euse** [mɑ̃tœʀ, øz] *nm/f* mentiroso(-a), embustero(-a)

**menthe** [mɑ̃t] *nf* menta; ~ (**à l'eau**) *refresco de jarabe de menta*

**menthol** [mɑ̃tɔl] *nm* mentol *m*

**mentholé, e** [mɑ̃tɔle] *adj* mentolado(-a)

**mention** [mɑ̃sjɔ̃] *nf* mención *f*; (*Scol, Univ*) : ~ **passable/assez bien/bien/très bien** aprobado/bien/notable/sobresaliente; **faire** ~ **de** hacer mención de; « **rayer la** ~ **inutile** » (*Admin*) « tache lo que no proceda »

**mentionner** [mɑ̃sjɔne] *vt* mencionar

**mentir** [mɑ̃tiʀ] *vi* mentir; ~ **à qn** mentir a algn

**menton** [mɑ̃tɔ̃] *nm* (*Anat*) mentón *m*, barbilla; **double/triple** ~ papada

**mentonnière** [mɑ̃tɔnjɛʀ] *nf* barboquejo

**menu, e** [məny] *adj* menudo(-a); (*voix*) débil; (*frais*) módico(-a); **menue monnaie** dinero suelto ▸ *adv* : **hacher** ~ picar menudo ▸ *nm* menú *m*; **par le** ~ (*raconter*) con todo detalle; ~ **déroulant** menú desplegable

**menuet** [mənɥɛ] *nm* minué *m*

**menuiserie** [mənɥizʀi] *nf* carpintería; **plafond en** ~ artesonado

**menuisier** [mənɥizje] *nm* carpintero (*de muebles*)

**méprendre** [mepʀɑ̃dʀ] : **se méprendre** *vpr* equivocarse, confundirse; **se** ~ **sur** confundirse en, equivocarse en; **à s'y** ~ hasta el punto de confundirse

**mépris, e** [mepʀi, iz] *pp de* **méprendre** ▸ *nm* desprecio, menosprecio; **au** ~ **de** a despecho de

**méprisable** [mepʀizabl] *adj* despreciable

**méprisant, e** [mepʀizɑ̃, ɑ̃t] *adj* despreciativo(-a)

**méprise** [mepʀiz] *nf* equivocación *f*

**mépriser** [mepʀize] *vt* despreciar, menospreciar

**mer** [mɛʀ] *nf* mar *m*; (*fig : vaste étendue*) : ~ **de sable/de feu** mar de arena/de fuego; **en** ~ en el mar; **prendre la** ~ hacerse a la mar; **en haute/pleine** ~ en alta mar; **la** ~ **Adriatique** el mar Adriático; **la** ~ **Baltique** el mar Báltico; **la** ~ **Caspienne** el mar Caspio; **la** ~ **de Corail** el mar del Coral; **la** ~ **des Antilles** *ou* **des Caraïbes** el mar de las Antillas *ou* del Caribe; **la** ~ **des Sargasses** el mar de los Sargazos; **la** ~ **du Nord** el mar del Norte; **la** ~ **Égée** el mar Egeo; ~ **fermée** mar interior; **la** ~ **Ionienne** el mar Jónico; **la** ~ **Morte** el mar Muerto; **la** ~ **Noire** el mar Negro; **la** ~ **Rouge** el mar Rojo; **la** ~ **Tyrrhénienne** el mar Tirreno; **les mers du sud** los mares del sur

**mercantile** [mɛʀkɑ̃til] (*péj*) *adj* mercantil

**mercantilisme** [mɛʀkɑ̃tilism] *nm* mercantilismo

**mercenaire** [mɛʀsənɛʀ] *nmf* mercenario(-a)

**mercerie** [mɛʀsəʀi] *nf* mercería

**merci** [mɛʀsi] *excl* gracias; ~ **beaucoup** muchas gracias; ~ **de/pour** gracias por;

**non,** ~ no, gracias ▶ *nm* : **dire** ~ **à qn** dar las gracias a algn ▶ *nf* merced *f*; **à la** ~ **de qn/qch** a merced de algn/algo; **sans** ~ despiadado(-a)

**mercier, -ière** [mɛʀsje, jɛʀ] *nm/f* mercero(-a)

**mercredi** [mɛʀkʀədi] *nm* miércoles *m inv*; ~ **des cendres** miércoles de Ceniza; *voir aussi* **lundi**

**mercure** [mɛʀkyʀ] *nm* mercurio

**merde** [mɛʀd] (*fam!*) *nf* mierda (*fam!*) ▶ *excl* ¡mierda! (*fam!*); (*surprise, impatience*) ¡joder! (*fam!*), ¡coño! (*fam!*)

**merder** [mɛʀde] *vi* (*fam! : personne*) cagarla (*fam!*)

**merdeux, -euse** [mɛʀdø, øz] (*fam!*) *nm/f* gilipollas *mf inv* (*fam!*)

**merdier** [mɛʀdje] *nm* (*fam!*) follón *m* (*fam*)

**merdique** [mɛʀdik] *adj* (*fam!*) de mierda (*fam!*)

**mère** [mɛʀ] *nf* madre *f*; (*fam*) tía (*fam*); ~ **adoptive/porteuse** madre adoptiva/de alquiler; ~ **célibataire/de famille** madre soltera/de familia ▶ *adj* (*idée*) central; (*langue*) madre; **maison** ~ empresa matriz

**merguez** [mɛʀgɛz] *nf* merguez *f*, salchicha de cordero picante

**méridien** [meʀidjɛ̃] *nm* meridiano

**méridional, e, -aux** [meʀidjɔnal, o] *adj* meridional; (*du midi de la France*) del Sur de Francia ▶ *nm/f* nativo(-a) *ou* habitante *mf* del Sur de Francia

**meringue** [məʀɛ̃g] *nf* merengue *m*

**mérinos** [meʀinos] *nm* merino

**merisier** [məʀizje] *nm* cerezo silvestre; (*bois*) cerezo

**méritant, e** [meʀitɑ̃, ɑ̃t] *adj* meritorio(-a)

**mérite** [meʀit] *nm* mérito; (*valeur*) mérito, valor *m*; **le** ~ **lui revient** el mérito es suyo; **je n'ai pas de** ~ **à le faire** no tengo mérito al hacer eso

**mériter** [meʀite] *vt* merecer, ameritar (*AM*); ~ **de réussir** merecer aprobar; **il mérite qu'on fasse ...** merece que se haga ...

**méritocratie** [meʀitɔkʀasi] *nf* meritocracia

**méritoire** [meʀitwaʀ] *adj* meritorio(-a)

**merlan** [mɛʀlɑ̃] *nm* merlán *m*, liba

**merle** [mɛʀl] *nm* mirlo

**merlu** [mɛʀly] *nm* merluza

**merluche** [mɛʀlyʃ] *nf* merluza

**mérou** [meʀu] *nm* mero

**merveille** [mɛʀvɛj] *nf* maravilla; **faire** ~/**des merveilles** hacer maravillas; **à** ~ a las mil maravillas; **les sept merveilles du monde** las siete maravillas del mundo

**merveilleusement** [mɛʀvɛjøzmɑ̃] *adv* maravillosamente; ~ **bien** maravillosamente bien

**merveilleux, -euse** [mɛʀvɛjø, øz] *adj* maravilloso(-a)

**mes** [me] *voir* **mon**

**mésalliance** [mezaljɑ̃s] *nf* mal casamiento

**mésallier** [mezalje] : **se mésallier** *vpr* malcasarse

**mésange** [mezɑ̃ʒ] *nf* herrerillo; ~ **bleue** alionín *m*

**mésaventure** [mezavɑ̃tyʀ] *nf* infortunio

**mesdames** [medam] *nfpl voir* **madame**

**mesdemoiselles** [medmwazɛl] *nfpl voir* **mademoiselle**

**mésentente** [mezɑ̃tɑ̃t] *nf* desacuerdo

**mésestimer** [mezɛstime] *vt* menospreciar

**mesquin, e** [mɛskɛ̃, in] *adj* : **esprit** ~/**personne mesquine** espíritu ruin/persona mezquina

**mesquinerie** [mɛskinʀi] *nf* mezquindad *f*

**mess** [mɛs] *nm* comedor *m* de oficiales *ou* sub-oficiales

**message** [mesaʒ] *nm* mensaje *m*; ~ **d'erreur** (*Inform*) mensaje de error; ~ **publicitaire** anuncio publicitario; ~ **SMS** SMS *m*, mensaje de texto; ~ **téléphoné** aviso telefónico

**messager, -ère** [mesaʒe, ɛʀ] *nm/f* mensajero(-a)

**messagerie** [mesaʒʀi] *nf* mensajería; ~ **instantanée** mensajería *f* instantánea; ~ **vocale** (*Tél*) buzón *m* de voz; ~ (**électronique**) mensajería (electrónica); ~ **rose** línea erótica; **messageries aériennes/maritimes** servicio aéreo/marítimo de mensajería; **messageries de presse** (agencias *fpl*) distribuidoras *fpl* de prensa

**messe** [mɛs] *nf* misa; **aller à la** ~ ir a misa; **faire des messes basses** (*fig, péj*) andar con secretos; ~ **basse/chantée/noire** misa rezada/cantada/negra; ~ **de minuit** misa del gallo

**messie** [mesi] *nm* : **Le M**~ el Mesías

**messieurs** [mesjø] *nmpl voir* **monsieur**

**mesurable** [məzyʀabl] *adj* medible, mensurable; **difficilement** ~ difícil de medir

**mesure** [m(ə)zyʀ] *nf* (*dimension, étalon*) medida; (*évaluation*) medición *f*; (*Mus*) compás *msg*; (*modération, retenue*) mesura, comedimiento; **prendre des mesures** tomar medidas; **sur** ~ a la medida; **à la** ~ **de** a la medida de; **dans la** ~ **de/où** en la medida de/en que; **dans une certaine** ~ en cierta medida; **à** ~ **que** a medida que; **en** ~ (*Mus*) al compás; **être en** ~ **de** estar en condiciones de; **dépasser la** ~ (*fig*) pasarse de la raya; **unité/système de** ~ unidad *f*/sistema *m* de medida

**mesuré, e** [məzyʀe] *adj* (*ton, effort*) mesurado(-a); (*personne*) comedido(-a)

**mesurer** [məzyʀe] *vt* (*aussi fig*) medir; (*limiter : argent, temps*) escatimar; ~ **qch à** evaluar algo según; **il mesure 1 m 80** mide 1 m 80; **se mesurer** *vpr* : **se** ~ **avec/à qn** medirse con algn

**met** [mɛ] *vb voir* **mettre**

## métabolisme – mettre

**métabolisme** [metabɔlism] nm metabolismo
**métairie** [meteʀi] nf finca en aparcería
**métal, -aux** [metal, o] nm metal m
**métalangage** [metalɑ̃gaʒ] nm metalenguaje m
**métallique** [metalik] adj metálico(-a)
**métallisé, e** [metalize] adj metalizado(-a)
**métallo** [metalo] (fam) nm (ouvrier métallurgiste) metalúrgico
**métallurgie** [metalyʀʒi] nf metalurgia
**métallurgique** [metalyʀʒik] adj metalúrgico(-a)
**métallurgiste** [metalyʀʒist] nm (ouvrier) metalúrgico; (industriel) industrial m metalúrgico
**métamorphose** [metamɔʀfoz] nf metamorfosis f inv
**métamorphoser** [metamɔʀfoze] vt metamorfosear; **se métamorphoser** vpr metamorfosearse; **se ~ en qch** metamorfosearse en algo
**métaphore** [metafɔʀ] nf metáfora
**métaphorique** [metafɔʀik] adj metafórico(-a)
**métaphoriquement** [metafɔʀikmɑ̃] adv metafóricamente
**métaphysique** [metafizik] nf metafísica ▶ adj metafísico(-a)
**métapsychique** [metapsiʃik] adj metasíquico(-a), metapsíquico(-a)
**métastase** [metastaz] nf (Méd) metástasis f inv; (fig): **les métastases de la haine** la metástasis del odio
**métatarse** [metatarsɛ] nm metatarso
**métayer, -ère** [meteje, jɛʀ] nm/f aparcero(-a)
**métempsycose** [metɑ̃psikoz] nf metempsicosis f inv
**météo** [meteo] nf (bulletin) tiempo; (service) servicio meteorológico
**météore** [meteɔʀ] nm meteoro
**météorique** [meteɔʀik] adj (aussi fig) meteórico(-a)
**météorite** [meteɔʀit] nm ou f meteorito
**météorologie** [meteɔʀɔlɔʒi] nf meteorología; (service) instituto nacional de meteorología
**météorologique** [meteɔʀɔlɔʒik] adj meteorológico(-a)
**météorologiste** [meteɔʀɔlɔʒist] nmf meteorólogo(-a)
**météorologue** [meteɔʀɔlɔg] nmf meteorólogo(-a)
**métèque** [metɛk] (péj) nm extranjero; (maghrébin) moro
**méthane** [metan] nm metano
**méthanier** [metanje] nm metanero
**méthode** [metɔd] nf método
**méthodique** [metɔdik] adj metódico(-a)
**méthodiquement** [metɔdikmɑ̃] adv metódicamente
**méthodiste** [metɔdist] adj, nmf (Rel) metodista mf
**méthodologie** [metɔdɔlɔʒi] nf metodología
**méthodologique** [metɔdɔlɔʒik] adj metodológico(-a)
**méthylène** [metilɛn] nm: **bleu de ~** azul m de metileno
**méticuleusement** [metikyløzmɑ̃] adv meticulosamente
**méticuleux, -euse** [metikylø, øz] adj meticuloso(-a)
**métier** [metje] nm oficio; (technique, expérience) práctica; (aussi: **métier à tisser**) telar m; **le ~ de roi** (fonction, rôle) la función de rey; **avoir du ~** tener oficio; **être du ~** ser del oficio
**métis, se** [metis] adj, nm/f mestizo(-a), cholo(-a) (And)
**métissage** [metisaʒ] nm mestizaje m; **le ~ de la société** el mestizaje de la sociedad
**métisser** [metise] vt mestizar
**métonymie** [metɔnimi] nf metonimia; **par ~** por metonimia
**métrage** [metʀaʒ] nm medición f en metros; (longueur de tissu) medida en metros; (Ciné) metraje m; **long/moyen/court ~** (Ciné) largometraje m/mediometraje m/cortometraje m
**mètre** [mɛtʀ] nm metro; **un 100/800 mètres** (Sport) los 100/800 metros; **~ carré/cube** metro cuadrado/cúbico
**métrer** [metʀe] vt medir por metros
**métreur, -euse** [metʀœʀ, øz] nm/f: **~ vérificateur(-trice)** agrimensor(a); (de travaux) aparejador(a)
**métrique** [metʀik] adj: **système ~** sistema métrico ▶ nf métrica
**métro** [metʀo] nm metro, subterráneo (Am)
**métronome** [metʀɔnɔm] nm metrónomo
**métropole** [metʀɔpɔl] nf metrópoli f, metrópolis f inv
**métropolitain, e** [metʀɔpɔlitɛ̃, ɛn] adj metropolitano(-a)
**mets** [mɛ] vb voir **mettre** ▶ nm plato
**mettable** [metabl] adj: **ce manteau n'est plus ~** ya no me etc puedo etc poner este abrigo
**metteur, -euse** [metœʀ, øz] nm/f: **~ en scène** (Théâtre) director(a) escénico(-a); (Ciné) director(a)

(MOT-CLÉ)

**mettre** [metʀ] vt **1** poner; **mettre en bouteille(s)** embotellar; **mettre en sac(s)** poner en sacos; **mettre en pages** compaginar; **mettre qch en terre** enterrar algo; **mettre en examen** detener (para ser interrogado); **mettre à la poste** echar al correo; **mettre qn debout/assis** levantar/sentar a algn

**2** (vêtements: revêtir) poner; (: soi-même) ponerse; **mets ton gilet** ponte el chaleco

## meublant – microfiche

**3** (*faire fonctionner : chauffage, réveil*) poner; (: *lumière*) dar; (*installer : gaz, eau*) poner; **faire mettre le gaz/l'électricité** poner gas/electricidad; **mettre en marche** poner en marcha
**4** (*consacrer*) : **mettre du temps/deux heures à faire qch** tardar tiempo/dos horas en hacer algo
**5** (*écrire*) poner; **qu'est-ce que tu as mis sur la carte ?** ¿qué has puesto en la postal?; **mettre au pluriel** poner en plural
**6** (*supposer*) : **mettons que ...** pongamos que ...
**7** : **y mettre du sien** poner de su parte
**se mettre** *vpr* : **vous pouvez vous mettre là** puede ponerse allí; **où ça se met ?** ¿dónde se pone eso?; **se mettre au lit** meterse en la cama; **se mettre qn à dos** ganarse la enemistad de algn; **se mettre de l'encre sur les doigts** mancharse los dedos de tinta; **se mettre bien/mal avec qn** ponerse a bien/mal con algn; **se mettre en maillot de bain** ponerse en bañador; **n'avoir rien à se mettre** no tener nada que ponerse; **se mettre à faire qch** ponerse a hacer algo; **se mettre au piano** (*s'asseoir*) sentarse al piano; (*apprendre*) estudiar piano; **se mettre au travail/à l'étude** ponerse a trabajar/a estudiar; **se mettre au régime** ponerse a régimen; **allons, il faut s'y mettre !** ¡venga, vamos a ponernos a trabajar!

**meublant, e** [mœblɑ̃, ɑ̃t] *adj* decorativo(-a)
**meuble** [mœbl] *nm* mueble *m*; (*ameublement, mobilier*) mobiliario ▶ *adj* mueble; **biens meubles** (*Jur*) bienes *mpl* muebles
**meublé, e** [mœble] *adj* amueblado(-a) ▶ *nm* (*pièce*) habitación *f* amueblada; (*appartement*) piso amueblado
**meubler** [mœble] *vt* amueblar; (*fig*) llenar; **se meubler** *vpr* amueblar la casa
**meuf** [mœf] *nf* (*fam*) tía (*fam*)
**meuglement** [møɡləmɑ̃] *nm* mugido
**meugler** [møɡle] *vi* mugir
**meule** [møl] *nf* muela *f*; (*Agr*) almiar *m*; (*de fromage*) rueda grande de queso
**meunerie** [mønʀi] *nf* (*industrie*) molinería; (*métier*) oficio de molinero
**meunier, -ière** [mønje, jɛʀ] *nm/f* molinero(-a) ▶ *adj* : **sole meunière** (*Culin*) lenguado a la molinera
**meurs** *etc* [mœʀ] *vb voir* **mourir**
**meurtre** [mœʀtʀ] *nm* asesinato
**meurtrier, -ière** [mœʀtʀije, ijɛʀ] *nm/f* asesino(-a) ▶ *adj* mortal; (*arme, instinct*) asesino(-a)
**meurtrière** [mœʀtʀijɛʀ] *nf* tronera
**meurtrir** [mœʀtʀiʀ] *vt* magullar; (*fig*) herir
**meurtrissure** [mœʀtʀisyʀ] *nf* magulladura; (*d'un fruit, légume*) machacadura; (*fig*) herida, llaga

**meus** *etc* [mœ] *vb voir* **mouvoir**
**Meuse** [møz] *nf* : **la ~** el Mosa
**meute** [møt] *nf* jauría
**meuve** [mœv] *vb voir* **mouvoir**
**mévente** [mevɑ̃t] *nf* mala venta
**mexicain, e** [mɛksikɛ̃, ɛn] *adj* mexicano(-a) ▶ *nm/f* : **Mexicain, e** mexicano(-a)
**Mexico** [mɛksiko] *n* (Ciudad de) México
**Mexique** [mɛksik] *nm* (*pays*) México
**mezzanine** [mɛdzanin] *nf* parte superior de un dúplex
**Mgr** *abr* (= *Monseigneur*) Mons. (= *Monseñor*)
**mi** [mi] *nm inv* (*Mus*) mi *m*
**mi-** [mi] *préf* medio; **à la ~janvier** a mediados de enero; **~bureau, ~chambre** mitad oficina, mitad dormitorio; **à ~jambes/corps** a media pierna/medio cuerpo; **à ~hauteur/pente** a media altura/pendiente
**miam-miam** [mjammjam] (*fam*) *excl* ¡ñam ñam! (*fam*)
**miaou** [mjau] *nm* miau *m*
**miasmes** [mjasm] *nmpl* miasmas *mpl*
**miaulement** [mjolmɑ̃] *nm* maullido
**miauler** [mjole] *vi* maullar
**mi-bas** [miba] *nm inv* minimedias *fpl*, medias *fpl* de rodilla
**mica** [mika] *nm* mica
**mi-carême** [mikaʀɛm] (*pl* **mi-carêmes**) *nf* : **la ~** jueves de la tercera semana de Cuaresma
**miche** [miʃ] *nf* hogaza
**mi-chemin** [miʃmɛ̃] : **à ~** *adv* (*aussi fig*) a medio camino
**mi-clos, e** [miklo, kloz] (*pl* **~, -es**) *adj* entornado(-a)
**micmac** [mikmak] (*péj*) *nm* chanchullo
**mi-côte** [mikot] : **à ~** *adv* en la mitad de la cuesta
**mi-course** [mikuʀs] : **à ~** *adv* a mitad de la carrera
**micro** [mikʀo] *nm* micrófono, micro
**microbe** [mikʀɔb] *nm* microbio
**microbien, ne** [mikʀɔbjɛ̃, jɛn] *adj* microbiano(-a)
**microbiologie** [mikʀobjɔlɔʒi] *nf* microbiología
**microchirurgie** [mikʀoʃiʀyʀʒi] *nf* microcirugía
**microclimat** [mikʀoklima] *nm* microclima *m*
**microcosme** [mikʀokɔsm] *nm* microcosmos *m inv*
**micro-cravate** [mikʀokʀavat] (*pl* **micros-cravates**) *nm* pequeño micrófono oculto en la solapa
**microéconomie** [mikʀoekɔnɔmi] *nf* microeconomía
**microédition** [mikʀoedisjɔ̃] *nf* microedición *f*
**microélectronique** [mikʀoelɛktʀɔnik] *nf* microelectrónica
**microfiche** [mikʀofiʃ] *nf* microficha

## microfilm – militarisation

**microfilm** [mikʀofilm] nm microfilm(e) m
**micro-onde** [mikʀoɔ̃d] (pl **micro-ondes**) nf :
**four à micro-ondes** horno microondas
▶ nm : **un ~(s)** un microondas
**micro-ordinateur** [mikʀoɔʀdinatœʀ] (pl
**micro-ordinateurs**) nm microordenador m
**micro-organisme** [mikʀoɔʀganism] (pl
**micro-organismes**) nm microorganismo
**microphone** [mikʀɔfɔn] nm micrófono
**microplaquette** [mikʀoplakɛt] nf
microplaqueta
**microprocesseur** [mikʀopʀɔsesœʀ] nm
microprocesador m
**microprogrammation**
[mikʀopʀogʀamasjɔ̃] nf (Inform)
microprogramación f
**microscope** [mikʀɔskɔp] nm microscopio;
**examiner au ~** examinar en el microscopio;
**~ électronique** microscopio electrónico
**microscopique** [mikʀɔskɔpik] adj
microscópico(-a); (opération) con microscopio
**microsillon** [mikʀosijɔ̃] nm microsurco
**MIDEM** [midɛm] sigle m (= Marché international
du disque et de l'édition musicale) feria internacional
del disco
**midi** [midi] nm mediodía m; (sud) sur m,
mediodía; **le M~ (de la France)** el sur de
Francia; **à ~** a mediodía; **tous les midis**
todos los días a las doce; **le repas de ~** la
comida de mediodía, el almuerzo; **en plein ~**
en pleno día
**midinette** [midinɛt] (péj) nf niña mona
**mie** [mi] nf miga
**miel** [mjɛl] nm miel f; **être tout ~** (fig) ser
muy meloso(-a)
**mielleux, -euse** [mjelø, øz] (péj) adj
meloso(-a)
**mien, ne** [mjɛ̃, mjɛn] adj mío(-a) ▶ pron : **le ~,
la mienne** el mío, la mía; **les miens** (aussi ma
famille) los míos
**miette** [mjɛt] nf (aussi fig) migaja; **en miettes**
hecho añicos; **une ~ de** una pizca de

(MOT-CLÉ)

**mieux** [mjø] adv **1** (d'une meilleure façon) : **mieux
(que)** mejor (que); **elle travaille/mange
mieux** trabaja/come mejor; **elle va mieux**
va mejor; **j'aime mieux le cinéma** me gusta
más el cine; **j'attendais mieux de vous**
esperaba algo más de usted; **qui mieux est** y
lo que es mejor; **crier à qui mieux mieux**
gritar a cual más; **de mieux en mieux** cada
vez mejor

**2** (de la meilleure façon) mejor; **ce que je sais le
mieux** lo que mejor sé; **les livres les mieux
faits** los libros mejor hechos

▶ adj **1** (en meilleure forme) mejor; **se sentir
mieux** encontrarse mejor

**2** (plus satisfaisant) mejor; **c'est mieux ainsi** es
mejor así; **c'est le mieux des deux** es el

mejor de los dos; **le (la) mieux, les mieux** el
(la) mejor, los (las) mejores; **demandez-lui,
c'est le mieux** pregúntele, es lo mejor; **il est
mieux sans moustache** está mejor sin
bigote; **il est mieux que son frère** es mejor
que su hermano

**3** : **au mieux** en el mejor de los casos; **être au
mieux avec** llevarse muy bien con; **tout est
pour le mieux** todo va de maravilla

▶ nm **1** (amélioration) mejoría; **faute de mieux**
a falta de algo mejor

**2** : **faire de son mieux** hacer cuanto se
pueda; **du mieux qu'il peut** lo mejor que
puede

**mieux-être** [mjøzɛtʀ] nm inv mayor
bienestar m
**mièvre** [mjɛvʀ] adj cursi
**mièvrerie** [mjɛvʀəʀi] nf cursilería
**mignon, ne** [miɲɔ̃, ɔn] adj mono(-a); (aimable)
majo(-a)
**migraine** [migʀɛn] nf jaqueca
**migrant, e** [migʀɑ̃, ɑ̃t] adj, nm/f emigrante mf
**migrateur, -trice** [migʀatœʀ, tʀis] adj
migratorio(-a)
**migration** [migʀasjɔ̃] nf migración f
**migratoire** [migʀatwaʀ] adj migratorio(-a)
**migrer** [migʀe] vi emigrar
**mijaurée** [miʒoʀe] nf remilgada
**mijoter** [miʒɔte] vt (plat) cocer a fuego lento;
( : préparer avec soin) hacer (con mimo); (fam :
affaire) tramar; **qu'est-ce qu'il mijote ?** ¿qué
estará tramando? ▶ vi cocer a fuego lento;
(personne : attendre) esperar largo tiempo
**mil** [mil] nm mil
**Milan** [milɑ̃] n Milán
**milan** [milɑ̃] nm (oiseau) milano; **~ royal**
milano real
**milanais, e** [milanɛ, ɛz] adj milanés(-esa)
▶ nm/f : **Milanais, e** milanés(-esa)
**mildiou** [mildju] nm mildiu m, mildeu m
**mile** [majl] nm milla
**milice** [milis] nf milicia
**milicien, ne** [milisjɛ̃] nm/f miliciano(-a)
**milieu, x** [miljø] nm medio; (social, familial)
medio, entorno; **au ~ de** en medio de; (fig)
entre; **au beau** ou **en plein ~ (de)** justo en
medio ou mitad (de); **le ~** (pègre) el hampa; **le
juste ~** el término medio; **~ de terrain**
(Football : zone) centro del campo; nm/f (joueur)
centrocampista mf
**militaire** [militɛʀ] nm/f militar mf ▶ adj
militar; **marine/aviation ~** marina/
aviación f militar; **service ~** servicio militar
**militairement** [militɛʀmɑ̃] adv
militarmente
**militant, e** [militɑ̃, ɑ̃t] adj, nm/f militante mf
**militantisme** [militɑ̃tism] nm militancia
**militarisation** [militaʀizasjɔ̃] nf
militarización f

## militarisé – minimalisme

**militarisé, e** [militaʀize] *adj* militarizado(-a)
**militariser** [militaʀize] *vt* militarizar
**militarisme** [militaʀism] (*péj*) *nm* militarismo
**militer** [milite] *vi* militar; ~ **pour/contre** militar a favor de/en contra de
**milk-shake** [milkʃɛk] (*pl* **milk-shakes**) *nm* batido de leche
**mille** [mil] *adj inv* mil; **page** ~ página mil ▶ *nm inv* mil *m*; **mettre dans le** ~ (*fig*) dar en el blanco ▶ *nm* : ~ **marin** milla marina
**millefeuille** [milfœj] *nm* milhojas *m inv*
**millénaire** [milenɛʀ] *nm* milenio ▶ *adj* milenario(-a)
**millénarisme** [milenaʀism] *nm* milenarismo
**mille-patte** *nm*, **mille-pattes** *nm inv* [milpat] (*pl* **mille-pattes**) ciempiés *m inv*
**millepertuis** [milpɛʀtɥi] *nm* (*Bot*) hipérico
**millésime** [milezim] *nm* (*d'une médaille*) fecha; (*d'un vin*) año, cosecha
**millésimé, e** [milezime] *adj* con el año de la cosecha
**millet** [mijɛ] *nm* mijo
**milliard** [miljaʀ] *nm* mil millones *mpl*, millardo
**milliardaire** [miljaʀdɛʀ] *adj*, *nmf* multimillonario(-a)
**millième** [miljɛm] *adj* milésimo(-a) ▶ *nmf* milésimo(-a); ~ **de seconde** milésima de segundo
**millier** [milje] *nm* millar *m*; **un** ~ **(de)** un millar (de); **par milliers** por miles, a millares
**milligramme** [miligʀam] *nm* miligramo
**millilitre** [mililitʀ] *nm* mililitro
**millimètre** [milimɛtʀ] *nm* milímetro
**millimétré, e** [milimetʀe] *adj* : **papier** ~ papel *m* milimetrado
**millimétrique** [milimetʀik] *adj* milimétrico(-a); **d'une précision** ~ de una precisión milimétrica
**million** [miljɔ̃] *nm* millón *m*; **deux millions de** dos millones de; **toucher cinq millions** ganar cinco millones
**millionième** [miljɔnjɛm] *adj*, *nmf* millonésimo(-a)
**millionnaire** [miljɔnɛʀ] *adj*, *nmf* millonario(-a)
**mi-lourd** [miluʀ] (*pl* **mi-lourds**) *adj*, *nm* (*Sport*) peso medio
**mime** [mim] *nmf* mimo *mf* ▶ *nm* (*art*) mimo
**mimer** [mime] *vt* mimar; (*singer*) imitar
**mimétisme** [mimetism] *nm* mimetismo
**mimi** [mimi] *adj* (*fam : mignon*) mono(-a) (*fam*) ▶ *nm* (*langage enfantin : baiser*) besito (*fam*)
**mimique** [mimik] *nf* mímica
**mimosa** [mimoza] *nm* mimosa
**mi-moyen** [mimwajɛ̃] (*pl* **mi-moyens**) *adj*, *nm* (*Sport*) peso welter

**MIN** [min] *sigle m* (= *Marché d'intérêt national*) mercado mayorista de frutos, verduras y productos del campo
**min.** *abr* (= *minute(s)*) min. (= *minuto(s)*)
**minable** [minabl] *adj* (*misérable*) miserable; (*très mauvais*) pésimo(-a)
**minaret** [minaʀɛ] *nm* minarete *m*, alminar *m*
**minauder** [minode] *vi* hacer melindres *ou* remilgos
**minauderies** [minodʀi] *nfpl* melindres *mpl*, remilgos *mpl*
**mince** [mɛ̃s] *adj* delgado(-a); (*étoffe, filet d'eau*) fino(-a); (*fig*) escaso(-a) ▶ *excl* : ~ **alors !** ¡caramba!
**minceur** [mɛ̃sœʀ] *nf* delgadez *f*
**mincir** [mɛ̃siʀ] *vi* adelgazar
**mine** [min] *nf* (*aussi fig*) mina; (*physionomie*) cara, aspecto; **les Mines** (*Admin*) Dirección *f* de Minas; **avoir bonne/mauvaise** ~ tener buena/mala cara; **tu as bonne** ~ ! (*iron : aspect*) ¡vaya pinta que tienes!; (: *action*) ¡has hecho el ridículo!; **faire grise** ~ poner mala cara; **faire** ~ **de faire qch** simular hacer algo; **ne pas payer de** ~ tener mala pinta; ~ **de rien** como quien no quiere la cosa, como si nada; ~ **à ciel ouvert/de charbon** mina a cielo abierto/de carbón
**miner** [mine] *vt* minar
**minerai** [minʀɛ] *nm* mineral *m*
**minéral, e, -aux** [mineʀal, o] *adj*, *nm* mineral *m*
**minéralisé, e** [mineʀalize] *adj* mineral
**minéralogie** [mineʀalɔʒi] *nf* mineralogía
**minéralogique** [mineʀalɔʒik] *adj* mineralógico(-a); **plaque** ~ matrícula; **numéro** ~ número de matrícula
**minet, te** [minɛ, ɛt] *nm/f* gatito(-a), minino(-a); (*péj*) chuleta *mf*
**mineur, e** [minœʀ] *adj* (*souci*) secundario(-a); (*poète, personne*) menor ▶ *nm/f* (*Jur*) menor *mf* (de edad) ▶ *nm* (*travailleur*) minero; (*Mil*) minador *m*; ~ **de fond** minero de interior
**miniature** [minjatyʀ] *adj*, *nf* miniatura; **en** ~ en miniatura
**miniaturisation** [minjatyʀizasjɔ̃] *nf* miniaturización *f*
**miniaturiser** [minjatyʀize] *vt* miniaturizar
**miniaturiste** [minjatyʀist] *nmf* miniaturista *mf*
**minibus** [minibys] *nm* microbús *msg*
**mini-cassette** [minikasɛt] (*pl* **mini-cassettes**) *nf* cassette *f*
**minichaîne** [miniʃɛn] *nf* minicadena
**minier, -ière** [minje, jɛʀ] *adj* minero(-a)
**minigolf** [minigɔlf] *nm* minigolf *m*
**mini-jupe** [miniʒyp] (*pl* **mini-jupes**) *nf* minifalda
**minimal, e, -aux** [minimal, o] *adj* mínimo(-a)
**minimalisme** [minimalism] *nm* minimalismo

312 · FRANÇAIS | ESPAGNOL

## minimaliste – miséreux

**minimaliste** [minimalist] *adj* minimalista
**minime** [minim] *adj* mínimo(-a) ▶ *nmf (Sport)* alevín *mf*
**minimessage** [minimesaʒ] *nm* SMS *m*, mensaje *m* de texto
**minimiser** [minimize] *vt* minimizar
**minimum** [minimɔm] *adj* mínimo(-a) ▶ *nm (pl* **minimums** *ou* **minima)** mínimo; **un ~ de** un mínimo de; **au ~** como mínimo; **~ vital** *(salaire)* salario mínimo; *(niveau de vie)* mínimos *mpl* vitales; **minima sociaux** prestaciones *fpl* sociales no contributivas
**mini-ordinateur** [miniɔʀdinatœʀ] *(pl* **mini-ordinateurs)** *nm* miniordenador *m*
**ministère** [ministɛʀ] *nm* ministerio; **~ public** *(Jur)* ministerio público
**ministériel, le** [ministeʀjɛl] *adj* ministerial; *(partisan)* gubernamental
**ministrable** [ministʀabl] *adj* ministrable
**ministre** [ministʀ] *nmf* ministro(-a); **~ d'État** ministro(-a) de Estado
**minium** [minjɔm] *nm* minio
**minois** [minwa] *nm* carita
**minorer** [minɔʀe] *vt (minimiser)* minimizar; *(prix)* reducir; *(sous-évaluer)* infravalorar
**minoritaire** [minɔʀitɛʀ] *adj* minoritario(-a)
**minorité** [minɔʀite] *nf* minoría; *(d'une personne)* minoría de edad; **la/une ~ de** la/una minoría de; **être en ~** estar en minoría; **mettre en ~** *(Pol)* poner en minoría
**Minorque** [minɔʀk] *nf* Menorca
**minorquin, e** [minɔʀkɛ̃, in] *adj* menorquín(-ina) ▶ *nm/f*: **Minorquin, e** menorquín(-ina)
**minoterie** [minɔtʀi] *nf* fábrica de harina
**minotier** [minɔtje] *nm* fabricante *m* de harina
**minou** [minu] *nm (langage enfantin : chat)* minino *(fam)*
**minuit** [minɥi] *nm* medianoche *f*
**minus** [minys] *(fam) nmf (péj)* inútil *mf*
**minuscule** [minyskyl] *adj (aussi lettre)* minúsculo(-a) ▶ *nf (lettre)* minúscula
**minutage** [minytaʒ] *nm* cronometraje *m*
**minute** [minyt] *nf* minuto; *(Jur)* minuta; **d'une ~ à l'autre** de un momento a otro; **à la ~** en seguida; **entrecôte/steak ~** entrecot(e) *m*/bisté *m* al minuto ▶ *excl* ¡un momento!
**minuter** [minyte] *vt* cronometrar
**minuterie** [minytʀi] *nf* programador *m*; *(d'escalier d'immeuble)* interruptor *m* (de la luz)
**minuteur** [minytœʀ] *nm* reloj *m*
**minutie** [minysi] *nf* minucia; **avec ~** minuciosamente
**minutieusement** [minysjøzmɑ̃] *adv* minuciosamente
**minutieux, -euse** [minysjø, øz] *adj* minucioso(-a)
**mioche** [mjɔʃ] *(fam) nmf* crío(-a), chiquillo(-a)

**mirabelle** [miʀabɛl] *nf* ciruela mirabel; *(eau de vie)* aguardiente *m* de ciruela mirabel
**miracle** [miʀakl] *nm* milagro; **par ~** de milagro; **faire/accomplir des miracles** hacer milagros
**miraculé, e** [miʀakyle] *adj* curado(-a) milagrosamente
**miraculeux, -euse** [miʀakylø, øz] *adj* milagroso(-a)
**mirador** [miʀadɔʀ] *nm (Mil)* torre *f* de observación
**mirage** [miʀaʒ] *nm* espejismo
**mire** [miʀ] *nf (d'un fusil)* mira; *(TV)* carta de ajuste; **point/ligne de ~** punto/línea de mira
**mirent** [miʀ] *vb voir* **mettre**
**mirer** [miʀe] *vt (œufs)* mirar al trasluz; **se mirer** *vpr* : **se ~ dans** *(suj : personne)* contemplarse en; *(: chose)* reflejarse en
**mirettes** [miʀɛt] *(fam) nfpl (yeux)* ojos *mpl*; **en prendre plein les ~** quedar maravillado(-a)
**mirifique** [miʀifik] *adj* mirífico(-a)
**mirobolant, e** [miʀɔbɔlɑ̃, ɑ̃t] *adj* extraordinario(-a)
**miroir** [miʀwaʀ] *nm* espejo; *(fig)* espejo, reflejo
**miroiter** [miʀwate] *vi* espejear, relucir; **faire ~ qch à qn** seducir a algn con algo
**miroiterie** [miʀwatʀi] *nf (usine)* taller *m* de espejos; *(magasin)* tienda de espejos
**mis, e** [mi, miz] *pp de* **mettre** ▶ *adj* puesto(-a); **bien/mal ~** bien/mal vestido(-a)
**misaine** [mizɛn] *nf* : **mât de ~** palo de trinquete
**misanthrope** [mizɑ̃tʀɔp] *adj, nmf* misántropo(-a)
**mise** [miz] *nf (argent)* apuesta; *(tenue)* porte *m*; **être de ~** ser de recibo; **~ à feu** encendido; **~ à jour** puesta al día; *(Inform)* actualización *f*; **~ à mort** matanza; **~ à pied** despido; **~ à prix** tasación *f*; **~ au point** *(Photo)* enfoque *m*; *(fig)* aclaración *f*; **~ de fonds** inversión *f* de capital; **~ en bouteilles** embotellado; **~ en plis** marcado; **~ en scène** *(Théâtre, Ciné)* dirección *f*; *(Théâtre : matérielle)* puesta en escena; **~ en service** puesta en servicio; **~ sur pied** organización *f*
**miser** [mize] *vt* apostar; **~ sur** apostar a; *(fig)* contar con
**misérable** [mizeʀabl] *adj* miserable; *(insignifiant)* insignificante; *(honteux)* vergonzoso(-a) ▶ *nmf* miserable *mf*
**misère** [mizɛʀ] *nf* miseria; **être dans la ~** estar en la miseria; **salaire de ~** salario de miseria; **~ noire** triste miseria; **misères** *nfpl (malheurs, peines)* desgracias *fpl*; *(ennuis)* dificultades *fpl*; **faire des misères à qn** hacer rabiar a algn
**miséreux, -euse** [mizeʀø, øz] *adj, nm/f* pordiosero(-a)

## miséricorde – modèle

**miséricorde** [mizeʀikɔʀd] *nf* misericordia
**miséricordieux, -euse** [mizeʀikɔʀdjø, jøz] *adj* misericordioso(-a)
**misogyne** [mizɔʒin] *adj, nmf* misógino(-a)
**misogynie** [mizɔʒini] *nf* misoginia
**missel** [misɛl] *nm* misal *m*
**missile** [misil] *nm* misil *m*; ~ **autoguidé/balistique/stratégique** misil teledirigido/balístico/estratégico; ~ **de croisière** misil de crucero
**mission** [misjɔ̃] *nf* misión *f*; *(fonction, vocation)* función *f*; **partir en** ~ *(Admin, Pol)* ir a realizar una misión; ~ **de reconnaissance** *(Mil)* misión de reconocimiento
**missionnaire** [misjɔnɛʀ] *nmf* misionero(-a)
**missive** [misiv] *nf* misiva
**mistral** [mistʀal] *nm* mistral *m*
**mit** [mi] *vb voir* **mettre**
**mitaine** [mitɛn] *nf* mitón *m*; (CANADA: *moufle*) manopla
**mitard** [mitaʀ] *(fam) nm* calabozo
**mite** [mit] *nf* polilla
**mité, e** [mite] *adj* apolillado(-a)
**mi-temps** [mitɑ̃] *nf inv* (*Sport : période*) tiempo; (: *pause*) descanso; **à** ~ *adv* media jornada; *adj* de media jornada
**miteux, -euse** [mitø, øz] *adj* mísero(-a)
**mitigé, e** [mitiʒe] *adj* moderado(-a); **(recevoir) un accueil** ~ (recibir) una tibia acogida
**mitochondrie** [mitɔkɔ̃dʀi] *nf* mitocondria
**mitonner** [mitɔne] *vt* elaborar cuidadosamente
**mitoyen, ne** [mitwajɛ̃, jɛn] *adj* medianero(-a); **maisons mitoyennes** casas *fpl* adosadas
**mitraillage** [mitʀajaʒ] *nm* ametrallamiento; *(fig)* bombardeo, acribillamiento
**mitraille** [mitʀaj] *nf* metralla
**mitrailler** [mitʀaje] *vt* ametrallar; *(fig)* bombardear, acribillar; ~ **qn de** *(fig)* acribillar a algn a, bombardear a algn con *ou* a
**mitraillette** [mitʀajɛt] *nf* metralleta
**mitrailleur** [mitʀajœʀ] *nm* soldado ametrallador ▶ *adj* : **fusil** ~ fusil *m* ametrallador
**mitrailleuse** [mitʀajøz] *nf* ametralladora
**mitre** [mitʀ] *nf* mitra
**mitron** [mitʀɔ̃] *nm* mozo de panadero *ou* pastelero
**mi-voix** [mivwa] : **à** ~ *adv* a media voz
**mix** [miks] *nm* mix *m*
**mixage** [miksaʒ] *nm* (*Ciné*) mezcla *f* de sonido
**mixer, mixeur** [miksœʀ] *nm* (*Culin*) batidora
**mixité** [miksite] *nf* carácter *m* mixto; ~ **sociale** mestizaje *m* social
**mixte** [mikst] *adj* mixto(-a); **à usage** ~ para uso mixto; **cuisinière** ~ cocina mixta
**mixture** [mikstyʀ] *nf* mixtura; *(péj)* mejunje *m*

**MJC** [ɛmʒise] *sigle f* (= *Maison des jeunes et de la culture*) Casa de Cultura; *voir aussi* **maison**
**ml** *abr* (= *millilitre(s)*) ml (= *mililitro(s)*)
**MLF** [ɛmɛlɛf] *sigle m* (= *Mouvement de libération de la femme*) Movimiento de liberación de la mujer
**Mlle** (*pl* **Mlles**) *abr* (= *Mademoiselle*) Srta. (= *Señorita*)
**MM** *abr* (= *Messieurs*) ≈ Srs. (= *Señores*); *voir aussi* **monsieur**
**mm** *abr* (= *millimètre(s)*) mm (= *milímetro(s)*)
**Mme** (*pl* **Mmes**) *abr* (= *Madame*) ≈ Sra. (= *Señora*)
**MMS** *sigle m* (= *Multimedia messaging service*) MMS *m*
**mn** *abr* (= *minute(s)*) m (= *minuto(s)*)
**mnémotechnique** [mnemɔtɛknik] *adj* (m)nemotécnico(-a)
**MNS** *sigle m* (= *maître nageur sauveteur*) socorrista *m*
**Mo** *abr* (= *mégaoctet(s)*) MB (= *megabyte(s)*)
**mobile** [mɔbil] *adj* móvil, movible; *(pièce, feuillet)* suelto(-a); *(population, main-d'œuvre)* móvil; *(reflets)* cambiante; *(regard)* vivo(-a), vivaz ▶ *nm* (*téléphone*) móvil *m*, celular *m* (AM); (*Art, d'un meurtre*) móvil *m*
**mobilier, -ière** [mɔbilje, jɛʀ] *adj* mobiliario(-a); **valeurs mobilières** (*Fin*) valores *mpl* mobiliarios; **vente/saisie mobilière** (*Jur*) venta/embargo de mobiliario ▶ *nm* mobiliario
**mobilisable** [mɔbilizabl] *adj* movilizable
**mobilisateur, -trice** [mɔbilizatœʀ, tʀis] *adj* (*projet, thème*) que moviliza
**mobilisation** [mɔbilizasjɔ̃] *nf* movilización *f*; ~ **générale** movilización general
**mobiliser** [mɔbilize] *vt* movilizar
**mobilité** [mɔbilite] *nf* movilidad *f*; ~ **sociale** movilidad social
**mobylette**® [mɔbilɛt] *nf* motocicleta
**mocassin** [mɔkasɛ̃] *nm* mocasín *m*
**moche** [mɔʃ] *(fam) adj* feo(-a)
**mocheté** [mɔʃte] *nf* (*laideur*) fealdad *f*; (*chose laide*) engendro, birria; (*fam : femme*) adefesio (*fam*)
**modalité** [mɔdalite] *nf* modalidad *f*; **modalités** *nfpl* (*Jur*) modalidades *fpl*; **modalités de paiement** modalidades de pago
**mode** [mɔd] *nf* moda; **à la** ~ de moda; **travailler dans la** ~ trabajar en la confección ▶ *nm* modo; (*Inform*) modo, modalidad *f*; ~ **d'emploi** instrucciones *fpl* de uso; ~ **de paiement** forma de pago; ~ **de production/d'exploitation** modo de producción/de explotación; ~ **de vie** modo de vida; ~ **dialogué** (*Inform*) modalidad conversacional
**modelage** [mɔd(ə)laʒ] *nm* modelado
**modelé** [mɔd(ə)le] *nm* modelado
**modèle** [mɔdɛl] *nm* modelo; **un** ~ **de fidélité/générosité** un modelo de fidelidad/

## modeler – moins

generosidad; **~ en carton/métal** modelo en cartón/metal; **~ courant/de série** (*Comm*) modelo corriente/de serie; **~ déposé** (*Comm*) modelo patentado *ou* registrado; **~ réduit** modelo reducido ▶ *adj* modélico(-a); (*cuisine*) modelo *inv*; (*ferme*) piloto *inv*

**modeler** [mɔd(ə)le] *vt* modelar; (*suj*: *vêtement, érosion*) moldear; **~ qch sur** *ou* **d'après** moldear algo según; **se modeler** *vpr*: **se ~ sur** amoldarse a

**modélisation** [mɔdelizasjɔ̃] *nf* (*Math*) modelización *f*

**modélisme** [mɔdelism] *nm* modelismo

**modéliste** [mɔdelist] *nmf* (*Couture*) diseñador(a); (*de modèles réduits*) modelista *mf*

**modem** [mɔdɛm] *nm* (*Inform*) modem *m*, módem *m*

**modérateur, -trice** [mɔdeRatœR, tRis] *adj, nm/f* moderador(a)

**modération** [mɔdeRasjɔ̃] *nf* moderación *f*; **à consommer avec ~** consumir con moderación; **~ de peine** reducción *f* de la pena

**modéré, e** [mɔdeRe] *adj, nm/f* moderado(-a)

**modérément** [mɔdeRemɑ̃] *adv* moderadamente

**modérer** [mɔdeRe] *vt* moderar; **se modérer** *vpr* moderarse

**moderne** [mɔdɛRn] *adj* moderno(-a); **enseignement ~** enseñanza moderna ▶ *nm* (*Art*) arte *m* moderno; **le ~** (*ameublement*) lo moderno

**modernisation** [mɔdɛRnizasjɔ̃] *nf* modernización *f*

**moderniser** [mɔdɛRnize] *vt* modernizar; **se moderniser** *vpr* modernizarse

**modernisme** [mɔdɛRnism] *nm* modernismo

**moderniste** [mɔdɛRnist] *adj, nmf* modernista *mf*

**modernité** [mɔdɛRnite] *nf* modernidad *f*

**modeste** [mɔdɛst] *adj* modesto(-a)

**modestement** [mɔdɛstəmɑ̃] *adv* modestamente

**modestie** [mɔdɛsti] *nf* modestia; **fausse ~** falsa modestia

**modicité** [mɔdisite] *nf* modicidad *f*

**modifiable** [mɔdifjabl] *adj* modificable

**modification** [mɔdifikasjɔ̃] *nf* modificación *f*

**modifier** [mɔdifje] *vt* modificar; **se modifier** *vpr* modificarse

**modique** [mɔdik] *adj* módico(-a)

**modiste** [mɔdist] *nf* sombrerera

**modulable** [mɔdylabl] *adj* (*mobilier, canapé*) modular; (*prêt*) flexible

**modulaire** [mɔdylɛR] *adj* modular

**modularité** [mɔdylaRite] *nf* (*de logiciel, bâtiment, mobilier*) modularidad *f*

**modulation** [mɔdylasjɔ̃] *nf* modulación *f*; **~ de fréquence** frecuencia modulada

**module** [mɔdyl] *nm* módulo; **~ lunaire** módulo lunar

**moduler** [mɔdyle] *vt* (*air*) entonar; (*son*) modular; (*offre, effets*) adaptar; **~ qch en fonction de** adaptar algo en función de

**moelle** [mwal] *nf* médula; **jusqu'à la ~** (*fig*) hasta la médula; **~ épinière** médula espinal

**moelleux, -euse** [mwalø, øz] *adj* (*étoffe*) esponjoso(-a); (*siège*) mullido(-a); (*vin, chocolat*) suave; (*voix, son*) aterciopelado(-a)

**moellon** [mwalɔ̃] *nm* morrillo

**mœurs** [mœR(s)] *nfpl* costumbres *fpl*; **~ simples/bohèmes** costumbres sencillas/ bohemias; **femme de mauvaises ~** mujer *f* de la vida; **passer dans les ~** entrar en las costumbres; **contraire aux bonnes ~** contrario a las buenas costumbres

**mohair** [mɔɛR] *nm* muaré *m*, mohair *m*

**moi** [mwa] *pron* (**m'** *avant en et y*: *sujet*) yo; (*objet direct/indirect*) me; **c'est ~** soy yo; **c'est ~ qui l'ai fait** lo hice yo; **c'est ~ que vous avez appelé ?** ¿me ha llamado a mí?; **apporte-le-~** tráemelo; **donnez-m'en un peu** deme un poco; **à ~** (*possessif*) mío (mía), míos (mías); **ce livre est à ~** ese libro es mío; **avec ~** conmigo; **des poèmes à ~** poemas míos; **sans ~** sin mí; **~, je ...** (*emphatique*) yo, ...; **plus grand que ~** más grande que yo ▶ *nm* (*Psych*) yo

**moignon** [mwaɲɔ̃] *nm* muñón *m*

**moi-même** [mwamɛm] *pron* yo mismo(-a)

**moindre** [mwɛ̃dR] *adj* menor; **le/la ~** el/la menor; **les moindres** los/las menores; **c'est la ~ des politesses** es lo menos que se puede decir *ou* hacer; **c'est la ~ des choses** es lo mínimo

**moindrement** [mwɛ̃dRəmɑ̃] *adv* menormente; **pas le ~ de** ningún modo, en absoluto

**moine** [mwan] *nm* monje *m*, fraile *m*

**moineau, x** [mwano] *nm* gorrión *m*

**MOT-CLÉ**

**moins** [mwɛ̃] *adv* **1** (*comparatif*): **moins (que)** menos (que); **il a trois ans de moins que moi** tiene tres años menos que yo; **moins intelligent que** menos inteligente que; **moins je travaille, mieux je me porte** cuanto menos trabajo, mejor me encuentro
**2** (*superlatif*): **le moins** el (lo) menos; **c'est ce que j'aime le moins** es lo que menos me gusta; **le moins doué** el menos dotado; **pas le moins du monde** en lo más mínimo; **au moins, du moins** al menos, por lo menos
**3** : **moins de** (*quantité, nombre*) menos; **moins de sable/d'eau** menos arena/agua; **moins de livres/de gens** menos libros/gente; **moins de deux ans/10 euros** menos de dos años/10 euros; **moins de midi** antes de mediodía

**4 : de/en moins :** 10 euros/trois jours de moins 10 euros/tres días menos; **trois livres en moins** tres libros menos; **de l'argent en moins** menos dinero; **le soleil en moins** sin el sol; **de moins en moins** cada vez menos; **en moins de deux** en un santiamén
**5 : à moins de/que** *conj* a menos que, a no ser que; **à moins de faire ...** a no ser que se haga ...; **à moins que tu ne fasses** a menos que hagas; **à moins d'un accident** a no ser por un accidente
▶ *prép* : **quatre moins deux** cuatro menos dos; **il est moins cinq** son menos cinco; **il fait moins cinq** hay cinco grados bajo cero

**moins-value** [mwɛ̃valy] (*pl* **moins-values**) *nf* minusvalía
**moire** [mwaʀ] *nf* moaré *m*
**moiré, e** [mwaʀe] *adj* tornasolado(-a)
**mois** [mwa] *nm* mes *msg*; (*salaire, somme due*) mensualidad *f*; **treizième ~** paga extra
**moïse** [mɔiz] *nm* moisés *m*, cuna
**moisi, e** [mwazi] *adj* enmohecido(-a) ▶ *nm* moho; **odeur/goût de ~** olor *m*/gusto a moho
**moisir** [mwaziʀ] *vi* enmohecerse; (*fig*) criar moho; **~ en prison** pudrirse en la cárcel ▶ *vt* enmohecer
**moisissure** [mwazisyʀ] *nf* moho
**moisson** [mwasɔ̃] *nf* siega; **faire ~ de souvenirs/renseignements** (*fig*) hacer acopio de recuerdos/informaciones
**moissonner** [mwasɔne] *vt* segar; (*fig*) recolectar
**moissonneur, -euse** [mwasɔnœʀ, øz] *nm/f* segador(a)
**moissonneuse** [mwasɔnøz] *nf* segadora
**moissonneuse-batteuse** [mwasɔnøzbatøz] (*pl* **moissonneuses-batteuses**) *nf* (segadora) trilladora
**moissonneuse-lieuse** [mwasɔnøzljøz] (*pl* **moissonneuses-lieuses**) *nf* (segadora) agavilladora
**moite** [mwat] *adj* (*air*) húmedo(-a); (*peau*) sudoroso(-a); **avoir les mains moites** tener las manos sudorosas; **il fait une chaleur ~** hace bochorno
**moiteur** [mwatœʀ] *nf* (*de l'air*) humedad *f*; (*de la peau*) sudor *m*
**moitié** [mwatje] *nf* mitad *f*; **sa ~** (*épouse*) su media naranja; **la ~** la mitad; **la ~ du temps/des gens** la mitad del tiempo/de la gente; **à la ~ de** a mitad de; **~ moins grand** la mitad de grande; **~ plus long** la mitad más largo; **à ~ medias**; **à ~ prix** a mitad de precio; **de ~** en la mitad; **~ ~** mitad y mitad

> L'expression **à moitié** suivie d'un adjectif se traduit par *medio*, qui ne s'accorde pas : **Elle est à moitié sourde.** Está medio sorda.

**moka** [mɔka] *nm* moka *m*; (*gâteau*) tarta de moka
**mol** [mɔl] *adj voir* **mou**
**molaire** [mɔlɛʀ] *nf* molar *m*
**môle** [mol] *nm* malecón *m*; (*quai*) muelle *m*
**moléculaire** [mɔlekylɛʀ] *adj* molecular
**molécule** [mɔlekyl] *nf* molécula
**moleskine** [mɔlɛskin] *nf* molesquín *m*
**molester** [mɔlɛste] *vt* maltratar
**molette** [mɔlɛt] *nf* (*de mise au point, de briquet*) rueda dentada
**mollard** [mɔlaʀ] *nm* (*fam !*) lapo (*fam*), pollo (*fam*)
**mollasse** [mɔlas] *adj* (*péj : personne*) desganado(-a); (: *chose*) blandengue
**mollasson, ne** [mɔlasɔ̃, ɔn] (*fam*) *adj, nm/f* blandengue *mf* (*fam*)
**molle** [mɔl] *adj f voir* **mou**
**mollement** [mɔlmɑ̃] *adv* débilmente; (*péj*) desganadamente
**mollesse** [mɔlɛs] *nf* blandura; (*fig : d'une personne*) insulsez *f*
**mollet** [mɔlɛ] *nm* pantorrilla ▶ *adj m* : **œuf ~** huevo pasado por agua
**molletière** [mɔltjɛʀ] *adj f* polaina; **bande ~** venda de paño haciendo de media polaina
**molleton** [mɔltɔ̃] *nm* (*Textile*) muletón *m*
**molletonné, e** [mɔltɔne] *adj* forrado(-a) de muletón
**mollir** [mɔliʀ] *vi* flaquear; (*Naut : vent*) amainar
**mollo** [mɔlo] *adv* (*fam*) : **y aller ~** ir despacito (*fam*), ir tranqui (*fam*); **vas-y ~ !** ¡despacito!
**mollusque** [mɔlysk] *nm* (*Zool*) molusco; (*fig : personne*) blandengue *mf*
**molosse** [mɔlɔs] *nm* moloso
**môme** [mom] (*fam*) *nmf* chiquillo(-a); (*fille*) chavala (*fam*)
**moment** [mɔmɑ̃] *nm* momento; **les grands moments de l'histoire** los grandes momentos de la historia; **~ de gêne/de bonheur** momento de apuro/de felicidad; **profiter du ~** aprovechar el momento; **ce n'est pas le ~** no es el mejor momento; **à un certain ~** en cierto momento; **à un ~ donné** en un momento dado; **à quel ~ ?** ¿en qué momento?; **au même ~** en el mismo momento; **pour un bon ~** un buen rato; **en avoir pour un bon ~** tener para rato; **pour le ~** por el momento; **au ~ de** en el momento de; **au ~ où** en el momento en que; **à tout ~** a cada momento *ou* rato; (*continuellement*) constantemente; **en ce ~** en este momento; (*aujourd'hui*) en los momentos actuales; **sur le ~** al principio; **par moments** por momentos; **d'un ~ à l'autre** de un momento a otro; **du ~ où** *ou* **que** (*dès lors que*) puesto que; (*à condition que*) siempre que; **n'avoir pas un ~ à soi** no tener ni un momento libre para sí; **derniers moments** últimos momentos *mpl*

## momentané – monolithisme

**momentané, e** [mɔmɑ̃tane] *adj* momentáneo(-a)
**momentanément** [mɔmɑ̃tanemɑ̃] *adv* momentáneamente
**momie** [mɔmi] *nf* momia
**momifier** [mɔmifje] *vt* momificar
**mon, ma** [mɔ̃, ma] (*pl* **mes**) *adj poss* mi; (*pl*) mis
**monacal, e, -aux** [mɔnakal, o] *adj* : **vie monacale** vida monacal
**Monaco** [mɔnako] *nm* : (**la principauté de**) ~ (el principado de) Mónaco
**monarchie** [mɔnaʁʃi] *nf* monarquía; ~ **absolue/parlementaire** monarquía absoluta/parlamentaria
**monarchique** [mɔnaʁʃik] *adj* monárquico(-a)
**monarchisme** [mɔnaʁʃism] *nm* monarquismo
**monarchiste** [mɔnaʁʃist] *adj, nmf* monárquico(-a)
**monarque** [mɔnaʁk] *nm* monarca *m*
**monastère** [mɔnastɛʁ] *nm* monasterio
**monastique** [mɔnastik] *adj* monástico(-a)
**monceau, x** [mɔ̃so] *nm* montón *m*
**mondain, e** [mɔ̃dɛ̃, ɛn] *adj* mundano(-a); **carnet** ~ agenda ▶ *nm/f* hombre *m* mundano/mujer *f* mundana
**mondaine** [mɔ̃dɛn] *nf* : **la M~, la police** ~ la brigada antidroga
**mondanités** [mɔ̃danite] *nfpl* formulismos *mpl* mundanos; (*Presse*) crónica *fsg* social, ecos *mpl* de sociedad
**monde** [mɔ̃d] *nm* mundo; **le ~ capitaliste/ végétal/du spectacle** el mundo capitalista/vegetal/del espectáculo; **être/ne pas être du même** ~ ser/no ser del mismo mundo; **il y a du** ~ (*beaucoup de gens*) hay mucha gente; (*quelques personnes*) hay gente; **y a-t-il du ~ dans le salon ?** ¿hay gente en el salón?; **beaucoup/peu de** ~ mucha/poca gente; **meilleur du** ~ mejor del mundo; **mettre au** ~ dar a luz; **l'autre** ~ el otro mundo; **tout le** ~ todo el mundo; **pas le moins du** ~ de ninguna manera; **se faire un** ~ **de qch** hacerse un mundo de algo; **tour du** ~ vuelta al mundo; **homme/femme du** ~ hombre *m*/mujer *f* de mundo
**mondial, e, -aux** [mɔ̃djal, jo] *adj* mundial
**mondialement** [mɔ̃djalmɑ̃] *adv* mundialmente
**mondialisation** [mɔ̃djalizasjɔ̃] *nf* mundialización *f*, globalización *f*
**mondialiser** [mɔ̃djalize] : **se mondialiser** *vpr* mundializarse, globalizarse
**mondialiste** [mɔ̃djalist] *adj* universalista
**mondovision** [mɔ̃dɔvizjɔ̃] *nf* mundovisión *f*
**monégasque** [mɔnegask] *adj* monegasco(-a) ▶ *nmf* : **Monégasque** monegasco(-a)
**monétaire** [mɔnetɛʁ] *adj* monetario(-a)
**monétarisme** [mɔnetaʁism] *nm* monetarismo
**monétariste** [mɔnetaʁist] *adj, nmf* monetarista *mf*
**monétique** [mɔnetik] *nf* informatización *f* de la banca
**monétisation** [mɔnetizasjɔ̃] *nf* monetización *f*
**monétiser** [mɔnetize] *vt* monetizar
**mongol, e** [mɔ̃gɔl] *adj* mongol(a) ▶ *nm* (*Ling*) mongol *m* ▶ *nm/f* : **Mongol, e** mongol(a)
**Mongolie** [mɔ̃gɔli] *nf* Mongolia
**mongolien, ne** [mɔ̃gɔljɛ̃, jɛn] *adj, nm/f* mongólico(-a)
**mongolisme** [mɔ̃gɔlism] *nm* mongolismo
**moniteur, -trice** [mɔnitœʁ, tʁis] *nm/f* monitor(a); ~ **d'auto-école** profesor(a) de auto-escuela ▶ *nm* (*Inform*) monitor *m*; ~ **cardiaque** (*Méd*) monitor cardíaco *ou* de electrocardiografía
**monitorat** [mɔnitɔʁa] *nm* (*formation*) formación *f* del monitor; (*fonction*) función *f* del monitor
**monnaie** [mɔnɛ] *nf* moneda; **avoir de la** ~ (*petites pièces*) tener cambio; **avoir/faire la ~ de 10 euros** tener cambio de/cambiar 10 euros; **donner/faire à qn la ~ de 10 euros** dar el cambio de/cambiar 10 euros a algn; **rendre à qn la** ~ (**sur 10 euros**) darle la vuelta a algn (de 10 euros); **rendre à qn la ~ de sa pièce** (*fig*) pagar a algn con la misma moneda; **servir de** ~ **d'échange** servir de moneda de cambio; **payer en** ~ **de singe** pagar con promesas vanas; **c'est** ~ **courante** es moneda corriente; ~ **légale** moneda legal
**monnayable** [mɔnɛjabl] *adj* vendible
**monnayer** [mɔneje] *vt* convertir en dinero; (*talent*) sacar partido de
**monnayeur** [mɔnɛjœʁ] *nm voir* **faux-monnayeur**
**mono** [mɔno] *nmf* (= *moniteur, -trice*) monitor(a)
**monochrome** [mɔnɔkʁom] *adj* monocromo(-a)
**monocle** [mɔnɔkl] *nm* monóculo
**monocoque** [mɔnɔkɔk] *adj* : **voiture** ~ coche *m* monocasco ▶ *nm* velero monocasco
**monocorde** [mɔnɔkɔʁd] *adj* monocorde
**monoculture** [mɔnɔkyltyʁ] *nf* monocultivo
**monogame** [mɔnɔgam] *adj* monógamo(-a)
**monogamie** [mɔnɔgami] *nf* monogamia
**monogramme** [mɔnɔgʁam] *nm* monograma *m*
**monographie** [mɔnɔgʁafi] *nf* monografía
**monokini** [mɔnɔkini] *nm* monokini *m*
**monolingue** [mɔnɔlɛ̃g] *adj* monolingüe
**monolithe** [mɔnɔlit] *nm* monolito
**monolithique** [mɔnɔlitik] *adj* monolítico(-a)
**monolithisme** [mɔnɔlitism] *nm* monolitismo

## monologue – montre

**monologue** [mɔnɔlɔg] nm monólogo; **~ intérieur** monólogo interior
**monologuer** [mɔnɔlɔge] vi monologar
**monôme** [mɔnom] nm (Math) monomio; (file d'étudiants) manifestación f de estudiantes
**mononucléose** [mɔnonykleoz] nf (Méd) : **~ infectieuse** mononucleosis m inv infecciosa
**monoparental, e, -aux** [mɔnopaRãtal, o] adj monoparental
**monophasé, e** [mɔnɔfaze] adj monofásico(-a)
**monophonie** [mɔnɔfɔni] nf monofonía
**monoplace** [mɔnoplas] adj, nm ou f monoplaza m
**monoplan** [mɔnoplã] nm monoplano
**monopole** [mɔnopɔl] nm monopolio
**monopolisation** [mɔnopolizasjɔ̃] nf monopolización f
**monopoliser** [mɔnopolize] vt monopolizar
**monopolistique** [mɔnopolistik] adj monopolístico(-a)
**monorail** [mɔnoRaj] nm monorraíl m
**monoski** [mɔnoski] nm monoesquí m; **faire du ~** hacer monoesquí
**monospace** [mɔnospas] nm monovolumen m
**monosyllabe** [mɔnosi(l)lab] nm monosílabo
**monosyllabique** [mɔnosi(l)labik] adj monosilábico(-a)
**monothéisme** [mɔnoteism] nm monoteísmo
**monothéiste** [mɔnoteist] adj monoteísta
**monotone, e** [mɔnotɔn] adj monótono(-a)
**monotonie** [mɔnotɔni] nf monotonía
**monoxyde** [mɔnoksid] nm monóxido; **~ de carbone** monóxido de carbono
**monseigneur** [mɔ̃sɛɲœR] nm (archevêque, évêque) Su Ilustrísima m; (cardinal) Su Eminencia; **M~ Thomas** Monseñor Tomás
**monsieur** [məsjø] (pl **messieurs**) nm (titre) señor, don; **occupez-vous de M~** atienda al señor; **bonjour ~** buenos días señor; **~ !** (pour appeler) ¡(oiga) señor!; **M~,** (sur lettre) Señor:; **Cher M~,** Estimado señor:; **un/le ~** un/el señor; voir aussi **madame**
**monstre** [mɔ̃stR] nm monstruo; **~ sacré** (Théâtre, Ciné) monstruo sagrado ▶ adj (fam) brutal, bestial (fam); **un travail ~** una cantidad de trabajo brutal
**monstrueux, -euse** [mɔ̃stRyø, øz] adj monstruoso(-a)
**monstruosité** [mɔ̃stRyozite] nf monstruosidad f
**mont** [mɔ̃] nm monte m; **par monts et par vaux** de la Ceca a la Meca; **le ~ de Vénus** el monte de Venus; **le M~ Blanc** el Mont Blanc
**montage** [mɔ̃taʒ] nm montaje m; **~ sonore** montaje sonoro
**montagnard, e** [mɔ̃taɲaR, aRd] adj, nm/f montañés(-esa)

**montagne** [mɔ̃taɲ] nf montaña; (fig) : **une ~ de** una montaña de; **la haute ~** la alta montaña; **la moyenne ~** la montaña media; **les montagnes Rocheuses** las Montañas Rocosas; **montagnes russes** montaña fsg rusa
**montagneux, -euse** [mɔ̃taɲø, øz] adj montañoso(-a)
**montalbanais, e** [mɔ̃talbanɛ, ɛz] adj de Montauban ▶ nm/f : **Montalbanais, e** nativo(-a) ou habitante mf de Montauban
**montant, e** [mɔ̃tã, ãt] adj ascendente; (chemin) ascendente, cuesta arriba; (robe, corsage, col) cerrado(-a) ▶ nm (somme) importe m; (d'une fenêtre) jamba; (d'un lit, d'une échelle) larguero
**mont-de-piété** [mɔ̃dpjete] (pl **monts-de-piété**) nm monte m de piedad
**monte** [mɔ̃t] nf monta
**monté, e** [mɔ̃te] adj : **être ~ contre qn** estar enfurecido(-a) con algn; **~ en** (fourni) provisto(-a) de; **~ sur** montado(-a) en
**monte-charge** [mɔ̃tʃaRʒ] (pl **monte-charges**) nm montacargas m inv
**montée** [mɔ̃te] nf subida; (côte) cuesta; **au milieu de la ~** en medio de la cuesta ou de la subida
**Monténégro** [mɔ̃tenegRo] nm Montenegro
**monte-plats** [mɔ̃tpla] nm inv montaplatos m inv
**monter** [mɔ̃te] vi subir; (Cartes) echar una carta de más valor; (à cheval) : **~ bien/mal** montar bien/mal; **~ dans un train/avion/taxi** subir a un tren/avión/taxi; **~ sur/à un arbre/une échelle** subir a un árbol/una escalera; **~ à cheval/bicyclette** montar a caballo/en bicicleta; **~ à pied/en voiture** subir a pie/en coche; **~ à bord** subir a bordo; **~ à la tête de qn** subírsele a la cabeza de algn; **~ sur les planches** subir a un escenario; **~ en grade** ascender; **~ à l'assaut** lanzarse al asalto ▶ vt (escalier, valise) subir; (tente, échafaudage, machine) armar, montar; (entreprise, pièce de théâtre) montar; **~ son ménage** montar la casa; **~ son trousseau** preparar el ajuar; **~ la tête à qn** calentarle la cabeza a algn; **~ qch en épingle** cargar las tintas con algo; **~ la garde** montar la guardia; **se monter** vpr proveerse
**monteur, -euse** [mɔ̃tœR, øz] nm/f montador(a)
**montgolfière** [mɔ̃gɔlfjɛR] nf globo (aerostático)
**monticule** [mɔ̃tikyl] nm montículo
**montmartrois, e** [mɔ̃maRtRwa, waz] adj de Montmartre ▶ nm/f : **Montmartrois, e** nativo(-a) ou habitante mf de Montmartre
**montre** [mɔ̃tR] nf reloj m; **~ en main** reloj en mano; **contre la ~** contra reloj; **faire ~ de** hacer alarde de; (faire preuve de) dar muestras de; **~ de plongée** reloj sumergible

## Montréal – mortalité

**Montréal** [mɔ̃ʀeal] n Montreal
**montréalais, e** [mɔ̃ʀeale, ɛz] adj de Montreal ▶ nm/f : **Montréalais, e** nativo(-a) ou habitante mf de Montreal
**montre-bracelet** [mɔ̃tʀəbʀaslɛ] (pl **montres-bracelets**) nf reloj m de pulsera
**montrer** [mɔ̃tʀe] vt mostrar, enseñar; (suj : panneau) señalar; (: vêtement) descubrir; **~ qch à qn** mostrar algo a algn; **~ qch du doigt** señalar algo con el dedo; **~ à qn qu'il a tort** demostrar a algn que está equivocado; **~ à qn son affection/amitié** demostrar su afecto/amistad a algn; **se montrer** vpr mostrarse; **se ~ habile/à la hauteur/intelligent** mostrarse hábil/a la altura/inteligente
**montreur, -euse** [mɔ̃tʀœʀ, øz] nm/f : **~ d'ours** amaestrador(a) de osos; **~ de marionnettes** titiritero(-a)
**monture** [mɔ̃tyʀ] nf (bête) montura
**monument** [mɔnymɑ̃] nm monumento; **~ aux morts** monumento a los caídos
**monumental, e, -aux** [mɔnymɑ̃tal, o] adj monumental
**moquer** [mɔke] : **se moquer de** vpr (personne) burlarse de; (chose) importarle a algn muy poco
**moquerie** [mɔkʀi] nf burla
**moquette** [mɔkɛt] nf moqueta
**moqueur, -euse** [mɔkœʀ, øz] adj burlón(-ona)
**moraine** [mɔʀɛn] nf morrena
**moral, e, -aux** [mɔʀal, o] adj moral; **sur le plan ~** moralmente ▶ nm moral f; **au ~** moralmente; **avoir le ~ à zéro** tener la moral por los suelos
**morale** [mɔʀal] nf moral f; (d'une fable, d'une histoire) moraleja; **faire la ~ à qn** echarle un sermón a algn
**moralement** [mɔʀalmɑ̃] adv moralmente
**moralisateur, -trice** [mɔʀalizatœʀ, tʀis] adj, nm/f moralizador(a)
**moraliser** [mɔʀalize] vt sermonear
**moraliste** [mɔʀalist] nmf moralista mf ▶ adj moralizador(a)
**moralité** [mɔʀalite] nf moralidad f; (conclusion) moraleja
**moratoire** [mɔʀatwaʀ] adj m : **intérêts moratoires** (Fin) intereses mpl de demora
**morbide** [mɔʀbid] adj mórbido(-a)
**morbidité** [mɔʀbidite] nf (Méd) morbilidad f; **taux de ~** tasa de morbilidad
**morceau, x** [mɔʀso] nm trozo, pedazo; (Mus, œuvre littéraire) fragmento; (Culin : de viande) trozo, tajada; **couper en/déchirer en morceaux** cortar en/rasgar en trozos; **mettre en morceaux** hacer pedazos
**morceler** [mɔʀsəle] vt parcelar
**morcellement** [mɔʀsɛlmɑ̃] nm parcelación f
**mordant, e** [mɔʀdɑ̃, ɑ̃t] adj (ironie) mordaz; (froid) cortante ▶ nm (dynamisme) ímpetu m, bríos mpl; (Chim) mordiente m; (d'un article) mordacidad f
**mordicus** [mɔʀdikys] (fam) adv : **affirmer/soutenir qch ~** afirmar/sostener algo erre que erre
**mordiller** [mɔʀdije] vt mordisquear
**mordoré, e** [mɔʀdɔʀe] adj doradillo(-a)
**mordre** [mɔʀdʀ] vt morder; (suj : insecte) picar; (suj : ancre, vis) penetrar en ▶ vi (poisson) picar; **~ dans** morder en; **~ sur** (fig) sobrepasar; **~ à qch** cogerle gusto a algo; **~ à l'hameçon** (aussi fig) morder el anzuelo
**mordu, e** [mɔʀdy] pp de **mordre** ▶ adj (amoureux) loco(-a) ▶ nm/f : **un ~ de voile/de jazz** un loco de la vela/del jazz
**morfal, e** [mɔʀfal] nm/f (fam) tragón(-ona) (fam)
**morfler** [mɔʀfle] vi (fam) comerse el marrón (fam)
**morfondre** [mɔʀfɔ̃dʀ] : **se morfondre** vpr aburrirse esperando
**morgue** [mɔʀg] nf (arrogance) altivez f; (endroit) depósito de cadáveres
**moribond, e** [mɔʀibɔ̃, ɔ̃d] adj moribundo(-a)
**morille** [mɔʀij] nf colmenilla
**mormon, e** [mɔʀmɔ̃, ɔn] adj, nm/f mormón(-ona)
**morne** [mɔʀn] adj (personne, regard) apagado(-a); (temps) desapacible; (vie, conversation) monótono(-a)
**morose** [mɔʀoz] adj (personne) taciturno(-a); (Écon) moroso(-a)
**morosité** [mɔʀozite] nf (de personne) taciturnidad f; (Écon) morosidad f
**morphine** [mɔʀfin] nf morfina
**morphinomane** [mɔʀfinɔman] nmf morfinómano(-a)
**morphologie** [mɔʀfɔlɔʒi] nf morfología
**morphologique** [mɔʀfɔlɔʒik] adj morfológico(-a)
**mors** [mɔʀ] nm bocado
**morse** [mɔʀs] nm (Zool) morsa; (langage) morse m
**morsure** [mɔʀsyʀ] nf picadura; (plaie) mordedura
**mort, e** [mɔʀ, mɔʀt] pp de **mourir** ▶ adj muerto(-a); **~ ou vif** vivo o muerto; **~ de peur/fatigue** muerto(-a) de miedo/cansancio ▶ nm/f muerto(-a); **il y a eu plusieurs morts** hubo varios muertos; **morts et blessés** muertos y heridos; **faire le ~** hacer el muerto; (fig) callarse como un muerto ▶ nf muerte f; (fig) fin m; **de ~** de muerte; **à ~** (blessé) de muerte; **à la ~ de qn** a la muerte de algn; **à la vie, à la ~** de por vida; **se donner la ~** darse muerte; **~ clinique** muerte clínica ▶ nm (Cartes) muerto
**mortadelle** [mɔʀtadɛl] nf mortadela
**mortaise** [mɔʀtɛz] nf muesca
**mortalité** [mɔʀtalite] nf mortalidad f; **~ infantile** mortalidad infantil

## mort-aux-rats – mouchoir

**mort-aux-rats** [mɔʀɔʀa] *nf inv* matarratas *m inv*

**mortel, le** [mɔʀtɛl] *adj*, *nm/f* mortal *mf*

**mortellement** [mɔʀtɛlmɑ̃] *adv* (*aussi fig*) mortalmente; (*pâle etc*) extremadamente

**morte-saison** [mɔʀtəsɛzɔ̃] (*pl* **mortes-saisons**) *nf* (*Écon*) temporada baja

**mortier** [mɔʀtje] *nm* (*Tech*) mortero, argamasa; (*canon*) mortero

**mortifier** [mɔʀtifje] *vt* mortificar

**mort-né, e** [mɔʀne] (*pl* **mort-nés, -es**) *adj* nacido(-a) muerto(-a); (*fig*) fracasado(-a)

**mortuaire** [mɔʀtɥɛʀ] *adj* : **cérémonie ~** ceremonia fúnebre; **chapelle ~** capilla ardiente; **avis mortuaires** esquelas *fpl*; **couronne ~** corona mortuoria; **domicile ~** domicilio del difunto; **drap ~** mortaja

**morue** [mɔʀy] *nf* bacalao

**morvandeau, -elle** [mɔʀvɑ̃do, ɛl] *adj* de Morván ▶ *nm/f* : **Morvandeau, -elle** nativo(-a) *ou* habitante *mf* de Morván

**morve** [mɔʀv] *nf* moco

**morveux, -euse** [mɔʀvø, øz] (*fam*) *adj* mocoso(-a)

**mosaïque** [mɔzaik] *nf* mosaico; (*fig*) : **une ~ de** un mosaico de; **parquet ~** parquet *m* mosaico

**mosan, e** [mɔzɑ̃, ɑ̃n] *adj* del Mosa

**Moscou** [mɔsku] *n* Moscú

**moscovite** [mɔskɔvit] *adj* moscovita ▶ *nmf* : **Moscovite** moscovita *mf*

**mosellan, e** [mɔzɛlɑ̃, an] *adj* de Mosela ▶ *nm/f* : **Mosellan, e** nativo(-a) *ou* habitante *mf* de Mosela

**mosquée** [mɔske] *nf* mezquita

**mot** [mo] *nm* palabra; **mettre/écrire/recevoir un ~** (*message*) poner/escribir/recibir unas líneas; **le ~ de la fin** la conclusión; **~ à ~** *adj*, *adv* palabra por palabra; *nm* traducción *f* literal; **bon ~** ocurrencia, gracia; **sur/à ces mots** después de/con estas palabras; **en un ~** en una palabra; **~ pour ~** palabra por palabra; **à mots couverts** con medias palabras; **avoir le dernier ~** tener la última palabra; **prendre qn au ~** coger *ou* tomar la palabra a algn; **se donner le ~** ponerse de acuerdo; **avoir son ~ à dire** tener algo que decir; **avoir des mots avec qn** tener unas palabras con algn; **~ d'ordre** contraseña; **~ de passe** contraseña, santo y seña; **mots croisés** crucigrama *msg*

**motard, e** [mɔtaʀ, aʀd] *nm/f* motociclista *mf*; (*de la police*) motorista *mf*

**mot-dièse** [mɔdjɛz] (*pl* **mots-dièse**) *nm* (*Inform* : *Twitter*) hashtag *m*

**motel** [mɔtɛl] *nm* motel *m*

**moteur, -trice** [mɔtœʀ, tʀis] *adj* (*Anat*) motor(a); (*Tech*) motor (motriz); (*Auto*) : **à quatre roues motrices** con cuatro ruedas motrices ▶ *nm* motor *m*; (*mobile*) causa; **à ~** a motor; **~ à deux/à quatre temps** motor de dos/de cuatro tiempos; **~ à explosion/à réaction** motor de explosión/de reacción; **~ de recherche** buscador *m*; **~ thermique** motor térmico

**moteur-fusée** [mɔtœʀfyze] (*pl* **moteurs-fusées**) *nm* motor *m* cohete

**motif** [mɔtif] *nm* motivo; **sans ~** sin motivo; **un ~ à fleurs** un motivo de flores; **motifs** *nmpl* (*Jur*) alegato *msg*

**motion** [mosjɔ̃] *nf* moción *f*; **~ de censure** moción de censura

**motivant, e** [mɔtivɑ̃, ɑ̃t] *adj* motivador(a)

**motivation** [mɔtivasjɔ̃] *nf* motivación *f*

**motivé, e** [mɔtive] *adj* motivado(-a)

**motiver** [mɔtive] *vt* motivar

**moto** [moto] *nf* moto *f*; **~ de trial** moto de trial; **~ verte** motocross *m*

**moto-cross** [motokʀɔs] *nm inv* motocross *m*

**motoculteur** [mɔtɔkyltœʀ] *nm* motocultor *m*, motocultivador *m*

**motocyclette** [mɔtɔsiklɛt] *nf* motocicleta

**motocyclisme** [mɔtɔsiklism] *nm* motociclismo

**motocycliste** [mɔtɔsiklist] *nmf* motociclista *mf*

**motoneige** [motonɛʒ] *nf* motonieve *f*

**motorisé, e** [mɔtɔʀize] *adj* motorizado(-a)

**motoriser** [mɔtɔʀize] *vt* motorizar

**motrice** [mɔtʀis] *nf* (*Rail*) locomotora ▶ *adj f voir* **moteur**

**motricité** [mɔtʀisite] *nf* motricidad *f*

**motte** [mɔt] *nf*: **~ de beurre** pella de mantequilla; **~ de gazon** montón *m* de césped; **~ de terre** terrón *m*

**motus** [mɔtys] *excl* : **~ (et bouche cousue)!** ¡chitón (y boca cerrada)!

**mou, molle** [mu, mɔl] (*devant nm commençant par voyelle ou h muet* **mol**) *adj* blando(-a); (*péj* : *visage*) insulso(-a); (*: résistance*) débil; **j'ai les jambes molles** me flaquean las piernas ▶ *nm* (*abats*) bofe *m*; **avoir du ~** estar flojo(-a); **donner du ~** aflojar

**moucharabieh** [muʃaʀabje] *nm* celosía

**mouchard, e** [muʃaʀ, aʀd] *nm/f* delator(a); (*péj* : *Scol*, *Police*) chivato(-a) (*fam*) ▶ *nm* (*appareil*) alarma

**moucharder** [muʃaʀde] *vi* (*fam*) chivarse (*fam*)

**mouche** [muʃ] *nf* mosca; (*Escrime*) zapatilla; (*de taffetas*) lunar *m* postizo; (*sur une cible*) diana; **prendre la ~** picarse; **faire ~** dar en el blanco; **~ tsé-tsé** mosca tse-tsé

**moucher** [muʃe] *vt* (*enfant*) sonar; (*chandelle, lampe*) despabilar; (*fig*) dar una lección a; **se moucher** *vpr* sonarse

**moucheron** [muʃʀɔ̃] *nm* mosca pequeña

**moucheté, e** [muʃ(ə)te] *adj* moteado(-a); (*Escrime*) con zapatilla

**mouchoir** [muʃwaʀ] *nm* pañuelo; **~ en papier** pañuelo de papel

## moudre – mouvementé

**moudre** [mudʀ] vt moler
**moue** [mu] nf mueca; **faire la ~** poner mala cara
**mouette** [mwɛt] nf gaviota
**moufette, mouffette** [mufɛt] nf mofeta
**moufle** [mufl] nf manopla; (Tech) aparejo
**mouflet, -ette** [muflɛ, ɛt] (fam) nm/f chiquillo(-a)
**mouflon** [muflɔ̃] nm muflón m
**moufter** [mufte] (fam) vi : **ne pas ~** no rechistar; **sans ~** (accepter, obéir) sin rechistar
**mouillage** [mujaʒ] nm fondeadero
**mouillé, e** [muje] adj mojado(-a)
**mouiller** [muje] vt mojar; (Culin) añadir agua a; (diluer) aguar; (Naut) fondear; **~ l'ancre** fondear, echar el ancla ▶ vi (Naut) fondear; **se mouiller** vpr (aussi fam) mojarse
**mouillette** [mujɛt] nf rebanada fina de pan
**mouise** [mwiz] (fam) nf : **être dans la ~** estar en un apuro; (financièrement) estar sin blanca; **c'est la ~ !** ¡menuda faena! (fam)
**moulage** [mulaʒ] nm moldeado, vaciado
**moulais** [mulɛ] vb voir **moudre**
**moulant, e** [mulɑ̃, ɑ̃t] adj ceñido(-a)
**moule** [mul] vb voir **moudre** ▶ nf mejillón m ▶ nm molde m; (modèle plein) modelo; **~ à gâteaux** molde para pasteles; **~ à gaufre/à tarte** molde para barquillos/para tartas
**moulent** [mul] vb voir **moudre** ; **mouler**
**mouler** [mule] vt moldear, vaciar; (lettre) escribir cuidadosamente; (suj : vêtement) ceñir, ajustar; **~ qch sur** (fig) adaptar algo a
**moulin** [mulɛ̃] nm molino; (fam : moteur) motor m; **~ à café/à poivre** molinillo de café/de pimienta; **~ à eau/à vent** molino de agua/de viento; **~ à légumes** pasapurés m inv ; **~ à paroles** cotorra; **~ à prières** cilindro de oraciones
**mouliner** [muline] vt (légumes) pasar por el pasapurés
**moulinet** [mulinɛ] nm (d'un treuil) torniquete m; (d'une canne à pêche) carrete m; **faire des moulinets avec un bâton/les bras** hacer molinetes con un palo/los brazos
**moulinette**® [mulinɛt] nf pequeño pasapurés m inv
**moulons** [mulɔ̃] vb voir **moudre**
**moulu, e** [muly] pp de **moudre** ▶ adj molido(-a)
**moulure** [mulyʀ] nf moldura
**moumoute** [mumut] (fam) nf (perruque) peluca
**mourant, e** [muʀɑ̃, ɑ̃t] vb voir **mourir** ▶ adj moribundo(-a); (son) mortecino(-a); (regard) lánguido(-a) ▶ nm/f moribundo(-a)
**mourir** [muʀiʀ] vi morir(se); (civilisation) desaparecer; (flamme) apagarse; **~ de faim/de froid/d'ennui** morir(se) de hambre/de frío/de aburrimiento; **~ de rire/de vieillesse** morirse de risa/de viejo; **~ assassiné** morir asesinado; **~ d'envie de faire** morirse de ganas de hacer; **à ~ : s'ennuyer à ~** morirse de aburrimiento
**mouroir** [muʀwaʀ] nm (péj) moridero
**mouron** [muʀɔ̃] nm : **se faire du ~** (fam) preocuparse, comerse el coco (fam)
**mousquetaire** [muskətɛʀ] nm mosquetero
**mousqueton** [muskətɔ̃] nm mosquetón m
**moussant, e** [musɑ̃, ɑ̃t] adj : **bain ~** baño de espuma
**mousse** [mus] nf (Bot) musgo; (écume) espuma; (Culin) mousse f; (matériau) gomaespuma; **bain ~** baño de espuma; **bas ~** media de espuma; **balle ~** pelota de esponja; **~ à raser** espuma de afeitar; **~ carbonique** espuma de gas carbónico; **~ de foie gras** mousse de foie gras; **~ de nylon** espuma de nylon; (tissu) tejido en espuma de nylon ▶ nm grumete m
**mousseline** [muslin] nf (Textile) muselina; **pommes ~** (Culin) puré m de patatas
**mousser** [muse] vi espumar, hacer espuma
**mousseron** [musʀɔ̃] nm seta de San Jorge
**mousseux, -euse** [musø, øz] adj (chocolat) espumoso(-a) ▶ nm : **(vin) ~** (vino) espumoso
**mousson** [musɔ̃] nf monzón m
**moussu, e** [musy] adj musgoso(-a)
**moustache** [mustaʃ] nf bigote m; **moustaches** nfpl (d'animal) bigotes mpl
**moustachu, e** [mustaʃy] adj bigotudo(-a)
**moustiquaire** [mustikɛʀ] nf mosquitero
**moustique** [mustik] nm mosquito
**moût** [mu] nm (de vin, de bière) mosto
**moutarde** [mutaʀd] nf mostaza; **~ extra-forte** mostaza extra fuerte ▶ adj inv mostaza inv
**moutardier** [mutaʀdje] nm mostacera, mostacero
**mouton** [mutɔ̃] nm (Zool) carnero; (peau) piel f de carnero; (fourrure) mutón m; (Culin, péj : personne) cordero; **moutons** nmpl (fig : nuages) nubecillas fpl; (poussière) pelusa fsg
**mouture** [mutyʀ] nf molienda; (péj : reprise) refrito
**mouvance** [muvɑ̃s] nf órbita, esfera de influencia
**mouvant, e** [muvɑ̃, ɑ̃t] adj movedizo(-a)
**mouvement** [muvmɑ̃] nm movimiento; (geste) gesto; (d'une phrase) expresividad f; (d'un terrain, sol) accidentes mpl; (de montre) mecanismo; **en ~** en movimiento; **mettre qch en ~** poner algo en funcionamiento; **le ~ perpétuel** el movimiento continuo; **~ révolutionnaire/syndical** movimiento revolucionario/sindical; **~ de colère/d'humeur** arrebato de cólera/de mal humor; **~ d'opinion** cambio de opinión
**mouvementé, e** [muvmɑ̃te] adj accidentado(-a); (récit) animado(-a); (agité) agitado(-a)

## mouvoir – multipropriété

**mouvoir** [muvwaʀ] vt mover; (*machine*) accionar; (*fig : personne*) animar; **se mouvoir** vpr moverse

**moyen, ne** [mwajɛ̃, jɛn] adj medio(-a); (*élève, résultat*) regular; **M~ Âge** Edad f Media; **~ terme** término medio; **moyenne entreprise** (*Comm*) mediana empresa ▶ nm medio; **au ~ de** por medio de; **par quel ~ ?** ¿de qué manera?, ¿cómo?; **y a-t-il ~ de … ?** ¿hay modo de …?; **~ d'expression** forma de expresión; **~ de locomotion/de transport** medio de locomoción/de transporte; **moyens** nmpl (*capacités*) medios mpl; **avec les moyens du bord** (*fig*) con todos los medios disponibles; **par tous les moyens** por todos los medios; **employer les grands moyens** emplear medios más persuasivos; **par ses propres moyens** por sus propios medios

**moyenâgeux, -euse** [mwajɛnɑʒø, øz] adj medieval; (*péj : conditions*) digno(-a) de la Edad Media; (: *pratiques*) vetusto(-a), arcaico(-a)

**moyen-courrier** [mwajɛ̃kuʀje] (pl **moyen-courriers**) nm avión m de transporte de distancias medias

**moyennant** [mwajɛnɑ̃] prép (*somme d'argent : contre une acquisition*) al precio de; (: *contre un service*) a cambio de; **~ quoi** mediante lo cual

**moyenne** [mwajɛn] nf media, promedio; (*Math, Statistique*) media; (*Scol*) nota media; (*Auto*) promedio; **en ~** por término medio; **faire la ~** hacer la media; **~ d'âge** edad f media

**moyennement** [mwajɛnmɑ̃] adv medianamente; (*faire qch*) regularmente

**Moyen-Orient** [mwajɛ̃nɔʀjɑ̃] nm Medio Oriente m

**moyeu, x** [mwajø] nm cubo

**mozambicain, e** [mɔzɑ̃bikɛ̃, ɛn] adj mozambiqueño(-a) ▶ nm/f : **Mozambicain, e** mozambiqueño(-a)

**Mozambique** [mɔzɑ̃bik] nm Mozambique m

**MRAP** [mʀap] sigle m = **Mouvement contre le Racisme et pour l'Amitié entre les Peuples**

**MRG** [ɛmɛʀʒe] sigle m = **Mouvement des radicaux de gauche**

**ms** abr = **manuscrit**

**MSF** [ɛmɛsɛf] sigle mpl (= *Médecins sans frontières*) Médicos Sin Fronteras

**MST** [ɛmɛste] sigle f (= *maladie sexuellement transmissible*) ETS f (= enfermedad de transmisión sexual)

**mû, mue** [my] pp de **mouvoir**

**mucosité** [mykozite] nf mucosidad f

**mucoviscidose** [mykovisidoz] nf mucoviscidosis f inv

**mucus** [mykys] nm mucosidad f, mucus m inv

**mue** [my] pp de **mouvoir** ▶ nf muda

**muer** [mɥe] vi mudar; (*jeune garçon*) : **il mue** está mudando la voz; **se muer** vpr : **se ~ en** convertirse en

**muet, te** [mɥɛ, mɥɛt] adj mudo(-a); (*protestation, joie, douleur*) silencioso(-a); **~ d'admiration/d'étonnement** mudo(-a) de admiración/de extrañeza ▶ nm/f mudo(-a) ▶ nm : **le ~** (*Ciné*) el cine mudo

**mufle** [myfl] nm hocico; (*goujat*) patán m ▶ adj patán

**muflerie** [myfləʀi] nf patanería, zafiedad f

**mugir** [myʒiʀ] vi mugir; (*sirène*) sonar

**mugissement** [myʒismɑ̃] nm mugido

**muguet** [mygɛ] nm muguete m, lirio del valle; (*Méd*) muguete

**mulâtre, -tresse** [mylɑtʀ, -tʀɛs] nm/f mulato(-a)

**mule** [myl] nf mula; **mules** nfpl (*pantoufles*) chinelas fpl

**mulet** [mylɛ] nm mulo; (*poisson*) mújol m

**muletier, -ière** [myl(ə)tje, jɛʀ] adj : **sentier/chemin ~** sendero/camino de mulas

**mulot** [mylo] nm ratón m campesino

**multicarte** [myltikaʀt] adj : **VRP ~** representante mf de varias marcas

**multicolore** [myltikɔlɔʀ] adj multicolor

**multicoque** [myltikɔk] adj de varios cascos ▶ nm velero de varios cascos

**multiculturel, le** [myltikyltyʀɛl] adj multicultural

**multidisciplinaire** [myltidisiplinɛʀ] adj : **enseignement ~** enseñanza multidisciplinar

**multiforme** [myltifɔʀm] adj multiforme

**multilatéral, e, -aux** [myltilateʀal, o] adj multilateral

**multimédia** [myltimedja] adj (*produits, encyclopédie*) multimedia inv ▶ nm : **le ~** la tecnología multimedia inv

**multimilliardaire** [myltimiljaʀdɛʀ] adj, nmf multibillonario(-a)

**multimillionnaire** [myltimiljɔnɛʀ] adj, nmf multimillonario(-a)

**multinational, e, -aux** [myltinasjɔnal, o] adj : **firme/entreprise multinationale** firma/empresa multinacional

**multinationale** [myltinasjɔnal] nf multinacional f

**multiple** [myltipl] adj múltiple ▶ nm múltiplo

**multiplex** [myltiplɛks] nm múltiplex m

**multiplicateur** [myltiplikatœʀ] nm multiplicador m

**multiplication** [myltiplikasjɔ̃] nf multiplicación f

**multiplicité** [myltiplisite] nf multiplicidad f

**multiplier** [myltiplije] vt multiplicar; **se multiplier** vpr multiplicarse

**multiprogrammation** [myltipʀɔgʀamasjɔ̃] nf multiprogramación f

**multipropriété** [myltipʀɔpʀijete] nf multipropiedad f

## multirécidiviste – mutuel

**multirécidiviste** [myltiʀesidivist] *adj, nmf* multireincidente *mf*

**multirisque** [myltiʀisk] *adj* : **assurance ~** seguro a todo riesgo

**multitâche** [myltitaʃ] *adj inv* (*aussi Inform*) multitarea *inv*

**multitraitement** [myltitʀɛtmã] *nm* (*Inform*) multiprocesamiento

**multitude** [myltityd] *nf* multitud *f*; **une ~ de** (una) multitud de

**municipal, e, -aux** [mynisipal, o] *adj* municipal

**municipalité** [mynisipalite] *nf* municipalidad *f*, ayuntamiento; (*commune*) municipio

**munificence** [mynifisãs] *nf* munificencia

**munir** [myniʀ] *vt* : **~ qn de** proveer a algn de; **~ qch de** dotar algo de; **se munir** *vpr* : **se ~ de** proveerse de

**munitions** [mynisjɔ̃] *nfpl* municiones *fpl*

**muqueuse** [mykøz] *nf* mucosa

**mur** [myʀ] *nm* muro; (*cloison*) pared *f*; (*de terre*) tapia; (*de rondins*) cercado; (*Inform* : *aussi* : **mur payant**) barrera de pago; **faire le ~** salir sin permiso; **~ pare-feu** (*Internet*) muro cortafuegos; **~ d'incompréhension/de haine** muro de incomprensión/de odio; **~ du son** barrera del sonido

**mûr, e** [myʀ] *adj* maduro(-a); (*fig*) a punto

**muraille** [myʀaj] *nf* muralla

**mural, e, -aux** [myʀal, o] *adj* mural; (*plante*) trepador(a) ▶ *nm* mural *m*

**Murcie** [myʀsi] *n* Murcia

**mûre** [myʀ] *nf* (*du mûrier*) mora; (*de la ronce*) zarzamora

**mûrement** [myʀmã] *adv* : **ayant ~ réfléchi** habiéndolo pensado a fondo

**murène** [myʀɛn] *nf* morena

**murer** [myʀe] *vt* amurallar; (*porte, issue*) tapiar; (*personne*) emparedar; **se murer** *vpr* : **se ~ dans le silence** encerrarse en el silencio

**muret** [myʀɛ] *nm* muro bajo

**mûrier** [myʀje] *nm* morera

**mûrir** [myʀiʀ] *vt, vi* madurar

**murmure** [myʀmyʀ] *nm* murmullo; **~ d'approbation/d'admiration/de protestation** murmullo de aprobación/de admiración/de protesta; **murmures** *nmpl* (*plaintes*) murmullo *msg*, protesta *fsg*

**murmurer** [myʀmyʀe] *vi* murmurar; **~ que** murmurar que

**mus** *etc* [my] *vb voir* **mouvoir**

**musaraigne** [myzaʀɛɲ] *nf* musaraña

**musarder** [myzaʀde] *vi* entretenerse con tonterías; (*en marchant*) callejear

**musc** [mysk] *nm* almizcle *m*; (*parfum*) perfume *m* de almizcle

**muscade** [myskad] *nf* (*aussi* : **noix de muscade**) nuez *f* moscada

**muscat** [myska] *nm* uva moscatel; (*vin*) moscatel *m*

**muscle** [myskl] *nm* músculo

**musclé, e** [myskle] *adj* musculoso(-a); (*fig* : *politique, régime*) duro(-a)

**muscler** [myskle] *vt* desarrollar los músculos de

**musculaire** [myskylɛʀ] *adj* muscular

**musculation** [myskylasjɔ̃] *nf* : **travail/ exercice de ~** trabajo/ejercicio de musculación

**musculature** [myskylatyʀ] *nf* musculatura

**muse** [myz] *nf* musa

**museau, x** [myzo] *nm* hocico

**musée** [myze] *nm* museo

**museler** [myz(ə)le] *vt* poner un bozal a; (*opposition, presse*) amordazar

**muselière** [myzəljɛʀ] *nf* bozal *m*

**musette** [myzɛt] *nf* morral *m* ▶ *adj* : **bal ~** baile popular en el que el acordeón es el instrumento principal; **orchestre/valse ~** orquesta/vals *msg* popular

**muséum** [myzeɔm] *nm* museo

**musical, e, -aux** [myzikal, o] *adj* musical

**musicalement** [myzikalmã] *adv* musicalmente

**musicalité** [myzikalite] *nf* musicalidad *f*

**music-hall** [myzikol] (*pl* **music-halls**) *nm* music-hall *m*

**musicien, ne** [myzisjɛ̃, jɛn] *adj, nm/f* músico(-a)

**musicologie** [myzikɔlɔʒi] *nf* musicología

**musique** [myzik] *nf* música; (*d'un vers, d'une phrase*) musicalidad *f*; **faire de la ~** componer música; (*jouer d'un instrument*) tocar música; **~ de chambre/de fond** música de cámara/ de fondo; **~ militaire/de film** música militar/de banda sonora

**musqué, e** [myske] *adj* almizclado(-a)

**must** [mœst] (*fam*) *nm* : **le ~** el no va más

**musulman, e** [myzylmã, an] *adj, nm/f* musulmán(-ana)

**mutant, e** [mytã, ãt] *nm/f* mutante *mf*

**mutation** [mytasjɔ̃] *nf* (*Admin*) traslado; (*Biol*) mutación *f*

**muter** [myte] *vt* (*Admin*) trasladar

**mutilation** [mytilasjɔ̃] *nf* mutilación *f*

**mutilé, e** [mytile] *nm/f* mutilado(-a); **grand(e) ~** gravemente mutilado(-a); **~ du travail/de guerre** mutilado(-a) laboral/de guerra

**mutiler** [mytile] *vt* mutilar; (*endroit*) deteriorar, degradar

**mutin, e** [mytɛ̃, in] *adj* (*enfant*) travieso(-a); (*air, ton*) pícaro(-a) ▶ *nm/f* (*Mil*) amotinado(-a)

**mutiner** [mytine] : **se mutiner** *vpr* amotinarse

**mutinerie** [mytinʀi] *nf* motín *m*

**mutisme** [mytism] *nm* mutismo

**mutualiste** [mytɥalist] *adj* mutualista

**mutualité** [mytɥalite] *nf* mutualidad *f*

**mutuel, le** [mytɥɛl] *adj* mutuo(-a); (*établissement*) mutualista

**mutuelle** [mytɥɛl] *nf* mutualidad *f*, mutua
**mutuellement** [mytɥɛlmɑ̃] *adv* mutuamente
**mycose** [mikoz] *nf* micosis *f inv*
**mygale** [migal] *nf* migala
**myocarde** [mjɔkaʀd] *nm voir* **infarctus**
**myopathe** [mjɔpat] *adj, nmf* (*atteint de myopathie*) enfermo(-a) de miopatía; (*atteint de myopathie primitive progressive*) enfermo(-a) de distrofia muscular progresiva, enfermo(-a) de miopatía primitiva progresiva
**myopathie** [mjɔpati] *nf* miopatía; (*aussi*: **myopathie primitive progressive**) distrofia muscular progresiva, miopatía primitiva progresiva
**myope** [mjɔp] *adj, nmf* miope *mf*
**myopie** [mjɔpi] *nf* miopía
**myosotis** [mjɔzɔtis] *nm* nomeolvides *m inv*
**myriade** [miʀjad] *nf* miríada
**myrtille** [miʀtij] *nf* arándano
**mystère** [mistɛʀ] *nm* misterio; **~ de la Trinité/de la foi** (*Rel*) misterio de la Santísima Trinidad/de la fe
**mystérieusement** [misteʀjøzmɑ̃] *adv* misteriosamente
**mystérieux, -euse** [misteʀjø, øz] *adj* misterioso(-a)
**mysticisme** [mistisism] *nm* misticismo
**mystificateur, -trice** [mistifikatœʀ, tʀis] *nm/f* charlatán(-ana)
**mystification** [mistifikasjɔ̃] *nf* mistificación *f*; (*mythe*) mito
**mystifier** [mistifje] *vt* mistificar; (*tromper*) engañar
**mystique** [mistik] *adj, nmf* místico(-a)
**mythe** [mit] *nm* mito; **le ~ de la galanterie française** el mito de la galantería francesa
**mythifier** [mitifje] *vt* mitificar
**mythique** [mitik] *adj* mítico(-a)
**mythologie** [mitɔlɔʒi] *nf* mitología
**mythologique** [mitɔlɔʒik] *adj* mitológico(-a)
**mythomane** [mitɔman] *adj, nmf* mitómano(-a)
**mythomanie** [mitɔmani] *nf* mitomanía
**mytiliculture** [mitilikyltyʀ] *nf* mitilicultura, cultivo de mejillones

# Nn

**N¹, n** [ɛn] *nm inv* N, n *f*; **N comme Nicolas** ≈ N de Narciso
**N²** *abr* (= *nord*) N; (*Ling* : = *nom*) n. (= *nombre*)
**n'** [n] *adv voir* **ne**
**nabot** [nabo] (*péj*) *nm* retaco
**nacelle** [nasɛl] *nf* barquilla
**nacre** [nakʀ] *nf* nácar *m*
**nacré, e** [nakʀe] *adj* nacarado(-a)
**nage** [naʒ] *nf* natación *f*; (*style*) estilo; **traverser/s'éloigner à la ~** atravesar/alejarse a nado; **en ~** bañado(-a) en sudor; **100 m ~ libre** 100m libres; **~ indienne** natación *f* de costado; **~ libre** estilo libre; **~ papillon** estilo mariposa
**nageoire** [naʒwaʀ] *nf* aleta
**nager** [naʒe] *vi* nadar; (*fig*) estar pez; **~ dans des vêtements** flotar en la ropa; **~ dans le bonheur** rebosar de alegría
**nageur, -euse** [naʒœʀ, øz] *nm/f* nadador(a)
**naguère** [nagɛʀ] *adv* antes
**naïade** [najad] *nf* náyade *f*
**naïf, -ive** [naif, naiv] *adj* ingenuo(-a); (*air*) inocente
**nain, e** [nɛ̃, nɛn] *adj* enano(-a); **caniche/lapin ~** caniche *m*/conejo enano ▸ *nm/f* enano(-a)
**nais** *etc* [nɛ] *vb voir* **naître**
**naissais** *etc* [nɛsɛ] *vb voir* **naître**
**naissance** [nɛsɑ̃s] *nf* nacimiento; **donner ~ à** (*enfant*) dar a luz a; (*fig*) originar; **prendre ~** nacer; **aveugle/Français de ~** ciego/francés de nacimiento; **à la ~ des cheveux** en la raíz del cabello; **lieu de ~** lugar de nacimiento
**naissant, e** [nɛsɑ̃, ɑ̃t] *adj* (*calvitie*, *barbe*) incipiente; (*tumeur*) en fase inicial; (*amitié*, *jalousie*) naciente, nuevo(-a); **le jour ~** el amanecer
**naît** [nɛ] *vb voir* **naître**
**naître** [nɛtʀ] *vi* nacer; (*résulter*) : **~ (de)** nacer (de); **il est né en 1990** nació en 1990; **il naît plus de filles que de garçons** nacen más niñas que niños; **faire ~** (*fig*) originar
**naïve** [naiv] *adj voir* **naïf**
**naïvement** [naivmɑ̃] *adv* ingenuamente
**naïveté** [naivte] *nf* ingenuidad *f*
**Namibie** [namibi] *nf* Namibia
**nana** [nana] (*fam*) *nf* chica

**nancéien, ne** [nɑ̃sejɛ̃, ɛn] *adj* de Nancy ▸ *nm/f* : **Nancéien, ne** nativo(-a) *ou* habitante *mf* de Nancy
**nanisme** [nanism] *nm* enanismo
**nanosciences** [nanosjɑ̃s] *nfpl* nanociencias *fpl*
**nanotechnologies** [nanotɛknɔlɔʒi] *nfpl* nanotecnologías *fpl*
**nantais, e** [nɑ̃tɛ, ɛz] *adj* nantés(-esa) ▸ *nm/f* : **Nantais, e** nantés(-esa)
**Nantes** [nɑ̃t] *n* Nantes
**nantir** [nɑ̃tiʀ] *vt* : **~ qn de** proveer a algn de
**nantis** [nɑ̃ti] (*péj*) *nmpl* : **les ~** los pudientes
**napalm** [napalm] *nm* napalm *m*
**naphtaline** [naftalin] *nf* : **boules de ~** bolas *fpl* de naftalina
**Naples** [napl] *n* Nápoles
**napolitain, e** [napɔlitɛ̃, ɛn] *adj* napolitano(-a); **tranche napolitaine** (*glace*) helado (al corte) de tres sabores ▸ *nm/f* : **Napolitain, e** napolitano(-a)
**nappage** [napaʒ] *nm* (*Culin*) capa, baño
**nappe** [nap] *nf* mantel *m*; (*fig*) : **~ d'eau** capa de agua; **~ de brouillard** capa de niebla; **~ de gaz/mazout** capa de gas/fuel-oil
**napper** [nape] *vt* (*Culin*) : **~ qch de** cubrir algo con
**napperon** [napʀɔ̃] *nm* tapete *m*; **~ individuel** mantel *m* individual
**naquit** *etc* [naki] *vb voir* **naître**
**narcisse** [naʀsis] *nm* narciso
**narcissique** [naʀsisik] *adj* narcisista
**narcissisme** [naʀsisism] *nm* narcisismo
**narcodollars** [naʀkodɔlaʀ] *nmpl* narcodólares *mpl*
**narcolepsie** [naʀkɔlɛpsi] *nf* narcolepsia
**narcotique** [naʀkɔtik] *adj* narcótico(-a) ▸ *nm* narcótico
**narcotrafic** [naʀkotʀafik] *nm* narcotráfico
**narcotrafiquant** [naʀkotʀafikɑ̃] *nm* narcotraficante *mf*
**narguer** [naʀge] *vt* provocar
**narine** [naʀin] *nf* ventana (de la nariz)
**narquois, e** [naʀkwa, waz] *adj* burlón(-ona)
**narrateur, -trice** [naʀatœʀ, tʀis] *nm/f* narrador(a)
**narratif, -ive** [naʀatif, iv] *adj* narrativo(-a)

## narration – ND

**narration** [naʀasjɔ̃] *nf* narración *f*
**narrer** [naʀe] *vt* narrar
**narval** [naʀval] *nm* narval *m*
**NASA** [naza] *sigle f* (= *National Aeronautics and Space Administration*) NASA *f*
**nasal, e, -aux** [nazal, o] *adj* nasal
**nase** [nɑz] *adj* (*fam : irrécupérable*) hecho(-a) polvo (*fam*), (*nul*) lamentable; (*épuisé*) reventado(-a) (*fam*), muerto(-a) (*fam*)
**naseau, x** [nazo] *nm* nariz *f*
**nasillard, e** [nazijaʀ, aʀd] *adj* gangoso(-a)
**nasiller** [nazije] *vi* (*personne*) ganguear; (*microphone etc*) nasalizar
**nasse** [nɑs] *nf* nasa
**natal, e** [natal] *adj* natal
**nataliste** [natalist] *adj* natalista
**natalité** [natalite] *nf* natalidad *f*
**natation** [natasjɔ̃] *nf* natación *f*; **faire de la ~** hacer natación, nadar
**natif, -ive** [natif, iv] *adj* nativo(-a); (*inné*) natural; (*originaire*) : **~ de** natural de
**nation** [nasjɔ̃] *nf* nación *f*; **les Nations Unies** las Naciones Unidas
**national, e, -aux** [nasjɔnal, o] *adj* nacional; **obsèques nationales** exequias *fpl* nacionales; **nationaux** *nmpl* nacionales *mpl*
**nationale** [nasjɔnal] *nf* : (**route**) **~** (carretera) nacional *f*
**nationalisation** [nasjɔnalizasjɔ̃] *nf* nacionalización *f*
**nationaliser** [nasjɔnalize] *vt* nacionalizar
**nationalisme** [nasjɔnalism] *nm* nacionalismo
**nationaliste** [nasjɔnalist] *nmf* nacionalista *mf*
**nationalité** [nasjɔnalite] *nf* nacionalidad *f*; **il est de ~ française** es de nacionalidad francesa
**nativité** [nativite] *nf* (*tableau, sculpture*) natividad *f*
**natte** [nat] *nf* (*tapis*) estera; (*de cheveux*) trenza
**natter** [nate] *vt* trenzar
**naturalisation** [natyʀalizasjɔ̃] *nf* naturalización *f*
**naturalisé, e** [natyʀalize] *adj* naturalizado(-a)
**naturaliser** [natyʀalize] *vt* naturalizar
**naturalisme** [natyʀalism] *nm* naturalismo
**naturaliste** [natyʀalist] *nmf* (*savant*) naturalista *mf*; (*taxidermiste*) taxidermista *mf*
**nature** [natyʀ] *nf* naturaleza; (*tempérament*) temperamento; **payer en ~** pagar en especie; **peint d'après ~** pintado del natural; **~ morte** naturaleza muerta, bodegón *m*; **être de ~ à faire qch** (*propre à*) ser adecuado(-a) para hacer algo; **il n'est pas de ~ à accepter** está claro que no va a aceptar ▸ *adj* (*aussi Culin*) natural; (*café*) solo
**naturel, le** [natyʀɛl] *adj* natural ▸ *nm* (*caractère*) natural *m*; (*aisance*) naturalidad *f*; **au ~** (*Culin*) al natural

**naturellement** [natyʀɛlmɑ̃] *adv* naturalmente
**naturisme** [natyʀism] *nm* naturismo
**naturiste** [natyʀist] *adj, nmf* naturista *mf*
**naufrage** [nofʀaʒ] *nm* naufragio; (*fig*) ruina; **faire ~** naufragar
**naufragé, e** [nofʀaʒe] *adj, nm/f* náufrago(-a)
**nauséabond, e** [nozeabɔ̃, ɔ̃d] *adj* nauseabundo(-a)
**nausée** [noze] *nf* náusea, asco; **avoir la ~** ou **des nausées** tener náuseas
**nauséeux, -euse** [noseø, øz] *adj* que tiene náuseas; **état ~** estado nauseoso
**nautique** [notik] *adj* náutico(-a); **sports nautiques** deportes náuticos
**nautisme** [notism] *nm* náutica
**naval, e** [naval] *adj* naval
**navarin** [navaʀɛ̃] *nm* guiso de cordero con verduras
**navarrais, e** [navaʀɛ, ɛz] *adj* navarro(-a) ▸ *nm/f* : **Navarrais, e** navarro(-a)
**Navarre** [navaʀ] *nf* Navarra
**navet** [navɛ] *nm* nabo; (*péj : film*) tostón *m*
**navette** [navɛt] *nf* lanzadera; (*en car etc*) recorrido; **faire la ~ (entre)** ir y venir (entre); **la ~ pour l'aéroport** el tren de enlace para el aeropuerto; **~ spatiale** nave *f* espacial
**navigabilité** [navigabilite] *nf* navegabilidad *f*
**navigable** [navigabl] *adj* navegable
**navigant, e** [navigɑ̃, ɑ̃t] *adj* de vuelo ▸ *nm/f* miembro de la tripulación
**navigateur, -trice** [navigatœʀ, tʀis] *nm/f* navegante *mf* ▸ *nm* (*Internet*) navegador *m*
**navigation** [navigasjɔ̃] *nf* navegación *f*; **compagnie de ~** compañía de navegación
**naviguer** [navige] *vi* navegar
**navire** [naviʀ] *nm* buque *m*; **~ marchand/de guerre** buque mercante/de guerra
**navire-citerne** [naviʀsitɛʀn] (*pl* **navires-citernes**) *nm* buque *m* cisterna
**navrant, e** [navʀɑ̃, ɑ̃t] *adj* (*affligeant*) lastimoso(-a); (*consternant*) penoso(-a)
**navré, e** [navʀe] *adj* afligido(-a); **il lui a répondu d'un air ~** le respondió con tristeza; **je suis ~** lo siento muchísimo, lo siento en el alma; **je suis ~ d'être arrivé si tard** siento mucho haber llegado tan tarde; **je suis ~ que** (+ *subjonctif*) siento muchísimo que; **il était ~ de ce qu'il voyait** le dolía en el alma lo que veía
**navrer** [navʀe] *vt* afligir
**nazaréen, ne** [nazaʀeɛ̃, ɛn] *adj* nazareno(-a)
**Nazareth** [nazaʀɛt] *n* Nazaret
**naze** [nɑz] *adj* = **nase**
**nazi, e** [nazi] *adj, nm/f* nazi *mf*
**nazisme** [nazism] *nm* nazismo
**N.B.** [ɛnbe] *abr* (= *nota bene*) N.B. (= *nota bene*)
**ND** *abr* (= *Notre-Dame*) Ntra. Sra. (= *Nuestra Señora*)

## NDLR – néoclassique

**NDLR** [ɛndeɛlɛʀ] *sigle f* (= *note de la rédaction*) N. de la R. (= *nota de la redacción*)

**NDT** [ɛndete] *sigle f* (= *note du traducteur*) N. del T. (= *nota del traductor*)

**ne** [n(ə)], **n'** [n] *adv* no; (*explétif*) *non traduit*; **je ne le veux pas** no lo quiero; **il n'a pas osé** no se ha atrevido; **je crains qu'il ne vienne** temo que venga; **je ne veux que ton bonheur** solo quiero tu felicidad; *voir* **pas²**; **plus**; **jamais**

**né, e** [ne] *pp de* **naître**; **né en 1990** nacido(-a) en 1990; **née Dupont** de soltera Dupont; **bien né(e)** de buena cuna; **né de ... et de ...** (*sur acte de naissance etc*) hijo(-a) de ... y de ...; **né d'une mère française** hijo de madre francesa ▶ *adj*: **un comédien né** un comediante nato

**néanmoins** [neãmwɛ̃] *adv* no obstante

**néant** [neã] *nm* nada; **réduire à ~** reducir a la nada; (*espoir*) quitar

**nébuleuse** [nebyløz] *nf* nebulosa

**nébuleux, -euse** [nebylø, øz] *adj* (*aussi fig*) nebuloso(-a)

**nébuliser** [nebylize] *vt* vaporizar

**nébulosité** [nebylozite] *nf* nebulosidad *f*; **~ variable** nebulosidad variable

**nécessaire** [nesesɛʀ] *adj* necesario(-a); **est-il ~ que je m'en aille ?** ¿es preciso que me vaya?; **il est ~ de ...** es necesario ... ▶ *nm*: **faire le ~** hacer lo necesario; **n'emporter que le strict ~** llevar solo lo estrictamente necesario; **~ de couture** costurero; **~ de toilette/de voyage** neceser *m* de aseo/de viaje

**nécessairement** [nesesɛʀmã] *adv* necesariamente

**nécessité** [nesesite] *nf* necesidad *f*; **se trouver dans la ~ de faire qch** encontrarse en la necesidad de hacer algo; **par ~** por necesidad

**nécessiter** [nesesite] *vt* necesitar

**nécessiteux, -euse** [nesesitø, øz] *adj* necesitado(-a) ▶ *nmpl*: **les nécessiteux** los necesitados

**nec plus ultra** [nɛkplysyltʀa] *nm*: **le ~ de** el no va más de

**nécrologie** [nekʀɔlɔʒi] *nf* necrología; (*notice biographique*) nota necrológica

**nécrologique** [nekʀɔlɔʒik] *adj*: **article ~** nota necrológica; **rubrique ~** sección *f* necrológica

**nécromancie** [nekʀɔmãsi] *nf* nigromancia

**nécromancien, ne** [nekʀɔmãsjɛ̃, jɛn] *nm/f* nigromante *mf*

**nécropole** [nekʀɔpɔl] *nf* necrópolis *f inv*

**nécrose** [nekʀoz] *nf* necrosis *f inv*

**nécrosé, e** [nekʀoze] *adj* necrosado(-a)

**nectar** [nɛktaʀ] *nm* néctar *m*

**nectarine** [nɛktaʀin] *nf* nectarina

**néerlandais, e** [neɛʀlɑ̃dɛ, ɛz] *adj* neerlandés(-esa) ▶ *nm* (*Ling*) neerlandés *m* ▶ *nm/f*: **Néerlandais, e** neerlandés(-esa)

**nef** [nɛf] *nf* nave *f*

**néfaste** [nefast] *adj* nefasto(-a)

**négatif, -ive** [negatif, iv] *adj* negativo(-a) ▶ *nm* (*Photo*) negativo

**négation** [negasjɔ̃] *nf* negación *f*

**négationnisme** [negasjɔnism] *nm* negacionismo

**négationniste** [negasjɔnist] *adj, nmf* negacionista *mf*

**négative** [negativ] *nf*: **répondre par la ~** contestar con una negativa

**négativement** [negativmã] *adv*: **répondre ~** contestar negativamente

**négligé, e** [negliʒe] *adj* descuidado(-a) ▶ *nm* salto de cama

**négligeable** [negliʒabl] *adj* despreciable; **non ~** no *ou* nada despreciable

**négligemment** [negliʒamã] *adv* descuidadamente; (*avec indifférence*) con indiferencia

**négligence** [negliʒɑ̃s] *nf* descuido; (*faute, erreur*) negligencia

**négligent, e** [negliʒã, ãt] *adj* (*personne*) descuidado(-a); (*geste, attitude*) negligente

**négliger** [negliʒe] *vt* descuidar; (*avis, précautions*) ignorar, no hacer caso de; **~ de faire qch** olvidarse de hacer algo; **se négliger** *vpr* descuidarse

**négoce** [negɔs] *nm* negocio

**négociable** [negɔsjabl] *adj* negociable; « **prix non ~** » « precio no negociable »

**négociant, e** [negɔsjã, jãt] *nm/f* negociante *mf*

**négociateur, -trice** [negɔsjatœʀ, tʀis] *nm/f* negociador(a)

**négociation** [negɔsjasjɔ̃] *nf* negociación *f*; **négociations collectives** negociaciones *fpl* colectivas

**négocier** [negɔsje] *vt* negociar; (*virage, obstacle*) sortear ▶ *vi* (*Pol*) negociar

**nègre** [nɛgʀ] (*péj*) *nm* (*aussi écrivain*) negro ▶ *adj* negro(-a)

**négresse** [negʀɛs] (*péj*) *nf* negra

**négrier** [negʀije] *nm* (*fig*) negrero

**négroïde** [negʀɔid] *adj* negroide

**neige** [nɛʒ] *nf* nieve *f*; **battre les œufs en ~** batir los huevos a punto de nieve; **~ carbonique** nieve carbónica; **~ fondue** aguanieve *f*; **~ poudreuse** nieve fresca

**neiger** [neʒe] *vb impers* nevar

**neigeux, -euse** [nɛʒø, øz] *adj* nevado(-a)

**nématode** [nematɔd] *nm* nematodo

**nénuphar** [nenyfaʀ] *nm* nenúfar *m*

**néo-calédonien, ne** [neokaledɔnjɛ̃, jɛn] (*pl* **néo-calédoniens, -nes**) *adj* neocaledonio(-a) ▶ *nm/f*: **Néo-calédonien, ne** neocaledonio(-a)

**néocapitalisme** [neokapitalism] *nm* neocapitalismo

**néoclassique** [neoklasik] *adj* neoclásico(-a)

**néocolonialisme** [neokɔlɔnjalism] *nm* neocolonialismo

**néocolonialiste** [neokɔlɔnjalist] *adj* neocolonialista

**néolithique** [neɔlitik] *adj* neolítico(-a) ▶ *nm* neolítico

**néologisme** [neɔlɔʒism] *nm* neologismo

**néon** [neɔ̃] *nm* neón *m*

**néonatal, e** [neonatal] *adj* neonatal

**néonazi, e** [neonazi] *adj, nm/f* neonazi *mf*

**néophyte** [neɔfit] *nmf* neófito(-a)

**néo-zélandais, e** [neoz̯elɑ̃dɛ, ɛz] (*pl* **~**, **-es**) *adj* neozelandés(-esa) ▶ *nm/f*: **Néo-zélandais, e** neozelandés(-esa)

**Népal** [nepal] *nm* Nepal *m*

**népalais, e** [nepalɛ, ɛz] *adj* nepalí ▶ *nm* (*Ling*) nepalí *m* ▶ *nm/f*: **Népalais, e** nepalí *mf*

**néphrétique** [nefʀetik] *adj* nefrítico(-a)

**néphrite** [nefʀit] *nf* nefritis *f inv*

**népotisme** [nepɔtism] *nm* nepotismo

**nerf** [nɛʀ] *nm* nervio; **nerfs** *nmpl* nervios *mpl*; **être** *ou* **vivre sur les nerfs** estar *ou* vivir en tensión; **être à bout de nerfs** estar al borde de un ataque de nervios; **passer ses nerfs sur qn** pagarlas con algn

**nerveusement** [nɛʀvøzmɑ̃] *adv* con nerviosismo

**nerveux, -euse** [nɛʀvø, øz] *adj* nervioso(-a); (*tendineux*) con nervios; **une voiture nerveuse** un coche que tiene buena aceleración

**nervosité** [nɛʀvozite] *nf* nerviosismo; (*passagère*) alteración *f*

**nervure** [nɛʀvyʀ] *nf* nervadura

**n'est-ce pas** [nɛspɑ] *adv* ¿verdad?; **c'est bon, ~ ?** está bueno, ¿verdad?; **il a peur, ~ ?** tiene miedo, ¿verdad?; **~ que c'est bon ?** ¿verdad que está bueno?; **lui, ~, il peut se le permettre** él puede permitírselo, ¿no es así?

**Net** [nɛt] (*fam*) *nm*: **le ~** Internet *m ou f*, la Red; **surfer sur le ~** navegar por Internet

**net, nette** [nɛt] *adj* (*évident, sans équivoque*) evidente; (*distinct, propre*) limpio(-a); (*photo, film*) nítido(-a); (*Comm*) neto(-a); **faire place nette** despejar; **~ d'impôt** libre de impuestos ▶ *adv* (*refuser*) rotundamente; **s'arrêter ~** pararse en seco; **la lame a cassé ~** la hoja se rompió de un golpe ▶ *nm*: **mettre au ~** poner en limpio

**netiquette** [nɛtikɛt] *nf* netiqueta *f*

**nettement** [nɛtmɑ̃] *adv* claramente; **~ mieux/meilleur** mucho mejor

**netteté** [nɛtte] *nf* (*voir adj*) limpieza; nitidez *f*

**nettoie** *etc* [nɛtwa] *vb voir* **nettoyer**

**nettoiement** [nɛtwamɑ̃] *nm* limpieza; **service du ~** servicio de limpieza

**nettoierai** *etc* [nɛtwaʀe] *vb voir* **nettoyer**

**nettoyage** [nɛtwajaʒ] *nm* limpieza; **~ à sec** limpieza en seco

**nettoyant** [nɛtwajɑ̃] *nm* producto de limpieza

**nettoyer** [nɛtwaje] *vt* limpiar

**neuf**[1] [nœf] *adj inv, nm inv* nueve *m inv*; *voir aussi* **cinq**

**neuf**[2]**, neuve** [nœf, nœv] *adj* nuevo(-a); **quoi de ~ ?** ¿qué hay de nuevo? ▶ *nm*: **remettre à ~** dejar como nuevo; **repeindre à ~** pintar de nuevo; **n'acheter que du ~** comprar solo cosas nuevas

**neurasthénie** [nøʀasteni] *nf* neurastenia

**neurasthénique** [nøʀastenik] *adj* neurasténico(-a)

**neurobiologie** [nøʀobjɔlɔʒi] *nf* neurobiología

**neurochirurgie** [nøʀoʃiʀyʀʒi] *nf* neurocirugía

**neurochirurgien, ne** [nøʀoʃiʀyʀʒjɛ̃, jɛn] *nm/f* neurocirujano(-a)

**neuroleptique** [nøʀɔlɛptik] *adj* neuroléptico(-a)

**neurologie** [nøʀɔlɔʒi] *nf* neurología

**neurologique** [nøʀɔlɔʒik] *adj* neurológico(-a)

**neurologue** [nøʀɔlɔg] *nmf* neurólogo(-a)

**neurone** [nøʀɔn] *nm* neurona

**neuropsychiatre** [nøʀopsikjatʀ] *nmf* neuropsiquiatra *mf*

**neuropsychiatrie** [nøʀopsikjatʀi] *nf* neuropsiquiatría

**neurosciences** [nøʀosjɑ̃s] *nfpl* neurociencias *fpl*

**neutralisation** [nøtʀalizasjɔ̃] *nf* neutralización *f*

**neutraliser** [nøtʀalize] *vt* neutralizar

**neutralisme** [nøtʀalism] *nm* neutralismo

**neutraliste** [nøtʀalist] *adj* neutralista

**neutralité** [nøtʀalite] *nf* neutralidad *f*

**neutre** [nøtʀ] *adj* neutro(-a); (*Pol*) neutral ▶ *nm* neutro

**neutrino** [nøtʀino] *nm* neutrino

**neutron** [nøtʀɔ̃] *nm* neutrón *m*

**neuve** [nœv] *adj f voir* **neuf**[2]

**neuvième** [nœvjɛm] *adj, nmf* noveno(-a) ▶ *nm* (*partitif*) noveno; *voir aussi* **cinquième**

**névé** [neve] *nm* nevero

**neveu, x** [n(ə)vø] *nm* sobrino

**névralgie** [nevʀalʒi] *nf* neuralgia

**névralgique** [nevʀalʒik] *adj* neurálgico(-a); **centre ~** centro neurálgico

**névrite** [nevʀit] *nf* neuritis *f inv*

**névrose** [nevʀoz] *nf* neurosis *f inv*

**névrosé, e** [nevʀoze] *adj, nm/f* neurótico(-a)

**névrotique** [nevʀɔtik] *adj* neurótico(-a)

**New York** [njujɔʀk] *n* Nueva York

**new-yorkais, e** [njujɔʀkɛ, ɛz] (*pl* **~**, **-es**) *adj* neoyorquino(-a) ▶ *nm/f*: **New-Yorkais, e** neoyorquino(-a)

**nez** [ne] *nm* nariz *f*; (*d'avion etc*) morro; **rire au ~ de qn** reírse en las barbas *ou* narices de algn; **avoir du ~** tener olfato; **avoir le ~ fin** tener buen olfato; **~ à ~ avec** cara a cara con; **à vue de ~** a ojo de buen cubero

**NF** *sigle f* = **norme française**

**ni** [ni] *conj* ni; **ni l'un ni l'autre ne sont ... ni** uno ni otro son ...; **il n'a rien vu ni entendu** no ha visto ni oído nada

**Niagara** [njagaʀa] *nm* : **les chutes du ~** las cataratas del Niágara

**niais, e** [njɛ, njɛz] *adj* bobo(-a)

**niaiserie** [njɛzʀi] *nf* necedad *f*; *(futilité)* banalidad *f*

**Nicaragua** [nikaʀagwa] *nm* Nicaragua

**nicaraguayen, ne** [nikaʀagwajɛ̃, jɛn] *adj* nicaragüense ▶ *nm/f* : **Nicaraguayen, ne** nicaragüense *mf*

**Nice** [nis] *n* Niza

**niche** [niʃ] *nf (du chien)* caseta, perrera; *(de mur)* hornacina, nicho; *(farce)* diablura

**nichée** [niʃe] *nf (d'oiseaux)* nidada; *(de chiens etc)* camada

**nicher** [niʃe] *vi* anidar; **se nicher** *vpr (se cacher : enfant)* esconderse; *(se blottir)* acurrucarse; **se ~ dans** *(oiseau)* anidar en

**nichon** [niʃɔ̃] *(fam) nm* teta

**nickel** [nikɛl] *nm* níquel *m* ▶ *adj (fam)* impecable

**niçois, e** [niswa, waz] *adj* nizardo(-a), de Niza ▶ *nm/f* : **Niçois, e** nizardo(-a), nativo(-a) *ou* habitante *mf* de Niza

**nicotine** [nikɔtin] *nf* nicotina

**nid** [ni] *nm* nido; **~ de poule** bache *m*

**nid-d'abeilles** [nidabɛj] *(pl* **nids-d'abeilles**) *nm* nido de abeja

**nièce** [njɛs] *nf* sobrina

**nième** [enjɛm] *adj* : **la ~ fois** la enésima vez

**nier** [nje] *vt* negar; **~ l'évidence** negar la evidencia

**nigaud, e** [nigo, od] *nm/f* memo(-a)

**Niger** [niʒɛʀ] *nm (pays, fleuve)* Níger *m*

**Nigéria** [niʒeʀja] *n* Nigeria

**nigérian, e** [niʒeʀjɑ̃, an] *adj* nigeriano(-a) ▶ *nm/f* : **Nigérian, e** nigeriano(-a)

**nigérien, ne** [niʒeʀjɛ̃, jɛn] *adj* nigerio(-a) ▶ *nm/f* : **Nigérien, ne** nigerio(-a)

**night-club** [najtklœb] *(pl* **night-clubs**) *nm* discoteca

**nihilisme** [niilism] *nm* nihilismo

**nihiliste** [niilist] *adj* nihilista

**Nil** [nil] *nm* : **le ~** el Nilo

**n'importe** [nɛ̃pɔʀt] *adv* : **~ !** ¡no tiene importancia!; **~ qui** cualquiera; **~ quoi** cualquier cosa; **~ où** a *ou* en cualquier sitio; **~ quoi !** *(fam)* ¡pamplinas! *(fam)*; **~ lequel/ laquelle d'entre nous** cualquiera de nosotros(-as); **~ quel/quelle** cualquier/ cualquiera; **à ~ quel prix** a cualquier precio; **~ quand** en cualquier momento; **~ comment, il part ce soir** se va esta noche, sea como sea; **~ comment** *(sans soin)* de cualquier manera

**nippes** [nip] *nfpl* ropa *fsg* vieja

**nippon, e** [nipɔ̃, ɔn] *adj* nipón(-ona) ▶ *nm/f* : **Nippon, e** nipón(-ona)

**nique** [nik] *nf* : **faire la ~ à** burlarse de

**niquer** [nike] *vt (fam ! : arnaquer)* tangar *(fam)*; *(baiser)* follar(se) *(fam !)*, tirarse *(fam !)*; **il s'est fait ~** lo han tangado, se la han pegado

**nitouche** [nituʃ] *(péj) nf* : **une sainte ~** una mosquita muerta

**nitrate** [nitʀat] *nm* nitrato

**nitrique** [nitʀik] *adj* : **acide ~** ácido nitroso

**nitroglycérine** [nitʀogliseʀin] *nf* nitroglicerina

**niveau, x** [nivo] *nm* nivel *m*; **au ~ de** a nivel de; *(à côté de)* a la altura de; *(fig)* en cuanto a; **de ~ (avec)** a nivel (con); **le ~ de la mer** el nivel del mar; **~ à bulle** nivel de aire; **~ d'eau** nivel de agua; **~ de vie** nivel de vida; **~ social** nivel social

**niveler** [niv(ə)le] *vt* nivelar

**niveleuse** [niv(ə)løz] *nf* niveladora

**nivellement** [nivɛlmɑ̃] *nm* nivelación *f*

**nivernais, e** [nivɛʀnɛ, ɛz] *adj* de Nevers ▶ *nm/f* : **Nivernais, e** nativo(-a) *ou* habitante *mf* de Nevers

**NN** [ɛnɛn] *abr* = **nouvelles normes**

**n°** *abr* (= *numéro*) n° (= *número*)

**nobiliaire** [nɔbiljɛʀ] *adj voir* **particule**

**noble** [nɔbl] *adj, nmf* noble *mf*

**noblement** [nɔbləmɑ̃] *adv* noblemente, con nobleza

**noblesse** [nɔblɛs] *nf* nobleza

**noce** [nɔs] *nf* boda; **il l'a épousée en secondes noces** se ha casado con ella en segundas nupcias; **faire la ~** *(fam)* ir de juerga; **noces d'argent/d'or/de diamant** bodas de plata/de oro/de diamante

**noceur** [nɔsœʀ] *nm* juerguista *m*

**nocif, -ive** [nɔsif, iv] *adj* nocivo(-a)

**nocivité** [nɔsivite] *nf* nocividad *f*

**noctambule** [nɔktɑ̃byl] *nmf* noctámbulo(-a)

**nocturne** [nɔktyʀn] *adj* nocturno(-a) ▶ *nf* (*Sport*) nocturno; *(d'un magasin)* : « **~ le mercredi** » «abrimos hasta tarde el miércoles»

**nodule** [nɔdyl] *nm* nódulo

**Noël** [nɔɛl] *nm* Navidad *f*

**nœud** [nø] *nm* nudo; *(ruban)* lazo; *(fig : liens)* vínculo; **~ coulant** nudo corredizo; **~ gordien** nudo gordiano; **~ papillon** pajarita

**noie** *etc* [nwa] *vb voir* **noyer**

**noir, e** [nwaʀ] *adj* negro(-a); *(obscur, sombre)* oscuro(-a); *(roman)* policíaco(-a); *(travail)* sumergido(-a); **il fait ~** está oscuro ▶ *nm/f* : **Noir, e** *(personne)* negro(-a) ▶ *nm* negro; **dans le ~** en la oscuridad; **au ~** ilegalmente

**noirâtre** [nwaʀatʀ] *adj* negruzco(-a)

**noirceur** [nwaʀsœʀ] *nf* negrura

**noircir** [nwaʀsiʀ] *vi* ennegrecer ▶ *vt* ensombrecer; *(réputation)* manchar; *(personne)* difamar; **~ le tableau** *(fig)* pintarlo todo negro

## noire – non-sens

**noire** [nwaʀ] *nf* (*Mus*) negra
**noise** [nwaz] *nf* : **chercher ~ à** buscar las cosquillas a
**noisetier** [nwaz(ə)tje] *nm* avellano
**noisette** [nwazɛt] *nf* avellana; (*Culin* : *de beurre*) nuececilla ▶ *adj* (*yeux*) color avellana
**noix** [nwa] *nf* nuez *f*; (*Culin*) : **une ~ de beurre** una nuez de mantequilla; **à la ~** (*fam*) de tres al cuarto; **~ de cajou** anacardo; **~ de coco** (nuez de) coco; **~ de muscade** nuez moscada; **~ de veau** (*Culin*) babilla de ternera
**nom** [nɔ̃] *nm* nombre *m*; (*de famille*) apellido; **connaître qn de ~** conocer a algn de nombre; **au ~ de** en nombre de; **~ de Dieu !** (*fam !*) ¡maldito sea!; **~ d'une pipe** *ou* **d'un chien !** (*fam*) ¡caramba!; **~ commun/propre** nombre común/propio; **~ composé** (*Ling*) nombre compuesto; **~ d'emprunt** apodo; **~ de famille** apellido; **~ de fichier** nombre de fichero; **~ de jeune fille** apellido de soltera; **~ d'utilisateur** nombre de usuario; **~ déposé** nombre registrado
**nomade** [nɔmad] *adj*, *nmf* nómada *mf*
**nomadisme** [nɔmadism] *nm* (*mode de vie*) nomadismo; (*mode de travail*) trabajo móvil
**nombre** [nɔ̃bʀ] *nm* número; **venir en ~** venir muchos(-as); **depuis ~ d'années** desde hace muchos años; **ils sont au ~ de trois** son tres; **au ~ de mes amis** entre mis amigos; **sans ~** innumerable; **(bon) ~ de** numerosos(-as); **~ entier/premier** número entero/primo

⚠ No debe traducirse por *nombre*, que en francés corresponde a **nom**.

**nombreux, -euse** [nɔ̃bʀø, øz] *adj* (*avec nom pl*) numerosos(-as); **la foule nombreuse** la gran muchedumbre; **un public ~** mucho público; **peu ~** poco numeroso(-a); **de ~ cas** numerosos casos
**nombril** [nɔ̃bʀi(l)] *nm* ombligo
**nombrilisme** [nɔ̃bʀilism] *nm* egocentrismo
**nombriliste** [nɔ̃bʀilist] *adj* egocéntrico(-a)
**nomenclature** [nɔmɑ̃klatyʀ] *nf* nomenclatura
**nominal, e, -aux** [nɔminal, o] *adj* nominal
**nominatif, -ive** [nɔminatif, iv] *adj* nominativo(-a); **carte nominative** carnet *m* nominativo; **liste nominative** lista nominativa; **titre ~** título nominativo ▶ *nm* nominativo
**nomination** [nɔminasjɔ̃] *nf* nombramiento
**nommément** [nɔmemɑ̃] *adv* por su nombre
**nommer** [nɔme] *vt* nombrar; (*baptiser*) llamar; **un nommé Leduc** un tal Leduc; **se nommer** *vpr* (*se présenter*) presentarse; **il se nomme Jean** se llama Jean
**non** [nɔ̃] *adv* no; **Paul est venu, ~ ?** ha venido Paul, ¿verdad *ou* no?; **répondre** *ou* **dire que ~** responder *ou* decir que no; **~ (pas) que ...** no porque ...; **~ plus** : **moi ~ plus** yo tampoco; **je préférerais que ~** preferiría que no; **il se trouve que ~** resulta que no; **mais ~, ce n'est pas mal** que no, que no está mal; **~ mais ... !** ¡pero bueno ...!; **~ mais des fois !** ¡qué *etc* has *etc* creído!; **~ loin** no muy lejos; **~ seulement** no solo; **~ sans** no sin antes
**non-** [nɔ̃] *préf* no; **non alcoolisé** sin alcohol
**nonagénaire** [nɔnaʒenɛʀ] *adj*, *nmf* nonagenario(-a)
**non-agression** [nɔnagʀesjɔ̃] *nf* : **pacte de ~** pacto de no agresión
**non-aligné, e** [nɔnaliɲe] *adj* no alineado(-a)
**non-alignement** [nɔnaliɲmɑ̃] *nm* no alineación *f*
**nonante** [nɔnɑ̃t] *adj*, *nm* (BELGIQUE, SUISSE) noventa *m inv*
**non-assistance** [nɔnasistɑ̃s] *nf* : **~ à personne en danger** falta de asistencia a una persona en peligro
**nonce** [nɔ̃s] *nm* nuncio
**nonchalamment** [nɔ̃ʃalamɑ̃] *adv* indolentemente
**nonchalance** [nɔ̃ʃalɑ̃s] *nf* indolencia
**nonchalant, e** [nɔ̃ʃalɑ̃, ɑ̃t] *adj* indolente
**non-conformisme** [nɔ̃kɔ̃fɔʀmism(ə)] *nm* no conformismo
**non-conformiste** [nɔ̃kɔ̃fɔʀmist] (*pl* **non-conformistes**) *adj*, *nmf* inconformista *mf*
**non-conformité** [nɔ̃kɔ̃fɔʀmite] *nf* disconformidad *f*
**non-croyant, e** [nɔ̃kʀwajɑ̃, ɑ̃t] (*pl* **non-croyants, -es**) *nm/f* no creyente *mf*
**non-directif, -ive** [nɔ̃diʀɛktif, iv] (*pl* **non-directifs, -ives**) *adj* no directivo(-a)
**non-engagé, e** [nɔ̃nɑ̃gaʒe] (*pl* **non-engagés, -ées**) *adj* no comprometido(-a)
**non-engagement** [nɔnɑ̃gaʒmɑ̃] *nm* neutralidad *f*
**non-fumeur, -euse** [nɔ̃fymœʀ, øz] (*pl* **non-fumeurs, -euses**) *nm/f* no fumador(a)
**non-ingérence** [nɔnɛ̃ʒeʀɑ̃s] *nf* no ingerencia
**non-initié, e** [nɔ̃ninisje] (*pl* **non-initiés, -es**) *adj* no iniciado(-a)
**non-inscrit, e** [nɔnɛ̃skʀi, it] (*pl* **non-inscrits, -es**) *nm/f* (*Pol*) independiente *mf*
**non-intervention** [nɔnɛ̃tɛʀvɑ̃sjɔ̃] *nf* no intervención *f*
**non-lieu** [nɔ̃ljø] (*pl* **non-lieux**) *nm* : **il y a eu ~** hubo sobreseimiento
**nonne** [nɔn] *nf* monja
**nonobstant** [nɔnɔpstɑ̃] *prép* no obstante
**non-paiement** [nɔ̃pɛmɑ̃] (*pl* **non-paiements**) *nm* impago
**non-prolifération** [nɔ̃pʀɔliferasjɔ̃] *nf* no proliferación *f*
**non-résident** [nɔ̃ʀezidɑ̃] (*pl* **non-résidents**) *nm* no residente *mf*
**non-retour** [nɔ̃ʀətuʀ] *nm inv* : **point de ~** punto límite
**non-sens** [nɔ̃sɑ̃s] *nm inv* disparate *m*

## non-spécialiste – nouille

**non-spécialiste** [nɔ̃spesjalist] (pl **non-spécialistes**) nmf profano(-a)
**non-stop** [nɔnstɔp] adj inv sin parada ▶ adv sin parar
**non-syndiqué, e** [nɔ̃sɛ̃dike] (pl **non-syndiqués, -es**) nm/f persona no sindicada
**non-violence** [nɔ̃vjɔlɑ̃s] nf no violencia
**non-violent, e** [nɔ̃vjɔlɑ̃, ɑ̃t] (pl **non-violents, -es**) adj, nm/f no violento(-a)
**nord** [nɔʀ] nm norte m; (région) : **le N~** el Norte; **au ~** (situation) al norte; (direction) hacia el norte; **au ~ de** al norte de; **perdre le ~** perder el norte; voir **pôle** ▶ adj inv norte
**nord-africain, e** [nɔʀafʀikɛ̃, ɛn] (pl **nord-africains, -es**) adj norteafricano(-a) ▶ nm/f : **Nord-Africain, e** norteafricano(-a)
**nord-américain, e** [nɔʀameʀikɛ̃, ɛn] (pl **nord-américains, -es**) adj norteamericano(-a) ▶ nm/f : **Nord-Américain, e** norteamericano(-a)
**nord-coréen, ne** [nɔʀkɔʀeɛ̃, ɛn] (pl **nord-coréens, -nes**) adj norcoreano(-a) ▶ nm/f : **Nord-Coréen, ne** norcoreano(-a)
**nord-est** [nɔʀɛst] nm inv nordeste m
**nordique** [nɔʀdik] adj nórdico(-a)
**nord-ouest** [nɔʀwɛst] nm inv noroeste m
**nord-vietnamien, ne** [nɔʀvjɛtnamjɛ̃, ɛn] (pl **nord-vietnamiens, -nes**) adj norvietnamita ▶ nm/f : **Nord-Vietnamien, ne** norvietnamita mf
**noria** [nɔʀja] nf noria
**normal, e, -aux** [nɔʀmal, o] adj normal
**normale** [nɔʀmal] nf : **la ~** la media; **par rapport à la ~** con respecto a la media; **les normales saisonnières** (Météo) las medias estacionales; **N~ Sup** prestigioso centro de enseñanza superior especializado en humanidades
**normalement** [nɔʀmalmɑ̃] adv normalmente
**normalien, ne** [nɔʀmaljɛ̃, jɛn] nm/f normalista mf, alumno o ex alumno de Normale Sup
**normalisation** [nɔʀmalizasjɔ̃] nf normalización f
**normalisé, e** [nɔʀmalize] adj normalizado(-a)
**normaliser** [nɔʀmalize] vt normalizar
**normalité** [nɔʀmalite] nf normalidad f
**normand, e** [nɔʀmɑ̃, ɑ̃d] adj normando(-a) ▶ nm/f : **Normand, e** normando(-a)
**Normandie** [nɔʀmɑ̃di] nf Normandía
**normatif, -ive** [nɔʀmatif, iv] adj normativo(-a)
**norme** [nɔʀm] nf norma
**Norvège** [nɔʀvɛʒ] nf Noruega
**norvégien, ne** [nɔʀveʒjɛ̃, jɛn] adj noruego(-a) ▶ nm (Ling) noruego ▶ nm/f : **Norvégien, ne** noruego(-a)
**nos** [no] adj poss voir **notre**
**nosocomial, e, -aux** [nozɔkɔmjal, jo] adj (Méd) nosocomial

**nostalgie** [nɔstalʒi] nf nostalgia
**nostalgique** [nɔstalʒik] adj nostálgico(-a)
**notable** [nɔtabl] adj, nm notable m
**notablement** [nɔtabləmɑ̃] adv notablemente
**notaire** [nɔtɛʀ] nmf notario(-a)
**notamment** [nɔtamɑ̃] adv particularmente, especialmente
**notariat** [nɔtaʀja] nm notaría
**notarié** [nɔtaʀje] adj m : **acte ~** acta m notarial
**notation** [nɔtasjɔ̃] nf (Scol) calificación f; (numérique, musicale) notación f; (lettres) anotación f; (art) reproducción f
**note** [nɔt] nf nota; (facture) cuenta; (annotation) nota, apunte m; **prendre des notes** tomar notas ou apuntes; **prendre ~ de** tomar nota de; **forcer la ~** pasarse de la raya; **une ~ de tristesse/de gaieté** una nota de tristeza/de alegría; **~ de service** nota de servicio
**noté, e** [nɔte] adj : **être bien/mal ~** (employé etc) estar bien/mal valorado(-a)
**noter** [nɔte] vt (écrire) anotar, apuntar; (remarquer) señalar, notar; (Scol) calificar; (Admin) evaluar; **notez bien que ...** fíjense bien que ...
**notice** [nɔtis] nf nota; (brochure) : **~ explicative** folleto explicativo
**notification** [nɔtifikasjɔ̃] nf notificación f
**notifier** [nɔtifje] vt : **~ qch à qn** notificar algo a algn
**notion** [nosjɔ̃] nf noción f; **notions** nfpl nociones fpl
**notoire** [nɔtwaʀ] adj notorio(-a); **le fait est ~** el hecho es notorio
**notoirement** [nɔtwaʀmɑ̃] adv notoriamente
**notoriété** [nɔtɔʀjete] nf notoriedad f; **c'est de ~ publique** es público y notorio
**notre** [nɔtʀ] (pl **nos**) adj poss nuestro(-a)
**nôtre** [notʀ] adj nuestro(-a) ▶ pron : **le ~** el ou lo nuestro; **la ~** la nuestra; **les nôtres** los (las) nuestros(-as); **soyez des nôtres** únase a nosotros
**nouba** [nuba] (fam) nf : **faire la ~** estar de juerga
**noué, e** [nwe] adj : **avoir la gorge nouée** tener un nudo en la garganta; **avoir l'estomac ~** tener un nudo en el estómago
**nouer** [nwe] vt anudar, atar; (fig : amitié) trabar; (alliance) formar; **~ une conversation** entablar conversación; **se nouer** vpr : **c'est là où l'intrigue se noue** es ahí donde se urde la intriga
**noueux, -euse** [nwø, øz] adj nudoso(-a); (main) huesudo(-a); (vieillard) enjuto(-a)
**nougat** [nuga] nm tipo de turrón
**nougatine** [nugatin] nf (Culin) especie de turrón de caramelo muy fino con nueces y avellanas
**nouille** [nuj] nf (fam) lelo(-a); **nouilles** nfpl pasta fsg

**nounou – nudiste**

**nounou** [nunu] *nf* nodriza
**nounours** [nunuʀs] *nm* osito de peluche
**nourri, e** [nuʀi] *adj* denso(-a)
**nourrice** [nuʀis] *nf* nodriza; **mettre en** ~ dar a criar
**nourricier, -ière** [nuʀisje, jɛʀ] *adj* nutricio(-a)
**nourrir** [nuʀiʀ] *vt* alimentar; *(fig : espoir)* mantener; *(haine)* guardar; **logé, nourri** alojamiento y comida; **bien/mal nourri** bien/mal alimentado(-a); ~ **au sein** amamantar; **se nourrir** *vpr* : **se ~ de légumes** alimentarse de verduras; **se ~ de rêves** vivir de fantasías
**nourrissant, e** [nuʀisɑ̃, ɑ̃t] *adj* alimenticio(-a), nutritivo(-a)
**nourrisson** [nuʀisɔ̃] *nm* niño de pecho
**nourriture** [nuʀityʀ] *nf* alimento, comida; *(fig)* alimento
**nous** [nu] *pron* nosotros(-as); *(objet direct, indirect)* nos; **c'est ~ qui l'avons fait** lo hicimos nosotros; ~ **les Marseillais** nosotros los marselleses; **il ~ le dit** nos lo dice; **il ~ en a parlé** nos habló de eso; **à ~** *(possession)* nuestro(-a), nuestros(-as); **ce livre est à ~** ese libro es nuestro; **avec/sans ~** con/sin nosotros; **un poème de ~** un poema nuestro; **plus riche que ~** más rico que nosotros
**nous-mêmes** [numɛm] *pron* nosotros(-as) mismos(-as)
**NT** *abr* (= *Nouveau Testament*) NT (= *Nuevo Testamento*)
**nouveau, nouvelle, -aux** [nuvo, nuvɛl, o] *(devant nm commençant par voyelle ou h muet* **nouvel**) *adj* nuevo(-a); *(original)* novedoso(-a); **Nouvel An** año nuevo; **nouveaux mariés** recién casados; ~ **riche** *adj* nuevo(-a) rico(-a); **nouvelle vague** *(gén)* nueva ola; *(Ciné)* nouvelle vague *f*; ~ **venu** recién llegado; **nouvelle venue** recién llegada ▶ *nm/f* nuevo(-a) ▶ *nm* : **il y a du ~** hay novedades; **de** *ou* **à ~** de nuevo, otra vez
**nouveau-né, e** [nuvone] *(pl* **nouveau-nés, -es***) adj, nm/f* recién nacido(-a)
**nouveauté** [nuvote] *nf (aussi Comm)* novedad *f*
**nouvel** [nuvɛl] *adj m voir* **nouveau**
**nouvelle** [nuvɛl] *adj f voir* **nouveau** ▶ *nf* noticia; *(Litt)* novela corta; **nouvelles** *nfpl* noticias *fpl*; **je suis sans nouvelles de lui** no tengo noticias de él
**Nouvelle-Calédonie** [nuvɛlkaledɔni] *nf* Nueva Caledonia
**Nouvelle-Guinée** [nuvɛlgine] *nf* Nueva Guinea
**nouvellement** [nuvɛlmɑ̃] *adv (arrivé etc)* recién
**Nouvelle-Orléans** [nuvɛlɔʀleɑ̃] *n* : **La ~** Nueva Orleans
**Nouvelle-Zélande** [nuvɛlzelɑ̃d] *nf* Nueva Zelanda, Nueva Zelandia *(Am)*

**nouvelliste** [nuvelist] *nmf* autor(a) de novelas cortas
**novateur, -trice** [nɔvatœʀ, tʀis] *adj, nm/f* innovador(a)
**novembre** [nɔvɑ̃bʀ] *nm* noviembre *m*; *ver nota*; *voir aussi* **juillet**

> **LE 11 NOVEMBRE**
>
> En Francia, el **11 novembre** es un día festivo en que se conmemora la firma, en las cercanías de Compiègne, del armisticio que puso punto final a la Primera Guerra Mundial.

**novice** [nɔvis] *adj* novato(-a) ▶ *nmf (Rel)* novicio(-a)
**noviciat** [nɔvisja] *nm* noviciado
**noyade** [nwajad] *nf* ahogamiento
**noyau, x** [nwajo] *nm* núcleo; *(de fruit)* hueso
**noyautage** [nwajotaʒ] *nm* infiltración *f*
**noyauter** [nwajote] *vt* infiltrar
**noyé, e** [nwaje] *nm/f* ahogado(-a) ▶ *adj (fig)* desbordado(-a)
**noyer** [nwaje] *nm* nogal *m* ▶ *vt* ahogar; *(fig : submerger)* sumergir; *(délayer)* desleír; ~ **son chagrin** ahogar su pena; ~ **son moteur** *(Auto)* inundar el motor; ~ **le poisson** dar largas al asunto; **se noyer** *vpr* ahogarse; **se ~ dans** *(fig)* perderse en
**NT** *abr* (= *Nouveau Testament*) NT (= *Nuevo Testamento*)
**NTIC** [enteise] *sigle fpl* (= *nouvelles technologies de l'information et de la communication*) NTIC *fpl* (= *nuevas tecnologías de la información y la comunicación*)
**nu, e** [ny] *adj* desnudo(-a); **(les) pieds nus** descalzo(-a); **(la) tête nue** con la cabeza descubierta; **à mains nues** solo con las manos, con las manos desnudas; **se mettre nu** desnudarse ▶ *nm (Art)* desnudo; **le nu intégral** desnudo integral; **mettre à nu** desnudar
**nuage** [nɥaʒ] *nm* nube *f*; *(Inform)* : **le ~ la** nube; **sans nuages** *(fig : bonheur)* completo(-a); **être dans les nuages** estar en las nubes; **un ~ de lait** una gota de leche
**nuageux, -euse** [nɥaʒø, øz] *adj* nuboso(-a), nublado(-a)
**nuance** [nɥɑ̃s] *nf* matiz *m*; **il y a une ~ (entre ...)** hay una leve diferencia (entre ...); **une ~ de tristesse** un algo de tristeza
**nuancé, e** [nɥɑ̃se] *adj* matizado(-a)
**nuancer** [nɥɑ̃se] *vt* matizar
**nuancier** [nɥɑ̃sje] *nm* carta de colores
**nubile** [nybil] *adj* núbil
**nucléaire** [nykleɛʀ] *adj* nuclear ▶ *nm* : **le ~** *(secteur)* la industria nuclear; *(énergie)* la energía nuclear
**nudisme** [nydism] *nm* nudismo
**nudiste** [nydist] *nmf* nudista *mf*

## nudité – nymphomanie

**nudité** [nydite] nf desnudez f
**nuée** [nɥe] nf : **une ~ de** una nube de
**nues** [ny] nfpl : **tomber des ~** caerse de las nubes; **porter qn aux ~** poner a algn por las nubes
**nuire** [nɥiʀ] vi perjudicar; **~ à qn/qch** ser perjudicial para algn/algo
**nuisance** [nɥizɑ̃s] nf molestia; **nuisances** nfpl perjuicios mpl; **nuisances sonores** molestias fpl sonoras
**nuisette** [nɥizɛt] nf picardías m inv
**nuisible** [nɥizibl] adj perjudicial; (animal) dañino(-a) ▶ nm animal m dañino
**nuisis** etc [nɥizi] vb voir **nuire**
**nuit** [nɥi] nf noche f; **cinq nuits de suite** cinco noches seguidas; **payer sa ~** pagar la noche; **il fait ~** es de noche; **cette ~** esta noche; **de ~** por la noche; **depuis la ~ des temps** desde la noche de los tiempos; **~ blanche** noche en blanco ou en vela; **~ de noces** noche de bodas; **~ de Noël** Nochebuena
**nuitamment** [nɥitamɑ̃] adv por la noche
**nuitée** [nɥite] nf pernoctación f
**nul, nulle** [nyl] adj (aucun) ninguno(-a); (minime, non valable, péj) nulo(-a); **résultat ~**, **match ~** (Sport) empate m; **nulle part** en ningún sitio; (aller) a ningún sitio ▶ pron nadie
**nullement** [nylmɑ̃] adv de ningún modo
**nullité** [nylite] nf nulidad f
**numéraire** [nymeʀɛʀ] nm numerario
**numéral, e, -aux** [nymeʀal, o] adj numeral
**numérateur** [nymeʀatœʀ] nm numerador m
**numération** [nymeʀasjɔ̃] nf : **~ décimale/binaire** numeración f decimal/binaria
**numérique** [nymeʀik] adj numérico(-a); (Inform) digital
**numériquement** [nymeʀikmɑ̃] adv numéricamente
**numérisation** [nymeʀizasjɔ̃] nf (Inform) digitalización f
**numériser** [nymeʀize] vt (Inform) digitalizar
**numéro** [nymeʀo] nm número; **un (drôle de) ~** (fig) un elemento gracioso; **faire** ou **composer un ~** marcar un número; **~ de téléphone** número de teléfono; **~ d'identification personnel** número personal de identificación; **~ d'immatriculation** ou **minéralogique** número de matrícula; **~ vert** número verde
**numérologie** [nymeʀɔlɔʒi] nf numerología
**numérotation** [nymeʀɔtasjɔ̃] nf numeración f
**numéroter** [nymeʀɔte] vt numerar
**numerus clausus** [nymeʀys klozys] nm inv numerus msg clausus
**numismate** [nymismat] nmf numismático(-a)
**numismatique** [nymismatik] nf numismática
**nunuche** [nynyʃ] (fam) adj pavo(-a) (fam), simplón(-ona) ▶ nf pava (fam)
**nu-pied** [nypje] (pl **nu-pieds**) nm sandalia
**nu-pieds** [nypje] adj inv descalzo(-a)
**nuptial, e, -aux** [nypsjal, jo] adj nupcial
**nuptialité** [nypsjalite] nf nupcialidad f; **taux de ~** índice m de matrimonios
**nuque** [nyk] nf nuca
**nu-tête** [nytɛt] adj inv cabeza descubierta
**nutriment** [nytʀimɑ̃] nm nutriente m
**nutritif, -ive** [nytʀitif, iv] adj nutritivo(-a)
**nutrition** [nytʀisjɔ̃] nf nutrición f
**nutritionnel, le** [nytʀisjɔnɛl] adj nutritivo(-a)
**nutritionniste** [nytʀisjɔnist] nmf especialista mf en nutrición
**nylon** [nilɔ̃] nm nylon m
**nymphe** [nɛ̃f] nf (Mythologie) ninfa
**nymphéa** [nɛ̃fea] nm nenúfar m
**nymphette** [nɛ̃fɛt] nf (jeune fille) lolita
**nymphomane** [nɛ̃fɔman] adj f, nf ninfómana
**nymphomanie** [nɛ̃fɔmani] nf ninfomanía

**O¹, o** [o] *nm inv (lettre)* O, o *f*; **O comme Oscar** ≈ O de Oviedo
**O²** *abr* (= *ouest*) O (= *Oeste*)
**OAS** [oaɛs] *sigle f* (= *Organisation de l'armée secrète*) organización del ejército francés contra el movimiento independentista argelino (1961–63)
**oasis** [ɔazis] *nf ou m* oasis *m inv*
**obédience** [ɔbedjɑ̃s] *nf*: **d'~ communiste** de convicción comunista
**obéir** [ɔbeiʀ] *vi* obedecer; **~ à** obedecer a; (*loi*) acatar; (*suj : moteur, véhicule*) responder a
**obéissance** [ɔbeisɑ̃s] *nf* obediencia
**obéissant, e** [ɔbeisɑ̃, ɑ̃t] *adj* obediente
**obélisque** [ɔbelisk] *nm* obelisco
**obèse** [ɔbɛz] *adj* obeso(-a)
**obésité** [ɔbezite] *nf* obesidad *f*
**objecter** [ɔbʒɛkte] *vt* (*prétexter*) pretextar; **~ qch à** objetar algo a; **~ (à qn) que** objetar (a algn) que
**objecteur** [ɔbʒɛktœʀ] *nm*: **~ de conscience** objetor *m* de conciencia
**objectif, -ive** [ɔbʒɛktif, iv] *adj* objetivo(-a) ▶ *nm* (*but, Photo*) objetivo; **~ à focale variable** objetivo de distancia focal variable; **~ grand angulaire** objetivo gran angular
**objection** [ɔbʒɛksjɔ̃] *nf* objeción *f*; **~ de conscience** objeción de conciencia
**objectivement** [ɔbʒɛktivmɑ̃] *adv* objetivamente
**objectivité** [ɔbʒɛktivite] *nf* objetividad *f*
**objet** [ɔbʒɛ] *nm* objeto; (*but*) objetivo; (*sujet*) tema *m*; **être** *ou* **faire l'~ de** ser objeto de; **sans ~** sin objeto; **(bureau des) objets trouvés** (oficina de) objetos perdidos; **~ d'art** objeto de arte; **objets de toilette** artículos *mpl* de tocador; **objets personnels** objetos personales
**obligataire** [ɔbligatɛʀ] *adj* obligacionista
**obligation** [ɔbligasjɔ̃] *nf* obligación *f*; (*devoir*) compromiso; **sans ~ d'achat/de votre part** sin compromiso de compra/por su parte; **être dans l'~ de faire qch** estar obligado(-a) a hacer algo; **avoir l'~ de faire qch** tener la obligación de hacer algo; **obligations familiales** obligaciones *fpl* familiares; **obligations militaires** obligaciones militares; **obligations mondaines** compromisos *mpl* sociales
**obligatoire** [ɔbligatwaʀ] *adj* obligatorio(-a)
**obligatoirement** [ɔbligatwaʀmɑ̃] *adv* (*nécessairement*) obligatoriamente; (*fatalement*) a la fuerza
**obligé, e** [ɔbliʒe] *adj* obligado(-a); **être très ~ à qn** estar muy agradecido(-a) a algn; **je suis ~ de le faire** estoy obligado a hacerlo
**obligeamment** [ɔbliʒamɑ̃] *adv* atentamente
**obligeance** [ɔbliʒɑ̃s] *nf*: **avoir l'~ de** tener la bondad de
**obligeant, e** [ɔbliʒɑ̃, ɑ̃t] *adj* (*personne*) complaciente; (*offre*) amable
**obliger** [ɔbliʒe] *vt* obligar; (*aider, rendre service à*): **votre offre m'oblige beaucoup** le agradezco mucho que se haya ofrecido
**oblique** [ɔblik] *adj* oblicuo(-a); **regard ~** mirada torcida; **en ~** en diagonal
**obliquement** [ɔblikmɑ̃] *adv* en posición oblicua
**obliquer** [ɔblike] *vi*: **~ vers** torcer a
**oblitération** [ɔbliteʀasjɔ̃] *nf* (*Postes*) matado; (*Méd*) obliteración *f*
**oblitérer** [ɔbliteʀe] *vt* (*Postes*) matar; (*Méd*) obliterar
**oblong, -ongue** [ɔblɔ̃, ɔ̃g] *adj* oblongo(-a)
**obnubiler** [ɔbnybile] *vt* obsesionar
**obole** [ɔbɔl] *nf* óbolo
**obscène** [ɔpsɛn] *adj* obsceno(-a)
**obscénité** [ɔpsenite] *nf* obscenidad *f*
**obscur, e** [ɔpskyʀ] *adj* oscuro(-a); (*exposé*) confuso(-a); (*vague*) ligero(-a); (*inconnu*) desconocido(-a)
**obscurantisme** [ɔpskyʀɑ̃tism] *nm* oscurantismo
**obscurcir** [ɔpskyʀsiʀ] *vt* oscurecer; (*rendre peu intelligible*) confundir; **s'obscurcir** *vpr* (*ciel, jour*) oscurecerse
**obscurément** [ɔpskyʀemɑ̃] *adv* confusamente
**obscurité** [ɔpskyʀite] *nf* oscuridad *f*; **dans l'~** en la oscuridad
**obsédant, e** [ɔpsedɑ̃, ɑ̃t] *adj* obsesionante
**obsédé, e** [ɔpsede] *nm/f*: **un(e) ~ de** un (una) obseso(-a) de; **un ~ sexuel** un obseso sexual
**obséder** [ɔpsede] *vt* obsesionar; **être obsédé par** estar obsesionado por

**obsèques** [ɔpsɛk] *nfpl* exequias *fpl*
**obséquieux, -euse** [ɔpsekjø, jøz] *adj* empalagoso(-a)
**observable** [ɔpsɛRvabl] *adj* observable
**observance** [ɔpsɛRvɑ̃s] *nf* observancia
**observateur, -trice** [ɔpsɛRvatœR, tRis] *adj*, *nm/f* observador(a)
**observation** [ɔpsɛRvasjɔ̃] *nf* observación *f*; *(d'un règlement)* cumplimiento; **faire une ~ à qn** *(reproche)* criticarle a algn; **en ~** *(Méd)* en observación; **avoir l'esprit d'~** tener un espíritu observador
**observatoire** [ɔpsɛRvatwaR] *nm* observatorio; *(lieu élevé)* puesto de observación
**observer** [ɔpsɛRve] *vt* observar; *(remarquer)* notar; **je vous ferai ~ que ...** permítame decirle que ...; **s'observer** *vpr* controlarse
**obsession** [ɔpsesjɔ̃] *nf* obsesión *f*; **avoir l'~ de** estar obsesionado(-a) por
**obsessionnel** [ɔpsesjɔnɛl] *adj* obsesivo(-a)
**obsidienne** [ɔpsidjɛn] *nf* obsidiana
**obsolescence** [ɔpsɔlesɑ̃s] *nf* obsolescencia; **l'~ programmée** la obsolescencia programada
**obsolescent, e** [ɔpsɔlesɑ̃, ɑ̃t] *adj* obsoleto(-a)
**obsolète** [ɔpsɔlɛt] *adj* obsoleto(-a)
**obstacle** [ɔpstakl] *nm* obstáculo; **faire ~ à** obstaculizar
**obstétricien, ne** [ɔpstetRisjɛ̃, jɛn] *nm/f* tocólogo(-a)
**obstétrique** [ɔpstetRik] *nf* obstetricia
**obstination** [ɔpstinasjɔ̃] *nf* obstinación *f*
**obstiné, e** [ɔpstine] *adj (caractère)* obstinado(-a); *(effort)* tenaz
**obstinément** [ɔpstinemɑ̃] *adv* obstinadamente
**obstiner** [ɔpstine] : **s'obstiner** *vpr* obstinarse; **s'~ à faire qch** empeñarse en hacer algo; **s'~ sur qch** obcecarse con algo
**obstruction** [ɔpstRyksjɔ̃] *nf* obstrucción *f*; **faire de l'~** *(fig)* bloquear
**obstructionnisme** [ɔpstRyksjɔnism] *nm* *(Pol)* obstruccionismo
**obstruer** [ɔpstRye] *vt* obstruir; **s'obstruer** *vpr* obstruirse
**obtempérer** [ɔptɑ̃peRe] *vi* obedecer; **~ à** *(Jur, Admin)* acatar; *(gén)* obedecer a
**obtenir** [ɔptəniR] *vt* conseguir, obtener; *(diplôme)* obtener; **~ de pouvoir faire qch** conseguir poder hacer algo; **~ qch à qn** conseguir algo a algn; **~ de qn qu'il fasse** conseguir que algn haga; **ils ont obtenu satisfaction** se ha accedido a sus demandas
**obtention** [ɔptɑ̃sjɔ̃] *nf* obtención *f*
**obtenu** [ɔpt(ə)ny] *pp de* **obtenir**
**obtiendrai** *etc* [ɔptjɛ̃dRe] *vb voir* **obtenir**
**obtiens** *etc* [ɔptjɛ̃] *vb voir* **obtenir**
**obtint** *etc* [ɔptɛ̃] *vb voir* **obtenir**
**obturateur** [ɔptyRatœR] *nm (Photo)* obturador *m*; **~ à rideau** obturador de cortina

**obturation** [ɔptyRasjɔ̃] *nf* obturación *f*; **vitesse d'~** *(Photo)* velocidad *f* de obturación; **~ (dentaire)** empaste *m* (dental)
**obturer** [ɔptyRe] *vt* obturar; *(dent)* empastar
**obtus, e** [ɔpty, yz] *adj (fig)* obtuso(-a), lerdo(-a)
**obus** [ɔby] *nm* obús *msg*
**obvier** [ɔbvje] : **~ à** *vt* obviar
**OC** *sigle fpl* (= *ondes courtes*) OC *fsg* (= *onda corta*)
**occase** [ɔkaz] *nf (fam : occasion)* chollo *(fam)*, ganga
**occasion** [ɔkazjɔ̃] *nf* ocasión *f*, oportunidad *f*, chance *m ou f* (AM); *(acquisition avantageuse)* ganga; *(circonstance)* ocasión; **à plusieurs occasions** en varias ocasiones; **à cette/la première ~** en esta/la primera ocasión; **avoir l'~ de faire** tener la oportunidad *ou* la ocasión de hacer; **être l'~ de** ser el momento para; **à l'~** si llega el caso; *(un jour)* en alguna ocasión; **à l'~ de** con motivo de; **d'~** de segunda mano, de ocasión
**occasionnel, le** [ɔkazjɔnɛl] *adj (fortuit)* ocasional; *(non régulier)* eventual
**occasionnellement** [ɔkazjɔnɛlmɑ̃] *adv* ocasionalmente
**occasionner** [ɔkazjɔne] *vt* ocasionar, causar; **~ qch à qn** causar algo a algn
**occident** [ɔksidɑ̃] *nm (Géo)* occidente *m*; *(Pol)*: **l'O~** Occidente
**occidental, e, -aux** [ɔksidɑ̃tal, o] *adj*, *nm/f* occidental *mf*
**occidentaliser** [ɔksidɑ̃talize] *vt* occidentalizar
**occiput** [ɔksipyt] *nm* occipucio
**occire** [ɔksiR] *(vieilli ou hum)* *vt* matar
**occitan, e** [ɔksitɑ̃, an] *adj* occitano(-a) ▶ *nm* *(Ling)* occitano
**occlusion** [ɔklyzjɔ̃] *nf*: **~ intestinale** oclusión *f* intestinal
**occulte** [ɔkylt] *adj* oculto(-a)
**occulter** [ɔkylte] *vt (fig)* ocultar
**occultisme** [ɔkyltism] *nm* ocultismo
**occupant, e** [ɔkypɑ̃, ɑ̃t] *adj* de ocupación ▶ *nm/f* ocupante *mf*
**occupation** [ɔkypasjɔ̃] *nf* ocupación *f*; **l'O~** (1941-44) la Ocupación
**occupé, e** [ɔkype] *adj* ocupado(-a); **c'est** *ou* **ça sonne ~** *(ligne téléphonique)* está comunicando; **j'ai l'esprit ~** estoy preocupado(-a)
**occuper** [ɔkype] *vt* ocupar; *(surface, période)* cubrir; *(main-d'œuvre, personnel)* emplear; **ça occupe trop de place** ocupa demasiado sitio; **s'occuper** *vpr* ocuparse; **s'~ de** *(être responsable de)* encargarse de; *(clients)* ocuparse de; *(s'intéresser à)* dedicarse a
**occurrence** [ɔkyRɑ̃s] *nf*: **en l'~** en este caso
**OCDE** [ɔsedeə] *sigle f* (= *Organisation de coopération et de développement économique*) OCDE *f* (= *Organización para la Cooperación y el Desarrollo Económico*)

## océan – officiellement

**océan** [ɔseɑ̃] *nm* océano; **~ Atlantique** océano Atlántico; **~ Indien** océano Índico; **~ Pacifique** océano Pacífico

**Océanie** [ɔseani] *nf* Oceanía

**océanique** [ɔseanik] *adj* oceánico(-a)

**océanographe** [ɔseanɔgraf] *nmf* oceanógrafo(-a)

**océanographie** [ɔseanɔgrafi] *nf* oceanografía

**océanographique** [ɔseanɔgrafik] *adj* oceanográfico(-a)

**océanologie** [ɔseanɔlɔʒi] *nf* oceanología

**ocelot** [ɔs(ə)lo] *nm* ocelote *m*

**ocre** [ɔkʀ] *adj inv* ocre *inv*

**octane** [ɔktan] *nm* octano

**octante** [ɔktɑ̃t] *adj, nm* (BELGIQUE, SUISSE) ochenta *m*

**octave** [ɔktav] *nf* octava

**octet** [ɔktɛ] *nm* (Inform) byte *m*, octeto

**octobre** [ɔktɔbʀ] *nm* octubre *m*; *voir aussi* **juillet**

**octogénaire** [ɔktɔʒenɛʀ] *adj, nmf* octogenario(-a)

**octogonal, e, -aux** [ɔktɔgɔnal, o] *adj* octogonal

**octogone** [ɔktɔgɔn] *nm* octágono, octógono

**octroi** [ɔktʀwa] *nm* concesión *f*

**octroyer** [ɔktʀwaje] *vt*: **~ qch à qn** (*droit, faveur*) otorgar algo a algn; (*répit*) conceder algo a algn; **s'octroyer** *vpr* (*vacances*) concederse

**oculaire** [ɔkylɛʀ] *adj* ocular ▶ *nm* ocular *m*

**oculiste** [ɔkylist] *nmf* oculista *mf*

**ode** [ɔd] *nf* oda

**odeur** [ɔdœʀ] *nf* olor *m*; **mauvaise ~** mal olor

**odieusement** [ɔdjøzmɑ̃] *adv* abominablemente

**odieux, -euse** [ɔdjø, jøz] *adj* odioso(-a)

**odontologie** [ɔdɔ̃tɔlɔʒi] *nf* odontología

**odorant, e** [ɔdɔrɑ̃, ɑ̃t] *adj* oloroso(-a)

**odorat** [ɔdɔra] *nm* olfato *m*; **avoir l'~ fin** tener un olfato muy fino

**odoriférant, e** [ɔdɔriferɑ̃, ɑ̃t] *adj* aromático(-a)

**odyssée** [ɔdise] *nf* odisea

**OEA** [ɔea] *sigle f* (= *Organisation des États américains*) OEA *f* (= *Organización de Estados Americanos*)

**œcuménique** [ekymenik] *adj* ecuménico(-a)

**œcuménisme** [ekymenism] *nm* ecumenismo

**œdème** [edɛm] *nm* edema *m*

**œil** [œj] (*pl* **yeux**) *nm* ojo; **avoir un ~ au beurre noir** *ou* **poché** tener un ojo a la funerala; **à l'~** (*fam*) por la cara (*fam*); **à l'~ nu** a simple vista; **avoir l'~** estar ojo avizor; **avoir l'~ sur qn** no quitar ojo a algn; **faire de l'~ à qn** guiñar el ojo a algn; **voir qch d'un bon/mauvais ~** ver algo con buenos/malos ojos; **à l'~ vif** de mirada expresiva; **tenir qn à ~** no quitar los ojos de encima a algn; **ne pas pouvoir fermer l'~** no pegar ojo; **~ pour ~, dent pour dent** ojo por ojo, diente por diente; **à mes/ses yeux** para mí/él; **de ses propres yeux** con sus propios ojos; **fermer les yeux (sur)** (*fig*) hacer la vista gorda (a); **les yeux fermés** a ciegas; **pour ses beaux yeux** (*fig*) por su cara bonita; **~ de verre** ojo de cristal

**œil-de-bœuf** [œjdəbœf] (*pl* **œils-de-bœuf**) *nm* claraboya

**œillade** [œjad] *nf*: **lancer une ~ à qn** mirar seductoramente a algn

**œillères** [œjɛʀ] *nfpl* anteojeras *fpl*; **avoir des ~** (*fig* ∶ *péj*) ser de miras muy estrechas

**œillet** [œjɛ] *nm* (*Bot*) clavel *m*; (*trou, bordure rigide*) ojete *m*

**œnologue** [enɔlɔg] *nmf* enólogo(-a)

**œsophage** [ezɔfaʒ] *nm* esófago

**œstrogène** [ɛstrɔʒɛn] *adj* estrógeno(-a)

**œuf** [œf] *nm* huevo, blanquillo (MEX); **étouffer qch dans l'~** cortar algo de raíz; **~ à la coque/au plat/dur** huevo pasado por agua/frito/duro; **~ à repriser** huevo de zurzir; **~ de Pâques** huevo de Pascua; **~ mollet** huevo pasado por agua; **~ poché** huevo escalfado; **œufs brouillés** huevos *mpl* revueltos

**œuvre** [œvʀ] *nf* trabajo; (*art*) obra; (*organisation charitable*) obra benéfica; **être/se mettre à l'~** estar/ponerse manos a la obra; **mettre en ~** poner en práctica; **~ d'art** obra de arte ▶ *nm* (*d'un artiste*) obra; (*Constr*): **le gros ~** el armazón; **œuvres** *nfpl* (*Rel*) obras *fpl*; **bonnes œuvres, œuvres de bienfaisance** obras de caridad

**œuvrer** [œvʀe] *vi*: **~ pour** trabajar para

**offensant, e** [ɔfɑ̃sɑ̃, ɑ̃t] *adj* hiriente

**offense** [ɔfɑ̃s] *nf* ofensa, agravio; (*Rel*) ofensa

**offenser** [ɔfɑ̃se] *vt* ofender; (*bon sens, bon goût, principes*) ir contra; **s'offenser** *vpr*: **s'~ de qch** ofenderse por algo

**offensif, -ive** [ɔfɑ̃sif, iv] *adj* ofensivo(-a)

**offensive** [ɔfɑ̃siv] *nf* (*Mil*) ofensiva; (*du froid, de l'hiver*) vuelta; **passer à l'~** pasar a la ofensiva

**offert, e** [ɔfɛʀ, ɛʀt] *pp de* **offrir**

**offertoire** [ɔfɛʀtwaʀ] *nm* ofertorio

**office** [ɔfis] *nm* (*charge*) cargo; (*bureau, agence*) oficina; (*messe*) oficio; **faire ~ de** hacer las veces de; **d'~** automáticamente; **bons offices** (*Pol*) buenos oficios *mpl*; **~ du** *ou* **de tourisme** oficina de turismo ▶ *nm ou f* (*pièce*) antecocina

**officialisation** [ɔfisjalizasjɔ̃] *nf* oficialización *f*

**officialiser** [ɔfisjalize] *vt* oficializar

**officiel, le** [ɔfisjɛl] *adj* oficial ▶ *nm/f* autoridad *f* (*persona*); (*Sport*) organizador(a)

**officiellement** [ɔfisjɛlmɑ̃] *adv* oficialmente

## officier – ombre

**officier** [ɔfisje] nm oficial mf; **~ de l'état-civil** teniente m (alcalde); **~ de police** oficial de policía; **~ ministériel** funcionario(-a) ministerial ▶ vi (Rel) oficiar

**officieusement** [ɔfisjøzmɑ̃] adv oficiosamente

**officieux, -euse** [ɔfisjø, jøz] adj oficioso(-a)

**officinal, e, -aux** [ɔfisinal, o] adj oficinal

**officine** [ɔfisin] nf (de pharmacie) laboratorio; (Admin : pharmacie) farmacia; (gén péj : bureau) oficina

**offrais** [ɔfʀɛ] vb voir **offrir**

**offrande** [ɔfʀɑ̃d] nf donativo; (Rel) ofrenda

**offrant** [ɔfʀɑ̃] nm : **vendre/adjuger au plus ~** vender/adjudicar al mejor postor

**offre** [ɔfʀ] vb voir **offrir** ▶ nf oferta; (Admin : soumission) licitación f; **« offres d'emploi »** « ofertas fpl de empleo »; **~ publique d'achat** oferta pública de compra; **offres de service** ofertas de servicio

**offrir** [ɔfʀiʀ] vt regalar; (proposer) ofrecer; (Comm) ofertar; (présenter) presentar; **~ (à qn) de faire qch** proponer (a algn) hacer algo; **~ à boire à qn** ofrecer de beber a algn; **~ ses services à qn** ofrecer sus servicios a algn; **~ le bras à qn** ofrecer el brazo a algn; **s'offrir** vpr (se présenter) presentarse; (vacances) tomarse; (voiture) regalarse; **s'~ comme guide/en otage** ofrecerse como guía/como rehén; **s'~ aux regards** exponerse a las miradas; **s'~ à faire qch** ofrecerse para hacer algo

**offset** [ɔfsɛt] nm offset m

**offusquer** [ɔfyske] vt disgustar; **s'offusquer** vpr : **s'~ de qch** disgustarse por algo

**ogive** [ɔʒiv] nf ojiva; **voûte/arc en ~** bóveda/ arco ojival; **~ nucléaire** cabeza nuclear

**OGM** [oʒeɛm] sigle m (= organisme génétiquement modifié) OMG m (= organismo modificado genéticamente)

**ogre** [ɔgʀ] nm ogro

**oh** [o] excl (admiration) ¡oh!; **oh là là !** (se plaindre) ¡vaya!; **pousser des oh ! et des ah !** lanzar exclamaciones

**oie** [wa] nf oca; **~ blanche** (fig, péj) pava

**oignon** [ɔɲɔ̃] nm cebolla; (de tulipe etc) bulbo; (Méd) juanete m; **ce ne sont pas tes oignons** (fam) no es asunto tuyo; **petits oignons** cebolletas fpl

**oindre** [wɛ̃dʀ] vt ungir

**oiseau, x** [wazo] nm ave f, pájaro; **~ de nuit** ave nocturna; **~ de proie** ave de rapiña

**oiseau-lyre** [wazolir] (pl **oiseaux-lyres**) nm ave f lira

**oiseau-mouche** [wazomuʃ] (pl **oiseaux-mouches**) nm pájaro mosca

**oiseleur** [waz(ə)lœʀ] nm pajarero

**oiselier, -ière** [wazəlje, jɛʀ] nm/f pajarero(-a)

**oisellerie** [wazɛlʀi] nf pajarería

**oiseux, -euse** [wazø, øz] adj vano(-a)

**oisif, -ive** [wazif, iv] adj ocioso(-a) ▶ nm/f (péj) holgazán(-ana)

**oisillon** [wazijɔ̃] nm pajarillo

**oisiveté** [wazivte] nf ociosidad f

**OIT** [oite] sigle f (= Organisation internationale du travail) OIT f (= Organización Internacional del Trabajo)

**OK** [oke, okɛ] (fam) excl vale

**OL** sigle fpl (= ondes longues) OL fsg (= onda larga)

**ola** [ɔla] nf (Sport) ola

**oléagineux, -euse** [ɔleaʒinø, øz] adj oleaginoso(-a); (liquide) aceitoso(-a)

**oléiculteur, -trice** [ɔleikyltœʀ, tʀis] nm/f oleicultor(a)

**oléiculture** [ɔleikyltyʀ] nf oleicultura

**oléoduc** [ɔleodyk] nm oleoducto

**olfactif, -ive** [ɔlfaktif, iv] adj olfativo(-a)

**olibrius** [ɔlibʀijys] nm excéntrico

**oligarchie** [ɔligaʀʃi] nf oligarquía

**oligo-élément** [ɔligoelemɑ̃] (pl **oligo-éléments**) nm oligoelemento

**oligopole** [ɔligɔpɔl] nm oligopolio

**olivâtre** [ɔlivɑtʀ] adj aceitunado(-a)

**olive** [ɔliv] nf aceituna, oliva; (type d'interrupteur) oliveta ▶ adj inv verde oliva inv

**oliveraie** [ɔlivʀɛ] nf olivar m

**olivette** [ɔlivɛt] nf (variété de tomate) tomate m de pera

**olivier** [ɔlivje] nm olivo

**olographe** [ɔlɔgʀaf] adj : **testament ~** testamento ológrafo

**OLP** [ɔɛlpe] sigle f (= Organisation de libération de la Palestine) OLP f (= Organización para la Liberación de Palestina)

**olympiade** [ɔlɛ̃pjad] nf olimpiada; **les olympiades** las olimpiadas

**olympien, ne** [ɔlɛ̃pjɛ̃, jɛn] adj olímpico(-a)

**olympique** [ɔlɛ̃pik] adj olímpico(-a); **piscine ~** piscina olímpica

**OM** sigle fpl (= ondes moyennes) OM fsg (= onda media)

**Oman** [ɔman] n : **le sultanat d'~** el sultanato de Omán

**ombilical, e, -aux** [ɔ̃bilikal, o] adj umbilical

**ombrage** [ɔ̃bʀaʒ] nm (feuillage) follaje m; (ombre) sombra; (fig) : **prendre ~ de qch** molestarse por algo; **faire** ou **porter ~ à qn** (fig) hacer sombra a algn

**ombragé, e** [ɔ̃bʀaʒe] adj (coin) con sombra; (colline) umbrío(-a); (avenue) : **être ~** tener sombra

**ombrageux, -euse** [ɔ̃bʀaʒø, øz] adj (cheval) espantadizo(-a); (caractère, personne) susceptible

**ombre** [ɔ̃bʀ] nf sombra; **il n'y a pas l'~ d'un doute** no hay la menor sombra de duda; **à l'~** (aussi fam) a la sombra; **à l'~ de** a la sombra de; (fig) al amparo de; **donner/faire de l'~** dar/ hacer sombra; **dans l'~** en la sombra; **vivre dans l'~** (fig) vivir en la sombra; **laisser qch**

## ombrelle – opaque

dans l'~ (*fig*) dejar algo en la sombra; ~ **à paupières** sombra de ojos; ~ **portée** sombra proyectada; **ombres chinoises** sombras *fpl* chinescas
**ombrelle** [ɔ̃bʀɛl] *nf* sombrilla
**ombrer** [ɔ̃bʀe] *vt* sombrear
**OMC** *sigle f* (= *Organisation mondiale du commerce*) OMC *f* (= *Organización Mundial del Comercio*)
**omelette** [ɔmlɛt] *nf* tortilla; ~ **au fromage/ aux herbes** tortilla de queso/a las hierbas; ~ **baveuse/flambée** tortilla poco hecha/ flambeada; ~ **norvégienne** suflé *m ou* soufflé *m* helado
**omerta** [ɔmɛʀta] *nf* ley *f* del silencio; **briser l'~** romper la ley del silencio
**omettre** [ɔmɛtʀ] *vt* omitir; ~ **de faire qch** omitir hacer algo
**omis** [ɔmi] *pp de* **omettre**
**omission** [ɔmisjɔ̃] *nf* omisión *f*
**omni...** [ɔmni] *préf* omni...
**omnibus** [ɔmnibys] *nm* ómnibus *m inv*
**omnidirectionnel, le** [ɔmnidiʀɛksjɔnɛl] *adj* omnidireccional
**omnidisciplinaire** [ɔmnidisipliner] *adj* omnidisciplinar
**omnipotent, e** [ɔmnipɔtɑ̃, ɑ̃t] *adj* omnipotente
**omnipraticien, ne** [ɔmnipʀatisjɛ̃, jɛn] *nm/f* (*Méd*) médico de cabecera
**omniprésent, e** [ɔmnipʀezɑ̃, ɑ̃t] *adj* omnipresente
**omniscient, e** [ɔmnisjɑ̃, jɑ̃t] *adj* omnisciente
**omnisports** [ɔmnispɔʀ] *adj inv* polideportivo(-a)
**omnium** [ɔmnjɔm] *nm* omnium *m*
**omnivore** [ɔmnivɔʀ] *adj* omnívoro(-a)
**omoplate** [ɔmɔplat] *nf* omóplato, omoplato
**OMS** [ɔɛmɛs] *sigle f* (= *Organisation mondiale de la santé*) OMS *f* (= *Organización Mundial de la Salud*)

MOT-CLÉ

**on** [ɔ̃] *pron* **1** (*indéterminé*) : **on peut le faire ainsi** se puede hacer así
**2** (*quelqu'un*) : **on frappe à la porte** llaman a la puerta; **on les a attaqués** les atacaron; **on vous demande au téléphone** le llaman por teléfono
**3** (*nous*) nosotros(-as); **on va y aller demain** vamos a ir (allí) mañana
**4** (*les gens*) : **autrefois, on croyait ...** antes, se creía ...; **on dit que ...** dicen que ..., se dice que ...
**5** : **on ne peut plus** : **il est on ne peut plus stupide** no puede ser más estúpido

**onagre** [ɔnagʀ] *nf* (*plante*) onagra; **huile d'~** aceite *m* de onagra
**once** [ɔ̃s] *nf* : **une ~ de** una pizca de
**oncle** [ɔ̃kl] *nm* tío
**oncologue** [ɔ̃kɔlɔg] *nmf* oncólogo(-a)

**onction** [ɔ̃ksjɔ̃] *nf voir* **extrême-onction**
**onctueux, -euse** [ɔ̃ktɥø, øz] *adj* cremoso(-a)
**onde** [ɔ̃d] *nf* onda; **sur l'~** (*eau*) en el agua; **sur les ondes** en antena; **mettre en ondes** difundir por radio; **grandes/petites ondes** onda *fsg* larga/media; ~ **de choc** onda expansiva; ~ **porteuse** onda hertziana; **ondes courtes** onda *fsg* corta; **ondes moyennes** onda *fsg* media; **ondes sonores** ondas *fpl* acústicas
**ondée** [ɔ̃de] *nf* chaparrón *m*
**on-dit** [ɔ̃di] *nm inv* rumor *m*
**ondoyer** [ɔ̃dwaje] *vi* ondular
**ondulant, e** [ɔ̃dylɑ̃, ɑ̃t] *adj* (*ligne*) ondulante; (*démarche*) cimbreante
**ondulation** [ɔ̃dylasjɔ̃] *nf* ondulación *f*; ~ **du sol** ondulación del terreno
**ondulatoire** [ɔ̃dylatwaʀ] *adj* ondulatorio(-a); **la mécanique ~** la mecánica ondulatoria
**ondulé, e** [ɔ̃dyle] *adj* ondulado(-a)
**onduler** [ɔ̃dyle] *vi* ondular; (*route*) serpentear
**onéreux, -euse** [ɔneʀø, øz] *adj* oneroso(-a); **à titre ~** (*Jur*) a título oneroso
**ONG** [ɔɛnʒe] *sigle f* (= *organisation non gouvernementale*) ONG *f* (= *organización no gubernamental*)
**ongle** [ɔ̃gl] *nm* uña; **manger ses ongles** comerse las uñas; **se ronger les ongles** morderse las uñas; **se faire les ongles** arreglarse las uñas
**onglet** [ɔ̃glɛ] *nm* (*rainure*) muesca; (*dans livre etc*) uñero; (*viande*) solomillo
**onguent** [ɔ̃gɑ̃] *nm* ungüento
**onirique** [ɔniʀik] *adj* onírico(-a)
**onirisme** [ɔniʀism] *nm* onirismo
**onomatopée** [ɔnɔmatɔpe] *nf* onomatopeya
**ont** [ɔ̃] *vb voir* **avoir**
**ontarien, ne** [ɔ̃taʀjɛ̃, jɛn] *adj* de Ontario
**ONU** [ɔny] *sigle f* (= *Organisation des Nations unies*) ONU *f* (= *Organización de las Naciones Unidas*)
**onusien, ne** [ɔnyzjɛ̃, jɛn] *adj* de la ONU
**onyx** [ɔniks] *nm* ónice *m*, ónix *m*
**onze** ['ɔ̃z] *adj inv, nm inv* once *m inv* ▶ *nm* (*Football*) : **le ~ tricolore** la selección francesa de fútbol; *voir aussi* **cinq**
**onzième** ['ɔ̃zjɛm] *adj, nmf* undécimo(-a) ▶ *nm* (*partitif*) onceavo; *voir aussi* **cinquième**
**op** [ɔp] *abr* = **opération**
**OPA** [ɔpea] *sigle f* (= *offre publique d'achat*) OPA *f* (= *oferta pública de adquisición*); ~ **hostile** OPA hostil
**opacifier** [ɔpasifje] *vt* volver opaco(-a)
**opacité** [ɔpasite] *nf* opacidad *f*
**opale** [ɔpal] *nf* ópalo
**opalescent, e** [ɔpalesɑ̃, ɑ̃t] *adj* opalescente
**opalin, e** [ɔpalɛ̃, in] *adj* opalino(-a)
**opaline** [ɔpalin] *nf* opalina
**opaque** [ɔpak] *adj* opaco(-a); (*brouillard*) denso(-a); (*nuit*) oscuro(-a); (*fig*) : **des pratiques opaques** prácticas opacas; ~ **à** opaco(-a) a

**OPE** [ɔpəə] *sigle f* = **offre publique d'échange**
**OPEP** [ɔpɛp] *sigle f* (= *Organisation des pays exportateurs de pétrole*) OPEP f (= *Organización de Países Exportadores de Petróleo*)
**opéra** [ɔpeʀa] *nm* ópera
**opérable** [ɔpeʀabl] *adj* operable
**opéra-comique** [ɔpeʀakɔmik] (*pl* **opéras-comiques**) *nm* ópera cómica
**opérant, e** [ɔpeʀɑ̃, ɑ̃t] *adj* operativo(-a)
**opérateur, -trice** [ɔpeʀatœʀ, tʀis] *nm/f* operador(a); **les opérateurs de téléphonie mobile** los operadores de telefonía móvil; **~ de prise de vues** operador(a) de cámara
**opération** [ɔpeʀasjɔ̃] *nf* operación *f*; **salle d'~** quirófano; **table d'~** mesa de operaciones; **~ à cœur ouvert** operación a corazón abierto; **~ de sauvetage** maniobra de salvamento; **~ publicitaire** campaña publicitaria
**opérationnel, le** [ɔpeʀasjɔnɛl] *adj* en funcionamiento; (*Mil*) operacional; **recherche opérationnelle** (*Écon*) investigación *f* operativa
**opératoire** [ɔpeʀatwaʀ] *adj* operatorio(-a); (*choc*) postoperatorio(-a); **bloc ~** quirófano
**opéré, e** [ɔpeʀe] *adj, nm/f* operado(-a); **grand ~** operado de gravedad
**opérer** [ɔpeʀe] *vt* operar; (*faire, exécuter*) realizar; **~ qn des amygdales/du cœur** operar a algn de las anginas/del corazón ▶ *vi* (*agir*) hacer efecto; (*Méd*) operar; **s'opérer** *vpr* realizarse; **se faire ~** operarse
**opérette** [ɔpeʀɛt] *nf* opereta
**ophtalmique** [ɔftalmik] *adj* oftálmico(-a)
**ophtalmo** [ɔftalmo] (*fam*) *nmf* oftalmólogo(-a)
**ophtalmologie** [ɔftalmɔlɔʒi] *nf* oftalmología
**ophtalmologique** [ɔftalmɔlɔʒik] *adj* oftalmológico(-a)
**ophtalmologue** [ɔftalmɔlɔg] *nmf* oftalmólogo(-a)
**opiacé, e** [ɔpjase] *adj* opiáceo(-a)
**opiner** [ɔpine] *vi* : **~ de la tête** asentir con la cabeza; **~ à** asentir a
**opiniâtre** [ɔpinjɑtʀ] *adj* empecinado(-a); (*résistance*) tenaz
**opiniâtreté** [ɔpinjɑtʀəte] *nf* tenacidad *f*; (*caractère*) empecinamiento
**opinion** [ɔpinjɔ̃] *nf* opinión *f*; (*point de vue*) posición *f*; **avoir (une) bonne/mauvaise ~ de** tener buena/mala opinión de; **l'~ américaine/ouvrière** la posición americana/obrera; **l'~ (publique)** la opinión pública; **opinions** *nfpl* convicciones *fpl*, ideas *fpl*
**opiomane** [ɔpjɔman] *nmf* opiómano(-a)
**opium** [ɔpjɔm] *nm* opio
**opportun, e** [ɔpɔʀtœ̃, yn] *adj* oportuno(-a); **en temps ~** en el momento oportuno
**opportunément** [ɔpɔʀtynemɑ̃] *adv* oportunamente

## OPE – option

**opportunisme** [ɔpɔʀtynism] *nm* oportunismo
**opportuniste** [ɔpɔʀtynist] *adj, nmf* oportunista *mf*
**opportunité** [ɔpɔʀtynite] *nf* oportunidad *f*
**opposant, e** [ɔpozɑ̃, ɑ̃t] *adj* opositor(a) ▶ *nm/f* opositor(a); **opposants** *nmpl* opositores *mpl*
**opposé, e** [ɔpoze] *adj* opuesto(-a); **être ~ à** ser opuesto(-a) a ▶ *nm* : **l'~** (*contraire*) lo opuesto; **il est tout l'~ de son frère** es todo lo contrario de su hermano; **à l'~** (*direction*) en dirección contraria; (*fig*) al contrario; **à l'~ de** al otro lado de; (*fig*) totalmente opuesto(-a) a; (*contrairement à*) al contrario de
**opposer** [ɔpoze] *vt* (*résistance*) oponer; (*suj* : *conflit*) dividir; (*meubles, objets*) colocar enfrente; (*personnes etc*) enfrentar; (*couleurs*) contrastar; (*rapprocher, comparer*) contrastar; **~ qch à** (*comme obstacle, défense*) interponer algo en; (*comme objection*) objetar algo contra; (*en contraste*) poner algo frente a; **s'opposer** *vpr* oponerse; **s'~ à** oponerse a; (*tenir tête*) enfrentarse a; **sa religion s'y oppose** su religión se lo impide; **s'~ à ce que qn fasse** oponerse a que algn haga
**opposition** [ɔpozisjɔ̃] *nf* oposición *f*; (*entre deux personnes etc*) enfrentamiento; (*contraste*) contraste *m*; **par ~** por oposición; **par ~ à** a diferencia de; **entrer en ~ avec qn** entrar en conflicto con algn; **être en ~ avec** estar en contra de; **faire ~ à un chèque** bloquear un cheque
**oppressant, e** [ɔpʀesɑ̃, ɑ̃t] *adj* agobiante
**oppresser** [ɔpʀese] *vt* oprimir; (*suj : chaleur*) agobiar; **se sentir oppressé** sentirse oprimido
**oppresseur** [ɔpʀesœʀ] *nm* opresor(a)
**oppressif, -ive** [ɔpʀesif, iv] *adj* opresivo(-a)
**oppression** [ɔpʀesjɔ̃] *nf* opresión *f*; (*physique*) agobio
**opprimé, e** [ɔpʀime] *adj* oprimido(-a)
**opprimer** [ɔpʀime] *vt* oprimir; (*la liberté etc*) reprimir
**opprobre** [ɔpʀɔbʀ] *nm* oprobio
**opter** [ɔpte] *vi* : **~ pour/entre** optar por/entre
**opticien, ne** [ɔptisjɛ̃, jɛn] *nm/f* óptico(-a)
**optimal, e, -aux** [ɔptimal, o] *adj* óptimo(-a)
**optimisation** [ɔptimizasjɔ̃] *nf* optimización *f*
**optimiser** [ɔptimize] *vt* optimizar
**optimisme** [ɔptimism] *nm* optimismo
**optimiste** [ɔptimist] *adj, nmf* optimista *mf*
**optimum** [ɔptimɔm] *nm* óptimo ▶ *adj* óptimo(-a)
**option** [ɔpsjɔ̃] *nf* (*aussi Comm, Auto, Jur*) opción *f*; (*Scol*) optativa; **matière/texte à ~** (*Scol*) asignatura optativa/texto optativo; **prendre une ~ sur** (*Jur*) tomar opción por; **~ par défaut** (*Inform*) opción por defecto

## optionnel – ordre

**optionnel, le** [ɔpsjɔnɛl] *adj (matière, branche)* optativo(-a); *(Auto etc)* opcional
**optique** [ɔptik] *adj* óptico(-a) ▶ *nf* óptica; *(fig)* enfoque *m*; **dans l'~ de faire qch** con el fin de hacer algo
**opulence** [ɔpylɑ̃s] *nf* opulencia
**opulent, e** [ɔpylɑ̃, ɑ̃t] *adj* opulento(-a); *(formes, poitrine)* exuberante
**opuscule** [ɔpyskyl] *nm* opúsculo
**or** [ɔʀ] *nm* oro; **d'or** *(fig)* de oro; **en or** *(aussi fig)* de oro; **un mari/enfant en or** un marido/hijo de oro; **une affaire en or** un negocio magnífico; *(objet)* una ganga; **plaqué or** chapado en oro; **or blanc/jaune** oro blanco/amarillo; **or noir** oro negro ▶ *conj* ahora bien
**oracle** [ɔʀakl] *nm* oráculo; *(personne)* profeta *m*
**orage** [ɔʀaʒ] *nm (aussi fig)* tormenta
**orageux, -euse** [ɔʀaʒø, øz] *adj (aussi fig)* tormentoso(-a); *(chaleur)* bochornoso(-a)
**oraison** [ɔʀɛzɔ̃] *nf* oración *f*; **~ funèbre** oración fúnebre
**oral, e, -aux** [ɔʀal, o] *adj* oral; **par voie orale** *(Méd)* por vía oral ▶ *nm (Scol)* oral *m*
**oralement** [ɔʀalmɑ̃] *adv* oralmente
**oralité** [ɔʀalite] *nf* oralidad *f*
**orange** [ɔʀɑ̃ʒ] *nf* naranja; **~ amère** naranja amarga; **~ pressée** zumo de naranja natural; **~ sanguine** naranja sanguina *ou* agria ▶ *adj inv* naranja *inv* ▶ *nm (couleur)* naranja *m*
**orangé, e** [ɔʀɑ̃ʒe] *adj* anaranjado(-a), naranja *inv*
**orangeade** [ɔʀɑ̃ʒad] *nf* naranjada
**oranger** [ɔʀɑ̃ʒe] *nm* naranjo
**orangeraie** [ɔʀɑ̃ʒʀɛ] *nf* naranjal *m*
**orangerie** [ɔʀɑ̃ʒʀi] *nf* invernadero de naranjos
**orang-outan** (*pl* **orangs-outans**), **orang-outang** (*pl* **orangs-outangs**) [ɔʀɑ̃utɑ̃] *nm* orangután *m*
**orateur, -trice** [ɔʀatœʀ, tʀis] *nm/f* orador(a)
**oratoire** [ɔʀatwaʀ] *nm* oratorio ▶ *adj* oratorio(-a)
**oratorio** [ɔʀatɔʀjo] *nm* oratorio
**orbital, e, -aux** [ɔʀbital, o] *adj* orbital; **station orbitale** estación *f* orbital
**orbite** [ɔʀbit] *nf (Anat, Phys)* órbita; **placer/mettre un satellite sur ou en ~** poner/situar un satélite en órbita; **dans l'~ de** *(fig)* en la órbita de; **mettre sur ~** *(fig)* poner en órbita
**orbiter** [ɔʀbite] *vi* : **~ autour** orbitar alrededor de
**orchestral, e, -aux** [ɔʀkɛstʀal, o] *adj* orquestal
**orchestrateur, -trice** [ɔʀkɛstʀatœʀ, tʀis] *nm/f* orquestador(a)
**orchestration** [ɔʀkɛstʀasjɔ̃] *nf* orquestación *f*; *(adaptation)* orquestación, adaptación *f*
**orchestre** [ɔʀkɛstʀ] *nm* orquesta; *(de jazz, danse)* orquesta, grupo; *(Théâtre, Ciné : places)* patio de butacas; *(: spectateurs)* platea

**orchestrer** [ɔʀkɛstʀe] *vt* orquestar; *(fig)* orquestar, organizar
**orchidée** [ɔʀkide] *nf* orquídea
**ordi** [ɔʀdi] *(fam) nm* ordenata *m (fam)*
**ordinaire** [ɔʀdinɛʀ] *adj* ordinario(-a); *(coutumier, de tous les jours)* corriente ▶ *nm* : **l'~** lo corriente; **intelligence au-dessus de l'~** inteligencia por debajo de lo normal; **d'~** por lo general, corrientemente; **à l'~** de costumbre; **sortir de l'~** salirse de lo corriente ▶ *nf (essence)* normal *f*
**ordinairement** [ɔʀdinɛʀmɑ̃] *adv* corrientemente
**ordinal, e, -aux** [ɔʀdinal, o] *adj* : **adjectif/nombre ~** adjetivo/número ordinal
**ordinateur** [ɔʀdinatœʀ] *nm* ordenador *m*, computadora *f (surtout Am)*; **~ individuel** *ou* **personnel** ordenador *ou* computadora personal; **~ portable** ordenador *ou* computadora portátil
**ordination** [ɔʀdinasjɔ̃] *nf* ordenación *f*
**ordonnance** [ɔʀdɔnɑ̃s] *nf (Méd)* receta; *(groupement)* disposición *f*; *(décret)* mandamiento judicial, mandato; *(Mil)* ordenanza, reglamento; **d'~** *(arme)* reglamentario(-a); **officier d'~** ayudante *m* de campo; **~ de non-lieu** *(Jur)* auto de sobreseimiento
**ordonnancement** [ɔʀdɔnɑ̃smɑ̃] *nm (agencement)* disposición *f*; *(Tech : de production, tâches)* planificación *f*; *(Inform : de paquetes)* ordenamiento
**ordonnancer** [ɔʀdɔnɑ̃se] *vt (agencer)* disponer; *(Tech : production, tâches)* planificar; *(Inform : paquets)* ordenar
**ordonnateur, -trice** [ɔʀdɔnatœʀ, tʀis] *nm/f (d'une cérémonie, fête)* ordenador(a), maestro(-a) de ceremonias; **~ des pompes funèbres** director *m* de pompas fúnebres
**ordonné, e** [ɔʀdɔne] *adj* ordenado(-a)
**ordonnée** [ɔʀdɔne] *nf (Math)* ordenada
**ordonner** [ɔʀdɔne] *vt* ordenar, arreglar; *(Rel, Math)* ordenar; **~ à qn de faire** ordenar *ou* mandar a algn que haga; **~ le huis clos** *(Jur)* ordenar que la audiencia sea a puerta cerrada; **~ de** (+ *infinitif*) ordenar (+ *subjuntivo*); **s'ordonner** *vpr* ordenarse
**ordre** [ɔʀdʀ] *nm* orden *m*; *(directive, Rel)* orden *f*; *(association professionnelle)* colegio; **mettre en ~** poner en orden; **avoir de l'~** tener orden, ser ordenado(-a); **procéder par ~** proceder ordenadamente *ou* por orden; **par ~ d'entrée en scène** por orden de aparición; **mettre bon ~ à** poner orden en; **rentrer dans l'~** volver a la normalidad; **je n'ai pas d'~ à recevoir de vous** usted no tiene que darme ninguna orden; **être aux ordres de qn/sous les ordres de qn** estar a las órdenes de algn; **jusqu'à nouvel ~** hasta nuevo aviso; **rappeler qn à l'~** llamar a algn

## ordure – origine

al orden; **donner (à qn) l'~ de** dar (a algn) la orden de; **payer à l'~ de** (Comm) pagar a la orden de; **dans le même ~/un autre ~ d'idées** en el mismo orden/en otro orden de cosas; **d'~ pratique** de orden ou tipo práctico; **de premier/second ~** de primer/segundo orden; **à l'~ du jour** (fig) al orden del día; **~ de grandeur** orden de tamaño; **~ de grève** convocatoria de huelga; **~ de mission** (Mil) orden de misión; **~ de route** orden de destino; **~ du jour** orden del día; **~ public** orden público; **ordres** nmpl (Rel) : **être/entrer dans les ordres** pertenecer/entrar en las órdenes

**ordure** [ɔʀdyʀ] nf basura; (propos) grosería, indecencia; **ordures** nfpl basura fsg; **ordures ménagères** basura

**ordurier, -ière** [ɔʀdyʀje, jɛʀ] adj grosero(-a), indecente

**orée** [ɔʀe] nf : **à l'~ de** (bois) en la linde de

**oreille** [ɔʀɛj] nf oreja; (ouïe) oído; **avoir de l'~** tener oído; **avoir l'~ fine** tener buen oído; **l'~ basse** con las orejas gachas; **se faire tirer l'~** hacerse de rogar; **parler/dire qch à l'~ de qn** hablar/decir algo al oído de algn

**oreiller** [ɔʀeje] nm almohada

**oreillette** [ɔʀɛjɛt] nf (Anat) aurícula; (vêtement) orejera

**oreillons** [ɔʀɛjɔ̃] nmpl paperas fpl

**ores** [ɔʀ] : **d'~ et déjà** adv desde ahora, de aquí en adelante

**orfèvre** [ɔʀfɛvʀ] nmf orfebre mf; **être ~ en la matière** (fig) ser ducho(-a) en la materia

**orfèvrerie** [ɔʀfɛvʀəʀi] nf orfebrería

**orfraie** [ɔʀfʀɛ] nm quebrantahuesos m inv; **pousser des cris d'~** gritar como un(a) descosido(-a)

**organe** [ɔʀgan] nm órgano; (véhicule, instrument) vehículo; (voix) voz f; (représentant) órgano, portavoz m; **organes de transmission** (Tech) órganos de transmisión

**organigramme** [ɔʀganigʀam] nm organigrama m

**organique** [ɔʀganik] adj orgánico(-a)

**organisateur, -trice** [ɔʀganizatœʀ, tʀis] nm/f organizador(a)

**organisateur-conseil** [ɔʀganizatœʀkɔ̃sɛj] (pl **organisateurs-conseils**) nm (Comm) organizador m asesor

**organisation** [ɔʀganizasjɔ̃] nf organización f; **O~ des Nations unies** Organización de las Naciones Unidas; **O~ du traité de l'Atlantique Nord** Organización del tratado del Atlántico Norte; **O~ mondiale de la santé** Organización mundial de la salud; **~ scientifique du travail** organización científica del trabajo

**organisationnel, le** [ɔʀganizasjɔnɛl] adj organizativo(-a)

**organisé, e** [ɔʀganize] adj organizado(-a)

**organiser** [ɔʀganize] vt organizar; (mettre sur pied) organizar, preparar; **s'organiser** vpr (personne) organizarse; (choses) arreglarse, ordenarse

**organisme** [ɔʀganism] nm organismo; (association) organismo, organización f

**organiste** [ɔʀganist] nmf organista mf

**orgasme** [ɔʀgasm] nm orgasmo

**orge** [ɔʀʒ] nf cebada

**orgeat** [ɔʀʒa] nm : **sirop d'~** ≈ horchata

**orgelet** [ɔʀʒəlɛ] nm orzuelo

**orgie** [ɔʀʒi] nf orgía; **une ~ de** (surabondance) una orgía de

**orgue** [ɔʀg] nm (Mus) órgano; **~ de Barbarie** organillo; **~ électrique** ou **électronique** órgano electrónico; **orgues** nfpl (Géo) basaltos mpl prismáticos

**orgueil** [ɔʀgœj] nm orgullo, soberbia; **l'~ de** el orgullo de

**orgueilleux, -euse** [ɔʀgœjø, øz] adj orgulloso(-a)

**orient** [ɔʀjɑ̃] nm oriente m; **l'~** (el) Oriente

**orientable** [ɔʀjɑ̃tabl] adj orientable

**oriental, e, -aux** [ɔʀjɑ̃tal, o] adj, nm/f oriental mf

**orientation** [ɔʀjɑ̃tasjɔ̃] nf orientación f; **avoir le sens de l'~** tener sentido de la orientación; **~ professionnelle** orientación profesional

**orienté, e** [ɔʀjɑ̃te] adj (article, journal) orientado(-a); **bien/mal ~** (appartement) bien/mal orientado(-a); **~ au sud** orientado(-a) al sur

**orienter** [ɔʀjɑ̃te] vt (situer) orientar, situar; (placer : pièce mobile) colocar, poner; (tourner) dirigir; (voyageur) orientar, dirigir; **s'orienter** vpr orientarse; **s'~ vers** (recherches) orientarse ou dirigirse hacia

**orienteur, -euse** [ɔʀjɑ̃tœʀ, øz] nm/f (Scol) orientador(a)

**orifice** [ɔʀifis] nm orificio

**oriflamme** [ɔʀiflam] nf oriflama

**origan** [ɔʀigɑ̃] nm orégano

**originaire** [ɔʀiʒinɛʀ] adj originario(-a); **être ~ de** ser originario(-a) ou natural de

**original, e, -aux** [ɔʀiʒinal, o] adj original; (bizarre, curieux) original, extravagante ▶ nm/f (excentrique) excéntrico(-a), extravagante mf; (fantaisiste) extravagante ▶ nm (document) original m

**originalité** [ɔʀiʒinalite] nf originalidad f; (d'un nouveau modèle) originalidad, singularidad f; (excentricité) extravagancia

**origine** [ɔʀiʒin] nf origen m; (d'une idée) origen, procedencia; **d'~** (nationalité) de origen, natural de; (pneus etc) de origen; (bureau postal) de procedencia; **dès l'~** desde el principio; **à l'~ (de)** al principio (de); **avoir son ~ dans qch** tener su origen en algo;

**origines** nfpl (d'une personne) orígenes mpl; (commencements) : **les origines de la vie** los orígenes de la vida
**originel, le** [ɔʀiʒinɛl] adj original
**originellement** [ɔʀiʒinɛlmɑ̃] adv (à l'origine) originariamente; (dès l'origine) desde el principio
**oripeaux** [ɔʀipo] nmpl oropeles mpl
**ORL** [ɔɛʀɛl] sigle f (= oto-rhino-laryngologie) otorrinolaringología ▸ sigle mf (= oto-rhino-laryngologiste) otorrinolaringólogo(-a)
**orme** [ɔʀm] nm olmo
**orné, e** [ɔʀne] adj adornado(-a); **~ de** adornado(-a) con
**ornement** [ɔʀnəmɑ̃] nm adorno; (garniture) ornamento; (fig) ornato, ornamento; **ornements** nmpl : **ornements sacerdotaux** ornamentos mpl sacerdotales
**ornemental, e, -aux** [ɔʀnəmɑ̃tal, o] adj ornamental
**ornementer** [ɔʀnəmɑ̃te] vt ornamentar, adornar
**orner** [ɔʀne] vt adornar; **~ qch de** adornar algo con
**ornière** [ɔʀnjɛʀ] nf carril m; (fig) atolladero; **sortir de l'~** (fig) salir del atolladero
**ornithologie** [ɔʀnitɔlɔʒi] nf ornitología
**ornithologique** [ɔʀnitɔlɔʒik] nf ornitológico(-a)
**ornithologue** [ɔʀnitɔlɔg] nmf ornitólogo(-a)
**orphelin, e** [ɔʀfəlɛ̃, in] adj, nm/f huérfano(-a); **~ de mère/de père** huérfano(-a) de madre/de padre
**orphelinat** [ɔʀfəlina] nm orfanato
**ORSEC** [ɔʀsɛk] sigle f = **Organisation des secours**; **le plan ~** plan de emergencia nacional
**ORSECRAD** [ɔʀsɛkʀad] sigle m (= ORSEC en cas d'accident nucléaire) plan de emergencia nacional en caso de accidente nuclear
**orteil** [ɔʀtɛj] nm dedo del pie; **gros ~** dedo gordo del pie
**ORTF** [ɔɛʀteɛf] sigle m = **Office de radio-diffusion télévision française**
**orthodontiste** [ɔʀtɔdɔ̃tist] nmf ortodoncista mf
**orthodoxe** [ɔʀtɔdɔks] adj ortodoxo(-a)
**orthodoxie** [ɔʀtɔdɔksi] nf ortodoxia
**orthogonal, e, -aux** [ɔʀtɔgɔnal, o] adj ortogonal
**orthographe** [ɔʀtɔgʀaf] nf ortografía
**orthographier** [ɔʀtɔgʀafje] vt ortografiar; **mal orthographié** mal ortografiado
**orthopédie** [ɔʀtɔpedi] nf ortopedia
**orthopédique** [ɔʀtɔpedik] adj ortopédico(-a)
**orthopédiste** [ɔʀtɔpedist] nmf ortopedista mf, ortopeda mf
**orthophonie** [ɔʀtɔfɔni] nf ortofonía, logopedia
**orthophoniste** [ɔʀtɔfɔnist] nmf ortofonista mf, logopeda mf

**ortie** [ɔʀti] nf ortiga
**OS** [oɛs] sigle m (= ouvrier spécialisé) voir **ouvrier**
**os** [ɔs] nm hueso; (problème : fam) problema m; **os à moelle** hueso de cañada; **os de seiche** jibión m
**oscar** [ɔskaʀ] nm óscar m; **~ de la chanson/de la publicité** óscar de la canción/de la publicidad
**oscillation** [ɔsilasjɔ̃] nf oscilación f; **oscillations** nfpl (fluctuation) oscilaciones fpl
**osciller** [ɔsile] vi oscilar; (au vent etc) oscilar, balancearse; **~ entre** (hésiter) vacilar ou dudar entre
**osé, e** [oze] adj (tentative) osado(-a); (plaisanterie) atrevido(-a)
**oseille** [ozɛj] nf (Bot) acedera; (fam : argent) pasta (fam), parné m (fam)
**oser** [oze] vt osar, atreverse a; **~ faire qch** atreverse a hacer algo ▸ vi atreverse; **je n'ose pas** no me atrevo
**osier** [ozje] nm mimbre m; **d'~, en ~** de mimbre
**Oslo** [ɔslo] n Oslo
**osmose** [ɔsmoz] nf ósmosis fsg
**ossature** [ɔsatyʀ] nf (squelette) esqueleto, osamenta; (du visage) esqueleto; (Archit) armazón f; (d'une société) esqueleto, estructura; (d'un discours) estructura
**osselet** [ɔslɛ] nm (Anat) huesecillo; **jouer aux osselets** jugar a las tabas
**ossements** [ɔsmɑ̃] nmpl osamenta fsg, huesos mpl
**osseux, -euse** [ɔsø, øz] adj óseo(-a); (charpente, carapace) de hueso, huesoso(-a); (main, visage) huesudo(-a)
**ossifier** [ɔsifje] : **s'ossifier** vpr osificarse
**ossuaire** [ɔsɥɛʀ] nm osario
**Ostende** [ɔstɑ̃d] n Ostende
**ostensible** [ɔstɑ̃sibl] adj ostensible
**ostensiblement** [ɔstɑ̃sibləmɑ̃] adv ostensiblemente
**ostensoir** [ɔstɑ̃swaʀ] nm custodia
**ostentation** [ɔstɑ̃tasjɔ̃] nf ostentación f; **faire ~ de qch** hacer ostentación de algo
**ostentatoire** [ɔstɑ̃tatwaʀ] adj ostentoso(-a)
**ostraciser** [ɔstʀasize] vt condenar al ostracismo
**ostracisme** [ɔstʀasism] nm ostracismo; **frapper qch/qn d'~** castigar algo/a algn al ostracismo
**ostréicole** [ɔstʀeikɔl] adj ostrícola
**ostréiculteur, -trice** [ɔstʀeikyltœʀ, tʀis] nm/f ostricultor(a)
**ostréiculture** [ɔstʀeikyltyʀ] nf ostricultura
**otage** [ɔtaʒ] nm rehén m; **prendre qn en ~** tomar ou coger a algn como rehén
**OTAN** [ɔtɑ̃] sigle f (= Organisation du traité de l'Atlantique Nord) OTAN f (= Organización del Tratado del Atlántico Norte)
**otarie** [ɔtaʀi] nf león m marino, otaria

**ôter** [ote] vt quitar; (soustraire) quitar, restar; **~ qch de** quitar algo de; **~ qch à qn** quitar algo a algn; **6 ôté de 10 égale 4** 10 menos 6 igual a 4

**otite** [ɔtit] nf otitis f inv

**oto-rhino** [ɔtɔʀino] (pl **oto-rhinos**) nmf otorrinolaringólogo(-a)

**oto-rhino-laryngologie** [ɔtɔʀinolaʀɛ̃gɔlɔʒi] nf otorrinolaringología

**oto-rhino-laryngologiste** [ɔtɔʀinolaʀɛ̃gɔlɔʒist(ə)] (pl **oto-rhino-laryngologistes**) nmf otorrinolaringólogo(-a)

**ottomane** [ɔtɔman] nf otomana

**ou** [u] conj o, u; **l'un ou l'autre** uno u otro, el uno o el otro; **ou ... ou** o ... o; **ou bien** o bien

(MOT-CLÉ)

**où** [u] pron relatif **1** (lieu) donde, en que; **la chambre où il était** la habitación en que ou donde estaba; **le village d'où je viens** el pueblo de donde vengo; **les villes par où il est passé** las ciudades por donde pasó

**2** (direction) adonde; **la ville où je me rends** la ciudad adonde me dirijo

**3** (temps, état) (en) que; **le jour où il est parti** el día (en) que se marchó; **au prix où c'est** al precio que está

▶ adv **1** (interrogatif) ¿dónde?; **où est-il?** ¿dónde está?; **par où?** ¿por dónde?; **d'où vient que ... ?** ¿cómo es que ...?

**2** (direction) (a)dónde; **où va-t-il?** ¿(a)dónde va?

**3** (relatif) donde; **je sais où il est** sé donde está; **où que l'on aille** vayamos donde vayamos, dondequiera que vayamos

**OUA** [ɔya] sigle f (= Organisation de l'unité africaine) OUA f (= Organización para la Unidad Africana)

**ouah** ['wa] excl (de chien) ¡guau!; (fam: admiratif) ¡guau! (fam)

**ouais** ['wɛ] excl sí, ya

**ouate** ['wat] nf (bourre) algodón m, guata; (coton): **tampon d'~** tapón m de algodón; **~ hydrophile/de cellulose** algodón hidrófilo/de celulosa

**ouaté, e** ['wate] adj (doublé) enguatado(-a); (atmosphère) acogedor(a); (bruit) amortiguado(-a)

**ouater** ['wate] vt enguatar

**ouatine** [watin] nf forro algodonado

**oubli** [ubli] nm olvido; **l'~** (absence de souvenirs) el olvido; **tomber dans l'~** caer en el olvido

**oublier** [ublije] vt olvidar; (ne pas mettre) olvidar, omitir; (famille) descuidar; (responsabilités) descuidar, olvidar; **~ que/de faire qch** olvidar que/hacer algo; **~ l'heure** olvidar la hora; **s'oublier** vpr olvidarse; (euph) orinarse, mearse

**oubliettes** [ublijɛt] nfpl mazmorra fsg; **(jeter) aux ~** (fig) (dejar) en el olvido

**oublieux, -euse** [ublijø, ijøz] adj olvidadizo(-a); **être ~ de** olvidarse fácilmente de

**oued** [wɛd] nm corriente de agua en el desierto

**ouest** [wɛst] nm oeste m; **l'O~** (région, Pol) el Oeste; **à l'~ (de)** al oeste (de); **vent d'~** viento del oeste ▶ adj inv oeste

**ouf** ['uf] excl ¡uf!

**Ouganda** [ugɑ̃da] nm Uganda

**ougandais, e** [ugɑ̃dɛ, ɛz] adj ugandés(-esa) ▶ nm/f: **Ougandais, e** ugandés(-esa)

**oui** ['wi] adv sí; **répondre ~** responder que sí; **mais ~, bien sûr** pues claro que sí, naturalmente; **je suis sûr que ~** estoy seguro que sí; **je pense que ~** creo que sí; **pour un ~ ou pour un non** por un quítame allá esas pajas

**ouï-dire** ['widiʀ] nm inv: **par ~** de oídas

**ouïe** [wi] nf oído; **ouïes** nfpl (de poisson) agallas fpl; (d'un violon) eses fpl

**ouïr** [wiʀ] vt: **avoir ouï dire que** haber oído el rumor de que

**ouistiti** ['wistiti] nm tití m

**oukase** [ukaz] nm (Hist) ucase m; (fig: décision arbitraire) imposición f

**ouléma** [ulema] nm = **uléma**

**ouragan** [uʀagɑ̃] nm huracán m

**Oural** [uʀal] n: **l'~** (fleuve) el Ural; (aussi: **les monts Oural**) los (montes) Urales

**ourdir** [uʀdiʀ] vt urdir, tramar

**ourdou** [uʀdu] nm urdu m

**ourlé, e** [uʀle] adj (couture) con dobladillo; (oreille) replegado(-a)

**ourler** [uʀle] vt dobladillar

**ourlet** [uʀlɛ] nm (Couture) dobladillo; (de l'oreille) repliegue m; **faire un ~ à** hacer un dobladillo a; **faux ~** (Couture) falso dobladillo

**ours** [uʀs] nm oso; (homme insociable) oso, cardo; **~ blanc/brun** oso blanco/pardo; **~ en peluche** oso de peluche; **~ mal léché** oso, hurón m; **~ marin** oso marino

**ourse** [uʀs] nf osa; **la Grande/Petite O~** (Astron) la Osa Mayor/Menor

**oursin** [uʀsɛ̃] nm erizo de mar

**ourson** [uʀsɔ̃] nm osezno(-a)

**ouste** [ust] excl ¡fuera!, ¡largo de aquí!

**outil** [uti] nm herramienta; **~ de travail** herramienta de trabajo

**outillage** [utijaʒ] nm herramienta, maquinaria; (d'atelier) herramienta

**outiller** [utije] vt equipar de herramienta ou de maquinaria

**outrage** [utʀaʒ] nm ultraje m; **faire subir les derniers outrages à** (femme) someter a los peores ultrajes a; **~ à la pudeur** (Jur) ultraje al pudor; **~ à magistrat** (Jur) ultraje ou injurias fpl a un magistrado; **~ aux bonnes mœurs** (Jur) ultraje a las buenas costumbres

## outragé – ozone

**outragé, e** [utraʒe] adj ultrajado(-a)
**outrageant, e** [utraʒɑ̃, ɑ̃t] adj ultrajante
**outrager** [utraʒe] vt ultrajar; **~ les bonnes mœurs/le bon sens** (fig) atentar contra las buenas costumbres/el buen sentido
**outrageusement** [utraʒøzmɑ̃] adv ultrajosamente
**outrance** [utrɑ̃s] nf exageración f, exceso; **à ~** a ultranza
**outrancier, -ière** [utrɑ̃sje, jɛr] adj exagerado(-a)
**outre** [utr] nf odre m ▶ prép además de; **~ que** además de que; **~ mesure** sin medida, desmesuradamente ▶ adv: **passer ~ (à)** hacer caso omiso (a); **en ~** además, por añadidura
**outré, e** [utre] adj (flatterie) exagerado(-a); (indigné) indignado(-a)
**outre-Atlantique** [utratlɑ̃tik] adv al otro lado del Atlántico
**outrecuidance** [utrəkɥidɑ̃s] nf (fatuité) presunción f, vanidad f; (audace) desfachatez f
**outrecuidant, e** [utrəkɥidɑ̃, ɑ̃t] adj presuntuoso(-a), petulante
**outre-Manche** [utrəmɑ̃ʃ] adv al otro lado del Canal de la Mancha, en Inglaterra; **d'~** del otro lado del Canal de la Mancha, de Inglaterra
**outremer** [utrəmɛr] adj: **bleu/ciel ~** azul/cielo de ultramar
**outre-mer** [utrəmɛr] adv ultramar; **d'~** de ultramar, ultramarino(-a)
**outrepasser** [utrəpase] vt sobrepasar, extralimitarse en
**outrer** [utre] vt exagerar; (indigner) indignar
**outre-Rhin** [utrərɛ̃] adv al otro lado del Rin, en Alemania; **d'~** del otro lado del Rin, de Alemania
**outsider** [autsajdœr] nm: **c'est un ~** (cheval, personne) no es el favorito
**ouvert, e** [uvɛr, ɛrt] pp de **ouvrir** ▶ adj (aussi fig) abierto(-a); (accueillant: milieu) abierto(-a), acogedor(-a), hospitalario(-a); **à bras ouverts** con los brazos abiertos; **à cœur ~** (fig) con el corazón en la mano; **à livre ~** como un libro abierto; (traduire) de corrido
**ouvertement** [uvɛrtəmɑ̃] adv (agir, dire) abiertamente
**ouverture** [uvɛrtyr] nf apertura; (orifice, Mus) obertura; **l'~** (Pol) la apertura; **~ (du diaphragme)** (Photo) abertura (del diafragma); **heures/jours d'~** (Comm) horas fpl/días mpl de apertura; **~ d'esprit** apertura de ideas, amplitud f de ideas; **ouvertures** nfpl (offres) propuestas fpl
**ouvrable** [uvrabl] adj: **jour ~** día m laborable; **heures ouvrables** horas fpl laborables

**ouvrage** [uvraʒ] nm obra; (Mil) elemento autónomo de una línea fortificada; **panier** ou **corbeille à ~** cesta de costura; **~ à l'aiguille** labor f de aguja; **~ d'art** (Génie Civil) obra de ingeniería
**ouvragé, e** [uvraʒe] adj labrado(-a), bordado(-a)
**ouvrant, e** [uvrɑ̃, ɑ̃t] vb voir **ouvrir** ▶ adj: **toit ~** (Auto) techo corredizo ou solar
**ouvré, e** [uvre] adj (Tech) labrado(-a); (Admin): **jour ~** día m laborable
**ouvre-boîte** [uvrəbwat] (pl **ouvre-boîtes**) nm abrelatas m inv
**ouvre-bouteille** [uvrəbutɛj] (pl **ouvre-bouteilles**) nm abrebotellas m inv
**ouvreuse** [uvrøz] nf acomodadora
**ouvrier, -ière** [uvrije, ijɛr] nm/f obrero(-a); **~ agricole** trabajador(a) agrario(-a); **~ qualifié(e)** obrero(-a) calificado(-a); **~ spécialisé(e)** obrero(-a) especialista ▶ nf (Zool) obrera ▶ adj obrero(-a); (conflits) laboral; (revendications) obrero(-a); **classe ouvrière** clase f obrera
**ouvrir** [uvrir] vt abrir; (fonder) abrir, fundar; (commencer) abrir, empezar; **~ l'appétit à qn** abrir el apetito a algn; **~ des horizons/perspectives** abrir horizontes/perspectivas; **~ l'esprit** ampliar ou abrir las ideas; **~ une session** (Inform) abrir una sesión ▶ vi abrir; (commencer) empezar; **~ à cœur/trèfle** (Cartes) abrir ou salir con corazones/trébol; **~ sur** comenzar con; **s'ouvrir** vpr abrirse; **s'~ à** abrirse a; **s'~ à qn** confiarse a algn; **s'~ sur** comenzar con; **s'~ les veines** abrirse las venas
**ovaire** [ɔvɛr] nm ovario
**ovale** [ɔval] adj oval, ovalado(-a)
**ovation** [ɔvasjɔ̃] nf ovación f
**ovationner** [ɔvasjɔne] vt ovacionar
**ovin, e** [ɔvɛ̃, in] adj ovino(-a); **ovins** nmpl (Zool) ovinos mpl
**OVNI** [ɔvni] sigle m (= objet volant non identifié) OVNI m (= objeto volante no identificado)
**ovoïde** [ɔvɔid] adj ovoide
**ovulation** [ɔvylasjɔ̃] nf ovulación f
**ovule** [ɔvyl] nm óvulo
**oxydable** [ɔksidabl] adj oxidable
**oxyde** [ɔksid] nm óxido; **~ de carbone** óxido de carbono
**oxyder** [ɔkside]: **s'oxyder** vpr oxidarse
**oxygène** [ɔksiʒɛn] nm oxígeno
**oxygéné, e** [ɔksiʒene] adj: **cheveux oxygénés** cabellos mpl oxigenados; **eau oxygénée** agua oxigenada
**oxyure** [ɔksjyr] nm oxiuro, lombriz f
**ozone** [ozon] nm ozono

# Pp

**P, p¹** [pe] *nm inv* (*lettre*) P, p *f*; **P comme Pierre** ≈ P de París

**p²** *abr* (= *page*) p. (= *página*)

**PAC** [pak] *sigle f* (= *politique agricole commune*) PAC *f* (= *Política Agraria Común*)

**PACA** [paka] *sigle f* (= *Provence-Alpes-Côte d'Azur*) Provence-Alpes-Côte d'Azur (*región administrativa del sudeste de Francia*)

**pacage** [pakaʒ] *nm* pasto

**pacemaker** [pɛsmɛkœʀ] *nm* marcapasos *m inv*

**pachyderme** [paʃidɛʀm] *nm* paquidermo

**pacificateur, -trice** [pasifikatœʀ, tʀis] *adj* pacificador(a)

**pacification** [pasifikasjɔ̃] *nf* pacificación *f*

**pacifier** [pasifje] *vt* pacificar

**pacifique** [pasifik] *adj* pacífico(-a) ▶ *nm*: **le P~, l'océan P~** el (Océano) Pacífico

**pacifiquement** [pasifikmɑ̃] *adv* pacíficamente

**pacifisme** [pasifism] *nm* pacifismo

**pacifiste** [pasifist] *nmf* pacifista *mf*

**pack** [pak] *nm* pack *m*

**pacotille** [pakɔtij] (*péj*) *nf* pacotilla; **de ~** de pacotilla

**PACS** [paks] *sigle m* (= *pacte civil de solidarité*) en Francia, contrato de pareja de hecho

**pacsé, e** [pakse] *adj*: **être ~** estar registrado(-a) como pareja de hecho ▶ *nm/f* persona que ha contraído un contrato de pareja de hecho

**pacser** [pakse]: **se pacser** *vpr* registrarse como pareja de hecho

**pacte** [pakt] *nm* pacto; **~ d'alliance/de non-agression** pacto de alianza/de no agresión; **~ civil de solidarité** en Francia, contrato de pareja de hecho

**pactiser** [paktize] *vi*: **~ avec** pactar con; **~ avec le crime** transigir con el crimen; **~ avec sa conscience** acallar la conciencia

**pactole** [paktɔl] *nm* mina (*fig*)

**paddock** [padɔk] *nm* paddock *m*

**Padoue** [padu] *n* Padua

**PAF** [paf] *sigle f* (= *Police de l'air et des frontières*) policía fronteriza; (= *paysage audiovisuel français*) panorama audiovisual francés

**pagaie** [pagɛ] *nf* zagual *m*

**pagaille** [pagaj] *nf* (*désordre*) follón *m*, desbarajuste *m*; **en ~** (*en grande quantité*) a porrillo; (*en désordre*) a barullo

**paganisme** [paganism] *nm* paganismo

**pagayer** [pageje] *vi* remar con zagual

**page** [paʒ] *nf* página; (*passage: d'un roman*) pasaje *m*; **mettre en pages** compaginar; **mise en ~** compaginación *f*; **être à la ~** (*fig*) estar al día; **~ blanche** página en blanco; **~ d'accueil** (*Internet*) página de inicio; **~ de garde** guarda; **~ Web** página web ▶ *nm* paje *m*

**page-écran** [paʒekʀɑ̃] (*pl* **pages-écrans**) *nf* (*Inform*) pantalla

**pagination** [paʒinasjɔ̃] *nf* paginación *f*

**paginer** [paʒine] *vt* paginar

**pagne** [paɲ] *nm* taparrabo

**pagode** [pagɔd] *nf* pagoda

**paie** [pɛ] *nf* paga

**paiement** [pɛmɑ̃] *nm* pago

**païen, ne** [pajɛ̃, pajɛn] *adj, nm/f* pagano(-a)

**paillage** [pajaʒ] *nm* (*Agr, Horticulture*) acolchado, mulch *m*

**paillard, e** [pajaʀ, aʀd] *adj* picante, subido(-a) de tono

**paillasse** [pajas] *nf* (*matelas*) jergón *m*; (*d'un évier*) escurridero

**paillasson** [pajasɔ̃] *nm* felpudo

**paille** [paj] *nf* paja; **être sur la ~** (*être ruiné*) estar a dos velas; **~ de fer** estropajo metálico

**paillé, e** [paje] *adj* de enea

**pailleté, e** [paj(ə)te] *adj* de *ou* con lentejuelas

**paillette** [pajɛt] *nf* lámina; **paillettes** *nfpl* (*décoratives*) lentejuelas *fpl*; **lessive en paillettes** detergente *m* en escamas

**paillis** [paji] *nm* = **paillage**

**pain** [pɛ̃] *nm* pan *m*; (*Culin: de poisson, légumes*) pastel *m*; **petit ~** panecillo; **ça ne mange pas de ~** no cuesta nada; **~ complet** pan integral; **~ d'épice(s)** alfajor *m*; **~ de campagne/de seigle** pan de pueblo/de centeno; **~ de cire** librillo de cera; **~ de mie** pan de molde; **~ de sucre** pan de azúcar; **~ fantaisie/viennois** pan de lujo/de Viena; **~ grillé** pan tostado; **~ perdu** torrija

**pair, e** [pɛʀ] *adj* par ▶ *nm* par *m*; **aller** *ou* **marcher de ~ (avec)** correr *ou* ir parejo(-a) (con); **au ~** (Fin) a la par; **valeur au ~** valor m a la par; **jeune fille au ~** chica au pair; **pairs** nmpl pares mpl; **ses pairs** sus pares, los miembros de su grupo

**paire** [pɛʀ] nf par m; **une ~ de lunettes/tenailles** un par de gafas/tenazas; **les deux font la ~** son tal para cual

**pais** [pɛ] vb voir **paître**

**paisible** [pezibl] adj apacible; (ville, lac) tranquilo(-a)

**paisiblement** [peziblǝmɑ̃] adv apaciblemente

**paître** [pɛtʀ] vi pacer

**paix** [pɛ] nf paz f; (fig : tranquillité) paz, sosiego; **faire la ~ avec** hacer las paces con; **vivre en ~ avec** vivir en paz con; **avoir la ~** tener paz

**Pakistan** [pakistɑ̃] nm Paquistán m

**pakistanais, e** [pakistanɛ, ɛz] adj paquistaní ▶ nm/f : **Pakistanais, e** paquistaní mf

**palabrer** [palabʀe] vi charlotear

**palabres** [palabʀ] nfpl ou nmpl palabrería fsg

**palace** [palas] nm hotel m de gran lujo

**palais** [palɛ] nm palacio; (Anat) paladar m; **le P~ Bourbon** El Palacio Borbón (sede de la asamblea nacional); **le P~ de Justice** Palacio de Justicia, la audiencia nacional; **le P~ de l'Élysée** El Palacio del Elíseo (residencia oficial del Presidente de la República francesa); **~ des expositions** palacio de exposiciones

**palan** [palɑ̃] nm aparejo

**pale** [pal] nf (d'hélice, de rame) pala; (de roue) álabe m, paleta

**pâle** [pal] adj pálido(-a); **une ~ imitation** (fig) una pálida imitación; **~ de colère/d'indignation** pálido(-a) de rabia/de indignación; **bleu/vert ~** azul/verde pálido

**palefrenier** [palfʀǝnje] nm palafrenero

**paléontologie** [paleɔ̃tɔlɔʒi] nf paleontología

**paléontologue** [paleɔ̃tɔlɔg], **paléontologiste** [paleɔ̃tɔlɔʒist] nmf paleontólogo(-a)

**Palerme** [palɛʀm] n Palermo

**Palestine** [palɛstin] nf Palestina

**palestinien, ne** [palɛstinjɛ̃, jɛn] adj palestino(-a) ▶ nm/f : **Palestinien, ne** palestino(-a)

**palet** [palɛ] nm tejo; (hockey) pastilla

**paletot** [palto] nm gabán m

**palette** [palɛt] nf paleta; (plateau de chargement) plataforma; **~ riche/pauvre/brillante** (ensemble de couleurs) paleta rica/pobre/brillante

**palétuvier** [paletyvje] nm mangle m

**pâleur** [pɑlœʀ] nf palidez f

**palier** [palje] nm (d'escalier) rellano; (d'une machine) cojinete m; (d'un graphique) nivel m; (phase stable) nivel estable; **en ~** a altura constante; **par paliers** (progresser) gradualmente

**palière** [paljɛʀ] adj f : **porte ~** puerta de rellano

**pâlir** [pɑliʀ] vi (personne) palidecer; (couleur) decolorar; **faire ~ qn** hacer palidecer a algn

**palissade** [palisad] nf empalizada

**palissandre** [palisɑ̃dʀ] nm palisandro

**palliatif, -ive** [paljatif, iv] adj paliativo(-a) ▶ nm paliativo

**pallier** [palje] vt paliar

**palmarès** [palmaʀɛs] nm palmarés m inv

**palme** [palm] nf palma; (de plongeur) aleta; **palmes académiques** galardón al mérito académico

**palmé, e** [palme] adj palmeado(-a)

**palmeraie** [palmǝʀɛ] nf palmeral m

**palmier** [palmje] nm palmera

**palmipède** [palmipɛd] nm palmípedo

**palois, e** [palwa, waz] adj de Pau ▶ nm/f : **Palois, e** nativo(-a) ou habitante mf de Pau

**palombe** [palɔ̃b] nf paloma torcaz

**pâlot, e** [pɑlo, ɔt] adj paliducho(-a)

**palourde** [paluʀd] nf almeja

**palpable** [palpabl] adj palpable

**palper** [palpe] vt palpar; (fam : argent, somme) embolsarse

**palpitant, e** [palpitɑ̃, ɑ̃t] adj palpitante

**palpitation** [palpitasjɔ̃] nf : **avoir des palpitations** tener palpitaciones

**palpiter** [palpite] vi palpitar

**paludisme** [palydism] nm paludismo

**palustre** [palystʀ] adj (coquillage) palustre; (fièvre) palúdico(-a)

**pâmer** [pɑme] : **se pâmer** vpr desfallecer; **se ~ d'amour/d'admiration** desfallecer de amor/de admiración; **se ~ devant** (fig) desmayarse ante

**pâmoison** [pamwazɔ̃] nf : **elle est tombée en ~** le dio un pasmo ou un soponcio

**pampa** [pɑ̃pa] nf pampa

**pamphlet** [pɑ̃flɛ] nm panfleto

**pamphlétaire** [pɑ̃fletɛʀ] nmf panfletista mf

**pamplemousse** [pɑ̃plǝmus] nm pomelo

**pan** [pɑ̃] nm (d'un manteau, rideau) faldón m; (côté) cara; (d'affiche etc) lado; **~ de chemise** pañal m; **~ de mur** lienzo de pared ▶ excl ¡pum!

**panacée** [panase] nf panacea

**panachage** [panaʃaʒ] nm (de couleurs) mezcla; (Pol) combinación f

**panache** [panaʃ] nm (de fumée) nube f; (de plumes) penacho; **avoir du/aimer le ~** (fig) tener caballerosidad/gustarle a algn la caballerosidad

**panaché, e** [panaʃe] adj (feuille, plante) variegado(-a); **œillet ~** clavel m matizado; **glace panachée** helado de varios gustos; **salade panachée** ensalada mixta; **bière panachée** cerveza con gaseosa ▶ nm (bière) clara, cerveza con gaseosa

**panais** [panɛ] nm chirivía, pastinaca

**Panama** [panama] nm Panamá m

**panaméen, ne** [panameɛ̃, ɛn] *adj*
panameño(-a) ▶ *nm/f* : **Panaméen, ne**
panameño(-a)
**panaris** [panaʀi] *nm* panadizo
**pancarte** [pɑ̃kaʀt] *nf (affiche, écriteau)* cartel *m*;
*(dans un défilé)* pancarta
**pancréas** [pɑ̃kʀeɑs] *nm* páncreas *m inv*
**panda** [pɑ̃da] *nm* panda *m*
**pandémie** [pɑ̃demi] *nf* pandemia *f*
**pané, e** [pane] *adj* empanado(-a)
**panégyrique** [paneʒiʀik] *nm* : **faire le ~ de qn** hacer un panegírico de algn
**panier** [panje] *nm* cesta; *(à diapositives)* carro;
**le ~ de la ménagère** la cesta de la compra;
**mettre au ~** tirar a la basura; **~ à provisions**
cesta de la compra; **~ à salade** *(Culin)*
escurridor *m*; *(Police)* coche *m* celular; **~ de crabes** *(fig)* nido de víboras; **~ percé** *(fig)*
manirroto(-a)
**panier-repas** [panjeʀ(ə)pɑ] *(pl* **paniers-repas***) nm* almuerzo frío (para llevar)
**panification** [panifikasjɔ̃] *nf*
panificación *f*
**panifier** [panifje] *vt* panificar
**panique** [panik] *nf* pánico *m* ▶ *adj* : **peur ~**
miedo cerval; **terreur ~** terror *f* pánico
**paniquer** [panike] *vt* aterrorizar ▶ *vi*
aterrorizarse, espantarse
**panne** [pan] *nf (d'un mécanisme, moteur)* avería;
*(Théâtre)* papel *m* de poca importancia;
**mettre en ~** *(Naut)* ponerse al pairo, pairar;
**être/tomber en ~** tener una avería,
descomponerse/estar descompuesto *(surtout*
*MEX)*; **tomber en ~ d'essence** *ou* **sèche**
quedarse sin gasolina; **~ d'électricité** *ou* **de courant** corte *m* eléctrico, apagón *m*
**panneau, x** [pano] *nm (écriteau)* letrero; *(de boiserie, de tapisserie)* panel *m*; *(Archit)* tablero;
*(Couture)* paño; **tomber dans le ~** caer en la
trampa; **~ d'affichage** tablón *m* de anuncios;
**~ de signalisation** señal *f* de tráfico;
**~ électoral** panel electoral; **~ indicateur**
panel indicador; **~ publicitaire** valla
publicitaria
**panonceau** [panɔ̃so] *nm (de médecin etc)* placa;
*(de magasin)* rótulo
**panoplie** [panɔpli] *nf (d'armes)* panoplia; *(fig)*
arsenal *m*; **~ de pompier/d'infirmière**
disfraz *m* de bombero/de enfermera
**panorama** [panɔʀama] *nm* panorama *m*
**panoramique** [panɔʀamik] *adj*
panorámico(-a) ▶ *nm (Ciné, TV)* panorámica *f*
**panse** [pɑ̃s] *nf* panza
**pansement** [pɑ̃smɑ̃] *nm* venda, apósito;
*(aussi :* **pansement adhésif***)* tirita®,
curita *(AM)*
**panser** [pɑ̃se] *vt (appliquer un pansement)* vendar;
*(guérir)* curar; *(cheval)* almohazar
**pantacourt** [pɑ̃takuʀ] *nm* pantalones *mpl*
pirata *inv*

**pantalon** [pɑ̃talɔ̃] *nm* pantalón *m*,
pantalones *mpl*; **~ de golf/de pyjama**
pantalón de golf/de pijama; **~ de ski**
pantalón de esquí
**pantalonnade** [pɑ̃talɔnad] *nf* bufonada
**pantelant, e** [pɑ̃t(ə)lɑ̃, ɑ̃t] *adj* jadeante
**panthère** [pɑ̃tɛʀ] *nf* pantera; *(fourrure)* piel *f*
de pantera
**pantin** [pɑ̃tɛ̃] *nm (marionnette)* pelele *m*,
monigote *m*; *(péj : personne)* pelele
**pantois** [pɑ̃twa] *adj m* : **rester ~** quedarse
atónito(-a) *ou* patidifuso(-a)
**pantomime** [pɑ̃tɔmim] *nf (aussi fig)*
pantomima
**pantouflard, e** [pɑ̃tuflaʀ, aʀd] *(péj) adj*
casero(-a)
**pantoufle** [pɑ̃tufl] *nf* zapatilla
**panure** [panyʀ] *nf* pan *m* rallado
**PAO** [peao] *sigle f (= publication assistée par ordinateur)* edición *f* asistida por ordenador,
autoedición *f*
**paon** [pɑ̃] *nm* pavo real
**papa** [papa] *nm* papá *m*
**papauté** [papote] *nf (dignité, fonction)* papado;
*(gouvernement ecclésiastique)* pontificado
**papaye** [papaj] *nf* papaya
**pape** [pap] *nm* papa *m*
**paperasse** [papʀas] *(péj) nf (administrative)*
papeleo, papeles *mpl*; **des paperasses** *ou* **de la ~** papelotes *mpl*
**paperasserie** [papʀasʀi] *(péj) nf* papelorio;
*(administrative)* papeleo
**papeterie** [papetʀi] *nf (fabrication du papier)*
industria papelera; *(usine)* papelera; *(magasin)*
papelería *f*; *(articles)* artículos *mpl* de papelería
**papetier, -ière** [pap(ə)tje, jɛʀ] *nm/f*
papelero(-a)
**papetier-libraire** [paptjelibʀɛʀ] *(pl*
**papetiers-libraires***) nm* papelero-librero
**papi** [papi] *(fam) nm* abuelito
**papier** [papje] *nm* papel *m*; *(article)* artículo;
*(écrit officiel)* documento; **sur le ~**
*(théorique)* en teoría; **jeter une phrase sur le ~** poner una frase sobre el papel;
**noircir du ~** emborronar papel; **~ à dessin**
papel de dibujo; **~ à lettres** papel de cartas;
**~ à pliage accordéon** papel plisado de
acordeón; **~ alu** *(fam)* papel de plata; **~ bible/pelure** papel biblia/cebolla; **~ bulle** papel *ou*
plástico de burbujas; **~ buvard** papel carbón;
**~ calque** papel de calcar; **~ carbone** papel
carbón; **~ collant** papel de goma; **~ couché/glacé** papel cuché/glaseado; **~ cul** *(fam !)*
papel de váter; **~ (d')aluminium** papel de
aluminio; **~ d'Arménie** papel de Armenia;
**~ d'emballage** papel de envolver; **~ de brouillon** papel de borrador; **~ de soie/de tournesol** papel de seda/de tornasol; **~ de verre** papel de lija; **~ en continu** papel
continuo; **~ gommé/thermique** papel

## papier-filtre – paraître

engomado/térmico; **~ hygiénique** papel higiénico; **~ journal** papel de periódico; **~ kraft/mâché** papel kraft/maché; **~ machine** papel de máquina de escribir; **~ peint** papel pintado; **papiers** *nmpl* (*aussi*: **papiers d'identité**) documentación *f*, papeles *mpl*

**papier-filtre** [papjefiltʀ] (*pl* **papiers-filtres**) *nm* papel *m* de filtro

**papier-monnaie** [papjemɔnɛ] (*pl* **papiers-monnaies**) *nm* papel *m* moneda

**papille** [papij] *nf*: **papilles gustatives** papilas *fpl* gustativas

**papillon** [papijɔ̃] *nm* mariposa; (*contravention*: *fam*) multa; (*écrou*) tuerca de mariposa; **~ de nuit** mariposa nocturna

**papillonner** [papijɔne] *vi* (*virevolter*) mariposear, revolotear; (*fig*) mariposear

**papillote** [papijɔt] *nf* papillote *m*

**papilloter** [papijɔte] *vi* parpadear

**papotage** [papɔtaʒ] *nm* parloteo

**papoter** [papɔte] *vi* parlotear

**papou, e** [papu] *adj* papú ▶ *nm/f*: **Papou, e** papú *mf*

**Papouasie-Nouvelle-Guinée** [papwazinuvɛlɡine] *nf* Papúa-Nueva Guinea

**paprika** [papʀika] *nm* paprika *m*

**papyrus** [papiʀys] *nm* papiro

**Pâque** [pɑk] *nf*: **la ~** la Pascua; *voir aussi* **Pâques**

**paquebot** [pak(ə)bo] *nm* paquebote *m*

**pâquerette** [pɑkʀɛt] *nf* margarita

**Pâques** [pɑk] *nfpl* (*fête*) Pascua *fsg*; **faire ses ~** comulgar por Pascua Florida ▶ *nm* (*période*) Semana Santa; **l'île de ~** la isla de Pascua

**paquet** [pakɛ] *nm* paquete *m*; (*de linge, vêtements*) bulto; (*tas*): **un ~ de** un manojo de; **mettre le ~** (*fam*) poner toda la carne en el asador; **~ de mer** golpe *m* de mar; **paquets** *nmpl* (*bagages*) bultos *mpl*

**paquetage** [pak(ə)taʒ] *nm* (*Mil*) impedimenta

**paquet-cadeau** [pakɛkado] (*pl* **paquets-cadeaux**) *nm* paquete *m* regalo *inv*

---

MOT-CLÉ

**par** [paʀ] *prép* **1** (*agent, cause*) por; **par amour** por amor; **peint par un grand artiste** pintado por un gran artista

**2** (*lieu, direction*) por; **passer par Lyon/la côte** pasar por Lyon/la costa; **par la fenêtre** (*jeter, regarder*) por la ventana; **par le haut/bas** por arriba/abajo; **par ici** por aquí; **par où ?** ¿por dónde?; **par là** por allí; **par-ci, par-là** aquí y allá; **être/jeter par terre** estar en el/tirar al suelo

**3** (*fréquence, distribution*) por; **trois fois par semaine** tres veces por *ou* a la semana; **trois par jour/par personne** tres al día/por persona; **par centaines** a cientos, a centenares; **deux par deux** (*marcher, entrer*) de dos en dos

**4** (*moyen*) por; **par la poste** por correo

**5** (*manière*): **prendre par la main** coger *ou* agarrar de la mano; **prendre par la poignée** coger *ou* agarrar por el asa; **finir** *etc* **par** terminar *etc* por; **le film se termine par une scène d'amour** la película termina con una escena de amor; **Pau commence par la lettre « p »** Pau empieza por « p »

---

**para** [paʀa] (*fam*) *nm* (*parachutiste*) paraca *m* (*fam*)

**parabole** [paʀabɔl] *nf* parábola

**parabolique** [paʀabɔlik] *adj* parabólico(-a)

**parachever** [paʀaʃ(ə)ve] *vt* rematar, ultimar

**parachutage** [paʀaʃytaʒ] *nm* lanzamiento en paracaídas

**parachute** [paʀaʃyt] *nm* paracaídas *m inv*; **~ ventral** paracaídas de delantal

**parachuter** [paʀaʃyte] *vt* lanzar en paracaídas; (*fig*: *fam*) nombrar de improviso

**parachutisme** [paʀaʃytism] *nm* paracaidismo

**parachutiste** [paʀaʃytist] *nmf* paracaidista *mf*; (*soldat*) paracaidista *m*

**parade** [paʀad] *nf* (*Mil*) desfile *m*; (*de cirque, bateleurs*) cabalgata; (*Escrime, Boxe*) parada; **trouver la ~** hallar la contrapartida; **faire ~ de qch** hacer ostentación de algo; **de ~** (*habit, épée*) de gala; (*superficiel*) superficial; **~ nuptiale** parada nupcial

**parader** [paʀade] *vi* darse postín, pavonearse

**paradis** [paʀadi] *nm* paraíso; **~ fiscal** paraíso fiscal; **~ terrestre** paraíso terrenal

**paradisiaque** [paʀadizjak] *adj* paradisiaco(-a), paradisíaco(-a)

**paradoxal, e, -aux** [paʀadɔksal, o] *adj* paradójico(-a)

**paradoxalement** [paʀadɔksalmɑ̃] *adv* paradójicamente

**paradoxe** [paʀadɔks] *nm* paradoja

**parafe** [paʀaf] *nm* = **paraphe**

**parafer** [paʀafe] *vt* = **parapher**

**paraffine** [paʀafin] *nf* parafina

**paraffiné, e** [paʀafine] *adj*: **papier ~** papel *m* parafinado

**parafoudre** [paʀafudʀ] *nm* pararrayos *m inv*

**parages** [paʀaʒ] *nmpl* (*Naut*) aguas *fpl*; **dans les ~ (de)** en los alrededores (de)

**paragraphe** [paʀaɡʀaf] *nm* párrafo

**paragrêle** [paʀaɡʀɛl] *adj*: **canon ~** paragranizo

**Paraguay** [paʀaɡwɛ] *nm* Paraguay *m*

**paraguayen, ne** [paʀaɡwajɛ̃, ɛn] *adj* paraguayo(-a) ▶ *nm/f*: **Paraguayen, ne** paraguayo(-a)

**paraître** [paʀɛtʀ] *vi* (*sembler*) parecer; (*apparaître*) aparecer; (*Presse, Édition*) publicarse; (*se montrer, venir*) mostrarse;

## parallèle – pardonnable

(*un certain âge*) aparentar, representar; **il paraît que** parece que; **il paraît absurde de/préférable que** parece absurdo/preferible que; **il me paraît que** me parece que; **aimer/vouloir ~** gustarle a algn/querer aparentar; **laisser ~ qch** dejar ver algo; **~ en justice** comparecer ante la justicia; **~ en scène/en public/à l'écran** aparecer en escena/en público/en la pantalla; **il ne paraît pas son âge** no representa su edad

**parallèle** [paralɛl] *adj* paralelo(-a) ▶ *nm* paralelo, curso; **faire un ~ entre** establecer un paralelo entre; **en ~** en paralelo; **mettre en ~** (*choses opposées*) confrontar; (*choses semblables*) cotejar ▶ *nf* (*ligne*) paralela

**parallèlement** [paralɛlmɑ̃] *adv* paralelamente

**parallélépipède** [paralelepipɛd] *nm* paralelepípedo

**parallélisme** [paralelism] *nm* paralelismo; (*des roues*) alineación *f*

**parallélogramme** [paralelɔgram] *nm* paralelogramo

**paralyser** [paralize] *vt* paralizar

**paralysie** [paralizi] *nf* parálisis *f inv*

**paralytique** [paralitik] *adj, nmf* paralítico(-a)

**paramédical, e, -aux** [paramedikal, o] *adj*: **personnel ~** personal *m* paramédico

**paramétrage** [parametraʒ] *nm* (*Inform*) parametrización *f*

**paramètre** [parametr] *nm* parámetro

**paramétrer** [parametre] *vt* (*Inform*) parametrizar

**paramilitaire** [paramiliter] *adj* paramilitar

**paranoïa** [paranɔja] *nf* paranoia

**paranoïaque** [paranɔjak] *adj, nmf* paranoico(-a)

**paranormal, e, -aux** [paranɔrmal, o] *adj* paranormal

**parapet** [parapɛ] *nm* parapeto

**parapharmacie** [parafarmasi] *nf* parafarmacia; **vendu en ~** de venta en parafarmacias

**paraphe** [paraf] *nm* rúbrica

**parapher** [parafe] *vt* rubricar

**paraphrase** [parafraz] *nf* paráfrasis *f inv*

**paraphraser** [parafraze] *vt* parafrasear

**paraplégie** [parapleʒi] *nf* paraplejia, paraplejía

**paraplégique** [parapleʒik] *adj, nmf* parapléjico(-a)

**parapluie** [paraplɥi] *nm* paraguas *m inv*; **~ à manche télescopique** paraguas con mango telescópico; **~ atomique/nucléaire** paraguas atómico/nuclear; **~ pliant** paraguas plegable

**parapsychique** [parapsiʃik] *adj* parapsicológico(-a)

**parapsychologie** [parapsikɔlɔʒi] *nf* parapsicología

**parapublic, -ique** [parapyblik] *adj* parapúblico(-a)

**parascolaire** [paraskɔlɛr] *adj* extraescolar

**parasitaire** [paraziter] *adj* parasitario(-a)

**parasite** [parazit] *nm* parásito ▶ *adj* parásito(-a); **parasites** *nmpl* (*Tél*) parásitos *mpl*

**parasitisme** [parazitism] *nm* parasitismo

**parasol** [parasɔl] *nm* sombrilla, quitasol *m*

**paratonnerre** [paratɔnɛr] *nm* pararrayos *m inv*

**paravent** [paravɑ̃] *nm* (*meuble*) biombo; (*fig*) tapadera

**parc** [park] *nm* parque *m*; (*pour le bétail*) aprisco; (*de stationnement*) aparcamiento; **~ à huîtres** criadero de ostras; **~ automobile** (*d'un pays*) parque automovilístico; (*d'une société*) parque móvil; **~ d'attractions** parque de atracciones; **~ éolien** parque *m* eólico; **~ national/naturel** parque nacional/natural; **~ de stationnement** aparcamiento; **~ zoologique** parque zoológico

**parcelle** [parsɛl] *nf* (*de terrain*) parcela; (*d'or, de vérité*) partícula

**parce que** [pars(ə)kə] *conj* porque

**parchemin** [parʃəmɛ̃] *nm* pergamino

**parcheminé, e** [parʃəmine] *adj* apergaminado(-a)

**parcimonie** [parsimɔni] *nf* parsimonia; **avec ~** con parsimonia

**parcimonieux, -euse** [parsimɔnjø, jøz] *adj* parsimonioso(-a)

**parcmètre** [parkmɛtr], **parcomètre** [parkɔmɛtr] *nm* parquímetro

**parcotrain** [parkɔtrɛ̃] *nm* aparcamiento (*en estación de trenes*)

**parcourir** [parkurir] *vt* recorrer; (*journal, article*) echar un vistazo a; **~ qch des yeux** *ou* **du regard** recorrer algo con la vista

**parcours** [parkur] *vb voir* **parcourir** ▶ *nm* (*trajet, itinéraire*) trayecto; (*Sport*) recorrido; **sur le ~** en el trayecto; **~ du combattant** (*Mil*) pista americana; (*fig*) odisea

**parcouru** [parkury] *pp de* **parcourir**

**par-delà** [pardəla] *prép* más allá de

**par-dessous** [pard(ə)su] *prép* por debajo de ▶ *adv* por debajo

**pardessus** [pardəsy] *nm* abrigo

**par-dessus** [pard(ə)sy] *prép* por encima de; **~ le marché** para colmo; **~ tout** por encima de todo ▶ *adv* por encima

**par-devant** [pard(ə)vɑ̃] *prép* ante; **~ notaire** ante notario ▶ *adv* por delante

**pardon** [pardɔ̃] *nm* perdón *m*; **demander ~ à qn (de ...)** pedir perdón a algn (por ...); **je vous demande ~** le pido perdón; (*contradiction*) discúlpeme ▶ *excl* ¡perdón!; (*se reprendre*) ¡disculpe!

**pardonnable** [pardɔnabl] *adj* perdonable

## pardonner – parking

**pardonner** [paʀdɔne] vt perdonar; **~ qch à qn** perdonar algo a algn; **~ à qn** perdonar a algn; **qui ne pardonne pas** (maladie, erreur) que no perdona

**paré, e** [paʀe] adj adornado(-a); (protégé) protegido(-a)

**pare-balles** [paʀbal] adj inv antibalas inv

**pare-boue** [paʀbu] (pl **~(s)**) nm guardabarro

**pare-brise** [paʀbʀiz] (pl **pare-brises**) nm parabrisas m inv

**pare-choc** nm (pl **pare-chocs**), **pare-chocs** nm inv [paʀʃɔk] parachoques m inv

**pare-étincelles** [paʀetɛ̃sɛl] nm inv parachispas m inv

**pare-feu** [paʀfø] (pl **pare-feux**) nm (aussi Inform) cortafuego, cortafuegos m inv ▶ adj inv : **portes ~** puertas fpl cortafuego inv

**pareil, le** [paʀɛj] adj igual a, (semblable) semejante; **j'en veux un ~** quiero uno igual; **un courage ~** un valor semejante; **rien de ~** nada semejante ou parecido; **en ~ cas** en un caso semejante; **~ à** igual a ▶ adv : **habillés ~** vestidos igual; **faire ~** hacer lo mismo ▶ nmf : **ne pas avoir son ~ (pour faire qch)** no haber otro(-a) igual (para hacer algo); **sans ~** sin igual ▶ nm : **c'est du ~ au même** es lo mismo ▶ nf : **rendre la pareille à qn** pagar a algn con la misma moneda

**pareillement** [paʀɛjmɑ̃] adv (semblablement, également) de la misma manera; (aussi) igualmente

**parement** [paʀmɑ̃] nm paramento; (d'un col, d'une manche) ribete m; **~ d'autel** (Rel) mantel m

**parent, e** [paʀɑ̃, ɑ̃t] adj : **être ~ de qn** ser pariente de algn ▶ nm/f pariente(-a); **parents** nmpl (père et mère) padres mpl; (famille, proches) parientes mpl; **parents adoptifs** padres adoptivos; **parents en ligne directe** parientes por línea directa; **parents par alliance** parientes políticos

**parental, e, -aux** [paʀɑ̃tal, o] adj : **autorité parentale** autoridad f de los padres

**parentalité** [paʀɑ̃talite] nf parentalidad f

**parenté** [paʀɑ̃te] nf (rapport, lien) parentesco; (personnes) parentela; (ressemblance, affinité) afinidad f; (entre caractères) similitud f; **une ~ entre** un parentesco entre

**parenthèse** [paʀɑ̃tɛz] nf paréntesis m inv; **ouvrir/fermer la ~** abrir/cerrar el paréntesis; **entre parenthèses** (aussi fig) entre paréntesis; **mettre entre parenthèses** (fig) dejar de lado

**parer** [paʀe] vt (décorer, orner) adornar; (suj : bijou, vêtement) embellecer; (Culin) aderezar; (éviter) parar; **~ à** (danger) precaverse de ou contra; (inconvénient) protegerse de; **~ à toute éventualité** estar prevenido(-a) contra cualquier eventualidad; **~ au plus pressé** atender lo más urgente; **~ le coup** (fig) parar el golpe; **se parer** vpr : **se ~ de** (qualité, titre) hacer alarde de

**pare-soleil** [paʀsɔlɛj] nm inv quitasol m

**paresse** [paʀɛs] nf pereza, holgazanería

**paresser** [paʀese] vi holgazanear

**paresseusement** [paʀesøzmɑ̃] adv perezosamente

**paresseux, -euse** [paʀesø, øz] adj perezoso(-a), flojo(-a) (Am); (démarche, attitude) indolente; (estomac) atónico(-a) ▶ nm/f perezoso(-a), flojo(-a) (Am) ▶ nm (Zool) perezoso

**parfaire** [paʀfɛʀ] vt perfeccionar

**parfait, e** [paʀfɛ, ɛt] pp de **parfaire** ▶ adj perfecto(-a) ▶ nm (Ling) pretérito perfecto; (Culin) helado ▶ excl ¡perfecto!, ¡muy bien!

**parfaitement** [paʀfɛtmɑ̃] adv perfectamente; **cela lui est ~ égal** le da completamente igual ▶ excl ¡seguro!, ¡desde luego!

**parfaites** [paʀfɛt] vb voir **parfaire**

**parfasse** [paʀfas] vb voir **parfaire**

**parferai** [paʀfʀe] vb voir **parfaire**

**parfois** [paʀfwa] adv a veces

**parfum** [paʀfœ̃] nm perfume m; (d'un tabac, d'un vin) aroma m; (d'une glace, d'un yaourt) sabor m

**parfumé, e** [paʀfyme] adj perfumado(-a); **~ au café** aromatizado(-a) con café, con sabor a café

**parfumer** [paʀfyme] vt perfumar; (crème, gâteau) aromatizar; **se parfumer** vpr perfumarse

**parfumerie** [paʀfymʀi] nf perfumería; **rayon ~** sección f de perfumería

**parfumeur, -euse** [paʀfymœʀ, øz] nm/f (fabricant) perfumista mf; (qui tient une parfumerie) perfumero(-a)

**pari** [paʀi] nm apuesta; **P~ Mutuel Urbain** apuestas mutuas en las carreras de caballos

**paria** [paʀja] nm paria m

**parier** [paʀje] vt apostar; **j'aurais parié que si/non** hubiera apostado que sí/no; **il y a fort à ~ que** hay muchas posibilidades de que

**parieur** [paʀjœʀ] nm apostante mf

**Paris** [paʀi] n París

**parisien, ne** [paʀizjɛ̃, jɛn] adj (personne, vie) parisino(-a); (Géo, Admin) parisiense ▶ nm/f : **Parisien, ne** parisiense mf, parisino(-a)

**paritaire** [paʀitɛʀ] adj : **commission ~** comité m paritario

**parité** [paʀite] nf paridad f; **~ de change** paridad monetaria

**parjure** [paʀʒyʀ] nm (faux serment) perjurio ▶ nmf (personne) perjuro(-a)

**parjurer** [paʀʒyʀe] : **se parjurer** vpr perjurar

**parka** [paʀka] nm ou f parka

**parking** [paʀkiŋ] nm aparcamiento

350 · FRANÇAIS | ESPAGNOL

## parlant – partager

**parlant, e** [paʀlɑ̃, ɑ̃t] *adj (portrait, image)* vivo(-a), elocuente; *(comparaison, preuve)* concluyente; *(Ciné)* sonoro(-a) ▶ *adv* : **généralement/humainement ~** en términos generales/a nivel humano; **techniquement ~** técnicamente hablando

**parlé, e** [paʀle] *adj* : **langue parlée** lengua hablada

**parlement** [paʀləmɑ̃] *nm* parlamento

**parlementaire** [paʀləmɑ̃tɛʀ] *adj* parlamentario(-a) ▶ *nmf (député)* parlamentario(-a); *(négociateur)* delegado(-a)

**parlementarisme** [paʀləmɑ̃taʀism] *nm* parlamentarismo

**parlementer** [paʀləmɑ̃te] *(aussi fam) vi* parlamentar

**parler** [paʀle] *nm* habla ▶ *vi* hablar; *(malfaiteur, complice)* hablar, confesar; **~ de qch/qn** hablar de algo/algn; **~ (à qn) de** hablar (a algn) de; **~ de faire qch** hablar de hacer algo; **~ pour qn** *(intercéder, plaider)* hablar en favor de algn; **~ en français** hablar en francés; **~ en dormant** hablar en sueños; **~ du nez** hablar gangoso; **~ par gestes** hablar por señas; **~ en l'air** hablar a la ligera; **sans ~ de** sin hablar de; **tu parles !** ¡ya ves!; **les faits parlent d'eux-mêmes** los hechos hablan por sí mismos; **n'en parlons plus** no se hable más ▶ *vt* hablar; **~ le français** hablar francés; **~ affaires/politique** hablar de negocios/de política; **se parler** *vpr* : **on vient de se ~ au téléphone** acabamos de hablar por teléfono; **ils ne se parlent plus** ya no se hablan

**parleur** [paʀlœʀ] *nm* : **beau ~** pico de oro

**parloir** [paʀlwaʀ] *nm* locutorio; *(d'un hôpital, d'une prison)* sala de visitas

**parlote** [paʀlɔt] *(fam) nf* parleta *(fam)*, cháchara

**parme** [paʀm(ə)] *adj* malva *inv*

**parmesan** [paʀməzɑ̃] *nm* parmesano

**parmi** [paʀmi] *prép* entre

**parodie** [paʀɔdi] *nf* parodia

**parodier** [paʀɔdje] *vt (œuvre, auteur)* parodiar; *(imiter)* remedar

**paroi** [paʀwa] *nf* pared *f*; **~ rocheuse** pared rocosa

**paroisse** [paʀwas] *nf* parroquia

**paroissial, e, -aux** [paʀwasjal, jo] *adj* parroquial

**paroissien, ne** [paʀwasjɛ̃, jɛn] *nm/f* feligrés(-esa)

**parole** [paʀɔl] *nf* palabra; **la bonne ~** la palabra de Dios; **tenir ~** cumplir con su palabra; **n'avoir qu'une ~** no tener más que una palabra; **avoir/prendre la ~** tener/ tomar la palabra; **demander/obtenir la ~** pedir/conseguir la palabra; **donner la ~ à qn** conceder la palabra a algn; **perdre la ~** *(fig)* perder la palabra; **sur ~** : **croire qn sur ~** confiar en la palabra de algn; **libéré sur ~** puesto en libertad bajo palabra; **temps de ~** tiempo asignado para hablar; **histoire sans paroles** historieta muda; **ma ~ !** *(surprise)* ¡pero bueno!, ¡por Dios!; **~ d'honneur** palabra de honor; **paroles** *nfpl (d'une chanson)* letra *fsg*

**parolier, -ière** [paʀɔlje, jɛʀ] *nm/f (Mus)* autor(a) de la letra, letrista *mf*; *(Opéra)* libretista *mf*

**paroxysme** [paʀɔksism] *nm* paroxismo

**parpaing** [paʀpɛ̃] *nm* perpiaño

**parquer** [paʀke] *vt (bestiaux, prisonniers)* encerrar; *(soldats, vivres)* meter; *(voiture)* aparcar

**parquet** [paʀkɛ] *nm (plancher)* parqué *m*; **le ~** *(Jur)* el tribunal de justicia

**parqueter** [paʀkəte] *vt* entarimar

**parrain** [paʀɛ̃] *nm* padrino

**parrainage** [paʀɛnaʒ] *nm* padrinazgo; *(patronage)* patrocinio

**parrainer** [paʀene] *vt* apadrinar; *(suj : entreprise)* patrocinar

**parricide** [paʀisid] *nm (meurtre)* parricidio ▶ *nmf (personne)* parricida *mf*

**pars** [paʀ] *vb voir* **partir**

**parsemer** [paʀsəme] *vt* cubrir; **~ qch de** sembrar algo de

**part** [paʀ] *vb voir* **partir** ▶ *nf* parte *f*; *(de gâteau, fromage)* trozo, pedazo; *(titre)* acción *f*; **prendre ~ à** *(débat)* tomar parte en; *(soucis, douleur)* compartir; **faire ~ de qch à qn** comunicar algo a algn; **pour ma ~** por mi parte; **à ~ entière** de pleno derecho; **de la ~ de** de parte de; **c'est de la ~ de qui ?** *(au téléphone)* ¿de parte de quién?; **de toute(s) ~(s)** de todas partes; **de ~ et d'autre** a *ou* en ambos lados; **de ~ en ~** de parte a parte; **d'une ~ ... d'autre ~** por una parte ... por otra; **nulle/autre/quelque ~** en ninguna/en otra/en alguna parte; **à ~** aparte; **à ~ cela** aparte de eso, excepto eso; **pour une large/ bonne ~** en una larga/buena medida; **prendre qch en bonne/mauvaise ~** tomar algo en buen/mal sentido; **faire la ~ des choses** tener en cuenta las circunstancias, sopesar los pros y los contras; **faire la ~ du feu** *(fig)* cortar por lo sano; **faire la ~ trop belle à qn** darle todo en bandeja a algn

**part.** *abr* = **particulier**

**partage** [paʀtaʒ] *nm* reparto; **en ~** : **donner/ recevoir qch en ~** dar/recibir algo en herencia; **sans ~** *(régner)* sin compartir el poder

**partagé, e** [paʀtaʒe] *adj (opinions, torts)* compartido(-a); *(amour)* correspondido(-a); **être ~ entre** estar dividido(-a) entre; **être ~ sur** estar dividido(-a) en *ou* sobre

**partager** [paʀtaʒe] *vt* repartir; **~ un gâteau en quatre/une ville en deux** dividir un

**partance – parvenir**

pastel en cuatro/una ciudad en dos; **~ qch avec qn** compartir algo con algn; **~ la joie de qn/la responsabilité d'un acte** compartir la alegría de algn/la responsabilidad de un acto; **se partager** vpr repartirse

**partance** [paʀtɑ̃s] nf: **en ~ (pour)** a punto de salir (para)

**partant, e** [paʀtɑ̃, ɑ̃t] vb voir **partir** ▶ adj: **être ~ pour qch** (d'accord pour) estar dispuesto(-a) a algo ▶ nm (Sport) competidor(a), participante mf; (Hippisme) participante

**partenaire** [paʀtənɛʀ] nmf compañero(-a); (sexuel, de danse) pareja f; (Écon, Pol) socio(-a); **partenaires sociaux** agentes mpl sociales

**parterre** [paʀtɛʀ] nm (de fleurs) parterre m, arriate m; (Théâtre) patio de butacas

**parti** [paʀti] nm (Pol) partido f; (décision) decisión f; (personne à marier): **un beau/riche ~** un buen partido; **tirer ~ de** sacar partido de; **prendre le ~ de faire qch** tomar la decisión de hacer algo; **prendre le ~ de qn** ponerse a favor de algn; **prendre ~ (pour/contre qn)** tomar partido (por/contra algn); **prendre son ~ de qch** resignarse a algo; **~ pris** prejuicio

**partial, e, -aux** [paʀsjal, jo] adj parcial

**partialement** [paʀsjalmɑ̃] adv parcialmente

**partialité** [paʀsjalite] nf parcialidad f

**participant, e** [paʀtisipɑ̃, ɑ̃t] nm/f participante mf; (à un concours) concursante mf; (d'une société) miembro, accionista mf

**participation** [paʀtisipasjɔ̃] nf participación f; **la ~ aux frais** la contribución a los gastos; **la ~ aux bénéfices** la participación en los beneficios; **la ~ ouvrière** la participación obrera; « **avec la ~ de** » « con la participación de »

**participe** [paʀtisip] nm participio; **~ passé/présent** participio de perfecto/de presente

**participer** [paʀtisipe]: **~ à** vt participar en; (chagrin) compartir; **~ de** vt (tenir de la nature de) participar de

**particulariser** [paʀtikylaʀize] vt: **se ~** singularizarse

**particularisme** [paʀtikylaʀism] nm particularismo

**particularité** [paʀtikylaʀite] nf particularidad f

**particule** [paʀtikyl] nf partícula; **~ (nobiliaire)** partícula (que indica la nobleza en un apellido)

**particulier, -ière** [paʀtikylje, jɛʀ] adj particular; (intérêt, style) propio(-a); (entretien, conversation) privado(-a); (spécifique) propio(-a), individual; **avec un soin ~** con un cuidado especial; **avec une attention particulière** con una atención especial; **~ à** propio(-a) de; **en ~** (précisément) en concreto; (en privé) en privado; (surtout) especialmente ▶ nm (individu) particular m; « **~ vend ...** » (Comm) « particular vende ... »

**particulièrement** [paʀtikyljɛʀmɑ̃] adv (notamment) principalmente; (spécialement) especialmente

**partie** [paʀti] nf parte f; (profession, spécialité) rama f; (de cartes, tennis, fig) partida; **~ de campagne/de pêche** salida al campo/de pesca; **en ~** en parte; **faire ~ de qch** formar parte de algo; **prendre qn à ~** habérselas con algn; (malmener) meterse con algn; **en grande/majeure ~** en gran/la mayor parte; **ce n'est que ~ remise** es solo cosa diferida, otra vez será; **avoir ~ liée avec qn** estar aliado(-a) con algn; **la ~ adverse** (Jur, fig) la parte contraria; **~ civile** (Jur) parte civil; **~ publique** (Jur) ministerio público

> Ne confondez pas *parte* (**partie**, dans le sens de « portion »), *partido* (**parti, match**) et *partida* (**partie**, dans le sens de « temps de jeu »):
> **La première partie du spectacle.** La primera parte del espectáculo.
> **On se refait une partie ?** ¿Echamos otra partida?
> **le parti au pouvoir** el partido en el poder

**partiel, le** [paʀsjɛl] adj, nm parcial m

**partiellement** [paʀsjɛlmɑ̃] adv parcialmente

**partir** [paʀtiʀ] vi (gén) partir; (train, bus) salir; (s'éloigner) marcharse; (pétard, fusil) dispararse; (bouchon) saltar; (cris) surgir; (se détacher) desprenderse; (tache) desaparecer; (affaire, moteur) arrancar; **~ de** (lieu) salir de; (suj: personne, route) partir de; (date) comenzar en; (suj: abonnement) comenzar a partir de; (suj: proposition) nacer de, manar de; **~ pour/à** (lieu, pays) salir para/hacia; **~ de rien** comenzar de la nada; **à ~ de** a partir de

**partisan, e** [paʀtizɑ̃, an] nm/f seguidor(a), partidario(-a) ▶ adj partidario(-a); **être ~ de qch/de faire qch** ser partidario(-a) de algo/de hacer algo

**partitif, -ive** [paʀtitif, iv] adj partitivo(-a)

**partition** [paʀtisjɔ̃] nf (Mus) partitura

**partout** [paʀtu] adv por todas partes; **~ où il allait** por dondequiera que iba; **de ~** de todas partes; **trente/quarante ~** (Tennis) iguales mpl a treinta/a cuarenta, empate m a treinta/a cuarenta

**paru, e** [paʀy] pp de **paraître**

**parure** [paʀyʀ] nf adorno; (de table, sous-vêtements) juego; **~ de diamants** juego de diamantes

**parus** [paʀy] vb voir **paraître**

**parution** [paʀysjɔ̃] nf (de livre) publicación f

**parvenir** [paʀvəniʀ]: **~ à** vt llegar a, arribar a (Am); **~ à ses fins/à la fortune/à un âge avancé** alcanzar sus fines/la fortuna/una edad avanzada; **~ à faire qch** (réussir) conseguir hacer algo; **faire ~ qch à qn** hacer llegar algo a algn

## parvenu – passer

**parvenu, e** [paʀvəny] pp de **parvenir** ▶ nm/f (péj) advenedizo(-a)
**parviendrai** etc [paʀvjɛ̃dʀe] vb voir **parvenir**
**parviens** etc [paʀvjɛ̃] vb voir **parvenir**
**parvis** [paʀvi] nm atrio
**pas¹** [pɑ] nm paso; ~ **à** ~ paso a paso; **de ce** ~ al momento; **marcher à grands** ~ andar dando zancadas; **mettre qn au** ~ meter a algn en vereda; **rouler au** ~ (Auto) ir a paso lento; **au** ~ **de gymnastique/de course** a paso ligero/a la carrera; **à** ~ **de loup** con paso sigiloso; **faire les cent** ~ ir y venir, ir de un lado para otro; **faire les premiers** ~ dar los primeros pasos; **retourner** ou **revenir sur ses** ~ volver sobre sus pasos; **se tirer d'un mauvais** ~ salir del atolladero; **sur le** ~ **de la porte** en el umbral (de la puerta); **le** ~ **de Calais** (détroit) el paso ou estrecho de Calais; ~ **de porte** (Comm) entrada

(MOT-CLÉ)

**pas²** [pɑ] adv 1 (avec ne, non): **ne ... pas** no; **je ne vais pas à l'école** no voy a la escuela; **je ne mange pas de pain** no como pan; **il ne ment pas** no miente; **ils n'ont pas de voiture/d'enfants** no tienen coche/niños; **il m'a dit de ne pas le faire** me ha dicho que no lo haga; **non pas que ...** no es que ...; **je n'en sais pas plus** no sé más; **il n'y avait pas plus de 200 personnes** no había más de 200 personas; **je ne reviendrai pas de sitôt** tardaré en volver; **ça ne me plaît pas du tout** no me gusta nada; **ils sont quatre et non pas trois** son cuatro y no tres
2 (sans ne): **pas moi** yo no; **une pomme pas mûre** una manzana que no está madura; **pas plus tard qu'hier** ayer mismo
3 (renforçant l'opposition): **elle travaille, (mais) lui pas** ou **pas lui** ella trabaja, (pero) él no; **ceci est à vous ou pas ?** ¿eso es suyo o no?
4 (dans des réponses négatives): **pas de sucre, merci !** ¡sin azúcar, gracias!; **je suis très content — moi pas** ou **pas moi** yo estoy muy contento — yo no; **pas du tout** (réponse) en absoluto; **pas encore** todavía no
5: **pas mal** adv: **ce n'est pas mal** no está mal; **ça va ? — pas mal** ¿qué tal? — bien; **pas mal de** (beaucoup de): **ils ont pas mal d'argent** no andan mal de dinero, tienen bastante dinero

**pascal, e, -aux** [paskal, o] adj pascual
**Pas-de-Calais** [padkalɛ] nm Pas-de-Calais m
**passable** [pɑsabl] adj pasable; (Scol) suficiente
**passablement** [pɑsabləmɑ̃] adv (pas trop mal) pasablemente; (beaucoup) un tanto
**passade** [pɑsad] nf aventura
**passage** [pɑsaʒ] nm paso; (traversée) travesía; (extrait) pasaje m; **sur le** ~ **du cortège** en el recorrido del cortejo; **« laissez/n'obstruez pas le** ~ **»** «dejen/no impidan el paso»; **de** ~ (touristes) de paso; (amants) de paso, de un día; **au** ~ (en passant) al paso, de paso; ~ **à niveau** paso a nivel; ~ **à tabac** paliza; ~ **à vide** (fig) mal momento; ~ **clouté** paso de peatones; ~ **interdit** prohibido el paso; ~ **protégé/souterrain** paso protegido/subterráneo
**passager, -ère** [pɑsaʒe, ɛʀ] adj pasajero(-a); (rue) concurrido(-a); ~ **clandestin(e)** polizón mf ▶ nm/f pasajero(-a)
**passagèrement** [pɑsaʒɛʀmɑ̃] adv pasajeramente
**passant, e** [pɑsɑ̃, ɑ̃t] adj transitado(-a); **bande passante** (Inform, Phys) ancho de banda ▶ nm/f transeúnte mf ▶ nm (d'une ceinture, courroie) trabilla; voir aussi **passer**
**passation** [pɑsɑsjɔ̃] nf (d'un acte) otorgamiento, escritura; ~ **des pouvoirs** traspaso de poderes
**passe** [pɑs] nf pase m; (chenal) pase, pasaje m; **être en** ~ **de faire** estar a punto de hacer; **être dans une bonne/mauvaise** ~ (fig) tener buena/mala racha; ~ **d'armes** (fig) intercambio de réplicas ▶ nm (passe-partout) llave f maestra; (de cambrioleur) ganzúa
**passé, e** [pɑse] adj pasado(-a); (couleur, tapisserie) pasado(-a), descolorido(-a); **dimanche** ~ el domingo pasado; **les vacances passées** las vacaciones pasadas; **il est midi** ~ ya es pasado mediodía ou mediodía pasado; ~ **de mode** pasado(-a) de moda ▶ prép: ~ **10 heures/sept ans/ce poids** después de las 10/de siete años/a partir de ese peso ▶ nm pasado; (Ling) pretérito; **par le** ~ hace tiempo, en otro tiempo; ~ **simple** pretérito indefinido, pretérito perfecto simple; ~ **composé** pretérito perfecto
**passe-droit** [pɑsdʀwa] (pl **passe-droits**) nm enchufe m
**passéiste** [pɑseist] adj chapado(-a) a la antigua
**passementerie** [pɑsmɑ̃tʀi] nf pasamanería
**passe-montagne** [pɑsmɔ̃taɲ] (pl **passe-montagnes**) nm pasamontañas m inv
**passe-partout** [pɑspaʀtu] nm inv llave f maestra ▶ adj inv: **tenue/phrase** ~ vestimenta/frase f válida para todo momento
**passe-passe** [pɑspɑs] nm inv: **tour de** ~ (de prestidigitateur) juego de manos; (fig) trampa
**passe-plat** [pɑspla] (pl **passe-plats**) nm ventanilla (para servir)
**passeport** [pɑspɔʀ] nm pasaporte m
**passer** [pɑse] vi pasar; (air) correr; (liquide, café) filtrarse, colarse; (couleur, papier) decolorarse; ~ **par** pasar por; ~ **chez qn** (ami etc) pasar por la casa de algn; ~ **sur** (fig) pasar por alto; ~ **dans les mœurs/la langue** pasar a las costumbres/a la lengua; ~ **avant qch/qn** (être plus important que) estar antes de algo/

## passereau – pâte

de algn; **~ devant/derrière qn/qch** pasar delante/detrás de algn/algo; **~ devant** (*accusé*) comparecer ante; (*projet de loi*) ser presentado(-a) a; **laisser ~** dejar pasar; **~ dans la classe supérieure** pasar al curso superior; **~ à la radio/télévision** salir en la radio/televisión; **~ à l'action** pasar a la acción; **~ aux aveux** decidirse a confesar; **~ inaperçu** pasar desapercibido; **~ outre (à qch)** hacer caso omiso (de algo); **~ pour riche/un imbécile/avoir fait qch** pasar por rico/un imbécil/haber hecho algo; **~ à table** sentarse a la mesa; **~ au salon/à côté** pasar al salón/a la habitación del lado; **~ à l'étranger/à l'opposition/à l'ennemi** pasarse al extranjero/a la oposición/al enemigo; **ne faire que ~** pasar solamente; **passe encore de** todavía pase que; **en passant** : **dire/remarquer qch en passant** decir/señalar algo de pasada; **venir voir qn/faire en passant** venir a ver a algn/hacer de paso; **faire ~ à qn le goût/l'envie de qch** quitarle a algn el gusto/las ganas de algo; **faire ~ qch/qn pour** hacer pasar algo/a algn por; (faire) **~ qch dans/par** meter algo en/por; **passons** pasemos de eso; **ce film passe au cinéma/à la télé** ponen esa película en el cine/en la tele ▶ *vt* pasar; (*obstacle*) pasar, superar; (*doubler*) adelantar, pasar; (*frontière, rivière*) cruzar; (*examen*) hacer; (*réplique, plaisanterie*) dejar pasar; (*film, émission, disque*) poner; (*vêtement*) ponerse; (*café*) filtrar; **~ qch (à qn)** (*faute, bêtise*) pasar por alto algo (a algn), aguantar algo (a algn); **~ qch à qn** (*grippe*) pasar algo a algn; **~ directeur/président** ascender a director/a presidente; **~ la** *ou* **en seconde/troisième** (*Auto*) meter *ou* poner (la) segunda/tercera; **~ une radio/la visite médicale** hacerse una radiografía/un reconocimiento; **~ son chemin** pasar de largo; **je passe mon tour** paso; **~ qch en fraude** pasar algo de contrabando; **~ la tête/la main par la portière** sacar la cabeza/la mano por la ventanilla; **~ l'aspirateur** pasar la aspiradora; **je vous passe M. X** (*au téléphone*) le pongo *ou* comunico (*Am*) con el Sr. X; (*je lui passe l'appareil*) le paso a *ou* con el Sr. X; **~ la parole à qn** cederle la palabra a algn; **~ qn par les armes** pasar a algn por las armas; **~ commande** hacer un pedido; **~ un marché/accord** concertar un negocio/acuerdo; **se passer** *vpr* (*scène, action*) transcurrir; (*s'écouler*) pasar; (*arriver*) : **que s'est-il passé ?** ¿qué ha pasado?; **se ~ les mains sous l'eau** lavarse las manos; **se ~ de l'eau sur le visage** echarse agua por la cara; **cela se passe de commentaires** habla por sí solo; **se ~ de qch** (*s'en priver*) pasarse sin algo

**passereau, x** [pɑsʀo] *nm* pájaro

**passerelle** [pɑsʀɛl] *nf* pasarela; **~ (de commandement)** puente *m* (de mando)

**passe-temps** [pɑstɑ̃] *nm inv* pasatiempo

**passette** [pɑsɛt] *nf* colador *m*

**passeur, -euse** [pɑsœʀ, øz] *nm/f* (*fig*) pasador(a)

**passible** [pasibl] *adj* : **~ de** merecedor(a) de

**passif, -ive** [pasif, iv] *adj* pasivo(-a) ▶ *nm* (*Ling*) pasiva; (*Comm*) pasivo

**passion** [pɑsjɔ̃] *nf* pasión *f*; **avoir la ~ de** tener pasión por; **la ~ du jeu/de l'argent** la pasión por el juego/por el dinero; **fruit de la ~** fruta de la pasión

**passionnant, e** [pɑsjɔnɑ̃, ɑ̃t] *adj* apasionante

**passionné, e** [pɑsjɔne] *adj* apasionado(-a); **être ~** ser un(a) apasionado(-a) de ▶ *nm/f* : **~ de** entusiasta *mf ou* apasionado(-a) de

**passionnel, le** [pɑsjɔnɛl] *adj* pasional

**passionnément** [pɑsjɔnemɑ̃] *adv* apasionadamente

**passionner** [pɑsjɔne] *vt* apasionar; **se passionner** *vpr* : **se ~ pour qch** apasionarse por algo

**passivement** [pasivmɑ̃] *adv* pasivamente

**passivité** [pasivite] *nf* pasividad *f*

**passoire** [pɑswaʀ] *nf* colador *m*; (*à légumes*) pasapurés *m inv*

**pastel** [pastɛl] *nm* pintura al pastel ▶ *adj inv* pastel

**pastèque** [pastɛk] *nf* sandía

**pasteur** [pastœʀ] *nm* pastor *m*

**pasteurisation** [pastœʀizasjɔ̃] *nf* pasteurización *f*

**pasteurisé, e** [pastœʀize] *adj* pasteurizado(-a)

**pasteuriser** [pastœʀize] *vt* pasteurizar

**pastiche** [pastiʃ] *nm* pastiche *m*, imitación *f*

**pasticher** [pastiʃe] *vt* imitar

**pastille** [pastij] *nf* pastilla; **pastilles pour la toux** pastillas de la tos

**pastis** [pastis] *nm* anís *msg*

**pastoral, e, -aux** [pastɔʀal, o] *adj* pastoril

**patagon, ne** [patagɔ̃, ɔn] *adj* patagón(-ona) ▶ *nm/f* : **Patagon, e** patagón(-ona)

**Patagonie** [patagɔni] *nf* Patagonia

**patate** [patat] *nf* patata, papa (*Am*); **~ douce** batata, camote *m* (*Am*)

**pataud, e** [pato, od] *adj* palurdo(-a)

**patauger** [patoʒe] *vi* (*pour s'amuser*) chapotear; (*avec effort*) atascarse; **~ dans** (*en marchant*) tropezar en; (*exposé, explications*) encasquillarse en, atascarse en

**patch** [patʃ] *nm* parche *m*

**patchouli** [patʃuli] *nm* pachulí *m*

**patchwork** [patʃwœʀk] *nm* (*Couture*) patchwork *m*

**pâte** [pɑt] *nf* pasta; (*à base de farine*) masa; (*à frire*) albardilla; **fromage à ~ dure/molle** queso seco/cremoso; **~ à choux** crema de petisús; **~ à modeler** plastilina; **~ à papier**

## pâté – pause-repas

pasta de papel; **~ brisée** pasta quebrada; **~ d'amandes** pasta de almendra; **~ de fruits** fruta escarchada; **~ feuilletée** masa de hojaldre; **pâtes** nfpl (macaroni etc) pasta fsg
**pâté** [pate] nm (Culin) paté m; (tache d'encre) borrón m; **~ de foie** paté de hígado; **~ de maisons** manzana (de casas); **~ de sable** flan m de arena; **~ en croûte** paté empanado
**pâtée** [pate] nf cebo
**patelin** [patlɛ̃] (fam) nm pueblecito
**patente** [patɑ̃t] nf patente f
**patenté, e** [patɑ̃te] adj (Comm) patentado(-a); (attitré) profesional
**patère** [patɛʀ] nf percha
**paternalisme** [patɛʀnalism] nm paternalismo
**paternaliste** [patɛʀnalist] adj paternalista
**paternel, le** [patɛʀnɛl] adj paterno(-a)
**paternité** [patɛʀnite] nf paternidad f; **revendiquer la ~ de qch** reivindicar la paternidad de algo
**pâteux, -euse** [patø, øz] adj pastoso(-a); **avoir la bouche/langue pâteuse** tener la boca/lengua pastosa
**pathétique** [patetik] adj patético(-a)
**pathologie** [patɔlɔʒi] nf patología
**pathologique** [patɔlɔʒik] adj patológico(-a)
**patibulaire** [patibylɛʀ] adj patibulario(-a)
**patiemment** [pasjamɑ̃] adv pacientemente
**patience** [pasjɑ̃s] nf paciencia; (Cartes) solitario; **être à bout de ~** estar a punto de perder la paciencia; **perdre ~** perder la paciencia; **prendre ~** tomárselo con calma
**patient, e** [pasjɑ̃, jɑ̃t] adj, nm/f paciente mf
**patienter** [pasjɑ̃te] vi esperar
**patin** [patɛ̃] nm patín m; **~ (de frein)** (Tech) zapata; **patins (à glace)** patines mpl (de cuchilla); **patins à roulettes** patines de ruedas
**patinage** [patinaʒ] nm patinaje m; **~ artistique/de vitesse** patinaje artístico/de velocidad
**patine** [patin] nf pátina
**patiner** [patine] vi patinar; **se patiner** vpr cubrirse de pátina
**patineur, -euse** [patinœʀ, øz] nm/f patinador(a)
**patinoire** [patinwaʀ] nf pista de patinaje
**patio** [pasjo] nm patio
**pâtir** [patiʀ]: **~ de** vt padecer de
**pâtisserie** [patisʀi] nf pastelería; (à la maison) repostería; **pâtisseries** nfpl (gâteaux) pasteles mpl
**pâtissier, -ière** [patisje, jɛʀ] nm/f pastelero(a)
**pâtisson** [patisɔ̃] nm calabaza
**patois** [patwa] nm dialecto
**patraque** [patʀak] (fam) adj pachucho(-a) (fam)
**patriarche** [patʀijaʀʃ] nm patriarca m

**patrie** [patʀi] nf patria
**patrimoine** [patʀimwan] nm patrimonio; **~ génétique** herencia genética
**patriote** [patʀijɔt] adj, nmf patriota mf
**patriotique** [patʀijɔtik] adj patriótico(-a)
**patriotisme** [patʀijɔtism] nm patriotismo
**patron, ne** [patʀɔ̃, ɔn] nm/f (chef) jefe(-a, patrón(-ona); (propriétaire) dueño(-a); (Méd) médico(-a) jefe; (Rel) patrono(-a); **patrons et employés** patrones mpl y empleados; **~ de thèse** director(a) de tesis ▶ nm (Couture) patrón m
**patronage** [patʀɔnaʒ] nm patrocinio, tutela; (organisation, club) patronato; **sous le ~ de** bajo el patrocinio de
**patronal, e, -aux** [patʀɔnal, o] adj patronal
**patronat** [patʀɔna] nm empresariado
**patronner** [patʀɔne] vt (personne, entreprise) patrocinar; (candidature) apoyar
**patronnesse** [patʀɔnɛs] adj f: **dame ~** patrocinadora
**patronyme** [patʀɔnim] nm patronímico
**patronymique** [patʀɔnimik] adj: **nom ~** nombre m patronímico
**patrouille** [patʀuj] nf patrulla; **~ de chasse** (Aviat) escuadrilla de caza; **~ de reconnaissance** patrulla de reconocimiento
**patrouiller** [patʀuje] vi patrullar
**patrouilleur** [patʀujœʀ] nm patrullero
**patte** [pat] nf (d'animal) pata; (fam: de personne: jambe) pata; (: main) mano f; (languette de cuir, d'étoffe) lengüeta; (de poche) solapa; **pattes** (favoris) patillas fpl; **à pattes d'éléphant** (pantalon) de pata de elefante; **(se mettre) à quatre pattes** (ponerse) a cuatro patas; **en avoir plein les pattes** (fam) estar reventado(-a) (fam); **pattes de mouche** (fig) letra fsg de pulga; **pattes d'oie** (rides) patas fpl de gallo
**pattemouille** [patmuj] nf sabanilla de planchar
**pâturage** [patyʀaʒ] nm pasto
**pâture** [patyʀ] nf (aliment) pasto; (fig) alimento, comidilla
**paume** [pom] nf palma (de la mano)
**paumé, e** [pome] (fam) adj perdido(-a)
**paumer** [pome] vt (fam) perder; **se paumer** vpr perderse
**paupérisation** [popeʀizasjɔ̃] nf pauperización f
**paupérisme** [popeʀism] nm pauperismo
**paupière** [popjɛʀ] nf párpado
**paupiette** [popjɛt] nf: **paupiettes de veau** pulpetas fpl de ternera
**pause** [poz] nf (arrêt, halte) parada; (en parlant) pausa; (Mus) silencio
**pause-café** [pozkafe] (pl **pauses-café**) nf descanso para el café
**pause-repas** [pozʀəpa] (pl **pauses-repas**) nf descanso para comer

## pauvre – pécule

**pauvre** [povʀ] *adj* pobre; ~ **en calcium** pobre en calcio ▶ *nmf* pobre *mf*; **pauvres** *nmpl* : **les pauvres** los pobres

**pauvrement** [povʀəmã] *adv* pobremente

**pauvreté** [povʀəte] *nf* pobreza

**pavage** [pavaʒ] *nm* pavimentado; *(revêtement)* pavimento

**pavaner** [pavane] : **se pavaner** *vpr* pavonearse

**pavé, e** [pave] *adj* pavimentado(-a) ▶ *nm (bloc de pierre)* adoquín *m*; *(pavage, pavement)* pavimento; *(de viande)* trozo grueso; *(fam : article, livre)* tocho; **être sur le** ~ estar en la calle; **battre le** ~ callejear; ~ **numérique** *(Inform)* teclado numérico; ~ **publicitaire** panel *m* publicitario

**paver** [pave] *vt* pavimentar

**pavillon** [pavijõ] *nm* pabellón *m*; *(maisonnette, villa)* casa, chalet *m*; ~ **de complaisance** pabellón de conveniencia

**pavoiser** [pavwaze] *vt (édifice)* engalanar; *(navire)* empavesar ▶ *vi* poner colgaduras; *(fam : fig)* echar las campanas al vuelo

**pavot** [pavo] *nm* amapola; *(pavot somnifère)* adormidera

**payable** [pɛjabl] *adj* pagadero(-a)

**payant, e** [pɛjã, ãt] *adj (hôte, spectateur)* que paga; *(entreprise, coup)* rentable; **c'est** ~ hay que pagar; ~ **c'est un spectacle** ~ es un espectáculo en el que hay que pagar

**paye** [pɛj] *nf* paga; **ça fait une** ~ **(qu'on ne s'est pas vus)** *(fam)* hace un siglo (que no nos hemos visto)

**payement** [pɛjmã] *nm* pago

**payer** [peje] *vt* pagar; **il me l'a fait ~ 10 €** me ha cobrado 10 euros; ~ **qn de** *(ses efforts, peines)* recompensar a algn por; ~ **qch à qn** pagar algo a algn; **ils nous ont payé le voyage** nos han pagado el viaje; ~ **par chèque/en espèces** pagar con cheque/en metálico; ~ **cher qch** pagar caro algo; **il l'a payé cher** le ha costado caro; ~ **d'audace** dar prueba de audacia ▶ *vi (métier)* dar dinero; *(effort, tactique)* dar fruto; ~ **de sa personne** darse por entero; **cela ne paie pas de mine** eso tiene mal aspecto, eso no tiene buena cara; **se payer** *vpr* : **se ~ qch** comprarse algo; **se ~ de mots** contentarse con palabras; **se ~ la tête de qn** burlarse de algn, tomar el pelo a algn; *(duper)* tomar el pelo a algn

**payeur, -euse** [pɛjœʀ, øz] *adj*, *nm/f* pagador(a)

**pays** [pei] *nm* país *msg*; *(région)* región *f*; *(village)* pueblo; **du** ~ del país; **le ~ de Galles** el país de Gales

**paysage** [peizaʒ] *nm* paisaje *m*

**paysager, -ère** [peizaʒe, ɛʀ] *adj (jardin, parc)* paisajístico(-a)

**paysagiste** [peizaʒist] *nmf (peintre)* paisajista *mf*; *(jardinier, architecte)* diseñador(a) de jardines

**paysan, ne** [peizã, an] *nm/f* campesino(-a); *(aussi péj)* pueblerino(-a), paleto(-a) ▶ *adj* rústico(-a)

**paysannat** [peizana] *nm* gente *f* del campo

**Pays-Bas** [peiba] *nmpl* : **les** ~ los Países Bajos

**PC** [pese] *sigle m (= Parti communiste)* partido comunista; *(= personal computer)* OP *(= ordenador personal)*

**pcc** *abr (= pour copie conforme)* para compulsar

**PCV** [peseve] *abr (= percevoir)* : **en** ~ a cobro revertido

**PDG** [pedeʒe] *sigle mf (= président-directeur général)* presidente(-a) y director(a) general

**p.ê., p.-ê.** *abr* = **peut-être**

**PEA** [peəa] *sigle m (= plan d'épargne en actions)* en Francia, plan de ahorro que invierte el dinero en títulos de renta variable

**péage** [peaʒ] *nm* peaje *m*; *(endroit)* paso de peaje; **autoroute/pont à** ~ carretera/puente *m* de peaje

**peau, x** [po] *nf* piel *f*; *(de la peinture)* película; *(du lait)* nata; **une** ~ *(morceau de peau)* un pellejo; **gants de** ~ guantes *mpl* de piel; **être bien/mal dans sa** ~ encontrarse/no encontrarse bien consigo mismo; **se mettre dans la ~ de qn** ponerse en el pellejo de algn; **faire ~ neuve** reinventarse; ~ **de chamois** gamuza; ~ **d'orange** *(aussi fig)* piel de naranja

**peaufiner** [pofine] *vt* pulir

**Peau-Rouge** [poʀuʒ] *(pl* **Peaux-Rouges***) nmf* piel *mf* roja

**peccadille** [pekadij] *nf* pecadillo

**péché** [peʃe] *nm* pecado; **le ~ originel** el pecado original; ~ **mignon** punto flaco, debilidad *f*

**pêche** [pɛʃ] *nf (activité)* pesca; *(endroit)* coto de pesca; *(fruit)* melocotón *m*, durazno *(Am)*; **aller à la** ~ ir de pesca; **avoir la** ~ *(fam)* estar en buena forma; ~ **à la ligne** pesca con caña; ~ **sous-marine** pesca submarina

**pêche-abricot** [pɛʃabʀiko] *(pl* **pêches-abricots***) nf* melocotón *m* romano

**pécher** [peʃe] *vi* pecar; ~ **contre la bienséance/les bonnes mœurs** pecar contra la decencia/las buenas costumbres; ~ **par excès de** *(confiance, optimisme, précaution)* pecar de exceso de; ~ **par manque de** *(expérience, réalisme, réactivité)* pecar de falta de

**pêcher** [peʃe] *nm* melocotonero ▶ *vi* ir de pesca; ~ **au chalut** pescar con red ▶ *vt* pescar; *(chercher)* sacar

**pécheur, -eresse** [peʃœʀ, -ʀɛs] *nm/f* pecador(a)

**pêcheur, -euse** [pɛʃœʀ, øz] *nm/f* pescador(a); ~ **de perles** pescador(a) de perlas

**pectine** [pɛktin] *nf (Culin)* pectina *f*

**pectoral, e, -aux** [pɛktɔʀal, o] *adj* pectoral; **pectoraux** *nmpl (Anat)* pectorales *mpl*

**pécule** [pekyl] *nm (économies)* peculio; *(d'un détenu, militaire)* sueldo

## pécuniaire – pelotonner

**pécuniaire** [pekynjɛʀ] *adj* pecuniario(-a)
**pécuniairement** [pekynjɛʀmɑ̃] *adv* pecuniariamente
**pédagogie** [pedagɔʒi] *nf* pedagogía
**pédagogique** [pedagɔʒik] *adj* pedagógico(-a); **formation ~** formación *f* pedagógica
**pédagogue** [pedagɔg] *nmf* pedagogo(-a)
**pédale** [pedal] *nf* pedal *m*; **mettre la ~ douce** (*fam*) bajar el ritmo
**pédaler** [pedale] *vi* pedalear
**pédalier** [pedalje] *nm* plato
**pédalo** [pedalo] *nm* barca a pedal
**pédant, e** [pedɑ̃, ɑ̃t] (*péj*) *adj, nm/f* pedante *mf*
**pédantisme** [pedɑ̃tism] *nm* pedantería
**pédéraste** [pedeʀast] *nm* pederasta *m*
**pédérastie** [pedeʀasti] *nf* pederastia
**pédestre** [pedɛstʀ] *adj* : **randonnée ~** excursión *f* a pie; **tourisme ~** turismo pedestre
**pédiatre** [pedjatʀ] *nmf* pediatra *mf*
**pédiatrie** [pedjatʀi] *nf* pediatría
**pédicure** [pedikyʀ] *nmf* pedicuro(-a)
**pedigree** [pedigʀe] *nm* pedigrí *m*
**peeling** [piliŋ] *nm* exfoliación *f*
**pègre** [pɛgʀ] *nf* hampa
**peignais** *etc* [pɛɲɛ] *vb voir* **peindre**
**peigne** [pɛɲ] *vb voir* **peindre**; **peigner** ▶ *nm* peine *m*
**peigné, e** [pɛɲe] *adj* cardado(-a); **laine peignée** lana cardada
**peignée** [pɛɲe] (*fam*) *nf* (*coups*) paliza, tunda (*fam*); **flanquer une ~ à qn** dar una paliza a algn; **se faire mettre une ~** recibir una paliza
**peigner** [pɛɲe] *vt* peinar; (*laine*) cardar; **se peigner** *vpr* peinarse
**peignez** *etc* [pɛɲe] *vb voir* **peindre**
**peignis** *etc* [pɛɲi] *vb voir* **peindre**
**peignoir** [pɛɲwaʀ] *nm* (*chez le coiffeur*) peinador *m*; (*de bain, de sportif*) albornoz *m*; (*déshabillé*) salto de cama; **~ de bain** *ou* **de plage** albornoz
**peignons** [pɛɲɔ̃] *vb voir* **peindre**
**peinard, e** [penaʀ, aʀd] (*fam*) *adj* (*personne*) pancho(-a), tranquilo(-a); (*emploi, vie*) regalado(-a); **on est ~ ici** aquí se está la mar de tranquilo
**peindre** [pɛ̃dʀ] *vt* pintar
**peine** [pɛn] *nf* pena; (*effort, difficulté*) trabajo; (*Jur*) condena; **faire de la ~ à qn** dar pena a algn; **prendre la ~ de faire** tomarse la molestia de hacer; **se donner de la ~** esforzarse; **ce n'est pas la ~ de faire/que vous fassiez** no vale la pena hacer/que haga; **avoir de la ~ à faire** costarle trabajo a algn hacer; **donnez-vous/veuillez vous donner la ~ d'entrer** sírvase usted entrar; **pour la ~** en compensación; **c'est ~ perdue** es perder el tiempo; **à ~** apenas, recién (*Am*); **à ~ était-elle sortie qu'il se mit à pleuvoir** apenas salió se puso a llover; **c'est à ~ si ...** apenas si ...; **sous ~ d'être puni** so pena de ser castigado; **défense d'afficher sous ~ d'amende** prohibido fijar carteles bajo multa; **~ capitale** *ou* **de mort** pena capital *ou* de muerte
**peiner** [pene] *vi* cansarse ▶ *vt* apenar
**peint, e** [pɛ̃, pɛ̃t] *pp de* **peindre**
**peintre** [pɛ̃tʀ] *nmf* pintor(a); **~ en bâtiment** pintor(a) de brocha gorda
**peinture** [pɛ̃tyʀ] *nf* pintura; **ne pas pouvoir voir qn en ~** (*fam*) no poder ver a algn ni en pintura (*fam*); « **~ fraîche** » « recién pintado »; **~ brillante/mate** pintura brillante/mate; **~ laquée** laca
**peinturluré, e** [pɛ̃tyʀlyʀe] *adj* pintarrajeado(-a)
**péjoratif, -ive** [peʒɔʀatif, iv] *adj* peyorativo(-a), despectivo(-a)
**Pékin** [pekɛ̃] *n* Pekín
**pékinois, e** [pekinwa, waz] *adj* pekinés(-esa) ▶ *nm* (*chien, Ling*) pekinés *msg* ▶ *nm/f* : **Pékinois, e** pekinés(-esa)
**PEL** [peəɛl] *sigle m* (= *Plan d'épargne logement*) plan *m* de ahorro vivienda
**pelade** [pəlad] *nf* (*Méd*) alopecia
**pelage** [pəlaʒ] *nm* pelaje *m*
**pelé, e** [pəle] *adj* (*chien*) esquilado(-a); (*terrain*) segado(-a) ▶ *nm/f* : **trois pelés et un tondu** cuatro gatos
**pêle-mêle** [pɛlmɛl] *adv* en desorden
**peler** [pəle] *vt* pelar ▶ *vi* pelarse; (*fam : avoir froid*) pelarse de frío, congelarse
**pèlerin** [pɛlʀɛ̃] *nm* peregrino
**pèlerinage** [pɛlʀinaʒ] *nm* peregrinación *f*; (*lieu*) centro de peregrinación
**pèlerine** [pɛlʀin] *nf* capa
**pélican** [pelikɑ̃] *nm* pelícano
**pelisse** [pəlis] *nf* pelliza
**pelle** [pɛl] *nf* pala; **~ à gâteau** *ou* **à tarte** paleta; **~ mécanique** excavadora
**pelletée** [pɛlte] *nf* pala
**pelleter** [pɛlte] *vt* palear
**pelleteuse** [pɛltøz] *nf* excavadora
**pelletier** [pɛltje] *nm* peletero(-a)
**pellicule** [pelikyl] *nf* (*couche fine*) película; (*Photo*) rollo, carrete *m*; (*Ciné*) cinta; **pellicules** *nfpl* (*Méd*) caspa *fsg*
**Péloponnèse** [pelɔpɔnɛz] *nm* Peloponeso
**pelote** [p(ə)lɔt] *nf* (*de fil, laine*) ovillo; (*d'épingles, d'aiguilles*) acerico; (*balle, jeu*) : **~ (basque)** pelota (vasca)
**peloter** [p(ə)lɔte] (*fam*) *vt* achuchar (*fam*); **se peloter** *vpr* darse *ou* pegarse el lote (*fam*), achucharse (*fam*)
**peloton** [p(ə)lɔtɔ̃] *nm* pelotón *m*; **~ d'exécution** pelotón de ejecución
**pelotonner** [p(ə)lɔtɔne] : **se pelotonner** *vpr* acurrucarse

## pelouse – penser

**pelouse** [p(ə)luz] nf césped m; (Courses) pista
**peluche** [p(ə)lyʃ] nf (flocon de poussière, poil) pelusa; **animal en ~** muñeco de peluche
**pelucher** [p(ə)lyʃe] vi : **ce pull peluche** a este jersey le están saliendo pelotas
**pelucheux, -euse** [p(ə)lyʃø, øz] adj : **une étoffe pelucheuse** una tela a la que le salen pelotas
**pelure** [p(ə)lyʀ] nf piel f; **~ d'oignon** capa; (couleur) violáceo
**pénal, e, -aux** [penal, o] adj penal
**pénalement** [penalmã] adv penalmente
**pénalisation** [penalizasjõ] nf (Sport) sanción f
**pénaliser** [penalize] vt penalizar
**pénaliste** [penalist] nmf penalista mf
**pénalité** [penalite] nf penalidad f; (Sport) sanción f
**penalty** [penalti] (pl **penalties**) nm (Sport) penalty m
**pénard, e** [penaʀ, aʀd] adj voir **peinard**
**pénates** [penat] nmpl (demeure) : **regagner ses ~** volver a casa
**penaud, e** [pəno, od] adj corrido(-a)
**penchant** [pãʃã] nm inclinación f; **avoir un ~ pour qch** tener una inclinación hacia algo
**penché, e** [pãʃe] adj (écriture) inclinado(-a)
**pencher** [pãʃe] vi inclinarse; **~ pour** (fig) inclinarse por ▶ vt inclinar; **se pencher** vpr inclinarse; (se baisser) agacharse; **se ~ sur** inclinarse sobre; (fig) examinar; **se ~ au dehors** asomarse
**pendable** [pãdabl] adj : **c'est un cas ~ !** ¡merece que se le castigue!; **tour ~** mala pasada
**pendaison** [pãdɛzõ] nf ahorcamiento
**pendant, e** [pãdã, ãt] adj (jambes, langue etc) colgante; (Admin, Jur) pendiente ▶ nm : **être le ~ de** ser el compañero de; (fig) ser equiparable con; **faire ~ à** hacer pareja con; **pendants d'oreilles** pendientes mpl ▶ prép durante; **~ que** mientras
**pendeloque** [pãd(ə)lɔk] nf colgante m; (ornement de lustre) cristal m
**pendentif** [pãdãtif] nm colgante m
**penderie** [pãdʀi] nf ropero
**pendiller** [pãdije] vi colgar
**pendre** [pãdʀ] vt colgar; (personne) ahorcar; **~ qch à** colgar algo de ▶ vi colgar; **~ à** colgar de; **se pendre** vpr (se suicider) ahorcarse; **se ~ à** colgarse de
**pendu, e** [pãdy] pp de **pendre** ▶ nm/f ahorcado(-a)
**pendulaire** [pãdylɛʀ] adj pendular
**pendule** [pãdyl] nf (horloge) reloj m péndulo; **remettre les pendules à l'heure** (fig) poner las cosas en su sitio ▶ nm péndulo
**pendulette** [pãdylɛt] nf relojito
**pêne** [pɛn] nm pestillo
**pénétrant, e** [penetʀã, ãt] adj penetrante; (esprit, personne) agudo(-a)
**pénétrante** [penetʀãt] nf autopista que llega hasta el centro de una ciudad
**pénétration** [penetʀasjõ] nf penetración f; (perspicacité) agudeza; (Mil) : **force de ~** fuerza de penetración
**pénétré, e** [penetʀe] adj (air, ton) importante; **être ~ de** (sentiment, conviction) estar lleno(-a) de; **être ~ de soi-même/son importance** estar convencido(-a) de sí mismo/su importancia
**pénétrer** [penetʀe] vi penetrar; **~ dans/à l'intérieur de** penetrar en/en el interior de; (suj : air, eau) entrar en ▶ vt entrar; (suj : projectile, mystère, secret) penetrar; **se pénétrer** vpr : **se ~ de qch** llenarse de algo
**pénible** [penibl] adj penoso(-a); **il m'est ~ de ...** me resulta penoso ...
**péniblement** [peniblǝmã] adv penosamente; (tout juste) a duras penas
**péniche** [peniʃ] nf chalana; (Mil) : **~ de débarquement** lanchón m de desembarco
**pénicilline** [penisilin] nf penicilina
**péninsulaire** [penɛ̃sylɛʀ] adj peninsular
**péninsule** [penɛ̃syl] nf península
**pénis** [penis] nm pene m
**pénitence** [penitãs] nf penitencia; **être/mettre en ~** (enfant) estar castigado(-a)/castigar; **faire ~** hacer penitencia
**pénitencier** [penitãsje] nm (prison) penitenciaría
**pénitent, e** [penitã, ãt] nm/f (Rel) penitente mf
**pénitentiaire** [penitãsjɛʀ] adj penitenciario(-a)
**pénombre** [penɔ̃bʀ] nf penumbra
**pensable** [pãsabl] adj : **ce n'est pas ~** esto es impensable ou inimaginable
**pensant, e** [pãsã, ãt] adj : **bien ~** de bien
**pense-bête** [pãsbɛt] (pl **pense-bêtes**) nm nota
**pensée** [pãse] nf (aussi Bot) pensamiento; (maxime, sentence) aforismo; (démarche) : **~ claire/obscure/organisée** ideas fpl claras/oscuras/organizadas; **en** ou **par la ~** con el pensamiento; **se représenter qch par la** ou **en ~** imaginarse algo con el pensamiento
**penser** [pãse] vi pensar; (avoir une opinion) : **je ne pense pas comme vous** no pienso como usted; **~ à** pensar en; **~ (à) faire qch** pensar (en) hacer algo; **faire ~ à** hacer pensar en, recordar; **n'y pensons plus** (pour excuser, pardonner) olvidémoslo; **sans ~ à mal** sin mala intención ▶ vt pensar; (concevoir : problème, machine) pensar, idear; **~ que** pensar que, creer que; **~ du bien/du mal de qn/qch** pensar bien/mal de algn/algo; **qu'en pensez-vous ?** ¿qué opina usted?; **je pense aussi** yo también lo creo; **je ne le pense pas** no lo creo; **j'aurais pensé que si/non** habría creído que sí/no; **je pense que**

358 · FRANÇAIS | ESPAGNOL

## penseur – perdreau

**oui/non** creo que sí/no; **vous n'y pensez pas !** ¡ni lo sueñe!
**penseur** [pɑ̃sœʀ] nm pensador(a); **libre ~** librepensador(a)
**pensif, -ive** [pɑ̃sif, iv] adj pensativo(-a)
**pension** [pɑ̃sjɔ̃] nf (allocation, prix du logement, hôtel) pensión; (école) internado; **prendre ~ chez qn/dans un hôtel** alojarse en casa de algn/en un hotel; **prendre qn en ~** coger a algn en pensión; **mettre en ~** (enfant) meter interno(-a); **~ alimentaire** (d'étudiant) pensión alimenticia; (de divorcée) pensión; **~ complète** pensión completa; **~ d'invalidité** subsidio de invalidez; **~ de famille** casa de huéspedes; **~ de guerre** pensión de mutilado; **~ de retraite** pensión de jubilación
**pensionnaire** [pɑ̃sjɔnɛʀ] nmf (d'un hôtel) huésped m; (d'école) interno(-a)
**pensionnat** [pɑ̃sjɔna] nm pensionado; (élèves) internado
**pensionné, e** [pɑ̃sjɔne] adj pensionado(-a) ▶ nm/f pensionista mf
**pensivement** [pɑ̃sivmɑ̃] adv pensativamente
**pensum** [pɛ̃sɔm] nm (Scol) tarea; (fig) castigo m
**pentagone** [pɛ̃tagɔn] nm pentágono; **le P~** (Pol) el Pentágono
**pentathlon** [pɛ̃tatlɔ̃] nm pentatlón m
**pente** [pɑ̃t] nf pendiente f; (descente) cuesta; **en ~** en pendiente, en cuesta
**Pentecôte** [pɑ̃tkot] nf: **la ~** Pentecostés msg; **lundi de ~** lunes m inv de Pentecostés
**pénurie** [penyʀi] nf penuria, escasez f; **~ de main-d'œuvre** escasez de mano de obra
**people** [pipɔl] adj ou adj inv (presse) del corazón; (événement) vip; **les magazines ~** las revistas del corazón ▶ nmf celebridad f, famoso(-a)
**PEP** [pɛp] sigle m (= plan d'épargne populaire) en Francia, plan de ahorro popular
**pépé** [pepe] (fam) nm abuelo
**pépée** [pepe] (pepe) nf (fam : femme) chati f (fam), churri f (fam)
**pépère** [pepɛʀ] (fam) adj tranquilo(-a), bonachón(-ona) ▶ nm abuelo
**pépier** [pepje] vi piar
**pépin** [pepɛ̃] nm (Bot) pepita; (fam : ennui) lío; (fam : parapluie) paraguas m inv
**pépinière** [pepinjɛʀ] nf vivero; (fig) cantera
**pépiniériste** [pepinjeʀist] nmf encargado(-a) de vivero
**pépite** [pepit] nf pepita
**péplum** [peplɔm] nm (film) péplum m
**péquenaud, e** [pɛkno, od] (fam, péj) nm/f paleto(-a), palurdo(-a)
**PER** [peɛʀ] sigle m (= plan d'épargne retraite) plan de pensiones
**perçant, e** [pɛʀsɑ̃, ɑ̃t] adj (vue, regard, yeux) perspicaz; (cri, voix) agudo(-a)

**percée** [pɛʀse] nf paso; (Comm, fig) avance m; (Sport) entrada; **tenter une ~** (Mil) intentar abrir una brecha
**perce-neige** [pɛʀsənɛʒ] (pl **~(s)**) nm ou f (Bot) narciso de las nieves
**perce-oreille** [pɛʀsɔʀɛj] (pl **perce-oreilles**) nm forfícula
**percepteur, -trice** [pɛʀsɛptœʀ, tʀis] nm/f (Admin) recaudador(a) de impuestos
**perceptible** [pɛʀsɛptibl] adj perceptible
**perception** [pɛʀsɛpsjɔ̃] nf percepción f; (d'impôts etc) recaudación f; (bureau) oficina de recaudación
**percer** [pɛʀse] vt (métal) perforar; (trou, coffre-fort) abrir; (pneu) pinchar; (abcès) reventar; (obscurité) atravesar; (mystère, énigme) penetrar; (oreilles, tympan) traspasar ▶ vi (aube, dent) salir; (artiste) abrirse camino
**perceuse** [pɛʀsøz] nf taladradora, perforadora; **~ à percussion** taladradora de percusión
**percevable** [pɛʀsəvabl] adj recaudable
**percevoir** [pɛʀsəvwaʀ] vt percibir; (taxe, impôt) recaudar
**perche** [pɛʀʃ] nf (pièce de bois, métal) vara; (Sport) pértiga; (TV, Radio, Ciné) jirafa (del micrófono); (Zool) perca; **tendre la ~ à qn** echar un cable a algn
**percher** [pɛʀʃe] vt: **~ qch sur** colocar algo sobre; **se percher** vpr (oiseau) encaramarse
**perchiste** [pɛʀʃist] nmf (Sport) saltador(a) de pértiga; (TV, Radio, Ciné) jirafista mf
**perchoir** [pɛʀʃwaʀ] nm percha; **le ~** (Pol) puesto de presidente de la Asamblea nacional francesa
**perclus, e** [pɛʀkly, yz] adj: **~ de** (rhumatismes) lleno(-a) de
**perçois** etc [pɛʀswa] vb voir **percevoir**
**percolateur** [pɛʀkɔlatœʀ] nm percolador m, máquina f de café
**perçu, e** [pɛʀsy] pp de **percevoir**
**percussion** [pɛʀkysjɔ̃] nf percusión f; **à ~** (instruments, perceuse) de percusión
**percussionniste** [pɛʀkysjɔnist] nmf percusionista mf
**percutant, e** [pɛʀkytɑ̃, ɑ̃t] adj (article, discours) contundente; **obus ~** obús msg de percusión
**percuter** [pɛʀkyte] vt percutir; (suj : véhicule) chocar ▶ vi (fam : comprendre, réagir) coscarse; **~ contre** chocar contra
**percuteur** [pɛʀkytœʀ] nm percutor m
**perdant, e** [pɛʀdɑ̃, ɑ̃t] nm/f perdedor(a) ▶ adj (numéro) no agraciado(-a)
**perdition** [pɛʀdisjɔ̃] nf (morale) perdición f; **en ~** (Naut) en peligro de naufragio; **lieu de ~** lugar m de perdición
**perdre** [pɛʀdʀ] vt perder; **il ne perd rien pour attendre** ese se va a enterar ▶ vi perder; **se perdre** vpr perderse
**perdreau, x** [pɛʀdʀo] nm perdigón m

359

## perdrix – perméable

**perdrix** [pɛʀdʀi] *nf* perdiz *f*

**perdu, e** [pɛʀdy] *pp de* **perdre** ▶ *adj* perdido(-a); *(malade, blessé)* : **il est ~** está desahuciado; **à vos moments perdus** en sus ratos libres

**père** [pɛʀ] *nm* padre *m*; **de ~ en fils** de padre a hijo; **~ de famille** padre de familia; **mon ~** *(Rel)* padre; **le ~ Noël** Papá *m* Noel; **pères** *nmpl* padres *mpl*

**pérégrinations** [peʀegʀinasjɔ̃] *nfpl* peregrinaciones *fpl*

**péremption** [peʀɑ̃psjɔ̃] *nf* : **date de ~** fecha de caducidad

**péremptoire** [peʀɑ̃ptwaʀ] *adj* perentorio(-a); *(ton)* tajante

**pérenne** [peʀɛn] *adj (agriculture, développement)* sostenible; *(emploi)* estable

**pérenniser** [peʀenize] *vt (rendre pérenne)* garantizar la continuidad de; **~ les services publics** garantizar la continuidad de los servicios públicos

**pérennité** [peʀenite] *nf* perennidad *f*

**péréquation** [peʀekwasjɔ̃] *nf (des salaires)* distribución *f* equitativa; *(des prix, impôts)* reparto equitativo

**perfectible** [pɛʀfɛktibl] *adj* perfectible

**perfection** [pɛʀfɛksjɔ̃] *nf* perfección *f*; **à la ~** a la perfección

**perfectionné, e** [pɛʀfɛksjɔne] *adj* perfeccionado(-a)

**perfectionnement** [pɛʀfɛksjɔnmɑ̃] *nm* perfeccionamiento

**perfectionner** [pɛʀfɛksjɔne] *vt* perfeccionar; **se perfectionner** *vpr (dans un sport, une matière)* mejorar; **je me suis perfectionné en anglais** he perfeccionado mi inglés

**perfectionniste** [pɛʀfɛksjɔnist] *nmf* perfeccionista *mf*

**perfide** [pɛʀfid] *adj* pérfido(-a)

**perfidie** [pɛʀfidi] *nf* perfidia

**perforant, e** [pɛʀfɔʀɑ̃, ɑ̃t] *adj* perforante

**perforateur** [pɛʀfɔʀatœʀ] *nm* taladro

**perforation** [pɛʀfɔʀasjɔ̃] *nf* perforación *f*; **~ intestinale** perforación intestinal

**perforatrice** [pɛʀfɔʀatʀis] *nf* perforadora, taladradora

**perforé, e** [pɛʀfɔʀe] *adj* perforado(-a)

**perforer** [pɛʀfɔʀe] *vt* perforar

**perforeuse** [pɛʀfɔʀøz] *nf* perforadora

**performance** [pɛʀfɔʀmɑ̃s] *nf (d'un cheval, athlète)* marca; *(exploit, succès)* récord *m*; **performances** *nfpl (d'une machine, d'un véhicule)* prestaciones *fpl*

**performant, e** [pɛʀfɔʀmɑ̃, ɑ̃t] *adj (Écon)* competitivo(-a); *(Tech)* en buen rendimiento

**perfusion** [pɛʀfyzjɔ̃] *nf* perfusión *f*; **être sous ~** tener puesto el gotero

**péricliter** [peʀiklite] *vi* decaer

**péridurale** [peʀidyʀal] *nf* epidural *f*

**périgourdin, e** [peʀiguʀdɛ̃, in] *adj* del Perigord ▶ *nm/f* : **Périgourdin, e** nativo(-a) *ou* habitante *mf* de Perigord

**péri-informatique** [peʀiɛ̃fɔʀmatik] *(pl* **péri-informatiques)** *nf (composants)* periféricos *mpl*

**péril** [peʀil] *nm* peligro; **au ~ de sa vie** con riesgo de su vida; **à ses risques et périls** por su cuenta y riesgo

**périlleux, -euse** [peʀijø, øz] *adj* peligroso(-a)

**périmé, e** [peʀime] *adj (passeport, billet)* caducado(-a); *(conception, idéologie)* caduco(-a)

**périmètre** [peʀimɛtʀ] *nm* perímetro; *(zone)* superficie *f*; **~ de sécurité** perímetro de seguridad

**périnatal, e, -aux** [peʀinatal, o] *adj* perinatal

**période** [peʀjɔd] *nf* periodo, período; **~ de l'ovulation/d'incubation** periodo *ou* período de ovulación/de incubación

**périodique** [peʀjɔdik] *adj* periódico(-a); **serviette ~** compresa ▶ *nm* periódico

**périodiquement** [peʀjɔdikmɑ̃] *adv* periódicamente

**péripéties** [peʀipesi] *nfpl* peripecias *fpl*

**périphérie** [peʀifeʀi] *nf* periferia

**périphérique** [peʀifeʀik] *adj* periférico(-a); *(Auto)* : **(boulevard) ~** (carretera *ou* ronda de) circunvalación *f* ▶ *nm (Inform)* periférico

**périphrase** [peʀifʀaz] *nf* perífrasis *f inv*

**périple** [peʀipl] *nm* viaje *m*

**périr** [peʀiʀ] *vi* perecer

**périscolaire** [peʀiskɔlɛʀ] *adj* extraescolar

**périscope** [peʀiskɔp] *nm* periscopio

**périssable** [peʀisabl] *adj* perecedero(-a)

**péristyle** [peʀistil] *nm* peristilo

**péritélévision** [peʀitelevizjɔ̃] *nf* aparatos que pueden conectarse a un televisor

**péritonite** [peʀitɔnit] *nf* peritonitis *f inv*

**périurbain, e** [peʀiyʀbɛ̃, ɛn] *adj* periférico(-a)

**perle** [pɛʀl] *nf (aussi personne, chose)* perla; *(de verre etc)* cuenta; *(de rosée, sang, sueur)* gota; *(erreur)* gazapo

**perlé, e** [pɛʀle] *adj (dents, travail)* de perlas; *(riz)* delicado(-a); *(orge)* perlado(-a); **grève perlée** semihuelga

**perler** [pɛʀle] *vi* : **la sueur perlait sur son front** tenía la frente cubierta de gotas de sudor

**perlier, -ière** [pɛʀlje, jɛʀ] *adj* perlero(-a)

**permanence** [pɛʀmanɑ̃s] *nf (aussi Scol)* permanencia; *(local)* guardia; **assurer une ~** *(service public, bureaux)* estar abierto(-a); **être de ~** estar de guardia; **en ~** permanentemente

**permanent, e** [pɛʀmanɑ̃, ɑ̃t] *adj* permanente; *(spectacle)* continuo(-a) ▶ *nm/f (d'un syndicat)* representante *mf*; *(d'un parti)* miembro *mf* permanente

**permanente** [pɛʀmanɑ̃t] *nf* permanente *f*

**perméable** [pɛʀmeabl] *adj* permeable; **~ à** *(fig)* influenciable por

## permettre – persuasif

**permettre** [pɛʀmɛtʀ] *vt* permitir; **rien ne permet de penser que ...** nada permite pensar que ...; **~ à qn de faire qch** permitir a algn hacer algo; **permettez !** ¡perdone!; **se permettre** *vpr* : **se ~ (de faire) qch** permitirse (hacer) algo

**permis, e** [pɛʀmi, iz] *pp de* **permettre** ▶ *nm* permiso; **~ d'inhumer** permiso de inhumación; **~ de chasse/pêche** licencia de caza/pesca; **~ de conduire** carnet *m* de conducir; **~ de construire** licencia de construcción; **~ de séjour/de travail** permiso de residencia/de trabajo; **~ poids lourds** carnet de primera

**permissif, -ive** [pɛʀmisif, iv] *adj* permisivo(-a)

**permission** [pɛʀmisjɔ̃] *nf* permiso; **en ~** (*Mil*) de permiso; **avoir la ~ de faire qch** tener permiso para hacer algo

**permissionnaire** [pɛʀmisjɔnɛʀ] *nm* militar *m* de permiso

**permutable** [pɛʀmytabl] *adj* permutable

**permutation** [pɛʀmytasjɔ̃] *nf* permuta

**permuter** [pɛʀmyte] *vt, vi* permutar

**pernicieux, -euse** [pɛʀnisjø, jøz] *adj* pernicioso(-a)

**péroné** [peʀɔne] *nm* peroné *m*

**pérorer** [peʀɔʀe] *vi* perorar

**Pérou** [peʀu] *nm* Perú *m*

**perpendiculaire** [pɛʀpɑ̃dikylɛʀ] *adj* perpendicular; **~ à** perpendicular a ▶ *nf* perpendicular *f*

**perpendiculairement** [pɛʀpɑ̃dikylɛʀmɑ̃] *adv* perpendicularmente

**perpète** [pɛʀpɛt] (*fam*) *nf* (*loin*) : **à ~** en el quinto pino (*fam*); (*longtemps*) indefinidamente

**perpétrer** [pɛʀpetʀe] *vt* perpetrar

**perpétuel, le** [pɛʀpetɥɛl] *adj* perpetuo(-a); (*Admin*) vitalicio(-a); (*jérémiades*) continuo(-a)

**perpétuellement** [pɛʀpetɥɛlmɑ̃] *adv* perpetuamente; (*fréquemment*) continuamente

**perpétuer** [pɛʀpetɥe] *vt* perpetuar; **se perpétuer** *vpr* perpetuarse

**perpétuité** [pɛʀpetɥite] *nf* : **à ~** a perpetuidad; **être condamné à ~** estar condenado a cadena perpetua

**perplexe** [pɛʀplɛks] *adj* perplejo(-a)

**perplexité** [pɛʀplɛksite] *nf* perplejidad *f*

**perquisition** [pɛʀkizisjɔ̃] *nf* registro

**perquisitionner** [pɛʀkizisjɔne] *vi* registrar

**perron** [peʀɔ̃] *nm* escalinata

**perroquet** [peʀɔkɛ] *nm* loro

**perruche** [peʀyʃ] *nf* cotorra

**perruque** [peʀyk] *nf* peluca

**persan, e** [pɛʀsɑ̃, an] *adj* persa ▶ *nm* (*Ling*) persa *m* ▶ *nm/f* : **Persan, e** persa *mf*

**Perse** [pɛʀs] *nmf* (*personne*) persa *mf*; (*pays*) Persia

**perse** [pɛʀs] *adj* persa ▶ *nm* (*Ling*) persa *m*

**persécuter** [pɛʀsekyte] *vt* perseguir

**persécution** [pɛʀsekysjɔ̃] *nf* persecución *f*

**persévérance** [pɛʀseveʀɑ̃s] *nf* perseverancia

**persévérant, e** [pɛʀseveʀɑ̃, ɑ̃t] *adj* perseverante

**persévérer** [pɛʀseveʀe] *vi* perseverar; **~ à croire que** obstinarse en creer que; **~ dans qch** perseverar en algo

**persienne** [pɛʀsjɛn] *nf* persiana

**persiflage** [pɛʀsiflaʒ] *nm* chanzas *fpl*

**persifleur, -euse** [pɛʀsiflœʀ, øz] *adj* socarrón(-ona)

**persil** [pɛʀsi] *nm* perejil *m*

**persillé, e** [pɛʀsije] *adj* aderezado(-a) con perejil; (*fromage*) azul; (*viande*) mechado(-a)

**Persique** [pɛʀsik] *adj* : **le golfe ~** el Golfo pérsico

**persistance** [pɛʀsistɑ̃s] *nf* persistencia

**persistant, e** [pɛʀsistɑ̃, ɑ̃t] *adj* persistente; (*feuilles, feuillage*) perenne; **arbre à feuillage ~** árbol de hoja perenne

**persister** [pɛʀsiste] *vi* persistir; **~ dans qch** persistir en algo; **~ à faire qch** empeñarse en hacer algo

**personnage** [pɛʀsɔnaʒ] *nm* personaje *m*

**personnaliser** [pɛʀsɔnalize] *vt* (*voiture, peine*) dar un tinte personal a; (*impôt etc*) individualizar

**personnalité** [pɛʀsɔnalite] *nf* personalidad *f*

**personne** [pɛʀsɔn] *nf* persona; (*Ling*) : **première/troisième ~** primera/tercera persona; **10 euros par ~** 10 euros por persona; **en ~** en persona; **~ à charge** (*Jur*) persona a su cargo; **~ âgée** persona mayor; **~ civile/morale** (*Jur*) persona civil/moral ▶ *pron* nadie; **il n'y a ~** no hay nadie

**personnel, le** [pɛʀsɔnɛl] *adj* personal; (*égoïste*) individualista; (*taxe, contribution*) individual; **il a des idées très personnelles sur le sujet** tiene sus propias ideas sobre el tema ▶ *nm* (*domestiques*) servidumbre *f*; (*employés*) plantilla; **service du ~** servicio de personal

**personnellement** [pɛʀsɔnɛlmɑ̃] *adv* personalmente

**personnification** [pɛʀsɔnifikasjɔ̃] *nf* personificación *f*

**personnifier** [pɛʀsɔnifje] *vt* personificar; **c'est l'honnêteté personnifiée** es la honradez personificada

**perspective** [pɛʀspɛktiv] *nf* perspectiva; **en ~** en perspectiva; **perspectives** *nfpl* (*d'avenir*) perspectivas *fpl* (de futuro)

**perspicace** [pɛʀspikas] *adj* perspicaz

**perspicacité** [pɛʀspikasite] *nf* perspicacia

**persuader** [pɛʀsɥade] *vt* : **~ qn (de qch/de faire qch)** persuadir a algn (de algo/de hacer algo); **j'en suis persuadé** estoy convencido

**persuasif, -ive** [pɛʀsɥazif, iv] *adj* persuasivo(-a)

**persuasion** [pɛʁsɥazjɔ̃] *nf* persuasión *f*
**perte** [pɛʁt] *nf* pérdida *f*; *(ruine morale)* perdición *f*; **vendre à ~** hacer dumping; **à ~ de vue** hasta perderse de vista; *(discourir, raisonner)* hasta nunca acabar; **en pure ~** sin ganancia alguna; **courir à sa ~** buscarse la ruina; **être en ~ de vitesse** *(fig)* estar de capa caída; **avec ~ et fracas** sin contemplaciones; **~ de chaleur/d'énergie** pérdida de calor/de energía; **~ sèche** pérdida total; **pertes** *nfpl (personnes tuées)* bajas *fpl*; *(Comm)* déficit *msg*; **pertes blanches** flujo *msg* vaginal
**pertinemment** [pɛʁtinamɑ̃] *adv* oportunamente; *(savoir)* a ciencia cierta
**pertinence** [pɛʁtinɑ̃s] *nf* pertinencia
**pertinent, e** [pɛʁtinɑ̃, ɑ̃t] *adj* pertinente
**perturbateur, -trice** [pɛʁtyʁbatœʁ, tʁis] *adj, nm/f* perturbador(a)
**perturbation** [pɛʁtyʁbasjɔ̃] *nf* perturbación *f*; **~ atmosphérique** perturbación atmosférica
**perturber** [pɛʁtyʁbe] *vt* perturbar
**péruvien, ne** [peʁyvjɛ̃, jɛn] *adj* peruano(-a)
▶ *nm/f*: **Péruvien, ne** peruano(-a)
**pervenche** [pɛʁvɑ̃ʃ] *nf (Bot)* vincapervinca
▶ *adj*: **bleu ~** azul intenso
**pervers, e** [pɛʁvɛʁ, ɛʁs] *adj* perverso(-a); **effet ~** efecto perverso ▶ *nm/f* perverso(-a)
**perversion** [pɛʁvɛʁsjɔ̃] *nf* perversión *f*
**perversité** [pɛʁvɛʁsite] *nf* perversidad *f*
**perverti, e** [pɛʁvɛʁti] *nm/f* pervertido(-a)
**pervertir** [pɛʁvɛʁtiʁ] *vt* pervertir; *(altérer, dénaturer)* desnaturalizar
**pesage** [pəzaʒ] *nm* peso
**pesamment** [pəzamɑ̃] *adv* pesadamente
**pesant, e** [pəzɑ̃, ɑ̃t] *adj* pesado(-a) ▶ *nm*: **valoir son ~ de** valer su peso en
**pesanteur** [pəzɑ̃tœʁ] *nf* gravedad *f*
**pèse-bébé** [pɛzbebe] *(pl* **pèse-bébés***) nm* pesabebés *m inv*
**pesée** [pəze] *nf* pesada; *(Boxe)* peso; *(pression)* presión *f*
**pèse-lettre** [pɛzlɛtʁ] *(pl* **pèse-lettres***) nm* pesacartas *m inv*
**pèse-personne** [pɛzpɛʁsɔn] *(pl* **pèse-personnes***) nm* báscula
**peser** [pəze] *vt* pesar; *(considérer, comparer)* ponderar ▶ *vi* pesar; *(fig)* tener peso; **~ cent kilos/peu** pesar cien kilos/poco; **~ sur** *(levier, bouton)* apretar sobre; *(fig)* abrumar; *(suj : aliment, fardeau, impôt)* pesar; *(influencer : décision)* influir en; **~ à qn** molestar a algn
**pessaire** [pesɛʁ] *nm* pesario
**pessimisme** [pesimism] *nm* pesimismo
**pessimiste** [pesimist] *adj, nm/f* pesimista *mf*
**peste** [pɛst] *nf (Méd)* peste *f*; *(enfant, personne)* : **quelle ~ !** ¡es peor que la peste!
**pester** [pɛste] *vi*: **~ contre qn/qch** echar pestes contra algn/algo
**pesticide** [pɛstisid] *nm* pesticida *m*

**pestiféré** [pɛstifeʁe] *nmf* apestado(-a)
**pestilentiel, le** [pɛstilɑ̃sjɛl] *adj* pestilente
**pet** [pɛ] *(fam) nm* pedo
**pétale** [petal] *nm* pétalo
**pétanque** [petɑ̃k] *nf* petanca; *ver nota*

> **PÉTANQUE**
>
> La **pétanque**, que tiene sus orígenes en el sur de Francia, es una versión del juego de *boules* practicada en diversos tipos de terreno. De pie y con los pies juntos, los jugadores lanzan bolas de acero hacia un boliche de madera.

**pétaradant, e** [petaʁadɑ̃, ɑ̃t] *adj* petardeante
**pétarade** [petaʁad] *nf* traca
**pétarader** [petaʁade] *vi* petardear
**pétard** [petaʁ] *nm (feu d'artifice)* petardo, cohete *m*; *(de cotillon)* petardo; *(fam)* : **en ~** *(cheveux)* desgreñado(-a); *(personne : en colère)* cabreado(-a) *(fam)*
**pétasse** [petas] *nf (fam ! : femme)* zorra *(fam !)*, puta *(fam !)*
**pétaudière** [petodjɛʁ] *nf* olla de grillos
**pet-de-nonne** [pɛdnɔn] *(pl* **pets-de-nonne***) nm* suspiro de monja
**pète** [pɛt] *(fam) nm (coup, choc)* torta *(fam)*, viaje *m (fam)*; **prendre un ~** llevarse un golpe; **avoir un ~ au casque** estar mal de la cabeza, estar como una cabra
**pété, e** [pete] *(fam) adj (cassé : objet)* escacharrado(-a) *(fam)*; *(ivre : personne)* pedo *(fam)*
**péter** [pete] *(fam) vi (sauter)* estallar; *(casser)* romperse; *(personne)* tirarse pedos *ou* un pedo ▶ *vt (casser)* escacharrar; **se péter** *vpr (bras, jambe)* romperse; **se ~ la gueule** *(fam : tomber)* pegársela *(fam)*, caerse
**pète-sec** [pɛtsɛk] *adj inv* mandón(-ona)
**pétillant, e** [petijɑ̃, ɑ̃t] *adj (eau)* con gas; *(vin)* espumoso(-a); *(regard)* chispeante
**pétiller** [petije] *vi (flamme, bois)* chisporrotear; *(joie, yeux)* chispear; *(mousse, champagne)* burbujear; *(fig)* : **~ d'intelligence** chispear de ingenio
**petit, e** [p(ə)ti, it] *adj* pequeño(-a), chico(-a) *(surtout Am)*; *(personne, cri)* bajo(-a); *(mince)* fino(-a); *(court)* corto(-a); **en ~** en pequeño; **~(e) ami(e)** novio(-a); **~ déjeuner** desayuno; **~ doigt** dedo meñique; **~ écran** pequeña pantalla; **~ four** pastelillo; **~ pain** panecillo; **petite monnaie** calderilla; **petite vérole** viruela; **petits pois** guisantes *mpl*, arvejas *fpl (Am)*, chícharos *mpl (Méx)*; **les petites annonces** anuncios *mpl* por palabras; **petites gens** gente *fsg* humilde ▶ *nm/f (petit enfant)* pequeño(-a); **mon ~** mi niño; **ma petite** mi niña; **pauvre ~** pobre crío(-a) ▶ *nm (d'un animal)* cachorro(-a); **petits** *nmpl* : **la classe des petits** la clase de párvulos; **faire**

## petit-beurre – peut

**des petits** (*animal*) tener cachorros; **pour petits et grands** para pequeños y mayores; **les tout-petits** los pequeñitos ▶ *adv*: **~ à ~** poco a poco

**petit-beurre** [p(ə)tibœR] (*pl* **petits-beurre**) *nm* galleta de mantequilla

**petit-bourgeois, petite-bourgeoise** [p(ə)ti(t)buRʒwa(z)] (*pl* **petits-bourgeois, petites-bourgeoises**) *adj, nm/f* (*péj*) pequeño(-a) burgués(-esa)

**petite-fille** [p(ə)titfij] (*pl* **petites-filles**) *nf* nieta

**petitement** [pətitmã] *adv* (*fig*) con estrechez; **être logé ~** vivir en una casa pequeña

**petitesse** [p(ə)titɛs] *nf* pequeñez *f*; (*d'une existence*) mediocridad *f*; (*mesquinerie*) bajeza

**petit-fils** [p(ə)tifis] (*pl* **petits-fils**) *nm* nieto

**pétition** [petisjɔ̃] *nf* petición *f*; **faire signer une ~** recoger firmas

**pétitionnaire** [petisjɔnɛR] *nmf* peticionario(-a)

**pétitionner** [petisjɔne] *vi* solicitar, hacer una petición

**petit-lait** [p(ə)tilɛ] (*pl* **petits-laits**) *nm* suero

**petit-nègre** [p(ə)tinɛgR] (*péj*) *nm*: **parler ~** ≈ hablar como los indios

**petits-enfants** [p(ə)tizɑ̃fɑ̃] *nmpl* nietos *mpl*

**petit-suisse** [p(ə)tisɥis] (*pl* **petits-suisses**) *nm* petit-suisse *m*

**pétoche** [petɔʃ] (*fam*) *nf*: **avoir la ~** tener canguelo (*fam*)

**pétoire** [petwaR] (*fam*) *nf* (*fusil*) escopeta

**peton** [pətɔ̃] *nm* (*fam: pied*) piececito (*fam*)

**pétoncle** [petɔ̃kl] *nm* zamburiña

**pétri, e** [petRi] *adj*: **~ d'orgueil** lleno(-a) de orgullo

**pétrifier** [petRifje] *vt* petrificar; (*fig*) dejar de piedra

**pétrin** [petRɛ̃] *nm* artesa; (*fam: fig*): **être dans le ~** estar en un apuro

**pétrir** [petRiR] *vt* (*pâte*) amasar; (*argile, cire*) moldear; (*palper fortement*) manosear

**pétrissage** [petRisaʒ] *nm* amasado

**pétrochimie** [petRoʃimi] *nf* petroquímica

**pétrochimique** [petRoʃimik] *adj* petroquímico(-a)

**pétrochimiste** [petRoʃimist] *nmf* petroquímico(-a)

**pétrodollar** [petRodɔlaR] *nm* petrodólar *m*

**pétrole** [petRɔl] *nm* petróleo; **lampe à ~** lámpara de petróleo; **~ lampant** petróleo lampante

**pétrolette** [petRɔlɛt] (*fam*) *nf* (*cyclomoteur*) ciclomotor *m*

**pétrolier, -ière** [petRɔlje, jɛR] *adj* petrolero(-a) ▶ *nm* petrolero; (*technicien*) técnico de petróleo

**pétrolifère** [petRɔlifɛR] *adj* petrolífero(-a)

**P et T** *sigle nfpl* = **postes et télécommunications**

**pétulant, e** [petylɑ̃, ɑ̃t] *adj* impetuoso(-a)

**pétunia** [petynja] *nm* petunia

MOT-CLÉ

**peu** [pø] *adv* **1** poco; **il boit peu** bebe poco; **il est peu bavard** es poco hablador; **elle est un peu grande** es un poco grande; **peu avant/après** poco antes/después; **depuis peu** desde hace poco

**2** (*modifiant nom*): **peu de** poco(-a), pocos(-as); (*quantité*): **il a peu d'espoir** tiene pocas esperanzas; **il y a peu d'arbres** hay pocos árboles; **avoir peu de pain** tener poco pan; **pour peu de temps** por poco tiempo; **c'est (si) peu de chose** es (muy) poca cosa

**3**: **peu à peu** poco a poco; **à peu près** *adv* más o menos; **à peu près 10 kg/10 euros** unos 10 kg/10 euros, como 10 kg/10 euros (*AM*); **à peu de frais** con poco gasto

▶ *nm* **1**: **le peu de gens qui** los pocos que; **le peu de sable qui** la poca arena que; **le peu de courage qui nous restait** el poco valor que nos quedaba

**2**: **un peu** un poco; **un petit peu** un poquito; **un peu d'espoir** cierta esperanza; **essayez un peu !** ¡mire a ver!; **un peu plus/moins de** un poco más/menos de; **un peu plus et il ratait son train** un poco más y pierde el tren; **pour peu qu'il travaille, il réussira** a poco que trabaje, aprobará

▶ *pron*: **peu le savent** pocos(-as) lo saben; **avant** *ou* **sous peu** dentro de poco; **de peu**: **il a gagné de peu** ganó por poco; **il s'en est fallu de peu (qu'il ne le blesse)** faltó muy poco (para que lo hiriese); **éviter qch de peu** evitar algo por poco; **il est de peu mon cadet** es un poco más pequeño que yo

**peuplade** [pœplad] *nf* comunidad *f*

**peuple** [pœpl] *nm* pueblo; **le ~** el pueblo; **il y a du ~** (*fam*) hay un montón de gente

**peuplé, e** [pœple] *adj* poblado(-a); **très/peu ~** muy/poco poblado(-a)

**peuplement** [pœpləmɑ̃] *nm* (*de pays, territoire*) poblamiento; **de ~**: **la zone de ~ kurde** la zona de población kurda; **colonie de ~** colonia de poblamiento

**peupler** [pœple] *vt* poblar; **se peupler** *vpr* (*aussi fig*) poblarse

**peuplier** [pøplije] *nm* álamo

**peur** [pœR] *nf* miedo; **avoir ~ (de qn/qch/de faire qch)** tener miedo (de *ou* a algn/algo/de hacer algo); **avoir ~ que** temer que; **prendre ~** asustarse; **la ~ de qn/qch/faire qch** el temor de algn/algo/hacer algo; **faire ~ à qn** asustar a algn; **de ~ de/que** por miedo a/a que

**peureux, -euse** [pørø, øz] *adj* (*personne*) miedoso(-a); (*regard*) atemorizado(-a)

**peut** [pø] *vb voir* **pouvoir**

## peut-être – photogénique

**peut-être** [pøtɛtʀ] *adv* quizá(s), a lo mejor; **~ bien (qu'il fera/est)** puede (que haga/sea); **~ que** quizá(s), a lo mejor; **~ fera-t-il beau dimanche** quizás haga bueno el domingo, a lo mejor hace bueno el domingo

**peuvent** [pœv] *vb voir* **pouvoir**

**peux** *etc* [pø] *vb voir* **pouvoir**

**p. ex.** *abr* (= *par exemple*) p. ej. (= *por ejemplo*)

**pèze** [pɛz] *nm* (*fam : argent*) parné *m* (*fam*), guita (*fam*)

**phacochère** [fakɔʃɛʀ] *nm* facóquero, facocero

**phagocyter** [fagosite] *vt* (*Biol, fig*) fagocitar

**phalange** [falɑ̃ʒ] *nf* falange *f*

**phallique** [falik] *adj* fálico(-a)

**phallocrate** [falɔkʀat] *nm* falócrata *m*

**phallocratie** [falɔkʀasi] *nf* falocracia

**phallus** [falys] *nm* falo

**pharaon** [faʀaɔ̃] *nm* faraón *m*

**pharaonique** [faʀaɔnik] *adj* (*Hist, fig*) faraónico(-a); **un projet ~** un proyecto faraónico

**phare** [faʀ] *nm* faro; **se mettre en phares, mettre ses phares** poner la luz larga; **phares de recul** faros de marcha atrás ▸ *adj*: **produit ~** producto estrella

**pharmaceutique** [faʀmasøtik] *adj* farmacéutico(-a)

**pharmacie** [faʀmasi] *nf* farmacia; (*produits, armoire*) botiquín *m*

**pharmacien, ne** [faʀmasjɛ̃, jɛn] *nm/f* farmacéutico(-a)

**pharmacodépendance** [faʀmakodepɑ̃dɑ̃s] *nf* farmacodependencia

**pharmacologie** [faʀmakɔlɔʒi] *nf* farmacología

**pharmacopée** [faʀmakɔpe] *nf* farmacopea

**pharyngite** [faʀɛ̃ʒit] *nf* faringitis *f inv*

**pharynx** [faʀɛ̃ks] *nm* faringe *f*

**phase** [faz] *nf* fase *f*; **entrer dans une nouvelle ~** entrar en una nueva fase

**phénoménal, e, -aux** [fenomenal, o] *adj* fenomenal

**phénomène** [fenomɛn] *nm* fenómeno; (*personne*) bicho raro; (*monstre*) monstruo

**phénoménologie** [fenomenɔlɔʒi] *nf* fenomenología

**phéromone** [feʀomɔn] *nf* feromona

**philanthrope** [filɑ̃tʀɔp] *nmf* filántropo

**philanthropie** [filɑ̃tʀɔpi] *nf* filantropía

**philanthropique** [filɑ̃tʀɔpik] *adj* filantrópico(-a)

**philatélie** [filateli] *nf* filatelia

**philatélique** [filatelik] *adj* filatélico(-a)

**philatéliste** [filatelist] *nmf* filatelista *mf*

**philharmonique** [filaʀmɔnik] *adj* filarmónico(-a)

**philippin, e** [filipɛ̃, in] *adj* filipino(-a) ▸ *nm/f*: **Philippin, e** filipino(-a)

**Philippines** [filipin] *nfpl*: **les ~** las Filipinas

**philistin** [filistɛ̃] *nm* filisteo(-a)

**philo** [filo] (*fam*) *nf* (= *abr de philosophie*) filosofía

**philologie** [filɔlɔʒi] *nf* filología

**philosophale** [filosofal] *adj f*: **la pierre ~** la piedra filosofal

**philosophe** [filɔzɔf] *adj, nmf* filósofo(-a)

**philosopher** [filɔzɔfe] *vi* filosofar

**philosophie** [filɔzɔfi] *nf* filosofía; **(prendre les choses) avec ~** (tomar las cosas) con filosofía

**philosophique** [filɔzɔfik] *adj* filosófico(-a)

**philosophiquement** [filɔzɔfikmɑ̃] *adv* con filosofía

**philtre** [filtʀ] *nm* filtro

**phlébite** [flebit] *nf* flebitis *f inv*

**phlébologue** [flebolog] *nmf* especialista *mf* en flebología

**phobie** [fɔbi] *nf* fobia

**phocéen, ne** [fɔseɛ̃, ɛn] *adj* (*marseillais*) marsellés(-esa); **la cité phocéenne** (la ciudad de) Marsella

**phonétique** [fonetik] *adj* fonético(-a) ▸ *nf* fonética

**phonétiquement** [fonetikmɑ̃] *adv* fonéticamente

**phonique** [fɔnik] *adj* (*isolation, protection*) acústico(-a)

**phonographe** [fonɔgʀaf] *nm* fonógrafo

**phoque** [fɔk] *nm* foca; (*fourrure*) piel *f* de foca

**phosphate** [fosfat] *nm* fosfato

**phosphaté, e** [fosfate] *adj* fosfatado(-a)

**phosphore** [fosfɔʀ] *nm* fósforo

**phosphoré, e** [fosfoʀe] *adj* fosforado(-a)

**phosphorescent, e** [fosfɔʀesɑ̃, ɑ̃t] *adj* fosforescente

**phosphorique** [fosfɔʀik] *adj*: **acide ~** ácido fosfórico

**photo** [foto] *nf* (= *abr de photographie*) foto *f*; **il aime la ~** le gusta la fotografía; **faire de la ~** hacer fotografía; **être mieux en ~ qu'au naturel** salir mejor en foto que al natural; **prendre (qn) en ~** hacer una foto (a algn); **~ d'identité** foto de carnet; **~ en couleurs** foto en color ▸ *adj* (= *abr de photographique*): **appareil/pellicule ~** máquina/carrete *m* de fotos

**photo...** [foto] *préf* foto...

**photocomposition** [fotokɔ̃pozisjɔ̃] *nf* fotocomposición *f*

**photocopie** [fotokɔpi] *nf* fotocopia

**photocopier** [fotokɔpje] *vt* fotocopiar

**photocopieur** [fotokɔpjœʀ] *nm* fotocopiadora

**photocopieuse** [fotokɔpjøz] *nf* fotocopiadora

**photoélectrique** [fotoelɛktʀik] *adj* fotoeléctrico(-a)

**photo-finish** [fotofiniʃ] (*pl* **photos-finish**) *nf* (*appareil*) cámara de foto-finish; (*photo*) foto-finish *f*

**photogénique** [fotoʒenik] *adj* fotogénico(-a)

## photographe – pièce

**photographe** [fɔtɔgʀaf] nmf fotógrafo(-a)
**photographie** [fɔtɔgʀafi] nf fotografía
**photographier** [fɔtɔgʀafje] vt fotografiar
**photographique** [fɔtɔgʀafik] adj fotográfico(-a)
**photogravure** [fɔtɔgʀavyʀ] nf fotograbado
**photomaton**® [fɔtɔmatɔ̃] nm fotomatón m
**photomontage** [fɔtɔmɔ̃taʒ] nm fotomontaje m
**photon** [fɔtɔ̃] nm fotón m
**photophone** [fɔtɔfɔn] nm (portable avec appareil photo) teléfono con cámara fotográfica
**photophore** [fɔtɔfɔʀ] nm (pour bougie) portavelas m inv
**photoreportage** [fɔtɔʀəpɔʀtaʒ] nm (journalisme) fotoperiodismo; (reportage) reportaje m fotográfico
**photoreporter** [fɔtɔʀəpɔʀtɛʀ] nmf fotoperiodista mf
**photo-robot** [fɔtɔʀɔbo] (pl **photos-robots**) nf foto-robot f
**photosensible** [fɔtosɑ̃sibl] adj fotosensible
**photostat** [fɔtɔsta] nm fotostato
**photosynthèse** [fɔtosɛ̃tɛz] nf fotosíntesis f inv
**photothérapie** [fɔtoteʀapi] nf fototerapia
**photovoltaïque** [fɔtovɔltaik] adj fotovoltaico(-a)
**phrase** [fʀaz] nf (Ling, propos) frase f; **phrases** nfpl (péj) palabras fpl
**phrasé** [fʀaze] nm fraseo
**phraséologie** [fʀazeɔlɔʒi] nf fraseología
**phraseur, -euse** [fʀazœʀ, øz] nm/f palabrero(-a)
**phréatique** [fʀeatik] adj freático(-a)
**phrygien, ne** [fʀiʒjɛ̃, jɛn] adj : **bonnet ~** gorro frigio
**phtisie** [ftizi] nf tisis f inv
**phylloxéra** [filɔkseʀa] nm filoxera
**physicien, ne** [fizisjɛ̃, jɛn] nm/f físico(-a)
**physiologie** [fizjɔlɔʒi] nf fisiología
**physiologique** [fizjɔlɔʒik] adj fisiológico(-a)
**physiologiquement** [fizjɔlɔʒikmɑ̃] adv fisiológicamente
**physiologiste** [fizjɔlɔʒist] nmf fisiólogo(-a)
**physionomie** [fizjɔnɔmi] nf fisionomía
**physionomiste** [fizjɔnɔmist] adj fisonomista
**physiothérapeute** [fizjoteʀapøt] nmf fisioterapeuta mf
**physiothérapie** [fizjoteʀapi] nf fisioterapia
**physique** [fizik] adj físico(-a) ▶ nm físico; **au ~** (physiquement) físicamente ▶ nf física
**physiquement** [fizikmɑ̃] adv físicamente
**phytoplancton** [fitoplɑ̃ktɔ̃] nm fitoplancton m
**phytothérapie** [fitoteʀapi] nf fitoterapia
**p.i.** abr (= par intérim) voir **intérim**
**piaffer** [pjafe] vi (cheval) piafar; (personne) patear
**piaillement** [pjajmɑ̃] nm piada

**piailler** [pjaje] vi (oiseau) piar; (personne) chillar
**pianiste** [pjanist] nmf pianista mf
**piano** [pjano] nm piano; **~ à queue** piano de cola; **~ mécanique** organillo
**pianoter** [pjanɔte] vi tocar el piano, teclear; (tapoter) tamborilear
**piaule** [pjol] (fam) nf cuarto
**piauler** [pjole] vi (oiseau) piar; (enfant) chillar
**PIB** [peibe] sigle m (= produit intérieur brut) PIB m (= producto interior bruto)
**pic** [pik] nm pico; (Zool) pájaro carpintero; **à ~** escarpado(-a); **arriver/tomber à ~** venir/caer de perilla; **couler à ~** (bateau) irse a pique; **~ à glace** pico
**picard, e** [pikaʀ, aʀd] adj picardo(-a) ▶ nm/f : **Picard, e** picardo(-a)
**Picardie** [pikaʀdi] nf Picardía
**picaresque** [pikaʀɛsk] adj picaresco(-a)
**piccolo** [pikɔlo] nm flautín m
**pichenette** [piʃnɛt] nf papirotazo
**pichet** [piʃɛ] nm jarro
**pickpocket** [pikpɔkɛt] nmf carterista mf, ratero(-a)
**pick-up** [pikœp] nm (tourne-disque) pick-up m, fonocaptor m
**picoler** [pikɔle] vi (fam) beber, empinar el codo (fam); **~ dur** ou **sec** beber como un cosaco; **on a pas mal picolé hier soir** anoche bebimos bastante ▶ vt beber; **on avait picolé du vin** habíamos bebido vino
**picorer** [pikɔʀe] vt picotear
**picot** [piko] nm rueda de espiga; **entraînement par roue à picots** avance m por rueda de espigas
**picotement** [pikɔtmɑ̃] nm picor m
**picoter** [pikɔte] vt picotear ▶ vi picar
**pictogramme** [piktɔgʀam] nm pictograma m
**pictural, e, -aux** [piktyʀal, o] adj pictórico(-a)
**pie** [pi] nf (Zool) urraca; (fig : femme) cotorra ▶ adj inv : **cheval ~** caballo pío
**pièce** [pjɛs] nf pieza; (d'un logement) habitación f; (Théâtre) obra; (de monnaie) moneda; (Couture) parche m; (document) documento; (de bétail) cabeza; **mettre en pièces** hacer pedazos; **en pièces** roto(-a) en pedazos; **deux euros ~** dos euros la unidad; **vendre à la ~** vender por unidades; **travailler/payer à la ~** trabajar/pagar a destajo; **créer/inventer de toutes pièces** crear/inventar completamente; **maillot une ~** bañador m; **un deux-pièces cuisine** apartamento con dos habitaciones y cocina; **un trois-pièces** (costume) un tres piezas m inv; (appartement) un apartamento con tres habitaciones; **tout d'une ~** de una pieza; (personne : franc) categórico(-a); (: sans souplesse) rígido(-a); **pièces justificatives** comprobante msg; **~ à conviction** prueba de convicción; **~ d'eau** estanque m; **~ de rechange** pieza de recambio; **~ de**

**résistance** (*plat*) plato fuerte; **~ d'identité** documento de identidad; **~ jointe** (*Inform*) archivo adjunto; **~ montée** tarta nupcial; **pièces détachées** piezas *fpl* de repuesto; **en pièces détachées** (*à monter*) desmontado(-a), desarmado(-a)

**piécette** [pjesɛt] *nf* monedita

**pied** [pje] *nm* pie *m*; (*Zool, d'un meuble, d'une échelle*) pata; (*d'une falaise*) base *f*; **pieds nus** *adj* descalzo(-a); **à ~** a pie; **à ~ sec** a pie enjuto; **à ~ d'œuvre** al pie del cañón; **au ~ de la lettre** al pie de la letra; **au ~ levé** de repente; **de ~ en cap** de los pies a la cabeza; **en ~** (*portrait, photo*) de cuerpo entero; **avoir ~** hacer pie; **avoir le ~ marin** saber mantener el equilibrio a bordo de un barco; **perdre ~** (*fig*) perder pie; **sur ~** (*Agr*) antes de recoger; (*rétabli*) restablecido(-a); **être sur ~ dès cinq heures** estar en pie desde las cinco; **mettre sur ~** (*entreprise*) poner en pie; **mettre qn à ~** suspender a algn de sus funciones; **sur le ~ de guerre** en pie de guerra; **sur un ~ d'égalité** sobre una base de igualdad; **faire du ~ à qn** dar con el pie a algn; **mettre les pieds quelque part** poner los pies en algún sitio; **faire des pieds et des mains** revolver Roma con Santiago; **mettre qn au ~ du mur** poner a algn entre la espada y la pared; **quel ~ !** (*fam*) ¡qué guay! (*fam*); **c'est le ~ !** (*fam*) ¡es fenomenal!; **se lever du bon ~** levantarse con buen pie; **il s'est levé du ~ gauche** se ha levantado con el pie izquierdo; **~ de nez** palmo de narices; **~ de lit** pata de la cama; **~ de salade** planta de ensalada; **~ de vigne** cepa

**pied-à-terre** [pjetatɛʀ] *nm inv* apeadero

**pied-bot** [pjebo] (*pl* **pieds-bots**) *nm persona con el pie deforme*

**pied-de-biche** [pjedbiʃ] (*pl* **pieds-de-biche**) *nm* palanca; (*Couture*) prensatelas *m inv*

**pied-de-poule** [pjedpul] *adj* pata de gallo

**piédestal, -aux** [pjedɛstal, o] *nm* pedestal *m*

**pied-noir** [pjenwaʀ] (*pl* **pieds-noirs**) *nmf francés nacido en Argelia*

**piège** [pjɛʒ] *nm* trampa; **prendre au ~** coger en la trampa; **tomber dans le ~** caer en la trampa

**piéger** [pjeʒe] *vt* (*animal*) coger en la trampa; (*voiture, lettre*) colocar un explosivo en; (*personne*) hacer caer en una trampa; **lettre/ voiture piégée** carta/coche *m* bomba *inv*

**piégeux, -euse** [pjeʒø, øz] *adj* : **un parcours ~** un recorrido lleno de trampas; **un match ~** un partido trampa

**piercing** [pirsiŋ] *nm* piercing *m*

**pierraille** [pjeʀaj] *nf* grava

**pierre** [pjɛʀ] *nf* piedra; **poser la première ~** poner la primera piedra; **mur de pierres sèches** muro de piedras secas; **faire d'une ~ deux coups** matar dos pájaros de un tiro; **~ à briquet** piedra de mechero; **~ de taille/de touche** piedra tallada/de toque; **~ fine/ ponce** piedra fina/pómez; **~ tombale** lápida

**pierreries** [pjɛʀʀi] *nfpl* pedrería *fsg*

**pierreux, -euse** [pjeʀø, øz] *adj* pedregoso(-a)

**piété** [pjete] *nf* piedad *f*

**piétinement** [pjetinmɑ̃] *nm* pataleo

**piétiner** [pjetine] *vi* patalear; (*marquer le pas*) marcar el paso; (*fig*) estancarse, atascarse ▶ *vt* (*aussi fig*) pisotear

**piéton, ne** [pjetɔ̃, ɔn] *nm/f* peatón *mf* ▶ *adj* peatonal

**piétonnier, -ière** [pjetɔnje, jɛʀ] *adj* peatonal

**piètre** [pjɛtʀ] *adj* pobre

**pieu, x** [pjø] *nm* estaca; (*fam : lit*) catre *m* (*fam*)

**pieusement** [pjøzmɑ̃] *adv* (*avec piété*) con piedad; (*avec respect*) con esmero

**pieuvre** [pjœvʀ] *nf* pulpo

**pieux, -euse** [pjø, pjøz] *adj* piadoso(-a); **de ~ mensonges** mentiras piadosas

**pif** [pif] (*fam*) *nm* napias *fpl* (*fam*); **au ~ : choisir** *etc* **au ~** elegir *etc* a tontas y a locas

**piffer** [pife] (*fam*) *vt* : **je ne peux pas le ~** no puedo tragarlo (*fam*)

**pifomètre** [pifomɛtʀ] (*fam*) *nm* olfato; **choisir** *etc* **au ~** elegir *etc* a tontas y a locas

**pige** [piʒ] *nf* sueldo pagado por líneas

**pigeon** [piʒɔ̃] *nm* paloma; (*fam : victime d'une escroquerie*) primo; **~ voyageur** paloma mensajera

**pigeonnant, e** [piʒɔnɑ̃, ɑ̃t] *adj* (*poitrine*) realzado(-a)

**pigeonneau, x** [piʒɔno] *nm* pichón *m*

**pigeonner** [piʒɔne] (*fam*) *vt* (*duper*) : **~ qn** engañar a algn como a un chino (*fam*)

**pigeonnier** [piʒɔnje] *nm* palomar *m*

**piger** [piʒe] (*fam*) *vt, vi* pillar (*fam*)

**pigiste** [piʒist] *nmf* (*typographe*) tipógrafo(-a) que trabaja a destajo; (*journaliste*) periodista *mf* que trabaja por líneas

**pigment** [pigmɑ̃] *nm* pigmento

**pigmentation** [pigmɑ̃tasjɔ̃] *nf* pigmentación *f*

**pignon** [piɲɔ̃] *nm* piñón *m*; (*d'un mur*) aguilón *m*; **avoir ~ sur rue** (*fig*) estar bien establecido(-a)

**pile** [pil] *nf* pila; (*pilier*) pilar *m*; **~ ou face ?** ¿cara o cruz?; **jouer à ~ ou face** jugar a cara o cruz; **une ~ de livres** una pila de libros; **~ alcaline/électrique** pila alcalina/eléctrica ▶ *adj* : **le côté ~** cruz *f* ▶ *adv* (*net, brusquement*) en seco; (*à temps, à point nommé*) justo a tiempo; **à deux heures ~** a las dos en punto

**piler** [pile] *vt* machacar ▶ *vi* (*fam : freiner*) frenar en seco

**pileux, -euse** [pilø, øz] *adj* : **système ~** pelo

**pilier** [pilje] *nm* (*colonne, support, Rugby*) pilar *m*; (*personne*) apoyo; **~ de bar** asiduo de un bar

**pillage** [pijaʒ] *nm* pillaje *m*, saqueo

**pillard, e** [pijaʀ, aʀd] *nm/f* saqueador(a)

## piller – pique-nique

**piller** [pije] vt saquear
**pilleur, -euse** [pijœʀ, øz] nm/f saqueador(a)
**pilon** [pilɔ̃] nm (*instrument*) maza; (*de volaille*) muslo; **mettre un livre au ~** destruir la edición de un libro
**pilonnage** [pilɔnaʒ] nm (*bombardement*) bombardeo; (*de livre*) destrucción f; **~ médiatique** bombardeo mediático
**pilonner** [pilɔne] vt bombardear
**pilori** [pilɔʀi] nm : **mettre** ou **clouer qn au ~** poner a algn en la picota
**pilotage** [pilɔtaʒ] nm pilotaje m; **~ automatique** pilotaje automático; **~ sans visibilité** vuelo sin visibilidad
**pilote** [pilɔt] nmf piloto mf; **~ d'essai/de chasse/de course/de ligne** piloto de pruebas/de caza/de carreras/civil ▶ adj : **appartement-~** piso piloto
**piloter** [pilɔte] vt pilotar; (*automobile*) conducir; **~ qn** (*fig*) guiar a algn; **piloté par menu** (*Inform*) guiado por menú
**pilotis** [pilɔti] nm pilote m; **maison sur ~** casa sobre pilotes
**pilule** [pilyl] nf píldora; **prendre la ~** tomar la píldora
**pimbêche** [pɛ̃bɛʃ] (*péj*) nf marisabidilla
**piment** [pimɑ̃] nm (*aussi*: **piment doux**) pimiento, ají m (AM); (*aussi*: **piment rouge**) guindilla; (*fig*) sal y pimienta
**pimenté, e** [pimɑ̃te] adj picante
**pimenter** [pimɑ̃te] vt (*plat*) sazonar con guindilla; (*fig*) dar sal y pimienta a
**pimpant, e** [pɛ̃pɑ̃, ɑ̃t] adj flamante
**pin** [pɛ̃] nm pino; **~ maritime/parasol** pino marítimo/piñonero
**pinacle** [pinakl] nm : **porter qn au ~** (*fig*) poner a algn por las nubes
**pinailler** [pinaje] (*fam*) vi ser quisquilloso(-a); **~ sur qch** ser quisquilloso(-a) con algo
**pinailleur, euse** [pinajœʀ, øz] adj, nm/f quisquilloso(-a)
**pinard** [pinaʀ] (*fam*) nm vino
**pince** [pɛ̃s] nf pinza; (*outil*) pinzas fpl; **~ à épiler** pinza de depilar; **~ à linge** pinza de la ropa; **~ à sucre** tenacillas fpl para el azúcar; **~ universelle** alicates mpl; **pinces de cycliste** pinzas para bicicleta
**pincé, e** [pɛ̃se] adj (*air*) forzado(-a); (*nez, bouche*) fino(-a)
**pinceau, x** [pɛ̃so] nm pincel m
**pincée** [pɛ̃se] nf : **une ~ de sel/poivre** una pizca de sal/pimienta
**pincement** [pɛ̃smɑ̃] nm : **avoir un ~ au cœur** tener el corazón encogido
**pince-monseigneur** [pɛ̃smɔ̃seɲœʀ] (*pl* **pinces-monseigneur**) nf ganzúa
**pince-nez** [pɛ̃sne] nm inv quevedos mpl
**pincer** [pɛ̃se] vt (*personne*) pellizcar; (*Mus*: *cordes*) puntear; (*suj*: *vêtement*: *aussi Couture*) entallar; (*fam*: *malfaiteur*) pescar (*fam*); **se ~ le doigt** pillarse el dedo; **se ~ le nez** taparse la nariz
**pince-sans-rire** [pɛ̃ssɑ̃ʀiʀ] nmf inv persona chistosa que conserva el semblante serio
**pincettes** [pɛ̃sɛt] nfpl pinzas fpl; (*pour le feu*) tenazas fpl
**pinçon** [pɛ̃sɔ̃] nm pellizco
**pinède** [pined] nf pinar m
**pingouin** [pɛ̃gwɛ̃] nm pingüino
**ping-pong** [piŋpɔ̃g] (*pl* **ping-pongs**) nm ping-pong m
**pingre** [pɛ̃gʀ] adj rácano(-a)
**pingrerie** [pɛ̃gʀəʀi] nf racanería
**pinson** [pɛ̃sɔ̃] nm pinzón m
**pintade** [pɛ̃tad] nf pintada
**pinte** [pɛ̃t] nf pinta
**pin up** [pinœp] nf inv chica de calendario; (*fig*) tía buena (*fam*)
**pioche** [pjɔʃ] nf pico; (*Cartes*) mazo
**piocher** [pjɔʃe] vt (*terre*) cavar; (*fam*) empollar (*fam*) ▶ vi (*Cartes*) robar; **~ dans** (*une réserve*) hurgar en
**piolet** [pjɔlɛ] nm piolet m
**pion, ne** [pjɔ̃, ɔn] nm (*Échecs*) peón m; (*Dames*) ficha ▶ nm/f (*Scol, fam*) vigilante mf
**pioncer** [pjɔ̃se] vi (*fam*: *dormir*) sobar (*fam*)
**pionnier, -ière** [pjɔnje, jɛʀ] nm/f pionero(-a); (*fig*) precursor(a)
**pipe** [pip] nf pipa; **fumer la ~** fumar en pipa; **~ de bruyère** pipa (de raíz) de brezo
**pipeau, x** [pipo] nm caramillo
**pipe-line** [piplin] (*pl* **pipe-lines**) nm oleoducto
**piper** [pipe] vt (*dé*) hacer trampas con; (*carte*) hacer fullerías con; **sans ~ mot** (*fam*) sin decir ni pío; **les dés sont pipés** (*fig*) aquí hay tongo (*fam*)
**pipette** [pipɛt] nf pipeta
**pipi** [pipi] (*fam*) nm : **faire ~** hacer pis
**pipole** [pipɔl] adj ou adj inv (*presse*) del corazón; (*événement*) vip; **les magazines pipoles** ou **~** las revistas del corazón ▶ nmf celebridad f, famoso(-a)
**piquant, e** [pikɑ̃, ɑ̃t] adj punzante; (*saveur*) picante; (*description, style*) penetrante; (*caustique*) mordaz ▶ nm (*épine*) espina; (*de hérisson*) púa; (*fig*) : **le ~** lo picante
**pique** [pik] nf pica; (*parole blessante*) : **envoyer** ou **lancer des piques à qn** tirar ou lanzar indirectas a algn ▶ nm (*Cartes*) picas fpl, ≈ espadas fpl
**piqué, e** [pike] adj (*Couture*) pespunteado(-a); (*livre, glace*) manchado(-a); (*Mus, vin*) picado(-a); (*fam*: *personne*) tocado(-a) ▶ nm (*Textile*) piqué m; (*Aviat*) picado
**pique-assiette** [pikasjɛt] (*péj*) nmf gorrón(-ona)
**pique-fleur** [pikflœʀ] (*pl* **pique-fleurs**) nm zócalo para sujetar flores
**pique-nique** [piknik] (*pl* **pique-niques**) nm picnic m

**pique-niquer** [piknike] *vi* ir de picnic
**pique-niqueur, -euse** [piknikœʀ, øz] (*pl* **pique-niqueurs, -euses**) *nm/f* excursionista *mf*
**pique-olives** [pikɔliv] *nm inv* palillo
**piquer** [pike] *vt* picar; (*percer, aussi Méd*) pinchar; (*animal : tuer*) sacrificar; (*suj : vers*) apolillar; (*Couture*) pespuntear; (*fam : surprendre, attraper, arrêter*) pillar (*fam*); (*: voler*) birlar (*fam*); (*: planter*) : **qch dans** clavar algo en; (*: fixer*) : **qch à/sur** colocar algo en; **~ une tête** tirarse en el agua; **~ un cent mètres/un sprint** echar a correr; **~ une crise** (*fam*) coger una rabieta; **~ au vif** (*fig*) herir en carne viva ▶ *vi* (*oiseau, avion*) bajar en picado; (*saveur*) picar; **~ sur** bajar en picado sobre; **~ du nez** caerse de narices; (*dormir*) dar una cabezada; **se piquer** *vpr* (*avec une aiguille*) pincharse; **se ~ de faire** alardear de hacer
**piquet** [pikɛ] *nm* estaca; **mettre un élève au ~** castigar a un alumno contra la pared; **~ de grève** piquete *m* de huelga; **~ d'incendie** cuerpo permanente de bomberos
**piqueté, e** [pikte] *adj* : **~ de** picado(-a) de
**piquette** [pikɛt] (*fam*) *nf* vino peleón (*fam*)
**piqûre** [pikyʀ] *nf* (*d'insecte*) picadura; (*Méd*) inyección *f*; (*Couture*) pespunte *m*; (*tache*) mancha; **faire une ~ à qn** poner una inyección a algn
**piranha** [piʀana] *nm* piraña
**piratage** [piʀataʒ] *nm* (*aussi Inform*) piratería
**pirate** [piʀat] *nm* (*aussi fig*) pirata *mf*; (*Inform*) pirata *mf* informático(-a), hacker *m*; **~ de l'air** pirata del aire ▶ *adj* : **émetteur ~** emisora pirata
**pirater** [piʀate] *vt* (*aussi Inform*) piratear
**piraterie** [piʀatʀi] *nf* (*aussi Inform*) piratería
**pire** [piʀ] *adj* (*comparatif*) peor; (*superlatif*) : **le (la) ~** el/lo (la) peor ▶ *nm* : **le ~ (de)** lo peor (de); **au ~** en el peor de los casos
**pirogue** [piʀɔg] *nf* piragua
**pirouette** [piʀwɛt] *nf* (*demi-tour*) pirueta; (*Danse*) vuelta; (*fig*) : **répondre par une ~** salirse por peteneras
**pis** [pi] *nm* (*de vache*) ubre *f*; (*pire*) : **le ~** lo peor ▶ *adj, adv* peor; **on aurait pu faire ~** podría haber sido peor; **de mal en ~** de mal en peor; **qui ~ est** y lo que es peor; **au ~ aller** en el peor de los casos
**pis-aller** [pizale] *nm inv* solución *f* menos mala
**piscicole** [pisikɔl] *adj* piscícola
**pisciculteur, -trice** [pisikyltœʀ, tʀis] *nm/f* piscicultor(a)
**pisciculture** [pisikyltyʀ] *nf* piscicultura
**piscine** [pisin] *nf* piscina; **~ couverte/en plein air/olympique** piscina cubierta/al aire libre/olímpica
**pissaladière** [pisaladjɛʀ] *nf* torta de masa de pan rellena de cebolla, anchoas y olivas negras propia de la región de Niza
**pisse** [pis] *nf* (*fam !*) pis *m* (*fam*)
**pissenlit** [pisɑ̃li] *nm* cardillo
**pisser** [pise] (*fam*) *vi* mear (*fam*)
**pissotière** [pisɔtjɛʀ] (*fam*) *nf* meadero (*fam*)
**pistache** [pistaʃ] *nf* pistacho
**pistard** [pistaʀ] *nm* (*Cyclisme*) corredor(a) de pista
**piste** [pist] *nf* pista, rastro; (*sentier*) camino; (*d'un magnétophone*) banda; **être sur la ~ de qn** estar tras la pista de algn; **~ cavalière** camino de herradura; **~ cyclable** carril-bici *m*; **~ sonore** banda sonora
**pister** [piste] *vt* seguir el rastro de
**pisteur, -euse** [pistœʀ, øz] *nm/f* encargado(a) de mantener y vigilar las pistas de esquí
**pistil** [pistil] *nm* pistilo
**pistolet** [pistɔlɛ] *nm* pistola; **~ à air comprimé/à bouchon/à eau** pistola de aire comprimido/con tapón/de agua
**pistolet-mitrailleur** [pistɔlɛmitʀajœʀ] (*pl* **pistolets-mitrailleurs**) *nm* pistola ametralladora
**piston** [pistɔ̃] *nm* (*Tech*) pistón *m*; (*fam, fig*) enchufe *m* (*fam*); (*Mus*) : **cornet/trombone à pistons** corneta/trombón *m* de pistones
**pistonner** [pistɔne] (*fam*) *vt* enchufar (*fam*)
**pistou** [pistu] *nm* pesto
**pitance** [pitɑ̃s] (*péj*) *nf* pitanza
**piteusement** [pitøzmɑ̃] *adv* cabizbajo
**piteux, -euse** [pitø, øz] *adj* (*résultat*) deplorable; (*air*) lastimoso(-a); **en ~ état** en estado lamentable
**pitié** [pitje] *nf* piedad *f*; **sans ~** sin piedad; **faire ~** dar pena *ou* lástima; **par ~, ...** por piedad, ...; **il me fait ~** me da lástima; **avoir ~ de qn** compadecerse de algn
**piton** [pitɔ̃] *nm* (*clou*) armella; **~ rocheux** pico rocoso
**pitoyable** [pitwajabl] *adj* lamentable; (*réponse, acteur*) penoso(-a)
**pitoyablement** [pitwajabləmɑ̃] *adv* lamentablemente
**pitre** [pitʀ] *nm* (*fig*) payaso
**pitrerie** [pitʀəʀi] *nf* payasada
**pittoresque** [pitɔʀɛsk] *adj* pintoresco(-a)
**pivert** [pivɛʀ] *nm* pájaro carpintero, picamaderos *m inv*
**pivoine** [pivwan] *nf* (*Bot*) peonía
**pivot** [pivo] *nm* (*axe*) pivote *m*; (*fig*) eje *m*; **dent sur ~** soporte *m* dental
**pivotant, e** [pivɔtɑ̃, ɑ̃t] *adj* giratorio(-a)
**pivoter** [pivɔte] *vi* girar; **~ sur ses talons** dar media vuelta
**pixel** [piksɛl] *nm* píxel *m*
**pixéliser** [pikselize] *vt* (*Inform*) pixelar
**pixellisation** [piksɛlizasjɔ̃] *nf* pixelación *f*, pixelado
**pixelliser** [piksɛlize] = **pixéliser**
**pizza** [pidza] *nf* pizza

## PJ – plaisance

**PJ** [peʒi] sigle f (= police judiciaire) voir **police**
▸ sigle fpl (= pièces jointes) documentos adjuntos
**PL** [peɛl] sigle m (= poids lourd) voir **poids**
**pl.** abr = **place**
**placage** [plakaʒ] nm chapeado
**placard** [plakaʀ] nm (armoire) armario (empotrado); (affiche) anuncio; (Typo) prueba; **mettre qn au ~** (fig) arrinconar a algn; **mettre qch au ~** (fig) dejar algo de lado, guardar algo en el cajón; **~ publicitaire** anuncio publicitario
**placarder** [plakaʀde] vt fijar; (mur) fijar carteles en
**place** [plas] nf plaza; (emplacement) lugar m; (espace libre) sitio; (siège) asiento; (prix : au cinéma etc) entrada; (: dans un bus) billete m; (situation : d'une personne) situación f; (Univ, emploi) puesto; **en ~** en su sitio; **de ~ en ~** de un sitio a otro; **sur ~** en el sitio; (sur les lieux) : **faire une enquête/se rendre sur ~** hacer una encuesta/presentarse in situ; **faire de la ~** hacer sitio; **faire ~ à qch** dar paso a algo; **prendre ~** tomar asiento; **ça prend de la ~** ocupa sitio; **à votre** etc **~ ...** en su etc lugar ...; **remettre qn à sa ~** poner a algn en su sitio; **ne pas rester** ou **tenir en ~** no estarse quieto(-a); **à la ~** (en échange) en su lugar; **à la ~ de** en lugar de; **une quatre places** (Auto) un cuatro plazas m inv; **il y a 20 places assises/debout** hay 20 plazas de asiento/de pie; **~ d'honneur** lugar de honor; **~ forte** plaza fuerte; **places arrière/avant** asientos mpl traseros/delanteros
**placé, e** [plase] adj (Hippisme) clasificado(-a); **haut ~** (fig) bien situado(-a); **être bien/mal ~** (objet) estar bien/mal colocado(-a); (spectateur) estar bien/mal situado(-a); (concurrent) tener buena/mala posición; **être bien/mal ~ pour** estar en una buena/mala posición para
**placebo** [plasebo] nm placebo
**placement** [plasmɑ̃] nm (emploi) colocación f; (Fin) inversión f; **agence/bureau de ~** oficina de empleo
**placenta** [plasɛ̃ta] nm placenta
**placer** [plase] vt (convive, spectateur) acomodar; (chose) colocar; (élève, employé) dar empleo a; (marchandises, valeurs) vender; (capital) invertir; **~ qn chez qn/sous les ordres de qn** colocar a algn en casa de algn/bajo las órdenes de algn; **~ qn dans un emploi de** colocar a algn de; **se placer** vpr (Courses) clasificarse; **se ~ au premier rang/devant qch** clasificarse; **se ~ au primer fila/delante de algo
**placide** [plasid] adj plácido(-a)
**placidement** [plasidmɑ̃] adv plácidamente
**placidité** [plasidite] nf placidez f
**placier, -ière** [plasje, jɛʀ] nm/f corredor(a), agente mf
**plafond** [plafɔ̃] nm techo; (Aviat) altura máxima; (fig) tope m

**plafonnement** [plafɔnmɑ̃] nm (limite imposée) : **un ~ des aides** una limitación de las ayudas; **instaurer un ~ de** establecer un tope a
**plafonner** [plafɔne] vi (salaire) llegar a un máximo; (Aviat) volar a la altura máxima ▸ vt (pièce) techar
**plafonnier** [plafɔnje] nm plafón m; (Auto) luz f interna
**plage** [plaʒ] nf playa; (station) balneario; (de disque) pista; (fig) : **~ horaire** intervalo horario; (fig) : **~ musicale** espacio ou programa m musical; (fig) : **~ de prix** horquilla de precios; **~ arrière** (Auto) bandeja
**plagiaire** [plaʒjɛʀ] nmf plagiario(-a)
**plagiat** [plaʒja] nm plagio
**plagier** [plaʒje] vt plagiar
**plagiste** [plaʒist] nmf administrador(a) de una playa privada
**plaid** [plɛd] nm manta de viaje
**plaidant, e** [plɛdɑ̃, ɑ̃t] adj litigante
**plaider** [plede] vi (avocat) pleitear; (plaignant) litigar; **~ pour** ou **en faveur de qn** (fig) declarar a favor de algn ▸ vt (cause) defender; **~ l'irresponsabilité/la légitime défense** alegar irresponsabilidad/legítima defensa; **~ coupable/non coupable** declararse culpable/inocente
**plaider-coupable** [plededkupabl] (pl **plaider-coupables**) nm procedimiento judicial mediante el cual un acusado se declara culpable a cambio de una pena menor
**plaideur, -euse** [plɛdœʀ, øz] nm/f litigante mf
**plaidoirie** [plɛdwaʀi] nf alegato
**plaidoyer** [plɛdwaje] nm (Jur, fig) alegato
**plaie** [plɛ] nf llaga; (fléau) plaga; **quelle ~ ce type !** (fam) ¡qué tío más insoportable! (fam)
**plaignant, e** [plɛɲɑ̃, ɑ̃t] vb voir **plaindre** ▸ adj, nm/f demandante mf
**plaindre** [plɛ̃dʀ] vt compadecer; **se plaindre** vpr quejarse; **se ~ que** quejarse de que
**plaine** [plɛn] nf llanura
**plain-pied** [plɛ̃pje] : **de ~** adv al mismo nivel; (fig) sin dificultad; **de ~ avec** al mismo nivel que ▸ adj (maison) de una planta
**plaint, e** [plɛ̃, plɛ̃t] pp de **plaindre**
**plainte** [plɛ̃t] nf queja; (gémissement) lamento; (Jur) : **porter ~** poner una denuncia
**plaintif, -ive** [plɛ̃tif, iv] adj quejumbroso(-a)
**plaire** [plɛʀ] vi gustar; **~ à : cela me plaît** eso me gusta; **essayer de ~ à qn** tratar de agradar a algn; **elle plaît aux hommes** gusta a los hombres; **ce qu'il vous plaira** lo que usted quiera; **s'il te/vous plaît** por favor; **se plaire** vpr (quelque part) estar a gusto; **se ~ à** complacerse en
**plaisamment** [plɛzamɑ̃] adv agradablemente
**plaisance** [plɛzɑ̃s] nf (aussi : **navigation de plaisance**) navegación f de recreo

## plaisancier – plaque

**plaisancier, -ière** [plɛzɑ̃sje, jɛʀ] *nm/f* aficionado(-a) (a la navegación)

**plaisant, e** [plɛzɑ̃, ɑ̃t] *adj* agradable; *(personne)* grato(-a); *(histoire, anecdote)* divertido(-a)

**plaisanter** [plɛzɑ̃te] *vi* bromear; **pour** ~ en broma; **on ne plaisante pas avec cela** con eso no se bromea; **tu plaisantes !** ¡no hablas en serio!

**plaisanterie** [plɛzɑ̃tʀi] *nf* broma

**plaisantin** [plɛzɑ̃tɛ̃] *nm* bromista *mf*; *(fumiste)* guasón *m*

**plaise** *etc* [plɛz] *vb voir* **plaire**

**plaisir** [pleziʀ] *nm* placer *m*; **les plaisirs** los placeres; **boire/manger avec** ~ beber/comer con ganas; **faire** ~ **à qn** complacer a algn; *(suj : cadeau, nouvelle)* agradar a algn; **prendre** ~ **à qch/à faire qch** complacerse en hacer algo/en hacer algo; **j'ai le** ~ **de ...** tengo el gusto de ...; **M et Mme X ont le** ~ **de vous faire part de ...** el señor y la señora X se complacen en haceros partícipes de ...; **se faire un** ~ **de faire qch** tener mucho gusto en hacer algo; **faites-moi** ~ **de ...** hágame usted el favor de ...; **à** ~ a placer; *(sans raison)* sin motivo; **au** ~ **(de vous revoir)** hasta la próxima; **pour le** ~ por gusto; **chaque âge a ses plaisirs** cada edad tiene su encanto

**plaît** [plɛ] *vb voir* **plaire**

**plan, e** [plɑ̃, plan] *adj* plano(-a) ▶ *nm* plano; *(projet, Écon)* plan *m*; **au premier/second** ~ en primer/segundo plano; **sur tous les plans** en todos los aspectos; **laisser/rester en** ~ dejar/quedar en suspenso; **sur le même** ~ al mismo nivel; **de premier/second** ~ *(personnage)* de primera/segunda plana; **sur le** ~ **sexuel** en el terreno de la sexualidad; ~ **d'action** plan de acción; ~ **d'eau** estanque *m*; ~ **d'épargne logement** plan de ahorro vivienda; ~ **de cuisson** rejilla de cocina; ~ **de sustentation** plano de sustentación; ~ **de travail** encimera; ~ **de vol** plan de vuelo; ~ **directeur** *(Mil)* plano de campaña; *(Écon)* plan rector

> Ne confondez pas *plan* et *plano*. Le plan d'une ville ou d'une construction se traduit par *plano*. Le mot espagnol *plan* est notamment employé pour parler de projets :
> **Je cherche un plan de la vieille ville.** Busco un plano del casco antiguo.
> **Tu as quelque chose de prévu samedi ?** ¿Tienes planes para este sábado?

**planche** [plɑ̃ʃ] *nf* tabla; *(de dessins)* lámina; *(de salades etc)* hilera; *(d'un plongeoir)* tablón *m*; **en planches** de tablas; **faire la** ~ *(dans l'eau)* hacer el muerto; **avoir du pain sur la** ~ tener tela que cortar; ~ **à découper** tabla de cortar; ~ **à dessin** tablero de dibujo; ~ **à pain** tabla; ~ **à repasser** tabla de planchar; ~ **à roulettes** monopatín *m*; ~ **à voile** *(objet)* tabla de windsurfing; *(Sport)* windsurfing *m*; ~ **de salut** *(fig)* tabla de salvación; ~ **de surf** tabla de surf; **planches** *nfpl* *(Théâtre)* : **les planches** las tablas

**plancher** [plɑ̃ʃe] *nm* suelo; *(d'une maison)* piso; *(fig)* tope *m*; ~ **des salaires/cotisations** tope salarial/de las cotizaciones ▶ *vi* : ~ **sur** tener un examen de; *(travailler)* trabajar en *ou* sobre

**planchiste** [plɑ̃ʃist] *nmf* windsurfista *mf*

**plancton** [plɑ̃ktɔ̃] *nm* plancton *m*

**planer** [plane] *vi* *(oiseau)* cernerse; *(avion)* planear; *(odeur)* flotar; *(fam)* estar ciego(-a) *(fam)*; ~ **sur** cernerse sobre

**planétaire** [planetɛʀ] *adj* planetario(-a)

**planétarium** [planetaʀjɔm] *nm* planetarium *m*

**planète** [planɛt] *nf* planeta *m*

**planeur** [planœʀ] *nm* planeador *m*

**planification** [planifikasjɔ̃] *nf* planificación *f*

**planifier** [planifje] *vt* planificar

**planisphère** [planisfɛʀ] *nm* planisferio

**planning** [planiŋ] *nm* programación *f*; ~ **familial** planificación *f* familiar

**planque** [plɑ̃k] *(fam)* *nf* *(emploi peu fatigant)* momio *(fam)*; *(cachette)* escondrijo

**planquer** [plɑ̃ke] *(fam)* *vt* esconder; **se planquer** *vpr* esconderse

**plant** [plɑ̃] *nm* planta joven, plantón *m*

**plantage** [plɑ̃taʒ] *nm* *(d'ordinateur)* bloqueo

**plantaire** [plɑ̃tɛʀ] *adj voir* **voûte**

**plantation** [plɑ̃tasjɔ̃] *nf* plantación *f*

**plante** [plɑ̃t] *nf* planta; *(Anat)* : ~ **du pied** planta del pie; ~ **d'appartement** planta de interior; ~ **verte** planta (de interior)

**planter** [plɑ̃te] *vt* plantar; *(pieu)* clavar; *(drapeau)* plantar; *(tente)* montar; *(fam : mettre)* plantar *(fam)*; *(: abandonner)* : ~ **là** dejar plantado(-a); ~ **de/en vignes** plantar de/con viñas; **planté d'arbres** *(terrain, avenue)* plantado de árboles; ~ **le décor** *(fig)* describir la situación ▶ *vi* *(fam : ordinateur)* bloquearse; **se planter** *vpr* *(fam : se tromper)* equivocarse, meter la pata *(fam)*; **se** ~ **devant qn/qch** plantarse delante de algn/algo

**planteur** [plɑ̃tœʀ] *nm* plantador(a)

**plantigrade** [plɑ̃tigʀad] *adj* plantígrado(-a) ▶ *nm* plantígrado

**planton** [plɑ̃tɔ̃] *nm* plantón *m*

**plantureux, -euse** [plɑ̃tyʀø, øz] *adj* *(repas)* copioso(-a); *(femme, poitrine)* exuberante

**plaquage** [plakaʒ] *nm* *(Rugby)* placaje *m*

**plaque** [plak] *nf* placa; *(d'ardoise, de verre)* hoja; ~ **chauffante** placa calientaplatos; ~ **de beurre** barra de mantequilla; ~ **de chocolat** tableta de chocolate; ~ **de cuisson** placa de cocina; ~ **de four** placa de horno; ~ **de police** placa (de identidad); ~ **de propreté** placa protectora; ~ **d'identité** placa (de identidad); ~ **d'immatriculation** (placa de) matrícula;

## plaqué – plein-emploi

~ **minéralogique** placa mineralógica;
~ **sensible** (Photo) placa sensible;
~ **tournante** (fig) centro

**plaqué, e** [plake] nm (métal) : ~ **or/argent** chapado en oro/plata; (bois) : ~ **acajou** enchapado en caoba ▶ adj : ~ **or/argent** chapado(-a) en oro/plata

**plaquer** [plake] vt (bijou) chapar; (bois) enchapar; (Rugby) hacer un placaje a; (fam : laisser tomber) dejar; (aplatir) : ~ **qch sur/contre** aplastar algo sobre/contra; ~ **qn contre** sujetar a algn con fuerza contra; **se plaquer** vpr : **se ~ contre** pegarse a

**plaquette** [plakɛt] nf (de chocolat, pilules) tableta; (beurre) barra; (livre) folleto; **plaquettes de frein** (Auto) pastillas de freno

**plasma** [plasma] nm plasma m

**plastic** [plastik] nm goma dos f

**plasticien, ne** [plastisjɛ̃, jɛn] nm/f (artiste) artista plástico(-a) ▶ adj plástico(-a)

**plastifié, e** [plastifje] adj plastificado(-a)

**plastifier** [plastifje] vt plastificar

**plastiquage** [plastikaʒ] nm explosión f con goma dos

**plastique** [plastik] adj plástico(-a); **chirurgie ~** cirugía plástica; **les arts plastiques** las artes plásticas ▶ nm plástico; **bouteille en ~** botella de plástico ▶ nf plástica

**plastiquer** [plastike] vt volar con goma dos

**plastiqueur** [plastikœʀ] nm autor m de una explosión con goma dos

**plastron** [plastʀɔ̃] nm pechera

**plastronner** [plastʀɔne] (péj) vi gallear

**plasturgie** [plastyʀʒi] nf plasturgia

**plat, e** [pla, at] adj llano(-a); (chapeau, bateau) chato(-a); (ventre, poitrine) plano(-a); (cheveux) lacio(-a); (vin) insípido(-a); (banal) anodino(-a); **à ~** (adverbe) horizontalmente; (adjectif : pneu) desinflado(-a); (batterie) descargado(-a); (personne) rendido(-a); **à ~ ventre** boca abajo; **talons plats** zapatos mpl planos; **eau plate** agua sin gas ▶ nm (Culin : mets) plato; (: récipient) fuente f; (partie plate) : **le ~ de la main** la palma de la mano; (d'une route) : **rouler sur du ~** conducir en lo llano; **~ cuisiné** plato precocinado; **~ de résistance** plato fuerte; **~ du jour** plato del día; **plats préparés** platos preparados

⚠ Referido a un recipiente, no debe traducirse por *plato*, que en francés corresponde a **assiette**.

**platane** [platan] nm plátano (árbol)

**plateau, x** [plato] nm bandeja; (d'une table) superficie f; (d'une balance, de tourne-disque) plato; (Géo) meseta; (d'un graphique) nivel m; (Ciné, TV) plató; **~ de fromages** tabla de quesos

**plateau-repas** [platoʀəpa] (pl **plateaux-repas**) nm bandeja de comida (servida en trenes y aviones)

**plate-bande** [platbɑ̃d] (pl **plates-bandes**) nf arriate m; **marcher sur les plates-bandes de qn** (fig) meterse en el terreno de algn

**platée** [plate] nf fuente f, plato

**plateforme** [platfɔʀm] nf plataforma; **~ de forage/pétrolière** plataforma de perforación/petrolera

**platine** [platin] nm platino ▶ nf platina; **~ cassette/laser/disque** platina de casete/láser/de tocadiscos ▶ adj inv : **cheveux/blond ~** cabello/rubio platino inv

**platitude** [platityd] nf simpleza

**platonique** [platɔnik] adj platónico(-a)

**plâtras** [platʀa] nm cascote m

**plâtre** [platʀ] nm yeso; (Méd, statue) escayola; **avoir un bras dans le ~** tener un brazo escayolado; **plâtres** nmpl (revêtements) revestimientos mpl de escayola

**plâtrer** [platʀe] vt (mur) enyesar; (Méd) escayolar

**plâtrier** [platʀije] nm yesero

**plausibilité** [plozibilite] nf plausibilidad f

**plausible** [plozibl] adj plausible

**play-back** [plɛbak] nm inv play-back m

**play-boy** [plɛbɔj] (pl **play-boys**) nm play-boy m

**plébiscite** [plebisit] nm plebiscito

**plébisciter** [plebisite] vt (approuver) dar el visto bueno a; (élire) elegir

**plectre** [plɛktʀ] nm plectro

**pléiade** [plejad] nf (groupe) pléyade f; **toute une ~ de** toda una pléyade de

**plein, e** [plɛ̃, plɛn] adj lleno(-a); (journée) ocupado(-a); (porte, roue) macizo(-a); (joues, formes) relleno(-a); (mer) alto(-a); (chienne, jument) preñada; **avoir les mains pleines** tener las manos llenas; **à pleines mains** a manos llenas; **à ~ régime** al máximo; **à ~ temps, à temps ~** a tiempo completo; **en ~ air** al aire libre; **jeux de ~ air** juegos de aire libre; **en ~ vent/soleil** a pleno viento/sol; **en pleine mer** en alta mar; **en pleine rue** en medio de la calle; **en ~ milieu** en medio; **en ~ jour/pleine nuit** en pleno día/plena noche; **en pleine croissance** en pleno crecimiento; **en avoir ~ le dos** (fam) estar hasta la coronilla (fam); **à ~, en ~** de lleno; **pleins pouvoirs** plenos poderes mpl ▶ prép : **avoir de l'argent ~ les poches** tener los bolsillos llenos de dinero ▶ nm : **faire le ~ (d'essence)** llenar el depósito (de gasolina); **faire le ~ de spectateurs/voix** llenar la sala/conseguir la mayoría de los votos; **en ~ sur** de lleno sobre; **les pleins** (écriture) el trazo grueso

**pleinement** [plɛnmɑ̃] adv enteramente

**plein-emploi** [plɛnɑ̃plwa] nm pleno empleo

## plénière – pluraliste

**plénière** [plenjɛʀ] *adj f* : **assemblée/réunion** ~ asamblea/reunión *f* plenaria
**plénipotentiaire** [plenipɔtɑ̃sjɛʀ] *nmf* plenipotenciario(-a)
**plénitude** [plenityd] *nf* plenitud *f*
**pléthore** [pletɔʀ] *nf* plétora
**pléthorique** [pletɔʀik] *adj* (*classes*) repleto(-a); (*documentation*) abundante
**pleurer** [plœʀe] *vi* llorar; ~ **sur** llorar por; ~ **de rire** llorar de risa ▶ *vt* llorar
**pleurésie** [plœʀezi] *nf* pleuresía
**pleureuse** [plœʀøz] *nf* plañidera
**pleurnichard, e** [plœʀniʃaʀ, aʀd] *adj* (*personne, ton*) llorón(-ona)
**pleurnicher** [plœʀniʃe] *vi* lloriquear
**pleurote** [plœʀɔt] *nm* (*Bot*) pleuroto
**pleurs** [plœʀ] *nmpl* : **en** ~ deshecho(-a) en lágrimas
**pleut** [plø] *vb voir* **pleuvoir**
**pleutre** [pløtʀ] *adj* cobarde
**pleuvait** *etc* [pløvɛ] *vb voir* **pleuvoir**
**pleuviner** [pløvine] *vb impers* lloviznar
**pleuvoir** [pløvwaʀ] *vb impers* : **il pleut** llueve; **il pleut des cordes** *ou* **à verse/à torrents** llueve a cántaros/torrencialmente ▶ *vi* (*fig*) llover
**pleuvra** *etc* [pløvʀa] *vb voir* **pleuvoir**
**plèvre** [plɛvʀ] *nf* pleura
**plexiglas®** [plɛksiglas] *nm* plexiglás® *msg*
**pli** [pli] *nm* pliegue *m*; (*d'un drapé, rideau*) doblez *f*; (*d'une jupe*) tabla; (*d'un pantalon*) raya; (*aussi* : **faux pli**) arruga; (*ride*) arruga; (*enveloppe*) sobre *m*; (*Admin*) carta; (*Cartes*) baza; **prendre le ~ de faire qch** adquirir el hábito de hacer algo; **ça ne va pas faire un** ~ no cabe duda; ~ **d'aisance** tabla
**pliable** [plijabl] *adj* plegable
**pliage** [plijaʒ] *nm* plegado(-a)
**pliant, e** [plijɑ̃, plijɑ̃t] *adj* plegable ▶ *nm* silla de tijera
**plier** [plije] *vt* (*nappe*) doblar; (*tente*) plegar; (*pour ranger*) recoger; (*genou, bras*) flexionar; ~ **bagage** (*fig*) tomar las de Villadiego ▶ *vi* curvarse; (*personne*) ceder; ~ **sous le poids de qch** doblarse *ou* ceder bajo el peso de algo; **se plier** *vpr* : **se ~ à** doblegarse a
**plinthe** [plɛ̃t] *nf* zócalo
**plissé, e** [plise] *adj* (*jupe*) plisado(-a); (*peau*) arrugado(-a); (*Géo*) plegado(-a) ▶ *nm* (*Couture*) plisado
**plissement** [plismɑ̃] *nm* (*Géo*) plegamiento
**plisser** [plise] *vt* arrugar; (*jupe*) hacerle tablas a, plisar; **se plisser** *vpr* arrugarse
**pliure** [plijyʀ] *nf* (*du bras, genou*) flexión *f*; (*d'un ourlet*) doblez *f*
**plomb** [plɔ̃] *nm* plomo; (*d'une cartouche*) perdigón *m*; (*sceau*) precinto; (*Élec*) fusible *m*; **sommeil de** ~ sueño pesado; **soleil de** ~ sol abrasador
**plombage** [plɔ̃baʒ] *nm* empaste *m*

**plombémie** [plɔ̃bemi] *nf* plombemia
**plomber** [plɔ̃be] *vt* (*canne, ligne*) poner el plomo en; (*Inform, colis etc*) precintar; (*Tech* : *mur*) aplomar; (*dent*) empastar
**plomberie** [plɔ̃bʀi] *nf* fontanería, plomería (*AM*); (*installation*) cañería
**plombier, -ière** [plɔ̃bje, jɛʀ] *nm/f* fontanero(-a), plomero(-a) (*AM*), gasfíter *mf* (*CHI*), gasfitero(-a) (*CHI*)
**plonge** [plɔ̃ʒ] (*fam*) *nf* : **faire la** ~ fregar los platos
**plongeant, e** [plɔ̃ʒɑ̃, ɑ̃t] *adj* (*vue*) desde arriba; (*tir*) oblicuo(-a); (*décolleté*) pronunciado(-a)
**plongée** [plɔ̃ʒe] *nf* inmersión *f*; (*Sport* : *sans bouteilles*) buceo; (*Ciné, TV*) plano tomado desde arriba, plano picado; ~ **(sous-marine)** submarinismo; **sous-marin en** ~ submarino sumergido
**plongeoir** [plɔ̃ʒwaʀ] *nm* trampolín *m*
**plongeon** [plɔ̃ʒɔ̃] *nm* zambullida; (*Football*) estirada
**plonger** [plɔ̃ʒe] *vi* (*personne*) zambullirse; (*sous-marin*) sumergirse; (*oiseau, avion*) lanzarse en picado; (*Football*) hacer una estirada; (*personne*) : ~ **dans un sommeil profond** sumirse en un sueño profundo ▶ *vt* sumergir; (*arme, racine*) clavar; ~ **qn dans l'obscurité** sumir a algn en la oscuridad; ~ **qn dans l'embarras/le découragement** sumir a algn en la confusión/el desánimo; **se plonger** *vpr* : **se ~ dans** sumergirse en; (*travail, études*) sumirse en
**plongeur, -euse** [plɔ̃ʒœʀ, øz] *nm/f* buceador(a); (*avec bouteilles*) submarinista *mf*; (*de restaurant*) lavaplatos *mf inv*
**plot** [plo] *nm* (*Élec*) transmisor *m* eléctrico
**plouc** [pluk] (*fam, péj*) *nmf* paleto(-a)
**ploutocratie** [plutɔkʀasi] *nf* plutocracia
**ploutocratique** [plutɔkʀatik] *adj* plutocrático(-a)
**ployer** [plwaje] *vt* : ~ **les genoux** doblar las rodillas ▶ *vi* curvarse; ~ **sous le joug** (*fig*) ceder bajo el yugo
**plu** [ply] *pp de* **plaire** ; **pleuvoir**
**pluie** [plɥi] *nf* lluvia; **une ~ de** (*fig*) una lluvia de; **retomber en** ~ caer en forma de lluvia; **sous la** ~ bajo la lluvia
**plumage** [plymaʒ] *nm* plumaje *m*
**plume** [plym] *nf* pluma; **dessin à la** ~ dibujo en plumilla
**plumeau, x** [plymo] *nm* plumero
**plumer** [plyme] *vt* (*aussi fig*) desplumar
**plumet** [plymɛ] *nm* penacho
**plumier** [plymje] *nm* plumero
**plupart** [plypaʀ] *nf* : **la** ~ la mayor parte; **la ~ du temps** la mayoría de las veces; **dans la ~ des cas** en la mayoría de los casos; **pour la** ~ en su mayoría
**pluralisme** [plyʀalism] *nm* pluralismo
**pluraliste** [plyʀalist] *adj* pluralista

## pluralité – podologue

**pluralité** [plyralite] *nf* pluralidad *f*
**pluriannuel, le** [plyrianɥɛl] *adj* plurianual
**pluridisciplinaire** [plyridisipliner] *adj* pluridisciplinar
**pluriel, le** [plyrjɛl] *nm* plural *m*; **au ~** en plural ▶ *adj (gauche, société)* plural
**pluriethnique** [plyriɛtnik] *adj* pluriétnico(-a)

(MOT-CLÉ)

**plus** [ply] *adv* **1** *(forme négative)*: **ne ... plus** ya no; **je n'ai plus d'argent** ya no tengo dinero; **il ne travaille plus** ya no trabaja
**2** [ply(s), (+ voyelle) plyz, (en position finale) plys] *(comparatif)* más; **plus intelligent (que)** más inteligente (que); **plus d'intelligence/de possibilités (que)** más inteligencia/posibilidades (que); *(superlatif)*: **le plus** el más; **c'est lui qui travaille le plus** es él quien más trabaja; **le plus grand** el más grande; **(tout) au plus** a lo sumo, a lo más
**3** [ply(s), (+ voyelle) plyz] *(davantage)* más; **il travaille plus (que)** trabaja más (que); **plus il travaille, plus il est heureux** cuanto más trabaja, más feliz es; **il était plus de minuit** era más de medianoche; **plus de trois heures/quatre kilos** más de tres horas/cuatro kilos; **trois heures/kilos de plus que** tres horas/kilos más que; **il a trois ans de plus que moi** tiene tres años más que yo; **de plus** *(en supplément)* de más; *(en outre)* además; **de plus en plus** cada vez más; **plus de pain** más pan; **sans plus** sin más; **trois kilos en plus** tres kilos de más; **en plus de cela ...** además de eso ...; **d'autant plus que** tanto más cuanto, más aún cuando; **qui plus est** y lo que es más; **plus ou moins** más o menos; **ni plus ni moins** ni más ni menos
▶ *prép* [plys]: **4 plus 2** 4 más 2

**plusieurs** [plyzjœr] *adj, pron* varios(-as); **ils sont ~** son varios
**plus-que-parfait** [plyskəparfɛ] *(pl* **plus-que-parfaits***) nm (Ling)* pluscuamperfecto
**plus-value** [plyvaly] *(pl* **plus-values***) nf (Écon)* plusvalía; *(bénéfice)* beneficio; *(budgétaire)* excedente *m*
**plut** [ply] *vb voir* **plaire**; **pleuvoir**
**plutonium** [plytɔnjɔm] *nm* plutonio
**plutôt** [plyto] *adv* más bien; **je ferais ~ cela** haría más bien eso; **fais ~ comme ça** haz mejor así; **~ que (de) faire qch** en lugar de hacer algo; **~ grand/rouge** más bien grande/rojo
**pluvial, e, -aux** [plyvjal, jo] *adj* pluvial
**pluvieux, -euse** [plyvjø, jøz] *adj* lluvioso(-a)
**pluviométrie** [plyvjɔmetri] *nf* pluviometría
**pluviosité** [plyvjozite] *nf* pluviosidad *f*
**PM** [peɛm] *sigle f (= Police militaire)* ≈ PM *f (= Policía Militar)*

**PMA** [peɛma] *sigle f (= procréation médicalement assistée)* reproducción *f* asistida
**PME** [peɛmə] *sigle f inv (= petite et moyenne entreprise)* ≈ PYME *f*, ≈ pyme *f (= pequeña y mediana empresa)*; **une ~ française** una PYME *ou* pyme francesa; **les ~ espagnoles** las pymes *ou* las PYMES españolas
**PMI** [peɛmi] *sigle fpl* = **petites et moyennes industries** ▶ *sigle f (= protection maternelle et infantile) voir* **protection**
**PMU** [peɛmy] *sigle m (= Pari Mutuel Urbain) voir* **pari**; *ver nota*

- **PMU**
- 
- **PMU**, siglas de *Pari Mutuel Urbain*, es una
- red de ventanillas de apuestas regulada
- por el gobierno que se encuentran en los
- bares que muestran el signo **PMU**. Para
- apostar se compran boletos con un precio
- fijo y se hacen predicciones sobre quiénes
- van a ganar u ocupar las primeras
- posiciones en las carreras de caballos.
- La apuesta tradicional es el *tiercé*, que es
- una triple apuesta, aunque hay otras
- apuestas múltiples, como *quinté* etc, que
- se están haciendo cada vez más populares.

**PNB** [peɛnbe] *sigle m (= produit national brut)* PNB *m (= producto nacional bruto)*
**pneu, x** [pnø] *nm* neumático, llanta (AM); *(message)* misiva tubular
**pneumatique** [pnømatik] *nm* neumático ▶ *adj* de aire comprimido; *(canot)* hinchable
**pneumonie** [pnømɔni] *nf* neumonía
**pneumopathie** [pnømɔpati] *nf* neumopatía
**PO** *sigle fpl (= petites ondes)* OM *f (= onda media)*
**poche** [pɔʃ] *nf* bolsillo; *(des marsupiaux)* bolsa; **de ~** de bolsillo; **en être** *ou* **y être de sa ~** pagarlo de su bolsillo; **c'est dans la ~** es cosa hecha; **connaître qch comme sa ~** *(ville, quartier)* conocer algo como la palma de la mano ▶ *nm* libro de bolsillo
**poché, e** [pɔʃe] *adj*: **œuf ~** huevo escalfado; **œil ~** ojo a la funerala
**pocher** [pɔʃe] *vt* escalfar; *(Peinture)* bosquejar ▶ *vi (vêtement)* hacer forma
**poche-revolver** [pɔʃRəvɔlvɛR] *(pl* **poches-revolver***) nf* bolsillo de atrás
**pochette** [pɔʃɛt] *nf (de timbres)* sobre *m*; *(d'aiguilles etc)* estuche *m*; *(sac: de femme)* bolso de mano; *(: d'homme)* bolso; *(sur veste)* pañuelo; **~ d'allumettes** canterilla de cerillas; **~ de disque** funda de discos; **~ surprise** sobre sorpresa
**pochoir** [pɔʃwar] *nm* plantilla
**podcast** [pɔdkast] *nm* podcast *m*
**podcaster** [pɔdkaste] *vi* podcastear
**podium** [pɔdjɔm] *nm* podio
**podologue** [pɔdɔlɔg] *nmf* podólogo(-a)

## poêle – pointure

**poêle** [pwal] *nm* estufa ▶ *nf* : ~ **(à frire)** sartén *f ou* (*Am*) *m*

**poêlée** [pwale] *nf* (*Culin*) : ~ **de petits légumes** verduritas *fpl* salteadas

**poêler** [pwale] *vt* saltear

**poêlon** [pwalɔ̃] *nm* cazo

**poème** [pɔɛm] *nm* poema *m*

**poésie** [pɔezi] *nf* poesía

**poète** [pɔɛt] *nmf, adj* poeta *mf*

**poétesse** [pɔetɛs] *nf* poetisa

**poétique** [pɔetik] *adj* poético(-a)

**poétiquement** [pɔetikmã] *adv* poéticamente

**poétiser** [pɔetize] *vt* poetizar

**pognon** [pɔɲɔ̃] (*fam*) *nm* pasta (*fam*)

**poids** [pwa] *nm* peso; (*pour peser*) pesa; **vendre qch au** ~ vender algo al peso; **prendre/ perdre du** ~ coger/perder peso; **faire le** ~ (*fig*) dar la talla; **argument de** ~ argumento de peso; ~ **et haltères** *nmpl* pesas y halterofilia; ~ **lourd** peso pesado; (*camion*) vehículo pesado; ~ **mort** (*Tech*) peso muerto; (*fig : péj*) lastre *m*; ~ **mouche/plume/coq/moyen** (*Boxe*) peso mosca/pluma/gallo/medio; ~ **utile** carga

**poignant, e** [pwaɲɑ̃, ɑ̃t] *adj* conmovedor(a)

**poignard** [pwaɲaʀ] *nm* puñal *m*; **un coup de** ~ **dans le dos** (*fig*) una puñalada trapera

**poignarder** [pwaɲaʀde] *vt* apuñalar

**poigne** [pwaɲ] *nf* fuerza; (*main, poing*) mano *f*; (*fig*) firmeza; **à** ~ (*homme, femme*) con firmeza

**poignée** [pwaɲe] *nf* puñado; (*de couvercle, valise*) asa; (*tiroir*) tirador *m*; (*porte*) picaporte *m*; (*de cuisine*) manopla *f*; ~ **de main** apretón *m* de manos

**poignet** [pwaɲɛ] *nm* muñeca; (*d'une chemise*) puño

**poil** [pwal] *nm* pelo; (*de pinceau, brosse*) cerda; **à** ~ (*fam : tout nu*) en pelota(s); **au** ~ (*fam*) genial; **de tout** ~ de toda calaña; **être de bon/mauvais** ~ (*fam*) estar de buenas/malas; ~ **à gratter** picapica

**poilant, e** [pwalɑ̃, ɑ̃t] (*fam*) *adj* tronchante (*fam*)

**poilu, e** [pwaly] *adj* peludo(-a)

**poinçon** [pwɛ̃sɔ̃] *nm* punzón *m*; (*marque*) contraste *m*

**poinçonner** [pwɛ̃sɔne] *vt* (*billet, ticket*) picar; (*marchandise, bijou*) contrastar

**poinçonneuse** [pwɛ̃sɔnøz] *nf* perforadora

**poindre** [pwɛ̃dʀ] *vi* (*fleur*) brotar; (*aube, jour*) despuntar

**poing** [pwɛ̃] *nm* puño; **dormir à poings fermés** dormir a pierna suelta

**point** [pwɛ̃] *vb voir* **poindre** ▶ *nm* punto; (*Couture, tapisserie*) puntada; **à** ~ **nommé** en el momento oportuno; **au** ~ **de vue scientifique** desde el punto de vista científico; **faire le** ~ (*Naut*) determinar la posición; (*fig*) recapitular; **faire le** ~ **sur** analizar la situación de; **en tout** ~ de todo punto; **sur le** ~ **de faire qch** a punto de hacer algo; **au** ~ **que** hasta el punto que; **mettre au** ~ poner a punto; (*appareil de photo*) enfocar; (*affaire*) precisar; **à** ~ (*Culin*) en su punto; ~ **chaud** (*Mil, Pol*) punto álgido; ~ **com** puntocom *m*; ~ **culminant** punto culminante; ~ **d'eau** punto de agua; ~ **d'exclamation/ d'interrogation** signo de exclamación/de interrogación; ~ **de chaînette/de croix/de tige** punto de cadeneta/de cruz/de tallo; ~ **de chute** (*fig*) lugar *m* de parada; ~ **de côté** punzada en el costado; ~ **de départ/d'arrivée** punto de partida/de llegada; ~ **de jersey/mousse** (*Tricot*) punto liso *ou* de jersey/de malla; ~ **de non-retour** punto sin retorno; ~ **de repère** punto de referencia; ~ **de vente** punto de venta; ~ **de vue** (*paysage*) vista; (*fig*) punto de vista; ~ **faible** punto débil; ~ **mort** punto muerto; ~ **noir** punto negro; **points cardinaux** puntos cardinales; **points de suspension** puntos *mpl* suspensivos ▶ *adv* (*littér, vieilli*) = **pas²**; ~ **du tout** de ningún modo

**pointage** [pwɛ̃taʒ] *nm* punteo; (*des ouvriers etc*) fichado

**pointe** [pwɛ̃t] *nf* punta; (*d'un clocher*) remate *m*; (*fig*) : **une** ~ **d'ail/d'accent** una pizca de ajo/de acento; **être à la** ~ **de qch** estar en la vanguardia de algo; **faire** *ou* **pousser une** ~ **jusqu'à** ... llegar hasta ...; **sur la** ~ **des pieds** de puntillas; **en** ~ *adv, adj* en punta; **de** ~ (*industries*) de vanguardia; (*vitesse*) punta *inv*; **heures/jours de** ~ horas *fpl*/días *mpl* punta; **faire du 180 en** ~ (*Auto*) llevar una velocidad tope de 180; **faire des pointes** (*Danse*) bailar de puntillas; ~ **d'asperge** punta de espárrago; ~ **de courant** sobretensión *f*; ~ **de vitesse** escapada; **pointes** *nfpl* (*Danse*) zapatillas *fpl* de puntas

**pointer** [pwɛ̃te] *vt* puntear; (*employés, ouvriers*) fichar; (*canon, doigt*) apuntar; ~ **les oreilles** aguzar las orejas ▶ *vi* (*employé, ouvrier*) fichar; (*pousses*) brotar; (*jour*) despuntar; **se pointer** *vpr* (*fam : arriver, apparaître*) presentarse, aparecer

**pointeur, -euse** [pwɛ̃tœʀ, øz] *nm/f* (*personne*) listero; (: *Pétanque*) apuntador(a) ▶ *nm* (*Inform*) cursor *m*

**pointeuse** [pwɛ̃tøz] *nf* perforadora

**pointillé** [pwɛ̃tije] *nm* línea de puntos; (*Art*) punteado; **en** ~ en punteado

**pointilleux, -euse** [pwɛ̃tijø, øz] *adj* puntilloso(-a)

**pointu, e** [pwɛ̃ty] *adj* puntiagudo(-a); (*son, voix, fig*) agudo(-a)

**pointure** [pwɛ̃tyʀ] *nf* número; (*fig : personnalité*) pez *m* gordo; (*calibre*) : **il est d'une autre** ~ no tiene punto de comparación

## point-virgule – politicard

**point-virgule** [pwɛ̃viʀgyl] (pl **points-virgules**) nm punto y coma m
**poire** [pwaʀ] nf pera; (fam, péj) memo(-a); **~ à injections** jeringa de inyecciones; **~ électrique/à lavement** pera eléctrica/de lavativa
**poireau, x** [pwaʀo] nm puerro
**poireauter** [pwaʀote] (fam) vi esperar
**poirier** [pwaʀje] nm peral m; **faire le ~** hacer el pino
**pois** [pwa] nm guisante m; (sur une étoffe) lunar m; **à ~** de lunares; **~ cassés** guisantes mpl secos; **~ chiche** garbanzo; **~ de senteur** guisante de olor
**poison** [pwazɔ̃] nm veneno
**poisse** [pwas] nf mala pata f (fam)
**poisser** [pwase] vt embadurnar
**poisseux, -euse** [pwasø, øz] adj pegajoso(-a)
**poisson** [pwasɔ̃] nm pez m; (Culin) pescado; (Astrol): **Poissons** Piscis msg; **être Poissons** ser Piscis; **prendre du ~** pescar; **« ~ d'avril ! »** « ¡inocente! »; **~ d'avril** inocentada; ver nota; **~ volant/rouge** pez volador/rojo

> **POISSON D'AVRIL**
>
> En Francia, el 1 de abril es el equivalente al día de los Santos Inocentes en España. La broma o inocentada típica de ese día es pegar en la espalda de alguien un pez de papel, el **poisson d'avril**, sin ser visto. Los medios de comunicación contribuyen con sus propios **poissons d'avril** difundiendo noticias falsas y disparatadas.

**poisson-chat** [pwasɔ̃ʃa] (pl **poissons-chats**) nm siluro
**poissonnerie** [pwasɔnʀi] nf pescadería
**poissonneux, -euse** [pwasɔnø, øz] adj rico(-a) en peces
**poissonnier, -ière** [pwasɔnje, jɛʀ] nm/f pescadero(-a)
**poissonnière** [pwasɔnjɛʀ] nf besuguera
**poisson-scie** [pwasɔ̃si] (pl **poissons-scies**) nm pez m sierra
**poitevin, e** [pwat(ə)vɛ̃, in] adj (région) del Poitou; (ville) de Poitiers ▶ nm/f: **Poitevin, e** nativo(-a) ou habitante mf del Poitou ou de Poitiers
**poitrail** [pwatʀaj] nm pecho
**poitrine** [pwatʀin] nf pecho
**poivre** [pwavʀ] nm pimienta; **~ et sel** adj inv (cheveux) entrecano(-a); **~ blanc/gris** pimienta blanca/negra; **~ de Cayenne** cayena; **~ moulu/en grains** pimienta molida/en grano; **~ vert** pimienta verde

> Ne confondez pas *el pimiento* (**le poivron**) et *la pimienta* (**le poivre**).

**poivré, e** [pwavʀe] adj picante
**poivrer** [pwavʀe] vt sazonar con pimienta

**poivrier** [pwavʀije] nm (Bot, ustensile) pimentero
**poivrière** [pwavʀijɛʀ] nf (ustensile) pimentero
**poivron** [pwavʀɔ̃] nm pimiento morrón; **~ rouge/vert** pimiento rojo/verde
**poivrot, e** [pwavʀo, ɔt] (fam) nm/f (ivrogne) borracho(-a)
**poix** [pwa] nf pez f
**poker** [pɔkɛʀ] nm : **le ~** el póker; **partie de ~** (fig) partida de póker; **~ d'as** póker de dados
**polaire** [pɔlɛʀ] adj polar ▶ nf (vêtement) forro polar
**polar** [pɔlaʀ] (fam) nm novela policial ou policíaca
**polarisation** [pɔlaʀizasjɔ̃] nf polarización f
**polariser** [pɔlaʀize] vt polarizar; **être polarisé sur** (personne) estar volcado en, estar absorbido por
**pôle** [pol] nm (Géo, Élec) polo; **~ d'attraction** polo de atracción; **~ de développement** (Écon) polo de desarrollo; **le ~ Nord/Sud** el polo Norte/Sur
**polémique** [pɔlemik] adj polémico(-a) ▶ nf polémica
**polémiquer** [pɔlemike] vi polemizar
**polémiste** [pɔlemist] nmf polemista mf
**poli, e** [pɔli] adj (personne) educado(-a); (surface) liso(-a)
**police** [pɔlis] nf : **la ~** la policía; (discipline) : **assurer la ~ de** ou **dans** mantener el orden en; (Assurance) : **~ d'assurance** póliza de seguros; **être dans la ~** estar en la policía; **peine de simple ~** pena leve; **~ de caractère** (Typo, Inform) tipo de letra; **~ des mœurs** policía encargada del control de la prostitución; **~ judiciaire** policía judicial; **~ secours** servicio urgente de policía; **~ secrète** policía secreta
**policé, e** [pɔlise] adj civilizado(-a)
**polichinelle** [pɔliʃinɛl] nm polichinela m; **secret de ~** secreto a voces
**policier, -ière** [pɔlisje, jɛʀ] adj policial, policiaco(-a), policíaco(-a) ▶ nm/f policía mf, agente mf (AM) ▶ nm (roman) novela policiaca ou policíaca; (film) película policiaca ou policíaca
**policlinique** [pɔliklinik] nf policlínica
**poliment** [pɔlimɑ̃] adv educadamente
**polio** [pɔljɔ] (fam) nf polio f inv (fam)
**poliomyélite** [pɔljɔmjelit] nf poliomielitis f inv
**poliomyélitique** [pɔljɔmjelitik] nmf poliomielítico(-a)
**polir** [pɔliʀ] vt pulir
**polisson, ne** [pɔlisɔ̃, ɔn] adj (enfant) pillo(-a); (allusion, chanson) pícaro(-a), atrevido(-a)
**politesse** [pɔlitɛs] nf cortesía; (civilité) : **la ~** la urbanidad; **devoir/rendre une ~ à qn** deber/devolver un cumplido a algn; **politesses** nfpl (actes) cumplidos mpl
**politicard** [pɔlitikaʀ] (péj) nm politicastro

**politicien, ne** [pɔlitisjɛ̃, jɛn] *nm/f* político(-a); *(péj)* politicastro(-a) ▶ *adj* político(-a)
**politique** [pɔlitik] *adj, nm/f* político(-a) ▶ *nf* política; ~ **étrangère/intérieure** política exterior/interior
**politique-fiction** [pɔlitikfiksjɔ̃] *(pl* **politiques-fictions)** *nf* ficción *f* política
**politiquement** [pɔlitikmɑ̃] *adv* políticamente; *(avec habilité)* diplomáticamente
**politisation** [pɔlitizasjɔ̃] *nf* politización *f*
**politiser** [pɔlitize] *vt* politizar; ~ **qn** politizar a algn; **se politiser** *vpr* politizarse
**politologue** [pɔlitɔlɔg] *nmf* politólogo(-a)
**pollen** [pɔlɛn] *nm* polen *m*
**polluant, e** [pɔlɥɑ̃, ɑ̃t] *adj* contaminante; **produit** ~ producto contaminante
**polluer** [pɔlɥe] *vt* contaminar; **air pollué/ eaux polluées** aire *m* contaminado/aguas *fpl* contaminadas
**pollueur, -euse** [pɔlɥœʀ, øz] *nm/f* contaminador(a)
**pollution** [pɔlysjɔ̃] *nf* polución *f*, contaminación *f*
**polo** [pɔlo] *nm* polo
**Pologne** [pɔlɔɲ] *nf* Polonia
**polonais, e** [pɔlɔnɛ, ɛz] *adj* polaco(-a) ▶ *nm* *(Ling)* polaco ▶ *nm/f* : **Polonais, e** polaco(-a)
**poltron, ne** [pɔltʀɔ̃, ɔn] *adj* cobarde
**poly...** [pɔli] *préf* poli...
**polyamide** [pɔliamid] *nm* poliamida
**polyarthrite** [pɔliaʀtʀit] *nf* poliartritis *f inv*
**polychrome** [pɔlikʀom] *adj* polícromo(-a)
**polyclinique** [pɔliklinik] *nf* = **policlinique**
**polycopie** [pɔlikɔpi] *nf (procédé)* multicopista
**polycopié, e** [pɔlikɔpje] *adj* multicopiado(-a) ▶ *nm* copia (sacada por multicopia)
**polycopier** [pɔlikɔpje] *vt* multicopiar
**polyculture** [pɔlikyltyʀ] *nf* policultivo
**polyester** [pɔliɛstɛʀ] *nm* poliéster *m*
**polyéthylène** [pɔlietilɛn] *nm* polietileno
**polygame** [pɔligam] *adj* polígamo(-a)
**polygamie** [pɔligami] *nf* poligamia
**polyglotte** [pɔliglɔt] *adj* políglota(-a)
**polygone** [pɔligɔn] *nm* polígono
**polymère** [pɔlimɛʀ] *nm* polímero
**polymorphe** [pɔlimɔʀf] *adj* polimorfo(-a)
**Polynésie** [pɔlinezi] *nf* Polinesia; **la ~ française** la Polinesia francesa
**polynésien, ne** [pɔlinezjɛ̃, jɛn] *adj* polinesio(-a) ▶ *nm/f* : **Polynésien, ne** polinesio(-a)
**polynôme** [pɔlinom] *nm* polinomio
**polype** [pɔlip] *nm* pólipo
**polyphonie** [pɔlifɔni] *nf* polifonía
**polyphonique** [pɔlifɔnik] *adj* polifónico(-a)
**polysémie** [pɔlisemi] *nf* polisemia
**polysémique** [pɔlisemik] *adj* polisémico(-a)
**polystyrène** [pɔlistiʀɛn] *nm* poliestireno
**polytechnicien, ne** [pɔlitɛknisjɛ̃, jɛn] *nm/f* alumno o antiguo alumno de la Escuela Politécnica francesa
**polyuréthane** [pɔliyʀetan] *nm* poliuretano
**polyvalent, e** [pɔlivalɑ̃, ɑ̃t] *adj* polivalente ▶ *nm* tasador *m* de impuestos
**pomélo** [pɔmelo] *nm* pomelo
**pommade** [pɔmad] *nf* pomada
**pomme** [pɔm] *nf* manzana; *(boule décorative)* pomo; **tomber dans les pommes** *(fam)* darle a algn un patatús *(fam)*; ~ **d'Adam** nuez *f* de Adán; ~ **d'arrosoir/de douche** alcachofa; ~ **de pin** piña; ~ **de terre** patata, papa *(Am)*; **pommes allumettes/vapeur** patatas paja/ al vapor; **pommes noisettes** bocaditos *mpl* de patata
**pommé, e** [pɔme] *adj* repolludo(-a)
**pommeau, x** [pɔmo] *nm (boule)* pomo; *(d'une selle)* perilla
**pommelé, e** [pɔm(ə)le] *adj* : **cheval** ~ caballo tordo
**pommer** [pɔme] *vi* repollarse
**pommette** [pɔmɛt] *nf* pómulo
**pommier** [pɔmje] *nm* manzano
**pompage** [pɔ̃paʒ] *nm* bombeo
**pompe** [pɔ̃p] *nf (appareil)* bomba; *(faste)* pompa; **en grande** ~ con gran pompa; ~ **à eau** bomba de agua; ~ **(à essence)** surtidor *m* (de gasolina); ~ **à huile** bomba de aceite; ~ **à incendie** bomba de incendios; ~ **à vélo** *ou* **de bicyclette** bomba de bicicleta; **pompes funèbres** pompas *fpl* fúnebres
**pompéien, ne** [pɔ̃pejɛ̃, jɛn] *adj* pompeyano(-a)
**pomper** [pɔ̃pe] *vt* bombear; *(aspirer)* chupar; *(absorber)* absorber ▶ *vi* bombear
**pompeusement** [pɔ̃pøzmɑ̃] *adv* pomposamente
**pompeux, -euse** [pɔ̃pø, øz] *(péj) adj* pomposo(-a)
**pompier¹** [pɔ̃pje] *nm* bombero(-a)
**pompier², -ière** [pɔ̃pje, jɛʀ] *adj (style)* pomposo(-a)
**pompiste** [pɔ̃pist] *nmf* encargado(-a) de una gasolinera
**pompon** [pɔ̃pɔ̃] *nm* borla
**pomponner** [pɔ̃pɔne] *vt* engalanar; **se pomponner** *vpr (fam)* emperifollarse *(fam)*
**ponçage** [pɔ̃saʒ] *nm* pulimento, pulido
**ponce** [pɔ̃s] *nf* : **pierre** ~ piedra pómez
**poncer** [pɔ̃se] *vt* pulimentar, pulir
**ponceuse** [pɔ̃søz] *nf* pulidora
**poncif** [pɔ̃sif] *nm (banalité)* trivialidad *f*
**ponction** [pɔ̃ksjɔ̃] *nf (d'argent)* deducción *f*; ~ **lombaire** *(Méd)* punción *f* lumbar
**ponctionner** [pɔ̃ksjɔne] *vt (Méd)* puncionar
**ponctualité** [pɔ̃ktɥalite] *nf* puntualidad *f*
**ponctuation** [pɔ̃ktɥasjɔ̃] *nf* puntuación *f*
**ponctuel, le** [pɔ̃ktɥɛl] *adj* puntual

**ponctuellement** [pɔ̃ktɥɛlmɑ̃] *adv*
puntualmente

**ponctuer** [pɔ̃ktɥe] *vt* puntuar; (*Mus*) marcar las pausas en; ~ **une phrase de commentaires** intercalar comentarios en una frase

**pondération** [pɔ̃derasjɔ̃] *nf* ponderación *f*

**pondéré, e** [pɔ̃dere] *adj* ponderado(-a)

**pondérer** [pɔ̃dere] *vt* ponderar

**pondeuse** [pɔ̃døz] *nf* ponedora

**pondre** [pɔ̃dʀ] *vt* (*œufs*) poner; (*fig : fam*) parir ▶ *vi* poner

**poney** [pɔnɛ] *nm* póney *m*, poni *m*

**pongiste** [pɔ̃ʒist] *nmf* jugador(a) de ping-pong

**pont** [pɔ̃] *nm* (*aussi Auto*) puente *m*; (*Naut*) cubierta; **faire le** ~ hacer puente; **faire un** ~ **d'or à qn** tender un puente de plata a algn; ~ **à péage** puente de peaje; ~ **aérien** puente aéreo; ~ **basculant** puente basculante; ~ **d'envol** (*sur un porte-avions*) cubierta de despegue; ~ **élévateur** puente elevador; ~ **roulant** puente grúa; ~ **suspendu/ tournant** puente colgante/giratorio; **Ponts et Chaussées** (*Univ*) Caminos, Canales y Puertos

**pontage** [pɔ̃taʒ] *nm* baipás *m*, bypass *m*; ~ **aortocoronarien/coronarien** baipás *ou* bypass aortocoronario/coronario

**ponte** [pɔ̃t] *nf* puesta ▶ *nm* (*fam*) mandamás *mf inv* (*fam*)

**pontife** [pɔ̃tif] *nm* pontífice *m*

**pontifiant, e** [pɔ̃tifjɑ̃, jɑ̃t] *adj* sentencioso(-a)

**pontificat** [pɔ̃tifika] *nm* (*papauté, durée*) pontificado

**pontifier** [pɔ̃tifje] *vi* pontificar

**pont-levis** [pɔ̃lvi] (*pl* **ponts-levis**) *nm* puente *m* levadizo

**ponton** [pɔ̃tɔ̃] *nm* pontón *m*

**pop** [pɔp] *adj inv* pop *inv* ▶ *nf* : **la** ~ la música pop

**pop-corn** [pɔpkɔʀn] (*pl* **pop-corns**) *nm* palomitas *fpl* (de maíz)

**popeline** [pɔplin] *nf* papelina

**populace** [pɔpylas] (*péj*) *nf* populacho

**populaire** [pɔpylɛʀ] *adj* popular

**populariser** [pɔpylaʀize] *vt* popularizar

**popularité** [pɔpylaʀite] *nf* popularidad *f*

**population** [pɔpylasjɔ̃] *nf* población *f*; ~ **active/agricole** población activa/agrícola; ~ **civile** población civil; ~ **ouvrière** población obrera

**populeux, -euse** [pɔpylø, øz] *adj* populoso(-a)

**populisme** [pɔpylism] *nm* populismo

**populiste** [pɔpylist] *adj* populista

**porc** [pɔʀ] *nm* (*Zool*) cerdo, chancho (*AM*); (*Culin*) (carne *f* de) cerdo; (*peau*) cuero de cerdo

**porcelaine** [pɔʀsəlɛn] *nf* porcelana

**porcelet** [pɔʀsəlɛ] *nm* lechón *m*, tostón *m*

**porc-épic** [pɔʀkepik] (*pl* **porcs-épics**) *nm* puerco espín

## ponctuellement – porte-bonheur

**porche** [pɔʀʃ] *nm* porche *m*

**porcher, -ère** [pɔʀʃe, ɛʀ] *nm/f* porquero(-a)

**porcherie** [pɔʀʃəʀi] *nf* porqueriza, pocilga; (*fig*) pocilga

**porcin, e** [pɔʀsɛ̃, in] *adj* porcino(-a)

**pore** [pɔʀ] *nm* poro

**poreux, -euse** [pɔʀø, øz] *adj* poroso(-a)

**porno** [pɔʀno] *adj* (= *pornographique*) porno *inv* ▶ *nm* película porno

**pornographie** [pɔʀnɔgʀafi] *nf* pornografía

**pornographique** [pɔʀnɔgʀafik] *adj* pornográfico(-a)

**porosité** [pɔʀozite] *nf* porosidad *f*

**port** [pɔʀ] *nm* porte *m*; (*Naut*) puerto; **arriver à bon** ~ llegar a buen puerto; **le** ~ **de l'uniforme est interdit dans ...** está prohibido llevar el uniforme en ...; ~ **d'armes** (*Jur*) tenencia de armas; ~ **d'attache** (*Naut*) puerto de amarre; (*fig*) refugio; ~ **de commerce/de pêche** puerto comercial/pesquero; ~ **d'escale** puerto de escala; ~ **de tête** porte de cabeza; ~ **dû/payé** (*Comm*) porte debido/pagado; ~ **franc** puerto franco; ~ **pétrolier** puerto petrolero

**portable** [pɔʀtabl] *adj* (*vêtement*) ponible; (*ordinateur*) portátil; (*téléphone*) móvil, celular (*AM*) ▶ *nm* (*téléphone*) móvil *m*, celular *m* (*AM*); (*ordinateur*) portátil *m*

**portail** [pɔʀtaj] *nm* (*gén, Internet*) portal *m*; (*d'une cathédrale*) pórtico

**portant, e** [pɔʀtɑ̃, ɑ̃t] *adj* sustentador(a); (*roues*) de apoyo; **être bien/mal** ~ (*personne*) tener buena/mala salud

**portatif, -ive** [pɔʀtatif, iv] *adj* portátil

**porte** [pɔʀt] *nf* puerta; **mettre qn à la** ~ poner a algn en la calle; **prendre la** ~ coger la puerta; **à ma/sa** ~ a la puerta de mi/su casa; **faire du** ~ **à** ~ (*Comm*) vender de puerta en puerta, vender a domicilio; **journée portes ouvertes** jornada de puertas abiertas; ~ **d'embarquement** (*Aviat*) puerta de embarque; ~ **d'entrée** puerta de entrada; ~ **de secours** salida de emergencia; ~ **de service** puerta de servicio

**porté, e** [pɔʀte] *adj* : **être** ~ **à faire qch** estar dispuesto(-a) a hacer algo; **être** ~ **sur qch** darle a algo

**porte-à-faux** [pɔʀtafo] *nm inv* : **en** ~ en falso; (*fig*) en vilo

**porte-aiguilles** [pɔʀtegɥij] (*pl* ~) *nm* alfiletero

**porte-avion** *nm*, **porte-avions** *nm inv* [pɔʀtavjɔ̃] (*pl* **porte-avions**) portaaviones *m inv*

**porte-bagage** *nm*, **porte-bagages** *nm inv* [pɔʀtbagaʒ] (*pl* **porte-bagages**) portaequipajes *m inv*

**porte-bébé** [pɔʀtbebe] (*pl* **porte-bébés**) *nm* portabebés *m inv*

**porte-bonheur** [pɔʀtbɔnœʀ] (*pl* ~**(s)**) *nm* amuleto

**porte-bouteilles** [pɔʀtbutɛj] *nm inv* portabotellas *m inv*; *(à casiers)* botellero

**porte-cartes** [pɔʀtəkaʀt] *nm inv (de cartes d'identité)* cartera de bolsillo; *(de cartes géographiques)* portaplanos *m inv*

**porte-cigarette** *nm*, **porte-cigarettes** *nm inv* [pɔʀtsigaʀɛt] *(pl* **porte-cigarettes**) pitillera

**porte-clé** *nm*, **porte-clés** *nm inv* [pɔʀtəkle] *(pl* **porte-clés**) llavero

**porte-conteneurs** [pɔʀtəkɔ̃t(ə)nœʀ] *nm inv* porta-contenedores *m inv*

**porte-couteau** [pɔʀtkuto] *(pl* **porte-couteaux**) *nm* salvamantel *m* para cuchillos

**porte-crayon** [pɔʀtkʀɛjɔ̃] *(pl* **porte-crayons**) *nm* portalápiz *m*

**porte-document** *nm*, **porte-documents** *nm inv* [pɔʀt(ə)dɔkymɑ̃] *(pl* **porte-documents**) cartera de mano, portafolio *ou* portafolios *msg* (AM)

**porte-drapeau** [pɔʀt(ə)dʀapo] *(pl* **porte-drapeaux**) *nmf* abanderado(-a)

**portée** [pɔʀte] *nf* alcance *m*; *(d'une chienne, chatte)* camada; *(Mus)* pentagrama *m*; **à (la) ~ (de)** al alcance (de); **hors de ~ (de)** fuera del alcance (de); **à ~ de (la) main** al alcance de la mano; **à ~ de voix** a poca distancia; **à la ~ de toutes les bourses** al alcance de todos los bolsillos; **ce n'est pas à sa ~** eso no está a su alcance

**portefaix** [pɔʀtəfɛ] *nm inv* porteador *m*

**porte-fenêtre** [pɔʀt(ə)fənɛtʀ] *(pl* **portes-fenêtres**) *nf* puerta vidriera

**portefeuille** [pɔʀtəfœj] *nm* cartera; *(Pol)* cartera (ministerial); *(Fin : d'actions)* cartera (de valores); **faire un lit en ~** hacer la petaca

**porte-jarretelle** *nm*, **porte-jarretelles** *nm inv* [pɔʀtʒaʀtɛl] *(pl* **porte-jarretelles**) liguero

**porte-jupe** [pɔʀtəʒyp] *(pl* **porte-jupes**) *nm* percha para faldas

**portemanteau, x** [pɔʀt(ə)mɑ̃to] *nm* perchero

**porte-mine** [pɔʀtəmin] *(pl* **porte-mines**) *nm* portaminas *m inv*

**portemonnaie** [pɔʀtmɔnɛ] *nm* monedero

**porte-parapluie** [pɔʀtpaʀaplɥi] *(pl* **porte-parapluies**) *nm* paragüero

**porte-parole** [pɔʀt(ə)paʀɔl] *(pl* **~(s)**) *nmf* portavoz *mf*, vocero(-a) (AM)

**porte-plume** [pɔʀtəplym] *nm inv* portaplumas *m inv*

**porter** [pɔʀte] *vt* llevar; *(fig : poids d'une affaire)* soportar; *(: responsabilité)* cargar con; *(suj : jambes)* sostener; *(: arbre)* dar, producir; **~ secours/assistance à qn** prestar socorro/asistencia a algn; **elle portait le nom de sa mère** llevaba el nombre de su madre; **~ bonheur à qn** traer buena suerte a algn; **~ son âge** representar su edad; **~ un toast** brindar; **~ de l'argent au crédit d'un compte** ingresar dinero en una cuenta; **~ une somme sur un registre** asentar una cantidad en un registro; **~ atteinte à (l'honneur/la réputation de qn)** atentar contra (el honor/la reputación de algn); **se faire ~ malade** declararse enfermo(-a); **~ un jugement sur qn/qch** emitir un juicio sobre algn/algo; **~ un livre/récit à l'écran** llevar un libro/relato a la pantalla; **~ qn au pouvoir** conducir a algn al poder; **~ la main à son chapeau/une cuillère à sa bouche** llevarse la mano al sombrero/una cuchara a la boca; **~ son attention/regard/effort sur** fijar su atención/mirada/esfuerzo sobre; **~ un fait à la connaissance de qn** llevar un hecho al conocimiento de algn; **~ à croire** llevar a pensar ▶ *vi* llegar; *(fig)* surtir efecto; **~ sur** *(suj : conférence)* tratar de; *(: édifice)* apoyarse sobre; *(: accent)* caer en; *(: bras, tête)* dar contra; **se porter** *vpr*: **se ~ bien/mal** encontrarse bien/mal; *(aller)* : **se ~ vers** dirigirse hacia; **se ~ garant** avalar; **se ~ partie civile** constituirse parte civil; **se ~ candidat à la députation** presentarse como candidato a la diputación

**porte-savon** [pɔʀtsavɔ̃] *(pl* **porte-savons**) *nm* jabonera

**porte-serviette** *nm*, **porte-serviettes** *nm inv* [pɔʀtsɛʀvjɛt] *(pl* **porte-serviettes**) toallero

**porteur, -euse** [pɔʀtœʀ, øz] *nm/f (de messages)* mensajero(-a); *(Méd)* portador(a); **gros ~** *(avion)* avión *m* de gran capacidad; **au ~** *(billet, chèque)* al portador; **les petits porteurs** *(Fin)* los pequeños accionistas ▶ *nm/f (de bagages)* mozo(-a) de equipaje ▶ *nm (Comm : d'un chèque)* portador *m*; *(Fin : d'une action)* tenedor *m* ▶ *adj*: **être ~ de** ser portador(a) de

**porte-voix** [pɔʀtəvwa] *nm inv* megáfono

**portier, -ière** [pɔʀtje, jɛʀ] *nm/f* portero(-a) ▶ *nf (de voiture, train)* puerta

**portillon** [pɔʀtijɔ̃] *nm* portillo

**portion** [pɔʀsjɔ̃] *nf (part)* ración *f*; *(partie)* parte *f*

**portique** [pɔʀtik] *nm (Archit)* pórtico; *(Gymnastique)* barra sueca; *(Rail)* grúa pórtico; **~ de sécurité** *(dans un aéroport)* pórtico de seguridad; **~ électronique** pórtico electrónico

**porto** [pɔʀto] *nm* oporto

**portoricain, e** [pɔʀtɔʀikɛ̃, ɛn] *adj* portorriqueño(-a) ▶ *nm/f*: **Portoricain, e** portorriqueño(-a)

**Porto Rico** [pɔʀtɔʀiko] *nf* Puerto Rico

**portrait** [pɔʀtʀɛ] *nm* retrato; **c'est tout le ~ de sa mère** *(fig)* es el vivo retrato de su madre

**portraitiste** [pɔʀtʀetist] *nmf* retratista *mf*

**portrait-robot** [pɔʀtʀɛʀɔbo] *(pl* **portraits-robots**) *nm* retrato robot

**portuaire** [pɔʀtɥɛʀ] *adj* portuario(-a)

**portugais, e** [pɔʀtygɛ, ɛz] *adj* portugués(-esa) ▶ *nm* (*Ling*) portugués *m* ▶ *nm/f*: **Portugais, e** portugués(-esa)

**Portugal** [pɔʀtygal] *nm* Portugal *m*

**POS** [peoɛs] *sigle m* (= *plan d'occupation des sols*) plan de ocupación del suelo

**pose** [poz] *nf* (*de moquette*) instalación *f*; (*de rideau, papier peint*) colocación *f*; (*position*) postura; (*affectation*) pose *f*; **(temps de)** ~ (*Photo*) (tiempo de) exposición *f*

**posé, e** [poze] *adj* comedido(-a)

**posément** [pozemɑ̃] *adv* pausadamente

**posemètre** [pozmɛtʀ] *nm* (*Photo*) fotómetro

**poser** [poze] *vt* poner; (*moquette, carrelage*) instalar; (*rideaux, papier peint*) colocar; (*question*) hacer; (*principe*) establecer; (*problème*) plantear; (*personne : mettre en valeur*) dar notoriedad a; (*déposer*) : ~ **qch (sur)** dejar algo (sobre); ~ **son** *ou* **un regard sur qn/qch** poner sus ojos sobre *ou* en algn/algo; ~ **sa candidature** (*à un emploi*) presentarse; (*Pol*) presentar su candidatura ▶ *vi* (*modèle*) posar; **se poser** *vpr* (*oiseau, avion*) posarse; (*question*) plantearse; **se ~ en** erigirse en

**poseur, -euse** [pozœʀ, øz] *nm/f* (*péj*) engreído(-a); ~ **de carrelages/de parquets** instalador(a) de pavimento/de parqué

**positif, -ive** [pozitif, iv] *adj* positivo(-a); (*Philos*) positivista

**position** [pozisjɔ̃] *nf* posición *f*; (*posture*) postura; (*métier*) cargo; (*d'un compte en banque*) situación *f*; **être dans une ~ difficile/délicate** estar en una situación difícil/delicada; **prendre ~** (*prendre parti*) posicionarse

**positionnement** [pozisjɔnmɑ̃] *nm* (*mise en place*) colocación *f*; (*localisation*) localización *f*; (*Comm : de produit*) posicionamiento; (*prise de parti*) posicionamiento

**positionner** [pozisjɔne] *vt* (*mettre en place*) colocar; (*localiser*) localizar; (*Comm : produit*) posicionar; **se positionner** *vpr* (*se placer*) colocarse; (*entreprise, produit*) posicionarse; (*prendre parti*) posicionarse

**positivement** [pozitivmɑ̃] *adv* positivamente

**positiver** [pozitive] *vi* ser positivo(-a)

**posologie** [pozɔlɔʒi] *nf* posología

**possédant, e** [pɔsedɑ̃, ɑ̃t] *adj* pudiente ▶ *nm/f*: **les possédants** los pudientes *mpl*

**possédé, e** [pɔsede] *nm/f* poseído(-a)

**posséder** [pɔsede] *vt* poseer; (*qualité*) estar dotado(-a) de; (*métier, langue*) dominar, conocer a fondo; (*suj : jalousie, colère*) dominar; (*fam : duper*) engañar

**possesseur** [pɔsesœʀ] *nm* poseedor(a)

**possessif, -ive** [pɔsesif, iv] *adj* posesivo(-a) ▶ *nm* (*Ling*) posesivo

**possession** [pɔsesjɔ̃] *nf* posesión *f*; **être/entrer en ~ de qch** estar/entrar en posesión de algo; **en sa/ma ~** en su/mi posesión; **prendre ~ de qch** tomar posesión de algo; **être en ~ de toutes ses facultés** tener pleno dominio de sus facultades

**possessivité** [pɔsesivite] *nf* posesividad *f*

**possibilité** [pɔsibilite] *nf* posibilidad *f*; **avoir la ~ de faire qch** tener la posibilidad de hacer algo; **possibilités** *nfpl* (*moyens*) medios *mpl*; (*potentiel*) posibilidades *fpl*

**possible** [pɔsibl] *adj* posible; (*projet*) realizable; **il est ~ que** es posible que; **autant que ~** en la medida de lo posible; **si (c'est) ~** si es posible; **(ce n'est) pas ~ !** ¡no puede ser!; **comme c'est pas ~** (*fam*) a más no poder; **le plus/moins de livres ~** el mayor/menor número de libros posible; **le plus/moins d'eau ~** la mayor/menor cantidad de agua posible; **aussitôt** *ou* **dès que ~** en cuanto sea posible ▶ *nm* : **faire (tout) son ~** hacer (todo) lo (que sea) posible; **gentil au ~** amable al máximo

**post** [pɔst] *nm* (*Inform*) post *m*, artículo *m*

**postal, e, -aux** [pɔstal, o] *adj* postal; **sac ~** correspondencia

**postdater** [pɔstdate] *vt* posfechar

**postdoctoral, e, -aux** [pɔstdɔktɔʀal, o] *adj* postdoctoral

**postdoctorant, e** [pɔstdɔktɔʀɑ̃, ɑ̃t] *nm/f* postdoctorando/a

**poste** [pɔst] *nf* (*service*) correo; (*administration*) correos *mpl*; (*bureau*) oficina de correos; **mettre à la ~** echar al correo; **~ restante** lista de correos ▶ *nm* (*Mil*) puesto; (*charge*) cargo; (*de radio, télévision*) aparato; (*Tél*) extensión *f*; (*de budget*) partida, asiento; **~ de commandement** (*Mil etc*) puesto de mando; **~ de contrôle** puesto de control; **~ de douane** puesto aduanero; **~ de nuit** (*Indus*) turno de noche; **~ d'essence** punto de repuesto; **~ d'incendie** boca de incendio; **~ de péage** puesto de peaje; **~ de pilotage** puesto de pilotaje; **~ (de police)** puesto (de policía); **~ de secours** puesto de socorro; **~ de travail** puesto de trabajo; **~ émetteur** (*Radio*) emisora; **postes** *nfpl* : **agent/employé des postes** agente *m*/empleado de correos

**poster¹** [pɔste] *vt* (*lettre*) echar al correo; (*personne*) apostar; **se poster** *vpr* apostarse

**poster²** [pɔstɛʀ] *nm* póster *m*

**postérieur, e** [pɔsteʀjœʀ] *adj* posterior ▶ *nm* (*fam*) trasero

**postérieurement** [pɔsteʀjœʀmɑ̃] *adv* posteriormente; **~ à** con posterioridad a

**posteriori** [pɔsteʀjɔʀi] : **a ~** *adv* a posteriori

**postérité** [pɔsteʀite] *nf* posteridad *f*; **passer à la ~** pasar a la posteridad

**postface** [pɔstfas] *nf* advertencia final de un libro

**posthume** [pɔstym] *adj* póstumo(-a); **à titre ~** a título póstumo

## postiche – poujadiste

**postiche** [pɔstiʃ] *adj* postizo(-a) ▶ *nm* postizo
**postier, -ière** [pɔstje, jɛʀ] *nm/f* empleado(-a) de correos
**postillon** [pɔstijɔ̃] *nm* partícula de saliva
**postillonner** [pɔstijɔne] *vi* echar saliva al hablar
**postmoderne** [pɔstmɔdɛʀn] *adj* posmoderno(-a)
**postmodernisme** [pɔstmɔdɛʀnism] *nm* posmodernismo
**postnatal, e** [pɔstnatal] *adj* posnatal
**postopératoire** [pɔstɔpeʀatwaʀ] *adj* postoperatorio(-a)
**postproduction** [pɔstpʀɔdyksjɔ̃] *nf* postproducción *f*
**postscolaire** [pɔstskɔlɛʀ] *adj* postescolar
**post-scriptum** [pɔstskʀiptɔm] *nm inv* pos(t)data
**postsynchronisation** [pɔstsɛ̃kʀɔnizasjɔ̃] *nf* postsincronización *f*
**postsynchroniser** [pɔstsɛ̃kʀɔnize] *vt* postsincronizar
**postulant, e** [pɔstylɑ̃, ɑ̃t] *nm/f* (*candidat*) solicitante *mf*; (*Rel*) postulante(-a)
**postulat** [pɔstyla] *nm* postulado
**postuler** [pɔstyle] *vt* solicitar ▶ *vi* ~ **à** *ou* **pour** solicitar
**posture** [pɔstyʀ] *nf* postura; **être en bonne/mauvaise** ~ (*fig*) estar en buena/mala situación
**pot** [po] *nm* (*récipient*) cacharro; (*en métal*) bote *m*; (*fam : chance*) : **avoir du** ~ tener potra (*fam*); **boire** *ou* **prendre un** ~ (*fam*) tomar una copa; **découvrir le** ~ **aux roses** descubrir el pastel; ~ **à tabac** tabaquera; ~ **d'échappement** (*Auto*) tubo de escape; ~ **(de chambre)** orinal *m*; ~ **de fleurs** tiesto, maceta
**potable** [pɔtabl] *adj* potable; (*travail*) aceptable; (*fig*) pasable
**potache** [pɔtaʃ] *nm* colegial *m*
**potage** [pɔtaʒ] *nm* sopa
**potager, -ère** [pɔtaʒe, ɛʀ] *adj* hortícola; **(jardin)** ~ huerto
**potasse** [pɔtas] *nf* potasa
**potasser** [pɔtase] (*fam*) *vt* empollar (*fam*)
**potassium** [pɔtasjɔm] *nm* potasio
**pot-au-feu** [pɔtofø] *nm* (*pl* **pot(s)-au-feu**) *nm* cocido; (*viande*) carne *f* para el cocido ▶ *adj inv* (*fam*) casero(-a)
**pot-de-vin** [pɔdvɛ̃] *nm* (*pl* **pots-de-vin**) *nm* soborno
**pote** [pɔt] (*fam*) *nm* colega *m* (*fam*), compadre *m* (*AM*) (*fam*), manito (*MEX*) (*fam*)
**poteau, x** [pɔto] *nm* poste *m*; ~ **de départ/d'arrivée** línea de salida/meta; ~ **(d'exécution)** paredón *m*; ~ **indicateur** poste indicador; ~ **télégraphique** poste telegráfico; **poteaux (de but)** postes (de portería)
**potée** [pɔte] *nf* pote *m*

**potelé, e** [pɔt(ə)le] *adj* rollizo(-a)
**potence** [pɔtɑ̃s] *nf* horca; **en** ~ en escuadra
**potentat** [pɔtɑ̃ta] *nm* potentado
**potentiel, le** [pɔtɑ̃sjɛl] *adj*, *nm* potencial *m*
**potentiellement** [pɔtɑ̃sjɛlmɑ̃] *adv* potencialmente
**potentiomètre** [pɔtɑ̃sjɔmɛtʀ] *nm* (*Élec*) potenciómetro
**poterie** [pɔtʀi] *nf* (*fabrication*) alfarería; (*objet*) objeto de barro, cerámica
**potiche** [pɔtiʃ] *nf* jarrón *m* de porcelana; (*fig*) figura decorativa, florero; **jouer les potiches** hacer de florero
**potier, -ière** [pɔtje, jɛʀ] *nm/f* alfarero(-a)
**potins** [pɔtɛ̃] *nmpl* chismes *mpl*
**potion** [posjɔ̃] *nf* poción *f*
**potiron** [pɔtiʀɔ̃] *nm* calabaza
**pot-pourri** [popuʀi] (*pl* **pots-pourris**) *nm* popurrí *m*
**pou, x** [pu] *nm* piojo
**pouah** [pwɑ] *excl* ¡puf!
**poubelle** [pubɛl] *nf* (*d'une maison*) cubo *ou* bote *m* (*AM*) de la basura; (*d'un immeuble, dans la rue*) contenedor *m*; (*publique*) papelera; (*fig*) vertedero; **jeter** *ou* **mettre qch à la** ~ tirar algo a la basura
**pouce** [pus] *nm* pulgar *m*; **se tourner** *ou* **se rouler les pouces** (*fig*) estar mano sobre mano; **manger sur le** ~ comer de pie y deprisa
**poudre** [pudʀ] *nf* polvo; (*fard*) polvos *mpl*; (*explosif*) pólvora; **en** ~ : **café/savon/lait en** ~ café *m* molido/detergente *m*/leche *f* en polvo; ~ **à canon** pólvora de cañón; ~ **à éternuer** polvos de estornudar; ~ **à priser** polvo de rapé; ~ **à récurer** polvos de blanqueo; ~ **de riz** polvos de arroz
**poudrer** [pudʀe] *vt* empolvar; **se poudrer** *vpr* empolvarse
**poudreuse** [pudʀøz] *nf* nieve *f* en polvo
**poudreux, -euse** [pudʀø, øz] *adj* (*route*) polvoriento(-a); (*neige*) en polvo
**poudrier** [pudʀije] *nm* polvera
**poudrière** [pudʀijɛʀ] *nf* (*aussi fig*) polvorín *m*
**pouf** [puf] *nm* puf *m*
**pouffer** [pufe] *vi* : ~ **(de rire)** partirse de risa
**pouffiasse** [pufjas] (*fam !*) *nf* golfa
**pouilleux, -euse** [pujø, øz] *adj* piojoso(-a); (*fig*) sórdido(-a)
**poujadisme** [puʒadism] *nm* (*Hist*) poujadismo, *movimiento político de derechas surgido en Francia en 1953 que defendía los intereses de los pequeños comerciantes*; (*péj*) *actitud corporativista y reaccionaria*
**poujadiste** [puʒadist] *nmf* (*Hist*) poujadista *mf*, *partidario del movimiento político de derechas surgido en Francia en 1953 que defendía los intereses de los pequeños comerciantes*; (*péj*) *persona con una actitud corporativista y reaccionaria* ▶ *adj* (*Hist*) poujadista; (*péj*) corporativista y reaccionario(-a)

380 · FRANÇAIS | ESPAGNOL

## poulailler – pourrissement

**poulailler** [pulaje] *nm (aussi Théâtre)* gallinero
**poulain** [pulɛ̃] *nm* potro; *(fig)* pupilo
**poularde** [pulaʀd] *nf* polla
**poule** [pul] *nf* gallina; *(Sport)* liga; *(Rugby) grupo de equipos que se enfrentan en la primera fase de un campeonato*; *(fam: fille de mœurs légères)* golfa; (: *maîtresse*) amante *f*; **~ d'eau** polla de agua; **~ mouillée** cobarde *mf*, gallina *mf*; **~ pondeuse** gallina ponedora
**poulet** [pulɛ] *nm* pollo; *(fam)* poli *m (fam)*
**poulette** [pulɛt] *nf (Zool)* polla
**pouliche** [puliʃ] *nf* potranca
**poulie** [puli] *nf* polea
**poulpe** [pulp] *nm* pulpo
**pouls** [pu] *nm* pulso; **prendre le ~ de qn** tomar el pulso a algn
**poumon** [pumɔ̃] *nm* pulmón *m*; **~ artificiel/d'acier** pulmón artificial/de acero
**poupe** [pup] *nf (Naut)* popa; **avoir le vent en ~** *(fig)* ir viento en popa
**poupée** [pupe] *nf* muñeca; **jouer à la ~** jugar a las muñecas; **de ~**: **jardin/maison de ~** jardín *m*/casa de muñecas
**poupin, e** [pupɛ̃, in] *adj* regordete y sonrosado(-a)
**poupon** [pupɔ̃] *nm* nene *m*
**pouponner** [pupɔne] *vi* cuidar un bebé
**pouponnière** [pupɔnjɛʀ] *nf* guardería

(MOT-CLÉ)

**pour** [puʀ] *prép* **1** *(destination, temps)* : **elle est partie pour Paris** se ha ido a París; **le train pour Séville** el tren para *ou* a Sevilla; **j'en ai pour une heure** tengo para una hora; **il faut le faire pour après les vacances** hay que hacerlo para después de las vacaciones; **pour toujours** para siempre
**2** *(au prix de, en échange de)* por; **il l'a acheté pour 5 €** lo compró por 5 euros; **donnez-moi pour 30 € d'essence** deme 30 euros de gasolina; **je te l'échange pour ta montre** te lo cambio por tu reloj
**3** *(en vue de, intention, en faveur de)* : **pour le plaisir** por gusto; **pour ton anniversaire** para tu cumpleaños; **je le fais pour toi** lo hago para ti; **pastilles pour la toux** pastillas *fpl* para la tos; **pour que** para que; **pour faire** para hacer; **pour quoi faire ?** ¿para qué?; **je suis pour la démocratie** estoy por la democracia
**4** *(à cause de)* : **fermé pour (cause de) travaux** cerrado por obras; **c'est pour cela que je le fais** por eso lo hago; **être pour beaucoup dans qch** influir mucho en algo; **ce n'est pas pour dire, mais ...** no es por nada pero ...; **pour avoir fait** por haber hecho; **je l'ai fait pour toi** lo hice por ti
**5** *(à la place de)* : **il a parlé pour moi** habló por mí
**6** *(rapport, comparaison)* : **mot pour mot** palabra por palabra; **ça fait un an jour pour jour** hoy hace justamente un año; **10 pour cent** diez por ciento; **pour un Français, il parle bien suédois** para ser francés, habla bien el sueco; **pour riche qu'il soit** por rico que sea
**7** *(comme)* : **la femme qu'il a eue pour mère** la mujer que tuvo por madre
**8** *(point de vue)* : **pour moi, il a tort** para mí que se equivoca; **pour ce qui est de ...** por lo que se refiere a ...; **pour autant que je sache** que yo sepa
▶ *nm* : **le pour et le contre** los pros y los contras

**pourboire** [puʀbwaʀ] *nm* propina
**pourcentage** [puʀsɑ̃taʒ] *nm* porcentaje *m*; **travailler au ~** trabajar a comisión
**pourchasser** [puʀʃase] *vt* perseguir
**pourfendeur** [puʀfɑ̃dœʀ] *nm* opositor(a)
**pourfendre** [puʀfɑ̃dʀ] *vt* combatir
**pourlécher** [puʀleʃe] : **se pourlécher** *vpr* relamerse
**pourparlers** [puʀpaʀle] *nmpl* negociaciones *fpl*; **être en ~ avec** estar en tratos con
**pourpre** [puʀpʀ] *adj* púrpura *inv*
**pourquoi** [puʀkwa] *adv, conj* por qué; **~ se taire/faire cela ?** ¿por qué *ou* para qué callarse/hacer eso?; **~ ne pas faire ... ?** ¿por qué no hacer ...?; **c'est ~ ...** por eso ...; **~ dis-tu cela ?** ¿por qué dices eso?
▶ *nm* : **le ~ (de)** el porqué (de)

Ne confondez pas *por qué* (**pourquoi**) et *porque* (**parce que**) :
**Pourquoi tu ne m'as pas appelé ? – Parce que je n'avais pas ton numéro.** ¿Por qué no me llamaste? – Porque no tenía tu teléfono.
*Porqué*, écrit en un mot, est un substantif qui est donc toujours précédé de l'article :
**Je ne comprends pas les raisons de sa réaction.** No entiendo el porqué de su reacción.

**pourrai** *etc* [puʀe] *vb voir* **pouvoir**
**pourri, e** [puʀi] *adj* podrido(-a); *(roche, câble)* fragmentado(-a); *(temps, climat)* horrible; *(fig)* corrompido(-a) ▶ *nm* : **sentir le ~** oler a podrido
**pourriel** [puʀjɛl] *nm (Internet)* correo *m* basura *inv*
**pourrir** [puʀiʀ] *vi* pudrirse; *(cadavre)* descomponerse; *(fig: situation)* degradarse
▶ *vt* pudrir; *(fig: personne)* corromper; *(enfant)* echar a perder
**pourrissement** [puʀismɑ̃] *nm* pudrición *f*, putrefacción *f*

**pourriture** [puʀityʀ] nf podredumbre f
**pourrons** etc [puʀɔ̃] vb voir **pouvoir**
**poursuis** [puʀsɥi] vb voir **poursuivre**
**poursuite** [puʀsɥit] nf persecución f; (fig : de la fortune) búsqueda; (**course**) ~ (Cyclisme) persecución; **poursuites** nfpl (Jur) diligencias fpl
**poursuivant, e** [puʀsɥivɑ̃, ɑ̃t] vb voir **poursuivre** ▶ nm/f perseguidor(a); (Jur) demandante mf
**poursuivre** [puʀsɥivʀ] vt perseguir; (mauvais payeur) acosar, perseguir; (femme) pretender a; (obséder) obsesionar, perseguir; (fortune, gloire) perseguir, buscar; (continuer : voyage, études) proseguir; ~ **qn en justice** demandar a ou querellarse contra algn; ~ **qn au pénal/au civil** querellarse contra algn por vía penal/por vía civil ▶ vi proseguir; **se poursuivre** vpr seguirse
**pourtant** [puʀtɑ̃] adv sin embargo; **et/mais** ~ y/pero sin embargo; **c'est ~ facile** sin embargo es fácil

⚠ No debe traducirse por *por lo tanto*, que en francés corresponde a **par conséquent**.

**pourtour** [puʀtuʀ] nm (d'un quadrilatère) perímetro; (d'un lieu) contorno
**pourvoi** [puʀvwa] nm : ~ **en cassation/en révision** (Jur) recurso de casación/de revisión; ~ **en grâce** petición f de indulto
**pourvoir** [puʀvwaʀ] vt (Comm) : ~ **qn en** proveer a algn de, suministrar a algn; ~ **qn de qch** (recommandation, emploi) proporcionar algo a algn; (qualités) dotar a algn de algo; ~ **qch de** equipar algo con ▶ vi : ~ **à** ocuparse de; (emploi) atender a; **se pourvoir** vpr (Jur) : **se** ~ **en cassation** etc interponer un recurso de casación etc
**pourvoyeur, -euse** [puʀvwajœʀ, øz] nm/f proveedor(a), abastecedor(a); ~ **de fonds** proveedor(a) de fondos
**pourvu, e** [puʀvy] pp de **pourvoir** ▶ adj : ~ **de** provisto(-a) de ▶ conj : ~ **que** (à condition que) con tal que; ~ **qu'il soit là !** (espérons que) ¡ojalá esté!
**pousse** [pus] nf brote m; (bourgeon) botón m, yema; **jeune** ~ (Internet : entreprise) empresa emergente, start-up f; **pousses de bambou** brotes mpl de bambú
**poussé, e** [puse] adj (approfondi) exhaustivo(-a); (moteur) forzado(-a)
**pousse-café** [puskafe] nm licor m
**poussée** [puse] nf (pression, attaque) empuje m; (coup) empujón m; (Méd) acceso; (fig : des prix) aumento; (: révolutionnaire) ola; (: d'un parti politique) crecimiento
**pousse-pousse** [puspus] nm inv carro de culí
**pousser** [puse] vt empujar; (cri) lanzar, pegar; (élève) hacer trabajar, estimular; (études) seguir, continuar; (moteur, voiture) forzar; (acculer) : ~ **qn à qch/à faire qch** arrastrar ou empujar a algn a algo/a algn a hacer algo; ~ **qn à bout** sacar a algn de sus casillas; **il a poussé la gentillesse jusqu'à ...** ha extremado su amabilidad hasta ... ▶ vi crecer; (aller) : ~ **jusqu'à un endroit/plus loin** seguir hasta un lugar/hasta más lejos; **faire** ~ (plante) sembrar, plantar; **se pousser** vpr echarse a un lado
**poussette** [pusɛt] nf cochecito de niño; (des courses) carro (de la compra)
**poussette-canne** [pusɛtkan] (pl **poussettes-cannes**) nf cochecito plegable
**poussier** [pusje] nm carbonilla
**poussière** [pusjɛʀ] nf (la poussière) polvo; (une poussière) mota; **et des poussières** (fig) y pico; ~ **de charbon** carbonilla
**poussiéreux, -euse** [pusjeʀø, øz] adj polvoriento(-a)
**poussif, -ive** [pusif, iv] adj asmático(-a); (moteur) que se ahoga
**poussin** [pusɛ̃] nm pollito
**poussoir** [puswaʀ] nm botón m
**poutre** [putʀ] nf viga; **poutres apparentes** vigas fpl vistas
**poutrelle** [putʀɛl] nf vigueta
**pouvoir** [puvwaʀ] nm (aussi Jur) poder m; (dirigeants : Pol) : **le** ~ el poder; **les pouvoirs publics** los poderes públicos; ~ **absorbant** poder de absorción; ~ **calorifique** poder calorífico; ~ **d'achat** poder adquisitivo ▶ vt, vb semi-aux poder; **je ne peux pas le réparer** no puedo arreglarlo; **vous pouvez aller au cinéma** podéis ir al cine; **déçu de ne pas ~ le faire** decepcionado por no poder hacerlo; **tu ne peux pas savoir !** ¡no puedes imaginarte!; **je n'en peux plus** no puedo más; **je me porte on ne peut mieux** me encuentro perfectamente; **je ne peux pas dire le contraire** no puedo decir lo contrario; **j'ai fait tout ce que j'ai pu** hice todo lo que pude; **qu'est-ce que je pouvais bien faire ?** ¿qué iba a ou podía hacer yo?; **tu peux le dire !** ¡ya lo creo!; **il aurait pu le dire !** ¡podría haberlo dicho!; **il a pu avoir un accident** pudo haber un accidente ▶ vb impers : **il peut arriver que ...** puede suceder que ...; **il pourrait pleuvoir** puede que llueva; **se pouvoir** vb impers : **il se peut que** puede ser que
**pp.** abr (= pages) págs., pp. (= páginas)
**p.p.** abr (= par procuration) p.p. (= por poderes)
**p.p.c.m.** [pepeseɛm] sigle m (= plus petit commun multiple) m.c.m. (= mínimo común múltiplo)
**PQ**[1] [peky] (fam) sigle m (= papier cul) papel m de váter
**PQ**[2] [peky] sigle f (CANADA : = province de Québec) provincia f de Quebec
**PR** sigle m (= Parti républicain) partido político ▶ sigle f (= poste restante) voir **poste**

**pragmatique** [pʀagmatik] *adj* pragmático(-a)

**pragmatisme** [pʀagmatism] *nm* pragmatismo

**Prague** [pʀag] *n* Praga

**prairie** [pʀeʀi] *nf* pradera

**praline** [pʀalin] *nf (bonbon)* almendra garapiñada; *(au chocolat)* bombón *m*

**praliné, e** [pʀaline] *adj (amande, feuilleté)* garrapiñado(-a); *(chocolat, crème)* crocanti *inv*

**praticable** [pʀatikabl] *adj (chemin)* transitable; *(projet)* practicable, factible

**praticien, ne** [pʀatisjɛ̃, jɛn] *nm/f* practicante *mf*

**pratiquant, e** [pʀatikɑ̃, ɑ̃t] *adj* practicante

**pratique** [pʀatik] *nf* práctica; *(coutume)* usos *mpl*; *(conduite)* actuación *f*, prácticas *fpl*; **dans la ~** en la práctica; **mettre en ~** poner en práctica, llevar a la práctica ▶ *adj* práctico(-a), positivo(-a); *(personne)* práctico(-a); *(instrument)* práctico(-a), útil; *(horaire)* adaptado(-a), adecuado(-a)

**pratiquement** [pʀatikmɑ̃] *adv (dans la pratique)* de una manera práctica; *(à peu près)* prácticamente

**pratiquer** [pʀatike] *vt* practicar; *(méthode, théorie)* poner en práctica; *(métier)* ejercer; *(intervention)* efectuar, realizar; *(abri)* instalar ▶ *vi (Rel)* practicar

**pré** [pʀe] *nm* prado

**préado** [pʀeado] *(fam) nmf* preadolescente *mf*

**préadolescent, e** [pʀeadɔlesɑ̃, ɑ̃t] *adj, nm/f* preadolescente *mf*

**préalable** [pʀealabl] *adj* previo(-a); **sans avis ~** sin previo aviso; **condition ~ (de)** condición previa (a) ▶ *nm* : **au ~** de antemano

**préalablement** [pʀealabləmɑ̃] *adv* previamente

**Préalpes** [pʀealp] *nfpl* : **les ~** los Prealpes *mpl*

**préalpin, e** [pʀealpɛ̃, in] *adj* prealpino(-a)

**préambule** [pʀeɑ̃byl] *nm* preámbulo; *(fig)* preludio; **sans ~** sin preámbulos

**préau, x** [pʀeo] *nm (d'une cour d'école)* patio cubierto; *(d'un hôpital, d'une prison)* patio; *(d'un monastère)* claustro

**préavis** [pʀeavi] *nm* : **~ (de licenciement)** notificación *f* (de despido); **communication avec ~** *(Tél)* llamada con aviso; **~ de congé** aviso de desahucio

**prébende** [pʀebɑ̃d] *nf* prebenda

**précaire** [pʀekɛʀ] *adj* precario(-a); *(bonheur)* incierto(-a) ▶ *nm/f* trabajador(a) precario(-a)

**précarisation** [pʀekaʀizasjɔ̃] *nf* precarización *f*

**précarisé** [pʀekaʀize] *adj* precarizado(-a)

**précarité** [pʀekaʀite] *nf* precariedad *f*; **la ~ de l'emploi** la precariedad laboral

**précaution** [pʀekosjɔ̃] *nf* precaución *f*; *(prudence)* atención *f*; **avec/sans ~** con/sin precaución; **prendre des précautions/ses précautions** tomar precauciones/sus precauciones; **par ~** por precaución; **pour plus de ~** para mayor garantía; **précautions oratoires** retórica *fsg* cuidadosa

**précautionneusement** [pʀekosjɔnøzmɑ̃] *adv* precavidamente, con precaución

**précautionneux, -euse** [pʀekosjɔnø, øz] *adj* precavido(-a), cauto(-a)

**précédemment** [pʀesedamɑ̃] *adv* anteriormente

**précédent, e** [pʀesedɑ̃, ɑ̃t] *adj* precedente, anterior; **le jour ~** el día antes ▶ *nm* precedente *m*; **sans ~** sin precedentes

**précéder** [pʀesede] *vt* preceder; **elle m'a précédé de quelques minutes** llegó unos minutos antes que yo

**précepte** [pʀesɛpt] *nm* precepto; *(Rel)* mandamiento

**précepteur, -trice** [pʀesɛptœʀ, tʀis] *nm/f* preceptor(a), maestro(-a)

**préchauffage** [pʀeʃofaʒ] *nm* precalentamiento

**préchauffer** [pʀeʃofe] *vt* precalentar

**prêcher** [pʀeʃe] *vt (Rel)* predicar; *(conseiller)* aconsejar; **~ l'Évangile** predicar el Evangelio; **~ un converti** convencer a un(-a) convencido(-a) ▶ *vi* predicar; *(fig)* sermonear; **~ dans le désert** predicar en el desierto

**prêcheur, -euse** [pʀeʃœʀ, øz] *adj* predicador(a) ▶ *nm/f (Rel)* predicador(a); *(fig)* sermoneador(a)

**précieusement** [pʀesjøzmɑ̃] *adv (avec soin)* cuidadosamente; *(avec préciosité)* amaneradamente

**précieux, -euse** [pʀesjø, jøz] *adj* precioso(-a); *(temps, qualités)* valioso(-a), importante; *(ami, conseils)* valioso(-a); *(littérature, style)* preciosista

**préciosité** [pʀesjozite] *nf* preciosismo

**précipice** [pʀesipis] *nm* precipicio; *(fig)* abismo, perdición *f*; **au bord du ~** *(fig)* al borde del abismo *ou* de la perdición

**précipitamment** [pʀesipitamɑ̃] *adv* precipitadamente

**précipitation** [pʀesipitasjɔ̃] *nf (hâte)* precipitación *f*; *(Chim)* precipitado; **précipitations** *nfpl (Météo)* : **précipitations (atmosphériques)** precipitaciones *fpl*

**précipité, e** [pʀesipite] *adj (respiration)* jadeante; *(pas)* apresurado(-a); *(démarche, entreprise)* precipitado(-a)

**précipiter** [pʀesipite] *vt (faire tomber)* arrojar, tirar; *(pas)* apresurar; *(événements)* precipitar; **se précipiter** *vpr (respiration)* acelerarse; *(événements)* precipitarse; **se ~ sur/vers** lanzarse sobre/hacia; **se ~ au devant de qn** abalanzarse hacia algn

**précis, e** [pʀesi, iz] *adj* preciso(-a); *(vocabulaire)* conciso(-a), preciso(-a); *(bruit, point)* preciso(-a), determinado(-a); *(dessin, esprit)*

# précisément – préfigurer

seguro(-a), preciso(-a); *(heure)* preciso(-a), exacto(-a); *(tir, mesures)* exacto(-a) ▶ *nm* compendio

**précisément** [pʀesizemɑ̃] *adv (avec précision)* de manera precisa; *(dans une réponse)* exactamente; *(dans négation)* precisamente; *(justement)* justamente

**préciser** [pʀesize] *vt* precisar; **se préciser** *vpr* precisarse, concretarse

**précision** [pʀesizjɔ̃] *nf* precisión *f*; *(détail)* exactitud *f*; **précisions** *nfpl (plus amples détails)* precisiones *fpl*

**précoce** [pʀekɔs] *adj* precoz

**précocité** [pʀekɔsite] *nf* precocidad *f*

**préconçu, e** [pʀekɔ̃sy] *(péj) adj* preconcebido(-a)

**préconiser** [pʀekɔnize] *vt* preconizar

**précontraint, e** [pʀekɔ̃tʀɛ̃, ɛ̃t] *adj (béton)* pretensado(-a)

**précuit, e** [pʀekɥi, it] *adj* precocido(-a)

**précurseur** [pʀekyʀsœʀ] *adj m, nm* precursor(-a)

**prédateur** [pʀedatœʀ] *nm (aussi fig)* depredador *m*

**prédation** [pʀedasjɔ̃] *nf (aussi fig)* depredación *f*

**prédécesseur, e** [pʀedesesœʀ] *nm/f* predecesor(a); **prédécesseurs** *nmpl (ancêtres, précurseurs)* predecesores *mpl*

**prédécoupé, e** [pʀedekupe] *adj* precortado(-a)

**prédestiné, e** [pʀedɛstine] *adj* predestinado(-a); **être ~ à** estar predestinado(-a) a; **au nom ~** reveladoramente llamado(-a)

**prédestiner** [pʀedɛstine] *vt* predestinar

**prédicateur** [pʀedikatœʀ] *nm* predicador *m*

**prédiction** [pʀediksjɔ̃] *nf* predicción *f*

**prédilection** [pʀedilɛksjɔ̃] *nf* : **avoir une ~ pour qn/qch** tener predilección por algn/algo; **de ~** favorito(-a), preferido(-a)

**prédire** [pʀediʀ] *vt (événement improbable)* predecir, vaticinar; *(événement probable)* augurar; **~ l'avenir** predecir el futuro

**prédisposer** [pʀedispoze] *vt* : **~ qn à qch/à faire qch** predisponer a algn a algo/a hacer algo

**prédisposition** [pʀedispozisjɔ̃] *nf* predisposición *f*

**prédit** [pʀedi] *pp de* **prédire**

**prédominance** [pʀedɔminɑ̃s] *nf* predominio

**prédominant, e** [pʀedɔminɑ̃, ɑ̃t] *adj* predominante

**prédominer** [pʀedɔmine] *vi* predominar

**pré-électoral, e, -aux** [pʀeelɛktɔʀal, o] *adj* preelectoral

**pré-emballé, e** [pʀeɑ̃bale] *adj* preembalado(-a)

**prééminence** [pʀeeminɑ̃s] *nf* preeminencia, supremacía

**prééminent, e** [pʀeeminɑ̃, ɑ̃t] *adj* preeminente

**préempter** [pʀeɑ̃pte] *vt (Jur)* ejercer un derecho preferencial de compra; *(fig : s'approprier)* apropiarse de

**préemption** [pʀeɑ̃psjɔ̃] *nf* : **droit de ~** *(Jur)* derecho preferencial de compra

**pré-encollé, e** [pʀeɑ̃kɔle] *adj* preengomado(-a)

**préétabli, e** [pʀeetabli] *adj* preestablecido(-a)

**préexistant, e** [pʀeɛgzistɑ̃, ɑ̃t] *adj* preexistente

**préfabrication** [pʀefabʀikasjɔ̃] *nf* prefabricación *f*

**préfabriqué, e** [pʀefabʀike] *adj* prefabricado(-a); *(péj : sourire)* estudiado(-a), premeditado(-a) ▶ *nm* prefabricado

**préface** [pʀefas] *nf* prefacio; *(fig)* preliminar *m*

**préfacer** [pʀefase] *vt* prologar

**préfectoral, e, -aux** [pʀefɛktɔʀal, o] *adj* gubernativo(-a); **par mesure préfectorale** por orden gubernativa

**préfecture** [pʀefɛktyʀ] *nf* prefectura, ≈ gobierno civil; *ver nota*; *(ville)* capital *f* de departamento; **~ de police** dirección *f* general de policía

> **PRÉFECTURE**
>
> La **préfecture** es la oficina central del *département*. El *préfet*, que es un alto cargo del funcionariado designado por el gobierno, se encarga de poner en práctica la política gubernamental y mantener la ley y el orden. Las diferentes regiones francesas, cada una de ellas formada por una serie de *départements*, cuentan también con un *préfet de région*.

**préférable** [pʀefeʀabl] *adj* preferible; **il est ~ de faire qch** es preferible hacer algo; **être ~ à** ser preferible a

**préféré, e** [pʀefeʀe] *adj* preferido(-a) ▶ *nm/f* favorito(-a)

**préférence** [pʀefeʀɑ̃s] *nf* preferencia; **de ~** preferentemente; **de ~ à/par ~ à** antes que/en lugar de; **avoir une ~ pour qn/qch** tener predilección por algn/algo; **n'avoir pas de ~** no tener predilección; **donner la ~ à qn** dar preferencia a algn; **par ordre de ~** por orden de preferencia; **obtenir la ~ (sur qn)** pasar delante (de algn)

**préférentiel, le** [pʀefeʀɑ̃sjɛl] *adj* preferente

**préférer** [pʀefeʀe] *vt* : **~ qch/qn (à)** preferir algo/a algn (a); **~ faire qch** preferir hacer algo; **je préférerais du thé** preferiría té

**préfet, -ète** [pʀefɛ, ɛt] *nm/f* prefecto(-a), ≈ gobernador(a) civil; **~ de police** director(a) general de policía

**préfigurer** [pʀefigyʀe] *vt* predecir, prefigurar

## préfixe – prendre

**préfixe** [pʀefiks] nm prefijo
**préhension** [pʀeɑ̃sjɔ̃] nf prensión f
**préhistoire** [pʀeistwaʀ] nf prehistoria
**préhistorique** [pʀeistɔʀik] adj prehistórico(-a)
**préinscription** [pʀeɛ̃skʀipsjɔ̃] nf preinscripción f
**préjudice** [pʀeʒydis] nm perjuicio; **porter ~ à qch/à qn** perjudicar algo/a algn; **au ~ de qn/de qch** en perjuicio de algn/de algo
**préjudiciable** [pʀeʒydisjabl] adj : **~ à** perjudicial para
**préjugé** [pʀeʒyʒe] nm prejuicio; **avoir un ~ contre qn/qch** tener prejuicios contra algn/algo; **bénéficier d'un ~ favorable** beneficiarse de un prejuicio favorable
**préjuger** [pʀeʒyʒe] vt prejuzgar
**prélasser** [pʀelɑse] : **se prélasser** vpr arrellanarse
**prélat** [pʀela] nm prelado
**prélavage** [pʀelavaʒ] nm prelavado
**prélèvement** [pʀelɛvmɑ̃] nm extracción f, toma; **faire un ~ de sang** hacer una extracción de sangre; **~ à la source** (Admin : des impôts) retención f a cuenta; **prélèvements obligatoires** (des impôts) exacciones fpl obligatorias
**prélever** [pʀel(ə)ve] vt (échantillon) tomar, sacar; (organe) extraer; **~ (sur)** (retirer) sacar (de); (déduire) descontar (de), deducir (de)
**préliminaire** [pʀeliminɛʀ] adj preliminar; **préliminaires** nmpl preliminares mpl
**prélude** [pʀelyd] nm preludio
**préluder** [pʀelyde] : **~ à** vt preludiar
**prématuré, e** [pʀematyʀe] adj prematuro(-a); (retraite, nouvelle) anticipado(-a) ▶ nm/f prematuro(-a)
**prématurément** [pʀematyʀemɑ̃] adv prematuramente
**prématurité** [pʀematyʀite] nf prematuridad f
**préméditation** [pʀemeditasjɔ̃] nf : **avec ~** adj premeditado(-a); adv premeditadamente
**préméditer** [pʀemedite] vt premeditar
**prémices** [pʀemis] nfpl (commencement, début) primicias fpl
**premier, -ière** [pʀəmje, jɛʀ] adj primero(-a); (avant un nom masculin) primer; (après le nom : cause, principe) primordial; (: objectif) principal; **~ âge** infancia, primera edad f; **P~ ministre** primer(-a) ministro(-a); **au ~ abord** en un primer momento; **au** ou **du ~ coup** al instante; **de ~ ordre** de primer orden; **à la première occasion** en la primera ocasión; **de première qualité** de primera calidad; **de ~ choix** de primera; **de première importance** de capital importancia; **de première nécessité** de primera necesidad; **le ~ venu** el primero que venga; **première classe** primera clase f; **première communion** primera comunión f; **enfant du ~ lit** hijo de un primer matrimonio; **en ~ lieu** en primer lugar ▶ adj m (Math) primo ▶ nm/f primero(-a) ▶ nm (premier étage) primero; **jeune ~** joven m promesa; (Ciné) galán m; **le ~ de l'an** el primero de año, el día de año nuevo ▶ nf (vitesse) primera; (Scol) sexto año de educación secundaria en el sistema francés; (Théâtre, Ciné) estreno
**premièrement** [pʀəmjɛʀmɑ̃] adv primeramente, (en premier lieu) en primer lugar; (introduisant une objection) primero
**premier-né, première-née** [pʀəmjene, pʀəmjɛʀne] (pl **premiers-nés**, **premières-nées**) nm/f primogénito(-a)
**prémisse** [pʀemis] nf premisa
**prémolaire** [pʀemɔlɛʀ] nf premolar m
**prémonition** [pʀemɔnisjɔ̃] nf premonición f
**prémonitoire** [pʀemɔnitwaʀ] adj premonitorio(-a)
**prémunir** [pʀemyniʀ] : **se prémunir** vpr : **se ~ contre qch** prevenirse contra algo
**prenant, e** [pʀənɑ̃, ɑ̃t] vb voir **prendre** ▶ adj (film, livre) cautivador(a); (activité) acaparador(a)
**prénatal, e** [pʀenatal] adj prenatal
**prendre** [pʀɑ̃dʀ] vt coger, agarrar (AM); (aller chercher) recoger; (emporter avec soi) llevar; (poisson) pescar; (place) ocupar; (Cartes) levantar; (Échecs, aliment) comer; (boisson) beber; (médicament, notes, mesures) tomar; (bain, douche) darse; (moyen de transport, route) tomar, coger; (essence) echar; (commande) tomar nota de; (passager, personnel, élève) coger, tomar (AM); (exemple) poner; (photographie) sacar; (renseignements, ordres) recibir; (avis) pedir; (engagement, critique) aceptar; (attitude) adoptar; (du poids) ganar; (de la valeur) adquirir, ganar; (vacances, repos) tomar(se); (coûter : temps) requerir, llevar; (: efforts, argent) requerir; (prélever : pourcentage, argent, cotisation) quedarse con; (traiter : enfant) tratar; (: problème) tratar, llevar; **~ qn par la main** coger a algn de la mano; **~ qn dans ses bras** abrazar a algn; **~ au piège** coger ou pillar en la trampa; **~ la relève** relevar, tomar el relevo; **~ la défense de qn** salir en defensa de algn, defender a algn; **~ des risques** arriesgarse; **~ l'air** tomar el aire; **~ son temps** tomarse el tiempo necesario, no precipitarse; **~ le deuil** ponerse de luto; **~ feu** prender fuego; **~ l'eau** entrarle agua a; **~ de l'âge** envejecer; **~ sa retraite** jubilarse; **~ la parole** tomar la palabra; **~ la fuite** emprender la huida; **~ la porte** coger ou agarrar la puerta; **~ sa source** (rivière) nacer; **~ congé de qn** despedirse de algn; **~ un virage** tomar una curva; **~ le lit** guardar cama; **~ le voile** (Rel) tomar los hábitos, profesar; **~ qn comme** ou **pour** coger ou tomar a algn como ou de; **~ sur soi**

## preneur – prescrit

responsabilizarse de; **~ sur soi de faire qch** responsabilizarse de hacer algo; **~ du plaisir à qch** cogerle ou tomarle gusto a algo; **~ de l'intérêt à qch** tomar interés por algo; **~ qch au sérieux** tomar(se) algo en serio; **~ qn en faute** coger ou pillar a algn in fraganti; **~ qn en sympathie/horreur** coger ou agarrar simpatía/odio a algn; **~ qn pour qn/qch** tomar a algn por algn/algo; **~ qch pour prétexte** tomar algo como pretexto; **~ qn à témoin** poner a algn por testigo; **à tout ~** bien mirado; **~ (un) rendez-vous avec qn** concertar una entrevista con algn ▶ vi (*pâte, peinture*) espesar; (*ciment*) fraguar; (*semis, vaccin*) agarrar; (*plaisanterie*) encajar; (*mensonge*) ser creído(-a); (*feu, incendie*) comenzar; (*bois, allumette*) prender; **~ à gauche** coger ou tomar a la izquierda; **se prendre** vpr : **s'en ~ à** emprenderla con; **se ~ pour** creerse; **se ~ d'amitié pour qn** hacer amistad con algn; **se ~ d'affection pour qn** cobrar afecto a algn; **s'y ~ bien/mal** hacerlo bien/mal; **il faudra s'y ~ à l'avance** habrá que hacerlo con antelación; **s'y ~ à deux fois** intentarlo dos veces; **se ~ par le cou/la taille** agarrarse del cuello/de la cintura; **se ~ par la main** (*gén*) agarrarse de la mano; (*fig*) armarse de valor; **se ~ les doigts** pillarse los dedos

**preneur, -euse** [pʀənœʀ, øz] nm/f : **je suis ~** estoy dispuesto a comprar; **trouver ~** encontrar comprador(a)

**preniez** etc [pʀənje] vb voir **prendre**

**prenne** etc [pʀɛn] vb voir **prendre**

**prénom** [pʀenɔ̃] nm nombre m (de pila)

**prénommer** [pʀenɔme] : **se prénommer** vpr llamarse

**prénuptial, e, -aux** [pʀenypsjal, o] adj prenupcial

**préoccupant, e** [pʀeɔkypɑ̃, ɑ̃t] adj preocupante

**préoccupation** [pʀeɔkypasjɔ̃] nf preocupación f

**préoccupé, e** [pʀeɔkype] adj preocupado(-a); **~ de qch** preocupado(-a) por algo

**préoccuper** [pʀeɔkype] vt (*personne*) preocupar, inquietar; **se préoccuper** vpr : **se ~ de qch/de faire qch** preocuparse por algo/de hacer algo

**préparateur, -trice** [pʀepaʀatœʀ, tʀis] nm/f auxiliar mf, ayudante(-a)

**préparatifs** [pʀepaʀatif] nmpl preparativos mpl

**préparation** [pʀepaʀasjɔ̃] nf preparación f; (*Chim*) preparado

**préparatoire** [pʀepaʀatwaʀ] adj preparatorio(-a)

**préparer** [pʀepaʀe] vt preparar; **~ qn à** (*nouvelle etc*) preparar a algn para; **se préparer** vpr prepararse; **se ~ à qch/à faire qch** prepararse para algo/para hacer algo

**prépayé, e** [pʀepeje] adj de prepago; **carte téléphonique prépayée** tarjeta telefónica de prepago

**prépondérance** [pʀepɔ̃deʀɑ̃s] nf preponderancia

**prépondérant, e** [pʀepɔ̃deʀɑ̃, ɑ̃t] adj preponderante

**préposé, e** [pʀepoze] adj : **~ (à qch)** encargado(-a) (de algo) ▶ nm/f encargado(-a); (*Admin : facteur*) cartero mf; **~ des douanes** agente mf de aduanas

**préposer** [pʀepoze] vt : **~ qn à qch** encargar a algn de algo

**préposition** [pʀepozisjɔ̃] nf preposición f

**prérentrée** [pʀeʀɑ̃tʀe] nf día en el que los profesores preparan el inicio del curso

**préretraite** [pʀeʀ(ə)tʀɛt] nf prejubilación f

**prérogative** [pʀeʀɔgativ] nf prerrogativa

**près** [pʀɛ] adv cerca; **~ de** (*lieu*) cerca de; (*la retraite*) próximo a; (*mourir*) a punto de; (*temps, quantité*) alrededor de; **de ~** de cerca; **à 5 m/ 5 kg ~** 5 m/5 kg más o menos; **à cela ~ que** salvo que, excepto que; **je ne suis pas ~ de lui pardonner/d'oublier** estoy lejos de perdonarle/de olvidar; **on n'est pas à un jour ~** un día más o menos da igual

**présage** [pʀezaʒ] nm presagio; **un mauvais ~ (pour qn/qch)** un mal presagio (para algn/algo)

**présager** [pʀezaʒe] vt presagiar; **cela ne présage rien de bon** eso no presagia nada bueno

**pré-salé** [pʀesale] (*pl* **prés-salés**) nm cordero presalado, *cordero que pasta en aguas cubiertas por el mar parte del día*

**presbyte** [pʀɛsbit] adj présbita

**presbytère** [pʀɛsbitɛʀ] nm casa parroquial

**presbytérien, ne** [pʀɛsbiteʀjɛ̃, jɛn] adj presbiteriano(-a)

**presbytie** [pʀɛsbisi] nf presbicia, vista cansada

**prescience** [pʀesjɑ̃s] nf presciencia, adivinación f

**préscolaire** [pʀeskɔlɛʀ] adj preescolar

**prescripteur, -trice** [pʀɛskʀiptœʀ, tʀis] adj (*rôle, pouvoir, médecin*) prescriptor(a) ▶ nm/f médico(-a) prescriptor(a)

**prescriptible** [pʀɛskʀiptibl] adj prescriptible

**prescription** [pʀɛskʀipsjɔ̃] nf (*Jur : d'un délit, d'un crime*) prescripción f; (*instruction*) disposición f; (*d'un médicament : action*) prescripción f; (*ordonnance*) receta; **délai de ~** (*Jur*) plazo de prescripción

**prescrire** [pʀɛskʀiʀ] vt (*médicament*) recetar; (*Jur*) dictar; (*ordonner*) prescribir; (*suj : circonstances*) recomendar; **se prescrire** vpr (*Jur*) prescribir, anularse

**prescrit, e** [pʀɛskʀi, it] pp de **prescrire** ▶ adj (*Jur*) prescrito(-a)

**préséance** [pReseɑ̃s] *nf* preeminencia, precedencia
**présélection** [pReseleksjɔ̃] *nf* preselección *f*
**présélectionner** [pReseleksjɔne] *vt* preseleccionar
**présence** [pRezɑ̃s] *nf* presencia; (*au bureau*) presencia, asistencia; **en ~ de** (*personne*) en presencia de; (*incidents etc*) en medio de; **en ~** presentes; **sentir une ~** sentir una presencia; **faire acte de ~** hacer acto de presencia; **~ d'esprit** presencia de ánimo
**présent, e** [pRezɑ̃, ɑ̃t] *adj* presente; «~!» «¡presente!»; **la présente lettre/loi** (*Admin, Comm*) la presente carta/ley ▶ *nm* presente *m*; **à ~** en la actualidad, ahora; **dès à/jusqu'à ~** desde/hasta ahora; **à ~ que** ahora que; **présents** *nmpl* (*personnes*) : **les présents** los presentes
**présentable** [pRezɑ̃tabl] *adj* presentable
**présentateur, trice** [pRezɑ̃tatœR, tRis] *nm/f* (*TV*) presentador(a); (*Radio*) locutor(a)
**présentation** [pRezɑ̃tasjɔ̃] *nf* presentación *f*; **faire les présentations** hacer las presentaciones
**présente** [pRezɑ̃t] *nf* (*Comm*) : **la ~** la presente
**présenter** [pRezɑ̃te] *vt* presentar; (*billet, pièce d'identité*) enseñar; (*spectacle*) ofrecer; (*thèse*) defender; (*note*) entregar; (*matière : à un examen*) hacer, exponer; (*condoléances, félicitations, remerciements*) dar; **~ qch à qn** enseñar *ou* mostrar algo a algn; (*plat*) presentar algo a algn ▶ *vi* : **~ mal/bien** tener buena/mala presencia; **se présenter** *vpr* presentarse; (*solution, doute*) surgir; **se ~ bien/mal** (*affaire*) presentarse bien/mal; **se ~ à l'esprit** venir a la cabeza
**présentoir** [pRezɑ̃twaR] *nm* (*étagère*) expositor *m*; (*vitrine*) vitrina; (*étal*) mesa (de puesto)
**préservatif** [pRezɛRvatif] *nm* preservativo
**préservation** [pRezɛRvasjɔ̃] *nf* preservación *f*
**préserver** [pRezɛRve] *vt* : **~ qch/qn de** preservar *ou* proteger algo/a algn de
**présidence** [pRezidɑ̃s] *nf* presidencia; **~ de la République** presidencia de la República
**président, e** [pRezidɑ̃, ɑ̃t] *nm/f* presidente(-a); **~ du jury** (*Jur*) presidente(-a) del jurado; **~ de la République** presidente(-a) de la República; **~-directeur(-trice) général(e)** presidente(-a) y director(a) general
**présidentiable** [pRezidɑ̃sjabl] *adj, nmf* presidenciable *mf*
**présidentiel, le** [pRezidɑ̃sjɛl] *adj* (*système*) presidencialista; (*élection*) presidencial; **présidentielles** *nfpl* (*élections*) elecciones *fpl* presidenciales
**présider** [pRezide] *vt* presidir; **~ à qch** presidir algo
**présomption** [pRezɔ̃psjɔ̃] *nf* presunción *f*; **~ d'innocence** presunción de inocencia

**présomptueux, -euse** [pRezɔ̃ptɥø, øz] *adj* presuntuoso(-a)
**presque** [pRɛsk] *adv* casi; **~ toujours/autant** casi siempre/tanto; **~ tous/rien** casi todos/nada; **il n'a ~ pas d'argent** casi no tiene dinero, apenas tiene dinero; **il n'y avait ~ personne** no había casi nadie; **la voiture s'est ~ arrêtée** el coche casi se para, por poco se para el coche; **il n'y avait personne, ou ~** no había nadie, o casi nadie; **on pourrait ~ dire que** casi podría decirse que; **~ à chaque pas** casi a cada paso; **la ~ totalité (de)** la casi totalidad (de)
**presqu'île** [pRɛskil] *nf* península
**pressage** [pResaʒ] *nm* prensado
**pressant, e** [pResɑ̃, ɑ̃t] *adj* apremiante; (*personne*) atosigante; (*besoin*) acuciante; **se faire ~** volverse atosigante
**presse** [pRɛs] *nf* prensa; **mettre un ouvrage sous ~** meter una obra en prensa; **avoir bonne/mauvaise ~** (*fig*) tener buena/mala prensa; **~ d'information/d'opinion** prensa de información/de opinión; **~ du cœur** prensa del corazón; **~ féminine** prensa femenina
**pressé, e** [pRese] *adj* (*personne*) apresurado(-a), apurado(-a) (*Am*); **être ~ (de faire qch)** tener prisa (por hacer algo); **orange pressée** zumo de naranja ▶ *nm* : **aller/courir au plus ~** acudir/atender a lo más urgente
**presse-agrume** *nm*, **presse-agrumes** *nm inv* [pResagRym] (*pl* **presse-agrumes**) exprimidor *m*
**presse-citron** [pRɛssitRɔ̃] (*pl* **presse-citrons**) *nm* exprimelimones *m inv*, exprimidor *m*
**presse-fruit** [pRɛsfRɥi] (*pl* **presse-fruits**) *nm* exprimidor *m*
**pressentiment** [pResɑ̃timɑ̃] *nm* presentimiento
**pressentir** [pResɑ̃tiR] *vt* presentir; (*prendre contact avec, sonder*) sondear
**presse-papier** *nm*, **presse-papiers** *nm inv* [pRɛspapje] (*pl* **presse-papiers**) pisapapeles *m inv*
**presse-purée** [pRɛspyRe] *nm inv* pasapurés *m inv*
**presser** [pRese] *vt* (*fruit*) exprimir; (*éponge*) escurrir; (*interrupteur, bouton*) pulsar; (*brusquer*) acosar; **~ le pas** *ou* **l'allure** aligerar (el paso); **~ qn de faire qch** (*inciter*) inducir *ou* presionar a algn a hacer algo; **~ qn de questions** acosar a algn a preguntas; **~ ses débiteurs** apremiar a sus deudores; **~ qn entre** *ou* **dans ses bras** estrechar a algn entre *ou* en sus brazos ▶ *vi* (*être urgent*) urgir, correr prisa; **le temps presse** el tiempo apremia; **rien ne presse** no hay prisa; **se presser** *vpr* (*se hâter*) darse prisa, apurarse (*Am*); (*se grouper*) apiñarse; **se ~ contre qn** apretujarse contra algn

## pressing – prévention

**pressing** [pʀesiŋ] nm (*repassage*) planchado; (*magasin*) tintorería

**pression** [pʀesjɔ̃] nf presión f; (*bouton*) automático; **faire ~ sur qn/qch** ejercer presión sobre algn/algo; **sous ~** a presión; (*fig*) presionado(-a); **~ artérielle** tensión f arterial; **~ atmosphérique** presión atmosférica

**pressoir** [pʀeswaʀ] nm prensa

**pressurer** [pʀesyʀe] vt (*fig : exploiter*) estrujar, explotar; (*: extorquer l'argent de*) sacar dinero a

**pressurisation** [pʀesyʀizasjɔ̃] nf presurización f

**pressurisé, e** [pʀesyʀize] adj presurizado(-a)

**prestance** [pʀestɑ̃s] nf prestancia

**prestataire** [pʀestatɛʀ] nmf beneficiario(-a); **~ de services** (*Comm*) prestador m de servicios

**prestation** [pʀestasjɔ̃] nf (*allocation*) prestación f, ayuda; (*d'une assurance*) prestación, indemnización f; (*d'une entreprise*) contribución f; (*d'un joueur, artiste, homme politique*) actuación f; **~ de serment** jura; **~ de service** prestación de servicios; **prestations familiales** prestaciones fpl familiares

**preste** [pʀest] adj presto(-a)

**prestement** [pʀestəmɑ̃] adv con presteza

**prestidigitateur, -trice** [pʀestidiʒitatœʀ, tʀis] nm/f prestidigitador(a)

**prestidigitation** [pʀestidiʒitasjɔ̃] nf prestidigitación f

**prestige** [pʀestiʒ] nm prestigio

**prestigieux, -euse** [pʀestiʒjø, jøz] adj prestigioso(-a)

**présumer** [pʀezyme] vt : **~ que** presumir que; **~ de qn/qch** sobreestimar algn/a algo; **présumé coupable/innocent** presunto culpable/inocente

**présupposé** [pʀesypoze] nm presunción f

**présupposer** [pʀesypoze] vt asumir; **~ que** presumir que, asumir que

**présupposition** [pʀesypozisjɔ̃] nf presunción f

**présure** [pʀezyʀ] nf cuajo

**prêt, e** [pʀɛ, pʀɛt] adj listo(-a); (*cérémonie, repas*) listo(-a), preparado(-a); **~ à faire qch** (*préparé à*) listo(-a) para hacer algo; (*disposé à*) dispuesto(-a) a hacer algo; **~ à toute éventualité** preparado(-a) para lo que venga; **~ à tout** dispuesto(-a) a todo; **à vos marques, prêts ? partez !** ¡preparados, listos, ya! ▶ nm préstamo; **~ sur gages** préstamo bajo fianza

**prêt-à-porter** [pʀɛtapɔʀte] (*pl* **prêts-à-porter**) nm prêt-à-porter m

**prétendant** [pʀetɑ̃dɑ̃] nm (*à un trône*) aspirante m; (*d'une femme*) pretendiente m

**prétendre** [pʀetɑ̃dʀ] vt (*avoir la ferme intention de*) pretender; (*affirmer*) : **~ que** mantener que; **~ à** aspirar a

**prétendu, e** [pʀetɑ̃dy] adj supuesto(-a)

**prétendument** [pʀetɑ̃dymɑ̃] adv al parecer

**prête-nom** [pʀɛtnɔ̃] (*pl* **prête-noms**) nm (*Comm ect*) testaferro

**prétentieux, -euse** [pʀetɑ̃sjø, jøz] adj presuntuoso(-a); (*maison, villa*) pretencioso(-a)

**prétention** [pʀetɑ̃sjɔ̃] nf pretensión f; **sans ~** sin pretensiones

**prêter** [pʀete] vt (*livres, argent*) : **~ qch (à)** prestar algo (a); (*propos etc*) : **~ à qn** achacar a algn; **~ à** : **~ aux commentaires/à équivoque/à rire** prestarse a comentarios/a equívoco/a risa; **~ assistance à** prestar socorro a; **~ attention/serment** prestar atención/juramento; **~ l'oreille** aguzar el oído; **~ sur gages** prestar bajo fianza; **~ de l'importance à** prestar importancia a ▶ vi (*tissu, cuir*) dar de sí; **se prêter** vpr (*tissu, cuir*) dar de sí; **se ~ à qch** prestarse a algo

**prêteur, -euse** [pʀetœʀ, øz] adj prestador(a) ▶ nm prestamista m; **~ sur gages** prestamista

**prétexte** [pʀetɛkst] nm pretexto; **sous aucun ~** bajo ningún pretexto; **sous ~ de** con el pretexto de

**prétexter** [pʀetɛkste] vt poner el pretexto de; **~ que** poner el pretexto de que

**prétoire** [pʀetwaʀ] nm sala de audiencias

**prêtre** [pʀɛtʀ] nm sacerdote m

**prêtre-ouvrier** [pʀɛtʀuvʀije] (*pl* **prêtres-ouvriers**) nm cura m obrero

**prêtrise** [pʀetʀiz] nf sacerdocio

**preuve** [pʀœv] nf prueba; **jusqu'à ~ du contraire** hasta que se demuestre lo contrario; **faire ~ de** dar pruebas de; **faire ses preuves** dar prueba de sus aptitudes; **~ matérielle** (*Jur*) prueba material; **~ par neuf** prueba del nueve

**prévaloir** [pʀevalwaʀ] vi prevalecer; **se prévaloir** vpr : **se ~ de qch** contar con la ventaja de algo; (*tirer vanité de*) enorgullecerse de algo

**prévarication** [pʀevaʀikasjɔ̃] nf prevaricación f

**prévaut** [pʀevo] vb voir **prévaloir**

**prévenance** [pʀev(ə)nɑ̃s] nf solicitud f, amabilidad f; **prévenances** nfpl atenciones fpl; **avoir toutes les prévenances à l'égard de qn** deshacerse en atenciones con algn

**prévenant, e** [pʀev(ə)nɑ̃, ɑ̃t] adj atento(-a)

**prévenir** [pʀev(ə)niʀ] vt prevenir; (*besoins, etc*) anticiparse a; **~ qn (de qch)** (*avertir*) prevenir a algn (de algo); **~ qn contre** (*influencer*) predisponer a algn contra

**préventif, -ive** [pʀevɑ̃tif, iv] adj preventivo(-a); **détention/prison/arrestation préventive** detención f preventiva/prisión f preventiva/arresto preventivo

**prévention** [pʀevɑ̃sjɔ̃] nf prevención f; **~ routière** seguridad f vial

**préventivement** [pʀevɑ̃tivmɑ̃] *adv* preventivamente; **être traité ~** recibir un tratamiento preventivo

**prévenu, e** [pʀev(ə)ny] *pp de* **prévenir** ▶ *nm/f* preso(-a) ▶ *adj* : **être ~ contre qn** estar prevenido(-a) contra algn; **j'ai été ~ en votre faveur** me han dado buenas referencias sobre usted

**prévisible** [pʀevizibl] *adj* previsible

**prévision** [pʀevizjɔ̃] *nf* previsión *f*; **en ~ de l'orage** en caso de que haya tormenta; **prévisions météorologiques** previsión meteorológica

**prévisionnel, le** [pʀevizjɔnɛl] *adj* provisional

**prévoir** [pʀevwaʀ] *vt* prever; **prévu pour quatre personnes** con cabida para cuatro personas; **prévu pour 10 h** previsto para las 10

**prévoyance** [pʀevwajɑ̃s] *nf* previsión *f*; **société/caisse de ~** sociedad *f*/caja de previsión

**prévoyant, e** [pʀevwajɑ̃, ɑ̃t] *vb voir* **prévoir** ▶ *adj* prevenido(-a), precavido(-a)

**prévu, e** [pʀevy] *pp de* **prévoir**

**prier** [pʀije] *vi* rezar ▶ *vt* rogar; (*Rel*) rezar; (*demander avec fermeté*) mandar; **~ qn à dîner** invitar a algn a cenar; **se faire ~** hacerse rogar; **je vous en prie** (*allez-y*) pase por favor; (*de rien*) de nada

**prière** [pʀijɛʀ] *nf* oración *f*; (*demande*) ruego; **dire une/des/sa ~(s)** rezar una/algunas/su oración (sus oraciones); « **~ de faire/ne pas faire ...** » « se ruega hacer/no hacer ... »

**primaire** [pʀimɛʀ] *adj* primario(-a); (*péj*) primitivo(-a); (: *explication*) superficial ▶ *nm* (*Scol* : *aussi* : **enseignement primaire**) : **le ~** ≈ primera etapa de la educación primaria; **primaires** *fpl* (*élections*) primarias *fpl*

**primauté** [pʀimote] *nf* primacía

**prime** [pʀim] *nf* (*bonification, Assurance, Bourse*) prima; (*subside*) ayuda; (*Comm* : *cadeau*) bonificación *f*; **~ de risque/de transport** prima de riesgo/gastos *mpl* de transporte ▶ *adj* : **de ~ abord** de entrada

**primer** [pʀime] *vt* (*récompenser*) premiar; **~ sur qch** primar sobre algo ▶ *vi* primar

**primerose** [pʀimʀoz] *nf* malvarrosa

**primesautier, -ière** [pʀimsotje, jɛʀ] *adj* vivaracho(-a)

**primeur** [pʀimœʀ] *nf* : **avoir la ~ de** tener las primicias de; **primeurs** *nfpl* (*fruits, légumes*) frutos *mpl* tempranos; **marchand de primeurs** frutería

**primevère** [pʀimvɛʀ] *nf* primavera

**primipare** [pʀimipaʀ] *nf* primípara, primeriza

**primitif, -ive** [pʀimitif, iv] *adj* primitivo(-a); (*texte etc*) antiguo(-a) ▶ *nm/f* primitivo(-a)

**primo** [pʀimo] *adv* primero

**primordial, e, -aux** [pʀimɔʀdjal, jo] *adj* primordial

**prince** [pʀɛ̃s] *nm* príncipe *m*; **~ charmant** príncipe azul; **~ de Galles** (*Textile*) príncipe de Gales; **~ héritier** príncipe heredero

**princesse** [pʀɛ̃sɛs] *nf* princesa

**princier, -ière** [pʀɛ̃sje, jɛʀ] *adj* principesco(-a)

**princièrement** [pʀɛ̃sjɛʀmɑ̃] *adv* : **il nous a reçus ~** nos recibió como reyes

**principal, e, -aux** [pʀɛ̃sipal, o] *adj* principal ▶ *nm/f* (*Scol*) director(a) ▶ *nm* (*Fin*) principal *m*; **le ~** (*l'essentiel*) lo principal

**principalement** [pʀɛ̃sipalmɑ̃] *adv* principalmente

**principauté** [pʀɛ̃sipote] *nf* : **la ~ de Monaco/du Liechtenstein** el principado de Mónaco/de Liechtenstein

**principe** [pʀɛ̃sip] *nm* principio; **partir du ~ que** partir del principio de que; **pour le ~** por principios; **de/en/par ~** de/en/por principio; **principes** *nmpl* (*moraux etc*) principios *mpl*

**printanier, -ière** [pʀɛ̃tanje, jɛʀ] *adj* primaveral

**printemps** [pʀɛ̃tɑ̃] *nm* primavera

**priori** [pʀijɔʀi] : **a ~** *adv* a priori

**prioritaire** [pʀijɔʀitɛʀ] *adj* prioritario(-a)

**prioritairement** [pʀijɔʀitɛʀmɑ̃] *adv* prioritariamente

**priorité** [pʀijɔʀite] *nf* prioridad *f*; **en ~** con prioridad; **~ à droite** prioridad a la derecha

**pris, e** [pʀi, pʀiz] *pp de* **prendre** ▶ *adj* (*place, journée*) ocupado(-a); (*crème, glace*) en su punto; (*ciment*) fraguado(-a); **avoir le nez ~/la gorge prise** (*Méd*) tener la nariz/la garganta irritada; **être ~ de peur/de fatigue** entrarle a algn miedo/cansancio

**prise** [pʀiz] *nf* (*d'une ville*) toma; (*de judo, catch*) llave *f*; (*Pêche, Chasse*) presa; (*Élec*) conexión *f*; (*fiche*) enchufe *m*; **ne pas avoir de/avoir ~** no tener/tener donde agarrarse; **avoir ~ sur qn** tener influencia sobre algn; **en ~** (*Auto*) en directa; **être aux prises avec qn** enfrentarse con algn; **lâcher ~** soltarse; **donner ~ à** (*fig*) dar pie a; **~ d'eau** toma de agua; **~ d'otages** captura de rehenes; **~ de contact** toma de contacto; **~ de courant** conexión; **~ de sang** toma de sangre; **~ de son** toma de sonido; **~ de tabac** toma de rapé; **~ de terre** toma de tierra; **~ de vue** (*Photo*) toma, foto *f*; **~ de vue(s)** toma de planos; **~ en charge** (*par un taxi*) bajada de bandera; (*par la sécurité sociale*) cobertura; **~ multiple** ladrón *m*; **~ péritel** euroconector *m*

**prisé, e** [pʀize] *adj* : **très ~** muy apreciado(-a)

**priser** [pʀize] *vt* (*tabac*) inhalar; (*estimer*) apreciar

**prisme** [pʀism] *nm* prisma *m*

**prison** [pʀizɔ̃] *nf* cárcel *f*, prisión *f*; (*Mil*) prisión militar; (*fig*) cárcel; **faire de/risquer la ~** estar en/correr el riesgo de ir a la cárcel; **être condamné à cinq ans de ~** ser condenado a cinco años de cárcel

## prisonnier – production

**prisonnier, -ière** [pRizɔnje, jɛR] *nm/f* preso(-a); *(soldat, otage)* prisionero(-a); **faire qn ~** hacer prisionero(-a) a algn ▸ *adj* preso(-a)

**prit** [pRi] *vb voir* **prendre**

**privatif, -ive** [pRivatif, iv] *adj* privativo(-a); *(jardin)* privado(-a)

**privations** [pRivasjɔ̃] *nfpl* privaciones *fpl*

**privatisation** [pRivatizasjɔ̃] *nf* privatización *f*

**privatiser** [pRivatize] *vt* privatizar

**privautés** [pRivote] *nfpl* familiaridades *fpl*

**privé, e** [pRive] *adj* privado(-a); **~ de** privado(-a) de; **en ~** en privado ▸ *nm* : **dans le ~** *(Écon)* en el sector privado; *(Scol)* en la privada

**priver** [pRive] *vt* privar; **se priver** *vpr* : **(ne pas) se ~ (de)** (no) privarse (de)

**privilège** [pRivilɛʒ] *nm* privilegio

**privilégié, e** [pRivileʒje] *adj* privilegiado(-a)

**privilégier** [pRivileʒje] *vt* dar preferencia a, privilegiar

**prix** [pRi] *nm* precio; *(récompense)* premio; **grand ~ automobile** gran premio automovilístico; **mettre à ~** sacar a la venta; **au ~ fort** al precio más alto; **acheter qch à ~ d'or** comprar algo a precio de oro; **hors de ~** carísimo(-a); **à aucun ~** por nada del mundo; **à tout ~** cueste lo que cueste; **~ conseillé** precio de venta al público, PVP *m*; **~ d'achat/de revient/de vente** precio de compra/de coste/de venta

**pro** [pRo] *abr* = **professionnel**

**proactif, -ive** [pRoaktif, iv] *adj* proactivo(-a)

**probabilité** [pRobabilite] *nf* probabilidad *f*; **selon toute ~** según todas las probabilidades; **probabilités** *nfpl* (*Math, Écon*) probabilidades *fpl*

**probable** [pRobabl] *adj* probable

**probablement** [pRobabləmɑ̃] *adv* probablemente

**probant, e** [pRobɑ̃, ɑ̃t] *adj* convincente

**probatoire** [pRobatwaR] *adj* (*examen, test*) de prueba

**probité** [pRobite] *nf* honestidad *f*

**problématique** [pRoblematik] *adj* problemático(-a) ▸ *nf* problemática

**problème** [pRoblɛm] *nm* problema *m*

**procédé** [pRosede] *nm* proceso; *(comportement)* proceder *m*

**procéder** [pRosede] *vi* proceder; **~ à** (*Jur*) proceder a, pasar a

**procédure** [pRosedyR] *nf* procedimiento; *(Jur)* : **~ civile/pénale** enjuiciamiento civil/penal

**procédurier, -ière** [pRosedyRje, jɛR] *adj* (*personne*) litigioso(-a); **avoir l'esprit ~** tener un temperamento litigioso ▸ *nm/f* (*spécialiste*) experto(-a) en procedimiento; *(péj)* picapleitos *mf inv*, pleitista *mf*

**procès** [pRosɛ] *nm* (*Jur*) juicio; *(: poursuites)* proceso; **être en ~ avec qn** estar en pleito con algn; **faire le ~ de qch/qn** *(fig)* criticar algo a algn; **sans autre forme de ~** sin más ni más

**processeur** [pRosesœR] *nm* procesador *m*

**procession** [pRosesjɔ̃] *nf* procesión *f*

**processus** [pRosesys] *nm* proceso

**procès-verbal** [pRosɛvɛRbal] (*pl* **procès-verbaux**) *nm* (*constat*) atestado; *(aussi* : **PV**) multa; *(d'une réunion)* acta

**prochain, e** [pRɔʃɛ̃, ɛn] *adj* próximo(-a); **la prochaine fois** la próxima vez; **la semaine prochaine** la semana que viene; **à la prochaine !** *(fam)* ¡hasta otra!; **un jour ~** cualquier día ▸ *nm* prójimo

**prochainement** [pRɔʃɛnmɑ̃] *adv* pronto; *(au cinéma)* próximamente

**proche** [pRɔʃ] *adj* (*ami*) cercano(-a), próximo(-a); **être ~ (de)** estar cerca (de); **de ~ en ~** progresivamente; **proches** *nmpl* (*parents*) familiares *mpl*; *(amis)* : **l'un de ses proches** una de sus amistades

**Proche-Orient** [pRɔʃɔRjɑ̃] *nm* Oriente *m* Próximo, Cercano Oriente

**proclamation** [pRoklamasjɔ̃] *nf* proclamación *f*

**proclamer** [pRoklame] *vt* (*la république, son innocence*) proclamar; *(résultat d'un examen)* publicar

**procréation** [pRokReasjɔ̃] *nf* procreación *f*; **~ (médicalement) assistée** reproducción *f* asistida

**procréer** [pRokRee] *vt* procrear

**procuration** [pRokyRasjɔ̃] *nf* poder *m*; **donner ~ à qn** hacer un poder a algn; **voter/acheter par ~** votar/comprar por poder

**procurer** [pRokyRe] *vt* (*fournir*) proporcionar; *(causer)* dar; **se procurer** *vpr* conseguir

**procureur, e** [pRokyRœR] *nm/f* : **~ (de la République)** ≈ fiscal *mf*; **~ général(e)** ≈ fiscal del tribunal supremo

**prodigalité** [pRodigalite] *nf* prodigalidad *f*; **prodigalités** *nfpl* (*dépenses*) gastos *mpl*

**prodige** [pRodiʒ] *nm* prodigio; **un ~ d'ingéniosité** un prodigio de ingenio; **un/une enfant ~** un niño/una niña prodigio

**prodigieusement** [pRodiʒjøzmɑ̃] *adv* tremendamente

**prodigieux, -euse** [pRodiʒjø, jøz] *adj* prodigioso(-a)

**prodigue** [pRodig] *adj* pródigo(-a); **fils ~** hijo pródigo

**prodiguer** [pRodige] *vt* prodigar

**producteur, -trice** [pRodyktœR, tRis] *adj, nm/f* productor(a); **société productrice** productora

**productif, -ive** [pRodyktif, iv] *adj* productivo(-a); *(personnel)* eficiente

**production** [pRodyksjɔ̃] *nf* producción *f*

## productiviste – prohiber

**productiviste** [pʀɔdyktivist] *adj* productivista

**productivité** [pʀɔdyktivite] *nf* productividad *f*

**produire** [pʀɔdɥiʀ] *vt* producir; (*Admin, Jur: documents, témoins*) presentar ▶ *vi* producir; **se produire** *vpr* producirse; (*acteur*) actuar

**produit, e** [pʀɔdɥi, it] *pp de* **produire** ▶ *nm* producto; **~ d'entretien** producto de limpieza; **~ des ventes** producto de la venta; **~ national brut** producto nacional bruto; **~ net** beneficio neto; **~ pour la vaisselle** lavavajillas *m inv*; **produits agricoles** productos *mpl* agrícolas; **produits alimentaires** productos alimenticios; **produits de beauté** productos de belleza

**proéminence** [pʀɔeminɑ̃s] *nf* prominencia

**proéminent, e** [pʀɔeminɑ̃, ɑ̃t] *adj* prominente

**prof** [pʀɔf] *nmf* profe *mf*

**profanation** [pʀɔfanasjɔ̃] *nf* profanación *f*

**profane** [pʀɔfan] *adj, nmf* profano(-a)

**profaner** [pʀɔfane] *vt* profanar

**proférer** [pʀɔfeʀe] *vt* proferir

**professer** [pʀɔfese] *vt* profesar; (*enseigner*) enseñar

**professeur** [pʀɔfesœʀ] *nmf* (*nf aussi* **professeure**) profesor(a); (*titulaire d'une chaire*) catedrático(-a); **~ (de faculté)** profesor(a) (de universidad)

**profession** [pʀɔfesjɔ̃] *nf* profesión *f*; **faire ~ de** hacer profesión de; **de ~ : ballerine de ~** bailarina de profesión; « **sans ~** » « sin profesión »; (*mère ou père au foyer*) « sus labores »

**professionnaliser** [pʀɔfesjɔnalize] *vt* profesionalizar; **se professionnaliser** *vpr* profesionalizarse

**professionnalisme** [pʀɔfesjɔnalism] *nm* profesionalidad *f*

**professionnel, le** [pʀɔfesjɔnɛl] *adj* profesional ▶ *nm/f* profesional *mf*; (*ouvrier qualifié*) obrero(-a) cualificado(-a)

**professoral, e, -aux** [pʀɔfesɔʀal, o] *adj* (*péj*) pedante; **le corps ~** el profesorado

**professorat** [pʀɔfesɔʀa] *nm* : **le ~** el profesorado

**profil** [pʀɔfil] *nm* perfil *m*; (*d'une voiture*) línea; (*section*) sección *f*; **de ~** de perfil; **~ des ventes** perfil de ventas; **~ psychologique** perfil psicológico

**profilé, e** [pʀɔfile] *adj* perfilado(-a); (*aile etc*) estilizado(-a)

**profiler** [pʀɔfile] *vt* (*Tech*) estilizar; **se profiler** *vpr* perfilarse

**profit** [pʀɔfi] *nm* (*avantage*) provecho; (*Comm, Fin*) beneficio; **au ~ de qn/qch** en beneficio de algn/algo; **mettre à ~ qch** sacar partido de algo; **tirer** *ou* **retirer ~ de qch** sacar provecho de algo; **pertes et profits** (*Comm*) pérdidas *fpl* y beneficios

**profitabilité** [pʀɔfitabilite] *nf* rentabilidad *f*

**profitable** [pʀɔfitabl] *adj* provechoso(-a)

**profiter** [pʀɔfite] : **~ de** *vt* aprovecharse de; (*lecture*) sacar provecho de; (*occasion*) aprovechar; **~ de ce que ...** aprovecharse de que ...; **~ à qch/à qn** beneficiar algo/a algn

**profiteur, -euse** [pʀɔfitœʀ, øz] (*péj*) *nm/f* aprovechado(-a)

**profond, e** [pʀɔfɔ̃, ɔ̃d] *adj* profundo(-a); (*trou, eaux*) hondo(-a); **au plus ~ de** desde lo más hondo *ou* profundo de; **la France profonde** la Francia profunda

**profondément** [pʀɔfɔ̃demɑ̃] *adv* profundamente; **~ endormi** profundamente dormido

**profondeur** [pʀɔfɔ̃dœʀ] *nf* profundidad *f*; **en ~** en profundidad; **~ de champ** (*Photo*) profundidad de campo

**profusément** [pʀɔfyzemɑ̃] *adv* profusamente; **la salle était ~ éclairée** la sala tenía luz abundante

**profusion** [pʀɔfyzjɔ̃] *nf* profusión *f*; **une ~ de cadeaux** regalos en abundancia; **à ~** en abundancia

**progéniture** [pʀɔʒenityʀ] *nf* prole *f*

**progiciel** [pʀɔʒisjɛl] *nm* (*Inform*) paquete *m* de programas; **~ d'application** paquete de programas de aplicaciones

**progouvernemental, e, -aux** [pʀɔguvɛʀnəmɑ̃tal, o] *adj* progubernamental

**programmable** [pʀɔgʀamabl] *adj* programable

**programmateur, -trice** [pʀɔgʀamatœʀ, tʀis] *nm/f* (*Ciné, Radio, TV*) programador(a) ▶ *nm* (*de machine à laver*) programador *m*

**programmation** [pʀɔgʀamasjɔ̃] *nf* programación *f*

**programme** [pʀɔgʀam] *nm* programa *m*; **au ~ de ce soir** (*TV*) en la programación de esta noche

**programmé, e** [pʀɔgʀame] *adj* programado(-a)

**programmer** [pʀɔgʀame] *vt* programar

**programmeur, -euse** [pʀɔgʀamœʀ, øz] *nm/f* (*Inform*) programador(a)

**progrès** [pʀɔgʀɛ] *nm* progreso, avance *m*; (*gén pl : d'un incendie, d'une épidémie etc*) avance *m*; **faire des/être en ~** hacer progresos

**progresser** [pʀɔgʀese] *vi* (*mal etc*) avanzar; (*élève, recherche*) progresar

**progressif, -ive** [pʀɔgʀesif, iv] *adj* progresivo(-a)

**progression** [pʀɔgʀesjɔ̃] *nf* (*d'un mal etc*) avance *m*; (*Math*) progresión *f*

**progressiste** [pʀɔgʀesist] *adj* progresista

**progressivement** [pʀɔgʀesivmɑ̃] *adv* progresivamente

**prohibé, e** [pʀɔibe] *adj* prohibido(-a)

**prohiber** [pʀɔibe] *vt* prohibir

**prohibitif, -ive** [pʀɔibitif, iv] *adj* prohibitivo(-a)
**prohibition** [pʀɔibisjɔ̃] *nf* prohibición *f*
**proie** [pʀwa] *nf* presa; *(fig)* víctima; **être la ~ de** ser presa de; **être en ~ à** ser presa de
**projecteur** [pʀɔʒɛktœʀ] *nm (de théâtre, cirque)* foco; *(de films, photos)* proyector *m*
**projectile** [pʀɔʒɛktil] *nm* proyectil *m*
**projection** [pʀɔʒɛksjɔ̃] *nf* proyección *f*; **les projections du camion** lo que el camión lanzó al pasar
**projectionniste** [pʀɔʒɛksjɔnist] *nmf* operador(a)
**projet** [pʀɔʒɛ] *nm* proyecto; **faire des projets** hacer planes; **~ de loi** proyecto de ley
**projeter** [pʀɔʒ(ə)te] *vt* proyectar; *(jeter)* lanzar; *(envisager)* planear
**prolétaire** [pʀɔletɛʀ] *nmf* proletario(-a)
**prolétariat** [pʀɔletaʀja] *nm* proletariado
**prolétarien, ne** [pʀɔletaʀjɛ̃, jɛn] *adj* proletario(-a)
**prolifération** [pʀɔlifeʀasjɔ̃] *nf* proliferación *f*
**proliférer** [pʀɔlifeʀe] *vi* proliferar
**prolifique** [pʀɔlifik] *adj* prolífico(-a)
**prolixe** [pʀɔliks] *adj* prolijo(-a)
**prolo** [pʀɔlo] *(fam) nmf (= abr de prolétaire)* proleta *mf (fam)*
**prologue** [pʀɔlɔg] *nm* prólogo
**prolongateur** [pʀɔlɔ̃gatœʀ] *nm (Élec)* alargador *m*
**prolongation** [pʀɔlɔ̃gasjɔ̃] *nf* prolongación *f*; *(Football, délai)* prórroga; **jouer les prolongations** *(Football)* jugar la prórroga
**prolongé, e** [pʀɔlɔ̃ʒe] *adj* prolongado(-a)
**prolongement** [pʀɔlɔ̃ʒmɑ̃] *nm* prolongación *f*; **être dans le ~ de** ser una prolongación de; **prolongements** *nmpl (fig)* repercusiones *fpl*
**prolonger** [pʀɔlɔ̃ʒe] *vt* prolongar; *(délai)* prorrogar; **se prolonger** *vpr* prolongarse
**promenade** [pʀɔm(ə)nad] *nf* paseo; **faire une ~** dar un paseo; **partir en ~** salir de paseo; **~ à pied/à vélo/en voiture** paseo andando/en bici/en coche
**promener** [pʀɔm(ə)ne] *vt* dar un paseo a; *(fig : qch)* llevar consigo; *(doigts, main)* recorrer; **se promener** *vpr* pasearse; **se ~ sur** *(fig)* recorrer; **son regard se promena sur ...** recorrió con la mirada ...
**promeneur, -euse** [pʀɔm(ə)nœʀ, øz] *nm/f* paseante *mf*
**promenoir** [pʀɔm(ə)nwaʀ] *nm* patio
**promesse** [pʀɔmɛs] *nf* promesa; **~ d'achat/de vente** compromiso de compra/de venta
**prometteur, -euse** [pʀɔmetœʀ, øz] *adj* prometedor(a)
**promettre** [pʀɔmɛtʀ] *vt, vi* prometer; **~ à qn de faire qch** prometer a algn hacer algo; **se promettre** *vpr* : **se ~ de faire qch** prometerse hacer algo
**promeus** [pʀɔmø] *vb voir* **promouvoir**

**promis, e** [pʀɔmi, iz] *pp de* **promettre** ▸ *adj* : **être ~ à qch** estar destinado(-a) a algo
**promiscuité** [pʀɔmiskɥite] *nf* promiscuidad *f*
**promit** [pʀɔmi] *vb voir* **promettre**
**promo** [pʀomo] *(fam) nf (Scol : promotion)* promoción *f*; **~ 95** la promoción del 95
**promontoire** [pʀɔmɔ̃twaʀ] *nm* promontorio
**promoteur, -trice** [pʀɔmɔtœʀ, tʀis] *nm/f* promotor(a); **~ immobilier(-ière)** promotor(a) inmobiliario(-a)
**promotion** [pʀɔmosjɔ̃] *nf* promoción *f*; *(avancement)* ascenso; **article en ~** artículo en oferta; **~ des ventes** promoción de ventas
**promotionnel, le** [pʀɔmosjɔnɛl] *adj (article)* en oferta; *(vente)* de promoción
**promouvoir** [pʀɔmuvwaʀ] *vt (à un grade, poste)* ascender a; *(recherche etc)* promover; *(Comm : produit)* promocionar
**prompt, e** [pʀɔ̃(pt), pʀɔ̃(p)t] *adj* rápido(-a); **~ à qch/à faire qch** dado(-a) a algo/a hacer algo
**promptement** [pʀɔ̃ptəmɑ̃] *adv* rápidamente
**prompteur** [pʀɔ̃ptœʀ] *nm (TV)* autocue *m*
**promptitude** [pʀɔ̃(p)tityd] *nf* rapidez *f*
**promu, e** [pʀɔmy] *pp de* **promouvoir** ▸ *adj* ascendido(-a)
**promulgation** [pʀɔmylgasjɔ̃] *nf* promulgación *f*
**promulguer** [pʀɔmylge] *vt* promulgar
**prôner** [pʀone] *vt (louer)* ensalzar; *(préconiser)* preconizar
**pronom** [pʀɔnɔ̃] *nm* pronombre *m*
**pronominal, e, -aux** [pʀɔnɔminal, o] *adj, nm* : **(verbe) ~** (verbo) pronominal *m*
**prononçable** [pʀɔnɔ̃sabl] *adj* pronunciable; **difficilement ~** difícil de pronunciar
**prononcé, e** [pʀɔnɔ̃se] *adj* pronunciado(-a)
**prononcer** [pʀɔnɔ̃se] *vt* pronunciar; *(souhait, vœu)* formular; **se prononcer** *vpr* pronunciarse; **se ~ sur qch** pronunciarse sobre algo; **ça se prononce comment ?** ¿cómo se pronuncia?
**prononciation** [pʀɔnɔ̃sjasjɔ̃] *nf* pronunciación *f*
**pronostic** [pʀɔnɔstik] *nm* pronóstico
**pronostiquer** [pʀɔnɔstike] *vt* pronosticar
**pronostiqueur, -euse** [pʀɔnɔstikœʀ, øz] *nm/f* pronosticador(a)
**propagande** [pʀɔpagɑ̃d] *nf* propaganda; **faire de la ~ pour qch** hacer propaganda de algo
**propagandiste** [pʀɔpagɑ̃dist] *nmf* propagandista *mf*
**propagation** [pʀɔpagasjɔ̃] *nf* propagación *f*
**propager** [pʀɔpaʒe] *vt* propagar; **se propager** *vpr* propagarse; *(espèce)* multiplicarse
**propane** [pʀɔpan] *nm* propano
**propension** [pʀɔpɑ̃sjɔ̃] *nf* propensión *f*

## prophète – protection

**prophète, prophétesse** [pʀɔfɛt, pʀɔfetɛs] *nm/f* profeta (profetisa)
**prophétie** [pʀɔfesi] *nf (d'un prophète)* profecía; *(d'une cartomancienne)* predicción *f*
**prophétique** [pʀɔfetik] *adj* profético(-a)
**prophétiser** [pʀɔfetize] *vt* profetizar; *(fig)* predecir
**prophylactique** [pʀɔfilaktik] *adj* profiláctico(-a)
**prophylaxie** [pʀɔfilaksi] *nf* profilaxis *f inv*
**propice** [pʀɔpis] *adj* propicio(-a)
**proportion** [pʀɔpɔʀsjɔ̃] *nf* proporción *f*; *(relation, pourcentage)* relación *f*; **à ~ de** en proporción directa a; **en ~ de** *(selon)* en proporción a; *(en comparaison de)* en comparación a; **hors de ~** desproporcionado(-a); **toute(s) ~(s) gardée(s)** manteniendo las proporciones
**proportionnalité** [pʀɔpɔʀsjɔnalite] *nf* proporcionalidad *f*
**proportionné, e** [pʀɔpɔʀsjɔne] *adj*: **bien ~** bien proporcionado(-a); **~ à** proporcionado(-a) con
**proportionnel, le** [pʀɔpɔʀsjɔnɛl] *adj* proporcional
**proportionnelle** [pʀɔpɔʀsjɔnɛl] *nf* sistema *m* electoral proporcional
**proportionnellement** [pʀɔpɔʀsjɔnɛlmɑ̃] *adv* proporcionalmente
**proportionner** [pʀɔpɔʀsjɔne] *vt* proporcionar
**propos** [pʀɔpo] *nm (paroles)* palabras *fpl*; *(intention)* propósito; **à ~ de** a propósito de; **à tout ~** a cada momento; **à ce ~** a ese respecto; **à ~** a propósito; **hors de ~, mal à ~** fuera de lugar
**proposer** [pʀɔpoze] *vt* proponer; *(loi, motion)* presentar; **se proposer** *vpr* ofrecerse; **se ~ pour faire qch** ofrecerse para hacer algo; **se ~ de faire qch** proponerse hacer algo
**proposition** [pʀɔpozisjɔ̃] *nf* propuesta; *(offre)* oferta; *(Ling)* oración *f*; **sur la ~ de** a propuesta de; **~ de loi** propuesta de ley; **~ principale** *(Ling)* oración *f* principal
**propre** [pʀɔpʀ] *adj* limpio(-a); *(net)* pulcro(-a); *(fig: honnête)* intachable; *(intensif possessif, sens)* propio(-a); **~ à** *(particulier)* propio(-a) de; *(convenable)* apropiado(-a) para ▶ *nm*: **le ~ de** lo propio de; **mettre** *ou* **recopier au ~** pasar a limpio; **avoir qch/appartenir à qn en ~** tener algo/pertenecer a algn en propiedad
▶ *nm/f*: **~ à rien** *(péj)* inútil *mf*
**proprement** [pʀɔpʀəmɑ̃] *adv (manger etc)* correctamente; *(rangé, habillé)* con esmero; *(avec décence)* honradamente; **à ~ parler** a decir verdad; **le village ~ dit** el pueblo propiamente dicho
**propret, te** [pʀɔpʀɛ, ɛt] *adj* aseado(-a)
**propreté** [pʀɔpʀəte] *nf* limpieza; *(d'une personne: pour s'habiller etc)* pulcritud *f*

**propriétaire** [pʀɔpʀijetɛʀ] *nm/f* propietario(-a); *(d'un chien etc)* dueño(-a); *(pour le locataire)* casero(-a); **~ (immobilier)** propietario(-a); **~ récoltant(e)** *(viticulteur)* cosechero(-a); **~ terrien(ne)** terrateniente *mf*
**propriété** [pʀɔpʀijete] *nf* propiedad *f*; *(villa, terres)* casa de campo; *(exploitations agricoles)* granja; **~ intellectuelle/industrielle** propiedad intelectual/industrial
**proprio** [pʀɔpʀijo] *(fam) nm/f (propriétaire)* propietario(-a)
**propulser** [pʀɔpylse] *vt (missile, engin)* propulsar; *(projeter)* lanzar
**propulseur** [pʀɔpylsœʀ] *adj m* propulsor(a) ▶ *nm* propulsor *m*; **~ d'appoint** propulsor auxiliar; **~ à hélice** propulsor de hélice
**propulsion** [pʀɔpylsjɔ̃] *nf* propulsión *f*
**prorata** [pʀɔʀata] *nm*: **au ~ de** a prorrata de
**prorogation** [pʀɔʀɔɡasjɔ̃] *nf* prórroga; *(d'une assemblée)* aplazamiento
**proroger** [pʀɔʀɔʒe] *vt* prorrogar; *(assemblée)* aplazar
**prosaïque** [pʀɔzaik] *adj* prosaico(-a)
**prosaïquement** [pʀɔzaikmɑ̃] *adv* prosaicamente
**proscription** [pʀɔskʀipsjɔ̃] *nf* proscripción *f*
**proscrire** [pʀɔskʀiʀ] *vt* proscribir
**prose** [pʀoz] *nf* prosa
**prosélyte** [pʀɔzelit] *nm/f* prosélito
**prosélytisme** [pʀɔzelitism] *nm* proselitismo
**prospecter** [pʀɔspɛkte] *vt* prospectar; *(Comm)* estudiar el mercado de
**prospecteur, -trice** [pʀɔspɛktœʀ, tʀis] *nm/f* prospector(a)
**prospecteur-placier** [pʀɔspɛktœʀplasje] *(pl* **prospecteurs-placiers**) *nm* agente *m* de empleo
**prospectif, -ive** [pʀɔspɛktif, iv] *adj* prospectivo(-a)
**prospection** [pʀɔspɛksjɔ̃] *nf* prospección *f*; *(Comm)* estudio de mercado
**prospectus** [pʀɔspɛktys] *nm* prospecto
**prospère** [pʀɔspɛʀ] *adj* próspero(-a)
**prospérer** [pʀɔspeʀe] *vi* prosperar
**prospérité** [pʀɔspeʀite] *nf* prosperidad *f*
**prostate** [pʀɔstat] *nf* próstata
**prosterner** [pʀɔstɛʀne]: **se prosterner** *vpr* prosternarse
**prostitué, e** [pʀɔstitɥe] *nm/f* prostituto(-a)
**prostituer** [pʀɔstitɥe]: **se prostituer** *vpr* prostituirse
**prostitution** [pʀɔstitysjɔ̃] *nf* prostitución *f*
**prostré, e** [pʀɔstʀe] *adj* postrado(-a)
**protagoniste** [pʀɔtagɔnist] *nm/f* protagonista *mf*
**protecteur, -trice** [pʀɔtɛktœʀ, tʀis] *adj* protector(a); *(péj: air, ton)* paternalista ▶ *nm/f* protector(a); **~ des arts** mecenas *m*
**protection** [pʀɔtɛksjɔ̃] *nf* protección *f*; **écran/enveloppe de ~** pantalla protectora/

sobre *m* protector; **~ civile/judiciaire** protección civil/judicial; **~ maternelle et infantile** protección materna y de la infancia; **~ sociale** protección social

**protectionnisme** [pʀɔtɛksjɔnism] *nm* proteccionismo

**protectionniste** [pʀɔtɛksjɔnist] *adj* proteccionista

**protectorat** [pʀɔtɛktɔʀa] *nm* protectorado; **sous ~ français** bajo protectorado francés

**protégé, e** [pʀɔteʒe] *nm/f* protegido(-a)

**protège-cahier** [pʀɔtɛʒkaje] (*pl* **protège-cahiers**) *nm* forro de cuaderno

**protège-dents** [pʀɔtɛʒdɑ̃] *nm inv* (*Boxe*) protector *m* dental

**protéger** [pʀɔteʒe] *vt* proteger; (*moralement*) amparar; (*carrière*) apoyar; (*Écon*) patrocinar; **se ~ de/contre qch** protegerse de/contra algo

**protège-slip** [pʀɔtɛʒslip] (*pl* **protège-slips**) *nm* protege-slip *m*, salva-slip *m*

**protéine** [pʀɔtein] *nf* proteína

**protestant, e** [pʀɔtɛstɑ̃, ɑ̃t] *adj, nm/f* protestante *mf*

**protestantisme** [pʀɔtɛstɑ̃tism] *nm* protestantismo

**protestataire** [pʀɔtɛstatɛʀ] *nmf* protestatario(-a)

**protestation** [pʀɔtɛstasjɔ̃] *nf* protesta

**protester** [pʀɔtɛste] *vi* protestar

**prothèse** [pʀɔtɛz] *nf* prótesis *f inv*; **~ dentaire** prótesis dental

**protocolaire** [pʀɔtɔkɔlɛʀ] *adj* protocolario(-a); (*questions, règles*) de protocolo

**protocole** [pʀɔtɔkɔl] *nm* protocolo; (*procès-verbal*) acta de protocolo; **chef du ~** jefe *m* de protocolo; **d'accord** proposición *f* de acuerdo; **~ opératoire** (*Méd*) parte *m* médico

**proton** [pʀɔtɔ̃] *nm* protón *m*

**prototype** [pʀɔtɔtip] *nm* prototipo

**protubérance** [pʀɔtybeʀɑ̃s] *nf* protuberancia

**protubérant, e** [pʀɔtybeʀɑ̃, ɑ̃t] *adj* protuberante

**proue** [pʀu] *nf* proa

**prouesse** [pʀuɛs] *nf* proeza

**prouvable** [pʀuvabl] *adj* demostrable, probable

**prouvé** [pʀuve] *adj* demostrado(-a); **scientifiquement ~** científicamente demostrado; **c'est ~** está demostrado

**prouver** [pʀuve] *vt* probar; (*montrer*) demostrar

**provenance** [pʀɔv(ə)nɑ̃s] *nf* procedencia; (*d'un mot, d'une coutume*) origen *m*; **en ~ de** procedente de

**provençal, e, -aux** [pʀɔvɑ̃sal, o] *adj* provenzal ▶ *nm* (*Ling*) provenzal *m* ▶ *nm/f*: **Provençal, e, -aux** provenzal *mf*

**Provence** [pʀɔvɑ̃s] *nf* Provenza

**provenir** [pʀɔv(ə)niʀ] *vi*: **~ de** proceder de; (*tirer son origine de*) provenir de; (*résulter de*) derivarse de

**proverbe** [pʀɔvɛʀb] *nm* proverbio

**proverbial, e, -aux** [pʀɔvɛʀbjal, jo] *adj* proverbial

**providence** [pʀɔvidɑ̃s] *nf* providencia; **la P~** la Providencia

**providentiel, le** [pʀɔvidɑ̃sjɛl] *adj* providencial

**province** [pʀɔvɛ̃s] *nf* provincia

**provincial, e, -aux** [pʀɔvɛ̃sjal, jo] *adj, nm/f* provincial *mf*; (*péj*) provinciano(-a)

**proviseur** [pʀɔvizœʀ] *nmf* (*nf aussi* **proviseure**) director(a) de instituto

**provision** [pʀɔvizjɔ̃] *nf* provisión *f*; (*acompte, avance*) anticipo; (*Comm*) provisión de fondos; **faire ~ de qch** abastecerse de algo; **provisions** *nfpl* (*vivres*) provisiones *fpl*; **placard** *ou* **armoire à provisions** despensa

**provisionnel, le** [pʀɔvizjɔnɛl] *adj voir* **tiers provisionnel**

**provisoire** [pʀɔvizwaʀ] *adj* provisional, provisorio(-a) (*Am*); (*personne*) interino(-a); **mise en liberté ~** puesta en libertad provisional

**provisoirement** [pʀɔvizwaʀmɑ̃] *adv* provisionalmente

**provocant, e** [pʀɔvɔkɑ̃, ɑ̃t] *adj* (*agressif*) provocante; (*excitant*) provocativo(-a)

**provocateur, -trice** [pʀɔvɔkatœʀ, tʀis] *nm/f* provocador(a)

**provocation** [pʀɔvɔkasjɔ̃] *nf* provocación *f*

**provoquer** [pʀɔvɔke] *vt* provocar; (*curiosité*) despertar

**proxénète** [pʀɔksenɛt] *nmf* proxeneta *mf*

**proxénétisme** [pʀɔksenetism] *nm* proxenetismo

**proximité** [pʀɔksimite] *nf* (*dans l'espace*) cercanía; (*dans le temps*) proximidad *f*; **à ~ (de)** cerca (de)

**prude** [pʀyd] *adj* mojigato(-a)

**prudemment** [pʀydamɑ̃] *adv* con prudencia

**prudence** [pʀydɑ̃s] *nf* prudencia; **avec ~** con prudencia; **par (mesure de) ~** como medida de precaución

**prudent, e** [pʀydɑ̃, ɑ̃t] *adj* prudente; (*sage, conseillé*) sensato(-a); **ce n'est pas ~** no es sensato; **soyez ~!** ¡tenga cuidado!

**prune** [pʀyn] *nf* ciruela

**pruneau, x** [pʀyno] *nm* ciruela pasa

**prunelle** [pʀynɛl] *nf* (*Anat*) pupila; (*Bot*) endrina; (*eau de vie*) licor *m* de endrina

**prunier** [pʀynje] *nm* ciruelo

**prurit** [pʀyʀit] *nm* (*Méd*) prurito

**Prusse** [pʀys] *nf* Prusia

**PS** [peɛs] *sigle m* = **Parti socialiste**; (= *post-scriptum*) PD (= *postdata*)

**psalmodier** [psalmɔdje] *vt* salmodiar

**psaume** [psom] nm salmo
**pseudonyme** [psødɔnim] nm seudónimo; *(de comédien)* nombre m artístico
**psoriasis** [psɔrjazis] nm psoriasis f inv
**psy** [psi] *(fam)* nmf *(psychologue)* (p)sicólogo(-a); *(psychiatre)* (p)siquiatra mf
**psychanalyse** [psikanaliz] nf (p)sicoanálisis m inv
**psychanalyser** [psikanalize] vt (p)sicoanalizar; **se faire ~** hacerse un (p)sicoanálisis
**psychanalyste** [psikanalist] nmf (p)sicoanalista mf
**psychanalytique** [psikanalitik] adj (p)sicoanalítico(-a)
**psyché** [psiʃe] nf psique f
**psychédélique** [psikedelik] adj (p)sicodélico(-a)
**psychiatre** [psikjatʀ] nmf (p)siquiatra mf
**psychiatrie** [psikjatri] nf (p)siquiatría
**psychiatrique** [psikjatrik] adj (p)siquiátrico(-a)
**psychique** [psiʃik] adj (p)síquico(-a)
**psychisme** [psiʃism] nm (p)siquismo
**psychologie** [psikɔlɔʒi] nf (p)sicología
**psychologique** [psikɔlɔʒik] adj (p)sicológico(-a)
**psychologiquement** [psikɔlɔʒikmɑ̃] adv (p)sicológicamente
**psychologue** [psikɔlɔg] nmf (p)sicólogo(-a); **être ~** *(fig)* ser (p)sicólogo(-a)
**psychomoteur, -trice** [psikomɔtœʀ, tʀis] adj (p)sicomotor(a)
**psychopathe** [psikɔpat] nmf (p)sicópata mf
**psychopédagogie** [psikɔpedagɔʒi] nf (p)sicopedagogía
**psychose** [psikoz] nf (p)sicosis f inv
**psychosomatique** [psikosɔmatik] adj (p)sicosomático(-a)
**psychothérapie** [psikoteʀapi] nf (p)sicoterapia
**psychotique** [psikɔtik] adj (p)sicótico(-a)
**Pte** abr = **porte**
**pu** [py] pp de **pouvoir**
**puant, e** [pɥɑ̃, pɥɑ̃t] adj *(nauséabond)* apestoso(-a); *(prétentieux)* pretencioso(-a)
**puanteur** [pɥɑ̃tœʀ] nf pestilencia
**pub** [pyb] *(fam)* nf *(publicité)* publicidad f
**pubalgie** [pybalʒi] nf pubalgia
**pubère** [pybɛʀ] adj púber
**puberté** [pybɛʀte] nf pubertad f
**pubis** [pybis] nm pubis m inv
**publiable** [pyblijabl] adj publicable
**public, -ique** [pyblik] adj público(-a) ▶ nm público; **en ~** en público; **interdit au ~** prohibido al público; **le grand ~** el público en general
**publication** [pyblikasjɔ̃] nf publicación f; **directeur de ~** director m de publicaciones
**publiciste** [pyblisist] nmf publicista mf

**publicitaire** [pyblisitɛʀ] adj publicitario(-a); **rédacteur/dessinateur ~** redactor m/ dibujante m publicitario ▶ nmf publicista mf
**publicité** [pyblisite] nf publicidad f; **une ~** un anuncio; **faire trop de ~ autour de qch/qn** dar demasiada publicidad a algo/algn
**publier** [pyblije] vt publicar
**publipostage** [pybliposta3] nm *(courrier)* propaganda comercial; *(Internet)* envío masivo de correo
**publique** [pyblik] adj f voir **public**
**publiquement** [pyblikmɑ̃] adv en público
**puce** [pys] nf pulga; *(Inform)* chip m; **marché aux puces** mercadillo; **mettre la ~ à l'oreille de qn** intrigar a algn, poner la mosca detrás de la oreja a algn
**puceau, x** [pyso] adj, nm virgen m
**pucelle** [pysɛl] adj, nf virgen f
**puceron** [pys(ə)ʀɔ̃] nm pulgón m
**pudding** [pudiŋ] nm *(à base de pain rassis)* pudin m, pudín m; *(plum-pudding)* pudin elaborado con huevos, grasa de vaca y pasas típico de Navidad
**pudeur** [pydœʀ] nf pudor m
**pudibond, e** [pydibɔ̃, ɔ̃d] adj pudoroso(-a)
**pudique** [pydik] adj *(chaste)* pudoroso(-a); *(discret)* recatado(-a)
**pudiquement** [pydikmɑ̃] adv pudorosamente
**puer** [pɥe] *(péj)* vi apestar ▶ vt apestar a
**puériculteur, -trice** [pɥeʀikyltœʀ, tʀis] nm/f puericultor(a)
**puériculture** [pɥeʀikyltyʀ] nf puericultura
**puéril, e** [pɥeʀil] adj pueril
**puérilement** [pɥeʀilmɑ̃] adv puerilmente
**puérilité** [pɥeʀilite] nf puerilidad f
**pugilat** [pyʒila] nm pugilato
**pugnace** [pygnas] adj pugnaz
**pugnacité** [pygnasite] nf pugnacidad f
**puis** [pɥi] vb voir **pouvoir** ▶ adv *(ensuite)* después, luego; *(dans une énumération)* luego; *(en outre)* : **et ~** y además, y encima; **et ~ après** ! ¡y qué!; **et ~ quoi encore ?** ¡y qué más!
**puisard** [pɥizaʀ] nm sumidero
**puiser** [pɥize] vt : **~ (dans)** sacar (de)
**puisque** [pɥisk] conj ya que, como; **~ je te le dis !** *(valeur intensive)* ¡que te lo digo yo!
**puissamment** [pɥisamɑ̃] adv poderosamente
**puissance** [pɥisɑ̃s] nf potencia; *(pouvoir)* poder m; **deux (à la) ~ cinq** *(Math)* dos (elevado) a la quinta; **les puissances occultes** los poderes ocultos
**puissant, e** [pɥisɑ̃, ɑ̃t] adj poderoso(-a); *(homme, voix)* fuerte; *(raisonnement)* consistente; *(moteur)* potente; *(éclairage, drogue, vent)* fuerte
**puisse** etc [pɥis] vb voir **pouvoir**
**puits** [pɥi] nm pozo; **~ artésien/de mine** pozo artesano/minero; **~ de science** *(fig)* pozo de sabiduría

**pull** [pyl], **pull-over** [pylɔvɛʀ] (pl **~-overs**) nm jersey m
**pulluler** [pylyle] vi pulular; (fig) abundar
**pulmonaire** [pylmɔnɛʀ] adj pulmonar
**pulpe** [pylp] nf pulpa
**pulpeux, -euse** [pylpø, øz] adj (bouche) carnoso(-a); (femme) escultural
**pulsation** [pylsasjɔ̃] nf (Méd) pulsación f; **pulsations (du cœur)** (rythme cardiaque) ritmo cardíaco; (battements) latidos mpl
**pulsé** [pylse] adj m : **chauffage à air ~** calefacción f por ventilación
**pulsion** [pylsjɔ̃] nf pulsión f; **pulsions sexuelles** pulsiones fpl sexuales
**pulvérisateur** [pylveʀizatœʀ] nm pulverizador m
**pulvérisation** [pylveʀizasjɔ̃] nf pulverización f
**pulvériser** [pylveʀize] vt pulverizar; (fig : adversaire) machacar
**puma** [pyma] nm puma m
**punaise** [pynɛz] nf (Zool) chinche f; (clou) chincheta
**punaiser** [pyneze] vt clavar con chinchetas
**punch**[1] [pɔ̃ʃ] nm (boisson) ponche m
**punch**[2] [pœnʃ] nm (Boxe) puñetazo; (fig) vitalidad f
**punching-ball** [pœnʃiŋbol] (pl **punching-balls**) nm punching-ball m
**punir** [pyniʀ] vt castigar; (faute, infraction) sancionar; (crime) condenar; **~ qn de qch** castigar a algn por algo
**punitif, -ive** [pynitif, iv] adj : **expédition punitive** expedición f de castigo
**punition** [pynisjɔ̃] nf castigo
**punk** [pœ̃k] (pl **~(s)**) adj, nmf punk mf ▶ nm (musique) punk m
**pupille** [pypij] nf (Anat) pupila ▶ nmf (enfant) pupilo(-a); **~ de l'État** hospiciano(-a); **~ de la Nation** huérfano(-a) de guerra
**pupitre** [pypitʀ] nm (Scol) pupitre m; (Rel, Mus) atril m; (Inform) consola; **~ de commande** consola de mandos
**pur, e** [pyʀ] adj puro(-a); (intentions) bueno(-a); **~ et simple** mero (-a); **en pure perte** en balde; **pure laine** pura lana ▶ nm/f duro(-a)
**purée** [pyʀe] nf puré m; **~ de pois** (fig) niebla muy espesa; **~ de tomates** tomate m triturado
**purement** [pyʀmɑ̃] adv puramente
**pureté** [pyʀte] nf pureza
**purgatif** [pyʀɡatif] nm purgante m

**purgatoire** [pyʀɡatwaʀ] nm purgatorio
**purge** [pyʀʒ] nf (Pol, Méd) purga
**purger** [pyʀʒe] vt purgar; (vidanger) limpiar
**purification** [pyʀifikasjɔ̃] nf : **~ de l'eau** depuración f del agua; **~ ethnique** limpieza étnica
**purifier** [pyʀifje] vt purificar
**purin** [pyʀɛ̃] nm aguas fpl de estiércol
**puriste** [pyʀist] nmf purista mf
**puritain, e** [pyʀitɛ̃, ɛn] adj, nm/f puritano(-a)
**puritanisme** [pyʀitanism] nm puritanismo
**pur-sang** [pyʀsɑ̃] (pl **pur(s)-sang(s)**) nm pura sangre m
**purulent, e** [pyʀylɑ̃, ɑ̃t] adj purulento(-a)
**pus** [py] vb voir **pouvoir** ▶ nm pus m
**pusillanime** [pyzi(l)lanim] adj pusilánime
**pustule** [pystyl] nf pústula
**putain** [pytɛ̃] (fam !) nf puta (fam !); **~ !** ¡joder! (fam !); **ce/cette ~ de ...** este(-a) puto(-a) ...
**pute** [pyt] nf (fam !) puta (fam !)
**putois** [pytwa] nm turón m; **crier comme un ~** gritar como un loco
**putréfaction** [pytʀefaksjɔ̃] nf putrefacción f
**putréfier** [pytʀefje] vt pudrir; **se putréfier** vpr pudrirse
**putrescible** [pytʀesibl] adj putrescible
**putride** [pytʀid] adj putrefacto(-a)
**putsch** [putʃ] nm golpe m de estado
**puzzle** [pœzl] nm rompecabezas m inv
**PV** [peve] sigle m (= procès-verbal) multa
**PVC** [pevese] sigle m (= polychlorure de vinyle) policloruro de vinilo
**PVD** [pevede] sigle mpl (= pays en voie de développement) país(es) en vías de desarrollo
**pygmée** [piɡme] nm pigmeo(-a)
**pyjama** [piʒama] nm pijama m, piyama m ou f (Am)
**pylône** [pilon] nm (d'un pont) pilar m; (mât, poteau) poste m
**pyramide** [piʀamid] nf pirámide f; **~ humaine** pirámide humana
**pyrénéen, ne** [piʀeneɛ̃, ɛn] adj pirenaico(-a) ▶ nm/f : **Pyrénéen, ne** pirenaico(-a)
**Pyrénées** [piʀene] nfpl : **les ~** los Pirineos
**pyrex**® [piʀɛks] nm pírex® m
**pyrogravure** [piʀoɡʀavyʀ] nf pirograbado
**pyrolyse** [piʀɔliz] nf pirolisis f inv
**pyromane** [piʀɔman] nmf pirómano(-a)
**pyrotechnique** [piʀɔtɛknik] adj pirotécnico(-a)
**python** [pitɔ̃] nm pitón m

# Qq

**Q, q¹** [ky] *nm inv* (*lettre*) Q, q *f*; **Q comme Quintal** ≈ Q de Querido
**q²** [ky] *abr* = **quintal**
**Qatar** [kataʀ] *nm* Quatar *m*
**QCM** [kyseɛm] *sigle m* (= *questionnaire à choix multiples*) cuestionario de opción múltiple
**QG** [kyʒe] *sigle m* (= *quartier général*) cuartel *m* general
**QHS** [kyaʃɛs] *sigle m* (= *quartier de haute sécurité*) zona de máxima seguridad
**QI** [kyi] *sigle m* (= *quotient intellectuel*) C.I. *m* (= *coeficiente intelectual*)
**qqch.** *abr* = **quelque chose**
**qqn** *abr* = **quelqu'un**
**quad** [kwad] *nm* quad *m*
**quadra** [k(w)adʀa] (*fam*) *nmf* = **quadragénaire**
**quadragénaire** [k(w)adʀaʒenɛʀ] *nmf* (*de quarante ans*) cuadragenario(-a); (*de quarante à cinquante ans*) cuarentón(-ona); **les quadragénaires** los mayores de cuarenta años
**quadrangulaire** [k(w)adʀɑ̃gylɛʀ] *adj* cuadrangular
**quadrature** [k(w)adʀatyʀ] *nf*: **c'est la ~ du cercle** es la cuadratura del círculo
**quadrichromie** [k(w)adʀikʀɔmi] *nf* tetracromía
**quadrilatère** [k(w)adʀilatɛʀ] *nm* (*Géom, Mil*) cuadrilátero; (*terrain*) cuadrado
**quadrillage** [kadʀijaʒ] *nm* división *f*; (*ensemble des lignes etc*) cuadrícula
**quadrille** [kadʀij] *nm* cuadrilla
**quadrillé, e** [kadʀije] *adj* cuadriculado(-a)
**quadriller** [kadʀije] *vt* (*papier, page etc*) cuadricular; (*ville, région etc*) controlar totalmente
**quadrimoteur** [kadʀimɔtœʀ] *adj, nm* cuatrimotor *m*
**quadripartite** [kwadʀipaʀtit] *adj* cuadripartita
**quadriphonie** [k(w)adʀifɔni] *nf* tetrafonía
**quadriréacteur** [k(w)adʀiʀeaktœʀ] *nm* cuatrirreactor *m*
**quadrupède** [k(w)adʀypɛd] *adj, nm* cuadrúpedo(-a)
**quadruple** [k(w)adʀypl] *adj* cuádruple ▶ *nm*: **le ~ de** el cuádruplo de
**quadrupler** [k(w)adʀyple] *vt* cuadruplicar ▶ *vi* cuadruplicarse
**quadruplés, -ées** [k(w)adʀyple] *nmpl/nfpl* cuatrillizos(-as)
**quai** [ke] *nm* (*d'un port*) muelle *m*; (*d'une gare*) andén *m*; (*d'un cours d'eau, canal*) orilla; **être à ~** (*navire*) estar atracado; (*train*) estar en el andén; **le Q~ d'Orsay** Ministerio de Asuntos Exteriores; **le Q~ des Orfèvres** la sede de la Policía Judicial
**qualificatif, -ive** [kalifikatif, iv] *adj* (*Ling*) calificativo(-a) ▶ *nm* calificativo
**qualification** [kalifikasjɔ̃] *nf* calificación *f*; (*désignation*) designación *f*, nombramiento; (*aptitude*) capacitación *f*, cualificación *f*; (*Sport*) clasificación *f*; **~ professionnelle** cualificación *f* profesional
**qualifié, e** [kalifje] *adj* (*apte*) cualificado(-a), capacitado(-a); (*Sport*) clasificado(-a); **être ~ pour** estar cualificado(-a) *ou* capacitado(-a) para
**qualifier** [kalifje] *vt* calificar; **~ qch/qn de** calificar algo/a algn de; **se qualifier** *vpr* (*Sport*) clasificarse
**qualitatif, -ive** [kalitatif, iv] *adj* cualitativo(-a)
**qualitativement** [kalitativmɑ̃] *adv* cualitativamente
**qualité** [kalite] *nf* calidad *f*; (*valeur, aptitude*) cualidad *f*; **en ~ de** en calidad de; **ès qualités** como tal; **avoir ~ pour** tener autoridad para; **de ~** *adj* de calidad; **rapport ~-prix** relación *f* calidad-precio
**quand** [kɑ̃] *conj* cuando; (*chaque fois que*) cada vez que; (*alors que*) cuando, mientras; **~ je serai riche, j'aurai une belle maison** cuando sea rico, tendré una casa bonita; **~ même** (*cependant, pourtant*) sin embargo; (*tout de même*): **tu exagères ~ même** desde luego te pasas; **~ bien même** aun cuando, así + *subj* (*AM*) ▶ *adv*: **~ arrivera-t-il ?** ¿cuándo llegará?
**quant** [kɑ̃]: **~ à** *prép* en cuanto a; (*au sujet de*): **il n'a rien dit ~ à ses projets** no dijo nada sobre sus planes; **~ à moi, ...** en cuanto a mí ..., por lo que se refiere a mí ...
**quant-à-soi** [kɑ̃taswa] *nm inv*: **rester sur son ~** quedarse a la espera

## quantième – que

**quantième** [kɑ̃tjɛm] nm fecha
**quantifiable** [kɑ̃tifjabl] adj cuantificable
**quantifier** [kɑ̃tifje] vt cuantificar
**quantique** [k(w)ɑ̃tik] adj cuántico(-a)
**quantitatif, -ive** [kɑ̃titatif, iv] adj cuantitativo(-a)
**quantitativement** [kɑ̃titativmɑ̃] adv cuantitativamente
**quantité** [kɑ̃tite] nf cantidad f; (grand nombre) : **une** ou **des ~(s) de** una cantidad ou cantidades de; **~ négligeable** (Science) cantidad insignificante; **en grande ~** en gran cantidad; **en quantités industrielles** en cantidades industriales; **du travail en ~** cantidad de trabajo
**quarantaine** [karɑ̃tɛn] nf (isolement) cuarentena; (nombre) : **une ~ (de)** unos cuarenta; (âge) : **avoir la ~** estar en la cuarentena; **mettre en ~** poner en cuarentena; (fig) hacer el vacío
**quarante** [karɑ̃t] adj inv, nm inv cuarenta m inv; voir aussi **cinq**
**quarantième** [karɑ̃tjɛm] adj, nmf cuadragésimo(-a) ▶ nm (partitif) cuarentavo; voir aussi **cinquantième**
**quark** [kwark] nm quark m
**quart** [kar] nm cuarto; **le ~ de** la cuarta parte de; **un ~ de l'héritage** un cuarto de la herencia; **un ~ de fromage** un cuarto (de kilo) de queso; **un kilo un** ou **et ~** un kilo y cuarto; **deux heures et** ou **un ~** las dos y cuarto; **une heure moins le ~** la una menos cuarto; **il est moins le ~** son menos cuarto; **être de/prendre le ~** estar de/entrar de guardia; **au ~ de tour** (fig) a la primera; **quarts de finale** (Sport) cuartos mpl de final; **~ d'heure** cuarto de hora; **~ de tour** cuarto de vuelta ▶ nm (Naut, surveillance) guardia
**quarté** [k(w)arte] nm (Courses) apuesta en la que hay que acertar los cuatro caballos ganadores
**quarteron** [kartərɔ̃] (péj) nm puñado
**quartette** [k(w)artɛt] nm cuarteto
**quartier** [kartje] nm cuarto; (d'une ville) barrio; (d'orange) gajo; **avoir ~ libre** estar libre; (Mil) tener permiso; **ne pas faire de ~** no dar cuartel; **cinéma de ~** cine m de barrio; **~ commerçant** zona ou barrio comercial; **~ général** cuartel m general; **~ résidentiel** barrio residencial; **quartiers** nmpl (Mil) cuarteles mpl; (blason) cuartel m
**quartier-maître** [kartjemɛtr] (pl **quartiers-maîtres**) nm (Naut) contramaestre m
**quartz** [kwarts] nm cuarzo
**quasi** [kazi] adv casi ▶ préf : **~-certitude/totalité** cuasicerteza/cuasitotalidad f
**quasiment** [kazimɑ̃] adv casi
**quaternaire** [kwatɛrnɛr] adj : **ère ~** era cuaternaria
**quatorze** [katɔrz] adj inv, nm inv catorce m inv; voir aussi **cinq**
**quatorzième** [katɔrzjɛm] adj, nmf decimocuarto(-a) ▶ nm (partitif) catorceavo; voir aussi **cinquantième**
**quatrain** [katrɛ̃] nm cuarteto
**quatre** [katr] adj inv, nm inv cuatro m inv; **à ~ pattes** a cuatro patas; **être tiré à ~ épingles** estar hecho un maniquí; **faire les ~ cents coups** armar las mil y una; **se mettre en ~ pour qn** desvivirse por algn; **monter/descendre (l'escalier) ~ à ~** subir/bajar (los escalones) de cuatro en cuatro; **à ~ mains** adj (morceau) a cuatro manos; voir aussi **cinq**
**quatre-cent-vingt-et-un** [katrəsɑ̃vɛ̃teœ̃], **quatre-vingt-et-un** [kat(rə)vɛ̃teœ̃] nm inv juego de dados
**quatre-vingt-dix** [katrəvɛ̃dis] adj inv, nm inv noventa m inv; voir aussi **cinq**
**quatre-vingt-dixième** [katrəvɛ̃dizjɛm] (pl **quatre-vingt-dixièmes**) adj, nmf nonagésimo(-a); voir aussi **cinquantième**
**quatre-vingtième** [katrəvɛ̃tjɛm] (pl **quatre-vingtièmes**) adj, nmf octogésimo(-a) ▶ nm (partitif) ochentavo; voir aussi **cinquantième**
**quatre-vingts** [katrəvɛ̃] adj inv, nm inv ochenta m inv; voir aussi **cinq**
**quatrième** [katrijɛm] adj, nmf cuarto(-a) ▶ nf (Auto) cuarta; (Scol) tercer año de educación secundaria en el sistema francés; voir aussi **cinquième**
**quatrièmement** [katrijɛmmɑ̃] adv en cuarto lugar
**quatuor** [kwatɥɔr] nm cuarteto

(MOT-CLÉ)

**que** [kə] conj **1** (introduisant complétive) que; **il sait que tu es là** sabe que estás allí; **je veux que tu acceptes** quiero que aceptes; **il a dit que oui** dijo que sí
**2** (reprise d'autres conjonctions) : **quand il rentrera et qu'il aura mangé** cuando vuelva y haya comido; **si vous y allez ou que vous lui téléphonez** si usted va (allí) o le llama por teléfono
**3** (en tête de phrase : hypothèse, souhait etc) : **qu'il le veuille ou non** quiera o no quiera; **qu'il fasse ce qu'il voudra !** ¡que haga lo que quiera!
**4** (après comparatif) : **aussi grand que** tan grande como; **plus grand que** más grande que; voir aussi **plus**
**5** (temps) : **elle venait à peine de sortir qu'il se mit à pleuvoir** acababa justo de salir cuando se puso a llover; **il y a quatre ans qu'il est parti** hace cuatro años que se marchó
**6** (attribut) : **c'est une erreur que de croire ...** es un error creer ...
**7** (but) : **tenez-le qu'il ne tombe pas** sujételo (para) que no se caiga

398 · FRANÇAIS | ESPAGNOL

## Québec – question

8 (*seulement*) : **ne ... que** solo, no más que; **il ne boit que de l'eau** solo bebe agua, no bebe más que agua

▶ *adv* (*exclamation*) : **qu'est-ce qu'il est bête !** ¡qué tonto es!; **qu'est-ce qu'il court vite !** ¡cómo corre!; **que de livres !** ¡cuántos libros!

▶ *pron* **1** (*relatif*) : **l'homme que je vois** el hombre que veo; (: *temps*) : **un jour que j'étais ...** un día en que yo estaba ...; **le livre que tu lis** el libro que lees

**2** (*interrogatif*) : **que fais-tu ?**, **qu'est-ce que tu fais ?** ¿qué haces?; **que préfères-tu, celui-ci ou celui-là ?** ¿cuál prefieres, este o ese?; **que fait-il dans la vie ?** ¿a qué se dedica?; **qu'est-ce que c'est ?** ¿qué es?; **que faire ?** ¿qué se puede hacer?; *voir aussi* **aussi** ; **autant** *etc*

**Québec** [kebɛk] *nm* Quebec *m*
**québécisme** [kebesism] *nm palabra propia del francés de Quebec*
**québécois, e** [kebekwa, waz] *adj* quebequés(-esa) ▶ *nm/f* : **Québécois, e** quebequés(-esa)

[MOT-CLÉ]

**quel, quelle** [kɛl] *adj* **1** (*interrogatif : avant un nom*) qué; (*avant un verbe : personne*) quién; (: *chose*) cuál; **sur quel auteur va-t-il parler ?** ¿sobre qué autor va a hablar?; **quels acteurs préférez-vous ?** ¿(a) qué actores prefiere?; **quel est cet homme ?** ¿quién es este hombre?; **quel livre veux-tu ?** ¿qué libro quieres?; **quel est son nom ?** ¿cuál es su nombre?

**2** (*exclamatif*) : **quelle surprise/coïncidence !** ¡qué sorpresa/coincidencia!; **quel dommage qu'il soit parti !** ¡qué pena que se haya marchado!

**3** : **quel que soit** (*personne*) sea quien sea, quienquiera que sea; (*chose*) sea cual sea, cualquiera que sea; **quel que soit le coupable** sea quien sea el culpable; **quel que soit votre avis** sea cual sea su opinión

▶ *pron interrog* : **de tous ces enfants, quel est le plus intelligent ?** de todos esos niños, ¿cuál es el más inteligente?

**quelconque** [kɛlkɔ̃k] *adj* cualquier(a); (*sans valeur*) mediocre; **pour une raison ~** por cualquier razón

[MOT-CLÉ]

**quelque** [kɛlk] *adj* **1** (*suivi du singulier*) algún(-una); (*suivi du pluriel*) algunos(-as); **cela fait quelque temps que je ne l'ai (pas) vu** hace algún tiempo que no lo he visto; **il a dit quelques mots de remerciement** dijo algunas palabras de agradecimiento; **les quelques enfants qui ...** los pocos niños que ...; **il habite à quelque distance d'ici** vive a cierta distancia de aquí; **a-t-il quelques amis ?** ¿tiene amigos?; **20 kg et quelque(s)** 20 kg y pico

**2** : **quelque ... que** : **quelque livre qu'il choisisse** cualquier libro que elija; **quelque temps qu'il fasse** haga el tiempo que haga

**3** : **quelque chose** *pron* algo; **quelque chose d'autre** otra cosa; **y être pour quelque chose** tener algo que ver; **ça m'a fait quelque chose !** ¡sentí una cosa!; **puis-je faire quelque chose pour vous ?** ¿puedo hacer algo por usted?; **c'est déjà quelque chose** algo es algo; **quelque part** (*position*) en alguna parte; (*direction*) a alguna parte; **en quelque sorte** (*pour ainsi dire*) en cierto modo

▶ *adv* **1** (*environ, à peu près*) : **une route de quelque 100 km** una carretera de unos 100 km

**2** : **quelque peu** algo; **il est quelque peu vulgaire** es algo vulgar

**quelquefois** [kɛlkəfwa] *adv* a veces
**quelques-uns, -unes** [kɛlkəzœ̃, yn] *pron* algunos(-as); **~ des lecteurs** unos cuantos lectores
**quelqu'un, e** [kɛlkœ̃, yn] *pron* alguien; (*entre plusieurs*) alguno(-a); **~ d'autre** otro(-a); **être ~** (*de valeur*) ser alguien
**quémander** [kemɑ̃de] *vt* mendigar
**qu'en-dira-t-on** [kɑ̃diratɔ̃] *nm inv* : **le ~** el qué dirán
**quenelle** [kənɛl] *nf* croqueta
**quenotte** [kənɔt] (*fam*) *nf* diente *m* (*de niño*)
**quenouille** [kənuj] *nf* rueca
**querelle** [kəʀɛl] *nf* pelea; **chercher ~ à qn** buscar pelea con algn
**quereller** [kəʀele] : **se quereller** *vpr* pelearse
**querelleur, -euse** [kəʀelœʀ, øz] *adj* pendenciero(-a)
**quérir** [keʀiʀ] *vt* buscar; **aller ~** ir a buscar
**qu'est-ce que** [kɛskə] *voir* **que**
**qu'est-ce qui** [kɛski] *voir* **qui**
**question** [kɛstjɔ̃] *nf* (*gén*) pregunta; (*problème*) cuestión *f*, problema *m*; **il a été ~ de** se trató de; **il est ~ de les emprisonner** se trata de encarcelarlos; **c'est une ~ de temps/ d'habitude** es cuestión de tiempo/de costumbre; **de quoi est-il ~ ?** ¿de qué se trata?; **il n'en est pas ~** ni hablar, ni mucho menos; **en ~** en cuestión; **hors de ~** fuera de lugar; **je ne me suis jamais posé la ~** nunca me he planteado el problema; **(re)mettre en ~** poner en tela de juicio; **poser la ~ de confiance** (*Pol*) pedir un voto de confianza; **~ d'actualité** (*Presse*) tema *m* de actualidad; **~ piège** pregunta capciosa; **questions économiques/sociales** cuestiones económicas/sociales; **~ subsidiaire** cuestión subsidiaria

## questionnaire – qui-vive

**questionnaire** [kɛstjɔnɛʀ] *nm* cuestionario
**questionnement** [kɛstjɔnmɑ̃] *nm (réflexion)* reflexión *f*
**questionner** [kɛstjɔne] *vt* preguntar; **~ qn sur qch** preguntar a algn acerca de algo
**quête** [kɛt] *nf (collecte)* colecta; *(recherche)* búsqueda; **faire la ~** *(à l'église)* pasar la bandeja; *(artiste)* pasar la gorra; **se mettre en ~ de qch** ir en busca de algo
**quêter** [kete] *vi* pedir ▶ *vt* buscar
**quetsche** [kwɛtʃ] *nf* ciruela damascena
**queue** [kø] *nf* cola; *(de lettre, note)* rabo; *(d'une casserole)* asa; *(d'une poêle)* mango; *(d'un fruit, d'une feuille)* rabillo; *(cheveux)* coleta; *(Billard)* taco; **en ~ (de train)** en cola; **faire la ~** hacer cola; **se mettre à la ~** ponerse a la cola; **histoire sans ~ ni tête** historia sin pies ni cabeza; **à la ~ leu leu** uno tras otro; *(fig)* en fila india; **faire une ~ de poisson à qn** *(Auto)* ponerse bruscamente delante de algn al adelantar; **finir en ~ de poisson** *(projets)* terminar en agua de borrajas; **~ de cheval** cola de caballo
**queue-de-pie** [kødpi] *(pl* **queues-de-pie***) nf* chaqué *m*
**queux** [kø] *adj m voir* **maître**[1]

> **MOT-CLÉ**

**qui** [ki] *pron* **1** *(interrogatif)* quién; *(: pluriel)* quiénes; *(: objet)* : **qui (est-ce que) j'emmène ?** ¿a quién llevo?; **je ne sais pas qui c'est** no sé quién es; **à qui est ce sac ?** ¿de quién es este bolso?; **à qui parlais-tu ?** ¿con quién hablabas?
**2** *(relatif)* que; *(: après prép)* quien, el (la) que; *(: pluriel)* quienes, los (las) que; **l'ami de qui je vous ai parlé** el amigo de quien *ou* del que le hablé; **la personne avec qui je l'ai vu** la persona con quien lo vi
**3** *(sans antécédent)* : **amenez qui vous voulez** traiga a quien quiera; **qui que ce soit** quienquiera que sea

**quiche** [kiʃ] *nf* : **~ lorraine** quiche *m* lorena
**quiconque** [kikɔ̃k] *pron* quienquiera que; *(n'importe qui)* cualquiera
**quidam** [k(ɥ)idam] *nm (hum)* tipo
**quiétude** [kjetyd] *nf (d'un lieu)* quietud *f*; *(d'une personne)* tranquilidad *f*, sosiego; **en toute ~** con toda tranquilidad
**quignon** [kiɲɔ̃] *nm* cantero, cuscurro
**quille** [kij] *nf* bolo; *(d'un bateau)* quilla; *(Mil : fam)* licencia; **(jeu de) quilles** juego de bolos
**quincaillerie** [kɛ̃kajʀi] *nf (ustensiles, métier)* quincallería; *(magasin)* ferretería
**quincaillier, -ière** [kɛ̃kaje, jɛʀ] *nm/f* ferretero(-a)
**quinconce** [kɛ̃kɔ̃s] *nm* : **en ~** al tresbolillo
**quinine** [kinin] *nf* quinina
**quinqua** [kɛ̃ka] *(fam) nmf* = **quinquagénaire**

**quinquagénaire** [kɛ̃kaʒenɛʀ] *nmf (de cinquante ans)* quincuagenario(-a); *(de cinquante à soixante ans)* cincuentón(-ona); **les quinquagénaires** los mayores de cincuenta años
**quinquennal, e, -aux** [kɛ̃kenal, o] *adj* quinquenal
**quinquennat** [kɛ̃kena] *nm* quinquenio *(del Presidente de la República)*
**quinquina** [kɛ̃kina] *nm (Bot)* quina
**quintal, -aux** [kɛ̃tal, o] *nm* quintal *m*
**quinte** [kɛ̃t] *nf* : **~ (de toux)** ataque *m* de tos
**quinté** [kɛ̃te] *nm (Courses)* en Francia, apuesta sobre el orden de llegada de los cinco primeros caballos de una carrera
**quintessence** [kɛ̃tesɑ̃s] *nf* quintaesencia
**quintette** [k(ɥ)ɛ̃tɛt] *nm* quinteto
**quintuple** [kɛ̃typl] *adj* quíntuplo ▶ *nm* : **le ~ de** el quíntuplo de
**quintupler** [kɛ̃typle] *vt* quintuplicar ▶ *vi* quintuplicarse
**quintuplés, -ées** [kɛ̃typle] *nmpl/nfpl* quintillizos(-as)
**quinzaine** [kɛ̃zɛn] *nf* quincena; **une ~ (de jours)** una quincena (de días)
**quinze** [kɛ̃z] *adj inv, nm inv* quince *m inv*; **demain en ~** desde mañana en quince días; **lundi en ~** desde lunes en quince días; **dans ~ jours** dentro de quince días; **le ~ de France** *(Rugby)* el equipo internacional francés de rugby; *voir aussi* **cinq**
**quinzième** [kɛ̃zjɛm] *adj, nmf* decimoquinto(-a) ▶ *nm (partitif)* quinceavo; *voir aussi* **cinquantième**
**quiproquo** [kipʀɔko] *nm* malentendido; *(Théâtre)* quid pro quo *m*
**Quito** [kito] *n* Quito
**quittance** [kitɑ̃s] *nf (reçu)* recibo; *(facture)* recibo, factura
**quitte** [kit] *adj* : **être ~ envers qn** estar en paz con algn; **être ~ de** haberse librado de; **en être ~ à bon compte** escaparse por los pelos; **~ à être renvoyé** aunque me echen; **je resterai ~ à attendre pendant trois heures** me quedaré aunque tenga que esperar tres horas; **~ ou double** doble o nada; *(fig)* : **c'est du ~ ou double** es el todo por el todo
**quitter** [kite] *vt* dejar; *(fig : espoir, illusion)* perder; *(vêtement)* quitarse; **~ la route** *(véhicule)* salir de la carretera; **ne quittez pas** *(au téléphone)* no se retire; **ne pas ~ qn d'une semelle** pisarle los talones a algn; **se quitter** *vpr (couples, interlocuteurs)* separarse

⚠ No debe traducirse por *quitar*, que en francés corresponde a **enlever**.

**quitus** [kitys] *nm* finiquito
**qui-vive** [kiviv] *nm inv* : **être sur le ~** estar alerta

MOT-CLÉ

**quoi** [kwa] *pron interrog* **1** (*interrogation directe*) qué; **quoi de plus beau que ... ?** ¿hay algo más hermoso que ...?; **quoi de neuf ?** ¿qué hay de nuevo?; **quoi encore ?** ¿y ahora, qué?; **et puis quoi encore !** ¡y qué más!; **quoi ?** (*qu'est-ce que tu dis ?*) ¿qué?
**2** (*interrogation directe avec prép*) qué; **à quoi penses-tu ?** ¿en qué piensas?; **de quoi parlez-vous ?** ¿de qué habláis?; **en quoi puis-je vous aider ?** ¿en qué puedo ayudarle?; **à quoi bon ?** ¿para qué?
**3** (*interrogation indirecte*) qué; **dis-moi à quoi ça sert** dime para qué sirve; **je ne sais pas à quoi il pense** no sé en qué piensa
▶ *pron relatif* **1** que; **ce à quoi tu penses** lo que piensas; **de quoi écrire** algo para escribir; **il n'a pas de quoi se l'acheter** no tiene con qué comprarlo; **il y a de quoi être fier** es para estar orgulloso; **merci — il n'y a pas de quoi** gracias — no hay de qué
**2** (*locutions*) : **après quoi** después de lo cual; **sur quoi** sobre qué; **sans quoi, faute de quoi** si no; **comme quoi** (*déduction*) así que; **un message comme quoi il est arrivé** un mensaje en el que dice que ha llegado
**3** : **quoi qu'il arrive** pase lo que pase; **quoi qu'il en soit** sea lo que sea; **quoi qu'elle fasse** haga lo que haga; **si vous avez besoin de quoi que ce soit** si necesita cualquier cosa
▶ *excl* qué

**quoique** [kwak(a)] *conj* aunque
**quolibet** [kɔlibɛ] *nm* pulla, chanza
**quorum** [k(w)ɔʀɔm] *nm* quórum *m*
**quota** [k(w)ɔta] *nm* cuota
**quote-part** [kɔtpaʀ] (*pl* **quotes-parts**) *nf* cuota
**quotidien, ne** [kɔtidjɛ̃, jɛn] *adj* cotidiano(-a)
▶ *nm* (*journal*) diario; (*vie quotidienne*) vida diaria; **les grands quotidiens** los grandes diarios
**quotidiennement** [kɔtidjɛnmɑ̃] *adv* diariamente
**quotient** [kɔsjɑ̃] *nm* (*Math*) cociente *m*; **~ intellectuel** coeficiente *m* intelectual
**quotité** [kɔtite] *nf* (*Fin*) cuota

# Rr

**R¹, r** [ɛʀ] *nm inv (lettre)* R, r *f*; **R comme Raoul** R de Raúl

**R²** [ɛʀ] *abr* (= *route*) ctra. (= *carretera*); (= *rue*) C (= *calle*)

**rab** [ʀab] *(fam) nm* : **est-ce-qu'il y a du ~ ?** ¿queda algo?

**rabâcher** [ʀabɑʃe] *vt* repetir

**rabais** [ʀabɛ] *nm* rebaja; **au ~** rebajado

**rabaisser** [ʀabese] *vt (prétentions, autorité)* bajar, reducir; *(influence)* disminuir; *(personne, mérites)* rebajar

**rabane** [ʀaban] *nf* tejido de rafia

**Rabat** [ʀaba] *n* Rabat

**rabat** [ʀaba] *vb voir* **rabattre** ▶ *nm* solapa

**rabat-joie** [ʀabaʒwa] *(pl* **~(s)***) nmf* aguafiestas *mf inv*

**rabattable** [ʀabatabl] *adj (banquette, siège)* abatible

**rabatteur, -euse** [ʀabatœʀ, øz] *nm/f (de gibier)* ojeador *m*; *(péj)* gancho

**rabattre** [ʀabatʀ] *vt (couvercle, siège)* bajar; *(fam)* volver; *(couture)* dobladillar; *(balle)* rechazar; *(gibier)* ojear; *(somme d'un prix)* rebajar; *(orgueil, prétentions)* bajar; *(Tricot)* cerrar; **se rabattre** *vpr* bajarse; **se ~ devant qn** *(véhicule, coureur)* colocarse delante de algn; **se ~ sur** conformarse con

**rabattu, e** [ʀabaty] *pp de* **rabattre** ▶ *adj* vuelto(-a)

**rabbin** [ʀabɛ̃] *nm* rabino

**rabiot** [ʀabjo] *(fam) nm* = **rab**

**rabique** [ʀabik] *adj* rábico(-a)

**râble** [ʀɑbl] *nm* lomo

**râblé, e** [ʀɑble] *adj (animal)* recio(-a); *(personne)* fornido(-a)

**rabot** [ʀabo] *nm* cepillo

**raboter** [ʀabɔte] *vt* cepillar

**raboteux, -euse** [ʀabɔtø, øz] *adj* áspero(-a)

**rabougri, e** [ʀabugʀi] *adj (végétal)* mustio(-a); *(personne)* canijo(-a)

**rabrouer** [ʀabʀue] *vt* acoger ásperamente

**racaille** [ʀakaj] *(péj) nf* chusma

**raccommodage** [ʀakɔmɔdaʒ] *nm* remiendo

**raccommoder** [ʀakɔmɔde] *vt (vêtement, linge)* remendar; *(chaussette)* zurcir; *(fam)* reconciliar; **se raccommoder** *vpr* : **se ~ avec** *(fam)* reconciliarse con

**raccompagner** [ʀakɔ̃paɲe] *vt* acompañar

**raccord** [ʀakɔʀ] *nm (Tech)* racor *m*, empalme *m*; *(Ciné)* ajuste *m*; **~ de maçonnerie/de peinture** retoque *m* de albañilería/de pintura

**raccordement** [ʀakɔʀdəmɑ̃] *nm* empalme *m*

**raccorder** [ʀakɔʀde] *vt (tuyaux, fils électriques)* empalmar; *(bâtiments, routes)* reparar; *(suj : pont, passerelle)* enlazar; **~ qn au réseau du téléphone** conectar a algn a la red telefónica; **se raccorder à** *vpr* empalmarse con; *(fig)* relacionarse con

**raccourci** [ʀakuʀsi] *nm* atajo; *(fig)* resumen *m*; **en ~** en síntesis; **~ clavier** *(Inform)* atajo de teclado

**raccourcir** [ʀakuʀsiʀ] *vt* acortar ▶ *vi (vêtement)* encoger; *(jours)* acortarse

**raccourcissement** [ʀakuʀsismɑ̃] *nm (de durée, longueur)* acortamiento; *(de délai)* reducción *f*

**raccroc** [ʀakʀo] *nm* : **par ~** *adv* de chiripa

**raccrocher** [ʀakʀɔʃe] *vt (tableau, vêtement)* volver a colgar; *(récepteur)* colgar; *(fig)* recuperar ▶ *vi (Tél)* colgar; **ne raccrochez pas** *(Tél)* no cuelgue; **se raccrocher à** *vpr (branche)* agarrarse a; *(fig)* aferrarse a

**race** [ʀas] *nf* raza; *(ascendance, origine)* casta; *(espèce)* calaña; **de ~** de raza

**racé, e** [ʀase] *adj (animal)* de raza; *(personne)* distinguido(-a)

**rachat** [ʀaʃa] *nm (de qch)* compra; *(de qn)* redención *f*

**racheter** [ʀaʃ(ə)te] *vt* volver a comprar; *(part, firme, aussi d'occasion)* comprar; *(pension, rente)* liquidar; *(Rel)* redimir; *(mauvaise conduite, oubli, défaut)* compensar; **~ du lait/des œufs** comprar más leche/huevos; **se racheter** *vpr (Rel)* redimirse; *(gén)* rehabilitarse

**rachidien, ne** [ʀaʃidjɛ̃, jɛn] *adj* raquídeo(-a)

**rachitique** [ʀaʃitik] *adj* raquítico(-a)

**rachitisme** [ʀaʃitism] *nm* raquitismo

**racial, e, -aux** [ʀasjal, jo] *adj* racial

**racine** [ʀasin] *nf (aussi fig)* raíz *f*; **~ carrée/cubique** raíz cuadrada/cúbica; **prendre ~** *(fig : s'attacher)* arraigar; *(: s'établir)* echar raíces

**racisme** [ʀasism] *nm* racismo

**raciste** [ʀasist] *adj*, *nmf* racista *mf*

**racket** [RakɛT] nm extorsión f, chantaje m
**racketter** [Rakete] vt extorsionar, chantajear
**racketteur** [RakɛtœR] nm extorsionista mf, chantajista mf
**raclée** [Rakle] (fam) nf paliza, golpiza (AM)
**raclement** [Rakləmɑ̃] nm carraspeo
**racler** [Rakle] vt (os, casserole) raspar; (tache, boue) frotar; (suj : chose : frotter contre) rascar; **se ~ la gorge** carraspear
**raclette** [Raklɛt] nf (Culin) plato suizo a base de queso fundido y patatas
**racloir** [RaklwaR] nm raspador m
**racolage** [Rakɔlaʒ] nm enganche m
**racoler** [Rakɔle] (péj) vt (attirer, attraper) enganchar; **elle racole dans cette rue** (prostituée) caza clientes en esta calle
**racoleur, -euse** [RakɔlœR, øz] (péj) adj de reclamo ▶ nm (de clients etc) gancho
**racoleuse** [Rakɔløz] nf fulana
**racontars** [Rakɔ̃taR] nmpl habladurías fpl
**raconter** [Rakɔ̃te] vt : **~ (à qn)** contar (a algn)
**racorni, e** [RakɔRni] adj endurecido(-a)
**racornir** [RakɔRniR] vt endurecer
**radar** [RadaR] nm (aussi Auto) radar m
**rade** [Rad] nf rada; **en ~ de Toulon** en la rada de Toulon; **laisser/rester en ~** (fig) dejar/quedarse plantado(-a)
**radeau, x** [Rado] nm balsa; **~ de sauvetage** balsa salvavidas
**radial, e, -aux** [Radjal, jo] adj radial; **pneu à carcasse radiale** neumático de cubierta radial
**radiant, e** [Radjɑ̃, jɑ̃t] adj radiante
**radiateur** [RadjatœR] nm radiador m; **~ à gaz** radiador de gas; **~ électrique** radiador eléctrico
**radiation** [Radjasjɔ̃] nf (Phys) radiación f; (d'une profession) expulsión f; (d'une liste) exclusión f
**radical, e, -aux** [Radikal, o] adj radical; (moyen, remède) infalible ▶ nm radical m
**radicalement** [Radikalmɑ̃] adv radicalmente
**radicalisation** [Radikalizasjɔ̃] nf radicalización f
**radicaliser** [Radikalize] vt radicalizar; **se radicaliser** vpr radicalizarse
**radicalisme** [Radikalism] nm radicalismo
**radier** [Radje] vt (d'une profession) expulsar; (d'une liste) excluir; **être radié du barreau** (avocat) ser expulsado de la abogacía
**radiesthésie** [Radjɛstezi] nf radiestesia
**radiesthésiste** [Radjɛstezist] nmf radiestesista mf
**radieux, -euse** [Radjø, øz] adj (aussi fig) radiante
**radin, e** [Radɛ̃, in] (fam) adj tacaño(-a), rácano(-a) (fam)
**radinerie** [Radinri] nf (fam) tacañería, racanería (fam)

**radio** [Radjo] nf radio f (m en AM); (radioscopie) radioscopia; (radiographie) radiografía; **à la ~** en la radio; **avoir la ~** tener radio; **passer à la ~** (personne) salir por la radio; (programme) poner por la radio; **passer une ~** hacerse una radiografía; **~ libre** radio libre ▶ nm (personne) radiotelegrafista mf ou radiotelefonista mf
**radio...** [Radjo] préf radio...
**radioactif, -ive** [Radjoaktif, iv] adj radioactivo(-a)
**radioactivité** [Radjoaktivite] nf radioactividad f
**radioamateur** [RadjoamatœR] nm radioaficionado(-a)
**radiobalise** [Radjobaliz] nf radiobaliza
**radiocassette** [Radjokasɛt] nf radiocasete m
**radiodiffuser** [Radjodifyze] vt radiodifundir
**radiodiffusion** [Radjodifyzjɔ̃] nf radiodifusión f; **programmes/chaînes de ~** programas fpl/cadenas fpl de radiodifusión
**radioélectrique** [RadjoelɛktRik] adj radioeléctrico(-a)
**radiographie** [Radjɔgrafi] nf radiografía
**radiographier** [RadjɔgRafje] vt radiografiar; **se faire ~** hacerse una radiografía
**radioguidage** [Radjogidaʒ] nm (Naut, Aviat) radioguía f; (Auto) información f del tráfico
**radioguider** [Radjogide] vt dirigir por radio
**radiologie** [Radjɔlɔʒi] nf radiología
**radiologique** [Radjɔlɔʒik] adj radiológico(-a)
**radiologue** [Radjɔlɔg] nmf radiólogo(-a)
**radiophare** [Radjofar] nm radiofaro
**radiophonique** [Radjofɔnik] adj : **programme/jeu ~** programa m/juego radiofónico; **émission ~** emisión f radiofónica
**radioreportage** [Radjor(ə)pɔrtaʒ] nm reportaje m radiofónico
**radio-réveil** [Radjorevɛj] (pl **radios-réveils**) nm radio-despertador m
**radioscopie** [Radjɔskɔpi] nf radioscopia
**radio-taxi** [Radjotaksi] (pl **radio-taxis**) nm radiotaxi m
**radiotéléphone** [Radjotelefɔn] nm radioteléfono
**radiotélescope** [Radjotelɛskɔp] nm radiotelescopio
**radiotélévisé, e** [Radjotelevize] adj radiotelevisado(-a)
**radiothérapie** [RadjoteRapi] nf radioterapia
**radis** [Radi] nm rábano; **~ noir** rábano picante
**radium** [Radjɔm] nm radio (metal)
**radius** [Radjys] nm radio (hueso)
**radoter** [Radɔte] vi chochear
**radoub** [Radu] nm : **bassin** ou **cale de ~** carenero ou dique m de carena
**radouber** [Radube] vt carenar
**radoucir** [RadusiR] vt mejorar; **se radoucir** vpr (température, temps) suavizarse; (se calmer) calmarse

## radoucissement – raisonné

**radoucissement** [ʀadusismɑ̃] nm mejoría
**rafale** [ʀafal] nf ráfaga; **souffler en rafales** soplar viento racheado; **tir en ~** disparo a ráfaga; **~ de mitrailleuse** ráfaga de ametralladora
**raffermir** [ʀafɛʀmiʀ] vt (tissus, muscle) fortalecer; (fig) afianzar; **se raffermir** vpr (voir vt) fortalecerse; afianzarse
**raffermissement** [ʀafɛʀmismɑ̃] nm (fig) fortalecimiento
**raffinage** [ʀafinaʒ] nm refinación f
**raffiné, e** [ʀafine] adj refinado(-a)
**raffinement** [ʀafinmɑ̃] nm refinamiento
**raffiner** [ʀafine] vt refinar
**raffinerie** [ʀafinʀi] nf refinería
**raffoler** [ʀafɔle]: **~ de** vt indir volverse loco(-a) por
**raffut** [ʀafy] (fam) nm follón m
**rafiot** [ʀafjo] nm barquillo; (péj) barcucho m
**rafistolage** [ʀafistɔlaʒ] (fam) nm remiendo
**rafistoler** [ʀafistɔle] (fam) vt remendar
**rafle** [ʀɑfl] nf redada, allanamiento (surtout Am)
**rafler** [ʀɑfle] (fam) vt arrasar; **~ la mise** (fig) llevarse el gato al agua
**rafraîchir** [ʀafʀeʃiʀ] vt refrescar; (atmosphère, température) enfriar; (fig) renovar; **~ la mémoire** ou **les idées à qn** refrescarle a algn la memoria ou las ideas ▶ vi: **mettre une boisson à ~** poner una bebida a enfriar; **se rafraîchir** vpr refrescarse
**rafraîchissant, e** [ʀafʀeʃisɑ̃, ɑ̃t] adj refrescante
**rafraîchissement** [ʀafʀeʃismɑ̃] nm (de la température) enfriamiento; (boisson) refresco; **rafraîchissements** nmpl (boissons) refrescos mpl
**ragaillardir** [ʀagajaʀdiʀ] (fam) vt revigorizar
**rage** [ʀaʒ] nf rabia; **faire ~** (tempête) bramar; **l'incendie faisait ~** el incendio se propagaba con todo vigor; **~ de dents** tremendo dolor m de muelas
**rageant, e** [ʀaʒɑ̃, ɑ̃t] adj exasperante; **c'est ~ !** ¡qué rabia!
**rager** [ʀaʒe] vi rabiar; **faire ~ qn** hacer rabiar a algn
**rageur, -euse** [ʀaʒœʀ, øz] adj rabioso(-a)
**rageusement** [ʀaʒøzmɑ̃] adv con rabia
**raglan** [ʀaglɑ̃] adj inv raglán inv ▶ nm raglán m
**ragot** [ʀago] (fam) nm chisme m
**ragoût** [ʀagu] nm guiso
**ragoûtant, e** [ʀagutɑ̃, ɑ̃t] adj: **peu ~** poco apetitoso(-a)
**raï** [ʀaj] nm rai m, género musical popular moderno originario de Argelia
**raid** [ʀɛd] nm raid m; (attaque aérienne) raid aéreo; (Sport) carrera de resistencia, raid; **~ à skis** raid con esquís; **~ automobile** raid automovilístico
**raide** [ʀɛd] adj (cheveux) liso(-a); (ankylosé) entumecido(-a); (peu souple : câble, personne) tenso(-a); (escarpé) empinado(-a); (étoffe etc) tieso(-a); (fam : surprenant) inaudito(-a); (: sans argent) pelado(-a); (: alcool, spectacle, paroles) fuerte ▶ adv: **le sentier monte ~** el camino sube muy empinado; **tomber ~ mort** quedarse en el sitio
**raideur** [ʀɛdœʀ] nf rigidez f; (d'un câble) tirantez f; (des cheveux) lisura; (d'une côte) pendiente f; (des membres) entumecimiento; **avec ~** (marcher, danser) con envaramiento
**raidillon** [ʀedijɔ̃] nm repecho
**raidir** [ʀediʀ] vt (muscles, membres) contraer; (câble, fil de fer) tensar; **se raidir** vpr (personne, muscles) contraerse; (câble) ponerse tenso(-a); (se crisper) ponerse tieso(-a); (intransigeant) mantenerse firme; **la discipline s'est raidie** la disciplina se ha vuelto severa
**raidissement** [ʀedismɑ̃] nm (fig) endurecimiento
**raie** [ʀɛ] nf (gen, Zool) raya
**raifort** [ʀɛfɔʀ] nm rábano picante
**rail** [ʀaj] nm (barre d'acier) riel m; **le ~** el ferrocarril; **les rails** (la voie ferrée) las vías fpl; **par ~** por ferrocarril
**railler** [ʀaje] vt burlarse de
**raillerie** [ʀajʀi] nf burla
**railleur, -euse** [ʀajœʀ, øz] adj burlón(-ona)
**rail-route** [ʀajʀut] (pl **rails-routes**) nm técnica de transporte de mercancías por vía férrea y por carretera
**rainurage** [ʀenyʀaʒ] nm dibujo del neumático
**rainure** [ʀenyʀ] nf ranura
**raisin** [ʀɛzɛ̃] nm uva; **~ blanc/noir** uva blanca/negra; **~ muscat** uva moscatel; **raisins secs** (uvas) pasas
**raison** [ʀɛzɔ̃] nf razón f; **avoir ~** tener razón; **donner ~ à qn** dar la razón a algn; **avoir ~ de qn/qch** vencer a algn/algo; **se faire une ~** conformarse; **perdre/recouvrer la ~** perder/ recobrar el juicio; **ramener qn à la ~** hacer entrar en razón a algn; **demander ~ à qn de** (affront etc) pedir satisfacción a algn por; **entendre ~** atenerse a razones; **plus que de ~** más de lo debido; **~ de plus** razón de más; **à plus forte ~** con mayor motivo; **en ~ de** (à cause de) a causa de; **à ~ de** a razón de; **sans ~** sin razón; **pour la simple ~ que** por la sencilla razón de que; **pour quelle ~ dit-il ceci ?** ¿por qué razón dice esto?; **il y a plusieurs raisons à cela** existen varias razones para esto; **~ d'État** razón de estado; **~ d'être** razón de ser; **~ sociale** razón social
**raisonnable** [ʀɛzɔnabl] adj razonable; (doué de raison) racional
**raisonnablement** [ʀɛzɔnabləmɑ̃] adv razonablemente
**raisonné, e** [ʀɛzɔne] adj razonado(-a); **agriculture raisonnée** agricultura racional

## raisonnement – rampe

**raisonnement** [rɛzɔnmɑ̃] nm raciocinio; (argumentation) razonamiento; **raisonnements** nmpl objeciones fpl

**raisonner** [rɛzɔne] vi razonar ▶ vt (personne) hacer entrar en razón a; **se raisonner** vpr reflexionar

**raisonneur, -euse** [rɛzɔnœr, øz] (péj) adj porfiador(a)

**rajeunir** [raʒœnir] vt rejuvenecer; (attribuer un âge moins avancé à) hacer más joven a; (fig) remozar ▶ vi (personne) rejuvenecer; (entreprise, quartier) renovarse

**rajeunissement** [raʒœnismɑ̃] nm rejuvenecimiento; **le ~ des effectifs** el rejuvenecimiento de los efectivos

**rajout** [raʒu] nm añadidura

**rajouter** [raʒute] vt (commentaire) añadir; **~ que ...** añadir que ...; **en ~** cargar las tintas; **~ du sel/un œuf** añadir sal/un huevo

**rajustement** [raʒystəmɑ̃] nm reajuste m

**rajuster** [raʒyste] vt (cravate, coiffure) retocar; (salaires, prix) reajustar; **se rajuster** vpr (arranger ses vêtements) retocarse

**râle** [rɑl] nm estertor m; **~ d'agonie** estertor de agonía

**ralenti** [ralɑ̃ti] nm : **au ~** (aussi fig) a ralentí; (Ciné) a cámara lenta; **tourner au ~** (Auto) rodar a ralentí

**ralentir** [ralɑ̃tir] vt (marche, allure) aminorar; (production, expansion) ralentizar, desacelerar ▶ vi (véhicule, coureur) disminuir la velocidad; **se ralentir** vpr (processus, effort etc) verse reducido

**ralentissement** [ralɑ̃tismɑ̃] nm disminución f de la velocidad; (de l'économie) ralentización f, desaceleración f

**ralentisseur** [ralɑ̃tisœr] nm limitador m de velocidad

**râler** [rɑle] vi producir estertores; (fam : protester) quejarse

**râleur, -euse** [rɑlœr, øz] (fam) nm/f, adj quejica mf (fam); **être ~** ser un(a) quejica

**ralliement** [ralimɑ̃] nm (rassemblement) reunión f; (à une cause/opinion) adhesión f; **point/signe de ~** punto/señal de reunión

**rallier** [ralje] vt (rassembler) reunir; (rejoindre) incorporarse a; (gagner à sa cause) captar; **se rallier à** vpr (avis, opinion) adherirse a

**rallonge** [ralɔ̃ʒ] nf (de table) larguero; (supplément) incremento; (Élec) alargador m; (fig, Écon) ampliación f

**rallongement** [ralɔ̃ʒmɑ̃] nm alargamiento

**rallonger** [ralɔ̃ʒe] vt alargar ▶ vi alargarse

**rallumer** [ralyme] vt volver a encender; (fig) reavivar; **se rallumer** vpr (feu) avivarse

**rallye** [rali] nm rally m

**RAM** [ram] sigle f (= mémoire vive) RAM f (= random access memory)

**ramadan** [ramadɑ̃] nm ramadán m; **faire le ~** hacer ou cumplir el ramadán

**ramages** [ramaʒ] nmpl (dessin d'une draperie, tapisserie) estampado (de rama); (chants d'oiseaux) gorjeo msg

**ramassage** [ramasaʒ] nm recogida; **~ scolaire** transporte m escolar

**ramassé, e** [ramase] adj (trapu) rechoncho(-a); (concis) conciso(-a)

**ramasse-miettes** [ramasmjɛt] nm inv recogemigas m inv

**ramasse-monnaie** [ramasmɔnɛ] nm inv recogemonedas m inv

**ramasser** [ramase] vt recoger; (fam : arrêter) pescar; **se ramasser** vpr (se pelotonner) encogerse

**ramasseur, -euse** [ramasœr, øz] nm/f : **~ de balles** recogepelotas mf inv

**ramassis** [ramasi] (péj) nm revoltijo

**rambarde** [rɑ̃bard] nf barandilla

**rame** [ram] nf (aviron) remo; (de métro) tren m; (de papier) resma; **faire force de rames** remar con fuerza; **à la ~** (traversée) a remo; **~ de haricots** ramo que sirve para que se enrosquen las judías

**rameau, x** [ramo] nm (aussi fig) rama; **les Rameaux** Domingo de Ramos

**ramener** [ram(ə)ne] vt volver a traer; (reconduire) llevar; (rapporter, revenir avec) traer consigo; (rendre) devolver; (faire revenir) hacer volver; (rétablir) restablecer; **~ qch sur** (couverture, visière) echar algo hacia; **~ qch à** (faire revenir) devolver algo a; (Math, réduire) reducir algo a; **~ qn à la vie** volver a algn a la vida; **se ramener** vpr (fam) llegar; **se ~ à** reducirse a

**ramequin** [ramkɛ̃] nm recipiente pequeño para usar en el horno

**ramer** [rame] vi remar

**rameur, -euse** [ramœr, øz] nm/f remero(-a)

**rameuter** [ramøte] vt amotinar

**ramier** [ramje] nm : **(pigeon) ~** paloma torcaz

**ramification** [ramifikasjɔ̃] nf ramificación f; **aux ramifications internationales** (réseau) con ramificaciones internacionales

**ramifié, e** [ramifje] adj ramificado(-a); **un réseau d'agences fortement ~** una red de agencias muy ramificada

**ramifier** [ramifje] : **se ramifier** vpr ramificar

**ramolli, e** [ramɔli] adj reblandecido(-a)

**ramollir** [ramɔlir] vt ablandar, reblandecer; (fig : détermination) debilitar; (: croissance) desacelerarse; **se ramollir** vpr ablandarse, reblandecerse

**ramollissement** [ramɔlismɑ̃] nm reblandecimiento; (fig : de détermination) debilitamiento; (: croissance) desaceleración f

**ramonage** [ramɔnaʒ] nm deshollinamiento

**ramoner** [ramɔne] vt deshollinar

**ramoneur** [ramɔnœr] nm deshollinador m

**rampe** [rɑ̃p] nf (d'escalier) barandilla; (dans un garage) rampa; (d'un terrain, d'une route) declive *m*; (*Théâtre*) : **la ~** candilejas *fpl*; **passer la ~** llegar al público; **~ de lancement** plataforma de lanzamiento

**ramper** [ʀɑ̃pe] *vi* (*animal*) reptar; (*plante, personne, aussi péj*) arrastrarse

**rancard** [ʀɑ̃kaʀ] (*fam*) *nm* (*rendez-vous*) cita; (*renseignement*) soplo

**rancarder** [ʀɑ̃kaʀde] (*fam*) *vt* informar, poner al corriente

**rancart** [ʀɑ̃kaʀ] (*fam*) *nm* : **mettre au ~** (*objet, projet*) arrinconar; (*personne*) arrumbar

**rance** [ʀɑ̃s] *adj* rancio(-a)

**rancir** [ʀɑ̃siʀ] *vi* ponerse rancio(-a)

**rancœur** [ʀɑ̃kœʀ] *nf* rencor *m*

**rançon** [ʀɑ̃sɔ̃] *nf* rescate *m*; **la ~ du succès** *etc* (*fig*) el precio del éxito *etc*

**rançonner** [ʀɑ̃sɔne] *vt* despojar

**rancune** [ʀɑ̃kyn] *nf* rencor *m*; **garder ~ à qn (de qch)** guardar rencor a algn (por algo); **sans ~ !** ¡olvidémoslo!

**rancunier, -ière** [ʀɑ̃kynje, jɛʀ] *adj* rencoroso(-a)

**randonnée** [ʀɑ̃dɔne] *nf* (*excursion*) excursión *f*; (*à pied*) caminata; (*activité*) senderismo; **ski de ~** esquí *m* de travesía; **~ pédestre** senderismo

**randonneur, -euse** [ʀɑ̃dɔnœʀ, øz] *nm/f* excursionista *mf*

**rang** [ʀɑ̃] *nm* (*rangée*) fila; (*d'un cortège, groupe de soldats*) hilera; (*de perles, de tricot*) vuelta; (*grade*) grado; (*condition sociale*) rango; (*position dans un classement*) posición *f*; **au premier/dernier ~** en el primer/último puesto; (*rangée de sièges*) en primera/última fila; **rentrer dans le ~** volverse más comedido; **au ~ de** en la categoría de; **avoir ~ de** tener rango de; **se mettre en rangs/sur un ~** ponerse en filas/en una fila; **sur trois rangs** en tres filas; **se mettre en rangs par quatre** ponerse en fila de cuatro; **rangs** *nmpl* (*Mil*) filas *fpl*; **se mettre sur les rangs** (*fig*) ponerse entre los candidatos

**rangé, e** [ʀɑ̃ʒe] *adj* ordenado(-a); (*vie*) asentado(-a), reposado(-a)

**rangée** [ʀɑ̃ʒe] *nf* fila

**rangement** [ʀɑ̃ʒmɑ̃] *nm* colocación *f*, ordenación *f*; **faire des rangements** hacer orden

**ranger** [ʀɑ̃ʒe] *vt* ordenar; (*voiture dans la rue*) aparcar; (*en cercle etc*) disponer; **~ qch/qn parmi** (*fig*) situar algo/algn entre; **se ranger** *vpr* (*se placer/disposer*) colocarse; (*véhicule, conducteur*) hacerse a un lado; (*: s'arrêter*) parar; (*piéton*) apartarse; (*s'assagir*) sosegarse; **se ~ à** ponerse del lado de

**ranimer** [ʀanime] *vt* (*personne, courage*) reanimar; (*réconforter, attiser*) avivar; (*colère, douleur*) despertar

**rap** [ʀap] *nm* rap *m*

**rapace** [ʀapas] *nm* rapaz *f*; **~ diurne/nocturne** rapaz diurna/nocturna ▶ *adj* (*péj*) rapaz

**rapacité** [ʀapasite] *nf* rapacidad *f*

**rapatrié, e** [ʀapatʀije] *nm/f* repatriado(-a)

**rapatriement** [ʀapatʀimɑ̃] *nm* repatriación *f*

**rapatrier** [ʀapatʀije] *vt* repatriar; (*capitaux*) recuperar

**râpe** [ʀɑp] *nf* (*Culin*) rallador *m*; (*à bois*) escofina

**râpé, e** [ʀɑpe] *adj* (*élimé*) raído(-a); (*Culin*) rallado(-a) ▶ *nm* queso rallado

**râper** [ʀɑpe] *vt* (*Culin*) rallar; (*gratter, râcler*) raspar

**rapetisser** [ʀap(ə)tise] *vi* encoger ▶ *vt* (*suj : distance*) empequeñecer; **~ qch** (*planche, vêtement*) acortar algo

**râpeux, -euse** [ʀɑpø, øz] *adj* áspero(-a)

**raphia** [ʀafja] *nm* rafia

**rapide** [ʀapid] *adj* rápido(-a) ▶ *nm* rápido

**rapidement** [ʀapidmɑ̃] *adv* rápidamente

**rapidité** [ʀapidite] *nf* rapidez *f*

**rapiécer** [ʀapjese] *vt* remendar

**rapine** [ʀapin] *nf* (*vol*) rapiña; **vivre de rapines** vivir de rapiñas, ladronear

**rappel** [ʀapɛl] *nm* (*Mil, d'un exilé, d'un ambassadeur*) llamamiento; (*Méd*) vacuna de refuerzo; (*Théâtre etc*) llamada a escena; (*de salaire*) atrasos *mpl*; (*d'une aventure, d'un nom, d'un titre*) recuerdo; (*de limitation de vitesse*) señal recordatoria de limitación de velocidad; (*Tech*) retroceso; (*Naut*) hecho de colgarse la tripulación al exterior de un velero para equilibrarlo; (*Alpinisme : aussi* : **rappel de corde**) descenso con cuerda, rappel *m*; **~ à l'ordre** llamada al orden

**rappeler** [ʀap(ə)le] *vt* (*retéléphoner à*) volver a llamar; (*pour faire revenir*) llamar nuevamente; (*ambassadeur*) retirar; (*acteur*) llamar a escena; (*Mil*) llamar a filas; (*suj : événement, affaires*) recordar; **~ qn à la vie** volver a algn a la vida; **~ qn à la décence** llamar a algn a la decencia; **~ qch à qn** (*faire se souvenir*) recordar algo a algn; (*évoquer, faire penser à*) traer algo a la memoria de algn; **ça rappelle la Provence** eso me recuerda a Provenza; **~ à qn de faire qch** recordarle a algn hacer algo; **se rappeler** *vpr* acordarse de; **se ~ que ...** acordarse de que ...

**rappelle** [ʀapɛl] *vb voir* **rappeler**

**rappeur, -euse** [ʀapœʀ, øz] *nm/f* rapero(-a)

**rappliquer** [ʀaplike] (*fam*) *vi* dejarse caer

**rapport** [ʀapɔʀ] *nm* (*compte rendu*) informe *m*; (*d'expert*) dictamen *m*; (*profit*) rendimiento; (*lien, analogie*) relación *f*; (*proportion*) razón *f*; **avoir ~ à** tener relación con; **être en ~ avec** estar relacionado(-a) con; **être/se mettre en ~ avec qn** estar/ponerse en contacto con algn; **par ~ à** (*comparé à*) en comparación con; (*à propos de*) respecto a; **sous le ~ de** desde el punto de vista de; **sous tous (les) rapports** desde cualquier punto de vista; **~ qualité-prix** relación calidad-precio; **rapports** *nmpl* (*entre personnes, groupes, pays*) relaciones *fpl*; **rapports (sexuels)** relaciones *fpl* (sexuales)

## rapporté – ratification

**rapporté, e** [RapɔRte] *adj* : **pièce rapportée** (*Couture*) pegadura, remiendo

**rapporter** [RapɔRte] *vt* (*remettre à sa place, rendre*) devolver; (*apporter de nouveau*) volver a traer; (*revenir avec, ramener*) traer; (*Couture*) añadir; (*suj : investissement, entreprise*) rendir; (: *activité*) producir; (*relater*) referir; (*Jur*) revocar; **~ qch à** (*rendre*) devolver algo a; (*relater*) relatar algo a; (*fig*) atribuir algo a ▸ *vi* (*investissement, propriété*) rentar; (*activité*) dar beneficio; (*péj : moucharder*) chivarse; **se rapporter à** *vpr* relacionarse con; **s'en ~ à qn/au jugement de qn** fiarse de algn/de la opinión de algn

**rapporteur, -euse** [RapɔRtœR, øz] *nm/f* (*d'un procès, d'une commission*) ponente *mf*; (*péj*) chivato(-a) ▸ *nm* (*Géom*) transportador *m*

**rapproché, e** [RapRɔʃe] *adj* (*proche*) cercano(-a); **rapprochés** (*détonations, événements*) seguidos(-as)

**rapprochement** [RapRɔʃmɑ̃] *nm* (*réconciliation*) acercamiento; (*analogie, rapport*) cotejo

**rapprocher** [RapRɔʃe] *vt* (*faire paraître plus proche*) acercar; (*deux objets*) juntar, arrimar; (*réunions, visites*) aumentar el número de; (*réunir*) unir; (*associer, comparer*) cotejar; **~ qch (de)** (*chaise d'une table*) arrimar algo (a); **se rapprocher** *vpr* acercarse; **se ~ de** (*lieu, personne*) acercarse a, aproximarse a; (*présenter une analogie avec*) asemejarse a

**rapt** [Rapt] *nm* rapto

**raquette** [Rakɛt] *nf* raqueta; (*de ping-pong*) pala

**rare** [RɑR] *adj* raro(-a); (*sentiment*) extraño(-a); (*main-d'œuvre, denrées*) escaso(-a); (*beaux jours*) raro(-a), poco(-a); (*cheveux, herbe*) ralo(-a); **il est ~ que** es raro que; **se faire ~** escasear; (*personne*) dejarse ver poco

**raréfaction** [RaRefaksjɔ̃] *nf* rarefacción *f*; (*de l'air*) enrarecimiento

**raréfier** [RaRefje] : **se raréfier** *vpr* rarificarse; (*air*) enrarecerse

**rarement** [RɑRmɑ̃] *adv* raramente

**rareté** [RɑRte] *nf* (*voir adj*) rareza; escasez *f*

**rarissime** [RaRisim] *adj* rarísimo(-a)

**RAS** [ɛRaɛs] *abr* (= *rien à signaler*) sin novedad

**ras, e** [Rɑ, Rɑz] *adj* (*tête, cheveux*) rapado(-a); (*poil*) corto(-a); (*herbe, mesure, cuillère*) raso(-a); **à ~ bords** colmado(-a); **au ~ de** a(l) ras de; **en avoir ~ le bol** (*fam*) estar hasta el moño; **~ du cou** (*pull, robe*) (de) cuello redondo; **faire table rase** hacer tabla rasa; **en rase campagne** en pleno campo ▸ *adv* (*couper*) al rape

**rasade** [Rɑzad] *nf* vaso lleno

**rasant, e** [Rɑzɑ̃, ɑ̃t] *adj* rasante

**rascasse** [Raskas] *nf* rescaza

**rasé, e** [Rɑze] *adj* : **~ de frais** recién afeitado(-a); **~ de près** bien afeitado(-a)

**rase-mottes** [Rɑzmɔt] *nm inv* : **vol en ~** vuelo rasante; **faire du ~** volar a ras de suelo

**raser** [Rɑze] *vt* (*cheveux*) rapar; (*barbe, personne*) afeitar; (*fam : ennuyer*) aburrir; (*quartier*) derribar; (*frôler*) rozar; **se raser** *vpr* afeitarse; (*fam*) aburrirse

**rasoir** [RɑzwaR] *nm* navaja de afeitar;
**~ électrique** maquinilla eléctrica;
**~ mécanique** *ou* **de sûreté** maquinilla de afeitar

**rassasié, e** [Rasazje] *adj* (*personne, curiosité, désir*) saciado(-a) ▸ *pp de* **rassasier**

**rassasier** [Rasazje] *vt* saciar; **se rassasier** *vpr* saciarse; **se ~ de qch** deleitarse con algo

**rassemblement** [Rasɑ̃bləmɑ̃] *nm* reunión *f*; (*Pol*) concentración *f*; (*Mil*) formación *f*

**rassembler** [Rasɑ̃ble] *vt* (*réunir*) reunir; (*regrouper*) agrupar; (*accumuler, amasser*) acumular; **~ ses idées** poner en orden sus ideas; **~ son courage** armarse de valor; **se rassembler** *vpr* reunirse

**rasseoir** [RaswaR] : **se rasseoir** *vpr* volver a sentarse

**rasséréné, e** [RaseRene] *adj* (*personne, climat*) sereno(-a)

**rasséréner** [RaseRene] : **se rasséréner** *vpr* sosegarse

**rassir** [RasiR] *vi* endurecerse

**rassis, e** [Rasi, iz] *adj* duro(-a)

**rassurant, e** [RasyRɑ̃, ɑ̃t] *adj* tranquilizador(a)

**rassuré, e** [RasyRe] *adj* : **ne pas être très ~** no estar muy tranquilo(-a)

**rassurer** [RasyRe] *vt* tranquilizar; **se rassurer** *vpr* tranquilizarse; **rassure-toi** tranquilízate

**rat** [Ra] *nm* rata; (*danseuse*) joven bailarina;
**~ musqué** ratón *m* almizclero

**ratage** [Rataʒ] *nm* fracaso

**ratatiné, e** [Ratatine] *adj* (*vieillard*) apergaminado(-a); (*pomme*) arrugado(-a)

**ratatiner** [Ratatine] *vt* marchitar; **se ratatiner** *vpr* arrugarse; (*vieillard*) apergaminarse

**ratatouille** [Ratatuj] *nf* (*Culin*) pisto

**rate** [Rat] *nf* (*Anat*) bazo

**raté, e** [Rate] *adj* (*tentative, opération*) frustrado(-a); (*vacances, spectacle*) malogrado(-a) ▸ *nm/f* fracasado(-a) ▸ *nm* (*de moteur*) detonación *f*; (*d'arme à feu*) fallo

**râteau, x** [Rɑto] *nm* rastrillo

**râtelier** [Rɑtəlje] *nm* (*pour bétail*) comedero; (*fam : dentier*) dentadura

**rater** [Rate] *vi* (*coup de feu*) fallar; (*échouer*) fracasar ▸ *vt* (*cible, balle, train*) perder; (*occasion etc*) dejar escapar; (*démonstration, plat*) estropear; (*examen*) suspender; **~ son coup** fallar

**raticide** [Ratisid] *nm* raticida *m*

**ratification** [Ratifikasjɔ̃] *nf* ratificación *f*

**ratifier** [Ratifje] vt ratificar
**ratio** [Rasjo] nm ratio
**ration** [Rasjɔ̃] nf (aussi fig) ración f;
~ **alimentaire** ración alimenticia
**rationalisation** [Rasjɔnalizasjɔ̃] nf
racionalización f
**rationaliser** [Rasjɔnalize] vt racionalizar
**rationalité** [Rasjɔnalite] nf racionalidad f
**rationnel, le** [Rasjɔnɛl] adj racional
**rationnellement** [Rasjɔnɛlmɑ̃] adv
racionalmente
**rationnement** [Rasjɔnmɑ̃] nm
racionamiento; **carte/ticket de** ~ cartilla/
billete m de racionamiento
**rationner** [Rasjɔne] vt racionar; (personne)
someter a racionamiento; **se rationner** vpr
racionarse
**ratisser** [Ratise] vt rastrillar; (suj : armée, police)
peinar; ~ **large** (fig) llamar a todas las
puertas
**raton** [Ratɔ̃] nm : ~ **laveur** mapache m
**RATP** [ɛRatepe] sigle f (= Régie autonome des
transports parisiens) administración de transportes
parisinos
**rattachement** [Rataʃmɑ̃] nm (de territoire)
anexión f; (d'employé, personnel) : **la loi prévoit
le ~ des pompiers bénévoles au
département** la ley prevé que los bomberos
voluntarios pasarán a depender del
departamento
**rattacher** [Rataʃe] vt atar de nuevo; (territoire)
anexionar; (employé, personnel) hacer
depender; ~ **qch/qn à** vincular algo/a algn
con; **se rattacher** vpr : **se ~ à** (avoir un lien avec)
estar relacionado(-a) con
**rattrapage** [Ratrapaʒ] nm recuperación f
**rattraper** [Ratrape] vt (fugitif, animal échappé)
volver a coger; (retenir, empêcher de tomber) coger;
(atteindre, rejoindre) alcanzar; (imprudence, erreur)
reparar, subsanar; ~ **son retard/le temps
perdu** recuperar el retraso/el tiempo
perdido; **se rattraper** vpr (compenser une perte de
temps) ponerse al día; (regagner ce qu'on a perdu)
recuperarse; (se dédommager d'une privation)
explayarse; (réparer une gaffe etc) justificarse;
(éviter une erreur, bévue) enmendarse; **se ~ (à)** (se
raccrocher) agarrarse (a ou de)
**rature** [RatyR] nf tachadura
**raturer** [RatyRe] vt tachar
**rauque** [Rok] adj ronco(-a)
**ravagé, e** [Ravaʒe] adj devastado(-a); (par la
maladie, le temps) demacrado(-a); (par le chagrin)
descompuesto(-a)
**ravager** [Ravaʒe] vt devastar; (maladie, chagrin
etc) causar estragos en
**ravages** [Ravaʒ] nmpl (aussi fig) estragos mpl;
**faire des** ~ hacer estragos
**ravageur, -euse** [RavaʒœR, øz] adj
devastador(a); (fig : humour) mordaz,
punzante; (: sourire) cautivador(a)

**ravalement** [Ravalmɑ̃] nm enlucido
**ravaler** [Ravale] vt (mur, façade) enlucir;
(abaisser, déprécier) rebajar; (avaler de nouveau)
volver a tragar; ~ **sa colère/son dégoût**
contener su cólera/su asco
**ravaudage** [Ravodaʒ] nm zurcido
**ravauder** [Ravode] vt zurcir
**rave¹** [Rav] nf (Bot) naba
**rave²** [Rɛv] nf (Mus) rave f
**raveur, -euse** [RɛvœR, øz] nm/f raver mf
**ravi, e** [Ravi] adj encantado(-a); **être ~ de/
que ...** estar encantado(-a) de/de que ...
**ravier** [Ravje] nm bandejita
**ravigote** [Ravigɔt] adj : **sauce** ~ salsa vinagreta
con huevos picados y chalote
**ravigoter** [Ravigɔte] (fam) vt reanimar
**ravin** [Ravɛ̃] nm hondonada
**ravine** [Ravin] nf torrentera
**raviner** [Ravine] vt formar surcos en
**ravioli** [Ravjɔli] nmpl ravioles mpl
**ravir** [RaviR] vt (enchanter) encantar; ~ **qch à
qn** arrebatar algo a algn; **à ~** de maravilla;
**chanter à ~** cantar que es un primor
**raviser** [Ravize] : **se raviser** vpr cambiar de
opinión
**ravissant, e** [Ravisɑ̃, ɑ̃t] adj encantador(a)
**ravissement** [Ravismɑ̃] nm encanto
**ravisseur, -euse** [RavisœR, øz] nm/f
secuestrador(a)
**ravitaillement** [Ravitajmɑ̃] nm
abastecimiento; (provisions)
aprovisionamiento; **aller au** ~ ir a hacer la
compra; ~ **en vol** abastecimiento en vuelo
**ravitailler** [Ravitaje] vt abastecer; (véhicule)
echar gasolina a; **se ravitailler** vpr
abastecerse
**raviver** [Ravive] vt avivar; (flamme, douleur)
reavivar
**ravoir** [RavwaR] vt recobrar
**rayé, e** [Reje] adj (à rayures) a ou de rayas; (éraflé)
rayado(-a)
**rayer** [Reje] vt rayar; (d'une liste) tachar
**rayon** [Rejɔ̃] nm rayo; (Géom, d'une roue) radio;
(étagère) estante m; (de grand magasin)
departamento, sección f; (fig : domaine)
asunto; (d'une ruche) panal m; ~ **d'action** radio
de acción; ~ **de braquage** (Auto) radio de giro;
~ **de soleil** rayo de sol; ~ **laser/vert** rayo
láser/verde; **rayons cosmiques/
infrarouges/ultraviolets** rayos cósmicos/
infrarrojos/ultravioletas; **rayons X** rayos X;
**dans un ~ de ...** en un radio de ...; **rayons**
nmpl (radiothérapie) rayos mpl
**rayonnage** [Rejɔnaʒ] nm estantería
**rayonnant, e** [Rejɔnɑ̃, ɑ̃t] adj radiante; ~ **de**
(joie, santé) rebosante de
**rayonne** [Rejɔn] nf rayón m
**rayonnement** [Rejɔnmɑ̃] nm (solaire)
radiación f; (fig) influencia; (d'une doctrine)
difusión f

**rayonner** [Rɛjɔne] vi irradiar; *(fig)* ejercer su influencia; *(avenues, axes)* divergir; *(touristes : excursionner)* recorrer

**rayure** [RɛjyR] *nf (motif)* raya; *(éraflure)* rayado; *(rainure, d'un fusil)* estría; **à rayures** a *ou* de rayas

**raz-de-marée** [Rɑdmaʀe] *nm inv* maremoto; *(fig)* conmoción *f*

**razzia** [Ra(d)zja] *nf* razzia

**R-D** [ɛRde] *sigle f (= recherche-développement)* I-D *f* (= Investigación y Desarrollo)

**RDB** [ɛRdebe] *sigle m (= revenu disponible brut)* ingreso total

**rdc** *abr* = **rez-de-chaussée**

**ré** [Re] *nm inv (Mus)* re *m*

**réabonnement** [Reabɔnmɑ̃] *nm* renovación *f* de abono

**réabonner** [Reabɔne] *vt* : ~ **qn à** suscribir de nuevo a algn a; **se ~ (à)** volver a abonarse *ou* suscribirse (a)

**réac** [Reak] *(fam) nmf* = **réactionnaire**

**réacteur** [ReaktœR] *nm* reactor *m*; ~ **nucléaire** reactor nuclear

**réactif** [Reaktif] *nm* reactivo

**réaction** [Reaksjɔ̃] *nf* reacción *f*; **par** ~ por reacción; **avion/moteur à** ~ avión *m*/motor *m* de reacción; ~ **en chaîne** reacción en cadena

**réactionnaire** [RɛaksjɔnɛR] *adj* reaccionario(-a)

**réactiver** [Reaktive] *vt (controverse)* reavivar; *(marché, adresse électronique)* reactivar; *(machine)* volver a poner en marcha

**réactivité** [Reaktivite] *nf (Phys, Chim)* reactividad *f*; *(capacité à réagir)* capacidad *f* de reacción

**réactualiser** [Reaktɥalize] *vt* reactualizar

**réadaptation** [Readaptasjɔ̃] *nf* readaptación *f*

**réadapter** [Readapte] *vt* readaptar; **se réadapter** *vpr* readaptarse

**réaffirmation** [ReafiRmasjɔ̃] *nf* reafirmación *f*

**réaffirmer** [ReafiRme] *vt* reafirmar

**réagir** [ReaʒiR] *vi* reaccionar; ~ **à** reaccionar ante; ~ **contre** reaccionar contra; ~ **sur** repercutir sobre

**réajuster** [Reaʒyste] *vt* = **rajuster**

**réalisable** [Realizabl] *adj* realizable

**réalisateur, -trice** [RealizatœR, tRis] *nm/f* realizador(a)

**réalisation** [Realizasjɔ̃] *nf* realización *f*

**réaliser** [Realize] *vt* realizar; *(rêve, souhait)* cumplir; *(exploit)* llevar a cabo; *(comprendre, se rendre compte de)* darse cuenta de; ~ **que** darse cuenta de que; **se réaliser** *vpr (projet, prévision)* realizarse

**réalisme** [Realism] *nm* realismo

**réaliste** [Realist] *adj, nmf* realista *mf*

**réalité** [Realite] *nf* realidad *f*; **en** ~ en realidad; **dans la** ~ en la realidad

**réaménager** [Reamenaʒe] *vt (lieu)* reacondicionar; *(horaires, calendrier)* reorganizar; *(règlement, texte)* reelaborar

**réanimation** [Reanimasjɔ̃] *nf* reanimación *f*; **service de** ~ servicio de reanimación

**réanimer** [Reanime] *vt* reanimar

**réapparaître** [ReapaRɛtR] *vi* reaparecer

**réapparition** [ReapaRisjɔ̃] *nf* reaparición *f*

**réappropriation** [RepRɔpRijasjɔ̃] *nf (d'un objet, immeuble, espace)* reapropriación *f*; *(fig : de patrimoine, mémoire)* recuperación *f*

**réapprovisionner** [ReapRɔvizjɔne] *vt* reabastecer; **se réapprovisionner** *vpr* reabastecerse

**réarmement** [ReaRməmɑ̃] *nm* rearme *m*

**réarmer** [ReaRme] *vt (arme)* recargar; *(bateau)* rearmar ▶ *vi (état)* rearmar

**réassortiment** [ReasɔRtimɑ̃] *nm* nuevo surtido

**réassortir** [ReasɔRtiR] *vt* volver a surtir

**réassurance** [ReasyRɑ̃s] *nf* reaseguro

**réassurer** [ReasyRe] *vt* reasegurar

**réassureur** [ReasyRœR] *nm* reasegurador *m*

**rebaptiser** [R(ə)batize] *vt* rebautizar

**rébarbatif, -ive** [RebaRbatif, iv] *adj (mine)* repelente; *(travail)* fastidioso(-a); *(style)* árido(-a)

**rebattre** [R(ə)batR] *vt* : ~ **les oreilles à qn de qch** calentarle a algn los cascos con algo

**rebattu, e** [R(ə)baty] *pp de* **rebattre** ▶ *adj* trillado(-a)

**rebelle** [Rəbɛl] *adj, nmf* rebelde *mf*; ~ **à** *(la patrie)* rebelado(-a) contra; *(fermé à qch, contre qch)* negado(-a) para

**rebeller** [R(ə)bele] : **se rebeller** *vpr* rebelarse; **se ~ contre** rebelarse contra

**rébellion** [Rebeljɔ̃] *nf* rebelión *f*; *(ensemble des rebelles)* rebeldes *mpl*

**rebiffer** [R(ə)bife] : **se rebiffer** *vpr* : **se ~ contre** plantarle cara a

**reboisement** [R(ə)bwazmɑ̃] *nm* repoblación *f* forestal

**reboiser** [R(ə)bwaze] *vt* repoblar con árboles

**rebond** [R(ə)bɔ̃] *nm* rebote *m*

**rebondi, e** [R(ə)bɔ̃di] *adj (ventre)* panzudo(-a); *(joues)* relleno(-a)

**rebondir** [R(ə)bɔ̃diR] *vi* rebotar; *(fig)* reanudarse

**rebondissements** [Rəbɔ̃dismɑ̃] *nmpl* reanudación *f*

**rebonjour** [Rəbɔ̃ʒuR] *excl* ¡hola otra vez!

**rebord** [R(ə)bɔR] *nm (d'une table etc)* reborde *m*; *(d'un fossé)* borde *m*

**reboucher** [R(ə)buʃe] *vt* volver a tapar

**rebours** [R(ə)buR] : **à** ~ *adv (brosser)* a contrapelo; *(comprendre)* al revés; *(tourner : pages)* a la inversa; **compte à** ~ cuenta *f* atrás; **compter à** ~ contar hacia atrás

**rebouteux, -euse** [Rəbutø, øz] *(fam) nm/f* ensalmador(a)

**reboutonner** [R(ə)butɔne] *vt* volver a abotonar

**rebrousse-poil** [Rəbʀuspwal] : **à** ~ *adv* a contrapelo; **prendre qn à** ~ *(fig)* sacar a algn de quicio

**rebrousser** [R(ə)bʀuse] *vt (cheveux, poils)* levantar hacia atrás; ~ **chemin** dar marcha atrás

**rebuffade** [R(ə)byfad] *nf* desaire *m*

**rébus** [Rebys] *nm (aussi fig)* jeroglífico

**rebut** [Rəby] *nm* : **mettre/jeter qch au** ~ desechar algo

**rebutant, e** [R(ə)bytɑ̃, ɑ̃t] *adj (démarche)* repelente; *(travail)* engorroso(-a)

**rebuter** [R(ə)byte] *vt (suj : travail, matière)* repeler; *(: attitude, manières)* disgustar

**recadrage** [R(ə)kadʀaʒ] *nm (Photo, Ciné, fig)* reenfoque *m*

**recalcifier** [R(ə)kalsifje] *vt* recalcificar

**récalcitrant, e** [Rekalsitʀɑ̃, ɑ̃t] *adj (cheval)* indómito(-a); *(caractère, personne)* recalcitrante

**recaler** [R(ə)kale] *vt* suspender

**recapitaliser** [Rəkapitalize] *vt (entreprise)* recapitalizar

**récapitulatif, -ive** [Rekapitylatif, iv] *adj* recapitulativo(-a)

**récapituler** [Rekapityle] *vt* recapitular

**recel** [Rəsɛl] *nm* encubrimiento

**receler** [R(ə)səle] *vt (produit d'un vol)* ocultar; *(malfaiteur, déserteur)* encubrir; *(fig)* encerrar

**receleur, -euse** [R(ə)səlœʀ, øz] *nm/f* encubridor(a)

**récemment** [Resamɑ̃] *adv* recientemente, recién (AM)

**recensement** [R(ə)sɑ̃smɑ̃] *nm (de la population)* censo; *(des ressources, possibilités)* inventario, recuento

**recenser** [R(ə)sɑ̃se] *vt (population)* censar; *(inventorier)* hacer el recuento *ou* el inventario de; *(dénombrer)* computar

**récent, e** [Resɑ̃, ɑ̃t] *adj* reciente

**recentrer** [R(ə)sɑ̃tʀe] *vt* mover hacia el centro

**récépissé** [Resepise] *nm* recibo

**réceptacle** [Reseptakl] *nm* receptáculo

**récepteur, -trice** [Reseptœʀ, tʀis] *adj* receptor(a) ▶ *nm (de téléphone)* auricular *m*; ~ **de papier** *(Inform)* introductor *m* de hoja; ~ **radio** receptor *m*

**réceptif, -ive** [Reseptif, iv] *adj* : ~ **(à)** receptivo(-a) (a)

**réception** [Resepsjɔ̃] *nf* recepción *f*; *(accueil)* acogida *f*; *(pièces)* salas *fpl* de recepción; *(Sport)* caída; **jour/heures de** ~ día *m*/horas *fpl* de recepción

**réceptionnaire** [Resepsjɔnɛʀ] *nmf* receptor(a)

**réceptionner** [Resepsjɔne] *vt* recibir

**réceptionniste** [Resepsjɔnist] *nmf* recepcionista *mf*

**réceptivité** [Reseptivite] *nf* receptividad *f*

**récessif, -ive** [Resesif, iv] *adj* recesivo(-a)

**récession** [Resesjɔ̃] *nf* recesión *f*

**recette** [R(ə)sɛt] *nf (Culin, fig)* receta; *(Comm)* ingreso; *(Admin : bureau des impôts)* oficina de recaudación; **faire** ~ *(spectacle, exposition)* ser taquillero(-a); ~ **postale** ingresos *mpl* postales; **recettes** *nfpl (Comm : rentrées d'argent)* entradas *fpl*

**recevabilité** [R(ə)səvabilite] *nf (Jur : de plainte)* admisibilidad *f*

**recevable** [R(ə)səvabl] *adj (Jur : plainte)* admisible; *(argument)* aceptable, admisible

**receveur, -euse** [R(ə)səvœʀ, øz] *nm/f (des finances)* recaudador(a); *(des postes)* administrador(a); *(d'autobus)* cobrador(a); *(Méd)* receptor(a); ~ **universel** *(Méd)* receptor(a) universal

**recevoir** [R(ə)səvwaʀ] *vt* recibir; *(prime, salaire)* cobrar; *(visiteurs, ambassadeur)* acoger; *(candidat, plainte)* admitir; **il m'a reçu à deux heures** me recibió a las dos; ~ **qn à dîner** recibir a algn a cenar; **être reçu** *(à un examen)* aprobar; **être bien/mal reçu** ser bien/mal recibido ▶ *vi (donner des réceptions, audiences etc)* recibir visitas; **il reçoit de 8 à 10** sus horas de visita son de 8 a 10; *(docteur, dentiste)* pasa consulta de 8 a 10; **se recevoir** *vpr (athlète)* caer

**rechange** [R(ə)ʃɑ̃ʒ] : **de** ~ *adj (pièces, roue)* de repuesto; *(fig)* de recambio; **des vêtements de** ~ ropa para cambiarse, muda

**rechaper** [R(ə)ʃape] *vt* recauchutar

**réchapper** [Reʃape] : ~ **de ou à** *vt (maladie)* librarse de; *(accident)* salvarse de; **va-t-il en** ~ ? ¿saldrá de ésta?

**recharge** [R(ə)ʃaʀʒ] *nf* recambio

**rechargeable** [R(ə)ʃaʀʒabl] *adj* recargable

**recharger** [R(ə)ʃaʀʒe] *vt (camion)* volver a cargar; *(fusil, batterie)* recargar; *(appareil photo, briquet, stylo)* cargar

**réchaud** [Reʃo] *nm (portable)* hornillo; *(chauffe-plat)* calientaplatos *m inv*

**réchauffé** [Reʃofe] *nm (nourriture)* recalentado(-a); *(fig)* muy visto(-a)

**réchauffement** [Reʃofmɑ̃] *nm* : ~ **climatique** calentamiento global

**réchauffer** [Reʃofe] *vt (plat)* recalentar; *(mains, doigts, personne)* calentar; **se réchauffer** *vpr* calentarse; *(température)* subir

**rêche** [ʀɛʃ] *adj* áspero(-a)

**recherche** [R(ə)ʃɛʀʃ] *nf (action)* búsqueda; *(raffinement)* afectación *f*; *(scientifique etc)* investigación *f*; **être/se mettre à la** ~ **de** estar investigando/ponerse a la búsqueda de; **recherches** *nfpl (de la police)* indagaciones *fpl*; *(scientifiques)* investigaciones *fpl*

**recherché, e** [R(ə)ʃɛʀʃe] *adj (rare)* codiciado(-a); *(entouré)* solicitado(-a); *(style, allure)* rebuscado(-a)

## rechercher – reconnaissant

**rechercher** [R(ə)ʃɛRʃe] vt buscar; (objet égaré, lettre) rebuscar; (cause d'un phénomène, nouveau procédé) investigar; (la perfection, le bonheur etc) perseguir; « **~ et remplacer** » (Inform) « buscar y sustituir »

**rechigner** [R(ə)ʃiɲe] vi refunfuñar; **~ à qch/à faire qch** poner mala cara a algo/por hacer algo

**rechute** [R(ə)ʃyt] nf recaída; **faire** ou **avoir une ~** (Méd) recaer ou tener una recaída

**rechuter** [R(ə)ʃyte] vi recaer

**récidive** [Residiv] nf (Jur) reincidencia; (fig) reiteración f; (Méd) recidiva

**récidiver** [Residive] vi reincidir; (fig) reiterar; (Méd : malade) recaer; (: maladie) reproducirse

**récidiviste** [Residivist] nmf reincidente mf

**récif** [Resif] nm arrecife m

**récipiendaire** [Resipjɑ̃dɛR] nm (de diplôme, titre) recién titulado(-a)

**récipient** [Resipjɑ̃] nm recipiente m

**réciprocité** [ResipRɔsite] nf reciprocidad f

**réciproque** [ResipRɔk] adj (mutuel) recíproco(-a); (partagé : confiance, amitié) mutuo(-a) ▶ nf : **la ~** (l'inverse) la inversa

**réciproquement** [ResipRɔkmɑ̃] adv recíprocamente; **et ~** y vice versa

**récit** [Resi] nm relato

**récital** [Resital] nm recital m

**récitant, e** [Resitɑ̃, ɑ̃t] nm/f narrador(a)

**récitation** [Resitasjɔ̃] nf recitación f

**réciter** [Resite] vt recitar

**réclamation** [Reklamasjɔ̃] nf reclamación f; **service des réclamations** servicio de reclamaciones

**réclame** [Reklam] nf : **la ~** la publicidad; **une ~** (annonce, prospectus) un anuncio; **faire de la ~ (pour qch/qn)** hacer publicidad (de algo/algn); **article en ~** artículo de oferta

**réclamer** [Reklame] vt (aide, nourriture) pedir; (exiger) reclamar; (nécessiter) requerir ▶ vi (protester) reclamar; **se réclamer** vpr : **se ~ de qn** (se recommander de) apelar a algn

**reclassement** [R(ə)klasmɑ̃] nm nueva clasificación f; rehabilitación f; readaptación f

**reclasser** [R(ə)klase] vt (fiches, dossiers) volver a clasificar; (fonctionnaire) rehabilitar; (ouvrier licencié) readaptar

**reclus, e** [Rəkly, yz] nm/f recluso(-a)

**réclusion** [Reklyzjɔ̃] nf reclusión f; **~ à perpétuité** cadena perpetua

**recoiffer** [R(ə)kwafe] vt volver a peinar; **se recoiffer** vpr volverse a peinar

**recoin** [Rəkwɛ̃] nm (aussi fig) rincón m

**reçois** etc [Rəswa] vb voir **recevoir**

**reçoive** etc [Rəswav] vb voir **recevoir**

**recoller** [R(ə)kɔle] vt volver a pegar

**récoltant, e** [Rekɔltɑ̃, ɑ̃t] nm/f cosechero(-a) ▶ adj voir **propriétaire**

**récolte** [Rekɔlt] nf cosecha; (fig) acopio

**récolter** [Rekɔlte] vt cosechar; (fam : ennuis, coups) ganarse, cobrar

**recommandable** [R(ə)kɔmɑ̃dabl] adj recomendable; **peu ~** poco recomendable

**recommandation** [R(ə)kɔmɑ̃dasjɔ̃] nf recomendación f; **lettre de ~** carta de recomendación

**recommandé, e** [R(ə)kɔmɑ̃de] adj recomendado(-a) ▶ nm (Postes) : **en ~** certificado(-a)

**recommander** [R(ə)kɔmɑ̃de] vt recomendar; (Postes) certificar; **~ qch à qn** recomendar algo a algn; **~ à qn de faire ...** recomendar a algn hacer ...; **~ qn auprès de qn/à qn** recomendar algn a algn; **il est recommandé de faire** se recomienda hacer; **se ~ à qn** encomendarse a algn; **se ~ de qn** apoyarse en algn

**recommencer** [R(ə)kɔmɑ̃se] vt (reprendre) seguir con; (refaire) repetir; (erreur) reincidir; **~ à faire** volver a hacer ▶ vi volver a empezar; (récidiver) volver a las andadas; **ne recommence pas !** ¡no empieces!

**récompense** [Rekɔ̃pɑ̃s] nf recompensa; **recevoir qch en ~** recibir algo como recompensa

**récompenser** [Rekɔ̃pɑ̃se] vt recompensar; **~ qn de** ou **pour qch** recompensar a algn por algo

**recompter** [R(ə)kɔ̃te] vt, vi recontar

**réconciliation** [Rekɔ̃siljasjɔ̃] nf reconciliación f

**réconcilier** [Rekɔ̃silje] vt reconciliar; **~ qn avec qn** reconciliar a algn con algn; **~ qn avec qch** reconciliar a algn con algo; **se réconcilier** vpr reconciliarse; **se ~ avec** reconciliarse con

**reconductible** [R(ə)kɔ̃dyktibl] adj reconducible

**reconduction** [R(ə)kɔ̃dyksjɔ̃] nf (Jur, Pol) reconducción f

**reconduire** [R(ə)kɔ̃dɥiR] vt (à la porte) acompañar hasta la salida; (à son domicile) acompañar; (Jur, Pol) reconducir

**réconfort** [Rekɔ̃fɔR] nm consuelo

**réconfortant, e** [Rekɔ̃fɔRtɑ̃, ɑ̃t] adj reconfortante

**réconforter** [Rekɔ̃fɔRte] vt (aussi fig) reconfortar

**reconnais** etc [R(ə)kɔnɛ] vb voir **reconnaître**

**reconnaissable** [R(ə)kɔnɛsabl] adj reconocible

**reconnaissais** etc [R(ə)kɔnɛse] vb voir **reconnaître**

**reconnaissance** [R(ə)kɔnɛsɑ̃s] nf reconocimiento; (gratitude) agradecimiento; **en ~** (Mil) de reconocimiento; **~ de dette** reconocimiento de deuda

**reconnaissant, e** [R(ə)kɔnɛsɑ̃, ɑ̃t] vb voir **reconnaître** ▶ adj agradecido(-a); **je vous serais ~ de bien vouloir ...** le estaría muy agradecido si quisiera ...

## reconnaître – rectifier

**reconnaître** [R(ə)kɔnɛtR] vt reconocer; (*distinguer*) distinguir; **~ que** reconocer que; **~ qch/qn à** reconocer algo/a algn por; **~ à qn : je lui reconnais certaines qualités/une grande franchise** le reconozco ciertas cualidades/una gran franqueza; **se ~ quelque part** (*s'y retrouver*) orientarse en un lugar

**reconnu, e** [R(ə)kɔny] pp de **reconnaître** ▶ adj indiscutible

**reconquérir** [R(ə)kɔ̃keRiR] vt (*sa dignité etc*) recobrar; (*fig*) reconquistar

**reconquête** [R(ə)kɔ̃kɛt] nf reconquista

**reconsidérer** [R(ə)kɔ̃sideRe] vt reconsiderar

**reconstituant, e** [R(ə)kɔ̃stitɥɑ̃, ɑ̃t] adj, nm reconstituyente m

**reconstituer** [R(ə)kɔ̃stitɥe] vt reconstituir; (*fresque, vase brisé*) recomponer; (*fortune, patrimoine*) rehacer

**reconstitution** [R(ə)kɔ̃stitysjɔ̃] nf reconstitución f; (*de crime etc*) reconstrucción f

**reconstruction** [R(ə)kɔ̃stRyksjɔ̃] nf reconstrucción f

**reconstruire** [R(ə)kɔ̃stRɥiR] vt (*aussi fig*) reconstruir

**recontacter** [R(ə)kɔ̃takte] vt : **~ qn** volver a contactar con algn

**reconversion** [R(ə)kɔ̃vɛRsjɔ̃] nf (*économique, technique*) reconversión f; (*du personnel*) reciclaje m

**reconvertir** [R(ə)kɔ̃vɛRtiR] vt reconvertir; **se ~ dans** reconvertirse en

**recopier** [R(ə)kɔpje] vt (*transcrire*) volver a copiar; (*mettre au propre*) poner en limpio

**record** [R(ə)kɔR] adj, nm récord m; **battre tous les records** (*fig*) batir todos los récords; **en un temps/à une vitesse ~** en un tiempo/a una velocidad récord; **~ du monde** récord del mundo

**recoucher** [R(ə)kuʃe] vt (*enfant*) volver a acostar; **se recoucher** vpr volverse a acostar

**recoudre** [R(ə)kudR] vt volver a coser

**recoupement** [R(ə)kupmɑ̃] nm : **par ~** atando cabos; **faire un ~/des recoupements** verificar un hecho/hechos

**recouper** [R(ə)kupe] vt (*tranche*) volver a cortar; (*vêtement*) retocar ▶ vi (*Cartes*) volver a cortar; **se recouper** vpr (*témoignages*) coincidir

**recourais** etc [R(ə)kuRɛ] vb voir **recourir**

**recourbé, e** [R(ə)kuRbe] adj (*nez, tige de métal*) encorvado(-a); (*bec*) corvo(-a)

**recourber** [R(ə)kuRbe] vt (*branche, tige de métal*) doblar

**recourir** [R(ə)kuRiR] vi (*courir de nouveau*) correr de nuevo; (*refaire une course*) volver a correr; **~ à** recurrir a

**recours** [R(ə)kuR] vb voir **recourir** ▶ nm : **le ~ à la ruse/violence** el recurso a la astucia/violencia; **avoir ~ à** recurrir a; **en dernier ~** como último recurso; **c'est sans ~** no tiene remedio; **~ en grâce** petición f de indulto

**recouru, e** [R(ə)kuRy] pp de **recourir**

**recousu, e** [R(ə)kuzy] pp de **recoudre**

**recouvert, e** [R(ə)kuvɛR, ɛRt] pp de **recouvrir** ▶ adj : **~ de** recubierto(-a) de

**recouvrable** [R(ə)kuvRabl] adj (*somme*) recuperable

**recouvrais** etc [R(ə)kuvRɛ] vb voir **recouvrer** ; **recouvrir**

**recouvrement** [R(ə)kuvRəmɑ̃] nm (*des impôts*) recaudación f

**recouvrer** [R(ə)kuvRe] vt (*la vue, santé, raison*) recobrar; (*impôts, créance*) recaudar

**recouvrir** [R(ə)kuvRiR] vt (*récipient*) cubrir, recubrir; (*livre*) forrar; (*masquer*) encubrir; (*embrasser*) abarcar; **se recouvrir** vpr (*idées, concepts*) superponerse

**recracher** [R(ə)kRaʃe] vt escupir ▶ vi volver a escupir

**récréatif, -ive** [RekReatif, iv] adj recreativo(-a)

**récréation** [RekReasjɔ̃] nf recreo

**recréditer** [R(ə)kRedite] vt (*compte, carte*) recargar

**recréer** [R(ə)kRee] vt (*ville*) volver a crear; (*scène etc*) recrear

**récrier** [RekRije] : **se récrier** vpr exclamar

**récriminations** [RekRiminasjɔ̃] nfpl recriminaciones fpl

**récriminer** [RekRimine] vi : **~ contre qn/qch** recriminar a algn/algo

**recroquevillé, e** [R(ə)kRɔk(ə)vije] adj (*feuilles*) marchito(-a); (*personne*) acurrucado(-a)

**recroqueviller** [R(ə)kRɔk(ə)vije] : **se recroqueviller** vpr (*feuilles*) marchitarse; (*personne*) acurrucarse

**recru, e** [R(ə)kRy] adj : **~ de fatigue** reventado(-a) de cansancio

**recrudescence** [R(ə)kRydesɑ̃s] nf recrudecimiento

**recrue** [R(ə)kRy] nf (*Mil*) recluta mf; (*gén*) neófito(-a)

**recrutement** [R(ə)kRytmɑ̃] nm (*Mil, de clients, adeptes*) reclutamiento; (*de personnel*) contratación f

**recruter** [R(ə)kRyte] vt (*Mil, clients, adeptes*) reclutar; (*personnel*) contratar

**recruteur, -euse** [R(ə)kRytœR, øz] nm/f reclutador(a), técnico(-a) en selección de personal; (*Sport*) ojeador(a)

**rectal, e, -aux** [Rɛktal, o] adj : **par voie rectale** por vía rectal

**rectangle** [Rɛktɑ̃gl] nm rectángulo; **~ blanc** (*TV*) ≈ rombo

**rectangulaire** [Rɛktɑ̃gylɛR] adj rectangular

**recteur** [RɛktœR] nm rector m

**rectificatif, -ive** [Rɛktifikatif, iv] adj rectificativo(-a) ▶ nm rectificativo

**rectification** [Rɛktifikasjɔ̃] nf rectificación f

**rectifier** [Rɛktifje] vt (*tracé*) enderezar; (*calcul*) rectificar; (*erreur*) corregir

## rectiligne – redoublement

**rectiligne** [ʀɛktiliɲ] *adj* rectilíneo(-a)
**rectitude** [ʀɛktityd] *nf* rectitud *f*
**recto** [ʀɛkto] *nm* anverso
**rectorat** [ʀɛktɔʀa] *nm* rectorado
**rectum** [ʀɛktɔm] *nm* recto
**reçu, e** [ʀ(ə)sy] *pp de* **recevoir** ▶ *adj (admis, consacré)* admitido(-a) ▶ *nm (récépissé)* recibo
**recueil** [ʀəkœj] *nm* selección *f*
**recueillement** [ʀ(ə)kœjmɑ̃] *nm* recogimiento
**recueilli, e** [ʀ(ə)kœji] *adj* recogido(-a)
**recueillir** [ʀ(ə)kœjiʀ] *vt* recoger; *(matériaux, voix, suffrages)* conseguir; *(fonds)* conseguir, recolectar; *(renseignements, dépositions)* reunir; *(réfugiés)* acoger; **se recueillir** *vpr* recogerse
**recuire** [ʀ(ə)kɥiʀ] *vi* : **faire ~** volver a cocer
**recul** [ʀ(ə)kyl] *nm* retroceso; **avoir un mouvement de ~** hacer un movimiento de retroceso; **prendre du ~** retroceder; *(fig)* considerar con detenimiento; **avec le ~** con perspectiva
**reculade** [ʀ(ə)kylad] *(péj) nf* retirada
**reculé, e** [ʀ(ə)kyle] *adj (isolé)* apartado(-a); *(: lointain)* lejano(-a)
**reculer** [ʀ(ə)kyle] *vi (aussi fig)* retroceder; *(véhicule, conducteur)* dar marcha atrás; *(se dérober, hésiter)* echarse atrás; **~ devant** *(danger, difficulté)* echarse atrás ante; **~ pour mieux sauter** retrasar el asunto ▶ *vt (meuble, véhicule)* retirar; *(mur, frontières)* alejar; *(fig : possibilités, limites)* ampliar; *(: date, livraison, décision)* aplazar, postergar *(AM)*
**reculons** [ʀ(ə)kylɔ̃] : **à ~** *adv* hacia atrás
**récupérable** [ʀekypeʀabl] *adj* recuperable
**récupérateur, -trice** [ʀekypeʀatœʀ, tʀis] *nm/f* recuperador(a) ▶ *adj (Football)* : **milieu ~** centrocampista recuperador
**récupération** [ʀekypeʀasjɔ̃] *nf* recuperación *f*
**récupérer** [ʀekypeʀe] *vt* recuperar; *(forces)* recobrar ▶ *vi (après un effort etc)* recuperarse
**récurer** [ʀekyʀe] *vt* fregar; **poudre à ~** detergente *m* de fregar
**récurrence** [ʀekyʀɑ̃s] *nf* recurrencia
**récurrent, e** [ʀekyʀɑ̃, ɑ̃t] *adj* recurrente
**reçus** [ʀəsy] *vb voir* **recevoir**
**récusable** [ʀekyzabl] *adj* recusable
**récusation** [ʀekyzasjɔ̃] *nf (Jur)* recusación *f*; *(d'argument, témoignage)* rechazo
**récuser** [ʀekyze] *vt (Jur)* recusar; *(argument, témoignage)* rechazar; **se récuser** *vpr* declararse incompetente
**reçut** [ʀəsy] *vb voir* **recevoir**
**recyclable** [ʀ(ə)siklabl] *adj* reciclable
**recyclage** [ʀ(ə)sikla3] *nm* reciclaje *m*; **cours de ~** curso de reciclaje
**recycler** [ʀ(ə)sikle] *vt* reciclar; *(Scol)* adaptar; *(employés)* reciclar, reconvertir; **se recycler** *vpr* reciclarse
**rédacteur, -trice** [ʀedaktœʀ, tʀis] *nm/f* redactor(a); **~ en chef** redactor(a) jefe; **~ publicitaire** redactor(a) publicitario(a)

**rédaction** [ʀedaksjɔ̃] *nf* redacción *f*
**rédactionnel, le** [ʀedaksjɔnɛl] *adj (Presse : équipe)* de redacción; *(: ligne)* editorial; **d'excellentes capacités rédactionnelles** excelentes capacidades de redacción; **contenu ~** contenido editorial
**reddition** [ʀedisjɔ̃] *nf* rendición *f*
**redécoller** [ʀ(ə)dekɔle] *vi (avion)* volver a despegar; *(fig : ventes, croissance)* reactivarse
**redécouvrir** [ʀ(ə)dekuvʀiʀ] *vt* redescubrir
**redéfinir** [ʀ(ə)definiʀ] *vt* redefinir, volver a definir
**redéfinition** [ʀ(ə)definisjɔ̃] *nf* redefinición *f*
**redemander** [ʀədmɑ̃de] *vt (renseignement)* volver a preguntar; **~ de** *(nourriture)* volver a pedir; **~ qch** *(objet prêté)* pedir la devolución de algo
**redémarrage** [ʀ(ə)demaʀa3] *nm (de machine)* arranque *m*; *(fig : de l'industrie, activité)* reactivación *f*; *(Inform)* reinicio
**redémarrer** [ʀ(ə)demaʀe] *vi (véhicule)* volver a arrancar; *(fig : industrie etc)* reactivarse ▶ *vt (Inform)* reiniciar
**rédemption** [ʀedɑ̃psjɔ̃] *nf* redención *f*
**redéploiement** [ʀ(ə)deplwamɑ̃] *nm* reorganización *f*
**redescendre** [ʀ(ə)desɑ̃dʀ] *vi* volver a bajar ▶ *vt* bajar
**redessiner** [ʀ(ə)desine] *vt (paysage, jardin)* rediseñar; *(frontière)* volver a trazar
**redevable** [ʀ(ə)dəvabl] *adj* : **être ~ de qch à qn** *(aussi fig)* deber algo a algn
**redevance** [ʀ(ə)dəvɑ̃s] *nf* canon *m*
**redevenir** [ʀ(ə)dəv(ə)niʀ] *vi* volver a ser
**rédhibitoire** [ʀedibitwaʀ] *adj* : **vice ~** vicio redhibitorio
**rediffuser** [ʀ(ə)difyze] *vt* difundir de nuevo
**rediffusion** [ʀ(ə)difyzjɔ̃] *nf* nueva difusión *f*
**rédiger** [ʀedi3e] *vt* redactar
**redire** [ʀ(ə)diʀ] *vt* repetir; **avoir/trouver qch à ~** *(critiquer)* tener/encontrar algo que criticar
**redistribuer** [ʀ(ə)distʀibɥe] *vt* redistribuir
**redistribution** [ʀ(ə)distʀibysjɔ̃] *nf* redistribución *f*; **~ des cartes** nuevo reparto de cartas; *(fig)* cambio de escenario
**redite** [ʀ(ə)dit] *nf* repetición *f*
**redondance** [ʀ(ə)dɔ̃dɑ̃s] *nf* redundancia
**redondant, e** [ʀədɔ̃dɑ̃, ɑ̃t] *adj* redundante
**redonner** [ʀ(ə)dɔne] *vt (restituer)* restituir; *(repasser)* volver a dar; *(du courage, des forces)* devolver
**redorer** [ʀ(ə)dɔʀe] *vt* redorar; **~ son blason** *(fig)* recuperar el prestigio de antaño
**redoublant, e** [ʀ(ə)dublɑ̃, ɑ̃t] *nm/f (Scol)* repetidor(a)
**redoublé, e** [ʀəduble] *adj* : **frapper à coups redoublés** golpear con violencia
**redoublement** [ʀ(ə)dubləmɑ̃] *nm (Scol)* repetición *f* de curso; *(de lettre)* repetición *f*; *(intensification)* redoble *m*, incremento; **il me**

## redoubler – réflecteur

**fallut un ~ d'effort pour ...** tuve que redoblar mis esfuerzos para ...; **avec un ~ d'attention** con redoblada atención
**redoubler** [ʀ(ə)duble] vt (*classe*) repetir; (*lettre*) duplicar ▶ vi (*Scol*) repetir; (*tempête, violence*) arreciar; **~ de** (*amabilité, efforts*) redoblar; **le vent redouble de violence** el viento arrecia con violencia
**redoutable** [ʀ(ə)dutabl] adj temible
**redouter** [ʀ(ə)dute] vt temer; **~ que** temer que; **je redoute de faire sa connaissance** temo conocerlo
**redoux** [ʀədu] nm mejoría
**redressement** [ʀ(ə)dʀɛsmɑ̃] nm (*de l'économie etc*) restablecimiento; **maison de ~** reformatorio; **~ fiscal** recuperación *f* fiscal
**redresser** [ʀ(ə)dʀese] vt enderezar; (*situation, économie*) restablecer; **~ (les roues)** enderezarse; **se redresser** vpr (*objet penché*) enderezarse; (*personne*) erguirse; (*se tenir très droit*) ponerse derecho; (*fig : pays, situation*) restablecerse
**redresseur** [ʀ(ə)dʀesœʀ] nm : **~ de torts** desfacedor *m* de entuertos
**réducteur, -trice** [ʀedyktœʀ, tʀis] adj reductor(a)
**réduction** [ʀedyksjɔ̃] nf reducción *f*; (*rabais, remise*) rebaja; **en ~** (*en plus petit*) reducido(-a)
**réduire** [ʀedɥiʀ] vt reducir; (*jus, sauce*) consumir; **~ qn au silence/à l'inaction/à la misère** reducir a algn al silencio/a la inactividad/a la miseria; **~ qch à** (*fig*) reducir algo a; **~ qch en** transformar algo en; **en être réduit à** no tener otro remedio que; **se réduire à** vpr reducirse a; **se ~ en** (*se transformer en*) convertirse en
**réduit, e** [ʀedɥi, it] pp de **réduire** ▶ adj reducido(-a) ▶ nm : cuchitril *m*
**redynamiser** [ʀ(ə)dinamize] vt (*économie, secteur, tourisme*) redinamizar
**rééchelonnement** [ʀeeʃ(ə)lɔnmɑ̃] nm (*de dette*) reescalonamiento
**rééchelonner** [ʀeeʃ(ə)lɔne] vt (*dette*) reescalonar
**rééditer** [ʀeedite] vt reeditar
**réédition** [ʀeedisjɔ̃] nf reedición *f*
**rééducation** [ʀeedykasjɔ̃] nf rehabilitación *f*; **centre de ~** centro de rehabilitación; **~ de la parole** logopedia
**rééduquer** [ʀeedyke] vt rehabilitar
**réel, le** [ʀeɛl] adj real; (*intensif : avant le nom*) verdadero(-a) ▶ nm : **le ~** lo real
**réélection** [ʀeelɛksjɔ̃] nf reelección *f*
**rééligible** [ʀeeliʒibl] adj reelegible
**réélire** [ʀeeliʀ] vt reelegir
**réellement** [ʀeɛlmɑ̃] adv realmente
**réembaucher** [ʀeɑ̃boʃe] vt (*reprendre, réintégrer*) readmitir ▶ vi volver a contratar
**réémetteur** [ʀeemetœʀ] nm (*Tél*) repetidor *m*
**réemploi** [ʀeɑ̃plwa] nm (*de personnel*) readmisión *f*

**réemployer** [ʀeɑ̃plwaje] vt (*méthode, produit*) volver a emplear; (*argent*) reinvertir; (*personnel*) readmitir
**rééquilibrer** [ʀeekilibʀe] vt reequilibrar
**réescompte** [ʀeɛskɔ̃t] nm redescuento
**réessayer** [ʀeeseje] vt volver a probar
**réévaluation** [ʀeevalɥasjɔ̃] nf reevaluación *f*
**réévaluer** [ʀeevalɥe] vt reevaluar
**réexamen** [ʀeɛgzamɛ̃] nm (*de dossier*) reexamen *m*; (*de demande, décision*) reconsideración *f*
**réexaminer** [ʀeɛgzamine] vt (*dossier*) reexaminar; (*demande, décision*) reconsiderar
**réexpédier** [ʀeɛkspedje] vt (*à l'envoyeur*) devolver; (*au destinataire*) remitir
**réexportation** [ʀeɛkspɔʀtasjɔ̃] nf reexportación *f*
**réexporter** [ʀeɛkspɔʀte] vt reexportar
**réf.** abr (= *référence(s)*) ref.
**refaire** [ʀ(ə)fɛʀ] vt hacer de nuevo; (*recommencer, faire tout autrement*) rehacer; (*réparer, restaurer*) restaurar; **être refait** (*fam*) ser engañado *ou* timado; **il faut ~ les peintures** tenemos que repintar; **se refaire** vpr (*en santé, argent etc*) reponerse; **se ~ une santé** mejorarse, recuperarse; **se ~ à qch** acostumbrarse de nuevo a algo
**refasse** [ʀəfas] vb voir **refaire**
**réfection** [ʀefɛksjɔ̃] nf reparación *f*; **en ~** en obras
**réfectoire** [ʀefɛktwaʀ] nm refectorio, comedor *m*
**referai** etc [ʀ(ə)fʀe] vb voir **refaire**
**référé** [ʀefeʀe] nm (*procédure*) procedimiento de urgencia; (*décision*) sentencia
**référence** [ʀefeʀɑ̃s] nf referencia; **faire ~ à** hacer referencia a; **ouvrage de ~** manual *m* de consulta; **ce n'est pas une ~** (*fig*) menuda referencia; **références** nfpl (*garanties, recommandations*) referencias fpl; **références exigées** con informes
**référencement** [ʀefeʀɑ̃smɑ̃] nm (*de texte, sources, site internet*) referenciamiento
**référencer** [ʀefeʀɑ̃se] vt (*texte, sources, site internet*) referenciar
**référendum** [ʀefeʀɛ̃dɔm] nm referéndum *m*
**référer** [ʀefeʀe] vt : **en ~ à qn** remitir a algn; **se référer** vpr : **se ~ à** remitirse a; (*se rapporter à*) referirse a
**refermer** [ʀ(ə)fɛʀme] vt volver a cerrar; **se refermer** vpr cerrarse
**refiler** [ʀ(ə)file] (*fam*) vt : **~ qch à qn** encajar algo a algn
**refit** [ʀəfi] vb voir **refaire**
**réfléchi, e** [ʀefleʃi] adj reflexivo(-a); (*action, décision*) pensado(-a)
**réfléchir** [ʀefleʃiʀ] vt reflejar; **~ à** *ou* **sur** reflexionar acerca de ▶ vi reflexionar; **c'est tout réfléchi** está todo pensado
**réflecteur** [ʀeflɛktœʀ] nm reflector *m*

## reflet – regardant

**reflet** [R(ə)flɛ] nm reflejo; **reflets** nmpl (du soleil, des cheveux) reflejos mpl; (d'une étoffe, d'un métal) destellos mpl

**refléter** [R(ə)flete] vt reflejar; **se refléter** vpr reflejarse

**refleurir** [R(ə)flœRiR] vi (aussi fig) reflorecer

**reflex, réflex** [Reflɛks] adj inv (Photo) réflex inv

**réflexe** [Reflɛks] nm reflejo; **avoir de bons réflexes** tener buenos reflejos; ~ **conditionné** reflejo condicionado ▶ adj: **acte/mouvement** ~ acto/movimiento reflejo

**réflexion** [Reflɛksjɔ̃] nf reflexión f; (remarque désobligeante) reproche m; **sans** ~ sin pensar; **après** ~, ~ **faite, à la** ~ pensándolo bien; **cela demande** ~ eso exige reflexión; **délai de** ~ tiempo para reflexionar; **groupe de** ~ gabinete m de estrategia; **réflexions** nfpl (méditations) reflexiones fpl

**réflexologie** [Reflɛksɔlɔʒi] nf reflexología

**refluer** [R(ə)flye] vi (eaux) refluir; (foule, manifestants) retroceder

**reflux** [Rəfly] nm (de la mer) reflujo; (fig) retroceso

**refondation** [R(ə)fɔ̃dasjɔ̃] nf refundación f

**refondre** [R(ə)fɔ̃dR] vt refundir

**refont** [R(ə)fɔ̃] vb voir **refaire**

**refonte** [R(ə)fɔ̃t] nf (de texte) refundición f

**reformater** [R(ə)fɔRmate] vt recomponer

**réformateur, -trice** [RefɔRmatœR, tRis] adj, nm/f reformador(a)

**Réformation** [RefɔRmasjɔ̃] nf: **la** ~ la Reforma

**réforme** [RefɔRm] nf reforma; (Mil) baja; **la R~** (Rel) la Reforma; **conseil de** ~ (Mil) tribunal m médico

**réformé, e** [RefɔRme] adj (Rel) reformado(-a) ▶ nm/f (Rel) protestante mf ▶ nm (Mil) persona declarada inútil para el servicio

**reformer** [R(ə)fɔRme] vt: ~ **les rangs** (Mil) volver a formar las filas; **se reformer** vpr volver a formar

**réformer** [RefɔRme] vt reformar; (recrue) declarar inútil; (soldat) dar de baja

**réformisme** [RefɔRmism] nm reformismo

**réformiste** [RefɔRmist] adj, nmf reformista mf

**reformuler** [R(ə)fɔRmyle] vt reformular, volver a formular

**refoulé, e** [R(ə)fule] adj reprimido(-a)

**refoulement** [R(ə)fulmɑ̃] nm represión f

**refouler** [R(ə)fule] vt (envahisseurs) rechazar; (liquide) impeler; (fig: larmes) contener; (Psych, colère) reprimir

**réfractaire** [RefRaktɛR] adj refractario(-a); (rebelle) rebelde; (prêtre) refractario; **être** ~ **à** ser refractario(-a) a

**réfracter** [RefRakte] vt refractar

**réfraction** [RefRaksjɔ̃] nf refracción f

**refrain** [R(ə)fRɛ̃] nm estribillo; (air) canción f; (leitmotiv) cantinela

**refréner** [RəfRene], **réfréner** [RefRene] vt refrenar

**réfrigérant, e** [RefRiʒeRɑ̃, ɑ̃t] adj refrigerante

**réfrigérateur** [RefRiʒeRatœR] nm frigorífico, nevera, heladera (AM), refrigeradora (AM)

**réfrigération** [RefRiʒeRasjɔ̃] nf refrigeración f

**réfrigéré, e** [RefRiʒeRe] adj refrigerado(-a)

**réfrigérer** [RefRiʒeRe] vt refrigerar; **je suis réfrigéré** (fam) estoy congelado; **cette nouvelle l'a réfrigéré** (fig) esta noticia lo dejó helada

**refroidir** [R(ə)fRwadiR] vt enfriar ▶ vi (plat, moteur) enfriar; **se refroidir** vpr (personne) enfriarse, coger frío; (temps) refrescar; (fig) enfriarse

**refroidissement** [R(ə)fRwadismɑ̃] nm enfriamiento

**refuge** [R(ə)fyʒ] nm refugio; (pour piétons) abrigo; **chercher/trouver** ~ **auprès de qn** buscar/encontrar refugio en algn; **demander** ~ **à qn** pedir asilo a algn

**réfugié, e** [Refyʒje] adj, nm/f refugiado(-a)

**réfugier** [Refyʒje]: **se réfugier** vpr refugiarse

**refus** [R(ə)fy] nm rechazo; **ce n'est pas de** ~ (fam) se agradece

**refuser** [R(ə)fyze] vt (ne pas accorder) denegar; (ne pas accepter) rechazar; (candidat) suspender; ~ **que/de faire** negarse a que/a hacer; ~ **qch à qn** negar algo a algn; ~ **du monde** cerrar las puertas a la gente ▶ vi (cheval) rehusar; **se refuser** vpr: **se** ~ **à qch/faire qch** negarse a algo/hacer algo; **se** ~ **à qn** no entregarse a algn; **il ne se refuse rien** no se priva de nada

**réfutable** [Refytabl] adj refutable

**réfuter** [Refyte] vt refutar

**regagner** [R(ə)gaɲe] vt (argent) volver a ganar; (affection, amitié) recuperar; (lieu, place) regresar a; ~ **le temps perdu** recuperar el tiempo perdido; ~ **du terrain** recuperar terreno

**regain** [Rəgɛ̃] nm (herbe) renadío; **un** ~ **de** un rebrote de

**régal** [Regal] nm (mets, fig) delicia; (plaisir) regalo; **c'est un (vrai)** ~ es una (verdadera) delicia; **un** ~ **pour les yeux** un regalo para la vista

**régalade** [Regalad] adv: **à la** ~ a chorro

**régaler** [Regale] vt: ~ **qn** obsequiar a algn; ~ **qn de** obsequiar a algn con; **se régaler** vpr (faire un bon repas) regalarse; (fig) disfrutar

**régalien, ne** [Regaljɛ̃, jɛn] adj de regalía

**regard** [R(ə)gaR] nm mirada; **parcourir/menacer du** ~ recorrer/amenazar con la mirada; **au** ~ **de** (loi, morale) a la luz de; **en** ~ (en face, vis à vis) en frente; **en** ~ **de** en comparación con

**regardant, e** [R(ə)gaRdɑ̃, ɑ̃t] adj (économe) ahorrativo(-a); (péj) tacaño(-a); **très/peu** ~ **sur** (qualité, propreté) muy/poco mirado(-a) con

## regarder – regretter

**regarder** [R(ə)gaRde] vt mirar; (situation, avenir) ver; (concerner) concernir; **~ la télévision** ver ou mirar la televisión; **~ (qch) dans le dictionnaire/l'annuaire** mirar (algo) en el diccionario/en la guía telefónica; **~ par la fenêtre** mirar por la ventana; **~ à** (dépense) reparar en; (qualité, détails) mirar; **~ (vers)** mirar (hacia); **ne pas ~ à la dépense** no mirar por el dinero; **se regarder** vpr: **se ~ dans les yeux** mirarse a los ojos; **se ~ en chiens de faïence** (sans aménité et sans dire un mot) mirarse con recelo

**régate** [Regat] nf regata

**régénérant, e** [Reʒenerã, ãt] adj (lait, crème) regenerador(a), revitalizante

**régénérateur, -trice** [Reʒeneratœr, tris] adj regenerador(a)

**régénérer** [Reʒenere] vt regenerar; **se régénérer** vpr regenerarse

**régent** [Reʒã] nm regente m

**régenter** [Reʒãte] vt (gén) regentar; (personne) dar órdenes a

**régie** [Reʒi] nf (Admin) administración f (del estado o de una institución pública); (Comm, Indus) corporación f pública; (Ciné, Théâtre) departamento de producción; (Radio, TV) sala de control

**regimber** [R(ə)ʒɛ̃be] vi respingar

**régime** [Reʒim] nm (pouvoir, diète) régimen m; (fig: allure) paso; (de bananes, dattes) racimo; **se mettre au/suivre un ~** ponerse a/estar a régimen; **~ sans sel** régimen sin sal; **à bas/haut ~** (Auto) a pocas/muchas revoluciones; **à plein ~** a toda velocidad; **~ matrimonial** régimen matrimonial

**régiment** [Reʒimã] nm regimiento; **un ~ de** (fig: fam) un regimiento de; **un copain de ~** un compañero de la mili

**région** [Reʒjɔ̃] nf región f; **la ~ parisienne** la región de París

**régional, e, -aux** [Reʒjɔnal, o] adj regional

**régionalisation** [Reʒjɔnalizasjɔ̃] nf regionalización f

**régionalisme** [Reʒjɔnalism] nm regionalismo

**régir** [ReʒiR] vt regir

**régisseur, -euse** [Reʒisœr, øz] nm/f (d'un domaine, d'une propriété) administrador(a); (Théâtre, Ciné) regidor(a)

**registre** [RəʒistR] nm registro; **~ de comptabilité** libro de cuentas; **~ de l'état civil** registro civil

**réglable** [Reglabl] adj (siège, flamme etc) regulable

**réglage** [Reglaʒ] nm ajuste m, regulación f; (d'un moteur) reglaje m

**règle** [Regl] nf regla; **avoir pour ~ de ...** tener por norma ...; **en ~** (papiers d'identité) en regla; **être/se mettre en ~** estar/ponerse en regla; **être la ~** ser la norma; **être de ~** ser (la) norma; **en ~ générale** por regla general; **dans** ou **selon les règles** en ou según las normas; **~ à calcul** regla de cálculo; **~ de trois** regla de tres; **règles** nfpl (Physiol) reglas fpl

**réglé, e** [Regle] adj (affaire) zanjado(-a); (vie, personne) ordenado(-a); (papier) rayado(-a); (arrangé) arreglado(-a); (femme): **bien réglée** de período regular

**règlement** [Regləmã] nm (règles) reglamento; (paiement) pago; (d'un conflit, d'une affaire) arreglo, solución f; **~ à la commande** pago al hacer el pedido; **~ en espèces/par chèque** pago en metálico/por cheque; **~ de compte(s)** ajuste m de cuentas; **~ intérieur** reglamento de régimen interno; **~ judiciaire** pago de costas

**réglementaire** [RegləmãtɛR] adj reglamentario(-a)

**réglementation** [Regləmãtasjɔ̃] nf reglamentación f

**réglementer** [Regləmãte] vt reglamentar

**régler** [Regle] vt (mécanisme, machine) ajustar; (moteur, thermostat) regular; (modalités) determinar; (emploi du temps etc) organizar; (question, problème) arreglar; (facture, fournisseur) pagar; (papier) rayar; **~ qch sur** acoplar algo a, adaptar algo a; **~ son compte à qn** ajustarle la cuenta a algn; **~ un compte avec qn** ajustar las cuentas con algn; **se régler** vpr (mécanisme, machine) ajustarse; (moteur, thermostat) regularse

**réglisse** [Reglis] nf ou m regaliz m; **pâte/bâton de ~** pasta/barra de regaliz

**règne** [Rɛɲ] nm reinado; (fig) reino; **le ~ végétal/animal** el reino vegetal/animal

**régner** [Reɲe] vi (aussi fig) reinar

**regonfler** [R(ə)gɔ̃fle] vt inflar de nuevo

**regorger** [R(ə)gɔRʒe] vi: **~ de** rebosar de

**régresser** [Regrese] vi (phénomène) disminuir; (enfant, malade) ir a peor

**régressif, -ive** [Regresif, iv] adj regresivo(-a)

**régression** [Regresjɔ̃] nf disminución f, regresión f; **être en ~** estar en regresión

**regret** [R(ə)gRɛ] nm (nostalgie) nostalgia; (d'un acte commis) arrepentimiento; (d'un projet non réalisé) pesar m; **à ~** ou **avec ~** con pesar; **être au ~ de devoir/ne pas pouvoir faire ...** lamentar mucho tener que/no poder hacer ...; **j'ai le ~ de vous informer que ...** siento comunicarle que ...

**regrettable** [R(ə)gRɛtabl] adj lamentable; **il est ~ que** es lamentable que

**regretter** [R(ə)gRɛte] vt lamentar; (jeunesse, personne, passé) echar de menos; **~ d'avoir fait**

416 · FRANÇAIS | ESPAGNOL

## regroupement – relâche

lamentar haber hecho; **~ de** sentir; **~ que** lamentar que; **je regrette** lo siento; **non, je regrette** no, lo siento
**regroupement** [ʀ(ə)gʀupmɑ̃] nm reagrupación f
**regrouper** [ʀ(ə)gʀupe] vt reagrupar; (contenir) reunir; **se regrouper** vpr reagruparse
**régularisation** [ʀegylaʀizasjɔ̃] nf regularización f; **en voie de ~** en vía de arreglo
**régulariser** [ʀegylaʀize] vt (fonctionnement, trafic) regular; (passeport, papiers) regularizar; **~ sa situation** regularizar su situación
**régularité** [ʀegylaʀite] nf regularidad f
**régulateur, -trice** [ʀegylatœʀ, tʀis] adj regulador(a) ▸ nm: **~ de vitesse/de température** regulador m de velocidad/de temperatura
**régulation** [ʀegylasjɔ̃] nf regulación f; **~ des naissances** control m de la natalidad
**réguler** [ʀegyle] vt regular
**régulier, -ière** [ʀegylje, jɛʀ] adj regular; (employé) puntual; (fam : correct, loyal) formal; **clergé ~** (Rel) clero regular; **armées/troupes régulières** (Mil) ejércitos mpl/tropas fpl regulares
**régulièrement** [ʀegyljɛʀmɑ̃] adv con regularidad; (légalement, normalement) regularmente; (normalement) normalmente
**régurgiter** [ʀegyʀʒite] vt regurgitar
**réhabiliter** [ʀeabilite] vt rehabilitar; **se réhabiliter** vpr rehabilitarse
**réhabituer** [ʀeabitɥe] vt : **se ~ à qch/faire qch** volver a acostumbrarse a algo/a hacer algo
**rehausser** [ʀəose] vt (mur, plafond) levantar; (fig) realzar
**réhydrater** [ʀeidʀate] vt rehidratar
**réimporter** [ʀeɛ̃pɔʀte] vt reimportar
**réimpression** [ʀeɛ̃pʀesjɔ̃] nf reimpresión f
**réimprimer** [ʀeɛ̃pʀime] vt reimprimir
**Reims** [ʀɛ̃s] n Reims
**rein** [ʀɛ̃] nm riñón m; **~ artificiel** riñón artificial; **reins** nmpl (Anat : dos, muscles du dos) riñones mpl; **avoir mal aux reins** tener dolor de riñones
**réincarnation** [ʀeɛ̃kaʀnasjɔ̃] nf reencarnación f
**réincarner** [ʀeɛ̃kaʀne] : **se réincarner** vpr reencarnarse
**reine** [ʀɛn] nf reina; **~ mère** reina madre
**reine-claude** [ʀɛnklod] (pl **reines-claudes**) nf ciruela claudia
**reinette** [ʀɛnɛt] nf manzana reineta
**réinitialisation** [ʀeinisjalizasjɔ̃] nf (Inform) reinicialización f
**réinitialiser** [ʀeinisjalize] vt (Inform) reiniciar
**réinjecter** [ʀeɛ̃ʒɛkte] vt (Méd, fig) reinyectar
**réinscriptible** [ʀeɛ̃skʀiptibl] adj (CD, DVD) reescribible
**réinscription** [ʀeɛ̃skʀipsjɔ̃] nf reinscripción f
**réinscrire** [ʀeɛ̃skʀiʀ] vt inscribir de nuevo; **se réinscrire** vpr reinscribirse, volver a inscribirse; (sur une liste) volver a apuntarse; **se ~ à l'université** reinscribirse en la universidad
**réinsérer** [ʀeɛ̃seʀe] vt reinsertar
**réinsertion** [ʀeɛ̃sɛʀsjɔ̃] nf reinserción f
**réinstallation** [ʀeɛ̃stalasjɔ̃] nf reinstalación f; (de réfugiés) reasentamiento
**réinstaller** [ʀeɛ̃stale] vt reinstalar; (réfugiés) reasentar; **~ qn dans** (un lieu, poste) reponer a algn en; **se réinstaller** vpr (dans un fauteuil) volverse a acomodar; (dans une maison) reinstalarse
**réintégration** [ʀeɛ̃tegʀasjɔ̃] nf (de salarié, fonctionnaire) reintegración f
**réintégrer** [ʀeɛ̃tegʀe] vt (lieu) volver a; (salarié, fonctionnaire) reintegrar
**réintroduction** [ʀeɛ̃tʀɔdyksjɔ̃] nf reintroducción f
**réintroduire** [ʀeɛ̃tʀɔdɥiʀ] vt reintroducir
**réinventer** [ʀeɛ̃vɑ̃te] vt reinventar
**réitérer** [ʀeiteʀe] vt reiterar
**rejaillir** [ʀ(ə)ʒajiʀ] vi (liquide) salpicar; **~ sur** salpicar en; (fig) repercutir sobre
**rejet** [ʀəʒɛ] nm rechazo; (Poésie) encabalgamiento m; (Bot) retoño; **phénomène de ~** (Méd) fenómeno de rechazo; **rejets** nmpl vertidos mpl; **rejets industriels/polluants** vertidos industriales/contaminantes
**rejeter** [ʀəʒ(ə)te] vt rechazar; (renvoyer) lanzar de nuevo; (aliments) rechazar, vomitar; (déverser) vertir; **~ un mot à la fin d'une phrase** dejar una palabra al final de la frase; **~ la tête/les épaules en arrière** echar la cabeza/los hombros hacia atrás; **~ la responsabilité de qch sur qn** echar la responsabilidad de algo sobre algn; **se rejeter** vpr : **se ~ en arrière** echarse hacia atrás
**rejeton** [ʀəʒ(ə)tɔ̃] (fam) nm (enfant) retoño
**rejoindre** [ʀ(ə)ʒwɛ̃dʀ] vt (famille, régiment) reunirse con; (lieu) retornar a; (concurrent) alcanzar; (suj : route etc) llegar a; **je te rejoins au café** te veo en el café; **se rejoindre** vpr (personnes) reunirse; (routes) juntarse; (fig : observations, arguments) asemejarse
**réjoui, e** [ʀeʒwi] adj regocijado(-a)
**réjouir** [ʀeʒwiʀ] vt alegrar; **se réjouir** vpr regocijarse, alegrarse; **se ~ de qch/de faire qch** alegrarse de algo/de hacer algo; **se ~ que** alegrarse de que
**réjouissances** [ʀeʒwisɑ̃s] nfpl (joie collective) regocijos mpl; (fête) festejos mpl
**réjouissant, e** [ʀeʒwisɑ̃, ɑ̃t] adj alentador(a)
**relâche** [ʀəlɑʃ] nf : **faire ~** (navire) hacer escala; (Ciné) no haber función; **jour de ~** día m de descanso; **sans ~** sin descanso

## relâché – reluquer

**relâché, e** [ʀ(ə)lɑʃe] adj relajado(-a)
**relâchement** [ʀ(ə)lɑʃmɑ̃] nm relajación f
**relâcher** [ʀ(ə)lɑʃe] vt (étreinte, cordes) aflojar; (animal, prisonnier) soltar; (discipline) relajar ▶ vi (Naut) hacer escala; **se relâcher** vpr (cordes) aflojarse; (discipline) relajarse; (élève) aflojar
**relais** [ʀ(ə)lɛ] nm : **(course de) ~** (carrera de) relevos mpl; (Radio, TV) repetidor m; **satellite de ~** satélite m repetidor; **servir de ~** (intermédiaire) servir de relevo; **équipe de ~** equipo de relevo; **travail par ~** trabajo por turnos; **prendre le ~ (de qn)** tomar el relevo (de algn); **~ de poste** (pour diligences) posta f; **~ routier** restaurante m de carretera
**relance** [ʀəlɑ̃s] nf reactivación m
**relancer** [ʀ(ə)lɑ̃se] vt (balle) lanzar de nuevo; (moteur) poner en marcha de nuevo; (fig : économie, agriculture) reactivar; **~ qn : tu devrais le ~ si tu veux obtenir ce poste** tendrías que insistirle si quieres obtener ese trabajo
**relater** [ʀ(ə)late] vt relatar
**relatif, -ive** [ʀ(ə)latif, iv] adj relativo(-a); **~ à** relativo(-a) a
**relation** [ʀ(ə)lasjɔ̃] nf (rapport) relación f; (récit) relato; **être/entrer en ~(s) avec** estar/entrar en relación ou relaciones on; **mettre qn en ~(s) avec** poner a algn en relación con; **relations** nfpl relaciones fpl; **avoir des relations** tener relaciones; **avoir ou entretenir des relations avec** tener ou mantener relaciones con; **relations internationales** relaciones internacionales; **relations publiques** relaciones públicas; **relations sexuelles** relaciones sexuales
**relationnel, le** [ʀ(ə)lasjɔnɛl] adj relacional
**relativement** [ʀ(ə)lativmɑ̃] adv relativamente; **~ à** en relación con
**relativiser** [ʀəlativize] vt relativizar
**relativité** [ʀ(ə)lativite] nf relatividad f
**relax** [ʀəlaks] adj inv (soirée, personne) relajado(-a); **(fauteuil-)~** nm sillón m de relax
**relaxant, e** [ʀ(ə)laksɑ̃, ɑ̃t] adj relajante
**relaxation** [ʀ(ə)laksasjɔ̃] nf relajación f
**relaxe** [ʀəlaks] adj = **relax** ▶ nf (Jur) puesta en libertad
**relaxer** [ʀəlakse] vt (détendre) relajar; (Jur) poner en libertad; **se relaxer** vpr relajarse
**relayer** [ʀ(ə)leje] vt (collaborateur, coureur) relevar; (Radio, TV) retransmitir; **se relayer** vpr (dans une activité, course) relevarse
**relecture** [ʀ(ə)lɛktyʀ] nf segunda lectura
**relégation** [ʀ(ə)legasjɔ̃] nf (Sport) relegación f
**reléguer** [ʀ(ə)lege] vt relegar; **~ au second plan** relegar a un segundo plano; **se sentir relégué** sentirse relegado
**relent** [ʀəlɑ̃] nm (gén pl) hedor m; **ça a des relents de racisme** eso huele a racismo
**relevé, e** [ʀəl(ə)ve] adj (bord de chapeau) alzado(-a); (manches) arremangado(-a); (virage) peraltado(-a); (conversation, style) elevado(-a); (sauce, plat) picante ▶ nm (liste) relación f; (de cotes) alzado; (facture) extracto; (d'un compteur) lectura; **~ de compte** extracto de cuenta; **~ d'identité bancaire** número de cuenta
**relève** [ʀəlɛv] nf relevo; **prendre la ~** (aussi fig) tomar el relevo
**relèvement** [ʀ(ə)lɛvmɑ̃] nm (d'un taux, niveau) subida
**relever** [ʀəl(ə)ve] vt levantar; (niveau de vie, salaire) aumentar; (col) subir; (style, conversation) animar; (plat, sauce) sazonar; (sentinelle, équipe) relevar; (fautes, points) señalar; (traces, anomalies) constatar; (remarque) contestar a; (défi) hacer frente a; (noter) tomar nota de, anotar; (compteur) leer; (copies) recoger; (Tricot) coger; **~ qn de** (fonctions) eximir a algn de; (Rel : vœux) liberar a algn de; **~ la tête** levantar la cabeza; (fig) levantar cabeza ▶ vi (jupe, bord) levantar, arremangar; **~ de** (maladie) salir de; (être du ressort de, du domaine de) ser de la competencia de; (Admin) depender de; **se relever** vpr levantarse; **se ~ (de)** (fig) recuperarse (de)
**relief** [ʀəljɛf] nm relieve m; (de pneu) dibujo; **en ~** en relieve; **mettre en ~** (fig) poner de relieve; **donner du ~ à** (fig) dar relieve a; **reliefs** nmpl (restes) restos mpl
**relier** [ʀəlje] vt (routes, bâtiments) unir; (fig : idées etc) relacionar; (livre) encuadernar; **~ qch à** unir algo con; **livre relié cuir** libro encuadernado en piel
**relieur, -euse** [ʀəljœʀ, jøz] nm/f encuadernador(a)
**religieusement** [ʀ(ə)liʒjøzmɑ̃] adv religiosamente; (enterré, mariés) por la iglesia
**religieux, -euse** [ʀ(ə)liʒjø, jøz] adj religioso(-a) ▶ nm religioso ▶ nf religiosa; (gâteau) pastelillo de crema
**religion** [ʀ(ə)liʒjɔ̃] nf religión f; (piété, dévotion) fe f; **entrer en ~** hacer los votos
**reliquaire** [ʀəlikɛʀ] nm relicario
**reliquat** [ʀəlika] nm (d'une somme) resto; (Jur : de succession) saldo
**relique** [ʀəlik] nf reliquia
**relire** [ʀ(ə)liʀ] vt releer; **se relire** vpr releerse
**reliure** [ʀəljyʀ] nf encuadernación f
**reloger** [ʀ(ə)lɔʒe] vt realojar
**relooker** [ʀəluke] vt : **~ qn/qch** cambiar el look a algn/la imagen de algo
**relooking** [ʀ(ə)lukiŋ] (fam) nm (de personne) cambio de look; (de produit, entreprise) cambio de imagen
**relu, e** [ʀəly] pp de **relire**
**reluire** [ʀ(ə)lɥiʀ] vi relucir
**reluisant, e** [ʀ(ə)lɥizɑ̃, ɑ̃t] vb voir **reluire** ▶ adj (fig) : **peu ~** poco(-a) satisfactorio(-a)
**reluquer** [ʀ(ə)lyke] (fam) vt echarle el ojo a

418 · FRANÇAIS | ESPAGNOL

**remâcher** [ʀ(ə)mɑʃe] vt rumiar
**remailler** [ʀ(ə)mɑje] vt remallar
**remake** [ʀimɛk] nm (Ciné) remake m
**remaniement** [ʀ(ə)manimɑ̃] nm : **~ ministériel** reorganización f ministerial
**remanier** [ʀ(ə)manje] vt (roman, pièce) modificar; (ministère) reorganizar
**remariage** [ʀ(ə)maʀjaʒ] nm nuevo matrimonio
**remarier** [ʀ(ə)maʀje] : **se remarier** vpr volver a casarse
**remarquable** [ʀ(ə)maʀkabl] adj notable
**remarquablement** [ʀ(ə)maʀkabləmɑ̃] adv extraordinariamente
**remarque** [ʀ(ə)maʀk] nf comentario
**remarquer** [ʀ(ə)maʀke] vt notar; **se faire ~** (péj) hacerse notar; **faire ~ (à qn) que** hacer notar (a algn) que; **faire ~ qch (à qn)** hacer notar algo (a algn); **~ que** (dire) observar que; **remarquez que ...** observe que ...; **se remarquer** vpr notarse
**remastériser** [ʀ(ə)masteʀize] vt remasterizar
**remballer** [ʀɑ̃bale] vt volver a embalar
**rembarrer** [ʀɑ̃baʀe] vt : **~ qn** (repousser) echar una bronca a algn; (remettre à sa place) poner a algn en su sitio
**remblai** [ʀɑ̃blɛ] nm terraplén m; **travaux de ~** terraplenado
**remblayer** [ʀɑ̃bleje] vt rellenar
**rembobiner** [ʀɑ̃bɔbine] vt (pellicule) devanar; (cassette) rebobinar
**rembourrage** [ʀɑ̃buʀaʒ] nm relleno
**rembourré, e** [ʀɑ̃buʀe] adj relleno(-a)
**rembourrer** [ʀɑ̃buʀe] vt rellenar
**remboursable** [ʀɑ̃buʀsabl] adj reembolsable
**remboursement** [ʀɑ̃buʀsəmɑ̃] nm reembolso; **envoi contre ~** envío contra reembolso
**rembourser** [ʀɑ̃buʀse] vt reembolsar
**rembrunir** [ʀɑ̃bʀyniʀ] : **se rembrunir** vpr entristecerse
**remède** [ʀ(ə)mɛd] nm (médicament, traitement, fig) remedio; **trouver un ~ à** encontrar un remedio para ou contra; **un ~ à la crise** un remedio contra la crisis
**remédier** [ʀ(ə)medje] : **~ à** vt remediar
**remembrement** [ʀ(ə)mɑ̃bʀəmɑ̃] nm (Agr) concentración f parcelaria
**remémorer** [ʀ(ə)memɔʀe] : **se remémorer** vpr acordarse de
**remerciements** [ʀ(ə)mɛʀsimɑ̃] nmpl gracias fpl; **(avec) tous mes ~** (con) todo mi agradecimiento
**remercier** [ʀ(ə)mɛʀsje] vt (donateur, bienfaiteur) dar las gracias a; (congédier : employé) despedir; **~ qn de qch** agradecerle algo a algn; **je vous remercie d'être venu** le agradezco que haya venido; **non, je vous remercie** no, muchas gracias

**remettre** [ʀ(ə)mɛtʀ] vt (vêtement) volver a ponerse; (rétablir : courant, eau) volver a dar; (ajourner, reporter) : **~ qch (à)** aplazar algo (hasta ou para); **~ qn** (fam) recordar a algn; **~ qch à qn** (paquet, argent, récompense) entregar algo a algn; **~ qch quelque part** colocar de nuevo algo en algún sitio; **~ du sel/un sucre** añadir sal/un azucarillo; **~ qch en place** colocar algo en su sitio; **~ une pendule à l'heure** poner un reloj en hora; **~ un moteur/une machine en marche** poner un motor/una máquina en marcha; **~ en état** reparar; **~ en ordre/en usage** volver a poner en orden/al uso; **~ en cause** ou **question** poner en tela de juicio; **~ sa démission** presentar su dimisión; **~ qch à plus tard** dejar algo para más tarde; **~ qch à neuf** dejar algo como nuevo; **~ qn à sa place** (fig) poner a algn en su sitio; **se remettre** vpr (malade) reponerse; **se ~ de** (maladie, chagrin) recuperarse de; **s'en ~ à** remitirse a; **se ~ à faire/qch** ponerse de nuevo a hacer/algo
**réminiscence** [ʀeminisɑ̃s] nf reminiscencia
**remis, e** [ʀəmi, iz] pp de **remettre**
**remise** [ʀ(ə)miz] nf (d'un colis, d'une récompense) entrega; (rabais, réduction) descuento; (lieu, local) trastero, galpón m (CSUR); **~ à neuf** renovación f; **~ de fonds** remesa de fondos; **~ de peine** remisión f de pena; **~ en cause** replanteamiento; **~ en jeu** (Football) saque m; **~ en marche/en ordre** puesta en marcha/en orden; **~ en question** replanteamiento
**remiser** [ʀ(ə)mize] vt guardar
**rémission** [ʀemisjɔ̃] nf (dans une maladie) remisión f, mejoría; **sans ~** adj irremediable; adv sin parar
**remobiliser** [ʀ(ə)mɔbilize] vt volver a movilizar; **~ les troupes** (fig) reagrupar las tropas
**remodeler** [ʀ(ə)mɔd(ə)le] vt (Chirurgie) remodelar; (fig : remanier) reestructurar
**rémois, e** [ʀemwa, waz] adj de Reims
▶ nm/f : **Rémois, e** nativo(a) ou habitante mf de Reims
**remontant** [ʀ(ə)mɔ̃tɑ̃] nm estimulante
**remontée** [ʀ(ə)mɔ̃te] nf (des eaux, de la fièvre) subida; **remontées mécaniques** remontes mpl mecánicos
**remonte-pente** [ʀ(ə)mɔ̃tpɑ̃t] (pl **remonte-pentes**) nm remonte m
**remonter** [ʀ(ə)mɔ̃te] vi volver a subir; (sur un cheval) volver a montar; (dans une voiture) volver a montarse; (jupe) subir; **~ en voiture** volver a montarse en coche; **~ à** (dater de) remontarse a ▶ vt volver a subir; (hausser) subir; (fig : personne) animar; (moteur, meuble, mécanisme) montar de nuevo; (garde-robe, collection) reponer; (montre) dar cuerda; **~ le moral à qn** levantar la moral a algn
**remontoir** [ʀ(ə)mɔ̃twaʀ] nm cuerda

**remontrance** [R(ə)mɔ̃tRɑ̃s] *nf* (*gén pl*) amonestación *f*

**remontrer** [R(ə)mɔ̃tRe] *vt* : **~ qch (à qn)** (*montrer de nouveau*) volver a enseñar algo (a algn); **en ~ à qn** (*fig*) dar lecciones a algn

**remords** [R(ə)mɔR] *nm* remordimiento; **avoir des ~** tener remordimientos

**remorque** [R(ə)mɔRk] *nf* remolque *m*; **prendre en ~** llevar en remolque; **être en ~** ir remolcado(-a); **être à la ~** (*fig*) estar a remolque

**remorquer** [R(ə)mɔRke] *vt* remolcar

**remorqueur** [R(ə)mɔRkœR] *nm* remolcador *m*

**rémoulade** [Remulad] *nf* salsa remoulade

**rémouleur** [RemulœR] *nm* afilador *m*

**remous** [Rəmu] *nm* remolino ▸ *nmpl* (*fig*) alboroto *msg*

**rempailler** [Rɑ̃paje] *vt* poner un asiento de rejilla a

**rempailleur, -euse** [Rɑ̃pajœR, øz] *nm/f* sillero(-a)

**rempart** [Rɑ̃paR] *nm* (*de ville fortifiée*) muralla; (*de château fort*) bastión *m*; (*fig*) baluarte *m*; **remparts** *nmpl* murallas *fpl*

**rempiler** [Rɑ̃pile] *vt* amontonar ▸ *vi* (*Mil : fam*) reengancharse

**remplaçant, e** [Rɑ̃plasɑ̃, ɑ̃t] *nm/f* sustituto(-a); (*Théâtre*) suplente *mf*

**remplacement** [Rɑ̃plasmɑ̃] *nm* sustitución *f*; **assurer le ~ de qn** sustituir a algn; **faire des remplacements** hacer sustituciones

**remplacer** [Rɑ̃plase] *vt* (*mettre qn/qch à la place de*) sustituir; (*ami, époux etc*) cambiar de; (*temporairement*) reemplazar; (*pneu, ampoule*) cambiar; (*tenir lieu de*) sustituir (a); **~ qch par qch d'autre/qn par qn d'autre** cambiar una cosa por otra/a algn por otro(-a)

**rempli, e** [Rɑ̃pli] *adj* (*journée*) cargado(-a); (*forme, visage*) relleno(-a); **~ de** lleno(-a) de

**remplir** [Rɑ̃pliR] *vt* llenar; (*questionnaire*) rellenar; (*obligations, conditions, rôle*) cumplir (con); **~ qch de** llenar algo de; **~ qn de** (*joie, admiration*) llenar a algn de; **se remplir** *vpr* llenarse

**remplissage** [Rɑ̃plisaʒ] (*péj*) *nm* (*fig*) paja

**rempocher** [Rɑ̃pɔʃe] *vt* embolsarse

**remporter** [Rɑ̃pɔRte] *vt* (*livre, marchandise*) llevarse; (*fig : victoire, succès*) lograr

**rempoter** [Rɑ̃pɔte] *vt* cambiar de tiesto

**remuant, e** [Rəmɥɑ̃, ɑ̃t] *adj* (*enfant etc*) revoltoso(-a)

**remue-ménage** [R(ə)mymenaʒ] (*pl* **~(s)**) *nm* zafarrancho

**remuer** [Rəmɥe] *vt* (*partie du corps*) mover; (*café, salade, sauce*) remover; (*émouvoir*) conmover ▸ *vi* moverse; **se remuer** *vpr* (*aussi fam*) moverse; (*fig*) desvivirse

**rémunérateur, -trice** [RemyneRatœR, tRis] *adj* remunerador(a)

**rémunération** [RemyneRasjɔ̃] *nf* remuneración *f*

**rémunérer** [RemyneRe] *vt* remunerar

**renâcler** [R(ə)nɑkle] *vi* (*animal*) resoplar; (*fig*) refunfuñar

**renaissance** [R(ə)nɛsɑ̃s] *nf* renacimiento; **la R~** el Renacimiento

**renaître** [R(ə)nɛtR] *vi* renacer; **~ à la vie** renacer a la vida

**rénal, e, -aux** [Renal, o] *adj* renal

**renard** [R(ə)naR] *nm* zorro

**renardeau** [R(ə)naRdo] *nm* zorrillo

**rencard, rencart** [Rɑ̃kaR] *nm* = **rancard**

**renchérir** [Rɑ̃ʃeRiR] *vi* encarecerse; **~ (sur)** ir más allá (de)

**renchérissement** [Rɑ̃ʃeRismɑ̃] *nm* encarecimiento

**rencontre** [Rɑ̃kɔ̃tR] *nf* encuentro; (*de cours d'eau*) confluencia; (*véhicules*) choque *m*; (*idées*) coincidencia; **faire la ~ de qn** conocer a algn; **aller à la ~ de qn** ir al encuentro de algn; **amis/amours de ~** amigos/amores de paso

**rencontrer** [Rɑ̃kɔ̃tRe] *vt* encontrar (a); (*Sport : équipe*) enfrentarse con; (*mot, opposition*) encontrar; (*regard, yeux*) encontrarse con; **se rencontrer** *vpr* (*fleuves*) confluir; (*personnes, regards*) encontrarse

**rendement** [Rɑ̃dmɑ̃] *nm* rendimiento; (*d'une culture*) producto; **à plein ~** a pleno rendimiento

**rendez-vous** [Rɑ̃devu] *nm inv* cita; **recevoir sur ~** recibir previa cita; **donner ~ à qn** dar una cita a algn; **fixer un ~ à qn** fijar una cita con algn; **avoir ~ (avec qn)** tener una cita (con algn); **prendre ~ (avec qn)** pedir cita (con algn); **prendre ~ chez le médecin** pedir hora con el médico; **~ orbital** acoplamiento de satélites; **~ spatial** cita en el espacio

> Un **rendez-vous** se traduit *cita*, sauf lorsqu'il s'agit d'un rendez-vous chez le coiffeur ou le médecin, auquel cas on parle de *hora*. Pour un rendez-vous amical, on emploie le plus souvent le verbe *quedar*, qu'on pourrait également traduire par « retrouver » :
> **On a/s'est donné rendez-vous devant le cinéma.** Hemos quedado delante del cine.

**rendormir** [Rɑ̃dɔRmiR] : **se rendormir** *vpr* dormirse de nuevo

**rendre** [Rɑ̃dR] *vt* devolver; (*honneurs*) rendir; (*sons*) producir; (*pensée, tournure*) traducir, expresar; (*Jur : verdict*) fallar; (: *jugement, arrêt*) dictar; **~ qn célèbre/qch possible** hacer a algn célebre/algo posible; **~ la vue/l'espoir/la santé à qn** devolver la vista/la esperanza/la salud a algn; **~ la liberté** devolver la libertad; **~ la monnaie** dar el cambio ▸ *vi* (*suj : terre, pêche etc*) ser productivo(-a); **se rendre** *vpr* rendirse; **se ~ quelque part** irse a algún sitio; **se ~ compte de qch** darse cuenta de algo; **se ~ à** (*arguments etc*) rendirse a; **se ~ malade** ponerse enfermo(-a); **se ~ à l'évidence** rendirse a la evidencia

**rendu, e** [ʀɑ̃dy] *pp de* **rendre**

**renégat, e** [ʀənega, at] *nm/f* renegado(-a)

**renégocier** [ʀənegɔsje] *vt, vi* renegociar

**rênes** [ʀɛn] *nfpl* riendas

**renfermé, e** [ʀɑ̃fɛʀme] *adj* (*fig*) reservado(-a) ▸ *nm* : **sentir le ~** oler a cerrado

**renfermer** [ʀɑ̃fɛʀme] *vt* contener; **se ~ (sur soi-même)** encerrarse (en sí mismo)

**renfiler** [ʀɑ̃file] *vt* (*collier etc*) ensartar de nuevo; (*pull*) volver a ponerse

**renflé, e** [ʀɑ̃fle] *adj* hinchado(-a)

**renflement** [ʀɑ̃fləmɑ̃] *nm* abultamiento

**renflouement** [ʀɑ̃flumɑ̃] *nm* (*aussi fig*) reflotamiento

**renflouer** [ʀɑ̃flue] *vt* (*bateau*) reflotar; (*fig*) sacar a flote

**renfoncement** [ʀɑ̃fɔ̃smɑ̃] *nm* fortalecimiento

**renforcer** [ʀɑ̃fɔʀse] *vt* reforzar; (*soupçons*) aumentar; **~ qn dans ses opinions** confirmar a algn en sus opiniones

**renfort** [ʀɑ̃fɔʀ] *nm* : **à grand ~ de** con gran acompañamiento de; **en ~** de refuerzo; **renforts** *nmpl* (*Mil, gén*) refuerzo *msg*

**renfrogné, e** [ʀɑ̃fʀɔɲe] *adj* sombrío(-a)

**renfrogner** [ʀɑ̃fʀɔɲe] : **se renfrogner** *vpr* ensombrecerse

**rengager** [ʀɑ̃gaʒe] *vt* contratar de nuevo; **se rengager** *vpr* (*Mil*) reengancharse

**rengaine** [ʀɑ̃gɛn] (*péj*) *nf* cantinela

**rengainer** [ʀɑ̃gene] *vt* (*revolver*) volver a guardar; (*épée*) volver a envainar; **~ son compliment** (*fam*) callarse el piropo; **~ son discours** (*fam*) callarse

**rengorger** [ʀɑ̃gɔʀʒe] : **se rengorger** *vpr* pavonearse

**renier** [ʀənje] *vt* renegar de

**renifler** [ʀ(ə)nifle] *vi* resoplar ▸ *vt* aspirar

**rennais, e** [ʀɛnɛ, ɛz] *adj* de Rennes ▸ *nm/f* : **Rennais, e** nativo(-a) *ou* habitante *mf* de Rennes

**renne** [ʀɛn] *nm* reno

**renom** [ʀənɔ̃] *nm* renombre *m*; **vin de grand ~** vino de gran fama

**renommé, e** [ʀ(ə)nɔme] *adj* renombrado(-a), famoso(-a)

**renommée** [ʀ(ə)nɔme] *nf* fama; **la ~** el renombre

**renoncement** [ʀ(ə)nɔ̃smɑ̃] *nm* renuncia

**renoncer** [ʀ(ə)nɔ̃se] : **~ à** *vt indir* renunciar a; (*opinion, croyance*) renegar de; **~ à faire qch** renunciar a hacer algo; **j'y renonce** renuncio

**renouer** [ʀənwe] *vt* (*cravate, lacets*) atar de nuevo; (*fig*) reanudar; **~ avec** volver a; **~ avec qn** reconciliarse con algn

**renouveau, x** [ʀ(ə)nuvo] *nm* : **~ de succès** rebrote *m* de éxito; **le ~ printanier** el renacer de la primavera

**renouvelable** [ʀ(ə)nuv(ə)labl] *adj* (*contrat, bail, énergie*) renovable; (*expérience*) repetible

**renouveler** [ʀ(ə)nuv(ə)le] *vt* renovar; (*eau d'une piscine, pansement*) cambiar; (*demande, remerciements*) reiterar; (*exploit, méfait*) repetir; **se renouveler** *vpr* (*incident*) repetirse; (*cellules etc*) reproducirse; (*artiste, écrivain*) renovarse

**renouvellement** [ʀ(ə)nuvɛlmɑ̃] *nm* renovación *f*; (*pansement*) cambio; (*demande*) reiteración *f*; (*exploit, incident*) repetición *f*; (*cellules etc*) reproducción *f*

**rénovation** [ʀenɔvasjɔ̃] *nf* renovación *f*

**rénover** [ʀenɔve] *vt* (*immeuble, enseignement*) renovar; (*meuble*) restaurar; (*quartier*) remozar

**renseignement** [ʀɑ̃sɛɲmɑ̃] *nm* información *f*; **prendre des renseignements sur** pedir referencia sobre; **(guichet des) renseignements** (ventanilla de) información; **(service des) renseignements** (*Tél*) (servicio de) información; **service/agent de renseignements** (*Mil*) servicio/agente *m* de información; **les renseignements généraux** *servicio de información secreta del Estado francés*

**renseigner** [ʀɑ̃seɲe] *vt* (*suj: expérience*) mostrar; (*: document*) informar; **~ qn (sur)** informar a algn (sobre); **se renseigner** *vpr* informarse

**rentabiliser** [ʀɑ̃tabilize] *vt* rentabilizar

**rentabilité** [ʀɑ̃tabilite] *nf* rentabilidad *f*; **seuil de ~** mínimo de rentabilidad

**rentable** [ʀɑ̃tabl] *adj* rentable

**rente** [ʀɑ̃t] *nf* renta; **~ viagère** renta vitalicia

**rentier, -ière** [ʀɑ̃tje, jɛʀ] *nm/f* rentista *mf*

**rentrée** [ʀɑ̃tʀe] *nf* : **(d'argent)** ingreso; **la ~ (des classes)** el comienzo (del curso); *ver nota*; **la ~ (parlementaire)** ≈ la reapertura (de las Cortes); **réussir/faire sa ~** (*artiste, acteur*) tener éxito en/hacer su reaparición

> **LA RENTRÉE**
>
> **La rentrée (des classes)** en septiembre marca un hito importante en el calendario anual francés. Supone la vuelta al colegio para profesores y alumnos y la reanudación de la vida política y social tras el largo descanso estival. **La rentrée littéraire** marca el inicio de la temporada de nuevas publicaciones, ya que los escritores de renombre suelen lanzar sus obras entre los meses de septiembre y octubre.

**rentrer** [ʀɑ̃tʀe] *vi* entrar; (*entrer de nouveau*) volver a entrar; (*revenir chez soi*) volver a casa; (*revenu, argent*) ingresar; **~ dans** (*famille, patrie*) volver a; (arbre, mur) chocar contra; (catégorie etc) entrar en; ~ **dans l'ordre** volver al orden; ~ **dans ses frais** cubrir sus gastos ▶ vt meter; (foins) recoger; (griffes) guardar; (fig : larmes, colère etc) tragarse; ~ **le ventre** (effacer) meter la tripa

**renverrai** etc [ʀɑ̃veʀe] vb voir **renvoyer**
**renversant, e** [ʀɑ̃vɛʀsɑ̃, ɑ̃t] adj asombroso(-a)
**renverse** [ʀɑ̃vɛʀs] : **à la ~** adv (tomber) de espaldas
**renversé, e** [ʀɑ̃vɛʀse] adj (écriture) inclinado(-a); (image) invertido(-a); (stupéfait) atónito(-a)
**renversement** [ʀɑ̃vɛʀsəmɑ̃] nm (d'un régime, des traditions) caída; ~ **de la situation** cambio de la situación
**renverser** [ʀɑ̃vɛʀse] vt (chaise, verre) dejar caer; (piéton) atropellar; (liquide) derramar; (retourner) poner boca abajo; (ordre des mots etc) invertir; (gouvernement etc) derrochar; (stupéfier) asombrar; ~ **la tête/le corps en arrière** echar la cabeza/el cuerpo hacia atrás; ~ **la vapeur** dar marcha atrás; **se renverser** vpr (pile d'objets, récipient) caerse; (véhicule) volcarse; (liquide) derramarse
**renvoi** [ʀɑ̃vwa] nm reenvío, devolución f; (d'un élève) expulsión f; (d'un employé) despido; (référence) llamada, nota; (éructation) eructo
**renvoyer** [ʀɑ̃vwaje] vt devolver; (élève) expulsar; (domestique, employé) despedir; (lumière) reflejar; ~ **qn quelque part** volver a enviar a algn a algún sitio; ~ **qch (à)** (ajourner, différer) aplazar algo (para); ~ **qch à qn** devolver algo a algn; ~ **qn à** (référer) remitir a algn a
**réorganisation** [ʀeɔʀganizasjɔ̃] nf reorganización f
**réorganiser** [ʀeɔʀganize] vt reorganizar
**réorienter** [ʀeɔʀjɑ̃te] vt cambiar la orientación de
**réouverture** [ʀeuvɛʀtyʀ] nf reapertura
**repaire** [ʀ(ə)pɛʀ] nm (aussi fig) guarida
**repaître** [ʀəpɛtʀ] vt (yeux, esprit) alimentar; **se repaître de** vpr alimentarse de
**répandre** [ʀepɑ̃dʀ] vt derramar; (gravillons, sable etc) echar; (lumière, chaleur, odeur) despedir; (nouvelle, usage) propagar; (terreur, joie) sembrar; **se répandre** vpr (liquide) derramarse; (odeur, fumée) propagarse; (foule) desparramarse; (épidémie, mode) difundirse; **se ~ en** (injures, compliments) deshacerse en
**répandu, e** [ʀepɑ̃dy] pp de **répandre** ▶ adj (courant) extendido(-a); **papiers répandus par terre/sur un bureau** papeles esparcidos por el suelo/sobre la mesa
**réparable** [ʀepaʀabl] adj reparable; (perte etc) remediable
**reparaître** [ʀ(ə)paʀɛtʀ] vi (livre) reeditarse; (journal) reaparecer
**réparateur, -trice** [ʀepaʀatœʀ, tʀis] nm/f reparador(a)

**réparation** [ʀepaʀasjɔ̃] nf arreglo; **en ~** en reparación; **demander à qn ~ de** (offense etc) demandar a algn la reparación de; **réparations** nfpl reparaciones fpl
**réparer** [ʀepaʀe] vt arreglar; (déchirure, avarie, aussi fig) reparar
**reparler** [ʀ(ə)paʀle] vi : ~ **de qn/qch** volver a hablar de algn/algo; ~ **à qn** volver a hablar con algn
**repars** [ʀəpaʀ] vb voir **repartir**
**répartie, repartie** [ʀepaʀti] nf réplica; **avoir de la ~** tener respuesta para todo
**repartir** [ʀəpaʀtiʀ] vi (retourner) regresar; (partir de nouveau) volver a marcharse; (affaire) comenzar de nuevo; ~ **à zéro** recomenzar de cero
**répartir** [ʀepaʀtiʀ] vt repartir; ~ **sur** repartir en; ~ **en** dividir en; **se répartir** vpr (travail, rôles) repartirse
**répartiteur, -trice** [ʀepaʀtitœʀ, tʀis] nm/f (distributeur) repartidor(a) ▶ nm (Auto, Tél) repartidor m; (Méd) distribuidor m
**répartition** [ʀepaʀtisjɔ̃] nf reparto
**reparution** [ʀ(ə)paʀysjɔ̃] nf (de livre) reedición f; (de journal) reaparición f
**repas** [ʀ(ə)pa] nm comida; **à l'heure des ~** a la hora de comer
**repassable** [ʀ(ə)pasabl] adj (vêtement) planchable; **non ~** no planchable
**repassage** [ʀ(ə)pasaʒ] nm planchado
**repasser** [ʀ(ə)pase] vi (passer de nouveau) volver a pasar ▶ vt (vêtement, tissu) planchar; (examen, film) repetir; (leçon, rôle) repasar; ~ **qch à qn** (plat, pain) volver a pasar algo a algn
**repasseuse** [ʀ(ə)pasøz] nf plancha mecánica
**repayer** [ʀ(ə)peje] vt volver a pagar
**repêchage** [ʀ(ə)pɛʃaʒ] nm (Scol) : **question de ~** pregunta de repesca
**repêcher** [ʀ(ə)peʃe] vt (noyé) sacar del agua; (fam : candidat) repescar
**repeindre** [ʀ(ə)pɛ̃dʀ] vt (à nouveau) volver a pintar; (à neuf) pintar
**repenser** [ʀ(ə)pɑ̃se] vi (par hasard) acordarse ▶ vt (considérer à nouveau) replantearse
**repentance** [ʀ(ə)pɑ̃tɑ̃s] nf arrepentimiento; **faire acte de ~** hacer acto de contrición
**repentant, e** [ʀ(ə)pɑ̃tɑ̃, ɑ̃t] adj, nm/f arrepentido(-a)
**repenti, e** [ʀ(ə)pɑ̃ti] adj, nm/f arrepentido(-a)
**repentir** [ʀəpɑ̃tiʀ] nm arrepentimiento; **se repentir** vpr arrepentirse; **se ~ de qch/d'avoir fait qch** arrepentirse de algo/de haber hecho algo
**repérable** [ʀ(ə)peʀabl] adj localizable; (changement, signe) reconocible; **être ~ à qch** ser reconocible gracias a, ser identificable gracias a
**repérage** [ʀ(ə)peʀaʒ] nm localización f; (Ciné) localización f de exteriores

## répercussions – reprendre

**répercussions** [ʀepɛʀkysjɔ̃] nfpl (fig) repercusiones fpl

**répercuter** [ʀepɛʀkyte] vt repercutir; (consignes, charges etc) transmitir; **se répercuter** vpr repercutir; **se ~ sur** (fig) repercutir en

**repère** [ʀ(ə)pɛʀ] nm referencia; (Tech) marca; (monument etc) lugar m de referencia; **point de ~** punto de referencia

**repérer** [ʀ(ə)peʀe] vt localizar; (erreur) ver, detectar; **se faire ~** hacerse notar; **se repérer** vpr orientarsa

**répertoire** [ʀepɛʀtwaʀ] nm repertorio; (carnet) agenda; (Inform, de carnet) directorio; (indicateur) índice m

**répertorier** [ʀepɛʀtɔʀje] vt catalogar

**répéter** [ʀepete] vt repetir; (nouvelle, secret) volver a contar; (leçon, rôle) repasar; (Théâtre) ensayar; **je te répète que ...** te repito que ...
▶ vi (Théâtre etc) ensayar; **se répéter** vpr repetirse

**répéteur** [ʀepetœʀ] nm (Tél) repetidor m

**répétitif, -ive** [ʀepetitif, iv] adj repetitivo(-a)

**répétition** [ʀepetisjɔ̃] nf repetición f; (Théâtre) ensayo; **armes à ~** armas de repetición; **~ générale** (Théâtre) ensayo general; **répétitions** nfpl clases fpl particulares

**répétitivité** [ʀepetitivite] nf repetitividad f

**repeuplement** [ʀ(ə)pœpləmɑ̃] nm (de village, région, rivière) repoblación f; (de forêt) reforestación f

**repeupler** [ʀ(ə)pœple] vt (village, région, rivière) repoblar; (forêt) reforestar

**repiquage** [ʀ(ə)pikaʒ] nm (plants) trasplante m; (enregistrement) grabación f

**repiquer** [ʀ(ə)pike] vt (plants) trasplantar; (enregistrement) grabar

**répit** [ʀepi] nm descanso; (fig) respiro; **sans ~** sin tregua

**replacer** [ʀ(ə)plase] vt reponer

**replanter** [ʀ(ə)plɑ̃te] vt (plantes) replantar; (forêt) repoblar

**replat** [ʀəpla] nm rellano

**replâtrer** [ʀ(ə)plɑtʀe] vt (mur) revocar; (fig) chapucear

**replet, -ète** [ʀəplɛ, ɛt] adj rollizo(-a)

**repli** [ʀəpli] nm repliegue m; **~ de terrain** ondulación f del terreno; **replis** nmpl pliegues mpl

**replier** [ʀ(ə)plije] vt doblar; **se replier** vpr replegarse; **se ~ sur soi-même** ensimismarse

**réplique** [ʀeplik] nf réplica; **donner la ~ à** contestar a; **sans ~** tajante

**répliquer** [ʀeplike] vt contestar; (avec impertinence) replicar; **~ à** (critique, personne) rebatir (a); **~ que ...** contestar que ...

**replonger** [ʀ(ə)plɔ̃ʒe] vt : **~ qch dans** sumergir de nuevo algo en; **se replonger** vpr : **se ~ dans** sumergirse de nuevo en

**répondant, e** [ʀepɔ̃dɑ̃, ɑ̃t] nm/f fiador(a)

**répondeur** [ʀepɔ̃dœʀ] nm (Tél) contestador m (automático)

**répondre** [ʀepɔ̃dʀ] vi contestar, responder; (freins, mécanisme) responder; **~ à** responder ou contestar a; (affection) corresponder a; (salut, provocation, description) responder a; **~ que** responder que; **~ de** responder de

**réponse** [ʀepɔ̃s] nf respuesta; **avec ~ payée** (Postes) a cobro revertido; **avoir ~ à tout** tener respuesta para todo; **en ~ à** en respuesta a; **carte-~** carta de respuesta; **bulletin-~** cupón m de concurso

**report** [ʀəpɔʀ] nm aplazamiento

**reportage** [ʀ(ə)pɔʀtaʒ] nm reportaje m

**reporter[1]** [ʀ(ə)pɔʀtɛʀ] nmf reportero(-a)

**reporter[2]** [ʀəpɔʀte] vt (total, notes) : **~ qch sur** pasar algo a; (ajourner, renvoyer) : **~ qch (à)** aplazar algo (hasta); **se reporter à** vpr (époque) remontarse a; (document, texte) remitirse a

**repos** [ʀ(ə)po] nm descanso; (après maladie) reposo; (fig) sosiego; (Mil) : **~ !** ¡descansen!; **en ~** en reposo; **au ~** en reposo; (soldat) en descanso; **de tout ~** tranquilo(-a); **ne pas être de tout ~** (fig) no ser un camino de rosas

**reposant, e** [ʀ(ə)pozɑ̃, ɑ̃t] adj descansado(-a)

**repose** [ʀ(ə)poz] nf (de moteur, appareil) cambio

**reposé, e** [ʀ(ə)poze] adj (teint, visage) fresco(-a); **à tête reposée** con calma

**repose-pied** [ʀ(ə)pozpje] nm reposapiés msg

**reposer** [ʀ(ə)poze] vt (verre, livre) volver a poner; (rideaux, carreaux) volver a colocar; (question, problème) replantear; (délasser) descansar ▶ vi (liquide, pâte) reposar; (personne) : **ici repose ...** aquí descansa ...; **~ sur** (suj : bâtiment) descansar sobre; (fig : affirmation) basarse en; **se reposer** vpr descansar; **se ~ sur qn** apoyarse en algn

**repositionnement** [ʀ(ə)pozisjɔnmɑ̃] nm (stratégique, commercial) reposicionamiento

**repositionner** [ʀ(ə)pozisjɔne] : **se repositionner** vpr volver a posicionarse

**repoussant, e** [ʀ(ə)pusɑ̃, ɑ̃t] adj repulsivo(-a)

**repoussé, e** [ʀ(ə)puse] adj (cuir) repujado(a)

**repousser** [ʀ(ə)puse] vi volver a crecer ▶ vt rechazar; (rendez-vous, entrevue) aplazar; (répugner) repeler

**répréhensible** [ʀepʀeɑ̃sibl] adj reprensible

**reprendre** [ʀ(ə)pʀɑ̃dʀ] vt (prisonnier) volver a coger; (Mil : ville) volver a tomar; (objet posé etc) recoger; (objet prêté, donné) recuperar; (se resservir de) volver a tomar; (racheter) comprar; (travail, promenade, études) reanudar; (explication, histoire) volver a; (emprunter : argument, idée) tomar; (article etc) rehacer; (jupe, pantalon) arreglar; (émission, pièce) repetir; (personne) corregir; **je viendrai te ~ à quatre heures** (chercher) pasaré a recogerte a las cuatro; **~ courage/des forces** recobrar valor/fuerzas; **~ ses habitudes/sa liberté** recuperar sus costumbres/su libertad; **~ la route** volver a ponerse en marcha; **~ connaissance** recobrar el conocimiento; **~ haleine** ou **son souffle** recobrar el aliento; **~ la parole** retomar la palabra ▶ vi (*cours, classes*) reanudarse; (*froid, pluie etc*) volver, llegar de nuevo; (*affaires, industrie*) reactivarse; **je reprends** (*poursuivre*) prosigo; **reprit-il** (*dire*) contestó; **se reprendre** vpr (*se corriger*) corregirse; (*se ressaisir*) reponerse; **s'y ~ à deux fois** tener que intentarlo dos veces

**repreneur** [ʀ(ə)pʀənœʀ] nm rescatador(-a)

**reprenne** etc [ʀəpʀɛn] vb voir **reprendre**

**représailles** [ʀ(ə)pʀezaj] nfpl represalias fpl

**représentant, e** [ʀ(ə)pʀezɑ̃tɑ̃, ɑ̃t] nm/f representante mf

**représentatif, -ive** [ʀ(ə)pʀezɑ̃tatif, iv] adj representativo(-a)

**représentation** [ʀ(ə)pʀezɑ̃tasjɔ̃] nf representación f; **faire de la ~** (*Comm*) trabajar como representante; **frais de ~** (*d'un diplomate*) gastos mpl de representación

**représenter** [ʀ(ə)pʀezɑ̃te] vt representar; **se représenter** vpr (*occasion*) volver a presentarse; (*s'imaginer, se figurer*) figurarse; **se ~ à** (*examen, élections*) volver a presentarse a

**répressif, -ive** [ʀepʀesif, iv] adj represivo(-a)

**répression** [ʀepʀesjɔ̃] nf represión f; **mesures de ~** medidas fpl represivas

**réprimande** [ʀepʀimɑ̃d] nf reprimenda

**réprimander** [ʀepʀimɑ̃de] vt reprender

**réprimer** [ʀepʀime] vt reprimir

**repris, e** [ʀ(ə)pʀi, iz] pp de **reprendre** ▶ nm/f: **~ de justice** reincidente mf

**reprise** [ʀ(ə)pʀiz] nf (*entreprise*) compra; (*article*) reestructuración f; (*jupe, pantalon*) arreglo; (*recommencement*) reanudación f; (*Théâtre, TV, Ciné*) reposición f; (*Boxe*) asalto; (*Auto*) reprise m; (*Comm*) compra; (*de location*) traspaso; (*raccommodage*) zurcido; **la ~ des hostilités** la reanudación de las hostilidades; **à plusieurs reprises** repetidas veces

**repriser** [ʀ(ə)pʀize] vt zurcir; **aiguille/coton à ~** aguja/hilo de zurcir

**réprobateur, -trice** [ʀepʀɔbatœʀ, tʀis] adj reprobatorio(-a)

**réprobation** [ʀepʀɔbasjɔ̃] nf reprobación f

**reproche** [ʀ(ə)pʀɔʃ] nm reproche m; **ton/air de ~** tono/aire m de reproche; **faire des reproches à qn** hacer reproches a algn; **faire ~ à qn de qch** reprochar algo a algn; **sans ~(s)** sin reproche

**reprocher** [ʀ(ə)pʀɔʃe] vt: **~ qch à (qn)** reprochar algo a (algn); **se ~ qch/d'avoir fait qch** reprocharse algo/haber hecho algo

**reproducteur, -trice** [ʀ(ə)pʀɔdyktœʀ, tʀis] adj reproductor(a)

**reproductif, -ive** [ʀ(ə)pʀɔdyktif, iv] adj reproductivo(-a)

**reproduction** [ʀ(ə)pʀɔdyksjɔ̃] nf (*aussi Biol*) reproducción f; **droits de ~** derechos mpl de reproducción; « **~ interdite** » « prohibida su reproducción »

**reproduire** [ʀ(ə)pʀɔdɥiʀ] vt reproducir; **se reproduire** vpr (*Biol, fig*) reproducirse

**reprographie** [ʀ(ə)pʀɔgʀafi] nf reprografía

**réprouvé, e** [ʀepʀuve] nm/f réprobo(-a)

**réprouver** [ʀepʀuve] vt reprobar

**reptation** [ʀɛptasjɔ̃] nf reptar m

**reptile** [ʀɛptil] nm reptil m

**repu, e** [ʀəpy] pp de **repaître** ▶ adj harto(-a)

**républicain, e** [ʀepyblikɛ̃, ɛn] adj, nm/f republicano(-a)

**république** [ʀepyblik] nf república; **R~ Centrafricaine** República Centroafricana; **R~ de Corée** República de Corea; **R~ d'Irlande** República de Irlanda; **R~ dominicaine** República Dominicana; **R~ populaire de Chine** República popular de China; **R~ populaire démocratique de Corée** República popular democrática de Corea

**répudiation** [ʀepydjasjɔ̃] nf (*de femme*) repudio; (*d'opinion, doctrine*) renuncia

**répudier** [ʀepydje] vt repudiar; (*opinion, doctrine*) renunciar

**répugnance** [ʀepyɲɑ̃s] nf repugnancia; **j'ai** ou **j'éprouve de la ~ à le faire** me da repugnancia hacerlo

**répugnant, e** [ʀepyɲɑ̃, ɑ̃t] adj repugnante

**répugner** [ʀepyɲe] vt repugnar; **je répugne à le faire** me repugna hacerlo

**répulsion** [ʀepylsjɔ̃] nf repulsión f

**réputation** [ʀepytasjɔ̃] nf reputación f; (*d'une maison*) fama; **avoir la ~ d'être ...** tener fama de ser ...; **connaître qn/qch de ~** conocer a algn/algo por la fama; **de ~ mondiale** de fama mundial

**réputé, e** [ʀepyte] adj famoso(-a); **être ~ pour** ser famoso(-a) por

**requérir** [ʀəkeʀiʀ] vt requerir; (*demander au nom de la loi*) demandar, requerir; (*Jur: peine*) pedir

**requête** [ʀəkɛt] nf (*prière*) petición f; (*Jur*) demanda, requerimiento

**requiem** [ʀekɥijɛm] nm réquiem m

**requiers** etc [ʀəkjɛʀ] vb voir **requérir**

**requin** [ʀəkɛ̃] nm tiburón m; (*fam: fig*) buitre m

**requinquer** [ʀ(ə)kɛ̃ke] vt entonar

**requis, e** [ʀəki, iz] pp de **requérir** ▶ adj (*conditions, âge*) requerido(-a)

**réquisition** [ʀekizisjɔ̃] nf requisa

**réquisitionner** [ʀekizisjɔne] vt requisar

**réquisitoire** [ʀekizitwaʀ] nm (*Jur*) requisitoria; (*fig*): **~ contre** acusación f contra

**RER** [ɛʀøɛʀ] sigle m (= *Réseau express régional*) red de trenes rápidos de París y de la periferia; (*train*) uno de esos trenes

**rescapé, e** [ʀɛskape] nm/f superviviente mf

**rescousse** [Rɛskus] *nf* : **aller/venir à la ~ de** ir/venir en socorro de; **appeler qn à la ~** pedir la ayuda de algn

**réseau, x** [Rezo] *nm* red *f*; **mettre en ~** (*ordinateurs, ressources*) conectar en red; **~ social** red *f* social

**réseautage** [Rezotaʒ] *nm* establecimiento de contactos, creación *f* de redes de contactos

**réséda** [Rezeda] *nm* reseda

**réservation** [RezɛRvasjɔ̃] *nf* reserva

**réserve** [RezɛRv] *nf* reserva; (*d'un magasin*) depósito; (*de pêche, chasse*) coto; **la ~** (*Mil*) la reserva; **officier de ~** oficial en la reserva; **sous ~ de** a reserva de; **sans ~** sin reservas; **avoir/mettre/tenir qch en ~** tener/poner/ guardar algo en reserva; **de ~** de reserva; **~ naturelle** reserva natural; **réserves** *nfpl* reservas *fpl*; **sous toutes réserves** con muchas reservas

**réservé, e** [RezɛRve] *adj* reservado(-a); (*chasse, pêche*) vedado(-a); **~ à/pour** reservado(-a) a/ para

**réserver** [RezɛRve] *vt* reservar; (*réponse, assentiment etc*) reservarse; **~ qch pour/à** (*mettre de côté, garder*) reservar algo para/a; **~ qch à qn** reservar algo a algn; **se ~ qch** reservarse algo; **se ~ de faire qch** reservarse el hacer algo; **se ~ le droit de faire qch** reservarse el derecho de hacer algo

**réserviste** [RezɛRvist] *nm* reservista *m*

**réservoir** [RezɛRvwaR] *nm* depósito

**résidence** [Rezidɑ̃s] *nf* (*habitation luxueuse*) residencia; (*groupe d'immeubles*) conjunto residencial; **(en) ~ surveillée** (*Jur*) (en) arresto domiciliario; **~ principale/ secondaire** residencia principal/secundaria; **~ universitaire** residencia universitaria

**résident, e** [Rezidɑ̃, ɑ̃t] *nm/f* residente *mf* ▸ *adj* (*Inform*) residente

**résidentiel, le** [Rezidɑ̃sjɛl] *adj* residencial

**résider** [Rezide] *vi* : **~ à/dans/en** residir en; **~ dans/en** (*fig*) radicar en

**résidu** [Rezidy] *nm* (*Chim, Phys*) residuo; (*péj*) deshecho

**résiduel, le** [Rezidɥɛl] *adj* residual

**résignation** [Reziɲasjɔ̃] *nf* resignación *f*

**résigné, e** [Reziɲe] *adj* resignado(-a)

**résigner** [Reziɲe] *vt* resignar; **se résigner** *vpr* resignarse; **se ~ à qch/faire qch** resignarse a algo/hacer algo

**résiliable** [Reziljabl] *adj* rescindible

**résiliation** [Reziljasjɔ̃] *nf* rescisión *f*

**résilier** [Rezilje] *vt* rescindir

**résille** [Rezij] *nf* redecilla

**résine** [Rezin] *nf* resina

**résiné, e** [Rezine] *adj* : **vin ~** vino resinoso

**résineux, -euse** [Rezinø, øz] *adj* resinoso(-a) ▸ *nm* (*Bot*) conífera

**résistance** [Rezistɑ̃s] *nf* resistencia; **la R~** (*Pol*) la Resistencia

**résistant, e** [Rezistɑ̃, ɑ̃t] *adj* resistente ▸ *nm/f* militante *mf* de la Resistencia

**résister** [Reziste] *vi* resistir; **~ à** resistir a; (*personne*) oponerse a

**résolu, e** [Rezɔly] *pp de* **résoudre** ▸ *adj* decidido(-a); **être ~ à qch/faire qch** estar decidido(-a) a algo/hacer algo

**résolument** [Rezɔlymɑ̃] *adv* decididamente

**résolution** [Rezɔlysjɔ̃] *nf* resolución *f*; (*fermeté*) decisión *f*; (*Inform*) definición *f*; **prendre la ~ de** tomar la resolución de; **bonnes résolutions** determinaciones *fpl*

**résolvais** *etc* [Rezɔlvɛ] *vb voir* **résoudre**

**résolve** *etc* [Rezɔlv] *vb voir* **résoudre**

**résonance** [Rezɔnɑ̃s] *nf* resonancia

**résonner** [Rezɔne] *vi* resonar; **~ de** resonar con

**résorber** [RezɔRbe] : **se résorber** *vpr* (*Méd*) reabsorberse; (*déficit, chômage*) reducirse

**résorption** [RezɔRpsjɔ̃] *nf* (*Méd*) reabsorción *f*; (*de déficit, chômage*) reducción *f*

**résoudre** [RezudR] *vt* resolver; **~ qn à faire qch** inducir a que algn haga algo; **~ de faire qch** decidir hacer algo; **se ~ à qch/faire qch** decidirse por algo/a *ou* por hacer algo

**respect** [Rɛspɛ] *nm* respeto; **tenir qn en ~** mantener a algn a distancia; (*fig*) tener a algn a raya; **respects** *nmpl* : **présenter ses respects à qn** presentar sus respetos a algn

**respectabilité** [Rɛspɛktabilite] *nf* respetabilidad *f*

**respectable** [Rɛspɛktabl] *adj* respetable; (*quantité*) considerable

**respecter** [Rɛspɛkte] *vt* respetar; **faire ~** hacer respetar; **le lexicographe qui se respecte** (*fig*) el lexicógrafo que se precie

**respectif, -ive** [Rɛspɛktif, iv] *adj* respectivo(-a)

**respectivement** [Rɛspɛktivmɑ̃] *adv* respectivamente

**respectueusement** [Rɛspɛktɥøzmɑ̃] *adv* respetuosamente

**respectueux, -euse** [Rɛspɛktɥø, øz] *adj* respetuoso(-a); **à une distance respectueuse** a una distancia respetuosa; **~ de** respetuoso(-a) con

**respirable** [Rɛspirabl] *adj* : **pas ~** irrespirable

**respiration** [RɛspiRasjɔ̃] *nf* respiración *f*; **retenir sa ~** contener su respiración; **~ artificielle** respiración artificial

**respiratoire** [RɛspiRatwaR] *adj* respiratorio(-a)

**respirer** [RɛspiRe] *vi* respirar ▸ *vt* (*odeur, parfum, grand air*) aspirar; (*santé, calme, paix*) respirar

**resplendir** [Rɛsplɑ̃diR] *vi* resplandecer; **~ de** resplandecer de

**resplendissant, e** [Rɛsplɑ̃disɑ̃, ɑ̃t] *adj* resplandeciente

**responsabiliser** [Rɛspɔ̃sabilize] *vt* responsabilizar

## responsabilité – rester

**responsabilité** [ʀɛspɔ̃sabilite] nf responsabilidad f; **accepter/refuser la ~ de** aceptar/declinar la responsabilidad de; **prendre ses responsabilités** asumir su responsabilidad; **décliner toute ~** declinar cualquier responsabilidad; **~ civile/collective/morale/pénale** responsabilidad civil/colectiva/moral/penal

**responsable** [ʀɛspɔ̃sabl] adj, nmf responsable mf

**resquiller** [ʀɛskije] vi (au cinéma, au stade) colarse; (dans le train) viajar de gorra

**resquilleur, -euse** [ʀɛskijœʀ, øz] nm/f gorrón(-ona)

**ressac** [ʀəsak] nm resaca

**ressaisir** [ʀ(ə)seziʀ] : **se ressaisir** vpr (se maîtriser) serenarse; (équipe sportive, concurrent) recuperarse

**ressasser** [ʀ(ə)sase] vt rumiar; (histoires, critiques) repetir

**ressemblance** [ʀ(ə)sɑ̃blɑ̃s] nf semejanza; (Art) parecido; (analogie, trait commun) similitud f

**ressemblant, e** [ʀ(ə)sɑ̃blɑ̃, ɑ̃t] adj parecido(-a)

**ressembler** [ʀ(ə)sɑ̃ble] : **~ à** vt parecerse a; **se ressembler** vpr parecerse

**ressemeler** [ʀ(ə)səm(ə)le] vt echar nuevas suelas

**ressens** etc [ʀ(ə)sɑ̃] vb voir **ressentir**

**ressentiment** [ʀ(ə)sɑ̃timɑ̃] nm resentimiento

**ressentir** [ʀ(ə)sɑ̃tiʀ] vt sentir; **se ~ de** resentirse de

**resserre** [ʀəsɛʀ] nf trastero

**resserrement** [ʀ(ə)sɛʀmɑ̃] nm estrechamiento

**resserrer** [ʀ(ə)seʀe] vt apretar; (liens d'amitié) estrechar; **se resserrer** vpr (route, vallée) estrecharse; (liens, nœuds) apretarse; **se ~ (autour de)** (fig) acercarse (a)

**ressers** etc [ʀ(ə)sɛʀ] vb voir **resservir**

**resservir** [ʀ(ə)sɛʀviʀ] vt : **~ qn (d'un plat)** volver a servir a algn (un plato); **~ de qch (à qn)** volver a servir algo (a algn) ▸ vi (être réutilisé) servir de nuevo; **se resservir** vpr : **se ~ de** (plat) volver a servirse

**ressort** [ʀəsɔʀ] vb voir **ressortir** ▸ nm muelle m; **avoir du/manquer de ~** tener/carecer de dinamismo; **en dernier ~** en última instancia; **être du ~ de** ser de la competencia de

**ressortir** [ʀəsɔʀtiʀ] vi (sortir à nouveau) salir de nuevo; (projectile etc) salir; (couleur, broderie, détail) resaltar; **il ressort de ceci que …** resulta de eso que …; **~ à** (Admin, Jur) ser de la jurisdicción de; **faire ~ qch** (fig) hacer resaltar algo ▸ vt sacar de nuevo

**ressortissant, e** [ʀ(ə)sɔʀtisɑ̃, ɑ̃t] nm/f súbdito(-a)

**ressouder** [ʀ(ə)sude] vt volver a soldar

**ressource** [ʀ(ə)suʀs] nf (expédient, recours) recurso; **leur seule ~ était de …** su único recurso era …; **ressources** nfpl recursos mpl; **ressources d'énergie** recursos energéticos

**ressourcer** [ʀ(ə)suʀse] : **se ressourcer** vpr (se régénérer) recuperarse, cargar las baterías

**ressurgir** [ʀ(ə)syʀʒiʀ] vi = **resurgir**

**ressusciter** [ʀesysite] vt (personne) resucitar; (art, mode) resurgir ▸ vi (Christ, aussi fig) resucitar

**restant, e** [ʀɛstɑ̃, ɑ̃t] adj restante ▸ nm (d'une somme, quantité) : **le ~ (de)** el resto (de); **un ~ de** unas sobras de; (vestige) un resto de

**restaurant** [ʀɛstɔʀɑ̃] nm restaurante m; **manger au ~** comer en un restaurante; **~ d'entreprise/universitaire** comedor m de una empresa/universitario

**restaurateur, -trice** [ʀɛstɔʀatœʀ, tʀis] nm/f restaurador(a)

**restauration** [ʀɛstɔʀasjɔ̃] nf restauración f; **~ rapide** comida rápida

**restaurer** [ʀɛstɔʀe] vt restaurar; **se restaurer** vpr comer

**restauroute** [ʀɛstɔʀut] nm = **restoroute**

**reste** [ʀɛst] nm resto; (Math) residuo; **utiliser un ~ de poulet/soupe/tissu** utilizar un resto de pollo/sopa/tejido; **faites ceci, je me charge du ~** haced esto, del resto me encargo yo; **pour le ~, quant au ~** por lo demás, en cuanto a lo demás; **le ~ du temps/des gens** el resto del tiempo/de la gente; **avoir du temps/de l'argent de ~** tener tiempo/dinero de sobra; **et tout le ~** y todo lo demás; **ne voulant pas être** ou **demeurer en ~** no queriendo ser menos; **partir sans attendre** ou **demander son ~** (fig) marcharse sin esperar respuesta; **du ~, au ~** (au surplus, d'ailleurs) además; **restes** nmpl (Culin) sobras fpl; (d'une cité, dépouille mortelle) restos mpl

**rester** [ʀɛste] vi (dans un lieu) quedarse; (dans un état, une position) quedar; (être encore là, subsister) permanecer; (durer) persistir; **en ~ à** (stade, menaces) quedarse en; **restons-en là** dejémoslo aquí; **~ immobile/assis/habillé** quedarse inmóvil/sentado/vestido; **~ sur sa faim/une impression** quedarse con las ganas/una impresión; **y ~** (fam) : **il a failli y ~** por poco estira la pata ▸ vb impers : **il me reste du pain** me queda pan; **il (me) reste deux œufs** (me) quedan dos huevos; **il (me) reste 10 minutes** (me) quedan 10 minutos; **(il) reste à savoir/établir si …** queda por saber/establecer si …; **il reste que …, il n'en reste pas moins que …** sin embargo …, con todo y con eso …; **voilà tout ce qui (me) reste** esto es todo lo que (me) queda; **ce qui (me) reste à faire** lo que (me) falta por hacer

⚠ No debe traducirse por *restar*, que en francés corresponde a **soustraire**.

## restituer – rétif

**restituer** [Rɛstitɥe] vt (texte, inscription) reconstruir; (Tech : énergie, son) reproducir; **~ qch (à qn)** (objet, somme) restituir algo (a algn)

**restitution** [Rɛstitysjɔ̃] nf restitución f

**restoroute** [Rɛstorut] nm restaurante m de carretera

**restreindre** [Rɛstrɛ̃dR] vt restringir; **se restreindre** vpr restringirse

**restreint, e** [Rɛstrɛ̃, ɛ̃t] pp de **restreindre** ▶ adj limitado(-a)

**restrictif, -ive** [Rɛstriktif, iv] adj restrictivo(-a)

**restriction** [Rɛstriksjɔ̃] nf restricción f; **sans ~** sin reservas; **restrictions** nfpl (rationnement) restricciones fpl; **faire des restrictions** (critiquer) tener reservas; (mentales) hacer restricción mental

**restructuration** [Rəstryktyrasjɔ̃] nf reestructuración f

**restructurer** [Rəstryktyre] vt reestructurar

**résultante** [Rezyltɑ̃t] nf consecuencia

**résultat** [Rezylta] nm resultado; **résultats** nmpl resultados mpl; **exiger/obtenir des résultats** exigir/obtener resultados; **résultats sportifs** resultados deportivos

**résulter** [Rezylte] vi : **~ de** resultar de; **il résulte de ceci que ...** de ello resulta que ...

**résumé** [Rezyme] nm resumen m; (ouvrage succinct) compendio m; **faire le ~ de** hacer el resumen de; **en ~** en resumen

**résumer** [Rezyme] vt resumir; **se résumer** vpr (personne) sintetizar; **se ~ à** (se réduire à) resumirse a

**résurgence** [RezyRʒɑ̃s] nf resurgimiento

**resurgir** [R(ə)syRʒiR] vi resurgir

**résurrection** [RezyRɛksjɔ̃] nf (Rel) resurrección f; (fig) reaparición f

**rétablir** [Retablir] vt restablecer; **~ qn** restablecer a algn; **~ qn dans son emploi/ses droits** (Admin) restablecer a algn en su empleo/en sus derechos; **se rétablir** vpr restablecerse; (Gymnastique) : **se ~ (sur)** elevarse (sobre)

**rétablissement** [Retablismɑ̃] nm restablecimiento; **faire un ~** (Gymnastique etc) hacer una elevación

**rétamer** [Retame] vt estañar de nuevo; **se rétamer** vpr (fam : tomber) pegarse una torta (fam)

**rétameur** [Retamœr] nm estañador m

**retaper** [R(ə)tape] (fam) vt arreglar; (redactylographier) pasar de nuevo a máquina, mecanografiar de nuevo

**retard** [R(ə)taR] nm retraso; **arriver en ~** llegar con retraso; **être en ~** (personne) llegar tarde; (train) traer retraso; (dans paiement, travail) retrasarse; (pays) estar retrasado(-a); **être en ~ (de deux heures)** retrasarse (dos horas); **avoir un ~ de deux heures/deux km** (Sport) llevar un retraso de dos horas/dos km; **rattraper son ~** recuperarse de un retraso; **avoir du ~** estar retrasado(-a); (sur un programme) estar atrasado(-a); **prendre du ~** (train, avion) retrasarse; (montre) atrasarse; **sans ~** sin retraso; **~ à l'allumage** (Auto) retardo en la chispa; **~ scolaire** retraso escolar

**retardataire** [R(ə)taRdatɛR] adj (enfant) retrasado(-a); (idées) atrasado(-a) ▶ nmf rezagado(-a)

**retardé, e** [R(ə)taRde] adj, nm/f retrasado(-a)

**retardement** [R(ə)taRdəmɑ̃] : **à ~** adj de efecto retardado; (aussi Photo, mécanisme) de mecanismo retardado; **bombe à ~** (aussi fig) bomba de relojería

**retarder** [R(ə)taRde] vt (montre) atrasar; (travail, études) retrasar; **~ qn (d'une heure)** retrasar a algn (una hora) ▶ vi (horloge, montre) atrasar; (: d'habitude) estar atrasado(-a); (fig : personne) no estar al tanto; **je retarde (d'une heure)** mi reloj va una hora atrasado

**retendre** [R(ə)tɑ̃dR] vt tensar de nuevo

**retenir** [Rət(ə)niR] vt retener; (objet qui glisse) agarrar; (objet suspendu) sujetar; (odeur, chaleur, lumière etc) conservar; (colère, larmes) contener; (chanson, date) recordar; (suggestion, proposition) aceptar; (place, chambre) reservar; (Math) llevarse; **~ qn (de faire)** impedir a algn (hacer); **je pose trois et je retiens deux** pongo tres y me llevo dos; **~ un rire/sourire** contener la risa/sonrisa; **~ son souffle** ou **haleine** contener su respiración ou aliento; **il m'a retenu à dîner** me ha hecho quedarme a cenar; **se retenir** vpr (euphémisme) aguantarse; (se raccrocher) : **se ~ (à)** agarrarse (a); **se ~ (de faire qch)** contenerse (de hacer algo)

**rétention** [Retɑ̃sjɔ̃] nf : **~ d'urine** retención f de orina

**retentir** [R(ə)tɑ̃tiR] vi resonar; (fig) repercutir; **~ de** retumbar con; **~ sur** (fig) repercutir sobre

**retentissant, e** [R(ə)tɑ̃tisɑ̃, ɑ̃t] adj (voix, choc) ruidoso(-a); (succès etc) clamoroso(-a)

**retentissement** [R(ə)tɑ̃tismɑ̃] nm (gén pl) repercusión f; (éclat) resonancia

**retenu, e** [Rət(ə)ny] pp de **retenir** ▶ adj (place, propos) reservado(-a); (personne : empêché) retenido(-a)

**retenue** [Rət(ə)ny] nf (somme prélevée) deducción f; (Math) lo que se lleva; (Scol) castigo; (modération) moderación f; (réserve) reserva; (Auto) cola

**réticence** [Retisɑ̃s] nf reticencia; **sans ~** sin reticencia

**réticent, e** [Retisɑ̃, ɑ̃t] adj reticente

**retiendrai** [Rətjɛ̃dRe] vb voir **retenir**

**retiens** [Rətjɛ̃] vb voir **retenir**

**rétif, -ive** [Retif, iv] adj inquieto(-a); (fig) reacio(-a)

## rétine – rétro

**rétine** [Retin] *nf* retina
**retint** [Rətɛ̃] *vb voir* **retenir**
**retiré, e** [R(ə)tiRe] *adj (personne, vie)* solitario(-a); *(quartier)* alejado(-a)
**retirer** [R(ə)tiRe] *vt* retirar; *(vêtement, lunettes)* quitarse; **~ un bénéfice/des avantages de** sacar beneficio de/ventajas de; **~ qch à qn** quitarle algo a algn; **~ qch/qn de** sacar algo/a algn de; **se retirer** *vpr* retirarse
**retombées** [Rətɔ̃be] *nfpl (radioactives)* lluvias *fpl*; *(d'un événement)* repercusiones *fpl*; *(d'une invention)* efectos *mpl*
**retomber** [R(ə)tɔ̃be] *vi* caer; *(tomber de nouveau)* caer de nuevo; **~ malade/dans l'erreur** volver a caer enfermo/en el error; **~ sur qn** recaer sobre algn
**retordre** [R(ə)tɔRdR] *vt*: **donner du fil à ~ à qn** dar que hacer a algn
**rétorquer** [RetɔRke] *vt*: **~ (à qn) que** replicar (a algn) que
**retors, e** [Rətɔr, ɔrs] *adj* astuto(-a)
**rétorsion** [RetɔRsjɔ̃] *nf*: **mesures de ~** represalias *fpl*
**retouche** [R(ə)tuʃ] *nf* retoque *m*; **faire une ~** *ou* **des retouches à** dar un retoque *ou* unos retoques a
**retoucher** [R(ə)tuʃe] *vt* retocar
**retour** [R(ə)tuR] *nm* vuelta; *(d'un lieu, vers un lieu)* regreso; **au ~** a la vuelta; **pendant le ~** durante el regreso; **à mon/ton ~** a mi/tu regreso; **au ~ de** a la vuelta de; **être de ~ (de)** estar de vuelta (de); **de ~ à Lyons** de vuelta en Lyons; **de ~ chez moi** de vuelta en casa; **« de ~ dans 10 minutes »** « vuelvo en 10 minutos »; **en ~** en cambio; **par ~ du courrier** a vuelta de correo; **un juste ~ des choses** un castigo merecido; **un de ces jours, il y aura un ~ de manivelle** un día se le virará la tortilla; **match ~** partido de vuelta; **~ à l'envoyeur** *(Postes)* devuelto a su procedencia; **~ (automatique) à la ligne** *(Inform)* salto de línea automático; **~ aux sources** *(fig)* vuelta a las raíces; **~ de bâton** contragolpe *m*; **~ de chariot** vuelta de carretilla; **~ de flamme** retorno de llama; *(fig)* contragolpe *m*; **~ en arrière** *(Ciné, Litt, fig)* vuelta atrás; *(mesure)* paso atrás; **~ offensif** vuelta ofensiva
**retournement** [R(ə)tuRnəmɑ̃] *nm* cambio; **~ de la situation** cambio de la situación
**retourner** [R(ə)tuRne] *vt (dans l'autre sens)* dar la vuelta a, voltear *(Am)*; *(caisse)* poner boca abajo; *(arme)* volver; *(renvoyer, restituer, argument)* devolver; *(sac, vêtement)* volver del revés; *(terre, sol, foin, émouvoir)* revolver; **~ sa veste** *(fig : fam)* cambiar de chaqueta ▶ *vi* volver; *(aller de nouveau)* : **~ quelque part/vers/chez** volver de nuevo a algún sitio/hacia/a casa de; **~ à** volver a; **~ en arrière** *ou* **sur ses pas** volver atrás *ou* sobre sus pasos; **~ aux sources** volver a las raíces; **savoir de quoi il retourne** saber de qué se trata; **se retourner** *vpr* volverse, voltearse *(Am)*; *(voiture)* dar vuelta de campana; *(tourner la tête)* volverse; **s'en ~** regresar; **se ~ contre qn/qch** *(fig)* volverse contra algn/algo
**retracer** [R(ə)tRase] *vt* recordar
**rétractable** [Retraktabl] *adj (poignée, toit)* retráctil
**rétracter** [RetRakte] *vt (affirmation, promesse)* retractar; *(antenne etc)* retraer; **se rétracter** *vpr* retractarse; *(revenir sur ses promesses)* desdecirse; *(antenne etc)* retraerse
**retraduire** [R(ə)tRaduiR] *vt* traducir de nuevo
**retrait** [R(ə)tRɛ] *nm* retiro; **en ~** apartado(-a); **écrire en ~** escribir dejando un margen; **~ du permis (de conduire)** retirada de carnet (de conducir)
**retraite** [R(ə)tRɛt] *nf* retiro; *(d'une armée)* retirada; *(d'un employé, fonctionnaire)* jubilación *f*; **être à la ~** estar jubilado(-a); **mettre à la ~** jubilar (a); **prendre sa ~** jubilarse; **~ anticipée** jubilación anticipada; **~ aux flambeaux** desfile *m* con antorchas
**retraité, e** [R(ə)tRete] *adj* retirado(-a), jubilado(-a) ▶ *nm/f* jubilado(-a)
**retraitement** [R(ə)tRɛtmɑ̃] *nm (de déchets radioactifs)* reciclaje *m*
**retraiter** [R(ə)tRɛte] *vt* reciclar
**retranchement** [R(ə)tRɑ̃ʃmɑ̃] *nm (fortification)* fortificación *f*; **poursuivre qn dans ses derniers retranchements** *(fig)* acorralar a algn
**retrancher** [R(ə)tRɑ̃ʃe] *vt* suprimir; **~ qch de** *(nombre, somme)* sustraer algo de; **se ~ derrière/dans** *(Mil)* parapetarse detrás de/en; *(fig)* refugiarse en
**retranscription** [R(ə)tRɑ̃skRipsjɔ̃] *nf* nueva transcripción
**retranscrire** [R(ə)tRɑ̃skRiR] *vt* transcribir de nuevo
**retransmettre** [R(ə)tRɑ̃smɛtR] *vt* retransmitir
**retransmission** [R(ə)tRɑ̃smisjɔ̃] *nf* retransmisión *f*
**retravailler** [R(ə)tRavaje] *vi, vt* trabajar de nuevo
**retraverser** [R(ə)tRavɛRse] *vt* volver a atravesar
**rétréci, e** [RetResi] *adj* estrechado(-a)
**rétrécir** [RetResiR] *vt, vi (vêtement)* encoger; **se rétrécir** *vpr* estrecharse
**rétrécissement** [RetResismɑ̃] *nm* estrechamiento
**retremper** [R(ə)tRɑ̃pe] *vt*: **se ~ dans** *(fig)* meterse de nuevo en
**rétribuer** [RetRibɥe] *vt* retribuir
**rétribution** [RetRibysjɔ̃] *nf* retribución *f*
**rétro** [RetRo] *adj*: **mode/style ~** moda/estilo retro *inv* ▶ *nm (fam)* = **rétroviseur**

428 · FRANÇAIS | ESPAGNOL

## rétroactif – réveillonner

**rétroactif, -ive** [ʀetʀoaktif, iv] *adj* retroactivo(-a)

**rétroactivement** [ʀetʀoaktivmɑ̃] *adv* retroactivamente

**rétroactivité** [ʀetʀoaktivite] *nf* retroactividad *f*

**rétrocéder** [ʀetʀosede] *vt* hacer retrocesión de

**rétrocession** [ʀetʀosesjɔ̃] *nf* retrocesión *f*

**rétroéclairage** [ʀetʀoeklɛʀaʒ] *nm* (*Tech*) retroiluminación *f*

**rétrofusée** [ʀetʀofyze] *nf* retrocohete *m*

**rétrogradation** [ʀetʀɔɡʀadasjɔ̃] *nf* (*Mil, Admin*) degradación *f*; (*Sport*) pérdida de categoría (*por motivos extradeportivos*)

**rétrograde** [ʀetʀɔɡʀad] (*péj*) *adj* retrógrado(-a)

**rétrograder** [ʀetʀɔɡʀade] *vi* (*Auto*) reducir velocidad; (*cheval, coureur*) atrasarse ▸ *vt* (*Mil, Admin*) degradar

**rétroprojecteur** [ʀetʀopʀɔʒɛktœʀ] *nm* retroproyector *m*

**rétrospectif, -ive** [ʀetʀɔspɛktif, iv] *adj* retrospectivo(-a)

**rétrospective** [ʀetʀɔspɛktiv] *nf* retrospectiva

**rétrospectivement** [ʀetʀɔspɛktivmɑ̃] *adv* retrospectivamente

**retroussé, e** [ʀ(ə)tʀuse] *adj* : **nez ~** nariz respingona

**retrousser** [ʀ(ə)tʀuse] *vt* (*pantalon etc*) arremangar; (*nez*) arrugar; (*lèvres*) fruncir; **se retrousser** *vpr* : **se ~ les manches** (*fig*) arremangarse

**retrouvailles** [ʀ(ə)tʀuvaj] *nfpl* reencuentro

**retrouver** [ʀ(ə)tʀuve] *vt* encontrar; (*sommeil, calme, santé*) recobrar; (*expression, style*) reconocer; (*rejoindre*) encontrarse con; **se retrouver** *vpr* encontrarse; (*s'orienter*) orientarse; **se ~ dans** (*calculs, dossiers, désordre*) desenvolverse en; **s'y ~** (*rentrer dans ses frais*) salir ganando

**rétroviral, e, -aux** [ʀetʀoviʀal, o] *adj* retroviral

**rétrovirus** [ʀetʀoviʀys] *nm* retrovirus *m inv*

**rétroviseur** [ʀetʀovizœʀ] *nm* retrovisor *m*

**retweeter** [ʀətwite] *vt* (*Inform : Twitter*) retuitear, retwittear

**réunifier** [ʀeynifje] *vt* reunificar

**Réunion** [ʀeynjɔ̃] *nf* : **la ~, l'île de la ~** la (isla de la) Reunión

**réunion** [ʀeynjɔ̃] *nf* reunión *f*; (*séance, congrès*) encuentro; **~ électorale** mitin *m* electoral; **~ sportive** tertulia deportiva

**réunionite** [ʀeynjɔnit] (*fam*) *nf* reunionitis *f inv* (*fam*)

**réunionnais, e** [ʀeynjɔnɛ, ɛz] *adj* de la Reunión ▸ *nm/f* : **Réunionnais, e** nativo(-a) *ou* habitante *mf* de la Reunión

**réunir** [ʀeyniʀ] *vt* reunir; (*rapprocher*) juntar; (*rattacher*) unir; **~ qch à** sumar algo a; **se réunir** *vpr* reunirse; (*s'allier*) unirse; (*chemins, cours d'eau etc*) juntarse

**réussi, e** [ʀeysi] *adj* (*robe, photographie*) logrado(-a); (*réception*) exitoso(-a)

**réussir** [ʀeysiʀ] *vi* (*tentative, projet*) ser un éxito, salir bien; (*plante, culture*) darse bien; (*personne*) tener éxito, triunfar; (: *à un examen*) aprobar; **~ à faire qch** lograr *ou* conseguir hacer algo; **~ à qn** (*aliment*) sentar bien a algn; **le travail/le mariage lui réussit** el trabajo/el matrimonio le sienta bien ▸ *vt* (*examen*) aprobar; **j'ai réussi mon examen** he aprobado el examen; **j'ai réussi du premier coup les profiteroles** los profiteroles me han salido bien a la primera

> Pour traduire **réussir à**, on emploie *lograr* ou *conseguir*, sans préposition :
> **J'ai réussi à tout terminer.** He conseguido terminarlo todo.
> **J'ai finalement réussi à la joindre.** Al final he logrado localizarla.

**réussite** [ʀeysit] *nf* éxito; (*Cartes*) solitario; **une ~ insolente** un éxito inaudito; **taux de ~** (*au baccalauréat, à un examen*) porcentaje de aprobados

**réutilisable** [ʀeytilizabl] *adj* reutilizable

**réutilisation** [ʀeytilizasjɔ̃] *nf* reutilización *f*

**réutiliser** [ʀeytilize] *vt* reutilizar

**revaloir** [ʀ(ə)valwaʀ] *vt* : **je vous revaudrai cela** se lo pagaré con la misma moneda

**revalorisation** [ʀ(ə)valɔʀizasjɔ̃] *nf* revalorización *f*

**revaloriser** [ʀ(ə)valɔʀize] *vt* revalorizar; (*salaires, pensions*) elevar

**revanchard, e** [ʀ(ə)vɑ̃ʃaʀ, aʀd] *adj* revanchista

**revanche** [ʀ(ə)vɑ̃ʃ] *nf* revancha; **prendre sa ~ (sur)** tomar la revancha (contra); **en ~** en cambio; (*en compensation*) en compensación

**rêvasser** [ʀɛvase] *vi* soñar despierto

**rêve** [ʀɛv] *nm* sueño; **paysage/silence de ~** paisaje/silencio de ensueño; **la voiture/maison de ses rêves** el coche/la casa de sus sueños; **~ éveillé** ensueño

**rêvé, e** [ʀeve] *adj* soñado(-a)

**revêche** [ʀəvɛʃ] *adj* hosco(-a)

**réveil** [ʀevɛj] *nm* despertar *m*; (*pendule*) despertador *m*; **au ~, je ...** al despertarme, ...; **sonner le ~** (*Mil*) tocar a diana

**réveille-matin** [ʀevɛjmatɛ̃] *nm inv* despertador *m*

**réveiller** [ʀeveje] *vt* despertar; **se réveiller** *vpr* despertarse; (*fig : se secouer*) espabilarse

**réveillon** [ʀevɛjɔ̃] *nm* cena de Nochebuena; (*de la Saint-Sylvestre*) cena de Nochevieja; (*dîner, soirée*) cotillón *m*

**réveillonner** [ʀevɛjɔne] *vi* celebrar la cena de Nochebuena o Nochevieja

**révélateur, -trice** [ʀevelatœʀ, tʀis] *adj* revelador(a) ▶ *nm* (*Photo*) revelador *m*
**révélation** [ʀevelasjɔ̃] *nf* revelación *f*
**révéler** [ʀevele] *vt* revelar; **~ qn/qch** dar algn/algo a conocer; **se révéler** *vpr* revelarse; **se ~ facile/faux** resultar fácil/falso; **se ~ cruel** mostrarse cruel; **se ~ un allié sûr** resultar ser un aliado seguro
**revenant, e** [ʀ(ə)vənɑ̃, ɑ̃t] *nm/f* fantasma *m*
**revendeur, -euse** [ʀ(ə)vɑ̃dœʀ, øz] *nm/f* revendedor(a)
**revendicatif, -ive** [ʀ(ə)vɑ̃dikatif, iv] *adj* reivindicativo(-a)
**revendication** [ʀ(ə)vɑ̃dikasjɔ̃] *nf* reivindicación *f*; (*gén pl : Pol etc*) reivindicaciones *fpl*; **journée de ~** (*Pol*) día de reivindicación
**revendiquer** [ʀ(ə)vɑ̃dike] *vt* reivindicar; (*responsabilité*) asumir ▶ *vi* (*Pol*) reivindicar
**revendre** [ʀ(ə)vɑ̃dʀ] *vt* revender; **à ~** de sobra; **avoir du talent/de l'énergie à ~** tener talento/energía para dar y tomar
**revenir** [ʀəv(ə)niʀ] *vi* (*venir de nouveau*) venir de nuevo; (*rentrer*) regresar, volver; (*saison, mode, calme*) volver; **faire ~ de la viande/des légumes** rehogar la carne/las verduras; **~ cher/à 20 euros (à qn)** resultar caro/a 20 euros (a algn); **~ à** (*études, conversation, projet*) volver a; (*équivaloir à*) venir a ser; **~ à qn** (*rumeur, nouvelle*) llegar a los oídos de algn; (*part, honneur, responsabilité*) corresponder a algn; (*souvenir, nom*) venirle a algn *ou* a la mente; **~ de** (*fig*) salir de; **~ sur** (*question*) volver sobre; (*promesse*) retractarse de; **~ à la charge** volver a la carga; **~ à soi** volver en sí; **n'en pas ~ : je n'en reviens pas** no vuelvo de mi asombro; **~ sur ses pas** dar marcha atrás; **cela revient au même** eso viene a ser lo mismo; **cela revient à dire que** lo que es lo mismo que decir que; **je reviens de loin** (*fig*) me escapé de una buena
**revente** [ʀ(ə)vɑ̃t] *nf* reventa
**revenu, e** [ʀəv(ə)ny] *pp de* **revenir** ▶ *nm* renta; (*d'une terre*) rendimiento; **revenus** *nmpl* (*rémunération*) ingresos *mpl*
**rêver** [ʀeve] *vi* soñar; **~ de** *ou* **à** soñar con ▶ *vt* soñar con; **~ que** soñar que
**réverbération** [ʀevɛʀbeʀasjɔ̃] *nf* reverberación *f*
**réverbère** [ʀevɛʀbɛʀ] *nm* farola
**réverbérer** [ʀevɛʀbeʀe] *vt* reverberar
**reverdir** [ʀ(ə)vɛʀdiʀ] *vi* reverdecer
**révérence** [ʀeveʀɑ̃s] *nf* reverencia
**révérencieux, -euse** [ʀeveʀɑ̃sjø, jøz] *adj* reverente
**révérend, e** [ʀeveʀɑ̃, ɑ̃d] *adj* (*Rel*) : **le ~ père Pascal** el reverendo padre Pascal
**révérer** [ʀeveʀe] *vt* reverenciar
**rêverie** [ʀɛvʀi] *nf* ensoñación *f*, ensueño
**reverrai** *etc* [ʀəvɛʀe] *vb voir* **revoir**

**revers** [ʀ(ə)vɛʀ] *nm* revés *m*; (*d'une feuille*) envés *m*; (*de la main*) dorso; (*d'une pièce, médaille*) reverso; **d'un ~ de main** de un revés; **le ~ de la médaille** (*fig*) el lado malo; **prendre à ~** (*Mil*) coger por la espalda; **~ de fortune** revés de fortuna
**reverser** [ʀ(ə)vɛʀse] *vt* : **~ sur** volver a ingresar en; **~ (dans)** volver a verter (en)
**réversibilité** [ʀevɛʀsibilite] *nf* reversibilidad *f*
**réversible** [ʀevɛʀsibl] *adj* reversible *inv*
**revêtement** [ʀ(ə)vɛtmɑ̃] *nm* revestimiento; (*d'une chaussée*) firme *m*; (*d'un tuyau etc*) capa
**revêtir** [ʀ(ə)vetiʀ] *vt* revestir; (*vêtement*) ponerse; **~ qn de** vestir a algn con; **~ qch de** revestir algo de; (*signature, visa*) estampar algo con
**rêveur, -euse** [ʀɛvœʀ, øz] *adj* soñador(a) ▶ *nm/f* soñador(a); (*péj : utopiste*) quijote *m*
**rêveusement** [ʀɛvøzmɑ̃] *adv* distraídamente
**reviendrai** *etc* [ʀəvjɛ̃dʀe] *vb voir* **revenir**
**revienne** *etc* [ʀəvjɛn] *vb voir* **revenir**
**revient** [ʀəvjɛ̃] *vb voir* **revenir** ▶ *nm* : **prix de ~** (*Comm*) precio de coste
**revigorant, e** [ʀ(ə)vigɔʀɑ̃, ɑ̃t] *adj* vigorizante
**revigorer** [ʀ(ə)vigɔʀe] *vt* vigorizar
**revint** [ʀəvɛ̃] *vb voir* **revenir**
**revirement** [ʀ(ə)viʀmɑ̃] *nm* (*d'une personne*) cambio de opinión; (*d'une situation, de l'opinion*) cambio brusco
**revis** [ʀəvi] *vb voir* **revoir**
**révisable** [ʀevizabl] *adj* revisable
**réviser** [ʀevize] *vt* revisar; (*Scol, comptes*) repasar
**révision** [ʀevizjɔ̃] *nf* revisión *f*; **conseil de ~** (*Mil*) junta de clasificación y revisión; **faire ses révisions** (*Scol*) repasar; **la ~ des 10 000 km** (*Auto*) la revisión de los 10.000 km
**révisionnisme** [ʀevizjɔnism] *nm* revisionismo
**révisionniste** [ʀevizjɔnist] *nmf* revisionista *mf*
**revisiter** [ʀ(ə)vizite] *vt* (*œuvre, auteur*) revisitar
**revisser** [ʀ(ə)vise] *vt* atornillar de nuevo
**revit** [ʀəvi] *vb voir* **revoir**
**revitalisant, e** [ʀ(ə)vitalizɑ̃, ɑ̃t] *adj* revitalizante ▶ *nm* revitalizante *m*
**revitalisation** [ʀ(ə)vitalizasjɔ̃] *nf* revitalización *f*
**revitaliser** [ʀ(ə)vitalize] *vt* revitalizar
**revivifier** [ʀ(ə)vivifje] *vt* revivificar
**revivre** [ʀ(ə)vivʀ] *vi* recuperar fuerzas; (*traditions, coutumes*) recuperarse; **faire ~** (*mode, institution, usage*) resucitar; (*personnage, époque*) hacer revivir ▶ *vt* revivir
**révocable** [ʀevɔkabl] *adj* revocable *inv*
**révocation** [ʀevɔkasjɔ̃] *nf* revocación *f*
**revoir** [ʀ(ə)vwaʀ] *vt* volver a ver; (*par la mémoire*) recordar; (*texte, édition*) revisar; (*matière, programme*) repasar ▶ *nm* : **au ~** adiós

## révoltant – ridiculiser

*msg*; **au ~ Monsieur/Madame** adiós señor/señora; **dire au ~ à qn** decir adiós a algn; **se revoir** *vpr (amis)* volverse a ver

**révoltant, e** [Revɔltɑ̃, ɑ̃t] *adj* indignante

**révolte** [Revɔlt] *nf* rebelión *f*; *(indignation)* indignación *f*

**révolter** [Revɔlte] *vt* indignar; **se révolter** *vpr*: **se ~ (contre)** rebelarse (contra); *(s'indigner)* indignarse (con)

**révolu, e** [Revɔly] *adj (de jadis)* pasado(-a); *(fini : période, époque)* terminado(-a); *(Admin : complété)* : **âgé de 18 ans révolus** con 18 años cumplidos; **après trois ans révolus** después de pasados tres años

**révolution** [Revɔlysjɔ̃] *nf* revolución *f*; **être en ~** *(pays etc)* estar en revolución; **la ~ industrielle** la revolución industrial; **la R~ française** la Revolución Francesa

**révolutionnaire** [RevɔlysjɔnɛR] *adj, nmf* revolucionario(-a)

**révolutionner** [Revɔlysjɔne] *vt* revolucionar; *(fig)* alborotar

**revolver** [Revɔlvɛʀ] *nm* pistola; *(à barillet)* revólver *m*

**révoquer** [Revɔke] *vt* revocar; *(fonctionnaire)* destituir

**revoyais** *etc* [Rəvwaje] *vb voir* **revoir**

**revu, e** [Rəvy] *pp de* **revoir**

**revue** [R(ə)vy] *nf* revista; **passer en ~** *(Mil)* pasar revista (a); *(fig : problèmes, possibilités)* estudiar; **~ de presse** revista de prensa

**révulsé, e** [Revylse] *adj (yeux)* en blanco; *(visage)* demudado(-a)

**rez-de-chaussée** [Red(ə)ʃose] *nm inv* planta baja

**rez-de-jardin** [Red(ə)ʒaʀdɛ̃] *nm inv* planta de jardín

**RF** [ɛʀɛf] *sigle f* = **République française**

**RFO** *sigle f* (= *Réseau France outre-mer*) radiotelevisión de los territorios de ultramar franceses

**RG** [ɛʀʒe] *sigle mpl* (= *renseignements généraux*) servicio de información secreta del Estado francés

**rhabiller** [Rabije] *vt* volver a vestir; **se rhabiller** *vpr* volver a vestirse

**rhapsodie** [Rapsɔdi] *nf* rapsodia

**rhéostat** [Reɔsta] *nm* reostato

**rhésus** [Rezys] *adj* rhesus *inv* ▶ *nm* rhesus *msg*; **~ négatif/positif** RH negativo/positivo

**rhétorique** [RetɔRik] *nf* retórica; *(péj)* palabrería ▶ *adj* retórico(-a)

**Rhin** [Rɛ̃] *nm* : **le ~** el Rin

**rhinite** [Rinit] *nf* rinitis *f inv*

**rhinocéros** [RinɔseRɔs] *nm* (Zool) rinoceronte *m*

**rhinopharyngite** [RinɔfaRɛ̃ʒit] *nf* rinofaringitis *f inv*

**rhodanien, ne** [Rɔdanjɛ̃, jɛn] *adj* rodaniano(-a)

**rhododendron** [Rɔdɔdɛ̃dRɔ̃] *nm* rododendro

**Rhône** [Ron] *nm* : **le ~** el Ródano

**rhubarbe** [RybaRb] *nf* ruibarbo

**rhum** [Rɔm] *nm* ron *m*

**rhumatisant, e** [Rymatizɑ̃, ɑ̃t] *nm/f* reumático(-a)

**rhumatismal, e, -aux** [Rymatismal, o] *adj* reumático(-a)

**rhumatisme** [Rymatism] *nm* reumatismo, reúma; **avoir des rhumatismes** tener reúma

**rhumatologie** [Rymatɔlɔʒi] *nf* reumatología

**rhumatologue** [Rymatɔlɔg] *nmf* reumatólogo(-a)

**rhume** [Rym] *nm* catarro; **~ de cerveau** catarro de nariz; **le ~ des foins** la fiebre del heno

**rhumerie** [RɔmRi] *nf* destilería de ron

**ri** [Ri] *pp de* **rire**

**riant, e** [R(i)jɑ̃, R(i)jɑ̃t] *vb voir* **rire** ▶ *adj (visage, yeux)* risueño(-a); *(campagne, paysage)* alegre

**RIB** [Rib] *sigle m* = **relevé d'identité bancaire**

**ribambelle** [Ribɑ̃bɛl] *nf* : **une ~ d'enfants/de chats** una manada de niños/de gatos

**ricain, e** [Rikɛ̃, ɛn] *(fam) adj* yanqui

**ricanement** [Rikanmɑ̃] *nm (méchant)* risa burlona; *(bête)* risa tonta; *(de gêne)* risa de vergüenza

**ricaner** [Rikane] *vi (avec méchanceté)* reírse burlonamente; *(bêtement)* reírse con risa tonta; *(avec gêne)* reírse con sofocación

**riche** [Riʃ] *adj (aussi fig)* rico(-a); **~ en/de** rico(-a) en/de; **riches** *nmpl* : **les riches** los ricos

**richement** [Riʃmɑ̃] *adv* con riqueza

**richesse** [Riʃɛs] *nf* riqueza; **la ~ en vitamines d'un aliment** la riqueza vitamínica de un alimento; **richesses** *nfpl* riquezas *fpl*

**richissime** [Riʃisim] *adj* riquísimo(-a)

**ricin** [Risɛ̃] *nm* : **huile de ~** aceite *m* de ricino

**ricocher** [Rikɔʃe] *vi* rebotar; **faire ~** *(pierre)* hacer rebotar

**ricochet** [Rikɔʃɛ] *nm* rebote *m*; **faire ~** rebotar; *(fig)* tener repercusión; **faire des ricochets** hacer cabrillas; **par ~** de rebote

**rictus** [Riktys] *nm* rictus *msg*

**ride** [Rid] *nf* arruga; *(sur l'eau, le sable)* onda

**ridé, e** [Ride] *adj* arrugado(-a)

**rideau, x** [Rido] *nm* cortina; *(Théâtre)* telón *m*; *(d'arbres etc)* hilera; **tirer/ouvrir les rideaux** correr/descorrer las cortinas; **~ de fer** cierre *m* metálico; *(Hist)* telón de acero

**ridelle** [Ridɛl] *nf* adral *m*

**rider** [Ride] *vt* arrugar; *(eau, sable etc)* ondear; **se rider** *vpr* arrugarse

**ridicule** [Ridikyl] *adj* ridículo(-a) ▶ *nm* ridículo; **se couvrir de ~** hacer el ridículo; **tourner qn en ~** poner a algn en ridículo

**ridiculement** [Ridikylmɑ̃] *adv* ridículamente

**ridiculiser** [Ridikylize] *vt* ridiculizar; **se ridiculiser** *vpr* ridiculizarse

**ridule** [ʀidyl] *nf (euph)* arruguita
**rie** [ʀi] *vb voir* **rire**
**rien** [ʀjɛ̃] *pron* : **(ne)** ... ~ **(no)** ... nada; **qu'est-ce que vous avez ?** — ~ ¿qué le pasa? —nada; **il n'a ~ dit/fait** no dijo/hizo nada; **il n'a ~** *(n'est pas blessé)* no tiene nada; **de ~ !** ¡de nada!; **n'avoir peur de ~** no tener miedo de nada; **a-t-il jamais ~ fait pour nous ?** ¿ha hecho alguna vez algo por nosotros?; **~ d'intéressant** nada interesante; **~ d'autre** nada más; **~ du tout** nada en absoluto; **~ que** nada más que; **~ que pour lui faire plaisir** nada más que por agradarle; **~ que la vérité** nada más que la verdad; **~ que cela** nada más que eso ▶ *nm* : **un petit ~** *(cadeau)* un detalle (de nada); **des riens** naderías *fpl*; **un ~ de** una pizca de; **en un ~ de temps** en nada de tiempo
**rieur, -euse** [ʀ(i)jœʀ, ʀ(i)jøz] *adj* reidor(a); *(yeux, expression)* risueño(-a)
**rigide** [ʀiʒid] *adj* rígido(-a)
**rigidifier** [ʀiʒidifje] *vt (matériau)* rigidizar; *(péj : système, organisation)* hacer más rígido(-a), anquilosar; *(rendre plus strict : règlement)* hacer más estricto(-a); **se rigidifier** *vpr (matériau)* rigidizarse
**rigidité** [ʀiʒidite] *nf* rigidez *f*; **~ cadavérique** *(Méd)* rigor *m* mortis
**rigolade** [ʀiɡɔlad] *nf* broma; **c'est de la ~** *(ce n'est pas sérieux)* es una broma; *(c'est facile)* es una tontería
**rigolard, e** [ʀiɡɔlaʀ, aʀd] *(fam) adj (personne)* risueño(-a); *(air, ton)* jocoso(-a)
**rigole** [ʀiɡɔl] *nf* desagüe *m*; *(filet d'eau)* reguero
**rigoler** [ʀiɡɔle] *(fam) vi* reírse; *(s'amuser)* pasarlo bien; *(ne pas parler sérieusement, plaisanter)* estar de broma
**rigolo, -ote** [ʀiɡɔlo, ɔt] *(fam) adj* gracioso(-a); *(curieux, étrange)* raro(-a) ▶ *nm/f* gracioso(-a); *(péj : fumiste)* cantamañanas *m inv*
**rigorisme** [ʀiɡɔʀism] *nm* rigorismo
**rigoriste** [ʀiɡɔʀist] *adj* rigorista
**rigoureusement** [ʀiɡuʀøzmɑ̃] *adv* rigurosamente; **~ vrai/interdit** totalmente cierto/prohibido
**rigoureux, -euse** [ʀiɡuʀø, øz] *adj* riguroso(-a); *(morale)* rígido(-a); *(interdiction)* total
**rigueur** [ʀiɡœʀ] *nf* rigor *m*; *(de la morale)* rigidez *f*; *(d'une interdiction)* rigurosidad *f*; **de ~** de rigor; **être de ~** ser de rigor; **à la ~** en último extremo; **tenir ~ à qn de qch** guardar rencor a algn por algo
**riions** [ʀijɔ̃] *vb voir* **rire**
**rillettes** [ʀijɛt] *nfpl* especie de paté de cerdo u oca
**rime** [ʀim] *nf* rima; **n'avoir ni ~ ni raison** no tener pies ni cabeza
**rimer** [ʀime] *vi* rimar; **~ avec** rimar con; **ne ~ à rien** no tener sentido
**rimmel** [ʀimɛl] *nm* rímel *m*

**rinçage** [ʀɛ̃saʒ] *nm* aclarado; **liquide de ~** *(pour lave-vaisselle)* líquido de enjuague
**rince-doigts** [ʀɛ̃sdwa] *nm inv* lavafrutas *m inv*
**rincer** [ʀɛ̃se] *vt* enjuagar; *(linge)* aclarar; **se ~ la bouche** *(chez le dentiste etc)* enjuagarse la boca
**ring** [ʀiŋ] *nm* ring *m*; **monter sur le ~** dedicarse al boxeo
**ringard, e** [ʀɛ̃ɡaʀ, aʀd] *(fam, péj) adj (démodé)* rancio(-a); *(de mauvais goût)* hortera
**ringardisation** [ʀɛ̃ɡaʀdizasjɔ̃] *nf* **être en voie de ~** se estar quedando anticuado
**ringardise** [ʀɛ̃ɡaʀdiz] *nf* rancied ad *f*
**Rio de Janeiro** [ʀiodʒanɛʀo] *n* Río de Janeiro
**rions** [ʀijɔ̃] *vb voir* **rire**
**ripaille** [ʀipɑj] *(fam) nf* : **faire ~** darse una francachela, darse una comilona
**riper** [ʀipe] *vi (glisser)* resbalar; *(déraper)* patinar
**ripoliné, e** [ʀipoline] *adj* lacado(-a)
**ripoliner** [ʀipoline] *vt (peindre)* lacar; *(remettre à neuf)* remozar
**riposte** [ʀipɔst] *nf* réplica; **~ graduée** respuesta gradual
**riposter** [ʀipɔste] *vi* replicar; **~ à** responder a ▶ *vt* : **~ que** responder que
**ripper** [ʀipe] *vt (CD, DVD)* ripear
**rire** [ʀiʀ] *nm* risa ▶ *vi* reír; *(se divertir)* reírse; *(plaisanter)* bromear; **tu veux ~ !** *(désapprobation)* ¡estás de broma!; **~ aux éclats/aux larmes** reírse a carcajadas/hasta llorar; **~ jaune** reírse sin ganas; **~ sous cape** reírse para sus adentros; **~ au nez de qn** reírse en las narices de algn; **pour ~** en broma; **se rire** *vpr* : **se ~ de** reírse de
**ris** [ʀi] *vb voir* **rire** ▶ *nm* : **~ de veau** molleja
**risée** [ʀize] *nf* : **être la ~ de** ser el hazmerreír de
**risette** [ʀizɛt] *nf* : **faire ~ (à)** *(suj : bébé)* hacer una sonrisita (a)
**risible** [ʀizibl] *adj* risible
**risque** [ʀisk] *nm* riesgo; **aimer le ~** amar el riesgo; **l'attrait du ~** la emoción del riesgo; **prendre un ~/des risques** correr un riesgo/riesgos; **à ses risques et périls** por su cuenta y riesgo; **au ~ de** a riesgo de; **~ d'incendie** riesgo de incendio
**risqué, e** [ʀiske] *adj* arriesgado(-a)
**risquer** [ʀiske] *vt* arriesgar; *(allusion, comparaison, question)* aventurar; *(Mil, gén)* arriesgarse a; **tu risques qu'on te renvoie** te arriesgas a que te despidan; **ça ne risque rien** no hay riesgo alguno; **il risque de se tuer** puede matarse; **il a risqué de se tuer** por poco se mata; **ce qui risque de se produire** lo que puede producirse; **il ne risque pas de recommencer** no hay peligro de que vuelva a empezar; **se ~ dans** aventurarse en; **se ~ à qch/faire qch** arriesgarse a algo/hacer algo; **~ le tout pour le tout** arriesgar el todo por el todo

## risque-tout – romain

**risque-tout** [ʀiskətu] *nmf inv* temerario(-a)
**rissoler** [ʀisɔle] *vi, vt* : **(faire) ~ de la viande/des légumes** dorar la carne/las verduras
**ristourne** [ʀistuʀn] *nf* rebaja, descuento
**rit** [ʀi] *vb voir* **rire**
**rite** [ʀit] *nm* rito; *(fig)* ritual *m*; **rites d'initiation** ritos iniciáticos
**ritournelle** [ʀituʀnɛl] *nf (fig)* cantinela; **c'est toujours la même ~** *(fam)* siempre la misma cantinela
**rituel, le** [ʀituɛl] *adj* ritual ▶ *nm* ritual *m*
**rituellement** [ʀituɛlmɑ̃] *adv* ritualmente
**rivage** [ʀivaʒ] *nm (côte, littoral)* costa; *(grève, plage)* orilla
**rival, e, -aux** [ʀival, o] *adj* rival ▶ *nm/f (adversaire)* rival *mf*; **sans ~** sin rival
**rivaliser** [ʀivalize] *vi* : **~ avec** rivalizar con; **~ d'élégance/de générosité avec qn** rivalizar en elegancia/en generosidad con algn
**rivalité** [ʀivalite] *nf* rivalidad *f*
**rive** [ʀiv] *nf* orilla
**river** [ʀive] *vt (clou, pointe)* remachar; *(plaques de métal)* clavar; **être rivé sur** *(fig)* estar clavado en; **être rivé à son travail/sur place** estar atado a su trabajo/a su puesto
**riverain, e** [ʀiv(ə)ʀɛ̃, ɛn] *adj, nm/f (d'une rivière)* ribereño(-a); *(d'une route)* vecino(-a)
**rivet** [ʀivɛ] *nm* remache *m*
**riveter** [ʀiv(ə)te] *vt* remachar
**rivière** [ʀivjɛʀ] *nf* río; **~ de diamants** collar *m* de diamantes
**rixe** [ʀiks] *nf* pelea
**Riyadh** [ʀijad] *n* Riyadh
**riz** [ʀi] *nm* arroz *m*; **~ au lait** arroz con leche
**rizicole** [ʀizikɔl] *adj (région)* arrocero(-a); **production ~** producción *f* de arroz
**riziculture** [ʀizikyltyʀ] *nf* cultivo del arroz
**rizière** [ʀizjɛʀ] *nf* arrozal *m*
**RN** [ɛʀɛn] *sigle f (= route nationale)* N. *(= carretera nacional)*
**robe** [ʀɔb] *nf* vestido; *(de juge, d'avocat)* toga; *(d'ecclésiastique)* hábito; *(d'un animal)* pelo; **~ de baptême** traje *m* de bautismo; **~ de chambre** bata; **~ de grossesse** vestido premamá; **~ de mariée** vestido de novia; **~ de soirée** traje *m* de noche
**robinet** [ʀɔbinɛ] *nm* grifo, canilla *(AM)*; **~ du gaz** llave *f* del gas; **~ mélangeur** grifo mezclador
**robinetterie** [ʀɔbinɛtʀi] *nf* grifería
**roboratif, -ive** [ʀɔbɔʀatif, iv] *adj* fortificante
**robot** [ʀɔbo] *nm* robot *m*; **~ de cuisine** robot de cocina
**robotique** [ʀɔbɔtik] *nf* robótica
**robotiser** [ʀɔbɔtize] *vt (personne, travailleur)* convertir en autómata, robotizar; *(monde, vie)* automatizar
**robuste** [ʀɔbyst] *adj* robusto(-a); *(moteur, voiture)* resistente
**robustesse** [ʀɔbystɛs] *nf* robustez *f*
**roc** [ʀɔk] *nm* roca
**rocade** [ʀɔkad] *nf (Auto)* circunvalación *f*
**rocaille** [ʀɔkaj] *nf* rocalla ▶ *adj* : **style ~** estilo rococó
**rocailleux, -euse** [ʀɔkajø, øz] *adj* pedregoso(-a); *(style, voix)* áspero(-a)
**rocambolesque** [ʀɔkɑ̃bɔlɛsk] *adj* rocambolesco(-a)
**roche** [ʀɔʃ] *nf* roca; **une ~** un peñasco; **roches éruptives/calcaires** rocas volcánicas/calizas
**rocher** [ʀɔʃe] *nm* peñasco; *(matière)* roca
**rochet** [ʀɔʃɛ] *nm* : **roue à ~** rueda de trinquete
**rocheux, -euse** [ʀɔʃø, øz] *adj* rocoso(-a); **les (montagnes) Rocheuses** *(Géo)* las (montañas) Rocosas
**rock** [ʀɔk], **rock and roll** [ʀɔkɛnʀɔl] *nm* rock (and roll) *m*
**rocker** [ʀɔkœʀ] *nm*, **rockeur, -euse** [ʀɔkœʀ, øz] *nm/f* rockero(-a)
**rocking-chair** [ʀɔkiŋ(t)ʃɛʀ] *(pl* **rocking-chairs**) *nm* mecedora
**rococo** [ʀɔkoko] *adj, nm* rococó
**rodage** [ʀɔdaʒ] *nm (voiture)* rodaje *m*; *(spectacle)* perfeccionamiento; **en ~** *(Auto)* en rodaje
**rodé, e** [ʀɔde] *adj (spectacle)* perfeccionado(-a); **~ à qch** *(personne)* experimentado(-a) en algo
**rodéo** [ʀɔdeo] *nm* rodeo
**roder** [ʀɔde] *vt (moteur, voiture)* rodar; *(spectacle, service)* perfeccionar
**rôder** [ʀode] *vi* rondar; *(péj)* vagabundear
**rôdeur, -euse** [ʀodœʀ, øz] *nm/f* vagabundo(-a)
**rodomontades** [ʀɔdomɔ̃tad] *nfpl* fanfarronadas *fpl*
**rogatoire** [ʀɔgatwaʀ] *adj* : **commission ~** comisión *f* rogatoria
**rogne** [ʀɔɲ] *(fam) nf* : **être en ~** estar rabiando; **mettre en ~** hacer rabiar; **se mettre en ~** cogerse un berrinche
**rogner** [ʀɔɲe] *vt* recortar; *(prix etc)* rebajar ▶ *vi* : **~ sur** *(dépenses etc)* recortar
**rognons** [ʀɔɲɔ̃] *nmpl* riñones *mpl*
**rognures** [ʀɔɲyʀ] *nfpl* recortes *mpl*
**rogue** [ʀɔg] *adj* altanero(-a)
**roi** [ʀwa] *nm* rey *m*; **le jour** *ou* **la fête des Rois** el día de Reyes; **les Rois** los Reyes; **les Rois mages** los Reyes magos
**roitelet** [ʀwat(ə)lɛ] *nm (Zool, péj)* reyezuelo
**rôle** [ʀol] *nm (Ciné, Théâtre, aussi fig)* papel *m*; *(fonction)* función *f*; **jouer un ~ important dans ...** desempeñar un papel importante en ...
**rollers** [ʀɔlœʀ] *nmpl* patines en línea
**rollmops** [ʀɔlmɔps] *nm* arenque adobado enrollado en un pepinillo
**ROM** [ʀɔm] *sigle f (= mémoire morte)* ROM *f (= memoria de solo lectura)*
**romain, e** [ʀɔmɛ̃, ɛn] *adj* romano(-a) ▶ *nm/f* : **Romain, e** romano(-a)

433

**romaine** [ʀɔmɛn] *nf* lechuga romana
**roman, e** [ʀɔmɑ̃, an] *adj* románico(-a) ▶ *nm* novela; **~ d'espionnage** novela de espionaje; **~ noir/policier** novela negra/policíaca
**romance** [ʀɔmɑ̃s] *nf* romanza
**romancer** [ʀɔmɑ̃se] *vt* novelar
**romanche** [ʀɔmɑ̃ʃ] *adj* retorromano(-a) ▶ *nm* retorromano
**romancier, -ière** [ʀɔmɑ̃sje, jɛʀ] *nm/f* novelista *mf*
**romand, e** [ʀɔmɑ̃, ɑ̃d] *adj* de lengua francesa ▶ *nm/f*: **Romand, e** suizo(-a) de lengua francesa
**romanesque** [ʀɔmanɛsk] *adj* (Litt) novelesco(-a)
**roman-feuilleton** [ʀɔmɑ̃fœjtɔ̃] (*pl* **romans-feuilletons**) *nm* folletín *m*
**roman-fleuve** [ʀɔmɑ̃flœv] (*pl* **romans-fleuves**) *nm* novelón *m*
**romanichel, le** [ʀɔmaniʃɛl] *nm/f* gitano(-a)
**roman-photo** [ʀɔmɑ̃fɔto] (*pl* **romans-photos**) *nm* fotonovela
**romantique** [ʀɔmɑ̃tik] *adj* romántico(-a)
**romantisme** [ʀɔmɑ̃tism] *nm* romanticismo
**romarin** [ʀɔmaʀɛ̃] *nm* romero
**rombière** [ʀɔ̃bjɛʀ] (*péj*) *nf* vejestoria
**Rome** [ʀɔm] *n* Roma
**rompre** [ʀɔ̃pʀ] *vt* romper; **applaudir à tout ~** aplaudir a rabiar; **~ la glace** (*fig*) romper el hielo; **rompez!** (*Mil*) ¡rompan filas! ▶ *vi* (*fiancés*) romper; **~ avec** romper con; **se rompre** *vpr* romperse; **se ~ les os** *ou* **le cou** romperse los huesos *ou* la crisma
**rompu, e** [ʀɔ̃py] *pp de* **rompre** ▶ *adj*: **~ à** avezado(-a) en
**romsteck** [ʀɔmstɛk] *nm* chuleta de lomo
**ronce** [ʀɔ̃s] *nf* zarza; (*Menuiserie*): **~ de noyer** veta de nogal; **ronces** *nfpl* (*branches*) zarzas *fpl*
**ronchon** [ʀɔ̃ʃɔ̃] (*fam*) *adj* gruñón(-ona)
**ronchonner** [ʀɔ̃ʃɔne] (*fam*) *vi* refunfuñar
**rond, e** [ʀɔ̃, ʀɔ̃d] *adj* redondo(-a); (*fam : ivre*) alegre; (*sincère, décidé*): **être ~ en affaires** ser serio(-a) en los negocios; **pour faire un compte ~** para redondear la cuenta; **avoir le dos ~** ser cargado(-a) de hombros ▶ *nm* redondo; **je n'ai plus un ~** (*fam : sou*) no me queda ni una perra; **en ~** (*s'asseoir, danser*) en corro; **faire des ronds de jambe** hacer zalamerías; **~ de serviette** servilletero ▶ *adv*: **tourner ~** (*moteur*) marchar bien; **ça ne tourne pas ~** (*fig*) eso no marcha bien
**rond-de-cuir** [ʀɔ̃dkɥiʀ] (*pl* **ronds-de-cuir**) (*péj*) *nm* chupatintas *m inv*
**ronde** [ʀɔ̃d] *nf* ronda; (*danse*) corro; (*Mus : note*) redonda; **à 10 km à la ~** a 10 km a la redonda; **passer qch à la ~** pasar algo en corro
**rondelet, te** [ʀɔ̃dlɛ, ɛt] *adj* regordete(-a); (*fig : somme*) suculento(-a)
**rondelle** [ʀɔ̃dɛl] *nf* (*Tech*) arandela; (*tranche*) loncha

**rondement** [ʀɔ̃dmɑ̃] *adv* (*promptement*) rápidamente; (*franchement*) sin rodeos
**rondeur** [ʀɔ̃dœʀ] *nf* redondez *f*; (*bonhomie*) sencillez *f*; **rondeurs** *nfpl* (*d'un corps, d'une femme*) redondeces *fpl*
**rondin** [ʀɔ̃dɛ̃] *nm* tronco
**rondouillard, e** [ʀɔ̃dujaʀ, aʀd] (*fam*) *adj* rechoncho(-a), regordete
**rond-point** [ʀɔ̃pwɛ̃] (*pl* **ronds-points**) *nm* rotonda
**ronéoter** [ʀɔneɔte], **ronéotyper** [ʀɔneɔtipe] *vt* mimeografiar
**ronflant, e** [ʀɔ̃flɑ̃, ɑ̃t] (*péj*) *adj* rimbombante
**ronflement** [ʀɔ̃fləmɑ̃] *nm* (*d'une personne*) ronquido; (*d'un moteur*) zumbido
**ronfler** [ʀɔ̃fle] *vi* (*personne*) roncar; (*moteur, poêle*) zumbar
**ronger** [ʀɔ̃ʒe] *vt* (*suj : souris, chien etc*) roer; (*: vers*) carcomer; (*: insectes*) ficar; (*: rouille*) corroer; (*fig : suj : mal, pensée*) carcomer, atormentar; **~ son frein** morder el freno; **se ~ d'inquiétude/de souci** reconcomerse de inquietud/de preocupación; **se ~ les ongles** comerse las uñas; **se ~ les sangs** quemarse la sangre
**rongeur** [ʀɔ̃ʒœʀ] *nm* roedor *m*
**ronronnement** [ʀɔ̃ʀɔnmɑ̃] *nm* ronroneo
**ronronner** [ʀɔ̃ʀɔne] *vi* ronronear
**roque** [ʀɔk] *nm* (*Échecs*) enroque *m*
**roquefort** [ʀɔkfɔʀ] *nm* roquefort *m*
**roquer** [ʀɔke] *vi* (*Échecs*) enrocar
**roquet** [ʀɔkɛ] *nm* gozque *m*
**roquette** [ʀɔkɛt] *nf* (*Mil*) misil *m*; **~ antichar** misil antitanque inv
**rosace** [ʀozas] *nf* rosetón *m*
**rosaire** [ʀozɛʀ] *nm* rosario
**rosbif** [ʀɔsbif] *nm* rosbif *m*
**rose** [ʀoz] *nf* rosa; (*vitrail*) rosetón *m*; **~ des sables/des vents** *nf* rosa de las arenas/de los vientos ▶ *adj* rosa inv; **~ bonbon** (*couleur*) rosa caramelo ▶ *nm* (*couleur*) rosa *m*
**rosé, e** [ʀoze] *adj* rosado(-a) ▶ *nm* (*vin*) rosado
**roseau, x** [ʀozo] *nm* caña
**rosée** [ʀoze] *adj f voir* **rosé** ▶ *nf* rocío; **une goutte de ~** una gota de rocío
**roseraie** [ʀozʀɛ] *nf* rosaleda
**rosette** [ʀozɛt] *nf*: **~ de la Légion d'honneur** insignia de la Legión de honor
**rosier** [ʀozje] *nm* rosal *m*
**rosir** [ʀoziʀ] *vi* ponerse sonrosado(-a)
**rosse** [ʀɔs] *nf* (*péj*) rocín *m* ▶ *adj* (*méchant*) mordaz; (*exigeant*) duro(-a)
**rosser** [ʀɔse] (*fam*) *vt* dar una paliza
**rossignol** [ʀɔsiɲɔl] *nm* (*Zool*) ruiseñor *m*; (*crochet*) ganzúa
**rot** [ʀo] *nm* eructo
**rotatif, -ive** [ʀɔtatif, iv] *adj* rotativo(-a)
**rotation** [ʀɔtasjɔ̃] *nf* rotación *f*; (*fig*) movimiento; (*renouvellement*) renovación *f*; **par ~** por rotación; **~ des cultures**

## rotative – rouler

alternancia de cultivos; **rotations des stocks** (*Comm*) renovación de existencia
**rotative** [ʀɔtativ] *nf* (*Imprimerie*) rotativa
**rotatoire** [ʀɔtatwaʀ] *adj* : **mouvement ~** movimiento rotatorio
**roter** [ʀɔte] (*fam*) *vi* eructar
**rôti** [ʀoti] *nm* carne *f* de asar; (*cuit*) asado de carne
**rotin** [ʀɔtɛ̃] *nm* mimbre *m ou f*; **fauteuil en ~** sillón *m* de mimbre
**rôtir** [ʀotiʀ] *vt* asar ▶ *vi* asarse; **se rôtir** *vpr* : **se ~ au soleil** tostarse al sol
**rôtisserie** [ʀotisʀi] *nf* (*restaurant*) restaurante-parrilla *m*; (*comptoir, magasin*) establecimiento de precocinados
**rôtissoire** [ʀotiswaʀ] *nf* asador *m*
**rotonde** [ʀɔtɔ̃d] *nf* rotonda
**rotondité** [ʀɔtɔ̃dite] *nf* redondez *f*
**rotor** [ʀɔtɔʀ] *nm* rotor *m*
**rotule** [ʀɔtyl] *nf* rótula
**roturier, -ière** [ʀɔtyʀje, jɛʀ] *nm/f* plebeyo(-a)
**rouage** [ʀwaʒ] *nm* (*d'un mécanisme*) engranaje *m*; (*de montre*) maquinaria; (*fig*) mecanismo; **rouages** *nmpl* (*fig*) máquina *fsg*
**roublard, e** [ʀublaʀ, aʀd] (*péj*) *adj* tunante, pícaro(-a)
**roublardise** [ʀublaʀdiz] (*péj*) *nf* tunantería, picardía
**rouble** [ʀubl] *nm* rublo
**roucoulement** [ʀukulmɑ̃] *nm* arrullo
**roucouler** [ʀukule] *vi* arrullarse; (*péj : chanteur*) gorgoritear
**roue** [ʀu] *nf* rueda; **faire la ~** (*paon*) pavonearse; (*Gymnastique*) dar la vuelta pineta; **descendre en ~ libre** (*Auto*) bajar en punto muerto; **pousser à la ~** alentar; **grande ~** (*à la foire*) noria; **~ à aubes** rueda de álabes; **~ de secours** rueda de repuesto; **~ dentée** rueda dentada; **roues avant/arrière** ruedas delanteras/traseras
**roué, e** [ʀwe] *adj* taimado(-a)
**rouelle** [ʀwɛl] *nf* (*viande*) medallón *m*
**Rouen** [ʀwɑ̃] *n* Ruán
**rouennais, e** [ʀwanɛ, ɛz] *adj* ruanés(-esa) ▶ *nm/f* : **Rouennais, e** ruanés(-esa)
**rouer** [ʀwe] *vt* : **~ qn de coups** moler a algn a palos
**rouet** [ʀwɛ] *nm* rueda de afilar
**rouge** [ʀuʒ] *adj* rojo(-a); **être sur la liste ~** (*Tél*) no constar en la guía; **~ de honte/colère** rojo(-a) de vergüenza/de cólera ▶ *nmf* (*Pol*) rojo(-a) ▶ *nm* (*couleur*) rojo; (*fard*) carmín *m*; (*vin*) **~** (vino) tinto; **passer au ~** (*signal*) ponerse el disco rojo; (*automobiliste*) pasar en rojo; **porter au ~** (*métal*) poner al rojo; **~ (à lèvres)** barra de labios ▶ *adv* : **se fâcher tout ~, voir ~** ponerse hecho una furia
**rougeâtre** [ʀuʒɑtʀ] *adj* rojizo(-a)
**rougeaud, e** [ʀuʒo, od] *adj* (*teint*) colorado(-a); (*personne*) coloradote(-a)

**rouge-gorge** [ʀuʒgɔʀʒ] (*pl* **rouges-gorges**) *nm* petirrojo
**rougeoiement** [ʀuʒwamɑ̃] *nm* fulgor *m* rojo
**rougeole** [ʀuʒɔl] *nf* sarampión *m*
**rougeoyant, e** [ʀuʒwajɑ̃, ɑ̃t] *adj* enrojecido(-a)
**rougeoyer** [ʀuʒwaje] *vi* ponerse rojo
**rouget** [ʀuʒɛ] *nm* salmonete *m*
**rougeur** [ʀuʒœʀ] *nf* rojez *f*; (*honte*) rubor *m*; (*échauffement*) colores *mpl*; **rougeurs** *nfpl* (*Méd*) enrojecimiento
**rougir** [ʀuʒiʀ] *vi* enrojecer; (*fraise, tomate*) ponerse rojo; (*ciel*) arrebolarse
**rouille** [ʀuj] *nf* moho; (*Culin*) alioli con pimiento rojo que acompaña la sopa de pescado ▶ *adj inv* (*couleur*) óxido *inv*
**rouillé, e** [ʀuje] *adj* oxidado(-a); (*personne, mémoire*) embotado(-a)
**rouiller** [ʀuje] *vt* oxidar; (*corps, esprit*) embotar ▶ *vi* oxidarse; **se rouiller** *vpr* oxidarse; (*mentalement*) embotarse; (*physiquement*) debilitarse
**roulade** [ʀulad] *nf* (*Gymnastique*) voltereta; (*Culin*) carne mechada; (*Mus*) gorgorito
**roulage** [ʀulaʒ] *nm* acarreo
**roulant, e** [ʀulɑ̃, ɑ̃t] *adj* rodante; (*surface, trottoir*) transportador(a); **matériel/personnel ~** (*Rail*) material/personal móvil
**roulé, e** [ʀule] *adj* : **bien roulée** (*fam*) bien formada, de bandera ▶ *nm* (*Culin*) brazo de gitano
**rouleau, x** [ʀulo] *nm* rollo; (*de pièces de monnaie*) cartucho; (*de machine, à peinture*) rodillo; (*à mise en plis*) rulo; (*Sport*) balanceo; (*vague*) rompiente *m*; **être au bout du ~** (*fam*) estar en las últimas; **~ à pâtisserie** rodillo; **~ compresseur** apisonadora; **~ de pellicule** rollo de película, carrete *m* de fotos
**roulé-boulé** [ʀulebule] (*pl* **roulés-boulés**) *nm* voltereta
**roulement** [ʀulmɑ̃] *nm* rodamiento; (*voiture etc*) circulación *f*; (*bruit : de véhicule*) ruido; (: *du tonnerre*) fragor *m*; (*d'ouvriers*) turno; (*de capitaux*) circulación; **par ~** por turno; **~ (à billes)** rodamiento (de bolas); **~ d'yeux** movimiento de ojos; **~ de tambour** redoble *m* de tambor
**rouler** [ʀule] *vt* hacer rodar; (*Culin, tissu, papier*) enrollar; (*cigarette, aussi fam*) liar; **~ dans la farine** (*fam*) timar; **~ les épaules/hanches** contonearse; **~ les « r »** marcar las « r »; **~ sur l'or** ser riquísimo(-a); **~ sa bosse** (*fam*) ver mundo ▶ *vi* rodar; (*voiture, train*) circular, estar en marcha; (*automobiliste*) circular; (*bateau*) balancearse; (*tonnerre*) retumbar; **~ en bas de** (*dégringoler*) caer rodando por; **~ sur** (*suj : conversation*) tratar sobre; **se rouler** *vpr* : **se ~ dans** (*boue*) revolcarse en; (*couverture*) envolverse en

**roulette** [ʀulɛt] *nf* rueda; *(pâtissier)* carretilla; **la ~** la ruleta; **table/fauteuil à roulettes** mesa/silla de ruedas; **la ~ russe** la ruleta rusa
**roulier** [ʀulje] *nm (Naut)* carretero
**roulis** [ʀuli] *nm* balanceo
**roulotte** [ʀulɔt] *nf* carro, carromato
**roumain, e** [ʀumɛ̃, ɛn] *adj* rumano(-a) ▶ *nm (Ling)* rumano ▶ *nm/f*: **Roumain, e** rumano(-a)
**Roumanie** [ʀumani] *nf* Rumania
**round** [ʀaund] *nm (aussi fig)* round *m*, asalto
**roupiller** [ʀupije] *(fam) vi* echar una cabezada
**rouquin, e** [ʀukɛ̃, in] *(fam) nm/f* pelirrojo(-a)
**rouspéter** [ʀuspete] *(fam) vi* refunfuñar
**rousse** [ʀus] *adj voir* **roux**
**roussette** [ʀusɛt] *nf (poisson)* lija, pintarroja; *(chauve-souris)* zorro volador; *(grenouille)* rana común
**rousseur** [ʀusœʀ] *nf*: **tache de ~** peca
**roussi** [ʀusi] *nm*: **ça sent le ~** *(plat etc)* eso huele a quemado; *(fig)* eso huele a chamusquina
**Roussillon** [ʀusijɔ̃] *nm* Rosellón *m*
**roussir** [ʀusiʀ] *vt (herbe, linge)* quemar ▶ *vi (feuilles)* amarillear; *(Culin)*: **faire ~ la viande/les oignons** dorar la carne/las cebollas
**routage** [ʀutaʒ] *nm* clasificación *f* y expedición *f*
**routard, e** [ʀutaʀ, aʀd] *nm/f* viajero(-a)
**route** [ʀut] *nf* carretera; *(itinéraire, parcours)* ruta; *(fig)* camino; **par (la) ~** por (la) carretera; **il y a trois heures de ~** hay tres horas de camino; **en ~** por el camino; **en ~!** ¡en marcha!; **en cours de ~** en ou por el camino; **mettre en ~** poner en marcha; **se mettre en ~** ponerse en camino; **faire ~ vers** dirigirse hacia; **faire fausse ~** *(fig)* ir por mal camino; **~ nationale** ≈ carretera nacional
**router** [ʀute] *vt (Postes)* clasificar y expedir
**routeur** [ʀutœʀ] *nm (Inform)* router *m*
**routier, -ière** [ʀutje, jɛʀ] *adj (réseau, carte)* de carreteras; *(circulation)* de carretera ▶ *nm (camionneur)* camionero; *(cycliste)* corredor; *(scout)* guía *m*; *(restaurant)* restaurante *m* de carretera; **vieux ~** perro viejo
**routière** [ʀutjɛʀ] *nf* coche bueno para la carretera
**routine** [ʀutin] *nf* rutina; **visite/contrôle de ~** visita/control *m* rutinario(-a) ou de rutina
**routinier, -ière** [ʀutinje, jɛʀ] *adj (aussi péj)* rutinario(-a)
**rouvert, e** [ʀuvɛʀ, ɛʀt] *pp de* **rouvrir**
**rouvrir** [ʀuvʀiʀ] *vt (porte, valise)* volver a abrir ▶ *vi (suj: école, piscine)* volver a abrirse; **se rouvrir** *vpr (porte, blessure)* volver a abrirse
**roux, rousse** [ʀu, ʀus] *adj, nm/f* pelirrojo(-a) ▶ *nm (Culin)* salsa rubia
**royal, e, -aux** [ʀwajal, o] *adj* real; *(festin, cadeau)* regio(-a); *(indifférence)* soberano(-a); *(paix)* completo(-a)

**royalement** [ʀwajalmɑ̃] *adv* regiamente
**royaliste** [ʀwajalist] *adj, nmf* monárquico(-a)
**royaume** [ʀwajom] *nm* reino; *(fig)* dominios *mpl*; **le ~ des cieux** el reino de los cielos
**Royaume-Uni** [ʀwajomyni] *nm* Reino Unido
**royauté** [ʀwajote] *nf (dignité)* realeza; *(régime)* monarquía
**RP** [ɛʀpe] *sigle f (= recette principale)* oficina principal de Correos; ~ **région parisienne** ▶ *sigle fpl* = **relations publiques**
**RSA** [ɛʀɛsa] *sigle m (= revenu de solidarité active)* ayuda pública para las personas con pocos recursos, ≈ RMI *f (= Renta Mínima de Inserción)* ▶ *sigle f (= République sud-africaine)* RSA *f (= República de Sudáfrica)*
**R.S.V.P.** [ɛʀɛsvepe] *abr (= répondez s'il vous plaît)* S.R.C.
**rte** *abr (= route)* Ctra. *(= carretera)*
**RTL** [ɛʀteɛl] *sigle f* = **Radio-Télévision Luxembourg**
**RTT** [ɛʀtete] *nf (= réduction du temps de travail)* reducción de las horas de trabajo
**RU** [ʀy] *sigle m (= restaurant universitaire)* comedor *m* universitario
**ruade** [ʀɥad] *nf* coz *f*
**ruban** [ʀybɑ̃] *nm* cinta; *(de velours, de soie)* lazo; *(pour ourlet, couture)* galón *m*; *(décoration)* condecoración *f*; **~ adhésif** cinta adhesiva
**rubéole** [ʀybeɔl] *nf* rubeola
**rubicond, e** [ʀybikɔ̃, ɔ̃d] *adj* rubicundo(-a)
**rubis** [ʀybi] *nm* rubí *m*; **payer ~ sur l'ongle** pagar a toca teja
**rubrique** [ʀybʀik] *nf (titre, catégorie)* rúbrica; *(Presse: article)* sección *f*
**ruche** [ʀyʃ] *nf* colmena
**rucher** [ʀyʃe] *nm* colmenar *m*
**rude** [ʀyd] *adj (barbe, toile, voix)* áspero(-a); *(métier, épreuve, climat)* duro(-a); *(bourru)* rudo(-a); **un ~ paysan/montagnard** un rudo campesino/montañés; **un ~ appétit** un hambre de lobos; **être mis à ~ épreuve** ser sometido a severa prueba
**rudement** [ʀydmɑ̃] *adv (tomber, frapper, traiter)* duramente; **elle est ~ belle/riche** *(fam)* es súper guapa/rica, es guapísima/riquísima; **j'ai ~ faim** *(fam)* tengo un montón de hambre
**rudesse** [ʀydɛs] *nf* aspereza; dureza; rudeza
**rudimentaire** [ʀydimɑ̃tɛʀ] *adj* rudimentario(-a)
**rudiments** [ʀydimɑ̃] *nmpl* rudimentos *mpl*
**rudoyer** [ʀydwaje] *vt* tratar con aspereza
**rue** [ʀy] *nf* calle *f*; **être à la ~** estar en la calle; **jeter qn à la ~** echar a algn a la calle
**ruée** [ʀɥe] *nf* riada; **la ~ vers l'or** la fiebre del oro
**ruelle** [ʀɥɛl] *nf* callejuela
**ruer** [ʀɥe] *vi* cocear; **~ dans les brancards** plantar cara; **se ruer** *vpr*: **se ~ sur** *(provisions, adversaire)* arrojarse sobre; **se ~ vers/dans/hors de** precipitarse hacia/en/fuera de

**rugby** [Rygbi] *nm* rugby *m*; **~ à quinze** rugby (a quinze); **~ à treize** rugby de trece
**rugbyman** [Rygbiman] *nm* jugador *m* de rugby
**rugir** [RyʒiR] *vi* rugir; *(personne)* bramar ▶ *vt (menaces, injures)* lanzar a voz en grito
**rugissement** [Ryʒismɑ̃] *nm* rugido; bramido
**rugosité** [Rygozite] *nf* rugosidad *f*; *(aspérité)* aspereza
**rugueux, -euse** [Rygø, øz] *adj* rugoso(-a)
**ruine** [Rɥin] *nf* ruina; **tomber en ~** caerse, venirse abajo; **être au bord de la ~** *(fig)* estar al borde de la ruina
**ruiner** [Rɥine] *vt* arruinar; **se ruiner** *vpr* arruinarse
**ruineux, -euse** [Rɥinø, øz] *adj* ruinoso(-a)
**ruisseau, x** [Rɥiso] *nm (cours d'eau)* arroyo; *(caniveau)* cuneta; **ruisseaux de larmes/sang** *(fig)* ríos *mpl* de lágrimas/sangre
**ruisselant, e** [Rɥis(ə)lɑ̃, ɑ̃t] *adj* chorreante, que chorrea; **un imperméable ~ de pluie** un impermeable que chorrea agua
**ruisseler** [Rɥis(ə)le] *vi (eau, pluie, larmes)* correr; *(mur, visage)* chorrear; **~ d'eau, ~ de pluie** chorrear agua; **~ de sueur** chorrear de sudor; **~ de lumière** centellear luz; **son visage ruisselait de larmes** las lágrimas le corrían por las mejillas
**ruissellement** [Rɥisɛlmɑ̃] *nm* chorreo; **~ de lumière** centelleo de luz
**rumeur** [RymœR] *nf* rumor *m*
**ruminant** [Ryminɑ̃] *nm (Zool)* rumiante *m*
**ruminer** [Rymine] *vi, vt (aussi fig)* rumiar
**rumsteck** [Rɔmstɛk] *nm* = **romsteck**
**rupestre** [RypɛstR] *adj* rupestre
**rupin, e** [Rypɛ̃, in] *(fam, péj) adj (personne)* ricachón(-ona) *(fam); (quartier, appartement)* pijo(-a) *(fam)* ▶ *nm/f (personne)* ricachón(-ona) *(fam);* **les rupins** los ricachones, la gente de pasta *(fam)*
**rupture** [RyptyR] *nf* rotura; *(des négociations, d'un couple)* ruptura; *(d'un contrat)* incumplimiento; **en ~ de ban** *(fig)* libre de obligaciones; **être en ~ de stock** estar agotado
**rural, e, -aux** [RyRal, o] *adj* rural; **ruraux** *nmpl*: **les ruraux** los campesinos
**ruralité** [RyRalite] *nf* ruralismo
**ruse** [Ryz] *nf* astucia; **une ~** un ardid; **par ~** con astucia
**rusé, e** [Ryze] *adj* astuto(-a)
**ruser** [Ryze] *vi (utiliser la ruse)* valerse de la astucia; **~ avec** *(personne, loi, autorité)* lidiar con
**rush** [Rœʃ] *nm (précipitation, ruée)* avalancha; *(Sport)* esprint *m* final; **rushes** *nmpl (Ciné)* primeras pruebas *fpl*
**russe** [Rys] *adj* ruso(-a) ▶ *nm (Ling)* ruso ▶ *nmf*: **Russe** ruso(-a)
**Russie** [Rysi] *nf* Rusia; **la ~ blanche/Soviétique** la Rusia blanca/Soviética
**rustine** [Rystin] *nf* parche *m*
**rustique** [Rystik] *adj* rústico(-a); *(plante)* resistente
**rustre** [RystR] *nm* paleto
**rut** [Ryt] *nm* celo; **être en ~** estar en celo
**rutabaga** [Rytabaga] *nm* nabo sueco
**rutilant, e** [Rytilɑ̃, ɑ̃t] *adj* reluciente, rutilante
**RV** *sigle m* (= *rendez-vous*) cita
**Rwanda** [Rwɑ̃da] *nm* Ruanda
**rythme** [Ritm] *nm* ritmo; *(des saisons)* paso; **au ~ de 10 par jour** a razón de 10 al día
**rythmé, e** [Ritme] *adj* rítmico(-a)
**rythmer** [Ritme] *vt* dar ritmo a; *(souligner)* medir
**rythmique** [Ritmik] *adj* rítmico(-a) ▶ *nf* rítmica

# Ss

**S¹, s** [ɛs] *nm inv (lettre)* S, s *f*; **S comme Suzanne** S de Susana
**S²** *abr* (= *sud*) S (= *sur*)
**s/** *abr* (= *sur*) sobre
**s'** [s] *pron voir* **se**
**SA** [ɛsa] *sigle f* (= *société anonyme*) S.A. (= *Sociedad Anónima*); (= *Son Altesse*) S.A. (= *Su Alteza*)
**sa** [sa] *voir* **son¹**
**sabbatique** [sabatik] *adj* : **année ~** año sabático
**sable** [sabl] *nm* arena; **sables mouvants** arenas *fpl* movedizas

⚠ No debe traducirse por *sable*, que en francés corresponde a **sabre**.

**sablé, e** [sable] *adj* enarenado(-a); **pâte sablée** pastaflora ▶ *nm* galleta de pastaflora
**sabler** [sable] *vt* enarenar; **~ le champagne** (*fig*) celebrar algo con champán
**sableux, -euse** [sablø, øz] *adj* arenoso(-a)
**sablier** [sablije] *nm* reloj *m* de arena
**sablière** [sablijɛʀ] *nf* arenal *m*
**sablonneux, -euse** [sablɔnø, øz] *adj* arenoso(-a)
**saborder** [sabɔʀde] *vt* (*aussi fig*) hundir (voluntariamente); **se saborder** *vpr* (*aussi fig*) hundirse (voluntariamente)
**sabot** [sabo] *nm* (*chaussure*) zueco; (*de cheval, bœuf*) casco; (*Tech*) zapata; **~ (de Denver)** cepo; **~ de frein** zapata de freno
**sabotage** [sabɔtaʒ] *nm* sabotaje *m*
**saboter** [sabɔte] *vt* sabotear
**saboteur, -euse** [sabɔtœʀ, øz] *nm/f* saboteador(a)
**sabre** [sɑbʀ] *nm* sable *m*; **le ~** (*fig*) el ejército
**sabrer** [sɑbʀe] *vt* (*ennemis*) dar sablazos; (*article etc*) suprimir, tachar
**sac** [sak] *nm* bolsa; (*aussi* : **sac à main**) bolso (de mano), cartera (*Am*); (*de grande taille, en toile*) saco; (*pillage*) saqueo; **mettre à ~** saquear; **l'affaire est dans le ~** (*fam*) es cosa hecha; **un ~ de nœuds** un lío, un fregado; **~ à dos** mochila; **~ à provisions** bolsa de la compra; **~ de couchage** saco de dormir; **~ de voyage** bolsa de viaje; **~ de plage** bolsa playera; **~ plastique** bolsa de plástico

Ne confondez pas *bolso* et *bolsa*. *Bolsa* est le terme le plus courant pour désigner un sac ou sachet plus ou moins grand tandis que *bolso* désigne plus particulièrement un sac à main. *Saco* ne s'emploie que pour un sac de grandes dimensions, souvent en toile :
**Je me suis fait voler mon sac à main.**
Me robaron el bolso.
**un sac de bonbons** una bolsa de caramelos
**un sac de pommes de terre** un saco de patatas

**saccade** [sakad] *nf* tirón *m*; **par saccades** a tirones
**saccadé, e** [sakade] *adj* (*gestes, voix*) brusco(-a); (*voix*) entrecortado(-a)
**saccage** [sakaʒ] *nm* saqueo
**saccager** [sakaʒe] *vt* (*piller*) saquear; (*dévaster*) devastar
**saccharine** [sakaʀin] *nf* sacarina
**saccharose** [sakaʀoz] *nm* sacarosa
**SACEM** [sasɛm] *sigle f* = **Société des auteurs, compositeurs et éditeurs de musique**
**sacerdoce** [sasɛʀdɔs] *nm* sacerdocio
**sacerdotal, e, -aux** [sasɛʀdɔtal, o] *adj* sacerdotal
**sachant** [saʃɑ̃] *vb voir* **savoir**
**sache** *etc* [saʃ] *vb voir* **savoir**
**sachet** [saʃɛ] *nm* bolsita; (*de poudre, lavande*) saquito; **thé en sachets** té *m* en bolsitas
**sacoche** [sakɔʃ] *nf* bolso, talego; (*de bicyclette, motocyclette*) talego; (*du facteur*) cartera; (*d'outils*) bolsa
**sacquer** [sake] (*fam*) *vt* (*employé*) poner de patitas en la calle; (*Scol*) catear
**sacraliser** [sakʀalize] *vt* sacralizar
**sacre** [sakʀ] *nm* consagración *f*; (*d'un souverain*) coronación *f*
**sacré, e** [sakʀe] *adj* sagrado(-a); (*fam* : *satané*) maldito(-a); (*Anat*) sacro(-a); **il a une sacrée chance/un ~ culot** (*fam*) tiene una suerte/cara increíble
**sacrement** [sakʀəmɑ̃] *nm* sacramento; **administrer les derniers sacrements à qn** administrar los últimos sacramentos a algn
**sacrer** [sakʀe] *vt* (*souverain*) coronar; (*évêque*) consagrar ▶ *vi* (*jurer*) blasfemar

## sacrifice – saison

**sacrifice** [sakʀifis] *nm* sacrificio; **faire le ~ de** sacrificar

**sacrificiel, le** [sakʀifisjɛl] *adj* de sacrificio

**sacrifier** [sakʀifje] *vt* sacrificar; **~ à** (*mode, tradition*) seguir; **articles sacrifiés** artículos *mpl* a precio de saldo, gangas *fpl*; **se sacrifier** *vpr* sacrificarse

**sacrilège** [sakʀilɛʒ] *nm* sacrilegio ▶ *nmf, adj* sacrílego(-a)

**sacristain** [sakʀistɛ̃] *nm* sacristán *m*

**sacristie** [sakʀisti] *nf* sacristía

**sacristine** [sakʀistin] *nf* sacristana

**sacro-saint, e** [sakʀosɛ̃, sɛt] (*pl* **sacro-saints, -es**) *adj* sacrosanto(-a)

**sadique** [sadik] *adj, nmf* sádico(-a)

**sadisme** [sadism] *nm* sadismo

**sadomasochisme** [sadomazɔsism] *nm* sadomasoquismo

**sadomasochiste** [sadomazɔsist] *nmf* sadomasoquista *mf*

**safari** [safaʀi] *nm* safari *m*; **faire un ~** hacer un safari

**safari-photo** [safaʀifoto] (*pl* **safaris-photos**) *nm* safari-fotográfico *m*

**safran** [safʀɑ̃] *nm* azafrán *m*

**saga** [saga] *nf* saga

**sagace** [sagas] *adj* sagaz

**sagacité** [sagasite] *nf* sagacidad *f*

**sagaie** [sagɛ] *nf* azagaya

**sage** [saʒ] *adj* (*avisé, prudent*) sensato(-a); (*enfant*) bueno(-a); (*jeune fille, vie*) casto(-a) ▶ *nmf* sabio(-a); (*Pol*) consejero, sabio(-a), experto(-a) independiente; **comité des sages** comité de sabios

**sage-femme** [saʒfam] (*pl* **sages-femmes**) *nf* comadrona

**sagement** [saʒmɑ̃] *adv* (*raisonnablement*) razonablemente; (*tranquillement*) tranquilamente

**sagesse** [saʒɛs] *nf* (*bon sens, prudence*) sensatez *f*; (*philosophie du sage*) sabiduría; (*d'un enfant*) buena conducta

**Sagittaire** [saʒitɛʀ] *nm* (*Astrol*) Sagitario; **être ~** ser Sagitario

**Sahara** [saaʀa] *nm* Sáhara *m*

**saharienne** [saaʀjɛn] *nf* (*veste*) sahariana

**saignant, e** [sɛɲɑ̃, ɑ̃t] *adj* (*viande*) poco hecho(-a); (*blessure*) sangrante

**saignée** [seɲe] *nf* sangría; (*fig*) pérdida drástica

**saignement** [sɛɲmɑ̃] *nm* hemorragia; **~ de nez** hemorragia nasal

**saigner** [seɲe] *vi* sangrar; **~ du nez** sangrar por la nariz ▶ *vt* (*Méd, fig*) sangrar a; (*animal*) desangrar; **~ qn à blanc** (*fig*) esquilmar a algn

**Saigon** [saigɔ̃] *n* Saigón

**saillant, e** [sajɑ̃, ɑ̃t] *adj* (*pommettes, menton*) prominente; (*corniche etc*) saliente; (*fig*) destacado(-a)

**saillie** [saji] *nf* (*d'une construction*) voladizo; (*trait d'esprit*) ocurrencia; (*accouplement*) apareamiento; **faire ~** sobresalir; **en ~, formant ~** saliente

**saillir** [sajiʀ] *vi* sobresalir; **faire ~** (*muscles etc*) hacer sobresalir ▶ *vt* (*Élevage*) cubrir

**sain, e** [sɛ̃, sɛn] *adj* sano(-a); (*habitation*) salubre; (*affaire, entreprise*) saneado(-a); **~ et sauf** sano y salvo; **~ d'esprit** sano(-a) de espíritu

**saindoux** [sɛ̃du] *nm* manteca de cerdo

**sainement** [sɛnmɑ̃] *adv* sanamente; (*raisonner*) juiciosamente

**saint, e** [sɛ̃, sɛ̃t] *adj, nm/f* santo(-a); **la Sainte Vierge** la Virgen Santísima ▶ *nm* (*statue*) santo

**saint-bernard** [sɛ̃bɛʀnaʀ] *nm* (perro) San Bernardo

**Sainte-Hélène** [sɛ̃telɛn] *nf* Santa Elena

**Saint-Esprit** [sɛ̃tɛspʀi] *nm*: **le ~** el Espíritu Santo

**sainteté** [sɛ̃tte] *nf* santidad *f*; **sa S~ le pape** su Santidad el Papa

**Saint-Laurent** [sɛ̃lɔʀɑ̃] *nm*: **le ~** el San Lorenzo

**Saint-Marin** [sɛ̃maʀɛ̃] *n* San Marino

**Saint-Père** [sɛ̃pɛʀ] (*pl* **Saints-Pères**) *nm*: **le ~** el Santo Padre

**Saint-Pierre** [sɛ̃pjɛʀ] *n* (*église*) San Pedro

**Saint-Pierre-et-Miquelon** [sɛ̃pjɛʀemiklɔ̃] *n* Saint-Pierre-et-Miquelon

**Saint-Siège** [sɛ̃sjɛʒ] *nm inv*: **le ~** la Santa Sede

**Saint-Sylvestre** [sɛ̃silvɛstʀ] *nf inv*: **la ~** el día de Nochevieja

**sais** *etc* [sɛ] *vb voir* **savoir**

**saisie** [sezi] *nf* (*Jur*) embargo; **opérateur/opératrice de ~** introductor/introductora de datos; **~ (de données)** (*Inform*) recogida de datos

**saisine** [sezin] *nf* (*Jur*) petición *f* de actuación

**saisir** [seziʀ] *vt* (*personne, chose: prendre*) agarrar; (*fig: occasion, prétexte*) aprovechar; (*comprendre*) comprender; (*entendre*) captar; (*suj: sensations, émotions*) sobrecoger; (*Inform*) procesar; (*Culin*) soasar; (*Jur: biens, personne*) embargar; (*: publication interdite*) secuestrar; **~ un tribunal d'une affaire** someter un caso a un tribunal; **elle fut saisie de douleur/crainte** le embargó el dolor/fue presa del pánico; **se saisir de** *vpr* (*personne*) apoderarse de

**saisissant, e** [sezisɑ̃, ɑ̃t] *adj* (*spectacle, contraste*) sobrecogedor(a); (*froid*) penetrante

**saisissement** [sezismɑ̃] *nm*: **muet/figé de ~** mudo/tieso de sobrecogimiento

**saison** [sezɔ̃] *nf* temporada, época; (*du calendrier*) estación *f*; **la ~** (*touristique*) la temporada; **la belle/mauvaise ~** la buena/mala temporada; **être de ~** ser de la temporada; **en/hors ~** en/fuera de temporada; **haute/basse/morte ~**

## saisonnier – saluer

temporada alta/media/baja; **la ~ des pluies/des amours** la época de las lluvias/de los amores; **les quatre saisons** las cuatro estaciones

**saisonnier, -ière** [sɛzɔnje, jɛʀ] *adj (produits, culture)* estacional; *(travail)* estacional, de temporada ▶ *nm/f (travailleur)* temporero(-a), trabajador(a) estacional; *(vacancier)* turista *mf* estacional

**sait** [sɛ] *vb voir* **savoir**

**salace** [salas] *adj* salaz

**salade** [salad] *nf* ensalada; *(fam : confusion)* embrollo; **haricots en ~** judías *fpl* en ensalada; **~ composée** ensalada mixta; **~ de concombres/d'endives** ensalada de pepinos/de endibias; **~ de fruits** macedonia de frutas; **~ de laitue/de tomates** ensalada de lechuga/de tomate; **~ niçoise** *ensalada con aceitunas, anchoas, tomates*; **~ russe** ensaladilla rusa; **salades** *nfpl (fam)* : **raconter des salades** contar cuentos

**saladier** [saladje] *nm* ensaladera

**salaire** [salɛʀ] *nm* salario; *(journalier)* jornal *m*; *(fig)* recompensa; **un ~ de misère** un salario de miseria; **~ brut/net** salario bruto/neto; **~ de base** sueldo base; **~ minimum interprofessionnel de croissance** ≈ salario mínimo interprofesional

**salaison** [salɛzɔ̃] *nf* salazón *f*; **salaisons** *nfpl (produits)* salazones *fpl*

**salamandre** [salamɑ̃dʀ] *nf* salamandra

**salami** [salami] *nm* salami *m*

**salant** [salɑ̃] *adj m* : **marais ~** salina

**salarial, e, -aux** [salaʀjal, jo] *adj* salarial

**salariat** [salaʀja] *nm* asalariados *mpl*

**salarié, e** [salaʀje] *adj, nm/f* asalariado(-a)

**salaud** [salo] *(fam !) nm* cabrón *m (fam !)*, hijo de la chingada *(MEX fam !)*

**sale** [sal] *adj* sucio(-a); *(avant le nom : fam)* malo(-a)

**salé, e** [sale] *adj* salado(-a); *(fig : histoire, plaisanterie)* picante; *(fam : note, facture)* desorbitado(-a); **bien ~** muy salado(-a) ▶ *nm (porc salé)* carne *f* de cerdo salada; **petit ~** saladillo

**salement** [salmɑ̃] *adv (manger etc)* groseramente

**saler** [sale] *vt (plat)* echar sal; *(pour conserver)* salar

**saleté** [salte] *nf* suciedad *f*; *(action vile)* cochinada; *(chose sans valeur)* porquería; *(obscénité)* guarrada; **j'ai attrapé une ~** *(microbe etc)* se me ha pegado una enfermedad; **vivre dans la ~** vivir en la inmundicia

**salière** [saljɛʀ] *nf* salero

**saligaud** [saligo] *(fam !) nm* marrano

**salin, e** [salɛ̃, in] *adj* salino(-a)

**saline** [salin] *nf* salina

**salinité** [salinite] *nf* salinidad *f*

**salir** [saliʀ] *vt* manchar; *(fig)* mancillar; **se salir** *vpr (aussi fig)* ensuciarse

⚠ No debe traducirse por *salir*, que en francés corresponde a **sortir**.

**salissant, e** [salisɑ̃, ɑ̃t] *adj* sucio(-a); **le blanc, c'est ~** el blanco es un color sucio *ou* poco sufrido

**salissure** [salisyʀ] *nf* suciedad *f*; *(tache)* mancha

**salive** [saliv] *nf* saliva

**saliver** [salive] *vi* salivar

**salle** [sal] *nf* sala; *(pièce)* sala, habitación *f*; *(de restaurant)* salón *m*; **faire ~ comble** tener un llenazo; **~ à manger** comedor *m*;
**~ commune** sala común; **~ d'armes** *(pour l'escrime)* sala de esgrima; **~ d'attente** sala de espera; **~ d'eau** aseo; **~ de bain(s)** cuarto de baño; **~ de bal** salón de baile; **~ de cinéma** sala de cine; **~ de classe** aula; **~ de concert** sala de conciertos; **~ de consultation** sala de consulta; **~ de douches** cuarto de duchas;
**~ de jeux** sala de juegos;
**~ d'embarquement** sala de embarque; **~ de projection** sala de proyección; **~ de séjour** cuarto de estar; **~ des machines** sala de máquinas; **~ de spectacle** sala de espectáculos; **~ des ventes** salón de ventas;
**~ d'exposition** sala de exposiciones;
**~ d'opération** sala de operaciones;
**~ obscure** sala oscura

**salmonellose** [salmɔneloz] *nf* salmonelosis *f inv*

**salon** [salɔ̃] *nm* salón *m*, living *m (AM)*; *(mondain, littéraire)* salón, tertulia; **~ de coiffure** salón de peluquería; **~ de discussion** *(Internet)* chat *m*; **~ de thé** salón de té

**salopard** [salopaʀ] *(fam !) nm* cabrón *m*, hijo de la chingada *(MEX fam !)*

**salope** [salɔp] *(fam !) nf* marrana

**saloper** [salɔpe] *(fam !) vt (bâcler)* chapucear; *(salir)* enguarrar

**saloperie** [salɔpʀi] *(fam !) nf (obscénité, publication obscène)* guarradas *fpl*; *(action vile)* marranada; *(chose sans valeur, de mauvaise qualité)* porquería

**salopette** [salɔpɛt] *nf* pantalón *m* de peto; *(de travail)* mono, overol *m (AM)*

**salpêtre** [salpɛtʀ] *nm* salitre *m*

**salsifis** [salsifi] *nm* salsifí *m*

**SALT** [salt] *abr* = **Strategic Arms Limitation Talks**

**saltimbanque** [saltɛ̃bɑ̃k] *nmf* saltimbanqui *mf*

**salubre** [salybʀ] *adj* salubre

**salubrité** [salybʀite] *nf* salubridad *f*; **mesures de ~ publique** medidas *fpl* de salubridad pública

**saluer** [salɥe] *vt* saludar; *(fig : acclamer)* aclamar, saludar

## salut – sarcastiquement

**salut** [saly] *nm* (*Rel, sauvegarde*) salvación *f*; (*Mil, parole d'accueil*) saludo; **~ public** salud *f* pública ▶ *excl* (*fam : bonjour*) ¡hola!; (*: au revoir*) ¡hasta luego!, ¡chao!, ¡chau! (*surtout Am*); (*style relevé*) ¡salve!

**salutaire** [salytɛR] *adj* saludable

**salutations** [salytasjɔ̃] *nfpl* saludos *mpl*; **recevez mes ~ distinguées** *ou* **respectueuses** (*dans une lettre*) reciba mis cordiales *ou* respetuosos saludos

**salutiste** [salytist] *nmf* miembro del ejército de Salvación

**Salvador** [salvadɔR] *nm* El Salvador

**salve** [salv] *nf* salva; **~ d'applaudissements** salva de aplausos

**Samarie** [samaRi] *nf* Samaria

**samaritain** [samaRitɛ̃] *nm* : **le bon S~** el buen samaritano

**samedi** [samdi] *nm* sábado; *voir aussi* **lundi**

**SAMU** [samy] *sigle m* (= *service d'assistance médicale d'urgence*) ≈ servicio médico de urgencia

**sanatorium** [sanatɔRjɔm] *nm* sanatorio (antituberculoso)

**sanctifier** [sɑ̃ktifje] *vt* santificar

**sanction** [sɑ̃ksjɔ̃] *nf* sanción *f*; **prendre des sanctions contre** tomar medidas sancionadoras contra

**sanctionner** [sɑ̃ksjɔne] *vt* sancionar

**sanctuaire** [sɑ̃ktɥɛR] *nm* santuario

**sandale** [sɑ̃dal] *nf* sandalia

**sandalette** [sɑ̃dalɛt] *nf* sandalia

**sandow**® [sɑ̃do] *nm* extensor *m*

**sandwich** [sɑ̃dwi(t)ʃ] *nm* bocadillo; (*de pain de mie*) sándwich *m*, emparedado (*surtout Am*); **être pris en ~ (entre)** estar aprisionado (entre)

**sandwicherie** [sɑ̃dwitʃRi] *nf* sandwichería

**sang** [sɑ̃] *nm* sangre *f*; **être en ~** estar cubierto de sangre; **jusqu'au ~** hasta hacer(le) sangrar; **se faire du mauvais ~** preocuparse; **~ bleu** sangre azul

**sang-froid** [sɑ̃fRwa] *nm inv* sangre *f* fría; **garder/perdre/reprendre son ~** conservar/ perder/recobrar la sangre fría; **faire qch de ~** hacer algo a sangre fría

**sanglant, e** [sɑ̃glɑ̃, ɑ̃t] *adj* (*visage, arme*) ensangrentado(-a); (*combat, fig*) sangriento(-a)

**sangle** [sɑ̃gl] *nf* correa; **fauteuil/lit de ~(s)** sillón *m*/catre *m* de tijera; **sangles** *nfpl* (*pour lit etc*) cinchas *fpl*

**sangler** [sɑ̃gle] *vt* (*colis, parachutiste*) ceñir; (*animal*) cinchar; **sanglé dans son uniforme** embutido en su uniforme

**sanglier** [sɑ̃glije] *nm* jabalí *m*

**sanglot** [sɑ̃glo] *nm* sollozo

**sangloter** [sɑ̃glɔte] *vi* sollozar

**sangsue** [sɑ̃sy] *nf* sanguijuela

**sanguin, e** [sɑ̃gɛ̃, in] *adj* sanguíneo(-a)

**sanguinaire** [sɑ̃ginɛR] *adj* sanguinario(-a)

**sanguine** [sɑ̃gin] *nf* sanguina

**sanguinolent, e** [sɑ̃ginɔlɑ̃, ɑ̃t] *adj* sanguinolento(-a)

**sanisette** [sanizɛt] *nf* aseo público

**sanitaire** [sanitɛR] *adj* sanitario(-a); **installation/appareil ~** instalación *f*/ aparato sanitario(-a); **sanitaires** *nmpl* (*appareils*) sanitarios *mpl*

**sans** [sɑ̃] *prép* sin; **~ qu'il s'en aperçoive** sin que se dé cuenta; **~ scrupules** sin escrúpulos; **~ manches** sin mangas

**sans-abri** [sɑ̃zabRi] (*pl* **~(s)**) *nmf* persona sin hogar

**sans-emploi** [sɑ̃zɑ̃plwa] (*pl* **sans-emplois**) *nmf* desempleado(-a)

**sans-façon** [sɑ̃fasɔ̃] *nm* (*littér*) informalidad *f*

**sans-gêne** [sɑ̃ʒɛn] *adj inv* desenfadado(-a) ▶ *nm inv* desenfado

**sans-logis** [sɑ̃lɔʒi] *nmf inv* persona sin hogar

**sans-souci** [sɑ̃susi] *adj inv* despreocupado(-a)

**sans-travail** [sɑ̃tRavaj] *nmf inv* desocupado(-a)

**santal** [sɑ̃tal] *nm* sándalo

**santé** [sɑ̃te] *nf* salud *f*; **avoir une ~ de fer** tener una salud de hierro; **avoir une ~ délicate** tener una salud delicada; **être en bonne ~** estar bien de salud; **boire à la ~ de qn** beber a la salud de algn; **« à la ~ de ... »** « a la salud de ... »; **« à votre/ta ~ ! »** « ¡a su/tu salud! »; **service de ~** servicio sanitario; **la ~ publique** la salud pública

**Santiago** [sɑ̃tjago], **Santiago du Chili** [sɑ̃tjagodyʃili] *n* Santiago (de Chile)

**santon** [sɑ̃tɔ̃] *nm* figurita del Belén

**saoudien, ne** [saudjɛ̃, jɛn] *adj* saudí, saudita ▶ *nm/f* : **Saoudien, ne** saudí *mf*, saudita *mf*

**saoul, e** [su, sul] *adj* = **soûl**

**sape** [sap] *nf* : **travail de ~** trabajo de zapa; **sapes** *nfpl* (*fam*) trapos *mpl*

**saper** [sape] *vt* socavar; **se saper** *vpr* (*fam*) vestirse

**sapeur** [sapœR] *nm* zapador *m*

**sapeur-pompier** [sapœRpɔ̃pje] (*pl* **sapeurs-pompiers**) *nmf* bombero(-a)

**saphir** [safiR] *nm* zafiro; (*d'électrophone*) aguja

**sapin** [sapɛ̃] *nm* (*Bot*) abeto; (*bois*) pino; **~ de Noël** árbol *m* de Navidad

**sapinière** [sapinjɛR] *nf* abetal *m*

**saquer** [sake] (*fam*) *vt* (*renvoyer*) echar (a la calle); (*supporter*) tragar (*fam*), soportar

**SAR** [ɛsaɛR] *sigle f* (= *Son Altesse Royale*) S.A.R. (= *Su Alteza Real*)

**sarabande** [saRabɑ̃d] *nf* zarabanda; (*fig*) algarabía

**sarbacane** [saRbakan] *nf* cerbatana

**sarcasme** [saRkasm] *nm* sarcasmo

**sarcastique** [saRkastik] *adj* sarcástico(-a)

**sarcastiquement** [saRkastikmɑ̃] *adv* con sarcasmo

**sarcelle** [saʀsɛl] *nf* cerceta
**sarclage** [saʀklaʒ] *nm* escarda
**sarcler** [saʀkle] *vt* escardar
**sarcloir** [saʀklwaʀ] *nm* escardillo
**sarcophage** [saʀkɔfaʒ] *nm* sarcófago
**Sardaigne** [saʀdɛɲ] *nf* Cerdeña
**sarde** [saʀd] *adj* sardo(-a) ▶ *nmf*: **Sarde** sardo(-a)
**sardine** [saʀdin] *nf* sardina; **sardines à l'huile** sardinas en aceite
**sardinerie** [saʀdinʀi] *nf* conservería de sardinas
**sardinier, -ière** [saʀdinje, jɛʀ] *adj* sardinero(-a) ▶ *nm (bateau)* barco sardinero
**sardonique** [saʀdɔnik] *adj*: **rire ~** risa sardónica
**sari** [saʀi] *nm* sari *m*
**SARL** [ɛsaɛʀɛl] *sigle f (= société à responsabilité limitée)* ≈ SL *(= sociedad limitada)*
**sarment** [saʀmɑ̃] *nm*: **~ (de vigne)** sarmiento (de vid)
**sarrasin** [saʀazɛ̃] *nm (Bot)* alforfón *m*, trigo sarraceno; *(farine)* harina de alforfón, harina de trigo sarraceno
**sarrau** [saʀo] *nm* blusón *m*
**sarriette** [saʀjɛt] *nf* ajedrea
**sas** [sɑs] *nm* esclusa de aire; *(d'une écluse)* cámara
**satané, e** [satane] *adj (maudit)* maldito(-a)
**satanique** [satanik] *adj* satánico(-a)
**sataniste** [satanist] *adj (secte)* satánico(-a) ▶ *nmf* satanista *mf*
**satelliser** [satelize] *vt (fusée)* poner en órbita; *(fig : pays)* convertir en un estado satélite
**satellite** [satelit] *nm* satélite *m sg*; **pays ~** país *m sg* satélite *inv*; **retransmis par ~** retransmitido vía satélite; **~ (artificiel)** satélite (artificial)
**satellite-espion** [satelitɛspjɔ̃] (*pl* **satellites-espions**) *nm* satélite *m* espía *inv*
**satellite-observatoire** [satelitɔpsɛʀvatwaʀ] (*pl* **satellites-observatoires**) *nm* satélite *m* observatorio *inv*
**satellite-relais** [satelitʀəlɛ] (*pl* **satellites-relais**) *nm* satélite *m* repetidor
**satiété** [sasjete] *nf*: **à ~** *adv* hasta la saciedad
**satin** [satɛ̃] *nm* satén *m*
**satiné, e** [satine] *adj* satinado(-a)
**satinette** [satinɛt] *nf* rasete *m*
**satire** [satiʀ] *nf* sátira; **faire la ~ de** satirizar
**satirique** [satiʀik] *adj* satírico(-a)
**satiriste** [satiʀist] *nmf* escritor(a) satírico(-a)
**satisfaction** [satisfaksjɔ̃] *nf* satisfacción *f*; **à ma grande ~** para gran satisfacción mía; **donner ~ (à)** satisfacer; **ils ont obtenu ~** se ha accedido a sus demandas
**satisfaire** [satisfɛʀ] *vt* satisfacer; **~ à** cumplir con; *(conditions)* responder a; **se satisfaire** *vpr*: **se ~ de** contentarse con
**satisfaisant, e** [satisfəzɑ̃, ɑ̃t] *adj* satisfactorio(-a)

**satisfait, e** [satisfɛ, ɛt] *pp de* **satisfaire** ▶ *adj (personne, air)* satisfecho(-a); *(curiosité, désir)* complacido(-a); **~ de** satisfecho(-a) de
**satisfasse** *etc* [satisfas] *vb voir* **satisfaire**
**satisferai** *etc* [satisfʀe] *vb voir* **satisfaire**
**saturation** [satyʀasjɔ̃] *nf* saturación *f*; **arriver à ~** llegar a la saturación
**saturer** [satyʀe] *vt* saturar; **~ qn/qch de** saturar a algn/algo de; **être saturé de qch** *(publicité)* estar harto de algo; **je suis saturé de travail** estoy saturado de trabajo
**saturnisme** [satyʀnism] *nm* saturnismo
**satyre** [satiʀ] *nm* sátiro
**sauce** [sos] *nf* salsa; **en ~** en salsa; **~ à salade** salsa de ensalada; **~ aux câpres** salsa de alcaparras; **~ blanche** salsa blanca; **~ chasseur** salsa chasseur *(con chalotes, vino blanco, champiñones y hierbas)*; **~ mayonnaise/piquante** salsa mayonesa/picante; **~ suprême/vinaigrette** salsa suprema/vinagreta; **~ tomate** salsa de tomate
**saucer** [sose] *vt* rebañar
**saucière** [sosjɛʀ] *nf* salsera
**saucisse** [sosis] *nf* salchicha
**saucisson** [sosisɔ̃] *nm* salchichón *m*; **~ à l'ail** salchichón al ajo; **~ sec** salchichón curado
**saucissonner** [sosisɔne] *vi* picar
**sauf¹** [sof] *prép* salvo; **~ que ...** salvo que ...; **~ si ...** salvo si ...; **~ avis contraire** salvo aviso contrario; **~ empêchement** salvo impedimento; **~ erreur/imprévu** salvo error/imprevisto
**sauf², sauve** [sof, sov] *adj (personne)* ileso(-a); *(fig : honneur)* a salvo; **laisser la vie sauve à qn** perdonar la vida a algn
**sauf-conduit** [sofkɔ̃dɥi] (*pl* **sauf-conduits**) *nm* salvoconducto
**sauge** [soʒ] *nf* salvia
**saugrenu, e** [sogʀəny] *adj (accoutrement)* estrafalario(-a); *(idée, question)* ridículo(-a)
**saule** [sol] *nm* sauce *m*; **~ pleureur** sauce llorón
**saumâtre** [somɑtʀ] *adj (eau, goût)* salobre; **la trouver ~** *(désagréable)* no hacer ni pizca de gracia
**saumon** [somɔ̃] *nm* salmón *m*; **~ fumé** salmón ahumado ▶ *adj inv (couleur)* color salmón *inv*
**saumoné, e** [somɔne] *adj*: **truite saumonée** trucha asalmonada
**saumure** [somyʀ] *nf* salmuera
**sauna** [sona] *nm* sauna *(m en AM)*
**saupoudrer** [sopudʀe] *vt*: **~ qch de** *(de sel, sucre)* espolvorear algo de; *(fig)* salpicar algo de
**saupoudreuse** [sopudʀøz] *nf frasco que sirve para espolvorear*
**saur** [sɔʀ] *adj m*: **hareng ~** arenque *m* ahumado
**saurai** *etc* [sɔʀe] *vb voir* **savoir**

## saut – savoureux

**saut** [so] nm salto; **faire un ~** dar un salto; **faire un ~ chez qn** dar un salto a casa de algn; **au ~ du lit** al levantarse; **~ en hauteur/longueur/à la perche** salto de altura/longitud/con pértiga; **~ à la corde** salto a la comba; **~ de page** (*Inform*) avance m de página; **~ en parachute** salto en paracaídas; **~ périlleux** salto mortal

**saute** [sot] nf : **~ de vent/température** cambio de viento/temperatura; **avoir des sautes d'humeur** tener cambios bruscos de humor

**sauté, e** [sote] adj (*Culin*) salteado(-a) ▶ nm : **~ de veau** salteado de ternera

**saute-mouton** [sotmutɔ̃] nm : **jouer à ~** jugar a la pídola

**sauter** [sote] vi saltar; (*exploser*) estallar; (*se rompre*) romperse; (*se détacher*) soltarse; **faire ~** (*avec explosifs*) volar; (*Culin*) saltear; **~ à pieds joints/à cloche-pied** saltar con los pies juntos/a pata coja; **~ dans/sur/vers** (*se précipiter*) echarse en/sobre/hacia; **~ en parachute** saltar en paracaídas; **~ à la corde** saltar a la cuerda; **~ de joie/de colère** saltar de alegría/de rabia; **~ au cou de qn** echarse al cuello de algn; **~ d'un sujet à l'autre** pasar de un tema a otro; **~ aux yeux** saltar a la vista; **~ au plafond** (*fig*) subirse por las paredes ▶ vt (*obstacle*) franquear; (*fig : omettre*) saltarse

**sauterelle** [sotʀɛl] nf (*Zool*) saltamontes m inv

**sauterie** [sotʀi] nf guateque m

**sauternes** [sotɛʀn] nm vino blanco afrutado que se elabora en la región francesa de Sauternes

**sauteur, -euse** [sotœʀ, øz] nm/f saltador(a); **~ à la perche** saltador(a) de pértiga; **~ à skis** saltador(a) de esquíes

**sauteuse** [sotøz] nf cazuela para saltear

**sautillement** [sotijmɑ̃] nm saltito

**sautiller** [sotije] vi dar saltitos

**sautoir** [sotwaʀ] nm (*collier*) collar m; (*Sport*) saltadero; **porter en ~** llevar sobre el pecho; **~ (de perles)** collar (de perlas)

**sauvage** [sovaʒ] adj (*animal, peuplade*) salvaje; (*plante*) silvestre; (*lieu*) agreste; (*insociable*) huraño(-a); (*non officiel*) no autorizado(-a) ▶ nmf (*primitif*) salvaje mf; (*brute*) bárbaro(-a)

**sauvagement** [sovaʒmɑ̃] adv brutalmente

**sauvageon, ne** [sovaʒɔ̃, ɔn] nm/f (*fig*) niño(-a) difícil

**sauvagerie** [sovaʒʀi] nf salvajismo

**sauve** [sov] adj f voir **sauf²**

**sauvegarde** [sovgaʀd] nf salvaguardia; **faire une ~** (*Inform*) hacer una copia de seguridad; **sous la ~ de** bajo el amparo de

**sauvegarder** [sovgaʀde] vt salvaguardar; (*Inform*) grabar

**sauve-qui-peut** [sovkipø] nm inv desbandada ▶ excl ¡sálvese quien pueda!

**sauver** [sove] vt salvar; **~ qn de** salvar a algn de; **~ la vie à qn** salvar la vida a algn; **~ les apparences** guardar las apariencias; **se sauver** vpr (*s'enfuir*) largarse; (*fam : partir*) irse

**sauvetage** [sov(ə)taʒ] nm salvamento; **ceinture** ou **brassière** ou **gilet de ~** cinturón m ou camisa ou chaleco salvavidas inv; **~ en montagne** rescate m de montaña

**sauveteur, -euse** [sov(ə)tœʀ, øz] nm/f socorrista mf

**sauvette** [sovɛt] : **à la ~** adv a hurtadillas ▶ adj : **vente à la ~** venta ambulante no autorizada

**sauveur** [sovœʀ] nm salvador m; **le S~** (*Rel*) el Salvador

**SAV** [ɛsave] sigle m (= *service après vente*) servicio post venta

**savais** etc [save] vb voir **savoir**

**savamment** [savamɑ̃] adv sabiamente

**savane** [savan] nf sabana

**savant, e** [savɑ̃, ɑ̃t] adj (*érudit, instruit, habile*) sabio(-a); (*compliqué, difficile*) complejo(-a); **animal ~** animal amaestrado ▶ nm/f sabio(-a)

**savate** [savat] nf chancla; (*Sport*) boxeo francés

**saveur** [savœʀ] nf sabor m

**Savoie** [savwa] nf Saboya

**savoir** [savwaʀ] nm saber m ▶ vt saber; **~ nager/se montrer ferme** saber nadar/mostrarse firme; **~ que** saber que; **~ si/comment/combien ...** saber si/cómo/cuánto ...; **il faut ~ que ...** es preciso saber que ...; **il est petit : tu ne peux pas ~ ...** no creerías lo pequeño que es ...; **vous n'êtes pas sans ~ que ...** usted no ignora que ...; **je crois ~ que ...** creo saber que ...; **je n'en sais rien** yo no sé nada de eso; **à ~** a saber; **à ~ que ...** a saber que ...; **faire ~ qch à qn** hacer saber algo a algn; **ne rien vouloir ~** no querer saber nada; **pas que je sache** que yo sepa, no; **sans le ~** sin saberlo; **en ~ long** saber un rato largo; **se savoir** vpr (*chose : être connu*) saberse; **se ~ malade/incurable** saberse enfermo/incurable

**savoir-faire** [savwaʀfɛʀ] nm inv tacto

**savoir-vivre** [savwaʀvivʀ] nm inv : **manquer de/avoir du ~** carecer de/tener modales

**savon** [savɔ̃] nm jabón m; **un ~** (*morceau*) una pastilla de jabón; **passer un ~ à qn** (*fam*) echarle un rapapolvo a algn

**savonner** [savɔne] vt enjabonar; **se savonner** vpr enjabonarse; **se ~ les mains/pieds** enjabonarse las manos/los pies

**savonnerie** [savɔnʀi] nf jabonería

**savonnette** [savɔnɛt] nf jaboncillo

**savonneux, -euse** [savɔnø, øz] adj jabonoso(-a)

**savons** [savɔ̃] vb voir **savoir**

**savourer** [savuʀe] vt saborear

**savoureux, -euse** [savuʀø, øz] adj sabroso(-a)

## savoyard – scintiller

**savoyard, e** [savwajaʀ, aʀd] *adj* saboyano(-a) ▶ *nm/f* : **Savoyard, e** saboyano(-a)
**sax** [saks] *nm* saxo
**saxo** [sakso], **saxophone** [saksɔfɔn] *nm* saxo(fón) *m*
**saxophoniste** [saksɔfɔnist] *nmf* saxofonista *mf*
**saynète** [sɛnɛt] *nf* sainete *m*
**sbire** [sbiʀ] (*péj*) *nm* esbirro
**scabreux, -euse** [skabʀø, øz] *adj* escabroso(-a)
**scalp** [skalp] *nm* cabellera
**scalpel** [skalpɛl] *nm* escalpelo
**scalper** [skalpe] *vt* (*Indiens*) cortar el cuero cabelludo; (*accidentellement*) escalpar
**scampi** [skãpi] *nmpl* gambas preparadas a la italiana
**scandale** [skãdal] *nm* escándalo; **faire du ~** (*tapage*) armar un escándalo; **faire ~** causar escándalo
**scandaleusement** [skãdaløzmã] *adv* escandalosamente
**scandaleux, -euse** [skãdalø, øz] *adj* escandaloso(-a)
**scandaliser** [skãdalize] *vt* escandalizar; **se scandaliser** *vpr* escandalizarse
**scander** [skãde] *vt* (*vers*) escandir; (*mots, syllabes*) silabear; (*slogans*) cantar
**scandinave** [skãdinav] *adj* escandinavo(-a) ▶ *nmf* : **Scandinave** escandinavo(-a)
**Scandinavie** [skãdinavi] *nf* Escandinavia
**scanner**[1] [skanɛʀ] *nm* escáner *m*
**scanner**[2] [skane] *vt* escanear
**scanographie** [skanɔgʀafi] *nf* escanograma
**scansion** [skãsjõ] *nf* (*de vers*) escansión *f*
**scaphandre** [skafãdʀ] *nm* escafandra; **~ autonome** escafandra autónoma
**scaphandrier** [skafãdʀije] *nm* buzo
**scarabée** [skaʀabe] *nm* escarabajo
**scarification** [skaʀifikasjõ] *nf* escarificación *f*
**scarlatine** [skaʀlatin] *nf* escarlatina
**scarole** [skaʀɔl] *nf* escarola
**scatologique** [skatɔlɔʒik] *adj* escatológico(-a)
**sceau, x** [so] *nm* sello; **sous le ~ du secret** bajo secreto
**scélérat, e** [seleʀa, at] *nm/f* canalla *mf* ▶ *adj* canallesco(-a)
**sceller** [sele] *vt* sellar; (*barreau, chaîne etc*) fijar
**scellés** [sele] *nmpl* (*Jur*) : **mettre les ~ sur** precintar
**scénario** [senaʀjo] *nm* (*Ciné*) guion *m*
**scénariste** [senaʀist] *nmf* (*Ciné*) guionista *mf*
**scène** [sɛn] *nf* escena; (*lieu, décors*) escena, escenario; (*dispute bruyante*) altercado; **la ~ politique/internationale** la escena política/internacional; **sur le devant de la ~** (*fig*) de plena actualidad; **entrer en ~** entrar en escena; **par ordre d'entrée en ~** por orden de aparición; **mettre en ~** (*Théâtre, fig*) poner en escena; (*Ciné*) dirigir; **porter à/adapter pour la ~** llevar al/adaptar para el teatro; **faire une ~ (à qn)** hacerle una escena (a algn); **~ de ménage** riña conyugal
**scénique** [senik] *adj* escénico(-a)
**scénographie** [senɔgʀafi] *nf* (*Théâtre*) escenografía
**scepticisme** [sɛptisism] *nm* escepticismo
**sceptique** [sɛptik] *adj, nmf* escéptico(-a)
**sceptre** [sɛptʀ] *nm* cetro
**schéma** [ʃema] *nm* esquema *m*
**schématique** [ʃematik] *adj* esquemático(-a)
**schématiquement** [ʃematikmã] *adv* esquemáticamente
**schématisation** [ʃematizasjõ] *nf* esquematización *f*
**schématiser** [ʃematize] *vt* (*objet, mouvement*) esquematizar; (*simplifier*) simplificar
**schismatique** [ʃismatik] *adj* cismático(-a)
**schisme** [ʃism] *nm* cisma *m*
**schiste** [ʃist] *nm* esquisto
**schisteux, -euse** [ʃistø, øz] *adj* (*roche*) esquistoso(-a); (*falaise*) pizarroso(-a)
**schizophrène** [skizɔfʀɛn] *nmf* esquizofrénico(-a)
**schizophrénie** [skizɔfʀeni] *nf* esquizofrenia
**sciatique** [sjatik] *adj* : **nerf ~** nervio ciático ▶ *nf* ciática
**scie** [si] *nf* sierra; (*fam, péj : rengaine*) cantinela; (: *personne*) pesadez *f*; **~ à bois** sierra para madera; **~ à découper** segueta; **~ à métaux** sierra para metales; **~ circulaire/sauteuse** sierra circular/de vaivén
**sciemment** [sjamã] *adv* intencionadamente
**science** [sjãs] *nf* ciencia; (*savoir*) saber *m*; (*savoir-faire*) saber hacer *m*; **les sciences** (*Scol*) las ciencias; **sciences appliquées/expérimentales** ciencias aplicadas/experimentales; **sciences humaines/naturelles** ciencias humanas/naturales; **sciences occultes** ciencias ocultas; **sciences politiques/sociales** ciencias políticas/sociales
**science-fiction** [sjãsfiksjõ] (*pl* **sciences-fictions**) *nf* ciencia ficción
**scientifique** [sjãtifik] *adj, nmf* científico(-a)
**scientifiquement** [sjãtifikmã] *adv* científicamente
**scientologie** [sjãtɔlɔʒi] *nf* cienciología
**scientologue** [sjãtɔlɔg] *nmf* cienciólogo(-a)
**scier** [sje] *vt* serrar; (*partie en trop*) aserrar
**scierie** [siʀi] *nf* aserradero
**scieur** [sjœʀ] *nm* : **~ de long** carpintero que sierra la madera a lo largo
**scinder** [sɛ̃de] *vt* escindir; **se scinder** *vpr* escindirse
**scintillant, e** [sɛ̃tijã, ãt] *adj* centelleante
**scintillement** [sɛ̃tijmã] *nm* centelleo
**scintiller** [sɛ̃tije] *vi* centellear

444 · FRANÇAIS | ESPAGNOL

**scission** [sisjɔ̃] *nf* escisión *f*
**sciure** [sjyʀ] *nf*: **~ (de bois)** serrín *m* (de madera)
**sclérose** [skleʀoz] *nf* esclerosis *f inv*; **~ artérielle** esclerosis arterial, arteriosclerosis *f inv*; **~ en plaques** esclerosis en placas
**sclérosé, e** [skleʀoze] *adj* (*Méd*) escleroso(-a); (*fig*) estancado(-a)
**scléroser** [skleʀoze] : **se scléroser** *vpr* (*Méd*) esclerosarse; (*fig*) estancarse
**scolaire** [skɔlɛʀ] *adj* escolar; **l'année ~** el curso escolar; (*à l'université*) el curso académico; **en âge ~** en edad escolar
**scolarisation** [skɔlaʀizasjɔ̃] *nf* escolarización *f*
**scolariser** [skɔlaʀize] *vt* escolarizar
**scolarité** [skɔlaʀite] *nf* escolaridad *f*; **frais de ~** gastos *mpl* de escolaridad; **la ~ obligatoire** la escolaridad obligatoria
**scolastique** [skɔlastik] (*péj*) *adj* escolástico(-a)
**scoliose** [skɔljoz] *nf* escoliosis *f inv*
**scolopendre** [skɔlɔpɑ̃dʀ] *nf* (*Zool*) escolopendra, ciempiés *m inv*; (*Bot*) escolopendra, lengua cerval
**scoop** [skup] *nm* (*Presse*) exclusiva
**scooter** [skutœʀ] *nm* escúter *m*
**scorbut** [skɔʀbyt] *nm* escorbuto
**scorbutique** [skɔʀbytik] *adj* escorbútico(-a)
**score** [skɔʀ] *nm* (*Sport*) tanteo; (*dans un test*) puntuación *f*; (*électoral etc*) resultado
**scories** [skɔʀi] *nfpl* escorias *fpl*
**scorpion** [skɔʀpjɔ̃] *nm* escorpión *m*; **le S~** (*Astrol*) escorpio; **être S~** ser escorpio
**Scotch®** [skɔtʃ] *nm* (*adhésif*) celo, cinta adhesiva
**scotch** [skɔtʃ] *nm* (*whisky*) whisky *m* escocés
**scotcher** [skɔtʃe] *vt* pegar con celo *ou* cinta adhesiva
**scoubidou** [skubidu] *nm* escubidú *m*, *tubito de plástico de colores que se trenza para elaborar adornos o complementos*
**scoumoune** [skumun] (*fam*) *nf* mala pata (*fam*); **avoir la ~** tener mala pata
**scout, e** [skut] *adj* de scout ▶ *nm/f* scout *mf*, explorador(a)
**scoutisme** [skutism] *nm* escutismo
**scratcher** [skʀatʃe] *vt* (*Sport*) descalificar
**scribe** [skʀib] *nm* escribiente *m*; (*péj*) chupatintas *m inv*
**scribouillard** [skʀibujaʀ] (*péj*) *nm* plumífero
**script** [skʀipt] *nm* (*écriture*) letra cursiva; (*Ciné*) guion *m*
**scripte** [skʀipt] *nf* anotadora, secretaria de rodaje
**script-girl** [skʀiptgœʀl] (*pl* **script-girls**) *nf* anotadora, secretaria de rodaje
**scriptural, e, -aux** [skʀiptyʀal, o] *adj* : **monnaie scripturale** dinero en banco *ou* en cuenta

**scrofuleux, -euse** [skʀɔfylø, øz] *adj* escrofuloso(-a)
**scrotum** [skʀɔtɔm] *nm* escroto
**scrupule** [skʀypyl] *nm* escrúpulo; **être sans scrupules** no tener escrúpulos
**scrupuleusement** [skʀypyløzmɑ̃] *adv* escrupulosamente
**scrupuleux, -euse** [skʀypylø, øz] *adj* escrupuloso(-a)
**scrutateur, -trice** [skʀytatœʀ, tʀis] *adj*, *nm/f* escrutador(a)
**scruter** [skʀyte] *vt* (*objet, visage*) escrutar; (*horizon, alentours*) otear
**scrutin** [skʀytɛ̃] *nm* (*vote*) escrutinio; (*ensemble des opérations*) votación *f*; **ouverture/clôture d'un ~** apertura/cierre *m* de la votación; **~ à deux tours** votación a doble vuelta; **~ de liste** sistema *m* de lista cerrada; **~ majoritaire/proportionnel** sistema mayoritario/proporcional; **~ uninominal** elección *f* uninominal
**sculpter** [skylte] *vt* esculpir
**sculpteur** [skyltœʀ] *nmf* (*nf aussi* **sculpteure**) escultor(a)
**sculptural, e, -aux** [skyltyʀal, o] *adj* (*aussi fig*) escultural
**sculpture** [skyltyʀ] *nf* escultura; **~ sur bois** escultura en madera
**sdb.** *abr* (= *salle de bain*) B (= *baño*)
**SDF** [ɛsdeɛf] *sigle mf* (= *sans domicile fixe*) sin techo *mf*; **les ~** los sin techo
**SDN** [ɛsdeɛn] *sigle f* (= *Société des Nations*) Sociedad *f* de Naciones
**SE** *abr* (= *Son Excellence*) S. Exc. (= *Su Excelencia*)
**se, s'** [sə] *pron* se; **se voir comme on est** verse como uno es; **ils s'aiment** se quieren; **cela se répare facilement** eso se arregla fácilmente; **se casser la jambe/laver les mains** romperse una pierna/lavarse las manos
**séance** [seɑ̃s] *nf* sesión *f*; **ouvrir/lever la ~** abrir/levantar la sesión; **~ tenante** : **obéir/régler une affaire ~ tenante** obedecer/arreglar un asunto en el acto
**séant, e** [seɑ̃, ɑ̃t] *adj* sentado(-a) ▶ *nm* (*postérieur*) trasero
**seau, x** [so] *nm* cubo, balde *m* (*surtout Am*); **~ à glace** cubitera
**sébum** [sebɔm] *nm* sebo
**sec, sèche** [sɛk, sɛʃ] *adj* seco(-a); (*maigre, décharné*) enjuto(-a); (*style, graphisme*) árido(-a); (*départ, démarrage*) brusco(-a); **à pied ~** a pie enjuto; **une toux sèche** una tos seca; **avoir la gorge sèche** tener la garganta seca; **raisins secs** pasas *fpl* ▶ *nm* : **tenir au ~** mantener en sitio seco; **à ~** (*cours d'eau*) agotado(-a); (*à court d'idées*) vacío(-a); (*à court d'argent*) pelado(-a) ▶ *adv* (*démarrer*) bruscamente; **je le prends** *ou* **bois ~** lo tomo *ou* bebo puro; **boire ~** (*beaucoup*) ser un gran bebedor

## sécante – séculaire

**sécante** [sekɑ̃t] *nf* secante *f*
**sécateur** [sekatœʀ] *nm* podadera
**sécession** [sesesjɔ̃] *nf* : **faire ~** separarse; **la guerre de S~** la guerra de secesión
**sécessionniste** [sesesjɔnist] *adj* secesionista
**séchage** [seʃaʒ] *nm* secado
**sèche** [sɛʃ] *adj f voir* **sec** ▸ *nf (fam)* pitillo
**sèche-cheveux** [sɛʃʃəvø] *nm inv* secador *m* de pelo
**sèche-linge** [sɛʃlɛ̃ʒ] (*pl* ~(s)) *nm* secadora
**sèche-main** *nm*, **sèche-mains** *nm inv* [sɛʃmɛ̃] (*pl* **sèche-mains**) secador *m* de manos
**sèchement** [sɛʃmɑ̃] *adv (frapper etc)* bruscamente; *(répliquer etc)* secamente
**sécher** [seʃe] *vt* secar; *(fam : Scol : classe)* pirarse ▸ *vi* secarse; *(fam : candidat)* estar pez; **se sécher** *vpr* secarse
**sécheresse** [seʃʀɛs] *nf (du climat, sol)* sequedad *f*; *(fig : du style)* aridez *f*; *(absence de pluie)* sequía
**séchoir** [seʃwaʀ] *nm (à linge)* tendedero; *(tabac, fruits)* secadero
**second, e** [s(ə)gɔ̃, ɔ̃d] *adj* segundo(-a); **doué de seconde vue** dotado de un sexto sentido; **trouver son ~ souffle** *(Sport, fig)* recobrar fuerzas; **être dans un état ~** estar enajenado(-a); **de seconde main** de segunda mano ▸ *nm (adjoint)* ayudante *m*; *(étage)* segundo; *(Naut)* segundo de a bordo
**secondaire** [s(ə)gɔ̃dɛʀ] *adj* secundario(-a); *(Scol)* medio(-a), secundario(-a)
**seconde** [s(ə)gɔ̃d] *nf* segundo; *(Scol)* quinto año de educación secundaria en el sistema francés; *(Auto)* segunda; **voyager en ~** *(Transport)* viajar en segunda
**seconder** [s(ə)gɔ̃de] *vt (assister)* ayudar; *(favoriser)* secundar
**secouer** [s(ə)kwe] *vt* sacudir; *(passagers)* zarandear; *(fam : faire se démener)* pinchar; **~ la poussière d'un tapis/manteau** sacudir el polvo de una alfombra/de un abrigo; **~ la tête** *(pour dire oui)* asentir con la cabeza; *(pour dire non)* negar con la cabeza; **se secouer** *vpr (chiens)* sacudirse; *(fam : se démener)* menearse, moverse
**secourable** [s(ə)kuʀabl] *adj* caritativo(-a)
**secourir** [s(ə)kuʀiʀ] *vt* socorrer; *(prodiguer des soins à)* auxiliar
**secourisme** [s(ə)kuʀism] *nm* socorrismo
**secouriste** [s(ə)kuʀist] *nmf* socorrista *mf*
**secourons** [səkuʀɔ̃] *vb voir* **secourir**
**secours¹** [s(ə)kuʀ] *vb voir* **secourir**
**secours²** [s(ə)kuʀ] *nm* socorro; **au ~!** ¡socorro!; **appeler au ~** pedir socorro; **appeler qn à son ~** pedir socorro a algn; **aller au ~ de qn** acudir en ayuda de algn; **porter ~ à qn** prestar socorro a algn; **sa mémoire/cet outil lui a été d'un grand ~** su memoria/esta herramienta le ha sido de gran ayuda; **le ~ en montagne** el servicio de rescate de montaña ▸ *nmpl (aide financière, matérielle)* ayuda *fsg*; *(soins à un malade, blessé)* auxilio *msg*; *(équipes de secours)* servicios *mpl* de socorro; **les premiers ~** los primeros auxilios
**secouru, e** [səkuʀy] *pp de* **secourir**
**secousse** [s(ə)kus] *nf* sacudida; *(électrique)* descarga; *(fig : psychologique)* conmoción *f*; **~ sismique/tellurique** sacudida sísmica/telúrica
**secret, -ète** [səkʀɛ, ɛt] *adj* secreto(-a); *(renfermé : personne)* reservado(-a) ▸ *nm* secreto; **le ~ de qch** *(raison cachée, recette)* el secreto de algo; **en ~** *(sans témoins)* en secreto; **au ~** *(prisonnier)* incomunicado(-a); **~ d'État/de fabrication** secreto de Estado/de fabricación; **~ professionnel** secreto profesional
**secrétaire** [s(ə)kʀetɛʀ] *nmf* secretario(-a); **~ d'ambassade** secretario(-a) de embajada; **~ d'État** secretario(-a) de Estado; **~ de direction** secretario(-a) de dirección; **~ de mairie** secretario(-a) municipal; **~ de rédaction** secretario(-a) de redacción; **~ général(e)** secretario(-a) general; **~ médical(e)** auxiliar *mf* médico(-a) ▸ *nm (meuble)* secreter *m*
**secrétariat** [s(ə)kʀetaʀja] *nm (profession)* secretariado; *(bureau, fonction)* secretaría; **~ d'État** secretaría de Estado; **~ général** secretaría general
**secrète** [səkʀɛt] *nf* : **la (police) ~** la (policía) secreta
**secrètement** [səkʀɛtmɑ̃] *adv* en secreto
**sécréter** [sekʀete] *vt* segregar
**sécrétion** [sekʀesjɔ̃] *nf* secreción *f*
**sectaire** [sɛktɛʀ] *adj* sectario(-a)
**sectarisme** [sɛktaʀism] *nm* sectarismo; **le ~ religieux** el sectarismo religioso
**secte** [sɛkt] *nf* secta
**secteur** [sɛktœʀ] *nm* sector *m*; **branché sur le ~** conectado a la red; **fonctionne sur pile et ~** funciona con pilas y con electricidad; **le ~ privé/public** el sector privado/público; **le ~ primaire/secondaire/tertiaire** el sector primario/secundario/terciario
**section** [sɛksjɔ̃] *nf* sección *f*; *(d'une route, d'un parcours)* tramo; *(d'un chapitre, d'une œuvre)* parte *f*; **la ~ rythmique/des cuivres** la sección rítmica/los cobres; **tube de ~ 6,5 mm** tubo de 6,5 mm de sección
**sectionner** [sɛksjɔne] *vt (membre, tige)* seccionar; **se sectionner** *vpr (câble)* romperse
**sectionneur** [sɛksjɔnœʀ] *nm* seccionador *m*
**sectoriel, le** [sɛktɔʀjɛl] *adj* sectorial
**sectorisation** [sɛktɔʀizasjɔ̃] *nf* organización *f* por sectores
**sectoriser** [sɛktɔʀize] *vt* dividir en sectores
**sécu** [seky] *(fam) nf (= Sécurité sociale) voir* **sécurité**
**séculaire** [sekylɛʀ] *adj* secular

**séculariser** [sekylaʀize] *vt* secularizar
**séculier, -ière** [sekylje, jɛʀ] *adj (autorité, tribunal)* secular; *(clergé, prêtre)* seglar
**sécurisant, e** [sekyʀizɑ̃, ɑ̃t] *adj* tranquilizador(a)
**sécuriser** [sekyʀize] *vt* tranquilizar
**sécurité** [sekyʀite] *nf* seguridad *f*; **impression de ~** impresión *f* de seguridad; **être en ~** estar seguro(-a); **dispositif/système de ~** dispositivo/sistema *m* de seguridad; **mesures de ~** medidas *fpl* de seguridad; **la ~ de l'emploi** la garantía de trabajo; **la ~ internationale/nationale** la seguridad internacional/nacional; **la ~ routière** la seguridad vial; **la S~ sociale** la Seguridad Social
**sédatif, -ive** [sedatif, iv] *adj* sedativo(-a) ▶ *nm* sedante *m*
**sédentaire** [sedɑ̃tɛʀ] *adj* sedentario(-a)
**sédentarisation** [sedɑ̃taʀizasjɔ̃] *nf* sedentarización *f*
**sédentariser** [sedɑ̃taʀize] *vt* sedentarizar; **se sédentariser** *vpr* sedentarizarse
**sédiment** [sedimɑ̃] *nm* sedimento; **sédiments** *nmpl (alluvions)* sedimentos *mpl*
**sédimentaire** [sedimɑ̃tɛʀ] *adj* sedimentario(-a)
**sédimentation** [sedimɑ̃tasjɔ̃] *nf* sedimentación *f*
**séditieux, -euse** [sedisjø, jøz] *adj* sedicioso(-a)
**sédition** [sedisjɔ̃] *nf* sedición *f*
**séducteur, -trice** [sedyktœʀ, tʀis] *adj, nm/f* seductor(a)
**séduction** [sedyksjɔ̃] *nf* seducción *f*
**séduire** [sedɥiʀ] *vt* seducir
**séduisant, e** [sedɥizɑ̃, ɑ̃t] *vb voir* **séduire** ▶ *adj* seductor(a)
**séduit, e** [sedɥi, it] *pp de* **séduire**
**séfarade** [sefaʀad] *adj* sefardí, sefardita ▶ *nmf* : **Séfarade** sefardí *mf*, sefardita *mf*
**segment** [sɛgmɑ̃] *nm* segmento; **~ (de piston)** segmento (de pistón); **~ de frein** segmento de freno
**segmenter** [sɛgmɑ̃te] *vt* segmentar; **se segmenter** *vpr* segmentarse
**ségrégation** [segʀegasjɔ̃] *nf* segregación *f*; **~ raciale** segregación racial
**ségrégationnisme** [segʀegasjɔnism] *nm* segregacionismo
**ségrégationniste** [segʀegasjɔnist] *adj* segregacionista
**seiche** [sɛʃ] *nf* sepia
**séide** [seid] *(péj) nm* secuaz *m*
**seigle** [sɛgl] *nm (Bot)* centeno; *(farine)* harina de centeno
**seigneur** [sɛɲœʀ] *nm* señor *m*; **le S~** *(Rel)* el Señor
**seigneurial, e, -aux** [sɛɲœʀjal, jo] *adj* señorial

**sein** [sɛ̃] *nm (Anat)* seno; *(fig : poitrine)* pecho; **au ~ de** en el seno de; **donner le ~ à** dar el pecho a; **nourrir au ~** amamantar
**Seine** [sɛn] *nf* : **la ~** el Sena
**séisme** [seism] *nm* seísmo
**séismique** *etc* [seismik] *adj voir* **sismique** *etc*
**SEITA** [seta] *sigle f* = **Société d'exploitation industrielle des tabacs et allumettes**
**seize** [sɛz] *adj inv, nm inv* dieciséis *m inv*; *voir aussi* **cinq**
**seizième** [sɛzjɛm] *adj, nmf* decimosexto(-a) ▶ *nm (partitif)* dieciseisavo; *voir aussi* **cinquantième**
**séjour** [seʒuʀ] *nm (villégiature)* estancia; *(pièce)* cuarto de estar
**séjourner** [seʒuʀne] *vi* permanecer
**sel** [sɛl] *nm* sal *f*; **~ de cuisine/de table** sal de cocina/de mesa; **~ fin/gemme** sal fina/gema; **sels de bain** sales de baño
**sélect, e** [selɛkt] *adj* selecto(-a)
**sélectif, -ive** [selɛktif, iv] *adj* selectivo(-a)
**sélection** [selɛksjɔ̃] *nf* selección *f*; **faire/opérer une ~ parmi** hacer/realizar una selección entre; **épreuve de ~** *(Sport)* prueba de selección; **~ naturelle/professionnelle** selección natural/profesional
**sélectionné, e** [selɛksjɔne] *adj* seleccionado(-a)
**sélectionner** [selɛksjɔne] *vt* seleccionar
**sélectionneur, -euse** [selɛksjɔnœʀ, øz] *nm/f* seleccionador(a)
**sélectivement** [selɛktivmɑ̃] *adv* selectivamente
**sélectivité** [selɛktivite] *nf* selectividad *f*
**sélénologie** [selenɔlɔʒi] *nf* selenología
**self** [sɛlf] *(fam) nm* self-service *m*, restaurante *m* autoservicio
**self-service** [sɛlfsɛʀvis] *(pl* **self-services**) *adj* autoservicio ▶ *nm* self-service *m*, restaurante *m* autoservicio
**selle** [sɛl] *nf (de cheval)* silla de montar; *(de bicyclette)* sillín *m*; *(Culin)* paletilla; **aller à la ~** *(Méd)* hacer sus necesidades; **se mettre en ~** montar; **selles** *nfpl (Méd)* deposiciones *fpl*
**seller** [sele] *vt* ensillar
**sellette** [sɛlɛt] *nf* : **mettre qn/être sur la ~** agobiar a algn/estar agobiado(-a) con preguntas
**sellier** [selje] *nm* guarnicionero
**selon** [s(ə)lɔ̃] *prép* según; **~ que** según que; **~ moi** a mi modo de ver
**semailles** [s(ə)mɑj] *nfpl* siembra *fsg*
**semaine** [s(ə)mɛn] *nf* semana; **en ~** durante la semana; **la ~ de 35 heures** la semana de 35 horas; **la ~ du blanc/du livre** la semana de la ropa blanca/del libro; **à la petite ~** *(vivre etc)* al día; **une organisation à la petite ~** una organización de miras cortas; **la ~ sainte** la Semana Santa
**semainier** [s(ə)menje] *nm (bracelet)* semanario; *(calendrier)* agenda semanal; *(meuble)* archivo de siete cajones

## sémantique – sens

**sémantique** [semãtik] *adj* semántico(-a) ▶ *nf* semántica
**sémaphore** [semafɔʀ] *nm* semáforo
**semblable** [sɑ̃blabl] *adj* semejante; **~ à** parecido(-a) a; **de semblables mésaventures/calomnies** *(de ce genre)* semejantes desgracias/calumnias ▶ *nm (prochain)* semejante *m*
**semblant** [sɑ̃blɑ̃] *nm* : **un ~ d'intérêt/de vérité** una apariencia de interés/de verdad; **faire ~ (de faire qch)** fingir (hacer algo)
**sembler** [sɑ̃ble] *vi* parecer; **cela leur semblait cher/pratique** eso les parecía caro/práctico; **~ être** parecer ser; **comme/quand bon lui semble** como/cuando le parece bien ▶ *vb impers* : **il semble inutile/bon de ...** parece inútil/bien ...; **il semble (bien) que/ne semble pas que** parece (bien) que/no parece que; **il me semble (bien) que** me parece (bien) que; **il me semble le connaître** me parece que lo conozco; **me semble-t-il, à ce qu'il me semble** me parece, en mi opinión
**semelle** [s(ə)mɛl] *nf (de chaussure)* suela; *(: intérieure)* plantilla; *(de bas, chaussette)* planta; *(d'un ski)* plancha; **battre la ~** golpear el suelo con los pies para calentarlos; **semelles compensées** suelas *fpl* de plataforma
**semence** [s(ə)mɑ̃s] *nf (graine)* semilla; *(clou)* tachuela
**semer** [s(ə)me] *vt (Agr)* sembrar; *(fig : éparpiller)* esparcir; *(: poursuivants)* despistar; **~ la confusion** sembrar la confusión; **~ la discorde/terreur parmi ...** sembrar la discordia/el terror entre ...; **semé de difficultés/d'erreurs** sembrado de dificultades/de errores
**semestre** [s(ə)mɛstʀ] *nm* semestre *m*
**semestriel, le** [s(ə)mɛstʀijɛl] *adj* semestral
**semeur, -euse** [s(ə)mœʀ, øz] *nm/f* sembrador(a)
**semi...** [səmi] *préf* semi...
**semi-automatique** [səmiɔtɔmatik] *adj* semiautomático(-a)
**semi-conducteur** [səmikɔ̃dyktœʀ] *(pl* **semi-conducteurs)** *nm* semiconductor *m*
**semi-conserve** [səmikɔ̃sɛʀv(ə)] *(pl* **semi-conserves)** *nf* semiconserva
**semi-fini, e** [səmifini] *(pl* **semi-finis, -es)** *adj* semielaborado
**semi-liberté** [səmilibɛʀte] *(pl* **semi-libertés)** *nf (Jur)* régimen *m* abierto
**sémillant, e** [semijɑ̃, ɑ̃t] *adj* vivaracho(-a)
**séminaire** [seminɛʀ] *nm* seminario; **~ en ligne** *(Inform)* seminario en línea, webinario
**séminariste** [seminaʀist] *nm* seminarista *m*
**sémiologie** [semjɔlɔʒi] *nf* semiología
**semi-public, -ique** [səmipyblik] *(pl* **semi-publics, -iques)** *adj (Jur)* semipúblico(-a)

**semi-remorque** [səmiʀəmɔʀk] *(pl* **semi-remorques)** *nf (remorque)* semirremolque *m* ▶ *nm (camion)* semirremolque *m*
**semis** [s(ə)mi] *nm (terrain)* sembrado; *(plants)* semillero
**sémite** [semit] *adj* semita
**sémitique** [semitik] *adj* semítico(-a)
**semoir** [səmwaʀ] *nm* sembradora
**semonce** [səmɔ̃s] *nf (Naut)* aviso; *(fig)* reprimenda; **coup de ~** disparo de advertencia
**semoule** [s(ə)mul] *nf* sémola; **~ de maïs/de riz** sémola de maíz/de arroz
**sempiternel, le** [sɑ̃pitɛʀnɛl] *adj* sempiterno(-a)
**sénat** [sena] *nm* : **le S~** el Senado; *ver nota*

> **SÉNAT**
>
> El **Sénat** es la cámara alta del parlamento francés, que se reúne en el Palais du Luxembourg de París. A una tercera parte de sus miembros, los *sénateurs*, los elige cada tres años, por un periodo de nueve, un colegio electoral formado por los *députés* y otros representantes electos. El **Sénat** posee una amplia gama de poderes, pero en caso de controversia, estos pueden ser revocados por la cámara baja, la *Assemblée nationale*.

**sénateur, -trice** [senatœʀ, tʀis] *nm/f* senador(a)
**sénatorial, e, -aux** [senatɔʀjal, jo] *adj* senatorial
**Sénégal** [senegal] *nm* Senegal *m*
**sénégalais, e** [senegalɛ, ɛz] *adj* senegalés(-esa) ▶ *nm/f* : **Sénégalais, e** senegalés(-esa)
**sénescence** [senesɑ̃s] *nf* senescencia
**sénevé** [sɛnve] *nm (Bot)* mostaza (negra); *(graine)* grano de mostaza
**sénile** [senil] *adj (voix, tremblement, démence)* senil; *(péj)* chocho(-a)
**sénilité** [senilite] *nf* senilidad *f*
**senior, sénior** [senjɔʀ] *nmf* persona mayor de 55 años; **le taux de chômage des seniors** la tasa de paro de los mayores de 55 años
**sens¹** [sɑ̃] *vb voir* **sentir**
**sens²** [sɑ̃s] *nm* sentido; **avoir le ~ des affaires/de la mesure** tener el don de los negocios/de la medida; **en dépit du bon ~** sin sentido común; **tomber sous le ~** caer por su propio peso; **ça n'a pas de ~** eso no tiene sentido; **en ce ~ que** *(dans la mesure où)* en la medida en que; *(c'est-à-dire que)* en el sentido de que; **en un ~, dans un ~** en cierto sentido; **à mon ~** en mi opinión; **dans le ~ des aiguilles d'une montre** en el sentido de las agujas del reloj; **dans le ~ de la**

## sensass – sépulcre

**longueur/largeur** a lo largo/ancho; **dans le mauvais** ~ en mal sentido; **bon** ~ sensatez f; **reprendre ses** ~ volver en sí; **un sixième** ~ un sexto sentido; ~ **commun** sentido común; ~ **dessus dessous** desordenado(-a), patas arriba; ~ **figuré** sentido figurado; ~ **interdit** dirección f prohibida; ~ **propre** sentido propio; ~ **unique** dirección f única ▶ nmpl (sensualité) sentidos mpl

**sensass** [sɑ̃sas] (fam) adj genial

**sensation** [sɑ̃sasjɔ̃] nf sensación f; **faire** ~ causar sensación; **à** ~ (péj) sensacionalista

**sensationnalisme** [sɑ̃sasjɔnalism] nm sensacionalismo

**sensationnel, le** [sɑ̃sasjɔnɛl] adj sensacional

**sensé, e** [sɑ̃se] adj sensato(-a)

**sensibilisation** [sɑ̃sibilizasjɔ̃] nf sensibilización f

**sensibiliser** [sɑ̃sibilize] vt (Photo) sensibilizar; ~ **qn (à)** sensibilizar a algn (para)

**sensibilité** [sɑ̃sibilite] nf sensibilidad f

**sensible** [sɑ̃sibl] adj sensible; (différence, progrès) apreciable; (quartier) marginal; ~ **à** sensible a

**sensiblement** [sɑ̃sibləmɑ̃] adv sensiblemente; **ils ont** ~ **le même poids** (à peu près) tienen casi el mismo peso

**sensiblerie** [sɑ̃sibləʀi] nf sensiblería

**sensitif, -ive** [sɑ̃sitif, iv] adj sensitivo(-a)

**sensoriel, le** [sɑ̃sɔʀjɛl] adj sensorial

**sensorimoteur, -trice** [sɑ̃sɔʀimɔtœʀ, tʀis] adj sensori(o)-motor(-motriz)

**sensualité** [sɑ̃syalite] nf sensualidad f

**sensuel, le** [sɑ̃syɛl] adj sensual

**sent** [sɑ̃] vb voir **sentir**

**sente** [sɑ̃t] nf senda

**sentence** [sɑ̃tɑ̃s] nf sentencia

**sentencieusement** [sɑ̃tɑ̃sjøzmɑ̃] adv sentenciosamente

**sentencieux, -euse** [sɑ̃tɑ̃sjø, jøz] adj sentencioso(-a)

**senteur** [sɑ̃tœʀ] nf olor m

**senti, e** [sɑ̃ti] adj : **bien** ~ elocuente

**sentier** [sɑ̃tje] nm sendero

**sentiment** [sɑ̃timɑ̃] nm sentimiento; (avis, opinion) opinión f; **avoir le** ~ **de/que** tener la impresión de/que; **faire du** ~ (péj) apelar a la sensiblería; **sentiments** nmpl : **les sentiments** los sentimientos; **recevez mes sentiments respectueux/dévoués** (dans une lettre) reciba usted mis más sinceros respetos; **veuillez agréer l'expression de mes sentiments distingués** (dans une lettre) reciba usted mis más atentos saludos; **si vous me prenez par les sentiments** si usted apela a mis sentimientos

**sentimental, e, -aux** [sɑ̃timɑ̃tal, o] adj sentimental

**sentimentalisme** [sɑ̃timɑ̃talism] nm sentimentalismo

**sentimentalité** [sɑ̃timɑ̃talite] nf sentimentalismo

**sentinelle** [sɑ̃tinɛl] nf centinela; **en** ~ de guardia

**sentir** [sɑ̃tiʀ] vt sentir; (par l'odorat) oler; (au toucher) sentir; (goût) notar; (avoir une odeur de, aussi fig) oler a; **ne pas pouvoir** ~ **qn** (fam) no poder tragar a algn (fam) ▶ vi oler; ~ **bon/mauvais** oler bien/mal; **se sentir** vpr : **se** ~ **à l'aise/mal à l'aise** sentirse a gusto ou cómodo(-a)/incómodo(-a); **se** ~ **coupable de faire qch** sentirse culpable por haber hecho algo; **se** ~ **mal** encontrarse mal; **se** ~ **le courage/la force de faire qch** sentirse con ánimo/fuerza para hacer algo; **ne plus se** ~ **de joie** rebosar de alegría

**seoir** [swaʀ] : ~ **à** vt sentar bien a; **comme il (leur) sied** como (les) conviene

**Seoul** [seul] n Seúl

**séparation** [separasjɔ̃] nf separación f; (mur, cloison) tabique m; ~ **de biens/de corps** separación de bienes/de cuerpos; ~ **des pouvoirs** separación de (los) poderes

**séparatisme** [separatism] nm separatismo

**séparatiste** [separatist] nmf, adj separatista mf

**séparé, e** [separe] adj separado(-a); ~ **de** separado(-a) de

**séparément** [separemɑ̃] adv separadamente

**séparer** [separe] vt separar; ~ **qn de** (ami, allié) separar a algn de; ~ **une pièce/un jardin en deux** dividir una habitación/un jardín en dos; **se séparer** vpr separarse; (amis etc) despedirse; (route, tige) bifurcarse; (éléments, parties) desmontarse; (écorce) desprenderse; **se** ~ **de** (époux) separarse de; (employé, objet personnel) deshacerse de

**sépharade** [sefaʀad] adj sefardí, sefardita ▶ nmf : **Sépharade** sefardí mf, sefardita mf

**sépia** [sepja] nf (colorant) sepia; (dessin) dibujo hecho con sepia

**sept** [sɛt] adj inv, nm inv siete m inv; voir aussi **cinq**

**septante** [sɛptɑ̃t] adj inv, nm inv (BELGIQUE, SUISSE) setenta m inv

**septembre** [sɛptɑ̃bʀ] nm se(p)tiembre m; voir aussi **juillet**

**septennal, e, -aux** [sɛptenal, o] adj septenal

**septennat** [sɛptena] nm septenio

**septentrional, e, -aux** [sɛptɑ̃tʀijɔnal, o] adj septentrional

**septicémie** [sɛptisemi] nf septicemia

**septième** [sɛtjɛm] adj, nmf sé(p)timo(-a); **être au** ~ **ciel** estar en el sé(p)timo cielo ▶ nm (partitif) sé(p)timo; voir aussi **cinquième**

**septique** [sɛptik] adj : **fosse** ~ foso séptico

**septuagénaire** [sɛptɥaʒenɛʀ] adj, nmf septuagenario(-a)

**sépulcral, e, -aux** [sepylkʀal, o] adj sepulcral

**sépulcre** [sepylkʀ] nm sepulcro

## sépulture – serrer

**sépulture** [sepyltyʀ] *nf* sepultura
**séquelles** [sekɛl] *nfpl* secuelas *fpl*
**séquençage** [sekɑ̃saʒ] *nm* (*de génomes*) secuenciación *f*; **le ~ du génome humain** la secuenciación del genoma humano
**séquence** [sekɑ̃s] *nf* secuencia
**séquencer** [sekɑ̃se] *vt* secuenciar
**séquentiel, le** [sekɑ̃sjɛl] *adj* secuencial; **traitement ~** (*Inform*) tratamiento secuencial
**séquestration** [sekɛstʀasjɔ̃] *nf* secuestro
**séquestre** [sekɛstʀ] *nm* (*Jur*) embargo; **mettre sous ~** embargar
**séquestrer** [sekɛstʀe] *vt* (*personne*) secuestrar; (*biens*) embargar
**séquoia** [sekɔja] *nm* secuoya
**serai** *etc* [səʀe] *vb voir* **être**
**sérail** [seʀaj] *nm* serrallo; **rentrer au ~** volver al redil
**serbe** [sɛʀb] *adj* serbio(-a) ▸ *nm* (*Ling*) serbio ▸ *nmf*: **Serbe** serbio(-a)
**Serbie** [sɛʀbi] *nf* Serbia
**serbo-croate** [sɛʀbokʀɔat] (*pl* **serbo-croates**) *nm* serbo-croata *m*
**serein, e** [səʀɛ̃, ɛn] *adj* sereno(-a); (*visage, regard, personne*) apacible
**sereinement** [səʀɛnmɑ̃] *adv* serenamente
**sérénade** [seʀenad] *nf* serenata; (*fam*) jolgorio
**sérénité** [seʀenite] *nf* serenidad *f*
**serez** [səʀe] *vb voir* **être**
**serf, serve** [sɛʀ(f), sɛʀv] *nm/f* siervo(-a)
**serfouette** [sɛʀfwɛt] *nf* escardillo
**serge** [sɛʀʒ] *nf* sarga
**sergent, e** [sɛʀʒɑ̃, ɑ̃t] *nm/f* sargento *mf*
**sergent-chef** [sɛʀʒɑ̃ʃɛf] (*pl* **sergents-chefs**) *nm* sargento primero
**sergent-major** [sɛʀʒɑ̃maʒɔʀ] (*pl* **sergents-majors**) *nm* sargento mayor
**sériciculture** [seʀisikyltyʀ] *nf* sericultura
**série** [seʀi] *nf* serie *f*; (*de clés, outils*) juego; (*Sport*) fase *f*; **en/de/hors ~** en/de/fuera de serie; **soldes de fin de séries** saldos *mpl* de fin de serie; **~ noire** (*roman policier*) serie negra; (*suite de malheurs*) serie de desgracias; **~ (télévisée)** serie (televisiva)
**sérier** [seʀje] *vt* clasificar
**sérieusement** [seʀjøzmɑ̃] *adv* con seriedad; **il parle ~** habla en serio; **~?** ¿en serio?
**sérieux, -euse** [seʀjø, jøz] *adj* serio(-a); (*client*) serio(-a), formal; (*moral, rangé*) formal; **tu es ~?** ¿lo dices en serio?; **c'est ~?** ¿en serio?; **ce n'est pas ~** eso no es serio; **une sérieuse différence/augmentation** una diferencia/un aumento considerable ▸ *nm* seriedad *f*; **garder son ~** mantener su seriedad; **manquer de ~** no tener fundamento; **prendre qch/qn au ~** tomarse algo/a algn en serio; **se prendre au ~** tomarse en serio
**sérigraphie** [seʀigʀafi] *nf* serigrafía

**serin** [s(ə)ʀɛ̃] *nm* canario
**seriner** [s(ə)ʀine] *vt*: **~ qch à qn** machacar algo a algn
**seringue** [s(ə)ʀɛ̃g] *nf* jeringa
**serions** [səʀjɔ̃] *vb voir* **être**
**serment** [sɛʀmɑ̃] *nm* juramento; **prêter ~** prestar juramento; **faire le ~ de** prestar juramento de; **témoigner sous ~** atestiguar bajo juramento
**sermon** [sɛʀmɔ̃] *nm* sermón *m*
**sermonner** [sɛʀmɔne] *vt* sermonear
**sérologie** [seʀɔlɔʒi] *nf* serología
**séronégatif, -ive** [seʀonegatif, iv] *adj* seronegativo(-a)
**séropositif, -ive** [seʀopozitif, iv] *adj* seropositivo(-a)
**séropositivité** [seʀopozitivite] *nf* seropositividad *f*; **une rumeur faisant état de la ~ du président** un rumor según el cual el presidente sería seropositivo
**sérotonine** [seʀɔtɔnin] *nf* serotonina
**serpe** [sɛʀp] *nf* podadera
**serpent** [sɛʀpɑ̃] *nm* serpiente *f*; **~ à lunettes/à sonnettes** serpiente de anteojos/de cascabel
**serpenter** [sɛʀpɑ̃te] *vi* serpentear
**serpentin** [sɛʀpɑ̃tɛ̃] *nm* (*tube*) serpentín *m*; (*ruban*) serpentina
**serpillière** [sɛʀpijɛʀ] *nf* bayeta
**serpolet** [sɛʀpɔlɛ] *nm* serpol *m*
**serrage** [seʀaʒ] *nm* ajuste *m*; **collier de ~** abrazadera
**serre** [sɛʀ] *nf* (*construction*) invernadero; **~ chaude/froide** invernadero templado/frío; **serres** *nfpl* (*griffes*) garras *fpl*
**serré, e** [seʀe] *adj* apretado(-a); (*habits*) ajustado(-a); (*lutte, match*) reñido(-a); (*café*) fuerte; **avoir le cœur ~** tener el corazón en un puño; **avoir la gorge serrée** tener un nudo en la garganta ▸ *adv*: **jouer ~** jugar sobre seguro; **écrire ~** escribir con letra apretada
**serre-livres** [sɛʀlivʀ] *nm inv* sujetalibros *m inv*
**serrement** [sɛʀmɑ̃] *nm*: **~ de main** apretón *m* de manos; **j'ai eu un ~ de cœur** se me encogió el corazón
**serrer** [seʀe] *vt* apretar, (*tenir: chose*) asir; (*: personne*) abrazar; (*rapprocher*) apretujar; (*frein, robinet*) apretar; (*automobiliste, cycliste*) arrimarse a; **~ la main à qn** estrechar la mano a algn; **~ qn dans ses bras/contre son cœur** estrechar a algn entre sus brazos/contra su pecho; **~ la gorge/le cœur à qn** oprimir la garganta/el pecho a algn; **~ les dents** apretar los dientes; **~ qn de près** seguir de cerca a algn; **~ le trottoir** pegarse a la acera; **~ sa droite/gauche** pegarse a su derecha/izquierda; **~ la vis à qn** (*fig*) apretar las clavijas a algn; **~ les rangs** cerrar filas

## serre-tête – seul

▶ vi : **~ à droite/gauche** pegarse a la derecha/a la izquierda; **se serrer** vpr (se rapprocher) apretujarse; **se ~ contre qn** estrecharse contra algn; **se ~ les coudes** prestarse ayuda; **se ~ la ceinture** (fig) apretarse el cinturón

**serre-tête** [sɛʀtɛt] (pl **serre-têtes**) nm cinta (para la cabeza), diadema

**serrure** [seʀyʀ] nf cerradura, chapa (AM)

**serrurerie** [seʀyʀʀi] nf (métier) cerrajería; (ferronnerie) forja de hierro; **~ d'art** artesanía de hierro forjado

**serrurier, -ière** [seʀyʀje, jɛʀ] nm/f cerrajero(-a)

**sers** etc [sɛʀ] vb voir **servir**

**sert** etc [sɛʀ] vb voir **servir**

**sertir** [sɛʀtiʀ] vt (pierre précieuse) engastar; (deux pièces métalliques) encastrar

**sérum** [seʀɔm] nm suero; **~ antitétanique** suero antitetánico; **~ antivenimeux** suero antiofídico; **~ artificiel** suero artificial; **~ de vérité** suero de la verdad; **~ physiologique** suero fisiológico; **~ sanguin** suero sanguíneo

**servage** [sɛʀvaʒ] nm servidumbre f

**servant** [sɛʀvɑ̃] nm (Rel) hermano lego; (Mil) artillero (encargado de un arma)

**servante** [sɛʀvɑ̃t] nf sirvienta, mucama (CSur), recamarera (MEX)

**serve** [sɛʀv] vb voir **servir** ▶ nf voir **serf**

**serveur, -euse** [sɛʀvœʀ, øz] nm/f (de restaurant) camarero(-a); (Tennis) jugador que tiene el servicio; (Cartes) mano mf ▶ nm (Inform) servidor m; **~ de données** (Inform) base f de datos ▶ adj (Inform) : **centre ~** banco de datos

**servi, e** [sɛʀvi] adj : **bien ~** (au restaurant) bien servido(-a); **vous êtes ~ ?** ¿está usted servido?

**serviable** [sɛʀvjabl] adj servicial

**service** [sɛʀvis] nm servicio; (aide, faveur) favor m; (Rel) oficio; (Sport) servicio, saque m; **~ compris/non compris** servicio incluido/no incluido; **faire le ~** servir; **être en ~ chez qn** (domestique) estar de servicio en casa de algn; **être au ~ de (qn)** estar al servicio de (algn); **pendant le ~** de servicio; **porte de ~** puerta de servicio; **premier/second ~** primer/segundo turno; **rendre ~ (à qn)** ayudar (a algn), echar una mano (a algn); (suj : objet) ser de utilidad (a algn); **il aime rendre ~** le gusta hacer favores; **rendre un ~ à qn** hacer un favor a algn; **reprendre du ~** volver al servicio activo; **heures de ~** horas de servicio; **être de ~** estar de servicio; **avoir 25 ans de ~** tener 25 años de servicio; **être/mettre en ~** estar/poner en servicio; **hors ~** fuera de servicio; **en ~ commandé** en comisión de servicio; **~ à café/à glaces** servicio de café/de helado; **~ après vente** servicio pos(t)-venta; **~ à thé** servicio de té; **~ d'ordre** servicio de orden; **~ funèbre** servicio funerario; **~ militaire/public** servicio militar/público; **services secrets/sociaux** servicios secretos/sociales; **services** nmpl (travail, prestations) servicios mpl; (Écon) sector m servicios

**serviette** [sɛʀvjɛt] nf (de table) servilleta; (de toilette) toalla; (porte-documents) cartera, portafolio(s) m (AM); **~ éponge** toalla de felpa; **~ hygiénique** compresa

**servile** [sɛʀvil] adj servil

**servilement** [sɛʀvilmɑ̃] adv servilmente

**servilité** [sɛʀvilite] nf servilismo

**servir** [sɛʀviʀ] vt servir; (client) atender; (rente, pension) pagar; **~ à qn** (suj : diplôme, livre) servir a algn; **ça m'a servi pour faire ...** eso me ha servido para hacer ...; **~ à qch/faire qch** (outil) servir para algo/hacer algo; **qu'est-ce que je vous sers ?** ¿qué le sirvo?; **est-ce que je peux vous ~ quelque chose ?** ¿le sirvo a usted algo?; **vous êtes servi ?** ¿le atienden a usted?; **à quoi cela sert-il (de faire) ?** ¿de qué sirve (hacer)?; **cela ne sert à rien** eso no sirve para nada; **~ (à qn) de** hacer (a algn) de; **~ la messe** ayudar a misa; **~ une cause** servir a una causa; **~ les intérêts de qn** servir a los intereses de algn; **~ le dîner à 18 h** servir la cena a las 6 de la tarde ▶ vi servir; **ça peut ~** eso puede servir; **ça peut encore ~** todavía puede servir eso; **~ dans l'infanterie** servir en infantería; **~ à dîner/déjeuner à qn** servir de cenar/almorzar a algn; **se servir** vpr servirse; **se ~ chez qn** servirse en casa de algn; **se ~ de** (plat) servirse de; (voiture, outil) utilizar; (relations, amis) valerse de

**serviteur** [sɛʀvitœʀ] nm servidor m

**servitude** [sɛʀvityd] nf (aussi Jur) servidumbre f

**servocommande** [sɛʀvokɔmɑ̃d] nf servomando

**servofrein** [sɛʀvofʀɛ̃] nm servofreno

**servomécanisme** [sɛʀvomekanism] nm servomecanismo

**ses** [se] voir **son**¹

**sésame** [sezam] nm (Bot) sésamo; (graine) semilla de sésamo; (moyen d'accès) : **le ~ pour (faire) qch** la llave para (hacer) algo

**session** [sesjɔ̃] nf sesión f; (d'examen) convocatoria

**set** [sɛt] nm (Tennis) set m; **~ de table** juego de mantelería

**seuil** [sœj] nm umbral m; **recevoir qn sur le ~ (de sa maison)** recibir a algn en la puerta (de su casa); **au ~ de** (fig) en el umbral de; **~ de rentabilité** (Comm) punto de equilibrio

**seul, e** [sœl] adj (sans compagnie) solo(-a); (avec nuance affective : isolé) solitario(-a); (objet, mot etc) aislado(-a); **le ~ livre/homme** el único libro/hombre; **à lui (tout) ~** él solo; **lui ~ peut ...**

solo él puede ...; **d'un ~ coup** (*subitement*) de pronto; (*à la fois*) de una vez ▶ *adv* : **vivre ~** vivir solo(-a); **parler tout ~** hablar solo; **faire qch (tout) ~** hacer algo (completamente) solo; **~ à ~** a solas; **~ ce livre** solo ese libro ▶ *nm/f* : **il en reste un(e) ~(e)** queda solo uno(-a); **j'en veux un(e) ~(e)** quiero solo uno(-a); **pas un(e) ~(e)** ni siquiera uno(-a)

**seulement** [sœlmɑ̃] *adv* : **~ cinq, cinq ~** solamente cinco; **~ eux** (*exclusivement*) únicamente ellos; **~ hier/à 10 h** (*pas avant*) solo ayer/a las 10; **il consent, ~ il demande des garanties** (*toutefois*) consiente, pero pide garantías; **non ~ ... mais aussi** *ou* **encore** no solamente ... sino también *ou* además

**sève** [sɛv] *nf* savia

**sévère** [sevɛʀ] *adj* severo(-a); (*style, tenue*) austero(-a); (*pertes*) serio(-a), grave

**sévèrement** [sevɛʀmɑ̃] *adv* severamente

**sévérité** [severite] *nf* severidad *f*

**sévices** [sevis] *nmpl* malos tratos *mpl*

**Séville** [sevil] *n* Sevilla

**sévir** [seviʀ] *vi* (*punir*) castigar severamente; (*suj : fléau*) hacer estragos; **~ contre** (*abus, pratiques*) obrar con severidad contra

**sevrage** [səvʀaʒ] *nm* destete *m*; (*d'un toxicomane*) privación *f*

**sevrer** [səvʀe] *vt* destetar; **~ qn de qch** (*fig*) privar a algn de algo

**sexagénaire** [sɛksaʒenɛʀ] *adj, nmf* sexagenario(-a)

**sexe** [sɛks] *nm* sexo; **le ~ fort/faible** el sexo fuerte/débil

**sexisme** [sɛksism] *nm* sexismo

**sexiste** [sɛksist] *nmf, adj* sexista *mf*

**sexologie** [sɛksɔlɔʒi] *nf* sexología

**sexologue** [sɛksɔlɔg] *nmf* sexólogo(-a)

**sextant** [sɛkstɑ̃] *nm* sextante *m*

**sexualité** [sɛksɥalite] *nf* sexualidad *f*

**sexué, e** [sɛksɥe] *adj* sexuado(-a)

**sexuel, le** [sɛksɥɛl] *adj* sexual; **acte ~** acto sexual

**sexuellement** [sɛksɥɛlmɑ̃] *adv* sexualmente

**sexy** [sɛksi] *adj inv* sexy ▶ *adv* : **s'habiller ~** vestir sexy

**seyait** [sɛjɛ] *vb voir* **seoir**

**seyant, e** [sɛjɑ̃, ɑ̃t] *vb voir* **seoir** ▶ *adj* favorecedor(a)

**Seychelles** [sɛʃɛl] *nfpl* : **les (îles) ~** las (islas) Seychelles

**SG** [ɛsʒe] *sigle m* (= *secrétaire général*) SG (= *secretario general*)

**shaker** [ʃɛkœʀ] *nm* coctelera

**shampooiner** [ʃɑ̃pwine] *vt* lavar con champú

**shampooineur, -euse** [ʃɑ̃pwinœʀ, øz] *nm/f* (*personne*) aprendiz(a) de peluquería

**shampooineuse** [ʃɑ̃pwinøz] *nf* máquina para limpiar moquetas con espuma

**shampooing** [ʃɑ̃pwɛ̃] *nm* (*lavage*) lavado; (*produit*) champú *m*; **se faire un ~** hacerse un lavado con champú; **~ colorant/traitant** champú colorante/tratante

**shiite** [ʃiit] *adj* chií, chiita

**shimmy** [ʃimi] *nm* (*Auto*) vibración *de las ruedas de un automóvil*

**shit** [ʃit] *nm* (*fam*) chocolate *m* (*fam*), hachís *m*

**shoot** [ʃut] *nm* (*Football*) chut *m*

**shooter** [ʃute] *vi* (*Football*) chutar; **se shooter** *vpr* (*drogué*) pincharse

**shopping** [ʃɔpiŋ] *nm* : **faire du ~** ir de compras

**short** [ʃɔʀt] *nm* pantalón *m* corto, short *m*

**SI** [ɛsi] *abr* (= *syndicat d'initiative*) oficina de turismo

(MOT-CLÉ)

**si** [si] *adv* **1** (*oui*) sí; **Paul n'est pas venu? — si !** ¿no ha venido Pablo? — ¡sí!; **mais si !** ¡que sí!

**2** (*tellement*) : **si gentil/rapidement** tan amable/rápidamente; **si rapide qu'il soit** por muy rápido que sea

▶ *conj* si; **si tu veux** si quieres; **je me demande si ...** me pregunto si ...; **si seulement** si solo; **si ce n'est ...** (*sinon*) sino ...; **si ce n'est que ...** excepto que ...; **si tant est que ...** siempre y cuando ...; (**tant et**) **si bien que** tanto que; **s'il pouvait (seulement) venir !** ¡si (al menos) pudiera venir!; **s'il le fait, c'est que ...** si lo hace, es que ...; **s'il est aimable, eux par contre ...** él es amable, pero en cambio ellos ...; **si j'étais toi ...** yo que tú ...

▶ *nm inv* (*Mus*) si *m*

**siamois, e** [sjamwa, waz] *adj* siamés(-esa); **frères ~** hermanos *mpl* siameses

**Sibérie** [siberi] *nf* Siberia

**sibérien, ne** [siberjɛ̃, jɛn] *adj* siberiano(-a) ▶ *nm/f* : **Sibérien, ne** siberiano(-a)

**sibyllin, e** [sibilɛ̃, in] *adj* sibelino(-a)

**SICAV** [sikav] *sigle f* (= *société d'investissement à capital variable*) sicav *f* (= *sociedad de inversión de capital variable*)

**siccatif, -ive** [sikatif, iv] *adj* (*Peinture*) secante; (*Méd*) desecativo(-a)

**Sicile** [sisil] *nf* Sicilia

**sicilien, ne** [sisiljɛ̃, jɛn] *adj* siciliano(-a) ▶ *nm/f* : **Sicilien, ne** siciliano(-a)

**sida, SIDA** [sida] *sigle m* (= *syndrome immuno-déficitaire acquis*) SIDA *m* (= *Síndrome de Inmunodeficiencia Adquirida*)

**sidéral, e, -aux** [sideʀal, o] *adj* sideral

**sidérant, e** [sideʀɑ̃, ɑ̃t] *adj* apabullante

**sidéré, e** [sideʀe] *adj* atónito(-a)

**sidérurgie** [sideʀyʀʒi] *nf* siderurgia

**sidérurgique** [sideʀyʀʒik] *adj* siderúrgico(-a)

**sidérurgiste** [sideʀyʀʒist] *nmf* especialista *mf* en siderurgia

## siècle – simple

**siècle** [sjɛkl] nm siglo m; **le ~ des lumières/ de l'atome** el siglo de las luces/del átomo

**sied** [sje] vb voir **seoir**

**siège** [sjɛʒ] nm asiento; (dans une assemblée) puesto; (de député) escaño; (tribunal, assemblée, organisation) sede f; (d'une douleur, maladie) foco; (Mil) sitio; **lever le ~** levantar el sitio; **mettre le ~ devant une ville** sitiar una ciudad; **se présenter par le ~** (nouveau-né) nacer de nalgas; **~ arrière/avant** asiento trasero/delantero; **~ baquet** asiento ajustable de los coches de carreras; **~ social** sede m social

**siéger** [sjeʒe] vi (député) ocupar un escaño; (assemblée, tribunal) celebrar sesión; (résider, se trouver) residir

**sien, ne** [sjɛ̃, sjɛn] pron : **le ~, la sienne** el suyo, la suya; **les siens, les siennes** los suyos, las suyas; **y mettre du ~** poner de su parte; **faire des siennes** (fam) hacer de las suyas; **les siens** (sa famille) los suyos

**siérait** etc [sjeʁɛ] vb voir **seoir**

**Sierra Leone** [sjeʁa leɔn(e)] nf Sierra Leona

**sieste** [sjɛst] nf siesta; **faire la ~** dormir la siesta

**sieur** [sjœʁ] nm : **le ~ Duval** el señor Duval; (en plaisantant) el tal Duval

**sifflant, e** [siflɑ̃, ɑ̃t] adj silbante, sibilante; **(consonne) sifflante** (consonante f) sibilante f

**sifflement** [sifləmɑ̃] nm silbido

**siffler** [sifle] vi silbar; (train, avec un sifflet) pitar ▶ vt silbar; (orateur, faute, départ) pitar; (fam : verre, bouteille) soplarse

**sifflet** [siflɛ] nm (instrument) silbato; (sifflement) silbido; **coup de ~** pitido; **sifflets** nmpl (de mécontentement) pitidos mpl

**siffloter** [siflɔte] vi, vt silbar ligeramente

**sigle** [sigl] nm sigla

**signal, -aux** [siɲal, o] nm señal f; **donner le ~ de** dar la señal de; **~ d'alarme/d'alerte** señal de alarma/de alerta; **~ de détresse** señal de socorro; **~ horaire/optique/sonore** señal horaria/óptica/sonora; **signaux (lumineux)** (Auto) semáforo msg; **signaux routiers** señales de circulación

**signalement** [siɲalmɑ̃] nm descripción f

**signaler** [siɲale] vt señalar; **~ qch à qn/(à qn) que** señalar algo a algn/(a algn) que; **~ qn à la police** advertir a la policía sobre algn; **se signaler (par)** vpr distinguirse (por); **se ~ à l'attention de qn** llamar la atención de algn

**signalétique** [siɲaletik] adj : **fiche ~** ficha de identificación

**signalisation** [siɲalizasjɔ̃] nf señalización f; **panneau de ~** señal de tráfico

**signaliser** [siɲalize] vt señalizar

**signataire** [siɲatɛʁ] nmf signatario(-a)

**signature** [siɲatyʁ] nf firma

**signe** [siɲ] nm signo; (mouvement, geste) seña; **ne pas donner ~ de vie** no dar señales de vida; **c'est bon/mauvais ~** es buena/mala señal; **c'est ~ que** es señal de que; **faire un ~ de la tête/la main** hacer una seña con la cabeza/la mano; **faire ~ à qn** (fig) hacer saber algo a algn; **faire ~ à qn d'entrer** hacer señas a algn para que entre; **en ~ de** en señal de; **signes extérieurs de richesse** signos externos de riqueza; **~ de la croix** señal de la cruz; **~ de ponctuation** signo de puntuación; **~ du zodiaque** signo del Zodíaco; **signes particuliers** señas individuales

**signer** [siɲe] vt firmar; **se signer** vpr santiguarse

**signet** [siɲɛ] nm registro

**significatif, -ive** [siɲifikatif, iv] adj significativo(-a)

**signification** [siɲifikasjɔ̃] nf significado

**signifier** [siɲifje] vt significar; **~ qch (à qn)** (faire connaître) comunicar algo (a algn); **~ qch à qn** (Jur) notificar algo a algn

**silence** [silɑ̃s] nm silencio; (Mus) pausa; **garder le ~ sur qch** guardar silencio sobre algo; **passer sous ~** silenciar; **réduire au ~** hacer callar; **« ~ ! »** « ¡silencio! »

**silencieusement** [silɑ̃sjøzmɑ̃] adv silenciosamente

**silencieux, -euse** [silɑ̃sjø, jøz] adj silencioso(-a) ▶ nm silenciador m

**silex** [silɛks] nm sílex m

**silhouette** [silwɛt] nf silueta

**silicate** [silikat] nm silicato

**silice** [silis] nf sílice f

**siliceux, -euse** [silisø, øz] adj silíceo(-a)

**silicium** [silisjɔm] nm : **plaquette de ~** placa de silicio

**silicone** [silikon] nf silicona

**silicose** [silikoz] nf silicosis f inv

**sillage** [sijaʒ] nm estela; **dans le ~ de** (fig) tras los pasos de

**sillon** [sijɔ̃] nm surco

**sillonner** [sijɔne] vt (suj : rides, crevasses) formar surcos en; (parcourir en tous sens) surcar; (suj : routes, voyageurs) atravesar

**silo** [silo] nm silo; **~ lance-missile** silo lanzamisiles

**silure** [silyʁ] nm siluro

**simagrées** [simagʁe] nfpl melindres mpl

**simiesque** [simjɛsk] adj simiesco(-a)

**similaire** [similɛʁ] adj similar

**similarité** [similaʁite] nf similitud f

**simili** [simili] nm imitación f ▶ nf (similigravure) similigrabado

**similicuir** [similikɥiʁ] nm cuero artificial

**similigravure** [similigʁavyʁ] nf similigrabado

**similitude** [similityd] nf semejanza

**simple** [sɛ̃pl] adj (aussi péj) simple; (peu complexe) sencillo(-a), simple; (repas, vie) sencillo(-a); **une ~ objection/formalité** una

**simplement – site**

mera objeción/formalidad; **un ~ employé/particulier** un simple empleado/una simple persona; **dans le plus ~ appareil** como Dios lo trajo al mundo; **réduit à sa plus ~ expression** reducido a su mínima expresión; **~ soldat** soldado raso ▶ *nm* (*Tennis*) : **~ messieurs/dames** individual *m* masculino/femenino; **cela varie du ~ au double** se duplica ▶ *nmf*: **~ d'esprit** *nmf* simplón(-ona); **simples** *nfpl* (*plantes médicinales*) simples *mpl*

**simplement** [sɛ̃pləmɑ̃] *adv* (*seulement*) solamente; (*sans affectation*) de una forma sencilla

**simplet, te** [sɛ̃plɛ, ɛt] *adj* simplón(-ona)

**simplicité** [sɛ̃plisite] *nf* sencillez *f*; (*candeur*) candidez *f*; **en toute ~** con toda sencillez

**simplification** [sɛ̃plifikasjɔ̃] *nf* simplificación *f*

**simplifier** [sɛ̃plifje] *vt* simplificar

**simplissime** [sɛ̃plisim] *adj* sencillísimo(-a)

**simpliste** [sɛ̃plist] *adj* simplista

**simulacre** [simylakʀ] *nm* (*aussi péj*) simulacro

**simulateur, -trice** [simylatœʀ, tʀis] *nm/f* simulador(a) ▶ *nm* : **~ de vol** simulador *m* de vuelo

**simulation** [simylasjɔ̃] *nf* simulación *f*

**simulé, e** [simyle] *adj* fingido(-a)

**simuler** [simyle] *vt* fingir; (*suj : substance, revêtement*) simular, imitar; (*vente, contrat*) simular

**simultané, e** [simyltane] *adj* simultáneo(-a)

**simultanéité** [simyltaneite] *nf* simultaneidad *f*

**simultanément** [simyltanemɑ̃] *adv* simultáneamente

**sinapisme** [sinapism] *nm* sinapismo

**sincère** [sɛ̃sɛʀ] *adj* sincero(-a); **mes sincères condoléances** mi más sentido pésame

**sincèrement** [sɛ̃sɛʀmɑ̃] *adv* sinceramente; (*franchement*) francamente

**sincérité** [sɛ̃seʀite] *nf* sinceridad *f*; **en toute ~** con toda franqueza

**sinécure** [sinekyʀ] *nf* sinecura

**sine die** [sinedje] *adv* sine die

**sine qua non** [sinekwanɔn] *adj* : **condition ~** condición *f* sine qua non

**Singapour** [sɛ̃gapuʀ] *nm* Singapur *m*

**singe** [sɛ̃ʒ] *nm* mono

**singer** [sɛ̃ʒe] *vt* imitar

**singeries** [sɛ̃ʒʀi] *nfpl* (*simagrées*) remilgos *mpl*; (*grimaces*) monerías *fpl*

**singulariser** [sɛ̃gylaʀize] *vt* singularizar; **se singulariser** *vpr* caracterizarse

**singularité** [sɛ̃gylaʀite] *nf* singularidad *f*

**singulier, -ière** [sɛ̃gylje, jɛʀ] *adj* singular ▶ *nm* (*Ling*) singular *m*

**singulièrement** [sɛ̃gyljɛʀmɑ̃] *adv* (*bizarrement*) extrañamente; (*beaucoup, très*) extraordinariamente; (*notamment*) notablemente

**sinistre** [sinistʀ] *adj* siniestro(-a); **un ~ imbécile/crétin** (*intensif*) un imbécil/cretino redomado ▶ *nm* siniestro

**sinistré, e** [sinistʀe] *adj* siniestrado(-a) ▶ *nm/f* damnificado(-a)

**sinistrose** [sinistʀoz] *nf* pesimismo

**sino...** [sino] *préf* : **sino-indien** chino-indio

**sinon** [sinɔ̃] *conj* (*autrement, sans quoi*) de lo contrario; (*sauf*) salvo; (*si ce n'est*) si no

> Ne confondez pas *sino* (**sinon**), qui exprime une opposition ou une restriction, avec *si no* (**si … ne pas**), qui introduit une condition :
> **Ce n'est pas lui que je connais sinon sa sœur.** No lo conozco a él sino a su hermana.
> **Si tu n'as pas besoin d'aide, je m'en vais.** Si no necesitas ayuda, me voy.

**sinueux, -euse** [sinɥø, øz] *adj* sinuoso(-a); (*fig : raisonnement*) retorcido(-a)

**sinuosité** [sinɥozite] *nf* sinuosidad *f*; **sinuosités** *nfpl* (*de route, cours d'eau*) serpenteo *sg*; **les sinuosités de son raisonnement** la complejidad de su razonamiento

**sinus** [sinys] *nm* seno

**sinusite** [sinyzit] *nf* sinusitis *f inv*

**sinusoïdal, e, -aux** [sinyzɔidal, o] *adj* sinusoidal

**sinusoïde** [sinyzɔid] *nf* sinusoide *f*

**sionisme** [sjɔnism] *nm* sionismo

**sioniste** [sjɔnist] *adj, nmf* sionista *mf*

**siphon** [sifɔ̃] *nm* sifón *m*

**siphonnage** [sifɔnaʒ] *nm* sifonado; (*fig : de fonds, ressources*) desvío

**siphonner** [sifɔne] *vt* trasvasar con sifón; (*fig : fonds, ressources*) desviar

**sire** [siʀ] *nm* (*titre*) : **S~** señor *m*; **un triste ~** un hombre vil

**sirène** [siʀɛn] *nf* sirena; **~ d'alarme** sirena de alarma

**sirop** [siʀo] *nm* (*de fruit etc*) concentrado; (*boisson*) sirope *m*; (*pharmaceutique*) jarabe *m*; **~ contre la toux** jarabe contra la tos; **~ de framboise/de menthe** concentrado de frambuesa/de menta; (*boisson*) sirope de frambuesa/de menta

**siroter** [siʀɔte] *vt* beber a sorbos

**sirupeux, -euse** [siʀypø, øz] *adj* (*liquide*) almibarado(-a); (*péj : musique*) empalagoso(-a)

**sis, e** [si, siz] *adj* : **~ rue de la Paix** sito(-a) en la calle de la Paz

**sisal** [sizal] *nm* sisal *m*

**sismique** [sismik] *adj* sísmico(-a)

**sismographe** [sismɔgʀaf] *nm* sismógrafo

**sismologie** [sismɔlɔʒi] *nf* sismología

**sitar** [sitaʀ] *nm* sitar *m*

**site** [sit] *nm* (*paysage, environnement*) paraje *m*; (*d'une ville etc*) emplazamiento; **~ (pittoresque)** paisaje *m* (pintoresco);

## sitôt – socialiser

**sites historiques/naturels/touristiques** parajes históricos/naturales/turísticos; ~ **Web** sitio (Web)

**sitôt** [sito] adv : ~ **parti** nada más marcharse; ~ **après** inmediatamente después; **pas de** ~ no tan pronto; ~ **que** tan pronto como

**situation** [situasjɔ̃] nf situación f; (emploi, place) puesto; **être en** ~ **de faire qch** estar en situación de hacer algo; ~ **de famille** estado civil

**situé, e** [situe] adj situado(-a)

**situer** [situe] vt situar; (en pensée) localizar; **se situer** vpr : **se** ~ **à** ou **dans/près de** situarse en/cerca de

**six** [sis] adj inv, nm inv seis m inv; voir aussi **cinq**

**sixième** [sizjɛm] adj, nmf sexto(-a) ▶ nm (partitif) sexto ▶ nf (Scol) primer año de educación secundaria en el sistema francés; voir aussi **cinquième**

**skaï** [skaj] nm skay m

**skate** [skɛt], **skateboard** [skɛtbɔʀd] nm (sport) skate(board) m; (planche) monopatín m

**skateur, -euse** [skɛtœʀ, øz] nm/f, **skater** [skɛtœʀ] nmf skater mf

**sketch** [skɛtʃ] nm sketch m

**ski** [ski] nm esquí m; **une paire de skis, des skis** un par de esquís, esquís mpl; **faire du** ~ esquiar; **aller faire du** ~ ir a esquiar; ~ **alpin** esquí alpino; ~ **de fond/de piste/de randonnée** esquí de fondo/de pista/de travesía; ~ **évolutif** método intensivo de esquí; ~ **nautique** esquí náutico

**skiable** [skjabl] adj (neige, piste, domaine) esquiable

**ski-bob** [skibɔb] (pl **ski-bobs**) nm deslizador m sobre nieve

**skier** [skje] vi esquiar

**skieur, -euse** [skjœʀ, øz] nm/f esquiador(a)

**skif, skiff** [skif] nm esquife m

**slalom** [slalɔm] nm eslálom m; **faire du** ~ **entre** (fig) hacer eslálom entre; ~ **géant/spécial** eslálom gigante/especial

**slalomer** [slalɔme] vi practicar el eslálom

**slalomeur, -euse** [slalɔmœʀ, øz] nm/f esquiador que practica el eslálom

**slam** [slam] nm poesía slam

**slave** [slav] adj eslavo(-a) ▶ nmf : **Slave** eslavo(-a)

**slavisant, e** [slavizɑ̃, ɑ̃t] nm/f especialista mf en estudios eslavos

**slaviste** [slavist] nmf = **slavisant**

**slip** [slip] nm (d'homme) calzoncillo, slip m, calzones mpl (AM); (de femme) braga, calzones; (de bain : d'homme) bañador m; (: de femme) braga (del bikini)

**slogan** [slɔgɑ̃] nm eslogan m

**slovaque** [slɔvak] adj eslovaco(-a) ▶ nm (Ling) eslovaco ▶ nmf : **Slovaque** eslovaco(-a)

**Slovaquie** [slɔvaki] nf Eslovaquia

**slovène** [slɔvɛn] adj esloveno(-a) ▶ nm (Ling) esloveno ▶ nmf : **Slovène** esloveno(-a)

**Slovénie** [slɔveni] nf Eslovenia

**slow** [slo] nm baile m lento

**SM** sigle f (= Sa Majesté) SM f

**smash** [sma(t)ʃ] nm (Sport) mate m, smash m

**smasher** [sma(t)ʃe] vi dar un mate

**SMIC** [smik] sigle m (= salaire minimum interprofessionnel de croissance) salario mínimo interprofesional; ver nota

- **SMIC**
- En Francia, se llama **SMIC** a la tarifa
- salarial mínima establecida por hora para
- trabajadores de más de dieciocho años.
- Va ligado al IPC y sube cada vez que el coste
- de la vida aumenta en un 2%.

**smicard, e** [smikaʀ, aʀd] nm/f trabajador que cobra el sueldo base

**smocks** [smɔk] nmpl pliegues mpl fruncidos y bordados

**smoking** [smɔkiŋ] nm esmoquin m

**SMS** [ɛsɛmɛs] sigle m (= short message service) SMS m

**SMUR** [smyʀ] sigle m = **service médical d'urgence et de réanimation**

**snack** [snak] nm bar m

**SNC** abr (= service non compris) servicio no incluido

**SNCB** [ɛsɛnsebe] sigle f (= Société nationale des chemins de fer belges) red nacional de ferrocarriles belgas

**SNCF** [ɛsɛnseɛf] sigle f (= Société nationale des chemins de fer français) red nacional de ferrocarriles franceses

**snob** [snɔb] adj, nmf esnob mf

**snober** [snɔbe] vt : ~ **qn** mirar a algn por encima del hombro

**snobinard, e** [snɔbinaʀ, aʀd] (péj) nm/f esnob mf

**snobisme** [snɔbism] nm esnobismo

**snowboard** [snobɔʀd] nm (sport, planche) snowboard m

**snowboardeur, -euse** [snobɔʀdœʀ, øz] nm/f, **snowboarder** [snobɔʀdœʀ]/nmf snowboarder mf

**sobre** [sɔbʀ] adj sobrio(-a); ~ **de (gestes/compliments)** parco(-a) de (gestos/cumplidos)

**sobrement** [sɔbʀəmɑ̃] adv (boire) moderadamente; (s'habiller) sobriamente

**sobriété** [sɔbʀijete] nf sobriedad f

**sobriquet** [sɔbʀikɛ] nm mote m

**soc** [sɔk] nm reja

**sociabilité** [sɔsjabilite] nf sociabilidad f

**sociable** [sɔsjabl] adj sociable

**social, e, -aux** [sɔsjal, jo] adj social

**socialement** [sɔsjalmɑ̃] adv socialmente

**socialisant, e** [sɔsjalizɑ̃, ɑ̃t] adj socializante

**socialisation** [sɔsjalizasjɔ̃] nf socialización f

**socialiser** [sɔsjalize] vt socializar

455

## socialisme – soixante-dixième

**socialisme** [sɔsjalism] *nm* socialismo
**socialiste** [sɔsjalist] *adj, nmf* socialista *mf*
**sociétaire** [sɔsjetɛʀ] *nmf* socio(-a)
**société** [sɔsjete] *nf* sociedad *f*; *(d'abeilles, de fourmis)* comunidad *f*; **rechercher/se plaire dans la ~ de** *(compagnie)* buscar/estar a gusto en la compañía de; **~ anonyme/à responsabilité limitée** sociedad anónima/de responsabilidad limitada; **la ~ d'abondance** la sociedad de la abundancia; **~ de capitaux** sociedad de capitales; **la ~ de consommation** la sociedad de consumo; **~ de services** sociedad de servicios; **~ d'investissement à capital variable** sociedad inversora de capital variable; **~ par actions** sociedad por acciones; **~ savante** sociedad cultural
**socio...** [sɔsjɔ] *préf* socio...
**socioculturel, le** [sɔsjokyltyʀɛl] *adj* sociocultural
**socio-économique** [sɔsjoekɔnɔmik] *(pl* **socio-économiques)** *adj* socioeconómico(-a)
**socio-éducatif, -ive** [sɔsjoedykatif, iv] *(pl* **socio-éducatifs, -ives)** *adj* (socio)educativo(-a)
**sociolinguistique** [sɔsjolɛ̃gɥistik] *adj* sociolingüístico(-a)
**sociologie** [sɔsjɔlɔʒi] *nf* sociología
**sociologique** [sɔsjɔlɔʒik] *adj* sociológico(-a)
**sociologue** [sɔsjɔlɔg] *nmf* sociólogo(-a)
**socio-professionnel, le** [sɔsjopʀɔfesjɔnɛl] *(pl* **socio-professionnels, -les)** *adj* socioprofesional
**socle** [sɔkl] *nm (de colonne, statue)* pedestal *m*; *(de lampe)* pie *m*
**socquette** [sɔkɛt] *nf* calcetín *m* corto
**socratique** [sɔkʀatik] *adj* socrático(-a)
**soda** [sɔda] *nm* soda
**sodium** [sɔdjɔm] *nm* sodio
**sodomie** [sɔdɔmi] *nf* sodomía
**sodomiser** [sɔdɔmize] *vt* sodomizar
**sœur** [sœʀ] *nf* hermana; *(religieuse)* hermana, sor *f*; **~ Elisabeth** *(Rel)* sor Elisabeth; **~ aînée/cadette/de lait** hermana mayor/menor/de leche
**sofa** [sɔfa] *nm* sofá *m*
**Sofia** [sɔfja] *n* Sofía
**SOFRES** [sɔfʀɛs] *sigle f* (= *Société française d'enquête par sondage*) empresa de sondeos de opinión
**soi** [swa] *pron* sí mismo(-a); **cela va de ~** ni que decir tiene
**soi-disant** [swadizɑ̃] *adj inv* supuesto(-a) ▶ *adv* supuestamente
**soie** [swa] *nf* seda; *(de porc, sanglier)* cerda; **~ sauvage** seda salvaje
**soient** [swa] *vb voir* **être**
**soierie** [swaʀi] *nf* sedería
**soif** [swaf] *nf* sed *f*; **~ du pouvoir** sed de poder; **avoir ~** tener sed; **donner ~ (à qn)** dar sed (a algn)

**soignant, e** [swaɲɑ̃, ɑ̃t] *nm/f* sanitario(-a) ▶ *adj* : **le personnel ~** el personal sanitario; *voir aussi* **aide-soignant**
**soigné, e** [swaɲe] *adj (personne)* cuidado(-a); *(travail)* esmerado(-a); *(fam : rhume, facture etc)* señor(a)
**soigner** [swaɲe] *vt* cuidar; *(maladie)* curar; *(clientèle, invités)* atender; **se soigner** *vpr (personne malade)* tratarse; *(maladie)* curarse; *(prendre soin de soi)* cuidarse; **soigne-toi bien !** ¡cuídate!
**soigneur** [swaɲœʀ] *nm (Sport)* entrenador(a)
**soigneusement** [swaɲøzmɑ̃] *adv* cuidadosamente
**soigneux, -euse** [swaɲø, øz] *adj* cuidadoso(-a); **~ de** cuidadoso(-a) con
**soi-même** [swamɛm] *pron* sí mismo(-a)
**soin** [swɛ̃] *nm* cuidado; **sans ~** *adj* descuidado(-a); *adv* descuidadamente; **avoir** *ou* **prendre ~ de qch/qn** cuidar de algo/algn; **laisser à qn le ~ de faire qch** dejar a algn al cargo de hacer algo; **soins** *nmpl (à un malade, aussi hygiène)* cuidados *mpl*; *(attentions, prévenance)* detalles *mpl*; **les premiers soins** primeros auxilios *mpl*; **aux bons soins de** a la atención *ou* al cuidado de; **être aux petits soins pour qn** tener mil detalles con algn; **confier qn aux soins de qn** confiar a algn a los cuidados de algn; **soins de la chevelure/de beauté/du corps** cuidados del cabello/de belleza/corporales; **soins palliatifs** cuidados paliativos
**soir** [swaʀ] *nm* tarde *f*, noche *f*; **il fait frais/il travaille le ~** hace fresco/trabaja por la tarde; **ce ~** esta tarde; **« à ce ~ ! »** « ¡hasta la tarde! »; **la veille au ~** la víspera por la noche; **sept heures du ~** las siete de la tarde; **dix heures du ~** las diez de la noche; **le repas du ~** la cena; **le journal du ~** el diario de la tarde; **hier ~** ayer por la noche; **demain ~** mañana por la noche ▶ *adv* : **dimanche ~** el domingo por la tarde
**soirée** [swaʀe] *nf (moment de la journée)* tarde *f*; *(tard)* noche *f*; *(réception)* velada; **donner un film/une pièce en ~** dar una película/una obra de teatro en función de noche
**soit** [swa] *vb voir* **être** ▶ *conj* es decir; **~ ..., ~ ...** sea ... sea ...; **~ un triangle ABC** tenemos un triángulo ABC; **~ que ..., ~ que ...** *ou* **ou que ...** ya sea ... ya sea ... ▶ *adv (assentiment)* sea, de acuerdo
**soixantaine** [swasɑ̃tɛn] *nf (nombre)* : **la ~** sesenta; **avoir la ~** rondar los sesenta; **une ~ de ...** unos sesenta ...
**soixante** [swasɑ̃t] *adj inv, nm inv* sesenta *m inv*; *voir aussi* **cinq**
**soixante-dix** [swasɑ̃tdis] *adj inv, nm inv* setenta *m inv*; *voir aussi* **cinq**
**soixante-dixième** [swasɑ̃tdizjɛm] *(pl* **soixante-dixièmes)** *adj, nmf* septuagésimo(-a) ▶ *nm (partitif)* setentavo(-a); *voir aussi* **cinquantième**

456 · FRANÇAIS | ESPAGNOL

## soixante-huitard – sommaire

**soixante-huitard, e** [swasɑ̃tɥitaʀ, aʀd] (pl **soixante-huitards, -es**) adj del 68 (relativo a los acontecimientos del 68 en Francia) ▶ nm/f uno (una) del 68

**soixantième** [swasɑ̃tjɛm] adj, nmf sexagésimo(-a) ▶ nm (partitif) sesentavo; voir aussi **cinquantième**

**soja** [sɔʒa] nm soja; **germes de ~** brotes mpl de soja

**sol** [sɔl] nm suelo; (revêtement) suelo, piso ▶ nm inv (Mus) sol m

**solaire** [sɔlɛʀ] adj solar; (huile, filtre) bronceador(a); **cadran ~** reloj m de sol

**solarium** [sɔlaʀjɔm] nm solario

**soldat, e** [sɔlda, t] nm/f soldado mf; **~ de plomb** soldadito de plomo; **le S~ inconnu** el soldado desconocido

**soldatesque** [sɔldatɛsk] nf soldadesca

**solde** [sɔld] nf (Mil) sueldo; **à la ~ de qn** (péj) a sueldo de algn ▶ nm (Comm) saldo; **pour ~ de tout compte** como finiquito; **en ~** rebajado; **~ créditeur/débiteur** ou **à payer** saldo acreedor/deudor; **soldes** nmpl (Comm) rebajas fpl

**solder** [sɔlde] vt (compte : en acquittant le solde) saldar; (: en l'arrêtant) liquidar; (marchandise) rebajar; **article soldé (à) 10 euros** artículo rebajado a 10 euros; **se solder par** vpr resultar en

**soldeur, -euse** [sɔldœʀ, øz] nm/f (Comm) saldista mf

**sole** [sɔl] nf lenguado

**soleil** [sɔlɛj] nm sol m; (feu d'artifice) rueda; (acrobatie) vuelta de campana; **il y a du** ou **il fait ~** hace sol; **au ~** al sol; **en plein ~** a pleno sol; **le ~ couchant** la puesta del sol; **le ~ de minuit** el sol de medianoche; **le ~ levant** la salida del sol

**solennel, le** [sɔlanɛl] adj solemne

**solennellement** [sɔlanɛlmɑ̃] adv solemnemente

**solennité** [sɔlanite] nf solemnidad f; **solennités** nfpl (formalités) solemnidades fpl

**solénoïde** [sɔlenɔid] nm solenoide m

**solfège** [sɔlfɛʒ] nm solfeo

**solfier** [sɔlfje] vt : **~ un morceau** solfear un fragmento

**soli** [sɔli] nmpl de **solo**

**solidaire** [sɔlidɛʀ] adj solidario(-a); (choses, pièces mécaniques) interdependiente; **être ~ de** (compatriotes, collègues) ser solidario(-a) con; (mécanisme) ser interdependiente de

**solidairement** [sɔlidɛʀmɑ̃] adv de forma solidaria

**solidariser** [sɔlidaʀize] : **se solidariser avec** vpr solidarizarse con

**solidarité** [sɔlidaʀite] nf solidaridad f; **par ~ (avec)** (cesser le travail) por solidaridad (con); **contrat de ~** acuerdo de cooperación

**solide** [sɔlid] adj sólido(-a); (personne, estomac) fuerte; **un ~ coup de poing** (fam) un buen puñetazo; **une ~ engueulade** una buena bronca; **avoir les reins solides** (fig) tener el riñón bien cubierto; **~ au poste** (fig) inquebrantable en el trabajo ▶ nm (Phys, Géom) sólido

**solidement** [sɔlidmɑ̃] adv (d'une manière solide) sólidamente; (fermement) firmemente; (de façon massive) masivamente

**solidification** [sɔlidifikasjɔ̃] nf solidificación f

**solidifier** [sɔlidifje] vt solidificar; **se solidifier** vpr solidificarse

**solidité** [sɔlidite] nf solidez f

**soliloque** [sɔlilɔk] nm soliloquio

**soliste** [sɔlist] nmf solista mf

**solitaire** [sɔlitɛʀ] adj solitario(-a); (endroit, maison) desierto(-a) ▶ nmf solitario(-a) ▶ nm (diamant, jeu) solitario

**solitude** [sɔlityd] nf soledad f

**solive** [sɔliv] nf viga

**sollicitations** [sɔlisitasjɔ̃] nfpl (requêtes) peticiones fpl, demandas fpl; (attrait) incitaciones fpl; (Tech) activación f

**solliciter** [sɔlisite] vt solicitar; (moteur) activar; (suj : attractions etc) tentar; (: occupations) absorber; **~ qn** tentar a algn; **~ qch de qn** solicitar algo de algn

**sollicitude** [sɔlisityd] nf solicitud f

**solo** [sɔlo] (pl **soli**) nm solo

**sol-sol** [sɔlsɔl] adj inv (missile) tierra-tierra inv

**solstice** [sɔlstis] nm solsticio; **~ d'été/d'hiver** solsticio de verano/de invierno

**solubilisé, e** [sɔlybilize] adj soluble

**solubilité** [sɔlybilite] nf solubilidad f

**soluble** [sɔlybl] adj soluble

**soluté** [sɔlyte] nm : **~ physiologique** solución f fisiológica

**solution** [sɔlysjɔ̃] nf solución f; (d'une situation, crise) desenlace m; **~ de continuité** solución de continuidad; **~ de facilité** solución fácil

**solutionner** [sɔlysjɔne] vt solucionar

**solvabilité** [sɔlvabilite] nf solvencia

**solvable** [sɔlvabl] adj solvente

**solvant** [sɔlvɑ̃] nm disolvente m

**Somalie** [sɔmali] nf Somalia

**somalien, ne** [sɔmaljɛ̃, jɛn] adj somalí ▶ nm/f : **Somalien, ne** somalí mf

**somatique** [sɔmatik] adj somático(-a)

**somatiser** [sɔmatize] vt somatizar

**sombre** [sɔ̃bʀ] adj oscuro(-a); (fig) taciturno(-a); (: avenir) sombrío(-a); **une ~ brute** un bestia

**sombrer** [sɔ̃bʀe] vi (bateau) zozobrar; **~ corps et biens** desaparecer personas y bienes; **~ dans la misère** caer en la miseria

**sommaire** [sɔmɛʀ] adj (description, explication) somero(-a); **exécution ~** ejecución f sumaria

## sommairement – sorcellerie

▶ *nm* sumario; *(en fin ou début de chapitre)* resumen *m*; **faire le ~ de** hacer el resumen de
**sommairement** [sɔmɛRmɑ̃] *adv* someramente; *(jugé etc)* sumariamente
**sommation** [sɔmasjɔ̃] *nf (Jur)* intimación *f*; *(avant de faire feu)* advertencia
**somme** [sɔm] *nf (Math, d'argent)* suma; *(fig)* cantidad *f*; **faire la ~ de** hacer la suma de; **en ~** en resumidas cuentas; **~ toute** en resumen ▶ *nm* : **faire un ~** echar un sueño
**sommeil** [sɔmɛj] *nm* sueño; **avoir ~** tener sueño; **avoir le ~ léger** tener el sueño ligero; **en ~** *(fig)* en suspenso
**sommeiller** [sɔmeje] *vi* dormitar; *(fig)* estar en suspenso
**sommelier, -ière** [sɔməlje] *nm/f* camarero(-a) de vino
**sommer** [sɔme] *vt* : **~ qn de faire** intimar a algn a que haga
**sommes** [sɔm] *vb voir* **être**; **sommer**
**sommet** [sɔmɛ] *nm* cima; *(fig)* cúspide *f*; *(de la perfection, gloire, conférence)* cumbre *f*; *(Géom)* vértice *m*; **l'air pur des sommets** el aire puro de las montañas
**sommier** [sɔmje] *nm* somier *m*; **~ à lattes/à ressorts** somier de láminas/de muelles; **~ métallique** somier de malla metálica
**sommité** [sɔ(m)mite] *nf* eminencia
**somnambule** [sɔmnɑ̃byl] *nmf* sonámbulo(-a)
**somnambulisme** [sɔmnɑ̃bylism] *nm* sonambulismo
**somnifère** [sɔmnifɛʀ] *nm* somnífero
**somnolence** [sɔmnɔlɑ̃s] *nf* somnolencia
**somnolent, e** [sɔmnɔlɑ̃, ɑ̃t] *adj* somnoliento(-a)
**somnoler** [sɔmnɔle] *vi* dormitar
**somptuaire** [sɔ̃ptɥɛʀ] *adj* : **lois/dépenses somptuaires** leyes sanitarias/gastos suntuarios
**somptueusement** [sɔ̃ptɥøzmɑ̃] *adv* suntuosamente
**somptueux, -euse** [sɔ̃ptɥø, øz] *adj* suntuoso(-a)
**somptuosité** [sɔ̃ptɥozite] *nf* suntuosidad *f*
**son¹, sa** [sɔ̃, sa] *(pl* **ses***) adj poss* su
**son²** [sɔ̃] *nm* sonido; *(résidu de mouture)* salvado; *(sciure)* serrín *m*; **régler le ~** *(Radio, TV)* regular el volumen; **~ et lumière** luz y sonido
**sonar** [sɔnaʀ] *nm* sonar *m*
**sonate** [sɔnat] *nf* sonata
**sondage** [sɔ̃daʒ] *nm* sondeo; **~ (d'opinion)** sondeo (de opinión)
**sonde** [sɔ̃d] *nf* sonda; *(Tech)* barrena; **~ à avalanche** sonda para las avalanchas; **~ spatiale** sonda espacial
**sonder** [sɔ̃de] *vt* sondear; *(plaie, malade)* sondar; *(fig : conscience etc)* indagar (en); *(: personne)* tantear; **~ le terrain** *(fig)* tantear el terreno

**songe** [sɔ̃ʒ] *nm* sueño
**songer** [sɔ̃ʒe] : **~ à** *vt (rêver à)* soñar con; *(penser à)* pensar en; *(envisager)* considerar; **~ que** considerar que
**songerie** [sɔ̃ʒʀi] *nf* ensueño
**songeur, -euse** [sɔ̃ʒœʀ, øz] *adj* pensativo(-a); **ça me laisse ~** eso me deja pensativo(-a)
**sonnaille** [sɔnaj] *nf* cencerro; **sonnailles** *nfpl (son)* campanilleo *msg*
**sonnant, e** [sɔnɑ̃, ɑ̃t] *adj* : **espèces sonnantes et trébuchantes** dinero contante y sonante; **à huit heures sonnantes** a las ocho en punto
**sonné, e** [sɔne] *adj (fam : fou)* sonado(-a); **il est midi ~** son las doce dadas; **il a quarante ans bien sonnés** *(fam)* tiene cuarenta años bien cumplidos
**sonner** [sɔne] *vi (cloche)* tañer; *(réveil, téléphone)* sonar; *(à la porte)* llamar; **~ bien/mal** sonar bien/mal; **~ creux** sonar a hueco; *(résonner)* retumbar; **~ faux** *(instrument)* desafinar; *(rire)* sonar a falso; **minuit vient de ~** acaban de dar la medianoche; **~ chez qn** llamar a casa de algn ▶ *vt (cloche)* tañer; *(domestique, portier, infirmière)* llamar a; *(messe, réveil, tocsin)* tocar a; *(fam : suj : choc, coup)* dejar sonado(-a); **~ du clairon** tocar la corneta; **~ les heures** dar las horas
**sonnerie** [sɔnʀi] *nf* timbre *m*; *(d'horloge)* campanadas *fpl*; *(de téléphone portable)* tono *m* de llamada; **~ d'alarme** alarma; **~ de clairon** toque *m* de corneta
**sonnet** [sɔnɛ] *nm* soneto
**sonnette** [sɔnɛt] *nf (clochette)* campanilla; *(de porte, électrique)* timbre *m*; **~ d'alarme** timbre de alarma; **~ de nuit** timbre nocturno
**sono** [sɔno] *nf voir* **sonorisation**
**sonore** [sɔnɔʀ] *adj* sonoro(-a); **effets sonores** efectos *mpl* sonoros
**sonorisation** [sɔnɔʀizasjɔ̃] *nf* sonorización *f*
**sonoriser** [sɔnɔʀize] *vt* sonorizar
**sonorité** [sɔnɔʀite] *nf* sonoridad *f*; **sonorités** *nfpl* timbre *msg*
**sonothèque** [sɔnɔtɛk] *nf* sonoteca
**sont** [sɔ̃] *vb voir* **être**
**sophisme** [sɔfism] *nm* sofisma *m*
**sophiste** [sɔfist] *nmf* sofista *mf*
**sophistication** [sɔfistikasjɔ̃] *nf* sofisticación *f*
**sophistique** [sɔfistik] *adj* sofístico(-a)
**sophistiqué, e** [sɔfistike] *adj* sofisticado(-a)
**sophrologie** [sɔfʀɔlɔʒi] *nf* sofrología
**soporifique** [sɔpɔʀifik] *adj* soporífico(-a)
**soprano** [sɔpʀano] *nm (voix)* soprano ▶ *nmf* soprano *mf*
**sorbet** [sɔʀbɛ] *nm* sorbete *m*
**sorbetière** [sɔʀbətjɛʀ] *nf* sorbetera
**sorbier** [sɔʀbje] *nm* serbal *m*
**sorcellerie** [sɔʀsɛlʀi] *nf* brujería

## sorcier – souffle

**sorcier, -ière** [sɔʀsje, jɛʀ] nm/f brujo(-a) ▶ adj : **ce n'est pas ~** (fam) no es nada del otro mundo

**sordide** [sɔʀdid] adj sórdido(-a); (avarice, affaire) mísero(-a)

**sorgho** [sɔʀgo] nm sorgo

**sornettes** [sɔʀnɛt] (péj) nfpl sandeces fpl

**sort** [sɔʀ] vb voir **sortir** ▶ nm (fortune, destin) suerte f; (destinée) destino m; (condition, situation) fortuna f; **jeter un ~** hechizar; **un coup du ~** un golpe de suerte; **c'est une ironie du ~** es una ironía del destino; **le ~ en est jeté** la suerte está echada; **tirer au ~** sortear; **tirer qch au ~** sortear algo

**sortable** [sɔʀtabl] adj : **il n'est pas ~** es impresentable

**sortant, e** [sɔʀtɑ̃, ɑ̃t] vb voir **sortir** ▶ adj (numéro) ganador(a); (député, président) saliente

**sorte** [sɔʀt] vb voir **sortir** ▶ nf clase f, especie f; **une ~ de** una especie de; **de la ~** de este modo; **en quelque ~** en cierto modo; **de (telle) ~ que, en ~ que** de (tal) modo que; **faire en ~ que** procurar que

**sortie** [sɔʀti] nf salida; (parole incongrue) disparate m; **faire une ~** (fig) hacer una crítica; **à sa ~ ...** a su salida ...; **à la ~ de l'école/l'usine** a la salida del colegio/de la fábrica; **à la ~ de ce nouveau modèle** a la salida al mercado de ese nuevo modelo; **« ~ de camions »** « salida de camiones »; **~ de bain** albornoz m; **~ de secours** salida de emergencia; **~ papier** copia impresa; **sorties** nfpl (comptabilité) salidas fpl, gastos mpl; (Inform) salida, output m

**sortilège** [sɔʀtilɛʒ] nm sortilegio

**sortir** [sɔʀtiʀ] nm : **au ~ de l'hiver/de l'enfance** al final del invierno/de la infancia ▶ vi salir; (bourgeon, plante) brotar; (eau, fumée) desprenderse; **~ de** salir de; (rails etc, aussi fig) salirse de; (famille, université) proceder de; **~ de ses gonds** (fig) salirse de sus casillas; **~ du système** (Inform) finalizar la sesión; **~ de table** levantarse de la mesa ▶ vt llevar; (mener dehors, promener : personne, chien) sacar; (produit etc) salir al mercado; (fam : expulser : personne) echar; (: débiter : boniments, incongruités) echar; (Inform : sur papier) sacar; **~ qch (de)** sacar algo (de); **~ qn d'affaire/d'embarras** sacar a algn de un asunto/de un apuro; **se sortir** vpr : **se ~ de** (affaire, situation) salir de; **s'en ~** (malade) reponerse; (d'une difficulté etc) salir de apuros

**SOS** [ɛsoɛs] sigle m SOS m

**sosie** [sɔzi] nm doble mf

**sot, sotte** [so, sɔt] adj, nm/f necio(-a)

**sottement** [sɔtmɑ̃] adv a lo tonto

**sottise** [sɔtiz] nf : **la ~** la necedad; **une ~** una tontería

**sou** [su] nm : **être près de ses sous** ser un(a) agarrado(-a); **être sans le ~** estar sin blanca; **économiser ~ à ~** ahorrar poco a poco; **n'avoir pas un ~ de bon sens** no tener ni una pizca de sentido común; **de quatre sous** de tres al cuarto

**souahéli, e** [swaeli] adj, nm = **swahili**

**soubassement** [subɑsmɑ̃] nm (d'une construction) cimientos mpl; (colonne) basamento; (Géo) plataforma

**soubresaut** [subʀəso] nm (de peur etc) sobresalto; (d'un cheval) corcovo; (d'un véhicule) barquinazo

**soubrette** [subʀɛt] nf (Théâtre) sirvienta

**souche** [suʃ] nf (d'un arbre) cepa; (d'un registre, carnet) matriz f; **dormir comme une ~** dormir como un tronco; **de vieille ~** de rancio abolengo; **carnet** ou **chéquier à ~(s)** talonario de cheques con resguardo

**souci** [susi] nm preocupación f, inquietud f; (Bot) caléndula; **se faire du ~** inquietarse; **avoir (le) ~ de** preocuparse por; **soucis financiers** problemas mpl financieros

**soucier** [susje] : **se soucier de** vpr preocuparse por

**soucieux, -euse** [susjø, jøz] adj preocupado(-a); **~ de son apparence/que le travail soit bien fait** preocupado por su apariencia/por que el trabajo esté bien hecho; **peu ~ de/que ...** poco cuidadoso de/ de que ...

**soucoupe** [sukup] nf platillo; **~ volante** platillo volante

**soudain, e** [sudɛ̃, ɛn] adj repentino(-a) ▶ adv de repente

**soudainement** [sudɛnmɑ̃] adv repentinamente

**soudaineté** [sudɛnte] nf : **la ~ de qch** lo repentino de algo

**Soudan** [sudɑ̃] nm Sudán m

**soudanais, e** [sudanɛ, ɛz] adj sudanés(-esa) ▶ nm/f : **Soudanais, e** sudanés(-esa)

**soude** [sud] nf sosa; **~ caustique** sosa cáustica

**soudé, e** [sude] adj (fig : pétales, organes) unido(-a)

**souder** [sude] vt soldar; **se souder** vpr (os) soldarse

**soudeur, -euse** [sudœʀ, øz] nm/f soldador(a)

**soudoyer** [sudwaje] (péj) vt sobornar

**soudure** [sudyʀ] nf soldadura; (alliage) aleación f; **faire la ~** (Comm) hacer durar; (fig) empalmar

**souffert, e** [sufɛʀ, ɛʀt] pp de **souffrir**

**soufflage** [suflaʒ] nm (du verre) soplado

**souffle** [sufl] nm soplo; (respiration) respiración f; (d'une explosion) onda expansiva; (d'un ventilateur) aire m; **retenir son ~** contener la respiración; **avoir du/manquer de ~** tener/faltarle el resuello; **être à bout de ~** estar sin aliento; **avoir le ~ court** faltarle la respiración enseguida; **second ~** (fig) fuerzas recobradas; **~ au cœur** (Méd) soplo en el corazón

## soufflé – source

**soufflé, e** [sufle] adj (Culin : blé, maïs) inflado(-a); (fam : ahuri) alucinado(-a) ▶ nm (Culin) suflé m

**souffler** [sufle] vi soplar; (haleter) resoplar; ~ **sur** soplar; **laisser ~** (fig) dejar respirar ▶ vt soplar; (suj : explosion) volar; ~ **qch à qn** (dire) apuntar algo a algn; (fam : voler) birlar algo a algn; ~ **son rôle à qn** apuntar su papel a algn; **ne pas ~ mot** no decir ni pío

**soufflerie** [sufləʀi] nf fuelles mpl

**soufflet** [sufle] nm fuelle m; (gifle) guantazo

**souffleur, -euse** [suflœʀ, øz] nm/f (Théâtre) apuntador(a); (Tech : de verre) soplador(a)

**souffrance** [sufʀɑ̃s] nf sufrimiento m; **en ~** (marchandise) detenido(-a); (affaire) en suspenso

**souffrant, e** [sufʀɑ̃, ɑ̃t] adj (personne) indispuesto(-a); (air) doliente

**souffre-douleur** [sufʀədulœʀ] (pl **~(s)**) nm chivo expiatorio

**souffreteux, -euse** [sufʀətø, øz] adj delicado(-a)

**souffrir** [sufʀiʀ] vi sufrir; ~ **de** padecer de; ~ **des dents** padecer de los dientes; **faire ~ qn** (suj : personne) hacer sufrir a algn; (: dents, blessure etc) hacer padecer a algn ▶ vt (faim, soif, torture) padecer; (supporter : gén négatif) sufrir; (exception, retard) admitir; **ne pas pouvoir ~ qch/que ...** no poder soportar algo/que ...

**soufisme** [sufism] nm sufismo

**soufre** [sufʀ] nm azufre m

**soufrer** [sufʀe] vt (vignes) azufrar

**souhait** [swɛ] nm deseo; **riche** etc **à ~** rico etc a pedir a boca; « **à vos souhaits !** » « ¡Jesús! »

**souhaitable** [swɛtabl] adj deseable

**souhaiter** [swete] vt desear; ~ **le bonjour à qn** dar los buenos días a algn; ~ **la bonne année à qn** desearle un feliz año nuevo a algn; ~ **bon voyage** ou **bonne route à qn** desear buen viaje a algn; **il est à ~ que** es de desear que

**souiller** [suje] vt manchar; (fig) mancillar

**souillure** [sujyʀ] nf mancha

**soûl, e** [su, sul] adj (aussi fig) borracho(-a) ▶ nm : **boire/manger tout son ~** beber/comer hasta hartarse

**soulagement** [sulaʒmɑ̃] nm alivio

**soulager** [sulaʒe] vt aliviar; ~ **qn de** (fardeau) aligerar a algn de; ~ **qn de son portefeuille** (hum) afanar la cartera a algn

**soûler** [sule] vt emborrachar; (suj : boisson, aussi fig) embriagar; **se soûler** vpr emborracharse; (fig) : **se ~ de** (vitesse, musique) emborracharse de

**soûlerie** [sulʀi] (péj) nf borrachera

**soulèvement** [sulɛvmɑ̃] nm (insurrection) sublevación f; (Géo) levantamiento

**soulever** [sul(ə)ve] vt levantar; (peuple, province) sublevar; (l'opinion) indignar; (difficultés) provocar; (question, problème, débat) plantear; **cela (me) soulève le cœur** eso me revuelve el estómago; **se soulever** vpr levantarse; (peuple, province) sublevarse

**soulier** [sulje] nm zapato; **une paire de souliers, des souliers** un par de zapatos, unos zapatos; ~ **bas** zapato plano; **souliers plats/à talons** zapatos mpl sin tacón/de tacón

**souligner** [suliɲe] vt subrayar; (fig) destacar; (détail, l'importance de qch) recalcar

**soumettre** [sumɛtʀ] vt someter; **se soumettre** vpr : **se ~ (à)** someterse (a)

**soumis, e** [sumi, iz] pp de **soumettre** ▶ adj (personne, air) sumiso(-a); (peuples) sometido(-a); **revenus ~ à l'impôt** ganancias sujetas a impuesto

**soumission** [sumisjɔ̃] nf sumisión f; (Comm) licitación f

**soumissionner** [sumisjɔne] vt (Comm) licitar

**soupape** [supap] nf válvula; ~ **de sûreté** (aussi fig) válvula de seguridad

**soupçon** [supsɔ̃] nm sospecha; **un ~ de** una pizca de; **avoir ~ de** tener sospecha de; **au dessus de tout ~** por encima de toda sospecha

**soupçonner** [supsɔne] vt sospechar; ~ **que** sospechar que; **je le soupçonne d'être l'assassin** sospecho que es el asesino

**soupçonneux, -euse** [supsɔnø, øz] adj desconfiado(-a)

**soupe** [sup] nf sopa; **être ~ au lait** tener genio ou prontos; ~ **à l'oignon/de poisson** sopa de cebolla/de pescado; ~ **populaire** sopa de pobres

**soupente** [supɑ̃t] nf guardilla; (placard) armario empotrado

**souper** [supe] vi cenar; **avoir soupé de qch** (fam) estar hasta la coronilla de algo ▶ nm cena

**soupeser** [supəze] vt sopesar

**soupière** [supjɛʀ] nf sopera

**soupir** [supiʀ] nm suspiro; (Mus) silencio de negra; ~ **d'aise/de soulagement** suspiro de gozo/de alivio; **rendre le dernier ~** exhalar el último suspiro

**soupirail, -aux** [supiʀaj, o] nm tragaluz m

**soupirant** [supiʀɑ̃] nm pretendiente m

**soupirer** [supiʀe] vi suspirar; ~ **après qch** suspirar por algo

**souple** [supl] adj flexible; (fig : caractère) dócil; (: démarche, taille) desenvuelto(-a)

**souplement** [supl(ə)mɑ̃] adv con flexibilidad

**souplesse** [suplɛs] nf flexibilidad f; (du caractère) docilidad f; (de la démarche) desenvoltura; **en ~, avec ~** con suavidad

**souquer** [suke] vi remar

**sourate** [suʀat] nf sura

**source** [suʀs] nf fuente f; (point d'eau) manantial m; (fig : cause, point de départ) origen m; (: d'une information) fuente f; **~ d'eau minérale** manantial ou fuente de agua mineral; **~ de chaleur/lumineuse** fuente de calor/de luz; **~ thermale** manantial ou fuente termal; **prendre sa ~ à/dans** (cours d'eau) tener su origen/nacer en; **tenir qch de bonne ~/de ~ sûre** saber algo de buena fuente/de buena tinta; **sources** nfpl (fig) fuentes fpl

**sourcier, -ière** [suʀsje, jɛʀ] nm/f zahorí mf

**sourcil** [suʀsi] nm ceja

**sourcilière** [suʀsiljɛʀ] adj f voir **arcade**

**sourciller** [suʀsije] vi : **sans ~** sin pestañear

**sourcilleux, -euse** [suʀsijø, øz] adj (hautain) arrogante; (pointilleux) quisquilloso(-a)

**sourd, e** [suʀ, suʀd] adj sordo(-a); (couleur) mate; **être ~ à** hacerse el sordo(-a) ante; **faire la sourde oreille** hacer oídos sordos; **un bruit ~** un ruido sordo ▶ nm/f sordo(-a)

**sourdait** etc [suʀdɛ] vb voir **sourdre**

**sourdement** [suʀdəmɑ̃] adv sordamente; (secrètement) secretamente

**sourdine** [suʀdin] nf (Mus) sordina; **en ~** por lo bajo; **mettre une ~ à** (fig) contener

**sourd-muet, sourde-muette** [suʀmyɛ, suʀdmyɛt] (pl **sourds-muets, sourdes-muettes**) adj, nm/f sordomudo(-a)

**sourdre** [suʀdʀ] vi (eau) manar; (fig) surgir

**souriant, e** [suʀjɑ̃, jɑ̃t] vb voir **sourire** ▶ adj sonriente

**souricière** [suʀisjɛʀ] nf (aussi fig) ratonera

**sourie** [suʀi] vb voir **sourire**

**sourire** [suʀiʀ] nm sonrisa; **garder le ~** mantener la sonrisa; **faire un ~ à qn** hacer una sonrisa a algn ▶ vi sonreír; **~ à qn** (aussi fig) sonreír a algn

**souris** [suʀi] vb voir **sourire** ▶ nf (Zool, Inform) ratón m

**sournois, e** [suʀnwa, waz] adj disimulado(-a), solapado(-a)

**sournoisement** [suʀnwazmɑ̃] adv de manera disimulada, de manera solapada

**sournoiserie** [suʀnwazʀi] nf disimulo, maneras fpl solapadas

**sous** [su] prép debajo de, bajo; **~ la pluie/le soleil** bajo la lluvia/el sol; **~ mes yeux** ante mis ojos; **~ terre** adj bajo tierra; adv debajo de la tierra; **~ vide** al vacío; adv en vacío; **~ les coups de** por los golpes de; **~ les critiques** ante las críticas; **~ le choc** bajo los efectos del choque; **~ l'influence/l'action de** bajo la influencia/la acción de; **~ les ordres/la protection de** bajo las órdenes/la protección de; **~ telle rubrique/lettre** en tal sección/letra; **être ~ antibiotiques** estar tomando antibióticos; **~ Louis XIV** bajo el reinado de Luis XIV; **~ cet angle** desde este ángulo; **~ ce rapport** bajo esta perspectiva; **~ peu** dentro de poco

**sous...** [su] préf sub...

**sous-alimentation** [suzalimɑ̃tasjɔ̃] nf desnutrición f

**sous-alimenté, e** [suzalimɑ̃te] (pl **sous-alimentés, -es**) adj desnutrido(-a)

**sous-bois** [subwa] nm inv sotobosque m

**sous-catégorie** [sukategɔʀi] (pl **sous-catégories**) nf subcategoría

**sous-chef** [suʃɛf] (pl **sous-chefs**) nm subdirector(a); **~ de bureau** subdirector(a) de oficina

**sous-comité** [sukɔmite] (pl **sous-comités**) nm subcomité m

**sous-commission** [sukɔmisjɔ̃] (pl **sous-commissions**) nf subcomisión f

**sous-continent** [sukɔ̃tinɑ̃] (pl **sous-continents**) nm subcontinente m

**sous-couche** [sukuʃ] (pl **sous-couches**) nf (de peinture) primera mano f

**souscripteur, -trice** [suskʀiptœʀ, tʀis] nm/f suscriptor(a); (d'une lettre de change) firmante mf

**souscription** [suskʀipsjɔ̃] nf suscripción f; **ouvrage offert en ~** obra puesta a la venta por suscripción

**souscrire** [suskʀiʀ] : **~ à** vt (une publication) suscribir a; (fig : approuver) suscribir a

**sous-cutané, e** [sukytane] (pl **sous-cutanés, -es**) adj subcutáneo(-a)

**sous-développé, e** [sudevlɔpe] (pl **sous-développés, -es**) nm/f subdesarrollado(-a)

**sous-développement** [sudevlɔpmɑ̃] (pl **sous-développements**) nm subdesarrollo

**sous-directeur, -trice** [sudiʀɛktœʀ, tʀis] (pl **sous-directeurs, -trices**) nm/f subdirector(a)

**sous-effectif** [suzefɛktif] (pl **sous-effectifs**) nm falta de efectivos; **être en ~** estar sin los efectivos suficientes

**sous-emploi** [suzɑ̃plwa] (pl **sous-emplois**) nm subempleo

**sous-employé, e** [suzɑ̃plwaje] (pl **sous-employés, -es**) adj subempleado(-a)

**sous-ensemble** [suzɑ̃sɑ̃bl] (pl **sous-ensembles**) nm subconjunto

**sous-entendre** [suzɑ̃tɑ̃dʀ] vt sobrentender; **~ que** sobrentender que

**sous-entendu, e** [suzɑ̃tɑ̃dy] (pl **sous-entendus, -es**) adj (idée, message) implícito(-a); (Ling) elíptico(-a) ▶ nm insinuación f

**sous-équipé, e** [suzekipe] (pl **sous-équipés, -es**) adj (région) deficitario(-a) en equipamiento

**sous-estimer** [suzɛstime] vt subestimar

**sous-exploiter** [suzɛksplwate] vt desaprovechar

**sous-exposer** [suzɛkspoze] vt (film, pellicule) : **cette pellicule est sous-exposée** a este carrete le falta exposición

**sous-fifre** [sufifʀ] (pl **sous-fifres**) (péj) nm empleadillo

**sous-gonflage** [sugɔ̃flaʒ] (pl **sous-gonflages**) nm (de pneu) subinflado

## sous-groupe – soutirer

**sous-groupe** [suɡʀup] (*pl* **sous-groupes**) *nm* subgrupo
**sous-homme** [suzɔm] (*pl* **sous-hommes**) (*péj*) *nm* hombre *m* inferior
**sous-investissement** [suzɛ̃vɛstismɑ̃] (*pl* **sous-investissements**) *nm* subinversión *f*
**sous-jacent, e** [suʒasɑ̃, ɑ̃t] (*pl* **sous-jacents, -es**) *adj* (*couche, matériau*) subyacente; (*fig : idée*) latente; (: *difficulté*) de fondo
**sous-lieutenant** [suljøtnɑ̃] (*pl* **sous-lieutenants**) *nm* subteniente *m*
**sous-locataire** [sulɔkatɛʀ] (*pl* **sous-locataires**) *nmf* subarrendatario(-a)
**sous-location** [sulɔkasjɔ̃] (*pl* **sous-locations**) *nf* subarriendo; **en ~** en régimen de subarriendo
**sous-louer** [sulwe] *vt* subarrendar
**sous-main** [sumɛ̃] *nm* carpeta; **en ~** : **racheter des actions en ~** volver a comprar acciones bajo mano
**sous-marin, e** [sumaʀɛ̃, in] (*pl* **sous-marins, -es**) *adj* submarino(-a) ▶ *nm* submarino
**sous-médicalisé, e** [sumedikalize] (*pl* **sous-médicalisés, -es**) *adj* (*pays, région*) que carece de los cuidados médicos adecuados
**sous-nappe** [sunap] (*pl* **sous-nappes**) *nf* hule *m*
**sous-œuvre** [suzœvr(ə)] : **en ~** *adv* (*Constr*) de recalzo
**sous-officier** [suzɔfisje] (*pl* **sous-officiers**) *nm* suboficial *m*
**sous-ordre** [suzɔʀdʀ] (*pl* **sous-ordres**) *nm* subordinado; **créancier en ~** acreedor de otro
**sous-payé, e** [supeje] (*pl* **sous-payés, -es**) *adj* mal pagado(-a)
**sous-préfecture** [supʀefɛktyʀ] (*pl* **sous-préfectures**) *nf* subprefectura
**sous-préfet** [supʀefɛ] (*pl* **sous-préfets**) *nm* subprefecto
**sous-production** [supʀɔdyksjɔ̃] (*pl* **sous-productions**) *nf* subproducción *f*
**sous-produit** [supʀɔdɥi] (*pl* **sous-produits**) *nm* (*aussi fig*) subproducto
**sous-programme** [supʀɔɡʀam] (*pl* **sous-programmes**) *nm* (*Inform*) subprograma *m*
**sous-pull** [supul] (*pl* **sous-pulls**) *nm* camiseta de cuello alto
**sous-secrétaire** [susəkʀetɛʀ] (*pl* **sous-secrétaires**) *nm* : **~ d'État** subsecretario de Estado
**soussigné, e** [susiɲe] *adj* : **je ~ ...** yo, el que suscribe ... ▶ *nm/f* : **le/les ~(s)** el (los) abajo firmante(s)
**sous-sol** [susɔl] (*pl* **sous-sols**) *nm* sótano; (*Géo*) subsuelo; **en ~** en el sótano
**sous-tasse** [sutas] (*pl* **sous-tasses**) *nf* platillo
**sous-tendre** [sutɑ̃dʀ] *vt* subtender; (*fig*) servir de base a

**sous-titre** [sutitʀ] (*pl* **sous-titres**) *nm* subtítulo
**sous-titré, e** [sutitʀe] (*pl* **sous-titrés, -es**) *adj* subtitulado(-a)
**soustraction** [sustʀaksjɔ̃] *nf* sustracción *f*
**soustraire** [sustʀɛʀ] *vt* (*dérober*) sustraer; (*Math*) restar; **~ qch (à qn)** sustraer algo (a algn); **~ qn à** alejar a algn de; **se ~ à** sustraerse a
**sous-traitance** [sutʀɛtɑ̃s] (*pl* **sous-traitances**) *nf* subcontrato
**sous-traitant** [sutʀɛtɑ̃] (*pl* **sous-traitants**) *nm* subcontratista *m*
**sous-traiter** [sutʀete] *vt* (*Comm : affaire*) ceder en subcontrato ▶ *vi* (*devenir sous-traitant*) trabajar como subcontratista; (*faire appel à un sous-traitant*) subcontratar
**soustrayais** [sustʀɛjɛ] *vb voir* **soustraire**
**sous-verre** [suvɛʀ] *nm inv* posavasos *m inv*
**sous-vêtement** [suvɛtmɑ̃] (*pl* **sous-vêtements**) *nm* prenda interior; **sous-vêtements** *nmpl* ropa interior
**sous-virer** [suviʀe] *vi* (*Auto*) derrapar (*con las ruedas delanteras*)
**soutane** [sutan] *nf* sotana
**soute** [sut] *nf* (*aussi* : **soute à bagages**) bodega
**soutenable** [sut(ə)nabl] *adj* (*opinion, cause*) sustentable
**soutenance** [sut(ə)nɑ̃s] *nf* : **~ de thèse** (*Univ*) defensa de tesis
**soutènement** [sutɛnmɑ̃] *nm* : **mur de ~** muro de contención
**souteneur** [sut(ə)nœʀ] *nm* rufián *m*
**soutenir** [sut(ə)niʀ] *vt* sostener; (*réconforter, aider*) apoyar; (*assaut, choc*) resistir; (*thèse*) defender; **~ que** sostener que; **~ la comparaison avec** tener comparación con; **~ le regard de qn** sostener la mirada de algn; **se soutenir** *vpr* (*s'aider mutuellement*) apoyarse; (*point de vue*) defenderse; (*dans l'eau, sur ses jambes*) mantenerse, sostenerse
**soutenu, e** [sut(ə)ny] *pp de* **soutenir** ▶ *adj* (*attention, efforts*) constante; (*style*) elevado(-a); (*couleur*) vivo(-a)
**souterrain, e** [suteʀɛ̃, ɛn] *adj* subterráneo(-a); (*fig*) oculto(-a) ▶ *nm* subterráneo
**soutien** [sutjɛ̃] *nm* apoyo; **apporter son ~ à** prestar su apoyo a; **~ de famille** hijo varón exento del servicio militar por mantener a su familia; **~ scolaire** apoyo escolar
**soutiendrai** *etc* [sutjɛ̃dʀe] *vb voir* **soutenir**
**soutien-gorge** [sutjɛ̃ɡɔʀʒ] (*pl* **soutiens-gorge**) *nm* sujetador *m*, corpiño (*Am*)
**soutiens** *etc* [sutjɛ̃] *vb voir* **soutenir**
**soutif** [sutif] (*fam*) *nm* (*soutien-gorge*) sujetador *m*
**soutint** *etc* [sutɛ̃] *vb voir* **soutenir**
**soutirer** [sutiʀe] *vt* : **~ qch à qn** sonsacar algo a algn

## souvenance – spiral

**souvenance** [suv(ə)nɑ̃s] nf : **avoir ~ de** recordar

**souvenir** [suv(ə)niʀ] nm recuerdo; (*réminiscence*) memoria; **garder le ~ de** conservar el recuerdo de; **en ~ de** como recuerdo de; **avec mes affectueux souvenirs, ...** con mis más afectuosos saludos, ...; **avec mes meilleurs souvenirs, ...** con mis mejores recuerdos, ...; **se souvenir** vpr : **se ~ de** recordar, acordarse de; **se ~ que** recordar que, acordarse de que

**souvent** [suvɑ̃] adv a menudo, con frecuencia, seguido (AM); **peu ~** pocas veces, con poca frecuencia; **le plus ~** la mayoría de las veces

**souvenu, e** [suvəny] pp de **souvenir**

**souverain, e** [suv(ə)ʀɛ̃, ɛn] adj (*aussi fig*) soberano(-a); **le ~ pontife** el sumo pontífice ▶ nm/f soberano(-a)

**souverainement** [suv(ə)ʀɛnmɑ̃] adv (*aussi fig*) soberanamente

**souveraineté** [suv(ə)ʀɛnte] nf soberanía

**souverainiste** [suv(ə)ʀɛnist] nmf soberanista mf

**souviendrai** etc [suvjɛ̃dʀe] vb voir **souvenir**

**souviens** etc [suvjɛ̃] vb voir **souvenir**

**souvint** etc [suvɛ̃] vb voir **souvenir**

**soviétique** [sɔvjetik] adj soviético(-a) ▶ nmf : **Soviétique** soviético(-a)

**soviétologue** [sɔvjetɔlɔg] nmf sovietólogo(-a)

**soyeux, -euse** [swajø, øz] adj sedoso(-a)

**soyez** [swaje] vb voir **être**

**soyons** [swajɔ̃] vb voir **être**

**SPA** [ɛspea] sigle f (= *Société protectrice des animaux*) ≈ SPA (= *sociedad protectora de animales*)

**spacieux, -euse** [spasjø, jøz] adj espacioso(-a)

**spaciosité** [spasjozite] nf espaciosidad f

**spaghettis** [spageti] nmpl espaguetis mpl

**spammer** [spame] vt inundar (de spam), spamear ▶ vi spamear

**sparadrap** [spaʀadʀa] nm esparadrapo

**spartiate** [spaʀsjat] adj espartano(-a); **spartiates** nfpl sandalias fpl

**spasme** [spasm] nm espasmo

**spasmodique** [spasmɔdik] adj espasmódico(-a)

**spasmophilie** [spasmɔfili] nf (*Méd*) espasmofilia

**spatial, e, -aux** [spasjal, jo] adj espacial

**spationaute** [spasjonot] nmf astronauta mf

**spatule** [spatyl] nf espátula; (*bout*) extremo

**speaker, ine** [spikœʀ, kʀin] nm/f locutor(a)

**spécial, e, -aux** [spesjal, jo] adj especial

**spécialement** [spesjalmɑ̃] adv especialmente; **pas ~** no demasiado

**spécialisation** [spesjalizasjɔ̃] nf especialización f

**spécialisé, e** [spesjalize] adj especializado(-a); **ordinateur ~** ordenador m especializado

**spécialiser** [spesjalize] : **se spécialiser** vpr especializarse

**spécialiste** [spesjalist] nmf especialista mf

**spécialité** [spesjalite] nf especialidad f; **~ médicale/pharmaceutique** especialidad médica/farmacéutica

**spécieux, -euse** [spesjø, jøz] adj (*prétexte*) aparente; (*raisonnement*) vacío(-a)

**spécification** [spesifikasjɔ̃] nf especificación f

**spécificité** [spesifisite] nf especificidad f

**spécifier** [spesifje] vt especificar; **~ que** especificar que

**spécifique** [spesifik] adj específico(-a)

**spécifiquement** [spesifikmɑ̃] adv (*typiquement*) típicamente; (*tout exprès*) expresamente

**spécimen** [spesimɛn] nm (*exemple représentatif*) espécimen m; (*revue etc*) ejemplar m gratuito ▶ adj modelo(-a)

**spectacle** [spɛktakl] nm espectáculo; **se donner en ~** (*péj*) dar un espectáculo; **pièce/revue à grand ~** obra/revista espectacular; **au ~ de ...** a la vista de ...

**spectaculaire** [spɛktakylɛʀ] adj espectacular

**spectateur, -trice** [spɛktatœʀ, tʀis] nm/f espectador(a)

**spectre** [spɛktʀ] nm espectro; **~ solaire** espectro solar

**spéculateur, -trice** [spekylatœʀ, tʀis] nm/f especulador(a)

**spéculatif, -ive** [spekylatif, iv] adj especulativo(-a)

**spéculation** [spekylasjɔ̃] nf especulación f

**spéculer** [spekyle] vi especular; **~ sur** (*Fin, Comm*) especular con; (*réfléchir*) especular sobre

**speedé, e** [spide] adj (*fam : personne, rythme*) acelerado(-a)

**spéléologie** [speleɔlɔʒi] nf espeleología

**spéléologique** [speleɔlɔʒik] adj espeleológico(-a)

**spéléologue** [speleɔlɔg] nmf espeleólogo(-a)

**spéléonaute** [speleonot] nmf espeleólogo(-a) náutico(-a)

**spermatozoïde** [spɛʀmatɔzɔid] nm espermatozoide m

**sperme** [spɛʀm] nm esperma m

**spermicide** [spɛʀmisid] adj, nm espermicida m

**sphère** [sfɛʀ] nf esfera; **~ d'activité/d'influence** esfera de acción/de influencia

**sphérique** [sferik] adj esférico(-a)

**sphincter** [sfɛ̃ktɛʀ] nm esfínter m

**sphinx** [sfɛ̃ks] nm esfinge f

**spiral, -aux** [spiʀal, o] nm espiral f

**spirale** [spiʀal] *nf* espiral *f*; **en ~** en espiral
**spire** [spiʀ] *nf* espira
**spiritisme** [spiʀitism] *nm* espiritismo
**spiritualité** [spiʀitɥalite] *nf* espiritualidad *f*
**spirituel, le** [spiʀitɥɛl] *adj* espiritual; (*fin, amusant*) ingenioso(-a); **musique spirituelle** música sacra; **concert ~** concierto de música sacra
**spirituellement** [spiʀitɥɛlmɑ̃] *adv* espiritualmente; (*avec esprit*) ingeniosamente
**spiritueux** [spiʀitɥø] *nm* licor *m*
**splendeur** [splɑ̃dœʀ] *nf* maravilla
**splendide** [splɑ̃did] *adj* espléndido(-a); (*effort, réalisation*) extraordinario(-a)
**spoliation** [spɔljasjɔ̃] *nf* expoliación *f*
**spolier** [spɔlje] *vt* : **~ qn (de)** expoliar a algn (de)
**spongieux, -euse** [spɔ̃ʒjø, jøz] *adj* esponjoso(-a)
**sponsor** [spɔ̃sɔʀ] *nm* patrocinador *m*, esponsor *m*
**sponsoriser** [spɔ̃sɔʀize] *vt* patrocinar
**spontané, e** [spɔ̃tane] *adj* espontáneo(-a)
**spontanéité** [spɔ̃taneite] *nf* espontaneidad *f*
**spontanément** [spɔ̃tanemɑ̃] *adv* espontáneamente
**sporadique** [spɔʀadik] *adj* esporádico(-a)
**sporadiquement** [spɔʀadikmɑ̃] *adv* esporádicamente
**sport** [spɔʀ] *nm* deporte *m*; **faire du ~** hacer deporte; **~ de combat** deporte de combate; **~ d'équipe** deporte de equipo; **~ d'hiver** deporte de invierno; **~ individuel** deporte individual ▸ *adj inv* (*vêtement, ensemble*) de sport; (*fair-play*) deportivo(-a)
**sportif, -ive** [spɔʀtif, iv] *adj* deportivo(-a); **les résultats sportifs** los resultados deportivos ▸ *nm/f* deportista *mf*
**sportivement** [spɔʀtivmɑ̃] *adv* deportivamente
**sportivité** [spɔʀtivite] *nf* deportividad *f*
**spot** [spɔt] *nm* (*lampe*) foco; **~ (publicitaire)** anuncio *ou* spot *m* (publicitario)
**spray** [spʀɛ] *nm* spray *m*
**sprint** [spʀint] *nm* sprint *m*; **gagner au ~** ganar al sprint; **piquer un ~** echar a correr
**sprinter**[1] [spʀintœʀ] *nmf*, **sprinteur, -euse** [spʀintœʀ, øz] *nm/f* esprínter *mf*, velocista *mf*
**sprinter**[2] [spʀinte] *vi* esprintar
**squale** [skwal] *nm* escualo
**square** [skwaʀ] *nm* plazoleta
**squash** [skwaʃ] *nm* squash *m*
**squat** [skwat] *nm lugar ocupado ilegalmente*
**squatter**[1] [skwatœʀ] *nmf*, **squatteur, -euse** [skwatœʀ, øz] *nm/f* okupa *mf* (*fam*)
**squatter**[2] [skwate] *vt* okupar (*fam*), ocupar
**squelette** [skəlɛt] *nm* esqueleto
**squelettique** [skəletik] *adj* (*maigreur*) esquelético(-a); (*fig : exposé*) pobre; (*effectifs*) mermado(-a)

**SRAS** *sigle m* (= *syndrome respiratoire aigu sévère*) SARS *m*
**Sri Lanka** [sʀilɑ̃ka] *nm* Sri Lanka
**sri-lankais, e** [sʀilɑ̃kɛ, ɛz] (*pl* **~**, **-es**) *adj* cingalés(-esa) ▸ *nm/f* : **Sri-Lankais, e** cingalés(-esa)
**ss** *abr* = **sous**
**St** *abr* (= *saint*) S. (= *San*), Sto. (= *Santo*)
**stabilisateur, -trice** [stabilizatœʀ, tʀis] *adj* estabilizador(a) ▸ *nm* estabilizador *m*
**stabiliser** [stabilize] *vt* estabilizar
**stabilité** [stabilite] *nf* estabilidad *f*
**stable** [stabl] *adj* estable
**stade** [stad] *nm* estadio
**stadier** [stadje] *nm* vigilante de un estadio
**stage** [staʒ] *nm* (*d'études pratiques*) práctica; (*de perfectionnement*) cursillo; (*d'avocat stagiaire*) pasantía
**stagiaire** [staʒjɛʀ] *nmf* becario(-a), persona en periodo de práctica; (*de perfectionnement*) cursillista *mf* ▸ *adj* : **avocat ~** pasante *m*
**stagnant, e** [stagnɑ̃, ɑ̃t] *adj* estancado(-a)
**stagnation** [stagnasjɔ̃] *nf* (*fig*) estancamiento
**stagner** [stagne] *vi* estancarse
**stalactite** [stalaktit] *nf* estalactita
**stalagmite** [stalagmit] *nf* estalagmita
**stalle** [stal] *nf* caballeriza
**stambouliote** [stɑ̃buljɔt] *adj* estambulita
**stand** [stɑ̃d] *nm* (*d'exposition*) stand *m*; (*de foire*) puesto; **~ de ravitaillement** (*Auto, Cyclisme*) puesto de avituallamiento; **~ de tir** (*Mil, Sport*) galería de tiro; (*à la foire*) puesto de tiro al blanco
**standard** [stɑ̃daʀ] (*pl* **~(s)**) *adj* estándar ▸ *nm* estándar *m*; (*téléphonique*) central *f* telefónica, conmutador *m* (AM)
**standardisation** [stɑ̃daʀdizasjɔ̃] *nf* estandar(d)ización *f*
**standardiser** [stɑ̃daʀdize] *vt* estandar(d)izar
**standardiste** [stɑ̃daʀdist] *nmf* telefonista *mf*
**standing** [stɑ̃diŋ] *nm* nivel *m* de vida; **immeuble de grand ~** inmueble de lujo
**star** [staʀ] *nf* : **~ (de cinéma)** estrella (de cine)
**starlette** [staʀlɛt] *nf* actriz *f* principiante
**starter** [staʀtɛʀ] *nm* (*Auto*) estárter *m*; (*Sport*) juez *m* de salida; **mettre le ~** poner el estárter
**station** [stasjɔ̃] *nf* estación *f*; (*de bus, métro*) parada; (*Radio, TV*) emisora; (*posture*) : **la ~ debout** la posición de pie; **~ balnéaire** *centro turístico en la costa*; **~ de graissage/de lavage** estación de engrase/de lavado; **~ de ski** estación de esquí; **~ de sports d'hiver** estación de esquí; **~ de taxis** parada de taxis; **~ thermale** balneario
**stationnaire** [stasjɔnɛʀ] *adj* estacionario(-a)
**stationnement** [stasjɔnmɑ̃] *nm* (*Auto*) aparcamiento; **zone de ~ interdit** zona de aparcamiento prohibido; **~ alterné** aparcamiento alterno

## stationner – stomatologue

**stationner** [stasjɔne] vi aparcar
**station-service** [stasjɔ̃sɛRvis] (pl **stations-service**) nf gasolinera, estación f de servicio
**statique** [statik] adj estático(-a)
**statisticien, ne** [statistisjɛ̃, jɛn] nm/f estadista mf
**statistique** [statistik] nf estadística ▶ adj estadístico(-a); **statistiques** nfpl estadísticas fpl
**statistiquement** [statistikmã] adv estadísticamente
**statuaire** [statчɛR] nf (statues) estatuaria ▶ adj estatuario(-a)
**statue** [staty] nf estatua
**statuer** [statчe] vi: ~ **sur** resolver
**statuette** [statчɛt] nf estatuilla
**statu quo** [statykwo] nm: **maintenir le ~** mantener el statu quo
**stature** [statyR] nf estatura; (fig) notoriedad f; **de haute ~** de gran altura
**statut** [staty] nm estatuto; **statuts** nmpl (Jur, Admin) estatutos mpl
**statutaire** [statytɛR] adj estatutario(-a)
**statutairement** [statytɛRmã] adv estatutariamente
**Ste** abr (= sainte) S. (= Santa), Sta. (= Santa)
**Sté** abr = **société**
**steak** [stɛk] nm bistec m, bife m (ARG)
**stèle** [stɛl] nf estela
**stellaire** [stelɛR] adj estelar
**stencil** [stɛnsil] nm cliché m
**sténo** [steno] nmf = **sténographe** ▶ nf = **sténographie**
**sténodactylo** [stenɔdaktilo] nmf taquimecanógrafo(-a)
**sténodactylographie** [stenɔdaktilɔgRafi] nf taquimecanografía
**sténographe** [stenɔgRaf] nmf taquígrafo(-a)
**sténographie** [stenɔgRafi] nf taquigrafía f
**sténographier** [stenɔgRafje] vt estenografiar
**sténographique** [stenɔgRafik] adj estenográfico(-a)
**sténotype** [stenɔtip] nf estenotipo
**sténotypie** [stenɔtipi] nf estenotipia
**sténotypiste** [stenɔtipist] nmf estenotipista mf
**stentor** [stɑ̃tɔR] nm: **voix de ~** voz f estentórea
**stéphanois, e** [stefanwa, waz] adj de Saint-Etienne ▶ nm/f: **Stéphanois, e** nativo(-a) ou habitante mf de Saint-Etienne
**steppe** [stɛp] nf estepa
**stère** [stɛR] nm estéreo
**stéréo** [steReo] adj (aussi: **stéréophonique**) estéreo(fónico(-a)) ▶ nf (aussi: **stéréophonie**) estereo(fonía)
**stéréophonie** [steReɔfɔni] nf estereo(fonía); **émission en ~** emisión f en estéreo(fonía)
**stéréophonique** [steReɔfɔnik] adj estéreo(fónico(-a))

**stéréoscope** [steReɔskɔp] nm estereoscopia
**stéréoscopique** [steReɔskɔpik] adj estereoscópico(-a)
**stéréotype** [steReɔtip] nm estereotipo
**stéréotypé, e** [steReɔtipe] adj estereotipado(-a); (sourire) forzado(-a)
**stérile** [steRil] adj estéril; (théorie, discussion) irrelevante; (effort) frustrado(-a)
**stérilement** [steRilmã] adv en vano
**stérilet** [steRilɛ] nm espiral f
**stérilisateur** [steRilizatœR] nm esterilizador m
**stérilisation** [steRilizasjɔ̃] nf esterilización f
**stérilisé, e** [steRilize] adj: **lait ~** leche f esterilizada
**stériliser** [steRilize] vt esterilizar
**stérilité** [steRilite] nf esterilidad f; (d'un romancier) infecundidad f
**sterne** [stɛRn] nf (Zool) golondrina de mar
**sternum** [stɛRnɔm] nm esternón m
**stéroïde** [steRɔid] nm esteroide m
**stéthoscope** [stetɔskɔp] nm estetoscopio
**steward** [stiwaRt] nm auxiliar m de vuelo
**stick** [stik] nm: **~ de rouge à lèvres** barra de labios; **~ de fard à paupières** sombra de ojo; **~ déodorant** desodorante en barra
**stigmates** [stigmat] nmpl (Rel, gén) estigmas mpl
**stigmatisation** [stigmatizasjɔ̃] nf estigmatización f
**stigmatiser** [stigmatize] vt estigmatizar
**stimulant, e** [stimylɑ̃, ɑ̃t] adj estimulante ▶ nm (Méd) estimulante m; (fig) aliciente m, incentivo
**stimulateur** [stimylatœR] nm: **~ cardiaque** estimulador m cardíaco
**stimulation** [stimylasjɔ̃] nf estimulación f
**stimuler** [stimyle] vt (aussi fig) estimular
**stimulus** [stimylys] (pl **stimuli** ou **~**) nm estímulo
**stipulation** [stipylasjɔ̃] nf estipulación f
**stipuler** [stipyle] vt estipular; **~ que** estipular que
**stock** [stɔk] nm (Comm) existencias fpl, stock m; (d'or) reservas fpl; (fig) reserva; **en ~** en almacén
**stockage** [stɔkaʒ] nm almacenamiento
**stocker** [stɔke] vt almacenar
**Stockholm** [stɔkɔlm] n Estocolmo
**stockiste** [stɔkist] nm almacenista m
**stoïcien, ne** [stɔisjɛ̃, jɛn] adj, nm/f estoico(-a)
**stoïcisme** [stɔisism] nm estoicismo
**stoïque** [stɔik] adj estoico(-a)
**stoïquement** [stɔikmã] adv estoicamente
**stomacal, e, -aux** [stɔmakal, o] adj estomacal
**stomatologie** [stɔmatɔlɔʒi] nf estomatología
**stomatologue** [stɔmatɔlɔg] nmf estomatólogo(-a)

## stop – subdivision

**stop** [stɔp] *nm* (*Auto : panneau*) stop *m*; (: *feux arrière*) luz *f* de freno; (*dans un télégramme*) stop; (*auto-stop*) auto-stop *m* ▶ *excl* ¡alto!
**stoppage** [stɔpaʒ] *nm* zurcido
**stopper** [stɔpe] *vt* (*navire, machine*) detener; (*mouvement, attaque*) parar; (*Couture*) zurcir ▶ *vi* pararse
**store** [stɔʀ] *nm* (*en tissu*) cortinilla; (*en bois*) persiana; (*de magasin*) toldo
**strabisme** [strabism] *nm* estrabismo
**strangulation** [strɑ̃gylasjɔ̃] *nf* estrangulación *f*
**strapontin** [strapɔ̃tɛ̃] *nm* asiento plegable
**Strasbourg** [strazbuʀ] *n* Estrasburgo
**strass** [stras] *nm* estrás *msg*
**stratagème** [strataʒɛm] *nm* estratagema
**strate** [strat] *nf* estrato
**stratège** [strateʒ] *nm* estratega *m*
**stratégie** [strateʒi] *nf* estrategia
**stratégique** [strateʒik] *adj* estratégico(-a)
**stratégiquement** [strateʒikmɑ̃] *adv* estratégicamente
**stratification** [stratifikasjɔ̃] *nf* estratificación *f*
**stratifié, e** [stratifje] *adj* estratificado(-a)
**stratosphère** [stratɔsfɛʀ] *nf* estratosfera
**stratosphérique** [stratɔsferik] *adj* estratosférico(-a)
**streptocoque** [strɛptɔkɔk] *nm* estreptococo
**stress** [strɛs] *nm* estrés *msg*
**stressant, e** [stresɑ̃, ɑ̃t] *adj* estresante
**stressé, e** [strese] *adj* estresado(-a)
**stresser** [strese] *vt* estresar
**stretching** [strɛtʃiŋ] *nm* (*Sport*) stretching *m*
**strict, e** [strikt] *adj* estricto(-a); (*parents*) severo(-a); (*tenue*) de etiqueta; (*langage, ameublement, décor*) riguroso(-a); **c'est son droit le plus ~** es su justo derecho; **dans la plus stricte intimité** en la más estricta intimidad; **au sens ~ du mot** en sentido estricto del término; **le ~ nécessaire** *ou* **minimum** lo esencial
**strictement** [striktəmɑ̃] *adv* estrictamente; (*uniquement*) únicamente; (*vêtu etc*) modosamente
**strident, e** [stridɑ̃, ɑ̃t] *adj* estridente
**stridulations** [stridylasjɔ̃] *nfpl* chirridos *mpl*
**strie** [stri] *nf* estría
**strier** [strije] *vt* estriar
**string** [striŋ] *nm* tanga *m*
**strip-tease** [striptiz] (*pl* **strip-teases**) *nm* strip-tease *m*
**strip-teaseuse** [striptizøz] (*pl* **strip-teaseuses**) *nf* mujer *f* que hace strip-tease
**striures** [strijyʀ] *nfpl* estrías *fpl*
**strophe** [strɔf] *nf* estrofa
**structure** [stryktyʀ] *nf* estructura; **~ d'accueil** estructura de acogida; **structures touristiques** infraestructura turística

**structurel, le** [stryktyrɛl] *adj* estructural
**structurer** [stryktyʀe] *vt* estructurar
**strychnine** [striknin] *nf* estricnina
**stuc** [styk] *nm* estuco
**studette** [stydɛt] *nf* pequeño estudio, pequeño apartamento
**studieusement** [stydjøzmɑ̃] *adv* estudiosamente
**studieux, -euse** [stydjø, jøz] *adj* estudioso(-a); (*vacances, retraite*) de estudio
**studio** [stydjo] *nm* estudio; (*logement*) apartamento-estudio; (*de danse*) sala (de danza)
**stupéfaction** [stypefaksjɔ̃] *nf* estupefacción *f*
**stupéfait, e** [stypefɛ, ɛt] *adj* estupefacto(-a)
**stupéfiant, e** [stypefjɑ̃, jɑ̃t] *adj, nm* estupefaciente *m*
**stupéfier** [stypefje] *vt* dejar estupefacto(-a)
**stupeur** [stypœʀ] *nf* estupor *m*
**stupide** [stypid] *adj* estúpido(-a)
**stupidement** [stypidmɑ̃] *adv* estúpidamente
**stupidité** [stypidite] *nf* estupidez *f*
**stups** [styp] (*fam*) *nmpl* (*stupéfiants*) : **brigade des ~** brigada de estupefacientes, brigada antivicio
**style** [stil] *nm* estilo; **meuble/robe de ~** mueble *m*/vestido de estilo; **en ~ télégraphique** en forma telegráfica; **~ administratif** estilo administrativo; **~ de vie** estilo de vida; **~ journalistique** estilo periodístico
**stylé, e** [stile] *adj* con clase
**stylet** [stilɛ] *nm* estilete *m*
**stylisé, e** [stilize] *adj* estilizado(-a)
**stylisme** [stilism] *nm* (*Mode, Indus*) diseño; **~ de mode** diseño de modas
**styliste** [stilist] *nmf* (*Mode, industriel*) diseñador(a); (*écrivain*) estilista *mf*
**stylistique** [stilistik] *nf* estilística ▶ *adj* estilístico(-a)
**stylo** [stilo] *nm* : **~ à encre** *ou* **(à) plume** estilográfica; **~ (à) bille** bolígrafo, birome *f* (CSur)
**stylo-feutre** [stilɔføtʀ] (*pl* **stylos-feutres**) *nm* rotulador *m*
**su, e** [sy] *pp de* **savoir** ▶ *nm* : **au su de** a sabiendas de
**suaire** [sɥɛʀ] *nm* sudario
**suant, e** [sɥɑ̃, sɥɑ̃t] *adj* sudoroso(-a)
**suave** [sɥav] *adj* suave
**subalterne** [sybaltɛʀn] *adj, nmf* subalterno(-a)
**subaquatique** [sybakwatik] *adj* subacuático(-a)
**subconscient** [sypkɔ̃sjɑ̃] *nm* subconsciente *m*
**subculture** [sybkyltyʀ] *nf* subcultura
**subdiviser** [sybdivize] *vt* subdividir
**subdivision** [sybdivizjɔ̃] *nf* subdivisión *f*

## subir – sucre

**subir** [sybiʀ] vt padecer; *(mauvais traitements, revers, modification)* sufrir; *(influence, charme)* experimentar; *(traitement, opération, examen)* pasar; *(personne)* soportar; *(dégâts)* padecer

⚠ No debe traducirse por *subir*, que en francés corresponde a **monter**.

**subit, e** [sybi, it] *adj* repentino(-a)
**subitement** [sybitmɑ̃] *adv* repentinamente
**subjectif, -ive** [sybʒɛktif, iv] *adj* subjetivo(-a)
**subjectivement** [sybʒɛktivmɑ̃] *adv* subjetivamente
**subjectivité** [sybʒɛktivite] *nf* subjetividad *f*
**subjonctif** [sybʒɔ̃ktif] *nm* subjuntivo
**subjuguer** [sybʒyge] *vt* encantar
**sublime** [syblim] *adj* sublime
**sublimer** [syblime] *vt* sublimar
**subliminal, e, -aux** [sybliminal, o] *adj* subliminal
**submergé, e** [sybmɛʀʒe] *adj* sumergido(-a); ~ **de** *(fig)* atiborrado(-a) de
**submerger** [sybmɛʀʒe] *vt* sumergir; *(fig : de travail)* desbordar; (: *par la douleur*) ahogar
**submersible** [sybmɛʀsibl] *nm* sumergible *m*
**subodorer** [sybɔdɔʀe] *vt* olerse
**subordination** [sybɔʀdinasjɔ̃] *nf* subordinación *f*
**subordonné, e** [sybɔʀdɔne] *adj* (*Ling*) subordinado(-a); ~ **à** *(personne)* subordinado a; *(résultats)* supeditado(-a) a ▶ *nm/f* (*Admin, Mil*) subordinado(-a)
**subordonner** [sybɔʀdɔne] *vt* : ~ **qn à** subordinar algn a; ~ **qch à** supeditar algo a
**subornation** [sybɔʀnasjɔ̃] *nf* soborno
**suborner** [sybɔʀne] *vt* sobornar
**subrepticement** [sybʀɛptismɑ̃] *adv* con disimulo
**subroger** [sybʀɔʒe] *vt* (*Jur*) subrogar
**subside** [sybzid] *nm* subsidio
**subsidiaire** [sybzidjɛʀ] *adj* : **question** ~ pregunta adicional
**subsistance** [sybzistɑ̃s] *nf* subsistencia; **contribuer/pourvoir à la** ~ **de qn** contribuir/atender al sostenimiento de algn; **moyens de** ~ medios de subsistencia
**subsister** [sybziste] *vi* (*monument, erreur*) perdurar; *(personne, famille)* subsistir; *(survivre)* sobrevivir
**subsonique** [sybsɔnik] *adj* subsónico(-a)
**substance** [sypstɑ̃s] *nf* su(b)stancia; *(fig)* esencia; **en** ~ en esencia
**substantiel, le** [sypstɑ̃sjɛl] *adj* (*aliment, repas*) sustancioso(-a); *(fig)* sustancial
**substantiellement** [sypstɑ̃sjɛlmɑ̃] *adv* sustancialmente
**substantif** [sypstɑ̃tif] *nm* sustantivo
**substantiver** [sypstɑ̃tive] *vt* sustantivar
**substituer** [sypstitɥe] *vt* : ~ **qch/qn à** sustituir algo/a algn por; **se** ~ **à qn** reemplazar a algn

**substitut** [sypstity] *nm* (*Jur*) sustituto; *(succédané)* su(b)stitutivo
**substitution** [sypstitysjɔ̃] *nf* sustitución *f*
**substrat** [sypstʀa] *nm* sustrato, substrato
**subterfuge** [syptɛʀfyʒ] *nm* subterfugio
**subtil, e** [syptil] *adj* sutil
**subtilement** [syptilmɑ̃] *adv* con sutileza
**subtiliser** [syptilize] *vt* : ~ **qch (à qn)** birlar algo (a algn) *(fam)*
**subtilité** [syptilite] *nf* (*aussi péj*) sutileza
**subtropical, e, -aux** [sybtʀɔpikal, o] *adj* subtropical
**suburbain, e** [sybyʀbɛ̃, ɛn] *adj* suburbano(-a)
**subvenir** [sybvənʀ] *vt* : ~ **à** atender a
**subvention** [sybvɑ̃sjɔ̃] *nf* subvención *f*
**subventionner** [sybvɑ̃sjɔne] *vt* subvencionar
**subversif, -ive** [sybvɛʀsif, iv] *adj* subversivo(-a)
**subversion** [sybvɛʀsjɔ̃] *nf* subversión *f*
**suc** [syk] *nm* (*Bot, d'une viande*) jugo; *(d'un fruit)* zumo; **sucs gastriques** jugos *mpl* gástricos
**succédané** [syksedane] *(péj)* *nm* (*aussi fig*) sucedáneo
**succéder** [syksede] : **se succéder** *vpr* sucederse; ~ **à** *vt* suceder a
**succès** [syksɛ] *nm* éxito; *(d'un produit, une mode)* auge *m*; **avec** ~ con éxito; **sans** ~ sin éxito; **avoir du** ~ tener éxito; **à** ~ de éxito; ~ **de librairie** éxito de librería; **succès** *nmpl* (*féminins etc*) conquistas *fpl*

⚠ No debe traducirse por *suceso*, que en francés corresponde a **événement**.

**successeur, e** [syksesœʀ] *nm/f* sucesor(a)
**successif, -ive** [syksesif, iv] *adj* sucesivo(-a)
**succession** [syksesjɔ̃] *nf* *(d'événements, d'incidents)* sucesión *f*, serie *f*; *(de formalités etc)* serie; *(patrimoine)* sucesión; **prendre la** ~ **de** suceder a
**successivement** [syksesivmɑ̃] *adv* sucesivamente
**succinct, e** [syksɛ̃, ɛ̃t] *adj* breve
**succinctement** [syksɛ̃tmɑ̃] *adv* brevemente
**succion** [sy(k)sjɔ̃] *nf* : **bruit de** ~ ruido de succión
**succomber** [sykɔ̃be] *vi* sucumbir; ~ **à** sucumbir a
**succulent, e** [sykylɑ̃, ɑ̃t] *adj* suculento(-a)
**succursale** [sykyʀsal] *nf* sucursal *f*; **magasin à succursales multiples** almacén *m* con múltiples sucursales
**sucer** [syse] *vt* chupar; ~ **son pouce** chuparse el dedo
**sucette** [sysɛt] *nf* (*bonbon*) piruleta; *(de bébé)* chupete *m*
**suçoter** [sysɔte] *vt* chupetear
**sucre** [sykʀ] *nm* azúcar *m ou f*; *(morceau de sucre)* terrón *m* de azúcar; ~ **cristallisé** azúcar en polvo; ~ **d'orge** pirulí *m*; ~ **de betterave/de**

## sucré – suiveur

**canne** azúcar de remolacha/de caña; **~ en morceaux/en poudre** azúcar de cortadillo/en polvo; **~ glace** azúcar glasé

**sucré, e** [sykʀe] *adj* con azúcar; *(au goût)* azucarado(-a); *(péj : ton, voix)* meloso(-a)

**sucrer** [sykʀe] *vt* poner azúcar en *ou* a; *(fam)* quitar; **se sucrer** *vpr (fam)* forrarse

**sucrerie** [sykʀəʀi] *nf* golosina; *(usine)* azucarera

**sucrette** [sykʀɛt] *nf* pastilla de sacarina

**sucrier, -ière** [sykʀije, ijɛʀ] *adj* azucarero(-a) ▶ *nm* azucarero

**sud** [syd] *nm* sur *m*; **au ~** al sur; **au ~ de** al sur de ▶ *adj inv* sur *inv*

**sud-africain, e** [sydafʀikɛ̃, ɛn] *(pl* **sud-africains, -es)** *adj* sudafricano(-a) ▶ *nm/f*: **Sud-Africain, e** sudafricano(-a)

**sud-américain, e** [sydameʀikɛ̃, ɛn] *(pl* **sud-américains, -es)** *adj* sudamericano(-a) ▶ *nm/f*: **Sud-Américain, e** sudamericano(-a)

**sudation** [sydasjɔ̃] *nf* sudación *f*

**sud-coréen, ne** [sydkɔʀeɛ̃, ɛn] *(pl* **sud-coréens, -nes)** *adj* surcoreano(-a) ▶ *nm/f*: **Sud-Coréen, ne** surcoreano(-a)

**sud-est** [sydɛst] *nm inv* sudeste *m inv* ▶ *adj inv* sudeste *inv*

**sud-ouest** [sydwɛst] *nm inv* sudoeste *m inv* ▶ *adj inv* sudoeste *inv*

**sud-vietnamien, ne** [sydvjɛtnamjɛ̃, ɛn] *(pl* **sud-vietnamiens, -nes)** *adj* survietnamita ▶ *nm/f*: **Sud-Vietnamien, ne** survietnamita *mf*

**Suède** [sɥɛd] *nf* Suecia

**suédois, e** [sɥedwa, waz] *adj* sueco(-a) ▶ *nm (Ling)* sueco ▶ *nm/f*: **Suédois, e** sueco(-a)

**suer** [sɥe] *vi* sudar; **~ à grosses gouttes** sudar la gota gorda ▶ *vt (fig)* exhalar

**sueur** [sɥœʀ] *nf* sudor *m*; **en ~** bañado(-a) en sudor; **donner des sueurs froides à qn/avoir des sueurs froides** dar a algn/tener sudores fríos

**suffire** [syfiʀ] *vi* bastar; *(intensif)* : **il suffit d'une négligence pour que ...** un descuido basta para que ...; **il suffit qu'on oublie pour que ...** basta olvidarse para que ...; **cela lui suffit** eso le basta; **cela suffit pour les irriter/qu'ils se fâchent** eso basta para irritarles/para que se enfaden; **« ça suffit ! »** « ¡basta ya! »; **se suffire** *vpr* ser autosuficiente

**suffisamment** [syfizamɑ̃] *adv* suficientemente; **~ de** suficiente

**suffisance** [syfizɑ̃s] *nf (vanité)* suficiencia; **en ~** *(quantité)* suficiente

**suffisant, e** [syfizɑ̃, ɑ̃t] *adj* suficiente; *(air, ton)* de suficiencia

**suffisons** [syfizɔ̃] *vb voir* **suffire**

**suffixe** [syfiks] *nm* sufijo

**suffocant, e** [syfɔkɑ̃, ɑ̃t] *adj (étouffant)* sofocante; *(stupéfiant)* pasmoso(-a)

**suffocation** [syfɔkasjɔ̃] *nf* sofoco

**suffoquer** [syfɔke] *vt* sofocar; *(suj : émotion, colère, larmes)* ahogar; *(suj : nouvelle)* dejar sin respiración ▶ *vi* sofocarse; **~ de colère/d'indignation** ponerse rojo(-a) de cólera/de indignación

**suffrage** [syfʀaʒ] *nm* voto; **~ universel/direct/indirect** sufragio universal/directo/indirecto; **suffrages** *nmpl (du public etc)* votos *mpl*; **suffrages exprimés** votos efectivos

**suggérer** [sygʒeʀe] *vt* sugerir; **~ (à qn) que** insinuar (a algn) que; **~ que/de faire** sugerir que/hacer

**suggestif, -ive** [sygʒɛstif, iv] *adj* sugerente

**suggestion** [sygʒɛstjɔ̃] *nf* sugerencia; *(Psych)* sugestión *f*

**suggestivité** [sygʒɛstivite] *nf* sugestión *f*

**suicidaire** [sɥisidɛʀ] *adj* suicida

**suicide** [sɥisid] *nm* suicidio ▶ *adj* : **opération ~** operación *f* suicida

**suicidé, e** [sɥiside] *nm/f* suicida *mf*

**suicider** [sɥiside] : **se suicider** *vpr* suicidarse

**suie** [sɥi] *nf* hollín *m*

**suif** [sɥif] *nm* sebo

**suintement** [sɥɛ̃tmɑ̃] *nm (de liquide, sur un mur)* rezumamiento; *(de plaie)* supuración *f*

**suinter** [sɥɛ̃te] *vi (liquide, mur)* rezumar; *(plaie)* supurar

**suis** [sɥi] *vb voir* **être**; **suivre**

**Suisse** [sɥis] *nf* : **la ~** Suiza; **la ~ alémanique** *ou* **allemande** la Suiza alemana; **la ~ romande** Suiza francesa ▶ *nmf (personne)* suizo(-a)

**suisse** [sɥis] *adj* suizo(-a); **~ romand** suizo-francés; **~ allemand** suizo alemán ▶ *nm (bedeau)* pertiguero(-a)

**Suissesse** [sɥisɛs] *nf* suiza

**suit** [sɥi] *vb voir* **suivre**

**suite** [sɥit] *nf (continuation)* continuación *f*; *(de maisons, rues, succès)* sucesión *f*; *(Math, liaison logique)* serie *f*; *(conséquence, résultat)* resultado; *(Mus, appartement)* suite *f*; *(escorte)* séquito; **prendre la ~ de** *(directeur etc)* tomar el relevo de; **donner ~ à** dar curso a; **faire ~ à** ser continuación de; **(faisant) ~ à votre lettre du ...** en respuesta a su carta del ...; **sans ~** sin pies ni cabeza; **de ~** *(d'affilée)* seguido(-a); *(immédiatement)* enseguida; **par la ~** luego; **à la ~** *adj* seguido(-a); *adv* a continuación; **à la ~ de** *(derrière)* tras; *(en conséquence de)* como consecuencia de; **par ~ de** como consecuencia de; **avoir de la ~ dans les idées** tener perseverancia en las ideas; **attendre la ~ des événements** esperar el curso de los acontecimientos; **suites** *nfpl (d'une maladie, chute)* secuelas *fpl*

**suivant, e** [sɥivɑ̃, ɑ̃t] *vb voir* **suivre** ▶ *adj* siguiente ▶ *prép* según; **~ que** según que ▶ *nm* : **« au ~ ! »** « ¡el siguiente! »

**suive** [sɥiv] *vb voir* **suivre**

**suiveur** [sɥivœʀ] *nm* seguidor *m*; *(péj)* admirador *m*

## suivi – supplanter

**suivi, e** [sɥivi] pp de **suivre** ▶ adj seguido(-a); (article) de venta permanente; (discours etc) coherente; **très/peu ~** con mucho/poco éxito ▶ nm seguimiento

**suivisme** [sɥivism] nm seguidismo; **faire du ~** hacer seguidismo

**suiviste** [sɥivist] adj, nmf seguidista mf

**suivre** [sɥivʀ] vt seguir; (mari, ami etc) acompañar; (suj: remords, pensées) perseguir; (imagination, fantaisie, goût) dejarse guiar por; (cours) asistir a; (comprendre: programme, leçon) comprender; (élève, malade, affaire) llevar el seguimiento de; (raisonnement) seguir el hilo de; (article) proveerse de; **~ des yeux** seguir con la mirada; **~ son cours** seguir su curso ▶ vi (écouter attentivement) atender; (assimiler le programme) comprender; (venir après) seguirse; **faire ~** (lettre) reexpedir; **« à ~ »** « continuará »; **se suivre** vpr sucederse; (raisonnement) ser coherente

**sujet, te** [syʒɛ, ɛt] adj: **être ~ à** (accidents, vertige etc) ser propenso(-a) a ▶ nm/f (d'un souverain etc) súbdito(-a) ▶ nm tema m; (d'une dispute etc) motivo, causa; (élève) alumno; (Ling) sujeto; **un ~ de dispute/discorde/mécontentement** una causa de riña/discordia/descontento; **c'est à quel ~ ?** ¿qué se le ofrece?; **avoir ~ de se plaindre** tener motivo para quejarse; **un mauvais ~** (péj) una mala persona; **au ~ de** a propósito de; **~ à caution** cuestionable; **~ de conversation** tema de conversación; **~ d'examen** (Scol) tema de examen; **~ d'expérience** conejillo de Indias

**sujétion** [syʒesjɔ̃] nf sujeción f; (fig) obligación f

**sulfater** [sylfate] vt sulfatar

**sulfureux, -euse** [sylfyʀø, øz] adj sulfuroso(-a); (fig: caractère) perverso(-a); (: roman etc) atrevido(-a)

**sulfurique** [sylfyʀik] adj: **acide ~** ácido sulfúrico

**sulfurisé, e** [sylfyʀize] adj: **papier ~** papel m vegetal

**sultan** [syltɑ̃] nm sultán m

**sultanat** [syltana] nm sultanato

**summum** [sɔ(m)mɔm] nm: **le ~ de** el súmmum de

**sunnite** [synit] adj suní, sunita

**super** [sypɛʀ] (pl **~(s)**) (fam) adj súper inv ▶ nm súper f

**super...** [sypɛʀ] préf super...

**superbe** [sypɛʀb] adj espléndido(-a); (situation, performance) magnífico(-a) ▶ nf soberbia

**superbement** [sypɛʀbəmɑ̃] adv espléndidamente

**supercarburant** [sypɛʀkaʀbyʀɑ̃] nm supercarburante m

**supercherie** [sypɛʀʃəʀi] nf superchería; (fraude) estafa

**supérette** [sypeʀɛt] nf autoservicio

**superfétatoire** [sypɛʀfetatwaʀ] adj superfluo(-a)

**superficialité** [sypɛʀfisjalite] nf superficialidad f

**superficie** [sypɛʀfisi] nf superficie f; (fig) apariencia

**superficiel, le** [sypɛʀfisjɛl] adj superficial

**superficiellement** [sypɛʀfisjɛlmɑ̃] adv superficialmente

**superflu, e** [sypɛʀfly] adj superfluo(-a) ▶ nm: **le ~** lo superfluo

**superforme** [sypɛʀfɔʀm] (fam) nf plena forma

**super-grand** [sypɛʀgʀɑ̃] (pl **super-grands**) nm superpotencia

**super-huit** [sypɛʀɥit] adj inv: **caméra/film ~** cámara/película de super-ocho

**supérieur, e** [sypeʀjœʀ] adj superior; (air, sourire) de superioridad; **à l'étage ~** en el piso de arriba; **~ en nombre** superior en número; **Mère supérieure** madre f superiora ▶ nm/f superior(a) ▶ nm (Univ) enseñanza superior

**supérieurement** [sypeʀjœʀmɑ̃] adv: **~ intelligent** de una inteligencia superior

**supériorité** [sypeʀjɔʀite] nf superioridad f; **~ numérique** superioridad numérica

**superlatif** [sypɛʀlatif] nm (Ling) superlativo; (gén pl: terme d'éloge etc) superlativos mpl; **~ absolu/relatif** superlativo absoluto/relativo

**supermarché** [sypɛʀmaʀʃe] nm supermercado

**supernova** [sypɛʀnɔva] (pl **supernovæ**) nf supernova

**superposable** [sypɛʀpozabl] adj (figures, lits) superponible

**superposer** [sypɛʀpoze] vt superponer; **lits superposés** literas fpl; **se superposer** vpr (images, souvenirs) confundirse

**superposition** [sypɛʀpozisjɔ̃] nf superposición f; (de souvenirs) confusión f

**superpréfet** [sypɛʀpʀefɛ] nm gobernador de una región francesa

**superproduction** [sypɛʀpʀɔdyksjɔ̃] nf superproducción f

**superpuissance** [sypɛʀpɥisɑ̃s] nf superpotencia

**supersonique** [sypɛʀsɔnik] adj supersónico(-a)

**superstitieux, -euse** [sypɛʀstisjø, jøz] adj supersticioso(-a)

**superstition** [sypɛʀstisjɔ̃] nf superstición f

**superstructure** [sypɛʀstʀyktyʀ] nf superestructura

**supertanker** [sypɛʀtɑ̃kœʀ] nm superpetrolero

**superviser** [sypɛʀvize] vt supervisar

**supervision** [sypɛʀvizjɔ̃] nf supervisión f

**supplanter** [syplɑ̃te] vt (personne) suplantar; (méthode, machine) sustituir

## suppléance – surcapacité

**suppléance** [sypleɑ̃s] *nf* sustitución *f*
**suppléant, e** [sypleɑ̃, ɑ̃t] *adj* (*juge, fonctionnaire*) suplente; (*professeur*) sustituto(-a); **médecin ~** médico suplente ▶ *nm/f* sustituto(-a)
**suppléer** [syplee] *vt* suplir; (*remplacer, aussi* Admin) sustituir a; **~ à** suplir
**supplément** [syplemɑ̃] *nm* suplemento; **un ~ de frites** una porción extra de patatas fritas; **en ~** (*au menu etc*) no incluido; **~ d'information** suplemento de información
**supplémentaire** [syplemɑ̃tɛʀ] *adj* suplementario(-a); (*train etc*) adicional; **contrôles supplémentaires** refuerzo de controles
**supplémentation** [syplemɑ̃tasjɔ̃] *nf* (*nutritionnelle*) suplementación *f*
**supplétif, -ive** [sypletif, iv] *adj* (*Mil*) de refuerzo
**suppliant, e** [syplijɑ̃, ijɑ̃t] *adj* suplicante
**supplication** [syplikasjɔ̃] *nf* (*Rel*) súplica
**supplice** [syplis] *nm* suplicio; **être au ~** (*appréhension*) estar atormentado(-a); (*gêne, douleur*) no aguantar más
**supplicier** [syplisje] *vt* (*torturer*) torturar
**supplier** [syplije] *vt* suplicar
**supplique** [syplik] *nf* súplica
**support** [sypɔʀ] *nm* soporte *m*; **~ audio-visuel/publicitaire** soporte audio-visual/publicitario
**supportable** [sypɔʀtabl] *adj* soportable
**supporter¹** [sypɔʀtœʀ] *nmf*, **supporteur, -trice** [sypɔʀtœʀ, tʀis] *nm/f* seguidor(a)
**supporter²** [sypɔʀte] *vt* soportar; (*choc*) resistir a; (*équipe*) apoyar
**supposé, e** [sypoze] *adj* supuesto(-a)
**supposément** [sypozemɑ̃] *adv* supuestamente
**supposer** [sypoze] *vt* suponer; **~ que** suponer que; **en supposant** *ou* **à ~ que** suponiendo que
**supposition** [sypozisjɔ̃] *nf* suposición *f*
**suppositoire** [sypozitwaʀ] *nm* supositorio
**suppôt** [sypo] (*péj*) *nm* servidor *m*
**suppression** [sypʀesjɔ̃] *nf* supresión *f*
**supprimer** [sypʀime] *vt* suprimir; (*personne, témoin gênant*) quitar de en medio, suprimir; **~ qch à qn** quitarle algo a algn
**suppuration** [sypyʀasjɔ̃] *nf* supuración *f*
**suppurer** [sypyʀe] *vi* supurar
**supputations** [sypytasjɔ̃] *nfpl* pronósticos *mpl*
**supputer** [sypyte] *vt* (*dépense, revenu*) calcular; (*chances, probabilité*) pronosticar
**supraconducteur, -trice** [sypʀakɔ̃dyktœʀ, tʀis] *adj* superconductor(a) ▶ *nm* superconductor *m*
**supranational, e, -aux** [sypʀanasjɔnal, o] *adj* supranacional
**suprématie** [sypʀemasi] *nf* supremacía

**suprême** [sypʀɛm] *adj* (*pouvoir etc*) supremo(-a); (*bonheur, habileté*) sumo(-a); **un ~ espoir** (*ultime*) una última esperanza; **les honneurs suprêmes** los honores póstumos
**suprêmement** [sypʀɛmmɑ̃] *adv* en grado supremo

MOT-CLÉ

**sur¹** [syʀ] *prép* **1** en; (*par dessus, au-dessus*) encima de, sobre; **pose-le sur la table** ponlo en la mesa; **je n'ai pas d'argent sur moi** no llevo dinero encima; **avoir de l'influence/un effet sur ...** tener influencia/un efecto sobre ...; **avoir accident sur accident** tener accidente tras accidente; **sur ce** tras esto
**2** (*direction*) hacia; **en allant sur Paris** yendo hacia París; **sur votre droite** a su derecha
**3** (*à propos de*) acerca de, sobre; **un livre/une conférence sur Balzac** un libro/una conferencia sobre Balzac
**4** (*proportion, mesures*) de entre, de cada; **un sur 10** uno de cada 10; (*Scol : note*) uno sobre 10; **sur 20, 2 sont venus** de 20, han venido 2; **4m sur 2** 4m por 2

**sur², e** [syʀ] *adj* agrio(-a)
**sûr, e** [syʀ] *adj* seguro(-a); (*renseignement, ami, voiture*) de confianza; (*goût, réflexe etc*) agudo(-a); **peu ~** (*ami etc*) no de mucha confianza; (*méthode*) no muy seguro(-a); (*réflexe etc*) no muy agudo(-a); **être ~ de qn** confiar en algn; **c'est ~ et certain** sin lugar a dudas; **~ de soi** seguro de sí mismo(-a); **le plus ~ est de ...** lo más seguro es ...
**surabondance** [syʀabɔ̃dɑ̃s] *nf* (*de produits, richesse*) sobreabundancia; (*de couleurs, détails*) exceso; **en ~** en abundancia
**surabondant, e** [syʀabɔ̃dɑ̃, ɑ̃t] *adj* sobreabundante
**surabonder** [syʀabɔ̃de] *vi* sobreabundar; **~ de** rebosar de
**suractivité** [syʀaktivite] *nf* sobreactividad *f*
**suraigu, -uë** [syʀegy] *adj* sobreagudo(-a)
**surajouter** [syʀaʒute] *vt* : **~ qch à** sobreañadir algo a; **se surajouter à** *vpr* sobreañadirse a
**suralimentation** [syʀalimɑ̃tasjɔ̃] *nf* sobrealimentación *f*
**suralimenté, e** [syʀalimɑ̃te] *adj* sobrealimentado(-a)
**suranné, e** [syʀane] *adj* anticuado(-a)
**surarmement** [syʀaʀməmɑ̃] *nm* armamentismo
**surbaissé, e** [syʀbese] *adj* rebajado(-a)
**surbooké, e** [syʀbuke] *adj* (*vol*) con overbooking; (*fam : personne*) : **être ~** tener la agenda a tope
**surcapacité** [syʀkapasite] *nf* supercapacidad *f*

## surcharge – surlendemain

**surcharge** [syʀʃaʀʒ] *nf* sobrecarga; *(correction, ajout)* tachón *m*; **prendre des passagers en ~** coger pasajeros en exceso; **~ de travail** exceso de trabajo

**surchargé, e** [syʀʃaʀʒe] *adj (décoration, style)* recargado(-a); *(voiture)* supercargado(-a); *(emploi du temps)* sobrecargado(-a); **~ de travail/soucis** sobrecargado de trabajo/de preocupaciones

**surcharger** [syʀʃaʀʒe] *vt (véhicule)* cargar en exceso; *(personne)* cargar; *(texte)* tachar; *(timbre-poste, fig)* sobrecargar; *(décoration)* recargar

**surchauffe** [syʀʃof] *nf* recalentamiento

**surchauffé, e** [syʀʃofe] *adj (local, wagon)* recalentado(-a); *(fig)* enardecido(-a)

**surchauffer** [syʀʃofe] *vi (moteur, machine, économie)* calentarse demasiado ▶ *vt (local, wagon)* calentar demasiado

**surchoix** [syʀʃwa] *adj inv* seleccionado(-a)

**surclasser** [syʀklɑse] *vt (concurrent)* aventajar a; *(surpasser)* superar

**surconsommation** [syʀkɔ̃sɔmasjɔ̃] *nf* superconsumo

**surcoté, e** [syʀkɔte] *adj* supercotizado(-a)

**surcouper** [syʀkupe] *vt* contrafallar

**surcoût** [syʀku] *nm* sobrecoste *m*

**surcroît** [syʀkʀwa] *nm*: **un ~ de** un aumento de; **par** *ou* **de ~** por añadidura; **en ~** en añadidura

**surdimensionné, e** [syʀdimɑ̃sjɔne] *adj* sobredimensionado(-a); **un ego ~** un ego sobredimensionado

**surdimutité** [syʀdimytite] *nf* sordomudez *f*

**surdi-mutité** [syʀdimytite] *(pl* **surdi-mutités)** *nf* sordomudez *f*

**surdité** [syʀdite] *nf* sordera; **atteint de ~ totale** que padece de sordera total

**surdose** [syʀdoz] *nf (aussi fig)* sobredosis *f inv*

**surdoué, e** [syʀdwe] *adj* superdotado(-a)

**sureau, x** [syʀo] *nm* saúco

**sureffectif** [syʀefɛktif] *nm* exceso

**surélever** [syʀel(ə)ve] *vt* realzar

**sûrement** [syʀmɑ̃] *adv (certainement)* seguramente; **~ pas** seguro que no

**suremploi** [syʀɑ̃plwa] *nm* sobreempleo

**surenchère** [syʀɑ̃ʃɛʀ] *nf (aux enchères)* sobrepuja; *(sur prix fixe)* encarecimiento; **~ de violence** subida de violencia

**surenchérir** [syʀɑ̃ʃeʀiʀ] *vi (Comm)* sobrepujar; *(fig)*: **~ sur qn** aventajar a algn

**surendetté, e** [syʀɑ̃dete] *adj* sobreendeudado(-a)

**surendettement** [syʀɑ̃dɛtmɑ̃] *nm* sobreendeudamiento

**surent** [syʀ] *vb voir* **savoir**

**surentraîné, e** [syʀɑ̃tʀene] *adj*: **l'athlète est ~** el atleta se ha entrenado demasiado

**suréquipé, e** [syʀekipe] *adj* sobreequipado(-a)

**surestimer** [syʀɛstime] *vt* sobreestimar

**sûreté** [syʀte] *nf* fiabilidad *f*; *(du goût etc)* agudeza; *(Jur)* garantía; **être/mettre en ~** *(personne)* estar/poner a salvo; *(objet)* estar/poner en lugar seguro; **pour plus de ~** para mayor seguridad; **attentat/crime contre la ~ de l'État** atentado/crimen contra la seguridad del Estado; **la S~ (nationale)** brigada de investigación criminal francesa

**surévaluation** [syʀevalɥasjɔ̃] *nf (de monnaie, recettes)* sobrevaloración *f*

**surévaluer** [syʀevalɥe] *vt (importance, capacité)* sobrestimar; *(monnaie, recettes)* sobrevalorar

**surexcité, e** [syʀɛksite] *adj* superexcitado(-a)

**surexciter** [syʀɛksite] *vt (personne)* excitar muchísimo; *(curiosité)* estimular enormemente

**surexploitation** [syʀɛksplwatasjɔ̃] *nf* sobreexplotación *f*

**surexploiter** [syʀɛksplwate] *vt* sobreexplotar

**surexposer** [syʀɛkspoze] *vt* sobreexponer

**surf** [sœʀf] *nm* surf *m*; **faire du ~** hacer surf

**surface** [syʀfas] *nf* superficie *f*; **faire ~** salir a la superficie; **en ~** *(nager, naviguer)* en la superficie; *(fig)* aparentemente; **la pièce fait 100 m² de ~** la habitación mide 100 m² de superficie; **~ de réparation** *(Sport)* área de castigo; **~ porteuse** *ou* **de sustentation** *(Aviat)* plano de sustentación

**surfacturation** [syʀfaktyʀasjɔ̃] *nf* sobrefacturación *f*

**surfait, e** [syʀfɛ, ɛt] *adj* sobreestimado(-a)

**surfer** [syʀfe] *vi* hacer surf; **~ sur Internet** navegar por Internet

**surfeur, -euse** [sœʀfœʀ, øz] *nm/f* surfista *mf*

**surfiler** [syʀfile] *vt* sobrehilar

**surfin, e** [syʀfɛ̃, in] *adj* superfino(-a)

**surgélateur** [syʀʒelatœʀ] *nm* congelador *m*

**surgélation** [syʀʒelasjɔ̃] *nf* congelación *f*

**surgelé, e** [syʀʒəle] *adj* congelado(-a)

**surgeler** [syʀʒəle] *vt* congelar

**surgir** [syʀʒiʀ] *vi* aparecer; *(de terre)* salir; *(fig)* surgir

**surhomme** [syʀɔm] *nm* superhombre *m*

**surhumain, e** [syʀymɛ̃, ɛn] *adj* sobrehumano(-a)

**surimposer** [syʀɛ̃poze] *vt* sobretasar

**surimpression** [syʀɛ̃pʀesjɔ̃] *nf (Photo)* sobreimpresión *f*; **en ~** en sobreimpresión; *(fig)* al mismo tiempo

**surimprimer** [syʀɛ̃pʀime] *vt* superponer

**Surinam** [syʀinam] *nm* Surinam *m*

**surinfection** [syʀɛ̃fɛksjɔ̃] *nf* reinfección *f*

**surjet** [syʀʒɛ] *nm* punto por cima

**surjouer** [syʀʒwe] *vt, vi* sobreactuar

**sur-le-champ** [syʀləʃɑ̃] *adv* en el acto

**surlendemain** [syʀlɑ̃d(ə)mɛ̃] *nm*: **le ~** a los dos días; **le ~ de** dos días después de; **le ~ soir** a los dos días por la noche

## surligner – survécu

**surligner** [syʀliɲe] vt marcar con rotulador fosforescente
**surligneur** [syʀliɲœʀ] nm rotulador m fluorescente
**surmenage** [syʀmənaʒ] nm (Méd) agotamiento; **le ~ intellectuel** el agotamiento intelectual
**surmené, e** [syʀməne] adj agotado(-a)
**surmener** [syʀməne] vt agotar; **se surmener** vpr agotarse
**surmonter** [syʀmɔ̃te] vt vencer; (suj : coupole etc) coronar
**surmortalité** [syʀmɔʀtalite] nf exceso de mortalidad
**surmultiplié, e** [syʀmyltiplije] adj : **vitesse surmultipliée** superdirecta ▶ nf : **en surmultipliée** en superdirecta
**surnager** [syʀnaʒe] vi (aussi fig) mantenerse a flote
**surnaturel, le** [syʀnatyʀɛl] adj sobrenatural ▶ nm : **le ~** lo sobrenatural
**surnom** [syʀnɔ̃] nm (gén) sobrenombre m, apodo
**surnombre** [syʀnɔ̃bʀ] nm : **être en ~** estar de más
**surnommer** [syʀnɔme] vt apodar
**surnuméraire** [syʀnymeʀɛʀ] adj supernumerario(-a)
**suroît** [syʀwa] nm (vent) suroeste m
**surpasser** [syʀpɑse] vt superar; **se surpasser** vpr superarse
**surpayer** [syʀpeje] vt (personne) pagar en exceso; (article etc) pagar demasiado caro
**surpeuplé, e** [syʀpœple] adj superpoblado(-a)
**surpeuplement** [syʀpœpləmɑ̃] nm superpoblación f
**surpiquer** [syʀpike] vt sobrecoser
**surpiqûre** [syʀpikyʀ] nf sobrecostura
**surplace** [syʀplas] nm : **faire du ~** (rester en équilibre) mantener el equilibrio; (dans un embouteillage etc) ir a paso de caracol
**surplis** [syʀpli] nm sobrepelliz f
**surplomb** [syʀplɔ̃] nm saliente m; **en ~** que sobresale
**surplomber** [syʀplɔ̃be] vi sobresalir ▶ vt destacar sobre
**surplus** [syʀply] nm (Comm) excedente m; **~ de bois/tissu** sobrante m de leña/de tela; **au ~** por lo demás; **~ américain** (magasin) tienda de excedentes americanos
**surpoids** [syʀpwa] nm sobrepeso; **être en ~** tener sobrepeso
**surpopulation** [syʀpɔpylasjɔ̃] nf superpoblación f
**surprenant, e** [syʀpʀənɑ̃, ɑ̃t] vb voir **surprendre** ▶ adj sorprendente
**surprendre** [syʀpʀɑ̃dʀ] vt sorprender; (secret, conversation) descubrir; (voisins, amis etc) sorprender con una visita; (fig) captar; **se ~ à faire qch** sorprenderse haciendo algo

**surprime** [syʀpʀim] nf prima extra
**surpris, e** [syʀpʀi, iz] pp de **surprendre** ▶ adj de sorpresa; **~ de/que** sorprendido(-a) por/de que
**surprise** [syʀpʀiz] nf sorpresa; **faire une ~ à qn** dar una sorpresa a algn; **voyage sans surprises** viaje sin sobresaltos; **avoir la ~ de** tener la sorpresa de; **par ~** por sorpresa
**surprise-partie** [syʀpʀizpaʀti] (pl **surprises-parties**) nf guateque m
**surprit** [syʀpʀi] vb voir **surprendre**
**surproduction** [syʀpʀɔdyksjɔ̃] nf superproducción f
**surpuissant, e** [syʀpɥisɑ̃, ɑ̃t] adj superpotente
**surréaliste** [syʀʀealist] adj surrealista
**surrégime** [syʀʀeʒim] nm (de moteur) embalamiento; **tourner en ~** ir embalado(-a), ir pasado(-a) de vueltas; (fig) ir pasado(-a) de vueltas
**surréservation** [syʀʀezɛʀvasjɔ̃] nf overbooking m
**sursaut** [syʀso] nm sobresalto; **en ~** de un sobresalto; **~ d'énergie** resuello de energía; **~ d'indignation** pronto de indignación
**sursauter** [syʀsote] vi sobresaltarse
**surseoir** [syʀswaʀ] : **~ à** vt (Jur) aplazar
**sursis** [syʀsi] nm (Jur : d'une peine) indulto; (: à la condamnation à mort) aplazamiento; (Mil) : **~ (d'appel ou d'incorporation)** prórroga (de llamada ou de incorporación a filas); (fig) periodo de espera; **condamné à cinq mois (de prison) avec ~** condenado a cinco meses (de prisión) con indulto; **on lui a accordé le ~** (Mil) se le concedió la prórroga; (Jur) se le indultó
**sursitaire** [syʀsitɛʀ] nm (Mil) persona a quien se le concede una prórroga
**sursois** etc [syʀswa] vb voir **surseoir**
**sursoyais** etc [syʀswaje] vb voir **surseoir**
**surtaxe** [syʀtaks] nf (taxe additionnelle) impuesto adicional; (taxe excessive) impuesto excesivo
**surtaxé, e** [syʀtakse] adj (Tél : appel, numéro) de tarificación adicional
**surtaxer** [syʀtakse] vt (taxer en plus) aplicar un impuesto adicional a; (taxer excessivement) gravar en exceso
**surtension** [syʀtɑ̃sjɔ̃] nf sobretensión f
**surtout** [syʀtu] adv sobre todo; **il songe ~ à ses propres intérêts** piensa sobre todo en sus propios intereses; **il aime le sport, ~ le football** le gusta el deporte, sobre todo el fútbol; **~ pas d'histoires/ne dites rien !** ¡sobre todo nada de líos/no diga nada!; **~ pas !** ¡de ninguna manera!; **~ pas lui !** ¡él, de ninguna manera!; **~ que ...** sobre todo porque ...
**survécu, e** [syʀveky] pp de **survivre**

## surveillance – symboliser

**surveillance** [syrvɛjɑ̃s] nf vigilancia; **être sous la ~ de qn** estar bajo la vigilancia de algn; **sous ~ médicale** bajo control médico; **la ~ du territoire** ≈ servicio de inteligencia ou contraespionaje

**surveillant, e** [syrvɛjɑ̃, ɑ̃t] nm/f (Scol, de prison) vigilante mf; (de travaux) capataz mf

**surveiller** [syrveje] vt (enfant etc) cuidar de; (Mil, gén) vigilar; (travaux, cuisson) atender; **~ son langage/sa ligne** cuidar su vocabulario/la línea; **se surveiller** vpr controlarse

**survenir** [syrvənir] vi sobrevenir

**survenu, e** [syrv(ə)ny] pp de **survenir**

**survêt** [syrvɛt] (fam) nm chándal m

**survêtement** [syrvɛtmɑ̃] nm chándal m

**survie** [syrvi] nf supervivencia; **équipement de ~** equipo de supervivencia

**surviens** [syrvjɛ̃] vb voir **survenir**

**survint** [syrvɛ̃] vb voir **survenir**

**survirer** [syrvire] vi derrapar (por la parte trasera)

**survit** [syrvi] vb voir **survivre**

**survitaminé, e** [syrvitamine] (fam) adj dinámico(-a)

**survitrage** [syrvitraʒ] nm doble acristalamiento

**survivance** [syrvivɑ̃s] nf supervivencia

**survivant, e** [syrvivɑ̃, ɑ̃t] vb voir **survivre** ▸ nm/f superviviente mf; (Jur) heredero(-a)

**survivre** [syrvivr] vi sobrevivir; **~ à** sobrevivir a; **la victime a peu de chances de ~** la víctima tiene pocas posibilidades de sobrevivir

**survol** [syrvɔl] nm : **le ~** (d'un lieu) el vuelo sobre; (d'un livre) el leer por encima; (d'une question) el tratar por encima

**survoler** [syrvɔle] vt (lieu) sobrevolar; (livre, écrit) leer por encima; (question, problèmes) tratar por encima

**survolté, e** [syrvɔlte] adj (fig : personne) superexcitado(-a); (: ambiance) acalorado(-a)

**sus** [sy(s)] vb voir **savoir** ▸ adv : **en ~ de** (Jur, Admin) además de; **en ~** además; **~ à ... ! : ~ au tyran !** ¡a por el tirano!

**susceptibilité** [sysɛptibilite] nf susceptibilidad f

**susceptible** [sysɛptibl] adj susceptible; **(être) ~ de** (ser) susceptible de; **~ d'amélioration** ou **d'être amélioré** susceptible de mejora ou de ser mejorado

**susciter** [sysite] vt (ennuis etc) : **~ (à qn)** originar (a algn); (admiration etc) suscitar

**susdit, e** [sysdi, dit] adj susodicho(-a)

**susmentionné, e** [sysmɑ̃sjɔne] adj susodicho(-a)

**susnommé, e** [sysnɔme] adj susodicho(-a)

**suspect, e** [syspɛ(kt), ɛkt] adj sospechoso(-a); (vin etc) de poca confianza; **être (peu) ~ de** ser (poco) sospechoso(-a) de ▸ nm/f sospechoso(-a)

**suspecter** [syspɛkte] vt sospechar; **~ qn d'être/d'avoir fait qch** sospechar que algn es/que algn ha hecho algo

**suspendre** [syspɑ̃dr] vt suspender; **~ qch (à)** colgar algo (de); **se suspendre** vpr : **se ~ à** aferrarse a, colgarse de

**suspendu, e** [syspɑ̃dy] pp de **suspendre** ▸ adj (accroché) : **~ à** colgado(-a) de; (perché) : **~ au-dessus de** suspendido(-a) sobre; **voiture bien/mal suspendue** coche con buena/mala suspensión; **être ~ aux lèvres de qn** estar pendiente de los labios de algn

**suspens** [syspɑ̃] : **en ~** adv suspendido(-a); **tenir en ~** (lecteurs, spectateurs) mantener en suspense

**suspense** [syspɛns] nm suspense m

**suspension** [syspɑ̃sjɔ̃] nf suspensión f; (lustre) lámpara de techo; **en ~** en suspensión; **~ d'audience** suspensión de la vista

**suspicieux, -euse** [syspisjø, jøz] adj receloso(-a)

**suspicion** [syspisjɔ̃] nf sospecha

**sustentation** [systɑ̃tasjɔ̃] nf (Aviat) sustentación f; **base** ou **polygone de ~** base f ou polígono de sustentación

**sustenter** [systɑ̃te] : **se sustenter** vpr sustentarse

**susurrer** [sysyre] vt susurrar

**sut** [sy] vb voir **savoir**

**suture** [sytyr] nf : **point de ~** punto de sutura

**suturer** [sytyre] vt suturar

**suzeraineté** [syz(ə)rɛnte] nf soberanía feudal

**svelte** [svɛlt] adj esbelto(-a)

**SVP** [ɛsvepe] abr (= s'il vous plaît) por favor

**SVT** [ɛsvete] (Scol) sigle fpl (= Sciences de la vie et de la Terre) ≈ Ciencias de la Naturaleza

**swahili, e** [swaili] adj swahili ▸ nm (langue) swahili m

**Swaziland** [swazilɑ̃d] nm Swazilandia

**sweat** [swit] (fam) nm sudadera

**sweat-shirt** [switʃœrt] (pl **sweat-shirts**) nm sudadera

**syllabaire** [si(l)labɛr] nm cartilla

**syllabe** [si(l)lab] nf sílaba

**sylphide** [silfid] nf (fig) sílfide f

**sylvestre** [silvɛstr] adj : **pin ~** pino silvestre

**sylvicole** [silvikɔl] adj silvícola

**sylviculteur, -trice** [silvikyltœr, tris] nm silvicultor(a)

**sylviculture** [silvikyltyr] nf silvicultura

**symbiose** [sɛ̃bjoz] nf simbiosis f inv; **en ~ avec qch** en simbiosis con algo

**symbole** [sɛ̃bɔl] nm símbolo

**symbolique** [sɛ̃bɔlik] adj simbólico(-a) ▸ nf simbolismo

**symboliquement** [sɛ̃bɔlikmɑ̃] adv simbólicamente

**symboliser** [sɛ̃bɔlize] vt simbolizar

## symétrie – systémique

**symétrie** [simetʀi] nf simetría; **axe/centre de ~** eje m/centro de simetría
**symétrique** [simetʀik] adj simétrico(-a)
**symétriquement** [simetʀikmɑ̃] adv simétricamente
**sympa** [sɛ̃pa] (fam) adj voir **sympathique**
**sympathie** [sɛ̃pati] nf simpatía; (condoléances) pésame m; **accueillir avec ~** acoger con gusto; **avoir de la ~ pour qn** tener simpatía a algn; **témoignages de ~** muestras fpl de condolencia; **croyez à toute ma ~** mi más sentido pésame
**sympathique** [sɛ̃patik] adj (personne) simpático(-a); (déjeuner etc) agradable

> Si l'adjectif **sympathique** peut se traduire par *simpático*, l'expression « trouver quelqu'un sympathique » se traduit le plus souvent par *caerle bien a alguien*, le contraire étant *caerle mal a alguien* :
> **J'ai trouvé ton père très sympathique.**
> Tu padre me cayó muy bien.
> **Tout le monde le trouve antipathique.**
> No le cae bien a nadie.

**sympathisant, e** [sɛ̃patizɑ̃, ɑ̃t] nm/f simpatizante mf
**sympathiser** [sɛ̃patize] vi simpatizar; **~ avec qn** simpatizar con algn
**symphonie** [sɛ̃fɔni] nf sinfonía
**symphonique** [sɛ̃fɔnik] adj sinfónico(-a)
**symposium** [sɛ̃pozjɔm] nm simposio
**symptomatique** [sɛ̃ptɔmatik] adj sintomático(-a); **~ de** sintomático(-a) de
**symptôme** [sɛ̃ptom] nm síntoma m
**synagogue** [sinagɔg] nf sinagoga
**synchrone** [sɛ̃kʀɔn] adj sincrónico(-a)
**synchronique** [sɛ̃kʀɔnik] adj : **tableau ~** esquema m sincrónico
**synchronisation** [sɛ̃kʀɔnizasjɔ̃] nf sincronización f
**synchronisé, e** [sɛ̃kʀɔnize] adj sincronizado(-a)
**synchroniser** [sɛ̃kʀɔnize] vt sincronizar
**syncope** [sɛ̃kɔp] nf (Méd) síncope m; (Mus) síncopa; **elle est tombée en ~** le dio un síncope
**syncopé, e** [sɛ̃kɔpe] adj sincopado(-a)
**syndic** [sɛ̃dik] nm administrador m
**syndical, e, -aux** [sɛ̃dikal, o] adj sindical; **centrale syndicale** central f sindical

**syndicalisme** [sɛ̃dikalism] nm sindicalismo
**syndicaliste** [sɛ̃dikalist] nmf sindicalista mf
**syndicat** [sɛ̃dika] nm sindicato; **~ d'initiative** oficina de turismo; **~ de producteurs** unión f de productores; **~ de propriétaires** comunidad f de propietarios; **~ patronal** organización f patronal
**syndiqué, e** [sɛ̃dike] adj sindicado(-a); **non ~(e)** no sindicado(-a)
**syndiquer** [sɛ̃dike] : **se syndiquer** vpr sindicarse
**syndrome** [sɛ̃dʀom] nm síndrome m
**synergie** [sinɛʀʒi] nf sinergia
**synode** [sinɔd] nm sínodo
**synonyme** [sinɔnim] adj sinónimo(-a) ▶ nm sinónimo
**synopsis** [sinɔpsis] nm ou f sinopsis f inv
**synoptique** [sinɔptik] adj : **tableau ~** esquema m sinóptico
**synovie** [sinɔvi] nf : **épanchement de ~** derrame m sinovial
**syntaxe** [sɛ̃taks] nf sintaxis f sg
**synthèse** [sɛ̃tɛz] nf síntesis f inv; **faire la ~ de** hacer la síntesis de
**synthétique** [sɛ̃tetik] adj sintético(-a); (méthode, esprit) de síntesis
**synthétiser** [sɛ̃tetize] vt sintetizar
**synthétiseur** [sɛ̃tetizœʀ] nm (Mus) sintetizador m
**syphilis** [sifilis] nf sífilis f sg
**syphilitique** [sifilitik] adj, nmf sifilítico(-a)
**Syrie** [siʀi] nf Siria
**syrien, ne** [siʀjɛ̃, jɛn] adj sirio(-a) ▶ nm/f : **Syrien, ne** sirio(-a)
**systématique** [sistematik] adj (classement, étude, opposition) sistemático(-a); (péj) dogmático(-a)
**systématiquement** [sistematikmɑ̃] adv de forma sistemática
**systématisation** [sistematizasjɔ̃] nf sistematización f
**systématiser** [sistematize] vt sistematizar
**système** [sistɛm] nm sistema m; **utiliser le ~ D** (fam) utilizar el ingenio; **~ décimal** sistema decimal; **~ d'exploitation** (Inform) sistema operativo; **~ expert** sistema experto; **~ métrique** sistema métrico; **~ nerveux/solaire** sistema nervioso/solar
**systémique** [sistemik] adj sistémico(-a)

# Tt

**T, t¹** [te] *nm inv* (*lettre*) T, t f; **T comme Thérèse** ≈ T de Teresa

**t²** *abr* (= *tonne(s)*) Tm. (= *tonelada métrica*); (= *tome(s)*) t. (= *tomo(s)*)

**t'** [t] *pron voir* **te**

**ta** [ta] *voir* **ton¹**

**tabac** [taba] *nm* tabaco; **passer qn à ~** (*fam*: *battre*) dar una tunda a algn, zurrar a algn; **faire un ~** (*fam*) tener mucho éxito; **(débit** *ou* **bureau de)** ~ estanco; **~ à priser** tabaco en polvo, rapé *m*; **~ blond/brun/gris** tabaco rubio/moreno/picado ▶ *adj inv* : **(couleur)** ~ (color) tabaco *inv*

**tabagie** [tabaʒi] *nf* fumadero

**tabagique** [tabaʒik] *adj* tabáquico(-a)

**tabagisme** [tabaʒism] *nm* tabaquismo; **~ passif** tabaquismo pasivo

**tabassage** [tabasaʒ] (*fam*) *nm* paliza

**tabasser** [tabase] *vt* dar una paliza a

**tabatière** [tabatjɛʀ] *nf* tabaquera

**tabernacle** [tabɛʀnakl] *nm* tabernáculo

**table** [tabl] *nf* mesa; (*invités*) comensales *mpl*; (*liste*) lista; (*numérique*) tabla; **à ~ !** ¡a comer!; **se mettre à ~** sentarse a la mesa; (*fam*) cantar de plano; **mettre** *ou* **dresser/desservir la ~** poner/quitar la mesa; **faire ~ rase de** hacer tabla rasa con; **~ à repasser** tabla de planchar; **~ basse** mesa baja; **~ d'écoute** tablero de interceptaciones telefónicas; **~ d'harmonie** tabla de armonía; **~ d'hôte** menú *m* ou plato del día; **~ de cuisson** cocina (de electricidad *ou* de gas); **~ de lecture** (*Mus*) tabla de lectura; **~ de multiplication** tabla de multiplicar; **~ de nuit** *ou* **de chevet** mesita de noche; **~ de toilette** mueble *m* de lavabo; **~ des matières** índice *m*; **~ ronde** (*débat*) mesa redonda; **~ roulante** carro, carrito; **~ traçante** (*Inform*) mesa de trazado

**tableau, x** [tablo] *nm* cuadro; (*panneau*) tablero; (*schéma*) cuadro, gráfico; **~ blanc** pizarra blanca; **~ (blanc) interactif** pizarra (blanca) interactiva; **~ chronologique** cuadro cronológico; **~ d'affichage** tablón *m* ou tablero de anuncios; **~ de bord** (*Auto*) cuadro de instrumentos; (*Aviat*) cuadro de mandos; **~ de chasse** caza; **~ de contrôle** (*d'une machine*) cuadro de control; (*d'une installation*) cuadro ou panel *m* de control; **~ de maître** obra de maestro; **~ noir** encerado

**tablée** [table] *nf* (*personnes*) mesa

**tabler** [table] *vi* : **~ sur** contar con

**tablette** [tablɛt] *nf* (*planche*) anaquel *m*, tabla; (*Inform*) tableta, tablet *f*; **~ de chocolat** tableta de chocolate

**tableur** [tablœʀ] *nm* (*Inform*) hoja electrónica

**tablier** [tablije] *nm* delantal *m*; (*du cuisinier*) mandil *m*; (*de pont*) calzada; (: *en bois*) tableado; (*de cheminée*) tapadera

**tabou, e** [tabu] *adj, nm* tabú *m*

**taboulé** [tabule] *nm* taboulé *m*, ensalada a base de cuscús, tomate, cebolla, perejil, menta, aceite de oliva y zumo de limón

**tabouret** [tabuʀɛ] *nm* taburete *m*

**tabulateur** [tabylatœʀ] *nm* tabulador *m*

**tac** [tak] *nm* : **répondre qch du ~ au ~** saltar con algo

**tache** [taʃ] *nf* mancha; **faire ~ d'huile** extenderse como cosa buena; **~ de rousseur** ou **de son** peca; **~ de vin** (*sur la peau*) mancha

**tâche** [taʃ] *nf* tarea, labor *f*; (*rôle*) papel *m*; **travailler à la ~** trabajar a destajo

**tacher** [taʃe] *vt* manchar; (*réputation*) manchar, mancillar; **se tacher** *vpr* (*fruits*) picarse

**tâcher** [taʃe] *vi* : **~ de faire** tratar de hacer, procurar hacer

**tâcheron** [taʃ(ə)ʀɔ̃] *nm* currante *m*

**tacheté, e** [taʃte] *adj* : **~ (de)** salpicado(-a) ou moteado(-a) (de)

**tachisme** [taʃism] *nm* (*Peinture*) tachismo

**tachiste** [taʃist] *nm* (*Peinture*) tachista *m*

**tachycardie** [takikaʀdi] *nf* taquicardia; **une crise de ~** una crisis de taquicardia; **faire de la ~** tener taquicardia

**tachygraphe** [takigʀaf] *nm* tacógrafo

**tachymètre** [takimɛtʀ] *nm* tacómetro

**tacite** [tasit] *adj* tácito(-a)

**tacitement** [tasitmɑ̃] *adv* tácitamente

**taciturne** [tasityʀn] *adj* taciturno(-a)

**tacle** [takl] *nm* (*Football*) entrada en plancha

**tacler** [takle] *vi* (*Football*) entrar en plancha

**tacot** [tako] (*péj*) *nm* cacharro

**tact** [takt] *nm* tacto; **avoir du ~** tener tacto

**tacticien, ne** [taktisjɛ̃, jɛn] *nm/f* táctico(-a)

**tactile** [taktil] *adj* táctil

## tactique – tangent

**tactique** [taktik] *adj* táctico(-a) ▶ *nf* táctica
**taffetas** [tafta] *nm* tafetán *m*
**Tage** [taʒ] *nm* : **le ~** el Tajo
**taguer** [tage] *vt* hacer grafitis
**tagueur, -euse** [tagœʀ, øz] *nm/f* grafitero(-a)
**Tahiti** [taiti] *nf* Tahití *m*
**tahitien, ne** [taisjɛ̃, jɛn] *adj* tahitiano(-a) ▶ *nm/f* : **Tahitien, ne** tahitiano(-a)
**taie** [tɛ] *nf* : **~ (d'oreiller)** funda (de la almohada)
**taïga** [tajga] *nf* taiga
**taillader** [tajade] *vt* acuchillar; **se ~ le menton en se rasant** cortarse la barbilla al afeitarse
**taille** [taj] *nf* (*d'un diamant*) tallado; (*des arbres*) poda; (*du corps, d'un vêtement*) talle *m*, cintura; (*hauteur*) estatura; (*grandeur*) tamaño; (*Comm*) talla; (*envergure*) dimensión *f*, envergadura; **de ~ à faire** capaz de hacer; **de ~** importante; **quelle ~ faites-vous ?** ¿cuál es su talla?
**taillé, e** [taje] *adj* (*moustache*) recortado(-a); (*ongles*) cortado(-a); (*arbre*) podado(-a); **~ pour** hecho(-a) para, propio(-a) para; **~ en pointe** cortado(-a) en punta
**taille-crayon** [tajkʀɛjɔ̃] (*pl* **taille-crayons**) *nm* sacapuntas *m inv*
**tailler** [taje] *vt* (*pierre, diamant*) tallar; (*arbre, plante*) podar; (*vêtement*) cortar; (*crayon*) afilar; **~ dans la chair/le bois** hacer un corte en la carne/madera; **~ grand/petit** (*suj : vêtement*) estar cortado grande/pequeño; **se tailler** *vpr* (*ongles, barbe*) cortarse; (*victoire, réputation*) conseguir; (*fam : s'enfuir*) largarse, pirarse
**tailleur, -euse** [tajœʀ, øz] *nm/f* (*couturier*) sastre(-a); **~ de diamants** lapidario(-a) de diamantes, tallador(a) de diamantes; **~ de pierre** cantero, picapedrero ▶ *nm* (*vêtement pour femmes*) traje *m* de chaqueta; **en ~** a la turca
**tailleur-pantalon** [tajœʀpɑ̃talɔ̃] (*pl* **tailleurs-pantalons**) *nm* traje pantalón *m*
**taillis** [taji] *nm* bosque *m* bajo
**tain** [tɛ̃] *nm* azogue *m*; **glace sans ~** espejo sin azogue
**taire** [tɛʀ] *vt* ocultar ▶ *vi* : **faire ~ qn** (*aussi fig*) hacer callar a algn; **se taire** *vpr* (*s'arrêter de parler*) callarse; (*ne pas parler*) callar(se); (*fig : bruit, voix*) cesar; **tais-toi !** ¡cállate!; **taisez-vous !** ¡callaos!; (*vouvoiement*) ¡cállese!
**Taiwan** [tajwan] *nf* Taiwán *m*
**tajine** [taʒin] *nm* (*Culin*) tajine *m*, guiso típico de Marruecos a base de carne o pescado, verduras y especias; (*récipient*) tajine, cazuela de barro
**talc** [talk] *nm* talco
**talé, e** [tale] *adj* machacado(-a)
**talent** [talɑ̃] *nm* talento; **avoir du ~** tener talento; **talents** *nmpl* (*personnes*) talentos *mpl*
**talentueux, -euse** [talɑ̃tɥø, øz] *adj* talentoso(-a)
**talion** [taljɔ̃] *nm* : **la loi du ~** la ley del talión
**talisman** [talismɑ̃] *nm* talismán *m*

**talkie-walkie** [tokiwoki] (*pl* **talkies-walkies**) *nm* walkie-talkie *m*
**taloche** [talɔʃ] *nf* (*fam : claque*) sopapo; (*Tech*) llana
**talon** [talɔ̃] *nm* (*Anat, de chaussette*) talón *m*; (*de chaussure*) tacón *m*; (*de jambon, pain*) extremo; (*de chèque, billet*) matriz *f*; **être sur les talons de qn** pisarle los talones a algn; **tourner/montrer les talons** volver la espalda; **talons plats/aiguilles** tacones bajos/de aguja
**talonnade** [talɔnad] *nf* (*Football*) taconazo
**talonner** [talɔne] *vt* seguir de cerca; (*concurrent*) pisar los talones a, seguir de cerca; (*cheval*) espolear; (*harceler*) acosar; (*Rugby*) talonar
**talonnette** [talɔnɛt] *nf* (*de chaussure*) plantilla; (*de pantalon*) talonera
**talonneur** [talɔnœʀ] *nm* (*Rugby*) taloneador *m*
**talquer** [talke] *vt* espolvorear con talco
**talus** [taly] *nm* (*Géo*) talud *m*; **~ de déblai** montón *m* de tierra (*procedente de una excavación*); **~ de remblai** terraplén *m*
**tamarin** [tamaʀɛ̃] *nm* tamarindo
**tambour** [tɑ̃buʀ] *nm* tambor *m*; (*porte*) cancel *m*; **sans ~ ni trompette** a la chita callando
**tambourin** [tɑ̃buʀɛ̃] *nm* tamboril *m*
**tambouriner** [tɑ̃buʀine] *vi* : **~ sur** *ou* **contre** repiquetear en *ou* contra
**tambour-major** [tɑ̃buʀmaʒɔʀ] (*pl* **tambours-majors**) *nm* tambor mayor *m*
**tamis** [tami] *nm* tamiz *m*, cedazo
**Tamise** [tamiz] *nf* : **la ~** el Támesis
**tamisé, e** [tamize] *adj* tamizado(-a)
**tamiser** [tamize] *vt* tamizar
**tampon** [tɑ̃pɔ̃] *nm* (*de coton, d'ouate, bouchon*) tapón *m*; (*pour nettoyer, essuyer*) muñequilla, bayeta; (*pour étendre*) muñequilla; (*amortisseur : Rail, fig*) tope *m*; (*Inform : aussi* : **mémoire tampon**) tampón *m*; (*cachet, timbre*) matasellos *m inv*; (*Chim*) disolución *f* reguladora, disolución tampón; **~ (hygiénique)** tampón (higiénico); **~ à récurer** estropajo metálico; **~ buvard** secante *m*; **~ encreur** tampón
**tamponné, e** [tɑ̃pɔne] *adj* : **solution tamponnée** disolución *f* tampón
**tamponner** [tɑ̃pɔne] *vt* (*essuyer*) taponar; (*heurter*) chocar; (*document, lettre*) sellar; **se tamponner** *vpr* (*voitures*) chocar
**tamponneuse** [tɑ̃pɔnøz] *adj f* : **autos tamponneuses** coches *mpl* de choque
**tam-tam** [tamtam] (*pl* **tam-tams**) *nm* tam-tam *m*
**tancer** [tɑ̃se] *vt* reprender
**tanche** [tɑ̃ʃ] *nf* tenca
**tandem** [tɑ̃dɛm] *nm* tándem *m*
**tandis** [tɑ̃di] : **~ que** *conj* mientras que
**tangage** [tɑ̃gaʒ] *nm* cabeceo
**tangent, e** [tɑ̃ʒɑ̃, ɑ̃t] *adj* (*fam : de justesse*) por los pelos; **~ à** (*Math*) tangente a

476 · FRANÇAIS | ESPAGNOL

## tangente – tarifaire

**tangente** [tãʒãt] nf tangente f
**Tanger** [tãʒe] n Tánger
**tangible** [tãʒibl] adj tangible
**tango** [tãgo] nm tango ▶ adj inv anaranjado(-a)
**tanguer** [tãge] vi (Naut) cabecear, arfar
**tanière** [tanjɛʀ] nf guarida
**tanin** [tanɛ̃] nm tanino
**tank** [tɑ̃k] nm (char) tanque m; (citerne) tanque, cisterna
**tanker** [tɑ̃kœʀ] nm buque m petrolero
**tankini** [tɑ̃kini] nm tankini m
**tannage** [tanaʒ] nm curtido, curtimiento
**tanné, e** [tane] adj curtido(-a)
**tanner** [tane] vt curtir
**tannerie** [tanʀi] nf curtiduría, tenería
**tanneur** [tanœʀ] nm curtidor(a)
**tant** [tã] adv tanto; **~ de** (sg) tanto(-a); (pl) tantos(-as); **~ que** (tellement) tanto que; (comparatif) hasta que, mientras que; **~ mieux** mejor; **~ mieux pour lui** mejor para él; **~ pis!** (peu importe) ¡qué más da!; (qu'à cela ne tienne) no tiene importancia; **~ pis pour lui** peor para él; **un ~ soit peu** (un peu) un poco; (même un peu) algo, por poco que; **s'il est un ~ soit peu subtil, il comprendra** si es algo sutil o por poco sutil que sea, lo entenderá; **~ bien que mal** mal que bien
**tante** [tɑ̃t] nf tía
**tantinet** [tãtinɛ] : **un ~** adv un poquito
**tantôt** [tɑ̃to] adv (cet après-midi) esta tarde, por la tarde; **~ ... ~** (parfois) unas veces ... otras veces
**Tanzanie** [tɑ̃zani] nf Tanzania
**tanzanien, ne** [tɑ̃zanjɛ̃, jɛn] adj tanzano(-a) ▶ nm/f : **Tanzanien, ne** tanzano(-a)
**TAO** [teao] sigle f (= traduction assistée par ordinateur) TAO f (= traducción asistida por ordenador)
**taon** [tã] nm tábano
**tapage** [tapaʒ] nm alboroto; (fig) escándalo; **~ nocturne** (Jur) escándalo nocturno
**tapageur, -euse** [tapaʒœʀ, øz] adj alborotador(a); (toilette) llamativo(-a); (publicité) sensacionalista
**tape** [tap] nf cachete m; (dans le dos) palmada
**tape-à-l'œil** [tapalœj] adj inv vistoso(-a), llamativo(-a)
**tapenade** [tap(ə)nad] nf (Culin) paté m de aceitunas
**taper** [tape] vt (personne) pegar; (Inform) teclear; **~ qn de 10 euros** (fam) dar un sablazo de 10 euros a algn; **~ des mains/pieds** palmear/patalear ▶ vi (soleil) apretar; **~ sur qn** pegar a algn; (fig) poner como un trapo a algn; **~ sur qch** golpear en algo; **~ à** (porte etc) llamar a; **~ dans** (fam : se servir) echar mano de; **~ (à la machine)** escribir a máquina; **se taper** vpr (fam : travail) chuparse, cargarse; (: boire, manger) soplarse, zamparse

**tapette** [tapɛt] nf (pour insectes) matamoscas m inv; (petite tape) palmadita; (à rideaux) sacudidor m; (fam : homosexuel) marica m (fam); **~ à souris** ratonera
**tapi, e** [tapi] adj : **~ dans/derrière** (blotti) acurrucado(-a) en/detrás de; (caché) agazapado(-a) en/detrás de
**tapinois** [tapinwa] : **en ~** adv a escondidas
**tapioca** [tapjɔka] nm tapioca
**tapir** [tapiʀ] : **se tapir** vpr agazaparse
**tapis** [tapi] nm alfombra; (de table) tapete m; **être/mettre sur le ~** (fig) estar/poner sobre el tapete; **aller/envoyer au ~** (Boxe) estar/enviar a la lona; **~ de sol** tela impermeable (de tienda de campaña); **~ de souris** (Inform) alfombrilla; **~ roulant** cinta transportadora, pasillo rodante
**tapis-brosse** [tapibʀɔs] (pl **tapis-brosses**) nm felpudo
**tapisser** [tapise] vt (avec du papier peint) empapelar; **~ qch (de)** (recouvrir) revestir algo (con)
**tapisserie** [tapisʀi] nf tapiz m; (travail) tapizado; (papier peint) empapelado; **faire ~** (fig) quedarse cruzado(-a) de brazos
**tapissier, -ière** [tapisje, jɛʀ] nm/f : **~(-décorateur)** tapicero
**tapoter** [tapɔte] vt dar golpecitos en, golpetear
**taquet** [takɛ] nm (cale) cuña; (cheville) tope m
**taquin, e** [takɛ̃, in] adj guasón(-ona)
**taquiner** [takine] vt pinchar
**taquinerie** [takinʀi] nf broma, guasa
**tarabiscoté, e** [taʀabiskɔte] adj recargado(-a), barroco(-a)
**tarabuster** [taʀabyste] vt hostigar
**tarama** [taʀama] nm (Culin) entremés a base de huevas de bacalao ahumado
**tarauder** [taʀode] vt (Tech) aterrajar; (suj : remords) mortificar, atormentar
**tard** [taʀ] adv tarde; **au plus ~** a más tardar; **plus ~** más tarde ▶ nm : **sur le ~** (à une heure avancée) tarde; (vers la fin de la vie) en la madurez
**tarder** [taʀde] vi tardar; **~ à faire** tardar en hacer; **il me tarde d'être** estoy impaciente por estar; **sans (plus) ~** sin (más) demora, sin (más) tardar
**tardif, -ive** [taʀdif, iv] adj tardío(-a)
**tardivement** [taʀdivmã] adv tardíamente
**tare** [taʀ] nf tara
**taré, e** [taʀe] (fam) adj, nm/f tarado(-a)
**targette** [taʀʒɛt] nf pestillo, pasador m
**targuer** [taʀge] : **se targuer de** vpr jactarse de, hacer alarde de
**tarif** [taʀif] nm tarifa; (liste) tarifa, lista de precios; (prix) tarifa, precio; **voyager à plein ~/à ~ réduit** viajar con tarifa completa/con tarifa reducida; **~ douanier** arancel m aduanero
**tarifaire** [taʀifɛʀ] adj tarifario(-a); (Douanes) arancelario(-a)

## tarifé – technico-commercial

**tarifé, e** [taʁife] *adj* : ~ **10 euros** con una tarifa de 10 euros
**tarifer** [taʁife] *vt* tarifar
**tarification** [taʁifikasjɔ̃] *nf* fijación *f* de tarifa, tarificación *f*
**tarir** [taʁiʁ] *vi, vt* secarse, agotarse; **se tarir** *vpr (source)* secarse, agotarse; *(fig)* agotarse
**tarmac** [taʁmak] *nm (aire)* plataforma de estacionamiento de aeronaves; *(piste)* pista (de aterrizaje)
**tarot** [taʁo] *nm*, **tarots** [taʁo] *nmpl* tarot *m*
**tartan** [taʁtɑ̃] *nm* tartán *m*; **en ~** de tartán
**tartare** [taʁtaʁ] *adj (Culin)* tártaro(-a)
**tarte** [taʁt] *nf* tarta; **~ à la crème/aux pommes** tarta de crema/de manzana
**tartelette** [taʁtəlɛt] *nf* tartaleta
**tartine** [taʁtin] *nf* rebanada; **~ beurrée/de miel** rebanada con mantequilla/con miel
**tartiner** [taʁtine] *vt* untar; **fromage** *etc* **à ~** queso *etc* para untar
**tartre** [taʁtʁ] *nm* sarro
**tas** [tɑ] *nm* montón *m*; *(de bois, livres)* pila, montón; **un ~ de** *(beaucoup de)* un montón de; **en ~** amontonado(-a); **dans le ~** *(fig)* a ciegas, a bulto; **formé sur le ~** formado en la práctica
**Tasmanie** [tasmani] *nf* Tasmania
**tasmanien, ne** [tasmanjɛ̃, jɛn] *adj* tasmanio(-a) ▶ *nm/f* : **Tasmanien, ne** tasmanio(-a)
**tasse** [tɑs] *nf* taza; **boire la ~** *(en se baignant)* tragar agua; **~ à café/à thé** taza de café/de té
**tassé, e** [tɑse] *adj* : **bien ~** *(café etc)* bien cargado(-a)
**tasseau, x** [tɑso] *(pl* **tasseaux***) nm* cuña, calzo
**tassement** [tɑsmɑ̃] *nm (Écon, Pol)* baja; *(de vertèbres)* hundimiento
**tasser** [tɑse] *vt* apisonar, pisar; **~ qch dans** amontonar algo en; **se tasser** *vpr (sol, terrain)* hundirse; *(avec l'âge)* encorvarse; *(problème)* arreglarse
**tata** [tata] *nf* tita
**tâter** [tɑte] *vt* tantear; **~ le terrain** tantear el terreno; **~ de** *(prison etc)* probar; **se tâter** *vpr (hésiter)* pensarlo
**tatillon, ne** [tatijɔ̃, ɔn] *adj* puntilloso(-a)
**tâtonnement** [tɑtɔnmɑ̃] *nm* : **par tâtonnements** a tientas
**tâtonner** [tɑtɔne] *vi* andar a tientas; *(fig)* tantear
**tâtons** [tɑtɔ̃] *à ~ adv* : **chercher/avancer à ~** buscar/avanzar a tientas
**tatouage** [tatwaʒ] *nm* tatuaje *m*
**tatouer** [tatwe] *vt* tatuar
**taudis** [todi] *nm* cuchitril *m*
**taulard, e** [tolaʁ, aʁd] *(fam) nm/f* recluso(-a), presidiario(-a)
**taule** [tol] *(fam) nf* chirona
**taupe** [top] *nf* topo
**taupinière** [topinjɛʁ] *nf* topinera

**taureau, x** [tɔʁo] *nm (Zool)* toro; **le T~** *(Astrol)* Tauro; **être T~** ser Tauro
**taurillon** [tɔʁijɔ̃] *nm* becerro
**tauromachie** [tɔʁomaʃi] *nf* tauromaquia
**tautologie** [totɔlɔʒi] *nf* tautología
**tautologique** [totɔlɔʒik] *adj* tautológico(-a)
**taux** [to] *nm* tasa; *(proportion : d'alcool)* porcentaje *m*; *(: de participation)* índice *m*; **~ d'escompte** porcentaje de descuento; **~ d'intérêt** tipo de interés; **~ de mortalité** índice *ou* tasa de mortalidad
**tavelé, e** [tav(ə)le] *adj* picado(-a)
**taverne** [tavɛʁn] *nf* taberna
**taxable** [taksabl] *adj* imponible
**taxation** [taksasjɔ̃] *nf* tasación *f*
**taxe** [taks] *nf* tasa, impuesto; *(douanière)* arancel *m*; **toutes taxes comprises** impuestos incluidos; **~ à** *ou* **sur la valeur ajoutée** impuesto sobre el valor añadido; **~ de séjour** suplemento en las estaciones termales o centros turísticos
**taxer** [takse] *vt (personne)* gravar con impuestos; *(produit)* tasar; **~ qn de** tachar *ou* calificar a algn de; *(accuser de)* acusar a algn de
**taxi** [taksi] *nm* taxi *m*
**taxidermie** [taksidɛʁmi] *nf* taxidermia
**taxidermiste** [taksidɛʁmist] *nmf* taxidermista *mf*
**taximètre** [taksimɛtʁ] *nm* taxímetro
**taxiphone** [taksifɔn] *nm* teléfono público de fichas
**TB** [tebe] *abr (= très bien)* m.b. (= *muy bien*)
**tbe** *abr (= très bon état)* en muy buen estado
**Tchad** [tʃad] *nm* Chad *m*
**tchadien, ne** [tʃadjɛ̃, jɛn] *adj* chadiano(-a) ▶ *nm/f* : **Tchadien, ne** nativo(-a) *ou* habitante *mf* del Chad
**tchao** [tʃao] *(fam) excl* ¡chao!
**tchécoslovaque** [tʃekoslɔvak] *(Hist) adj* checoslovaco(-a) ▶ *nmf* : **Tchécoslovaque** checoslovaco(-a)
**Tchécoslovaquie** [tʃekoslɔvaki] *nf (Hist)* : **la ~** Chechoslovaquia
**tchèque** [tʃɛk] *adj* checo(-a); **la République ~** la República checa ▶ *nm (Ling)* checo ▶ *nmf* : **Tchèque** checo(-a)
**tchétchène** [tʃetʃɛn] *adj* checheno(-a) ▶ *nm (Ling)* checheno ▶ *nmf* : **Tchétchène** checheno(-a)
**Tchétchénie** [tʃetʃeni] *nf* : **la ~** Chechenia
**TD** [tede] *sigle mpl (= travaux dirigés)* prácticas *fpl*
**TDF** [tedeɛf] *sigle f* = **Télévision de France**
**te** [tə] *pron* te
**té** [te] *nm* regla en forma de T
**technicien, ne** [tɛknisjɛ̃, jɛn] *nm/f* técnico *mf*
**technicisation** [tɛknisizasjɔ̃] *nf* tecnificación *f*
**technicité** [tɛknisite] *nf* tecnicismo
**technico-commercial, e, -aux** [tɛknikokɔmɛʁsjal, jo] *adj* técnico-comercial

## technique – téléphone

**technique** [tɛknik] adj técnico(-a) ▶ nf técnica
**techniquement** [tɛknikmɑ̃] adv técnicamente
**techno** [tɛkno] (fam) nf = **technologie**; (Mus) : **la (musique) ~** tecno m, música tecno
**technocrate** [tɛknɔkʀat] nmf tecnócrata mf
**technocratie** [tɛknɔkʀasi] nf tecnocracia
**technocratique** [tɛknɔkʀatik] adj tecnocrático(-a)
**technologie** [tɛknɔlɔʒi] nf tecnología
**technologique** [tɛknɔlɔʒik] adj tecnológico(-a)
**technologue** [tɛknɔlɔg] nmf tecnólogo(-a)
**teck** [tɛk] nm teca
**teckel** [tekɛl] nm perro pachón
**tectonique** [tɛktɔnik] nf (Géologie) tectónica ▶ adj tectónico(-a)
**tee** [ti] nm tee m
**tee-shirt** [tiʃœʀt] (pl **tee-shirts**) nm camiseta
**Téhéran** [teeʀɑ̃] n Teherán
**teignais** etc [tɛɲɛ] vb voir **teindre**
**teigne** [tɛɲ] vb voir **teindre** ▶ nf (Zool) polilla; (Méd) tiña
**teigneux, -euse** [tɛɲø, øz] (péj) adj (méchant) malvado(-a)
**teindre** [tɛ̃dʀ] vt teñir; **se teindre** vpr : **se ~ (les cheveux)** teñirse (el pelo)
**teint, e** [tɛ̃, tɛ̃t] pp de **teindre** ▶ adj teñido(-a) ▶ nm (permanent) tez f; (momentané) color m; **grand ~** adj inv (tissu) de color sólido; **bon ~** adj inv (couleur) sólido(-a); (catholique, communiste etc) convencido(-a)
**teinte** [tɛ̃t] nf (nuance) tono; (couleur) color m; **une ~ de** (petite dose) un ápice de
**teinté, e** [tɛ̃te] adj (verres, lunettes) ahumado(-a); (bois) teñido(-a); **~ acajou** teñido(-a) en caoba; **~ de** teñido(-a) de
**teinter** [tɛ̃te] vt teñir
**teinture** [tɛ̃tyʀ] nf (opération) tintura, tinte m; (substance) tinte; **~ d'iode/d'arnica** tintura de yodo/de árnica
**teinturerie** [tɛ̃tyʀʀi] nf tintorería
**teinturier, -ière** [tɛ̃tyʀje, jɛʀ] nm/f tintorero(-a)
**tel, telle** [tɛl] adj (pareil) tal, semejante; (indéfini) tal; **~ un/des ...** tal como.../como ...; **un ~/de tels ...** un tal/tales ...; **rien de ~** nada como; **~ quel** tal cual; **~ que** tal como
**tél.** abr (= téléphone) tel., tfno. (= teléfono)
**Tel Aviv** [tɛlaviv] n Tel Aviv
**télé** [tele] nf tele f; **à la ~** en la tele
**télé...** [tele] préf tele...
**téléachat** [teleaʃa] nm telecompra
**télébenne** [telebɛn] nf teleférico (monocable)
**télécabine** [telekabin] nf teleférico (monocable)
**télécarte** [telekaʀt] nf tarjeta de teléfono
**téléchargeable** [teleʃaʀʒabl] adj descargable

**téléchargement** [teleʃaʀʒəmɑ̃] nm (action) descarga; (fichier) archivo descargado; **la lutte contre le ~ illégal** la lucha contra las descargas ilegales
**télécharger** [teleʃaʀʒe] vt (Inform) descargar
**TELECOM** [telekɔm] abr (= télécommunications) ≈ telecomunicaciones fpl
**télécommande** [telekɔmɑ̃d] nf mando a distancia
**télécommander** [telekɔmɑ̃de] vt teledirigir
**télécommunications** [telekɔmynikasjɔ̃] nfpl telecomunicaciones fpl
**téléconférence** [telekɔ̃feʀɑ̃s] nf teleconferencia
**télécopie** [telekɔpi] nf telecopia
**télécopieur** [telekɔpjœʀ] nm máquina de fax
**télédéclaration** [teledeklaʀasjɔ̃] nf declaración telemática
**télédétection** [teledetɛksjɔ̃] nf teledetección f
**télédiffuser** [teledifyze] vt teledifundir
**télédiffusion** [teledifyzjɔ̃] nf teledifusión f
**télédistribution** [teledistʀibysjɔ̃] nf teledistribución f
**télé-enseignement** [teleɑ̃sɛɲmɑ̃] (pl **télé-enseignements**) nm enseñanza por televisión
**téléférique** [telefeʀik] nm = **téléphérique**
**téléfilm** [telefilm] nm telefilm m
**télégénique** [teleʒenik] adj telegénico(-a)
**télégramme** [telegʀam] nm telegrama m
**télégraphe** [telegʀaf] nm telégrafo
**télégraphie** [telegʀafi] nf telegrafía
**télégraphier** [telegʀafje] vt, vi telegrafiar
**télégraphique** [telegʀafik] adj (aussi fig) telegráfico(-a)
**télégraphiste** [telegʀafist] nmf telegrafista mf
**téléguider** [telegide] vt teledirigir
**téléinformatique** [teleɛ̃fɔʀmatik] nf teleinformática
**téléjournal, -aux** [teleʒuʀnal, o] nm telediario
**télémarketing** [telemaʀketiŋ] nm telemarketing m, telemárquetin m, telemercadotecnia
**télématique** [telematik] nf telemática ▶ adj telemático(-a)
**téléobjectif** [teleɔbʒɛktif] nm teleobjetivo
**téléopérateur, -trice** [teleɔpeʀatœʀ, tʀis] nm/f teleoperador
**télépaiement** [telepɛmɑ̃] nm telepago, pago telemático
**télépathie** [telepati] nf telepatía
**télépéage** [telepeaʒ] nm telepeaje m
**téléphérique** [telefeʀik] nm teleférico
**téléphone** [telefɔn] nm (appareil) teléfono; **avoir le ~** tener teléfono; **au ~** al teléfono; **~ arabe** transmisión de noticias de persona a persona; **~ avec appareil photo** teléfono con cámara; **~ manuel** teléfono automático;

## téléphoner – temporairement

**~ portable** móvil m, teléfono celular (AM); **~ rouge** teléfono rojo; **~ sans fil** teléfono inalámbrico
**téléphoner** [telefɔne] vt, vi llamar por teléfono; **~ à** llamar por teléfono a
**téléphonie** [telefɔni] nf telefonía; **~ mobile** telefonía móvil
**téléphonique** [telefɔnik] adj telefónico(-a); **cabine/appareil ~** cabina telefónica/aparato telefónico; **conversation/appel/liaison ~** conversación f/llamada/comunicación f telefónica; **les opérateurs téléphoniques** los operadores de telefonía
**téléphoniste** [telefɔnist] nmf telefonista mf
**téléprompteur** [telepʀɔptœʀ] nm teleprompter m
**téléprospection** [telepʀɔspɛksjɔ̃] nf televentas f
**téléréalité** [teleʀealite] nf telerrealidad f
**télescopage** [telɛskɔpaʒ] nm choque m frontal
**télescope** [telɛskɔp] nm telescopio
**télescoper** [telɛskɔpe] vt chocar de frente; **se télescoper** vpr chocarse de frente
**télescopique** [telɛskɔpik] adj telescópico(-a)
**téléscripteur** [teleskʀiptœʀ] nm teleimpresor m
**télésiège** [telesjɛʒ] nm telesilla
**téléski** [teleski] nm telesquí m; **~ à archets/à perche** telesquí de arcos/de trole
**téléspectateur, -trice** [telespɛktatœʀ, tʀis] nm/f telespectador(a)
**télésurveillance** [telesyʀvejɑ̃s] nf televigilancia
**télétexte** [teletɛkst] nm teletexto
**téléthon** [teletɔ̃] nm telemaratón f
**télétraitement** [teletʀɛtmɑ̃] nm teletratamiento
**télétransmission** [teletʀɑ̃smisjɔ̃] nf teletransmisión f
**télétravail** [teletʀavaj] nm teletrabajo
**télétravailleur, -euse** [teletʀavajœʀ, øz] nm/f teletrabajador(a)
**télétype** [teletip] nm teletipo
**téléverser** [televɛʀse] vt (fichier, photo) cargar, subir
**télévisé** [televize] adj (programme, droits, journal) televisivo(-a); (débat) televisado(-a)
**téléviser** [televize] vt televisar
**téléviseur** [televizœʀ] nm televisor m
**télévision** [televizjɔ̃] nf televisión f; **(poste de) ~** televisión; **avoir la ~** tener televisión; **à la ~** en la televisión; **~ en circuit fermé** televisión en circuito cerrado; **~ numérique** televisión digital; **~ par câble** televisión por cable
**télévisuel, le** [televizɥɛl] adj televisivo(-a)
**télex** [telɛks] nm télex m
**télexer** [telɛkse] vt enviar un télex a
**télexiste** [telɛksist] nmf encargado(-a) del télex

**telle** [tɛl] adj voir **tel**
**tellement** [tɛlmɑ̃] adv tan; **~ grand/cher (que)** tan grande/caro (que); **~ de** (sg) tanto(-a); (pl) tantos(-as); **il était ~ fatigué qu'il s'est endormi** estaba tan cansado que se durmió; **il s'est endormi ~ il était fatigué** se durmió de lo cansado que estaba; **je n'ai pas ~ envie d'y aller** no tengo muchas ou tantas ganas de ir; **pas ~ fort/lentement** no tan fuerte/lento; **il ne mange pas ~** no come tanto
**tellurique** [telyʀik] adj : **secousse ~** temblor m telúrico
**téloche** [telɔʃ] (fam) nf tele f
**téméraire** [temeʀɛʀ] adj temerario(-a)
**témérairement** [temeʀɛʀmɑ̃] adv de manera temeraria
**témérité** [temeʀite] nf temeridad f
**témoignage** [temwaɲaʒ] nm testimonio; (d'affection etc) muestra
**témoigner** [temwaɲe] vt (intérêt, gratitude) manifestar; **~ que** declarar que; (démontrer) demostrar que ▶ vi (Jur) testimoniar, atestiguar; **~ de** dar pruebas de
**témoin** [temwɛ̃] nmf testigo mf; **être ~ de** ser testigo de; **prendre à ~** tomar como ou por testigo; **~ à charge** testigo de cargo; **T~ de Jéhovah** testigo de Jehová; **~ de moralité** testigo de moralidad; **~ oculaire** testigo ocular; **~ de connexion** (Internet) cookie f ▶ adj testigo inv; (appartement) piloto inv; **appartement ~** piso piloto ▶ adv : **~ le fait que ...** prueba de ello ...
**tempe** [tɑ̃p] nf sien f
**tempérament** [tɑ̃peʀamɑ̃] nm temperamento; (santé) constitución f; **à ~** (vente) a plazos; **avoir du ~** tener mucho temperamento
**tempérance** [tɑ̃peʀɑ̃s] nf templanza; **société de ~** sociedad f antialcohólica
**tempérant, e** [tɑ̃peʀɑ̃, ɑ̃t] adj temperante, moderado(-a)
**température** [tɑ̃peʀatyʀ] nf temperatura; **prendre la ~ de** tomar la temperatura de; (fig) tantear; **avoir ou faire de la ~** tener fiebre; **feuille/courbe de ~** gráfica/curva de temperatura
**tempéré, e** [tɑ̃peʀe] adj (climat) templado(-a)
**tempérer** [tɑ̃peʀe] vt moderar
**tempête** [tɑ̃pɛt] nf (en mer) temporal m; (à terre) tormenta; **vent de ~** viento de tormenta; (fig) gran tensión f; **~ d'injures/de mots** torrente m de injurias/de palabras; **~ de neige/de sable** tormenta de nieve/de arena
**tempêter** [tɑ̃pete] vi vociferar
**temple** [tɑ̃pl] nm templo
**tempo** [tɛmpo] nm tempo
**temporaire** [tɑ̃pɔʀɛʀ] adj temporal
**temporairement** [tɑ̃pɔʀɛʀmɑ̃] adv temporalmente

## temporel – tenir

**temporel, le** [tɑ̃pɔʀɛl] *adj* temporal
**temporisateur, -trice** [tɑ̃pɔʀizatœʀ, tʀis] *adj* contemporizador(a)
**temporisation** [tɑ̃pɔʀizasjɔ̃] *nf* contemporización *f*
**temporiser** [tɑ̃pɔʀize] *vi* contemporizar
**temps** [tɑ̃] *nm* tiempo; *(époque)* tiempo, época; **les ~ changent/sont durs** los tiempos cambian/son duros; **il fait beau/mauvais ~** hace buen/mal tiempo; **passer/employer son ~ à faire qch** pasar/emplear el tiempo en hacer algo; **avoir le ~/tout le ~/juste le ~** tener tiempo/mucho tiempo/el tiempo justo; **avoir du ~ de libre** tener tiempo libre; **avoir fait son ~** *(fig)* haber pasado a la historia; **en ~ de paix/de guerre** en tiempo de paz/de guerra; **en ~ utile** *ou* **voulu** a su debido tiempo; **de ~ en ~, de ~ à autre** de vez en cuando; **en même ~** al mismo tiempo; **à ~** a tiempo; **pendant ce ~** mientras tanto; **à plein/mi-~** *(travailler)* jornada completa/media jornada; **à ~ partiel** *adv*, *adj* a tiempo parcial; **dans le ~** hace tiempo, antaño; **de tout ~** de toda la vida; **du ~ que, au/du ~ où** en los tiempos en que, cuando; **~ chaud/froid** tiempo caluroso/frío; **~ d'accès** *(Inform)* tiempo de acceso; **~ d'arrêt** parada; **~ de pose** tiempo de exposición; **~ mort** *(Sport)* tiempo muerto; *(Comm)* tiempo de inactividad; **~ partagé/réel** tiempo compartido/ real
**tenable** [t(ə)nabl] *adj* soportable
**tenace** [tənas] *adj* tenaz; *(infection)* persistente
**tenacement** [tənasmɑ̃] *adv* con tenacidad
**ténacité** [tenasite] *nf* tenacidad *f*
**tenailler** [tənɑje] *vt* atormentar
**tenailles** [tənɑj] *nfpl* tenazas *fpl*
**tenais** *etc* [t(ə)nɛ] *vb voir* **tenir**
**tenancier, -ière** [tənɑ̃sje] *nm/f* encargado(-a)
**tenant, e** [tənɑ̃, ɑ̃t] *adj voir* **séance** ▶ *nm/f* *(Sport)* : **~ du titre** poseedor(a) del título ▶ *nm* : **d'un seul ~** de una sola pieza; **les tenants et les aboutissants** los pormenores
**tendance** [tɑ̃dɑ̃s] *nf* tendencia; **~ à la hausse/baisse** tendencia a la alza/baja; **avoir ~ à** tener tendencia a ▶ *adj inv* trendy *inv*, tendencia *inv*; **c'est très ~** es muy tendencia
**tendanciel, le** [tɑ̃dɑ̃sjɛl] *adj* : **baisse tendancielle** baja tendencial
**tendancieux, -euse** [tɑ̃dɑ̃sjø, jøz] *adj* tendencioso(-a)
**tendeur** [tɑ̃dœʀ] *nm* tensor *m*
**tendineux, -euse** [tɑ̃dinø, øz] *adj* fibroso(-a)
**tendinite** [tɑ̃dinit] *nf* tendinitis *f inv*
**tendon** [tɑ̃dɔ̃] *nm* tendón *m*; **~ d'Achille** tendón de Aquiles
**tendre** [tɑ̃dʀ] *adj* *(à manger)* tierno(-a), blando(-a); *(matière)* blando(-a); *(affectueux)* cariñoso(-a); *(lettre, regard, émotion)* tierno(-a); *(couleur, bleu)* suave ▶ *vt* *(élastique, peau)* extender, estirar; *(muscle, arc)* tensar; *(piège)* tender; **~ qch à qn** alcanzar algo a algn; **~ l'oreille** aguzar el oído; **~ le bras/la main** alargar el brazo/extender la mano; **~ la perche à qn** *(fig)* echar un capote a algn; **~ à qch/à faire qch** tender a algo/a hacer algo; **se tendre** *vpr* tensarse
**tendrement** [tɑ̃dʀəmɑ̃] *adv* tiernamente
**tendresse** [tɑ̃dʀɛs] *nf* ternura
**tendu, e** [tɑ̃dy] *pp de* **tendre** ▶ *adj* tenso(-a); *(tapissé)* : **~ de soie** tapizado(-a) en seda
**ténèbres** [tenɛbʀ] *nfpl* tinieblas *fpl*
**ténébreux, -euse** [tenebʀø, øz] *adj* tenebroso(-a)
**Tenerife** [teneʀif] *nf* Tenerife *m*
**teneur** [tənœʀ] *nf* proporción *f*; *(d'une lettre)* texto; **~ en cuivre** proporción de cobre
**ténia** [tenja] *nm* tenia
**tenir** [t(ə)niʀ] *vt* *(avec la main, un objet)* tener; *(qn : par la main, le cou etc)* agarrar, coger; *(garder, maintenir : position)* mantener; *(maintenir fixé)* sujetar; *(prononcer : propos, discours)* proferir; *(magasin, hôtel)* regentar; *(promesse)* cumplir; *(un rôle)* desempeñar; *(Mil : ville, région)* ocupar; *(fam : un rhume)* estar con; *(Auto : la route)* agarrarse a; **~ qch pour** considerar algo como; **~ qn pour** tener a algn por; **~ qch de qn** *(histoire)* saber algo por algn; **~ lieu de** servir de; **~ compte de** tener en cuenta; **~ le lit** guardar cama; **~ la solution/le coupable** tener la solución/el culpable; **~ une réunion/un débat** celebrar una reunión/un debate; **~ la caisse/les comptes** llevar la contabilidad/las cuentas; **~ de la place** ocupar espacio; **~ l'alcool** aguantar el alcohol; **~ le coup, ~ bon** aguantar; **~ au chaud/à l'abri** mantener caliente/protegido(-a); **~ chaud** *(suj : vêtement)* mantener abrigado(-a); (: *café*) mantener caliente; **~ prêt** tener listo; **~ parole** cumplir su *etc* palabra; **~ en respect** mantener a distancia; **~ sa langue** mantener la boca cerrada; **il tient cela de son père** en eso ha salido a su padre ▶ *vi* *(être fixé)* aguantar; *(neige, gel)* cuajar; *(survivre)* aguantar; *(peinture, colle)* agarrar; *(capacité)* caber; **~ trois jours/deux mois** resistir *ou* aguantar tres días/dos meses; **~ bon** aguantar; **~ à** *(personne, chose)* tener cariño a; *(avoir pour cause)* deberse a; **~ à faire** tener interés en hacer; **~ de** *(parent)* salir; **ça ne tient qu'à lui** es cosa suya; **ça ne tient pas debout** no tiene ni pies ni cabeza; **qu'à cela ne tienne** por eso que no quede; **tiens/tenez, voilà le stylo !** ¡toma/tome, aquí está la pluma!; **tiens, Pierre !** ¡anda, Pierre!; **tiens ?** ¡anda!; **je n'y tiens pas** no me apetece; **nous ne tenons pas tous à cette table** no cabemos todos en esta

mesa; **se tenir** *vpr* (*par la main*) cogerse, agarrarse; (*à qch*) agarrarse; (*conférence*) celebrarse; (*personne, monument*) estar; (*récit*) ser coherente; (*se comporter*) comportarse; **se ~ debout/droit** tenerse en pie/derecho; **bien/mal se ~** comportarse bien/mal; **s'en ~ à qch** atenerse a algo; **se ~ prêt/sur ses gardes** estar listo/en guardia; **se ~ tranquille** estarse quieto; **tiens-toi bien !** ¡agárrate!

**tennis** [tenis] *nm* tenis *msg*; (*aussi* : **court de tennis**) pista *ou* (*Am*) cancha (de tenis); **~ de table** tenis de mesa ▶ *nmpl* (*aussi* : **chaussures de tennis**) playeras *fpl*

**tennisman** [tenisman] *nm* tenista *m*

**ténor** [tenɔʀ] *nm* tenor *m*; (*de la politique etc*) figura

**tension** [tɑ̃sjɔ̃] *nf* tensión *f*; (*concentration, effort*) esfuerzo; **faire** *ou* **avoir de la ~** tener tensión; **~ nerveuse/raciale** tensión nerviosa/racial

**tentaculaire** [tɑ̃takylɛʀ] *adj* : **ville ~** ciudad *f* que se expande

**tentacule** [tɑ̃takyl] *nm* tentáculo

**tentant, e** [tɑ̃tɑ̃, ɑ̃t] *adj* tentador(a)

**tentateur, -trice** [tɑ̃tatœʀ, tʀis] *adj* tentador(a) ▶ *nm* (*Rel*) demonio

**tentation** [tɑ̃tasjɔ̃] *nf* tentación *f*

**tentative** [tɑ̃tativ] *nf* intento, tentativa; **~ d'évasion/de suicide** intento *ou* tentativa de fuga/de suicidio

**tente** [tɑ̃t] *nf* tienda; **~ à oxygène** tienda de oxígeno

**tenter** [tɑ̃te] *vt* tentar; (*attirer : suj : musique, objet*) encantar; **~ qch/de faire qch** intentar algo/hacer algo; **être tenté de penser/croire** estar tentado a pensar/creer; **~ sa chance** tentar la suerte

**tenture** [tɑ̃tyʀ] *nf* colgadura

**tenu, e** [t(ə)ny] *pp de* **tenir** ▶ *adj* : **maison bien tenue** casa bien cuidada; **les comptes de cette entreprise sont mal tenus** llevan mal las cuentas de esta empresa; **être ~ de faire/de ne pas faire/à qch** estar obligado(-a) a hacer/a no hacer/a algo

**ténu, e** [teny] *adj* tenue; (*fil, objet*) fino(-a)

**tenue** [teny] *nf* (*d'un magasin*) dirección *f*; (*d'une promesse*) cumplimiento; (*vêtements*) ropa; (: *pour une occasion*) traje *m*; (*allure*) apariencia; (*comportement*) modales *mpl*; **être en ~** ir vestido(-a) *ou* de uniforme; **se mettre en ~** poner(se) el uniforme; **en grande ~** con traje de gala; **en petite ~** en paños menores; **avoir de la ~** (*personne*) tener buenos modales; (*journal*) ser moralista; (*tissu*) no arrugarse fácilmente; « **~ correcte exigée** » « se requiere vestimenta formal »; **~ de combat** uniforme *m* de combate; **~ de jardinier/pompier** traje de jardinero/bombero; **~ de route** (*Auto*) estabilidad *f*; **~ de soirée** traje de etiqueta; **~ de sport/de ville/de voyage** ropa de deporte/de calle/de viaje

**TER** [teəɛʀ] *sigle m* (= *Train Régional Express*) tren directo (*con parada solo en las principales estaciones*)

**ter** [tɛʀ] *adj* : **16 ~** 16 C

**tératogène** [teʀatɔʒɛn] *adj* teratógeno(-a)

**térébenthine** [teʀebɑ̃tin] *nf* : (**essence de**) **~** (esencia de) trementina

**tergal**® [tɛʀgal] *nm* tergal *m*

**tergiversations** [tɛʀʒivɛʀsasjɔ̃] *nfpl* dilaciones *fpl*

**tergiverser** [tɛʀʒivɛʀse] *vi* andarse con dilaciones

**terme** [tɛʀm] *nm* término; (*Fin*) vencimiento; **vente/achat à ~** (*Comm*) venta/compra a plazos; **au ~ de** al término de; **à court/moyen/long ~** *adj, adv* a corto/medio/largo plazo; **à ~** (*Méd*) a los nueve meses; **avant ~** (*Méd*) antes de tiempo; **moyen ~** término medio; **mettre un ~ à** poner término a; **toucher à son ~** estar acabándose; **termes** *nmpl* : **être en bons/mauvais termes avec qn** estar en buenos/malos términos con algn; **en d'autres termes** en otras palabras

**terminaison** [tɛʀminɛzɔ̃] *nf* (*Ling*) terminación *f*

**terminal, e, -aux** [tɛʀminal, o] *adj* terminal ▶ *nm* (*Inform*) terminal *m*; (*pétrolier, gare*) terminal *f*

**terminale** [tɛʀminal] *nf* (*Scol*) séptimo año de educación secundaria en el sistema francés

**terminer** [tɛʀmine] *vt* terminar, acabar; **se terminer** *vpr* terminar(se), acabar(se); **se ~ par/en** (*repas, chansons*) acabar *ou* terminar con; (*pointe, boule*) acabar *ou* terminar en

**terminologie** [tɛʀminɔlɔʒi] *nf* terminología

**terminologique** [tɛʀminɔlɔʒik] *adj* terminológico(-a)

**terminologue** [tɛʀminɔlɔg] *nmf* terminólogo(-a)

**terminus** [tɛʀminys] *nm* final *m* de línea; « **~ !** » « ¡última parada! »

**termite** [tɛʀmit] *nm* termita

**termitière** [tɛʀmitjɛʀ] *nf* termitero

**ternaire** [tɛʀnɛʀ] *adj* ternario(-a)

**terne** [tɛʀn] *adj* apagado(-a); (*personne, style*) insípido(-a)

**ternir** [tɛʀniʀ] *vt* (*couleur, peinture*) deslustrar; (*fig : honneur, réputation*) empañar; **se ternir** *vpr* deslustrarse

**terrain** [tɛʀɛ̃] *nm* terreno; (*à bâtir*) solar *m*, terreno; (*Sport, fig : domaine*) campo; **sur le ~** sobre el terreno; **gagner/perdre du ~** ganar/perder terreno; **~ d'atterrissage** pista de aterrizaje; **~ d'aviation** campo de aviación; **~ d'entente** vía de entendimiento; **~ de camping** camping *m*; **~ de football/de golf** *etc* campo de fútbol/de golf *etc*; **~ de jeu** patio de juego; **~ vague** solar *m*

**terrarium** [tɛʀaʀjɔm] *nm* terrario

**terrasse** [tɛʀas] *nf* terraza; (*sur le toit*) azotea; **culture en terrasses** cultivo en bancales

**terrassement** [tɛʀasmɑ̃] nm (d'un terrain : activité) movimiento de tierras; (: terres creusées) desmonte m

**terrasser** [tɛʀase] vt (adversaire) derribar; (suj : maladie etc) fulminar

**terrassier** [tɛʀasje] nm excavador m

**terre** [tɛʀ] nf tierra; (population) mundo; **travail de la ~** trabajo del campo; **en ~** de barro; **mettre en ~** enterrar; **à ~, par ~** (mettre, être) en el suelo ou piso (AM); (jeter, tomber) al suelo; **~ à ~** adj inv prosaico(-a); **la T~** la Tierra; **la T~ promise/Sainte** la Tierra prometida/Santa; **T~ Adélie/de Feu** Tierra de Adelaida/de Fuego; **~ cuite** terracota, arcilla cocida; **~ de bruyère** tierra de brezo; **~ ferme** tierra firme; **~ glaise** arcilla; **terres** nfpl (propriété) tierras fpl

**terreau** [tɛʀo] nm mantillo

**Terre-Neuve** [tɛʀnœv] nf : **(île de) ~** (isla de) Tierra Nueva

**terre-neuve** [tɛʀnœv] nm inv (chien) perro de Terranova

**terre-plein** [tɛʀplɛ̃] (pl **terre-pleins**) nm (Constr) terraplén m

**terrer** [tɛʀe] : **se terrer** vpr (personne peu sociable) encerrarse; (criminel recherché) esconderse

**terrestre** [tɛʀɛstʀ] adj terrestre; (Rel) terrenal; (globe) terráqueo(-a)

**terreur** [tɛʀœʀ] nf terror m

**terreux, -euse** [tɛʀø, øz] adj terroso(-a); (bottes) embarrado(-a); (teint) lívido(-a); (couleur) apagado(-a)

**terrible** [tɛʀibl] adj terrible; (fam) estupendo(-a), regio(-a)

**terriblement** [tɛʀibləmɑ̃] adv terriblemente

**terrien, ne** [tɛʀjɛ̃, jɛn] adj campesino(-a); **propriétaire ~** terrateniente mf ▶ nm/f (non martien etc) terrícola mf; (qui ne vit pas sur la côte) hombre m/mujer f de tierra adentro

**terrier** [tɛʀje] nm madriguera; (chien) terrier m

**terrifiant, e** [tɛʀifjɑ̃, jɑ̃t] adj aterrador(a); (extraordinaire) increíble

**terrifier** [tɛʀifje] vt aterrorizar

**terril** [tɛʀi(l)] nm escombrera

**terrine** [tɛʀin] nf tarro, (Culin) conserva de carnes en tarro

**territoire** [tɛʀitwaʀ] nm territorio; **T~ des Afars et des Issas** Territorio de los Afars y de los Isas; **territoires d'outremer** territorios de ultramar

**territorial, e, -aux** [tɛʀitɔʀjal, jo] adj territorial; **eaux territoriales/armée territoriale** aguas fpl territoriales/ejército territorial

**terroir** [tɛʀwaʀ] nm (Agr) tierra; (région) región f; **accent/traditions du ~** acento regional/tradiciones fpl regionales

**terroriser** [tɛʀɔʀize] vt aterrorizar

**terrorisme** [tɛʀɔʀism] nm terrorismo

**terroriste** [tɛʀɔʀist] adj, nmf terrorista mf

**tertiaire** [tɛʀsjɛʀ] adj (Écon, Géo) terciario(-a) ▶ nm (Écon) sector m terciario

**tertiarisation** [tɛʀsjaʀizasjɔ̃] nf (Écon) terciarización f

**tertiariser** [tɛʀsjeʀise] : **se tertiariser** vpr terciarizarse

**tertio** [tɛʀsjo] adv en tercer lugar

**tertre** [tɛʀtʀ] nm cerro

**tes** [te] voir **ton¹**

**tessiture** [tesityʀ] nf (Mus) tesitura

**tesson** [tesɔ̃] nm : **~ de bouteille** casco de botella

**test** [tɛst] nm prueba, examen m; **~ de niveau** prueba de nivel

**testament** [tɛstamɑ̃] nm testamento; **faire son ~** hacer testamento

**testamentaire** [tɛstamɑ̃tɛʀ] adj testamentario(-a)

**tester** [tɛste] vt testar; (personne, produit etc) someter a prueba

**testeur, -euse** [tɛstœʀ, øz] nm/f (personne) comprobador(a), probador(a) ▶ nm (instrument) comprobador m

**testicule** [tɛstikyl] nm testículo

**testostérone** [tɛstɔsteʀɔn] nf testosterona

**tétanie** [tetani] nf tetania

**tétaniser** [tetanize] vt tetanizar; **se tétaniser** vpr tetanizarse

**tétanos** [tetanos] nm tétano, tétanos msg

**têtard** [tɛtaʀ] nm renacuajo

**tête** [tɛt] nf cabeza; (visage) cara; (Football) cabezazo; **de ~** adj (wagon, voiture) delantero(-a); (concurrent) en cabeza; adv (calculer) mentalmente; **par ~** por persona, por cabeza; **être à la ~ de qch** estar al frente de algo; **il faut une ~ de plus que moi** me lleva un palmo; **gagner d'une (courte) ~** ganar por (casi) una cabeza; **prendre la ~ de qch** tomar la dirección de algo; **perdre la ~** perder la cabeza; **ça me va pas la ~ ?** (fam) ¿no estás bien de la cabeza?; **il s'est mis en ~ de le faire** se le ha metido en la cabeza hacerlo; **tenir ~ à qn** hacer frente a algn; **la ~ la première** de cabeza; **la ~ basse** cabizbajo(-a); **la ~ en bas** cabeza abajo; **avoir la ~ dure** (fig) ser duro(-a) de mollera; **faire une ~** (Football) dar un cabezazo; **faire la ~** estar de morros, poner mala cara; **en ~** (Sport) a la cabeza; (arriver, partir) primero(-a); **de la ~ aux pieds** de la cabeza a los pies; **~ brûlée** (fig) cabeza loca; **~ chercheuse/d'enregistrement/d'impression** cabeza buscadora/grabadora/impresora; **~ d'affiche** (Théâtre etc) cabecera del reparto; **~ de bétail** res f; **~ de lecture** cabeza de lectura; **~ de ligne** (Transport) central f; **~ de liste** (Pol) cabeza de lista; **~ de mort** calavera; **~ de pont** (Mil, fig) cabeza de puente; **~ de série** (Tennis) cabeza de serie; **~ de Turc** cabeza de turco; **~ de veau** (Culin) cabeza de ternero

**tête-à-queue** [tɛtakø] *nm inv* trompo; **faire un ~** hacer un trompo
**tête-à-tête** [tɛtatɛt] *nm inv* (*Pol*) cara a cara; (*amoureux*) conversación *f* a solas; (*service à petit-déjeuner*) tú y yo *m*; **en ~** a solas
**tête-bêche** [tɛtbɛʃ] *adv* pies contra cabeza
**tête-de-loup** [tɛtd(ə)lu] (*pl* **têtes-de-loup**) *nf* escobón *m*
**tête-de-nègre** [tɛtd(ə)nɛgʀ(ə)] *adj inv* castaño oscuro *inv*
**tétée** [tete] *nf* amamantamiento
**téter** [tete] *vt* mamar
**tétine** [tetin] *nf* (*de vache*) ubre *f*; (*de biberon*) tetina; (*sucette*) chupete *m*
**téton** [tetɔ̃] (*fam*) *nm* teta
**tétralogie** [tetralɔʒi] *nf* tetralogía
**têtu, e** [tety] *adj* terco(-a), testarudo(-a)
**teuf** [tœf] (*fam*) *nf* fiesta; **faire la ~** estar de fiesta
**texte** [tɛkst] *nm* texto; (*passage*) : **textes choisis** textos *mpl* escogidos; **apprendre son ~** (*Théâtre, Ciné*) aprender el papel; **un ~ de loi** un texto de ley
**texter** [tɛkste] *vt* (*rédiger*) escribir un SMS a; (*envoyer*) enviar un SMS a ▶ *vi* enviar un SMS
**textile** [tɛkstil] *adj* textil ▶ *nm* tejido; (*industrie*) : **le ~** la industria textil
**Texto®, texto** [tɛksto] *nm* mensaje *m* de texto, SMS *m*
**textoter** [tɛkstɔte] *vt* enviar mensajes de texto a, enviar SMS a ▶ *vi* enviar y recibir mensajes de texto, enviar y recibir SMS
**textuel, le** [tɛkstɥɛl] *adj* textual
**textuellement** [tɛkstɥɛlmɑ̃] *adv* textualmente
**texture** [tɛkstyʀ] *nf* textura
**texturé** [tɛkstyʀe] *adj* (*surface, matériau*) texturizado(-a); (*vin*) con textura
**TGV** [teʒeve] *sigle m* (= *train à grande vitesse*) ≈ AVE (= *Alta Velocidad Española*)
**thaï, e** [taj] *adj* del sureste asiático ▶ *nm* (*Ling*) grupo de idiomas del sureste asiático
**thaïlandais, e** [tajlɑ̃dɛ, ɛz] *adj* tailandés(-esa) ▶ *nm/f*: **Thaïlandais, e** tailandés(-esa)
**Thaïlande** [tajlɑ̃d] *nf* Tailandia
**thalasso** [talaso] *nf* = **thalassothérapie**
**thalassothérapie** [talasoteʀapi] *nf* talasoterapia
**thé** [te] *nm* té *m*; **prendre le ~** tomar el té; **faire le ~** hacer un té; **~ au citron/au lait** té con limón/con leche
**théâtral, e, -aux** [teatʀal, o] (*aussi péj*) *adj* teatral
**théâtre** [teatʀ] *nm* teatro; (*fig : lieu*) : **le ~ de** el escenario de; **faire du ~** hacer teatro; **~ filmé** teatro grabado
**Thèbes** [tɛb] *n* Tebas
**théière** [tejɛʀ] *nf* tetera
**théine** [tein] *nf* teína
**théisme** [teism] *nm* teísmo

**thématique** [tematik] *adj* temático(-a)
**thème** [tɛm] *nm* tema; (*traduction*) traducción *f* inversa; **~ astral** carta astral
**théocratie** [teɔkʀasi] *nf* teocracia
**théocratique** [teɔkʀatik] *adj* teocrático(-a)
**théologie** [teɔlɔʒi] *nf* teología
**théologien** [teɔlɔʒjɛ̃] *nm* teólogo
**théologique** [teɔlɔʒik] *adj* teológico(-a)
**théorème** [teɔʀɛm] *nm* teorema *m*
**théoricien, ne** [teɔʀisjɛ̃, jɛn] *nm/f* teórico(-a)
**théorie** [teɔʀi] *nf* teoría; **en ~** en teoría; **~ musicale** teoría de la música
**théorique** [teɔʀik] *adj* teórico(-a)
**théoriquement** [teɔʀikmɑ̃] *adv* teóricamente; (*gén : en principe*) en teoría
**théorisation** [teɔʀizasjɔ̃] *nf* teorización *f*
**théoriser** [teɔʀize] *vi* teorizar
**thérapeutique** [teʀapøtik] *adj* terapéutico(-a) ▶ *nf* terapéutica
**thérapie** [teʀapi] *nf* terapia
**thermal, e, -aux** [tɛʀmal, o] *adj* termal; **station/cure thermale** estación *f*/cura termal
**thermes** [tɛʀm] *nmpl* termas *fpl*
**thermique** [tɛʀmik] *adj* térmico(-a); **ascendance ~** ascendencia térmica
**thermodynamique** [tɛʀmodinamik] *adj* termodinámico(-a)
**thermoélectrique** [tɛʀmoelɛktʀik] *adj* termoeléctrico(-a)
**thermomètre** [tɛʀmɔmɛtʀ] *nm* termómetro
**thermonucléaire** [tɛʀmonykleɛʀ] *adj* termonuclear
**thermorégulateur, -trice** [tɛʀmoʀegylatœʀ, tʀis] *adj* termorregulador(a)
**thermos®** [tɛʀmos] *nm ou f* : (**bouteille**) **~** termo
**thermostat** [tɛʀmɔsta] *nm* termostato
**thermostatique** [tɛʀmɔstatik] *adj* termostático(-a)
**thésard, e** [tezaʀ, aʀd] *nm/f* doctorando(-a)
**thésaurisation** [tezoʀizasjɔ̃] *nf* atesoramiento
**thésauriser** [tezoʀize] *vi* atesorar
**thèse** [tɛz] *nf* tesis *f inv*; (*opinion*) teoría; **pièce/roman à ~** obra/novela de tesis
**thibaude** [tibod] *nf* muletón *m*
**thon** [tɔ̃] *nm* atún *m*
**thonier** [tɔnje] *nm* barco atunero
**thoracique** [tɔʀasik] *adj voir* **cage**; **capacité**
**thorax** [tɔʀaks] *nm* tórax *m inv*
**thriller** [sʀilœʀ] *nm* thriller *m*
**thrombose** [tʀɔ̃boz] *nf* trombosis *f inv*
**thune** [tyn] (*fam*) *nf* pasta (*fam*), guita (*fam*)
**thym** [tɛ̃] *nm* tomillo
**thyroïde** [tiʀɔid] *nf* tiroides *m inv*
**thyroïdien, -ienne** [tiʀɔidjɛ̃, jɛn] *adj* tiroideo(-a)
**tiare** [tjaʀ] *nf* tiara
**Tibet** [tibɛ] *nm* Tíbet *m*

## tibétain – tire-au-flanc

**tibétain, e** [tibetɛ̃, ɛn] *adj* tibetano(-a) ▶ *nm/f*: **Tibétain, e** tibetano(-a)
**tibia** [tibja] *nm* tibia
**TIC** [tik] *sigle fpl* (= *technologies de l'information et de la communication*) TIC (= *Tecnologías de la Información y la Comunicación*)
**tic** [tik] *nm* (*nerveux*) tic *m*; (*de langage etc*) muletilla
**ticket** [tikɛ] *nm* billete *m*, boleto (*AM*); (*de cinéma, théâtre*) entrada; ~ **de caisse** ticket *m* ou tique(t) *m* de compra; ~ **de rationnement** cupón *m* de racionamiento; ~ **modérateur** porcentaje correspondiente al asegurado en los gastos de la Seguridad social; ~ **repas** vale *m* (para la comida)
**tic-tac** [tiktak] *nm inv* tictac *m*
**tiède** [tjɛd] *adj* tibio(-a), templado(-a); (*bière*) caliente; (*thé, café*) tibio(-a); (*air*) templado(-a); **recevoir un accueil** ~ tener una acogida tibia ▶ *adv*: **boire** ~ beber cosas templadas
**tièdement** [tjɛdmɑ̃] *adv* con tibieza
**tiédeur** [tjedœʀ] *nf*: **la** ~ **de l'eau** el agua templada; **la** ~ **de l'accueil** la tibieza de la acogida
**tiédir** [tjediʀ] *vi* templarse
**tiédissement** [tjedismɑ̃] *nm* (*de la température*) suavizamiento
**tien, ne** [tjɛ̃, tjɛn] *adj* tuyo(-a) ▶ *pron*: **le** ~, **la tienne** el tuyo, la tuya; **les tiens, les tiennes** los tuyos, las tuyas; **les tiens** (*ta famille*) los tuyos
**tienne** [tjɛn] *vb voir* **tenir** ▶ *pron voir* **tien**
**tiens** [tjɛ̃] *vb, excl voir* **tenir**
**tierce** [tjɛʀs] *adj f voir* **tiers** ▶ *nf* (*Mus*) tercera; (*Cartes*) escalera
**tiercé** [tjɛʀse] *nm* quiniela hípica
**tiers, tierce** [tjɛʀ, tjɛʀs] *adj* tercero(-a); **le ~ monde** el tercer mundo; **une tierce personne** una tercera persona ▶ *nm* (*Jur*) tercero; (*fraction*) tercio; **assurance au ~** seguro contra terceros; ~ **payant** (*Méd, Pharmacie*) sistema en que la compañía de seguros paga directamente por la asistencia médica del paciente; ~ **provisionnel** (*Admin*) pago fraccionado del impuesto sobre la renta
**tiers-mondisme** [tjɛʀmɔ̃dism] (*pl* **tiers-mondismes**) *nm* tercermundismo
**tifs** [tif] (*fam*) *nmpl* (*cheveux*) pelo *m*
**TIG** [teiʒe] *sigle m* (= *travail d'intérêt général*) trabajo sustitutorio de pena de cárcel
**tige** [tiʒ] *nf* (*de fleur, plante*) tallo
**tignasse** [tiɲas] (*péj*) *nf* greñas *fpl*
**Tigre** [tigʀ] *nm* Tigris *m*
**tigre** [tigʀ] *nm* tigre *m*
**tigré, e** [tigʀe] *adj* (*rayé*) atigrado(-a)
**tigresse** [tigʀɛs] *nf* tigresa
**tilde** [tild(e)] *nm* tilde *f*
**tilleul** [tijœl] *nm* (*arbre*) tilo; (*boisson*) tila
**tilt** [tilt] *nm*: **faire** ~ (*fig: échouer*) irse al garete; **sa réponse a fait** ~ (*inspirer*) su respuesta me iluminó la mente

**timbale** [tɛ̃bal] *nf* cubilete *m*; **timbales** *nfpl* (*Mus*) timbales *mpl*
**timbalier** [tɛ̃balje] *nm* (*Mus*) timbalero
**timbrage** [tɛ̃bʀaʒ] *nm*: **dispensé de** ~ exento de franqueo
**timbre** [tɛ̃bʀ] *nm* timbre *m*; (*aussi*: **timbre-poste**) sello, estampilla (*AM*); (*cachet*) sello; ~ **dateur** fechador *m*; ~ **fiscal** timbre fiscal; ~ **tuberculinique** (*Méd*) pegatina vendida en la lucha contra la tuberculosis
**timbré, e** [tɛ̃bʀe] *adj* (*enveloppe*) timbrado(-a), sellado(-a); (*voix*) timbrado(-a); (*fam*) tocado(-a) de la cabeza; **papier** ~ papel *m* timbrado
**timbrer** [tɛ̃bʀe] *vt* (*lettre, paquet*) sellar; (*document, acte*) timbrar
**timide** [timid] *adj* tímido(-a); **le soleil est ~** el sol no se atreve a salir
**timidement** [timidmɑ̃] *adv* tímidamente
**timidité** [timidite] *nf* timidez *f*
**timing** [tajmiŋ] *nm* timing *m*
**timonerie** [timɔnʀi] *nf* timonera
**timonier** [timɔnje] *nm* timonel *m*
**timoré, e** [timɔʀe] *adj* timorato(-a)
**tint** *etc* [tɛ̃] *vb voir* **tenir**
**tintamarre** [tɛ̃tamaʀ] *nm* escandalera
**tintement** [tɛ̃tmɑ̃] *nm* (*de cloche*) tintín *m*; ~ **d'oreilles** zumbido de oídos
**tinter** [tɛ̃te] *vi* tintinar
**tipi** [tipi] *nm* tipi *m*
**Tipp-Ex®** [tipɛks] *nm inv* Tipp-Ex® *m*
**tique** [tik] *nf* garrapata
**tiquer** [tike] *vi* inmutarse
**TIR** [tiʀ] *sigle mpl* (= *transports internationaux routiers*) TIR *m*, transporte internacional por carretera
**tir** [tiʀ] *nm* tiro; (*stand*) tiro al blanco; **~ à l'arc** tiro con arco; **~ au fusil** tiro con fusil; **~ au pigeon** tiro de pichón; **~ de barrage/de mitraillette/d'obus** fuego de barrera/disparo de ametralladora/tiro de obús
**tirade** [tiʀad] *nf* (*Théâtre*) parlamento; (*péj*) retahíla
**tirage** [tiʀaʒ] *nm* (*Photo*) revelado; (*Typo, Inform*) impresión *f*; (*d'un journal, de livre*) tirada; (*: édition*) edición *f*; (*d'un poêle etc*) tiro; (*de loterie*) sorteo; (*désaccord*) fricción *f*; **~ au sort** sorteo
**tiraillement** [tiʀajmɑ̃] *nm* (*d'estomac*) retortijón *m*; (*dans les jambes*) tirón *m*; **tiraillements** *nmpl* (*doutes*) vacilaciones *fpl*; (*conflits*) tirantez *fsg*
**tirailler** [tiʀaje] *vt* dar tirones a; (*corde, moustache, manche*) tirar; (*suj: honte etc*) agobiar
**tirailleur** [tiʀajœʀ] *nm* (*Mil*) tirador *m*
**tirant** [tiʀɑ̃] *nm*: **~ d'eau** calado
**tire** [tiʀ] *nf*: **voleur à la ~** ratero; **vol à la ~** tirón *m*
**tiré, e** [tiʀe] *adj* (*visage*) cansado(-a); **~ par les cheveux** difícil de creer ▶ *nm* (*Comm*) librado; **~ à part** separata
**tire-au-flanc** [tiʀoflɑ̃] (*péj*) *nm inv* vago(-a)

485

## tire-botte – toile

**tire-botte** [tiʀbɔt] (pl **tire-bottes**) nm sacabotas m inv

**tire-bouchon** [tiʀbuʃɔ̃] (pl **tire-bouchons**) nm sacacorchos m inv

**tire-bouchonner** [tiʀbuʃɔne] vt : **pantalons tire-bouchonnés** pantalones mpl con pliegues ou arrugas en la canilla

**tire-d'aile** [tiʀdɛl] : **à ~** adv a aletazos

**tire-fesses** [tiʀfɛs] nm inv telesquí m

**tire-lait** [tiʀlɛ] (pl **~(s)**) nm sacaleches msg

**tire-larigot** [tiʀlaʀigo] (fam) : **à ~** adv hasta reventar

**tirelire** [tiʀliʀ] nf hucha

**tirer** [tiʀe] vt (sonnette etc) tirar de, jalar (AM); (remorque) arrastrar, jalar (AM); (trait) trazar; (porte) cerrar; (rideau, panneau) correr; (extraire : carte, numéro, conclusion) sacar; (Comm : chèque) extender; (loterie) sortear; (en faisant feu) tirar, disparar; (: animal) disparar (a); (journal, livre) imprimir; (Photo) revelar; (Football) sacar, tirar; **~ qch de** sacar algo de; (un son d'un instrument) obtener algo de; **~ une substance d'une matière première** obtener una sustancia de una materia prima; **~ six mètres** (Naut) tener seis metros de calado; **~ la langue** sacar la lengua; **~ avantage/parti de** sacar provecho/partido de; **~ son nom/origine de** recibir su nombre/origen de; **~ qn de** (embarras etc) sacar a algn de; **~ les cartes** echar las cartas ▶ vi (faire feu) disparar; (cheminée, Sport) tirar; **~ sur** tirar de; (faire feu sur) disparar a; (pipe) fumar en; **~ à l'arc/à la carabine** tirar con arco/con carabina; **~ en longueur** no tener fin; **~ à sa fin** tocar a su fin; **se tirer** vpr (fam) largarse; **s'en ~** salir bien

**tiret** [tiʀe] nm guion m

**tireur, -euse** [tiʀœʀ, øz] nm/f (Mil) tirador(a); (Comm) librador(a); **bon(ne) ~** buen(-a) tirador(a); **~ d'élite** tirador(a) de primera; **tireuse de cartes** echadora de cartas

**tiroir** [tiʀwaʀ] nm cajón m

**tiroir-caisse** [tiʀwaʀkɛs] (pl **tiroirs-caisses**) nm caja

**tisane** [tizan] nf tisana, infusión f

**tison** [tizɔ̃] nm tizón m

**tisonner** [tizɔne] vt atizar

**tisonnier** [tizɔnje] nm atizador m

**tissage** [tisaʒ] nm tejido

**tisser** [tise] vt tejer; (réseau) establecer

**tisserand** [tisʀɑ̃] nm tejedor m

**tissu** [tisy] nm tejido; (fig) sarta; **~ de mensonges** sarta de mentiras

**tissu-éponge** [tisyepɔ̃ʒ] (pl **tissus-éponges**) nm felpa

**titan** [titɑ̃] nm (géant) titán m; **travail de ~** labor titánica

**titane** [titan] nm titanio

**titanesque** [titanɛsk] adj titánico(-a)

**titiller** [titije] vt cosquillear

**titrage** [titʀaʒ] nm (d'un film) titulación f; (d'un alcool) graduación f

**titraille** [titʀaj] nf (Typo) titulares mpl secundarios

**titre** [titʀ] nm título; (de journal, aussi télévisé) titular m; (Chim : d'alliage) ley f; (: de solution) título; (: d'alcool) graduación f; **en ~** titular; **à juste ~** con toda razón; **à quel ~ ?** ¿a título de qué?; **à aucun ~** bajo ninguna razón; **au même ~ (que)** al igual (que); **au ~ de la coopération** etc en nombre de la cooperación etc; **à ~ d'exemple** como ejemplo; **à ~ d'exercice** como ejercicio; **à ~ exceptionnel** excepcionalmente; **à ~ amical** amistosamente; **à ~ d'information** a modo de información; **à ~ gracieux** gratis; **à ~ provisoire/d'essai** de forma provisional/a modo de ensayo; **à ~ privé/consultatif** a título privado/consultativo; **~ courant** titulillo; **~ de propriété** título de propiedad; **~ de transport** billete m

**titré, e** [titʀe] adj titulado(-a); (personne) con título

**titrer** [titʀe] vt (Chim : alcool) graduar; (: solution) titular; (Presse) titular; (suj : vin) : **~ 10°** tener una graduación de 10°

**titubant, e** [titybɑ̃, ɑ̃t] adj tambaleante

**tituber** [titybe] vi titubear

**titulaire** [titylɛʀ] adj titular; **être ~ de** ser titular de ▶ nmf titular mf

**titularisation** [titylaʀizasjɔ̃] nf nombramiento (como titular)

**titulariser** [titylaʀize] vt hacer titular a

**TNP** [teɛnpe] sigle m = **Théâtre national populaire**

**TNT** [teɛnte] sigle m (= trinitrotoluène) TNT m (= trinitrotolueno) ▶ sigle f (= Télévision numérique terrestre) TDT f (= televisión digital terrestre)

**toast** [tost] nm tostada; (de bienvenue) brindis m inv; **porter un ~ à qn** brindar por algn

**toasteur** [tostœʀ] nm tostador m

**toboggan** [tɔbɔgɑ̃] nm tobogán m; (Auto) paso a desnivel

**TOC** sigle mpl (= troubles obsessionnels compulsifs) TOC msg (= trastorno obsesivo-compulsivo)

**toc** [tɔk] nm : **en ~** de imitación

**tocsin** [tɔksɛ̃] nm rebato, toque m de alarma

**toge** [tɔʒ] nf toga

**Togo** [tɔgo] nm Togo

**togolais, e** [tɔgɔlɛ, ɛz] adj togolés(-esa) ▶ nm/f : **Togolais, e** togolés(-esa)

**tohu-bohu** [tɔybɔy] nm inv (désordre) revoltijo; (tumulte) barullo

**toi** [twa] pron tú; **~, tu n'y vas pas** tú no vas; **c'est ~ ?** ¿eres tú?; **je veux aller avec ~** quiero ir contigo; **pour/sans ~** para/sin ti; **des livres à ~** libros tuyos

**toile** [twal] nf tela; (bâche) lona; (tableau) tela, lienzo; **grosse ~** tela basta; **tejer sa ~** tejer su tela; **~ cirée** hule m; **~ d'araignée** telaraña; **~ de fond** telón m de fondo; **~ de jute** tela de saco; **~ de lin** lienzo; **~ de tente** lona; **~ émeri** tela de esmeril

**toilettage** [twaleta3] *nm (d'un animal)* aseo; *(d'un texte)* preparación *f* para la edición

**toilette** [twalɛt] *nf* aseo; *(s'habiller et se préparer)* arreglo; *(habillement)* vestimenta; **faire sa ~** asearse; **faire la ~ de** *(animal)* asear; *(texte)* preparar; **articles de ~** artículos *mpl* de aseo; **~ intime** aseo íntimo; **toilettes** *nfpl* servicios *mpl*; **les toilettes des dames/messieurs** los servicios de señoras/caballeros

**toiletter** [twalete] *vt (animal)* asear; *(texte)* retocar

**toi-même** [twamɛm] *pron* tú mismo(-a)

**toise** [twaz] *nf* : **passer à la ~** tallar

**toiser** [twaze] *vt* tallar

**toison** [twazɔ̃] *nf (de mouton)* vellón *m*; *(cheveux)* melena

**toit** [twa] *nm* techo; *(de bâtiment)* tejado; **~ ouvrant** techo solar

**toiture** [twatyʀ] *nf* tejado, techumbre *f*

**Tokyo** [tɔkjo] *n* Tokio

**tôlard, e** [tolaʀ, aʀd] *nm/f* = **taulard**

**tôle** [tol] *nf* chapa; **~ d'acier** chapa de acero; **~ ondulée** chapa ondulada

**Tolède** [tɔlɛd] *n* Toledo

**tolérable** [tɔleʀabl] *adj* tolerable

**tolérance** [tɔleʀɑ̃s] *nf* tolerancia; *(hors taxe)* cantidad *f* autorizada

**tolérant, e** [tɔleʀɑ̃, ɑ̃t] *adj* tolerante

**tolérer** [tɔleʀe] *vt* tolerar; *(Admin : hors taxe)* autorizar

**tôlerie** [tolʀi] *nf* fabricación *f* de chapas; *(atelier)* chapistería; *(d'une voiture)* chapa

**tollé** [tɔ(l)le] *nm* : **un ~ (d'injures/de protestations)** una sarta (de insultos/de protestas)

**TOM** [tɔm] *sigle m ou mpl (= territoire(s) d'outre-mer)* territorio(s) *m(pl)* de ultramar

**tomate** [tɔmat] *nf* tomate *m*

**tombal, e, -aux** [tɔ̃bal, o] *adj* : **pierre tombale** lápida sepulcral

**tombant, e** [tɔ̃bɑ̃, ɑ̃t] *adj* : **manches tombantes** mangas *fpl* caídas; **épaules tombantes** hombros *mpl* caídos

**tombe** [tɔ̃b] *nf* tumba

**tombeau, x** [tɔ̃bo] *nm* tumba; **à ~ ouvert** a toda velocidad

**tombée** [tɔ̃be] *nf* : **à la ~ du jour** *ou* **de la nuit** al atardecer, al anochecer

**tomber** [tɔ̃be] *vi* caer; *(accidentellement)* caerse; *(prix, température)* bajar; **laisser ~** abandonar; **~ sur** encontrarse con; *(attaquer)* echarse sobre; *(critiquer)* echarse encima de; **~ de fatigue/de sommeil** caerse de cansancio/de sueño; **~ à l'eau** *(fig)* irse al garete; **~ juste** salir bien; **~ en panne** tener una avería; **~ en ruine** caerse en ruinas; **le 15 tombe un mardi** el 15 cae en martes; **~ bien/mal** *(vêtement)* quedar bien/mal; **ça tombe bien/mal** *(fig)* viene bien/mal; **il est bien/mal tombé** *(fig)* le ha ido bien/mal ▶ *vt* : **~ la veste** *(fam)* quitarse la chaqueta

**tombereau, x** [tɔ̃bʀo] *nm* volquete *m*

**tombeur** [tɔ̃bœʀ] *(péj) nm* seductor *m*

**tombola** [tɔ̃bɔla] *nf* tómbola

**Tombouctou** [tɔ̃buktu] *n* Tombuctú

**tome** [tɔm] *nm* tomo

**tomette** [tɔmɛt] *nf* = **tommette**

**tommette** [tɔmɛt] *nf* baldosín *m*

**tomographie** [tɔmɔgʀafi] *nf* tomografía

**ton¹, ta** [tɔ̃, ta] *(pl* **tes)** *adj poss* tu

**ton²** [tɔ̃] *nm* tono; **élever** *ou* **hausser le ~** levantar la voz; **donner le ~** llevar la voz cantante; **si vous le prenez sur ce ~** si lo toma usted así; **de bon ~** en buen tono; **~ sur ~** en la misma gama de color

**tonal, e** [tɔnal] *(pl* **-als** *ou* **-aux)** *adj (Mus)* tonal

**tonalité** [tɔnalite] *nf* tonalidad *f*; *(au téléphone)* señal *f*

**tondeuse** [tɔ̃døz] *nf (à gazon)* cortadora de césped; *(de coiffeur)* maquinilla (de cortar el pelo); *(pour la tonte)* esquiladora

**tondre** [tɔ̃dʀ] *vt (pelouse)* cortar; *(mouton)* esquilar; *(cheveux)* rapar

**tondu, e** [tɔ̃dy] *pp de* **tondre** ▶ *adj (cheveux)* rapado(-a); *(mouton)* esquilado(-a)

**tongs** [tɔ̃g] *nfpl* chanclas *fpl*

**tonicité** [tɔnisite] *nf* tonicidad *f*

**tonifiant, e** [tɔnifjɑ̃, jɑ̃t] *adj (lotion)* tonificante; *(air)* vivificador(a)

**tonifier** [tɔnifje] *vi (air)* vivificar; *(eau)* tonificar ▶ *vt (organisme)* entonar; *(peau)* tonificar

**tonique** [tɔnik] *adj (lotion, accent)* tónico(-a); *(médicament, personne)* estimulante; *(froid)* tonificante; *(air)* vivificador(a) ▶ *nm (médicament)* estimulante *m*; *(lotion)* tónico; *(boisson)* tónica ▶ *nf (Mus)* tónica

**tonitruant, e** [tɔnitʀyɑ̃, ɑ̃t] *adj* estrepitoso(-a)

**Tonkin** [tɔ̃kɛ̃] *nm* Tonquín *m*, Tonkín *m*

**tonkinois, e** [tɔ̃kinwa, waz] *adj* tonquinés(-esa) ▶ *nm/f* : **Tonkinois, e** tonquinés(-esa)

**tonnage** [tɔna3] *nm* tonelaje *m*

**tonnant, e** [tɔnɑ̃, ɑ̃t] *adj* estruendoso(-a)

**tonne** [tɔn] *nf* tonelada

**tonneau, x** [tɔno] *nm* tonel *m*; *(Naut)* : **jauger 2.000 tonneaux** tener una capacidad de 2.000 toneladas; **faire des tonneaux** *(voiture)* dar vueltas de campana; *(avion)* hacer rizos

**tonnelet** [tɔnlɛ] *nm* tonelete *m*

**tonnelier** [tɔnəlje] *nm* tonelero

**tonnelle** [tɔnɛl] *nf* glorieta

**tonnellerie** [tɔnɛlʀi] *nf* tonelería

**tonner** [tɔne] *vi* tronar; *(parler avec véhémence)* : **~ contre qn/qch** despotricar contra algn/algo; **il tonne** truena

**tonnerre** [tɔnɛʀ] *nm* trueno; **du ~** *(fam)* bárbaro(-a); **coup de ~** infortunio; **~ d'applaudissements** salva de aplausos

**tonsure** [tɔ̃syʀ] *nf* tonsura

**tonte** [tɔ̃t] *nf* esquila

**tonton** [tɔ̃tɔ̃] *nm* tito

## tonus – toucher

**tonus** [tɔnys] *nm* : **avoir du** ~ estar entonado(-a); **donner du** ~ entonar

**top** [tɔp] *nm* : **au troisième** ~ a la tercera señal; **le** ~ **50** ≈ los 40 principales ▶ *adj* : ~ **secret** top secret ▶ *excl* ¡ya!

**topaze** [tɔpaz] *nf* topacio

**toper** [tɔpe] *vi* : **tope-/topez-là !** ¡chócala/ chóquela!

**topinambour** [tɔpinɑ̃buʀ] *nm* pataca

**topo** [tɔpo] (*fam*) *nm* (*croquis*) plano; (*exposé*) resumen *m*

**topographie** [tɔpɔgʀafi] *nf* topografía

**topographique** [tɔpɔgʀafik] *adj* topográfico(-a)

**topologie** [tɔpɔlɔʒi] *nf* topología

**toponyme** [tɔpɔnim] *nm* topónimo

**toponymie** [tɔpɔnimi] *nf* toponimia

**toquade** [tɔkad] (*fam*) *nf* capricho

**toque** [tɔk] *nf* gorro; ~ **de cuisinier** gorro de cocinero; ~ **de jockey** gorra de jockey; ~ **de juge** birrete *m* de juez

**toqué, e** [tɔke] (*fam*) *adj* tocado(-a)

**torche** [tɔʀʃ] *nf* antorcha

**torcher** [tɔʀʃe] (*fam*) *vt* limpiar; **se torcher** *vpr* : **se ~ le cul** (*fam !*) limpiarse el culo (*fam !*)

**torchère** [tɔʀʃɛʀ] *nf* hachón *m*

**torchis** [tɔʀʃi] *nm* adobe *m*

**torchon** [tɔʀʃɔ̃] *nm* trapo; (*à vaisselle*) paño de cocina

**tordre** [tɔʀdʀ] *vt* (*chiffon*) estrujar; (*barre*) torcer; (*visage*) retorcer; **se tordre** *vpr* torcerse; (*ver, serpent*) retorcerse; **se ~ le pied/bras** torcerse el pie/brazo; **se ~ de douleur/de rire** retorcerse de dolor/desternillarse de risa

**tordu, e** [tɔʀdy] *pp de* **tordre** ▶ *adj* (*partie du corps, bâton*) torcido(-a); (*esprit*) retorcido(-a) ▶ *nm/f* (*fam*) pirado(-a)

**torero** [tɔʀeʀo] *nm* torero

**tornade** [tɔʀnad] *nf* tornado

**toron** [tɔʀɔ̃] *nm* cable *m* trenzado

**Toronto** [tɔʀɔ̃to] *n* Toronto

**torontois, e** [tɔʀɔ̃twa, waz] *adj* de Toronto ▶ *nm/f* : **Torontois, e** nativo(-a) *ou* habitante *mf* de Toronto

**torpeur** [tɔʀpœʀ] *nf* entorpecimiento

**torpillage** [tɔʀpijaʒ] *nm* (*aussi fig*) torpedeo, torpedeamiento

**torpille** [tɔʀpij] *nf* torpedo

**torpiller** [tɔʀpije] *vt* (*aussi fig*) torpedear

**torpilleur** [tɔʀpijœʀ] *nm* torpedero

**torréfacteur** [tɔʀefaktœʀ] *nm* (*entreprise*) torrefactora

**torréfaction** [tɔʀefaksjɔ̃] *nf* torrefacción *f*

**torréfier** [tɔʀefje] *vt* torrefactar

**torrent** [tɔʀɑ̃] *nm* torrente *m*; (*fig*) : **un ~ de** un torrente de; **il pleut à torrents** llueve a mares

**torrentiel, le** [tɔʀɑ̃sjɛl] *adj* torrencial

**torride** [tɔʀid] *adj* tórrido(-a)

**tors, e** [tɔʀ, tɔʀs] *adj* torcido(-a)

**torsade** [tɔʀsad] *nf* trenzado; (*Archit*) espiral *f*

**torsadé, e** [tɔʀsade] *adj* trenzado(-a)

**torsader** [tɔʀsade] *vt* trenzar

**torse** [tɔʀs] *nm* torso; (*poitrine*) pecho; ~ **nu** con el torso desnudo ▶ *adj f voir* **tors**

**torsion** [tɔʀsjɔ̃] *nf* torsión *f*

**tort** [tɔʀ] *nm* (*préjudice*) perjuicio; **avoir** ~ estar equivocado(-a); **être dans son** ~ tener la culpa; **donner** ~ **à qn** echar la culpa a algn; (*fig : suj : chose*) perjudicar a algn; **causer du** ~ **à** perjudicar a; **être en** ~ tener la culpa; **à** ~ sin razón; **à** ~ *ou* **à raison** con razón o sin ella; **à** ~ **et à travers** a tontas y a locas; **torts** *nmpl* (*Jur*) daños y perjuicios *mpl*

**torticolis** [tɔʀtikɔli] *nm* tortícolis *f inv*

**tortiller** [tɔʀtije] *vt* retorcer; **se tortiller** *vpr* retorcerse

**tortionnaire** [tɔʀsjɔnɛʀ] *nmf* torturador(a)

**tortue** [tɔʀty] *nf* tortuga

**tortueux, -euse** [tɔʀtɥø, øz] *adj* tortuoso(-a)

**torture** [tɔʀtyʀ] *nf* tortura

**torturé, e** [tɔʀtyʀe] *adj* atormentado(-a)

**torturer** [tɔʀtyʀe] *vt* torturar

**torve** [tɔʀv] *adj* : **regard** ~ mirada torva

**tôt** [to] *adv* (*au début d'une portion de temps*) temprano; (*au bout de peu de temps*) pronto; ~ **ou tard** tarde o temprano; **si ~** tan pronto; **au plus ~** cuanto antes; **plus ~** antes; **il eut ~ fait de faire ...** muy pronto hizo ...

**total, e, -aux** [tɔtal, o] *adj* total ▶ *nm* total *m*; **au ~** en total; (*fig*) en resumidas cuentas; **faire le ~** hacer el total

**totalement** [tɔtalmɑ̃] *adv* totalmente

**totalisateur, -trice** [tɔtalizatœʀ, tʀis] *adj* totalizador(a) ▶ *nm* (*Comm*) totalizador *m*

**totaliser** [tɔtalize] *vt* totalizar

**totalitaire** [tɔtalitɛʀ] *adj* totalitario(-a)

**totalitarisme** [tɔtalitaʀism] *nm* totalitarismo

**totalité** [tɔtalite] *nf* totalidad *f*; **revoir qch en** ~ revisar algo en totalidad

**totem** [tɔtɛm] *nm* tótem *m*

**touareg** [twaʀɛg] *adj inv* tuareg *inv* ▶ *nm inv* (*langue*) tuareg *m* ▶ *nmf* : **Touareg** tuareg *mf*

**toubib** [tubib] (*fam*) *nmf* médico(-a)

**toucan** [tukɑ̃] *nm* tucán *m*

**touchant, e** [tuʃɑ̃, ɑ̃t] *adj* conmovedor(a)

**touche** [tuʃ] *nf* (*de piano, de machine à écrire*) tecla; (*de télécommande*) botón *m*; (*Peinture, fig*) toque *m*; (*Rugby*) línea lateral; (*Football : remise en jeu*) saque *m* de banda; (: *ligne*) línea de banda; (*Escrime*) tocado; **en ~** fuera de banda; **avoir une drôle de ~** (*fam*) tener una pinta extraña; **~ sensitive** *ou* **à effleurement** control *m* sensible al tacto; **~ de commande/de fonction/de retour** (*Inform*) tecla de mando/ de función/de retorno

**touche-à-tout** [tuʃatu] (*péj*) *nm inv* (*gén : enfant*) : **quel ~ !** ¡tiene que tocarlo todo!; (*fig : chercheur*) hace de todo un poco

**toucher** [tuʃe] *nm* tacto; (*Mus*) modo de tocar; **au ~** al tacto ▶ *vt* tocar; (*mur, pays*) lindar con;

## touffe – tourner

(*atteindre*) alcanzar; (*émouvoir : suj : amour, fleurs*) conmover; (: *catastrophe, malheur, crise*) afectar; (*concerner*) atañer; (*prix, récompense*) recibir; (*salaire, chèque*) cobrar; (*problème, sujet*) abordar; **je vais lui en ~ un mot** le diré dos palabras sobre ello; **~ à qch** tocar algo; (*concerner*) atañer a algo; **~ au but** llegar a la meta; **~ à sa fin** *ou* **son terme** tocar a su fin; **se toucher** *vpr* tocarse

**touffe** [tuf] *nf* (*d'herbe*) mata; (*de poils*) mechón *m*

**touffu, e** [tufy] *adj* (*haie, forêt*) frondoso(-a); (*cheveux*) tupido(-a); (*style, texte*) denso(-a)

**toujours** [tuʒuʀ] *adv* siempre; (*encore*) todavía; **~ plus** cada vez más; **pour ~** para siempre; **depuis ~** desde siempre; **~ est-il que** lo cierto es que; **essaie ~** prueba a intentarlo; **il vit ~ ici** todavía vive aquí, sigue viviendo aquí

**Toulon** [tulɔ̃] *n* Tolón

**toulonnais, e** [tulɔnɛ, ɛz] *adj* tolonés(-esa) ▶ *nm/f* : **Toulonnais, e** tolonés(-esa)

**toulousain, e** [tuluzɛ̃, ɛn] *adj* de Toulouse ▶ *nm/f* : **Toulousain, e** nativo(-a) *ou* habitante *mf* de Toulouse

**Toulouse** [tuluz] *n* Toulouse

**toundra** [tundʀa] *nf* tundra

**toupet** [tupɛ] *nm* tupé *m*; (*fam*) caradura

**toupie** [tupi] *nf* peonza

**tour** [tuʀ] *nf* torre *f*; (*appartements*) bloque *m* (de pisos); **~ de contrôle** torre de control; **~ de lancement** plataforma de lanzamiento ▶ *nm* (*promenade*) paseo, vuelta; (*excursion*) excursión *f*; (*Sport, Pol, de vis, de roue*) vuelta; (*d'être servi ou de jouer etc*) turno; (*de la conversation*) giro; (*ruse*) ardid *m*; (*de prestidigitation etc*) número; (*de cartes*) truco; (*de potier, à bois*) torno; **de trois mètres de ~** (*circonférence*) de tres metros de perímetro; **faire le ~ de** dar la vuelta a; (*questions, possibilités*) dar vueltas a; **faire un ~** dar una vuelta; **faire le ~ de l'Europe** dar la vuelta a Europa; **faire deux ou trois tours** dar dos o tres vueltas; **fermer à double ~** cerrar bajo siete llaves; **c'est mon/son ~** es mi/su turno; **c'est au ~ de Philippe** le toca a Philippe; **à ~ de rôle, ~ à ~** por turnos, en orden; **à ~ de bras** con todas las fuerzas; **~ d'horizon** (*fig*) panorama; **~ de chant** recital *m* de canto; **~ de force** hazaña; **~ de garde** recorrido de guardia; **~ de lit** cubrecama *m*; **~ de main** habilidad *f*; **en un ~ de main** en un santiamén, en un abrir y cerrar de ojos; **~ de passe-passe** juego de manos; **~ de poitrine/de tête** contorno de pecho/de cabeza; **~ de reins** lumbago; **~ de taille** contorno de cintura

**tourangeau, -elle** [tuʀɑ̃ʒo, ɛl] *adj* turonense ▶ *nm/f* : **Tourangeau, -elle** turonense *mf*

**tourbe** [tuʀb] *nf* turba

**tourbeux, -euse** [tuʀbø, øz] *adj* turboso(-a)

**tourbière** [tuʀbjɛʀ] *nf* turbera

**tourbillon** [tuʀbijɔ̃] *nm* (*d'eau, de poussière*) remolino; (*de vent, fig*) torbellino

**tourbillonner** [tuʀbijɔne] *vi* arremolinarse; (*objet, personne*) dar vueltas

**tourelle** [tuʀɛl] *nf* torrecilla; (*de véhicule*) torreta

**tourisme** [tuʀism] *nm* turismo; **office du ~** oficina de turismo; **avion de ~** avión *m* de turismo; **voiture de ~** turismo; **faire du ~** hacer turismo

**touriste** [tuʀist] *nmf* turista *mf*

**touristique** [tuʀistik] *adj* turístico(-a)

**tourment** [tuʀmɑ̃] *nm* tormento

**tourmente** [tuʀmɑ̃t] *nf* tormenta

**tourmenté, e** [tuʀmɑ̃te] *adj* atormentado(-a); (*mer, période*) tormentoso(-a); (*paysage*) escabroso(-a); (*tableau*) tempestuoso(-a)

**tourmenter** [tuʀmɑ̃te] : **se tourmenter** *vpr* atormentarse

**tournage** [tuʀnaʒ] *nm* rodaje *m*

**tournant, e** [tuʀnɑ̃, ɑ̃t] *adj* (*feu, scène*) giratorio(-a); (*escalier*) de caracol; (*mouvement*) envolvente ▶ *nm* (*de route*) curva; (*fig*) giro; *voir aussi* **grève** ; **plaque**

**tourné, e** [tuʀne] *adj* (*lait, vin*) agrio(-a); (*Menuiserie : bois*) torneado(-a); **bien ~** (*personne*) bien formado(-a); (*compliment*) bien hecho(-a); **mal ~** (*lettre*) mal escrito(-a); **avoir l'esprit mal ~** ser un malpensado(-a)

**tournebroche** [tuʀnəbʀɔʃ] *nm* asador *m*

**tourne-disque** [tuʀnədisk] (*pl* **tourne-disques**) *nm* tocadiscos *m inv*

**tournedos** [tuʀnədo] *nm* (*Culin*) turnedó *m*

**tournée** [tuʀne] *nf* (*du facteur*) ronda; (*d'artiste, de politicien*) gira; **payer une ~** pagar una ronda; **faire la ~ de** hacer un recorrido por; **~ électorale/musicale** gira electoral/musical

**tournemain** [tuʀnəmɛ̃] : **en un ~** *adv* en un abrir y cerrar de ojos

**tourner** [tuʀne] *vt* girar, voltear (AM); (*sauce, mélange*) revolver; (*Naut : cap*) rodear; (*difficulté etc*) esquivar; (*scène, film*) rodar; (: *jouer dans*) actuar en; **~ en ridicule** ridiculizar; **~ le dos à** dar la espalda a; **~ la tête** girar la cabeza; **~ la tête à qn** volver loco(-a) a algn; **~ la page** (*fig*) hacer borrón y cuenta nueva ▶ *vi* girar, voltear (AM); (*vent*) cambiar de dirección; (*moteur*) estar en marcha; (*compteur*) estar andando; (*lait etc*) agriarse; (*chance, vie*) cambiar; (*fonctionner : société etc*) marchar; **bien/mal ~** salir bien/mal; **~ autour de** dar vueltas alrededor de; (*soleil : suj : terre*) girar alrededor de; (*péj : personne : importuner*) andar rondando a; **~ autour du pot** (*fig*) andarse con rodeos; **~ à/en** volverse, convertirse en; **~ à la pluie/au rouge** volverse lluvioso/ponerse rojo; **~ court** desviarse; **~ de l'œil** (*fam*) desmayarse; **se tourner** *vpr* volverse; **se ~ vers** volverse hacia; (*personne : pour demander : aide, conseil*) dirigirse a; (*profession*) inclinarse por; **se ~ les pouces** (*fig*) estar con los brazos cruzados

## tournesol – toxicologie

**tournesol** [tuʀnəsɔl] *nm* girasol *m*
**tourneur** [tuʀnœʀ] *nm* tornero
**tournevis** [tuʀnəvis] *nm* destornillador *m*
**tourniquer** [tuʀnike] *vi* andar de acá para allá
**tourniquet** [tuʀnikɛ] *nm (pour arroser)* aspersor *m*; *(portillon, Chirurgie)* torniquete *m*; *(présentoir)* soporte *m* giratorio
**tournis** [tuʀni] *(fam) nm* : **avoir le ~** marearse; **donner le ~** dar mareo(s)
**tournoi** [tuʀnwa] *nm (Hist)* torneo; **~ de bridge/tennis** torneo de bridge/tenis; **~ des six nations** *(Rugby)* torneo de las seis naciones
**tournoyer** [tuʀnwaje] *vi (oiseau)* revolotear; *(fumée)* arremolinarse
**tournure** [tuʀnyʀ] *nf (Ling)* giro; *(d'une pièce, d'un texte)* carácter *m*, aspecto; **prendre ~** tomar forma; **~ d'esprit** manera de enfocar las cosas
**tour-opérateur** [tuʀɔpeʀatœʀ] *(pl* **tour-opérateurs***) nm* touroperador *m*
**tourte** [tuʀt] *nf (Culin)* : **~ à la viande** pastel *m* de carne
**tourteau, x** [tuʀto] *nm (Agr)* torta de orujo; *(Zool)* buey *m* (de mar)
**tourtereau, x** [tuʀtəʀo] *nm* tortolito; **des tourtereaux** *(fig : un couple d'amoureux)* una pareja de tortolitos
**tourterelle** [tuʀtəʀɛl] *nf* tórtola
**tourtière** [tuʀtjɛʀ] *nf (Culin)* tartera
**tous** [tu] *voir* **tout**
**Toussaint** [tusɛ̃] *nf* : **la ~** el día de Todos los Santos; *ver nota*

> **LA TOUSSAINT**
>
> La Toussaint, 1 de noviembre, es una fiesta oficial francesa. Tradicionalmente, la gente visita las tumbas de sus parientes y amigos y deposita en ellas coronas de brezo y crisantemos.

**tousser** [tuse] *vi* toser
**toussotement** [tusɔtmɑ̃] *nm* carraspeo
**toussoter** [tusɔte] *vi* carraspear

[MOT-CLÉ]

**tout, e** [tu, tut] *(mpl* **tous**, *fpl* **toutes***) adj* **1** *(avec article)* todo(-a); **tout le lait/l'argent** toda la leche/todo el dinero; **toute la nuit** toda la noche; **tout le livre** todo el libro; **toutes les trois/deux semaines** cada tres/dos semanas; **tout le temps** *adv* todo el tiempo; **tout le monde** *pron* todo el mundo; **c'est tout le contraire** es todo lo contrario; **tout un pain/un livre** un pan/un libro entero; **c'est tout une affaire/une histoire** es todo un caso/una historia; **toutes les nuits** todas las noches; **toutes les fois que ...** todas las veces que ...; **tous les deux** los dos, ambos; **toutes les trois** las tres

**2** *(sans article)* : **à tout âge/à toute heure** a cualquier edad/hora; **pour toute nourriture, il avait ...** por todo alimento, tenía ...; **à toute vitesse** a toda velocidad; **de tous côtés** *ou* **de toutes parts** de todos (los) lados *ou* de todas partes; **à tout hasard** por si acaso
▶ *pron* todo(-a); **il a tout fait** lo hizo todo; **je les vois toutes** las veo a todas; **nous y sommes tous allés** fuimos todos; **en tout** en total; **tout ce qu'il sait** todo lo que sabe; **en tout et pour tout, ...** en total ...; **tout ou rien** todo o nada; **c'est tout** eso es todo, nada más; **tout ce qu'il y a de plus aimable** el (la) más amable del mundo
▶ *nm* todo; **du tout au tout** del todo; **le tout est de ...** lo importante es ...; **pas du tout** en absoluto
▶ *adv* **1** (**toute** *avant adj f commençant par consonne ou h aspiré* : *très, complètement*) : **elle était tout émue** estaba muy emocionada; **elle était toute petite** era muy pequeñita; **tout à côté** al lado; **tout près** muy cerca; **le tout premier** el primero de todos; **tout seul** solo; **le livre tout entier** el libro entero; **tout en haut/bas** arriba/abajo del todo; **tout droit** todo recto; **tout ouvert** completamente abierto; **tout rouge** todo rojo; **parler tout bas** hablar muy bajo; **tout simplement** sencillamente; **fais-le tout doucement** hazlo despacito

**2** : **tout en** mientras; **tout en travaillant il ...** mientras trabaja, ...

**3** : **tout d'abord** en primer lugar; **tout à coup** de repente; **tout à fait** *(complètement : fini, prêt)* del todo; *(exactement : vrai, juste, identique)* perfectamente; « **tout à fait !** » *(oui)* « ¡desde luego! »; **tout à l'heure** *(passé)* hace un rato; *(futur)* luego; **à tout à l'heure !** ¡hasta luego!; **tout de même** sin embargo; **tout de suite** enseguida; **tout terrain** *ou* **tous terrains** *adj inv* todo terreno *inv*

**tout-à-l'égout** [tutalegu] *nm inv* sistema de evacuación directa a la cloaca
**toutefois** [tutfwa] *adv* sin embargo, no obstante
**toutes** [tut] *voir* **tout**
**toutou** [tutu] *(fam) nm* guauguau *m*, perrito
**tout-petit** [tup(ə)ti] *(pl* **tout-petits***) nm* pequeño(-a), niño(-a)
**tout-puissant, toute-puissante** [tupɥisɑ̃, tutpɥisɑ̃t] *(pl* **tout(es)-puissant(e)s***) adj* todopoderoso(-a)
**tout-terrain** [tuteʀɛ̃] *adj inv* : **vélo ~** bicicleta de montaña; **véhicule ~** todoterreno
**tout-venant** [tuv(ə)nɑ̃] *nm inv* : **le ~** mercancía no seleccionada
**toux** [tu] *nf* tos *f inv*
**toxémie** [tɔksemi] *nf* toxemia
**toxicité** [tɔksisite] *nf* toxicidad *f*
**toxico** [tɔksiko] *(fam) nmf* drogata *mf (fam)*, toxicómano(-a)
**toxicologie** [tɔksikɔlɔʒi] *nf* toxicología

## toxicologique – traîner

**toxicologique** [tɔksikɔlɔʒik] *adj* toxicológico(-a)

**toxicomane** [tɔksikɔman] *adj, nmf* toxicómano(-a)

**toxicomanie** [tɔksikɔmani] *nf* toxicomanía

**toxine** [tɔksin] *nf* toxina

**toxique** [tɔksik] *adj* tóxico(-a)

**toxoplasmose** [tɔksoplasmoz] *nf* toxoplasmosis *f inv*

**TP** [tepe] *sigle mpl* (= *travaux pratiques*) prácticas *fpl*; (= *Travaux Publics*) ≈ OP (= *Obras Públicas*)
▶ *abr* = **trésor public**

**TPE** [tepeə] *sigle mpl* (= *très petites entreprises*) microempresas *fpl*

**trac** [tʀak] *nm* nerviosismo; **avoir le ~** estar nervioso(-a), estar como un flan

**traçabilité** [tʀasabilite] *nf* trazabilidad *f*

**traçable** [tʀasabl] *adj* trazable

**traçant, e** [tʀasɑ̃, ɑ̃t] *adj*: **obus ~** obús *m* trazador; **table traçante** (*Inform*) trazador *m* de gráficos

**tracas** [tʀaka] *nm* preocupación *f*

**tracasser** [tʀakase] *vt* (*suj: problème, idée*) preocupar; **se tracasser** *vpr* preocuparse

**tracasseries** [tʀakasʀi] *nfpl* molestias *fpl*

**tracassier, -ière** [tʀakasje, jɛʀ] *adj* molesto(-a)

**trace** [tʀas] *nf* huella; (*de pneu, de brûlure etc*) marca; (*d'encre, indice, quantité minime*) rastro; (*de blessure, de maladie*) secuela; (*d'une civilisation etc*) restos *mpl*; **avoir une ~ d'accent étranger** tener un ligero acento extranjero; **suivre qn à la ~** seguir la pista *ou* el rastro de algn; **traces de freinage/de pneus** marcas de frenada/de neumáticos; **traces de pas** huellas *fpl* de pasos

**tracé** [tʀase] *nm* trazado; (*d'une rivière*) recorrido; (*d'une côte*) línea

**tracer** [tʀase] *vt* trazar

**traceur** [tʀasœʀ] *nm* (*Inform*) plotter *m*

**trachée** [tʀaʃe], **trachée-artère** [tʀaʃeaʀtɛʀ] (*pl* **trachées-artères**) *nf* tráquea

**trachéite** [tʀakeit] *nf* traqueítis *f inv*

**trachéotomie** [tʀakeɔtɔmi] *nf* traqueotomía

**tract** [tʀakt] *nm* panfleto

**tractations** [tʀaktasjɔ̃] *nfpl* negociaciones *fpl*

**tracter** [tʀakte] *vt* arrastrar con tractor

**tracteur** [tʀaktœʀ] *nm* tractor *m*

**traction** [tʀaksjɔ̃] *nf* tracción *f*; **~ avant/arrière** tracción delantera/trasera; **~ électrique/mécanique** tracción eléctrica/mecánica

**tractopelle** [tʀaktɔpɛl] *nf ou m* excavadora

**trader** [tʀɛdœʀ] *nm*, **tradeur, -euse** [tʀɛdœʀ, øz] *nm/f* bróker *mf*

**tradition** [tʀadisjɔ̃] *nf* tradición *f*

**traditionalisme** [tʀadisjɔnalism] *nm* tradicionalismo

**traditionaliste** [tʀadisjɔnalist] *adj* tradicionalista

**traditionnel, le** [tʀadisjɔnɛl] *adj* tradicional

**traditionnellement** [tʀadisjɔnɛlmɑ̃] *adv* tradicionalmente

**traducteur, -trice** [tʀadyktœʀ, tʀis] *nm/f* traductor(a); **~ interprète** traductor(a) intérprete

**traduction** [tʀadyksjɔ̃] *nf* traducción *f*; **~ simultanée** traducción simultánea

**traduire** [tʀadɥiʀ] *vt* traducir; **~ en/du français** traducir al/del francés; **~ qn en justice** hacer comparecer a algn ante la justicia; **se traduire** *vpr*: **se ~ par** traducirse por

**traduis** *etc* [tʀadɥi] *vb voir* **traduire**

**traduisible** [tʀadɥizibl] *adj* traducible

**traduit, e** [tʀadɥi, it] *pp de* **traduire**

**trafic** [tʀafik] *nm* tráfico; **~ d'armes** tráfico de armas; **~ de drogue** narcotráfico

**trafiquant, e** [tʀafikɑ̃, ɑ̃t] *nm/f* traficante *mf*

**trafiquer** [tʀafike] *vt* (*péj*) amañar ▶ *vi* traficar

**tragédie** [tʀaʒedi] *nf* tragedia

**tragédien, ne** [tʀaʒedjɛ̃, ɛn] *nm/f* actor (actriz) de tragedia

**tragi-comique** [tʀaʒikɔmik] (*pl* **tragi-comiques**) *adj* tragicómico(-a)

**tragique** [tʀaʒik] *adj* trágico(-a) ▶ *nm*: **prendre qch au ~** tomar algo por lo trágico

**tragiquement** [tʀaʒikmɑ̃] *adv* trágicamente

**trahir** [tʀaiʀ] *vt* (*aussi fig*) traicionar; (*suj: objet*): **~ qn** descubrir a algn; **~ un manque** revelar una ausencia; **se trahir** *vpr* traicionarse

**trahison** [tʀaizɔ̃] *nf* traición *f*

**traie** *etc* [tʀɛ] *vb voir* **traire**

**train** [tʀɛ̃] *nm* tren *m*; (*allure*) paso; (*ensemble*) serie *f*; **être en ~ de faire qch** estar haciendo algo; **mettre qch en ~** empezar a hacer algo; **mettre qn en ~** animar a algn; **se mettre en ~** ponerse manos a la obra; **aller bon ~** ir a buen paso; **~ à grande vitesse/spécial** tren de alta velocidad/especial; **~ arrière/avant** tren trasero/delantero; **~ autos-couchettes** tren coche-cama; **~ d'atterrissage** tren de aterrizaje; **~ de pneus** juego de neumáticos; **~ de vie** tren de vida; **~ électrique** (*jouet*) tren eléctrico

**traînailler** [tʀenaje] *vi* = **traînasser**

**traînant, e** [tʀenɑ̃, ɑ̃t] *adj*: **parler d'une voix traînante** arrastrar la voz

**traînard, e** [tʀenaʀ, aʀd] (*péj*) *nm/f* pesado(-a)

**traînasser** [tʀenase] *vi* (*être inoccupé*) vaguear; (*être lent*) ir lento(-a)

**traîne** [tʀen] *nf* cola; **être à la ~** ir rezagado(-a)

**traîneau, x** [tʀeno] *nm* trineo

**traînée** [tʀene] *nf* reguero; (*dans le ciel etc*) estela; (*péj: femme*) perdida

**traîner** [tʀene] *vt* arrastrar; (*maladie*): **il traîne un rhume depuis l'hiver** lleva arrastrando un resfriado desde el invierno; **~ qn au cinéma** (*emmener*) arrastrar a algn al cine; **~ les pieds** arrastrar los pies; **~ qch par terre** arrastrar algo por el suelo ▶ *vi* arrastrar; (*rester en arrière*) rezagarse; (*être en désordre*) estar tirado(-a); (*vagabonder*) callejear; (*durer*) alargarse; **~ par terre** (*balayer le sol*) arrastrar por el suelo; **~ en longueur** ir para largo; **se traîner** *vpr* arrastrarse; (*marcher avec difficulté*) andar con dificultad; (*durer*) alargarse; **se ~ par terre** (*enfant*) arrastrarse por el suelo

**train-ferry** [tʀɛfɛʀi] (*pl* **trains-ferries**) *nm* tren-ferry *m*

**training** [tʀeniŋ] *nm* (*survêtement*) chandal *m*, chándal *m*

**train-train** [tʀɛ̃tʀɛ̃] *nm inv* rutina

**traire** [tʀɛʀ] *vt* ordeñar

**trait, e** [tʀɛ, ɛt] *pp de* **traire** ▶ *nm* trazo; (*caractéristique*) rasgo; (*flèche*) punta; **d'un ~** de un tirón; **boire à longs traits** beber a grandes tragos; **avoir ~ à** referirse a; **de ~** (*animal*) de tiro; **pour ~** punto por punto; **~ d'esprit** agudeza; **~ d'union** guion *m*; (*fig*) lazo; **~ de caractère** rasgo de carácter; **~ de génie** idea luminosa; **traits** *nmpl* (*du visage*) rasgos *mpl*

**traitable** [tʀɛtabl] *adj* (*personne*) tratable; (*sujet*) factible

**traitant** [tʀɛtɑ̃] *adj m* : **votre médecin ~** su médico de cabecera; **shampooing ~** champú *m* tratante; **crème traitante** crema tratante

**traite** [tʀɛt] *nf* (*Comm*) letra de cambio; (*Agr*) ordeño; (*trajet*) trecho; **d'une (seule) ~** de un (solo) tirón; **~ des blanches/noirs** trata de blancas/negros

**traité** [tʀete] *nm* tratado

**traitement** [tʀɛtmɑ̃] *nm* tratamiento; (*salaire*) sueldo; **suivre un ~** seguir un tratamiento; **mauvais traitements** malos tratos *mpl*; **~ de données/de l'information/par lots** (*Inform*) procesamiento de datos/de la información/por paquetes; **~ de texte** (*Inform*) procesamiento *ou* tratamiento de textos

**traiter** [tʀete] *vt, vi* tratar; **~ qn d'idiot** llamar idiota a algn; **~ de qch** tratar de algo; **bien/mal ~** tratar bien/mal

**traiteur** [tʀɛtœʀ] *nm* negocio de comidas por encargo *ou* de catering

**traître, -esse** [tʀɛtʀ, tʀɛtʀɛs] *adj* traicionero(-a) ▶ *nm/f* traidor(a); **prendre qn en ~** actuar a traición contra algn

**traîtrise** [tʀetʀiz] *nf* perfidia; (*acte*) traición *f*

**trajectoire** [tʀaʒɛktwaʀ] *nf* trayectoria, recorrido

**trajet** [tʀaʒɛ] *nm* trayecto, (*Anat, fig*) recorrido; (*d'un projectile*) trayectoria

**tralala** [tʀalala] (*fam*) *nm* pompa, aparato

**tram** [tʀam] *nm* = **tramway**

**trame** [tʀam] *nf* trama

**tramer** [tʀame] *vt* tramar

**traminot** [tʀamino] *nm* tranviario(-a)

**tramontane** [tʀamɔ̃tan] *nf* tramontana

**trampoline** [tʀɑ̃pɔlin] *nm* trampolín *m*

**tramway** [tʀamwɛ] *nm* tranvía *m*

**tranchant, e** [tʀɑ̃ʃɑ̃, ɑ̃t] *adj* (*lame*) afilado(-a); (*personne*) resuelto(-a); (*couleurs*) contrastado(-a); **à double ~** de doble filo ▶ *nm* (*d'un couteau*) filo; (*de la main*) borde *m*

**tranche** [tʀɑ̃ʃ] *nf* (*de pain*) rebanada; (*de jambon, fromage*) loncha; (*de saucisson*) rodaja; (*de gâteau*) porción *f*; (*d'un couteau, livre etc*) canto; (*de travaux*) etapa; (*de temps*) rato; (*Comm*) serie *f*; (*Admin : de revenues, d'impôts*) zona; **~ d'âge/de salaires** tramo de edad/de salarios; **~ (d'émission)** (*Loterie*) fase *f* (de emisión); **~ de vie** periodo de la vida cotidiana; **~ de silicium** capa de silicio

**tranché, e** [tʀɑ̃ʃe] *adj* (*couleurs*) contrastado(-a); (*opinions*) tajante

**tranchée** [tʀɑ̃ʃe] *nf* trinchera

**trancher** [tʀɑ̃ʃe] *vt* cortar (en lonchas/rodajas); (*question*) zanjar ▶ *vi* : **~ avec** *ou* **sur** contrastar con

**tranchet** [tʀɑ̃ʃɛ] *nm* chaira

**tranchoir** [tʀɑ̃ʃwaʀ] *nm* (*couteau*) cortante *m*

**tranquille** [tʀɑ̃kil] *adj* tranquilo(-a); (*mer*) sereno(-a); **se tenir ~** estarse quieto(-a); **avoir la conscience ~** tener la conciencia tranquila; **laisse-moi/laisse-ça ~ !** ¡déjame/deja eso en paz!

**tranquillement** [tʀɑ̃kilmɑ̃] *adv* tranquilamente; (*sans inquiétude*) con tranquilidad

**tranquillisant, e** [tʀɑ̃kiliza, ɑ̃t] *adj* tranquilizador(a) ▶ *nm* (*Méd*) tranquilizante *m*

**tranquilliser** [tʀɑ̃kilize] *vt* tranquilizar; **se tranquilliser** *vpr* tranquilizarse

**tranquillité** [tʀɑ̃kilite] *nf* tranquilidad *f*; **en toute ~** con toda tranquilidad; **~ d'esprit** tranquilidad de espíritu

**transaction** [tʀɑ̃zaksjɔ̃] *nf* transacción *f*

**transactionnel, le** [tʀɑ̃zaksjɔnɛl] *adj* (*Jur*) negociado(-a); (*Inform, Psych*) transaccional

**transafricain, e** [tʀɑ̃zafʀikɛ̃, ɛn] *adj* transafricano(-a)

**transalpin, e** [tʀɑ̃zalpɛ̃, in] *adj* transalpino(-a)

**transaméricain, e** [tʀɑ̃zameʀikɛ̃, ɛn] *adj* transamericano(-a)

**transat** [tʀɑ̃zat] *nm* tumbona ▶ *nf* regata transatlántica

**transatlantique** [tʀɑ̃zatlɑ̃tik] *adj* transatlántico(-a) ▶ *nm* transatlántico

**transbahuter** [tʀɑ̃sbayte] (*fam*) *vt* trasladar, llevar

**transbordement** [tʀɑ̃sbɔʀdəmɑ̃] *nm* transbordo

## transborder – transport

**transborder** [tʀɑ̃sbɔʀde] vt transbordar
**transbordeur** [tʀɑ̃sbɔʀdœʀ] nm transbordador m
**transcendant, e** [tʀɑ̃sɑ̃dɑ̃, ɑ̃t] adj transcendente; (Math) no algebraico(-a)
**transcodeur** [tʀɑ̃skɔdœʀ] nm transcodificador m
**transcontinental, e, -aux** [tʀɑ̃skɔ̃tinɑtal, o] adj transcontinental
**transcription** [tʀɑ̃skʀipsjɔ̃] nf transcripción f
**transcrire** [tʀɑ̃skʀiʀ] vt transcribir
**transe** [tʀɑ̃s] nf : **être/entrer en ~** estar/entrar en trance; **transes** nfpl ansiedad fsg
**transept** [tʀɑ̃sɛpt] nm (Archit) crucero
**transférable** [tʀɑ̃sfeʀabl] adj transferible
**transfèrement** [tʀɑ̃sfɛʀmɑ̃] nm traslado; **~ cellulaire** traslado en coche celular
**transférer** [tʀɑ̃sfeʀe] vt transferir; (prisonnier, bureaux) trasladar; (titre) transmitir
**transfert** [tʀɑ̃sfɛʀ] nm transferencia; (d'un prisonnier, de bureaux) traslado; (d'un titre) transmisión f; **~ de fonds** transferencia de fondos
**transfiguration** [tʀɑ̃sfigyʀasjɔ̃] nf transfiguración f
**transfigurer** [tʀɑ̃sfigyʀe] vt transfigurar
**transfo** [tʀɑ̃sfo] (fam) nm (= transformateur) transformador
**transformable** [tʀɑ̃sfɔʀmabl] adj transformable
**transformateur** [tʀɑ̃sfɔʀmatœʀ] nm transformador m
**transformation** [tʀɑ̃sfɔʀmasjɔ̃] nf transformación f; **industries de ~** industrias fpl de transformación; **transformations** nfpl (travaux) reformas fpl
**transformer** [tʀɑ̃sfɔʀme] vt transformar; (maison, magasin, vêtement) reformar; **~ en : ~ la houille en énergie** transformar la hulla en energía; **se transformer** vpr transformarse
**transfrontalier, -ière** [tʀɑ̃sfʀɔ̃talje, jɛʀ] adj transfronterizo(-a)
**transfuge** [tʀɑ̃sfyʒ] nm tránsfugo(-a)
**transfuser** [tʀɑ̃sfyze] vt hacer una transfusión a
**transfusion** [tʀɑ̃sfyzjɔ̃] nf : **~ sanguine** transfusión f sanguínea
**transgénérationnel, le** [tʀɑ̃sʒeneʀasjɔnɛl] adj transgeneracional
**transgénique** [tʀɑ̃sʒenik] adj transgénico(-a)
**transgresser** [tʀɑ̃sgʀese] vt transgredir
**transgression** [tʀɑ̃sgʀesjɔ̃] nf transgresión f
**transhumance** [tʀɑ̃zymɑ̃s] nf trashumancia
**transhumer** [tʀɑ̃zyme] vi trashumar
**transi, e** [tʀɑ̃zi] adj helado(-a)
**transiger** [tʀɑ̃ziʒe] vi transigir; **~ sur** ou **avec qch** transigir sobre ou con algo
**transistor** [tʀɑ̃zistɔʀ] nm transistor m

**transistorisé, e** [tʀɑ̃zistɔʀize] adj transistorizado(-a)
**transit** [tʀɑ̃zit] nm tránsito; **de/en ~** de/en tránsito
**transitaire** [tʀɑ̃zitɛʀ] nm (Comm) agente m de aduanas
**transiter** [tʀɑ̃zite] vt llevar en tránsito ▶ vi pasar por
**transitif, -ive** [tʀɑ̃zitif, iv] adj transitivo(-a)
**transition** [tʀɑ̃zisjɔ̃] nf transición f; **la ~ énergétique** la transición energética
**transitoire** [tʀɑ̃zitwaʀ] adj transitorio(-a); (fugitif) pasajero(-a)
**translucide** [tʀɑ̃slysid] adj translúcido(-a)
**transmet** [tʀɑ̃smɛ] vb voir **transmettre**
**transmettais** etc [tʀɑ̃smɛtɛ] vb voir **transmettre**
**transmetteur** [tʀɑ̃smɛtœʀ] nm transmisor m
**transmettre** [tʀɑ̃smɛtʀ] vt transmitir; (secret) revelar; (recette) pasar, dar
**transmis, e** [tʀɑ̃smi, iz] pp de **transmettre**
**transmissible** [tʀɑ̃smisibl] adj transmisible
**transmission** [tʀɑ̃smisjɔ̃] nf transmisión f; **~ de données** (Inform) transmisión de datos; **~ de pensée** transmisión del pensamiento; **transmissions** nfpl (Mil) (cuerpo de) transmisiones
**transnational, e, -aux** [tʀɑ̃snasjɔnal, o] adj transnacional
**transocéanien, ne** [tʀɑ̃zɔseanjɛ̃, jɛn] adj transoceánico(-a)
**transocéanique** [tʀɑ̃zɔseanik] adj transoceánico(-a)
**transparaître** [tʀɑ̃spaʀɛtʀ] vi transparentarse, traslucirse; (sentiment) dejarse traslucir
**transparence** [tʀɑ̃spaʀɑ̃s] nf transparencia; **par ~** al trasluz
**transparent, e** [tʀɑ̃spaʀɑ̃, ɑ̃t] adj transparente; (intention) evidente
**transpercer** [tʀɑ̃spɛʀse] vt (suj : arme) traspasar; (fig) penetrar; **~ un vêtement/mur** traspasar un vestido/muro
**transpiration** [tʀɑ̃spiʀasjɔ̃] nf transpiración f
**transpirer** [tʀɑ̃spiʀe] vi transpirar; (information, nouvelle) trascender
**transplant** [tʀɑ̃splɑ̃] nm trasplante m
**transplantation** [tʀɑ̃splɑ̃tasjɔ̃] nf trasplante m
**transplanter** [tʀɑ̃splɑ̃te] vt (Bot, Méd) trasplantar; (personne) desplazar
**transport** [tʀɑ̃spɔʀ] nm transporte m; **~ de colère/joie** arrebato de ira/alegría; **voiture/avion de ~** coche m/avión m de transporte; **~ aérien** transporte aéreo; **~ de marchandises/de voyageurs** transporte de mercancías/de viajeros; **transports en commun** transportes públicos; **transports routiers** transportes por carretera

## transportable – treizième

**transportable** [tʀɑ̃spɔʀtabl] *adj* transportable; *(malade)* en condiciones de ser trasladado(-a)

**transporter** [tʀɑ̃spɔʀte] *vt* llevar; *(voyageurs, marchandises)* transportar; *(Tech : énergie, son)* conducir; **~ qn à l'hôpital** llevar a algn al hospital; **~ qn de bonheur/joie** colmar a algn de felicidad/alegría; **se transporter** *vpr* : **se ~ quelque part** trasladarse a algún sitio

**transporteur** [tʀɑ̃spɔʀtœʀ] *nm* transportista *m*

**transposer** [tʀɑ̃spoze] *vt* transponer; **~ (un morceau)** *(Mus)* transportar (un fragmento)

**transposition** [tʀɑ̃spozisjɔ̃] *nf* transposición *f*

**transrhénan, e** [tʀɑ̃sʀenɑ̃, an] *adj* transrenano(-a)

**transsaharien, ne** [tʀɑ̃(s)saaʀjɛ̃, jɛn] *adj* transahariano(-a)

**transsexuel, le** [tʀɑ̃(s)sɛksɥɛl] *nm/f* transexual *mf*

**transsibérien, ne** [tʀɑ̃(s)sibeʀjɛ̃, jɛn] *adj* transiberiano(-a)

**transvaser** [tʀɑ̃svaze] *vt* transvasar

**transversal, e, -aux** [tʀɑ̃svɛʀsal, o] *adj* transversal; **axe ~** *(Auto)* eje *m* transversal

**transversalement** [tʀɑ̃svɛʀsalmɑ̃] *adv* transversalmente

**trapèze** [tʀapɛz] *nm* trapecio

**trapéziste** [tʀapezist] *nmf* trapecista *mf*

**trapézoïdal, e** [tʀapezɔidal] *adj* trapezoidal

**trappe** [tʀap] *nf (de cave, grenier)* trampa, trampilla; **passer à la ~** caer en el olvido

**trappeur** [tʀapœʀ] *nm* trampero

**trapu, e** [tʀapy] *adj* bajo(-a) y fortachón(-ona)

**traquenard** [tʀaknaʀ] *nm* cepo

**traquer** [tʀake] *vt* acorralar; *(harceler)* acosar

**traumatisant, e** [tʀomatizɑ̃, ɑ̃t] *adj* traumatizante

**traumatiser** [tʀomatize] *vt* traumatizar

**traumatisme** [tʀomatism] *nm* traumatismo; **~ crânien** traumatismo craneal

**traumatologie** [tʀomatɔlɔʒi] *nf* traumatología

**travail, -aux** [tʀavaj, o] *nm* trabajo; *(Méd)* parto; **être/entrer en ~** *(Méd)* estar de parto/tener las primeras contracciones; **être sans ~** estar sin trabajo; **~ (au) noir** trabajo clandestino; **~ d'intérêt général** trabajo de servicio a la comunidad; **~ de forçat** *(fig)* trabajo de negros; **~ posté** trabajo a turnos; **travaux** *nmpl (de réparation, agricoles)* trabajos *mpl*; *(de construction, sur route)* obras *fpl*; **travaux des champs** faenas *fpl* del campo; **travaux dirigés** *(Scol)* ejercicios *mpl* dirigidos; **travaux forcés** trabajos forzados; **travaux manuels** *(Scol)* trabajos manuales; **travaux ménagers** tareas *fpl* domésticas; **travaux pratiques** prácticas *fpl*; **travaux publics** obras públicas

**travaillé, e** [tʀavaje] *adj* trabajado(-a)

**travailler** [tʀavaje] *vi* trabajar; *(bois)* alabearse; *(argent)* producir; **ton imagination travaille de trop** eso son cosas de tu imaginación ▶ *vt* trabajar; *(discipline)* estudiar; *(influencer)* ejercer influencia sobre; **cela le travaille** eso le preocupa; **~ la terre** trabajar la tierra; **~ son piano** ejercitarse en el piano; **~ à** trabajar en; *(contribuer à)* contribuir a; **~ à faire** esforzarse en hacer

> **Travailler** se traduit généralement par *trabajar*, mais dans le sens d'« étudier », on emploie normalement *estudiar* :
> **Il faut que tu travailles plus avant ton examen.** Tienes que estudiar más antes del examen.

**travailleur, -euse** [tʀavajœʀ, øz] *adj, nm/f* trabajador(a); **~ intellectuel** intelectual *m*; **~ manuel** *ou* **de force** obrero; **~ social(e)** trabajador(a) social; **travailleuse familiale** empleada del servicio doméstico

**travailleuse** [tʀavajøz] *nf (Couture)* mesita de costura; *voir aussi* **travailleur**

**travailliste** [tʀavajist] *adj, nmf* laborista *mf*

**travée** [tʀave] *nf* fila; *(Archit)* tramo

**travelling** [tʀavliŋ] *nm* traveling *m*; **~ optique** traveling óptico

**travelo** [tʀavlo] *(fam) nm* marica *m*

**travers** [tʀavɛʀ] *nm (défaut)* imperfección *f*; **en ~** atravesado(-a) (en); **à ~** a través; **au ~ (de)** a través (de); **de ~** *adj* de través; *adv* oblicuamente; (: *fig*) al revés; **regarder de ~** *(fig)* mirar de reojo

**traverse** [tʀavɛʀs] *nf (Rail)* traviesa; **chemin de ~** atajo

**traversée** [tʀavɛʀse] *nf* travesía

**traverser** [tʀavɛʀse] *vt* atravesar; *(rue)* cruzar; *(percer : suj : pluie, froid)* traspasar

**traversin** [tʀavɛʀsɛ̃] *nm* cabezal *m*

**travesti** [tʀavɛsti] *nm (artiste de cabaret)* travestido; *(homosexuel)* travesti *m*

**travestir** [tʀavɛstiʀ] *vt (vérité)* disfrazar; **se travestir** *vpr* disfrazarse; *(Psych, artiste)* travestirse

**trayais** *etc* [tʀɛjɛ] *vb voir* **traire**

**trayeuse** [tʀɛjøz] *nf* ordeñadora

**trébucher** [tʀebyʃe] *vi* : **~ (sur)** tropezar (con)

**trèfle** [tʀɛfl] *nm* trébol *m*; **~ à quatre feuilles** trébol de cuatro hojas

**treillage** [tʀɛjaʒ] *nm* enrejado

**treille** [tʀɛj] *nf (vigne)* parra; *(tonnelle)* emparrado

**treillis** [tʀeji] *nm (métallique)* enrejado; *(toile)* arpillera; *(Mil)* traje *m* de faena

**treize** [tʀɛz] *adj inv, nm inv* trece *m inv*; *voir aussi* **cinq**

**treizième** [tʀɛzjɛm] *adj, nmf* decimotercero(-a) ▶ *nm (partitif)* treceavo; *voir aussi* **cinquantième**

**TREIZIÈME MOIS**

**Le treizième mois** es una paga extraordinaria de final de año que equivale aproximadamente a un mes de sueldo. Para muchos empleados es una parte normal de su salario anual.

**tréma** [tʀema] *nm* diéresis *f inv*
**tremblant, e** [tʀɑ̃blɑ̃, ɑ̃t] *adj* tembloroso(-a); *(apeuré)* temeroso(-a)
**tremble** [tʀɑ̃bl] *nm (Bot)* tiemblo, álamo temblón
**tremblé, e** [tʀɑ̃ble] *adj* tembloroso(-a)
**tremblement** [tʀɑ̃bləmɑ̃] *nm* temblor *m*; **~ de terre** temblor de tierra, terremoto
**trembler** [tʀɑ̃ble] *vi* temblar; **~ de** *(froid, fièvre)* tiritar de, temblar de; *(peur)* temblar de; **~ pour qn** temer por algn
**tremblotant, e** [tʀɑ̃blɔtɑ̃, ɑ̃t] *adj* tembloroso(-a)
**trembloter** [tʀɑ̃blɔte] *vi* temblequear
**trémolo** [tʀemɔlo] *nm (d'un instrument)* trémolo; *(de la voix)* temblor *m*
**trémousser** [tʀemuse] : **se trémousser** *vpr* menearse
**trempage** [tʀɑ̃paʒ] *nm* remojo
**trempe** [tʀɑ̃p] *nf (fig)* : **de cette/sa ~** de este/su temple
**trempé, e** [tʀɑ̃pe] *adj* empapado(-a); **acier ~** acero templado
**tremper** [tʀɑ̃pe] *vt* empapar; *(pain, chemise)* mojar; **se faire ~** quedarse empapado(-a); **~ qch dans** remojar algo en, poner algo en remojo en ▶ *vi* estar en remojo; **~ dans** *(fig, péj)* estar metido(-a) *ou* implicado(-a) en; **faire ~, mettre à ~** poner en remojo; **se tremper** *vpr* zambullirse
**trempette** [tʀɑ̃pɛt] *nf* : **faire ~** darse un chapuzón
**tremplin** [tʀɑ̃plɛ̃] *nm* trampolín *m*
**trentaine** [tʀɑ̃tɛn] *nf* treintena; **avoir la ~** tener unos treinta años; **une ~ (de)** unos(-as) treinta
**trente** [tʀɑ̃t] *adj inv, nm inv* treinta *m inv*; *voir aussi* **cinq**; **voir ~-six chandelles** ver las estrellas; **être/se mettre sur son ~ et un** estar/ir vestido de punta en blanco
**trentième** [tʀɑ̃tjɛm] *adj, nmf* trigésimo(-a) ▶ *nm (partitif)* treintavo; *voir aussi* **cinquantième**
**trépanation** [tʀepanasjɔ̃] *nf* trepanación *f*
**trépaner** [tʀepane] *vt* trepanar
**trépasser** [tʀepase] *vi* fallecer
**trépidant, e** [tʀepidɑ̃, ɑ̃t] *adj* trepidante
**trépidation** [tʀepidasjɔ̃] *nf (d'une machine)* trepidación *f*; *(de la vie)* aceleración *f*
**trépider** [tʀepide] *vi* trepidar
**trépied** [tʀepje] *nm* trípode *m*
**trépignement** [tʀepiɲmɑ̃] *nm* pataleo
**trépigner** [tʀepiɲe] *vi* : **~ (d'enthousiasme/d'impatience)** patalear (de entusiasmo/de impaciencia)

## tréma – tributaire

**très** [tʀɛ] *adv* muy; **~ beau/bien** muy bonito/bien; **~ critiqué/industrialisé** muy criticado/industrializado; **j'ai ~ envie de** tengo muchas ganas de; **j'ai ~ faim** tengo mucha hambre
**trésor** [tʀezɔʀ] *nm* tesoro; *(vertu précieuse)* joya; *(gén pl : richesses)* riquezas *fpl*; **T~ (public)** Tesoro (público)
**trésorerie** [tʀezɔʀʀi] *nf* tesorería; **difficultés de ~** problemas *mpl* de financieros; **~ générale** tesorería general
**trésorier, -ière** [tʀezɔʀje, jɛʀ] *nm/f* tesorero(-a)
**trésorier-payeur** [tʀezɔʀjepɛjœʀ] (*pl* **trésoriers-payeurs**) *nm* : **~ général** habilitado general
**tressaillement** [tʀesajmɑ̃] *nm* estremecimiento, sobresalto
**tressaillir** [tʀesajiʀ] *vi (de peur)* estremecerse; *(de joie, d'émotion)* vibrar; *(s'agiter)* temblar
**tressauter** [tʀesote] *vi* sobresaltar
**tresse** [tʀɛs] *nf* trenza
**tresser** [tʀese] *vt* trenzar
**tréteau, x** [tʀeto] *nm* caballete *m*; **les tréteaux** *(Théâtre)* las tablas
**treuil** [tʀœj] *nm* torno
**trêve** [tʀɛv] *nf* tregua; **~ de ...** basta de ...; **sans ~** sin tregua; **les États de la T~** los Estados de la Tregua
**tri** [tʀi] *nm* selección *f*; *(Inform)* clasificación *f*, ordenación *f*; **le ~** *(Postes : action)* la clasificación; *(: bureau)* la sala de batalla; **~ sélectif** *(des déchets)* recogida selectiva
**triade** [tʀijad] *nf (groupe, gang)* tríada
**triage** [tʀijaʒ] *nm* selección *f*; *(Rail)* enganche *m*; *(gare)* estación *f* de enganche
**trial** [tʀijal] *nm (Sport)* trial *m*
**triangle** [tʀijɑ̃gl] *nm* triángulo; **~ équilatéral/isocèle/rectangle** triángulo equilátero/isósceles/rectángulo
**triangulaire** [tʀijɑ̃gylɛʀ] *adj* triangular
**triathlon** [tʀi(j)atlɔ̃] *nm* triatlón *m*
**tribal, e, -aux** [tʀibal, o] *adj* tribal
**tribord** [tʀibɔʀ] *nm* : **à ~** a estribor
**tribu** [tʀiby] *nf* tribu *f*
**tribulations** [tʀibylasjɔ̃] *nfpl* tribulaciones *fpl*
**tribunal, -aux** [tʀibynal, o] *nm* tribunal *m*; **~ d'instance/de grande instance** juzgado de instancia/de primera instancia; **~ de commerce** tribunal de comercio; **~ de police/pour enfants** tribunal correccional/de menores
**tribune** [tʀibyn] *nf* tribuna; *(d'église, de tribunal)* púlpito; *(de stade)* tribuna, grada; **~ libre** *(Presse)* tribuna libre
**tribut** [tʀiby] *nm* tributo; **payer un lourd ~ à** pagar un tributo muy caro a
**tributaire** [tʀibytɛʀ] *adj* : **être ~ de** ser tributario(-a) de, ser deudor(a) de

495

## tricentenaire – trivial

**tricentenaire** [tʀisɑ̃t(ə)nɛʀ] *nm* tricentenario

**triche** [tʀiʃ] *(fam) nf* trampa; **c'est de la ~!** ¡eso es trampa!

**tricher** [tʀiʃe] *vi (à un examen)* copiar; *(aux cartes, courses)* hacer trampas

**tricherie** [tʀiʃʀi] *nf* trampa

**tricheur, -euse** [tʀiʃœʀ, øz] *nm/f* tramposo(-a)

**trichromie** [tʀikʀɔmi] *nf* tricromía

**tricolore** [tʀikɔlɔʀ] *adj* tricolor; *(français: drapeau, équipe)* francés(-esa)

**tricot** [tʀiko] *nm* punto; *(ouvrage)* prenda de punto; **~ de corps** camiseta

**tricoté, e** [tʀikɔte] *adj* tricotado(-a), de punto

**tricoter** [tʀikɔte] *vt* tricotar, hacer punto; **machine/aiguille à ~** máquina/aguja de hacer punto *ou* de tricotar

**trictrac** [tʀiktʀak] *nm* chaquete *m*

**tricycle** [tʀisikl] *nm* triciclo

**tridimensionnel, le** [tʀidimɑ̃sjɔnɛl] *adj* tridimensional

**triennal, e, -aux** [tʀijenal, o] *adj* trienal

**trier** [tʀije] *vt (classer)* clasificar; *(choisir)* seleccionar; *(fruits, grains)* seleccionar, escoger

**trieur, -euse** [tʀijœʀ, tʀijøz] *nm/f* seleccionador(a) ▶ *nm* máquina cribadora *ou* clasificadora

**triglycéride** [tʀigliseʀid] *nm* triglicérido; **taux de triglycérides** tasa de triglicéridos

**trigonométrie** [tʀigɔnɔmetʀi] *nf* trigonometría

**trigonométrique** [tʀigɔnɔmetʀik] *adj* trigonométrico(-a)

**trilingue** [tʀilɛ̃g] *adj* trilingüe

**trilogie** [tʀilɔʒi] *nf* trilogía

**trimaran** [tʀimaʀɑ̃] *nm* trimarán *m*

**trimbaler** [tʀɛ̃bale] *vt* cargar con

**trimer** [tʀime] *(fam) vi* currar

**trimestre** [tʀimɛstʀ] *nm* trimestre *m*

**trimestriel, le** [tʀimɛstʀijɛl] *adj* trimestral

**trimoteur** [tʀimɔtœʀ] *nm* trimotor *m*

**tringle** [tʀɛ̃gl] *nf* barra

**Trinité** [tʀinite] *nf* Trinidad *f*

**Trinité et Tobago** [tʀiniteetɔbago] *nf* Trinidad y Tobago *f*

**trinquer** [tʀɛ̃ke] *vi (porter un toast)* brindar; *(fam)* pagar el pato; **~ à qch/la santé de qn** brindar por algo/a la salud de algn

**trio** [tʀijo] *nm* trío, terceto

**triolet** [tʀijɔlɛ] *nm (Mus)* tresillo

**triolisme** [tʀi(j)ɔlizm] *nm* ménage *m* à trois

**triomphal, e, -aux** [tʀijɔ̃fal, o] *adj* triunfal

**triomphalement** [tʀijɔ̃falmɑ̃] *adv* triunfalmente

**triomphalisme** [tʀijɔ̃falism] *nm* triunfalismo

**triomphaliste** [tʀijɔ̃falist] *adj* triunfalista

**triomphant, e** [tʀijɔ̃fɑ̃, ɑ̃t] *adj* triunfante

**triomphateur, -trice** [tʀijɔ̃fatœʀ, tʀis] *nm/f* triunfador(a)

**triomphe** [tʀijɔ̃f] *nm* triunfo; **être reçu/porté en ~** ser recibido con aclamaciones/ser llevado a hombros

**triompher** [tʀijɔ̃fe] *vi* triunfar; *(jubiler)* no caber en sí de gozo; *(exceller)* sobresalir; **~ de qch/qn** triunfar sobre algo/algn

**tripartite** [tʀipaʀtit], **triparti, e** [tʀipaʀti] *adj* tripartito(-a)

**triperie** [tʀipʀi] *nf* tripería, casquería

**tripes** [tʀip] *nfpl (Culin)* callos *mpl*; *(fam)* tripas *fpl*

**triphasé, e** [tʀifaze] *adj* trifásico(-a)

**triplace** [tʀiplas] *adj* triplaza *m*

**triple** [tʀipl] *adj* triple; **en ~ exemplaire** por triplicado ▶ *nm* : **le ~ (de)** el triple (de)

**triplé** [tʀiple] *nm (Sport)* triple éxito; **triplés** *nmfpl (bébés)* trillizos/as

**triplement** [tʀipləmɑ̃] *adv* triplemente; *(à un degré triple)* tres veces más ▶ *nm* triplicación *f*

**tripler** [tʀiple] *vi, vt* triplicar

**triplés, -ées** [tʀiple] *nmpl/nfpl (bébés)* trillizos(-as)

**triplex** [tʀiplɛks] *nm (appartement)* tríplex *m*; *(verre)* tríplex® *m*

**tripode** [tʀipɔd] *adj* de tres pies ▶ *nm (Archéologie, Tech)* trípode *m*; *(dans le métro: portillon)* torno; *(fig)* triunvirato

**Tripoli** [tʀipɔli] *n* Trípoli

**triporteur** [tʀipɔʀtœʀ] *nm* motocarro

**tripot** [tʀipo] *(péj) nm* timba, garito

**tripotage** [tʀipɔtaʒ] *(péj) nm* chanchullo

**tripotée** [tʀipɔte] *(fam) nf (grand nombre)* mogollón *m (fam)*

**tripoter** [tʀipɔte] *vt (objet)* manosear; *(fam)* sobar ▶ *vi (fam)* revolver

**tripous, tripoux** [tʀipu] *nmpl* estofado a base de callos y panceta típico de la región francesa de Auvernia

**triptyque** [tʀiptik] *nm (peinture, sculpture, livre)* tríptico; *(trinité)* tríada

**trique** [tʀik] *nf* garrote *m*, palo

**trisannuel, le** [tʀizanɥɛl] *adj* trienal

**trisomie** [tʀizɔmi] *nf* trisomía

**trisomique** [tʀizɔmik] *adj* con síndrome de Down; **il est ~** tiene síndrome de Down ▶ *nmf* persona con síndrome de Down

**triste** [tʀist] *adj* triste; **un ~ personnage/une ~ affaire** *(péj)* un personaje mediocre/un asunto turbio; **c'est pas ~!** *(fam)* ¡qué cachondeo!

**tristement** [tʀistəmɑ̃] *adv* tristemente

**tristesse** [tʀistɛs] *nf* tristeza

**trithérapie** [tʀiteʀapi] *nf* triterapia

**triton** [tʀitɔ̃] *nm* tritón *m*

**triturateur** [tʀityʀatœʀ] *nm (entreprise)* empresa trituradora; *(machine)* trituradora

**triturer** [tʀityʀe] *vt* triturar

**triumvirat** [tʀijɔmviʀa] *nm* triunvirato

**trivial, e, -aux** [tʀivjal, jo] *adj (commun)* trivial; *(langage, plaisanteries)* ordinario(-a)

## trivialité – trouble

**trivialité** [tʀivjalite] nf trivialidad f; (grossièreté) ordinariez f

**troc** [tʀɔk] nm trueque m

**troène** [tʀɔɛn] nm alheña

**troglodyte** [tʀɔglɔdit] nmf troglodita mf

**trognon** [tʀɔɲɔ̃] nm (de fruit) corazón m; (de légume) troncho

**trois** [tʀwa] adj inv, nm inv tres m inv; voir aussi **cinq**

**trois-huit** [tʀwaɥit] nmpl : **faire les ~** trabajar por turnos

**troisième** [tʀwazjɛm] adj, nmf tercero(-a); **~ âge : le ~ âge** la tercera edad ▸ nf (Auto) tercera; (Scol) cuarto año de educación secundaria en el sistema francés; voir aussi **cinquième**

**troisièmement** [tʀwazjɛmmɑ̃] adv en tercer lugar, tercero

**trois-quarts** [tʀwakaʀ] nmpl : **les ~ de** los tres cuartos de

**troll** [tʀɔl] nm, **trolleur, -euse** [tʀɔlœʀ, -øz] nm/f (Inform) trol mf

**trolleybus** [tʀɔlɛbys] nm trolebús m

**trombe** [tʀɔ̃b] nf tromba; **en ~** en tromba; **des trombes d'eau** trombas fpl de agua

**trombine** [tʀɔ̃bin] (fam) nf (tête) cara, jeta (fam)

**trombinoscope** [tʀɔ̃binɔskɔp] (fam) nm quién es quién m

**trombone** [tʀɔ̃bɔn] nm (Mus) trombón m; (de bureau) clip m; **~ à coulisse** trombón de varas

**tromboniste** [tʀɔ̃bɔnist] nmf trombón mf

**trompe** [tʀɔ̃p] nf trompa; **~ d'Eustache** trompa de Eustaquio; **trompes utérines** trompas fpl de Falopio

**trompe-l'œil** [tʀɔ̃plœj] nm inv : **en ~** con efecto

**tromper** [tʀɔ̃pe] vt engañar; (espoir, attente) frustrar; (vigilance, poursuivants) burlar; (suj : distance, ressemblance) confundir; **se tromper** vpr equivocarse; **se ~ de voiture/jour** equivocarse de coche/día; **se ~ de 3 cm/20 euros** equivocarse en 3 cm/20 euros

**tromperie** [tʀɔ̃pʀi] nf engaño

**trompette** [tʀɔ̃pɛt] nf trompeta; **nez en ~** nariz f respingona

**trompettiste** [tʀɔ̃petist] nmf trompetista mf

**trompeur, -euse** [tʀɔ̃pœʀ, øz] adj engañoso(-a)

**trompeusement** [tʀɔ̃pøzmɑ̃] adv engañosamente

**tronc** [tʀɔ̃] nm (Bot, Anat) tronco; (d'église) cepillo; **~ commun** (Scol) ciclo común; **~ de cône** cono truncado

**tronche** [tʀɔ̃ʃ] (fam) nf : **il a une sale ~/une ~ sympathique** tiene una pinta desagradable/simpática

**tronçon** [tʀɔ̃sɔ̃] nm tramo

**tronçonner** [tʀɔ̃sɔne] vt (arbre) cortar en trozos

**tronçonneuse** [tʀɔ̃sɔnøz] nf sierra eléctrica

**trône** [tʀon] nm trono; **monter sur le ~** subir al trono

**trôner** [tʀone] vi dominar

**tronqué, e** [tʀɔ̃ke] adj (aussi Science) truncado(-a)

**tronquer** [tʀɔ̃ke] vt truncar

**trop** [tʀo] adv demasiado; (devant adverbe) demasiado, muy; **~ souvent/longtemps)** demasiado (a menudo/tiempo); **~ de sucre/personnes** demasiado azúcar/demasiadas personas; **ils sont ~** son demasiados; **de ~, en ~ : des livres en ~** libros mpl de sobra; **du lait en ~** leche f de sobra; **trois euros de ~** tres euros de más

> **Trop** se traduit par *demasiado*. **Trop de** se traduit aussi par *demasiado*, mais dans ce cas il s'accorde en genre et en nombre avec le nom qui suit :
> **Tu travailles trop.** Trabajas demasiado.
> **J'ai mis trop de lait/d'oranges.** He echado demasiada leche/demasiadas naranjas.

**trophée** [tʀɔfe] nm trofeo

**tropical, e, -aux** [tʀɔpikal, o] adj tropical

**tropique** [tʀɔpik] nm trópico; **~ du Cancer/du Capricorne** trópico de Cáncer/de Capricornio; **tropiques** nmpl (régions) trópicos mpl

**trop-plein** [tʀɔplɛ̃] (pl **trop-pleins**) nm (tuyau) desagüe m; (liquide) (lo) sobrante m, exceso

**troquer** [tʀɔke] vt : **~ qch contre qch** trocar algo por algo; (fig) cambiar algo por algo

**troquet** [tʀɔke] (fam) nm bareto

**trot** [tʀo] nm trote m; **aller au ~** ir al trote; **partir au ~** marchar corriendo

**trotskiste, trotskyste** [tʀɔtskist] adj, nmf trotskista mf

**trotter** [tʀɔte] vi trotar

**trotteuse** [tʀɔtøz] nf segundero

**trottiner** [tʀɔtine] vi corretear

**trottinette** [tʀɔtinɛt] nf patinete m

**trottoir** [tʀɔtwaʀ] nm acera, vereda (AM), andén m (AM); **faire le ~** (péj) hacer la calle; **~ roulant** cinta móvil

**trou** [tʀu] nm agujero; (moment de libre) hueco; **~ d'aération** boca de ventilación; **~ d'air** bache m; **~ de la serrure** ojo de la cerradura; **~ de mémoire** fallo de la memoria; **~ noir** (Astron) agujero negro

**troubadour** [tʀubaduʀ] nm (Hist) trovador m

**troublant, e** [tʀublɑ̃, ɑ̃t] adj (ressemblance) sorprendente; (yeux, regard) turbador(a); (beauté) perturbador(a)

**trouble** [tʀubl] adj turbio(-a); (image, mémoire) confuso(-a) ▸ adv : **voir ~** ver borroso ▸ nm (désarroi) desconcierto; (émoi sensuel) trastorno; (embarras) confusión f; (zizanie) desavenencia; **troubles** nmpl (Pol) disturbios mpl; (Méd) trastornos mpl; **troubles de la personnalité/de la vision** trastornos de la

## trouble-fête – tue-mouche

personalidad/de la visión; **troubles obsessionnels compulsifs** trastorno *msg* obsesivo-compulsivo

**trouble-fête** [tʀubləfɛt] (*pl* **trouble-fêtes**) *nmf* aguafiestas *mf inv*

**troubler** [tʀuble] *vt* turbar; (*impressionner, inquiéter*) perturbar; (*d'émoi amoureux*) trastornar; (*liquide*) enturbiar; (*ordre*) alterar; (*tranquillité*) turbar, alterar; **~ l'ordre public** alterar el orden público; **se troubler** *vpr* turbarse

**troué, e** [tʀue] *adj* agujereado(-a)

**trouée** [tʀue] *nf* boquete *m*; (*Géo*) paso; (*Mil*) brecha

**trouer** [tʀue] *vt* agujerear; (*fig*) atravesar

**troufion** [tʀufjɔ̃] (*fam*) *nm* guripa *m* (*fam*)

**trouillard, e** [tʀujaʀ, aʀd] (*fam*) *adj, nm/f* cagueta *mf* (*fam*)

**trouille** [tʀuj] (*fam*) *nf*: **avoir la ~** tener mieditis

**trouillomètre** [tʀujɔmɛtʀ] (*fam*) *nm*: **avoir le ~ à zéro** tenerlos por corbata (*fam*), tener canguelo (*fam*)

**troupe** [tʀup] *nf* (*Mil*) tropa; (*d'écoliers*) grupo; **la ~** (*l'armée*) el ejército; (*les simples soldats*) la tropa; **~ (de théâtre)** compañía (de teatro); **troupes de choc** fuerzas *fpl* de choque

**troupeau, x** [tʀupo] *nm* (*de moutons*) rebaño; (*de vaches*) manada

**trousse** [tʀus] *nf* (*étui*) estuche *m*; (*d'écolier*) estuche *m*, plumier *m*; (*de docteur*) maletín *m*; **aux trousses de** pisándole los talones a; **~ à outils** bolsa de herramientas; **~ de toilette** neceser *m*; **~ de voyage** bolsa de viaje

**trousseau, x** [tʀuso] *nm* ajuar *m*; **~ de clés** manojo de llaves

**trouvaille** [tʀuvaj] *nf* hallazgo; (*fig: idée, expression*) idea

**trouvé, e** [tʀuve] *adj*: **tout ~** hecho(-a) a medida

**trouver** [tʀuve] *vt* encontrar, hallar; **aller/venir ~ qn** ir/venir a ver a algn; **~ le loyer cher/le prix excessif** parecerle a algn el alquiler caro/el precio excesivo; **je trouve que** me parece que; **~ à boire/critiquer** encontrar algo de beber/algo que criticar; **~ asile/refuge** hallar asilo/refugio; **se trouver** *vpr* (*être*) encontrarse, hallarse; **se ~ loin/à 3 km** encontrarse lejos/a 3 km; **ils se trouvent être frères** resulta que son hermanos; **elles se trouvent avoir le même manteau** resulta que tienen el mismo abrigo; **il se trouve que** resulta que; **se ~ bien/mal** sentirse *ou* encontrarse bien/mal

**truand, e** [tʀyɑ̃, ɑ̃d] *nm/f* truhán(-ana), timador(a)

**truander** [tʀyɑ̃de] (*fam*) *vt* timar

**trublion** [tʀyblijɔ̃] *nm* perturbador *m*

**truc** [tʀyk] *nm* (*astuce*) maña, artificio; (*de cinéma, magie*) truco; (*fam: machin, chose*) cosa, chisme *m*; **demande à ~** (*fam: personne*) pregunta a ese *ou* esa; **avoir le ~** coger el tranquillo *ou* truco; **c'est pas son** (*ou* **mon** *etc*) **~** (*fam*) no es lo suyo (*ou* lo mío *etc*)

**trucage** [tʀykaʒ] *nm* = **truquage**

**truchement** [tʀyʃmɑ̃] *nm*: **par le ~ de qn** por mediación de algn

**trucider** [tʀyside] (*fam*) *vt* cargarse

**truculence** [tʀykylɑ̃s] *nf* truculencia

**truculent, e** [tʀykylɑ̃, ɑ̃t] *adj* truculento(-a)

**truelle** [tʀyɛl] *nf* llana

**truffe** [tʀyf] *nf* (*Bot*) trufa; (*d'un chien*) trufa, nariz *f*; (*fam: nez*) napias *fpl*

**truffé, e** [tʀyfe] *adj*: **~ de** (*citations, allusions, fautes*) repleto de, plagado de

**truffer** [tʀyfe] *vt* (*Culin*) trufar; **~ de** (*citations, allusions*) plagar de, llenar de

**truie** [tʀyi] *nf* cerda, marrana

**truisme** [tʀyism] *nm* truismo

**truite** [tʀyit] *nf* trucha

**truquage** [tʀykaʒ] *nm* trucaje *m*; (*d'élections*) amaño; (*Ciné*) efectos *mpl* especiales

**truquer** [tʀyke] *vt* trucar; (*élections*) amañar

**trust** [tʀœst] *nm* (*Comm*) trust *m*

**truster** [tʀœste] *vt* (*Comm*) monopolizar

**tsar** [dzaʀ] *nm* zar *m*

**tsé-tsé** *nf inv*, **tsétsé** *nf* [tsetse]: **mouche ~** mosca tsé-tsé

**TSF** [teɛsɛf] *sigle f* (= *télégraphie sans fil*) TSH *f* (= *Telegrafía Sin Hilos*)

**tsigane** [tsigan] *adj, nmf* = **tzigane**

**TSVP** [teɛsvepe] *abr* (= *tournez s'il vous plaît*) sigue

**TTC** [tetese] *abr* (= *toutes taxes comprises*) todo incluido

**tu**[1] [ty] *pron* tú ▶ *nm*: **employer le tu** tratar de tú

**tu**[2]**, e** [ty] *pp de* **taire**

**tuant, e** [tɥɑ̃, tɥɑ̃t] *adj* (*épuisant*) agotador(a); (*énervant*) inaguantable, insoportable

**tuba** [tyba] *nm* tuba; (*Sport*) tubo de respiración

**tubage** [tybaʒ] *nm* (*Méd*) entubado

**tube** [tyb] *nm* tubo; (*chanson, disque*) éxito; **~ à essai** tubo de ensayo; **~ de peinture** tubo de pintura; **~ digestif** tubo digestivo

**tuberculeux, -euse** [tybɛʀkylø, øz] *adj, nm/f* tuberculoso(-a)

**tuberculose** [tybɛʀkyloz] *nf* tuberculosis *f*

**tubulaire** [tybylɛʀ] *adj* tubular

**tubulure** [tybylyʀ] *nf* tubo porta-ocular; **tubulures** *nfpl* (*tubes*) tuberías *fpl*; **tubulures d'échappement/d'admission** (*Auto*) tobera *fsg* de escape/de admisión

**tué, e** [tɥe] *nm/f*: **cinq tués** cinco muertos(-as)

**tue-mouche** [tymuʃ] *adj*: **papier ~(s)** papel *m ou* tira para matar moscas

**tuer – tzigane**

**tuer** [tɥe] vt matar; (vie, activité) acabar con, destruir; (commerce) arruinar; (inspiration, amour) destruir; **se tuer** vpr (se suicider) suicidarse; (dans un accident) matarse; **se ~ au travail** (fig) matarse trabajando
**tuerie** [tɥʀi] nf matanza
**tue-tête** [tytɛt] : **à ~** adv a voz en grito, a grito pelado
**tueur, -euse** [tɥœʀ, øz] nm/f asesino(-a); **~ à gages** asesino(-a) a sueldo
**tuile** [tɥil] nf teja; (fam) contratiempo, problema m
**tulipe** [tylip] nf tulipán m
**tulle** [tyl] nm tul m
**tuméfié, e** [tymefje] adj tumefacto(-a)
**tumeur** [tymœʀ] nf tumor m; **~ maligne** tumor maligno
**tumulte** [tymylt] nm tumulto
**tumultueux, -euse** [tymyltɥø, øz] adj tumultuoso(-a); (passionné) apasionado(-a)
**tumulus** [tymylys] nm túmulo
**tuner** [tynɛʀ] nm radio f (en la cadena hi-fi)
**tungstène** [tœ̃kstɛn] nm tungsteno, volframio
**tunique** [tynik] nf túnica
**Tunis** [tynis] n Túnez
**Tunisie** [tynizi] nf Túnez m
**tunisien, ne** [tynizjɛ̃, jɛn] adj tunecino(-a) ▶ nm/f : **Tunisien, ne** tunecino(-a)
**tunisois, e** [tynizwa, waz] adj tunecino(-a)
**tunnel** [tynɛl] nm túnel m
**turban** [tyʀbɑ̃] nm turbante m
**turbin** [tyʀbɛ̃] (fam) nm curre m, tajo
**turbine** [tyʀbin] nf turbina
**turbo** [tyʀbo] nm turbo; **un moteur ~** un motor turbo
**turbopropulseur** [tyʀbopʀɔpylsœʀ] nm turbopropulsor m
**turboréacteur** [tyʀboʀeaktœʀ] nm turborreactor m
**turbot** [tyʀbo] nm rodaballo
**turbotrain** [tyʀbotʀɛ̃] nm turbotren m
**turbulences** [tyʀbylɑ̃s] nfpl turbulencias fpl
**turbulent, e** [tyʀbylɑ̃, ɑ̃t] adj revoltoso(-a)
**turc, turque** [tyʀk] adj turco(-a) ▶ nm (Ling) turco ▶ nf : **à la turque** adv (assis) a la turca; adj (w.c.) sin asiento ▶ nm/f : **Turc, Turque** turco(-a)
**turf** [tyʀf] nm deporte m hípico
**turfiste** [tyʀfist] nmf aficionado(-a) a las carreras de caballos
**turista** [tuʀista] (fam) nf diarrea que sufren los extranjeros en los países tropicales, venganza de Moctezuma
**turpitude** [tyʀpityd] nf infamia, bajeza
**turque** [tyʀk] adj f voir **turc**
**Turquie** [tyʀki] nf Turquía

**turquoise** [tyʀkwaz] adj inv turquesa inv ▶ nf turquesa
**tut** etc [ty] vb voir **taire**
**tutélaire** [tytelɛʀ] adj tutelar
**tutelle** [tytɛl] nf tutela; **être/mettre sous la ~ de** estar/poner bajo la tutela de
**tuteur, -trice** [tytœʀ, tʀis] nm/f (Jur) tutor(a) ▶ nm (de plante) tutor m, rodrigón m
**tutoiement** [tytwamɑ̃] nm tuteo
**tutoyer** [tytwaje] vt : **~ qn** tutear a algn
**tutti quanti** [tutikwɑ̃ti] nmpl : **et ~** y todos, y todo el mundo
**tutu** [tyty] nm tutú m
**tuyau, x** [tɥijo] nm tubo; (fam : conseil) consejo; **~ d'arrosage** manguera de riego; **~ d'échappement** tubo de escape; **~ d'incendie** manga de incendios
**tuyauté, e** [tɥijote] adj aconsejado(-a)
**tuyauter** [tɥijote] (fam) vt (renseigner) dar un soplo a
**tuyauterie** [tɥijotʀi] nf cañería, tubería
**tuyère** [tyjɛʀ] nf tobera
**TV** [teve] sigle f (= télévision) TV f (= televisión)
**TVA** [tevea] sigle f (= taxe à la valeur ajoutée) ≈ IVA (= impuesto sobre el valor añadido)
**TVHD** sigle f (= télévision haute-définition) televisión f de alta definición
**tweed** [twid] nm tweed m
**tweet** [twit] nm tweet m, tuit m
**tweeter** [twite] vi tuitear
**tympan** [tɛ̃pɑ̃] nm tímpano
**type** [tip] nm tipo; (fam : homme) tío; **avoir le ~ nordique** tener el tipo nórdico; **le ~ standard** (modèle) el tipo ou modelo standard; **le ~ travailleur** (représentant) el típico trabajador ▶ adj tipo
**typé, e** [tipe] adj típico(-a)
**typhique** [tifik] nmf tífico(-a)
**typhoïde** [tifɔid] nf tifoidea
**typhon** [tifɔ̃] nm tifón m
**typhus** [tifys] nm tifus m
**typique** [tipik] adj típico(-a)
**typiquement** [tipikmɑ̃] adv típicamente
**typographe** [tipɔɡʀaf] nmf tipógrafo(-a)
**typographie** [tipɔɡʀafi] nf tipografía
**typographique** [tipɔɡʀafik] adj tipográfico(-a)
**typologie** [tipɔlɔʒi] nf tipología
**typologique** [tipɔlɔʒik] adj tipológico(-a)
**tyran** [tiʀɑ̃] nm tirano
**tyrannie** [tiʀani] nf tiranía
**tyrannique** [tiʀanik] adj tiránico(-a)
**tyranniser** [tiʀanize] vt tiranizar
**tyrolien, ne** [tiʀɔljɛ̃, jɛn] adj tirolés(-esa)
**tzar** [dzaʀ] nm = **tsar**
**tzigane** [dzigan] adj cíngaro(-a), zíngaro(-a) ▶ nmf : **Tzigane** cíngaro(-a), zíngaro(-a)

# U u

**U, u** [y] *nm inv (lettre)* U, u *f*; **U comme Ursula** ≈ U de Ulises
**ubiquité** [ybikɥite] *nf* ubicuidad *f*
**ubuesque** [ybyɛsk] *adj (situation, projet, idée)* esperpéntico(-a), grotesco(-a); *(personne)* ubuesco(-a)
**UDF** [ydeɛf] *sigle f* (= *Union pour la démocratie française*) partido político de derechas
**UE** [yə] *sigle f* (= *Union européenne*) UE *f* (= *Unión Europea*)
**UEFA** [yefa] *sigle f* (= *Union of European Football Associations*) UEFA *f* (= *Unión de Asociaciones de Fútbol Europeo*)
**UEO** [yəo] *sigle f* (= *Union de l'Europe Occidentale*) UEO *f* (= *Unión Europea Occidental*)
**ufologie** [yfɔlɔʒi] *nf* ufología
**UFR** [yɛfɛʀ] *sigle f* (= *unité de formation et de recherche*) departamento universitario
**UHF** [yaʃɛf] *sigle f* (= *ultra-haute fréquence*) UHF *f*
**UHT** [yaʃte] *abr* (= *ultra-haute température*) UHT; **lait ~** leche UHT
**Ukraine** [ykʀɛn] *nf* Ucrania
**ukrainien, ne** [ykʀɛnjɛ̃, jɛn] *adj* ucraniano(-a), ucranio(-a) ▶ *nm/f*: **Ukrainien, ne** ucraniano(-a), ucranio(-a)
**ukulélé** [(j)ukulele] *nm* ukelele *m*
**ulcération** [ylseʀasjɔ̃] *nf* ulceración *f*
**ulcère** [ylsɛʀ] *nm* úlcera; **~ à l'estomac** úlcera de estómago
**ulcéré, e** [ylseʀe] *adj* resentido(-a)
**ulcérer** [ylseʀe] *vt (Méd)* ulcerar; *(fig)* herir en lo más hondo
**ulcéreux, -euse** [ylseʀø, øz] *adj* ulceroso(-a)
**uléma** [ylema] *nm (Rel)* ulema *m*
**ULM** [yɛlɛm] *sigle m* (= *ultra léger motorisé*) ultraligero
**ultérieur, e** [ylteʀjœʀ] *adj* ulterior, posterior; **reporté à une date ultérieure** aplazado hasta nuevo aviso
**ultérieurement** [ylteʀjœʀmɑ̃] *adv* posteriormente
**ultimatum** [yltimatɔm] *nm* ultimátum *m*
**ultime** [yltim] *adj* último(-a)
**ultra** [yltʀa] *nmf* ultra *mf*
**ultra...** [yltʀa] *préf* ultra...

**ultra-court, e** [yltʀakuʀ, t] *(pl* **ultra-courts, -es**) *adj (ondes etc)* ultracorto(-a); *(cheveux)* supercorto(-a)
**ultra-moderne** [yltʀamɔdɛʀn(ə)] *(pl* **ultra-modernes**) *adj* ultramoderno(-a)
**ultra-rapide** [yltʀaʀapid] *(pl* **ultra-rapides**) *adj* ultrarrápido(-a)
**ultra-sensible** [yltʀasɑ̃sibl] *(pl* **ultra-sensibles**) *adj* ultrasensible
**ultra-sons** [yltʀasɔ̃] *nmpl* ultrasonidos *mpl*
**ultra-violet, te** [yltʀavjɔlɛ, ɛt] *(pl* **ultra-violets, -tes**) *adj* ultravioleta *inv*
**ululer** [ylyle] *vi* ulular
**UMP** [yɛmpe] *sigle f* (= *Union pour un mouvement populaire*) partido político

MOT-CLÉ

**un, une** [œ̃, yn] *art indéf* un(a); **un garçon/vieillard** un chico/viejo; **une fille** una niña
▶ *pron* uno(-a); **l'un des meilleurs** uno de los mejores; **l'un ..., l'autre ...** uno ..., el otro ...; **les uns ..., les autres ...** (los) unos ..., (los) otros ...; **l'un et l'autre** uno y otro; **l'un ou l'autre** uno u otro; **pas un seul** ni uno; **un par un** uno a uno
▶ *num* uno(-a); **une pomme seulement** una manzana solamente
▶ *nf*: **la une** *(Presse)* la primera página; *(chaîne de télévision)* la primera (cadena)

**unanime** [ynanim] *adj* unánime; **ils sont unanimes à penser que ...** piensan de forma unánime que ...
**unanimement** [ynanimmɑ̃] *adv* unánimemente
**unanimité** [ynanimite] *nf* unanimidad *f*; **à l'~** por unanimidad; **faire l'~** obtener la unanimidad
**underground** [œndœʀgʀawnd] *adj (mouvement, artiste)* underground *inv* ▶ *nm (milieu artistique)* underground *m inv*
**UNEF** [ynɛf] *sigle f* (= *Union nationale des étudiants de France*) sindicato de estudiantes
**UNESCO, Unesco** [ynɛsko] *sigle f* (= *Organisation des Nations unies pour l'éducation, la science et la culture*) UNESCO *f*, Unesco *f*

## unetelle – Uruguay

(= *Organización de las Naciones Unidas para la Educación, la Ciencia y la Cultura*)
**unetelle** [yntɛl] *nf voir* **untel**
**uni, e** [yni] *adj* (*tissu*) uniforme; (*surface, couleur*) liso(-a); (*groupe, pays*) unido(-a) ▶ *nm* tejido liso
**UNICEF, Unicef** [ynisɛf] *sigle m ou f* (= *Fonds des Nations unies pour l'enfance*) UNICEF *m ou f*, Unicef *m ou f* (= *Fondo de las Naciones Unidas para la Infancia*)
**unicellulaire** [yniselylɛʀ] *adj* (*Biol*) unicelular
**unidirectionnel, le** [ynidiʀɛksjɔnɛl] *adj* unidireccional
**unième** [ynjɛm] *num*: **vingt/trente et ~** vigésimo/trigésimo primero(-a); **cent ~** ciento uno(-a); **mille et ~** mil y uno(-a)
**unificateur, -trice** [ynifikatœʀ, tʀis] *adj* unificador(a)
**unification** [ynifikasjɔ̃] *nf* unificación *f*
**unifier** [ynifje] *vt* unificar; **s'unifier** *vpr* unificarse
**uniforme** [ynifɔʀm] *adj* (*aussi fig*) uniforme ▶ *nm* uniforme *m*; **être sous l'~** (*Mil*) estar haciendo la mili
**uniformément** [ynifɔʀmemɑ̃] *adv* de manera uniforme
**uniformisation** [ynifɔʀmizasjɔ̃] *nf* uniformización *f*
**uniformiser** [ynifɔʀmize] *vt* uniformizar, uniformar
**uniformité** [ynifɔʀmite] *nf* uniformidad *f*
**unijambiste** [yniʒɑ̃bist] *nmf* cojo(-a) (*por faltarle una pierna*)
**unilatéral, e, -aux** [ynilateʀal, o] *adj* unilateral; **stationnement ~** estacionamiento en fila única
**unilatéralement** [ynilateʀalmɑ̃] *adv* unilateralmente
**uninominal, e, -aux** [yninɔminal, o] *adj* uninominal
**union** [ynjɔ̃] *nf* unión *f*; **l'U~ des républiques socialistes soviétiques** (*Hist*) la Unión de repúblicas socialistas soviéticas; **l'U~ soviétique** (*Hist*) la Unión soviética; **~ conjugale** unión conyugal; **~ de consommateurs** unión de consumidores; **~ douanière** unión aduanera; **~ libre** unión libre
**unique** [ynik] *adj* único(-a); **ménage à salaire ~** matrimonio con un solo sueldo; **route à voie ~** carretera de una sola dirección; **fils/fille ~** hijo único/hija única; **~ en France** único en Francia
**uniquement** [ynikmɑ̃] *adv* únicamente
**unir** [yniʀ] *vt* unir; **~ qch à** unir algo a; **s'unir** *vpr* unirse; **s'~ à** *ou* **avec** unirse a *ou* con
**unisexe** [ynisɛks] *adj* unisex *inv*
**unisson** [ynisɔ̃]: **à l'~** *adv* al unísono
**unitaire** [ynitɛʀ] *adj* unitario(-a)

**unité** [ynite] *nf* unidad *f*; **~ centrale** (*Inform*) unidad central; **~ d'action** unidad de acción; **~ de valeur** (*Univ*) ≈ asignatura; **~ de vues** acuerdo de puntos de vista
**univers** [ynivɛʀ] *nm* (*aussi fig*) universo
**universalisation** [ynivɛʀsalizasjɔ̃] *nf* universalización *f*
**universaliser** [ynivɛʀsalize] *vt* universalizar
**universaliste** [ynivɛʀsalist] *adj* universalista
**universalité** [ynivɛʀsalite] *nf* universalidad *f*
**universel, le** [ynivɛʀsɛl] *adj* universal
**universellement** [ynivɛʀsɛlmɑ̃] *adv* universalmente
**universitaire** [ynivɛʀsitɛʀ] *adj*, *nmf* universitario(-a)
**université** [ynivɛʀsite] *nf* universidad *f*
**univoque** [ynivɔk] *adj* unívoco(-a)
**untel, unetelle** [œ̃tɛl, yntɛl] *nm/f* uno(-a)
**upériser** [ypeʀize] *vt*: **lait upérisé** leche *f* uperizada
**uppercut** [ypɛʀkyt] *nm* uppercut *m*
**uranium** [yʀanjɔm] *nm* uranio
**urbain, e** [yʀbɛ̃, ɛn] *adj* urbano(-a)
**urbanisation** [yʀbanizasjɔ̃] *nf* urbanización *f*
**urbaniser** [yʀbanize] *vt* urbanizar
**urbanisme** [yʀbanism] *nm* urbanismo
**urbaniste** [yʀbanist] *nmf* urbanista *mf*
**urbanité** [yʀbanite] *nf* urbanidad *f*
**urée** [yʀe] *nf* urea
**urémie** [yʀemi] *nf* uremia
**urgence** [yʀʒɑ̃s] *nf* urgencia; **en cas d'~** en caso de urgencia; **service des urgences** servicio de urgencias ▶ *adv*: **d'~** urgentemente
**urgent, e** [yʀʒɑ̃, ɑ̃t] *adj* urgente
**urgentiste** [yʀʒɑ̃tist] *nmf* médico(-a) de urgencias
**urinaire** [yʀinɛʀ] *adj* urinario(-a)
**urinal, -aux** [yʀinal, o] *nm* orinal *m*
**urine** [yʀin] *nf* orina
**uriner** [yʀine] *vi* orinar
**urinoir** [yʀinwaʀ] *nm* urinario
**urique** [yʀik] *adj*: **acide ~** ácido úrico
**URL** [yɛʀɛl] *sigle f* (*Inform*: = *Uniform Resource Locator*) URL *m*; **adresse ~** dirección *f* URL
**urne** [yʀn] *nf* urna; **aller aux urnes** ir a las urnas; **~ funéraire** urna funeraria
**urologie** [yʀɔlɔʒi] *nf* urología
**urologue** [yʀɔlɔg] *nmf* urólogo(-a)
**URSS** [yʀs] *sigle f* (*Hist*: = *Union des républiques socialistes soviétiques*) URSS *f* (= *Unión de Repúblicas Socialistas Soviéticas*)
**URSSAF** [yʀsaf] *sigle f* (= *Union pour le recouvrement de la sécurité sociale et des allocations familiales*) organismo francés que se encarga de cobrar las cotizaciones a la Seguridad Social
**urticaire** [yʀtikɛʀ] *nf* urticaria
**Uruguay** [yʀygwɛ] *nm* Uruguay *m*

## uruguayen – uvule

**uruguayen, ne** [yRygwajɛ̃, ɛn] *adj* uruguayo(-a) ▶ *nm/f*: **Uruguayen, ne** uruguayo(-a)

**US** [yɛs], **USA** [yɛsa] *sigle mpl* (= *United States (of America)*) EE. UU. *mpl* (= *Estados Unidos*)

**us** [ys] *nmpl*: **us et coutumes** usos *mpl* y costumbres

**usage** [yzaʒ] *nm* (*coutume, bonnes manières*) costumbre *f*; **l'~** (*la coutume*) la costumbre; **c'est l'~** es costumbre; **faire ~ de** (*pouvoir, droit*) hacer uso de; **avoir l'~ de** tener uso de; **à l'~** con el uso; **à l'~ de** para uso de; **en ~** en uso; **hors d'~** fuera de uso, en desuso; **à ~ interne/externe** (*Méd*) de uso interno/externo; **~ de faux** (*Jur*) uso de documentos falsos

**usagé, e** [yzaʒe] *adj* usado(-a)

**usager, -ère** [yzaʒe, ɛR] *nm/f* usuario(-a)

**usant, e** [yzɑ̃, ɑ̃t] *adj* (*travail*) agotador(a); (*personne, enfant*) pesado(-a), cargante

**USB** [yɛsbe] *sigle m* (*Inform*: = *Universal Serial Bus*) USB *m*; **clé ~** llave *f* USB, memoria USB; **port ~** puerto USB

**usé, e** [yze] *adj* usado(-a); (*santé, personne*) desgastado(-a); (*banal, rebattu*) manido(-a); **eaux usées** aguas *fpl* sucias

**user** [yze] *vt* usar; (*consommer*) gastar; (*fig*: *santé, personne*) desgastar ▶ *vi*: **~ de** (*moyen, droit, procédé*) servirse de; **s'user** *vpr* (*outil, vêtement*) gastarse; (*fig*: *facultés, santé*) desgastarse; **il s'use à la tâche** *ou* **au travail** el trabajo le está consumiendo

**usinage** [yzinaʒ] *nm* (*de pièce, bois, métal*) mecanizado; (*fabrication*) fabricación *f*

**usine** [yzin] *nf* fábrica; **~ à gaz** planta de gas; (*fig*) rompecabezas *m inv*; **~ atomique/marémotrice** central *f* nuclear/maremotriz

**usiner** [yzine] *vt* (*pièce, bois, métal*) trabajar (a máquina); (*fabriquer*) fabricar

**usité, e** [yzite] *adj* empleado(-a); **peu ~** poco empleado(-a)

**ustensile** [ystɑ̃sil] *nm* utensilio; **~ de cuisine** utensilio de cocina

**usuel, le** [yzɥɛl] *adj* usual

**usufruit** [yzyfRɥi] *nm*: **avoir l'~ de** tener el usufructo de

**usufruitier, -ière** [yzyfRɥitje, jɛR] *adj*, *nm/f* usufructuario(-a)

**usuraire** [yzyRɛR] *adj* usurario(-a)

**usure** [yzyR] *nf* desgaste *m*; (*de l'usurier*) usura; **avoir qn à l'~** acabar convenciendo a algn; **~ normale** desgaste normal

**usurier, -ière** [yzyRje, jɛR] *nm/f* usurero(-a)

**usurpateur, -trice** [yzyRpatœR, tRis] *nm/f* usurpador(a)

**usurpation** [yzyRpasjɔ̃] *nf* usurpación *f*

**usurper** [yzyRpe] *vt* usurpar; **réputation usurpée** reputación *f* ilegítima

**ut** [yt] *nm inv* (*Mus*) do

**utérin, e** [yteRɛ̃, in] *adj* uterino(-a)

**utérus** [yteRys] *nm* útero

**utile** [ytil] *adj* útil; **~ à qn/qch** útil a algn/para algo; **si cela peut vous être ~, ...** si eso puede serle útil, ...

**utilement** [ytilmɑ̃] *adv* de forma útil

**utilisable** [ytilizabl] *adj* utilizable

**utilisateur, -trice** [ytilizatœR, tRis] *nm/f* usuario(-a)

**utilisation** [ytilizasjɔ̃] *nf* utilización *f*

**utiliser** [ytilize] *vt* (*aussi péj*) utilizar; (*Culin*: *restes*) aprovechar; (*consommer*) gastar

**utilitaire** [ytilitɛR] *adj* (*objet, véhicule*) utilitario(-a); (*préoccupations, but*) interesado(-a) ▶ *nm* (*Inform*) utilidad *f*

**utilité** [ytilite] *nf* utilidad *f*; **jouer les utilités** (*Théâtre*) actuar de figurante; **reconnu d'~ publique** (*Admin*) reconocido de utilidad pública; **ce n'est d'aucune/c'est d'une grande ~** no es de ninguna/es de gran utilidad

**utopie** [ytɔpi] *nf* utopía

**utopique** [ytɔpik] *adj* utópico(-a)

**utopiste** [ytɔpist] *nmf* utopista *mf*

**UV** [yve] *sigle m* (= *unité de valeur*) *voir* **unité** ▶ *sigle mpl* (= *ultra-violets*) UV *mpl* (= *rayos ultravioleta*)

**uvule** [yvyl] *nf* úvula

**V¹, v** [ve] *nm inv* V, v *f*; **V comme Victor** ≈ V de Valencia; **en V** en pico; **encolure/décolleté en V** cuello/escote *m* en pico

**V²** [ve] *abr* (= *voir*) v. (= *ver, véase*); (= *vers*) v. (= *verso*); (= *volt*) v. (= *voltio*)

**va** [va] *vb voir* **aller**

**vacance** [vakɑ̃s] *nf* (*Admin*) vacante *f*; **vacances** *nfpl* vacaciones *fpl*; **les grandes vacances** las vacaciones de verano; **prendre des/ses vacances (en juin)** coger las vacaciones (en junio); **aller en vacances** ir de vacaciones; **vacances de Noël/de Pâques** vacaciones de Navidad/de Semana Santa

**vacancier, -ière** [vakɑ̃sje, jɛʀ] *nm/f* veraneante *mf*

**vacant, e** [vakɑ̃, ɑ̃t] *adj* vacante; (*appartement*) desocupado(-a)

**vacarme** [vakaʀm] *nm* alboroto

**vacataire** [vakatɛʀ] *nmf* empleado(-a) temporal; (*enseignant*) profesor(a) sustituto(-a)

**vaccin** [vaksɛ̃] *nm* vacuna; **~ antidiphtérique/antivariolique** vacuna contra la difteria/contra la viruela

**vaccination** [vaksinasjɔ̃] *nf* vacunación *f*

**vacciner** [vaksine] *vt* vacunar; **~ qn contre** vacunar a algn contra; **être vacciné** (*fig* : *fam*) estar vacunado(-a)

**vache** [vaʃ] *nf* vaca; (*cuir*) piel *f*; **manger de la ~ enragée** (*fam*) pasar las de Caín; **période de vaches maigres** época de vacas flacas; **la ~ à lait de qn/qch** el pagano de algn/algo; **~ laitière** vaca lechera; **~ à eau** bolsa de agua; **~ à lait** (*fig*) pagano ▶ *adj* (*fam*) duro(-a)

**vachement** [vaʃmɑ̃] (*fam*) *adv* super

**vacher, -ère** [vaʃe, ɛʀ] *nm/f* vaquero(-a)

**vacherie** [vaʃʀi] (*fam*) *nf* faena

**vacherin** [vaʃʀɛ̃] *nm* (*fromage*) tipo de queso gruyère; (*gâteau*) pastel de nata y merengue

**vachette** [vaʃɛt] *nf* vaqueta

**vacillant, e** [vasijɑ̃, ɑ̃t] *adj* vacilante

**vacillement** [vasijmɑ̃] *nm* vacilación *f*; (*affaiblissement*) vacilación *f*, debilitamiento

**vaciller** [vasije] *vi* vacilar; (*faiblir*) vacilar, debilitarse

**vacuité** [vakɥite] *nf* vacuidad *f*

**vade-mecum** [vademekɔm] *nm inv* vademécum *m*

**vadrouille** [vadʀuj] (*fam*) *nf* : **être/partir en ~** estar/ir de picos pardos

**vadrouiller** [vadʀuje] (*fam*) *vi* andar de picos pardos, callejear

**VAE** [veaə] *sigle m* (= *vélo à assistance électrique*) bicicleta eléctrica ▶ *sigle f* (= *validation des acquis de l'expérience*) *proceso mediante el cual una persona puede obtener un certificado profesional oficial en base a su experiencia profesional*, ≈ Acreditación de Competencias Profesionales (*ESP*)

**va-et-vient** [vaevjɛ̃] *nm inv* vaivén *m*; (*Élec*) conmutador *m*

**vagabond, e** [vagabɔ̃, ɔ̃d] *adj* vagabundo(-a); (*pensées*) errabundo(-a) ▶ *nm/f* vagabundo(-a); (*voyageur*) trotamundos *mfinv*

**vagabondage** [vagabɔ̃daʒ] *nm* vagabundeo; (*Jur*) vagancia

**vagabonder** [vagabɔ̃de] *vi* vagabundear; (*suj : pensées*) vagar

**vagin** [vaʒɛ̃] *nm* vagina

**vaginal, e, -aux** [vaʒinal, o] *adj* vaginal

**vagir** [vaʒiʀ] *vi* dar vagidos

**vagissement** [vaʒismɑ̃] *nm* vagido

**vague** [vag] *nf* ola; (*d'une chevelure etc*) onda; **~ d'assaut** (*Mil*) ola de ataques; **~ de chaleur** ola de calor; **~ de fond** mar de fondo; **~ de froid** ola de frío ▶ *adj* (*indications*) poco(-a) claro(-a); (*silhouette, souvenir*) vago(-a); (*angoisse*) indefinido(-a); **un ~ cousin** un primo cualquiera ▶ *nm* : **rester dans le ~** hablar con vaguedad; **être dans le ~** estar en el aire; **regarder dans le ~** mirar al vacío; **~ à l'âme** nostalgia

**vaguelette** [vaglɛt] *nf* ola pequeña

**vaguement** [vagmɑ̃] *adv* vagamente, apenas

**vaguer** [vage] *vi* errar

**vahiné** [vaine] *nf* tahitiana

**vaillamment** [vajamɑ̃] *adv* valerosamente

**vaillance** [vajɑ̃s] *nf* (*courage*) valentía; (*robustesse*) vigor *m*, solidez *f*

**vaillant, e** [vajɑ̃, ɑ̃t] *adj* (*courageux*) valeroso(-a), valiente; (*vigoureux*) saludable; **n'avoir plus** *ou* **pas un sou ~** no tener ni un cuarto

**vaille** [vaj] *vb voir* **valoir**

**vain, e** [vɛ̃, vɛn] *adj* vano(-a); **en ~** en vano

**vaincre** [vɛ̃kʀ] *vt* vencer, derrotar

## vaincu – va-nu-pieds

**vaincu, e** [vɛ̃ky] *pp de* **vaincre** ▶ *nm/f* vencido(-a), derrotado(-a)
**vainement** [vɛnmɑ̃] *adv* vanamente
**vainquais** *etc* [vɛ̃kɛ] *vb voir* **vaincre**
**vainqueur** [vɛ̃kœʀ] *adj, nmf* vencedor(a)
**vais** [vɛ] *vb voir* **aller**
**vaisseau, x** [vɛso] *nm* (*Anat*) vaso; (*Naut*) navío; **enseigne/capitaine de ~** alférez *mf*/capitán(-ana) de navío; **~ spatial** nave *f* espacial
**vaisselier** [vɛsəlje] *nm* aparador *m*
**vaisselle** [vɛsɛl] *nf* vajilla; (*lavage*) fregado; **faire la ~** fregar los platos
**val** [val] (*pl* **vaux** *ou* **vals**) *nm* valle *m*
**valable** [valabl] *adj* válido(-a); (*motif, solution*) admisible; (*interlocuteur, écrivain*) aceptable
**valablement** [valabləmɑ̃] *adv* legítimamente; (*de façon satisfaisante*) satisfactoriamente
**Valence** [valɑ̃s] *n* (*en Espagne*) Valencia; (*en France*) Valence
**valent** *etc* [val] *vb voir* **valoir**
**valériane** [valeʀjan] *nf* (*Bot*) valeriana
**valet** [valɛ] *nm* criado; (*péj*) lacayo; (*cintre*) colgador *m* de ropa; (*Cartes*) sota; **~ de chambre** ayuda *m* de cámara; **~ de ferme** mozo de labranza; **~ de pied** lacayo
**valeur** [valœʀ] *nf* valor *m*; **mettre en ~** valorizar; (*fig*) destacar, poner de relieve; **avoir/prendre de la ~** tener/adquirir valor; **sans ~** sin valor; **~ absolue** valor absoluto; **~ d'échange** valor de cambio; **valeurs mobilières/nominales** valores mobiliarios/nominales
**valeureux, -euse** [valœʀø, øz] *adj* valeroso(-a)
**validation** [validasjɔ̃] *nf* validación *f*
**valide** [valid] *adj* (*personne*) sano(-a); (*passeport, billet*) válido(-a)
**valider** [valide] *vt* validar
**validité** [validite] *nf* validez *f*; (**durée de**) **~** (período de) validez
**valions** [valjɔ̃] *vb voir* **valoir**
**valise** [valiz] *nf* maleta, valija (*AM*); **faire sa ~** hacer la maleta; **~ diplomatique** valija diplomática
**vallée** [vale] *nf* valle *m*
**vallon** [valɔ̃] *nm* pequeño valle *m*
**vallonné, e** [valɔne] *adj* ondulado(-a)
**vallonnement** [valɔnmɑ̃] *nm* ondulación *f*
**valoir** [valwaʀ] *vi* valer; **à ~ sur** a cuenta de; **vaille que vaille** mal que bien; **cela ne me dit rien qui vaille** eso me da mala espina; **~ mieux : il vaut mieux se taire/que je fasse comme ceci** más vale callarse/que lo haga así; **faire ~ que** insistir en que; **il faut faire ~ que tu as de l'expérience** tienes que conseguir que valoren tu experiencia ▶ *vt* (*prix, valeur*) valer; (*un effort, détour*) merecer; (*causer, procurer : suj : chose*) : **~ qch à qn** valer algo a algn; (*négatif*) costar algo a algn; **ce climat** *etc* **ne me vaut rien** este clima *etc* no me sienta nada bien; **~ la peine** merecer la pena; **ça ne vaut rien** eso no vale nada; **~ cher** costar mucho dinero; **que vaut ce candidat/cette méthode ?** ¿qué valor tiene ese candidato/ese método?; **faire ~** (*ses droits*) hacer valer; (*domaine, capitaux*) valorizar; **se valoir** *vpr* ser equivalente; (*péj*) ser tal para cual; **se faire ~** alardear
**valorisable** [valɔʀizabl] *adj* (*Écon : matériau, déchet*) valorizable
**valorisant, e** [valɔʀizɑ̃, ɑ̃t] *adj* (*image, rôle*) valorizante; (*travail,*) revalorizante
**valorisation** [valɔʀizasjɔ̃] *nf* valorización *f*, revalorización *f*
**valoriser** [valɔʀize] *vt* valorizar, revalorizar
**valse** [vals] *nf* vals *m*; **la ~ des prix** el baile de precios
**valser** [valse] *vi* bailar el vals; (*fig : fam*) : **aller ~** ser proyectado(-a)
**valu, e** [valy] *pp de* **valoir**
**valve** [valv] *nf* (*Zool*) valva; (*Tech, Élec*) válvula
**vamp** [vɑ̃p] *nf* vampiresa
**vampire** [vɑ̃piʀ] *nm* vampiro
**vampiriser** [vɑ̃piʀize] *vt* vampirizar
**vampirisme** [vɑ̃piʀism] *nm* vampirismo
**van** [vɑ̃] *nm* camión *m* para caballos
**vandale** [vɑ̃dal] *nmf* vándalo(-a)
**vandaliser** [vɑ̃dalize] *vt* vandalizar
**vandalisme** [vɑ̃dalism] *nm* vandalismo
**vanille** [vanij] *nf* vainilla; **glace/crème à la ~** helado/crema de vainilla
**vanillé, e** [vanije] *adj* aromatizado(-a) con vainilla
**vanilline** [vanilin] *nf* vanilina
**vanité** [vanite] *nf* vanidad *f*; **tirer ~ de** vanagloriarse de
**vaniteux, -euse** [vanitø, øz] *adj* vanidoso(-a)
**vanity-case** [vaniti(e)kɛz] (*pl* **vanity-cases**) *nm* neceser *m* de belleza
**vanne** [van] *nf* compuerta; (*fam*) pulla; **lancer une ~ à qn** tirar pullas a algn
**vanné** [vane] *adj* (*fam : fatigué*) reventado(-a), hecho(-a) polvo (*fam*)
**vanneau, x** [vano] *nm* avefría
**vanner** [vane] *vt* (*Agr*) cribar
**vannerie** [vanʀi] *nf* cestería
**vannier** [vanje] *nm* cestero
**vantail** [vɑ̃taj] (*pl* **vantaux**) *nm* batiente *m*
**vantard, e** [vɑ̃taʀ, aʀd] *adj* jactancioso(-a)
**vantardise** [vɑ̃taʀdiz] *nf* jactancia
**vanter** [vɑ̃te] *vt* alabar; **~ les mérites de qch** ensalzar las virtudes de algo; **se vanter** *vpr* jactarse; **se ~ de qch** jactarse *ou* presumir de algo; **se ~ d'avoir fait/de pouvoir faire** jactarse *ou* presumir de haber hecho/de poder hacer
**Vanuatu** [vanwaty] *nm* : **le ~** Vanuatu
**va-nu-pieds** [vanypje] (*péj*) *nmf inv* descamisado(-a)

## vapeur – végétal

**vapeur** [vapœʀ] nf vapor m; (*brouillard, buée*) vaho; **machine/locomotive à ~** máquina/locomotora de vapor; **à toute ~** a toda máquina; **renverser la ~** (*Tech, fig*) cambiar de marcha; **cuit à la ~** (*Culin*) cocinado al vapor; **vapeurs** nfpl (*bouffées de chaleur*) : **j'ai des vapeurs** tengo sofocos; **les vapeurs du vin** (*émanation*) los vapores del vino

**vapocuiseur** [vapɔkyizœʀ] nm vaporera

**vaporeux, -euse** [vapɔʀø, øz] adj vaporoso(-a)

**vaporisateur** [vapɔʀizatœʀ] nm vaporizador m

**vaporisation** [vapɔʀizasjɔ̃] nf vaporización f

**vaporiser** [vapɔʀize] vt vaporizar

**vapoter** [vapɔte] vi fumar cigarrillos electrónicos

**vaquer** [vake] vi (*Admin*) estar vacante; **~ à ses occupations** dedicarse a sus ocupaciones

**varappe** [vaʀap] nf escalada

**varappeur, -euse** [vaʀapœʀ, øz] nm/f escalador(a)

**varech** [vaʀɛk] nm algas fpl

**vareuse** [vaʀøz] nf (*blouson*) marinera; (*d'uniforme*) guerrera

**variabilité** [vaʀjabilite] nf variabilidad f

**variable** [vaʀjabl] adj (*temps*) variable; (*Tech*) adaptable; (*résultats*) diverso(-a) ▶ nf (*Math*) variable f; **~ d'ajustement** variable de ajuste

**variante** [vaʀjɑ̃t] nf variante f

**variation** [vaʀjasjɔ̃] nf variación f; **variations** nfpl (*de température etc*) variaciones fpl, cambios mpl

**varice** [vaʀis] nf variz f

**varicelle** [vaʀisɛl] nf varicela

**varié, e** [vaʀje] adj variado(-a); (*goûts, résultats*) diverso(-a); **hors-d'œuvre variés** entremeses mpl variados

**varier** [vaʀje] vi variar, cambiar; (*différer*) variar; **~ sur** (*différer d'opinion*) discrepar en ▶ vt cambiar

**variété** [vaʀjete] nf variedad f; **une (grande) ~ de** una (gran) variedad de; **variétés** nfpl : **spectacle/émission de variétés** espectáculo/programa m de variedades

**variole** [vaʀjɔl] nf viruela

**variqueux, -euse** [vaʀikø, øz] adj varicoso(-a)

**Varsovie** [vaʀsɔvi] n Varsovia

**vas** [va] vb voir **aller**; **~-y!** ¡venga!; (*quelque part*) ¡ve!

**vasculaire** [vaskylɛʀ] adj vascular

**vascularisé, e** [vaskylaʀize] adj vascularizado(-a)

**vase** [vɑz] nm jarrón m, florero; **en ~ clos** aislado(-a); **vases communicants** vasos mpl comunicantes ▶ nf cieno

⚠ No debe traducirse por *vaso*, que en francés corresponde a **verre**.

**vasectomie** [vazɛktɔmi] nf vasectomía

**vaseline** [vaz(ə)lin] nf vaselina

**vaseux, -euse** [vazø, øz] adj cenagoso(-a); (*fam : confus, étourdi*) confuso(-a); (: *fatigué*) hecho(-a) polvo (*fam*)

**vasistas** [vazistas] nm tragaluz m

**vasoconstricteur, -trice** [vazokɔ̃stʀiktœʀ, tʀis] adj vasoconstrictor(a) ▶ nm vasoconstrictor m

**vasodilatateur, -trice** [vazodilatatœʀ, tʀis] adj vasodilatador(a) ▶ nm vasodilatador m

**vasque** [vask] nf pila; (*coupe*) centro de mesa

**vassal, e, -aux** [vasal, o] nm/f vasallo(-a)

**vassaliser** [vasalize] vt avasallar

**vaste** [vast] adj amplio(-a)

**Vatican** [vatikɑ̃] nm : **le ~** el Vaticano

**vaticiner** [vatisine] (*littér, péj*) vi adivinar

**va-tout** [vatu] nm inv : **jouer son ~** jugar(se) el todo por el todo

**vaudeville** [vod(ə)vil] nm vodevil m

**vaudrai** etc [vodʀe] vb voir **valoir**

**vau-l'eau** [volo] : **à ~** adv río abajo; **aller à ~** (*fig*) irse a pique

**vaurien, ne** [voʀjɛ̃, jɛn] nm/f bribón(-ona); (*malfaiteur*) tunante m

**vaut** [vo] vb voir **valoir**

**vautour** [votuʀ] nm buitre m

**vautrer** [votʀe] : **se vautrer** vpr revolcarse; **se ~ dans/sur** revolcarse en; (*vice*) hundirse en

**vaux** [vo] nmpl de **val** ▶ vb voir **valoir**

**va-vite** [vavit] : **à la ~** adv de prisa y corriendo

**VDQS** [vedekyɛs] abr = **vin délimité de qualité supérieure**; ver nota

- **VDQS**
- 
- **VDQS**, siglas de *vin délimité de qualité*
- *supérieure*, es la segunda categoría más alta
- de los vinos franceses después de AOC, e
- indica que se trata de un vino de gran
- calidad procedente de viñedos con
- denominación de origen. La tercera
- categoría es el *vin de pays*. Le sigue el *vin de*
- *table* o *vin ordinaire*, que es vino de mesa de
- origen indeterminado y, a menudo,
- mezclado.

**vds** abr = **vends**

**veau, x** [vo] nm ternero; (*Culin*) ternera; (*peau*) becerro; **tuer le ~ gras** echar la casa por la ventana

**vecteur** [vɛktœʀ] nm vector m

**vécu, e** [veky] pp de **vivre** ▶ adj vivido(-a) ▶ nm vivencia

**vedettariat** [vədetaʀja] nm estrellato; (*attitude*) divismo

**vedette** [vədɛt] nf estrella; (*personnalité*) figura; (*canot*) lancha motora; **mettre qn en ~** (*Ciné etc*) poner a algn en primer plano; **avoir la ~** estar en primera plana

**végétal, e, -aux** [veʒetal, o] adj, nm vegetal m

**végétalien, ne** [veʒetaljɛ̃, jɛn] *adj, nm/f* vegetariano(-a) estricto(-a), vegano(-a)
**végétalisme** [veʒetalism] *nm* vegetarianismo estricto
**végétarien, ne** [veʒetaʁjɛ̃, jɛn] *adj, nm/f* vegetariano(-a)
**végétarisme** [veʒetaʁism] *nm* vegetarianismo
**végétatif, -ive** [veʒetatif, iv] *adj (vie)* vegetativo(-a)
**végétation** [veʒetasjɔ̃] *nf* vegetación *f*; **~ arctique/tropicale** vegetación ártica/tropical; **végétations** *nfpl (Méd)* vegetaciones *fpl*; **opérer qn des végétations** operar a algn de vegetaciones
**végéter** [veʒete] *vi (plante, personne)* vegetar; *(affaire)* ir tirando
**véhémence** [veemɑ̃s] *nf* vehemencia; **avec ~** con vehemencia
**véhément, e** [veemɑ̃, ɑ̃t] *adj* vehemente
**véhicule** [veikyl] *nm* vehículo; **~ utilitaire** vehículo utilitario
**véhiculer** [veikyle] *vt* transportar en vehículo; *(fig)* transmitir
**veille** [vɛj] *nf* vigilancia; *(Psych)* vigilia; *(jour)*: **la ~ de** el día anterior a; **la ~ au soir** la noche anterior; **à la ~ de** en vísperas de; **l'état de ~** el estado de vigilia; **~ technologique/concurrentielle** vigilancia tecnológica/competitiva
**veillée** [veje] *nf* velada; **~ d'armes** vela de armas; **~ (mortuaire)** velatorio
**veiller** [veje] *vi* velar; *(être vigilant)* vigilar ▶ *vt* velar; **~ à** *(s'occuper de)* velar por; *(faire attention à)* procurar; *(prendre soin de)* cuidar de; **~ à faire/à ce que** ocuparse de hacer/de que; **~ sur** cuidar de
**veilleur, -euse** [vɛjœʁ, øz] *nm/f*: **~ de nuit** vigilante *mf* nocturno(-a)
**veilleuse** [vɛjøz] *nf (lampe)* lamparilla de noche; *(Auto, flamme)* piloto; **en ~** a media luz; *(affaire)* a la espera
**veinard, e** [vɛnaʁ, aʁd] *(fam) nm/f* suertudo(-a) *(fam)*
**veine** [vɛn] *nf* vena; *(du bois, marbre etc)* veta; **avoir de la ~** *(fam)* tener chiripa *ou* potra *(fam)*
**veiné, e** [vene] *adj* veteado(-a)
**veineux, -euse** [vɛnø, øz] *adj* venoso(-a)
**Velcro®** [vɛlkʁo] *nm* velcro®
**vêler** [vele] *vi* parir *(la vaca)*
**vélin** [velɛ̃] *adj m*: **(papier) ~** (papel *m*) vitela
**véliplanchiste** [veliplɑ̃ʃist] *nmf* windsurfista *mf*
**vélivole** [velivɔl] *nmf* aficionado(-a) a los vuelos sin motor
**velléitaire** [veleitɛʁ] *adj* veleidoso(-a)
**velléités** [veleite] *nfpl* veleidades *fpl*
**vélo** [velo] *nm* bici *f*; **faire du ~** ir en bici
**véloce** [velɔs] *adj* veloz
**vélocité** [velɔsite] *nf* velocidad *f*
**vélodrome** [velodʁom] *nm* velódromo
**vélomoteur** [velomɔtœʁ] *nm* velomotor *m*
**véloski** [veloski] *nm* skibob *m*, esquibob *m*
**velours** [v(ə)luʁ] *nm* terciopelo; **~ côtelé** pana; **~ de coton/de laine** veludillo/fieltro; **~ de soie** terciopelo de seda
**velouté, e** [vəlute] *adj (peau)* aterciopelado(-a); *(lumière, couleurs)* suave; *(au goût)* cremoso(-a); *(: vin)* suave ▶ *nm (Culin)*: **~ d'asperges/de tomates** crema de espárragos/sopa de tomate
**velouteux, -euse** [vəlutø, øz] *adj* aterciopelado(-a)
**velu, e** [vəly] *adj* velloso(-a)
**vélum** [velom] *nm* entoldado
**venais** *etc* [vənɛ] *vb voir* **venir**
**venaison** [vənɛzɔ̃] *nf* caza
**vénal, e, -aux** [venal, o] *adj* venal
**vénalité** [venalite] *nf* venalidad *f*
**venant** [v(ə)nɑ̃] : **à tout ~** *adv* al primero que llegue
**vendable** [vɑ̃dabl] *adj* vendible
**vendange** [vɑ̃dɑ̃ʒ] *nf* vendimia; *(raisins récoltés)* cosecha (de uvas)
**vendanger** [vɑ̃dɑ̃ʒe] *vi, vt* vendimiar
**vendangeur, -euse** [vɑ̃dɑ̃ʒœʁ, øz] *nm/f* vendimiador(a)
**vendéen, ne** [vɑ̃deɛ̃, ɛn] *adj* de Vendée ▶ *nm/f*: **Vendéen, ne** nativo(-a) *ou* habitante *mf* de Vendée
**vendetta** [vɑ̃deta] *nf* vendetta
**vendeur, -euse** [vɑ̃dœʁ, øz] *nm/f (de magasin)* vendedor(a), dependiente(-a); *(Comm)* vendedor(a); **~ de journaux** vendedor *ou* voceador *m (Am)* de periódicos, canillita *m (CSur)* ▶ *nm (Jur)* vendedor *m*
**vendre** [vɑ̃dʁ] *vt* vender; **~ qch à qn** vender algo a algn; **cela se vend à la douzaine** se vende por docenas; **cela se vend bien** esto se vende bien; **"à ~"** "en venta"
**vendredi** [vɑ̃dʁədi] *nm* viernes *m inv*; **V~ saint** Viernes Santo; *voir aussi* **lundi**
**vendu, e** [vɑ̃dy] *pp de* **vendre** ▶ *adj (péj)* vendido(-a)
**venelle** [vənɛl] *nf* callejuela
**vénéneux, -euse** [venenø, øz] *adj* venenoso(-a)
**vénérable** [venerabl] *adj* venerable
**vénération** [venerasjɔ̃] *nf* veneración *f*
**vénéréologie** [venereɔlɔʒi] *nf* venereología
**vénérer** [venere] *vt* venerar
**vénerie** [vɛnʁi] *nf* montería
**vénérien, ne** [venerjɛ̃, ɛn] *adj* venéreo(-a); **maladies vénériennes** enfermedades *fpl* venéreas
**vénérologie** [venerɔlɔʒi] *nf* venereología
**Venezuela** [venezɥela] *nm* Venezuela
**vénézuélien, ne** [venezɥeljɛ̃, jɛn] *adj* venezolano(-a) ▶ *nm/f*: **Vénézuélien, ne** venezolano(-a)

## vengeance – vérin

**vengeance** [vɑ̃ʒɑ̃s] nf venganza
**venger** [vɑ̃ʒe] vt vengar; **se venger** vpr vengarse; **se ~ de/sur qch/qn** vengarse de/en algo/algn
**vengeur, -eresse** [vɑ̃ʒœʀ, ʒ(ə)ʀɛs] adj, nm/f vengador(a)
**véniel, le** [venjɛl] adj : **faute vénielle** culpa venial; **péché ~** (Rel) pecado venial
**venimeux, -euse** [vənimø, øz] adj venenoso(-a)
**venin** [vənɛ̃] nm veneno
**venir** [v(ə)niʀ] vi venir, llegar; **~ de** (lieu) venir de; (cause) proceder de; **je viens d'y aller/de le voir** acabo de ir/de verle; **s'il vient à pleuvoir** si llegara a llover; **en ~ à faire** : **j'en viens à croire que** llego a pensar que; **il en est venu à mendier** ha llegado a mendigar; **en ~ aux mains** llegar a las manos; **les années/générations à ~** los años/generaciones venideros(-as); **où veux-tu en ~ ?** ¿hasta dónde quieres llegar?; **je te vois ~** te veo venir; **il me vient une idée** se me ocurre una idea; **il me vient des soupçons** empiezo a sospechar; **laisser ~** esperar antes de actuar; **faire ~** llamar; **d'où vient que … ?** ¿cómo es posible que …?; **~ au monde** venir al mundo
**Venise** [vəniz] n Venecia
**vénitien, ne** [venisjɛ̃, jɛn] adj veneciano(-a) ▶ nm/f : **Vénitien, ne** veneciano(-a)
**vent** [vɑ̃] nm viento; **il y a du ~** hace viento; **c'est du ~** (fig) son palabras al aire; **au ~** a barlovento; **sous le ~** a sotavento; **avoir le ~ debout** ou **en face/arrière** ou **en poupe** tener viento en contra ou de cara/a favor ou en popa; (être) **dans le ~** (fam) (estar) a la moda; **prendre le ~** (fig) tantear el terreno; **avoir ~ de** enterarse de; **contre vents et marées** contra viento y marea
**vente** [vɑ̃t] nf venta; **mettre en ~** poner en venta; **~ aux enchères** subasta; **~ de charité** venta de beneficencia; **~ par correspondance** venta por correspondencia
**venté, e** [vɑ̃te] adj ventoso(-a)
**venter** [vɑ̃te] vb impers ventear
**venteux, -euse** [vɑ̃tø, øz] adj ventoso(-a)
**ventilateur** [vɑ̃tilatœʀ] nm ventilador m
**ventilation** [vɑ̃tilasjɔ̃] nf ventilación f
**ventiler** [vɑ̃tile] vt ventilar; (total) repartir
**ventouse** [vɑ̃tuz] nf ventosa
**ventral, e, -aux** [vɑ̃tʀal, o] adj ventral
**ventre** [vɑ̃tʀ] nm vientre m; (fig) panza; **avoir/prendre du ~** tener/echar barriga; **j'ai mal au ~** me duele la barriga
**ventricule** [vɑ̃tʀikyl] nm ventrículo
**ventriloque** [vɑ̃tʀilɔk] adj, nm/f ventrílocuo(-a)
**ventripotent, e** [vɑ̃tʀipotɑ̃, ɑ̃t] adj panzudo(-a)
**ventru, e** [vɑ̃tʀy] adj ventrudo(-a)

**venu, e** [v(ə)ny] pp de **venir** ▶ adj : **être mal ~ à** ou **de faire** ser poco oportuno hacer; **mal/bien ~** poco/muy oportuno(-a)
**venue** [vəny] nf venida, llegada
**vêpres** [vɛpʀ] nfpl vísperas fpl
**ver** [vɛʀ] nm gusano; (intestinal) lombriz f; (du bois) polilla; **~ à soie** gusano de seda; **~ blanc** larva de abejorro; **~ de terre** lombriz f; **~ luisant** luciérnaga; **~ solitaire** tenia; voir aussi **vers**
**véracité** [veʀasite] nf veracidad f
**véranda** [veʀɑ̃da] nf tenaza
**verbal, e, -aux** [vɛʀbal, o] adj verbal
**verbalement** [vɛʀbalmɑ̃] adv (dire) oralmente; (approuver) verbalmente
**verbalisation** [vɛʀbalizasjɔ̃] nf (Psych) verbalización f; (Police) : **la loi prévoit la ~ des contrevenants** la ley prevé multas para los infractores
**verbaliser** [vɛʀbalize] vi (Police) poner una multa, multar ▶ vt (Psych) verbalizar; (Police) poner una multa a, multar
**verbalisme** [vɛʀbalism] (péj) nm verborrea
**verbe** [vɛʀb] nm verbo; **avoir le ~ sonore** (voix) hablar alto; **la magie du ~** la magia del verbo; **le V~** (Rel) el Verbo
**verbeux, -euse** [vɛʀbø, øz] adj verboso(-a)
**verbiage** [vɛʀbjaʒ] nm palabrería, verborrea
**verbosité** [vɛʀbozite] nf verbosidad f
**verdâtre** [vɛʀdɑtʀ] adj verdusco(-a)
**verdeur** [vɛʀdœʀ] nf verdor m; (âpreté) rudeza; (de fruit, vin) poca madurez f
**verdict** [vɛʀdik(t)] nm veredicto
**verdir** [vɛʀdiʀ] vi verdear, verdecer ▶ vt pintar de verde
**verdoyant, e** [vɛʀdwajɑ̃, ɑ̃t] adj que verdece
**verdure** [vɛʀdyʀ] nf (arbres, feuillages) verde m, verdor m; (légumes verts) verdura
**véreux, -euse** [veʀø, øz] adj agusanado(-a); (malhonnête) corrompido(-a)
**verge** [vɛʀʒ] nf (Anat) verga; (baguette) vara
**verger** [vɛʀʒe] nm huerto
**vergetures** [vɛʀʒətyʀ] nfpl estrías fpl (en la piel)
**verglacé, e** [vɛʀglase] adj helado(-a)
**verglas** [vɛʀgla] nm hielo
**vergogne** [vɛʀgɔɲ] : **sans ~** adv sin vergüenza
**véridique** [veʀidik] adj verídico(-a)
**vérifiable** [veʀifjabl] adj comprobable
**vérificateur, -trice** [veʀifikatœʀ, tʀis] nm/f controlador(a); **~ des comptes** (Fin) interventor(a) de cuentas
**vérification** [veʀifikasjɔ̃] nf (des comptes etc) revisión f; (d'une chose par une autre) verificación f; **~ d'identité** (Police) identificación f
**vérifier** [veʀifje] vt (mécanisme, comptes) revisar; (hypothèse) comprobar; (suj : chose : prouver) corroborar; (Inform) verificar; **se vérifier** vpr verificarse
**vérin** [veʀɛ̃] nm gato

## véritable – vert

**véritable** [veʀitabl] *adj* verdadero(-a); *(ami, amour)* auténtico(-a); *(or, argent)* de ley; **un ~ désastre/miracle** un auténtico desastre/milagro

**véritablement** [veʀitabləmɑ̃] *adv* verdaderamente

**vérité** [veʀite] *nf* verdad *f*; *(d'un fait, d'un portrait)* autenticidad *f*; *(sincérité)* sinceridad *f*; **à la** *ou* **en ~** en realidad

**verjus** [vɛʀʒy] *nm (Culin)* agraz *m*

**verlan** [vɛʀlɑ̃] *nm* argot *m* invertido; *ver nota*

> **VERLAN**
>
> El término **verlan** es un tipo de argot que se hizo popular en los años cincuenta y que consiste en invertir el orden de las sílabas de las palabras, el término **verlan** mismo proviene de *l'envers* (*à l'envers* = al revés). Algunos ejemplos típicos son *féca* (*café*), *ripou* (*pourri*), *meuf* (*femme*), y *Beur* (*Arabe*). En la década de 1990 volvió a ponerse de moda a través del rap y el hip hop, ya que muchos cantantes procedían de los suburbios parisinos donde era frecuente el uso del *verlan*.

**vermeil, le** [vɛʀmɛj] *adj* bermejo(-a) ▶ *nm* corladura

**vermicelles** [vɛʀmisɛl] *nmpl* fideos *mpl*

**vermicide** [vɛʀmisid] *nm* vermicida *m*

**vermifuge** [vɛʀmifyʒ] *nm* vermicida *m* ▶ *adj*: **poudre ~** polvos *mpl* antiparasitarios

**vermillon** [vɛʀmijɔ̃] *adj inv* bermejo(-a)

**vermine** [vɛʀmin] *nf* parásitos *mpl*; *(fig)* chusma

**vermoulu, e** [vɛʀmuly] *adj* carcomido(-a)

**vermout, vermouth** [vɛʀmut] *nm* vermut *m*, vermú *m*

**vernaculaire** [vɛʀnakylɛʀ] *adj (langue)* vernáculo(-a); *(Biol)* común

**verni, e** [vɛʀni] *adj* barnizado(-a); *(fam)* suertudo(-a) *(fam)*; **cuir ~** cuero charolado; **souliers vernis** zapatos *mpl* de charol

**vernir** [vɛʀniʀ] *vt* barnizar; *(poteries, ongles)* esmaltar

**vernis** [vɛʀni] *nm* barniz *m*; *(fig)* capa; **~ à ongles** esmalte *m* de uñas

**vernissage** [vɛʀnisaʒ] *nm* barnizado *m*; *(d'une exposition)* inauguración *f*

**vernisser** [vɛʀnise] *vt* esmaltar

**vérole** [veʀɔl] *nf (aussi:* **petite vérole**) viruela; *(fam: syphilis)* sífilis *fsg*

**verrai** *etc* [veʀe] *vb voir* **voir**

**verre** [vɛʀ] *nm* vidrio, cristal *m*; *(récipient, contenu)* vaso, copa; *(de lunettes)* cristal *m*; **boire** *ou* **prendre un ~** beber *ou* tomar una copa; **~ à dents** vaso de aseo; **~ à liqueur/à vin** copa de *ou* para licor/vino; **~ à pied** copa; **~ armé** cristal reforzado; **~ de lampe** cristal de lámpara; **~ de montre** cristal del reloj; **~ dépoli/trempé/feuilleté** cristal esmerilado/templado/laminado; **verres de contact** lentes *mpl* de contacto, lentillas *fpl*; **verres fumés** cristales *mpl* ahumados

> Pour un **verre** à boire, le terme générique est *vaso*, mais pour un verre à pied (qu'il s'agisse du contenant ou du contenu), on emploie le terme de *copa*.

**verrerie** [vɛʀʀi] *nf* cristalería, vidriería; *(objets)* vidrios *mpl*

**verrier** [vɛʀje] *nm (ouvrier)* cristalero; *(artiste)* vidriero

**verrière** [vɛʀjɛʀ] *nf* cristalera

**verrons** *etc* [vɛʀɔ̃] *vb voir* **voir**

**verroterie** [vɛʀɔtʀi] *nf* abalorio

**verrou** [veʀu] *nm* cerrojo; **mettre le ~** poner el cerrojo; **mettre qn/être sous les verrous** *(fig)* meter a algn/estar entre rejas

**verrouillage** [veʀujaʒ] *nm* cierre *m*; **~ central** *(Auto)* cierre automático

**verrouiller** [veʀuje] *vt (porte)* cerrar con cerrojo; *(Mil: brèche)* bloquear

**verrue** [veʀy] *nf* verruga

**vers** [vɛʀ] *nm* verso ▶ *prép* hacia; *(dans les environs de)* hacia, cerca de; *(temporel)* alrededor de, sobre ▶ *nmpl (poésie)* versos *mpl*

**versant** [vɛʀsɑ̃] *nm* ladera

**versatile** [vɛʀsatil] *adj* inconstante

**versatilité** [vɛʀsatilite] *nf* inconstancia

**verse** [vɛʀs]: **à ~** *adv* a cántaros; **il pleut à ~** llueve a cántaros

**versé, e** [vɛʀse] *adj*: **être ~ dans** estar versado(-a) en

**Verseau** [vɛʀso] *nm (Astrol)* Acuario; **être ~** ser Acuario

**versement** [vɛʀsəmɑ̃] *nm* pago; *(sur un compte)* ingreso; **en trois versements** en tres plazos

**verser** [vɛʀse] *vt* verter, derramar; *(dans une tasse etc)* echar; *(argent: à qn)* pagar; *(: sur un compte)* ingresar; *(soldat: affecter)*: **~ qn dans** destinar a algn a; **~ dans** *(fig)* versar sobre; **~ à un compte** ingresar *ou* abonar en una cuenta

**verset** [vɛʀsɛ] *nm* versículo; *(formule récitée ou chantée)* verso

**verseur** [vɛʀsœʀ] *adj m voir* **bec**; **bouchon**

**versification** [vɛʀsifikasjɔ̃] *nf* versificación *f*

**versifier** [vɛʀsifje] *vt, vi* versificar

**version** [vɛʀsjɔ̃] *nf (Scol: traduction)* versión *f*; **film en ~ originale** película en versión original

**verso** [vɛʀso] *nm* dorso, reverso; **voir au ~** ver al dorso

**vert, e** [vɛʀ, vɛʀt] *adj* verde; *(vin)* agraz; *(personne: vigoureux)* lozano(-a); *(langage, propos)* fuerte; **~ bouteille/d'eau/pomme** *adj inv* verde botella/agua/manzana *inv*; **en voir des vertes et des pas mûres** *(fam)* pasarlas negras; **en dire des vertes et des pas mûres** *(fam)* hablar a las claras ▶ *nm* verde *m*; **se mettre au ~** irse a descansar al campo

**vert-de-gris** [vɛʀdəgʀi] nm inv verdín m ▶ adj inv verde inv grisáceo
**vertébral, e, -aux** [vɛʀtebʀal, o] adj vertebral; voir aussi **colonne**
**vertèbre** [vɛʀtɛbʀ] nf vértebra
**vertébré, e** [vɛʀtebʀe] adj vertebrado(-a); **vertébrés** nmpl vertebrados mpl
**vertement** [vɛʀtəmã] adv severamente
**vertical, e, -aux** [vɛʀtikal, o] adj vertical
**verticale** [vɛʀtikal] nf vertical f; **à la ~** en vertical
**verticalement** [vɛʀtikalmã] adv verticalmente
**verticalité** [vɛʀtikalite] nf verticalidad f
**vertige** [vɛʀtiʒ] nm vértigo; (étourdissement) mareo; **ça me donne le ~** me da vértigo
**vertigineux, -euse** [vɛʀtiʒinø, øz] adj vertiginoso(-a)
**vertu** [vɛʀty] nf virtud f; **en ~ de** en virtud de
**vertueusement** [vɛʀtɥøzmã] adv virtuosamente
**vertueux, -euse** [vɛʀtɥø, øz] adj virtuoso(-a); (conduite) meritorio(-a)
**verve** [vɛʀv] nf inspiración f; **être en ~** estar en vena
**verveine** [vɛʀvɛn] nf verbena
**vésicule** [vezikyl] nf vesícula; **~ biliaire** vesícula biliar
**vespasienne** [vɛspazjɛn] nf urinario público
**vespéral, e, -aux** [vɛspeʀal, o] adj vespertino(-a)
**vessie** [vesi] nf vejiga
**veste** [vɛst] nf chaqueta, americana, saco (AM); **retourner sa ~** (fig : fam) cambiar de chaqueta; **~ croisée/droite** chaqueta cruzada/recta ou sin cruzar
**vestiaire** [vɛstjɛʀ] nm (au théâtre etc) guardarropa; (de stade etc) vestuario; **(armoire) ~** taquilla
**vestibule** [vɛstibyl] nm vestíbulo
**vestige** [vɛstiʒ] nm vestigio; **vestiges** nmpl (de ville, civilisation) vestigios mpl
**vestimentaire** [vɛstimɑ̃tɛʀ] adj (dépenses) en vestimenta; (détail) de la vestimenta; (élégance) en el vestir
**veston** [vɛstɔ̃] nm americana
**vêtais** etc [vete] vb voir **vêtir**
**vêtement** [vɛtmã] nm prenda (de ropa); **vêtements** nmpl ropa fsg; **vêtements de sport** ropa de deporte
**vétéran** [veteʀã] nm veterano
**vétérinaire** [veteʀinɛʀ] adj, nmf veterinario(-a)
**vétille** [vetij] nf nimiedad f
**vétilleux, -euse** [vetijø, øz] adj puntilloso(-a)
**vêtir** [vetiʀ] vt vestir; **se vêtir** vpr vestirse
**vêtit** etc [veti] vb voir **vêtir**
**vétiver** [vetivɛʀ] nm vetiver m

**veto** [veto] nm veto; **droit de ~** derecho de veto; **mettre** ou **opposer un ~ à** poner el veto a
**vêtu, e** [vety] pp de **vêtir** ▶ adj : **~ de** vestido(-a) de; **chaudement ~** abrigado(-a)
**vétuste** [vetyst] adj vetusto(-a)
**vétusté** [vetyste] nf vetustez f
**veuf, veuve** [vœf, vœv] adj, nm/f viudo(-a)
**veuille** etc [vœj] vb voir **vouloir**
**veuillez** etc [vœje] vb voir **vouloir**
**veule** [vøl] adj abúlico(-a)
**veulent** [vœl] vb voir **vouloir**
**veulerie** [vølʀi] nf abulia
**veut** [vø] vb voir **vouloir**
**veuvage** [vœvaʒ] nm viudedad f
**veuve** [vœv] adj f, nf voir **veuf**
**veux** [vø] vb voir **vouloir**
**vexant, e** [vɛksã, ãt] adj (blessant) ofensivo(-a); (contrariant) molesto(-a)
**vexations** [vɛksasjɔ̃] nfpl (insultes) vejaciones fpl; (brimades) molestias fpl
**vexatoire** [vɛksatwaʀ] adj : **mesures vexatoires** medidas fpl vejatorias
**vexé, e** [vɛkse] adj (offensé) ofendido(-a); (contrarié) molesto(-a)
**vexer** [vɛkse] vt ofender; **se vexer** vpr ofenderse
**VF** [veɛf] sigle f (= version française) versión f francesa
**VHF** [veaʃɛf] sigle f (= Very High Frequency) VHF f
**via** [vja] prép vía
**viabiliser** [vjabilize] vt acondicionar
**viabilité** [vjabilite] nf viabilidad f; (d'une route) calidad f
**viable** [vjabl] adj viable
**viaduc** [vjadyk] nm viaducto
**viager, -ère** [vjaʒe, ɛʀ] adj : **rente viagère** renta vitalicia ▶ nm : **mettre en ~** hacer un vitalicio
**Viagra**® [vjagʀa] nm Viagra®
**viande** [vjãd] nf carne f; **~ blanche/rouge** carne blanca/roja
**viatique** [vjatik] nm viático
**vibrant, e** [vibʀã, ãt] adj vibrante; (émouvant) estremecedor(a)
**vibraphone** [vibʀafɔn] nm vibráfono
**vibraphoniste** [vibʀafɔnist] nmf vibrafonista mf
**vibration** [vibʀasjɔ̃] nf vibración f
**vibratoire** [vibʀatwaʀ] adj vibratorio(-a)
**vibrer** [vibʀe] vi vibrar; **faire ~** hacer vibrar ▶ vt (Tech) someter a vibraciones
**vibreur** [vibʀœʀ] nm (de téléphone portable) vibrador m ▶ adj : **mode ~** modo vibrador
**vibromasseur** [vibʀomasœʀ] nm vibrador m
**vicaire** [vikɛʀ] nm vicario
**vice** [vis] nm vicio; **~ de fabrication/construction** defecto de fabricación/construcción; **~ caché** (Comm) vicio oculto; **~ de forme** (Jur) defecto de forma

**vice...** [vis] *préf* vice...
**vice-consul** [viskɔ̃syl] (*pl* **vice-consuls**) *nm* vicecónsul *m*
**vice-présidence** [vispʀezidɑ̃s] (*pl* **vice-présidences**) *nf* vicepresidencia
**vice-président, e** [vispʀezidɑ̃, ɑ̃t] (*pl* **vice-présidents, -es**) *nm/f* vicepresidente(-a)
**vice-roi** [visʀwa] (*pl* **vice-rois**) *nm* virrey *m*
**vice-versa** [viseveʀsa] *adv* viceversa
**vichy** [viʃi] *nm* vichy *m*
**vichyssois, e** [viʃiswa, waz] *adj* de Vichy ▶ *nm/f* : **Vichyssois, e** nativo(-a) *ou* habitante *mf* de Vichy
**vichyssoise** [viʃiswaz] *nf* (*Culin*) vichyssoise *f*
**vicié, e** [visje] *adj* viciado(-a); (*goût*) estropeado(-a)
**vicier** [visje] *vt* (*Jur*) viciar
**vicieux, -euse** [visjø, jøz] *adj* vicioso(-a)
**vicinal, e, -aux** [visinal, o] *adj* vecinal; **chemin ~** camino vecinal
**vicissitudes** [visisityd] *nfpl* vicisitudes *fpl*
**vicomte** [vikɔ̃t] *nm* vizconde *m*
**vicomtesse** [vikɔ̃tɛs] *nf* vizcondesa
**victime** [viktim] *nf* víctima *f*; **être (la) ~ de** ser (la) víctima de; **être ~ d'une attaque/d'un accident** ser víctima de un ataque/de un accidente
**victimisation** [viktimizasjɔ̃] *nf* victimización *f*
**victimiser** [viktimize] *vt* victimizar
**victoire** [viktwaʀ] *nf* victoria, triunfo
**victorieusement** [viktɔʀjøzmɑ̃] *adv* victoriosamente
**victorieux, -euse** [viktɔʀjø, jøz] *adj* victorioso(-a)
**victuailles** [viktɥaj] *nfpl* vitualla
**vidange** [vidɑ̃ʒ] *nf* (*d'un fossé, réservoir*) vaciado; (*Auto*) cambio de aceite; (*de lavabo*) desagüe *m*; **faire la ~** (*Auto*) cambiar el aceite; **tuyau de ~** tubo de desagüe
**vidanger** [vidɑ̃ʒe] *vt* vaciar; **faire ~ la voiture** cambiar el aceite del coche
**vidangeur** [vidɑ̃ʒœʀ] *nm* pocero
**vide** [vid] *adj* vacío(-a); **~ de** desprovisto(-a) de ▶ *nm* vacío; (*futilité, néant*) nada; **sous ~** al vacío; **emballé sous ~** envasado al vacío; **à ~** (*sans occupants*) desocupado(-a); (*sans charge*) vacante; (*Tech*) en falso; **regarder dans le ~** mirar al vacío; **avoir peur du ~** tener miedo del vacío; **parler dans le ~** hablar en el aire; **faire le ~** hacer el vacío; **faire le ~ autour de qn** hacer el vacío a algn
**vidé, e** [vide] *adj* agotado(-a)
**vidéaste** [videast] *nmf* videasta *mf*
**vidéo** [video] *nf* vídeo, video (*Am*); **~ inverse** (*Inform*) vídeo *ou* video (*Am*) inverso ▶ *adj inv* vídeo, video (*Am*)
**vidéocassette** [videokasɛt] *nf* videocas(s)et(t)e *m*
**vidéoclip** [videoklip] *nm* videoclip *m*
**vidéoclub** [videoklœb] *nm* videoclub *m*
**vidéoconférence** [videokɔ̃feʀɑ̃s] *nf* videoconferencia
**vidéodisque** [videodisk] *nm* videodisco
**vidéoprojecteur** [videopʀɔʒɛktœʀ] *nm* videoproyector *m*
**vidéoprojection** [videopʀɔtɛksjɔ̃] *nf* videoproyección *m*
**vide-ordures** [vidɔʀdyʀ] *nm inv* vertedero de basuras
**vidéosurveillance** [videosyʀvɛjɑ̃s] *nf* videovigilancia
**vidéotex**® [videotɛks] *nm* videotex® *m*
**vidéothèque** [videotɛk] *nf* videoteca
**vide-poche** [vidpɔʃ] (*pl* **vide-poches**) *nm* bandeja para poner lo que se lleva en los bolsillos; (*Auto*) guantera
**vide-pomme** [vidpɔm] *nm* utensilio para vaciar las manzanas
**vider** [vide] *vt* vaciar; (*lieu*) desalojar; (*bouteille, verre*) beber; (*volaille, poisson*) limpiar; (*querelle*) liquidar; (*fatiguer*) agotar; (*fam*) echar; **~ les lieux** desalojar el local; **se vider** *vpr* vaciarse
**videur** [vidœʀ] *nm* matón *m*
**vie** [vi] *nf* vida; (*animation*) vitalidad *f*; **être en ~** estar vivo(-a); **sans ~** sin vida; **à ~** para toda la vida, vitalicio(-a); **élu/membre à ~** elegido/miembro vitalicio; **dans la ~ courante** en la vida real; **avoir la ~ dure** tener siete vidas; **mener la ~ dure à qn** hacerle la vida imposible a algn
**vieil** [vjɛj] *adj m voir* **vieux**; **~ or** *adj inv* oro viejo *inv*
**vieillard** [vjɛjaʀ] *nm* anciano; **les vieillards** los ancianos
**vieille** [vjɛj] *adj f voir* **vieux**; **~ fille** solterona
**vieilleries** [vjɛjʀi] *nfpl* antiguallas *fpl*
**vieillesse** [vjɛjɛs] *nf* vejez *f*; **la ~** (*vieillards*) los ancianos
**vieilli, e** [vjeji] *adj* (*marqué*) envejecido(-a); (*suranné*) anticuado(-a)
**vieillir** [vjejiʀ] *vi* envejecer; (*se flétrir*) avejentarse; (*institutions, doctrine*) anticuarse; (*vin*) hacerse añejo(-a); **il a beaucoup vieilli** ha envejecido mucho ▶ *vt* avejentar; (*attribuer un âge plus avancé*) envejecer; **se vieillir** *vpr* avejentarse
**vieillissement** [vjejismɑ̃] *nm* envejecimiento
**vieillot, te** [vjɛjo, ɔt] *adj* de aspecto viejo
**vielle** [vjɛl] *nf* (*Mus*) zanfonía
**viendrai** *etc* [vjɛ̃dʀe] *vb voir* **venir**
**Vienne** [vjɛn] *n* Viena
**vienne** *etc* [vjɛn] *vb voir* **venir**
**viennois, e** [vjɛnwa, waz] *adj* vienés(-esa) ▶ *nm/f* : **Viennois, e** vienés(-esa)
**viennoiseries** [vjɛnwazʀi] *nfpl* bollería *sg*
**viens** *etc* [vjɛ̃] *vb voir* **venir**
**vierge** [vjɛʀʒ] *adj* virgen; (*page*) en blanco; **être V~** ser Virgo; **~ de** sin ▶ *nf* virgen *f*; (*Astrol*) : **la V~** Virgo

## Viêt-Nam – violemment

**Viêt-Nam, Vietnam** [vjɛtnam] *nm* Vietnam *m*; **~ du Nord/du Sud** Vietnam del Norte/del Sur
**vietnamien, ne** [vjɛtnamjɛ̃, jɛn] *adj* vietnamita ▶ *nm* (*Ling*) vietnamita *m* ▶ *nm/f* : **Vietnamien, ne** vietnamita *mf*
**vieux, vieille** [vjø, vjɛj] (*devant nm commençant par voyelle ou h muet* **vieil**) *adj* viejo(-a); (*ancien*) antiguo(-a); **se faire ~** hacerse viejo(-a); **~ garçon** solterón; **~ jeu** *adj inv* chapado(-a) a la antigua; **~ rose** *adj inv* rosa asalmonado *inv* ▶ *nm* : **le ~ et le neuf** lo antiguo y lo nuevo; **un ~ de la vieille** (*fam*) un viejo experimentado; **prendre un coup de ~** envejecer de repente ▶ *nm/f* viejo(-a), anciano(-a); **un petit ~** un viejecito; **mon ~/ ma vieille** (*fam*) tío/tía (*fam*); **mon pauvre ~** pobrecito ▶ *nmpl* : **les ~** los viejos

> Pour parler d'une personne âgée, on préférera *anciano(-a)* ou *mayor* à *viejo(-a)*, qui est moins poli :
> **Ma voisine est une vieille dame.** Mi vecina es una mujer mayor.

**vif, vive** [vif, viv] *adj* vivo(-a); (*alerte*) espabilado(-a); (*emporté*) impulsivo(-a); (*air*) tonificante; (*vent, froid*) cortante; (*émotion*) fuerte; (*déception, intérêt*) profundo(-a); **brûlé ~** quemado vivo; **eau vive** agua viva; **source vive** manantial *m*; **de vive voix** de viva voz; **toucher** *ou* **piquer qn au ~** dar a algn en el punto débil; **tailler** *ou* **couper dans le ~** cortar por lo sano; **à ~** en carne viva; **avoir les nerfs à ~** tener los nervios de punta; **sur le ~** (*Art*) del natural; **entrer dans le ~ du sujet** entrar en el meollo de la cuestión
**vif-argent** [vifarʒɑ̃] *nm* azogue *m*
**vigie** [viʒi] *nf* (*Naut : surveillance*) vigilancia; (*personne*) vigía *m*; (*poste*) vigía
**vigilance** [viʒilɑ̃s] *nf* vigilancia
**vigilant, e** [viʒilɑ̃, ɑ̃t] *adj* vigilante
**vigile** [viʒil] *nm* (*veilleur de nuit*) vigilante *m*; (*police privée*) guarda *m* jurado
**vigne** [viɲ] *nf* (*plante*) vid *f*; (*plantation*) viña; **~ vierge** viña loca
**vigneron, ne** [viɲ(ə)rɔ̃, ɔn] *nm/f* viticultor(a)
**vignette** [viɲɛt] *nf* viñeta; (*Auto*) pegatina; (*sur médicament*) resguardo de precio
**vignoble** [viɲɔbl] *nm* viñedo; (*vignes d'une région*) viñedos *mpl*
**vigoureusement** [vigurøzmɑ̃] *adv* enérgicamente; (*exprimer*) con expresividad
**vigoureux, -euse** [vigurø, øz] *adj* vigoroso(-a)
**vigueur** [vigœr] *nf* vigor *m*; (*Jur*) : **être/entrer en ~** estar/entrar en vigor; **en ~** vigente
**vil, e** [vil] *adj* vil; **à ~ prix** a bajo precio
**vilain, e** [vilɛ̃, ɛn] *adj* (*laid*) feo(-a); (*affaire, blessure*) malo(-a); (*enfant*) malo(-a); **~ mot** palabrota ▶ *nm* (*paysan*) villano; **ça va faire du/tourner au ~** esto va a ponerse feo

**vilainement** [vilɛnmɑ̃] *adv* feamente
**vilebrequin** [vilbrəkɛ̃] *nm* berbiquí *m*; (*Auto*) cigüeñal *m*
**vilenie** [vil(ə)ni] *nf* villanía
**vilipender** [vilipɑ̃de] *vt* vilipendiar
**villa** [villa] *nf* villa, chalet *m*
**village** [vilaʒ] *nm* pueblo; (*aussi :* **petit village**) aldea; **~ de toile** campamento; **~ de vacances** ciudad *f* de vacaciones
**villageois, e** [vilaʒwa, waz] *adj, nm/f* lugareño(-a); (*d'un petit village*) aldeano(-a)
**ville** [vil] *nf* ciudad *f*, villa, municipio; **habiter en ~** vivir en la ciudad; **aller en ~** ir a la ciudad; **~ nouvelle** ciudad nueva
**ville-champignon** [vilʃɑ̃piɲɔ̃] (*pl* **villes-champignons**) *nf* ciudad *f* de generación espontánea
**ville-dortoir** [vildɔrtwar] (*pl* **villes-dortoirs**) *nf* ciudad *f* dormitorio
**villégiateur** [vi(l)leʒjatœr] *nm* veraneante *m*
**villégiature** [vi(l)leʒjatyr] *nf* veraneo; (*lieu*) lugar *m* de veraneo
**vin** [vɛ̃] *nm* vino; (*liqueur*) licor *m*; **il a le ~ gai/ triste** la bebida le pone alegre/triste; **~ blanc/rosé/rouge** vino blanco/rosado/ tinto; **~ d'honneur** vino de honor; **~ de messe** vino de misa; **~ de pays/de table** vino del país/de mesa; **~ nouveau/ordinaire** vino nuevo/corriente
**vinaigre** [vinɛgr] *nm* vinagre *m*; **tourner au ~** (*fig*) aguarse; **~ d'alcool/de vin** vinagre de alcohol/de vino
**vinaigrette** [vinɛgrɛt] *nf* vinagreta
**vinaigrier** [vinɛgrije] *nm* (*fabricant*) vinagrero; (*flacon*) vinagrera
**vinasse** [vinas] (*péj*) *nf* vino peleón
**vindicatif, -ive** [vɛ̃dikatif, iv] *adj* vindicativo(-a)
**vindicte** [vɛ̃dikt] *nf* : **désigner qn/s'exposer à la ~ publique** exponer a algn/exponerse a la venganza pública
**vineux, -euse** [vinø, øz] *adj* vinoso(-a)
**vingt** [vɛ̃] *adj inv, nm inv* veinte *m inv*; **~-quatre heures sur ~-quatre** las veinticuatro horas del día; *voir aussi* **cinq**
**vingtaine** [vɛ̃tɛn] *nf* : **une ~ (de)** unos veinte
**vingtième** [vɛ̃tjɛm] *adj, nmf* vigésimo(-a); **le ~ siècle** el siglo veinte ▶ *nm* (*partitif*) veinteavo; *voir aussi* **cinquantième**
**vinicole** [vinikɔl] *adj* vinícola
**vinification** [vinifikasjɔ̃] *nf* vinificación *f*
**vinifier** [vinifje] *vt* vinificar
**vins** *etc* [vɛ̃] *vb voir* **venir**
**vinyle** [vinil] *nm* vinilo
**viol** [vjɔl] *nm* violación *f*
**violacé, e** [vjɔlase] *adj* violáceo(-a)
**violation** [vjɔlasjɔ̃] *nf* violación *f*; **~ de sépulture** (*Jur*) violación de sepultura
**violemment** [vjɔlamɑ̃] *adv* violentamente

## violence – visite

**violence** [vjɔlɑ̃s] *nf* violencia; **la ~** la violencia; **faire ~ à qn** violentar a algn; **se faire ~** contenerse; **violences** *nfpl (actes)* agresiones *fpl*

**violent, e** [vjɔlɑ̃, ɑ̃t] *adj* violento(-a); *(besoin, désir)* imperante

**violenter** [vjɔlɑ̃te] *vt* violentar

**violer** [vjɔle] *vt* violar

**violet, te** [vjɔlɛ, ɛt] *adj, nm* violeta *m*

**violette** [vjɔlɛt] *nf* violeta

**violeur** [vjɔlœR] *nm* violador *m*

**violine** [vjɔlin] *nf* alcalí *m* de violeta

**violon** [vjɔlɔ̃] *nm* violín *m*; *(fam: prison)* chirona *(fam)*; **premier ~** *(Mus)* primer violín; **~ d'Ingres** pasatiempo favorito

**violoncelle** [vjɔlɔ̃sɛl] *nm* violoncelo, violonchelo

**violoncelliste** [vjɔlɔ̃selist] *nmf* violonchelista *mf*, violoncelista *mf*

**violoniste** [vjɔlɔnist] *nmf* violinista *mf*

**VIP** [veipe] *sigle m* (= *Very Important Person*) VIP *m*

**vipère** [vipɛR] *nf* víbora

**virage** [viRaʒ] *nm (d'un véhicule)* giro; *(d'une route, piste)* curva; *(Chim, Photo)* virado; **prendre un ~** tomar una curva; **~ sans visibilité** *(Auto)* curva sin visibilidad; **~ sur l'aile** *(Aviat)* viraje *m* sobre el ala

**virago** [viRago] *(péj) nf* marimacho

**viral, e, -aux** [viRal, o] *adj* vírico(-a)

**virée** [viRe] *nf* vuelta

**virelangue** [viRlɑ̃g] *nm* trabalenguas *m inv*

**virement** [viRmɑ̃] *nm (Comm)* transferencia; **~ bancaire/postal** giro bancario/postal

**virent** [viR] *vb voir* **voir**

**virer** [viRe] *vt (Comm: somme)* hacer una transferencia de; *(fam)* echar; *(Photo)* virar ▶ *vi* virar; *(Méd: cuti-réaction)* volverse positivo(-a); **~ au bleu/rouge** pasar al azul/rojo; **~ de bord** *(Naut)* virar de bordo; **~ sur l'aile** *(Aviat)* virar sobre el ala

**virevolte** [viRvɔlt] *nf* pirueta; *(changement complet)* giro; *(d'avis, d'opinion)* cambio

**virevolter** [viRvɔlte] *vi* dar vueltas; *(aller en tous sens)* ir de aquí para allá

**virginal, e, -aux** [viRʒinal, o] *adj* virginal

**virginité** [viRʒinite] *nf* virginidad *f*

**virgule** [viRgyl] *nf* coma; **quatre ~ deux** *(Math)* cuatro coma dos; **~ flottante** decimal *f* flotante

**viril, e** [viRil] *adj* viril; *(énergique, courageux)* viril, varonil

**viriliser** [viRilize] *vt* virilizar

**virilité** [viRilite] *nf* virilidad *f*

**virologie** [viRɔlɔʒi] *nf* virología

**virologiste** [viRɔlɔʒist] *nmf* virologista *mf*

**virtualité** [viRtɥalite] *nf* virtualidad *f*

**virtuel, le** [viRtɥɛl] *adj* virtual

**virtuellement** [viRtɥɛlmɑ̃] *adv* virtualmente; *(presque)* prácticamente

**virtuose** [viRtɥoz] *adj, nmf* virtuoso(-a)

**virtuosité** [viRtɥozite] *nf* virtuosismo; **exercices de ~** *(Mus)* ejercicios *mpl* de virtuosismo

**virulence** [viRylɑ̃s] *nf* virulencia

**virulent, e** [viRylɑ̃, ɑ̃t] *adj* virulento(-a)

**virus** [viRys] *nm* virus *m inv*

**vis** [vi] *vb voir* **voir**; **vivre** ▶ *nf* [vis] tornillo; **~ à tête plate/ronde** tornillo de cabeza chata/redonda; **~ platinées** *(Auto)* platinos *mpl*; **~ sans fin** tornillo sin fin

**visa** [viza] *nm* visa, visado; **~ de censure** *(Ciné)* visado de censura

**visage** [vizaʒ] *nm* cara, rostro; *(fig: aspect)* cara; **à ~ découvert** a cara descubierta

**visagiste** [vizaʒist] *nmf* estilista *mf* facial

**vis-à-vis** [vizavi] *adv* enfrente de, frente a; **~ de** frente a, enfrente de; *(à l'égard de)* con respecto a; *(en comparaison de)* en comparación con ▶ *nm inv (personne)* persona de enfrente; *(chose)* : **nous avons la poste pour ~** nuestra casa está enfrente de Correos; **en ~** frente a frente, cara a cara; **sans ~** *(immeuble)* protegido(-a) de las vistas

**viscéral, e, -aux** [viseRal, o] *adj* visceral

**viscéralement** [viseRalmɑ̃] *adv* visceralmente

**viscères** [viseR] *nmpl* vísceras *fpl*

**viscose** [viskoz] *nf* viscosa

**viscosité** [viskozite] *nf* viscosidad *f*

**visée** [vize] *nf (avec une arme)* puntería; *(arpentage)* mira; **visées** *nfpl (intentions)* objetivos *mpl*; **avoir des visées sur qch/qn** hacer proyectos sobre algo/algn

**viser** [vize] *vi* apuntar; **~ à qch/faire qch** pretender algo/hacer algo ▶ *vt* apuntar; *(carrière etc)* aspirar a; *(concerner)* atañer a; *(apposer un visa sur)* visar

**viseur** [vizœR] *nm (d'arme)* mira; *(Photo)* visor *m*

**visibilité** [vizibilite] *nf* visibilidad *f*; **bonne/mauvaise ~** buena/mala visibilidad; **sans ~** sin visibilidad

**visible** [vizibl] *adj* visible; *(évident)* evidente; *(disponible)* : **est-il ~ ?** ¿está para recibir?

**visiblement** [vizibləmɑ̃] *adv* visiblemente

**visière** [vizjɛR] *nf* visera; **mettre sa main en ~** hacer visera con la mano

**visioconférence** [vizjokɔ̃feRɑ̃s] *nf* videoconferencia

**vision** [vizjɔ̃] *nf* visión *f*; *(conception)* idea; **en première ~** *(Ciné)* en estreno

**visionnage** [vizjɔnaʒ] *nm* visionado

**visionnaire** [vizjɔnɛR] *adj, nmf* visionario(-a)

**visionner** [vizjɔne] *vt* visionar; *(Photo)* ver, visualizar

**visionneuse** [vizjɔnøz] *nf* visionador *m*

**visite** [vizit] *nf* visita; *(expertise, d'inspection)* inspección *f*; **la ~** *(Méd)* la consulta; *(Mil)* la revisión; **faire une ~ à qn** hacer una visita a algn; **rendre ~ à qn** visitar a algn; **être en ~**

512 · FRANÇAIS | ESPAGNOL

**(chez qn)** estar de visita (en casa de algn); **heures de ~** horas fpl de visita; **le droit de ~** (Jur) el derecho de visita; **~ de douane** inspección de aduana; **~ domiciliaire** visita domiciliaria; **~ médicale** revisión médica

**visiter** [vizite] vt visitar

**visiteur, -euse** [vizitœʀ, øz] nm/f (touriste) visitante mf; (chez qn) : **avoir un ~** tener visita; **~ de prison** (Admin) voluntario que visita presos; **~ des douanes** inspector(a) de aduanas; **~ médical(e)** visitador(a) médico(-a)

**vison** [vizɔ̃] nm visón m

**visqueux, -euse** [viskø, øz] adj viscoso(-a); (manières) repulsivo(-a)

**vissage** [visaʒ] nm atornillado

**visser** [vise] vt atornillar; (serrer : couvercle) enroscar

**visu** [vizy] : **de ~** adv en persona

**visualisation** [vizɥalizasjɔ̃] nf (aussi Inform) visualización f; **écran de ~** pantalla de visualización

**visualiser** [vizɥalize] vt (aussi Inform) visualizar

**visuel, le** [vizɥɛl] adj visual ▶ nm (Inform) unidad f de despliegue visual

**visuellement** [vizɥɛlmɑ̃] adv visualmente

**vit** [vi] vb voir **voir** ; **vivre**

**vital, e, -aux** [vital, o] adj vital

**vitalité** [vitalite] nf vitalidad f; (d'une tradition) vigencia

**vitamine** [vitamin] nf vitamina

**vitaminé, e** [vitamine] adj vitaminado(-a)

**vitaminique** [vitaminik] adj vitamínico(-a)

**vite** [vit] adv rápidamente, de prisa; (sans délai) pronto; **faire ~** darse prisa; **ce sera ~ fini** pronto estará terminado; **viens ~ !** ¡corre!

**vitesse** [vitɛs] nf (d'un véhicule, corps, fluide) velocidad f; (Auto) : **les vitesses** las marchas; **prendre qn de ~** ganar a algn por la mano; **faire de la ~** ir a mucha velocidad; **prendre de la ~** coger velocidad; **à toute ~** a toda marcha; **en perte de ~** (avion) perdiendo velocidad; (fig) perdiendo fuerza; **changer de ~** (Auto) cambiar de marcha; **en première/deuxième ~** (Auto) en primera/en segunda; **~ acquise** velocidad adquirida; **~ de croisière** velocidad de crucero; **~ de pointe** máximo de velocidad; **~ du son** velocidad del sonido

**viticole** [vitikɔl] adj vitícola

**viticulteur, -trice** [vitikyltœʀ, tʀis] nm/f viticultor(a)

**viticulture** [vitikyltyʀ] nf viticultura

**vitrage** [vitʀaʒ] nm vidriera; (rideau) visillo; **double ~** doble acristalamiento; **des fenêtres (à) double ~** ventanas con doble acristalamiento

**vitrail, -aux** [vitʀaj, o] nm vidriera; (technique) fabricación f de vidrieras

**vitre** [vitʀ] nf vidrio, cristal m; (d'une portière, voiture) cristal

**vitré, e** [vitʀe] adj acristalado(-a); **porte vitrée** puerta vidriera ou acristalada

**vitrer** [vitʀe] vt poner cristales en

**vitreux, -euse** [vitʀø, øz] adj (Anat) vidrioso(-a); (Géo) vítreo(-a)

**vitrier** [vitʀije] nm vidriero

**vitrification** [vitʀifikasjɔ̃] nf vitrificación f; (destruction) destrucción f

**vitrifier** [vitʀifje] vt vitrificar; (détruire) destruir

**vitrine** [vitʀin] nf escaparate m, vidriera (Am); (petite armoire) vitrina; **mettre un produit en ~** poner un producto en el escaparate; **~ publicitaire** panel m publicitario

**vitriol** [vitʀijɔl] nm vitriolo; **critique au ~** crítica virulenta

**vitupérations** [vitypeʀasjɔ̃] nfpl vituperios mpl

**vitupérer** [vitypeʀe] vi vituperar; **~ contre qch/qn** despotricar contra algo/algn

**vivable** [vivabl] adj soportable

**vivace** [vivas] adj (Bot : plante) vivaz; (haine) tenaz ▶ adv (Mus) vivace

**vivacité** [vivasite] nf vivacidad f

**vivant, e** [vivɑ̃, ɑ̃t] vb voir **vivre** ▶ adj viviente; (animé) vivo(-a) ▶ nm : **du ~ de qn** en vida de algn; **les vivants et les morts** los vivos y los muertos

**vivarium** [vivaʀjɔm] nm vivero

**vivats** [viva] nmpl vivas mpl

**vive** [viv] adj f voir **vif** ▶ vb voir **vivre** ▶ excl : **~ le roi/la république !** ¡viva el rey/la república!; **~ les vacances !** ¡vivan las vacaciones!; **~ la liberté !** ¡viva la libertad!

**vivement** [vivmɑ̃] adv vivamente ▶ excl : **~ qu'il s'en aille !** ¡que se vaya pronto!; **~ les vacances !** ¡que lleguen ya las vacaciones!

**viveur** [vivœʀ] (péj) nm vividor m

**vivier** [vivje] nm vivero; (étang) criadero

**vivifiant, e** [vivifjɑ̃, jɑ̃t] adj vivificante

**vivifier** [vivifje] vt vivificar; (souvenirs, sentiments) avivar

**vivions** [vivjɔ̃] vb voir **vivre**

**vivipare** [vivipaʀ] adj vivíparo(-a)

**vivisection** [vivisɛksjɔ̃] nf vivisección f

**vivoter** [vivɔte] vi ir tirando

**vivre** [vivʀ] vi vivir; (souvenir) subsistir; **la victime vit encore** la víctima sigue viva; **savoir ~** saber vivir; **se laisser ~** dejarse estar; **ne plus ~** no poder vivir; **apprendre à ~ à qn** meter a algn en cintura; **il a vécu** ha vivido mucho; **cette mode/ce régime a vécu** esta moda/este régimen ha muerto; **faire ~ qn** mantener a algn; **~ bien/mal** vivir bien/mal; **~ de** vivir de ▶ vt vivir; **il est facile/difficile à ~** tiene buen/mal carácter; **vivres** nmpl (provisions) víveres mpl

**vivrier, -ière** [vivʀije, jɛʀ] adj : **cultures vivrières** huertas fpl

**vlan** [vlɑ̃] excl ¡pum!

**VO** [veo] sigle f (= version originale) V.O. (= versión original)

## vocable – voiture-restaurant

**vocable** [vɔkabl] *nm* vocablo
**vocabulaire** [vɔkabylɛʀ] *nm* vocabulario
**vocal, e, -aux** [vɔkal, o] *adj (organes)* vocal; *(technique)* oral
**vocalique** [vɔkalik] *adj* vocálico(-a)
**vocalise** [vɔkaliz] *nf* vocalización *f*; **faire des vocalises** hacer ejercicios de vocalización
**vocaliser** [vɔkalize] *vi* vocalizar
**vocaliste** [vɔkalist] *nmf* vocalista *mf*
**vocation** [vɔkasjɔ̃] *nf* vocación *f*; **avoir la ~** tener vocación
**vociférations** [vɔsiferasjɔ̃] *nfpl* vociferaciones *fpl*
**vociférer** [vɔsifere] *vt, vi* vociferar
**vodka** [vɔdka] *nf* vodka *m*
**vœu, x** [vø] *nm* deseo; *(à Dieu)* voto; **faire ~ de** hacer voto de; **avec nos meilleurs vœux** muchas felicidades; **vœux de bonheur/de bonne année** deseos *mpl* de felicidad/felicitaciones *fpl* de año nuevo
**vogue** [vɔg] *nf* moda; **en ~** en boga
**voguer** [vɔge] *vi* remar
**voici** [vwasi] *prép* aquí está; **en ~ un** aquí hay *ou* está uno; **et ~ que ...** y entonces ...; **me ~** aquí estoy; **« ~ »** *(en offrant qch)* « aquí tiene »; **~ deux ans** hace dos años; **il est parti ~ trois ans** se fue hace tres años; **~ une semaine que je l'ai vue** hace una semana que la vi
**voie**[1] [vwa] *vb voir* **voir**
**voie**[2] [vwa] *nf* vía; *(Auto)* carril *m*; **par ~ buccale** *ou* **orale/rectale** por vía oral/rectal; **suivre la ~ hiérarchique** *(Admin)* seguir los medios oficiales; **ouvrir/montrer la ~** abrir/mostrar el camino; **être en bonne ~** estar en el buen camino; **mettre qn sur la ~** encaminar a algn; **être en ~ d'achèvement/de rénovation** estar en vías de acabar/de renovar; **route à deux/trois voies** carretera de dos/tres carriles; **par la ~ aérienne/maritime** por vía aérea/marítima; **par ~ ferrée** por vía férrea, por ferrocarril; **~ à sens unique** vía de dirección única; **~ d'eau** vía navegable; *(entrée d'eau)* vía de agua; **~ de fait** *(Jur)* vía de hecho; **~ de garage** *(aussi fig)* vía muerta; **~ express** vía urgente; **~ ferrée/navigable** vía férrea/navegable; **~ lactée** vía láctea; **~ prioritaire** *(Auto)* carril prioritario; **~ privée** camino privado; **~ publique** vía pública
**voilà** [vwala] *prép* he ahí, ahí está; **les ~** ahí están; **en ~ un** ahí hay *ou* está uno; **~ deux ans** hace dos años; **~ deux ans que ...** hace dos años que ...; **et ~ !** ¡eso es todo!, ¡ya está!; **~ tout** eso es todo; **« ~ »** *(en offrant qch)* « aquí tiene »
**voilage** [vwalaʒ] *nm (rideau)* visillo; *(tissu)* adorno transparente en un vestido
**voile** [vwal] *nm* velo; *(qui dissimule une ouverture etc)* cortina; *(Photo)* veladura; **prendre le ~** *(Rel)* tomar el velo; **~ au poumon** *nm (Méd)* mancha en el pulmón; **~ du palais** *nm (Anat)* velo del paladar ▶ *nf* vela; **la ~** *(Sport)* la vela; **mettre à la ~** *(Naut)* hacerse a la vela
**voiler** [vwale] *vt* poner las velas a; *(fig)* velar, ocultar; *(Photo)* velar; *(fausser: roue)* alabear; *(: bois)* combar; **se voiler** *vpr (lune)* ocultarse; *(regard)* apagarse; *(ciel)* cubrirse; *(Tech)* combarse; **se ~ la face** *(fig)* ponerse una venda en los ojos
**voilette** [vwalɛt] *nf* velo
**voilier** [vwalje] *nm* velero
**voilure** [vwalyʀ] *nf (d'un voilier)* velamen *m*; *(d'un avion)* planos *mpl* sustentadores; *(d'un parachute)* tela de paracaídas
**voir** [vwaʀ] *vi* ver; *(comprendre)* : **je vois** comprendo; **~ loin/venir** ver lejos/venir; **regardez ~** mire; **montrez ~** déjeme ver; **dites ~** diga, explíquese; **voyons !** ¡vamos!; **c'est à ~ !** ¡habrá que verlo!; **c'est à vous de ~** usted verá; **c'est ce qu'on va ~** eso habrá que verlo ▶ *vt* ver; *(considérer)* considerar; *(constater)* : **~ que/comme** ver que/como; **faire ~ qch à qn** enseñar algo a algn; **vois comme il est beau !** ¡mira lo bonito que es!; **en faire ~ à qn** *(fam)* enseñar a algn lo que es bueno; **ne pas pouvoir ~ qn** no poder ver a algn; **avoir quelque chose à ~ avec** tener algo que ver con; **cela n'a rien à ~ avec lui** esto no tiene nada que ver con él; **~ à faire qch** *(veiller à)* asegurarse de hacer algo; **se voir** *vpr* : **se ~ critiquer** verse criticado(-a); **cela se voit** se nota
**voire** [vwaʀ] *adv* incluso
**voirie** [vwaʀi] *nf (entretien des voies)* servicio de vías y obras; *(administration)* servicio de vías públicas; *(enlèvement des ordures)* servicio de recogida de basuras
**vois** *etc* [vwa] *vb voir* **voir**
**voisin, e** [vwazɛ̃, in] *adj* cercano(-a), próximo(-a); *(contigu)* vecino(-a), próximo(-a); *(ressemblant)* parecido(-a), vecino(-a) ▶ *nm/f* vecino(-a); *(de table etc)* compañero(-a); **nos voisins les Anglais** nuestros vecinos ingleses; **~ de palier** vecino(-a) de enfrente
**voisinage** [vwazinaʒ] *nm* vecindad *f*, proximidad *f*; *(environs)* vecindad, cercanía; *(quartier, voisins)* vecindad; **relations de bon ~** relaciones *fpl* de buena vecindad
**voisiner** [vwazine] *vi* : **~ avec qn/qch** ser vecino(-a) de algn/algo, estar cerca de algn/algo
**voit** [vwa] *vb voir* **voir**
**voiture** [vwatyʀ] *nf* coche *m*, auto *(surtout AM)*, carro *(AM)*; **en ~ !** *(Rail)* ¡al tren!; **à bras** carro con varales; **~ d'enfant** cochecito de niño; **~ d'infirme** coche de inválido; **~ de sport** coche deportivo
**voiture-lit** [vwatyʀli] *(pl* **voitures-lits***) nf (Rail)* coche-cama *m*
**voiture-restaurant** [vwatyʀʀɛstɔʀɑ̃] *(pl* **voitures-restaurants***) nf (Rail)* vagón *m* restaurante

514 · FRANÇAIS | ESPAGNOL

## voix – voluptueux

**voix** [vwɑ] nf voz f; (Pol) voto; **~ passive/active** (Ling) voz pasiva/activa; **la ~ de la conscience/raison** la voz de la conciencia/razón; **à haute ~** en voz alta; **à ~ basse** en voz baja; **faire la grosse ~** sacar el vozarrón; **avoir de la ~** tener voz; **rester sans ~** quedarse sin voz; **à deux/quatre ~** (Mus) a dos/cuatro voces; **avoir/ne pas avoir ~ au chapitre** tener/no tener voz ni voto; **mettre aux ~** poner a votación; **~ de basse/de ténor** voz de bajo/de tenor

**vol** [vɔl] nm vuelo; (mode d'appropriation) robo; (larcin) hurto; **un ~ de perdrix** una bandada de perdices; **à ~ d'oiseau** a vuelo de pájaro; **au ~: attraper qch au ~** coger algo al vuelo; **saisir une remarque au ~** coger una advertencia al vuelo; **prendre son ~** levantar el vuelo; **de haut ~** de altos vuelos; **en ~** en vuelo; **~ à l'étalage** hurto en las tiendas; **~ à la tire** tirón m (de bolsa); **~ à main armée** robo ou atraco a mano armada; **~ à voile** vuelo a vela; **~ avec effraction** robo con infracción; **~ de nuit** vuelo nocturno; **~ en palier** (Aviat) vuelo horizontal; **~ libre/sur aile delta** (Sport) vuelo libre/en ala delta; **~ plané** (Aviat) vuelo planeado; **~ qualifié/simple** (Jur) hurto agravado/simple

**vol.** abr (= volume) vol. (= volumen)

**volage** [vɔlaʒ] adj voluble

**volaille** [vɔlaj] nf (oiseaux) aves fpl de corral; (viande, oiseau) ave f

**volailler** [vɔlaje] nm vendedor m de aves

**volant, e** [vɔlɑ̃, ɑ̃t] adj volante, volador(a); **le personnel ~, les volants** (Aviat) la tripulación ▶ nm volante m; (feuillet détachable) talón m; **~ de sécurité** margen m de seguridad

**volatil, e** [vɔlatil] adj volátil

**volatile** [vɔlatil] nm volátil m

**volatiliser** [vɔlatilize] : **se volatiliser** vpr (Chim) volatilizarse; (fig) esfumarse

**volatilité** [vɔlatilite] nf volatilidad f

**vol-au-vent** [vɔlovɑ̃] (pl **vol(s)-au-vent**) nm volován m

**volcan** [vɔlkɑ̃] nm volcán m

**volcanique** [vɔlkanik] adj volcánico(-a)

**volcanologie** [vɔlkanɔlɔʒi] nf vulcanología

**volcanologue** [vɔlkanɔlɔg] nmf vulcanólogo(-a)

**volée** [vɔle] nf (d'oiseaux) bandada; (Tennis) voleo; **rattraper qch à la ~** coger algo al vuelo; **lancer/semer à la ~** lanzar/sembrar al voleo; **à toute ~** (sonner les cloches) al vuelo; (lancer un projectile) al voleo; **de haute ~** (de haut rang) de alto rango; (de grande envergure) de altos vuelos; **~ (de coups)** paliza; **~ de flèches** lluvia de flechas; **~ d'obus** descarga de obuses

**voler** [vɔle] vi volar; (voleur) robar, hurtar; **~ en éclats** volar en mil pedazos; **~ de ses propres ailes** volar con sus propias alas, valerse por sí mismo(-a); **~ au vent** flotar al viento ▶ vt (objet) robar; (idée) apropiarse de; **~ qch à qn** robar algo a algn

**volet** [vɔlɛ] nm (de fenêtre) postigo; (Aviat) flap m; (de feuillet) hoja; (d'un plan) aspecto; **trié sur le ~** muy escogido(-a); **~ de freinage** (Aviat) tren m de frenado

**voleter** [vɔl(ə)te] vi revolotear

**voleur, -euse** [vɔlœʀ, øz] adj, nm/f ladrón(-ona)

**volière** [vɔljɛʀ] nf pajarera

**volley-ball** [vɔlɛbol] (pl **volley-balls**), **volley** [vɔlɛ] nm balonvolea m

**volleyer** [vɔleje] vt (Tennis) volear

**volleyeur, -euse** [vɔlejœʀ, øz] nm/f jugador(a) de balonvolea

**volontaire** [vɔlɔ̃tɛʀ] adj voluntario(-a); (délibéré) deliberado(-a); (caractère) decidido(-a); **(engagé) ~** (Mil) voluntario ▶ nmf voluntario(-a)

**volontairement** [vɔlɔ̃tɛʀmɑ̃] adv voluntariamente

**volontariat** [vɔlɔ̃taʀja] nm voluntariado

**volontarisme** [vɔlɔ̃taʀism] nm voluntarismo

**volontariste** [vɔlɔ̃taʀist] adj voluntarista

**volonté** [vɔlɔ̃te] nf voluntad f; **se servir/boire à ~** servirse/beber a voluntad; **bonne/mauvaise ~** buena/mala voluntad; **les dernières volontés de qn** la última voluntad de algn

**volontiers** [vɔlɔ̃tje] adv con gusto; (habituellement) habitualmente; « **~** » « con mucho gusto »

**volt** [vɔlt] nm voltio

**voltage** [vɔltaʒ] nm voltaje m

**volte-face** [vɔltəfas] (pl **~(-s)**) nf media vuelta; (fig) cambio; **faire ~** dar media vuelta

**voltige** [vɔltiʒ] nf (au cirque) acrobacia (en el aire); (Équitation) acrobacia ecuestre; (Aviat) acrobacia aérea; **(numéro de haute) ~** número de acrobacia; (fig) ejercicio mental

**voltiger** [vɔltiʒe] vi revolotear

**voltigeur, -euse** [vɔltiʒœʀ, øz] nm/f acróbata mf ▶ nm (Mil) tirador m

**voltmètre** [vɔltmɛtʀ] nm voltímetro

**volubile** [vɔlybil] adj locuaz

**volubilis** [vɔlybilis] nm enredadera de campanillas

**volubilité** [vɔlybilite] nf locuacidad f

**volume** [vɔlym] nm volumen m

**volumétrique** [vɔlymetʀik] adj volumétrico(-a)

**volumineux, -euse** [vɔlyminø, øz] adj voluminoso(-a)

**volumique** [vɔlymik] adj (Phys): **masse ~** densidad f

**volupté** [vɔlypte] nf voluptuosidad f

**voluptueusement** [vɔlyptɥøzmɑ̃] adv voluptuosamente

**voluptueux, -euse** [vɔlyptɥø, øz] adj voluptuoso(-a)

## volute – voûté

**volute** [vɔlyt] *nf* (*Archit*) voluta; **~ de fumée** voluta

**vomi** [vɔmi] *nm* vómito

**vomir** [vɔmiʀ] *vi* vomitar ▶ *vt* vomitar; (*exécrer*) abominar

**vomissement** [vɔmismɑ̃] *nm* vómito; **être pris de vomissements** comenzar a devolver *ou* vomitar de pronto

**vomissure** [vɔmisyʀ] *nf* (*gén pl*) vómito

**vomitif** [vɔmitif] *nm* vomitivo

**vont** [vɔ̃] *vb voir* **aller**

**vorace** [vɔʀas] *adj* voraz

**voracement** [vɔʀasmɑ̃] *adv* vorazmente

**voracité** [vɔʀasite] *nf* voracidad *f*

**vos** [vo] *voir* **votre**

**Vosges** [voʒ] *nfpl* : **les ~** los Vosgos

**vosgien, ne** [voʒjɛ̃, jɛn] *adj* de los Vosgos ▶ *nm/f* : **Vosgien, ne** nativo(-a) *ou* habitante *mf* de los Vosgos

**VOST** [veɔɛste] *sigle f* (= *version originale sous-titrée*) VOS (= versión original subtitulada)

**votant, e** [vɔtɑ̃, ɑ̃t] *nm/f* votante *mf*

**vote** [vɔt] *nm* voto; (*suffrage*) voto, votación *f*; (*consultation*) votación; **~ secret** *ou* **à bulletins secrets** votación secreta; **~ à main levée** voto a mano alzada; **~ par correspondance/procuration** voto por correspondencia/poder

**voter** [vɔte] *vi, vt* votar

**votif, -ive** [vɔtif, iv] *adj* votivo(-a)

**votre** [vɔtʀ] (*pl* **vos**) *adj poss* vuestro(-a), su

**vôtre** [votʀ] *pron poss* : **le/la ~** el (la) vuestro(-a); **les vôtres** los (las) vuestros(-as); (*forme de politesse*) los (las) suyos(-as); **à la ~ !** ¡salud!

**voudrai** *etc* [vudʀe] *vb voir* **vouloir**

**voué, e** [vwe] *adj* : **~ à l'échec/la faillite** condenado(-a) al fracaso/a la derrota; **taudis voués à la démolition** cuchitril condenado al derribo

**vouer** [vwe] *vt* : **~ qch à Dieu/un saint** consagrar algo a Dios/un santo; **sa vie/son temps à** consagrar la vida/el tiempo a; **~ une haine/amitié éternelle à qn** profesar odio/amistad eterna a algn; **se vouer** *vpr* : **se ~ à** dedicarse a

MOT-CLÉ

**vouloir** [vulwaʀ] *vt* **1** querer; **voulez-vous du thé ?** ¿quiere té?; **que me veut-il ?** ¿qué quiere de mí?; **sans le vouloir** sin querer; **je voudrais qch/faire** quería *ou* quisiera algo/hacer; **le hasard a voulu que ...** el azar quiso que ...; **la tradition veut que ...** la tradición es que ...; **vouloir faire/que qn fasse qch** querer hacer/que algn haga algo; **que veux-tu que je te dise ?** ¿qué quieres que te diga?

**2** (*consentir*) : **tu veux venir ? — oui, je veux bien** (*bonne volonté*) ¿quieres venir? — sí, me parece bien; **allez, tu viens ? — oui, je veux bien** (*concession*) venga, ¿vienes? —¡bueno!; **oui, si on veut** (*en quelque sorte*) sí, en cierto modo; **si vous voulez** si quiere; **veuillez attendre** tenga la amabilidad de esperar; **veuillez agréer ... le** saluda atentamente ...; **comme vous voudrez** como quiera

**3** : **en vouloir à** : **en vouloir à qn** estar resentido con algn; **je lui en veux d'avoir fait ça** me sienta muy mal que haya hecho eso; **s'en vouloir d'avoir fait qch** estar arrepentido de haber hecho algo; **il en veut à mon argent** se interesa por mi dinero

**4** : **vouloir de qch/qn** : **l'entreprise ne veut plus de lui** la empresa ya no le quiere; **elle ne veut pas de son aide** ella no quiere su ayuda

**5** : **vouloir dire (que)** (*signifier*) querer decir (que) ▶ *nm* : **le bon vouloir de qn** la buena voluntad de algn

**se vouloir** *vpr* **1** : **s'en vouloir** arrepentirse; **s'en vouloir de qch** arrepentirse de algo **2** (*avec attribut*) pretender ser; **... qui se veut moderne ...** que pretende ser moderno

**voulu, e** [vuly] *pp de* **vouloir** ▶ *adj* (*requis*) requerido(-a); (*délibéré*) deliberado(-a)

**vous** [vu] *pron* (*sujet* : *pl* : *courant*) vosotros(-as), ustedes (Am); (: *forme de politesse*) ustedes; (: *singulier*) usted; (*objet direct* : *pl*) os, les (Am); (: *forme de politesse*) les (las) *ou* los, (: *singulier*) le (la) *ou* lo; (*objet indirect* : *pl*) os, (: *forme de politesse*) les; (: *singulier*) le; (*réfléchi, réciproque* : *direct, indirect*) os; (: *forme de politesse*) se; **je ~ le jure** os lo juro; (*politesse*) se lo juro; **je ~ prie de ...** os pido que ...; (*politesse* : *pluriel*) les pido que ...; (: *singulier*) le pido que ...; **~ pouvez ~ asseoir** podéis sentaros; (*politesse* : *pluriel*) pueden sentarse; (: *singulier*) puede usted sentarse; **à ~** vuestro(-a), vuestros(-as); (*formule de politesse*) suyo(-a), suyos(-as); **ce livre est à ~** ese libro es vuestro; (*politesse*) ese libro es suyo; **avec/sans ~** con/sin vosotros; (*politesse* : *pluriel*) con/sin ustedes; (: *singulier*) con/sin usted; **je vais chez ~** voy a vuestra casa; (*politesse*) voy a su casa ▶ *nm* : **employer le ~** emplear el usted

**vous-même** [vumɛm] *pron* (*sujet*) usted mismo(-a); (*après prép*) sí mismo(-a); (*emphatique*) : **~, vous ...** usted, ...; **vous-mêmes** *pron pl* (*sujet*) vosotros(-as) *ou* (Am) ustedes mismos(-as); (*forme de politesse*) ustedes mismos(-as); (*après prép*) sí mismos(-as); (*emphatique*) : **vous-mêmes, vous ...** vosotros ..., ustedes ... (Am); (*forme de politesse*) ustedes, ...

**voûte** [vut] *nf* bóveda; **~ céleste** bóveda celeste; **~ du palais** velo del paladar; **~ plantaire** arco plantar

**voûté, e** [vute] *adj* abovedado(-a); (*personne*) encorvado(-a)

516 · FRANÇAIS | ESPAGNOL

**voûter** [vute] *vt* (*Archit*) abovedar; **se voûter** *vpr* (*personne*) encorvarse
**vouvoiement** [vuvwamɑ̃] *nm* tratamiento de usted
**vouvoyer** [vuvwaje] *vt* : ~ **qn** tratar de usted a algn
**voyage** [vwajaʒ] *nm* viaje *m*; **être/partir en ~** estar/ir *ou* salir de viaje; **faire un ~** hacer un viaje; **faire bon ~** hacer un buen viaje; **j'aime les voyages** me gustan los viajes; **les gens du ~** los saltimbanquis *mpl*; **~ d'affaires** viaje de negocios; **~ d'agrément** viaje de placer; **~ de noces** viaje de novios; **~ organisé** viaje organizado
**voyager** [vwajaʒe] *vi* viajar
**voyageur, -euse** [vwajaʒœʀ, øz] *adj*, *nm/f* viajero(-a); **un grand ~** un gran viajero; **~ (de commerce)** viajante *mf* (de comercio)
**voyagiste** [vwajaʒist] *nmf* touroperador(-a)
**voyais** *etc* [vwajɛ] *vb voir* **voir**
**voyance** [vwajɑ̃s] *nf* videncia
**voyant, e** [vwajɑ̃, ɑ̃t] *adj* llamativo(-a) ▶ *nm/f* vidente *mf* ▶ *nm* indicador *m* luminoso
**voyelle** [vwajɛl] *nf* vocal *f*
**voyeur, -euse** [vwajœʀ, øz] *nm/f* mirón(-ona); (*Psych*) voyerista *mf*, voyeur *mf*
**voyeurisme** [vwajœʀism] *nm* voyeurismo
**voyeuriste** [vwajœʀist] *adj* voyeurista
**voyons** [vwajɔ̃] *vb voir* **voir**
**voyou** [vwaju] *adj*, *nm* gamberro(-a)
**voyoucratie** [vwajukʀasi] *nf* cleptocracia
**VPC** [vepese] *sigle f* (= *vente par correspondance*) venta por correo
**vrac** [vʀak] : **en ~** *adj*, *adv* en desorden; (*Comm*) a granel
**vrai, e** [vʀɛ] *adj* verdadero(-a), cierto(-a); (*or, cheveux*) auténtico(-a); **son ~ nom** su auténtico nombre; **un ~ comédien/sportif** un auténtico comediante/deportista; **il est ~ que** cierto que ▶ *nm* : **le ~** lo verdadero, lo verídico; **à dire ~, à ~ dire** a decir verdad; **être dans le ~** estar en lo cierto
**vraiment** [vʀɛmɑ̃] *adv* verdaderamente; « **~ ?** » « ¿de verdad? », « ¿es cierto? »; **il est ~ rapide** es realmente rápido
**vraisemblable** [vʀɛsɑ̃blabl] *adj* (*plausible*) verosímil; (*probable*) probable
**vraisemblablement** [vʀɛsɑ̃blabləmɑ̃] *adv* probablemente
**vraisemblance** [vʀɛsɑ̃blɑ̃s] *nf* verosimilitud *f*; (*probabilité*) probabilidad *f*; (*romanesque*) realismo; **selon toute ~** con toda seguridad
**vraquier** [vʀakje] *nm* (buque *m*) granelero
**vrille** [vʀij] *nf* (*de plante*) zarcillo; (*outil, hélice*) barrena; **descendre en ~, faire une ~** (*Aviat*) bajar en barrena, hacer la barrena
**vrillé, e** [vʀije] *adj* ensortijado(-a)
**vriller** [vʀije] *vt* barrenar
**vrombir** [vʀɔ̃biʀ] *vi* zumbar
**vrombissant, e** [vʀɔ̃bisɑ̃, ɑ̃t] *adj* que zumba
**vrombissement** [vʀɔ̃bismɑ̃] *nm* zumbido
**VRP** [veɛʀpe] *sigle m* (= *voyageur, représentant, placier*) representante
**VTT** [vetete] *sigle m* (= *vélo tout terrain*) bicicleta todo terreno
**vu¹** [vy] *prép* visto; **vu que** visto que
**vu², e** [vy] *pp de* **voir** ▶ *adj* : **bien/mal vu** bien/mal visto(-a) ▶ *nm* : **au vu et au su de tous** a cara descubierta; **ni vu ni connu** ni visto ni oído; **c'est tout vu** está claro
**vue** [vy] *nf* vista; (*spectacle*) visión *f*; **perdre la ~** perder la vista; **perdre de ~** perder de vista; (*principes, objectifs*) olvidar; **à la ~ de tous** a la vista de todos; **hors de ~** fuera de la vista; **à première ~** a primera vista; **connaître qn de ~** conocer a algn de vista; **à ~** (*Comm*) a vista; **tirer à ~** disparar sin dar la voz de alto; **à ~ d'œil** a ojos vistas; **avoir ~ sur** tener vistas a; **en ~** a la vista; (*Comm*) en vistas; **avoir qch en ~** tener algo en vistas; **arriver/être en ~ d'un endroit** llegar/estar a la vista de un lugar; **en ~ de faire qch** con intención de hacer algo; **~ d'ensemble** vista de conjunto; **~ de l'esprit** teoría pura; **vues** *nfpl* (*idées*) opiniones *fpl*; (*dessein*) proyectos *mpl*
**vulcanisation** [vylkanizasjɔ̃] *nf* vulcanización *f*
**vulcaniser** [vylkanize] *vt* vulcanizar
**vulcanologie** [vylkanɔlɔʒi] *nf* = **volcanologie**
**vulcanologue** [vylkanɔlɔg] *nmf* = **volcanologue**
**vulgaire** [vylgɛʀ] *adj* vulgar; **de vulgaires touristes/chaises de cuisine** simples turistas/sillas de cocina; **nom ~** (*Bot, Zool*) nombre *m* común
**vulgairement** [vylgɛʀmɑ̃] *adv* vulgarmente; (*communément*) comúnmente, vulgarmente
**vulgarisation** [vylgaʀizasjɔ̃] *nf* : **ouvrage de ~** obra de divulgación
**vulgariser** [vylgaʀize] *vt* (*connaissances*) divulgar; (*rendre vulgaire*) vulgarizar
**vulgarité** [vylgaʀite] *nf* vulgaridad *f*
**vulgate** [vylgat] *nf* (*fig*) ortodoxia; (*Rel*) : **la V~** la Vulgata
**vulnérabilité** [vylneʀabilite] *nf* vulnerabilidad *f*
**vulnérable** [vylneʀabl] *adj* vulnerable; (*stratégiquement*) atacable
**vulve** [vylv] *nf* vulva
**vumètre** [vymɛtʀ] *nm* vúmetro
**Vve** *abr* (= *veuve*) Vda. (= *viuda*)

**W¹, w** [dubləve] *nm inv* (*lettre*) W, w *f*; **W comme William** ≈ W de Washington
**W²** [dubləve] *abr* (= *watt*) W (= *wat ou vatio*)
**wagon** [vagɔ̃] *nm* vagón *m*
**wagon-citerne** [vagɔ̃sitɛʀn] (*pl* **wagons-citernes**) *nm* vagón-cisterna *m*
**wagon-lit** [vagɔ̃li] (*pl* **wagons-lits**) *nm* coche-cama *m*
**wagonnet** [vagɔnɛ] *nm* vagoneta
**wagon-poste** [vagɔ̃pɔst] (*pl* **wagons-postes**) *nm* coche-correo *m*
**wagon-restaurant** [vagɔ̃ʀɛstɔʀɑ̃] (*pl* **wagons-restaurants**) *nm* coche-restaurante *m*
**Wallis et Futuna** [walisefutuna] *nfpl* : (**les îles**) ~ (las islas de) Wallis y Futuna
**wallon, ne** [walɔ̃, ɔn] *adj* valón(-ona) ▶ *nm* (*Ling*) valón *m* ▶ *nm/f* : **Wallon, ne** valón(-ona)
**Wallonie** [walɔni] *nf* Valonia
**water-polo** [watɛʀpolo] (*pl* **water-polos**) *nm* water-polo *m*
**waters** [watɛʀ] *nmpl* servicios *mpl*
**watt** [wat] *nm* vatio
**w-c** [vese] *nmpl* W-C *mpl*
**Web** [wɛb] *nm inv* : **le** ~ la Red, la Web
**webcam** [wɛbkam] *nf* webcam *f*
**webdesign** [wɛbdizajn] *nm* diseño web
**webdesigner** [wɛbdizajnœʀ] *nmf* diseñador(a) de webs
**webmaster** [wɛbmastɛʀ], **webmestre** [wɛbmɛstʀə] *nmf* webmaster *mf*, administrador(a) de web
**webzine** [wɛbzin] *nm* revista electrónica
**week-end** [wikɛnd] (*pl* **week-ends**) *nm* fin *m* de semana
**western** [wɛstɛʀn] *nm* película del oeste, western *m*
**whisky** [wiski] (*pl* **whiskies**) *nm* whisky *m*
**white-spirit** [wajtspiʀit] (*pl* **white-spirits**) *nm* aguarrás *msg*
**widget** [widʒɛt] *nm* (*Inform*) widget *m*
**wifi** [wifi] *nm inv* (= *wireless fidelity*) Wi-Fi *m*
**wishbone** [wiʃbon] *nm* (*Naut*) botavara (*de tabla de windsurf*)
**wok** [wɔk] *nm* wok *m*

**X, x** [iks] *nm inv (lettre)* X, x *f*; **plainte contre X** (*Jur*) *denuncia contra personas desconocidas*; **X comme Xavier** ≈ X de Xiquena
**xénogreffe** [gzenogʀɛf] *nf* heteroinjerto, xenoinjerto

**xénophobe** [gzenɔfɔb] *nmf* xenófobo(-a)
**xénophobie** [gzenɔfɔbi] *nf* xenofobia
**xérès** [gzeʀɛs] *nm* jerez *m*
**xylographie** [gzilɔgʀafi] *nf* xilografía
**xylophone** [gzilɔfɔn] *nm* xilófono

**Y, y¹** [iɡʀɛk] *nm inv* (*lettre*) Y, y *f*; **Y comme Yvonne** ≈ Y de Yegua
**y²** [i] *adv* allí; (*plus près*) ahí; (*ici*) aquí; **nous y sommes enfin** ya estamos aquí ▶ *pron* (*la préposition espagnole dépend du verbe employé*) a/de/en él (ella); **à l'hôtel ? j'y reste trois semaines** ¿en el hotel? me voy a quedar tres semanas; **j'y pense** (*je n'ai pas oublié*) lo tengo en mente; (*décision à prendre*) me lo estoy pensando; **j'y suis !** ¡ya caigo!; **je n'y suis pour rien** no he tenido nada que ver (en esto); **s'y entendre (en qch)** entender de (algo); *voir aussi* **aller** ; **avoir**
**yacht** ['jɔt] *nm* yate *m*
**yack** ['jak] *nm* yak *m*
**yaourt** ['jauʀt] *nm* yogur *m*
**yaourtière** ['jauʀtjɛʀ] *nf* yogurtera

**Yémen** ['jemɛn] *nm* Yemen *m*
**yéménite** ['jemenit] *adj* yemení, yemenita
▶ *nmf*: **Yéménite** yemení *mf*, yemenita *mf*
**yeux** [jø] *nmpl de* **œil**
**yoga** ['jɔga] *nm* yoga *m*
**yoghourt** ['jɔguʀt] *nm* = **yaourt**
**yogi** ['jɔgi] *nm* yogui *mf*
**yole** ['jɔl] *nf* yola
**yorkshire** ['jɔʀkʃœʀ] *nm* (*chien*) yorkshire *m*
**yougoslave** ['jugɔslav] *adj* yugoslavo(-a)
▶ *nmf*: **Yougoslave** yugoslavo(-a)
**Yougoslavie** ['jugɔslavi] *nf* Yugoslavia
**yourte** ['juʀt] *nf* yurta
**youyou** ['juju] *nm* bote *m*
**yoyo, yo-yo** [jojo] *nm* yoyó
**yucca** ['juka] *nm* yuca
**yuppie** ['jupi] *nmf* yuppie *mf*

# Zz

**Z, z** [zɛd] *nm inv (lettre)* Z, z f; **Z comme Zoé** ≈ Z de Zaragoza
**ZAC** [zak] *sigle f* (= *zone d'aménagement concerté*) zona de desarrollo urbano
**Zaïre** [zaiʀ] *nm* Zaire *m*
**zaïrois, e** [zaiʀwa, waz] *adj* zaireño(-a)
  ▶ *nm/f*: **Zaïrois, e** zaireño(-a)
**Zambèze** [zãbɛz] *nm* Zambeze *m*
**Zambie** [zãbi] *nf* Zambia
**zambien, ne** [zãbjɛ̃, jɛn] *adj* zambiano(-a)
  ▶ *nm/f*: **Zambien, ne** zambiano(-a)
**zapette** [zapɛt] (*fam*) *nf* mando a distancia
**zapper** [zape] *vi* hacer zapping
**zappette** [zapɛt] (*fam*) *nf* = **zapette**
**zapping** [zapiŋ] *nm*: **faire du ~** hacer zapping, zapear
**zèbre** [zɛbʀ(ə)] *nm* cebra
**zébré, e** [zebʀe] *adj* rayado(-a)
**zébrure** [zebʀyʀ] *nf* (*gén pl*) raya
**zélateur, -trice** [zelatœʀ, tʀis] *nm/f* incondicional *mf*
**zèle** [zɛl] *nm* celo; **faire du ~** (*péj*) pasarse en el celo
**zélé, e** [zele] *adj* (*fonctionnaire*) diligente; (*défenseur*) celoso(-a)
**zen** [zɛn] *nm* (*Rel*) zen *m* ▶ *adj* (*Rel*) zen *inv*; (*calme*: *personne*) tranquilo(-a)
**zénith** [zenit] *nm* (*aussi fig*) cenit *m*
**ZEP** [zɛp] *sigle f* (= *zone d'éducation prioritaire*) escuelas situadas en áreas marginales, caracterizadas por las dificultades de aprendizaje y por la abstención escolar.
**zéro** [zeʀo] *adj* cero ▶ *nm* (*Scol*) cero; **au-dessus/au-dessous de ~** sobre/bajo cero; **réduire à ~** reducir a cero; **partir de ~** partir de cero; **trois (buts) à ~** tres (goles) a cero
**zeste** [zɛst] *nm* cáscara; (*fig*): **un ~ de** una pizca de; **un ~ de citron** una cáscara de limón
**zézaiement** [zezɛmã] *nm* ceceo
**zézayer** [zezeje] *vi* cecear
**ZI** [ʒɛdi] *sigle f* (= *zone industrielle*) polígono industrial
**zibeline** [ziblin] *nf* (marta) cibelina
**zigouiller** [ziguje] (*fam*) *vt* cepillarse a, cargarse a
**zigzag** [zigzag] *nm* zigzag *m*
**zigzaguer** [zigzage] *vi* zigzaguear
**Zimbabwe** [zimbabwe] *nm* Zimbabwe *m*
**zimbabwéen, ne** [zimbabweɛ̃, ɛn] *adj* zimbabuo(-a) ▶ *nm/f*: **Zimbabwéen, ne** zimbabuo(-a)
**zinc** [zɛ̃g] *nm* cinc *m*; (*comptoir*) barra
**zinguer** [zɛ̃ge] *vt* (*toit*) cubrir de cinc; (*fer*) galvanizar
**zingueur** [zɛ̃gœʀ] *nm*: (**plombier**) **~** (fontanero) cinquero
**zinnia** [zinja] *nm* zinnia
**zip** [zip] *nm* (*de vêtement*) cremallera ▶ *adj* (*Inform*): **fichier ~** archivo zip
**zippé, e** [zipe] *adj* (*vêtement*) con cremallera; (*Inform*) comprimido(-a), zipeado(-a)
**zipper** [zipe] *vt* (*Inform*) comprimir, zipear
**zircon** [ziʀkɔ̃] *nm* circón *m*, zircón *m*
**zizanie** [zizani] *nf*: **mettre** *ou* **semer la ~** meter *ou* sembrar cizaña
**zizi** [zizi] (*fam*) *nm* pito
**zodiacal, e, -aux** [zɔdjakal, o] *adj* zodiacal
**zodiaque** [zɔdjak] *nm* zodíaco; **les signes du ~** los signos del zodíaco
**zona** [zona] *nm* zona
**zonage** [zonaʒ] *nm* (*Admin*) zonificación *f*, división *f* en zonas
**zonard** [zonaʀ] (*fam*) *nm* mangui *m*, matado
**zone** [zon] *nf* zona; **la ~** (*quartiers*) las barriadas marginales; **de seconde ~** (*fig*) de segunda; **~ bleue** zona azul; **~ d'action** (*Mil*) radio de acción; **~ d'extension** *ou* **d'urbanisation** zona urbanizable; **~ franche** zona franca; **~ industrielle** polígono industrial; **~ résidentielle** zona residencial; **zones monétaires** zonas *fpl* monetarias
**zoner** [zone] (*fam*) *vi* vaguear; **il y a des types qui zonent par ici** hay manguis por aquí
**zoo** [zo(o)] *nm* zoo
**zoologie** [zɔɔlɔʒi] *nf* zoología
**zoologique** [zɔɔlɔʒik] *adj* zoológico(-a)
**zoologiste** [zɔɔlɔʒist] *nmf* zoólogo(-a)
**zoom** [zum] *nm* (*Photo*) zoom *m*
**zoomer** [zume] *vi*: **~ sur qch** hacer zoom sobre algo
**zootechnicien, ne** [zooteknisjɛ̃, jɛn] *nm/f* zootécnico(-a)

## zootechnique – zut

**zootechnique** [zooteknik] *adj* zootécnico(-a)
**zozoter** [zɔzɔte] *vi* cecear
**ZUP** [zyp] *sigle f* (= *zone à urbaniser en priorité*) zona de urbanización prioritaria
**Zurich** [zyʀik] *n* Zurich
**ZUS** [zys] *sigle f* (= *zone urbaine sensible*) zona urbana degradada en la que se concentran las políticas sociales
**zut** [zyt] *excl* ¡mecachis!

**A, a¹** nf (letra) A, a m inv ; **A de Antonio** ≈ A comme Anatole

PALABRA CLAVE

**a²** (a+el = **al**) prep **1** (dirección) à ; **fueron a Madrid/Grecia** ils sont allés à Madrid/en Grèce ; **caerse al río** tomber dans la rivière ; **subirse a la mesa** monter sur la table ; **bajarse a la calle** descendre dans la rue ; **llegó a la oficina** il est arrivé au bureau ; **me voy a casa** je rentre à la maison o chez moi ; **mira a la izquierda** regarde à gauche
**2** (distancia): **está a 15 km de aquí** c'est à 15 km d'ici
**3** (posición): **estar a la mesa** être à table ; **escríbelo al margen** écris-le dans la marge ; **al lado de** à côté de
**4** (tiempo): **a las 10/a medianoche** à 10 heures/ à minuit ; **a la mañana siguiente** le lendemain matin ; **a los pocos días** peu de jours après ; **estamos a nueve de julio** nous sommes le neuf juillet ; **a los 24 años** à (l'âge de) 24 ans ; **una vez a la semana** une fois par semaine
**5** (manera): **a la inglesa** à l'anglaise ; **a caballo** à cheval ; **a cuadros** à carreaux ; **a oscuras** à tâtons ; **a la plancha** (Culin) grillé ; **a toda prisa** en toute hâte, à toute vitesse
**6** (medio, instrumento): **a lápiz** au crayon ; **a mano** à la main ; **escrito a máquina** tapé à la machine ; **le echaron a patadas** ils l'ont mis dehors à coups de pied aux fesses
**7** (razón): **a dos euros el kilo** à deux euros le kilo ; **a más de 50 km/h** à plus de 50 km/h ; **se vende lana a peso** laine vendue au poids
**8** (complemento directo: no se traduce): **vi a Juan/ a tu padre** j'ai vu Juan/ton père
**9** (dativo): **se lo di a Pedro** je l'ai donné à Pedro
**10** (verbo + a + infin): **empezó a trabajar** il a commencé à travailler ; (: no se traduce): **voy a verle** je vais le voir ; **vengo a decírtelo** je viens te le dire
**11** (percepción, sentimientos): **huele a rosas** ça sent la rose ; **miedo a la verdad** peur f de la vérité
**12** (simultaneidad): **al verle, le reconocí inmediatamente** quand je l'ai vu, je l'ai tout de suite reconnu
**13** (n+a+infin): **el camino a recorrer** le chemin à parcourir ; **asuntos a tratar** thèmes mpl à traiter
**14** (imperativo): **¡a callar!** taisez-vous ! ; **¡a comer!** à table !
**15** (frases adverbiales): **a no ser que** sauf si ; **a lo mejor** peut-être
**16** (desafío): **¡a que no!** je parie que non !

> No debe confundirse *a* con *à*. En el primer caso hace referencia tanto a la primera letra del abecedario (*le a*) como a la tercera persona del singular del presente de indicativo del verbo *avoir* (*Il a vingt ans*), mientras que en el segundo caso se trata de la preposición (*Je vais à la patinoire*).

**A.** abr (Meteorología: = anticiclón) A, a (= anticyclone) ; (= amperio(s)) A (= ampère(s))
**ábaco** nm boulier m
**abad, esa** nm/f abbé (abbesse)
**abadía** nf abbaye f

PALABRA CLAVE

**abajo** adv **1** (posición) en bas ; **allí abajo** là-bas ; **el piso de abajo** l'appartement du dessous ; **la parte de abajo** le bas ; **más abajo** plus bas ; (en texto) ci-dessous ; **desde abajo** d'en bas ; **abajo del todo** tout en bas ; **Pedro está abajo** Pedro est en bas ; **el abajo firmante** le soussigné ; **de seis euros para abajo** au-dessous o de moins de six euros
**2** (dirección): **ir calle abajo** descendre la rue ; **río abajo** en aval
▶ prep: **abajo de** (AM) sous ; **abajo de la mesa** sous la table
▶ excl: **¡abajo el gobierno!** à bas le gouvernement !

**abajofirmante** (AM) nmf soussigné(e)
**abalance** etc vb ver **abalanzarse**
**abalanzarse** vpr: **~ sobre** se jeter sur
**abalear** (AM) vt abattre
**abalorios** nmpl babioles fpl

## abanderado – abominación

**abanderado** nm (de movimiento, causa) porte-drapeau m
**abanderar** vt (movimiento, causa) être le porte-drapeau de
**abandonado, -a** adj abandonné(e)
**abandonar** vt abandonner ; (salir de: tb Inform) quitter ; **abandonarse** vpr (descuidarse) se laisser aller ; **abandonarse a** (desesperación, dolor) s'abandonner à ; **abandonarse a la bebida** s'adonner à la boisson
**abandono** nm abandon m ; **por ~** (Deporte) par abandon
**abanicar** vt éventer
**abanico** nm éventail m
**abanique** etc vb ver **abanicar**
**abaratamiento** nm baisse f des prix
**abaratar** vt (artículo) baisser le prix de ; (precio) baisser ; **abaratarse** vpr (artículo) coûter moins cher ; (precio) baisser
**abarcar** vt (temas, período) comprendre ; (rodear con los brazos) embrasser ; (Am: acaparar) accaparer ; **quien mucho abarca poco aprieta** qui trop embrasse mal étreint
**abarque** etc vb ver **abarcar**
**abarrotado, -a** adj: **~ (de)** plein(e) à craquer (de)
**abarrotar** vt remplir
**abarrotería** (Am) nf (tienda) épicerie f
**abarrotero, -a** (Am) nm/f (tendero) épicier(-ière)
**abarrotes** (Am) nmpl (ultramarinos) épicerie fsg
**abastecedor, a** adj: **país ~** pays msg fournisseur ▶ nm/f fournisseur(-euse)
**abastecer** vt: **~ (de)** fournir (en), approvisionner (en) ; **abastecerse** vpr: **abastecerse (de)** s'approvisionner (en)
**abastecimiento** nm approvisionnement m
**abastezca** etc vb ver **abastecer**
**abasto** nm: **no dar ~** être débordé(e) ; **no dar ~ a algo** ne pas arriver à qch ; **no dar ~ a** o **para hacer** ne pas arriver à faire ; **abastos** nmpl ravitaillement msg
**abatible** adj: **asiento ~** siège m rabattable
**abatido, -a** adj (deprimido) abattu(e)
**abatimiento** nm (depresión) abattement m
**abatir** vt abattre ; (asiento) rabattre ; **abatirse** vpr se laisser abattre ; **abatirse sobre** (águila, avión) s'abattre sur
**abdicación** nf abdication f
**abdicar** vi: **~ (en algn)** abdiquer (en faveur de qn)
**abdique** etc vb ver **abdicar**
**abdomen** nm abdomen m
**abdominal** adj abdominal(e) ; **abdominales** nmpl (tb: **ejercicios abdominales**) abdominaux mpl
**abecé** nm abc m inv
**abecedario** nm abécédaire m
**abedul** nm bouleau m
**abeja** nf abeille f
**abejorro** nm bourdon m
**aberración** nf aberration f, absurdité f
**aberrante** adj aberrant(e)
**abertura** nf ouverture f ; (en camisa) échancrure f ; (en falda) fente f
**abertzale** adj, nmf nationaliste mf basque
**abeto** nm sapin m
**abiertamente** adv ouvertement
**abierto, -a** pp de **abrir** ▶ adj ouvert(e) ; **a campo ~** en rase campagne ; **emitir en ~** (TV) diffuser en clair
**abigarrado, -a** adj bigarré(e)
**abigeo** (Méx) nm voleur m de bétail
**abismal** adj (diferencia) colossal(e)
**abismar** vt (en dolor, desesperación) plonger ; **abismarse** vpr: **abismarse en** plonger dans ; (lectura) se plonger dans ; (Am: asombrarse) s'étonner de
**abismo** nm abîme m ; **de sus ideas a las mías hay un ~** entre ses idées et les miennes, il y a un abîme
**abjurar** vt abjurer ▶ vi: **~ de** abjurer
**ablación** nf (de órgano) ablation f ; **~ femenina** o **del clítoris** excision f
**ablandar** vt ramollir ; (persona) adoucir ; (carne) attendrir ; **ablandarse** vpr se ramollir ; (persona) s'adoucir
**abnegación** nf abnégation f
**abnegado, -a** adj (persona) dévoué(e)
**abobado, -a** adj abruti(e)
**abobamiento** nm abrutissement m
**abocado, -a** adj: **verse ~ al desastre** courir au désastre
**abochornado, -a** adj honteux(-euse), gêné(e), confus(e)
**abochornar** vt faire rougir (de honte) ; **abochornarse** vpr rougir (de honte)
**abofetear** vt gifler
**abogacía** nf barreau m ; **ejercer la ~** être inscrit(e) au barreau
**abogado, -a** nm/f avocat(e) ; **~ defensor(a)** avocat(e) de la défense ; **~ del diablo** avocat du diable ; **~ del Estado** ≈ procureur m général ; **~ de oficio** avocat(e) commis(e) d'office
**abogar** vi: **~ por** plaider pour
**abogue** etc vb ver **abogar**
**abolengo** nm lignage m ; **de ~** (familia, persona) de vieille souche
**abolición** nf abolition f
**abolir** vt abolir
**abolladura** nf bosse f
**abollar** vt (metal) bosseler ; (coche) cabosser ; **abollarse** vpr (metal) se bosseler ; (coche) se cabosser
**abombar** vt (deformar) bomber, rendre convexe ; **abombarse** vpr (deformarse) bomber, prendre une forme convexe
**abominable** adj abominable
**abominación** nf abomination f

**abominar** vt avoir en horreur, avoir en abomination ▶ vi : ~ **de** maudire
**abonado, -a** adj (deuda etc) acquitté(e) ▶ nm/f abonné(e)
**abonar** vt (importe) régler ; (terreno) fertiliser ; ~ **a algn a** abonner qn à ; ~ **dinero en una cuenta** verser de l'argent sur un compte ; **abonarse** vpr: **abonarse a** s'abonner à
**abonero, -a** (MÉX) nm/f marchand(e) ambulant(e)
**abono** nm (fertilizante) engrais msg ; (suscripción) abonnement m
**abordable** adj abordable
**abordaje** nm (Náut) abordage m ; **¡al ~!** à l'abordage !
**abordar** vt aborder
**aborigen** nmf aborigène mf
**aborrecer** vt détester
**aborrecimiento** nm aversion f
**aborrezca** etc vb ver **aborrecer**
**abortar** vi (espontáneamente) faire une fausse couche ; (de manera provocada) avorter ▶ vt (huelga, golpe de estado) faire avorter ; (Inform) abandonner
**abortista** adj (clínica) pratiquant l'avortement ; (política) favorable à l'avortement ▶ nmf (partidario) partisan(e) de l'avortement
**aborto** nm (espontáneo) fausse couche f ; (provocado) avortement m
**abotargado, -a** adj bouffi(e)
**abotonar** vt boutonner ; **abotonarse** vpr se boutonner
**abovedado, -a** adj voûté(e)
**abr.** abr = **abril**
**abrace** etc vb ver **abrazar**
**abrasador, a** adj (sol) brûlant(e)
**abrasar** vt brûler ▶ vi être très chaud(e) ; **abrasarse** vpr: **abrasarse de calor** étouffer ; **abrasarse vivo** (de calor) brûler vif
**abrasivo, -a** adj abrasif(-ive) ▶ nm abrasif m
**abrazadera** nf collier m
**abrazar** vt serrer dans ses bras ; (fig) embrasser ; **abrazarse** vpr s'étreindre
**abrazo** nm accolade f ; **dar un ~ a algn** serrer qn dans ses bras ; « **un ~** » (en carta) « amitiés »
**abrebotellas** nm inv ouvre-bouteille m
**abrecartas** nm inv coupe-papier m inv
**abrefácil** nm ouverture f facile ▶ adj (envase) à ouverture facile
**abrelatas** nm inv ouvre-boîte m
**abrevadero** nm abreuvoir m
**abrevar** vi s'abreuver
**abreviado, -a** adj abrégé(e)
**abreviar** vt abréger ▶ vi abréger ; (apresurarse) s'empresser ; **bueno, para ~** bon, pour abréger
**abreviatura** nf abréviation f
**abriboca** (ARG) adj inv bouche bée
**abridor** nm (de botellas) ouvre-bouteille m ; (de latas) ouvre-boîte m

**abrigar** vt abriter ; (suj: ropa) couvrir ; (fig: sospechas, dudas) nourrir ▶ vi (ropa) tenir chaud ; **abrigarse** vpr se couvrir
**abrigo** nm (prenda) manteau m ; (lugar) abri m ; **al ~ de** à l'abri de ; ~ **de pieles** manteau de fourrure
**abrigue** etc vb ver **abrigar**
**abril** nm avril m ; ver tb **julio**
**abrillantar** vt faire reluire
**abrir** vt ouvrir ; ~ **la mano** (en examen, oposición) être indulgent(e) ▶ vi ouvrir ▶ nm: **en un ~ y cerrar de ojos** en un clin d'œil ; **abrirse** vpr s'ouvrir ; **abrirse a** (puerta, ventana) donner sur ; **abrirse paso** se frayer un chemin
**abrochar** vt (con botones) boutonner ; (con hebilla) boucler ; **abrocharse** vpr (zapatos) se lacer ; (abrigo) se boutonner ; **abrocharse el cinturón** attacher sa ceinture
**abrumador, a** adj (mayoría etc) écrasant(e)
**abrumar** vt accabler
**abrupto, -a** adj abrupt(e)
**ABS** nm abr (= Antiblocking System) ABS m
**absceso** nm abcès msg
**absenta** nf absinthe f
**absentismo** nm absentéisme m
**ábside** nm abside f
**absolución** nf (Rel) absolution f ; (Jur) non-lieu m
**absolutamente** adv absolument
**absolutista** adj, nmf absolutiste mf
**absoluto, -a** adj absolu(e) ; **en ~** (para nada) en aucun cas ; (en respuesta) pas du tout
**absolver** vt (Rel, Jur) absoudre
**absorbencia** nf absorption f
**absorbente** adj absorbant(e)
**absorber** vt absorber ; **absorberse** vpr: **absorberse en algo** s'absorber dans qch
**absorción** nf (tb Com) absorption f
**absorto, -a** pp de **absorber** ▶ adj: ~ **en** absorbé(e) par o dans
**abstemio, -a** adj abstinent(e)
**abstención** nf abstention f
**abstencionismo** nm abstentionnisme m
**abstencionista** nmf abstentionniste mf
**abstendré** vb ver **abstenerse**
**abstenerse** vpr s'abstenir ; ~ **de algo** se priver de qch ; ~ **de hacer** s'abstenir de faire
**abstenga** etc vb ver **abstenerse**
**abstinencia** nf abstinence f
**abstracción** nf abstraction f ; ~ **hecha de** abstraction faite de
**abstracto, -a** adj abstrait(e) ; **en ~** dans l'abstrait
**abstraer** vt (problemas, cuestión) isoler ; **abstraerse** vpr: **abstraerse (de)** s'abstraire (de)
**abstraído, -a** adj absorbé(e)
**abstraiga** etc, **abstraje** etc, **abstrayendo** etc vb ver **abstraer**
**abstuve** etc vb ver **abstenerse**

## absuelto – acceso

**absuelto** *pp de* **absolver**
**absurdo, -a** *adj* absurde ▶ *nm* absurdité *f*; **lo ~ es que ...** ce qui est absurde, c'est que ...
**abuchear** *vt* huer
**abucheo** *nm* huées *fpl*
**abuela** *nf* grand-mère *f*; (*pey*) mémère *f*; **¡cuéntaselo a tu ~!** (*fam*) avec moi ça ne prend pas!; **no tener** *o* **necesitar ~** (*fam*) s'envoyer des fleurs
**abuelo** *nm* grand-père *m*; (*pey*) pépère *m*; **abuelos** *nmpl* grands-parents *mpl*; (*antepasados*) ancêtres *mpl*
**abulense** *adj* d'Avila ▶ *nmf* natif(-ive) *o* habitant(e) d'Avila
**abulia** *nf* aboulie *f*
**abúlico, -a** *adj* aboulique
**abultado, -a** *adj* (*labios, mejillas, vientre*) enflé(e); (*paquete*) volumineux(-euse); (*resultado, cantidad*) important(e)
**abultar** *vt* (*importancia, consecuencias*) exagérer ▶ *vi* prendre de la place
**abundamiento** *nm*: **a mayor ~** à plus forte raison
**abundancia** *nf* abondance *f*; **en ~** en abondance
**abundante** *adj* abondant(e)
**abundantemente** *adv* abondamment
**abundar** *vi* abonder; **~ en** abonder en; **~ en una opinión** abonder dans un sens
**aburguesado, -a** *adj* embourgeoisé(e)
**aburguesarse** *vpr* s'embourgeoiser
**aburrido, -a** *adj* (*que aburre*) ennuyeux(-euse); **estar ~** s'ennuyer; **~ de** fatigué(e) de
**aburrimiento** *nm* ennui *m*
**aburrir** *vt* ennuyer; **aburrirse** *vpr* s'ennuyer; **aburrirse como una ostra** s'ennuyer comme un rat mort
**abusado, -a** (*Méx*) *adj* (*astuto*) malin(-igne)
**abusar** *vi*: **~ de** abuser de
**abusivo, -a** *adj* abusif(-ive)
**abuso** *nm* abus *msg*; **~ de autoridad** abus d'autorité; **~ de confianza** abus de confiance
**abusón, -ona** (*fam*) *adj, nm/f* profiteur(-euse)
**abyecto, -a** *adj* abject(e)
**a.C.** *abr* (= *antes de Cristo*) av. J.-C. (= *avant Jésus-Christ*)
**a/c** *abr* (= *al cuidado de*) abs (= *aux bons soins de*); (= *a cuenta*) a/o (= *un acompte de*)
**acá** *adv* (*esp Am: lugar*) ici; **pasearse de ~ para allá** faire les cent pas; **¡vente para ~!** approche un peu!; **de junio ~** depuis juin; **más ~** en deçà
**acabado, -a** *adj* (*mueble, obra*) achevé(e), fini(e); (*persona*) usé(e) ▶ *nm* finition *f*
**acabar** *vt* achever, finir; (*comida, bebida*) terminer, finir; (*retocar*) parachever ▶ *vi* finir; **~ en** se terminer en; **~ con** en finir avec; (*destruir*) liquider; **esto acabará conmigo** cela va mal finir; **~ de hacer** venir de faire; **no acaba de gustarme** cela ne me plaît pas vraiment; **¡acabáramos!** (*fam*) c'est pas trop tôt! (*fam*); **~ mal** finir mal; **~ haciendo** *o* **por hacer** finir par faire; **acabarse** *vpr* finir, se terminer; (*gasolina, pan, agua*) être épuisé(e); **¡se acabó!** terminé!; (*¡basta!*) ça suffit!; **se me acabó el tabaco** je n'ai plus de cigarettes
**acabose** *nm*: **esto es el ~** c'est le bouquet
**acacia** *nf* acacia *m*
**academia** *nf* académie *f*; (*de enseñanza*) école *f* privée; **la Real A~** l'Académie royale d'Espagne; **~ de idiomas** école de langues; **~ militar** école militaire
**académico, -a** *adj* académique; (*universitario*) universitaire ▶ *nm/f* académicien(ne)
**acaecer** *vi* survenir
**acaezca** *etc vb ver* **acaecer**
**acallar** *vt* faire taire
**acalorado, -a** *adj* échauffé(e)
**acalorarse** *vpr* (*fig*) s'échauffer
**acalórico** *adj* acalorique
**acampada** *nf*: **ir de ~** partir camper
**acampanado, -a** *adj* (*pantalón*) à pattes d'éléphant; (*falda*) évasé(e)
**acampar** *vi* camper
**acanalado, -a** *adj* cannelé(e)
**acantilado** *nm* falaise *f*
**acaparador, a** *nm/f* accapareur(-euse)
**acaparar** *vt* (*alimentos, gasolina*) accumuler; (*atención*) accaparer
**acápite** (*Am*) *nm* (*párrafo*) paragraphe *m*
**acaramelado, -a** *adj* (*Culin*) caramélisé(e); (*voz, persona*) mielleux(-euse); **estar acaramelados** (*novios*) se dévorer des yeux l'un l'autre
**acariciar** *vt* caresser; (*esperanza*) nourrir
**ácaro** *nm* acarien *m*; **~ del polvo** acarien de maison
**acarrear** *vt* transporter; (*fig*) entraîner
**acaso** *adv* peut-être; **por si ~** au cas où; **si ~** à la rigueur; **¿~?** (*Am fam*) alors ...?; **¿~ es mi culpa?** c'est ma faute, peut-être?
**acatamiento** *nm* respect *m*
**acatar** *vt* respecter
**acatarrado, -a** *adj* enrhumé(e)
**acatarrarse** *vpr* s'enrhumer
**acaudalado, -a** *adj* nanti(e)
**acaudillar** *vt* (*motín, revolución*) diriger; (*tropas*) commander
**acceder** *vi*: **~ a** accéder à; (*Inform*) avoir accès à
**accesible** *adj* accessible; **~ a algn** (*comprensible*) accessible à qn
**accésit** (*pl* **accésits**) *nm* prix *msg* de consolation
**acceso** *nm* (*tb Med, Inform*) accès *msg*; **tener ~ a** avoir accès à; **de ~ múltiple** à accès multiples; **~ aleatorio/directo/secuencial** (*Inform*) accès aléatoire/direct/séquentiel

526 · ESPAÑOL | FRANCÉS

## accesorio – acicalar

**accesorio, -a** adj accessoire ▶ nm accessoire m ; **accesorios** nmpl (prendas de vestir, Auto) accessoires mpl ; (de cocina) ustensiles mpl
**accidentado, -a** adj (terreno) accidenté(e) ; (viaje, día) mouvementé(e) ▶ nm/f accidenté(e)
**accidental** adj accidentel(le)
**accidentalmente** adv accidentellement
**accidentarse** vpr avoir un accident
**accidente** nm accident m ; **por ~** accidentellement ; **tener o sufrir un ~** avoir un accident ; **~ laboral o de trabajo/de tráfico** accident du travail/de la circulation ; **accidentes** nmpl (tb: **accidentes geográficos**) accidents mpl de terrain
**acción** nf (tb Fin) action f ; **~ liberada** action entièrement libérée ; **~ ordinaria/preferente** action ordinaire/de priorité
**accionamiento** nm actionnement m
**accionar** vt actionner ; (Inform) commander
**accionariado** nm actionnariat m, actionnaires mpl
**accionarial** adj: **paquete ~, participación ~** actionnariat m, participation f
**accionista** nmf actionnaire mf
**acebo** nm houx msg
**acechanza** nf = **asechanza**
**acechar** vt guetter
**acecho** nm: **estar al ~ (de)** être à l'affût (de)
**acedía** nf (Med) acidité f
**aceitar** vt huiler
**aceite** nm huile f ; **~ de colza/de girasol/de hígado de bacalao/de oliva/de ricino/de soja** huile de colza/de tournesol/de foie de morue/d'olive/de ricin/de soja
**aceitera** nf burette f (d'huile)
**aceitoso, -a** adj huileux(-euse)
**aceituna** nf olive f ; **~ rellena** olive farcie
**aceitunado, -a** adj (color) olive inv ; **de tez aceitunada** au teint olivâtre
**aceleración** nf accélération f
**acelerado, -a** adj (rápido) accéléré(e), rapide ; (curso) accéléré(e), intensif(-ive) ; (persona) speed (fam) ; **con el corazón ~** le cœur battant à vive allure o la chamade ; **con paso ~** d'un pas vif, à vive allure ; **está muy ~ últimamente** il est très speed dernièrement (fam)
**acelerador** nm accélérateur m
**acelerar** vt accélérer ; **~ el paso/la marcha** presser le pas/l'allure ▶ vi accélérer
**acelga** nf blette f
**acendrado, -a** adj: **de ~ carácter español** typiquement espagnol
**acento** nm accent m ; **~ cerrado** fort accent
**acentuación** nf accentuation f
**acentuar** vt accentuer ; **acentuarse** vpr s'accentuer
**acepción** nf acception f
**aceptable** adj acceptable

**aceptación** nf acceptation f ; **tener gran ~** être très populaire
**aceptar** vt accepter ; **~ hacer algo** accepter de faire qch
**acequia** nf canal m d'irrigation
**acera** nf trottoir m
**acerado, -a** adj en o d'acier ; (fig: duro) d'acier ; (: mordaz) acéré(e)
**acerbo, -a** adj (sabor) acerbe ; (dolor, sufrimiento) amer(-ère)
**acerca**: **~ de** prep sur, à propos de ; **hablar ~ de algo** parler de qch
**acercar** vt approcher ; **acercarse** vpr s'approcher ; **acercarse a** s'approcher de
**acerico** nm pelote f à épingles
**acero** nm acier m ; **~ inoxidable** acier inoxydable
**acerque** etc vb ver **acercar**
**acérrimo, -a** adj acharné(e)
**acertado, -a** adj (respuesta, medida) bon(ne) ; (color, decoración) heureux(-euse)
**acertar** vt (blanco) atteindre ; (solución, adivinanza) trouver ▶ vi réussir ; **~ a hacer algo** réussir à faire qch ; **~ con** (camino, calle) trouver
**acertijo** nm devinette f
**acervo** nm: **~ cultural** patrimoine m culturel ; **~ común** héritage m commun
**acetona** nf acétone f
**achacar** vt: **~ algo a** imputer qch à
**achacoso, -a** adj indisposé(e), souffrant(e)
**achantar** (fam) vt (acobardar) faire peur, flanquer la trouille (fam) ; **achantarse** vpr se dégonfler
**achaparrado, -a** adj courtaud(e)
**achaque** vb ver **achacar** ▶ nm ennui m de santé
**achatar** vt: **achatarle la nariz a algn** casser la figure à qn
**achicar** vt rétrécir ; (humillar) abaisser ; (Náut) écoper ; **achicarse** vpr rétrécir, se rétrécir ; (fig) s'humilier
**achicharrante** adj (calor) étouffant(e), accablant(e) ; (sol) brûlant(e)
**achicharrar** vt (comida) brûler ; **achicharrarse** vpr (comida) brûler ; (planta) griller ; (persona) cuire
**achicoria** nf chicorée f
**achinado, -a** adj (ojos) bridé(e) ; (Am Fisiol) métis(se) ▶ nm/f (Am) métis(se)
**achique** etc vb ver **achicar**
**acholado, -a** (Am) adj (Am Fisiol) métis(se)
**achucha** nf, **achuchas** (Am) nfpl abats mpl
**achuchar** vt exciter ; **la vida está muy achuchada** la vie n'est pas rose tous les jours
**achuchón** nm empoignade f
**achura** nf, **achuras** (Am) nfpl abats mpl
**aciago, -a** adj funeste
**acicalar** vt (casa) décorer, orner ; (armas) fourbir ; (persona) pomponner ; **acicalarse** vpr se pomponner

**acicate** nm stimulant m
**acidez** nf acidité f
**ácido, -a** adj acide ▶ nm (tb fam: droga) acide m
**acierto** vb ver **acertar** ▶ nm (al adivinar) bonne réponse f; (éxito, logro) réussite f, idée f judicieuse; (habilidad) adresse f; **fue un ~ suyo** ce fut judicieux de sa part
**aclamación** nf acclamation f; **por ~** par acclamation
**aclamar** vt (aplaudir) acclamer; (proclamar) proclamer
**aclaración** nf éclaircissement m
**aclarado** nm (ESP: de ropa) rinçage m
**aclarar** vt éclaircir; (ESP: ropa) rincer ▶ vi (tiempo) s'éclaircir; **aclararse** vpr (persona) s'expliquer; (asunto) s'éclaircir; **aclararse la garganta** s'éclaircir la voix o la gorge
**aclaratorio, -a** adj explicatif(-ive)
**aclimatación** nf acclimatation f
**aclimatar** vt acclimater; **aclimatarse** vpr s'acclimater; **aclimatarse a algo** s'acclimater à qch, se faire à qch
**acné** nm acné f
**ACNUR** nm abr (= Alto Comisionado de las Naciones Unidas) HCR m (= Haut-Commissariat des Nations unies pour les réfugiés)
**acobardar** vt intimider; **acobardarse** vpr se laisser intimider; **acobardarse (ante)** o **(contra)** reculer (devant)
**acodarse** vpr: **~ en** s'accouder à
**acogedor, a** adj accueillant(e)
**acoger** vt accueillir; **acogerse** vpr: **acogerse a** (ley, norma etc) se référer à
**acogida** nf accueil m
**acogotar** vt (derribar) assommer; (dominar) dominer, vaincre, intimider
**acoja** etc vb ver **acoger**
**acojonante** (ESP fam!) adj super (fam)
**acojonar** (fam!: esp ESP) vt (atemorizar) foutre les jetons à (fam), ficher la trouille à (fam), faire flipper (fam); **acojonarse** vpr flipper (fam), avoir les jetons, avoir la trouille (fam)
**acolchar** vt ouater
**acólito** nm (Rel) enfant m de chœur; (fig) acolyte m
**acometer** vt (empresa, tarea) entreprendre ▶ vi: **~ contra** attaquer
**acometida** nf attaque f; (de gas, agua) branchement m
**acomodado, -a** adj aisé(e)
**acomodador, a** nm/f placeur m (ouvreuse)
**acomodar** vt (paquetes, maletas) disposer; (personas) installer; **acomodarse** vpr s'installer; **acomodarse a** s'accommoder à, s'adapter à; **¡acomódese a su gusto!** mettez-vous à l'aise !
**acomodaticio, -a** adj (pey) débonnaire; (: manejable) malléable
**acomodo** nm (de paquetes, maletas) disposition f; (de personas) installation f; (alojamiento) logement m; (AM pey: enchufe) piston f; (AM: soborno) pot-de-vin m
**acompañamiento** nm accompagnement m
**acompañante, -a** nm/f (en juego, deporte) partenaire mf; (guía en un viaje) accompagnateur(-trice)
**acompañar** vt accompagner; **¿quieres que te acompañe?** veux-tu que je t'accompagne ?; **~ a algn a la puerta** raccompagner qn à la porte; **le acompaño en el sentimiento** toutes mes condoléances
**acompasado, -a** adj régulier(-ière)
**acomplejado, -a** adj complexé(e)
**acomplejar** vt complexer; **acomplejarse** vpr faire des complexes
**acondicionado, -a** adj: **~ para** o **como** aménagé(e) pour o en; **bien/mal ~** bien/mal équipé(e)
**acondicionador** nm: **~ de aire** climatiseur m
**acondicionar** vt: **~ (para)** aménager (pour)
**acongojar** vt angoisser
**aconsejable** adj conseillé(e); **es ~ hacer** il est conseillé de faire
**aconsejar** vt conseiller; **~ a algn hacer** o **que haga/que no haga algo** conseiller à qn de faire/de ne pas faire qch; **aconsejarse** vpr: **aconsejarse con** o **de** prendre conseil auprès de
**acontecer** vi arriver
**acontecimiento** nm événement m, évènement m
**acontezca** etc vb ver **acontecer**
**acopiar** vt (comida, leña) faire des réserves de; (datos) recueillir; (Com) faire des stocks de
**acopio** nm: **hacer ~ de** faire provision de
**acoplamiento** nm (Tec) accouplement m
**acoplar** vt: **~ (a)** accoupler (à); **acoplarse** vpr s'accoupler; **acoplarse a** s'adapter à
**acoquinar** (fam) vt intimider; **acoquinarse** vpr se démonter (fam)
**acorazado, -a** adj blindé(e) ▶ nm cuirassé m
**acordar** vt décider; (precio, condiciones) convenir de; **~ hacer algo** (resolver) décider o convenir de faire qch; **acordarse** vpr: **acordarse de** se souvenir de
**acorde** adj (Mús) accordé(e); (conforme) du même avis; **~ (con)** conforme (à) ▶ nm (Mús) accord m
**acordeón** nm accordéon m
**acordeonista** nmf accordéoniste mf
**acordonado, -a** adj encerclé(e)
**acordonar** vt encercler
**acorralar** vt acculer; (fig) intimider
**acortamiento** nm raccourcissement m
**acortar** vt raccourcir; (cantidad) réduire; **acortarse** vpr raccourcir
**acosador, a** nm/f (psicológico, sexual, escolar) harceleur(-euse)
**acosar** vt (perseguir) traquer; (hostigar) harceler; **~ a algn a preguntas** harceler qn de questions

**acoso** nm harcèlement m ; **~ escolar** harcèlement à l'école ; **~ sexual** harcèlement sexuel

**acostar** vt (en cama) coucher ; (en suelo) allonger ; (Náut) accoster ; **acostarse** vpr (para descansar) s'allonger ; (para dormir) se coucher ; **acostarse con algn** coucher avec qn

**acostumbrado, -a** adj habituel(le) ; **~ a** habitué(e) à

**acostumbrar** vt: **~ a algn a hacer algo** habituer qn à faire qch ; **~ (a) hacer algo** avoir l'habitude de faire qch ; **acostumbrarse** vpr: **acostumbrarse a** prendre l'habitude de ; (país, clima) se faire à

**acotación** nf (nota) annotation f ; (Geo) cote f ; (de límite) délimitation f ; (Teatro) indication f scénique

**acotar** vt (terreno) délimiter ; (escrito) annoter

**acotejar** (AM) vt (arreglar objetos) arranger

**ácrata** adj, nmf anarchiste mf

**acre** adj âcre ; (crítica, humor, tono) mordant(e) ▶ nm acre f

**acrecentar** vt accroître ; **acrecentarse** vpr s'accroître

**acreciente** etc vb ver **acrecentar**

**acreditación** nf accréditation f

**acreditado, -a** adj (Pol) accrédité(e) ; (médico, abogado) de renom ; **una casa acreditada** (Com) une firme accréditée

**acreditar** vt accréditer ; (Com) créditer ; **~ como** reconnaître comme ; **~ para** accréditer pour ; **acreditarse** vpr: **acreditarse como** (propietario) établir sa qualité de ; (buen médico) se faire une réputation de

**acreedor, a** adj: **~ a** (respeto) digne de ▶ nm/f (Com) créancier(-ière) ; **~ común** créancier m ; **~ diferido** créancier à terme ; **~ con garantía** créancier gagiste

**acribillar** vt: **~ a balazos** cribler de balles ; **~ a preguntas** harceler de questions

**acrílico, -a** adj acrylique

**acrimonia** nf = **acritud**

**acriollado, -a** (CSUR) adj adapté aux usages d'un pays d'Amérique latine

**acristalar** vt vitrer

**acritud** nf acrimonie f

**acrobacia** nf acrobatie f ; **~ aérea** acrobatie aérienne

**acróbata** nmf acrobate mf

**acrobático, -a** adj acrobatique

**acta** nf (de reunión) procès-verbal m ; (certificado) certificat m ; **levantar ~** (Jur) dresser procès-verbal ; **~ notarial** acte m notarié

**actitud** nf attitude f ; **adoptar una ~ firme** adopter une attitude ferme

**activar** vt (mecanismo) actionner ; (acelerar) activer ; (economía, comercio) relancer

**actividad** nf activité f

**activismo** nm activisme m

**activista** nmf activiste mf

**activo, -a** adj actif(-ive) ; **estar en ~** (en ejercicio) être en activité ▶ nm (Com) actif m ; **el ~ y el pasivo** l'actif et le passif ; **~ circulante/fijo/inmaterial/invisible/realizable** actif circulant/immobilisé/incorporel/invisible/réalisable ; **activos bloqueados** o **congelados** actifs mpl gelés ; **~ tóxico** actif m toxique

**acto** nm (tb Teatro) acte m ; (ceremonia) cérémonie f ; **en el ~** sur-le-champ ; **~ seguido** immédiatement après ; **hacer ~ de presencia** faire acte de présence

**actor** nm acteur m ; (Jur) plaignant(e)

**actora** adj: **parte ~** (Jur) partie f demanderesse ; (demandante) plaignant(e)

**actriz** nf actrice f

**actuación** nf (acción) action f ; (comportamiento) comportement m ; (Jur) procédure f ; (Teatro: representación) représentation f ; (: interpretación) jeu m

**actual** adj actuel(le) ; **el seis del ~** le six courant

**actualice** etc vb ver **actualizar**

**actualidad** nf actualité f ; **la ~** l'actualité ; **en la ~** actuellement ; **ser de (gran) ~** être d'actualité

**actualización** nf actualisation f

**actualizar** vt actualiser, mettre à jour

**actualmente** adv à l'heure actuelle, actuellement

**actuar** vi (comportarse) agir ; (actor) jouer ; (Jur) entamer une procédure ; **~ de** tenir le rôle de

**actuario, -a** nm/f (Jur) greffier mf ; (Com) actuaire m

**acuanauta** nmf plongeur(-euse) sous-marin(e)

**acuarela** nf aquarelle f

**acuario** nm aquarium m ; **A~** (Astrol) Verseau m ; **ser A~** être Verseau

**acuartelar** vt (retener en cuartel) consigner ; (alojar) caserner

**acuático, -a** adj aquatique

**acuchillar** vt poignarder ; (Tec) raboter

**acuciante** adj pressant(e)

**acuciar** vt presser

**acuclillarse** vpr s'accroupir

**acudir** vi aller ; **~ a** (amistades etc) avoir recours à ; **~ en ayuda de** venir en aide à ; **~ a una cita** aller à un rendez-vous ; **~ a una llamada** répondre à un appel ; **no tener a quién ~** n'avoir personne à qui faire appel

**acueducto** nm aqueduc m

**acuerdo** vb ver **acordar** ▶ nm accord m ; (decisión) décision f ; **¡de ~!** d'accord ! ; **de ~ con** en accord avec ; (acción, documento) conformément à ; **estar de ~ (con)** être d'accord (avec) ; **de común ~** d'un commun accord ; **llegar a un ~** parvenir à un accord ; **tomar un ~** adopter une résolution ; **~ de**

## acueste – adiestramiento

**pago respectivo** (*Seguros*) convention entre compagnies d'assurances par laquelle chacune s'engage à dédommager son propre client ; **~ general sobre aranceles aduaneros y comercio** (*Com*) accord général sur les tarifs douaniers et le commerce
**acueste** *etc vb ver* **acostar**
**acúfeno** *nm* acouphène *m*
**acuicultura** *nf* aquaculture *f*
**acuífero, -a** *adj* aquifère ▶ *nm* aquifère *m*
**acumulación** *nf* accumulation *f*
**acumulador, a** *adj* accumulateur(-trice) ▶ *nm* (*batería, radiador*) accumulateur *m*
**acumular** *vt* accumuler
**acunar** *vt* bercer
**acuñar** *vt* (*moneda*) frapper ; (*palabra, frase*) consacrer
**acuoso, -a** *adj* aqueux(-euse) ; (*fruta*) juteux(-euse)
**acupuntor, a** *nm/f* acuponcteur(-trice)
**acupuntura** *nf* acupuncture *f*
**acurrucarse** *vpr* se blottir
**acurruque** *etc vb ver* **acurrucarse**
**acusación** *nf* accusation *f*
**acusado, -a** *adj* (*Jur*) accusé(e) ; (*acento*) prononcé(e) ▶ *nm/f* (*Jur*) accusé(e)
**acusador, a** *adj* accusateur(-trice) ; **la parte acusadora** la partie plaignante *o* demanderesse ▶ *nm/f* accusateur(-trice) ; **~(a) público(-a)** procureur *mf* de la République
**acusar** *vt* (*tb fig*) accuser ; (*suj: aparato*) indiquer ; **~ recibo de** accuser réception de ; **acusarse** *vpr*: **acusarse de algo** s'accuser de qch ; (*Rel*) confesser qch
**acuse** *nm*: **~ de recibo** accusé *m* de réception
**acúsica** *nmf* mouchard(e)
**acusón, -ona** *nm/f* mouchard(e)
**acústico, -a** *adj* acoustique ▶ *nf* acoustique *f*
**ADA** (*Esp*) *sigla f* (= *Ayuda del Automovilista*) ≈ ACF *m* (= *Automobile Club de France*)
**adalid** *nm* chef *m* de file
**adaptable** *adj* adaptable
**adaptación** *nf* adaptation *f*
**adaptador** *nm* adaptateur *m*
**adaptar** *vt*: **~ (a)** adapter (à) ; **adaptarse** *vpr*: **adaptarse (a)** s'adapter (à)
**adecentar** *vt* (*casa, habitación*) mettre un peu d'ordre dans ; **adecentarse** *vpr* (*persona*) faire un brin de toilette
**adecuación** *nf* adéquation *f*
**adecuado, -a** *adj* adéquat(e) ; **el hombre ~ para el puesto** l'homme tout désigné pour le poste
**adecuar** *vt*: **~ a** adapter à
**adefesio** (*fam*) *nm*: **estar hecho(-a) un ~** être mal ficelé(e)
**a. de J.C.** *abr* (= *antes de Jesucristo*) av. J.-C. (= *avant Jésus-Christ*)
**adelantado, -a** *adj* avancé(e) ; (*reloj*) en avance ; **pagar por ~** payer d'avance

**adelantamiento** *nm* (*Auto*) dépassement *m*
**adelantar** *vt* avancer ; (*Auto*) doubler, dépasser ; **así no adelantas nada** cela ne t'avance à rien ▶ *vi* avancer ; **adelantarse** *vpr* (*moverse hacia delante*) s'avancer ; (*tomar la delantera*) prendre les devants ; (*anticiparse*) être en avance ; **adelantarse a algn** devancer qn
**adelante** *adv* devant ; **en ~** désormais ; **de hoy en ~** à l'avenir ; **más ~** (*después*) plus tard ; (*más allá*) plus loin ▶ *excl* (*incitando a seguir*) en avant ! ; (*autorizando a entrar*) entrez !
**adelanto** *nm* progrès *msg* ; (*de dinero, hora*) avance *f* ; **los adelantos de la ciencia** les progrès *mpl* de la science
**adelfa** *nf* laurier-rose *m*
**adelgace** *etc vb ver* **adelgazar**
**adelgazamiento** *nm* amaigrissement *m*, amincissement *m*
**adelgazante** *adj* amaigrissant(e), amincissant(e) ▶ *nm* produit *m* amincissant
**adelgazar** *vt* (*persona*) faire maigrir ; (*kilos*) perdre ▶ *vi* maigrir
**ademán** *nm* geste *m* ; **en ~ de hacer** en faisant mine de faire ; **hacer ~ de hacer** faire mine de faire ; **ademanes** *nmpl* gestes *mpl*
**además** *adv* de plus ; **~ de** en plus de
**adentrarse** *vpr*: **~ en** pénétrer dans
**adentro** *adv* dedans ; **mar ~** au large ; **tierra ~** à l'intérieur des terres ; **~ de** (*Am: dentro de*) dans ; **para sus adentros** dans son for intérieur
**adepto, -a** *nm/f* adepte *mf*
**aderece** *etc vb ver* **aderezar**
**aderezar** *vt* assaisonner
**aderezo** *nm* assaisonnement *m*
**adeudar** *vt* (*dinero*) devoir ; **~ una suma en una cuenta** débiter une somme sur un compte ; **adeudarse** *vpr* (*persona*) s'endetter
**adherencia** *nf* (*de sustancia, neumático*) adhérence *f* ; **adherencias** *nfpl* (*Med*) adhérences *fpl*
**adherir** *vt*: **~ algo a algo** faire adhérer une chose à une autre ; **adherirse** *vpr* coller ; **adherirse a** (*propuesta*) adhérer à
**adhesión** *nf* adhésion *f*
**adhesivo, -a** *adj* adhésif(-ive) ▶ *nm* adhésif *m* ; (*pegatina*) autocollant *m*
**adhiera** *etc vb ver* **adherir**
**adhiriendo** *etc vb ver* **adherir**
**adicción** *nf* (*a drogas etc*) dépendance *f*
**adición** *nf* addition *f* ; (*cosa añadida*) ajout *m*
**adicional** *adj* supplémentaire
**adicionar** *vt* additionner
**adictivo, -a** *adj* addictif(-ive)
**adicto, -a** *adj* (*Med*) dépendant(e) ; (*a ideología*) acquis(e) ▶ *nm/f* (*Med*) drogué(e) ; (*partidario*) fanatique *mf*
**adiestramiento** *nm* (*de animal*) dressage *m* ; (*Mil, Deporte*) entraînement *m*

## adiestrar – advenedizo

**adiestrar** vt (animal) dresser ; (Mil, Deporte) entraîner ; **adiestrarse** vpr : **adiestrarse (en)** s'entraîner (à)
**adinerado, -a** adj fortuné(e)
**adiós** excl (despedida) au revoir ! ; (al pasar) salut ! ; (¡ay!) aïe !

> La palabra **adiós** como fórmula de despedida se traduce generalmente por *Au revoir!*. *Adieu* se reserva únicamente para las despedidas que son definitivas.

**aditivo** nm additif m
**adivinanza** nf devinette f
**adivinar** vt (pensamientos) deviner ; (el futuro) lire
**adivino, -a** nm/f devin(eresse)
**adj** abr = **adjunto**
**adjetivo** nm adjectif m
**adjudicación** nf adjudication f
**adjudicar** vt adjuger ; **adjudicarse** vpr : **adjudicarse algo** s'adjuger qch
**adjudique** etc vb ver **adjudicar**
**adjuntar** vt joindre ; **~ un archivo a un correo** (Inform) joindre un fichier à un mail
**adjunto, -a** adj (documento) joint(e) ; (médico, director etc) adjoint(e) ▶ nm/f (profesor) assistant(e) ▶ adv ci-joint
**administración** nf administration f ; **A~ pública** fonction f publique ; **A~ de Correos** Postes fpl et Télécommunications ; **A~ de Justicia** justice f
**administrador, a** nm/f administrateur(-trice), gérant(e)
**administrar** vt administrer, gérer ; (medicamento, sacramento) administrer
**administrativo, -a** adj administratif(-ive) ▶ nm/f (de oficina) employé(e) de bureau
**admirable** adj admirable
**admiración** nf (estimación) admiration f ; (asombro) étonnement m ; (Ling) exclamation f ; **no salgo de mi ~** je n'en reviens pas
**admirador, a** nm/f admirateur(-trice)
**admirar** vt (estimar) admirer ; (asombrar) étonner ; **no es de ~ que ...** rien d'étonnant à ce que ... ; **admirarse** vpr : **admirarse de** s'étonner de ; **se admiró de que ...** il s'est étonné que ...
**admisible** adj acceptable
**admisión** nf admission f ; (de razones etc) acceptation f
**admitir** vt (razonamiento etc) admettre ; (regalos) accepter ; **esto no admite demora** cela ne peut pas attendre ; **la cuestión no admite dudas** cela ne fait aucun doute
**admón.** abr = **administración**
**admonición** nf admonition f
**ADN** nm abr (= ácido desoxirribonucleico) ADN m ; **prueba del ~** test m ADN ▶ nf abr (Bol) (= Acción Democrática Nacionalista) Action f démocratique nationaliste

**adobar** vt (Culin) mariner
**adobe** nm torchis msg
**adobo** nm (Culin: preparación) marinage m ; (: salsa) marinade f
**adocenado, -a** (fam) adj médiocre
**adoctrinar** vt endoctriner
**adolecer** vi : **~ de** souffrir de
**adolescencia** nf adolescence f
**adolescente** adj, nmf adolescent(e)
**adolezca** etc vb ver **adolecer**
**adonde** (esp Am) adv où
**adónde** adv où
**adondequiera** adv n'importe où
**adopción** nf adoption f
**adoptado, -a** adj adopté(e)
**adoptar** vt adopter
**adoptivo, -a** adj adoptif(-ive) ; (lengua, país) d'adoption
**adoquín** nm pavé m
**adorable** adj adorable
**adoración** nf adoration f ; **A~ de los Reyes** adoration f des Rois mages, Épiphanie f ; **una mirada llena de ~** un regard aimant
**adorar** vt adorer
**adormecer** vt endormir ; **adormecerse** vpr somnoler ; (miembro) s'engourdir
**adormezca** etc vb ver **adormecer**
**adormilarse** vpr s'assoupir
**adornar** vt orner ; (habitación, mesa) décorer
**adorno** nm ornement m, décoration f ; **de ~** d'ornement, décoratif(-ive)
**adosado, -a** adj : **chalet ~** maison f jumelle
**adosar** vt : **~ (algo) a** adosser (qch) à
**adquiera** etc vb ver **adquirir**
**adquirir** vt acquérir
**adquisición** nf acquisition f
**adrede** adv exprès, à dessein
**adrenalina** nf adrénaline f
**Adriático** nm : **el ~** l'Adriatique m ▶ adj : **el mar ~** la mer Adriatique
**adscribir** vt : **~ a** (trabajo, puesto) assigner à ; **le adscribieron al cuerpo diplomático** il a été attaché au corps diplomatique
**adscrito, -a** pp de **adscribir**
**ADSL** sigla m (= asymmetric digital subscriber line) ADSL m
**aduana** nf douane f
**aduanero, -a** adj, nm/f douanier(-ière)
**aducir** vt alléguer
**adueñarse** vpr : **~ de** s'approprier
**adulación** nf adulation f
**adular** vt aduler
**adulterar** vt (alimentos, vino) frelater
**adulterio** nm adultère m
**adúltero, -a** adj, nm/f adultère mf
**adulto, -a** adj, nm/f adulte mf
**adusto, -a** adj (expresión, carácter) sévère ; (paisaje, región) austère
**aduzca** etc vb ver **aducir**
**advenedizo, -a** nm/f parvenu(e)

531

## advenimiento – afirmación

**advenimiento** *nm* avènement *m*; **~ al trono** avènement au trône
**adverbio** *nm* adverbe *m*
**adversario, -a** *nm/f* adversaire *mf*
**adversidad** *nf* adversité *f*
**adverso, -a** *adj* adverse
**advertencia** *nf* avertissement *m*
**advertir** *vt* (*observar*) observer; **~ a algn de algo** avertir qn de qch; **~ a algn que ...** avertir qn que ...
**Adviento** *nm* Avent *m*
**advierta** *etc vb ver* **advertir**
**advirtiendo** *etc vb ver* **advertir**
**adyacente** *adj* adjacent(e)
**AEE** *sigla f* (= *Agencia Espacial Europea*) ASE *f* (= *Agence spatiale européenne*)
**aéreo, -a** *adj* aérien(ne); **por vía aérea** par avion
**aerobic** *nm inv* aérobic *f*
**aerodeslizador, aerodeslizante** *nm* aéroglisseur *m*
**aerodinámica** *nf* aérodynamique *f*
**aerodinámico, -a** *adj* aérodynamique
**aeródromo** *nm* aérodrome *m*
**aeroespacial** *adj* aérospatial(e)
**aerogenerador** *nm* éolienne *f*
**aerógrafo** *nm* aérographe *m*
**aerograma** *nm* aérogramme *m*
**aeroligero** *nm* (avion *m*) ultra-léger *m*
**aerolínea** *nf* compagnie *f* aérienne
**aeromodelismo** *nm* aéromodélisme *m*
**aeromodelo** *nm* modèle *m* réduit
**aeromozo, -a** (*Am*) *nm/f* (*Aviat*) steward (hôtesse de l'air)
**aeronáutica** *nf* aéronautique *f*
**aeronáutico, -a** *adj* aéronautique
**aeronave** *nf* aéronef *m*
**aeroplano** *nm* aéroplane *m*
**aeropuerto** *nm* aéroport *m*
**aerosol** *nm* aérosol *m*, spray *m*
**aerostato, aeróstato** *nm* aérostat *m*
**aerotransportado, -a** *adj* aéroporté(e)
**a/f** *abr* (= *a favor*) à l'attention de
**afabilidad** *nf* affabilité *f*
**afable** *adj* affable
**afamado, -a** *adj* renommé(e)
**afán** *nm* (*ahínco*) ardeur *f*; (*deseo*) soif *f*; **con ~** avec ardeur
**afanar** (*fam*) *vt* (*robar*) rafler; **afanarse** *vpr* (*atarearse*) s'affairer; **afanarse por hacer** s'évertuer à faire
**afanoso, -a** *adj* (*búsqueda*) acharné(e); (*persona*) laborieux(-euse)
**AFE** *sigla f* = **Asociación de Futbolistas Españoles**
**afear** *vt* enlaidir
**afección** *nf* infection *f*
**afectación** *nf* affectation *f*
**afectado, -a** *adj* affecté(e); **afectados** *nmpl* (*en epidemias*) victimes *fpl*; (*en catástrofes*) sinistrés *mpl*

**afectar** *vt* affecter; **por lo que afecta a esto** quant à cela
**afectísimo, -a** *adj*: **suyo ~** respectueusement vôtre
**afectividad** *nf* affectivité *f*
**afectivo, -a** *adj* (*problema*) affectif(-ive)
**afecto, -a** *adj*: **~ a** (*ideología*) acquis(e) à; (*Jur*) soumis(e) à ▶ *nm* (*cariño*) affection *f*; **tenerle ~ a algn** avoir de l'affection pour qn
**afectuosamente** *adv* affectueusement
**afectuoso, -a** *adj* affectueux(-euse); « **un saludo ~** » (*en carta*) « affectueusement »
**afeitado** *nm* (*de barba*) rasage *m*; (*Taur*) épointage *m*
**afeitar** *vt* raser; (*Taur*) épointer; **afeitarse** *vpr* se raser; **afeitarse la barba/el bigote** se raser la barbe/la moustache
**afeminado, -a** *adj* efféminé(e)
**aferrar** *vt* saisir; **aferrarse** *vpr*: **aferrarse a** se cramponner à; **aferrarse a una esperanza** se cramponner à un espoir
**Afganistán** *nm* Afghanistan *m*
**afgano, -a** *adj* afghan(e) ▶ *nm/f* Afghan(e)
**afiance** *etc vb ver* **afianzar**
**afianzamiento** *nm* consolidation *f*; (*salud*) amélioration *f*
**afianzar** *vt* (*objeto, conocimientos*) consolider; (*salud*) assurer; **afianzarse** *vpr* se cramponner; (*establecerse*) s'établir; **afianzarse en** (*idea, opinión*) se cramponner à
**afiche** (*Am*) *nm* (*cartel*) affiche *f*
**afición** *nf* goût *m*, penchant *m*; **la ~** les supporters *mpl*; **~ a** goût pour o de; **por ~** par goût; **músico de ~** musicien(ne) amateur
**aficionado, -a** *adj, nm/f* amateur(-trice); **ser ~ a algo** être amateur de qch
**aficionar** *vt*: **~ a algn a algo** donner à qn le goût de qch; **aficionarse** *vpr*: **aficionarse a algo** prendre goût à qch
**afilado, -a** *adj* (*cuchillo*) aiguisé(e); (*lápiz*) bien taillé(e)
**afilador** *nm* (*persona*) aiguiseur *m*
**afilar** *vt* (*cuchillo*) aiguiser; (*lápiz*) tailler; **afilarse** *vpr* (*cara*) s'affiner
**afiliación** *nf* affiliation *f*
**afiliado, -a** *adj, nm/f* affilié(e)
**afiliarse** *vpr*: **~ (a)** s'affilier (à)
**afín** *adj* (*carácter*) semblable; (*ideas, opiniones*) voisin(e)
**afinador, a** *nm/f* (*Mús: persona*) accordeur(-euse); **~(a) de pianos** accordeur(-euse) de piano ▶ *nm* (*Mús*) accordoir *m*
**afinar** *vt* (*Mús*) accorder; (*puntería, Tec*) ajuster; (*motor*) régler ▶ *vi* (*Mús: cantar*) chanter juste; (*: tocar*) jouer juste
**afincarse** *vpr* s'établir
**afinidad** *nf* affinité *f*; **por ~** par affinité
**afirmación** *nf* affirmation *f*

## afirmar – aglomerado

**afirmar** vt affirmer; (objeto) consolider;
~ **haber hecho/que** affirmer avoir fait/que
▶ vi acquiescer; **afirmarse** vpr (recuperar el equilibrio) se rétablir; **afirmarse en lo dicho** confirmer ce qui a été dit
**afirmativo, -a** adj affirmatif(-ive)
**aflicción** nf affliction f
**afligir** vt affliger; **afligirse** vpr s'affliger;
**afligirse (por** o **con** o **de)** s'affliger (de); **no te aflijas tanto** ne te laisse pas abattre
**aflija** etc vb ver **afligir**
**aflojar** vt desserrer; (cuerda) détendre ▶ vi (tormenta, viento) se calmer; **aflojarse** vpr (pieza) avoir du jeu
**aflorar** vi affleurer
**afluencia** nf affluence f; (de sangre) afflux msg
**afluente** adj, nm affluent m
**afluir** vi: ~ **a** (gente, sangre) affluer à; (río) se jeter dans
**afluya** etc vb ver **afluir**
**afluyendo** etc vb ver **afluir**
**afmo., -a.** abr = **afectísimo**
**afónico, -a** adj: **estar** ~ être aphone
**aforado, -a** adj (provincia, territorio) bénéficiant de privilèges, d'un statut de droit régional ▶ nm/f personne qui jouit d'une immunité parlementaire et qui ne peut être jugée que par la Cour suprême, privilégié(e)
**aforar** vt (Tec) jauger; (fig) estimer, évaluer
**aforismo** nm aphorisme m
**aforo** nm (Tec) jaugeage m; (de teatro) capacité f; **el teatro tiene un ~ de 2.000 personas** ce théâtre a 2 000 places
**afortunadamente** adv heureusement
**afortunado, -a** adj (persona) chanceux(-euse); (coincidencia, hallazgo) heureux(-euse)
**afrancesado, -a** adj (Hist) partisan des Français (lors de la guerre d'Indépendance, et aux XVIIIᵉ et XIXᵉ siècles)
**afrenta** nf affront m
**África** nf Afrique f; ~ **del Sur** Afrique du Sud
**africano, -a** adj africain(e) ▶ nm/f Africain(e)
**afroamericano, -a** adj afro-américain(e) ▶ nm/f Afro-américain(e)
**afrodisíaco, -a, afrodisiaco, -a** adj, nm aphrodisiaque m
**afrontar** vt affronter; (dos personas) confronter
**afrutado, -a** adj fruité(e)
**after** ['after] (pl **afters** o ~) nm, **afterhours** ['afterauars] nm inv after-hours m
**aftershave** [after'ʃeif] (pl **aftershaves**) nm after-shave m inv
**afuera** adv (espAm) dehors; **afueras** nfpl banlieue fsg
**afuerano, -a, afuereño, -a, afuerino, -a** (CHI) adj (forastero) étranger(-ère)
**afuerita** (MÉX fam) adv dehors
**afusilar** (MÉX) vt (fusilar) fusiller
**ag.** abr = **agosto**

**agachar** vt incliner; **agacharse** vpr s'incliner, se baisser
**agalla** nf (Zool) ouïe f; **tener agallas** (fam) ne pas avoir froid aux yeux
**ágape** nm agapes fpl, banquet m
**agarrada** nf (pelea) bagarre f; (riña) altercation m, dispute f, accrochage m
**agarradera** (AM) nf (asa) anse f; **agarraderas** nfpl: **tener (buenas) agarraderas** (fam) être pistonné(e) (fam)
**agarradero** nm = **agarradera**
**agarrado, -a** adj radin(e)
**agarrar** vt saisir; (esp AM: recoger) prendre; (fam: enfermedad) attraper ▶ vi (planta) prendre; **agarró y se fue** (AM) sans faire ni une ni deux il a fichu le camp (fam); **agarrarse** vpr (comida) coller; (dos personas) s'accrocher; **agarrarse (a)** s'accrocher (à); **agarrársela con algn** (AM: tenerla tomada con algn) avoir qn dans le nez
**agarre** nm (Auto) adhérence f, tenue f de route
**agarrotar** vt (reo) faire subir le supplice du garrot à; (fardo) ficeler; (persona) garrotter; **agarrotarse** vpr (Med) avoir des crampes; (motor) se gripper
**agasajar** vt accueillir chaleureusement
**ágata** nf agate f
**agauchado, -a** (CSUR) adj qui ressemble à un gaucho
**agave** (AM) nm o nf agave m
**agazapar** vt saisir; **agazaparse** vpr (persona, animal) se tapir
**agencia** nf agence f; ~ **de créditos/inmobiliaria** établissement m de crédit/agence immobilière; ~ **matrimonial/de publicidad/de viajes** agence matrimoniale/de publicité/de voyages
**agenciar** vt se procurer; **agenciarse** vpr se procurer; **agenciárselas para hacer algo** se débrouiller pour faire qch
**agenda** nf agenda m; (orden del día) ordre m du jour; ~ **electrónica** agenda m électronique
**agente** nm agent m; ~ **acreditado/de bolsa/de negocios/de seguros** agent accrédité/de change/d'affaires/d'assurances;
~ **femenino** auxiliaire f de police; ~ **(de policía)** agent (de police)
**ágil** adj agile
**agilidad** nf agilité f
**agilizar** vt activer
**agitación** nf agitation f
**agitado, -a** adj (día, viaje, vida) agité(e)
**agitador, a** nm/f (Pol) agitateur(-trice)
**agitar** vt agiter; (fig) troubler, inquiéter; **agitarse** vpr s'agiter; (inquietarse) se troubler, s'inquiéter
**aglomeración** nf: ~ **de gente** rassemblement m; ~ **de tráfico** embouteillage m
**aglomerado** nm (madera) aggloméré m; ~ **asfáltico** aggloméré m d'asphalte

## aglomerar – agrupar

**aglomerar** vt (datos, noticias) accumuler ;
**aglomerarse** vpr (multitud) s'attrouper ;
(coches) créer un embouteillage
**aglutinar** vt (Med) agglutiner ; (unir)
agglutiner, regrouper, rassembler ;
**aglutinarse** vpr (Med) s'agglutiner ; (unirse)
s'agglutiner, se regrouper, se rassembler
**agnóstico, -a** adj, nm/f agnostique mf
**agobiado, -a** adj (persona) accablé(e) ;
**estamos agobiados de trabajo** nous
sommes débordés de travail
**agobiante** adj accablant(e) ; (calor, ambiente)
étouffant(e)
**agobiar** vt (suj: trabajo) accabler ; (: calor)
accabler, étouffer ; **sentirse agobiado por**
être accablé de o par ; **me agobias con
tantas preguntas** tu m'embêtes avec toutes
tes questions ; **agobiarse** vpr stresser ; **no te
agobies** me t'en fais pas
**agobio** nm accablement m
**agolpamiento** nm (gente) attroupement m ;
(tropas) rassemblement m
**agolparse** vpr (acontecimientos) se précipiter ;
(problemas) s'accumuler ; (personas) se presser,
se bousculer
**agonía** nf agonie f
**agonice** etc vb ver **agonizar**
**agonizante** adj agonisant(e)
**agonizar** vi agoniser, être à l'agonie
**agorafobia** nf agoraphobie f
**agorero, -a** adj de mauvais augure ; **ave
agorera** oiseau m de mauvais augure ▶ nm/f
devin(eresse)
**agostar** vt dessécher ; **agostarse** vpr se
dessécher
**agosto** nm août m ; **hacer el o su ~** faire son
beurre ; ver tb **julio**
**agotado, -a** adj épuisé(e) ; (pila) à plat
**agotador, a** adj épuisant(e)
**agotamiento** nm épuisement m
**agotar** vt épuiser ; **agotarse** vpr s'épuiser ;
(libro) être épuisé(e)
**agraciado, -a** adj qui a du charme ; **el
número ~** (en sorteo) le numéro gagnant
▶ nm/f (en sorteo, lotería) gagnant(e)
**agraciar** vt (premio) remettre ; (hacer más
atractivo) avantager, flatter
**agradable** adj agréable
**agradar** vi plaire ; **esto no me agrada** cela ne
me plaît pas ; **le agrada estar en su
compañía** votre compagnie lui est agréable
**agradecer** vt remercier ; **¡se agradece!** mille
fois merci ! ; **le agradecería me enviara ...**
je vous serais reconnaissant de m'envoyer ... ;
**te agradezco que hayas venido** je te
remercie d'être venu
**agradecido, -a** adj : **~ (por/a)**
reconnaissant(e) (de/envers) ; **¡muy ~!** merci
beaucoup !, merci bien !
**agradecimiento** nm remerciement m

**agradezca** etc vb ver **agradecer**
**agrado** nm agrément m, plaisir m ; (amabilidad)
amabilité f ; **ser de tu** etc **~** être à ton etc goût
**agrandar** vt agrandir ; (exagerar) amplifier,
grossir ; **agrandarse** vpr s'agrandir
**agrario, -a** adj agraire
**agravación** nf, **agravamiento** nm
aggravation f
**agravante** adj (circunstancia) aggravant(e)
▶ nm o nf : **con el o la ~ de que ...** le problème
étant que ...
**agravar** vt aggraver ; **agravarse** vpr s'aggraver
**agraviar** vt offenser ; (perjudicar) faire du tort
à ; **agraviarse** vpr s'offenser
**agravio** nm offense f ; (Jur) tort m
**agredir** vt agresser
**agregado, -a** nm agrégat m ▶ nm/f (profesor)
maître mf de conférences (à l'université),
professeur mf certifié(e) (dans l'enseignement
secondaire) ; **~ comercial** attaché(e)
commercial(e) ; **~ cultural** attaché(e)
culturel(le) ; **~ diplomático(-a)** attaché(e)
diplomatique ; **~ militar** attaché(e) militaire
**agregador** nm (tb : **agregador de noticias**)
agrégateur m
**agregar** vt : **~ (a)** ajouter (à) ; (unir) associer
(à) ; **agregarse** vpr : **agregarse a** se joindre à
**agregue** etc vb ver **agregar**
**agresión** nf agression f
**agresividad** nf agressivité f
**agresivo, -a** adj agressif(-ive)
**agresor, a** adj : **país ~** pays m agresseur ▶ nm/f
agresseur(-euse)
**agreste** adj champêtre
**agriar** vt aigrir ; (leche) faire tourner ;
**agriarse** vpr s'aigrir ; (leche) tourner
**agrícola** adj agricole
**agricultor, a** nm/f agriculteur(-trice)
**agricultura** nf agriculture f
**agridulce** adj aigre-doux(-douce)
**agrietarse** vpr se crevasser ; (piel) se gercer ;
(muro) se lézarder
**agrimensor, a** nm/f arpenteur(-euse)
**agringado, -a** (AM) adj américanisé(e)
**agrio, -a** adj aigre ; (carácter) aigri(e), revêche ;
**agrios** nmpl agrumes mpl
**agrocarburante, agrocombustible** nm
agrocarburant m
**agronomía** nf agronomie f
**agrónomo, -a** adj agronomique ▶ nm/f
agronome mf
**agropecuario, -a** adj agricole et de pêche
**agroturismo** nm agritourisme m
**agrupación** nf groupement m,
regroupement m
**agrupamiento** nm (de personas, libros, datos)
regroupement m
**agrupar** vt (personas) grouper ; (libros, datos)
regrouper ; (Inform) grouper, regrouper ;
**agruparse** vpr se regrouper

534 · ESPAÑOL | FRANCÉS

## agua – ahogue

**agua** nf eau f; (lluvia) pluie f, eau de pluie; **hacer ~** (embarcación) faire eau; **se me hace la boca ~** ça me met l'eau à la bouche; **nunca digas, « de esta ~ no beberé »** il ne faut pas dire « Fontaine, je ne boirai pas de ton eau »; **estar con el ~ al cuello** avoir la corde au cou; **estar como pez en el ~** être comme un poisson dans l'eau; **quedar algo en ~ de borrajas** s'en aller en eau de boudin; **venir como ~ de mayo** tomber à pic, arriver comme mars en carême; **~ bendita/ caliente/corriente/destilada/dulce/ oxigenada/potable/salada** eau bénite/ chaude/courante/distillée/douce/oxygénée/ potable/salée; **~ de colonia** eau de Cologne; **~ mineral (con/sin gas)** eau minérale (gazeuse/non gazeuse); (de joya) eau fsg; (mar) eau fsg, eaux fpl; **a dos aguas** (tejado) à deux pentes; **aguas abajo** en aval; **aguas arriba** en amont; **romper aguas** (Med) perdre les eaux; **tomar las aguas** prendre les eaux; **aguas jurisdiccionales/ residuales/termales** eaux territoriales/ résiduaires/thermales; **aguas mayores/ menores** (Med) selles fpl/urine fsg
**aguacate** nm avocat m; (árbol) avocatier m
**aguacero** nm averse f
**aguado, -a** adj (leche, vino) baptisé(e), coupé(e)
**aguafiestas** nmf inv trouble-fête mf, rabat-joie mf
**aguafuerte** nf eau-forte f
**aguaitar** (esp Am fam) vt (mirar) regarder
**aguamiel** (Cam, Méx) nm (bebida) eau f sucrée
**aguanieve** nf neige f fondue
**aguantable** adj supportable
**aguantar** vt supporter, endurer; (risa, ganas) réprimer ▶ vi (ropa) résister; **no sé cómo aguanta** je ne sais pas comment il tient le coup; **aguantarse** vpr (persona) se dominer
**aguante** nm (paciencia) patience f; (resistencia) résistance f
**aguar** vt (leche, vino) baptiser, couper; **~ la fiesta a algn** gâcher son plaisir à qn
**aguardar** vt attendre ▶ vi: **~ (a que)** attendre (que)
**aguardentoso, -a** (pey) adj (voz) rauque
**aguardiente** nm eau-de-vie f
**aguarrás** nm essence f de térébenthine
**aguce** etc vb ver **aguzar**
**agudeza** nf (oído, olfato) finesse f; (vista) acuité f; (de sonido) aigu m; (fig: ingenio) vivacité f, finesse f; (ocurrencia) mot m d'esprit
**agudice** etc vb ver **agudizar**
**agudización** nf (de los sentidos, de la mente) aiguisement m, perfectionnement m; (de crisis) aggravation f, intensification f
**agudizar** vt (sentidos, mente) aiguiser; (crisis) intensifier; **agudizarse** vpr (sentidos, mente) s'aiguiser; (crisis) s'intensifier

**agudo, -a** adj (afilado) tranchant(e), coupant(e); (vista) perçant(e); (oído, olfato) fin(e); (sonido, dolor) aigu(ë); (ingenioso) subtil(e)
**agüe** etc vb ver **aguar**
**agüero** nm: **ser de buen/mal ~** être de bon/ mauvais augure; **pájaro de mal ~** oiseau m de mauvais augure
**aguerrido, -a** adj aguerri(e)
**aguijar** vt aiguillonner
**aguijón** nm (de insecto) dard m; (fig: estímulo) aiguillon m
**aguijonear** vt aiguillonner; (persona) aiguillonner, piquer
**águila** nf aigle m; **ser un ~** (fig) être un as
**aguileño, -a** adj (nariz) aquilin(e); (rostro) allongé(e), long (longue)
**aguinaldo** nm étrennes fpl
**agüita** (Chi) nf (Culin) infusion f
**aguja** nf aiguille f; (para hacer punto) aiguille à tricoter; (para hacer ganchillo) crochet m; (Arq) aiguille, flèche f; (Tec) percuteur m; **carne de ~** côtes fpl; **buscar una ~ en un pajar** chercher une aiguille dans une botte de foin; **~ de tejer** (Am) aiguille à tricoter; **agujas** nfpl (Ferro) aiguillage m
**agujerear** vt (perforar: ropa, cristal, madera) trouer
**agujero** nm trou m
**agujetas** nfpl courbatures fpl
**aguzado, -a** adj pointu(e)
**aguzar** vt (herramientas) aiguiser, affiler; (ingenio, entendimiento) aiguillonner, stimuler; **~ el oído/la vista** aiguiser l'ouïe/la vue
**ah** excl (para expresar sorpresa) ah!, oh!
**aherrumbrarse** vpr se rouiller
**ahí** adv (lugar) là; **de ~ que** donc, d'où il s'ensuit que; **~ está el problema** tout le problème est là; **~ llega** le voilà; **por ~** par là; (lugar indeterminado) là-bas; **¡hasta ~ podríamos llegar!** il ne manquerait plus que ça!; **¡~ va!** le voilà!; **~ donde le ve** tel que vous le voyez; **¡~ es nada!** rien que ça!; **200 o por ~** environ 200
**ahijado, -a** nm/f filleul(e)
**ahijar** vt adopter
**ahínco** nm: **con ~** avec acharnement
**ahíto, -a** adj: **estar ~** (indigesto) être repu(e)
**AHN** sigla m (= Archivo Histórico Nacional) archives nationales
**ahogado, -a** adj (en agua) noyé(e); (de trabajo) débordé(e); (grito) étouffé(e); (recinto) renfermé(e) ▶ nm/f noyé(e)
**ahogar** vt étouffer; (en el agua) noyer; (grito, sollozo) contenir, étouffer; (fig: angustiar) angoisser; **ahogarse** vpr (en el agua) se noyer; (por asfixia) s'asphyxier
**ahogo** nm oppression f, étouffement m; (angustia) angoisse f, oppression; **ahogos económicos** difficultés fpl financières
**ahogue** etc vb ver **ahogar**

## ahondar – alabastro

**ahondar** *vt* creuser ▶ *vi*: **~ en** (*problema*) approfondir, creuser

**ahora** *adv* maintenant ; (*hace poco*) tout à l'heure ; **~ bien** *o* **que** cependant, remarquez (que) ; **~ mismo** à l'instant (même) ; **~ voy** j'arrive ; **¡hasta ~!** à tout de suite !, à tout à l'heure ; **por ~** pour le moment ; **de ~ en adelante** désormais, dorénavant

**ahorcado, -a** *nm/f* pendu(e)

**ahorcar** *vt* pendre ; **ahorcarse** *vpr* se pendre

**ahorita** (*esp Am fam*) *adv* tout de suite

**ahoritita** (*Am fam*) *adv* tout de suite

**ahorque** *etc vb ver* **ahorcar**

**ahorrador, a** *adj* économe

**ahorrar** *vt* économiser, épargner ; **~ a algn algo** épargner qch à qn ; **no ~ esfuerzos/sacrificios** ne pas ménager ses efforts/être avare de sacrifices ; **ahorrarse** *vpr*: **ahorrarse molestias** s'éviter des ennuis

**ahorrativo, -a** *adj* économe ; (*pey*) pingre

**ahorro** *nm* économie *f*, épargne *f*; **ahorros** *nmpl* économies *fpl*

**ahuecar** *vt* (*madera, tronco*) évider ; (*voz*) enfler ▶ *vi*: **¡ahueca!** (*fam*) fous le camp ! (*fam*) ; **ahuecarse** *vpr* (*fam*) être bouffi(e) d'orgueil

**ahueque** *etc vb ver* **ahuecar**

**ahumado, -a** *adj* fumé(e)

**ahumar** *vt* fumer ; (*llenar de humo*) enfumer ; **ahumarse** *vpr* (*habitación*) se remplir de fumée ; (*comida*) prendre un goût de fumé

**ahuyentar** *vt* (*ladrón, fiera*) mettre en fuite ; (*fig*) chasser

**AI** *sigla f* (= Amnistía Internacional) AI *f* (= Amnesty International)

**aimara, aimará** *adj* aymara ▶ *nmf* Aymara *mf*

**aindiado, -a** (*Am*) *adj* (*Fisiol*) de type indien

**airado, -a** *adj* furieux(-euse)

**airar** *vt* (*persona*) irriter, fâcher ; **airarse** *vpr* (*irritarse*) s'irriter, se fâcher

**aire** *nm* (*tb Mús*) air *m* ; **al ~ libre** en plein air ; **dejar en el ~** laisser sans réponse ; **tener ~ de** avoir l'air de ; **estar en el ~** (*Radio*) être sur les ondes ; (*fig*) être en suspens ; **tener un ~ con** *o* **darse un ~ a** ressembler à ; **tomar el ~** prendre l'air ; **~ acondicionado** air conditionné, climatisation *f* ; **~ popular** (*Mús*) air populaire ; **aires** *nmpl*: **darse aires** se donner des airs ; **cambiar de aires** changer d'air

**airear** *vt* aérer ; (*asunto, secreto*) éventer ; **airearse** *vpr* prendre l'air

**airoso, -a** *adj*: **salir ~ de algo** bien s'en tirer

**aislado, -a** *adj* isolé(e)

**aislamiento** *nm* (*acción*) mise *f* à l'écart ; (*soledad*) isolement *m* ; (*Elec*) isolation *f* ; **~ térmico** isolation *f* thermique

**aislante** *nm* (*Elec*) isolant *m*

**aislar** *vt* isoler ; **aislarse** *vpr*: **aislarse (de)** s'isoler (de)

**AITA** *sigla f* (= Asociación Internacional del Transporte Aéreo) IATA *f* (= Association internationale de transport aérien)

**ajar** *vt* ravager ; **ajarse** *vpr* (*persona*) se faner ; (*prenda*) se défraîchir

**ajardinado, -a** *adj* aménagé(e) avec des jardins

**ajedrecista** *nmf* joueur(-euse) d'échecs

**ajedrez** *nm* échecs *mpl*

**ajenjo** *nm* absinthe *f*

**ajeno, -a** *adj* d'autrui ; **ser ~ a** (*impropio de*) contraire à ; **estar ~ a algo** être étranger(-ère) à qch ; **por razones ajenas a nuestra voluntad** pour des raisons indépendantes de notre volonté

**ajete** *nm* ail *m* tendre

**ajetreado, -a** *adj* (*día*) mouvementé(e)

**ajetrearse** *vpr* s'affairer

**ajetreo** *nm* agitation *f*

**ají** (*Am*) *nm* piment *m* rouge ; (*salsa*) sauce *f* au piment

**ajiaco** (*Am*) *nm* (*Culin*) ragoût *m*

**ajillo** *nm*: **al ~** sauce à base d'huile d'olive, d'ail et de piment rouge

**ajo** *nm* ail *m* ; **estar en el ~** (*fam*) être dans le coup (*fam*) ; **~ blanco** = **ajoblanco**

**ajoblanco** *nm* soupe froide à base d'amandes, d'ail cru pilé, de mie de pain, d'huile, de sel et d'eau

**ajonjolí** *nm* sésame *m*

**ajorca** *nf* bracelet *m*

**ajuar** *nm* (*de casa*) mobilier *m* ; (*de novia*) trousseau *m*

**Ajuria Enea** *nf* siège du gouvernement autonome du Pays Basque espagnol

**ajustado, -a** *adj* (*ropa*) moulant(e) ; (*precio*) raisonnable ; (*resultado*) serré(e) ; (*cálculo*) exact(e)

**ajustar** *vt* ajuster ; (*reloj, cuenta*) régler ; (*concertar*) convenir de ; (*Tec*) ajuster, régler ; (*Imprenta*) mettre en pages ; (*diferencias*) aplanir ; **~ algo a algo** ajuster qch à qch ; (*fig*) adapter qch à qch ; **~ cuentas con algn** (*fig*) régler ses comptes avec qn ▶ *vi* (*ventana, puerta*) cadrer ; **ajustarse** *vpr*: **ajustarse a** se conformer à

**ajuste** *nm* (*de reloj*) réglage *m* ; (*Fin*) fixation *f* (des prix) ; (*acuerdo*) accord *m* ; **~ de cuentas** (*fig*) règlement *m* de comptes

**ajusticiar** *vt* exécuter

**al** (= *a* + *el*) *ver* **a**

**ala** *nf* aile *f* ; (*de sombrero*) bord *m* ; **cortar las alas a algn** mettre des bâtons dans les roues à qn ; **dar alas a algn** laisser qn faire ce qu'il veut ; **~ delta** deltaplane *m* ▶ *nmf* (*baloncestista*) ailier(-ière)

**Alá** *n* Allah

**alabanza** *nf* éloge *m*, louange *f*

**alabar** *vt* (*persona*) louer, faire l'éloge de ; (*obra etc*) louer, vanter

**alabastro** *nm* albâtre *m*

**alacena** nf garde-manger m
**alacrán** nm scorpion m
**ALADI** sigla f (= Asociación Latinoamericana de Integración) ALADI f (= Association latino-américaine d'intégration)
**alado, -a** adj ailé(e)
**ALALC** sigla f (= Asociación Latinoamericana de Libre Comercio) ancienne ALALC
**alambicado, -a** adj alambiqué(e)
**alambique** nm alambic m
**alambrada** nf, **alambrado** nm grillage m
**alambre** nm fil m de fer ; **~ de púas** fil de fer barbelé
**alambrista** nmf équilibriste mf, funambule mf
**alameda** nf peupleraie f ; (lugar de paseo) promenade f (bordée d'arbres)
**álamo** nm peuplier m ; **~ temblón** tremble m
**alano** nm dogue m
**alarde** nm: **hacer ~ de** faire étalage de
**alardear** vi: **~ de** faire étalage de
**alargadera** nf (Elec) rallonge f
**alargado, -a** adj allongé(e)
**alargador** nm (Elec) rallonge f
**alargar** vt rallonger ; (estancia, vacaciones) prolonger ; (brazo) allonger, tendre ; (paso) presser ; **~ algo a algn** tendre qch à qn ; **alargarse** vpr (días) rallonger ; (discurso, reunión) se prolonger ; **alargarse a** o **hasta** (persona) aller jusqu'à ; **alargarse en** (explicación) se perdre en
**alargue** etc vb ver **alargar**
**alarido** nm hurlement m
**alarma** nf (señal de peligro) alarme f, alerte f ; **voz de ~** ton m alarmé ; **dar/sonar la ~** donner/sonner l'alarme ; **~ de incendios** avertisseur m d'incendie
**alarmante** adj alarmant(e)
**alarmar** vt alarmer ; **alarmarse** vpr s'alarmer
**alauí, alauita** adj alaouite
**alavés, -esa** adj d'Alava ▶ nm/f natif(-ive) o habitant(e) d'Alava
**alazán** nm alezan m
**alba** nf aube f
**albacea** nmf exécuteur(-trice) testamentaire
**albaceteño, -a** adj d'Albacete ▶ nm/f natif(-ive) o habitant(e) d'Albacete
**albahaca** nf basilic m
**albanés, -esa** adj albanais(e) ▶ nm/f Albanais(e) ▶ nm (Ling) albanais m
**Albania** nf Albanie f
**albanokosovar** adj albanais(e) du Kosovo ▶ nmf Albanais(e) du Kosovo
**albañal** nm égout m
**albañil** nm maçon m
**albañilería** nf (oficio) maçonnerie f ; **trabajo de ~** travail de maçonnerie
**albarán** nm bordereau m
**albarda** nf bât m
**albaricoque** nm abricot m

**albatros** nm inv albatros m
**albedrío** nm: **libre ~** libre arbitre m
**alberca** nf réservoir m d'eau ; (Am) piscine f
**albergar** vt héberger ; (esperanza) nourrir ; **albergarse** vpr s'abriter ; (alojarse) se faire héberger, loger
**albergue** vb ver **albergar** ▶ nm abri m ; **~ juvenil** o **de juventud** auberge f de jeunesse
**albino, -a** adj, nm/f albinos mf
**albis** adv: **quedarse in ~** n'y comprendre goutte
**albóndigas** nfpl boulettes fpl de viande
**albor** nm point m du jour ; **en los albores de** à l'aube de
**alborada** nf point m du jour ; (diana) diane f ; (música) aubade f
**alborear** vi: **alboreaba** le jour se levait
**albornoz** nm (para el baño) peignoir m ; (de los árabes) burnous msg
**alboroce** etc vb ver **alborozar**
**alborotado, -a** adj agité(e)
**alborotador, a** adj tapageur(-euse), chahuteur(-euse) ▶ nm/f (agitador) agitateur(-euse), fauteur(-euse) de troubles, trublion m ; (alumno) chahuteur(-euse)
**alborotar** vt agiter ; (amotinar) ameuter ▶ vi faire du tapage ; **alborotarse** vpr s'agiter
**alboroto** nm tapage m
**alborozar** vt réjouir ; **alborozarse** vpr se réjouir
**alborozo** nm réjouissance f
**albricias** nfpl: **¡~!** victoire !
**álbum** (pl **álbums** o **álbumes**) nm album m ; **~ de recortes** recueil m de coupures de journaux
**albumen** nm albumen m
**ALCA** nf abr (= Área de Libre Comercio de las Américas) ZLEA f (= Zone de libre-échange des Amériques)
**alcabala** (Am) nf (Policía: control) barrage m de police
**alcachofa** nf artichaut m ; **~ de ducha/de regadera** pomme f de douche/d'arrosoir
**alcahueta** nf entremetteuse f
**alcahuete** nm maquereau m ; (de teatro) rideau m d'entracte
**alcaide** nm (Hist: de castillo) gouverneur m ; (de cárcel) directeur m de prison
**alcalde, -esa** nm/f maire mf
**alcaldía** nf mairie f
**álcali** nm alcali m
**alcaloide** nm alcaloïde m
**alcance** vb ver **alcanzar** ▶ nm portée f ; (Com) solde m débiteur ; **al ~ de la mano** à portée de main ; **estar a/fuera de mi** etc **~** être/ne pas être à ma etc portée ; **de gran ~** (Mil) longue portée inv ; (fig) de grande importance
**alcancía** nf tirelire f
**alcanfor** nm camphre m

## alcantarilla – alfiler

**alcantarilla** nf (subterránea) égout m ; (en la calle) caniveau m
**alcantarillado** nm égouts mpl
**alcanzar** vt atteindre ; (persona) rattraper ; (autobús) attraper ; (AM: entregar) passer ▶ vi être suffisant(e) ; (para todos) suffire ; ~ **a hacer** arriver à faire
**alcaparra** nf câpre f
**alcatraz** nm pélican m (d'Amérique)
**alcaucil** (CSUR) nm (alcachofa) artichaut m
**alcayata** nf (clavo) piton m
**alcázar** nm citadelle f ; (Náut) dunette f
**alce** etc vb ver **alzar**
**alcista** adj (Com, Econ): **mercado/tendencia ~** marché m/tendance f à la hausse ▶ nmf haussier(-ière)
**alcoba** nf alcôve f
**alcohol** nm alcool m ; **~ metílico** alcool à brûler ; **no bebe ~** il ne boit pas d'alcool
**alcoholemia** nf: **test de la ~** test m d'alcoolémie
**alcoholice** etc vb ver **alcoholizarse**
**alcohólico, -a** adj alcoolique ▶ nm/f alcoolique mf ; **alcohólicos anónimos** ligue fsg des alcooliques anonymes
**alcoholímetro** nm alcoomètre m
**alcoholismo** nm alcoolisme m
**alcoholizarse** vpr s'alcooliser
**alcornoque** nm chêne-liège m ; (fam) andouille f (fam)
**alcurnia** nf noble lignée f
**alcuzas** (AM) nfpl huilier msg
**aldaba** nf heurtoir m
**aldabón** nm (de puerta) heurtoir m ; (asa) poignée f
**aldea** nf hameau m
**aldeano, -a** adj, nm/f villageois(e)
**aleación** nf alliage m
**aleatorio, -a** adj aléatoire ; **acceso ~** (Inform) accès msg aléatoire
**aleccionador, a** adj instructif(-ive)
**aleccionar** vt instruire ; (regañar) faire la leçon à
**aledaños** nmpl alentours mpl
**alegación** nf allégation f
**alegar** vt alléguer ; **~ que ...** alléguer que ... ▶ vi (AM) discuter
**alegato** nm plaidoyer m ; (AM) discussion f
**alegoría** nf allégorie f
**alegórico, -a** adj allégorique
**alegrar** vt réjouir ; (casa) égayer ; (fiesta) animer ; (fuego) attiser ; **alegrarse** vpr (fam) se griser ; **alegrarse de** se réjouir de
**alegre** adj gai(e), joyeux(-euse) ; (fam: con vino) éméché(e)
**alegremente** adv (felizmente) gaiement, joyeusement ; (irresponsablemente) allégrement ; **se lo gastó todo ~** il a allégrement tout dépensé, il a tout dépensé sans réfléchir

**alegría** nf joie f, gaieté f ; **~ vital** joie de vivre
**alegrón** nm explosion f de joie ; **dar a algn un ~** causer une joie immense à qn
**alegue** etc vb ver **alegar**
**alejado, -a** adj (distanciado) éloigné(e) ; **en un pueblecito ~** dans un village retiré ; **una lesión lo mantuvo ~ del fútbol** une blessure l'a éloigné du football ; **ha pasado varios años alejada de los escenarios** elle a passé plusieurs années loin de la scène
**alejamiento** nm éloignement m
**alejar** vt éloigner ; (ideas) repousser ; **alejarse** vpr s'éloigner
**alelado, -a** adj hébété(e)
**aleluya** nm alléluia m ; **¡~!** alléluia !
**alemán, -ana** adj allemand(e) ▶ nm/f Allemand(e) ▶ nm (Ling) allemand m
**Alemania** nf Allemagne f
**alentador, a** adj encourageant(e)
**alentar** vt encourager
**alergia** nf allergie f
**alérgico, -a** adj allergique ; **ser ~ a** être allergique à ▶ nm/f allergique mf
**alero** nm auvent m ; (Deporte) ailier m ; (Auto) garde-boue m
**alerón** nm aileron m ; (fam: axila) aisselle f
**alerta** adj inv vigilant(e) ▶ nf alerte f ▶ adv: **estar** o **mantenerse ~** être sur ses gardes
**alertar** vt alerter, donner l'alerte ; **~ a algn de algo** prévenir qn de qch
**aleta** nf (pez) nageoire f ; (foca) aileron m ; (nariz) aile f ; (Deporte) palme f ; (Auto) garde-boue m inv
**aletargar** vt endormir ; **aletargarse** vpr s'assoupir
**aletargue** etc vb ver **aletargar**
**aletear** vi (ave) battre des ailes ; (pez) battre des nageoires ; (individuo) agiter les bras
**alevín** nm alevin m
**alevosía** nf: **con ~** traîtreusement
**alfabético, -a** adj alphabétique
**alfabetización** nf: **campaña de ~** campagne f d'alphabétisation
**alfabeto** nm alphabet m
**alfajor** nm (ESP) friandise à base d'amandes, de noix et de miel ; (CSUR: dulce) biscuit fourré
**alfalfa** nf luzerne f
**alfaque** nm banc m de sable
**alfar** nm atelier m de potier
**alfarería** nf poterie f ; (tienda) magasin m de poterie
**alfarero, -a** nm/f potier(-ière)
**alféizar** nm embrasure f
**alférez** nm (Mil) sergent m
**alfil** nm (Ajedrez) fou m
**alfiler** nm épingle f ; (broche) broche f ; **prendido con alfileres** précaire ; **~ de corbata** épingle de cravate ; **~ de gancho** (AM) (imperdible grande) (grande) épingle de nourrice

## alfiletero – allí

**alfiletero** nm porte-aiguilles m inv
**alfombra** nf tapis m sg
**alfombrar** vt recouvrir d'un tapis
**alfombrilla** nf carpette f; (Inform) tapis m de souris
**alforja** nf besace f
**alforza** nf pli m
**alga** nf algue f
**algarabía** (fam) nf brouhaha m
**algarada** nf tapage m, tumulte m
**Algarbe** nm: **el ~** l'Algarve m
**algarroba** nf caroube f
**algarrobo** nm caroubier m
**algazara** nf brouhaha m
**álgebra** nf algèbre f
**álgido, -a** adj crucial(e)
**algo** pron quelque chose f; (una cantidad pequeña) un peu; **~ así (como)** quelque chose comme; **~ es ~** c'est toujours ça de pris; **¿~ más?** c'est tout?; (en tienda) et avec ceci?; **por ~ será** il y a bien une raison ▶ adv un peu, assez; **es ~ difícil** c'est un peu difficile
**algodón** nm coton m; **~ de azúcar** barbe f à papa; **~ hidrófilo** coton hydrophile
**algodonero, -a** adj cotonnier(-ière) ▶ nm (Bot) cotonnier m
**algoritmo** nm algorithme m
**alguacil** nm (de juzgado) huissier m; (de ayuntamiento) employé m municipal; (Taur) officiel m à cheval
**alguien** pron quelqu'un
**algún** adj ver **alguno**
**alguno, -a** (antes de nmsg **algún**) adj quelque, un (une); (en frase negativa) aucun(e); **algún día iré** j'irai un jour; **algunos aparatos** certains o quelques appareils; **algunas playas** certaines o quelques plages; **algunas veces** quelquefois; **algún que otro libro** quelques livres; **no tiene talento ~** il n'a aucun talent; **sin interés ~** sans aucun intérêt ▶ pron quelqu'un; **~ de ellos** l'un d'eux; **algunos piensan** certains pensent; **~ que otro** quelque
**alhaja** nf joyau m; (persona) perle f; (niño) bijou m
**alhelí** nm giroflée f
**aliado, -a** adj, nm/f allié(e) ▶ nm (CHI Culin) sandwich m mixte; (bebida) mélange m
**alianza** nf alliance f
**aliarse** vpr: **~ (con/a)** s'allier (à)
**alias** adv alias
**alicaído, -a** adj abattu(e)
**alicantino, -a** adj d'Alicante ▶ nm/f natif(-ive) o habitant(e) d'Alicante
**alicatado** nm carrelage m
**alicatar** vt carreler
**alicates** nmpl pince f sg; **~ de uñas** coupe-ongles m inv
**aliciente** nm stimulant m; (atractivo) attrait m, charme m

**alienación** nf aliénation f
**alienígena** adj, nmf extraterrestre mf
**aliento** vb ver **alentar** ▶ nm haleine f; (fig) courage m; **sin ~** hors d'haleine
**aligerar** vt alléger; (dolor) soulager; **~ el paso** presser le pas; **aligerarse** vpr: **aligerarse de** (ropa) enlever; (prejuicios) se débarrasser de
**alijo** nm marchandise f de contrebande
**alimaña** nf animal m nuisible
**alimentación** nf alimentation f; **tienda de ~** magasin m d'alimentation; **~ continua** alimentation en continu
**alimentador** nm: **~ de papel** alimentation f de papier
**alimentar** vt nourrir, alimenter ▶ vi être nourrissant(e); **alimentarse** vpr: **alimentarse de** o **con** s'alimenter de
**alimentario, -a** adj alimentaire
**alimenticio, -a** adj (sustancia) alimentaire; (nutritivo) nourrissant(e)
**alimento** nm aliment m; **alimentos** nmpl (Jur) aliments mpl
**alimón** adv: **al ~** à deux
**alineación** nf alignement m; (Deporte) formation f
**alineado, -a** adj (Tip): **(no) ~** (non) aligné(e); **~ a la izquierda/derecha** aligné(e) à gauche/droite
**alinear** vt aligner; (Deporte) faire jouer; **alinearse** vpr s'aligner; (Deporte) rentrer
**aliñar** vt assaisonner
**aliño** nm assaisonnement m
**alisador** nm (de pelo) lisseur m
**alisar** vt lisser; (madera) polir
**aliso** nm aulne m, aune m
**alistamiento** nm (Mil) enrôlement m, recrutement m
**alistar** vt inscrire (sur une liste); (Mil) enrôler, recruter; **alistarse** vpr s'inscrire; (Mil) s'enrôler; (Am: prepararse) se préparer
**aliviar** vt (carga) alléger; (persona) soulager
**alivio** nm soulagement m
**aljibe** nm citerne f
**allá** adv là-bas; (por ahí) par là; **~ abajo/arriba** tout en bas/en haut; **hacia ~** par là-bas; **más ~** plus loin; **más ~ de** au-delà de; **~ por** vers; **¡~ tú!** tant pis pour toi!; **el más ~** l'au-delà m
**allanamiento** nm: **~ de morada** violation f de domicile
**allanar** vt aplanir; (muro) raser; (obstáculos) surmonter; (entrar a la fuerza en) forcer; (Jur) rentrer par effraction; **allanarse** vpr: **allanarse a** se soumettre à
**allegado, -a** adj partisan(e) ▶ nm/f proche parent(e)
**allende** prep: **~ los mares** au-delà des mers
**allí** adv (lugar) là; **~ mismo** là précisément; **por ~** par là

## alma – alteración

**alma** *nf* (*tb Tec*) âme *f* ; (*de fiesta*) clou *m* ; (*de reunión*) objet *m* principal ; **se le cayó el ~ a los pies** il s'est effondré ; **entregar el ~** rendre l'âme ; **estar con el ~ en la boca** être à l'agonie ; **tener el ~ en un hilo** être mort(e) d'inquiétude ; **estar como ~ en pena** être comme une âme en peine ; **ir como ~ que lleva el diablo** courir comme un(e) dératé(e) ; **lo agradezco/lo siento en el ~** je vous remercie/je le regrette infiniment ; **no puedo con mi ~** je n'en peux plus (de fatigue) ; **con toda el ~** du fond du cœur

**almacén** *nm* (*tb Mil*) magasin *m* ; (*al por mayor*) magasin de gros ; (*Am*) épicerie *f* ; (*depósito*) entrepôt *m* ; **(grandes) almacenes** grands magasins *mpl*

**almacenaje** *nm* emmagasinage *m*, stockage *m* ; **~ secundario** (*Inform*) mémoire *f* auxiliaire

**almacenamiento** *nm* emmagasinage *m*, stockage *m* ; (*Inform*) mise *f* en mémoire ; **~ temporal en disco** traitement *m* différé

**almacenar** *vt* emmagasiner, stocker ; (*Inform*) mémoriser

**almacenero, -a** (*Am*) *nm/f* épicier(-ière)

**almacenista** *nmf* grossiste *mf*

**alma máter** *nf* (*impulsor*) âme *f*, moteur *m*

**almanaque** *nm* almanach *m*

**almazara** *nf* moulin *m* à huile

**almeja** *nf* palourde *f*, clovisse *f*

**almenas** *nfpl* créneaux *mpl*

**almendra** *nf* amande *f* ; **almendras garrapiñadas** pralines *fpl*

**almendro** *nm* amandier *m*

**almeriense** *adj* d'Almería ▶ *nmf* natif(-ive) o habitant(e) d'Almería

**almiar** *nm* meule *f*

**almíbar** *nm* sirop *m* ; **en ~** au sirop

**almibarado, -a** *adj* (*persona*) mielleux(-euse)

**almidón** *nm* amidon *m*

**almidonado, -a** *adj* amidonné(e), empesé(e)

**almidonar** *vt* (*tela, prenda*) amidonner, empeser

**almirantazgo** *nm* tribunal *m* de l'amirauté

**almirante** *nm* amiral *m*

**almirez** *nm* mortier *m*

**almizcle** *nm* musc *m*

**almizclero** *nm* chevrotain *m*

**almohada** *nf* oreiller *m* ; (*funda*) taie *f* d'oreiller ; **lo consultaré** *etc* **con la ~** la nuit porte conseil

**almohadilla** *nf* (*para sentarse*) coussinet *m* ; (*para planchar*) pattemouille *f* ; (*para sellar*) tampon *m* encreur ; (*en los arreos*) tapis *msg* de selle ; (*Am*) pelote *f* à épingles ; (*tecla*) touche *f* dièse

**almohadillado, -a** *adj* rembourré(e)

**almohadón** *nm* coussin *m* ; (*funda de almohada*) taie *f* d'oreiller

**almorcé** *vb ver* **almorzar**

**almorcemos** *etc vb ver* **almorzar**

**almorranas** *nfpl* hémorroïdes *fpl*

**almorzar** *vt* (*a mediodía*) manger au déjeuner ; (*a media mañana*) manger dans la matinée ; **~ una tortilla** déjeuner d'une omelette ▶ *vi* (*a mediodía*) déjeuner ; (*a media mañana*) manger (dans la matinée)

**almuerce** *etc vb ver* **almorzar**

**almuerzo** *vb ver* **almorzar** ▶ *nm* (*a mediodía*) déjeuner *m* ; (*a media mañana*) en-cas (*pris dans la matinée*)

**aló** (*Am*) *excl* (*Telec*) allô !

**alocadamente** *adv* étourdiment

**alocado, -a** *adj* écervelé(e) ; (*acción*) irréfléchi(e)

**alocución** *nf* allocution *f*

**áloe** *nm* (*Bot*) aloès *m*

**alojamiento** *nm* logement *m* ; (*de visitante*) hébergement *m*

**alojar** *vt* loger ; **alojarse** *vpr* se loger ; **alojarse en** (*suj: bala, proyectil*) se loger dans

**alondra** *nf* alouette *f*

**alopecia** *nf* alopécie *f*

**alpaca** *nf* maillechort *m* ; (*Zool*) alpaga *m*

**alpargata** *nf* espadrille *f*

**Alpes** *nmpl*: **los ~** les Alpes *fpl*

**alpinismo** *nm* alpinisme *m*

**alpinista** *nmf* alpiniste *mf*

**alpino, -a** *adj* alpin(e)

**alpiste** *nm* alpiste *m* ; (*Am fam: dinero*) fric *m*

**Al Qaeda** *n* Al-Qaida

**alquería** *nf* ferme *f*

**alquilar** *vt* louer ; « **se alquila casa** » « maison à louer »

**alquiler** *nm* location *f* ; (*precio*) loyer *m* ; **de ~** à louer ; **~ de coches** location de voitures

**alquimia** *nf* alchimie *f*

**alquimista** *nm* alchimiste *mf*

**alquitrán** *nm* goudron *m*

**alrededor** *adv* autour ; **~ de** autour de ; (*aproximadamente*) environ ; **a su** *etc* **~** autour de lui *etc* ; **mirar a su** *etc* **~** regarder autour de soi *etc* ; **alrededores** *nmpl* environs *mpl*

**Alsacia** *nf* Alsace *f*

**alta** *nf*: **dar a algn de ~** *o* **dar el ~ a algn** (*Med*) déclarer qn guéri ; (*en empleo*) autoriser qn à reprendre le travail (*après un arrêt de maladie*) ; **darse de ~** (*en club, asociación*) devenir membre, s'inscrire ; (*en la Seguridad Social*) s'immatriculer

**altamente** *adv* extrêmement ; **es ~ venenoso** c'est extrêmement vénéneux ; **documentos ~ secretos** des documents hautement secrets

**altanería** *nf* arrogance *f* ; (*de aves*) haut vol *m*

**altanero, -a** *adj* hautain(e)

**altar** *nm* autel *m* ; **~ mayor** maître-autel *m*

**altavoz** *nm* haut-parleur *m*

**alteración** *nf* altération *f* ; (*alboroto*) altercation *f* ; (*agitación*) agitation *f* ; **~ del orden público** trouble *m* de l'ordre public

## alterar – alzar

**alterar** vt modifier ; (persona) perturber ; (alimentos, medicinas) altérer ; **~ el orden público** troubler l'ordre public ; **alterarse** vpr (persona) se troubler ; (enfadarse) se fâcher
**altercado** nm altercation f
**alternador** nm alternateur m
**alternar** vt : **~ algo con** o **y algo** alterner une chose et une autre ▶ vi fréquenter des gens ; **~ con** fréquenter ; **alternarse** vpr se relayer
**alternativa** nf alternative f ; **no tener otra ~** ne pas avoir le choix ; **tomar la ~** (Taur) recevoir l'alternative
**alternativo, -a** adj alternatif(-ive) ; (hojas, ángulo) alterne
**alterne** nm : **club de ~** club à entraîneuses
**alterno, -a** adj (Elec) alternatif(-ive) ; (Bot, Mat) alterne ; **en días alternos** un jour sur deux
**alteza** nf altesse f ; **su A~ Real** Son Altesse Royale
**altibajos** nmpl (del terreno) inégalités fpl ; **(tener) ~** (fig) (avoir) des hauts et des bas
**altillo** nm butte f ; (armario) placard aménagé sous le plafond ; (Am: buhardilla) combles mpl
**altiplanicie** nf haut plateau m
**altiplano** nm = **altiplanicie**
**altisonante** adj ronflant(e)
**altitud** nf altitude f ; **a una ~ de** à une altitude de
**altivez** nf hauteur f, morgue f
**altivo, -a** adj hautain(e), altier(-ière)
**alto, -a** adj haut(e) ; (persona) grand(e) ; (sonido) aigu(ë) ; (precio, ideal) élevé(e) ; **a altas horas de la noche** à une heure avancée de la nuit ; **en alta mar** en haute mer ; **en voz alta** à voix haute ; **alta costura** haute couture ; **alta fidelidad/frecuencia** haute fidélité/ fréquence ; **alta tensión** haute tension ; **por todo lo ~** en grande pompe ▶ nm haut m ; (Am) tas msg ; (Mús) alto m ; **la pared tiene dos metros de ~** le mur fait deux mètres de haut ; **en lo ~ de** en haut de, tout en haut de ; **hacer un ~** faire une halte ; **declarar/ respetar el ~ el fuego** déclarer/observer le cessez-le-feu ; **dar el ~** crier « Halte-là ! » ; **pasar por ~** passer outre ▶ adv haut ; (río) en crue ; **poner la radio más ~** mettre la radio plus fort ; **¡más ~, por favor!** plus fort, s'il vous plaît ! ▶ excl halte !
**altoparlante** (Am) nm haut-parleur m
**altozanero** (Col) nm (mozo de cuerda) porteur m
**altramuces** nmpl lupins mpl
**altruismo** nm altruisme m
**altruista** adj, nmf altruiste mf
**altura** nf hauteur f ; (de persona) taille f ; (altitud) altitude f ; **la pared tiene 1.80 de ~** le mur fait 1 mètre 80 de hauteur o de haut ; **ha sido un partido de gran ~** cela a été un grand match ; **estar a la ~ de las circunstancias** être à la hauteur des circonstances ; **alturas** nfpl hauteurs fpl ; (cielo) cieux mpl ; **a estas alturas** à ce stade ; **a estas alturas del año** à cette époque de l'année
**alubias** nfpl haricots mpl
**alucinación** nf hallucination f
**alucinante** (fam) adj hallucinant(e)
**alucinar** vi avoir des hallucinations ▶ vt : **me alucina este guitarrista** je trouve ce guitariste incroyable
**alucine** nm : **de ~** extraordinaire
**alucinógeno, -a** adj, nm hallucinogène m
**alud** nm avalanche f
**aludir** vi : **~ a** faire allusion à ; **darse por aludido(-a)** se sentir visé(e)
**alumbrado** nm éclairage m
**alumbramiento** nm accouchement m
**alumbrar** vt éclairer ; (Med) accoucher de ▶ vi éclairer
**aluminio** nm aluminium m
**alumnado** nm (Univ) effectif m des étudiants, étudiants mpl ; (Escol) effectif scolaire, élèves mpl
**alumno, -a** nm/f élève mf
**alunice** etc vb ver **alunizar**
**alunizaje** nm (en la luna) alunissage m ; (robo) casse m à la voiture bélier, vol m à la voiture bélier
**alunizar** vi alunir ; **~ en (un lugar)** (robar) attaquer (un lieu) à la voiture bélier
**alusión** nf allusion f ; **hacer ~ a** faire allusion à
**alusivo, -a** adj allusif(-ive)
**aluvión** nm (de agua) inondation f ; (de gente, noticias) déluge m ; **~ de improperios** torrent m d'injures
**alvéolo** nm alvéole m o f
**alverja** (Am) nf pois msg de senteur
**alza** nf hausse f ; **estar en ~** (precio) être en hausse ; (estimación) être bien coté(e) ; **jugar al ~** jouer à la hausse ; **cotizarse en ~** être coté(e) à la hausse ; **~ telescópica** hausse télescopique ; **alzas fijas/graduables** hausses fixes/graduées
**alzacristales** nm lève-glace m
**alzacuello** nm, **alzacuellos** nm inv collet m (d'ecclésiastique)
**alzada** nf (de caballos) hauteur f au garrot ; **recurso de ~** (Jur) recours msg hiérarchique
**alzado, -a** adj relevé(e) ; (Com: precio) forfaitaire ; (: quiebra) frauduleux(-euse) ; **por un tanto ~** à forfait ▶ nm (Arq) élévation f
**alzamiento** nm (rebelión) soulèvement m ; (de precios) relèvement m ; (de muro) élévation f ; (en subasta) surenchère f
**alzar** vt (tb castigo) lever ; (precio, muro, monumento) élever ; (cuello de abrigo) relever ; (poner derecho) redresser ; (Agr) rentrer ; (Tip) assembler ; **~ la voz** élever la voix ; **alzarse** vpr s'élever ; (rebelarse) se soulever ; (Com) faire banqueroute ; (Jur) interjeter appel ; **alzarse con la victoria** remporter la victoire ; **alzarse en armas** prendre les armes

**a.m.** (AM) abr (= ante meridiem) du matin
**ama** nf maîtresse f (de maison), propriétaire f; (criada) gouvernante f; **~ de casa** ménagère f; **~ de cría** o **leche** nourrice f; **~ de llaves** gouvernante
**amabilidad** nf amabilité f
**amable** adj aimable; **es usted muy ~** c'est très aimable à vous
**amablemente** adv aimablement; **muy ~ me ayudó** il m'a très gentiment aidé
**amado, -a** adj, nm/f aimé(e), bien-aimé(e)
**amaestrado, -a** adj dressé(e)
**amaestrar** vt dresser
**amagar** vi (Deporte) faire une feinte; (Mil) feindre une attaque; **~ (con) hacer** menacer de faire; **amaga lluvia** la pluie menace; **amaga pero no da** il aboie mais ne mord pas
**amago** nm menace f; (gesto) ébauche f, commencement m; (Med) symptôme m; **hizo un ~ de levantarse** il commença à se lever
**amague** etc vb ver **amagar**
**amainar** vt (Náut) amener ▶ vi tomber
**amalgama** nf amalgame m
**amalgamar** vt amalgamer
**amamantar** vt allaiter, donner le sein à
**amancebarse** vpr vivre en concubinage
**amanecer** vi: **amanece** le jour se lève; **el niño amaneció con fiebre** l'enfant s'est réveillé avec de la fièvre; **amanecimos en Lugo** à l'aube nous sommes arrivés à Lugo ▶ nm lever m du jour
**amanerado, -a** adj maniéré(e); (lenguaje) affecté(e)
**amanezca** etc vb ver **amanecer**
**amansar** vt apprivoiser; (persona) amadouer, calmer; **amansarse** vpr (persona) se calmer; (aguas, olas) s'apaiser
**amante** adj: **~ de** amoureux(-euse) de ▶ nmf amant (maîtresse)
**amanuense** nm (escribiente) clerc m; (copista) copiste mf
**amañar** vt (pey: resultado) fausser; **amañarse** vpr: **amañarse (para)** se débrouiller (pour); **amañárselas (para hacer)** se débrouiller (pour faire)
**amaño** nm (habilidad) habileté f; (truco) artifice m; **amaños** nmpl (Tec) outils mpl
**amapola** nf coquelicot m
**amar** vt aimer
**amaraje** nm (Aviat) = **amerizaje**
**amarar** vi amerrir
**amargado, -a** adj amer(-ère), aigri(e)
**amargamente** adv amèrement
**amargar** vt (comida) rendre amer(-ère); (fig: estropear) gâcher; **la vida a algn** empoisonner la vie de qn ▶ vi (naranja) se gâter; **amargarse** vpr s'aigrir
**amargo, -a** adj amer(-ère)
**amargor** nm amertume f

**amargue** etc vb ver **amargar**
**amargura** nf (tristeza) chagrin m; (sabor) amertume f
**amarillento, -a** adj jaunâtre; (tez) jaune
**amarillismo** (fam) nm (Prensa) sensationnalisme m
**amarillo, -a** adj (color) jaune; **la prensa amarilla** la presse à sensation ▶ nm jaune m
**amarra** nf amarre f; **soltar amarras** larguer les amarres; **amarras** nfpl (fam) piston msg; **tener buenas amarras** être pistonné(e) (fam)
**amarrar** vt (Náut) amarrer; (atar) ficeler, ligoter
**amarrete** (CSUR fam) adj (tacaño) avare
**amartillar** vt (fusil) armer
**amasar** vt (masa) pétrir; (yeso, mortero) gâcher; (fig) tramer; **~ una fortuna** amasser une fortune
**amasia** (MÉX) nf (querida) maîtresse f
**amasijo** nm (fig) ramassis msg; (Culin) pétrissage m
**amateur** nmf amateur(-trice)
**amatista** nf améthyste f
**amazacotado, -a** adj lourd(e); (arroz etc) collant(e)
**amazona** nf amazone f, cavalière f
**Amazonas** nm: **el (Río) ~** l'Amazone f
**Amazonia** nf l'Amazonie f
**amazónico, -a** adj amazonien(ne)
**ambages** nmpl: **sin ~** sans ambages
**ámbar** nm ambre m (jaune)
**Amberes** n Anvers
**ambición** nf ambition f
**ambicionar** vt ambitionner; **~ hacer** ambitionner de faire
**ambicioso, -a** adj ambitieux(-euse)
**ambidextro, -a** adj ambidextre
**ambientación** nf (Cine, Teatro, TV) cadre m
**ambientador** nm désodorisant m
**ambiental** adj (de la atmósfera) ambiant(e); (medioambiental) environnemental(e); **hay un 70% de humedad ~** il y a 70% d'humidité ambiante; **la luz ~ era insuficiente** la lumière ambiante était trop faible; **contaminación ~** pollution f de l'environnement
**ambientar** vt (escenario) créer l'atmosphère requise pour; (novela, película) situer (l'action de); (fiesta) mettre de l'ambiance dans; **ambientarse** vpr s'adapter
**ambiente** nm (atmósfera, tb fig) atmosphère f; (entorno) milieu m
**ambigüedad** nf ambiguïté f
**ambiguo, -a** adj ambigu(ë)
**ámbito** nm domaine m; (fig) cercle m
**ambivalente** adj ambivalent(e)
**ambos, -as** adj pl les deux ▶ pron pl tous (toutes) les deux
**ambulancia** nf ambulance f

## ambulante – amperímetro

**ambulante** *adj* ambulant(e)
**ambulatorio** *nm* dispensaire *m*
**ameba** *nf* amibe *f*
**amedrentar** *vt* effrayer ; **amedrentarse** *vpr* s'effrayer
**amén** *excl* amen ! ; ~ **de** outre ; **en un decir ~** en un clin d'œil ; **decir ~ a todo** dire amen à tout
**amenace** *etc vb ver* **amenazar**
**amenaza** *nf* menace *f*
**amenazador, a, amenazante** *adj* menaçant(e)
**amenazar** *vt* menacer ; **~ con (hacer)** menacer de (faire) ; **~ de muerte** menacer de mort
**amenidad** *nf* aménité *f*
**amenizar** *vt* (*animar*) animer ; (*divertir*) égayer
**ameno, -a** *adj* agréable, amène
**América** *nf* Amérique *f* ; **~ Central/Latina** Amérique centrale/latine ; **~ del Norte/del Sur** Amérique du Nord/du Sud
**americana** *nf* veste *f*
**americanismo** *nm* (*Ling*) américanisme *m* (*d'Amérique latine*)
**americano, -a** *adj* américain(e) ▶ *nm/f* Américain(e)
**americe** *etc vb ver* **amerizar**
**amerindio** *adj* amérindien(ne)
**ameritar** (*esp MÉx*) *vt* (*merecer*) mériter
**amerizaje** *nm* amerrissage *m*
**amerizar** *vi* (*Aviat*) = **amarar**
**ametralladora** *nf* mitrailleuse *f*
**amianto** *nm* amiante *m*
**amiba** *nf* = **ameba**
**amigable** *adj* amical(e)
**amígdala** *nf* amygdale *f*
**amigdalitis** *nf* amygdalite *f*
**amigo, -a** *adj* ami(e) ; **hacerse amigos** devenir amis ; **ser muy amigos** être très amis ; **ser ~ de algo** être amateur(-trice) de qch ▶ *nm/f* (*gen*) ami(e) ; (*novio*) petit(e) ami(e) ; **~ corresponsal** correspondant(e) ; **~ íntimo(-a)** *o* **de confianza** ami(e) intime
**amigote** (*fam*) *nm* pote *m*
**amiguismo** *nm* copinage *m*
**amilanar** *vt* effrayer ; **amilanarse** *vpr* s'effrayer
**aminoácido** *nm* acide *m* aminé
**aminorar** *vt* (*velocidad etc*) ralentir ▶ *vi* (*calor, odio*) diminuer
**amistad** *nf* amitié *f* ; **trabar ~ con** se lier d'amitié avec ; **amistades** *nfpl* (*amigos*) amis *mpl* ; **romper las amistades** se brouiller
**amistosamente** *adv* amicalement
**amistoso, -a** *adj* amical(e)
**amnesia** *nf* amnésie *f*
**amniótico, -a** *adj* amniotique ; **líquido ~** liquide amniotique
**amnistía** *nf* amnistie *f*
**amnistiar** *vt* amnistier

**amo** *nm* (*dueño*) maître *m* (de maison), propriétaire *m* ; (*jefe*) patron *m* ; **hacerse el ~ (de algo)** prendre la direction (de qch)
**amodorrarse** *vpr* s'assoupir
**amolar** *vt* (*fastidiar*) raser
**amoldar** *vt*: **~ a** adapter à ; **amoldarse** *vpr*: **amoldarse a** (*suj: prenda, zapatos*) prendre la forme de ; (: *persona*) s'adapter à
**amonestación** *nf* admonestation *f* ; **amonestaciones** *nfpl* (*Rel*) bans *mpl*
**amonestar** *vt* admonester ; (*Rel*) publier les bans de
**amoniaco, amoníaco** *nm* ammoniac *m*
**amontonar** *vt* entasser, amonceler ; (*riquezas etc*) accumuler, amasser ; **amontonarse** *vpr* (*gente*) se masser ; (*hojas, nieve etc*) s'entasser ; (*trabajo*) s'accumuler
**amor** *nm* amour *m* ; **de mil amores** très volontiers ; **hacer el ~** faire l'amour ; (*cortejar*) faire la cour ; **tener amores con algn** avoir une liaison avec qn ; **hacer algo por ~ al arte** faire qch pour l'amour de l'art ; **¡por (el) ~ de Dios!** pour l'amour de Dieu ! ; **estar al ~ de la lumbre** être au coin du feu ; **~ a primera vista** coup *m* de foudre ; **~ interesado/libre/platónico** amour intéressé/libre/platonique ; **~ propio** amour-propre *m*
**amoral** *adj* amoral(e)
**amoratado, -a** *adj* (*por frío*) violacé(e) ; (*por golpes*) couvert(e) de bleus ; **ojo ~** œil *m* au beurre noir
**amordace** *etc vb ver* **amordazar**
**amordazar** *vt* bâillonner ; (*fig*) faire taire
**amorfo, -a** *adj* amorphe
**amoríos** *nmpl* amourette *fsg*
**amoroso, -a** *adj* amoureux(-euse) ; (*carta*) d'amour
**amortajar** *vt* recouvrir d'un linceul
**amortice** *etc vb ver* **amortizar**
**amortiguación** *nf* = **amortiguamiento**
**amortiguador** *nm* (*dispositivo*) amortisseur *m* ; **amortiguadores** *nmpl* (*Auto*) suspension *fsg*
**amortiguamiento** *nm* (*de ruido, golpe*) amortissement *m* ; (*de luz, color*) atténuation *f*
**amortiguar** *vt* (*ruido, golpe*) amortir ; (*luz, color*) atténuer
**amortigüe** *etc vb ver* **amortiguar**
**amortización** *nf* amortissement *m*
**amortizar** *vt* amortir
**amoscarse** *vpr* prendre la mouche
**amosque** *etc vb ver* **amoscarse**
**amotinar** *vt* ameuter ; **amotinarse** *vpr* se mutiner
**amparar** *vt* secourir ; (*suj: ley*) protéger ; **ampararse** *vpr* se mettre à l'abri ; **ampararse en** (*ley, costumbre*) se prévaloir de
**amparo** *nm* protection *f* ; **al ~ de** à la faveur de
**amperímetro** *nm* ampèremètre *m*

## amperio – andar

**amperio** nm ampère m
**ampliable** adj (Inform) extensible
**ampliación** nf agrandissement m ; (de capital) augmentation f ; (de estudios) approfondissement m ; (cosa añadida) extension f
**ampliamente** adv (cumplidamente) abondamment, amplement ; (extensamente) largement, amplement
**ampliar** vt agrandir ; (estudios) approfondir ; (sonido) amplifier
**amplificación** nf amplification f
**amplificador** nm amplificateur m
**amplificar** vt amplifier
**amplifique** etc vb ver **amplificar**
**amplio, -a** adj (habitación) vaste ; (ropa, consecuencias) ample ; (calle) large
**amplitud** nf étendue f ; (Fís) amplitude f ; **de gran ~** de grande envergure ; **~ de miras** largeur f d'esprit
**ampolla** nf ampoule f
**ampolleta** (Am) nf (bombilla) ampoule f
**ampuloso, -a** adj ampoulé(e)
**amputación** nf amputation f
**amputar** vt amputer
**amueblar** vt meubler
**amuermado, -a** (fam) adj qui s'ennuie ; (abatido) abattu(e)
**amuleto** nm amulette f
**amurallar** vt fortifier
**amurriarse** vpr être triste
**anabolizante** nm anabolisant m
**anacarado, -a** adj nacré(e)
**anacardo** nm noix f de cajou
**anaconda** nf anaconda m
**anacrónico, -a** adj anachronique
**anacronismo** nm anachronisme m
**ánade** nm canard m
**anagrama** nm anagramme f
**anales** nmpl annales fpl
**analfabetismo** nm analphabétisme m
**analfabeto, -a** adj, nm/f analphabète mf
**analgésico** nm analgésique m
**analice** etc vb ver **analizar**
**análisis** nm inv analyse f ; **~ clínico** analyse médicale ; **~ de costos-beneficios** analyse coûts-avantages ; **~ de mercado** étude f de marché ; **~ de sangre** analyse de sang
**analista** nmf analyste mf ; **~ de sistemas** (Inform) analyste-programmeur(-euse)
**analítico, -a** adj analytique ; **cuadro ~** tableau m analytique
**analizar** vt analyser
**analogía** nf analogie f ; **por ~ con** par analogie avec
**analógico, -a** adj analogique
**análogo, -a** adj analogue ; **~ a** analogue à
**ananá, ananás** nm ananas msg
**anaquel** nm étagère f
**anaranjado, -a** adj orangé(e)

**anarco, -a** (fam) nm/f anar mf (fam)
**anarquía** nf anarchie f
**anárquico, -a** adj anarchique
**anarquismo** nm anarchisme m
**anarquista** nmf anarchiste mf
**anatema** nm anathème m
**anatematizar** vt anathématiser
**anatomía** nf anatomie f
**anatómico, -a** adj anatomique ; **asiento ~** siège m ergonomique
**anca** nf (de animal) croupe f ; (fam: de persona) fesse f ; **ancas de rana** (Culin) cuisses fpl de grenouille
**ancestral** adj ancestral(e)
**ancestro** nm (esp Am: persona) ancêtre mf
**ancho, -a** adj large ; **me está** o **queda ~ el vestido** je nage dans cette robe ; **ser ~ de miras** être large d'esprit ; **ir muy ~** prendre de grands airs ; **le viene muy ~ el cargo** il n'est pas à la hauteur pour ce poste ; **ponerse ~** prendre un air de supériorité ; **quedarse tan ~** ne pas se décontenancer ▶ nm largeur f ; (Ferro) écartement m ; **a lo ~** sur toute la largeur ; **estar a sus anchas** être à l'aise
**anchoa** nf anchois msg
**anchura** nf largeur f
**anchuroso, -a** adj vaste
**ancianidad** nf vieillesse f
**anciano, -a** adj vieux (vieille), âgé(e) ▶ nm/f personne f âgée
**ancla** nf ancre f ; **echar/levar anclas** jeter/lever l'ancre
**ancladero** nm mouillage m
**anclaje** nm ancrage m ▶ nmpl (Tec) fixations fpl
**anclar** vi mouiller l'ancre
**andadas** nfpl traces fpl ; **volver a las ~** refaire les mêmes erreurs
**andaderas** nfpl lisières fpl ; (tacataca) trotteur msg
**andador, a** adj: **es muy ~** c'est un(e) bon(ne) marcheur(-euse) ▶ nm (para niños) trotteur m ; (para enfermos) déambulateur m
**andadura** nf marche f
**Andalucía** nf Andalousie f
**andaluz, a** adj andalou(se) ▶ nm/f Andalou(se)
**andamiaje** nm échafaudage m
**andamio** nm échafaudage m
**andanada** nf (Mil) bordée f ; (Taur) gradins mpl couverts ; **soltarle a algn una ~** passer un savon à qn
**andante** adj: **caballero ~** chevalier m errant
**andanzas** nfpl aventures fpl, péripéties fpl

(PALABRA CLAVE)

**andar** vt parcourir
▶ vi **1** (persona, animal) marcher ; (coche) rouler ; **andar a caballo/en bicicleta** aller à cheval/à vélo

## andariego – anhelar

**2** (*funcionar: máquina, reloj*) marcher
**3** (*estar*) être ; **¿qué tal andas?** comment vas-tu ? ; **andar mal de dinero/de tiempo** être à court d'argent/ne pas avoir le temps ; **andar haciendo algo** être en train de faire qch ; **anda (metido) en asuntos sucios** il est impliqué dans des affaires louches ; **siempre andan a gritos** ils sont tout le temps en train de crier ; **anda por los cuarenta** il a environ quarante ans ; **no sé por dónde anda** je ne sais pas où il est ; **anda tras un empleo** il cherche du travail
**4** (*revolver*): **no andes ahí/en mi cajón** ne touche pas à ça/à mon tiroir
**5** (*obrar*): **andar con cuidado** *o* **con pies de plomo** faire bien attention, regarder où l'on met les pieds
**6** (*exclamaciones*): **¡anda!** (*sorpresa*) eh bien ! ; (*para animar*) allez ! ; **¡anda (ya)!** (*incredulidad*) allons donc !
**andarse** *vpr* **1**: **andarse con rodeos** *o* **por las ramas** tourner autour du pot
**2**: **no te andes en la herida** ne retourne pas le couteau dans la plaie
**3**: **andarse con historias** raconter des histoires
**4**: **todo se andará** chaque chose en son temps
**andares** *nmpl* démarche *f*

**andariego, -a** *adj* bon(ne) marcheur(-euse) ; (*vida*) vagabond(e)
**andas** *nfpl* brancard *msg* ; **llevar a algn en ~** (*fig*) porter qn aux nues
**andén** *nm* quai *m* ; (*Am*) trottoir *m*
**Andes** *nmpl*: **los ~** les Andes *fpl*
**andinismo** (*Am*) *nm* alpinisme *m* (*dans les Andes*)
**andino, -a** *adj* andin(e)
**Andorra** *nf* Andorre *f*
**andorrano, -a** *adj* andorran(e) ▶ *nm/f* Andorran(e)
**andrajo** *nm* loque *f*, haillon *m* ; (*prenda*) guenilles *fpl* ; (*persona*) loque *f*
**andrajoso, -a** *adj* déguenillé(e), loqueteux(-euse)
**andurriales** *nmpl*: **en** *o* **por esos ~** dans ce coin perdu
**anduve** *etc vb ver* **andar**
**anduviera** *etc vb ver* **andar**
**anécdota** *nf* anecdote *f*
**anecdótico, -a** *adj* anecdotique
**anegar** *vt* (*lugar*) inonder ; (*ahogar*) noyer ; (*fig*): **~ de** écraser de ; **anegarse** *vpr* être inondé(e) ; **anegarse en llanto** fondre en larmes
**anegue** *etc vb ver* **anegar**
**anejo, -a** *adj* annexe ; **llevar ~** comprendre ▶ *nm* annexe *f*
**anemia** *nf* anémie *f*
**anémico, -a** *adj* anémique

**anémona** *nf* anémone *f*
**anestesia** *nf* anesthésie *f* ; **~ general/local** anesthésie générale/locale
**anestesiar** *vt* anesthésier
**anestésico** *nm* anesthésique *m*
**anestesista** *nmf* anesthésiste *mf*
**anexar** *vt* annexer ; **~ algo a algo** (*Pol*) annexer qch à qch
**anexión** *nf* annexion *f*
**anexionamiento** *nm* = **anexión**
**anexionar** *vt* (*Pol*) annexer ; **anexionarse** *vpr* s'annexer
**anexo, -a** *adj* annexe ; **llevar ~** comprendre ▶ *nm* annexe *f*
**anfetamina** *nf* amphétamine *f*
**anfibio, -a** *adj* amphibie ▶ *nm* amphibien *m*
**anfiteatro** *nm* amphithéâtre *m*
**anfitrión, -ona** *nm/f* amphytrion(ne), hôte(sse) ; **el equipo ~** (*Deporte*) l'équipe qui reçoit
**ángel** *nm* ange *m* ; **tener ~** avoir du charme ; **~ de la guarda** ange gardien
**Ángeles** *nmpl*: **Los ~** Los Angeles
**angelical** *adj* angélique
**angélico, -a** *adj* = **angelical**
**angina** *nf*: **tener anginas** avoir une angine ; **~ de pecho** angine *f* de poitrine
**anglicano, -a** *adj*, *nm/f* anglican(e)
**anglicismo** *nm* anglicisme *m*
**angloparlante, anglohablante** *adj*, *nmf* anglophone *mf*
**anglosajón, -ona** *adj* anglo-saxon(ne) ▶ *nm/f* Anglo-Saxon(ne)
**Angola** *nf* Angola *m*
**angoleño, -a** *adj* angolais(e) ▶ *nm/f* Angolais(e)
**angora** *nf* angora *m*
**angosto, -a** *adj* étroit(e)
**anguila** *nf* anguille *f* ; **anguilas** *nfpl* (*Náut*) savates *fpl*
**angular** *adj* angulaire ▶ *nm*: **gran ~** grand-angle *m*
**angulas** *nfpl* civelles *fpl*
**ángulo** *nm* (*tb fig*) angle *m* ; (*rincón*) coin *m* ; **~ agudo/obtuso/recto** angle aigu/obtus/droit
**anguloso, -a** *adj* anguleux(-euse)
**angustia** *nf* angoisse *f*
**angustiado, -a** *adj* angoissé(e)
**angustiar** *vt* angoisser ; **angustiarse** *vpr* s'angoisser
**angustioso, -a** *adj* (*voz, mirada*) angoissé(e) ; (*problema, recuerdo, situación*) angoissant(e) ; **momentos de angustiosa soledad** moments d'une solitude angoissante ; **tres horas de angustiosa espera** trois heures d'attente insoutenable
**anhelante** *adj* avide
**anhelar** *vt* être avide de ; **~ hacer** mourir d'envie de faire

545

## anhelo – antecedente

**anhelo** *nm* désir *m* ardent
**anhídrido** *nm*: ~ **carbónico** dioxyde *m* de carbone
**anidar** *vi* nicher ; *(fig)* s'installer
**anilla** *nf* anneau *m* ; **anillas** *nfpl* *(gimnasia)* anneaux *mpl*
**anillo** *nm* bague *f* ; **venir como ~ al dedo** venir à point nommé ; ~ **de boda** alliance *f* ; ~ **de compromiso** bague de fiançailles
**ánima** *nf* âme *f* ; **las ánimas** l'angélus *msg*
**animación** *nf* animation *f*
**animadamente** *adv* *(hablar)* d'un ton animé ; *(sonreír)* avec chaleur
**animado, -a** *adj* *(vivaz)* plein(e) de vie o d'entrain ; *(fiesta, conversación)* animé(e) ; *(alegre)* joyeux(-euse) ; **dibujos animados** dessins *mpl* animés
**animador, a** *nm/f* *(TV, Deporte)* animateur(-trice) ; *(persona alegre)* boute-en-train *m inv* ; ~ **cultural** animateur(-trice) culturel(le)
**animadversión** *nf* animadversion *f*
**animal** *adj* animal(e) ▶ *nm* animal *m* ; **ser un ~** *(fig)* être une brute
**animalada** *(fam)* *nf* *(disparate)* ânerie *f* ; *(grosería)* grossièreté *f*
**animar** *vt* animer ; *(dar ánimo a)* encourager ; *(habitación, vestido)* égayer ; *(fuego)* ranimer ; ~ **a algn a hacer/para que haga** encourager qn à faire ; **animarse** *vpr* s'égayer ; **animarse a hacer** se décider à faire
**anímico, -a** *adj* émotionnel(le) ; **estado ~** état *m* émotionnel
**ánimo** *nm* courage *m* ; *(mente)* esprit *m* ; **cobrar ~** reprendre courage ; **apaciguar los ánimos** calmer les esprits ; **dar ~(s) a algn** encourager qn ; **tener ~(s) (para)** être d'humeur (à) ; **con/sin ~ de hacer** avec l'intention/sans intention de faire ▶ *excl* courage !
**animosamente** *adv* *(alegremente)* allégrement ; *(valerosamente)* courageusement
**animosidad** *nf* *(aversión)* animosité *f* ; *(ánimo)* courage *m*
**animoso, -a** *adj* courageux(-euse)
**aniñado, -a** *adj* enfantin(e)
**aniquilación** *nf*, **aniquilamiento** *nm* annihilation *f*, anéantissement *m*
**aniquilar** *vt* anéantir ; *(salud)* ruiner
**anís** *nm* anis *msg* ; *(bebida)* liqueur *f* d'anis
**anisakis** *nm inv* anisakis *m inv*
**aniversario** *nm* anniversaire *m*
**Ankara** *n* Ankara
**ano** *nm* anus *msg*
**anoche** *adv* hier soir, la nuit dernière ; **antes de ~** avant-hier soir
**anochecer** *vi* commencer à faire nuit ▶ *nm* crépuscule *m* ; **al ~** à la tombée de la nuit
**anochezca** etc *vb ver* **anochecer**
**anodino, -a** *adj* *(película, novela)* insipide ; *(persona)* insignifiant(e)

**anomalía** *nf* anomalie *f*
**anómalo, -a** *adj* anormal(e)
**anona** (*CAM*, *MÉX*) *nf* (Bot: *chirimoya*) anone *f*
**anonadado, -a** *adj* abasourdi(e)
**anonimato** *nm* anonymat *m*
**anónimo, -a** *adj* anonyme ▶ *nm* lettre *f* anonyme
**anorak** (*pl* **anoraks**) *nm* anorak *m*
**anorexia** *nf* anorexie *f*
**anoréxico, -a** *adj*, *nm/f* anorexique *mf*
**anormal** *adj* anormal(e) ▶ *nmf* débile *mf* mental(e)
**anormalmente** *adv* anormalement
**anotación** *nf* annotation *f*
**anotador, a** *nm/f* *(Lit)* annotateur(-euse) ; *(Deporte)* marqueur(-euse) ▶ *nm* (*AM*) bloc-notes *m*
**anotar** *vt* annoter
**ANPE** *sigla f* (= *Asociación Nacional del Profesorado Estatal de EGB*) fédération des professeurs de l'enseignement primaire et du 1$^{er}$ cycle du secondaire
**anquilosado, -a** *adj* ankylosé(e) ; *(ideas, costumbres)* dépassé(e)
**anquilosamiento** *nm* *(miembro)* ankylose *f* ; *(ideas)* vieillissement *m*
**anquilosarse** *vpr* s'ankyloser ; *(fig)* se scléroser
**ansia** *nf* *(ansiedad)* angoisse *f* ; ~ **de** soif *f* de
**ansiado, -a** *adj* attendu(e), espéré(e), convoité(e) ; **el momento tan ~** le moment tant attendu
**ansiar** *vt* désirer ardemment ; ~ **hacer** brûler de faire
**ansiedad** *nf* angoisse *f*
**ansiógeno, -a** *adj* anxiogène
**ansiolítico, -a** *adj*, *nm* anxiolytique *m*
**ansioso, -a** *adj* *(preocupado)* anxieux(-euse) ; ~ **de** o **por (hacer)** impatient(e) de (faire)
**antagónico, -a** *adj* antagonique
**antagonismo** *nm* antagonisme *m*
**antagonista** *nmf* adversaire *mf*
**antaño** *adv* jadis, autrefois
**antártico, -a** *adj* antarctique ▶ *nm*: **el A~** l'Antarctique *m*
**Antártida** *nf* Antarctide *f*
**ante** *prep* devant ; *(enemigo, peligro, en comparación con)* face à ; *(datos, cifras)* en présence de ; ~ **todo** avant tout ▶ *nm* daim *m*
**anteanoche** *adv* avant-hier soir
**anteayer** *adv* avant-hier
**antebrazo** *nm* avant-bras *m inv*
**antecámara** *nf* antichambre *f*
**antecedente** *adj* antérieur(e) ▶ *nm* antécédent *m* ; **antecedentes** *nmpl* antécédents *mpl* ; **no tener antecedentes** avoir un casier judiciaire vierge ; **estar en antecedentes** être au courant ; **poner a algn en antecedentes** mettre qn au courant ; **antecedentes penales** casier *msg* judiciaire

## anteceder – antihistamínico

**anteceder** vt: ~ **a** précéder
**antecesor, a** nm/f prédécesseur mf
**antedicho, -a** adj susdit(e)
**antelación** nf: **con** ~ à l'avance
**antemano**: **de** ~ adv d'avance
**antena** nf antenne f; ~ **parabólica** antenne parabolique
**anteojeras** nfpl œillères fpl
**anteojo** nm lunette f; **anteojos** nmpl (esp Am) lunettes fpl
**antepasados** nmpl ancêtres mpl
**antepecho** nm (barandilla) garde-fou m, parapet m; (alféizar) rebord m
**antepenúltimo, -a** adj antépénultième, avant-avant dernier(-ière)
**antepondré** etc vb ver **anteponer**
**anteponer** vt: ~ **una cosa a otra** faire passer une chose avant une autre
**anteponga** etc vb ver **anteponer**
**anteproyecto** nm avant-projet m; ~ **de ley** avant-projet de loi
**antepuesto, -a** pp de **anteponer**
**antepuse** etc vb ver **anteponer**
**anterior** adj précédent(e); ~ **(a)** (en orden) qui précède; (en el tiempo) antérieur(e) (à)
**anterioridad** nf: **con** ~ **a** préalablement à, avant
**anteriormente** adv précédemment
**antes** adv avant; (primero) d'abord; (con prioridad) avant tout; (hace tiempo) autrefois; **no quiso venir** ~ il n'a pas voulu venir plus tôt; **dos días** ~ deux jours plus tôt; **mucho** ~ longtemps auparavant; **poco** ~ peu avant; **lo** ~ **posible** dès que possible; **cuanto** ~ **mejor** le plus tôt sera le mieux; ~ **de** avant; ~ **de nada** avant tout; ~ **que yo** avant moi; ~ **de ir al cine** avant d'aller au cinéma; ~ **(de) que** avant que; ~ **de que te vayas** avant que tu ne partes ▶ adj: **la tarde** ~ la veille au soir ▶ conj: **muerto que esclavo** plutôt la mort que l'esclavage; **tomo el avión** ~ **que el barco** je préfère l'avion au bateau; ~ **bien** plutôt
**antesala** nf antichambre f; **estar en la** ~ **de** (fig) être au seuil de
**antiabortista** adj: **campaña** ~ campagne f contre l'avortement ▶ nmf opposant(e) à l'avortement
**antiácido** nm antiacide m
**antiadherente** adj antiadhésif(-ive)
**antiaéreo, -a** adj antiaérien(ne)
**antialcohólico, -a** adj: **centro** ~ centre m antialcoolique
**antibalas** adj inv: **chaleco** ~ gilet m pare-balles
**antibiótico** nm antibiotique m
**anticaspa** adj inv antipelliculaire
**anticiclón** nm anticyclone m
**anticipación** nf: **con 10 minutos de** ~ avec 10 minutes d'avance; **hacer algo con** ~ faire qch à l'avance

**anticipadamente** adv à l'avance, d'avance
**anticipado, -a** adj anticipé(e); **por** ~ d'avance, par anticipation
**anticipar** vt anticiper; **anticiparse** vpr (estación) être en avance; **anticiparse (a)** (adelantarse) devancer; (prever) anticiper; **anticiparse a su época** être en avance sur son temps
**anticipo** nm avance f; **ser un** ~ **de** être un avant-goût de
**anticlerical** adj, nmf anticlérical(e)
**anticlímax** nm inv chute f de l'intensité dramatique
**anticonceptivo, -a** adj contraceptif(-ive); **métodos anticonceptivos** méthodes fpl contraceptives ▶ nm contraceptif m
**anticongelante** nm (Auto) antigel m
**anticonstitucional** adj anticonstitutionnel(le)
**anticuado, -a** adj (ropa, estilo) démodé(e); (modelo, máquina) dépassé(e); (término) vieilli(e)
**anticuario** nm antiquaire mf
**anticucho** (And, Chi) nm (Culin) kebab m
**anticuerpo** nm anticorps msg
**antidemocrático, -a** adj antidémocratique
**antideportivo, -a** adj antisportif(-ive)
**antidepresivo** nm antidépresseur m
**antideslizante** adj antidérapant(e) ▶ nm pneu m antidérapant
**antidisturbios** adj inv antiémeute ▶ nmpl police f antiémeute, brigades fpl antiémeutes, CRS mpl
**antidóping, antidopaje** adj inv: **control** ~ contrôle m antidopage
**antídoto** nm antidote m; (fig): **ser el** ~ **de** o **contra** être l'antidote contre
**antidroga** adj inv antidrogue inv; **brigada** ~ brigade f des stupéfiants
**antieconómico, -a** adj antiéconomique
**antiestético, -a** adj inesthétique
**antifaz** nm masque m
**antigás** adj inv: **careta** o **máscara** ~ masque m à gaz
**antiglobalización** nf antimondialisation f
**antiglobalizador, a** adj, nm/f altermondialiste mf
**antigripal** adj inv: **vacuna** ~ vaccin m contre la grippe
**antigualla** nf (pey: objeto) antiquité f; **antiguallas** nfpl vieilleries fpl
**antiguamente** adv autrefois, jadis
**antigüedad** nf antiquité f; (en empleo) ancienneté f; **antigüedades** nfpl antiquités fpl
**antiguo, -a** adj ancien(ne), vieux (vieille); **a la antigua** à l'ancienne ▶ nm: **los antiguos** les Anciens mpl
**antihigiénico, -a** adj antihygiénique
**antihistamínico, -a** adj antihistaminique ▶ nm antihistaminique m

**antiinflacionista** *adj* anti-inflationniste
**antiinflamatorio, -a** *adj, nm* anti-inflammatoire *m*
**antillano, -a** *adj* antillais(e) ▶ *nm/f* Antillais(e)
**Antillas** *nfpl*: **las ~** les Antilles *fpl*; **el mar de las ~** la mer des Antilles
**antílope** *nm* antilope *f*
**antimonopolios** *adj inv*: **ley ~** loi *f* antitrust
**antinatural** *adj* anormal(e); (*perverso*) contre nature; (*afectado*) forcé(e)
**antiparras** (*fam*) *nfpl* besicles *fpl*
**antipatía** *nf* antipathie *f*; (*a cosa*) répugnance *f*
**antipático, -a** *adj* antipathique; (*gesto etc*) déplaisant(e)
**antipirético, -a** *adj* antipyrétique
**antípodas** *nfpl* antipodes *fpl*
**antiquísimo, -a** *adj* très ancien(ne)
**antirrábico, -a** *adj*: **vacuna antirrábica** vaccin *m* antirabique
**antirreflectante** *adj* antireflet
**antirreglamentario, -a** *adj* non réglementaire; (*Pol*) anticonstitutionnel(le)
**antirrobo** *adj inv* antivol *inv*
**antisemita** *adj, nmf* antisémite *mf*
**antisemitismo** *nm* antisémitisme *m*
**antiséptico, -a** *adj* antiseptique ▶ *nm* antiseptique *m*
**antisistema** *adj inv* contre le système, antisystémique, factieux(-euse) ▶ *nmf inv* factieux(-euse)
**antitabaco, -a** *adj inv* antitabac *inv*; **campaña ~** campagne *f* antitabac
**antiterrorista** *adj* antiterroriste; **la lucha ~** la lutte antiterroriste; **Ley A~** (*Jur*) loi *f* antiterroriste
**antítesis** *nf inv*: **ser la ~ de** être l'antithèse *f* de
**antiviral** *adj, nm* (*Med*) antiviral(e)
**antivírico, -a** *adj* (*Med*) antiviral(e) ▶ *nm* (*Med*) antiviral *m*
**antivirus** *nm inv* (*Inform*) antivirus *msg*
**antojadizo, -a** *adj* capricieux(-euse)
**antojarse** *vpr*: **se me antoja comprarlo** j'ai envie de me l'acheter; **se me antoja que** j'imagine que
**antojo** *nm* caprice *m*, lubie *f*; (*Anat, de embarazada, lunar*) envie *f*; **hacer algo a su ~** faire qch à sa guise
**antología** *nf* anthologie *f*
**antológico, -a** *adj* (*destacado*) mémorable; (*Arte*): **exposición antológica** rétrospective *f*; **un gol ~** un but mémorable *o* extraordinaire
**antonomasia** *nf*: **por ~** par excellence
**antorcha** *nf* torche *f*
**antracita** *nf* anthracite *m*
**antro** *nm* (*fig*) antre *m*; **~ de perdición** (*fig*) lieu *m* de perdition

**antropófago, -a** *adj, nm/f* anthropophage *mf*
**antropología** *nf* anthropologie *f*
**antropólogo, -a** *nm/f* anthropologue *mf*
**antropomorfo, -a** *adj* anthropomorphe
**anual** *adj* annuel(le)
**anualidad** *nf* annuité *f*; **~ vitalicia** rente *f* viagère
**anualmente** *adv* annuellement
**anuario** *nm* annuaire *m*
**anudar** *vt* nouer; **anudarse** *vpr* nouer; **se me anudó la garganta** j'eus la gorge serrée
**anulación** *nf* annulation *f*; (*ley*) abrogation *f*; (*persona*) annihilation *f*
**anular** *nm* (*tb*: **dedo anular**) annulaire *m* ▶ *vt* annuler; (*ley*) abroger; (*persona*) annihiler; **anularse** *vpr* s'annuler
**anunciación** *nf* (*Rel*): **la A~** l'Annonciation *f*
**anunciante** *nmf* (*Com*) annonceur(-euse) (publicitaire) ▶ *adj*: **empresa ~** annonceur *m*
**anunciar** *vt* annoncer; (*Com*) faire de la publicité pour
**anuncio** *nm* annonce *f*; (*pronóstico*) signe *m*; (*Com*) publicité *f*; (*cartel*) panneau *m* publicitaire; (*Teatro, Cine*) affiche *f*; (*señal*) pancarte *f*; **anuncios por palabras** petites annonces *fpl*
**anverso** *nm* (*moneda, medalla*) avers *msg*; (*página*) recto *m*
**anzuelo** *nm* hameçon *m*; (*fig*) appât *m*; **caer en el ~** tomber dans le piège; **tragarse el ~** mordre à l'hameçon
**añadido** *nm* addition *f*
**añadidura** *nf* ajout *m*; (*vestido*) rallonge *f*; **por ~** par *o* de surcroît
**añadir** *vt* ajouter; (*prenda*) rallonger
**añejo, -a** *adj* (*vino*) vieux (vieille)
**añicos** *nmpl* morceaux *mpl*; **hacer ~** (*cosa*) mettre en morceaux; **hacerse ~** se briser en mille morceaux; (*cristal*) voler en éclats
**añil** *nm* indigo *m*
**año** *nm* an *m*; (*duración*) année *f*; **el ~ que viene** l'année prochaine, l'an prochain; **los años 80** les années 80; **¡Feliz A~ Nuevo!** Bonne et heureuse année!; **en el ~ de la nana** (*fam*) il y a des siècles (*fam*); **entrado en años** d'un certain âge; **estar de buen ~** être en pleine forme; **hace años** il y a longtemps; **tener 15 años** avoir 15 ans; **~ académico** *o* **escolar** année scolaire; (*en la universidad*) année scolaire *o* universitaire; **~ bisiesto/sabático** année bissextile/sabbatique; **~ económico** *o* **fiscal** exercice *m* financier; **~ entrante** année qui commence

> La palabra **año** puede traducirse de dos maneras diferentes en francés: *an* y *année*. La primera hace referencia a la edad y a la unidad de tiempo, y suele ir precedida de un número cardinal:
> **Tiene cuarenta años.** Il a quarante ans.

## año-luz – aparte

**Acabaré la carrera dentro de tres años.**
Dans trois ans j'aurai fini mes études.
Como periodo de tiempo con valor
durativo se traduce por *année*:
**durante años** pendant des années
**en los años 20** dans les années 20

**año-luz** (*pl* **años-luz**) *nm* année-lumière *f*
**añoranza** *nf* nostalgie *f*
**añorar** *vt* avoir la nostalgie de
**añoso, -a** *adj* séculaire
**aorta** *nf* aorte *f*
**APA** *nf abr* (= *Asociación de Padres de Alumnos*) ≈ association *f* de parents d'élèves
**apabullante** *adj* stupéfiant(e)
**apabullar** *vt* stupéfier
**apacentar** *vt* faire paître
**apache** *adj* apache ▶ *nmf* Apache *mf*
**apacible** *adj* paisible ; (*persona, día*) calme
**apaciblemente** *adv* (*andar*) tranquillement ; (*fluir*) doucement
**apaciente** *etc vb ver* **apacentar**
**apaciguar** *vt* apaiser, calmer ; **apaciguarse** *vpr* s'apaiser, se calmer
**apacigüe** *etc vb ver* **apaciguar**
**apadrinar** *vt* (*Rel*) être le parrain de ; (*fig*) parrainer
**apagado, -a** *adj* éteint(e) ; (*color*) terne ; (*sonido*) étouffé(e) ; (*tímido*) effacé(e) ; **estar ~** être éteint(e)
**apagar** *vt* éteindre ; (*sonido*) étouffer ; (*sed*) étancher ; **~ el sistema** (*Inform*) sortir du système ; **apagarse** *vpr* s'éteindre
**apagón** *nm* panne *f* de courant *o* d'électricité
**apague** *etc vb ver* **apagar**
**apaisado, -a** *adj* (*cuaderno, fotografía*) en largeur
**apalabrar** *vt* (*persona*) engager ; (*piso*) convenir (verbalement) de
**Apalaches** *nmpl*: (**Montes**) **~** (Monts *mpl*) Appalaches *fpl*
**apalear** *vt* rosser ; (*fruta*) gauler ; (*grano*) éventer
**apañado, -a** *adj* habile ; (*útil*) pratique ; (*arreglado*) tiré(e) à quatre épingles ; **estar ~** être fichu(e) ; **¡estaríamos apañados!** il ne manquerait plus que ça !
**apañar** (*fam*) *vt* (*arreglar*) rafistoler ; (*vestido*) raccommoder ; (*robar*) piquer ; **apañarse** *vpr*: **apañarse (con)** se débrouiller (avec) ; **apañarse** *o* **apañárselas (para hacer)** se débrouiller (pour faire) ; **apañárselas por su cuenta** se débrouiller tout(e) seul(e)
**apaño** *nm* (*fam*) rafistolage *m* ; (*vestido*) raccommodage *m* ; (*chanchullo*) magouille *f* (*fam*) ; (*lío amoroso*) liaison *f* ; **esto no tiene ~** c'est fichu
**apapachar** (*Méx*) *vt* (*mimar*) dorloter, cajoler
**aparador** *nm* buffet *m* ; (*escaparate*) vitrine *f*
**aparato** *nm* appareil *m* ; (*Radio, TV*) poste *m* ; (*boato*) apparat *m* ; **~ circulatorio/digestivo/respiratorio** appareil circulatoire/digestif/respiratoire ; **~ de facsímil** télécopieur *m* ; **aparatos** *nmpl* (*gimnasia*) agrès *mpl* ; **aparatos de mando** (*Aviat etc*) commandes *fpl*
**aparatosamente** *adv* (*caer*) d'une manière spectaculaire
**aparatoso, -a** *adj* spectaculaire
**aparcacoches** *nm* gardien *m* de parking
**aparcamiento** *nm* (*lugar*) parking *m* ; (*maniobra*) stationnement *m*
**aparcar** *vt* garer ▶ *vi* se garer
**apareamiento** *nm* (*de animales*) accouplement *m*
**aparear** *vt* (*animales*) accoupler, apparier ; (*igualar*) appareiller ; **aparearse** *vpr* s'accoupler, s'apparier
**aparecer** *vi* apparaître ; (*publicarse*) paraître ; (*ser encontrado*) être retrouvé(e) ; **apareció borracho** il est revenu soûl ; **aparecerse** *vpr* apparaître
**aparejado, -a** *adj*: **llevar** *o* **traer ~** entraîner ; **ir ~ con** aller de pair avec
**aparejador, a** *nm/f* (*Arq*) aide-architecte
**aparejar** *vt* apprêter ; (*caballo*) harnacher ; (*Náut*) gréer
**aparejo** *nm* (*de pesca*) matériel *m* (de pêche) ; (*de caballería*) harnachement *m* ; (*Náut*) gréement *m* ; (*de poleas*) moufle *f* ; **aparejos** *nmpl* matériel *msg*
**aparentar** *vt* (*simular*) feindre ; (*parecer*) faire, paraître ; **~ hacer** faire semblant de faire ; **~ tristeza** faire semblant d'être triste ▶ *vi* se faire remarquer
**aparente** *adj* apparent(e) ; (*fam: atractivo*) attrayant(e)
**aparentemente** *adv* apparemment
**aparezca** *etc vb ver* **aparecer**
**aparición** *nf* apparition *f* ; (*de libro*) parution *f*
**apariencia** *nf* apparence *f* ; **en ~** en apparence ; **tener (la) ~ de** avoir l'apparence de ; **apariencias** *nfpl* (*aspecto*) apparences *fpl* ; **guardar las apariencias** sauver les apparences
**aparque** *etc vb ver* **aparcar**
**apartado, -a** *adj* (*lugar*) éloigné(e) ; (*aislado: persona*) à l'écart ▶ *nm* paragraphe *m*, alinéa *m* ; **~ (de correos)** boîte *f* postale
**apartamento** *nm* appartement *m*
**apartar** *vt* écarter ; (*quitar*) retirer ; (*comida, dinero*) mettre de côté ; **~ a algn de** écarter qn de ; (*de estudios, vicio*) détourner qn de ▶ *vi*: **¡aparta!** ôte-toi de là ! ; **apartarse** *vpr* s'écarter ; **apartarse de** s'éloigner de ; (*de creencia, partido*) prendre ses distances vis-à-vis de
**aparte** *adv* (*en otro sitio*) de côté ; (*en sitio retirado*) à l'écart ; (*además*) en outre ; **dejar ~** laisser de côté ▶ *prep*: **~ de** à part ; **~ de que** sans compter que, en plus du fait que ▶ *nm* aparté *m* ; (*tipográfico*) paragraphe *m* ; « **punto y ~** » « point à la ligne » ▶ *adj* à part

**apartheid** nm apartheid m
**aparthotel** nm appart-hôtel m
**apasionadamente** adv (discutir) avec véhémence ; (amar) passionnément
**apasionado, -a** adj passionné(e) ; ~ **de/por** passionné(e) de/par
**apasionamiento** nm passion f ; **hacer algo con** ~ faire qch avec passion
**apasionante** adj passionnant(e)
**apasionar** vt passionner ; **le apasiona el fútbol** c'est un passionné de football ; **apasionarse** vpr se passionner ; **apasionarse por** se passionner pour ; (persona) être passionnément amoureux(-euse) de ; (deporte, política) être un(e) passionné(e) de
**apatía** nf apathie f
**apático, -a** adj apathique
**apátrida** adj apatride
**Apdo.** abr (= Apartado (de Correos)) B.P. (= boîte postale)
**apeadero** nm (Ferro) halte f ; (alojamiento) pied-à-terre m inv
**apear** vt: ~ **(de)** faire descendre (de) ; (objeto) descendre ; **apearse** vpr descendre ; **no apearse del burro** (fig) ne pas en démordre
**apechugar** vi: ~ **con algo** (fam) se coltiner qch (fam)
**apechugue** etc vb ver **apechugar**
**apedrear** vt lapider
**apegarse** vpr: ~ **a** (a persona) s'attacher à ; (a cargo) prendre à cœur
**apego** nm: ~ **a/por** (persona) attachement m à/pour ; (cargo) intérêt m pour ; (objeto) attachement à
**apegue** etc vb ver **apegarse**
**apelación** nf appel m ; **interponer/presentar** ~ faire/interjeter appel
**apelar** vi: ~ **(contra)** (Jur) faire appel (de) ; ~ **a** faire appel à ; (justicia) avoir recours à
**apelativo** nm (Ling) nom m commun ; (sobrenombre) appellation f ; (Am) nom de famille
**apellidarse** vpr: **se apellida Pérez** il s'appelle Pérez
**apellido** nm nom m de famille ; voir article

: **APELLIDO**
:
: Dans les pays de langue espagnole, on
: porte toujours deux **apellidos** : le premier
: correspond au premier nom de famille du
: père, et le second au premier nom de
: famille de la mère. Ainsi, les enfants de
: Juan García López et Carmen Pérez
: Rodríguez s'appelleraient García Pérez.
: Les femmes mariées conservent leur(s)
: propre(s) nom(s) de famille. En Amérique
: latine, la coutume veut que, dans la
: correspondance, le second nom de famille
: soit réduit à une initiale (p. ex. Juan
: García L.).

**apelmazado, -a** adj (masa) compact(e) ; (pelo) emmêlé(e) ; (escritura) indigeste
**apelmazarse** vpr (masa) se tasser ; (arroz) coller ; (prenda) rétrécir
**apelotonar** vt entasser ; **apelotonarse** vpr s'entasser
**apenar** vt peiner, faire de la peine à ; (Am: avergonzar) faire honte à ; **apenarse** vpr avoir de la peine ; (Am) avoir honte
**apenas** adv à peine, presque pas ; ~ **si podía levantarse** c'est à peine s'il pouvait se lever ▶ conj dès que
**apéndice** nm appendice m
**apendicitis** nf appendicite f
**Apeninos** nmpl: **los** ~ les Apennins mpl
**apercibimiento** nm (Jur) sommation f
**apercibir** vt (preparar) disposer ; (avisar) avertir ; (Jur) mettre en garde ; (Am) apercevoir ; **apercibirse** vpr: **apercibirse de** s'apercevoir de
**apergaminado, -a** adj parcheminé(e)
**aperitivo** nm apéritif m
**aperos** nmpl (utensilios) matériel msg ; (Agr) matériel agricole
**apertura** nf ouverture f ; (de curso) rentrée f (des classes) ; (de parlamento) rentrée parlementaire ; ~ **de un juicio hipotecario** (Com) ouverture d'un jugement hypothécaire ; ~ **centralizada** (Auto) verrouillage m centralisé (des portières)
**aperturismo** nm (Pol) politique f d'ouverture
**aperturista** adj (Pol) favorable à l'ouverture
**apesadumbrado, -a** adj affligé(e), attristé(e)
**apesadumbrar** vt attrister ; **apesadumbrarse** vpr: **apesadumbrarse (con** o **por)** s'affliger (de)
**apestar** vt empester, puer ▶ vi: ~ **(a)** empester ; **estar apestado de** grouiller de
**apestoso, -a** adj puant(e) ; (asqueroso) repoussant(e)
**apetecer** vt: **¿te apetece una tortilla?** as-tu envie d'une omelette ?
**apetecible** adj appétissant(e) ; (olor) agréable ; (objeto) séduisant(e)
**apetezca** etc vb ver **apetecer**
**apetito** nm (tb fig) appétit m ; **despertar** o **abrir el** ~ réveiller o ouvrir l'appétit, mettre en appétit
**apetitoso, -a** adj alléchant(e) ; (comida) appétissant(e)
**apiadarse** vpr: ~ **de** s'apitoyer sur
**ápice** nm (fig) summum m ; **ni un** ~ pas le moins du monde ; **no ceder un** ~ ne pas céder d'un pouce
**apicultor, a** nm/f apiculteur(-trice)
**apicultura** nf apiculture f
**apilar** vt empiler ; **apilarse** vpr s'empiler

## apiñado – aprender

**apiñado, -a** *adj* entassé(e)
**apiñar** *vt* entasser ; **apiñarse** *vpr* se presser
**apio** *nm* céleri *m*
**apisonadora** *nf* rouleau *m* compresseur
**apisonar** *vt* damer
**aplacar** *vt* apaiser ; *(sed)* étancher ; *(entusiasmo)* refroidir ; **aplacarse** *vpr* s'apaiser ; *(entusiasmo)* se refroidir
**aplace** *etc vb ver* **aplazar**
**aplanamiento** *nm (fig)* effondrement *m*
**aplanar** *vt* aplanir ; **aplanarse** *vpr* être abattu(e)
**aplaque** *etc vb ver* **aplacar**
**aplastante** *adj* écrasant(e)
**aplastar** *vt* écraser
**aplatanarse** *(fam) vpr* se ramollir
**aplaudir** *vt, vi* applaudir
**aplauso** *nm* applaudissement *m* ; *(fig)* éloge *m*
**aplazamiento** *nm* ajournement *m*
**aplazar** *vt (reunión)* ajourner
**aplicable** *adj*: ~ **(a)** applicable (à)
**aplicación** *nf* application *f* ; *(para móvil, Internet)* application, appli *f* ; **aplicaciones** *nfpl* applications *fpl* ; **aplicaciones de gestión** gestion *f*
**aplicado, -a** *adj* appliqué(e), studieux(-euse)
**aplicador** *nm* applicateur *m*
**aplicar** *vt* mettre en pratique ; *(ley, norma)* appliquer ; ~ **(a)** appliquer (à) ; ~ **el oído a una puerta** écouter à une porte ; **aplicarse** *vpr* s'appliquer
**aplique** *vb ver* **aplicar** ▶ *nm* applique *f*
**aplomo** *nm* aplomb *m*
**apnea** *nf (durante el sueño)* apnée *f* ; *(en buceo)*: **en ~** en apnée
**apocado, -a** *adj* timoré(e)
**apocalipsis** *nm (fig)* apocalypse *f*
**apocamiento** *nm* pusillanimité *f* ; *(depresión)* abattement *m*
**apocarse** *vpr* s'abaisser
**apócope** *nm* apocope *f*
**apócrifo, -a** *adj* apocryphe
**apodar** *vt* surnommer
**apoderado, -a** *nm/f (Jur, Com)* mandataire *mf*, fondé(e) de pouvoir
**apoderar** *vt (Jur)* déléguer des pouvoirs à, nommer comme fondé(e) de pouvoir ; **apoderarse de** *vpr* s'emparer de
**apodo** *nm* surnom *m*
**apogeo** *nm* apogée *m*
**apolillado, -a** *adj (prenda)* mité(e) ; *(madera)* vermoulu(e) ; *(fig)* dépassé(e)
**apolillarse** *vpr (ropa)* être mangé(e) par les mites ; *(madera)* être vermoulu(e) ; *(fig)* se rouiller
**apología** *nf* apologie *f* ; **~ del terrorismo** apologie du terrorisme
**apoltronarse** *vpr* devenir paresseux(-euse)
**apoplejía** *nf* apoplexie *f*
**apoque** *etc vb ver* **apocarse**

**apoquinar** *(fam) vt* abouler *(fam)*
**aporrear** *vt* cogner sur
**aportación** *nf* apport *m*, contribution *f*
**aportar** *vt (datos)* fournir ; *(dinero)* apporter ▶ *vi (Náut)* aborder ; **aportarse** *vpr (Am)* arriver
**aporte** *nm (aportación)* apport *m* ; **~ calórico** apport *m* calorique ; *(Am: a la seguridad social)* cotisation *f* ; **~ jubilatorio** cotisation de retraite
**aposentar** *vt* héberger, loger ; **aposentarse** *vpr* s'installer
**aposento** *nm* appartement *m*
**apósito** *nm* pansement *m*
**aposta** *adv* à dessein, exprès
**apostar** *vt (dinero)* parier ; *(tropas)* poster ▶ *vi* parier ; **apostarse** *vpr* se poster ; **¿qué te apuestas a que ...?** on parie combien que ... ?
**apostatar** *vi*: **~ (de)** apostasier
**a posteriori** a posteriori
**apostilla** *nf* apostille *f*
**apóstol** *nm* apôtre *m*
**apostólico, -a** *adj* apostolique
**apóstrofo** *nm* apostrophe *f*
**apostura** *nf* prestance *f*
**apoteósico, -a** *adj* sensationnel(le)
**apoteosis** *nf inv* apothéose *f*
**apoyar** *vt (tb fig)* appuyer ; **~ algo en/contra** appuyer qch sur/contre ; **apoyarse** *vpr*: **apoyarse en** *(tb fig)* s'appuyer o reposer sur
**apoyo** *nm* appui *m* ; *(fundamento)* fondement *m*
**app** *(pl* **apps***) nf (para móvil, Internet)* appli *f*
**apreciable** *adj* appréciable
**apreciablemente** *adv* de façon très appréciable
**apreciación** *nf* appréciation *f*
**apreciado, -a** *adj* apprécié(e) ; *(querido)* cher (chère) ; « **A~ Sr. ...** » « Cher Monsieur »
**apreciar** *vt* apprécier
**aprecio** *nm* estime *f* ; *(Com)* estimation *f* ; **tener ~ a/sentir ~ por** avoir/ressentir de l'estime pour
**aprehender** *vt (armas, drogas)* saisir ; *(persona)* appréhender
**aprehensión** *nf (armas, drogas)* saisie *f* ; *(persona)* appréhension *f*
**apremiante** *adj* pressant(e)
**apremiar** *vt* presser ; **~ a algn a hacer/para que haga** presser qn de faire ▶ *vi* presser ; **apremiaba conseguirlo** il était urgent d'y parvenir
**apremio** *nm* urgence *f* ; **~ de pago** avertissement *m*
**aprender** *vt* apprendre ; **~ algo de memoria** *o* **de carretilla** apprendre qch par cœur ▶ *vi* apprendre ; **~ a conducir** apprendre à conduire ; **para que aprendas** ça t'apprendra ; **aprenderse** *vpr*: **aprenderse algo** apprendre qch

## aprendiz – apunte

> El verbo **aprender** solo tiene el sentido de «adquirir un conocimiento», mientras que en francés el verbo *apprendre* también significa «enseñar» (en el sentido de comunicar un conocimiento):
> **Mi madre me enseñó a leer a los cuatro años.** Ma mère m'a appris à lire à quatre ans.

**aprendiz, a** *nm/f* apprenti(e)
**aprendizaje** *nm* apprentissage *m*
**aprensión** *nf* appréhension *f*; **dar ~ (hacer)** avoir des scrupules (à faire); **aprensiones** *nfpl* appréhensions *fpl*
**aprensivo, -a** *adj* méfiant(e)
**apresamiento** *nm* (*de animal*) prise *f*, capture *f*; (*de delincuente*) arrestation *f*, capture *f*
**apresar** *vt* (*animal*) saisir; (*delincuente*) arrêter, capturer
**aprestar** *vt* apprêter; **~ el oído** prêter l'oreille; **aprestarse** *vpr*: **aprestarse a (hacer)** s'apprêter à (faire)
**apresto** *nm* apprêt *m*
**apresuradamente** *adv* en toute hâte
**apresurado, -a** *adj* (*decisión*) hâtif(-ive); (*persona*) pressé(e)
**apresuramiento** *nm* hâte *f*
**apresurar** *vt* hâter, presser; **apresurarse** *vpr* se presser; **apresurarse (a hacer)** se hâter (de faire); **me apresuré a sugerir que ...** je me suis empressé de suggérer que ...
**apretado, -a** *adj* serré(e); (*estrecho de espacio*) à l'étroit; (*programa*) chargé(e); **íbamos muy apretados en el autobús** nous étions très serrés dans l'autobus; **vivir ~** vivre à l'étroit
**apretar** *vt* serrer; (*labios*) pincer; (*gatillo, botón*) appuyer sur; **~ el paso** presser le pas; **~ la mano a algn** serrer la main à qn; **la apretó contra su pecho** il la serra contre lui ▶ *vi* (*calor etc*) redoubler; (*zapatos, ropa*) serrer, être trop juste(s); **apretarse** *vpr* se serrer; **apretarse el cinturón** (*fig*) se serrer la ceinture
**apretón** *nm*: **~ de manos** poignée *f* de main; **apretones** *nmpl* cohue *fsg*
**apretujar** *vt* presser très fort; **apretujarse** *vpr* se serrer
**aprieto** *vb ver* **apretar** ▶ *nm* gêne *f*, embarras *msg*; **estar en un ~** être dans l'embarras; **estar en aprietos** traverser des moments difficiles; **ayudar a algn a salir de un ~** aider qn à s'en sortir
**a priori** *adv* a priori
**aprisa** *adv* vite
**aprisionar** *vt* (*poner en prisión*) emprisonner; (*sujetar*) serrer
**aprobación** *nf* approbation *f*; **dar su ~** donner son approbation
**aprobado** *nm* (*nota*) mention *f* passable
**aprobar** *vt* (*decisión*) approuver; (*examen*) être reçu(e) à; (*materia*) être reçu(e) en; **~ algo por mayoría/por unanimidad** approuver qch à la majorité/à l'unanimité ▶ *vi* (*en examen*) réussir, être reçu(e); **~ por los pelos** réussir de justesse

> ¡Atención! La expresión francesa *passer un examen* no quiere decir «aprobar un examen», sino simplemente realizarlo.

**apropiación** *nf* appropriation *f*
**apropiadamente** *adv* convenablement
**apropiado, -a** *adj* approprié(e)
**apropiarse** *vpr*: **~ de** s'approprier, s'emparer de
**aprovechable** *adj* utilisable
**aprovechado, -a** *adj* (*estudiante*) appliqué(e); (*económico*) économe; (*día, viaje*) bien employé(e) ▶ *nm/f* (*pey: persona*) profiteur(-euse)
**aprovechamiento** *nm* exploitation *f*, utilisation *f*; (*académico*) progrès *mpl*
**aprovechar** *vt* profiter de; (*tela, comida, ventaja*) tirer profit de; **~ la ocasión para hacer** profiter de l'occasion pour faire ▶ *vi* progresser; **¡que aproveche!** bon appétit!; **aprovecharse** *vpr*: **aprovecharse de** (*pey*) profiter de
**aprovisionar** *vt* approvisionner; **aprovisionarse** *vpr* se ravitailler
**aprox.** *abr* (= *aproximadamente*) env. (= *environ*)
**aproximación** *nf* rapprochement *m*; (*de lotería*) lot *m* de consolation; **con ~** par approximation
**aproximadamente** *adv* approximativement, environ
**aproximado, -a** *adj* approximatif(-ive)
**aproximar** *vt*: **~ (a)** rapprocher (de); **aproximarse** *vpr* (s')approcher
**apruebe** *etc vb ver* **aprobar**
**aptitud** *nf*: **~ (para)** aptitude *f* (pour), dispositions *fpl* (pour); **tiene ~ para los negocios** il est doué pour les affaires
**apto, -a** *adj*: **~ (para)** apte (à), capable (de); (*apropiado*) qui convient (à); **~/no ~ para menores** (*Cine*) convient/interdit aux moins de 18 ans ▶ *nm* (*Escol*) mention *f* passable
**apuesta** *nf* pari *m*
**apuesto, -a** *vb ver* **apostar** ▶ *adj* élégant(e)
**apuntador** *nm* (*Teatro*) souffleur *m*
**apuntalar** *vt* étayer
**apuntar** *vt* (*con arma*) viser; (*con dedo*) montrer *o* désigner du doigt; (*datos*) noter; (*Teatro*) souffler; (*posibilidad*) émettre; (*suj: persona: en examen*) noter; **~ una cantidad en la cuenta de algn** mettre *o* verser une somme sur le compte de qn; **apuntarse** *vpr* (*tanto, victoria*) remporter; (*en lista, registro*) s'inscrire; **apuntarse en un curso** s'inscrire à un cours; **¡yo me apunto!** je suis partant!
**apunte** *nm* croquis *msg*; (*Teatro: voz*) voix *fsg* du souffleur; (: *texto*) texte *m* du souffleur;

552 · ESPAÑOL | FRANCÉS

## apuñalar – arcilloso

**apuntes** *nmpl* (*Escol*) notes *fpl* ; **tomar apuntes** prendre des notes
**apuñalar** *vt* poignarder
**apurado, -a** *adj* (*necesitado*) dans la gêne ; (*situación*) difficile, délicat(e) ; (*Am: con prisa*) pressé(e) ; **estar en una situación apurada** traverser un moment difficile, être dans une situation critique ; **estar ~** (*avergonzado*) être embarrassé(e) ; (*en peligro*) être en mauvaise posture
**apurar** *vt* (*bebida, cigarrillo*) finir ; (*recursos*) épuiser ; (*persona: agobiar*) mettre à bout ; (: *causar vergüenza a*) mettre dans l'embarras ; (: *apresurar*) presser ; **apurarse** *vpr* s'inquiéter ; (*esp Am: darse prisa*) se dépêcher ; **no se apure** ne vous inquiétez pas
**apuro** *nm* (*aprieto, vergüenza*) gêne *f*, embarras *msg* ; (*penalidad*) affliction *f* ; (*Am: prisa*) hâte *f* ; **poner a algn en un ~** mettre qn dans l'embarras ; **estar en apuros** (*dificultades*) avoir des ennuis ; (*falta de dinero*) être dans la gêne
**aquejado, -a** *adj*: **~ de** (*Med*) atteint(e) de
**aquejar** *vt* (*suj: enfermedad*) frapper ; (: *contrariedad*) affliger ; **estar aquejado de** souffrir de
**aquel, aquella** (*mpl* **aquellos**, *fpl* **aquellas**) *adj* ce (cette) ; (*pl*) ces ▶ *pron* celui-là (celle-là) ; (*pl*) ceux-là (celles-là)
**aquél, aquélla** (*mpl* **aquéllos**, *fpl* **aquéllas**) *pron* celui-là (celle-là) ; (*pl*) ceux-là (celles-là)
**aquello** *pron* cela ; **~ que hay allí** ce qu'il y a là-bas
**aquí** *adv* ici ; (*entonces*) alors ; **~ abajo/arriba** en bas/là-haut ; **~ mismo** ici même ; **~ yace** ci-gît ; **de ~ en adelante** désormais ; **de ~ a poco** d'ici peu ; **de ~ a siete días** d'ici sept jours ; **de ~ que ...** de là que ... ; **hasta ~** jusqu'ici ; **por ~** par ici
**aquietar** *vt* apaiser
**Aquisgrán** *n* Aix-la-Chapelle
**A.R.** *abr* = **Alteza Real**
**ara** *nf* autel *m* ; **aras** *nfpl* (*beneficio*): **en aras de** au nom de
**árabe** *adj* arabe ▶ *nmf* Arabe *mf* ▶ *nm* (*Ling*) arabe *m*
**Arabia** *nf* Arabie *f* ; **~ Saudí** *o* **Saudita** Arabie saoudite
**arábigo, -a** *adj* arabe ▶ *nm* (*lengua*) arabe *m*
**arácnido** *nm* arachnide *m*
**arado** *nm* charrue *f*
**Aragón** *nm* Aragon *m*
**aragonés, -esa** *adj* aragonais(e) ▶ *nm/f* Aragonais(e) ▶ *nm* (*Ling*) aragonais *msg*
**arancel** *nm* (*tb:* **arancel de aduanas**) tarif *m* douanier
**arancelario, -a** *adj* douanier(-ière) ; **barrera arancelaria** barrière *f* douanière ; **protección arancelaria** protection *f* tarifaire

**arándano** *nm* (*rojo*) airelle *f* ; (*azul*) myrtille *f* ; **~ encarnado** *o* **rojo** canneberge *f*
**arandela** *nf* rondelle *f* ; (*de vela*) bobèche *f* ; (*adorno de vestido*) ruche *f* ; (*Am: volante*) volant *m*
**araña** *nf* araignée *f* ; (*lámpara*) lustre *m*
**arañar** *vt* (*herir*) griffer ; (*raspar*) égratigner, érafler ; **arañarse** *vpr* s'égratigner
**arañazo** *nm* égratignure *f*
**arar** *vt* labourer
**araucano, -a** *adj* araucan(e) ▶ *nm/f* Araucan(e)
**arbitraje** *nm* arbitrage *m*
**arbitrar** *vt* arbitrer ; (*recursos*) obtenir ▶ *vi* arbitrer
**arbitrariamente** *adv* arbitrairement
**arbitrariedad** *nf* arbitraire *m*
**arbitrario, -a** *adj* arbitraire
**arbitrio** *nm* volonté *f* ; (*Jur*) arbitrage *m* ; **quedar al ~ de algn** dépendre de la volonté de qn
**árbitro, -a** *nm/f* arbitre *mf*
**árbol** *nm* (*Bot, Tec*) arbre *m* ; (*Náut*) mât *m* ; **~ de Navidad** sapin *m* de Noël ; **~ frutal** arbre fruitier ; **~ genealógico** arbre généalogique
**arbolado, -a** *adj* boisé(e) ; (*camino*) bordé(e) d'arbres ▶ *nm* bois *msg*
**arboladura** *nf* mâture *f*
**arbolar** *vt* mâter
**arboleda** *nf* bois *msg*, bosquet *m*
**arboricultura** *nf* arboriculture *f*
**arbusto** *nm* arbuste *m*
**arca** *nf* coffre *m* ; **A~ de la Alianza** arche *f* d'alliance ; **A~ de Noé** Arche de Noé ; **arcas** *nfpl* (*públicas*) caisses *fpl* de l'État, Trésor *msg* public
**arcada** *nf* (*de edificio*) arcade *f* ; (*de puente*) arche *f* ; (*de estómago*) nausée *f* ; **me dieron arcadas, me dio una ~** j'ai été pris de nausées
**arcaico, -a** *adj* archaïque
**arcángel** *nm* archange *m*
**arce** *nm* érable *m*
**arcén** *nm* (*de autopista*) accotement *m* ; (*de carretera*) bas-côté *m*
**archiconocido, -a** *adj* archiconnu(e)
**archidiócesis** *nf inv* archidiocèse *m*, archevêché *m*
**archipiélago** *nm* archipel *m*
**archisabido, -a** *adj* archiconnu(e)
**archivador** *nm* classeur *m*
**archivar** *vt* (*tb Inform*) archiver
**archivo** *nm* archives *fpl* ; (*Inform*) fichier *m* ; **nombre de ~** (*Inform*) nom *m* de fichier ; **~ adjunto** (*Inform*) fichier joint ; **~ maestro** (*Inform*) fichier maître ; **A~ Nacional** Archives nationales ; **archivos policíacos** archives de la police ; **~ de transacciones** (*Inform*) fichier mouvements
**arcilla** *nf* argile *f*
**arcilloso, -a** *adj* argileux(-euse)

**arco** nm arc m ; (Mús) archet m ; (Am Deporte) but m ; **~ detector de metales** portique m détecteur de métaux ; **~ iris** arc-en-ciel m

**arcón** nm grand coffre m

**arder** vi brûler ; **~ en deseos de hacer** mourir d'envie de faire ; **~ sin llama** se consumer ; **estar que arde** (fam) bouillir de rage ; **esto está que arde** (fig) ça sent le brûlé

**ardid** nm ruse f

**ardiente** adj ardent(e) ; **ser un ~ defensor/partidario de** être un ardent défenseur/partisan de

**ardilla** nf écureuil m

**ardor** nm ardeur f ; **con ~** (fig) avec ardeur ; **~ de estómago** brûlures fpl d'estomac

**ardoroso, -a** adj ardent(e)

**arduo, -a** adj ardu(e)

**área** nf (zona) surface f ; (medida) are m ; (Deporte) zone f ; **~ de servicios** (Auto) aire f de service

**arena** nf sable m ; (de una lucha) arène f ; (Taur) arènes fpl ; **arenas movedizas** sables mpl mouvants

**arenal** nm étendue f de sable ; (arena movediza) sables mpl mouvants

**arenga** nf harangue f

**arengar** vt haranguer

**arengue** etc vb ver **arengar**

**arenillas** nfpl (Med) calculs mpl

**arenisca** nf grès msg

**arenoso, -a** adj sablonneux(-euse)

**arenque** nm hareng m

**arepa** (Am) nf (torta de maíz) galette f de maïs

**arete** (And, Méx) nm boucle f d'oreille

**argamasa** nf mortier m

**Argel** n Alger

**Argelia** nf Algérie f

**argelino, -a** adj algérien(ne) ▶ nm/f Algérien(ne)

**Argentina** nf Argentine f

**argentino, -a** adj argentin(e) ▶ nm/f Argentin(e)

**argolla** nf anneau m ; (Am: anillo de matrimonio) alliance f

**argot** [arˈɣot] (pl **argots**) nm argot m

**argucia** nf sophisme m

**argüir** vt arguer ; (argumentar) arguer (de) ; (indicar) sous-entendre ; **~ que** (alegar) arguer que ; (deducir) déduire ▶ vi argumenter ; **~ a favor/en contra de** argumenter en faveur de/contre

**argumentación** nf argumentation f

**argumental** adj (Lit) narratif ; **línea ~** (de obra) trame f ; (de teoría) argumentation f, raisonnement m

**argumentar** vt argumenter ; (deducir) déduire ; **~ que** (alegar) avancer que ▶ vi discuter ; **~ a favor/en contra de** avancer des arguments en faveur de/contre

**argumento** nm argument m ; (Cine, TV) scénario m

**arguyendo** etc vb ver **argüir**

**aria** nf aria f

**aridez** nf aridité f

**árido, -a** adj aride

**áridos** nmpl (Agr) grains mpl

**Aries** nm (Astrol) Bélier m ; **ser ~** être Bélier

**ariete** nm (Mil) bélier m ; (Deporte) avant-centre m

**ario, -a** adj aryen(ne)

**arisco, -a** adj (persona) bourru(e), revêche ; (animal) farouche

**arista** nf (Mat) arête f ; (dificultad) difficulté f, obstacle m

**aristocracia** nf aristocratie f

**aristócrata** nmf aristocrate mf

**aristocrático, -a** adj aristocratique

**aritmético, -a** adj arithmétique ▶ nm/f arithméticien(ne) ▶ nf (ciencia) arithmétique f

**arlequín** nm (personaje) arlequin m

**arma** nf arme f ; **~ blanca** arme blanche ; **~ de doble filo** (fig) arme à double tranchant ; **~ de fuego** arme à feu ; **armas** nfpl (Mil) armes fpl ; **rendir las armas** rendre les armes ; **ser de armas tomar** ne pas être commode ; **armas cortas** armes légères ; **armas de destrucción masiva** armes de destruction massive

**armada** nf marine f de guerre ; (flota) flotte f

**armadillo** nm tatou m

**armado, -a** adj armé(e)

**armador** nm (Náut: dueño) armateur m ; (Tec) monteur m

**armadura** nf (Mil) armure f ; (Tec, Fís) armature f ; (tejado) charpente f ; (de gafas) monture f ; (Zool) ossature f

**armamentista** adj : **carrera ~** course f aux armements

**armamentístico, -a** adj de l'armement

**armamento** nm armement m

**armar** vt armer ; (Mec, Tec) monter ; (ruido, escándalo) faire ; **~ la gorda** (fam) faire du barouf ; **armarla** faire un esclandre ; **armarse** vpr : **armarse (con/de)** s'armer (de) ; **armarse de valor/paciencia** s'armer de courage/patience ; **armarse un lío** (fam) s'embrouiller

**armario** nm armoire f ; **salir del ~** sortir du placard, faire son coming out ; **~ de luna** armoire à glace ; **~ empotrado** placard m

**armatoste** (fam) nm objet encombrant

**armazón** nm o nf armature f ; (Arq) charpente f ; (Auto) châssis msg

**Armenia** nf (l') Arménie f

**armenio, -a** adj arménien(ne) ▶ nm/f Arménien(ne)

**armería** nf musée m de l'armée ; (tienda) armurerie f

**armiño** nm hermine f ; **de ~** d'hermine

**armisticio** nm armistice m

**armonía** nf harmonie f
**armónica** nf harmonica m
**armonice** etc vb ver **armonizar**
**armónico, -a** adj harmonique
**armonioso, -a** adj harmonieux(-euse)
**armonizar** vt harmoniser ▶ vi: ~ **con** (fig) être en harmonie avec
**ARN** sigla m (= *ácido ribonucleico*) ARN m (= *acide ribonucléique*)
**arnés** nm harnais msg; **arneses** nmpl (*para caballerías*) harnais msg
**aro** nm cercle m, anneau m; (*juguete*) cerceau m; (AM: *pendiente*) anneau; **entrar** o **pasar por el ~** mettre les pouces
**aroma** nm arôme m, parfum m
**aromaterapia** nf aromathérapie f
**aromático, -a** adj aromatique
**aromatizante** nm aromatisant m
**arpa** nf harpe f
**arpegio** nm (*Mús*) arpège m
**arpía** nf (*fig*) harpie f, mégère f
**arpillera** nf serpillière f
**arpista** nmf harpiste mf
**arpón** nm harpon m
**arq.** abr (= *arquitectura, arquitecto*) archit. (= *architecture, architecte*)
**arquear** vt arquer; **arquearse** vpr fléchir
**arqueo** nm (*Arq etc*) courbure f; (*Náut*) jauge f; (*Com*) caisse f
**arqueología** nf archéologie f
**arqueológico, -a** adj archéologique
**arqueólogo, -a** nm/f archéologue mf
**arquero** nm archer m; (AM *Deporte*) gardien m de but
**arqueta** nf coffret m
**arquetipo** nm archétype m
**arquitecto, -a** nm/f architecte mf; **~ paisajista** o **de jardines** paysagiste mf
**arquitectónico, -a** adj architectonique
**arquitectura** nf architecture f
**arrabal** nm faubourg m; (*barrio bajo*) bas quartiers mpl; **arrabales** nmpl (*afueras*) faubourgs mpl
**arrabalero, -a** adj (*fig*) grossier(-ière)
**arracimarse** vpr s'agglutiner
**arraigado, -a** adj (*tb fig*) enraciné(e)
**arraigar** vi prendre racine; (*ideas, costumbres*) s'enraciner, prendre racine; (*persona*) s'installer, s'établir; **arraigarse** vpr (*costumbre*) s'enraciner, prendre racine; (*persona*) s'installer, s'établir
**arraigo** nm enracinement m; (*persona*) établissement m; **hombre de ~** homme m respecté et estimé
**arraigue** etc vb ver **arraigar**
**arrancada** nf démarrage m brusque
**arrancar** vt arracher; (*árbol*) déraciner; (*carteles, colgaduras*) retirer; (*esparadrapo*) enlever; (*suspiro*) pousser; (*Auto, máquina*) mettre en marche; (*Inform*) lancer; **~ información a algn** soutirer un renseignement à qn; **~ de raíz** déraciner ▶ vi (*Auto, máquina*) démarrer; (*persona*) s'en aller; **~ de** (*fig*) provenir de
**arranque** vb ver **arrancar** ▶ nm (*Auto*) démarrage m; (*de enfermedad*) début m; (*de tradición*) origine f; (*fig: arrebato*) élan m
**arras** nfpl (*en boda*) treize pièces de monnaie offertes symboliquement par l'époux à son épouse lors de la cérémonie du mariage; (*Jur*) arrhes fpl, acompte m
**arrasar** vt aplanir; (*derribar*) détruire ▶ vi (*fam: fig*) faire un triomphe o tabac (*fam*)
**arrastrado, -a** adj misérable; (AM: *servil*) servile ▶ nm/f (*fam: bribón*) coquin(-ine)
**arrastrador** nm (*en impresora*) entraînement m à picots
**arrastrar** vt traîner; (*suj: agua, viento, tb fig*) entraîner ▶ vi traîner; **llevar algo arrastrando** traîner qch depuis longtemps; **arrastrarse** vpr se traîner; (*fig*) s'abaisser
**arrastre** nm remorquage m; (*Pesca*) chalutage m; **estar para el ~** (*fam*) être foutu(e); **~ de papel por fricción/por tracción** (*en impresora*) entraînement m par friction/par ergots
**array** nm (*Inform*) tableau m
**arrayán** nm myrte m
**arre** excl hue!
**arrear** vt exciter; (*fam*) flanquer (*fam*) ▶ vi (*fam*) se grouiller (*fam*)
**arrebañar** vt (*plato*) nettoyer
**arrebatado, -a** adj emporté(e), impétueux(-euse); (*cara*) congestionné(e); (*color*) vif (vive)
**arrebatar** vt arracher; (*fig*) transporter; **arrebatarse** vpr s'emporter
**arrebato** nm emportement m; (*éxtasis*) transport m; **~ de cólera/entusiasmo** élan m o mouvement m de colère/d'enthousiasme
**arrebolar** vt enflammer; **arrebolarse** vpr s'enflammer
**arrebujar** vt (*ropa*) chiffonner; (*niño*) emmitoufler; **arrebujarse** vpr s'emmitoufler
**arrechar** (AM) vt (*excitar*) exciter; **arrecharse** vpr s'exciter
**arrechucho** (*fam*) nm (*Med*) indisposition f
**arreciar** vi décupler; (*lluvia*) tomber dru
**arrecife** nm récif m; (*tb:* **arrecife de coral**) récif de corail
**arredrar** vt effrayer; **arredrarse** vpr s'effrayer; **arredrarse por** o **ante algo** s'effrayer de qch
**arreglado, -a** adj (*persona*) soigné(e); (*vestido*) impeccable; (*habitación*) ordonné(e), en ordre; (*conducta*) réglé(e); **¡estamos arreglados!** nous voilà bien avancés!
**arreglar** vt ranger, mettre en ordre; (*persona*) préparer; (*algo roto*) réparer, arranger; (*problema*) régler; (*entrevista*) fixer; **arreglarse**

## arreglista – arrogantemente

*vpr* s'arranger, se régler ; *(acicalarse)* se préparer ; **arreglarse (para hacer)** se préparer (à faire) ; **arreglárselas** *(fam)* se débrouiller, s'en sortir ; **arreglarse el pelo/las uñas** s'arranger les cheveux/se faire les ongles

**arreglista** *nmf (Mús)* arrangeur(-euse)

**arreglo** *nm* rangement *m*, ordre *m* ; *(acuerdo)* arrangement *m*, accord *m* ; *(Mús)* arrangement ; *(Inform)* tableau *m* ; *(de algo roto)* réparation *f* ; *(de persona)* toilette *f*, soin *m* ; **con ~ a** conformément à ; **llegar a un ~** parvenir à un accord ; **~ de cuentas** *(fig)* règlement *m* de comptes

**arrellanarse** *vpr* : **~ en** *(sillón)* se carrer *o* se prélasser dans

**arremangar** *vt* relever, retrousser ; **arremangarse** *vpr* retrousser ses manches

**arremangue** *etc vb ver* **arremangar**

**arremeter** *vi* : **~ contra** se jeter à l'assaut de, fondre sur ; *(fig)* s'en prendre à, s'attaquer à

**arremetida** *nf* assaut *m*, attaque *f*

**arremolinarse** *vpr (gente)* s'entasser ; *(corriente)* tourbillonner

**arrendado, -a** *adj* loué(e)

**arrendador, a** *nm/f* loueur(-euse)

**arrendajo** *nm* geai *m*

**arrendamiento** *nm* location *f* ; *(contrato)* bail *m* ; *(precio)* loyer *m*

**arrendar** *vt* louer

**arrendatario, -a** *nm/f* locataire *mf*

**arreos** *nmpl* harnais *msg* ; *(fig)* attirail *m*

**arrepentido, -a** *adj (pesaroso)* repenti(e) ; *(Rel)* repentant(e) ; **estar ~ de algo** regretter qch ; **se mostró muy ~** il était vraiment désolé ; **un terrorista ~** un (terroriste) repenti ▶ *nm/f (Rel, terrorista)* repenti(e)

**arrepentimiento** *nm* repentir *m* ; **sentir/tener ~** éprouver du repentir

**arrepentirse** *vpr* : **~ (de)** se repentir (de), regretter ; **~ de haber hecho algo** regretter *o* se repentir d'avoir fait qch

**arrepienta** *etc*, **arrepintiendo** *etc vb ver* **arrepentirse**

**arrestar** *vt* arrêter ; *(Mil)* mettre aux arrêts

**arresto** *nm* arrestation *f* ; *(Mil)* arrêts *mpl* ; **~ domiciliario** assignation *f* à domicile ; **~ mayor** détention d'une durée d'un à six mois ; **~ menor** détention d'une durée d'un à trente jours ; **arrestos** *nmpl (audacia)* audace *fsg*

**arriar** *vt* amener ; *(un cable)* mollir

**arriate** *nm (Bot)* plate-bande *f* ; *(camino)* passage *m*

(PALABRA CLAVE)

**arriba** *adv* **1** *(posición)* en haut ; **allí arriba** là-haut ; **el piso de arriba** l'appartement du dessus ; **la parte de arriba** le haut ; **la orden vino de arriba** *(fig)* l'ordre est venu d'en haut ; **más arriba** plus haut ; **desde arriba** d'en haut ; **arriba del todo** tout en haut ; **Juan está arriba** Juan est en haut ; **lo arriba mencionado** ce qui est mentionné ci-dessus ; **de treinta euros para arriba** au-dessus de trente euros ; **euro arriba, euro abajo** à quelques euros près
**2** *(dirección)* : **ir calle arriba** remonter la rue ; **río arriba** en amont
**3** : **mirar a algn de arriba abajo** regarder qn de haut en bas
▶ *prep* : **arriba de** *(Am)* sur, au-dessus de ; **arriba de cien euros** plus de cent euros
▶ *excl* : **¡arriba!** *(¡levanta!)* debout ! ; *(ánimo)* courage ! ; **¡manos arriba!** haut les mains ! ; **¡arriba España!** vive l'Espagne !

**arribar** *vi* arriver

**arribista** *nmf* arriviste *mf*

**arribo** *(esp Am) nm* arrivée *f*

**arriendo** *vb ver* **arrendar** ▶ *nm* = **arrendamiento**

**arriero** *nm* muletier *m*

**arriesgadamente** *adv* dangereusement

**arriesgado, -a** *adj (peligroso)* risqué(e), hasardeux(-euse) ; *(audaz: persona)* audacieux(-euse)

**arriesgar** *vt* risquer ; **~ el pellejo** risquer sa peau ; **arriesgarse** *vpr* prendre des risques ; **arriesgarse a hacer algo** se risquer à faire qch

**arriesgue** *etc vb ver* **arriesgar**

**arrimar** *vt (acercar)* : **~ a** approcher de ; *(dejar de lado)* abandonner, laisser tomber ; **~ el hombro** *(ayudar)* donner un coup de main ; *(trabajar)* travailler dur ; **arrimarse** *vpr* : **arrimarse a** *(acercarse)* s'approcher de ; *(apoyarse)* s'appuyer sur ; *(fig)* se rapprocher de, se placer sous la protection de ; **arrímate a mí** approche-toi de moi ; **arrimarse al sol que más calienta** se ranger du côté du plus fort

**arrinconado, -a** *adj (objeto)* mis(e) dans un coin ; *(persona)* délaissé(e), mis(e) à l'écart

**arrinconar** *vt (algo viejo)* mettre dans un coin, mettre au rebut ; *(enemigo)* acculer ; *(fig: persona)* laisser tomber, délaisser

**arriscado, -a** *adj (Geo)* escarpé(e) ; *(fig)* hardi(e)

**arroba** *nf* arrobe *f*, arobe *f (mesure espagnole de poids et de capacité)* ; *(Internet)* arobase *f*, @ ; **tiene talento por arrobas** il a du talent à revendre

**arrobamiento** *nm* extase *f*, ravissement *m*

**arrobar** *vt* ravir, mettre en extase ; **arrobarse** *vpr* tomber en extase ; *(místico)* être en extase

**arrobo** *nm* = **arrobamiento**

**arrodillarse** *vpr* s'agenouiller

**arrogancia** *nf* arrogance *f*

**arrogante** *adj* arrogant(e)

**arrogantemente** *adv* avec arrogance

## arrojadizo – asamblea

**arrojadizo, -a** *adj*: **arma arrojadiza** arme *f* de jet
**arrojado, -a** *adj* courageux(-euse), hardi(e)
**arrojar** *vt* (*piedras*) jeter ; (*pelota*) lancer ; (*basura*) jeter, déverser ; (*humo*) cracher ; (*persona*) chasser, mettre dehors ; (*Com*) totaliser ; **arrojarse** *vpr* se jeter
**arrojo** *nm* hardiesse *f*
**arrollador, a** *adj* (*éxito*) retentissant(e) ; (*fuerza*) irrésistible ; (*mayoría*) écrasant(e)
**arrollar** *vt* (*suj: vehículo*) renverser ; (: *agua*) emporter, rouler ; (*Deporte*) écraser ▶ *vi* (*tener éxito electoral*) avoir une majorité écrasante
**arropar** *vt* couvrir ; **arroparse** *vpr* se couvrir
**arrostrar** *vt* (*peligro*) affronter, braver ; (*consecuencias*) subir ; **arrostrarse** *vpr*: **arrostrarse con algn** se mesurer à qn
**arroyo** *nm* ruisseau *m* ; (*de la calle*) caniveau *m* ; **recoger a algn del ~** tirer qn du ruisseau
**arroz** *nm* riz *m* ; **~ blanco** (*Culin*) riz blanc ; **~ con leche** riz au lait
**arrozal** *nm* rizière *f*
**arruga** *nf* ride *f* ; (*en ropa*) pli *m*
**arrugado, -a** *adj* (*piel*) ridé(e) ; (*ropa, papel*) froissé(e) ; (*ceño, frente*) froncé(e)
**arrugar** *vt* (*piel*) rider ; (*ropa, papel*) froisser ; (*ceño, frente*) froncer ; **arrugarse** *vpr* se rider ; (*ropa*) se froisser ; (*persona*) se dégonfler (*fam*)
**arrugue** *etc vb ver* **arrugar**
**arruinar** *vt* ruiner ; **arruinarse** *vpr* se ruiner
**arrullar** *vt* bercer ▶ *vi* roucouler
**arrumaco** *nm* (*caricia*) cajolerie *f* ; (*halago*) flatterie *f*
**arrumbar** *vt* (*objeto*) mettre au rebut ; (*individuo*) mettre en quarantaine
**arrurruz** *nm* (*Bot*) arrow-root *m*
**arsenal** *nm* (*Mil*) arsenal *m* ; (*Náut*) chantier *m* naval
**arsénico** *nm* arsenic *m*
**arte** *nm* (*gen m en sg y siempre f en pl*) art *m* ; (*maña*) don *m* ; **por amor al ~** pour l'amour de l'art ; **por ~ de magia** comme par enchantement ; **no tener ~ ni parte en algo** n'être pour rien dans qch, n'avoir rien à voir avec qch ; **~ abstracto** art abstrait ; **artes** *nfpl* arts *mpl* ; **Bellas Artes** Beaux-Arts *mpl* ; **con malas artes** par des moyens peu orthodoxes ; **artes y oficios** arts et métiers ; **artes plásticas** arts plastiques
**artefacto** *nm* engin *m*, machine *f* ; (*Arqueología*) objet *m* (fabriqué) ; (*explosivo*) engin explosif
**arteria** *nf* artère *f*
**arterial** *adj* artériel(le)
**arterioesclerosis, arteriosclerosis** *nf* artériosclérose *f*
**artesa** *nf* pétrin *m*
**artesanal** *adj* artisanal(e), d'artisanat ; **industria ~** industrie *f* artisanale ; **productos artesanales** produits *mpl* artisanaux

**artesanía** *nf* artisanat *m* ; **de ~** artisanal(e)
**artesano, -a** *nm/f* artisan(e)
**ártico, -a** *adj* arctique ▶ *nm*: **el Á~** l'Arctique *m*
**articulación** *nf* articulation *f*
**articulado, -a** *adj* articulé(e)
**articular** *vt* articuler
**articulista** *nmf* chroniqueur(-euse), journaliste *mf*
**artículo** *nm* article *m* ; **~ de fondo** article de fond ; **artículos** *nmpl* (*Com*) articles *mpl* ; **artículos de escritorio/tocador** articles de bureau/toilette ; **artículos de lujo/marca/primera necesidad** articles de luxe/marque/première nécessité
**artífice** *nmf* artisan(e) ; (*fig*) auteur(e)
**artificial** *adj* artificiel(le) ; (*fig*) artificiel(le), forcé(e)
**artificialmente** *adv* artificiellement
**artificio** *nm* (*aparato*) appareil *m*, engin *m* ; (*arte*) art *m* ; (*truco*) artifice *m*
**artificioso, -a** *adj* (*no natural*) faux (fausse) ; (*ingenioso*) ingénieux(-euse)
**artillería** *nf* artillerie *f*
**artillero** *nm* artilleur *m*
**artilugio** *nm* engin *m* ; (*ardid*) subterfuge *m*
**artimaña** *nf* (*ardid*) stratagème *m* ; (*astucia*) astuce *f*, ruse *f*
**artista** *nmf* artiste *mf* ; **~ de cine** acteur(-trice) de cinéma ; **~ de teatro** comédien(ne)
**artísticamente** *adv* artistement
**artístico, -a** *adj* artistique
**artrítico, -a** *adj* arthritique
**artritis** *nf inv* arthrite *f*
**artrosis** *nf inv* arthrose *f*
**arveja** (*Am: guisante*) *nf* pois *msg*
**Arz.** *abr* = **arzobispo**
**arzobispado** *nm* archevêché *m*
**arzobispo** *nm* archevêque *m*
**as** *nm* as *m* ; **ser un as (de)** (*fig*) être un as (de) ; **as del fútbol** as du football
**asa** *nf* anse *f*
**asado** *nm* (*carne*) rôti *m* ; (*CSur: barbacoa*) barbecue *m*
**asador** *nm* (*varilla*) broche *f* ; (*aparato*) rôtissoire *f* ; (*restaurante*) grill *m*
**asaduras** *nfpl* (*Culin*) abats *mpl*
**asaetear** *vt*: **~ a preguntas** assaillir de questions
**asalariado, -a** *adj*, *nm/f* salarié(e)
**asalmonado, -a** *adj* saumoné(e), rose saumon *inv*
**asaltador, a, asaltante** *nm/f* assaillant(e)
**asaltar** *vt* (*banco etc*) attaquer ; (*persona, fig*) assaillir ; (*Mil*) prendre d'assaut
**asalto** *nm* (*a banco*) hold-up *m inv* ; (*a persona*) agression *f* ; (*Mil*) assaut *m* ; (*Boxeo*) round *m* ; **tomar por ~** prendre d'assaut
**asamblea** *nf* (*corporación*) assemblée *f*, rassemblement *m* ; (*reunión*) assemblée

**asar** vt rôtir (*au four*), griller (*au feu de bois, au gril*) ; **~ al horno/a la parrilla** rôtir au four/sur le gril ; **~ a preguntas** harceler de questions ; **asarse** vpr (*fig*) cuire ; **me aso de calor** (*fig*) j'étouffe de chaleur ; **aquí se asa uno vivo** on cuit ici

**asbesto** nm asbeste m

**ascendencia** nf ascendance f ; **de ~ francesa** d'origine française ; **tener ~ sobre algn** avoir de l'ascendant sur qn

**ascendente** adj (*movimiento, tendencia*) ascendant(e) ▶ nm (*en el zodíaco*) ascendant m

**ascender** vi monter ; (*Deporte*) monter, passer ; (*en puesto de trabajo*) monter en grade ; **~ a** (*cantidad*) s'élever à ; **ascendió a general** il a accédé au grade de général, il est passé général ▶ vt faire monter

**ascendiente** nm ascendant m ; **ascendientes** nmpl ascendants mpl

**ascensión** nf ascension f ; **la A~** (*Rel*) l'Ascension

**ascenso** nm promotion f

**ascensor** nm ascenseur m

**asceta** nmf ascète mf

**ascético, -a** adj ascétique

**ascienda** etc vb ver **ascender**

**asco** nm : **¡qué ~!** c'est dégoûtant ! ; **el ajo me da ~** j'ai horreur de l'ail ; **hacer ascos a algo** faire la fine bouche devant qch ; **estar hecho un ~** être dans un sale état ; **poner a algn de ~** (*Am*) abreuver qn d'injures ; **ser un ~** (*clase, libro*) être nul(le) ; (*película*) être un navet ; **morirse de ~** s'ennuyer à mourir

**ascua** nf braise f ; **arrimar el ~ a su sardina** tirer la couverture à soi ; **estar en o sobre ascuas** être sur des charbons ardents

**aseado, -a** adj (*persona*) impeccable, bien mis(e) ; (*casa*) impeccable

**asear** vt (*casa*) arranger ; (*persona*) arranger, faire la toilette de ; **asearse** vpr (*persona*) s'arranger, faire sa toilette

**asechanza** nf traquenard m

**asediar** vt assiéger ; (*fig*) assaillir

**asedio** nm siège m ; (*Com*) forte demande f

**asegurado, -a** adj, nm/f assuré(e)

**asegurador, a** nm/f assureur m ▶ nf (tb: **compañía aseguradora**) compagnie f d'assurances

**asegurar** vt assurer ; (*cuerda, clavo*) fixer ; (*maleta*) bien fermer ; (*afirmar*) assurer ; (*garantizar*) garantir ; **se lo aseguro** je vous assure ; **asegurarse** vpr : **asegurarse (de)** s'assurer (de) ; **asegurarse (contra)** (*Com*) s'assurer (contre), prendre une assurance (contre)

**asemejarse** vpr : **~ a** ressembler à

**asentado, -a** adj sensé(e) ; **estar ~ en** être situé(e) dans o sur ; (*persona*) être établi(e) à

**asentamiento** nm (*acción: de personas, partículas*) établissement m, installation f ; (*lugar: de personas*) emplacement m, aménagement m ; (: *de animales*) colonie f ; **un ~ fenicio** une installation phénicienne

**asentar** vt (*sentar*) asseoir ; (*poner*) placer ; (*alisar*) aplatir ; (*golpe*) asséner ; (*instalar*) installer ; (*asegurar*) assurer ; (*Com*) inscrire ; **asentarse** vpr (*persona*) s'établir ; (*líquido, polvo*) se déposer

**asentimiento** nm assentiment m

**asentir** vi acquiescer ; **~ con la cabeza** acquiescer d'un signe de tête

**aseo** nm hygiène f, toilette f ; (*orden*) soin m ; **cuarto de ~** cabinet m de toilette ; **~ personal** hygiène personnelle ; **aseos** nmpl (*servicios*) toilettes fpl

**aséptico, -a** adj aseptique

**asequible** adj (*precio*) abordable ; (*meta*) accessible ; (*persona*) accessible, abordable ; **~ a** (*comprensible*) accessible à, à la portée de

**aserradero** nm scierie f

**aserrar** vt scier

**asesinar** vt assassiner

**asesinato** nm assassinat m

**asesino** nm assassin m

**asesor, a** nm/f conseiller(-ère), consultant(e) ; (*Com*) consultant(e) ; **~ administrativo(-a)** conseiller(-ère) en gestion ; **~ de imagen** conseiller(-ère) en communication

**asesoramiento** nm conseil m, assistance f

**asesorar** vt (*Jur, Com*) conseiller ; **asesorarse** vpr : **asesorarse con** o **de** prendre conseil auprès de

**asesoría** nf (*cargo*) conseil m ; (*oficina*) cabinet m d'expert-conseil

**asestar** vt (*golpe*) asséner ; (*tiro*) envoyer

**aseveración** nf affirmation f, assertion f

**aseverar** vt assurer, affirmer

**asfaltado, -a** adj asphalté(e) ▶ nm asphalte m

**asfaltar** vt asphalter, bitumer

**asfalto** nm bitume m

**asfixia** nf asphyxie f

**asfixiante** adj (*gas*) asphyxiant(e) ; (*calor*) étouffant(e)

**asfixiar** vt (*suj: persona*) asphyxier ; (: *calor*) étouffer ; **asfixiarse** vpr s'asphyxier, étouffer ; **asfixiarse de calor** étouffer de chaleur

**asgo** etc vb ver **asir**

**así** adv (*de esta manera*) ainsi ; **~, ~** comme ci comme ça, couci-couça ; **~ de grande** grand(e) comme ça ; **~ llamado** soi-disant, prétendu ; **~ es la vida** c'est la vie ; **¡~ sea!** ainsi soit-il ! ; **y ~ sucesivamente** et ainsi de suite ; **¿no es ~?** n'est-ce pas (vrai) ? ; **seis euros o ~** à peu près six euros ; **~ como** (*del mismo modo*) ainsi que, de même que ; (*en cuanto*) dès que ▶ conj + subjuntivo même si ; **~ y todo** malgré tout ; **~ pues** ainsi donc ; **~ que** (*en cuanto*) dès que ; (*por consiguiente*) donc

**Asia** nf Asie f

## asiático – astral

**asiático, -a** adj asiatique ▶ nm/f Asiatique mf
**asidero** nm anse f
**asiduidad** nf assiduité f
**asiduo, -a** adj assidu(e) ▶ nm/f habitué(e)
**asiento** vb ver **asentar; asentir** ▶ nm siège m ; (*de silla etc*) assise f ; (*de cine, tren*) place f ; (*Com*) inscription f ; **tomar ~** prendre place ; **~ delantero/trasero** siège avant/arrière
**asierre** etc vb ver **aserrar**
**asignación** nf attribution f ; (*reparto*) assignation f ; (*paga*) traitement m ; (*Com*) allocation f ; **~ de presupuesto** crédit m budgétaire ; **~ (semanal)** salaire m (hebdomadaire) ; (*a un hijo*) argent m de poche
**asignar** vt assigner ; (*cantidad*) allouer, attribuer
**asignatura** nf matière f, discipline f ; **~ pendiente** épreuve f à repasser ; **es nuestra ~ pendiente** (*fig*) c'est quelque chose qui nous reste à faire
**asilado, -a** nm/f (*Pol*) réfugié(e) politique ; (*en asilo de ancianos*) pensionnaire mf
**asilo** nm asile m ; **derecho de ~** droit m d'asile ; **pedir/dar ~ a algn** demander/donner asile à qn ; **~ de ancianos** asile (de vieillards), hospice m ; **~ de pobres** hospice des pauvres ; **~ político** asile politique
**asimétrico, -a** adj asymétrique
**asimilación** nf assimilation f
**asimilar** vt assimiler ; **asimilarse** vpr: **asimilarse a** s'assimiler à
**asimismo** adv aussi
**asintiendo** etc vb ver **asentir**
**asir** vt saisir ; **asirse** vpr: **asirse a** o **de** s'accrocher à
**asistencia** nf assistance f ; (*tb*: **asistencia médica**) soins mpl médicaux ; **~ social/técnica** assistance sociale/technique
**asistencial** adj d'aide, d'assistance
**asistenta** nf femme f de ménage
**asistente** nmf assistant(e) ; **los asistentes** les assistants mpl ; **~ social** employé(e) des services sociaux ; (*mujer*) assistante f sociale ▶ nm (*Mil*) ordonnance f
**asistido, -a** adj (*Auto: dirección*) assisté(e) ; **~ por ordenador** assisté(e) par ordinateur
**asistir** vt (*Med*) assister, soigner ; (*ayudar*) assister, secourir ; (*acompañar*) assister ▶ vi: **~ (a)** assister (à)
**asma** nf asthme m
**asmático, -a** adj, nm/f asthmatique mf
**asno** nm (*tb fig*) âne m
**asociación** nf association f ; **~ de ideas** association d'idées
**asociado, -a** adj, nm/f associé(e)
**asociar** vt associer ; **asociarse** vpr: **asociarse (a)** s'associer (à)
**asolar** vt dévaster, ravager
**asolear** vt mettre au soleil ; **asolearse** vpr prendre le soleil

**asomar** vt sortir, mettre dehors ; **~ la cabeza por la ventana** se mettre à la fenêtre ▶ vi (*sol*) poindre, se montrer ; (*barco*) apparaître ; **asomarse** vpr: **asomarse a** o **por** se montrer à, se mettre à
**asombrar** vt (*causar asombro*) étonner ; (*causar admiración*) stupéfier ; **asombrarse** vpr: **asombrarse (de)** (*sorprenderse*) s'étonner (de) ; (*asustarse*) s'effrayer (de)
**asombro** nm (*sorpresa*) étonnement m, stupéfaction f ; (*susto*) frayeur f ; **no salir de su ~** ne pas en revenir
**asombroso, -a** adj étonnant(e), stupéfiant(e)
**asomo** nm signe m, ombre f ; **ni por ~** pas le moins du monde, en aucune manière
**asonancia** nf assonance f
**asorocharse** (*AM*) vpr (*Med*) avoir le mal d'altitude o des montagnes
**aspa** nf croix fsg de Saint André ; (*de molino*) aile f ; **en ~** en forme de X
**aspaviento** nm gestes mpl outranciers ; **hacer aspavientos** faire des simagrées
**aspecto** nm aspect m, air m ; (*de salud*) mine f ; (*fig*) aspect ; **bajo este ~** vu(e) sous cet angle ; **tener buen/mal ~** (*persona*) avoir bonne/mauvaise mine ; **en todos los aspectos** sous tous les rapports
**aspereza** nf rugosité f ; (*de sabor*) âpreté f ; (*de terreno, carácter*) aspérité f
**áspero, -a** adj rugueux(-euse) ; (*sabor*) âpre
**aspersión** nf aspersion f ; **riego por ~** arrosage m par aspersion
**aspersor** nm arroseur m
**aspiración** nf aspiration f ; **aspiraciones** nfpl (*ambiciones*) aspirations fpl
**aspiradora** nf, **aspirador** nm aspirateur m
**aspirante** nmf candidat(e)
**aspirar** vt aspirer ▶ vi: **~ a (hacer)** aspirer à (faire)
**aspirina** nf aspirine f
**asquear** vt écœurer ; **asquearse** vpr: **asquearse de** être dégoûté(e) de
**asquerosidad** nf (*suciedad*) saleté f repoussante ; (*dicho*) grossièreté f ; (*truco*) tour m de cochon
**asqueroso, -a** adj, nm/f dégoûtant(e)
**asta** nf hampe f ; **a media ~** en berne ; **astas** nfpl (*Zool*) bois mpl
**astado, -a** adj cornu(e) ▶ nm (*Taur*) taureau m
**asterisco** nm astérisque m
**asteroide** nm astéroïde m
**astigmatismo** nm astigmatisme m
**astilla** nf éclat m ; (*de leña*) écharde f ; (*de hueso*) esquille f ; **de tal palo tal ~** tel père, tel fils ; **astillas** nfpl (*para fuego*) petit bois m ; **hacer astillas** briser
**astillarse** vpr voler en éclats, se briser
**astillero** nm chantier m naval
**astral** adj astral(e)

**astringente** *adj* astringent(e) ▶ *nm* astringent *m*

**astro** *nm* astre *m*

**astrofísica** *nf* astrophysique *f*

**astrología** *nf* astrologie *f*

**astrólogo, -a** *nm/f* astrologue *mf*

**astronauta** *nmf* astronaute *mf*

**astronave** *nf* astronef *m*

**astronomía** *nf* astronomie *f*

**astronómico, -a** *adj* astronomique ; *(conocimientos)* en astronomie

**astrónomo, -a** *nm/f* astronome *mf*

**astroso, -a** *adj (desaliñado)* déguenillé(e) ; *(vil)* vil(e)

**astucia** *nf* astuce *f*

**asturiano, -a** *adj* asturien(ne) ▶ *nm/f* Asturien(ne)

**Asturias** *nfpl* les Asturies *fpl* ; **Príncipe de ~** prince *m* des Asturies

**astutamente** *adv* astucieusement

**astuto, -a** *adj* astucieux(-euse) ; *(taimado)* rusé(e)

**asueto** *nm*: **día/semana/tarde de ~** jour *m*/semaine *f*/après-midi *m inv* o *f inv* de congé

**asumir** *vt* assumer

**asunceño, -a** *adj* d'Asunción ▶ *nm/f* natif(-ive) o habitant(e) d'Asunción

**Asunción** *nf (Geografía)* Asunción ; *(Rel)*: **la ~** l'Assomption *f*

**asunción** *nf* prise *f*

**asunto** *nm (tema)* sujet *m* ; *(negocio)* affaire *f* ; *(argumento)* thème *m* ; **¡eso es ~ mío!** cela me regarde ! ; **asuntos a tratar** affaires à régler ; **ir al ~** en venir aux choses sérieuses ; **Asuntos Exteriores** Affaires *fpl* étrangères

**asustadizo, -a** *adj* peureux(-euse)

**asustado, -a** *adj* effrayé(e), apeuré(e)

**asustar** *vt* faire peur à ; *(ahuyentar)* mettre en fuite ; **asustarse** *vpr*: **asustarse (de** o **por)** avoir peur (de)

**A.T.** *abr* (= *Antiguo Testamento*) AT (= *Ancien Testament*)

**atacante** *nmf* attaquant(e)

**atacar** *vt* attaquer ; *(teoría)* s'attaquer à

**atadura** *nf* attache *f*, lien *m* ; *(impedimento)* entrave *f*, lien

**atajar** *vt (interrumpir)* couper court à, interrompre ; *(cortar el paso a)* barrer la route à ; *(enfermedad)* enrayer ; *(riada, sublevación)* endiguer ; *(incendio)* maîtriser ; *(discurso)* interrompre ; *(Deporte)* plaquer ▶ *vi* prendre un raccourci

**atajo** *nm* raccourci *m* ; *(Deporte)* plaquage *m* ; **son un ~ de cobardes/ladrones** c'est une bande de lâches/voleurs ; **soltar un ~ de mentiras** débiter un tissu de mensonges

**atalaya** *nf* tour *f* de guet ; *(fig)* point *m* d'observation

**atañer** *vi*: **~ a** *(persona)* concerner ; *(gobierno)* incomber à ; **en lo que atañe a eso** en ce qui concerne cela

**ataque** *vb ver* **atacar** ▶ *nm (Mil)* attaque *f*, raid *m* ; *(Med)* attaque ; **¡al ~!** à l'attaque ! ; **~ de ira/de nervios/de risa/de tos** accès *m* de colère/crise *f* de nerfs/fou rire *m*/quinte *f* de toux ; **~ cardíaco** crise cardiaque

**atar** *vt* attacher ; **~ la lengua a algn** *(fig)* réduire qn au silence ; **~ cabos** déduire par recoupements ; **~ corto a algn** tenir la bride haute à qn ; **atarse** *vpr (zapatos)* attacher ; *(corbata)* nouer

**atardecer** *vi*: **atardece a las 8** la nuit tombe à 8 h ▶ *nm* tombée *f* du jour ; **al ~** à la tombée du jour

**atardezca** *etc vb ver* **atardecer**

**atareado, -a** *adj* occupé(e), affairé(e)

**atascar** *vt* boucher ; **atascarse** *vpr* se boucher ; *(coche)* s'embourber ; *(motor)* se gripper ; *(fig: al hablar)* bafouiller ; *(: en problema)* s'enliser

**atasco** *nm* obstruction *f* ; *(Auto)* bouchon *m*

**atasque** *etc vb ver* **atascar**

**ataúd** *nm* cercueil *m*, bière *f*

**ataviar** *vt* parer ; **ataviarse** *vpr* se parer

**atavío** *nm* toilette *f* ; **atavíos** *nmpl (adornos)* toilette, atours *mpl*

**atavismo** *nm* atavisme *m*

**ate** *(Méx) nm (dulce de membrillo)* gelée *f* de coings

**ateísmo** *nm* athéisme *m*

**atemorice** *etc vb ver* **atemorizar**

**atemorizar** *vt* faire peur à ; **atemorizarse** *vpr*: **atemorizarse de** o **por** s'effrayer de

**Atenas** *n* Athènes

**atenazar** *vt* tenailler

**atención** *nf* attention *f* ; **en ~ a esto** eu égard à cela ; **llamar la ~ a algn** *(despertar curiosidad)* attirer l'attention de qn ; *(reprender)* rappeler qn à l'ordre ; **prestar ~** prêter attention ; **« a la ~ de ... »** *(en carta)* « à l'attention de ... » ▶ *excl* attention ! ; **atenciones** *nfpl (amabilidad)* attentions *fpl*, égards *mpl*

**atender** *vt (consejos)* tenir compte de ; *(Tec)* entretenir ; *(enfermo)* s'occuper de, soigner ; *(niño)* s'occuper de ; *(cliente)* servir ; *(petición)* accéder à ▶ *vi*: **~ a** se soucier de ; *(detalles)* s'arrêter sur ; **~ al teléfono** répondre au téléphone ; **~ a la puerta** aller ouvrir la porte

**atendré** *etc vb ver* **atenerse**

**atenerse** *vpr*: **~ a** s'en tenir à ; **~ a las consecuencias** penser aux conséquences

**atenga** *etc vb ver* **atenerse**

**ateniense** *adj* athénien(ne) ▶ *nmf* Athénien(ne)

**atentado** *nm* attentat *m* ; *(delito)* atteinte *f*, attentat ; **~ contra la vida de algn** attentat à la vie de qn ; **~ contra el pudor** attentat à la pudeur ; **~ contra la salud pública** atteinte à la santé publique ; **~ golpista** coup *m* d'État ; **~ terrorista** attentat terroriste ; **~ suicida** attentat suicide

## atentamente – atraer

**atentamente** adv attentivement ; **le saluda ~** (en carta) cordialement
**atentar** vi : **~ a** o **contra** (seguridad) attenter à ; (moral, derechos) porter atteinte à ; **~ contra** attenter à la vie de, commettre un attentat contre
**atento, -a** adj attentif(-ive) ; (cortés) attentionné(e) ; **~ a** attentif(-ive) à ; **su atenta (carta)** (Com) votre courrier
**atenuante** adj : **circunstancias atenuantes** (Jur) circonstances fpl atténuantes
**atenuar** vt atténuer ; **atenuarse** vpr s'atténuer
**ateo, -a** adj, nm/f athée mf
**aterciopelado, -a** adj velouté(e)
**aterido, -a** adj : **~ de frío** transi(e)
**aterrador, a** adj épouvantable, effroyable
**aterrar** vt effrayer ; (aterrorizar) terrifier ; **aterrarse** vpr : **aterrarse de** o **por** être terrifié(e) par
**aterrice** etc vb ver **aterrizar**
**aterrizaje** nm (Aviat) atterrissage m ; **~ forzoso** atterrissage forcé
**aterrizar** vi (Aviat) atterrir
**aterrorice** etc vb ver **aterrorizar**
**aterrorizar** vt terroriser ; **aterrorizarse** vpr : **aterrorizarse (de** o **por)** être terrorisé(e) (par)
**atesorar** vt amasser ; (fig) accumuler
**atestado, -a** adj (testarudo) entêté(e) ; **~ de** plein(e) à craquer de ▶ nm (Jur) procès-verbal m
**atestar** vt envahir ; (Jur) attester
**atestiguar** vt (Jur) témoigner ; (fig: dar prueba de) témoigner de
**atestigüe** etc vb ver **atestiguar**
**atiborrar** vt envahir ; **atiborrarse** vpr : **atiborrarse de** se gaver de
**atice** etc vb ver **atizar**
**ático** nm appartement m au dernier étage d'un immeuble
**atienda** etc vb ver **atender**
**atildar** vt (Tip) accentuer ; **atildarse** vpr se pomponner
**atinado, -a** adj approprié(e) ; (sensato) sensé(e)
**atinar** vi viser juste ; (fig) deviner juste ; **~ con** o **en** (solución) trouver ; **~ a hacer** réussir à faire
**atípico, -a** adj atypique
**atiplado, -a** adj (voz) aigu(ë)
**atirantar** vt tendre
**atisbar** vt épier ; (vislumbrar) percevoir
**atisbo** nm (de recuperación, remordimiento) signe m ; (de esperanza, inteligencia) lueur f
**atizador** nm (para el fuego) tisonnier m
**atizar** vt (fuego, fig) attiser ; (horno etc) alimenter ; (Deporte) battre à plate couture ; (fam: golpe) flanquer
**atlántico, -a** adj atlantique ; **el océano A~** l'océan m Atlantique ▶ nm : **el A~** l'Atlantique m

**atlas** nm atlas m
**atleta** nmf athlète mf
**atlético, -a** adj (competición) d'athlétisme ; (persona) athlétique
**atletismo** nm athlétisme m
**atmósfera** nf atmosphère f
**atmosférico, -a** adj atmosphérique
**atol, atole** (CAm, Méx) nm (Culin) boisson à base de farine de maïs
**atolladero** nm (fig) impasse f ; **estar en un ~** être dans une impasse ; **sacar a algn de un ~** tirer qn d'embarras
**atollarse** vpr s'enliser, s'embourber ; (fig) s'embourber
**atolón** nm atoll m
**atolondradamente** adv étourdiment
**atolondrado, -a** adj étourdi(e)
**atolondramiento** nm étourderie f
**atolondrarse** vpr perdre la tête ; (por golpe) être étourdi(e)
**atómico, -a** adj atomique
**atomizador** nm atomiseur m
**átomo** nm atome m
**atónito, -a** adj pantois(e)
**atontado, -a** adj étourdi(e) ; (bobo) stupide ▶ nm/f abruti(e)
**atontamiento** nm abêtissement m
**atontar** vt abrutir ; **atontarse** vpr s'abêtir
**atorar** vt obstruer ; **atorarse** vpr s'étrangler
**atormentar** vt tourmenter, torturer ; **atormentarse** vpr se tourmenter
**atornillar** vt visser
**atorón** (Méx) nm (Auto: atasco) embouteillage m
**atorrante, -a** (CSur fam) adj (perezoso) fainéant(e) ; (vagabundo) vagabond(e) ▶ nm/f vagabond(e)
**atosigar** vt presser, harceler ; **atosigarse** vpr être angoissé(e) o tourmenté(e)
**atosigue** etc vb ver **atosigar**
**atrabiliario, -a** adj atrabilaire
**atracadero** nm débarcadère m
**atracador, a** nm/f braqueur(-euse)
**atracar** vt (Náut) amarrer ; (atacar) attaquer ▶ vi amarrer ; **atracarse** vpr : **atracarse (de)** (fam) se bourrer (de)
**atracción** nf (fuerza, centro de interés) attraction f ; (atractivo) attirance f ; **sentir ~ por** éprouver de l'attirance pour ; **centro/punto de ~** centre m/point m d'attraction ; **atracciones** nfpl (diversiones) attractions fpl
**atraco** nm agression f ; (en banco) hold-up m inv ; **~ a mano armada** attaque f à main armée
**atracón** nm : **darse** o **pegarse un ~ (de)** (fam) s'empiffrer (de) (fam), se bourrer (de)
**atractivo, -a** adj (persona) séduisant(e) ; (cosa) attrayant(e) ; (precio) attractif(-ive) ▶ nm attrait m ; (encanto) charme m
**atraer** vt attirer ; **dejarse ~ por** se laisser attirer par ; **atraerse** vpr s'attirer ; **atraerse a algn** conquérir qn

## atragantarse – audición

**atragantarse** *vpr*: ~ **(con)** s'étrangler (avec) ; **se me ha atragantado el chico ese** je ne peux pas le voir, celui-là ; **se me ha atragantado el inglés** l'anglais et moi, ça fait deux

**atraiga** *etc vb ver* **atraer**

**atraje** *etc vb ver* **atraer**

**atrancar** *vt* (*puerta*) barricader ; (*desagüe*) boucher ; **atrancarse** *vpr* (*desagüe*) se boucher ; (*mecanismo*) se gripper ; (*fig: al hablar*) bafouiller

**atranque** *etc vb ver* **atrancar**

**atrapar** *vt* attraper

**atraque** *etc vb ver* **atracar**

**atrás** *adv* (*posición*) derrière, en arrière ; (*dirección*) derrière ; ~ **de** (*AM: detrás de*) derrière ; **años/meses** ~ des années/mois auparavant ; **días** ~ cela fait des jours et des jours ; **asiento/parte de** ~ siège *m*/partie *f* arrière ; **cuenta** ~ compte *m* à rebours ; **marcha** ~ marche *f* arrière ; **echarse para** ~ reculer ; (*desdecirse*) faire marche arrière ; **ir hacia** ~ (*movimiento*) aller en arrière ; (*dirección*) aller derrière ; **estar** ~ être *o* se trouver derrière *o* en arrière ; **está más** ~ c'est plus loin derrière ; **volverse** ~ revenir en arrière, reculer ; (*desdecirse*) se dédire

**atrasado, -a** *adj* (*pago*) arriéré(e) ; (*país*) sous-développé(e) ; (*trabajo*) en retard ; (*costumbre*) du passé ; (*moda*) dépassé(e) ; **el reloj está** *o* **va** ~ la pendule retarde ; **ir** ~ (*Escol*) être en retard ; **poner fecha atrasada a** antidater

**atrasar** *vi*, *vt* retarder ; **atrasarse** *vpr* (*persona*) être en retard ; (*tren*) avoir du retard ; (*reloj*) retarder

**atraso** *nm* retard *m* ; **atrasos** *nmpl* (*Com*) arriérés *mpl*

**atravesado, -a** *adj* (*persona*) pervers(e) ; ~ **(en)** en travers (de)

**atravesar** *vt* traverser ; (*poner al través*) barrer ; **atravesarse** *vpr* se mettre en travers de ; **ese tipo se me ha atravesado** je ne peux pas voir ce type

**atraviese** *etc vb ver* **atravesar**

**atrayendo** *etc vb ver* **atraer**

**atrayente** *adj* attrayant(e)

**atreverse** *vpr*: ~ **a (hacer)** oser (faire)

**atrevido, -a** *adj* (*audaz*) audacieux(-euse) ; (*descarado*) insolent(e) ; (*moda, escote*) osé(e) ▶ *nm/f* audacieux(-euse) ; (*descarado*) insolent(e)

**atrevimiento** *nm* (*audacia*) audace *f* ; (*descaro*) insolence *f*

**atribución** *nf* attribution *f* ; **atribuciones** *nfpl* (*Pol, Admin*) attributions *fpl*

**atribuir** *vt* attribuer ; **atribuirse** *vpr* s'attribuer

**atribular** *vt* affliger ; **atribularse** *vpr* être affligé(e)

**atributo** *nm* attribut *m*, apanage *m* ; (*emblema*) attributs *mpl*

**atribuya** *etc vb ver* **atribuir**

**atribuyendo** *etc vb ver* **atribuir**

**atril** *nm* pupitre *m*, lutrin *m* ; (*Mús*) pupitre

**atrincherar** *vt* (*Mil*) retrancher ; **atrincherarse** *vpr* se retrancher ; **atrincherarse en** (*fig*) se retrancher dans *o* derrière

**atrio** *nm* (*Rel*) parvis *msg*

**atrocidad** *nf* atrocité *f* ; **atrocidades** *nfpl* (*disparates*) énormités *fpl*

**atrofiar** *vt* atrophier ; **atrofiarse** *vpr* s'atrophier

**atronador, a** *adj* (*ruido*) assourdissant(e) ; (*voz*) tonitruant(e)

**atropelladamente** *adv* (*hablar*) avec précipitation ; (*decidir*) à la hâte

**atropellado, -a** *adj* précipité(e)

**atropellar** *vt* écraser ; (*derribar*) renverser ; (*empujar*) bousculer ; (*agraviar*) malmener ; **atropellarse** *vpr* (*al hablar*) bafouiller ; (*al caminar*) se bousculer

**atropello** *nm* (*Auto*) accident *m* ; (*contra propiedad, derechos*) violation *f* ; (*empujón*) bousculade *f* ; (*agravio*) insulte *f* ; (*atrocidad*) atrocité *f*

**atroz** *adj* atroce ; (*frío*) terrible ; (*hambre*) de loup ; (*sueño*) irrésistible ; (*película, comida*) épouvantable

**atrozmente** *adv* atrocement

**ATS** *nmf abr* (*ESP*) (= *ayudante técnico sanitario*) infirmier(-ière)

**atto., -a.** *abr* (= *atento, a*) dévoué(e)

**attrezzo** *nm* accessoires *mpl*

**atuendo** *nm* tenue *f*

**atufar** *vt* (*suj: olor*) incommoder ; (*molestar*) irriter ; **atufarse** *vpr* (*fig*) se fâcher

**atún** *nm* thon *m*

**atunero, -a** *adj* (*industria, empresa*) du thon ; (*producción*) de thon ▶ *nm/f* (*pescador*) pêcheur(-euse) (de thon) ▶ *nm* (*barco*) thonier *m*

**aturdido, -a** *adj* (*por golpe, ruido, vino*) étourdi(e) ; (*por desgracia, noticia*) abasourdi(e)

**aturdimiento** *nm* étourdissement *m*

**aturdir** *vt* (*golpe, ruido, vino*) étourdir ; (*desgracia, noticia*) abasourdir ; **aturdirse** *vpr* être étourdi(e) ; (*por órdenes contradictorias*) être décontenancé(e)

**aturrullar** *vt* décontenancer ; **aturrullarse** *vpr* se décontenancer

**atusar** *vt* (*pelo: cortar*) couper ; (: *alisar*) arranger ; **atusarse** *vpr* se pomponner

**atuve** *etc vb ver* **atenerse**

**audacia** *nf* audace *f*

**audaz** *adj* audacieux(-euse)

**audazmente** *adv* audacieusement, avec audace

**audible** *adj* audible

**audición** *nf* audition *f* ; ~ **radiofónica** audition radiophonique

## audiencia - autoempleo

**audiencia** nf audience f; **~ pública** (Pol) audience publique
**audífono** nm audiophone m
**audioguía** nf audioguide m
**audiolibro** nm livre m audio
**audiovisual** adj audiovisuel(le)
**auditar** vt auditer
**auditivo, -a** adj auditif(-ive)
**auditor, a** nm/f commissaire mf aux comptes ▶ nf (empresa) cabinet m d'audit
**auditoría** nf audit m; (empresa) cabinet m d'audit
**auditorio** nm auditoire m; (sala) auditorium m
**auge** nm apogée m; (Com, Econ) essor m; **estar en ~** être en plein essor
**augurar** vt (suj: hecho) laisser présager; (: persona) prédire
**augurio** nm présage m
**aula** nf (en colegio) salle f de classe, classe f; (en universidad) salle de cours; **~ magna** amphithéâtre m
**aullar** vi hurler
**aullido** nm hurlement m
**aumentar** vt augmenter; (vigilancia) redoubler de; (Foto) agrandir; (con microscopio) grossir ▶ vi augmenter
**aumento** nm augmentation f; (vigilancia) redoublement m; **en ~** (precios) en hausse
**aun** adv même; **~ así** même ainsi, quand même; **~ cuando** même si
**aún** adv (todavía) encore, toujours; **~ no** pas encore, toujours pas; **~ más** encore plus; **¿no ha venido ~?** il n'est pas encore arrivé?, il n'est toujours pas arrivé?
**aunar** vt unir, allier; **aunarse** vpr s'unir, s'allier
**aunque** conj bien que, même si
**aúpa** adj: **de ~** (fam: catarro) carabiné(e) (fam); (: chica) bien roulé(e) (fam); (: espectáculo) sensass (fam)
**aupar** vt soulever; (fig) porter aux nues
**aura** nf (fig) aura f
**aureola** nf auréole f
**aurícula** nf (del corazón) oreillette f
**auricular** nm (Telec) écouteur m; **auriculares** nmpl écouteurs mpl
**aurora** nf aurore f; **~ boreal(is)** aurore boréale
**auscultar** vt ausculter
**ausencia** nf absence f; **brillar por su ~** briller par son absence
**ausentarse** vpr: **~ (de)** s'absenter (de)
**ausente** adj absent(e) ▶ nmf (Escol) absent(e); (Jur) personne f portée disparue
**ausentismo** nm absentéisme m
**auspiciar** (Am) vt (patrocinar) patronner
**auspicio** nm: **buen/mal ~** bons/mauvais auspices mpl; **auspicios** nmpl: **bajo los auspicios de** sous les auspices de

**austeramente** adv (vivir) austèrement; (mirar) sévèrement
**austericidio** nm cure f d'austérité
**austeridad** nf (de vida) austérité f; (de mirada) sévérité f
**austero, -a** adj austère; (lenguaje) dépouillé(e)
**austral** adj austral(e) ▶ nm (Am Hist: moneda) austral m
**Australia** nf Australie f
**australiano, -a** adj australien(ne) ▶ nm/f Australien(ne)
**Austria** nf Autriche f
**austriaco, -a, austríaco, -a** adj autrichien(ne) ▶ nm/f Autrichien(ne)
**auténticamente** adv authentiquement
**autenticar** vt = **autentificar**
**autenticidad** nf authenticité f
**auténtico, -a** adj authentique; (cuero) véritable; **es un ~ campeón** c'est un vrai champion
**autentificar** vt authentifier
**autentique** etc vb ver **autenticar**
**autismo** nm autisme m
**autista** adj, nmf autiste mf
**auto** nm (esp Csur: coche) voiture f; (Jur) arrêté m; **~ de comparecencia** assignation f; **~ de ejecución** titre m exécutoire; **~ sacramental** drame religieux espagnol des XVIème et XVIIème siècles, comparable aux mystères français du Moyen Âge; **autos** nmpl (Jur) pièces fpl d'un dossier; (: acta) procédure f judiciaire
**autoabastecerse** vpr (ser autosuficiente) être autosuffisant(e); **~ de** s'approvisionner en
**autoadhesivo, -a** adj autocollant(e)
**autoalimentación** nf (Inform): **~ de hojas** avancement m automatique du papier
**autoayuda** nf développement m personnel; **grupo de ~** groupe m d'entraide
**autobiografía** nf autobiographie f
**autobiográfico, -a** adj autobiographique
**autobronceador** nm autobronzant m
**autobús** nm autobus m; **~ de línea** car m
**autocar** nm autocar m; **~ de línea** car m
**autocaravana** nf camping-car m
**autocontrol** nm maîtrise f de soi, self-control m
**autócrata** nmf autocrate m
**autocráticamente** adv de manière autocratique
**autocrático, -a** adj autocratique
**autocrítica** nf autocritique f
**autóctono, -a** adj autochtone
**autodefensa** nf autodéfense f
**autodeterminación** nf autodétermination f
**autodidacta** adj, nmf autodidacte mf
**autódromo** nm autodrome m
**autoedición** nf publication f assistée par ordinateur, PAO f
**autoempleo** nm auto-emploi m, travail m (en tant qu') indépendant

**autoescuela** nf auto-école f
**autoestima** nf estime f de soi
**autoestop** nm = **autostop**
**autoestopista** nmf = **autostopista**
**autofinanciado, -a** adj autofinancé(e)
**autogestión** nf autogestion f
**autogobierno** nm gouvernement m autonome
**autógrafo** nm autographe m
**autoinmune** adj auto-immun(e)
**automación** nf = **automatización**
**autómata** nm (persona) automate m
**automáticamente** adv automatiquement
**automatice** etc vb ver **automatizar**
**automático, -a** adj automatique; (reacción) machinal(e) ▶ nm bouton-pression m
**automatización** nf automatisation f; **~ de fábricas** automation f industrielle; **~ de oficinas** bureautique f
**automatizar** vt automatiser
**automedicarse** vpr prendre des médicaments sans prescription médicale, se traiter soi-même
**automoción** nf: **la industria de la ~** l'industrie f automobile
**automotor, -triz** adj automoteur(-trice) ▶ nm automotrice f
**automóvil** nm automobile f
**automovilismo** nm automobilisme m
**automovilista** nmf (conductor) automobiliste mf
**automovilístico, -a** adj (industria) automobile
**autonomía** nf autonomie f; (territorio) région f autonome; **Estatuto de A~** (ESP) statut m d'autonomie
**autonómico, -a** (ESP) adj (elecciones) des communautés autonomes; (política) d'autonomie des régions; **gobierno ~** gouvernement m régional autonome
**autónomo, -a** adj (Pol, Inform) autonome; (trabajador) indépendant(e)
**autopista** nf autoroute f; **~ de peaje** autoroute à péage
**autopsia** nf autopsie f
**autor, a** nm/f auteur(e); **los autores del atentado** les auteurs de l'attentat
**autoría** nf (de libro etc) paternité f; (de crimen) responsabilité f
**autorice** etc vb ver **autorizar**
**autoridad** nf autorité f; **la ~ política/judicial** les autorités politiques/judiciaires; **ser una ~ en física/matemáticas** être une autorité en physique/mathématiques; **tener ~ sobre algn** avoir autorité sur qn; **~ local** autorité locale; **autoridades** nfpl (Pol) autorités fpl
**autoritario, -a** adj autoritaire
**autoritarismo** nm autoritarisme m
**autorización** nf autorisation f
**autorizado, -a** adj autorisé(e)

**autorizar** vt autoriser; **~ a hacer** autoriser à faire
**autorradio** nf autoradio m, poste m autoradio
**autorretrato** nm autoportrait m
**autoservicio** nm (tienda) libre-service m; (restaurante) self-service m
**autostop** nm auto-stop m; **hacer ~** faire de l'auto-stop
**autostopista** nmf auto-stoppeur(-euse)
**autosuficiencia** nf autosuffisance f; (económica) autarcie f
**autosuficiente** adj (economía) autarcique; (país) économiquement indépendant(e); (pey: persona) suffisant(e)
**autosugestión** nf autosuggestion f
**autovía** nf route f à quatre voies
**auxiliar** vt secourir, venir en aide à ▶ adj auxiliaire; (profesor) suppléant(e) ▶ nmf auxiliaire mf, assistant(e)
**auxilio** nm aide f, secours msg; **primeros auxilios** premiers secours mpl; **prestar ~ a algn** venir en aide à qn, porter secours à qn; **~ en carretera** secours mpl d'urgence ▶ excl au secours!
**Av.** abr (= Avenida) av. (= avenue)
**a/v** abr (= a la vista) ver **vista**
**aval** nm aval m; (garantía) garantie f; **~ bancario** garantie bancaire
**avalancha** nf avalanche f
**avalar** vt (Com) avaliser; (fig) garantir
**avalista** nm (Com) avaliseur m, avaliste m
**avance** vb ver **avanzar** ▶ nm (de tropas) avance f, progression f; (de la ciencia) progrès msg; (pago) avance; (TV: de noticias) flash m (d'information); (del tiempo) prévisions fpl météorologiques; (Cine) bande-annonce f
**avanzadilla** nf (patrulla) avant-garde f
**avanzado, -a** adj avancé(e), d'avant-garde; **de edad avanzada** d'un âge avancé, âgé(e)
**avanzar** vt avancer ▶ vi avancer, progresser; (proyecto) avancer; (alumno) avancer, faire des progrès
**avaricia** nf avarice f
**avariciosamente** adv avec avarice; (con avidez) avidement
**avaricioso, -a** adj avaricieux(-euse)
**avaro, -a** adj, nm/f avare mf
**avasallador, a** adj (triunfo, fuerza) écrasant(e); (persona) dominateur(-trice)
**avasallar** vt asservir, faire ployer
**avatar** nm (en Internet) avatar m; **avatares** nmpl (vicisitudes) aléas mpl, tribulations fpl
**Avda.** abr (= Avenida) av. (= avenue)
**AVE** sigla m (= Alta Velocidad Española) ≈ TGV m (= train à grande vitesse)
**ave** nf oiseau m; **~ de rapiña** oiseau de proie; **aves de corral** oiseaux mpl de basse-cour, volaille f
**avecinarse** vpr approcher

**avejentar** vt vieillir ; **avejentarse** vpr vieillir
**avellana** nf noisette f
**avellano** nm noisetier m, coudrier m
**avemaría** nm Ave m (Maria)
**avena** nf avoine f
**avendré** etc vb ver **avenir**
**avenga** etc vb ver **avenir**
**avenida** nf avenue f ; (de río) crue f
**avenido, -a** adj: **bien/mal** ~ uni(e)/désuni(e)
**avenir** vt mettre d'accord ; **avenirse** vpr (personas) s'entendre ; **avenirse a hacer** consentir à faire ; **avenirse a razones** se rendre à la raison
**aventado, -a** (Am) adj (osado) osé(e)
**aventajado, -a** adj remarquable
**aventajar** vt: ~ **a algn (en algo)** surpasser qn (en qch)
**aventar** vt (echar al aire) disperser ; (exponer al aire) exposer au vent ; (grano) vanner ; (Am fam: echar) jeter
**aventón** (Méx) nm: **dar un** ~ **a algn** déposer qn quelque part ; **pedir** ~ faire du stop
**aventura** nf aventure f
**aventurado, -a** adj aventureux(-euse)
**aventurar** vt (opinión) hasarder ; (capital) aventurer ; **aventurarse** vpr s'aventurer ; **aventurarse a hacer algo** s'aventurer à faire qch
**aventurero, -a** adj, nm/f aventurier(-ière)
**avergoncé** vb ver **avergonzar**
**avergoncemos** etc vb ver **avergonzar**
**avergonzado, -a** adj honteux(-euse), embarrassé(e)
**avergonzar** vt faire honte à ; **avergonzarse** vpr: **avergonzarse de (hacer)** avoir honte de (faire)
**avergüence** etc vb ver **avergonzar**
**avería** nf panne f
**averiado, -a** adj en panne
**averiar** vt endommager, faire tomber en panne ; **averiarse** vpr tomber en panne
**averiguación** nf enquête f ; (descubrimiento) découverte f
**averiguar** vt enquêter sur ; (descubrir) découvrir
**averigüe** etc vb ver **averiguar**
**aversión** nf aversion f ; **cobrar** ~ **a** prendre en aversion
**avestruz** nm autruche f
**avezado, -a** adj habitué(e), expérimenté(e) ; **los ya avezados en estos menesteres** ceux qui ont déjà de l'expérience dans ce genre d'affaires
**aviación** nf aviation f
**aviado, -a** (fam) adj: **¡estamos aviados!** on est servis ! (fam)
**aviador, a** nm/f aviateur(-trice)
**aviar** vt (maleta, comida) préparer ; (habitación) ranger

**avícola** adj avicole
**avicultura** nf aviculture f
**avidez** nf: ~ **de** o **por** empressement m à ; (pey) avidité f de ; **con** ~ avec avidité
**ávido, -a** adj: ~ **de** o **por** avide de
**aviente** etc vb ver **aventar**
**avieso, -a** adj (mirada) torve ; (espíritu, persona) retors(e) ; (intenciones) louche
**avinagrado, -a** adj aigri(e), revêche ; (voz) aigre
**avinagrarse** vpr s'aigrir
**avine** etc vb ver **avenir**
**Aviñón** n Avignon
**avío** nm préparatifs mpl ; **avíos** nmpl (de pesca) attirail m (de pêche) ; (de limpieza) ustensiles mpl (de ménage) ; (de costura) nécessaire m (à couture)
**avión** nm avion m ; (ave) martinet m ; **por** ~ (Correos) par avion ; ~ **de caza** avion de chasse, chasseur m ; ~ **de combate/de hélice/de reacción** avion de combat/à hélice/à réaction
**avioneta** nf avion m léger
**avisar** vt prévenir ; (ambulancia, fontanero, médico) appeler ; ~ **(de)** (advertir) avertir (de) ; (informar) avertir (de), faire part (de) ; ~ **a algn con antelación** prévenir qn
**aviso** nm avis msg ; (Com) commande f ; **estar/ poner sobre** ~ être sur ses gardes/mettre en garde ; **hasta nuevo** ~ jusqu'à nouvel ordre ; **sin previo** ~ sans préavis ; ~ **escrito** notification f par écrit
**avispa** nf guêpe f
**avispado, -a** adj éveillé(e)
**avisparse** vpr s'éveiller
**avispero** nm guêpier m ; **meterse en un** ~ (fig) se fourrer dans un guêpier
**avispón** nm frelon m
**avistar** vt distinguer
**avitaminosis** nf inv avitaminose f
**avituallamiento** nm ravitaillement m
**avituallar** vt ravitailler
**avivar** vt aviver ; (paso) presser ; **avivarse** vpr se raviver ; (discusión) s'animer
**avizor** adj: **estar ojo** ~ ouvrir l'œil
**avizorar** vt guetter, épier
**axila** nf aisselle f
**axioma** nm axiome m
**ay** excl aïe ! ; (aflicción) hélas ! ; **¡ay de mí!** pauvre de moi !
**aya** nf (institutriz) gouvernante f ; (niñera) nurse f
**ayatolá, ayatollah** nm ayatollah m
**ayer** adv hier ; **antes de** ~ avant-hier ; ~ **por la tarde** hier après-midi ▶ nm (pasado) passé m
**ayllu** (And) nm (caserío indio) hameau m indien
**aymara** = **aimara**
**ayo** nm précepteur m
**ayote** (Méx: calabaza) nm courge f

## Ayto. – azuzar

**Ayto.** *abr* = **ayuntamiento**
**ayuda** *nf* aide *f* ▶ *nm*: **~ de cámara** valet *m* de chambre
**ayudante, -a** *nm/f* adjoint(e) ; (*Escol*) assistant(e) ; (*Mil*) adjudant(e)
**ayudar** *vt* aider ; **~ a algn a hacer algo** aider qn à faire qch
**ayunar** *vi* jeûner
**ayunas** *nfpl*: **estar en ~** être à jeun ; (*fig*) ne rien savoir
**ayuno** *nm* jeûne *m*
**ayuntamiento** *nm* (*concejo*) municipalité *f* ; (*edificio*) mairie *f*, hôtel *m* de ville ; (*cópula*) copulation *f*
**azabache** *nm* jais *msg*
**azada** *nf* houe *f*
**azafata** *nf* hôtesse *f* de l'air ; (*de congreso*) hôtesse d'accueil
**azafate** (*AM*) *nm* (*bandeja*) plateau *m*
**azafrán** *nm* safran *m*
**azahar** *nm* fleur *f* d'oranger
**azalea** *nf* azalée *f*
**azar** *nm* (*casualidad*) hasard *m* ; (*desgracia*) malheur *m* ; **al/por ~** au/par hasard ; **juegos de ~** jeux *mpl* de hasard
**azararse** *vpr* avoir honte
**azaroso, -a** *adj* mouvementé(e)
**Azerbaiyán** *nm* Azerbaïdjan *m*
**azerbaiyano, -a** *adj, nm/f* azerbaïdjanais(e) ▶ *nm/f* Azerbaïdjanais(e)
**azogue** *nm* vif-argent *m*
**azor** *nm* autour *m*
**azoramiento** *nm* trouble *m*
**azorar** *vt* faire honte ; **azorarse** *vpr* se troubler
**Azores** *nfpl*: **las (Islas) ~** les Açores *fpl*
**azotaina** (*fam*) *nf* raclée *f* (*fam*)
**azotar** *vt* fouetter ; (*suj: lluvia*) fouetter, cingler ; (*fig*) sévir
**azote** *nm* coup *m* de fouet ; (*a niño*) fessée *f* ; (*fig*) fléau *m* ; (*látigo*) fouet *m*
**azotea** *nf* terrasse *f* ; **andar** *o* **estar mal de la ~** travailler du chapeau
**azteca** *adj* aztèque ▶ *nmf* Aztèque *mf*
**azúcar** *nm o nf* sucre *m* ; **~ glas** sucre glace
**azucarado, -a** *adj* sucré(e)
**azucarero, -a** *adj* (*industria*) sucrier(-ière) ; (*comercio*) du sucre ▶ *nm* sucrier *m*
**azuce** *etc vb ver* **azuzar**
**azucena** *nf* lis *m*, lys *m*
**azufre** *nm* soufre *m*
**azul** *adj* bleu(e) ▶ *nm* bleu *m* ; **~ celeste/ marino** bleu ciel/marine
**azulado, -a** *adj* bleuté(e), azuré(e) ; (*ligeramente azul*) bleuâtre
**azulejar** *vt* carreler
**azulejo** *nm* carreau *m* (*au mur*)
**azulgrana** *adj inv* de l'équipe de football du Football Club de Barcelone ▶ *nm*: **los Azulgranas** *les joueurs de l'équipe de football du Football Club de Barcelone*
**azuzar** *vt* exciter

# Bb

**B¹, b** [be] *nf (letra)* B, b *m inv* ; **B de Barcelona** ≈ B comme Berthe

**B²** *abr* (= *bien*) B, b (= *bien*) ; (*Meteorología*: = *baja presión*) D, d (= *dépression*)

**B.A.** *abr* = **Buenos Aires**

**baba** *nf* bave *f* ; **caérsele la ~ a algn** (*fig*) baver d'admiration

**babear** *vi* baver

**babel** *nm o nf (desorden)* cirque *m*

**babero** *nm* bavoir *m*

**babi** *nm* blouse *f*

**Babia** *nf*: **estar en ~** être dans la lune

**bable** *nm (Ling)* asturien *m*

**babor** *nm*: **a** *o* **por ~** à bâbord

**babosa** *nf* limace *f* ; *ver tb* **baboso**

**babosada** (*Am fam*) *nf* imbécillité *f*

**baboso, -a** (*Am fam*) *adj, nm/f* idiot(e), imbécile *mf*

**babucha** *nf* babouche *f*

**babuino** *nm* babouin *m*

**baca** *nf (Auto)* galerie *f*

**bacaladilla** *nf* merlan *m*

**bacalao** *nm* morue *f* ; **cortar el ~** (*fig*) mener la barque

**bacanal** *nf* orgie *f*

**bachata** *nf (ritmo)* bachata *f*

**bache** *nm* nid *m* de poule ; (*fig*) crise *f* passagère ; **~ de aire** trou *m* d'air

**bachiller** *nm (anticuado)* = **bachillerato**

**bachillerato** *nm (estudios)* études secondaires réalisées entre 16 et 18 ans ; (*título*) diplôme obtenu à l'issue de ces études secondaires

**bacilo** *nm* bacille *m*

**bacinilla** *nf* vase *m* de nuit

**backstage** [bakes'teiʒ] *nm (lugar)* coulisses *fpl* ; (*gente*) équipe *f* en coulisses

**bacteria** *nf* bactérie *f*

**bacteriológico, -a** *adj* bactériologique

**báculo** *nm (bastón)* bâton *m* ; (*de obispo*) crosse *f* ; (*fig*) soutien *m*

**badajo** *nm* battant *m* (*de cloche*)

**badén** *nm (en carretera)* cassis *msg* ; (*en acera*) bateau *m*

**bádminton** *nm* badminton *m*

**bafle, baffle** *nm* baffle *m*

**bagaje** *nm (de ejército)* barda *m* ; (*fig*) bagage *m* ; **~ cultural** bagage *m* culturel

**bagatela** *nf* bagatelle *f*

**Bagdad** *n* Bagdad

**bah** *excl (indicando desdén, incredulidad)* bah !

**Bahamas** *nfpl*: **las (Islas) ~** les (îles *fpl*) Bahamas *fpl*

**bahía** *nf* baie *f*

**bailable** *adj*: **música ~** musique *f* dansante
▶ *nm (anticuado)* ballet *m*

**bailaor, a** *nm/f* danseur(-euse) de flamenco

**bailar** *vt* danser ; (*peonza, trompo*) faire tourner
▶ *vi* danser ; (*peonza, trompo*) tourner ; **te bailan los pies en esos zapatos** tu nages dans ces souliers

**bailarín, -ina** *nm/f* danseur(-euse)

**baile** *nm* danse *f* ; (*fiesta*) bal *m* ; **~ de disfraces** bal masqué ; **~ de salón** danse de salon ; **~ flamenco** danse flamenco ; **~ regional** danse folklorique

**baja** *nf* baisse *f* ; (*Mil*) perte *f* ; **dar de ~ a algn** (*soldado*) réformer qn ; (*empleado*) congédier qn ; (*miembro de club*) exclure qn ; **darse de ~** (*de trabajo*) démissionner ; (*por enfermedad*) se faire porter malade ; (*de club*) se retirer ; **estar de ~** (*enfermo*) être en congé (de) maladie ; **jugar a la ~** (*Bolsa*) jouer à la baisse

**bajada** *nf* baisse *f* ; (*declive, camino*) pente *f* ; **~ de aguas** gouttière *f* ; **~ de bandera** (*en taxi*) prise *f* en charge

**bajamar** *nf* marée *f* basse

**bajar** *vi* descendre ; (*temperatura, precios, calidad*) baisser ; **~ de** (*de coche, autobús etc*) descendre de ; **los coches han bajado de precio** le prix des voitures a baissé ▶ *vt* baisser ; (*escalera, maletas*) descendre ; (*persiana*) abaisser ; (*Internet*) télécharger ; **bajarle los humos a algn** remettre qn à sa place ; **bajarse** *vpr* descendre ; (*Internet*) télécharger ; **bajarse algo de Internet** télécharger qch sur Internet

**bajeza** *nf* bassesse *f*

**bajío** (*Am*) *nm* banc *m* de sable

**bajista** *nmf (Mús)* bassiste *mf* ▶ *adj (Bolsa)* baissier(-ière)

**bajo, -a** *adj (piso)* inférieur(e) ; (*empleo*) médiocre ; (*persona, animal*) petit(e) ; (*ojos*) baissé(e) ; (*sonido*) faible ; **~ en** (*metal*) à faible teneur en ; **hablar en voz baja** parler à voix

## bajón – banco

basse ; **de clase baja** (*pey*) de bas étage ▶ *adv* bas ; **caer ~** (*fig*) tomber bas ▶ *prep* sous ; **~ la lluvia** sous la pluie ; **~ su punto de vista** de son point de vue ▶ *nm* (*Mús*) basse *f* ; (*en edificio*) rez-de-chaussée *m inv* ; **bajos** *nmpl* (*de falda, de pantalón*) bas *msg*

**bajón** *nm* chute *f* ; (*de salud*) dégradation *f* ; **dar** o **pegar un ~** (*fam: físicamente*) en prendre un coup ; (*anímicamente*) avoir un coup de cafard

**bajura** *nf*: **pesca de ~** pêche *f* côtière

**bakalao** (*fam*) *nm* techno *f*

**bala** *nf* (*proyectil*) balle *f* ; **como una ~** comme l'éclair

**balacera** (*Am*) *nf* échange *m* de coups de feu

**balada** *nf* ballade *f*

**baladí** *adj* insignifiant(e), sans importance

**baladronada** *nf* fanfaronnade *f*

**balance** *nm* (*Com*) bilan *m* ; (: *libro*) livre *m* de comptes ; **hacer ~ de** faire le point de ; **~ consolidado** bilan consolidé ; **~ de comprobación** balance *f* de vérification

**balancear** *vt* (*suj: viento, olas*) balancer ; **balancearse** *vpr* se balancer

**balanceo** *nm* balancement *m*

**balandrismo** *nm* voile *f*

**balandro** *nm* cotre *m*

**balanza** *nf* balance *f* ; (*Astrol*): **B~** Balance ; **~ comercial** balance commerciale ; **~ de pagos** balance des paiements ; **~ de poder(es)** équilibre *m* des pouvoirs

**balar** *vi* bêler

**balaustrada** *nf* balustrade *f* ; (*en escalera*) rampe *f*

**balazo** *nm* (*disparo*) coup *m* de feu ; (*herida*) blessure *f* par balle

**balboa** *nm* (*moneda*) balboa *m*

**balbucear** *vi, vt* balbutier

**balbuceo** *nm* balbutiement *m*

**balbucir** *vi, vt* = **balbucear**

**balbuzca** *etc vb ver* **balbucir**

**Balcanes** *nmpl*: **los (Montes) ~** les Balkans *mpl* ; **la Península de los ~** la péninsule des Balkans

**balcánico, -a** *adj* balkanique

**balcón** *nm* balcon *m*

**balda** *nf* étagère *f* (*planche*)

**baldado, -a** *adj*: **estar ~** (*fig*) être éreinté(e)

**baldar** *vt* estropier ; (*perjudicar*) ébranler

**balde** *nm* (*esp Am*) seau *m* ; **de ~** gratis ; **en ~** en vain

**baldío, -a** *adj* en friche ; (*esfuerzo, ruego*) vain(e)

**baldosa** *nf* carreau *m*

**baldosín** *nm* (*de pared*) petit carreau *m* en faïence

**balear** *adj* des Baléares ▶ *nmf* natif(-ive) o habitant(e) des Baléares ▶ *vt* (*Am*) abattre

**Baleares** *nfpl*: **las (Islas) ~** les (îles *fpl*) Baléares *fpl*

**balido** *nm* bêlement *m*

**balín** *nm* petite balle *f* ; **balines** *nmpl* (*perdigones*) plombs *mpl*

**balística** *nf* balistique *f*

**balístico, -a** *adj* balistique *f*

**baliza** *nf* (*Aviat, Náut*) balise *f*

**ballena** *nf* baleine *f*

**ballenato** *nm* baleineau *m*

**ballenero, -a** *adj* baleinier(-ière) ▶ *nm* (*pescador*) baleinier *m* ; (*barco*) baleinière *f*

**ballesta** *nf* (*Auto*) suspension *f*

**ballet** [ba'le] (*pl* **ballets**) *nm* ballet *m*

**balneario, -a** *adj* thermal(e) ; (*Am*) balnéaire ▶ *nm* station *f* thermale/balnéaire

**balompié** *nm* football *m*

**balón** *nm* ballon *m*

**balonazo** *nm*: **le dio un ~ en la cara** il lui a jeté le ballon à la figure

**baloncestista** *nmf* baskelteur(-euse)

**baloncesto** *nm* basket-ball *m*

**balonmano** *nm* hand-ball *m*

**balonvolea** *nm* volley-ball *m*

**balsa** *nf* (*Náut*) radeau *m* ; (*charca*) mare *f* ; **estar como ~ de aceite** (*mar*) être d'huile ; **ser ~ de aceite** (*fig*) être de tout repos

**balsámico, -a** *adj* balsamique

**bálsamo** *nm* baume *m*

**balsón** (*Am*) *nm* marécage *m*

**báltico, -a** *adj* baltique ; **el mar B~** la mer Baltique ▶ *nm*: **el B~** la Baltique *f*

**baluarte** *nm* (*de muralla*) rempart *m* ; (*fig*) bastion *m*

**bambolearse** *vpr* osciller ; (*silla*) branler ; (*persona*) tituber

**bamboleo** *nm* (*movimiento*) ballottement *m*

**bambú** *nm* bambou *m*

**banal** *adj* banal(e)

**banalidad** *nf* banalité *f* ; **banalidades** banalités *fpl*, futilités *fpl* ; **intercambiar banalidades con algn** échanger des banalités avec qn

**banana** (*Am*) *nf* banane *f*

**bananal** (*Am*) *nm* bananeraie *f*

**bananero, -a** *adj* bananier(-ière) ; **república bananera** (*pey*) république *f* bananière

**banano** (*Am*) *nm* bananier *m*

**banasta** *nf* panier *m* d'osier

**banca** *nf* (*Am: asiento*) banc *m* ; (*Com*) banque *f*, secteur *m* bancaire ; **la gran ~** les grandes banques *fpl*

**bancario, -a** *adj* bancaire ; **giro ~** virement *m* bancaire

**bancarrota** *nf* faillite *f* ; (*fraudulenta*) banqueroute *f* ; **declararse en ~** déclarer faillite

**banco** *nm* banc *m* ; (*de carpintero*) établi *m* ; (*Com*) banque *f* ; **~ comercial** banque commerciale ; **~ de arena** banc de sable ; **~ de crédito** établissement *m* de crédit ; **~ de datos** (*Inform*) banque de données ; **~ de hielo** banquise *f* ; **~ de sangre** banque du sang ;

## banda – barbecho

**~ mercantil** banque d'affaires ; **B~ Mundial** Banque mondiale ; **~ por acciones** banque de dépôt

**banda** *nf* bande *f* ; (*honorífica*) écharpe *f* ; (*Mús*) fanfare *f* ; (*para el pelo*) ruban *m* ; (*bandada*) volée *f*, bande ; **cerrarse en ~** ne rien vouloir entendre ; **fuera de ~** (*Deporte*) en touche ; **~ ancha** (*Inform*) haut débit *m* ; **~ de sonido** bande sonore ; **~ sonora** (*Cine*) bande-son *m* ; **~ transportadora** tapis *m* roulant

**bandada** *nf* (*de pájaros*) volée *f* ; (*de peces*) banc *m*

**bandazo** *nm* : **dar bandazos** (*coche*) faire des embardées

**bandeja** *nf* plateau *m* ; **servir algo en ~** (*fig*) servir qch sur un plateau d'argent ; **~ de entrada/salida** (*Inform*) boîte *f* de réception/d'envoi

**bandera** *nf* (*tb Inform*) drapeau *m* ; **izar (la) ~** hisser les couleurs ; **arriar la ~** amener les couleurs ; **jurar ~** prêter serment au drapeau ; **~ blanca** drapeau blanc

**banderilla** *nf* (*Taur*) banderille *f* ; (*tapa*) apéritif *m*

**banderillero** *nm* (*Taur*) banderillero *m*

**banderín** *nm* (*para la pared*) fanion *m*

**banderola** *nf* banderole *f* ; (*Mil*) pennon *m*

**bandido** *nm* bandit *m*

**bando** *nm* arrêté *m* ; (*facción*) faction *f* ; **pasar al otro ~** passer à l'ennemi ; **los bandos** *nmpl* (*Rel*) les bans *mpl*

**bandolera** *nf* (*bolso*) cartouchière *f* ; **llevar en ~** porter en bandoulière

**bandolero** *nm* brigand *m*

**bandoneón** (*Am*) *nm* bandonéon *m*

**bandurria** *nf* mandore *f*, mandole *f*

**banjo** ['banjo] *nm* banjo *m*

**banner** ['baner] *nm* (*Inform*) bandeau *m*

**banquero** *nm* banquier *m*

**banqueta** *nf* banquette *f* ; (*Am*) trottoir *m*

**banquete** *nm* banquet *m* ; **~ de bodas** repas *msg* de noces

**banquillo** *nm* (*Jur*) banc *m* des accusés ; (*Deporte*) gradin *m*, banquette *f*

**bañadera** (*Am*) *nf* baignoire *f*

**bañado** (*Am*) *nm* marais *msg*

**bañador** *nm* maillot *m* de bain

**bañar** *vt* baigner ; (*objeto*) tremper ; **~ en** *o* **de** (*de pintura*) enduire de ; (*chocolate*) enrober de ; **bañado en** baigné de ; **bañarse** *vpr* se baigner ; (*en la bañera*) prendre un bain

**bañera** *nf* baignoire *f*

**bañero** *nm* surveillant(e) de baignade

**bañista** *nmf* baigneur(-euse)

**baño** *nm* bain *m* ; (*en río, mar, piscina*) baignade *f* ; (*cuarto*) salle *f* de bains ; (*servicios*) toilettes *fpl* ; (*bañera*) baignoire *f* ; (*capa*) couche *f* ; **tomar baños de sol** prendre des bains de soleil ; **~ (de) María** bain-marie *m* ; **~ de vapor** bain de vapeur ; **~ turco** bain turc

**baptista** *nmf* baptiste *mf*

**baqueano, -a, baquiano, -a** (*Am*) *nm/f* guide *mf*

**baqueta** *nf* (*Mús*) baguette *f*

**bar** *nm* bar *m* ; **ir de bares** faire la tournée des bars

**barahúnda** *nf* tapage *m*

**baraja** *nf* jeu *m* de cartes ; **~ española** voir article

### BARAJA ESPAÑOLA

La **baraja española**, le jeu de cartes traditionnel espagnol, est différente du jeu de cartes français. Les quatre *palos* (couleurs) sont *oros* (pièces d'or), *copas* (coupes), *espadas* (épées) et *bastos* (gourdins). Chaque couleur se compose de neuf cartes numérotées de 1 à 9 (bien que, dans certains jeux, on n'en utilise que sept), et de trois figures : la *sota* (valet), le *caballo* (équivalent de la reine) et le *rey* (roi).

**barajar** *vt* battre ; (*fig*) envisager ; (*datos*) brasser

**baranda, barandilla** *nf* (*en escalera*) rampe *f* ; (*en balcón*) balustrade *f*

**barata** (*Méx*) *nf* (*mercadillo*) marché *m* ; (*Chi* : *cucaracha*) cafard *m*

**baratija** *nf* babiole *f* ; **baratijas** *nfpl* (*Com*) camelote *fsg*

**baratillo** *nm* (*de muebles, objetos*) brocante *f* ; (*de ropa*) friperie *f*

**barato, -a** *adj* bon marché *inv* ; **lo ~ sale caro** ce qui est bon marché revient cher ▶ *adv* bon marché

**baratura** *nf* bas prix *msg*

**baraúnda** *nf* = **barahúnda**

**barba** *nf* barbe *f* ; (*mentón*) menton *m* ; **tener ~** avoir de la barbe ; **reírse en las barbas de algn** rire au nez de qn ; **salir algo a tres euros por ~** (*fam*) revenir à trois euros par tête de pipe ; **con ~ de tres días** avec une barbe de trois jours ; **subirse a las barbas de algn** prendre des libertés avec qn ; **se rio en mis propias barbas** il m'a ri au nez

**barbacoa** *nf* barbecue *m*

**barbaridad** *nf* atrocité *f* ; (*imprudencia, temeridad*) témérité *f* ; (*disparate*) énormité *f* ; **come una ~** (*fam*) il mange énormément ; **¡qué ~!** (*fam*) quelle horreur ! ; **cuesta una ~** (*fam*) cela coûte les yeux de la tête ; **decir barbaridades** dire des énormités

**barbarie** *nf* barbarie *f*

**barbarismo** *nm* (*en lenguaje*) barbarisme *m*

**bárbaro, -a** *adj* barbare ; (*osado*) audacieux(-euse) ; (*fam* : *estupendo*) génial(e) (*fam*) ; (*éxito*) monstre (*fam*) ; **es un tipo ~** (*fam*) c'est un type génial (*fam*) ; **¡qué ~!** c'est formidable ! ▶ *nm/f* (*pey* : *salvaje*) barbare *mf* ▶ *adv* : **lo pasamos ~** (*fam*) ça a été génial (*fam*)

**barbecho** *nm* (*terreno*) jachère *f*

## barbería – base

**barbería** *nf* barbier *m*
**barbero** *nm* barbier *m*, coiffeur *m*
**barbilampiño** *adj* imberbe
**barbilla** *nf* menton *m*
**barbitúrico** *nm* barbiturique *m*
**barbo** *nm* barbeau *m* ; **~ de mar** rouget *m*
**barbotar, barbotear** *vt*, *vi* bredouiller
**barbudo, -a** *adj* barbu(e)
**barbullar** *vi* bredouiller
**barca** *nf* barque *f* ; **~ de pasaje** bac *m* ; **~ pesquera** barque de pêche
**barcaza** *nf* péniche *f* ; **~ de desembarco** péniche de débarquement
**Barcelona** *n* Barcelone
**barcelonés, -esa** *adj* barcelonais(e) ▶ *nm/f* Barcelonais(e), natif(-ive) o habitant(e) de Barcelone
**barco** *nm* bateau *m* ; **ir en ~** aller en bateau ; **~ de carga** cargo *m* ; **~ de guerra** navire *m* de guerre ; **~ de vela** bateau à voiles ; **~ mercante** navire marchand
**baremo** *nm* barème *m*
**barítono** *nm* baryton *m*
**barman** *nm inv* barman *m*
**Barna** (*fam*) *abr* = **Barcelona**
**barnice** etc *vb ver* **barnizar**
**barniz** *nm* (*tb fig*) vernis *msg* ; **~ de uñas** vernis à ongles
**barnizar** *vt* vernir
**barómetro** *nm* baromètre *m*
**barón** *nm* baron *m*
**baronesa** *nf* baronne *f*
**barquero, -a** *nm/f* barreur(-euse)
**barquilla** *nf* petite barque *f*
**barquillo** *nm* (*dulce*) cornet *m*
**barra** *nf* (*tb Jur*) barre *f* ; (*de un bar, café*) comptoir *m* ; (*de pan*) pain *m* long, baguette *f* ; (*palanca*) levier *m* ; **no pararse en barras** ne reculer devant rien ; **~ americana** bar *m* américain ; **~ espaciadora** o **de espaciado** (*Inform*) barre d'espacement ; **~ de labios** rouge *m* à lèvres ; **~ libre** (*en bar*) boissons *fpl* à volonté ; **barras paralelas** barres *fpl* parallèles
**barrabasada** *nf* méchanceté *f*
**barraca** *nf* baraque *f* ; (*en feria*) stand *m* ; (*en Valencia*) sorte de chaumière des rizières de la région de Valence
**barracón** *nm* baraquement *m*
**barragana** *nf* bonne amie *f*
**barranca** *nf* ravin *m*
**barranco** *nm* précipice *m* ; (*rambla*) fossé *m*
**barrena** *nf* mèche *f* (*pour percer*) ; **entrar en ~** (*Aviat*) descendre en vrille
**barrenar** *vt* forer
**barrendero, -a** *nm/f* balayeur(-euse)
**barreno** *nm* trou *m* de mine
**barreño** *nm* bassine *f*, cuvette *f*
**barrer** *vt* balayer ; (*niebla, nubes*) dissiper ; (*fig*) balayer ▶ *vi* balayer ; (*fig*) tout rafler ; **~ para dentro** tirer la couverture à soi

**barrera** *nf* barrière *f* ; (*Mil*) barrage *m* ; (*obstáculo*) obstacle *m* ; **poner barreras a** faire obstacle à ; **~ arancelaria** (*Com*) barrière douanière ; **~ del sonido** mur *m* du son ; **~ generacional** conflit *m* des générations
**barriada** *nf* (*barrio*) quartier *m* ; (*Am*: *de chabolas*) bidonville *m*
**barrica** *nf* barrique *f*
**barricada** *nf* barricade *f*
**barrida** *nf*, **barrido** *nm* balayage *m* ; **dar un barrido rápido** passer un petit coup de balai
**barriga** *nf* ventre *m* ; **rascarse** o **tocarse la ~** (*fam*) se tourner les pouces ; **echar ~** prendre du ventre
**barrigón, -ona, barrigudo, -a** *adj* bedonnant(e)
**barril** *nm* baril *m* ; **cerveza de ~** bière *f* pression, pression *f*
**barrilete** (*Arg*) *nm* (*cometa*) cerf-volant *m*
**barrio** *nm* quartier *m* ; **irse al otro ~** (*fam*) passer l'arme à gauche (*fam*) ; **de ~** (*cine, tienda*) de quartier ; **~ chino** (*de chinos*) quartier chinois ; (*de prostitución*) quartier des prostituées ; **~ de chabolas** bidonville *m* ; **barrios bajos** bas quartiers *mpl*
**barriobajero, -a** (*pey*) *adj* faubourien(ne), des bas quartiers
**barrizal** *nm* bourbier *m*
**barro** *nm* boue *f* ; (*arcilla*) terre *f* (glaise)
**barroco, -a** *adj* (*tb fig*) baroque ▶ *nm* baroque *m*
**barroquismo** *nm* (*estilo barroco*) baroquisme *m* ; (*adorno excesivo*) excessivité *f*
**barrote** *nm* (*de ventana etc*) barreau *m*
**barruntar** *vt* (*conjeturar*) deviner ; (*presentir*) pressentir
**barrunto** *nm* indice *m* ; (*sospecha*) soupçon *m*
**bartola**: **a la ~** (*fam*) *adv*: **tirarse** o **tumbarse a la ~** flemmarder (*fam*)
**bártulos** *nmpl* affaires *fpl*
**barullo** *nm* tohu-bohu *m inv* ; (*desorden*) pagaille *f* ; **¡qué ~!** quelle pagaille ! ; **a ~** (*fam*) en pagaille
**basa** *nf* (*Arq*) base *f*
**basalto** *nm* basalte *m*
**basamento** *nm* soubassement *m*
**basar** *vt*: **~ algo en** (*fig*) fonder qch sur ; **basarse** *vpr*: **basarse en** se fonder sur
**basca** *nf*, **bascas** *nfpl* haut-le-cœur *m inv* ; (*fam*: *pandilla*) bande *f* ; **le dio una ~** il lui prit soudain une lubie
**báscula** *nf* bascule *f*, balance *f* ; (*de baño*) pèse-personne *m* ; **~ biestable** (*Inform*) bascule
**bascular** *vi* (*péndulo*) osciller ; (*volquete*) s'incliner ; (*variar*) osciller, vaciller ; **~ entre una cosa y otra** osciller entre une chose et une autre
**base** *nf* base *f* ; **a ~ de** (*mediante*) grâce à ; **a ~ de bien** on ne peut mieux ; **carecer de ~** être dénué(e) de fondement ; **de ~** (*militante*,

## básico – be

*asamblea*) de base ; **partir de la ~ de que ...** partir du principe que ... ; **~ aérea/espacial/militar/naval** base aérienne/spatiale/militaire/navale ; **~ de datos** (*Inform*) base de données ; **~ de operaciones** base d'opérations ; **~ imponible** (*Fin*) assiette f de l'impôt ; **bases** *nfpl* (*de concurso, juego*) règlement *msg* ▶ *adj* (*color, salario*) de base

**básico, -a** *adj* (*elemento, norma, condición*) de base

**Basilea** *n* Bâle

**basílica** *nf* basilique f

**basilisco** *nm* iguane *m* ; **estar hecho un ~** être ivre de rage

**basket, básquet** *nm* basket *m*

(PALABRA CLAVE)

**bastante** *adj* 1 (*suficiente*) assez de ; **bastante dinero** assez d'argent ; **bastantes libros** assez de livres

2 (*valor intensivo*): **bastante gente** pas mal de gens ; **hace bastante tiempo que ocurrió** cela fait assez longtemps que c'est arrivé
▶ *adv* 1 (*suficiente*) assez ; **¿hay bastante?** il y en a assez ? ; **(lo) bastante inteligente (como) para hacer algo** assez intelligent(e) pour faire qch

2 (*valor intensivo*) assez ; **bastante rico** assez riche ; **voy a tardar bastante** je serai assez long

**bastar** *vi* suffire ; **~ para hacer** suffire pour faire ; **me basta con cinco** cinq me suffisent ; **me basta con ir** il me suffit d'y aller ; **¡basta!** ça suffit ! ; **basta (ya) de ...** arrêtez *etc* de ... ; **bastarse** *vpr*: **bastarse (por sí mismo)** se suffire (à soi-même)

**bastardilla** *nf* (*Tip*) italique *m*

**bastardo, -a** *adj, nm/f* bâtard(e)

**bastidor** *nm* (*de costura*) métier *m* à broder ; (*de coche, Arte*) châssis *msg* ; **entre bastidores** dans les coulisses

**bastión** *nm* bastion *m*

**basto, -a** *adj* rustre ; (*tela*) grossier(-ière) ; **bastos** *nmpl* (*Naipes*) l'une des quatre couleurs du jeu de cartes espagnol

**bastón** *nm* (*cayado*) canne f ; (*vara*) bâton *m* ; (*tb*: **bastón de esquí**) bâton *m* de ski ; **~ de mando** bâton de commandement

**bastonazo** *nm* coup *m* de bâton

**bastoncillo** *nm* (*de algodón*) coton-tige *m*

**basura** *nf* ordures *fpl* ; (*tb*: **cubo de la basura**) poubelle f

**basurero, a** *nm/f* (*persona*) éboueur(-euse)
▶ *nm* (*lugar*) décharge f ; (*cubo*) poubelle f

**bata** *nf* robe f de chambre ; (*Med, Tec, Escol*) blouse f

**batacazo** *nm*: **darse un ~** se casser la figure

**batalla** *nf* bataille f ; **de ~** de tous les jours ; **~ campal** bataille rangée ; **~ de gallos** (*en hip-hop*) combat *m* de coqs

**batallar** *vi* batailler ; **~ por algo/algn** se battre pour qch/qn

**batallón** *nm* bataillon *m* ; **un ~ de gente** une multitude de gens

**batata** (*AM*) *nf* (*Bot, Culin*) patate f douce

**bate** *nm* (*Deporte*) batte f

**batea** *nf* plateau *m*

**bateador** *nm* (*Deporte*) batteur *m*

**batear** (*Deporte*) *vt* frapper (la balle) avec une batte ▶ *vi* frapper

**batería** *nf* batterie f ; **aparcar/estacionar en ~** se garer/stationner en épi ; **~ de cocina** batterie de cuisine ▶ *nmf* (*persona*) batteur(-euse)

**baterista** *nmf* (*AM*) batteur(-euse)

**batiburrillo** *nm* fouillis *msg*

**batida** *nf* battue f ; (*AM*: *redada*) rafle f

**batido, -a** *adj* (*camino*) battu(e) ; (*mar*) agité(e)
▶ *nm* (*de chocolate, frutas*) milk-shake *m*

**batidora** *nf* mixeur *m* ; **~ eléctrica** batteur *m* électrique

**batiente** *adj ver* **puerta**

**batín** *nm* veste f d'intérieur

**batir** *vt* battre ; (*nata*) fouetter ; **~ palmas** battre des mains ▶ *vi*: **~ (contra)** battre (contre) ; **batirse** *vpr*: **batirse en duelo** se battre en duel ; **batirse en retirada** battre en retraite

**baturro, -a** *adj* aragonais(e) ▶ *nm/f* paysan(ne) aragonais(e)

**batuta** *nf* (*Mús*) baguette f ; **llevar la ~** mener la danse

**baudio** *nm* (*Inform*) baud *m*

**baúl** *nm* malle f, coffre *m* ; (*AM Auto*) coffre *m*

**bautice** *etc vb ver* **bautizar**

**bautismo** *nm* (*Rel*) baptême *m* ; **~ de fuego** baptême du feu

**bautizar** *vt* baptiser

**bautizo** *nm* baptême *m*

**bauxita** *nf* bauxite f

**bávaro, -a** *adj* bavarois(e) ▶ *nm/f* Bavarois(e)

**Baviera** *nf* Bavière f

**baya** *nf* baie f ; *ver tb* **bayo**

**bayeta** *nf* (*para limpiar*) chiffon *m* à poussière ; (*AM*: *pañal*) lange *m*

**bayo, -a** *adj* isabelle *inv* ▶ *nm* papillon *m* du ver à soie

**bayoneta** *nf* baïonnette f

**baza** *nf* (*Naipes*) pli *m* ; (*fig*) atout *m* ; **meter ~** mettre son grain de sel

**bazar** *nm* (*comercio*) bazar *m*

**bazo** *nm* (*Anat*) rate f

**bazofia** *nf*: **es una ~** c'est infect ; **esa novela es una ~** ce roman est nul

**BCE** *nm abr* (= *Banco Central Europeo*) BCE f (= *Banque centrale européenne*)

**be¹** *nf* (*letra*) b *m inv*, lettre f b ; **be chica** (*MÉX*) v *m inv* ; **be larga** (*AM*), **be grande** (*MÉX*) b ; **be por be** (*fig*) en détail ; **tener las tres bes**

(hum: bueno, bonito y barato) être bien et pas cher, être d'un bon rapport qualité/prix
**be²** nm (balido) bêlement m
**beatificación** nf béatification f
**beatificar** vt béatifier
**beatífico, -a** adj (sonrisa, actitud) béat(e)
**beatitud** nf béatitude f
**beato, -a** adj, nm/f (pey) bigot(e) ; (Rel) bienheureux(-euse)
**beba** (CSur) nf (nena) bébé m (petite fille)
**bebe** (AM) nm bébé m
**bebé** nm bébé m
**bebedero** nm abreuvoir m
**bebedizo, -a** adj buvable ▶ nm potion f
**bebedor, a** nm/f buveur(-euse)
**bebé-probeta** (pl bebés-probeta) nmf bébé-éprouvette m
**beber** vt, vi boire ; ~ **por** (brindar) boire à ; ~ **a sorbos** boire à petites gorgées ; **se lo bebió todo** il a tout bu ; ~ **como un cosaco** boire comme un trou ; **no digas de esta agua no beberé** il ne faut jamais dire « Fontaine, je ne boirai pas de ton eau »
**bebida** nf boisson f
**bebido, -a** adj ivre
**bebito, -a** (CSur) nm/f petit bébé m
**beca** nf bourse f
**becado, -a** adj boursier(-ière)
**becar** vt accorder une bourse à
**becario, -a** nm/f boursier(-ière) ; (en prácticas) stagiaire mf
**becerro, -a** nm/f (Zool) veau m
**bechamel** nf = **besamel**
**becuadro** nm (Mús) bécarre m
**bedel, a** nm/f (Escol, Univ) appariteur(-trice)
**beduino, -a** adj bédouin(e) ▶ nm/f Bédouin(e)
**beicon** nm bacon m
**beige** ['beix], **beis** adj, nm beige m
**béisbol** nm base-ball m
**beldad** nf beauté f
**Belén** n Bethléem
**belén** nm crèche f
**belga** adj belge ▶ nmf Belge mf
**Bélgica** nf Belgique f
**Belgrado** n Belgrade
**Belice** nm (le) Bélize m
**belicista** adj, nmf belliciste mf
**bélico, -a** adj (armamento, preparativos) de guerre ; (conflicto) armé(e) ; (actitud) belliqueux(-euse)
**belicoso, -a** adj belliqueux(-euse)
**beligerancia** nf belligérance f
**beligerante** adj belligérant(e)
**bellaco, -a** adj, nm coquin(e)
**belladona** nf (Bot) belladone f
**bellaquería** nf friponnerie f ; (de persona, hecho, dicho) fourberie f
**belleza** nf beauté f
**bello, -a** adj beau (belle) ; **Bellas Artes** beaux-arts mpl

> En francés, el adjetivo *beau* se transforma en *bel* cuando precede a un sustantivo masculino que comienza por vocal o h muda. Por ejemplo: *un bel exemple*.

**bellota** nf gland m
**bemol** nm (Mús) bémol m ; **esto tiene bemoles** (fam) c'est pas de la tarte (fam)
**benceno** nm benzène m
**bencina** (CHI) nf (gasolina) essence f
**bendecir** vt bénir ; ~ **la mesa** dire le bénédicité
**bendición** nf bénédiction f ; **ser una** ~ être une bénédiction ; **dar** o **echar la** ~ donner sa bénédiction
**bendiga** etc, **bendije** etc vb ver **bendecir**
**bendito, -a** pp de **bendecir** ▶ adj bénit(e) ; (feliz) bienheureux(-euse) ; **¡~ sea Dios!** Dieu soit loué ! ▶ nm/f brave homme/femme ; (ingenuo) benêt m ; **dormir como un** ~ dormir à poings fermés
**benedictino, -a** adj, nm/f bénédictin(e)
**benefactor, a** nm/f bienfaiteur(-trice)
**beneficencia** nf (tb: **beneficencia pública**) assistance f publique
**beneficiar** vt profiter à ; **beneficiarse** vpr: **beneficiarse (de** o **con)** bénéficier (de)
**beneficiario, -a** nm/f bénéficiaire mf
**beneficio** nm (bien) bienfait m ; (ganancia) bénéfice m ; **a/en ~ de** au bénéfice de ; **sacar ~ de** tirer profit de ; **en ~ propio** dans son etc propre intérêt ; **~ bruto/neto/por acción** bénéfice brut/net/(net) par action
**beneficioso, -a** adj salutaire ; (Econ) avantageux(-euse), profitable
**benéfico, -a** adj (organización, festival) de bienfaisance ; **sociedad benéfica** œuvre f de bienfaisance
**benemérito, -a** adj méritant(e) ▶ nf: **la Benemérita** (Esp) la Garde Civile espagnole
**beneplácito** nm accord m ; **dar el** ~ donner son accord
**benevolencia** nf bienveillance f
**benevolente, benévolo, -a** adj bienveillant(e)
**Bengala** nf Bengale m ; **el Golfo de** ~ le golfe du Bengale
**bengala** nf (Mil) fusée f éclairante ; (luz) feu m de Bengale
**bengalí** adj bengali ▶ nmf Bengali mf ▶ nm (Ling) bengali nm
**benignidad** nf affabilité f, douceur f
**benigno, -a** adj bienveillant(e) ; (clima) clément(e) ; (resfriado, Med) bénin (bénigne)
**benjamín, -ina** nm/f (tb Deporte) benjamin(e) ▶ nm (botella) quart m
**beodo, -a** adj ivre ▶ nm/f ivrogne mf
**berberecho** nm coque f
**bereber, beréber, berebere** adj berbère ▶ nmf Berbère mf ▶ nm berbère m
**berenjena** nf aubergine f

## berenjenal – bien

**berenjenal** nm champ m d'aubergines ; **meterse en un ~** (fam) se mettre dans de beaux draps
**bergantín** nm brigantin m
**berilio** nm béryllium m
**Berlín** n Berlin
**berlina** nf (Auto) berline f
**berlinés, -esa** adj berlinois(e) ▶ nm/f Berlinois(e)
**bermejo, -a** adj vermeil(le)
**bermellón** nm vermillon m
**Bermudas** nfpl: **las (Islas) ~** les (îles fpl) Bermudes fpl
**bermudas** nfpl o nmpl bermuda msg
**Berna** n Berne
**berrear** vi mugir ; (niño) brailler
**berrido** nm mugissement m ; (niño) braillement m
**berrinche** (fam) nm petite colère f ; (disgusto) contrariété f ; **llevarse un ~** se mettre en rogne
**berro** nm cresson m
**berza** nf chou m ; **~ lombarda** chou rouge
**besamel** nf béchamel f
**besar** vt embrasser ; (fig: tocar) effleurer ; **besarse** vpr s'embrasser
**beso** nm baiser m ; **un ~, besos** (en carta) (grosses) bises fpl, bisous mpl
**bestia** nf bête f ; (fig) brute f ; **¡no seas ~!** ne sois pas si vache ! ; (idiota) ne sois pas si bête ! ; **a lo ~** comme une brute ; **mala ~** peau f de vache ; **~ de carga** bête de somme
**bestial** adj (inhumano) bestial(e) ; (fam: calor) terrible ; (error) aberrant(e)
**bestialidad** nf bestialité f ; (fam) énormité f
**bestseller** (pl **bestsellers**) nm best-seller m
**besugo** nm daurade f ; (fam) bourrique f
**besuguera** nf plat m à poisson
**besuquear** (fam) vt bécoter (fam) ; **besuquearse** vpr se bécoter (fam)
**beta** adj inv (Inform) bêta inv
**bético, -a** adj andalou(se) ; (Fútbol) du club de football du Séville connu comme le « Betis »
**betún** nm cirage m ; (Quím) bitume m ; **quedar a la altura del ~** (fam) passer pour un(e) minable (fam)
**bianual** adj semestriel(le)
**Bib.** abr = **biblioteca**
**biberón** nm biberon m
**Biblia** nf Bible f
**bíblico, -a** adj biblique
**bibliobús** nm bibliobus m
**bibliografía** nf bibliographie f
**bibliográfico, -a** adj bibliographique
**biblioteca** nf bibliothèque f ; **~ de consulta** bibliothèque de consultation
**bibliotecario, -a** nm/f bibliothécaire mf
**biblioteconomía** nf bibliothéconomie f
**bicameral** adj (Pol) bicaméral(e)
**bicarbonato** nm bicarbonate m

**bicentenario, -a** adj, nm bicentenaire m
**bíceps** nm inv biceps msg
**bicho** nm (insecto) bestiole f ; (fam: animal) bête f ; (: personne) peste f ; (Taur) taureau m ; **mal ~** (fam) chameau m (fam) ; **~ raro** (fam) drôle d'oiseau m
**bici** (fam) nf vélo m
**bicicleta** nf bicyclette f
**bicoca** (fam) nf bonne affaire f
**bicolor** adj bicolore
**bidé** nm bidet m
**bidireccional** adj (Inform) bidirectionnel(le)
**bidón** nm bidon m
**Bielorrusia** nf Biélorussie f
**bielorruso, -a** adj biélorusse ▶ nm/f Biélorusse mf ▶ nm (Ling) biélorusse m

(PALABRA CLAVE)

**bien** nm bien m ; **te lo digo por tu bien** je te le dis pour ton bien ; **el bien y el mal** (moral) le bien et le mal ; **hacer el bien** faire le bien
**bienes** nmpl (posesiones) biens mpl ; **bienes de consumo** biens de consommation ; **bienes de equipo** biens d'équipement ; **bienes gananciales** biens communs ; **bienes inmuebles/muebles** biens immeubles/ meubles ; **bienes raíces** biens-fonds mpl
▶ adv **1** (de manera satisfactoria, correcta) bien ; **trabaja/come bien** il travaille/mange bien ; **huele bien** cela sent bon ; **sabe bien** cela a bon goût ; **contestó bien** il a bien répondu ; **lo pasamos muy bien** nous nous sommes bien amusés ; **hiciste bien en llamarme** tu as bien fait de m'appeler ; **el paseo te sentará bien** la promenade te fera du bien ; **no me siento bien** je ne me sens pas bien ; **viven bien** (económicamente) ils vivent bien
**2** (valor intensivo) bien ; **un café bien caliente** un café bien chaud ; **¡es bien caro!** c'est bien cher ! ; **¡tienes bien de regalos!** tu en as des cadeaux !

**3**: **estar bien**: **estoy muy bien aquí** je suis très bien ici ; **¿estás bien?** ça va (bien) ? ; **ese chico está muy bien** il est très beau, ce garçon ; **ese libro está muy bien** ce livre est très bien, c'est un très bon livre ; **está bien que vengan** c'est bien qu'ils viennent ; **¡eso no está bien!** ce n'est pas bien ! ; **se está bien aquí** on est bien ici ; **el traje me está bien** le costume me va bien ; **¡ya está bien!** là, ça va ! ; **¡pues sí que estamos bien!** nous voilà bien ! ; **¡está bien! lo haré** c'est bon ! je le ferai

**4** (de buena gana): **yo bien que iría pero ...** moi, j'irais bien, mais ...
**5** (ya): **bien se ve que ...** on voit bien que ... ; **¡bien podías habérmelo dicho!** tu aurais pu me le dire !
**6**: **no quiso o bien no pudo venir** il n'a pas voulu venir, ou plutôt il n'a pas pu

## bienal – bisnieto

▶ *excl*: **¡bien!** (*aprobación*) bien ! ; **¡muy bien!** très bien ! ; **¡qué bien!** super !
▶ *adj inv* (*matiz despectivo*): **niño bien** fils *msg* de bonne famille ; **gente bien** gens *mpl* aisés
▶ *conj* **1**: **bien ... bien: bien en coche bien en tren** soit en voiture soit en train
**2**: **ahora bien** mais, cependant
**3** (*esp* AM): **no bien: no bien llegue te llamaré** dès que j'arrive, je t'appelle
**4**: **si bien** si ; *ver tb* **más**

**bienal** *adj* biennal(e) ; (*Bot*) bisannuel(le)
**bienaventurado, -a** *adj* bienheureux(-euse) ; (*cándido, bonachón*) bonasse
**bienestar** *nm* bien-être *m* ; (*económico*) confort *m* ; **el Estado del B~** l'État-providence *m*
**bienhechor, a** *adj, nm/f* bienfaiteur(-trice)
**bienintencionado, -a** *adj* bien intentionné(e)
**bienio** *nm* période *f* de deux ans
**bienvenida** *nf* bienvenue *f* ; **dar la ~ a algn** souhaiter la bienvenue à qn
**bienvenido, -a** *adj*: **~ (a)** bienvenu(e) (à) ▶ *excl* bienvenue ! ; **¡bienvenidos a nuestra ciudad!** bienvenue dans notre ville !
**bies** *nm*: **al ~** (*Costura*) en biais
**bifásico, -a** *adj* (*Elec*) biphasé(e)
**bife** (AM) *nm* bifteck *m*
**bifocal** *adj* (*gafas, lentes*) à double foyer
**bifurcación** *nf* bifurcation *f*
**bifurcarse** *vpr* bifurquer
**bigamia** *nf* bigamie *f*
**bígamo, -a** *adj, nm/f* bigame *mf*
**bígaro** *nm* (*Zool*) bigorneau *m*
**bigote** *nm* (*tb*: **bigotes**) moustache *f*
**bigotudo, -a** *adj* moustachu(e)
**bigudí** *nm* bigoudi *m*
**bikini** *nm* bikini *m* ; (*Culin*) sandwich chaud au jambon et au fromage
**bilateral** *adj* bilatéral(e)
**bilbaíno, -a** *adj* de Bilbao ▶ *nm/f* natif(-ive) o habitant(e) de Bilbao
**biliar** *adj* (*Med*) biliaire
**bilingüe** *adj* bilingue
**bilingüismo** *nm* bilinguisme *m*
**bilis** *nf inv* bile *f*
**billar** *nm* billard *m* ; **~ americano** billard américain
**billete** *nm* billet *m* ; (*en autobús, metro*) ticket *m* ; **sacar (un) ~** acheter un billet ; **un ~ de cinco euros** un billet de cinq euros ; **medio ~** billet demi-tarif ; **~ de ida** aller *m* simple ; **~ de ida y vuelta** aller-retour *m* ; **~ electrónico** billet électronique
**billetera** *nf*, **billetero** *nm* portefeuille *m*
**billón** *nm* billion *m*
**bimensual** *adj* bimensuel(le)
**bimestral** *adj* bimestriel(le)
**bimestre** *nm* bimestre *m*
**bimotor** *adj*, *nm* bimoteur *m*
**binario, -a** *adj* (*Inform*) binaire
**bingo** *nm* bingo *m*
**binoculares** *nmpl* jumelles *fpl* ; (*quevedos*) pince-nez *m inv*
**binomio** *nm* (*Mat*) binôme *m*
**biocarburante, biocombustible** *nm* biocarburant *m*
**biodegradable** *adj* biodégradable
**biodiésel** *nm* biodiesel *m*, biogazole *m*
**biodiversidad** *nf* biodiversité *f*
**bioética** *nf* bioéthique *f*
**biografía** *nf* biographie *f*
**biográfico, -a** *adj* biographique
**biógrafo, -a** *nm/f* biographe *mf*
**biología** *nf* biologie *f*
**biológico, -a** *adj* biologique ; (*cultivo, producto*) bio(logique) ; **guerra biológica** guerre *f* biologique
**biólogo, -a** *nm/f* biologiste *mf*
**biomasa** *nf* biomasse *f*
**biombo** *nm* paravent *m*
**biopsia** *nf* biopsie *f*
**bioquímico, -a** *adj* biochimique ▶ *nm/f* biochimiste *mf* ▶ *nf* (*ciencia*) biochimie *f*
**biorritmo** *nm* biorythme *m*
**biosfera** *nf* biosphère *f*
**biotecnología** *nf* biotechnologie *f*
**bioterrorismo** *nm* bioterrorisme *m*
**bióxido** *nm* bioxyde *m*
**bipartidismo** *nm* bipartisme *m*
**bipartito, -a** *adj* bipartite
**bipolar** *adj* bipolaire
**biquini** *nm* = **bikini**
**birlar** (*fam*) *vt* faucher (*fam*)
**birlibirloque** *nm*: **por arte de ~** comme par enchantement
**Birmania** *nf* Birmanie *f*
**birmano, -a** *adj* birman(e) ▶ *nm/f* Birman(e)
**birome** (ARG) *nf*, (*a veces*) *nm* stylo *m*
**birrete** *nm* (*Jur, Univ*) toque *f*
**birria** *nf*: **ser una ~** être nul(le) ; (*película*) être un navet
**bis** *adv* bis ; **viven en el 27 ~** ils habitent au 27 bis ; **artículo 47 ~** article 47 bis
**bisabuelo, -a** *nm/f* arrière-grand-père (arrière-grand-mère) ; **bisabuelos** *nmpl* arrière-grands-parents *mpl*
**bisagra** *nf* charnière *f*
**bisbisar, bisbisear** *vt* marmonner
**bisbiseo** *nm* marmonnement *m*
**biscúter** *nm* petite voiture à moteur de scooter, sorte de « Vespa 400 »
**bisel** *nm* biseau *m*
**biselar** *vt* biseauter
**bisexual** *adj* bisexuel(le)
**bisiesto, -a** *adj ver* **año**
**bisnieto, -a** *nm/f* arrière-petit-fils (arrière-petite-fille) ; **bisnietos** *nmpl* arrière-petits-enfants *mpl*

## bisonte – bocadillo

**bisonte** nm (Zool) bison m
**bisoñé** nm faux toupet m
**bisoño, -a** adj novice ▶ nm (Mil) bleu m
**bisté, bistec** (pl **bistecs**) nm bifteck m
**bisturí** (pl **bisturíes**) nm bistouri m
**bisutería** nf bijoux mpl en toc o fantaisie inv ; **pendientes/collar de ~** boucles fpl d'oreilles/collier m en toc o fantaisie
**bit** nm (Inform) bit m ; **~ de parada/de paridad** bit d'arrêt/de parité
**bitácora** nf (Náut) habitacle m ; **cuaderno de ~** livre m de bord
**Bizancio** n Byzance
**bizantino, -a** adj byzantin(e) ; **discusión bizantina** discussion f byzantine
**bizarría** nf bravoure f ; (generosidad) largesse f
**bizarro, -a** adj brave ; (generoso) large
**bizco, -a** adj qui louche ; **dejar a algn ~** (fam) en boucher un coin à qn (fam) ▶ nm/f personne f qui louche
**bizcocho** nm biscuit m, génoise f
**biznieto, -a** nm/f = **bisnieto**
**bizquear** vi loucher
**blanca** nf (Mús) blanche f ; **estar sin ~** être fauché(e) (fam)
**Blancanieves** n Blanche-Neige
**blanco, -a** adj blanc (blanche) ▶ nm/f (individuo) Blanc (Blanche) ▶ nm blanc m ; (Mil) cible f ; **cheque en ~** chèque m en blanc ; **noche en ~** nuit f blanche ; **dejar algo en ~** laisser qch en blanc ; **dar en el ~** faire mouche ; **hacer ~ (en)** frapper (sur) ; **poner los ojos en ~** rouler des yeux ; **quedarse en ~** (mentalmente) avoir un trou ; **ser el ~ de las burlas** être l'objet des railleries ; **votar en ~** voter blanc ; **~ del ojo** blanc m de l'œil ; ver tb **blanca**
**blancura** nf blancheur f
**blandengue** (fam) adj faiblard(e) (fam)
**blandir** vt brandir
**blando, -a** adj mou (molle) ; (padre, profesor) indulgent(e) ; (carne) tendre ; **~ de corazón** au cœur tendre ▶ nm/f timoré(e)
**blandura** nf mollesse f ; (de padre, profesor) indulgence f
**blanquear** vt blanchir ▶ vi pâlir
**blanquecino, -a** adj blanchâtre ; (luz) blafard(e)
**blanqueo** nm blanchiment m ; (de dinero) blanchissement m
**blasfemar** vi : **~ (contra)** blasphémer (contre)
**blasfemia** nf blasphème m
**blasfemo, -a** adj blasphématoire ▶ nm/f (persona) blasphémateur(-trice)
**blasón** nm blason m ; (fig) gloire f
**blasonar** vi : **~ de** se targuer de
**bledo** nm : **(no) me importa un ~** je m'en fiche (comme de l'an quarante) (fam)
**blindado, -a** adj blindé(e) ; **coche** (ESP) o **carro** (AM) **~** véhicule m blindé ▶ nm (Mil) blindé m

**blindaje** nm blindage m
**blindar** vt blinder
**bloc** (pl **blocs**) nm bloc-notes msg ; (cuaderno) bloc m ; **~ de dibujo** bloc à dessin
**blog** (pl **blogs**) nm blog m
**blogging** nm blogging m
**blogosfera** nf blogosphère f
**bloguear** vi bloguer
**bloguero, a** nm/f bloggeur(-euse)
**blonda** nf (encaje) blonde f
**bloque** nm (tb Inform) bloc m ; (edificio) immeuble m ; (de noticias) rubrique f ; **en ~** en bloc ; **~ de cilindros** bloc-cylindres m
**bloquear** vt bloquer ; (Mil) faire le blocus de ; **fondos bloqueados** fonds mpl bloqués
**bloqueo** nm blocage m ; (Mil) blocus msg ; **~ informativo** black-out m inv ; **~ mental** blocage
**blue-jean** [blu'jin] nm, **blue-jeans** [blu'jins] nmpl (AM) (blue-)jean m
**blusa** nf blouse f ; (de mujer) chemisier m
**blusón** nm (camisa grande) chemise f ample, chemisier m ; (: de pintor) blouse f, sarrau m
**bluyín** (AM) nm = **blue-jean**
**B.º** abr = **banco**
**boa** nf boa m
**boato** nm faste m
**bob** nm (Deporte) bobsleigh m
**bobada** nf bêtise f, sottise f ; **decir bobadas** dire des bêtises
**bobalicón, -ona** (fam) adj bébête (fam)
**bobería** nf = **bobada**
**bobina** nf bobine f
**bobo, -a** adj (tonto) sot (sotte) ; (cándido) naïf (naïve) ▶ nm/f sot (sotte) ; **hacer el ~** faire l'idiot ▶ nm (Teatro) bouffon m
**boca** nf bouche f ; (de animal carnívoro, horno) gueule f ; (de crustáceo) pince f ; (de vasija) bec m ; (de puerto, túnel, cueva) entrée f ; (Inform) fente f ; **~ abajo** sur le ventre ; **~ arriba** sur le dos ; **hacerle a algn el ~** a ~ faire du bouche à bouche à qn ; **se me hace la ~ agua** j'en ai l'eau à la bouche ; **todo salió a pedir de ~** tout s'est parfaitement déroulé ; **en ~ de todos** sur toutes les lèvres ; **andar de ~ en ~** circuler de bouche en bouche ; **¡cállate la ~!** (fam) la ferme ! (fam) ; **meterse en la ~ del lobo** se jeter dans la gueule du loup ; **partirle la ~ a algn** (fam) casser la gueule à qn (fam) ; **quedarse con la ~ abierta** en rester bouche bée ; **no abrir la ~** ne pas piper mot ; **~ de dragón** (Bot) gueule-de-loup f ; **~ de incendios** bouche d'incendie ; **~ de metro** bouche de métro ; **~ de riego** prise f d'eau ; **~ del estómago** creux msg de l'estomac
**bocacalle** nf : **una ~ de la avenida** une rue qui donne sur l'avenue ; **la primera ~ a la derecha** la première à droite
**bocadillo** nm sandwich m

**bocado** nm bouchée f; (para caballo) mors msg; (mordisco) coup m de dent; **no probar** ~ ne rien manger; ~ **de Adán** pomme f d'Adam

**bocajarro**: **a** ~ adv à brûle-pourpoint; **decir algo a** ~ dire qch de but en blanc

**bocanada** nf bouffée f; (de líquido) gorgée f; **a bocanadas** (de líquido) par à-coups

**bocata** (fam) nm casse-croûte m

**bocatería** nf sandwicherie f

**bocazas** (fam) nmf inv: **ser un** ~ être une grande gueule (fam)

**boceto** nm esquisse f; (plano) ébauche f

**bocha** nf boule f; **bochas** nfpl boules fpl

**bochinche** (fam) nm boucan m (fam)

**bochorno** nm (vergüenza) honte f; (calor): **hace** ~ il fait lourd

**bochornoso, -a** adj (día) lourd(e); (situación) orageux(-euse)

**bocina** nf (Mús) corne f; (Auto) klaxon m; (megáfono) porte-voix m inv; **tocar la** ~ klaxonner

**bocinazo** nm coup m de klaxon

**bocio** nm (Med) goitre m

**boda** nf (tb: **bodas**) noce f, mariage m; (fiesta) noce f; **bodas de oro** noces fpl d'or; **bodas de plata** noces d'argent

**bodega** nf (de vino) cave f; (esp AM) bistrot m; (granero) grenier m; (establecimiento) marchand m de vin; (de barco) cale f

**bodegón** nm taverne f; (Arte) nature f morte

**bodrio** nm: **el libro es un** ~ ce livre ne vaut rien

**body** [boði] (pl **bodies**) nm body m; ~ **milk** lait m pour le corps

**B.O.E.** sigla m (= Boletín Oficial del Estado) ≈ JO m (= Journal officiel)

: **B.O.E.**
: Le *Boletín Oficial del Estado*, ou **B.O.E.**, est le
: journal officiel où sont consignées toutes
: les lois et résolutions adoptées par *las Cortes*
: (le Parlement espagnol). C'est un ouvrage
: très consulté, notamment parce que l'on y
: trouve les avis d'*oposiciones* (concours de la
: fonction publique).

**bofe** nm (de res: tb: **bofes**) mou m; **echar los bofes** (fam) trimer (fam)

**bofetada** nf gifle f; **dar de bofetadas a algn** taper sur qn

**bofetón** nm grande claque f, grosse gifle f

**boga** nf: **en** ~ en vogue

**bogar** vi ramer

**bogavante** nm homard m

**Bogotá** n Bogota

**bogotano, -a** adj de Bogota ▸ nm/f natif(-ive) o habitant(e) de Bogota

**bogue** etc vb ver **bogar**

**bohemio, -a** adj, nm/f bohémien(ne)

**boicot** (pl **boicots**) nm boycott m; **hacer el** ~ **a** boycotter

**boicotear** vt boycotter

**boicoteo** nm boycottage m

**boina** nf béret m

**bol** nm bol m

**bola** nf boule f; (canica) bille f; (pelota) balle f; (Naipes) chelem m; (betún) cirage m; (fam) bobard m; (AM: rumor) rumeur f; **no dar pie con** ~ faire tout de travers; ~ **de billar** boule de billard; ~ **de naftalina** boule de naphtaline; ~ **de nieve** boule de neige; ~ **del mundo** globe m terrestre; **bolas** nfpl (AM) bolas fpl (arme de jet utilisée par les gauchos)

**bolado** (AM) nm mélange d'œuf et de sucre

**bolchevique** adj bolchevique ▸ nmf bolchevik mf

**boleadoras** (AM) nfpl bolas fpl (arme de jet utilisée par les gauchos)

**bolera** nf bowling m

**bolero** nm (Mús) boléro m

**boleta** (AM) nf (billete) laissez-passer m inv; (permiso) bon m; (cédula para votar) bulletin m de vote

**boletería** (AM) nf (taquilla) guichet m

**boletín** nm bulletin m; ~ **de noticias** (bulletin d')informations fpl; ~ **de pedido** bulletin de commande; ~ **de precios** tarifs mpl; ~ **de prensa** communiqué m de presse; ~ **escolar** (Esp) bulletin scolaire; ~ **informativo** (bulletin d')informations fpl; **B~ Oficial del Estado** = Journal officiel; ver tb **B.O.E.**

**boleto** nm billet m; ~ **de apuestas** coupon m de pari; ~ **electrónico** billet électronique

**boli** (fam) nm stylo m

**boliche** nm cochonnet m; (juego) jeu m de quilles; (lugar) bowling m; (AM: tienda) échoppe f

**bólido** nm bolide m

**bolígrafo** nm stylo-bille m, stylo m à bille

**bolillo** nm (Costura) fuseau m

**bolívar** nm bolivar m

**Bolivia** nf Bolivie f

**boliviano, -a** adj bolivien(ne) ▸ nm/f Bolivien(ne)

**bollería** nf viennoiserie f

**bollo** nm pain m au lait; (de bizcocho) brioche f; (abolladura) bosse f; **no está el horno para bollos** ce n'est vraiment pas le moment; **bollos** nmpl (AM: apuros) ennuis mpl; (fam) gnon m

**bolo** nm quille f; **(juego de) bolos** (jeu m de) quilles fpl ▸ adj (CAM, Cu, Méx) ivre, soûl(e)

**Bolonia** n Bologne

**bolsa** nf sac m, poche f; (tela) sacoche f; (AM: bolsillo) poche; (Escol) bourse f; (Anat, Minería) poche; **la B~** la Bourse; **jugar a la B~** jouer à la Bourse; **hacer bolsas** faire de faux plis; ~ **de agua caliente** bouillotte f; ~ **de aire** poche d'air; ~ **de deportes** sac de sport; ~ **de dormir** (AM) sac de couchage;

## bolsillo – borinqueño

**~ de estudios** bourse d'études ; **~ de la compra** panier m de la ménagère ; **~ de papel/plástico** sac en papier/plastique ; **~ de trabajo** offres fpl d'emploi ; **~ de viaje** sac de voyage

**bolsillo** nm poche f ; (cartera) portemonnaie m, porte-monnaie m ; **de ~** de poche ; **meterse a algn en el ~** mettre qn dans sa poche ; **lo pagó de su ~** il l'a payé de sa poche

**bolsista** nmf (Fin) agent m de change

**bolso** nm sac m ; (de mujer) sac à main

**boludo, -a** (CSur fam!) nm/f con(ne) (fam!)

**bomba** nf (Mil) bombe f ; (Tec) pompe f ; **a prueba de ~** à l'épreuve des bombes ; **caer algo como una ~** faire l'effet d'une bombe ; **~ atómica** bombe atomique ; **~ de agua/de gasolina/de incendios** pompe à eau/à essence/à incendie ; **~ de efecto retardado/de neutrones** bombe à retardement/à neutrons ; **~ de humo** fumigène m ; **~ lacrimógena** bombe lacrymogène ▶ adj (fam): **noticia ~** nouvelle f sensationnelle, scoop m (fam) ▶ adv (fam): **pasarlo ~** s'amuser comme un fou/des petits fous

**bombacho, -a** adj: **pantalón ~** pantalon m de golf ; **bombachos** nmpl knickers mpl

**bombardear** vt bombarder ; **~ a preguntas** bombarder de questions

**bombardeo** nm bombardement m

**bombardero** nm bombardier m

**bombazo** nm (explosión) explosion f ; (fam: noticia) scoop m (fam) ; (fam: éxito) grand succès m ; **esa película puede ser un ~** ce film pourrait faire un tabac (fam)

**bombear** vt (agua) pomper ; (Mil) bombarder ; (Deporte) lober ; **bombearse** vpr (se) gondoler

**bombeo** nm (de agua) pompage m ; (convexidad: de superficie, madera) bombement m ; **estación de ~** station f de pompage

**bombero** nm pompier m ; **(cuerpo de) bomberos** (corps msg des sapeurs-)pompiers mpl

**bombilla** nf (Esp Elec) ampoule f ; (Arg) tube en métal qui sert à boire le maté

**bombín** nm pompe f à vélo

**bombo** nm (Mús) grosse caisse f ; (Tec) tambour m ; **hacer algo a ~ y platillo** faire qch en grande pompe ; **tengo la cabeza hecha un ~** j'ai la tête prête à éclater ; **dar ~ a** (a persona) ne pas tarir d'éloges sur ; (asunto) faire du tam-tam autour de

**bombón** nm (Culin) chocolat m ; **ser un ~** (fam) être (un) canon

**bombona** nf bouteille f, bonbonne f

**bombonería** nf bonbonnière f

**bonachón, -ona** adj bon enfant inv ▶ nm/f bonne pâte f

**bonaerense** adj de Buenos Aires ▶ nmf natif(-ive) o habitant(e) de Buenos Aires

**bonancible** adj (tiempo) calme

**bonanza** nf (Náut) bonace f ; (fig) prospérité f ; (Minería) riche filon m

**bondad** nf bonté f ; **tenga la ~ de** veuillez avoir l'amabilité de

**bondadosamente** adv avec bonté

**bondadoso, -a** adj bon (bonne)

**bongó** nm (Mús) bongo m

**boniato** nm patate f douce

**bonificación** nf bonification f

**bonito, -a** adj joli(e) ; **un ~ sueldo/una bonita cantidad** un beau salaire/une coquette somme ▶ adv (AmFam) gentiment ▶ nm (atún) thon m

**bono** nm bon m ; **~ del Tesoro** bon du Trésor ; **bonos del Estado** obligations fpl de l'État

**bonobús** nm (Esp) carte de transport (en autobus urbain)

**bonoloto** nm (Esp) version espagnole du « Loto »

**bonometro** nm (Esp) carte de transport (en métro)

**bonsai** nm bonsaï m

**boom** ['bum] nm boom m

**boomerang** [bume'ran] (pl **boomerangs**) nm boomerang m

**boqueada** nf: **dar la(s) última(s) ~(s)** rendre le dernier soupir

**boquear** vi agoniser ; (fig) tirer à sa fin

**boquerón** nm anchois msg (frais) ; (agujero) large brèche f

**boquete** nm brèche f

**boquiabierto, -a** adj: **quedarse ~** en rester bouche bée ; **nos dejó boquiabiertos** nous sommes restés bouche bée

**boquilla** nf (de manguera) prise f d'eau ; (mechero) bec m ; (calentador) brûleur m ; (para cigarro) fume-cigarette m ; (Mús) bec m ; **de ~** en l'air

**borbollar, borbollear** vi bouillonner

**borbollón** nm bouillonnement m ; **hablar a borbollones** bafouiller ; **salir a borbollones** (agua) jaillir à gros bouillons

**borbotar, borbotear** vi bouillonner

**borbotón** nm: **salir a borbotones** jaillir à gros bouillons

**borda** nf (Náut) bord m ; **echar o tirar algo por la ~** jeter o lancer qch par-dessus bord

**bordado, -a** adj: **el cuadro le quedó o salió ~** il a réussi ce tableau à la perfection ▶ nm broderie f

**bordar** vt broder

**borde** nm bord m ; **al ~ de** (fig) au bord de ; **ser ~** (Esp fam) être désagréable

**bordear** vt longer

**bordillo** nm (en acera) bord m ; (en carretera) accotement m

**bordo** nm: **a ~ (de)** à bord (de)

**Borgoña** nf Bourgogne f

**borgoña** nm bourgogne m

**borinqueño, -a** adj portoricain(e) ▶ nm/f Portoricain(e)

**borla** nf gland m ; (*para polvos*) houppette f
**borne** nm (*Elec*) borne f
**boro** nm (*Quím*) bore m
**borra** nf moutons mpl (de poussière) ; (*sedimento*) dépôt m ; (*relleno*) bourre f
**borrachera** nf ivresse f ; (*juerga*) orgie f
**borracho, -a** adj (*persona*) soûl(e), saoul(e) ; (: *por costumbre*) ivrogne ; **bizcocho ~** baba m au rhum ▶ nm/f (*temporalmente*) soûlard(e) ; (*habitualmente*) ivrogne mf
**borrador** nm (*de escrito, carta*) brouillon m ; (*cuaderno*) cahier m de brouillon ; (*goma*) gomme f ; (*Com*) main f courante ; (*para pizarra*) chiffon m à effacer
**borraja** (*Esp fam*): **quedar(se) en agua de borrajas** s'en aller en eau de boudin
**borrar** vt gommer ; (*de lista*) barrer ; (*tachar*) raturer ; (*cinta, Inform*) effacer ; (*Pol etc*) éliminer ; **borrarse** vpr (*de club, asociación*) quitter ; (*recuerdo, imagen*) s'effacer
**borrasca** nf tempête f
**borrascoso, -a** adj orageux(-euse)
**borrego, -a** nm/f agneau (agnelle) ; (*fig*) mouton m
**borricada** nf ânerie f
**borrico, -a** nm/f âne (ânesse) ; (*fig*) bourrique f
**borrón** nm (*de tinta*) pâté m ; **hacer ~ y cuenta nueva** tourner la page
**borroso, -a** adj flou(e) ; (*escritura*) indécis(e)
**boscoso, -a** adj boisé(e)
**Bósforo** nm: **el (Estrecho del) ~** le (détroit du) Bosphore
**Bosnia** nf Bosnie f
**bosnio, -a** adj bosniaque ▶ nm/f Bosniaque mf
**bosque** nm bois msg ; (*más grande*) forêt f
**bosquejar** vt ébaucher
**bosquejo** nm ébauche f, esquisse f
**bosta** nf (*de los bovinos*) bouse f ; (*de los caballos*) crottin m
**bostece** etc vb ver **bostezar**
**bostezar** vi bâiller
**bostezo** nm bâillement m
**bota** nf botte f ; (*de vino*) gourde f ; **ponerse las botas** (*fam*) s'en mettre plein les poches (*fam*) ; (*comer mucho y bien*) s'en mettre plein la panse (*fam*) ; **botas de agua** o **goma** bottes fpl en caoutchouc ; **botas de esquí** chaussures fpl de ski ; **botas de montar** bottes d'équitation
**botadura** nf (*Náut*) lancement m
**botana** nf, **botanas** nfpl (*Am: tapa(s)*) amuse-gueule m
**botánica** nf botanique f
**botánico, -a** adj botanique ▶ nm/f botaniste mf
**botar** vt (*balón*) faire rebondir ; (*Náut*) lancer, mettre à la mer ; (*fam*) mettre à la porte ; (*esp Am fam*) jeter, balancer ▶ vi (*persona*) bondir ; (*balón*) rebondir
**botarate** nm imbécile mf

**bote** nm bond m ; (*tarro*) pot m ; (*lata*) boîte f de conserve ; (*en bar*) pourboire m ; (*embarcación*) canot m ; (*en juego*) cagnotte f ; **de ~ en ~** plein(e) à craquer ; **dar un ~** laisser un pourboire ; **dar botes** (*Auto etc*) cahoter ; **tener a algn en el ~** avoir qn dans sa poche ; **un ~ de tomate** des tomates en conserve ; **~ de la basura** (*Am*) poubelle f ; **~ salvavidas** canot de sauvetage
**botella** nf bouteille f ; **~ de oxígeno** bouteille d'oxygène ; **~ de vino** bouteille de vin
**botellero** nm casier m à bouteilles, porte-bouteilles m
**botellín** nm petite bouteille f
**botellón** (*Esp fam*) nm réunion entre jeunes dans les endroits publics afin de boire de l'alcool
**botica** nf pharmacie f
**boticario, -a** nm/f pharmacien(ne)
**botijo** nm cruche f
**botín** nm (*calzado*) bottine f ; (*polaina*) guêtre f ; (*Mil, de atraco, robo*) butin m
**botiquín** nm armoire f à pharmacie ; (*portátil*) trousse f à pharmacie ; (*enfermería*) infirmerie f
**botón** nm bouton m ; **pulsar el ~** appuyer sur le bouton ; **~ de arranque** (*Auto*) démarreur m ; **~ de oro** (*Bot*) bouton m d'or
**botones** nm inv groom m
**Botox®** ['botoks] nm Botox® m
**botulismo** nm botulisme m
**bóveda** nf (*Arq*) voûte f ; **~ celeste** voûte céleste
**bovino, -a** adj ver **ganado**
**box** (*Am*) nm boxe f
**boxeador, a** nm/f boxeur(-euse)
**boxear** vi boxer
**boxeo** nm boxe f
**boya** nf (*Náut*) bouée f ; (*en red*) flotteur m
**boyante** adj (*Náut*) lège ; (*feliz*) débordant(e) de joie ; (*negocio*) prospère
**bozal** nm (*de perro*) muselière f ; (*de caballo*) licou m
**bozo** nm (*pelusa*) duvet m
**bracear** vi agiter les bras ; (*nadar*) nager la brasse
**bracero, -a** nm/f journalier(-ière)
**braga** nf, **bragas** nfpl culotte f ; (*cuerda*) corde f ; (*de bebé*) couche f
**braguero** nm (*Med*) bandage m herniaire
**bragueta** nf braguette f
**braguetazo** nm mariage m d'intérêt
**braille** ['braile] nm braille m
**bramante** nm ficelle f
**bramar** vi (*toro, viento, mar*) mugir ; (*venado*) bramer ; (*elefante*) barrir
**bramido** nm (*de toro, viento, mar*) mugissement m ; (*del venado*) bramement m ; (*del elefante*) barrissement m ; (*de persona*) hurlement m
**brandy** nm brandy m
**branquia** nf branchie f

**brasa** nf braise f ; **a la ~** (carne, pescado) cuit(e) sur la braise

**brasero** nm (para los pies) brasero m ; (AM: chimenea) cheminée f

**brasier, brassiere** (AM) nm soutien-gorge m

**Brasil** nm Brésil m

**brasileño, -a** adj brésilien(ne) ▶ nm/f Brésilien(ne)

**Brasilia** n Brasilia

**bravata** nf bravade f

**braveza** nf férocité f ; (valor) bravoure f ; (de viento, mar, lluvia) violence f

**bravío, -a** adj féroce

**bravo, -a** adj (soldado) vaillant(e) ; (animal: feroz) féroce ; (: salvaje) sauvage ; (toro) de combat ; (mar) déchaîné(e) ; (terreno) accidenté(e) ; (AM fam) en colère ; **patatas bravas** (Culin) pommes de terre frites accommodées avec une sauce relevée ▶ excl bravo !

**bravucón, -ona** adj vantard(e) ▶ nm/f fanfaron(ne)

**bravura** nf (de persona) bravoure f ; (de animal) férocité f

**braza** nf : **nadar a (la) ~** nager la brasse

**brazada** nf brasse f ; (de hierba, leña) brassée f

**brazalete** nm bracelet m ; (banda) brassard m

**brazo** nm bras msg ; (Zool) patte f de devant, antérieur m ; (Bot, Pol) branche f ; **cogidos del ~** bras dessus, bras dessous ; **ir del ~** marcher bras dessus, bras dessous ; **cruzarse de brazos** rester les bras croisés ; **no dar su ~ a torcer** ne pas en démordre ; **luchar a ~ partido** combattre corps à corps ; **ser el ~ derecho de algn** (fig) être le bras droit de qn ; **tener/llevar en brazos a algn** tenir/prendre qn dans ses bras ; **huelga de brazos caídos** grève f sur le tas ; **~ de gitano** (Culin) roulé m ; **brazos** nmpl journaliers mpl

**brea** nf brai m

**brebaje** nm breuvage m

**brecha** nf brèche f ; (en la cabeza) blessure f ; (Mil) percée f ; **hacer o abrir ~ en** percer sur

**brécol** nm brocoli m

**brega** nf (pelea) dispute f ; (trabajo) travail m de Romain

**bregar** vi se disputer ; (con obstáculos) se démener ; (trabajar mucho) se décarcasser

**bregue** etc vb ver **bregar**

**breña** nf broussailles fpl

**Bretaña** nf Bretagne f

**brete** nm (cepo) entraves fpl ; **estar en un ~** ne pas savoir comment se tirer d'affaire ; **le puso en un ~** il l'a coincé

**breteles** (AM) nmpl bretelles fpl

**bretón, -ona** adj breton(ne) ▶ nm/f Breton(ne)

**breva** nf figue f (d'été) ; (puro) cigare m aplati ; **¡no caerá esa ~!** ce serait trop beau !

**breve** adj (pausa, encuentro, discurso) bref (brève) ; **en ~** d'ici peu ; (en pocas palabras) en bref ▶ nf (Mús) brève f

**brevedad** nf brièveté f ; **a la mayor ~ posible** dans les meilleurs délais ; **con la mayor ~** au plus tôt

**brevemente** adv brièvement

**breviario** nm (Rel) bréviaire m

**brezal, brezo** nm bruyère f

**bribón, -ona** nm/f fripouille f ; (pillo) coquin m

**bricolaje** nm bricolage m

**brida** nf (tb Tec) bride f ; **a toda ~** à bride abattue

**bridge** [britʃ] nm (Naipes) bridge m

**brigada** nf brigade f ; **B~ de Estupefacientes** brigade des stupéfiants ; **B~ de Investigación Criminal** police f judiciaire ▶ nm (Mil) brigadier m

**brigadier** nm brigadier m

**brigadista** nmf : **~ internacional** brigadiste mf, membre m des Brigades internationales

**brik** (pl **briks**) nm brick m, carton m

**brillante** adj brillant(e) ▶ nm (joya) brillant m

**brillantemente** adv brillamment

**brillantez** nf (de color) éclat m ; (de estudiante) talent m

**brillantina** nf brillantine f

**brillar** vi briller ; **~ por su ausencia** briller par son absence

**brillo** nm éclat m ; **dar o sacar ~ a** faire reluire

**brilloso, a** (AM) adj resplendissant(e)

**brincar** vi (persona, animal) bondir ; **~ de** (de alegría etc) sauter de ; **está que brinca** il (elle) est fou (folle) de rage

**brinco** nm (salto) bond m ; **de un ~** en moins de deux ; **dar o pegar un ~** faire un bond ; **dar o pegar brincos de alegría** sauter de joie

**brindar** vi : **~ a o por** porter un toast à ▶ vt (oportunidad, amistad) offrir ; **lo cual brinda la ocasión de ...** ceci me permet de ... ; **brindarse** vpr : **brindarse a hacer algo** s'offrir pour faire qch

**brindis** nm inv (al beber, frase) toast m ; (Taur) hommage m

**brinque** etc vb ver **brincar**

**brío** nm (tb : **bríos**) énergie f, brio m ; **con ~** avec brio

**brioso, -a** adj (airoso) fougueux(-euse) ; (decidido) énergique

**brisa** nf brise f

**brisca** nf jeu de cartes qui se joue avec un jeu de cartes espagnol. Les joueurs ont trois cartes chacun. Une carte est retournée sur la pioche pour servir d'atout. Le gagnant est celui qui remporte le plus de points.

**británico, -a** adj britannique ▶ nm/f Britannique mf

**brizna** nf brin m ; (paja) fétu m ; **no tener ni ~ de sentido común** ne pas avoir un grain de bon sens

**broca** nf (Costura) broche f ; (Tec) foret m ; (clavo) broquette f

## brocado – bueno

**brocado** nm brocart m
**brocal** nm margelle f
**brocha** nf (de pintar) pinceau m; (de afeitar) blaireau m; **pintor de ~ gorda** (de paredes) peintre m en bâtiment; (fig) barbouilleur m
**brochazo** nm coup m de pinceau
**broche** nm (en vestido) agrafe f; (joya) broche f
**brocheta** nf brochette f
**brócoli** nm brocoli m
**broma** nf plaisanterie f, blague f; **de** o **en ~** pour rire; **gastar una ~ a algn** faire une blague à qn; **ni en ~** en aucun cas; **tomar algo a ~** ne pas prendre qch au sérieux; **~ pesada** plaisanterie f de mauvais goût
**bromear** vi plaisanter
**bromista** adj, nmf farceur(-euse), blagueur(-euse)
**bromuro** nm bromure m
**bronca** nf dispute f; (regañina) réprimande f; **armar una ~** faire une scène; **buscar ~** chercher querelle; **echar una ~ a algn** passer un savon à qn
**bronce** nm bronze m
**bronceado, -a** adj bronzé(e) ▶ nm (de piel) bronzage m
**bronceador, a** adj bronzant(e) ▶ nm crème f bronzante
**broncearse** vpr se faire bronzer
**bronco, -a** adj (modales) bourru(e); (voz) rauque
**bronquial** adj bronchique
**bronquio** nm bronche f
**bronquitis** nf inv bronchite f
**broqueta** nf brochette f
**brotar** vi (Bot) pousser; (aguas, lágrimas) jaillir; (Med) se déclarer
**brote** nm (Bot) pousse f; (Med) épidémie f; (de insurrección, huelga) vague f; **brotes de soja** germes mpl de soja
**broza** nf (Bot) broussaille f; (en discurso, escrito) remplissage m
**bruces**: **de ~** adv sur le ventre, à plat ventre; **acostarse de ~** se coucher sur le ventre; **estar de ~** être sur le ventre, être à plat ventre; **caer de ~** s'étaler de tout son long; **darse de ~ con algn** tomber nez à nez avec qn
**Brujas** n Bruges
**brujería** nf sorcellerie f
**brujo, -a** nm/f sorcier(-ière) ▶ nf (pey) sorcière f
**brújula** nf boussole f
**brujulear** vi (intrigar) louvoyer
**bruma** nf brume f
**brumoso, -a** adj brumeux(-euse)
**bruñendo** etc vb ver **bruñir**
**bruñido** nm (pulimento) poli m; (brillo) lustre m
**bruñir** vt polir
**bruscamente** adv brusquement; (hablar, comportarse) brutalement
**brusco, -a** adj brusque

**Bruselas** n Bruxelles
**brusquedad** nf brusquerie f
**brutal** adj brutal(e); (fam: tremendo) énorme; (: muy bueno) génial(e) (fam)
**brutalidad** nf brutalité f
**bruto, -a** adj (persona) brutal(e); (estúpido) idiot(e); (metal, piedra, peso) brut(e); **a la bruta, a lo ~** à la va-vite; **en ~** brut(e) ▶ nm brute f
**Bs.As.** abr = **Buenos Aires**
**bucal** adj buccal(e); **por vía ~** par voie orale
**bucanero** nm boucanier m
**Bucarest** n Bucarest
**buceador, a** nm/f plongeur(-euse)
**bucear** vi plonger; **~ en** (documentos, pasado) fouiller dans
**buceo** nm plongeon m; (de buzo) plongée f; **~ de altura** plongée en haute mer
**buche** nm jabot m; (fam) ventre m
**bucle** nm boucle f; (de carretera) tournant m; (Inform) boucle, cycle m
**bucodental** adj bucco-dentaire
**bucólico, -a** adj bucolique
**Buda** nm Bouddha
**budín** nm pudding m
**budismo** nm bouddhisme m
**budista** adj, nmf bouddhiste mf
**buen** adj ver **bueno**
**buenamente** adv tout bonnement; (de buena gana) volontiers
**buenaventura** nf chance f; (adivinación) bonne aventure f; **decir** o **echar la ~ a algn** dire la bonne aventure à qn

(PALABRA CLAVE)

**bueno, -a** (antes de nmsg **buen**) adj **1** (excelente etc) bon(ne); **es un libro bueno** o **es un buen libro** c'est un bon livre; **tiene buena voz** il/elle a une belle voix; **hace bueno/buen tiempo** il fait beau/beau temps; **ya está bueno** (de salud) il va bien maintenant; **lo bueno fue que** le meilleur c'est que
**2** (bondadoso): **es buena persona** c'est quelqu'un de bien; **el bueno de Paco** ce brave Paco; **fue muy bueno conmigo** il a été très gentil avec moi
**3** (apropiado): **ser bueno para** être bien pour; **es un buen momento (para)** c'est le moment (de); **creo que vamos por buen camino** je crois que nous sommes sur la bonne voie
**4** (grande): **un buen trozo** un bon bout; **un buen número de** bon nombre de; **le di un buen rapapolvo** je lui ai passé un savon
**5** (irón): **¡buen conductor estás hecho!** comme tu conduis bien!; **¡estaría bueno que ...!** il ne manquerait plus que ...!; **una pelea de las buenas** une sacrée bagarre
**6** (sabroso): **está bueno este bizcocho** ce gâteau est très bon

**7** (fam: atractivo): **Carmen está muy buena** Carmen est vachement mignonne
**8** (saludos): **¡buenos días!** bonjour ! ; **¡buenas tardes!** bonjour ! ; (más tarde) bonsoir ! ; **¡buenas noches!** bonsoir ! ; (al acostarse) bonne nuit ! ; **¡buenas!** salut !
**9** (otras locuciones): **un buen día** un beau jour ; **estar de buenas** être de bonne humeur ; **por las buenas o por las malas** de gré ou de force ; **de buenas a primeras** tout d'un coup ; **¡la ha liado buena!** il a mis une belle pagaille !
▸ excl: **¡bueno!** bon ! ; **bueno, ¿y qué?** bon, et alors ?

**Buenos Aires** n Buenos Aires
**buey** nm bœuf m
**búfalo** nm buffle m
**bufanda** nf écharpe f
**bufar** vi (gato, toro) souffler ; (caballo) s'ébrouer ; **~ de rabia** pester
**bufet** [bu'fet] (pl **bufets**) nm = **buffet**
**bufete** nm étude f, cabinet m
**buffer** nm (Inform) mémoire f tampon
**buffet** [bu'fe] (pl **buffets**) nm buffet m ; **~ libre** buffet
**bufido** nm (de gato, toro) souffle m ; (de caballo) ébrouement m
**bufón** nm bouffon(ne)
**bufonada** nf bouffonnerie f ; (Teatro) farce f
**buganvilla** nf bougainvillée f, bougainvillier m
**buhardilla** nf mansarde f ; (ventana) lucarne f
**búho** nm hibou m ; (fig: persona) ours msg
**buhonero** nm colporteur m
**buitre** nm vautour m
**bujía** nf (vela, Elec, Auto) bougie f
**bula** nf bulle f
**bulbo** nm (Bot) bulbe m ; **~ raquídeo** bulbe rachidien
**buldog** [bul'dog] (pl **buldogs**) nm bouledogue m
**buldozer** nm bulldozer m
**bulerías** nfpl chant et danse flamencos qui s'accompagnent de frappements de mains et de cris de joie
**bulevar** nm boulevard m
**Bulgaria** nf Bulgarie f
**búlgaro, -a** adj bulgare ▸ nm/f Bulgare mf ▸ nm (Ling) bulgare m
**bulimia** nf boulimie f
**bulla** nf raffut m (fam) ; (follón) pagaille f (fam) ; **armar** o **meter ~** faire du raffut
**bullanguero, -a** adj tapageur(-euse), turbulent(e) ▸ nm/f excité(e)
**bulldozer** [bul'doθer] nm = **buldozer**
**bullendo** etc vb ver **bullir**
**bullicio** nm brouhaha m ; (movimiento) bousculade f
**bullicioso, -a** adj bruyant(e)

**bullir** vi (líquido) bouillonner ; **~ (de)** (gente, insectos) grouiller (de) ; (actividad) déborder (de)
**bulo** nm faux bruit m
**bulto** nm paquet m ; (en superficie, Med) grosseur f ; (silueta) masse f ; **hacer ~** prendre de la place ; **escurrir el ~** se dérober ; **a ~** au jugé ; **de ~** (error) de taille ; (argumento) de poids
**bumerán** nm, (Am) **búmeran** nm inv boomerang m
**búnker** ['bunker] (pl **búnkers**) nm blockhaus m, bunker m
**buñuelo** nm beignet m ; (fig) travail m d'amateur
**buque** nm navire m ; **~ cisterna/escuela/insignia/mercante** bateau-citerne m/navire-école m/vaisseau m amiral/bateau m de commerce ; **~ de guerra** navire de guerre
**burbuja** nf bulle f ; **hacer burbujas** pétiller
**burbujear** vi pétiller
**burdel** nm bordel m
**Burdeos** n Bordeaux
**burdeos** adj inv bordeaux ▸ nm inv (tb: **vino de burdeos**) bordeaux m
**burdo, -a** adj grossier(-ière)
**burgalés, -esa** adj de Burgos ▸ nm/f natif(-ive) o habitant(e) de Burgos
**burgués, -esa** adj (tb pey) bourgeois(e) ; **pequeño(-a) ~** petit(e)-bourgeois(e) ; (Pol, pey) bourgeois(e) ▸ nm/f bourgeois(e)
**burguesía** nf bourgeoisie f
**buril** nm burin m
**burka** nm, (a veces) nf burka m o f, burqa m o f
**burla** nf moquerie f ; (broma) blague f ; **hacer ~ de algn/de algo** se moquer de qn/de qch ; **hacer ~ a algn** faire la nique à qn
**burladero** nm (Taur) palissade f
**burlador** nm séducteur m
**burlar** vt (persona) tromper ; (vigilancia) déjouer ; (seducir) séduire ; **burlarse** vpr: **burlarse (de)** se moquer (de)
**burlesco, -a** adj burlesque
**burlete** nm bourrelet m
**burlón, -ona** adj moqueur(-euse)
**burlonamente** adv d'un air moqueur
**buró** nm bureau m
**burocracia** nf (tb pey) bureaucratie f
**burócrata** nmf (tb pey) bureaucrate mf
**burocrático, -a** adj bureaucratique
**burofax** nm fax envoyé par « Correos » (La Poste) avec avis de réception
**buromática** nf bureautique f
**burrada** (fam) nf: **decir/hacer/soltar burradas** dire/faire/lâcher des âneries ; **una ~** (mucho) une flopée (fam)
**burro, -a** nm/f âne (ânesse) ; (fig: ignorante) âne m ; (: bruto) abruti(e) ; **caerse del ~** reconnaître ses erreurs ; **hacer el ~** faire l'âne ; **no ver tres en un ~** être myope

comme une taupe ; **~ de carga** (*fig*) bourreau *m* de travail ▶ *adj* crétin(e)
**bursátil** *adj* boursier(-ière)
**bus** *nm* bus *msg*
**busca** *nf*: **en ~ de** à la recherche de ▶ *nm* (*Telec*) bip(-bip) *m*
**buscador, a** *nm/f*: **~ (de)** chercheur(-euse) (de) ▶ *nm* (*Internet*) moteur *m* de recherche
**buscapiés** *nm inv* pétard *m*
**buscapleitos** *nmf inv* chicaneur(-euse)
**buscar** *vt* chercher ; (*beneficio*, *Inform*) rechercher ; **ven a buscarme a la oficina** viens me chercher au bureau ; **~ una aguja en un pajar** chercher une aiguille dans une botte de foin ; **buscarle tres pies al gato** chercher midi à quatorze heures ; **se busca secretaria** on demande une secrétaire ; **se la buscó** c'est bien fait pour lui ; **~ camorra** chercher noise ▶ *vi* chercher ; « **~ y reemplazar** » (*Inform*) « recherche-remplacement »

**buscavidas** *nmf inv* (*cotilla*) fouineur(-euse) ; (*ambicioso*) débrouillard(e)
**buscona** *nf* racoleuse *f*
**busque** *etc vb ver* **buscar**
**búsqueda** *nf* recherche *f*
**busto** *nm* (*Anat*, *Arte*) buste *m*
**butaca** *nf* fauteuil *m* ; **~ de patio** fauteuil d'orchestre
**butano** *nm* butane *m* ; **bombona de ~** bouteille *f* de butane ; **color ~** orange
**butifarra** *nf* saucisse catalane
**butrón** (*fam*) *nm* trou fait dans un mur, plafond ou au sol pour cambrioler un endroit
**buyín** (*Am*) *nm* = **blue-jean**
**buzo** *nm* (*mono*) bleu *m* (de travail) ; (*Am*: *chándal*) survêtement *m* ▶ *nmf* (*persona*) plongeur(-euse)
**buzón** *nm* boîte *f* aux lettres ; **echar al ~** poster ; **~ de voz** messagerie *f* vocale
**buzoneo** *nm* distribution *f* de prospectus
**byte** [bait] *nm* (*Inform*) octet *m*

# Cc

**C, c** [θe, se] *nf (letra)* C, c *m inv* ; **C de Carmen** = C comme Célestin
**C.** *abr* (= *centígrado*) C (= *Celsius*)
**c.** *abr* (= *capítulo*) chap. (= *chapitre*)
**C/** *abr* = **calle**
**c/** *abr* = **calle**; *(Com)* = **cuenta**
**ca** *excl* pas question !
**c.a.** *abr* = **corriente alterna**
**cabal** *adj (peso, precio)* juste ; *(definición)* exact(e) ; *(honrado)* bien
**cábala** *nf* cabale *f* ; **cábalas** *nfpl (suposiciones)*: **hacer cábalas** faire des suppositions
**cabales** *nmpl*: **no estar en sus ~** ne pas avoir toute sa tête
**cabalgadura** *nf (bestia de silla)* monture *f* ; *(bestia de carga)* bête *f* de somme
**cabalgar** *vt* monter ▶ *vi* chevaucher
**cabalgata** *nf* défilé *m* ; **la ~ de los Reyes Magos** le défilé des Rois mages
**cabalgue** *etc vb ver* **cabalgar**
**cabalístico, -a** *adj* cabalistique
**caballa** *nf* maquereau *m*
**caballeresco, -a** *adj* chevaleresque
**caballería** *nf* monture *f* ; *(Mil)* cavalerie *f* ; **~ andante** chevalerie *f* errante
**caballeriza** *nf* écurie *f*
**caballero** *nm* gentleman *m* ; *(de la orden de caballería)* chevalier *m* ; *(en trato directo)* monsieur *m* ; **de ~** d'homme, pour homme ; **« Caballeros »** « Messieurs » ; **~ andante** chevalier errant
**caballerosidad** *nf* galanterie *f*
**caballeroso, -a** *adj (cortés)* galant(e) ; *(noble)* chevaleresque
**caballete** *nm (de pintor)* chevalet *m* ; *(de pizarra)* support *m* ; *(de mesa)* tréteau *m* ; *(de tejado)* faîte *m*
**caballito** *nm* cheval *m* à bascule ; **~ del diablo** *(Zool)* demoiselle *f* ; **~ de mar** hippocampe *m* ; **caballitos** *nmpl* chevaux *mpl* de bois ; **montar a los caballitos** faire un tour de manège
**caballo** *nm* cheval *m* ; *(Ajedrez, Naipes)* cavalier *m* ; **a ~** à cheval ; **a ~ entre** à cheval sur ; **es su ~ de batalla** c'est son cheval de bataille ; **~ blanco** bailleur *m* de fonds ; **~ de carreras** cheval de course ; **~ de vapor** cheval-vapeur *m*
**cabaña** *nf* cabane *f*

**cabaré, cabaret** [kaβa're] (*pl* **cabarets**) *nm* cabaret *m*
**cabecear** *vt*: **~ el balón** faire une tête ▶ *vi* *(caballo)* encenser ; *(dormitar)* piquer du nez
**cabecera** *nf (de mesa, tribunal)* bout *m* ; *(de cama)* tête *f* ; *(en libro)* frontispice *m* ; *(periódico)* manchette *f*, gros titre *m* ; *(de río)* source *f* ; **médico de ~** médecin *m* traitant
**cabecero** *nm* tête *f* de lit, chevet *m*
**cabecilla** *nm* chef *m* de file, meneur(-euse)
**cabellera** *nf* chevelure *f* ; *(de cometa)* queue *f*
**cabello** *nm* cheveu *m* ; **~ de ángel** garniture sucrée à la citrouille
**cabelludo, -a** *adj*: **cuero ~** cuir *m* chevelu
**caber** *vi* tenir, rentrer ; *(Mat)* faire ; **caben tres más** on peut encore en mettre trois ; **no cabe duda** cela ne fait pas de doute ; **dentro de lo que cabe** autant que possible ; **cabe la posibilidad de que** il est possible que ; **me cupo el honor de** il m'est revenu l'honneur de ; **no cabe en sí de alegría** il ne se tient plus de joie
**cabestrillo** *nm*: **en ~** en écharpe
**cabeza** *nf* tête *f* ; *(Pol)* chef *m* ; **caer de ~** tomber la tête la première ; **~ abajo/arriba** la tête en bas/en haut ; **a la ~ de** *(de pelotón)* en tête de ; *(de empresa)* à la tête de ; **tirarse de ~** plonger ; **tocamos a tres por ~** ça fait trois par tête ; **romperse la ~** se creuser la tête ; **sentar la ~** se ranger ; **se me va la ~** je perds la tête ; **~ atómica/nuclear** tête atomique/ ogive *f* nucléaire ; **~ cuadrada** tête de mule ; **~ de ajo** tête d'ail ; **~ de chorlito** tête de linotte ; **~ de escritura** tête d'écriture ; **~ de familia** chef *m* de famille ; **~ de ganado** tête de bétail ; **~ de impresión/de lectura** tête d'impression/de lecture ; **~ de partido** chef-lieu *m* d'arrondissement ; **~ de turco** tête de turc ; **~ impresora** tête imprimante
**cabezada** *nf* coup *m* de tête ; **dar cabezadas** piquer du nez ; **echar una ~** faire un somme
**cabezal** *nm* tête *f* ; **~ impresor** tête d'impression
**cabezazo** *nm* coup *m* de tête ; *(Fútbol)* tête *f*
**cabezón, -ona** *adj* qui a une grosse tête ; *(vino)* capiteux(-euse) ; *(terco)* entêté(e)
**cabezonería** *(fam) nf* entêtement *m*

**cabezota** *adj inv* têtu(e)
**cabezudo, -a** *adj* qui a une grosse tête ; *(obstinado)* cabochard(e) ▶ *nm*: **gigantes y cabezudos** personnages de défilés traditionnels (déguisés en géants et en personnages à l'énorme tête en papier mâché)
**cabida** *nf* capacité *f* ; *(depósito)* contenance *f* ; **dar ~ a** admettre ; **tener ~ para** avoir une capacité de
**cabildo** *nm (de iglesia)* chapitre *m* ; *(Pol)* conseil *m* municipal
**cabina** *nf* cabine *f* ; **~ de mandos** cabine de pilotage ; **~ telefónica** cabine téléphonique
**cabizbajo, -a** *adj* la tête basse *inv*
**cable** *nm* câble *m* ; *(de electrodoméstico)* fil *m* ; **conectar con** ~ connecter par câble
**cableado** *nm* câblage *m*
**cabo** *nm* bout *m* ; *(Mil)* caporal *m* ; *(de policía)* brigadier *m* ; *(Náut)* cordage *m* ; *(Geo)* cap *m* ; **al ~ de tres días** au bout de trois jours ; **al fin y al ~** en fin de compte ; **de ~ a rabo** *(contar, saber)* de bout en bout ; *(leer)* d'un bout à l'autre ; **llevar a ~** mener à bien ; **atar cabos** faire des rapprochements ; **no dejar cabos sueltos** ne rien laisser en suspens ; **las Islas de C~ Verde** les îles *fpl* du Cap-Vert ; **C~ de Buena Esperanza** cap de Bonne Espérance ; **C~ de Hornos** cap Horn
**cabra** *nf* chèvre *f* ; **estar como una ~** être timbré(e) ; **~ montés** bouquetin *m*
**cabrales** *nm inv* fromage bleu des Asturies au goût et à l'odeur très forts
**cabré** *etc vb ver* **caber**
**cabreado, -a** *(fam) adj* fâché(e), en rogne *(fam)*
**cabrear** *(fam) vt* énerver, mettre en rogne *(fam)* ; **cabrearse** *vpr (fam)* se mettre en rogne *(fam)*
**cabreo** *(fam) nm* rogne *f* ; **¡menudo ~ lleva!** il est furieux ! ; **coger un ~** se mettre en rogne *(fam)*
**cabrero, -a** *nm/f* chevrier(-ière)
**cabrío, -a** *adj*: **macho ~** bouc *m* ; *ver* **ganado**
**cabriola** *nf* cabriole *f* ; **hacer cabriolas** faire des cabrioles
**cabritilla** *nf*: **de ~** en chevreau
**cabrito** *nm* chevreau *m* ; *(fam!)* sale vache *f (fam!)*
**cabrón** *(fam!) nm* salaud *m (fam!)*
**cabronada** *(fam!) nf* vacherie *f (fam)*
**cabuya** *(Am) nf (cuerda)* corde *f*
**caca** *(fam) nf* caca *m (fam)* ▶ *excl*: **no toques, ¡~!** ne touche pas à ça, c'est caca !
**cacahuete** *(Esp) nm* cacahuète *f*, cacahouète *f*
**cacao** *nm* cacao *m* ; *(Bot)* cacaoyer *m* ; *tb*: **manteca de cacao** beurre *m* de cacao ; *(fam: follón)* boucan *m (fam)*
**cacarear** *vt* s'enorgueillir de ▶ *vi* caqueter
**cacatúa** *nf* cacatoès *msg* ; *(mujer)* pipelette *f*
**cacereño, -a** *adj* de Cáceres ▶ *nm/f* natif(-ive) o habitant(e) de Cáceres
**cacería** *nf* partie *f* de chasse
**cacerola** *nf (con mango)* casserole *f* ; *(con asas)* marmite *f*, fait-tout *m*
**cacha** *nf (de arma)* crosse *f* ; *(cuchillo)* manche *m* ; **cachas** *nfpl (fam)* fesses *fpl* ▶ *adj inv*: **estar cachas** *(fam)* être baraqué(e) *(fam)*
**cachalote** *nm* cachalot *m*
**cacharrazo** *nm* choc *m*
**cacharro** *nm* ustensile *m* ; *(fam: trasto)* machin *m (fam)*, truc *m (fam)* ; *(de cerámica)* poterie *f* ; *(Am fam)* taule *f*
**caché** *nm (distinción, honorarios)* cachet *m* ▶ *adj (Inform)* cache
**cachear** *vt* fouiller
**cachemir** *nm*, **cachemira** *nf* cachemire *m* ; **de ~** en cachemire
**cachete** *nm* claque *f*
**cachiporra** *nf* massue *f*
**cachivache** *nm* truc *m (fam)*, machin *m (fam)*
**cacho** *nm* morceau *m* ; *(Am)* corne *f*
**cachondearse** *(fam) vpr*: **~ de algn/algo** se ficher de qn/qch *(fam)*
**cachondeo** *(fam) nm* rigolade *f* ; **estar de ~** plaisanter, blaguer ; **tomarse algo a ~** prendre qch à la rigolade
**cachondo, -a** *(fam) adj* marrant(e) *(fam)*, rigolo(te) *(fam)* ; **estar ~** être excité(e)
**cachorro, -a** *nm/f* chiot *m* ; *(de león)* lionceau *m* ; *(de lobo)* louveteau *m*
**cachupín, -ina** *(Cam, Méx pey) nm/f (colono español)* Espagnol(e) (surnom donné aux Espagnols qui s'installent en Amérique latine)
**cacique** *nm (Am)* cacique *m* ; *(Pol)* personnage *m* influent ; *(fig)* petit chef *m*
**caciquil** *adj* tyrannique
**caciquismo** *nm* caciquisme *m*
**caco** *nm* filou *m*
**cacofonía** *nf* cacophonie *f*
**cacto** *nm*, **cactus** *nm inv* cactus *m inv*
**cada** *adj inv* chaque ; *(antes de número)* tous les ; **~ día** tous les jours ; **~ dos días** tous les deux jours ; **~ cual/uno** chacun ; **~ vez más/menos** de plus en plus/de moins en moins ; **~ vez que** chaque fois que ; **uno de ~ diez** un sur dix ; **¿~ cuánto?** tous les combien ? ; **¡tienes ~ idea!** tu as de ces idées !
**cadalso** *nm* échafaud *m*
**cadáver** *nm* cadavre *m*
**cadavérico, -a** *adj* cadavérique, cadavéreux(-euse)
**caddie, caddy** ['kadi] *nmf (Golf)* caddie *m*, caddy *m*
**cadena** *nf* chaîne *f* ; **reacción en ~** réaction *f* en chaîne ; **trabajo en ~** travail *m* à la chaîne ; **tirar de la ~ del wáter** tirer la chasse d'eau ; **~ de caracteres** chaîne de caractères ; **~ de montaje** chaîne de montage ; **~ montañosa** chaîne de montagnes ; **~ perpetua** (réclusion *f* à) perpétuité *f* ; **cadenas** *nfpl (Auto)* chaînes *fpl*

## cadencia – calar

**cadencia** *nf* cadence *f*
**cadera** *nf* hanche *f*
**cadete** *nm* cadet *m*
**Cádiz** *n* Cadix
**cadmio** *nm* cadmium *m*
**caducar** *vi* (*documento, tarjeta*) expirer ; (*alimento, medicamento*) être périmé(e)
**caducidad** *nf*: **fecha de ~** date *f* de péremption
**caduco, -a** *adj* dépassé(e) ; **de hoja caduca** à feuilles caduques
**caduque** *etc vb ver* **caducar**
**caer** *vi* tomber ; (*precios*) chuter ; (*sol*) se coucher ; **dejar ~** laisser tomber ; **dejarse ~** s'écrouler, se laisser tomber ; **dejarse ~ por** passer par/chez ; **estar al ~** être sur le point d'arriver ; **¡no caigo!** je ne vois pas ; **¡ya caigo!** j'y suis ! ; **me cae bien/mal** (*persona*) je le trouve sympathique/antipathique ; (*vestido*) ça me va bien/ça ne me va pas ; (*alimento*) ça me réussit/ça ne me réussit pas ; **~ en desgracia** tomber en disgrâce ; **~ en la cuenta** saisir, se rendre compte ; **~ en la trampa** tomber dans le panneau ; **~ enfermo** tomber malade ; **su cumpleaños cae en viernes** son anniversaire tombe un vendredi ; **mi casa cae por aquí/a la derecha** ma maison se trouve par ici/à droite ; **caerse** *vpr* tomber ; **se me cayó el libro** j'ai fait tomber le livre

> El verbo *tomber* en francés no tiene un uso pronominal. Así:
> **Se ha caído por las escaleras.** Il est tombé dans les escaliers.

**café** *nm* café *m* ; **~ con leche** café crème, café au lait ; **~ solo** *o* **negro** café (noir)
**cafeína** *nf* caféine *f*
**cafetal** *nm* caféière *f*
**cafetalero, -a** (*Am*) *adj* (*industria*) du café ; (*zona*) producteur(-trice) de café ▶ *nm/f* planteur(-euse) de café
**cafetera** *nf* cafetière *f*
**cafetería** *nf* cafétéria *f*
**cafetero, -a** *adj* de café ; **ser muy ~** boire beaucoup de café, être grand amateur de café
**cafiche** (*CSur fam!*) *nm* maquereau *m* (*fam !*)
**cafre** *nmf* barbare *mf* ; **como cafres** comme des sauvages
**cagada** (*fam!*) *nf* (*excremento, cosa mal hecha*) merde *f* (*fam !*) ; (*error*) connerie *f* (*fam !*), bourde *f* (*fam !*) ; **esta calle está llena de cagadas de perro** cette rue est pleine de crottes de chien (*fam*)
**cagado, -a** (*fam!*) *adj* trouillard(e) (*fam !*) ; **está ~ de miedo** il est mort de trouille (*fam !*) ; **no seas tan ~** arrête de faire ta poule mouillée
**cagalera** (*fam!*) *nf* chiasse *f* (*fam !*)
**cagar** (*fam!*) *vi* chier (*fam !*) ; **¡la hemos cagado!** on a fait une connerie ! ; **cagarse** *vpr* se dégonfler (*fam*) ; **cagarse de miedo** être mort(e) de trouille (*fam*) ; **¡me cago en diez/la mar!** bon Dieu !
**cague** *etc vb ver* **cagar**
**caída** *nf* chute *f* ; (*declive*) pente *f* ; (*de tela*) tombée *f* ; **a la ~ del sol/de la tarde** à la tombée du jour/de la nuit ; **sufrir una ~** faire une chute ; **~ libre** chute libre
**caído, -a** *adj* tombant(e) ; **~ del cielo** tombé(e) du ciel ▶ *nm/f*: **los caídos** les morts *mpl*
**caiga** *etc vb ver* **caer**
**caimán** *nm* caïman *m*
**caipiriña** *nf* caïpirinha *f*
**Cairo** *n*: **El ~** Le Caire
**caja** *nf* boîte *f* ; (*más grande*) caisse *f* ; (*para reloj*) boîtier *m* ; (*Tip*) casse *f* ; **ingresar en ~** encaisser ; **~ de ahorros** caisse d'épargne ; **~ de cambios** boîte de vitesses ; **~ de caudales** coffre *m* fort ; **~ de fusibles** boîte à fusibles ; **~ de música** boîte à musique ; **~ de resonancia** caisse de résonance ; **~ fuerte** coffre fort ; **~ negra** (*Aviat*) boîte noire
**cajero, -a** *nm/f* caissier(-ière) ▶ *nm*: **~ automático** distributeur *m* automatique
**cajetilla** *nf* paquet *m*
**cajón** *nm* caisse *f* ; (*de mueble*) tiroir *m* ; **¡es de ~!** ça va de soi ! ; **~ de embalaje** caisse d'emballage
**cal** *nf* chaux *fsg* ; **cerrar algo a ~ y canto** fermer qch à double tour ; **~ viva** chaux vive
**cal.** *abr* (= *caloría(s)*) cal. (= *calorie(s)*)
**cala** *nf* crique *f* ; (*de barco*) cale *f*
**calabacín** *nm*, (*Am*) **calabacita** *nf* courgette *f*
**calabaza** *nf* courge *f*, citrouille *f* ; **dar calabazas a** (*fam: en examen*) recaler ; (: *novio*) envoyer promener (*fam*)
**calabozo** *nm* cachot *m*
**calada** *nf* bouffée *f*
**caladero** *nm* lieu *m* de pêche, zone *f* de pêche
**calado, -a** *adj* ajouré(e) ; **estoy ~ (hasta los huesos)** je suis trempé (jusqu'aux os) ▶ *nm* broderie *f* ajourée ; (*de barco*) tirant *m* d'eau ; (*de las aguas*) profondeur *f*
**calamar** *nm* calmar *m*, calamar *m* ; **calamares a la romana** calmars *mpl* *o* calamars *mpl* à la romaine *o* frits
**calambre** *nm* crampe *f* ; **dar ~** envoyer une décharge
**calamidad** *nf* calamité *f* ; **es una ~** (*persona*) c'est un(e) bon(ne) à rien
**calamina** *nf* calamine *f*
**calamitoso, -a** *adj* calamiteux(-euse)
**calaña** *nf*: **de mala ~** peu recommandable
**calar** *vt* transpercer ; (*melón, sandía*) couper pour goûter ; (*ideas, palabras*) saisir, comprendre ; **le tengo calado** (*fam*) je le connais sur le bout des doigts ; **calarse** *vpr* (*motor*) caler ; (*mojarse*) se tremper ; (*gafas*) chausser ; (*sombrero*) enfoncer

**calavera** nf tête f de mort ▶ nm (pey) noceur m
**calcañal, calcañar** nm talon m
**calcar** vt décalquer ; (imitar) calquer ; **es calcado a su abuelo** c'est tout le portrait de son grand-père
**calcáreo, -a** adj calcaire
**calce** etc vb ver **calzar**
**calceta** nf : **hacer ~** tricoter
**calcetín** nm chaussette f
**calcificación** nf calcification f
**calcinar** vt calciner
**calcio** nm calcium m
**calco** nm calque m
**calcomanía** nf décalcomanie f
**calculador, -a** adj calculateur(-trice)
**calculadora** nf calculatrice f
**calcular** vt calculer ; (gastos, pérdidas) évaluer, calculer ; **calculo que ...** je pense que ...
**cálculo** nm (tb Med) calcul m ; **según mis cálculos** d'après mes calculs ; **obrar con mucho ~** agir avec beaucoup de prudence ; **~ de costo** calcul du prix ; **~ diferencial** calcul différentiel
**Calcuta** n Calcutta
**caldear** vt chauffer ; (ánimos) échauffer
**caldera** nf chaudière f
**caldereta** nf : **~ de pescado** soupe f de poisson
**calderilla** nf ferraille f, petite monnaie f
**caldero** nm chaudron m
**caldo** nm bouillon m ; (vino) cru m ; **poner a ~ a algn** (fam) passer un savon à qn (fam) ; **~ de cultivo** bouillon de culture
**caldoso, -a** adj qui a beaucoup de sauce o de jus
**calé** adj gitan(e)
**calefacción** nf chauffage m ; **~ central** chauffage central
**calefactor, a** adj de chauffage, chauffant(e) ▶ nm radiateur m
**caleidoscopio** nm kaléidoscope m
**calendario** nm calendrier m
**caléndula** nf souci m, calendula m
**calentador** nm : **~ (de agua)** chauffe-eau m inv
**calentamiento** nm échauffement m ; **~ global** réchauffement m climatique
**calentar** vt faire chauffer ; (habitación) chauffer ; (motor) faire tourner ; (ánimos) échauffer ; (sexualmente) exciter ; (fam: pegar) flanquer une calotte à (fam) ; (AM: enfurecer) échauffer ▶ vi chauffer ; **calentarse** vpr se chauffer ; (cuando se tiene frío) se réchauffer ; (motor) chauffer ; (discusión, ánimos) s'échauffer
**calentura** nf fièvre f ; (de boca) bouton m de fièvre
**calenturiento, -a** adj : **imaginación/mente calenturienta** imagination f/esprit m fébrile
**calesa** nf calèche f
**calibrar** vt (Tec) calibrer ; (consecuencias) évaluer ; (importancia) jauger

**calibre** nm calibre m ; (fig) calibre, envergure f
**calidad** nf qualité f ; **de ~** de qualité ; **en ~ de** en qualité de ; **ser de primera ~** être de premier choix ; **~ de carta** o **de correspondencia** qualité courrier ; **~ texto** (Inform) qualité de texte
**cálido, -a** adj chaud(e) ; (palabras, aplausos) chaleureux(-euse)
**calidoscopio** nm = **caleidoscopio**
**caliente** vb ver **calentar** ▶ adj chaud(e) ; **estar/ponerse ~** (fam) être excité(e)/s'exciter ; **en ~** à chaud
**califa** nm calife m
**califato** nm califat m
**calificación** nf qualification f ; (en examen) note f ; **~ de sobresaliente** mention f très bien
**calificar** vt noter ; **~ como/de** traiter de
**calificativo, -a** adj qualificatif(-ive) ▶ nm qualificatif m
**califique** etc vb ver **calificar**
**californiano, -a** adj californien(ne) ▶ nm/f Californien(ne)
**caligrafía** nf calligraphie f
**calima** nf (neblina) brume f de chaleur ; (calor) chaleur f caniculaire
**calimocho** nm boisson mélangeant vin rouge et Coca-Cola®
**calina** nf = **calima**
**calisita** nf, **calisitas** nfpl (CSUR: tiovivo) manège m
**cáliz** nm calice m
**caliza** nf pierre f à chaux
**calizo, -a** adj calcaire
**callado, -a** adj : **estar ~** être silencieux(-euse) ; **ser ~** être peu bavard(e)
**callar** vt taire ; (persona, oposición) faire taire ▶ vi se taire ; **¡calla!** silence ! ; **callarse** vpr se taire ; **¡cállate!** tais-toi ! ; **¡cállate la boca!** (fam) la ferme ! (fam)
**calle** nf rue f ; (Deporte) couloir m ; **la ~** (en conjunto) la rue ; **salir** o **irse a la ~** sortir ; **poner a algn (de patitas) en la ~** mettre qn à la porte, flanquer qn dehors (fam) ; **ir ~ abajo/arriba** descendre/remonter la rue ; **~ de sentido único** rue à sens unique ; **~ mayor** grand-rue f ; **~ peatonal** rue piétonne
**calleja** nf = **callejuela**
**callejear** vi flâner dans les rues
**callejero, -a** adj ambulant(e) ; (verbena) en plein air ; (riña) de rue ; (persona) flâneur(-euse) ; (perro) errant(e) ▶ nm plan m
**callejón** nm ruelle f, passage m ; (en plaza de toros) couloir m ; **~ sin salida** impasse f, voie f sans issue ; (fig) impasse
**callejuela** nf ruelle f, venelle f
**callista** nmf pédicure mf
**callo** nm (en pies) cor m ; (en manos) durillon m ; **callos** nmpl (Culin) tripes fpl

## callosidad – caminante

**callosidad** nf callosité f
**calloso, -a** adj calleux(-euse)
**calma** nf calme m ; **hacer algo con ~** faire qch calmement ; **perder la ~** perdre son calme ; **¡~!, ¡con ~!** du calme ! ; **~ chicha** calme plat
**calmante** adj calmant(e) ▶ nm calmant m, tranquillisant m
**calmar** vt calmer ▶ vi (tempestad, viento) se calmer ; **calmarse** vpr se calmer
**calmoso, -a** adj calme
**caló** nm calo m, parler des gitans
**calor** nm chaleur f ; **entrar en ~** se réchauffer ; (Deporte) s'échauffer ; **hace ~** il fait chaud ; **tener ~** avoir chaud
**caloría** nf calorie f
**calque** etc vb ver **calcar**
**calumnia** nf calomnie f
**calumniar** vt calomnier
**calurosamente** adv chaleureusement
**caluroso, -a** adj chaud(e) ; (acogida, aplausos) chaleureux(-euse)
**calva** nf (en cabeza) crâne m dégarni ; (en bosque) clairière f ; ver tb **calvo**
**calvario** nm calvaire m
**calvicie** nf calvitie f
**calvinista** adj, nmf calviniste mf
**calvo, -a** adj, nm/f chauve mf
**calzada** nf chaussée f
**calzado, -a** adj chaussé(e) ▶ nm chaussures fpl
**calzador** nm chausse-pied m
**calzar** vt chausser ; (Tec) caler ; **¿qué (número) calza?** quelle est votre pointure ? ; **calzar** vpr: **calzarse los zapatos** se chausser
**calzón** nm (tb: **calzones**) caleçon m ; (AM: de hombre) slip m ; (: de mujer) culotte f
**calzonazos** nm inv chiffe f molle
**calzoncillos** nmpl slip msg
**cama** nf lit m ; **estar en ~** être alité(e) ; **guardar ~** garder le lit ; **hacer la ~** faire le lit ; **hacer la ~ a algn** (fig) jouer un tour de cochon à qn ; **~ en petaca** lit en portefeuille ; **~ individual/de matrimonio** lit simple/double ; **~ nido** lit gigogne
**camada** nf portée f, nichée f
**camafeo** nm camée m
**camaleón** nm caméléon m
**camaleónico, -a** adj caméléonesque, versatile
**cámara** nf chambre f ; (Cine, TV) caméra f ; (fotográfica) appareil m photo ; **a ~ lenta** au ralenti ; **música de ~** musique f de chambre ; **~ alta/baja** Chambre haute/basse ; **~ de aire** chambre à air ; **~ de comercio** chambre de commerce ; **~ de gas** chambre à gaz ; **~ de vídeo** caméscope m ; **~ frigorífica** chambre froide ; **~ nupcial/oscura** chambre nuptiale/noire ▶ nmf (Cine, TV) caméraman m
**camarada** nmf camarade mf ; (de trabajo) collègue mf

**camaradería** nf camaraderie f
**camarera** nf (en hotel) femme f de chambre ; (AM) hôtesse f de l'air ; ver tb **camarero**
**camarero, -a** nm/f (en restaurante) serveur(-euse) ; (en bar) garçon m de café (serveuse) ; **¡camarera, por favor!** mademoiselle, s'il vous plaît !
**camarilla** nf clique f ; (Pol) groupe m de pression, lobby m
**camarón** nm crevette f grise
**camarote** nm cabine f
**camastro** nm grabat m
**cambalache** (CSUR) nm magasin m d'objets o de vêtements d'occasion
**cambiante** adj variable ; (humor) changeant(e)
**cambiar** vt changer ; (intercambiar) échanger ; **~ algo por algo** changer qch pour o contre qch ▶ vi changer ; **~ de coche/de idea/de trabajo** changer de voiture/d'idée/de travail ; **~ de marcha** changer de vitesse ; **~ de sitio** changer de place ; **cambiarse** vpr (de casa) changer ; (de ropa) se changer ; **cambiarse de sitio** changer de place
**cambiazo** nm: **dar el ~ a algn** donner le change à qn ; (hum) faire une entourloupette à qn
**cambio** nm changement m ; (de dinero, impresiones) échange m ; (Com: tipo de cambio) change m ; (dinero menudo) monnaie f ; **a ~ de** en échange de ; **en ~** (por otro lado) en revanche, par contre ; (en lugar de eso) à la place ; **~ a término** change à terme ; **~ climático** changement climatique ; **~ de divisas** change de devises ; **~ de domicilio** changement de domicile ; **~ de la guardia** relève f de la garde ; **~ de línea/de página** (Inform) changement de ligne/de page ; **~ de marchas** o **de velocidades** changement de vitesses ; **~ de vía** aiguillage m
**cambista** nmf courtier(-ière), cambiste mf
**Camboya** nf Cambodge m
**camboyano, -a** adj cambodgien(ne) ▶ nm/f Cambodgien(ne)
**CAME** sigla m (= Consejo de Ayuda Mutua Económica) Comecon m, CAEM m (= Conseil d'assistance économique mutuelle)
**camelar** (fam) vt baratiner (fam) ; **camelarse** vpr entortiller (fam), embobeliner (fam)
**camelia** nf camélia m
**camello** nm chameau m ; (fam) dealer m
**camelo** (fam) nm entourloupette f ; (mentira) baratin m
**cameo** nm caméo m
**camerino** nm loge f
**Camerún** nm Cameroun m
**camilla** nf civière f, brancard m ; (mesa) guéridon m
**camillero, -a** nm/f brancardier(-ière)
**caminante** nmf marcheur(-euse)

**caminar** *vi* marcher ▶ *vt* faire à pied
**caminata** (*fam*) *nf* trotte *f* (*fam*)
**camino** *nm* (*tb Inform*) chemin *m* ; **a medio ~** à mi-chemin ; **en el ~** en chemin, chemin faisant ; **~ de** vers ; **estar/ponerse en ~** être/se mettre en route ; **Caminos, Canales y Puertos** (*Univ*) Ponts *mpl* et Chaussées ; **ir por buen/mal ~** (*fig*) être sur la bonne/mauvaise voie ; **~ de cabras** ≈ sentier *m* muletier ; **C~ de Santiago** chemin de saint Jacques ; *voir article* ; **~ particular** voie *f* privée ; **~ vecinal** chemin vicinal

> **CAMINO DE SANTIAGO**
>
> Le **Camino de Santiago** (chemin de saint Jacques) est un pèlerinage célèbre depuis le Moyen-Âge. Il a pour point de départ les Pyrénées et se termine à Saint-Jacques-de-Compostelle, au nord-ouest de l'Espagne, où serait enterré l'apôtre saint Jacques. De nos jours, ce pèlerinage continue d'attirer un grand nombre de croyants et de touristes.

**camión** *nm* camion *m*, poids *msg* lourd ; **estar como un ~** (*fam: mujer*) être bien roulée (*fam*) ; **~ cisterna** camion-citerne *m* ; **~ de la basura** camion des éboueurs ; **~ de mudanzas** camion de déménagement
**camionero** *nm* camionneur *m*, routier *m*
**camioneta** *nf* camionnette *f*
**camisa** *nf* (*tb Tec*) chemise *f* ; **~ de fuerza** camisole *f* de force
**camisería** *nf* chemiserie *f*
**camiseta** *nf* tee-shirt *m* ; (*ropa interior*) maillot *m* de corps ; (*de deportista*) maillot
**camisón** *nm* chemise *f* de nuit
**camomila** *nf* camomille *f*
**camorra** *nf*: **armar ~** faire un scandale ; **buscar ~** chercher querelle
**camorrista** *nmf* querelleur(-euse)
**camote** (*Am*) *nm* patate *f* douce
**campal** *adj*: **batalla ~** bataille *f* rangée
**campamento** *nm* colonie *f* de vacances ; (*Mil*) camp *m*
**campana** *nf* cloche *f* ; (*CSur*) campagne *f* ; **~ de cristal** cloche de verre
**campanada** *nf* coup *m* de cloche ; **dar la ~** se faire remarquer
**campanario** *nm* clocher *m*
**campanilla** *nf* clochette *f* ; (*Bot*) campanule *f*
**campante** *adj*: **seguir/quedarse/estar tan ~** continuer/faire/se conduire comme si de rien n'était
**campaña** *nf* campagne *f* ; **hacer ~ (en pro de/contra)** faire campagne (en faveur de *o* pour/contre) ; **~ de venta** campagne commerciale ; **~ electoral/publicitaria** campagne électorale/publicitaire
**campechano, -a** *adj* sans façon ; **es muy ~** il est très simple

**campeón, -ona** *nm/f* champion(ne)
**campeonato** *nm* championnat *m* ; **de ~** (*fam*) du tonnerre (*fam*), formidable
**campera** (*CSur*) *nf* blouson *m*
**campesinado** *nm* paysannerie *f*, paysans *mpl*
**campesino, -a** *adj* champêtre ; (*gente*) de la campagne ▶ *nm/f* paysan(ne)
**campestre** *adj* champêtre
**camping** ['kampin] (*pl* **campings**) *nm* camping *m* ; **ir de** *o* **hacer ~** camper, faire du camping
**campiña** *nf* campagne *f*
**campista** *nmf* campeur(-euse)
**campo** *nm* campagne *f* ; (*Agr, Elec, Fís*) champ *m* ; (*Inform*) champ, zone *f* ; (*Mil, de fútbol, rugby*) terrain *m* ; (*ámbito*) domaine *m* ; **a ~ traviesa** *o* **través** à travers champs ; **dormir a ~ raso** dormir à la belle étoile ; **trabajo de ~** travaux *mpl* pratiques (sur le terrain) ; **~ de batalla** champ de bataille ; **~ de concentración** camp *m* de concentration ; **~ de deportes/de golf** terrain de sport/de golf ; **~ de minas** champ de mines ; **~ de trabajo** camp de travail ; **~ magnético** champ magnétique ; **~ petrolífero** champ pétrolifère, gisement *m* de pétrole ; **~ raso** rase campagne *f* ; **~ visual** champ visuel
**camposanto** *nm* cimetière *m*
**campus** *nm inv* campus *m inv*
**camuflaje** *nm* camouflage *m*
**camuflar** *vt* camoufler
**can** *nm* chien *m*
**cana** *nf* cheveu *m* blanc ; **tener canas** avoir des cheveux blancs ; **echar una ~ al aire** se payer une partie de plaisir ; *ver tb* **cano**
**Canadá** *nm* Canada *m*
**canadiense** *adj* canadien(ne) ▶ *nmf* Canadien(ne)
**canal** *nm* canal *m* ; (*de televisión*) chaîne *f* ; (*de tejado*) chéneau *m*, gouttière *f* ; **abrir algo en ~** ouvrir qch de haut en bas ; **~ de distribución** réseau *m* de distribution ; **C~ de la Mancha** la Manche ; **C~ de Panamá** canal de Panama
**canaleta** (*CSur*) *nf* (*Arq*) gouttière *f*
**canalice** *etc vb ver* **canalizar**
**canalización** *nf* canalisation *f* ; (*de inversiones, recursos etc*) canalisation *f*, orientation *f*
**canalizar** *vt* canaliser
**canalla** *nmf* canaille *f*
**canallada** *nf* canaillerie *f*
**canalón** *nm* tuyau *m* de descente ; (*del tejado*) chéneau *m* ; **canalones** *nmpl* (*Culin*) cannelloni *mpl*
**canapé** *nm* (*tb Culin*) canapé *m*
**Canarias** *nfpl*: **las (Islas) ~** les (îles *fpl*) Canaries *fpl*
**canario, -a** *adj* des (îles) Canaries ▶ *nm/f* natif(-ive) *o* habitant(e) des (îles) Canaries ▶ *nm* (*Zool*) canari *m*, serin *m* ; **amarillo ~** jaune canari *inv*, jaune serin *inv*

**canasta** nf corbeille f; (en baloncesto) panier m; (Naipes) canasta f; **hacer ~** réussir un panier
**canastilla** nf (de novia) trousseau m; (de bebé) layette f
**canasto** nm corbeille f
**cancela** nf grille f, porte f en fer forgé
**cancelación** nf (ver vt) annulation f; résiliation f; suppression f; acquittement m
**cancelar** vt (visita, vuelo) annuler; (contrato) résilier; (permiso) supprimer; (deuda) s'acquitter de; (cuenta corriente) fermer
**cáncer** nm cancer m; **C~** (Astrol) Cancer; **ser C~** être Cancer
**cancerígeno, -a** adj cancérigène
**canceroso, -a** adj cancéreux(-euse)
**cancha** nf terrain m; (de tenis) court m ▶ excl (CSUR) dégagez!, faites place!
**canciller** nm chancelier m; (AM) ministre m des Affaires étrangères
**cancillería** nf (en embajada) chancellerie f; (AM: ministerio) ministère m des Affaires étrangères
**canción** nf chanson f; **~ de cuna** berceuse f; **~ infantil** comptine f; **~ popular** chanson populaire
**cancionero** nm chansonnier m
**candado** nm cadenas msg
**candeal** adj: **pan ~** pain m blanc ▶ nm (CSUR Culin) lait m de poule
**candela** nf bougie f, chandelle f
**candelabro** nm candélabre m
**candelero** nm: **estar en ~** être en vedette
**candente** adj chauffé(e) au rouge; (tema, problema) brûlant(e)
**candidato, -a** nm/f candidat(e); (para puesto) candidat(e), postulant(e)
**candidatura** nf candidature f
**candidez** nf candeur f; (falta de malicia) innocence f
**cándido, -a** adj candide; (sin malicia) innocent(e)
**candil** nm lampe f à huile
**candilejas** nfpl (Teatro) rampe fsg
**candombe** (AM) nm (baile) danse d'origine africaine pratiquée en Amérique du Sud
**candor** nm candeur f
**canela** nf cannelle f; **~ en rama** cannelle en bâtons
**canelo** nm: **hacer el ~** faire l'imbécile, faire le pitre
**canelones** nmpl cannelloni mpl
**canesú** nm empiècement m
**cangrejo** nm crabe m; (de río) écrevisse f
**canguro** nm kangourou m; (de niños) baby-sitter mf; **hacer de ~** garder des enfants, faire du baby-sitting
**caníbal** adj, nmf cannibale mf
**canibalismo** nm cannibalisme m
**canica** nf bille f
**caniche** nm caniche m

**canícula** nf canicule f
**canijo, -a** adj chétif(-ive)
**canilla** nf cannette f; (de pierna) tibia m; (AM) jambe f; (CSUR) robinet m
**canillita** (AND, CSUR) nm crieur m de journaux
**canino, -a** adj canin(e); **tener un hambre canina** avoir une faim de loup ▶ nm canine f
**canje** nm (de rehenes, prisioneros) échange m; (Com) change m
**canjear** vt: **~ (por)** échanger (pour); (Com) changer (pour)
**cannabis** nm cannabis m
**cano, -a** adj (pelo, cabeza) blanc (blanche)
**canoa** nf canoë m
**canódromo** nm champ m de courses de lévriers
**canon** nm canon m; (Com) taxe f, impôt m
**canonice** etc vb ver **canonizar**
**canónico, -a** adj: **derecho ~** droit m canon
**canónigo** nm chanoine m; **canónigos** nmpl mâche fsg
**canonizar** vt canoniser
**canoso, -a** adj grisonnant(e), aux cheveux blancs; (pelo) grisonnant(e)
**cansado, -a** adj fatigué(e); (viaje, trabajo) fatigant(e); **estoy ~ de hacerlo** j'en ai assez de faire ça
**cansador, a** (CSUR) nm/f ennuyeux(-euse)
**cansancio** nm fatigue f; **hasta el ~** à satiété
**cansar** vt fatiguer; (aburrir) ennuyer; (hartar) lasser; **cansarse** vpr: **cansarse (de hacer)** se lasser (de faire)
**cansino, -a** adj (pesado) ennuyeux(-euse), lassant(e); (lento) fatigué(e), traînant(e); **andaba con paso ~** il marchait d'un pas lourd
**Cantabria** nf la Cantabrique f
**cantábrico, -a** adj de Cantabrique; **mar C~** golfe m de Gascogne
**cántabro, -a** adj de la province de Santander ▶ nm/f natif(-ive) o habitant(e) de la province de Santander
**cantaleta** (AM) nf refrain m
**cantamañanas** (fam) nmf inv fantaisiste, baratineur(-euse) (fam)
**cantante** nmf chanteur(-euse)
**cantaor, a** nm/f chanteur(-euse) de flamenco
**cantar** vt chanter; **cantarle a algn las cuarenta** dire à qn ses quatre vérités ▶ vi chanter; (fam: criminal) se mettre à table; (fam: oler mal) puer, cocoter (fam); **~ a dos voces** chanter en duo; **~ de plano** passer aux aveux; **en menos que canta un gallo** en un rien de temps; **estaba cantado** c'était à prévoir ▶ nm chanson f
**cántara** nf bidon m
**cántaro** nm cruche f
**cantata** nf (Mús) cantate f
**cantautor, a** nm/f auteur-compositeur-interprète (auteure-compositrice-interprète)
**cante** nm: **~ jondo** chant m flamenco

## cantera – capitana

**cantera** *nf* (*lugar*) carrière *f* ; (*fig: de profesionales, futbolistas*) pépinière *f*
**cantero** (*CSUR*) *nm* (*macizo de flores*) massif *m* de fleurs ; (*macizo de legumbres*) planche *f* de légumes
**cántico** *nm* cantique *m*
**cantidad** *nf* quantité *f* ; **gran ~ de** une grande quantité de, bon nombre de ; **en ~** en quantité ; **~ alzada** forfait *m* ▸ *adv* (*fam*) plein ; **el café me gusta ~** j'adore le café, je raffole du café
**cantilena** *nf* = **cantinela**
**cantimplora** *nf* gourde *f*
**cantina** *nf* cantine *f* ; (*de estación*) buffet *m* ; (*esp Am: taberna*) café *m*
**cantinela** *nf* cantilène *f*
**canto** *nm* chant *m* ; (*de mesa, moneda*) bord *m* ; (*de libro*) tranche *f* ; (*de cuchillo*) dos *msg* ; **faltó el ~ de un duro** il s'en est fallu d'un cheveu ; **de ~** de côté, sur le côté ; **~ rodado** galet *m*
**cantón** *nm* canton *m*
**cantonés, -esa** *adj* cantonais(e) ▸ *nm/f* Cantonais(e) ▸ *nm* (*Ling*) cantonais *m*
**cantor, a** *adj* : **ave cantora** oiseau *m* chanteur ▸ *nm/f* chantre *m*
**canturrear** *vi* chantonner
**canutas** *nfpl* : **pasarlas ~** en voir des vertes et des pas mûres, en voir de toutes les couleurs
**canuto** *nm* petit tube *m* ; (*fam: droga*) joint *m* (*fam*)
**caña** *nf* (*Bot*) tige *f* ; (: *especie*) roseau *m* ; (*de hueso*) os *msg* long ; (*vaso*) verre *m* ; (*de cerveza*) demi *m* ; (*Am*) alcool *m* de canne à sucre ; **dar** o **meter ~** (*fam: a un coche*) appuyer sur le champignon (*fam*) ; (: *a algn*) secouer (*fam*) ; **~ de azúcar/de pescar** canne *f* à sucre/à pêche
**cañada** *nf* vallon *m* ; (*de ganado*) chemin *m* de transhumance
**cañamazo** *nm* canevas *msg*
**cáñamo** *nm* chanvre *m*
**cañaveral** *nm* cannaie *f* ; (*Agr*) plantation *f* de canne à sucre
**cañería** *nf* tuyauterie *f*
**cañizal** *nm* = **cañaveral**
**caño** *nm* (*tubo*) tuyau *m* ; (*de fuente*) jet *m*
**cañón** *nm* canon *m* ; (*Geo*) canyon *m*
**cañonazo** *nm* coup *m* de canon
**cañonera** *nf* (*tb* : **lancha cañonera**) canonnière *f*
**caoba** *nf* acajou *m*
**caos** *nm* chaos *msg*
**caótico, -a** *adj* chaotique
**cap.** *abr* (= *capítulo*) chap. (= *chapitre*)
**C.A.P.** *sigla m* (= *Certificado de Aptitud Pedagógica*) ancien certificat d'aptitude à l'enseignement
**capa** *nf* (*prenda*) cape *f* ; (*Culin, Geo, de polvo*) couche *f* ; **defender a ~ y espada** défendre avec acharnement ; **~ de ozono** couche d'ozone ; **capas sociales** couches *fpl* sociales
**capacho** *nm* cabas *msg*

**capacidad** *nf* capacité *f* ; **este teatro tiene una ~ de mil espectadores** ce théâtre peut contenir mille spectateurs ; **tener ~ para los idiomas/las matemáticas** être doué(e) pour les langues/les mathématiques ; **tener ~ de adaptación/de trabajo** avoir une capacité d'adaptation/de travail ; **~ adquisitiva** pouvoir *m* d'achat
**capacitación** *nf* formation *f* ; **curso de ~** cours *msg* de formation
**capacitado, -a** *adj* qualifié(e) ; **~ para algo** (*Jur*) habilité(e) à faire qch
**capacitar** *vt* : **~ a algn para** (*formar*) former qn à
**capar** *vt* castrer
**caparazón** *nm* (*de ave*) carcasse *f* ; (*de tortuga*) carapace *f*
**capataz** *nm* contremaître *m*
**capaz** *adj* capable ; **ser ~ de (hacer)** être capable de (faire) ; **es ~ que venga mañana** (*Am*) il viendra probablement demain
**capcioso, -a** *adj* : **pregunta capciosa** question *f* captieuse
**capea** *nf* (*Taur*) course *f* de vachettes
**capear** *vt* (*dificultades*) esquiver ; **~ el temporal** résister à la tourmente
**capella** : **a ~** *adv* (*Mús*) a capella
**capellán** *nm* aumônier *m* ; (*sacerdote*) chapelain *m*
**Caperucita Roja** *n* le Petit Chaperon rouge
**caperuza** *nf* chaperon *m* ; (*de bolígrafo*) capuchon *m*
**capi** (*Am fam*) *nf* capitale *f*
**capicúa** *adj inv* palindrome ▸ *nm* nombre *m* palindrome
**capilar** *adj, nm* capillaire *m*
**capilla** *nf* chapelle *f* ; **~ ardiente** chapelle ardente
**capirote** *nm* : **tonto de ~** parfait idiot *m*
**capital** *adj* (*tb Jur*) capital(e) ▸ *nm* capital *m* ; **inversión de capitales** investissement *m* de capitaux ; **~ activo** capital circulant *o* d'exploitation ; **~ arriesgado** *o* **riesgo** capital-risque *m* ; **~ autorizado** *o* **social** capital social ; **~ emitido** capital émis ; **~ en acciones** capital en actions ; **~ improductivo/pagado** capital improductif/versé ; **~ invertido** *o* **utilizado** capital investi, mise *f* de fonds ▸ *nf* capitale *f*
**capitalice** *etc vb ver* **capitalizar**
**capitalino, -a** (*Am*) *adj* de la capitale ▸ *nm/f* natif(-ive) *o* habitant(e) de la capitale
**capitalismo** *nm* capitalisme *m*
**capitalista** *adj, nmf* capitaliste *mf*
**capitalización** *nf* capitalisation *f*
**capitalizar** *vt* capitaliser ; (*situación, triunfo*) tirer parti de
**capitán** *nm* capitaine *m* ; **~ general** ≈ général *m* de corps d'armée
**capitana** *nf* vaisseau *m* amiral

## capitanear – carbonífero

**capitanear** vt commander ; (*equipo*) être le capitaine de ; (*pandilla, expedición*) être à la tête de

**capitanía** nf : **~ general** (*edificio*) bureau m de l'état-major des armées ; (*cargo*) ≈ dignité f de général de corps d'armée

**capitel** nm chapiteau m

**capitolio** nm capitole m

**capitulación** nf capitulation f ; **capitulaciones matrimoniales** contrat msg de mariage

**capitular** vi capituler

**capítulo** nm chapitre m

**capo** nm (*jefe*) chef m ; (*persona influyente*) grosse légume f (*fam*) ; (*de la mafia*) parrain m ; (*esp Col*) baron m de la drogue

**capó** nm capot m

**capón** nm (*pollo*) chapon m ; (*golpe*) tape f sur la tête

**caporal** nm caporal m

**capota** nf (*de coche*) capote f

**capote** nm (*de militar*) capote f ; (*de torero*) cape f ; **echar un ~ a algn** prêter main forte à qn

**capricho** nm caprice m ; **darse un ~** se faire un petit plaisir

**caprichoso, -a** adj capricieux(-euse)

**Capricornio** nm (*Astrol*) Capricorne m ; **ser ~** être Capricorne

**cápsula** nf capsule f ; **~ espacial** capsule spatiale

**captación** nf captation f ; **~ de capital** (*Econ*) levée f de capitaux ; **~ de clientes**: **es la encargada de la ~ de clientes** elle est responsable du démarchage ; **~ de datos** saisie f de données ; **~ de fondos** collecte f de fonds ; **~ de votos** captation de votes

**captar** vt capter ; (*indirecta, sentido*) saisir

**captura** nf capture f

**capturar** vt capturer

**capucha** nf, **capuchón** nm capuche f ; (*de bolígrafo*) capuchon m

**capuchino, -a** nm/f (*Rel*) capucin(e) ▶ nm (*café*) cappuccino m ; (*Am Zool*) capucin m

**capullo, -a** nm/f (*fam!*) con(ne) (*fam!*) ▶ nm (*Zool*) cocon m ; (*Bot*) bouton m ; **~ de rosa** bouton de rose

**caqui** adj inv kaki inv ▶ nm (*fruta*) kaki m

**cara** nf visage m, figure f ; (*expresión*) tête f, mine f ; (*de disco, papel*) face f ; (*fam: descaro*) culot m, toupet m ; **de ~** de face ; **(de) ~ a** (*en dirección a*) face à ; (*con vistas a*) en vue de ; **decir algo ~ a ~** dire qch en face ; **mirar ~ a ~** regarder bien en face ; **dar la ~** ne pas se dérober ; **echar algo en ~ a algn** reprocher qch à qn ; **¿~ o cruz?** pile ou face ? ; **poner/tener ~ de** prendre/avoir un air de ; **¡qué ~ más dura!** quel culot !, en voilà du toupet ! ; **tener buena/mala ~** avoir bonne/mauvaise mine ; (*herida*) avoir bon/mauvais aspect ; (*asunto*) avoir/ne pas avoir l'air bien ; (*guiso*) avoir/ne pas avoir l'air bon ; **tener mucha ~** avoir un culot monstre ; **de una ~** (*disquete*) d'une seule face

**carabina** nf carabine f ; (*persona*) chaperon m

**carabinero** nm douanier m ; (*Am*) agent m de police

**Caracas** n Caracas

**caracol** nm escargot m ; (*concha*) coquille f d'escargot ; (*rizo*) boucle f ; (*esp Am*) coquillage m ; **escalera de ~** escalier m en colimaçon

**caracola** nf coquillage m

**caracolear** vi caracoler

**carácter** (*pl* **caracteres**) nm caractère m ; **tener buen/mal ~** avoir bon/mauvais caractère ; **~ alfanumérico** caractère alphanumérique ; **caracteres de imprenta** caractères mpl d'imprimerie

**caracterice** etc vb ver **caracterizar**

**característica** nf caractéristique f

**característico, -a** adj caractéristique

**caracterización** nf caractérisation f

**caracterizar** vt caractériser ; (*Teatro*) bien interpréter ; **caracterizarse** vpr (*Teatro*) se mettre en costume ; **caracterizarse por** se caractériser par

**caradura** nmf : **es un(a) ~** il (elle) est culotté(e) (*fam*)

**carajillo** nm café arrosé de cognac ou de liqueur d'anis

**carajo** (*fam!*) nm : **¡~!** merde ! (*fam!*) ; **¡qué ~!** et quoi encore !, mon œil ! (*fam*) ; **me importa un ~** je m'en fous pas mal ! (*fam!*) ; **¡vete al ~!** va te faire voir ! (*fam!*)

**caramba** excl dis donc !, mince alors !

**carámbano** nm glaçon m

**carambola** nf (*en billar*) carambolage m ; **por ~** par pur hasard

**caramelo** nm bonbon m ; (*azúcar fundido*) caramel m

**carancho** (*CSur*) nm sorte de vautour

**carantoñas** nfpl : **hacer ~** faire des mamours

**caraqueño, -a** adj de Caracas ▶ nm/f natif(-ive) o habitant(e) de Caracas

**carátula** nf masque m ; (*de disco*) pochette f ; (*de libro*) couverture f ; **la ~** le théâtre

**caravana** nf caravane f ; (*de vehículos, gente*) file f ; (*Auto*) bouchon m

**caray** excl = **caramba**

**carbohidrato** nm hydrate m de carbone

**carbón** nm charbon m ; **papel ~** carbone m ; **al ~** au charbon ; **~ de leña** o **vegetal** charbon de bois

**carbonatado, -a** adj carbonaté(e)

**carbonato** nm carbonate m ; **~ sódico** carbonate de soude

**carboncillo** nm fusain m

**carbonería** nf dépôt m de bois

**carbonice** etc vb ver **carbonizar**

**carbónico, -a** adj carbonique

**carbonífero, -a** adj carbonifère

## carbonilla – carismático

**carbonilla** nf poussière f de charbon
**carbonizar** vt carboniser ; **quedar carbonizado** être réduit en cendres
**carbono** nm carbone m
**carburador** nm carburateur m
**carburante** nm carburant m
**carburar** (fam) vi carburer (fam)
**carca** (fam) adj inv, nmf inv réac mf (fam)
**carcaj** nm carquois msg
**carcajada** nf éclat m de rire ; **reír(se) a carcajadas** rire aux éclats
**carcajearse** vpr rire aux éclats
**carcamal** (fam) nm vieux m croulant (fam)
**carcasa** nf (armazón) carcasse f ; (Auto: de motor) carter m, boîtier m ; (: de neumático) carcasse f ; (de móvil) coque f
**cárcel** nf prison f, maison f d'arrêt
**carcelario, -a** adj carcéral(e)
**carcelero, -a** nm/f gardien(ne) de prison
**carcinoma** nm carcinome m
**carcoma** nf termite m
**carcomer** vt manger, ronger ; (salud, confianza) miner ; **carcomerse** vpr : **carcomerse de** être rongé(e) par
**cardar** vt carder
**cardenal** nm cardinal m ; (Med) bleu m
**cardenalicio, -a** adj de cardinal, cardinalice
**cárdeno, -a** adj pourpre
**cardiaco, -a, cardíaco, -a** adj cardiaque ; **estar ~** (fam) être énervé(e)
**cardinal** adj cardinal(e) ; **puntos cardinales** points mpl cardinaux
**cardiología** nf cardiologie f
**cardiólogo, -a** nm/f cardiologue mf
**cardiopatía** nf cardiopathie f
**cardiovascular** adj cardiovasculaire
**cardo** nm (comestible) cardon m ; (espinoso) chardon m ; **ser un ~** (fam) être laid(e) comme un pou ; (arisco) être grincheux(-euse)
**carear** vt (tb Jur) confronter
**carecer** vi : **~ de** manquer de
**carencia** nf manque m ; (Med) carence f
**carente** adj : **~ de** dépourvu(e) de
**careo** nm confrontation f
**carero, -a** (fam) adj chérot (fam)
**carestía** nf (Com) cherté f ; (escasez) pénurie f ; **época de ~** période f de pénurie
**careta** nf masque m ; **quitarle a algn la ~** démasquer qn ; **~ antigás** masque à gaz
**carey** nm : **de ~** en écaille
**carezca** etc vb ver **carecer**
**carga** nf charge f ; (de barco, camión) chargement m, cargaison f ; (de bolígrafo, pluma) cartouche f, recharge f ; (Inform) chargement ; **de ~** (animal) de charge ; **buque de ~** cargo m ; **la ~ fiscal** la charge fiscale ; **zona de ~ y descarga** zone f de livraisons ; **~ aérea** fret m aérien ; **~ afectiva** charge affective ; **~ explosiva** charge explosive ; **~ útil** charge utile

**cargadero** nm zone f de chargement
**cargado, -a** adj chargé(e) ; (café, té) serré(e), fort(e) ; (ambiente) raréfié(e), vicié(e) ; **~ de hombros/espalda** les épaules voûtées/le dos voûté
**cargador, a** nm/f chargeur(-euse) ; (Náut) docker m ▶ nm (de arma) chargeur m
**cargamento** nm chargement m, cargaison f
**cargante** (fam) adj agaçant(e)
**cargar** vt charger ; (impuesto) imposer, taxer ; (Com) débiter ; (móvil) recharger ; **te la vas a ~** (fam) cela va te coûter cher ; **~ las tintas** forcer la note ; **los indecisos me cargan** les gens indécis me portent sur les nerfs ; **~ algo a o en la espalda** prendre qch sur son dos ▶ vi charger ; **~ (contra)** charger (contre) ; **~ con** porter ; (responsabilidad) assumer ; **cargarse** vpr (fam : estropear) bousiller (fam) ; (: matar) liquider (fam) ; (: ley, proyecto) supprimer ; (: suspender) recaler (fam), coller (fam) ; (Elec) se charger ; (cielo) se couvrir ; **cargarse de** (de dinero) se munir de ; (de paquetes) se charger de ; (de obligaciones) assumer
**cargo** nm (Com etc) débit m ; (puesto) poste m ; **una cantidad en ~ a algn** une somme portée au compte de qn ; **estar a(l) ~ de** être à (la) charge de ; **hacerse ~ de** (de deudas, poder) assumer ; (darse cuenta de) se rendre compte de ; **me da ~ de conciencia** cela me donne des remords ; **alto ~** (Com) cadre m supérieur ; (Pol) autorité f ; **cargos** nmpl (Jur) accusations fpl
**cargosear** (CSur fam) vt casser les pieds à
**cargoso, -a** adj casse-pieds inv ; **no seas ~** ne sois pas casse-pieds
**cargue** etc vb ver **cargar**
**carguero** nm cargo m ; (avión) avion-cargo m
**Caribe** nm : **el ~** les Caraïbes fpl
**caribeño, -a** adj des Caraïbes
**caricatura** nf caricature f
**caricaturizar** vt caricaturer ; **caricaturizarse** vpr se caricaturer
**caricia** nf caresse f
**caridad** nf charité f ; **obras de ~** œuvres fpl de charité ; **vivir de la ~** vivre de la charité
**caries** nf inv carie f
**carilla** nf (Tip) face f
**cariño** nm affection f ; **sí, ~** oui, chéri(e) ; **sentir ~ por/tener ~ a** ressentir/avoir de l'affection pour ; **tomar ~ a algn** s'attacher à qn ; **hacer algo con ~** prendre plaisir à faire qch
**cariñosamente** adv affectueusement
**cariñoso, -a** adj affectueux(-euse) ; **« saludos cariñosos »** « affectueusement »
**carioca** (AM) adj carioca, de Rio de Janeiro ▶ nmf carioca mf, natif(-ive) o habitant(e) de Rio de Janeiro
**carisma** nm charisme m
**carismático, -a** adj charismatique

592 · ESPAÑOL | FRANCÉS

**caritativo, -a** adj charitable ; (organismo) caritatif(-ive)
**cariz** nm (de los acontecimientos) tournure f
**carlista** adj, nmf (Hist) carliste mf
**carmelita** (Rel) adj carmélite ▶ nmf carme (carmélite)
**carmesí** adj cramoisi(e) ▶ nm cramoisi m
**carmín** nm carmin m ; **~ (de labios)** rouge m (à lèvres)
**carnada** nf amorce f, appât m
**carnal** adj charnel(le) ; **primo ~** cousin m germain
**carnaval** nm carnaval m ; voir article

: **CARNAVAL**
: Les réjouissances du **Carnaval** se déroulent
: pendant les trois jours qui précèdent le
: début du carême (Cuaresma). En déclin sous
: le régime franquiste, le carnaval connaît
: aujourd'hui un regain de popularité dans
: toute l'Espagne. Le carnaval de Cadix et
: celui de Tenerife sont particulièrement
: renommés pour leur animation et leurs
: défilés et déguisements souvent
: somptueux.

**carnaza** nf (para animales) appât m ; (de escándalo, suceso): **dar ~ a la gente** donner des détails croustillants aux gens
**carne** nf chair f ; (Culin) viande f ; **en ~ viva** à vif ; **en ~ y hueso** en chair et en os ; **~ de cañón** chair à canon ; **~ de cerdo/de cordero** viande de porc/d'agneau ; **~ de ternera/de vaca** viande de veau/de bœuf ; **~ de gallina** chair de poule ; **~ de membrillo** gelée f de coing ; **~ picada** viande hachée ; **carnes** nfpl (fam) graisse fsg
**carné** nm = **carnet**
**carnero** nm mouton m
**carnet** [kar'ne] (pl **carnets**) nm: **~ de conducir** permis msg de conduire ; **~ de identidad** carte f d'identité ; **~ de socio** carte de membre
**carnicería** nf boucherie f
**carnicero, -a** adj carnassier(-ière) ; (pájaro, ave) de proie ▶ nm/f boucher(-ère)
**cárnico, -a** adj (productos, industria) de la viande
**carnívoro, -a** adj carnivore ▶ nm carnivore m
**carnoso, -a** adj charnu(e)
**caro, -a** adj cher (chère) ▶ adv cher ; **te costará/lo pagarás ~** (fig) cela te coûtera/tu le paieras cher
**carota** (fam) nmf: **es un(a) ~** il (elle) est culotté(e)
**carótida** nf carotide f
**carozo** (AM) nm noyau m
**carpa** nf carpe f ; (de circo) chapiteau m ; (AM) tente f
**carpeta** nf dossier m, chemise f ; **~ (de anillas)** classeur m

**carpetazo** nm: **dar ~ a algo** mettre qch de côté
**carpintería** nf menuiserie f
**carpintero** nm menuisier m ; **pájaro ~** pic m
**carraca** nf crécelle f ; (juguete) hochet m
**carraspear** vi (toser) se racler o s'éclaircir la gorge
**carraspera** nf enrouement m
**carrera** nf course f ; (Univ) études fpl ; (profesión) carrière f ; **tienes una ~ en las medias** tes bas sont filés ; **aquí se recogen carreras a las medias** ici on reprise les bas ; **a la ~** à toute vitesse ; **darse** o **echar** o **pegar una ~** filer à toute allure o à toutes jambes ; **de carreras** de course ; **en una ~** d'une traite ; **~ de armamentos/de obstáculos** course aux armements/d'obstacles
**carrerilla** nf: **decir algo de ~** réciter qch comme un perroquet ; **tomar ~** prendre son élan
**carreta** nf charrette f
**carrete** nm pellicule f ; (Tec) bobine f
**carretera** nf route f ; **~ de circunvalación** boulevard m périphérique ; **~ nacional/ secundaria** route nationale/secondaire
**carretilla** nf brouette f
**carril** nm (de autopista) file f, voie f ; (Ferro) rail m ; **~ bici** piste f cyclable
**carrillo** nm joue f
**carrito** nm chariot m, caddie® m
**carro** nm chariot m ; (con dos ruedas) charrette f ; (AM) voiture f ; **¡para el ~!** arrête là !, c'est bon, ça suffit ! ; **~ blindado/de combate** char m d'assaut/de combat
**carrocería** nf carrosserie f
**carromato** nm roulotte f
**carroña** nf charogne f
**carroñero, -a** adj: **animal ~** charognard m
**carroza** nf carrosse m ; (en desfile) char m ▶ nmf (fam) croulant(e), vieux schnock (vieille taupe)
**carruaje** nm voiture f
**carrusel** nm manège m
**carta** nf lettre f ; (Naipes) carte f ; (Jur) charte f ; **a la ~** à la carte ; **dar ~ blanca a algn** donner carte blanche à qn ; **echar una ~ (al correo)** mettre une lettre à la poste ; **echar las cartas a algn** tirer les cartes à qn ; **tomar cartas en el asunto** intervenir dans l'affaire ; **~ certificada** lettre recommandée ; **~ de ajuste** (TV) mire f ; **~ de crédito documentaria** lettre de crédit ; **~ de crédito irrevocable** (Com) lettre de crédit irrévocable ; **~ de pedido** bon m de commande ; **~ de vinos** carte des vins ; **~ marítima** carte marine ; **~ urgente** lettre urgente ; **~ verde** carte verte
**carta-bomba** (pl **cartas-bomba**) nf lettre f piégée
**cartabón** nm équerre f

**cartaginés, -esa** *adj* carthaginois(e) ▶ *nm/f* Carthaginois(e)
**Cartago** *n* Carthage
**cartearse** *vpr* correspondre
**cartel** *nm* affiche *f*; (*Com*) cartel *m*, trust *m*; **en ~** à l'affiche
**cártel** *nm* (*Com*) = **cartel**
**cartelera** *nf* rubrique *f*; (*en la calle*) panneau *m* d'affichage; (*en París*) colonne *f* Morris; **lleva mucho/poco tiempo en ~** il est à l'affiche depuis longtemps/peu
**cárter** *nm* (*Mec*) carter *m*; **~ de cigüeñal** carter *m* de vilebrequin
**cartera** *nf* (*tb*: **cartera de bolsillo**) portefeuille *m*; (*de cobrador*) sacoche *f*; (*de colegial*) cartable *m*; (*AM*) sac à main *m*; **ministro sin ~** (*Pol*) ministre *m* sans portefeuille; **ocupa la ~ de Agricultura** il occupe le portefeuille de l'Agriculture; **tener algo en ~** avoir qch de prévu; **efectos en ~** (*Econ*) avoirs *mpl* fonciers; **~ de mano** serviette, porte-document(s) *m*; **~ de pedidos** carnet *m* de commandes; *ver tb* **cartero**
**carterista** *nmf* pickpocket *m*, voleur(-euse) à la tire
**cartero, -a** *nm/f* facteur(-trice)
**cartesiano, -a** *adj, nm/f* cartésien(ne)
**cartílago** *nm* cartilage *m*
**cartilla** *nf* livret *m* scolaire; **~ de ahorros** livret de caisse d'épargne; **~ de racionamiento** carte *f* de rationnement
**cartografía** *nf* cartographie *f*
**cartón** *nm* carton *m*; (*de tabaco*) cartouche *f*; **de ~** en carton; **~ piedra** papier *m* mâché
**cartuchera** *nf* cartouchière *f*
**cartucho** *nm* cartouche *f*; (*cucurucho*) cornet *m*; **~ de datos** (*Inform*) chargeur *m*
**cartuja** *nf* chartreuse *f*
**cartulina** *nf* bristol *m*
**CASA** (*ESP*) *sigla f* (*Aviat*) = **Construcciones Aeronáuticas S.A.**
**casa** *nf* maison *f*; **sentirse como en su ~** se sentir comme chez soi; **ir a ~** rentrer chez soi; **salir de ~** sortir de chez soi; **irse de ~** faire sa malle; **él es como de la ~** c'est comme s'il était de la famille; **llevar la ~** tenir sa maison; **echar la ~ por la ventana** (*gastar*) jeter l'argent par les fenêtres; (*recibir a lo grande*) mettre les petits plats dans les grands; **~ consistorial** hôtel *m* de ville, mairie *f*; **~ de campo** maison de campagne; **~ de citas/de discos** maison de rendez-vous/de disques; **~ de fieras** ménagerie *f*; **~ de huéspedes** pension *f* de famille; **~ de la moneda** hôtel des monnaies; **~ de socorro** poste *m* de secours
**casaca** *nf* casaque *f*
**casadero, -a** *adj* en âge de se marier
**casado, -a** *adj, nm/f* marié(e)
**casamiento** *nm* mariage *m*
**casar** *vt* marier ▶ *vi*: **~ (con)** aller bien (avec); **casarse** *vpr*: **casarse (con)** se marier (avec); **casarse por lo civil/por la Iglesia** se marier civilement/religieusement
**cascabel** *nm* grelot *m*; (*Zool*) serpent *m* à sonnette
**cascada** *nf* cascade *f*; **en ~** en cascade
**cascado, -a** *adj* mal en point, patraque; (*voz*) cassé(e), éraillé(e)
**cascajo** *nm* gravats *mpl*; (*de frutos secos*) coquille *f*
**cascanueces** *nm inv* casse-noisettes *msg*
**cascar** *vt* casser; (*fam: golpear*) tabasser (*fam*) ▶ *vi* (*fam*) papoter (*fam*); (*: morir*) clamser (*fam*); **cascarse** *vpr* se casser; (*voz*) s'érailler
**cáscara** *nf* coquille *f*; (*de fruta*) pelure *f*; (*de patata*) épluchure *f*; (*de limón, naranja*) écorce *f*
**cascarón** *nm* coquille *f* d'œuf
**cascarrabias** (*fam*) *nmf inv* grognon(ne)
**casco** *nm* casque *m*; (*Náut*) coque *f*; (*Zool*) sabot *m*; (*pedazo roto*) tesson *m*; **el ~ antiguo** la vieille ville; **el ~ urbano** le centre-ville; **cascos** *nmpl* (*fam: auriculares*) écouteurs *mpl*; (*: cabeza*) cervelle *fsg*
**cascote** *nm* gravats *mpl*
**caserío** *nm* hameau *m*; (*casa*) ferme *f*
**casero, -a** *adj* (*cocina*) maison *inv*; (*remedio*) de bonne femme; (*trabajos*) domestique; «**comida casera**» « cuisine maison »; **pan ~** pain *m* de ménage; **ser muy ~** être très casanier(-ière) ▶ *nm/f* propriétaire *mf*; (*Com*) syndic *m*
**caserón** *nm* bâtisse *f*
**caseta** *nf* baraque *f*; (*de perro*) niche *f*; (*para bañista*) cabine *f*; (*de feria*) stand *m*
**casete** [ka'sete] *nm* magnétophone *m* ▶ *nf* cassette *f*
**casi** *adv* presque; **~ nunca/nada** presque jamais/rien; **~ te caes** tu as manqué (de) *o* tu as failli tomber
**casilla** *nf* casier *m*; (*en ajedrez, crucigrama, impreso*) case *f*; **sacar a algn de sus casillas** faire sortir qn de ses gonds; **C~ de Correo(s)** (*AM*) boîte *f* postale
**casillero** *nm* casier *m*; (*marcador*) tableau *m*, marqueur *m*
**casino** *nm* casino *m*; (*asociación*) cercle *m*, club *m*
**caso** *nm* cas *msg*; **en ~ de ...** en cas de ...; **en ~ (de) que venga** au cas où il viendrait; **el ~ es que** le fait est que; **en el mejor/peor de los casos** dans le meilleur/pire des cas; **en ese ~** dans ce cas; **en todo ~** en tout cas; **en último ~** en dernier recours; **¡eres un ~!** tu es un cas !; **(no) hacer ~ a** *o* **de algo/algn** (ne pas) faire cas de qch/qn; **hacer ~ omiso de** faire fi de; **hacer** *o* **venir al ~** venir à propos; **yo en tu ~ ...** moi, à ta place ..., moi, si j'étais à ta place ...
**caspa** *nf* (*en pelo*) pellicules *fpl*

## Caspio – catequesis

**Caspio** adj: **el mar ~** la mer Caspienne
**casposo, -a** adj (con caspa) qui a des pellicules ; (fam: estilo, gusto) ringard(e)
**casque** etc vb ver **cascar**
**casquería** nf (tienda) triperie f ; (productos) abats mpl
**casquete** nm (gorra) calotte f ; **~ de hielo** calotte glaciaire ; **~ polar** calotte polaire
**casquillo** nm (Tec) douille f
**cassette** nf, nm = **casete**
**casta** nf race f ; (clase social) caste f ; (de persona) lignée f
**castaña** nf châtaigne f, marron m ; (fam) (tb: **castañazo**) gnon m (fam), marron (fam) ; (: Auto) gnon (fam) ; (: puñetazo) châtaigne (fam), coup m de poing ; **~ pilonga** châtaigne sèche
**castañetear** vi: **le castañetean los dientes** il (elle) claque des dents
**castaño, -a** adj marron ; (pelo) châtain ▶ nm châtaignier m, marronnier m ; **~ de Indias** marronnier des Indes
**castañuelas** nfpl castagnettes fpl
**castellano, -a** adj castillan(e) ▶ nm/f (persona) Castillan(e) ▶ nm (Ling) castillan m, espagnol m ; voir article

:::: CASTELLANO

Dans de nombreux pays, le terme
**castellano** sert à désigner la langue
espagnole, bien qu'il soit recommandé de
le réserver à la variété d'espagnol parlée en
Castille. En Espagne, le terme de
**castellano** fait référence à la langue
commune de la nation, par rapport aux
autres langues co-officielles que sont le
catalan, le galicien et le basque (euskera)
dans leurs régions respectives.
::::

**castellanohablante, castellanoparlante** adj, nm/f hispanophone mf
**castellonense** adj de Castellón ▶ nmf natif(-ive) o habitant(e) de Castellón
**castidad** nf chasteté f
**castigar** vt punir, châtier ; (cuerpo, campos) affecter ; (Deporte) pénaliser
**castigo** nm punition f ; (Deporte) pénalisation f ; (fig) enfer m
**castigue** etc vb ver **castigar**
**Castilla** nf Castille f
**castillo** nm château m ; **hacer castillos en el aire** bâtir des châteaux en Espagne ; **~ de popa** dunette f
**casting** ['kastin] nm (Cine) casting m
**castizo, -a** adj (Ling) pur(e) ; (auténtico) de pure souche
**casto, -a** adj chaste
**castor** nm castor m
**castración** nf castration f
**castrar** vt châtrer
**castrense** adj militaire
**castro** nm (Hist) camp m fortifié
**casual** adj fortuit(e)
**casualidad** nf hasard m ; **dar la ~ (de) que** se trouver que ; **se da la ~ que ...** il se trouve que ... ; **por ~** par hasard ; **¡qué ~!** quel hasard !
**casualmente** adv par hasard
**casulla** nf chasuble f
**cata** nm o nf dégustation f ; **~ de vino** dégustation f de vin(s)
**cataclismo** nm cataclysme m
**catacumbas** nfpl catacombes fpl
**catador** nm dégustateur(-trice)
**catadura** nf air m ; (fam) touche f ; **un tío de mala ~** un type à la mine patibulaire
**catalán, -ana** adj catalan(e) ▶ nm/f Catalan(e) ▶ nm (Ling) catalan m
**catalanismo** nm (tendencia) catalanisme m ; (Ling) régionalisme m de la Catalogne
**catalejo** nm longue-vue f
**catalizador** nm catalyseur m
**catalogar** vt cataloguer ; **~ a algn de** étiqueter qn comme
**catálogo** nm catalogue m
**catalogue** etc vb ver **catalogar**
**Cataluña** nf Catalogne f
**catamarán** nm catamaran m
**cataplasma** nf cataplasme m
**cataplum** excl patatras !
**catapulta** nf catapulte f
**catapultar** vt catapulter ; **~ a la fama** rendre célèbre
**catar** vt goûter
**catarata** nf cataracte f
**catarro** nm rhume m
**catarsis** nf catharsis fsg
**catastral** adj cadastral(e) ; **valores catastrales** valeurs mpl cadastrales
**catastro** nm cadastre m
**catástrofe** nf catastrophe f
**catastrófico, -a** adj catastrophique
**catastrofista** adj catastrophiste ▶ nmf alarmiste mf, pessimiste mf
**catavinos** nm inv (persona) dégustateur m de vin ; (copa) taste-vin m inv, tâte-vin m inv
**catear** (fam) vt recaler (fam), coller (fam)
**catecismo** nm catéchisme m
**cátedra** nf chaire f ; **sentar ~ sobre un argumento** argumenter comme un expert ; (pey) étaler sa science
**catedral** nf cathédrale f
**catedralicio, -a** adj de la cathédrale
**catedrático, -a** nm/f professeur(e)
**categoría** nf catégorie f ; **de ~** de qualité ; **de segunda ~** de seconde catégorie ; **un empleo de baja ~** un emploi subalterne ; **no tiene ~** il (elle) n'a aucune classe
**categórico, -a** adj catégorique
**catequesis** nf catéchisme m

## catering – cebra

**catering** ['katerin] *nm inv* traiteur *m* ; *(para escuela, empresa)* restauration *f* collective
**catéter** *nm* cathéter *m*
**cateto, -a** *nm/f (pey)* rustre *m*, péquenaud(e) *(fam)* ▶ *nm (Mat)* côté *m*
**cátodo** *nm* cathode *f*
**catolicismo** *nm* catholicisme *m*
**católico, -a** *adj*, *nm/f* catholique *mf*
**catorce** *adj inv*, *nm inv* quatorze *m inv* ; *ver tb* **seis**
**catre** *nm* grabat *m*
**cátsup** *nm* ketchup *m*
**caucasiano, -a** *adj* caucasien(ne) ▶ *nm/f* Caucasien(ne)
**caucásico, -a** *adj* caucasien(ne), caucasique ▶ *nm/f* Caucasien(ne)
**Cáucaso** *nm* Caucase *m*
**cauce** *nm (de río)* lit *m* ; *(fig)* voie *f*
**caucho** *nm* caoutchouc *m* ; *(Am)* pneu *m* ; **de ~** en caoutchouc
**caución** *nf* caution *f*
**caucionar** *vt* cautionner
**caudal** *nm* débit *m* ; *(fortuna)* fortune *f*, capital *m* ; *(abundancia)* abondance *f*
**caudaloso, -a** *adj* à fort débit
**caudillaje** *nm* commandement *m*
**caudillo** *nm* chef *m* ; **el C~** le Caudillo, *le général Franco*
**causa** *nf* cause *f* ; **a/por ~ de** à/pour cause de
**causante** *nmf*: **ser el** *o* **la ~ de** être la cause de
**causar** *vt* causer
**cáustico, -a** *adj* caustique
**cautela** *nf* précaution *f*, prudence *f*
**cautelar** *adj* préventif(-ive)
**cautelosamente** *adv* prudemment
**cauteloso, -a** *adj* prudent(e)
**cautivador, a, cautivante** *adj* captivant(e), séduisant(e)
**cautivar** *vt* captiver
**cautiverio** *nm*, **cautividad** *nf* captivité *f*
**cautivo, -a** *adj*, *nm/f* captif(-ive)
**cauto, -a** *adj* prudent(e), avisé(e)
**cava** *nm* cava *m*, *équivalent catalan du champagne* ▶ *nf* cave *f*
**cavar** *vt*, *vi* creuser
**caverna** *nf* caverne *f*
**cavernícola** *nmf* troglodyte *mf*
**cavernoso, -a** *adj* caverneux(-euse)
**caviar** *nm* caviar *m*
**cavidad** *nf* cavité *f*
**cavilación** *nf* méditation *f*
**cavilar** *vi*: **~ (sobre)** méditer (sur)
**cayado** *nm (de pastor)* houlette *f* ; *(de obispo)* houlette, crosse *f*
**cayendo** etc *vb ver* **caer**
**cayo** *nm (isleta rasa)* banc *m* de sable, banc de coraux, récif *m*
**caza** *nf* chasse *f* ; **andar a la ~ de algo/algn** être à la recherche de qch/qn ; **dar ~ a** faire la chasse à ; **ir de ~** aller à la chasse ; **~ furtiva** braconnage *m* ; **~ mayor/menor** gros/menu gibier *m* ▶ *nm (Aviat)* chasseur *m*
**cazabe** *(Am) nm (Culin)* cassave *f*
**cazabombardero** *nm* chasseur *m* bombardier
**cazador, a** *adj*, *nm/f* chasseur(-euse) ; **~ furtivo** braconnier(-ière)
**cazadora** *nf* blouson *m*
**cazalla** *nf* eau-de-vie *f* de Cazalla
**cazar** *vt (buscar)* chasser ; *(perseguir)* pourchasser ; *(coger)* attraper ; *(indirecta, intención)* saisir ; *(marido)* dénicher ; **cazarlas al vuelo** ne rien laisser passer
**cazarrecompensas** *nmf inv* chasseur(-euse) de primes
**cazasubmarinos** *nm inv* chasseur *m* de sous-marins
**cazatalentos** *nm inv* chasseur *m* de têtes
**cazo** *nm (cacerola)* poêlon *m* ; *(cucharón)* louche *f*
**cazón** *nm* chien *m* de mer
**cazuela** *nf (vasija)* marmite *f* ; *(guisado)* ragoût *m*
**cazurro, -a** *adj* têtu(e)
**c/c.** *abr (Com: = cuenta corriente)* CC (*= compte courant*)
**CCAA** *(Esp) abr (= Comunidades Autónomas)* régions autonomes
**CCI** *sigla f (Com: = Cámara de Comercio Internacional)* CCI *f* (*= Chambre de commerce internationale*)
**CC.OO.** *abr (= Comisiones Obreras)* syndicat espagnol
**CD** *sigla m (= compact disc)* CD *m* (*= compact disc*) ; *(Pol: = Cuerpo Diplomático)* CD (*= corps diplomatique*)
**c/d** *abr (= en casa de)* c/o, chez ; *(= con descuento)* avec remise
**CDN** *sigla m (= Centro Dramático Nacional)* conservatoire d'art dramatique
**CD-ROM** *sigla m* CD-ROM *m*
**CE** *sigla m (= Consejo de Europa)* CE *m* (*= Conseil de l'Europe*) ▶ *sigla f (= Comunidad Europea)* CE *f* (*= Communauté européenne*)
**ce** *nf (letra)* c *m inv* ; **por ce o por be** *(fig)* pour une raison x ou y
**cebada** *nf* orge *f*
**cebar** *vt (animal)* gaver, engraisser ; *(persona)* gaver ; *(anzuelo)* amorcer ; *(Mil, Tec)* charger ; **estar cebado** être gros comme une barrique ; **cebarse** *vpr* se gaver ; **cebarse en/con** s'acharner sur/à
**cebiche** *(Am) nm (Culin)* marinade de poisson ou de fruits de mer
**cebo** *nm* appât *m*, amorce *f* ; *(fig)* appât, leurre *m*
**cebolla** *nf* oignon *m*
**cebolleta** *nf* oignon *m* nouveau ; *(en vinagre)* petit oignon blanc
**cebollino** *nm* ciboulette *f*
**cebra** *nf* zèbre *m* ; **paso de ~** passage *m* pour piétons

## CECA – centella

**CECA** sigla f (= Comunidad Europea del Carbón y del Acero) CECA f (= Communauté européenne du charbon et de l'acier)
**ceca** nf: **andar** o **ir de la ~ a la Meca** aller par monts et par vaux
**cecear** vi zézayer
**ceceo** nm zézaiement m
**cecina** nf viande f séchée et salée
**cedazo** nm tamis msg
**ceder** vt céder ▶ vi céder; (disminuir) diminuer; (fiebre) tomber; (dolor) s'apaiser; « **ceda el paso** » « cédez le passage »
**cederom** nm CD-ROM m, cédérom m
**cedro** nm cèdre m
**cedrón** (CSUR) nm verveine f citronnelle
**cédula** nf certificat m; **~ de identidad** (AM) carte f d'identité; **~ en blanco** billet m en blanc; **~ hipotecaria** cédule hypothécaire
**CEE** sigla f (= Comunidad Económica Europea) CEE f (= Communauté économique européenne)
**cefalea** nf céphalée f
**cegador, a** adj aveuglant(e)
**cegar** vt aveugler; (tubería, ventana) boucher; **cegarse** vpr (fig) s'aveugler; **cegarse de ira** se fâcher tout rouge
**cegué** etc vb ver **cegar**
**ceguemos** etc vb ver **cegar**
**ceguera** nf cécité f
**CEI** sigla f (= Comunidad de Estados Independientes) CEI f (= Communauté des États indépendants)
**ceiba** (AM) nf (Bot) kapokier m
**Ceilán** nm (Hist) Ceylan m
**ceja** nf sourcil m; **cejas pobladas** sourcils mpl fournis; **arquear las cejas** hausser les sourcils; **fruncir las cejas** froncer les sourcils
**cejar** vi: **(no) ~ en su empeño/propósito** (ne pas) renoncer à son engagement/dessein
**cejijunto, -a** adj aux sourcils très rapprochés; (fig) sourcilleux(-euse)
**cejilla** nf sillet m
**celada** nf embuscade f; (trampa) embûche f
**celador, a** nm/f (de hospital) gardien(ne); (de cárcel) gardien(ne) de prison
**celda** nf cellule f; (de abejas) cellule, alvéole m o f
**celebérrimo, -a** adj superl de **célebre**
**celebración** nf célébration f
**celebrar** vt célébrer; **celebro que sigas bien** je suis ravi que tu ailles bien ▶ vi (Rel) officier; **celebrarse** vpr se célébrer; (tener lugar) se tenir
**célebre** adj célèbre
**celebridad** nf célébrité f
**celeridad** nf: **con ~** en toute hâte
**celeste** adj (tb: **azul celeste**) bleu ciel inv; (cuerpo, bóveda) céleste ▶ nm bleu m ciel
**celestial** adj céleste
**celíaco, -a** adj cœliaque, intolérant(e) au gluten ▶ nm/f cœliaque mf, personne f intolérante au gluten

**celibato** nm célibat m
**célibe** adj, nm/f célibataire mf
**celo**¹ nm zèle m; **estar en ~** être en chaleur; **celos** nmpl (de niño, amante) jalousie fsg; **dar celos a algn** rendre qn jaloux(-ouse); **tener celos de algn** être jaloux(-ouse) de qn
**celo**² ® nm (para pegar) scotch® m
**celofán** nm cellophane f
**celosamente** adv jalousement; (cumplir) avec zèle
**celosía** nf jalousie f
**celoso, -a** adj jaloux(-ouse); **~ en** (el trabajo, cumplimiento) zélé(e) dans
**celta** adj celte ▶ nmf Celte mf
**célula** nf cellule f; **~ fotoeléctrica** cellule photoélectrique
**celular** adj: **tejido ~** tissu m cellulaire; **coche ~** fourgon m cellulaire
**celulitis** nf cellulite f
**celuloide** nm celluloïd m; **llevar al ~** porter à l'écran
**celulosa** nf cellulose f
**cementerio** nm cimetière m; **~ de coches** cimetière de voitures, casse f
**cemento** nm (argamasa) mortier m; (para construcción) ciment m; (AM: cola) colle f; **~ armado** ciment armé
**CEN** (ESP) sigla m (= Consejo de Economía Nacional) organisme régulateur
**cena** nf dîner m, souper m
**cenagal** nm bourbier m
**cenagoso, -a** adj boueux(-euse), bourbeux(-euse)
**cenar** vt: **~ algo** manger qch pour le dîner ▶ vi dîner, souper
**cencerro** nm sonnaille f; **estar como un ~** travailler du chapeau
**cenefa** nf (en tela) liseré m; (en pared) frise f
**cenicero** nm cendrier m
**ceniciento, -a** adj cendré(e)
**cenit** nm zénith m; (de carrera) sommet m, faîte m
**ceniza** nf cendre f; **cenizas** nfpl (de persona) cendres fpl
**cenizo, -a** adj cendré(e) ▶ nm: **ser un ~** (fam) porter la poisse (fam)
**censar** vt recenser
**censo** nm recensement m; **~ electoral** recensement électoral
**censor, a** nm/f censeur(e); **~ de cuentas** commissaire mf aux comptes; **~ jurado de cuentas** expert-comptable assermenté (experte-comptable assermentée)
**censura** nf censure f
**censurable** adj censurable
**censurar** vt censurer
**centavo, -a** adj centième ▶ nm (moneda) centime m; (parte) centième m
**centella** nf étincelle f; (rayo) éclair m; **como una ~** comme la foudre

**centellear** vi étinceler ; (*estrella*) scintiller
**centelleo** nm (*ver vi*) étincellement m ; scintillement m
**centena** nf centaine f
**centenar** nm centaine f
**centenario, -a** adj, nm centenaire m
**centeno** nm seigle m
**centésimo, -a** adj, nm/f centième m
**centígrado** adj centigrade
**centigramo** nm centigramme m
**centilitro** nm centilitre m
**centímetro** nm centimètre m ; **~ cuadrado/cúbico** centimètre carré/cube
**céntimo** nm centime m ; **~ de euro** centime d'euro
**centinela** nm sentinelle f ; **estar de ~** être de garde ; **hacer de ~** monter la garde
**centollo** nm araignée f de mer
**centrado, -a** adj centré(e) ; (*carácter*) équilibré(e) ; **está muy ~** il (elle) s'adapte bien
**central** adj central(e) ▶ nf centrale f ; **~ eléctrica/nuclear** centrale électrique/nucléaire ; **~ sindical** centrale syndicale ; **~ térmica** centrale thermique
**centralice** etc vb ver **centralizar**
**centralismo** nm centralisme m
**centralita** nf standard m
**centralizar** vt centraliser
**centrar** vt centrer ; (*interés, atención*) attirer ; (*esfuerzo, trabajo*) concentrer ▶ vi (*Deporte*) centrer ; **centrarse** vpr (*tener como objeto*) être centré(e) sur ; (*concentrarse*) se concentrer
**céntrico, -a** adj central(e) ; **zona céntrica** zone f centrale, quartier m central
**centrifugar** vt essorer
**centrífugo, -a** adj centrifuge
**centrifugue** etc vb ver **centrifugar**
**centrista** adj centriste
**centro** nm centre m ; **ser del ~** (*Pol*) être au centre ; **ser el ~ de las miradas** être le point de mire ; **~ comercial** centre commercial ; **~ de beneficios** (*Com*) centre de profit ; **~ de computación** centre de calcul ; **~ (de determinación) de costes** centre (de détermination) des coûts ; **~ de gravedad** centre de gravité ; **~ de mesa** centre m de table ; **~ de salud** centre de santé ; **~ docente** établissement m d'enseignement ; **~ social** foyer m socio-éducatif ; **~ turístico** centre touristique
**centroafricano, -a** adj: **la República Centroafricana** la République centrafricaine
**Centroamérica** nf Amérique f centrale
**centroamericano, -a** adj d'Amérique centrale, centraméricain(e) ▶ nm/f natif(-ive) o habitant(e) d'Amérique centrale, centraméricain(e)
**centrocampista** nmf milieu m de terrain
**centroderecha** nm centre m droit
**centroeuropeo, -a** adj d'Europe centrale
**centroizquierda** nm centre m gauche
**centuria** nf (*tiempo*) siècle m ; (*romana*) centurie f
**ceñido, -a** adj cintré(e)
**ceñir** vt serrer ; **ceñirse** vpr (*vestido*) coller ; **ceñirse a algo/a hacer algo** s'en tenir à qch/à faire qch
**ceño** nm froncement m ; **fruncir el ~** froncer les sourcils
**CEOE** sigla f (= *Confederación Española de Organizaciones Empresariales*) ≈ CNPF m (= *Conseil national du patronat français*)
**cepa** nf (*de vid*) cep m ; (*de árbol*) souche f ; **de pura ~** de pure souche
**CEPAL** sigla f = **Comisión Económica para América Latina**
**cepillar** vt brosser ; (*madera*) raboter ; **cepillarse** vpr (*fam*) liquider (*fam*) ; (: *acostarse con algn*) se faire (*fam*)
**cepillo** nm brosse f ; (*para madera*) rabot m ; (*Rel*) tronc m ; **~ de dientes** brosse à dents
**cepo** nm piège m ; (*Auto*) sabot m de Denver
**ceporro, -a** nm/f cruche f
**CEPSA** sigla f (*Com:* = *Compañía Española de Petróleos S.A.*) société pétrolière espagnole
**cera** nf cire f ; (*del oído*) cérumen m ; **~ de abejas** cire d'abeilles
**cerámica** nf céramique f ; **de ~** en céramique
**ceramista** nmf céramiste mf
**cerbatana** nf sarbacane f
**cerca** nf clôture f, enceinte f ▶ adv (*en el espacio*) près ; (*en el tiempo*) bientôt ; **de ~** de près ; **por aquí ~** tout près d'ici ; **~ de** (*cantidad*) près de, environ ; (*distancia*) près de
**cercado** nm clôture f
**cercanía** nf proximité f ; **cercanías** nfpl (*de ciudad*) alentours mpl ; **tren de cercanías** train m de banlieue
**cercano, -a** adj proche ; (*pueblo etc*) voisin(e) ; **~ a** proche de ; **C~ Oriente** Proche-Orient m
**cercar** vt clôturer ; (*manifestantes*) encercler ; (*Mil*) assiéger
**cercenar** vt amputer ; (*rama*) tailler
**cerciorar** vt (*asegurar*) assurer ; **cerciorarse** vpr s'assurer ; **cerciorarse de** s'assurer de
**cerco** nm cercle m ; (*de ventana, puerta*) cadre m ; (*Am*) clôture f ; (*Mil*) siège m
**cerda** nf (*pelo*) soie f ; ver tb **cerdo**
**cerdada** (*fam*) nf vacherie f (*fam*)
**Cerdeña** nf Sardaigne f
**cerdo, -a** nm/f cochon (truie) ; (*fam: persona sucia*) cochon(ne) ; (: *sin escrúpulos*) salaud (salope) ; **(carne de) ~** (viande f de) porc m
**cereal** nm céréale f ; **cereales** nmpl (*Culin*) céréales fpl
**cerebelo** nm cervelet m
**cerebral** adj cérébral(e)
**cerebro** nm cerveau m ; **ser un ~** (*fig*) être un cerveau ; **es el ~ de la banda** c'est le cerveau de la bande

## ceremonia – chacha

**ceremonia** nf cérémonie f; **hablar sin ceremonias** parler sans cérémonies
**ceremonial** adj (traje) de cérémonie; (danza) cérémoniel(le) ▶ nm cérémonial m
**ceremonioso, -a** adj cérémonieux(-euse)
**cereza** nf cerise f
**cerezo** nm cerisier m
**cerilla** nf, (AM) **cerillo** nm allumette f
**CERN** nm (= Organización Europea para la Investigación Nuclear) CERN m (= Organisation européenne pour la recherche nucléaire)
**cerner** vt (Culin) tamiser; **cernerse** vpr: **cernerse sobre** (suj: tempestad) menacer; (: desgracia) planer sur
**cero** nm zéro m; **ocho grados bajo ~** moins huit degrés; **15 a ~** 15 à zéro; **a partir de ~** à zéro; **ser un ~ a la izquierda** être un zéro
**cerque** etc vb ver **cercar**
**cerrado, -a** adj fermé(e); (cielo) couvert(e); (curva) en épingle à cheveux; (poco sociable) renfermé(e); (bruto) borné(e); (acento) marqué(e), prononcé(e); (noche) obscur(e); (barba) dru(e), fourni(e); **a puerta cerrada** à huis clos
**cerradura** nf serrure f
**cerrajería** nf (oficio) serrurerie f; (tienda) serrurerie, ferronnerie f
**cerrajero, -a** nm/f serrurier(-ière)
**cerrar** vt fermer; (paso, entrada) barrer; (sobre) cacheter, fermer; (debate) clore, clôturer; (cuenta) clore, fermer; **~ la marcha** fermer la marche; (Inform): **~ el sistema** fermer o boucler le système; **~ un trato** conclure un marché; **¡cierra la boca!** la ferme! (fam)
▶ vi fermer; **~ con llave** fermer à clé; **cerrarse** vpr se fermer; (herida) se refermer; **cerrarse a algo** se refuser à qch, s'opposer à qch
**cerrazón** nf (obstinación) entêtement m; (incapacidad de comprender) étroitesse f d'esprit
**cerril** adj rustre
**cerro** nm tertre m; **irse por los cerros de Úbeda** divaguer, s'éloigner du sujet
**cerrojo** nm verrou m; **echar** o **correr el ~** verrouiller
**certamen** nm concours msg
**certeramente** adv adroitement
**certero, -a** adj adroit(e)
**certeza, certidumbre** nf certitude f; **tener la ~ de que** avoir la certitude que
**certificación** nf attestation f
**certificado, -a** adj recommandé(e) ▶ nm certificat m; **~ médico** certificat médical
**certificar** vt certifier; (Correos) envoyer en recommandé
**certifique** etc vb ver **certificar**
**cerumen** nm cérumen m
**cervantino, -a** adj (estilo) de Cervantès; **estudios cervantinos** études fpl sur le style de Cervantès

**cervatillo** nm faon m
**cervecería** nf brasserie f
**cervecero, -a** adj de bière, brassicole; **la industria cervecera** l'industrie f brassicole ▶ nm/f brasseur(-euse)
**cerveza** nf bière f
**cervical** adj cervical(e)
**cerviz** nf nuque f
**cesación** nf cessation f
**cesante** adj en disponibilité; (AM) au chômage
**cesantear** (CSUR) vt renvoyer
**cesantía** (AM) nf chômage m
**cesar** vi cesser; (empleado) se démettre de ses fonctions; **~ de hacer** arrêter de faire; **sin ~** sans cesse ▶ vt (funcionario, ministro) démettre de ses fonctions
**cesárea** nf césarienne f
**cese** nm fin f; (despido) révocation f
**C.E.S.I.D.** (ESP) sigla m (= Centro Superior de Investigación de la Defensa Nacional) organisme d'espionnage militaire
**cesio** nm césium m, cæsium m
**cesión** nf: **~ de bienes** cession f de biens
**césped** nm gazon m, pelouse f; (Deporte) gazon, terrain m
**cesta** nf panier m; **~ de la compra** panier de la ménagère
**cesto** nm panier m, corbeille f
**cetáceo** nm cétacé m
**cetrería** nf fauconnerie f
**cetrino, -a** adj olivâtre
**cetro** nm sceptre m
**Ceuta** n Ceuta
**ceutí** adj de Ceuta ▶ nmf natif(-ive) o habitant(e) de Ceuta
**C.F.** abr (= Club de Fútbol) FC m (= Football-Club)
**CFC** sigla m (= clorofluorocarbono) CFC m (= chlorofluorocarbone)
**cfr.** abr (= confróntese) cf. (= confer)
**cg.** abr (= centigramo(s)) cg (= centigramme(s))
**CGS** (GUAT, ELS) sigla f (= Confederación General de Sindicatos) groupement de syndicats
**CGT** sigla f (COL, MÉX, NIC, ESP: = Confederación General de Trabajadores) syndicat; (ARG: = Confederación General del Trabajo) syndicat
**Ch, ch** [tʃe] nf ancienne lettre de l'alphabet espagnol
**chabacanería** nf vulgarité f; (comentario grosero): **una ~** une grossièreté
**chabacano, -a** adj vulgaire ▶ nm (MÉX) abricot m
**chabola** nf baraque f; **chabolas** nfpl (zona) bidonville m
**chabolismo** nm: **el problema del ~** le problème des bidonvilles
**chacal** nm chacal m
**chacarero** (AND, CSUR) nm petit exploitant m agricole
**chacha** (fam) nf bonne f

## cháchara – chatarra

**cháchara** *nf*: **estar de** ~ parler à bâtons rompus
**chacinería** *nf* charcuterie *f*
**chacolí** *nm* chacoli *m* (*vin basque légèrement acide*)
**chacra** (AND, CSUR) *nf* ferme *f*
**chador** *nm* tchador *m*
**chafar** *vt* (*pelo*) aplatir ; (*hierba*) coucher ; (*ropa*) chiffonner ; (*fig: planes*) bouleverser
**chaflán** *nm* chanfrein *m* ; (*en edificio*) biseau *m* ; **hacer** ~ faire le coin
**chal** *nm* châle *m*
**chalado, -a** (*fam*) *adj* taré(e) (*fam*) ; **estar** ~ **por algn** en pincer pour qn (*fam*)
**chalé** *nm* villa *f* ; (*en la montaña*) chalet *m*
**chaleco** *nm* gilet *m* ; ~ **antibala** gilet pare-balles ; ~ **reflectante** gilet de sécurité réfléchissant ; ~ **salvavidas** gilet de sauvetage
**chalet** [tʃa'le] (*pl* **chalets**) *nm* = **chalé**
**chalupa** *nf* deux-mâts *msg*
**chamaco, -a** (CAM, MÉX *fam*) *nm/f* gamin(e) (*fam*)
**chamarra** *nf* veste *f* ; (CAM, CARIB) poncho *m*
**chamba** (MÉX *fam*) *nf* boulot *m* (*fam*)
**chamizo** *nm* chaumière *f*
**champa** (CAM) *nf* tente *f*
**champán, champaña** *nm* champagne *m*
**champiñón** *nm* champignon *m*
**champú** (*pl* **champúes** o **champús**) *nm* shampooing *m*, shampoing *m*
**chamuscar** *vt* roussir
**chamusque** *etc vb ver* **chamuscar**
**chamusquina** *nf*: **oler a** ~ paraître louche
**chance** (AM) *nm* o *nf* occasion *f*
**chanchada** (AM *fam*) *nf* sale tour *m*
**chanchito, -a** (CHI *fam*) *nm/f, excl* chéri(e)
**chancho, -a** (AM) *nm/f* porc *m*
**chanchullo** (*fam*) *nm* magouille *f* (*fam*)
**chancla** *nf* tong *f*, claquette *f*
**chancleta** *nf* tong *f*, claquette *f*
**chándal** *nm* survêtement *m*
**changa** (CSUR) *nf* petits travaux *mpl*
**changador** (CSUR) *nm* homme *m* à tout faire
**changurro** *nm* plat populaire du Pays Basque espagnol à base d'araignée de mer
**chanquete** *nm* nonnat *m*
**chantaje** *nm* chantage *m* ; **hacer** ~ **a algn** faire du chantage à qn
**chantajear** *vt* faire chanter
**chantajista** *nmf* maître chanteur(-euse)
**chanza** *nf* plaisanterie *f*
**chao** (*esp* AM *fam*) *excl* ciao (*fam*)
**chapa** *nf* (*de metal, insignia*) plaque *f* ; (*de madera*) planche *f* ; (*de botella*) capsule *f* ; (AM) serrure *f* ; **de tres chapas** (*madera*) en trois épaisseurs ; ~ **(de matrícula)** (CSUR) plaque d'immatriculation
**chapado, -a** *adj* (*metal*) plaqué(e) ; (*muebles etc*) recouvert(e) ; ~ **a la antigua** vieux jeu *inv*
**chaparro, -a** (*esp* AM) *adj* petit(e)
**chaparrón** *nm* averse *f*
**chapata** *nf* ciabatta *f*

**chapero** (*fam!*) *nm* prostitué *m*
**chapista** *nmf* (*Auto*) tôlier *m*, carrossier *m*
**chapopote** (MÉX) *nm* brai *m*
**chapotear** *vi* patauger
**chapucero, -a** (*pey*) *adj* (*trabajo*) bâclé(e)
▶ *nm/f*: **ser un** ~ bâcler son travail
**chapulín** (MÉX) *nm* sauterelle *f*
**chapurrar, chapurrear** *vt* (*idioma*) baragouiner
**chapuza** (*fam*) *nf* bricole *f* ; (*pey*) travail *m* bâclé, bidouillage *m* (*fam*) ; (*trabajo extra*) petit boulot *m* (*fam*)
**chapuzas** (*fam*) *adj inv*: **es bastante** ~ il fait du travail bâclé ▶ *nmf inv*: **ser un** ~ bâcler son travail
**chapuzón** *nm*: **darse un** ~ piquer une tête
**chaqué** *nm* queue *f* de pie
**chaqueta** *nf* veste *f* ; (*de lana*) gilet *m* ; **cambiar de** ~ (*fig*) retourner sa veste
**chaquetero, -a** (*fam*) *nm/f* personne *f* qui retourne sa veste, opportuniste *mf*
**chaquetón** *nm* veste *f*
**charanga** *nf* (*Mús, Mil*) fanfare *f* ; (AM: *baile*) charanga *f*
**charapa** (PERÚ) *nf* tortue *f*
**charca** *nf* mare *f*
**charco** *nm* flaque *f*
**charcutería** *nf* charcuterie *f*
**charla** *nf* bavardage *m* ; (*conferencia*) conférence *f*
**charlar** *vi* bavarder
**charlatán, -ana** *adj* bavard(e) ▶ *nm/f* bavard(e) ; (*estafador*) charlatan *m*
**charlatanería** *nf* verbosité *f* ; (*chismorreo, estafa*) charlatanerie *f*
**charnego, -a** *nm/f* (*pey*) en Catalogne, personne originaire d'une autre région espagnole qui ne parle pas le catalan
**charol** *nm* cuir *m* verni ; (AM) plateau *m* ; **de** ~ verni(e)
**charola** (AM) *nf* plateau *m*
**charqui** (AM) *nm* salé *m*
**charro, -a** *adj* voyant(e) ; (MÉX) mexicain(e) ; (*costumbres*) fruste
**charrúa** (CSUR) *adj* uruguayen(ne)
**chárter** ['tʃarter] *adj inv*: **vuelo** ~ vol *m* charter
**chasca** (AND, CSUR) *nf* tignasse *f*
**chascarrillo** *nm* histoire *f* drôle
**chasco** *nm* (*desengaño*) déception *f* ; (*broma*) tour *m* ; **me llevé un** ~ ça a été une grosse déception
**chasis** *nm inv* châssis *msg*
**chasquear** *vt* faire claquer
**chasquido** *nm* claquement *m* ; (*de madera*) craquement *m*
**chasquilla** *nf*, **chasquillas** *nfpl* (AND, CSUR) frange *f*
**chat** *nm* (*en Internet*) chat *m*
**chatarra** *nf* ferraille *f* ; **estar hecho** o **ser una** ~ ne plus être qu'un vieux tas de ferraille

## chatarrero – chino

**chatarrero, -a** nm/f ferrailleur(-euse)
**chatear** vi (en Internet) chatter
**chatero, -a** nm/f utilisateur(-trice) de forum de discussion
**chato, -a** adj (persona) au nez épaté ; (nariz) épaté(e) ; (PERÚ, CHI: bajito) petit(e) ▶ nm/f mon vieux (ma vieille) ; **hola, ~** salut, mon vieux ▶ nm petit verre m (de vin) ; **beber unos chatos** (fam) prendre un pot (fam)
**chau** (esp AM fam) excl = **chao**
**chaucha** (AND, CSUR) nf (Agr) pomme f de terre nouvelle ; **chauchas** nfpl (CSUR: fam) sous mpl ; (: bagatela) broutilles fpl
**chaucito** (AM fam) excl salut !
**chaufa** (AM) nf riz m frit
**chauvinismo** nm chauvinisme m
**chauvinista** adj, nmf chauvin(e)
**chaval, a** nm/f gars msg (fille f) ; **estás hecho un ~** tu ne fais pas ton âge
**chavalo, -a** (NIC fam) nm/f gosse mf
**chaveta** (CHI, PERÚ) nf couteau m
**chavo** (CAM, MÉX fam) nm type m
**che** (fam) excl (CSUR) dis donc !
**checo, -a** adj tchèque ▶ nm/f Tchèque mf ▶ nm (Ling) tchèque m
**checoslovaco, -a, checoeslovaco, -a** adj tchécoslovaque ▶ nm/f Tchécoslovaque mf
**Checoslovaquia, Checoeslovaquia** nf Tchécoslovaquie f
**chef** (pl **chefs**) nmf chef mf cuisinier(-ière)
**chele** (CAM) adj blond(e)
**cheli** (fam) nm argot de Madrid
**chelín** nm shilling m
**chelo** nm (Mús: instrumento) violoncelle m ▶ nmf (Mús: músico) violoncelliste mf
**chepa** nf bosse f
**cheque** nm chèque m ; **~ abierto/cruzado/en blanco** chèque non barré/à ordre/en blanc ; **~ al portador** chèque au porteur ; **~ de viaje** chèque de voyage ; **~ sin fondos** chèque sans provision
**chequear** vt (esp AM: comprobar) vérifier ; (Med) faire un bilan de santé
**chequeo** nm (Med) bilan m de santé ; (Auto) contrôle m
**chequera** (AM) nf chéquier m
**chévere** (VEN fam) adj super (fam)
**chica** nf fille f ; **¿qué tal, ~?** alors, comment tu vas ? ; ver tb **chico**
**chicano, -a** adj, nm/f chicano(-a)
**chicha** nf (AM) boisson de maïs fermenté ; (fam : Culin) viande f ; (de persona) chair f
**chícharo** (MÉX) nm (guisante) petit pois msg
**chicharra** nf = **cigarra**
**chicharrones** nmpl = saindoux msg frit
**chiches** (CSUR fam) nmpl babioles fpl
**chichón** nm bosse f (à la tête)
**chicle** nm chewing-gum m
**chico, -a** adj (esp AM) petit(e) ▶ nm (niño) petit garçon m ; (muchacho) garçon

**chicote** (AM) nm fouet m
**chifa** (PERÚ, CHI) nf (Culin) chinois msg
**chiflado, -a** (fam) adj givré(e) (fam) ; **estar ~ por algn** être fou (folle) de qn ▶ nm/f taré(e) (fam)
**chiflar** vi siffler ; (fam): **le chiflan los helados** il raffole des glaces ; **nos chifla montar en moto** on adore faire de la moto
**chigüín** (CAM fam) nm gosse m (fam)
**chihuahua** nm chihuahua m
**chií, chiita** adj, nmf chiite mf
**chilaba** nf djellaba f
**Chile** nm Chili m
**chile** nm piment m
**chileno, -a** adj chilien(ne) ▶ nm/f Chilien(ne) ▶ nf (Fútbol) bicyclette f
**chillar** vi (persona) crier ; (animal) glapir
**chillido** nm (de persona) cri m (aigu) ; (de animal) glapissement m
**chillón, -ona** adj (niño) brailleur(-euse) ; (voz, color) criard(e)
**chilpayate, -a** (MÉX fam) nm/f gosse mf (fam)
**chimbo, -a** (COL, VEN: malo) nul(e) (fam)
**chimenea** nf cheminée f ; **~ de ventilación** bouche f d'aération
**chimichurri** nm (CSUR) sauce à base de persil, d'ail, d'huile, de vinaigre et de plusieurs condiments (paprika, origan, cumin, etc.)
**chimpancé** nm chimpanzé m
**China** nf Chine f
**china** nf caillou m ; (porcelana) porcelaine f ; **te tocó la ~** tu as gagné le gros lot (irón) ; ver tb **chino**
**chinchar** (fam) vt agacer ; **chincharse** vpr: **¡chínchate!** ça t'apprendra !
**chinche** nmf punaise f ; **morirse como chinches** tomber comme des mouches
**chincheta** nf punaise f
**chinchilla** nf chinchilla m
**chinchorro** nm (AM) hamac m ; (MÉX) filet m
**chinchulines** (CSUR) nmpl tripes fpl
**chingada** (CAM, MÉX fam!) nf: **hijo de la ~** fils msg de pute (fam!)
**chingado, -a** (CAM, MÉX fam!) adj foutu(e) (fam!)
**chingar** (MÉX) vt (fam!) enculer (fam!) ; **chingarse** vpr (fracasar) tomber à l'eau
**chingo, -a** adj (CAM: vestido) court(e) ; (VEN fam: nariz) camus(e) ▶ nm (MÉX fam): **un ~ de algo** des tonnes de (fam) ; **chingos** (CAM) nmpl sous-vêtements mpl
**chingón, -ona** (MÉX fam) nm/f exploiteur(-euse)
**chingue** etc vb ver **chingar**
**chinita** nf (AM) domestique f ; (CHI) coccinelle f
**chino, -a** adj chinois(e) ▶ nm/f Chinois(e) ; (AND, CSUR: indio) Indien(ne) ; (: criado) domestique mf ; **trabajar como un ~** trimer (fam) ▶ nm (Ling) chinois msg ; (MÉX) boucle f

**chip** nm (Inform) puce f
**chipirón** nm petit calmar m
**Chipre** nf Chypre f
**chipriota** adj chypriote ▶ nmf Chypriote mf
**chiqueo** (MÉX) nm caresse f
**chiquillada** nf bêtise f ; (AM) marmaille f (fam)
**chiquillería** nf groupe m d'enfants
**chiquillo, -a** (fam) nm/f môme mf (fam)
**chiquitín, -ina** adj petit(e) ▶ nm/f bout m de chou
**chiquito, -a** adj petit(e) ▶ nm/f (fam) petit(e) ; **no andarse con chiquitas** ne pas y aller de main morte
**chirigota** nf: **tomarse algo a ~** prendre qch à la rigolade
**chirimbolo** (fam) nm truc m ; (remate) bric-à-brac m inv ; **chirimbolos** nmpl (bártulos) attirail msg (fam)
**chirimoya** nf (Bot) anone f
**chiringuito** nm bar en plein air
**chiripa** (fam) nf: **por o de ~** sur un coup de pot
**chirola** (AM), **chirona** (fam) nf tôle f, taule f (fam) ; **estar/meter en ~** être/mettre en tôle o taule
**chirriar** vi (goznes) grincer ; (pájaros) piailler
**chirrido** nm grincement m
**chis** excl chut !
**chisme** nm ragot m ; (fam) truc m (fam)
**chismorrear** vi cancaner
**chismorreo** (fam) nm commérage m, cancan m
**chismoso, -a** adj cancanier(-ière) ▶ nm/f commère f
**chispa** nf étincelle f ; (de lluvia) petite goutte f ; **una ~** (fam) un tout petit peu ; **estar que echa chispas** être énervé(e) ; **no tiene ni ~ de gracia** il n'a pas le moindre sens de l'humour
**chispazo** nm étincelle f
**chispeante** adj étincelant(e) ; (fig) ingénieux(-euse)
**chispear** vi étinceler ; (lloviznar) pleuvioter
**chisporrotear** vi (leña) crépiter ; (aceite) grésiller
**chisporroteo** nm (de leña) crépitement m ; (de aceite) grésillement m
**chistar** vi: **lo hizo sin ~** il l'a fait sans broncher
**chiste** nm histoire f drôle ; **~ verde** histoire cochonne
**chistera** nf haut-de-forme m
**chistoso, -a** adj (situación) comique ; (persona) blagueur(-euse)
**chistu** nm = **txistu**
**chiva** (PAN) nf minibus msg
**chivarse** (VEN fam) vpr (enojarse) se fâcher
**chivatazo** (fam) nm mouchardage m (fam) ; **dar el/un ~** moucharder (fam)
**chivato, -a** adj, nm/f rapporteur(-euse)
**chivo, -a** nm/f chevreau(-vrette) ; **~ expiatorio** tête f de turc

**chocante** adj (sorprendente) choquant(e) ; (gracioso) drôle ; **es ~ que sea así** c'est choquant que ce soit comme ça
**chocar** vi (coches etc) se heurter ; (Mil, fig) s'affronter ; **~ con** rentrer dans ; (fig) s'accrocher avec ▶ vt (sorprender) choquer ; **~ las copas** trinquer ; **¡chócala!** (fam) tope là ! (fam)
**chochear** vi devenir gâteux(-euse)
**chocho, -a** adj gâteux(-euse) ; **estar ~ por algn/algo** être gaga devant qn/qch
**choclo** (AND, CSUR) nm maïs msg
**chocolate** adj (AM) chocolat inv ▶ nm chocolat m ; (fam: hachís) hasch m (fam)
**chocolatería** nf chocolaterie f
**chocolatina** nf barre f de chocolat
**chófer, chofer** nmf chauffeur m
**chollo** (fam) nm bon plan m (fam) ; (artículo barato) affaire f
**cholo, -a** (AND) adj eurasien(ne) ▶ nm/f Eurasien(ne)
**chomba, chompa** (AM) nf pull m
**chompipe** (CAM) nm dindon m
**chongo** (MÉX) nm chignon m
**chop** (CSUR) nm chope f
**chopera** nf peupleraie f
**chopito** nm petite seiche f panée
**chopo** nm peuplier m
**chopp** (CSUR) nm = **chop**
**choque** vb ver **chocar** ▶ nm choc m ; (impacto) impact m ; (fig: disputa) heurt m
**chorizo** nm chorizo m ; (fam) voyou m
**chorra** nf veine f ▶ nm: **hacer el ~** faire l'imbécile
**chorrada** (fam) nf connerie f (fam) ; **decir chorradas** dire des conneries
**chorrear** vt dégouliner de ▶ vi dégouliner ; (gotear) goutter ; **estar chorreando** être trempé(e)
**chorreras** nfpl ruche f
**chorrito** nm: **un ~ de** (de vino) un doigt de ; (de agua) une gorgée de
**chorro** nm (de líquido) jet m ; (de luz, aceite) filet m ; (fig) flot m ; **a chorros** à flots ; **llover a chorros** pleuvoir des cordes ; **salir a chorros** couler à flots ; **propulsión a ~** propulsion f par réaction
**chota** (fam) nf: **estar como una ~** être dingue (fam)
**chotearse** (fam) vpr: **~ de** se ficher de (fam)
**choteo** (fam) nm blague f
**chotis** nm inv danse traditionnelle de Madrid ; **ser más agarrado que un ~** (fam) (fig) être radin (fam)
**choto** nm chevreau m
**chovinismo** nm = **chauvinismo**
**chovinista** adj, nmf = **chauvinista**
**choza** nf hutte f
**chubasco** nm averse f
**chubasquero** nm ciré m

**chúcaro, -a** (AND, CSUR) adj indomptable
**chuche** (fam) nf bonbon m
**chuchería** nf babiole f; (para comer) sucrerie f
**chucho** nm bâtard m
**chufa** nf orge f; **horchata de chufas** ≈ sirop m d'orgeat
**chufla** (fam) nf blague f; **a ~** pour plaisanter, à la légère; **tomar algo a ~** prendre qch à la rigolade
**chulería** nf (bravuconada): **déjate de chulerías conmigo** ne fais pas ton malin ou ta maline avec moi (fam); (fam: cosa bonita): **esa moto es una ~** cette moto est superbe; **me he comprado una ~ de camiseta** je me suis acheté un super beau tee-shirt (fam)
**chuleta** nf côtelette f; (Escol: fam) antisèche f (fam)
**chuletón** nm côte f de bœuf
**chulo, -a** adj (fam: bonito) classe (fam); (MÉX) beau (belle); (pey) effronté(e); **ponerse ~ (con algn)** faire l'insolent(e) (avec qn) ▶ nm effronté m; (matón) frimeur m; (madrileño) type des bas-fonds de Madrid; (tb: **chulo de putas**) maquereau m; (AND) vautour m
**chumbera** nf figuier m de Barbarie
**chumbo** nm (tb: **higo chumbo**) figue f de Barbarie
**chunga** (fam) nf: **estar de ~** bien rigoler; **tomarse algo a ~** prendre qch à la rigolade
**chungo, -a** (fam) adj nul(le) (fam); (mala persona) mauvais(e)
**chupa** (fam) nf (chaqueta) veste f, blouson m; **poner a algn como ~ de dómine** (fig) passer un savon à qn (fam), mettre qn plus bas que terre
**chupado, -a** adj émacié(e); **está ~** (fam) c'est fastoche (fam)
**chupar** vt (líquido) aspirer; (caramelo) sucer; (absorber) absorber; **chuparse** vpr (dedo) sucer; (Med) s'émacier; **para chuparse los dedos** à s'en lécher les babines
**chupatintas** nm inv écrivaillon m
**chupe** (AM) nm ragoût m
**chupete** nm tétine f
**chupetón** nm coup m de langue
**chupinazo** nm (Deporte) shoot m
**chupito** (fam) nm petit verre m d'alcool; **un ~ de whisky por favor** un baby, s'il vous plaît
**chupón** (CHI) nm sucette f
**churrasco** (CSUR) nm viande f grillée
**churrería** nf ≈ marchand m de beignets
**churrete** nm tache f
**churretón** nm grosse tache f
**churrigueresco, -a** adj (Arq) de Churriguera; (fig) chargé(e)
**churro** nm ≈ beignet m; voir article; (fam) bricolage m; (AND, CSUR fam) beau mec (belle fille) (fam)

**CHURROS**

Les **churros**, ces longs beignets à base de farine et d'eau, sont très appréciés dans toute l'Espagne. On les déguste généralement au petit déjeuner ou au goûter, en buvant du chocolat chaud épais. À Madrid, il en existe une variété plus grosse appelée *porra*.

**churruscar** vt roussir
**churrusque** etc vb ver **churruscar**
**churumbel** (fam) nm mioche m (fam)
**chusco, -a** adj drôle
**chusma** (pey) nf racaille f (fam)
**chutar** vi (Deporte) shooter; **esto va que chuta** (fam) ça marche comme sur des roulettes; **con 1.000 euros vas que chutas** (fam) tu auras assez avec 1 000 euros
**chuzo** nm: **llueve a chuzos, llueven chuzos de punta** il tombe des hallebardes
**C.I.** sigla m (= coeficiente intelectual) QI m (= quotient intellectuel)
**Cía** abr (= compañía) Cie (= compagnie)
**cianuro** nm (Quím) cyanure m
**ciática** nf sciatique f
**ciberacoso** nm cyberharcèlement m
**ciberataque** nm cyberattaque f
**cibercafé** nm cybercafé m
**ciberdelito** nm cybercriminalité f
**ciberespacio** nm cyberespace m
**ciberespiar** vt, vi cyberespionner
**ciberespionaje** nm cyberespionnage m
**cibernauta** nmf internaute mf
**cibernética** nf cybernétique f
**cibernético, -a** adj cybernétique
**cibersexo** nm cybersexe m
**ciberterrorismo** nm cyberterrorisme m
**cicatero, -a** adj, nm/f avare mf, pingre mf
**cicatrice** etc vb ver **cicatrizar**
**cicatriz** nf cicatrice f
**cicatrizar** vt, vi cicatriser; **cicatrizarse** vpr cicatriser
**cicerone** nm cicérone m
**cíclico, -a** adj cyclique
**ciclismo** nm cyclisme m
**ciclista** adj, nmf cycliste mf; **vuelta ~** course f cycliste
**ciclo** nm cycle m
**ciclomotor** nm cyclomoteur m
**ciclón** nm cyclone m
**cicloturismo** nm cyclotourisme m
**cicuta** nf ciguë f
**ciego, -a** vb ver **cegar** ▶ adj aveugle; (Constr) bouché(e); **quedarse ~** devenir aveugle; **~ de ira** aveuglé(e) par la colère; **a ciegas** à l'aveuglette ▶ nm/f aveugle mf
**ciegue** etc vb ver **cegar**
**cielo** nm ciel m; **sí, ~** oui, mon ange; **¡cielos!** mon Dieu!, juste ciel!; **vimos el ~ abierto** la solution nous est apparue; **~ raso** (Arq) faux plafond m; **~ de la boca** voûte f palatine

**ciempiés – circuito**

**ciempiés** *nm inv* mille-pattes *m inv*
**cien** *adj inv, nm inv* cent *m* ; **al ~ por ~** à cent pour cent

> El número **cien** en francés (*cent*) va seguido de una *s* cuando va multiplicado por un número y no va seguido de otra cifra. Por ejemplo: *deux cents*, pero *deux cent vingt*.

**ciénaga** *nf* marécage *m*
**ciencia** *nf* science *f* ; **saber algo a ~ cierta** être sûr(e) et certain(e) de qch ; **~ ficción** science-fiction *f* ; **ciencias empresariales** études *fpl* de commerce ; **ciencias exactas** sciences *fpl* exactes, mathématiques *fpl* ; **ciencias ocultas** sciences occultes
**cieno** *nm* vase *f*
**científico, -a** *adj, nm/f* scientifique *mf*
**ciento** *adj, nm* cent *m* ; **~ cuarenta** cent quarante ; **el diez por ~** dix pour cent
**cierne** *vb ver* **cerner** ▶ *nm*: **en ciernes** en herbe
**cierre** *vb ver* **cerrar** ▶ *nm* fermeture *f* ; (*pulsera*) fermoir *m* ; (*de emisión*) fin *f* ; **precio de ~** cours *msg* de clôture ; **~ del sistema** (*Inform*) clôture *f* du système ; **~ de cremallera** fermeture éclair® ; **~ relámpago** (AND, CSUR) fermeture éclair®
**cierto, -a** *adj* certain(e) ; **~ hombre/día** un certain homme/jour ; **ciertas personas** certaines personnes ; **sí, es ~** oui, c'est vrai ; **por ~** à propos ; **lo ~ es que ...** ce qui est sûr c'est que ... ; **estar en lo ~** avoir raison
**ciervo** *nm* cerf *m*
**cierzo** *nm* bise *f*
**CIES** *sigla m* = **Consejo Interamericano Económico y Social**
**cifra** *nf* chiffre *m* ; **en ~** codé(e) ; **~ de negocios/de venta** chiffre d'affaires/de ventes ; **~ de referencia** prix *msg* de base ; **~ global** chiffre global
**cifrado, -a** *adj* (*mensaje*) codé(e) ; (*código*) chiffré(e)
**cifrar** *vt* coder ; (*esperanzas, felicidad*) fonder ; **cifrarse** *vpr*: **cifrarse en** s'élever à
**cigala** *nf* langoustine *f*
**cigarra** *nf* cigale *f*
**cigarrera** *nf* porte-cigares *m inv*
**cigarrillo** *nm* cigarette *f*
**cigarro** *nm* cigarette *f* ; (*puro*) cigare *m*
**cigüeña** *nf* cigogne *f*
**cigüeñal** *nm* vilebrequin *m*
**cilantro** *nm* (*Bot, Culin*) coriandre *f*
**cilindrada** *nf* cylindrée *f*
**cilíndrico, -a** *adj* cylindrique
**cilindro** *nm* cylindre *m*
**cima** *nf* sommet *m*, cime *f* ; (*de árbol*) cime ; (*apogeo*) sommet
**cimarrón, -ona** *adj* (AM *Bot, Zool*) sauvage ; (AM: *persona: vago*) paresseux(-euse), fainéant(e) ; **negro ~** (*Hist*) Noir *m* marron ▶ *nm* (CSUR) maté *m* sans sucre, maté *m* pur

**címbalo** *nm* (*Mús*) cymbale *f*
**cimbrearse** *vpr* se déhancher ; (*ramas, tallos*) se balancer
**cimentación** *nf* cimentation *f* ; (*cimientos*) fondations *fpl*, fondements *mpl*
**cimentar** *vt* (*edificio*) jeter les fondations de ; (*consolidar*) cimenter ; **cimentarse** *vpr*: **cimentarse en** se fonder sur
**cimiento** *etc vb ver* **cimentar**
**cimientos** *nmpl* fondations *fpl* ; (*fig*) fondements *mpl*
**cinc** *nm* zinc *m*
**cincel** *nm* ciseau *m*
**cincelar** *vt* ciseler
**cincha** *nf* sangle *f*
**cinco** *adj inv, nm inv* cinq *m inv* ; *ver tb* **seis**
**cincuenta** *adj inv, nm inv* cinquante *m inv* ; *ver tb* **sesenta**
**cincuentena** *nf* cinquantaine *f* ; **una ~ de** une cinquantaine de
**cincuentenario** *nm* cinquantenaire *m*
**cincuentón, -ona** *adj, nm/f* quinquagénaire *mf*
**cine** *nm* cinéma *m* ; **hacer ~** faire du cinéma ; **~ de estreno** cinéma qui projette des films en exclusivité ; **el ~ mudo** le cinéma muet
**cineasta** *nmf* cinéaste *mf*
**cine-club** *nm* ciné-club *m*
**cinéfilo, -a** *nm/f* cinéphile *mf*
**cinegético, -a** *adj* cynégétique
**cinematografía** *nf* cinématographie *f*
**cinematográfico, -a** *adj* cinématographique
**cínico, -a** *adj, nm/f* cynique *mf* ; (*desvergonzado*) effronté(e)
**cinismo** *nm* (*ver adj*) cynisme *m* ; effronterie *f*
**cinta** *nf* ruban *m* ; (*Tec*) bande *f* ; **~ adhesiva/aislante** ruban adhésif/isolant ; **~ de carbón** ruban carbone ; **~ de múltiples impactos** bande d'impacts multiple ; **~ de vídeo** cassette *f* vidéo ; **~ magnética** (*Inform*) bande magnétique ; **~ métrica** mètre *m* à ruban ; **~ transportadora** convoyeur *m*, stéréoduc *m* ; **~ virgen** cassette vierge
**cinto** *nm* ceinture *f*
**cintura** *nf* taille *f* ; **meter a algn en ~** faire entendre raison à qn
**cinturón** *nm* ceinture *f* ; **~ de miseria** (MÉX) bidonville *m* ; **~ de seguridad** ceinture de sécurité ; **~ industrial** zone *f* industrielle ; **~ salvavidas** ceinture de sauvetage
**ciña** *etc vb ver* **ceñir**
**ciñendo** *vb ver* **ceñir**
**cipote** (CAM *fam*) *nm* gamin(e) (*fam*)
**ciprés** *nm* cyprès *m*
**circense** *adj* du cirque
**circo** *nm* cirque *m*
**circuito** *nm* circuit *m* ; **televisión por ~ cerrado** télévision *f* en circuit fermé ; **~ impreso** circuit imprimé ; **~ lógico** (*Inform*) porte *f*, circuit logique

## circulación – claroscuro

**circulación** nf circulation f; **« cerrado a la ~ rodada »** « fermé au trafic routier » ; **poner algo en ~** mettre qch en circulation
**circular** adj, nf circulaire f ▶ vt (orden) faire circuler ▶ vi circuler ; **¡circulen!** circulez !
**circulatorio, -a** adj (Anat) circulatoire ; (Auto) de la circulation
**círculo** nm cercle m ; **en ~** en cercle, en rond ; **en círculos políticos** dans les cercles politiques ; **~ vicioso** cercle vicieux
**circuncidar** vt circoncire
**circuncisión** nf circoncision f
**circunciso, -a** pp de **circuncidar**
**circundante** adj environnant(e)
**circundar** vt entourer
**circunferencia** nf circonférence f
**circunloquios** nmpl circonlocutions fpl
**circunscribir** vt (actuación, discurso) circonscrire ; **circunscribirse** vpr se circonscrire ; **circunscribirse a (hacer)** se limiter o s'en tenir à (faire)
**circunscripción** nf circonscription f
**circunscrito** pp de **circunscribir**
**circunspección** nf circonspection f
**circunspecto, -a** adj circonspect(e)
**circunstancia** nf circonstance f ; **circunstancias agravantes/atenuantes** circonstances fpl aggravantes/atténuantes ; **estar a la altura de las circunstancias** être à la hauteur des circonstances ; **poner cara de circunstancias** faire une figure de circonstance
**circunstancial** adj circonstanciel(le)
**circunstantes** nmfpl assistants(-es)
**circunvalación** nf ver **carretera**
**cirio** nm cierge m
**cirrosis** nf cirrhose f
**ciruela** nf prune f ; **~ claudia** reine-claude f ; **~ pasa** pruneau m
**ciruelo** nm prunier m
**cirugía** nf chirurgie f ; **~ estética/plástica** chirurgie esthétique/plastique
**cirujano, -a** nm/f chirurgien(ne)
**cisco** (fam) nm: **armar un ~** faire des histoires ; **estar hecho ~** être crevé(e) (fam)
**Cisjordania** nf Cisjordanie f
**cisma** nm schisme m
**cisne** nm cygne m ; **canto de ~** chant m du cygne
**cisterciense** adj cistercien(ne)
**cisterna** nf chasse f d'eau ; (depósito) citerne f
**cistitis** nf cystite f
**cita** nf rendez-vous m inv ; (mención) citation f ; **acudir/faltar a una ~** se rendre à/manquer un rendez-vous
**citación** nf citation f
**citadino, -a** (AM) adj, nm/f citadin(e)
**citar** vt donner rendez-vous à ; (Jur, mencionar) citer ; **citarse** vpr: **citarse (con)** prendre rendez-vous (avec)

**cítara** nf cithare f
**citología** nf cytologie f
**cítrico, -a** adj citrique ; **cítricos** nmpl agrumes mpl
**CiU** sigla m (Pol: = Convergència i Unió) parti politique catalan
**ciudad** nf ville f ; **~ universitaria** cité f universitaire ; **la C~ Condal** Barcelone ; **C~ del Cabo** Le Cap ; **~ dormitorio** cité-dortoir f ; **~ perdida** (MÉX) bidonville m ; **~ satélite** ville satellite
**ciudadanía** nf citoyenneté f
**ciudadano, -a** adj, nm/f citadin(e)
**ciudadela** nf (Mil) citadelle f
**cívico, -a** adj civique ; (persona) civil(e)
**civil** adj civil(e) ; **casarse por lo ~** se marier civilement ▶ nm civil m
**civilice** etc vb ver **civilizar**
**civilización** nf civilisation f
**civilizado, -a** adj civilisé(e)
**civilizar** vt civiliser
**civismo** nm civisme m
**cizaña** nf: **meter/sembrar ~** mettre/semer la zizanie
**cl** abr (= centilitro(s)) cl (= centilitre(s))
**clamar** vt clamer ; **~ venganza** crier vengeance ▶ vi crier
**clamor** nm clameur f
**clamoroso, -a** adj retentissant(e)
**clan** nm clan m
**clandestinamente** adv clandestinement
**clandestinidad** nf clandestinité f
**clandestino, -a** adj clandestin(e)
**claqué** nm claquettes fpl
**claqueta** nf claquette f, clap m
**clara** nf (de huevo) blanc m ; (cerveza) panaché m
**claraboya** nf lucarne f
**claramente** adv clairement
**clarear** vi (el día) se lever ; (el cielo) s'éclaircir
**clarete** nm rosé m
**claridad** nf clarté f
**clarificación** nf clarification f, éclaircissement m
**clarificar** vt éclaircir
**clarifique** etc vb ver **clarificar**
**clarín** nm clairon m ; (AM: guisante) pois msg de senteur
**clarinete** nm clarinette f
**clarinetista** nmf clarinettiste mf
**clarividencia** nf clairvoyance f
**clarividente** adj, nmf clairvoyant(e)
**claro, -a** adj clair(e) ; **estar ~** être clair(e) ; **lo tengo muy ~** pour moi c'est clair ; **no lo tengo muy ~** je ne sais pas vraiment ; **no sacamos nada en ~** nous n'avons rien tiré au clair ; **a las claras** clairement ▶ nm éclaircie f ; (entre asientos) place f libre ▶ adv clairement ; **hablar ~** parler franchement ; **~ que sí/no** bien sûr que oui/non ▶ excl bien sûr !
**claroscuro** nm clair-obscur m

**clase** nf genre m, classe f; (lección) cours msg; **la ~ dirigente** la classe dirigeante; **dar ~(s)** (profesor) faire cours, donner des cours; (alumno) avoir cours; **tener ~** avoir de la classe; **de toda(s) ~(s)** de toute(s) sorte(s); **~ alta/media/obrera/social** classe dominante/moyenne/ouvrière/sociale; **clases particulares** cours mpl particuliers

**clasicismo** nm classicisme m

**clásico, -a** adj classique

**clasificable** adj classable

**clasificación** nf classement m; (de cartas, líneas) tri m

**clasificador** nm classeur m

**clasificar** vt classer; (cartas) trier; (Inform) classifier, trier; **clasificarse** vpr se qualifier

**clasificatorio, -a** adj (fase, prueba) de qualification, de classification; **tabla clasificatoria** classement m

**clasifique** etc vb ver **clasificar**

**clasismo** nm discrimination f sociale

**clasista** adj élitiste

**claudicar** vi céder

**claudique** etc vb ver **claudicar**

**claustro** nm cloître m; (Univ, Escol) conseil m; (: junta) assemblée f, réunion f

**claustrofobia** nf claustrophobie f

**claustrofóbico, -a** adj claustrophobe

**cláusula** nf clause f; **~ de exclusión** clause d'exclusion

**clausura** nf clôture f; **de ~** (Rel) claustral; (: monja) cloîtré(e)

**clausurar** vt clore, (local) fermer

**clavada** nf (salto) plongeon m; (fam): **¡menuda ~ me han pegado!** ça a été le coup de bambou! (fam)

**clavadista** (CAM, MÉX) nmf sauteur(-euse)

**clavado, -a** pp de **clavar** ▸ adj: **ser ~ a algn** être tout le portrait de qn, être qn tout craché(e); **llegó a las cinco clavadas** il est arrivé à cinq heures sonnantes

**clavar** vt enfoncer; (clavo) clouer; (alfiler) épingler; (mirada) fixer; (fam: cobrar caro) faire payer au prix fort; **clavarse** vpr s'enfoncer

**clave** nf clé f, clef f; **en ~** (mensaje) codé(e); **~ de acceso** mot m de passe; **~ de búsqueda/ de clarificación** clé de recherche/de classement ▸ adj inv clé

**clavel** nm œillet m

**clavelina, clavellina** nf œillet m de poète

**clavetear** vt clouter; (montura) ferrer

**clavicémbalo** nm (Mús) clavecin m

**clavicordio** nm (Mús) clavicorde m

**clavícula** nf clavicule f

**clavija** nf cheville f; (Elec) fiche f

**clavo** nm clou m; (Bot, Culin) clou de girofle; **dar en el ~** mettre dans le mille, faire mouche

**claxon** (pl **claxons**) nm klaxon m; **tocar el ~** klaxonner

**clemencia** nf clémence f

**clemente** adj clément(e)

**clementina** nf clémentine f

**cleptómano, -a** nm/f cleptomane mf

**clerical** adj clérical(e)

**clericalismo** nm cléricalisme m

**clérigo** nm ecclésiastique m

**clero** nm clergé m

**clic** nm (Inform) clic m; **hacer ~ en algo** cliquer sur qch

**clicar** vi (Inform) cliquer; **~ dos veces** double-cliquer

**cliché** nm cliché m

**cliente, -a** nm/f client(e)

**clientela** nf clientèle f

**clientelismo** nm clientélisme m

**clima** nm climat m

**climático, -a** adj climatique

**climatizado, -a** adj climatisé(e)

**climatizador** nm climatiseur m

**climatología** nf (ciencia) climatologie f; (tiempo) climat m

**clímax** ['klimaks] nm inv apogée m, point m culminant; (sexual) orgasme m

**clínica** nf clinique f

**clínico, -a** adj clinique

**clip** [klip] (pl **clips**) nm trombone m; (de pelo) barrette f

**clítoris** nm inv clitoris m inv

**cloaca** nf égout m

**clon** nm clone m

**clonación** nf, **clonaje** nm clonage m

**clonar** vt cloner

**clónico, -a** adj cloné(e) ▸ nm (Inform) clone m

**clorhídrico, -a** adj: **ácido ~** acide m chlorhydrique

**cloro** nm chlore m

**clorofila** nf chlorophylle f

**cloroformo** nm chloroforme m

**cloruro** nm chlorure m; **~ sódico** chlorure de sodium

**closet, clóset** (AM) nm placard m

**club** (pl **clubs** o **clubes**) nm club m

**cm** abr (= centímetro(s)) cm (= centimètre(s))

**C.M.A.** sigla f (= carga máxima autorizada) PTCA m (= poids total en charge autorisé)

**C.N.T.** sigla f (ESP: = Confederación Nacional de Trabajo) syndicat; (AM: = Confederación Nacional de Trabajadores) syndicat

**coacción** nf contrainte f

**coaccionar** vt contraindre

**coagular** vt coaguler; **coagularse** vpr coaguler

**coágulo** nm caillot m

**coalición** nf coalition f

**coartada** nf alibi m

**coartar** vt limiter

**coatí** (AM) nm coati m

**coautor, a** nm/f coauteur(e)

**coaxial** adj coaxial(e)

## coba – codorniz

**coba** nf: **dar ~ a algn** passer de la pommade à qn
**cobalto** nm cobalt m
**cobarde** adj lâche ▶ nmf lâche mf, peureux(-euse)
**cobardía** nf lâcheté f
**cobaya** nm o nf cobaye m
**cobertizo** nm hangar m, remise f; (de animal) abri m
**cobertor** nm (manta) couverture f; (colcha) dessus msg de lit
**cobertura** nf couverture f; **estar fuera de ~** être hors de portée; **aquí no hay ~** (Telec) il n'y a pas de couverture ici, il n'y a pas de réseau ici; **~ de dividendo** rapport m dividendes-résultat
**cobija** (Am) nf couverture f
**cobijar** vt héberger, loger; **~ (de)** protéger (de); **cobijarse** vpr: **cobijarse (de)** se protéger (de)
**cobijo** nm abri m; **dar ~ a algn** héberger qn
**cobra** nf cobra m
**cobrador, a** nm/f receveur(-euse)
**cobrar** vt (cheque) toucher, encaisser; (sueldo) toucher; (precio) faire payer; (deuda, alquiler, gas) encaisser; (caza) rapporter; (fama, importancia) acquérir; (cariño) prendre en; (fuerza, valor) reprendre; **a ~** à encaisser; **cantidades por ~** sommes fpl dues ▶ vi toucher son salaire; **¡vas a ~!** (fam) qu'est-ce que tu vas prendre! (fam); **cobrarse** vpr: **cóbrese** payez-vous; **cóbrese al entregar** paiement m à la livraison
**cobre** nm cuivre m; **sin un ~** (Am fam) sans un sou; **cobres** nmpl (Mús) cuivres mpl
**cobrizo, -a** adj cuivré(e)
**cobro** nm (de cheque) encaissement m; (pago) paiement m; **presentar al ~** encaisser; ver tb **llamada**
**coca** nf coca m; (hoja) feuille f de coca; (fam: cocaína) coco f (fam), coke f (fam)
**Coca-Cola®** nf coca-cola® m inv
**cocaína** nf cocaïne f
**cocainómano, -a** nm/f cocaïnomane mf
**cocción** nf cuisson f
**cóccix** nm inv coccyx m
**cocear** vi ruer
**cocer** vt faire cuire, cuire ▶ vi cuire; (agua) bouillir; **cocerse** vpr cuire; (tramarse) se préparer
**cochambre** nf crasse f
**cochambroso, -a** adj crasseux(-euse), crade (fam)
**coche** nm voiture f; (para niños) poussette f; **~ blindado** voiture blindée; **~ bomba** voiture piégée; **~ cama** wagon-lit m; **~ celular** fourgon m cellulaire; **~ comedor, ~ restaurante** wagon-restaurant m, voiture-restaurant f; **~ de bomberos** voiture des pompiers; **~ de carreras** voiture de course; **~ de línea** autocar m; **coches de choque** autos fpl tamponneuses; **~ fúnebre** corbillard m
**cochecito** nm (de bebé) landau m; (de niño) poussette f
**cochera** nf garage m; (de autobuses) dépôt m
**cochinada** (fam) nf cochonnerie f (fam); (jugarreta) vacherie f (fam)
**cochinilla** nf cochenille f
**cochinillo** nm cochon m de lait
**cochino, -a** adj dégoûtant(e) ▶ nm/f cochon (truie); (persona) cochon(ne)
**cocido, -a** adj (patatas) bouilli(e); (huevos) dur(e) ▶ nm pot-au-feu m inv
**cociente** nm quotient m
**cocina** nf cuisine f; (aparato) cuisinière f; **~ casera** cuisine maison; **~ eléctrica/de gas** cuisinière électrique/à gaz; **~ francesa** cuisine française
**cocinar** vt, vi cuisiner
**cocinero, -a** nm/f cuisinier(-ière)
**cocker** ['koker] nm cocker m
**coco** nm noix fsg de coco; (fam) citrouille f (fam); **el ~** le grand méchant loup
**cocodrilo** nm crocodile m
**cocoliche** (CSur) nm jargon m
**cocotero** nm cocotier m
**cóctel** ['koktel] nm cocktail m; **~ molotov** cocktail Molotov
**coctelera** nf shaker m
**cocuyo** (Am) nm ver m luisant
**cod.** abr = **código**
**codazo** nm: **dar un ~ a algn** donner un coup de coude à qn; **abrirse paso a codazos** jouer des coudes
**codearse** vpr: **~ con** côtoyer
**codeína** nf codéine f
**codera** nf coude m
**códice** nm manuscrit m ancien
**codicia** nf convoitise f
**codiciar** vt convoiter
**codicioso, -a** adj avide; (expresión) de convoitise
**codificador** nm codeur m; **~ digital** convertisseur m analogique-numérique
**codificar** vt (mensaje) coder; (leyes) codifier
**código** nm (tb Jur) code m; **~ binario** code binaire; **~ civil/postal** code civil/postal; **~ de barras** code-barres m inv; **~ de caracteres/de control** code à caractères/de contrôle; **~ de (la) circulación** code de la route; **~ malicioso** logiciel m malveillant; **~ máquina/de operación** code machine inv/d'opération; **~ militar/penal** code militaire/pénal
**codillo** nm (Zool) coude m, épaule f; (Culin) épaule f; (Tec) coude
**codo** nm coude m; **hablar por los codos** bavarder comme une pie; **~ a ~** coude à coude
**codorniz** nf caille f

**coeficiente** *nm* coefficient *m* ; **~ intelectual o de inteligencia** quotient *m* intellectuel o mental
**coerción** *nf* coercition *f*
**coercitivo, -a** *adj* coercitif(-ive)
**coetáneo, -a** *nm/f* contemporain(e)
**coexistencia** *nf* coexistence *f*
**coexistir** *vi*: **~ (con)** coexister (avec)
**cofia** *nf* coiffe *f*
**cofradía** *nf* confrérie *f*
**cofre** *nm* coffre *m* ; (*de joyas*) coffret *m* ; (*Méx*) voiture *f*
**cogedor** *nm* pelle *f*
**coger** *vt* prendre ; (*objeto caído*) ramasser ; (*pelota*) attraper ; (*frutas*) cueillir ; (*sentido, indirecta*) comprendre, saisir ; (*tomar prestado*) emprunter ; (*Am fam!*) baiser (*fam !*) ; **~ a algn desprevenido** prendre qn au dépourvu ; **~ cariño a algn** prendre qn en affection ; **~ celos de algn** être jaloux(-ouse) de qn ; **~ manía a algn** prendre qn en grippe ; **iban cogidos de la mano** ils se tenaient par la main ; **cogerse** *vpr* se prendre ; **cogerse a** s'accrocher à, s'agripper à
**cogida** *nf* coup *m* de corne
**cogollo** *nm* cœur *m*
**cogorza** (*fam*) *nf* cuite *f* (*fam*)
**cogote** *nm* nuque *f*
**cohabitar** *vi* cohabiter
**cohecho** *nm* subornation *f*
**coherencia** *nf* cohérence *f*
**coherente** *adj* cohérent(e) ; **ser ~ con** être cohérent(e) o en accord avec
**cohesión** *nf* cohésion *f*
**cohete** *nm* fusée *f*, pétard *m* ; (*tb*: **cohete espacial**) fusée
**cohibido, -a** *adj*: **estar/sentirse ~** être/se sentir gêné(e) ; (*tímido*) être/se sentir intimidé(e)
**cohibir** *vt* intimider ; (*reprimir*) réprimer ; **cohibirse** *vpr* se retenir
**COI** *sigla m* (= *Comité Olímpico Internacional*) CIO *m* (= *Comité international olympique*)
**coima** (*CSur fam*) *nf* pot-de-vin *m*
**coimero, -a** (*CSur fam*) *nm/f* fonctionnaire *mf* corrompu(e)
**coincidencia** *nf* coïncidence *f*
**coincidente** *adj* coïncident(e) ; **ser ~ con algn/algo** coïncider avec qn/qch
**coincidir** *vi* (*en lugar*) se rencontrer ; **coincidimos en ideas** nous partageons les mêmes idées ; **~ con** coïncider avec
**coito** *nm* coït *m*
**cojear** *vi* boiter ; (*mueble*) être bancal(e)
**cojera** *nf* claudication *f*
**cojín** *nm* coussin *m*
**cojinete** *nm* palier *m*
**cojo, -a** *vb ver* **coger** ▶ *adj* boiteux(-euse) ; (*mueble*) bancal(e) ; **ir a la pata coja** aller à cloche-pied ▶ *nm/f* (*persona*) boiteux(-euse)

**cojón** (*fam!*) *nm* couille *f* (*fam !*) ; **¡cojones!** putain ! (*fam !*) ; **lo hizo por cojones** il a fallu qu'il le fasse
**cojonudo, -a** (*Esp fam!*) *adj* super (*fam*)
**cojudo, -a** (*Am fam!*) *adj*, *nm/f* connard(-asse) (*fam !*)
**col** *nf* chou *m* ; **coles de Bruselas** choux *mpl* de Bruxelles
**col.** *abr* (= *columna*) col. (= *colonne*)
**cola** *nf* queue *f* ; (*para pegar*) colle *f* ; (*de vestido*) traîne *f* ; **estar/ponerse a la ~** être/se mettre à la queue ; **hacer ~** faire la queue ; **traer ~** avoir des suites
**col.ª** *abr* (= *columna*) col. (= *colonne*)
**colaboración** *nf* collaboration *f*
**colaboracionista** *adj* collaborationniste
**colaborador, a** *nm/f* collaborateur(-trice)
**colaborar** *vi*: **~ con** collaborer avec
**colación** *nf*: **sacar o traer a ~** faire mention de
**colada** *nf*: **hacer la ~** faire la lessive
**colado, -a** (*fam*) *adj*: **estar ~ por algn** être dingue de qn (*fam*)
**colador** *nm* passoire *f*
**colágeno** *nm* collagène *m*
**colapsar** *vt* embouteiller
**colapso** *nm* collapsus *msg* ; (*de circulación*) embouteillage *m* ; (*en producción*) effondrement *m* ; **~ cardíaco** collapsus cardiovasculaire
**colar** *vt* filtrer ▶ *vi* (*mentira*) prendre, passer ; **colarse** *vpr* (*en cola*) se glisser, se faufiler ; (*viento, lluvia*) s'engouffrer ; (*fam: equivocarse*) se gourer (*fam*) ; **colarse en** (*concierto, cine*) se faufiler dans
**colateral** *adj* collatéral(e)
**colcha** *nf* couvre-lit *m*
**colchón** *nm* matelas *m* ; **~ inflable/neumático** matelas gonflable/pneumatique
**colchoneta** *nf* tapis *msg* de sol
**cole** (*fam*) *nm* = **colegio**
**colear** *vi* remuer la queue ; (*asunto*) n'être pas encore réglé(e) o fini(e)
**colección** *nf* collection *f*
**coleccionable** *adj* que l'on peut collectionner ; (*obra*) publié(e) sous forme de fascicules ▶ *nm* (*obra*) ouvrage *m* publié par fascicules ; (*Prensa*) fascicule *m*
**coleccionar** *vt* collectionner
**coleccionismo** *nm* action *f* de collectionner, goût *m* pour la collection
**coleccionista** *nmf* collectionneur(-euse)
**colecta** *nf* collecte *f*
**colectividad** *nf* collectivité *f*
**colectivizar** *vt* collectiviser
**colectivo, -a** *adj* collectif(-ive) ▶ *nm* collectif *m* ; (*Am*) autobus *msg* ; (*: taxi*) taxi *m*
**colector** *nm* collecteur *m* ; (*sumidero*) collecteur, égout *m*

## colega – coloquio

**colega** nmf collègue mf ; (fam) copain (copine)
**colegiado, -a** nm/f membre m d'une corporation
**colegial, a** adj, nm/f collégien(ne)
**colegiarse** vpr s'inscrire dans une corporation, s'affilier à un ordre
**colegiatura** nf, **colegiaturas** nfpl (MÉX) frais mpl d'inscription
**colegio** nm (de primaria) école f ; (de secundaria) collège m ; voir article ; (de abogados, médicos) ordre m ; **ir al ~** aller à l'école o au collège ; **~ electoral** collège m électoral ; **~ mayor** résidence f universitaire

: **COLEGIO**
:
: En Espagne, on désigne habituellement
: par le mot **colegio** soit une école primaire
: publique soit une école primaire et
: secondaire privée. Ceci s'explique
: notamment par le fait que dans
: l'enseignement privé, à la différence de
: l'enseignement public, les deux cycles
: sont offerts dans un même établissement.

**colegir** vt déduire
**cólera** nf colère f ; **montar en ~** se mettre en colère, s'emporter ▶ nm (Med) choléra m
**colérico, -a** adj colérique, coléreux(-euse)
**colesterol** nm cholestérol m
**coleta** nf queue f, couette f ; **cortarse la ~** abandonner l'arène
**coletazo** nm coup m de queue ; **los últimos coletazos** les derniers sursauts
**coletilla** nf addition f
**colgado, -a** pp de **colgar** ▶ adj (cuadro, lámpara) suspendu(e) ; (ahorcado) pendu(e) ; **dejar ~ a algn** (fam) laisser qn en plan (fam)
**colgajo** (pey) nm pendeloque f
**colgante** adj pendant(e), suspendu(e) ▶ nm pendentif m ; ver tb **puente**
**colgar** vt accrocher ; (teléfono) raccrocher ; (ropa) étendre ; (ahorcar) pendre ▶ vi raccrocher ; **~ de** pendre à, être suspendu(e) à ; **no cuelgue** ne raccrochez pas
**colgué** etc vb ver **colgar**
**colguemos** etc vb ver **colgar**
**colibrí** nm colibri m
**cólico** nm colique f
**coliflor** nf chou-fleur m
**coligiendo** etc vb ver **colegir**
**colija** etc vb ver **colegir**
**colilla** nf mégot m
**colimba** (ARG fam) nf (servicio militar) service m
**colina** nf colline f
**colindante** adj limitrophe, contigu(-güe)
**colindar** vi être contigu(-güe)
**colirio** nm collyre m
**Coliseo** nm Colisée m
**colisión** nf collision f ; (de intereses, ideas) conflit m

**colisionar** vi se heurter ; **~ con** o **contra** (tren, autobús, coche) entrer en collision avec ; (persona, ideas) se heurter avec
**colitis** nf diarrhée f
**collado** nm col m
**collage** [ko'laʒ] nm collage m
**collar** nm collier m
**collarín** nm minerve f
**collera** (AM) nf bouton m de manchette
**collie** ['koli] nm colley m
**colmado, -a** adj: **~ (de)** plein(e) à ras bord (de) ▶ nm épicerie f
**colmar** vt remplir à ras bord ; (ansias, exigencias) satisfaire ; **~ a algn de regalos/de atenciones** combler qn de cadeaux/d'attentions
**colmena** nf ruche f
**colmillo** nm canine f ; (de elefante) défense f ; (de perro) croc m
**colmo** nm: **ser el ~ de la locura/frescura/insolencia** être le comble de la folie/du toupet/de l'insolence ; **para ~ (de desgracias)** pour comble (de malheurs) ; **¡eso ya es el ~!** ça c'est le comble !
**colocación** nf (de cosa) pose f ; (de persona) placement m ; (empleo) emploi m, travail m ; (disposición) emplacement m
**colocado, -a** adj (en trabajo) placé(e) ; (ESP fam: drogado) défoncé(e) (fam) ; (: borracho) beurré(e) (fam), pinté(e) (fam)
**colocar** vt (en un sitio: cosa) mettre ; (: persona) placer ; (en un empleo) placer ; **colocarse** vpr se placer ; (fam: drogarse) se défoncer (fam) ; (conseguir trabajo): **colocarse (de)** trouver du travail (comme)
**colofón** nm: **como ~ de las conversaciones** en guise de conclusion aux conversations
**Colombia** nf Colombie f
**colombiano, -a** adj colombien(ne) ▶ nm/f Colombien(ne)
**colon** nm côlon m
**Colón** n: **Cristóbal ~** Christophe Colomb
**colón** nm (moneda) colon m
**Colonia** n Cologne
**colonia** nf colonie f ; (tb: **agua de colonia**) eau f de Cologne ; (MÉX) quartier m ; **~ de verano** colonie de vacances ; **~ proletaria** (MÉX) bidonville m
**colonial** adj (época) colonial(e) ; (alimentos, productos) (provenant) des colonies
**colonialismo** nm colonialisme m
**colonialista** adj, nmf colonialiste mf
**colonice** etc vb ver **colonizar**
**colonización** nf colonisation f
**colonizador, a** adj, nm/f colonisateur(-trice)
**colonizar** vt coloniser
**colono** nm colon m
**coloque** etc vb ver **colocar**
**coloquial** adj familier(-ière), parlé(e)
**coloquio** nm colloque m

## color – comidilla

**color** *nm* couleur *f*; **de ~** de couleur; **de ~ amarillo/azul/naranja** de couleur jaune/bleue/orange; **de colores** (*lápices*) de couleur; **en ~** en couleur; **a todo ~** tout en couleur; **le salieron los colores** il s'est mis à rougir; **dar ~ a** donner du relief à

**coloración** *nf* coloration *f*

**colorado, -a** *adj* rouge; (*Am: chiste*) grivois(e); **ponerse ~** rougir

**colorante** *nm* colorant *m*

**colorar, colorear** *vt* colorier

**colorete** *nm* fard *m*

**colorido** *nm* coloris *msg*

**colosal** *adj* colossal(e)

**coloso** *nm* colosse *m*

**columbrar** *vt* apercevoir

**columna** *nf* colonne *f*; **~ blindada** colonne blindée; **~ vertebral** colonne vertébrale

**columnista** *nmf* chroniqueur(-euse)

**columpiar** *vt* balancer; **columpiarse** *vpr* se balancer

**columpio** *nm* balançoire *f*

**colza** *nf* colza *m*

**coma** *nf* virgule *f* ▶ *nm* (*Med*) coma *m*

**comadre** (*esp Am fam*) *nf* marraine *f*; (*cotilla*) commère *f*; (*vecina*) voisine *f*; **comadres** *nfpl* commères *fpl*

**comadrear** (*esp Am fam*) *vi* faire des commérages

**comadreja** *nf* belette *f*

**comadreo** *nm* commérage *m*

**comadrona** *nf* sage-femme *f*

**comandancia** *nf* (*mando*) commandement *m*; (*edificio*) commandement, commanderie *f*

**comandante** *nm* commandant *m*

**comandar** *vt* commander

**comando** *nm* commando *m*; (*Inform*) commande *f*; **~ de búsqueda** (*Inform*) commande recherche

**comarca** *nf* région *f*

**comarcal** *adj* départemental(e)

**comba** *nf* courbure *f*, corde *f*; **saltar a la ~** sauter à la corde; **no pierde ~** il n'en perd pas une

**combar** *vt* courber; **combarse** *vpr* se courber

**combate** *nm* combat *m*; **fuera de ~** hors de combat; (*Boxeo*) knock-out *inv*; (*fam*) groggy

**combatiente** *nmf* combattant(e)

**combatir** *vt, vi* combattre; **~ por** combattre pour

**combatividad** *nf* combativité *f*

**combativo, -a** *adj* combatif(-ive)

**combi** (*fam*) *nf* (*frigorífico*) réfrigérateur-congélateur *m*; (*Méx: bus*) minibus *m*

**combinación** *nf* combinaison *f*

**combinado, -a** *adj*: **plato ~** assiette *f* garnie ▶ *nm* cocktail *m*

**combinar** *vt* combiner; (*esfuerzos*) unir

**combustible** *adj, nm* combustible *m*

**combustión** *nf* combustion *f*

**COMECON** *sigla m* = **CAME**

**comedia** *nf* comédie *f*; **hacer ~** faire la comédie

**comediante** *nmf* comédien(ne)

**comedido, -a** *adj* modéré(e)

**comedirse** *vpr* se modérer

**comedor** *nm* salle *f* à manger; (*de colegio*) réfectoire *m*, cantine *f*

**comején** (*Am*) *nm* termite *m*, fourmi *f* blanche

**comencé** *etc vb ver* **comenzar**

**comensal** *nmf* invité(e), convive *mf*

**comentar** *vt* commenter; **comentó que ...** il a observé *o* remarqué que ...

**comentario** *nm* commentaire *m*; **~ de texto** commentaire de texte; **comentarios** *nmpl* (*chismes*) commentaires *mpl*; **dar lugar a comentarios** donner lieu à des commentaires, prêter à commentaires

**comentarista** *nmf* commentateur(-trice)

**comenzar** *vt, vi* commencer; **~ a/por hacer** commencer à/par faire

**comer** *vt* manger; (*Damas, Ajedrez*) souffler; (*metal, madera*) manger, ronger; **le come la envidia** l'envie le ronge; **~ el coco a algn** (*fam*) bourrer le crâne à qn (*fam*) ▶ *vi* manger; (*almorzar*) manger, déjeuner; **dar de ~ a algn** donner à manger à qn; **comerse** *vpr* manger; **está para comérsela** elle est belle à croquer; **comerse el coco** (*fam*) se faire du mouron

**comercial** *adj* commercial(e)

**comercializar** *vt* commercialiser

**comerciante, -a** *nm/f* commerçant(e); **~ exclusivo** concessionnaire *mf*

**comerciar** *vi*: **~ en** faire le commerce de; **~ con** avoir des relations commerciales avec; (*pey*) faire commerce de

**comercio** *nm* commerce *m*; **~ autorizado** commerce autorisé; **~ equitativo** commerce équitable; **~ electrónico** commerce électronique; **~ exterior/interior** commerce extérieur/intérieur; **~ justo** commerce équitable

**comestible** *adj* comestible; **comestibles** *nmpl* aliments *mpl*; **tienda de comestibles** épicerie *f*, magasin *m* d'alimentation

**cometa** *nm* comète *f* ▶ *nf* cerf-volant *m*

**cometer** *vt* commettre

**cometido** *nm* tâche *f*, mission *f*; (*deber*) devoir *m*

**comezón** *nf* démangeaison *f*

**cómic** ['komik] *nm* bande *f* dessinée

**comicidad** *nf* comique *m*

**comicios** *nmpl* comices *mpl*

**cómico, -a** *adj* comique ▶ *nm/f* (*de TV, cabaret*) comique *mf*; (*de teatro*) comédien(ne)

**comida** *nf* nourriture *f*; (*acción*) repas *msg*; (*almuerzo*) déjeuner *m*; (*esp Am*) dîner *m*; **~ basura** malbouffe *f*

**comidilla** *nf*: **ser la ~ del barrio** être sur toutes les lèvres

## comience – compatibilidad

**comience** etc vb ver **comenzar**
**comienzo** vb ver **comenzar** ▶ nm commencement m; **dar ~ a un acto** commencer une cérémonie; **~ del archivo** (Inform) tête f du fichier
**comillas** nfpl guillemets mpl; **entre ~** entre guillemets
**comilón, -ona** (fam) adj glouton(ne) ▶ nm/f goinfre m
**comilona** (fam) nf gueuleton m (fam)
**comino** nm cumin m; (fam): **(no) me importa un ~** je m'en balance (fam)
**comisaría** nf (tb: **comisaría de Policía**) commissariat m
**comisario, -a** nm/f commissaire mf
**comisión** nf commission f; **~ mixta/permanente** commission paritaire/permanente; **comisiones bancarias** commissions bancaires; **Comisiones Obreras** (Esp) syndicat ouvrier
**comisionado, -a** nm/f (delegado) mandataire mf; **alto ~** haut-commissaire mf
**comisura** nf: **~ de los labios** commissure f des lèvres
**comité** nm comité m; **~ de empresa** comité d'entreprise
**comitiva** nf suite f, cortège m
**como** adv comme; (aproximadamente) environ; **lo hace ~ yo** il le fait comme moi; **~ quieras** comme tu voudras; **así fue ~ ocurrió** c'est ainsi que ça s'est passé; **tan grande ~** aussi grand que; **sabe ~ a cebolla** ça a comme un goût d'oignon; **eran ~ diez** ils devaient être 10; **¡tanto ~ eso ...!** pas tant que ça!; **llegó ~ a las cuatro** il est arrivé vers les 4 heures; **~ ser** (Am: tal como) comme ▶ prep (en calidad de) en tant que; **~ testigo** en tant que témoin ▶ conj (condición) si; (causa) comme; **~ llueva no salimos** s'il pleut on reste à la maison; **~ ella no llegaba me fui** comme elle n'arrivait pas, je suis parti; **¡~ no quieras cinco euros!** à moins que tu ne veuilles cinq euros!; **es ~ para echarse a llorar** ça donne envie de pleurer; **¡~ que lo voy a permitir!** et vous croyez que je vais permettre cela?; **~ si estuviese ciego** comme s'il était aveugle; **~ si lo viera** comme si je le voyais; **~ si nada** o **tal cosa** comme si de rien n'était; **a ~ dé/diera lugar** (Cam, Méx) à tout prix
**cómo** adv comment; **¿~ está Ud?** comment allez-vous?; **¿~ (ha dicho)?** comment?, vous avez dit?; **¿~ son?** comment sont-ils?; **¿a ~ están?** combien coûtent-ils? ▶ excl comment!; **¡~ corre!** comme il cavale!; **¡~ no!** bien sûr!; (esp Am: ¡claro!) pardi! ▶ nm: **el ~ y el porqué** le pourquoi et le comment
**cómoda** nf commode f
**cómodamente** adv commodément, à l'aise
**comodidad** nf confort m; (conveniencia) avantage m; **comodidades** nfpl aises fpl
**comodín** nm (Naipes) joker m; (Inform) caractère m de remplacement
**cómodo, -a** adj confortable; (máquina, herramienta) pratique; **estar/ponerse/sentirse ~** être/se mettre/se sentir à l'aise
**comodón, -ona** adj pantouflard(e)
**comoquiera** conj: **~ que** étant donné que; **~ que sea** quoi qu'il en soit
**comp.** abr (= compárese) cf. (= confer)
**compa** (Cam fam) nmf copain (copine)
**compact disc** nm disque m compact, CD m
**compacto, -a** adj compact(e)
**compadecer** vt plaindre; **compadecerse** vpr: **compadecerse de algn** plaindre qn
**compadezca** etc vb ver **compadecer**
**compadre** nm parrain m; (en oración directa) (mon) vieux; (esp Am fam) copain m
**compadrear** (esp Am) vi crâner
**compadreo** (esp Am) nm camaraderie f
**compaginar** vt: **~ algo con algo** concilier une chose avec une autre; **compaginarse** vpr: **compaginarse con** être compatible avec
**compañerismo** nm amitié f, esprit m d'équipe
**compañero, -a** nm/f collègue mf; (en juego) partenaire mf; (en estudios) camarade mf; (novio) compagnon (compagne); **~ de clase** camarade de classe; **~ de equipo** coéquipier(-ière); **~ de trabajo** collègue de travail
**compañía** nf compagnie f; **en ~ de** en compagnie de; **malas compañías** mauvaises fréquentations fpl; **hacer ~ a algn** tenir compagnie à qn; **~ afiliada** filiale f; **~ concesionaria/inversionista** compagnie concessionnaire/actionnaire; **~ (no) cotizable** compagnie (non) cotée en Bourse; **~ de seguros** compagnie d'assurances
**comparable** adj comparable
**comparación** nf comparaison f; **en ~ con** par comparaison à o avec
**comparar** vt: **~ a/con** comparer à/avec
**comparativo, -a** adj comparatif(-ive)
**comparecencia** nf (Jur) comparution f
**comparecer** vi (tb Jur) comparaître
**comparezca** etc vb ver **comparecer**
**comparsa** nmf (Teatro, Cine) figurant(e) ▶ nf (de carnaval etc) mascarade f
**compartimento, compartimiento** nm compartiment m; **~ estanco** compartiment étanche
**compartir** vt partager
**compás** nm (Mús) rythme m; (para dibujo) compas msg; **al ~** en rythme; **llevar el ~** battre la mesure; **~ de espera** (fig) attente f
**compasión** nf compassion f; **sin ~** sans pitié
**compasivamente** adv avec compassion
**compasivo, -a** adj compatissant(e)
**compatibilidad** nf compatibilité f

## compatibilizar – comprobante

**compatibilizar** vt conciliar, rendre compatible
**compatible** adj: ~ **(con)** compatible (avec)
**compatriota** nmf compatriote mf
**compeler** vt forcer
**compendiar** vt résumer
**compendio** nm abrégé m
**compenetración** nf entente f
**compenetrarse** vpr (*personas*) s'entendre sur tout ; **estamos muy compenetrados** nous nous entendons à merveille
**compensación** nf compensation f ; (*indemnización*) dédommagement m ; **en ~** en compensation, à titre de dédommagement
**compensar** vt (*persona*) compenser ; (*contrarrestar: pérdidas*) compenser, contrebalancer ; (: *peso, balanza*) compenser, équilibrer ; (*indemnizar*) dédommager ▶ vi (*esfuerzos, trabajo*) valoir la peine
**competencia** nf compétition f, concurrence f ; (*Jur, habilidad*) compétence f ; **la ~** (*Com*) la concurrence ; **hacer la ~ a** faire concurrence à ; **ser de la ~ de algn** être de la compétence de qn ; **competencias** nfpl (*Pol*) compétences fpl
**competente** adj compétent(e)
**competer** vi: ~ **a (algn)** être de la compétence de (qn)
**competición** nf compétition f
**competidor, a** nm/f concurrent(e), rival(e)
**competir** vi concourir ; ~ **en** (*fig*) rivaliser en ; ~ **por** rivaliser pour ; (*Deporte*) être en compétition pour, concourir pour
**competitividad** nf compétitivité f
**competitivo, -a** adj compétitif(-ive)
**compilación** nf compilation f
**compilador** nm compilateur(-trice)
**compilar** vt compiler
**compinche** (*fam*) nm acolyte m
**compita** etc vb ver **competir**
**complacencia** nf complaisance f
**complacer** vt faire plaisir à ; **complacerse** vpr: **complacerse en (hacer)** se complaire à (faire)
**complaciente** adj complaisant(e) ; **ser ~ con** o **para** montrer de la complaisance envers
**complazca** etc vb ver **complacer**
**complejidad** nf complexité f
**complejo, -a** adj complexe ▶ nm (*Psico*) complexe m ; ~ **deportivo** cité f des sports ; ~ **industrial** complexe industriel
**complementar** vt compléter ; **complementarse** vpr se compléter
**complementario, -a** adj complémentaire
**complemento** nm complément m
**completamente** adv complètement
**completar** vt compléter
**completo, -a** adj complet(-ète) ; (*persona*) accompli(e), parfait(e) ; (*éxito, fracaso*) total(e) ; **al ~** au complet ; **por ~** complètement ▶ nm salle f comble ; (*CHI Culin*) hot-dog m
**complexión** nf constitution f
**complicación** nf complication f
**complicado, -a** adj compliqué(e) ; **estar ~ en** être impliqué(e) dans
**complicar** vt compliquer ; ~ **a algn en** impliquer qn dans ; **complicarse** vpr se compliquer ; **complicarse la vida (con)** se compliquer la vie o l'existence (avec)
**cómplice** nmf complice mf
**complicidad** nf complicité f
**complique** etc vb ver **complicar**
**complot** (pl **complots**) nm complot m
**compondré** etc vb ver **componer**
**componenda** nf solution f de compromis ; (*pey*) combine f (*fam*)
**componente** adj composant(e) ▶ nm composant m
**componer** vt (tb *Mús, Lit*) composer ; (*algo roto*) réparer ; **componerse** vpr (*Méx*) se remettre ; **componerse de** se composer de ; **componérselas para hacer algo** s'arranger pour faire qch
**componga** etc vb ver **componer**
**comportamiento** nm comportement m
**comportar** vt comporter ; **comportarse** vpr se comporter
**composición** nf composition f
**compositor, a** nm/f (*Mús*) compositeur(-trice)
**compostelano, -a** adj de Saint-Jacques de Compostelle
**compostura** nf tenue f, maintien m ; **perder la ~** perdre contenance
**compota** nf (*Culin*) compote f
**compra** nf achat m ; **hacer/ir a la ~** faire/aller faire les courses ; **ir de compras** faire les magasins ; ~ **a granel** (*Com*) achat en vrac ; ~ **a plazos** achat à crédit ; ~ **proteccionista** (*Com*) achat de soutien
**comprador, a** nm/f acheteur(-euse)
**comprar** vt acheter ; **comprarse** vpr s'acheter
**compraventa** nf (*negocio*) commerce m ; **(contrato de) ~** contrat m d'achat et de vente
**comprender** vt comprendre ; **hacerse ~** se faire comprendre
**comprensible** adj compréhensible
**comprensión** nf compréhension f
**comprensivo, -a** adj compréhensif(-ive)
**compresa** nf (*Med*) compresse f ; (tb: **compresa higiénica**) serviette f hygiénique
**compresión** nf compression f
**compresor** nm compresseur m
**comprimido, -a** adj comprimé(e) ▶ nm (*Med*) comprimé m, cachet m
**comprimir** vt comprimer ; (*Inform*) zipper
**comprobación** nf vérification f
**comprobante** nm (*Com*) reçu m, récépissé m ; (*Jur*) pièce f justificative o à l'appui

## comprobar – concejal

**comprobar** vt vérifier ; (*Inform*) vérifier, contrôler
**comprometedor, a** adj compromettant(e)
**comprometer** vt compromettre ; **~ a algn a hacer** mettre qn dans l'obligation de faire ; **comprometerse** vpr se compromettre ; **comprometerse a hacer** s'engager à faire
**comprometido, -a** adj compromettant(e) ; (*escritor etc*) engagé(e)
**compromiso** nm (*acuerdo*) compromis msg ; (*obligación*) engagement m ; (*situación difícil*) embarras msg ; **libre de ~** (*Com*) sans engagement ; **poner a algn en un ~** mettre qn dans l'embarras
**comprueba** etc vb ver **comprobar**
**compuerta** nf (*en canal*) vanne f ; (*Inform*) porte f
**compuesto, -a** pp de **componer** ▶ adj composé(e) ; **~ de** composé(e) de ▶ nm composé m
**compulsar** vt faire certifier conforme ; **una fotocopia compulsada** une copie certifiée conforme
**compulsivo, -a** adj compulsif(-ive)
**compungido, -a** adj contrit(e)
**compuse** etc vb ver **componer**
**computación** nf informatique f ; **~ en la nube** informatique en nuage
**computacional** adj informatique
**computador** nm, **computadora** nf ordinateur m ; **~ central** ordinateur central ; **~ especializado** ordinateur spécialisé
**computar** vt calculer
**cómputo** nm calcul m
**comulgar** vi (*Rel*) communier ; **~ con** (*con ideas, valores*) partager
**comulgue** etc vb ver **comulgar**
**común** adj commun(e) ; **en ~** en commun ; **hacer/poner algo en ~** faire/mettre qch en commun ; **por lo ~** généralement ▶ nm: **el ~ de las gentes** le commun des mortels
**comuna** nf commune f
**comunal** adj communal(e)
**comunicación** nf communication f ; **vía de ~** voie f de communication ; **comunicaciones** nfpl (*transportes, Telec*) communications fpl
**comunicado** nm communiqué m ; **~ de prensa** communiqué de presse
**comunicar** vt communiquer ▶ vi (*teléfono*) être occupé(e) ; **está comunicando** (*Telec*) c'est occupé ; **~ con** communiquer avec ; **comunicarse** vpr communiquer
**comunicativo, -a** adj communicatif(-ive)
**comunidad** nf communauté f ; **en ~** en communauté ; **~ autónoma** (*Pol*) communauté autonome ; *voir article* ; **~ de vecinos** copropriétaires mpl, association f de copropriétaires ; **C~ (Económica) Europea** Communauté (économique) européenne

> **COMUNIDAD AUTÓNOMA**
>
> Suivant la Constitution espagnole de 1978, il y a en Espagne 17 régions et deux villes dotées d'une certaine liberté de gestion. Il s'agit des **comunidades autónomas** ou *autonomías*. Certaines d'entre elles, telles que la Catalogne ou le Pays basque, ont une langue, une histoire et une culture propres. Les 17 régions sont les suivantes : Andalousie, Aragon, Asturies, Baléares, Canaries, Cantabrie, Castille-et-León, Castille-La Manche, Catalogne, Estrémadure, Galice, Madrid, Murcie, Navarre, Pays basque, La Rioja, Communauté valencienne, auxquelles s'ajoutent les villes de Ceuta et Melilla.

**comunión** nf communion f ; **primera ~** première communion
**comunique** etc vb ver **comunicar**
**comunismo** nm communisme m
**comunista** adj, nmf communiste mf
**comunitario, -a** adj communautaire

(PALABRA CLAVE)

**con** prep **1** (*medio, compañía, modo*) avec ; **comer con cuchara** manger avec une cuillère ; **café con leche** café m au lait ; **con habilidad** avec habileté ; **pasear con algn** se promener avec qn

**2** (*actitud, situación*): **piensa con los ojos cerrados** il pense les yeux fermés ; **estoy con un catarro** j'ai un rhume
**3** (*contenido*): **una libreta con direcciones** un carnet d'adresses ; **una maleta con ropa** une valise contenant des vêtements
**4** (*a pesar de*): **con todo, merece nuestros respetos** malgré tout, il mérite notre respect
**5** (*relación, trato*): **es muy bueno con los niños** il sait s'y prendre avec les enfants
**6** (+ *infin*): **con llegar tan tarde se quedó sin comer** comme il est arrivé si tard, il n'a pas pu manger ; **con estudiar un poco apruebas** en étudiant un peu tu y arriveras
**7** (*queja*): **¡con las ganas que tenía de hacerlo!** moi qui avais tellement envie de le faire !
▶ conj **1**: **con que**: **será suficiente con que le escribas** il suffit que tu lui écrives
**2**: **con tal (de) que** du moment que

**conato** nm tentative f ; (*de incendio*) début m
**concatenación** nf enchaînement m
**concavidad** nf concavité f
**cóncavo, -a** adj concave
**concebir** vt, vi concevoir ; **¡no lo concibo!** je n'arrive pas à le comprendre !
**conceder** vt accorder ; (*premio*) décerner
**concejal, -a** nm/f conseiller(-ère) municipal(e)

## concejalía – condensación

**concejalía** nf (cargo) poste m de conseiller municipal ; (departamento) bureau m de conseiller municipal
**concejo** nm (ayuntamiento) conseil m municipal
**concentración** nf concentration f
**concentrado, -a** adj concentré(e) ; (gente) rassemblé(e) ▶ nm concentré m
**concentrar** vt concentrer ; (personas) rassembler ; **concentrarse** vpr se concentrer ; **concentrarse (en)** se concentrer (sur)
**concéntrico, -a** adj concentrique
**concepción** nf conception f
**concepto** nm (idea) concept m ; **en ~ de** (Com) à o au titre de ; **tener buen/mal ~ de algn** avoir bonne/mauvaise opinion de qn ; **bajo ningún ~** en aucun cas
**conceptual** adj conceptuel(le)
**conceptuar** vt estimer, juger
**concerniente** adj : **~ a** concernant, relatif(-ive) ; **en lo ~ a** en ce qui concerne
**concernir** vi concerner ; **en lo que concierne a** en ce qui concerne
**concertado, -a** adj (centro, colegio, hospital) privé(e) sous contrat
**concertar** vt (precio) se mettre d'accord sur ; (entrevista) fixer ; (tratado, paz) conclure ; (esfuerzos) associer ; (Mús) accorder ▶ vi (Mús) être en harmonie ; (concordar) : **~ con** concorder avec
**concertina** nf concertina m
**concertista** nmf concertiste mf
**concesión** nf (Com : adjudicación) concession f ; **hacer concesiones** faire des concessions ; **sin concesiones** sans concession
**concesionario, -a** nm/f (Com) concessionnaire mf
**concha** nf (de molusco) coquille f ; (de tortuga) carapace f ; (Am fam! : coño) moule f (fam!)
**conchabarse** vpr conspirer, comploter
**conchudo, -a** (CSur fam!) nm/f connard (connasse) (fam!)
**conciencia** nf conscience f ; **libertad de ~** liberté f de conscience ; **hacer algo a ~** faire qch consciencieusement ; **tener/tomar ~ de** avoir/prendre conscience de ; **tener la ~ limpia** o **tranquila** avoir la conscience tranquille ; **tener plena ~ de** avoir pleine conscience de
**concienciación** nf sensibilisation f, prise f de conscience ; **una campaña de ~ ciudadana** une campagne de sensibilisation des citoyens
**concienciar** vt faire prendre conscience à ; **concienciarse** vpr prendre conscience
**concienzudo, -a** adj consciencieux(-euse)
**concierne** etc vb ver **concernir**
**concierto** nm (Mús : acto) concert m ; ( : obra) concerto m ; (convenio) accord m
**conciliación** nf conciliation f

**conciliador, a** adj, nm/f conciliateur(-trice)
**conciliar** vt concilier ; **~ el sueño** trouver le sommeil ; **~ trabajo y familia** concilier travail et vie de famille ▶ adj (Rel) conciliaire
**concilio** nm concile m
**concisión** nf concision f
**conciso, -a** adj concis(e)
**conciudadano, -a** nm/f concitoyen(ne)
**conclave, cónclave** nm conclave m
**concluir** vt conclure ▶ vi (se) terminer ; **todo ha concluido** c'est terminé ; **concluirse** vpr prendre fin, se terminer
**conclusión** nf conclusion f ; **llegar a la ~ de que ...** en arriver à la conclusion que ...
**concluya** etc vb ver **concluir**
**concluyente** adj concluant(e)
**concordancia** nf concordance f ; (Ling, Mús) accord m
**concordar** vi : **~ (con)** concorder (avec)
**concordato** nm concordat m
**concordia** nf concorde f
**concretamente** adv concrètement ; (específicamente) en particulier
**concretar** vt concrétiser ; (fecha, día) fixer ; **concretarse** vpr : **concretarse a (hacer)** s'en tenir à (faire)
**concreto, -a** adj concret(-ète) ; (determinado) précis(e) ; **un día ~** un jour précis ; **en ~** en somme ; (específicamente) en particulier ; **no hay nada en ~** il n'y a rien de concret ▶ nm (Am : hormigón) béton m
**concubina** nf concubine f
**concuerde** etc vb ver **concordar**
**concupiscencia** nf concupiscence f
**concurrencia** nf assistance f ; (de sucesos, factores) concours m
**concurrido, -a** adj fréquenté(e)
**concurrir** vi (sucesos) coïncider ; (factores) concourir ; (ríos) confluer ; (avenidas) converger ; (público) assister
**concursante** nmf concurrent(e) ; (para proyecto, trabajo) candidat(e)
**concursar** vi concourir ; (TV, Radio) participer ; (para proyecto) être candidat(e)
**concurso** nm concours m
**condado** nm comté m
**condal** adj ver **ciudad**
**conde** nm comte m
**condecoración** nf décoration f
**condecorar** vt décorer
**condena** nf condamnation f ; **cumplir una ~** purger une peine
**condenado, -a** adj (Jur) condamné(e) ; (fam) maudit(e) (fam), satané(e) (fam) ▶ nm/f (Jur) condamné(e)
**condenar** vt condamner ; **~ (a)** condamner (à) ; **~ a algn a hacer** condamner qn à faire ; **condenarse** vpr (Jur) se reconnaître coupable ; (Rel) se damner
**condensación** nf condensation f

## condensador – configurar

**condensador** nm condensateur m
**condensar** vt condenser ; **condensarse** vpr se condenser
**condesa** nf comtesse f
**condescendencia** nf condescendance f
**condescender** vi : **~ (a hacer)** condescendre (à faire)
**condescendiente** adj condescendant(e) ; **ser ~ con algn** se montrer condescendant envers qn
**condescienda** etc vb ver **condescender**
**condición** nf condition f ; (estado) état m ; (modo de ser) caractère m ; **a ~ de que...** à condition que... ; **condiciones** nfpl (requisitos, circunstancias) conditions fpl ; (cualidades) capacités fpl, aptitudes fpl ; **no estar en condiciones de hacer** ne pas être en état de faire ; **las condiciones del contrato** les conditions du contrat ; **condiciones de trabajo/vida** conditions de travail/vie ; **condiciones de venta** conditions de vente
**condicional** adj conditionnel(le) ; ver tb **libertad**
**condicionamiento** nm conditionnement m
**condicionar** vt conditionner ; **estar condicionado a** dépendre de
**condimentar** vt assaisonner
**condimento** nm condiment m
**condiscípulo, -a** nm/f condisciple mf
**condolencia** nf condoléances fpl
**condolerse** vpr compatir
**condominio** nm (AM: apartamento) appartement m ; (COM) condominium f
**condón** nm capote f
**condonación** nf remise f
**condonar** vt remettre
**cóndor** nm condor m
**conducción** nf conduite f
**conducente** adj : **~ a** conduisant à
**conducir** vt conduire ; (suj: camino, escalera, negocio) conduire, mener ▶ vi conduire ; **esto no conduce a nada/ninguna parte** cela ne mène à rien/nulle part ; **conducirse** vpr se conduire
**conducta** nf conduite f
**conducto** nm conduit m ; **por ~ oficial** par voie officielle
**conductor, a** adj (Fís, Elec) conducteur(-trice) ▶ nm conducteur m ▶ nm/f conducteur(-trice)
**conduela** etc vb ver **condolerse**
**conduje** etc vb ver **conducir**
**conduzca** etc vb ver **conducir**
**conectado, -a** adj connecté(e)
**conectar** vt relier ; (tubos) raccorder ; (Telec) brancher ; (enchufar) connecter, brancher ; (Inform) connecter ▶ vi : **~ (con)** (TV, Radio) donner l'antenne (à) ; (fam: personas) être sur la même longueur d'onde que (fam) ; **conectarse** vpr (Inform) se connecter
**conectividad** nf connectivité f
**conector** nm connecteur m

**conejillo** nm : **~ de Indias** cochon m d'Inde ; (fig) cobaye m
**conejo, -a** nm/f lapin(e)
**conexión** nf connexion f ; **conexiones** nfpl (amistades) contacts mpl
**confabulación** nf complot m
**confabular** vi comploter ; **confabularse** vpr : **confabularse (para hacer algo)** conspirer (pour faire qch)
**confección** nf confection f ; **ropa de ~** prêt-à-porter m ; **~ de caballero/señora** prêt-à-porter pour hommes/femmes
**confeccionar** vt confectionner
**confederación** nf confédération f
**conferencia** nf conférence f ; (Telec) communication f interurbaine ; **~ a cobro revertido** (Telec) appel m en PCV ; **~ de prensa** conférence de presse
**conferenciante** nmf conférencier(-ière)
**conferir** vt (tb fig) conférer
**confesar** vt confesser, avouer ; **he de ~ que** je dois avouer que ▶ vi (Rel) confesser ; (Jur) avouer ; **confesarse** vpr se confesser
**confesión** nf confession f, aveu m ; (Rel) confession
**confesional** adj confessionnel(le)
**confesionario** nm (Rel) confessionnal m
**confeso, -a** adj (Jur) : **un reo ~** un prisonnier qui est passé aux aveux
**confesor** nm confesseur m
**confeti** nm confetti m
**confiadamente** adv avec confiance
**confiado, -a** adj confiant(e) ; **está ~ en que aprobará** il est confiant de son succès
**confianza** nf confiance f ; (familiaridad) familiarité f ; **de ~** (persona) de confiance ; (alimento) de qualité ; **en ~** (en toute) confiance ; **margen de ~** marge f de confiance ; **tener ~ con algn** être intime avec qn ; **tomarse confianzas con algn** (pey) se permettre des familiarités avec qn ; **hablar con ~** parler en toute confiance
**confiar** vt confier ▶ vi avoir confiance ; **~ en** avoir confiance en ; **~ en hacer/en que** compter faire/que ; **confiarse** vpr être confiant(e)
**confidencia** nf confidence f
**confidencial** adj confidentiel(le) ; « **~** » (en sobre) « confidentiel »
**confidencialidad** nf confidentialité f ; **en la más estricta ~** dans la plus stricte confidentialité
**confidencialmente** adv confidentiellement
**confidente** nmf (amigo) confident(e) ; (policial) informateur(-trice), indicateur(-trice)
**confiera** etc vb ver **conferir**
**confiese** etc vb ver **confesar**
**configuración** nf configuration f ; **la ~ del terreno** la configuration du terrain
**configurar** vt façonner ; (Inform) configurer

## confín – conjetura

**confín** *nm*: **el ~ del mundo** le bout du monde ; **confines** *nmpl* (*límites*): **en los confines de** aux confins de

**confinación** *nf*, **confinamiento** *nm* (*de exiliado*) exil *m* ; (*de detenido*) assignation *f* à résidence ; (*de enfermo*) confinement *m*

**confinar** *vt* (*exiliado*) exiler ; (*detenido*) assigner à résidence ; (*enfermo*) confiner

**confiriendo** *etc vb ver* **conferir**

**confirmación** *nf* confirmation *f*

**confirmar** *vt* confirmer ; **la excepción confirma la regla** l'exception confirme la règle ; **confirmarse** *vpr* se confirmer ; (*Rel*) faire sa confirmation

**confiscar** *vt* confisquer

**confisque** *etc vb ver* **confiscar**

**confitado, -a** *adj* confit(e)

**confite** *nm* confiserie *f*

**confitería** *nf* (*tienda*) confiserie *f* ; (CSur: *café*) café *m*

**confitura** *nf* confiture *f*

**conflagración** *nf* conflagration *f*

**conflictividad** *nf* (*tensiones*) conflits *nmpl* ; (*cualidad*) caractère *m* conflictuel ; **~ laboral** conflits du travail ; **~ social** conflits sociaux, tension *f* sociale

**conflictivo, -a** *adj* conflictuel(le) ; (*época*) de conflits

**conflicto** *nm* conflit *m* ; (*fig: problema*) problème *m* ; **estar en un ~** être dans l'embarras ; **~ laboral** conflit social *o* du travail

**confluencia** *nf* confluence *f*

**confluir** *vi* (*ríos*) confluer ; (*carreteras, personas*) se rejoindre

**confluya** *etc vb ver* **confluir**

**conformar** *vt* (*carácter, paisaje*) façonner ; (*persona*) contenter, satisfaire ; **~ algo a o con** adapter qch à ▶ *vi*: **~ con** être conforme à ; **conformarse** *vpr*: **conformarse con** se contenter de ; (*resignarse*) se résigner à ; **conformarse con hacer** se contenter de faire

**conforme** *adj* conforme ; (*de acuerdo*) d'accord ; (*satisfecho*) content(e), satisfait(e) ; **~ a** conformément à ; **~ con** content(e) *o* satisfait(e) de ▶ *conj* (*tal como*) tel que, comme ; (*a medida que*) à mesure que ▶ *excl* d'accord !

**conformidad** *nf* conformité *f* ; (*aprobación*) accord *m*, approbation *f* ; (*resignación*) résignation *f* ; **en ~ con** conformément à ; **dar su ~** donner son accord

**conformismo** *nm* conformisme *m*

**conformista** *adj, nmf* conformiste *mf*

**confort** [kon'for] (*pl* **conforts**) *nm* confort *m*

**confortable** *adj* confortable

**confortablemente** *adv* confortablement

**confortar** *vt* réconforter

**confraternidad** *nf* confraternité *f* ; **espíritu de ~** esprit *m* confraternel

**confraternizar** *vi* fraterniser

**confrontación** *nf* (*enfrentamiento*) confrontation *f*

**confrontar** *vt* confronter ; (*situación, peligro*) affronter ; **confrontarse** *vpr* s'affronter ; **confrontarse con** affronter

**confundido, -a** *adj* (*desconcertado*) désorienté(e), déconcerté(e) ; (*equivocado*): **puede que esté ~, pero creo que te he visto antes** je peux me tromper, mais je crois t'avoir vu avant

**confundir** *vt* confondre ; (*persona: embrollar*) embrouiller ; (: *desconcertar*) confondre ; **~ algo/a algn con** confondre qch/qn avec ; **confundirse** *vpr* (*equivocarse*) se tromper ; (*hacerse borroso*) se confondre ; (*turbarse*) être confondu(e) ; (*mezclarse*) se confondre ; **confundirse de** se tromper de

**confusión** *nf* confusion *f*

**confuso, -a** *adj* confus(e)

**congelación** *nf* congélation *f* ; **~ de créditos** gel *m* des crédits

**congelado, -a** *adj* (*carne, pescado*) congelé(e) ; **congelados** *nmpl* (Culin) surgelés *mpl*

**congelador** *nm* congélateur *m*

**congelar** *vt* congeler ; (Com, Fin) geler ; **congelarse** *vpr* se congeler ; (*fam: persona*) se geler ; (*sangre, grasa*) se figer

**congénere** *nmf* (*persona*) congénère *mf*

**congeniar** *vi*: **~ (con)** s'entendre (avec)

**congénito, -a** *adj* congénital(e)

**congestión** *nf* (*de tráfico*) encombrement *m* ; (Med) congestion *f*

**congestionado, -a** *adj* congestionné(e) ; (*tráfico, carretera*) encombré(e)

**congestionar** *vt* congestionner ; **congestionarse** *vpr* se congestionner

**conglomerado** *nm* (Constr, Tec) aggloméré *m* ; (*de factores, intereses*) conglomérat *m*

**Congo** *nm* Congo *m*

**congoja** *nf* chagrin *m*

**congoleño, -a** *adj* congolais(e) ▶ *nm/f* Congolais(e)

**congraciarse** *vpr*: **~ con** s'attirer les bonnes grâces de

**congratular** *vt* féliciter ; **congratularse** *vpr*: **congratularse de o por** se féliciter de

**congregación** *nf* congrégation *f*

**congregar** *vt* réunir, rassembler ; **congregarse** *vpr* se réunir, se rassembler

**congregue** *etc vb ver* **congregar**

**congresista** *nmf* congressiste *mf*

**congreso** *nm* congrès *m* ; **C~ de los Diputados** (ESP) (Pol) ≈ Assemblée *f* nationale

**congrio** *nm* congre *m*

**congruente** *adj*: **~ (con)** en accord (avec)

**cónico, -a** *adj* conique

**conífera** *nf* conifère *m*

**conjetura** *nf* conjecture *f* ; **solo podemos hacer conjeturas** nous en sommes réduits aux conjectures

**conjeturar** vt conjecturer
**conjugación** nf conjugaison f
**conjugar** vt conjuguer
**conjugue** etc vb ver **conjugar**
**conjunción** nf (Ling) conjonction f ; (de esfuerzos, cualidades) conjugaison f
**conjuntamente** adv ensemble, conjointement
**conjuntivitis** nf conjonctivite f
**conjunto, -a** adj commun(e) ▶ nm ensemble m ; (de circunstancias) concours msg ; (de música pop) groupe m ; **de ~** (visión, estudio) d'ensemble ; **en ~** dans l'ensemble
**conjura, conjuración** nf conjuration f
**conjurar** vt, vi conjurer ; **conjurarse** vpr se conjurer
**conjuro** nm conjuration f
**conllevar** vt supporter ; (riesgo, problema) comporter
**conmemoración** nf commémoration f
**conmemorar** vt commémorer
**conmemorativo, -a** adj commémoratif(-ive)
**conmigo** pron avec moi
**conminar** vt sommer ; **~ a algn a hacer** sommer qn de faire
**conmiseración** nf commisération f
**conmoción** nf commotion f ; (en sociedad, costumbres) bouleversement m ; **~ cerebral** (Med) commotion cérébrale
**conmovedor, a** adj émouvant(e)
**conmover** vt émouvoir ; (suj: terremoto, estrépito) ébranler ; **conmoverse** vpr s'émouvoir
**conmueva** etc vb ver **conmover**
**conmutación** nf (Inform) commutation f ; **~ de mensajes/por paquetes** commutation de messages/par paquets
**conmutador** nm (AM Telec) standard m
**conmutar** vt commuer
**connivencia** nf : **estar en ~ con** être de connivence avec
**connotación** nf connotation f
**cono** nm (Mat) cône m ; **C~ Sur** (Geo) Chili, Argentine, Uruguay
**conocedor, a** adj, nm/f connaisseur(-euse)
**conocer** vt connaître ; (reconocer) reconnaître ; **dar a ~** faire connaître o savoir ; **darse a ~** se faire connaître ; **conocerse** vpr se connaître ; **se conoce que ...** il semble o paraît que ...
**conocido, -a** adj connu(e) ▶ nm/f (persona) connaissance f
**conocimiento** nm connaissance f ; (de la madurez) raison f ; (Náut: tb: **conocimiento de embarque**) connaissement m ; **hablar con ~ de causa** parler en connaissance de cause ; **poner en ~ de algn** faire savoir à qn ; **tener ~ de** avoir connaissance de ; **perder/recobrar el ~** perdre/reprendre connaissance ; **~ (de embarque) aéreo** (Com) lettre f de transport aérien ; **conocimientos** nmpl (saber) connaissances fpl

**conozca** etc vb ver **conocer**
**conque** conj ainsi donc, alors
**conquense** adj de Cuenca ▶ nmf natif(-ive) o habitant(e) de Cuenca
**conquista** nf conquête f
**conquistador, a** adj, nm/f conquérant(e) ▶ nm (de América) conquistador m ; (seductor) séducteur m
**conquistar** vt conquérir ; (puesto) obtenir ; (simpatía, fama) conquérir ; (enamorar) conquérir, faire la conquête de
**consabido, -a** adj bien connu(e) ; **las consabidas excusas** (pey) les excuses habituelles
**consagración** nf (tb Rel) consécration f ; (a trabajo, actividad) dévouement m
**consagrado, -a** adj (Rel, escritor) consacré(e)
**consagrar** vt (tb Rel) consacrer ; **~ como** (acreditar) sacrer ; **consagrarse** vpr : **consagrarse a** se consacrer à ; **consagrarse como** se confirmer comme
**consanguíneo, -a** adj consanguin(e)
**consciencia** nf = **conciencia**
**consciente** adj conscient(e) ; **estar ~** être conscient(e) ; **ser ~ de** être conscient(e) de
**conscientemente** adv consciemment
**conscripto** nm (ARG) recrue f
**consecución** nf obtention f
**consecuencia** nf conséquence f ; **a ~ de** par suite de ; **en ~** en conséquence
**consecuente** adj : **~ (con)** conséquent(e) (avec)
**consecutivo, -a** adj consécutif(-ive)
**conseguido, -a** adj réussi(e)
**conseguir** vt obtenir ; (sus fines) parvenir à ; **~ hacer** arriver à faire
**consejería** nf (Pol) ministère dans une communauté autonome
**consejero, -a** nm/f (persona) conseiller(-ère) ; (Pol) ministre dans une communauté autonome
**consejo** nm conseil m ; **dar un ~** donner un conseil ; **~ de administración** (Com) conseil d'administration ; **C~ de Europa** Conseil de l'Europe ; **~ de guerra/de ministros** conseil de guerre/des ministres
**consenso** nm consensus m inv
**consensuar** vt parvenir à un consensus, arriver à un accord, s'entendre
**consentido, -a** adj gâté(e)
**consentimiento** nm consentement m ; **dar su ~** donner son consentement
**consentir** vt consentir ; (mimar) gâter ; **~ a algn hacer algo/que algn haga algo** permettre à qn de faire qch/que qn fasse qch ▶ vi : **~ en hacer** consentir à faire
**conserje** nmf concierge mf
**conserjería** nf conciergerie f
**conserva** nf conserve f ; **en ~** en conserve ; **conservas** nfpl conserves fpl
**conservación** nf (de paisaje, naturaleza) conservation f ; (de especie) protection f

## conservacionismo – consulta

**conservacionismo** nm écologisme m
**conservacionista** adj, nmf écologiste mf
**conservador, a** adj, nm/f conservateur(-trice)
**conservadurismo** nm (Pol etc) conservatisme m
**conservante** nm conservateur m
**conservar** vt (gen) conserver ; (costumbre, figura) garder ; **conservarse** vpr: **conservarse bien** (comida etc) bien se conserver ; **conservarse joven** être bien conservé(e)
**conservatorio** nm (Mús) conservatoire m ; (AM) serre f
**conservero, -a** adj (industria) de la conserve
**considerable** adj (importante) important(e) ; (grande) considérable
**consideración** nf considération f ; **de ~** (herida, daño) grave ; **tomar en ~** prendre en considération ; **¡qué falta de ~!** quel manque de considération ! ; **de mi/nuestra (mayor) ~** (AM Admin) Madame, Monsieur
**considerado, -a** adj (atento) attentionné(e) ; (respetado) respecté(e) ; **estar bien/mal ~** être bien/mal vu(e)
**considerar** vt considérer
**consienta** etc vb ver **consentir**
**consigna** nf consigne f
**consignación** nf (Com) consignation f ; **~ de créditos** allocation f de crédits
**consignar** vt (Com) consigner ; (créditos) allouer
**consignatario, -a** nm/f (Com) consignataire mf
**consigo** vb ver **conseguir** ▶ pron (m) avec lui ; (f) avec elle ; (usted(es)) avec vous ; **~ mismo** avec soi-même
**consiguiendo** etc vb ver **conseguir**
**consiguiente** adj: **el ~ susto/nerviosismo** la peur/nervosité qui en résulte ; **por ~** par conséquent
**consintiendo** etc vb ver **consentir**
**consistencia** nf consistance f ; (de teoría) solidité f
**consistente** adj consistant(e) ; (material, pared, teoría) solide ; **~ en** qui consiste en
**consistir** vi: **~ en algo/hacer algo** consister en qch/à faire qch
**consistorio** nm (Pol) conseil m municipal ; (: edificio) hôtel m de ville
**consola** nf console f ; **~ de juegos** console de jeux ; **~ de mando** (Inform) console ; **~ de visualización** console de visualisation
**consolación** nf ver **premio**
**consolador, a** adj consolateur(-trice) ▶ nm (sexual) godemiché m, vibromasseur m
**consolar** vt consoler ; **consolarse** vpr: **consolarse (con)** se consoler (avec) ; **consolarse haciendo** se consoler en faisant
**consolidación** nf consolidation f
**consolidar** vt consolider
**consomé** nm (Culin) consommé m

**consonancia** nf harmonie f ; **en ~ con** en accord avec
**consonante** nf consonne f ▶ adj consonantique
**consorcio** nm (Com) consortium m
**consorte** nmf conjoint(e)
**conspiración** nf conspiration f
**conspirador, a** nm/f conspirateur(-trice)
**conspirar** vi conspirer
**constancia** nf constance f ; (testimonio) témoignage m ; **dejar ~ de algo** faire état de qch
**constante** adj constant(e) ▶ nf (Mat, fig) constante f
**constantemente** adv constamment
**constar** vi: **~ (en)** figurer (dans) ; **~ de** se composer de ; **hacer ~** manifester ; **me consta que ...** je suis conscient(e) que ... ; **(que) conste que lo hice por ti** n'oublie pas que c'est pour toi que je l'ai fait
**constatación** nf constatation f
**constatar** vt constater
**constelación** nf constellation f
**consternación** nf consternation f
**consternar** vt consterner
**constipado, -a** adj: **estar ~** être enrhumé(e) ▶ nm rhume m
**constiparse** vpr s'enrhumer
**constitución** nf constitution f ; (de tribunal, equipo etc) composition f
**constitucional** adj constitutionnel(le)
**constitucionalidad** nf constitutionnalité f
**constituir** vt constituer ; **constituirse** vpr se constituer
**constitutivo, -a** adj constitutif(-ive)
**constituya** etc vb ver **constituir**
**constituyente** adj constituant(e) ; **cortes constituyentes** assemblée fsg constituante
**constreñir** vt (limitar) restreindre ; (obligar) contraindre
**constriñendo** etc vb ver **constreñir**
**constriño** etc vb ver **constreñir**
**construcción** nf construction f
**constructivo, -a** adj constructif(-ive)
**constructor, a** nm/f constructeur(-trice) ▶ nf entreprise f de construction
**construir** vt construire
**construyendo** etc vb ver **construir**
**consuelo** vb ver **consolar** ▶ nm consolation f ; **sin ~** inconsolable
**consuetudinario, -a** adj: **derecho ~** droit m coutumier
**cónsul** nmf consul(e)
**consulado** nm consulat m
**consular** adj consulaire ; **Sección C~** section f consulaire
**consulta** nf consultation f ; (Med: consultorio) cabinet m ; **horas de ~** heures fpl de consultation ; **obra de ~** ouvrage m de référence

## consultar − contigo

**consultar** vt consulter ; ~ **algo con algn** consulter qn au sujet de qch ; ~ **un archivo** (Inform) consulter un fichier

**consultor, a** nm/f: ~ **en dirección de empresas** consultant(e), expert(e)-conseil

**consultora** nf cabinet m de conseil

**consultoría** nf cabinet-conseil m ; ~ **de dirección**, ~ **gerencial** conseil m en management

**consultorio** nm (Med) cabinet m ; (en periódico etc) courrier m du cœur

**consumado, -a** adj (bribón) fieffé(e) ; (actor) accompli(e) ; **hecho** ~ fait m accompli

**consumar** vt consommer ; (sentencia) exécuter

**consumición** nf consommation f ; ~ **mínima** prix m minimum de la consommation

**consumido, -a** adj décharné(e)

**consumidor, a** nm/f consommateur(-trice)

**consumir** vt consommer ; **consumirse** vpr se consumer ; (caldo) réduire ; (persona) dépérir ; **consumirse (de celos/de envidia/de rabia)** se consumer (de jalousie/d'envie/de rage)

**consumismo** nm (Com) surconsommation f

**consumista** adj consumériste

**consumo** nm consommation f ; **bienes/ sociedad de** ~ biens mpl/société f de consommation

**contabilice** etc vb ver **contabilizar**

**contabilidad** nf comptabilité f ; ~ **de costes** o **analítica** comptabilité analytique ; ~ **de doble partida/por partida simple** comptabilité en partie double/en partie simple ; ~ **de gestión** comptabilité de gestion

**contabilizar** vt comptabiliser

**contable** nmf comptable mf ; ~ **de costos** analyste mf des coûts

**contactar** vi: ~ **con algn** contacter qn

**contacto** nm contact m ; **estar/ponerse en** ~ **con algn** être/se mettre en contact avec qn ; **perder** ~ (amigos) se perdre de vue

**contado, -a** adj: **en casos contados** dans de rares cas ▶ nm: **al** ~ au comptant ; **pagar al** ~ payer comptant

**contador, a** nm/f (Am: contable) comptable mf ▶ nm (aparato) compteur m

**contaduría** nf comptabilité f

**contagiar** vt (enfermedad) passer ; (persona) contaminer ; (fig: entusiasmo) transmettre ; **contagiarse** vpr (sentimiento) se transmettre ; **contagiarse de la gripe** attraper la grippe

**contagio** nm contagion f

**contagioso, -a** adj (tb fig) contagieux(-euse)

**contaminación** nf (de alimentos) contamination f ; (del agua, ambiente) pollution f

**contaminante** adj polluant(e) ▶ nm polluant m

**contaminar** vt (aire, agua) polluer ; (fig) contaminer

**contante** adj: **dinero** ~ argent m comptant ; **dinero** ~ **y sonante** espèces fpl sonnantes et trébuchantes

**contar** vt (dinero etc) compter ; (historia etc) conter, raconter ; **lo cuento entre mis amigos** il est de mes amis ; **¿qué (te) cuentas?** comment tu vas ? ▶ vi compter ; ~ **con** (persona) compter sur ; (disponer de: plazo etc) disposer de ; (: habitantes) compter ; **sin** ~ sans compter ; **contarse** vpr (calcularse) se compter ; (incluirse) compter

**contemplación** nf contemplation f ; **contemplaciones** nfpl (miramientos) égards mpl ; **no andarse con contemplaciones** ne pas y aller par quatre chemins

**contemplar** vt contempler ; (considerar) envisager ; (mimar) être aux petits soins pour

**contemplativo, -a** adj: **vida contemplativa** vie f contemplative

**contemporáneo, -a** adj, nm/f contemporain(e)

**contemporizar** vi: ~ **con** transiger avec

**contención** nf (moderación) retenue f ; (Jur) action f ; **muro de** ~ mur m de retenue

**contencioso, -a** adj (Jur etc) contentieux(-euse) ▶ nm (Jur) contentieux msg

**contender** vi (luchar) être en conflit ; (competir) rivaliser

**contendiente** adj (persona, país) rival(e) ; (Deporte) adverse ▶ nmf (persona, país) rival(e) ; (Deporte) adversaire mf

**contendrá** etc vb ver **contener**

**contenedor** nm conteneur m

**contener** vt contenir ; (risa, caballo etc) retenir ; **contenerse** vpr se retenir

**contenga** etc vb ver **contener**

**contenido, -a** adj contenu(e) ▶ nm contenu m

**contentar** vt faire plaisir à ; **contentarse** vpr: **contentarse (con)** se contenter (de) ; **contentarse con hacer** se contenter de faire

**contento, -a** adj: ~ **(con/de)** content(e) (de)

**conteo** nm estimation f, calcul m

**contertuliano, -a, contertulio, -a** nm/f membre ou habitué(e) d'un cercle ou d'une réunion, intervenant(e)

**contestación** nf réponse f ; ~ **a la demanda** (Jur) plaidoyer m

**contestador** nm (tb: **contestador automático**) répondeur m

**contestar** vt répondre ; (Jur) plaider ▶ vi répondre ; ~ **a una pregunta/a un saludo** répondre à une question/à un salut

**contestatario, -a** adj contestataire

**contexto** nm contexte m

**contextura** nf (de material) texture f ; (de persona) teint m

**contienda** nf dispute f

**contiene** etc vb ver **contener**

**contigo** pron avec toi

## contigüidad – contrarrevolución

**contigüidad** *nf* contiguïté *f*
**contiguo, -a** *adj*: ~ **(a)** contigu(ë) (à)
**continencia** *nf* continence *f*
**continental** *adj* continental(e)
**continente** *nm* continent *m*
**contingencia** *nf* (*posibilidad*) éventualité *f*; (*riesgo*) risque *m*
**contingente** *adj* contingent(e); (*posible*) possible ▶ *nm* (*Mil, Com*) contingent *m*
**continuación** *nf* (*de trabajo, estancia, obras*) poursuite *f*; (*de novela, película, calle*) suite *f*; **a** ~ juste après
**continuamente** *adv* sans interruption; (*incesantemente*) continuellement
**continuar** *vt* continuer, poursuivre; (*reanudar*) reprendre ▶ *vi* (*permanecer*) rester; (*mantenerse, prolongarse*) continuer; (*telenovela etc*) reprendre; ~ **haciendo** continuer de o à faire; ~ **siendo** être toujours
**continuidad** *nf* continuité *f*
**continuismo** *nm* (*Pol*) immobilisme *m*
**continuo, -a** *adj* continu(e); (*llamadas, quejas*) continuel(le)
**contonearse** *vpr* (*hombre*) rouler des épaules; (*mujer*) se dandiner
**contorno** *nm* (*silueta*) contours *mpl*; (*en dibujo*) contour *m*; **contornos** *nmpl* (*alrededores*) environs *mpl*
**contorsión** *nf* contorsion *f*
**contra** *prep* contre; **en** ~ **(de)** contre ▶ *adj* (*Nic*) contra ▶ *nmf* contra *mf* ▶ *nf*: **la C~ (nicaragüense)** les Contras *mpl* ▶ *nm ver* **pro**
**contraalmirante** *nm* contre-amiral *m*
**contraanálisis** *nm* contre-analyse *f*, contre-test *m*
**contraataque** *nm* contre-attaque *f*
**contrabajo** *nm* contrebasse *f*
**contrabandista** *nmf* contrebandier(-ière)
**contrabando** *nm* contrebande *f*; **de** ~ de contrebande; **llevar/pasar algo de** ~ passer qch en contrebande; ~ **de armas** contrebande d'armes
**contracción** *nf* contraction *f*
**contrachapado** *nm* contre-plaqué *m*
**contracorriente**: **a** ~ *adv* à contre-courant
**contractual** *adj* contractuel(le)
**contractura** *nf* contracture *f*
**contracultura** *nf* contre-culture *f*
**contradecir** *vt* contredire; **contradecirse** *vpr* se contredire; **esto se contradice con ...** ceci est en contradiction avec ...
**contradicción** *nf* contradiction *f*; **el espíritu de la** ~ l'esprit *m* de contradiction; **en** ~ **con** en contradiction avec
**contradicho** *pp de* **contradecir**
**contradiciendo** *etc vb ver* **contradecir**
**contradictorio, -a** *adj* contradictoire
**contradiga** *etc vb ver* **contradecir**
**contradije** *etc vb ver* **contradecir**
**contradirá** *etc vb ver* **contradecir**

**contraer** *vt* contracter; ~ **matrimonio con** épouser; **contraerse** *vpr* se contracter
**contraespionaje** *nm* contre-espionnage *m*
**contrafuerte** *nm* contrefort *m*
**contragolpe** *nm* contrecoup *m*
**contrahecho, -a** *adj* contrefait(e)
**contraiga** *etc vb ver* **contraer**
**contraindicaciones** *nfpl* (*Med*) contre-indications *fpl*
**contraje** *etc vb ver* **contraer**
**contralor** *nm* (*Am Admin*) contrôleur *m* des Finances
**contralto** *nm* contralto *m*
**contraluz** *nm* (*Foto*) contre-jour *m*; **a** ~ à contre-jour
**contramaestre** *nm* (*Náut*) sous-officier *m*; (*Tec*) contremaître *m*
**contraofensiva** *nf* = **contraataque**
**contraoferta** *nf* contre-proposition *f*
**contraorden** *nf* contrordre *m*
**contrapartida** *nf* (*Com*) contrepartie *f*; **como** ~ **(de)** en contrepartie (de)
**contrapelo**: **a** ~ *adv* (*tb fig*) à rebrousse-poil
**contrapesar** *vt* contrebalancer
**contrapeso** *nm* (*tb fig*) contrepoids *msg*; (*Com*) contrepartie *f*
**contrapié**: **a** ~ *adv* (*en posición forzada*) à contre-pied; (*inoportunamente*) au dépourvu
**contrapondré** *etc vb ver* **contraponer**
**contraponer** *vt* opposer; ~ **algo a** opposer qch à
**contraponga** *etc vb ver* **contraponer**
**contraportada** *nf* quatrième *m* de couverture
**contraposición** *nf* (*cotejo*) comparaison *f*; (*oposición*) opposition *f*; **en** ~ **a** en opposition avec
**contraprestación** *nf* contre-prestation *f*
**contraproducente** *adj* contre-productif(-ive)
**contrapuesto** *pp de* **contraponer**
**contrapunto** *nm* (*Mús*) canon *m*
**contrapuse** *etc vb ver* **contraponer**
**contrariado, -a** *adj* contrarié(e)
**contrariar** *vt* contrarier
**contrariedad** *nf* contretemps *msg*; (*disgusto*) contrariété *f*
**contrario, -a** *adj* (*equipo etc*) adverse; ~ **(a)** opposé(e) (à); **ser** ~ **a** être opposé(e) à; (*a intereses, opinión*) être contraire à; **salvo indicación contraria** sauf indication contraire; **al** ~ au contraire; **por el** ~ tout au contraire; **de lo** ~ sinon; **todo lo** ~ tout au contraire ▶ *nm/f* adversaire *mf* ▶ *nf*: **llevar la contraria** contredire
**Contrarreforma** *nf* contre-réforme *f*
**contrarreloj** *adv* contre la montre ▶ *adj*: **prueba** ~ épreuve *f* contre la montre ▶ *nf* contre-la-montre *m inv*
**contrarrestar** *vt* (*neutralizar*) pallier; (*hacer frente a*) contrecarrer
**contrarrevolución** *nf* contre-révolution *f*

## contrasentido – conversión

**contrasentido** nm: **es un ~ que él ...** cela n'a pas de sens qu'il ...
**contraseña** nf mot m de passe
**contrastar** vi: **~ con** trancher avec ▶ vt (*comprobar*) vérifier
**contraste** nm contraste m
**contrata** nf (*Jur*) contrat m
**contratación** nf (*de empleado*) embauche f, recrutement m; (*de servicio*) adjudication f de contrat, engagement m
**contratar** vt (*empleado*) engager, recruter; (*servicio*) faire appel à
**contratiempo** nm contretemps msg; **a ~** (*fig*) à contretemps
**contratista** nmf entrepreneur(-euse)
**contrato** nm contrat m; **~ a precio fijo** forfait m; **~ a término/de compraventa/de trabajo** contrat à terme/de vente/de travail
**contravalor** nm (*Com*) valeur f d'échange
**contravención** nf contravention f
**contravendré** etc vb ver **contravenir**
**contravenga** etc vb ver **contravenir**
**contravenir** vt contrevenir
**contraventana** nf volet m
**contraviene** etc vb ver **contravenir**
**contraviniendo** etc vb ver **contravenir**
**contrayendo** vb ver **contraer**
**contrayente** nmf époux(-ouse)
**contribución** nf contribution f; **exento de contribuciones** exonéré d'impôts; **~ territorial** impôt m foncier; **~ urbana** impôts mpl locaux
**contribuir** vi: **~ (a)** contribuer (à); **~ con** participer à raison de
**contribuyendo** etc vb ver **contribuir**
**contribuyente** nmf contribuable mf
**contrincante** nm/f concurrent(e)
**contrito, -a** adj contrit(e)
**control** nm contrôle m; (*dominio: de nervios, impulsos*) maîtrise f; (*tb*: **control de policía**) contrôle; **llevar el ~** (*de situación*) maîtriser; (*en asunto*) diriger; **perder el ~** perdre le contrôle; **~ de calidad/de cambios/de costos/de existencias/de precios** (*Com*) contrôle de qualité/des changes/des coûts/des stocks/des prix; **~ de créditos** encadrement m du crédit; **~ de (la) natalidad** contrôle des naissances; **~ de pasaportes** contrôle des passeports
**controlador, a** nm/f: **~ aéreo(-a)** contrôleur(-euse) aérien(ne)
**controlar** vt contrôler; (*nervios, impulsos*) maîtriser; **controlarse** vpr se maîtriser
**controversia** nf controverse f
**controvertido, -a** adj controversé(e)
**contubernio** nm conspiration f
**contumaz** adj entêté(e)
**contundencia** nf (*de golpe, ataque*) force f, violence f; (*de argumento etc*) poids m, force f; (*de prueba*) irréfragabilité f

**contundente** adj (*arma, objeto*) contondant(e); (*argumento etc*) convaincant(e); (*prueba*) accablant(e)
**contusión** nf contusion f
**contuve** etc vb ver **contener**
**conuco** nm (*CARIB Agr*) parcelle f
**convalecencia** nf convalescence f
**convalecer** vi être en convalescence; **~ de** se remettre de
**convaleciente** adj, nmf convalescent(e)
**convalezca** etc vb ver **convalecer**
**convalidación** nf validation f
**convalidar** vt valider
**convencer** vt convaincre; **~ a algn de (que haga) algo** convaincre qn de (faire) qch; **~ a algn para que haga** convaincre qn de faire; **esto no me convence (nada)** cela ne me convainc pas (du tout); **convencerse** vpr: **convencerse (de)** se persuader (de)
**convencido, -a** adj convaincu(e); **estar ~ de algo** être convaincu(e) de qch
**convencimiento** nm certitude f; **llegar al/tener el ~ de que ...** acquérir la conviction/être certain(e) que ...
**convención** nf convention f
**convencional** adj conventionnel(le); (*ceremonia*) formel(le)
**convencionalismo** nm conventionnalisme m
**convendré** etc vb ver **convenir**
**convenga** etc vb ver **convenir**
**conveniencia** nf (*oportunidad*) opportunité f; (*provecho*) intérêt m; (*utilidad*) avantage m; **ser de la ~ de algn** être à la convenance de qn; **conveniencias** nfpl (*tb*: **conveniencias sociales**) convenances fpl
**conveniente** adj opportun(e); (*útil*) pratique; **(no) es ~ (hacer)** il (n')est (pas) bon (de faire)
**convenio** nm accord m; **~ colectivo/salarial** convention f collective/accord salarial
**convenir** vt convenir de; « **sueldo a ~** » « salaire négociable » ▶ vi convenir; **~ (en) hacer** convenir de faire; **conviene recordar que ...** il convient de rappeler que ...; **no te conviene salir** tu ne devrais pas sortir
**convento** nm couvent m
**convenza** etc vb ver **convencer**
**convergencia** nf convergence f
**convergente** adj (*Mat, Fís*) convergent(e); (*ESP Pol*) *de la coalition catalane Convergència i Unió*
**converger, convergir** vi converger
**converja** etc vb ver **converger**
**conversación** nf conversation f; **conversaciones** nfpl (*Pol*) pourparlers mpl
**conversador, a** adj: **es muy buen ~** il est d'une conversation agréable
**conversar** vi discuter
**conversión** nf transformation f; (*Rel*) conversion f

## converso – corazón

**converso, -a** *nm/f* converti(e)
**convertible** *adj* convertible
**convertir** *vt* transformer ; **~ a** (*Rel*) convertir à ; **~ (en)** (*Com*) changer (en) ; **convertirse** *vpr* (*Rel*): **convertirse (a)** se convertir (à)
**convexo, -a** *adj* convexe
**convicción** *nf* conviction *f* ; **convicciones** *nfpl* (*ideas*) convictions *fpl*
**convicto, -a** *adj* condamné(e)
**convidado, -a** *nm/f* convive *mf*
**convidar** *vt*: **~ (a)** convier (à) ; **~ a algn a hacer** inviter qn à faire
**conviene** *etc vb ver* **convenir**
**convierta** *etc vb ver* **convertir**
**convincente** *adj* convaincant(e)
**conviniendo** *etc vb ver* **convenir**
**convirtiendo** *etc vb ver* **convertir**
**convite** *nm* (*banquete*) banquet *m* ; (*invitación*) invitation *f*
**convivencia** *nf* cohabitation *f*
**conviviente** *nmf* (*CHI*) concubin(e)
**convivir** *vi* cohabiter, vivre ensemble
**convocar** *vt* convoquer ; **~ (a)** (*personas*) convoquer (à) ; (*huelga*) appeler à
**convocatoria** *nf* convocation *f* ; (*huelga*) appel *m*
**convoque** *etc vb ver* **convocar**
**convoy** *nm* convoi *m*
**convulsión** *nf* (*Med*) convulsion *f* ; (*fig: política, social*) bouleversement *m*
**convulso, -a** *adj* convulsé(e) ; (*fig*) agité(e)
**conyugal** *adj* conjugal(e) ; **vida ~** vie *f* conjugale
**cónyuge** *nmf* conjoint(e)
**coña** (*fam!*) *nf*: **tomar algo a ~** prendre qch à la rigolade (*fam*) ; **estar de ~** rigoler (*fam*)
**coñac** [ko'ɲak] (*pl* **coñacs**) *nm* cognac *m*
**coñazo** *nm*: **ser un ~** être chiant (*fam!*) ; **dar el ~** faire chier (*fam!*)
**coño** (*fam!*) *nm* con *m* (*fam!*) ▶ *excl* merde ! (*fam!*) ; **¡qué ~!** merde ! (*fam!*)
**cookie** *nm* (*Inform*) cookie *m*, témoin de connexion
**cooperación** *nf* coopération *f*
**cooperante** *nmf* coopérant(e)
**cooperar** *vi* coopérer
**cooperativa** *nf* coopérative *f* ; **~ agrícola** coopérative agricole
**cooperativista** *nmf* coopérateur(-trice)
**cooperativo, -a** *adj* de coopération
**coordenada** *nf* (*Mat*) coordonnée *f* ; **coordenadas** *nfpl* (*fig*) ligne *f* directrice
**coordinación** *nf* coordination *f*
**coordinador, a** *nm/f* coordinateur(-trice) ▶ *nf* bureau *m* de coordination
**coordinar** *vt* coordonner
**copa** *nf* (*recipiente, bebida*) verre *m* (à pied) ; (*de champán, Deporte*) coupe *f* ; (*de árbol*) cime *f* ; (*de sombrero*) calotte *f* ; **tomar una ~** prendre un verre *o* un pot (*fam*) ; **ir de copas** aller

prendre un pot (*fam*) ; **sombrero de ~** haut-de-forme *m* ; **huevo a la ~** (*CHI*) œuf *m* à la coque ; **copas** *nfpl* (*Naipes*) l'une des quatre couleurs du jeu de cartes espagnol
**copar** *vt* (*puestos*) remporter
**coparticipación** *nf* (*Com*) coparticipation *f*
**COPE** *sigla f* (= *Cadena de Ondas Populares Españolas*) station de radio
**Copenhague** *n* Copenhague
**copeo** *nm*: **ir de ~** aller prendre un pot (*fam*)
**copete** *nm*: **de alto ~** d'une grande famille
**copetín** *nm* (*CSUR*) apéritif *m*
**copia** *nf* copie *f* ; (*llave*) double *m* ; **hacer una ~ de seguridad** (*Inform*) faire une sauvegarde ; **~ de respaldo** *o* **de seguridad** (*Inform*) sauvegarde *f* ; **~ de trabajo** (*Inform*) fichier *m* de travail ; **~ impresa** (*Inform*) tirage *m* papier ; **~ vaciada** (*Inform*) vidage *m*
**copiadora** *nf* photocopieuse *f* ; **~ al alcohol** duplicateur *m* à alcool
**copiar** *vt* copier ; (*Inform*) faire une copie de ; **~ al pie de la letra** copier mot pour mot ; **~ y pegar** faire un copier-coller
**copiloto** *nmf* copilote *mf*
**copioso, -a** *adj* abondant(e) ; (*comida*) copieux(-euse)
**copita** *nf* petit verre *m* ; (*Golf*) tee *m*
**copla** *nf* (*canción*) couplet *m* ; (*Lit*) strophe *f*
**copo** *nm*: **~ de nieve** flocon *m* de neige ; **copos de avena** flocons *mpl* d'avoine
**coprocesador** *nm* (*Inform*) traitement *m* auxiliaire
**coproducción** *nf* coproduction *f*
**copropietario, -a** *nm/f* copropriétaire *mf*
**copropietarios** *nmpl* (*Com*) copropriétaires *mpl*
**copto, -a** *adj* copte ▶ *nm/f* Copte *mf* ▶ *nm* (*Ling*) copte *m*
**cópula** *nf* (*Bio*) copulation *f* ; (*Ling*) copule *f*
**copular** *vi* copuler
**COPYME** *sigla f* (= *Confederación de la Pequeña y Mediana Empresa*) ≈ CGPME *f* (= *Confédération générale des petites et moyennes entreprises*)
**copyright** *nm* copyright *m*
**coqueta** *nf* (*mujer*) coquette *f* ; (*mueble*) coiffeuse *f* ; *ver tb* **coqueto**
**coquetear** *vi* flirter
**coqueteo** *nm* (*acto*) flirt *m* ; (*cualidad*) coquetterie *f*
**coquetería** *nf* coquetterie *f*
**coqueto, -a** *adj* coquet(te)
**coraje** *nm* courage *m* ; (*esp AM*) colère *f* ; **le da ~ hacer ...** ça l'énerve de faire ...
**coral** *adj* (*Mús*) choral(e) ▶ *nf* (*Mús*) chorale *f* ▶ *nm* (*Zool*) corail *m* ; **de ~** en corail
**Corán** *nm*: **el ~** le Coran
**coraza** *nf* cuirasse *f* ; (*Zool*) carapace *f*
**corazón** *nm* cœur *m* ; (*Bot*) noyau *m* ; **ser de buen ~** avoir bon cœur ; **de (todo) ~** de tout cœur ; **estar mal del ~** être malade du cœur ; **corazones** *nmpl* (*Naipes*) cœur *msg*

## corazonada – correoso

**corazonada** nf pressentiment m
**corbata** nf cravate f
**corbatín** nm nœud m papillon
**corbeta** nf corvette f
**Córcega** nf Corse f
**corcel** nm coursier m
**corchea** nf (Mús) croche f
**corchete** nm agrafe f; **corchetes** nmpl (Tip) crochets mpl
**corchetera** nf (CHI) agrafeuse f
**corcho** nm liège m; (Pesca, tapón) bouchon m; **de ~** en liège
**corcholata** nf (MÉX: tapón) bouchon m
**corcovado, -a** adj, nm/f bossu(e)
**cordel** nm corde f
**cordero** nm agneau m; **~ lechal** agneau de lait
**cordial** adj cordial(e) ▶ nm cordial m
**cordialidad** nf cordialité f
**cordialmente** adv cordialement
**cordillera** nf cordillère f
**Córdoba** n Cordoue
**córdoba** nm cordoba m d'or (monnaie du Nicaragua)
**cordobés, -esa** adj de Cordoue ▶ nm/f natif(-ive) o habitant(e) de Cordoue
**cordón** nm (cuerda) ficelle f; (de zapatos) lacet m; (Elec, policial) cordon m; (CSUR) bord m du trottoir; **~ umbilical** cordon ombilical
**cordura** nf sagesse f; (Med) santé f mentale; **con ~** avec sagesse
**Corea** nf Corée f; **~ del Norte/Sur** Corée du Nord/Sud
**coreano, -a** adj coréen(ne) ▶ nm/f Coréen(ne) ▶ nm (Ling) coréen m
**corear** vt entonner
**coreografía** nf chorégraphie f
**coreógrafo, -a** nm/f chorégraphe mf
**corista** nf choriste mf
**cormorán** nm cormoran m
**cornada** nf coup m de corne
**cornamenta** nf cornes fpl
**córnea** nf cornée f
**corneja** nf corneille f
**córner** ['korner] (pl **córners**) nm (Deporte) corner m
**corneta** nf (Mús) cornet m; (Mil) clairon m
**cornisa** nf corniche f
**Cornualles** nm Cornouailles fsg
**cornudo, -a** adj à cornes; (marido) cocu(e)
**coro** nm chœur m; **a ~** (responder etc) en chœur
**corolario** nm corollaire m
**corona** nf couronne f; (de santo) auréole f; **la ~** (Pol) la Couronne; **~ de laurel** couronne de laurier
**coronación** nf (tb fig) couronnement m
**coronar** vt (tb fig) couronner
**coronel** nm colonel m
**coronilla** nf sommet m du crâne; **estar hasta la ~ (de)** en avoir jusque-là (de)

**corotos** (fam) nmpl (COL, VEN) machins mpl (fam)
**corpachón** nm: **tiene un ~ ...** qu'est-ce qu'il est baraqué ...
**corpiño** nm corsage m; (AM) soutien-gorge m
**corporación** nf corporation f
**corporal** adj (ejercicio) physique; (castigo, higiene) corporel(le)
**corporativismo** nm corporatisme m
**corporativista** adj corporatiste
**corporativo, -a** adj corporatif(-ive)
**corpulencia** nf corpulence f; **cayó con toda su ~** il est tombé de tout son poids
**corpulento, -a** adj (persona) corpulent(e); (árbol, tronco) énorme
**corpus** nm inv corpus m; **~ lingüístico** corpus m linguistique
**corral** nm (patio) cour f; (de animales) basse-cour f; (de niño) parc m
**correa** nf courroie f; (cinturón) ceinture f; (de perro) laisse f; **~ del ventilador** (Auto) courroie du ventilateur
**correaje** nm harnais msg
**corrección** nf correction f; **~ (de pruebas)** (Tip) correction (d'épreuves); **~ en pantalla** correction sur écran
**correccional** nm pénitencier m; **~ de menores** maison f de correction
**correctamente** adv (comportarse, contestar) correctement
**correctivo, -a** adj correctif(-ive) ▶ nm (castigo) correction f
**correcto, -a** adj correct(e)
**corrector, a** nm/f: **~ de pruebas** (Tip) correcteur(-trice) d'épreuves ▶ nm: **~ ortográfico** correcteur m orthographique
**corredera** nf (tb: **puerta de corredera**) porte f coulissante
**corredizo, -a** adj ver **nudo**
**corredor, a** nm/f coureur(-euse); **~ de apuestas** bookmaker m; **~ de bolsa/de fincas** agent m de change/immobilier ▶ nm (pasillo) corridor m; (balcón corrido) galerie f; (Com) courtier m
**corregir** vt corriger; **corregirse** vpr se corriger; **se le ha corregido la miopía** on lui a corrigé sa myopie
**correlación** nf corrélation f; **guardar ~ con** être proportionnel(le) à
**correlativo, -a** adj corrélatif(-ive)
**correligionario, -a** nm/f (Rel, Pol) coreligionnaire mf
**correo** nm courrier m; (servicio) poste f; **a vuelta de ~** par retour de courrier; **echar al ~** mettre à la poste; **~ aéreo** courrier par avion; **~ basura** (Inform) spam m; **~ certificado** courrier recommandé; **~ electrónico** courrier électronique; **Correos** nmpl (servicio, edificio) la Poste
**correoso, -a** adj rassis (rassie)

**correr** vt (*mueble etc*) déplacer ; (*riesgo*) courir ; (*suerte*) risquer ; (*aventura*) vivre ; (*cortinas: cerrar*) fermer ; (*: abrir*) ouvrir ; (*cerrojo*) tourner ; **~ mundo** parcourir le monde ▶ vi (*persona, rumor*) courir ; (*coche*) aller vite ; (*agua*) couler ; (*viento*) souffler ; (*tiempo*) passer ; (*apresurarse*) se presser ; **a todo ~** à toute vitesse ; **echar a ~** se mettre à courir ; **~ con los gastos** payer ; **eso corre de mi cuenta** je m'en occupe ; **correrse** vpr (*persona, terreno*) se déplacer ; (*colores*) couler ; (*fam: tener orgasmo*) jouir ; **nos corrimos una juerga** (*fam*) on s'est bien éclaté (*fam*)

**correrías** nfpl escapades fpl

**correspondencia** nf correspondance f ; **~ directa** (*Com*) correspondance directe

**corresponder** vi (*dinero, tarea*) revenir ; (*en amor*) aimer en retour ; **~ a** (*invitación*) répondre à ; (*a favor, cariño*) rendre ; (*convenir, ajustarse, pertenecer*) correspondre à ; **al gobierno le corresponde …** le gouvernement a pour tâche de … ; « **a quien corresponda** » « à qui de droit » ; **corresponderse** vpr (*amarse*) bien s'entendre ; **corresponderse con** correspondre à

**correspondiente** adj (*respectivo*) correspondant(e) ; **~ (a)** (*adecuado*) qui correspond (à)

**corresponsal** nmf correspondant(e) ; (*Com*) agent m

**corretaje** nm courtage m

**corretear** vi courir de droite à gauche

**correvedile, correveidile** nmf (*acusica*) rapporteur(-euse) ; (*chismoso*) cancanier(-ière)

**corrida** nf corrida f ; (*carrera corta*) sprint m ; (*Chi*) file f

**corrido, -a** adj (*avergonzado*) contrit(e) ; **un kilo ~** un bon kilo ; **balcón ~** grand balcon m ; **de ~** couramment ▶ nm (*Méx*) ballade f

**corriente** adj courant(e) ; (*suceso, costumbre*) habituel(le) ; (*común*) commun(e) ▶ nf courant m ; (*tb:* **corriente de aire**) courant d'air ; **las corrientes artísticas** les courants artistiques ; **seguir la ~ a algn** ne pas contrarier qn ; **~ alterna/continua** courant alternatif/continu ; **~ sanguínea** flux msg sanguin ▶ nm: **el 16 del ~** le 16 courant ; **estar al ~ de** être au courant de ; **poner/tener al ~** mettre/tenir au courant

**corrientemente** adv en général

**corrigiendo** etc vb ver **corregir**

**corrija** etc vb ver **corregir**

**corrillo** nm petit groupe m

**corrimiento** nm: **~ de tierras** glissement m de terrain

**corro** nm cercle m ; **hacer ~ aparte** faire bande à part ; **jugar al ~** faire la ronde

**corroborar** vt corroborer

**corroer** vt corroder ; (*suj: envidia*) ronger ; **corroerse** vpr se désagréger

**corromper** vt pourrir ; (*aguas*) polluer ; (*fig: costumbres, moral*) corrompre ; (*: juez etc*) corrompre, soudoyer ; **corromperse** vpr pourrir ; (*costumbres*) se corrompre ; (*persona, justicia*) se laisser soudoyer

**corrosión** nf (*Quím*) corrosion f

**corrosivo, -a** adj corrosif(-ive)

**corroyendo** etc vb ver **corroer**

**corrupción** nf putréfaction f ; (*delito*) corruption f

**corruptela** nf (*corrupción*) corruption f ; (*abuso*) abus m

**corrupto, -a** adj corrompu(e)

**corruptor, a** adj, nm/f corrupteur(-trice)

**corsario** nm corsaire m

**corsé** nm corset m

**corso, -a** adj corse ▶ nm/f Corse mf

**cortacésped** nm tondeuse f (à gazon)

**cortada** nf (*Am: corte*) coupure f ; (*: atajo*) raccourci m

**cortado, -a** adj (*leche*) tourné(e) ; (*con cuchillo*) coupé(e) ; (*piel, labios*) craquelé(e) ; (*tímido*) coincé(e) ; **quedarse ~** rester sans voix ▶ nm café m avec un nuage de lait

**cortadora** nf coupure f

**cortadura** nf coupure f ; **cortaduras** nfpl (*restos*) chutes fpl

**cortafuego, cortafuegos** nm (*en el bosque*) pare-feu m, coupe-feu m ; (*Inform*) pare-feu m

**cortante** adj (*viento*) glacial(e) ; (*frío*) mordant(e) ; (*fig*) acerbe

**cortapisa** nf obstacle m, difficulté f ; **sin cortapisas** sans ambages

**cortar** vt couper ; (*discusión*) interrompre ; (*piel, labios*) fendre ; **~ el paso (a algn)** barrer le passage (à qn) ; **~ por lo sano** trancher dans le vif ; **~ de raíz** tuer dans l'œuf ▶ vi couper ; (*viento*) être glacial(e) ; (*Am Telec*) raccrocher ; **cortarse** vpr se couper ; (*turbarse*) se troubler ; (*Telec*) s'interrompre ; (*leche*) tourner ; **cortarse el pelo** se (faire) couper les cheveux ; **cortarse el dedo** se couper le doigt ; **se le cortan los labios** ses lèvres se gercent

**cortasetos** nm inv taille-haie m

**cortaúñas** nm inv coupe-ongles m inv

**corte** nm coupure f ; (*de pelo, vestido*) coupe f ; (*de tela*) pièce f ; (*de helado*) tranche f napolitaine ; **me da ~ pedírselo** cela m'embête de le lui demander ; **¡qué ~ le di!** je lui ai rabattu son caquet ! ; **~ de corriente/de luz** coupure de courant/d'électricité ; **~ de mangas** bras m d'honneur ; **~ y confección** confection f ▶ nf (*real*) cour f ; **las Cortes (Españolas)** le Parlement espagnol ; *voir article* ; **hacer la ~ a algn** faire la cour à qn ; **C~ Internacional de Justicia** Cour internationale de justice

---

**Las Cortes (Españolas)**

Le Parlement espagnol, ou **Cortes (Españolas)**, se compose d'une chambre

## cortedad – costosamente

basse (*Congreso de los Diputados*) et d'une chambre haute (*Senado*). Les membres du *Congreso*, ou *diputados*, sont élus au suffrage universel et à la proportionnelle. Quant aux membres du *Senado*, ou *senadores*, certains d'entre eux sont élus au suffrage universel et d'autres sont nommés par les Parlements régionaux.

**cortedad** *nf* (*de tiempo*) manque *m* ; (*fig*) timidité *f* ; **no me gusta la ~ de esta falda** cette jupe est bien trop courte
**cortejar** *vt* courtiser
**cortejo** *nm* cortège *m* ; **~ fúnebre** cortège funèbre
**cortés** *adj* courtois(e), poli(e)
**cortesano, -a** *adj* de la cour ; **ceremonias cortesanas** cérémonies *fpl* de la cour ▶ *nm* (*Hist*) courtisan *m* ▶ *nf* courtisane *f*
**cortesía** *nf* courtoisie *f*, politesse *f* ; **de ~** (*visita, carta*) de courtoisie
**córtex** *nm* cortex *m*
**corteza** *nf* (*de árbol, limón*) écorce *f* ; (*de pan, queso*) croûte *f* ; (*de fruta*) peau *f* ; **~ terrestre** écorce *o* croûte terrestre
**corticoide** *nm* corticoïdes *mpl*
**cortijo** *nm* ferme *f*
**cortina** *nf* rideau *m* ; **~ de humo** rideau de fumée
**cortisona** *nf* cortisone *f*
**corto, -a** *adj* court(e) ; (*tímido*) timide, timoré(e) ; (*tonto*) bouché(e) ; **quedarse ~** (*al calcular*) voir trop juste ; (*al relatar*) être en deçà de la vérité ; (*ser insuficiente*) être insuffisant(e) ; **~ de luces** bête ; **~ de oído** dur(e) d'oreille ; **~ de vista** myope ▶ *nm* (*Cine*) court-métrage *m*
**cortocircuito** *nm* court-circuit *m*
**cortometraje** *nm* court-métrage *m*
**Coruña** *nf*: **La ~** la Corogne
**coruñés, -esa** *adj* de La Corogne ▶ *nm/f* natif(-ive) *o* habitant(e) de La Corogne
**corva** *nf* jarret *m*
**corzo, -a** *nm/f* chevreuil (chevrette)
**cosa** *nf* chose *f* ; (*asunto*) affaire *f* ; **es ~ de una hora** c'est l'affaire d'une heure ; **como si tal ~** comme si de rien n'était ; **eso es ~ mía** c'est mon affaire ; **llévate tus cosas** prends tes affaires ; **es poca ~** ce n'est pas grand-chose ; **¡qué ~ más rara!** comme c'est drôle ! ; **eso son cosas de la edad** c'est de son *o* leur âge ; **tal como están las cosas** vu l'état actuel des choses ; **lo que son las cosas** c'est drôle, la vie ; **las cosas como son** les choses étant ce qu'elles sont
**cosaco, -a** *adj* cosaque ▶ *nm/f* Cosaque *mf*
**coscorrón** *nm* coup *m* sur la tête ; **darse un ~** se cogner la tête
**cosecha** *nf* récolte *f* ; (*de vino*) cru *m*
**cosechadora** *nf* moissonneuse-batteuse *f*

**cosechar** *vt* récolter ▶ *vi* faire la récolte
**coser** *vt* coudre ; **~ algo a algo** coudre qch à qch
**cosido** *nm* couture *f*
**cosmética** *nf* cosmétique *f*
**cosmético, -a** *adj*, *nm* cosmétique *m*
**cósmico, -a** *adj* cosmique
**cosmología** *nf* cosmologie *f*
**cosmonauta** *nmf* cosmonaute *m*
**cosmopolita** *adj* cosmopolite
**cosmos** *nm* cosmos *m*
**cosmovisión** *nf* conception *f* du monde
**coso** *nm* arènes *fpl* ; (*Ven, CSur fam*: *chisme*) machin *m* (*fam*)
**cosquillas** *nfpl*: **hacer ~** chatouiller ; **tener ~** être chatouilleux(-euse)
**cosquilleo** *nm* chatouillement *m*
**costa** *nf* (*Geo*) côte *f* ; **a ~** (*Com*) au coût ; **a ~ de** aux dépens de ; (*trabajo*) à force de ; (*grandes esfuerzos*) au prix de ; (*su vida*) au péril de ; **a toda ~** coûte que coûte, à tout prix ; **C~ Brava/del Sol** Costa Brava/del Sol ; **C~ Azul/ Cantábrica/de Marfil** Côte d'Azur/ cantabrique/d'Ivoire ; **costas** *nfpl* (*Jur*) dépens *mpl*
**costado** *nm* côté *m* ; **de ~** (*dormir etc*) sur le côté ; **español por los cuatro costados** espagnol jusqu'au bout des ongles ; **rodeado por los cuatro costados** encerclé (de tous côtés)
**costal** *nm* sac *m*
**costalada** *nf*: **darse** *o* **pegarse una ~** faire une mauvaise chute
**costanera** (*Am*) *nf* chemin *m* côtier
**costar** *vt*, *vi* coûter ; **me cuesta hablarle** j'ai du mal à lui parler ; **¿cuánto cuesta?** combien ça coûte ? ; **te costará caro** (*fig*) cela va te coûter cher
**Costa Rica** *nf* Costa Rica *m*
**costarricense, costarriqueño, -a** *adj* costaricien(ne), du Costa Rica ▶ *nm/f* Costaricien(ne)
**coste** *nm* (*Com*): **~ promedio** prix *msg* moyen ; **a precio de ~** à prix coûtant ; **el ~ de la vida** le coût de la vie ; *ver tb* **costo**; **costes fijos** prix *mpl* fixes
**costear** *vt* payer ; (*Com*) financer ; (*Náut*) longer la côte de ; **costearse** *vpr* rentrer dans ses frais, couvrir ses frais
**costeño, -a** (*Am*) *adj* (*persona*) de la côte ▶ *nm/f* natif(-ive) *o* habitant(e) de la côte
**costero, -a** *adj* côtier(-ière)
**costilla** *nf* (*Anat*) côte *f* ; (*Culin*) côtelette *f*
**costillar** *nm* (*Anat*) cage *f* thoracique ; (*Culin*) carré *m*
**costo** *nm* coût *m*, prix *msg* ; (*esp Am*) *ver* **coste**; **~ directo/de expedición/de sustitución** coût direct/d'expédition/de remplacement ; **~ unitario** prix unitaire
**costosamente** *adv* avec effort, difficilement

**costoso, -a** adj coûteux(-euse) ; (difícil) difficile
**costra** nf (de suciedad) couche f ; (Med, de pan etc) croûte f
**costumbre** nf coutume f, habitude f ; (tradición) coutume ; **como de ~** comme d'habitude
**costumbrismo** nm (Lit) genre littéraire décrivant les us et coutumes d'un lieu en particulier sans les analyser ni les interpréter

### COSTUMBRISMO

Le **costumbrismo** est un genre littéraire né au XIX[e] siècle en Espagne qui cherche à décrire fidèlement les traditions et les us et coutumes régionaux et sociaux, parfois en les contrastant avec les changements engendrés par le développement industriel. Parmi les principaux écrivains appartenant à ce courant artistique on peut citer : Fernán Caballero, Pedro Antonio de Alarcón, Juan Valera et José María de Pereda.

**costumbrista** adj (Lit) de mœurs, relatif(-ive) au roman de mœurs ▶ nmf écrivain spécialiste du « costumbrismo »
**costura** nf couture f
**costurera** nf couturière f
**costurero** nm boîte f à couture
**cota** nf (Geo) cote f ; (fig) niveau m, degré m
**cotarro** nm: **dirigir el ~** mener la danse
**cotejar** vt: **~ (con)** comparer (à o avec)
**cotejo** nm comparaison f
**cotelé** nm (CHI) velours msg
**cotice** etc vb ver **cotizar**
**cotidianeidad** nf quotidienneté f
**cotidiano, -a** adj quotidien(ne)
**cotilla** nmf commère f
**cotillear** vi faire des commérages
**cotilleo** nm commérages mpl
**cotillón** nm cotillon m, réveillon m
**cotización** nf (Com) cours m ; (de club, del trabajador) cotisation f
**cotizado, -a** adj bien coté(e)
**cotizar** vt (Com) coter ; (pagar) cotiser ▶ vi (trabajador) cotiser ; **cotizarse** vpr (fig) être bien coté(e) ; **cotizarse a** (Com) être coté(e) à
**coto** nm (tb: **coto de caza**) réserve f ; (CHI) goitre m ; **poner ~ a** mettre fin à
**cotorra** nf (loro) perruche f ; (fam: persona) pie f
**covacha** nf caveau m
**coxis** nm inv coccyx m
**coyote** nm coyote m ; (MÉX fam) guide m
**coyuntura** nf articulation f, jointure f ; (fig) conjoncture f ; **esperar una ~ favorable** attendre une conjoncture favorable, attendre l'occasion favorable
**coyuntural** adj conjoncturel(le) ; **medidas coyunturales** mesures fpl conjoncturelles
**coz** nf ruade f

**CP** (AM) sigla m (= computador personal) PC m (= personal computer)
**C.P.** abr (ESP: = Código Postal) code postal ; (AM: = Casilla Postal) code postal
**C.P.A.** sigla f = **Caja Postal de Ahorros**
**CPN** (ESP) sigla m (= Cuerpo de la Policía Nacional) gendarmerie nationale
**cps** abr (= caracteres por segundo) cps (= caractères par seconde)
**crac** nm krach m
**crack** (fam) nmf (persona) crack mf, champion(ne), as m ▶ nm (droga) crack m
**cráneo** nm crâne m ; **ir de ~** aller droit au désastre
**craso, -a** adj (error etc) crasse
**cráter** nm cratère m
**creación** nf création f
**creador, a** adj, nm/f créateur(-trice)
**crear** vt créer ; **crearse** vpr se créer
**creatividad** nf créativité f
**creativo, -a** adj créatif(-ive)
**crecepelo** nm accélérateur m de pousse des cheveux
**crecer** vi grandir ; (planta, pelo) pousser ; (ciudad) s'agrandir ; (río) grossir ; (riqueza, odio) augmenter ; (cólera) monter ; **crecerse** vpr s'enorgueillir
**creces**: **con ~** adv (pagar) au centuple
**crecida** nf crue f
**crecido, -a** adj: **estar ~** avoir grandi ; (planta) avoir poussé
**creciente** adj croissant(e) ; **cuarto ~** premier quartier m
**crecimiento** nm croissance f ; (de planta) pousse f ; (de ciudad) agrandissement m
**credenciales** nfpl lettres fpl de créance
**credibilidad** nf crédibilité f
**crédito** nm crédit m ; **a ~** à crédit ; **dar ~ a** accorder crédit à, croire ; **ser digno de ~** être digne de confiance ; **~ al consumo** crédit à la consommation ; **~ rotativo** o **renovable** crédit à renouvellement automatique
**credo** nm credo m
**crédulo, -a** adj crédule
**creencia** nf croyance f
**creer** vt croire ; **creo que no/sí** je crois que non/oui ; **¡ya lo creo!** je crois o pense bien ! ▶ vi croire ; **~ en** croire en ; **creerse** vpr (considerarse) se croire ; (aceptar) croire ; **se cree alguien** il a une bonne opinion de lui ; **no se lo cree** il n'y croit pas
**creíble** adj crédible
**creído, -a** adj prétentieux(-euse)
**crema** adj inv (color) crème inv ▶ nf crème f ; (para zapatos) cirage m ; **la ~ de la sociedad** la crème de la société ; **~ de afeitar** crème à raser ; **~ de champiñones/de espárragos** velouté m de champignons/d'asperges ; **~ hidratante** crème hydratante ; **~ pastelera** crème pâtissière

## cremación – crono

**cremación** *nf* crémation *f*
**cremallera** *nf* fermeture *f* éclair®
**crematístico, -a** *adj* financier(-ière), monétaire
**crematorio** *nm* (*tb*: **horno crematorio**) four *m* crématoire
**cremoso, -a** *adj* crémeux(-euse)
**crep, crêpe** *nf* crêpe *f*
**crepé** *nm* crêpe *m*
**crepería** *nf* crêperie *f*
**crepitar** *vi* crépiter
**crepuscular** *adj* crépusculaire; **luz ~** lumière *f* crépusculaire
**crepúsculo** *nm* crépuscule *m*
**crescendo** *nm* crescendo *m*; **ir in ~** aller crescendo
**crespo, -a** *adj* crépu(e)
**crespón** *nm* crépon *m*, crêpe *m*
**cresta** *nf* crête *f*
**Creta** *nf* Crète *f*
**cretino, -a** *adj* crétin(e)
**creyendo** *etc vb ver* **creer**
**creyente** *nmf* croyant(e)
**creyó** *etc vb ver* **creer**
**crezca** *etc vb ver* **crecer**
**cría** *vb ver* **criar** ▶ *nf* (*de animales*) élevage *m*; (*cachorro*) petit *m*; *ver tb* **crío**
**criada** *nf* bonne *f*; *ver tb* **criado**
**criadero** *nm* élevage *m*
**criadillas** *nfpl* (*de res*) testicules *mpl*; (*setas*) truffes *fpl*
**criado, -a** *nm/f* domestique *mf*
**criador, a** *nm/f* éleveur(-euse)
**crianza** *nf* allaitement *m*; (*formación*) éducation *f*; (*de animales*) élevage *m*; **vino de ~** grand cru *m*
**criar** *vt* allaiter, nourrir; (*educar*) éduquer, élever; (*parásitos*) produire; (*animales*) élever ▶ *vi* avoir des petits; **criarse** *vpr* être élevé(e); (*formarse*) se former; (*crecer*) grandir
**criatura** *nf* créature *f*; (*niño*) gosse *mf* (*fam*)
**criba** *nf* (*tb fig*) crible *m*
**cribar** *vt* cribler *m*
**crimen** *nm* crime *m*; **~ pasional** crime passionnel
**criminal** *adj* criminel(le); (*tiempo, viaje etc*) horrible ▶ *nmf* criminel(le)
**criminalidad** *nf* criminalité *f*
**criminología** *nf* criminologie *f*
**crin** *nf* (*tb*: **crines**) crinière *f*
**crío, -a** (*fam*) *nm/f* gamin(e); (*más pequeño*) bébé *m*
**criollo, -a** *adj* créole; (*AM*) indigène ▶ *nm/f* Créole *mf*; (*AM*) indigène *mf*
**cripta** *nf* crypte *f*
**críptico, -a** *adj* énigmatique
**criptografía** *nf* cryptographie *f*
**críquet** *nm* cricket *m*
**crisálida** *nf* chrysalide *f*
**crisantemo** *nm* chrysanthème *m*
**crisis** *nf inv* crise *f*; **~ nerviosa** dépression *f* nerveuse
**crisma** *nf*: **romperle la ~ a algn** (*fam*) casser la figure à qn (*fam*)
**crisol** *nm* (*Tec*) creuset *m*; (*fig*) fonte *f*
**crispación** *nf* crispation *f*
**crispar** *vt* crisper; **ese ruido me crispa los nervios** ce bruit me porte sur les nerfs; **crisparse** *vpr* se crisper
**cristal** *nm* verre *m*; (*Quím*) cristal *m*; (*de ventana*) vitre *f*; **de ~** en verre; **~ ahumado** verre fumé; **~ de roca** cristal de roche;
**cristales** *nmpl* (*trozos rotos*) bouts *mpl* de verre
**cristalera** *nf* verrière *f*
**cristalería** *nf* verrerie *f*; (*tienda*) atelier *m* de vitrier
**cristalice** *etc vb ver* **cristalizar**
**cristalino, -a** *adj* cristallin(e) ▶ *nm* cristallin *m*
**cristalizar** *vi* cristalliser; (*fig*) se cristalliser; **cristalizarse** *vpr* se cristalliser
**cristiandad** *nf* chrétienté *f*
**cristianismo** *nm* christianisme *m*
**cristiano, -a** *adj*, *nm/f* chrétien(ne); **hablar en ~** parler espagnol; (*fig*) parler clairement
**Cristo** *nm* le Christ; (*crucifijo*) crucifix *m*; **armar un ~** faire du chahut
**Cristóbal** *n*: **~ Colón** Christophe Colomb
**criterio** *nm* critère *m*; (*opinión*) avis *m*; (*discernimiento*) discernement *m*, jugement *m*; **lo dejo a su ~** la décision vous appartient
**crítica** *nf* critique *f*; **la ~** (*Teatro etc*) la critique; *ver tb* **crítico**
**criticable** *adj* critiquable
**criticar** *vt* (*censurar*) critiquer; (*novela, película*) faire la critique de ▶ *vi* critiquer
**crítico, -a** *adj*, *nm/f* critique *mf*
**critique** *etc vb ver* **criticar**
**Croacia** *nf* Croatie *f*
**croar** *vi* coasser
**croata** *adj* croate ▶ *nmf* Croate *mf*
**croché** *nm* crochet *m*; **hacer ~** faire du crochet
**croissan, croissant** [krwa'san] *nm* (*Culin*) croissant *m*
**crol** *nm* crawl *m*
**cromado** *nm* chromage *m*
**cromo** *nm* chrome *m*; (*para niños*) vignette *f*
**cromosoma** *nm* chromosome *m*
**crónica** *nf* chronique *f*; **~ deportiva/de sociedad** rubrique sportive/mondaine
**crónico, -a** *adj* (*tb fig*) chronique
**cronista** *nmf* chroniqueur(-euse); **~ de radio** chroniqueur(-euse) de radio; **~ deportivo** chroniqueur(-euse) sportif(-ive); **~ de sucesos** chroniqueur(-euse) spécialiste en faits-divers
**crono** *nm* (*cronómetro*) chronomètre *m*; (*tiempo*) temps *m*; **ganó con un ~ de 6,59** elle a gagné avec un temps de 6,59; **hacer** *o* **marcar un ~**

## cronoescalada – cualquier

**de** faire un temps de ▶ *nf* (*cronoescalada*) contre-la-montre *m inv* en ascension
**cronoescalada** *nf* contre-la-montre *m inv* en ascension
**cronología** *nf* chronologie *f*
**cronológico, -a** *adj*: **orden** ~ ordre *m* chronologique
**cronometrar** *vt* chronométrer
**cronómetro** *nm* chronomètre *m*
**croqueta** *nf* croquette *f*
**croquis** *nm inv* croquis *msg*
**cross** [kros] *nm inv* (*Atletismo*) cross *m*
**cruasán** *nm* (*Culin*) croissant *m*
**cruce** *vb ver* **cruzar** ▶ *nm* croisement *m* ; (*de miradas*) rencontre *f* ; (*de carreteras*) carrefour *m* ; (*Telec etc*) interférence *f* ; **luces de** ~ feux *mpl* de croisement ; **~ de peatones** passage *m* clouté
**crucero** *nm* (*barco*) croiseur *m* ; (*viaje*) croisière *f*
**crucial** *adj* crucial(e)
**crucificar** *vt* (*tb fig*) crucifier
**crucifijo** *nm* crucifix *msg*
**crucifique** *etc vb ver* **crucificar**
**crucifixión** *nf* crucifixion *f*
**crucigrama** *nm* mots *mpl* croisés
**crudeza** *nf* (*de clima*) rigueur *f* ; (*de palabras etc*) dureté *f*
**crudo, -a** *adj* cru(e) ; (*invierno etc*) rigoureux(-euse) ▶ *nm* pétrole *m* brut ; (*PERÚ*) serpillière *f*
**cruel** *adj* cruel(le)
**crueldad** *nf* cruauté *f*
**cruelmente** *adv* cruellement
**cruento, -a** *adj* sanglant(e)
**crujido** *nm* craquement *m*
**crujiente** *adj* (*galleta*) croquant(e) ; (*pan*) croustillant(e)
**crujir** *vi* craquer ; (*dientes*) grincer ; (*nieve, arena*) crisser
**crupier** *nm* croupier *m*
**crustáceo** *nm* crustacé *m*
**cruz** *nf* croix *fsg* ; (*de moneda*) pile *f* ; **con los brazos en** ~ les bras en croix ; **~ gamada** croix gammée ; **C~ Roja** Croix-Rouge *f*
**cruza** (*AM*) *nf* (*Bio*) croisement *m*
**cruzada** *nf* croisade *f* ; *ver tb* **cruzado**
**cruzado, -a** *adj* croisé(e) ; (*en calle, carretera*) en travers ▶ *nm* croisé *m*
**cruzar** *vt* croiser ; (*calle, desierto*) traverser ; (*palabras*) échanger ; **cruzarle la cara a algn** (*fam*) flanquer une gifle à qn (*fam*) ; **cruzarse** *vpr* se croiser ; **cruzarse con algn** croiser qn ; **cruzarse de brazos** (*tb fig*) se croiser les bras
**CSIC** [θe'sik] (*ESP*) *sigla m* (= *Consejo Superior de Investigaciones Científicas*) ≈ CNRS *m* (= *Centre national de la recherche scientifique*)
**cta., c.ta** *abr* = **cuenta**
**cta. cte.** *abr* (= *cuenta corriente*) compte *m* courant
**cta. cto.** *abr* (= *carta de crédito*) *ver* **carta**
**cte.** *abr* (= *corriente, de los corrientes*) courant

**CTNE** *sigla f* = **Compañía Telefónica Nacional de España**
**ctra.** *abr* (= *carretera*) Rte (= *route*)
**c/u** *abr* (= *cada uno*) *ver* **cada**
**cuaco** *nm* (*AM pey*) canasson *m*
**cuaderno** *nm* cahier *m* ; **~ de bitácora** (*Náut*) livre *m* de bord
**cuadra** *nf* écurie *f* ; (*AM Arq*) pâté *m* de maisons
**cuadrado, -a** *adj* (*tb fam*) carré(e) ; **metro/ kilómetro** ~ mètre *m*/kilomètre *m* carré ▶ *nm* (*Mat*) carré *m*
**cuadragésimo, -a** *adj, nm/f* quarantième *mf*
**cuadrángulo** *nm* quadrangle *m*
**cuadrante** *nm* quadrant *m*
**cuadrar** *vt* (*Mat*) élever au carré ; (*PERÚ*) garer ▶ *vi* (*Tip*) justifier ; **~ (con)** (*informaciones*) correspondre (à) ; (*cuentas*) s'accorder (avec) ; **~ por la derecha/izquierda** (*Tip*) justifier à droite/gauche ; **cuadrarse** *vpr* (*soldado*) se mettre au garde-à-vous
**cuadrícula** *nf* quadrillage *m*
**cuadriculado, -a** *adj*: **papel** ~ papier *m* quadrillé
**cuadrilátero** *nm* (*Deporte*) ring *m* ; (*Mat*) quadrilatère *m*
**cuadrilla** *nf* (*de obreros etc*) équipe *f* ; (*de ladrones, amigos*) bande *f*
**cuadro** *nm* tableau *m* ; (*cuadrado*) carré *m* ; (*Deporte, Med*) équipe *f* ; (*Pol, Mil, tb de bicicleta*) cadre *m* ; **a/de cuadros** à carreaux ; **~ de mandos** tableau de bord
**cuadrúpedo** *adj* quadrupède
**cuádruple** *adj* quadruple
**cuadruplicar** *vt*, **cuadruplicarse** *vpr* quadrupler
**cuádruplo, -a** *adj* = **cuádruple**
**cuajada** *nf* lait *m* caillé ; *ver tb* **cuajado**
**cuajado, -a** *adj*: **~ de** (*fig*) plein(e) de
**cuajar** *vt* (*leche*) cailler ; (*sangre*) coaguler ; (*huevo*) faire durcir ; **~ algo de** remplir qch de ▶ *vi* (*Culin, nieve*) prendre ; (*fig: planes*) aboutir ; (: *acuerdo*) marcher ; (: *idea*) se réaliser ; **cuajarse** *vpr* (*leche*) se cailler
**cuajo** *nm*: **de** ~ (*arrancar etc*) à la racine
**cual** *adv* comme ; **tal** ~ tel quel ▶ *pron*: **el/la** ~ lequel (laquelle), qui ; **los/las cuales** lesquels (lesquelles), qui ; **lo** ~ ce qui, ce que ; **con** *o* **por lo** ~ c'est pourquoi ; **cada** ~ chacun ; **allá cada** ~ chacun ses goûts ; **son a** **~ más gandul** ils sont tous plus fainéants les uns que les autres ; **del** ~ duquel, dont
**cuál** *pron* (*interrogativo*) lequel, laquelle, (*pl*) lesquels, lesquelles ▶ *adj* (*esp AM fam*): **¿cuáles primos?** quels cousins ?
**cualesquier, a** *pl de* **cualquier**
**cualidad** *nf* qualité *f*
**cualificado, -a** *adj* qualifié(e)
**cualitativo, -a** *adj* qualitatif(-ive)
**cualquier, a** (*pl* **cualesquiera**) *adj* (*indefinido*) n'importe quel(le) ; (*tras sustantivo*)

quelconque ; **~ día de estos** un de ces jours ; **en ~ momento** à n'importe quel moment ; **en ~ parte** n'importe où ; **no es un hombre cualquiera** ce n'est pas n'importe qui ▶ *pron*: **cualquiera** quiconque, n'importe qui ; *(a la hora de escoger)* n'importe lequel (laquelle) ; **eso cualquiera lo sabe hacer** ça, n'importe qui peut le faire ; **cualquiera que sea** *(objeto)* quel(le) que ce soit ; *(persona)* qui que ce soit ▶ *nm*: **es un cualquiera** c'est un pas-grand-chose

**cuán** *adv* combien, comme

**cuando** *adv* quand ; **~ más/menos** tout au plus/au moins ; **de ~ en ~** de temps en temps, de temps à autre ; **aun ~** même si, même quand ; **aun ~ no sea así** même si ce n'est pas le cas ▶ *conj* quand, lorsque ; *(puesto que)* puisque, du moment que ; *(si)* si ; **ven ~ quieras** viens quand tu voudras ▶ *prep*: **yo, ~ niño** ... moi, quand j'étais petit ...

**cuándo** *adv* quand ; **¿desde ~?, ¿de ~ acá?** depuis quand ?

**cuantía** *nf* montant *m* ; *(valía)* qualité *f*, importance *f* ; **de mayor/menor ~** important/sans importance

**cuantificar** *vt* (*tb Fís*) quantifier

**cuantioso, -a** *adj* considérable

**cuantitativo, -a** *adj* quantitatif(-ive)

(PALABRA CLAVE)

**cuanto, -a** *adj* **1** *(todo)*: **tiene todo cuanto desea** il a tout ce qu'il veut ; **le daremos cuantos ejemplares necesite** nous vous donnerons autant d'exemplaires qu'il vous en faudra ; **cuantos hombres la ven la admiran** tous les hommes qui la voient l'admirent

**2**: **unos cuantos**: **había unos cuantos periodistas** il y avait un certain nombre de journalistes

**3** (+ *más*): **cuanto más vino bebas peor te sentirás** plus tu boiras de vin plus tu te sentiras mal ; **cuanto más tiempo estemos mejor** plus on reste mieux c'est
▶ *pron* **1**: **tome cuanto/cuantos quiera** prenez-en autant que vous voulez

**2**: **unos cuantos** quelques-uns
▶ *adv*: **en cuanto**: **en cuanto profesor es excelente** comme professeur, il est excellent ; **en cuanto a mí** quant à moi ; **cuanto antes** au plus tôt
▶ *conj* **1**: **cuanto más lo pienso menos me gusta** plus j'y pense moins ça me plaît ; *ver tb* **antes**

**2**: **en cuanto**: **en cuanto llegue/llegó** dès qu'il arrive o arrivera/arriva

**cuánto, -a** *adj* *(exclamativo)* que de, quel(le) ; *(interrogativo)* combien de ; **¡cuánta gente!** que de gens ! ; **¿~ tiempo?** combien de temps ? ▶ *pron, adv* combien ; **¿~ cuesta?** combien ça coûte ? ; **¿a cuántos estamos?** le combien sommes-nous ? ; **¿~ hay de aquí a Bilbao?** combien y a-t-il d'ici à Bilbao ? ; **¡~ me alegro!** comme je suis content ! ; **Señor no sé cuántos** Monsieur Untel

En francés *combien* es siempre invariable. Así, por ejemplo:
**Pregúntale cuánta gente habrá.**
Demande-lui combien de monde il y aura.
**¿Cuántos alumnos han ido hoy a clase?**
Combien d'élèves sont allés aujourd'hui en cours ?

**cuáquero, -a** *adj, nm/f* quaker(esse)

**cuarenta** *adj inv, nm inv* quarante *m inv* ; *ver tb* **sesenta**

**cuarentena** *nf* quarantaine *f*

**cuarentón, -ona** *adj, nm/f* quadragénaire *mf*

**cuaresma** *nf* carême *m*

**cuarta** *nf* empan *m* ; *(Mús)* quarte *f* ; *ver tb* **cuarto**

**cuartear** *vt* dépecer ; **cuartearse** *vpr* se lézarder ; *(piel)* se crevasser ; *(pintura)* s'écailler

**cuartel** *nm* caserne *f* ; **no dar ~** ne pas faire de quartier ; **~ general** quartier *m* général

**cuartelazo** *nm* putsch *m*, coup *m* d'État

**cuartelillo** *nm* *(de Guardia Civil)* poste *m* ; **dar ~ a algn** *(fam)* accueillir qn

**cuarteto** *nm* quatuor *m*

**cuartilla** *nf* feuillet *m*

**cuartillo** *nm* chopine *f*

**cuarto, -a** *adj* quatrième ▶ *nm* *(Mat)* quart *m* ; *(habitación)* pièce *f* ; *(dormitorio)* chambre *f* ; *(Zool)* quartier *m* ; **no tener un ~** ne pas avoir un sou ; **~ creciente/menguante** premier/dernier quartier ; **~ de baño/de estar** salle *f* de bains/de séjour ; **cuartos de final** *(Deporte)* quarts *mpl* de finale ; **~ de hora** quart d'heure ; **~ de huéspedes** chambre d'amis ; **~ de kilo** demi-livre *f* ; **~ delantero/trasero** avant-/arrière-train *m* ; *ver tb* **sexto**

**cuarzo** *nm* quartz *m*

**cuate, -a** *nm/f* *(CAM, MÉX)* jumeau(-elle) ; *(fam)* copain (copine)

**cuaternario, -a** *adj* *(Geol)* quaternaire ▶ *nm*: **el ~** le quaternaire

**cuatrero** *nm* *(AM)* voleur *m* de bétail

**cuatrienio** *nm* période *f* de quatre ans

**cuatrillizos, -as** *nmpl/nfpl* quadruplés(-ées)

**cuatrimestral** *adj* tous les quatre mois

**cuatrimestre** *nm* période *f* de quatre mois

**cuatro** *adj inv, nm inv* quatre *m inv* ; *ver tb* **seis**

**cuatrocientos, -as** *adj* quatre cents ; *ver tb* **seiscientos**

**Cuba** *nf* Cuba *f*

**cuba** *nf* cuve *f*, tonneau *m* ; *(tina)* cuve ; **estar como una ~** *(fam)* être rond(e)

**cubalibre** *nm* rhum *m* coca

**cubano, -a** *adj* cubain(e) ▶ *nm/f* Cubain(e)
**cubata** (*fam*) *nm* rhum *m* coca
**cubero** *nm*: **a ojo de buen ~** à vue de nez
**cubertería** *nf* ménagère *f*
**cubeta** *nf* cuvette *f*, bac *m*
**cúbico, -a** *adj* cubique
**cubículo** *nm* alcôve *f*
**cubierta** *nf* couverture *f*; (*neumático*) pneu *m*; (*Náut*) pont *m*
**cubierto, -a** *pp de* **cubrir** ▶ *adj* couvert(e); (*vacante*) pourvu(e); **~ de** couvert(e) de, recouvert(e) de ▶ *nm* couvert *m*; **a o bajo ~** à l'abri; **precio del ~** prix *msg* par personne
**cubil** *nm* tanière *f*, gîte *m*
**cubilete** *nm* gobelet *m*, cornet *m*
**cubismo** *nm* cubisme *m*
**cubista** *adj*, *nmf* cubiste *mf*
**cubitera** *nf* seau *m* à glace
**cubito** *nm*: **~ de hielo** glaçon *m*
**cubo** *nm* (*Mat*, *Mat*) cube *m*; (*recipiente*) seau *m*; (*Tec*) tambour *m*; **~ de la basura** poubelle *f*
**cubrecama** *nm* couvre-lit *m*, dessus *msg* de lit
**cubrir** *vt* couvrir; (*esconder*) cacher; (*polvo, nieve*) recouvrir, couvrir; (*vacante*) pourvoir; **~ de** couvrir de; **lo cubrieron las aguas** les eaux l'ont englouti; **el agua casi me cubría** je n'avais presque pas pied; **cubrirse** *vpr* se couvrir; **cubrirse de** se couvrir de, se recouvrir de; **cubrirse de gloria** se couvrir de gloire
**cucaña** *nf* (*palo, juego*) mât *m* de cocagne
**cucaracha** *nf* cafard *m*
**cuchara** *nf* cuiller *f*, cuillère *f*; (*Tec*) benne *f* preneuse
**cucharada** *nf* cuillerée *f*; **~ colmada/rasa** cuiller *f o* cuillère *f* pleine à ras bord/rase
**cucharadita** *nf* cuillerée *f* à café
**cucharilla** *nf* petite cuiller *f o* cuillère *f*
**cucharón** *nm* louche *f*
**cuchichear** *vi* chuchoter
**cuchicheo** *nm* chuchotement *m*
**cuchilla** *nf* lame *f*
**cuchillada** *nf* coup *m* de couteau; (*herida*) estafilade *f*
**cuchillo** *nm* couteau *m*
**cuchitril** (*pey*) *nm* taudis *msg*, bouge *m*
**cuclillas** *nfpl*: **en ~** accroupi(e)
**cuco, -a** *adj* (*mono*) joli(e); (*astuto*) malin(-igne) ▶ *nm* coucou *m*
**cucurucho** *nm* cornet *m*; **helado de ~** cornet de glace
**cuece** *etc vb ver* **cocer**
**cuele** *etc vb ver* **colar**
**cuelgue** *etc vb ver* **colgar**
**cuello** *nm* cou *m*; (*de ropa*) col *m*; (*de botella*) goulot *m*; **~ a la caja/alto/de pico** col rond/roulé/en V; **~ uterino** col de l'utérus
**cuenca** *nf* (*tb:* **cuenca del ojo**) orbite *f*; (*Geo: valle*) vallée *f*; (*: fluvial*) bassin *m*
**cuenco** *nm* bol *m*

**cuenta** *vb ver* **contar** ▶ *nf* compte *m*; (*en restaurante*) addition *f*; (*de collar*) grain *m*; **a fin de cuentas** au bout du compte; **en resumidas cuentas** en bref; **ajustar las cuentas a algn** régler son compte à qn; **caer en la ~** y être; **llevar la ~ de algo** faire le compte de qch; **eso corre de mi ~** c'est moi qui m'en charge o occupe; (*yo pago*) c'est moi qui paie; **dar ~ de** rendre compte de; **darse ~ de algo** se rendre compte de qch; **echar cuentas** faire les comptes; **perder la ~ de** ne pas se rappeler; **tener en ~** tenir compte de; **por la ~ que me** *etc* **trae** j'ai *etc* intérêt; **trabajar por su ~** travailler à son compte; **abonar una cantidad en ~ a algn** créditer le compte de qn d'une somme; **liquidar una ~** régler un compte; **más de la ~** (*fam*) plus que de raison; **~ a plazo (fijo)** compte de dépôt; **~ atrás** compte à rebours; **~ común** compte joint; **~ corriente** compte courant; **~ de ahorros** compte d'épargne; **~ de asignación** compte d'affectation; **~ de caja/de capital/de crédito** compte caisse/capital/client; **~ de correo** (*Internet*) compte de messagerie; **~ de gastos e ingresos** compte de dépenses et de recettes; **~ por cobrar/por pagar** somme *f* à percevoir/à payer
**cuentacuentos** *nmf inv* conteur(-euse)
**cuentagotas** *nm inv* compte-gouttes *m inv*; **a o con ~** (*fam: fig*) au compte-gouttes
**cuentakilómetros** *nm inv* compteur *m* kilométrique; (*velocímetro*) compteur de vitesse
**cuentarrevoluciones** *nm inv* compte-tours *m inv*
**cuentista** *nmf* (*mentiroso*) baratineur(-euse); (*fantasioso*) fantaisiste *mf*; (*Lit*) conteur(-euse)
**cuento** *vb ver* **contar** ▶ *nm* conte *m*; (*patraña*) histoire *f*; **es el ~ de nunca acabar** c'est une histoire à n'en plus finir; **eso no viene a ~** ceci n'a rien à voir; **tener mucho ~** être très comédien(ne); **vivir del ~** vivre de l'air du temps; **~ chino** histoire à dormir debout; (*fam*) bande *f* (*fam*); **~ de hadas** conte de fées
**cuerda** *nf* corde *f*; (*de reloj*) ressort *m*; **dar ~ a un reloj** remonter une montre; **~ floja** corde raide; **cuerdas vocales** cordes vocales; *ver tb* **cuerdo**
**cuerdo, -a** *adj* sensé(e); (*prudente*) sage, prudent(e)
**cuerear** (*Am*) *vt* écorcher, dépouiller
**cuerno** *nm* corne *f*; (*Mús*) cor *m*; **mandar a algn al ~** envoyer qn paître; **¡y un ~!** mon œil!; **poner los cuernos a** (*fam*) faire porter des cornes à; **~ de caza** corne de chasse
**cuero** *nm* cuir *m*; (*Carib fam!*) pute *f* (*fam!*); **en cueros** tout(e) nu(e); **~ cabelludo** cuir chevelu
**cuerpo** *nm* corps *msg*; (*Mat*) solide *m*; (*fig*) partie *f* principale; **a ~** sans manteau; **luchar a ~** lutter corps à corps; **tomar ~** (*plan etc*) prendre corps; **~ de bomberos**

régiment m de sapeurs-pompiers ; **~ diplomático** corps diplomatique

**cuervo** nm corbeau m ; (CSUR) vautour m

**cuesta** vb ver **costar** ▶ nf côte f ; **ir ~ arriba/abajo** monter/descendre ; **este trabajo se me hace muy ~ arriba** (fig) j'ai du mal à faire ce travail ; **a cuestas** sur le dos

**cuestación** nf collecte f

**cuestión** nf question f ; (riña) dispute f, querelle f ; **en ~ de** en matière de ; **eso es otra ~** ça c'est une autre histoire ; **es ~ de** il s'agit de

**cuestionar** vt contester, mettre en question

⚠ **Cuestionar** ne signifie pas *questionner*, qui se traduit par **interrogar** en espagnol.

**cuestionario** nm questionnaire m

**cueva** nf grotte f, caverne f ; **~ de ladrones** caverne de voleurs

**cueza** etc vb ver **cocer**

**cuidado, -a** adj soigné(e) ▶ nm précaution f ; (preocupación) souci m ; (de los niños etc) soin m ; **eso me trae sin ~** ça je m'en fiche ; **estar al ~ de** s'occuper de ; **tener ~** faire attention ; **cuidados intensivos** soins mpl intensifs ▶ excl attention ! ; **~ con el perro** attention au chien

**cuidador, a** nm/f (de niños) baby-sitter mf, nourrice f ; (de enfermos) assistant(e) de vie, soignant(e) ; (de zoo, terreno) gardien(ne) ; (Boxeo) soigneur(-euse)

**cuidadosamente** adv soigneusement ; (con precaución) prudemment

**cuidadoso, -a** adj soigneux(-euse) ; (prudente) prudent(e)

**cuidar** vt soigner ; (niños, enfermos, lugar) s'occuper de ▶ vi : **~ de** prendre soin de ; **cuidarse** vpr prendre soin de soi ; **cuidarse de hacer** prendre soin de faire ; **¡cuídate!** prends soin de toi !, fais attention à toi !

**cuita** nf souci m ; (pena) peine f

**culantro** nm coriandre f

**culata** nf crosse f ; **le salió el tiro por la ~** ça a été l'arroseur arrosé

**culatazo** nm recul m

**culebra** nf couleuvre f

**culebrear** vi serpenter

**culebrón** (fam) nm feuilleton m

**culera** nf fond m ; (parche) pièce f

**culinario, -a** adj culinaire

**culmen** nm (punto culminante) apogée f ; (colmo) : **el ~ de la ignorancia** le comble de l'ignorance ; (persona) l'ignorance incarnée ; **llegar a su ~** atteindre son apogée ▶ adj : **el momento ~ de su carrera** le zénith de sa carrière ; **el momento ~ de la campaña electoral** le moment culminant de la campagne électorale

**culminación** nf point m culminant

**culminante** adj culminant(e)

**culminar** vi culminer

**culo** nm (fam) fesses fpl, cul m (fam !) ; (en botella : final) fond m ; **¡vamos de ~!** (fam) nous voilà bien ! ; **¡vete a tomar por ~!** (fam!) va te faire enculer ! (fam!)

**culote** nm, **culottes** nmpl (Deporte) cuissard m ; (prenda íntima) culotte f

**culpa** nf faute f ; (Jur) culpabilité f ; **echar la ~ a algn** accuser qn ; **por ~ de** à cause de ; **tengo la ~** c'est de ma faute ; **culpas** nfpl (Rel) fautes fpl

**culpabilidad** nf culpabilité f

**culpabilizar** vt = **culpar**

**culpable** adj, nmf coupable mf ; **ser ~ (de)** être coupable (de) ; **confesarse ~** plaider coupable ; **declarar ~ a algn** déclarer qn coupable

**culpar** vt accuser

**cultivable** adj cultivable

**cultivadora** nf cultivateur m

**cultivar** vt cultiver ; (amistad) entretenir

**cultivo** nm culture f ; (cosecha) récolte f

**culto, -a** adj cultivé(e) ; (lenguaje) choisi(e) ; (palabra) savant(e) ▶ nm culte m ; **rendir ~ a** (Rel, fig) vouer un culte à

**cultura** nf culture f

**cultural** adj culturel(le)

**culturismo** nm culturisme m

**culturista** nmf culturiste mf

**culturizar** vt transmettre sa culture à ; **culturizarse** vpr se cultiver

**cumbia** nf (música, baile) cumbia f

**cumbre** nf (tb fig) sommet m

**cumpleaños** nm inv anniversaire m ; **¡feliz ~!** joyeux anniversaire !

**cumplidamente** adv largement

**cumplido, -a** adj (cortés) poli(e) ; (plazo) échu(e) ; (información) complet(-ète) ; (tamaño) grand(e) ▶ nm compliment m ; **visita de ~** visite f de politesse ; **cumplidos** nmpl (amabilidades) politesses fpl

**cumplidor, a** adj sérieux(-euse)

**cumplimentar** vt complimenter, adresser ses compliments à ; (orden) exécuter

**cumplimiento** nm accomplissement m ; (de norma) respect m

**cumplir** vt accomplir ; (ley) respecter ; (promesa) tenir ; (años) avoir ; **hoy cumple dieciocho años** aujourd'hui il a dix-huit ans ▶ vi (pago) arriver à échéance ; (plazo) expirer ; **~ con** (deber) faire ; (promesa) tenir ; **hacer algo por ~** faire qch pour la forme o par politesse ; **cumplirse** vpr (plazo) expirer ; (plan, pronósticos) se réaliser, s'accomplir ; **hoy se cumplen dos años/tres meses de** ça fait aujourd'hui deux ans/trois mois que

**cúmulo** nm tas msg ; (nube) cumulus msg

**cuna** nf berceau m ; **canción de ~** berceuse f

**cundir** vi (rumor, pánico) se répandre, se propager ; (trabajo) avancer, progresser ; (aceite, hilo) durer

**cuneta** nf fossé m
**cuña** nf (Tec) coin m ; (Med) bassin m ; **tener cuñas** (AM) avoir du piston ; **~ publicitaria** message m publicitaire
**cuñado, -a** nm/f beau-frère (belle-sœur)
**cuño** nm (para acuñar) coin m ; (sello) empreinte f
**cuota** nf quota m ; (parte proporcional) quote-part f ; (de club etc) cotisation f ; **de ~** (AM: carretera) à péage
**cupa** etc vb ver **caber**
**cupé** nm coupé m
**cupiera** etc vb ver **caber**
**cuplé** nm chanson légère et généralement grivoise très en vogue au début du XXe siècle
**cupo** vb ver **caber** ▶ nm quote-part f ; (Mil) contingent m ; **~ de importación** (Com) contingent d'importation ; **~ de ventas** quota m de ventes
**cupón** nm billet m ; (de resguardo) bon m ; (Com) coupon m
**cuponazo** (fam) nm prix extraordinaire de loterie organisée par la ONCE (Organización Nacional de Ciegos)
**cúpula** nf coupole f ; (Pol, Econ) dirigeants mpl
**cura** nf guérison f ; (tratamiento) soin m ; **~ de desintoxicación** cure f de désintoxication ; **~ de urgencia** soins mpl d'urgence ▶ nm curé m
**curación** nf guérison f ; (tratamiento) traitement m
**curado, -a** adj (Culin) séché(e) ; (pieles) tanné(e) ; **estar ~ de espantos** en avoir vu d'autres
**curandero, -a** nm/f guérisseur(-euse)
**curar** vt (enfermo, enfermedad, herida) guérir ; (: con apósitos) panser ; (Culin) faire sécher ; (cuero) tanner ; **curarse** vpr guérir
**curativo, -a** adj curatif(-ive)
**curda** (fam) nf: **agarrar una ~** prendre une cuite (fam) ; **estar ~** être bourré(e) (fam)
**curia** nf (tb: **curia romana**) curie f
**curiosamente** adv curieusement ; (sorprendentemente) étrangement
**curiosear** vt fouiner dans ▶ vi fouiner
**curiosidad** nf curiosité f ; **sentir** o **tener ~ por** o **de (hacer)** être curieux(-euse) de (faire)
**curioso, -a** adj curieux(-euse) ; (aseado) propre, soigné(e) ; **¡qué ~!** comme c'est étrange ! ▶ nm/f (pey) curieux(-euse)
**curita** nf (AM) sparadrap m
**currante** (fam) nmf bosseur(-euse) (fam)
**currar, currelar** (fam) vi bosser, trimer
**curricular** adj (Escol) du ou des programme(s)
**currículo** nm (currículum) curriculum m (vitae) ; (Escol) programme m
**currículum** nm (tb: **currículum vítae**) curriculum m (vitae)
**curro** (fam) nm boulot m (fam)
**curry** nm (especia, plato) curry m ; **pollo al ~** poulet m au curry
**cursar** vt (Escol) suivre ; (orden etc) transmettre
**cursi** adj de mauvais goût ; (afectado) maniéré(e)
**cursilada** nf (cosa) objet m de mauvais goût
**cursilería** nf (cosa) objet m de mauvais goût ; (del cursi) manières fpl
**cursillo** nm cours msg ; (de reciclaje etc) stage m ; (de conferencias) cycle m
**cursiva** nf italique m
**curso** nm cours msg ; (Escol, Univ) année f ; **en ~** (año, proceso) en cours ; **dar ~ a** donner suite à ; **moneda de ~ legal** monnaie f à cours légal ; **en el ~ de** au cours de ; **~ acelerado/por correspondencia** cours accéléré/par correspondance
**cursor** nm (Inform) curseur m ; (Tec) curseur, coulisseau m
**curtido, -a** adj (cara, cuero) tanné(e) ; (fig: persona) expérimenté(e), chevronné(e)
**curtir** vt (pieles) tanner, corroyer ; (suj: sol, viento) tanner ; (fig) endurcir, aguerrir ; **curtirse** vpr (fig) s'endurcir, s'aguerrir
**curva** nf virage m, tournant m ; (Mat) courbe f ; **~ de rentabilidad** (Com) courbe de rentabilité
**curvatura** nf courbure f
**curvilíneo, -a** adj curviligne
**curvo, -a** adj courbe
**cuscús** nm couscous msg
**cúspide** nf sommet m ; (fig) faîte m, comble m
**custodia** nf surveillance f ; (de hijos) garde f ; (Jur) détention f ; **estar bajo ~ policial** être en garde à vue
**custodiar** vt surveiller
**custodio** nm gardien m
**cutáneo, -a** adj cutané(e)
**cúter** nm cutter m
**cutícula** nf cuticule f
**cutis** nm inv peau f
**cutre** (fam) adj ringard(e) (fam)
**cuyo, -a** pron (complemento de sujeto) dont le (dont la) ; (: plural) dont les ; (complemento de objeto) dont ; (tras preposición) de qui, duquel (de laquelle) ; (: plural) desquels (desquelles) ; **la señora en cuya casa me hospedé** la dame chez qui j'étais logé ; **el asunto cuyos detalles conoces** l'affaire dont tu connais les détails ; **por ~ motivo** c'est pourquoi ; **en ~ caso** auquel cas
**C.V.** abr (= curriculum vitae) CV m (= curriculum vitae) ; (= caballos de vapor) CV (= cheval-vapeur)
**C y F** abr (= costo y flete) port dû

# Dd

**D, d** *nf (letra)* D, d *m inv* ; **D de Dolores** = D comme Désiré

**D.** *abr* = **Don**; *(con apellido)* M (= *Monsieur*) ; *(solo con nombre)* Don *m*

**D.ª** *abr* = **Doña**; *(con apellido)* Mme (= *Madame*) ; *(solo con nombre)* Doña *f*

**dación** *nf*: **~ en pago** *(Jur)* dation *f* en paiement

**dactilar** *adj*: **huellas dactilares** empreintes *fpl* digitales

**dadá** *adj, nm* dada *m*

**dadaísmo** *nm* dadaïsme *m*

**dadaísta** *adj, nmf* dadaïste *mf*

**dádiva** *nf (donación)* don *m* ; *(regalo)* présent *m*

**dadivoso, -a** *adj* généreux(-euse)

**dado, -a** *pp de* **dar** ▶ *adj*: **en un momento ~** à un moment donné ; **ser ~ a hacer algo** être enclin(e) à faire qch ; **~ que** étant donné que ▶ *nm (para juego)* dé *m* ; **dados** *nmpl (juego)* dés *mpl*

**daga** *nf* dague *f*

**daiquiri, daiquirí** *nm* daïquiri *m*

**dalia** *nf* dahlia *m*

**dálmata** *adj*: **perro ~** dalmatien *m*

**daltónico, -a** *adj, nm/f* daltonien(ne)

**daltonismo** *nm* daltonisme *m*

**dama** *nf* dame *f* ; **~ de honor** *(de novia)* demoiselle *f* d'honneur ; *(de reina)* dame d'honneur ; *(en concurso)* dauphine *f* ; **primera ~** *(Teatro)* premier rôle *m* féminin ; *(Pol)* première dame ; **damas** *nfpl (juego)* dames *fpl*

**damasco** *nm (tela)* damas *msg* ; *(Am)* abricot *m*

**damnificado, -a** *nm/f*: **los damnificados** les victimes *fpl*

**dance** *etc vb ver* **danzar**

**dandi, dandy** *nm* dandy *m*

**danés, -esa** *adj* danois(e) ▶ *nm/f* Danois(e) ▶ *nm (Ling)* danois *m*

**danta** *(Am) nf* tapir *m*

**dantesco, -a** *adj* dantesque

**Danubio** *nm* Danube *m*

**danza** *nf* danse *f*

**danzar** *vt* danser ▶ *vi* danser ; *(fig: moverse)* s'agiter

**danzarín, -ina** *nm/f* danseur(-euse)

**dañar** *vt (mueble, cuadro, motor)* abîmer ; *(cosecha)* endommager ; *(salud, reputación)* nuire à ;

**dañarse** *vpr (cosecha)* se gâter

**dañino, -a** *adj (sustancia)* nocif(-ive) ; *(animal)* nuisible

**daño** *nm (a mueble, máquina)* dommage *m* ; *(a cosecha, región)* dégât *m* ; *(a persona, animal)* mal *m* ; **daños y perjuicios** *(Jur)* dommages *mpl* et intérêts *mpl* ; **hacer ~ a algn** *(producir dolor)* faire mal à qn ; *(fig: ofender)* blesser qn ; **eso me hace ~** ça ne me réussit pas ; **hacerse ~** se faire mal

**DAO** *sigla m* (= *Diseño Asistido por Ordenador*) DAO *f* (= *dessin assisté par ordinateur*)

(PALABRA CLAVE)

**dar** *vt* **1** donner ; **dar algo a algn** donner qch à qn ; **dar un golpe/una patada** donner un coup/un coup de pied ; **dar clase** faire la classe ; **dar la luz** allumer (la lumière) ; **dar las gracias** remercier ; **dar olor** répandre une odeur ; **dar de beber a algn** donner à boire à qn

**2** *(causar: alegría)* faire ; *(: problemas)* causer ; *(: susto)* faire

**3** (+ *n: perífrasis de verbo*): **me da pena/asco** cela me désole/dégoûte ; **da gusto escucharle** c'est bien agréable de l'écouter ; **me da no sé qué** *(reparo)* cela m'embête un peu

**4** *(considerar)*: **dar algo por descontado** considérer qch comme chose faite ; **lo doy por hecho/terminado** je considère que c'est fait/terminé

**5** *(hora)*: **el reloj dio las seis** la pendule sonna six heures ; *ver tb* **más**

**6**: **dar a** (+ *infinitivo*): **dar a conocer** faire connaître

▶ *vi* **1**: **dar a** *(ventana, habitación)* donner sur ; *(botón etc)* appuyer sur

**2**: **dar con**: **dimos con él dos horas más tarde** nous l'avons rencontré deux heures plus tard ; **al final di con la solución** finalement j'ai trouvé la solution

**3**: **dar en** *(blanco)* atteindre ; **dar en el suelo** tomber par terre ; **el sol me da en la cara** j'ai le soleil dans la figure

**4**: **dar de sí** *(ropa)* se détendre ; *(zapatos)* se faire

## dardo – debilidad

**5**: **dar para**: **el sueldo no da para más** ce salaire est très juste
**6**: **le dio por comprarse …** il s'est mis en tête de s'acheter …
**7**: **dar que** (+ *infinitivo*): **dar que pensar** donner à penser ; **el niño da mucho que hacer** cet enfant donne beaucoup de travail
**8**: **me da igual** *o* **lo mismo** ça m'est égal ; **¿qué más te da?** qu'est-ce que ça peut te faire ?

**darse** *vpr* **1** se donner ; **darse un baño** prendre un bain ; **darse un golpe** se cogner
**2** (*ocurrir*): **se han dado muchos casos** il y a eu de nombreux cas
**3**: **darse a**: **darse a la bebida** s'adonner à la boisson
**4**: **darse por**: **darse por vencido** se déclarer vaincu ; **darse por satisfecho** s'estimer satisfait
**5**: **se me dan bien/mal las ciencias** je suis bon/mauvais en sciences
**6**: **dárselas de**: **se las da de experto** il joue les experts

**dardo** *nm* dard *m*
**dársena** *nf* darse *f*
**datar** *vi*: ~ **de** dater de
**dátil** *nm* datte *f*
**dativo** *nm* datif *m*
**dato** *nm* (*detalle*) fait *m* ; (*Mat*) donnée *f* ; **datos** *nmpl* (*información, Inform*) données *fpl* ; **datos de entrada/de salida** données en entrée/en sortie ; **datos personales** coordonnées *fpl*
**dcha.** *abr* (= *derecha*) dr. (= *droite*)
**d. de J. C.** *abr* (= *después de Jesucristo*) ap. J.-C. (= *après Jésus-Christ*)

(PALABRA CLAVE)

**de** (*de + el = del*) *prep* **1** (*gen complemento de n*) de, d' ; **la casa de Isabel/de mis padres/de los Hernandez** la maison d'Isabel/de mes parents/des Hernandez ; **una copa de vino** un verre de vin ; **clases de inglés** cours *mpl* d'anglais
**2** (*posesión: con ser*): **es de ellos** c'est à eux
**3** (*origen, distancia*) de ; **soy de Gijón** je suis de Gijón ; **salir del cine/de la casa** sortir du cinéma/de la maison ; **de lado** de côté ; **de atrás/delante** de derrière/devant
**4** (*materia*) en ; **un abrigo de lana** un manteau en laine ; **de madera** en bois
**5** (*uso*) à ; **una máquina de coser** une machine à coudre
**6** (*traje, aspecto*): **ir vestido de gris** être habillé en gris, être vêtu de gris ; **la niña del vestido azul** la fille en robe bleue ; **la del pelo negro** celle qui a les cheveux noirs
**7** (*profesión*): **trabaja de profesora** elle travaille comme professeur
**8** (*hora, tiempo*): **a las ocho de la mañana** à huit heures du matin ; **de día/de noche** le jour/la nuit ; **de hoy en ocho días** aujourd'hui en huit ; **de niño era gordo** quand il était petit, il était gros
**9** (*medida, distribución*): **cinco metros de largo/ancho** cinq mètres de long/large ; **de dos en dos** de deux en deux ; **uno de cada tres** un sur trois
**10** (*comparaciones*): **más/menos de cien personas** plus/moins de cent personnes ; **el más caro de la tienda** le plus cher du magasin ; **menos/más de lo pensado** moins/plus qu'on ne pensait
**11** (*adj + de + inf*): **es difícil de creer** c'est difficile à croire ; **eso es difícil de hacer** il est difficile de faire cela
**12** (*causa, modo*): **no puedo dormir del calor que hace** je ne peux pas dormir à cause de la chaleur ; **de puro tonto se le olvidó coger dinero** il est si bête qu'il a oublié de prendre de l'argent ; **temblar de miedo/de frío** trembler de peur/de froid ; **de un trago** d'un coup ; **de un solo golpe** d'un seul coup
**13** (*condicional + infin*): **de no ser así** sinon ; **de ser posible** si c'est possible ; **de no terminarlo hoy** si ce n'est pas fini aujourd'hui
**14**: **el pobre de Juan** le pauvre Juan ; **el tonto de Carlos** cet idiot de Carlos
**15**: **de no** (*Am: si no*) sinon ; **¡hazlo, de no …!** fais-le sinon … !

**dé** *vb ver* **dar**
**deambular** *vi* (*persona*) déambuler ; (*animal*) errer
**debajo** *adv* dessous ; ~ **de** sous ; **por** ~ **de** en dessous de
**debate** *nm* débat *m*
**debatir** *vt* débattre (de) ▶ *vi* débattre ;
**debatirse** *vpr* (*forcejear*) se débattre
**debe** *nm* (*en cuenta*) débit *m* ; **el** ~ **y el haber** l'actif *m* et le passif
**deber** *nm* (*obligación*) devoir *m* ; **deberes** *nmpl* (*Escol*) devoirs *mpl* ▶ *vt* devoir ; **¿qué/cuánto le debo?** qu'est ce que/combien est-ce que je vous dois ? ; **queda a** ~ **250 euros** il reste à payer 250 euros ▶ *vi* (*obligación*): **debo hacerlo** je dois le faire ; **debería dejar de fumar** il devrait arrêter de fumer ; **como debe ser** comme il se doit ; (*suposición*): **debe (de) ser canadiense** il doit être canadien ; **deberse** *vpr*: **deberse a** être dû (due) à
**debidamente** *adv* (*comportarse etc*) comme il faut ; (*rellenar: documento etc*) dûment
**debido, -a** *adj* (*cuidado, respeto*) dû (due) ; ~ **a** en raison de ; **a su** ~ **tiempo** en temps voulu ; **como es** ~ comme il se doit
**débil** *adj* faible
**debilidad** *nf* faiblesse *f* ; **tener** ~ **por algn/algo** avoir un faible pour qn/qch

## debilitar – declinar

**debilitar** vt (persona, resistencia) affaiblir; (cimientos) ébranler; **debilitarse** vpr s'affaiblir
**débito** nm (deuda) débit m
**debut** [de'βu] nm (artístico, profesional) débuts mpl
**debutante** nmf débutant(e)
**debutar** vi (en actuación) débuter
**década** nf décennie f
**decadencia** nf (de edificio) délabrement m; (de persona) déchéance f; (de sociedad) décadence f
**decadente** adj décadent(e)
**decaer** vi (espectáculo) perdre de son attrait; (negocio) dépérir; (civilización, imperio) décliner; (costumbres) tomber en désuétude; (éxito, afición, interés) retomber; (salud) décliner
**decaído, -a** adj: **estar ~** (desanimado) être abattu(e)
**decaiga** etc vb ver **decaer**
**decaimiento** nm abattement m
**decálogo** nm décalogue m
**decanato** nm (cargo) doyenneté f; (lugar) doyenné m
**decano, -a** nm/f (tb Univ) doyen(ne)
**decantar** vt décanter; **decantarse** vpr: **decantarse por** se tourner vers
**decapante** nm (de pintura) décapant m
**decapitar** vt décapiter
**decatlón** nm décathlon m
**decayendo** etc vb ver **decaer**
**decena** nf dizaine f
**decencia** nf décence f
**decenio** nm décennie f
**decente** adj décent(e); (honesto) convenable
**decepción** nf déception f
**decepcionado, -a** adj déçu(e); **estar ~ con algo** être déçu(e) de ou par qch
**decepcionante** adj décevant(e)
**decepcionar** vt décevoir
**dechado** nm: **es un ~ de virtudes** il o elle est la vertu même
**decibelio** nm décibel m
**decididamente** adv (con decisión) avec décision, résolument; **entró ~ en la sala** il est entré dans la salle d'un pas décidé; (obviamente) franchement, de toute évidence; **un poema ~ romántico** un poème de toute évidence romantique; (sin duda) certainement; **~, vuelven a estar de moda los tacones** il ne fait aucun doute que les talons reviennent à la mode
**decidido, -a** adj décidé(e); **estoy ~ a hacerlo** je suis décidé(e) à le faire
**decidir** vt décider (de) ▶ vi décider; **decidirse** vpr: **decidirse (a hacer algo)** se décider (à faire qch); **¡decídete!** décide-toi!; **decidirse por** se décider pour
**decilitro** nm décilitre m
**décima** nf (Mat) dixième m; **tener décimas** avoir un peu de fièvre
**decimal** adj décimal(e)

**decímetro** nm décimètre m
**décimo, -a** adj, nm dixième m; ver tb **sexto**
**decimoctavo, -a** adj, nm/f dix-huitième mf; ver tb **sexto**
**decimocuarto, -a** adj, nm/f quatorzième mf; ver tb **sexto**
**decimonónico, -a** adj (fig) du dix-neuvième siècle
**decimonoveno, -a** adj, nm/f dix-neuvième mf; ver tb **sexto**
**decimoquinto, -a** adj, nm/f quinzième mf; ver tb **sexto**
**decimoséptimo, -a** adj, nm/f dix-septième mf; ver tb **sexto**
**decimosexto, -a** adj, nm/f seizième mf; ver tb **sexto**
**decimotercero, -a** adj, nm/f treizième mf; ver tb **sexto**
**decir** vt dire; (fam: llamar) appeler; **¡no me digas!** (sorpresa) non!; **~ para sí** se dire; **~ por ~** dire comme ça; **querer ~** vouloir dire; **es ~** c'est-à-dire; **ni que ~ tiene que ...** il va sans dire que ...; **como quien dice** o **como si dijéramos** comme qui dirait; **que digamos** o **que se diga** vraiment; **¡quién lo diría!** qui l'eût cru!; **por así decirlo** pour ainsi dire; **el qué dirán** le qu'en dira-t-on; **le dije que fuera más tarde** je lui ai dit d'y aller plus tard; **dicho sea de paso** soit dit en passant; **que ya es ~** ce n'est pas peu dire; **por no ~** pour ne pas dire ▶ vi: **¡diga!, ¡dígame!** (Telec) allô!; **~ (de)** (revelar) en dire long (sur) ▶ nm: **es un ~** c'est une façon de parler; **decirse** vpr: **se dice que ...** on dit que ...; **¿cómo se dice « cursi » en francés?** comment dit-on « cursi » en français?
**decisión** nf décision f; **tomar una ~** prendre une décision
**decisivamente** adv de manière décisive
**decisivo, -a** adj décisif(-ive)
**decisorio, -a** adj exécutif(-ive)
**declamar** vt déclamer ▶ vi (recitar) réciter; (pey) déclamer
**declaración** nf déclaration f; (Jur) déposition f; **falsa ~** (Jur) faux témoignage m; **prestar ~** (Jur) faire une déposition; **tomar ~ a algn** (Jur) prendre la déposition de qn; **~ de derechos** (Pol) déclaration des droits; **~ de la renta** déclaration de revenus; **~ fiscal** déclaration d'impôts; **~ jurada** déposition
**declarar** vt déclarer; **~ culpable/inocente a algn** déclarer qn coupable/innocent ▶ vi (para la prensa, en público) faire une déclaration; (Jur) faire une déposition; **declararse** vpr (amante, guerra, incendio) se déclarer; **declararse culpable/inocente** se déclarer coupable/innocent(e)
**declinación** nf déclinaison f
**declinar** vt décliner ▶ vi (poder) décliner; (fiebre) baisser

## declive – deformidad

**declive** nm pente f; (fig) déclin m; **en ~** en pente; (fig: imperio, economía) en déclin
**decodificador** nm décodeur m
**decolaje** (AND, CHI) nm décollage m
**decolar** (AND, CHI) vi décoller
**decolorante** nm décolorant m
**decolorar** vt décolorer
**decomisar** vt confisquer
**decomiso** nm confiscation f
**decoración** nf décoration f; (Teatro) décor m; **~ de escaparates/de interiores** décoration de vitrines/d'intérieur
**decorado** nm décor m
**decorador, a** nm/f décorateur(-trice)
**decorar** vt décorer
**decorativo, -a** adj décoratif(-ive)
**decoro** nm (en comportamiento etc) respect m
**decoroso, -a** adj correct(e); (digno) respectable
**decrecer** vi diminuer; (nivel de agua) baisser; (días) raccourcir
**decreciente** adj décroissant(e)
**decrecimiento** nm décroissance f
**decrépito, -a** adj décrépit(e); (sociedad) en décrépitude
**decretar** vt décréter
**decreto** nm décret m
**decreto-ley** (pl **decretos-leyes**) nm décret-loi m
**decrezca** etc vb ver **decrecer**
**decúbito** nm (Med): **en ~ prono/supino** sur le ventre/dos
**dedal** nm (para costura) dé m; (fig: medida) doigt m
**dedicación** nf (a trabajo etc) investissement m; (de persona) dévouement m; **con ~ exclusiva** o **plena** à plein temps
**dedicar** vt dédicacer; (tiempo, dinero, esfuerzo) consacrer; **dedicarse** vpr: **dedicarse a** se consacrer à; **¿a qué se dedica usted?** qu'est-ce que vous faites dans la vie?
**dedicatoria** nf dédicace f
**dedillo** nm: **saber algo al ~** savoir qch sur le bout des doigts
**dedique** etc vb ver **dedicar**
**dedo** nm doigt m; (del pie) orteil m; **contar con los dedos** compter sur les doigts; **chuparse los dedos** se régaler; **a ~** (entrar, nombrar) avec du piston; **hacer ~** (fam) faire du stop; **poner el ~ en la llaga** toucher le point sensible; **no tiene dos dedos de frente** il n'est pas très futé; **estar a dos dedos de** être à deux doigts de; **~ anular** annulaire m; **~ corazón** majeur m; **~ gordo** pouce m; (en pie) gros orteil; **~ índice** index msg; **~ meñique** auriculaire m; **~ del pie** orteil
**deducción** nf déduction f
**deducir** vt déduire
**deduje** etc, **dedujera** etc, **deduzca** etc vb ver **deducir**

**defecar** vi déféquer
**defección** nf défection f
**defectivo, -a** adj défectif(-ive)
**defecto** nm défaut m; **por ~** (Inform) par défaut
**defectuoso, -a** adj défectueux(-euse)
**defender** vt défendre; **defenderse** vpr: **defenderse de algo** se défendre de qch; **defenderse contra algo/algn** se défendre contre qch/qn; **defenderse bien** (en profesión etc) bien se défendre; **me defiendo en inglés** je ne me défends pas mal en anglais
**defendible** adj défendable
**defensa** nf (tb Jur, Deporte) défense f; **en ~ propia** en légitime défense ▶ nmf (Deporte) défenseur mf, arrière mf; **defensas** nfpl (Med) défenses fpl
**defensiva** nf: **a la ~** sur la défensive
**defensivo, -a** adj (movimiento, actitud) de défense
**defensor, a** adj (persona) qui défend ▶ nm/f (abogado) avocat(e) de la défense; (protector) défenseur(e); **~ del pueblo** (ESP) ≈ médiateur(-trice) de la République
**deferencia** nf déférence f
**deferente** adj déférent(e)
**deferir** vt déférer
**deficiencia** nf défaut m; **~ mental** déficience f mentale
**deficiente** adj (trabajo) insuffisant(e); (salud) déficient(e); **~ en** insuffisant(e) en ▶ nmf: **ser un ~ mental/físico** être handicapé mental/physique ▶ nm (Escol) mauvaise note f
**déficit** (pl **déficits**) nm déficit m; **~ presupuestario** déficit budgétaire
**deficitario, -a** adj déficitaire
**defienda** etc vb ver **defender**
**defiera** etc vb ver **deferir**
**definición** nf définition f
**definido, -a** adj net(te); (Ling) défini(e); **bien ~** (posición, respuesta) bien défini(e); **~ por el usuario** (Inform) définissable par l'utilisateur
**definir** vt définir
**definitivamente** adv définitivement
**definitivo, -a** adj définitif(-ive); **en definitiva** en définitive
**defiriendo** etc vb ver **deferir**
**deflación** (Econ) nf déflation f
**deflacionario, -a, deflacionista** (Econ) adj de déflation, déflationniste
**deflector** nm déflecteur m
**deforestación** nf déforestation f
**deformación** nf déformation f; **~ profesional** déformation professionnelle
**deformar** vt déformer; **deformarse** vpr se déformer
**deforme** adj difforme
**deformidad** nf difformité f

## defraudar – demagógico

**defraudar** vt (a personas) tromper ; (a Hacienda) frauder
**defunción** nf décès m ; « **cerrado por ~** » « fermé pour cause de décès »
**degeneración** nf dégradation f
**degenerado, -a** adj, nm/f dégénéré(e)
**degenerar** vi dégénérer ; **~ en** dégénérer en
**degenerativo, -a** adj dégénératif(-ive)
**deglutir** vt, vi déglutir
**degolladero** nm abattoir m
**degollar** vt égorger
**degradación** nf dégradation f ; **~ ambiental** dégradation de l'environnement ; (moral) déchéance f
**degradante** adj dégradant(e)
**degradar** vt (tb Mil) dégrader ; (Inform: datos) altérer ; **degradarse** vpr se dégrader
**degüelle** etc vb ver **degollar**
**degustación** nf dégustation f
**degustar** vt déguster
**dehesa** nf pâturage m
**deidad** nf (dios) déité f ; **~ pagana** divinité f païenne
**dejadez** nf laisser-aller m inv
**dejado, -a** adj négligent(e)
**dejar** vt laisser ; (persona, empleo, pueblo) quitter ; **~ a algn (hacer algo)** laisser qn (faire qch) ; **lo dejó su novia** sa fiancée l'a quitté ; **¡déjame en paz!** laisse-moi tranquille ! ; **~ a un lado** laisser de côté ; **~ caer** (objeto) laisser tomber ; (fig: insinuar) glisser ; **~ atrás a algn** dépasser qn ; **~ entrar/salir** laisser entrer/sortir ; **~ pasar** laisser passer ; **¡déjalo!** laisse tomber ! ; **te dejo en tu casa** je te laisse chez toi ; (a un pasajero) je te dépose chez toi ▶ vi: **~ de** arrêter de ; **~ de fumar** arrêter de fumer ; **no dejes de visitarles** continue à leur rendre visite ; **no dejes de comprar un billete** n'oublie pas d'acheter un billet ; **deja mucho que desear** cela laisse beaucoup à désirer ; **~ a algn sin algo** laisser qn sans qch, priver qn de qch ; **dejarse** vpr se laisser aller ; **dejarse persuadir** se laisser convaincre ; **dejarse llevar por algn/algo** se laisser entraîner par qn/qch ; **¡déjate de tonterías!** arrête de dire des bêtises !
**deje, dejo** nm accent m ; (sabor) arrière-goût m
**del** (= de + el) ver **de**
**del.** abr (Admin) = **delegación**
**delación** nf délation f
**delantal** nm tablier m
**delante** adv devant ; **la parte de ~** la partie avant ; **estando otros ~** devant d'autres personnes ; **~ de** devant ; **por ~** devant ; **~ mío/nuestro** (esp CSur fam) devant moi/nous
**delantera** nf (de vestido) devant m ; (de coche) avant m ; (Teatro) fauteuil m d'orchestre ; (Deporte) ligne f d'attaque ; **llevar la ~ (a algn)** mener (devant qn) ; **coger** o **tomar la ~ (a algn)** devancer (qn)

**delantero, -a** adj (patas, asiento, balcón) de devant ; (vagón) de tête ▶ nm/f (Deporte) avant m ; **~ centro** avant-centre m
**delatar** vt dénoncer ; (sonrisa, gesto, ropa) trahir ; **los delató a la policía** il les a dénoncés à la police
**delator, a** adj (gesto, sonrisa) révélateur(-trice) ▶ nm/f dénonciateur(-trice)
**delco®** nm delco® m
**delectación** nf délectation f
**delegación** nf délégation f ; (MÉX: comisaría) commissariat m ; (: ayuntamiento) mairie f ; **~ de poderes** (Pol) délégation de pouvoirs ; **D~ de Educación/de Hacienda/de Trabajo** ≈ ministère m de l'Éducation/des Finances/du Travail
**delegado, -a** nm/f délégué(e)
**delegar** vt: **~ algo en algn** déléguer qch à qn
**delegue** etc vb ver **delegar**
**deleitar** vt enchanter ; **deleitarse** vpr: **deleitarse con** o **en** prendre grand plaisir à
**deleite** nm ravissement m
**deletrear** vt épeler
**deleznable** adj (calidad) mauvais(e) ; (argumento) inconsistant(e)
**delfín** nm dauphin m
**delgadez** nf maigreur f ; (fineza) minceur f
**delgado, -a** adj maigre ; (fino) mince
**deliberación** nf délibération f
**deliberado, -a** adj délibéré(e)
**deliberar** vi: **~ (sobre)** délibérer (sur)
**delicadamente** adv délicatement
**delicadeza** nf délicatesse f ; **tener la ~ de hacer** avoir la délicatesse de faire
**delicado, -a** adj délicat(e)
**delicia** nf délice m
**delicioso, -a** adj délicieux(-euse)
**delictivo, -a** adj délictueux(-euse)
**delimitar** vt délimiter
**delincuencia** nf délinquance f ; **~ juvenil** délinquance juvénile
**delincuente** nmf délinquant(e) ; **~ habitual** délinquant(e) récidiviste ; **~ juvenil** jeune délinquant(e)
**delineante** nmf dessinateur(-trice) industriel(le)
**delinear** vt (proyecto) délimiter ; (plano) tracer
**delinquir** vi commettre un délit
**delirante** adj délirant(e)
**delirar** vi délirer
**delirio** nm délire m ; **con ~** (fam) à la folie ; **sentir/tener ~ por algo/algn** aimer qch/qn à la folie ; **delirios de grandeza** folie f des grandeurs
**delito** nm délit m ; **en flagrante ~** en flagrant délit
**delta** nm delta m
**demacrado, -a** adj émacié(e)
**demagogia** nf démagogie f
**demagógico, -a** adj démagogique

**demagogo, -a** nm/f démagogue mf
**demanda** nf (tb Com, Jur) demande f; (reivindicación) requête f; **hay poca/mucha ~ de este producto** la demande pour ce produit est faible/forte; **en ~ de** pour demander; **entablar ~** (Jur) intenter une action en justice; **presentar ~ de divorcio** demander le divorce; **~ de mercado** (Com) demande du marché; **~ de pago** avertissement m; **~ final** (Com) dernier rappel m; **~ indirecta** (Com) demande induite
**demandado, -a** nm/f (Jur) défendeur(-deresse)
**demandante** nmf (Jur) plaignant(-e)
**demandar** vt demander; (Jur) poursuivre; **~ a algn por calumnia/por daños y perjuicios** poursuivre qn en diffamation/pour dommages et intérêts
**demarcación** nf démarcation f; (zona) zone f; (jurisdicción) circonscription f
**demás** adj: **los ~ niños** les autres enfants mpl ▶ pron: **los/las ~** les autres; **lo ~** le reste; **por lo ~** à part cela; **por ~** en vain; **y ~** et cetera
**demasía** nf: **en ~** en trop; **comer/beber en ~** manger/boire trop
**demasiado, -a** adj: **~ vino** trop de vin; **demasiados libros** trop de livres; **hace ~ calor** il fait trop chaud; **¡es ~!** c'est trop! ▶ adv trop; **es ~ pesado para levantarlo** c'est trop lourd pour être soulevé; **~ lo sé** je ne le sais que trop bien

> En francés *trop* es siempre invariable. Así, por ejemplo:
> **Hay demasiada gente.** Il y a trop de monde.
> **Habla demasiado.** Il parle trop.
> **Son demasiados alumnos.** Il y a trop d'élèves.

**demencia** nf démence f; **~ senil** démence sénile
**demencial** adj démentiel(le)
**demente** adj, nmf dément(e)
**demo** (fam) nf (Inform, Mús) démo f
**democracia** nf démocratie f
**demócrata** adj, nmf démocrate mf
**democratacristiano, -a** adj, nm/f démocrate-chrétien(ne)
**democráticamente** adv démocratiquement
**democrático, -a** adj démocratique
**democratizar** vt démocratiser
**democristiano, -a** adj, nm/f = **democratacristiano**
**demográfico, -a** adj démographique; (instituto) de démographie; **la explosión demográfica** l'explosion f démographique
**demoledor, a** adj (argumento, crítica) destructeur(-trice); (ataque, fuerza) dévastateur(-trice)

**demoler** vt démolir
**demolición** nf démolition f
**demoniaco, -a, demoníaco, -a** adj démoniaque
**demonio** nm (tb fig) démon m; **¡demonios!** mince!; **¿cómo demonios?** comment diable?; **¿qué demonios será?** (fam) qu'est-ce que ça peut bien être?; **¿dónde ~ lo habré dejado?** où diable l'ai-je laissé?
**demora** nf retard m
**demorar** vt retarder ▶ vi: **~ en** (AM) mettre du temps à; **demorarse** vpr s'attarder; **demorarse al** o **en hacer algo** prendre du retard pour faire qch
**demos** vb ver **dar**
**demoscópico, -a** adj: **sondeo ~** sondage m d'opinion
**demostración** nf démonstration f; (de sinceridad) manifestation f
**demostrar** vt (sinceridad) prouver; (afecto, fuerza) montrer; (funcionamiento, aplicación) démontrer
**demostrativo, -a** adj démonstratif(-ive)
**demudado, -a** adj: **tener el rostro ~** avoir le visage décomposé
**demudar** vt altérer; **demudarse** vpr (expresión) changer
**demuela** etc vb ver **demoler**
**demuestre** etc vb ver **demostrar**
**den** vb ver **dar**
**denegación** nf refus msg, dénégation f
**denegar** vt refuser; (demanda, recurso) rejeter
**denegué** etc vb ver **denegar**
**dengue** nm dengue f
**deniego** etc, **deniegue** etc vb ver **denegar**
**denigrante** adj humiliant(e)
**denigrar** vt dénigrer; (humillar) humilier
**denodadamente** adv (con esfuerzo) avec acharnement; (con valentía) courageusement, vaillamment; **luchar ~** se battre avec courage
**denodado, -a** adj (esforzado) acharné(e); (valiente) courageux(-euse)
**denominación** nf dénomination f; **~ de origen** appellation f d'origine; voir article

> **DENOMINACIÓN DE ORIGEN**
>
> La **denominación de origen** ou D.O. est l'équivalent espagnol de l'appellation d'origine contrôlée (AOC). Ce label est attribué à des produits agricoles (vins, fromages, charcuterie) dont il garantit la qualité et la conformité aux caractéristiques d'une région donnée.

**denominador** nm: **~ común** (tb fig) dénominateur m commun
**denominar** vt dénommer
**denostar** vt insulter
**denotar** vt dénoter

## densidad – depuse

**densidad** nf densité f; **~ de caracteres** (Inform) espacement m des caractères; **~ de población** densité de population
**denso, -a** adj dense; (humo, niebla) épais(se); (novela, discurso) complexe
**dentado, -a** adj denté(e)
**dentadura** nf denture f; **~ postiza** dentier m
**dental** adj dentaire; **hilo** o **seda ~** fil m dentaire
**dentellada** nf morsure f; (al partir, al pelear) coup m de dent
**dentera** nf frisson m; **me da ~** ça me fait frémir
**dentición** nf dentition f
**dentífrico, -a** adj: **crema** o **pasta dentífrica** pâte f dentifrice ▶ nm dentifrice m
**dentista** nmf dentiste mf
**dentistería** (COL, VEN) nf cabinet m de dentiste
**dentística** (CHI) nf odontologie f
**dentro** adv dedans; **allí ~** à l'intérieur; **mirar por ~** regarder à l'intérieur ▶ prep: **~ de** dans; **~ de lo posible** dans la mesure du possible; **~ de lo que cabe** relativement; **~ de tres meses** dans trois mois; **~ de poco** sous peu
**denuedo** nm (liter: esfuerzo) acharnement m; (valentía) courage m
**denuesto** nm outrage m
**denuncia** nf plainte f; **hacer** o **poner una ~** déposer une plainte
**denunciante** nmf plaignant(e)
**denunciar** vt (en comisaría) déposer une plainte contre; (en prensa etc) dénoncer
**deontología** nf déontologie f
**Dep.** abr (= Departamento) dépt (= département); = **depósito**
**deparar** vt (oportunidad) fournir; (suj: futuro, destino) réserver; **los placeres que nos deparó el viaje** les plaisirs mpl que ce voyage nous a procurés
**departamental** adj départemental(e)
**departamento** nm département m; (AM) appartement m; (en mueble) compartiment m; **~ de envíos** (Com) service m des expéditions
**departir** vi s'entretenir
**dependencia** nf dépendance f; (Pol) bureau m; (Com) succursale f; **dependencias** nfpl dépendances fpl
**depender** vi: **~ de** dépendre de; **todo depende** ça dépend; **no depende de mí** cela ne dépend pas de moi; **depende de lo que haga él** cela dépend de ce qu'il fait
**dependienta** nf vendeuse f
**dependiente** adj: **~ (de)** dépendant(e) (de) ▶ nm vendeur m
**depilación** nf épilation f
**depilar** vt épiler; **depilarse** vpr s'épiler
**depilatorio, -a** adj, nm dépilatoire m

**deplorable** adj déplorable
**deplorar** vt déplorer
**depondré** etc vb ver **deponer**
**deponer** vt (rey, gobernante) déposer; (actitud) laisser libre cours à; **~ las armas** déposer les armes
**deponga** etc vb ver **deponer**
**deportación** nf déportation f
**deportar** vt déporter
**deporte** nm sport m; **hacer ~** faire du sport
**deportista** adj, nmf sportif(-ive); **ser muy ~** être très sportif(-ive); **ser poco ~** ne pas être très sportif(-ive)
**deportivamente** adv sportivement; **~ hablando** sportivement parlant; **se tomó la derrota ~** il a accepté sportivement la défaite
**deportividad** nf sportivité f
**deportivo, -a** adj sportif(-ive); (club, ropa) de sport ▶ nm voiture f de sport
**deposición** nf destitution f; **deposiciones caninas** déjections fpl canines
**depositante** nmf déposant(e)
**depositar** vt déposer; **~ la confianza en algn** accorder sa confiance à qn; **depositarse** vpr se déposer
**depositario, -a** nm/f: **~ de** dépositaire mf de; **~ judicial** administrateur(-trice) judiciaire
**depósito** nm dépôt m; (de agua, gasolina etc) réservoir m; **dejar dinero en ~** laisser de l'argent en dépôt; **~ de cadáveres** morgue f
**depravado, -a** adj, nm/f dépravé(e)
**depravar** vt dépraver; **depravarse** vpr (persona) se dépraver
**depre** (fam) nf (depresión) déprime f, cafard m; **tener la ~** avoir la déprime ou le cafard ▶ adj: **estar ~** avoir le cafard ou le blues
**depreciación** nf dépréciation f
**depreciar** vt déprécier; **depreciarse** vpr se déprécier
**depredador, a** adj prédateur(-trice) ▶ nm prédateur m
**depredar** vt dévaliser
**depresión** nf dépression f; **~ nerviosa** dépression nerveuse
**depresivo, -a** adj (clima, ambiente) déprimant(e); (persona, carácter) dépressif(-ive)
**deprimente** adj déprimant(e)
**deprimido, -a** adj déprimé(e)
**deprimir** vt déprimer; **deprimirse** vpr déprimer
**deprisa** adv vite; **¡~!** vite!; **~ y corriendo** vite fait bien fait
**depuesto** pp de **deponer**
**depuración** nf (tb Pol) épuration f; (Inform) décontamination f
**depuradora** nf station f d'épuration
**depurar** vt épurer; (Inform) décontaminer
**depuse** etc vb ver **deponer**

## der. – desacoplar

**der.** abr (= derecho) dr. (= droit)
**derecha** nf (tb Pol) droite f ; **a la ~** à droite ; **a derechas** (hacer) bien ; **de derechas** (Pol) de droite
**derechazo** nm (Boxeo) droit m ; (Tenis) coup m droit
**derechista** (Pol) adj de droite ▶ nmf ≈ conservateur(-trice)
**derecho, -a** adj droit(e) ; **a mano derecha** à droite ▶ adv droit ▶ nm droit m ; (lado) côté m droit ; **Facultad de D~** Faculté f de Droit ; **estudiante de D~** étudiant(e) en Droit ; **tener ~ a algo** avoir droit à qch ; **tener ~ a hacer algo** avoir le droit de faire qch ; **estar en su ~** être dans son droit ; **¡no hay ~!** ce n'est pas juste ! ; **~ a voto** droit de vote ; **~ de propiedad literaria** copyright m ; **~ de timbre** (Com) droit de timbre ; **~ mercantil/penal/de retención** droit commercial/pénal/de rétention ; **derechos civiles** droits civiques ; **derechos humanos** droits de l'homme ; **derechos** nmpl (tasas) droits mpl ; « **reservados todos los derechos** » « tous droits réservés » ; **derechos de autor** droits d'auteur ; **derechos de patente** propriété f industrielle ; **derechos portuarios/de muelle** (Com) droit de mouillage/de bassin
**deriva** nf : **ir/estar a la ~** (tb fig) aller/être à la dérive
**derivación** nf embranchement m ; (Ling) dérivation f
**derivado, -a** adj dérivé(e) ▶ nm dérivé m
**derivar** vt (conclusión) arriver à ; (conversación) dévier ▶ vi dévier ; **derivarse** vpr : **derivarse de** dériver de
**dermatólogo, -a** nm/f dermatologue mf
**dérmico, -a** adj dermique
**derogación** nf abrogation f
**derogar** vt abroger ; (contrato) annuler
**derogue** etc vb ver **derogar**
**derramamiento** nm : **~ de sangre** effusion f de sang
**derramar** vt (verter) verser ; (esparcir) renverser ; **~ lágrimas** verser o répandre des larmes ; **derramarse** vpr se répandre
**derrame** nm écoulement m ; (Med) épanchement m ; **~ cerebral** hémorragie f cérébrale
**derrapar** vi déraper
**derredor** adv : **en ~** autour
**derrengado, -a** adj : **estar ~** être éreinté(e) ; **dejar ~ a algn** éreinter qn
**derretido, -a** adj fondu(e) ; **estar ~ por algn** mourir d'amour pour qn
**derretir** vt fondre ; **derretirse** vpr fondre ; (fig) mourir d'amour ; **derretirse de calor** être en nage
**derribar** vt faire tomber ; (construcción) abattre ; (gobierno, político) renverser

**derribo** nm démolition f ; **materiales de ~** gravats mpl ; **derribos** nmpl (escombros) décombres mpl
**derrita** etc vb ver **derretir**
**derrocamiento** nm renversement m
**derrocar** vt (gobierno) renverser ; (ministro) destituer
**derrochador, a** adj, nm/f dépensier(-ière)
**derrochar** vt dilapider ; (energía, salud) déborder de
**derroche** nm gaspillage m ; (de salud, alegría) débordement m
**derroque** etc vb ver **derrocar**
**derrota** nf déroute f ; (Deporte, Pol) défaite f ; **sufrir una grave ~** subir une défaite cuisante
**derrotar** vt vaincre ; (enemigo) mettre en déroute ; (Deporte, Pol) battre
**derrotero** nm cap m ; **tomar otros derroteros** prendre une autre voie
**derrotista** adj, nmf défaitiste mf
**derruir** vt démolir
**derrumbamiento** nm démolition f ; (desplome) écroulement m ; **~ de tierra** éboulement m
**derrumbar** vt démolir ; **derrumbarse** vpr s'écrouler ; (esperanzas, persona) s'effondrer
**derrumbe** nm = **derrumbamiento**
**derruyendo** etc vb ver **derruir**
**des** vb ver **dar**
**desabastecido, -a** adj : **estar ~ de algo** être dépourvu(e) de qch
**desaborido, -a** adj insignifiant(e)
**desabotonar** vt déboutonner ; **desabotonarse** vpr se déboutonner
**desabrido, -a** adj (comida) insipide ; (persona) brusque ; (tiempo) incertain(e)
**desabrigado, -a** adj peu couvert(e) ; (lugar) ouvert(e) aux quatre vents
**desabrigar** vt découvrir ; **desabrigarse** vpr se découvrir ; **me desabrigué en la cama** je me suis retrouvé sans couvertures
**desabrigue** etc vb ver **desabrigar**
**desabrochar** vt (con botones) déboutonner ; (con broches) dégrafer ; (cinturón) détacher ; **desabrocharse** vpr (botones) se déboutonner ; (broches) se dégrafer ; **desabrocharse el cinturón** détacher sa ceinture
**desacatar** vt passer outre
**desacato** nm manque m de respect ; (Jur) outrage m ; **~ a la autoridad** outrage à agent de la force publique
**desacertado, -a** adj erroné(e) ; (inoportuno) malvenu(e)
**desacierto** nm erreur f
**desaconsejado, -a** adj : **estar ~** être déconseillé(e)
**desaconsejar** vt : **~ algo a algn** déconseiller qch à qn
**desacoplar** vt (Elec, Tec) découpler

## desacorde – desapacible

**desacorde** adj désaccordé(e) ; (opiniones) divergent(e) ; **estar ~ con algo** être en désaccord avec qch

**desacostumbrado, -a** adj (insólito) inhabituel(le), peu commun(e) ; (deshabituado): **estamos desacostumbrados al frío** nous ne sommes plus habitués au froid

**desacostumbrarse** vpr perdre l'habitude

**desacreditar** vt discréditer

**desactivar** vt désamorcer

**desacuerdo** nm désaccord m ; (disconformidad) contradiction f ; **en ~** en désaccord

**desafiante** adj (actitud) de défi ; (persona) avec un air de défi

**desafiar** vt (défier) ; **~ a algn a hacer** mettre qn au défi de faire

**desafilado, -a** adj émoussé(e)

**desafinado, -a** adj: **estar ~** être désaccordé(e)

**desafinar** vi (cantar) détonner, chanter faux ; (tocar) jouer faux ; **desafinarse** vpr se désaccorder

**desafío** nm défi m

**desaforadamente** adv: **gritar ~** s'égosiller

**desaforado, -a** adj (grito) terrible ; (ambición) démesuré(e)

**desafortunadamente** adv malheureusement

**desafortunado, -a** adj malheureux(-euse) ; (inoportuno) inopportun(e)

**desafuero** nm violation f

**desagradable** adj désagréable ; **ser ~ con algn** être désagréable avec qn ; **es ~ tener que hacerlo** il est désagréable d'avoir à le faire

**desagradar** vi indisposer ; **me desagrada hacerlo** je n'aime pas le faire

**desagradecido, -a** adj ingrat(e)

**desagrado** nm mécontentement m ; **con ~** de mauvaise grâce

**desagraviar** vt (ofensa) pardonner ; (prejuicio) dédommager

**desagravio** nm réparation f ; **en (señal de) ~** en (guise de) réparation

**desaguadero** nm tuyau m d'écoulement

**desaguar** vt (pantano, líquido) drainer ▶ vi s'écouler

**desagüe** nm écoulement m ; (de lavadora) vidange f ; **tubo de ~** tuyau m d'écoulement

**desaguisado** nm offense f

**desahogadamente** adv dans l'aisance

**desahogado, -a** adj aisé(e) ; (espacioso) spacieux(-euse)

**desahogar** vt laisser libre cours à ; **desahogarse** vpr se soulager ; **se desahogó conmigo** il s'est défoulé sur moi

**desahogo** nm soulagement m ; (comodidad) commodité f ; **vivir con ~** vivre dans l'aisance

**desahogue** etc vb ver **desahogar**

**desahuciado, -a** adj (enfermo) condamné(e) ; (inquilino) expulsé(e)

**desahuciar** vt (enfermo) condamner ; (inquilino) expulser

**desahucio** nm expulsion f

**desairado, -a** adj (pretendiente) éconduit(e) ; (sin éxito) infructueux(-euse) ; **quedar ~** être humilié(e)

**desairar** vt dédaigner

**desaire** nm mépris m ; **hacer un ~ a algn** faire un affront à qn ; **¿me va usted a hacer ese ~?** vous n'allez pas me faire cet affront ?

**desajustar** vt désajuster ; (planes) déranger ; **desajustarse** vpr se désajuster

**desajuste** nm (de situación) dérèglement m ; (de piezas) desserrage m ; (desacuerdo) divergence f ; **~ económico/de horarios** décalage m économique/horaire

**desalar** vt dessaler

**desalentador, a** adj décourageant(e)

**desalentar** vt décourager ; **desalentarse** vpr se décourager

**desaliento** vb ver **desalentar** ▶ nm découragement m

**desaliñado, -a** adj (descuidado) négligé(e) ; (persona) négligent(e)

**desaliño** nm négligence f

**desalmado, -a** adj sans-cœur

**desalojar** vt (salir de) quitter ; (expulsar) déloger ; (líquido, aire) déplacer ; **la policía desalojó el local** la police a évacué les locaux

**desalojo** nm évacuation f

**desalquilar** vt quitter ; **desalquilarse** vpr se vider (de ses occupants)

**desamarrar** vt: **~ un buque** larguer les amarres

**desamor** nm froideur f

**desamparado, -a** adj (persona) désemparé(e) ; (lugar: expuesto) exposé(e) ; (: desierto) abandonné(e)

**desamparar** vt abandonner

**desamparo** nm délaissement m

**desamueblado, -a** adj démeublé(e)

**desandar** vt: **~ lo andado** o **el camino** revenir sur ses pas

**desanduve** etc, **desanduviera** etc vb ver **desandar**

**desangelado, -a** adj tristounet(te)

**desangrar** vt saigner ; **desangrarse** vpr se vider de son sang

**desanimado, -a** adj démoralisé(e) ; (espectáculo, fiesta) sans aucune ambiance

**desanimar** vt décourager ; **desanimarse** vpr se décourager

**desánimo** nm manque m d'entrain ; (desaliento) découragement m

**desanudar** vt défaire ; (fig) débrouiller

**desapacible** adj (clima, tiempo) maussade ; (carácter) désagréable

## desaparecer – desatornillar

**desaparecer** vi disparaître ; **~ de escena** (fig) disparaître de la circulation ▶ vt (AM Pol) faire disparaître

**desaparecido, -a** adj disparu(e) ▶ nm/f (Pol) disparu(e) ; **desaparecidos** nmpl disparus mpl

**desaparezca** etc vb ver **desaparecer**

**desaparición** nf disparition f

**desapasionado, -a** adj impartial(e)

**desapego** nm indifférence f ; (a dinero) désintéressement m

**desapercibido, -a** adj: **pasar ~** passer inaperçu(e) ; **me cogió ~** il m'a pris au dépourvu

**desaplicado, -a** adj inattentif(-ive)

**desaprensión** nf manque m de scrupules

**desaprensivo, -a** adj sans scrupules ▶ nm/f personne f sans scrupules

**desaprobación** nf désapprobation f

**desaprobar** vt désapprouver

**desaprovechado, -a** adj gâché(e)

**desaprovechar** vt (tiempo) perdre, gaspiller ; (oportunidad) rater ; (comida, tela) gaspiller ; (talento) gâcher

**desapruebe** etc vb ver **desaprobar**

**desarmador** (MÉX) nm tournevis msg

**desarmar** vt désarmer ; (mueble, máquina) démonter ; **desarmarse** vpr (romperse) se casser ; (ser desarmable) se démonter

**desarme** nm désarmement m ; **~ nuclear** désarmement nucléaire

**desarraigado, -a** adj déraciné(e)

**desarraigar** vt (tb fig) déraciner ; **desarraigarse** vpr se déraciner

**desarraigo** nm déracinement m

**desarraigue** etc vb ver **desarraigar**

**desarrapado, -a** adj ver **desharrapado**

**desarreglado, -a** adj (habitación, atuendo) en désordre ; (hábitos, vida) désordonné(e)

**desarreglar** vt (peinado, habitación) mettre en désordre ; (planes, horario) déranger

**desarreglo** nm désordre m ; (en horarios) irrégularité f ; **desarreglos** nmpl (Med) troubles mpl

**desarrollado, -a** adj développé(e)

**desarrollar** vt développer ; (planta, semilla) faire pousser ; (plan etc) mettre au point ; **desarrollarse** vpr se développer ; (hechos, reunión) se dérouler ; **la acción se desarrolla en Roma** l'action se déroule à Rome

**desarrollo** nm développement m ; (de acontecimientos) déroulement m ; **país en vías de ~** pays msg en voie de développement ; **la industria está en pleno ~** l'industrie est en plein essor ; **~ sostenible** développement durable

**desarropar** vt découvrir ; **desarroparse** vpr se découvrir

**desarrugar** vt défroisser ; (frente, entrecejo) déplisser

**desarrugue** etc vb ver **desarrugar**

**desarticulado, -a** adj (bomba) désamorcé(e) ; (máquina) désarticulé(e) ; (comando, organización) démantelé(e)

**desarticular** vt (huesos) désarticuler ; (mecanismo) démonter ; (grupo terrorista) démanteler

**desaseado, -a** adj malpropre ; (desaliñado) négligent(e)

**desaseo** nm (personal) malpropreté f ; (en vivienda) laisser-aller m

**desasga** etc vb ver **desasir**

**desasir** vt (soltar) lâcher ; **desasirse** vpr: **desasirse (de)** se défaire (de)

**desasistir** vt négliger

**desasosegar** vt inquiéter ; **desasosegarse** vpr s'inquiéter

**desasosegué** etc, **desasoseguemos** etc vb ver **desasosegar**

**desasosiego** vb ver **desasosegar** ▶ nm inquiétude f ; (Pol) agitation f

**desasosiegue** etc vb ver **desasosegar**

**desastrado, -a** adj (desaliñado) négligé(e) ; (descuidado) négligent(e)

**desastre** nm désastre m ; (fam: persona) catastrophe f ; **¡qué ~!** quel désastre ! ; **la función fue un ~** le spectacle a été un désastre ; **ir hecho un ~** être négligé

**desastrosamente** adv de manière désastreuse

**desastroso, -a** adj désastreux(-euse) ; **ser ~ para (hacer)** être nul(le) quand il s'agit de (faire)

**desatado, -a** adj déchaîné(e)

**desatar** vt (nudo) défaire ; (cordones, cuerda) dénouer ; (perro, prisionero) détacher ; (protesta, odio) déchaîner ; **desatarse** vpr se défaire ; (perro, prisionero) se détacher ; (tormenta) se déchaîner ; **desatarse en injurias** se répandre en injures ; **se le desató la lengua** ça lui a délié la langue

**desatascador** nm débouchoir m

**desatascar** vt (cañería) déboucher ; (carro, ruedas) libérer ; **desatascarse** vpr (cañería) se déboucher ; (tráfico) se fluidifier

**desatasque** etc vb ver **desatascar**

**desatención** nf inattention f ; **tener la ~ de hacer** avoir l'indélicatesse de faire

**desatender** vt (consejos, súplicas) ignorer ; (trabajo, hijo) négliger

**desatento, -a** adj impoli(e) ; **estar ~** être distrait(e)

**desatienda** etc vb ver **desatender**

**desatinado, -a** adj insensé(e)

**desatinar** vi déraisonner

**desatino** nm folie f ; (falta de juicio) manque m de jugement ; **decir desatinos** raconter des bêtises

**desatornillar** vt (tornillo) dévisser ; (estructura) démonter ; **desatornillarse** vpr (ver vt) se dévisser ; se démonter

## desatrancar – descanso

**desatrancar** vt (puerta) débloquer ; (cañería) déboucher
**desatranque** etc vb ver **desatrancar**
**desautorice** etc vb ver **desautorizar**
**desautorización** nf (de manifestación, medida) interdiction f
**desautorizado, -a** adj (persona) non autorisé(e) ; (huelga, medida) interdit(e)
**desautorizar** vt (oficial) désavouer ; (informe, declaraciones) désapprouver ; (huelga, manifestación) interdire
**desavendré** etc vb ver **desavenir**
**desavenencia** nf désaccord m ; (discordia) conflit m
**desavenga** etc vb ver **desavenir**
**desavenido, -a** adj désuni(e) ; **ellos están desavenidos** ils ne s'entendent pas
**desavenir** vt brouiller ; **desavenirse** vpr se brouiller ; **desavenirse con algn** se brouiller avec qn
**desaventajado, -a** adj défavorisé(e)
**desaviene** etc, **desaviniendo** etc vb ver **desavenir**
**desayunar** vt: ~ **algo** prendre qch au petit déjeuner ▶ vi prendre le petit déjeuner ; ~ **con café** prendre du café au petit déjeuner ; **desayunarse** vpr prendre le petit déjeuner
**desayuno** nm petit déjeuner m
**desazón** nf malaise m ; (fig) contrariété f
**desazonar** vt inquiéter ; **desazonarse** se faire du souci
**desbancar** vt (campeón, director) détrôner ; (en cariño, estima) supplanter
**desbandada** nf débandade f ; **a la** o **en** ~ (salir etc) à la débandade ; ~ **general** panique f générale
**desbandarse** vpr se débander
**desbanque** etc vb ver **desbancar**
**desbarajuste** nm pagaille f ; **¡qué ~!** quelle pagaille !
**desbaratar** vt déranger ; (plan) bouleverser ; **desbaratarse** vpr (máquina) se dérégler ; (peinado) se défaire
**desbarrar** vi divaguer
**desbastar** vt (Tec) dégrossir ; (persona) éduquer
**desbloquear** vt (camino, carretera) dégager ; (tráfico) rétablir ; (mecanismo, negociación, cuenta) débloquer
**desbloqueo** nm (de camino, carretera) dégagement m ; (de mecanismo, negociación, cuenta) déblocage m
**desbocado, -a** adj (caballo) emballé(e) ; (cuello) détendu(e) ; (herramienta) émoussé(e) ; (fig) galopant(e)
**desbocarse** vpr s'emballer
**desbordamiento** nm (Inform, de río) débordement m
**desbordante** adj (fig) débordant(e) ; **estar ~ de** être débordant(e) de ; (local) être plein(e) à craquer de

**desbordar** vt déborder de ; (fig: paciencia, tolerancia) pousser à bout ; (: previsiones, expectativas) dépasser ; **estar desbordado de trabajo** être débordé de travail ▶ vi déborder ; **desbordarse** vpr: **desbordarse (de)** déborder (de) ; **desbordarse de alegría** déborder de joie
**desbravar** vt dresser
**descabalado, -a** adj dépareillé(e)
**descabalgar** vi: ~ **(de)** descendre (de)
**descabalgue** etc vb ver **descabalgar**
**descabellado, -a** adj insensé(e)
**descabellar** vt (Taur) estoquer
**descabezado, -a** adj décapité(e) ; (insensato) écervelé(e)
**descabezar** vt: ~ **un sueño** faire un petit somme ; **descabezarse** vpr (fam) s'arracher les cheveux
**descafeinado, -a** adj décaféiné(e) ; (fam: obra, proyecto) qui manque de corps ▶ nm décaféiné m
**descalabrar** vt blesser à la tête ; (perjudicar) porter atteinte à ; **descalabrarse** vpr se faire une blessure à la tête
**descalabro** nm revers msg ; (daño) coup m
**descalce** etc vb ver **descalzar**
**descalificación** nf (Deporte) disqualification f ; (descrédito) discrédit m
**descalificar** vt (Deporte) disqualifier ; (desacreditar) discréditer
**descalifique** etc vb ver **descalificar**
**descalzar** vt déchausser ; (zapato) ôter ; **descalzarse** vpr se déchausser
**descalzo, -a** adj (persona) pieds nus inv ; (fig) sans un sou ; **estar/ir (con los pies) ~(s)** être/aller pieds nus
**descambiar** vt (Com) échanger
**descaminado, -a** adj: **estar** o **ir** ~ se leurrer ; **en eso no anda usted muy** ~ sur ce point vous n'avez pas tout à fait tort
**descamisado, -a** adj torse nu
**descamisarse** (CHI) vpr enlever sa chemise
**descampado** nm terrain m vague ; **comer al** ~ pique-niquer
**descansado, -a** adj reposant(e) ; (oficio, actividad) facile ; **estar/sentirse** ~ être/se sentir reposé(e)
**descansar** vt reposer ▶ vi (reposar) se reposer ; (cadáver, restos) reposer ; ~ **sobre** o **en** (mueble, muro) reposer contre o sur ; **¡que descanse!** reposez-vous bien ! ; **¡descansen!** (Mil) repos ! ; **descanse en paz** qu'il repose en paix
**descansillo** nm palier m
**descanso** nm repos msg ; (en el trabajo) pause f ; (alivio) soulagement m ; (Teatro, Cine) entracte m ; (Deporte) mi-temps fsg ; **día de** ~ jour m de congé ; **tomarse unos días de** ~ prendre quelques jours de congé ; ~ **por enfermedad/maternidad** congé m (de) maladie/de maternité

## descapitalización – descomunal

**descapitalización** nf (Fin) décapitalisation f; (fig) appauvrissement m
**descapitalizado, -a** adj au capital réduit
**descapitalizar** vt (Fin) décapitaliser; (fig) appauvrir
**descapotable** nm (tb: **coche descapotable**) décapotable f
**descaradamente** adv effrontément
**descarado, -a** adj éhonté(e); (insolente) effronté(e)
**descarga** nf déchargement m; (Mil, Elec) décharge f; (Inform) téléchargement m
**descargable** adj téléchargeable
**descargador** nm docker m
**descargar** vt décharger; (Inform) télécharger; (golpe) envoyer; (nube, tormenta) déverser; (cólera) faire passer; (de una obligación) libérer; (de culpa) déclarer innocent; ~ **algo de Internet** télécharger qch sur Internet ▶ vi décharger; (tormenta) éclater; (nube) crever; ~ **en** (río) se jeter dans; **descargarse** vpr se décharger; **descargarse de** (penas) se soulager de; (responsabilidades) se décharger de
**descargo** nm (de obligación) décharge f; (Com) crédit m; (de conciencia) soulagement m; (Jur) décharge f; ~ **de una acusación** réfutation f d'une accusation
**descargue** etc vb ver **descargar**
**descarnado, -a** adj (mejillas) creux(-euse); (brazos) décharné(e); (reportaje, estilo) cru(e)
**descaro** nm effronterie f; (insolencia) insolence f; **¡qué ~!** quel toupet!
**descarriar** vt (fig) dévergonder; **descarriarse** vpr se dévergonder
**descarrilamiento** nm déraillement m
**descarrilar** vi dérailler
**descartar** vt rejeter; **descartarse** vpr (Naipes) se défausser
**descarte** nm (rechazo) rejet m, élimination f; (Naipes) écart m, défausse f
**descascarillado, -a** adj écaillé(e)
**descastado, -a** adj ingrat(e)
**descatalogado, -a** adj (libro) qui n'est plus édité(e), hors catalogue; (disco, producto) qui n'est plus au catalogue
**descendencia** nf (estirpe) lignée f; (hijos) descendance f; **morir sin dejar ~** mourir sans laisser d'enfants
**descendente** adj descendant(e)
**descender** vt descendre ▶ vi descendre; (temperatura, nivel) baisser; (agua, lava) couler; ~ **de** descendre de; ~ **de categoría** se déclasser
**descendiente** nmf descendant(e)
**descenso** nm descente f; (de temperatura, fiebre) baisse f; (Deporte) déclassement m; (en un trabajo) rétrogradation f
**descentrado, -a** adj décentré(e); (rueda) désaxé(e); (persona) mal intégré(e); **todavía está algo ~** il est encore un peu désorienté

**descentralice** etc vb ver **descentralizar**
**descentralizar** vt décentraliser
**descerebrado, -a** adj décérébré(e)
**descerrajar** vt enfoncer
**descienda** etc vb ver **descender**
**descifrable** adj lisible; (mensaje) intelligible
**descifrar** vt déchiffrer; (motivo, actitud) comprendre; (problema) éclaircir; (misterio) élucider
**desclasificar** vt (Deporte) déclasser
**desclavar** vt déclouer
**descocado, -a** adj (atrevido) osé(e); (desvergonzado) culotté(e)
**descoco** nm (en el vestir) audace f; (en actos, costumbres) culot m, effronterie f
**descodificador** nm décodeur m
**descojonarse** (fam!) vpr (reír) se fendre la gueule (fam!); (estropearse) se déglinguer
**descolgar** vt décrocher; (con cuerdas) descendre à l'aide de cordes; **dejó el teléfono descolgado** il n'a pas raccroché; **descolgarse** vpr se laisser glisser; (lámpara, cortina) se décrocher; **descolgarse por** descendre de; **descolgarse de** (esp Deporte) se détacher de
**descolgué** etc, **descolguemos** etc vb ver **descolgar**
**descollar** vi (sobresalir) dominer; (fig: persona) se démarquer; **ese alumno descuella entre los demás** cet élève surpasse tous les autres
**descolocar** vt enlever
**descolonizar** vt décoloniser
**descolorido, -a** adj (tela, cuadro) décoloré(e); (persona) pâle
**descompasado, -a** adj hors du commun
**descompensar** vt déséquilibrer
**descompondré** etc vb ver **descomponer**
**descomponer** vt décomposer; (desordenar) déranger; (estropear) casser; (facciones) altérer; (estómago) détraquer; (persona: molestar) troubler; (: irritar) rendre malade; **descomponerse** vpr se décomposer; (estómago) se détraquer; (encolerizarse) se mettre en colère; (Méx) tomber en panne
**descomponga** etc vb ver **descomponer**
**descomposición** nf décomposition f; ~ **de vientre** diarrhée f
**descompostura** nf laisser-aller m; (Méx) panne f
**descompresión** nf (tb Inform) décompression f
**descomprimir** vt décomprimer, décompresser; (Inform) décompresser, dézipper
**descompuesto, -a** pp de **descomponer** ▶ adj (alimento) pourri(e); (vino) frelaté(e); (Méx: máquina) en panne; (persona, rostro) décomposé(e); (con diarrea) dérangé(e)
**descompuse** etc vb ver **descomponer**
**descomulgar** vt excommunier
**descomunal** adj énorme

644 · ESPAÑOL | FRANCÉS

## desconcentrar – descuelga

**desconcentrar** vt déconcentrer ; **desconcentrarse** vpr se déconcentrer
**desconcertado, -a** adj déconcerté(e)
**desconcertante** adj déconcertant(e)
**desconcertar** vt déconcerter ; **desconcertarse** vpr être déconcerté(e)
**desconchado, -a** adj (pintura) écaillé(e) ; (loza) ébréché(e)
**desconchar** vt (pintura) écailler ; (loza) ébrécher ; **descoharse** vpr s'écailler
**desconchón** nm : **hay un ~ en la pared** la peinture du mur s'est écaillée
**desconcierto** vb ver **desconcertar** ▶ nm désarroi m ; (confusión) confusion f ; **sembrar el ~** semer le désordre
**desconectado, -a** adj (desenchufado) déconnecté(e), débranché(e) ; (apagado) éteint(e) ; (Inform) non connecté(e) ; **estar ~ de** (fig) être déconnecté(e) de
**desconectar** vt (desenchufar) déconnecter, débrancher ; (apagar) éteindre ▶ vi (perder atención) déconnecter
**desconexión** nf déconnexion f ; (fig) décalage m ; **hay una ~ total entre las dos cosas** il y a un décalage total entre les deux choses
**desconfiado, -a** adj méfiant(e)
**desconfianza** nf méfiance f
**desconfiar** vi : **~ de algn/algo** se méfier de qn/qch ; **~ de que algn/algo haga algo** (dudar) craindre que qn/qch (ne) fasse qch ; « **desconfíe de las imitaciones** » (Com) « méfiez-vous des imitations »
**descongelar** vt décongeler ; (Pol, Com) dégeler ; **descongelarse** vpr se décongeler ; se dégeler
**descongestión** nf décongestion f
**descongestionar** vt décongestionner
**desconocer** vt (dato) ignorer ; (persona) ne pas connaître
**desconocido, -a** adj inconnu(e) ; **está ~** (persona) il est méconnaissable ; (lugar) c'est transformé ; **el soldado ~** le soldat inconnu ▶ nm/f inconnu(e)
**desconocimiento** nm ignorance f
**desconozca** etc vb ver **desconocer**
**desconsideración** nf manque m de considération
**desconsiderado, -a** adj irrespectueux(-euse)
**desconsolado, -a** adj inconsolable
**desconsolar** vt affliger ; **desconsolarse** vpr s'affliger
**desconsuelo** vb ver **desconsolar** ▶ nm affliction f, chagrin m
**descontado, -a** adj : **por ~** bien sûr ; **dar por ~ (que)** être sûr(e) (que)
**descontaminar** vt dépolluer
**descontar** vt (deducir) déduire ; (rebajar) faire une remise de
**descontento, -a** adj mécontent(e) ▶ nm mécontentement m

**descontrol** (fam) nm pagaille f
**descontrolado, -a** adj incontrôlé(e)
**descontrolarse** vpr perdre le contrôle de soi
**desconvocar** vt annuler
**descoordinación** nf manque m de coordination
**descorazonador, a** adj décourageant(e)
**descorazonar** vt décourager ; **descorazonarse** vpr perdre courage
**descorchador** nm tire-bouchon m
**descorchar** vt déboucher
**descorrer** vt (cortina, cerrojo) tirer
**descortés** adj discourtois(e) ; (grosero) grossier(-ière)
**descortesía** nf manque m de courtoisie ; **una ~** un manque de courtoisie
**descoser** vt découdre ; **descoserse** vpr se découdre
**descosido, -a** adj décousu(e) ▶ nm (en prenda) couture f défaite ; **como un ~** (beber) comme un trou ; (comer) comme quatre ; (trabajar) comme un forcené
**descoyuntar** vt disloquer ; **estar descoyuntado** (fig) être sur les genoux ; **descoyuntarse** vpr se disloquer ; **descoyuntarse de risa** (fam) se tordre de rire
**descrédito** nm discrédit m ; **caer en ~** se discréditer ; **ir en ~ de** discréditer
**descreído, -a** adj incrédule
**descremado, -a** adj écrémé(e)
**descremar** vt écrémer
**describir** vt décrire
**descripción** nf description f
**descriptivo, -a** adj descriptif(-ive)
**descrito, -a** pp de **describir**
**descuajar** vt (disolver) liquéfier ; (planta) déraciner
**descuajaringar** vt (aparato) déglinguer ; (tarta) abîmer ; (paquete) arracher ; **descuajaringarse** vpr (tb : **descuajaringarse de risa**) se tordre de rire
**descuajeringar** vt = **descuajaringar**
**descuartizar** vt (Culin : cerdo) équarrir ; (: pollo) dépecer ; (cuerpo, persona) écorcher
**descubierto, -a** pp de **descubrir** ▶ adj découvert(e) ; (coche) décapoté(e) ; (campo) nu(e) ▶ nm (Com : en el presupuesto) déficit m ; (: bancario) découvert m ; **al ~** en plein air ; **poner al ~** révéler ; **quedar al ~** être découvert(e) ; **estar en ~** (Com) être à découvert
**descubridor, a** nm/f découvreur(-euse)
**descubrimiento** nm découverte f ; (de secreto) divulgation f ; (de estatua) inauguration f
**descubrir** vt découvrir ; (placa, estatua) inaugurer ; (poner al descubierto) révéler ; (delatar) dénoncer ; **descubrirse** vpr se découvrir ; **descubrirse ante** tirer son chapeau à
**descuelga** etc, **descuelgue** etc vb ver **descolgar**

645

**descuelle** etc vb ver **descollar**
**descuento** vb ver **descontar** ▶ nm remise f ; **hacer un ~ del 3%** faire une remise de 3 % ; **con ~** avec remise ; **~ por pago al contado/por volumen de compras** (Com) remise pour paiement comptant/sur la quantité
**descuerar** (CHI fam) vt (reñir) tuer
**descuidado, -a** adj négligé(e) ; (desordenado) négligent(e) ; (desprevenido) pris(e) au dépourvu ; (jardín, casa) pas entretenu(e) ; **pillar a algn ~** prendre qn au dépourvu
**descuidar** vt négliger ▶ vi ne plus y penser ; **¡descuida!** n'y pense plus ! ; **descuidarse** vpr (despistarse) ne pas faire attention ; (abandonarse) se négliger
**descuido** nm négligence f ; **al menor ~** à la moindre négligence ; **con ~** sans faire attention ; **en un ~** dans un moment d'inattention ; **por ~** par inadvertance

(PALABRA CLAVE)

**desde** prep 1 (lugar, posición) depuis ; **desde Burgos hasta mi casa hay 30 km** de Burgos à chez moi il y a 30 km ; **hablaba desde el balcón** il parlait depuis le balcon
2 (tiempo) depuis ; **desde ahora** à partir de maintenant ; **desde entonces** depuis ce temps-là ; **desde niño** depuis qu'il est tout petit ; **desde 3 años atrás** depuis 3 ans ; **nos conocemos desde 1995/desde hace 20 años** nous nous connaissons depuis 1995/depuis 20 ans o cela fait 20 ans que nous nous connaissons ; **no le veo desde 1992/desde hace cinco años** je ne le vois plus depuis 1992/depuis cinq ans o cela fait cinq ans que je ne le vois plus ; **¿desde cuándo vives aquí?** depuis quand est-ce que tu habites ici ?
3 (gama): **desde los más lujosos hasta los más económicos** des plus luxueux aux plus avantageux
4: **desde luego (que no/sí)** bien sûr (que non/oui) ; **desde luego, no hay quien te entienda!** qu'est-ce que tu peux être compliqué !
▶ conj: **desde que**: **desde que recuerdo** aussi loin que je m'en souvienne ; **desde que llegó no ha salido** depuis qu'il est rentré il n'est pas sorti

**desdecir** vi: **~ de** ne pas être à la hauteur de ; (no corresponder) ne pas aller avec ; **desdecirse** vpr: **desdecirse de** se dédire de
**desdén** nm dédain m
**desdentado, -a** adj édenté(e)
**desdeñable** adj négligeable
**desdeñar** vt dédaigner
**desdeñoso, -a** adj dédaigneux(-euse)
**desdibujar** vt effacer ; **desdibujarse** vpr s'effacer
**desdicha** nf malheur m
**desdichado, -a** adj (sin suerte) infortuné(e) ; (infeliz) malheureux(-euse) ▶ nm/f malheureux(-euse)
**desdicho, -a** pp de **desdecir**
**desdiciendo** etc vb ver **desdecir**
**desdiga** etc, **desdije** etc vb ver **desdecir**
**desdoblamiento** nm: **~ de personalidad** dédoublement m de la personnalité
**desdoblar** vt (extender) déplier ; (convertir en dos) dédoubler
**desdramatizar** vt dédramatiser
**deseable** adj (situación) enviable ; (cuerpo) désirable
**desear** vt désirer ; **¿qué desea?** (en tienda) que désirez-vous ? ; **te deseo mucha suerte** je te souhaite bonne chance ; **dejar mucho que ~** laisser beaucoup à désirer ; **estoy deseando que esto termine** je souhaite que ça se termine
**desecar** vt assécher ; **desecarse** vpr se dessécher
**desechable** adj jetable
**desechar** vt jeter ; (oferta) rejeter
**desecho** nm déchet m ; **~ de** (materiales) de rebut ; (ropa) à jeter ; **desechos** nmpl ordures fpl
**desembalar** vt déballer
**desembarace** etc vb ver **desembarazar**
**desembarazado, -a** adj (libre) dégagé(e) ; (desenvuelto) désinvolte
**desembarazar** vt débarrasser ; **desembarazarse** vpr: **desembarazarse de** se débarrasser de
**desembarazo** nm (soltura) désinvolture f ; (AM: parto) accouchement m
**desembarcadero** nm débarcadère m
**desembarcar** vt, vi débarquer
**desembarco** nm débarquement m
**desembargar** vt (Jur) lever l'embargo sur
**desembargue** vb ver **desembargar**
**desembarque** vb ver **desembarcar** ▶ nm ver **desembarco**
**desembocadura** nf (de río) embouchure f ; (de calle) bout m
**desembocar** vi: **~ en** (río) se jeter dans ; (fig) déboucher sur
**desemboce** etc vb ver **desembozar**
**desembolsar** vt débourser
**desembolso** nm (gasto) dépense f, frais mpl ; (pago) déboursement m
**desemboque** etc vb ver **desembocar**
**desembozar** vt (rostro) découvrir
**desembragar** vt, vi débrayer
**desembrague** etc vb ver **desembragar**
**desembrollar** vt éclaircir
**desembuchar** vt (fam: secretos) confesser ; (suj: aves) dégorger ▶ vi (fam: confesar) avouer, se mettre à table ; **¡desembucha!** avoue !
**desemejante** adj dissemblable ; **~ de** différent(e) de

## desemejanza – deserción

**desemejanza** nf dissemblance f
**desempacar** vt (mercancías) déballer; (AM) défaire
**desempañar** vt (cristal) nettoyer
**desempaque** etc vb ver **desempacar**
**desempaquetar** vt déballer
**desempatar** vi: **volvieron a jugar para ~** ils ont joué à nouveau pour se départager
**desempate** nm (Fútbol) avantage m; (Tenis) tie-break m; **partido de ~** belle f; **gol de ~** but m de la victoire
**desempeñar** vt (cargo, función) occuper; (papel) jouer; (deber) accomplir; (lo empeñado) dégager; **~ un papel** (fig) jouer un rôle; **desempeñarse** vpr (de deudas) s'acquitter
**desempeño** nm (de cargo) accomplissement m; (de lo empeñado) dégagement m
**desempleado, -a** adj au chômage ▶ nm/f chômeur(-euse)
**desempleo** nm chômage m
**desempolvar** vt dépoussiérer; (recuerdos) rassembler; (volver a usar) ressortir
**desencadenante** adj: **los factores desencadenantes del accidente** les éléments déclencheurs de l'accident ▶ nm élément m déclencheur, point m de départ
**desencadenar** vt (preso, perro) désenchaîner; (ira, conflicto) déchaîner; (guerra) déclencher; **desencadenarse** vpr (tormenta) se déchaîner; (guerra) se déclencher
**desencajado, -a** adj décomposé(e)
**desencajar** vt (mandíbula) décrocher; (hueso, pieza) déboîter; **desencajarse** vpr se déboîter
**desencantar** vt désenchanter
**desencanto** nm désenchantement m
**desencarcelar** vt libérer
**desenchufar** vt débrancher
**desencolarse** vpr se décoller
**desencuadernarse** vpr se décoller
**desencuentro** nm (falta de encuentro) rendez-vous m manqué; (falta de acuerdo) désaccord m, divergence f
**desenfadado, -a** adj décontracté(e)
**desenfado** nm décontraction f
**desenfocado, -a** adj (Foto) flou(e)
**desenfocar** vt (Foto) rendre flou(e)
**desenfrenado, -a** adj (pasión) sans bornes; (lenguaje, conducta) débridé(e); (multitud) déchaîné(e)
**desenfrenarse** vpr (persona) perdre toute retenue; (pasiones, tempestad) se déchaîner
**desenfreno** nm (libertinaje) libertinage m; (falta de control) excès m
**desenfundar** vt (pistola) dégainer
**desenganchar** vt décrocher; (caballerías) dételer; (Tec) déclencher; **desengancharse** vpr (fam: de drogas) décrocher
**desengañar** vt désillusionner; (abrir los ojos a) détromper; **desengañarse** vpr: **desengañarse (de)** ne plus se faire d'illusions (sur); **¡desengáñate!** détrompe-toi!
**desengaño** nm désillusion f; **llevarse un ~ (con algn)** être déçu(e) (par qn); **sufrir un ~ amoroso** avoir une déception amoureuse
**desengrasar** vt dégraisser
**desenlace** vb ver **desenlazar** ▶ nm dénouement m
**desenlazar** vt dénouer; **desenlazarse** vpr se dénouer
**desenmarañar** vt (fig) débrouiller
**desenmascarar** vt (fig) démasquer
**desenredar** vt démêler
**desenrollar** vt dérouler; **desenrollarse** vpr se dérouler
**desenroscar** vt dévisser; **desenroscarse** vpr se dévisser
**desenrosque** etc vb ver **desenroscar**
**desensillar** vt desseller
**desentenderse** vpr: **~ de** se désintéresser de; **me desentiendo del asunto** je me désintéresse de l'affaire
**desentendido, -a** adj: **hacerse el ~** faire la sourde oreille
**desenterrar** vt déterrer
**desentierre** etc vb ver **desenterrar**
**desentonar** vi détonner
**desentorpecer** vt dégourdir
**desentorpezca** etc vb ver **desentorpecer**
**desentramparse** vpr s'acquitter
**desentrañar** vt (misterio) percer; (sentido) éclaircir
**desentrenado, -a** adj rouillé(e)
**desentumecer** vt (pierna) dégourdir; (Deporte) échauffer; **desentumecerse** vpr se dégourdir
**desentumezca** etc vb ver **desentumecer**
**desenvainar** vt (espada) dégainer
**desenvoltura** nf désinvolture f
**desenvolver** vt défaire; **desenvolverse** vpr se dérouler; **desenvolverse bien/mal** bien/mal se débrouiller; **desenvolverse en la vida** se débrouiller dans la vie
**desenvolvimiento** nm déroulement m
**desenvuelto, -a** pp de **desenvolver** ▶ adj désinvolte
**desenvuelva** etc vb ver **desenvolver**
**deseo** nm désir m; **~ de algo/de hacer** vœu m de qch/désir de faire; **arder en deseos de hacer algo** désirer ardemment faire qch
**deseoso, -a** adj: **estar ~ de algo/de hacer** avoir soif de qch/être désireux(-euse) de faire
**deseque** etc vb ver **desecar**
**desequilibrado, -a** adj, nm/f déséquilibré(e)
**desequilibrar** vt déséquilibrer; **desequilibrarse** vpr (mentalmente) se déséquilibrer
**desequilibrio** nm déséquilibre m; **~ mental** déséquilibre mental
**deserción** nf (de soldado, político) désertion f; (abandono) abandon m

## desertar – deshacer

**desertar** vi (soldado, político) déserter ; (abandonar) abandonner ; **~ de** (sus deberes) manquer à ; (una organización) déserter
**desértico, -a** adj désertique
**desertor, a** nm/f déserteur m
**desesperación** nf désespoir m ; (irritación) exaspération f ; **es una ~ tener que ...** c'est malheureux de devoir ...
**desesperada** nf : **hacer algo a la ~** faire qch en désespoir de cause
**desesperadamente** adv désespérément
**desesperado, -a** adj (sin esperanza) désespéré(e) ▶ nm : **como un ~** comme un fou
**desesperance** etc vb ver **desesperanzar**
**desesperante** adj désespérant(e)
**desesperanzar** vt désespérer ; **desesperanzarse** vpr se désespérer
**desesperar** vt désespérer ; (exasperar) exaspérer ▶ vi : **~ (de)** désespérer (de) ; **~ de hacer** désespérer de faire ; **desesperarse** vpr perdre espoir ; (impacientarse) s'impatienter
**desespero** (AM) nm désespoir m
**desestabilice** etc vb ver **desestabilizar**
**desestabilizar** vt déstabiliser
**desestimar** vt (menospreciar) mépriser ; (rechazar) rejeter
**desestructurado, -a** adj (familia) déstructuré(e)
**desfachatez** nf aplomb m ; **¡qué ~!** quel culot ! ; **tener la ~ de hacer** avoir l'aplomb de faire
**desfalco** nm détournement m de fonds
**desfallecer** vi défaillir ; **~ de agotamiento** défaillir de fatigue ; **~ de hambre/sed** mourir de faim/soif
**desfallecido, -a** adj défaillant(e)
**desfallecimiento** nm (desmayo) évanouissement m ; (debilidad) défaillance f
**desfallezca** etc vb ver **desfallecer**
**desfasado, -a** adj déphasé(e) ; (costumbres) vieux jeu inv
**desfasar** vt déphaser
**desfase** nm (en mecanismo) déphasage m ; (entre ideas, circunstancias) décalage m ; **~ horario** décalage horaire
**desfavorable** adj défavorable
**desfavorecer** vt (perjudicar) défavoriser ; (sentar mal) aller mal à
**desfavorecido, -a** adj (perjudicado) défavorisé(e) ; (afeado) : **siempre salgo ~ en las fotos** je ne suis jamais à mon avantage sur les photos
**desfavorezca** etc vb ver **desfavorecer**
**desfigurar** vt défigurer
**desfiladero** nm (Geo) défilé m
**desfilar** vi défiler ; **desfilaron ante el general** ils ont défilé devant le général
**desfile** nm défilé m ; **~ de modelos** défilé de mode
**desflorar** vt (mujer) déflorer ; (estropear) défigurer

**desfogar** vt (fig) décharger ; **desfogarse** vpr se défouler
**desfogue** etc vb ver **desfogar**
**desfondado, -a** adj sans fond
**desgajar** vt arracher ; (naranja) cueillir ; **desgajarse** vpr (rama) s'arracher
**desgana** nf (falta de apetito) manque m d'appétit ; (falta de entusiasmo) manque d'entrain ; **hacer algo a o con ~** faire qch à contrecœur
**desganado, -a** adj : **estar ~** (sin apetito) ne pas avoir d'appétit ; (sin entusiasmo) manquer d'entrain
**desgañitarse** vpr s'époumoner
**desgarbado, -a** adj dégingandé(e)
**desgarrador, a** adj déchirant(e)
**desgarrar** vt (tb fig) déchirer ; **desgarrarse** vpr se déchirer
**desgarro** nm (en tela, papel) accroc m ; (Med : tb : **desgarro muscular**) déchirure f musculaire
**desgarrón** nm déchirure f
**desgastar** vt user ; **desgastarse** vpr s'user
**desgaste** nm usure f ; **~ físico** usure f physique
**desglosar** vt (gastos) ventiler ; (tema, escrito) décomposer
**desglose** nm (de gastos) détail m, ventilation f
**desgobierno** nm désordre m politique
**desgracia** nf malheur m ; **por ~** malheureusement ; **no hubo que lamentar desgracias personales** il n'y a pas eu de victimes à déplorer ; **caer en ~** tomber en disgrâce ; **tener la ~ de** avoir le malheur de
**desgraciadamente** adv malheureusement
**desgraciado, -a** adj malheureux(-euse) ; (miserable) infortuné(e) ; (AM fam) infâme ▶ nm/f (miserable) infortuné(e) ; (infeliz) malheureux(-euse) ; **¡~!** (insulto) minable ! ; **es un pobre ~** c'est un pauvre malheureux
**desgraciar** vt (estropear) abîmer
**desgranar** vt égrener ; (frases, insultos) cracher
**desgravación** nf (Com) : **~ fiscal** dégrèvement m fiscal
**desgravar** vt dégrever ▶ vi (Fin) détaxer ; **acciones/operaciones que desgravan** actions fpl/opérations fpl qui donnent droit à un dégrèvement
**desgreñado, -a** adj dépeigné(e)
**desguace** nm destruction f ; (lugar) casse f
**desguazar** vt (coche, barco) mettre à la casse
**deshabitado, -a** adj (edificio) inhabité(e) ; (zona) désert(e)
**deshabitar** vt (casa) quitter ; (región) déserter
**deshabituarse** vpr se déshabituer
**deshacer** vt défaire ; (proyectos) ruiner ; (Tec) démonter ; (familia, grupo) désunir ; (enemigo) détruire ; (disolver) dissoudre ; (derretir) fondre ; (contrato) annuler ; (intriga) dénouer ; **deshacerse** vpr se défaire ; (planes) s'écrouler ; (familia, grupo) se désunir ; (disolverse) se

## deshaga – deslumbrador

dissoudre ; (*derretirse*) fondre ; **deshacerse de** se défaire de ; (Com: *existencias*) liquider ; **deshacerse en cumplidos/atenciones/ lágrimas** se répandre en compliments/être plein d'attentions/fondre en larmes ; **deshacerse por algo** se démener pour qch
**deshaga** *etc vb ver* **deshacer**
**desharé** *etc vb ver* **deshacer**
**desharrapado, -a** *adj* en haillons
**deshecho, -a** *pp de* **deshacer** ▶ *adj* défait(e) ; (*roto*) cassé(e) ; (*helado, pastel*) fondu(e) ; **estoy ~** (*cansado*) je suis mort(e) de fatigue ; (*deprimido*) je suis abattu(e)
**deshelar** *vt* dégeler ; **deshelarse** *vpr* se dégeler
**desheredado, -a** *adj, nm/f* déshérité(e)
**desheredar** *vt* déshériter
**deshice** *etc vb ver* **deshacer**
**deshidratación** *nf* déshydratation *f*
**deshidratar** *vt* déshydrater ; **deshidratarse** *vpr* se déshydrater
**deshielo** *vb ver* **deshelar** ▶ *nm* dégel *m*
**deshilachado, -a** *adj* effiloché(e)
**deshilachar** *vt* effilocher ; **deshilacharse** *vpr* s'effilocher
**deshilar** *vt* effiler
**deshilvanado, -a** *adj* (*discurso*) décousu(e)
**deshinchar** *vt* (*neumático*) dégonfler ; (*herida*) désenfler ; **deshincharse** *vpr* se dégonfler ; se désenfler
**deshipotecar** *vt* déshypothéquer
**deshojar** *vt* effeuiller ; **deshojarse** *vpr* (*flor*) s'effeuiller ; (*árbol*) perdre ses feuilles
**deshollinar** *vt* ramoner
**deshonesto, -a** *adj* malhonnête
**deshonor** *nm*, **deshonra** *nf* déshonneur *m*
**deshonrar** *vt* déshonorer
**deshonroso, -a** *adj* déshonorant(e)
**deshora: a ~(s)** *adv* (*llegar*) au mauvais moment ; (*hablar*) quand il ne faut pas ; (*acostarse, comer*) à des heures impossibles
**deshuesar** *vt* (*carne*) désosser ; (*fruta*) dénoyauter
**deshumanizar** *vt* déshumaniser
**desidia** *nf* laisser-aller *m*
**desierto, -a** *adj* désert(e) ; **declarar ~ un premio** ne pas décerner un prix (*à cause du niveau insuffisant des candidats*) ▶ *nm* désert *m*
**designación** *nf* désignation *f*
**designar** *vt* désigner ; **~ (para)** (*nombrar*) désigner (à)
**designio** *nm* dessein *m* ; **designios divinos** volonté *f* divine
**desigual** *adj* inégal(e) ; (*tamaño, escritura*) irrégulier(-ière)
**desigualdad** *nf* inégalité *f* ; (*de escritura*) irrégularité *f*
**desilusión** *nf* désillusion *f* ; (*decepción*) déception *f*
**desilusionado, -a** *adj* désabusé(e) ; (*decepcionado*) déçu(e)

**desilusionar** *vt* désillusionner ; (*decepcionar*) décevoir ; **desilusionarse** *vpr* perdre ses illusions ; (*decepcionarse*) être déçu(e)
**desinencia** *nf* (Ling) désinence *f*
**desinfección** *nf* désinfection *f*
**desinfectante** *adj* désinfectant(e) ▶ *nm* désinfectant *m*
**desinfectar** *vt* désinfecter
**desinflacionista** *adj* désinflationniste
**desinflar** *vt* dégonfler ; **desinflarse** *vpr* se dégonfler
**desinformación** *nf* (*información engañosa*) désinformation *f* ; (*ignorancia*) ignorance *f*, manque *m* d'information
**desinhibido, -a** *adj* désinhibé(e)
**desintegración** *nf* désintégration *f*
**desintegrar** *vt* (*grupo, familia*) diviser ; (*átomo, roca*) désintégrer ; **desintegrarse** *vpr* se désintégrer
**desinterés** *nm* (*altruismo*) désintéressement *m* ; **~ por** (*familia, actividad*) manque *m* d'intérêt pour
**desinteresado, -a** *adj* désintéressé(e)
**desinteresarse** *vpr*: **~ (de)** se désintéresser (de)
**desintoxicación** *nf* désintoxication *f* ; **cura de ~** cure *f* de désintoxication
**desintoxicar** *vt* désintoxiquer ; **desintoxicarse** *vpr* se désintoxiquer
**desintoxique** *etc vb ver* **desintoxicar**
**desistir** *vi* renoncer ; **~ de (hacer)** renoncer à (faire)
**deslavazado, -a** *adj* (*lacio*) raide ; (*incoherente*) décousu(e)
**desleal** *adj* déloyal(e)
**deslealtad** *nf* déloyauté *f*
**desleído, -a** *adj* (*ideas*) délayé(e)
**desleír** *vt* diluer
**deslenguado, -a** *adj* (*grosero*) fort(e) en gueule
**deslía** *etc vb ver* **desleír**
**desliar** *vt* délier ; (*paquete*) dénouer ; **desliarse** *vpr* se dénouer
**deslice** *etc vb ver* **deslizar**
**desliendo** *etc vb ver* **desleír**
**desligar** *vt* (*separar*) séparer ; (*desatar*) délier ; **desligarse** *vpr* se détacher
**desligue** *etc vb ver* **desligar**
**deslindar** *vt* (*tb fig*) délimiter
**desliz** *nm* (*fig*) impair *m* ; **cometer un ~** commettre un impair
**deslizante** *adj* glissant(e)
**deslizar** *vt* glisser ; **deslizarse** *vpr* glisser ; (*aguas mansas, lágrimas*) couler ; (*horas*) passer ; (*con disimulo: entrar, salir*) se glisser
**deslomar** *vt* casser les reins à ; **deslomarse** *vpr* (*fam*) être sur les genoux
**deslucido, -a** *adj* terne
**deslucir** *vt* (*color, metal*) ternir ; **deslucirse** *vpr* se ternir
**deslumbrador, a, deslumbrante** *adj* éblouissant(e)

649

**deslumbrar** vt éblouir
**deslustrar** vt ternir
**desluzca** etc vb ver **deslucir**
**desmadrarse** (fam) vpr déraper, dérailler
**desmadre** (fam) nm bazar m
**desmán** nm abus m sg
**desmandarse** vpr (descontrolarse) se rebeller
**desmano**: **a ~** adv, **me coge** o **pilla a ~** ça me fait faire un détour
**desmantelar** vt démanteler ; (casa, fábrica) vider ; (Náut) démâter
**desmaquillador** nm démaquillant m
**desmaquillar** vt démaquiller ;
    **desmaquillarse** vpr se démaquiller
**desmarcarse** vpr se démarquer
**desmayado, -a** adj (sin sentido) sans connaissance ; (fig: sin energía) découragé(e) ; (color) passé(e)
**desmayar** vi (perder ánimo) faiblir ;
    **desmayarse** vpr perdre connaissance
**desmayo** nm (Med) évanouissement m ; (desaliento) découragement m ; **sufrir un ~** perdre connaissance ; **sin ~** sans relâche
**desmedido, -a** adj démesuré(e)
**desmedirse** vpr perdre toute retenue
**desmejorado, -a** adj: **está muy desmejorada** (Med) elle est très affaiblie
**desmejorar** vi (Med) s'affaiblir
**desmelenarse** vpr s'emballer
**desmembración** nf démembrement m
**desmembrar** vt démembrer ;
    **desmembrarse** vpr (imperio) se morceler
**desmemoriado, -a** adj distrait(e)
**desmentido** nm démenti m
**desmentir** vt démentir ; **desmentirse** vpr se dédire
**desmenuce** etc vb ver **desmenuzar**
**desmenuzar** vt (pan) émietter ; (roca) effriter ; (carne) couper en petits morceaux ; (asunto, teoría) examiner en détail ; **desmenuzarse** vpr (pan) s'émietter ; (roca) s'effriter
**desmerecer** vi (marca) baisser ; (belleza) se flétrir ; **~ de** (cosa) ne pas être à la hauteur de ; (persona) ne pas être digne de
**desmerezca** etc vb ver **desmerecer**
**desmesuradamente** adv démesurément
**desmesurado, -a** adj (ambición, egoísmo) démesuré(e) ; (habitación, gafas) énorme
**desmiembre** etc vb ver **desmembrar**
**desmienta** etc vb ver **desmentir**
**desmigajar** vt émietter ; **desmigajarse** vpr s'émietter
**desmilitarice** etc vb ver **desmilitarizar**
**desmilitarizar** vt démilitariser
**desmintiendo** etc vb ver **desmentir**
**desmitificar** vt démythifier
**desmochar** vt (árbol) étêter ; (cuernos) écorner
**desmontable** adj (que se quita) démontable ; (que se puede plegar) pliable

**desmontar** vt démonter ; (escopeta) désarmer ; (tierra) aplatir ; (quitar los árboles a) déboiser ▶ vi (de caballería) mettre pied à terre
**desmonte** nm (de tierra) tas m sg ; (terreno) terrain m nivelé
**desmoralice** etc vb ver **desmoralizar**
**desmoralizador, a** adj démoralisant(e)
**desmoralizar** vt démoraliser ; **estar desmoralizado** être démoralisé ;
    **desmoralizarse** vpr se démoraliser
**desmoronamiento** nm écroulement m
**desmoronar** vt démolir ; **desmoronarse** vpr s'écrouler ; (convicción, ilusión) s'effondrer
**desmotivado, -a** adj démotivé(e)
**desmovilice** etc vb ver **desmovilizar**
**desmovilizar** vt (Mil) démobiliser
**desnacionalización** nf dénationalisation f
**desnacionalizar** vt dénationaliser
**desnatado, -a** adj écrémé(e)
**desnatar** vt écrémer ; **leche ~** lait entier
**desnaturalice** etc vb ver **desnaturalizar**
**desnaturalizado, -a** adj (persona) indigne ; (alcohol) dénaturé(e)
**desnaturalizar** vt dénaturer ; (Med: nervio) dévitaliser
**desnivel** nm (de terreno) dénivellation f ; (económico, cultural) différence f ; (de fuerzas) déséquilibre m
**desnivelar** vt (terreno) déniveler ; (balanza, fig) déséquilibrer ; **desnivelarse** vpr (superficie) devenir inégal(e) ; (mesa) branler
**desnucar** vt briser la nuque, rompre le cou ; **desnucarse** vpr se briser la nuque, se rompre le cou
**desnuclearizado, -a** adj: **región desnuclearizada** zone f dénucléarisée
**desnudar** vt dénuder ; **desnudarse** vpr se dénuder ; **desnudarse (de)** (despojarse) se dépouiller (de)
**desnudez** nf nudité f
**desnudo, -a** adj nu(e) ; (árbol) dépouillé(e) ; (paisaje) dénudé(e) ; **~ de** dénué(e) de ; **ir medio ~** se balader à moitié nu(e) ▶ nm (Arte) nu m ; **poner al ~** mettre à nu
**desnutrición** nf malnutrition f
**desnutrido, -a** adj sous-alimenté(e)
**desobedecer** vt, vi désobéir
**desobedezca** etc vb ver **desobedecer**
**desobediencia** nf désobéissance f ; **~ civil** désobéissance civile
**desobediente** adj désobéissant(e)
**desocupación** (esp Am) nf chômage m
**desocupado, -a** adj (persona: ocioso) désœuvré(e) ; (: desempleado) sans emploi ; (casa) inoccupé(e) ; (asiento, servicios) libre
**desocupar** vt (vivienda) libérer ; (local) vider ; **desocuparse** vpr se libérer
**desodorante** nm déodorant m
**desoiga** etc vb ver **desoír**
**desoír** vt passer outre

## desolación – despelotarse

**desolación** nf désolation f
**desolado, -a** adj (lugar) désolé(e); (persona) affligé(e)
**desolador, a** adj (imagen, noticia) désolant(e)
**desolar** vt (región) dévaster; (afligir) affliger
**desollar** vt (quitar la piel a) écorcher; **~ vivo a** (criticar) écorcher vif
**desorbitado, -a** adj (deseos) démesuré(e); (precio) exorbitant(e); **con los ojos desorbitados** les yeux exorbités
**desorbitar** vt (exagerar) exagérer; **desorbitarse** vpr prendre des proportions démesurées; (ojos) s'exorbiter
**desorden** nm désordre m; (en escrito) confusion f; (en horarios) irrégularité f; **ir en ~** (gente) marcher dans la plus grand désordre; **estar en ~** (cabellos, habitación) être en désordre; **desórdenes** nmpl (Pol) troubles mpl; (excesos) excès mpl
**desordenado, -a** adj (habitación, objetos) en désordre; (persona) désordonné(e)
**desordenar** vt (papeles, objetos) mettre en désordre; (cuarto, cajón) mettre sens dessus dessous
**desorganice** etc vb ver **desorganizar**
**desorganización** nf désorganisation f
**desorganizado, -a** adj (persona) mal organisé(e); (oficina) désordonné(e)
**desorganizar** vt désorganiser
**desorientado, -a** adj (extraviado) égaré(e); (confundido) confus(e)
**desorientar** vt désorienter; (al electorado) confondre; **desorientarse** vpr s'égarer
**desovar** vi pondre
**desoyendo** etc vb ver **desoír**
**despabilado, -a** adj (despierto) réveillé(e); (fig) éveillé(e)
**despabilar** vt réveiller; (fig) secouer ▶ vi se réveiller; (fig) s'éveiller; **despabilarse** vpr se réveiller; **¡despabílate!** (date prisa) réveille-toi!
**despachar** vt (negocio) expédier; (trabajo) terminer; (correspondencia) s'occuper de; (fam: comida) se taper; (: bebida) descendre; (mensaje, carta) envoyer; (en tienda: cliente) servir; (entradas) distribuer; (empleado) se débarrasser de; (visitas) décliner; (matar) descendre; (ARG: maletas) enregistrer ▶ vi (en tienda) servir; **está despachando con el jefe** il discute avec le chef; **despacharse** vpr se dépêcher; **despacharse de algo** se débarrasser de qch; **despacharse a su gusto con algn** soulager sa conscience auprès de qn
**despacho** nm bureau m; (envío) envoi m; (Com: venta) envoi m; (comunicación oficial) dépêche f; (: a distancia) ordre m; **mesa de ~** bureau; **muebles de ~** mobilier m de bureau; **~ de billetes** o **boletos** (AM) bureau de tabac; **~ de localidades** guichet m
**despachurrar** vt (aplastar) éplucher

**despacio** adv lentement; (cuidadosamente: AM: en voz baja) doucement; **¡~!** doucement!; **ya hablaremos más ~** on se parlera plus longuement
**despacito** (fam) adv (lentamente) tout doucement; (suavemente) doucement
**despampanante** (fam) adj (chica) superbe, extraordinaire
**desparejado, -a, desparejo, -a** adj dépareillé(e)
**desparpajo** nm (desenvoltura) aisance f; (pey) insolence f
**desparramar** vt répandre
**despatarrarse** vpr écarter les jambes; (al caerse) se retrouver les quatre fers en l'air
**despavorido, -a** adj terrorisé(e)
**despechado, -a** adj dépité(e)
**despecho** nm dépit m; **a ~ de** en dépit de; **por ~** par dépit
**despectivo, -a** adj (tono, modo) méprisant(e); (Ling) péjoratif(-ive)
**despedace** etc vb ver **despedazar**
**despedazar** vt mettre en pièces; **despedazarse** vpr tomber en morceaux
**despedida** nf (adiós) congé m; (antes de viaje) adieux mpl; (en carta) formule f de politesse; **regalo/cena de ~** cadeau m/dîner m d'adieu; **hacer una ~ a algn** fêter le départ de qn; **hacer su ~ de soltero/soltera** enterrer sa vie de garçon/jeune fille
**despedir** vt (decir adiós a) dire au revoir à; (empleado) renvoyer; (arrojar) lancer, jeter; (olor, calor) dégager; **ir a ~ a algn** aller prendre congé de qn; **salir despedido** être lancé; **despedirse** vpr quitter son emploi; **despedirse de algn** dire au revoir à qn; **se despidieron** ils se sont dit au revoir
**despegado, -a** adj (separado) décollé(e); (poco afectuoso) distant(e)
**despegar** vt, vi décoller; **sin ~ los labios** sans piper mot; **despegarse** vpr se décoller
**despego** nm = **desapego**
**despegue** vb ver **despegar** ▶ nm décollage m
**despeinado, -a** adj dépeigné(e)
**despeinar** vt dépeigner; **despeinarse** vpr se dépeigner
**despejado, -a** adj dégagé(e); (persona) bien réveillé(e)
**despejar** vt dégager; (desalojar) vider; (misterio) éclaircir; (Mat: incógnita) isoler; (mente) rafraîchir; (Deporte) dégager ▶ vi s'éclaircir; **¡despejen!** évacuez les lieux!; **despejarse** vpr s'éclaircir; (persona) émerger; **salir a despejarse** sortir pour se changer les idées
**despeje** nm (Deporte) dégagement m
**despellejar** vt (animal) écorcher; (fig) ne pas ménager
**despelotarse** vpr (fam) se mettre à poil; (de risa) se poiler

651

**despelote** (fam) nm (lío) bazar m
**despenalización** nf dépénalisation f
**despenalizar** vt dépénaliser
**despensa** nf garde-manger m
**despeñadero** nm précipice m
**despeñar** vt précipiter; **despeñarse** vpr basculer
**desperdiciar** vt gaspiller; (oportunidad) manquer
**desperdicio** nm gaspillage m; (residuo) déchet m; **el libro no tiene ~** le livre est excellent du début à la fin; **desperdicios** nmpl (basura) ordures fpl; (residuos) déchets mpl; (de comida) restes mpl
**desperdigar** vt disperser; **andar desperdigados** être dispersés; **desperdigarse** vpr se disperser; (semillas etc) s'éparpiller
**desperdigue** etc vb ver **desperdigar**
**desperece** etc vb ver **desperezarse**
**desperezarse** vpr s'étirer
**desperfecto** nm (deterioro) dommage m; (defecto) imperfection f
**despersonalizado, -a** adj impersonnel(le)
**despertador** nm réveil m
**despertar** vt réveiller; (sospechas, admiración) éveiller; (apetito) aiguiser ▶ vi se réveiller ▶ nm (de persona) réveil m; (día, era) aube f; **despertarse** vpr se réveiller
**despiadado, -a** adj impitoyable
**despido** vb ver **despedir** ▶ nm (de trabajador) licenciement m; **~ improcedente** licenciement abusif; **~ injustificado** renvoi m injustifié; **~ libre** faculté f de licencier arbitrairement; **~ voluntario** départ m volontaire
**despierto, -a** vb ver **despertar** ▶ adj réveillé(e); (fig) éveillé(e)
**despiezar** vt (res) dépecer; (máquina, motor) démonter, désassembler
**despilfarrador, a** nm/f gaspilleur(-euse)
**despilfarrar** vt gaspiller
**despilfarro** nm gaspillage m
**despintar** vt enlever la peinture de ▶ vi: **A no despinta de B** A n'est pas mieux que B; **despintarse** vpr déteindre
**despiojar** vt épouiller
**despiole** (ARG fam) nm (jaleo) bordel m
**despistado, -a** adj (distraído) distrait(e); (desorientado) dérouté(e) ▶ nm/f distrait(e)
**despistar** vt (perseguidor) semer; (desorientar) dérouter; **despistarse** vpr (distraerse) être distrait(e)
**despiste** nm distraction f; (confusión) confusion f; **tiene un terrible ~** il est terriblement distrait
**desplace** etc vb ver **desplazar**
**desplante** nm: **hacer un ~ a algn** être grossier(-ière) avec qn

**desplazado, -a** adj déplacé(e); **sentirse un poco ~** ne pas se sentir à sa place; **quedar ~** être déplacé(e)
**desplazamiento** nm déplacement m; (Inform) défilement m; **~ hacia arriba/abajo** (Inform) déplacement vers le haut/bas; **gastos de ~** frais mpl de déplacement
**desplazar** vt déplacer; (tropas) transférer; (fig) supplanter; (Inform) faire défiler; **desplazarse** vpr se déplacer
**desplegable** adj (Inform): **menú ~** menu m déroulant ▶ nm (folleto) dépliant m
**desplegar** vt déployer; (tela, papel) déplier; **desplegarse** vpr (Mil) se déployer
**desplegué** etc, **despleguemos** etc vb ver **desplegar**
**despliegue** vb ver **desplegar** ▶ nm déploiement m
**desplomarse** vpr s'écrouler, s'effondrer; (fig) s'effondrer; **se ha desplomado el techo** le toit s'est effondré
**desplome** nm (de edificio, sistema) effondrement m, écroulement m; (fig) chute f, effondrement m
**desplumar** vt (ave) déplumer; (fam) plumer
**despoblación** nf dépeuplement m; **~ del campo**, **~ rural** exode m rural
**despoblado, -a** adj (sin habitantes) vide; (con pocos habitantes) dépeuplé(e) ▶ nm lieu m dépeuplé
**despoblarse** vpr se dépeupler
**despojar** vt dépouiller; **~ de** (persona: de sus bienes) dépouiller de; (: de título, derechos) retirer; (: de su cargo) relever; **despojarse** vpr: **despojarse de** (ropa) enlever; (posesiones) se dépouiller de
**despojo** nm (usurpación) spoliation f; (botín) butin m; **despojos** nmpl (Culin) abats mpl; (cadáver) dépouille fsg; (de banquete) reliefs mpl
**despolitizar** vt dépolitiser
**desportillarse** vpr s'ébrécher
**desposado, -a** adj tout juste marié(e) ▶ nm/f jeune marié(e)
**desposar** vt (suj: sacerdote) marier; **desposarse** vpr se marier
**desposeer** vt: **~ (de)** déposséder (de); **~ a algn de su autoridad** priver qn de son autorité
**desposeído, -a** nm/f dépossédé(e); **desposeídos** nmpl (necesitados) nécessiteux mpl
**desposeyendo** etc vb ver **desposeer**
**desposorios** nmpl (esponsales) épousailles fpl; (boda) noce fsg
**déspota** nmf despote m
**despótico, -a** adj despote
**despotismo** nm despotisme m
**despotricar** vi: **~ (contra)** pester (contre)
**despotrique** etc vb ver **despotricar**
**despreciable** adj (persona, acto) méprisable; (objeto, cantidad) négligeable
**despreciar** vt mépriser; (oferta, regalo) dédaigner

## despreciativo – destilería

**despreciativo, -a** adj dépréciatif(-ive); (mirada) dédaigneux(-euse)

**desprecio** nm dédain m; **un ~** un affront; **le hicieron el ~ de no acudir** ils lui ont fait l'affront de ne pas venir

**desprender** vt détacher; (olor, calor) dégager; (chispas) jeter; **~ de** (separar) détacher (de); **desprenderse** vpr (olor, perfume) se dégager; **desprenderse de algo** se défaire de qch; **de ahí se desprende que** il en découle que

**desprendido, -a** adj (persona) généreux(-euse)

**desprendimiento** nm générosité f; **~ de retina** décollement m de la rétine; **~ de tierras** éboulement m de terrain

**despreocupación** nf (falta de preocupación) insouciance f, détachement m; (falta de cuidado) laisser-aller m inv, négligence f

**despreocupado, -a** adj: **estar ~** (sin preocuparse) ne pas s'inquiéter; **ser ~** être insouciant(e)

**despreocuparse** vpr: **~ (de)** (dejar de inquietarse) ne plus s'occuper (de); (desentenderse) se désintéresser (de)

**desprestigiar** vt discréditer; **desprestigiarse** vpr se discréditer

**desprestigio** nm discrédit m

**desprevenido, -a** adj dépourvu(e); **coger** (ESP) o **agarrar** (AM) **a algn ~** prendre qn au dépourvu

**desprolijo, -a** (ARG fam) adj nul(le)

**desproporción** nf disproportion f

**desproporcionado, -a** adj disproportionné(e)

**despropósito** nm (salida de tono) propos msg outrancier; (disparate) remarque f inopportune

**desprotección** nf vulnérabilité f

**desprovisto, -a** adj: **~ de** dépourvu(e) de; **estar ~ de** être dépourvu(e) de

**después** adv après; (desde entonces) dès lors; (entonces) alors; **poco ~** peu après; **un año ~** un an après; **~ se debatió el tema** puis on a discuté de l'affaire; **~ de** après; **~ de comer** après manger; **~ de verlo** après l'avoir vu; **~ de corregir el texto** après avoir corrigé le texte; **~ de esa fecha** (pasado) après cette date; (futuro) passée cette date; **~ de todo** après tout; **mi nombre está ~ del tuyo** mon nom vient après le tien; **~ (de) que** après que; **~ (de) que lo escribí** après que je l'eus écrit ▶ adj: **murió el año ~** il est mort l'année d'après

**despuntar** vt (lápiz) tailler ▶ vi (plantas) pointer; (flores, alba, día) poindre; (persona: sobresalir) briller

**desquiciar** vt (puerta) sortir de ses gonds; (planes) bouleverser; (persona) rendre fou (folle); **el pobre está desquiciado** le pauvre est ébranlé

**desquitarse** vpr: **~ (de)** (resarcirse) être récompensé(e) (de); (vengarse) se venger (de); **~ de una pérdida** compenser une perte

**desquite** nm: **tomarse el ~ (de)** prendre sa revanche (sur)

**Dest.** abr = **destinatario**

**destacado, -a** adj (persona) célèbre; (hechos, noticias) marquant(e); **ocupar un lugar ~** (fig) occuper le devant de la scène

**destacamento** nm (Mil) détachement m

**destacar** vt (Arte) mettre en relief; (fig) souligner; (Mil) détacher; **quiero ~ que ...** je voudrais souligner que ... ▶ vi (sobresalir: montaña, figura) ressortir; (: obra, persona) se démarquer; **~ en/por algo** briller en/par qch; **destacarse** vpr se démarquer; **destacarse de** o **entre los demás** se démarquer des autres

**destajo** nm: **trabajar a ~** (por pieza) travailler à la pièce; (mucho) travailler d'arrache-pied

**destapamiento** (MÉX) nm (Pol) annonce des candidats aux élections du PRI (parti politique mexicain)

**destapar** vt découvrir; (botella) déboucher; (cacerola) ôter le couvercle de; **destaparse** vpr (botella) se déboucher; (en la cama) se découvrir

**destape** nm (Teatro, Cine) nu m

**destaque** etc vb ver **destacar**

**destartalado, -a** adj (casa) délabré(e); (coche) démantibulé(e)

**destellar** vi (diamante, estrella) scintiller; (metal) étinceler

**destello** nm (de diamante, metal) scintillement m; (de estrella) scintillation f; (de faro) lueur f; **un ~ de lucidez/genio** un éclair de lucidité/génie

**destemplado, -a** adj (Mús) désaccordé(e); (voz) discordant(e); (Meteorología) mauvais(e); **estar/sentirse ~** (Med) ne pas se sentir bien

**destemplar** vt (Mús) désaccorder; **destemplarse** vpr (Mús) se désaccorder; (persona: alterarse) perdre toute mesure; (Med) être indisposé(e)

**desteñir** vt, vi déteindre; **esta tela no destiñe** ce tissu ne déteint pas; **desteñirse** vpr déteindre

**desternillarse** vpr: **~ de risa** se tordre de rire

**desterrado, -a** adj (exiliado: persona) interdit(e) de séjour; (abandonado: costumbre) banni(e) ▶ nm/f exilé(e)

**desterrar** vt exiler; (pensamiento, tristeza) chasser; (sospechas) bannir

**destetar** vt sevrer

**destiempo**: **a ~** adv mal à propos

**destierro** vb ver **desterrar** ▶ nm (expulsión) interdiction f de séjour; (exilio) exil m; **vivir en el ~** vivre en exil

**destilación** nf distillation f

**destilar** vt, vi distiller

**destilería** nf distillerie f

## destinar – detalladamente

**destinar** vt (funcionario, militar) affecter ; (habitación, tarea) assigner ; **~ a** o **para** (fondos) destiner à ; **es un libro destinado a los niños** c'est un livre pour enfants ; **una carta que viene destinada a usted** une lettre qui vous est adressée

**destinatario, -a** nm/f destinataire mf

**destino** nm (suerte) destin m ; (de viajero) destination f ; (función) fonction f ; (de funcionario, militar) poste m ; **con ~ a** à destination de ; **salir con ~ a** partir pour

**destiña** etc vb ver **desteñir**

**destiñendo** etc vb ver **desteñir**

**destitución** nf destitution f

**destituir** vt: **~ (de)** destituer (de)

**destituyendo** etc vb ver **destituir**

**destornillador** nm tournevis msg

**destornillar** vt = **desatornillar**

**destreza** nf dextérité f ; (maña) adresse f

**destripar** vt (animal) étriper ; (radio, coche) démantibuler ; (reventar) crever

**destroce** etc vb ver **destrozar**

**destronar** vt détrôner

**destroncar** vt (árbol) abattre ; (proyectos) ruiner

**destronque** etc vb ver **destroncar**

**destrozar** vt (romper) casser ; (planes, campaña, persona) anéantir ; (nervios) mettre à vif ; **está destrozado por la noticia** il est anéanti par la nouvelle

**destrozo** nm destruction f ; **destrozos** nmpl (daños) dégâts mpl

**destrucción** nf destruction f

**destructivo, -a** adj destructeur(-trice)

**destructor, a** adj = **destructivo** ▶ nm (Náut) torpilleur m

**destruir** vt détruire ; (persona: moralmente) briser ; (negocio, comarca) ruiner ; (político, competidor, ilusiones) anéantir ; (argumento) démolir

**destruyendo** etc vb ver **destruir**

**desubicar** (CSur) vt désorienter

**desuelle** etc vb ver **desollar**

**desueve** etc vb ver **desovar**

**desunión** nf (separación) séparation f ; (entre personas) désaccord m

**desunir** vt (familia, países) désunir ; (piezas) séparer ; **desunirse** vpr se désunir

**desusado, -a** adj inusité(e)

**desuso** nm non-utilisation f ; **caer en ~** tomber en désuétude ; **estar en ~** être inusité(e) ; **una expresión (caída) en ~** une expression tombée en désuétude

**desvaído, -a** adj (color) fané(e) ; (contorno) effacé(e) ; (carácter) terne

**desvalido, -a** adj déshérité(e) ; **niños desvalidos** enfants mpl déshérités

**desvalijar** vt dévaliser ; (coche) cambrioler

**desvalorice** etc vb ver **desvalorizar**

**desvalorizar** vt (Econ) dévaluer

**desván** nm grenier m

**desvanecer** vt (disipar) dissiper ; (borrar) effacer ; **desvanecerse** vpr (Med) s'évanouir ; (fig) se dissiper ; (borrarse) s'effacer

**desvanecido, -a** adj (Med) évanoui(e) ; **caer ~** tomber évanoui(e)

**desvanecimiento** nm (de contornos, colores) effacement m ; (de dudas) dissipation f ; (Med) évanouissement m

**desvanezca** etc vb ver **desvanecer**

**desvariar** vi délirer

**desvarío** nm délire m ; **desvaríos** nmpl (disparates) absurdités fpl

**desvelar** vt (suj: café, preocupación) tenir éveillé(e) ; **desvelarse** vpr rester éveillé(e) ; **desvelarse por algo** se démener pour qch ; **desvelarse por los demás** se donner du mal pour autrui

**desvelo** nm éveil m ; **desvelos** nmpl (preocupación) soucis mpl

**desvencijado, -a** adj (silla) branlant(e) ; (máquina) détraqué(e)

**desvencijar** vt casser ; (máquina) détraquer ; **desvencijarse** vpr se casser ; (máquina) se détraquer

**desventaja** nf inconvénient m ; **estar en** o **llevar ~** être désavantagé(e)

**desventajoso, -a** adj désavantageux(-euse)

**desventura** nf malheur m

**desventurado, -a** adj malheureux(-euse)

**desvergonzado, -a** adj, nm/f dévergondé(e) ; (descarado) effronté(e)

**desvergüenza** nf dévergondage m ; (descaro) toupet m ; **¡qué ~!** quel toupet ! ; **tener la ~ de hacer** avoir le toupet de faire

**desvestir** vt déshabiller ; **desvestirse** vpr se déshabiller

**desviación** nf (de río) détournement m ; (Auto) déviation f ; (de la conducta) écart m ; **~ de la columna** (Med) scoliose f

**desviar** vt dévier ; (de objetivo) écarter ; (río, mirada) détourner ; **desviarse** vpr (apartarse del camino) s'égarer ; (rumbo) faire un détour ; (Auto) faire une embardée ; **desviarse de un tema** s'éloigner du sujet

**desvincular** vt (de una obligación) délier ; (de una organización) détacher ; **desvincularse** vpr (de partido, familia) se détacher

**desvío** vb ver **desviar** ▶ nm (Auto) déviation f

**desvirgar** vt dépuceler

**desvirtuar** vt (actuación, labor) nuire à ; (argumento) démolir ; (sentido) affaiblir ; **desvirtuarse** vpr perdre sa signification première

**desvistiendo** etc vb ver **desvestir**

**desvitalizar** vt (Med) dévitaliser

**desvivirse** vpr: **~ por algo/algn** se mettre en quatre pour qch/qn ; **~ por hacer** se tuer à faire

**detall** nm: **al ~** (Com) au détail ; ver tb **detalle**

**detalladamente** adv de façon détaillée

## detallado – dg

**detallado, -a** *adj* détaillé(e)
**detallar** *vt* détailler
**detalle** *nm* détail *m*; *(delicadeza)* attention *f*; **narrar con (todo) ~** raconter en détail; **no pierde ~** il n'en perd pas une miette; **tener un ~ con algn** avoir une attention pour qn; **¡qué ~!** comme c'est gentil!; **al ~** *(Com)* au détail; **comercio al ~** commerce *m* de détail; **vender al ~** vendre au détail; **~ de cuenta** détail d'un compte
**detallista** *adj* méticuleux(-euse) ▶ *nmf (Com)* détaillant(e)
**detectar** *vt (investigador)* détecter
**detective** *nmf* détective *mf*; **~ privado(-a)** détective privé(e)
**detector** *nm (Náut)* détecteur *m*; *(Tec)* détecteur radio; **~ de mentiras/de metales/de minas** détecteur de mensonges/à métaux/de mines
**detención** *nf* arrêt *m*; *(retraso)* lenteur *f*; *(Jur)* arrestation *f*; *(detenimiento)* soin *m*
**detendré** *etc vb ver* **detener**
**detener** *vt* arrêter; *(retrasar)* retarder; **detenerse** *vpr* s'arrêter; *(demorarse)* s'attarder; **¡deténgase!** arrêtez-vous!; **detenerse a hacer algo** s'attarder à faire qch
**detenga** *etc vb ver* **detener**
**detenidamente** *adv* minutieusement
**detenido, -a** *adj* arrêté(e); *(minucioso)* minutieux(-euse); *(preso)* détenu(e) ▶ *nm/f* détenu(e)
**detenimiento** *nm*: **con ~** avec soin
**detentar** *vt* détenir; *(sin derecho)* s'approprier
**detergente** *nm* détergent *m*; *(para la ropa)* lessive *f*
**deteriorado, -a** *adj* détérioré(e)
**deteriorar** *vt* détériorer; **deteriorarse** *vpr* se détériorer
**deterioro** *nm* détérioration *f*
**determinación** *nf* détermination *f*; *(decisión)* décision *f*
**determinado, -a** *adj* déterminé(e); **a una hora determinada** à une heure précise; **no hay ningún tema ~** aucun sujet n'a été déterminé
**determinante** *adj* déterminant(e) ▶ *nm* déterminant *m*
**determinar** *vt* déterminer; **aquello determinó la caída del gobierno** cela a déterminé la chute du gouvernement; **el reglamento determina que ...** le règlement prévoit que ...; **determinarse** *vpr*: **determinarse a hacer** se déterminer à faire
**detestable** *adj (persona, sabor)* détestable; *(acto)* odieux(-euse); *(obra)* très mauvais(e)
**detestar** *vt* détester
**detonación** *nf* détonation *f*
**detonador** *nm* détonateur *m*
**detonante** *nm (fig)* détonateur *m*

**detonar** *vi* détoner
**detractor, a** *nm/f* détracteur(-trice)
**detrás** *adv* derrière; *(en sucesión)* après; **por ~** par derrière; **~ mío/nuestro** *(esp CSUR)* derrière moi/nous; **~ de** derrière; **ir ~ de algn/algo** être derrière qn/qch; **hacer algo por ~ de algn** faire qch dans le dos de qn
**detrasito** *(AM fam) adv* derrière
**detrimento** *nm*: **en ~ de** au détriment de
**detritus** *nm* détritus *msg*
**detuve** *etc vb ver* **detener**
**deuda** *nf* dette *f*; **estar en ~ con algn** *(fig)* avoir une dette envers qn; **contraer deudas** contracter des dettes; **~ a largo plazo** dette à long terme; **~ exterior/pública** dette extérieure/publique
**deudor, a** *nm/f* débiteur(-trice); **~ hipotecario** débiteur hypothécaire; **~ moroso** mauvais payeur *m*
**devaluación** *nf* dévaluation *f*
**devaluar** *vt* dévaluer
**devanar** *vt* rembobiner; **devanarse** *vpr*: **devanarse los sesos** se ronger les sangs
**devaneo** *nm* flirt *m*
**devastar** *vt* dévaster
**devendré** *etc*, **devenga** *etc vb ver* **devenir**
**devengar** *vt (retribuciones)* toucher; *(intereses)* rapporter
**devengue** *etc vb ver* **devengar**
**devenir** *vi*: **~ en** se transformer en ▶ *nm* évolution *f*
**deviene** *etc*, **deviniendo** *etc vb ver* **devenir**
**devoción** *nf* dévotion *f*; **sentir ~ por algn/algo** avoir de la dévotion pour qn/une passion pour qch
**devocionario** *nm* missel *m*
**devolución** *nf* restitution *f*; *(de carta)* retour *m*; *(de dinero)* remboursement *m*; **no se admiten devoluciones** *(Com)* ni repris ni échangé
**devolver** *vt* rendre; *(a su sitio)* remettre; *(producto, carta)* retourner; *(factura)* protester; *(fam: vomitar)* rendre; **~ la pelota a algn** *(fig)* renvoyer la balle à qn ▶ *vi (fam)* rendre; **devolverse** *vpr (AM)* revenir
**devorar** *vt* dévorer; *(fig: fortuna)* manger; **~ a algn con los ojos** dévorer qn des yeux; **el fuego lo devoró todo** tout a été dévoré par les flammes; **le devoran los celos** il est habité par la jalousie
**devoto, -a** *adj (Rel)* dévot(e); *(amigo)* dévoué(e); **~ de** *(Rel)* dévot(e) à; *(muy aficionado a)* adepte de; **su ~ servidor** votre dévoué serviteur ▶ *nm/f* dévot(e); *(adepto)* adepte *mf*
**devuelto** *pp de* **devolver**
**devuelva** *etc vb ver* **devolver**
**D.F.** *(MÉX) sigla m (= Distrito Federal)* Mexico *(ville)*
**dg** *abr (= decigramo(s))* dg *(= décigramme(s))*

## D.G. – diario

**D.G.** *abr* = **Dirección General**
**DGT** *sigla f* (= *Dirección General de Tráfico*) branche ministérielle chargée du contrôle de la circulation routière ; (= *Dirección General de Turismo*) branche ministérielle chargée du tourisme
**di** *vb ver* **dar**; **decir**
**día** *nm* (*lo que no es noche*) jour *m* ; (*24 horas*) journée *f* ; **¿qué ~ es?** quel jour sommes-nous ? ; **estar/poner al ~** (*cuentas*) être/mettre à jour ; (*persona*) être/mettre au courant ; **el ~ de mañana** demain ; **el ~ menos pensado te haremos una visita** quand tu t'y attendras le moins, nous te rendrons visite ; **hoy (en) ~** aujourd'hui ; **al ~ siguiente** le jour suivant ; **tener un mal ~** passer une mauvaise journée ; **~ a ~** jour après jour ; **¡cualquier ~ se mata!** il va finir par se tuer ! ; **todos los días** tous les jours ; **un ~ de estos** un de ces jours ; **un ~ sí y otro no** tous les deux jours ; **vivir al ~** vivre au jour le jour ; **es de ~** il fait jour ; **del ~** (*estilos*) au goût du jour ; (*pan*) frais (fraîche) ; (*menú*) du jour ; **de un ~ para otro** d'un jour à l'autre ; **en pleno ~** en plein jour ; **en su ~** en son temps ; **¡hasta otro ~!** à un autre jour ! ; **¡buenos días!** bonjour ! ; **~ domingo/lunes** *etc* (*Am*) dimanche/lundi *etc* ; **~ de los (santos) inocentes** (*28 diciembre*) jour des Saints Innocents, ≈ le premier avril ; **~ de precepto** jour du Seigneur ; **D~ de Reyes** Épiphanie *f* ; **~ festivo** *o* (*Am*) **feriado** *o* **de fiesta** jour férié ; **~ hábil/inhábil** jour ouvrable/chômé ; **~ laborable** jour de travail *o* ouvrable ; **~ lectivo/libre** jour de classe/de congé

> La palabra **día** suele traducirse en francés por *jour*:
> **¿A qué día estamos?** Quel jour sommes-nous ?
> **Nos vamos unos días de vacaciones.** On part quelques jours en vacances.
> No obstante, cuando tiene un valor de duración se traduce por *journée*:
> **Me he pasado todo el día estudiando.** J'ai passé toute la journée à étudier.

**diabetes** *nf inv* diabète *m*
**diabético, -a** *nm/f* diabétique *mf*
**diablo** *nm* diable *m* ; **¿cómo/qué diablos …?** comment/que diable … ? ; **pobre ~** pauvre diable ; **hace un frío de mil diablos** *o* **de todos los diablos** il fait un froid de tous les diables ; **mandar algo/a algn al ~** envoyer qch/qn au diable ; **¡al ~ con …!** au diable … !
**diablura** *nf* diablerie *f*
**diabólico, -a** *adj* diabolique
**diácono** *nm* diacre *m*
**Diada** *nf* fête nationale de la Catalogne (*11 septembre*)

### DIADA NACIONAL DE CATALUNYA

La **Diada**, fête nationale de la Catalogne, se célèbre le 11 septembre pour commémorer la chute de Barcelone aux mains Philippe V de Bourbon à la fin de la guerre de Succession d'Espagne, en 1714. Avant cet évènement, la Catalogne jouissait d'une grande autonomie ainsi que d'un gouvernement, la *Generalitat*, qu'elle perdit alors, mais qui existe encore de façon ininterrompue depuis 1977. Pour la *Diada*, les rues et balcons arborent le drapeau catalan avec ses quatre rayures rouges sur un fond jaune.

**diadema** *nf* serre-tête *m* ; (*joya*) diadème *m*
**diáfano, -a** *adj* limpide ; (*intención*) clair(e)
**diafragma** *nm* diaphragme *m*
**diagnosis** *nf inv* diagnose *f*
**diagnosticar** *vt* diagnostiquer
**diagnóstico** *nm* diagnostic *m*
**diagonal** *adj* diagonal(e) ▶ *nf* diagonale *f* ; **en ~** en diagonale
**diagrama** *nm* diagramme *m* ; **~ de barras** diagramme en bâtons ; **~ de flujo** (*Inform*) organigramme *m*
**dial** *nm* (*de radio*) bande *f* de fréquence
**dialectal** *adj* dialectal(e)
**dialéctica** *nf* dialectique *f*
**dialéctico, -a** *adj* dialectique
**dialecto** *nm* dialecte *m*
**diálisis** *nf inv* dialyse *f*
**dialogante** *adj* ouvert(e) au dialogue, de dialogue
**dialogar** *vi* dialoguer ; **~ con** (*Pol*) s'entretenir avec
**diálogo** *nm* dialogue *m*
**dialogue** *etc vb ver* **dialogar**
**diamante** *nm* diamant *m* ; **~ (en) bruto** diamant brut ; (*fig*) perle *f* rare ; **diamantes** *nmpl* (*Naipes*) carreau *msg*
**diametralmente** *adv* : **~ opuesto a** diamétralement opposé à
**diámetro** *nm* diamètre *m* ; **3 m de ~** 3 m de diamètre
**diana** *nf* (*Mil*) réveil *m* ; (*de blanco*) mouche *f* ; **hacer ~** faire mouche
**diantre** *nm* : **¡~!** (*fam*) diantre !
**diapasón** *nm* diapason *m* ; (*de violín, guitarra*) touche *f*
**diapositiva** *nf* (*Foto*) diapositive *f*
**diariamente** *adv* quotidiennement, tous les jours
**diario, -a** *adj* quotidien(ne) ▶ *nm* quotidien *m*, journal *m* ; (*para memorias*) journal ; (*Com*) livre *m* journal ; **a ~** tous les jours ; **de** *o* **para ~** de tous les jours ; **~ de navegación** (*Náut*) journal de bord ; **~ de sesiones** compte rendu d'une session du Parlement ; **~ hablado** (*Radio*) journal parlé

## diarrea – difunto

**diarrea** *nf* diarrhée *f*
**diatriba** *nf* diatribe *f*
**dibujante** *nmf* dessinateur(-trice); *(Tec)* dessinateur(-trice) industriel(le); **~ de publicidad** dessinateur(-trice) publicitaire
**dibujar** *vt, vi* dessiner; **dibujarse** *vpr (emoción)* se peindre; **dibujarse en el horizonte/a lo lejos** se dessiner à l'horizon/au loin
**dibujo** *nm* dessin *m*; **dibujos animados** dessins *mpl* animés; **~ artístico** dessin d'art; **~ lineal/técnico** dessin industriel
**dic.** *abr* = **diciembre**
**dicción** *nf (pronunciación)* diction *f*
**diccionario** *nm* dictionnaire *m*; **~ enciclopédico** dictionnaire encyclopédique
**dicha** *nf (felicidad)* bonheur *m*; *(suerte)* chance *f*; **tener la ~ de** avoir la joie de
**dicharachero, -a** *adj* jovial(e)
**dicho, -a** *pp de* **decir**; **mejor ~** plutôt; **propiamente ~** proprement dit; **~ y hecho** aussitôt dit, aussitôt fait; **~ sea de paso** soit dit en passant ▶ *adj*: **en dichos países** dans ces pays ▶ *nm* proverbe *m*
**dichoso, -a** *adj* heureux(-euse); **¡aquel ~ coche!** *(fam)* cette sacrée voiture!
**diciembre** *nm* décembre *m*; *ver tb* **julio**
**diciendo** *etc vb ver* **decir**
**dicotomía** *nf* dichotomie *f*
**dictado** *nm* dictée *f*; **escribir al ~** écrire sous la dictée; **los dictados de la conciencia** ce que dicte la conscience
**dictador** *nm* dictateur *m*
**dictadura** *nf* dictature *f*
**dictáfono®** *nm* Dictaphone® *m*
**dictamen** *nm* expertise *f*; **~ contable** rapport *m* comptable; **~ facultativo** *(Med)* diagnostic *m*
**dictaminar** *vt* analyser ▶ *vi*: **~ (sobre)** donner son avis (sur)
**dictar** *vt* dicter; *(decreto)* publier; *(ley)* promulguer; *(Am: clase)* faire; *(: conferencia)* donner
**dictatorial** *adj* dictatorial(e)
**didáctico, -a** *adj* didactique ▶ *nf* didactique *f*
**diecinueve** *adj inv, nm inv* dix-neuf *m inv*; **el siglo ~** le dix-neuvième siècle; *ver tb* **seis**
**dieciochesco, -a** *adj* du XVIIIe siècle
**dieciocho** *adj inv, nm inv* dix-huit *m inv*; *ver tb* **seis**
**dieciséis** *adj inv, nm inv* seize *m inv*; *ver tb* **seis**
**diecisiete** *adj inv, nm inv* dix-sept *m inv*; *ver tb* **seis**
**diente** *nm* dent *f*; **enseñar los dientes** *(fig)* montrer les dents; **hablar entre dientes** parler entre ses dents; **hincarle el ~ a** *(comida)* mordre à belles dents dans; *(fig: asunto)* s'attaquer à; **~ de ajo** gousse *f* d'ail; **~ de leche** dent de lait; **~ de león** pissenlit *m*; **dientes postizos** fausses dents

**diera** *etc vb ver* **dar**
**diéresis** *nf* diérèse *f*
**dieron** *vb ver* **dar**
**diesel** *adj*: **motor ~** (moteur *m*) diesel *m*
**diestra** *nf* main *f* droite; **a mi** *etc* **~** à ma *etc* droite
**diestro, -a** *adj* droit(e); *(persona)* droitier(-ière); *(hábil)* adroit(e); **a ~ y siniestro** au hasard ▶ *nm (Taur)* matador *m*
**dieta** *nf* régime *m*; **la ~ mediterránea** la cuisine méditerranéenne; **estar a ~** être au régime; **dietas** *nfpl (de viaje, hotel)* frais *mpl*
**dietario** *nm* livre *m* de comptes
**dietética** *nf* diététique *f*
**dietético, -a** *adj* diététique ▶ *nm/f* diététicien(ne)
**dietista** *(Am) nmf* diététicien(ne)
**diez** *adj inv, nm inv* dix *m inv*; *ver tb* **seis**
**diezmar** *vt* décimer
**diezmo** *nm* dîme *f*
**difamación** *nf* diffamation *f*
**difamar** *vt* diffamer
**difamatorio, -a** *adj* diffamatoire
**diferencia** *nf* différence *f*; **a ~ de** à la différence de; **hacer ~ entre** faire la différence entre; **~ salarial** écarts *mpl* de salaire; **diferencias** *nfpl (desacuerdos)* différend *msg*
**diferencial** *nm (Auto)* différentiel *m*
**diferenciar** *vt*: **~ (de)** distinguer (de); *(hacer diferente)* différencier (de) ▶ *vi*: **~ entre A y B** distinguer A de B; **diferenciarse** *vpr*: **diferenciarse (de)** se distinguer (de); **¿en qué se diferencian?** en quoi sont-ils différents?
**diferente** *adj* différent(e) ▶ *adv* différemment
**diferido** *nm*: **en ~** *(TV)* en différé
**diferir** *vt, vi* différer
**difícil** *adj* difficile; **es un hombre ~ (de tratar)** c'est quelqu'un de difficile; **ser ~ de hacer/entender/explicar** être difficile à faire/comprendre/expliquer
**difícilmente** *adv* difficilement
**dificultad** *nf* difficulté *f*; **dificultades** *nfpl (problemas)* difficultés *fpl*; **poner dificultades (a algn)** faire des difficultés (à qn)
**dificultar** *vt (explicación, labor)* rendre difficile; *(visibilidad)* brouiller
**dificultosamente** *adv* avec difficulté
**dificultoso, -a** *adj* ardu(e); *(avance)* laborieux(-euse); *(relaciones)* tumultueux(-euse)
**difiera** *etc*, **difiriendo** *etc vb ver* **diferir**
**difteria** *nf* diphtérie *f*
**difuminar** *vt (Arte)* ombrer
**difundir** *vt (calor, noticia)* diffuser; *(doctrina, rumores)* répandre; **difundirse** *vpr* se diffuser; *(doctrina)* se répandre
**difunto, -a** *adj, nm/f* défunt(e)

## difusión – dirección

**difusión** nf diffusion f; (de teoría) généralisation f; **un programa de gran ~** une émission à grande diffusion
**difuso, -a** adj diffus(e); (explicación) vague
**diga** etc vb ver **decir**
**digerir** vt digérer
**digestión** nf digestion f; **corte de ~** crampe f d'estomac
**digestivo, -a** adj digestif(-ive) ▶ nm digestif m
**digiera** etc, **digiriendo** etc vb ver **digerir**
**digital** adj digital(e); (Tec) numérique
**digitalizador** nm (Inform) numériseur m
**digitalizar** vt (Inform) numériser
**dígito** nm (Mat, Inform) chiffre m
**dignarse** vpr: **~ (a) hacer** daigner faire
**dignatario, -a** nm/f dignitaire m
**dignidad** nf dignité f; **hacer algo con ~** faire qch avec dignité
**dignificar** vt rendre plus digne
**dignifique** etc vb ver **dignificar**
**digno, -a** adj (sueldo, nivel de vida) décent(e); (comportamiento, actitud) digne; **~ de** digne de; **es ~ de mención** ça mérite d'être mentionné; **es ~ de verse** ça mérite d'être vu; **poco ~** peu digne
**digresión** nf digression f
**dije** vb ver **decir** ▶ adj (CHI fam) sympa
**dijera** etc vb ver **decir**
**dilación** nf retard m; **sin ~** sans tarder
**dilapidar** vt dilapider
**dilatación** nf dilatation f
**dilatado, -a** adj dilaté(e); (período) prolongé(e)
**dilatar** vt dilater; (prolongar, aplazar) différer; **dilatarse** vpr se dilater
**dilema** nm dilemme m
**diligencia** nf diligence f; (trámite) acte m de procédure; **diligencias** nfpl (Jur) formalités fpl; **diligencias judiciales/previas** enquête fsg judiciaire/préliminaire
**diligente** adj diligent(e); **poco ~** pas très sérieux(-euse)
**dilucidar** vt élucider
**diluir** vt diluer
**diluviar** vi: **está diluviando** il tombe une pluie diluvienne
**diluvio** nm déluge m; **un ~ de cartas** (fig) un déluge de lettres
**diluyendo** etc vb ver **diluir**
**dimanar** vi: **~ de** émaner de
**dimensión** nf dimension f; (de catástrofe) proportions fpl; **dimensiones** nfpl (tamaño) dimensions fpl; **tomar las dimensiones de** prendre les dimensions de
**dimes** nmpl: **andar en ~ y diretes con algn** se chamailler avec qn
**diminutivo** nm (Ling) diminutif m
**diminuto, -a** adj tout(e) petit(e)
**dimisión** nf démission f
**dimitir** vi: **~ (de)** démissionner (de)
**dimos** vb ver **dar**
**Dinamarca** nf Danemark m
**dinamarqués, -esa** adj = **danés**
**dinámica** nf dynamique f; **la ~ del negocio** (fig) la dynamique du commerce
**dinámico, -a** adj dynamique
**dinamismo** nm dynamisme m
**dinamita** nf dynamite f
**dinamitar** vt dynamiter
**dinamizar** vt dynamiser
**dinamo, dínamo** nf, (AM) nm dynamo f
**dinastía** nf dynastie f
**dineral** nm fortune f
**dinero** nm argent m; **es hombre de ~** c'est un homme riche; **andar mal de ~** être sans le sou; **~ caro** (Com) argent cher; **~ contante (y sonante)** espèces fpl; **~ efectivo** o **en metálico** liquide m; **~ suelto** (petite) monnaie f
**dinosaurio** nm dinosaure m
**dintel** nm linteau m
**diñar** (fam) vt: **diñarla** clamser
**dio** vb ver **dar**
**diócesis** nf inv diocèse m
**Dios** nm Dieu m; **~ mediante** si Dieu le veut; **¡gracias a ~!** grâce à Dieu!; **a la buena de ~** au petit bonheur la chance; **armar** o **armarse la de ~ (es Cristo)** (fam) foutre la pagaille; **como ~ manda** comme il faut; **¡~ mío!** mon Dieu!; **¡por ~!** grand Dieu!; **estar dejado de la mano de ~** être abandonné de Dieu; **¡sabe ~!** Dieu seul le sait!; **¡que sea lo que ~ quiera!** advienne que pourra!; **si ~ quiere** si Dieu le veut; **~ te lo pague** Dieu te le rendra; **ni ~** (fam) pas un chat; **¡válgame ~!** que Dieu me protège!; **¡vaya por ~!** grand Dieu!
**dios** nm dieu m
**diosa** nf déesse f
**Diosito** (AM fam) nm Dieu m
**dióxido** nm dioxyde m; **~ de carbono** dioxyde de carbone
**Dip.** abr = **diputación**
**diploma** nm diplôme m
**diplomacia** nf diplomatie f
**diplomado, -a** adj, nm/f diplômé(e)
**diplomático, -a** adj diplomatique ▶ nm/f diplomate mf
**diplomatura** nf licence f
**diptongo** nm diphtongue f
**diputación** nf ≈ conseil m général
**diputado, -a** nm/f député(e)
**dique** nm digue f; **~ de contención** barrage m
**Dir.** abr (= dirección) adr. (= adresse)
**diré** etc vb ver **decir**
**dirección** nf direction f; (fig: tendencia) tendance f; (señas) adresse f; (Cine, Teatro) mise f en scène; **ir/salir con ~ a** aller/sortir en direction de; **cambio de ~** déviation f;

## direccionales – discutido

~ **absoluta/relativa** (*Inform*) adresse absolue/relative ; ~ **administrativa** administration *f* ; ~ **asistida** (*Auto*) direction assistée ; ~ **de correo electrónico** adresse électronique ; ~ **de Internet** (*Inform*) adresse web ; **D~ General de Turismo** ≈ ministère *m* du Tourisme ; ~ **prohibida/única** sens *m* interdit/unique
**direccionales** (*Méx*) *nmpl* (*Auto*) clignotant *msg*
**direccionamiento** *nm* (*Inform*) adressage *m*
**directa** *nf* (*Auto*) quatrième *f*, cinquième *f*
**directamente** *adv* directement ; **pregúntaselo ~ a él** demande-le lui directement
**directiva** *nf* comité *m* directeur
**directivo** *nm* (*Com*) cadre *m* dirigeant
**directo, -a** *adj* direct(e) ; (*traducción*) exact(e) ; **transmitir en ~** (*TV*) diffuser en direct
**director, a** *adj* directeur(-trice) ▶ *nm/f* directeur(-trice) ; (*Cine*, *TV*) metteur(-euse) en scène ; (*de orquesta*) chef *m* ; ~ **adjunto(-a)** directeur(-trice) adjoint(e) ; ~ **comercial** directeur(-trice) commercial(e) ; ~ **de sucursal** directeur(-trice) de succursale ; ~ **ejecutivo(-a)** administrateur(-trice) ; ~ **general** *o* **gerente** directeur(-trice) général(e)
**directorio** *nm* (*Inform*) répertoire *m* ; (*Com*) programme *m*
**directrices** *nfpl* lignes *fpl* directrices
**dirigente** *adj*, *nmf* dirigeant(e)
**dirigible** *adj*, *nm* dirigeable *m*
**dirigir** *vt* diriger ; (*carta, pregunta*) adresser ; (*obra de teatro, film*) mettre en scène ; (*sublevación*) prendre la tête de ; (*esfuerzos*) concentrer ; ~ **a** *o* **hacia** diriger vers ; **no ~ la palabra a algn** ne pas adresser la parole à qn ; **dirigirse** *vpr*: **dirigirse a** s'adresser à ; **dirigirse a algn solicitando algo** s'adresser à qn pour solliciter qch ; « **diríjase a ...** » « s'adresser à ... »
**dirigismo** *nm* dirigisme *m*
**dirija** *etc vb ver* **dirigir**
**dirimir** *vt* (*contrato, matrimonio*) annuler ; (*disputa*) trancher
**discapacidad** *nf* handicap *m*
**discapacitado, -a** *adj*, *nm/f* handicapé(e) ; ~ **psíquico(-a)** handicapé(e) mental(e)
**discar** (*And, CSur*) *vt* (*Telec*) composer
**discernimiento** *nm* discernement *m*
**discernir** *vt* discerner ▶ *vi*: ~ **entre ... y ...** discerner ... de ...
**discierna** *etc vb ver* **discernir**
**disciplina** *nf* discipline *f*
**disciplinado, -a** *adj* discipliné(e)
**disciplinar** *vt* discipliner ; **disciplinarse** *vpr* se discipliner
**discípulo, -a** *nm/f* disciple *mf*
**Discman**® ['diskman] *nm* Discman® *m*

**disco** *nm* disque *m* ; (*Auto*) feu *m* ; ~ **compacto** disque compact ; ~ **de arranque** disquette *f* d'initialisation ; ~ **de densidad doble/sencilla** disquette double densité/densité simple ; ~ **de una cara/dos caras** disquette simple face/double face ; ~ **de freno** disque (de frein) ; ~ **de larga duración** 33 tours *m inv* ; ~ **de reserva** disquette de sauvegarde ; ~ **de sistema** disque système ; ~ **duro** disque dur ; ~ **flexible** disquette *m* ; ~ **maestro** disque d'exploitation ; ~ **sencillo** 45 tours *m inv* ; ~ **virtual** zone *f* disque en mémoire
**discografía** *nf* enregistrement *m*
**discográfico, -a** *adj* (*casa*) de disques ; (*industria, éxito*) du disque ; **sello ~** étiquette *f* ▶ *nf* maison *f* de disques
**díscolo, -a** *adj* rebelle
**disconforme** *adj* pas d'accord ; **estar ~ (con)** être en désaccord (avec)
**discontinuo, -a** *adj* discontinu(e)
**discordancia** *nf* (*de sonidos, colores*) discordance *f* ; (*de opiniones*) divergence *f*
**discordante** *adj* (*sonido*) discordant(e) ; (*opiniones*) divergent(e)
**discordia** *nf* discorde *f*
**discoteca** *nf* discothèque *f*
**discreción** *nf* discrétion *f* ; **añadir azúcar a ~** (*Culin*) rajouter du sucre à volonté ; **comer/beber a ~** manger/boire à volonté
**discrecional** *adj* (*uso, poder*) discrétionnaire ; (*servicio*) spécial(e)
**discrepancia** *nf* différence *f* ; (*desacuerdo*) divergence *f*
**discrepante** *adj* contradictoire ; **hubo varias voces discrepantes** quelques protestations se sont élevées
**discrepar** *vi* diverger
**discretamente** *adv* discrètement
**discreto, -a** *adj* discret(-ète) ; (*mediano*) décent(e)
**discriminación** *nf* discrimination *f*
**discriminar** *vt* discriminer ; (*personas*) faire de la discrimination contre
**discriminatorio, -a** *adj* discriminatoire
**disculpa** *nf* excuse *f* ; **pedir disculpas a/por** demander pardon à/pour
**disculpar** *vt* pardonner ; **disculparse** *vpr*: **disculparse (de/por)** s'excuser (de/pour)
**discurrir** *vt* échafauder ▶ *vi* réfléchir ; (*el tiempo*) s'écouler ; ~ **(por)** (*gente, río*) passer (par)
**discurso** *nm* discours *msg* ; **pronunciar un ~** prononcer un discours ; ~ **de clausura** discours de clôture
**discusión** *nf* discussion *f* ; **tener una ~** avoir une discussion
**discutible** *adj* discutable ; **eso es bastante/muy ~** c'est assez/très discutable
**discutido, -a** *adj* rebattu(e)

## discutir – dispensar

**discutir** vt discuter de ▶ vi discuter ; (*disputar*) : ~ **(con)** se disputer (avec) ; ~ **de política** discuter politique ; **¡no discutas!** ne discute pas !

**disecar** vt (*animal*) empailler ; (*planta*) sécher

**disección** nf (*Med*) dissection f

**diseminar** vt disséminer ; (*fig*) répandre

**disensión** nf dissension f

**disentir** vi : ~ **(de)** être en désaccord (sur)

**diseñador, a** nm/f designer mf

**diseñar** vt créer

**diseño** nm (*Tec*) conception f ; (*boceto*) ébauche f ; (*Costura*) dessin m ; **de ~ italiano** de création italienne ; **traje/objetos de ~** costume m/objets mpl de créateur ; **~ asistido por ordenador** conception assistée par ordinateur ; **~ de modas** dessin de mode ; **~ gráfico** graphisme m o conception graphique ; **~ industrial** design m industriel

**diseque** etc vb ver **disecar**

**disertar** vi : ~ **(sobre)** discourir o disserter (sur)

**disfrace** etc vb ver **disfrazar**

**disfraz** nm déguisement m ; (*fig*) prétexte m ; **bajo el ~ de** sous prétexte de

**disfrazado, -a** adj déguisé(e) ; **ir ~ de** être déguisé(e) en

**disfrazar** vt déguiser ; **disfrazarse** vpr se déguiser ; **disfrazarse de** se déguiser en

**disfrutar** vt jouir de ▶ vi prendre beaucoup de plaisir ; ~ **de buena salud** jouir d'une bonne santé ; ~ **de la vida** profiter de la vie ; **¡que disfrutes!** profites-en !

**disfrute** nm jouissance f

**disfunción** nf dysfonctionnement m

**disgregar** vt (*manifestantes*) disperser ; (*familia, imperio*) diviser ; **disgregarse** vpr (*muchedumbre*) se disperser ; (*imperio, país*) se diviser

**disgregue** etc vb ver **disgregar**

**disgustado, -a** adj (*enojado*) fâché(e) ; (*apesadumbrado*) contrarié(e) ; (*decepcionado*) déçu(e)

**disgustar** vt déplaire à ; (*enojar*) fâcher ; (*apesadumbrar*) contrarier ; **disgustarse** vpr (*enojarse*) se fâcher ; (*apesadumbrarse*) être contrarié(e)

**disgusto** nm (*enojo*) mécontentement m ; (*pesadumbre*) contrariété f ; (*decepción*) déception f ; (*desgracia*) malheur m ; **hacer algo a ~** faire qch à contre-cœur ; **sentirse/estar a ~** se sentir/être mal à l'aise ; **matar a algn a disgustos** mener la vie dure à qn

⚠ **Disgusto** ne signifie pas *dégoût*, qui se traduit par **asco** en espagnol.

**disidencia** nf dissidence f

**disidente** adj, nmf dissident(e)

**disienta** etc vb ver **disentir**

**disimulado, -a** adj dissimulé(e) ; **hacerse el ~** faire l'innocent

**disimular** vt dissimuler ▶ vi faire comme si de rien n'était

**disimulo** nm dissimulation f ; **con ~** avec dissimulation

**disipado, -a** adj dissipé(e)

**disipar** vt dissiper ; (*fortuna*) dilapider ; **disiparse** vpr se dissiper

**diskette** nm (*Inform*) disquette f

**dislate** nm absurdité f

**dislexia** nf dyslexie f

**disléxico, -a** adj, nm/f dyslexique mf

**dislocar** vt (*articulación*) déboîter ; (*hechos*) déformer ; **dislocarse** vpr se déboîter

**disloque** vb ver **dislocar** ▶ nm : **es el ~** (*fam*) c'est le comble

**disminución** nf diminution f ; **ir en ~** aller en diminuant

**disminuido, -a** nm/f : ~ **mental/físico(-a)** handicapé(e) mental(e)/physique

**disminuir** vt diminuer ; (*velocidad*) réduire ▶ vi (*días, población, número*) diminuer ; (*precios, temperatura, memoria*) baisser

**disminuyendo** etc vb ver **disminuir**

**disociar** vt dissocier ; **disociarse** vpr : **disociarse (de)** se dissocier (de)

**disoluble** adj soluble

**disolución** nf dissolution f ; (*de costumbres*) renonciation f

**disoluto, -a** adj dissolu(e)

**disolvente** nm dissolvant m

**disolver** vt dissoudre ; (*manifestación*) disperser ; (*contrato*) dénoncer ; **disolverse** vpr se dissoudre ; (*manifestantes*) se disperser

**disonancia** nf dissonance f

**dispar** adj (*distinto*) distinct(e) ; (*irregular*) inégal(e)

**disparadero** nm : **poner a algn en el ~** pousser qn à bout

**disparado, -a** adj : **entrar/salir/ir ~** entrer/sortir/aller en coup de vent

**disparador** nm (*de arma*) gâchette f ; (*Foto, Tec*) déclencheur m

**disparar** vt, vi tirer ; **dispararse** vpr (*precios*) monter en flèche ; (*persona: al hablar o actuar*) s'emporter ; **se disparó el arma** le coup de feu est parti tout seul

**disparatado, -a** adj (*precios*) astronomique ; (*idea*) absurde

**disparate** nm bêtise f ; (*error*) absurdité f ; **decir disparates** dire des bêtises ; **¡qué ~!** n'importe quoi !

**disparidad** nf disparité f

**disparo** nm tir m ; **disparos** nmpl (*tiroteo*) coups mpl de feu

**dispendio** nm dépense f inutile

**dispensa** nf (*esp Rel*) dispense f

**dispensar** vt dispenser ; (*bienvenida*) souhaiter ; **¡usted dispense!** je vous prie de m'excuser ! ; ~ **a algn de hacer algo** dispenser qn de faire qch

## dispensario – disturbio

**dispensario** nm dispensaire m
**dispersar** vt éparpiller ; (manifestación, fig) disperser ; (Mil: enemigo) mettre en déroute ; **dispersarse** vpr se disperser ; (luz) se répandre
**disperso, -a** adj dispersé(e)
**displicencia** nf indifférence f ; **con ~** avec indifférence
**displicente** adj indifférent(e)
**dispondré** etc vb ver **disponer**
**disponer** vt disposer ; (mandar) ordonner ; **la ley dispone que ...** la loi stipule que ... ▶ vi: **~ de** disposer de ; **no puede ~ de esos bienes** il ne peut disposer librement de ces biens ; **puede ~ de mí** je suis à votre disposition ; **disponerse** vpr: **disponerse a o para hacer** se disposer à faire
**disponga** etc vb ver **disponer**
**disponibilidad** nf disponibilité f ; **disponibilidades** nfpl (Com) disponibilités fpl
**disponible** adj disponible ; **(no) estar ~** (ne pas) être disponible
**disposición** nf disposition f ; **última ~** dernières volontés fpl ; **~ para** (aptitud) dispositions fpl pour ; **a (la) ~ de** à (la) disposition de ; **a su ~** à votre disposition ; **no estar en ~ de hacer** ne pas être en état de faire ; **~ de ánimo** disposition
**dispositivo** nm dispositif m ; **~ de alimentación** silo m ; **~ de almacenaje** (Inform) unité f de stockage ; **~ de seguridad** dispositif de sécurité ; **~ intrauterino** stérilet m ; **~ periférico** (Inform) périphérique m ; **~ policial** dispositif policier
**dispuesto, -a** pp de **disponer** ▶ adj (preparado) prêt(e) ; (capaz) capable ; **estar ~/poco ~ a hacer** être disposé(e)/peu disposé(e) à faire
**dispuse** etc vb ver **disponer**
**disputa** nf dispute f ; **sin ~** sans aucun doute
**disputado, -a** adj (partido, elecciones) disputé(e)
**disputar** vt (Deporte, premio, derecho) disputer ▶ vi se disputer ; **~ por** se disputer ; **disputarse** vpr se disputer
**disquete** nm (Inform) = **diskette**
**disquetera** nf (Inform) lecteur m de disquette
**disquisiciones** nfpl discussions fpl
**Dist.** abr = **distrito**
**distancia** nf distance f ; (en el tiempo) écart m ; (entre opiniones) différence f ; **a ~** à distance ; **a gran** o **a larga ~** à grande distance ; **¿a qué ~ está?** c'est à quelle distance ? ; **a 20 m de ~** à 20 m de distance ; **guardar las distancias** garder ses distances ; **~ de seguridad** (Auto) distance de sécurité ; **~ focal** distance focale
**distanciado, -a** adj éloigné(e)
**distanciamiento** nm (entre personas) éloignement m ; (entre opiniones) divergence f
**distanciar** vt distancer ; (amigos, hermanos) éloigner ; **distanciarse** vpr (enemistarse) se distancier ; **distanciarse (de)** (alejarse) s'éloigner (de)
**distante** adj distant(e)
**distar** vi: **dista 5 kms de aquí** c'est à 5 km d'ici ; **no dista mucho de aquí** ce n'est pas très loin d'ici ; **dista mucho de la verdad** c'est loin d'être vrai
**diste, disteis** vb ver **dar**
**distender** vt détendre
**distendido, -a** adj détendu(e)
**distensión** nf détente f
**distinción** nf distinction f ; **a ~ de** à la différence de ; **sin ~ de** sans distinction de ; **no hacer distinciones** ne pas faire de distinction
**distinga** etc vb ver **distinguir**
**distingo** nm (distinción) distinguo m, distinction f ; (reparo) réserve f
**distinguido, -a** adj distingué(e)
**distinguir** vt distinguer ; **~ X de Y** distinguer X de Y ▶ vi: **~ (entre)** distinguer (entre) ; **distinguirse** vpr se distinguer ; **a lo lejos no se distingue** de loin cela ne se voit pas
**distintivo, -a** adj distinctif(-ive) ▶ nm (insignia) insigne m ; (fig) point m fort
**distinto, -a** adj: **~ (a** o **de)** distinct(e) (de), différent(e) (de) ; **distintos** (varios) plusieurs
**distorsión** nf (Anat, de la verdad) entorse f ; (Radio etc) distorsion f
**distorsionar** vt déformer ▶ vi se distordre
**distracción** nf distraction f
**distraer** vt distraire ; (fondos) détourner ; **~ a algn de su pensamiento** tirer qn de ses pensées ▶ vi distraire ; **distraerse** vpr (entretenerse) se distraire ; (perder la concentración) être distrait(e)
**distraído, -a** adj distrait(e) ; (entretenido) amusant(e) ; **con aire ~** d'un air distrait ; **me miró distraída** elle m'a regardé distraitement ▶ nm: **hacerse el ~** faire la sourde oreille
**distraiga** etc, **distraje** etc, **distrajera** etc, **distrayendo** etc vb ver **distraer**
**distribución** nf (de beneficios) répartition f ; (a domicilio) distribution f ; (Com) livraison f ; (Arq) conception f ; **~ de premios** distribution des prix
**distribuidor, a** nm/f (persona) distributeur(-trice) ; **su ~ habitual** votre concessionnaire habituel ▶ nf (Com) concessionnaire m ; (Cine) distributeur m
**distribuir** vt (riqueza, beneficio) répartir ; (cartas, trabajo) distribuer ; (Arq) concevoir
**distribuyendo** etc vb ver **distribuir**
**distrito** nm district m ; **~ electoral** circonscription f électorale ; **~ judicial** district ; **~ postal** secteur m postal ; **~ universitario** ≈ académie f
**disturbio** nm troubles mpl ; **disturbios callejeros** émeutes fpl de rue ; **~ de orden público** trouble m de l'ordre public

## disuadir – doblemente

**disuadir** vt: ~ **(de)** dissuader (de) ; ~ **a algn de hacer** dissuader qn de faire
**disuasión** nf dissuasion f ; **poder/capacidad de** ~ pouvoir m/capacité f de dissuasion
**disuasivo, -a** adj dissuasif(-ive) ; **arma disuasiva** arme f dissuasive
**disuasorio, -a** adj = **disuasivo**
**disuelto** pp de **disolver**
**disuelva** etc vb ver **disolver**
**disyuntiva** nf alternative f
**DIU** sigla m (= dispositivo intrauterino) stérilet m
**diurético, -a** adj, nm diurétique m
**diurno, -a** adj de jour ; (Zool) diurne
**diva** nf diva f
**divagar** vi divaguer
**divague** etc vb ver **divagar**
**diván** nm divan m
**divergencia** nf divergence f
**divergir** vi diverger ; (personas): ~ **en** ne pas être d'accord sur
**diverja** etc vb ver **divergir**
**diversidad** nf diversité f
**diversificación** nf diversification f
**diversificar** vt diversifier ; **diversificarse** vpr se diversifier
**diversifique** etc vb ver **diversificar**
**diversión** nf distraction f
**diverso, -a** adj (variado) varié(e) ; (diferente) distinct(e) ; **diversos libros** plusieurs livres mpl ; **diversos colores** couleurs fpl variées ▶ nmpl: **diversos** (Com) articles mpl divers
**divertido, -a** adj amusant(e) ; (fiesta) réussi(e) ; (película, libro) divertissant(e)
**divertir** vt amuser ; **divertirse** vpr s'amuser
**dividendo** nm (Com) dividende m ; **dividendos** dividendes mpl ; ~ **definitivo** superdividende m ; **dividendos por acción** taux mpl de rendement d'une action
**dividir** vt partager ; (separar) séparer ; (partido, opinión pública) diviser ; (Mat): ~ **por** o **entre** diviser par ▶ vi (Mat) diviser ; **dividirse** vpr se diviser
**divierta** etc vb ver **divertir**
**divinamente** adv (Rel, fig) divinement ; **lo pasamos** ~ (fig) nous avons passé un merveilleux moment
**divinidad** nf divinité f ; **la D~** la Divinité
**divino, -a** adj (Rel, fig) divin(e)
**divirtiendo** etc vb ver **divertir**
**divisa** nf devise f ; **divisas** nfpl (Com) devises fpl ; **control/mercado de divisas** contrôle m/marché m des changes
**divisar** vt apercevoir

⚠ **Divisar** ne signifie pas diviser, qui se traduit par **dividir** en espagnol.

**división** nf division f ; (de herencia) partage m
**divisorio, -a** adj (línea) de démarcation ; **línea divisoria de las aguas** ligne f de partage des eaux

**divo** nm chanteur m d'opéra
**divorciado, -a** adj, nm/f divorcé(e)
**divorciar** vt prononcer le divorce de ; **divorciarse** vpr: **divorciarse (de)** divorcer (de)
**divorcio** nm divorce m
**divulgación** nf divulgation f ; (popularización) vulgarisation f ; **programa/revista de ~ científica** émission f/revue f scientifique
**divulgar** vt divulguer ; (popularizar) vulgariser
**divulgativo, -a, divulgatorio, -a** adj de vulgarisation, vulgarisateur(-trice)
**divulgue** etc vb ver **divulgar**
**dizque** (AM fam) adv que l'on dit
**dm** abr (= decímetro(s)) dm (= décimètre(s))
**DNI** sigla m (ESP: = Documento Nacional de Identidad) ver **documento** ; voir article

: **DNI**
:
: Le Documento Nacional de Identidad, appelé
: également **DNI** ou carnet de identidad, est la
: carte d'identité nationale espagnole,
: comportant la photographie et la
: signature du titulaire. Comme en France,
: il faut toujours en être muni et le présenter
: à la police en cas de contrôle.

**Dña.** abr (= Doña) Mme (= Madame)
**do** nm (Mús) do m
**D.O.** sigla f (= denominación de origen) ≈ AOC f (= appellation d'origine contrôlée) ; ver **denominación**
**dóberman** nm doberman m
**dobladillo** nm ourlet m
**doblaje** nm (Cine) doublage m
**doblar** vt plier ; (cantidad, Cine) doubler ; ~ **la esquina** tourner au coin de la rue ; **doblarle en edad a algn** avoir deux fois l'âge de qn ▶ vi (campana) sonner le glas ; ~ **a la derecha/izquierda** tourner à droite/gauche ; **doblarse** vpr se plier

⚠ De nombreux sens de **doblar** ne correspondent pas au verbe doubler.

**doble** adj double ; **a ~ página** à double page ; **con ~ sentido** à double sens ; ~ **cara/densidad** (Inform) double face f/densité f ; ~ **espacio** double interligne m ▶ nm: **el** ~ le double ; **su sueldo es el ~ del mío** il gagne deux fois plus que moi ; **trabaja el ~ que tú** il travaille deux fois plus que toi ; ~ **o nada** quitte ou double ▶ nmf (Teatro, Cine) double m ; **es tu ~** c'est ton sosie ; **dobles** nmpl (Deporte): **partido de dobles** double msg
**doblegar** vt faire plier ; **doblegarse** vpr (ceder) se plier
**doblegue** etc vb ver **doblegar**
**doblemente** adv doublement ; (bonito) deux fois plus

**doblete** nm: **hacer ~** (TV, Teatro) jouer deux rôles ; **hacer (el) ~** (Deporte) faire un doublé
**doblez** nm (pliegue) pli m ▶ nf (falsedad) fausseté f
**doc.** abr = **docena** ; (= documento) doc. (= document)
**doce** adj inv, nm inv douze m inv ; **las ~** (del mediodía) midi ; (de la noche) minuit ; ver tb **seis**
**docena** nf douzaine f ; **por docenas** (fig) par douzaines
**docencia** nf enseignement m
**docente** adj: **centro ~** centre m d'enseignement ; **cuerpo/personal ~** corps msg/personnel m enseignant
**dócil** adj docile
**dócilmente** adv docilement
**docto, -a** adj: **~ en** versé(e) en
**doctor, a** nm/f (médico) médecin m ; (Univ) docteur(e) ; **~ en filosofía** docteur(e) en philosophie
**doctorado** nm doctorat m

- **DOCTORADO**
- En Espagne, les études de doctorat sont
- divisées en deux cycles : un premier cycle
- d'études qui peut commencer au niveau
- master et doit comprendre un minimum
- de 60 crédits ; et un second cycle centré sur
- la recherche, qui s'achève avec la
- soutenance de thèse. Théoriquement,
- le doctorat doit se réaliser dans un délai
- maximum de trois ans à temps plein, bien
- qu'il existe la possibilité de le faire en cinq
- ans à temps partiel.

**doctoral** adj (tesis, conferencia) doctoral(e) ; (tono) docte, sentencieux(-euse)
**doctorarse** vpr passer son doctorat
**doctrina** nf doctrine f
**documentación** nf documentation f ; (de persona, vehículo) papiers mpl
**documentado, -a** adj documenté(e)
**documental** adj, nm documentaire m
**documentar** vt documenter ; **documentarse** vpr se documenter
**documento** nm document m ; (certificado) justificatif m ; (fig: testimonio) témoignage m ; **~ justificativo** justificatif ; **D~ Nacional de Identidad** carte f d'identité ; ver tb « **DNI** » ; **documentos** nmpl (de identidad) papiers mpl
**dogma** nm dogme m ; **el ~ católico/marxista** le dogme catholique/la doctrine marxiste
**dogmático, -a** adj dogmatique
**dogo** nm dogue m
**dólar** nm dollar m
**dolencia** nf maladie f
**doler** vi faire mal ; (fig) peiner ; **me duele el brazo** mon bras me fait mal ; **esta inyección no duele** cette piqûre ne fait pas mal ; **no me duele el dinero** ce n'est pas l'argent qui compte ; **¡ahí le duele!** (fig) c'est donc ça ! ;
**dolerse** vpr se plaindre ; (de las desgracias ajenas) compatir
**dolido, -a** adj contrarié(e)
**doliente** adj affligé(e)
**dolor** nm douleur f ; **~ agudo/sordo** douleur aiguë/sourde ; **~ de cabeza** mal m de tête ; **~ de estómago** maux mpl d'estomac ; **~ de muelas** mal o rage f de dents ; **~ de oídos** mal d'oreilles
**dolorido, -a** adj endolori(e) ; (fig) affligé(e) ; **la parte dolorida** la partie endolorie
**doloroso, -a** adj douloureux(-euse)
**domador, a** nm/f dompteur(-euse)
**domar** vt dompter
**domesticado, -a** adj domestique
**domesticar** vt domestiquer
**doméstico, -a** adj, nm/f domestique mf ; **economía doméstica** économie f domestique
**domestique** etc vb ver **domesticar**
**domiciliación** nf: **~ de pagos** virement m automatique
**domiciliar** vt domicilier ; **domiciliarse** vpr élire domicile
**domiciliario, -a** adj: **arresto ~** arrestation f à domicile
**domicilio** nm domicile m ; **servicio a ~** service m à domicile ; **sin ~ fijo** sans domicile fixe ; **~ particular** domicile particulier ; **~ social** (Com) siège m social
**dominante** adj dominant(e) ; (persona) dominateur(-trice)
**dominar** vt dominer ; (adversario, caballo, idioma) maîtriser ; (epidemia) enrayer ; **tener dominado a algn** tenir qn à sa merci ▶ vi dominer ; **dominarse** vpr se dominer
**domingo** nm dimanche m ; **D~ de Ramos/de Resurrección** dimanche des Rameaux/de Pâques ; ver tb **sábado**
**dominguero, -a** (pey) nm/f conducteur(-trice) du dimanche
**dominical** adj (descanso) dominical(e) ; (programación) du dimanche ▶ nm journal m du dimanche
**dominicano, -a** adj dominicain(e) ▶ nm/f Dominicain(e)
**dominio** nm domination f ; (territorio) domaine m ; (de las pasiones, de idioma) maîtrise f ; **ser del ~ público** relever du domaine public ; **dominios** nmpl (tierras) domaine msg
**dominó** nm domino m ; (juego) dominos mpl
**dom.º** abr = **domingo**
**domótica** nf domotique f
**don** nm (talento) don m ; (tratamiento: con apellido) Monsieur m ; (: solo con nombre) ≈ Monsieur ; **D~ Juan Gómez** Monsieur Juan Gómez ; voir article ; **tener ~ de gentes** savoir s'y prendre avec les gens ; **un ~ de la naturaleza** un don de la nature ; **tener ~ de mando** être un(e)

## donación – droguería

meneur(-euse) d'hommes ; **tener un ~ para el dibujo/la música** être doué(e) pour le dessin/la musique

> **DON**
>
> Le titre **don/doña**, souvent abrégé en *D./Dña.* s'utilise en signe de respect lorsqu'on s'adresse à une personne plus âgée que soi ou à un supérieur hiérarchique. Il se place devant le prénom, par exemple *Don Diego, Doña Inés*. Cet usage, de plus en plus rare en Espagne, est maintenant surtout réservé à la correspondance et aux documents officiels. Dans ce cas, le titre précède les prénoms et noms de famille : *Sr. D. Pedro Rodríguez Hernández, Sra. Dña. Inés Rodríguez Hernández.*

**donación** *nf* don *m*
**donaire** *nm* charme *m*
**donante** *nmf* : **~ de sangre** donneur(-euse) de sang
**donar** *vt* faire un don de ; *(sangre)* donner
**donativo** *nm* don *m*
**doncella** *nf (criada)* bonne *f*
**donde** *adv* où ; **por ~** par où ; **a/en ~** où ; **~ sea** où que ce soit ▶ *prep* : **el coche está allí ~ el farol** la voiture est là-bas, près du réverbère ; **se fue ~ sus tíos** il est allé chez ses oncles ; **está ~ el médico** il est chez le médecin
**dónde** *adv* où ; **¿a ~ vas?** où vas-tu ? ; **¿de ~ vienes?** d'où viens-tu ? ; **¿en ~?** où ? ; **¿por ~?** par où ? ; **¿hasta ~?** jusqu'où ?
**dondequiera** *adv* n'importe où ▶ *conj* : **~ que** où que
**donjuán** *nm* don Juan *m*
**donostiarra** *adj* de Saint Sébastien ▶ *nmf* natif(-ive) *o* habitant(e) de Saint Sébastien
**donus, donut**® *nm* beignet *m*
**doña** *nf (tratamiento: con apellido)* Madame *f* ; *(: solo con nombre)* ≈ Madame ; *ver tb* **don**
**dopaje** *(Deporte) nm* dopage *m*
**dopar** *(Deporte) vt* doper ; **doparse** *vpr* se doper
**doping** ['dopin] *nm* dopage *m*
**doquier** *adv* : **por ~** partout
**dorada** *nf* daurade *f*
**dorado, -a** *adj* doré(e) ▶ *nm* dorure *f*
**dorar** *vt* dorer ; **~ la píldora** dorer la pilule
**dormilón** *nm* marmotte *f*
**dormilona** *(VEN) nf* chemise *f* de nuit
**dormir** *vt* endormir ; **~ la siesta** faire la sieste ; **dormirla** *o* **~ la mona** *(fam)* cuver son vin ▶ *vi* dormir ; **~ como un lirón** *o* **un tronco** dormir comme un loir *o* une souche ; **~ a pierna suelta** avoir un sommeil de plomb ; **~ con algn** *(eufemismo)* coucher avec qn ; **quedarse dormido** *(dormirse)* s'endormir ; *(no despertarse)* ne pas se réveiller ; **estar medio dormido** être à moitié endormi ; **dormirse** *vpr* s'endormir ; **se me ha dormido el brazo/la pierna** j'ai des fourmis dans le bras/la jambe ; **dormirse en los laureles** s'endormir sur ses lauriers
**dormitar** *vi* somnoler
**dormitorio** *nm* chambre *f* ; *(en una residencia)* dortoir *m*
**dorsal** *adj* dorsal(e) ▶ *nm (Deporte)* dossard *m*
**dorso** *nm* dos *m* ; **escribir algo al ~** écrire qch au dos ; « **véase al ~** » « voir au dos »
**DOS** *sigla m* (= *sistema operativo de disco*) DOS *msg* (= *Disc-Operating System*)
**dos** *adj inv, nm inv* deux *inv* ; **los ~** les deux *mpl* ; **cada ~ por tres** tout le temps ; **de ~ en ~** deux par deux ; **~ piezas** deux-pièces *m inv* ; **estar a ~** *(Tenis)* faire un double ; *ver tb* **seis**
**doscientos, -as** *adj* deux cents ; *ver tb* **seiscientos**
**dosel** *nm* dais *m*
**dosificar** *vt* doser
**dosifique** *etc vb ver* **dosificar**
**dosis** *nf inv* dose *f*
**dossier** [do'sjer] *nm* dossier *m*
**dotación** *nf* apport *m* ; *(personal)* personnel *m* ; *(Náut)* équipage *m*
**dotado, -a** *adj* doué(e) ; **~ de** doté(e) de
**dotar** *vt* équiper ; **~ de** *o* **con** *(proveer: de inteligencia, simpatía)* douer de ; *(: de dinero)* allouer ; *(: de personal, maquinaria)* doter de
**dote** *nf* dot *f* ; **dotes** *nfpl (aptitudes)* dons *mpl*
**doy** *vb ver* **dar**
**Dpto.** *abr* (= *Departamento*) dépt (= *département*)
**Dr., Dra.** *abr* (= *Doctor(a)*) Dr (= *Docteur*)
**draga** *nf*, **dragado** *nm* dragage *m*
**dragaminas** *nm inv* dragueur *m* de mines
**dragar** *vt* draguer
**dragón** *nm* dragon *m*
**drague** *etc vb ver* **dragar**
**drama** *nm* drame *m*
**dramático, -a** *adj* dramatique ; **obra dramática** œuvre *f* dramatique
**dramatismo** *nm* caractère *m* dramatique
**dramatizar** *vt, vi* dramatiser
**dramaturgo, -a** *nm/f* dramaturge *mf*
**dramón** *nm* mélodrame *m* ; **¡qué ~!** quel drame !
**drástico, -a** *adj* drastique
**drenaje** *nm* drainage *m*
**drenar** *vt* drainer
**driblar** *vt, vi* dribler
**droga** *nf* drogue *f* ; **~ dura/blanda** drogue dure/douce ; **el problema de la ~** le problème de la drogue
**drogadicción** *nf* toxicomanie *f*
**drogadicto, -a** *nm/f* toxicomane *mf*
**drogar** *vt* droguer ; *(Deporte)* doper ; **drogarse** *vpr* se droguer
**drogodependencia** *nf* toxicomanie *f*
**drogue** *etc vb ver* **drogar**
**droguería** *nf* droguerie *f*

## dromedario – DVD

**dromedario** nm dromadaire m
**DSE** sigla f (= Dirección de la Seguridad del Estado) branche ministérielle chargée de la sécurité publique
**Dto.** abr = **descuento**
**Dtor., Dtora.** abr (= Director(a)) ver **director**
**dual** adj duel(le)
**dualidad** nf dualité f
**dubitativo, -a** adj sceptique
**Dublín** n Dublin
**dublinés, -esa** adj dublinois(e) ▶ nm/f Dublinois(e)
**ducado** nm (territorio) duché m; (moneda) ducat m
**ducha** nf douche f; **darse una ~** prendre une douche
**ducharse** vpr se doucher
**ducho, -a** adj: **~ en** fort(e) en
**dúctil** adj ductile
**duda** nf doute m; **sin ~** sans aucun doute; **¡sin ~!** bien sûr!; **no cabe ~** cela ne fait aucun doute; **no le quepa ~** cela va de soi; **poner algo en ~** mettre qch en doute; **para salir de dudas** pour en avoir le cœur net; **¿alguna ~?** des questions?; **tengo mis dudas** je n'en suis pas si sûr(e)
**dudar** vt, vi douter; **~ (de)** douter (de); **dudó entre ...** il a hésité entre ...; **dudó si comprarlo o no** il a hésité à l'acheter; **dudo que sea cierto** je crains que ce ne soit pas vrai
**dudoso, -a** adj douteux(-euse)
**D.U.E.** sigla mf (ESP: = Diplomado Universitario de Enfermería) infirmier(-ière)
**duelo** vb ver **doler** ▶ nm duel m; (ceremonia) deuil m; **batirse en ~** se battre en duel
**duende** nm lutin m; **tiene ~** (en flamenco) elle a de la classe
**dueño, -a** nm/f (propietario) propriétaire mf; (empresario) patron(ne); **ser ~ de sí mismo** être maître de soi; **eres (muy) ~ de hacer como te parezca** tu es libre de faire comme bon te semblera; **hacerse ~ de una situación** se rendre maître de la situation
**duerma** etc vb ver **dormir**
**duermevela** (fam) nf nuit f agitée
**Duero** nm Douro m, Duero m
**dulce** adj doux (douce); (azucarado) sucré(e) ▶ nm sucrerie f; (pastel) douceur f; **~ de almíbar** fruits mpl au sirop
**dulcemente** adv doucement
**dulcificar** vt (fig) apaiser

**dulcifique** etc vb ver **dulcificar**
**dulzaina** nf dulzaina f, dolçaina f (haut-bois du Moyen-Âge)
**dulzón, -ona** adj écœurant(e); (fig) à l'eau de rose inv
**dulzor** nm, **dulzura** nf douceur f
**duna** nf dune f
**dúo** nm duo m; **a ~** en duo; **hacer algo a ~** faire qch en duo
**duodécimo, -a** adj, nm/f douzième mf; ver tb **sexto**
**duodeno** nm duodénum m
**dúplex** pl inv nm (piso, Telec) duplex m; (Inform) bidirectionnel m
**duplicado** nm (de llave etc) double m; (documento) duplicata m; **por ~** en double
**duplicar** vt (llave, documento) faire un double de; (cantidad) doubler; **duplicarse** vpr se multiplier par deux
**duplicidad** nf (falsedad) duplicité f; (duplicación) dualité f
**duplique** etc vb ver **duplicar**
**duque** nm duc m
**duquesa** nf duchesse f
**duración** nf durée f; (de máquina) durée de vie; **de larga ~** (enfermedad) de longue durée; (pila, disco) longue durée; **de corta ~** de courte durée
**duradero, -a** adj (material) résistant(e); (fe, paz) durable
**duramente** adv durement
**durante** adv pendant; **~ toda la noche** pendant toute la nuit; **habló ~ una hora** il a parlé pendant une heure
**durar** vi durer; (persona: en cargo) rester
**durazno** (AM) nm pêche f; (árbol) pêcher m
**durex**® (AM) nm scotch® m
**dureza** nf dureté f; (de clima) rigueur f; (callosidad) callosité f
**durmiendo** etc vb ver **dormir**
**duro, -a** adj dur(e); **un tipo ~** un dur; **el sector ~ del partido** la faction dure du parti; **ser ~ con algn** être dur(e) avec qn; **~ de mollera** (torpe) dur(e) à la détente; **~ de oído** dur(e) d'oreille; **es ~ de pelar** c'est un dur à cuire; **a duras penas** à grand-peine; **estar ~** être dur(e) ▶ adv dur; **trabajar ~** travailler dur ▶ nm (Hist) pièce de cinq pesetas; **estar sin un ~** être sans le sou
**DVD** nm abr (= disco de vídeo digital) DVD m (= digital versatile disc)

# Ee

**E¹, e¹** [e] *nf (letra)* E, e *m inv* ; **E de Enrique** = E comme Eugène
**E²** *abr* (= *este*) E (= *est*)
**e²** [e] *conj (delante de* **i-** *e* **hi-**, *pero no* **hie-**) et
**e/** *abr* (*Com*) = **envío**
**EA** *abr* = **Ejército del Aire**
**EAU** *sigla mpl* (= *Emiratos Árabes Unidos*) EAU *mpl* (= *Émirats arabes unis*)
**ebanista** *nmf* ébéniste *mf*
**ebanistería** *nf* ébénisterie *f* ; (*taller*) atelier *m* d'ébénisterie
**ébano** *nm* ébène *m*
**ebrio, -a** *adj* ivre
**Ebro** *nm* Èbre *m*
**ebullición** *nf* ébullition *f* ; **punto de ~** point *m* d'ébullition
**eccema** *nm* eczéma *m*
**echar** *vt (lanzar)* jeter ; (*verter*) verser ; (*gasolina, carta, freno*) mettre ; (*sal, especias*) ajouter ; (*comida*) servir ; (*dientes*) faire ; (*expulsar*) mettre dehors ; (*empleado*) renvoyer ; (*despedir: humo*) rejeter ; (: *agua*) cracher ; (*reprimenda*) faire ; (*cerrojo*) fermer ; (*película*) passer ; **~ una carrera/una siesta** faire la course/une sieste ; **~ un trago** avaler une gorgée ; **~ la culpa a** accuser ; **~ cuentas** faire ses comptes ; **~ chispas** (*fig*) être furieux(-euse) ; **~ mano a** mettre la main sur ; **~ abajo** (*gobierno*) renverser ; (*edificio*) abattre ; **~ por tierra** ruiner ; **~ la buenaventura a algn** dire la bonne aventure à qn ; (*echar las cartas a algn*) tirer les cartes à qn ; **~ algo a cara o cruz** jouer qch à pile ou face ; **~ algo a suertes** tirer qch au sort ; **~ de menos** regretter ; **la echo de menos** elle me manque ▶ *vi*: **~ a andar/volar/correr** se mettre à marcher/voler/courir ; **echarse** *vpr* s'allonger ; **echarse atrás** se pencher en arrière ; (*fig*) se raviser ; **echarse a llorar/reír/temblar** se mettre à pleurer/rire/trembler ; **echarse a perder** (*alimento*) se gâter ; (*persona*) dégénérer ; **echarse novia/novio** avoir un(e) petit(e) ami(e)
**echarpe** *nm* écharpe *f*
**eclecticismo** *nm* éclectisme *m*
**ecléctico, -a** *adj* éclectique
**eclesiástico, -a** *adj* ecclésiastique ▶ *nm* ecclésiastique *m*
**eclipsar** *vt* éclipser
**eclipse** *nm* éclipse *f*
**eclosión** *nf* éclosion *f* ; **hacer ~** faire éclore
**eco** *nm* écho *m* ; **encontrar un ~ en** trouver un écho dans ; **hacerse ~ de una opinión** se faire l'écho d'une opinion ; **tener ~** faire écho
**ecoetiqueta** *nf* écolabel *m*
**ecografía** *nf* échographie *f*
**ecología** *nf* écologie *f*
**ecológico, -a** *adj* écologique
**ecologista** *adj, nmf* écologiste *mf*
**economato** *nm* économat *m*
**economía** *nf* économie *f* ; (*de empresa*) situation *f* économique ; **hacer economías** faire des économies ; **economías de escala** économies d'échelle ; **~ de mercado** économie de marché ; **~ dirigida/doméstica/mixta/sumergida** économie dirigée/nationale/mixte/souterraine
**economice** *etc vb ver* **economizar**
**económico, -a** *adj* économique ; (*persona*) économe
**economista** *nmf* économiste *mf*
**economizar** *vt, vi* économiser
**ecosistema** *nm* écosystème *m*
**ecotasa** *nf* écotaxe *f*
**ecoturismo** *nm* écotourisme *m*
**ecu** *nm* écu *m*
**ecuación** *nf* équation *f*
**ecuador** *nm* équateur *m* ; **(el) E~** (l')Équateur
**ecualizador** *nm* égaliseur *m*
**ecuánime** *adj* (*carácter*) juste ; (*juicio*) impartial(e)
**ecuanimidad** *nf* impartialité *f*
**ecuatoguineano, -a** *adj* équato-guinéen(-enne) ▶ *nm/f* Équato-Guinéen(-enne)
**ecuatorial** *adj* équatorial(e)
**ecuatoriano, -a** *adj* équatorien(ne) ▶ *nm/f* Équatorien(ne)
**ecuestre** *adj* équestre
**ecuménico, -a** *adj* œcuménique
**eczema** *nm* = **eccema**
**ed.** *abr* (= *edición*) éd. (= *édition*)

**edad** nf âge m; **¿qué ~ tienes?** quel âge as-tu?; **tiene ocho años de ~** il a huit ans; **de corta ~** en culottes courtes; **ser de mediana ~** être d'âge mûr; **ser de ~ avanzada** être âgé(e); **ser mayor/menor de ~** être majeur(e)/mineur(e); **(no) estar en ~ de hacer algo** (ne pas) être en âge de faire qch; **la E~ Media** le Moyen Âge; **tercera ~** troisième âge; **la ~ del pavo** l'âge ingrat; **E~ de Hierro/Piedra** âge du fer/de la pierre

**edema** nm œdème m

**Edén** nm Eden m

**edición** nf édition f; **« al cerrar la ~ »** (Tip) « nouvelles de dernière heure »; **última ~** dernière édition

**edicto** nm décret m

**edificable** adj: **terreno ~** terrain m constructible

**edificante** adj édifiant(e)

**edificar** vt édifier

**edificio** nm bâtiment m; (de viviendas) immeuble m; **~ público** bâtiment public

**edifique** etc vb ver **edificar**

**edil** nmf (Esp: concejal) conseiller(-ère) municipal(e)

**Edimburgo** n Edimbourg

**editar** vt éditer; (preparar textos) mettre en page

**editor, a** nm/f éditeur(-trice); (redactor) rédacteur(-trice) ▶ adj: **casa editora** maison f d'édition

**editorial** adj éditorial(e) ▶ nm éditorial m ▶ nf (tb: **casa editorial**) maison f d'édition

**editorialista** nmf éditorialiste mf

**edredón** nm édredon m

**educación** nf éducation f; **ser de buena/mala ~** être bien/mal élevé(e); **sin ~** sans aucune éducation; **¡qué falta de ~!** quel manque d'éducation!

**educado, -a** adj poli(e); **mal ~** mal élevé(e)

**educador, a** nm/f éducateur(-trice)

**educar** vt éduquer

**educativo, -a** adj éducatif(-ive)

**edulcorante** nm édulcorant m

**eduque** etc vb ver **educar**

**EE.UU.** sigla mpl (= Estados Unidos) EU mpl (= États-Unis), US(A) mpl (= United States (of America))

**efectista** adj spectaculaire

**efectivamente** adv effectivement

**efectivo, -a** adj effectif(-ive); **hacer ~ un cheque** encaisser un chèque ▶ nm: **en ~** (Com) en espèces; **efectivos** nmpl (de policía, ejército) effectifs mpl

**efecto** nm (tb Deporte) effet m; **hacer o surtir ~** (medida) avoir de l'effet; (medicamento) faire de l'effet; **a tal o al ~** à cet effet; **en ~** en effet; **tener ~** avoir lieu; **efectos** nmpl (tb: **efectos personales**) effets mpl; (Com) actif m; (Econ) valeurs fpl; **a efectos de** à des fins de;

**efectos a cobrar** effets à recevoir; **efectos especiales** effets spéciaux; **efectos secundarios** (Med) effets secondaires; (Com) retombées fpl; **efectos sonoros** effets de son

**efectuar** vt effectuer; **efectuarse** vpr avoir lieu

**efeméride** nf date f anniversaire; **efemérides** (en periódico) éphéméride fsg

**efervescente** adj gazeux(-euse)

**eficacia** nf efficacité f

**eficaz** adj efficace

**eficiencia** nf efficacité f

**eficiente** adj efficace

**efigie** nf effigie f

**efímero, -a** adj éphémère

**EFTA** sigla f (= Asociación Europea de Libre Comercio) AELE f (= Association européenne de libre échange)

**efusión** nf effusion f; **con ~** avec effusion

**efusivo, -a** adj expansif(-ive); **mis más efusivas gracias** mes plus vifs remerciements

**Egeo** nm: **el (mar) ~** la mer Égée

**egipcio, -a** adj égyptien(ne) ▶ nm/f Égyptien(ne)

**Egipto** nm Égypte f

**ego** nm ego m inv

**egocéntrico, -a** adj égocentrique

**egoísmo** nm égoïsme m

**egoísta** adj, nmf égoïste mf

**ególatra** adj égocentrique

**egregio, -a** adj illustre

**egresado, -a** (Am) nm/f diplômé(e)

**egresar** (Am) vi obtenir son diplôme

**egreso** nm (Am Univ) diplôme m

**eh** excl eh!

**Eire** nm Eire f

**ej.** abr (= ejemplo) ex. (= exemple)

**eje** nm axe m

**ejecución** nf exécution f; (Jur) saisie f; **poner en ~** (plan) mettre à exécution

**ejecutar** vt exécuter; (Jur) saisir

**ejecutiva** nf comité m exécutif; ver tb **ejecutivo**

**ejecutivo, -a** adj exécutif(-ive); **el poder ~** le pouvoir exécutif ▶ nm/f cadre m dirigeant; **el ~** l'exécutif

**ejecutor** nm exécuteur m testamentaire

**ejecutoria** nf (Jur) sentence f exécutoire

**ejemplar** adj exemplaire ▶ nm (Zool etc) spécimen m; (de libro, periódico) exemplaire m; **~ de regalo** exemplaire gratuit

**ejemplificar** vt illustrer

**ejemplifique** etc vb ver **ejemplificar**

**ejemplo** nm exemple m; **por ~** par exemple; **dar ~** donner l'exemple

**ejercer** vt exercer ▶ vi: **~ de** exercer le métier de

**ejercicio** nm exercice m; **hacer ~** faire de l'exercice; **~ acrobático** (Aviat) exercice acrobatique; **~ comercial** exercice; **ejercicios espirituales** retraite fsg

## ejercitar – elevador

**ejercitar** *vt* exercer ; **ejercitarse** *vpr*: **ejercitarse en** s'exercer en
**ejército** *nm* armée *f* ; **entrar en el ~** entrer dans l'armée ; **~ de ocupación** troupes *fpl* d'occupation ; **E~ de Tierra/del Aire** armée de terre/de l'air
**ejerza** *etc vb ver* **ejercer**
**ejidatario, -a** (*esp MÉX*) *nm/f* propriétaire de terres exploitées en commun
**ejido** (*esp MÉX*) *nm* terres exploitées en commun
**ejote** (*AM*) *nm* haricot *m* vert

**PALABRA CLAVE**

**el, la** (*pl* **los, las**) *art def* **1** le, la, les ; **el libro/la mesa/los estudiantes/las flores** le livre/la table/les étudiants/les fleurs ; **el amor/la juventud** l'amour/la jeunesse ; **me gusta el fútbol** j'aime le football ; **está en la cama** il est au lit
**2**: **romperse el brazo** se casser le bras ; **levantó la mano** il leva la main ; **se puso el sombrero** il mit son chapeau
**3** (*en descripción*): **tener la boca grande/los ojos azules** avoir une grande bouche/les yeux bleus
**4** (*con días*): **me iré el viernes** je partirai vendredi ; **los domingos suelo ir a nadar** le dimanche je vais nager
**5** (*en exclamación*): **¡el susto que me diste!** tu m'as fait une de ces peurs !
**6**: **el de** (*pertenencia*): **mi libro y el de usted** mon livre et le vôtre ; **las de Pepe son mejores** celles de Pepe sont mieux
**7**: **no la(s) blanca(s) sino la(s) gris(es)** pas la(les) blanche(s), la(les) grise(s)
**8**: **el/la/los/las que** (*sujeto*) celui/celle/ceux/celles qui ; (*objeto*) celui/celle/ceux/celles que ; **el/la que quiera que se vaya** celui/celle qui le veut s'en aille ; **el que sea** n'importe qui ; **llévese el que más le guste** emportez celui que vous préférez ; **el que compré ayer** celui que j'ai acheté hier ; **la que está debajo** celle qui est dessous
**9**: **el/la/los/las que** (*con preposición*) lequel/laquelle/lesquels/lesquelles ; **la persona con la que hablé** la personne avec laquelle j'ai parlé
**10**: **el que sea tan vago me molesta** ça me gêne qu'il soit si paresseux

**él** *pron pers* (*sujeto*) il ; (*tras preposición*) lui ; **es él** c'est lui ; **es de/para él** c'est à/pour lui ; **dáselo a él** donne-le-lui
**elaboración** *nf* élaboration *f* ; **~ de presupuestos** élaboration du budget
**elaborar** *vt* élaborer ; (*madera etc*) travailler
**elasticidad** *nf* élasticité *f*
**elástico, -a** *adj, nm* élastique *m*
**ELE** *sigla m* (= español como lengua extranjera) ELE *m* (= espagnol langue étrangère)

**elección** *nf* élection *f* ; (*selección*) choix *m* ; (*alternativa*) alternative *f* ; **elecciones** *nfpl* élections *fpl* ; **elecciones generales** élections
**eleccionario, -a** *adj* (*AM*) électoral(e)
**electo, -a** *adj*: **el presidente ~** le président élu
**elector, -a** *nm/f* électeur(-trice)
**electorado** *nm* électorat *m*
**electoral** *adj* électoral(e)
**electoralista** *adj* électoraliste
**electrice** *etc vb ver* **electrizar**
**electricidad** *nf* électricité *f*
**electricista** *nmf* électricien(ne)
**eléctrico, -a** *adj* électrique
**electrificar** *vt* électrifier
**electrizante** *adj* (*fig*) électrisant(e)
**electrizar** *vt* électrifier ; (*fig*) électriser
**electro...** *pref* électro...
**electrocardiograma** *nm* électrocardiogramme *m*
**electrochoque** *nm* électrochoc *m*
**electrocutar** *vt* électrocuter ; **electrocutarse** *vpr* s'électrocuter
**electrodo** *nm* électrode *f*
**electrodoméstico** *nm* électroménager *m*
**electroencefalograma** *nm* électro-encéphalogramme *m*
**electroimán** *nm* électro-aimant *m*
**electrólisis** *nf* électrolyse *f*
**electromagnético, -a** *adj* électromagnétique
**electrón** *nm* électron *m*
**electrónica** *nf* électronique *f*
**electrónico, -a** *adj* électronique ; **proceso ~ de datos** (*Inform*) traitement *m* électronique des données
**electroshock** *nm* = **electrochoque**
**electrotecnia** *nf* électrotechnique *f*
**electrotécnico, -a** *nm/f* électrotechnicien(ne)
**elefante** *nm* éléphant *m*
**elegancia** *nf* élégance *f*
**elegante** *adj* (*de buen gusto*) élégant(e) ; (*fino*) raffiné(e) ; **estar** *o* **ir ~** être élégant(e)
**elegía** *nf* élégie *f*
**elegir** *vt* choisir ; (*por votación*) élire
**elemental** *adj* élémentaire
**elemento** *nm* élément *m* ; (*AM fam*) type *m* ; **estar en su ~** être dans son élément ; **elementos de juicio** éléments de jugement ; **¡menudo ~!** c'est un bon à rien ! ; **elementos** *nmpl* (*de una ciencia*) rudiments *mpl* ; (*de la naturaleza*) éléments *mpl*
**elenco** *nm* (*Teatro*) distribution *f* ; (*AM Deporte*) équipe *f*
**elepé** *nm* 33 tours *m inv*
**elevación** *nf* élévation *f*
**elevado, -a** *adj* (*precio, fig*) élevé(e) ; (*montículo, torre*) haut(e)
**elevador** (*AM*) *nm* ascenseur *m*

668 · ESPAÑOL | FRANCÉS

## elevadorista – embobado

**elevadorista** (AM) nmf liftier(-ière)
**elevalunas** nm inv lève-vitre m ; **~ eléctrico** lève-vitre électrique
**elevar** vt élever ; (producción) augmenter ; **elevarse** vpr s'élever ; **elevarse a** s'élever à
**eligiendo** etc vb ver **elegir**
**elija** etc vb ver **elegir**
**eliminación** nf élimination f ; **por ~** par élimination
**eliminar** vt éliminer
**eliminatoria** nf épreuve f éliminatoire ; (Deporte) éliminatoires fpl
**elipse** nf ellipse f
**elipsis** nf inv ellipse f
**élite** ['elite] nf élite f
**elitismo** nm élitisme m
**elitista** adj élitiste
**elixir** nm élixir m
**ella** pron pers elle ; **es ~** c'est elle ; **es de/para ~** c'est à/pour elle ; **dáselo a ~** donne-le-lui
**ellas** pron pers ver **ellos**
**ello** pron cela ; **es por ~ que ...** c'est pour cela que ...
**ellos, -as** pron pers (sujeto) ils (elles) ; (tras verbo, preposición) eux (elles) ; **es de/para ~** c'est à/pour eux (elles)
**elocuencia** nf éloquence f
**elocuente** adj éloquent(e)
**elogiar** vt louer
**elogio** nm éloge m ; **hacer elogios a** o **de** faire l'éloge de ; **deshacerse en elogios** ne pas tarir d'éloges
**elogioso, -a** adj élogieux(-euse) ; **en términos elogiosos** en termes élogieux
**elote** (AM) nm épi m de maïs
**El Salvador** nm Le Salvador m
**elucubración** nf élucubration f
**eludir** vt (deber) se dérober à ; (responsabilidad) rejeter ; (justicia) se soustraire à ; (respuesta) éluder
**E.M.** abr (Mil: = Estado Mayor) EM m (= État-Major)
**Em.ª** abr (= Eminencia) Mgr (= Monseigneur)
**email** ['imeil] nm e-mail m ; **enviar algo por ~** envoyer qch par e-mail ; **mandar un ~ a algn** envoyer un e-mail à qn
**emanación** nf émanation f
**emanar** vi : **~ de** émaner de ; (situación) découler de
**emancipar** vt affranchir ; **emanciparse** vpr s'émanciper ; (siervo) s'affranchir
**embadurnar** vt : **~ (de)** badigeonner (de) ; **embadurnarse** vpr : **embadurnarse (de)** se badigeonner (de)
**embajada** nf ambassade f ; (mensaje) dépêche f
**embajador, a** nm/f ambassadeur(-drice)
**embaladura** (AM) nf, **embalaje** nm emballage m
**embalar** vt emballer ; **embalarse** vpr s'emballer
**embaldosar** vt carreler
**embalsamar** vt embaumer
**embalsar** vt déborder
**embalse** nm retenue f (d'eau) ; (construcción) barrage m
**embarace** etc vb ver **embarazar**
**embarazada** adj f enceinte ▶ nf femme f enceinte

⚠ **Embarazada** ne signifie pas *embarrassée*, qui se traduit par **incómoda** en espagnol.

**embarazar** vt embarrasser ; (mujer) mettre enceinte
**embarazo** nm (de mujer) grossesse f ; (estorbo, vergüenza) embarras m
**embarazoso, -a** adj embarrassant(e)
**embarcación** nf embarcation f ; **~ de arrastre** chalutier m
**embarcadero** nm embarcadère m
**embarcar** vt embarquer ; **~ a algn en una empresa** (fig) embarquer qn dans une affaire ; **~ en** (tren, avión) monter dans ; **embarcarse** vpr s'embarquer ; **embarcarse en** (tren, avión) monter dans
**embarco** nm ver **embarque**
**embargar** vt (Jur) saisir ; **me embargaba la emoción** l'émotion m'envahissait
**embargo** nm (Jur) saisie f ; (Com, Pol) embargo m ; **sin ~** cependant
**embargue** etc vb ver **embargar**
**embarque** vb ver **embarcar** ▶ nm embarquement m ; **tarjeta/sala de ~** carte f/ salle f d'embarquement
**embarrancar** vi (Náut) échouer ; (fig) caler
**embarranque** etc vb ver **embarrancar**
**embarrar** vt couvrir de boue ; **embarrarse** vpr se couvrir de boue
**embarullar** vt embrouiller
**embate** nm rugissement m
**embaucador, a** nm/f enjôleur(-euse)
**embaucar** vt duper
**embauque** etc vb ver **embaucar**
**embeber** vt boire ▶ vi (tela) rétrécir ; **embeberse** vpr : **embeberse en** (en libro, etc) se plonger dans
**embebido, -a** adj : **~ en** plongé(e) dans
**embelesado, -a** adj captivé(e)
**embelesar** vt captiver ; **embelesarse** vpr : **embelesarse (con)** être captivé(e) (par)
**embellecedor** nm (Auto) enjoliveur m
**embellecer** vt embellir ; **embellecerse** vpr embellir
**embellezca** etc vb ver **embellecer**
**embestida** nf charge f
**embestir** vt charger ▶ vi charger ; (olas) rugir
**embistiendo** etc vb ver **embestir**
**emblema** nm emblème m
**emblemático, -a** adj emblématique
**embobado, -a** adj ébahi(e)

## embobar – empalmar

**embobar** vt fasciner ; **embobarse** vpr : **embobarse con** o **de** o **en** être fasciné(e) par
**embocadura** nf embouchure f
**embolado** (fam) nm (mentira) bobard m ; (lío) pétrin m
**embolador** (COL) nm cireur m (de chaussures)
**embolar** (COL) vt (zapatos) cirer
**embolia** nf embolie f ; ~ **cerebral** embolie cérébrale
**émbolo** nm piston m
**embolsar** vt empocher ; **embolsarse** vpr empocher
**emboquillado, -a** adj filtre
**emborrachar** vt soûler ; **emborracharse** vpr se soûler
**emboscada** nf embuscade f
**embotado, -a** adj émoussé(e)
**embotar** vt (sentidos) émousser ; (facultades) diminuer
**embotellado, -a** adj en bouteille ; (tráfico) embouteillé(e)
**embotellamiento** nm embouteillage m
**embotellar** vt mettre en bouteille ; (tráfico) embouteiller ; **embotellarse** vpr être embouteillé(e)
**embozo** nm rabat m
**embragar** vi embrayer
**embrague** vb ver **embragar** ▶ nm embrayage m
**embravecer** vt (toro) exciter ; **embravecerse** vpr devenir furieux(-euse) ; (mar) se déchaîner
**embravecido, -a** adj furieux(-euse) ; (mar) déchaîné(e)
**embriagador, a** adj capiteux(-euse)
**embriagar** vt soûler ; (fig) griser ; **embriagarse** vpr se soûler
**embriague** etc vb ver **embriagar**
**embriaguez** nf ivresse f
**embriología** nf embryologie f
**embrión** nm embryon m ; **en ~** (proyecto) à l'état embryonnaire
**embrionario, -a** adj embryonnaire
**embrollar** vt embrouiller ; **embrollarse** vpr s'embrouiller
**embrollo** nm enchevêtrement m ; **meterse en un ~** se mettre dans de beaux draps
**embromado, -a** (AM fam) adj difficile
**embromar** (AM fam) vt embêter
**embrujado, -a** adj ensorcelé(e)
**embrujar** vt ensorceler
**embrujo** nm ensorcellement m
**embrutecer** vt abrutir ; **embrutecerse** vpr s'abrutir
**embrutezca** etc vb ver **embrutecer**
**embudo** nm entonnoir m
**embuste** nm mensonge m
**embustero, -a** adj, nm/f menteur(-euse)
**embute** (MÉX) nm pot-de-vin m
**embutido** nm (Culin) charcuterie f ; (Tec) emboutissage m

**embutir** vt (chorizo etc) préparer ; **~ (en)** (encajar) fourrer (dans) ; (introducir) enfoncer (dans)
**emergencia** nf urgence f ; (surgimiento) émergence f
**emergente** adj émergent(e)
**emerger** vi émerger
**emérito, -a** adj émérite
**emerja** etc vb ver **emerger**
**emigración** nf (de personas) émigration f ; (de pájaros) migration f ; **la ~** (emigrantes) l'émigration
**emigrado, -a** nm/f émigré(e)
**emigrante** adj qui émigre ▶ nmf émigrant(e)
**emigrar** vi (personas) émigrer ; (pájaros) migrer
**eminencia** nf : **ser una ~ (en algo)** être une sommité (de qch) ; (en títulos) : **Su/Vuestra E~** (Rel) Son/Votre Éminence f
**eminente** adj éminent(e)
**emir** nm émir m
**emirato** nm émirat m
**emisario** nm émissaire m
**emisión** nf émission f ; **~ de acciones/de valores** (Com) émission d'actions/de titres ; **~ gratuita de acciones** (Com) émission prioritaire
**emisor, a** adj émetteur(-trice) ▶ nm émetteur m ▶ nf station f de radio
**emitir** vt émettre ; (voto) exprimer ; **~ una señal sonora** émettre un signal sonore
**emoción** nf émotion f
**emocionado, -a** adj ému(e)
**emocional** adj émotif(-ive), émotionnel(le)
**emocionante** adj émouvant(e), excitant(e)
**emocionar** vt émouvoir ; **emocionarse** vpr s'émouvoir
**emoticón, emoticono** nm émoticône f, smiley m
**emotivo, -a** adj (escena) émouvant(e) ; (persona) émotif(-ive)
**empacadora** nf (Agr) ramasseuse-presse f, presse f ; (MÉX) usine f de conditionnement
**empacar** vt empaqueter ; (en caja) mettre dans des caisses
**empachar** vt donner une indigestion à ; **empacharse** vpr avoir une indigestion
**empacho** nm indigestion f ; (fig) scrupule m
**empadronamiento** nm recensement m
**empadronarse** vpr se faire recenser
**empalagar** vt, vi (suj: dulce) écœurer ; (fig : suj : persona) être écœurant(e) ; (: música) rendre malade
**empalagoso, -a** adj (alimento) écœurant(e) ; (fig : persona) mielleux(-euse) ; (: estilo) à l'eau de rose
**empalague** etc vb ver **empalagar**
**empalizada** nf palissade f
**empalmar** vt (cable) raccorder ; (carretera) rejoindre ; (sesión) enchaîner ▶ vi (dos caminos) se rejoindre ; **~ con** (tren) assurer la correspondance avec

## empalme – emprender

**empalme** nm (Tec) raccordement m ; (de carreteras) croisement m ; (de trenes) correspondance f

**empanada** nf sorte de chausson salé fourré à la tomate, à la viande ou au poisson etc

**empanadilla** nf (salada) friand m ; (dulce) chausson m

**empanar** vt (con pan rallado) paner ; (en masa) faire la pâte (d'un chausson)

**empantanarse** vpr être inondé(e) ; (fig) être dans une impasse

**empañar** vt embuer ; **empañarse** vpr s'embuer

**empapar** vt tremper ; (suj: toalla, esponja etc) absorber ; **empaparse** vpr : **empaparse (de)** (persona) être trempé(e) (par) ; (esponja, comida) absorber

**empapelar** vt tapisser

**empaque** etc vb ver **empacar**

**empaquetar** vt empaqueter

**emparedado** (esp AM) nm sandwich m

**emparejar** vt mettre ensemble

**emparentado, -a** adj : **estar ~ con** avoir un lien de parenté avec

**empastar** vt plomber

**empaste** nm plombage m

**empatar** vi faire match nul ; **empataron a 1** il y a eu 1 partout ; **estar empatados** (dos equipos) être à égalité ▶ vt (VEN) assembler

**empate** nm match m nul ; **un ~ a cero** zéro partout

**empatía** nf empathie f

**empecé** etc, **empecemos** etc vb ver **empezar**

**empecinado, -a** adj obstiné(e)

**empecinarse** vpr : **~ en** s'obstiner à

**empedernido, -a** adj invétéré(e)

**empedrado, -a** adj pavé(e) ▶ nm (pavimento) pavement m

**empedrar** vt paver

**empeine** nm (de pie) cou-de-pied m ; (de zapato) empeigne f

**empellón** nm coup m ; **dar empellones a algn** rouer qn de coups ; **abrirse paso a empellones** se frayer un chemin à coups de coude

**empeñado, -a** adj (persona) endetté(e) ; (objeto) mis(e) en gage ; **~ en** (obstinado) déterminé(e) à

**empeñar** vt mettre en gage ; **empeñarse** vpr s'endetter ; **empeñarse en hacer** s'obstiner à faire

**empeño** nm acharnement m ; (cosa prendada) gage m ; **casa de empeños** établissement m de prêts sur gages, mont-de-piété m ; **con ~** avec acharnement ; **poner ~ en hacer algo** mettre de l'acharnement à faire qch ; **tener ~ en hacer algo** être déterminé(e) à faire qch

**empeoramiento** nm dégradation f

**empeorar** vt, vi empirer

**empequeñecer** vt rapetisser ; (fig) banaliser

**empequeñezca** etc vb ver **empequeñecer**

**emperador** nm empereur m

**emperatriz** nf impératrice f

**emperifollarse** vpr se pomponner

**emperrarse** vpr s'obstiner ; **~ en algo** s'obstiner dans qch

**empezar** vt commencer ▶ vi commencer ; **empezó a llover** il a commencé à pleuvoir ; **bueno, para ~** voyons, pour commencer ; **~ a hacer** commencer à faire ; **~ por (hacer)** commencer par (faire)

**empiece** etc vb ver **empezar**

**empiedre** etc vb ver **empedrar**

**empiezo** etc vb ver **empezar**

**empinado, -a** adj en pente

**empinar** vt dresser ; **~ el codo** (fam) lever le coude ; **empinarse** vpr (persona) se mettre sur la pointe des pieds ; (animal) se mettre sur ses pattes de derrière ; (camino) grimper

**empingorotado, -a** (fam) adj tiré(e) à quatre épingles

**empírico, -a** adj empirique

**emplace** etc vb ver **emplazar**

**emplazamiento** nm emplacement m ; (Jur) citation f

**emplazar** vt installer ; (Jur) citer à comparaître ; (citar) citer

**empleado, -a** adj employé(e) ; **le está bien ~** c'est bien fait pour lui ▶ nm/f employé(e) ; **empleada del hogar** employée de maison ; **~ público** fonctionnaire mf

**empleador, a** nm/f employeur(-euse)

**emplear** vt employer ; **~ mal el tiempo** mal gérer son temps ; **emplearse** vpr : **emplearse de** o **como** trouver un emploi de, se faire embaucher comme

**empleo** nm emploi m ; **modo de ~** mode m d'emploi

**emplomar** (CSUR) vt (diente) plomber

**empobrecer** vt appauvrir ; **empobrecerse** vpr s'appauvrir

**empobrecimiento** nm appauvrissement m

**empobrezca** etc vb ver **empobrecer**

**empollar** vt, vi (Zool) couver ; (Escol: fam) bûcher

**empollón, -ona** (fam) nm/f (Escol) bûcheur(-euse)

**empolvar** vt poudrer ; **empolvarse** vpr (cara) se poudrer ; (superficie) s'empoussiérer

**emponzoñar** vt (esp fig) détériorer

**emporio** nm centre m commercial ; (AM) grand magasin m

**empotrado, -a** adj ver **armario**

**empotrar** vt encastrer

**emprendedor, a** adj entreprenant(e)

**emprender** vt entreprendre ; **emprenderla con algn** (fam) s'en prendre à qn ; **emprenderla a bofetadas/golpes (con algn)** commencer à gifler/taper (qn)

**empresa** nf entreprise f ; **la libre ~** la libre entreprise f ; **~ filial/matriz** filiale f/société f mère
**empresarial** adj de l'entreprise ; **sector ~** secteur m des entreprises ; **empresariales** nfpl études fpl de gestion des entreprises, études de commerce
**empresario, -a** nm/f (Com) chef m d'entreprise ; (Teatro, Mús) imprésario m ; **~ de pompas fúnebres** entrepreneur(-euse) de pompes funèbres
**empréstito** nm emprunt m ; (Com) capital m d'emprunt
**empujar** vt pousser ; **~ a algn a hacer** pousser qn à faire
**empuje** nm poussée f ; (fig) énergie f
**empujón** nm coup m ; **abrirse paso a empujones** se frayer un chemin à coups de coude
**empuñadura** nf (de espada) poignée f ; (de herramienta) manche m
**empuñar** vt empoigner ; **~ las armas** (fig) prendre les armes
**emulación** nf émulation f
**emular** vt imiter
**emulsión** nf (Foto) émulsion f

(PALABRA CLAVE)

**en** prep **1** (posición: dentro de) dans ; (: sobre) sur ; **en la mesa** sur la table ; **está en el cajón** c'est dans le tiroir ; **en el periódico** dans le journal ; **en el suelo** par terre ; **en Argentina/Francia/España** en Argentine/France/Espagne ; **en La Paz/París/Londres** à La Paz/Paris/Londres ; **en casa** à la maison ; **en la oficina/el colegio** au bureau/à l'école ; **en el quinto piso** au cinquième étage
**2** (dirección) dans ; **entró en el aula** il est entré dans la salle de classe ; **la pelota cayó en el tejado** le ballon est tombé sur le toit
**3** (tiempo) en ; **en 1605/invierno** en 1605/hiver ; **en el mes de enero** au mois de janvier ; **caer en martes** tomber un mardi ; **en aquella ocasión/época** à cette occasion-là/époque-là ; **en ese momento** à ce moment ; **en tres semanas** dans trois semaines ; **en la mañana** (Am) le matin
**4** (manera): **en avión/autobús** en avion/autobus ; **viajar en tren/en bici/en moto** voyager en train/à vélo/à moto ; **escrito en inglés** écrit en anglais ; **en broma** pour rire ; **en un susurro** dans un murmure
**5** (forma): **en espiral** en spirale ; **en punta** pointu(e)
**6** (tema, ocupación): **experto en la materia** expert en la matière ; **trabaja en la construcción** il travaille dans le bâtiment
**7** (precio) pour ; **lo vendió en 20 dólares** il l'a vendu pour 20 dollars
**8** (diferencia) de ; **reducir/aumentar en una tercera parte/en un 20 por ciento** diminuer/augmenter d'un tiers/de 20 pour cent
**9** (después de vb que indica gastar etc) en ; **se le va la mitad del sueldo en comida** il dépense la moitié de son salaire en nourriture
**10** (adj+en+infin): **lento en reaccionar** lent à réagir
**11**: **¡en marcha!** en route !

> Por norma general, los medios de transporte en francés van precedidos de la preposición *en*. Ahora bien, se usa la preposición *à* cuando la persona va a horcajadas (*à cheval*, *à moto*) y en la expresión *à pied*.

**enaguas** (Am) nfpl jupon m
**enajenación** nf aliénation f ; (tb: **enajenación mental**) aliénation (mentale)
**enajenamiento** nm = **enajenación**
**enajenar** vt aliéner ; (fig) rendre fou (folle)
**enaltecer** vt (engrandecer) exalter ; (alabar) louer
**enamoradizo, -a** adj qui tombe facilement amoureux(-euse)
**enamorado, -a** adj, nm/f amoureux(-euse) ; **estar ~ (de)** être amoureux(-euse) (de) ; **ser un(a) ~(-a) de** (fig) être un(e) passionné(e) de
**enamoramiento** nm fait de tomber amoureux
**enamorar** vt rendre amoureux(-euse) ; **enamorarse** vpr: **enamorarse (de)** tomber amoureux(-euse) (de)
**enano, -a** adj nain(e) ; (fam: muy pequeño) minuscule ▶ nm/f nain(e)
**enarbolar** vt brandir
**enardecer** vt (incitar) inciter ; (entusiasmar) enflammer ; **enardecerse** vpr (excitarse) s'enhardir ; (exaltarse) s'enflammer
**enardezca** etc vb ver **enardecer**
**encabece** etc vb ver **encabezar**
**encabezado** nm (Méx Prensa, Tip: encabezamiento) manchette f ; (: titular) titre m
**encabezamiento** nm en-tête m ; (de periódico) titre m ; **~ normal** (Tip etc) titre courant
**encabezar** vt (movimiento) être à la tête de ; (lista) être en tête de ; (carta, libro) commencer
**encabritarse** vpr se cabrer
**encadenar** vt enchaîner ; (bicicleta) attacher ; **encadenarse** vpr s'enchaîner ; (fig) s'assujettir
**encajar** vt encastrer, emboîter ; (fam: golpe) envoyer ; (: broma, mala noticia) encaisser ▶ vi s'encastrer, s'emboîter ; **~ con** (fig) cadrer avec ; **encajarse** vpr (mecanismo) se coincer ; (un sombrero) mettre
**encaje** nm encastrement m ; (tejido) dentelle f
**encajonar** vt caser ; **encajonarse** vpr (río) se rétrécir
**encalar** vt blanchir à la chaux

## encallar – encierro

**encallar** vi (Náut) échouer
**encallecerse** vpr (manos) devenir calleux(-euse)
**encaminado, -a** adj: **medidas encaminadas a ...** mesures tendant à ...; **estar** o **ir bien ~** prendre la bonne voie
**encaminar** vt: **~ (a)** orienter (vers); **encaminarse** vpr: **encaminarse a** o **hacia** se diriger vers
**encamotarse** (AM) vpr (enamorarse): **~ (de** o **con algn)** tomber amoureux(-euse) (de qn)
**encandilar** vt (fig) aveugler
**encanecer** vi avoir des cheveux blancs; **encanecerse** vpr (pelo) devenir grisonnant
**encanezca** etc vb ver **encanecer**
**encantado, -a** adj enchanté(e); **¡~!** enchanté(e)!; **estar ~ con algn** être très content(e) de qn; **estar ~ con algo** être ravi(e) de qch
**encantador, a** adj charmant(e) ▶ nm/f charmeur(-euse); **~ de serpientes** charmeur(-euse) de serpents
**encantamiento** nm enchantement m
**encantar** vt enchanter; **me encantan los animales** j'adore les animaux; **le encanta esquiar** il adore skier
**encanto** nm (atractivo) charme m; (magia) enchantement m; (expresión de ternura) ravissement m; **como por ~** comme par enchantement
**encañonar** vt diriger le canon sur
**encapotado, -a** adj (cielo) couvert(e)
**encapricharse** vpr: **~ con algo** s'emballer pour qch; **~ con algn** s'amouracher de qn
**encapuchado, -a** adj masqué(e) ▶ nm/f homme masqué (femme masquée)
**encaramar** vt hisser; **encaramarse** vpr: **encaramarse (a)** se hisser (sur)
**encarar** vt affronter; **encararse** vpr: **encararse con** (persona) avoir une prise de bec avec
**encarcelación** nf, **encarcelamiento** nm emprisonnement m, incarcération f
**encarcelar** vt emprisonner
**encarecer** vt augmenter le prix de; (importancia) souligner; **le encareció que hiciera** il a insisté pour qu'il fasse ▶ vi augmenter; **encarecerse** vpr augmenter
**encarecidamente** adv instamment
**encarecimiento** nm augmentation f
**encarezca** etc vb ver **encarecer**
**encargado, -a** adj chargé(e) ▶ nm/f (responsable) responsable mf; **~ de negocios** responsable commercial(e)
**encargar** vt charger; (Com) commander; **~ a algn que haga algo** charger qn de faire qch; **encargarse** vpr: **encargarse de** se charger de
**encargo** nm commission f; (Com) commande f; **hecho de ~** fait sur mesure
**encargue** etc vb ver **encargar**

**encariñarse** vpr: **~ con** se prendre d'affection pour
**encarnación** nf incarnation f
**encarnado, -a** adj écarlate; **ponerse ~** devenir écarlate
**encarnar** vt incarner; **encarnarse** vpr s'incarner
**encarnizado, -a** adj (lucha) sanglant(e)
**encarrilar** vt mettre sur rails; (fig) remettre sur les rails
**encasillar** vt (Teatro) attribuer une place à; (pey) caser
**encasquetar** vt (sombrero) mettre; (fig) imposer; **encasquetarse** vpr se mettre
**encasquillar** vt (AM: caballo) ferrer; **encasquillarse** vpr (bala, revólver) s'enrayer
**encauce** etc vb ver **encauzar**
**encausar** vt mettre en accusation
**encauzar** vt diriger; (fig) orienter
**encefalitis** nf encéphalite f
**encefalograma** nm encéphalogramme m
**encendedor** (esp AM) nm briquet m
**encender** vt allumer; (entusiasmo, cólera) déclencher; **encenderse** vpr s'allumer; (de cólera) s'enflammer
**encendido, -a** adj allumé(e); (mejillas) en feu; (mirada) enflammé(e) ▶ nm allumage m
**encerado, -a** adj (suelo) ciré(e) ▶ nm (Escol) tableau m
**encerar** vt (suelo) cirer
**encerrar** vt (persona, animal) enfermer; (fig) renfermer; **encerrarse** vpr s'enfermer; (fig) se réfugier
**encerrona** nf piège m
**encestar** vi faire un panier
**encharcar** vt détremper; **encharcarse** vpr être inondé(e)
**encharque** etc vb ver **encharcar**
**enchastrar** (CSur) vt salir
**enchilada** (MÉx) nf enchilada f, crêpe de maïs fourrée à la viande et au piment
**enchilarse** (MÉx fam) vpr fulminer
**enchinar** (MÉx) vt friser
**enchufado, -a** (fam) nm/f pistonné(e)
**enchufar** vt (Elec) brancher; (Tec) assembler; (fam: persona) pistonner
**enchufe** nm (Elec) prise f; (: clavija) prise f mâle; (: toma) prise femelle; (Tec) jointure f; (fam: recomendación) piston m; (: puesto) poste obtenu par piston; **tiene un ~ en el ministerio** il est pistonné par quelqu'un au ministère
**encía** nf gencive f
**encíclica** nf encyclique f
**enciclopedia** nf encyclopédie f
**enciclopédico, -a** adj encyclopédique
**encienda** etc vb ver **encender**
**encierro** vb ver **encerrar** ▶ nm retraite f; (Taur) lâchage des taureaux dans les rues avant une corrida; **el ~ en la fábrica** (Pol) l'occupation f de l'usine

## encima – endulzar

**encima** adv (en la parte de arriba) en haut ; (además) en plus ; **~ de** (sobre) sur ; (además de) en plus de ; **por ~ de** plus haut que ; (fig) plus haut placé(e) que ; **por ~ de todo** par-dessus tout ; **leer/mirar algo por ~** lire/regarder qch rapidement ; **¿llevas dinero ~?** as-tu de l'argent sur toi ? ; **se me vino ~** il est venu me voir à l'improviste ; **~ mío/nuestro** etc (esp CSur fam) au-dessus de moi/nous etc

**encimera** nf plan m de travail

**encina** nf chêne m vert

**encinar** nm chênaie f

**encinta** adj f enceinte

**enclaustrar** vt cloîtrer ; **enclaustrarse** vpr se cloîtrer

**enclavado, -a** adj : **~ en** situé(e) dans

**enclave** nm enclave f

**enclenque** adj malingre

**encofrado** nm (Tec) coffrage m

**encoger** vt (ropa) rétrécir ; (piernas) plier ; (músculos) contracter ; (fig) intimider ▶ vi rétrécir ; **encogerse** vpr rétrécir ; (fig) être intimidé(e) ; **encogerse de hombros** hausser les épaules

**encoja** etc vb ver **encoger**

**encolar** vt coller

**encolerice** etc vb ver **encolerizar**

**encolerizar** vt mettre en colère ; **encolerizarse** vpr se mettre en colère

**encomendar** vt confier ; **encomendarse** vpr : **encomendarse a** s'en remettre à

**encomiable** adj louable, digne d'éloges

**encomiar** vt faire l'éloge de

**encomienda** vb ver **encomendar** ▶ nf (Am) colis m ; **~ postal** colis postal

**encomio** nm éloge m

**enconado, -a** adj (discusión) enflammé(e), houleux(-euse) ; (enfrentamiento) acharné(e)

**encono** nm animosité f

**encontradizo, -a** adj : **hacerse el ~** feindre de rencontrer qn par hasard

**encontrado, -a** adj opposé(e)

**encontrar** vt trouver ; **~ a algn bien/ cambiado** trouver qn bien/changé ; **encontrarse** vpr (reunirse) se retrouver ; (estar) se trouver ; (sentirse) se sentir ; (entrar en conflicto) s'opposer ; **encontrarse con algn/ algo** tomber sur qn/qch ; **encontrarse bien (de salud)** aller bien

**encontronazo** nm rencontre f explosive ; (fig) altercation f

**encorbatado, -a** adj cravaté(e)

**encorvado, -a** adj courbé(e)

**encorvar** vt courber ; **encorvarse** vpr se plier

**encrespado, -a** adj (pelo) moutonné(e) ; (mar) moutonneux(-euse)

**encrespar** vt faire moutonner ; (cabello) friser ; **encresparse** vpr moutonner ; (cabello) friser

**encrucijada** nf croisement m ; **encontrarse** o **estar en una ~** (fig) ne plus savoir sur quel pied danser

**encuadernación** nf reliure f ; (taller) atelier m de relieur

**encuadernar** vt relier

**encuadrar** vt encadrer ; (Foto) cadrer

**encuadre** nm (Foto) cadrage m

**encubierto** pp de **encubrir**

**encubrimiento** nm (Jur) complicité f

**encubrir** vt cacher ; (Jur) couvrir

**encuentro** vb ver **encontrar** ▶ nm rencontre f ; (Mil) choc m ; (discusión) discussion f ; **ir/salir al ~ de algn** aller/sortir à la rencontre de qn

**encuerado, -a** (Am fam) adj à poil

**encuesta** nf sondage m ; (investigación) enquête f ; **~ de opinión** sondage d'opinion ; **~ judicial** enquête judiciaire

**encuestado, -a** adj interrogé(e), sondé(e) ▶ nm/f : **el 69 por 100 de los encuestados** 69 % des personnes interrogées

**encuestar** vt interroger

**encumbrar** vt élever ; **encumbrarse** vpr s'élever

**encurtidos** nmpl petits légumes macérés dans du vinaigre

**ende** adv : **por ~** (formal) en conséquence (formal), par conséquent

**endeble** adj faible

**endémico, -a** adj endémique

**endemoniado, -a** adj démoniaque ; (fig : travieso) infernal(e) ; (: tiempo) abominable ; (sabor) infect(e)

**endenantes** (Am fam) adv avant

**enderece** etc vb ver **enderezar**

**enderezar** vt (tb fig) redresser ; (enmendar) corriger ; **enderezarse** vpr se redresser

**endeudamiento** nm endettement m

**endeudarse** vpr s'endetter

**endiablado, -a** adj (hum : genio, carácter) espiègle ; (: problema) diabolique ; (: tiempo) abominable

**endibia** nf endive f

**endilgar** (fam) vt : **~ algo a algn** fourguer qch à qn ; **~ un sermón a algn** balancer un sermon à qn

**endilgue** etc vb ver **endilgar**

**endiñar** (fam) vt refiler

**endiosado, -a** adj prétentieux(-euse)

**endocrino, -a** adj endocrinien(-enne)

**endogamia** nf endogamie f

**endomingarse** vpr s'endimancher

**endomingue** etc vb ver **endomingarse**

**endorfina** nf endorphine f

**endosar** vt endosser ; **~ algo a algn** (fam) refiler qch à qn

**endrina** nf prunelle f

**endulce** etc vb ver **endulzar**

**endulzar** vt (café) sucrer ; (salsa, fig) adoucir ; **endulzarse** vpr (ver vt) sucrer ; adoucir, s'adoucir

**endurecer** vt (material, ley) durcir; (persona) endurcir; **endurecerse** vpr (material, ley) se durcir; (persona) s'endurcir

**endurecimiento** nm (de material, ley) durcissement m; (de persona) endurcissement m

**endurezca** etc vb ver **endurecer**

**ene.** abr = **enero**

**enebro** nm genévrier m

**eneldo** nm aneth m

**enema** nm lavement m

**enemigo, -a** adj, nm/f ennemi(e); **ser ~ de** être l'ennemi(e) de

**enemistad** nf inimitié f

**enemistar** vt brouiller; **enemistarse** vpr: **enemistarse (con)** se fâcher (avec)

**energético, -a** adj énergétique

**energía** nf énergie f; **~ atómica/nuclear/solar** énergie atomique/nucléaire/solaire

**enérgico, -a** adj énergique

**energúmeno, -a** nm/f énergumène mf; **ponerse como un ~ con algo** se mettre dans une colère noire pour qch

**enero** nm janvier m; ver tb **julio**

**enervar** vt énerver

**enésimo, -a** adj énième; **por enésima vez** (fig) pour la énième fois

**enfadado, -a** adj en colère, fâché(e)

**enfadar** vt fâcher; **enfadarse** vpr se fâcher

**enfado** nm colère f

**énfasis** nm inv emphase f; **con ~** avec emphase; **poner ~ en** mettre l'accent sur

**enfático, -a** adj emphatique

**enfatizar** vt souligner

**enfermar** vt rendre malade; **su actitud me enferma** (fam) son attitude me rend malade ▶ vi tomber malade; **~ del corazón** souffrir d'une maladie de cœur; **enfermarse** vpr (esp AM) tomber malade

**enfermedad** nf maladie f

**enfermería** nf infirmerie f

**enfermero, -a** nm/f infirmier(-ière); **~ jefe** infirmier(-ière) en chef

**enfermizo, -a** adj maladif(-ive)

**enfermo, -a** adj malade; **caer** o **ponerse ~** tomber malade; **¡me pone ~!** (fam) il/ça me rend malade! ▶ nm/f malade mf; (en hospital) patient(e); **~ del corazón/hígado** malade du cœur/foie

**enfervorizar** vt enthousiasmer

**enfilar** vi: **~ hacia** o **por** se diriger vers

**enfisema** nm emphysème m

**enflaquecer** vt amaigrir ▶ vi maigrir; (fuerzas, ánimo) faiblir

**enflaquezca** etc vb ver **enflaquecer**

**enfocar** vt (luz, foco) diriger; (persona, objeto) diriger le projecteur sur; (Foto) faire la mise au point sur; (fig: problema) envisager

**enfoque** vb ver **enfocar** ▶ nm (Foto) mise f au point; (fig) point m de vue

**enfrascado, -a** adj: **estar ~ en algo** être absorbé(e) dans qch

**enfrascarse** vpr: **~ en la lectura** s'absorber dans sa lecture

**enfrasque** etc vb ver **enfrascarse**

**enfrentamiento** nm affrontement m

**enfrentar** vt (peligro) affronter; (contendientes) confronter; **enfrentarse** vpr s'affronter; (dos equipos) se rencontrer; **enfrentarse a** o **con** (problema) se trouver face à; (enemigo) faire face à

**enfrente** adv en face; **~ de** devant; **la casa de ~** la maison d'en face; **~ mío/nuestro** etc (esp CSur fam) devant moi/nous etc

**enfriamiento** nm refroidissement m

**enfriar** vt (algo caliente, amistad) refroidir; (habitación) rafraîchir; **enfriarse** vpr se refroidir; (habitación) se rafraîchir; (Med) prendre froid

**enfundar** vt rengainer

**enfurecer** vt rendre furieux(-euse); **enfurecerse** vpr devenir furieux(-euse); (mar) se déchaîner

**enfurezca** etc vb ver **enfurecer**

**engalanar** vt (persona) pomponner; (ciudad, calle) décorer; **engalanarse** vpr se pomponner

**enganchar** vt (vagones) accrocher; (caballos) atteler; (teléfono, electricidad) mettre; (fam: persona) mettre le grappin sur; (pez) ferrer; (Taur) encorner; **engancharse** vpr (Mil) s'engager; **engancharse (en)** (ropa) s'accrocher (à); **engancharse (a)** (fam: drogas) devenir accro (à); **se le enganchó la falda en el clavo** elle a accroché sa jupe au clou

**enganche** nm (Tec) crochet m; (Ferro) accrochage m; (Mil) recrutement m; (MÉX Com) dépôt m

**enganchón** nm accroc m

**engañar** vt tromper; (estafar) escroquer; **~ el hambre** tromper la faim ▶ vi tromper; **las apariencias engañan** les apparences sont trompeuses; **engañarse** vpr se tromper

**engañifa** (fam) nf arnaque f, marché m de dupe

**engaño** nm (mentira) mensonge m; (estafa) escroquerie f; **estar en** o **padecer un ~** être trompé(e); **inducir** o **llevar a ~** prêter à confusion

**engañoso, -a** adj trompeur(-euse)

**engarce** vb ver **engarzar** ▶ nm sertissure f

**engarzar** vt (joya) sertir; (cuentas) enfiler; (fig) associer

**engaste** nm = **engarce**

**engatusar** (fam) vt enjôler

**engendrar** vt (tb fig) engendrer

**engendro** (pey) nm monstre m; (novela, cuadro etc) monstruosité f

**englobar** vt englober

**engolado, -a** adj affecté(e)

**engomar** vt engommer

**engordar** vt grossir ; (*animales*) engraisser ▶ vi grossir ; **los dulces engordan** les sucreries, ça fait grossir ; **un kilo** prendre un kilo
**engorde** nm (*de animales*) engraissement m
**engorro** (*fam*) nm ennui m
**engorroso, -a** adj empoisonnant(e)
**engranaje** nm engrenage m
**engrandecer** vt (*hacer más grande*) agrandir ; (*ennoblecer*) ennoblir
**engrandezca** etc vb ver **engrandecer**
**engrasar** vt graisser
**engrase** nm graissage m
**engreído, -a** adj suffisant(e)
**engreimiento** nm orgueil m, suffisance f
**engreírse** vpr s'enorgueillir
**engrosar** vt (*manuscrito*) grossir ; (*muro*) épaissir ; (*capital, filas*) augmenter ▶ vi grossir
**engrudo** nm colle f
**engruese** etc vb ver **engrosar**
**engullir** vt engloutir
**enharinar** vt recouvrir de farine
**enhebrar** vt enfiler
**enhiesto, -a** adj droit(e)
**enhorabuena** nf : **dar la ~ a algn** féliciter qn ; **¡~!** félicitations !
**enigma** nm énigme f
**enigmático, -a** adj énigmatique
**enjabonar** vt savonner ; **enjabonarse** vpr se savonner ; **enjabonarse la barba/las manos** se savonner la barbe/les mains
**enjambre** nm essaim m ; (*fig*) meute f
**enjaular** vt mettre en cage ; (*fam: persona*) mettre en taule
**enjoyado, -a** adj couvert(e) de bijoux
**enjuagar** vt rincer ; **enjuagarse** vpr se rincer
**enjuague** vb ver **enjuagar** ▶ nm rinçage m ; (*fig*) magouille f
**enjugar** vt essuyer, sécher ; (*lágrimas*) sécher ; **enjugarse** vpr: **enjugarse el sudor** s'éponger ; **enjugarse las lágrimas** sécher ses larmes
**enjugue** etc vb ver **enjugar**
**enjuiciamiento** (*Jur*) nm procédure f ; **~ civil/criminal** procédure civile/pénale
**enjuiciar** vt (*Jur: persona*) juger ; (*causa*) instruire ; (*opinar*) juger
**enjundia** nf (*de novela, asunto*) cœur m
**enjuto, -a** adj décharné(e)
**enlace** vb ver **enlazar** ▶ nm (*relación*) lien m ; (*tb:* **enlace matrimonial**) union f ; (*de trenes*) liaison f ; **~ de datos** enchaînement m des faits ; **~ policial** contact m ; **~ sindical** délégué(e) syndical(e) ; **~ telefónico** liaison téléphonique
**enlatado, -a** adj (*comida*) en conserve ; (*fam, pey: música*) (enregistré(e)) en conserve
**enlazar** vt attacher ; (*conceptos, organizaciones*) faire le lien entre ; (*Am*) prendre au lasso ▶ vi: **~ con** faire le lien avec

**enlodar** vt tacher de boue ; (*fama*) entacher
**enloquecer** vt rendre fou (folle) ; **me enloquece el chocolate** (*fig*) je raffole du chocolat ▶ vi devenir fou (folle) ; **~ de** (*fig*) devenir fou (folle) de
**enloquezca** etc vb ver **enloquecer**
**enlosado** nm pavé m
**enlosar** vt paver
**enlucir** vt plâtrer
**enlutado, -a** adj en deuil
**enmarañar** vt emmêler ; (*fig*) embrouiller ; **enmarañarse** vpr s'embrouiller
**enmarcar** vt encadrer ; (*fig*) constituer le cadre de
**enmarque** etc vb ver **enmarcar**
**enmascarado, -a** adj masqué(e) ▶ nm/f homme masqué (femme masquée)
**enmascarar** vt masquer ; **enmascararse** vpr se mettre un masque
**enmendar** vt (*escrito*) modifier ; (*constitución, ley*) amender ; (*comportamiento*) améliorer ; **enmendarse** vpr (*persona*) s'amender
**enmicar** (*Méx*) vt (*Tec*) plastifier
**enmienda** vb ver **enmendar** ▶ nf amendement m ; (*de carácter*) amélioration f ; **no tener ~** être incorrigible
**enmohecerse** vpr (*metal*) s'oxyder ; (*muro, plantas, alimentos*) moisir
**enmohezca** etc vb ver **enmohecerse**
**enmudecer** vi rester muet(te) ; (*perder el habla*) devenir muet(te)
**enmudezca** etc vb ver **enmudecer**
**ennegrecer** vt noircir ; **ennegrecerse** vpr noircir
**ennegrezca** etc vb ver **ennegrecer**
**ennoblecer** vt anoblir
**ennoblezca** etc vb ver **ennoblecer**
**en.º** abr = **enero**
**enojadizo, -a** adj soupe-au-lait inv
**enojado, -a** (*esp Am fam*) adj furax adj inv
**enojar** vt mettre en colère ; (*disgustar*) contrarier ; **enojarse** vpr (*ver vt*) se mettre en colère ; être contrarié(e)
**enojo** nm colère f ; (*disgusto*) contrariété f
**enojoso, -a** adj ennuyeux(-euse)
**enólogo, -a** nm/f œnologue mf
**enorgullecer** vt enorgueillir ; **enorgullecerse** vpr s'enorgueillir
**enorgullezca** etc vb ver **enorgullecer**
**enorme** adj énorme
**enormemente** adv énormément
**enormidad** nf énormité f
**enquistarse** vpr (*Med*) s'enkyster
**enrabiar** vt faire enrager ; **enrabiarse** vpr enrager
**enraice** etc vb ver **enraizar**
**enraizar** vi (*Bot*) prendre racine ; (*fig*) s'enraciner ; **enraizarse** vpr s'enraciner
**enrarecido, -a** adj raréfié(e)
**enredadera** nf plante f grimpante

**enredar** vt emmêler ; (fig: asunto) embrouiller ; **~ a algn en** (fig: implicar) mêler qn à ▶ vi (molestar) faire des bêtises ; (trastear) tripoter ; **enredarse** vpr s'emmêler ; (fig) s'embrouiller ; **enredarse en** se prendre dans ; (fig) se mêler à ; **enredarse con algn** (fam) s'amouracher de qn

**enredo** nm nœud m ; (fig: lío) pétrin m ; (: amorío) amourette f

**enrejado** nm grille f ; (en jardín) treillis m

**enrevesado, -a** adj embrouillé(e), confus(e)

**enriquecer** vt enrichir ▶ vi s'enrichir ; **enriquecerse** vpr s'enrichir

**enriquezca** etc vb ver **enriquecer**

**enrojecer** vt, vi rougir ; **enrojecerse** vpr rougir

**enrojezca** etc vb ver **enrojecer**

**enrolar** vt enrôler ; **enrolarse** vpr s'enrôler

**enrollable** adj enroulable ; **cinturón ~** ceinture f à enrouleur

**enrollado, -a** adj enroulé(e) ; (ESP fam: simpático: persona, música) sympa (fam), cool (fam) ; **estar ~ con algn** (ESP fam) sortir avec quelque'un ; **estar ~ con** o **en algo** (ESP fam: estar enfrascado) être en plein dans quelque chose ; **llevaba el periódico ~ bajo el brazo** il portait le journal enroulé sous le bras

**enrollar** vt enrouler ; **enrollarse** vpr (fam: al hablar) s'éterniser ; **enrollarse con algn** (ESP fam) sortir avec qn ; **enrollarse bien/mal** (ESP fam) être sympa/peu causant(e)

**enroque** nm (Ajedrez) roque m

**enroscar** vt (tornillo, tuerca) visser ; (cable, cuerda) lover ; **enroscarse** vpr (serpiente) se lover ; (planta) vriller

**enrosque** etc vb ver **enroscar**

**ensaimada** nf pâtisserie en spirale, spécialité des îles Baléares

**ensalada** nf salade f ; **~ mixta/rusa** salade mixte/russe

**ensaladera** nf saladier m

**ensaladilla** nf (tb: **ensaladilla rusa**) salade f russe

**ensalce** etc vb ver **ensalzar**

**ensalmo** nm: **como por ~** comme par enchantement

**ensalzar** vt encenser

**ensamblador** nm (Inform) assembleur m

**ensambladura** nf (Tec: acoplamiento) assemblage m ; (: pieza) joint m

**ensamblaje** nm assemblage m ; (Tec) joint m

**ensamblar** vt assembler

**ensanchamiento** nm élargissement m

**ensanchar** vt élargir ; **ensancharse** vpr s'élargir ; (fig: persona) se rengorger

**ensanche** nm élargissement m ; (zona) terrain m à lotir

**ensangrentado, -a** adj ensanglanté(e)

**ensangrentar** vt ensanglanter

**ensangriente** etc vb ver **ensangrentar**

**ensañamiento** nm acharnement m

**ensañarse** vpr: **~ con** s'acharner sur o contre

**ensartar** vt enfiler ; **~ (con)** (atravesar) transpercer (de)

**ensayar** vt essayer ; (Teatro, Mús) répéter ▶ vi répéter

**ensayista** nmf essayiste mf

**ensayo** nm essai m ; (Teatro, Mús) répétition f ; (Escol) dissertation f ; **pedido de ~** (Com) commande f d'essai ; **~ general** répétition générale

**enseguida** adv tout de suite

**ensenada** nf crique f

**enseña** nf enseigne f

**enseñanza** nf enseignement m ; **~ primaria/ secundaria/superior** enseignement primaire/secondaire/supérieur

**enseñar** vt enseigner ; (mostrar) montrer ; (señalar) signaler ; **~ a algn a hacer** apprendre à qn à faire

**enseres** nmpl effets mpl ; (útiles) outils mpl

**ENSIDESA** (ESP) sigla f (Com) = **Empresa Nacional Siderúrgica, S.A.**

**ensillar** vt seller

**ensimismarse** vpr s'absorber ; (AM) se vanter ; **~ en** s'absorber dans

**ensombrecer** vt assombrir ; **ensombrecerse** vpr (fig: rostro) s'assombrir

**ensoñación** nf illusion f

**ensopar** (AM) vt absorber

**ensordecedor, a** adj assourdissant(e)

**ensordecer** vt assourdir ▶ vi devenir sourd(e)

**ensordezca** etc vb ver **ensordecer**

**ensortijado, -a** adj (pelo) bouclé(e)

**ensuciar** vt salir ; **ensuciarse** vpr se salir

**ensueño** nm rêve m ; (fantasía) illusion f ; **de ~** de rêve

**entablado** nm (suelo) plancher m ; (armazón) échafaudage m

**entablar** vt (suelo, hueco) planchéier ; (Ajedrez, Damas) disposer ; (conversación, lucha) engager ; (pleito, negociaciones) entamer

**entablillar** vt mettre une attelle à

**entallado, -a** adj déchiré(e)

**entallar** vt (traje) ajuster

**entarimado** nm plancher m

**ente** nm organisme m ; (ser) être m ; (fam) phénomène m ; **~ público** (ESP) télévision f espagnole

**entelequia** nf (Filos) entéléchie f ; (plan irrealizable) chimère f

**entender** vt comprendre ; **~ algo de** avoir quelques notions de ; **¿qué entiendes por …?** qu'entends-tu par … ? ; **dar a ~ que …** donner à entendre que … ▶ vi comprendre ; **~ de** s'y entendre en ; **¿entiendes?** tu comprends ? ▶ nm: **a mi ~** d'après moi ; **entenderse** vpr (a sí mismo) se comprendre ; (dos personas) s'entendre ; **entenderse bien/mal (con algn)** s'entendre bien/mal (avec qn) ; **yo ya me entiendo** (fam) je me comprends

**entendido, -a** adj (experto) compétent(e); (informado) informé(e) ▶ nm/f expert(e) ▶ excl (c'est) entendu!

**entendimiento** nm entente f; (inteligencia) entendement m

**entente** nf entente f

**enterado, -a** adj informé(e); **estar ~ de** être au courant de; **no darse por ~** jouer les ignorants

**enteramente** adv entièrement

**enterarse** vpr: **~ (de)** apprendre; **no se entera de nada** (fam: no se da cuenta) il ne se rend compte de rien; (: no entiende) il ne comprend rien; **para que te enteres…** (fam) je te ferais remarquer…

**entereza** nf droiture f; (fortaleza) courage m; (integridad) intégrité f; (firmeza) fermeté f

**enterito** (ARG) nm bleu m de travail

**enternecedor, a** adj attendrissant(e)

**enternecer** vt attendrir; **enternecerse** vpr s'attendrir

**enternezca** etc vb ver **enternecer**

**entero, -a** adj (íntegro: fig) entier(-ière); (no roto) intact(e); **por ~** entièrement ▶ nm (Mat) entier m; (Com) point m; (AM) versement m; (ARG) bleu m de travail; **las acciones han subido dos enteros** les actions ont augmenté de deux points

**enterrador** nm fossoyeur m

**enterramiento** nm enterrement m

**enterrar** vt enterrer

**entibiar** vt tiédir; **entibiarse** vpr tiédir

**entidad** nf (empresa) entreprise f; (organismo, Filos) entité f; (sociedad) société f; **de menor/poca ~** de moindre importance/de peu d'importance

**entienda** etc vb ver **entender**

**entierro** vb ver **enterrar** ▶ nm enterrement m

**entlo.** abr = **entresuelo**; (dans un bâtiment) mezzanine f

**entoldado** nm pavillon m

**entomología** nf entomologie f

**entomólogo, -a** nm/f entomologiste mf

**entonación** nf intonation f

**entonar** vt entonner; (colores) harmoniser; (Med) fortifier ▶ vi (al cantar) donner le ton; **~ con** (colores) se marier bien avec; **entonarse** vpr (Med) se fortifier

**entonces** adv alors; **desde ~** depuis; **en aquel ~** en ce temps-là; **(pues) ~** (et) alors; **¡(pues) ~!** et alors!

**entontecer** vt abrutir; **entontecerse** vpr s'abrutir

**entornar** vt (puerta, ventana) entrebâiller; (los ojos) garder mi-clos

**entorno** nm environnement m; **~ de redes** (Inform) environnement de réseaux

**entorpecer** vt (tb fig) gêner; (mente, persona) abrutir

**entorpezca** etc vb ver **entorpecer**

**entrada** nf entrée f; (para espectáculo) billet m; (de año, libro) début m; (ingreso, Com) recette f; **de ~** d'entrée de jeu; **« ~ gratis »** « entrée gratuite »; **dar ~ a algn** admettre qn; **~ de aire** (Tec) entrée d'air; **entradas** nfpl (Com) recettes fpl; **entradas brutas** recettes brutes; **entradas y salidas** (Com) recettes et dépenses; **tener entradas** avoir le front dégarni

⚠ **Entrada** ne se traduit pas toujours par entrée.

**entrado, -a** adj: **~ en años** d'un âge avancé; **(una vez) ~ el verano** l'été venu

**entramado** nm (Arq: estructura) lattis m, lattage m; (: de puente) treillis m; (red) réseau m

**entramparse** vpr s'endetter

**entrante** adj prochain(e) ▶ nm encaissement m; (Culin) entrée f

**entrañable** adj (amigo) cher(-ère); (trato) cordial(e)

**entrañar** vt renfermer

**entrañas** nfpl entrailles fpl; **sin ~** (fig) sans merci

**entrar** vt rentrer; (Inform) entrer ▶ vi entrer; (caber: anillo, zapato) aller; (: tornillo, personas) rentrer; (año, temporada) commencer; (en profesión etc) entrer; (en categoría, planes) rentrer; **le entraron ganas de reír** il eut envie de rire; **me entró sueño/frío** j'ai eu sommeil/froid; **~ en acción** entrer en action; (entrar en funcionamiento) commencer à fonctionner; **no me entra** je ne saisis pas; **~ a** (AM) entrer dans

**entre** prep (dos cosas) entre; (más de dos cosas) parmi; **se abrieron paso ~ la multitud** ils se frayèrent un passage à travers la foule; **~ otras cosas** entre autres; **lo haremos ~ todos** nous le ferons tous ensemble; **~ más estudia, más aprende** (esp AM fam) plus il étudie, plus il apprend

**entreabierto** pp de **entreabrir**

**entreabrir** vt entrouvrir

**entreacto** nm entracte m

**entrecano, -a** adj poivre et sel; **ser ~** avoir les cheveux grisonnants

**entrecejo** nm: **fruncir el ~** froncer les sourcils

**entrecerrar** vt (esp AM) entrebâiller; **entrecerrarse** vpr s'entrebâiller

**entrecomillado, -a** adj entre guillemets

**entrecomillar** vt mettre entre guillemets

**entrecortado, -a** adj entrecoupé(e)

**entrecot** nm entrecôte f

**entrecruce** etc vb ver **entrecruzarse**

**entrecruzarse** vpr (caminos) se croiser; (hilos) s'entrecroiser

**entredicho** nm (Jur) interdiction f; **poner/estar en ~** mettre/être mis en doute

**entrega** *nf* (*de mercancías*) livraison *f*; (*de premios*) remise *f*; (*de novela, serial*) épisode *m*; (*dedicación*) ardeur *f*; « **a domicilio** » « livraison à domicile »; **novela por entregas** roman-feuilleton *m*

**entregar** *vt* livrer; (*dar*) remettre; **a ~** (*Com*) à livrer; **entregarse** *vpr* se livrer; **entregarse a** (*al trabajo*) se consacrer à; (*al vicio*) se livrer à

**entregue** *etc vb ver* **entregar**

**entreguerras**: **el período de ~** l'entre-deux-guerres

**entrelace** *etc vb ver* **entrelazar**

**entrelazar** *vt* entrelacer

**entremedias** *adv* (*en medio*) au milieu; (*mientras tanto*) entre-temps

**entremeses** *nmpl* hors d'œuvre *m inv*

**entremeter** *vt* insérer; **entremeterse** *vpr* = **entrometerse**

**entremetido, -a** *adj* = **entrometido**

**entremezclar** *vt* mélanger; **entremezclarse** *vpr* se mélanger

**entrenador, a** *nm/f* entraîneur(-euse)

**entrenamiento** *nm* entraînement *m*

**entrenar** *vt* entraîner ▶ *vi* (*Deporte*) s'entraîner; **entrenarse** *vpr* s'entraîner

**entrepierna** *nf* entrejambe *msg*

**entresacar** *vt* (*árboles*) déboiser; (*pelo*) désépaissir; (*frases, páginas*) sélectionner

**entresaque** *etc vb ver* **entresacar**

**entresijos** *nmpl* méandres *mpl*

**entresuelo** *nm* entresol *m*

**entretanto** *adv* entre-temps

**entretecho** (*CHI, COL*) *nm* grenier *m*

**entretejer** *vt* entrelacer

**entretela** *nf* renfort *m*

**entretención** (*AM*) *nf* distraction *f*

**entretendré** *etc vb ver* **entretener**

**entretener** *vt* amuser; (*retrasar*) retenir; (*distraer*) distraire; (*fig*) entretenir; **no le entretengo más** je ne vous retiendrai pas plus longtemps; **entretenerse** *vpr* s'amuser; (*retrasarse*) s'attarder; (*distraerse*) se distraire

⚠ **Entretener** ne se traduit généralement pas par *entretenir*.

**entretenga** *etc vb ver* **entretener**

**entretenido, -a** *adj* amusant(e); (*tarea*) prenant(e)

**entretenimiento** *nm* distraction *f*

**entretiempo** *nm*: **de ~** (*ropa*) demi-saison

**entretiene** *etc*, **entretuve** *etc vb ver* **entretener**

**entreveía** *etc vb ver* **entrever**

**entrever** *vt* entrevoir

**entreverarse** (*CSUR*) *vpr*: **~ en algo** se mêler à qch

**entrevero** (*CSUR*) *nm* enchevêtrement *m*

**entrevista** *nf* (*para periódico, TV*) interview *f*; (*de trabajo*) entretien *m*

**entrevistado, -a** *nm/f* personne *f* interviewée; (*para un sondeo*) personne *f* interrogée

**entrevistador, a** *nm/f* intervieweur(-euse), interviewer *m*

**entrevistar** *vt* (*para periódico, TV*) interviewer; (*para un trabajo*) faire passer un entretien à; **entrevistarse** *vpr*: **entrevistarse (con)** avoir un entretien (avec)

**entrevisto** *pp de* **entrever**

**entristecer** *vt* attrister; **entristecerse** *vpr* s'attrister

**entristezca** *etc vb ver* **entristecer**

**entrometerse** *vpr*: **~ (en)** se mêler de

**entrometido, -a** *adj, nm/f* indiscret(-ète)

**entroncar** *vi*: **~ (con)** coïncider (avec)

**entronque** *etc vb ver* **entroncar**

**entumecer** *vt* engourdir; **entumecerse** *vpr* s'engourdir

**entumecido, -a** *adj* engourdi(e)

**entumezca** *etc vb ver* **entumecer**

**enturbiar** *vt* (*agua*) troubler; (*alegría*) gâter; **enturbiarse** *vpr* se troubler

**entusiasmado, -a** *adj* enthousiasmé(e); **el público recibió ~ a los campeones** le public a reçu avec enthousiasme les champions

**entusiasmar** *vt* enthousiasmer; **entusiasmarse** *vpr*: **entusiasmarse (con** *o* **por)** s'enthousiasmer (pour)

**entusiasmo** *nm*: **~ (por)** enthousiasme *m* (pour); **con ~** avec enthousiasme

**entusiasta** *adj, nmf* enthousiaste *mf*; **~ de** passionné(e) de

**enumeración** *nf* énumération *f*

**enumerar** *vt* énumérer

**enunciación** *nf* énonciation *f*

**enunciado** *nm* énoncé *m*

**enunciar** *vt* énoncer

**envainar** *vt* rengainer

**envalentonar** (*pey*) *vt* stimuler; **envalentonarse** *vpr* s'enhardir

**envanecer** *vt* enorgueillir; **envanecerse** *vpr*: **envanecerse de hacer/de haber hecho** se vanter de faire/d'avoir fait

**envanezca** *etc vb ver* **envanecer**

**envasado** *nm* conditionnement *m*

**envasar** *vt* conditionner; **envasado al vacío** conditionné sous vide

**envase** *nm* (*recipiente, envoltorio*) emballage *m*; (*acción*) conditionnement *m*

**envejecer** *vt, vi* vieillir

**envejecido, -a** *adj* vieilli(e)

**envejecimiento** *nm* vieillissement *m*

**envejezca** *etc vb ver* **envejecer**

**envenenamiento** *nm* empoisonnement *m*

**envenenar** *vt* empoisonner; (*fig: relaciones*) envenimer

**envergadura** *nf* envergure *f*; **de gran ~** de grande envergure

**envés** *nm* envers *m*

**enviado, -a** nm/f (Pol) envoyé(e) ; **~ especial** envoyé(e) spécial(e)

**enviar** vt envoyer ; **~ a algn a hacer** envoyer qn faire ; **~ un SMS a algn** envoyer un SMS à qn

**enviciar** vt corrompre ; **enviciarse** vpr: **enviciarse (con)** devenir accro (à)

**envidia** nf envie f ; (celos) jalousie f ; **tiene ~ de nuestro coche** il est jaloux de notre voiture

**envidiable** adj enviable

**envidiar** vt envier ; (tener celos de) jalouser

**envidioso, -a** adj envieux(-euse)

**envilecer** vt avilir ; **envilecerse** vpr s'avilir

**envío** nm envoi m ; (en barco) expédition f ; **gastos de ~** frais mpl d'envoi ; **~ contra reembolso** envoi contre remboursement

**envite** nm (Naipes) mise f

**enviudar** vi devenir veuf (veuve)

**envoltorio** nm emballage m

**envoltura** nf enveloppe f

**envolver** vt envelopper ; (enemigo) encercler ; **~ a algn en** (implicar) impliquer qn dans ; **envolverse** vpr: **envolverse en** s'envelopper dans

**envuelto** etc, **envuelva** etc vb ver **envolver**

**enyesar** vt plâtrer

**enzarzarse** vpr: **~ en** se mêler à

**enzima** nf enzyme m o f

**eólico, -a** adj éolien(-enne) ; **energía eólica** énergie f éolienne

**epa** (AM fam) excl (¡oiga!) écoute !

**épale** (AM fam) excl (¡oiga!) écoute donc !

**epatar** vt épater

**E.P.D.** abr (= en paz descanse) qu'il (elle) repose en paix

**épica** nf poésie f épique

**epicentro** nm épicentre m

**épico, -a** adj épique

**epicúreo, -a** adj, nm/f épicurien(-enne)

**epidemia** nf épidémie f

**epidémico, -a** adj épidémique

**epidérmico, -a** adj épidermique

**epidermis** nf inv épiderme m

**epidural** (Med) adj péridural(e), épidural(e) ▶ nf péridurale f, épidurale f

**Epifanía** nf (Rel) Épiphanie f

**epifanía** nf (manifestación) épiphanie f

**epígrafe** nm épigraphe f

**epilepsia** nf épilepsie f

**epiléptico, -a** nm/f épileptique mf

**epílogo** nm épilogue m

**episcopado** nm épiscopat m

**episcopal** adj épiscopal(e) ; **sede ~** siège m épiscopal

**episódico, -a** adj épisodique

**episodio** nm épisode m

**epistemología** nf épistémologie f

**epístola** nf lettre f

**epitafio** nm épitaphe f

**epíteto** nm épithète f

**epítome** nm abrégé m

**época** nf époque f ; **de ~** d'époque ; **hacer ~** faire époque

**epopeya** nf épopée f ; **ser una ~** (fam) être épique

**equidad** nf équité f

**equidistante** adj équidistant(e)

**equilibrado, -a** adj équilibré(e)

**equilibrar** vt équilibrer

**equilibrio** nm équilibre m ; **mantener/perder el ~** garder/perdre l'équilibre

**equilibrista** nmf équilibriste mf

**equino, -a** adj (ganadería) de chevaux ; (raza) équin(e)

**equinoccio** nm équinoxe m

**equipaje** nm bagages mpl ; **hacer el ~** faire ses bagages ; **~ de mano** bagages à main

**equipal** (Méx) nm (silla: de mimbre) chaise f ; (: de cuero) fauteuil m

**equipamiento** nm équipement m

**equipar** vt: **~ (con** o **de)** équiper (de)

**equiparable** adj comparable

**equiparación** nf égalité f, égalisation f

**equiparar** vt: **~ algo a** o **con** mettre qch sur un pied d'égalité avec, aligner qch sur ; **~ a algn a** o **con** mettre qn sur un pied d'égalité avec ; **equipararse** vpr: **equipararse con** s'apparenter à

**equipo** nm (grupo, Deporte) équipe f ; (instrumentos) matériel m, équipement m ; **trabajo en ~** travail m d'équipe ; **~ de alta fidelidad** chaîne f haute fidélité ; **~ de música** chaîne f stéréo ; **~ de rescate** équipe de sauvetage

**equis** nf (letra) X, x m inv ; (fam: cantidad indeterminada) x m

**equitación** nf équitation f

**equitativo, -a** adj équitable

**equivaldré** etc vb ver **equivaler**

**equivalencia** nf équivalence f

**equivalente** adj équivalent(e) ▶ nm équivalent m

**equivaler** vi: **~ a (hacer)** équivaloir à (faire)

**equivalga** etc vb ver **equivaler**

**equivocación** nf erreur f

**equivocado, -a** adj (decisión, camino) mauvais(e) ; **estás (muy) ~** tu te trompes (sur toute la ligne)

**equivocarse** vpr se tromper ; **~ de camino/número** se tromper de chemin/numéro

**equívoco, -a** adj équivoque ▶ nm (ambigüedad) ambiguïté f ; (malentendido) quiproquo m

**equivoque** etc vb ver **equivocarse**

**era** vb ver **ser** ▶ nf ère f ; (Agr) aire f

**erais** vb ver **ser**

**éramos** vb ver **ser**

**eran** vb ver **ser**

**erario** nm Trésor m

**eras** vb ver **ser**

**ERE** nm abr (= *Expediente de Regulación de Empleo*) procédure selon laquelle une entreprise sollicite l'autorisation de licencier plusieurs de ses employés, ≈ licenciement m collectif

**erección** nf érection f

**erecto, -a** adj dressé(e) ; (*pene*) en érection

**eres** vb ver **ser**

**ergonomía** nf ergonomie f

**ergonómico, -a** adj ergonomique

**erguir** vt (*alzar*) lever ; (*poner derecho*) redresser ; **erguirse** vpr se redresser

**erial** adj en friche ▶ nm terrain m en friche

**erice** etc vb ver **erizarse**

**erigir** vt ériger ; **erigirse** vpr: **erigirse en** s'ériger en

**erija** etc vb ver **erigir**

**erizado, -a** adj hérissé(e)

**erizarse** vpr se hérisser

**erizo** nm hérisson m ; (tb: **erizo de mar**) oursin m

**ermita** nf ermitage m

**ermitaño, -a** nm/f ermite mf

**erosión** nf érosion f

**erosionar** vt éroder

**erótico, -a** adj érotique

**erotismo** nm érotisme m

**erradicación** nf éradication f

**erradicar** vt éradiquer

**erradique** etc vb ver **erradicar**

**errado, -a** adj dans l'erreur

**errante** adj errant(e)

**errar** vi errer ; (*equivocarse*) se tromper ▶ vt: ~ **el camino** s'égarer ; ~ **el tiro** manquer son coup

**errata** nf errata m inv

**errático, -a** adj erratique

**erre** nf (*letra*) r m inv ; ~ **que** ~ coûte que coûte

**erróneo, -a** adj erroné(e)

**error** nm erreur f ; **estar en un** ~ être dans l'erreur ; ~ **de escritura/de lectura** (*Inform*) erreur d'écriture/de lecture ; ~ **de imprenta** faute f d'impression ; ~ **judicial** erreur judiciaire

**ertzaina** [er'tʃaina] nmf membre m de la police autonome basque

**Ertzaintza** [er'tʃaintʃa] nf police autonome basque

**eructar** vi roter

**eructo** nm rot m

**erudición** nf érudition f

**erudito, -a** adj, nm/f érudit(e) ; **los eruditos en esta materia** les experts en la matière

**erupción** nf éruption f ; (*de violencia*) explosion f

**es** vb ver **ser**

**E/S** abr (*Inform*: = *entrada/salida*) E/S (= *entrée/sortie*)

**ESA** sigla f (= *Agencia Espacial Europea*) ASE f (= *Agence spatiale européenne*)

**esa** adj demos ver **ese²**

**ésa** pron ver **ése**

**esas** adj demos ver **ese²**

**ésas** pron ver **ése**

**esbelto, -a** adj svelte

**esbirro** nm sbire m

**esbozar** vt ébaucher

**esbozo** nm ébauche f

**escabeche** nm escabèche f ; **en ~** à l'escabèche

**escabechina** nf (*en batalla*) massacre m ; **fue una ~** (*Escol*) ça a été l'hécatombe

**escabroso, -a** adj (*accidentado*) accidenté(e) ; (*fig: complicado*) épineux(-euse) ; (: *atrevido*) scabreux(-euse)

**escabullirse** vpr s'esquiver ; (*de entre los dedos*) filer

**escacharrar** (*fam*) vt détraquer ; **escacharrarse** vpr se détraquer

**escafandra** nf (tb: **escafandra autónoma**) scaphandre m (autonome) ; **~ espacial** scaphandre spatial

**escala** nf échelle f ; (tb: **escala de cuerda**) échelle de corde ; (*Aviat, Náut*) escale f ; **a gran/pequeña ~** à grande/petite échelle ; **una investigación a ~ nacional** une enquête à l'échelon national ; **reproducir a ~** reproduire à l'échelle ; **hacer ~ en** faire escale à ; **~ móvil** échelle mobile ; **~ salarial** échelle des salaires

**escalada** nf escalade f

**escalador, a** nm/f (*Deporte: en alpinismo*) alpiniste mf ; (: *en ciclismo*) grimpeur(-euse)

**escalafón** nm (*en empresa*) échelle f des salaires ; (*en organismo público*) échelons mpl de solde ; **subir en el ~** monter en grade

**escalar** vt escalader ; (*fig*) monter ▶ vi faire de l'escalade ; (*fig*) monter en grade

**escaldar** vt ébouillanter ; **salir escaldado** (*fig*) se faire échauder ; **escaldarse** vpr s'ébouillanter

**escalera** nf escalier m ; (tb: **escalera de mano**) échelle f ; (*Naipes*) suite f ; **~ de caracol/de incendios** escalier en colimaçon/de secours ; **~ de tijera** escabeau m ; **~ mecánica** escalier roulant

**escalerilla** nf passerelle f

**escalfar** vt pocher

**escalinata** nf perron m

**escalofriante** adj terrifiant(e)

**escalofrío** nm frisson m ; **escalofríos** nmpl: **dar** o **producir escalofríos a algn** (*fig*) donner des frissons à qn

**escalón** nm marche f ; (*de escalera de mano, fig*) échelon m

**escalonar** vt échelonner ; (*tierra*) terrasser

**escalope** nm escalope f

**escalopín** nm petite escalope panée servie avec une sauce

**escalpelo** nm scalpel m

**escama** nf écaille f ; (*de jabón*) paillette f

## escamado – escocés

**escamado, -a** *adj* (*piel*) desquamé(e) ; (*receloso*) soupçonneux(-euse)
**escamar** *vt* (*pez*) écailler ; (*producir recelo*) rendre soupçonneux(-euse)
**escamotear** *vt* (*sueldo*) subtiliser ; (*verdad*) escamoter
**escampar** *vb impers* cesser de pleuvoir
**escanciar** *vt* verser à boire
**escandalice** *etc vb ver* **escandalizar**
**escandalizar** *vt* scandaliser ; **escandalizarse** *vpr* se scandaliser
**escándalo** *nm* scandale *m* ; **armar un ~** faire un scandale ; **¡es un ~!** c'est un scandale !
**escandaloso, -a** *adj* scandaleux(-euse) ; (*niño*) très bruyant(e)
**Escandinavia** *nf* Scandinavie *f*
**escandinavo, -a** *adj* scandinave ▶ *nm/f* Scandinave *mf*
**escanear** *vt* scanner
**escaneo** *nm* scannage *m*
**escáner** *nm* (*aparato*) scanner *m* ; (*imagen*) (examen *m* au) scanner
**escaño** *nm* siège *m*
**escapada** *nf* escapade *f* ; (*Deporte*) échappée *f* ; **en una ~** le temps d'une escapade
**escapar** *vi*: **~ (de)** (*de encierro*) s'échapper (de) ; (*de peligro*) échapper à ; (*Deporte*) faire une échappée ; **dejar ~ una oportunidad** laisser échapper une occasion ; **escaparse** *vpr*: **escaparse (de)** s'échapper (de) ; (*agua, gas*) fuir (de) ; **se le escapó el secreto** il a vendu la mèche ; **se le escapó la risa** un rire lui a échappé ; **no se le escapa un detalle** pas un détail ne lui échappe
**escaparate** *nm* vitrine *f*
**escaparatista** *nmf* étalagiste *mf*
**escapatoria** *nf*: **no tener ~** (*fig*) n'avoir aucune échappatoire
**escape** *nm* (*de agua, gas*) fuite *f* ; (*tb*: **tubo de escape**) pot *m* d'échappement ; **salir a ~** sortir à toute vitesse ; **tecla de ~** touche *f* d'échappement
**escapismo** *nm* évasion *f*
**escaquearse** (*fam*) *vpr* se tirer d'affaire, faire faux bond
**escarabajo** *nm* scarabée *m*
**escaramuza** *nf* escarmouche *f*
**escarbar** *vt* gratter ▶ *vi* fouiller ; **~ en** (*en asunto*) démêler ; **escarbarse** *vpr*: **escarbarse los dientes** se curer les dents
**escarceo** *nm*, **escarceos** *nmpl* (*tentativa*) incursion *f* ; **en mis escarceos con la política** lorsque j'ai fait mes premières armes en politique ; **escarceos amorosos** aventures *fpl* amoureuses
**escarcha** *nf* givre *m*
**escarchado, -a** *adj* couvert(e) de givre
**escardar** *vt* désherber
**escarlata** *adj* écarlate
**escarlatina** *nf* scarlatine *f*

**escarmentar** *vt* punir ▶ *vi* comprendre la leçon ; **¡para que escarmientes!** ça t'apprendra !
**escarmiento** *vb ver* **escarmentar** ▶ *nm* punition *f* ; (*aviso*) leçon *f*
**escarnio** *nm* raillerie *f* ; (*insulto*) quolibet *m*
**escarola** *nf* frisée *f*
**escarpado, -a** *adj* escarpé(e)
**escarpia** *nf* clou *m* à crochet
**escasamente** *adv* chichement ; (*apenas*) à peine
**escasear** *vi* manquer
**escasez** *nf* (*falta*) pénurie *f* ; (*pobreza*) misère *f* ; **vivir con ~** vivre pauvrement
**escaso, -a** *adj* faible ; (*posibilidades*) compté(e) ; (*recursos*) insuffisant(e) ; (*público*) peu nombreux(-euse) ; **estar ~ de algo** être à court de qch ; **duró una hora escasa** cela a duré une heure à peine
**escatimar** *vt* (*sueldo, tela*) lésiner sur ; (*elogios, esfuerzos*) ménager ; **no ~ esfuerzos (para)** ne pas ménager ses efforts (pour)
**escatológico, -a** *adj* scatologique
**escayola** *nf* plâtre *m*
**escayolar** *vt* plâtrer
**escena** *nf* scène *f* ; **poner en ~** mettre en scène ; **hacer una ~** (*fam*) faire une scène
**escenario** *nm* scène *f* ; **el ~ del crimen** les lieux *mpl* du crime
**escénico, -a** *adj* scénique
**escenificar** *vt* mettre en scène
**escenografía** *nf* scénographie *f*
**escenógrafo, -a** *nm/f* scénographe *mf*, metteur(-euse) en scène
**escepticismo** *nm* scepticisme *m*
**escéptico, -a** *adj, nm/f* sceptique *mf*
**escindir** *vt* scinder ; **escindirse** *vpr* se scinder ; **escindirse en** se scinder en
**escisión** *nf* (*Bio*) excision *f* ; (*de partido*) scission *f* ; **~ nuclear** fission *f* nucléaire
**esclarecer** *vt* éclaircir
**esclarecimiento** *nm* éclaircissement *m*
**esclarezca** *etc vb ver* **esclarecer**
**esclavice** *etc vb ver* **esclavizar**
**esclavitud** *nf* esclavage *m*
**esclavizar** *vt* asservir
**esclavo, -a** *adj, nm/f* esclave *mf*
**esclerosis** *nf* sclérose *f* ; **~ múltiple** sclérose multiple
**esclusa** *nf* écluse *f*
**escoba** *nf* balai *m* ; **pasar la ~** passer le balai
**escobazo** *nm* coup *m* de balai ; **echar a algn a escobazos** chasser qn à coups de balai
**escobilla** *nf* (*del wáter*) balayette *f* ; (*esp Am*) brosse *f*
**escocer** *vi* brûler ; **me escuece mucho la herida** la blessure me brûle ; **escocerse** *vpr* s'irriter
**escocés, -esa** *adj* écossais(e) ; **falda escocesa** kilt *m* ; **tela escocesa** tissu *m* écossais ▶ *nm/f* Écossais(e)

**Escocia** nf Écosse f
**escoger** vt choisir
**escogido, -a** adj choisi(e)
**escoja** etc vb ver **escoger**
**escolar** adj scolaire ▶ nmf écolier(-ière)
**escolaridad** nf: **libro de ~** livret m scolaire
**escolarización** nf: **~ obligatoria** scolarité f obligatoire
**escolarizar** vt scolariser; **niños sin ~** enfants mpl non scolarisés
**escollo** nm (tb fig) écueil m
**escolta** nf escorte f
**escoltar** vt escorter
**escombrera** nf (vertedero) dépotoir m; (Minería) terril m
**escombros** nmpl décombres mpl
**esconder** vt cacher; **esconderse** vpr se cacher
**escondidas** nfpl (AM) cache-cache m inv; **a ~** en cachette; **hacer algo a ~ de algn** faire qch en cachette de qn
**escondite** nm cachette f; (juego) cache-cache m inv
**escondrijo** nm cachette f
**escopeta** nf fusil m; **~ de aire comprimido** fusil à air comprimé
**escoplo** nm ciseau m à bois
**escorar** vi donner de la bande
**escorbuto** nm scorbut m
**escoria** nf (mineral) scorie f; (fig) lie f
**Escorpio** nm (Astrol) Scorpion m; **ser ~** être Scorpion
**escorpión** nm scorpion m
**escorzo** nm: **en ~** (Arte) en perspective
**escotado, -a** adj décolleté(e); **ir muy ~** porter des vêtements très décolletés
**escotar** vt (Costura) décolleter ▶ vi payer son écot
**escote** nm décolleté m; **pagar a ~** payer son écot
**escotilla** nf (Náut) écoutille f
**escotillón** nm trappe f
**escozor** nm brûlure f
**escrache** nm manifestation citoyenne devant le domicile ou le lieu de travail d'un personnage public
**escribano, -a** nm/f greffier(-ière)
**escribible** adj (CD/DVD) gravable
**escribir** vt, vi écrire; **~ a máquina** taper à la machine; **escribirse** vpr s'écrire; **¿cómo se escribe?** comment ça s'écrit?
**escrito, -a** pp de **escribir** ▶ adj écrit(e); **por ~** par écrit ▶ nm (documento) écrit m; (manifiesto) manifeste m
**escritor, a** nm/f écrivain(e)
**escritorio** nm (mueble, oficina) bureau m
**escritura** nf écriture f; (Jur) acte m; **Sagrada(s) E~(s)** les (Saintes) Écritures, l'Écriture (Sainte), les Écritures fpl (Saintes); **~ de propiedad** titre m de propriété
**escriturar** vt (Jur) passer un acte ou un contrat par-devant notaire; **hemos escriturado la propiedad a mi nombre** nous avons mis la propriété à mon nom
**escroto** nm scrotum m
**escrúpulo** nm: **me da ~ (hacer)** j'ai des scrupules (à faire); **escrúpulos** nmpl (dudas) scrupules mpl
**escrupuloso, -a** adj scrupuleux(-euse); (aprensivo) délicat(e)
**escrutar** vt scruter; (votos) dépouiller
**escrutinio** nm examen m attentif; (de votos) scrutin m
**escuadra** nf équerre f; (Mil) escouade f; (Náut) escadre f
**escuadrilla** nf escadrille f
**escuadrón** nm escadron m
**escuálido, -a** adj efflanqué(e)
**escucha** nf: **estar a la ~ (de)** être à l'écoute (de); **escuchas telefónicas** écoutes fpl téléphoniques ▶ nmf (Telec, Radio) personne chargée des écoutes radio et téléphoniques
**escuchar** vt écouter; (esp AM: oír) entendre ▶ vi écouter; **escucharse** vpr (AM Telec): **escucharse muy mal** entendre très mal
**escudarse** vpr: **~ en** se réfugier derrière
**escudería** nf écurie f
**escudero** nm écuyer m
**escudilla** nf écuelle f
**escudo** nm bouclier m; (insignia) écusson m; (moneda) écu m; **~ de armas** armes fpl
**escudriñar** vt scruter
**escuece** etc vb ver **escocer**
**escuela** nf école f; **~ de arquitectura/Bellas Artes/idiomas** école d'architecture/des Beaux Arts/de langues; **~ normal** école normale
**escueto, -a** adj (estilo) dépouillé(e); (explicación) concis(e)
**escueza** etc vb ver **escocer**
**escuincle** (Méx fam) nm gosse m
**esculcar** (Méx) vt examiner
**esculpir** vt sculpter
**escultor, a** nm/f sculpteur(-trice)
**escultórico, -a** adj sculptural(e)
**escultura** nf sculpture f
**escultural** adj sculptural(e)
**escupidera** nf crachoir m; (orinal) pot m de chambre
**escupir** vt, vi cracher; **~ (a la cara) a algn** (fig) cracher sur qn
**escupitajo** nm crachat m
**escurreplatos** nm inv égouttoir m
**escurridizo, -a** adj glissant(e); (fig: persona) fuyant(e)
**escurridor** nm passoire f
**escurrir** vt (ropa) essorer; (verduras) égoutter; (platos) laisser s'égoutter; (líquidos) verser la dernière goutte de; **~ el bulto** (fig) se dérober ▶ vi (ropa, botella) goutter; (líquidos) couler; **escurrirse** vpr (líquido) s'écouler; (ropa, platos) s'égoutter; (resbalarse) glisser; (escaparse) s'esquiver

**ese¹** nf (letra) S, s m inv ; **hacer eses** (en carretera) faire des zigzags ; (borracho) avancer en zigzags

**ese², esa, esos, esas** adj (demostrativo: sg) ce (cette) ; (: pl) ces ▶ pron (sg) celui-là (celle-là) ; (pl) ceux-là (celles-là) ; **~ ... este ...** celui-là ... celui-ci ... ; **¡no me vengas con esas!** tu ne vas pas revenir là-dessus

**ése, ésa, ésos, ésas** pron (sg) celui-là (celle-là) ; (pl) ceux-là (celles-là)

**esencia** nf essence f ; (de doctrina) essentiel m ; **en ~** par essence

**esencial** adj essentiel(le) ; **lo ~** l'essentiel m

**esencialmente** adv essentiellement

**esfera** nf sphère f ; (de reloj) cadran m ; **~ impresora** boule f d'impression ; **~ profesional/social** sphère professionnelle/sociale ; **~ terrestre** globe m terrestre

**esférico, -a** adj sphérique

**esfinge** nf sphinx m

**esfínter** nm sphincter m

**esforcé** vb ver **esforzarse**

**esforcemos** etc vb ver **esforzarse**

**esforzarse** vpr s'efforcer ; **~ por hacer** s'efforcer de faire

**esfuerce** etc vb ver **esforzarse**

**esfuerzo** vb ver **esforzarse** ▶ nm effort m ; **hacer un ~ (para hacer)** faire un effort (pour faire) ; **con/sin ~** avec/sans effort

**esfumarse** vpr (persona) s'évanouir dans la nature ; (esperanzas) partir en fumée

**esgrima** nf escrime f

**esgrimir** vt (arma) manier ; (argumento) déployer

**esguince** nm entorse f

**eslabón** nm maillon m ; **el ~ perdido** (Bio, fig) le chaînon manquant

**eslabonar** vt enchaîner

**eslálom** nm slalom m

**eslavo, -a** adj slave ▶ nm/f Slave mf ▶ nm (Ling) langue f slave

**eslip** nm slip m

**eslogan** (pl **eslogans**) nm = **slogan**

**eslora** nf (Náut) longueur f

**eslovaco, -a** adj slovaque ▶ nm/f Slovaque mf ▶ nm (Ling) slovaque m

**Eslovaquia** nf Slovaquie f

**Eslovenia** nf Slovénie f

**esloveno, -a** adj slovène ▶ nm/f Slovène mf ▶ nm (Ling) slovène m

**esmaltar** vt émailler

**esmalte** nm émail m ; **~ de uñas** vernis m à ongles

**esmerado, -a** adj soigné(e)

**esmeralda** nf émeraude f ▶ adj émeraude inv

**esmerarse** vpr: **~ (en)** faire de son mieux (pour)

**esmerilado, -a** adj: **cristal ~** verre m poli à l'émeri

**esmero** nm soin m ; **con ~** avec soin

**esmirriado, -a** adj chétif(-ive)

**esmoquin** nm smoking m

**esnifar** (fam) vt (cola, cocaína) sniffer

**esnob** [es'nob] adj inv, nmf snob mf

**esnobismo** nm snobisme m

**ESO** nf abr (Esp) (= Educación Secundaria obligatoria) enseignement secondaire obligatoire

- **ESO**
- La **ESO**, ou *Educación Secundaria Obligatoria*, s'adresse aux jeunes de 12 à 16 ans. Elle est gratuite et obligatoire et prévoit des matières à la fois intellectuelles et professionnelles. S'ils réussissent, les élèves reçoivent le diplôme intitulé *Título de Graduado en Educación Secundaria* à l'âge de 16 ans, ce qui correspond à la fin de la scolarité obligatoire. S'ils souhaitent poursuivre leurs études, ils peuvent choisir la voie qui les conduira à l'Université avec le *Bachillerato* ou la voie professionnelle avec la *Formación Profesional Específica*.

**eso** pron ce, cela ; **~ de su coche** cette histoire avec sa voiture ; **~ de ir al cine** cette histoire d'aller au cinéma ; **a ~ de las cinco** vers cinq heures ; **en ~** sur ce ; **por ~** c'est pour ça ; **~ es** c'est cela ; **~ mismo** cela-même ; **nada de ~** rien de tout ça ; **no es ~** ce n'est pas cela ; **¡~ sí que es vida!** ça, c'est la vie ! ; **por ~ te lo dije** c'est pour cela que je te l'ai dit ; **¡y ~ que llovía!** pourtant il pleuvait !

**esófago** nm œsophage m

**esos** adj, pron ver **ese²**

**ésos** pron ver **ése**

**esotérico, -a** adj ésotérique

**esoterismo** nm ésotérisme m

**esp.** abr = **especialmente**

**espabilado, -a** adj éveillé(e)

**espabilar** vt = **despabilar**

**espachurrar** vt écraser ; **espachurrarse** vpr être écrasé(e)

**espaciado** nm (Inform) espacement m

**espacial** adj spatial(e)

**espaciar** vt espacer

**espacio** nm espace m ; (Mús) interligne m ; **el ~** l'espace ; **ocupar mucho ~** prendre beaucoup de place ; **a dos espacios, a doble ~** (Tip) à double interligne ; **en el ~ de una hora/de 3 días** en l'espace d'une heure/de 3 jours ; **por ~ de** durant ; **~ aéreo/exterior** espace aérien/extérieur

**espacioso, -a** adj spacieux(-euse)

**espada** nf épée f ; **estar entre la ~ y la pared** être entre le marteau et l'enclume ▶ nm (Taur) matador m ; **espadas** nfpl (Naipes) l'une des quatre couleurs du jeu de cartes espagnol

**espadachín** nm spadassin m

**espaguetis** nmpl spaghettis mpl

## espalda – espeso

**espalda** nf dos msg ; (Natación) dos crawlé ; **a espaldas de algn** dans le dos de qn ; **a (las) espaldas de** (de edificio) derrière ; **dar la ~ a algn** tourner le dos à qn ; **estar de espaldas** être de dos ; **por la ~** (atacar) par derrière ; (disparar) dans le dos ; **ser cargado de espaldas** être voûté ; **tenderse de espaldas** s'allonger sur le dos ; **volver la ~ a algn** tourner le dos à qn

**espaldarazo** nm coup m d'épaule
**espalderas** nfpl espalier m
**espaldilla** nf (Anat) omoplate f ; (Culin) épaule f
**espantada** nf fuite f, dérobade f ; **dar la ~ se débiner** (fam)
**espantadizo, -a** adj craintif(-ive)
**espantajo** nm, **espantapájaros** nm inv épouvantail m
**espantar** vt (persona) effrayer ; (animal) faire fuir ; (fig) chasser ; **espantarse** vpr s'effrayer ; (ahuyentar) déguerpir ; (fig) se dissiper
**espanto** nm frayeur f ; (terror) panique f ; **de ~** (frío) de canard ; (ruido) assourdissant(e) ; **¡qué ~!** quelle horreur !
**espantoso, -a** adj effrayant(e) ; (fam: desmesurado) terrible ; (: feísimo) horrible
**España** nf Espagne f
**español, a** adj espagnol(e) ▶ nm/f Espagnol(e) ▶ nm (Ling) espagnol m
**españolice** etc vb ver **españolizar**
**españolista** adj, nmf espagnoliste mf
**españolizar** vt hispaniser
**esparadrapo** nm sparadrap m
**esparcimiento** nm éparpillement m ; (fig) divertissement m
**esparcir** vt (objetos) éparpiller ; (semillas) semer ; (líquido, noticia) répandre ; **esparcirse** vpr s'éparpiller ; (noticia) se répandre ; (divertirse) se divertir
**espárrago** nm asperge f ; **¡vete a freír espárragos!** (fam) va te faire cuire un œuf ! ; **~ triguero** asperge sauvage
**espartano, -a** adj spartiate
**esparto** nm alfa m
**esparza** etc vb ver **esparcir**
**espasmo** nm spasme m
**espasmódico, -a** adj spasmodique
**espátula** nf spatule f
**especia** nf épice f
**especiado, -a** adj épicé(e)
**especial** adj spécial(e) ; **en ~** spécialement
**especialidad** nf spécialité f ; (Escol) spécialisation f
**especialista** nmf spécialiste mf ; (Cine) cascadeur(-euse)
**especializado, -a** adj spécialisé(e)
**especializarse** vpr se spécialiser ; **~ en Derecho Internacional** se spécialiser en droit international
**especialmente** adv spécialement

**especie** nf espèce f ; **una ~ de** une espèce de ; **pagar en ~** payer en espèces
**específicamente** adv spécifiquement
**especificar** vt spécifier
**específico, -a** adj spécifique
**especifique** etc vb ver **especificar**
**espécimen** (pl **especímenes**) nm spécimen m ; (muestra) échantillon m
**espectacular** adj spectaculaire
**espectacularidad** nf aspect m spectaculaire ; **de gran ~** tout à fait spectaculaire
**espectáculo** nm spectacle m ; **dar un ~** se donner en spectacle
**espectador, a** nm/f spectateur(-trice) ; (de incidente) badaud(e)
**espectro** nm spectre m ; (fig: gama) gamme f
**especulación** nf spéculation f ; **~ bursátil** spéculation boursière
**especulador, a** nm/f spéculateur(-trice)
**especular** vi (meditar): **~ sobre** spéculer sur ; **~ (en)** (Com) spéculer (en)
**especulativo, -a** adj théorique ; (persona) spéculatif(-ive)
**espejismo** nm mirage m
**espejo** nm miroir m ; **mirarse al ~** se regarder dans la glace ; **~ retrovisor** rétroviseur m
**espeleología** nf spéléologie f
**espeleólogo, -a** nm/f spéléologue mf
**espeluznante** adj à faire dresser les cheveux sur la tête
**espera** nf attente f ; (Jur) délai m de grâce ; **a la o en ~ de** dans l'attente de ; **en ~ de su contestación/carta** dans l'attente de votre réponse/lettre
**esperance** etc vb ver **esperanzar**
**esperanto** nm espéranto m
**esperanza** nf espoir m ; **hay pocas esperanzas de que venga** il y a peu de chances qu'il vienne ; **dar esperanzas a algn** donner de l'espoir à qn ; **~ de vida** espérance f de vie
**esperanzado, -a** adj plein(e) d'espoir
**esperanzador, a** adj qui redonne de l'espoir
**esperanzar** vt donner de l'espoir à
**esperar** vt attendre ; (desear, confiar) espérer ; **~ un bebé** attendre un enfant ; **espero que venga** j'espère qu'il va venir ; **es de ~ que** il faut espérer que ▶ vi attendre ; **hacer ~ a algn** faire attendre qn ; **ir a ~ a algn** aller attendre qn ; **esperarse** vpr: **como podía esperarse** comme on pouvait s'y attendre
**esperma** nm sperme m ▶ nf (Carib, Col) bougie f
**espermatozoide** nm spermatozoïde m
**espermicida** adj, nm spermicide m
**esperpéntico, -a** adj grotesque
**esperpento** nm (persona) épouvantail m ; (cosa) horreur f
**espesar** vt épaissir ; **espesarse** vpr s'épaissir
**espeso, -a** adj épais(se)

## espesor – establecimiento

**espesor** nm épaisseur f ; (densidad) densité f
**espesura** nf fourrés mpl
**espetar** vt lancer à la figure
**espía** nmf espion(ne)
**espiar** vt espionner ▶ vi : **~ para** être un(e) espion(ne) à la solde de
**espiga** nf épi m
**espigado, -a** adj (Bot) mûr(e) ; (fig) grandi(e) trop vite
**espigón** nm (Bot) piquant m ; (Náut) digue f
**espina** nf (Bot) épine f ; (de pez) arête f ; **me da mala ~** ça ne me dit rien qui vaille ; **~ dorsal** épine dorsale
**espinaca** nf (Bot) épinard m ; **espinacas** nfpl (Culin) épinards mpl
**espinar** nm fourré m
**espinazo** nm épine f dorsale
**espinilla** nf (Anat) tibia m ; (Med) point m noir
**espino** nm aubépine f
**espinoso, -a** adj épineux(euse)
**espionaje** nm espionnage m
**espiral** adj en spirale ▶ nf spirale f ; (anticonceptivo) stérilet m ; **la ~ inflacionista** la spirale inflationniste ; **en ~** en spirale
**espirar** vt, vi expirer
**espiritismo** nm spiritisme m
**espiritista** adj, nmf spirite mf
**espíritu** nm esprit m ; **~ de cuerpo/de equipo** esprit de corps/d'équipe ; **~ de lucha** esprit combatif ; **E~ Santo** Saint-Esprit m
**espiritual** adj spirituel(le)
**espiritualidad** nf spiritualité f
**espita** nf robinet m
**esplendidez** nf (generosidad) générosité f ; (magnificencia) splendeur f
**espléndido, -a** adj (magnífico) splendide ; (generoso) généreux(-euse)
**esplendor** nm splendeur f ; (apogeo) apogée m
**espliego** nm lavande f
**espolear** vt éperonner ; (fig: persona) tanner
**espoleta** nf goupille f
**espolón** nm (de ave) ergot m ; (malecón) jetée f
**espolvorear** vt saupoudrer
**esponja** nf éponge f ; **beber como** o **ser una ~** boire comme un trou ; **~ de baño** éponge de toilette
**esponjarse** vpr s'imbiber ; (fig: envanecerse) se rengorger
**esponjoso, -a** adj spongieux(-euse) ; (bizcocho) moelleux(-euse)
**esponsales** nmpl fiançailles fpl
**espontáneamente** adv spontanément
**espontaneidad** nf spontanéité f
**espontáneo, -a** adj spontané(e) ▶ nm/f (esp Taur) spectateur qui s'élance dans l'arène pour participer à la corrida
**espora** nf spore f
**esporádico, -a** adj sporadique
**esposar** vt passer les menottes à

**esposo, -a** nm/f époux(-ouse) ; **esposas** nfpl (para detenidos) menottes fpl
**espray** [es'prai] nm aérosol m, spray m
**esprint** [es'prin(t)] (pl **esprints**) nm sprint m
**espuela** nf éperon m
**espuerta** nf panier m ; **a espuertas** à la pelle
**espuma** nf mousse f ; (sobre olas) écume f ; **echar ~ por la boca** (perro) baver ; (fig: persona) écumer de rage ; **~ de afeitar** mousse à raser
**espumadera** nf écumoire f
**espumar** vt (quitar espuma a) écumer ▶ vi (cerveza, jabón) mousser
**espumarajo** nm bave f ; **echar espumarajos (de rabia)** écumer (de rage)
**espumillón** nm guirlande f
**espumoso, -a** adj moussant(e)
**espúreo, -a, espurio, -a** adj fallacieux(-euse), faux (fausse)
**esputo** nm expectoration f
**esqueje** nm (Bot) greffe f
**esquela** nf : **~ mortuoria** avis msg de décès
**esquelético, -a** (fam) adj décharné(e)
**esqueleto** nm squelette m
**esquema** nm schéma m ; (guion) plan m ; **en ~** schématiquement
**esquemáticamente** adv schématiquement
**esquemático, -a** adj schématique
**esquí** (pl **esquís**) nm ski m ; **~ acuático** ski nautique
**esquiador, a** nm/f skieur(-euse)
**esquiar** vi skier
**esquila** nf cloche f
**esquilar** vt tondre
**esquilmar** vt (tierra) épuiser ; (fam: persona) saigné(e) à blanc
**esquimal** adj esquimau(de) ▶ nmf Esquimau(de)
**esquina** nf coin m ; **doblar la ~** tourner au coin de la rue ; **hacer ~ con** faire le coin avec
**esquinazo** nm : **dar ~ a algn** planter là qn
**esquirla** nf fragment m
**esquirol** nm briseur m de grève
**esquivar** vt esquiver
**esquivo, -a** adj (huraño) farouche ; (desdeñoso) dédaigneux(-euse)
**esquizofrenia** nf schizophrénie f
**esquizofrénico, -a** adj, nm/f schizophrène mf
**esta** adj ver **este**[2]
**está** vb ver **estar**
**ésta** pron ver **éste**
**estabilice** etc vb ver **estabilizar**
**estabilidad** nf stabilité f
**estabilización** nf stabilisation f
**estabilizar** vt stabiliser ; **estabilizarse** vpr se stabiliser
**estable** adj stable
**establecer** vt établir ; **establecerse** vpr s'établir ; **establecerse de** o **como médico** s'établir comme médecin
**establecimiento** nm établissement m

## establezca – estar

**establezca** etc vb ver **establecer**
**establishment** [es'tablismen] (pl **establishments**) nm establishment m
**establo** nm étable f ; (granero) grange f
**estaca** nf (palo) piquet m ; (con punta) pieu m
**estacada** nf palissade f ; **dejar a algn en la ~** mettre qn dans de beaux draps
**estación** nf gare f ; (de metro) station f ; (del año) saison f ; (Rel) station ; **~ de autobuses/de ferrocarril** gare routière/de chemin de fer ; **~ de esquí** station de sports d'hiver ; **~ de metro** station de métro ; **~ de radio** station de radio ; **~ de servicio** station-service f ; **~ de trabajo** station de travail ; **~ de visualización** visuel m ; **~ meteorológica** station météorologique
**estacional** adj saisonnier(-ière)
**estacionamiento** nm stationnement m
**estacionar** vt (Auto) garer ; **estacionarse** vpr (Auto) se garer ; (Med) se stabiliser
**estacionario, -a** adj (estado) stationnaire ; (mercado) calme
**estada** (AM) nf séjour m
**estadía** (AM) nf = **estada**
**estadio** nm stade m
**estadista** nmf (Pol) homme (femme) d'État ; (Estadística) statisticien(ne)
**estadística** nf statistique f
**estadístico, -a** adj statistique
**estado** nm état m ; (en redes sociales) statut m ; **el E~** l'État ; **estar en ~ (de buena esperanza)** attendre un heureux événement ; **~ civil** état civil ; **~ de ánimo** humeur f ; **~ de cuenta(s)** relevé m de compte ; **~ de emergencia** o **excepción** état d'urgence ; **~ de pérdidas y ganancias** compte m de profits et pertes ; **~ de sitio** état de siège ; **~ financiero** bilan m financier ; **~ mayor** (Mil) état-major m ; **Estados Unidos** États-Unis mpl
**estadounidense** adj américain(e) ▶ nmf Américain(e)
**estafa** nf escroquerie f
**estafador, a** nm/f arnaqueur(-euse), escroc m
**estafar** vt escroquer ; **les estafaron ocho millones** ils les ont escroqués de huit millions
**estafeta** nf bureau m de poste
**estáis** vb ver **estar**
**estalactita** nf stalactite f
**estalagmita** nf stalagmite f
**estallar** vi (bomba) exploser ; (volcán) entrer en éruption ; (vidrio) voler en éclats ; (bolsa, fig) éclater ; **~ (de)** (de ira) exploser de ; (de curiosidad) être pris(e) de ; **~ en llanto** fondre en larmes
**estallido** nm explosion f ; (fig: de guerra) déclenchement m
**estambre** nm fibres fpl ; (Bot) étamine f
**Estambul** n Istanbul
**estamento** nm classe f

**estampa** nf estampe f ; (porte) allure f ; **ser la viva ~ de** être l'image même de
**estampado, -a** adj imprimé(e) ▶ nm (dibujo) imprimé m
**estampar** vt imprimer ; (metal) estamper ; (fam: beso) plaquer ; (: bofetada) envoyer ; **~ algo contra la pared** (fam) écraser qch contre le mur
**estampida** (esp AM) nf débandade f
**estampido** nm détonation f
**estampilla** nf estampille f ; (AM Correos) timbre m
**están** vb ver **estar**
**estancado, -a** adj stagnant(e)
**estancamiento** nm ralentissement m
**estancar** vt retenir ; (asunto, negociación) bloquer ; **estancarse** vpr stagner ; (fig: progreso) piétiner ; (persona): **estancarse en** s'enliser dans
**estancia** nf séjour m ; (sala) salle f ; (AM) ferme f d'élevage
**estanciera** (ARG) nf (Auto) fourgonnette f
**estanciero** (AM) nm (Agr) éleveur m
**estanco, -a** adj: **compartimento ~** compartiment m étanche ▶ nm bureau m de tabac ; voir article

> **ESTANCO**
>
> L'**estanco** est l'équivalent espagnol du bureau de tabac : on y achète des cigarettes, du tabac, des timbres et des timbres fiscaux.

**estándar** adj standard ▶ nm standard m
**estandarice** etc vb ver **estandarizar**
**estandarizar** vt standardiser ; **estandarizarse** vpr se standardiser
**estandarte** nm étendard m
**estanflación** nf (Econ) stagflation f
**estanque** vb ver **estancar** ▶ nm bassin m ; (CHI) réservoir m
**estanquero, -a** nm/f buraliste mf
**estante** nm (de mueble) rayonnage m ; (adosado) étagère f ; (AM: soporte) étai m
**estantería** nf étagère f
**estaño** nm étain m

(PALABRA CLAVE)

**estar** vi **1** (posición) être ; **está en la Plaza Mayor** il est sur la Plaza Mayor ; **¿está Juan?** (est-ce que) Juan est là ? ; **estamos a 30 km de Junín** nous sommes à 30 km de Junín
**2** (+adj o adv: estado) être ; **estar enfermo** être malade ; **estar lejos** être loin ; **está roto** c'est cassé ; **está muy elegante** il est très élégant ; **¿cómo estás?** comment vas-tu ? ; ver tb **bien**
**3** (+gerundio) être en train de ; **estoy leyendo** je suis en train de lire
**4** (uso pasivo): **está condenado a muerte** il est

condamné à mort ; **está envasado en ...** c'est emballé dans ...
**5** (*tiempo*) : **estamos en octubre/2015** nous sommes en octobre/2015
**6** (*estar listo*): **¿está la comida?** le repas est prêt ? ; **¿estará para mañana?** ce sera prêt pour demain ? ; **ya está** ça y est ; **en seguida está** tout de suite
**7** (*sentar*) aller ; **el traje le está bien** le costume lui va bien
**8**: **estar a** (*con fechas*): **¿a cuántos estamos?** nous sommes le combien ? ; **estamos a cinco de mayo** nous sommes le cinq mai ; (*con precios*): **las manzanas están a 1,50 euros** les pommes sont à 1,50 euros ; (*con grados*): **estamos a 25°** il fait 25° ; **está a régimen** il est au régime
**9**: **estar con**: **está con gripe** il a la grippe ; **estoy con él** (*apoyar*) je suis (d'accord) avec lui
**10**: **estar de** (*ocupación*): **estar de vacaciones/viaje** être en vacances/voyage ; (*trabajo*): **está de camarero** il travaille comme garçon de café ; (*actitud*): **está de mal humor** il est de mauvaise humeur
**11**: **estar en** (*consistir*) résider dans
**12**: **estar para** (*a punto de*): **está para salir** il est prêt à sortir ; (*disponible*): **no estoy para nadie** je n'y suis pour personne ; (*con humor de*): **no estoy para bromas** je ne suis pas d'humeur à plaisanter
**13**: **estar por** (*a favor de*) être pour ; **estoy por dejarlo** je suis tenté de laisser tomber ; (*sin hacer*): **está por limpiar** ça reste à nettoyer
**14**: **estar que**: **¡está que trina!** il en est fumasse ! ; **estoy que me caigo de sueño** c'est que je tombe de sommeil
**15**: **estar sin**: **estar sin dinero** ne pas avoir d'argent ; **la casa está sin terminar** la maison n'est pas finie
**16** (*locuciones*): **¡ya estuvo!** (*AM fam*) ça suffit ! ; **¿estamos?** (*¿de acuerdo?*) d'accord ? ; **¡ya está bien!** bon, ça va !
**estarse** *vpr*: **se estuvo en la cama toda la tarde** il est resté au lit tout l'après-midi ; **¡estate quieto!** reste tranquille !

**estárter** *nm* starter *m*
**estas** *adj demos ver* **este²**
**estás** *vb ver* **estar**
**éstas** *pron ver* **éste**
**estatal** *adj* (*política*) gouvernemental(e) ; (*enseñanza*) public(-ique)
**estática** *nf* (*tb*: **electricidad estática**) statique *f*
**estático, -a** *adj* statique
**estatua** *nf* statue *f*
**estatuilla** *nf* statuette *f*
**estatura** *nf* taille *f*, stature *f*
**estatus** *pl inv nm* statut *m* social

**estatutario, -a** *adj* (*medida*) relatif(-ive) au statut ; (*reforma*) de statut
**estatuto** *nm* statut *m* ; **estatutos sociales** (*Com*) statuts
**este¹** *adj* est ; (*viento*) d'est ▶ *nm* est *m* ; **los países del E~** les pays *mpl* de l'Est

¡Atención! El punto cardinal en francés tiene la misma grafía que la tercera persona del singular del verbo *être* (*est*). Sin embargo, la pronunciación de una y otra palabra es diferente: en el primer caso se pronuncia [ɛst] y en el segundo [ɛ].

**este², esta, estos, estas** *adj* (*demostrativo*: *sg*) ce (cette) ; (: *pl*) ces ▶ *pron* (*sg*) celui-ci (celle-ci) ; (*pl*) ceux-ci (celles-ci) ; **ese ... ~ ...** celui-ci ... celui-là ...

En francés, el adjetivo demostrativo *ce* se transforma en *cet* cuando precede a un sustantivo masculino que comienza por vocal o h muda. Por ejemplo: *cet homme*.

**esté** *vb ver* **estar**
**éste, ésta, éstos, éstas** *pron* (*sg*) celui-ci (celle-ci) ; (*pl*) ceux-ci (celles-ci)
**estela** *nf* sillage *m*
**estelar** *adj* (*Astron*) stellaire ; (*actuación*) de star ; (*reparto*) prestigieux(-euse)
**estén** *vb ver* **estar**
**estenografía** *nf* sténographie *f*
**estentóreo, -a** *adj* (*sonido*) assourdissant(e) ; (*voz*) de stentor
**estepa** *nf* steppe *f*
**estera** *nf* natte *f*
**estercolero** *nm* tas *msg* de fumier ; (*fig*) porcherie *f*
**estéreo** *adj inv, nm* stéréo *f* ; **en ~** en stéréo
**estereofónico, -a** *adj* stéréophonique
**estereotipado, -a** *adj* stéréotypé(e)
**estereotipo** (*pey*) *nm* stéréotype *m*
**estéril** *adj* stérile
**esterilice** *etc vb ver* **esterilizar**
**esterilidad** *nf* stérilité *f*
**esterilización** *nf* stérilisation *f*
**esterilizar** *vt* stériliser
**esterilla** *nf* natte *f*
**esterlina** *adj*: **libra ~** livre *f* sterling
**esternón** *nm* sternum *m*
**estero** (*AM*) *nm* lac *m*
**esteroide** *nm* stéroïde *m* ; **~ anabólico** o **anabolizante** stéroïde anabolisant
**estertor** *nm* stertor *m*
**estés** *vb ver* **estar**
**estética** *nf* esthétique *f*
**esteticien** [esteti'θjen] *nf* esthéticienne *f*
**esteticista** *nmf* esthéticien(ne)
**estético, -a** *adj* esthétique
**estetoscopio** *nm* stéthoscope *m*
**estibador** *nm* docker *m*
**estibar** *vt* (*Náut*) débarder

## estiércol – estrella

**estiércol** nm fumier m
**estigma** nm (esp Rel) stigmates mpl ; (fig) stigmate m
**estigmatice** etc vb ver **estigmatizar**
**estigmatizar** vt stigmatiser
**estilarse** vpr être en vogue
**estilete** nm stylet m
**estilice** etc vb ver **estilizar**
**estilista** nmf (escritor, peluquero) styliste mf
**estilístico, -a** adj stylistique
**estilizar** vt styliser
**estilo** nm style m ; (Natación) nage f ; **al ~ de** à la mode de ; **por el ~** de ce genre ; **tener ~** avoir du style ; **~ de vida** style de vie
**estilográfica** nf stylo-plume m
**estima** nf estime f ; **le tiene en mucha ~** il a beaucoup d'estime pour lui
**estimable** adj (persona) estimable ; (cantidad) considérable
**estimación** nf (valoración) estimation f ; (estima) estime f
**estimado, -a** adj estimé(e) ; « **E~ Señor** » « cher monsieur »
**estimar** vt estimer ; **~ algo en** (valorar) estimer qch à
**estimulante** adj stimulant(e) ▶ nm stimulant m
**estimular** vt stimuler
**estímulo** nm stimulation f
**estío** nm été m
**estipendio** nm rémunération f
**estipulación** nf stipulation f
**estipular** vt stipuler
**estirado, -a** adj tendu(e) ; (engreído) hautain(e), prétentieux(-euse)
**estiramiento** nm (de los músculos) étirement m ; (de la piel) lifting m
**estirar** vt étirer ; (brazo, pierna) tendre ; (fig: dinero) faire durer ; **~ la pata** (fam) partir les pieds devant ; **~ las piernas** (fig) se dégourdir les jambes ▶ vi tirer ; **estirarse** vpr s'étirer
**estirón** nm étirement m ; **dar o pegar un ~** beaucoup grandir
**estirpe** nf souche f
**estival** adj estival(e)
**esto** pron cela, ça, c' ; **~ de la boda** cette affaire de la noce ; **~ es, ...** c'est-à-dire, ... ; **en ~** sur ce ; **por ~** c'est pour ça
**estocada** nf (Taur) estocade f
**Estocolmo** n Stockholm
**estofa** nf: **de baja ~** de condition modeste
**estofado, -a** adj cuit(e) à l'étouffée ▶ nm ragoût m
**estofar** vt cuire à l'étouffée
**estoico, -a** adj stoïque
**estola** nf étole f
**estomacal** adj d'estomac ; **trastorno ~** troubles mpl gastriques
**estómago** nm estomac m ; **tener ~** (fig) avoir de l'estomac ; **revolverle el ~ a algn** (fam) soulever le cœur de qn

**Estonia** nf Estonie f
**estonio, -a** adj estonien(-ienne) ▶ nm/f Estonien(-ienne) ▶ nm (Ling) estonien m
**estopa** nf (del cáñamo) étoupe f, filasse f ; (tejido) toile f de jute
**estoque** nm (Taur) estoc m
**estor** nm store m
**estorbar** vt, vi gêner
**estorbo** nm gêne f
**estornino** nm étourneau m
**estornudar** vi éternuer
**estornudo** nm éternuement m
**estos** adj ver **este²**
**éstos** pron ver **éste**
**estoy** vb ver **estar**
**estrábico, -a** adj strabique
**estrabismo** nm strabisme m
**estrado** nm estrade f ; **estrados** nmpl (Jur) salles fpl d'audience
**estrafalario, -a** adj extravagant(e)
**estrago** nm: **hacer** o **causar estragos en** faire des ravages parmi
**estragón** nm estragon m
**estrambótico, -a** adj extravagant(e)
**estrangulación** nf, **estrangulamiento** nm strangulation f
**estrangulador, a** nm/f (persona) étrangleur(-euse) ▶ nm (Mec) étrangleur m ; (Auto) starter m
**estrangular** vt étrangler ; (Med) obstruer
**estraperlo** nm contrebande f
**Estrasburgo** n Strasbourg
**estratagema** nf stratagème m
**estratega** nmf stratège mf
**estrategia** nf stratégie f
**estratégico, -a** adj stratégique
**estratifique** etc vb ver **estratificar**
**estratificar** vt stratifier
**estrato** nm strate f ; **~ social** couche f sociale
**estratosfera** nf stratosphère f
**estratosférico, -a** adj stratosphérique
**estrechamente** adv (íntimamente) étroitement ; (pobremente) à l'étroit
**estrechamiento** nm (Auto) rétrécissement m
**estrechar** vt rétrécir ; (persona) serrer ; (lazos de amistad) resserrer ; **~ la mano** serrer la main ; **estrecharse** vpr se rétrécir ; (dos personas) se rapprocher ; (fam: en asiento) se serrer
**estrechez** nf étroitesse f ; **estrecheces** nfpl (apuros) difficultés fpl financières
**estrecho, -a** adj étroit(e) ; (amistad) intime ; **~ de miras** borné(e) ; **estar/ir muy estrechos** être très serrés ▶ nm détroit m ; **E~ de Gibraltar** détroit de Gibraltar
**estrella** nf étoile f ; (Cine etc) star f ; **tener (buena)/mala ~** être né(e) sous une bonne/mauvaise étoile ; **ver las estrellas** (fam) voir trente-six chandelles ; **~ de mar** étoile de mer ; **~ fugaz** étoile filante ; **E~ Polar** étoile polaire

## estrellado – estuviera

**estrellado, -a** *adj* en forme d'étoile ; *(cielo)* étoilé(e) ; *(huevos)* sur le plat

**estrellar** *vt* briser en mille morceaux ; *(huevos)* faire cuire sur le plat ; **estrellarse** *vpr* se briser en mille morceaux ; *(coche)* s'écraser ; *(fracasar)* échouer ; **se estrellaron en la carretera** ils sont morts dans un accident de voiture

**estrellato** *nm* sommet *m*

**estrellón** (MÉX) *nm* (Auto) choc *m*

**estremecedor, a** *adj* bouleversant(e), troublant(e)

**estremecer** *vt* bouleverser ; *(suj: miedo, frío)* faire frissonner ; **estremecerse** *vpr* frissonner ; *(edificio)* trembler ; **estremecerse de** frissonner de

**estremecimiento** *nm* frisson *m*

**estremezca** *etc vb ver* **estremecer**

**estrenar** *vt (vestido)* étrenner ; *(película, obra de teatro)* donner la première de ; **~ casa** pendre la crémaillère ; **estrenarse** *vpr*: **estrenarse como** *(persona)* faire ses débuts de

**estreno** *nm* inauguration *f* ; *(Cine, Teatro)* première *f*

**estreñido, -a** *adj* constipé(e)

**estreñimiento** *nm* constipation *f*

**estreñir** *vt* constiper

**estrépito** *nm* fracas *msg*

**estrepitosamente** *adv (con ruido)* bruyamment, avec fracas ; *(fracasar)* lamentablement

**estrepitoso, -a** *adj (ruidoso)* retentissant(e), fracassant(e) ; *(fracaso, derrota)* fracassant(e), cuisant(e) ; **aplausos estrepitosos** un tonnerre d'applaudissements

**estrés** *nm* stress *m*

**estresado, -a** *adj (persona)* stressé(e) ; *(vida, trabajo)* stressant(e)

**estresante** *adj* stressant(e)

**estresar** *vt* stresser

**estría** *nf (en tronco)* strie *f* ; *(columna)* striure *f* ; **estrías** *nfpl (en la piel)* vergetures *fpl*

**estribación** *nf (Geo)* contrefort *m*

**estribar** *vi*: **~ en** résider en ; **la dificultad estriba en el texto** la difficulté se situe dans le texte

**estribillo** *nm* refrain *m*

**estribo** *nm (de jinete)* étrier *m* ; *(de tren)* marchepied *m* ; *(de oído)* osselet *m* ; *(de puente, cordillera)* contrefort *m* ; **perder los estribos** *(fig)* monter sur ses grands chevaux

**estribor** *nm (Náut)* tribord *m*

**estricnina** *nf* strychnine *f*

**estrictamente** *adv* strictement

**estricto, -a** *adj* strict(e)

**estridente** *adj (color)* criard(e) ; *(voz)* strident(e)

**estrofa** *nf* strophe *f*

**estrógeno** *nm* œstrogène *m*

**estroncio** *nm* strontium *m* ; **~ 90** strontium *m* 90

**estropajo** *nm* tampon *m* à récurer

**estropajoso, -a** *adj (carne)* dur(e) comme de la semelle ; *(lengua)* râpeux(-euse)

**estropeado, -a** *adj* en panne

**estropear** *vt (material)* abîmer ; *(máquina, coche)* casser ; *(planes)* gâcher ; *(cosecha)* gâter ; *(persona)* abîmer ; **estropearse** *vpr* tomber en panne ; *(envejecer)* vieillir

**estropicio** (fam) *nm*: **hacer un ~** faire un beau désordre

**estructura** *nf* structure *f*

**estructural** *adj* structurel(le)

**estructurar** *vt* structurer

**estruendo** *nm* vacarme *m*

**estruendoso, -a** *adj* assourdissant(e)

**estrujar** *vt (limón)* presser ; *(bayeta)* tordre ; *(papel)* froisser ; *(persona)* serrer ; **estrujarse** *vpr (personas)* se serrer ; **estrujarse la cabeza** *o* **los sesos** se creuser la cervelle

**estrujón** *nm* serrement *m*

**estuario** *nm* estuaire *m*

**estuche** *nm* trousse *f*

**estuco** *nm* stuc *m*

**estudiado, -a** *adj (respuesta, sonrisa)* étudié(e) ; **una persona de gestos muy estudiados** une personne aux gestes maniérés

**estudiante** *nmf* étudiant(e)

**estudiantil** *adj* estudiantin(e)

**estudiar** *vt* étudier ; *(carrera)* faire des études de ▶ *vi* étudier ; **~ para abogado** faire des études pour devenir avocat

**estudio** *nm* étude *f* ; *(proyecto)* projet *m* ; *(piso)* studio *m* ; *(de artista)* studio *m* ; *(Radio, TV etc: local)* studio *m* ; **~ de desplazamientos y tiempos/de motivación** étude des cadences/enquête *f* sur la motivation ; **~ del trabajo/de viabilidad** étude du travail/de faisabilité ; **estudios** *nmpl* études *fpl* ; **cursar** *o* **hacer estudios de** faire des études de

**estudioso, -a** *adj* studieux(-euse) ▶ *nm/f*: **~ de** spécialiste *mf* de

**estufa** *nf* chaufferette *f*

**estupefaciente** *adj* stupéfiant(e) ▶ *nm* stupéfiant *m*

**estupefacto, -a** *adj*: **quedarse ~** être stupéfait(e) ; **me dejó ~** il m'a laissé stupéfait ; **me miró ~** il m'a regardé avec stupéfaction

**estupendamente** (fam) *adv*: **estoy** *o* **me encuentro ~** je suis en pleine forme ; **llevarse ~** s'entendre à merveille ; **le salió ~** il l'a fait haut la main

**estupendo, -a** *adj* formidable ; **¡~!** super !

**estupidez** *nf* stupidité *f*

**estúpido, -a** *adj* stupide

**estupor** *nm* stupeur *f*

**estupro** *nm* détournement *m* de mineure

**esturión** *nm* esturgeon *m*

**estuve** *etc vb ver* **estar**

**estuviera** *etc vb ver* **estar**

## esvástica – exabrupto

**esvástica** nf croix f gammée
**ET** abr = **Ejército de Tierra**
**ETA** sigla f (Pol: = Euskadi Ta Askatasuna) ETA f
**etapa** nf étape f ; **por etapas** par étapes ; **quemar etapas** brûler les étapes
**etarra** adj de l'ETA ▶ nmf membre m de l'ETA
**etc.** abr (= etcétera) etc. (= et cetera)
**etcétera** adv et cetera
**etéreo, -a** adj éthéré(e)
**eternamente** adv éternellement
**eternice** etc vb ver **eternizarse**
**eternidad** nf éternité f ; **una ~** (fam) une éternité
**eternizarse** vpr: **~ en hacer algo** mettre une éternité à faire qch
**eterno, -a** adj éternel(le) ; (fam: larguísimo) à n'en plus finir
**ética** nf éthique f ; **~ profesional** éthique professionnelle
**ético, -a** adj éthique
**etílico, -a** adj éthylique
**etimología** nf étymologie f
**etíope** adj éthiopien(-ienne) ▶ nmf Éthiopien(-ienne) ▶ nm (Ling) éthiopien m
**Etiopía** nf Éthiopie f
**etiqueta** nf (tb Inform) étiquette f ; **traje de ~** tenue f de soirée
**etiquetación** nf, **etiquetado** nm, **etiquetaje** nm étiquetage m
**etiquetar** vt étiqueter ; **~ a algn de algo** étiqueter quelqu'un comme quelque chose
**etnia** nf ethnie f
**étnico, -a** adj ethnique
**etrusco, -a** adj étrusque ▶ nm/f Étrusque mf ▶ nm (Ling) étrusque m
**ETS** sigla f (= Enfermedad de Transmisión Sexual) MST f (= maladie sexuellement transmissible) ; (= Escuela Técnica Superior) lycée m technique
**ETT** sigla f (= Empresa de Trabajo Temporal) agence f d'intérim
**EUA** (Am) sigla mpl (= Estados Unidos de América) USA mpl (= United States of America)
**eucalipto** nm eucalyptus m
**eucaristía** nf Eucharistie f
**eufemismo** nm euphémisme m
**euforia** nf euphorie f
**eufórico, -a** adj euphorique
**eunuco** nm eunuque m
**EURATOM** sigla f (= Comunidad Europea de la Energía Atómica) Euratom f
**Euribor** nm abr Euribor m
**euro** nm euro m
**Eurocámara** nf parlement m européen
**Eurocheque** nm Eurochèque m
**eurodiputado, -a** nm/f député(e) européen(ne)
**Europa** nf Europe f
**europarlamentario, -a** nm/f parlementaire mf européen(-enne)
**europeice** etc vb ver **europeizar**

**europeísta** adj pro-européen(ne)
**europeizar** vt européaniser ; **europeizarse** vpr s'européaniser
**europeo, -a** adj européen(ne) ▶ nm/f Européen(ne)
**Eurotúnel**® nm tunnel m sous la Manche
**Eurovisión** nf Eurovision f
**eurozona** nf zone f euro
**Euskadi** nm Pays m basque
**euskera, eusquera** nm basque m
**eutanasia** nf euthanasie f
**evacuación** nf évacuation f
**evacuar** vt évacuer
**evadir** vt éviter ; (dinero) faire sortir illégalement du pays ; **~ impuestos** frauder le fisc ; **evadirse** vpr s'évader
**evaluación** nf appréciation f
**evaluar** vt (valorar) évaluer ; (calificar) noter
**evangélico, -a** adj évangélique
**evangelio** nm Évangile m
**evangelista** nmf évangéliste m
**evangelizar** vt évangéliser
**evaporación** nf évaporation f
**evaporar** vt faire évaporer ; **evaporarse** vpr s'évaporer ; (fam: persona) se volatiliser
**evasión** nf évasion f ; **de ~** (novela, película) d'évasion ; **~ de capitales** évasion de capitaux ; **~ fiscal** o **de impuestos** évasion fiscale
**evasiva** nf réponse f évasive ; **contestar con evasivas** faire des réponses évasives
**evasivamente** adv évasivement
**evasivo, -a** adj évasif(-ive)
**evento** nm événement m
**eventual** adj (circunstancias) éventuel(le) ; (trabajo) temporaire
**eventualidad** nf éventualité f
**Everest** nm: **el (Monte) ~** le Mont Everest, l'Everest m
**evidencia** nf évidence f ; **poner en ~** (a algn) tourner en ridicule ; (algo) mettre en évidence ; **ponerse en ~** se faire remarquer
**evidenciar** vt rendre évident(e) ; **evidenciarse** vpr être manifeste
**evidente** adj évident(e)
**evidentemente** adv évidemment
**evitable** adj évitable
**evitar** vt éviter ; (molestia) épargner ; (tentación) résister à ; **~ hacer** éviter de faire ; **si puedo evitarlo** si je peux faire autrement
**evocación** nf évocation f
**evocador, a** adj évocateur(-trice)
**evocar** vt évoquer
**evolución** nf évolution f ; **evoluciones** nfpl (giros) évolutions fpl
**evolucionar** vi évoluer
**evolutivo, -a** adj évolutif(-ive)
**evoque** etc vb ver **evocar**
**ex** prep ex ; **el ex ministro** l'ex-ministre
**exabrupto** nm réplique f cinglante

## exacción – exhausto

**exacción** *nf (de impuestos)* perception *f*
**exacerbar** *vt* exacerber ; *(persona)* exaspérer
**exactamente** *adv* exactement
**exactitud** *nf* exactitude *f* ; *(fidelidad)* fidélité *f*
**exacto, -a** *adj* exact(e) ; **¡~!** exactement ! ; **eso no es del todo ~** ce n'est pas tout à fait exact ; **para ser ~** pour être exact
**exageración** *nf* exagération *f*
**exageradamente** *adv* exagérément
**exagerado, -a** *adj* exagéré(e) ; *(persona, gesto)* outrancier(-ière)
**exagerar** *vt, vi* exagérer
**exaltación** *nf* exaltation *f*
**exaltado, -a** *adj, nm/f* exalté(e)
**exaltar** *vt* exalter ; **exaltarse** *vpr* s'exalter
**examen** *nm* examen *m* ; **~ de conciencia** examen de conscience ; **~ de conducir** examen du permis de conduire ; **~ de ingreso** examen d'entrée ; **~ eliminatorio** épreuve *f* éliminatoire ; **~ final** examen final
**examinador, a** *nm/f* examinateur(-trice)
**examinar** *vt* examiner ; *(Escol)* faire passer un examen à ; **examinarse** *vpr* : **examinarse (de)** passer un examen (de)
**exánime** *adj* inanimé(e)
**exasperación** *nf* exaspération *f*
**exasperar** *vt* exaspérer ; **exasperarse** *vpr* s'irriter
**Exc.ª** *abr* = **Excelencia**
**excarcelación** *nf* élargissement *m (d'un détenu)*
**excarcelar** *vt* élargir *(un détenu)*
**ex cátedra** *adv* : **hablar ~** parler ex cathedra
**excavación** *nf* excavation *f*
**excavadora** *nf (Tec)* pelleteuse *f*
**excavar** *vt, vi* excaver
**excedencia** *nf* : **estar en ~** *(trabajador)* être en congé sans solde ; *(funcionario)* être en disponibilité ; **pedir** *o* **solicitar la ~** demander d'être mis(e) en disponibilité
**excedente** *adj (producto, dinero)* excédentaire ; *(funcionario)* en disponibilité ▶ *nm* excédent *m* ; **~ de cupo** *(Hist)* exempté *m* du service militaire
**exceder** *vt* dépasser ; **excederse** *vpr* dépasser ; **excederse en gastos** faire trop de dépenses ; **excederse en sus funciones** outrepasser ses pouvoirs
**excelencia** *nf* excellence *f* ; **E~** *(tratamiento)* Excellence ; **por ~** par excellence
**excelente** *adj* excellent(e)
**excelso, -a** *adj* insigne
**excentricidad** *nf* excentricité *f*
**excéntrico, -a** *adj, nm/f* excentrique *mf*
**excepción** *nf* exception *f* ; **ser/hacer una ~** être/faire une exception ; **a** *o* **con ~ de** à l'exception de ; **sin ~** sans exception ; **de ~** d'exception
**excepcional** *adj* exceptionnel(le)
**excepcionalmente** *adv* exceptionnellement

**excepto** *adv* excepté
**exceptuar** *vt* excepter
**excesivo, -a** *adj* excessif(-ive)
**exceso** *nm* excès *msg* ; *(Com)* excédent *m* ; **con** *o* **en ~** à l'excès ; **~ de equipaje/peso** excédent de bagages/poids ; **~ de velocidad** excès de vitesse ; **excesos** *nmpl (desórdenes)* excès *mpl*
**excitación** *nf* excitation *f*
**excitante** *adj* excitant(e)
**excitar** *vt* exciter ; **me excita los nervios** il me porte sur les nerfs ; **excitarse** *vpr* s'exciter
**exclamación** *nf* exclamation *f*
**exclamar** *vt, vi* s'exclamer
**excluir** *vt (descartar)* exclure ; *(no incluir)* : **~ (de)** exclure (de)
**exclusión** *nf* exclusion *f* ; **con ~ de** à l'exclusion de
**exclusiva** *nf* exclusivité *f* ; **modelo en ~** modèle *m* exclusif
**exclusivamente** *adv* exclusivement
**exclusive** *adv* non compris
**exclusividad** *nf* exclusivité *f*
**exclusivo, -a** *adj* exclusif(-ive) ; **trabajar con dedicación exclusiva por** travailler exclusivement pour ; **derecho ~** droit *m* exclusif
**excluyendo** *etc vb ver* **excluir**
**Excma.** *abr* (= *Excelentísima*) *titre de courtoisie*
**Excmo.** *abr* (= *Excelentísimo*) *titre de courtoisie*
**excombatiente** *nm* ancien combattant *m*
**excomulgar** *vt* excommunier
**excomulgue** *etc vb ver* **excomulgar**
**excomunión** *nf* excommunion *f*
**excoriar** *vt* mettre à vif
**excrementos** *nmpl* excréments *mpl*
**exculpar** *vt* : **~ a algn de algo** disculper qn de qch ; *(Jur)* acquitter qn de qch
**excursión** *nf (por el campo)* randonnée *f* ; *(viaje)* excursion *f* ; **ir de ~** faire une excursion
**excursionista** *nmf (por campo)* randonneur(-euse) ; *(en excursión de un día)* excursionniste *mf*
**excusa** *nf* excuse *f* ; **presentar sus excusas** présenter ses excuses
**excusado, -a** *adj* excusé(e) ; **~ es decir** inutile de dire
**excusar** *vt* excuser ; **~ (de hacer)** *(eximir)* exempter (de faire) ; **excusarse** *vpr* s'excuser
**execrable** *adj* exécrable
**exención** *nf* exemption *f*
**exento, -a** *pp de* **eximir** ▶ *adj* : **~ de** exempté(e) de ; *(libre)* libre de
**exequias** *nfpl* obsèques *fpl*
**exfoliante** *adj* exfoliant(e) ▶ *nm* exfoliant *m*
**exhalación** *nf* exhalation *f* ; **pasar como una ~** passer aussi vite que l'éclair
**exhalar** *vt* exhaler
**exhaustivo, -a** *adj* exhaustif(-ive)
**exhausto, -a** *adj* épuisé(e)

## exhibición – exploración

**exhibición** nf exhibition f ; (de película) projection f
**exhibicionismo** nm exhibitionnisme m
**exhibicionista** adj, nmf exhibitionniste mf
**exhibir** vt exhiber ; (película) projeter ; **exhibirse** vpr s'exhiber
**exhortación** nf exhortation f
**exhortar** vt: ~ **a** exhorter à
**exhumación** nf exhumation f
**exhumar** vt exhumer
**exigencia** nf exigence f ; **exigencias del trabajo/de la situación** exigences du travail/de la situation
**exigente** adj exigeant(e) ; **ser ~ con algn** être exigeant(e) avec qn
**exigir** vt (reclamar, necesitar) exiger ▶ vi être exigeant(e)
**exiguo, -a** adj exigu(-uë)
**exija** etc vb ver **exigir**
**exiliado, -a** adj, nm/f exilé(e)
**exiliar** vt exiler ; **exiliarse** vpr s'exiler
**exilio** nm exil m
**eximir** vt: ~ **a algn (de)** exempter qn (de)
**existencia** nf existence f ; **amargar la ~ a algn** (fam) empoisonner la vie de qn ; **en ~** (Com) en stock ; **~ de mercancías** (Com) stock de marchandises ; **existencias** nfpl (artículos) stock m
**existencial** adj existentiel(le)
**existencialista** adj, nmf existentialiste mf
**existente** adj existant(e) ; **el único documento ~ de la época** l'unique document qui reste de cette période
**existir** vi exister ; (vivir) vivre
**éxito** nm succès m ; **tener ~** avoir du succès ; **~ editorial** best-seller m
**exitoso, -a** (esp Am) adj qui a du succès
**éxodo** nm exode m ; **el ~ rural/veraniego** l'exode rural/estival
**exonerar** vt: ~ **de** (de cargo) destituer de ; (de obligación) dispenser de
**exorbitante** adj exorbitant(e)
**exorcice** etc vb ver **exorcizar**
**exorcismo** nm exorcisme m
**exorcista** adj: **prácticas exorcistas** pratiques fpl exorcistes ▶ nmf exorciste mf
**exorcizar** vt exorciser
**exótico, -a** adj exotique
**expandir** (Fís) vt dilater ; (noticia) répandre ; (Com) se développer ; **expandirse** vpr (cuerpo, gas) se dilater ; (ciudad) s'étendre ; (rumor, costumbre) se répandre
**expansión** nf expansion f ; (diversión) distraction f ; **economía en ~** économie f en expansion ; **~ económica** expansion économique
**expansionarse** vpr (gas) se dilater ; (recrearse) s'amuser ; (desahogarse) s'épancher
**expansionista** adj expansionniste
**expansivo, -a** adj (onda) de propagation ; (carácter) expansif(-ive)

**expatriado, -a** nm/f expatrié(e)
**expatriarse** vpr s'expatrier
**expectación** nf attente f ; (curiosidad) curiosité f
**expectante** adj expectant(e) (formal), qui reste ou est dans l'expectative
**expectativa** nf expectative f ; (perspectiva) perspective f ; **estar a la ~** être dans l'expectative
**expedición** nf expédition f ; **gastos de ~** frais mpl d'expédition
**expedientar** vt établir le dossier de
**expediente** nm (Jur: procedimiento) procédure f ; (: papeles) dossier m ; (Escol: tb: **expediente académico**) dossier m scolaire ; **abrir/formar ~ a algn** engager une procédure contre qn ; **cubrir el ~** (fam) pratiquer la politique du moindre effort
**expedir** vt (carta, mercancías) expédier ; (documento) délivrer ; (cheque) établir
**expeditivo, -a** adj expéditif(-ive)
**expedito, -a** adj (camino) libre
**expeler** vt rejeter
**expendedor, a** nm/f vendeur(-euse) ; (Teatro) ouvreur(-euse) ▶ nm (tb: **expendedor automático**) guichet m automatique ; **~ de cigarrillos** distributeur m de cigarettes
**expendeduría** nf bureau m de tabac
**expendio** (Am) nm boutique f
**expensas** nfpl (Jur) frais mpl ; **a ~ de** aux frais de
**experiencia** nf expérience f
**experimentación** nf expérimentation f
**experimentado, -a** adj expérimenté(e)
**experimental** adj expérimental(e)
**experimentalmente** adv de manière expérimentale
**experimentar** vt (en laboratorio) expérimenter ; (probar) tester ; (deterioro, aumento) connaître ; (sensación) ressentir
**experimento** nm expérience f
**experto, -a** adj, nm/f expert(e)
**expiar** vt expier
**expiatorio, -a** adj expiatoire
**expida** etc vb ver **expedir**
**expirar** vi expirer
**explanada** nf esplanade f
**explayarse** vpr s'étendre ; (fam: divertirse) se changer les idées ; (desahogarse) se soulager ; **~ con algn** se confier à qn
**explicación** nf explication f
**explicar** vt expliquer ; **explicarse** vpr s'expliquer ; **explicarse algo** s'expliquer qch ; **no me lo explico** je ne me l'explique pas
**explicativo, -a, explicatorio, -a** adj explicatif(-ive)
**explícito, -a** adj explicite
**explique** etc vb ver **explicar**
**exploración** nf exploration f

## explorador – extra

**explorador, a** nm/f explorateur(-trice) ; (Mil) éclaireur(-euse) ▶ nm (Med) explorateur m ; (radar) détecteur m de radar
**explorar** vt explorer ; **~ el terreno** (fig) tâter le terrain
**exploratorio, -a** adj explorateur(-trice)
**explosión** nf explosion f ; **~ atómica/nuclear** explosion atomique/nucléaire
**explosionar** vt faire éclater ▶ vi exploser
**explosivo, -a** adj explosif(-ive) ▶ nm explosif m
**explotación** nf exploitation f ; **~ agrícola/minera/petrolífera** exploitation agricole/minière/pétrolifère
**explotador, a** adj qui exploite ▶ nm/f exploiteur(-euse)
**explotar** vt exploiter ▶ vi exploser
**expolio** nm spoliation f ; **armar un ~** (fig) faire du boucan ou foin (fam)
**expondré** etc vb ver **exponer**
**exponente** nm: **~ de** indicateur m de
**exponer** vt exposer ; **exponerse** vpr: **exponerse a (hacer) algo** s'exposer à (faire) qch
**exponga** etc vb ver **exponer**
**exportación** nf exportation f
**exportador, a** adj, nm/f exportateur(-trice)
**exportar** vt exporter
**exposición** nf exposition f ; **E~ Universal** Exposition universelle
**exprés** adj inv (café) express ▶ nm express m sg
**expresamente** adv (decir) expressément ; (ir) exprès
**expresar** vt exprimer ; **expresarse** vpr s'exprimer
**expresión** nf expression f ; **~ corporal** expression corporelle
**expresionismo** nm expressionnisme m
**expresionista** adj, nmf expressionniste mf
**expresividad** nf expressivité f
**expresivo, -a** adj expressif(-ive)
**expreso, -a** adj (explícito) exprès(-esse) ; (claro) explicite ; (tren) express ▶ nm (Ferro) express m sg
**exprimidor** nm presse-agrumes m inv
**exprimir** vt presser ; (fig: explotar) sucer jusqu'à la moelle ; **exprimirse** vpr: **exprimirse el cerebro** o **los sesos** se creuser la cervelle
**ex profeso** adv ex professo
**expropiación** nf expropriation f ; **orden de ~** ordonnance f d'expropriation
**expropiar** vt exproprier
**expuesto, -a** pp de **exponer** ▶ adj exposé(e) ; **estar ~ a** être exposé(e) à ; **según lo ~ arriba** d'après ce qui a été dit plus haut
**expulsar** vt expulser ; (humo) cracher
**expulsión** nf expulsion f ; (de humo) émission f
**expurgar** vt censurer
**expuse** etc vb ver **exponer**

**exquisitez** nf (cualidad) exquisité f ; (comida) délice m ; (pey) affectation f
**exquisito, -a** adj exquis(e) ; (pey) affecté(e)
**Ext.** abr = **extensión**
**extasiarse** vpr s'extasier
**éxtasis** nm extase f
**extender** vt étendre ; (mantequilla, pintura) étaler ; (certificado, documento) délivrer ; (cheque, recibo) établir ; **extenderse** vpr s'étendre ; (en el tiempo) se prolonger ; (costumbre, rumor) se répandre
**extendido, -a** adj étendu(e) ; (costumbre, creencia) répandu(e)
**extensión** nf étendue f ; (Telec) poste m ; (Com: de plazo) prolongation f ; **en toda la ~ de la palabra** dans tous les sens du terme ; **por ~** par extension
**extensivo, -a** adj extensive ; **hacer ~ a** s'appliquer à, s'étendre à ; **la crítica se hizo extensiva a toda la ciudad** la critique s'est appliquée à toute la ville
**extenso, -a** adj étendu(e)
**extenuado, -a** adj exténué(e)
**extenuar** vt exténuer
**exterior** adj extérieur(e) ; **Asuntos Exteriores** Affaires fpl étrangères ▶ nm extérieur m ; (aspecto) aspect m ; (países extranjeros) étranger m ; **al ~** à l'extérieur ; **en el ~** à l'extérieur ; **exteriores** nmpl (Cine) extérieurs mpl
**exteriorice** etc vb ver **exteriorizar**
**exteriorizar** vt extérioriser
**exteriormente** adv extérieurement
**exterminar** vt exterminer
**exterminio** nm extermination f
**externalizar** vt externaliser, sous-traiter
**externamente** adv extérieurement
**externo, -a** adj externe ; **de uso ~** (Med) à usage externe ▶ nm/f externe mf
**extienda** etc vb ver **extender**
**extinción** nf extinction f
**extinga** etc vb ver **extinguir**
**extinguido, -a** adj (animal) disparu(e) ; (volcán) éteint(e)
**extinguir** vt (fuego) éteindre ; (especie, raza) provoquer l'extinction de ; **extinguirse** vpr s'éteindre
**extinto, -a** adj disparu(e)
**extintor** nm (tb: **extintor de incendios**) extincteur m
**extirpación** nf extirpation f
**extirpar** vt (mal) éradiquer ; (Med) extirper
**extorsión** nf extorsion f
**extorsionar** vt extorquer
**extra** adj inv (tiempo, paga) supplémentaire ; (chocolate, calidad) extra inv ▶ nmf (Cine) figurant(e) ▶ nm (bono) bonus m inv ; (de menú, cuenta) supplément m ; (periódico) édition f spéciale
**extra...** pref extra...

**extracción** *nf* extraction *f* ; (*en lotería*) tirage *m*
**extracto** *nm* résumé *m* ; (*de café, hierbas*) extrait *m*
**extractor** *nm* : **~ de humos** bouche *f* d'aération
**extradición** *nf* extradition *f*
**extraditar** *vt* extrader
**extraer** *vt* extraire
**extraescolar** *adj* : **actividad ~** activité *f* extrascolaire
**extrafino, -a** *adj* extrafin(e) ; **azúcar ~** sucre *m* semoule
**extraiga** *etc vb ver* **extraer**
**extraje** *etc vb ver* **extraer**
**extrajera** *etc vb ver* **extraer**
**extrajudicial** *adj* extrajudiciaire
**extralimitarse** *vpr* : **~ (en)** dépasser les limites (de)
**extranjería** *nf* : **ley de ~** statut *m* d'étranger
**extranjerismo** *nm* barbarisme *m*
**extranjero, -a** *adj, nm/f* étranger(-ère) ▶ *nm* étranger *m* ; **en el ~** à l'étranger
**extranjis** (*fam*) : **de ~** *adv* sans tambour ni trompette
**extrañamiento** *nm* bannissement *m*
**extrañar** *vt* étonner ; (AM: *echar de menos*) regretter ; (*algo nuevo*) ne pas reconnaître ; **me extraña** ça m'étonne ; **te extraño mucho** tu me manques beaucoup ; **extrañarse** *vpr* : **extrañarse (de)** s'étonner (de)
**extrañeza** *nf* (*rareza*) singularité *f* ; (*asombro*) étonnement *m*
**extraño, -a** *adj* étranger(-ère) ; (*raro*) bizarre ; **... lo que por ~ que parezca** ... ce qui, aussi bizarre que cela puisse paraître ▶ *nm/f* étranger(-ère)
**extraoficial** *adj* officieux(-euse)
**extraordinariamente** *adv* extraordinairement
**extraordinario, -a** *adj* extraordinaire ; (*edición*) spécial(e) ; **horas extraordinarias** heures *fpl* supplémentaires ▶ *nm* (*de periódico*) numéro *m* spécial
**extrapolar** *vt* extrapoler

**extrarradio** *nm* banlieue *f*
**extrasensorial** *adj* : **percepción ~** perception *f* extrasensorielle
**extraterrestre** *nmf* extraterrestre *mf*
**extrauterino, -a** *adj* extra-utérin(e)
**extravagancia** *nf* extravagance *f*
**extravagante** *adj* extravagant(e)
**extraviado, -a** *adj* égaré(e)
**extraviar** *vt* (*objeto*) égarer ; **extraviarse** *vpr* s'égarer
**extravío** *nm* objet *m* perdu ; (*fig*) égarement *m*
**extrayendo** *vb ver* **extraer**
**extremadamente** *adv* extrêmement
**extremado, -a** *adj* extrême
**Extremadura** *nf* Estrémadure *f*
**extremar** *vt* pousser à l'extrême ; **extremarse** *vpr* : **extremarse en** se surpasser dans
**extremaunción** *nf* extrême-onction *f*
**extremeño, -a** *adj* d'Estrémadure ▶ *nm/f* natif(-ive) o habitant(e) d'Estrémadure
**extremidad** *nf* extrémité *f* ; **extremidades** *nfpl* (*Anat*) extrémités *fpl*
**extremismo** *nm* extrémisme *m*
**extremista** *adj, nmf* extrémiste *mf*
**extremo, -a** *adj* extrême ; **la extrema derecha/izquierda** (*Pol*) l'extrême droite *f*/gauche *f* ▶ *nm* (*punta*) extrémité *f* ; (*fig*) extrême *m* ; **en último ~** en dernière extrémité ; **pasar de un ~ a otro** (*fig*) passer d'un extrême à l'autre ; **con** *o* **por ~** extrêmement ; **~ derecho/izquierdo** (*Deporte*) aile *f* droite/gauche ; **E~ Oriente** Extrême-Orient *m*
**extrínseco, -a** *adj* extrinsèque
**extrovertido, -a** *adj, nm/f* extraverti(e)
**exuberancia** *nf* exubérance *f*
**exuberante** *adj* exubérant(e)
**exudar** *vt, vi* exsuder
**exultante** *adj* débordant(e) de joie ; **~ de felicidad** rayonnant(e) de bonheur
**exultar** *vi* : **~ de alegría** exulter
**exvoto** *nm* (*Rel*) ex-voto *m*
**eyaculación** *nf* éjaculation *f*
**eyacular** *vi* éjaculer

# Ff

**F, f** ['efe] *nf* (*letra*) F, f *m inv*; **F de Francia** ≈ F comme François
**fa** *nm* fa *m*
**fabada** *nf potage mijoté avec des haricots et du chorizo*
**fábrica** *nf* usine *f*; (*fabricación*) fabrique *f*; **de ~** (*Arq*) en brique; **marca/precio de ~** marque *f*/prix *m* de fabrique; **~ de cerveza** brasserie *f*; **~ de textil** manufacture *f* textile; **F~ de Moneda y Timbre** ≈ Hôtel *m* de la Monnaie
**fabricación** *nf* fabrication *f*; **de ~ casera** fait(e) maison; **de ~ nacional** de fabrication nationale; **~ en serie** fabrication en série
**fabricante** *nmf* fabricant(e)
**fabricar** *vt* fabriquer; (*fig: cuento*) monter; **~ en serie** fabriquer en série
**fabril** *adj*: **industria ~** industrie *f* de transformation
**fabrique** *etc vb ver* **fabricar**
**fábula** *nf* fable *f*; (*chisme, mentira*) histoire *f*
**fabulosamente** *adv* fabuleusement
**fabuloso, -a** *adj* fabuleux(-euse)
**facción** *nf* (*Pol*) faction *f*; **facciones** *nfpl* (*del rostro*) traits *mpl*
**faceta** *nf* facette *f*
**facha** (*fam*) *adj*, *nmf* (*pey*) facho *mf* ▶ *nf* (*aspecto*) aspect *m*; **estar hecho una ~** ressembler à un épouvantail; **¡qué ~ tienes!** tu es grotesque!
**fachada** *nf* façade *f*
**facial** *adj* (*rasgos, expresión*) du visage; (*crema*) pour le visage
**fácil** *adj* facile; **es ~ que venga** il est probable qu'il vienne; **~ de hacer** facile à faire; **~ de usar** (*Inform*) convivial(e)
**facilidad** *nf* facilité *f*; **tener ~ para las matemáticas** avoir des facilités en mathématiques; **~ de palabra** facilité pour s'exprimer; **facilidades** *nfpl* (*condiciones favorables*) facilités *fpl*; « **facilidades de pago** » (*Com*) « facilités de paiement »
**facilitar** *vt* faciliter; (*proporcionar*) fournir; **le agradecería me facilitara ...** je vous serais reconnaissant de bien vouloir me fournir ...
**fácilmente** *adv* facilement

**facón** (*CSur*) *nm* couteau *m*
**facsímil** *nm* fac-similé *m*
**factible** *adj* faisable
**fáctico, -a** *adj*: **los poderes fácticos** le pouvoir de fait
**factor** *nm* (*tb Mat*) facteur *m*; (*Com*) agent *m*; (*Ferro*) préposé *m* au fret; **~ sorpresa** facteur surprise
**factoría** *nf* (*fábrica*) fabrique *f*; (*agencia*) succursale *f*
**factura** *nf* facture *f*; **presentar ~ a** présenter sa facture à
**facturación** *nf* (*Com*) facturation *f*; (*: ventas*) chiffre *m* d'affaires; **~ de equipajes** enregistrement *m* des bagages
**facturar** *vt* (*Com*) facturer; (*equipaje*) enregistrer
**facultad** *nf* faculté *f*; **tener/no tener ~ para hacer algo** avoir/ne pas avoir la faculté de faire qch; **facultades mentales** facultés mentales
**facultativo, -a** *adj* facultatif(-ive); (*funcionario, cuerpo*) de faculté; **prescripción facultativa** ordonnance *f* ▶ *nm/f* médecin *m*
**FAD** (*Esp*) *sigla m* = **Fondo de Ayuda y Desarrollo**
**faena** *nf* tâche *f*; (*Chi*) équipe *f* d'ouvriers; **faenas domésticas** tâches domestiques; **hacerle una ~ a algn** (*fam*) jouer un mauvais tour à qn
**faenar** *vi* pêcher
**fagot** *nm* trompe *f*
**faisán** *nm* faisan *m*
**faja** *nf* (*para la cintura*) ceinture *f*; (*de mujer*) gaine *f*; (*de tierra, libro etc*) bande *f*
**fajo** *nm* liasse *f*
**falacia** *nf* fausseté *f*
**falange** *nf* phalange *f*; **la F~** (*Pol*) la phalange espagnole
**falangista** *adj*, *nmf* (*Pol*) phalangiste *mf*
**falaz** *adj* fallacieux(-euse)
**falda** *nf* jupe *f*; (*Geo*) versant *m*; (*de mesa, camilla*) couverture *f*; (*regazo*) genoux *mpl*; **~ escocesa** kilt *m*; **~ pantalón** jupe-culotte *f*; **faldas** *nfpl* (*fam: mujeres*) bonnes femmes *fpl*
**fálico, -a** *adj* phallique
**falla** *nf* (*Geo*) faille *f*; (*defecto*) défaillance *f*

**fallar – fanzine**

> **LAS FALLAS**
>
> Les **Fallas** ou fêtes de la Saint-Joseph, en l'honneur du saint patron de la ville, ont lieu chaque année à Valence, la semaine du 19 mars. Le terme **fallas** désigne les grandes figures en papier mâché et en bois, à l'effigie d'hommes politiques et de personnalités connues, qui sont réalisées pendant l'année par les différentes équipes en compétition. Ces figures sont ensuite examinées par un jury et brûlées dans des feux de joie. Seule la meilleure échappe aux flammes.

**fallar** vt (*Jur*) prononcer ; (*blanco*) manquer ▶ vi échouer ; (*cuerda, rama*) céder ; (*motor*) tomber en panne ; (*frenos*) lâcher ; **~ a algn** décevoir qn ; **le falló la memoria** il a eu un trou de mémoire ; **le fallaron las piernas** les jambes lui ont manqué ; **sin ~** sans faute ; **~ en favor/en contra** (*Jur*) se prononcer en faveur/contre

**fallas** nfpl voir article

**fallecer** vi décéder

**fallecido, -a** adj décédé(e) ▶ nm/f défunt(e)

**fallecimiento** nm décès m

**fallezca** etc vb ver **fallecer**

**fallido, -a** adj avorté(e)

**fallo** nm (*Jur*) jugement m ; (*defecto, Inform*) défaut m ; (*error*) erreur f ; (*de motor*) défaillance f ; (*Deporte*) faute f ; **~ cardíaco** crise f cardiaque

**fallutería** (*CSUR*) nf hypocrisie f

**falluto, -a** (*CSUR*) adj hypocrite

**falo** nm phallus m

**falsear** vt (*hechos*) altérer ; (*cifras*) maquiller ▶ vi (*Mús*) se désaccorder

**falsedad** nf fausseté f ; (*mentira*) mensonge m

**falsete** nm (*Mús*) fausset m

**falsificación** nf falsification f ; (*objeto*) contrefaçon f

**falsificador, a** nm/f falsificateur(-trice)

**falsificar** vt falsifier

**falsifique** etc vb ver **falsificar**

**falso, -a** adj faux (fausse) ; (*puerta*) dérobé(e) ; **declarar en ~** faire une fausse déclaration ; **dar un paso en ~** (*tb fig*) faire un faux pas

**falta** nf (*carencia*) manque m ; (*defecto, en comportamiento*) défaut m ; (*ausencia*) absence f ; (*en examen, ejercicio, Deporte*) faute f ; (*Jur*) erreur f ; **echar en ~** : **echa en ~ a su familia** sa famille lui manque ; **echo en ~ mis gafas** j'aurais bien besoin de mes lunettes ; **hace ~ hacerlo** il faut le faire ; **no hace ~ que vengas** il n'est pas nécessaire que tu viennes ; **me hace ~ un lápiz** j'ai besoin d'un crayon ; **sin ~** sans faute ; **a/por ~ de** faute de ; **~ de asistencia** non-assistance f ; **~ de educación** manque d'éducation ; **~ de ortografía** faute d'orthographe ; **~ de respeto** manque de respect

**faltar** vi manquer ; (*escasear*) se faire rare ; **le falta algo** il lui manque quelque chose ; **¿falta algo?** il manque quelque chose ? ; **¿falta mucho?** c'est encore loin ? ; **faltan dos horas para llegar** il reste encore deux heures avant que l'on arrive ; **falta poco para que termine** c'est presque fini ; **~ al respeto a algn** manquer de respect à qn ; **~ a una cita/a clase** manquer un rendez-vous/la classe ; **~ al trabajo** ne pas aller au travail ; **faltó a su palabra/promesa** il a manqué à sa parole/promesse ; **~ por hacer** rester à faire ; **~ a la verdad** faire une entorse à la vérité ; **¡no faltaba** o **faltaría más!** (*naturalmente*) mais bien sûr ! ; (*¡ni hablar!*) il ne manquerait plus que ça ! ; **¡lo que faltaba!** c'est le bouquet !

**falto, -a** adj : **está ~ de** il (elle) manque de

**fama** nf (*celebridad*) célébrité f ; (*reputación*) réputation f ; **tener ~ de** avoir la réputation de ; **tener mala ~** avoir mauvaise réputation

**famélico, -a** adj famélique

**familia** nf famille f ; **de buena ~** de bonne famille ; **estamos (como) en ~** on est en famille ; **~ numerosa** famille nombreuse ; **~ política** belle famille

**familiar** adj familial(e) ; (*conocido, informal*) familier(-ière) ▶ nm parent(e)

**familiarice** etc vb ver **familiarizarse**

**familiaridad** nf familiarité f ; **familiaridades** nfpl (*pey*) familiarités fpl

**familiarizarse** vpr : **~ con** se familiariser avec

**famoso, -a** adj célèbre ▶ nm/f célébrité f

**fan** (*pl* **fans**) nmf fan mf

**fanático, -a** adj, nm/f fanatique mf ; **ser un ~ de** être un fanatique de

**fanatismo** nm fanatisme m

**fandango** nm (*Mús*) fandango m ; (*fam: jaleo*) chahut m, fatras m ; **se armó un ~** il y a eu un sacré boucan (*fam*)

**fané** (*ARG*) adj crevé(e)

**fanfarria** nf fanfare f

**fanfarrón, -ona** adj, nm/f fanfaron(ne)

**fanfarronear** vi fanfaronner

**fango** nm boue f ; (*fig*) fange f

**fangoso, -a** adj boueux(-euse) ; (*consistencia*) visqueux(-euse)

**fantasear** vi rêver

**fantasía** nf fantaisie f ; **joyas de ~** bijoux mpl fantaisie ; **fantasías** nfpl (*ilusiones*) illusions fpl

**fantasma** nm fantôme m ; (*pey: presuntuoso*) frimeur(-euse) ; **compañía ~** société f fantôme

**fantasmal** adj fantomatique

**fantástico, -a** adj fantastique

**fantoche** (*fam*) nm épouvantail m ; **ser un ~** (*fig: político etc*) être un fantoche

**fanzine** nm fanzine m

## FAO – fechar

**FAO** sigla f (= Organización de las Naciones Unidas para la Agricultura y la Alimentación) FAO f (= Organisation des Nations unies pour l'alimentation et l'agriculture)
**faquir** nm fakir m
**farándula** nf théâtre m
**faraón** nm pharaon m
**faraónico, -a** adj (tb fig) pharaonique
**FARC** nfpl abr (COL) = **Fuerzas Armadas Revolucionarias de Colombia**
**fardar** (fam) vi se pavaner ; ~ **de** se vanter de
**fardo** nm balluchon m
**fardón, -ona** (fam) adj (persona) m'as-tu-vu inv ; (objeto) classe inv
**farfullar** vt balbutier
**faringe** nf pharynx m
**faringitis** nf pharyngite f
**farmacéutico, -a** adj pharmaceutique ▶ nm/f pharmacien(ne)
**farmacia** nf pharmacie f ; ~ **de guardia** pharmacie de garde
**fármaco** nm médicament m
**faro** nm (Náut, Auto) phare m ; (señal) feu m ; **faros antiniebla** phares mpl antibrouillard ; **faros delanteros/traseros** feux mpl avant/arrière
**farol** nm lanterne f ; (Ferro) feu m ; (poste) réverbère m ; **echarse** o **tirarse un ~** (fam) frimer
**farola** nf réverbère m
**farolero, -a** (pey) adj crâneur(-euse)
**farolillo** nm lampion m
**farra** (esp ARG) nf foire f
**farragoso, -a** adj confus(e), décousu(e)
**farruco, -a** (fam) adj : **estar** o **ponerse ~** jouer les fiers-à-bras
**farsa** nf farce f ; **¡es una ~!** (fig) quelle farce !
**farsante** nmf comédien(ne)
**FASA** (ESP) sigla f (Auto) = **Fábrica de Automóviles S.A.**
**fascículo** nm fascicule m
**fascinación** nf fascination f
**fascinante** adj fascinant(e)
**fascinar** vt fasciner
**fascismo** nm fascisme m
**fascista** adj, nmf fasciste mf
**fase** nf phase f
**fashion** ['fæʃən] (fam) adj à la mode
**fastidiar** vt (molestar) ennuyer ; (estropear) gâcher ; **¡no te fastidia!** tu imagines ! ▶ vi : **¡no fastidies!** tu n'y penses pas ! ; **ando fastidiado del estómago** j'ai l'estomac détraqué ; **fastidiarse** vpr prendre sur soi
**fastidio** nm ennui m ; **¡qué ~!** c'est trop bête !
**fastidioso, -a** adj ennuyeux(-euse)
**fastuosamente** adv somptueusement
**fastuoso, -a** adj fastueux(-euse)
**fatal** adj fatal(e) ; (fam: malo) nul(le) ▶ adv très mal ; **lo pasó ~** ça a été très dur pour lui
**fatalidad** nf fatalité f

**fatalismo** nm fatalisme m
**fatídico, -a** adj fatidique
**fatiga** nf fatigue f ; **fatigas** nfpl (penalidades) tracas mpl
**fatigar** vt fatiguer ; (molestar) ennuyer ; **fatigarse** vpr se fatiguer
**fatigosamente** adv péniblement
**fatigoso, -a** adj (tarea) pénible ; (respiración) difficile
**fatigue** etc vb ver **fatigar**
**fatuo, -a** adj fat
**fauces** nfpl mandibules fpl
**fauna** nf faune f
**Fausto** nm Faust
**fausto** nm faste m
**favor** nm (servicio) service m ; (apoyo) faveur f ; **haga el ~ de ...** faites-moi le plaisir de ... ; **por ~** s'il te/vous plaît ; **a ~** pour ; **a ~ de** en faveur de ; (Com) à l'ordre de ; **en ~ de** en faveur de ; **gozar del ~ de algn** jouir de l'estime de qn
**favorable** adj favorable ; **ser ~ a algo** être favorable à qch
**favorablemente** adv favorablement
**favorecedor, a** adj seyant(e)
**favorecer** vt favoriser ; (suj: vestido, peinado) avantager
**favorezca** etc vb ver **favorecer**
**favoritismo** nm favoritisme m
**favorito, -a** adj, nm/f favori(te)
**fax** nm fax m
**fayuca** (MÉX fam) nf contrebande f
**fayuquero, -a** (MÉX fam) adj, nm/f contrebandier(-ière)
**faz** nf visage m ; **la ~ de la tierra** la face de la terre
**FBI** sigla m FBI m
**F.C.** abr = **ferrocarril** ; (= Fútbol Club) FC m (= Football Club)
**f.c.** abr = **ferrocarril**
**fe** nf foi f ; **de buena/mala fe** de bonne/mauvaise foi ; **dar fe de** faire foi de ; **tener fe en algo/algn** avoir foi en qch/qn ; **fe de bautismo/de vida** certificat m de baptême/de vie ; **fe de erratas** errata m
**fealdad** nf laideur f
**feb.** abr = **febrero**
**feb.º** abr = **febrero**
**febrero** nm février m ; ver tb **julio**
**febril** adj fiévreux(-euse) ; (fig) fébrile
**fecal** adj fécal(e)
**fecha** nf date f ; **en ~ próxima** prochainement ; **hasta la ~** jusqu'à aujourd'hui ; **por estas fechas** aux alentours de cette date ; **~ de caducidad** (de alimentos) date limite de consommation ; (de contrato) terme m ; **~ de vencimiento** (Com) date d'échéance ; **~ de nacimiento** date de naissance ; **~ límite** o **tope** date limite
**fechar** vt dater

## fechoría – fiador

**fechoría** nf méfait m
**fécula** nf fécule f
**fecundación** nf fécondation f ; **~ artificial/in vitro** fécondation artificielle/in vitro
**fecundar** vt féconder
**fecundidad** nf fécondité f
**fecundo, -a** adj (mujer, fig) fécond(e) ; (tierra) fertile
**FED** sigla m (= Fondo Europeo de Desarollo) FER m (= Fonds européen de développement)
**FEDER** sigla m (= Fondo Europeo de Desarollo Regional) FEDER m (= Fonds européen de développement régional)
**federación** nf fédération f
**federal** adj fédéral(e)
**federalismo** nm fédéralisme m
**federarse** vpr se fédérer
**FEF** sigla f = **Federación Española de Fútbol**
**fehaciente** adj probant(e)
**felación** nf fellation f
**felicidad** nf bonheur m ; (dicha) félicité f ; **felicidades** (en general) tous mes etc vœux ; (enhorabuena) félicitations ; (en cumpleaños) joyeux anniversaire
**felicitación** nf (enhorabuena) vœux mpl ; (tarjeta) carte f de vœux ; **~ navideña** o **de Navidad** carte de Noël
**felicitar** vt: **~ (por)** féliciter (pour) ; **me felicitó por mi cumpleaños** il me souhaita un bon anniversaire ; **~ las Pascuas** souhaiter un joyeux Noël ; **¡te felicito!** je te félicite !
**feligrés, -esa** nm/f fidèle mf
**felino, -a** adj félin(e)
**feliz** adj heureux(-euse) ; **¡~ cumpleaños!** bon anniversaire ! ; **¡felices Pascuas!** o **Navidades!** joyeux Noël !
**felizmente** adv favorablement
**felonía** nf félonie f
**felpa** nf velours msg
**felpudo** nm paillasson m
**femenino, -a** adj féminin(e) ; (Zool, Bio) femelle ▶ nm (Ling) féminin m
**feminicidio** nm féminicide m
**feminismo** nm féminisme m
**feminista** adj, nmf féministe mf
**femoral** adj fémoral(e) ▶ nf fémorale f
**fémur** nm fémur m
**fenicio, -a** adj phénicien(-enne) ▶ nm/f Phénicien(-enne) ▶ nm (Ling) phénicien m
**fenomenal** (fam) adj (enorme) phénoménal(e) ; (estupendo) sensationnel(le) ▶ adv vachement bien ▶ excl super !
**fenómeno** nm phénomène m ▶ adv (fam): **lo pasamos ~** on s'est vachement bien amusés ▶ excl (fam) super !
**feo, -a** adj laid(e) ; **esto se está poniendo ~** ça va mal tourner ; **más ~ que Picio** laid(e) comme un pou ▶ nm: **hacer un ~ a algn** faire un sale coup à qn

**féretro** nm cercueil m
**feria** nf foire f ; (AM: mercado de pueblo) marché m ; (MÉX: cambio) monnaie f ; **~ comercial/de muestras** marché m/salon m ; **ferias** nfpl (fiestas) fêtes fpl
**feriado, -a** (AM) adj férié(e) ▶ nm jour m férié
**ferial** adj: **recinto ~** champ m de foire
**fermentación** nf fermentation f
**fermentar** vi fermenter
**fermento** nm ferment m
**ferocidad** nf férocité f
**feroz** adj féroce ; (fam: hambre) de loup ; (ganas) dingue
**férreo, -a** adj ferreux(-euse) ; (fig) de fer ; **vía férrea** voie f ferrée
**ferretería** nf quincaillerie f
**ferrocarril** nm chemin m de fer ; **~ de vía estrecha/única** chemin de fer à voie étroite/unique
**ferroviario, -a** adj ferroviaire ▶ nm/f employé(e) des chemins de fer
**ferry** ['feri] (pl **ferries**) nm ferry m
**fértil** adj (tierra, fig) fertile ; (persona) fécond(e)
**fertilice** etc vb ver **fertilizar**
**fertilidad** nf (de tierra) fertilité f ; (de persona) fécondité f
**fertilizante** nm engrais msg
**fertilizar** vt fertiliser
**ferviente** adj fervent(e)
**fervor** nm ferveur f
**fervoroso, -a** adj = **ferviente**
**festejar** vt fêter
**festejo** nm fête f ; **festejos** nmpl (fiestas) festivités fpl
**festín** nm festin m
**festival** nm festival m
**festividad** nf festivités fpl
**festivo, -a** adj festif(-ive) ; (alegre) joyeux(-euse) ; **día ~** jour m férié
**fetal** adj: **posición ~** position f fœtale
**fetiche** nm talisman m
**fetichismo** nm fétichisme m
**fetichista** adj, nmf fétichiste mf
**fétido, -a** adj fétide
**feto** nm fœtus msg
**feudal** adj féodal(e)
**feudalismo** nm féodalisme m
**feudo** nm (Hist) fief m ; (Deporte) fief m, terrain m ; **resultaron ganadores en su ~** ils ont gagné dans leur fief
**F.E.V.E.** sigla f = **Ferrocarriles Españoles de Vía Estrecha**
**FF.AA.** abr (Mil: = Fuerzas Armadas) ver **fuerza**
**FF.CC.** abr (= Ferrocarriles) chemins de fer
**fiabilidad** nf fiabilité f
**fiable** adj fiable
**fiaca** (ARG fam) nf flemme f
**fiado** nm: **comprar (al) ~** acheter à crédit
**fiador, a** nm/f garant(e) ; **salir ~ por algn** se porter garant(e) de qn

## fiambre – filiación

**fiambre** *adj* (*Culin*) froid(e) ▶ *nm* (*Culin*) charcuterie *f*; (*fam*) macchabée *m*

**fiambrera** *nf* panier-repas *msg*

**fianza** *nf* caution *f*; **libertad bajo ~** (*Jur*) liberté *f* sous caution

**fiar** *vt* vendre à crédit; (*salir garante de*) se porter garant(e) de ▶ *vi* vendre à crédit; **es de ~** on peut se fier à lui; **fiarse** *vpr*: **fiarse de algn/algo** avoir confiance en qn/qch

**fiasco** *nm* fiasco *m*

**fibra** *nf* fibre *f*; (*fig*) punch *m*; **~ de vidrio** fibre de verre; **~ óptica** (*Inform*) fibre optique

**fibrosis** *nf inv* fibrose *f*

**ficción** *nf* fiction *f*; **literatura/obra de ~** littérature *f*/œuvre *f* de fiction

**ficha** *nf* fiche *f*; (*en juegos, casino*) jeton *m*; **~ policial** fiche de police; **~ técnica** (*Cine*) fiche technique

**fichaje** *nm* (*Deporte*) recrue *f*; (: *suma de dinero*) investissement *m*; **ser un buen ~** être une bonne recrue

**fichar** *vt* ficher; (*Deporte*) recruter; (*fig*) classer; **estar fichado** être fiché ▶ *vi* (*deportista*) se faire recruter; (*trabajador*) pointer

**fichero** *nm* fichier *m*; **nombre de ~** (*Inform*) nom *m* de fichier; **~ activo/archivado/indexado** (*Inform*) fichier actif/archivé/indexé; **~ de reserva** (*Inform*) fichier de sauvegarde

**ficticio, -a** *adj* (*imaginario*) fictif(-ive); (*falso*) simulé(e)

**ficus** *pl inv* *nm* ficus *msg*

**fidedigno, -a** *adj* authentique

**fideicomisario** *nm* (*Jur*) fidéicommissaire *m*

**fideicomiso** *nm* (*Jur*) fidéicommis *m*

**fidelidad** *nf* fidélité *f*; **alta ~** haute fidélité

**fidelísimo, -a** *adj superl de* **fiel**

**fidelizar** *vt* (*Com*) fidéliser

**fideos** *nmpl* vermicelles *mpl*

**fiduciario, -a** *nm/f* fiduciaire *m*

**fiebre** *nf* fièvre *f*; **tener ~** avoir de la fièvre; **~ amarilla** fièvre jaune; **~ del heno** rhume *m* des foins; **~ palúdica** paludisme *m*

**fiel** *adj* fidèle ▶ *nmf*: **los fieles** (*Rel*) les fidèles *mpl* ▶ *nm* aiguille *f*

**fielmente** *adv* fidèlement

**fieltro** *nm* feutre *m*

**fiera** *nf* bête *f* féroce; **ponerse hecho una ~** monter sur ses grands chevaux; **ser un(a) ~ en** o **para algo** être un crack en qch

**fiereza** *nf* férocité *f*

**fiero, -a** *adj* féroce

**fierro** (*Am*) *nm* fer *m*

**fiesta** *nf* fête *f*; (*vacaciones: tb*: **fiestas**) fêtes *fpl*; *voir article*; **hoy/mañana es ~** aujourd'hui/demain c'est férié; **estar de ~** faire la fête; **~ de guardar** (*Rel*) fête d'obligation; **~ nacional** fête nationale

### FIESTA

Les **fiestas** espagnoles correspondent à des fêtes légales ou à des jours fériés institués par chaque région autonome. Elles coïncident souvent avec des fêtes religieuses. De nombreuses **fiestas** sont également organisées dans toute l'Espagne en l'honneur de la Sainte Vierge ou du saint patron de la ville ou du village. Les festivités, qui durent plusieurs jours, peuvent comporter des processions, des défilés de carnaval, une fête foraine, des courses de taureaux et des bals.

**FIFA** *sigla f* (= *Federación Internacional de Fútbol Asociación*) FIFA *f* (= *Fédération internationale de football association*)

**fifí** (*Méx*) *nm* petit monsieur *m*

**figura** *nf* figure *f*; (*forma, imagen*) silhouette *f*; (*de porcelana, cristal*) figurine *f*; **~ retórica** figure de rhétorique

**figuración** *nf* (*Cine*) figuration *f*; **figuraciones** *nfpl* (*imaginación*): **eso son figuraciones tuyas** tu te fais des idées

**figurado, -a** *adj* figuré(e)

**figurante** *nmf* (*Teatro*) figurant(e)

**figurar** *vt, vi* figurer; **figurarse** *vpr* se figurer; **¡figúrate!** figure-toi!; **ya me lo figuraba** je l'avais bien dit

**figurativo, -a** *adj* figuratif(-ive)

**fijación** *nf* fixation *f*

**fijador** *nm* fixateur *m*

**fijamente** *adv* (*sujetarse*) solidement; (*mirar*) fixement

**fijar** *vt* fixer; (*sellos*) coller; (*cartel*) afficher; (*residencia*) établir; **~ algo a** attacher qch à; **fijarse** *vpr*: **fijarse (en)** observer; **¡fíjate!** tu te rends compte!

**fijeza** *nf*: **con ~** (*mirar*) fixement; (*saber*) avec assurance

**fijo, -a** *adj* fixe; (*sujeto*): **~ (a)** fixé(e) (à); **de ~** assurément ▶ *adv*: **mirar ~** regarder fixement ▶ *nm* (*teléfono*) fixe *m*

**fila** *nf* file *f*; (*Deporte, Teatro*) rang *m*; (*fig: facción*) faction *f*; **ponerse en ~** se mettre en file; **en primera ~** au premier rang; **~ india** file indienne; **filas** *nfpl* (*Mil*) service *m* militaire; **alistarse** o **incorporarse a filas** être incorporé dans l'armée

**filamento** *nm* filament *m*

**filantropía** *nf* philanthropie *f*

**filantrópico, -a** *adj* philanthropique

**filántropo, -a** *nm/f* philanthrope *mf*

**filarmónica** *nf* philharmonique *f*

**filatelia** *nf* philatélie *f*

**filatélico, -a** *adj* philatélique ▶ *nm/f* philatéliste *mf*

**filete** *nm* filet *m*

**filiación** *nf* filiation *f*; (*Pol*) affiliation *f*; (*datos personales*) fiche *f* d'état civil

## filial – fisioterapeuta

**filial** adj filial(e) ▸ nf filiale f
**filigrana** nf filigrane f
**Filipinas** nfpl: **las (Islas)** ~ les (îles) Philippines fpl
**filipino, -a** adj philippin(e) ▸ nm/f Philippin(e)
**film** (pl **films**) nm film m
**filmación** nf tournage m
**filmar** vt filmer
**filme** nm = **film**
**fílmico, -a** adj filmique ; **su carrera fílmica** sa carrière filmique
**filmografía** nf filmographie f
**filmoteca** nf (cine) cinémathèque f ; (archivo) filmothèque f
**filo** nm fil m ; **sacar** ~ **a** aiguiser ; **al** ~ **de la medianoche** à minuit sonnant ; **arma de doble** ~ (fig) arme f à double tranchant
**filología** nf philologie f ; ~ **francesa/inglesa/alemana** (Univ) philologie française/anglaise/germanique
**filólogo, -a** nm/f philologue mf
**filón** nm filon m
**filoso, -a** (Am) adj aiguisé(e)
**filosofía** nf philosophie f ; **tomarse algo con mucha** ~ prendre qch avec philosophie
**filosófico, -a** adj philosophique ; (actitud) philosophe
**filósofo, -a** nm/f philosophe mf
**filtración** nf (de luz) filtration f ; (de agua) infiltration f ; (fig: de fondos) détournement m ; (: de datos) filtrage m
**filtrar** vt filtrer ▸ vi s'infiltrer ; **filtrarse** vpr (líquido) s'infiltrer ; (luz, noticia) filtrer ; (fig: dinero) s'envoler
**filtro** nm filtre m ; (papel) buvard m ; ~ **de aceite** (Auto) filtre à huile
**filudo, -a** (Am) adj effilé(e)
**fin** nm fin f ; **a** ~ **de cuentas** en fin de compte ; **al** ~ à la fin ; **al** ~ **y al cabo** finalement ; **a** ~ **de** afin de ; **a** ~ **de que** afin que ; **a fines de** à la fin de ; **por/en** ~ enfin ; **dar** o **poner** ~ **a algo** mettre fin à qch ; **con el** ~ **de** dans le but de ; **sin** ~ sans fin ; **llegar a** ~ **de mes** (fig) boucler ses fins de mois ; ~ **de año** Saint-Sylvestre f ; ~ **de archivo** (Inform) fin de fichier ; ~ **de registro** (Inform) fin de sauvegarde ; ~ **de semana** week-end m
**final** adj final(e) ▸ nm (de partido, tarde, novela) fin f ; (de calle) bout m ; **al** ~ à la fin ; **a finales de mayo** fin mai ▸ nf (Deporte) finale f
**finalice** etc vb ver **finalizar**
**finalidad** nf finalité f
**finalista** nmf finaliste mf
**finalización** nf fin f, terme m
**finalizar** vt terminer ; ~ **la sesión** (Inform) clore la session ▸ vi toucher à sa fin
**finalmente** adv finalement
**financiación** nf financement m ; ~ **colectiva** o **en masa** financement participatif

**financiar** vt financer
**financiera** nf groupe m financier ; ver tb **financiero**
**financiero, -a** adj, nm/f financier(-ière)
**financista** (Am) nmf financier m
**finanzas** nfpl affaires fpl
**finca** nf propriété f ; (edificio) immeuble m
**finde** (fam) nm week-end m
**fingir** vt feindre ▸ vi mentir ; **fingirse** vpr: **fingirse dormido** faire semblant de dormir ; **fingirse un sabio** se donner des airs de savant
**finiquitar** vt (Econ: cuenta) solder
**finiquito** nm solde m
**finito, -a** adj fini(e)
**finja** etc vb ver **fingir**
**finlandés, -esa** adj finlandais(e) ▸ nm/f Finlandais(e) ▸ nm (Ling) finnois m
**Finlandia** nf Finlande f
**fino, -a** adj fin(e) ; (tipo) mince ; (de buenas maneras) délicat(e) ▸ nm (jerez) xérès m
**finolis** (fam) adj inv délicat(e), snob
**finura** nf finesse f ; (en modales) délicatesse f
**fiordo** nm fjord m
**FIP** (Esp) sigla f = **Formación Intensiva Profesional**
**firma** nf signature f ; (Com) firme f
**firmamento** nm firmament m
**firmante** adj, nmf signataire mf ; **los abajo firmantes** les soussignés
**firmar** vt, vi signer ; ~ **un contrato** signer un contrat ; **firmado y sellado** signé et scellé
**firme** adj solide ; (fig) ferme ; **oferta en** ~ (Com) offre f ferme ; **de** ~ avec acharnement ; **mantenerse** ~ (fig) tenir ferme ; **¡firmes!** (Mil) garde-à-vous ! ▸ nm chaussée f
**firmemente** adv fermement
**firmeza** nf fermeté f ; (solidez) solidité f ; (perseverancia) persévérance f
**fiscal** adj fiscal(e) ▸ nm (Jur) avocat m général
**fiscalía** nf (cargo) ministère m public ; (oficina) cabinet m du Procureur
**fiscalice** etc vb ver **fiscalizar**
**fiscalidad** nf fiscalité f
**fiscalizar** vt fiscaliser ; (pey) juger
**fisco** nm fisc m ; **declarar algo al** ~ déclarer qch au fisc
**fisgar** vt fouiner dans ▸ vi fouiner
**fisgón, -ona** adj fouineur(-euse)
**fisgonear** vt fureter dans ▸ vi fureter
**fisgue** etc vb ver **fisgar**
**física** nf physique f ; ver tb **físico**
**físicamente** adv physiquement
**físico, -a** adj physique ▸ nm physique m ▸ nm/f physicien(ne)
**fisiología** nf physiologie f
**fisiológico, -a** adj physiologique
**fisión** nf fission f ; ~ **nuclear** fission f nucléaire
**fisioterapeuta** nmf physiothérapeute mf

701

## fisioterapia – fluctuación

**fisioterapia** *nf* physiothérapie *f*
**fisioterapista** (ARG) *nmf* = **fisioterapeuta**
**fisonomía** *nf* physionomie *f*
**fisonomista** *nmf*: **ser buen ~** être physionomiste
**fístula** *nf* fistule *f*
**fisura** *nf* fissure *f*; (*de hueso*) fracture *f*
**flác(c)ido, -a** *adj* flasque
**flacidez, flaccidez** *nf*: **tengo flac(c)idez en los músculos** mes muscles sont flasques
**flácido, -a, fláccido, -a** *adj* flasque
**flaco, -a** *adj* (*delgado*) maigre; (*débil*) faible; **punto ~** point *m* faible
**flagrante** *adj* flagrant(e); **en ~ delito** en flagrant délit
**flamante** (*fam*) *adj* (*vistoso*) voyant(e); (*nuevo*) flambant neuf (neuve)
**flamear** *vt* (*Culin*) flamber
**flamenco, -a** *adj* (*de Flandes*) flamand(e); (*baile, música*) flamenco; **ponerse ~** frimer ▶ *nm/f* Flamand(e); **los flamencos** les Flamands ▶ *nm* flamenco *m*; (*Ling*) flamand *m*; (*Zool*) flamant *m*
**flan** *nm* flan *m*; **~ de arroz/verduras** boule *f* de riz/légumes
**flanco** *nm* flanc *m*
**Flandes** *nm* Flandre *f*
**flanquear** *vt* flanquer; (*Mil: atacar*) déborder
**flaquear** *vi* flancher
**flaqueza** *nf* faiblesse *f*
**flaquísimo, -a** *adj superl de* **flaco**
**flash** [flas] (*pl* **flashes**) *nm* (*Foto*) flash *m*
**flato** *nm* ballonnement *m*
**flatulencia** *nf* flatulence *f*
**flauta** *nf* flûte *f*; **¡la gran ~!** (AM: *fam*) flûte!; **de la gran ~** (*bárbaro*) du tonnerre; **hijo de la gran ~** (*fam!*) fils *m* de pute (*fam!*); **~ dulce** flûte à bec; **~ travesera** flûte traversière ▶ *nmf* flûtiste *mf*
**flautista** *nmf* flûtiste *mf*
**flebitis** *nf* phlébite *f*
**flecha** *nf* flèche *f*
**flechazo** *nm* (*enamoramiento*) coup *m* de foudre; (*disparo*) tir *m* de flèche
**fleco** *nm* frange *f*
**flema** *nm* flegme *m*
**flemático, -a** *adj* flegmatique
**flemón** *nm* (*Med*) abcès *m*
**flequillo** *nm* frange *f*
**fletar** *vt* (*barco, avión*) affréter; (*autocar, camión*) fréter; (*mercancías*) transporter
**flete** *nm* fret *m*; **~ debido/sobre compras** (*Com*) port *m* dû/payé
**flexibilidad** *nf* souplesse *f*; (*adaptabilidad*) flexibilité *f*
**flexibilizar** *vt* assouplir; (*horario, programa, empleo*) flexibiliser, rendre plus flexible
**flexible** *adj* souple; (*horario*) flexible
**flexión** *nf* flexion *f*
**flexionar** *vt* fléchir

**flexo** *nm* lampe *f* de bureau
**flipar** (*fam*) *vt* (*gustar*): **esto me flipa** ça me botte (*fam*), ça me branche (*fam*); (*asombrar*): **me flipó lo que pasó** je n'en reviens pas (de ce qui s'est passé), ce qui s'est passé m'a scié(e) (à la base) (*fam*) ▶ *vi* (*asombrarse*) halluciner (*fam*); (*pasarlo bien*) s'éclater (*fam*); (*drogarse*) triper (*fam*); **yo flipaba al ver tanta cosa** j'hallucinais de voir tant de choses; **yo flipo con esa canción** cette chanson me fait triper; **fliparse** *vpr*: **fliparse por algo** adorer quelque chose; (*drogarse*) se défoncer (*fam*)
**flipper** ['fliper] (AM) *nm* flipper *m*
**flirtear** *vi* flirter
**FLN** *sigla m* (VEN, PERÚ Pol: = *Frente de Liberación Nacional*) parti politique; (*en Argelia*) FLN *m* (= Front de libération nationale)
**flojear** *vi* flancher
**flojera** *nf* défaillance *f*; (*esp* AM: *pereza*) paresse *f*; **me da ~ (hacer)** j'ai la flemme de (faire)
**flojo, -a** *adj* (*cuerda, nudo*) lâche; (*persona, Com: sin fuerzas*) faible; (*perezoso: esp AM*) paresseux(-euse); (*viento, vino, trabajo*) léger(-ère); (*estudiante*) faible; (*conferencia*) ennuyeux(-euse); **está ~ en matemáticas** il est faible en mathématiques
**floppy** ['flopi] *nm* (*Inform*) disquette *f*
**flor** *nf* fleur *f*; **en ~** en fleur; **la ~ y nata de la sociedad** (*fig*) la crème de la société; **en la ~ de la vida** dans la fleur de l'âge; **a ~ de piel** (*fig*) à fleur de peau; **es ~ de amigo** (AND, CSUR) c'est un super ami
**flora** *nf* flore *f*
**floral** *adj* floral(e)
**florcita** (AM *fam*) *nf* fleurette *f*
**florecer** *vi* fleurir; (*prosperar*) être florissant(e)
**floreciente** *adj* fleurissant(e)
**florecimiento** *nm* floraison *f*, fleuraison *f*; (*prosperidad*) épanouissement *m*, croissance *f*
**Florencia** *n* Florence
**florentino, -a** *adj* florentin(e) ▶ *nm/f* Florentin(e)
**florero** *nm* vase *m*
**florezca** *etc vb ver* **florecer**
**florido, -a** *adj* fleuri(e)
**florín** *nm* florin *m*
**florista** *nmf* fleuriste *mf*
**floristería** *nf* magasin *m* de fleurs, fleuriste *mf*
**flota** *nf* flotte *f*
**flotación** *nf*: **línea de ~** ligne *f* de flottaison
**flotador** *nm* flotteur *m*; (*para nadar*) bouée *f*
**flotante** *adj* flottant(e); **coma ~** (*Inform*) virgule *f* flottante
**flotar** *vi* flotter
**flote** *nm*: **a ~** à flot; **salir a ~** (*fig*) s'en tirer
**flotilla** *nf* flottille *f*
**FLS** (NIC) *sigla m* (Pol) = **Frente de Liberación Sandinista**
**fluctuación** *nf* fluctuation *f*

## fluctuante – formación

**fluctuante** *adj* fluctuant(e)
**fluctuar** *vi* fluctuer
**fluidez** *nf* fluidité *f*; **con** ~ avec fluidité
**fluido, -a** *adj, nm* fluide *m*
**fluir** *vi* couler; (*fig: ideas*) venir
**flujo** *nm* flux *m*; (*Med*) écoulement *m*; **~ y reflujo** flux et reflux; **~ de efectivo** (*Com*) marge *f* brute d'autofinancement
**flúor** *nm* fluor *m*
**fluorescente** *adj* fluorescent(e) ▶ *nm* (*tb:* **tubo fluorescente**) néon *m*
**fluoruro** *nm* fluorure *f*
**fluvial** *adj* fluvial(e); **vía ~** voie *f* fluviale
**fluyendo** *etc vb ver* **fluir**
**FM** *sigla f* (= *Frecuencia Modulada*) FM *f* (= *fréquence modulée*), MF *f* (= *modulation de fréquence*)
**FMI** *sigla m* (= *Fondo Monetario Internacional*) FMI *m* (= *Fonds monétaire international*)
**F.N.** (*ESP*) *sigla f* (*Pol*) (= *Frente Nacional*) parti d'extrême-droite; (= *Fuerza Nueva*) ancien parti d'extrême-droite
**f.°** *abr* (= *folio*) f. (= *feuillet*)
**fobia** *nf* phobie *f*
**foca** *nf* phoque *m*; (*fam: persona gorda*) baleine *f*
**foco** *nm* foyer *m*; (*AM: bombilla*) ampoule *f*; (: *farola*) réverbère *m*; **~ de infección** (*Med*) foyer d'infection
**fofo, -a** *adj* (*esponjoso*) mou (molle); (*carnes*) flasque
**fogata** *nf* feu *m* de bois
**fogón** *nm* (*de cocina*) feu *m*
**fogonazo** *nm* (*de flash*) éclair *m*; (*de arma*) étincelle *f*
**fogoso, -a** *adj* fougueux(-euse)
**fogueo** *nm*: **de ~** à blanc; **bala** *o* **cartucho de ~** balle *f ou* cartouche *f* à blanc; **disparo** *o* **tiro de ~** tir *m* à blanc; **pistola de ~** pistolet *m* chargé à blanc
**foja** (*AM*) *nf* feuille *f*; **~ de servicios** (*Admin*) fiche *f*
**fol.** *abr* (= *folio*) f. (= *feuillet*)
**folder, fólder** (*AM*) *nm* (*carpeta*) chemise *f*
**folio** *nm* feuille *f* de papier; (*Imprenta*) folio *m*; **de tamaño ~** en feuillet
**folklore** *nm* folklore *m*
**folklórico, -a** *adj* folklorique
**follaje** *nm* feuillage *m*
**follar** (*fam!*) *vt, vi* baiser (*fam!*)
**folletín** *nm* feuilleton *m*; (*fig*) mélodrame *m*
**folletinesco, -a** *adj*: **una película folletinesca** un film qui tourne au mélodrame
**folleto** *nm* (*de propaganda*) prospectus *msg*; (*informativo*) dépliant *m*; (*con instrucciones*) livret *m*
**follón** (*fam*) *nm* bordel *m*; **armar un ~** faire du bordel; **se armó un ~** ça a été la panique
**fomentar** *vt* promouvoir; (*odio, envidia*) fomenter

**fomento** *nm* promotion *f*; (*Admin*): **(Ministerio de) F~** ministère *m* du Développement
**fonda** *nf* auberge *f*
**fondear** *vt* (*Náut: sondear*) sonder; (*CHI: ahogar*) jeter à la mer ▶ *vi* jeter l'ancre
**fondillo** (*AM fam*) *nm* fond *m* de pantalon
**fondista** *nmf* (*Deporte*) coureur(-euse) de fond
**fondo** *nm* fond *m*; (*profundidad*) profondeur *f*; (*AM: prenda*) combinaison *f*; **a/de ~** à/de fond; **a ~ perdido** à fonds perdu; **al ~ de la calle/del pasillo** au bout de la rue/au fond du couloir; **en el ~** au fond; **tener buen ~** avoir un bon fond; **los bajos fondos** les bas-fonds *mpl*; **~ común** fonds *msg* commun; **~ de amortización** (*Com*) fonds *mpl* d'amortissement; **~ del mar** fond de la mer; **F~ Monetario Internacional** Fonds *msg* monétaire international; **fondos** *nmpl* (*Com, de museo, biblioteca*) fonds *msg*
**fonética** *nf* phonétique *f*
**fono** (*AM*) *nm* téléphone *m*
**fonógrafo** *nm* phonographe *m*
**fonología** *nf* phonologie *f*
**fonoteca** *nf* phonothèque *f*
**fontanería** *nf* plomberie *f*
**fontanero, -a** *nm/f* plombier(-ière)
**footing** ['futin] *nm* footing *m*; **hacer ~** faire du footing
**F.O.P.** (*ESP*) *sigla fpl* (= *Fuerzas del Orden Público*) forces de police
**forajido** *nm* fugitif *m*
**foral** *adj* local(e)
**foráneo, -a** *adj* étranger(-ère)
**forastero, -a** *nm/f* étranger(-ère)
**forcé** *vb ver* **forzar**
**forcejear** *vi* lutter
**forcejeo** *nm* lutte *f*
**forcemos** *etc vb ver* **forzar**
**fórceps** *pl inv* *nm* forceps *msg*
**forense** *nmf* (*tb:* **médico forense**) médecin *m* légiste
**forestal** *adj* forestier(-ière)
**forjar** *vt* forger; (*imperio, fortuna*) bâtir; **hierro forjado** fer *m* forgé; **forjarse** *vpr* (*porvenir*) s'assurer; (*ilusiones*) se faire
**forma** *nf* forme *f*; (*manera*) façon *f*, manière *f*; **en (plena) ~** en (pleine) forme; **en baja ~** pas en bonne forme; **en ~ de** en forme de; **de ~ que ...** de sorte que ...; **de todas formas** de toute façon; **~ de pago** (*Com*) mode de paiement; **formas** *nfpl* (*del cuerpo*) formes *fpl*; **guardar las formas** se tenir convenablement
**formación** *nf* formation *f*; **~ a cargo de la empresa** formation continue; **~ profesional** formation professionnelle

## formal – FPLP

> **FORMACIÓN PROFESIONAL**
>
> En Espagne, il existe deux niveaux de **formación profesional** : le *ciclo formativo de grado medio*, auquel peuvent accéder les titulaires d'un diplôme de la ESO ou toute personne de plus de 17 ans ayant réussi l'examen d'entrée ; et le *ciclo formativo de grado superior*, auquel peuvent accéder les titulaires d'un *bachillerato* ou toute personne de plus de 19 ans (ou de plus de 18 ans si elle est titulaire d'un *grado medio* dans la même spécialité). Le premier débouche sur un diplôme de *técnico*, et le second sur un diplôme de *técnico superior* qui permet d'entrer à l'université.

**formal** *adj* (*defecto*) de forme ; (*requisito, promesa*) formel(le) ; (*persona: de fiar*) sérieux(-euse)
**formalice** *etc vb ver* **formalizar**
**formalidad** *nf* sérieux *m* ; (*trámite*) formalité *f*
**formalizar** *vt* officialiser ; **formalizarse** *vpr* se ranger
**formalmente** *adv* formellement
**formar** *vt* former ; (*hacer*) faire ; **~ parte de** faire partie de ▶ *vi* (*Mil*) se mettre en formation ; (*Deporte*) se placer ; **formarse** *vpr* se former ; (*jaleo, lío*) se produire
**formatear** *vt* (*Inform*) formater
**formateo** *nm* (*Inform*) formatage *m*
**formativo, -a** *adj* formateur(-trice)
**formato** *nm* format *m* ; **sin ~** (*disco, texto*) non formaté(e) ; **~ de registro** format d'enregistrement
**formica**® *nf* Formica® *m*
**formidable** *adj* formidable
**formol** *nm* formol *m*
**fórmula** *nf* formule *f* ; (*fig: método*) solution *f* ; **hacer algo por (pura) ~** faire qch pour la forme ; **~ de cortesía** formule de politesse ; **~ uno** (*Auto*) formule 1
**formulación** *nf* formulation *f*
**formular** *vt* formuler ; (*idea*) émettre
**formulario** *nm* formulaire *m* ; **rellenar un ~** remplir un formulaire ; **~ de pedido** (*Com*) bon *m* de commande ; **~ de solicitud** (*Com*) formulaire de demande
**formulismo** *nm* formalisme *m*
**fornicar** *vi* forniquer
**fornido, -a** *adj* corpulent(e)
**fornique** *etc vb ver* **fornicar**
**foro** *nm* forum *m* ; (*Jur*) barreau *m*
**forofo, -a** *nm/f* fan *mf*
**FORPPA** (*Esp*) *sigla m* = **Fondo de Ordenación y Regulación de Productos y Precios Agrarios**
**forrado, -a** *adj* (*ropa*) doublé(e) ; (*fam: de dinero*) plein(e) aux as
**forraje** *nm* fourrage *m*
**forrar** *vt* (*abrigo*) doubler ; (*libro, sofá*) recouvrir ; (*puerta*) blinder ; **forrarse** *vpr* (*fam*) amasser une petite fortune

**forro** *nm* (*de abrigo*) doublure *f* ; (*de libro*) couverture *f* ; (*de sofá*) housse *f* ; **~ polar** laine *f* polaire
**fortalecer** *vt* fortifier ; **fortalecerse** *vpr* se fortifier
**fortalecimiento** *nm* consolidation *f*, renforcement *m*
**fortaleza** *nf* (*Mil*) forteresse *f* ; (*fuerza*) force *f*
**fortalezca** *etc vb ver* **fortalecer**
**fortificación** *nf* fortification *f*
**fortificar** *vt* fortifier
**fortifique** *etc vb ver* **fortificar**
**fortín** *nm* fortin *m*
**fortísimo, -a** *adj superl de* **fuerte**
**fortuito, -a** *adj* fortuit(e)
**fortuna** *nf* fortune *f* ; **por ~** par hasard ; **probar ~** tenter sa chance
**forúnculo** *nm* furoncle *m*
**forzado, -a** *adj* forcé(e) ; **trabajos forzados** travaux *mpl* forcés
**forzar** *vt* forcer ; (*proceso*) accélérer ; (*violar*) violer ; **~ a algn a hacer algo** forcer qn à faire qch
**forzosamente** *adv* forcément
**forzoso, -a** *adj* forcé(e)
**forzudo, -a** *adj* (*persona*) d'une force peu commune
**fosa** *nf* fosse *f* ; **fosas nasales** fosses *fpl* nasales
**fosfato** *nm* phosphate *m*
**fosforescente** *adj* phosphorescent(e) ; (*ojos*) brillant(e)
**fósforo** *nm* phosphore *m* ; (*Am: cerilla*) allumette *f*
**fósil** *adj, nm* fossile *m*
**foso** *nm* (*hoyo, Auto*) fosse *f* ; (*Teatro*) fosse d'orchestre ; (*de castillo*) douves *fpl*
**foto** *nf* photo *f* ; **sacar** *o* **hacer una ~** faire *o* prendre une photo ; **~ de carné** photo d'identité
**fotocopia** *nf* photocopie *f*
**fotocopiadora** *nf* photocopieuse *f*
**fotocopiar** *vt* photocopier
**fotogénico, -a** *adj* photogénique
**fotografía** *nf* photographie *f*
**fotografiar** *vt* photographier
**fotográfico, -a** *adj* photographique
**fotógrafo, -a** *nm/f* photographe *mf*
**fotograma** *nm* (*Cine*) photogramme *m*
**fotomatón** *nm* photomaton *m*
**fotómetro** *nm* photomètre *m*
**fotonovela** *nf* roman-photo *m*
**fotosíntesis** *nf inv* photosynthèse *f*
**fotuto** (*Cu*) *nm* klaxon *m*
**foulard** [fu'lar] *nm* foulard *m*
**FP** *sigla f* (*Esp: = Formación Profesional*) *ver* **formación**
**FPLP** *sigla m* (*Pol: = Frente Popular para la Liberación de Palestina*) FPLP *m* (= Front populaire de libération de la Palestine)

**fra.** abr = **factura**
**frac** (pl **fracs** o **fraques**) nm frac m
**fracasado, -a** adj (persona) infortuné(e); (tentativa) manqué(e) ▶ nm/f raté(e)
**fracasar** vi échouer
**fracaso** nm échec m; (desastre) catastrophe f; (revés) revers msg
**fracción** nf fraction f; (Pol) scission f
**fraccionadora** (MÉX) nf (Com) promoteur m immobilier
**fraccionamiento** (AM) nm lotissement m
**fraccionar** vt fractionner; **~ los pagos** fractionner ou échelonner les paiements
**fractura** nf fracture f; (grieta) cassure f
**fracturación** nf: **~ hidráulica** fracturation f hydraulique
**fracturarse** vpr (Med) se fracturer
**fragancia** nf parfum m
**fragante** adj parfumé(e)
**fraganti**: **in ~** adv, **pillar a algn in ~** prendre qn en flagrant délit
**fragata** nf frégate f
**frágil** adj fragile; « **~** » (Com) « fragile »
**fragilidad** nf fragilité f
**fragmentación** nf fragmentation f
**fragmentar** vt fragmenter; **fragmentarse** vpr se fragmenter, se morceler; **se fragmenta en miles de partículas** il se fragmente ou se morcele en milliers de particules
**fragmento** nm fragment m; (Mús) morceau m choisi
**fragor** nm clameur f
**fragua** nf forge f
**fraguar** vt forger ▶ vi prendre
**fragüe** etc vb ver **fraguar**
**fraile** nm moine m
**frambuesa** nf framboise f
**francamente** adv franchement
**francés, -esa** adj français(e) ▶ nm/f Français(e) ▶ nm (Ling) français m
**Francia** nf France f
**franciscano, -a** adj, nm franciscain(e)
**francmasón, -ona** nm/f franc-maçon(ne)
**franco, -a** adj franc (franche); (Com: exento: entrada, puerto) franco; **~ de derechos** (Com) hors taxe; **~ a bordo** (Com) franco à bord; **~ al costado del buque** (Com) franco long du bord; **~ en fábrica** (Com) départ usine; **~ puesto sobre vagón** (Com) franco wagon; **de ~** (CSUR) en permission ▶ nm (Hist: moneda) franc m
**francófono, -a** adj, nm/f francophone mf
**francotirador, a** nm/f franc-tireur(-euse)
**franela** nf flanelle f
**franja** nf (en vestido, bandera) frange f; (de tierra) bande f; (de luz) rai m
**franquear** vt (paso, entrada) débarrasser; (carta etc) affranchir; (obstáculo) franchir; **franquearse** vpr: **franquearse con algn** parler à cœur ouvert avec qn

**franqueo** nm affranchissement m
**franqueza** nf franchise f; **con ~** avec franchise
**franquicia** nf franchise f; **~ aduanera** franchise douanière
**franquismo** nm franquisme m; voir article

> **FRANQUISMO**
>
> Le régime politique qui fut celui de Francisco Franco de la fin de la guerre civile espagnole, en 1939, jusqu'à sa mort en 1975, est connu sous le nom de **franquismo**. Franco était un dictateur autoritaire aux idées de droite pour qui l'Espagne devait être un pays traditionnel, catholique et autosuffisant. Dans les années 60, l'Espagne commença à s'ouvrir au reste du monde et connut un essor économique et une opposition politique intérieure. À la mort de Franco, elle devint une monarchie démocratique et constitutionnelle.

**franquista** adj, nmf franquiste mf
**frasco** nm flacon m
**frase** nf phrase f; (locución) expression f; **~ hecha** expression f figée; (despectivo) cliché m
**fraternal** adj fraternel(le)
**fraternidad** nf fraternité f
**fraternizar** vi: **~ (con)** fraterniser (avec)
**fraterno, -a** adj fraternel(le)
**fratricida** adj, nmf fratricide mf
**fraude** nm fraude f
**fraudulentamente** adv frauduleusement
**fraudulento, -a** adj frauduleux(-euse)
**fray** nm frère m; **F~ Juan** frère m Jean
**frazada** (AM) nf couvre-lit m
**frecuencia** nf fréquence f; **con ~** fréquemment; **~ de red/del reloj** (Inform) fréquence d'alimentation/d'horloge
**frecuentar** vt fréquenter
**frecuente** adj fréquent(e); (habitual) habituel(le)
**frecuentemente** adv fréquemment
**fregadero** nm évier m
**fregado, -a** (fam) adj (AM: molesto) embêtant(e) ▶ nm dispute f
**fregar** vt laver; (AM fam) emmerder
**fregón, -ona** (AM fam) adj énervant(e)
**fregona** nf balai m à franges; (pey: sirvienta) boniche f
**fregué** etc, **freguemos** etc vb ver **fregar**
**freidora** nf friteuse f
**freír** vt frire; **~ a algn a preguntas** assommer qn de questions; **freírse** vpr frire
**fréjol** nm = **frijol**
**frenada** (CHI) nf coup m de frein
**frenar** vt, vi freiner; **~ en seco** freiner brusquement

**frenazo** *nm* coup *m* de frein
**frenesí** *nm* frénésie *f*
**frenético, -a** *adj* frénétique ; *(persona)* hors de soi ; **ponerse ~** devenir fou (folle) de rage
**freno** *nm* frein *m* ; *(de cabalgadura)* mors *m* ; **poner ~ a algo** *(fig)* réfréner qch ; **~ de mano** frein à main
**frente** *nf (Anat)* front *m* ; **~ a** face à face ▶ *nm (Mil, Meteorología)* front *m* ; *(Arq, de objeto)* devant *m* ; **hacer ~ común con algn** faire cause commune avec qn ; **hacer ~ a** faire face à ; **ir/ponerse al ~ de** être/se mettre à la tête de ; **~ a** en face de ; *(en comparación con)* par rapport à ; **chocar de ~** se heurter de front ; **~ de batalla** front de bataille ; **~ único** front commun ▶ *adv*: **~ mío/nuestro** *etc (esp CSUR fam)* en face de moi/nous *etc*
**fresa** *nf (ESP, CAM, CARIB, MÉX)* fraise *f* ; *(de dentista)* roulette *f*
**fresco, -a** *adj* frais (fraîche) ; *(ropa)* léger(-ère) ; *(descarado)* insolent(e) ; *(descansado)* frais (fraîche) et dispos(e) ; **estar/quedarse tan ~** demeurer imperturbable ; **¡qué ~!** quel culot ! ▶ *nm (aire)* fraîcheur *f* ; *(Arte)* fresque *f* ; *(AM)* boisson *f* fraîche ▶ *nm/f (fam: descarado)* insolent(e) ; *(: desvergonzado)* effronté(e) ; **al ~** au frais ; **hace ~** il fait frais ; **tomar el ~** prendre le frais
**frescor** *nm* fraîcheur *f*
**frescura** *nf* fraîcheur *f* ; *(descaro)* culot *m*
**fresno** *nm* frêne *m*
**fresón** *nm* fraise *f*
**freudiano, -a** *adj, nm/f* freudien(-enne)
**frialdad** *nf* froideur *f*
**fríamente** *adv* froidement ; **la propuesta fue acogida ~** la proposition a été reçue froidement ; **mirado ~, tiene razón** si on le considère froidement, il a raison
**fricción** *nf* friction *f*
**friega** *vb ver* **fregar** ▶ *nf (Med)* friction *f*
**friegue** *etc vb ver* **fregar**
**friendo** *etc vb ver* **freír**
**frigider** *(CSUR) nm* frigidaire® *m*
**frigidez** *nf* frigidité *f*
**frígido, -a** *adj* frigide
**frigorífico, -a** *adj* frigorifique ; **camión ~** camion *m* frigorifique ▶ *nm* réfrigérateur *m*
**frijol** *(AM) nm* haricot *m* sec ; *(verde)* haricot vert
**frio** *vb ver* **freír**
**frío, -a** *adj* froid(e) ; *(fig: poco entusiasta)* pas très chaud(e) ; *(relaciones)* tendu(e) ; **quedarse ~** commencer à avoir froid ▶ *nm* froid *m* ; **coger ~** prendre froid ; **tener ~** avoir froid ; **hace ~** il fait froid ; **¡qué ~!** il fait un de ces froids !
**friolento** *(AM) adj =* **friolero**
**friolera** *nf* bagatelle *f* ; **gastó la ~ de 1.000 euros** il a dépensé la bagatelle de 1 000 euros
**friolero, -a** *adj* frileux(-euse)

**friso** *nm* frise *f*
**fritanga** *nf (AM)* aliments frits ; *(pey)* graillon *m*
**fritanguería** *(AM) nf* échoppe où l'on vend des aliments frits
**frito, -a** *pp de* **freír** ▶ *adj (Culin)* frit(e) ; **me tiene** *o* **trae ~ ese hombre** *(fam)* ce type est barbant ; **quedarse ~** *(fam)* s'endormir ; **fritos** *nmpl (Culin)* friture *fsg*
**fritura** *nf* friture *f*
**frivolidad** *nf* frivolité *f*
**frívolo, -a** *adj* frivole
**frondoso, -a** *adj* touffu(e)
**frontal** *adj* frontal(e)
**frontera** *nf* frontière *f* ; **sin fronteras** sans limite
**fronterizo, -a** *adj (pueblo, paso)* frontalier(-ière) ; *(países)* limitrophe
**frontón** *nm (cancha)* fronton *m* ; *(juego)* pelote *f* basque
**frotar** *vt, vi* frotter ; **frotarse** *vpr*: **frotarse las manos** se frotter les mains
**frotis** *nm*: **~ cervical** frottis *m* vaginal
**fructífero, -a** *adj* fructueux(-euse)
**fructosa** *nf* fructose *f*
**frugal** *adj* frugal(e)
**frugalidad** *nf* frugalité *f*
**frunce, fruncido** *nm* fronce *f*
**fruncir** *vt* froncer ; *(labios)* plisser
**frunza** *etc vb ver* **fruncir**
**frustración** *nf* frustration *f*
**frustrado, -a** *adj* frustré(e) ; *(intento)* avorté(e)
**frustrante** *adj* frustrant(e)
**frustrar** *vt* frustrer ; **frustrarse** *vpr (plan etc)* échouer
**fruta** *nf* fruit *m* ; **~ del tiempo** fruit de saison ; **~ escarchada** fruit confit
**frutal** *adj* fruitier(-ière) ▶ *nm* arbre *m* fruitier
**frutería** *nf* boutique *f* de fruits et légumes
**frutero, -a** *adj* fruitier(-ière) ▶ *nm/f* marchand(e) de fruits et légumes ▶ *nm* compotier *m*
**frutilla** *(AND, CSUR) nf* fraise *f*
**fruto** *nm* fruit *m* ; **dar** *o* **producir ~** porter ses fruits ; **frutos secos** fruits *mpl* secs
**FSLN** *(NIC) sigla m (Pol) =* **Frente Sandinista de Liberación Nacional**
**fucha, fuchi** *(MÉX fam) excl* ouf !
**fucsia** *nf (planta)* fuchsia *m* ▶ *adj inv, nm inv (color)* fuchsia *m*
**fue** *vb ver* **ser**; **ir**
**fuego** *nm* feu *m* ; **prender ~ a** mettre le feu à ; **a ~ lento** à petit feu ; **¡alto el ~!** cessez le feu ! ; **estar entre dos fuegos** être pris(e) entre deux feux ; **¿tienes ~?** tu as du feu ? ; **~ amigo** tirs *mpl* de son propre camp ; **fuegos artificiales** *o* **de artificio** feux *mpl* d'artifice
**fueguito** *(AM fam) nm* feu *m*
**fuelle** *nm* soufflet *m*
**fuel-oil** [fuel'oil] *nm* fioul *m*

## fuente – funerario

**fuente** nf fontaine f; (plato) plat m; (fig) source f; **de buena ~** de source sûre; **de fuentes fidedignas** de sources bien informées; **~ de alimentación** (Inform) source d'alimentation; **~ de soda** (AM) buvette f

**fuera** vb ver **ser**; **ir** ▶ adv dehors; (de viaje) en voyage; **por ~** au dehors; **¡~!** dehors!; **los de ~** les étrangers mpl; **~ de** hors de; (fig) sauf; **~ de alcance** hors de portée; **~ de combate** hors de combat; (Boxeo) K.O.; (Fútbol) hors jeu; **~ de la ley** hors-la-loi; **estar ~ de lugar** ne pas être à sa place; **~ de serie/servicio/temporada** hors série/service/saison; **~ de sí** hors de soi; **~ de (toda) duda/sospecha** au-dessus de tout soupçon

**fuera-borda** nm inv hors-bord m

**fuerce** etc vb ver **forzar**

**fuereño, -a** (AM) adj, nm/f étranger(-ère)

**fuero** nm droit m local; (jurisdicción) droit m; (fig): **en mi** etc **~ interno** en mon etc for intérieur

**fuerte** adj fort(e); (resistente) solide; (chocante) choquant(e) ▶ adv (sujetar) solidement; (golpear) violemment; (llover) à verse; (gritar) fort ▶ nm (Mil) fort m; (fig): **el canto no es mi ~** le chant, ce n'est pas mon fort

**fuertemente** adv (sujetar) solidement; (golpear) violemment; (llover) à verse

**fuerza** vb ver **forzar** ▶ nf force f; (Mil: tb: **fuerzas**) forces fpl; **a ~ de** à force de; **cobrar fuerzas** prendre des forces; **empujar/tirar con ~/con todas sus fuerzas** pousser/tirer avec force/de toutes ses forces; **tener ~** avoir de la force; **tener fuerzas para hacer** avoir la force de faire; **a o por la ~** de force; **con ~ legal** (Com) à force de loi; **por ~** forcément; **fuerzas aéreas/armadas** forces aériennes/armées; **~ bruta** force brute; **~ de arrastre** (Tec) effort m de traction; **fuerzas de Orden Público** forces de l'ordre; **~ de voluntad** volonté f; **~ mayor** force majeure; **~ vital** énergie f vitale

**fuete** (AM) nm fouet m

**fuga** nf fugue f; (de gas, agua) fuite f; **~ de capitales** (Econ) fuite des capitaux; **~ de cerebros** (fig) fuite des cerveaux

**fugacidad** nf fugacité f

**fugarse** vpr s'enfuir

**fugaz** adj fugace

**fugitivo, -a** adj en fuite ▶ nm/f fugitif(-ive)

**fugue** etc vb ver **fugarse**

**fui** etc vb ver **ser**; **ir**

**fulana** (fam) nf (pey) prostituée; ver tb **fulano**

**fulano, -a** nm/f un(e) tel(le)

**fular** (nm = **foulard**

**fulgor** nm scintillement m

**fulgurante** adj fulgurant(e)

**full** [ful] (fam) nm (CSUR): **a ~: trabajan a ~ para que no quede impune** ils travaillent d'arrache-pied pour qu'il ne reste pas impuni

**fulminante** adj fulminant(e); (Med, fig) foudroyant(e); (fam: éxito) fulgurant(e)

**fulminar** vt: **caer fulminado por un rayo** être foudroyé; **~ a algn con la mirada** foudroyer qn du regard

**fumada** (AM) nf succion f

**fumador, a** nm/f fumeur(-euse); **no ~** non-fumeur(-euse)

**fumar** vt, vi fumer; **~ en pipa** fumer la pipe; **fumarse** vpr fumer; (fam: herencia) flamber; (: clases) sécher

**fumigación** nf fumigation f

**fumigar** vt soumettre à des fumigations, fumiger

**funambulista** nmf, **funámbulo, -a** nm/f funambule mf

**función** nf fonction f; (Teatro etc) représentation f; **entrar en funciones** entrer en fonction; **~ de tarde/de noche** matinée f/soirée f; **en ~ de** en fonction de; **presidente/director en funciones** président/directeur par intérim

**funcional** adj fonctionnel(le)

**funcionamiento** nm fonctionnement m; **en ~** (Com) en fonctionnement; **entrar/poner en ~** commencer à/faire fonctionner

**funcionar** vi fonctionner; « **no funciona** » « en panne »

**funcionariado** nm fonctionnaires mpl

**funcionario, -a** nm/f fonctionnaire mf

**funda** nf étui m; (de nórdico, sofá) housse f; (de almohada) taie f; (de disco) pochette f

**fundación** nf fondation f

**fundado, -a** adj (justificado) fondé(e)

**fundador, a** nm/f fondateur(-trice)

**fundamental** adj fondamental(e)

**fundamentalismo** nm fondamentalisme m

**fundamentalista** adj, nmf fondamentaliste mf

**fundamentalmente** adv fondamentalement

**fundamentar** vt (fig): **~ (en)** fonder (sur)

**fundamento** nm fondement m; **eso carece de ~** ça ne tient pas debout; **fundamentos** nmpl (de ciencia, arte) fondements mpl

**fundar** vt fonder; (fig: basar): **~ en** fonder sur; **fundarse** vpr: **fundarse en** se fonder sur

**fundición** nf (fábrica) fonderie f; (de metal, Tip) fonte f

**fundillo** (AM) nm (fam: de pantalón) fond m; (fam!) cul m (fam!)

**fundir** vt fondre; (Com, fig) fusionner; **fundirse** vpr (Elec, nieve, mantequilla) fondre; (colores etc) se fondre; (fig) fusionner

**fundo** (AND, CHI) nm ferme f

**fúnebre** adj funèbre; (fig) sombre

**funeral** nm funérailles fpl

**funeraria** nf pompes fpl funèbres

**funerario, -a** adj funéraire

**funesto, -a** *adj* funeste
**fungir** (*Am*) *vi*: ~ **de** faire office de ; **va a ~ de padrino** il sera le parrain
**funicular** *nm* funiculaire *m*
**furgón** *nm* (*camión*) fourgon *m* ; (*Ferro*) wagon *m*
**furgoneta** *nf* fourgonnette *f*
**furia** *nf* furie *f* ; **hecho una ~** comme une furie
**furibundo, -a** *adj* furibond(e)
**furiosamente** *adv* furieusement
**furioso, -a** *adj* furieux(-euse) ; (*violento*) violent(e)
**furor** *nm* fureur *f* ; **hacer ~** faire fureur
**furtivamente** *adv* furtivement
**furtivo, -a** *adj* furtif(-ive) ▶ *nm/f* (*cazador*) braconnier(-ière)
**furúnculo** *nm* = **forúnculo**
**fuselaje** *nm* fuselage *m*
**fusible** *nm* fusible *m*
**fusil** *nm* fusil *m*
**fusilamiento** *nm* exécution *f*
**fusilar** *vt* fusiller
**fusión** *nf* fusion *f*
**fusionamiento** *nm* (*Com*) fusionnement *m*
**fusionar** *vt* fusionner ; **fusionarse** *vpr* (*Com*) fusionner
**fusta** *nf* cravache *f*
**fustán** (*Am*) *nm* combinaison *f*
**fustigar** *vt* cravacher ; (*persona*) fustiger
**fútbol** *nm* football *m* ; **~ sala** football en salle
**futbolero, -a** *adj* footeux(-euse), fana de foot
**futbolín** *nm* baby-foot *m*
**futbolista** *nmf* footballeur(-euse)
**futbolístico, -a** *adj* de football
**fútil** *adj* futile
**futileza** (*Chi*), **futilidad** *nf* futilité *f*
**futón** *nm* futon *m*
**futurista** *adj*, *nmf* futuriste *mf*
**futuro, -a** *adj* futur(e) ; **futura madre** future maman *f* ▶ *nm* avenir *m*, futur *m* ; (*Ling*) futur ; **futuros** *nmpl* (*Com*) opérations *fpl* à terme

# Gg

**G, g** [xe] *nf* (*letra*) G, g *m inv* ; **G de Gerona** ≈ G comme Gaston
**gabacho, -a** (*pey*) *adj* français(e) ▶ *nm/f* Français(e)
**gabán** *nm* caban *m*
**gabardina** *nf* imperméable *m* ; (*tela*) gabardine *f*
**gabinete** *nm* cabinet *m* ; (*de abogados*) étude *f* ; **~ de consulta/de lectura** salle *f* de consultation/de lecture
**gacela** *nf* gazelle *f*
**gaceta** *nf* gazette *f*
**gacetilla** *nf* (*en periódico*) petites annonces *fpl*
**gachas** *nfpl* bouillie *f*
**gacho, -a** *adj* bas (basse)
**gachupín, -ina** (*CAm, Méx pey*) *nm/f* Espagnol(e)
**gaditano, -a** *adj* de Cadix ▶ *nm/f* natif(-ive) *o* habitant(e) de Cadix
**gaélico, -a** *adj* gaélique ▶ *nm/f* Celte *mf* ▶ *nm* (*Ling*) gaélique *m*
**gafapasta** (*fam*) *nmf* hipster *m* affectionnant les lunettes à grosses montures
**gafar** (*fam*) *vt* porter la poisse à
**gafas** *nfpl* lunettes *fpl* ; **~ de sol** lunettes de soleil
**gafe** *adj*: **ser ~** porter la poisse
**gag** (*pl* **gags**) *nm* gag *m*
**gaita** *nf* cornemuse *f* ; (*fam*) galère *f*
**gaitero, -a** *nm/f* joueur(-euse) de cornemuse
**gajes** *nmpl*: **~ del oficio** aléas *mpl* du métier
**gajo** *nm* (*de naranja*) quartier *m* ; (*racimo*) grappe *f*
**GAL** *nmpl abr* (= *Grupos Antiterroristas de Liberación*) GAL *m*
**gala** *nf* gala *m* ; **de ~** de gala ; **vestir de ~** mettre sa tenue de gala ; (*Mil*) être en grand uniforme ; **hacer ~ de** se targuer de ; **tener algo a ~** mettre un point d'honneur à faire qch ; **galas** *nfpl* (*atuendo*) atours *mpl* ; **con sus mejores galas** de ses plus beaux atours
**galaico, -a** *adj* galicien(ne)
**galán** *nm* don Juan *m* ; (*Teatro*) jeune premier *m*
**galante** *adj* galant(e)
**galantear** *vt* courtiser
**galanteo** *nm* cour *f*
**galantería** *nf* galanterie *f*
**galápago** *nm* tortue *f* (d'eau douce)
**galardón** *nm* récompense *f*
**galardonar** *vt* récompenser
**galaxia** *nf* galaxie *f*
**galbana** *nf* flemme *f*
**galeón** *nm* galion *m*
**galeote** *nm* galérien *m*
**galera** *nf* (*nave*) galère *f* ; (*Tip*) galée *f* ; **galeras** *nfpl* (*castigo*) galères *fpl*
**galería** *nf* galerie *f* ; (*para cortina*) tringle *f* ; **hacer algo para la ~** faire qch pour la galerie ; **~ comercial** galerie commerciale ; **~ secreta** passage *m* secret
**galerista** *nmf* galeriste *mf*
**Gales** *nm*: **(el País de) ~** le pays de Galles
**galés, -esa** *adj* gallois(e) ▶ *nm/f* Gallois(e) ▶ *nm* (*Ling*) gallois *msg*
**galgo, -a** *nm/f* lévrier (levrette)
**Galia** *nf* Gaule *f*
**Galicia** *nf* Galice *f*
**galicismo** *nm* (*Ling*) gallicisme *m*
**Galilea** *nf* Galilée *f*
**galimatías** *nm inv* galimatias *msg*
**gallardía** *nf* (*en aspecto*) grâce *f* ; (*al actuar*) vaillance *f*
**gallardo, -a** *adj* (*en aspecto*) gracieux(-euse) ; (*al actuar*) vaillant(e)
**gallego, -a** *adj* galicien(ne) ; (*Am pey*) espagnol(e) ▶ *nm/f* Galicien(ne) ; (*Am pey*) Espagnol(e) ▶ *nm* (*Ling*) galicien *m*
**gallera** *nf* enceinte dans laquelle se déroulent des combats de coqs
**galleta** *nf* biscuit *m* ; (*fam: bofetada*) baffe *f*

⚠ **Galleta** ne signifie pas *galette*, qui a différentes traductions en espagnol.

**gallina** *nf* poule *f* ; **carne de ~** chair *f* de poule ; **~ ciega** colin-maillard *m* ; **~ clueca** poule pondeuse ▶ *nmf* (*fam*) poule mouillée
**gallinazo** (*Am*) *nm* vautour *m*
**gallinero** *nm* poulailler *m* ; (*donde se vocea*) volière *f*
**gallito** (*pey*) *nm* jeune coq *m*
**gallo** *nm* coq *m* ; (*pescado*) limande *f* ; (*Mús*) couac *m* ; **en menos que canta un ~** en un clin d'œil ; **otro ~ nos cantara** ça serait tout autre chose

## galo – garrapiñado

**galo, -a** *adj* gaulois(e) ; *(francés)* français(e) ▶ *nm/f* Gaulois(e)
**galón** *nm* galon *m*
**galopante** *adj* galopant(e)
**galopar** *vi* galoper
**galope** *nm* galop *m* ; **a ~** *(carrera)* de galop ; *(fig)* au galop ; **a ~ tendido** au triple galop
**galpón** *(CSur) nm* entrepôt *m*
**galvanice** *etc vb ver* **galvanizar**
**galvanizar** *vt* galvaniser ; *(ambiente, conferencia)* animer
**gama** *nf* gamme *f* ; *(Zool)* femelle *f* du daim
**gamba** *nf* crevette *f*
**gamberrada** *nf* acte *m* de vandalisme
**gamberrismo** *nm* vandalisme *m*
**gamberro, -a** *nm/f* voyou *m*
**gambeta** *nf (de caballo)* courbette *f* ; *(en danza)* entrechat *m*
**gamo** *nm* daim *m*
**gamonal** *(And, Cam, CSur) nm* chef *m* du village
**gamuza** *nf* chamois *msg* ; *(bayeta)* peau *f* de chamois
**gana** *nf (deseo)* envie *f* ; *(apetito)* appétit *m* ; **de buena/mala ~** volontiers/à contrecœur ; **me dan ganas de hacer** ça me donne envie de faire ; **tener ganas de (hacer)** avoir envie de (faire) ; **me quedé con las ganas de ir** j'y serais bien allé ; **no me da la (real) ~** je n'en ai pas envie ; **son ganas de molestar** c'est vraiment pour le plaisir d'embêter le monde ; **hacer algo con/sin ganas** faire qch volontiers/à contrecœur
**ganadería** *nf* bétail *m* ; *(cría)* élevage *m* ; *(comercio)* commerce *m* du bétail
**ganadero, -a** *adj (industria)* de l'élevage ; *(zona)* d'élevage ▶ *nm* éleveur *m*
**ganado** *nm* bétail *m* ; **~ bovino** *o* **vacuno** bovins *mpl* ; **~ caballar/cabrío** chevaux *mpl*/chèvres *fpl* ; **~ lanar/porcino** moutons *mpl*/porcs *mpl*
**ganador, a** *adj, nm/f* gagnant(e)
**ganancia** *nf* gain *m* ; **sacar ~ de** tirer profit de ; **~ bruta/líquida** bénéfice *m* brut/net ; **ganancias** *nfpl (ingresos)* revenus *mpl* ; *(beneficios)* gains *mpl* ; **pérdidas y ganancias** profits *mpl* et pertes ; **ganancias de capital** plus-values *fpl* (de capital)
**ganancial** *adj*: **bienes gananciales** biens *mpl* communs
**ganapán** *nm (obrero casual)* gagne-petit *m* ; *(individuo tosco)* rustre *m*
**ganar** *vt* gagner ; *(fama, experiencia)* acquérir ; *(premio)* remporter ; *(peso)* prendre ; *(apoyo)* s'assurer ; **~ tiempo** gagner du temps ; **le gana en simpatía** il est plus sympathique ; **se lo ha ganado** il l'a bien mérité ; **~ a algn para una causa** rallier qn à une cause ▶ *vi (Deporte)* gagner ; *(mejorar)* améliorer ; **salir ganando** sortir gagnant(e) ; **ganarse** *vpr*: **ganarse la vida** gagner sa vie
**ganchillo** *nm* crochet *m* ; **hacer ~** faire du crochet ; **aguja de ~** crochet
**gancho** *nm* crochet *m* ; *(fam: atractivo)* charme *m* ; **usar algo/a algn como ~** utiliser qch/qn comme appât
**gandul, a** *adj, nm/f* feignant(e)
**ganga** *nf* affaire *f*
**Ganges** *nm*: **el (Río) ~** le Gange
**ganglio** *nm* ganglion *m*
**gangrena** *nf* gangrène *f*
**gángster** ['ganster] *(pl* **gángsters***) nm* gangster *m*
**gansada** *(fam) nf* ânerie *f*
**ganso, -a** *nm/f* jars (oie) ; *(fam)* pitre *m* ; **hacer el ~** faire l'imbécile ▶ *adj (fam)* bouffon(ne) ; **no seas ~** fais pas ton bouffon
**Gante** *n* Gand
**ganzúa** *nf* crochet *m*
**gañán** *nm* journalier *m*
**garabatear** *vt* griffonner ▶ *vi* avoir une écriture de chat
**garabato** *nm* gribouillage *m* ; **garabatos** *nmpl (escritura)* pattes *fpl* de mouche
**garaje** *nm* garage *m* ; **plaza de ~** place *f* de parking
**garante** *adj, nmf* garant(e)
**garantía** *nf* garantie *f* ; **de máxima ~** garanti(e) à cent pour cent
**garantice** *etc vb ver* **garantizar**
**garantizar** *vt* garantir ; **te garantizo que no vendrá** je te garantis qu'il ne viendra pas
**garbanzo** *nm* pois *msg* chiche ; **~ negro** *(fig)* brebis *fsg* galeuse
**garbeo** *nm*: **darse un ~** faire un tour
**garbo** *nm* allure *f* ; *(gracia)* grâce *f* ; **andar con ~** avoir une démarche élégante
**garboso, -a** *adj*: **es ~** il a de l'allure
**gardenia** *nf* gardénia *f*
**garete** *nm*: **irse al ~** *(fig)* aller à la dérive
**garfio** *nm (Tec)* crochet *m* ; *(Alpinismo)* piton *m*
**gargajo** *nm* crachat *m*
**garganta** *nf* gorge *f* ; **se me hizo un nudo en la ~** j'ai eu la gorge nouée
**gargantilla** *nf* ras-de-cou *m*
**gárgara** *nf* gargarisme *m* ; **hacer gárgaras** faire des gargarismes ; **¡vete a hacer gárgaras!** *(fam)* va te faire voir !
**gárgola** *nf* gargouille *f*
**garita** *nf* guérite *f*
**garito** *nm* tripot *m* ; *(fam: bar)* bistrot *m*
**garnacha** *nf (uva)* grenache *m*
**garra** *nf* griffe *f* ; *(de ave)* serre *f* ; **caer en las garras de algn** tomber entre les griffes de qn
**garrafa** *nf* carafe *f*
**garrafal** *adj (error)* monumental(e)
**garrafón** *nm* dame-jeanne *f*
**garrapata** *nf* tique *f*
**garrapiñado, -a** *adj*: **almendras garrapiñadas** pralines *fpl*

**garrotazo** *nm* (*de palo*) coup *m* de gourdin ; (*de porra*) coup de massue

**garrote** *nm* (*palo*) gourdin *m* ; (*porra*) massue *f* ; (*ejecución*) garrot *m*

**garúa** (*AM*) *nf* bruine *f*

**garza** *nf* héron *m*

**garzón, -ona** (*CSUR*) *nm/f* garçon (serveuse)

**gas** *nm* gaz *m* ; **a todo ~** plein gaz ; **gases lacrimógenos** gaz *mpl* lacrymogènes ; **~ natural** gaz *m* naturel ; **gases** *nmpl* (*Med*) gaz *mpl*

**gasa** *nf* gaze *f* ; (*de pañal*) couche *f*

**gaseosa** *nf* limonade *f*

**gaseoso, -a** *adj* gazeux(-euse)

**gásfiter** (*CHI*) *nm* = **gasfitero**

**gasfitería** (*AND*, *CSUR*) *nf* plomberie *f*

**gasfitero** (*CHI*) *nm* plombier *m*

**gasoducto** *nm* gazoduc *m*

**gasoil, gasóleo** *nm* gasoil *m*

**gasolina** *nf* essence *f*

**gasolinera** *nf* station-service *f*

**gastado, -a** *adj* (*ropa*) usé(e) ; (*mechero*) fini(e) ; (*bolígrafo*) qui n'a plus d'encre ; (*fig: político*) dépassé(e)

**gastar** *vt* dépenser ; (*malgastar*) gaspiller ; (*desgastar*) user ; (*usar*) porter ; (*fig: persona*) user ; **~ bromas** faire des blagues ; **¿qué número gastas?** quelle est ta pointure ? ; **gastarse** *vpr* s'user

**gasto** *nm* dépense *f* ; **~ corriente/fijo** (*Com*) dépenses courantes/frais *mpl* fixes ; **gastos** *nmpl* (*desembolsos*) dépenses *fpl* ; (*costes*) frais *mpl* ; **cubrir gastos** couvrir les frais ; **meterse en gastos** se mettre en frais ; **gastos de desplazamiento** frais de déplacement ; **gastos de distribución/ representación** (*Com*) frais de distribution/ représentation ; **gastos de mantenimiento** frais de maintenance ; **gastos de tramitación** (*Com*) frais de dossier ; **gastos generales** frais généraux ; **gastos vencidos** (*Com*) frais à payer

**gástrico, -a** *adj* gastrique

**gastritis** *nf* gastrite *f*

**gastroenteritis** *nf inv* gastro-entérite *f*

**gastronomía** *nf* gastronomie *f*

**gastronómico, -a** *adj* gastronomique

**gata** *nf ver* **gato**

**gatear** *vi* marcher à quatre pattes

**gatillero** (*MÉX*) *nm* pistolet *m*

**gatillo** *nm* gâchette *f*

**gato, -a** *nm/f* chat(te) ; **dar a algn ~ por liebre** (*fig*) rouler qn ; **andar a gatas** marcher à quatre pattes ; **aquí hay ~ encerrado** il y a anguille sous roche ; **~ de Angora** chat(te) angora ; **~ montés/siamés** chat sauvage/siamois ▶ *nm* (*Tec*) cric *m*

**GATT** *sigla m* (= *Acuerdo General sobre Aranceles Aduaneros y Comercio*) GATT *m* (= *General Agreement on Tariffs and Trade*)

**gatuno, -a** *adj* de félin

**gauchada** (*CSUR fam*) *nf* service *m*

**gaucho, -a** *adj* gaucho ▶ *nm/f* gaucho *m*

**gaveta** *nf* tiroir *m*

**gavilán** *nm* épervier *m*

**gavilla** *nf* fagot *m*

**gaviota** *nf* mouette *f*

**gay** *adj*, *nm* homo *m*

**gazapo** *nm* jeune lapin *m* ; (*error*) lapsus *m*

**gazmoñería** *nf* pruderie *f*

**gazmoño, -a** *adj* prude

**gaznate** *nm* gorge *f*, kiki *m* (*fam*)

**gazpacho** *nm* gaspacho *m* (*soupe froide espagnole*)

**géiser** *nm* geyser *m*

**gel** *nm* (*de ducha*) gel *m*

**gelatina** *nf* gélatine *f*

**gelatinoso, -a** *adj* gélatineux(-euse)

**gélido, -a** *adj* glacé(e), gelé(e)

**gema** *nf* gemme *f*

**gemelo, -a** *adj*, *nm/f* jumeau(-elle) ; **gemelos** *nmpl* (*de camisa*) boutons *mpl* de manchette ; (*anteojos*) jumelles *fpl* ; **gemelos de campo/ de teatro** jumelles de campagne/de spectacle

**gemido** *nm* gémissement *m*

**Géminis** *nm* (*Astrol*) Gémeaux *mpl* ; **ser ~** être Gémeaux

**gemir** *vi* gémir

**gen** *nm* gène *m*

**gen.** *abr* (*Ling*) = **género**

**gendarme** (*esp AM*) *nm* gendarme *m*

**gendarmería** *nf* (*esp AM*) gendarmerie *f*

**genealogía** *nf* généalogie *f*

**genealógico, -a** *adj* : **árbol ~** arbre *m* généalogique

**generación** *nf* génération *f* ; **tercera/cuarta** *etc* **~** (*Inform*) troisième/quatrième *etc* génération

**generacional** *adj* générationnel(le)

**generador** *nm* générateur *m* ; **~ de programas** (*Inform*) générateur de programmes

**general** *adj* général(e) ; **en** *o* **por lo ~** en général ▶ *nm* général *m* ; **~ de brigada/de división** général de brigade/de division

**generalice** *etc vb ver* **generalizar**

**generalidad** *nf* (*casi totalidad*) quasi totalité *f* ; **generalidades** *nfpl* généralités *fpl*

**generalista** *adj* généraliste ; **médico ~** médecin *m* généraliste ▶ *nmf* médecin *mf* généraliste

**Generalitat** *nf* gouvernement catalan

**generalización** *nf* généralisation *f* ; (*al hablar*) généralité *f*

**generalizado, -a** *adj* généralisé(e) ; **existe la creencia generalizada de que ...** il existe la croyance répandue selon laquelle ...

**generalizar** *vt*, *vi* généraliser ; **generalizarse** *vpr* se généraliser

**generalmente** *adv* généralement

## generar – gima

**generar** vt (energía) générer ; (interés) susciter
**genérico, -a** adj générique
**género** nm genre m ; (Com) article m ; **~ chico** (zarzuela) comédie musicale espagnole ; **~ humano** genre humain ; **~ literario** genre littéraire ; **géneros** nmpl (productos) articles mpl ; **géneros de punto** tricots mpl
**generosamente** adv généreusement
**generosidad** nf générosité f
**generoso, -a** adj généreux(-euse)
**génesis** nf genèse f
**genética** nf génétique f
**genético, -a** adj génétique
**genial** adj (artista, obra) de génie ; (fam: idea) génial(e) ; (: persona) spirituel(le)
**genialidad** nf (singularidad) génie m ; (acto, idea) coup m de génie
**genio** nm tempérament m ; (mal carácter) mauvais caractère m ; (persona, en cuentos) génie m ; **tener mal ~** avoir mauvais caractère ; **tener un ~ vivo** être un peu vif (vive), être soupe inv au lait
**genital** adj génital(e) ▶ nm: **genitales** organes mpl génitaux
**genocidio** nm génocide m
**genoma** nm génome m
**Génova** n Gênes
**genovés, -esa** adj génois(e) ▶ nm/f Génois(e)
**gente** nf gens mpl ; (fam: familia) petite famille f ; (AM fam): **una ~ como usted** quelqu'un comme vous ; **es buena ~** (fam) c'est quelqu'un de bien ; **~ baja/bien** petites gens fpl/gens aisés ; **~ de la calle** gens comme vous et moi ; **~ gorda** (fig) les grosses légumes fpl ; **~ menuda** les petits mpl

> Atención, en español la palabra **gente**, aunque haga referencia a muchas personas, va siempre seguido de un verbo en singular y es femenina, mientras que en francés, *les gens* es masculino plural: **Fue muy poca gente.** Très peu de gens y sont allés.

**gentil** adj gentil(le) ; (porte) gracieux(-euse) ; (Rel) païen(ne)
**gentileza** nf: **tener la ~ de hacer** avoir la gentillesse de faire ; **por ~ de** offert(e) par
**gentilicio** nm nom des habitants d'une ville, d'une province ou d'un pays
**gentío** nm foule f ; **¡qué ~!** que de monde !
**gentuza** (pey) nf (mala gente) racaille f ; (chusma) masse f
**genuflexión** nf génuflexion f
**genuino, -a** adj authentique
**GEO** (ESP) sigla mpl (= Grupos Especiales de Operaciones) ≈ GIGN m (= Groupe d'intervention de la gendarmerie nationale)
**geografía** nf géographie f
**geográfico, -a** adj géographique ; (accidente) de terrain

**geógrafo, -a** nm/f géographe mf
**geolocalización** nf géolocalisation f
**geolocalizar** vt géolocaliser
**geología** nf géologie f
**geológico, -a** adj géologique
**geólogo, -a** nm/f géologue mf
**geometría** nf géométrie f
**geométrico, -a** adj géométrique
**geopolítico, -a** adj géopolitique
**geranio** nm géranium m
**gerencia** nf direction f ; (cargo) gérance f
**gerente** nmf (supervisor) gérant(e) ; (jefe) directeur(-trice)
**geriatra** nmf gériatre mf
**geriatría** nf gériatrie f
**geriátrico, -a** adj de gérontologie
**germánico, -a** adj germanique
**germano, -a** adj germain(e) ▶ nm/f Germain(e)
**germen** nm germe m
**germicida** nf germicide m
**germinar** vi germer
**gerundense** adj de Gérone ▶ nmf natif(-ive) o habitant(e) de Gérone
**gerundio** nm (Ling) gérondif m
**gesta** nf exploit m
**gestación** nf gestation f
**gestante** adj enceinte ▶ nf femme f enceinte
**gestarse** vpr germer
**gesticulación** nf gesticulation f ; (mueca) grimace f
**gesticular** vi gesticuler ; (hacer muecas) faire des grimaces
**gestión** nf gestion f ; (trámite) démarche f ; **hacer las gestiones preliminares** faire les démarches préliminaires ; **~ de cartera/de riesgos** (Com) gestion de portefeuille/des risques ; **~ de personal** gestion du personnel ; **~ financiera** (Com) gestion financière ; **~ interna** (Inform) gestion des disques
**gestionar** vt s'occuper de
**gesto** nm geste m ; (mueca) grimace f ; **hacer gestos** faire des gestes ; **hacer gestos a algn** faire de grands gestes à qn
**gestor, a** adj de (la) gestion ▶ nm/f gérant(e)
**gestoría** nf cabinet m d'affaires
**gestual** adj gestuel(le) ; **lenguaje ~** langage m gestuel
**giba** nf bosse f
**Gibraltar** nm Gibraltar m
**gibraltareño, -a** adj de Gibraltar ▶ nm/f natif(-ive) o habitant(e) de Gibraltar
**gigante** adj, nmf géant(e)
**gigantesco, -a** adj gigantesque
**gijonés, -esa** adj de Gijón ▶ nm/f natif(-ive) o habitant(e) de Gijón
**gil, a** (CSUR fam) nm/f con(ne)
**gilipollas** (fam!) adj inv, nmf inv con(ne) (fam!)
**gilipollez** (fam!) nf connerie f (fam!)
**gima** etc vb ver **gemir**

## gimnasia – golpe

**gimnasia** nf gymnastique f; **hacer ~** faire de la gymnastique
**gimnasio** nm gymnase m
**gimnasta** nmf gymnaste mf
**gimnástico, -a** adj de gymnastique
**gimotear** vi pleurnicher
**gincana** nf gymkhana m
**Ginebra** n Genève
**ginebra** nf gin m
**ginecología** nf gynécologie f
**ginecológico, -a** adj gynécologique
**ginecólogo, -a** nm/f gynécologue mf
**ginseng** [jin'sen] nm ginseng m
**gintonic** nm gin-tonic m
**gira** nf excursion f; (de grupo) tournée f
**girar** vt (hacer girar) faire tourner; (dar la vuelta) tourner; (giro postal, letra de cambio) virer ▶ vi tourner; **~ (a/hacia)** (torcer) virer (à); **~ en torno a** (conversación) tourner autour de; **~ alrededor de algo** tourner autour de qch; **~ en descubierto** être à découvert
**girasol** nm tournesol m
**giratorio, -a** adj tournant(e), pivotant(e)
**giro** nm tour m; (Com) virement m; (tb: **giro postal**) mandat m (postal); **dar un ~** tourner; **dar un ~ de 180 grados** (fig) faire un virage à 180 degrés; **~ a la vista** (Com) virement à vue; **~ bancario** virement bancaire
**gis** (MÉX) nm craie f
**gitano, -a** adj gitan(e) ▶ nm/f Gitan(e)
**glaciación** nf glaciation f
**glacial** adj (zona) glaciaire; (frío, fig) glacial(e)
**glaciar** nm glacier m
**gladiador** nm gladiateur m
**gladiolo** nm glaïeul m
**glamour** [gla'mur] nm glamour m
**glándula** nf glande f
**glicerina** nf glycérine f
**global** adj global(e)
**globalización** nf mondialisation f
**globalmente** adv globalement
**globo** nm globe m; (para volar, juguete) ballon m; **~ ocular** globe oculaire; **~ terráqueo** o **terrestre** globe terrestre
**glóbulo** nm: **~ blanco/rojo** globule m blanc/rouge
**gloria** nf gloire f; (Rel) paradis m; **estar en la ~** être aux anges; **es una ~** (fam) quel délice; **saber a ~** être délicieux(-euse)
**glorieta** nf (de jardín) tonnelle f; (Auto, plaza) rond-point m
**glorificar** vt glorifier
**glorifique** etc vb ver **glorificar**
**glorioso, -a** adj glorieux(-euse)
**glosa** nf glose f
**glosar** vt gloser
**glosario** nm glossaire m
**glotón, -ona** adj, nm/f glouton(ne)
**glotonería** nf gloutonnerie f

**glucosa** nf glucose m
**glutamato** nm glutamate m
**gluten** nm gluten m
**glúteos** nmpl fesses fpl
**G.N.** (NIC, PAN) abr (= Guardia Nacional) police
**gnomo** ['nomo] nm gnome m
**gob.** abr (= gobierno) gvt. (= gouvernement)
**gobernabilidad** nf gouvernabilité f, gouvernance f; **llegar a un pacto de ~** parvenir à un pacte de gouvernabilité o à un accord de gouvernance
**gobernación** nf gouvernement m
**gobernador, a** nm/f gouverneur(-euse); **G~ civil** représentant du gouvernement au niveau local; **G~ militar** gouverneur militaire
**gobernanta** nf gouvernante f; ver tb **gobernante**
**gobernante** adj gouvernant(e) ▶ nm gouvernant m
**gobernanza** nf gouvernance f
**gobernar** vt gouverner; (nave) piloter; (fam) dominer ▶ vi gouverner; (Náut) piloter
**gobierno** vb ver **gobernar** ▶ nm gouvernement m; (Náut) pilotage m; **G~ Vasco/de Aragón** gouvernement basque/d'Aragon; **G~ Civil** institution représentant le gouvernement au niveau local
**goce** vb ver **gozar** ▶ nm jouissance f
**godo, -a** nm/f Goth m; (AM pey) Espagnol(e)
**gofre** nm gaufre f
**gol** nm but m; **meter un ~** marquer un but; **~ fantasma** but fantôme
**goleada** nf carton m, raclée f (fam); **les ganaron por ~** ils les ont battus à plates coutures, ils leur ont donné une bonne raclée (fam)
**goleador, a** adj: **el equipo más ~** l'équipe qui a marqué le plus de buts ▶ nm/f buteur(-euse); **el máximo ~ de la liga** le meilleur buteur de la saison
**golear** vt marquer
**goleta** nf goélette f
**golf** nm golf m
**golfa** (fam) nf pute f (fam!); ver tb **golfo¹**
**golfista** nmf golfeur(-euse)
**golfo¹, -a** nm/f voyou m; (hum: pillo) fripon(ne)
**golfo²** nm golfe m
**gollete** nm goulot m
**golondrina** nf hirondelle f
**golosina** nf friandise f; (caramelo) bonbon m
**goloso, -a** adj gourmand(e); (empleo) alléchant(e)
**golpe** nm coup m; **no dar ~** ne pas en ficher une rame; **dar el ~** faire sensation; **darse un ~** se cogner; **de un ~** en un clin d'œil; **de ~ y porrazo** tout d'un coup; **cerrar una puerta de ~** claquer la porte; **~ bajo** coup bas; **~ de fortuna/de maestro** coup du destin/de maître; **~ de gracia** coup de grâce; **~ de tos** quinte f de toux

## golpear – gracia

**golpear** *vt* frapper, heurter ▶ *vi* cogner ; (*lluvia*) tomber dru ; (*puerta*) battre ; **golpearse** *vpr* se cogner

**golpetear** *vt* donner de petits coups sur ; (*dedos, lluvia*) tambouriner sur ▶ *vi* tambouriner

**golpeteo** *nm* (*gen*) petit coup *m* ; (*con dedos, de lluvia*) tambourinement *m*

**golpista** *adj* (*tentativa*) de coup d'État ▶ *nmf* auteur(e) d'un coup d'État

**golpiza** (*Am*) *nf* volée *f* de coups

**goma** *nf* gomme *f* ; (*gomita, Costura*) élastique *m* ; **~ de mascar** chewing-gum *m* ; **~ de pegar** colle *f* ; **~ dos** (*explosivo*) plastic *m*

**goma-espuma** *nf* caoutchouc *m* mousse

**gomero** (*And*) *nm* ouvrier qui récolte le caoutchouc

**gomina** *nf* gomina *f*

**gominola** *nf* bonbon *m* gélifié *o* acidulé, confiserie *f* gélifiée

**gomita** *nf* élastique *m*

**gónada** *nf* gonade *f*

**góndola** *nf* gondole *f* ; (*And, Chi*) bus *msg*

**gong** (*pl* **gongs**) *nm* gong *m*

**gonorrea** *nf* blennorragie *f*

**googlear** [guɣle'ar] *vt* googler

**gordinflón, -ona** *adj* empâté(e) ▶ *nm/f* gros homme (grosse femme)

**gordito, -a** (*Chi fam*) *nm/f* : **¡~!** chéri(e) !

**gordo, -a** *adj* (*libro, tela*) épais(se) ; (*fam : problema*) gros(se) ; (*accidente*) grave ; **ese tipo me cae ~** ce type ne me revient pas ; **¡~!** (*Chi fam*) chéri(e) ! ▶ *nm/f* gros(se) ▶ *nm* (*tb :* **premio gordo**) gros lot *m* ; *voir article* ; (*de la carne*) gras *msg*

> **El Gordo**
>
> **El Gordo** désigne le gros lot attribué au tirage de la loterie nationale espagnole (*Lotería Nacional*), en particulier à Noël. Le tirage au sort exceptionnel (*Sorteo Extraordinario de Navidad*) du 22 décembre atteint une valeur de plusieurs millions d'euros.

**gordura** *nf* excès *m* de poids ; (*grasa*) graisse *f*

**gorgojo** *nm* larve *f*

**gorgorito** *nm* couac *m*

**gorila** *nm* gorille *m* ; (*CSur fam : jefe militar*) chef *m*

**gorjear** *vi* triller

**gorjeo** *nm* trille *f*

**gorra** *nf* casquette *f* ; (*de niño*) bonnet *m* ; **de ~** (*sin pagar*) à l'œil ; **~ de montar** bombe *f* ; **~ de paño** béret *m* de laine ; **~ de visera** casquette à visière

**gorrión** *nm* moineau *m*

**gorro** *nm* bonnet *m* ; **estoy hasta el ~** j'en ai par-dessus la tête ; **~ de baño** bonnet de bain ; **~ de punto** bonnet tricoté

**gorrón, -ona** *nm/f* parasite *mf*

**gorronear** (*fam*) *vi* être un parasite

**gospel** *nm* gospel *m*

**gota** *nf* goutte *f* ; **una ~, unas gotas** (*un poco*) une goutte ; **caer unas o cuatro gotas** tomber deux ou trois gouttes ; **~ a ~** (*adv : caer*) goutte à goutte ; (*nm inv : Med*) goutte-à-goutte *m inv* ; **ni ~** rien ; **la ~ que colma el vaso** la goutte d'eau qui fait déborder le vase ; **como dos gotas de agua** comme deux gouttes d'eau ; **gotas** *nfpl* (*de medicamento*) gouttes *fpl*

**gotear** *vi* goutter ; (*lloviznar*) pleuvioter

**goteo** *nm* (*de líquido, grifo*) égouttement *m*, écoulement *m* ; (*Med*) goutte-à-goutte *m* ; **un constante ~ de dimisiones** un flot constant de démissions ; **riego por ~** arrosage *m* au goutte-à-goutte

**gotera** *nf* gouttière *f* ; (*mancha*) tache *f* d'humidité

**gótico, -a** *adj* gothique

**gourmet** [gur'me(t)] (*pl* **gourmets** [gur'me(t)s]) *nmf* gourmet *m*

**gozada** (*fam*) *nf* : **¡es una ~!** c'est le pied ! (*fam*) ; **es una ~ escuchar música con este aparato** c'est un véritable plaisir d'écouter de la musique avec cet appareil

**gozar** *vi* jouir ; **~ de** jouir de ; **~ con algo** jouir de qch ; **~ haciendo algo** éprouver un immense plaisir à faire qch

**gozne** *nm* gond *m*

**gozo** *nm* (*alegría*) plaisir *m* ; (*placer*) jouissance *f* ; **¡mi ~ en un pozo!** adieu veau, vache, cochon, couvée !

**gozoso, -a** *adj* joyeux(-euse)

**g.p.** *nm abr* (= *giro postal*) *ver* **giro**

**GPS** *nm abr* (= *Global Positioning System*) GPS *m*

**gr** *abr* (= *gramo(s)*) g (= *gramme(s)*)

**grabación** *nf* enregistrement *m*

**grabado, -a** *adj* (*Mús*) enregistré(e) ▶ *nm* gravure *f* ; **~ al agua fuerte** gravure à l'eau-forte ; **~ en cobre/madera** gravure sur cuivre/bois

**grabador, a** *nm/f* graveur(-euse)

**grabadora** *nf* magnétophone *m* ; **~ de CD/DVD** graveur *m* de CD/DVD ; *ver tb* **grabador**

**grabar** *vt* (*en piedra, Arte*) graver ; (*discos, en vídeo, Inform*) enregistrer ; **lo tengo grabado en la memoria** ça reste gravé dans ma mémoire

**gracejo** *nm* humour *m*

**gracia** *nf* grâce *f* ; (*chiste*) plaisanterie *f* ; (*: irón*) plaisanterie lourde ; (*humor*) humour *m* ; **¡(muchas) gracias!** merci (beaucoup) ! ; **gracias a** grâce à ; **¡gracias a Dios!** grâce à Dieu ! ; **caerle en ~ a algn** être dans les bonnes grâces de qn ; **tener ~** (*chiste etc*) être drôle ; (*irón*) être très drôle ; **¡qué ~!** (*gracioso*) comme c'est drôle ! ; (*irónico*) très drôle ! ; **no me hace ~ (hacer)** ça ne m'amuse pas (de faire) ; **dar las gracias a algn por algo** remercier qn de *o* pour qch

714 · ESPAÑOL | FRANCÉS

## grácil – grano

**grácil** adj (movimientos) délicat(e) ; (figura) gracile

**gracioso, -a** adj drôle ; **su graciosa Majestad** sa gracieuse Majesté ; **¡qué ~!** (irón) très drôle ! ; **es ~ que ...** c'est curieux que ...
▶ nm/f (Teatro) bouffon(ne)

**grada** nf marche f ; **gradas** nfpl (de estadio) gradins mpl

**gradación** nf dégradé m

**gradería** nf, **graderío** nm gradins mpl ; **~ cubierta** stade m couvert

**grado** nm degré m ; (Escol) classe f ; (Mil) grade m ; (Univ) titre m ; *voir article* ; **de buen ~** de bon gré ; **quemaduras de primer/segundo ~** brûlures fpl au premier/second degré ; **en sumo ~** au plus haut degré ; **~ centígrado/Fahrenheit** degré centigrade/Fahrenheit

**GRADO**

Le **grado** correspond au diplôme de premier cycle universitaire qui a remplacé les anciens diplômes de *Diplomado* et *Licenciado*. D'une durée de quatre ans, il comprend des cours de formation basique, des matières obligatoires, des matières à option, des stages, un mémoire de fin d'études et des activités culturelles.

**graduación** nf (medición en grados) gradation f ; (escala) échelle f ; (del alcohol) degré m ; (Univ) remise f du diplôme ; (Mil) grade m ; **de alta ~** de haut rang

**graduado, -a** adj gradué(e) ▶ nm/f (Univ) diplômé(e) ▶ nm : **~ escolar** ≈ certificat m d'études ; **~ social** ≈ B.T.S. m d'assistance sociale

**gradual** adj progressif(-ive)

**gradualmente** adv graduellement

**graduar** vt graduer ; (volumen) mesurer ; (Mil) : **~ a algn de** conférer à qn le grade de ;
**graduarse** vpr (Univ) être diplômé(e) ; (Mil) : **graduarse (de)** obtenir son grade (de) ;
**graduarse la vista** se faire vérifier la vue

**grafía** nf graphie f

**gráfica** nf courbe f ; **~ de temperatura** (Med) courbe de température

**gráficamente** adv graphiquement

**gráfico, -a** adj graphique ; (revista) d'art ; (expresivo) vivant(e) ▶ nm graphique m ; **~ de barras** graphique à barres ; **~ de sectores** o **de tarta** camembert m ; **gráficos** nmpl (tb Inform) graphiques mpl ; **gráficos empresariales** graphiques de l'entreprise

**grafitero, -a** nm/f graffeur(-euse)

**grafiti** nm graffiti m

**grafito** nm graphite m

**grafología** nf graphologie f

**gragea** nf (Med) pilule f ; (caramelo) dragée f

**grajo** nm freux m

**Gral.** abr (Mil : = General) g$^{al}$ (= Général)

**grama** (CSur) nf herbe f

**gramática** nf grammaire f ; *ver tb* **gramático**

**gramatical** adj grammatical(e)

**gramático, -a** nm/f grammairien(ne)

**gramilla** (CSur) nf = **grama**

**gramínea** nf graminée f

**gramo** nm gramme m

**grampa** (CSur) nf agrafe f

**gran** adj ver **grande**

**grana** adj, nf écarlate f ; **ponerse como la ~** devenir rouge comme une pivoine

**granada** nf grenade f ; **~ de mano** grenade à main

**granadilla** (Am) nf fruit m de la passion

**granadina** nf grenadine f ; *ver tb* **granadino**

**granadino, -a** adj de Grenade ▶ nm/f natif(-ive) o habitant(e) de Grenade

**granar** vi germer

**granate** adj grenat adj inv ▶ nm grenat m

**Gran Bretaña** nf Grande-Bretagne f

**Gran Canaria** nf la Grande Canarie

**grancanario, -a** adj de la Grande Canarie ▶ nm/f natif(-ive) o habitant(e) de la Grande Canarie

**grande** adj grand(e) ; (ARG fam : gracioso) rigolo(te) ; **una gran mujer** une grande femme ; **los zapatos le están** o **quedan grandes** ces chaussures sont trop grandes pour lui ; **¿cómo es de ~?** c'est grand comment ? ; **a lo ~** en grande pompe ; **pasarlo en ~** prendre son pied ▶ nm grand m

En español el adjetivo **grande** hace referencia al tamaño, mientras que en francés el adjetivo *grand* también puede hacer alusión a la altura:
**Es alto y delgado.** Il est grand et mince.

**grandeza** nf grandeur f

**grandilocuencia** nf grandiloquence f

**grandilocuente** adj grandiloquent(e)

**grandioso, -a** adj grandiose

**grandullón, -ona** adj, nm/f grande perche f

**granel** nm : **a ~** (Com) en vrac

**granero** nm grenier m

**granice** etc vb ver **granizar**

**granítico, -a** adj granitique, graniteux(-euse)

**granito** nm granit m ; **poner/aportar su ~ de arena** apporter sa modeste contribution ; *ver tb* **grano**

**granizada** nf averse f de grêle

**granizado** nm granité m ; **~ de café** granité de café o au café

**granizar** vi grêler

**granizo** nm grêle f

**granja** nf ferme f ; **~ avícola** ferme avicole

**granjear** vt (amistad, simpatía) gagner ;
**granjearse** vpr gagner

**granjero, -a** nm/f fermier(-ière)

**grano** nm grain m ; (Med) bouton m ; **ir al ~** aller droit au but

**granuja** nm (bribón) fripouille f; (golfillo) filou m

**granulado, -a** adj granulé(e) ▶ nm (en farmacia) granulé m

**grapa** nf agrafe f; (CSur: aguardiente barato) tord-boyau(x) m

**grapadora** nf agrafeuse f

**grapar** vt agrafer

**GRAPO** (Esp) sigla m (Pol: = Grupos de Resistencia Antifascista Primero de Octubre) groupe terroriste de gauche

**grasa** nf graisse f; (sebo) gras m; **~ de ballena/de pescado** graisse de baleine/de poisson; **grasas** nfpl (de persona) graisse

**grasiento, -a** adj gras(se); (sucio) graisseux(-euse)

**graso, -a** adj gras(se)

**grasoso, -a** (AM) adj graisseux(-euse)

**gratamente** adv agréablement; **~ impresionado** agréablement impressionné

**gratificación** nf gratification f

**gratificante** adj gratifiant(e)

**gratificar** vt (recompensar) gratifier; « **se gratificará** » « récompense »

**gratifique** etc vb ver **gratificar**

**gratinar** vt gratiner

**gratis** adj inv, adv gratis inv

**gratitud** nf gratitude f

**grato, -a** adj agréable; **ser ~ de hacer** être heureux(-euse) de faire; **nos es ~ informarle que ...** nous sommes heureux de vous informer que ...; **persona non-grata** persona f non grata

**gratuidad** nf gratuité f; **la ~ de la enseñanza** la gratuité de l'éducation; **no comparto la ~ de sus afirmaciones** je ne suis pas d'accord avec les affirmations gratuites qu'il assène

**gratuito, -a** adj gratuit(e)

**grava** nf gravier m

**gravamen** nm (carga) poids msg; (impuesto) servitude f, hypothèque f; **libre de ~** (Econ) non grevé(e) d'hypothèque

**gravar** vt (Jur: propiedad) grever; **~ (con impuesto)** (producto) imposer

**grave** adj grave; **estar ~** être dans un état grave; **herida ~** blessure f grave

**gravedad** nf gravité f

**gravemente** adv gravement; **estar ~ enfermo** être gravement malade

**gravidez** nf grossesse f

**gravilla** nf gravillon m

**gravitación** nf gravitation f

**gravitar** vi graviter; **~ sobre algn** peser sur qn

**gravoso, -a** adj (pesado) pesant(e); (costoso) coûteux(-euse)

**graznar** vi (cuervo) croasser; (pato) cancaner

**graznido** nm (de cuervo) croassement m; (de ganso) cancanement m; (pey) voix fsg discordante

**Grecia** nf Grèce f

**gregario, -a** adj grégaire; **instinto ~** instinct m grégaire

**gregoriano, -a** adj grégorien(-enne); **canto ~** chant m grégorien

**gremial** adj corporatif(-ive), de la corporation

**gremio** nm corporation f

**greña** nf (tb: **greñas**) tignasse f; **andar a la ~** se disputer

**greñudo, -a** adj chevelu(e)

**gres** nm grès m

**gresca** nf altercation f

**Grial** nm: **Santo ~** Saint Graal m

**griego, -a** adj grec(que) ▶ nm/f Grec(que) ▶ nm (Ling) grec m

**grieta** nf (en pared, madera) fissure f; (en terreno, Med) crevasse f

**grifa** (fam) nf came f

**grifero, -a** (Perú) nm/f employé(e)

**grifo** nm robinet m; (AM) station-service f

**grill** nm (aparato, local) grill m; **asar al ~** griller

**grillado, -a** (fam) adj givré(e)

**grilletes** nmpl fers mpl

**grillo** nm grillon m; **grillos** nmpl (de preso) fers mpl

**grima** nf dégoût m; **me da ~** ça me dégoûte

**gringada** (AM fam) nf vacherie f; (grupo de gringos) groupe m d'étrangers

**gringo, -a** (AM pey) adj (extranjero) étranger(-ère); (norteamericano, idioma) ricain(e) ▶ nm/f (extranjero) étranger(-ère); (norteamericano) Ricain(e)

**gripa** (AM) nf = **gripe**

**gripal** adj grippal(e)

**gripe** nf grippe f; **~ aviar** grippe aviaire; **~ porcina** grippe porcine

**griposo, -a** adj grippé(e); **estar ~** être grippé(e)

**gris** adj gris(e); (vida) triste; (personaje) terne; (estudiante) médiocre ▶ nm gris msg; **~ marengo/perla** gris anthracite/perle

**grisáceo, -a** adj grisâtre

**grisalla** (Méx) nf ferraille f

**grisoso, -a** (AM) adj = **grisáceo**

**gritar** vt, vi crier; **¡no (me) grites!** ne crie pas (après moi)!

**griterío** nm brouhaha m

**grito** nm cri m; **a ~ pelado** en hurlant; **a gritos** en criant; **dar gritos** pousser des cris; **poner el ~ en el cielo** pousser des hauts cris; **es el último ~** (de moda) c'est le dernier cri

**groenlandés, -esa** adj groenlandais(e) ▶ nm/f Groenlandais(e)

**Groenlandia** nf Groenland m

**grogui** (fam) adj groggy inv; **quedarse ~** (dormido) s'endormir

**grosella** nf groseille f; **~ negra** cassis msg

**grosería** nf grossièreté f

**grosero, -a** adj grossier(-ière)

**grosor** nm grosseur f

**grosso modo** *adv* grosso modo
**grotesco, -a** *adj* grotesque
**grúa** *nf* grue *f*; *(para vehículos averiados)* dépanneuse *f*; *(para vehículos mal aparcados)* fourrière *f*; **~ corredriza** *o* **móvil** pont *m* roulant; **~ de pescante** grue à flèche; **~ de torre** grue de chantier; **~ puente** grue à chevalet
**grueso, -a** *adj* épais(se); *(persona)* corpulent(e); *(mar)* fort(e) ▶ *nm* grosseur *f*; **el ~ de** le gros de
**grulla** *nf* grue *f*
**grumete** *nm* (*Náut*) mousse *m*
**grumo** *nm* grumeau *m*
**gruñido** *nm* grognement *m*
**gruñir** *vi* grogner
**gruñón, -ona** *adj*, *nm/f* grognon *mf*
**grupa** *nf* (*Zool*) croupe *f*
**grupo** *nm* groupe *m*; **~ de apoyo** groupe de parole; **~ de presión** groupe de pression; **~ sanguíneo** groupe sanguin
**grupúsculo** *nm* (*Pol*) groupuscule *m*
**gruta** *nf* grotte *f*
**Gta.** *abr* (*Auto*) = **glorieta**
**gua-** *ver* **hua-**
**guaca** (*AM*) *nf* tombe *f* indienne
**guacal** *nm* (*CAM*, *MÉX*) calebasse *f*; (*AM*) caisse *f*
**guacamayo** (*AM*) *nm* perroquet *m*
**guacamole** (*AM*) *nm* guacamole *m*
**guachada** (*ARG fam*) *nf* vacherie *f*
**guachafita** (*CARIB*, *COL*) *nf* vacarme *m*
**guachimán** (*AM*) *nm* gardien *m*
**guachinango** (*CARIB*, *MÉX*) *nm* daurade *f*
**guacho, -a** (*AND*, *CSUR*) *nm/f* orphelin(e); (*hijo natural*) fils (fille) naturel(le)
**guadalajareño, -a** *adj* de Guadalajara ▶ *nm/f* natif(-ive) *o* habitant(e) de Guadalajara
**guadaña** *nf* faux *f*
**guadañar** *vt* tailler à la serpe
**guagua** *nf* (*CARIB*, *CANARIAS*) autobus *msg*; (*AND*, *CSUR*) bébé *m*
**guajiro, -a** (*CARIB*, *COL*) *adj*, *nm/f* paysan(ne)
**guajolote** (*MÉX*) *nm* dindon *m*
**guambra** (*ECU*) *nmf* (*niño indio*) enfant *mf* indien(ne); (*niño mestizo*) enfant métis(se)
**guampa** (*AND*, *CSUR*) *nf* corne *f*
**guampudo, -a** (*AND*, *CSUR*) *adj* à cornes
**guanábana** (*AM*) *nf* fruit *m* du corossol
**guanábano** (*AM*) *nm* corossol *m*
**guanaco** (*AM*) *nm* guanaco *m*
**guanche** *adj* guanche ▶ *nmf* Guanche *mf* (*premiers habitants des îles Canaries*) ▶ *nm* (*Ling*) guanche *m*
**guano** *nm* engrais *msg*
**guantada** *nf* claque *f*
**guantazo** *nm* = **guantada**
**guante** *nm* gant *m*; **se ajusta como un ~** il te/lui *etc* va comme un gant; **más suave que un ~** doux (douce) comme un agneau; **arrojar el ~ a algn** jeter le gant à qn; **echar el ~ a algn** prendre qn au collet; **con ~ blanco** (*fig*) en prenant des gants; **guantes de goma** gants de caoutchouc
**guantera** *nf* (*Auto*) boîte *f* à gants
**guaperas** (*fam*) *adj inv* beau et prétentieux ▶ *nm inv* beau gosse *m* (*fam*)
**guapo, -a** *adj* beau (belle); **estar ~** être beau (belle); **¡ven, ~!** (*a niños*) viens, mon mignon! ▶ *nm* (*AND fam*) beau gosse *m*; **¿quién será el ~ que se atreva?** alors, qui est chiche d'y aller?
**guaraca** (*AND*, *CSUR*) *nf* fronde *f*
**guarache** (*MÉX*) *nm* sandale *f*
**guarangada** (*CSUR*) *nf* grossièreté *f*
**guaraní** *adj* guarani ▶ *nmf* Guarani *mf* ▶ *nm* (*Ling*, *moneda*) guarani *m*
**guarapo** (*AM*) *nm* sucre de canne fermenté
**guarda** *nmf* gardien(ne); **~ forestal** garde *mf* forestier(-ière); **~ jurado** vigile *m* ▶ *nf* garde *f*
**guardabarrera** *nmf* (*Ferro*) garde *mf* barrière
**guardabarros** *nm inv* garde-boue *m inv*
**guardabosques** *nmf inv* garde *mf* forestier(-ière)
**guardacoches** *nmf inv* gardien(ne) de parking
**guardacostas** *nm inv* garde-côte *mf*
**guardador, a** *adj*: **ser (muy) ~** être (très) protecteur(-trice)
**guardaespaldas** *nmf inv* garde *mf* du corps
**guardagujas, guardaagujas** *nmf inv* (*Ferro*) aiguilleur(-euse)
**guardameta** *nmf* gardien(ne) de but
**guardamuebles** *nm inv* garde-meuble *m*
**guardapolvo** *nm* housse *f*; (*prenda de vestir*) blouse *f*
**guardar** *vt* garder; (*poner: en su sitio*) mettre; (*: en sitio seguro*) ranger; (*ley*) observer; **~ cama/silencio** garder le lit/le silence; **~ el sitio** (*en cola*) garder la place; **~ las apariencias** sauver les apparences;
**guardarse** *vpr* garder; (*ocultar*) garder (pour soi); **guardarse de** se garder de; **guardarse de hacer** (*abstenerse*) se garder de faire; **se la tengo guardada** il me le paiera
**guardarropa** *nm* (*armario*) armoire *f*; (*en establecimiento público*) vestiaire *m*; (*ropas*) garde-robe *f*
**guardavía** *nmf* (*Ferro*) garde-voie *f*
**guardería** *nf* crèche *f*
**guardia** *nf* garde *f*; **estar de ~** être de garde; **montar ~** monter la garde; **estar/ponerse en ~** être/se mettre en garde; **la G~ Civil** la Garde Civile espagnole; *voir article*; **G~ Nacional** (*NIC*, *PAN*) ≈ gendarmerie *f* nationale ▶ *nmf* (*de tráfico, municipal etc*) agent *m*; (*policía*) policier(-ière); **un ~ civil** ≈ un gendarme; **~ de tráfico** agent de la circulation; **~ municipal** *o* **urbana** agent de police

## guardián – guisado

**GUARDIA CIVIL**

La **Guardia Civil** reste présente dans toute l'Espagne mais dans les comunidades où la police régionale assure la sécurité des citoyens, l'ordre public et la circulation routière, la **Guardia Civil** a réduit ses effectifs et se consacre à la surveillance intérieure des ports et des aéroports, des côtes et des frontières, au contrôle d'armes et d'explosifs et à la lutte contre la contrebande et la fraude fiscale.

**guardián, -ana** *nm/f* gardien(ne)
**guarecer** *vt* héberger ; **guarecerse** *vpr*: **guarecerse (de)** s'abriter (de)
**guarezca** *etc vb ver* **guarecer**
**guarida** *nf* abri *m* ; *(fig: de delincuentes)* repaire *m*
**guarismo** *nm* chiffre *m*
**guarnecer** *vt* garnir ; *(Tec)* revêtir ; *(Mil)* doter d'une garnison
**guarnezca** *etc vb ver* **guarnecer**
**guarnición** *nf (de vestimenta)* ornement *m* ; *(de piedra preciosa)* chaton *m* ; *(Culin)* garniture *f* ; *(arneses)* harnachement *m* ; *(Mil)* garnison *f*
**guarrada** *(fam) nf* saleté *f* ; *(mala jugada)* saloperie *f*
**guarrería** *(fam) nf* = **guarrada**
**guarro, -a** *adj (fam)* dégueulasse ▶ *nm/f* cochon (truie) ; *(fam: persona)* cochon(ne)
**guarura** *(MÉX fam) nm* gorille *m*
**guasa** *nf* blague *f* ; **con** *o* **de ~** pour rire ; *ver tb* **guaso**
**guasca** *(AND, CSUR) nf* fouet *m*
**guaso, -a** *adj, nm/f* = **huaso**
**guasón, -ona** *adj, nm/f* blagueur(-euse)
**guata** *(CHI fam) nf* bidon *m*
**guateado, -a** *adj* ouaté(e)
**Guatemala** *nf* Guatemala *m*
**guatemalteco, -a** *adj* guatémaltèque ▶ *nm/f* Guatémaltèque *mf*
**guateque** *nm* fête *f*
**guatero** *(CHI) nm* bouillotte *f*
**guatitas** *(CHI) nfpl (Culin)* tripes *fpl*
**guatón, -ona** *(CHI fam) adj* bedonnant(e)
**guau** *excl*: ¡~, ~! ouah, ouah !
**guay** *excl* génial !
**guayaba** *nf* goyave *f*
**guayabera** *(AM) nf (camisa bordada)* blouse *f* brodée ; *(chaquetilla bordada)* boléro *m* brodé
**guayabo** *(AM) nm* goyavier *m*
**Guayana** *nf* Guyane *f*
**guayanés, -esa** *adj* guyanais(e) ▶ *nm/f* Guyanais(e)
**guayín** *(MÉX) nm* fourgonnette *f*
**guayuco** *(COL, VEN) nm* pagne *m*
**gubernamental** *adj* gouvernemental(e)
**gubernativo, -a** *adj* du gouvernement
**guedeja** *nf* chevelure *f*
**guepardo** *nm* guépard *m*
**güero, -a** *(esp MÉX) adj, nm/f* roux (rousse)

**guerra** *nf* guerre *f* ; **Primera/Segunda G~ Mundial** Première/Deuxième Guerre mondiale ; **estar en ~** être en guerre ; **dar ~** donner du fil à retordre ; **~ atómica/ bacteriológica/nuclear/psicológica** guerre atomique/bactériologique/nucléaire/ psychologique ; **~ civil/fría** guerre civile/ froide ; **~ de guerrillas** guérilla *f*, guerre de partisans ; **~ de precios** *(Com)* guerre des prix ; **~ a muerte** guerre à mort
**guerrear** *vi* guerroyer
**guerrera** *nf (chaqueta)* veste *f* ; *(de militar)* veste d'uniforme ; *ver tb* **guerrero**
**guerrero, -a** *adj* de guerre ; *(carácter)* guerrier(-ière) ▶ *nm/f* guerrier(-ière)
**guerrilla** *nf* guérilla *f*
**guerrillero, -a** *nm/f* guérilléro *m*
**gueto** *nm* ghetto *m*
**guía** *vb ver* **guiar** ▶ *nmf (persona)* guide *mf* ; **~ turístico(-a)** *(persona)* guide *mf* ▶ *nf (libro)* guide *m* ; *(Bot)* branche *f* mère ; *(Inform)* message *m* ; **~ de ferrocarriles** horaire *m* des trains ; **~ telefónica** annuaire *m* ; **~ turística** *(libro)* guide *m* touristique
**guiar** *vt* guider ; *(Auto)* diriger ; **guiarse** *vpr*: **guiarse por** suivre
**guijarro** *nm* caillou *m*
**guillotina** *nf* guillotine *f* ; *(para papel)* coupe-papier *m inv*
**guillotinar** *vt* guillotiner ; *(papel)* couper
**guinda** *nf* griotte *f*
**guindar** *(fam) vt* faucher
**guindilla** *nf* piment *m*
**guindo**¹ *nm* guignier *m*, griottier *m* ; **caer del ~** *(fam: fig)* piger *(fam)*, saisir
**guindo**² *nm (CAM)* ravin *m*
**Guinea** *nf* Guinée *f*
**guineano, -a** *adj* guinéen(ne) ▶ *nm/f* Guinéen(ne)
**guineo** *(AND, CAM, PERÚ) nm* banane *f*
**guiñapo** *nm (harapo)* haillon *m* ; *(persona)* chiffe *f* molle ; **estar hecho un ~** être lessivé(e)
**guiñar** *vt* cligner de
**guiño** *nm* clin *m* d'œil ; **hacer un ~ a algn** faire un clin d'œil à qn
**guiñol** *nm (Teatro)* guignol *m*
**guion** *nm (Ling)* tiret *m* ; *(esquema)* plan *m* ; *(Cine)* scénario *m*
**guionista** *nmf* scénariste *mf*
**güipil** *nm* = **huipil**
**guipuzcoano, -a** *adj* de Guipuzcoa ▶ *nm/f* natif(-ive) *o* habitant(e) de Guipuzcoa
**guiri** *(fam) nmf* étranger(-ère)
**guirigay** *nm (griterío)* vacarme *m* ; *(alboroto)* bagarre *f*
**guirlache** *nm* nougat *m* dur
**guirnalda** *nf* guirlande *f*
**guisa** *nf*: **a ~ de** en guise de ; **de esta ~** de cette façon
**guisado** *nm* ragoût *m*

718 · ESPAÑOL | FRANCÉS

**guisante** nm petit pois msg
**guisar** vt faire cuire ; (fig) tramer ▶ vi cuisiner
**guiso** nm ragoût m
**guita** (fam) nf blé m
**guitarra** nf guitare f
**guitarrista** nmf guitariste mf
**gula** nf gloutonnerie f
**gurí** (CSur) (pl **gurises**) (fam) nmf (chiquillo) gosse mf
**gurisa** (CSur fam) nf gosse f
**gurmet** (pl **gurmets**) nmf gourmet m
**gurú** (pl **gurús**) nm (fig) gourou m
**gusanillo** (fam) nm (hambre): **cómete una manzana para matar el ~** mange une pomme pour ne plus avoir de petit creux ; (interés): **le entró el ~ de la gimnasia** il a attrapé le virus de la gymnastique ; **el ~ de la conciencia** la voix de la conscience, le ver rongeur
**gusano** nm ver m ; (de mariposa, pey) larve f ; (ser despreciable) larve ; (Cu pey) réfugié cubain ; **~ de seda** ver à soie
**gustar** vt goûter ▶ vi plaire ; **~ de hacer** prendre plaisir à faire ; **me gustan las uvas** j'aime le raisin ; **le gusta nadar** il aime nager ; **me gusta ese chico/esa chica** j'aime bien ce garçon/cette fille ; **¿usted gusta?** vous en prendrez bien ? ; **como usted guste** comme il vous plaira

> Aunque la traducción literal de **gustar** en francés es *plaire*, en francés se emplea mucho más el verbo *aimer*:
> **Me gusta mucho el cine.** J'aime beaucoup le cinéma.
> Cuando este verbo se utiliza en el sentido de « sentir atracción por alguien » sí se emplea el verbo *plaire* pero también la construcción *aimer bien*:
> **Me gusta esa chica.** Cette fille me plaît./J'aime bien cette fille.

**gustazo** nm: **darse el ~ de hacer algo** avoir le plaisir de faire qch
**gusto** nm goût m ; (agrado, placer) plaisir m ; (afición) intérêt m ; **a su** etc **~** à votre etc aise ; **hacer algo con ~** faire qch avec plaisir ; **dar ~ a algn** faire plaisir à qn ; **que da ~** bien agréable ; **tiene un ~ amargo** ça a un goût amer ; **tener buen/mal ~** avoir bon/mauvais goût ; **sobre gustos no hay nada escrito** chacun ses goûts ; **de buen/mal ~** de bon/mauvais goût ; **darse el ~ de hacer algo** se faire le plaisir de faire qch ; **estar/sentirse a ~** être/se sentir à l'aise ; **¡mucho** o **tanto ~ (en conocerle)!** enchanté(e) o ravi(e) de faire votre connaissance ! ; **el ~ es mío** tout le plaisir est pour moi ; **coger** o **tomar ~ a algo** prendre goût à qch
**gustosamente** adv avec plaisir ; **accedí ~ a su petición** j'ai répondu à leur demande avec plaisir
**gustoso, -a** adj savoureux(-euse) ; **aceptar ~** accepter avec joie
**gutural** adj guttural(e)
**Guyana** nf Guyane f

**H¹, h** ['atʃe] *nf (letra)* H, h *m inv* ; **H de Historia** ≈ H comme Henri
**H²** *abr (= hombre)* m *(= masculin)*
**H.** *abr (Quím: = Hidrógeno)* H *(= hydrogène)* ; *(Com)* = **haber**
**h.** *abr (= hora(s))* h *(= heure(s))* ; *(= habitante(s))* hab. *(= habitant(s))*
**ha¹** *abr (= hectárea(s))* ha *(= hectare(s))*
**ha²** *vb ver* **haber**
**hab.** *abr (= habitantes)* hab. *(= habitants)*
**haba** *nf* fève *f* ; **en todas partes cuecen habas** ça peut arriver à tout le monde
**Habana** *n*: **La ~** la Havane
**habanera** *nf (Mús)* danse *de la* Havane ; *ver tb* **habanero**
**habanero, -a** *adj* havanais(e) ▶ *nm/f* Havanais(e)
**habano** *nm* havane *m*
**habeas corpus** *nm (Jur)* habeas corpus *m inv*
**habéis** *vb ver* **haber**

[PALABRA CLAVE]

**haber** *vb aux* **1** *(tiempos compuestos)* avoir ; *(con verbos pronominales y de movimiento)* être ; **he/había comido** j'ai/j'avais mangé ; **antes/después de haberlo visto** avant/après l'avoir vu ; **si lo hubiera sabido, habría ido** si j'avais su, j'y serais allé ; **se ha sentado** il s'est assis ; **ella había salido** elle était sortie ; **¡haberlo dicho antes!** il fallait le dire plus tôt !
**2**: **haber de** *(+ infinitivo)*: **he de hacerlo** je dois le faire ; **ha de llegar mañana** il doit arriver demain ; **no ha de tardar** *(AM)* il arrivera bientôt ; **has de estar loco** *(AM)* tu dois être tombé sur la tête
▶ *vb impers* **1** *(existencia)* avoir ; **hay un hermano/dos hermanos** il y a un frère/deux frères ; **¿cuánto hay de aquí a Sucre?** il y a combien d'ici à Sucre ? ; **habrá unos 4° (de temperatura)** il doit faire 4° ; **no hay cintas blancas, pero sí las hay rojas** il n'y a pas de rubans blancs, mais il y en a des rouges ; **¡no hay quien le entienda!** il est incompréhensible ! ; **no hay nada como un buen filete** il n'y a rien de tel qu'un bon filet
**2** *(tener lugar)*: **hubo mucha sequía/una guerra** il y a eu une grande sécheresse/une guerre ; **¿hay partido mañana?** il y a un match demain ?
**3**: **¡no hay de** o *(AM)* **por qué!** il n'y a pas de quoi !
**4**: **¿qué hay?** *(¿qué pasa?)* qu'est-ce qu'il y a ? ; *(¿qué tal?)* ça va ? ; **¡qué hubo!, ¡qué húbole!** *(esp MÉX, CHI fam)* salut !
**5**: **haber que** *(+ infinitivo)*: **hay que apuntarlo para acordarse** il faut le noter pour s'en souvenir ; **habrá que decírselo** il faudra le lui dire
**6**: **¡hay que ver!** il faut voir !
**7**: **he aquí las pruebas** voici les preuves
**8**: **¡habráse visto!** *(fam)* eh bien dis o dites donc ! ; **¡hubiera visto ...!** *(MÉX: si hubiera visto)* si vous aviez vu ... !
**haberse** *vpr*: **voy a habérmelas con él** je vais m'expliquer avec lui
▶ *nm (Com)* crédit *m* ; **¿cuánto tengo en el haber?** j'ai combien sur mon compte ? ; **tiene varias novelas en su haber** il a plusieurs romans à son actif
**haberes** *nmpl* avoirs *mpl*

**habichuela** *nf* haricot *m*
**hábil** *adj* habile ; **día ~** jour *m* ouvrable
**habilidad** *nf* habileté *f* ; **tener ~ manual** être habile de ses mains ; **habilidades** *nfpl (aptitudes)* aptitudes *fpl*
**habilidoso, -a** *adj* habile
**habilitación** *nf* habilitation *f*
**habilitado** *nm* trésorier-payeur *m*
**habilitar** *vt (autorizar, Jur)* habiliter ; *(financiar)* financer ; **~ (para)** *(casa, local)* aménager (pour) ; **~ a algn para hacer** habiliter qn à faire
**hábilmente** *adv* habilement
**habitable** *adj* habitable
**habitación** *nf* pièce *f* ; *(dormitorio)* chambre *f* ; **~ doble** o **de matrimonio** chambre double ; **~ sencilla** o **individual** chambre simple

⚠ **Habitación** ne correspond généralement pas à *habitation*, qui se traduit par **vivienda** en espagnol.

**habitáculo** *nm (para vivir)* habitation *f* ; *(en vehículo)* habitacle *m*

**habitante** nmf habitant(e)
**habitar** vt, vi habiter
**hábitat** ['aβitat] (pl **hábitats**) nm habitat m
**hábito** nm (costumbre) habitude f; (traje) habit m; **tener el ~ de hacer algo** avoir l'habitude de faire qch
**habitual** adj habituel(le)
**habituar** vt: **~ a algn a (hacer)** habituer qn à (faire); **habituarse** vpr: **habituarse a (hacer)** s'habituer à (faire)
**habla** nf (capacidad de hablar) parole f; (forma de hablar) langage m; (dialecto) parler m; **perder el ~** perdre l'usage de la parole; **de ~ francesa/española** de langue française/espagnole; **estar/ponerse al ~** être en train de parler/se mettre à parler; **estar al ~** (Telec) être à l'appareil; **¡González al ~!** (Telec) González à l'appareil !
**hablado, -a** adj: **mal ~** vulgaire
**hablador, a** adj, nm/f bavard(e)
**habladuría** nf commérage m; **habladurías** nfpl (chismes) commérages mpl
**hablante** nmf (Ling) locuteur(-trice); **los hablantes de catalán** les personnes parlant catalan
**hablar** vt parler; **hablarlo (con algn)** en parler (avec qn) ▶ vi parler; **~ con** parler avec; **~ de** parler de; **~ mal/bien de algn** dire du mal/du bien de qn; **~ de tú/de usted** tutoyer/vouvoyer; **~ alto/claro** parler fort/clairement; **~ por los codos** bavarder comme une pie; **~ entre dientes** marmonner; **¡ni ~!** pas question !; **¡ya puede ~!** (Telec) à vous !; **dar que ~** faire jaser; **hablarse** vpr se parler; **no se hablan** ils ne se parlent plus; **no me hablo con mi hermana** je ne parle plus à ma sœur; **« se habla francés »** « on parle français »
**habré** etc vb ver **haber**
**hacedor, a** nm/f créateur(-trice)
**hacendado, -a** adj propriétaire ▶ nm propriétaire m terrien
**hacendoso, -a** adj travailleur(-euse)

(PALABRA CLAVE)

**hacer** vt **1** (producir, ejecutar) faire; **hacer una película/un ruido** faire un film/un bruit; **hacer la compra** faire les courses; **hacer la comida** faire à manger; **hacer la cama** faire le lit
**2** (obrar) faire; **¿qué haces?** qu'est-ce que tu fais ?; **eso no se hace** ça ne se fait pas; **¡así se hace!** c'est comme ça que l'on fait !; **¡bien hecho!** bravo !; **¿cómo has hecho para llegar tan rápido?** comment as-tu fait pour arriver si vite ?; **no hace más que criticar** il ne fait que critiquer; **¡eso está hecho!** tout de suite !; **hacer el papel del malo** (Teatro) avoir le rôle du méchant;

**hacer el tonto** faire l'idiot o le pitre; **hacer el ridículo** se ridiculiser
**3** (dedicarse a) faire; **hacer teatro** faire du théâtre; **hacer español/económicas** faire de l'espagnol/de l'économie; **hacer yoga/gimnasia/deporte** faire du yoga/de la gym/du sport
**4** (causar): **hacer ilusión** faire plaisir; **hacer gracia** faire rire
**5** (conseguir): **hacer amigos** se faire des amis; **hacer una fortuna** faire fortune
**6** (dar aspecto de): **ese peinado te hace más joven** cette coiffure te rajeunit
**7** (cálculo): **esto hace 100** et voilà 100
**8** (como sustituto de vb) faire; **él bebió y yo hice lo mismo** il a bu et j'ai fait la même chose
**9** (+ infinitivo, + que): **les hice venir** je les ai fait venir; **hacer trabajar a los demás** faire travailler les autres; **aquello me hizo comprender** cela m'a fait comprendre; **hacer reparar algo** faire réparer qch; **esto nos hará ganar tiempo** ça nous fera gagner du temps; **harás que no quiera venir** tu vas lui ôter l'envie de venir
**10** (+ adj) rendre; **hacer feliz a algn** rendre qn heureux

▶ vi **1**: **hiciste bien en decírmelo** tu as bien fait de me le dire
**2** (convenir): **si os hace** si ça vous dit; **¿hace?** ça vous dit ?
**3**: **no le hace** (AM: no importa) ça ne fait rien
**4**: **haz como que no lo sabes** fais comme si tu ne savais rien
**5**: **hacer de** (objeto) servir de; **la tabla hace de mesa** la planche sert de table; (persona): **hacer de madre** jouer le rôle de mère; (pey) jouer les mères poules; (Teatro): **hacer de Otelo** jouer Othello

▶ vb impers **1**: **hace calor/frío** il fait chaud/froid; ver tb **bueno**; **sol**; **tiempo**
**2** (tiempo): **hace tres años** il y a trois ans; **hace un mes que voy/no voy** cela fait un mois que j'y vais/je n'y vais plus; **desde hace mucho** depuis longtemps; **no lo veo desde hace mucho** cela fait longtemps que je ne l'ai pas vu

**hacerse** vpr **1** (volverse) se faire; **hacerse viejo** se faire vieux; **se hicieron amigos** ils sont devenus amis
**2** (resultar): **se me hizo muy duro el viaje** j'ai trouvé le voyage très pénible
**3** (acostumbrarse): **hacerse a** se faire à; **hacerse a una idea** se faire à une idée
**4** (obtener): **hacerse de** o **con algo** obtenir qch
**5** (fingir): **hacerse el sordo** o **el sueco** faire la sourde oreille
**6**: **hacerse idea de algo** se faire une idée de qch; **hacerse ilusiones** se faire des illusions
**7**: **se me hace que** (AM: me parece que) il me semble que

## hacha – Haya

**hacha** *nf* hache *f*; (*antorcha*) mèche *f*; **ser un ~** (*fig*) être un as
**hachazo** *nm* coup *m* de hache
**hache** *nf* (*letra*) h *m inv*; **llámale ~** (*fig*) appelez-le comme vous voudrez
**hachís** *nm* haschich *m*
**hacia** *prep* vers; (*actitud*) envers; **~ adelante/atrás/dentro/fuera** en avant/en arrière/dedans/dehors; **~ abajo/arriba** en bas/haut; **mira ~ acá** regarde par ici; **~ mediodía/finales de mayo** vers midi/la fin mai
**hacienda** *nf* (*propiedad*) propriété *f*; (*finca*) ferme *f*; (*AM*) hacienda *f*; **(Ministerio de) H~** ministère *m* des Finances; **~ pública** Trésor *m* public
**hacinamiento** *nm* attroupement *m*
**hacinar** *vt* (*cosas*) empiler; (*personas*) entasser; **hacinarse** *vpr* (*en una vivienda*) s'entasser
**hada** *nf* fée *f*; **~ madrina** bonne fée
**hado** *nm* destin *m*
**haga** *etc vb ver* **hacer**
**Haití** *nm* Haïti *m*
**haitiano, -a** *adj* haïtien(ne) ▶ *nm/f* Haïtien(ne)
**hala** *excl* (*para dar prisa*) allez!; (*para dar ánimo*) allons!; (*tras exageración*) eh oh!
**halagador, a** *adj* (*adulador, agradable*) flatteur(-euse) ▶ *nm/f* (*persona*) flatteur(-euse), flagorneur(-euse)
**halagar** *vt* flatter
**halago** *nm* flatterie *f*
**halague** *etc vb ver* **halagar**
**halagüeño, -a** *adj* prometteur(-euse); (*lisonjero*) flatteur(-euse)
**halcón** *nm* faucon *m*
**hale** *excl* allez!
**hálito** *nm* haleine *f*
**halitosis** *nf* mauvaise haleine *f*
**hall** [xol] (*pl* **halls**) *nm* (*de hotel*) hall *m*; (*de cine, teatro*) entrée *f*
**hallar** *vt* trouver; **hallarse** *vpr* se trouver; **se halla fuera** il est dehors
**hallazgo** *nm* trouvaille *f*
**halo** *nm* halo *m*
**halógeno** *adj*: **faro ~** phare *m* halogène
**halterofilia** *nf* haltérophilie *f*
**hamaca** *nf* hamac *m*; (*asiento*) chaise *f* longue
**hambre** *nf* faim *f*; **~ de** (*fig*) faim de; **tener ~** avoir faim; **pasar ~** souffrir de la faim
**hambriento, -a** *adj, nm/f* affamé(e); **~ de** (*fig*) affamé(e) de
**hambruna** *nf* faim *f*
**Hamburgo** *n* Hambourg
**hamburguesa** *nf* hamburger *m*
**hamburguesería** *nf* sandwicherie *f*
**hampa** *nf* pègre *f*
**hampón** *nm* voyou *m*
**hámster** ['xamster] (*pl* **hámsters**) *nm* hamster *m*

**han** *vb ver* **haber**
**handicap** ['xandikap] (*pl* **handicaps**) *nm* handicap *m*
**hangar** *nm* (*Aviat*) hangar *m*
**haragán, -ana** *adj, nm/f* fainéant(e)
**haraganear** *vi* fainéanter
**harakiri** *nm* hara-kiri *m*; **hacerse el ~** (se) faire hara-kiri
**harapiento, -a** *adj* en haillons
**harapos** *nmpl* haillons *mpl*
**hardware** ['xardwer] *nm* (*Inform*) matériel *m*, hardware *m*
**haré** *etc vb ver* **hacer**
**harén** *nm* harem *m*
**harina** *nf* farine *f*; **eso es ~ de otro costal** c'est une autre paire de manches; **~ de maíz/de trigo** farine de maïs/de blé
**harinoso, -a** *adj* farineux(-euse)
**hartar** *vt* (*de comida*) gaver; (*saturar*) saturer; (*fastidiar*) fatiguer; **¡me estás hartando!** tu m'ennuies!; **hartarse** *vpr* (*cansarse*) se lasser; (*de comida*): **hartarse (de)** se gaver (de); **hartarse de leer/reír** se lasser de lire/rire
**hartazgo** *nm*: **darse un ~ (de)** avoir son content (de)
**harto, -a** *adj*: **~ (de)** rassasié(e) (de); (*cansado*) fatigué(e) (de); **estar ~ de hacer/algn** en avoir marre de faire/qn; **¡estoy ~ de decírtelo!** je te l'ai assez dit!; **¡me tienes ~!** tu me fatigues! ▶ *adv* (*bastante*) assez; (*muy*) bien assez
**hartura** *nf* excès *msg*
**has** *vb ver* **haber**
**hashtag** ['xastag] *nm* (*Inform*) mot-dièse *m*
**hasta** *adv* même, voire ▶ *prep* jusqu'à; **¡~ ahora!** à tout de suite!; **¡~ luego!** au revoir!, salut!; (*ARG*) **¡~ siempre!** salut!; **~ la fecha/ahora** jusqu'à aujourd'hui/maintenant; **~ mañana/el sábado** à demain/samedi; **~ nueva orden** jusqu'à nouvel ordre; **¿~ cuándo/dónde ...?** jusqu'à quand/jusqu'où ...?; **¿~ qué punto?** à quel point?; **~ tal punto que ...** à tel point que ...; **viene ~ las cuatro** (*no ... hasta*: *CAM, COL, MÉX*) il ne vient pas avant quatre heures; **~ ayer empezó** (*AM*) cela n'a commencé qu'hier ▶ *conj*: **~ que** jusqu'à ce que
**hastiar** *vt* fatiguer; **hastiarse** *vpr*: **hastiarse de (hacer)** se lasser de (faire)
**hastío** *nm* ennui *m*
**hatajo** *nm*: **un ~ de gamberros/de idiotas** un tas de voyous/d'idiots
**hatillo** *nm* affaires *fpl*
**hato** *nm* paquet *m*; (*rebaño*) troupeau *m*; (*CARIB, CARIB, COL*) ranch *m*
**Hawai** *nm* (*tb*: **las Islas Hawai**) Hawaï *f*
**hawaiano, -a** *adj* hawaïen(ne) ▶ *nm/f* Hawaïen(ne); **hawaianas** (*esp AM*) tongs *fpl*
**hay** *vb ver* **haber**
**Haya** *n*: **La ~** La Haye

## haya – herido

**haya** vb ver **haber** ▶ nf hêtre m
**hayal, hayedo** nm hêtraie f
**haz** vb ver **hacer** ▶ nm botte f; (de luz) faisceau m ▶ nf (de tela) endroit m
**hazaña** nf exploit m
**hazmerreír** nm inv: **ser/convertirse en el ~ de** être/devenir la risée de
**HB** abr (= Herri Batasuna) parti politique basque
**he** vb ver **haber** ▶ adv: **he aquí** voici; **he aquí por qué ...** voici pourquoi ...
**heavy** ['xeβi] (pl **heavies** o **heavys**) adj (música, grupo) de hard; (fam: duro) hard (fam); (: fuerte) fort(e) (fam); **ha sido una experiencia muy ~** ça a été hard; **es muy ~ que encima se queje** je trouve ça dingue qu'en plus il se plaigne ▶ nmf hard-rockeur(-euse) ▶ nm (música) hard-rock m
**hebilla** nf boucle f
**hebra** nf fil m; (de carne) nerf m; (de tabaco) brin m; **pegar la ~** tailler une bavette
**hebreo, -a** adj hébreu (solo m), hébraïque ▶ nm/f Hébreu m ▶ nm (Ling) hébreu m
**hecatombe** nf hécatombe f
**hechice** etc vb ver **hechizar**
**hechicería** nf sorcellerie f
**hechicero, -a** nm/f ensorceleur(-euse)
**hechizar** vt ensorceler
**hechizo** nm sortilège m; (encantamiento) enchantement m; (fig) fascination f
**hecho, -a** pp de **hacer** ▶ adj fait(e); (hombre, mujer) mûr(e); (vino) arrivé(e) à maturation; (ropa) de prêt-à-porter; **muy/poco ~** (Culin) très/peu cuit(e); **~ a la medida** fait(e) sur mesure; **estar ~ a algo** s'être fait(e) à qch; **estaba ~ una fiera/un mar de lágrimas** il était dans une colère noire/en larmes; **bien/mal ~** bien/mal fait(e) ▶ nm fait m; (factor) facteur m; **el ~ es que ...** le fait est que ...; **el ~ de que ...** le fait que ...; **de ~** de fait ▶ excl c'est fait!; **¡bien ~!** bravo!, bien joué!
**hechura** nf (confección) confection f; (corte, forma) coupe f; (Tec) fabrication f
**hectárea** nf hectare m
**hectolitro** nm hectolitre m
**heder** vi puer
**hediondez** nf puanteur f
**hediondo, -a** adj puant(e); (fig) dégoûtant(e)
**hedonismo** nm hédonisme m
**hedor** nm puanteur f
**hegemonía** nf hégémonie f
**helada** nf gelée f; **caer una ~** geler
**heladería** nf marchand m de glaces
**heladero, -a** nm/f glacier m, marchand(e) de glaces ▶ nm (CSUR) réfrigérateur m
**helado, -a** adj gelé(e); (muy frío) glacé(e); (fig) de glace; **¡estoy ~ (de frío)!** je suis congelé!; **dejar ~ a algn** épater qn; **quedarse ~** être abasourdi(e) ▶ nm glace f
**helador, a** adj (viento etc) glacial(e)

**helar** vt geler; (dejar atónito) abasourdir ▶ vi geler; **ha helado esta noche** il a gelé cette nuit; **helarse** vpr geler; **helarse de frío** mourir de froid
**helecho** nm fougère f
**helénico, -a** adj hellénique
**hélice** nf hélice f
**helicóptero** nm hélicoptère m
**helio** nm hélium m
**helipuerto** nm héliport m
**helmántico, -a** adj de Salamanque
**Helsinki** n Helsinki
**helvético, -a** adj helvétique ▶ nm/f Helvète mf
**hematoma** nm hématome m
**hembra** nf femelle f; (mujer) femme f; **un elefante ~** un éléphant femelle
**hemeroteca** nf bibliothèque f de périodiques
**hemiciclo** nm (Pol) hémicycle m
**hemiplejía** nf hémiplégie f
**hemipléjico, -a** adj hémiplégique
**hemisferio** nm hémisphère m
**hemofilia** nf hémophilie f
**hemofílico, -a** adj, nm/f hémophile mf
**hemoglobina** nf hémoglobine f
**hemorragia** nf hémorragie f; **~ nasal** saignement m de nez
**hemorroides** nfpl hémorroïdes fpl
**hemos** vb ver **haber**
**henar** nm champ m
**henchir** vt (pulmones) gonfler; **henchido de orgullo** bouffi d'orgueil
**Hendaya** n Hendaye
**hender** vt fendre
**hendidura** nf fente f; (Geo) faille f
**henequén** nm agave m
**heno** nm foin m
**hepático, -a** adj hépatique
**hepatitis** nf hépatite f
**heráldica** nf héraldique f
**herbario, -a** nm/f botaniste mf ▶ nm herbier m
**herbicida** nm herbicide m
**herbívoro, -a** adj herbivore
**herbolario, -a** nm/f herboriste mf ▶ nm (tienda) herboristerie f
**herboristería** nf herboristerie f
**hercio** nm hertz m
**heredad** nf domaine m
**heredar** vt hériter
**heredero, -a** nm/f héritier(-ière); **príncipe ~** prince m héritier; **~ del trono** héritier(-ière) du trône
**hereditario, -a** adj héréditaire
**hereje** nmf hérétique mf
**herejía** nf hérésie f
**herencia** nf héritage m; (Bio) hérédité f
**herético, -a** adj hérétique
**herida** nf blessure f; ver tb **herido**
**herido, -a** adj, nm/f blessé(e); **resultar ~** être blessé(e); **sentirse ~** (fig) se sentir blessé(e)

## herir – hijo

**herir** vt blesser ; (vista, oídos) irriter ; **herirse** vpr se blesser
**hermana** nf sœur f ; **~ gemela** sœur jumelle ; **~ política** belle-sœur f
**hermanar** vt (conceptos) associer ; (personas) unir ; (ciudades) jumeler
**hermanastro, -a** nm/f demi-frère (demi-sœur)
**hermandad** nf congrégation f ; (fraternidad) fraternité f
**hermano, -a** adj (ciudad) jumeau (jumelle) ▶ nm frère m ; **él y ella son hermanos** ils sont frère et sœur ; **~ gemelo** frère jumeau ; **~ político** beau-frère m
**herméticamente** adv : **~ cerrado** hermétiquement fermé
**hermético, -a** adj hermétique
**hermetismo** nm hermétisme m
**hermoso, -a** adj beau (belle) ; (espacioso) spacieux(-euse)
**hermosura** nf beauté f ; **ese niño es una ~** c'est un bébé magnifique
**hernia** nf hernie f ; **~ discal** hernie discale
**herniarse** vpr se faire une hernie ; (fam) se fatiguer
**héroe** nm héros msg
**heroicidad** nf héroïsme m ; (acto) acte m d'héroïsme
**heroico, -a** adj héroïque
**heroína** nf (mujer, droga) héroïne f
**heroinómano, -a** nm/f héroïnomane mf
**heroísmo** nm héroïsme m
**herpes** nmfpl herpès msg ; **~ labial** herpès labial
**herradura** nf fer m à cheval
**herraje** nm ferronnerie f
**herramienta** nf outil m
**herrar** vt (caballería) ferrer ; (ganado) marquer
**herrería** nf forge f
**herrero** nm forgeron m
**herrete** nm ferret m
**herrumbre** nf rouille f
**herrumbroso, -a** adj rouillé(e)
**hervidero** nm (fig : de personas) foule f ; (: de animales) troupeau m ; (: de pasiones) déchaînement m
**hervir** vt (faire) bouillir ▶ vi bouillir ; (fig) : **~ de** bouillir de ; **~ en deseos de** brûler d'envie de
**hervor** nm : **dar un ~ a** blanchir
**hetero, -a** (fam) adj, nmf = **heterosexual**
**heterodoxia** nf hétérodoxie f
**heterodoxo, -a** adj, nm/f hétérodoxe mf
**heterogéneo, -a** adj hétérogène
**heterosexual** adj, nmf hétérosexuel(le)
**hexagonal** adj hexagonal(e)
**hexágono** nm hexagone m
**hez** nf (tb : **heces**) fèces fpl ; **la ~ de la sociedad** le rebut de la société
**hiato** nm (Ling) hiatus msg

**hibernación** nf hibernation f
**híbrido, -a** adj hybride
**hice** etc vb ver **hacer**
**hidalgo** nm hidalgo m
**hidratación** nf hydratation f
**hidratante** adj hydratant(e)
**hidratar** vt hydrater
**hidrato** nm : **hidratos de carbono** hydrates mpl de carbone
**hidráulica** nf hydraulique f
**hidráulico, -a** adj hydraulique
**hidro...** pref hydro...
**hidroavión** nm hydravion m
**hidrocarburo** nm hydrocarbure m
**hidroeléctrica** nf centrale f hydroélectrique
**hidroeléctrico, -a** adj hydroélectrique
**hidrófilo, -a** adj : **algodón ~** coton m hydrophile
**hidrofobia** nf hydrophobie f
**hidrógeno** nm hydrogène m
**hidromasaje** nm hydromassage m
**hidroterapia** nf hydrothérapie f
**hidróxido** nm : **~ de carbono** hydroxyde m de carbone
**hieda** etc vb ver **heder**
**hiedra** nf lierre m
**hiel** nf fiel m
**hielera** (CHI, MÉX) nf réfrigérateur m
**hielo** vb ver **helar** ▶ nm glace f ; (fig) froideur f ; **romper el ~** (fig) rompre la glace ; **hielos** nmpl (escarcha) gelées fpl
**hiena** nf hyène f
**hiera** etc vb ver **herir**
**hierático, -a** adj (formal) hiératique
**hierba** nf herbe f ; **mala ~** mauvaise herbe ; (fig) mauvaise graine f
**hierbabuena** nf menthe f
**hierro** nm fer m ; (trozo, pieza) bout m de fer ; **de ~** en fer ; (fig : persona) fort(e) comme un bœuf ; (: voluntad, salud) de fer ; **~ colado/forjado/fundido** fer coulé/forgé/fondu
**hierva** etc vb ver **hervir**
**hígado** nm foie m ; **echar los hígados** en baver
**highball** ['xaibol] (AM) nm whisky m soda
**higiene** nf hygiène f
**higiénico, -a** adj hygiénique
**higo** nm figue f ; **de higos a brevas** tous les 36 du mois ; **estar hecho un ~** (fam) être tout chiffonné(e) ; **~ chumbo** figue de Barbarie ; **~ seco** figue sèche
**higuera** nf figuier m
**hija** nf fille f ; (uso vocativo) ma fille ; **~ política** belle-fille f
**hijastro, -a** nm/f beau-fils (belle-fille) ; **hijastros** beaux-enfants mpl
**hijo** nm (varón) fils msg ; (uso vocativo) fiston m, mon garçon ; **cada ~ de vecino** tout un chacun ; **~ adoptivo** fils adoptif ; **~ de mamá/papá** fils à maman/papa ; **~ de puta**

**híjole – histeria**

(*fam!*) fils de pute (*fam!*) ; **~ ilegítimo** fils illégitime ; **~ político** gendre *m* ; **~ pródigo** fils prodigue ; **hijos** *nmpl* (*hijos e hijas*) enfants *mpl* ; **sin hijos** sans enfants

**híjole** (*Méx fam*) *excl* putain !

**hilacha** *nf* fil *m*

**hilandero, -a** *nm/f* fileur(-euse)

**hilar** *vt* filer ; **~ delgado** o **fino** (*fig*) jouer finement

**hilarante** *adj* hilarant(e) ; **gas ~** gaz *m* hilarant

**hilaridad** *nf* hilarité *f*

**hilera** *nf* rangée *f*

**hilo** *nm* fil *m* ; (*de metal*) filon *m* ; (*de agua, luz, voz*) filet *m* ; **colgar de un ~** (*fig*) ne tenir qu'à un fil ; **perder/seguir el ~** (*de relato, pensamientos*) perdre/suivre le fil ; **traje de ~** costume *m* de toile

**hilván** *nm* (*Costura*) ourlet *m*

**hilvanar** *vt* (*Costura*) ourler ; (*bosquejar*) esquisser ; (*precipitadamente*) ébaucher

**Himalaya** *nm*: **el ~, los Montes ~** l'Himalaya *m*

**himen** *nm* hymen *m*

**himno** *nm* hymne *m* ; **~ nacional** hymne national

**hincapié** *nm*: **hacer ~ en** mettre l'accent sur

**hincar** *vt* planter ; **hincarle el diente a** (*comida*) mordre à belles dents dans ; (*fig: asunto*) s'attaquer à ; **hincarse** *vpr* s'enfoncer ; **hincarse de rodillas** s'agenouiller

**hincha** *nmf* (*fam: Deporte*) fan *mf* ▶ *nf*: **tenerle ~ a algn** avoir une dent contre qn

**hinchable** *adj* gonflable ▶ *nm* (*castillo*) château *m* gonflable

**hinchada** (*fam*) *nf* (*Deporte*) fans *mpl*

**hinchado, -a** *adj* gonflé(e) ; (*Med*) enflammé(e) ; (*inflado*) enflé(e) ; (*estilo*) ronflant(e)

**hinchar** *vt* gonfler ; (*fig*) exagérer ; **hincharse** *vpr* (*Med*) s'enflammer ; (*fig: engreírse*) se rengorger ; **hincharse de (hacer)** en avoir marre de (faire)

**hinchazón** *nf* inflammation *f*

**hindú** *adj* hindou(e) ▶ *nmf* Hindou(e)

**hinduismo** *nm* hindouisme *m*

**hinojo** *nm* fenouil *m* ; **de hinojos** sur les genoux

**hinque** *etc vb ver* **hincar**

**hipar** *vi* avoir le hoquet

**híper** *nm inv* (*tb:* **hipermercado**) hypermarché *m*

**hiper...** *pref* hyper...

**hiperactivo, -a** *adj* hyperactif(-ive)

**hipérbole** *nf* hyperbole *f*

**hiperenlace** *nm* (*Inform*) hyperlien *m*

**hipermercado** *nm* hypermarché *m*

**hipersensible** *adj* hypersensible

**hipertensión** *nf* hypertension *f*

**hipertenso, -a** *adj* hypertendu(e)

**hipertexto** *nm* hypertexte *m*

**hipertrofia** *nf* hypertrophie *f*

**hipervínculo** *nm* hyperlien *m*

**hípica** *nf* équitation *f* ; (*local*) hippodrome *m*

**hípico, -a** *adj* (*concurso*) hippique ; (*carrera*) de chevaux ; **club ~** club *m* d'équitation

**hipido** *nm* plainte *f*

**hipnosis** *nf* hypnose *f*

**hipnotice** *etc vb ver* **hipnotizar**

**hipnótico, -a** *adj*, *nm* hypnotique *m*

**hipnotismo** *nm* hypnotisme *m*

**hipnotizar** *vt* hypnotiser

**hipo** *nm* hoquet *m* ; **me ha entrado ~** j'ai le hoquet ; **tener ~** avoir le hoquet ; **quitar el ~ a algn** (*fig*) couper le sifflet à qn

**hipo...** *pref* hypo...

**hipoalergénico, -a** *adj* hypoallergénique

**hipocondría** *nf* hypocondrie *f*

**hipocondríaco, -a** *adj*, *nm/f* hypocondriaque *mf*

**hipocresía** *nf* hypocrisie *f*

**hipócrita** *adj*, *nmf* hypocrite *mf*

**hipodérmico, -a** *adj*: **aguja hipodérmica** seringue *f* hypodermique

**hipódromo** *nm* hippodrome *m*

**hipopótamo** *nm* hippopotame *m*

**hipoteca** *nf* hypothèque *f* ; **pagar la ~** rembourser l'hypothèque

**hipotecar** *vt* hypothéquer

**hipotecario, -a** *adj* hypothécaire

**hipotensión** *nf* hypotension *f*

**hipotenso, -a** *adj* hypotendu(e)

**hipotenusa** *nf* hypoténuse *f*

**hipotermia** *nf* hypothermie *f*

**hipótesis** *nf inv* hypothèse *f*

**hipotético, -a** *adj* hypothétique

**hippie** ['xipi], **hippy** ['xipi] (*pl* **hippies**) *adj*, *nmf* hippie *mf*

**hiriendo** *etc vb ver* **herir**

**hiriente** *adj* blessant(e)

**hirsuto, -a** *adj* hirsute

**hirviendo** *etc vb ver* **hervir**

**hisopo** *nm* buis *msg*

**hispalense** (*liter*) *adj* sévillan(e) ▶ *nmf* Sévillan(e)

**hispánico, -a** *adj* hispanique

**hispanidad** *nf* peuples *mpl* hispaniques

**hispanista** *nmf* (*Univ etc*) hispanisant(e)

**hispano, -a** *adj* espagnol(e) ; (*en EEUU*) hispano-américain(e) ▶ *nm/f* Espagnol(e) ; (*en EEUU*) Hispano-Américain(e)

**Hispanoamérica** *nf* Amérique *f* hispanique

**hispanoamericano, -a** *adj* hispano-américain(e) ▶ *nm/f* Hispano-Américain(e)

**hispanoárabe** *adj* hispano-arabe

**hispanohablante, hispanoparlante** *adj* hispanophone

**histerectomía** *nf* hystérectomie *f*

**histeria** *nf* hystérie *f* ; **~ colectiva** hystérie collective

## histérico – homosexualidad

**histérico, -a** *adj* hystérique
**histerismo** *nm* hystérie *f*
**historia** *nf* histoire *f*; **¡la ~ de siempre!, ¡la misma ~!** c'est toujours la même histoire ! ; **déjate de historias** ne me raconte pas d'histoires ; **pasar a la ~** passer à la postérité ; **~ antigua/contemporánea** histoire ancienne/contemporaine ; **~ natural** histoire naturelle
**historiado, -a** *adj* tarabiscoté(e)
**historiador, a** *nm/f* historien(ne)
**historial** *nm* (*profesional*) curriculum vitae *m inv* ; (*Med*) antécédents *mpl*
**históricamente** *adv* historiquement
**histórico, -a** *adj* historique ; (*estudios*) d'histoire
**historieta** *nf* bande *f* dessinée
**histriónico, -a** *adj* histrionique, cabotin(e)
**histrionismo** *nm* histrion *m*
**hito** *nm* (*fig*) fait *m* historique ; **mirar a algn de ~ en ~** regarder fixement qn
**hizo** *vb ver* **hacer**
**Hna., Hnas.** *abr* = **hermana(s)**
**Hno., Hnos.** *abr* (= *Hermano(s)*) Fre(s) (= frère(s))
**hobby** ['xoβi] (*pl* **hobbys**) *nm* hobby *m*
**hocico** *nm* museau *m* ; **estar de hocicos** faire la tête ; **torcer el ~** faire la moue ; **meter el ~ en algo** mettre son nez dans qch
**hockey** ['xokei] *nm* hockey *m* ; **~ sobre hielo/patines** hockey sur glace/patins
**hogar** *nm* foyer *m* ; **labores del ~** tâches *fpl* domestiques ; **crear/formar un ~** créer/fonder une famille
**hogareño, -a** *adj* (*ambiente*) familial(e) ; (*escena*) de famille ; (*persona*) casanier(-ière)
**hogaza** *nf* miche *f*
**hoguera** *nf* feu *m* de bois ; (*para herejes*) bûcher *m*
**hoja** *nf* feuille *f* ; (*de flor*) pétale *m* ; (*de cuchillo*) lame *f* ; (*de puerta, ventana*) battant *m* ; **de ~ caduca/perenne** à feuilles caduques/persistantes ; **~ de afeitar** lame de rasoir ; **~ electrónica** *o* **de cálculo** feuille de calcul (électronique) ; **~ de pedido** bon *m* de commande ; **~ de ruta** (*de viaje, proceso*) feuille *f* de route ; **~ de servicios** états *mpl* de service ; **~ de trabajo** (*Inform*) feuille de programmation ; **~ informativa** circulaire *f*
**hojalata** *nf* fer *m* blanc
**hojaldre** *nm* pâte *f* feuilletée
**hojarasca** *nf* feuilles *fpl* mortes ; (*en discurso, escrito*) verbiage *m*
**hojear** *vt* feuilleter
**hola** *excl* salut !

> *Salut*, como forma de saludo, puede significar tanto « Hola » (*Salut ! Ça va ?*) como « Adiós » (*Je m'en vais, salut !*).

**Holanda** *nf* Hollande *f*
**holandés, -esa** *adj* hollandais(e) ▶ *nm/f* Hollandais(e) ▶ *nm* (*Ling*) hollandais *msg*

**holding** ['xoldin] (*pl* **holdings** ['xoldin]) *nm o nf* holding *m o f*
**holgado, -a** *adj* (*prenda*) ample ; (*situación*) aisé(e) ; **iban muy holgados en el coche** ils étaient au large dans la voiture
**holgar** *vi*: **huelga decir que** inutile de dire que
**holgazán, -ana** *adj, nm/f* paresseux(-euse)
**holgazanear** *vi* paresser
**holgura** *nf* ampleur *f* ; (*Tec*) jeu *m* ; **vivir con ~** vivre dans l'aisance ; **cabemos con ~** on a largement la place
**hollar** *vt* fouler
**hollejo** *nm* (*Bot*) peau *f*
**hollín** *nm* suie *f*
**holocausto** *nm* holocauste *m*
**holografía** *nf* holographie *f*
**holograma** *nm* hologramme *m*
**hombre** *nm* homme *m* ; (*raza humana*): **el ~** l'homme ; **hacerse ~** devenir un homme ; **buen ~** brave homme ; **pobre ~** pauvre homme ; **de ~ a ~** d'homme à homme ; **ser muy ~** être un homme, un vrai ; **~ anuncio** homme-sandwich *m* ; **~ de bien** homme de bien ; **~ de confianza** homme de confiance ; **~ de estado** homme d'État ; **~ de la calle** homme de la rue ; **~ de letras** homme de lettres ; **~ de mundo** homme du monde ; **~ de negocios** homme d'affaires ; **~ de palabra** homme de parole ; **~-rana** homme-grenouille *m* ▶ *excl* dis donc ! ; **¡sí, ~!** mais si !
**hombrera** *nf* épaulette *f*
**hombría** *nf* virilité *f*
**hombro** *nm* épaule *f* ; **al ~** sur l'épaule ; **arrimar el ~** se mettre au travail ; **encogerse de hombros** hausser les épaules ; **llevar/traer a hombros** porter sur les épaules ; **mirar a algn por encima del ~** regarder qn de haut
**hombruno, -a** *adj* hommasse
**homenaje** *nm* hommage *m* ; **un partido (de) ~** un match d'adieu
**homenajear** *vt* rendre hommage
**homeopatía** *nf* homéopathie *f*
**homicida** *adj* (*arma*) du crime ; (*carácter*) meurtrier(-ière) ▶ *nmf* meurtrier(-ière)
**homicidio** *nm* homicide *m*
**homilía** *nf* sermon *m*
**homo...** *pref* homo...
**homofobia** *nf* homophobie *f*
**homogéneo, -a** *adj* homogène
**homologación** *nf* homologation *f*
**homologar** *vt* homologuer
**homólogo, -a** *nm/f*: **su** *etc* **~** son *etc* homologue
**homónimo, -a** *adj, nm* homonyme *m*
**homoparental** *adj* homoparental(e)
**homosexual** *adj, nmf* homosexuel(le)
**homosexualidad** *nf*, **homosexualismo** *nm* homosexualité *f*

## honda – horror

**honda** nf fronde f
**hondamente** adv profondément
**hondo, -a** adj profond(e) ; **en lo ~ de** au fin fond de
**hondonada** nf creux msg
**hondura** nf profondeur f
**Honduras** nf Honduras m
**hondureño, -a** adj du Honduras, hondurien(ne) ▶ nm/f natif(-ive) o habitant(e) du Honduras, Honduríen(ne)
**honestamente** adv honnêtement
**honestidad** nf honnêteté f
**honesto, -a** adj honnête ; (decente) vertueux(-euse)
**hongo** nm champignon m ; (sombrero) chapeau m melon ; **hongos** nmpl (Med) champignons mpl, mycose f ; **hongos del pie** mycose au pied
**honor** nm honneur m ; **en ~ a la verdad ...** la vérité est que ... ; **hacer ~ a algo/algn** faire honneur à qch/qn ; **en ~ de algn** en l'honneur de qn ; **es un ~ para mí ...** c'est un honneur pour moi ... ; **rendir los honores a algn** rendre les honneurs à qn ; **hacer los honores** (suj: anfitrión) faire les honneurs de la maison ; **~ profesional** honneur professionnel
**honorable** adj honorable
**honorario, -a** adj honoraire ; **honorarios** nmpl honoraires mpl
**honorífico, -a** adj honorifique
**honra** nf honneur m ; (renombre) prestige m ; **tener algo a mucha ~** s'enorgueillir de qch ; **honras fúnebres** honneurs funèbres
**honradamente** adv honnêtement
**honradez** nf honnêteté f ; (de mujer) vertu f
**honrado, -a** adj honnête ; (mujer) vertueux(-euse)
**honrar** vt honorer ; **nos honró con su presencia/amistad** il nous a honorés de sa présence/son amitié ; **honrarse** vpr: **honrarse con algo/de hacer algo** s'enorgueillir de qch/de faire qch
**honroso, -a** adj honorable
**hora** nf heure f ; **¿qué ~ es?** quelle heure est-il ? ; **¿tienes ~?** tu as l'heure ? ; **¿a qué ~?** à quelle heure ? ; **media ~** une demi-heure ; **a la ~ de comer/del recreo** à l'heure du repas/de la récréation ; **a primera/última ~** à la première heure/au dernier moment ; **a primera/última ~ de** en début/fin de ; **~ tras ~** heure après heure ; **« última ~ »** « dernière heure » ; **¡es la ~!** c'est l'heure ! ; **noticias de última ~** nouvelles fpl de dernière heure ; **a altas horas (de la noche)** à des heures tardives ; **a estas horas** à l'heure qu'il est ; **a la ~ en punto** à l'heure pile ; **entre horas** (comer) entre les repas ; **por horas** à l'heure ; **¡a buena(s) ~(s) me lo dices!** c'est maintenant que tu me le dis ! ; **a todas horas** à toute heure ; **en mala ~** par malchance ; **me han dado ~ para mañana** j'ai rendez-vous demain ; **dar la ~** donner l'heure ; **pasarse las horas muertas haciendo algo** passer son temps à faire qch ; **pedir ~** prendre rendez-vous ; **poner el reloj en ~** mettre sa montre à l'heure ; **no ver la ~ de ~** avoir hâte de ; **¡ya era ~!** il était temps ! ; **horas de oficina/de trabajo/de visita** heures de bureau/de travail/de visite ; **horas extra** heures sup ; **horas extraordinarias** heures supplémentaires ; **~ punta** o (MÉX) **pico** heure de pointe
**horadar** vt forer
**horario, -a** adj, nm horaire m ; **~ comercial** heures fpl d'ouverture
**horca** nf potence f ; (Agr) fourche f
**horcajadas: a ~** adv à califourchon
**horchata** nf sirop à base d'un tubercule, de sucre et d'eau
**horda** nf horde f
**horizontal** adj horizontal(e)
**horizontalmente** adv horizontalement
**horizonte** nm horizon m
**horma** nf forme f ; **de ~ estrecha/ancha** (zapatos) large/étroit(e)
**hormiga** nf fourmi f
**hormigón** nm béton m ; **~ armado** béton armé
**hormigonera** nf bétonnière f, bétonneuse f
**hormigueo** nm fourmis fpl ; (fig) agitation f
**hormiguero** nm fourmilière f
**hormiguita** nf: **ser una ~** (fig) être une vraie fourmi
**hormona** nf hormone f
**hormonal** adj hormonal(e)
**hornada** nf fournée f
**hornear** vt enfourner, mettre au four
**hornillo** nm réchaud m ; **~ de gas** réchaud à gaz
**horno** nm four m ; **alto(s) ~(s)** haut(s)-fourneau(x) m(pl) ; **al ~** (Culin) au four ; **no estar el ~ para bollos** ne pas être d'humeur à plaisanter ; **¡este lugar es un ~!** c'est pire que dans un four ! ; **~ crematorio** four crématoire ; **~ microondas** four à micro-ondes
**horóscopo** nm horoscope m
**horquilla** nf épingle f à cheveux ; (Agr) fourche f
**horrendo, -a** adj affreux(-euse)
**horrible** adj horrible
**horriblemente** adv horriblement
**horripilante** adj horripilant(e)
**horripilar** vt horripiler
**horror** nm horreur f ; **¡qué ~!** quelle horreur ! ; **me da ~** cela me fait horreur ; **tener ~ a (hacer)** avoir horreur de (faire) ; **horrores** nmpl (atrocidades) horreurs fpl ▶ adv (fam): **me gusta horrores** j'en raffole

# horrorice – huesoso

**horrorice** etc vb ver **horrorizar**
**horrorizar** vt horrifier ; **estar horrorizado** être horrifié ; **horrorizarse** vpr: **se horrorizó de pensarlo** il a été horrifié à cette idée
**horroroso, -a** adj affreux(-euse) ; (hambre, sueño) terrible
**hortaliza** nf légume m
**hortelano, -a** nm/f maraîcher(-ère)
**hortensia** nf hortensia m
**hortera** (fam) adj, nmf ringard(e)
**horterada** (fam) nf horreur f
**horticultor, a** nm/f horticulteur(-trice)
**horticultura** nf horticulture f
**hortofrutícola** adj (productos) maraîcher(-ère)
**hosco, -a** adj (persona) antipathique ; (lugar) exécrable
**hospedaje** nm logement m ; (dinero) loyer m
**hospedar** vt loger ; **hospedarse** vpr se loger
**hospedería** nf auberge f
**hospicio** nm (para niños) orphelinat m
**hospital** nm hôpital m ; **~ clínico** clinique f
**hospitalario, -a** adj hospitalier(-ière)
**hospitalice** etc vb ver **hospitalizar**
**hospitalidad** nf hospitalité f
**hospitalización** nf hospitalisation f
**hospitalizar** vt hospitaliser ; **estar hospitalizado** être hospitalisé
**hosquedad** nf antipathie f
**hostal** nm pension f
**hostelería** nf hôtellerie f
**hostería** (CSur) nf hôtel m
**hostia** nf (Rel) hostie f ; (fam!) beigne f (fam!) ; **a toda ~** (fam!) à toute berzingue (fam!) ; **está (de) la ~** (fam!) il est vachement mignon ; **está de mala ~** (fam!: mal humor) il est de mauvais poil (fam!) ; **tiene mala ~** (fam!: mala intención) c'est un salaud (fam!) ▶ excl: **¡~(s)!** (fam!) putain ! (fam!) ; **¡es la ~!** (fam!: como crítica) c'est nul ! ; (: apreciativo) c'est d'enfer !
**hostigar** vt (Mil, fig) harceler ; (caballería) cravacher
**hostigue** etc vb ver **hostigar**
**hostil** adj hostile
**hostilidad** nf hostilité f ; **hostilidades** nfpl: **iniciar/romper las hostilidades** engager/ cesser les hostilités
**hostilmente** adv hostilement
**hotel** nm hôtel m ; voir article

- **HOTEL**
-
- Il existe en Espagne différents types
- d'hébergement dont le prix varie en
- fonction des services offerts aux voyageurs.
- Ce sont, par ordre décroissant de prix :
- l'*hotel* (du 5 étoiles au 1 étoile), l'*hostal* et la
- *pensión*. L'État gère également un réseau
- d'hôtels de luxe, appelés *paradores*,
- généralement situés dans des lieux à
- caractère historique ou installés dans des
- monuments historiques.

**hotelero, -a** adj, nm/f hôtelier(-ière)
**hoy** adv aujourd'hui ; **~ mismo** aujourd'hui même ; **~ (en) día**, (Am) **el día de ~** aujourd'hui ; **~ por ~** aujourd'hui ; **por ~** pour aujourd'hui ; **de ~ en ocho días** aujourd'hui en huit ; **de ~ en adelante** dorénavant
**hoya** nf fosse f ; (Geo) vallée f
**hoyo** nm fosse f ; (Golf) trou m
**hoyuelo** nm fossette f
**hoz** nf faux fsg ; (Geo) gorge f
**hua-** ver **gua-**
**huaca** nf = **guaca**
**huacal** nm = **guacal**
**huachafería** (Perú fam) nf snobisme m
**huachafo, -a** (Perú fam) adj snob
**huasipungo** (And) nm (Agr) bout m de terrain
**huaso, -a** (And, CSur) adj, nm/f paysan(ne)
**huayco** (Perú) nm glissement m de terrain
**huayno** (Perú) nm chant et danse traditionnels du Pérou
**hube** etc vb ver **haber**
**hucha** nf tirelire f
**hueco, -a** adj creux(euse) ; (persona, estilo) vain(e) ▶ nm creux msg ; (espacio) place f ; **hacerle (un) ~ a algn** faire une place à qn ; **tener un ~** avoir un moment de libre ; **~ de la escalera/del ascensor** cage f d'escalier/ d'ascenseur ; **~ de la mano** creux de la main
**huela** etc vb ver **oler**
**huelga** vb ver **holgar** ▶ nf grève f ; **declararse/ estar en ~** se mettre/être en grève ; **~ de brazos caídos** grève sur le tas ; **~ de celo** grève du zèle ; **~ de hambre** grève de la faim ; **~ general** grève générale
**huelgue** etc vb ver **holgar**
**huelguista** nmf gréviste mf
**huella** nf trace f ; **sin dejar ~** sans laisser de traces ; **perder las huellas** perdre la trace ; **seguir las huellas de algn** (fig) marcher sur les traces de qn ; **~ dactilar** empreinte f digitale ; **~ de carbono** empreinte carbone ; **~ digital** empreinte digitale
**huemul** (CSur) nm cerf m
**huérfano, -a** adj: **~ (de)** orphelin(e) (de) ; **quedar(se) ~** devenir orphelin(e) ▶ nm/f orphelin(e)
**huerta** nf verger m ; (en Murcia, Valencia) huerta f
**huerto** nm (de verduras) jardin m potager ; (de árboles frutales) verger m
**huesillos** (Chi) nmpl pêches fpl
**hueso** nm os msg ; (de fruta) noyau m ; (Méx fam) sinécure f ; **estar en los huesos** être sur les genoux ; **estar calado** o **mojado hasta los huesos** être trempé jusqu'aux os ; **ser un ~** (profesor) être un tyran ; **un ~ duro de roer** (persona) un(e) dur(e) à cuire ; **de color ~** blanc cassé
**huesoso, -a** (esp Am) adj osseux(-euse)

**huésped, a** nm/f hôte mf ; (en hotel) client(e)
**huesudo, -a** adj osseux(-euse)
**huevada** (AND, CSUR fam!) nf (estupidez) connerie f (fam!)
**huevas** nfpl œufs mpl de poisson ; (CHI fam!) couilles fpl (fam!)
**huevera** nf (para servir) coquetier m ; (para transportar) boîte f à œufs
**huevo** nm œuf m ; (fam!) couille f (fam!) ; **me costó un ~** (fam!: caro) ça m'a coûté la peau des fesses (fam!) ; (: difícil) ça a été coton ; **tener huevos** (fam!) avoir des couilles (fam!) ; **~ duro/escalfado/frito** œuf dur/poché/au plat ; **~ estrellado** œuf au plat ; **huevos revueltos** œufs brouillés ; **~ pasado por agua** o (AM) **tibio** o (AND, CSUR) **a la copa** œuf à la coque
**huida** nf fuite f ; **~ de capitales** (Com) fuite des capitaux
**huidizo, -a** adj (tímido) farouche ; (mirada, frente) fuyant(e) ; (tiempo) passager(-ère)
**huincha** (AND, CSUR) nf serre-tête m
**huipil** (CAM, MÉX) nm blouse indienne
**huir** vt, vi fuir ; **~ de** fuir
**huiro** (AND, CSUR) nm algue f
**huitlacoche** (CAM, MÉX) nf champignon noir très apprécié
**huizache** (CAM, MÉX) nm acacia m
**hule** nm toile f cirée
**hulla** nf houille f
**humanamente** adv humainement
**humanice** etc vb ver **humanizar**
**humanidad** nf humanité f ; **humanidades** nfpl (Univ, Escol) lettres fpl
**humanismo** nm humanisme m
**humanista** adj, nmf humaniste mf
**humanitario, -a** adj humanitaire
**humanizar** vt humaniser ; **humanizarse** vpr s'humaniser
**humano, -a** adj humain(e) ; **ser ~** être humain ▶ nm humain m
**humareda** nf nuage m de fumée
**humeante** adj fumant(e)
**humear** vi fumer
**humedad** nf humidité f ; **a prueba de ~** résiste à l'humidité
**humedecer** vt humidifier ; **humedecerse** vpr s'humidifier
**humedezca** etc vb ver **humedecer**
**húmedo, -a** adj humide
**húmero** nm humérus msg
**humidificador** nm humidificateur m
**humildad** nf humilité f
**humilde** adj humble
**humildemente** adv humblement
**humillación** nf humiliation f

**humillante** adj humiliant(e)
**humillar** vt humilier ; **sentirse humillado** se sentir humilié ; **humillarse** vpr: **humillarse (ante)** s'humilier (devant)
**humita** (AND, CSUR) nf (Culin) plat à base de maïs et de piment, enveloppé dans une feuille de maïs
**humo** nm fumée f ; **echar ~** fumer ; **hacerse ~** (AND, CSUR fam) s'évanouir dans la nature ; **humos** nmpl (fig: altivez) air m hautain ; **bajar los humos a algn** rabattre son caquet à qn
**humor** nm humeur f ; **de buen/mal ~** de bonne/mauvaise humeur ; **(no) estar de ~ para (hacer) algo** (ne pas) être d'humeur à (faire) qch
**humorismo** nm humour m
**humorista** nmf humoriste mf
**humorístico, -a** adj humoristique
**humus** nm inv humus m
**hundido, -a** adj (ojos) creux (creuse) ; (persona) abattu(e)
**hundimiento** nm (de barco) naufrage m ; (de edificio) écroulement m ; (de tierra) éboulement m ; (del terreno) creux msg
**hundir** vt (barco, negocio) couler ; (edificio) raser ; (pavimento) enfoncer ; (fig: persona) abattre ; **hundirse** vpr (barco, negocio) couler ; (edificio) s'écrouler ; (terreno, cama) s'affaisser ; (economía, precios) s'effondrer ; **hundirse en la miseria** sombrer dans la misère
**húngaro, -a** adj hongrois(e) ▶ nm/f Hongrois(e) ▶ nm (Ling) hongrois m
**Hungría** nf Hongrie f
**huracán** nm ouragan m ; **pasar/entrar como un ~** passer/entrer en trombe
**huracanado, -a** adj (viento) violent(e)
**huraño, -a** adj désagréable ; (poco sociable) peu sociable
**hurgar** vt remuer ▶ vi: **~ (en)** fouiner (dans) ; **~ en la herida** (fig) remuer le couteau dans la plaie ; **hurgarse** vpr: **hurgarse (las narices)** se curer (le nez)
**hurgue** etc vb ver **hurgar**
**hurón** nm furet m
**hurra** excl hourra !
**hurtadillas**: **a ~** adv à la dérobée
**hurtar** vt dérober ; **hurtarse** vpr: **hurtarse a** se dérober
**hurto** nm vol m
**husmear** vt humer ▶ vi fouiner ; **~ en** (fam) se mêler de
**huso** nm fuseau m ; **~ horario** fuseau horaire
**hutu** adj hutu ▶ nmf Hutu mf
**huy** excl (dolor, sorpresa) aïe ! ; (asombro) eh bien ! ; (reparo) oh mon Dieu !
**huyendo** etc vb ver **huir**
**Hz** abr (= hertzio) Hz (= Hertz)

# I i

**I, i** [i] *nf (letra)* I, i *m inv* ; **I de Inés** ≈ I comme Irma

**IA** *abr* (= *inteligencia artificial*) IA (= *intelligence artificielle*)

**iba** *etc vb ver* **ir**

**Iberia** *nf* Ibérie *f*

**ibérico, -a** *adj* ibérique ; **la Península ibérica** la péninsule Ibérique

**Iberoamérica** *nf* Amérique *f* latine

**iberoamericano, -a** *adj* latino-américain(e) ▶ *nm/f* Latino-américain(e)

**íbice** *nm* bouquetin *m*

**ibicenco, -a** *adj* d'Ibiza ▶ *nm/f* natif(-ive) *o* habitant(e) d'Ibiza

**Ibiza** *nf* Ibiza *f*

**ice** *etc vb ver* **izar**

**iceberg** (*pl* **icebergs**) *nm* iceberg *m*

**ICONA** (*Esp*) *sigla m* = **Instituto Nacional para la Conservación de la Naturaleza**

**icono** *nm* (*tb Inform*) icône *f*

**iconoclasta** *adj, nmf* (*tb fig*) iconoclaste *mf*

**ictericia** *nf* jaunisse *f*

**I+D** *sigla f* (= *Investigación y Desarrollo*) R-D *f* (= *Recherche-Développement*)

**íd.** *abr* (= *ídem*) id. (= *idem*)

**ida** *nf* aller *m* ; **~ y vuelta** aller (et) retour ; **idas y venidas** allées *fpl* et venues

**IDE** *sigla f* (= *Iniciativa de Defensa Estratégica*) IDS *f* (= *Initiative de défense stratégique*)

**idea** *nf* idée *f* ; (*propósito*) intention *f* ; **a mala ~** dans l'intention de nuire ; **no tengo la menor ~** je n'en ai pas la moindre idée ; **hacerse a la ~ (de que)** se faire à l'idée (que) ; **cambiar de ~** changer d'idée ; **¡ni ~!** aucune idée ! ; **tener ~ de hacer algo** avoir l'intention de faire qch ; **tener mala ~** être malintentionné(e) ; **~ genial** idée géniale ; **ideas** *nfpl* (*manera de pensar*) idées *fpl*

**ideal** *adj* idéal(e) ▶ *nm* idéal *m*

**idealice** *etc vb ver* **idealizar**

**idealismo** *nm* idéalisme *m*

**idealista** *adj, nmf* idéaliste *mf*

**idealizar** *vt* idéaliser

**idear** *vt* concevoir

**ideario** *nm* idéologie *f*, ensemble *m* des idées principales ; **el ~ de la organización** l'idéologie de l'organisation

**ídem** *pron* idem

**idéntico, -a** *adj*: **~ (a)** identique (à)

**identidad** *nf* identité *f* ; **~ corporativa** image *f* de l'entreprise

**identificación** *nf* identification *f*

**identificar** *vt* identifier ; **identificarse** *vpr*: **identificarse (con)** s'identifier (à)

**identifique** *etc vb ver* **identificar**

**ideología** *nf* idéologie *f*

**ideológico, -a** *adj* idéologique

**idílico, -a** *adj* idyllique

**idilio** *nm* idylle *f*

**idioma** *nm* langue *f*

**idiomático, -a** *adj* idiomatique

**idiosincrasia** *nf* idiosyncrasie *f*

**idiota** *adj, nmf* idiot(e)

**idiotez** *nf* idiotie *f*

**ido, -a** (*fam*) *adj* (*despistado*) distrait(e) ; **estar ~** être dans la lune ; (*chiflado*) toqué(e), fou (folle) ; **estar ~ (de la cabeza)** être fou (folle), avoir perdu la raison ; (*Cam, Méx*): **estar ~** être ivre

**idolatrar** *vt* idolâtrer

**ídolo** *nm* (*tb fig*) idole *f*

**idoneidad** *nf* aptitude *f*

**idóneo, -a** *adj* idéal(e) ; **~ para (hacer)** idéal(e) pour (faire)

**IES** *nm abr* (*Esp*) (= *Instituto de Enseñanza Secundaria*) ≈ lycée *m*

**iglesia** *nf* église *f* ; **la I~ católica** l'Église catholique ; **~ parroquial** église paroissiale

**iglú** *nm* igloo *m*

**IGME** *sigla m* (= *Instituto Geográfico y Minero*) ≈ BRGM *m* (= *Bureau de recherches géologiques et minières*)

**IGN** (*Esp*) *sigla m* (= *Instituto Geográfico Nacional*) ≈ IGN *m* (= *Institut géographique national*)

**ignición** *nf* ignition *f*

**ignominia** *nf* ignominie *f*

**ignominioso, -a** *adj* ignominieux(-euse)

**ignorado, -a** *adj* ignoré(e)

**ignorancia** *nf* ignorance *f*

**ignorante** *adj, nmf* ignorant(e)

**ignorar** *vt* ignorer ; **ignoramos su paradero** nous ignorons où il se trouve

**ignoto, -a** *adj* inconnu(e)

## igual – imitación

(PALABRA CLAVE)

**igual** adj **1** (idéntico) pareil(le) ; **Pedro es igual que tú** Pedro est comme toi ; **X es igual a Y** (Mat) X est égal à Y ; **son iguales** ils sont pareils ; **van iguales** (en carrera, competición) ils sont à égalité ; **él, igual que tú, está convencido de que ...** comme toi, il est convaincu que ... ; **¡es igual!** (no importa) ça ne fait rien ! ; **me da igual** ça m'est égal
**2** (liso: terreno, superficie) égal(e)
**3** (constante: velocidad, ritmo) égal(e)
**4**: **al igual que** comme
▶ nmf (persona) égal(e) ; **no tener igual** ne pas avoir d'égal ; **sin igual** sans égal ; **de igual a igual** d'égal à égal
▶ adv **1** (de la misma manera) de la même façon, pareil (fam) ; **visten igual** ils s'habillent de la même façon
**2** (fam: a lo mejor) peut-être que ; **igual no lo saben todavía** peut-être qu'ils ne le savent pas encore
**3** (esp CSur fam: a pesar de todo) quand même ; **era inocente pero me expulsaron igual** j'étais innocent mais ils m'ont renvoyé quand même

**igualada** nf égalisation f
**igualar** vt égaliser ; **igualarse** vpr (diferencias) s'aplanir ; **igualarse (con)** (compararse) se comparer (avec)
**igualdad** nf (tb Mat) égalité f ; **en ~ de condiciones** dans les mêmes conditions
**igualitario, -a** adj égalitaire
**igualmente** adv également ; (en comparación) aussi ; **¡felices vacaciones!** — **~** bonnes vacances ! — à toi aussi
**iguana** nf iguane m
**ikastola** nf école primaire du Pays basque où l'enseignement est donné en langue basque
**ikurriña** nf drapeau basque
**ilegal** adj illégal(e)
**ilegalidad** nf illégalité f ; **trabajar en la ~** travailler illégalement
**ilegalmente** adv illégalement
**ilegible** adj illisible
**ilegitimidad** nf illégitimité f
**ilegítimo, -a** adj illégitime
**ileso, -a** adj: **resultar** o **salir ~ (de)** sortir indemne (de), sortir sain(e) et sauf (sauve) (de)
**ilícito, -a** adj illicite
**ilimitado, -a** adj illimité(e)
**Ilma.** abr (= Ilustrísima) illustrissime
**Ilmo.** abr (= Ilustrísimo) illustrissime
**ilocalizable** adj introuvable
**ilógico, -a** adj illogique
**iluminación** nf illumination f, éclairage m ; (de local, habitación) éclairage
**iluminar** vt illuminer, éclairer ; (adornar con luces) illuminer ; (colorear: ilustración) enluminer ; (fig: inspirar) éclairer ; **iluminarse** vpr: **se le iluminó la cara** son visage s'est illuminé

**ilusión** nf illusion f ; (alegría) joie f ; (esperanza) espoir m ; (emoción) émotion f ; **hacerle ~ a algn** faire plaisir à qn ; **hacerse ilusiones** se faire des illusions ; **no te hagas ilusiones** ne te fais pas d'illusions ; **tener ~ por (hacer)** se réjouir de (faire)
**ilusionado, -a** adj: **estar ~ (con)** se réjouir (de)
**ilusionar** vt réjouir ; **ilusionarse** vpr: **ilusionarse (con)** se réjouir (de)
**ilusionista** nmf illusionniste mf
**iluso, -a** adj naïf(-ïve) ▶ nm/f rêveur(-euse)
**ilusorio, -a** adj illusoire
**ilustración** nf illustration f ; (cultura) instruction f, culture f ; **servir como** o **de ~** servir d'exemple ; **la I~** le Siècle des lumières
**ilustrado, -a** adj illustré(e) ; (persona) cultivé(e), instruit(e)
**ilustrar** vt illustrer ; (instruir) instruire, cultiver ; **ilustrarse** vpr s'instruire, se cultiver
**ilustrativo, -a** adj: **~ (de)** révélateur(-trice) (de)
**ilustre** adj illustre, célèbre
**imagen** nf image f ; **ser la viva ~ de** être le portrait tout craché de ; **a su ~** à son image
**imaginable** adj imaginable ; **más allá de lo ~** au-delà de tout ce qu'on puisse imaginer ; **no es ~ que ...** il est inimaginable que..., il est impensable que...
**imaginación** nf imagination f ; **no se me pasó por la ~ que ...** je n'aurais jamais imaginé que ... ; **imaginaciones** nfpl (suposiciones) idées fpl
**imaginar** vt imaginer ; (idear) imaginer, concevoir ; **~ que ...** (suponer) imaginer que ... ; **imaginarse** vpr s'imaginer ; **¡imagínate!** tu te rends compte ! ; **imagínese que ...** figurez-vous que ... ; **me imagino que sí** j'imagine que oui
**imaginario, -a** adj imaginaire
**imaginativa** nf imagination f
**imaginativo, -a** adj imaginatif(-ive)
**imam** nm imam m
**imán** nm aimant m
**imanar, imantar** vt aimanter
**imbatible** adj imbattable
**imbécil** adj, nmf imbécile mf
**imbecilidad** nf imbécillité f
**imberbe** adj imberbe
**imborrable** adj ineffaçable, indélébile ; (recuerdo) indélébile
**imbuir** vt: **~ (de)** imbiber (de)
**imbuyendo** etc vb ver **imbuir**
**imitación** nf imitation f ; (parodia) imitation, pastiche m ; (Com) contrefaçon f ; **a ~ de** sur le modèle de ; **de ~** en imitation ; **desconfíe de las imitaciones** (Com) méfiez-vous des contrefaçons

## imitador – imponente

**imitador, a** *nm/f* (*Teatro*) imitateur(-trice)
**imitar** *vt* imiter
**impaciencia** *nf* impatience *f*
**impacientar** *vt* (*inquietar*) tracasser ; (*enfadar*) impatienter ; **impacientarse** *vpr* s'impatienter ; (*inquietarse*) se tracasser
**impaciente** *adj* impatient(e) ; **estar ~** se tracasser ; (*deseoso*) être impatient(e) ; **estar ~ (por hacer)** être impatient(e) (de faire), avoir hâte (de faire)
**impacientemente** *adv* avec impatience
**impactar** *vt* (*impresionar*) choquer, déconcerter ▶ *vi* (*bala*) venir se loger ; (*chocar*): **~ en** *o* **contra** aller *ou* venir percuter ; (*afectar*): **~ en** influencer, avoir de l'impact sur
**impacto** *nm* impact *m* ; (*esp AM fig*) impression *f* ; **~ ecológico** empreinte *f* écologique
**impagable** *adj* qui ne peut être payé, non recouvrable ; (*fig*) inestimable
**impagado, -a** *adj* impayé(e)
**impago** *nm* non-paiement *m* ; **impagos** *nmpl* impayés *mpl*
**impalpable** *adj* impalpable
**impar** *adj* impair(e) ▶ *nm* impair *m*
**imparable** *adj* imparable
**imparcial** *adj* impartial(e)
**imparcialidad** *nf* impartialité *f*
**imparcialmente** *adv* impartialement
**impartir** *vt* (*clases*) donner ; (*orden*) intimer
**impasible** *adj* impassible
**impasiblemente** *adv* impassiblement
**impasse** *nm o nf* (*estancamiento*) impasse *f*
**impávido, -a** *adj* impavide
**IMPE** (*Esp*) *sigla m* (*Com*: = *Instituto de la Pequeña y Mediana Empresa*) confédération des P.M.E.
**impecable** *adj* impeccable
**impecablemente** *adv* impeccablement
**impedido, -a** *adj*: **estar ~** être handicapé(e) ▶ *nm/f*: **ser un ~ físico** être handicapé moteur
**impedimento** *nm* empêchement *m*
**impedir** *vt* (*imposibilitar*) empêcher ; **~ a algn hacer** *o* **que haga algo** empêcher qn de faire qch ; **~ el tráfico** bloquer la circulation
**impeler** *vt* (*tb fig*) pousser
**impenetrabilidad** *nf* impénétrabilité *f*
**impenetrable** *adj* impénétrable
**impenitente** *adj* impénitent(e)
**impensable** *adj* impensable
**impepinable** (*fam*) *adj*: **es ~** c'est clair *o* sûr
**imperante** *adj* répandu(e)
**imperar** *vi* régner ; (*fig*) dominer, prévaloir
**imperativo, -a** *adj* impératif(-ive) ▶ *nm* (*Ling*) impératif *m* ; **imperativos** *nmpl* (*exigencias*) impératifs *mpl*
**imperceptible** *adj* imperceptible
**imperceptiblemente** *adv* imperceptiblement
**imperdible** *nm* épingle *f* à nourrice
**imperdonable** *adj* impardonnable
**imperecedero, -a** *adj* impérissable

**imperfección** *nf* (*en prenda, joya, vasija*) défaut *m* ; (*de persona*) imperfection *f*
**imperfectamente** *adv* imparfaitement
**imperfecto, -a** *adj* défectueux(-euse) ; (*tarea, Ling*) imparfait(e) ▶ *nm* (*Ling*) imparfait *m*
**imperial** *adj* impérial(e)
**imperialismo** *nm* impérialisme *m*
**imperialista** *adj*, *nmf* impérialiste *mf*
**impericia** *nf* (*torpeza*) incapacité *f* ; (*inexperiencia*) inexpérience *f*
**imperio** *nm* empire *m* ; **el ~ de la ley/justicia** le règne de la loi/justice ; **vale un ~** (*fig*) cela vaut son pesant d'or
**imperiosamente** *adv* impérieusement
**imperioso, -a** *adj* impérieux(-euse)
**impermeabilizar** *vt* imperméabiliser ; (*fig: frontera*) sceller
**impermeable** *adj*, *nm* imperméable *m*
**impersonal** *adj* impersonnel(le)
**impertérrito, -a** *adj*: **quedarse/seguir ~** rester/demeurer imperturbable
**impertinencia** *nf* impertinence *f*
**impertinente** *adj* impertinent(e)
**imperturbable** *adj* imperturbable
**imperturbablemente** *adv* imperturbablement
**impétigo** *nm* impétigo *m*
**ímpetu** *nm* (*violencia*) violence *f* ; (*energía*) énergie *f* ; (*impetuosidad*) fougue *f*
**impetuosamente** *adv* impétueusement, avec fougue
**impetuosidad** *nf* impétuosité *f*, fougue *f* ; (*violencia*) violence *f*
**impetuoso, -a** *adj* impétueux(-euse) ; (*paso, ritmo*) soutenu(e)
**impida** *etc vb ver* **impedir**
**impío, -a** *adj* impie
**implacable** *adj* implacable
**implacablemente** *adv* implacablement
**implantación** *nf* implantation *f* ; (*introducción*) introduction *f*
**implantar** *vt* implanter ; **implantarse** *vpr* s'implanter
**implante** *nm* implant *m*
**implementar** *vt* mettre en œuvre, mettre en place
**implicación** *nf* implication *f*
**implicar** *vt* impliquer ; **~ a algn en algo** impliquer qn dans qch ; **eso no implica que ...** cela n'implique pas que ...
**implícito, -a** *adj* (*tácito*) tacite ; (*sobreentendido*) implicite ; **llevar ~** comporter implicitement
**implique** *etc vb ver* **implicar**
**implorante** *adj* implorant(e)
**implorar** *vt* implorer
**imponderable** *adj*, *nm* impondérable *m*
**impondré** *etc vb ver* **imponer**
**imponente** *adj* imposant(e) ; (*fam*) sensationnel(le) ▶ *nmf* (*Com*) déposant(e)

## imponer – impropiedad

**imponer** vt imposer ; (respeto) inspirer ; (Com) placer, déposer ▶ vi en imposer ; **imponerse** vpr (moda, costumbre) s'imposer ; (razón, equipo) l'emporter ; **imponerse a** s'imposer face à ; **imponerse (hacer)** s'imposer (de faire) ; **imponerse un deber** s'imposer un devoir
**imponga** etc vb ver **imponer**
**imponible** adj (Com) imposable ; **no ~** non imposable
**impopular** adj impopulaire
**importación** nf importation f
**importador, a** nm/f importateur(-trice)
**importancia** nf importance f ; **no dar ~ a** ne pas attacher d'importance à ; **darse ~** se donner de l'importance ; **sin ~** sans importance ; **no tiene ~** ce n'est pas important
**importante** adj important(e) ; **lo ~ es hacer .../que haga ...** l'important c'est de faire .../qu'il fasse ...
**importar** vt importer ; (ascender a: cantidad) se monter à, coûter ▶ vi importer ; **me importa un bledo** o **rábano** (fam) je m'en fiche pas mal ; **¿le importa que fume?** ça vous ennuie si je fume ? ; **¿te importa prestármelo?** ça ne te dérange pas de me le prêter ? ; **¿y a ti qué te importa?** qu'est-ce que ça peut (bien) te faire ? ; **¿qué importa?** qu'est-ce que ça peut faire ? ; **no importa** ce n'est pas grave, ça ne fait rien ; **no le importa** ça ne le regarde pas ; « **no importa precio** » « prix indifférent »
**importe** nm (coste) coût m ; (total) montant m
**importunar** vt importuner
**importuno, -a** adj importun(e)
**imposibilidad** nf impossibilité f
**imposibilitado, -a** adj : **verse ~ para hacer algo** se voir dans l'impossibilité de faire qch ; **estar/quedar ~** être/rester paralysé(e)
**imposibilitar** vt rendre impossible ; (impedir) empêcher
**imposible** adj, nm impossible m ; **es ~** c'est impossible ; **es ~ de predecir** c'est impossible à prévoir ; **hacer lo ~ por** faire l'impossible pour
**imposición** nf (de moda) introduction f ; (sanción, condena) application f ; (mandato) ordre m ; (Com: impuesto) imposition f ; (: depósito) dépôt m ; **efectuar una ~** faire un dépôt
**impositivo, -a** adj (Econ) fiscal(e), des impôts ; **sistema ~** système m d'imposition ou fiscal
**impostor, a** nm/f imposteur m
**impostura** nf imposture f
**impotencia** nf impuissance f
**impotente** adj impuissant(e) ▶ nm impuissant m
**impracticable** adj (camino) impraticable
**imprecación** nf imprécation f
**imprecar** vi proférer des imprécations
**imprecisión** nf imprécision f

**impreciso, -a** adj imprécis(e)
**impredecible** adj imprévisible
**impredictible** adj imprévisible
**impregnar** vt imprégner ; **impregnarse** vpr s'imprégner
**impremeditadamente** adv sans réfléchir
**impremeditado, -a** adj irréfléchi(e)
**imprenta** nf imprimerie f ; (aparato) presse f ; **letra de ~** caractère m d'imprimerie
**impreque** etc vb ver **imprecar**
**imprescindible** adj indispensable ; **es ~ hacer/que haga ...** il est indispensable de faire/qu'il fasse ...
**impresentable** adj (persona: poco serio) qui n'est pas présentable ; (: mal educado) insortable, mal élevé(e) ; (mal hecho) qui n'est pas présentable
**impresión** nf impression f ; (marca) empreinte f ; **tengo** o **me da la ~ de que no va a venir** j'ai (bien) l'impression qu'il ne viendra pas ; **cambio de impresiones** échange m de vues ; **~ digital** empreinte digitale
**impresionable** adj impressionnable
**impresionado, -a** adj impressionné(e)
**impresionante** adj impressionnant(e) ; (conmovedor) bouleversant(e)
**impresionar** vt impressionner ; (conmover) bouleverser, toucher ; **impresionarse** vpr être impressionné(e) ; **se impresiona con facilidad** il ne faut pas grand-chose pour l'impressionner
**impresionismo** nm impressionnisme m
**impresionista** adj, nmf (Arte) impressionniste mf
**impreso, -a** pp de **imprimir** ▶ adj imprimé(e) ▶ nm (solicitud) imprimé m, formulaire m ; **~ de solicitud** formulaire de demande ; **impresos** nmpl (material impreso) imprimés mpl
**impresora** nf (Inform) imprimante f ; **~ de chorro de tinta** imprimante à jet d'encre ; **~ de línea** imprimante ligne par ligne ; **~ de margarita** imprimante à marguerite ; **~ de matriz (de agujas)** imprimante matricielle ; **~ de rueda** imprimante à marguerite ; **~ (por) láser** imprimante laser
**imprevisible** adj imprévisible
**imprevisión** nf imprévoyance f
**imprevisto, -a** adj imprévu(e) ▶ nm imprévu m
**imprimir** vt imprimer
**improbabilidad** nf improbabilité f
**improbable** adj improbable
**improcedente** adj inopportun(e) ; (Jur) irrégulier(-ière) ; **despido ~** licenciement m abusif
**improductivo, -a** adj improductif(-ive)
**impronunciable** adj imprononçable
**improperio** nm insulte f, injure f
**impropiedad** nf impropriété f

## impropio – incautación

**impropio, -a** *adj* impropre ; **~ de** *o* **para** peu approprié(e) à
**improvisación** *nf* improvisation *f*
**improvisadamente** *adv* à l'improviste
**improvisado, -a** *adj* improvisé(e)
**improvisar** *vt, vi* improviser
**improviso** *adv*: **de ~** à l'improviste
**imprudencia** *nf* imprudence *f* ; (*indiscreción*) indiscrétion *f* ; **~ temeraria** (*Jur*) imprudence
**imprudente** *adj* imprudent(e) ; (*indiscreto*) indiscret(-ète)
**imprudentemente** *adv* imprudemment
**Impte.** *abr* = **importe**
**impúdico, -a** *adj* impudique
**impudor** *nm* impudeur *f*
**impuesto, -a** *pp de* **imponer** ▶ *adj*: **estar ~ en** s'y connaître en ▶ *nm* impôt *m* ; (*derecho*) droit *m*, taxe *f* ; **anterior al ~** avant impôt ; **libre de impuestos** exonéré(e) d'impôt ; **sujeto a ~** soumis à l'impôt ; **~ de lujo** taxe de luxe ; **~ de plusvalía** impôt sur les plus-values ; **~ de transferencia de capital** droit de mutation ; **~ de venta** taxe à l'achat ; **~ directo/indirecto** impôt direct/indirect ; **~ sobre el valor añadido** *o* (*Am*) **agregado** taxe sur la valeur ajoutée ; **~ sobre la propiedad** impôt foncier ; **~ sobre la renta (de las personas físicas)** impôt sur le revenu (des personnes physiques) ; **~ sobre la riqueza** impôt sur la fortune
**impugnar** *vt* contester ; (*refutar*) réfuter
**impulsar** *vt* pousser ; (*economía*) stimuler ; **él me impulsó a hacerlo** *o* **a que lo hiciera** il m'a poussé à le faire
**impulsivo, -a** *adj* impulsif(-ive)
**impulso** *nm* impulsion *f* ; (*fuerza*) élan *m* ; **a impulsos del miedo** poussé(e) par la peur ; **dar ~ a** donner une impulsion à
**impune** *adj* impuni(e)
**impunemente** *adv* impunément
**impunidad** *nf* impunité *f*
**impuntual** *adj* qui n'est pas ponctuel(elle)
**impureza** *nf* impureté *f* ; **impurezas** *nfpl* (*de agua, aire*) impuretés *fpl*
**impuro, -a** *adj* impur(e)
**impuse** *etc vb ver* **imponer**
**imputación** *nf* imputation *f*
**imputar** *vt* imputer
**inabarcable** *adj* trop vaste, démesuré(e)
**inabordable** *adj* inabordable
**inacabable** *adj* interminable
**inacabado, -a** *adj* inachevé(e)
**inaccesible** *adj* inaccessible ; (*fig: precio*) inabordable
**inacción** *nf* inaction *f*
**inaceptable** *adj* inacceptable
**inactividad** *nf* inactivité *f* ; (*Com*) inutilisation *f*
**inactivo, -a** *adj* inactif(-ive) ; (*período*) d'inaction ; (*Com*) inutilisé(e) ; **la población inactiva** les inactifs
**inadaptación** *nf* inadaptation *f*
**inadaptado, -a** *adj, nm/f* inadapté(e)
**inadecuado, -a** *adj* inadéquat(e)
**inadmisible** *adj* inadmissible
**inadvertido, -a** *adj*: **pasar ~** passer inaperçu(e)
**inagotable** *adj* inépuisable, intarissable
**inaguantable** *adj* insupportable
**inalámbrico, -a** *adj* sans fil
**in albis** *adv*: **quedarse ~** (*no saber*) être dans le noir *ou* dans le brouillard, ne rien comprendre ; (*fracasar*) en être pour ses frais
**inalcanzable** *adj* inaccessible
**inalienable** *adj* inaliénable
**inalterable** *adj* inaltérable ; (*persona*) imperturbable
**inamovible** *adj* inamovible
**inanición** *nf* inanition *f*
**inanimado, -a** *adj* inanimé(e)
**inapelable** *adj* (*Jur*) sans appel
**inapetente** *adj*: **estar ~** manquer d'appétit
**inaplazable** *adj* qui ne peut être reporté(e)
**inaplicable** *adj* inapplicable
**inapreciable** *adj* (*poco importante*) insignifiant(e) ; (*de gran valor*) inestimable ; (*invisible: objeto*) invisible
**inarrugable** *adj* infroissable
**inasequible** *adj* inabordable
**inaudible** *adj* inaudible
**inaudito, -a** *adj* inouï(e)
**inauguración** *nf* inauguration *f*
**inaugural** *adj* (*ceremonia, competición, discurso*) inaugural(e), d'inauguration ; (*concierto, sesión*) d'ouverture, introductif(-ive)
**inaugurar** *vt* inaugurer
**I.N.B.** *abr* (= *Instituto Nacional de Bachillerato*) lycée
**I.N.B.A.** (*Méx*) *abr* = **Instituto Nacional de Bellas Artes**
**INC** (*Esp*) *sigla m* (= *Instituto Nacional de Consumo*) INC *m* (= *Institut national de la consommation*)
**inca** *adj* inca *inv* ▶ *nmf* Inca *mf*
**INCAE** *sigla m* = **Instituto Centroamericano de Administración de Empresas**
**incaico, -a** *adj* inca *inv*
**incalculable** *adj* incalculable
**incalificable** *adj* inqualifiable
**incanato** (*And, Chi*) *nm* (*Hist*) période *f* inca
**incandescente** *adj* incandescent(e)
**incansable** *adj* infatigable
**incansablemente** *adv* inlassablement
**incapacidad** *nf* incapacité *f* ; **~ para hacer** incapacité à faire ; **~ física** incapacité physique ; **~ laboral** incapacité de travail ; **~ mental** incapacité mentale
**incapacitar** *vt*: **~ (para)** (*inhabilitar*) rendre inapte (à) ; (*descalificar*) déclarer inapte (à)
**incapaz** *adj* incapable ; **~ de hacer algo** incapable de faire qch
**incautación** *nf* saisie *f*

## incautarse – inconsecuencia

**incautarse** *vpr*: **~ de** s'emparer de
**incauto, -a** *adj (imprudente)* imprudent(e); *(crédulo)* crédule
**incendiar** *vt* incendier; **incendiarse** *vpr* prendre feu, brûler
**incendiario, -a** *adj, nm/f* incendiaire *mf*
**incendio** *nm* incendie *m*
**incentivar** *vt* encourager; **baja incentivada** départ *m* volontaire
**incentivo** *nm* incitation *f*
**incertidumbre** *nf* incertitude *f*
**incesante** *adj* incessant(e)
**incesantemente** *adv* sans cesse
**incesto** *nm* inceste *m*
**incidencia** *nf (repercusión)* incidence *f*; *(suceso)* incident *m*
**incidente** *nm* incident *m*
**incidir** *vi*: **~ en** affecter; **~ en un error** tomber dans l'erreur
**incienso** *nm* encens *msg*
**incierto, -a** *adj* incertain(e)
**incineración** *nf* incinération *f*
**incinerador** *nm*, **incineradora** *nf* incinérateur *m*
**incinerar** *vt* incinérer
**incipiente** *adj* naissant(e)
**incisión** *nf* incision *f*
**incisivo, -a** *adj (instrumento)* tranchant(e); *(fig)* incisif(-ive) ▶ *nm* incisive *f*
**inciso** *nm (en texto)* incise *f*; *(al hablar)* parenthèse *f*
**incitar** *vt* inciter; **~ a algn a hacer** inciter qn à faire, pousser qn à faire
**incívico, -a** *adj* incivique
**inclemencia** *nf* sévérité *f*; **inclemencias** *nfpl (del tiempo)* rigueurs *fpl*
**inclemente** *adj* sévère; *(invierno)* rigoureux(-euse)
**inclinación** *nf* inclinaison *f*; *(fig)* inclination *f*, penchant *m*; **tener ~ por algn/algo** avoir un penchant pour qn/qch
**inclinado, -a** *adj* incliné(e)
**inclinar** *vt* incliner; *(cabeza, cuerpo)* incliner, pencher; **inclinarse** *vpr* pencher; *(persona)* se pencher; **inclinarse ante** s'incliner devant; **me inclino a pensar que ...** je suis enclin à penser que ...
**incluir** *vt (abarcar)* comprendre; *(meter)* inclure; **todo incluido** *(Com)* tout compris
**inclusión** *nf* inclusion *f*; **con ~ de ...** inclus ..., y compris ...
**inclusive** *adv (incluido)* inclus; *(incluso)* même
**incluso, -a** *adv, prep* même
**incluyendo** *etc vb ver* **incluir**
**incoar** *vt (Jur)* engager, intenter
**incobrable** *adj (cheque)* non encaissable
**incógnita** *nf (Mat)* inconnue *f*; *(fig)* énigme *f*
**incógnito**: **de ~** *adv* incognito
**incoherencia** *nf* incohérence *f*
**incoherente** *adj* incohérent(e)
**incoloro, -a** *adj* incolore
**incólume** *adj* indemne
**incombustible** *adj* incombustible
**incomible** *adj* immangeable
**incomodar** *vt* incommoder; **incomodarse** *vpr* se fâcher
**incomodidad** *nf* ennui *m*; *(de vivienda, asiento)* manque *m* de confort
**incómodo, -a** *adj (vivienda)* inconfortable; *(asiento)* peu confortable; *(molesto)* incommodant(e); **sentirse ~** se sentir mal à l'aise
**incomparable** *adj* incomparable
**incomparablemente** *adv* incomparablement
**incomparecencia** *nf* non-comparution *f*
**incompatibilidad** *nf* incompatibilité *f*
**incompatible** *adj*: **~ (con)** incompatible (avec)
**incompetencia** *nf* incompétence *f*
**incompetente** *adj* incompétent(e)
**incompleto, -a** *adj* incomplet(-ète)
**incomprendido, -a** *adj* incompris(e)
**incomprensible** *adj* incompréhensible
**incomprensiblemente** *adv* de façon incompréhensible
**incomprensión** *nf* incompréhension *f*
**incomunicación** *nf (Jur)* isolement *m* cellulaire
**incomunicado, -a** *adj (aislado: persona)* isolé(e); *(: pueblo)* coupé(e) de tout; *(preso)* mis(e) au régime cellulaire
**incomunicar** *vt (persona, preso)* isoler; *(pueblo)* couper de tout
**incomunique** *etc vb ver* **incomunicar**
**inconcebible** *adj* inconcevable
**inconcluso, -a** *adj* inachevé(e)
**incondicional** *adj* inconditionnel(le)
**incondicionalmente** *adv* inconditionnellement
**inconexo, -a** *adj* décousu(e)
**inconfeso, -a** *adj* inavoué(e)
**inconformista** *adj* non-conformiste
**inconfundible** *adj* caractéristique
**incongruencia** *nf (falta de coherencia)* incohérence *f*; *(dicho incoherente)*: **el paciente decía incongruencias** le patient se contredisait; **¡deja de decir incongruencias!** arrête de dire n'importe quoi !
**incongruente** *adj* incongru(e); **~ (con)** *(actitud)* en désaccord (avec)
**inconmensurable** *adj* incommensurable
**inconmovible** *adj* inébranlable
**inconsciencia** *nf* inconscience *f*
**inconsciente** *adj* inconscient(e); **~ de** inconscient(e) de
**inconscientemente** *adv* inconsciemment
**inconsecuencia** *nf (incoherencia)* incohérence *f*; *(contradicción)* inconséquence *f*

## inconsecuente – indesmallable

**inconsecuente** *adj*: ~ **(con)** inconséquent(e) (avec)
**inconsiderado, -a** *adj* inconsidéré(e)
**inconsistencia** *nf* inconsistance *f*
**inconsistente** *adj* inconsistant(e)
**inconstancia** *nf* inconstance *f*
**inconstante** *adj* inconstant(e)
**inconstitucional** *adj* inconstitutionnel(le)
**incontable** *adj* innombrable, incalculable
**incontenible** *adj* irrépressible
**incontestable** *adj* incontestable
**incontinencia** *nf* incontinence *f*
**incontrolable** *adj* incontrôlable
**incontrolado, -a** *adj* incontrôlé(e)
**incontrovertible** *adj* indiscutable
**inconveniencia** *nf* inconvenance *f*
**inconveniente** *adj* déplacé(e) ▶ *nm* inconvénient *m*; **el ~ es que...** l'inconvénient, c'est que...; **no hay ~ en** o **para hacer eso** il n'y a pas d'inconvénient à faire cela; **no tengo ~** je n'y vois pas d'inconvénient
**incordiar** (*fam*) *vt* casser les pieds (*fam!*)
**incordio** (*fam*) *nm* emmerdement *m* (*fam!*)
**incorporación** *nf* incorporation *f*
**incorporado, -a** *adj* (*Tec*) incorporé(e)
**incorporar** *vt* incorporer; (*enderezar*) redresser; **incorporarse** *vpr* se redresser; **incorporarse a** (*puesto*) intégrer; (*grupo, manifestación*) se joindre à
**incorrección** *nf* incorrection *f*
**incorrectamente** *adv* incorrectement
**incorrecto, -a** *adj* incorrect(e)
**incorregible** *adj* incorrigible
**incorruptible** *adj* incorruptible
**incorrupto, -a** *adj* (*cuerpo*) intact(e); (*político*) intègre
**incredulidad** *nf* incrédulité *f*
**incrédulo, -a** *adj* incrédule
**increíble** *adj* incroyable
**incrementar** *vt* augmenter; **incrementarse** *vpr* augmenter
**incremento** *nm* augmentation *f*
**increpar** *vt* admonester
**in crescendo** *adv*: **ir ~** aller crescendo
**incriminar** *vt* (*Jur*) incriminer
**incruento, -a** *adj* sans effusion de sang
**incrustación** *nf* (*Arte*) incrustation *f*
**incrustado, -a** *adj* incrusté(e)
**incrustar** *vt* incruster; **incrustarse** *vpr*: **incrustarse (en)** s'incruster (dans)
**incubadora** *nf* incubateur *m*
**incubar** *vt* couver
**incuestionable** *adj* indiscutable
**inculcar** *vt* inculquer
**inculpar** *vt* inculper
**inculque** *etc vb ver* **inculcar**
**inculto, -a** *adj* inculte ▶ *nm/f* ignorant(e)
**incultura** *nf* (*ignorancia*) inculture *f*, ignorance *f*

**incumbencia** *nf*: **no es de mi ~** ce n'est pas de mon ressort
**incumbir** *vi*: **~ a** incomber à; **no me incumbe a mí** ce n'est pas de mon ressort
**incumplimiento** *nm* (*de ley, regla, contrato*) non-respect *m*; (*de promesa*) manquement *m*; **por ~** par défaut
**incumplir** *vt* (*ley, regla*) ne pas respecter, manquer à; (*promesa*) faillir à, manquer à; (*contrato*) ne pas respecter
**incurable** *adj* incurable
**incurrir** *vi*: **~ en** (*error*) commettre; (*crimen*) en arriver à; (*enfado*) s'attirer
**incursión** *nf* incursion *f*
**indagación** *nf* recherche *f*
**indagar** *vt* rechercher; (*policía*) enquêter sur
**indague** *etc vb ver* **indagar**
**indebido, -a** *adj* (*adelantamiento*) indu(e); (*dicho*) déplacé(e)
**indecencia** *nf* indécence *f*
**indecente** *adj* indécent(e); (*indigno*) peu convenable; (*ruin: comportamiento*) incorrect(e)
**indecible** *adj* indicible; **sufrir lo ~** souffrir atrocement
**indecisión** *nf* indécision *f*
**indeciso, -a** *adj* indécis(e)
**indecoroso, -a** *adj* indécent(e)
**indefectible** *adj* inévitable
**indefectiblement** *adv* inévitablement
**indefenso, -a** *adj* sans défense
**indefinible** *adj* indéfinissable
**indefinidamente** *adv* indéfiniment
**indefinido, -a** *adj* (*indeterminado*) indéfini(e); (*ilimitado*) indéterminé(e)
**indeleble** *adj* indélébile
**indelicadeza** *nf* indélicatesse *f*
**indemne** *adj*: **salir ~ de** sortir indemne de
**indemnice** *etc vb ver* **indemnizar**
**indemnización** *nf* (*compensación*) indemnisation *f*; (*suma*) indemnité *f*; **doble ~** double indemnité; **~ de cese** o **de despido** prime *f* de licenciement
**indemnizar** *vt* indemniser
**independencia** *nf* indépendance *f*; **con ~ de** indépendamment de
**independentista** *adj, nmf* indépendantiste *mf*
**independice** *etc vb ver* **independizar**
**independiente** *adj* indépendant(e); (*Inform*) autonome
**independientemente** *adv* (*funcionar*) de façon autonome; (*actuar*) de manière indépendante; **~ de lo que...** indépendamment de ce qui...
**independizar** *vt* accorder l'indépendance à; **independizarse** *vpr* devenir indépendant(e)
**indescifrable** *adj* (*Mil: código*) indéchiffrable; (*fig: misterio*) énigmatique
**indescriptible** *adj* indescriptible
**indeseable** *adj, nmf* indésirable *mf*
**indesmallable** *adj* indémaillable

## indestructible – indudable

**indestructible** *adj* indestructible
**indeterminado, -a** *adj* indéterminé(e)
**India** *nf*: **la ~** l'Inde *f*
**indiada** (*AM*) *nf* Indiens *mpl*
**indiano, -a** *adj* d'un émigrant espagnol qui revient riche d'Amérique ▶ *nm/f* émigrant espagnol qui revient riche d'Amérique
**indicación** *nf* indication *f*; (*señal: de persona*) signe *m*; **indicaciones** *nfpl* (*instrucciones*) indications *fpl*
**indicado, -a** *adj* indiqué(e)
**indicador** *nm* indicateur *m*; (*Auto*) panneau *m* de signalisation; **~ de encendido** (*Inform*) voyant *m* « sous tension »
**indicar** *vt* indiquer
**indicativo, -a** *adj*: **~ (de)** révélateur(-trice) (de) ▶ *nm* (*Radio, Ling*) indicatif *m*
**índice** *nm* index *m*; **~ de materias** table *f* des matières; **~ de natalidad** taux *msg* de natalité; **~ de precios al por menor** (*Com*) indice *m* des prix de détail; **~ del coste de (la) vida** indice du coût de la vie
**indicio** *nm* indice *m*; (*Inform*) repère *m*
**indiferencia** *nf* indifférence *f*
**indiferente** *adj*: **~ (a)** indifférent(e) (à); **es ~ que viva en Madrid o Valencia** peu importe qu'il habite à Madrid ou à Valence; **me es ~ hacerlo hoy o mañana** cela m'est égal de le faire aujourd'hui ou demain; **a Alfonso le era ~ Carmen** Carmen laissait Alfonso indifférent
**indiferentemente** *adv* indifféremment
**indígena** *adj, nmf* indigène *mf*
**indigencia** *nf* indigence *f*
**indigenista** (*AM*) *adj* (*Pol*) partisan(e) de la cause indienne; (*estudios*) des civilisations indiennes ▶ *nmf* (*estudiante*) personne qui étudie les civilisations indiennes; (*Pol etc*) défenseur de la cause indienne
**indigente** *adj, nmf* indigent(e)
**indigestar** *vt* (*suj: comida*) donner une indigestion à; **indigestarse** *vpr* (*persona*) avoir une indigestion; (*comida*) donner une indigestion; **se me ha indigestado ese tipo/la física** (*fam*) je ne supporte plus ce type/la physique
**indigestión** *nf* indigestion *f*
**indigesto, -a** *adj* indigeste; (*persona*) insupportable
**indignación** *nf* indignation *f*
**indignado, -a** *adj* indigné(e) ▶ *nmf*: **los indignados** les indignés
**indignante** *adj* scandaleux(-euse)
**indignar** *vt* indigner; **indignarse** *vpr*: **indignarse (por)** s'indigner (de)
**indignidad** *nf* indignité *f*
**indigno, -a** *adj*: **~ (de)** indigne (de)
**indio, -a** *adj* indien(ne) ▶ *nm/f* Indien(ne); **hacer el ~** faire l'imbécile; **subírsele** o **asomarle el ~** (*CSUR fam*) s'exciter

**indique** *etc vb ver* **indicar**
**indirecta** *nf* allusion *f*; **soltar una ~** faire une allusion
**indirectamente** *adv* indirectement
**indirecto, -a** *adj* indirect(e)
**indisciplina** *nf* indiscipline *f*
**indisciplinado, -a** *adj* indiscipliné(e)
**indiscreción** *nf* indiscrétion *f*; **..., si no es ~** ..., si ce n'est pas indiscret
**indiscreto, -a** *adj* indiscret(-ète)
**indiscriminadamente** *adv* sans discrimination
**indiscriminado, -a** *adj* (*golpes*) distribué(e) au hasard; **de un modo ~** sans discrimination
**indiscutible** *adj* indiscutable
**indiscutiblemente** *adv* indiscutablement
**indisoluble** *adj* indissoluble
**indisolublemente** *adv* indissolublement
**indispensable** *adj* indispensable
**indispondré** *etc vb ver* **indisponer**
**indisponer** *vt* indisposer; **indisponerse** *vpr* (*Med*) se sentir indisposé(e); **indisponerse con** *o* **contra algn** se brouiller avec qn
**indisponga** *etc vb ver* **indisponer**
**indisposición** *nf* indisposition *f*
**indispuesto, -a** *pp de* **indisponer** ▶ *adj* indisposé(e); **estar/sentirse ~** être/se sentir indisposé(e)
**indispuse** *etc vb ver* **indisponer**
**indistintamente** *adv* indistinctement
**indistinto, -a** *adj* indistinct(e); **es ~ que hables tú o ella** peu importe que ce soit toi ou elle qui parle
**individual** *adj* individuel(le); (*cama*) à une place ▶ *nm* (*Deporte*) simple *m*
**individualidad** *nf* individualité *f*
**individualismo** *nm* individualisme *m*
**individualista** *adj* individualiste
**individualmente** *adv* individuellement
**individuo** *nm* individu *m*
**Indochina** *nf* Indochine *f*
**indocumentado, -a** *adj* sans papiers; (*ignorante*) ignorant(e)
**indoeuropeo, -a** *adj* indo-européen(ne) ▶ *nm/f* Indo-européen(ne)
**índole** *nf* (*naturaleza*) nature *f*; (*clase*) caractère *m*
**indolencia** *nf* indolence *f*
**indoloro, -a** *adj* indolore
**indomable** *adj* indomptable
**indómito, -a** *adj* = **indomable**
**Indonesia** *nf* Indonésie *f*
**indonesio, -a** *adj* indonésien(ne) ▶ *nm/f* Indonésien(ne)
**inducción** *nf* induction *f*; **por ~** par induction
**inducir** *vt* induire; **~ a algn a hacer** inciter qn à faire; **~ a algn a error** induire qn en erreur
**indudable** *adj* indubitable; **es ~ que ...** il n'y a aucun doute que ...

## indudablemente – infinidad

**indudablemente** *adv* indubitablement
**indulgencia** *nf* indulgence *f*; **proceder sin ~ contra** se montrer implacable envers
**indulgente** *adj* indulgent(e)
**indultar** *vt* gracier; **~ (de)** (*Jur*) dispenser (de)
**indulto** *nm* grâce *f*
**indumentaria** *nf* tenue *f*
**industria** *nf* industrie *f*; (*habilidad*) adresse *f*; **~ agropecuaria** industrie agropastorale; **~ pesada** industrie lourde; **~ petrolífera** industrie du pétrole
**industrial** *adj* industriel(le) ▶ *nm* industriel *m*
**industrialización** *nf* industrialisation *f*
**industrializar** *vt* industrialiser; **industrializarse** *vpr* s'industrialiser
**INE** (*Esp*) *sigla m* (= *Instituto Nacional de Estadística*) ≈ INSEE *m* (= *Institut national de la statistique et des études économiques*)
**inédito, -a** *adj* inédit(e)
**INEF** *nm abr* (= *Instituto Nacional de Educación Física*) ≈ Collège *m* d'éducation physique et sportive
**inefable** *adj* ineffable
**ineficacia** *nf* inefficacité *f*
**ineficaz** *adj* (*medida, medicamento*) inefficace; (*persona*) peu efficace
**ineficazmente** *adv* inefficacement
**ineficiencia** *nf* inefficacité *f*
**ineficiente** *adj* inefficace
**ineludible** *adj* incontournable
**INEM** (*Esp*) *sigla m* (= *Instituto Nacional de Empleo*) ≈ ANPE *f* (= *Agence nationale pour l'emploi*)
**INEN** (*Méx*) *sigla m* = **Instituto Nacional de Energía Nuclear**
**inenarrable** *adj* indescriptible
**ineptitud** *nf* ineptie *f*
**inepto, -a** *adj* inepte ▶ *nm/f* incapable *mf*
**inequívoco, -a** *adj* clair(e)
**inercia** *nf* inertie *f*; **por ~** (*fig*) par habitude
**inerme** *adj* (*sin armas*) désarmé(e); (*indefenso*) sans défense
**inerte** *adj* inerte
**inescrutable** *adj* insondable
**inesperadamente** *adv* de manière inattendue
**inesperado, -a** *adj* inattendu(e)
**inestabilidad** *nf* instabilité *f*
**inestable** *adj* instable
**inestimable** *adj* inestimable; **de valor ~** d'une valeur inestimable
**inevitable** *adj* inévitable
**inevitablemente** *adv* inévitablement
**inexactitud** *nf* inexactitude *f*
**inexacto, -a** *adj* inexact(e)
**inexcusable** *adj* (*imperdonable*) inexcusable; (*ineludible*) inévitable, incontournable
**inexistente** *adj* inexistant(e)
**inexorable** *adj* inexorable
**inexorablemente** *adv* inexorablement
**inexperiencia** *nf* inexpérience *f*
**inexperto, -a** *adj* inexpérimenté(e)
**inexplicable** *adj* inexplicable
**inexpresable** *adj* inexprimable
**inexpresivo, -a** *adj* inexpressif(-ive)
**inexpugnable** *adj* (*Mil*) inexpugnable; (*fig*) inébranlable
**in extremis** *adv* (*en el último momento, como último recurso*) in extremis; (*moribundo*): **estar ~** être à l'article de la mort
**infalible** *adj* infaillible
**infaliblemente** *adv* infailliblement
**infame** *adj* infâme
**infamia** *nf* infamie *f*
**infancia** *nf* enfance *f*; **jardín de ~** jardin *m* d'enfants
**infanta** *nf* infante *f*
**infante** *nm* infant *m*
**infantería** *nf* infanterie *f*; **~ de marina** infanterie de marine
**infanticidio** *nm* infanticide *m*
**infantil** *adj* (*programa, juego*) pour les enfants; (*enfermedad, población*) infantile; (*pey*) puéril(e)
**infarto** *nm* (*tb*: **infarto de miocardio**) infarctus *msg*; **~ cerebral** accident *m* vasculaire cérébral, attaque *f*
**infatigable** *adj* infatigable
**infausto, -a** *adj* funeste, malheureux(-euse)
**infección** *nf* infection *f*
**infeccioso, -a** *adj* (*Med*) infectieux(-euse); (*fig*) contagieux(-euse)
**infectar** *vt* infecter; **infectarse** *vpr* s'infecter
**infecundidad** *nf* infécondité *f*
**infecundo, -a** *adj* infécond(e)
**infelicidad** *nf* malheur *m*, tristesse *f*; **sentir ~** se sentir malheureux(-euse)
**infeliz** *adj, nmf* malheureux(-euse)
**inferior** *adj, nmf* inférieur(e); **~ (a)** inférieur(e) (à); **un número ~ a nueve** un chiffre inférieur à neuf; **una cantidad ~** une quantité moindre
**inferioridad** *nf* infériorité *f*; **complejo de ~** complexe *m* d'infériorité; **estar en ~ de condiciones** être désavantagé(e)
**inferir** *vt* inférer; (*herida*) infliger
**infernal** *adj* infernal(e)
**infértil** *adj* infertile
**infestar** *vt* infester
**infidelidad** *nf* infidélité *f*; **~ conyugal** infidélité conjugale; **infidelidades** *nfpl* (*adulterios*) infidélités *fpl*
**infiel** *adj, nmf* infidèle *mf*
**infiera** *etc vb ver* **inferir**
**infiernillo** *nm* réchaud *m*
**infierno** *nm* (*Rel*) enfer *m*; **ser un ~** (*fig*) être un enfer; **¡vete al ~!** va-t'en au diable!; **está en el quinto ~** c'est au diable (vauvert)
**infiltrar** *vt* infiltrer; **infiltrarse** *vpr* s'infiltrer
**ínfimo, -a** *adj* infime
**infinidad** *nf*: **una ~ de** une infinité de; **una ~ de veces** un nombre incalculable de fois

**infinitamente** adv infiniment
**infinitivo** nm infinitif m
**infinito, -a** adj infini(e) ▶ adv infiniment ▶ nm (tb Mat) infini m; **hasta lo ~** jusqu'à l'infini
**infiriendo** etc vb ver **inferir**
**inflable** adj gonflable
**inflación** nf (Econ) inflation f
**inflacionario, -a** adj inflationniste
**inflacionismo** nm tendance f inflationniste
**inflacionista** adj inflationniste
**inflamable** adj inflammable
**inflamación** nf inflammation f
**inflamar** vt enflammer; **inflamarse** vpr s'enflammer; (hincharse) s'enfler
**inflar** vt gonfler; (fig) exagérer; **inflarse** vpr gonfler; **inflarse de** (chocolate etc) se goinfrer de
**inflexibilidad** nf inflexibilité f
**inflexible** adj (material) rigide; (persona) inflexible
**inflexiblemente** adv inflexiblement
**inflexión** nf inflexion f
**infligir** vt infliger
**inflija** etc vb ver **infligir**
**influencia** nf influence f
**influenciador, a** nm/f influenceur m
**influenciar** vt influencer
**influir** vt influencer ▶ vi agir; **~ en** o **sobre** influer sur, influencer
**influjo** nm influence f; **~ de capitales** afflux msg de capitaux
**influyendo** etc vb ver **influir**
**influyente** adj influent(e)
**información** nf (sobre un asunto, Inform) information f; (noticias, informe) informations fpl; (Jur) enquête f; **I~** (oficina, Telec) Renseignements mpl; (mostrador) Information; **abrir una ~** (Jur) ouvrir une enquête; **~ deportiva** nouvelles fpl sportives
**informador, a** nm/f informateur(-trice)
**informal** adj (persona) peu sérieux(-euse); (desenfadado: estilo) décontracté(e); (: reunión) informel(le)
**informalidad** nf (de persona) manque m de sérieux; (desenfado) légèreté f, décontraction f
**informalmente** adv de manière informelle
**informante** nmf informateur(-trice)
**informar** vt informer; (dar forma a) donner forme à; **(les) informó que ...** il (les) a informé(s) que ... ▶ vi (dar cuenta de): **~ de/ sobre** informer de/sur; **~ (contra)** (Jur) plaider (contre); **informarse** vpr: **informarse (de)** s'informer (de)
**informática** nf informatique f; **~ de gestión** informatique de gestion
**informatice** etc vb ver **informatizar**
**informático, -a** adj informatique
**informativo, -a** adj (programa, artículo) d'information ▶ nm (Radio, TV) journal m

**informatización** nf informatisation f
**informatizar** vt informatiser
**informe** adj informe ▶ nm rapport m; (Jur) plaidoyer m; **~ anual** rapport annuel; **informes** nmpl (referencias) références fpl
**infortunio** nm infortune f
**infracción** nf infraction f
**infractor, a** nm/f contrevenant mf
**infraestructura** nf infrastructure f
**in fraganti** adv: **pillar a algn ~** prendre qn sur le fait
**infrahumano, -a** adj misérable
**infranqueable** adj infranchissable
**infrarrojo, -a** adj infrarouge
**infrautilizado, -a** adj (servicios, músculos) sous-utilisé(e); (recursos) sous-exploité(e)
**infravalorar** vt sous-estimer
**infravivienda** nf logement m insalubre
**infrecuente** adj peu fréquent(e)
**infringir** vt transgresser
**infrinja** etc vb ver **infringir**
**infructuosamente** adv infructueusement
**infructuoso, -a** adj infructueux(-euse)
**ínfulas** nfpl présomption f, vanité f; **darse ~** avoir de grands airs, s'y croire; **tener (muchas) ~ de algo** se prendre pour quelque chose; **un joven con ~ de escritor** un jeune qui se prend pour un écrivain
**infundado, -a** adj infondé(e)
**infundio** nm diffamation f
**infundir** vt: **~ ánimo** o **valor** insuffler du courage; **~ respeto** inspirer le respect; **~ miedo** inspirer de la crainte
**infusión** nf infusion f; **~ de manzanilla** infusion de camomille
**Ing., ing.** (Méx) abr (= Ingeniero) titre de courtoisie
**ingeniar** vt inventer; **ingeniarse** vpr: **ingeniarse** o **ingeniárselas para hacer** se débrouiller pour faire
**ingeniería** nf ingénierie f; **~ de sistemas** (Inform) développement m de systèmes
**ingeniero, -a** nm/f ingénieur mf; (esp Méx: título de cortesía: tb: **Ingeniero**) Monsieur (Madame); **~ agrónomo(-a)** ingénieur agronome; **~ de caminos** ingénieur des Ponts et Chaussées; **~ de montes** ingénieur des Eaux et Forêts; **~ de sonido** ingénieur du son; **~ naval** ingénieur en construction navale
**ingenio** nm ingéniosité f; (Tec) engin m; **aguzar el ~** faire travailler sa matière grise; **~ azucarero** raffinerie f de sucre
**ingeniosamente** adv ingénieusement
**ingenioso, -a** adj (hábil) ingénieux(-euse); (divertido) spirituel(le)
**ingente** adj (cantidad) considérable
**ingenuamente** adv candidement
**ingenuidad** nf ingénuité f
**ingenuo, -a** adj ingénu(e)
**ingerir** vt ingérer

## ingesta – inmobiliario

**ingesta** *nf* (*acción*) ingestion *f*; (*dieta*) alimentation *f*; **la ~ de alcohol** l'ingestion d'alcool; **la ~ diaria de hierro** la prise quotidienne de fer

**ingestión** *nf* (*d'aliments, boissons*) ingestion *f*; **la ~ de fruta** la consommation de fruits; **la ~ de vitamina C parece ser beneficiosa** la prise de vitamine C semble bénéfique

**ingiera** *etc*, **ingiriendo** *etc vb ver* **ingerir**

**Inglaterra** *nf* Angleterre *f*

**ingle** *nf* aine *f*

**inglés, -esa** *adj* anglais(e) ▶ *nm/f* Anglais(e) ▶ *nm* (*Ling*) anglais *msg*

**ingratitud** *nf* ingratitude *f*

**ingrato, -a** *adj* ingrat(e)

**ingravidez** *nf* apesanteur *f*

**ingrediente** *nm* ingrédient *m*; **ingredientes** *nmpl* (*Am*) tapas *fpl*

**ingresar** *vt* (*dinero*) déposer; (*enfermo*) faire entrer ▶ *vi*: **~ (en)** (*en facultad, escuela*) être admis(e) (à); (*en club etc*) s'inscrire (à); (*en ejército*) entrer (dans); (*en hospital*) entrer (à); **~ a** (*esp Am*) rentrer dans

**ingreso** *nm* admission *f*; (*en ejército*) entrée *f*; **ingresos** *nmpl* (*dinero*) revenus *mpl*; (: *Com*) recettes *fpl*; **ingresos accesorios** avantages *mpl* en nature; **ingresos brutos** revenus bruts; **ingresos devengados** revenus salariaux; **ingresos exentos de impuestos** revenus non imposables; **ingresos personales disponibles** revenus disponibles

**íngrimo, -a** (*esp Am*) *adj* seul(e); **~ y solo** tout seul

**inhábil** *adj* (*día*) non ouvrable

**inhabilitación** *nf* déclaration *f* d'incapacité

**inhabilitar** *vt*: **~ a algn para** déclarer qn inapte à

**inhabitable** *adj* inhabitable

**inhalación** *nf* inhalation *f*; **inhalaciones** (*Med*) inhalations *mpl*

**inhalador** *nm* inhalateur *m*

**inhalar** *vt* inhaler

**inherente** *adj*: **~ a** inhérent(e) à

**inhibición** *nf* inhibition *f*

**inhibidor, a** *adj* inhibiteur(-trice) ▶ *nm* inhibiteur *m*; **~ del apetito** inhibiteur *m* de l'appétit, coupe-faim *m*; **~ del crecimiento** inhibiteur *m* de la croissance

**inhibir** *vt* inhiber; **inhibirse** *vpr*: **inhibirse (de hacer)** s'abstenir (de faire)

**inhospitalario, -a** *adj* (*persona*) peu accueillant(e); (*lugar*) inhospitalier(-ière)

**inhóspito, -a** *adj* inhospitalier(-ière)

**inhumación** *nf* inhumation *f*

**inhumano, -a** *adj* inhumain(e)

**INI** *sigla m* (= *Instituto Nacional de Industria*) institut gouvernemental d'aide à l'industrie

**iniciación** *nf* (*comienzo*) commencement *m*; (*en doctrina, rito*) initiation *f*

**inicial** *adj* initial(e) ▶ *nf* initiale *f*

**inicialice** *etc vb ver* **inicializar**

**inicializar** *vt* (*Inform*) initialiser

**inicialmente** *adv* initialement

**iniciar** *vt* commencer; **~ (en)** (*persona*) initier (à); **~ a algn en un secreto** mettre qn dans le secret; **~ la sesión** (*Inform*) ouvrir la session

**iniciativa** *nf* initiative *f*; **la ~ privada** l'initiative privée; **por ~ propia** de sa *etc* propre initiative; **tomar la ~** prendre l'initiative

**inicio** *nm* début *m*

**inicuo, -a** *adj* vil(e)

**inigualable** *adj* inégalable

**inimitable** *adj* inimitable

**ininteligible** *adj* inintelligible

**ininterrumpidamente** *adv* sans interruption

**ininterrumpido, -a** *adj* ininterrompu(e)

**injerencia** *nf* ingérence *f*

**injertar** *vt* greffer

**injerto** *nm* greffe *f*; (*producto*) greffon *m*; **~ de piel** greffe de la peau

**injuria** *nf* injure *f*

**injuriar** *vt* injurier

**injurioso, -a** *adj* injurieux(-euse)

**injustamente** *adv* injustement

**injusticia** *nf* injustice *f*; **con ~** injustement

**injustificado, -a** *adj* injustifié(e)

**injusto, -a** *adj* injuste

**inmaculado, -a** *adj* immaculé(e)

**inmadurez** *nf* immaturité *f*

**inmaduro, -a** *adj* immature; (*fruta*) vert(e)

**inmaterial** *adj* immatériel(le)

**inmediaciones** *nfpl* abords *mpl*

**inmediatamente** *adv* immédiatement

**inmediatez** *nf* imminence *f*

**inmediato, -a** *adj* immédiat(e); (*contiguo*) contigu(ë); **~ a** contigu(ë) à; **de ~** (*esp Am*) tout de suite

**inmejorable** *adj* excellent(e)

**inmemorable** *adj* = **inmemorial**

**inmemorial** *adj* immémorial(e)

**inmensamente** *adv* (*muy*) immensément; (*mucho*) infiniment

**inmensidad** *nf* immensité *f*

**inmenso, -a** *adj* immense

**inmerecido, -a** *adj* (*críticas*) injustifié(e); (*premio*) immérité(e)

**inmersión** *nf* immersion *f*

**inmerso, -a** *adj*: **~ en** immergé(e) dans

**inmigración** *nf* immigration *f*

**inmigrante** *adj*, *nmf* immigrant(e)

**inminencia** *nf* imminence *f*

**inminente** *adj* imminent(e)

**inmiscuirse** *vpr*: **~ (en)** s'immiscer (dans)

**inmiscuyendo** *etc vb ver* **inmiscuirse**

**inmobiliaria** *nf* (*tb*: **agencia inmobiliaria**) agence *f* immobilière

**inmobiliario, -a** *adj* immobilier(-ière)

**inmolar** vt immoler
**inmoral** adj immoral(e)
**inmoralidad** nf immoralité f
**inmortal** adj immortel(le)
**inmortalice** etc vb ver **inmortalizar**
**inmortalidad** nf immortalité f
**inmortalizar** vt immortaliser
**inmotivado, -a** adj non fondé(e)
**inmóvil** adj immobile
**inmovilidad** nf immobilité f
**inmovilismo** nm immobilisme m
**inmovilizar** vt immobiliser ; (brazo, pierna) paralyser ; **inmovilizarse** vpr: **se le ha inmovilizado la pierna** il a eu la jambe paralysée
**inmueble** adj: **bienes inmuebles** biens mpl immeubles ▶ nm immeuble m
**inmundicia** nf immondice f
**inmundo, -a** adj (lugar) immonde ; (lenguaje) vulgaire
**inmune** adj: ~ **(a)** immunisé(e) (contre)
**inmunidad** nf immunité f ; ~ **diplomática/parlamentaria** immunité diplomatique/parlementaire
**inmunitario, -a** adj immunitaire ; **respuesta inmunitaria** réponse f immunitaire ; **sistema** ~ système m immunitaire
**inmunización** nf immunisation f
**inmunizar** vt immuniser
**inmunodeficiencia** nf immunodéficence f
**inmunológico, -a** adj (Med) immunologique
**inmutable** adj immuable ; **permanecer** ~ (persona) demeurer inébranlable
**inmutarse** vpr se troubler ; **siguió sin** ~ il poursuivit sans se troubler le moins du monde
**innato, -a** adj inné(e)
**innecesariamente** adv pas nécessairement
**innecesario, -a** adj pas nécessaire
**innegable** adj indéniable ; **es** ~ **que ...** il est indéniable que ...
**innoble** adj ignoble
**innovación** nf innovation f
**innovador, a** adj, nm/f innovateur(-trice)
**innovar** vi innover
**innumerable** adj incalculable
**inocencia** nf innocence f
**inocentada** nf (broma) ≈ poisson m d'avril ; **gastar una** ~ **a algn** ≈ faire un poisson d'avril à qn
**inocente** adj, nmf innocent(e) ; **día de los (Santos) Inocentes** jour m des (saints) Innocents ; voir article

: **Día de los Santos Inocentes**
:
: Le 28 décembre, **Día de los Santos**
: **Inocentes**, l'Église commémore le
: massacre des enfants de Judée ordonné
: par Hérode. Cette journée est l'occasion
: pour les Espagnols de se faire des
: plaisanteries et de se jouer des tours
: appelés inocentadas, un peu comme lors
: du premier avril en France.

**inocentemente** adv innocemment
**inocuidad** nf innocuité f
**inoculación** nf inoculation f
**inocular** vt inoculer
**inocuo, -a** adj inoffensif(-ive)
**inodoro, -a** adj inodore ▶ nm WC mpl
**inofensivo, -a** adj inoffensif(-ive)
**inolvidable** adj inoubliable
**inoperancia** nf inefficacité f
**inoperante** adj inopérant(e), inefficace
**inopia** nf: **estar en la** ~ (fig) être dans la lune
**inopinadamente** adv inopinément
**inopinado, -a** adj inopiné(e)
**inoportuno, -a** adj inopportun(e)
**inoxidable** adj inoxydable ; **acero** ~ acier m inoxydable
**inquebrantable** adj (fe) inébranlable ; (promesa) solennel(le)
**inquiera** etc vb ver **inquirir**
**inquietante** adj inquiétant(e)
**inquietar** vt inquiéter ; **inquietarse** vpr s'inquiéter
**inquieto, -a** adj inquiet(-ète) ; (niño) turbulent(e) ; **estar** ~ **por** être inquiet(-ète) de
**inquietud** nf inquiétude f ; (agitación) agitation f
**inquilinato** nm loyer m
**inquilino, -a** nm/f locataire mf
**inquina** nf aversion f ; (rencor) rancœur f ; **tener** ~ **a algn** éprouver de l'aversion pour qn
**inquiriendo** etc vb ver **inquirir**
**inquirir** vt s'enquérir de
**Inquisición** nf (Hist): **la (Santa)** ~ la Sainte Inquisition
**inquisidor, a** adj inquisiteur(-trice)
**inquisitorial** adj inquisitorial(e), de l'Inquisition
**inri** nm: **para más** ~ (fam) pour couronner le tout
**insaciable** adj insatiable
**insaciablemente** adv insatiablement
**insalubre** adj insalubre
**INSALUD** (Esp) sigla m (= Instituto Nacional de la Salud) branche de la Sécurité sociale ne s'occupant que de l'assistance médicale
**insano, -a** adj malsain(e)
**insatisfacción** nf insatisfaction f
**insatisfactorio, -a** adj insatisfaisant(e)
**insatisfecho, -a** adj insatisfait(e) ; (no saciado) inassouvi(e)
**inscribir** vt inscrire ; **inscribirse** vpr (Escol etc) s'inscrire
**inscripción** nf inscription f

**inscrito** pp de **inscribir**
**insecticida** nm insecticide m
**insecto** nm insecte m
**inseguridad** nf insécurité f ; (inestabilidad) instabilité f ; (de carácter) manque m de confiance ; (indecisión) indécision f ; ~ **ciudadana** insécurité urbaine
**inseguro, -a** adj incertain(e) ; (persona) pas sûr(e) de soi etc ; (lugar) peu sûr(e) ; (terreno) instable ; (escalera) branlant(e) ; **sentirse** ~ ne pas se sentir en sécurité
**inseminación** nf: ~ **artificial** insémination f artificielle
**insensatez** nf (de persona, decisión) manque m de bon sens ; (tontería) absurdité f
**insensato, -a** adj insensé(e)
**insensibilice** etc vb ver **insensibilizar**
**insensibilidad** nf insensibilité f
**insensibilizar** vt insensibiliser ; **insensibilizarse** vpr: **insensibilizarse a** (a sufrimiento) demeurer insensible à
**insensible** adj insensible
**insensiblemente** adv insensiblement
**inseparable** adj inséparable
**inserción** nf insertion f
**INSERSO** sigla m (= Instituto Nacional de Servicios Sociales) branche du ministère des Affaires sociales qui s'occupe de l'assistance au troisième âge
**insertar** vt insérer ; **insertarse** vpr: **insertarse en** s'insérer dans
**inservible** adj inutilisable
**insidia** nf fourberie f
**insidioso, -a** adj insidieux(-euse) ; (persona) fourbe
**insigne** adj insigne
**insignia** nf (emblema) insigne m ; (estandarte) enseigne f ; **buque** ~ vaisseau m amiral
**insignificante** adj insignifiant(e)
**insinuación** nf insinuation f
**insinuar** vt insinuer ; **insinuarse** vpr: **él se me insinuó** il me fit des avances
**insípido, -a** adj insipide
**insistencia** nf insistance f ; **con** ~ avec insistance
**insistente** adj insistant(e)
**insistentemente** adv avec insistance
**insistir** vi: ~ **(en)** insister (sur)
**in situ** adv sur place, in situ
**insobornable** adj incorruptible
**insociable** adj insociable
**insolación** nf insolation f
**insolencia** nf insolence f
**insolentarse** vpr: ~ **con algn** se montrer insolent(e) envers qn
**insolente** adj insolent(e)
**insolentemente** adv avec insolence
**insolidario, -a** adj non solidaire
**insólito, -a** adj insolite
**insoluble** adj (problema) insoluble ; ~ **(en)** (sustancia) insoluble (dans)

**insolvencia** nf (Com) insolvabilité f
**insolvente** adj insolvable
**insomne** adj insomniaque
**insomnio** nm insomnie f
**insondable** adj insondable
**insonorización** nf insonorisation f
**insonorizar** vt insonoriser
**insoportable** adj insupportable
**insoslayable** adj incontournable
**insospechado, -a** adj insoupçonné(e)
**insostenible** adj insoutenable
**inspección** nf inspection f
**inspeccionar** vt inspecter ; (Inform) contrôler
**inspector, a** nm/f inspecteur(-trice)
**inspectorado** nm inspectorat m
**inspiración** nf inspiration f ; **de** ~ **clásica/romántica** d'inspiration classique/romantique
**inspirador, a** adj inspirateur(-trice)
**inspirar** vt, vi inspirer ; **inspirarse** vpr: **inspirarse en** s'inspirer de
**instalación** nf installation f ; ~ **eléctrica** installation électrique ; **instalaciones** nfpl (de centro deportivo, hotel) installations fpl
**instalador** nm (Inform) installeur m
**instalar** vt installer ; **instalarse** vpr s'installer
**instancia** nf instance f ; **a instancias de** à la requête de ; **en última** ~ en dernier ressort
**instantánea** nf instantané m
**instantáneamente** adv instantanément
**instantáneo, -a** adj instantané(e) ; **café** ~ café m instantané
**instante** nm instant m ; **a cada** ~ à tout instant ; **al** ~ à l'instant ; **en un** ~ en un instant
**instar** vt: ~ **a algn a hacer** o **para que haga** prier instamment qn de faire
**instauración** nf instauration f
**instaurar** vt instaurer
**insti** (fam) nm (instituto) bahut m
**instigador, a** nm/f instigateur(-trice) ; ~ **de un delito** (Jur) instigateur d'un délit
**instigar** vt: ~ **a algn a (hacer)** inciter qn à (faire)
**instigue** etc vb ver **instigar**
**instintivamente** adv instinctivement
**instintivo, -a** adj instinctif(-ive)
**instinto** nm instinct m ; **por** ~ d'instinct ; ~ **de conservación** instinct de conservation ; ~ **maternal/sexual** instinct maternel/sexuel
**institución** nf institution f ; ~ **benéfica** société f de bienfaisance ; **instituciones** nfpl (de un país) institutions fpl
**institucional** adj institutionnel(le)
**instituir** vt instituer
**instituto** nm (Escol) lycée m ; (de investigación, cultural etc) institut m ; **I~ de Bachillerato** (Esp) lycée
**institutriz** nf préceptrice f
**instituyendo** etc vb ver **instituir**

## instrucción – intento

**instrucción** nf (tb Inform) instruction f; (Deporte) entraînement m; **~ del sumario** (Jur) instruction; **instrucciones** nfpl (explicaciones, órdenes) instructions fpl; **instrucciones de funcionamiento** (Inform) guide msg de l'utilisateur; **instrucciones de uso** mode msg d'emploi

**instructivo, -a** adj instructif(-ive)

**instructor, a** adj (Mil) instructeur(-trice); (Jur) instructeur(-trice), d'instruction ▶ nm/f (Deporte) moniteur(-trice); (Mil) instructeur(-trice); (Jur) instructeur(-trice)

**instruido, -a** adj instruit(e)

**instruir** vt (tb Jur) instruire

**instrumental** adj (Mús) instrumental(e); (Jur): **prueba ~** preuve f documentaire ▶ nm instruments mpl; **el ~ quirúrgico/de laboratorio** les instruments chirurgicaux/de laboratoire

**instrumentista** nmf (Mús: músico) instrumentiste mf; (: fabricante) confectionneur(-euse) d'instruments, constructeur(-trice) d'instruments; (Med) instrumentiste mf; (Mec) instrumentiste mf, technicien(-ienne) instrumentiste; **~ de cuerda** instrumentiste à cordes

**instrumento** nm instrument m; (Com) effet m; **~ de cuerda/de percusión/de viento** instrument à cordes/à percussion/à vent

**instruyendo** etc vb ver **instruir**

**insubordinación** nf insubordination f

**insubordinarse** vpr: **~ (contra)** se rebeller (contre)

**insuficiencia** nf insuffisance f; **~ cardíaca/renal** insuffisance cardiaque/rénale

**insuficiente** adj insuffisant(e) ▶ nm (Escol) note inférieure a la moyenne

**insuflar** vt (tb Med) insuffler; **~ aire a algo** insuffler de l'air dans quelque chose

**insufrible** adj = **insoportable**

**insular** adj insulaire

**insulina** nf insuline f

**insulso, -a** adj (comida, persona) fade, insipide; (novela, película) insipide, ennuyeux(-euse)

**insultante** adj insultant(e)

**insultar** vt insulter

**insulto** nm insulte f

**insumisión** nf (Esp Pol) refus de faire le service militaire et d'être objecteur de conscience

**insumiso, -a** adj insoumis(e) ▶ nm (Esp Mil) personne qui refuse de faire le service militaire et d'être objecteur de conscience

**insumos** nmpl (esp Méx Econ) recettes fpl

**insuperable** adj (excelente) incomparable; (invencible) insurmontable

**insurgente** adj, nmf insurgé(e)

**insurrección** nf insurrection f

**insustancial** adj creux(-euse), sans intérêt

**insustituible** adj irremplaçable

**intachable** adj irréprochable

**intacto, -a** adj intact(e)

**intangible** adj intangible

**integración** nf intégration f; **la ~ de España en la UE** l'intégration de l'Espagne dans l'UE; **~ racial** intégration raciale

**integrado, -a** adj (Inform): **circuito ~** circuit m intégré

**integral** adj intégral(e); (idiota) parfait(e); **pan ~** pain m complet

**íntegramente** adv intégralement

**integrante** adj intégrant(e) ▶ nmf (de equipo) membre mf; (de conjunto) composant(e)

**integrar** vt composer; (Mat) intégrer; **integrarse** vpr s'intégrer

**integridad** nf intégrité f; **en su ~** dans son intégralité

**integrismo** nm intégrisme m

**integrista** adj, nmf intégriste mf

**íntegro, -a** adj intègre; (texto) intégral(e)

**intelecto** nm intellect m

**intelectual** adj, nmf intellectuel(le)

**intelectualidad** nf intelligentsia f

**inteligencia** nf intelligence f; **~ artificial** intelligence artificielle

**inteligente** adj intelligent(e)

**inteligible** adj intelligible

**intemperancia** nf intempérance f

**intemperie** nf intempérie f; **a la ~** sans abri

**intempestivamente** adv intempestivement

**intempestivo, -a** adj intempestif(-ive)

**intención** nf intention f; **con segundas intenciones** avec des arrière-pensées; **con ~** à dessein, intentionnellement; **buena/mala ~** bonne/mauvaise intention; **de buena/mala ~** bien/mal intentionné(e)

**intencionadamente** adv intentionnellement

**intencionado, -a** adj intentionnel(le); **bien/mal ~** bien/mal intentionné(e)

**intendencia** nf (Mil) intendance f; (tb: **cuerpo de intendencia**) Intendance

**intendente** nm (CSur: alcalde) gouverneur m, maire m; (Chi) gouverneur (d'une province); (Méx) inspecteur m de police

**intensamente** adv intensément

**intensidad** nf intensité f; **llover con ~** pleuvoir dru

**intensificación** nf intensification f

**intensificar** vt intensifier; **intensificarse** vpr s'intensifier

**intensifique** etc vb ver **intensificar**

**intensivamente** adv intensivement

**intensivo, -a** adj intensif(-ive); **curso ~** cours m intensif

**intenso, -a** adj intense

**intentar** vt: **~ (hacer)** essayer o tenter de (faire)

**intento** nm essai m, tentative f; (propósito) intention f; **al primer/segundo ~** à la première/seconde tentative

# intentona – interrogación

**intentona** *nf* tentative *f* ; **~ golpista** (*Pol*) tentative de coup d'État
**interacción** *nf* interaction *f*
**interaccionar** *vi* interagir
**interactividad** *nf* interactivité *f*
**interactivo, -a** *adj* (*Inform*) interactif(-ive)
**interanual** *adj* interannuel(le) ; **promedio ~** moyenne *f* interannuelle ; **variación ~** variation *f* interannuelle
**intercalación** *nf* intercalation *f*
**intercalar** *vt* intercaler
**intercambiable** *adj* interchangeable
**intercambiar** *vt* échanger
**intercambio** *nm* échange *m*
**interceder** *vi*: **~ (por)** intercéder (en faveur de)
**interceptar** *vt* intercepter ; (*tráfico*) entraver
**interceptor** *nm* (*Tec*) intercepteur *m*
**intercesión** *nf* intercession *f*
**intercontinental** *adj* intercontinental(e)
**interdicto** *nm* (*Jur*) interdit *m*
**interdisciplinario, -a** *adj* interdisciplinaire
**interés** *nm* intérêt *m* ; **con un ~ de nueve por ciento** à neuf pour cent d'intérêt ; **tipo de ~** (*Com*) taux *msg* d'intérêt ; **dar a ~** prêter à *o* avec intérêt ; **devengar ~** rapporter un intérêt ; **tener ~ en** *o* **por** avoir intérêt à ; **~ propio** intérêt personnel ; **intereses** *nmpl* (*dividendos, aspiraciones*) intérêts *mpl* ; (*patrimonio*) biens *mpl* ; **intereses acumulados** intérêts cumulés ; **intereses creados** coalition *f* d'intérêts ; **intereses por cobrar/por pagar** intérêts à percevoir/à verser
**interesadamente** *adv* (*por propio interés*) de façon intéressée
**interesado, -a** *adj, nm/f* intéressé(e) ; **~ en/por** intéressé(e) par
**interesante** *adj* intéressant(e) ; **hacerse el/la ~** faire l'intéressant(e)
**interesar** *vt* intéresser ; (*Med*) affecter ▶ *vi* être intéressant(e) ; **no me interesan los toros** les courses de taureaux ne m'intéressent pas ; **interesarse** *vpr*: **interesarse en** *o* **por** s'intéresser à
**interestatal** *adj* interétatique
**interface, interfaz** *nm* (*Inform*) interface *f* ; **~ hombre/máquina/por menús** interface homme/machine/par menus
**interfase** *nm* = **interface**
**interfaz** *nm* = **interface**
**interferencia** *nf* (*Radio, TV, Telec*) interférence *f* ; **~ (en)** (*injerencia*) ingérence *f* (dans)
**interferir** *vt* (*Telec*) brouiller ▶ *vi* (*persona*): **~ (en)** s'immiscer (dans)
**interfiera** *etc*, **interfiriendo** *etc vb ver* **interferir**
**interfono** *nm* interphone *m*
**ínterin** *adv*: **en el ~** dans l'intervalle
**interinidad** *nf* (*estado, empleo*) intérim *m* ; **situación de ~** situation *f* intérimaire *ou* temporaire

**interino, -a** *adj* intérimaire ▶ *nm/f* intérimaire *mf* ; (*Med*) remplaçant(e)
**interior** *adj* intérieur(e) ; **habitación ~** chambre *f* sur cour ; **ropa ~** sous-vêtements *mpl* ; **vida ~** vie *f* intérieure ▶ *nm* intérieur *m* ; (*Deporte*) inter *m* ; (*COL, VEN*: *tb*: **interiores**) caleçon *m* ; **Ministerio del I~** ministère *m* de l'Intérieur ; **dije para mí ~** je me suis dit en mon for intérieur
**interiorismo** *nm* architecture *f* d'intérieur
**interiorista** *nmf* architecte *mf* d'intérieur
**interiorizar** *vt* (*Psico*) intérioriser
**interjección** *nf* interjection *f*
**interlínea** *nf* (*Inform*) interligne *m*
**interlocutor, a** *nm/f* interlocuteur(-trice) ; **mi ~** mon interlocuteur
**interludio** *nm* (*Mús*) interlude *m*
**intermediario, -a** *adj, nm/f* intermédiaire *mf*
**intermedio, -a** *adj* intermédiaire ▶ *nm* (*Teatro, Cine*) entracte *m*
**interminable** *adj* interminable
**intermitente** *adj* intermittent(e) ▶ *nm* (*Auto*) clignotant *m*
**intermitentemente** *adv* par intermittence
**internacional** *adj* international(e)
**internacionalizar** *vt* devenir international(e) ; **internacionalizarse** *vpr* se mondialiser, s'internationaliser
**internado** *nm* internat *m*
**internamiento** *nm* internement *m*
**internar** *vt* interner ; **internarse** *vpr* (*penetrar*): **internarse en** pénétrer dans
**internauta** *nmf* internaute *mf*
**Internet** *nm* Internet *m* ; **navegar por ~** naviguer sur (l')Internet
**internista** *nmf* médecin *m* généraliste
**interno, -a** *adj* interne ; (*Pol etc*) intérieur(e) ; **medicina interna** médecine *f* générale ▶ *nm/f* (*alumno*) interne *mf* ; (*médico*) généraliste *mf*
**interpelación** *nf* interpellation *f*
**interpelar** *vt* (*tb Pol*) interpeller
**INTERPOL** *sigla f* INTERPOL *m*
**interpondré** *etc vb ver* **interponer**
**interponer** *vt* interposer ; (*Jur*: *apelación*) interjeter ; **~ recurso (contra)** interjeter appel (contre) ; **~ (entre)** interposer (entre) ; **interponerse** *vpr* s'interposer
**interponga** *etc vb ver* **interponer**
**interposición** *nf* interposition *f*
**interpretación** *nf* interprétation *f*
**interpretar** *vt* interpréter ; **~ mal** mal interpréter
**intérprete** *nmf* interprète *mf*
**interpuesto** *etc*, **interpuse** *etc vb ver* **interponer**
**interrelación** *nf* relation *f*
**interrogación** *nf* interrogation *f* ; (*tb*: **signo de interrogación**) point *m* d'interrogation

744 · ESPAÑOL | FRANCÉS

## interrogante – invencible

**interrogante** adj interrogateur(-trice) ▶ nm question f
**interrogar** vt interroger
**interrogativo, -a** adj (Ling) interrogatif(-ive)
**interrogatorio** nm interrogatoire m
**interrogue** etc vb ver **interrogar**
**interrumpir** vt interrompre
**interrupción** nf interruption f
**interruptor** nm (Elec) interrupteur m
**intersección** nf intersection f
**intersticio** nm interstice m
**interurbano, -a** adj interurbain(e); **llamada/conferencia interurbana** appel m interurbain/communication f interurbaine
**intervalo** nm intervalle m; **a intervalos** à intervalles
**intervención** nf intervention f; (Telec) écoute f téléphonique; **la política de no** ~ la politique de non-intervention; ~ **quirúrgica** intervention chirurgicale
**intervencionista** adj: **no** ~ (Com) non-interventionniste
**intervendré** etc, **intervenga** etc vb ver **intervenir**
**intervenir** vt (Med) pratiquer une intervention sur; (suj: policía) saisir; (teléfono) placer sous écoute téléphonique; (cuenta bancaria) bloquer ▶ vi intervenir
**interventor, a** nm/f (en elecciones) scrutateur(-trice); (Com) audit m
**interviniendo** etc vb ver **intervenir**
**interviú** nf interview f
**intestinal** adj intestinal(e)
**intestino** nm intestin m; ~ **delgado/grueso** intestin grêle/gros intestin
**íntimamente** adv intimement
**intimar** vt: ~ **a algn a que ...** intimer à qn de ... ▶ vi se lier d'amitié
**intimidación** nf intimidation f
**intimidad** nf intimité f; (amistad) amitié f; **en la** ~ dans l'intimité
**intimidar** vt intimider
**íntimo, -a** adj intime
**intolerable** adj intolérable
**intolerancia** nf intolérance f
**intolerante** adj: ~ **(con** o **para)** intolérant(e) (envers)
**intoxicación** nf (Med, Pol) intoxication f; ~ **alimenticia** intoxication alimentaire
**intoxicar** vt (Med) intoxiquer; (Pol) intoxiquer, faire de l'intox; **intoxicarse** vpr (Med) s'intoxiquer
**intraducible** adj intraduisible
**Intranet** nf Intranet m
**intranquilice** etc vb ver **intranquilizar**
**intranquilidad** nf inquiétude f
**intranquilizar** vt inquiéter; **intranquilizarse** vpr s'inquiéter
**intranquilo, -a** adj inquiet(-ète)
**intransferible** adj intransmissible

**intransigencia** nf intransigeance f
**intransigente** adj intransigeant(e)
**intransitable** adj impraticable
**intransitivo, -a** adj intransitif(-ive)
**intrascendente** adj sans importance
**intratable** adj (problema) difficile; (dificultad) inabordable; (individuo) intraitable
**intravenoso, -a** adj intraveineux(-euse)
**intrepidez** nf intrépidité f
**intrépido, -a** adj intrépide
**intriga** nf intrigue f
**intrigante** adj, nmf intrigant(e)
**intrigar** vt, vi intriguer
**intrigue** etc vb ver **intrigar**
**intrincado, -a** adj (camino) embrouillé(e); (bosque) impénétrable; (problema, asunto) inextricable
**intríngulis** (fam) nm inv (dificultad) difficulté f; (complicación) imbroglio m; (secreto) dessous m; **ahí está el** ~ c'est là que réside toute la difficulté; **tiene su** ~ ce n'est pas si facile
**intrínseco, -a** adj intrinsèque
**introducción** nf introduction f
**introducir** vt introduire; **introducirse** vpr s'introduire
**introduje** etc, **introduzca** etc vb ver **introducir**
**intromisión** nf intromission f
**introspectivo, -a** adj introspectif(-ive)
**introvertido, -a** adj, nm/f introverti(e)
**intruso, -a** nm/f intrus(e)
**intuición** nf intuition f; **por** ~ par intuition; **tener una gran** ~ avoir beaucoup d'intuition
**intuir** vt pressentir
**intuitivamente** adv intuitivement
**intuitivo, -a** adj intuitif(-ive)
**intuyendo** etc vb ver **intuir**
**inundación** nf inondation f
**inundar** vt inonder; **inundarse** vpr s'inonder
**inusitadamente** adv de façon inusitée
**inusitado, -a** adj (espectáculo) insolite; (hora, calor) inhabituel(le)
**inusual** adj inhabituel(le)
**inútil** adj (herramienta) inutilisable; (esfuerzo) inutile; (persona: minusválido) handicapé(e); (: pey) bon(ne) à rien, inepte; **declarar** ~ **a algn** (Mil) réformer qn
**inutilice** etc vb ver **inutilizar**
**inutilidad** nf inutilité f; (ineptitud) ineptie f
**inutilizar** vt rendre inutilisable
**inútilmente** adv inutilement
**invadir** vt envahir
**invalidar** vt invalider
**invalidez** nf invalidité f
**inválido, -a** adj, nm/f invalide mf
**invariable** adj invariable
**invariablemente** adv invariablement
**invasión** nf invasion f
**invasor, a** adj envahissant(e) ▶ nm/f envahisseur(-euse)
**invencible** adj invincible

**invención** *nf* invention *f*
**inventar** *vt* inventer
**inventariar** *vt* inventorier, faire l'inventaire de
**inventario** *nm* inventaire *m*; **hacer ~ de** faire l'inventaire de
**inventiva** *nf* inventivité *f*
**invento** *nm* invention *f*
**inventor, a** *nm/f* inventeur(-trice)
**invernadero** *nm* serre *f*
**invernal** *adj* hivernal(e)
**invernar** *vi* hiverner
**inverosímil** *adj* invraisemblable
**inversión** *nf* (*Com*) investissement *m*; **~ de capitales** investissement de capitaux; **inversiones extranjeras** investissements étrangers
**inversionista** *nmf* = **inversor**
**inverso, -a** *adj* inverse; **en orden ~** dans l'ordre inverse; **a la inversa** à l'inverse; **traducción inversa** thème *m*
**inversor, a** *nm/f* (*Com*) investisseur(-euse)
**invertebrado, -a** *adj* invertébré(e) ▶ *nm* invertébré *m*
**invertido, -a** *adj* inversé(e); (*al revés*) à l'inverse; (*homosexual*) inverti(e) ▶ *nm/f* inverti(e)
**invertir** *vt* (*Com*) investir; (*orden*) inverser; (*intercambiar*) intervertir; (*tiempo*) consacrer
**investidura** *nf* investiture *f*
**investigación** *nf* recherche *f*; **~ de los medios de publicidad** recherche sur les supports publicitaires; **~ de mercado** étude *f* de marché; **~ y desarrollo** recherche et développement
**investigador, a** *nm/f* (*tb*: **investigador privado**) détective *mf* privé(e); (*Univ*) chercheur(-euse)
**investigar** *vt* (*indagar*) chercher; (*estudiar*) faire des recherches sur
**investigue** *etc vb ver* **investigar**
**investir** *vt*: **~ (con/de)** investir (de)
**inveterado, -a** *adj* invétéré(e)
**inviable** *adj* (*imposible*) non viable, irréalisable, infaisable; (*reclamación*) non valide
**invidente** *adj* aveugle ▶ *nmf* aveugle *mf*, non-voyant(e)
**invierno** *nm* hiver *m*
**inviolabilidad** *nf* inviolabilité *f*; **~ del domicilio** inviolabilité du domicile; **~ parlamentaria** inviolabilité *o* immunité *f* parlementaire
**inviolable** *adj* inviolable
**invirtiendo** *etc vb ver* **invertir**
**invisible** *adj* invisible; **exportaciones/importaciones invisibles** exportations *fpl*/importations *fpl* invisibles
**invitación** *nf* invitation *f*
**invitado, -a** *nm/f* invité(e)

**invitar** *vt* inviter; **~ a algn a hacer algo** inviter qn à faire qch; **~ a algo** inviter à qch; **te invito a un café** je te paie un café; **invito yo** c'est moi qui invite *o* paie
**in vitro** *adj*, *adv* in vitro; **fecundación** *o* **fertilización ~** fécondation *f* in vitro
**invocar** *vt* (*tb Inform*) invoquer
**involución** *nf* (*Pol*) involution *f*
**involucrar** *vt*: **~ a algn en** impliquer qn dans; **involucrarse** *vpr*: **involucrarse en** s'impliquer dans
**involuntariamente** *adv* involontairement
**involuntario, -a** *adj* involontaire
**invoque** *etc vb ver* **invocar**
**invulnerable** *adj* invulnérable
**inyección** *nf* piqûre *f*, injection *f*; **poner una ~ a algn** faire une piqûre à qn; **ponerse una ~** se faire une piqûre; **~ intramuscular** injection intramusculaire; **~ intravenosa** injection intraveineuse, intraveineuse *f*
**inyectado** *adj*: **ojos inyectados en sangre** yeux *mpl* injectés de sang
**inyectar** *vt* (*Med*) injecter; **~ (en)** (*introducir*) injecter (dans)
**ión** *nm* (*Fís*) ion *m*
**IPC** (*Esp*) *sigla m* (= *Índice de Precios al Consumo*) IPC *m* (= indice des prix à la consommation)
**IPM** *sigla m* (= *índice de precios al por menor*) *ver* **índice**
**iPod**® (*pl* **iPods**) *nm* iPod® *m*

⟨PALABRA CLAVE⟩

**ir** 1 *vi* 1 aller; **ir andando** marcher; **fui en tren** j'y suis allé en train; **voy a la calle** je sors; **¡(ahora) voy!** j'y vais !; **ir desde X a Y** (*extenderse*) aller de X à Y; **ir de pesca/de vacaciones** aller à la pêche/en vacances
2: **ir (a) por**: **ir (a) por el médico** aller chercher le docteur
3 (*progresar*) aller; **el trabajo va muy bien** le travail marche très bien; **¿cómo te va?** tu t'y fais ?; **¿cómo te va en el trabajo?** comment ça va au travail ?; **me va muy bien** ça va très bien; **le fue fatal** ça ne s'est pas bien passé du tout
4 (*funcionar*): **el coche no va muy bien** la voiture ne marche pas très bien
5 (*sentar*): **me va estupendamente** (*ropa, color*) cela me va à merveille; (*medicamento*) c'est exactement ce qu'il me fallait
6 (*aspecto*): **ir con zapatos negros** porter des chaussures noires; **iba muy bien vestido** il était très bien habillé
7 (*combinar*): **ir con algo** aller avec qch
8 (*excl*): **¡qué va!** (*no*) mais non !; **¿qué tal? — ¡vaya!** ça va ? — à peu près !; **vamos, no llores** allons, ne pleure pas; **vamos a ver** voyons voir; **¡vaya coche!** (*admiración*) en voilà une super voiture !; (*desprecio*) quelle voiture minable !; **¡que le vaya bien!**

# IRA – isótopo

(*esp Am: despedida*) salut ! ; **¡vete a saber!** allez savoir !
**9** : **ir a mejor/peor** aller mieux/mal ; **ir de mal en peor** aller de mal en pis ; **va para largo** ça va prendre du temps ; **en esta casa cada uno va a lo suyo** dans cette maison c'est chacun pour soi ; **¡a eso voy!** j'y viens ! ; **eso no va por ti** ça ne s'applique pas à toi ; **ni me va ni me viene** ça ne me regarde pas
**10** : **no vaya a ser** : **tienes que correr, no vaya a ser que pierdas el tren** il faut que tu te dépêches, sinon tu vas rater ton train
▶ *vb aux* **1** : **ir a** : **voy/iba a hacerlo hoy** je vais/j'allais le faire aujourd'hui
**2** (*+ gerundio*) : **iba anocheciendo** il commençait à faire nuit ; **todo se me iba aclarando** tout devenait clair pour moi
**3** (*+ pp = pasivo*) : **van vendidos 300 ejemplares** 300 exemplaires ont déjà été vendus
**irse** *vpr* **1** : **¿por dónde se va al parque?** comment va-t-on au parc ?
**2** : **irse (de)** (*marcharse*) s'en aller (de) ; **ya se habrán ido** ils doivent être déjà partis ; **¡vete!** vas-y ! ; (*con enfado*) va-t'en ! ; **¡vámonos!** allons-y !, on y va ! ; **¡nos fuimos!** (*Am : vámonos*) on y va !

**IRA** *sigla m* (= *Irish Republican Army*) IRA *f* (= *Armée républicaine irlandaise*)
**ira** *nf* colère *f*
**iracundo, -a** *adj* coléreux(-euse)
**Irak** *nm* = **Iraq**
**Irán** *nm* Iran *m*
**iraní** *adj* iranien(ne) ▶ *nmf* Iranien(ne)
**Iraq** *nm* Irak *m*
**iraquí** *adj* irakien(ne), iraquien(ne) ▶ *nmf* Irakien(ne), Iraquien(ne)
**irascible** *adj* irascible
**irguiendo** *etc vb ver* **erguir**
**iris** *nm inv* (*Anat*) iris *msg* ; (*arco iris*) arc-en-ciel *m*
**Irlanda** *nf* Irlande *f* ; **~ del Norte** Irlande du Nord
**irlandés, -esa** *adj* irlandais(e) ▶ *nm/f* Irlandais(e) ▶ *nm* (*Ling*) irlandais *msg*
**ironía** *nf* ironie *f*
**irónicamente** *adv* ironiquement
**irónico, -a** *adj* ironique
**ironizar** *vt* tourner en dérision ▶ *vi* ironiser ; **~ sobre algo** ironiser sur quelque chose
**IRPF** (*Esp*) *sigla m* (= *Impuesto sobre la Renta de las Personas Físicas*) ≈ IRPP *m* (= *impôt sur le revenu des personnes physiques*)
**irracional** *adj* irrationnel(le)
**irradiar** *vt* (*emanar*) irradier, rayonner ; (*Med*) irradier
**irrazonable** *adj* déraisonnable
**irreal** *adj* irréel(le)
**irrealizable** *adj* irréalisable
**irrebatible** *adj* irréfutable
**irreconciliable** *adj* irréconciliable

**irreconocible** *adj* méconnaissable
**irrecuperable** *adj* irrécupérable
**irreembolsable** *adj* (*Com*) irrécupérable ; (*qui se tira*) non consigné(e)
**irreemplazable** *adj* irremplaçable
**irreflexión** *nf* irréflexion *f*
**irreflexivo, -a** *adj* irréfléchi(e)
**irrefutable** *adj* irréfutable
**irregular** *adj* irrégulier(-ière)
**irregularidad** *nf* irrégularité *f*
**irrelevante** *adj* banal(e), sans importance
**irremediable** *adj* irrémédiable
**irremediablemente** *adv* irrémédiablement
**irrenunciable** *adj* (*derecho*) inaliénable ; (*deber*) incontournable, inéluctable ; **una condición ~** une condition à laquelle on ne peut renoncer
**irreparable** *adj* irréparable
**irrepetible** *adj* unique
**irreprochable** *adj* irréprochable
**irresistible** *adj* irrésistible
**irresoluble** *adj* insoluble
**irresoluto, -a** *adj* irrésolu(e)
**irrespetuoso, -a** *adj* irrespectueux(-euse)
**irrespirable** *adj* irrespirable
**irresponsable** *adj* irresponsable
**irresponsablemente** *adv* d'une manière irresponsable
**irreverencia** *nf* irrévérence *f*
**irreverente** *adj* irrévérencieux(-euse)
**irreversible** *adj* irréversible
**irrevocable** *adj* irrévocable
**irrigar** *vt* irriguer
**irrigue** *etc vb ver* **irrigar**
**irrisorio, -a** *adj* dérisoire
**irritable** *adj* irritable
**irritación** *nf* irritation *f*
**irritar** *vt* irriter ; **irritarse** *vpr* s'irriter
**irrompible** *adj* incassable
**irrumpir** *vi* : **~ en** faire irruption dans
**irrupción** *nf* irruption *f*
**IRTP** (*Esp*) *sigla m* (= *impuesto sobre los rendimientos del trabajo personal*) *charges sociales*
**ISBN** *sigla m* (= *Número Internacional Uniforme para los libros*) ISBN *m* (= *International Standard Book Number*)
**isla** *nf* île *f* ; **las Islas Filipinas/Malvinas/Canarias** les îles Philippines/Malouines/Canaries
**Islam** *nm* Islam *m*
**islámico, -a** *adj* islamique
**islamismo** *nm* islamisme *m*
**islamista** *adj, nmf* islamiste *mf*
**islandés, -esa** *adj* islandais(e) ▶ *nm/f* Islandais(e) ▶ *nm* (*Ling*) islandais *msg*
**Islandia** *nf* Islande *f*
**isleño, -a** *adj, nm/f* insulaire *mf*
**isleta** *nf* (*Auto*) refuge *m*
**islote** *nm* îlot *m*
**isótopo** *nm* isotope *m*

## Israel – izquierdoso

**Israel** nm Israël m
**israelí** adj israélien(ne) ▶ nmf Israélien(ne)
**israelita** adj, nmf israélite mf
**istmo** nm isthme m ; **el I~ de Panamá** l'isthme de Panama
**Italia** nf Italie f
**italiano, -a** adj italien(ne) ▶ nm/f Italien(ne) ▶ nm (Ling) italien m
**itálica** nf: **en ~** en italique
**itinerante** adj itinérant(e)
**itinerario** nm itinéraire m
**ITV** nf abr (= Inspección Técnica de Vehículos) ≈ contrôle m technique
**IVA** (ESP) sigla m (Com: = Impuesto sobre el Valor Añadido) TVA f (= taxe à la valeur ajoutée)
**IVP** sigla m = **Instituto Venezolano de Petroquímica**
**izada** (AM) nf levée f

**izar** vt hisser
**izda.** abr (= izquierda) g (= gauche)
**izdo.** abr (= izquierdo) g (= gauche)
**izq.** abr (= izquierdo) g (= gauche)
**izq.ª** abr (= izquierda) g (= gauche)
**izq.º** abr (= izquierdo) g (= gauche)
**izquierda** nf gauche f ; (lado izquierdo) côté m gauche ; **a la ~** à gauche ; **a la ~ del edificio** à gauche de l'immeuble ; **el camino de la ~** le chemin de gauche ; **es un cero a la ~** (fam) c'est un bon à rien ; **conducción por la ~** conduite f à gauche ; **ser de izquierdas** être de gauche
**izquierdista** adj (Pol) de gauche ▶ nmf gauchiste mf
**izquierdo, -a** adj gauche
**izquierdoso, -a** (fam) adj, nm/f gauchiste mf, gaucho mf (fam)

# J j

**J¹, j** ['xota] *nf (letra)* J, j *m inv*; **J de José** ≈ J comme Joseph

**J²** *abr (= julio(s))* J (= *Joule(s)*)

**jabalí** *nm* sanglier *m*

**jabalina** *nf* javelot *m*

**jabato** *nm* marcassin *m*; *(fig)* lion *m*

**jabón** *nm* savon *m*; **dar ~ a algn** passer de la pommade à qn; **~ de afeitar** savon à barbe; **~ de baño** savon liquide; **~ de tocador** savon de toilette; **~ en polvo** savon en poudre

**jabonar** *vt* savonner; **jabonarse** *vpr* se savonner

**jabonera** *nf* boîte *f* à savon

**jabonoso, -a** *adj* savonneux(-euse)

**jaca** *nf* bidet *m*; *(yegua)* petite jument *f*

**jacal** *(Méx) nf* cabane *f*

**jacarandá** *nm* jacaranda *m*

**jacinto** *nm* jacinthe *f*

**jactancia** *nf* vantardise *f*, jactance *f*

**jactancioso, -a** *adj* vantard(e)

**jactarse** *vpr*: **~ (de)** se vanter (de)

**jacuzzi®** [ja'kuzi] *nm* jacuzzi® *m*

**jade** *nm* jade *m*

**jadeante** *adj* haletant(e)

**jadear** *vi* haleter

**jadeo** *nm* halètement *m*

**jaguar** *nm* jaguar *m*

**jaiba** *(Am) nf* écrevisse *f*

**jaibol** *(esp Méx) nm* whisky *m* soda

**jalapeño** *nm (Méx) variété de piment*

**jalar** *vt (Am)* tirer; *(fam)* bouffer

**jalea** *nf* gelée *f*

**jalear** *vt (bailaor, cantaor)* encourager *(de la voix ou en frappant des mains)*; *(perros)* exciter *(par des cris)*

**jaleo** *(fam) nm (ruido)* tapage *m*; *(lío)* pagaille *f*; **armar ~** *(liar)* mettre la pagaille; *(hacer ruido)* faire du chahut *o* tapage; **me armé un ~ con las fechas** je me suis embrouillé dans les dates; **¡qué ~!** quelle pagaille!

**jalón** *nm (Am: estirón)* coup *m*; *(estaca, fig)* jalon *m*

**jalonar** *vt* jalonner

**jam** [jam], **jam session** [jam 'sesion] *nf (de música)* jam-session *f*, jam *f (fam)*

**Jamaica** *nf* Jamaïque *f*

**jamaicano, -a** *adj* jamaïquain(e) ▶ *nm/f* Jamaïquain(e)

**jamás** *adv* jamais; **¿se vio ~ tal cosa?** a-t-on jamais vu cela?

**jamón** *nm* jambon *m*; **¡y un ~!** *(fam)* mon œil!; **~ de York/serrano** jambon cuit/cru

**Japón** *nm* Japon *m*

**japonés, -esa** *adj* japonais(e) ▶ *nm/f* Japonais(e) ▶ *nm (Ling)* japonais *msg*

**jaque** *nm (Ajedrez)* échec *m*; **dar ~** mettre en échec; **tener en ~ a algn** tracasser qn; **~ mate** échec et mat

**jaqueca** *nf* migraine *f*

**jara** *nf* ciste *m*

**jarabe** *nm* sirop *m*; **~ para la tos** sirop contre la toux

**jarana** *nf* fête *f*; **andar/ir de ~** faire la fête; **armar ~** faire du tapage

**jarcia** *nf (Náut)* cordage *m*

**jardín** *nm* jardin *m*; **~ de (la) infancia** *o (Am)* **de infantes** jardin d'enfants; **~ botánico** jardin botanique

**jardinera** *nf* jardinière *f*; *(CSur)* voiture *f* de marchand ambulant; *ver tb* **jardinero**

**jardinería** *nf* jardinage *m*

**jardinero, -a** *nm/f* jardinier(-ière)

**jarra** *nf* jarre *f*; *(de agua)* carafe *f*; *(de leche)* cruchon *m*; *(de cerveza)* chope *f*; **de** *o* **en jarras** les poings sur les hanches

**jarro** *nm* broc *m*; **ser un ~ de agua fría** faire l'effet d'une douche froide

**jarrón** *nm* vase *m*

**jaspeado, -a** *adj* jaspé(e)

**Jauja, jauja** *nf* pays *m* de cocagne

**jaula** *nf* cage *f*; *(embalaje)* cageot *m*

**jauría** *nf* meute *f*

**jazmín** *nm* jasmin *m*

**jazz** [jas] *nm*; jazz *m*

**jazzístico, -a** *adj* de jazz

**J.C.** *abr (= Jesucristo)* J.C. *m (= Jésus-Christ)*

**jeans** [jins] *nmpl* jean *msg*

**jeep®** [jip] *(pl* **jeeps***) nm* jeep® *f*

**jefa** *nf ver* **jefe**

**jefatura** *nf (liderato)* commandement *m*; *(sede)* direction *f*; **J~ de la aviación civil** Direction de l'aviation civile; **~ de policía** préfecture *f* de police

**jefazo** *(fam) nm* grand chef *m*

## jefe – jubilado

**jefe, -a** *nm/f* chef *m* ; **ser el ~** (*fig*) être le chef ; **comandante en ~** commandant(e) en chef ; **~ ejecutivo(-a)** (*Com*) directeur(-trice) des ventes ; **~ de estación** chef de gare ; **~ de estado** chef d'État ; **~ de estado mayor** chef d'état major ; **~ de estudios** surveillant(e) général(e) ; **~ de gobierno** chef de gouvernement ; **~ de negociado** chef de service ; **~ de oficina/de producción** (*Com*) chef de bureau/de production ; **~ de redacción** rédacteur(-trice) en chef

**Jehová** *n* Jéhovah

**jején** (*Am*) *nm* petit moustique *m*

**jemer** *adj* khmer(-ère) ▶ *nmf* Khmer(-ère)

**JEN** [xen] (*Esp*) *sigla f* = **Junta de la Energía Nuclear**

**jengibre** *nm* gingembre *m*

**jeque** *nm* cheik *m*

**jerarquía** *nf* hiérarchie *f* ; (*persona*) supérieur(e)

**jerárquicamente** *adv* hiérarchiquement

**jerárquico, -a** *adj* hiérarchique

**jerez** *nm* xérès *msg*, jerez *msg* ; **J~ de la Frontera** Jerez

**jerezano, -a** *adj* de Jerez ▶ *nm/f* natif(-ive) o habitant(e) de Jerez

**jerga** *nf* jargon *m* ; **~ informática** jargon informatique

**jergón** *nm* paillasse *f*

**jeringa** *nf* seringue *f* ; (*esp Am fam*) ennui *m* ; **~ de engrase** graisseur *m*

**jeringuilla** *nf* seringue *f*

**jeroglífico** *nm* hiéroglyphe *m* ; (*pasatiempo*) rébus *m*

**jersey** (*pl* **jerseys** o **jerséis**) *nm* pull-over *m*, pull *m*

**Jerusalén** *n* Jérusalem

**Jesucristo** *n* Jésus-Christ

**jesuita** *adj*, *nm* jésuite *m*

**Jesús** *n* Jésus ; **¡~!** mon Dieu ! ; (*al estornudar*) à tes o vos souhaits !

**jet** [jet] (*pl* **jets**) *nm* (*Aviat*) jet *m* ▶ *nf* jet-set *m* o *f*, jet set *m* o *f*

**jeta** *nf* museau *m* ; (*fam: cara*) culot *m*, toupet *m* ; **¡que ~ tienes!** (*fam*) que tu es culotté(e) !

**jíbaro, -a** (*Am*) *adj* relatif(-ive) à la tribu des Jivaros ▶ *nm/f* Jivaro *m*

**jibia** *nf* seiche *f*

**jícama** (*Am*) *nf* (*Bot*) tubercule *m*

**jícara** (*Am*) *nf* calebasse *f*

**jienense** *adj* de Jaén ▶ *nmf* natif(-ive) o habitante) de Jaén

**jilguero** *nm* chardonneret *m*

**jinete** *nm* cavalier *m* ; **ser buen/mal ~** être un bon/mauvais cavalier

**jiote** (*Méx*) *nm* éruption *f* cutanée

**jipijapa** (*Am*) *nm* panama *m*

**jirafa** *nf* girafe *f*

**jirón** *nm* lambeau *m* ; (*Perú: calle*) rue *f*

**jitomate** (*CAm, Méx*) *nm* tomate *f*

**JJ.OO.** *abr* (= *Juegos Olímpicos*) J.O. *mpl* (= *Jeux olympiques*)

**jo** (*fam*) *excl* (*para expresar sorpresa*) la vache ! ; (*para expresar disgusto*) mince ! ; **¡jo, jo!** (*al reír*) ha ha !

**jocosidad** *nf* drôlerie *f* ; (*chiste*) blague *f*

**jocoso, -a** *adj* cocasse

**joder** (*fam!*) *vt* baiser (*fam!*) ; (*fig*) emmerder (*fam!*) ; **las moscas te joden todo el tiempo** les mouches t'enquiquinent sans arrêt ▶ *excl*: **¡~!** merde ! (*fam!*), putain ! (*fam!*) ; **joderse** *vpr* (*plan, fiesta*) s'en aller en eau de boudin ; (*persona*) se faire chier (*fam!*) ; **se jodió todo** tout est foutu

**jodido, -a** (*fam!*) *adj* (*difícil*) coton *inv*, duraille (*fam!*) ; (*Am: pesado*) chiant(e) (*fam!*) ; **estoy ~** je suis foutu(e)

**jofaina** *nf* cuvette *f*

**jojoba** *nf* jujube *m*

**jojoto** (*Ven*) *nm* maïs *m* tendre

**jolgorio** *nm* fête *f*

**jolín, jolines** (*fam*) *excl* (*para expresar sorpresa*) la vache ! ; (*para expresar disgusto*) mince !

**jonrón** (*esp Am: en béisbol*) *nm* home-run *m*, tour *m* complet

**Jordania** *nf* Jordanie *f*

**jordano, -a** *adj* jordanien(ne) ▶ *nm/f* Jordanien(ne)

**jornada** *nf* journée *f* ; **~ de ocho horas** journée de huit heures ; **(trabajar a) ~ intensiva/partida** (faire la) journée continue/discontinue

**jornal** *nm* journée *f*

**jornalero, -a** *nm/f* journalier(-ière)

**joroba** *nf* bosse *f*

**jorobado, -a** *adj*, *nm/f* bossu(e)

**jorobar** (*fam*) *vt* enquiquiner ; **esto me joroba** ça m'emmerde (*fam!*) ; **jorobarse** *vpr* se débrouiller ; **¡que se jorobe!** tant pis pour lui ! ; **¡hay que jorobarse!** quelle poisse !

**jorongo** (*Méx*) *nm* poncho *m*

**jota** *nf* (*letra*) j *m inv* ; (*danza*) jota *f* ; **no entiendo ni ~** je n'y pige rien ; **no sabe ni ~** il n'en sait rien ; **no veo ni ~** je n'y vois rien

**joven** *adj* jeune ▶ *nm* jeune homme *m* ; (*Méx: señor*) monsieur *m* ; **¡oiga, ~!** eh, jeune homme ! ▶ *nf* jeune fille *f*

**jovencito, -a** *nm/f* jeune homme (jeune fille)

**jovial** *adj* jovial(e)

**jovialidad** *nf* jovialité *f*

**jovialmente** *adv* jovialement

**joya** *nf* bijou *m* ; (*persona*) perle *f* ; **joyas de fantasía** bijoux *mpl* fantaisie

**joyería** *nf* bijouterie *f*

**joyero, -a** *nm/f* bijoutier(-ière) ▶ *nm* (*caja*) coffret *m* à bijoux

**juanete** *nm* (*del pie*) oignon *m*

**jubilación** *nf* retraite *f*

**jubilado, -a** *adj*, *nm/f* retraité(e)

## jubilar – juramento

**jubilar** vt mettre à la retraite ; *(fam: algo viejo)* mettre au rancart ; **jubilarse** vpr prendre sa retraite
**júbilo** nm joie f
**jubilosamente** adv joyeusement
**jubiloso, -a** adj *(comentario)* joyeux(-euse) ; *(día)* radieux(-euse)
**judaísmo** nm judaïsme m
**judería** nf *(barrio)* quartier m juif, juiverie f
**judía** nf haricot m ; **~ verde** haricot vert ; **~ blanca** flageolet m ; *ver tb* **judío**
**judicatura** nf *(cargo)* judicature f ; *(cuerpo)* magistrature f
**judicial** adj judiciaire
**judicialmente** adv judiciairement
**judío, -a** adj, nm/f juif(-ive)
**judo** nm judo m
**juego** vb *ver* **jugar** ▶ nm jeu m ; *(vajilla)* service m ; *(herramientas)* assortiment m ; **estar en ~** être en jeu ; **fuera de ~** hors jeu ; **hacer ~ con** aller avec, faire pendant à ; **hacerle el ~ a algn** faire le jeu de qn ; **por ~** par jeu, pour jouer ; **~ de azar** jeu de hasard ; **~ de café** service à café ; **~ de caracteres** *(Inform)* jeu de caractères ; **~ de cartas** o **de naipes** jeu de cartes ; **~ de palabras** jeu de mots ; **~ de programas** *(Inform)* jeu de programmes ; **~ limpio** jeu franc, fair-play m ; **~ sucio** jeu déloyal ; **juegos malabares** jongleries fpl ; **Juegos Olímpicos** Jeux olympiques
**juegue** etc vb ver **jugar**
**juerga** nf fête f ; **ir de ~** faire la fête ; **tomar a ~ algo** ne pas prendre qch au sérieux
**juerguista** nmf noceur(-euse)
**jueves** nm inv jeudi m ; **la fiesta no fue nada del otro ~** la fête n'était pas géniale ; *ver tb* **sábado**
**juez** nmf *(nf tb* **jueza)** juge mf ; **~ de instrucción** juge d'instruction ; **~ de línea** juge de touche ; **~ de paz** juge de paix ; **~ de salida** starter m
**jugada** nf *(en juego)* coup m ; *(fig)* mauvais tour m
**jugador, a** nm/f joueur(-euse)
**jugar** vt jouer ; **¡me la han jugado!** *(fam)* on m'a eu !, on m'a refait ! ▶ vi jouer ; **~ a** jouer à ; **~ sucio** ne pas jouer franc jeu ; **¿quién juega?** à qui le tour ? ; **jugarse** vpr *(partido)* se jouer ; *(lotería)* être tiré(e) ; *(vida, puesto, futuro)* jouer ; **jugarse algo a cara o cruz** jouer qch à pile ou face ; **jugarse el todo por el todo** jouer le tout pour le tout
**jugarreta** nf mauvais tour m ; **hacer una ~ a algn** jouer un mauvais tour à qn
**juglar** nm jongleur m
**jugo** nm jus msg ; *(fig: de artículo etc)* suc m ; **sacarle ~ a algo** *(fig)* profiter au maximum de qch ; **~ de naranja/de piña** *(AM)* jus d'orange/d'ananas

**jugoso, -a** adj juteux(-euse) ; *(fig)* savoureux(-euse)
**jugué** etc, **juguemos** etc vb ver **jugar**
**juguete** nm jouet m
**juguetear** vi jouer
**juguetería** nf magasin m de jouets
**juguetón, -ona** adj joueur(-euse)
**juicio** nm jugement m ; *(sensatez)* esprit m ; *(opinión)* avis msg ; *(Jur)* procès msg ; **a mi** etc **~** à mon etc avis ; **estar fuera de ~** avoir perdu l'esprit ; **estar en su (sano) ~** avoir tous ses esprits ; **perder el ~** perdre la tête ; **poner algo en tela de ~** remettre qch en question ; **J~ Final** Jugement dernier
**juicioso, -a** adj sage
**JUJEM** [xu'xem] *(ESP)* sigla f *(Mil)* = **Junta de Jefes del Estado Mayor**
**jul.** abr = **julio**
**juliana** nf *(Culin)* julienne f ; **cortar en ~** couper en julienne
**julio** nm juillet m ; **el uno de ~** le premier juillet ; **el dos/once de ~** le deux/onze juillet ; **a primeros/finales de ~** début/fin juillet
**jumbo** nm jumbo m
**jun.** abr = **junio**
**junco** nm jonc m ; *(Náut)* jonque f
**jungla** nf jungle f
**junio** nm juin m ; *ver tb* **julio**
**júnior** ['dʒunjor], **junior** ['dʒunjor] adj inv junior ▶ nmf *(pl* **juniors** o **júniors***)* junior mf
**junta** nf comité m ; *(organismo)* assemblée f, conseil m ; *(Tec: punto de unión)* joint m ; *(: arandela)* joint, rondelle f ; **~ constitutiva** *(Com)* comité constitutif ; **~ de culata** *(Auto)* joint de culasse ; **~ directiva** équipe f de direction ; **~ general extraordinaria** assemblée générale extraordinaire ; **~ militar** junte f militaire
**juntar** vt *(grupo, dinero)* rassembler ; *(rodillas, pies)* joindre ; **juntarse** vpr *(ríos, carreteras)* se rejoindre ; *(personas)* se rassembler ; *(: citarse)* se voir ; *(: acercarse)* se rapprocher ; *(: vivir juntos)* vivre ensemble ; **juntarse a** o **con algn** rejoindre qn
**junto, -a** adj ensemble ; **todo ~** tout ensemble ; **juntos** ensemble ; *(próximos)* rapprochés ; *(en contacto)* joints ▶ adv: **~ a** *(cerca de)* à côté de ; *(además de)* avec ; **~ con** ci-joint
**juntura** nf jointure f
**Júpiter** nm Jupiter m
**jura** nf serment m ; **~ de bandera** *serment de fidélité à la patrie*
**jurado** nm jury m ; *(individuo: Jur)* juré m ; *(: de concurso)* membre m du jury
**juramentar** vt faire prêter serment à ; **juramentarse** vpr prêter serment
**juramento** nm serment m ; *(maldición)* juron m ; **bajo ~** sous serment ; **prestar ~** prêter serment ; **tomar ~ a** faire prêter serment à

751

## jurar – juzgue

**jurar** *vt, vi* jurer ; ~ **en falso** faire un faux serment ; **jurársela(s) a algn** garder à qn un chien de sa chienne
**jurel** *nm* chinchard *m*
**jurídico, -a** *adj* juridique
**jurisdicción** *nf* juridiction *f*
**jurisdiccional** *adj* juridictionnel(le) ; **aguas jurisdiccionales** eaux *fpl* territoriales
**jurisprudencia** *nf* jurisprudence *f*
**jurista** *nmf* juriste *mf*
**justa** *nf* (*Hist*) joute *f*
**justamente** *adv* justement
**justicia** *nf* justice *f* ; **en** ~ en toute justice ; **hacer** ~ rendre justice ; **ser de** ~ être juste ; **su físico hacía** ~ **a su imagen** son physique correspondait à l'image qu'on se faisait de lui
**justicialismo** (ARG) *nm* (*Hist*, *Pol*) justicialisme *m*
**justiciero, -a** *adj* justicier(-ière)
**justificable** *adj* justifiable
**justificación** *nf* justification *f* ; ~ **automática** (*Inform*) justification automatique
**justificado, -a** *adj* justifié(e) ; (**no**) ~ (*Tip*) (non) justifié(e)
**justificante** *nm* justificatif *m*
**justificar** *vt* justifier ; **justificarse** *vpr* se justifier
**justifique** *etc vb ver* **justificar**
**justo, -a** *adj* juste ; (*exacto*) exact(e) ; (*preciso*) précis(e) ; **llegaste muy** ~ tu es arrivé juste à temps ; **venir muy** ~ (*dinero, comida*) être (tout) juste suffisant(e) ; **me viene** *o* **está muy justa esta falda** cette jupe est un peu juste pour moi ▶ *adv* juste ; ~ **a tiempo** juste à temps ; **es** ~ **lo que iba a decir** c'est justement ce que j'allais dire ; **¡~!** juste ! ; **vivir muy** ~ parvenir tout juste à joindre les deux bouts
**juvenil** *adj* juvénile ; (*equipo*) junior ; (*moda, club*) de jeunes ; (*paro*) des jeunes ; (*aspecto*) jeune
**juventud** *nf* jeunesse *f* ; (*jóvenes*) jeunes *mpl*
**juzgado** *nm* tribunal *m* ; ~ **de instrucción/de primera instancia** tribunal de police/de première instance
**juzgar** *vt* juger ; (*opinar*) penser ; **a** ~ **por** ... à en juger par ... ; ~ **mal** se méprendre (sur) ; **júzguelo usted mismo** jugez-en vous-même ; **la juzgo muy capaz de hacerlo** j'estime qu'elle est parfaitement capable de le faire ; **lo juzgo mi deber** j'estime que c'est mon devoir
**juzgue** *etc vb ver* **juzgar**

# Kk

**K¹, k** [ka] *nf* (*letra*) K, k *m inv* ; **K de Kilo** ≈ K comme Kléber
**K²** *abr* (= 1.000) K (= 1 000) ; (*Inform*: = 1 024) K (= *kilo-octet*) ; = **quilate**
**kafkiano, -a** *adj* kafkaïen(ne)
**kaki** *nm* = **caqui**
**kale borroka** [ˌkaleboˈrroka] *nf actes de violence urbaine organisés par des indépendantistes basques radicaux*
**kamikaze** *nmf* kamikaze *mf*
**Kampuchea** *nf* Kampuchéa *m*
**karaoke** *nm* karaoké *m*
**karate, kárate** *nm* karaté *m*
**karateka, karateca** *nmf* karatéka *mf*
**karma** *nm* karma *m*
**karting** [ˈkartin], **kárting** [ˈkartin] *nm* karting *m*
**kayac, kayak** *nm* kayak *m*
**kazajo, -a** *adj* kazakh(e) ▶ *nm/f* Kazakh(e) ▶ *nm* (*Ling*) kazakh *m*
**k/c.** *abr* (= *kilociclos*) kHz (= *kilohertz*)
**Kenia** *nf* Kenya *m*
**keniano, -a** *adj* kényan(e) ▶ *nm/f* Kényan(e)
**keniata** *adj* kenyan(ne) ▶ *nmf* Kenyan(ne)
**kepi, kepí** (*pl* **kepis**) (*esp AM*) *nm* képi *m*
**kerosene** *nm* kérosène *m*
**Kg, kg** *abr* (= *kilogramo(s)*) kg, K (= *kilogramme(s)*)
**KGB** *sigla m* KGB *m*
**kiko** *nm grain de maïs grillé et salé*
**kilate** *nm* = **quilate**
**kilo** *nm* kilo *m* ; (*fam: Hist*) million *m* de pesetas
**kilobyte** [ˈkiloβait] *nm* (*Inform*) kilo-octet *m*
**kilocaloría** *nf* kilocalorie *f*
**kilogramo** *nm* kilogramme *m*
**kilohercio, kilohertzio** *nm* kilohertz *m*
**kilolitro** *nm* kilolitre *m*
**kilometraje** *nm* kilométrage *m*
**kilométrico, -a** *adj* kilométrique ; (*fam*) interminable ▶ *nm* (*Ferro*) carte *f* de train
**kilómetro** *nm* kilomètre *m* ; **~ cuadrado** kilomètre carré
**kiloocteto** *nm* (*Inform*) kilo-octet *m*
**kilovatio** *nm* kilowatt *m* ; **~ hora** kilowattheure *m*
**kiosco** *nm* = **quiosco**
**kit** *nm* (*pl* **kits**) kit *m*
**kitsch** [kitʃ] *adj inv*, *nm* kitsch *m inv*, kitch *m inv*
**kiwi** *nm* (*ave, fruta*) kiwi *m*
**klínex** *nm inv* Kleenex *m*®, mouchoir *m* en papier
**km** *abr* (= *kilómetro(s)*) km (= *kilomètre(s)*)
**km/h** *abr* (= *kilómetros por hora*) km/h (= *kilomètres/heure*)
**K.O.** *abr*: **dejar a algn ~** mettre qn K.O.
**kosovar** *adj* kosovar(e) ▶ *nmf* Kosovar(e)
**Kosovo** *nm* Kosovo *m*
**k.p.h.** *abr* (= *kilómetros por hora*) km/h (= *kilomètres/heure*)
**k.p.l.** *abr* = **kilómetros por litro; 10 k.p.l.** ≈ 10 litres aux 100
**kuchen** (CHI) *nm* tarte *f*
**Kurdistán** *nm* Kurdistan *m*
**kurdo, -a** *adj* kurde ▶ *nm/f* Kurde *mf*
**Kuwait** *nm* Koweit *m*
**kuwaití** *adj* koweitien(ne) ▶ *nmf* Koweitien(ne)
**kv** *abr* (= *kilovatio(s)*) kW (= *kilowatt*)
**kv/h** *abr* (= *kilovatios-hora*) kWh (= *kilowattheure*)

# Ll

**L, l¹** ['ele] nf (letra) L, l m inv ; **L de Lorenzo** = L comme Louis
**l²** abr (= litro(s)) l (= litre(s)) ; (Jur) = **ley**
**L/** abr (Com) = **letra**
**la** art def la, l' ; **está en la cárcel** il est en prison ▶ pron (a ella) la, l' ; (usted) vous ; (cosa) la, l' ; **la del sombrero rojo** celle qui porte un chapeau rouge ▶ nm (Mús) la m inv

> No debe confundirse *la* con *là*. En el primer caso hace referencia tanto al artículo femenino (*la maison*) como al pronombre personal (*Je la connais bien*), mientras que en el segundo caso se trata del adverbio « allí » (*C'est là que j'étudie*).

**laberinto** nm labyrinthe m
**labia** nf (locuacidad) volubilité f ; (pey) bagout m ; **tener mucha ~** avoir du bagout
**labial** adj (Ling) labial(e) ; **crema ~** baume m pour les lèvres
**labio** nm lèvre f ; (de vasija etc) bord m ; **~ inferior/superior** lèvre inférieure/supérieure
**labor** nf travail m, labeur m ; (Agr) labour m ; (obra) travail ; (Costura, de punto) ouvrage m ; **~ de equipo** travail d'équipe ; **~ de ganchillo** ouvrage au crochet ; **labores domésticas** o **del hogar** tâches fpl domestiques
**laborable** adj (Agr) labourable ; **día ~** jour m ouvrable
**laboral** adj du travail
**laboralista** adj : **abogado ~** avocat m du travail
**laborar** vi œuvrer
**laboratorio** nm laboratoire m
**laboriosidad** nf (dedicación) travail m, ardeur f au travail ; (dificultad) difficulté f
**laborioso, -a** adj (persona) travailleur(-euse) ; (negociaciones, trabajo) laborieux(-euse)
**laborismo** (Pol) nm travaillisme m
**laborista** (Pol) adj : **Partido L~** parti m travailliste ▶ nmf travailliste mf
**labrado, -a** adj (campo) labouré(e) ; (madera) travaillé(e) ; (metal, cristal) ciselé(e) ▶ nm (de madera etc) travail m
**Labrador** nm Labrador m
**labrador, a** nm/f cultivateur(-trice)

**labranza** nf labour m
**labrar** vt (tierra) labourer ; (madera, cuero) travailler ; (metal, cristal) ciseler ; (porvenir, ruina) courir à
**labriego, -a** nm/f paysan(ne)
**laburar** (CSur fam) vi trimer
**laburo** (fam) nm (CSur) boulot m (fam)
**laca** nf laque f ; **~ de uñas** vernis msg à ongles
**lacayo** nm laquais msg
**lacerante** adj (dolor) aigu(ë) ; (palabras, comentarios) blessant(e), cinglant(e), mordant(e)
**lacerar** vt lacérer
**lacio, -a** adj raide
**lacón** nm (Culin) épaule f de porc
**lacónico, -a** adj laconique
**lacra** nf cicatrice f ; (fig) fléau m ; **~ social** fléau de la société
**lacrar** vt cacheter
**lacre** nm cire f (à cacheter)
**lacrimógeno, -a** adj (fig) gnangnan adj ; **gas ~** gaz m lacrymogène
**lacrimoso, -a** adj (ojos) larmoyant(e) ; (escena) déchirant(e)
**lactancia** nf allaitement m
**lactante** adj : **mujer ~** femme allaitante ▶ nmf nourrisson m
**lácteo, -a** adj : **productos lácteos** produits mpl laitiers
**lactosa** nf lactose m
**ladear** vt pencher ; **ladearse** vpr se pencher ; (Aviat) virer sur l'aile
**ladera** nf versant m
**ladilla** nf morpion m
**ladino, -a** adj (astuto) malin(igne) ; (indio) qui parle espagnol ; (mestizo) métis(se) ▶ nm/f (indio) Indien parlant espagnol ; (mestizo) métis(se)
**lado** nm côté m ; (de cuerpo, Mil) flanc m ; **~ izquierdo/derecho** côté gauche/droit ; **al ~ (de)** à côté (de) ; **dejar de ~** o **a un ~** laisser de côté ; **estar/ponerse del ~ de algn** être/se mettre du côté de qn ; **hacerse a un ~** se mettre sur le côté ; **poner de ~** mettre sur le côté ; **me da de ~** je m'en fiche ; **por un ~..., por otro ~...** d'un côté..., d'un autre côté... ; **por todos lados** de tous les côtés

## ladrar – lapso

**ladrar** vi aboyer
**ladrido** nm aboiement m
**ladrillo** nm brique f; **el ~** (fam: negocio) l'immobilier m; **este libro es un ~** (fig) ce livre est un pavé
**ladrón, -ona** nm/f voleur(-euse) ▶ nm (Elec) prise f multiple
**lagar** nm pressoir m
**lagarta** (fam!) nf (mujer taimada) salope f (fam!); (mujer licenciosa) putain f (fam!)
**lagartija** nf lézard m
**lagarto** nm lézard m; (Am: caimán) caïman m
**lago** nm lac m
**Lagos** n Lagos
**lágrima** nf larme f; **lágrimas de cocodrilo** larmes de crocodile
**lagrimal** nm coin m interne de l'œil
**lagrimear** vi pleurer
**laguna** nf lagune f; (en escrito, conocimientos) lacune f
**laico, -a** adj, nm/f laïque mf
**laja** nf galet m
**lama¹** nf (cieno) vase f; (Am: moho) moisissure f; (Méx: musgo) mousse f
**lama²** nm (Rel) lama m
**lamber** (Am fam) vt lécher
**lambiscón, -ona** (Am fam) adj, nm/f lèche-botte mf
**lameculos** (fam, pey) nmf inv lèche-cul mf
**lamentable** adj (desastroso) déplorable; (lastimoso) lamentable
**lamentablemente** adv lamentablement
**lamentación** nf lamentation f; **ahora no sirven lamentaciones** rien ne sert de pleurer
**lamentar** vt (desgracia, pérdida) déplorer; **lamento tener que decirle ...** je regrette d'avoir à vous dire ...; **lamento que no haya venido** je regrette qu'il ne soit pas venu; **lo lamento mucho** je regrette beaucoup; lamentarse vpr: **lamentarse (de)** se lamenter (sur)
**lamento** nm plainte f
**lamer** vt lécher
**lámina** nf (de metal, papel) feuille f; (ilustración, de madera) planche f
**laminar** vt laminer
**lámpara** nf lampe f; (mancha) tache f de graisse; **~ de alcohol/de gas** lampe à alcool/à gaz; **~ de pie** lampe de chevet
**lamparilla** nf chandelle f
**lamparón** nm tache f
**lampiño, -a** adj imberbe
**lana** nf laine f; (Am fam: dinero) fric m; **de ~** en laine
**lanar** adj lainier(-ière); **ganado ~** bêtes fpl à laine
**lance** vb ver **lanzar** ▶ nm (Deporte, Taur) passe f; (suceso) épisode m
**lanceta** (Am) nf dard m

**lancha** nf canot m; **~ de socorro** canot de sauvetage; **~ motora** canot à moteur; **~ neumática** canot pneumatique; **~ torpedera** vedette lance-torpilles
**lanero, -a** adj lainier(-ière)
**langosta** nf (insecto) sauterelle f; (crustáceo) langouste f
**langostino** nm langoustine f
**lánguidamente** adv languissamment
**languidecer** vi languir
**languidez** nf langueur f
**languidezca** etc vb ver **languidecer**
**lánguido, -a** adj languissant(e)
**lanilla** nf (pelillo) peluche f; (tela) chiffon m de flanelle
**lanolina** nf lanoline f
**lanudo, -a** adj laineux(-euse)
**lanza** nf lance f
**lanzacohetes** nm inv lance-fusées m inv
**lanzadera** nf navette f
**lanzado, -a** adj: **ser ~** être impétueux(-euse); **ir ~** voler
**lanzador, a** nm/f (Deporte) lanceur(-euse); **~(a) de bala** (Am) lanceur(-euse) de poids; **~(a) de cuchillos** lanceur(-euse) de couteaux; **~(a) de jabalina** lanceur(-euse) de javelot; **~(a) de martillo** lanceur(-euse) de marteau; **~(a) de peso** lanceur(-euse) de poids; **es un experto ~ de faltas** (Fútbol) c'est un excellent tireur de coups francs ▶ nm (de cohetes, misiles) lanceur m
**lanzagranadas** nm inv lance-grenades m inv
**lanzallamas** nm inv lance-flammes m inv
**lanzamiento** nm lancer m; (de cohete, Com) lancement m; **~ de pesos** lancer du poids
**lanzar** vt lancer; **lanzarse** vpr: **lanzarse a** (al agua) se jeter à; (al vacío, al mar) se jeter dans; (fig) se lancer à; **lanzarse contra algn/algo** se lancer contre qn/qch
**Lanzarote** nm Lanzarote f
**lanzatorpedos** nm inv lance-torpilles m inv
**lapa** nf bernicle f, bernique f; **pegarse como** o **ser una ~** (fam) être pot de colle
**laparoscopia** nf laparoscopie f
**La Paz** n La Paz
**lapicera** (CSur) nf stylo m
**lapicero** nm crayon m; (Am: bolígrafo) stylo m
**lápida** nf pierre f tombale; **~ conmemorativa** plaque f commémorative
**lapidar** vt lapider
**lapidario, -a** adj, nm lapidaire m
**lápiz** nm crayon m (à papier); **a ~** au crayon; **~ de color** crayon de couleur; **~ de labios/de ojos** rouge m à lèvres/crayon pour les yeux; **~ óptico** o **luminoso** crayon optique
**lapón, -ona** adj lapon(e) ▶ nm/f Lapon(e) ▶ nm (Ling) lapon m
**Laponia** nf Laponie f
**lapso** nm (tb: **lapso de tiempo**) laps msg de temps; (error) lapsus msg

## lapsus – laxitud

**lapsus** *nm inv* lapsus *msg*
**LAR** (ESP) *sigla f* (Jur: = *Ley de Arrendamientos Rústicos*) réglementation des loyers agricoles
**largamente** *adv* longuement
**largar** *vt* (*Náut: cable*) larguer ; (*fam: dinero, bofetada*) allonger ; (: *discurso*) infliger ; (AM) lancer ▶ *vi* (*fam: hablar*) causer ; **largarse** *vpr* (*fam*) se casser ; **largarse a** (AM) se mettre à
**largavistas** (CSUR) *nm inv* (Tec) jumelles *fpl*
**largo, -a** *adj* long (longue) ; (*persona: alta*) grand(e) ; (: *generosa*) large ; **dos horas largas** deux bonnes heures ; **a ~ plazo** à long terme ; **hacerse muy ~** traîner en longueur ; **a lo ~** (*posición*) en long ; **a lo ~ de** (*espacio*) le long de ; (*tiempo*) pendant ; **~ y tendido** (*hablar*) en long et en large ▶ *nm* longueur *f* ; (*Mús*) largo *m* ; **tiene nueve metros de ~** il fait neuf mètres de long ▶ *nf*: **a la larga** à la fin ; **me dio largas con la promesa de que ...** il s'est débarrassé de moi en promettant que ... ▶ *excl*: **¡~ (de aquí)!** (*fam*) fiche(z) le camp (d'ici) !

⚠ **Largo** ne signifie pas *large*, qui se traduit par **ancho** en espagnol.

**largometraje** *nm* long métrage *m*
**largue** *etc vb ver* **largar**
**larguero** *nm* (*Arq*) poutre *f* maîtresse ; (*de puerta*) chambranle *m* ; (*en cama, Deporte*) barre *f* transversale
**largueza** *nf* largesse *f*
**larguirucho, -a** *adj* dégingandé(e)
**larguísimo, -a** *adj superl* très long (longue)
**largura** *nf* longueur *f*
**laringe** *nf* larynx *msg*
**laringitis** *nf* laryngite *f*
**larva** *nf* larve *f*
**las** *art def, pron* les ; **~ que cantan** celles qui chantent
**lasaña** *nf* (*Culin*) lasagnes *fpl*
**lasca** *nf* (*de piedra*) éclat *m* ; (*de jamón*) tranche *f*
**lascivia** *nf* lascivité *f*
**lascivo, -a** *adj* lascif(-ive)
**láser** *nm* laser *m* ; **rayo ~** rayon *m* laser
**lástima** *nf* pitié *f* ; **dar ~** faire pitié ; **es una ~ que** c'est dommage que ; **¡qué ~!** quel dommage ! ; **estar hecho una ~** faire pitié à voir
**lastimar** *vt* (*herir*) blesser ; (*ofender*) peiner ; **lastimarse** *vpr* se blesser
**lastimero, -a** *adj* navrant(e)
**lastimoso, -a** *adj* déplorable
**lastre** *nm* (*Tec, Náut*) leste *m* ; (*fig*) poids *msg* mort
**lata** *nf* (*metal*) fer *m* blanc ; (*envase*) boîte *f* de conserve ; (*fam*) plaie *f* ; **en ~** en conserve ; **dar la ~** enquiquiner ; **¡qué ~!** quelle plaie !
**latente** *adj* latent(e)
**lateral** *adj* latéral(e) ▶ *nm* (*de iglesia, camino*) côté *m* ; (*Deporte*) aile *f*

**látex** *nm* latex *m*
**latido** *nm* (*del corazón*) battement *m*
**latifundio** *nm* latifundio *m*, latifundium *m*
**latifundista** *nmf* propriétaire *mf* d'un latifundio
**latigazo** *nm* coup *m* de fouet ; (*fig: dolor*) douleur *f* vive
**látigo** *nm* fouet *m*
**latiguillo** *nm* phrase *f* stéréotypée
**latín** *nm* (*Ling*) latin *m* ; **saber (mucho) ~** (*fam*) ne pas être né(e) de la dernière pluie
**latinajo** (*pey*) *nm* mot *m* en latine ; **echar latinajos** parler en latin de cuisine
**latino, -a** *adj* latin(e)
**Latinoamérica** *nf* Amérique *f* latine
**latinoamericano, -a** *adj* latino-américain(e) ▶ *nm/f* Latino-américain(e)
**latir** *vi* battre
**latitud** *nf* latitude *f* ; **latitudes** *nfpl* (*región*) latitudes *fpl*
**lato, -a** *adj*: **en sentido ~** au sens large
**latón** *nm* laiton *m*
**latoso, -a** *adj* enquiquinant(e)
**latrocinio** *nm* vol *m*
**LAU** (ESP) *sigla f* (Jur: = *Ley de Arrendamientos Urbanos*) réglementation des loyers urbains
**laucha** (CSUR) *nf* souris *f*
**laúd** *nm* (*Mús*) luth *m*
**laudable** *adj* louable
**laudo** *nm* (Jur) arbitrage *m*
**laureado, -a** *adj* lauréat(e)
**laurel** *nm* laurier *m* ; **dormirse en los laureles** s'endormir sur ses lauriers
**Lausana** *n* Lausanne
**lava** *nf* lave *f*
**lavable** *adj* lavable
**lavabo** *nm* lavabo *m* ; (*servicio*) toilettes *fpl*
**lavacoches** *nm inv* laveur(-euse) de voitures
**lavadero** *nm* lavoir *m*
**lavado** *nm* nettoyage *m* ; (*de cuerpo*) toilette *f* ; **~ de cerebro** lavage *m* de cerveau ; **~ de estómago** lavage d'estomac
**lavadora** *nf* machine *f* à laver
**lavafrutas** *nm inv* rince-doigts *m inv*
**lavanda** *nf* lavande *f*
**lavandería** *nf* blanchisserie *f* ; **~ automática** laverie *f* automatique
**lavaplatos** *nm inv* lave-vaisselle *m inv*
**lavar** *vt* laver ; **~ y marcar** (*pelo*) faire un shampoing et une mise en plis ; **~ en seco** nettoyer à sec ; **lavarse** *vpr* se laver ; **lavarse las manos** se laver les mains ; (*fig*) s'en laver les mains
**lavaseco** (CHI) *nm* teinturier *m*
**lavativa** *nf* (*Med*) lavement *m*
**lavatorio** (CSUR) *nm* lavabo *m*
**lavavajillas** *nm inv* = **lavaplatos**
**laxante** *nm* laxatif *m*
**laxitud** *nf* laxisme *m*

## lazada – lengua

**lazada** nf nœud m
**lazarillo** nm guide mf d'aveugle; **perro ~** chien m d'aveugle
**lazo** nm nœud m; (para animales) lasso m; (trampa) piège m; (vínculo) lien m; **~ corredizo** nœud coulant; **lazos de amistad/de parentesco** liens mpl d'amitié/de parenté
**lb, lbs** abr (= libra(s)) lb (= livre(s))
**LBE** (ESP) sigla f (Jur) = **Ley Básica de Empleo**
**L/C** abr (= Letra de Crédito) L/C (= lettre de crédit)
**Lda.** abr (= Licenciada) ver **licenciado**
**Ldo.** abr = **licenciado**
**le** pron (directo) le; (: usted) vous; (indirecto) lui; (: usted) vous
**leal** adj loyal(e)
**lealtad** nf loyauté f
**leasing** ['lizin] nm leasing m, crédit-bail m
**lebrel** nm lévrier m
**lección** nf leçon f; **dar lecciones de** donner des leçons de; **dar una ~ a algn** (fig) donner une bonne leçon à qn; **~ práctica** leçon de choses
**lechal** adj (cordero) de lait
**leche** nf lait m; **dar una ~ a algn** (fam) filer un gnon à qn; **darse una ~** (fam) se filer un gnon; **¡~!** (fam) putain! (fam!); **estar de mala ~** (fam) être de mauvais poil; **~ condensada/descremada** o **desnatada** lait condensé/écrémé; **~ en polvo** lait en poudre
**lechera** nf (recipiente) pot m à lait; ver tb **lechero**
**lechería** nf laiterie f
**lechero, -a** adj, nm/f laitier(-ière)
**lecho** nm lit m, couche f; **~ de muerte** lit de mort; **~ de río** lit de la rivière
**lechón** nm cochon m de lait
**lechosa** (VEN) nf papaye f
**lechoso, -a** adj laiteux(-euse)
**lechuga** nf laitue f
**lechuza** nf chouette f
**lectivo, -a** adj (día, horas) de cours
**lector, a** nm/f lecteur(-trice) ▶ nm (Inform) lecteur m; **~ de discos compactos** lecteur m de CD; **~ electrónico** liseuse f; **~ óptico de caracteres** (Inform) lecteur optique de caractères ▶ nf: **lectora de fichas** (Inform) lecteur de cartes
**lectorado** nm (Univ) lectorat m
**lectura** nf lecture f
**leer** vt lire; **~ algo en los ojos/la cara de algn** lire qch dans les yeux/sur le visage de qn; **~ entre líneas** lire entre les lignes
**legación** nf légation f
**legado** nm (Jur, fig) legs msg; (enviado) légat m
**legajo** nm dossier m
**legal** adj légal(e); (fam: persona) régulo adj inv
**legalice** etc vb ver **legalizar**
**legalidad** nf légalité f; (normas) législation f
**legalización** nf légalisation f
**legalizar** vt légaliser
**legalmente** adv légalement
**legaña** nf chassie f
**legar** vt (Jur, fig) léguer
**legatario, -a** nm/f (Jur) légataire mf
**legendario, -a** adj légendaire
**legible** adj lisible; **~ por máquina** (Inform) exploitable par une machine
**legión** nf (Mil, fig) légion f; **L~ Extranjera** Légion étrangère
**legionario** nm légionnaire m
**legionella** nf (bacteria) légionelle f; (enfermedad) légionellose f
**legislación** nf législation f; **~ antimonopolio** lois fpl anti-trust
**legislador, a** nm/f législateur(-trice)
**legislar** vi légiférer
**legislativo, -a** adj législatif(-ive); **(elecciones) legislativas** (élections fpl) législatives fpl
**legislatura** nf législature f
**legitimar** vt légitimer
**legítimo, -a** adj (genuino) véritable; (legal) légitime; **en legítima defensa** en légitime défense
**lego, -a** adj (Rel) séculaire; (ignorante) profane ▶ nm/f profane mf
**legua** nf lieue f; **se ve** o **se nota a la ~** ça se voit comme le nez au milieu de la figure
**legue** etc vb ver **legar**
**legumbre** nf légume m sec

⚠ **Legumbre** ne désigne pas un *légume* en général, qui se traduit par **verdura** en espagnol.

**lehendakari** nmf = **lendakari**
**leído, -a** adj instruit(e)
**lejanía** nf éloignement m
**lejano, -a** adj éloigné(e); **L~ Oriente** Extrême-Orient m
**lejía** nf eau f de Javel
**lejísimos** adv très loin
**lejos** adv loin; **a lo ~** au loin; **de** o **desde ~** de loin; **está muy ~** c'est très loin; **¿está ~?** c'est loin?; **ir demasiado ~** (fig) aller trop loin; **sin ir más ~** sans aller plus loin; **llegar ~** (fig) aller loin; **~ de** loin de
**lelo, -a** adj bêbête ▶ nm/f sot(te)
**lema** nm devise f; (Pol) slogan m
**lempira** (HONDURAS) nm monnaie du Honduras
**lencería** nf linge m; (ropa interior) lingerie f
**lendakari** nmf président(e) du gouvernement basque
**lengua** nf langue f; voir article; **dar a la ~** causer; **irse de la ~** avoir la langue bien pendue; **morderse la ~** (fig) se mordre la langue; **lenguas clásicas** langues mortes; **~ de tierra** (Geo) langue de terre; **~ materna** langue maternelle

## lenguado – levemente

### LENGUAS COOFICIALES

En vertu de la Constitution espagnole, les **lenguas cooficiales** ou **oficiales** jouissent du même statut que le castillan dans les régions où subsiste une langue propre. C'est le cas du galicien en Galice, du basque (*euskera* en basque) au Pays basque et du catalan en Catalogne, dans la Communauté valencienne et aux Baléares. Les gouvernements régionaux encouragent l'utilisation de ces langues par le biais des médias et du système scolaire. Des trois régions qui possèdent leur propre langue, c'est en Catalogne où la **lengua cooficial** est la plus parlée.

**lenguado** *nm* sole *f*
**lenguaje** *nm* langage *m*; **en ~ llano** simplement; **~ comercial** langage commercial; **~ de programación** (*Inform*) langage de programmation; **~ ensamblador** *o* **de bajo nivel** (*Inform*) assembleur *m*; **~ máquina** (*Inform*) langage machine; **~ periodístico** langage journalistique
**lengüeta** *nf* (*de zapatos, Mús*) languette *f*
**Leningrado** *n* (*Hist*) Léningrad
**leninista** *adj, nm/f* léniniste *mf*
**lentamente** *adv* lentement
**lente** *nf* lentille *f*; (*lupa*) loupe *f*; **lentes** *nmpl* (*gafas*) lunettes *fpl*; **lentes de contacto** lentilles de contact
**lenteja** *nf* lentille *f*
**lentejuela** *nf* paillette *f*
**lentilla** *nf* lentille *f*
**lentitud** *nf* lenteur *f*; **con ~** avec lenteur
**lento, -a** *adj* lent(e)
**leña** *nf* (*para el fuego*) bois *msg*; **dar** *o* **repartir ~ a** distribuer des coups à; **echar ~ al fuego** (*fig*) mettre de l'huile sur le feu
**leñador, a** *nm/f* bûcheron(ne)
**leño** *nm* tronc *m*; (*fig*) crétin *m*
**Leo** *nm* (*Astrol*) Lion *m*; **ser ~** être Lion
**león** *nm* lion *m*; **~ marino** otarie *f*
**leonera** *nf* (*jaula*) cage *f* aux lions; **esta habitación está hecha una ~** cette chambre est dans une pagaille épouvantable
**leonés, -esa** *adj* léonais(e) ▶ *nm/f* Léonais(e)
**leonino, -a** *adj* léonin(e)
**leopardo** *nm* léopard *m*
**leotardos** *nmpl* collants *mpl*
**lépero, -a** (*CAm, Méx*) *adj* grossier(-ière) ▶ *nm/f* malotru(e)
**leporino, -a** *adj*: **labio ~** bec-de-lièvre *m*
**lepra** *nf* lèpre *f*
**leprosario** (*Méx*) *nf* = **leprosería**
**leprosería** *nf* léproserie *f*
**leproso, -a** *nm/f* lépreux(-euse)
**lerdo, -a** *adj* lent(e)

**leridano, -a** *adj* de Lérida ▶ *nm/f* natif(-ive) *o* habitant(e) de Lérida
**les** *pron* (*directo*) les; (: *ustedes*) vous; (*indirecto*) leur; (: *ustedes*) vous
**lesbiana** *nf* lesbienne *f*
**lésbico, -a** *adj* lesbien(ne)
**leseras** (*CSur*) *nfpl* idioties *fpl*
**lesión** *nf* lésion *f*
**lesionado, -a** *adj* blessé(e)
**lesionar** *vt* blesser; **lesionarse** *vpr* se blesser
**lesivo, -a** *adj* préjudiciable
**letal** *adj* létal(e)
**letanía** *nf* (*Rel*) litanie *f*; (*retahíla*) chapelet *m*
**letárgico, -a** *adj* léthargique
**letargo** *nm* léthargie *f*
**Letonia** *nf* Lettonie *f*
**letra** *nf* lettre *f*; (*escritura*) écriture *f*; (*Com*) traite *f*; (*Mús: de canción*) paroles *fpl*; **escribir cuatro letras a algn** écrire un petit mot à qn; **~ bancaria** traite bancaire; **~ bastardilla/negrita** (*Tip*) italique *m*/caractères *mpl* gras; **~ de cambio** (*Com*) lettre de change; **~ de imprenta** *o* **de molde** caractère *m* d'imprimerie; **~ de patente** (*Com*) brevet *m* d'invention; **~ inicial** initiale *f*; **~ mayúscula/minúscula** lettre majuscule/minuscule; **Letras** *nfpl* (*Univ, Escol*) Lettres *fpl*
**letrado, -a** *adj* instruit(e) ▶ *nm/f* avocat(e)
**letrero** *nm* panneau *m*; (*anuncio*) écriteau *m*
**letrina** *nf* latrines *fpl*
**leucemia** *nf* leucémie *f*
**leucocito** *nm* leucocyte *m*
**leva** *nf* (*Náut*) appareillage *m*; (*Mil*) levée *f*; (*Tec*) levier *m*
**levadizo, -a** *adj*: **puente ~** pont *m* basculant; (*Hist*) pont-levis *m*
**levadura** *nf* levure *f*; **~ de cerveza** levure de bière; **~ en polvo** (*Culin*) levure en poudre
**levantada** (*Perú*) *nf* levée *f*
**levantamiento** *nm* soulèvement *m*; (*de castigo, orden*) levée *f*; **~ de pesos** haltérophilie *f*
**levantar** *vt* lever; (*velo, telón*) relever; (*paquete, niño*) soulever; (*voz*) élever; (*mesa*) débarrasser; (*polvo*) soulever; (*construir*) élever; **~ el ánimo** remonter le moral; **no levanto cabeza** tout va de travers; **levantarse** *vpr* se lever; (*desprenderse*) s'enlever; (*sesión*) être levé(e)
**Levante** *nm* région de Valence et de Murcie
**levante** *nm* (*este*) levant *m*; (*viento*) vent *m* d'Est
**levantino, -a** *adj* du Levant
**levantisco, -a** *adj* levantin(e)
**levar** *vt*: **~ anclas** lever l'ancre
**leve** *adj* léger(-ère)
**levedad** *nf* légèreté *f*; (*de herida*) caractère *m* bénin
**levemente** *adv* légèrement

## levita – licenciado

**levita** *nf* redingote *f*
**levitación** *nf* lévitation *f*
**levitar** *vi* léviter
**léxico, -a** *adj* lexical(e) ▶ *nm* lexique *m*
**ley** *nf* loi *f*; *(de sociedad)* règlement *m*; **de ~** *(oro, plata)* véritable; **vivir fuera de la ~** vivre en marge des lois; **según la ~** d'après la loi; **aplicar la ~ del embudo** faire deux poids, deux mesures; **~ de la gravedad** loi de la pesanteur
**leyenda** *nf* légende *f*
**leyendo** *etc vb ver* **leer**
**LGBT** *sigla m* (= *lesbianas, gays, transexuales y bisexuales*) LGBT (= *lesbiennes, gays, bi et Trans*)
**liana** *nf* liane *f*
**liar** *vt* *(atar)* lier; *(enredar)* embrouiller; *(cigarrillo)* rouler; *(envolver)* enrouler; **~ a algn en algo** *(fam)* embarquer qn dans qch; **¡la que has liado!** tu te rends compte de ce que tu as fait?; **liarse** *vpr* *(fam)* s'embrouiller; **liarse a palos** se taper dessus; **liarse a hacer algo** se mettre à faire qch; **liarse haciendo algo** se plonger dans qch; **liarse con algn** *(fam)* avoir une liaison avec qn
**lib.** *abr* = **libro**
**libanés, -esa** *adj* libanais(e) ▶ *nm/f* Libanais(e)
**Líbano** *nm*: **el ~** le Liban
**libar** *vt* butiner
**libelo** *nm* libelle *m*
**libélula** *nf* libellule *f*
**liberación** *nf* libération *f*
**liberado, -a** *adj* libéré(e); *(Com)* à jour
**liberal** *adj*, *nmf* (*Pol, Econ*) libéral(e); **profesiones liberales** professions *fpl* libérales
**liberalidad** *nf* libéralité *f*
**liberalismo** *nm* (*Pol, Econ*) libéralisme *m*
**liberalizar** *vt* libéraliser
**liberar** *vt* libérer; **liberarse** *vpr* se libérer
**líbero** *nm* (*Deporte*) libéro *m*
**libertad** *nf* liberté *f*; **estar en ~** être en liberté; **poner a algn en ~** remettre qn en liberté; **~ bajo fianza/bajo palabra** liberté sous caution/sur parole; **~ condicional** liberté conditionnelle; **~ de comercio** libre-échange *m*; **~ de culto/de expresión/ de prensa** liberté du culte/d'expression/de presse; **~ provisional** liberté provisoire; **libertades** *nfpl* (*pey*) délivrer
**Libertador** (*Am*) *nm* (*Hist*): **El ~** le Libérateur (*Simón Bolívar*)
**libertador, a** *nm/f* libérateur(-trice)
**libertar** *vt* (*preso*) libérer
**libertario, -a** *adj*, *nm/f* libertaire *mf*
**libertinaje** *nm* libertinage *m*
**libertino, -a** *adj*, *nm/f* libertin(e)
**Libia** *nf* Libya *f*
**libidinoso, -a** *adj* libidineux(-euse)
**libido** *nf* libido *f*

**libio, -a** *adj* libyen(ne) ▶ *nm/f* Libyen(ne)
**libra** *nf* livre *f*; **L~** (*Astrol*) Balance *f*; **ser L~** être Balance; **~ esterlina** livre sterling
**librador, a** *nm/f* (*Com*) tireur *m*
**libramiento** *nm* (*Com*) ordre *m* de paiement
**libranza** *nf* (*Com*) ordre *m* de paiement; (*letra de cambio*) tirage *m*
**librar** *vt* (*de castigo, obligación*) dispenser; (*de peligro*) sauver; (*batalla*) livrer; (*cheque*) virer; (*Jur*) exempter ▶ *vi* avoir un jour de congé; **libro los domingos** je ne travaille pas le dimanche; **librarse** *vpr*: **librarse de algn/algo** échapper à qn/qch; **de buena nos hemos librado** nous l'avons échappé belle
**libre** *adj* libre; **~ a bordo** (*Com*) franco à bord; **~ de impuestos** exonéré(e) d'impôts; **~ de preocupaciones** libre de toute préoccupation; **tiro ~** coup *m* franc; **los 100 metros libres** le 100 mètres nage libre; **al aire ~** à l'air libre; **entrada ~** entrée *f* libre; **día ~** jour *m* de congé; **¿estás ~?** tu es libre?
**librea** *nf* livrée *f*
**librecambio** *nm* (*Econ*) libre-échange *m*
**librecambista** *adj*, *nm* (*Econ*) libre-échangiste *m*
**libremente** *adv* librement
**librería** *nf* librairie *f*; (*estante*) bibliothèque *f*; **~ de ocasión** librairie de livres d'occasion
**librero, -a** *nm/f* libraire *mf* ▶ *nm* (*Méx*) librairie *f*
**libreta** *nf* cahier *m*; **~ de ahorros** livret *m* de caisse d'épargne
**libreto** *nm* (*Mús*) livret *m*
**libro** *nm* livre *m*; **~ azul/blanco** (*Pol*) livre bleu/blanc; **~ de actas** minutes *fpl*; **~ de bolsillo** livre de poche; **~ de caja/de caja auxiliar** (*Com*) livre de caisse/de petite caisse; **~ de cocina** livre de cuisine; **~ de consulta** ouvrage *m* de référence; **~ de cuentas** livre de comptes; **~ de cuentos** livre de contes; **~ de entradas y salidas** (*Com*) main *f* courante; **~ de familia** (*Jur*) livret *m* de famille; **~ de honor** livre d'or; **~ de reclamaciones** registre *m* des réclamations; **~ de texto** manuel *m*; **~ electrónico** livre électronique; **~ mayor** (*Com*) grand livre
**Lic.** *abr* = **licenciado, -a**
**licencia** *nf* (*Admin, Jur*) licence *f*, autorisation *f*; **~ de apertura** licence; **~ de armas/de caza** permis *msg* de port d'arme/de chasse; **~ de exportación** (*Com*) licence d'exportation; **~ de obras** permis de construire; **~ fiscal** patente *f*; **~ poética** licence poétique
**licenciado, -a** *adj* (*soldado*) libéré(e); (*Univ*) titulaire d'une maîtrise ▶ *nm/f* titulaire *mf* d'une maîtrise; *voir article*; **L~** (*abogado*) Maître; **L~ en Filosofía y Letras** titulaire d'une maîtrise de lettres

## licenciar – limpiar

> **LICENCIADO**
> Avant l'année 2010, au terme de cinq années d'études universitaires en moyenne, les étudiants espagnols se voyaient décerner le titre de **licenciado**. Si les études ne duraient que trois ans, on recevait le titre de *diplomado*.

**licenciar** *vt* (*soldado*) libérer; **licenciarse** *vpr* terminer son service militaire; (*Univ*) passer sa maîtrise; **licenciarse en letras** obtenir une maîtrise de lettres
**licenciatura** *nf* maîtrise *f*
**licencioso, -a** *adj* licencieux(-euse)
**liceo** (*esp Am*) *nm* lycée *m*
**licitación** *nf* vente *f* aux enchères; (*oferta*) enchère *f*
**licitador** *nm*, **licitante** *nm* enchérisseur *m*
**licitar** *vt* faire une enchère sur ▶ *vi* faire monter les enchères
**lícito, -a** *adj* (*legal*) licite; (*justo*) juste; (*permisible*) permis(e)
**licor** *nm* liqueur *f*
**licorera** *nf* (*botella*) bouteille *f* à liqueurs; (*empresa*) distillerie *f*
**licra**® *nf* lycra® *m*
**licuadora** *nf* mixeur *m*
**licuar** *vt* passer au mixeur
**lid** *nf* lutte *f*; **lides** *nfpl* matière *f*
**líder** *nmf* leader *mf*
**liderar** *vt* (*organización*) être à la tête de; (*clasificación*) dominer
**liderato** *nm* = **liderazgo**
**liderazgo** *nm* leadership *m*
**lidia** *nf* (*Taur*) combat *m*; (: *una lidia*) corrida *f*; **toros de ~** taureaux *mpl* de combat
**lidiar** *vt* combattre ▶ *vi*: **~ con** (*dificultades, enemigos*) batailler avec
**liebre** *nf* lièvre *m*; (*CHI: microbús*) minibus *msg*; **dar gato por ~** rouler
**Liechtenstein** *nm* Liechtenstein *m*
**Lieja** *n* Liège
**lienzo** *nm* toile *f*; (*Arq*) mur *m*
**lifting** *nm* lifting *m*
**liga** *nf* (*de medias*) porte-jarretelles *m inv*; (*Deporte*) compétition *f*; (*Pol*) ligue *f*
**ligadura** *nf* ligature *f*; **~ de trompas** (*Med*) ligature des trompes
**ligamento** *nm* ligament *m*
**ligar** *vt* lier; (*Med*) ligaturer ▶ *vi* (*fam: persona*) draguer; (: *dos personas*) se faire du gringue; **~ con** (*fam*) draguer; **estar muy ligado a algn/algo** être très attaché à qn/qch; **ligarse** *vpr* (*fig*) se lier; **ligarse a algn** (*fam*) draguer qn
**ligeramente** *adv* légèrement
**ligereza** *nf* légèreté *f*
**ligero, -a** *adj* léger(-ère); **a la ligera** à la légère ▶ *adv* (*andar*) d'un pas léger; (*moverse*) avec légèreté

**light** ['lait] *adj inv* (*cigarrillo, bebida*) light *inv*; (*comida*) allégé(e)
**ligón, -ona** (*fam*) *nm/f* dragueur(-euse)
**ligue** *vb ver* **ligar** ▶ *nm* (*fam*): **ir de ~** draguer
**liguero** *nm* porte-jarretelles *m inv*
**liguilla** *nf* (*Deporte: torneo*) mini-championnat *m*; (: *para ascender*) match *m* de groupe
**lija** *nf* (*pez*) roussette *f*; (*tb*: **papel de lija**) papier *m* de verre
**lijar** *vt* poncer
**lila** *adj inv* lilas *adj inv* ▶ *nf* (*Bot*) lilas *msg* ▶ *nm* (*color*) lilas *msg*; (*fam: tonto*) crétin *m*
**Lima** *n* Lima
**lima** *nf* (*herramienta, Bot*) lime *f*; **comer como una ~** manger comme quatre; **~ de uñas** lime à ongles
**limar** *vt* limer; **~ asperezas** (*fig*) arrondir les angles
**limbo** *nm*: **estar en el ~** (*fig*) être dans la lune
**limeño, -a** *adj* de Lima ▶ *nm/f* natif(-ive) *o* habitant(e) de Lima
**limitación** *nf* limitation *f*; **~ de velocidad** limitation de vitesse; **limitaciones** *nfpl* (*carencias*) limites *fpl*
**limitado, -a** *adj* limité(e); **sociedad limitada** société *f* à responsabilité limitée
**limitar** *vt* limiter; (*terreno, tiempo*) délimiter ▶ *vi*: **~ con** (*Geo*) faire frontière avec; **limitarse** *vpr*: **limitarse a (hacer)** se limiter à (faire)
**límite** *nm* limite *f*; **no tener límites** être sans limite; **~ de crédito** découvert *m* autorisé; **~ de página** fin *f* de page; **~ de velocidad** limitation *f* de vitesse ▶ *adj inv* limite; **fecha ~** date *f* limite; **situación ~** situation *f* limite; **límites** *nmpl* (*de finca, país*) limites *fpl*
**limítrofe** *adj* limitrophe
**limón** *nm* citron *m* ▶ *adj*: **amarillo ~** jaune citron *inv*
**limonada** *nf* citronnade *f*
**limonero** *nm* citronnier *m*
**limosna** *nf* aumône *f*; **pedir ~** demander l'aumône, mendier; **vivir de la ~** vivre de la mendicité
**limpia** (*CAm, Méx*) *nf* propreté *f*
**limpiabotas** *nmf inv* cireur(-euse) (de chaussures)
**limpiacristales** *nm inv* produit *m* pour les vitres
**limpiador, a** *adj* nettoyant(e) ▶ *nm/f* nettoyeur(-euse) ▶ *nm* (*producto*) nettoyant *m*
**limpiamente** *adv* (*hábilmente*) habilement, avec habileté; (*honestamente*) honnêtement; **nos ganaron ~** on a été battus à la régulière
**limpiaparabrisas** *nm inv* essuie-glace *m*
**limpiar** *vt* nettoyer; (*fam: robar*) ratiboiser; **~ en seco** nettoyer à sec; **limpiarse** *vpr*: **limpiarse la cara/los pies** se laver la figure/les pieds

**limpieza** nf propreté f; (acto, Policía) nettoyage m; (habilidad) adresse f; **operación de ~** (Mil) opération f de nettoyage; **~ en seco** nettoyage à sec; **~ étnica** purification f ethnique

**limpio, -a** adj propre; (conducta, negocio) net(te); (cielo, pared) dégagé(e); (aire) pur(e); (agua) clair(e); (conciencia) tranquille; **~ de** libre de; **gana 2 000 € limpios** il gagne 2 000 € net; **a grito/puñetazo ~** avec force cris/coups de poing ▶ adv: **jugar ~** (fig) jouer franc jeu; **pasar a ~** mettre au propre; **sacar algo en ~** tirer qch au clair

**limusina** nf limousine f

**linaje** nm lignée f

**linaza** nf lin m; **aceite de ~** huile f de lin

**lince** nm lynx msg; **ser un ~** (observador) ne pas avoir les yeux dans sa poche; (astuto) être un as

**linchamiento** nm lynchage m

**linchar** vt lyncher

**lindante** adj: **~ con algo** adjacent(e) à qch; (fig) qui frise qch

**lindar** vi: **~ con** border; (fig) friser

**linde** nm o nf (de bosque, terreno) limite f

**lindero** nm = **linde**

**lindo, -a** adj joli(e); **de lo ~** (fam: muy) vachement; **disfrutar/divertirse de lo ~** vachement bien s'amuser ▶ adv (AM) bien; **canta muy ~** (AM) il chante très bien

**lindura** (esp AM) nf beauté f

**línea** nf ligne f; **en ~** (Inform) en ligne; **de primera ~** de premier rang; **en líneas generales** globalement; **guardar la ~** garder la ligne; **fuera de ~** (Inform) déconnecté(e); **~ aérea** ligne aérienne; **~ de fuego** (Mil) ligne de tir; **~ de meta** (Deporte) ligne de touche; (: de carrera) ligne d'arrivée; **~ discontinua** (Auto) ligne discontinue; **~ dura** (Pol) ligne dure; **líneas enemigas** (Mil) lignes ennemies; **~ recta** ligne droite

**lineal** adj linéaire

**linfático, -a** adj lymphatique

**lingotazo** (fam) nm coup m (fam: à boire)

**lingote** nm lingot m

**lingüista** nmf linguiste mf

**lingüística** nf linguistique f

**lingüístico, -a** adj linguistique

**linier** (pl **liniers**) nmf (Deporte) juge mf de touche

**linimento** nm liniment m

**lino** nm lin m

**linóleo** nm linoléum m

**linterna** nf lampe f de poche

**linyera** (CSUR) nm vagabond m

**lío** nm paquet m; (desorden) fatras msg; (fam: follón) bordel m; (: relación amorosa) aventure f; **armar un ~** foutre le bordel; **hacerse un ~** s'emmêler les pédales; **meterse en un ~** se fourrer dans un drôle de pétrin; **tener un ~ con algn** avoir une aventure avec qn

**liofilizado, -a** adj lyophilisé(e)

**liposucción** nf liposuccion f

**lipotimia** nf lipothymie f

**liquen** nm lichen m

**liquidación** nf (de empresa) dépôt m de bilan; (de salario) prime f; (de existencias, cuenta, deuda) liquidation f

**liquidar** vt liquider

**liquidez** nf (Econ) liquidités fpl

**líquido, -a** adj liquide; (ganancia) net(te) ▶ nm liquide m; (Com: ganancia) bénéfice m net; **~ de frenos** liquide de frein

**lira** nf (Mús) lyre f; (Hist: moneda) lire f

**lírica** nf poésie f lyrique

**lírico, -a** adj lyrique

**lirio** nm iris msg

**lirismo** nm lyrisme m

**lirón** nm loir m; **dormir como un ~** dormir comme un loir

**Lisboa** n Lisbonne

**lisboeta** adj de Lisbonne ▶ nmf natif(-ive) o habitant(e) de Lisbonne

**lisiado, -a** adj, nm/f estropié(e)

**lisiar** vt estropier; **lisiarse** vpr se blesser

**liso, -a** adj (superficie) lisse; (cabello) raide; (tela, color) uni(e); (AND, CSUR: grosero) grossier(-ière); **lisa y llanamente** purement et simplement

**lisonja** nf flatterie f

**lisonjear** vt flatter

**lisonjero, -a** adj, nm/f (persona) flatteur(-euse)

**lista** nf liste f; (franja) rayure f; **pasar ~** faire l'appel; **tela a listas** tissu m rayé; **~ de correos** poste f restante; **~ de direcciones** fichier m d'adresses; **~ de espera** liste d'attente; **~ de platos** carte f; **~ de precios** tarifs mpl; **~ electoral** liste électorale

**listado, -a** adj à rayures ▶ nm (Com, Inform) listing m, listage m; **~ paginado** (Inform) listing o listage paginé

**listar** vt (Inform) lister

**listillo, -a** nm/f petit malin (petite maligne)

**listín** nm: **~ telefónico** listing m téléphonique

**listo, -a** adj intelligent(e); (preparado) prêt(e); **~ para empezar** prêt(e) à commencer; **¿estás ~?** tu es prêt(e)?; **pasarse de ~** se tromper lourdement

**listón** nm baguette f (en bois)

**lisura** (AND, CSUR) nf grossièreté f

**litera** nf (en barco, tren) couchette f; (en dormitorio) lit m superposé

**literal** adj littéral(e)

**literalmente** adv littéralement

**literario, -a** adj littéraire

**literato, -a** nm/f écrivain(e)

**literatura** nf littérature f

**litigante** adj, nmf (Jur) plaignant(e)

**litigar** vi (Jur) plaider; (fig) être en conflit

**litigio** nm (Jur, fig) litige m; **en ~ con** en litige avec

**litigue** *etc vb ver* **litigar**
**litio** *nm* lithium *m*
**litografía** *nf* lithographie *f*
**litoral** *adj* littoral(e) ▶ *nm* littoral *m*
**litro** *nm* litre *m*
**litrona** (*fam*) *nf* bouteille *f* de bière d'un litre
**Lituania** *nf* Lituanie *f*
**lituano, -a** *adj* lituanien(ne) ▶ *nm/f* Lituanien(ne) ▶ *nm* (*Ling*) lituanien *m*
**liturgia** *nf* liturgie *f*
**litúrgico, -a** *adj* liturgique
**liviano, -a** *adj* (*sin importancia*) trivial(e) ; (*Am: de poco peso*) léger(-ère)
**lívido, -a** *adj* livide
**living** ['liβin] (*esp Am*) (*pl* **livings**) *nm* living *m*
**liza** *nf* (*Hist*) lice *f* ; (*fig*) combat *m* ; **en ~** en lice
**Ll, ll** ['eʎe] *nf* ancienne lettre de l'alphabet espagnol
**llaga** *nf* plaie *f*
**llagar** *vt* entailler, blesser ; **llagarse** *vpr* s'entailler, se blesser
**llague** *etc vb ver* **llagar**
**llama** *nf* flamme *f* ; (*Zool*) lama *m* ; **en llamas** en flammes
**llamada** *nf* (*telefónica*) appel *m* ; (*a la puerta*) coup *m* ; (: *timbre*) coup de sonnette ; (*en un escrito*) renvoi *m* ; **~ a cobro revertido** appel en PCV ; **~ al orden** *o* **de atención** rappel *m* à l'ordre ; **~ interurbana** appel interurbain
**llamado** (*Am*), **llamamiento** *nm* appel *m*
**llamar** *vt* appeler ; (*convocar*) convoquer ; **~ a algn por teléfono** appeler qn, téléphoner qn ; **~ la atención** attirer l'attention ; **~ al orden** rappeler à l'ordre ; **me han llamado payaso/cobarde** ils m'ont traité de clown/lâche ▶ *vi* (*a la puerta*) frapper ; (*al timbre*) sonner ; **¿quién llama?** (*Telec*) qui est à l'appareil ? ; **llamarse** *vpr* s'appeler ; **¿cómo te llamas?** comment t'appelles-tu ?
**llamarada** *nf* flambée *f* ; (*rubor*) rougeur *f* passagère
**llamativo, -a** *adj* voyant(e) ; (*color*) criard(e)
**llamear** *vi* flamber
**llanamente** *adv* simplement ; *ver tb* **liso**
**llaneza** *nf* simplicité *f*
**llano, -a** *adj* (*superficie*) plat(e) ; (*persona, estilo*) simple ▶ *nm* plaine *f* ; **Los Llanos** (*Ven*) les Plaines
**llanta** *nf* jante *f* ; (*Am: cámara*) chambre *f* à air
**llanto** *nm* pleurs *mpl*, larmes *fpl*
**llanura** *nf* plaine *f*
**llave** *nf* clé *f*, clef *f* ; (*de gas, agua*) robinet *m* ; (*Tec*) clé ; (*de la luz*) interrupteur *m* ; (*Tip*) crochet *m* ; **cerrar con ~** *o* **echar la ~** fermer à clé ; **~ de contacto** (*Auto*) clé de contact ; **~ de judo** prise *f* de judo ; **~ de memoria** clé USB ; **~ de paso** robinet d'arrêt ; **~ inglesa** clé anglaise ; **~ maestra** passe-partout *m inv*
**llavero** *nm* porte-clés *msg*
**llegada** *nf* arrivée *f*

**llegar** *vi* arriver ; (*ruido*) parvenir ; (*bastar*) suffire ; **no llegues tarde** ne rentre pas trop tard ; **esta cuerda no llega** cette corde n'est pas assez longue ; **~ a las manos** en venir aux mains ; **~ a las manos de algn** tomber entre les mains de qn ; **~ a saber** finir par savoir ; **~ a (ser) famoso/jefe** devenir célèbre/le patron ; **llegó a pegarme** il est allé jusqu'à me frapper ; **llegarse** *vpr*: **llegarse a** aller à
**llegue** *etc vb ver* **llegar**
**llenar** *vt* remplir ; (*superficie*) couvrir ; (*tiempo*) faire passer ; (*satisfacer*) combler ▶ *vi* rassasier ; **llenarse** *vpr*: **llenarse (de)** se remplir (de) ; (*al comer*) se rassasier (de)
**lleno, -a** *adj* plein(e), rempli(e) ; (*persona: de comida*) rassasié(e) ; **~ de polvo/de gente/de errores** plein(e) de poussière/de gens/d'erreurs ; **dar de ~ contra algo** heurter qch de plein fouet ▶ *nm* (*Teatro*) salle *f* comble
**llevadero, -a** *adj* supportable
**llevar** *vt* porter ; (*en coche*) emmener ; (*transportar*) transporter ; (*ruta*) suivre ; (*dinero*) avoir sur soi ; (*coche, moto*) conduire ; (*soportar*) supporter ; (*negocio*) diriger ; (*ritmo, compás*) mener ; (*Mat*) retenir ; **nos llevó a cenar fuera** il nous a emmenés dîner ; **me llevó una hora hacerlo** j'ai mis une heure à le faire ; **llevamos dos días aquí** nous sommes ici depuis deux jours ; **llevo un año estudiando** cela fait un an que j'étudie ; **él me lleva dos años** il a deux ans de plus que moi ; **~ hecho/vendido/estudiado** avoir fait/vendu/étudié ; **~ algo adelante** (*fig*) faire avancer qch ; **~ la contraria/la corriente a algn** contredire/suivre qn ; **~ los libros** (*Com*) tenir les registres ; **~ ventaja** avoir l'avantage ; **~ una vida tranquila** mener une vie paisible ; **~ de paseo** emmener faire un tour ; **dejarse ~ por algo/algn** se laisser emporter par qch/se laisser faire par qn ▶ *vi*: **~ a** (*suj: camino*) mener à ; **llevarse** *vpr* (*estar de moda*) se porter beaucoup ; **llevarse el dinero/coche** prendre l'argent/la voiture ; **llevarse algo/a algn por delante** (*atropellar*) percuter qch/qn ; **llevarse un susto/disgusto/sorpresa** être effrayé(e)/mécontent(e)/surpris(e) ; **llevarse bien/mal (con algn)** bien/ne pas s'entendre (avec qn)
**llorar** *vt, vi* pleurer ; **~ a moco tendido** (*fam*) pleurer toutes les larmes de son corps ; **~ de risa** pleurer de rire
**lloriquear** *vi* pleurnicher
**lloro** *nm* pleurs *mpl*
**llorón, -ona** *adj, nm/f* pleurnichard(e)
**lloroso, -a** *adj* (*ojos*) gonflé(e) par les larmes ; (*persona*) qui a pleuré
**llover** *vi* pleuvoir ; **~ a cántaros** *o* **a cubos** *o* **a mares** pleuvoir à seaux *o* des cordes ; **como llovido del cielo** tombé(e) du ciel ; **llueve sobre mojado** les catastrophes se succèdent

**llovizna** nf bruine f
**lloviznar** vi pleuvioter
**llueve** etc vb ver **llover**
**lluvia** nf pluie f; **día de ~** jour m pluvieux o de pluie; **~ radioactiva** pluie radioactive
**lluvioso, -a** adj pluvieux(-euse)

PALABRA CLAVE

**lo** art def **1**: **lo bueno/caro** ce qui est bon/cher; **lo mejor/peor** le mieux/pire; **lo gracioso fue que ...** ce qui est drôle, c'est que ...; **lo mío** ce qui est à moi; **olvidaste lo esencial** tu as oublié l'essentiel; **¡no sabes lo aburrido que es!** tu ne peux pas savoir comme c'est ennuyeux!; **con lo poco que gana** avec le peu d'argent qu'il gagne
**2**: **lo + de** (pron dem): **¿sabes lo del presidente?** tu es au courant pour le président?; **olvida lo de ayer** oublie ce qui s'est passé hier; **(a) lo de** (CSUR: a casa de) chez; (: + infin): **¿a quién se le ocurrió lo de esperar aquí?** qui a eu l'idée d'attendre ici?
**3**: **lo que** (pron rel): **lo que yo pienso** ce que je pense; **lo que más me gusta** ce que j'aime le plus; **lo que pasa es que ...** ce qu'il y a, c'est que ...; **más de lo que crees** plus que tu ne crois; **en lo que se refiere a** pour ce qui est de; **lo que quieras** ce que tu veux o voudras; **lo que sea** quoi que ce soit; **(a) lo que** (AM: en cuanto) dès que
**4**: **lo cual**: **lo cual es lógico** ce qui est logique
▶ pron pers **1** (a él) le, l'; **lo han despedido** ils l'ont renvoyé; **no lo conozco** je ne le connais pas
**2** (a usted) vous; **lo escucho, señor** je vous écoute, monsieur
**3** (cosa, animal) le, l'; **te lo doy** je te le donne; **no lo veo** je ne le vois pas
**4** (concepto) le, l'; **no lo sabía** je ne le savais pas; **voy a pensarlo** je vais y réfléchir; **es fácil, pero no lo parece** c'est facile, mais ça n'en a pas l'air

**loa** nf louange f
**loable** adj louable
**LOAPA** (ESP) sigla f (Jur: = Ley Orgánica de Armonización del Proceso Autónomo) loi pour l'autonomie des régions
**loar** vt louer
**lobato** nm louveteau m
**lobezno** nm = **lobato**
**lobo** nm loup m; **~ de mar** (fig) loup de mer; **~ marino** otarie f
**lóbrego, -a** adj lugubre
**lóbulo** nm lobe m
**local** adj local(e) ▶ nm local m; (bar) bar m
**localice** etc vb ver **localizar**
**localidad** nf localité f; (Teatro) place f
**localizable** adj localisable; (por teléfono) joignable
**localización** nf (tb Inform) localisation f; (de llamada) identification f
**localizador** nm bipeur m, pageur m; (de vuelo) code m de réservation
**localizar** vt localiser; (por teléfono) joindre; **localizarse** vpr (dolor) être localisé(e)
**locamente** adv: **~ enamorado** follement amoureux
**loción** nf lotion f; **~ capilar** lotion capillaire
**loco, -a** adj, nm/f fou (folle); **~ de atar** o **remate**, **~ rematado** fou (folle) à lier; **a lo ~** à la va-vite; **ando ~ con el examen** l'examen me rend malade; **estar ~ de alegría** être fou (folle) de joie; **estar ~ con algo/por algn** être fou (folle) de qch/de qn; **como un ~** comme un fou; **me vuelve ~** (me gusta mucho) j'en suis fou (folle); (me marea) il me rend fou (folle)

En francés, el adjetivo *fou* se transforma en *fol* cuando precede a un sustantivo masculino que comienza por vocal o h muda. Por ejemplo: *un fol espoir*.

**locomoción** nf locomotion f
**locomotor, a, -triz** adj (vehículo, aparato) locomotif(-ive); (Anat: sistema, aparato) locomoteur(-trice)
**locomotora** nf locomotive f
**locuacidad** nf loquacité f, volubilité f
**locuaz** adj loquace
**locución** nf (Ling) locution f
**locumba, locumbeta** (PERÚ fam) adj, nmf taré(e)
**locura** nf folie f; **con ~** à la folie
**locutor, a** nm/f (Radio, TV) speaker(ine)
**locutorio** nm local équipé de cabines téléphoniques et d'accès à Internet
**lodazal** nm bourbier m
**lodo** nm boue f
**logaritmo** nm logarithme m
**logia** nf loge f
**lógica** nf logique f
**lógicamente** adv logiquement
**lógico, -a** adj logique; **es ~ que ...** il est logique que ...
**logística** nf logistique f
**logístico, -a** adj de logistique
**logo** nm logo m
**logopeda** nmf orthophoniste mf
**logopedia** nf orthophonie f
**logotipo** nm logo m
**logrado, -a** adj réussi(e)
**lograr** vt réussir; (victoria) remporter; **~ hacer algo** réussir à faire qch; **~ que algn venga** réussir à faire venir qn
**logro** nm réussite f
**logroñés, -esa** adj de Logroño ▶ nm/f natif(-ive) o habitant(e) de Logroño
**Loira** nm Loire f
**lola** (CHI fam) nf nana f
**lolo** (CHI fam) nm mec m

# loma – ludopatía

**loma** *nf* colline *f*
**lombarda** *nf* chou *m* rouge
**Lombardía** *nf* Lombardie *f*
**lombriz** *nf* (*Zool*) ver *m* de terre ; (*Med*) ver
**lomo** *nm* (*de animal*) dos *msg*, échine *f* ; (*Culin: de cerdo*) épaule *f* ; (: *de vaca*) entrecôte *f* ; (*de libro*) dos ; **a lomos de** (*caballo*) à dos de ; **~ de burro** (*ARG*) (*fam*) ralentisseur *m*
**lona** *nf* toile *f* ; (*para cubrir*) bâche *f* ; (*en boxeo*) tapis *m*
**loncha** *nf* tranche *f*
**lonche** (*AM*) *nm* petit-déjeuner *m*
**lonchería** (*AM*) *nf* cafétéria *f*
**londinense** *adj* londonien(ne) ▶ *nmf* Londonien(ne)
**Londres** *n* Londres
**loneta** *nf* toile *f*
**longaniza** *nf* saucisse sèche
**longevidad** *nf* longévité *f*
**longevo, -a** *adj* qui vit longtemps ; **las mujeres son más longevas que los hombres** les femmes vivent plus longtemps que les hommes
**longitud** *nf* longueur *f* ; (*Geo*) longitude *f* ; **tener tres metros de ~** faire trois mètres de long ; **salto de ~** (*Deporte*) saut *m* en longueur ; **~ de onda** (*Fís*) longueur d'onde
**longitudinal** *adj* longitudinal(e)
**longo, -a** (*Ecu*) *nm/f* jeune indien(ne)
**lonja** *nf* (*edificio*) halle *f* ; (*de jamón, embutido*) tranche *f* ; **~ de pescado** halle *f* aux poissons
**lontananza** *nf*: **en ~** au loin
**loor** *nm*: **en ~ de** en hommage à
**loquería** (*CHI fam*) *nf* asile *m* de fous
**loquero** *nm* (*persona*) gardien *m* d'un asile de fous ; (*ARG: bullicio*) pagaille *f*
**lord** [lor] (*pl* **lores**) *nm* lord *m*
**Lorena** *nf* Lorraine *f*
**loro** *nm* perroquet *m*
**los** *art def les* ▶ *pron* les ; (*ustedes*) vous ; **mis libros y ~ de usted** mes livres et les vôtres ; **~ de Ana son verdes** ceux d'Ana sont verts
**losa** *nf* dalle *f* ; **~ sepulcral** pierre *f* tombale
**loseta** *nf* (*de cerámica, barro*) carreau *m*, tomette *f* ; (*de moqueta*) dalle *f* de moquette
**lote** *nm* (*de libros, Com, Inform*) lot *m* ; (*de comida*) portion *f*
**lotería** *nf* loterie *f* ; **le tocó la ~** il a gagné au Loto ; **~ nacional** loterie nationale ; *voir article* ; **~ primitiva** (*ESP*) ≈ Loto *m*

> **LOTERÍA**
>
> D'importantes sommes d'argent sont dépensées chaque année en Espagne à ce jeu de hasard. L'État a institué deux loteries, dont il perçoit directement les gains : la **lotería primitiva** et la **lotería nacional**. Une des loteries les plus célèbres est organisée par l'influente et prospère association d'aide aux aveugles, la ONCE.

**lotero, -a** *nm/f* vendeur(-euse) de billets de loterie
**loto** *nm* (*Bot*) lotus *msg* ▶ *nf* (*lotería*) ≈ Loto *m*
**Lovaina** *n* Louvain
**loza** *nf* (*material*) faïence *f* ; (*vajilla*) vaisselle *f*
**lozanía** *nf* vigueur *f*
**lozano, -a** *adj* vigoureux(-euse)
**LPA** *sigla f* (= *Ley del Proceso Autonómico*) loi pour l'autonomie des régions
**LRA** *sigla f* = **Ley de Reforma Agraria**
**LRU** *sigla f* = **Ley de Reforma Universitaria**
**LSD** *sigla m* (= *Dietilamida del Acido Lisérgico*) LSD *m* (= *acide lysergique diéthilamide*)
**lubina** *nf* bar *m*
**lubricante** *adj* lubrifiant(e) ▶ *nm* lubrifiant *m*
**lubricar** *vt* lubrifier
**lubrificar** *vt* = **lubricar**
**lubrifique** *etc vb ver* **lubrificar**
**lubrique** *etc vb ver* **lubricar**
**lucense** *adj* de Lugo ▶ *nmf* natif(-ive) o habitant(e) de Lugo
**Lucerna** *n* Lucerne
**lucero** *nm* (*Astron*) étoile *f* ; (*de ojos*) éclat *m* ; **~ del alba/de la tarde** étoile du matin/du soir
**luces** *nfpl de* **luz**
**lucha** *nf* lutte *f* ; **~ contra/por** lutte contre/pour ; **~ de clases** lutte des classes ; **~ libre** lutte libre
**luchador, a** *adj* combatif(-ive) ▶ *nm/f* (*tb Deporte*) lutteur(-euse)
**luchar** *vi* lutter ; **~ contra/por** lutter contre/pour
**lucidez** *nf* lucidité *f*
**lucido, -a** *adj* (*representación, cortejo*) réussi(e) ; (*intervención, actuación, fiesta*) brillant(e)
**lúcido, -a** *adj* lucide ; **estar ~** être lucide
**luciérnaga** *nf* ver *m* luisant
**lucimiento** *nm* éclat *m*
**lucio** *nm* brochet *m*
**lucir** *vt* (*vestido*) porter ; (*coche*) exhiber ; (*conocimientos*) étaler ; (*habilidades*) exhiber ▶ *vi* briller ; (*AM: parecer*) sembler ; **no me luce lo que trabajo** mon travail n'est pas productif ; **la casa luce limpia** (*AM*) la maison a l'air très propre ; **lucirse** *vpr* (*presumir*) se montrer ; **¡te has lucido!** (*irón*) bien joué !
**lucrarse** *vpr* faire des bénéfices ; (*pey*) s'enrichir ; **~ con** tirer profit de
**lucrativo, -a** *adj* lucratif(-ive) ; **no lucrativa** à but non lucratif
**lucro** (*pey*) *nm* lucre *m* ; **el afán** o **ánimo de ~** l'appât *m* du gain ; **organización sin ánimo de ~** organisation *f* à but non lucratif
**luctuoso, -a** *adj* tragique
**lucubración** *nf* élucubration *f*
**lúdico, -a** *adj* ludique
**ludópata** *adj, nmf* joueur(-euse) pathologique
**ludopatía** *nf* addiction *f* au jeu, jeu *m* compulsif

## ludoteca – lycra

**ludoteca** nf ludothèque f
**luego** adv (después) après ; (más tarde) puis ; (AM fam: en seguida) tout de suite ; **desde ~** évidemment ; **¡hasta ~!** à plus tard !, salut ! ; **¿y ~?** et maintenant ? ; **~ ~** (esp MÉX) dare-dare ▶ conj (consecuencia) donc ; **~ lo sabía** donc, il le savait
**lugar** nm lieu m, endroit m ; (en lista) place f ; **en ~ de** au lieu de ; **en primer ~** en premier lieu ; **dar ~ a** donner lieu à ; **hacer ~** faire de la place ; **fuera de ~** (comentario, comportamiento) déplacé(e) ; **tener ~** avoir lieu ; **yo en su ~** moi, à sa place ; **sin ~ a dudas** sans aucun doute ; **~ común** lieu commun
**lugareño, -a** nm/f villageois(e)
**lugarteniente** nm remplaçant m
**lúgubre** adj lugubre
**lujo** nm luxe m ; **de ~** de luxe ; **permitirse el ~ de hacer** se donner le luxe de faire ; **con todo ~ de detalles** avec force détails
**lujoso, -a** adj luxueux(-euse)
**lujuria** nf luxure f
**lumbago** nm lumbago m
**lumbar** adj lombaire
**lumbre** nf feu m (de bois) ; **a la ~** près du feu
**lumbrera** nf (genio) lumière f
**luminosidad** nf luminosité f
**luminoso, -a** adj lumineux(-euse)
**lumpen** adj inv des laissés-pour-compte ; **el Madrid ~** le Madrid des laissés-pour-compte ▶ nm inv (Pol) sous-prolétariat m
**luna** nf lune f ; (vidrio) glace f ; **media ~** (astro, emblema) croissant m ; (figura) demi-lune f ; **estar en la ~** être dans la lune ; **pedir la ~** demander la lune ; **~ creciente/menguante** lune croissante/décroissante ; **~ de miel** lune de miel ; **~ llena/nueva** pleine/nouvelle lune
**lunar** adj lunaire ▶ nm grain m de beauté ; (diseño) pois msg ; **tela de lunares** tissu m à pois
**lunático, -a** nm/f fou (folle)
**lunes** nm inv lundi m ; ver tb **sábado**
**luneta** nf (de gafas) verre m ; (Auto: tb: **luneta trasera**) lunette f arrière

**lunfardo** (ARG) nm argot de la pègre de Buenos Aires
**lupa** nf loupe f
**lusitano, -a** adj lusitanien(ne) ▶ nm/f Lusitanien(ne)
**luso, -a** adj portugais(e) ▶ nm/f Portugais(e)
**lustrabotas** (AND, CSUR) nm inv cireur m (de chaussures)
**lustrador** (AM) nm cireur m (de chaussures)
**lustrar** vt lustrer ; (AM: zapatos) cirer
**lustre** nm lustre m ; (fig) éclat m ; **dar ~ a algo** faire briller qch
**lustro** nm lustre m
**lustroso, -a** adj brillant(e)
**luterano, -a** adj luthérien(ne)
**Lutero** n Luther
**luto** nm deuil m ; **ir** o **vestirse de ~** porter le deuil ; **~ oficial** deuil national
**luxación** nf (Med) luxation f ; **~ de tobillo** luxation de la cheville
**Luxemburgo** nm Luxembourg m
**luxemburgués, -esa** adj luxembourgeois(e) ▶ nm/f Luxembourgeois(e)
**luz** (pl **luces**) nf lumière f ; **dar a ~ un niño** mettre un enfant au monde ; **apagar la ~** éteindre la lumière ; **dar la ~** donner de la lumière ; **encender la ~**, (esp AM) **prender la ~** allumer la lumière ; **les cortaron la ~** ils leur ont coupé l'électricité ; **a la ~ de** (tb fig) à la lumière de ; **a todas luces** de toute évidence ; **a media ~** dans la pénombre ; **se hizo la ~ sobre ...** la lumière se fit sur ... ; **sacar a la ~** tirer au clair ; **el Siglo de las Luces** le Siècle des Lumières ; **tener pocas luces** ne pas être une lumière ; **~ de cruce** feu m de croisement ; **~ de la luna** clair m de lune ; **~ eléctrica** lumière électrique ; **~ intermitente** lumière intermittente ; (Auto) clignotant m ; **~ roja/verde** (Auto) feu m rouge/vert ; **~ solar** o **del sol** lumière du jour ; **~ trasera/de freno** feu m arrière/de stop
**luzca** etc vb ver **lucir**
**lycra** ['likra]® nf lycra® m

**M, m¹** ['eme] *nf* (*letra*) M, m *m inv*; **M de Madrid** ≈ M comme Marcel; **el 15-M** *le mouvement des indignés*
**m²** *abr* (= *metro(s)*) m (= *mètre(s)*); (= *minuto(s)*) min. (= *minute(s)*); (= *masculino*) m (= *masculin*)
**M.** *abr* (= *mujer*) F (= *féminin*); (= *Metro*) M (= *métro*)
**M.ª** *abr* = **María**
**macabro, -a** *adj* macabre
**macaco** *nm* macaque *m*
**macana** (AM) *nf* (*porra*) massue *f*; (*esp* AND, CSUR: *mentira*) mensonge *m*; (: *tontería*) bêtise *f*
**macanear** (AND, CSUR *fam*) *vi* faire des bêtises; (*decir tonterías*) dire des bêtises; (*mentir*) mentir
**macanudo, -a** (*esp* AM *fam*) *adj* génial(e)
**macarra** (*fam*) *nm* maquereau *m* ▶ *nmf* zonard(e)
**macarrones** *nmpl* (*Culin*) macaronis *mpl*
**Macedonia** *nf* Macédoine *f*
**macedonia** *nf*: ~ **de frutas** macédoine *f* de fruits
**macerar** *vt* macérer
**maceta** *nf* pot *m* de fleurs
**macetero** *nm* support *m* de pot de fleurs
**machacar** *vt* (*ajos*) piler; (*asignatura*) rabâcher; (*enemigo*) écraser ▶ *vi* insister
**machacón, -ona** *adj* (*persona*) insistant(e); (*música*) répétitif(-ive)
**machamartillo: a** ~ *adv* de toutes ses forces
**machaque** *etc vb ver* **machacar**
**machete** *nm* machette *f*
**machismo** *nm* machisme *m*
**machista** *adj, nmf* machiste *mf*
**macho** *adj* (*Bot*, *Zool*) mâle; (*fam*) macho ▶ *nm* mâle *m*; (*fig*) macho *m*; (*fam*: *apelativo*) mec *m*; (*Tec*) cheville *f*; (*Elec*) prise *f* mâle; (*Costura*) crochet *m*
**machote** (MÉX) *nm* (*borrador*) brouillon *m*; (*patrón*) modèle *m*
**macilento, -a** *adj* (*rostro*) émacié(e); (*luz*) pâle
**macizo, -a** *adj* massif(-ive); **¡qué chica más maciza!** (*fam*) quelle belle plante! ▶ *nm* (*Geo*, *de flores*) massif *m*
**macramé** *nm* macramé *m*
**macro** *nm* (*Inform*) macro-ordinateur *m*
**macró** (CSUR) *nm* (*alcahuete*) maquereau *m*
**macrobiótico, -a** *adj* macrobiotique

**macro-comando** *nm* (*Inform*) macro-commande *f*
**macroeconomía** *nf* macro-économie *f*
**macroeconómico, -a** *adj* macroéconomique
**mácula** *nf* tache *f*
**macuto** *nm* (*Mil*) musette *f*
**Madagascar** *nm* Madagascar *m*
**madama** (AM), **madame** *nf* (*fam*) maquerelle *f*, mère *f* maquerelle
**madeja** *nf* (*de lana*) écheveau *m*
**madera** *nf* bois *msg*; **una** ~ un morceau de bois; ~ **contrachapada** *o* **laminada** contre-plaqué *m*; **de** ~ en bois; **tiene buena** ~ il a de bonnes dispositions; **tiene** ~ **de profesor** il a l'étoffe d'un professeur
**maderaje, maderamen** *nm* bois *msg* de construction
**maderero** *nm* marchand *m* de bois de construction
**madero** *nm* madrier *m*
**madrastra** *nf* belle-mère *f*
**madraza¹** (*fam*) *nf* (*madre*) maman *f* gâteau
**madraza²** *nf* (*colegio*) école *f* coranique, médersa *f*
**madre** *adj* (*lengua*) mère ▶ *nf* mère *f*; (*de vino etc*) lie *f*; **¡~ mía!** mon Dieu!; **¡tu ~!** (*fam!*) va te faire foutre! (*fam!*); **salirse de ~** (*río*) sortir de son lit; (*persona*) dépasser les bornes; ~ **adoptiva/de alquiler/soltera** mère adoptive/porteuse/célibataire; ~ **patria** mère patrie; ~ **política** belle-mère *f*
**madreperla** *nf* nacre *f*
**madreselva** *nf* chèvrefeuille *m*
**Madrid** *n* Madrid
**madridista** *adj* du Real Madrid ▶ *nmf* (*hincha*) supporter *m* du Real Madrid
**madriguera** *nf* terrier *m*
**madrileño, -a** *adj* madrilène ▶ *nm/f* Madrilène *mf*
**madrina** *nf* marraine *f*; ~ **de boda** témoin *m*
**madroño** *nm* (*Bot*) arbouse *f*
**madrugada** *nf* aube *f*; **de** ~ de bon matin; **a las cuatro de la** ~ à quatre heures du matin
**madrugador, a** *adj* matinal(e) ▶ *nm o nf* lève-tôt *mf*
**madrugar** *vi* se lever tôt; (*anticiparse*) s'avancer

## madrugón – malaconsejado

**madrugón** nm: **darse** o **pegarse un ~** se lever très tôt
**madrugue** etc vb ver **madrugar**
**maduración** nf (de fruta) mûrissement m, maturation f; (de idea) maturation f
**madurar** vt, vi mûrir
**madurez** nf maturité f
**maduro, -a** adj mûr(e); (hombre, mujer) d'âge mûr; **poco ~** immature
**MAE** (ESP) sigla m (Pol) = **Ministerio de Asuntos Exteriores**
**maestra** nf ver **maestro**
**maestría** nf maestria f; (Escol: grado) maîtrise f
**maestro, -a** adj maître(sse) ▶ nm/f (de escuela) maître(sse) (d'école), instituteur(-trice), professeur(e) des écoles; (en la vida) maître m ▶ nm maître m; (Mús) maestro m; **~ albañil** maître maçon m; **~ de obras** maître d'ouvrage
**mafia** nf mafia f; **la M~** (italiana) la Mafia
**mafioso, -a** adj maffieux(-euse) ▶ nm mafioso m
**magacín** nm (TV, Prensa) magazine m
**Magallanes** nm: **Estrecho de ~** détroit m de Magellan
**magazine** nm (TV, Prensa) magazine m
**magdalena** nf madeleine f
**magenta** adj inv, nm magenta m
**magia** nf magie f; **~ negra** magie noire
**mágico, -a** adj magique
**magisterio** nm (enseñanza) études fpl d'instituteur(-trice); (profesión) métier m d'instituteur(-trice); (maestros) corps msg des instituteurs
**magistrado** nm (Jur) magistrat m; **primer M~** (AM) président m
**magistral** adj magistral(e)
**magistratura** nf magistrature f; **M~ del Trabajo** (ESP) ≈ Conseil m des prud'hommes
**magma** nm magma m
**magnánimo, -a** adj magnanime
**magnate** nm magnat m; **~ de la prensa** magnat de la presse
**magnavoz** (MÉX) nm porte-voix m inv
**magnesio** nm magnésium m
**magnetice** etc vb ver **magnetizar**
**magnético, -a** adj magnétique
**magnetismo** nm magnétisme m
**magnetizar** vt (tb fig) magnétiser
**magnetofón** nm magnétophone m
**magnetofónico, -a** adj: **cinta magnetofónica** bande f magnétique
**magnetófono** nm = **magnetofón**
**magnicidio** nm assassinat m (d'une personne haut placée)
**magnífico, -a** adj magnifique; (carácter) exceptionnel(le); (tratamiento: rector) titre honorifique du recteur; **¡~!** magnifique!

**magnitud** nf (física) grandeur f; (de problema etc) ampleur f
**magno, -a** adj (liter) majeur(e); **Alejandro M~** Alexandre le Grand
**magnolia** nf magnolia m
**mago, -a** nm/f magicien(ne); **los Reyes Magos** les Rois mpl mages
**magrear** (fam) vt peloter
**magrebí** adj maghrébin(e) ▶ nmf Maghrébin(e)
**magro, -a** adj, nm maigre m
**maguey** nm (Bot) agave m
**magulladura** nf contusion f
**magullar** vt contusionner; (lastimar) abîmer; **magullarse** vpr se faire une o des contusion(s)
**Mahoma** n Mahomet
**mahometano, -a** adj mahométan(e) ▶ nm/f Mahométan(e)
**mahonesa** nf = **mayonesa**
**maicena**® nf maïzena f
**mail** [meil] (pl **mails** [meils]) (fam) nm mail m
**mailing** ['mailin] (pl **mailings** ['mailin]) nm mailing m, publipostage m; **hacer un ~** faire un mailing o publipostage
**maillot** [ma'jot] nm (de ciclista) maillot m; (de gimnasta) justaucorps m
**maître** ['metre] nm maître m d'hôtel
**maíz** nm maïs msg
**maizal** nm (Agr) champ m de maïs
**majadería** nf bêtise f; **hacer/decir majaderías** faire/dire des bêtises
**majadero, -a** adj imbécile
**majar** vt (machacar) piler
**majareta, majara** (fam) adj givré(e)
**majestad** nf majesté f; **Su M~** Sa Majesté; **(Vuestra) M~** (Votre) Majesté
**majestuoso, -a** adj majestueux(-euse)
**majo, -a** adj (ESP) sympa; (bonito) beau (belle); (apelativo, cariñoso) mignon(ne); (: elegante) classe inv
**mal** adv mal; (oler, saber) mauvais; **me entendió ~** il m'a mal compris; **haces ~ en callarte** tu as tort de te taire; **si ~ no recuerdo** si mes souvenirs sont exacts; **hablar ~ de algn** dire du mal de qn; **ir de ~ en peor** aller de mal en pis; **¡menos ~!** heureusement!; **menos ~ que** heureusement que; **~ que bien** tant bien que mal ▶ adj = **malo** ▶ nm: **el ~** le mal; (desgracia) le malheur; **~ de ojo** mauvais œil m ▶ conj: **~ que le pese** qu'il le veuille ou non
**malabar** adj: **juegos malabares** tours mpl de jonglerie
**malabarismo** nm jonglerie f; **hacer malabarismos** (fig) jongler
**malabarista** nmf jongleur(-euse)
**malacate** nm cabestan m; (CAM, MÉX: huso) fuseau m
**malaconsejado, -a** adj mal conseillé(e)

## malacostumbrado – malucho

**malacostumbrado, -a** *adj*: **estar ~** avoir pris des mauvaises habitudes

**malacostumbrar** *vt*: **~ a algn** (*gen*) donner de mauvaises habitudes à qn ; (*consentir*) gâter qn

**malagueño, -a** *adj* de Malaga ▶ *nm/f* natif(-ive) o habitant(e) de Malaga

**malamente** (*fam*) *adv* (*mal*) mal ; **el asunto acabó ~** ça s'est mal terminé ; (*difícilmente*) difficilement ; **~ podrán vencer** ils ont peu de chances de gagner

**malaria** *nf* malaria *f*

**Malasia** *nf* Malaisie *f*

**malasio, -a** *adj* malaisien(ne) ▶ *nm/f* Malaisien(ne)

**malavenido, -a** *adj* mécontent(e)

**Malawi** *nm* Malawi *m*

**malayo, -a** *adj* malais(e) ▶ *nm/f* Malais(e) ▶ *nm* (*Ling*) malais *msg*

**malcarado, -a** *adj* mal luné(e)

**malcomer** *vi* manger mal

**malcriado, -a** *adj* mal élevé(e)

**malcriar** *vt* mal élever

**maldad** *nf* méchanceté *f*

**maldecir** *vt, vi* maudire ; **~ de** maudire

**maldiciendo** *etc vb ver* **maldecir**

**maldición** *nf* malédiction *f* ; **¡~!** malédiction !

**maldiga** *etc*, **maldije** *etc vb ver* **maldecir**

**maldito, -a** *adj* maudit(e) ; **¡~ sea …!** (*fam*) maudit(e) soit …! ; **¡malditas las ganas que tengo de verle!** (*fam*) comme si j'avais envie de le voir !

**maleable** *adj* (*metal, carácter*) malléable ; (*plástico, cuero*) souple

**maleante** *nmf* malfaiteur *m*, criminel(le)

**malecón** *nm* digue *f* ; (*para atracar*) môle *m*

**maledicencia** *nf* médisance *f*

**maleducado, -a** *adj* mal élevé(e)

**maleficio** *nm* maléfice *m*

**maléfico, -a** *adj* maléfique

**malentendido** *nm* malentendu *m*

**malestar** *nm* malaise *m*

**maleta** *nf* valise *f* ; **hacer la ~** faire sa valise o ses valises

**maletera** (*AM*) *nf*, **maletero** *nm* (*Auto*) coffre *m*

**maletín** *nm* (*de uso profesional*) serviette *f* ; (*de viaje*) mallette *f*

**malevolencia** *nf* malveillance *f*

**malévolo, -a** *adj* malveillant(e)

**maleza** *nf* (*hierbas malas*) mauvaises herbes *fpl* ; (*arbustos*) fourré *m*

**malformación** *nf* malformation *f*

**malgastar** *vt* gaspiller ; (*oportunidades*) laisser passer ; (*salud*) abîmer

**malhablado, -a** *adj* grossier(-ière)

**malhaya** (*esp AM fam*) *excl* bon sang ! ; **¡~ sea(n) …!** maudit(s)(maudite(s)) …!

**malhechor, a** *nm/f* malfaiteur *m*

**malherido, -a** *adj* gravement blessé(e)

**malhumorado, -a** *adj* de mauvaise humeur

**malicia** *nf* méchanceté *f* ; (*de niño*) malice *f*

**malicioso, -a** *adj* malicieux(-euse) ; (*con mala intención*) méchant(e) ; (*de malpensado*) mauvais(e)

**malignidad** *nf* (*Med*) malignité *f* ; (*de persona*) méchanceté *f*

**maligno, -a** *adj* (*Med*) malin (maligne) ; (*ser*) méchant(e)

**malintencionado, -a** *adj* mal intentionné(e)

**malinterpretar** *vt* mal interpréter ; **no me malinterpretes** ne l'interprète pas mal

**malla** *nf* maille *f* ; (*esp AM*) maillot *m* de bain ; (*tb*: **mallas**) collants *mpl*

**Mallorca** *nf* Majorque *f*

**mallorquín, -ina** *adj* majorquin(e) ▶ *nm* (*Ling*) langue *f* de Majorque ▶ *nm/f* Majorquin(e)

**malnacido, -a** (*fam*) *nm/f* ordure *f* (*fam*)

**malnutrición** *nf* malnutrition *f*

**malnutrido, -a** *adj* mal nourri(e)

**malo, -a** (*antes de nmsg* **mal**) *adj* mauvais(e) ; (*niño*) méchant(e) ; **estar ~** (*persona*) être malade ; (*comida*) être mauvais(e) ; **ser ~ de** (*entender, hacer*) être difficile à ; **ser ~ haciendo/en algo** ne pas savoir faire qch/ être mauvais(e) en qch ; **lo ~ es que …** le problème, c'est que …; **estar de malas** être fâché(e) ; **por las malas** de force ▶ *nm/f* (*en cuentos, cine*) méchant(e)

**malograr** *vt* (*juventud, carrera*) gâcher ; (*plan*) faire tomber à l'eau ; **el malogrado actor** l'acteur mort prématurément ; **malograrse** *vpr* (*plan*) tomber à l'eau ; (*cosecha*) être gâché(e) ; (*carrera profesional*) se briser ; (*PERÚ fam*) s'abîmer

**maloliente** *adj* malodorant(e)

**malparado, -a** *adj*: **salir ~** s'en tirer mal

**malpensado, -a** *adj* malveillant(e)

**malquerencia** *nf* antipathie *f*

**malquistar** *vt*: **~ a dos personas** brouiller deux personnes ; **malquistarse** *vpr* se brouiller

**malsano, -a** *adj* malsain(e)

**malsonante** *adj* malsonnant(e)

**Malta** *nf* Malte *f*

**malta** *nf* malt *m*

**maltés, -esa** *adj* maltais(e) ▶ *nm/f* Maltais(e)

**maltraer** *vt*: **llevar a ~** mener la vie dure

**maltratado, -a** *adj* (*persona*) victime de mauvais traitements

**maltratador, a** *nm/f* auteur(e) de mauvais traitements

**maltratar** *vt* maltraiter ; **niños maltratados** enfants *mpl* maltraités

**maltrato** *nm* mauvais traitements *mpl*, maltraitance *f* ; **~ infantil** maltraitance des enfants ; **~ psicológico** violence *f* psychologique

**maltrecho, -a** *adj* en piteux état

**malucho, -a** *adj* (*pey*) affreux(-euse) ; (*algo enfermo*) chose *inv*

**malva – manecilla**

**malva** adj mauve ▶ nf (Bot) mauve f; **como una ~** doux (douce) comme un agneau; **~ loca** rose f trémière ▶ nm (color) mauve m
**malvado, -a** adj méchant(e)
**malvavisco** nm marshmallow m
**malvender** vt vendre à bas prix
**malversación** nf: **~ de fondos** détournement m de fonds
**malversar** vt détourner
**Malvinas** nfpl: **las (Islas) ~** les (îles) Malouines fpl
**malvivir** vi vivoter
**mama** nf (Zool) mamelle f; (de mujer) sein m
**mamá** nf (fam) maman f; (CAm, Carib, Méx: cortesía) mère f; **~ grande** (Col) grand-maman f
**mamacita** (Am fam) nf maman f
**mamada** nf (chupada) tétée f; (fam!: felación) pipe f (fam!); (Am fam: borrachera) cuite f (fam); (Méx fam: tontería) bêtise f, ânerie f
**mamadera** (Am) nf biberon m
**mamado, -a** (fam) adj (borracho) bourré(e) (fam); (fácil) super facile (fam)
**mamar** vt (pecho) téter; (ideas) se nourrir de ▶ vi téter; **dar de ~** allaiter
**mamarracho** nm (persona despreciable) bouffon m; (por su apariencia física) qui est drôlement fagoté(e)
**mambo** nm (Mús) mambo m
**mameluco** (CSur) nm (prenda) salopette f; (de niños) grenouillère f
**mamey** (Am) nm (fruta) fruit m du mammea; (árbol) mammea m
**mamífero, -a** adj, nm mammifère m
**mamografía** nf mammographie f
**mamotreto** nm (libro) pavé m; (objeto) horreur f
**mampara** nf (entre habitaciones) cloison f; (biombo) écran m; (de ducha) pare-douche m
**mamporro** (fam) nm: **dar un ~ a** envoyer un coup à; **darse/pegarse un ~** (al caer) se cogner
**mampostería** nf maçonnerie f
**mamut** nm mammouth m
**maná** nm manne f
**manada** nf (de leones, lobos) horde f; (de búfalos, elefantes) troupeau m; **llegaron en ~** (fam) ils sont arrivés en bande
**manager, mánager** ['manaʒer] (pl **managers** o **mánagers**) nmf manager mf
**Managua** n Managua
**managua, managüense** adj de Managua ▶ nmf natif(e) o habitant(e) de Managua
**manantial** nm source f
**manar** vt laisser couler ▶ vi jaillir
**manatí** nm lamantin m
**manaza** (fam) nf paluche f ▶ adj inv, nmf inv: **manazas** brise-fer m inv
**mancebo** nm jeune homme m
**mancha** nf tache f; **la M~** la Manche

**manchado, -a** adj taché(e); (piel de animal) tacheté(e)
**manchar** vt, vi tacher; **mancharse** vpr se tacher
**manchego, -a** adj de la Manche ▶ nm/f natif(-ive) o habitant(e) de la Manche
**mancilla** nf tache f
**mancillar** vt souiller
**manco, -a** adj manchot(e); (incompleto) incomplet(-ète); **no ser ~** (fig) être dégourdi(e)
**mancomunado, -a** adj (Jur: obligación, responsabilidad) solidaire
**mancomunar** vt mettre en commun; (Jur) rendre solidaires
**mancomunidad** nf (de bienes) copropriété f; (de personas, Jur) association f; (de municipios) syndicat m
**mancuernas** (CAm, Méx) nfpl boutons mpl de manchette
**mandado** nm commission f; **ser un ~** être (un) commis
**mandamás** (pey) nmf inv gros bonnet m; **ser un ~** être autoritaire
**mandamiento** nm (Rel) commandement m; **~ judicial** mandat m d'arrêt
**mandar** vt ordonner; (Mil) commander; (enviar) envoyer; **¿manda usted algo más?** désirez-vous autre chose?; **se lo mandaremos por correo** nous vous l'enverrons par courrier; **~ a algn a hacer algo** ordonner à qn de faire qch; **hacer un traje** se faire faire un costume; **~ a algn a paseo** o **a la porra** envoyer qn au diable ▶ vi commander; (en un país) diriger; **¿mande?** je vous demande pardon?; **mandarse** vpr: **mandarse mudar** (Am fam) se casser
**mandarín** nm (Hist, Ling: tb pey) mandarin m
**mandarina** nf mandarine f
**mandatario, -a** nm/f (Jur) mandataire mf; **(primer) ~** (esp Am Pol) président m
**mandato** nm (orden) ordre m; (Pol) mandat m; (Inform) commande f; **~ judicial** mandat d'arrêt
**mandíbula** nf mandibule f
**mandil** nm tablier m
**mandinga** (Am) nm diable m
**mandioca** nf manioc m
**mando** nm (Mil) commandement m; (de organización, país) direction f; (Tec) commande f; **los (altos) mandos** les chefs mpl; **el alto ~** le haut commandement; **al ~ de** sous la responsabilité de; **tomar el ~** prendre le commandement; **~ a distancia** télécommande f
**mandolina** nf mandoline f
**mandón, -ona** (pey) adj autoritaire
**mandril** nm (Zool) mandrill m; (Tec) mandrin m
**manecilla** nf (de reloj) aiguille f

## manejable – mano

**manejable** *adj* maniable ; *(persona)* facile
**manejar** *vt* manier ; *(máquina)* manipuler ; *(caballo)* mener ; *(pey: a personas)* manœuvrer ; *(casa, negocio)* mener ; *(dinero, números)* brasser ; *(idioma)* maîtriser ; *(AM Auto)* conduire ▶ *vi (AM Auto)* conduire ; « ~ **con cuidado** » « manipuler avec précaution » ; **manejarse** *vpr* se débrouiller
**manejo** *nm* maniement *m* ; *(de máquinas)* fonctionnement *m* ; *(AM: de negocio)* conduite *f* ; *(soltura)* maîtrise *f* ; **manejos** *nmpl (pey)* manœuvres *fpl*
**manera** *nf* manière *f*, façon *f* ; **a mi ~** à ma façon ; **a mi ~ de ver** d'après moi ; **de ~ que** de sorte que ; **de cualquier ~** de toute manière ; *(pey)* n'importe comment ; **de mala ~** *(fam)* brutalement ; **¡de ninguna ~!** en aucun cas ! ; **de otra ~** autrement ; **de todas maneras** de toute manière ; **en gran ~** largement ; **sobre ~** énormément ; **no hay ~ de persuadirle** il n'y a pas moyen de le persuader ; **~ de pensar/de ser** façon de penser/d'être ; **maneras** *nfpl (modales)* manières *fpl*
**manga** *nf* manche *f* ; *(Geo)* tuyau *m* ; **de ~ corta/larga** à manches courtes/longues ; **en mangas de camisa** en bras de chemise ; **andar ~ por hombro** être débraillé(e) ; **tener ~ ancha** être très ouvert(e) ; **~ de pastelero** douille *f* (de pâtissier) ; **~ de riego** tuyau d'irrigation ; **~ de viento** manche à air
**manganeso** *nm* manganèse *m*
**mangante** *(fam) adj, nmf* voyou *m*
**mangar** *(fam) vt* piquer
**manglar** *nm* mangrove *f*
**mangle** *nm* palétuvier *m*
**mango** *nm* manche *m* ; *(Bot)* mangue *f* ; **~ de escoba** manche à balai
**mangonear** *(fam) vt (controlar)* commander ▶ *vi (entrometerse)* se mêler de tout
**mangoneo** *(fam) nm (entrometimiento)* ingérence *f* ; *(control)* emprise *f*, autorité *f*
**mangue** etc *vb ver* **mangar**
**manguera** *nf* tuyau *m* d'arrosage ; **~ de incendios** lance *f* d'incendie
**maní** *(pl* **maníes** *o* **manises**) *(AM) nm* cacahuète *f* ; *(planta)* arachide *f*
**manía** *nf* manie *f* ; **tiene sus manías** il a ses petites manies ; **tener ~ a algn/algo** avoir une dent contre qn/ne pas aimer qch
**maníaco, -a** *adj, nm/f* maniaque *mf*
**maniaco-depresivo, -a** *adj, nm/f* maniacodépressif(-ive)
**maniatar** *vt* ligoter
**maniático, -a** *adj, nm/f* maniaque *mf*
**manicomio** *nm* asile *m* (de fous)
**manicura** *nf* manucure *f*
**manido, -a** *adj* rebattu(e)
**manierismo** *nm* maniérisme *m*

**manifestación** *nf* manifestation *f* ; *(declaración)* déclaration *f*
**manifestante** *nmf* manifestant(e)
**manifestar** *vt* manifester ; *(declarar)* déclarer ; **manifestarse** *vpr (Pol)* manifester ; *(interés, dolor)* se manifester
**manifiesto, -a** *pp de* **manifestar** ▶ *adj* manifeste ; **poner (algo) de ~** mettre (qch) en évidence ▶ *nm (Arte, Pol)* manifeste *m*
**manigua** *(CAM, CARIB, MÉX) nf* broussailles *fpl*
**manija** *nf* manche *m*
**Manila** *n* Manila
**manilla** *nf (de reloj)* aiguille *f* (de montre) ; *(AM)* levier *m* ; **manillas** *nfpl*: **manillas (de hierro)** fers *mpl*
**manillar** *nm* guidon *m*
**maniobra** *nf* manœuvre *f* ; **maniobras** *nfpl (Mil, pey)* manœuvres *fpl*
**maniobrar** *vi* manœuvrer ; *(Mil)* faire des manœuvres
**manipulación** *nf* manipulation *f*
**manipulador, a** *adj* manipulateur(-trice) ▶ *nm/f (de mercancías)* manutentionnaire *mf* ; *(pey)* manipulateur(-trice) ▶ *nm (Elec, Telec)* manipulateur *m*
**manipular** *vt* manipuler ; *(mercancías)* manutentionner
**maniqueísmo** *nm* manichéisme *m*
**maniqueo, -a** *adj, nm/f* manichéen(ne)
**maniquí** *nmf* mannequin *mf* ▶ *nm (de escaparate)* mannequin *m*
**manirroto, -a** *adj, nm/f* dépensier(-ière)
**manita** *nf* menotte *f* ; **manitas de plata** doigts *mpl* de fée ; **hacer manitas** se caresser les mains
**manitas** *adj inv* adroit(e) ▶ *nmf inv*: **ser un(a) ~** être très adroit(e)
**manito** *(AM) nm (en conversación)* copain *m*
**manivela** *nf* manivelle *f*
**manjar** *nm* mets *msg*
**mano**[1] *nf* main *f* ; *(Zool)* patte *f* ; *(Culin)* pied *m* ; *(de pintura)* couche *f* ; **a ~** à la main ; **estar/tener algo a ~** être/avoir qch à portée de la main ; **a ~ derecha/izquierda** à droite/gauche ; **hecho a ~** fait à la main ; **a manos llenas** à pleines mains ; **de primera ~** de première main ; **de segunda ~** d'occasion ; **robo a ~ armada** vol *m* à main armée ; **Pedro es mi ~ derecha** Pedro est mon bras droit ; **darse la(s) ~(s)** se donner la main ; **echar una ~** donner un coup de main ; **hacer algo ~ a ~** faire qch en tête à tête ; **echar ~ de algo** *(para usarlo)* recourir à qch ; **estrechar la ~ a algn** serrer la main à qn ; **dar algo en ~** donner qch en mains propres ; **ir de la ~** échapper ; **tener buena/mala ~ para algo** être doué(e)/peu doué(e) pour qch ; **meter ~** *(fam)* peloter ; **traer** *o* **llevar algo entre manos** avoir qch entre les mains ; **estar en manos de algn** être entre les mains de qn ;

770 · ESPAÑOL | FRANCÉS

**mano – maquetación**

**estar en buenas manos** être en de bonnes mains ; **se le fue la ~** il n'y est pas allé de main morte ; (*con ingredientes*) il a eu la main un peu lourde ; **haré lo que esté en mi ~** je ferai mon possible ; **¡manos a la obra!** au travail ! ; **pillar/coger/sorprender a algn con las manos en la masa** prendre qn la main dans le sac ; **~ de obra** main-d'œuvre *f* ; **~ dura** sévérité *f* ; **manos libres** *adj* (*teléfono, dispositivo*) mains-libres *inv* ; *nm* kit *m* mains-libres

**mano²** (*fam*) *nm* (*Méx*) copain *m*

**manojo** *nm* (*de hierbas*) botte *f* ; (*de llaves*) trousseau *m* ; **ser un ~ de nervios** être un paquet de nerfs

**manómetro** *nm* manomètre *m*

**manopla** *nf* moufle *f* ; **~ de cocina** manique *f*

**manoseado, -a** *adj* (*tema*) rebattu(e) ; (*papel*) tripoté(e)

**manosear** *vt* tripoter ; (*tema, asunto*) rebattre

**manotazo** *nm* gifle *f*

**manotear** *vi* gesticuler

**mansalva : a ~** *adv* sans risque

**mansedumbre** *nf* (*de persona*) douceur *f* ; (*de animal*) docilité *f*

**mansión** *nf* demeure *f*

**manso, -a** *adj* (*persona*) doux (douce) ; (*animal*) docile ; (*aguas*) tranquille ; (*Chi fam*) énorme

**manta** *nf* couverture *f* ; (*Am*) poncho *m* ; **una ~ de azotes/palos** une volée de coups de fouet/de bâton ; **a ~** (*llover*) des cordes ; (*reírse*) aux larmes

**manteca** *nf* (*de cerdo*) saindoux *m* ; (*de cacao, Am: mantequilla*) beurre *m* ; (*de leche*) crème *f*

**mantecado** *nm* (*pasta*) sorte de gâteau au saindoux ; (*helado*) glace *f*

**mantecoso, -a** *adj* crémeux(-euse)

**mantel** *nm* nappe *f*

**mantelería** *nf* linge *m* de table

**mantendré** *etc vb ver* **mantener**

**mantener** *vt* maintenir ; (*familia*) subvenir aux besoins de ; (*Tec*) assurer la maintenance (de) ; (*actividad*) conserver ; (*edificio*) soutenir ; **~ la línea** garder la ligne ; **~ el equilibrio** garder l'équilibre ; **~ algo encendido/caliente** laisser qch allumé(e)/garder qch au chaud ; **~ a algn informado** tenir qn au courant ; **~ a algn con vida** maintenir qn en vie ; **mantenerse** *vpr* (*edificio*) être soutenu(e) ; (*no ceder*) se maintenir ; **mantenerse a distancia** garder ses distances ; **mantenerse de/con** vivre de ; **mantenerse en forma** garder la forme ; **mantenerse en pie** rester debout ; **mantenerse firme** rester ferme

**mantenga** *etc vb ver* **mantener**

**mantenimiento** *nm* (*Tec*) maintenance *f* ; (*de orden, relaciones*) maintien *m* ; (*sustento*) subsistance *f* ; **ejercicios de ~** exercices *mpl* de gymnastique

**mantequería** *nf* crémerie *f*

**mantequilla** *nf* beurre *m*

**mantilla** *nf* mantille *f* ; (*de bebé*) lange *m* ; **estar en mantillas** (*persona*) être naïf(-ïve) ; (*proyecto*) être à l'état d'embryon

**mantillo** *nm* humus *m*

**mantis** *nf inv* (*tb*: **mantis religiosa**) mante *f* (religieuse)

**manto** *nm* cape *f*

**mantón** *nm* châle *m* ; **~ de manila** châle en soie brodée

**mantra** *nm* mantra *m*

**mantuve** *etc vb ver* **mantener**

**manual** *adj* manuel(le) ▶ *nm* manuel *m*

**manualidades** *nfpl* travaux *mpl* manuels

**manubrio** (*Am*) *nm* (*Auto*) volant *m*

**manufactura** *nf* manufacture *f*

**manufacturado, -a** *adj* manufacturé(e)

**manufacturar** *vt* manufacturer, fabriquer

**manuscrito, -a** *adj* manuscrit(e) ▶ *nm* manuscrit *m*

**manutención** *nf* (*de persona*) entretien *m* ; (*de alimentos, dinero*) conservation *f*

**manzana** *nf* pomme *f* ; (*de edificios*) pâté *m* de maisons ; **~ de la discordia** (*fig*) pomme de discorde

**manzanilla** *nf* camomille *f* ; (*vino*) manzanilla *m*

**manzano** *nm* pommier *m*

**maña** *nf* adresse *f* ; **con ~** avec adresse ; **darse (buena) ~ para hacer algo** être doué(e) pour faire qch ; **mañas** *nfpl* (*artimañas*) ruses *fpl*

**mañana** *adv* demain ; **~ por la ~** demain matin ; **pasado ~** après-demain ; **¡hasta ~!** à demain ! ▶ *nm* : **(el) ~** (le) lendemain ▶ *nf* matin *m* ; **de** *o* **por la ~** le matin ; **a las tres de la ~** à trois heures du matin ; **a media ~** tard dans la matinée

> El sustantivo **mañana** suele traducirse en francés por *matin*:
> **Esta mañana ha llovido.** Ce matin il a plu.
> No obstante, cuando tiene un valor de duración suele traducirse por *matinée*:
> **He trabajado toda la mañana.** J'ai travaillé toute la matinée.

**mañanero, -a** *adj* matinal(e)

**mañanitas** (*Méx*) *nfpl* chanson *f* d'anniversaire

**maño, -a** *adj* d'Aragon ▶ *nm/f* natif(-ive) *o* habitant(e) d'Aragon

**mañoso, -a** *adj* adroit(e)

**mapa** *nm* carte *f*

**mapache** *nm* raton *m* laveur

**mapamundi** *nm* mappemonde *f*

**mapucha, mapuche** *adj* mapuche ▶ *nmf* Mapuche *mf*

**maqueta** *nf* maquette *f*

**maquetación** *nf* mise *f* en pages, maquettage *m*

**maquetar** vt maquetter, mettre en pages
**maquiavélico, -a** (pey) adj machiavélique
**maquiladora** (Méx) nf usine f
**maquillador, a** nm/f (Teatro etc) maquilleur(-euse)
**maquillaje** nm maquillage m
**maquillar** vt maquiller ; **maquillarse** vpr se maquiller
**máquina** nf machine f ; (de tren) locomotive f ; (CAm, Cu) voiture f ; **a toda ~** à toute allure ; **escrito a ~** tapé à la machine ; **~ de coser/de escribir/de vapor** machine à coudre/à écrire/à vapeur ; **~ fotográfica** appareil m photographique ; **~ herramienta** machine-outil f ; **~ tragaperras** machine à sous
**maquinación** nf machination f
**maquinal** adj machinal(e)
**maquinar** vt, vi comploter
**maquinaria** nf machinerie f
**maquinilla** nf (tb: **maquinilla de afeitar**) rasoir m ; **~ eléctrica** rasoir électrique
**maquinista** nmf mécanicien(ne)
**maquinización** nf mécanisation f
**maquis** nm inv (movimiento) maquis m ; (persona) maquisard m
**mar** nm o nf mer f ; **~ de fondo** lame f de fond ; (fig) malaise m ; **~ gruesa** mer forte ; **~ adentro** au large ; **en alta ~** en haute mer ; **por ~** par mer ; **hacerse a la ~** partir en mer ; **a mares** (llover) à verse ; (llorar) comme une madeleine ; **estar hecho un ~ de lágrimas** pleurer comme une fontaine ; **es la ~ de guapa** elle est très belle ; **la ~ de bien** très bien ; **el M~ Negro/Báltico** la mer Noire/Baltique ; **el M~ Muerto/Rojo** la mer Morte/Rouge ; **el M~ del Norte** la Mer du Nord
**mar.** abr = **marzo**
**mara** nf (pandilla) mara f (gang d'Amérique Centrale)
**maraca** nf (Mús) maraca f
**maracuyá** nm fruit m de la passion
**marajá** nm maharadja m
**maraña** nf enchevêtrement m
**marasmo** nm marasme m
**maratón** nm marathon m
**maratoniano, -a** adj (Deporte) marathonien(ne) ; (fig): **una jornada maratoniana** une journée-marathon ▶ nm/f marathonien(ne)
**maravilla** nf merveille f ; (Bot) souci m ; **¡qué ~!** quelle merveille ! ; **hacer maravillas** faire des merveilles ; **a las mil maravillas** à merveille
**maravillar** vt émerveiller ; **maravillarse** vpr: **maravillarse (de)** s'émerveiller (de)
**maravilloso, -a** adj merveilleux(-euse) ; **¡es ~!** c'est merveilleux !
**marbellí** adj de Marbella ▶ nmf natif(-ive) o habitant(e) de Marbella

**marca** nf marque f ; (acto) marquage m ; (Deporte) record m ; **de ~** (Com) de marque ; **~ de fábrica** marque de fabrique ; **~ propia/registrada** marque propre/déposée
**marcado, -a** adj marqué(e)
**marcador** nm (Deporte: tablero) tableau m d'affichage ; (: resultado) score m
**marcaje** nm (Deporte) marquage m
**marcapasos** nm inv stimulateur m cardiaque
**marcar** vt (tb Deporte) marquer ; (número de teléfono) composer ; (Com) étiqueter ; **mi reloj marca las dos** à ma montre il est deux heures ; **~ el compás** (Mús) battre la mesure ; **~ el paso** marquer le pas ▶ vi (Deporte) marquer ; (Telec) composer le numéro ; (en peluquería) faire une mise en plis ; **lavar y ~** faire un shampooing et une mise en plis
**marcha** nf marche f ; (Auto) vitesse f ; (dirección) tournure f ; (fam: animación) animation f ; **dar ~ atrás** (Auto, fig) faire marche arrière ; **estar en ~** être en marche ; (negocio) marcher ; **hacer algo sobre la ~** faire qch au fur et à mesure ; **poner en ~** faire démarrer ; **ponerse en ~** se mettre en marche ; **a marchas forzadas** (fig) en quatrième vitesse ; **¡en ~!** (Mil) en avant, marche ! ; (fig) allons-y ! ; **una persona/una ciudad/un bar con (mucha) ~** une personne (très) dynamique/une ville/un bar (très) animé(e)
**marchamo** nm (en producto) label m ; (de aduana) estampille f ; (fig) marque f
**marchante, -a** nm/f marchand(e) de tableaux
**marchar** vi marcher ; (ir) partir ; **todo marcha bien** tout va bien ; **marcharse** vpr s'en aller
**marchitar** vt faner ; **marchitarse** vpr se faner
**marchito, -a** adj fané(e)
**marchoso, -a** (fam) adj animé(e)
**marcial** adj martial(e)
**marciano, -a** nm/f martien(ne)
**marco** nm cadre m ; (Hist: moneda) mark m
**marea** nf marée f ; (movimiento de protesta): **la ~ blanca** la marée blanche, mouvement de protestation des travailleurs espagnols de la santé contre la réforme du système ; **una ~ de gente** une marée humaine ; **~ negra** marée noire ; **~ alta/baja** marée haute/basse
**mareado, -a** adj: **estar ~** (con náuseas) avoir mal au cœur, (aturdido) être abruti(e) ; ver tb **mareo**
**marear** vt (Med) donner mal au cœur à ; (fam) assommer ; **marearse** vpr avoir mal au cœur ; (en barco) avoir le mal de mer ; (desmayarse) s'évanouir ; (estar aturdido) être abruti(e) ; (emborracharse) se soûler ; ver tb **mareo**
**marejada** nf mer f agitée
**marejadilla** nf mer f belle à peu agitée
**maremágnum** nm (fig) foisonnement m

**maremoto** nm raz-de-marée m inv
**mareo** nm mal m au cœur ; (en barco) mal de mer ; (en avión) mal de l'air ; (en coche) mal des transports ; (desmayo) évanouissement m ; (aturdimiento) étourdissement m ; (fam: lata) ennui m
**marfil** nm ivoire m
**margarina** nf margarine f
**margarita** nf marguerite f
**margen** nm o nf (de río, camino) bord m ; (de página) marge f ▶ nm marge f ; **al ~ de lo que digas** quoi que tu dises ; **dar ~ para** donner l'occasion de ; **dejar a algn al ~** tenir qn à l'écart ; **mantenerse al ~** rester en marge ; **~ de beneficio** o **de ganancia** marge bénéficiaire ; **~ de confianza** marge de confiance
**marginación** nf marginalisation f ; **la ~ social** l'exclusion f sociale
**marginado, -a** adj, nm/f marginal(e)
**marginal** adj marginal(e)
**marginar** vt marginaliser
**maría** (fam) nf (ESP: marihuana) herbe f (fam) ; (hum, pey: ama de casa) femme f au foyer ; (Escol) matière jugée peu importante ou facile ; (MÉX) femme indienne des campagnes venue travailler à Mexico ; **las tres marías** (Hist) instruction religieuse, instruction civique, éducation physique
**mariachi** (MÉX) nm (Mús) mariachi m
**marica** (fam!) nm (homosexual) pédé m (fam!) ; (cobarde) poule f mouillée
**Maricastaña** nf : **en los días** o **en tiempos de ~** du temps où la reine Berthe filait
**maricón** (fam!) nm (homosexual) pédé m (fam!) ; (insulto) connard m (fam!)
**marido** nm mari m
**marihuana** nf marijuana f
**marimacho** (fam) nf garçon m manqué
**marimba** nf marimba m
**marimorena** nf bagarre f ; **armar una ~** provoquer une bagarre
**marina** nf (Mil) marine f ; **~ mercante** marine marchande
**marinero, -a** adj marin(e) ▶ nm/f marin m
**marino, -a** adj marin(e) ▶ nm marin m
**marioneta** nf marionnette f
**mariposa** nf papillon m ; (Tec) veilleuse f ; (en natación) brasse f papillon
**mariposear** vi papillonner
**mariquita** nm (fam!) pédé m (fam!) ▶ nf coccinelle f
**mariscada** nf plateau m de fruits de mer
**mariscal** nm (Mil) maréchal m ; **~ de campo** (anticuado) maréchal de camp
**marisco** nm fruits mpl de mer
**marisma** nf marais msg
**marisquería** nf bar où l'on consomme des fruits de mer
**marítimo, -a** adj maritime
**marketing** nm marketing m

**marmita** nf marmite f
**mármol** nm marbre m
**marmóreo, -a** adj de marbre
**marmota** nf marmotte f
**maroma** nf cordage m
**marque** etc vb ver **marcar**
**marqués, -esa** nm/f marquis(e)
**marquesina** nf (de parada) abri m ; (de estación) toit m ; (de puerta) marquise f
**marquetería** nf marqueterie f
**márquetin** nm = **marketing**
**marranada** nf (fam) saleté f ; (acción) bassesse f
**marrano, -a** adj (fam) sale ▶ nm/f cochon (truie) ; (persona sucia: fam) cochon(ne)
**marras** : **de ~** adv, **el tipo de ~** le type en question ; **el asunto de ~** la même ritournelle
**marrón** adj marron
**marroquí** adj marocain(e) ▶ nmf Marocain(e) ▶ nm (cuero) maroquin m
**marroquinería** nf maroquinerie f
**Marruecos** nm Maroc m
**marsupial** adj marsupial(e) ▶ nm marsupial m
**marta** nf martre f
**Marte** nm Mars fsg
**martes** nm inv mardi m ; **~ de carnaval** Mardi gras ; **~ y trece** voir article ; ver tb **sábado**

- **MARTES Y TRECE**
- En Espagne la superstition veut que le
- **martes 13** soit un jour qui porte malheur,
- un peu comme notre vendredi 13.

**martillar** vt marteler
**martillazo** nm coup m de marteau
**martillear** vt marteler
**martilleo** nm martèlement m
**martillo** nm marteau m ; **~ neumático** marteau-piqueur m
**Martinica** nf Martinique f
**mártir** nmf martyr(e)
**martirice** etc vb ver **martirizar**
**martirio** nm martyre m
**martirizar** vt martyriser
**marxismo** nm marxisme m
**marxista** adj, nmf marxiste mf
**marzo** nm mars msg ; ver tb **julio**
**mas** conj mais

**PALABRA CLAVE**

**más** adv **1** (compar) plus ; **más grande/inteligente** plus grand/intelligent ; **trabaja más (que yo)** il travaille plus (que moi) ; **más de mil** plus de mille ; **más de lo que yo creía** plus que je ne pensais
**2** (+ sustantivo) plus de ; **más libros** plus de livres ; **más tiempo** plus longtemps
**3** (tras sustantivo) en plus, de plus ; **tres**

## masa – matanza

personas **más (que ayer)** trois personnes de plus (qu'hier)
**4** (superl): **el más ...** le plus ... ; **el más inteligente (de)** le plus intelligent (de) ; **el coche más grande** la voiture la plus grande ; **el que más corre** le plus rapide ; **puedo hacerlo como el que más** je peux le faire comme personne
**5** (adicional): **deme una más** donnez m'en encore une ; **un poco más** encore un peu ; **¿qué más?** quoi d'autre ?, quoi encore ? ; **¿quién más?** qui d'autre ? ; **¿quieres más?** en veux-tu plus o davantage ?
**6** (negativo): **no tengo más dinero** je n'ai plus d'argent ; **no viene más por aquí** il ne vient plus par ici ; **no sé más** je n'en sais pas plus o davantage ; **nunca más** plus jamais ; **no hace más que hablar** il ne fait que parler ; **no lo sabe nadie más que él** il n'y a que lui qui le sache
**7** (+ adj: valor intensivo): **¡qué perro más sucio!** comme ce chien est sale ! ; **¡es más tonto!** qu'est-ce qu'il est bête !
**8** (locuciones): **más o menos** plus ou moins ; **ni más ni menos** ni plus ni moins ; **los más** la plupart ; **es más, acabamos pegándonos** on a même fini par se battre ; **más aún** d'autant plus ; **más bien** plutôt ; **¡más te vale!** ça vaut mieux pour toi ! ; **más vale tarde que nunca** mieux vaut tard que jamais ; **a más tardar** au plus tard ; **a más y mejor** à qui mieux mieux ; **¡qué más da!** qu'est-ce que cela peut faire ! ; ver tb **cada**
**9**: **de más**: **veo que aquí estoy de más** je vois que je suis de trop ici ; **tenemos uno de más** nous en avons un de trop
**10** (AM): **no más** seulement ; **así no más** comme ça ; **ayer no más** pas plus tard qu'hier
**11**: **por más**: **por más que lo intento** j'ai beau essayer ; **por más que quisiera** j'ai beau vouloir
**12** (Mat): **dos más dos son cuatro** deux plus deux font quatre
▶ nm (Mat: signo) signe m plus ; **este trabajo tiene sus más y sus menos** ce travail a de bons et de mauvais côtés

> La palabra *plus* se pronuncia [ply] delante de consonante (*Lui, il est plus gentil qu'elle*), [plyz] delante de vocal (*Il y a de plus en plus de chômeurs*) y [plys] en posición final (*J'en veux plus*).

**masa** nf masse f ; (Culin) pâte f ; (CSUR) gâteau m ; **en ~** en masse ; **las masas** nmpl (Pol) les masses fpl
**masacrar** vt massacrer
**masacre** nf massacre m
**masaje** nm massage m
**masajear** vt masser

**masajista** nmf masseur(-euse)
**mascar** vt, vi mâcher ; **hay que dárselo todo mascado** (fig) il faut toujours lui mâcher le travail
**máscara** nf (tb Inform) masque m ; **~ antigás/de oxígeno** masque à gaz/à oxygène ▶ nmf personne f masquée
**mascarada** nf bal m masqué ; (pey) mascarade f
**mascarilla** nf (Med, en cosmética) masque m
**mascarón** nm mascaron m ; **~ de proa** figure f de proue
**mascota** nf mascotte f
**masculinidad** nf masculinité f
**masculino, -a** adj masculin(e) ▶ nm (Ling) masculin m
**mascullar** vt bredouiller
**masía** nf (ARAGÓN, CATALUÑA) mas m, ferme f
**masificación** nf massification f
**masilla** nf mastic m
**masivamente** adv massivement ; **la huelga fue apoyada ~** la grève a reçu un soutien massif
**masivo, -a** adj massif(-ive)
**masón, -ona** nm/f franc-maçon(ne)
**masonería** nf franc-maçonnerie f
**masónico, -a** adj maçonnique
**masoquismo** nm masochisme m
**masoquista** adj, nmf masochiste mf
**masque** etc vb ver **mascar**
**mastectomía** nf mastectomie f
**máster** nm (Univ) master m

> **MÁSTER**
>
> Le **máster** correspond au diplôme de second cycle universitaire. En Espagne, les études de **máster** durent une ou deux années et associent formation universitaire, professionnelle et formation à la recherche.

**masticar** vt, vi mastiquer
**mástil** nm mât m ; (de guitarra) manche m
**mastín** nm mâtin m
**mastique** etc vb ver **masticar**
**mastodonte** nm mastodonte m
**mastodóntico, -a** adj gigantesque
**masturbación** nf masturbation f
**masturbarse** vpr se masturber
**mata** nf (esp AM) arbuste m ; (de perejil) bouquet m ; **~ de pelo** touffe f de cheveux ; **matas** nfpl (matorral) fourrés mpl
**matadero** nm abattoir m
**matador, a** adj laid(e) à faire peur ▶ nm (Taur) matador m
**matamoscas** nm inv chasse-mouche m
**matanza** nf (de gente) massacre m ; (de cerdo: acción) abattage m du cochon ; (: época) saison de l'abattage du cochon ; (: carne) viande du cochon abattu

**matar – mazacote**

**matar** vt tuer ; (hambre, sed) apaiser ; **~ a algn a disgustos** (fig) faire mourir qn de chagrin ; **matarlas callando** agir en douce ▶ vi tuer ; **matarse** vpr se tuer ; **matarse trabajando** o **a trabajar** se tuer au travail ; **matarse por hacer algo** se tuer à faire qch
**matarife** (pey) nm tueur m
**matarratas** nm inv (veneno) mort-aux-rats f inv ; (fam: alcohol) tord-boyaux m
**matasanos** (pey) nm inv ennui m de santé
**matasellos** nm inv cachet m de la poste
**mate** adj mat(e) ▶ nm (en ajedrez) mat m ; (AND, CSUR: hierba, infusión) maté m ; (: vasija) récipient m pour le maté ; **~ de coca/de menta** thé à la coca/à la menthe
**matemáticas** nfpl mathématiques fpl, maths fpl
**matemático, -a** adj mathématique ; **¡es ~!** c'est mathématique ! ▶ nm/f mathématicien(ne)
**materia** nf matière f ; **en ~ de** en matière de ; **entrar en ~** entrer en matière ; **~ prima** matière première
**material** adj matériel(le) ; **no tener tiempo ~ para algo** ne pas avoir le temps matériel de faire qch ▶ nm matière f, matériau m ; (dotación) matériel m ; (cuero) cuir m (tanné) ; **~ de construcción** matériau de construction ; **materiales de derribo** décombres mpl
**materialismo** nm matérialisme m
**materialista** adj matérialiste
**materializar** vt matérialiser ; **materializarse** vpr se matérialiser
**materialmente** adv: **es ~ imposible** c'est matériellement impossible
**maternal** adj maternel(le)
**maternidad** nf maternité f
**materno, -a** adj maternel(le)
**matice** etc vb ver **matizar**
**matinal** adj matinal(e)
**matiz** nm nuance f ; **un (cierto) ~ irónico** une (légère) nuance d'ironie
**matizar** vt, vi nuancer ; (aclarar) préciser
**matón** nm dur m
**matorral** nm buisson m
**matraca** nf matraque f ; (fam: lata) plaie f
**matraz** nm (Quím) ballon m
**matriarcado** nm matriarcat m
**matriarcal** adj matriarcal(e)
**matrícula** nf (en centro educativo) inscription f ; (placa de vehículo) plaque f d'immatriculation ; **~ de honor** ≈ mention f très bien
**matriculación** nf (de vehículo) immatriculation f ; (de alumno) inscription f
**matricular** vt (coche) immatriculer ; (alumno) inscrire ; **matricularse** vpr s'inscrire
**matrimonial** adj (contrato) de mariage ; (vida) conjugal(e)
**matrimonio** nm (pareja) couple m ; (boda) mariage m ; **contraer ~ (con)** se marier (avec) ; **~ civil/clandestino** mariage civil/clandestin
**matriz** nf (Anat) utérus msg ; (Tec, Mat) matrice f ; **casa ~** (Com) maison f mère
**matrona** nf matrone f
**matutino, -a** adj (periódico) du matin ; (actividades) matinal(e)
**maullar** vi miauler
**maullido** nm miaulement m
**Mauricio** nm (île f) Maurice f
**Mauritania** nf Mauritanie f
**mausoleo** nm mausolée m
**max.** abr (= máximo) max. (= maximum)
**maxilar** adj, nm maxillaire m
**máxima** nf maxime f
**máxime** adv particulièrement
**maximizar** vt maximiser
**máximo, -a** adj maximal(e), maximum ; (longitud, altitud) maximal(e) ; (galardón) supérieur(e) ; **~ líder** o **jefe, líder ~** (esp AM) président m ; **lo ~** le maximum ▶ nm maximum m ; **como ~** au plus ; **al ~** au maximum
**maxisingle** nm maxi 45 tours msg
**maya** adj maya ▶ nmf Maya mf
**mayo** nm mai m ; ver tb **julio**
**mayonesa** nf mayonnaise f
**mayor** adj (adulto) grand(e) ; (de edad avanzada) âgé(e) ; (comparativo y superlativo: de tamaño) plus grand(e) ; (: de edad) plus âgé(e) ; (calle, plaza) grand(e) ; (Mús) majeur(e) ; (principal) principal(e) ; **las personas mayores** (adultos) les adultes mpl ; (ancianos) les personnes âgées fpl ; **cuando seas ~** quand tu seras grand(e) ; **~ de edad** majeur(e) ; **las mayores dificultades** les plus grandes difficultés ; **al por ~** en gros ▶ nm (AM Mil) major m ; **los mayores** nmpl les grandes personnes fpl
**mayoral** nm (Agr) contremaître m ; (pastor) berger m
**mayordomo** nm majordome m
**mayoreo** (AM) nm vente f en gros
**mayoría** nf majorité f ; **en la ~ de los casos** dans la majorité des cas ; **en su ~** en majorité ; **~ absoluta/relativa** majorité absolue/relative ; **~ de edad** majorité
**mayorista** nmf grossiste mf
**mayoritario, -a** adj majoritaire
**mayormente** adv (principalmente) principalement ; (particularmente) particulièrement ; **no me interesa ~** ça ne m'intéresse pas particulièrement
**mayúscula** nf (tb: **letra mayúscula**) majuscule f
**mayúsculo, -a** adj (susto) terrible ; (error) énorme
**maza** nf (Tec) masse f ; (arma) massue f
**mazacote** nm matière f dure ; (Culin) pâte f dure ; (libro gordo) pavé m

## mazamorra – medida

**mazamorra** (AM) nf sucrerie à base de miel
**mazapán** nm pâte f d'amandes ; (dulce) massepain m
**mazazo** nm coup m de massue ; **fue un ~ para él** cela a été un véritable coup de massue pour lui ; **la noticia cayó como un ~** la nouvelle a fait l'effet d'une bombe
**mazmorra** nf cachot m
**mazo** nm maillet m ; (de mortero) pilon m ; (de naipes) paquet m ; (de billetes) liasse f
**mazorca** nf épi m de maïs
**Mb** abr (= megabyte) Mo (= méga-octet)
**MCAC** sigla m = **Mercado Común de la América Central**
**m.c.d.** abr (= mínimo común denominador) p.p.d.c. m (= plus petit dénominateur commun)
**MCI** sigla m = **Mercado Común Iberoamericano**
**m.c.m.** abr (= mínimo común múltiplo) p.p.c.m. m (= plus petit commun multiple)
**me** pron me ; (en imperativo) moi ; **me lo compró** il me l'a acheté ; **¡dámelo!** donne-le-moi !
**meada** (fam) nf (orina) pisse f (fam) ; (mancha) tache f de pisse ; **echar una ~** pisser un coup (fam)
**meandro** nm méandre m
**mear** (fam) vt, vi pisser (fam) ; **mearse** vpr pisser (fam) ; **mearse de risa** pisser de rire
**Meca** nf: **La ~** La Mecque
**meca** nf: **la ~ del cine** la Mecque du cinéma
**mecánica** nf mécanique f ; ver tb **mecánico**
**mecanice** etc vb ver **mecanizar**
**mecánico, -a** adj mécanique ▶ nm/f mécanicien(ne)
**mecanismo** nm mécanisme m
**mecanizar** vt mécaniser
**mecanografía** nf dactylographie f
**mecanografiado, -a** adj dactylographié(e)
**mecanografiar** vt dactylographier
**mecanógrafo, -a** nm/f dactylo(graphe) mf
**mecapalero** (CAM, MÉX) nm porteur m
**mecate** (AM) nm corde f
**mecedor** (AM) nm, **mecedora** nf fauteuil m à bascule
**mecenas** nm inv mécène m
**mecenazgo** nm mécénat m
**mecer** vt bercer ; **mecerse** vpr se balancer
**mecha** nf mèche f ; **a toda ~** à toute allure ; **mechas** nfpl (en el pelo) mèches fpl
**mechero** nm briquet m
**mechón** nm (de pelo) mèche f ; (de lana) brins mpl
**medalla** nf médaille f
**medallero** nm palmarès m
**medallista** nmf (Deporte) médaillé(e) ; **~ olímpico** médaillé olympique
**medallón** nm (joya, bajorrelieve) médaillon m ; (Culin: de carne) médaillon m ; (: de pescado) darne f

**media** nf moyenne f ; (prenda de vestir) bas msg ; (AM) chaussette f ; **a medias** à moitié ; **pagar a medias** partager les frais ; **entre medias** au milieu ; **medias** nfpl (un par) collant msg
**mediación** nf médiation f ; **por ~ de** par l'intermédiaire de
**mediado, -a** adj (botella) à moitié plein(e) ; (trabajo) à moitié fait(e) ; **a mediados de** au milieu de
**mediador, a** nm/f médiateur(-trice)
**mediagua** (CHI) nf cabane f
**medialuna** (esp CSUR) nf (Culin) croissant m
**mediana** nf (en autopista) séparation f
**medianamente** adv moyennement ; **está ~ bien** c'est moyennement bien
**mediano, -a** adj moyen(ne) ; **de tamaño ~** de taille moyenne ; **el ~** celui du milieu
**medianoche** nf minuit m
**mediante** adv grâce à
**mediar** vi servir d'intermédiaire ; (tiempo) s'écouler ; (distancia) séparer ; (problema: interponerse) s'interposer ; **media el hecho de que ...** il y a le fait que ... ; **~ por algn** intercéder en faveur de qn ; **entre ambos media un abismo** un abîme les sépare
**medias** nfpl ver **media**
**mediático, -a** adj médiatique
**mediatizar** vt médiatiser
**medicación** nf (acción) prise f de médicaments ; (medicamentos) médicaments mpl
**medicamento** nm médicament m
**medicar** vt (administrar) administrer des médicaments à ; (prescribir) prescrire des médicaments à ; **estar medicado** être sous traitement ; **estaba muy medicado** il prenait beaucoup de médicaments ; **jabón medicado** savon m traitant ; **medicarse** vpr prendre des médicaments
**medicina** nf (ciencia) médecine f ; (medicamento) médicament m ; **estudiante de ~** étudiant(e) en médecine ; **~ general** médecine générale
**medicinal** adj médicinal(e)
**medición** nf mesure f
**médico, -a** adj médical(e) ▶ nm/f médecin mf ; **~ de cabecera** médecin de famille ; **~ forense** médecin légiste ; **~ residente** médecin hospitalier
**medida** nf mesure f ; (de camisa etc) taille f ; **a ~ que ...** à mesure que ... ; **a ~ de mi** etc **capacidad/necesidad** dans la mesure de mes etc possibilités/besoins ; **con ~** avec mesure ; **en cierta ~** dans une certaine mesure ; **en gran ~** en grande partie ; **en la ~ de lo posible** dans la mesure du possible ; **sin ~** sans aucune mesure ; **un traje a la ~** un costume sur mesure ; **~ de cuello** encolure f ; **medidas** nfpl (de persona) mesures fpl ; **tomar medidas** prendre des mesures

**medidor – melómano**

**medidor, a** adj qui mesure ▶ nm/f (persona) mesureur m ▶ nm (esp Am: aparato) compteur m
**medieval** adj médiéval(e)
**medievo** nm Moyen Âge m, Moyen-Âge m
**medio, -a** adj moyen(ne) ; **~ litro** un demi-litre ; **media hora/docena/manzana** une demi-heure/douzaine/pomme ; **a ~ camino** à mi-chemin ; **a media luz** dans la pénombre ; **las tres y media** trois heures et demie ▶ adv à moitié ; **~ dormido/enojado** à moitié endormi/fâché ; **a ~ terminar** à moitié fait ▶ nm milieu m ; (método) moyen m ; **en ~** au milieu ; **(de) por ~** au milieu ; **por ~ de** au moyen de ; **en los medios financieros** dans les milieux financiers ; **~ ambiente** environnement m ; **M~ Oriente** Moyen-Orient m ; **medios** nmpl (métodos, recursos) moyens mpl ; (tb: **medios de comunicación**) médias mpl ; **medios de transporte** moyens de transport
**medioambiental** adj (política) environnemental(e) ; (efectos) sur l'environnement
**mediocampista** nmf milieu m de terrain
**mediocre** adj médiocre
**mediocridad** (pey) nf médiocrité f
**mediodía** nm midi m ; **a ~** à midi
**mediopensionista** nmf demi-pensionnaire mf
**medir** vt mesurer ; **~ las palabras/acciones** (fig) mesurer ses paroles/actes ; **~ mal sus fuerzas** trop présumer de ses forces ▶ vi mesurer ; **¿cuánto mides? — mido 1,50 m** tu mesures combien ? — je mesure 1 m 50 ; **medirse** vpr se mesurer ; **medirse con algn** se mesurer à qn
**meditabundo, -a** adj méditatif(-ive)
**meditación** nf méditation f
**meditar** vt méditer ▶ vi: **~ (sobre)** méditer (sur)
**mediterráneo, -a** adj méditerranéen(ne) ▶ nm: **el (mar) M~** la (mer) Méditerranée
**médium** (pl **médiums**) nmf médium mf
**medrar** vi réussir
**médula** nf moelle f ; **hasta la ~** (fig) jusqu'au bout des ongles ; **~ espinal** moelle épinière
**medular** adj (Anat) médullaire ; **trasplante ~** greffe f de moelle (osseuse) ; (fig: fundamental) central(e)
**medusa** nf méduse f
**mega** m (Inform) méga m
**megabyte** ['meɣaβait] nm (Inform) méga-octet m
**megafonía** nf sono f ; (técnica) sonorisation f
**megáfono** nm haut-parleur m
**megalomanía** nf mégalomanie f
**megalómano, -a** nm/f mégalomane mf
**megaocteto** nm (Inform) méga-octet m
**megapíxel** (pl **megapixels** o **megapíxeles**) nm mégapixel m

**mejicano, -a** (Esp) adj mexicain(e) ▶ nm/f Mexicain(e)
**Méjico** (Esp) nm Mexique m
**mejilla** nf joue f
**mejillón** nm moule f
**mejor** adj meilleur(e) ; **será ~ que vayas** il vaut mieux que tu t'en ailles ; **es el ~ de todos** c'est le meilleur de tous ; **lo ~** le mieux ; **en lo ~ de la vida** dans la fleur de l'âge ▶ adv mieux ; **a lo ~** peut-être ; **~ dicho** plutôt ; **¡(tanto) ~!** tant mieux ! ; **~ vámonos** (esp Am fam) allons-y ; **tú, ~ te callas** (esp Am fam) toi, tu ferais mieux de te taire

> En francés, **mejor** tiene dos traducciones: *mieux* (comparativo de *bien*), que funciona como adverbio (*Il chante mieux que moi*) y *meilleur* (comparativo de *bon*), que funciona como adjetivo (*Cette voiture est meilleure que celle-là*).

**mejora** nf amélioration f
**mejorana** nf marjolaine f
**mejorar** vt améliorer ; **mejorando lo presente** formule de politesse pour complimenter quelqu'un en présence d'autres personnes ▶ vi s'améliorer ; (enfermo) aller mieux ; **mejorarse** vpr s'améliorer ; (paciente) aller mieux ; **¡que se mejore!** je vous souhaite un prompt rétablissement !
**mejoría** nf amélioration f
**mejunje** (pey) nm (bebida) breuvage m infâme ; (cosmética) crèmes fpl
**melancolía** nf mélancolie f
**melancólico, -a** adj mélancolique
**melanina** nf mélanine f
**melanoma** nm mélanome m
**melaza** nf mélasse f
**melena** nf (de persona) longue chevelure f ; (de león) crinière f ; **melenas** nfpl (pey) tignasse fsg
**melenudo, -a** (fam) adj chevelu(e) ▶ nm (pey) hippie m
**melillense** adj de Melilla ▶ nmf natif(-ive) o habitant(e) de Melilla
**melindre** nm (rosquilla) beignet m glacé ; (soletilla) boudoir m ; **melindres** (afectación) manières f, chichis m (fam) ; **déjate de melindres y cómetelo** arrête de faire des chichis et mange-le
**mella** nf ébréchure f ; **hacer ~** (fig) ébranler
**mellado, -a** adj (cuchillo, plato) ébréché(e) ; (persona, dentadura) édenté(e)
**mellizo, -a** adj, nm/f jumeau(-elle) ; **mellizos** nmpl (Am) jumelles fpl ; (de ropa) boutons mpl de manchette
**melocotón** (Esp) nm pêche f
**melodía** nf mélodie f
**melódico, -a** adj mélodique
**melodrama** nm mélodrame m
**melodramático, -a** adj mélodramatique
**melómano, -a** nm/f mélomane mf

## melón – mensaje

**melón** *nm* melon *m*
**melopea** (*fam*) *nf* cuite *f*
**meloso, -a** (*pey*) *adj* mielleux(-euse)
**membrana** *nf* membrane *f*
**membresía** (*MÉx*) *nf* adhérents *mpl*
**membrete** *nm* en-tête *m*
**membrillo** *nm* (*fruto*) coing *m* ; (*árbol*) cognassier *m* ; (*tb*: **carne de membrillo**) pâte *f* de coings
**memez** *nf* bêtise *f*
**memo, -a** *adj* bête ▶ *nm/f* imbécile *mf*
**memorable** *adj* mémorable
**memorándum** *nm* (*libro*) mémo *m* ; (*comunicación*) mémorandum *m*
**memoria** *nf* mémoire *f* ; (*informe*) rapport *m* ; **a la ~ de** à la mémoire de ; **en ~ de** en mémoire de ; **tener buena/mala ~** avoir une bonne/mauvaise mémoire ; **aprender/saber/recitar algo de ~** apprendre/savoir/réciter qch par cœur ; **ahora que me viene a la ~** ça me revient ; **~ auxiliar/fija/fija programable** (*Inform*) mémoire auxiliaire/morte/morte programmable ; **~ de acceso aleatorio** (*Inform*) mémoire vive ; **~ del teclado** (*Inform*) mémoire du clavier ; **~ anual** rapport annuel ; **memorias** *nfpl* (*de autor*) mémoires *fpl*
**memorice** *etc vb ver* **memorizar**
**memorizar** *vt* mémoriser
**mena** *nf* minerai *m*
**menaje** *nm* (*de cocina*) ustensiles *mpl* de cuisine ; (*del hogar*) articles *mpl* pour la maison
**mención** *nf* mention *f* ; **digno de ~** digne de mention ; **hacer ~ de** faire mention de ; **~ especial del jurado** mention spéciale du jury
**mencionar** *vt* mentionner ; **sin ~ ...** sans parler de ...
**mendaz** *adj* mensonger(-ère)
**mendicidad** *nf* mendicité *f*
**mendigar** *vt*, *vi* mendier
**mendigo, -a** *nm/f* mendiant(e)
**mendigue** *etc vb ver* **mendigar**
**mendrugo** *nm* quignon *m*
**menear** *vt* remuer ; (*cadera*) balancer ; **menearse** *vpr* remuer ; (*al andar*) se déhancher ; (*fam*) se manier
**menester** *nm*: **es ~ hacer algo** il faut faire qch ; **menesteres** *nmpl* activités *fpl*
**menestra** *nf*: **~ de verduras** macédoine *f* de légumes (*parfois avec des morceaux de viande*)
**mengano, -a** *nm/f* un tel (une telle)
**mengua** *nf* diminution *f* ; **en ~ de** aux dépens de
**menguante** *adj* décroissant(e)
**menguar** *vt* diminuer ▶ *vi* décroître ; (*días, número*) diminuer ; (*marea*) descendre
**mengüe** *etc vb ver* **menguar**
**menhir** *nm* menhir *m*

**meningitis** *nf inv* méningite *f*
**menisco** *nm* ménisque *m*
**menopausia** *nf* ménopause *f*
**menor** *adj* (*comparativo y superlativo: más pequeño*) plus petit(e) ; (: *más joven*) plus jeune ; (*número: superl*) moindre ; (*Mús*) mineur(e) ; **Juanito es ~ que Pepe** Juanito est plus jeune que Pepe ; **ella es la ~ de todas** c'est la plus jeune de toutes ; **la hija ~** la fille cadette ; **~ de edad** mineur(e) ; **no tengo la ~ idea** je n'en ai pas la moindre idée ; **al por ~** au détail ▶ *nmf* mineur(e)
**Menorca** *nf* Minorque *f*
**menorquín, -ina** *adj* minorquin(e) ▶ *nm/f* Minorquin(e)

(PALABRA CLAVE)

**menos** *adv* **1** (*compar*) moins ; **me gusta menos (que el otro)** je l'aime moins (que l'autre) ; **menos de 50** moins de 50 ; **menos de lo que pensaba** moins que ce que je pensais ; **hay siete de menos** il y en a sept de moins
**2** (+ *sustantivo*) moins de ; **menos gente** moins de gens ; **menos coches** moins de voitures
**3** (*tras sustantivo*) de moins ; **tres libros menos (que ayer)** trois livres de moins (qu'hier)
**4** (*superl*) : **es la menos lista (de su clase)** c'est la moins intelligente (de sa classe) ; **el libro menos vendido** le livre le moins vendu ; **de todas ellas es la que menos me agrada** c'est celle qui me plaît le moins parmi elles ; **es el que menos culpa tiene** c'est celui qui est le moins coupable ; **lo menos que ...** le minimum que ...
**5** (*locuciones*): **no quiero verle y menos visitarle** je ne veux pas le voir, encore moins lui rendre visite ; **menos aún cuando ...** d'autant moins que ... ; **¡menos mal (que ...)!** heureusement (que ...) ! ; **al o por lo menos** (tout) au moins ; **si al menos ...** si seulement ... ; **qué menos que entres y tomes un café** tu peux bien entrer prendre un café ; **¡eso es lo de menos!** ça, c'est le moins important !
**6** (*Mat*): **cinco menos dos** cinq moins deux
▶ *prep* (*excepto*) sauf ; **todos menos él** tous sauf lui
▶ *conj*: **a menos que: a menos que venga mañana** à moins qu'il ne vienne demain
▶ *nm* (*Mat: signo*) signe *m* moins

**menoscabo** *nm*: **ir en ~ de** porter atteinte à ; **sin ~ de** sans porter atteinte à
**menospreciar** *vt* sous-estimer ; (*despreciar*) mépriser
**menosprecio** *nm* mépris *msg*
**mensaje** *nm* message *m* ; (*Telec*) minimessage *m*, SMS *m* ; **enviar un ~ a algn** (*por móvil*)

## mensajería – merluza

envoyer un minimessage o SMS à qn ; **~ de error** (*Inform*) message d'erreur ; **~ de texto** SMS, texto® m
**mensajería** *nf* (*servicio, empresa*) messagerie *f* ; **~ electrónica** messagerie électronique
**mensajero, -a** *nm/f* messager(-ère) ; (*de cartas, paquetes*) coursier(-ière)
**menstruación** *nf* menstruation *f*
**menstrual** *adj* menstruel(elle) ; **dolores menstruales** douleurs *fpl* menstruelles
**menstruar** *vi* avoir ses règles
**mensual** *adj* mensuel(le) ; **50 euros mensuales** 50 euros par mois
**mensualidad** *nf* mensualité *f*
**mensualmente** *adv* mensuellement
**menta** *nf* menthe *f*
**mentada** *nf*: **hacerle a algn una ~** (*AM fam*) cracher sur qn
**mentado, -a** *adj* (*mencionado*) en question ; (*famoso*) célèbre
**mental** *adj* mental(e)
**mentalidad** *nf* mentalité *f*
**mentalización** *nf* préparation *f* mentale
**mentalizar** *vt* faire prendre conscience à ; **mentalizarse** *vpr*: **mentalizarse (de/de que)** se faire à l'idée (de/que)
**mentalmente** *adv* mentalement
**mentar** *vt* mentionner ; **mentarle la madre a algn** (*fam*) mettre qn plus bas que terre
**mente** *nf* esprit *m* ; **tener en ~ algo/~ hacer algo** avoir qch en tête/dans l'idée de faire qch ; **tener la ~ en blanco** avoir la tête vide
**mentecato, -a** *adj, nm/f* idiot(e)
**mentir** *vi* mentir ; **¡miento!** que dis-je !
**mentira** *nf* mensonge *m* ; **eso es ~** ce n'est pas vrai ; **una ~ como una casa** (*fam*) un mensonge gros comme une maison ; **parece ~ que ...** on ne dirait vraiment pas que ... ; (*como reproche*) c'est incroyable que ... ; **de ~** (*pistola*) pour rire ; (*historia*) pour rigoler ; **~ piadosa** pieux mensonge
**mentirijillas** (*fam*) *nfpl*: **de ~** pour rire ; **lloraba de ~** il faisait semblant de pleurer ; **jugar de ~** jouer pour de faux
**mentiroso, -a** *adj, nm/f* menteur(-euse)
**mentís** *nm inv*: **dar un ~ a** apporter un démenti à
**mentolado, -a** *adj* mentholé(e)
**mentón** *nm* menton *m*
**mentor, a** *nm/f* mentor *m*
**menú** *nm* (*tb Inform*) menu *m* ; **guiado por ~** (*Inform*) contrôlé(e) par menu
**menudear** *vt* multiplier ▶ *vi* se multiplier
**menudencia** *nf* bricole *f*
**menudeo** (*AM*) *nm* vente *f* au détail
**menudillos** *nmpl* (*Culin*) abats *mpl*
**menudo, -a** *adj* (*muy pequeño*) menu(e) ; (*sin importancia*) insignifiant(e) ; **¡~ negocio!** drôle d'affaire ! ; **¡~ chaparrón/lío!** quelle engueulade/histoire ! ; **¡~ sitio/actor!** (*pey*) drôle d'endroit/d'acteur ! ; **a ~** souvent

**meñique** *nm* (*tb*: **dedo meñique**) auriculaire *m*
**meollo** *nm*: **el ~ del asunto** le fond du problème
**mequetrefe** (*pey*) *nm* fantoche *m*, fâcheux *m*
**mercadeo** *nm* commercialisation *f*
**mercader** *nm* marchand *m*
**mercadería** *nf* marchandise *f*
**mercadillo** *nm* petit marché *m*, marché *m* aux puces
**mercado** *nm* marché *m* ; **~ de valores** marché des valeurs ; **~ exterior/interior** marché extérieur/intérieur ; **~ laboral** marché du travail ; **~ negro** marché noir
**mercadotecnia** *nf* marketing ; **estudios de ~** études *fpl* de marketing
**mercancía** *nf* marchandise *f* ; **mercancías en depósito** marchandises en stock
**mercancías** *nm inv* (*tb*: **tren de mercancías**) train *m* de marchandises
**mercantil** *adj* commercial(e)
**merced** *nf*: **(estar) a ~ de** (être) à la merci de
**mercenario, -a** *adj, nm* mercenaire *mf*
**mercería** *nf* mercerie *f* ; **artículos/sección de ~** mercerie
**Mercosur** *sigla m* (= *Mercado Común del Sur*) *Argentina, Brasil, Paraguay, Uruguay*
**Mercurio** *nm* Mercure *m*
**mercurio** *nm* mercure *m*
**merecedor, a** *adj*: **~ (de)** digne (de)
**merecer** *vt* mériter ; **merece la pena** ça vaut la peine
**merecidamente** *adv* à juste titre ; **ganó ~** il a remporté une victoire bien méritée
**merecido, -a** *adj* mérité(e) ; **recibir su ~** avoir ce qu'on *etc* mérite
**merecimiento** *nm* (*mérito*) mérite *m* ; **perdimos con todo ~** nous méritions de perdre ; **otra persona de mayor ~** une personne plus méritoire
**merendar** *vt* prendre pour son goûter ▶ *vi* prendre son goûter
**merendero** *nm* aire *f* de pique-nique
**merengue** *nm* meringue *f*
**merezca** *etc vb ver* **merecer**
**meridianamente** *adv* clairement ; **eso queda ~ claro** c'est parfaitement *ou* absolument clair
**meridiano, -a** *adj*: **la explicación es de una claridad meridiana** l'explication est on ne peut plus claire ▶ *nm* méridien *m*
**meridional** *adj* méridional(e)
**merienda** *vb ver* **merendar** ▶ *nf* goûter *m* ; **~ de negros** foire *f* d'empoigne
**mérito** *nm* mérite *m* ; **hacer méritos** faire ses preuves ; (*pey*) faire du zèle ; **restar ~ a** diminuer les mérites de
**meritorio, -a** *adj* méritoire
**merluza** *nf* colin *m* ; **coger una ~** (*fam*) prendre une cuite**

## merma – mezzanine

**merma** nf diminution f
**mermar** vt, vi diminuer
**mermelada** nf confiture f
**mero, -a** adj simple ; (CAM, MÉX fam: verdadero) vrai(e) ; (: principal) principal(e) ; (: exacto) précis(e) ▶ nm (Zool) mérou m ; **el ~ ~** (MÉX fam) le grand manitou ▶ adv (CAM, MÉX fam) précisément ; **allí ~** là-bas précisément
**merodear** vi: **~ por (un lugar)** rôder dans (un endroit)
**mersa** (ARG) adj grossier(-ière) ▶ nmf grossier personnage m
**mes** nm mois msg ; **el ~ corriente** ce mois-ci ; **llegar a fin de ~** joindre les deux bouts
**mesa** nf table f ; **poner/quitar la ~** mettre/débarrasser la table ; **~ de billar** table de billard ; **~ electoral** bureau m de vote ; **~ redonda** table ronde
**mesarse** vpr: **~ los cabellos** s'arracher les cheveux
**mescalina** nf mescaline f
**mesero, -a** (esp MÉX) nm/f garçon (serveuse)
**meseta** nf plateau m
**Mesías** nm inv Messie m
**mesilla** nf (tb: **mesilla de noche**) table f de nuit
**mesón** nm restaurant m
**mesonero, -a** nm/f (arcaico) aubergiste mf ; (CHI, VEN) garçon m
**mestizaje** nm métissage m
**mestizo, -a** adj, nm/f métis(se)
**mesura** nf (moderación) mesure f ; (en trato con gente) réserve f
**mesurado, -a** adj (moderado) modéré(e), mesuré(e) ; **estilo ~** un style contenu
**meta** nf (tb Fútbol) but m
**metabólico, -a** adj métabolique
**metabolismo** nm métabolisme m
**metacrilato** nm méthacrylate m
**metadona** nf méthadone f
**metafísica** nf métaphysique f
**metafísico, -a** adj métaphysicien(-ienne)
**metáfora** nf métaphore f
**metafórico, -a** adj métaphorique
**metal** nm métal m ; (Mús) cuivres mpl
**metálico, -a** adj métallique ▶ nm: **en ~** en espèces
**metalizado, -a** adj métallisé(e)
**metalurgia** nf métallurgie f
**metalúrgico, -a** adj métallurgique
**metamorfosear** vt: **~ (en)** métamorphoser (en)
**metamorfosis** nf inv métamorphose f
**metano** nm méthane m
**metástasis** nf inv métastase f
**metate** (MÉX) nm pierre f meulière
**metedura** nf: **~ de pata** (fam) gaffe f
**meteórico, -a** adj météorique
**meteorito** nm météorite m o f
**meteoro** nm météore m ; **como un ~** comme un éclair

**meteorología** nf météorologie f
**meteorológico, -a** adj météorologique
**meteorólogo, -a** nm/f météorologue mf ; (Radio, TV) monsieur (madame) météo
**meter** vt mettre ; (involucrar) mêler ; (Costura) raccourcir ; (miedo) faire ; (paliza) flanquer ; (marchas: Auto) mettre, passer ; **~ algo en** o **a** mettre qch dans ; **~ ruido** faire du bruit ; **~ una mentira** glisser un mensonge ; **~ prisa a algn** bousculer qn ; **meterse** vpr: **meterse en** (un lugar) entrer dans ; (negocios, política) se lancer dans ; (entrometerse) se mêler de ; **meterse a hacer algo** se mettre à faire qch ; **meterse a escritor** se lancer dans la littérature ; **meterse con algn** s'en prendre à qn ; (en broma) taquiner qn ; **meterse en todo/donde no le llaman** se mêler de tout/de ce qui ne le regarde pas
**meticuloso, -a** adj méticuleux(-euse)
**metido, -a** adj: **estar muy ~ en un asunto** être engagé(e) à fond dans une affaire ; **~ en años** d'un certain âge, âgé(e) ; **~ en carnes** bien en chair
**metódico, -a** adj méthodique
**metodista** adj méthodiste
**método** nm méthode f ; **con ~** avec méthode
**metodología** nf méthodologie f
**metomentodo** nmf inv fouineur(-euse)
**metraje** nm (Cine) métrage m
**metralla** nf mitraille f
**metralleta** nf mitraillette f
**métrica** nf (Lit) métrique f
**métrico, -a** adj métrique ; **cinta métrica** mètre-ruban m
**metro** nm mètre m ; (tren: tb: **metropolitano**) métro m ; **~ cuadrado/cúbico** mètre carré/cube
**metrópoli** nf métropole f
**metropolitano, -a** adj métropolitain(e) ; **el área metropolitana de Madrid** l'agglomération f de Madrid
**metrosexual** adj, nm métrosexuel m
**mexicano, -a** adj mexicain(e) ▶ nm/f Mexicain(e)
**México** nm Mexique m ; **Ciudad de ~** Mexico
**meza** etc vb ver **mecer**
**mezanine** nm = **mezzanine**
**mezcal** (MÉX) nm mescal m
**mezcla** nf mélange m
**mezclar** vt mélanger ; (cosas, ideas dispares) mêler ; **~ a algn en** (pey) mêler qn à ; **mezclarse** vpr se mélanger ; **mezclarse en algo** (pey) se mêler de qch ; **mezclarse con algn** (pey) fréquenter qn
**mezcolanza** nf mélange m
**mezquindad** nf mesquinerie f
**mezquino, -a** adj mesquin(e)
**mezquita** nf mosquée f
**mezzanine** [metsa'nin] (esp AM) nm mezzanine f

## mezzosoprano – milico

**mezzosoprano** ['metso-so'prano] *nf* mezzo-soprano *f*
**mg** *abr* (= *miligramo(s)*) mg (= *milligramme(s)*)
**M.G.** *abr* (= *materia grasa*) mat.gr.
**mi** *adj* mon (ma) ; **mi hijo** mon fils ; **mis hijos** mes enfants ▶ *nm* (*Mús*) mi *m*

¡Atención! En francés el adjetivo posesivo concuerda en género y número con la cosa poseída (*mon père, ma mère, mes parents*), mientras que en español solo concuerda en número (**mi padre, mi madre, mis padres**).

**mí** *pron* moi ; **¿y a mí qué?** qu'est-ce que ça peut bien me faire, à moi ? ; **para mí que ...** à mon avis ... ; **por mí no hay problema** pour ma part il n'y a pas de problème ; **por mí mismo** par moi-même
**miaja** *nf* miette *f* ; **ni una ~** que dalle
**miau** *nm* miaou *m*
**mica** *nf* (*Minería*) mica *m*
**michelín** *nm* bourrelet *m* ; (*fam*) poignée *f* d'amour
**mico** *nm* (*Zool*) singe *m* ; (*fam: a niño*) petit cochon *m* ; **volverse ~ haciendo algo** se démener pour faire qch
**micrero, -a** *nm/f* (*CHI*) chauffeur(e) de minibus ; (*ARG*) chauffeur(e) d'autocar
**micro** *nm* micro *m* ; (*AM: microordenador*) micro-ordinateur *m* ; (: *microbús*) minibus *msg* ; (*ARG*) autocar *m* ▶ *nf* (*a veces nm:* CHI) minibus *msg*
**microbio** *nm* microbe *m*
**microbiología** *nf* microbiologie *f*
**microbús** *nm* minibus *msg*
**microchip** *nm* puce *f*
**microclima** *nm* microclimat *m*
**microcomputador** *nm*, **microcomputadora** *nf* micro-ordinateur *m*
**microcosmos** *nm inv* microcosme *m*
**microficha** *nf* microfiche *f*
**microfilm** *nm* microfilm *m*
**micrófono** *nm* microphone *m*
**microinformática** *nf* micro-informatique *f*
**micromecenazgo** *nm* micro-mécénat *m*, micromécénat *m*
**micrómetro** *nm* micromètre *m*
**microondas** *nm inv* (*tb:* **horno microondas**) (four *m* à) micro-ondes *msg*
**microordenador** *nm* micro-ordinateur *m*
**microorganismo** *nm* micro-organisme *m*
**micropastilla** *nf* (*Inform*) puce *f*, pastille *f*
**microplaquita** *nf:* **~ de silicio** puce *f* électronique
**microprocesador** *nm* microprocesseur *m*
**microprograma** *nm* (*Inform*) microprogramme *m*
**microscópico, -a** *adj* microscopique
**microscopio** *nm* microscope *m*
**midiendo** *etc vb ver* **medir**

**miedo** *nm* peur *f* ; **meter ~ a** faire peur à ; **tener ~** avoir peur ; **tener ~ de que** avoir peur que ; **de ~** (*fam*) terrible ; **ese chica está de ~** cette fille est sublime ; **pasarlo de ~** s'en donner à cœur joie ; **me da ~** cela me fait peur ; **me da ~ pensarlo/perderlo** je tremble à cette idée/à l'idée de le perdre ; **hace un frío de ~** (*fam*) il fait un froid de loup
**miedoso, -a** *adj* peureux(-euse)
**miel** *nf* miel *m*
**miembro** *nm* membre *m* ; **~ viril** membre viril
**mientes** *vb ver* **mentar; mentir** ▶ *nfpl:* **no parar ~ en** ne pas s'arrêter sur
**mientras** *conj* pendant que ; **~ viva/pueda** tant que je vivrai/pourrai ; **~ que** tandis que ; **~ más tiene, más quiere** (*esp AM*) plus on en a, plus on en veut ▶ *adv* en attendant ; **~ tanto** entre-temps
**miérc.** *abr* = **miércoles**
**miércoles** *nm inv* mercredi *m* ; **~ de ceniza** mercredi des Cendres ; *ver tb* **sábado**
**mierda** (*fam!*) *nf* merde *f* (*fam!*) ; **ser una ~** (*pey*) être de la merde ; **¡vete a la ~!** va te faire voir ! ; **¡~!** merde ! ; **de ~** de merde, merdique
**mies** *nf* moisson *f* ; **mieses** *nfpl* (*campos*) moissons *fpl*
**miga** *nf* mie *f* ; (*una miga*) miette *f* ; **hacer buenas migas** (*fam*) faire bon ménage ; **estar hecho migas** (*fam*) être lessivé ; **esto tiene ~** c'est compliqué
**migaja** *nf* miette *f* ; **migajas** *nfpl* (*pey: sobras*) restes *mpl*
**migra** (*fam*) *nf* (*AM*) police *f* de l'immigration
**migración** *nf* migration *f*
**migraña** *nf* migraine *f*
**migratorio, -a** *adj* (*ave*) migrateur(-trice) ; (*movimientos*) migratoire
**mijo** *nm* millet *m*
**mil** *adj, nm* mille *m* ; **dos ~ libras** deux mille livres ; **miles de veces** des milliers de fois
**milagro** *nm* miracle *m* ; **de ~** par miracle ; **hacer milagros** faire des miracles
**milagroso, -a** *adj* miraculeux(-euse)
**Milán** *n* Milan
**milanesa** *nf* (*esp AM Culin*) escalope *f* viennoise
**milano** *nm* milan *m*
**milenario, -a** *adj, nm* millénaire *m*
**milenio** *nm* millénaire *m*
**milésimo, -a** *adj, nm/f* millième *mf*
**mileurista** *adj* d'environ mille euros ; **un sueldo ~** un salaire d'environ mille euros ▶ *nmf* personne qui gagne (*autour de*) mille euros
**milhojas** *nm inv* (*pastel*) millefeuille *m*
**mili** (*fam*) *nf:* **la ~** le service (militaire) ; **hacer la ~** faire son service
**milicia** *nf* milice *f*
**miliciano, -a** *nm/f* milicien(-enne)
**milico** (AND, CSUR *pey*) *nm* (*policía*) flic *m* ; (*soldado*) troufion *m*

## miligramo – mirada

**miligramo** *nm* milligramme *m*
**mililitro** *nm* millilitre *m*
**milímetro** *nm* millimètre *m*
**militancia** *nf (en partido)* militantisme *m* ; *(conjunto de militantes)* militants *mpl* ; *(afiliación)*: **¿cuál es su ~ política?** quelle est votre appartenance politique ? ; **~ de base** militants *mpl* de base, base *f*
**militante** *adj, nmf* militant(e)
**militar** *adj, nmf* militaire *mf* ; **los militares** les militaires *mpl*, l'armée *f* ▶ *vi*: **~ en** *(Pol)* militer dans
**militarismo** *nm* militarisme *m*
**militarista** *adj, nmf* militariste
**militarizar** *vt* militariser ; *(policía)* réquisitionner
**mill.** *abr* (= millón(millones)) M (= million(s))
**milla** *nf* mille *m* ; **~ marina** mille marin
**millar** *nm* millier *m* ; **a millares** par milliers
**millón** *nm* million *m*
**millonada** *nf*: **una ~** un tas
**millonario, -a** *adj, nm/f* millionnaire *mf*
**millonésimo, -a** *adj, nm/f* millionième *mf*
**milonga** (ARG) *nf* danse populaire
**milpa** (CAM, MÉX) *nf* champ *m* de maïs ; *(planta)* maïs *msg*
**milpero, -a** (CAM, MÉX) *adj* agricole ▶ *nm/f* cultivateur(-trice) de maïs
**mimado, -a** *adj* gâté(e)
**mimar** *vt (ser cariñoso con: persona)* faire des câlins ; *(cuidar: cosa)* prendre soin de ; *(malcriar: niño)* gâter
**mimbre** *nm o nf* osier *m* ; **de ~** en osier
**mimeógrafo** *nm* machine *f* à polycopier
**mimetismo** *nm* mimétisme *m*
**mimetizar** *vt (imitar)* imiter ; **mimetizarse** *vpr (Zool)* agir par mimétisme
**mímica** *nf* mimique *f*
**mimo** *nm (gesto cariñoso)* câlin *m* ; *(cuidado)* soin *m* ; *(en trato con niños: pey)* gâterie *f* ; *(Teatro)* mime *m* ; **un trabajo hecho con ~** un travail fait avec amour
**mimoso, -a** *adj (cariñoso)* affectueux(-euse) ; **¡no te pongas tan ~!** ne sois pas aussi collant !
**mina** *nf* mine *f* ; **ese negocio es una ~** c'est une affaire en or ; **ese actor es una ~** cet acteur vaut de l'or
**minar** *vt* miner
**minarete** *nm* minaret *m*
**mineral** *adj* minéral(e) ▶ *nm* minéral *m*
**mineralogía** *nf* minéralogie *f*
**minería** *nf (técnica)* travail *m* de la mine ; *(sector minero)* mine *f*, mineurs *mpl*
**minero, -a** *adj* minier(-ière) ▶ *nm/f* mineur *m*
**miniatura** *nf* miniature *f* ; **en ~** en miniature
**minibar** *nm* minibar *m*
**minicadena** *nf* minichaîne *f*
**minicomputador** *nm* mini-ordinateur *m*
**minidisco** *nm (Inform)* disquette *f*

**minifalda** *nf* mini-jupe *f*
**minifundio** *nm* petite propriété *f*
**minigolf** *nm* minigolf *m*
**mínima** *nf (tb:* **temperatura mínima***)* température *f* minimale
**minimalista** *adj, nmf* minimaliste *mf*
**minimizar** *vt* minimiser
**mínimo, -a** *adj (temperatura, salario)* minimal(e) ; *(detalle, esfuerzo)* minime ; **lo que puede hacer** le moins qu'il puisse faire ; **en lo más ~** le moins du monde ▶ *nm* minimum *m* ; **como ~** au minimum
**minino, -a** *(fam) nm/f* minet(te)
**miniserie** *nf* minisérie *f*
**ministerial** *adj* ministériel(le)
**ministerio** *nm* ministère *m* ; **M~ de Asuntos Exteriores/de Comercio e Industria** ministère des Affaires étrangères/du Commerce et de l'Industrie ; **M~ del Interior/de Hacienda** ministère de l'Intérieur/des Finances
**ministro, -a** *nm/f* ministre *mf* ; **M~ de Hacienda/del Interior** ministre des Finances/de l'Intérieur
**minoría** *nf* minorité *f*
**minorista** *nm* détaillant *m*
**minoritario, -a** *adj* minoritaire
**mintiendo** *etc vb ver* **mentir**
**minucia** *nf* bricole *f*
**minuciosidad** *nf* minutie *f*
**minucioso, -a** *adj* minutieux(-euse)
**minúscula** *nf* minuscule *f* ; **con ~(s)** *(Tip)* en minuscule(s)
**minúsculo, -a** *adj* minuscule
**minusvalía** *nf (Med, Com)* handicap *m*
**minusválido, -a** *adj, nm/f* handicapé(e)
**minusvalorar** *vt* sous-estimer ; **minusvalorarse** *vpr* ne pas avoir une haute opinion de soi-même
**minuta** *nf (de comida)* menu *m* ; *(de abogado etc)* note *f* d'honoraires
**minutero** *nm* aiguille *f* des minutes
**minuto** *nm* minute *f*
**Miño** *nm*: **el (río) ~** le Minho
**mío, -a** *adj* à moi ; **un amigo ~** un de mes amis, un ami à moi ▶ *pron*: **el ~/ la mía** le mien/ la mienne ; **lo ~** ce qui m'appartient ; **los míos** les miens
**miope** *adj* myope
**miopía** *nf* myopie *f*
**MIR** (ESP Med) = **Médico Interno y Residente** ▶ *sigla m (oposición)* concours *msg* de l'internat ▶ *sigla mf (médico)* interne *mf*
**mira** *nf (de arma)* viseur *m* ; **con la ~ de (hacer)** dans le but de (faire) ; **con miras a (hacer)** en vue de (faire) ; **de amplias/estrechas miras** large/étroit(e) d'esprit
**mirada** *nf* regard *m* ; *(momentánea)* coup *m* d'œil ; **echar una ~ a** jeter un coup d'œil à ; **levantar/bajar la ~** lever/baisser les yeux ;

**mirado – mochila**

**resistir la ~ de algn** soutenir le regard de qn; **~ de soslayo** regard de travers; **~ fija** regard fixe; **~ perdida** regard dans le vague
**mirado, -a** *adj* réservé(e); **estar bien/mal ~** être bien/mal vu(e)
**mirador** *nm* mirador *m*
**miramiento** *nm* égards *mpl*; **tratar sin ~(s) a algn** traiter qn sans égards
**mirar** *vt* regarder; *(considerar)* penser à; **~ algo/a algn de reojo** regarder qch/qn du coin de l'œil; **~ algo por encima** survoler qch; **~ algo/a algn por encima del hombro** regarder qch/qn de haut; **~ algo/a algn fijamente** regarder fixement qch/qn; **~ bien/mal a algn** apprécier/ne pas apprécier qn; **mirándolo bien, ...** réflexion faite, ...; **mira a ver si está ahí** regarde s'il y est ▸ *vi* regarder; *(suj: ventana etc)* donner sur; **~ (hacia/por)** regarder (vers/par); **~ (en/por)** veiller (à); **~ por algn/algo** veiller sur qn/qch; **~ por la ventana** regarder par la fenêtre; **mirarse** *vpr* se regarder; **mirarse al espejo** se regarder dans le miroir; **mirarse a los ojos** se regarder dans les yeux
**mirilla** *nf* judas *msg*
**mirlo** *nm* merle *m*
**mirón, -ona** *(fam) adj* curieux(-euse) ▸ *nm/f (espectador)* spectateur(-trice); *(curioso)* badaud(e); *(voyer)* voyeur(-euse); **estar de ~** regarder sans rien faire; **ir de ~** aller en spectateur(-trice)
**misa** *nf* messe *f*; **lo que él dice va a ~** ce qu'il dit est parole d'évangile; **~ de difuntos/del gallo** messe des morts/de minuit
**misal** *nm* missel *m*
**misántropo** *nm* misanthrope *m*
**miscelánea** *nf* mélanges *mpl*
**miserable** *adj, nmf* misérable *mf*; *(tacaño)* avare *mf*
**miseria** *nf* misère *f*; *(tacañería)* mesquinerie *f*; **una ~** *(muy poco)* une misère; **hundir(se) en la ~** être au trente-sixième dessous
**misericordia** *nf* miséricorde *f*
**misericordioso, -a** *adj* miséricordieux(-euse); **obras misericordiosas** bonnes œuvres *fpl*
**mísero, -a** *adj* misérable *mf*; *(tacaño)* avare, pingre
**misia, misiá** *(esp CSur fam) nf (tratamiento)* madame *f*
**misil** *nm* missile *m*
**misión** *nf* mission *f*; **misiones** *nfpl (Rel)* missions *fpl*
**misionero, -a** *nm/f* missionnaire *mf*
**misiva** *nf* missive *f*
**mismamente** *(fam) adv* précisément
**mismísimo, -a** *adj superl* en personne
**mismo, -a** *adj* même; *(con pron personal)*: **mí ~** *etc* moi-même *etc*; **el ~ libro/apellido** le même livre/nom de famille; **el ~ color** la même couleur; **yo ~ lo vi** je l'ai vu de mes propres yeux; **lo hizo por sí ~** il l'a fait de lui-même; **en ese ~ momento** à ce moment-là; **vino el ~ Ministro** le ministre en personne est venu; **lo ~ que** de même que; **por lo ~** du coup; **quiero lo ~** je veux la même chose; **es/da lo ~** peu importe; **lo ~ viene** rien ne dit qu'il ne viendra pas, il peut très bien venir; **quedamos en las mismas** nous en sommes au même point; **volver a las mismas** en revenir où on en était ▸ *adv*: **aquí/hoy ~** *(dando énfasis)* ici/aujourd'hui même; *(por ejemplo)* par exemple ici/aujourd'hui; **ayer ~** pas plus tard qu'hier; **ahora ~** à l'instant ▸ *conj*: **~ que** *(Méx: esp en prensa)* qui; **detuvieron al ladrón, ~ que fue trasladado a la cárcel** ils ont arrêté le voleur qui a été conduit en prison
**misoginia** *nf* misogynie *f*
**misógino** *nm, nm/f* misogyne *m*
**miss** [mis] *nf* miss *f*
**misterio** *nm* mystère *m*; **hacer algo con (mucho) ~** faire qch en (grand) secret
**misterioso, -a** *adj* mystérieux(-euse)
**mística** *nf (Rel)* mystique *f*; *(Lit)* littérature *f* mystique; *ver tb* **místico**
**misticismo** *nm* mysticisme *m*
**místico, -a** *adj, nm/f* mystique *m*
**mitad** *nf* moitié *f*; *(centro)* milieu *m*; **~ y ~** moitié moitié; **a ~ de precio** à moitié prix; **en** *o* **a ~ del camino** à mi-chemin; **cortar por la ~** partager en deux
**mítico, -a** *adj* mythique
**mitificar** *vt* mythifier
**mitigar** *vt* atténuer
**mitigue** *etc vb ver* **mitigar**
**mitin** *nm (esp Pol)* meeting *m*
**mito** *nm* mythe *m*
**mitología** *nf* mythologie *f*
**mitológico, -a** *adj* mythologique
**mitote** *(Méx fam) nm* grabuge *m*
**mitra** *nf (tb Rel: gorro)* mitre *f*; *(Rel: obispado)* épiscopat *m*; *(: arzobispado)* archevêché *m*
**mixto, -a** *adj* mixte; *(ensalada)* composé(e)
**ml** *abr* (= mililitro(s)) ml (= millilitre(s))
**mm** *abr* (= milímetro(s)) mm (= millimètre(s))
**MMS** *nm abr* (= Multimedia Message Service) MMS *m*
**M.N.** *(Am) sigla f* = **moneda nacional**
**m/n** *abr (Econ)* = **moneda nacional**
**M.º** *abr* = **Ministerio**
**m/o** *abr (Com: = mi orden)* notre réf.
**moai** *(pl* **moais***) (Chi) nm (estatua primitiva)* moai *m inv (statue de l'île de Pâques)*
**mobbing** *nm* harcèlement *m* (moral), mobbing *m*
**mobiliario** *nm* mobilier *m*
**mocasín** *nm* mocassin *m*
**mocedad** *nf* jeunesse *f*
**mochila** *nf* sac *m* à dos

## mochilero – molesto

**mochilero, -a** *nm/f* routard(e)
**mochuelo** *nm*: **sacudirse el ~** (*fam*) décliner toute responsabilité
**moción** *nf* motion *f*; **~ de censura** motion de censure
**moco** *nm* crotte *f* de nez; **no es ~ de pavo** ce n'est pas rien; **mocos** *nmpl* morve *fsg*; **limpiarse los mocos** se moucher
**mocoso, -a** (*fam, pey*) *nm/f* morveux(-euse)
**moda** *nf* mode *f*; **estar de ~** être à la mode; **pasado de ~** démodé(e); **ir a la ~** suivre la mode; **a la última ~** à la dernière mode
**modales** *nmpl* manières *fpl*; **buenos ~** bonnes manières
**modalidad** *nf* modalité *f*
**modelar** *vt* modeler
**modélico, -a** *adj* modèle, exemplaire
**modelo** *adj inv* modèle ▶ *nmf* modèle *m*; (*en moda, publicitario*) mannequin *mf* ▶ *nm* (*a imitar*) modèle *m*
**módem** *nm* modem *m*
**moderación** *nf* modération *f*
**moderado, -a** *adj* modéré(e)
**moderador, a** *nm/f* modérateur(-trice)
**moderar** *vt* modérer; **moderarse** *vpr*: **moderarse (en)** se modérer (dans)
**modernice** *etc vb ver* **modernizar**
**modernidad** *nf* modernité *f*
**modernismo** *nm* modernisme *m*
**modernista** *adj, nmf* moderniste
**modernización** *nf* modernisation *f*
**modernizar** *vt* moderniser; **modernizarse** *vpr* se moderniser
**moderno, -a** *adj* moderne
**modestia** *nf* modestie *f*
**modesto, -a** *adj* modeste
**módico, -a** *adj* modique
**modificación** *nf* modification *f*
**modificar** *vt* modifier
**modifique** *etc vb ver* **modificar**
**modismo** *nm* (*Ling*) idiotisme *m*
**modisto, -a** *nm/f* couturier(-ière)
**modo** *nm* (*manera*) manière *f*; (*Inform, Mús, Ling*) mode *f*; **a ~ de** en guise de; **de cualquier ~** de n'importe quelle manière; **de este ~** de cette façon; **de ~ que** de sorte que; **de ningún ~** en aucune façon; **de todos modos** de toute manière; **de un ~ u otro** d'une façon ou de l'autre; **en cierto ~** d'une certaine manière; **« ~ de empleo »** « mode d'emploi »; **modos** *nmpl* (*modales*): **buenos/malos modos** bonnes/mauvaises manières
**modorra** *nf* léthargie *f*
**modoso, -a** *adj* sage
**modular** *vt* moduler
**módulo** *nm* module *m*
**mofa** *nf*: **hacer ~ de algn** se moquer de qn
**mofarse** *vpr*: **~ de** se moquer de
**mofeta** *nf* (*Zool*) moufette *f*
**moflete** *nm* bajoue *f*
**mogollón** (*fam*) *nm*: **(un) ~ de cosas/gente** (une) flopée de choses/gens ▶ *adv* vachement
**mohín** *nm* grimace *f*
**mohíno, -a** *adj* fâché(e)
**moho** *nm* (*en pan etc*) moisi *m*; (*en metal*) rouille *f*
**mohoso, -a** *adj* (*pan*) moisi(e); (*metal*) rouillé(e)
**mojado, -a** *adj* mouillé(e)
**mojama** *nf* salaison *f* de thon; **está más seco que una ~** (*fig*) il est ridé comme une vieille pomme
**mojar** *vt* mouiller; **~ el pan en el café/en salsa** tremper son pain dans le café/dans la sauce; **mojarse** *vpr* se mouiller
**mojigato, -a** *adj* (*que se escandaliza fácilmente*) bigot(e); (*muy recatado*) prude, bégueule
**mojo** *nm* (*esp Méx*) sauce *f* à l'ail; **~ picón** sauce très relevée typique des îles Canaries, à base de piment.
**mojón** *nm* borne *f*; **~ kilométrico** borne kilométrique
**moka** *nf* moka *m*
**mol.** *abr* = **molécula**
**molar** *nm* molaire *f* ▶ *vt* (*fam*): **lo que más me mola es ...** ce qui me botte le plus, c'est ... ▶ *vi* (*fam*): **esa cazadora/ir en moto mola (mucho)** ce blouson/me balader à moto me botte (beaucoup)
**molcajete** (*esp Méx*) *nm* mortier *m*
**molde** *nm* moule *m*; (*Tip*) forme *f*; **romper moldes** rompre les schémas traditionnels
**moldeado** *nm* mise *f* en plis
**moldear** *vt* mouler; (*carácter*) modeler
**mole** *nf* masse *f* ▶ *nm* (*Méx*) (sorte *f* de viande en) sauce *f*
**molécula** *nf* molécule *f*
**molecular** *adj* moléculaire
**moler** *vt* moudre; (*cansar*) crever; **~ a algn a palos** rouer qn de coups
**molestar** *vt* (*suj: olor, ruido*) gêner; (: *visitas, niño*) déranger; (: *comentario, actitud*) vexer; **siento molestarle** je regrette de vous déranger ▶ *vi* (*visitas, niño*) déranger; **¿le molesta el humo?** la fumée vous dérange?; **me molesta tener que hacerlo** cela m'ennuie de devoir faire cela; **molestarse** *vpr* se déranger; (*ofenderse*) se vexer; **molestarse (en)** prendre la peine (de)
**molestia** *nf* gêne *f*; **tener molestias en** avoir mal à; **tomarse la ~ de** prendre la peine de; **no es ninguna ~** cela ne me dérange pas du tout, je vous en prie; **« perdonen las molestias »** « veuillez nous excuser pour le désagrément »
**molesto, -a** *adj* gênant(e), désagréable; **estar ~** (*Med*) se sentir mal; (*enfadado*) être fâché(e); **estar ~ con algn** ne pas être à l'aise avec qn

**molido, -a** adj: **estar ~** être crevé(e) (fam)
**molinero, -a** nm/f meunier(-ière)
**molinillo** nm: **~ de café** moulin m à café
**molino** nm moulin m
**molleja** nf (de ave) gésier m; **mollejas** (de res, cordero) ris mpl
**mollera** (fam) nf (seso) cervelle f; **ser duro de ~** (torpe) être complètement bouché; (testarudo) avoir la tête dure
**molusco** nm mollusque m
**momentáneamente** adv momentanément
**momentáneo, -a** adj momentané(e)
**momento** nm moment m; **es el/no es el ~ de (hacer)** c'est/ce n'est pas le moment de (faire); **en estos momentos** en ce moment; **un buen/mal ~** un bon/mauvais moment; **al ~** sur-le-champ; **a cada ~** à tout moment; **en un ~** en un instant; **de ~** pour le moment; **del ~ (actual)** du moment; **por el ~** pour le moment; **de un ~ a otro** d'un moment à l'autre; **por momentos** par moments
**momia** nf momie f; ver tb **momio**
**momio, -a** (CHI fam) adj, nm/f réac mf
**mona** nf (fam) cuite f; (VEN) mijaurée f; **dormir la ~** cuver (son vin); ver tb **mono**
**monacal** adj monacal(e); **un silencio ~** un silence absolu
**Mónaco** nm Monaco m
**monada** nf bijou m; **¡qué ~!** quel bijou!
**monaguillo** nm enfant m de chœur
**monarca** nm monarque m; **los monarcas** le roi et la reine
**monarquía** nf monarchie f
**monárquico, -a** adj monarchique ▶ nm/f monarchiste mf
**monasterio** nm monastère m
**Moncloa** nf voir article

**LA MONCLOA**

Le palais de **la Moncloa** à Madrid est la résidence officielle du chef du gouvernement espagnol. Par extension, l'expression **la Moncloa** désigne souvent le chef du gouvernement et ses collaborateurs.

**monda** nf (de fruta) peau f; **¡es la ~!** (fam: inaudito) faut le voir pour le croire!; (: dicho con enfado) c'est le comble!; (: muy gracioso) c'est à se tordre de rire
**mondadientes** nm inv cure-dent m
**mondar** vt éplucher; **mondarse** vpr: **mondarse de risa** (fam) se tordre de rire
**moneda** nf (unidad monetaria) monnaie f; (pieza) pièce f (de monnaie); **una ~ de 2 euros** une pièce de 2 euros; **es ~ corriente** c'est monnaie courante; **~ de curso legal** monnaie au cours légal; **~ extranjera** monnaie étrangère

**monedero** nm portemonnaie m
**monegasco, -a** adj monégasque ▶ nm/f Monégasque mf
**monería** nf = **monada**
**monetario, -a** adj monétaire
**monetarista** adj, nmf monétariste mf
**mongol, a** adj mongol(e) ▶ nm/f Mongol(e) ▶ nm (Ling) mongol m
**Mongolia** nf Mongolie f
**mongólico, -a** nm/f mongolien(ne)
**monigote** nm (dibujo) dessin m; (de papel) bonhomme m; (persona: pey) pantin m
**monitor, a** nm/f moniteur(-trice) ▶ nm (TV, Inform) moniteur m; **~ en color** écran m couleur
**monja** nf religieuse f
**monje** nm moine m
**mono, -a** adj mignon(ne); (COL) blond(e) ▶ nm/f singe (guenon) ▶ nm (prenda: entera) bleu m de travail; (: con peto) salopette f
**monocorde** adj (Mús, fig) monocorde
**monóculo** nm monocle m
**monogamia** nf monogamie f
**monografía** nf monographie f
**monográfico, -a** adj monographique; **estudio ~** monographie f; **número ~** (de revista) numéro m spécial; **programa ~** programme m monographique, émission f spéciale ▶ nm monographie f, édition f spéciale
**monograma** nm monogramme m
**monolingüe** adj monolingue
**monolito** nm monolithe m
**monólogo** nm monologue m
**monoparental** adj monoparental(e)
**monopatín** nm planche f à roulettes
**monoplaza** nm monoplace m o f
**monopolice** etc vb ver **monopolizar**
**monopolio** nm monopole m; **~ estatal** monopole d'État
**monopolizar** vt monopoliser
**monosílabo, -a** adj monosyllabique ▶ nm monosyllabe m; **constestar con monosílabos** répondre par monosyllabes
**monoteísmo** nm monothéisme m
**monotonía** nf monotonie f
**monótono, -a** adj monotone
**mono-usuario, -a** adj (Inform) mono-utilisateur(-trice)
**monovolumen** nm monospace m
**monóxido** nm monoxyde m; **~ de carbono** monoxyde de carbone
**Mons.** abr (Rel: = Monseñor) Mgr (= Monseigneur)
**monseñor** nm monseigneur m
**monserga** nf: **¡no me vengas con** o **déjate de monsergas!** ne me raconte pas d'histoires!
**monstruo** nm monstre m; **~ de la música** monstre sacré de la musique
**monstruoso, -a** adj monstrueux(-euse)

## monta – moroso

**monta** *nf*: **de poca ~** sans importance
**montacargas** *nm inv* monte-charge *m*
**montado, -a** *adj* (*guardia, policía*) monté(e) ; (*caballo*) sellé(e) ; (*ESP Culin*: *nata*) fouetté(e) ; (: *clara*) battu(e) en neige ; (*persona*): **iba ~ a caballo** il était à cheval ; (*ESP fam*): **estar ~ (en el dólar)** (*fig*) être plein aux as (*fam*) ▶ *nm* (*ESP Culin*) canapé *m*
**montador** *nm* monteur *m*
**montaje** *nm* montage *m* ; (*pey*: *historia falsa*) coup *m* monté
**montante** *nm* montant *m*
**montaña** *nf* montagne *f* ; (*AM*) forêt *f* ; (*de ropa, problemas*) tas *msg* ; **~ rusa** montagne russe
**montañero, -a** *nm/f* alpiniste *mf*
**montañés, -esa** *adj* de la région de Santander ▶ *nm/f* natif(-ive) *o* habitant(e) de la région de Santander
**montañismo** *nm* alpinisme *m*
**montañoso, -a** *adj* montagneux(-euse)
**montar** *vt* monter ; **~ un número** *o* **numerito** faire son numéro ▶ *vi* monter ; **~ a caballo** monter à cheval ; **botas de ~** bottes *fpl* d'équitation ; **ir montado en autobús/bicicleta** être en autobus/bicyclette ; **~ en cólera** se mettre en colère ; **montarse** *vpr* (*en vehículo*) monter
**montaraz** *adj* sauvage
**monte** *nm* mont *m* ; (*área sin cultivar*) bois *msg* ; **~ alto** futaie *f* ; **~ bajo** maquis *msg* ; **~ de piedad** mont-de-piété *m*
**Montenegro** *nm* Monténégro *m*
**montera** *nf* (*de torero*) toque *f*
**montería** *nf* chasse *f* à courre
**Montevideo** *n* Montevideo
**montículo** *nm* monticule *m*
**monto** *nm* montant *m*
**montón** *nm* tas *msg* ; (*de gente, dinero*) flopée *f* ; **a montones** en masse ; **del ~** quelconque
**montonero, -a** (*CSUR*) *adj* (de) guérilléro ▶ *nm/f* guérilléro *m*
**montura** *nf* monture *f* ; (*silla de montar*) selle *f* ; (*arreos*) harnais *msg*
**monumental** *adj* monumental(e)
**monumento** *nm* monument *m*
**monzón** *nm* mousson *f*
**moña** (*fam*) *nf* cuite *f*
**moño** *nm* chignon *m* ; **estar hasta el ~** (*fam*) en avoir ras-le-bol *o* par-dessus la tête
**moquear** *vi* couler
**moqueta** *nf* moquette *f*
**moquillo** *nm* rhume *m* des foins
**mor**: **por ~ de** *prep* à cause de, eu égard à ; **por ~ de la amistad que nos une** eu égard à l'amitié qui nous unit
**mora** *nf* (*Bot*) mûre *f* ; **en ~** (*Com*) en retard
**morada** *nf* demeure *f*
**morado, -a** *adj* violet(te) ; **ponerse ~ (a algo)** se gaver (de qch) ; **pasarlas moradas** en voir de toutes les couleurs ▶ *nm* violet *m*

**moral** *adj* moral(e) ▶ *nf* morale *f* ; (*ánimo*) moral *m* ; **tener baja la ~** ne pas avoir le moral ▶ *nm* (*Bot*) mûrier *m*
**moraleja** *nf* morale *f*
**moralice** *etc vb ver* **moralizar**
**moralidad** *nf* moralité *f*
**moralista** *adj, nmf* moraliste *mf*
**moralizar** *vi* moraliser
**morar** *vi* demeurer
**moratón** (*fam*) *nm* bleu *m*
**moratoria** *nf* moratoire *m* ; **~ nuclear** moratoire nucléaire
**morbo** (*fam*) *nm*, **morbosidad** *nf* curiosité *f* morbide
**morboso, -a** *adj* morbide
**morcilla** *nf* (*Culin*) ≈ boudin *m* noir ; **¡que le den ~!** (*fam*) qu'il aille se faire voir !
**mordaz** *adj* (*crítica*) acerbe
**mordaza** *nf* bâillon *m*
**mordedura** *nf* morsure *f*
**morder** *vt, vi* mordre ; **está que muerde** il n'est pas à prendre avec des pincettes ; **morderse** *vpr* se mordre ; **morderse las uñas** se ronger les ongles ; **morderse la lengua** se mordre la langue
**mordida** (*AM fam*) *nf* dessous *msg* de table
**mordisco** *nm* (petite) morsure *f*
**mordisquear** *vt* mordiller
**moreno, -a** *adj* brun(e) ; (*de piel*) mat(e) ; (*negro*) noir(e) ; **estar ~** être bronzé(e) ; **ponerse ~** bronzer ▶ *nm/f* brun(e) ; (*negro*) noir(e)
**morfina** *nf* morphine *f*
**morfinómano, -a** *adj, nm/f* morphinomane *mf*
**morfología** *nf* morphologie *f*
**morgue** (*AM*) *nf* morgue *f*
**moribundo, -a** *adj, nm/f* moribond(e)
**morir** *vi* mourir ; (*olas, día*) se mourir ; (*camino, río*) finir ; **~ de frío/hambre** mourir de froid/faim ; **fue muerto a tiros/en un accidente** il a été tué par balles/dans un accident ; **morirse** *vpr* mourir ; **¡me muero de hambre!** je meurs de faim ! ; **morirse de envidia/de ganas/de vergüenza** crever de jalousie/mourir d'envie/de honte ; **se muere por ella** il est fou d'elle ; **se muere por comprar una moto** il meurt d'envie de s'acheter une moto
**morisco, -a** *adj, nmf* morisque *mf* (*musulman d'Espagne converti de force au catholicisme aux XV$^e$ et XVI$^e$ siècles*)
**mormón, -ona** *nm/f* mormon(e)
**moro, -a** *adj* maure (mauresque) ▶ *nm/f* Maure (Mauresque) ; **¡hay moros en la costa!** attention, danger !
**morocho, -a** *adj* (*AND, CSUR*) brun(e) ; **morochos** *nmpl* (*VEN*) jumeaux *mpl*
**morosidad** *nf* (*Com*) retard *m* (de paiement) ; (*lentitud*) lenteur *f*
**moroso, -a** *adj* retardataire ▶ *nm/f* (*Com*) mauvais(e) payeur(-euse)

## morral – movimiento

**morral** nm musette f
**morralla** nf (pey) fretin m ; (MÉX) ferraille f
**morriña** nf mal m du pays, nostalgie f
**morro** nm museau m ; (Auto, Aviat) devant m ; **beber a ~** boire au goulot ; **estar de morros (con algn)** faire la gueule (à qn) ; **tener mucho ~** (fam) avoir du toupet
**morrocotudo, -a** adj carabiné(e)
**morsa** nf (Zool) morse m
**morse** nm morse m
**mortadela** nf mortadelle f
**mortaja** nf linceul m ; (Tec) mortaise f ; (AM) papier m à cigarettes
**mortal** adj, nmf mortel(le)
**mortalidad** nf mortalité f
**mortandad** nf carnage m
**mortecino, -a** adj (luz) mourant(e) ; (color) terne
**mortero** nm mortier m
**mortífero, -a** adj meurtrier(-ière)
**mortificar** vt mortifier ; **mortificarse** vpr se mortifier
**mortifique** etc vb ver **mortificar**
**mortuorio, -a** adj mortuaire
**mosaico** nm mosaïque f
**mosca** nf mouche f ; **por si las moscas** au cas où ; **estar ~** être sur le qui-vive ; **tener la ~ en** o **detrás de la oreja** avoir la puce à l'oreille
**moscardón, moscón** nm (Zool) frelon m ; (pey) crampon m
**moscatel** adj, nm muscat m
**moscovita** adj moscovite ▶ nmf Moscovite mf
**Moscú** n Moscou
**mosqueado, -a** (fam) adj (enfadado) en rogne (fam), fâché(e) ; (receloso): **ya andaba yo ~** j'avais déjà des doutes
**mosquear** (fam) vt (hacer enfadar) mettre en rogne ; (hacer sospechar) trouver bizarre ; **mosquearse** vpr (enfadarse) se mettre en rogne
**mosqueo** (fam) nm: **coger** o **pillar un ~** (enfadarse) se mettre en rogne (fam) ; **pilló un ~ impresionante porque no lo invitaron** il a très mal pris de ne pas être invité
**mosquetero** nm (Hist, Mil) mousquetaire m
**mosquita** nf: **~ muerta** sainte nitouche f
**mosquitero** nm moustiquaire f
**mosquito** nm moustique m
**mostaza** nf moutarde f
**mosto** nm moût m
**mostrador** nm comptoir m
**mostrar** vt montrer ; (el camino) montrer, indiquer ; (explicar) expliquer ; **~ en pantalla** (Inform) visualiser ; **mostrarse** vpr: **mostrarse amable** se montrer aimable
**mota** nf poussière f ; (en tela: dibujo) nœud m
**mote** nm surnom m ; (AND, CHI) maïs msg cuit
**motel** nm motel m
**motero, -a** adj de motard(s) ▶ nm/f motard(e)
**motín** nm mutinerie f ; (del pueblo) émeute f

**motivación** nf motivation f
**motivar** vt motiver ; **(no) estar/sentirse motivado (para hacer)** (ne pas) être motivé(e) (pour faire)
**motivo** nm motif m ; **con ~ de** en raison de ; **sin ~** sans raison ; **no tener motivos (para hacer/estar)** ne pas avoir de raison (de faire/d'être)
**moto, motocicleta** nf moto f
**motociclismo** nm motocyclisme m
**motociclista** nmf motocycliste mf
**motocrós** nm motocross m
**motoneta** (AM) nf scooter m
**motor, a** adj moteur(-trice) ▶ nm moteur m ; **~ a** o **de reacción/de explosión** moteur à réaction/à explosion
**motora** nf canot m (à moteur)
**motorismo** nm motocyclisme m
**motorista** nmf motard(e) ; (esp AM) chauffeur(e)
**motorizado, -a** adj motorisé(e)
**motosierra** nf tronçonneuse f
**motoso, -a** (AM) adj (pelo) crépu(e)
**motriz** adj motrice
**mousse** [muːs] nf, (a veces) nm (Culin) mousse f ; (de pelo) mousse (coiffante) ; **~ de chocolate** mousse au chocolat
**movedizo, -a** adj: **arenas movedizas** sables mpl mouvants
**mover** vt bouger ; (asunto) activer ; **~ la cabeza** (para negar) hocher la tête de droite à gauche ; (para asentir) hocher la tête de haut en bas ; **~ a algn a hacer** (inducir) pousser qn à faire ; **~ a compasión/risa** faire pitié/rire ; **moverse** vpr se déplacer ; (tierra) glisser ; (con impaciencia) gigoter ; (para conseguir algo) se remuer ; **¡muévete!** magne-toi !, grouille-toi !
**movible** adj mobile
**movida** nf (fam: acontecimiento) ramdam m, bamboula f ; (: asunto) affaire f ; **¡qué ~!** (fam) quel tapage ! ; **la ~ madrileña** la « movida » o « nuit » madrilène
**movido, -a** adj (Foto) flou(e) ; (persona) actif(-ive) ; (día) agité(e)
**móvil** adj mobile ; (pieza de máquina) roulant(e) ▶ nm (de crimen) mobile m ; (teléfono) (téléphone m) portable m ; **~ con cámara** téléphone m avec appareil photo, photophone m
**movilice** etc vb ver **movilizar**
**movilidad** nf mobilité f
**movilización** nf (tb Mil) mobilisation f ; (Pol: manifestación): **hubo una gran ~ ciudadana tras el atentado** à la suite de l'attentat, les citoyens se sont mobilisés en masse
**movilizar** vt (tb Mil) mobiliser
**movimiento** nm mouvement m ; **el M~** (Pol) le Mouvement, soulèvement du Général Franco en 1936 en Espagne ; **poner/estar en ~** mettre/être en mouvement ; **~ de bloques** (Inform) transfert m de blocs ; **~ de capital**

mouvement de capitaux ; **~ de divisas** mouvement de devises ; **~ de mercancías** (*Com*) mouvement des marchandises ; **~ obrero/político/sindical** mouvement ouvrier/politique/syndical ; **~ sísmico** mouvement sismique

**moviola** *nf* moviola *f*

**moza** *nf* jeune fille *f* ; **una buena ~** une belle femme, un beau brin de fille

**Mozambique** *nm* Mozambique *m*

**mozambiqueño, -a** *adj* mozambicain(e) ▶ *nm/f* Mozambicain(e)

**mozárabe** *adj*, *nmf* mozarabe *mf* ▶ *nm* (*Ling*) mozarabe *m*

**mozo** *nm* jeune homme *m* ; (*en hotel*) groom *m* ; (*camarero*) garçon *m* ; (*Mil*) conscrit *m* ; **un buen ~** un beau garçon ; **~ de estación** porteur *m*

**MP3** *nm abr* MP3 *m* ; **reproductor (de) ~** lecteur *m* MP3

**MP4** *nm abr* MP4 *m* ; **reproductor (de) ~** lecteur *m* MP4

**mucamo, -a** (*Am*) *nm/f* domestique *mf*

**muchacha** *nf* fille *f* ; (*criada*) domestique *f*

**muchachada** (*Am*) *nf* marmaille *f*

**muchacho** *nm* garçon *m*

**muchedumbre** *nf* foule *f*

**muchísimo, -a** *adj* (*superl de mucho*) énormément de ▶ *adv* énormément

PALABRA CLAVE

**mucho, -a** *adj* **1** (*cantidad, número*) beaucoup de ; **mucha gente** beaucoup de monde ; **mucho dinero** beaucoup d'argent ; **hace mucho calor** il fait très chaud ; **muchas amigas** beaucoup d'amies

**2** (*sg: fam: grande*): **esta es mucha casa para él** cette maison est bien trop grande pour lui

**3** (*sg: demasiados*): **hay mucho gamberro aquí** il y a beaucoup de voyous par ici
▶ *pron*: **tengo mucho que hacer** j'ai beaucoup (de choses) à faire ; **muchos dicen que ...** beaucoup de gens disent que ... ; *ver tb* **tener**
▶ *adv* **1**: **te quiero mucho** je t'aime beaucoup ; **lo siento mucho** je suis vraiment désolé(e) ; **mucho más/menos** beaucoup plus/moins ; **mucho antes/mejor** bien avant/meilleur(e) ; **come mucho** il mange beaucoup ; **viene mucho** il vient souvent ; **¿te vas a quedar mucho?** tu vas rester longtemps ?

**2** (*respuesta*) très ; **¿estás cansado? — ¡mucho!** tu es fatigué ? — très !

**3** (*locuciones*): **leo como mucho un libro al mes** je lis au maximum un livre par mois ; **el mejor con mucho** de loin le meilleur ; **ese ni con mucho llega a sargento** il ne réussira même pas à être sergent ; **¡ni mucho menos!** loin de là ! ; **él no es ni mucho menos trabajador** il est loin d'être travailleur ; **¡mucho la quieres tú!** (*irón*) tu parles que tu l'aimes bien !

**4**: **por mucho que**: **por mucho que le quieras** tu as beau l'aimer

En francés *beaucoup* es siempre invariable. Así, por ejemplo:
**Tiene mucha paciencia.** Il a beaucoup de patience.
**¿Cuántos discos tienes? – Tengo muchos.** Combien de disques as-tu ? – J'en ai beaucoup.
Las expresiones **tener mucha hambre/sed/sueño** y **tener mucho frío/calor** no se traducen en francés con el adverbio *beaucoup de*, sino con *très* (*avoir très faim/soif/sommeil*, *avoir très froid/chaud*).

**mucosa** *nf* mucosité *f*

**muda** *nf* (*de ropa*) vêtements *mpl* de rechange ; (*Zool*, *de voz*) mue *f*

**mudanza** *nf* déménagement *m* ; **estar de ~** déménager ; **camión/casa de mudanzas** camion *m*/entreprise *f* de déménagement

**mudar** *vt* changer ; (*Zool*) muer ; **la voz le está mudando** il est en train de muer ▶ *vi*: **~ de** (*opinión*, *color*) changer de ; **mudarse** *vpr*: **mudarse (de ropa)** se changer ; **mudarse (de casa)** déménager

**mudéjar** *adj*, *nmf* mudéjar *mf*

**mudo, -a** *adj* muet(te) ; (*callado*) silencieux(-euse) ; **quedarse ~ de asombro** rester bouche bée

**mueble** *nm* meuble *m*

**mueble-bar** *nm* bar *m*

**mueca** *nf* grimace *f* ; **hacer muecas a** faire des grimaces à

**muela** *vb ver* **moler** ▶ *nf* (*diente de atrás*) molaire *f* ; (*de molino*) meule *f* ; (*de afilar*) meule, affiloir *m* ; **~ del juicio** dent *f* de sagesse

**muelle** *adj* (*vida*) facile ▶ *nm* ressort *m* ; (*Náut*) quai *m*

**muera** etc *vb ver* **morir**

**muerda** etc *vb ver* **morder**

**muérdago** *nm* gui *m*

**muermo** (*fam*) *nm* (*aburrimiento*) poisse *f* ; (*desgana*) mélancolie *f* ; **¡qué ~!** quelle poisse !

**muerte** *nf* mort *f* ; **dar ~ a** donner la mort à ; **de mala ~** (*fam*) minable ; **es la ~** (*fam*) c'est la galère !

**muerto, -a** *pp de* **morir** ▶ *adj* mort(e) ; (*color*) terne ; (*manos*) détendu(e) ; **estar ~ de cansancio/frío/hambre/sed** être mort(e) de fatigue/froid/faim/soif ▶ *nm/f* mort(e) ; **cargar con el ~** (*fam*) assumer le fardeau ; **echar el ~ a algn** mettre tout sur le dos de qn ; **hacer el ~** (*nadando*) faire la planche

**muesca** *nf* encoche *f*

**muestra** vb ver **mostrar** ▶ nf (Com, Costura) échantillon m ; (de sangre) prélèvement m ; (en estadística) échantillonnage m ; (señal) preuve f ; (exposición) foire f ; (demostración explicativa) démonstration f ; **dar muestras de** donner des signes de ; **~ al azar** (Com) échantillon prélevé au hasard

**muestrario** nm (Com) échantillonnage m

**muestreo** nm (estadístico) échantillonnage m

**mueva** etc vb ver **mover**

**mugido** nm mugissement m, beuglement m

**mugir** vi mugir

**mugre** nf (suciedad) crasse f ; (: grasienta) cambouis msg

**mugriento, -a** adj crasseux(-euse)

**muja** etc vb ver **mugir**

**mujer** nf femme f

**mujeriego** adj, nm coureur m (de jupons)

**mula** nf mule f

**mulato, -a** adj, nm/f mulâtre(sse)

**muleta** nf (para andar) béquille f ; (Taur) muleta f

**muletilla** nf tic m

**mullido, -a** adj moelleux(-euse)

**mulo** nm mulet m ; **trabaja como un ~** (fig) travailler comme une bête

**multa** nf amende f ; (Auto) amende, contravention f ; **me han puesto una ~** ils m'ont mis une amende

**multar** vt condamner à une amende

**multiacceso** adj (Inform) à accès multiple

**multicine** nm cinéma m multisalle

**multicolor** adj multicolore

**multicopista** nm duplicateur m

**multicultural** adj multiculturel(le)

**multidisciplinar** adj multidisciplinaire, pluridisciplinaire

**multilateral** adj multilatéral(e)

**multimedia** adj inv, nm o nf multimédia m

**multimillonario, -a** adj, nm/f multimillionnaire mf

**multinacional** adj multinational(e) ▶ nf multinationale f

**múltiple** adj multiple ; **de tarea ~** (Inform) multitâche ; **de usuario ~** (Inform) à utilisateurs multiples

**multiplicación** nf multiplication f

**multiplicar** vt multiplier ; **multiplicarse** vpr se multiplier ; (afanarse) se démener, se mettre en quatre

**multiplique** etc vb ver **multiplicar**

**múltiplo** adj, nm multiple m

**multipropiedad** nf multipropriété f

**multirracial** adj multiracial(e)

**multitarea** adj inv multitâche inv, multiprogrammé(e) ▶ nf fonctionnement m multitâche, multiprogrammation f

**multitud** nf foule f ; **~ de** multitude de

**multitudinario, -a** adj populeux(-euse)

**multiuso, multiusos** adj inv polyvalent(e)

**mundanal** adj : **lejos del ~ ruido** loin des rumeurs de ce monde

**mundano, -a** adj mondain(e)

**mundial** adj mondial(e) ▶ nm (Fútbol) coupe f du monde

**mundialización** nf globalisation f

**mundialmente** adv : **conocido/aceptado ~** connu/accepté dans le monde entier ; **~ famoso** mondialement célèbre

**mundillo** nm monde m

**mundo** nm monde m ; **el otro ~** l'autre monde ; **el ~ del espectáculo** le monde du spectacle ; **todo el ~** tout le monde ; **tiene ~** il sait comment se comporter en société ; **un hombre de ~** un homme du monde ; **hacer de algo un ~** faire tout un monde de qch ; **el ~ es un pañuelo** le monde est petit ; **por nada del ~** pour rien au monde ; **no es nada del otro ~** ce n'est pas la mer à boire ; **se le cayó el ~ (encima)** il est accablé par ce coup du sort ; **el Tercer M~** le Tiers-Monde m

**Munich** n Munich

**munición** nf munition f

**municipal** adj municipal(e) ▶ nmf (tb: **policía municipal**) agent m de police

**municipio** nm municipalité f

**muñeca** nf (Anat) poignet m ; (juguete, mujer) poupée f ; (AND, CSUR fam) prise f de courant

**muñeco** nm (juguete) baigneur m ; (dibujo) dessin m ; (marioneta, fig) marionette f ; **~ de nieve** bonhomme m de neige

**muñequera** nf poignet m de force

**muñón** nm moignon m

**mural** adj mural(e) ▶ nm peinture f murale

**muralla** nf muraille f

**murciano, -a** adj natif(-ive) o habitant(e) de Murcie

**murciélago** nm chauve-souris fsg

**murga** nf galère f ; **dar la ~** casser les pieds

**murmullo** nm murmure m

**murmuración** nf médisance f

**murmurar** vt, vi murmurer ; **~ (de)** (criticar) dire du mal (de)

**muro** nm mur m ; **~ de contención** mur de soutènement

**mus** nm jeu de cartes

**musa** nf muse f

**musaraña** nf : **pensar en** o **mirar las musarañas** bayer aux corneilles

**muscular** adj musculaire

**musculatura** nf musculature f, muscles mpl

**músculo** nm muscle m

**musculoso, -a** adj musclé(e)

**museo** nm musée m ; **~ de arte** o **de pintura** musée d'art ; **~ de cera** musée de cire

**musgo** nm mousse f

**música** nf musique f ; **irse con la ~ a otra parte** plier bagage ; ver tb **músico**

**musical** adj musical(e) ▶ nm comédie f musicale

**músico, -a** nm/f musicien(ne)

**musitar** *vt, vi* marmotter
**muslo** *nm* cuisse *f*
**mustio, -a** *adj* (*planta*) flétri(e) ; (*persona*) triste
**musulmán, -ana** *adj, nm/f* musulman(e)
**mutación** *nf* mutation *f*
**mutante** *adj, nmf* mutant(e)
**mutilación** *nf* mutilation *f*
**mutilado, -a** *nm/f* mutilé(e)
**mutilar** *vt* mutiler
**mutis** *nm inv* (*Teatro*) sortie *f* de scène ; **hacer ~** sortir de scène ; (*fig*) se taire
**mutismo** *nm* mutisme *m*

**mutua** *nf* = **mutualidad**
**mutual** (*AND, CSUR*) *nf* mutualité *f*
**mutualidad** *nf* mutualité *f* ; **~ de seguros** mutuelle *f* d'assurances
**mutuamente** *adv* mutuellement
**mutuo, -a** *adj* mutuel(le)
**muy** *adv* très ; (*demasiado*) trop ; **M~ Señor mío/Señora mía** cher Monsieur/chère Madame ; **~ bien** très bien ; **~ de noche** tard dans la nuit ; **eso es ~ de él** c'est bien de lui ; **eso es ~ español** c'est très espagnol ; **por ~ tarde que sea** aussi tard soit-il

# Nn

**N¹, n** ['ene] *nf (letra)* N, n *m inv* ; **N de Navarra** ≈ N comme Nicolas
**N²** *abr (= norte)* N (= nord)
**N.** *sigla f (= carretera nacional)* RN *f (= route nationale)*
**n/** *abr =* **nuestro**
**nabo** *nm* navet *m*
**nácar** *nm* nacre *f*
**nacer** *vi* naître ; *(vegetal, barba, vello)* pousser ; *(río)* prendre sa source ; *(columna, calle)* commencer ; **~ de** naître de ; **ha nacido para poeta** c'est un poète né ; **no ha nacido para trabajar** le travail et lui, ça fait deux
**nacido, -a** *adj*: **~ en** né(e) en
**naciente** *adj* naissant(e) ; **el sol ~** le soleil levant
**nacimiento** *nm* naissance *f* ; *(de Navidad)* crèche *f* ; *(de río)* source *f* ; **ciego de ~** aveugle de naissance
**nación** *nf* nation *f* ; **Naciones Unidas** Nations unies
**nacional** *adj* national(e)
**nacionalice** *etc vb ver* **nacionalizar**
**nacionalidad** *nf* nationalité *f* ; *(Esp Pol: nación)* communauté *f* autonome
**nacionalismo** *nm* nationalisme *m*
**nacionalista** *adj, nmf* nationaliste *mf*
**nacionalización** *nf (de persona)* naturalisation *f* ; *(de servicio, industria)* nationalisation *f*
**nacionalizar** *vt (persona)* naturaliser ; *(servicio, industria)* nationaliser ; **nacionalizarse** *vpr (persona)* se faire naturaliser
**nada** *pron* rien ; **no decir ~** ne rien dire ; **de ~** de rien ; **¡~ de eso!** pas question ! ; **antes de ~** avant tout ; **como si ~** comme si de rien n'était ; **no ha sido ~** ce n'est pas bien grave ; **~ menos que** ni plus ni moins que ; **~ de ~** rien de rien ; **para ~** *(inútilmente)* pour rien ; *(claro que no)* pas du tout ; **por ~** pour rien ; **por ~ del mundo** pour rien au monde ▶ *adv* rien ▶ *nf*: **la ~** le néant
**nadador, a** *nm/f* nageur(-euse)
**nadar** *vi* nager ; **~ en la abundancia** nager dans l'opulence ; **~ contra corriente** nager à contre-courant
**nadie** *pron* personne ; **~ habló** personne n'a parlé ; **no había ~** il n'y avait personne ; **no soy ~ para ...** ce n'est pas moi qui peut ... ; **es un don ~** c'est un moins que rien
**nadita** *pron, adv (esp Am fam) =* **nada**
**nado** *adv*: **a ~** à la nage
**nafta** *(CSur) nf (gasolina)* essence *f*
**naftalina** *nf*: **bolas de ~** boules *fpl* de naphtaline
**nahuatl** *adj, nm* nahuatl *m*
**naif** *(pl* **naifs** *o* **~)** *adj (arte)* naïf(-ve) ▶ *nm* art *m* naïf
**naipe** *nm* carte *f*
**nal.** *abr =* **nacional**
**nalgas** *nfpl* fesses *fpl*
**Namibia** *nf* Namibie *f*
**nana** *nf* berceuse *f* ; *(Cam, Méx fam)* nourrice *f*
**napias** *(fam) nfpl* pif *msg*
**napoleón** *(Chi) nm* pince *f*
**Nápoles** *n* Naples
**napolitano, -a** *adj* napolitain(e) ▶ *nm/f* Napolitain(e)
**naranja** *adj inv* orange ▶ *nm (color)* orange *m* ▶ *nf (fruta)* orange *f* ; **media ~** *(fam)* moitié *f*
**naranjada** *nf* orangeade *f*
**naranjo** *nm* oranger *m*
**narcisista** *adj* narcissique
**narciso** *nm* narcisse *m*
**narco** *(fam) nmf (narcotraficante)* narco *m (fam)* ▶ *nm =* **narcotráfico**
**narcotice** *etc vb ver* **narcotizar**
**narcótico, -a** *adj, nm* narcotique *m*
**narcotizar** *vt* administrer des narcotiques à
**narcotraficante** *nmf* narcotrafiquant(e)
**narcotráfico** *nm* trafic *m* de stupéfiants
**nardo** *nm* nard *m*
**narices** *nfpl ver* **nariz**
**narigón, -ona, narigudo, -a** *adj*: **un tipo ~** un type au grand nez
**nariz** *nf* nez *m* ; **~ chata/respingona** nez épaté/en trompette ; **narices** *nfpl* narines *fpl* ; **¡narices!** *(fam)* flûte alors ! ; **me dio con la puerta en las narices** il m'a fermé la porte au nez ; **darse de narices contra algo/con algn** se trouver nez à nez avec qch/qn ; **¡se me están hinchando las narices!** la moutarde me monte au nez ! ; **delante de las narices de algn** sous le nez de qn ; **estar hasta las narices (de algo/algn)** *(fam)* en

## narizotas – necio

avoir ras le bol (de qch/qn) ; **meter las narices en algo** (*fam*) mettre son nez dans qch ; **hacer algo por narices** (*fam*) faire qch coûte que coûte
**narizotas** *nm inv*: **¡es un ~!** il a un grand pif !
**narración** *nf* narration *f*
**narrador, a** *nm/f* narrateur(-trice)
**narrar** *vt* raconter, narrer
**narrativa** *nf* roman *m*
**narrativo, -a** *adj* narratif(-ive)
**NASA** *sigla f* (= *National Aeronautics and Space Administration*) NASA *f*
**nasal** *adj* nasal(e)
**N.ª S.ra** *abr* (= *Nuestra Señora*) ND (= *Notre-Dame*)
**nata** *nf* crème *f* ; (*en leche cocida*) peau *f* ; **~ montada** crème fouettée
**natación** *nf* natation *f*
**natal** *adj* natal(e)
**natalidad** *nf* natalité *f* ; **control de ~** contrôle *m* des naissances ; **índice** *o* **tasa de ~** taux *msg* de natalité
**natillas** *nfpl* crème *fsg* renversée
**natividad** *nf* nativité *f*
**nativo, -a** *adj* (*costumbres*) local(e), du pays ; (*lengua*) maternel(le) ; (*país*) natal(e) ▶ *nm/f* natif(-ive) ; **~ digital** (*Inform*) natif(-ive) numérique
**nato, -a** *adj* né(e) ; **un actor/pintor/músico ~** un acteur/peintre/musicien né
**natural** *adj* naturel(le) ; (*luz*) du jour ; (*flor, fruta*) vrai(e) ; (*café*) non traité(e) ; **~ de** natif(-ive) de ; **ser ~ en algn** être naturel(le) chez qn ; **es ~ que** il est naturel que ▶ *nm* naturel *m* ; **al ~** au naturel
**naturaleza** *nf* nature *f* ; **por ~** par nature ; **~ humana** nature humaine ; **~ muerta** nature morte
**naturalice** *etc vb ver* **naturalizarse**
**naturalidad** *nf* naturel *m* ; **con ~** avec naturel
**naturalista** *nmf* naturaliste *mf*
**naturalizarse** *vpr* se faire naturaliser
**naturalmente** *adv* naturellement ; **¡~!** naturellement !
**naturista** *adj, nmf* naturiste *mf*
**naufragar** *vi* faire naufrage ; (*negocio*) faire faillite ; (*proyecto*) tomber à l'eau
**naufragio** *nm* naufrage *m*
**náufrago, -a** *nm/f* naufragé(e)
**naufrague** *etc vb ver* **naufragar**
**nauseabundo, -a** *adj* nauséabond(e)
**náuseas** *nfpl* nausées *fpl* ; **sentir ~** avoir des nausées ; **me da ~** ça me donne la nausée
**náutica** *nf* navigation *f*
**náutico, -a** *adj* nautique
**navaja** *nf* couteau *m* (de poche) ; **~ (de afeitar)** rasoir *m* à main
**navajazo** *nm* (*herida*) blessure *f* au couteau ; (*golpe*) coup *m* de couteau
**naval** *adj* naval(e)
**Navarra** *nf* Navarre *f*
**navarro, -a** *adj* navarrais(e) ▶ *nm/f* Navarrais(e)
**nave** *nf* (*barco*) navire *m* ; (*Arq*) nef *f* ; (*almacén*) entrepôt *m* ; **quemar las naves** brûler ses vaisseaux ; **~ espacial** vaisseau *m* spatial ; **~ industrial** hangar *m*
**navegable** *adj* navigable
**navegación** *nf* navigation *f* ; (*viaje*) voyage *m* en mer ; **~ aérea/costera/fluvial** navigation aérienne/côtière/fluviale
**navegador** *nm* (*Inform*) navigateur *m*, logiciel *m* de navigation
**navegante** *nmf* navigateur(-trice)
**navegar** *vi* naviguer ; **~ por Internet** surfer sur Internet, surfer le Net
**navegue** *etc vb ver* **navegar**
**navidad** *nf* (*tb*: **navidades**) fêtes *fpl* de Noël ; (*tb*: **día de navidad**) Noël *m* ; **por navidades** à Noël ; **¡felices navidades!** joyeux Noël !
**navideño, -a** *adj* de Noël
**naviero, -a** *adj* naval(e) ▶ *nm* armateur *m*
**navío** *nm* navire *m*
**nazareno, -a** *adj* (*Hist*) nazaréen(ne) ▶ *nm/f* (*Hist*) Nazaréen(ne) ; (*Rel*) pénitent dans les *processions de Pâques*
**nazca** *etc vb ver* **nacer**
**nazi** *adj, nmf* nazi(e)
**nazismo** *nm* nazisme *m*
**N.B.** *abr* (= *nota bene*) NB (= *nota bene*)
**n/cta** *abr* (*Com*: = *nuestra cuenta*) notre compte
**N. de la R.** *abr* (= *nota de la redacción*) NDLR (= *note de la rédaction*)
**N. de la T./del T.** *abr* (= *nota de la traductora/del traductor*) NDT (= *note du traducteur*)
**NE** *abr* (= *nor(d)este*) N.-E. (= *nord-est*)
**neblina** *nf* brume *f*
**nebulosa** *nf* nébuleuse *f*
**nebuloso, -a** *adj* (*con nubes*) nuageux(-euse) ; (*con niebla*) brumeux(-euse) ; (*idea*) nébuleux(-euse) ; (*vista*) brouillé(e)
**necedad** *nf* idiotie *f*
**necesariamente** *adv* nécessairement
**necesario, -a** *adj*: **~ (para)** nécessaire (pour) ; **(no) es ~ que** il (n')est (pas) nécessaire que ; **si es ~ ...** si nécessaire ...
**neceser** *nm* trousse *f* de toilette
**necesidad** *nf* (*carencia, miseria*) besoin *m* ; (*cosa necesaria*) nécessité *f* ; **de primera ~** de première nécessité ; **en caso de ~** en cas de besoin ; **no hay ~ de/de que** il n'est pas nécessaire de/que ; **necesidades** *nfpl* (*penurias*) privations *fpl* ; **hacer sus necesidades** faire ses besoins
**necesitado, -a** *adj* nécessiteux(-euse) ; **estar ~ de** avoir grand besoin de
**necesitar** *vt*: **~ (hacer)** avoir besoin de (faire) ; **¿qué se necesita?** que faut-il ? ; **« se necesita camarero »** « on demande un serveur » ▶ *vi*: **~ de** avoir besoin de
**necio, -a** *adj, nm/f* idiot(e)

**nécora** nf étrille f
**necrología** nf nécrologie f
**necrológico, -a** adj: **nota necrológica** avis msg de décès
**necrópolis** nf inv nécropole f
**néctar** nm nectar m
**nectarina** nf nectarine f
**neerlandés, -esa** adj néerlandais(e) ▶ nm/f Néerlandais(e) ▶ nm (Ling) néerlandais msg
**nefasto, -a** adj néfaste
**nefrítico, -a** adj: **cólico ~** colique f néphrétique
**negación** nf négation f
**negado, -a** adj: **~ para** pas doué(e) pour
**negar** vt (hechos) nier ; (permiso, acceso) refuser ; **~ el saludo a algn** ignorer qn ; **~ que** nier que ▶ vi: **~ con la cabeza** faire non de la tête ; **negarse** vpr: **negarse a hacer algo** se refuser à faire qch ; **¡me niego!** c'est non !
**negativa** nf négative f ; (rechazo) refus msg
**negativamente** adv négativement
**negativo, -a** adj négatif(-ive) ▶ nm (Foto) négatif m
**negligencia** nf négligence f
**negligente** adj négligent(e)
**negociable** adj négociable
**negociación** nf négociation f
**negociado** nm bureau m
**negociador, a** adj de négociation ; **comisión negociadora** commission f de négociation ▶ nm/f négociateur(-trice)
**negociante** nmf (Com) négociant(e) ; (pey) trafiquant(e)
**negociar** vt négocier ▶ vi: **~ en** o **con** (Com) faire le commerce de o du commerce avec
**negocio** nm affaire f ; (tienda) commerce m ; **los negocios** les affaires fpl ; **hacer ~** faire des affaires ; **hacer (un) buen/mal ~** faire une bonne/mauvaise affaire ; **¡eso es un ~!** ça rapporte ! ; **~ sucio** affaire f louche ; **¡mal ~!** (fam) ça ne dit rien de bon !
**negra** nf (Mús) noire f ; **la ~** la poisse ; **tener la ~** avoir la poisse ; ver tb **negro**
**negrita** nf (Tip) caractère m gras ; **en ~** en gras
**negro, -a** adj noir(e) ; (futuro) sombre ; (tabaco) brun(e) ; **¡estoy ~!** je suis furax ! ; **¡me pone ~!** ça o il me porte sur les nerfs ! ; **verse ~ para hacer algo** avoir beaucoup de mal à faire qch ▶ nm (color) noir m ▶ nm/f (persona) Noir(e) ; (AM fam) chéri(e) ; **trabajar como un ~** travailler comme un forçat
**negrura** nf noirceur f
**negué** etc vb ver **negar**
**nene, -a** nm/f petit(e)
**nenúfar** nm nénuphar m
**neoclásico, -a** adj néo-classique
**neolítico, -a** adj néolithique
**neologismo** nm néologisme m
**neón** nm: **luz** o **lámpara de ~** néon m
**neonazi** adj, nmf néonazi(e)

**neopreno®** nm néoprène® m
**neoyorquino, -a** adj new-yorkais(e) ▶ nm/f New-Yorkais(e)
**neozelandés, -esa** adj néo-zélandais(e) ▶ nm/f Néo-Zélandais(e)
**Nepal** nm Népal m
**nepalés, -esa, nepalí** adj népalais(e) ▶ nm/f Népalais(e) ▶ nm (Ling) népalais m
**nepotismo** nm népotisme m
**Neptuno** nm Neptune
**nervio** nm nerf m ; (Bot, Arq) nervure f ; **ser puro ~** être un paquet de nerfs ; **alterarle** o **crisparle los nervios a algn** taper sur les nerfs de qn ; **estar de los nervios** (fam) être sur les nerfs ; (: Med) être malade des nerfs ; **tener los nervios destrozados** avoir les nerfs en pelote ; **me pone los nervios de punta** ça o il me porte sur les nerfs
**nerviosismo** nm état m d'agitation, nervosité f
**nervioso, -a** adj nerveux(-euse) ; **¡me pone ~!** ça m'énerve !
**nervudo, -a** adj (mano) nerveux(-euse)
**netamente** adv nettement, clairement ; **una construcción ~ española** une construction clairement espagnole
**netiqueta** nf netiquette f
**neto, -a** adj net (nette)
**neumático, -a** adj (cámara) à air ; (martillo) pneumatique ▶ nm pneu m ; **~ de recambio** roue f de secours
**neumonía** nf pneumonie f ; **~ asiática** SARS m, pneumonie atypique
**neura** (fam) nmf névrosé(e) ▶ nf obsession f
**neuralgia** nf névralgie f
**neurálgico, -a** adj névralgique
**neurastenia** nf neurasthénie f
**neurasténico, -a** adj neurasthénique
**neurología** nf neurologie f
**neurológico, -a** adj neurologique
**neurólogo, -a** adj (tb Ling) nm/f neurologue mf
**neurona** nf neurone m
**neurosis** nf inv névrose f
**neurótico, -a** adj névrotique ▶ nm/f (tb fam) névrosé(e)
**neutral** adj neutre
**neutralice** etc vb ver **neutralizar**
**neutralidad** nf neutralité f
**neutralizar** vt neutraliser
**neutro, -a** adj (tb Ling) neutre
**neutrón** nm neutron m
**nevada** nf chute f de neige
**nevado, -a** adj enneigé(e)
**nevar** vi neiger
**nevera** (Esp) nf réfrigérateur m
**nevisca** nf petite chute f de neige
**nexo** nm lien m
**n/f** abr (Com: = nuestro favor) notre crédit
**ni** conj ni ; (tb: **ni siquiera**) même pas ; **ni aunque** même si ; **ni blanco ni negro** ni

**nica – no**

blanc ni noir ; **ni (el) uno ni (el) otro** ni l'un ni l'autre ; **¡ni que fuese un dios!** comme si c'était un dieu ! ; **¡ni hablar!** pas question !
**nica** (*AM pey*) *adj* nicaraguayen(ne) ▶ *nmf* Nicaraguayen(ne)
**Nicaragua** *nf* Nicaragua *m*
**nicaragüense** *adj* nicaraguayen(ne) ▶ *nmf* Nicaraguayen(ne)
**nicho** *nm* niche *f*
**nicotina** *nf* nicotine *f*
**nido** *nm* nid *m* ; **~ de amor** nid d'amour ; **~ de ladrones** repaire *m* de voleurs ; **~ de víboras** nid de vipères
**niebla** *nf* brouillard *m* ; **hay ~** il y a du brouillard
**niego** *etc*, **niegue** *etc vb ver* **negar**
**nieto, -a** *nm/f* petit-fils (petite-fille) ; **los nietos** *nmpl* les petits-enfants *mpl*
**nieve** *vb ver* **nevar** ▶ *nf* neige *f* ; (*AM: helado*) glace *f* ; **copo de ~** flocon *m* de neige
**NIF** *sigla m* (= *Número de Identificación Fiscal*) numéro d'identification personnel nécessaire pour effectuer des opérations bancaires et commerciales
**Nigeria** *nf* Nigéria *m*
**nigeriano, -a** *adj* nigérien(ne) ▶ *nm/f* Nigérien(ne)
**nigromancia** *nf* nécromancie *f*
**nigua** (CARIB, CAM) *nf* puce *f*
**nihilista** *adj, nmf* nihiliste *mf*
**Nilo** *nm*: **el (Río) ~** le Nil
**nimbo** *nm* (*aureola*) nimbe *m* ; (*nube*) nimbus *msg*
**nimiedad** *nf* bagatelle *f* ; (*de problema, detalle*) petitesse *f*
**nimio, -a** *adj* insignifiant(e), sans importance
**ninfa** *nf* nymphe *f*
**ninfómana** *nf* nymphomane *f*
**ningún** *adj ver* **ninguno**
**ninguno, -a** (*antes de nmsg* **ningún**) *adj* aucun(e) ; **no es ninguna belleza** c'est loin d'être une beauté ; **de ninguna manera** en aucune manière ; **en ningún sitio** nulle part ; **no voy a ninguna parte** je ne vais nulle part ▶ *pron* personne ; **~ de ellos** aucun d'entre eux
**niña** *nf* (petite) fille *f* ; (*del ojo*) pupille *f* ; **es la ~ de sus ojos** (*fig*) il tient à lui/elle comme à la prunelle de ses yeux ; *ver tb* **niño**
**niñera** *nf* nourrice *f*
**niñería** (*pey*) *nf* enfantillage *m*
**niñez** *nf* enfance *f*
**niño, -a** *adj* jeune ; (*pey*) puéril(e) ▶ *nm* enfant *m* ; (*chico*) (petit) garçon *m* ; (*bebé*) petit enfant *m* ; **ser el ~ mimado de algn** être le chouchou de qn ; **de ~** quand j'étais *etc* petit ; **~ bien** *o* **de papá** (*pey*) fils *msg* à papa ; **~ de pecho** nourrisson *m* ; **~ prodigio** enfant prodige ; **los niños** *nmpl* les enfants

**nipón, -ona** *adj* nippon(e), nippon(ne) ▶ *nm/f* Nippon(e), Nippon(ne)
**níquel** *nm* nickel *m*
**niquelar** *vt* nickeler
**nirvana** *nm* nirvana *m*
**níscalo** *nm* lactaire *m* délicieux
**níspero** *nm* (*árbol*) néflier *m* ; (*fruto*) nèfle *f*
**nitidez** *nf* (*de imagen*) netteté *f* ; (*de atmósfera*) pureté *f* ; **ver algo con ~** voir qch très nettement
**nítido, -a** *adj* (*imagen*) net(te) ; (*cielo*) dégagé(e) ; (*atmósfera*) pur(e) ; (*gestión, conducta*) clair(e)
**nitrato** *nm* nitrate *m* ; **~ de Chile** salpêtre *m* du Chili
**nítrico, -a** *adj* nitrique
**nitrógeno** *nm* azote *m*
**nitroglicerina** *nf* nitroglycérine *f*
**nivel** *nm* niveau *m* ; **al mismo ~** au même niveau ; **de alto ~** de haut niveau ; **a 900m sobre el ~ del mar** à 900 m au-dessus du niveau de la mer ; **~ de aire** (*Tec*) niveau à bulle (d'air) ; **~ del aceite** niveau d'huile ; **~ de vida** niveau de vie
**nivelado, -a** *adj* nivelé(e) ; (*balanza*) équilibré(e)
**nivelar** *vt* niveler ; (*ingresos, categorías*) égaliser ; (*balanza de pagos*) équilibrer
**nixtamal** (CAM, MÉX) *nm* maïs *msg* bouilli
**Niza** *n* Nice
**n/l.** *abr* (*Com*: = *nuestra letra*) notre lettre
**NNE** *abr* (= *nornordeste*) N.-N.-E. (= nord-nord-est)
**NNO** *abr* (= *nornoroeste*) N.-N.-O. (= nord-nord-ouest)
**NN. UU.** *abr* (= *Naciones Unidas*) N.U. (= Nations unies)
**NO** *abr* (= *noroeste*) N.-O. (= nord-ouest)

(PALABRA CLAVE)

**no** *adv* **1**: **¡no!** (*en respuesta*) non ! ; **ahora no** pas maintenant ; **no mucho** pas tellement, pas beaucoup ; **¡cómo no!** bien sûr ! ; **¡que no!** non !

**2** (*con verbo*) ne … pas ; **no viene** il ne vient pas ; **no es el mío** ce n'est pas le mien ; **creo que no** je crois que non ; **decir que no** dire non ; **no quiero nada** je ne veux rien ; **no es que no quiera** ce n'est pas que je ne veuille pas ; **no dormir** ne pas dormir ; « **No Fumar** » « Défense de fumer »

**3** (*no + sustantivo*): **pacto de no agresión** pacte *m* de non-agression ; **los países no alineados** les pays non-alignés ; **la no intervención** la non-intervention ; **el no va más** le nec plus ultra

**4** (*en comparación*): **mejor ir ahora que no luego** mieux vaut partir maintenant

**5**: **no sea que haga frío** au cas où il ferait froid

794 · ESPAÑOL | FRANCÉS

**6**: **no bien hubo terminado se marchó** à peine eut-il terminé qu'il s'en alla
**7**: **¡a que no lo sabes!** je parie que tu ne le sais pas !
▶ *nm*: **un no rotundo** un non catégorique

**N.º, nº** *abr* (= *número*) n° (= *numéro*)
**n/o** *abr* (*Com*: = *nuestra orden*) notre ordre
**nobel** *nmf* (*persona*) nobel *mf* ▶ *nm*: **(Premio) N~** prix *m* Nobel, Nobel *m*
**noble** *adj*, *nmf* noble *mf*
**nobleza** *nf* noblesse *f* ; **la ~** la noblesse
**noche** *nf* nuit *f* ; (*la tarde*) soir *m* ; **de ~, por la ~** le soir ; (*de madrugada*) la nuit ; **se hace de ~** la nuit tombe ; **es de ~** il fait nuit ; **ayer por la ~** hier soir ; **esta ~** ce soir ; (*de madrugada*) cette nuit ; **de la ~ a la mañana** du jour au lendemain ; **hacer ~ en un sitio** passer la nuit quelque part ; **¡buenas noches!** (*saludo*) bonsoir ! ; (*despedida*) bonsoir !, bonne nuit ! ; **~ cerrada** nuit noire ; **~ de bodas** nuit de noces

> La expresión **¡Buenas noches!** suele traducirse en francés por *Bonsoir* ! *Bonne nuit* se reserva únicamente para la hora de acostarse.

**Nochebuena** *nf* nuit *f* de Noël ; *voir article*

: **NOCHEBUENA**
:
: Dans les pays de langue espagnole, comme en France, on fête Noël la nuit du 24 décembre ; c'est **Nochebuena**. Les familles se réunissent autour d'un grand repas et les plus pieux assistent à la messe de minuit. Bien que la tradition veuille que les cadeaux soient apportés par les Rois mages le 6 janvier, il est de plus en plus fréquent de s'offrir des cadeaux le jour de Noël.

**nochero** *nm* (*CSur*) veilleur *m* de nuit ; (*Col*) table *f* de nuit
**Nochevieja** *nf* nuit *f* de la Saint-Sylvestre ; *voir article*

: **NOCHEVIEJA**
:
: En Espagne, *las campanadas*, les douze coups de l'horloge de la *Puerta del Sol* à Madrid, qui retransmis en direct pour marquer le début de chaque nouvelle année, représentent le temps fort du réveillon de la Saint-Sylvestre, **Nochevieja**. Lorsque minuit sonne, la tradition connue sous le nom de *las uvas de la suerte* ou *las doce uvas*, veut que l'on mange douze grains de raisin, un pour chaque coup.

**noción** *nf* notion *f* ; **nociones** *nfpl* (*rudimentos*) notions *fpl*

**nocivo, -a** *adj* nocif(-ive)
**noctámbulo, -a** *adj*, *nm/f* noctambule *mf*
**nocturno, -a** *adj* nocturne ; (*club*) de nuit ; (*clases*) du soir ▶ *nm* (*Mús*) nocturne *m*
**nodo** *nm* nœud *m*
**nodriza** *nf* nourrice *f* ; **buque/nave ~** bateau *m*/navire *m* de ravitaillement
**nódulo** *nm* nodule *m*
**Noé** *n* Noé
**nogal** *nm* noyer *m*
**nómada** *adj*, *nmf* nomade *mf*
**nomás** (*Am*) *adv* seulement ; (*tan solo*) juste ; **así ~** (*fam*) comme ça ; **ayer ~** pas plus tard qu'hier ; **~ se fue se acordó** à peine était-il parti qu'il s'en est souvenu
**nombramiento** *nm* nomination *f*
**nombrar** *vt* nommer ; **~ a algn gobernador** nommer qn gouverneur ; **~ a algn heredero** faire de qn son héritier
**nombre** *nm* nom *m* ; (*tb*: **nombre completo**) nom (et prénoms) ; **abogado de ~** avocat *m* de renom ; **~ y apellidos** nom et prénoms ; (**estar/poner algo) a ~ de** (être/mettre qch) au nom de ; **en ~ de** au nom de ; **sin ~** sans nom ; **su conducta no tiene ~** sa conduite dépasse les bornes ; **~ común** nom commun ; **~ de fichero** (*Inform*) nom de fichier ; **~ de pila** prénom *m* ; **~ de soltera** nom de jeune fille ; **~ de usuario** (*Inform*) nom d'utilisateur ; **~ propio** nom propre
**nomenclatura** *nf* nomenclature *f* ; (*Pol*) nomenklatura *f*
**nomeolvides** *nm inv* myosotis *msg*
**nómina** *nf* (*de personal*) liste *f* du personnel ; (*hoja de sueldo*) feuille *f* de paie ; (*sueldo*) salaire *m* ; **estar en ~** faire partie du personnel
**nominación** *nf* (*para cargo, premio*) nomination *f*
**nominal** *adj* nominal(e)
**nominar** *vt* (*para cargo*) nommer ; (*para premio*) nominer
**nominativo, -a** *adj* (*Ling*) nominatif(-ive) ; **un cheque ~ a X** un chèque à l'ordre de X
**non** *adj* impair(e) ▶ *nm* nombre *m* impair ; **¿pares o nones?** (*juego*) pair ou impair ? ; **de ~** (*sin pareja*) dépareillé(e) ; (*persona*) tout(e) seul(e)
**nonagésimo, -a** *adj*, *nm/f* quatre-vingt-dixième *mf*
**nono, -a** *adj* neuvième
**nopal** *nm* nopal *m*
**norcoreano, -a** *adj* nord-coréen(ne) ▶ *nm/f* Nord-Coréen(ne)
**nordeste** *adj* nord-est ▶ *nm* nord-est *m* ; (*viento*) nordet *m*
**nórdico, -a** *adj* (*zona*) nord *inv* ; (*escandinavo*) nordique ▶ *nm/f* Nordique *mf*
**noreste** *adj*, *nm* = **nordeste**
**noria** *nf* (*Agr*) noria *f* ; (*de feria*) grande roue *f*

**norirlandés, -esa** *adj* nord-irlandais(e)
▶ *nm/f* Nord-Irlandais(e), natif(-ive) *o* habitant(e) de l'Irlande du Nord
**norma** *nf* norme *f* ; **por ~ general** en règle générale ; **las normas establecidas** les normes établies
**normal** *adj* normal(e) ; **¡es ~ que ...!** c'est normal que ...! ; **Escuela N~** ≈ École *f* normale ; **gasolina ~** essence *f* ordinaire
**normalice** *etc vb ver* **normalizar**
**normalidad** *nf* normalité *f* ; **restablecer la ~** rétablir l'ordre
**normalista** *adj, nmf* normalien(ne)
**normalización** *nf* normalisation *f*
**normalizar** *vt* normaliser ; *(gastos)* régulariser ; **normalizarse** *vpr* se normaliser
**normalmente** *adv* normalement
**Normandía** *nf* Normandie *f*
**normando, -a** *adj* normand(e) ▶ *nm/f* Normand(e)
**normativa** *nf* réglementation *f*
**normativo, -a** *adj* : **es ~ en todos los coches nuevos** c'est obligatoire pour toutes les voitures neuves
**noroeste** *adj* nord-ouest ▶ *nm* nord-ouest *m* ; *(viento)* noroît *m*
**norte** *adj* nord *inv* ▶ *nm* nord *m* ; *(tb:* **viento (del) norte)** vent *m* du nord ; *(fig)* objectif *m* ; **país/gentes del ~** pays *msg*/peuples *mpl* du Nord ; **al ~ de** au nord de
**norteafricano, -a** *adj* nord-africain(e) ▶ *nm/f* Nord-africain(e)
**Norteamérica** *nf* Amérique *f* du Nord
**norteamericano, -a** *adj* américain(e), nord-américain(e) ▶ *nm/f* Américain(e), Nord-Américain(e)
**norteño, -a** *adj* du nord ▶ *nm/f* natif(-ive) *o* habitant(e) du nord
**nortino, -a** *(AND, CSUR) adj, nm/f =* **norteño**
**Noruega** *nf* Norvège *f*
**noruego, -a** *adj* norvégien(ne) ▶ *nm/f* Norvégien(ne) ▶ *nm (Ling)* norvégien *m*
**nos** *pron* nous ; **~ levantamos a las 7** nous nous levons à 7 heures
**nosocomio** *(esp AM) nm* hôpital *m*
**nosotros, -as** *pron pers* nous ; **~ (mismos)** nous(-mêmes)
**nostalgia** *nf* nostalgie *f*
**nostálgico, -a** *adj* nostalgique
**nota** *nf* note *f* ; **dar la ~** *(fam)* se faire remarquer ; **de mala ~** mal famé(e) ; **tomar (buena) ~ de algo** prendre (bonne) note de qch ; **tomar notas** prendre des notes ; **la ~ dominante** la note dominante ; **~ a pie de página** note de bas de page ; **notas** *nfpl (apuntes)* notes *fpl* ; *(calificación)* résultats *mpl* ; **notas de sociedad** chronique *fsg* mondaine
**notable** *adj* notable ; *(persona)* remarquable ▶ *nm (Escol)* mention située entre bien et très bien ; **notables** *nmpl* notables *mpl*

**notablemente** *adv* considérablement, notablement
**notar** *vt (darse cuenta de)* remarquer ; *(percibir)* noter ; *(frío, calor)* sentir ; **te noto cambiado** je te trouve changé ; **hacerse ~** se faire remarquer ; **notarse** *vpr (efectos, cambio)* se faire sentir ; *(mancha)* se voir ; **se nota que ...** on voit que ... ; **me noto cansado** je me sens fatigué
**notaría** *nf (profesión)* notariat *m* ; *(despacho)* étude *f*
**notarial** *adj* notarial(e) ; **acta ~** acte *m* notarié
**notario, -a** *nm/f* notaire *mf*
**noticia** *nf* nouvelle *f* ; *(TV, Radio)* information *f* ; **las noticias** (TV) les informations ; **según nuestras noticias** d'après nos informations ; **tener noticias de algn** avoir des nouvelles de qn ; **~(s) de última hora** nouvelle(s) de dernière minute
**noticiario** *nm* actualités *fpl*
**noticiero** *nm* journal *m*
**noticioso, -a** *adj (esp AM : reportaje, agencia)* de presse ; (: *fuente etc)* bien informé(e) ▶ *nm (AM TV, Radio)* bulletin *m* d'information
**notificación** *nf* notification *f*
**notificar** *vt* notifier
**notifique** *etc vb ver* **notificar**
**notoriedad** *nf* notoriété *f*
**notorio, -a** *adj* notoire
**nov.** *abr =* **noviembre**
**novatada** *nf* bizutage *m*, brimade *f* ; **pagar la ~** faire les frais de son inexpérience
**novato, -a** *adj, nm/f* nouveau(-velle)
**novecientos, -as** *adj* neuf cents ; *ver tb* **seiscientos**
**novedad** *nf* nouveauté *f* ; *(noticia)* nouvelle *f* ; **sin ~** rien de neuf ; **novedades** *nfpl (noticia)* nouvelles *fpl* ; *(Com)* nouveautés *fpl*
**novedoso, -a** *adj* novateur(-trice)
**novel** *adj* débutant(e)
**novela** *nf* roman *m* ; **~ policíaca** roman policier
**novelero, -a** *(pey) adj* : **ser muy ~** *(aficionado a novelas)* être un grand lecteur de romans ; *(aficionado a novedades)* aimer la nouveauté
**novelesco, -a** *adj* romanesque
**novelista** *nmf* romancier(-ière)
**novelística** *nf* : **la ~** le genre romanesque
**noveno, -a** *adj, nm/f* neuvième *mf* ; *ver tb* **sexto**
**noventa** *adj inv, nm inv* quatre-vingt-dix *m inv* ; *ver tb* **sesenta**
**novia** *nf ver* **novio**
**noviar** *(CSUR) vi* : **~ con** *(cortejar)* fréquenter
**noviazgo** *nm* fiançailles *fpl*
**novicio, -a** *adj (Rel)* novice ; *(novato)* novice, nouveau(-velle) ▶ *nm/f (Rel)* novice *mf*
**noviembre** *nm* novembre *m* ; *ver tb* **julio**
**novilla** *nf* génisse *f*
**novillada** *nf* course de jeunes taureaux
**novillero** *nm* torero combattant de jeunes taureaux

**novillo** nm jeune taureau m ; **hacer novillos** (fam) faire l'école buissonnière

**novio, -a** nm/f petit(e) ami(e) ; (prometido) fiancé(e) ; (en boda) marié(e) ; **los novios** les fiancés mpl ; (en boda) les mariés mpl

**novísimo, -a** adj superl de **nuevo**

**N. S.** abr (= Nuestro Señor) N.S. (= Notre Seigneur)

**ns/nc** abr (= no sabe(n)/no contesta(n)) sans opinion, NSP (= ne sais pas)

**ntra.** abr (= nuestra) ver **nuestro, -a**

**Ntra. Sra.** abr (= Nuestra Señora) ND (= Notre-Dame)

**ntro.** abr = **nuestro**

**Ntro. Sr.** abr (= Nuestro Señor) NS (= Notre Seigneur)

**nubarrón** nm gros nuage m

**nube** nf nuage m ; (de mosquitos) nuée f ; (Med: ocular) taie f ; (Inform): **la ~** le nuage ; **una ~ de polvo** un nuage de poussière ; **los precios están por las nubes** c'est hors de prix ; **estar en las nubes** être dans les nuages ; **vivir en las nubes** ne pas avoir les pieds sur terre ; **poner algo/a algn por las nubes** porter qch/qn aux nues ; **guardar algo en la ~** (Inform) stocker qch sur ou dans le nuage

**nublado, -a** adj nuageux(-euse) ; (día) gris(e) ▶ nm nuages mpl lourds

**nublar** vt (cielo) assombrir ; (vista) voiler ; (alegría) gâcher ; (entendimiento) obscurcir ; **nublarse** vpr se couvrir ; (vista) se voiler

**nubosidad** nf nébulosité f ; **había mucha ~** il y avait beaucoup de nuages

**nuboso, -a** adj nuageux(-euse)

**nuca** nf nuque f

**nuclear** adj nucléaire

**nuclearizado, -a** adj: **países nuclearizados** puissances fpl nucléaires

**núcleo** nm noyau m ; **~ de población** agglomération f ; **núcleos de resistencia** noyaux mpl de résistance ; **~ urbano** centre m urbain

**nudillo** nm jointure f

**nudista** adj, nmf nudiste mf

**nudo** nm nœud m ; **se le hizo un ~ en la garganta** il avait la gorge nouée ; **~ corredizo** nœud coulant ; **~ de carreteras** nœud routier ; **~ de comunicaciones** nœud de communications

**nudoso, -a** adj noueux(-euse)

**nueces** nfpl de **nuez**

**nuera** nf belle-fille f

**nuestro, -a** adj notre ; **~ padre** notre père ; **un amigo ~** un de nos amis, un ami à nous ; **ese libro es ~** ce livre est à nous ▶ pron: **el ~/la nuestra** le nôtre/la nôtre ; **es el ~** c'est le nôtre ; **los nuestros** les nôtres ; (Deporte) notre équipe

**nueva** nf nouvelle f ; **hacerse de nuevas** feindre l'étonnement ; ver tb **nuevo**

**Nueva Delhi** n New Delhi

**nuevamente** adv à nouveau

**Nueva Orleáns** n La Nouvelle-Orléans

**Nueva York** n New York

**Nueva Zelanda, Nueva Zelandia** (AM) nf Nouvelle-Zélande f

**nueve** adj inv, nm inv neuf m inv ; ver tb **seis**

**nuevo, -a** adj nouveau(-velle) ; (no usado) neuf (neuve) ; **ese abrigo está ~** ce manteau est neuf ; **soy ~ aquí** je suis nouveau ici ; **de ~** de nouveau ; **¿qué hay de ~?** (fam) quoi de neuf ? ▶ nm/f nouveau(-velle)

> En francés, el adjetivo *nouveau* se transforma en *nouvel* cuando precede a un sustantivo masculino que comienza por vocal o h muda. Por ejemplo: *le nouvel an*.

**Nuevo Méjico** nm Nouveau-Mexique m

**nuez** nf noix fsg ; **~ (de Adán)** pomme f d'Adam ; **~ moscada** noix muscade

**nulidad** nf nullité f ; **es una ~** (pey) il (elle) est nul(le)

**nulo, -a** adj nul(le) ; **soy ~ para la música** je suis nul(le) en musique

**núm.** abr (= número) nº (= numéro)

**numeración** nf (de calle, páginas) numérotation f ; (sistema) chiffres mpl ; **~ arábiga/romana** chiffres arabes/romains ; **~ de línea** (Inform) numérotation des lignes

**numerador** nm numérateur m

**numeral** adj (Ling) numéral(e) ▶ nm numéral m

**numerar** vt numéroter ; **numerarse** vpr se numéroter

**numerario, -a** adj titulaire ; **profesor no ~** professeur m non titulaire

**numérico, -a** adj numérique

**número** nm nombre m ; (cifra) chiffre m ; (de zapato) pointure f ; (Teatro, de publicación, de lotería) numéro m ; **sin ~** sans nombre ; **en números redondos** en chiffres ronds ; **hacer** o **montar un ~** (fam) faire un numéro ; **hacer números** faire les comptes ; **ser el ~ uno** être le numéro un ; **estar en números rojos** être à découvert ; **~ atrasado** vieux numéro ; **~ binario** (Inform) nombre binaire ; **~ de matrícula/de teléfono** numéro d'immatriculation/de téléphone ; **~ de serie** numéro de série ; **~ decimal/impar/par** nombre décimal/impair/pair ; **~ personal de identificación** (Inform etc) numéro personnel d'identification ; **~ romano** chiffre romain

**numeroso, -a** adj nombreux(-euse) ; ver tb **familia**

**numerus** nm: **~ clausus** (Univ) numerus clausus m

**numismática** nf numismatique f

**nunca** adv jamais ; **~ me escribes** tu ne m'écris jamais ; **no estudia ~** il n'étudie

**nuncio – nylon**

jamais ; ¿**~ lo has pensado?** tu n'y as jamais pensé ? ; **~ más** jamais plus
**nuncio** *nm* nonce *m* ; **~ apostólico** nonce apostolique
**nupcial** *adj* (*banquete*) de noces ; (*marcha*) nuptial(e)
**nupcias** *nfpl*: **en segundas ~** en secondes noces
**nutria** *nf* loutre *f*
**nutrición** *nf* nutrition *f*

**nutricionista** *nmf* nutritionniste *mf*
**nutrido, -a** *adj* nourri(e) ; (*grupo, representación*) nombreux(-euse) ; **bien/mal ~** bien/mal nourri(e) ; **~ de** truffé(e) de
**nutriente** *nm* nutriment *m*
**nutrir** *vt* nourrir ; **nutrirse** *vpr*: **nutrirse de** se nourrir de
**nutritivo, -a** *adj* nutritif(-ive)
**nylon** [ni'lon] *nm* nylon *m*

**Ñ, ñ** ['eɲe] *nf* (*letra*) Ñ, ñ, *cette lettre n'existe pas en français ; elle a le son du n mouillé français*
**ñame** *nm* (*Bot*) igname *f*
**ñandú** (*pl* **ñandúes**) *nm* (*Zool*) nandou *m*
**ñandutí** (*CSur*) *nm* (*encaje*) dentelle *f*
**ñapa** *nf* = **yapa**
**ñato, -a** (*CSur*) *adj* (*de nariz chata*) camus(e)

**ñoñería** *nf* (*de persona sosa*) fadeur *f* ; (*de persona melindrosa*) pudibonderie *f* ; (*una ñoñería*) niaiserie *f*
**ñoñez** *nf* = **ñoñería**
**ñoño, -a** *adj* (*soso*) fadasse (*fam*) ; (*melindroso*) pudibond(e)
**ñoquis** *nmpl* (*Culin*) gnocchis *mpl*
**ñudo** (*CSur fam*): **al ~** *adv* en vain

# Oo

**O¹, o¹** [o] *nf (letra)* O, o *m inv*; **O de Oviedo** ≈ O comme Oscar

**O²** *abr (= oeste)* O (= *ouest*)

**o²** [o] *conj* ou; **o ... o ...** soit ... soit ...; **o sea** c'est-à-dire

**o/** *abr (= orden)* commande *f*

**OACI** *sigla f (= Organización de la Aviación Civil Internacional)* OACI *f (= Organisation de l'aviation civile internationale)*

**oasis** *nm inv* oasis *msg o fsg*

**obcecación** *nf (mental)* aveuglement *m*

**obcecado, -a** *adj*: **estar ~** être aveugle

**obcecarse** *vpr* être aveuglé(e); **~ en hacer** s'obstiner à faire

**obceque** *etc vb ver* **obcecarse**

**obedecer** *vt* obéir à ▶ *vi* obéir; **~ a** (*Med*, *fig*) obéir à; **~ al hecho de** provenir du fait que

**obedezca** *etc vb ver* **obedecer**

**obediencia** *nf* obéissance *f*

**obediente** *adj* obéissant(e)

**obelisco** *nm* obélisque *m*

**obertura** *nf (Mús)* ouverture *f*

**obesidad** *nf* obésité *f*

**obeso, -a** *adj* obèse

**óbice** *nm*: **no es ~ para que ...** cela n'empêche pas que ...

**obispado** *nm* évêché *m*

**obispo** *nm* évêque *m*

**óbito** *nm* décès *msg*

**objeción** *nf* objection *f*; **hacer una ~, poner objeciones** faire une objection, soulever des objections; **~ de conciencia** objection de conscience

**objetar** *vt*: **~ que** objecter que; **¿algo que ~?** des objections? ▶ *vi* être objecteur de conscience

**objetivamente** *adv* objectivement

**objetividad** *nf* objectivité *f*

**objetivo, -a** *adj* objectif(-ive) ▶ *nm* objectif *m*

**objeto** *nm* objet *m*; *(finalidad)* objet, but *m*; **ser ~ de algo** être l'objet de qch; **con ~ de** dans le but de

**objetor** *nm (tb*: **objetor de conciencia**) objecteur *m* de conscience

**oblea** *nf (de harina)* pain *m* azyme

**oblicuo, -a** *adj* oblique

**obligación** *nf (tb Com)* obligation *f*; **cumplir con mi** *etc* **~** remplir mon *etc* devoir; **obligaciones** *nfpl* obligations *fpl*

**obligado, -a** *adj* obligé(e); **estar/sentirse/ verse ~ a hacer** être/se sentir/se voir obligé de faire

**obligar** *vt* obliger; **obligarse** *vpr*: **obligarse a hacer** s'obliger à faire

**obligatorio, -a** *adj* obligatoire

**obligue** *etc vb ver* **obligar**

**oboe** *nm* hautbois *msg* ▶ *nmf (músico)* hautboïste *mf*

**Ob.ᵖᵒ** *abr (= obispo)* év. (= *évêque*)

**obra** *nf (creación, acto)* œuvre *f*; *(libro)* ouvrage *m*; *(tb*: **obra dramática** *o* **de teatro**) pièce *f*; **ser ~ de algn** être l'œuvre de qn; **por ~ de** à cause de; **obras benéficas/de caridad** œuvres *fpl* de bienfaisance/de charité; **obras completas** œuvres complètes; **~ de arte** œuvre d'art; **~ de consulta** ouvrage de référence; **~ maestra** chef-d'œuvre *m*; **obras** *nfpl (reparaciones)* travaux *mpl*; **estar de** *o* **en obras** être en travaux; **obras públicas** travaux publics

**obrar** *vt*: **~ milagros** *(fig)* faire des miracles ▶ *vi* agir; **la carta obra en su poder** la lettre est en votre possession

**obr. cit.** *abr (= obra citada)* op. cit. (= *ouvrage cité*)

**obrero, -a** *adj* ouvrier(-ière); **clase obrera** classe *f* ouvrière ▶ *nm/f* ouvrier(-ière); *(del campo)* ouvrier(-ière) (agricole)

**obscenidad** *nf* obscénité *f*

**obsceno, -a** *adj* obscène

**obscu... = oscu...**

**obsequiar** *vt*: **~ a algn con algo** faire cadeau de qch à qn; *(con una atención)* offrir qch à qn

**obsequio** *nm (regalo)* présent *m*; *(cortesía)* attention *f*

**obsequioso, -a** *adj* attentionné(e)

**observación** *nf* observation *f*; **capacidad de ~** esprit *m* d'observation

**observador, a** *adj*, *nm/f* observateur(-trice)

**observancia** *nf* observance *f*

**observar** *vt* observer

**observatorio** *nm* observatoire *m*; **~ meteorológico** observatoire

**obsesión** *nf* obsession *f*

**obsesionar** vt obséder ; **obsesionarse** vpr être obsédé(e)
**obsesivo, -a** adj obsessionnel(le)
**obseso, -a** nm/f obsédé(e)
**obsolescencia** nf: **~ incorporada** (Com) obsolescence f programmée
**obsoleto, -a** adj (máquina) obsolète ; (ideas) désuet(-ète)
**obstaculice** etc vb ver **obstaculizar**
**obstaculizar** vt (entrada) barrer ; (obra) entraver ; (convenio, relaciones) faire obstacle à
**obstáculo** nm obstacle m
**obstante** adv: **no ~** cependant
**obstetra** nmf obstétricien(ne)
**obstetricia** nf obstétrique f
**obstinado, -a** adj obstiné(e)
**obstinarse** vpr s'obstiner ; **~ en** s'obstiner à
**obstrucción** nf obstruction f
**obstruir** vt obstruer ; (plan, labor, proceso) faire obstacle à
**obstruyendo** etc vb ver **obstruir**
**obtención** nf obtention f
**obtendré** etc vb ver **obtener**
**obtener** vt obtenir
**obtenga** etc vb ver **obtener**
**obturación** nf obturation f ; (Foto): **velocidad de ~** vitesse f d'obturation
**obturador** nm obturateur m
**obtuso, -a** adj obtus(e)
**obtuve** etc vb ver **obtener**
**obús** nm obus msg
**obviamente** adv évidemment ; **~, no le dijimos nada** on ne lui a évidemment rien dit
**obviar** vt contourner
**obvio, -a** adj évident(e)
**oca** nf oie f ; (tb: **juego de la oca**) jeu m de l'oie
**ocasión** nf occasion f ; **¡~!** (Com) offre spéciale ; **de ~** (artículo) d'occasion ; **con ~ de** à l'occasion de ; **dar ~ de** donner l'occasion de ; **en (algunas) ocasiones** parfois ; **aprovechar la ~** profiter de l'occasion
**ocasional** adj fortuit(e)
**ocasionar** vt occasionner
**ocaso** nm (puesta de sol) coucher m du soleil ; (decadencia) déclin m
**occidental** adj occidental(e) ▶ nmf Occidental(e)
**occidente** nm occident m ; **el O~** l'Occident m
**occiso, -a** nm/f: **el ~** la victime
**O.C.D.E.** sigla f (= Organización para la Cooperación y el Desarrollo Económico) OCDE f (= Organisation de coopération et de développement économique)
**Oceanía** nf Océanie f
**oceánico, -a** adj (de océano) océanique ; (de Oceanía) océanien(ne)
**océano** nm océan m ; **el ~ Atlántico** l'océan m Atlantique
**ocelote** nm ocelot m

**ochenta** adj inv, nm inv quatre-vingts m inv ; ver tb **sesenta**
**ocho** adj inv, nm inv huit m inv ; **~ días** huit jours mpl ; ver tb **seis**
**ochocientos, -as** adj huit cents ; ver tb **seiscientos**
**OCI** (Ven, Perú) sigla f (= Oficina Central de Información) services secrets
**ocio** nm (tiempo) loisir m ; (pey) oisiveté f ; **guía del ~** guide m art et spectacles
**ociosidad** (pey) nf oisiveté f
**ocioso, -a** adj: **estar ~** être oisif(-ive) ; **ser ~** être oiseux(-euse)
**ocote** (Cam, Méx) nm pin m
**ocre** adj, nm (color, pintura) ocre m
**oct.** abr = **octubre**
**octanaje** nm: **de alto ~** à indice d'octane élevé
**octano** nm octane m
**octava** nf (Mús) octave f
**octavilla** nm (esp Pol) tract m
**octavo, -a** adj, nm/f huitième mf ; ver tb **sexto**
**octeto** nm (Inform) octet m
**octogenario, -a** adj, nm/f octogénaire mf
**octogésimo, -a** adj, nm/f quatre-vingtième mf
**octubre** nm octobre m ; ver tb **julio**
**OCU** sigla f (= Organización de Consumidores y Usuarios) association pour la défense des consommateurs
**ocular** adj (inspección) des yeux ; **testigo ~** témoin m oculaire
**oculista** nmf oculiste mf
**ocultar** vt cacher ; **ocultarse** vpr: **ocultarse (tras/de)** se cacher (derrière/de)
**oculto, -a** adj (puerta, persona) dissimulé(e) ; (razón) caché(e), secret(-ète)
**ocupa** (fam) nmf squatteur(-euse)
**ocupación** nf occupation f
**ocupacional** adj occupationnel(le) ; **formación ~** formation f professionnelle ; **salud ~** santé f au travail ; **terapia ~** thérapie f occupationnelle, ergothérapie f
**ocupado, -a** adj occupé(e) ; **¿está ocupada la silla?** la place est prise ?
**ocupante** adj, nmf occupant(e)
**ocupar** vt occuper ; **ocuparse** vpr: **ocuparse de** s'occuper de ; **ocuparse de lo suyo** s'occuper de ses affaires
**ocurrencia** nf (idea) idée f ; (: graciosa) trait m d'esprit ; **¡qué ~!** (pey) quelle drôle d'idée !
**ocurrente** adj amusant(e)
**ocurrir** vi (suceso) se produire, se passer ; **¿qué ocurre?** qu'est-ce qui se passe ? ; **¿qué te ocurre?** qu'est-ce que tu as ? ; **lo que ocurre es que ...** ce qui se passe, c'est que ... ; **ocurrirse** vpr: **se me ha ocurrido que ...** il m'est venu à l'esprit que ... ; **¡ni se te ocurra!** pas question ! ; **¡qué cosas se te ocurren!** tu as de ces idées ! ; **¿se te ocurre algo?** tu as une idée ?

## oda – ojera

**oda** nf ode f
**ODECA** sigla f (= Organización de los Estados Centroamericanos) ODECA f (= Organisation des États d'Amérique centrale)
**odiar** vt (a algn) haïr ; (comida, trabajo) détester
**odio** nm haine f ; **tener ~ a algn** détester qn, haïr qn
**odioso, -a** adj (persona) odieux(-euse) ; (tiempo) exécrable ; (trabajo, tema) insupportable
**odisea** nf (fig) épopée f
**odontología** nf odontologie f
**odontólogo, -a** nm/f odontologiste mf
**odre** nm outre f
**OEA** sigla f (= Organización de Estados Americanos) OEA f (= Organisation des États américains)
**OECE** sigla f (= Organización Europea de Cooperación Económica) OECE f (= Organisation européenne de coopération économique)
**OELA** sigla f = **Organización de Estados Latinoamericanos**
**oeste** nm ouest m ; **película del ~** western m ; ver tb **norte**
**ofender** vt offenser ; **~ la vista** blesser la vue ; **~ los oídos** écorcher les oreilles ; **sentirse ofendido** se froisser ; **ofenderse** vpr s'offenser
**ofensa** nf offense f ; (Jur) outrage m
**ofensiva** nf offensive f
**ofensivo, -a** adj (palabra etc) offensant(e) ; (Mil) offensif(-ive)
**oferta** nf offre f ; (Com: de bajo precio) promotion f ; **la ~ y la demanda** l'offre et la demande ; **artículos de o en ~** articles mpl en promotion ; **ofertas de trabajo** offres fpl d'emploi ; **~ monetaria** offre monétaire ; **~ pública de compra** (Com) offre publique d'achat
**offset** ['ofset] nm: **sistema/prensa ~** système m/presse f offset
**oficial** adj officiel(le) ▶ nmf (Mil) officier(-ière) ; (en un trabajo) ouvrier(-ière) qualifié(e)
**oficialista** (Am) adj officiel(le) ; **el candidato ~** le candidat officiel
**oficialmente** adv officiellement
**oficiar** vt: **~ la misa** officier ▶ vi (Rel) officier ; **~ de** faire office de
**oficina** nf bureau m ; **~ de empleo** agence f pour l'emploi ; **~ de información** bureau d'information ; **~ de objetos perdidos** bureau des objets trouvés ; **~ de turismo** office m du tourisme
**oficinista** nmf employé(e) de bureau
**oficio** nm travail m ; (Rel) office m ; (función) fonction f ; (comunicado) communiqué m ; **ser del ~** être du métier ; **sin ~ ni beneficio** sans profession ; **buenos oficios (de algn)** bons offices (de qn) ; **~ de difuntos** office des morts
**oficioso, -a** adj officieux(-euse)
**ofimática** nf bureautique f

**ofrecer** vt offrir ; (fiesta) donner ; **~ la posibilidad de** donner la possibilité de ; **ofrecerse** vpr: **ofrecerse a o para hacer algo** s'offrir pour faire qch ; **¿qué se le ofrece?, ¿se le ofrece algo?** puis-je vous aider ? ; **ofrecerse de** s'offrir comme
**ofrecimiento** nm offre f
**ofrenda** nf offrande f
**ofrendar** vt faire l'offrande de
**ofrezca** etc vb ver **ofrecer**
**oftalmología** nf ophtalmologie f
**oftalmólogo, -a** nm/f ophtalmologue mf
**ofuscación** nf aveuglement m
**ofuscamiento** nm aveuglement m
**ofuscar** vt aveugler ; **estar ofuscado por o con algo** être aveuglé par qch ; **ofuscarse** vpr se troubler
**ofusque** etc vb ver **ofuscar**
**ogro** nm ogre m ; (pey) monstre m
**OIC** sigla f (Com: = Organización Internacional del Comercio) ITO f (= organisation du commerce international) ; = **Organización Interamericana del Café**
**oída** nf: **de oídas** par ouï-dire
**oído** nm (Anat) oreille f ; (sentido) ouïe f ; **al ~** à l'oreille ; **de ~** d'oreille ; **tener ~** avoir de l'oreille ; **tener buen ~** avoir une bonne oreille ; **ser todo oídos** être tout ouïe ; **ser duro de ~** être dur d'oreille ; **no doy crédito a mis oídos** je n'en crois pas mes oreilles ; **hacer oídos sordos a** faire la sourde oreille à ; **~ interno** oreille interne
**OIEA** sigla m (= Organismo Internacional de Energía Atómica) AIEA f (= Agence internationale de l'énergie atomique)
**oiga** etc vb ver **oír**
**OIR** sigla f (= Organización Internacional para los Refugiados) OIR f (= Organisation internationale des réfugiés) ; (= Organización Internacional de Radiodifusión) OIR f (= Organisation internationale de radiodiffusion)
**oír** vt entendre ; (atender a) écouter ; **~ misa** entendre la messe ; **¡lo que hay que ~!** ce qu'il ne faut pas entendre ! ; **~ hablar de algn/algo** entendre parler de qn/qch ; **como quien oye llover** (fig) autant parler à un mur ▶ vi entendre ; **¡oye!, ¡oiga!** écoute !, écoutez ! ; **¿oiga?** (Telec) allô ?
**OIT** sigla f (= Organización Internacional del Trabajo) OIT f (= Organisation internationale du travail)
**ojal** nm boutonnière f
**ojalá** excl si seulement !, espérons ! ▶ conj (tb: **ojalá que**) si seulement, espérons que ; **~ (que) venga hoy** espérons qu'il viendra aujourd'hui ; **¡~ pudiera!** si seulement il pouvait !
**ojeada** nf coup m d'œil ; **echar una ~ a** jeter un coup d'œil à
**ojera** nf cerne m ; **tener ojeras** avoir les yeux cernés

802 · ESPAÑOL | FRANCÉS

## ojeriza – ondular

**ojeriza** nf: **tener ~ a** avoir une dent contre
**ojeroso, -a** adj (ojos) cerné(e)
**ojete** nm œillet m
**ojo** nm œil m; (de puente) arche f; (de cerradura) trou m; (de aguja) chas msg; **a ~ (de buen cubero)** à vue de nez; **a ojos vistas** à vue d'œil; **¡dichosos los ojos (que te ven)!** quelle bonne surprise!; **en un abrir y cerrar de ojos** en un clin d'œil; **ir/andar con ~** faire attention; **mirar** o **ver con buenos/malos ojos** voir d'un bon/mauvais œil; **no pegar ~** ne pas fermer l'œil; **~ por ~** œil pour œil; **ser el ~ derecho de algn** (fig) être le chouchou de qn; **tener echado el ~ a algo/algn** avoir l'œil sur qch/qn; **tener ~ clínico** avoir l'œil infaillible; **tener ~ para** avoir l'œil pour; **ten mucho ~ con ese** fais bien attention avec ce type-là; **ojos saltones** yeux mpl globuleux; **~ de buey** œil-de-bœuf m; **~ de halcón** (Tenis) Hawk-Eye m ▶ excl attention!
**ojota** (AND, CSUR) nf sandale f
**okupa** (fam) nmf squatteur(-euse)
**OL** abr (= onda larga) GO (= grandes ondes)
**ola** nf vague f; **~ de calor/frío** vague de chaleur/froid; **la nueva ~** la nouvelle vague
**OLADE** sigla f = **Organización Latinoamericana de Energía**
**olé** excl olé!
**oleada** nf (tb fig) vague f
**oleaje** nm vagues fpl
**óleo** nm: **un ~** une peinture à l'huile; **al ~** à l'huile
**oleoducto** nm oléoduc m
**oler** vt (tb sospechar) sentir; (curiosear) mettre le nez (dans) ▶ vi (despedir olor) sentir; **huele a tabaco** ça sent le tabac; **huele a corrupción** ça sent la corruption; **huele mal** ça sent mauvais; (fig) ça sent le brûlé; **huele que apesta** ça pue
**olfatear** vt renifler; (con el hocico) flairer; (sospechar) flairer; (curiosear) mettre le nez dans
**olfato** nm odorat m; **tener (buen) ~ para algo** avoir du flair pour qch
**oligarquía** nf oligarchie f
**oligofrénico, -a** adj oligophrène
**olimpiada** nf olympiade f; **olimpiadas** nfpl Jeux mpl olympiques
**olímpicamente** adv souverainement
**olímpico, -a** adj (deporte) olympique; (gesto) magnifique
**olisquear** vt (suj: perro) renifler; (curiosear) farfouiller
**oliva** nf olive f; **aceite de ~** huile f d'olive
**olivar** nm oliveraie f
**olivo** nm olivier m
**olla** nf marmite f; (comida) ragoût m; **~ a presión** cocotte-minute f
**olmo** nm orme m

**olor** nm odeur f; **mal ~** mauvaise odeur; **~ a** odeur de
**oloroso, -a** adj odorant(e)
**olote** (CAM, MÉX) nm (Agr) épi m
**OLP** sigla f (= Organización para la Liberación de Palestina) OLP f (= Organisation de libération de la Palestine)
**olvidadizo, -a** adj tête-en-l'air inv
**olvidar** vt oublier; **~ hacer algo** oublier de faire qch; **olvidarse** vpr: **olvidarse (de)** oublier (de); **se me olvidó (hacerlo)** j'ai oublié (de le faire); **¡se me olvidaba!** j'allais oublier!
**olvido** nm oubli m; **por ~** par inadvertance; **echar algo en el ~** oublier qch; **caer en el ~** tomber dans l'oubli
**O.M.** abr (= Orden Ministerial) ordre ministériel; (= onda media) OM fpl (= ondes moyennes); (= Oriente Medio) ver **oriente**
**ombligo** nm nombril m
**ombú** (ARG) nm arbre de la pampa
**OMC** nf abr (= Organización Mundial del Comercio) OMC f (= Organisation mondiale du Commerce)
**OMG** sigla m (= organismo modificado genéticamente) OGM m (= organisme génétiquement modifié)
**OMI** sigla f (= Organización Marítima Internacional) OMI f (= Organisation maritime internationale)
**omisión** nf omission f
**omiso, -a** adj: **hacer caso ~ de** ne faire aucun cas de
**omitir** vt omettre
**ómnibus** (AM) nm inv autobus msg
**omnipotente** adj omnipotent(e)
**omnipresente** adj omniprésent(e)
**omnívoro, -a** adj omnivore
**omoplato** nm omoplate f
**OMS** sigla f (= Organización Mundial de la Salud) OMS f (= Organisation mondiale de la santé)
**ONCE** sigla f (= Organización Nacional de Ciegos Españoles) entreprise et organisme d'aide aux aveugles
**once** adj inv, nm inv onze m inv ▶ nf (AM: refrigerio, merienda): **la ~, las onces** le goûter, le thé; ver tb **seis**
**onceavo, -a** adj, nm onzième m
**oncología** nf oncologie f
**oncólogo, -a** nm/f cancérologue mf, oncologue mf
**onda** nf (Fís) onde f; (del pelo) ondulation f; **ondas acústicas/hertzianas** ondes acoustiques/hertziennes; **~ corta/larga/media** onde courte/grande/moyenne; **la ~ expansiva** l'onde de choc; **~ sonora** onde sonore
**ondear** vi onduler
**ondulación** nf ondulation f
**ondulado, -a** adj ondulé(e)
**ondulante** adj ondulant(e)
**ondular** vt, vi onduler; **ondularse** vpr onduler

803

# oneroso – óptico

**oneroso, -a** adj onéreux(-euse)
**ONG** sigla f (= organización no gubernamental) ONG f (= organisation non gouvernementale)
**onírico, -a** adj onirique
**on-line** [on'lain] (Inform) adv, adj en ligne
**onomástica** nf onomastique f
**onomatopeya** nf onomatopée f
**ONU** sigla f (= Organización de las Naciones Unidas) ONU f (= Organisation des Nations unies)
**onubense** adj de Huelva ▶ nmf natif(-ive) o habitant(e) de Huelva
**ONUDI** sigla f (= Organización de las Naciones Unidas para el Desarrollo Industrial) ONUDI f (= Organisation des Nations unies pour le développement industriel)
**onza** nf once f
**OPA** sigla f (= Oferta Pública de Adquisición) OPA f (= offre publique d'achat)
**opa** (CSur) adj, nmf idiot(e)
**opacidad** nf: ~ **informativa** opacité f de l'information
**opaco, -a** adj opaque
**ópalo** nm opale f
**opción** nf (elección) choix m ; (una opción) option f ; (derecho): ~ **a** choix entre ; **no hay otra ~** il n'y a pas d'autre solution
**opcional** adj optionnel(le), facultatif(-ive)
**OPEP** sigla f (= Organización de Países Exportadores de Petróleo) OPEP f (= Organisation des pays exportateurs de pétrole)
**ópera** nf opéra m ; ~ **bufa/cómica** opéra bouffe/comique
**operación** nf opération f ; ~ **a plazo** (Com) transaction f à terme ; **operaciones accesorias** (Inform) gestion f des disques ; **operaciones a término** (Com) marché m à terme
**operador, a** nm/f (Med) chirurgien(ne) ; (Telec) opérateur(-trice) ; (Cine: en proyección) projectionniste mf ; (: en rodaje) opérateur(-trice) de prise de vues ▶ nmpl: **operadores** (Inform) opérateurs mpl
**operante** adj opérant(e)
**operar** vt opérer ; ~ **a algn de algo** opérer qn de qch ▶ vi opérer ; (Com) faire des transactions ; (Mat) faire une opération ; **operarse** vpr (cambio) s'opérer ; **se han operado grandes cambios** il s'est opéré de grands changements ; **operarse (de)** être opéré(e) (de)
**operario, -a** nm/f (esp Am) ouvrier(-ière)
**operativo, -a** adj opérationnel(le) ▶ nm (esp CSur: militar, policial) opération f
**opereta** nf opérette f
**operístico, -a** adj d'opéra, opératique
**opinar** vt penser ▶ vi: ~ (**de** o **sobre**) donner son avis (sur) ; ~ **bien/mal de** penser du bien/mal de
**opinión** nf opinion f, avis msg ; **cambiar de ~** changer d'avis ; **tener mala/buena ~ de algo/algn** avoir mauvaise/bonne opinion de qch/qn ; **la ~ pública** l'opinion publique
**opio** nm opium m
**opíparo, -a** adj copieux(-euse)
**opondré** etc vb ver **oponer**
**oponente** nmf opposant(e) ; (Deporte, Pol) adversaire mf
**oponer** vt opposer ; ~ **A a B** opposer A à B ; **oponerse** vpr: **oponerse (a)** s'opposer (à) ; **¡me opongo!** je m'y oppose !
**oponga** etc vb ver **oponer**
**Oporto** n Porto
**oporto** nm (vino) porto m
**oportunidad** nf (ocasión) occasion f ; (posibilidad) opportunité f ; **dar a algn otra ~** redonner une chance à qn ; **oportunidades** nfpl (Com) promotions fpl ; (en trabajo, educación) possibilités fpl
**oportunismo** nm opportunisme m
**oportunista** nmf opportuniste mf
**oportuno, -a** adj opportun(e) ; (persona) judicieux(-euse) ; **en el momento ~** au moment opportun ; **¡qué ~!** (irón) c'est bien le moment !
**oposición** nf opposition f ; **la ~** (Pol) l'opposition ; **oposiciones** nfpl (Esp) concours msg ; **hacer oposiciones (a), presentarse a unas oposiciones (a)** se présenter au concours (de) ; voir article

> **OPOSICIONES**
>
> Les **oposiciones** sont les examens qui, chaque année, permettent d'accéder, au niveau national ou régional, aux postes de la fonction publique, de l'enseignement, du système judiciaire, etc. Ces postes étant permanents, le nombre de candidats (opositores) et le niveau des épreuves sont très élevés. Il n'est pas rare de repasser les épreuves plusieurs années de suite.

**opositar** vi: ~ **(a)** se présenter au concours (de)
**opositor, a** nm/f candidat(e)
**opresión** nf oppression f
**opresivo, -a** adj (régimen) oppressif(-ive) ; (medidas) de répression
**opresor, a** nm/f oppresseur m
**oprimido, -a** adj opprimé(e) ▶ nmpl: **los oprimidos** les opprimés mpl
**oprimir** vt (botón) presser ; (suj: cinturón, ropa) serrer ; (fig: corazón) oppresser ; (obrero, campesino) opprimer
**oprobio** nm opprobre m
**optar** vi: ~ **por** opter pour ; ~ **a** aspirer à
**optativo, -a** adj (asignatura) facultatif(-ive)
**óptica** nf (tienda) opticien m ; (Fís, Tec) optique f ; ver tb **óptico**
**óptico, -a** adj optique ▶ nm/f opticien(ne)

## optimismo – origen

**optimismo** nm optimisme m
**optimista** adj, nmf optimiste mf
**óptimo, -a** adj optimal(e)
**opuesto, -a** pp de **oponer** ▸ adj opposé(e)
**opulencia** nf opulence f
**opulento, -a** adj opulent(e)
**opuse** etc vb ver **oponer**
**oquedad** nf cavité f
**ORA** nf abr (= Operación de Regulación de Aparcamientos) système de stationnement payant, dans certaines régions d'Espagne
**ora** conj: **~ aquí, ~ allá** de-ci, de-là
**oración** nf (Rel) prière f; (Ling) énoncé m
**oráculo** nm oracle m
**orador, a** nm/f orateur(-trice)
**oral** adj oral(e); **por vía ~** par voie orale
**órale** (Méx fam) excl (¡venga!) allez!; (¡oiga!) écoutez!
**orangután** nm orang-outang m
**orar** vi prier
**oratoria** nf éloquence f
**orbe** nm: **en todo el ~** dans le monde entier
**órbita** nf orbite f; (ámbito) champ m
**orca** nf orque f
**órdago** nm: **de ~** (fam) sacré(e) (fam); **un yate/ una borrachera de ~** un yacht impressionnant/une sacrée cuite
**orden** nm ordre m; **por ~** par ordre; **por ~ alfabético/de aparición** par ordre alphabétique/d'apparition; **estar/poner en ~** être/mettre en ordre; **del ~ de** de l'ordre de; **de primer ~** de premier ordre; **~ del día** ordre du jour; **~ público** ordre public ▸ nf (mandato, Rel) ordre m; **estar a la ~ del día** être à l'ordre du jour; **¡a sus órdenes!** à vos ordres!; **dar la ~ de hacer algo** donner l'ordre de faire qch; **~ bancaria** virement m bancaire; **~ de comparecencia** assignation f à comparaître; **~ de compra** (Com) ordre d'achat
**ordenación** nf (manera de ordenar) rangement m; (Rel) ordination f; (Inform: de líneas, por registros) tri m; **cambiar el tipo de ~** changer le mode de tri
**ordenado, -a** adj ordonné(e)
**ordenador** nm (Inform) ordinateur m; **~ central** ordinateur central; **~ de sobremesa** ordinateur de bureau; **~ personal** ordinateur personnel; **~ portátil** ordinateur portable
**ordenamiento** nm (código) mise f en ordre
**ordenanza** nf (militar, municipal) ordonnance f ▸ nm (en oficinas) employé m de bureau; (Mil) ordonnance f
**ordenar** vt (mandar) ordonner; (papeles, juguetes) ranger; (habitación, ideas) mettre de l'ordre dans; (Rel) ordonner; **ordenarse** vpr (Rel) être ordonné(e)
**ordeñadora** nf trayeuse f électrique
**ordeñar** vt traire
**ordinal** adj ordinal(e) ▸ nm ordinal m
**ordinariez** nf grossièreté f
**ordinario, -a** adj ordinaire; (pey) grossier(-ière); **de ~** d'ordinaire
**orear** vt aérer; **orearse** vpr s'aérer
**orégano** nm origan m
**oreja** nf oreille f; **sonrisa de ~ a ~** sourire m jusqu'aux oreilles; **ver las orejas al lobo** percevoir le danger
**orejera** nf oreillette f
**orejón** (And) nm (Hist) officier inca
**orensano, -a** adj d'Orense ▸ nm/f natif(-ive) o habitant(e) d'Orense
**orfanato** nm orphelinat m
**orfanatorio** (Méx) nm orphelinat m
**orfandad** nf fait d'être orphelin
**orfebre** nm orfèvre m
**orfebrería** nf orfèvrerie f
**orfelinato** nm orphelinat m
**orfeón** nm (Mús) chorale f
**organice** etc vb ver **organizar**
**orgánico, -a** adj (tb ley) organique; (todo) organisé(e); (agricultura, verduras) bio
**organigrama** nm organigramme m
**organillo** nm orgue m de Barbarie
**organismo** nm organisme m; **~ internacional** organisation f internationale
**organista** nmf organiste mf
**organización** nf organisation f; **buena/ mala ~** bonne/mauvaise organisation; **O~ de las Naciones Unidas** Organisation des Nations unies; **O~ del Tratado del Atlántico Norte** Organisation du traité de l'Atlantique Nord
**organizado, -a** adj organisé(e)
**organizador, a** adj, nm/f organisateur(-trice)
**organizar** vt organiser; **organizarse** vpr s'organiser; (escándalo) se produire
**órgano** nm organe m; (Mús) orgue m
**orgasmo** nm orgasme m
**orgía** nf orgie f
**orgullo** nm orgueil m
**orgulloso, -a** adj orgueilleux(-euse)
**orientación** nf orientation f; **~ profesional/ universitaria** orientation professionnelle/ des études; **tener sentido de la ~** avoir le sens de l'orientation
**oriental** adj oriental(e) ▸ nmf Oriental(e)
**orientar** vt orienter; (esfuerzos) diriger; **orientarse** vpr s'orienter; **orientarse (en/ sobre)** s'orienter (vers/d'après)
**orientativo, -a** adj indicatif(-ive)
**oriente** nm orient m; **el O~** l'Orient m; **O~ Medio/Próximo** Moyen-/Proche-Orient m; **Lejano O~** Extrême-Orient m
**orificio** nm orifice m
**origen** nm origine f; **de ~ español** d'origine espagnole; **de ~ humilde** d'origine modeste; **dar ~ a** donner lieu à; **país/lugar**

## original – otro

**de ~** pays *msg*/lieu *m* d'origine ; **idioma de ~** langue *f* maternelle
**original** *adj* original(e) ; *(relativo al origen)* originel(le) ; **el pecado ~** le péché originel ▶ *nm* original *m*
**originalidad** *nf* originalité *f*
**originar** *vt* causer, provoquer ; **originarse** *vpr*: **originarse (en)** trouver son origine (dans)
**originario, -a** *adj* originaire ; *(motivo, razón)* premier(-ière) ; **~ de** originaire de ; **país ~** pays *msg* d'origine
**orilla** *nf* bord *m* ; **a orillas del mar/río** au bord de la mer/rivière
**orillar** *vt (camino, río)* border ; *(Costura)* ourler ; *(dificultad)* contourner
**orín** *nm* rouille *f*
**orina** *nf* urine *f*
**orinal** *nm* pot *m* (de chambre)
**orinar** *vi* uriner ; **orinarse** *vpr* faire pipi
**orines** *nmpl* urines *fpl*
**oriundo, -a** *adj*: **~ de** originaire de
**orla** *nf (adorno)* bord *m* ; *(Escol)* photo *f* de classe
**ornamental** *adj* ornemental(e)
**ornamento** *nm* ornement *m*
**ornitología** *nf* ornithologie *f*
**ornitólogo, -a** *nm/f* ornithologue *mf*
**oro** *nm* or *m* ; **~ de ley** or au titre ; **de ~** en or ; **ofrecer/prometer el ~ y el moro** promettre monts et merveilles ; **no es ~ todo lo que reluce** tout ce qui brille n'est pas or ; **hacerse de ~** faire fortune ; *ver tb* **oros**
**orografía** *nf* orographie *f*
**orondo, -a** *adj (satisfecho)* fat(e) ; *(gordo)* rond(e)
**oropel** *nm* oripeau *m*
**oros** *nmpl (Naipes)* l'une des quatre couleurs du jeu de cartes espagnol
**orquesta** *nf* orchestre *m* ; **~ de cámara/de jazz** orchestre de chambre/de jazz
**orquestación** *nf (tb fig)* orchestration *f*
**orquestal** *adj* orchestral(e)
**orquestar** *vt (tb fig)* orchestrer
**orquídea** *nf* orchidée *f*
**ortiga** *nf* ortie *f*
**ortodoncia** *nf* orthodontie *f*
**ortodoxia** *nf* orthodoxie *f*
**ortodoxo, -a** *adj* orthodoxe
**ortografía** *nf* orthographe *f*
**ortopedia** *nf* orthopédie *f*
**ortopédico, -a** *adj* orthopédique
**oruga** *nf* chenille *f*
**orujo** *nm* marc *m* de raisin
**orzuelo** *nm* orgelet *m*
**os** *pron* vous ; **vosotros os laváis** vous vous lavez ; **¡callaros!** *(fam)* taisez-vous !
**osa** *nf* ourse *f* ; **O~ Mayor/Menor** Grande/Petite Ourse
**osadía** *nf (audacia)* audace *f* ; *(descaro)* témérité *f*
**osado, -a** *adj (audaz)* audacieux(-euse) ; *(descarado)* téméraire

**osamenta** *nf* ossements *mpl*
**osar** *vi* oser
**oscense** *adj* de Huesca ▶ *nmf* natif(-ive) o habitant(e) de Huesca
**oscilación** *nf* oscillation *f* ; *(de precios)* fluctuation *f*, variation *f*
**oscilar** *vi* osciller ; *(titubear)* vaciller
**oscurantismo** *nm* obscurantisme *m*
**oscurecer** *vt* obscurcir ▶ *vi* commencer à faire nuit ; **oscurecerse** *vpr* s'obscurcir
**oscurezca** *etc vb ver* **oscurecer**
**oscuridad** *nf* obscurité *f* ; **en la ~** dans le noir
**oscuro, -a** *adj* obscur(e) ; *(color etc)* foncé(e) ; *(día, cielo)* sombre ; *(futuro)* sombre ; **a oscuras** dans l'obscurité
**óseo, -a** *adj* osseux(-euse)
**Oslo** *n* Oslo
**osmosis, ósmosis** *nf inv* osmose *f*
**oso** *nm* ours *msg* ; **~ blanco/pardo** ours blanc/brun ; **hacer el ~** faire le clown ; **~ de peluche** ours en peluche ; **~ hormiguero** tamanoir *m*
**ostensible** *adj* ostensible ; **hacer algo ~** manifester qch ostensiblement
**ostentación** *nf* ostentation *f* ; **hacer ~ de algo** *(pey)* faire étalage de qch
**ostentar** *vt* arborer ; *(cargo, título, récord)* posséder
**ostentoso, -a** *adj* ostentatoire
**osteópata** *nmf* ostéopathe *mf*
**osteoporosis** *nf inv* ostéoporose *f*
**ostionería** *(Méx) nf* marchand *m* d'huîtres
**ostra** *nf* huître *f* ▶ *excl*: **¡ostras!** *(fam)* mince !
**ostracismo** *nm* ostracisme *m*
**OTAN** *sigla f* (= Organización del Tratado del Atlántico Norte) OTAN *f* (= Organisation du traité de l'Atlantique Nord)
**OTASE** *sigla f* (= Organización del Tratado del Sudeste Asiático) OTASE *f* (= Organisation du traité de l'Asie du Sud-Est)
**otate** *(Méx) nm* jonc *m*
**otear** *vt* scruter
**otero** *nm* butte *f*
**otitis** *nf inv* otite *f*
**otomano, -a** *(Hist) adj* ottoman(e) ▶ *nm/f* Ottoman(e)
**otoñal** *adj* automnal(e) ; *(amor)* mûr(e)
**otoño** *nm* automne *m*
**otorgar** *vt* octroyer, concéder ; *(perdón)* accorder ; *(poderes)* attribuer ; *(premio)* décerner
**otorgue** *etc vb ver* **otorgar**
**otorrinolaringólogo, -a, otorrino, -a** *nm/f* oto-rhino(-laryngologiste) *mf*

PALABRA CLAVE

**otro, -a** *adj* **1** *(distinto: sg)* un(e) autre ; *(: pl)* d'autres ; **otra persona** une autre personne ; **con otros amigos** avec d'autres amis
**2** *(adicional)*: **tráigame otro café (más),**

**por favor** apportez-moi un autre café, s'il vous plaît ; **otros 10 días más** encore 10 jours ; **otros tres** trois autres ; **otra vez** encore une fois

**3** (*un nuevo*): **es otro Mozart** c'est un nouveau Mozart ; **¡otra!** (*en concierto*) une autre !, bis ! ; **¡a otra cosa!** passons à autre chose !

**4**: **otro tanto**: **comer otro tanto** manger autant ; **recibió una decena de telegramas y otras tantas llamadas** il a reçu une dizaine de télégrammes et autant de coups de téléphone

▶ *pron* **1**: **el otro/la otra** l'autre ; **otros/otras** d'autres ; **los otros/las otras** les autres ; **no cojas esa gabardina, que es de otro** ne prends pas cet imperméable, il est à quelqu'un d'autre ; **que lo haga otro** que quelqu'un d'autre le fasse

**2** (*recíproco*): **se odian (la) una a (la) otra** elles se détestent l'une l'autre ; **unos y otros** les uns et les autres

**otrora** (*liter*) *adv* autrefois, jadis ; **el ~ señor del país** l'ancien chef du pays
**OUA** *sigla f* (= *Organización para la Unidad Africana*) OUA *f* (= *Organisation de l'unité africaine*)
**ovación** *nf* ovation *f*
**ovacionar** *vt* ovationner, faire une ovation à
**oval** *adj* oval(e)
**ovalado, -a** *adj* ovale
**óvalo** *nm* ovale *m*
**ovario** *nm* ovaire *m*
**oveja** *nf* brebis *fsg* ; **~ negra** (*de familia*) brebis galeuse
**overol** (AM) *nm* salopette *f*
**ovetense** *adj* d'Oviedo ▶ *nmf* natif(-ive) o habitant(e) d'Oviedo
**ovillo** *nm* pelote *f* ; **hacerse un ~** se pelotonner
**ovino, -a** *adj* ovin(e) ; **ganado ~** ovins *mpl* ▶ *nm* (*animal*) ovin *m* ; **carne de ~** viande *f* ovine
**OVNI** *sigla m* (= *objeto volante (o volador) no identificado*) OVNI *m* (= *objet volant non identifié*)
**ovulación** *nf* ovulation *f*
**óvulo** *nm* ovule *m*
**oxidación** *nf* oxydation *f*, rouille *f*
**oxidar** *vt* oxyder, rouiller ; **oxidarse** *vpr* s'oxyder, se rouiller ; (*Tec*) s'oxyder
**óxido** *nm* oxyde *m* ; (*sobre metal*) rouille *f*
**oxigenado, -a** *adj* (*agua*) oxygéné(e) ; (*pelo*) blond(e) oxygéné(e)
**oxigenar** *vt* oxygéner ; **oxigenarse** *vpr* s'oxygéner
**oxígeno** *nm* oxygène *m*
**oyendo** *etc vb ver* **oír**
**oyente** *nmf* auditeur(-trice)
**ozono** *nm* ozone *m* ; **agujero/capa de ~** trou *m*/couche *f* d'ozone

# Pp

**P¹, p** [pe] *nf (letra)* P, p *m inv* ; **P de París** ≈ P comme Pierre

**P²** *abr (Rel:* = *Padre)* P (= *Père)* ; (= *Papa)* pape ; (= *pregunta)* Q. (= *question)*

**p.** *abr (Tip:* = *página)* p. (= *page)* ; *(Costura)* = **punto**

**p.a.** *abr* = **por autorización**; = **por ausencia**

**pabellón** *nm* pavillon *m* ; **~ de conveniencia** *(Com)* pavillon de complaisance ; **~ de la oreja** pavillon de l'oreille

**pábulo** *nm:* **dar ~ a** donner prise à, alimenter

**PAC** *sigla f* (= *Política Agraria Común)* PAC *f* (= *Politique agricole commune)*

**pacense** *adj* de Badajoz ▶ *nmf* natif(-ive) *o* habitant(e) de Badajoz

**paceño, -a** *adj* de La Paz ▶ *nm/f* natif(-ive) *o* habitant(e) de La Paz

**pacer** *vi* paître

**pachá** *nm:* **vivir como un ~** vivre comme un pacha

**Pachamama** (AND, CSUR) *nf* Pachamama *f*

**pachanga** *nf (CAM, MÉX)* pachanga *f* ; *(fam: en fútbol, baloncesto)* petit match *m* entre amis

**pachanguero, -a** *(pey) adj* tapageur(-euse)

**pacharán** *nm* liqueur *f* de prunelle

**pachorra** *nf (lentitud)* torpeur *f* ; *(tranquilidad)* nonchalance *f*

**pachucho, -a** *adj (fruta)* trop mûr(e) ; *(fam: persona)* patraque

**pachuco, -a** *nm/f (MÉX pey)* chicano *m*

**paciencia** *nf* patience *f* ; **¡~!** patience ! ; **armarse de ~** s'armer de patience ; **perder la ~** perdre patience

**paciente** *adj, nmf* patient(e)

**pacientemente** *adv* patiemment

**pacificación** *nf* pacification *f*

**pacíficamente** *adv* pacifiquement, de manière pacifique

**pacificar** *vt* pacifier

**pacífico, -a** *adj* pacifique ▶ *nm:* **el (océano) P~** le *(o* l'océan) Pacifique

**pacifique** *etc vb ver* **pacificar**

**pacifismo** *nm* pacifisme *m*

**pacifista** *nmf* pacifiste *mf*

**pack** *nm (de yogures, latas)* pack *m* ; *(de vacaciones)* forfait *m*

**paco** (AND, CHI *pey) nm* flic *m (fam)*

**pacotilla** *nf:* **de ~** de pacotille

**pactar** *vt* convenir de ▶ *vi* pactiser

**pacto** *nm* pacte *m*

**padecer** *vt (dolor, enfermedad)* souffrir de ; *(injusticia, consecuencias)* subir ; *(sequía)* connaître ▶ *vi:* **~ de** souffrir de

**padecimiento** *nm* souffrance *f*

**pádel** *nm* padel *m*

**padezca** *etc vb ver* **padecer**

**padrastro** *nm* beau-père *m* ; *(en las uñas)* envie *f*

**padrazo** *nm* papa *m* gâteau

**padre** *nm* père *m* ; **García ~** García père ; **¡tu ~!** *(fam!)* mon œil ! ; **~ adoptivo** père adoptif ; **~ de familia** père de famille ; **~ espiritual** père spirituel ; **P~ Nuestro** Notre Père ; **~ político** beau-père *m* ▶ *adj (fam):* **una juerga ~** une bringue à tout casser ; **un susto ~** une peur bleue ; **padres** *nmpl (padre y madre)* parents *mpl*

**padrino** *nm* parrain *m* ; **~ de boda** témoin *m* de mariage ; **padrinos** *nmpl* le parrain et la marraine

**padrón** *nm* recensement *m*

**padrote** (CAM, MÉX *fam) nm* entremetteur *m*

**paella** *nf* paella *f*

**paellera** *nf (Culin)* poêle *f* à paella

**pág.** *abr* (= *página)* p. (= *page)*

**paga** *nf* paie *f*, paye *f* ; **~ extra(ordinaria)** treizième mois *m*

**pagadero, -a** *adj* payable ; **~ a la entrega/a plazos** payable à la livraison/à crédit

**pagano, -a** *adj, nm/f* païen(ne)

**pagar** *vt, vi* payer ; **¡me las pagarás!** tu me le paieras ! ; **~ al contado** payer comptant ; **~ algo caro** *(fig)* payer cher qch

**pagaré** *nm* billet *m* à ordre

**página** *nf* page *f* ; **~ de inicio** page d'accueil ; **~ web** page Web

**paginación** *nf* pagination *f*

**paginar** *vt* paginer

**pago** *nm* paiement *m* ; **~(s)** *(esp* AND, CSUR) région *fsg* ; **en ~ de** en paiement de ; **~ a cuenta** acompte *m* ; **~ a la entrega/ anticipado/en especie** paiement à la livraison/anticipé/en espèces ; **~ inicial** versement *m* initial

**págs.** *abr* (= *páginas)* pp. (= *pages)*

**pague** etc vb ver **pagar**
**paila** (AM) nf poêle f
**país** nm pays msg ; **los Países Bajos** les Pays Bas ; **el P~ Vasco** le Pays basque
**paisaje** nm paysage m
**paisajista** nmf paysagiste mf
**paisano, -a** nm/f compatriote mf ; (esp CSUR) paysan(ne) ; **vestir de ~** être en civil ▶ adj (esp CSUR) paysan(ne)
**paja** nf paille f ; (fig) remplissage m
**pajar** nm grenier m à foin
**pajarita** nf nœud m papillon
**pájaro** nm oiseau m ; (fam) oiseau, loustic m ; **tener la cabeza llena de pájaros** avoir la tête ailleurs o en l'air ; **~ carpintero** pic m
**pajita** nf paille f
**pajizo, -a** adj jaune paille
**Pakistán** nm Pakistan m
**pakistaní** adj pakistanais(e) ▶ nmf Pakistanais(e)
**pala** nf pelle f ; (de ping-pong, frontón) raquette f ; (de hélice, remo) pale f ; **~ mecánica** pelle mécanique
**palabra** nf mot m ; (promesa, facultad, en asamblea) parole f ; **faltar a su ~** manquer à sa parole ; **dejar a algn con la ~ en la boca** ne pas laisser qn terminer sa phrase ; **pedir/tener/tomar la ~** demander/avoir/prendre la parole ; **no encuentro palabras para expresar ...** je ne trouve pas les mots pour exprimer ... ; **~ de honor** parole d'honneur
**palabrería** nf palabres fpl
**palabrota** nf gros mot m
**palacete** nm ≈ hôtel m particulier
**palacio** nm palais msg ; **~ de justicia** palais de justice
**palada** nf pelletée f ; (de remo) coup m de rame
**paladar** nm (tb fig) palais msg
**paladear** vt savourer
**paladín** nm (Hist) paladin m ; (de la libertad, justicia) champion(e), défenseur mf
**palanca** nf levier m ; (fig) piston m ; **~ de cambio/de mando** levier de changement de vitesse/de commande
**palangana** nf bassine f
**palco** nm (Teatro) loge f ; **~ de autoridades/de honor** tribune f officielle/d'honneur
**palé** nm palette f
**palenque** (CSUR) nm poteau m
**palentino, -a** adj de Palencia ▶ nm/f natif(-ive) o habitant(e) de Palencia
**paleolítico, -a** adj paléolithique
**paleontología** nf paléontologie f
**Palestina** nf Palestine f
**palestino, -a** adj palestinien(ne) ▶ nm/f Palestinien(ne)
**palestra** nf: **salir** o **saltar a la ~** descendre dans l'arène
**paleta** nf (de albañil) truelle f ; (Arte) palette f ; (de hélice) pale f ; (AM) esquimau m ; ver tb **paleto**

**paletilla** nf omoplate f ; (Culin) épaule f
**paleto, -a** (fam) adj, nm/f plouc mf (fam)
**paliar** vt pallier
**paliativo** nm palliatif m
**palidecer** vi pâlir
**palidez** nf pâleur f
**palidezca** etc vb ver **palidecer**
**pálido, -a** adj pâle
**palillo** nm cure-dents msg ; (Mús) baguette f ; **estar hecho un ~** être maigre comme un clou ; **palillos** nmpl (para comer: tb: **palillos chinos**) baguettes fpl
**palio** nm dais msg
**palique** (fam) nm: **estar de ~** papoter
**paliza** nf raclée f ; **dar la ~ a algn** (fam) assommer qn ; **dar una ~ a algn** flanquer une raclée à qn ; **darse una ~ haciendo algo** s'esquinter à faire qch
**palma** nf (de mano) paume f ; (árbol) palmier m ; **batir** o **dar palmas** battre des mains ; **llevarse la ~** remporter la palme, l'emporter
**palmada** nf tape f ; **palmadas** nfpl (aplauso) applaudissements mpl ; (en música) battements mpl de mains
**Palma de Mallorca** n Palma de Majorque
**palmar** (fam) vi (tb: **palmarla**) clamser
**palmarés** nm palmarès msg
**Palmas** nfpl: **Las ~** Las Palmas
**palmatoria** nf bougeoir m
**palmear** vi applaudir ; (en flamenco) battre des mains
**palmera** nf palmier m
**palmero, -a** adj de Santa Cruz de la Palma ▶ nm/f natif(-ive) o habitant(e) de Santa Cruz de la Palma
**palmito** nm (cogollo) cœur m de palmier ; (fam: figura) formes fpl sveltes
**palmo** nm empan m ; (fig) pied m ; **~ a ~** (recorrer) d'un bout à l'autre ; (registrar) de fond en comble ; **dejar a algn con un ~ de narices** laisser qn le bec dans l'eau
**palmotear** vi battre des mains
**palo** nm (de madera) bâton m ; (poste) piquet m ; (mango) manche m ; (golpe) coup m ; (de golf) club m ; (Náut) mât m ; (Naipes) couleur f ; **vermut a ~ seco** vermouth m sec ; **dar (de) palos a algn** rouer qn de coups ; **¡qué ~!** (fam) quelle tuile !
**paloma** nf pigeon m ; (blanca) colombe f ; **la ~ de la paz** la colombe de la paix ; **~ mensajera** pigeon voyageur
**palomar** nm pigeonnier m
**palomilla** nf (tuerca) papillon m ; (soporte) console f
**palomino** nm (ave) pigeonneau m ; (fam: en ropa interior) tache f de caca (fam)
**palomitas** nfpl (tb: **palomitas de maíz**) pop-corn msg
**palomo** nm pigeon m
**palote** nm bâton m

## palpable – papal

**palpable** adj palpable
**palpar** vt palper ; (al andar a ciegas) tâter ; **se palpaba la tensión** la tension était palpable
**palpitación** nf palpitation f
**palpitante** adj palpitant(e) ; (fig) brûlant(e)
**palpitar** vi palpiter
**pálpito** nm pressentiment m ; **tener un ~** avoir un pressentiment
**palta** (AND, CSUR) nf avocat m
**palúdico, -a** adj: **fiebres palúdicas** fièvres fpl paludéennes
**paludismo** nm paludisme m
**palurdo, -a** (pey) adj, nm/f péquenaud(e)
**pamela** nf capeline f
**pampa** nf pampa f
**pampeano, -a** (AM) adj de la pampa ▶ nm/f natif(-ive) o habitant(e) de la pampa
**pampero** (CSUR) nm pampéro m, vent m froid du sud
**pamplinas** nfpl bêtises fpl ; **déjate de ~** trêve de plaisanteries
**pamplonés, -esa, pamplonica** adj de Pampelune ▶ nm/f natif(-ive) o habitant(e) de Pampelune
**pan** nm pain m ; **un ~** un pain ; **barra de ~** baguette f ; **eso es ~ comido** c'est du gâteau, c'est du tout cuit ; **llamar al ~ ~ y al vino vino** appeler un chat un chat ; **ganarse el ~** gagner son pain ; **~ de molde** pain de mie ; **~ integral** pain complet ; **~ rallado** chapelure f
**pana** nf velours msg côtelé ; (CHI: avería) panne f
**panacea** nf panacée f
**panadería** nf boulangerie f
**panadero, -a** nm/f boulanger(-ère)
**panal** nm rayon m
**Panamá** nm Panama m
**panameño, -a** adj panaméen(ne) ▶ nm/f Panaméen(ne)
**panamericano, -a** adj panaméricain(e) ▶ nf: **la Panamericana** la route panaméricaine
**pancarta** nf pancarte f
**panceta** nf lard m (de poitrine), poitrine f de porc
**pancho, -a** adj: **estar o quedarse tan ~** ne pas broncher
**pancito** (AM) nm petit pain m
**páncreas** nm pancréas msg
**panda** nm (Zool) panda m ▶ nf (pandilla) bande f
**pandemia** nf pandémie f
**pandereta** nf tambourin m
**pandilla** nf bande f
**pandillero, -a** nm/f (esp AM) membre m d'une bande
**pando, -a** adj (pared) bombé(e) ; (plato) creux(-euse)
**panecillo** nm petit pain m
**panel** nm panneau m ; **~ acústico** isolant m acoustique ; **~ de control/de mandos** tableau m de contrôle/de commande ; **~ de invitados** (Radio, TV) plateau m d'invités ; **~ solar** panneau solaire
**panera** nf corbeille f à pain
**panfletario, -a** (pey) adj pamphlétaire
**panfleto** nm pamphlet m
**pánico** nm panique f
**panificadora** nf boulangerie f
**panocha, panoja** nf épi m
**panorama** nm panorama m
**panorámico, -a** adj panoramique ▶ nf vue f panoramique
**panqué** (CAM, CARIB), **panqueque** (AM) nm crêpe f
**pantaletas** (AM) nfpl culotte fsg
**pantalla** nf écran m ; (de lámpara) abat-jour m ; **servir de ~** servir de couverture à ; **~ de ayuda** aide f (en ligne) ; **~ de cristal líquido** écran à cristaux liquides ; **~ plana** écran plat ; **~ táctil** écran tactile
**pantallazo** nm (Inform) capture f d'écran
**pantalón** nm, **pantalones** nmpl pantalon msg ; **pantalones vaqueros** blue-jean msg
**pantano** nm (ciénaga) marécage m ; (embalse) barrage m ; (fig: atolladero) bourbier m
**pantanoso, -a** adj marécageux(-euse) ; (fig: difícil) épineux(-euse)
**panteón** nm: **~ familiar** caveau m de famille
**pantera** nf panthère f
**pantis** nmpl collant msg
**pantomima** nf pantomime f
**pantorrilla** nf mollet m
**pantufla** nf pantoufle f
**pantys** nmpl collant msg
**panza** nf ventre m ; (de rumiante) panse f
**panzada** nf (atracón) ventrée f ; (golpe: en agua) plat m
**panzón, -ona, panzudo, -a** adj ventru(e)
**pañal** nm couche f ; **estar todavía en pañales** (proyecto) en être à ses débuts ; (persona) être novice
**paño** nm (tela) étoffe f ; (trapo) chiffon m ; **en paños menores** en petite tenue ; **paños calientes** (fig) palliatifs mpl, baume msg ; **~ de cocina** torchon m ; **~ de lágrimas** (fig) réconfort m
**pañoleta** nf mantille f
**pañuelo** nm (para la nariz) mouchoir m ; (para la cabeza) foulard m ; **~ de papel** mouchoir en papier
**Papa** nm Pape m
**papa** (AM) nf pomme f de terre
**papá** (fam) nm papa m ; **hijo de ~** fils msg à papa ; **P~ Noel** père m Noël ; **papás** nmpl (padre y madre) parents mpl
**papachar** (MÉX fam) vt gâter
**papada** nf double menton m
**papado** nm papauté f, pontificat m
**papagayo** nm perroquet m
**papal** adj papal(e)

810 · ESPAÑOL | FRANCÉS

**papalote** (CAm, Méx) nm cerf-volant m
**papamóvil** nm papamobile f
**papanatas** (fam) nm inv gobe-mouche m
**paparazzo** [papaˈratso] (pl **paparazzi**) nm paparazzi m
**paparrucha** nf (tontería) bêtise f; (rumor falso) bobard m
**papaya** nf papaye f
**papel** nm papier m; (Teatro, fig) rôle m; **~ carbón** papier carbone; **~ continuo** papier en continu; **~ de aluminio** papier aluminium; **~ de calco/de lija** papier calque/de verre; **~ de carta(s)/de fumar** papier à lettres/à cigarettes; **~ de envolver** papier d'emballage; **~ timbrado** o **del Estado** papier timbré; **~ de estaño** o **plata** papier aluminium; **~ higiénico** o (Méx) **sanitario** papier hygiénique; **~ secante** papier buvard; **~ madera** (CSur) carton m; **~ moneda** papier-monnaie m; **~ térmico** papier thermique; **papeles** nmpl (documentos) papiers mpl
**papeleo** nm paperasserie f
**papelera** nf corbeille f à papiers; (en la calle) poubelle f; (industria) papeterie f; **~ de reciclaje** (Inform) corbeille f
**papelería** nf papeterie f
**papeleta** nf (de rifa) billet m; (Pol) bulletin m; (Escol: calificación) relevé m de notes; **¡vaya ~!** quelle histoire!, quelle affaire!
**paperas** nfpl oreillons mpl
**papi** (fam) nm papa m (fam)
**papiamento** nm langue f créole de Curaçao
**papilla** nf bouillie f; **dejar hecho** o **hacer ~** réduire o mettre en bouillie
**papiloma** nm papillome m
**papiro** nm papyrus m
**paquete** nm paquet m; (esp Am fam) ennui m; (Inform) progiciel m; **~ de aplicaciones** lot m de logiciels; **~ de gestión integrado** progiciel de gestion; **~ integrado** progiciel; **paquetes postales** colis mpl postaux; **~-bomba** colis msg piégé
**paquistaní** = **pakistaní**
**par** adj pair(e) ▶ nm (de guantes, calcetines) paire f; (de veces, días) deux; (pocos) deux ou trois; (título) pair m; (Golf) par m; **a pares** par paires; **abrir de ~ en ~** ouvrir tout grand; **pares o nones** pairs ou impairs; **sin ~** unique ▶ nf (Econ) pair m; **a la ~** à la fois; **sobre/bajo la ~** (Econ) au dessus/au dessous du pair
**para** prep pour; **decir ~ sí** se dire; **~ ti** pour toi; **¿~ qué?** pourquoi faire?; **¿~ qué lo quieres?** que veux-tu en faire?; **~ que te sientes** pour que tu t'assoies; **~ entonces** à ce moment-là; **estará listo ~ mañana** ça sera prêt demain; **ir ~ casa** rentrer chez soi; **~ ser tan mayor, está ágil** il est agile pour son âge; **¿quién es usted ~ gritar así?** vous vous prenez pour qui pour crier comme ça?; **tengo bastante ~ vivir** j'ai de quoi vivre; **~ el caso que me haces** vu l'intérêt que tu me portes; **~ eso no vengas** si c'est pour ça, ne viens pas; **~ colmo** pour comble
**parabellum** nf parabellum m
**parabién** nm félicitations fpl
**parábola** nf parabole f
**parabólica** nf (tb: **antena parabólica**) antenne f parabolique
**parabrisas** nm inv pare-brise m
**paracaídas** nm inv parachute m
**paracaidista** nmf parachutiste mf; (Méx fam) squatteur(-euse)
**parachoques** nm inv pare-choc(s) m
**parada** nf arrêt m; **~ de autobús/de taxis** arrêt d'autobus/station f de taxis; **~ discrecional** arrêt facultatif; **~ en seco** arrêt net; **~ militar** parade f; ver tb **parado**
**paradero** nm endroit m; (And, CSur) halte f; **en ~ desconocido** parti(e) sans laisser d'adresse
**paradigma** nm paradigme m
**paradigmático, -a** adj paradigmatique
**paradisiaco, -a, paradisíaco, -a** adj paradisiaque
**parado, -a** adj arrêté(e); (tímido) timide; (sin empleo) au chômage; (confuso) confondu(e); (Am) debout; **salir bien ~** bien s'en tirer ▶ nm/f chômeur(-euse)
**paradoja** nf paradoxe m
**paradójicamente** adv paradoxalement
**paradójico, -a** adj paradoxal(e)
**parador** nm (tb: **parador de turismo**) parador m (hôtel de première catégorie géré par l'État); voir article

> **PARADOR NACIONAL DE TURISMO**
>
> Le réseau des **paradores** a été mis en place par le gouvernement dans les années 1950, au début de l'essor du tourisme en Espagne. Il s'agit d'hôtels de première catégorie, dans des sites uniques ou des lieux à caractère historique, souvent établis dans d'anciens châteaux et monastères. Il en existe actuellement un peu moins d'une centaine, tous classés trois-étoiles ou plus, offrant des prestations de qualité ainsi qu'un large éventail de spécialités locales.

**parafernalia** nf tralala m (fam)
**parafina** nf paraffine f
**parafrasear** vt paraphraser
**paráfrasis** nf inv paraphrase f
**paraguas** nm inv parapluie m
**Paraguay** nm Paraguay m
**paraguayo, -a** adj paraguayen(ne) ▶ nm/f Paraguayen(ne)
**paraíso** nm paradis msg; **~ fiscal** paradis fiscal

**paraje** nm endroit m
**paralelamente** adv parallèlement
**paralelismo** nm parallélisme m
**paralelo, -a** adj, nm parallèle m ; **en ~** en parallèle
**paralice** etc vb ver **paralizar**
**paralímpico, -a** adj paralympique ▶ nm/f athlète mf paralympique
**parálisis** nf inv paralysie f ; **~ cerebral/infantil/progresiva** paralysie cérébrale/infantile/progressive
**paralítico, -a** adj, nm/f paralytique mf
**paralización** nf paralysie f ; **la ~ fue total** tout a été entièrement paralysé
**paralizar** vt paralyser ; **estar/quedarse paralizado de miedo** être paralysé par la peur ; **paralizarse** vpr être paralysé(e)
**parámetro** nm paramètre m ; **parámetros** nmpl (Inform) paramètres mpl
**paramilitar** adj paramilitaire
**páramo** nm plateau m nu
**parangón** nm: **sin ~** sans égal(e)
**paraninfo** nm grand amphithéâtre m
**paranoia** nf paranoïa f ; (fig) obsession f
**paranoico, -a** adj paranoïaque ▶ nm/f paranoïaque mf ; (fig) maniaque mf, obsédé(e)
**paranormal** adj paranormal(e)
**parapente** nm (deporte, aparato) parapente m
**parapetarse** vpr: **~ tras** se retrancher derrière
**parapeto** nm (Mil) parapet m ; (Arq: pared) parapet m ; (baranda) rambarde f
**parapléjico, -a** adj, nm/f paraplégique mf
**parapsicología** nf parapsychologie f
**parar** vt arrêter ▶ vi s'arrêter ; **sin ~** sans arrêt ; **no ~** ne pas arrêter ; **no ~ de hacer algo** ne pas arrêter de faire qch ; **ha parado de llover** il ne pleut plus ; **fue a ~ a la comisaría** il a atterri au commissariat ; **no sé en qué va a ~ todo esto** je ne sais pas comment tout cela va finir ; **¡dónde va a ~!** ce n'est pas comparable ! ; **pararse** vpr s'arrêter ; (Am) se lever ; **pararse a hacer algo** s'arrêter pour faire qch
**pararrayos** nm inv paratonnerre m
**parasicología** nf para-psychologie f
**parásito, -a** adj, nm parasite m ; **un ~ de la sociedad** un parasite de la société
**parcela** nf parcelle f
**parche** nm (de rueda) rustine f ; (de ropa) pièce f ; (fig: de problema) pis-aller m inv ; **solo estamos poniendo parches** (fig) nous ne faisons que du rafistolage
**parchís** nm sorte de jeu de puce
**parcial** adj (pago, eclipse) partiel(le) ; (juicio) partial(e)
**parcialidad** nf partialité f
**parcialmente** adv (en parte) partiellement ; (con parcialidad) partialement

**parco, -a** adj sobre ; **~ en palabras** modéré(e) dans ses propos
**pardillo, -a** adj, nm/f péquenaud(e) (fam) ; (inocente) naïf (naïve) ▶ nm (Zool) bouvreuil m
**pardo, -a** adj brun grisâtre inv
**pareado** nm vers msg à rime plate
**parecer** nm opinion f ; (aspecto) allure f ▶ vi sembler ; (asemejarse a) ressembler à ; **parecerse a** ressembler à ; **parece mentira** cela paraît incroyable ; **al ~** à ce qu'il paraît ; **parece que va a llover** on dirait qu'il va pleuvoir ; **¿que te pareció la película?** comment as-tu trouvé le film ? ; **me parece bien** ça me va ; **me parece que** il me semble que ; **me parece bien/importante que ...** je trouve que c'est bien/qu'il est important que ... ; **parecerse** vpr se ressembler
**parecido, -a** adj semblable ; **~ a algo** semblable à qch ; **un hombre bien ~** un bel homme ▶ nm ressemblance f
**pared** nf mur m ; (de montaña) paroi f ; **subirse por las paredes** (fam) monter sur ses grands chevaux ; **~ medianera/divisoria** mur mitoyen/de refend
**paredón** nm: **llevar a algn al ~** conduire qn au poteau (d'exécution)
**pareja** nf paire f ; (hombre y mujer) couple m ; (persona) partenaire mf ; **una ~ de guardias** deux gendarmes ; **la ~** (de un par) l'autre
**parejo, -a** adj pareil(le)
**parentela** nf parenté f
**parentesco** nm parenté f
**paréntesis** nm inv parenthèse f ; **entre ~** entre parenthèses
**parezca** etc vb ver **parecer**
**paria** nmf paria m
**parida** (fam) nf connerie f
**paridad** nf parité f
**parienta** nf: **la ~** (fam) ma/sa/etc femme
**pariente, -a** nm/f parent(e)
**parietal** adj pariétal(e) ▶ nm os m pariétal
**paripé** nm: **hacer el ~** jouer la comédie
**parir** vt (hijo) accoucher de ; (animal) mettre bas ▶ vi (mujer) accoucher ; (animal) mettre bas ; (yegua) mettre bas, pouliner ; (vaca) mettre bas, vêler
**París** n Paris
**parisiense, parisino, -a** adj parisien(ne) ▶ nm/f Parisien(ne)
**paritario, -a** adj paritaire
**parking** ['parkin] (pl **parkings**) nm parking m
**párkinson, Parkinson** nm parkinson m, maladie f de Parkinson
**parlamentar** vi parlementer
**parlamentario, -a** adj, nm/f parlementaire mf
**parlamento** nm parlement m ; (discurso) discours msg ; **P~ Europeo** Parlement européen
**parlanchín, -ina** adj, nm/f bavard(e)

## parlante – partitura

**parlante** (AM) nm haut-parleur m
**parlar** vi bavarder
**parloteo** nm papotage m
**parmesano, -a** adj: **queso ~** parmesan m ▶ nm parmesan m
**paro** nm (huelga) arrêt m; (desempleo, subsidio) chômage m; **estar en ~** être au chômage; **~ del sistema** (Inform) arrêt du système; **~ cardíaco** arrêt cardiaque
**parodia** nf parodie f
**parodiar** vt parodier
**parón** nm interruption f, arrêt m; **tras un ~ por la lluvia, continuó el partido** après une interruption en raison de la pluie, le match a repris; **ayer hubo parones en una de las líneas del metro** hier le trafic sur l'une des lignes de métro a été interrompu plusieurs fois
**parpadear** vi cligner des yeux; (luz) clignoter
**parpadeo** nm clignotement m
**párpado** nm paupière f
**parque** ['parke] nm parc m; **~ de atracciones** parc d'attractions; **~ de bomberos** caserne f de pompiers; **~ móvil** parc automobile; **~ nacional/zoológico** parc national/zoologique; **~ temático** parc à thème
**parqué, parquet** [par'ke] nm parquet m
**parquímetro** nm parcmètre m, parcomètre m
**parra** nf treille f
**parrafada** nf: **echar una ~** faire un brin de conversation
**párrafo** nm paragraphe m
**parranda** (fam) nf: **ir(se) de ~** aller faire la bringue
**parricida** nmf parricide mf
**parricidio** nm parricide m
**parrilla** nf grill m; (AM) porte-bagages m inv; **carne a la ~** viande f grillée
**parrillada** nf assortiment m de grillades
**párroco** nm curé m
**parroquia** nf paroisse f; (Com) clientèle f
**parroquial** adj paroissial(e)
**parroquiano, -a** nm/f paroissien(ne); (Com) client(e)
**parsimonia** nf parcimonie f; **con ~** avec parcimonie
**parte** nm rapport m; **dar ~ a algn** communiquer à qn; **~ de guerra** communiqué m de guerre; **~ meteorológico** bulletin m météorologique ▶ nf partie f; (lado) côté m; (lugar, de reparto) part f; **en alguna ~ de Europa** quelque part en Europe; **por todas partes** partout; **en cualquier ~** partout, n'importe où; **en (gran) ~** en (grande) partie; **la mayor ~ de los españoles** la plupart des Espagnols; **de algún tiempo a esta ~** depuis quelque temps; **de ~ de algn** de la part de qn; **¿de ~ de quién?** (Telec) de la part de qui?; **por ~ de** de la part de; **yo por mí ~** en ce qui me concerne, quant à moi; **por una ~ ... por otra ~** d'une part ... d'autre part; **formar ~ de** faire partie de; **ponerse de ~ de algn** prendre fait et cause pour qn; **tomar ~ (en)** prendre part (à)
**partero** (MÉX) nm médecin-accoucheur m
**parterre** nm parterre m
**partición** nf partage m
**participación** nf participation f; (de lotería) billet m; **~ en los beneficios** participation aux bénéfices; **~ minoritaria** participation minoritaire
**participante** nmf participant(e)
**participar** vt communiquer; **le participo que ...** je vous informe que ... ▶ vi: **~ (en)** participer (à); **~ de algo** partager qch; **~ en una empresa** (Com) investir dans une entreprise
**partícipe** nmf: **hacer ~ a algn de algo** faire part à qn de qch
**participio** nm participe m; **~ de pasado/presente** participe passé/présent
**partícula** nf particule f
**particular** adj particulier(-ière); **clases particulares** cours mpl particuliers; **en ~** en particulier ▶ nm (punto, asunto) sujet m, chapitre m; (individuo) particulier m; **no dijo mucho sobre el ~** il n'en a pas dit long sur ce sujet
**particularice** etc vb ver **particularizar**
**particularidad** nf particularité f
**particularizar** vt particulariser; (especificar) spécifier
**particularmente** adv particulièrement
**partida** nf départ m; (Com: de mercancía) lot m; (: de cuenta, factura) entrée f; (: de presupuesto) chapitre m; (juego) partie f; (grupo, bando) bande f; **mala ~** mauvais tour m; **echar una ~** faire une partie; **~ de caza** partie de chasse; **~ de defunción/de matrimonio** extrait m d'acte de décès/de mariage; **~ de nacimiento** extrait de naissance
**partidario, -a** adj: **ser ~ de** être partisan(e) de ▶ nm/f (seguidor) partisan m
**partidismo** nm esprit m de parti
**partidista** adj partisan(e) ▶ nmf partisan m
**partido** nm parti m; (Deporte) match m; **sacar ~ de** tirer parti de; **tomar ~** prendre parti; **~ amistoso** match amical; **~ de baloncesto** match de basket; **~ de fútbol** match de football; **~ de tenis** match de tennis; **~ judicial** arrondissement m
**partir** vt (dividir) partager; (romper) casser; (rebanada, trozo) couper ▶ vi partir; **a ~ de** à partir de, à compter de; **~ de** partir de;
**partirse** vpr se casser; **partirse de risa** se tordre de rire
**partitura** nf partition f

**parto** *nm* (*de una mujer*) accouchement *m* ; (*de un animal*) mise *f* bas ; (*fig*) enfantement *m* ; **estar de ~** être en couches

**parturienta** *nf* (*antes del parto*) femme *f* qui accouche ; (*después del parto*) accouchée *f*

**parvulario** *nm* école *f* maternelle

**párvulo, -a** *nm/f* petit enfant *m*

**pasa** *nf* raisin *m* sec ; **~ de corinto** raisin de Corinthe

**pasable** *adj* passable

**pasada** *nf* passage *m* ; (*con trapo, escoba*) coup *m* ; **de ~** (*leer, decir*) au passage ; **mala ~** mauvais tour *m*

**pasadizo** *nm* passage *m*

**pasado, -a** *adj* passé(e) ; (*muy hecho*) trop cuit(e) ; (*anticuado*) dépassé(e), démodé(e) ; **~ mañana** après-demain ; **el mes ~** le mois dernier ; **pasados dos días** deux jours plus tard ; **lo ~, ~** tout ça, c'est du passé ; **~ de moda** démodé(e) ; **~ por agua** (*huevo*) à la coque ▶ *nm* passé *m*

**pasador** *nm* verrou *m* ; (*de pelo*) barrette *f* ; (*de corbata*) épingle *f* ; (AM) lacet *m*

**pasaje** *nm* passage *m* ; (*de barco, avión*) billet *m* ; (*los pasajeros*) passagers *mpl* ; **~ electrónico** billet électronique

**pasajero, -a** *adj, nm/f* passager(-ère)

**pasamanos** *nm inv* rampe *f*

**pasamontañas** *nm inv* passe-montagne *m*

**pasapalos** (Méx, Ven) *nmpl* amuse-gueules *mpl*

**pasaporte** *nm* passeport *m*

**pasar** *vt* passer ; (*barrera, meta*) franchir ; (*frío, calor, hambre*) avoir ; (: *con énfasis*) souffrir de ; (*rebasar*) dépasser ; **~ por alto** faire fi de, passer sous silence ; **pasarlo bien** s'amuser ▶ *vi* passer ; (*ocurrir*) se passer ; (*entrar*) entrer ; **hacer ~ a algn** faire entrer qn ; **~ a (hacer)** en venir à (faire) ; **~ de** dépasser de ; **~ de largo** ne pas s'en faire ; **~ de (hacer) algo** (*fam*) se ficher de (faire) qch ; **~ de todo** (*fam*) se ficher de tout ; **¡pase!** entrez ! ; **~ por un sitio/una calle** passer par un endroit/une rue ; **~ por una crisis** traverser une crise ; **~ sin algo** se passer de qch ; **¿qué pasa?** que se passe-t-il ? ; **¿qué te pasa?** que t'arrive-t-il ? ; **¡cómo pasa el tiempo!** comme le temps passe vite ! ; **pase lo que pase** quoi qu'il en soit ; **se hace ~ por médico** il se fait passer pour un médecin ; **pasarse** *vpr* se passer ; (*flores*) se faner ; (*comida*) se gâter ; (*excederse*) exagérer ; **pasarse al enemigo** passer à l'ennemi ; **pasarse de moda** passer de mode ; **pasarse de la raya** dépasser les bornes ; **me lo pasé bien/mal** cela s'est bien/mal passé ; **¡no te pases!** n'exagère pas ! ; **pásate por casa/la oficina** passe chez moi/par mon bureau ; **se me pasó** j'ai complètement oublié ; **se me pasó el turno** j'ai laissé passer mon tour ; **no se le pasa nada** rien ne lui échappe ; **ya se te pasará** ça te passera

**pasarela** *nf* passerelle *f* ; (*de modas*) podium *m*

**pasatiempo** *nm* passe-temps *msg* ;

**pasatiempos** *nmpl* (*en revista*) jeux *mpl*

**Pascua, pascua** *nf* (*tb:* **Pascua de Resurrección**) Pâques *fpl* ; **hacer la ~ a algn** (*fam*) mettre qn dans le pétrin ; **Pascuas** *nfpl* Noël *msg* ; **¡felices Pascuas!** joyeux Noël ! ; **de Pascuas a Ramos** tous les trente-six du mois

**pase** *nm* passe *m* ; (*Com*) passavant *m* ; (*Cine*) projection *f* ; **~ de modelos** défilé *m* de mannequins

**paseante** *nmf* promeneur(-euse)

**pasear** *vt, vi* promener ; **pasearse** *vpr* se promener

**paseo** *nm* promenade *f* ; (*distancia corta*) pas *msg* ; **dar un ~** faire une promenade ; **mandar a algn a ~** envoyer qn promener ; **¡vete a ~!** va te faire voir ! ; **~ marítimo** front *m* de mer

**pasillo** *nm* couloir *m* ; **~ aéreo** couloir aérien

**pasión** *nf* passion *f*

**pasional** *adj*: **crimen ~** crime *m* passionnel

**pasividad** *nf* passivité *f*

**pasivo, -a** *adj* passif(-ive) ▶ *nm* (*Com*) passif *m* ; **~ circulante** passif exigible

**pasma** (*fam*) *nm* flic *m* ▶ *nf*: **la ~** les flics

**pasmado, -a** *adj* ébahi(e)

**pasmar** *vt* ébahir ; **pasmarse** *vpr* être ébahi(e), ne pas en revenir

**pasmo** *nm* stupéfaction *f*

**pasmoso, -a** *adj* stupéfiant(e)

**paso, -a** *adj* (*ciruela*) sec (sèche) ▶ *nm* passage *m* ; (*pisada, de baile*) pas *msg* ; (*modo de andar*) pas, allure *f* ; (*de montaña*) col *m* ; (*Telec*) unité *f* ; **~ a ~** pas à pas ; **a cada ~** à tout bout de champ ; **a un ~ o dos pasos** à deux pas ; **a ese ~** à cette allure ; **a ~ lento** à pas comptés ; **a ~ ligero** d'un pas léger ; **abrirse ~** se frayer un chemin ; **dar un ~ en falso** faire un faux pas, trébucher ; (*fig*) faire un faux pas, commettre une faute ; **de ~, ...** au passage, ... ; **estar de ~** être de passage ; **salir al ~** passer à la contre-offensive ; **salir al ~ de** répliquer à ; **salir del ~** se tirer d'affaire ; **un ~ atrás** un pas en arrière ; **un mal ~** (*fig*) une mauvaise passe ; **ceda el ~** cédez le passage, priorité ; **prohibido el ~** passage interdit ; **~ a nivel** passage à niveau ; **~ de peatones/de cebra** passage pour piétons/clouté ; **~ elevado** saut-de-mouton *m* ; **~ subterráneo** passage souterrain ; **pasos** *nmpl* (*gestiones*) démarches *fpl* ; (*huellas*) pas *mpl*

**pasodoble** *nm* paso *m inv* doble

**pasota** (*fam*) *adj, nmf* je-m'en-foutiste *mf*

**pasotismo** *nm* (Esp) je-m'en-foutisme *m* (*fam*)

**pasta** *nf* pâte *f* ; (*macarrones, fideos etc*) pâtes *fpl* ; (*tb:* **pasta de té**) biscuit *m* sec ; (*fam: dinero*)

## pastar – paupérrimo

fric m ; (encuadernación) reliure f ; ~ **dentífrica o de dientes** dentifrice m ; ~ **de papel** pâte à papier
**pastar** vi paître
**pastel** nm gâteau m ; (de carne) tourte f ; (Arte) pastel m ; **se descubrió el** ~ on a découvert le pot aux roses
**pastelería** nf pâtisserie f
**pastelero, -a** adj (Culin): **crema pastelera** crème m pâtissière ; **rodillo** ~ rouleau m à pâtisserie ; **no tengo ni pastelera idea** (fam, euf) (fig) je n'en ai pas la moindre idée ▶ nm/f pâtissier(-ière)
**pasteurizado, -a** adj pasteurisé(e)
**pastiche** nm pastiche m
**pastilla** nf (de jabón) savonnette f ; (de chocolate) carré m ; (Med) comprimé m, cachet m
**pastillero, -a** nm/f (fam) accro mf aux petites pilules ▶ nm boîte f à pilules
**pastizal** nm pâturage m
**pasto** nm pâture f ; (lugar) pâturage m ; **fue** ~ **de las llamas** il a été la proie des flammes
**pastor, a** nm/f berger(-ère) ; **perro** ~ chien m (de) berger ▶ nm (Rel) pasteur m ; (perro): ~ **alemán** berger m allemand
**pastoral** adj pastoral(e) ▶ nf (Lit, Rel) pastorale f
**pastoso, -a** adj pâteux(-euse)
**pat.** abr = **patente**
**pata** nf patte f ; (pie) pied m ; **patas arriba** (caer) les quatre fers en l'air ; (revuelto) sens dessus dessous ; **a cuatro patas** à quatre pattes ; **a la** ~ **coja** à cloche-pied ; **meter la** ~ mettre les pieds dans le plat ; **tener mala** ~ ne pas avoir de bol ; ~ **de cabra** (Tec) pince f à levier ; ~ **de gallo** pied-de-poule m
**patada** nf coup m de pied ; **dar una** ~ **a algn/a algo** donner un coup de pied à qn/à qch ; **a patadas** (fam: en abundancia) à foison ; **echar a algn a patadas** éjecter qn à coup de pieds ; **tratar a algn a patadas** traiter qn comme un chien
**patagón, -ona** adj de la Patagonie ▶ nm/f habitant(e) o natif(-ive) de la Patagonie
**Patagonia** nf Patagonie f
**patalear** vi trépigner
**pataleo** nm trépignement m
**patán** (pey) nm plouc m
**patata** nf pomme f de terre ; **patatas fritas** frites fpl ; (de bolsa) chips fpl ; **no entender/no saber ni** ~ (fam) comprendre/savoir que dalle
**paté** nm pâté m
**patear** vt piétiner ; (fig: humillar) houspiller ; (fam: ciudad, museo) parcourir de long en large o en tous sens ▶ vi trépigner
**patentar** vt breveter
**patente** adj manifeste ; **hacer** ~ manifester ▶ nf brevet m ; (CSur) immatriculation f
**patera** (Esp) nf bateau utilisé notamment par les immigrés clandestins venus d'Afrique

**paternal** adj paternel(le)
**paternalista** adj paternaliste
**paternidad** nf paternité f
**paterno, -a** adj paternel(le)
**patético, -a** adj pathétique
**patetismo** nm pathétisme m
**patíbulo** nm échafaud m
**patilla** nf (de gafas) branche f ; **patillas** nfpl (de la barba) favoris mpl, pattes fpl
**patín** nm patin m ; (de mar) pédalo m ; ~ **de hielo/de ruedas** patin à glace/à roulettes
**pátina** nf patine f
**patinador, a** nm/f patineur(-euse)
**patinaje** nm patinage m ; ~ **artístico** patinage artistique ; ~ **sobre hielo/sobre ruedas** patinage (sur glace)/à roulettes
**patinar** vi patiner ; (fam: equivocarse) se gourer
**patinazo** nm (Auto) dérapage m ; **dar un** ~ (fam) faire une gaffe
**patinete** nm patinette f, trottinette f
**patio** nm cour f ; ~ **de butacas** (Cine, Teatro) orchestre m ; ~ **de recreo** cour de récréation
**pato** nm canard m ; **pagar el** ~ (fam) payer les pots cassés
**patógeno, -a** adj pathogène ▶ nm agent m pathogène
**patología** nf pathologie f
**patológico, -a** adj pathologique
**patoso, -a** adj empoté(e)
**patraña** nf mensonge m
**patria** nf patrie f ; ~ **chica** terroir m
**patriarca** nm patriarche m
**patriarcal** adj patriarcal(e)
**patrimonial** adj patrimonial(e)
**patrimonio** nm patrimoine m
**patrio, -a** adj natal(e) ; **el suelo** ~ le sol natal ; **amor** ~ attachement m à mon/son/etc pays, patriotisme m
**patriota** nmf patriote mf
**patriotero, -a** (pey) adj chauvin(e)
**patriótico, -a** adj patriotique
**patriotismo** nm patriotisme m
**patrocinador, -a** nm/f sponsor m
**patrocinar** vt (sufragar) sponsoriser, parrainer ; (apoyar) appuyer, parrainer
**patrocinio** nm parrainage m
**patrón, -ona** nm/f patron(ne) ; (de pensión) hôte (hôtesse) ; (de barco) patron m ▶ nm patron m ; ~ **oro** étalon-or m
**patronal** adj patronal(e) ; **cierre** ~ lock-out m ▶ nf patronat m
**patronato** nm patronage m
**patrono, -a** nm/f (Com, Econ, Rel) patron(ne) ; (mecenas) parrain(e) ; (protector) protecteur(-trice), défenseur mf
**patrulla** nf patrouille f
**patrullar** vi patrouiller
**patrullera** nf patrouilleur m (navire)
**paulatino, -a** adj lent(e)
**paupérrimo, -a** adj très pauvre

815

## pausa – pegajoso

**pausa** *nf* pause *f*; **con ~** posément, tranquillement
**pausadamente** *adv* posément, tranquillement
**pausado, -a** *adj* posé(e)
**pauta** *nf* modèle *m*
**pava** (CSUR) *nf* bouilloire *f* à maté
**pavada** *nf*, **pavadas** *nfpl* (AND, CSUR fam) bêtise(s) *f(pl)*
**pavimentar** *vt* revêtir
**pavimento** *nm* revêtement *m*
**pavo** *nm* dindon *m*; **¡no seas ~!** ne fais pas le mariolle !; **estar en la edad del ~** être à l'âge bête ; **~ real** paon *m*
**pavonearse** *vpr* se pavaner
**pavor** *nm* frayeur *f*
**pavoroso, -a** *adj* effrayant(e)
**payasada** (pey) *nf* pitrerie *f*; **hacer payasadas** faire des pitreries
**payaso, -a** *nm/f* clown *m*
**payés, -esa** *nm/f* (CATALUÑA, BALEARES) paysan(ne)
**payo, -a** *nm/f* gadjo (gadji)
**paz** *nf* paix *f*; (tranquilidad) calme *m*; **dejar algo/a algn en ~** laisser qch/qn en paix ; **hacer las paces** faire la paix ; **que en ~ descanse** qu'il repose en paix
**pazca** *etc vb ver* **pacer**
**pazo** *nm* (GALICIA) ≈ manoir *m*
**PC** *sigla m* (= *personal computer*) PC *m*
**PCE** *sigla m* = **Partido Comunista de España**
**PCL** *sigla f* (= *pantalla de cristal líquido*) LCD *m* (= *affichage à cristaux liquides*)
**P.D.** *abr* (= *posdata*) P.S. (= *post-scriptum*)
**PDA** *sigla m* (= *personal digital assistant*) PDA *m*
**PDF** *nm abr* (Inform) PDF *m*; **un archivo en ~** un fichier au format PDF
**pdo.** *abr* (= *pasado*) dernier(-ière)
**pe** *nf* (letra) p *m inv*; **de pe a pa** (fam) (fig) du début jusqu'à la fin, de A à Z
**peaje** *nm* péage *m*; **autopista de ~** autoroute *f* à péage
**peana** *nf* (pedestal) socle *m*, piédestal *m*; (Golf) tee *m*
**peatón** *nm* piéton *m*
**peatonal** *adj* piéton(ne); **calle ~** rue *f* piétonne
**peca** *nf* tache *f* de rousseur
**pecado** *nm* péché *m*; **~ mortal/venial** péché mortel/véniel
**pecador, a** *adj*: **alma pecadora** âme *f* de pécheur ▶ *nm/f* pécheur(-eresse)
**pecaminoso, -a** *adj* coupable, inavouable
**pecar** *vi* pécher ; **~ de generoso** pécher par excès de générosité
**pecera** *nf* aquarium *m*
**pechera** *nf* (Costura: de camisa) plastron *m*; (: de vestido) devant *m*; (Anat: fam, hum) poitrail *m*
**pecho** *nm* poitrine *f*; (fig) cœur *m*; **dar el ~ a** donner le sein à ; **tomar algo a ~** prendre qch à cœur ; **la alegría no le cabía en el ~** il ne se sentait plus de joie
**pechuga** *nf* (de ave) blanc *m*
**pecoso, -a** *adj* criblé(e) de taches de rousseur
**pectoral** *adj* pectoral(e); **pectorales** *nmpl* pectoraux *mpl*
**peculiar** *adj* caractéristique ; (particular) particulier(-ière)
**peculiaridad** *nf* particularité *f*
**pedagogía** *nf* pédagogie *f*
**pedagógico, -a** *adj* pédagogique
**pedagogo, -a** *nm/f* pédagogue *mf*
**pedal** *nm* pédale *f*; **~ de embrague/de freno** pédale d'embrayage/de frein
**pedalear** *vi* pédaler
**pedante** *adj*, *nm/f* pédant(e)
**pedantería** *nf* pédanterie *f*
**pedazo** *nm* morceau *m*; **hacer algo pedazos** mettre qch en morceaux ; **hacer pedazos a algn** mettre qn en bouillie ; **caerse a pedazos** tomber en ruine ; **ser un ~ de pan** (fig) avoir un cœur d'or
**pederasta** *nmf* pédophile *mf*
**pederastia** *nf* pédophilie *f*
**pedernal** *nm* silex *m*
**pedestal** *nm* piédestal *m*; **tener/poner a algn en un ~** mettre qn sur un piédestal
**pedestre** *adj*: **carrera ~** course *f* à pied
**pediatra** *nmf* pédiatre *mf*
**pediatría** *nf* pédiatrie *f*
**pedicura** *nf* pédicure *f*
**pedicuro, -a** *nm/f* pédicure *mf*
**pedido** *nm* commande *f*; **pedidos en cartera** commandes *fpl* en souffrance
**pedigrí** [peði'ɣri] *nm* pedigree *m*
**pedir** *vt* demander ; (Com) commander ; **~ disculpas** demander des excuses ; **~ limosna** demander l'aumône ; **~ la mano de** demander la main de ; **~ prestado** emprunter ; **me pidió que cerrara la puerta** il m'a demandé de fermer la porte ; **¿cuánto piden por el coche?** combien demande-t-on pour cette voiture ? ▶ *vi* mendier
**pedo** (fam!) *adj inv*: **estar ~** être rond(e) ▶ *nm* (ventosidad) pet *m*; (borrachera) cuite *f*
**pedofilia** *nf* pédophilie *f*
**pedrada** *nf*: **me tiraron una ~ en la cabeza** j'ai reçu une pierre dans la tête
**pedrea** *nf* grêle *f*; **la ~** (de lotería) le plus petit lot
**pedregoso, -a** *adj* rocailleux(-euse)
**pedrisco** *nm* grêle *f*
**Pedro** *n*: **como ~ por su casa** comme dans un moulin
**pega** *nf* (obstáculo) problème *m*; (fam: pregunta) colle *f*; **de ~** à la gomme, de pacotille ; **nadie me** *etc* **puso pegas** personne n'a trouvé à redire
**pegadizo, -a** *adj* (canción) entraînant(e)
**pegajoso, -a** *adj* collant(e)

## pegamento – peluquín

**pegamento** *nm* colle *f*
**pegar** *vt* coller ; *(enfermedad, costumbre)* passer ; *(golpear)* frapper ; *(Costura)* coudre ; **~ un grito** pousser un cri ; **~ un salto** faire un saut ; **~ un susto a algn** faire peur à qn ; **~ fuego** mettre le feu ; **~ la mesa a la pared** mettre la table contre le mur ▶ *vi (adherirse)* coller ; *(armonizar)* aller bien ; *(el sol)* taper ; **~ en** toucher ; **ese sombrero no pega con el abrigo** ce chapeau ne va pas avec ce manteau ; **me pega que...** j'ai comme l'impression que... ; **pegarse** *vpr* se coller ; *(enfermedad)* s'attraper ; *(costumbre)* se prendre ; *(dos personas)* se frapper ; **pegarse un tiro** se tirer une balle dans la tête ; **pegarse un golpe** se donner un coup ; **pegarse a algn** se coller à qn ; **pegársela a algn** *(fam)* tromper qn ; **se me ha pegado la costumbre/el acento** j'ai pris l'habitude/l'accent
**pegatina** *nf* autocollant *m*
**pego** *nm*: **dar el ~** en imposer
**pegote** *(fam) nm* emplâtre *m* ; **tirarse un ~** *(fam)* s'envoyer des fleurs
**pegue** *etc vb ver* **pegar**
**peinado** *nm* coiffure *f*
**peinar** *vt* peigner, coiffer ; *(rastrear)* passer au peigne fin ; **peinarse** *vpr* se peigner, se coiffer
**peine** *nm* peigne *m*
**peineta** *nf* grand peigne *m*
**p.ej.** *abr (= por ejemplo)* p. ex. *(= par exemple)*
**Pekín** *n* Pékin
**pela** *(Esp fam) nf* peseta *f* ; *ver tb* **pelas**
**pelado, -a** *adj* pelé(e) ; *(cabeza)* tondu(e) ; *(sueldo)* simple, seul(e) ; *(fam)* fauché(e)
**pelaje** *nm* pelage *m* ; *(fig)* dégaine *f*
**pelambre** *nm* poil *m*
**pelar** *vt (fruta)* peler ; *(patatas, marisco)* éplucher ; *(habas)* écosser ; *(nueces)* écaler ; *(cortar el pelo)* couper ; *(ave)* plumer ▶ *vi*: **hace un frío que pela** il fait un froid de canard ; **pelarse** *vpr (la piel)* peler ; *(cortarse el pelo)* se faire couper les cheveux ; **corre que se las pela** *(fam)* il court à toutes jambes
**pelas** *(Esp fam) nfpl* fric *m*
**peldaño** *nm* marche *f* ; *(de escalera de mano)* échelon *m*
**pelea** *nf (lucha)* bagarre *f* ; *(discusión)* dispute *f*
**peleado, -a** *adj*: **estar ~ (con algn)** être brouillé(e) (avec qn)
**pelear** *vi* se battre ; *(discutir)* se disputer ; **pelearse** *vpr* se battre ; *(discutir)* se disputer ; *(enemistarse)* se brouiller
**pelele** *nm (pey)* pantin *m* ; *(insulto)* guignol *m* ; *(prenda de niño)* barboteuse *f*
**peleón** *adj (persona)* bagarreur(-euse) ; *(fam: de mala calidad)*: **vino ~** gros rouge *m*
**peletería** *nf* pelleterie *f*
**peli** *(fam) nf* film *m*
**peliagudo, -a** *adj* épineux(-euse)
**pelícano** *nm* pélican *m*

**película** *nf* film *m* ; *(capa fina, Foto)* pellicule *f* ; **de ~** *(fam)* sensass ; **~ de dibujos (animados)** dessin *m* animé ; **~ del oeste** western *m* ; **~ muda** film muet
**peligrar** *vi* être en danger ; *(trabajo, acuerdo)* être menacé(e)
**peligro** *nm* danger *m* ; **« ~ de muerte »** « danger de mort » ; **correr ~ de** courir le risque de ; **fuera de ~** hors de danger ; **poner algo/a algn en ~** mettre qch/qn en danger
**peligrosidad** *nf* dangerosité *f*
**peligroso, -a** *adj* dangereux(-euse)
**pelirrojo, -a** *adj, nm/f* roux (rousse), rouquin(e)
**pellejo** *nm* peau *f* ; **salvar el ~** sauver sa peau
**pellizcar** *vt* pincer ; *(comida)* grignoter ; **pellizcarse** *vpr* se pincer
**pellizco** *nm* pincement *m* ; *(pizca)* pincée *f*
**pellizque** *etc vb ver* **pellizcar**
**pelma, pelmazo, -a** *(fam) nm/f* casse-pieds *mfsg*
**pelo** *nm (en conjunto)* cheveux *mpl* ; *(un pelo)* cheveu *m* ; *(: en el cuerpo)* poil *m* ; *(de sierra)* lame *f* ; **a ~** *(sin abrigo)* peu couvert(e) ; *(sin ayuda)* tout(e) seul(e) ; **venir al ~** tomber à pic ; **por los pelos** de justesse ; **faltó un ~ para que...** il s'en est fallu d'un poil que... ; **se me pusieron los pelos de punta** mes cheveux se sont dressés sur ma tête ; **con pelos y señales** en long et en large ; **no tener pelos en la lengua** ne pas mâcher ses mots ; **tomar el ~ a algn** se payer la tête de qn ; **¡y yo con estos pelos!** *(fam)* et moi qui ne suis même pas prêt(e) !
**pelón, -ona** *adj* chauve
**pelota** *nf (grande)* ballon *m* ; *(pequeña)* balle *f* ; *(tb*: **pelota vasca**) pelote *f* basque ; *(fam: cabeza)* bouille *f* ; **en pelotas** *(fam)* à poil ; **devolver la ~ a algn** *(fig)* renvoyer la balle à qn ; **hacer la ~ (a algn)** *(fam)* lécher les bottes (à qn) ▶ *nmf (fam)* lèche-botte *mf (fam)*
**pelotazo** *nm (con una pelota)* coup *m* de ballon ; *(Esp fam: trago)* coup *m (fam)* ; **pegarse un ~** boire un coup ; *(Esp fam: enriquecimiento)*: **la cultura del ~** la culture de l'argent facile
**pelotera** *(fam) nf* prise *f* de bec
**pelotero, -a** *nm/f (Am: de béisbol)* joueur(-euse) de baseball ; *(fam: adulador)* lèche-botte *mf (fam)*
**pelotón** *nm* peloton *m* ; **~ de ejecución** peloton d'exécution
**pelotudo, -a** *(CSur fam) adj, nm/f* demeuré(e)
**peluca** *nf* perruque *f*
**peluche** *nm*: **muñeco de ~** peluche *f*
**peludo, -a** *adj (cabeza)* chevelu(e) ; *(persona, perro)* poilu(e)
**peluquería** *nf* salon *m* de coiffure
**peluquero, -a** *nm/f* coiffeur(-euse)
**peluquín** *nm* postiche *m*

817

## pelusa – per cápita

**pelusa** nf (Bot) duvet m ; (de tela) peluche f ; (de polvo) mouton m ; (celos) jalousie f
**pelvis** nf inv bassin m
**PEMEX** sigla m = **Petróleos Mejicanos**
**PEN** sigla m (ESP) = **Plan Energético Nacional**; (ARG) = **Poder Ejecutivo Nacional**
**pena** nf peine f ; (AM) honte f ; **merecer/valer la ~** valoir la peine ; **sin ~ ni gloria** sans se faire remarquer, en passant inaperçu(e) ; **bajo** o **so ~ de** sous peine de ; **me da ~ cela** me fait de la peine ; **es una ~** c'est vraiment dommage ; **¡qué ~!** quel dommage ! ; **~ capital** peine capitale ; **~ de muerte** peine de mort ; **penas** nfpl pénalités fpl ; **a duras penas** à grand-peine
**penacho** nm (de ave) huppe f, aigrette f ; (de casco, sombrero) panache m
**penal** adj pénal ; **antecedentes penales** casier msg judiciaire
**penalidades** nfpl souffrances fpl
**penalización** nf (sanción) pénalisation f, pénalité f ; (Jur) pénalisation f
**penalizar** vt pénaliser
**penalti, penalty** nm penalty m
**penar** vt peiner ; (castigar) condamner ▶ vi peiner
**pendejada** (AM fam!) nf (tontería) connerie f
**pendejo, -a** (AM fam!) nm/f abruti(e)
**pendenciero, -a** adj, nm/f querelleur(-euse)
**pender** vi pendre ; (Jur) être en suspense ; **~ de** pendre à
**pendiente** adj (asunto) en suspens ; (asignatura) à repasser ; (terreno) en pente ; **~ de confirmación** en instance de confirmation ; **estar ~ de algo/algn** (vigilar) attendre qch/qn ; **estar ~ de los labios/de las palabras de algn** être pendu(e) aux lèvres de qn/boire les paroles de qn ▶ nm boucle f d'oreille ▶ nf pente f
**pendón** nm bannière f
**péndulo** nm pendule m
**pene** nm pénis msg
**penetración** nf pénétration f
**penetrante** adj pénétrant(e)
**penetrar** vt, vi pénétrer
**penicilina** nf pénicilline f
**península** nf péninsule f ; **P~ Ibérica** péninsule Ibérique
**peninsular** adj péninsulaire
**penique** nm penny m
**penitencia** nf pénitence f ; **en ~** en pénitence
**penitenciaría** nf pénitencier m
**penitenciario, -a** adj pénitentiaire
**penitente** nmf (Rel) pénitent(e)
**penoso, -a** adj pénible
**pensado, -a** adj: **bien ~, ...** tout bien considéré, ... ; **ser mal ~** avoir l'esprit mal tourné ; **en el momento menos ~** au moment où l'on s'y attend le moins ; **tener algo ~** avoir son idée là-dessus

**pensador, -a** nm/f penseur(-euse)
**pensamiento** nm pensée f ; **no le pasó por el ~** cela ne lui a pas traversé l'esprit
**pensar** vt, vi penser ; **~ (hacer)** penser (faire) ; **~ en** penser à ; **he pensado que** j'ai pensé que ; **¡ni pensarlo!** (il n'en est) pas question ! ; **pensándolo bien** tout bien réfléchi ; **~ mal de algn** avoir une mauvaise opinion de qn ; **tras pensárselo mucho** après y avoir bien réfléchi
**pensativo, -a** adj pensif(-ive)
**pensión** nf pension f ; **media ~** (en hotel) demi-pension f ; **~ completa** pension complète ; **~ de jubilación** pension de retraite
**pensionista** nmf (jubilado) retraité(e) ; (Escol) pensionnaire mf
**pentágono** nm pentagone m ; **el P~** le Pentagone
**pentagrama** nm portée f
**Pentecostés** nm Pentecôte f
**penúltimo, -a** adj, nm/f avant-dernier(-ière)
**penumbra** nf pénombre f
**penuria** nf pénurie f
**peña** nf rocher m ; (grupo) amicale f ; (Deporte) club m
**peñasco** nm rocher m
**peñón** nm piton m ; **el P~** Gibraltar m
**peón** nm manœuvre m, ouvrier m ; (esp AM) ouvrier agricole ; (Ajedrez) pion m ; **~ de albañil** aide-maçon m
**peonza** nf toupie f
**peor** adj (compar) moins bon, pire ; (superl) pire ; **A es ~ que B** A est pire que B, A est moins bien que B ; **Z es el ~ de todos** Z est le pire de tous ; **y lo que es ~** et le pire c'est que ▶ adv (compar) moins bien, pire ; (superl) moins bien ; **de mal en ~** de mal en pis ; **¡~ para ti!** tant pis pour toi !
**pepenar** (CAM, MÉX) vi fouiller
**pepinillo** nm cornichon m
**pepino** nm concombre m ; **(no) me importa un ~** je m'en fiche complètement
**pepita** nf pépin m ; (de mineral) pépite f
**pepito** nm (Culin) (sorte de) friand à la viande
**peque** etc vb ver **pecar**
**pequeñez** nf petitesse f
**pequeño, -a** adj, nm/f petit(e) ; **~ burgués** petit bourgeois m
**pequinés, -esa** adj pékinois(e) ▶ nm/f Pékinois(e) ▶ nm (perro) pékinois m
**pera** nf poire f ; **eso es pedir peras al olmo** c'est demander l'impossible ▶ adj inv (fam) snob, ≈ BCBG inv ; **niño ~** petit snob m
**peral** nm poirier m
**perca** nf perche f (poisson)
**percal** nm (tejido) percale f ; **conocer el ~** (fam) (fig) connaître la musique (fam)
**percance** nm contretemps msg
**per cápita** adv par tête

## percatarse – peritaje

**percatarse** vpr: ~ **de** se rendre compte de
**percebe** nm anatife m ; (fam: persona) gourde f
**percepción** nf perception f
**perceptible** adj perceptible ; (Com) percevable
**percha** nf cintre m ; (en la pared) portemanteau m ; (de ave) perchoir m
**perchero** nm portemanteau m
**percibir** vt percevoir
**percusión** nf percussion f
**percusionista** nmf percussionniste mf
**percusor, percutor** nm percuteur m
**perdedor, a** adj, nm/f perdant(e)
**perder** vt perdre ; (tren) rater ; **~ el conocimiento** perdre connaissance ; **~ el juicio/la calma** perdre la tête/son calme ; **tener algo/no tener nada que ~** avoir qch/ne rien avoir à perdre ; **he perdido la costumbre** j'ai perdu l'habitude ▶ vi perdre ; **echar a ~** (comida) gâcher, gâter ; (oportunidad) laisser passer ; **perderse** vpr se perdre ; **perderse en detalles** se perdre dans des détails ; **¡no te lo pierdas!** ne rate pas ça !
**perdición** nf perdition f
**pérdida** nf perte f ; (Com) perte, manque m à gagner ; **una ~ de tiempo** une perte de temps ; **¡no tiene ~!** vous ne pouvez pas vous tromper ! ; **~ contable** (Com) perte comptable ; **pérdidas** nfpl (Com) pertes fpl
**perdidamente** adv: **~ enamorado** éperdument amoureux
**perdido, -a** adj perdu(e) ; **estar ~ por** être épris(e) de ; **es un caso ~** c'est un cas désespéré ; **tonto ~** (fam) bête comme ses pieds
**perdigón** nm chevrotine f
**perdiguero, -a** adj: **perro ~** chien m de chasse ▶ nm chien m de chasse
**perdiz** nf perdrix f
**perdón** nm pardon m ; **¡~!** pardon ! ; **con ~** avec votre etc permission
**perdonar** vt pardonner ; (la vida) épargner ; (eximir) dispenser, exempter ▶ vi pardonner ; **¡perdone (usted)!** pardon ! ; **perdone, pero me parece que ...** excusez-moi, mais il me semble que ...
**perdurable** adj durable ; (eterno) éternel(le)
**perdurar** vi perdurer ; (continuar) durer
**perecedero, -a** adj périssable
**perecer** vi périr
**peregrinación** nf pèlerinage m
**peregrinar** vi aller en pèlerinage
**peregrino, -a** adj (idea) curieux(-euse), bizarre ▶ nm/f pèlerin(e)
**perejil** nm persil m
**perenne** adj permanent(e) ; **hoja ~** feuille f persistante
**perentorio, -a** adj péremptoire ; (final) ultime
**pereza** nf paresse f ; **me da ~ hacerlo** cela ne me dit rien de le faire
**perezca** etc vb ver **perecer**
**perezoso, -a** adj paresseux(-euse)
**perfección** nf perfection f ; **a la ~** à la perfection
**perfeccionamiento** nm perfectionnement m
**perfeccionar** vt perfectionner
**perfeccionista** nmf perfectionniste mf
**perfectamente** adv parfaitement ; **¡~!** parfaitement !, certainement !
**perfecto, -a** adj parfait(e)
**perfidia** nf perfidie f
**pérfido, -a** adj perfide
**perfil** nm profil m ; **de ~** de profil ; **~ del cliente** profil du client ; **perfiles** nmpl (de figura) contours mpl
**perfilado, -a** adj bien détaché(e), bien découpé(e)
**perfilar** vt profiler ; **perfilarse** vpr se profiler ; **el proyecto se va perfilando** peu à peu ce projet prend corps
**perforación** nf perforation f
**perforadora** nf chignole f ; **~ de fichas** perforatrice f de fiches o de bureau
**perforar** vt perforer
**perfumar** vt parfumer ; **perfumarse** vpr se parfumer
**perfume** nm parfum m
**perfumería** nf parfumerie f
**pergamino** nm parchemin m
**pericia** nf adresse f
**pericial** adj réalisé(e) par un expert ; **tasación ~** évaluation f d'expert ; **testigo ~** témoin m expert
**perico** (COL) nm café m au lait
**periferia** nf périphérie f
**periférico, -a** adj périphérique ▶ nm (Inform) périphérique m ; (AM Auto) (boulevard m) périphérique m
**perífrasis** nf périphrase f
**perilla** nf bouc m ; **de ~** à point nommé
**perímetro** nm périmètre m
**periódicamente** adv périodiquement
**periodicidad** nf périodicité f
**periódico, -a** adj périodique ▶ nm journal m ; **~ dominical** journal du dimanche
**periodismo** nm journalisme m
**periodista** nmf journaliste mf
**periodístico, -a** adj journalistique ; **artículos periodísticos** articles mpl de journaux
**periodo, período** nm période f ; (menstruación) règles fpl ; **~ contable** (Com) période comptable
**peripecia** nf péripétie f
**periplo** nm (tb hum) périple m
**peripuesto, -a** adj attifé(e)
**periquito** nm perruche f
**peritaje** nm (informe) rapport m d'expertise ; (trabajo) expertise f

## perito – pertenecer

**perito, -a** *nm/f* expert(e) ; *(técnico)* technicien(ne) ; **~ agrónomo** agronome *mf* ; **~ industrial** ingénieur(e) industriel(le)
**perjudicar** *vt* nuire à, porter préjudice à
**perjudicial** *adj* préjudiciable
**perjudique** *etc vb ver* **perjudicar**
**perjuicio** *nm* préjudice *m* ; **en/sin ~ de** au/sans préjudice de
**perjurar** *vi* parjurer
**perjurio** *nm* parjure *m*
**perla** *nf* perle *f* ; **me viene de perlas** ça tombe à pic
**permanecer** *vi* séjourner, rester ; *(seguir)* rester
**permanencia** *nf* durée *f* ; *(estancia)* séjour *m*
**permanente** *adj* permanent(e) ▶ *nf* permanente *f* ; **hacerse una ~** se faire faire une permanente
**permanentemente** *adv* en permanence
**permanezca** *etc vb ver* **permanecer**
**permeable** *adj* perméable
**permisible** *adj* acceptable
**permisividad** *nf* permissivité *f*
**permisivo, -a** *adj* permissif(-ive)
**permiso** *nm* permission *f* ; *(licencia)* licence *f*, permis *msg* ; **con ~** avec votre permission ; **estar de ~** être en permission ; **~ de conducir** permis de conduire ; **~ de exportación/de importación** licence d'exportation/d'importation ; **~ de residencia** permis de séjour
**permitir** *vt* permettre ; **¿me permite?** vous permettez ? ; **permitirse** *vpr* : **permitirse algo** se permettre qch ; **no me puedo ~ ese lujo** je ne peux pas m'offrir ce luxe
**permuta** *nf* permutation *f*
**permutar** *vt* permuter ; **~ destinos con algn** échanger sa destinée avec celle de qn
**pernera** *nf* jambe *f* de pantalon
**pernicioso, -a** *adj* pernicieux(-euse)
**perno** *nm* boulon *m*
**pernoctar** *vi* passer la nuit
**pero** *conj* mais ; **~ ¿qué haces?** mais qu'est-ce que tu fais ? ; **¡~ si yo no he sido!** ce n'est pas moi ! ; **¡~ bueno!** mais (enfin) bon ! ▶ *nm* objection *f*
**perogrullada** *nf* lapalissade *f*
**perol** *nm*, **perola** *nf* marmite *f*
**peroné** *nm* péroné *m*
**peronismo** *nm* péronisme *m*
**peronista** *adj*, *nmf* péroniste *mf*
**perorata** *nf* laïus *msg*
**perpendicular** *adj* perpendiculaire
**perpetrar** *vt* perpétrer
**perpetuar** *vt* perpétuer
**perpetuidad** *nf* : **a ~** à perpétuité
**perpetuo, -a** *adj* perpétuel(le) ; **cadena perpetua** réclusion *f* à perpétuité ; **nieves perpetuas** neiges *fpl* éternelles
**Perpiñán** *n* Perpignan

**perplejidad** *nf* perplexité *f*
**perplejo, -a** *adj* perplexe
**perra** *nf* chienne *f* ; *(fam: dinero)* thune *f* ; (: *manía*) manie *f* ; (: *rabieta*) colère *f* ; **estoy sin una ~** je n'ai plus un rond
**perrera** *nf* chenil *m*
**perrería** *nf* tour *m* de cochon
**perrito** *nm* : **~ caliente** hot-dog *m*
**perro, -a** *adj* : **¡qué vida más perra!** chienne de vie ! ▶ *nm* chien *m* ; **ser ~ viejo** être un vieux renard ; **de perros** *(tiempo)* de chien ; *(noche)* épouvantable ; **~ callejero/guardián/guía** chien errant/de garde/d'aveugle
**perroflauta** *(fam) nmf* jeune punk *mf* sdf
**persa** *adj* persan(e) ▶ *nmf* Persan(e) ▶ *nm (Ling)* persan *m*
**persecución** *nf* poursuite *f* ; *(Rel, Pol)* persécution *f*
**perseguir** *vt* poursuivre ; *(atosigar, Rel, Pol)* persécuter
**perseverancia** *nf* persévérance *f*
**perseverante** *adj* persévérant(e)
**perseverar** *vi* persévérer ; **~ en** persévérer dans
**persiana** *nf* persienne *f*
**pérsico, -a** *adj* : **el Golfo P~** le Golfe Persique
**persiga** *etc vb ver* **perseguir**
**persignarse** *vpr* se signer
**persiguiendo** *etc vb ver* **perseguir**
**persistencia** *nf* persistance *f*
**persistente** *adj* persistant(e)
**persistir** *vi* : **~ (en)** persister (dans)
**persona** *nf* personne *f* ; **por ~** par personne ; **es buena ~** c'est quelqu'un de bien ; **~ jurídica** personne morale ; **~ mayor** adulte *mf*
**personaje** *nm* personnage *m*
**personal** *adj* personnel(le) ; *(aseo)* intime ▶ *nm* personnel *m* ; *(fam)* gens *mpl*
**personalice** *etc vb ver* **personalizar**
**personalidad** *nf* personnalité *f*
**personalizar** *vt* personnaliser ▶ *vi* donner des noms
**personalmente** *adv* personnellement ; **~, prefiero esta** personnellement, je préfère celle-ci
**personarse** *vpr* : **~ (en)** se présenter (à)
**personero** *(esp Am) nm* officiel *m*
**personificar** *vt* personnifier
**personifique** *etc vb ver* **personificar**
**perspectiva** *nf* perspective *f* ; **tener algo en ~** avoir qch en perspective ; **perspectivas** *nfpl (de futuro)* perspectives *fpl*
**perspicacia** *nf* perspicacité *f*
**perspicaz** *adj* perspicace
**persuadir** *vt* persuader ; **persuadirse** *vpr* se persuader
**persuasión** *nf* persuasion *f*
**persuasivo, -a** *adj* persuasif(-ive)
**pertenecer** *vi* : **~ a** appartenir à

## perteneciente – petrificar

**perteneciente** adj: **ser ~ a** appartenir à
**pertenencia** nf possession f; (a organización, club) appartenance f; **pertenencias** nfpl (posesiones) biens mpl
**pertenezca** etc vb ver **pertenecer**
**pértiga** nf perche f; **salto de ~** saut m à la perche
**pertinaz** adj tenace
**pertinente** adj pertinent(e); (momento etc) approprié(e); **~ a** relatif(-ive) à
**pertrechar** vt fournir; **pertrecharse** vpr: **pertrecharse de** o **con algo** se fournir en qch
**perturbación** nf perturbation f; **~ del orden público** trouble m de l'ordre public
**perturbado, -a** adj perturbé(e) ▶ nm/f malade mf mental(e)
**perturbar** vt perturber, troubler; (Med) troubler
**Perú** nm Pérou m
**peruano, -a** adj péruvien(ne) ▶ nm/f Péruvien(ne)
**perversión** nf perversion f
**perverso, -a** adj pervers(e)
**pervertido, -a** adj, nm/f pervers(e)
**pervertir** vt pervertir; **pervertirse** vpr se pervertir
**pervierta** etc, **pervirtiendo** etc vb ver **pervertir**
**pervivencia** nf survivance f
**pervivir** vi survivre
**pesa** nf poids msg; (Deporte) haltère m; **hacer pesas** faire des haltères
**pesadamente** adv pesamment
**pesadez** nf lourdeur f; (lentitud) lenteur f; (fastidio) ennui m; **es una ~ tener que ...** quel ennui que d'avoir à ...; **~ de estómago** lourdeurs fpl d'estomac; **tener ~ en los párpados** avoir les paupières lourdes
**pesadilla** nf cauchemar m
**pesado, -a** adj lourd(e); (lento) lent(e); (difícil, duro) pénible; (aburrido) ennuyeux(-euse); **tener el estómago ~** avoir l'estomac lourd; **¡no seas ~!** ne commence pas! ▶ nm/f enquiquineur(-euse)
**pesadumbre** nf chagrin m
**pésame** nm condoléances fpl; **dar el ~** présenter ses condoléances
**pesar** vt peser ▶ vi peser; (fig: opinión) compter; (arrepentirse de) regretter; **peso 50 kg** je pèse 50 kg; **pese a** malgré, en dépit de; **pese a que** en dépit du fait que; **(no) me pesa haberlo hecho** je (ne) regrette (pas) de l'avoir fait; **lo haré mal que me pese** je le ferai coûte que coûte ▶ nm (remordimiento) remords msg; (pena) chagrin m; **a ~ de** en dépit de; **a ~ de que** bien que
**pesca** nf pêche f; **ir de ~** aller à la pêche; **~ de altura/de bajura** pêche hauturière/côtière
**pescadería** nf poissonnerie f
**pescadero, -a** nm/f poissonnier(-ière)

**pescadilla** nf merlan m
**pescado** nm poisson m
**pescador, a** nm/f pêcheur(-euse)
**pescar** vt pêcher; (fam) choper; (novio) se dénicher; (delincuente) cueillir; **¡te pesqué!** (fam) je t'ai vu! ▶ vi pêcher
**pescuezo** nm cou m
**pesebre** nm mangeoire f
**pesero** (Méx) nm taxi m collectif
**peseta** nf (Hist) peseta f
**pesetero, -a** adj grippe-sou
**pesimismo** nm pessimisme m
**pesimista** adj, nmf pessimiste mf
**pésimo, -a** adj lamentable
**peso** nm poids msg; (balanza) balance f; (Am: moneda) peso m; **de poco ~** léger(-ère); **levantamiento de pesos** haltérophilie f; **vender a ~** vendre au poids; **argumento de ~** argument m de poids; **eso cae por su propio ~** cela tombe sous le sens; **~ bruto** poids brut; **~ específico** masse f spécifique; **~ neto** poids net; **~ pesado/pluma** (Boxeo) poids lourd/plume
**pespunte** nm point m arrière
**pesque** etc vb ver **pescar**
**pesquero, -a** adj (industria) de la pêche; (barco) de pêche
**pesquisa** nf recherche f
**pestaña** nf cil m; (borde) bord m; (Inform) onglet m
**pestañear** vi cligner des yeux; **sin ~** sans sourciller
**peste** nf peste f; (fig) plaie f; (mal olor) puanteur f; **echar pestes** pester; **~ negra** peste noire
**pesticida** nm pesticide m
**pestilencia** nf pestilence f
**pestilente** adj pestilentiel(le)
**pestillo** nm verrou m; (picaporte) pêne m
**petaca** nf (para cigarros) porte-cigarettes m inv; (para tabaco) tabatière f; (para beber) flasque f; (Am) valise f
**petado, -a** (fam) adj: **estar ~ de gente** être bourré(e) de monde; **ir ~ de trabajo** avoir un boulot monstre
**pétalo** nm pétale m
**petanca** nf pétanque f
**petardo** nm pétard m; **¡que ~ de película!** (fam) quelle barbe ce film!
**petate** nm (Mil) sac m
**petición** nf demande f; (Jur) requête f; **a ~ de** à la demande de; **firmar una ~** signer une pétition
**petirrojo** nm rouge-gorge m
**petiso, -a, petizo, -a** (Am) adj (bajito) petit(e) ▶ nm/f petit cheval m
**peto** nm plastron m; (tb: **pantalones de peto**) salopette f; (Taur) caparaçon m
**pétreo, -a** adj de la pierre; (expresión) de glace
**petrificar** vt pétrifier

**petrifique** etc vb ver **petrificar**
**petrodólar** nm pétrodollar m
**petróleo** nm pétrole m
**petrolero, -a** adj pétrolier(-ière) ▶ nm pétrolier m
**petrolífero, -a** adj pétrolifère ; **compañía petrolífera** compagnie f pétrolière
**petroquímica** nf pétrochimie f ; (empresa) compagnie f pétrochimique ; (fábrica) usine f pétrochimique
**petroquímico, -a** adj pétrochimique
**PETROVEN** sigla m = **Petróleos de Venezuela**
**petulancia** nf arrogance f
**petulante** adj arrogant(e)
**petunia** nf pétunia m
**peyorativo, -a** adj péjoratif(-ive)
**peyote** nm (AM) peyotl m
**pez** nm poisson m ; **estar como el ~ en el agua** être comme un poisson dans l'eau ; **~ de colores** poisson rouge ; **~ espada** poisson-épée m ; **~ gordo** (fig) grosse légume f ▶ adj: **estar ~ en algo** être nul(le) en qch ▶ nf poix fsg
**pezón** nm mamelon m
**pezuña** nf (de animal) sabot m
**piadoso, -a** adj pieux(-euse)
**Piamonte** nm Piémont m
**pianista** nmf pianiste mf
**piano** nm piano m ; **~ de cola** piano à queue
**piar** vi piailler
**piara** nf troupeau m de cochons
**PIB** sigla m (= Producto Interior Bruto) PIB m (= produit intérieur brut)
**pibe, -a** (AM) nm/f gosse mf
**pica** nf pique f ; **poner una ~ en Flandes** faire un exploit
**picada** (CSUR) nf amuse-gueule m
**picadero** nm manège m
**picadillo** nm hachis msg
**picado, -a** adj haché(e) ; (hielo) pilé(e) ; (vino) piqué(e) ; (tela, ropa) mangé(e) ; (mar) agité(e) ; (diente) gâté(e) ; (tabaco) découpé(e) ; (enfadado) piqué(e) ; **~ de viruelas** ravagé(e) par la petite vérole ▶ nm: **en ~** en piqué
**picador** nm (Taur) picador m ; (minero) piqueur m
**picadora** nf hachoir m électrique
**picadura** nf piqûre f ; (de serpiente) morsure f ; (tabaco picado) tabac m gris
**picana** (AM) nf (Agr) aiguillon m (électrique) ; (para tortura) aiguillon électrique
**picante** adj épicé(e) ; (comentario, chiste) grivois(e)
**picantería** (AND, CSUR) nf ≈ bistro(t) m
**picaporte** nm poignée f
**picar** vt piquer ; (ave) picoter ; (anzuelo) mordre (à) ; (Culin) hacher ; (billete, papel) poinçonner ; (comer) grignoter ; **me pica la curiosidad** ça pique ma curiosité ▶ vi piquer ; (el sol) brûler ; (pez) mordre ; **me pica el brazo** j'ai le bras qui me gratte ; **¡picaste!** je t'ai eu ! ; **picarse** vpr (vino) se piquer ; (mar) s'agiter ; (muela) se gâter ; (ofenderse) prendre la mouche ; (fam: con droga) se shooter ; **picarse con algn** se fâcher avec qn

**picardía** nf sournoiserie f ; (astucia) astuce f ; (travesura) espièglerie f
**picardías** nm inv nuisette f
**picaresca** nf (Lit) genre m picaresque ; (astucia) fourberie f, ruse f
**picaresco, -a** adj espiègle ; (Lit) picaresque
**pícaro, -a** adj malin (maligne) ; (travieso) espiègle ; (malintencionado) voyou ▶ nm/f malin (maligne) ; (malintencionado) filou m ; (Lit) pícaro m
**picazón** nf piqûre f ; (comezón) picotement m
**picha** (fam!) nf bite f (fam!), queue f (fam!)
**pichón, -ona** nm/f pigeonneau m ; (apelativo) mon (ma) chéri(e)
**picnic** nm pique-nique m
**pico** nm bec m ; (de mesa, ventana) coin m ; (Geo, herramienta) pic m ; (fam: labia) tchatche f ; (: de drogas) shoot m ; **no abrir el ~** ne pas ouvrir le bec ; **son las 3 y ~** il est 3 heures et quelques ; **peso 50 kilos y ~** je pèse 50 kg et quelques ; **me costó un ~** ça m'a coûté une jolie somme
**picor** nm (comezón) picotement m ; (ardor) piqûre f
**picoso, -a** (MÉX) adj piquant(e)
**picota** nf pilori m ; (cereza) bigarreau m ; **poner a algn en la ~** (fig) mettre qn au supplice
**picotada** nf, **picotazo** nm (de pájaro) coup m de bec ; (de insecto) piqûre f
**picotear** vt, vi (ave) picorer ; (fam) grignoter
**pictórico, -a** adj pictural(e) ; (paisaje, motivo) pittoresque ; **tiene dotes pictóricas** il a des dons pour la peinture
**picudo, -a** adj au long bec ; (zapato, tejado) pointu(e)
**pidiendo** etc vb ver **pedir**
**pie** nm pied m ; (de página) bas msg ; **ir a ~** aller à pied ; **a pies juntillas** sur parole ; **al ~ de** au pied de ; **estar de ~** être debout ; **de a ~** moyen(ne) ; **ponerse de ~** se mettre debout ; **al ~ de la letra** au pied de la lettre ; **con pies de plomo** avec précaution ; **con buen/mal ~** bien/mal ; **de pies a cabeza** des pieds à la tête ; **en ~ de guerra** sur le pied de guerre ; **en ~ de igualdad** sur un pied d'égalité ; **sin pies ni cabeza** sans queue ni tête ; **dar ~ a** donner prise à ; **no dar ~ con bola** faire tout de travers ; **hacer ~** (en el agua) avoir pied ; **saber de qué ~ cojea algn** connaître les points faibles de qn ; **seguir en ~** (oferta, propuesta) tenir toujours
**piedad** nf pitié f ; **tener ~ de algn** avoir pitié de qn
**piedra** nf pierre f ; (Med) calcul m ; (Meteorología) grêle f ; **quedarse de ~** ne pas en

# piel – pinza

revenir ; **dejar de ~ a algn** scier qn ; **~ angular** pierre angulaire ; **~ de afilar** pierre à aiguiser ; **~ preciosa** pierre précieuse

**piel** *nf* peau *f* ; *(de animal, abrigo)* fourrure *f* ; **abrigo de ~** manteau *m* de fourrure ▶ *nmf*: **~ roja** Peau-Rouge *mf*

**pienso** *vb ver* **pensar** ▶ *nm (Agr)* farines *fpl*

**piercing** ['pirsiŋ] *(pl* **piercings***) nm* piercing *m*

**pierda** *etc vb ver* **perder**

**pierna** *nf* jambe *f* ; *(de cordero)* gigot *m*

**pieza** *nf* pièce *f* ; **quedarse de una ~** rester sans voix ; **un dos/tres piezas** *(traje)* un costume deux pièces/trois pièces ; **~ de recambio** *o* **de repuesto** pièce de rechange

**pifia** *nf (fam: error)* gaffe *f (fam)* ; *(Billar)* fausse queue *f* ; *(And, CSur: broma)* blague *f* ; *(And, CSur: rechifla)* huée *f*

**pigmento** *nm* pigment *m*

**pigmeo, -a** *adj* pygmée ▶ *nm/f* Pygmée *mf*

**pijada** *(fam) nf* bêtise *f*

**pijama** *nm* pyjama *m*

**pijo, -a** *(fam) adj* huppé(e)

**pijoprogre** *(fam, pey) adj, nmf* bobo *mf*

**pijotada** *nf* bêtise *f*

**pila** *nf* pile *f* ; *(fregadero)* évier *m* ; *(lavabo)* lavabo *m* ; *(fuente)* fontaine *f* ; **nombre de ~** prénom *m* ; **tengo una ~ de cosas que hacer** *(fam)* j'ai un tas de choses à faire ; **~ bautismal** fonts *mpl* baptismaux

**pilar** *nm* pilier *m*

**Pilates** *nm* Pilates *m*, méthode *f* Pilates

**píldora** *nf* pilule *f* ; **la ~ (anticonceptiva)** la pilule (contraceptive) ; **tragarse la ~** *(creerse)* avaler la pilule

**pileta** *(esp CSur) nf* évier *m* ; *(piscina)* piscine *f*

**pillaje** *nm* pillage *m*

**pillar** *vt* coincer ; *(fam: coger, sorprender)* pincer ; (*: conseguir)* se dégotter ; (*: atropellar)* faucher ; (*: alcanzar)* attraper ; (*: entender indirecta)* piger ; **le pillé en casa/comiendo** je l'ai trouvé chez lui/en train de manger ; **me pilla cerca/lejos** c'est près/loin de chez moi ; **~ una borrachera** *(fam)* prendre une cuite ; **~ un resfriado** *(fam)* choper un rhume

**pillo, -a** *adj, nm/f (astuto)* malin (maligne) ; *(travieso)* coquin(e)

**pilón** *nm* pilier *m* ; *(abrevadero)* abreuvoir *m* ; *(de fuente)* bassin *m*

**pilotar** *vt* piloter

**piloto** *nmf* pilote *m* ▶ *nm (Arg)* imperméable *m* ; **~ automático** pilote automatique ▶ *adj inv*: **programa/piso ~** programme *m*/appartement *m* pilote

**piltrafa** *nf* déchet *m*

**pimentón** *nm* piment *m* doux

**pimienta** *nf* poivre *m*

**pimiento** *nm* poivron *m*

**pimpante** *adj* charmant(e) ; **se quedó tan ~** il n'a pas bronché

**PIN** *sigla m (= Producto Interior Neto)* produit *m* intérieur net

**pin** *(pl* **pins***) nm (chapa)* pin's *m inv*

**pinacoteca** *nf* pinacothèque *f*

**pináculo** *nm* pinacle *m* ; *(de fama, éxito)* faîte *m*

**pinar** *nm* pinède *f*

**pincel** *nm* pinceau *m*

**pincelada** *nf* coup *m* de pinceau ; **última ~** touche *f* finale

**pinchadiscos** *nmf inv* disc-jockey *m*

**pinchar** *vt* piquer ; *(neumático)* crever ; *(teléfono)* mettre sur (table d')écoute ▶ *vi (Auto)* crever ; **tener un neumático pinchado** avoir un pneu crevé ; **ni pincha ni corta en esto** *(fam)* il n'a rien à voir là-dedans ; *(no tiene influencia)* il n'a pas son mot à dire ; **pincharse** *vpr* se piquer ; *(neumático)* crever

**pinchazo** *nm* piqûre *f* ; *(de dolor)* élancement *m* ; *(de llanta)* crevaison *f* ; **~ telefónico** écoute *f* téléphonique

**pinche** *nm* aide-cuisinier *m* ; *(Méx fam)* bandit *m*

**pinchito** *nm* amuse-gueule *m*

**pincho** *nm* pointe *f* ; *(de planta)* épine *f* ; *(Culin)* amuse-gueule *m* ; *(fam: para Internet)* dongle *m* ; *(de memoria)* clé *f* USB ; **~ de tortilla** petite ration d'omelette ; **~ moruno** brochette de viande épicée

**ping-pong**® ['pimpon] *nm* ping-pong *m*

**pingüe** *adj (beneficios)* rondelet(te)

**pingüino** *nm* pingouin *m*

**pinitos** *nmpl*: **hacer mis** *etc* **primeros ~** faire mes *etc* premiers pas

**pino** *nm* pin *m* ; **en el quinto ~** dans un coin perdu

**pinta** *nf (mota)* tache *f* ; *(aspecto)* allure *f* ; **tener buena ~** *(persona)* avoir bonne mine ; *(plato)* avoir l'air bon ; **tener ~ de** avoir l'air

**pintada** *nf* graffiti *m*

**pintado, -a** *adj* peint(e) ; *(ojos, boca)* maquillé(e) ; *(uñas)* fait(e) ; **me viene** *o* **me sienta que ni ~** cela me va comme un gant

**pintalabios** *nm inv* rouge *m* à lèvres

**pintar** *vt* peindre ; *(colorear)* colorier ; *(fig)* dépeindre ; **no ~ nada** *(fam: no tener que hacer)* n'avoir rien à faire ici/là ; (*: no tener influencia)* ne pas avoir son mot à dire ; **¿qué pinta aquí esto?** qu'est-ce que ça vient faire ici ? ▶ *vi* peindre ; *(colorear)* colorier ; *(fam)* compter ; **pintarse** *vpr* se maquiller ; *(uñas)* se faire ; **pintárselas solo para hacer algo** être passé maître dans l'art de faire qch

**pintor, a** *nm/f* peintre *mf* ; **~ de brocha gorda** peintre en bâtiment

**pintoresco, -a** *adj* pittoresque

**pintura** *nf* peinture *f* ; **~ a la acuarela** aquarelle *f* ; **~ al óleo** peinture à l'huile ; **~ rupestre** peinture rupestre

**pinza** *nf* pince *f* ; *(para colgar ropa)* pince à linge ; **pinzas** *nfpl* pinces *fpl* ; *(para depilar)* pince à épiler

## piña – pizza

**piña** *nf* (*fruto del pino*) pomme *f* de pin ; (*fruta*) ananas *msg* ; (*fig: conjunto*) bande *f*
**piñón** *nm* pignon *m*
**PIO** (*Esp*) *sigla m* (= *Patronato de Igualdad de Oportunidades*) organisme d'aide à la lutte contre les inégalités
**pío, -a** *adj* pieux(-euse) ▶ *nm*: **no decir ni ~** ne pas piper mot
**piojo** *nm* pou *m*
**piojoso, -a** *adj* pouilleux(-euse)
**piola** (*Arg fam*) *adj* débrouillard(e)
**piolet** [pjo'le] (*pl* **piolets**) *nm* piolet *m*
**pionero, -a** *adj, nm/f* pionnier(-ière)
**pipa** *nf* pipe *f* ; (*Bot*) pépin *m* ; **pasarlo ~** (*fam*) bien s'amuser ; **pipas** *nfpl* (*de girasol*) graines *fpl* (de tournesol)
**pipeta** *nf* pipette *f*
**pipí** (*fam*) *nm*: **hacer ~** faire pipi
**pipiolo, -a** *nm/f* gamin(e) ; (*novato*) bleu *m*, novice *mf*
**pique** *vb ver* **picar** ▶ *nm* brouille *f* ; (*rivalidad*) compétition *f* ; **irse a ~** couler à pic ; (*familia, negocio*) aller à la dérive ; **tener un ~ con algn** être brouillé(e) avec qn
**piqueta** *nf* (*Constr*) pic *m* ; (*de tienda de campaña*) piquet *m*
**piquete** *nm* piquet *m* de grève
**pira** *nf* bûcher *m*
**pirado, -a** (*fam*) *adj* givré(e)
**piragua** *nf* pirogue *f* ; (*Deporte*) canoë *m*
**piragüismo** *nm* canoë-kayak *m*
**piragüista** *nmf* canoéiste *mf*
**piramidal** *adj* pyramidal(e)
**pirámide** *nf* pyramide *f*
**piraña** *nf* piranha *m*
**pirarse** *vpr* (*tb*: **pirárselas**) se tirer ; **~ las clases** faire l'école buissonnière
**pirata** *adj*: **edición/disco ~** édition *f*/disque *m* pirate ▶ *nmf* pirate *m* ; **~ informático** pirate informatique
**piratear** *vt* (*Inform*) pirater
**piratería** *nf* (*Inform*) piratage *m*
**pirenaico, -a** *adj* pyrénéen(ne)
**Pirineo** *nm*, **Pirineos** *nmpl* Pyrénées *fpl*
**pirita** *nf* pyrite *f*
**pirómano, -a** *nm/f* pyromane *mf*
**piropear** *vt* faire des compliments à
**piropo** *nm* compliment *m* ; **echar piropos a algn** faire des compliments à qn
**pirotecnia** *nf* pyrotechnie *f*
**pirotécnico, -a** *adj* pyrotechnique
**pirrado, -a** *adj*: **~ por** fou (folle) de
**pirrarse** *vpr*: **~ (por)** raffoler (de)
**pirueta** *nf* pirouette *f*
**pirulí** *nm* sucette *f*
**pis** (*fam*) *nm* pipi *m*, pisse *f* ; **hacer ~** pisser
**pisada** *nf* trace *f* de pas
**pisapapeles** *nm inv* presse-papiers *m inv*
**pisar** *vt* fouler, marcher sur ; (*apretar con el pie, fig*) écraser ; (*idea, puesto*) piquer ; **me has pisado** tu m'as marché dessus ; **no ~ un sitio** (*fig*) ne pas mettre les pieds quelque part ▶ *vi* marcher ; **~ fuerte** (*fig*) s'imposer
**piscicultura** *nf* pisciculture *f*
**piscifactoría** *nf* établissement *m* piscicole
**piscina** *nf* piscine *f* ; **~ de bolas** piscine à balles
**Piscis** *nm* (*Astrol*) Poissons *mpl* ; **ser ~** être Poissons
**pisco** (*And, Chi*) *nm* aguardiente *f*
**piscolabis** *nm inv* collation *f*
**piso** *nm* (*planta*) étage *m* ; (*apartamento*) appartement *m* ; (*suelo*) sol *m* ; **primer ~** premier étage ; (*Am: de edificio*) rez-de-chaussée *m inv*
**pisotear** *vt* piétiner ; (*fig*) humilier
**pisotón** *nm* piétinement *m*
**pista** *nf* piste *f* ; **estar sobre la ~ de algn** être sur la piste de qn ; **~ de aterrizaje** piste d'atterrissage ; **~ de auditoría** (*Com*) piste de vérification ; **~ de baile** piste de danse ; **~ de carreras** champ *m* de courses ; **~ de hielo** patinoire *f* ; **~ de tenis** court *m* de tennis
**pistacho** *nm* pistache *f*
**pisto** *nm* ≈ ratatouille *f* ; **darse ~** (*fam*) se faire mousser
**pistola** *nf* pistolet *m*
**pistolera** *nf* gaine *f* ; *ver tb* **pistolero**
**pistolero, -a** *nm/f* gangster *m*
**pistoletazo** *nm* (*disparo*) coup *m* de pistolet ; (: *Deporte: tb*: **pistoletazo de salida**) signal *m* de départ
**pistón** *nm* piston *m*
**pita** *nf* agave *m*
**pitar** *vt* siffler ; (*Auto*) klaxonner ▶ *vi* siffler ; (*Auto*) klaxonner ; (*fam*) gazer ; (*Am*) fumer ; **salir pitando** partir en quatrième vitesse
**pitido** *nm* coup *m* de sifflet ; (*sonido fino*) sifflement *m*
**pitillera** *nf* porte-cigarettes *m*
**pitillo** *nm* cigarette *f* ; (*Col: pajita*) paille *f*
**pito** *nm* sifflement *m* ; (*silbato*) sifflet *m* ; (*de coche*) klaxon *m* ; (*fam: cigarrillo*) clope *f* ; (*fam!: pene*) bite *f* (*fam!*) ; **me importa un ~** (*fam*) je m'en fous
**pitón** *nm* python *m*
**pitonisa** *nf* pythonisse *f*
**pitorrearse** *vpr*: **~ de** se moquer de
**pitorreo** *nm* moquerie *f* ; **estar de ~** blaguer
**pituco, -a** (*And, CSur fam*) *adj, nm/f* richard(e)
**pívot** *nmf* (*Deporte*) pivot *m*
**pivote** *nm* pivot *m*
**píxel** *nm* (*Inform*) pixel *m*
**pixelar** *vt* (*Inform*) pixéliser
**piyama** (*Am*) *nm* o *nf* pyjama *m*
**pizarra** *nf* ardoise *f* ; (*encerado*) tableau *m* (noir) ; **~ blanca** tableau blanc ; **~ (blanca) interactiva** tableau (blanc) interactif
**pizca** *nf* pincée *f* ; (*de pan*) miette *f* ; (*fig*) petit morceau *m* ; **ni ~** rien
**pizza** *nf* pizza *f*

## pizzería – plataforma

**pizzería** [pitse'ria] *nf* pizzeria *f*
**placa** *nf* plaque *f*; (*Inform*) panneau *m*;
~ **conmemorativa** plaque commémorative;
~ **de matrícula** plaque d'immatriculation;
~ **dental** plaque dentaire; ~ **madre** (*Inform*) carte-mère *f*
**placaje** *nm* (*Deporte*) plaquage *m*
**placard** (*CSur*) *nm* placard *m*
**placebo** *nm* placebo *m*; **efecto** ~ effet *m* placebo
**placenta** *nf* placenta *m*
**placentero, -a** *adj* agréable
**placer** *nm* plaisir *m*; **a** ~ à loisir
**placidez** *nf* placidité *f*
**plácido, -a** *adj* (*personne*) placide; (*día, vida*) paisible
**pladur**® *nm* placoplatre® *m*
**plafón** *nm* (*lámpara*) plafonnier *m*; (*Am*) ciel *m* dégagé
**plaga** *nf* fléau *m*; (*fig*) horde *f*
**plagar** *vt* infester; **plagado de moscas/turistas** infesté de mouches/touristes
**plagiar** *vt* plagier; (*Am*) kidnapper
**plagiario, -a** (*Am*) *nm/f* kidnappeur(-euse)
**plagio** *nm* plagiat *m*; (*Am*) kidnapping *m*
**plague** *etc vb ver* **plagar**
**plan** *nm* plan *m*, projet *m*; (*idea*) idée *f*; **¡menudo ~!** tu parles d'une idée!; **tener ~** (*fam*) voir qn; **en ~ de cachondeo** (*fam*) pour rigoler; **en ~ económico** (*fam*) pour pas cher; **vamos en ~ de turismo** on y va en touristes; **si te pones en ese ~ ...** si tu le vois comme ça ... ; ~ **cotizable de jubilación** ≈ plan d'épargne-retraite; ~ **de estudios** programme *m*; ~ **de incentivos** (*Com*) système *m* de primes
**plana** *nf* page *f*; **a toda** ~ pleine page; **la primera ~** la une; ~ **mayor** (*Mil*) état-major *m*
**plancha** *nf* (*para planchar*) fer *m* (à repasser); (*ropa*) repassage *m*; (*de metal, madera, Tip*) planche *f*; (*Culin*) grill *m*; **pescado a la ~** poisson *m* grillé; ~ **de pelo** lisseur *m*, fer *m* à lisser
**planchado, -a** *adj* repassé(e) ▶ *nm* repassage *m*
**planchar** *vt, vi* repasser
**plancton** *nm* plancton *m*
**planeador** *nm* planeur *m*
**planear** *vt* planifier ▶ *vi* planer
**planeta** *nm* planète *f*
**planetario, -a** *adj* planétaire ▶ *nm* planétarium *m*
**planicie** *nf* plaine *f*
**planificación** *nf* planification *f*; **diagrama de ~** (*Com*) planning *m*; ~ **corporativa** (*Com*) planning de l'entreprise; ~ **familiar** planning familial
**planificar** *vt* planifier
**planilla** (*Am*) *nf* formulaire *m*

**plano, -a** *adj* plat(e) ▶ *nm* plan *m*; **primer ~** (*Cine*) premier plan; **en primer/segundo ~** au premier/second plan; **caer de ~** tomber de tout son long; **rechazar algo de ~** rejeter entièrement qch; **me da el sol de ~** le soleil m'arrive en plein dessus (*fam*)
**planta** *nf* plante *f*; (*Tec*) usine *f*; (*piso*) étage *m*; **tener buena ~** avoir de l'allure; ~ **baja** rez-de-chaussée *m inv*
**plantación** *nf* plantation *f*
**plantado, -a** *adj*: **dejar ~ a algn** (*no aparecer*) poser un lapin à qn; (*marcharse*) planter là qn; (*abandonar a*) laisser tomber qn; **quedarse ~** rester planté(e) là
**plantar** *vt* planter; (*novio, trabajo*) laisser tomber; ~ **a algn en la calle** mettre qn à la rue; **plantarse** *vpr* se planter; **plantarse (en)** arriver (à)
**plante** *nm* (*protesta*) action *f* revendicative; (*plantón*) lapin *m*; **dar un ~ a alguien** poser un lapin à qn
**planteamiento** *nm* (*punto de vista*) approche *f*; (*de pregunta, problema*) énoncé *m*; (*Lit, Teatro*) exposition *f*; (*Arq*: *tb*: **planteamiento urbanístico**) projet *m* urbanistique; **un ~ nuevo de la cuestión** une nouvelle approche de la question, une nouvelle manière d'aborder la question; **yo me había hecho otro ~ de este fin de semana** j'envisageais autre chose pour ce week-end
**plantear** *vt* exposer; (*pregunta, problema*) poser; (*proponer*) proposer; **se lo plantearé** je le lui expliquerai; **plantearse** *vpr* envisager
**plantel** *nm* groupe *m*
**plantilla** *nf* (*de zapato*) semelle *f*; (*personal*) personnel *m*; **estar en ~** faire partie du personnel
**plantío** *nm* plantation *f*
**plantón** (*fam*) *nm*: **dar (un) ~ a algn** poser un lapin à qn; **estar de ~** poireauter
**plañidero, -a** *adj* geignard(e)
**plaqueta** *nf* plaquette *f*
**plasma** *nm* plasma *m*
**plasmar** *vt* (*dar forma*) modeler; (*representar*) reproduire; **plasmarse** *vpr*: **plasmarse en** se concrétiser
**plasta** *adj inv* (*fam*) enquiquinant(e) ▶ *nmf* (*fam*) enquiquineur(-euse) ▶ *nf* (*pasta*) purée *f*
**plástica** *nf* plastique *f*
**plástico, -a** *adj* plastique; **artes plásticas** arts *mpl* plastiques ▶ *nm* plastique *m*
**plastificar** *vt* plastifier
**plastifique** *etc vb ver* **plastificar**
**plastilina**® *nf* pâte *f* à modeler
**plata** *nf* (*metal*) argent *m*; (*fam*: *dinero*) fric *m*; (*cosas de plata*) argenterie *f*; **hablar en ~** aller droit au but
**plataforma** *nf* plate-forme *f*; (*tribuna*) estrade *f*; (*de zapatos*) semelle *f* (compensée); ~ **de**

## plátano – plutocracia

**lanzamiento** rampe *f* de lancement ;
**~ digital** plate-forme numérique ;
**~ petrolera/de perforación** plate-forme pétrolière/de forage ; **~ reivindicativa** plate-forme de revendications
**plátano** *nm* banane *f* ; *(árbol)* bananier *m*
**platea** *nf* orchestre *m*
**plateado, -a** *adj* argenté(e) ; *(Tec)* plaqué(e) argent
**platense** *(fam)* = **rioplatense**
**plática** *nf (CAm, Méx)* discussion *f* ; *(: informal)* conversation *f* ; *(Rel)* sermon *m*
**platicar** *(CAm, Méx) vi* discuter ; *(de manera informal)* bavarder
**platillo** *nm* soucoupe *f* ; *(de balanza)* plateau *m* ; *(de limosnas)* timbale *f* ; **~ volante** soucoupe volante ; **platillos** *nmpl (Mús)* cymbales *fpl*
**platino** *nm* platine *m* ; **platinos** *nmpl (Auto)* vis *fpl* platinées
**platique** *etc vb ver* **platicar**
**plato** *nm* assiette *f* ; *(guiso)* plat *m* ; *(de tocadiscos)* platine *f* ; **pagar los platos rotos** *(fam)* payer les pots cassés ; **primer/segundo ~** entrée *f*/plat principal ;
**~ combinado** plat garni ; **~ hondo/llano** *o* *(Am)* **pando** assiette creuse/plate
**plató** *nm* plateau *m*
**platónico, -a** *adj*: **amor ~** amour *m* platonique
**platudo, -a** *(Am fam) adj* friqué(e)
**plausible** *adj (argumento, motivo)* admissible ; *(comportamiento, gesto, esfuerzo)* louable, digne d'éloge
**playa** *nf* plage *f* ; **~ de estacionamiento** *(Am)* place *f* de stationnement
**playera** *nf (Am)* tee-shirt *m* ; **playeras** *nfpl* chaussures *fpl* en toile
**playero, -a** *adj* de plage
**playo, -a** *(Am) adj* plat(e)
**plaza** *nf* place *f* ; *(mercado)* place du marché, marché *m* ; **~ de abastos** marché ; **~ de toros** arène *f* ; **~ mayor** place de la mairie
**plazca** *etc vb ver* **placer**
**plazo** *nm* délai *m* ; *(pago parcial)* terme *m* ; **a corto/largo ~** à court/long terme ; **comprar a plazos** acheter à crédit ; **nos dan un ~ de 8 días** ils nous donnent un délai de 8 jours
**plazoleta, plazuela** *nf* petite place *f*
**pleamar** *nf* pleine mer *f*
**plebe** *(pey) nf* plèbe *f*
**plebeyo, -a** *adj* plébéien(ne)
**plebiscito** *nm* plébiscite *m*
**plegable** *adj* pliable
**plegar** *vt* plier ; **plegarse** *vpr* se plier
**plegaria** *nf* prière *f*
**plegué** *etc vb ver* **plegar**
**pleitear** *vi* plaider
**pleito** *nm* procès *msg* ; *(fig)* conflit *m* ;
**entablar ~** entamer un procès ; **poner (un) ~ a** poursuivre

**plenamente** *adv* totalement, entièrement ;
**dedicarse ~ a algo** se consacrer entièrement à qch ; **vivir la vida ~** vivre la vie pleinement
**plenario, -a** *adj* plénier(-ière)
**plenilunio** *nm* pleine lune *f*
**plenitud** *nf* plénitude *f* ; **en la ~ de la vida** dans la fleur de l'âge
**pleno, -a** *adj* plein(e) ; **en ~ día/verano** en plein jour/été ; **en plena cara** en pleine figure ▶ *nm (del ayuntamiento)* assemblée *f* plénière ; *(del congreso)* séance *f* plénière ; **en ~** *(reunirse)* au complet ; *(elegir)* à l'unanimité
**pletina** *nf (Mús)* platine *f*
**pletórico, -a** *adj*: **estar ~** *(en forma)* être en pleine forme ; **~ de** *(fuerza, energía, entusiasmo)* débordant(e) de, plein(e) de ; **el equipo está ~ de moral** le moral de l'équipe est au plus haut
**plexiglás®** *nm* plexiglas® *msg*
**pliego** *vb ver* **plegar** ▶ *nm (hoja)* feuille *f* (de papier) ; *(carta)* pli *m* ; **~ de cargos** charges *fpl* produites contre l'accusé ; **~ de condiciones** cahier *m* des charges ; **~ de descargo** témoignages *mpl* à la décharge de l'accusé
**pliegue** *vb ver* **plegar** ▶ *nm* pli *m*
**plisado, -a** *adj* plissé(e)
**plomero** *(Am) nm* plombier *m*
**plomizo, -a** *adj* de plomb
**plomo** *nm* plomb *m* ; **caer a ~** tomber de tout son long ; **ser un ~** *(fam)* être un(e) casse-pied ; *(libro)* être rasoir ; **(gasolina) sin ~** (essence *f*) sans plomb ; **plomos** *nmpl (Elec)* plombs *mpl*
**pluma** *nf* plume *f* ; **de plumas** en plumes ;
**~ (estilográfica)** *(Am)*, **~ fuente** stylo *m* plume
**plumaje** *nm* plumage *m*
**plumazo** *nm*: **de un ~** d'un trait de plume
**plúmbeo, -a** *adj (de plomo)* de plomb ; *(pesado)* pesant(e), assommant(e)
**plumero** *nm* plumeau *m* ; **se te ve el ~** je te vois venir avec tes gros sabots
**plumier** *nm* plumier *m*
**plumilla** *nf* plume *f*
**plumón** *nm (Am)* stylo-feutre *m* ; *(para saco de dormir)* duvet *m* ; *(anorak)* doudoune *f*
**plural** *adj* pluriel(le) ▶ *nm* pluriel *m*
**pluralidad** *nf* pluralité *f*
**pluralismo** *nm* pluralisme *m*
**pluralista** *adj*, *nmf* pluraliste *mf*
**pluriempleado, -a** *adj* qui cumule plusieurs emplois ; **estar ~** cumuler plusieurs emplois ▶ *nm/f*: **ser un ~** cumuler plusieurs emplois
**pluriempleo** *nm* cumul *m* d'emplois
**plus** *nm* prime *f*
**plusmarca** *nf* record *m* ; **batir una ~** battre une record
**plusmarquista** *nmf* recordman(-woman)
**plusvalía** *nf (Com)* plus-value *f*
**plutocracia** *nf* ploutocratie *f*

826 · ESPAÑOL | FRANCÉS

**Plutón** *nm* Pluton *m*
**plutonio** *nm* plutonium *m*
**pluvial** *adj* pluvial(e)
**PM** *sigla f* (= *Policía Militar*) PM *f* (= *police militaire*)
**p.m.** *abr* (*esp Am*: = *post meridiem*) après-midi ; (= *por minuto*) /min (= *par minute*)
**PMA** *sigla m* (= *Programa Mundial de Alimentos*) WFP *m* (= *World Food Program*)
**P.M.A.** *sigla m* (= *peso máximo autorizado*) PTMA *m* (= *poids total maximum autorisé*)
**pmo.** *abr* (= *próximo*) prochain
**PN** *sigla f* (Mil): **Policía Naval**
**PNB** *sigla m* (Com: = *Producto Nacional Bruto*) PNB *m* (= *produit national brut*)
**P.N.D.** *sigla m* (Escol: = *personal no docente*) personnel *msg* non enseignant
**PNN** *sigla m* (Com: = *Producto Nacional Neto*) PNN *m* (= *produit national net*)
**PNUD** *sigla m* (= *Programa de las Naciones Unidas para el Desarrollo*) PNUD (*m*) (= *Programme des Nations unies pour le développement*)
**PNV** *sigla m* (Pol: = *Partido Nacionalista Vasco*) parti politique basque
**P.º** *abr* = **paseo**
**p.o.** *abr* (= *por orden*) p.o. (= *par ordre*)
**población** *nf* population *f* ; (*pueblo, ciudad*) agglomération *f* ; (CHI) bidonville *m* ; **~ activa/pasiva** population active/non active ; **~ callampa** (CSur) bidonville
**poblado, -a** *adj* peuplé(e) ; (*barba, cejas*) fourni(e) ; **~ de** peuplé(e) de ; **densamente ~** densément peuplé(e) ▶ *nm* village *m*
**poblador, -a** *nm/f* habitant(e), colonisateur(-trice)
**poblar** *vt* peupler ; **poblarse** *vpr* (*árbol*) reverdir ; **poblarse de** se peupler de
**pobre** *adj, nmf* pauvre *mf* ; **~ en proteínas** pauvre en protéines ; **los pobres** les pauvres *mpl* ; **¡~ hombre!** pauvre homme ! ; **¡el ~!** le pauvre ! ; **~ diablo** (*fig*) pauvre diable *m*
**pobreza** *nf* pauvreté *f* ; **~ energética** pauvreté énergétique
**pochar, pochear** *vt* (Culin) faire revenir à petit feu *o* à feu doux
**pochismo** (*Méx fam*) *nm* anglicisme *m*
**pocho, -a** *adj* (*fruta*) gâté(e) ; (*persona*) mal en point *inv* ; (*Méx*) américanisé(e) ▶ *nm/f* (*Méx*) immigrant(e) américanisé(e)
**pocilga** *nf* porcherie *f*
**pocillo** (Am) *nm* tasse *f*
**pócima, poción** *nf* potion *f*

(PALABRA CLAVE)

**poco, -a** *adj* **1** (*sg*) peu de ; **poco tiempo** peu de temps ; **de poco interés** peu intéressant ; **poca cosa** peu de chose
**2** (*pl*) peu de ; **pocas personas lo saben** peu de gens le savent ; **unos pocos libros** quelques livres
▶ *adv* (*comer, trabajar*) peu ; **poco amable/inteligente** peu aimable/intelligent ; **es poco** c'est peu ; **cuesta poco** cela ne coûte pas cher ; **poco más o menos** à peu près ; **a poco que se interese ...** pour peu qu'il montre de l'intérêt ...
▶ *pron* **1**: **unos/as pocos/as** quelques-uns/unes
**2** (*casi*): **por poco me caigo** j'ai failli tomber
**3** (*locuciones de tiempo*): **a poco de haberse casado** peu après s'être marié ; **poco después** peu après ; **dentro de poco** sous peu, bientôt ; **hace poco** il n'y a pas longtemps
**4**: **poco a poco** peu à peu
▶ *nm*: **un poco** un peu ; **un poco triste** un peu triste ; **un poco de dinero** un peu d'argent

> En francés *peu* es siempre invariable. Así, por ejemplo:
> **Tiene poca importancia.** Cela a peu d'importance.
> **¿Cuántos discos tienes? – Tengo pocos.** Combien de disques as-tu ?– J'en ai peu.

**poda** *nf* élagage *m*
**podadora** (*Méx*) *nf* tondeuse *f*
**podar** *vt* tailler
**podcast** (*pl* **podcasts**) *nm* podcast *m*
**podcastear** *vt* podcaster
**podenco** *nm* épagneul *m*

(PALABRA CLAVE)

**poder** *vb aux* (*capacidad, posibilidad, permiso*) pouvoir ; **no puedo hacerlo** je ne peux pas le faire ; **puede llegar mañana** il peut arriver demain ; **pude haberte hecho daño** tu aurais pu te faire mal ; **no se puede fumar en el hospital** on n'a pas le droit de fumer dans l'hôpital ; **podías habérmelo dicho** tu aurais pu me le dire
▶ *vi* **1** pouvoir ; **tanto como puedas** autant que tu peux ; **¿se puede?** on peut entrer ? ; **¡no puedo más!** je n'en peux plus ! ; **¡quién pudiera!** si seulement ! ; **no pude menos que dejarlo** je n'ai pas pu m'empêcher de le laisser ; **a** *o* **hasta más no poder** jusqu'à n'en plus pouvoir ; **¡es tonto a más no poder!** il est on ne peut plus idiot !
**2**: **¿puedes con eso?** tu peux y arriver ? ; **no puedo con este crío** je n'arrive pas à venir à bout de cet enfant
**3**: **A le puede a B** (*fam*) A est plus fort que B
▶ *vb impers*: **¡puede (ser)!** cela se peut ! ; **¡no puede ser!** ce n'est pas possible ! ; **puede que llueva** il se peut qu'il pleuve
▶ *nm* pouvoir *m* ; **ocupar el poder** détenir le pouvoir ; **detentar el poder** s'emparer du pouvoir ; **estar en el poder** être au pouvoir ; **en mi/tu** *etc* **poder** (*posesión*) en ma/ta *etc*

## poderío – polvo

possession ; **en poder de** entre les mains de ; **por poderes** (*Jur*) par procuration ; **poder adquisitivo** pouvoir d'achat ; **poder ejecutivo/legislativo/judicial** (*Pol*) pouvoir exécutif/législatif/judiciaire

**poderío** *nm* pouvoir *m*
**poderosamente** *adv* puissamment ; (*atraer*) fortement
**poderoso, -a** *adj* puissant(e)
**podio, pódium** (*pl* **pódiums**) *nm* podium *m*
**podólogo, -a** *nm/f* podologue *mf*
**podré** *etc vb ver* **poder**
**podredumbre** *nf* (*física*) putréfaction *f* ; (*moral*) corruption *f*
**podrido, -a** *adj* pourri(e) ; (*fig*) corrompu(e)
**podrir** *vt* = **pudrir**
**poema** *nm* poème *m*
**poesía** *nf* poésie *f*
**poeta** *nmf* poète *m*
**poético, -a** *adj* poétique
**poetisa** *nf* poétesse *f*
**póker** *nm* poker *m*
**polaco, -a** *adj* polonais(e) ▶ *nm/f* Polonais(e) ▶ *nm* (*Ling*) polonais *msg*
**polar** *adj* polaire
**polarice** *etc vb ver* **polarizar**
**polaridad** *nf* polarité *f*
**polarizar** *vt* polariser ; **polarizarse** *vpr* se polariser
**polea** *nf* poulie *f*
**polémica** *nf* polémique *f*
**polemice** *etc vb ver* **polemizar**
**polémico, -a** *adj* polémique
**polemizar** *vi* polémiquer
**polen** *nm* pollen *m*
**poleo** *nm* pouliot *m*
**polera** (*CHI*) *nf* T-shirt *m*
**poli** (*fam*) *nm* flic *m* ▶ *nf*: **la ~** les flics *mpl*
**policía** *nmf* policier(-ière), agent *m* (de police) ▶ *nf* (*cuerpo*) police *f* ; *voir article* ; **~ secreta** services *mpl* secrets

: **POLICÍA**
:
: La **policía** se divise en deux branches en
: Espagne, toutes deux armées : la *policía*
: *nacional*, chargée de la sécurité nationale et
: du maintien de l'ordre en général, et la
: *policía municipal* (ou *policía local*, ou bien
: encore *guardia urbana*), qui s'occupe de la
: circulation et du maintien de l'ordre au
: niveau municipal. La Catalogne et le Pays
: basque ont leurs propres forces de police :
: les *Mossos d'Esquadra* dans la première et
: l'*Ertzaintza* dans le second.

**policíaco, -a, policial** *adj* policier(-ière)
**polideportivo** *nm* complexe *m* omnisports
**poliéster** *nm* polyester *m*
**polietileno** *nm* polyéthylène *m*

**polifacético, -a** *adj* aux multiples facettes
**polifonía** *nf* polyphonie *f*
**poligamia** *nf* polygamie *f*
**polígamo, -a** *adj*, *nm/f* polygame *mf*
**políglota** *adj*, *nmf* polyglotte *mf*
**polígono** *nm* polygone *m* ; **~ industrial** zone *f* industrielle ; **~ residencial** quartier *m* résidentiel
**polilla** *nf* mite *f*
**Polinesia** *nf* Polynésie *f*
**polinesio, -a** *adj* polynésien(ne) ▶ *nm/f* Polynésien(ne)
**polio** *nf* polio *f*
**poliomielitis** *nf inv* poliomyélite *f*
**pólipo** *nm* polype *m*
**Polisario** *nm abr* (*tb*: **El Frente Polisario**) (= *Frente Popular de Liberación del Sáhara y Río de Oro*) Front *m* Polisario
**politécnico, -a** *adj*: **universidad politécnica** ≈ Institut *m* universitaire de technologie, ≈ IUT *m*
**politeísmo** *nm* polythéisme *m*
**política** *nf* politique *f* ; **~ agraria** politique agricole ; **~ de ingresos y precios** politique des revenus et des prix ; **~ económica** politique économique ; **~ exterior** politique extérieure ; *ver tb* **político**
**políticamente** *adv* politiquement ; **~ correcto** politiquement correct
**político, -a** *adj* politique ; **padre/hermano ~** beau-père *m*/beau-frère *m* ; **madre política** belle-mère *f* ▶ *nm/f* homme *m* (femme *f*) politique
**poliuretano** *nm* polyuréthane *m*
**polivalente** *adj* (*tb Quím, Med*) polyvalent(e)
**póliza** *nf* police *f* ; (*sello*) timbre *m* fiscal ; **~ de seguro(s)** police d'assurance
**polizón** *nm* passager(-ère) clandestin(e)
**polla** *nf* (*fam!*: *pene*) bite *f* (*fam!*) ; (*CSur*: *apuesta*) pari *m* ; **¡una ~!** (*fam!*) va te faire foutre ! (*fam!*) ; **¡qué duquesa ni que pollas (en vinagre)!** (*fam!*) duchesse mon cul ! (*fam!*) ; **~ de agua** (*ave*) poule *f* d'eau
**pollera** (*AM*) *nf* jupe *f*
**pollería** *nf* marchand *m* de volailles
**pollo** *nm* poulet *m* ; (*joven*) jeune homme *m* ; (*MÉX fam*) immigré *m* clandestin ; **~ asado** poulet rôti
**polluelo** *nm* petit oiseau *m*, oisillon *m*
**polo** *nm* pôle *m* ; (*helado*) glace *f* ; (*Deporte*, *suéter*) polo *m* ; **es el ~ opuesto de su hermano** c'est tout le contraire de son frère ; **P~ Norte/Sur** Pôle Nord/Sud
**pololo, -a** (*AND, CSUR*) *nm/f* copain (copine)
**Polonia** *nf* Pologne *f*
**poltrona** (*esp AM*) *nf* fauteuil *m*
**polución** *nf* pollution *f*
**polvareda** *nf* nuage *m* de poussière
**polvera** *nf* poudrier *m*
**polvo** *nm* poussière *f* ; (*fam!*) baise *f* (*fam!*) ; **en ~** en poudre ; **estar hecho ~** (*fam*) être

fichu ; (: *persona*) être crevé ; (: *deprimido*) avoir le moral à zéro ; **dejar hecho ~ a algn** (*fam*) crever qn ; (*suj: noticia*) ficher qn par terre ; **polvos** *nmpl* (*en cosmética etc*) poudre *fsg* ; **polvos de talco** talc *m*

**pólvora** *nf* poudre *f* ; (*fuegos artificiales*) feux *mpl* d'artifice ; **propagarse como la ~** se répandre comme une traînée de poudre

**polvoriento, -a** *adj* poussiéreux(-euse)

**polvorín** *nm* (*Mil, fig*) poudrière *f*

**polvorón** *nm* petit gâteau très friable, typique de la période de Noël

**polvorosa** (*fam*) *nf*: **poner pies en ~** mettre les voiles *o* les bouts

**polvoso, -a** (*Am*) *adj* poussiéreux(-euse)

**pomada** *nf* pommade *f*

**pomelo** *nm* pamplemousse *m*

**pómez** *nf*: **piedra ~** pierre *f* ponce

**pomo** *nm* poignée *f*

**pompa** *nf* bulle *f* ; (*ostentación*) pompe *f* ; **pompas fúnebres** pompes *fpl* funèbres

**pomposo, -a** (*pey*) *adj* prétentieux(-euse) ; (*lenguaje, estilo*) pompeux(-euse)

**pómulo** *nm* pommette *f*

**pon** *vb ver* **poner**

**ponchada** (CSur) *nf* quantité d'objets pouvant tenir dans un poncho

**ponche** *nm* punch *m*

**poncho** *nm* poncho *m*

**ponderar** *vt* soupeser ; (*elogiar*) faire l'éloge de

**pondré** *etc vb ver* **poner**

**ponencia** *nf* exposé *m*

**ponente** *nmf* conférencier(-ière)

(PALABRA CLAVE)

**poner** *vt* **1** (*colocar*) mettre, poser ; (*ropa, mesa*) mettre ; (*Telec*): **póngame con el Sr. López** passez-moi M. López ; **poner algo a hervir/a secar** mettre qch à bouillir/à sécher ; **poner a algn a la cabeza de una empresa** placer qn à la tête d'une entreprise

**2** (*fig: emoción, énfasis*) mettre ; (*condiciones*) poser ; **poner interés** porter de l'intérêt ; **poner en claro/duda** mettre au clair/en doute ; **poner al corriente** mettre au courant

**3** (*imponer: tarea*) donner ; (*multa*) condamner à, donner

**4** (*obra de teatro, película*) passer ; **¿qué ponen en el Excelsior?** qu'est-ce qui passe à l'Excelsior ?

**5** (*tienda*) monter ; (*casa*) arranger ; (*instalar: gas etc*) (faire) mettre

**6** (*radio, TV*) mettre ; **ponlo más alto** mets-le plus fort

**7** (*mandar: telegrama*) envoyer

**8** (*suponer*): **pongamos que ...** mettons que ...

**9** (*contribuir*): **el gobierno ha puesto un millón** le gouvernement a mis un million

**10** (+ *adj*) rendre ; **me estás poniendo nerviosa** tu commences à m'énerver

**11** (*dar nombre*): **al hijo le pusieron Diego** ils ont appelé leur fils Diego

**12** (*decir por escrito*) dire ; **¿qué pone el periódico?** que dit le journal ?

**13** (*huevos*) pondre

▶ *vi* (*gallina*) pondre

**ponerse** *vpr* **1** (*colocarse*) se mettre ; **se puso a mi lado** il s'est mis à côté de moi ; **ponte en esa silla** mets-toi sur cette chaise

**2** (*vestido, cosméticos*) mettre ; **¿por qué no te pones el vestido nuevo?** pourquoi ne mets-tu pas ta nouvelle robe ?

**3** (*sol*) se coucher

**4** (+ *adj*) devenir ; **ponerse bueno** aller mieux ; **ponerse malo** tomber malade ; **ponerse rojo** devenir tout rouge ; **se puso muy serio** il a pris un air très sérieux ; **¡no te pongas así!** ne te mets pas dans cet état !

**5**: **ponerse a** se mettre à ; **se puso a llorar** il s'est mis à pleurer ; **tienes que ponerte a estudiar** il faut que tu te mettes à étudier

**6**: **ponerse a bien con algn** se réconcilier avec qn ; **ponerse a mal con algn** se mettre mal avec qn

**7** (*Am: parecer*): **se me pone que ...** j'ai l'impression que ...

**ponga** *etc vb ver* **poner**

**pongo, -a** (AND) *nm/f* domestique *mf* indien(ne)

**poni** *nm* poney *m*

**ponible** *adj* mettable

**poniente** *nm* couchant *m*

**p.º n.º** *abr* (= *peso neto*) *ver* **peso**

**pontevedrés, -esa** *adj* de Pontevedra ▶ *nm/f* natif(-ive) *o* habitant(e) de Pontevedra

**pontificado** *nm* pontificat *m*

**pontificar** (*pey*) *vi* pontifier

**pontífice** *nm* pontife *m* ; **el Sumo P~** le souverain pontife

**pontificio, -a** *adj* pontifical(e)

**ponzoña** *nf* poison *m*

**ponzoñoso, -a** *adj* empoisonné(e)

**pop** *adj inv*: **música ~** musique *f* pop ▶ *nm* pop *f*

**popa** *nf* poupe *f* ; **a ~** en poupe ; **de ~ a proa** d'un bout à l'autre

**pope** *nm* (*Rel*) pope *m* ; (*fam: líder*) gourou *m*

**populachero, -a** *adj* (*político*) démagogue ; (*política*) démagogique ; (*espectáculo*) populaire

**popular** *adj* populaire

**popularice** *etc vb ver* **popularizar**

**popularidad** *nf* popularité *f*

**popularizar** *vt* populariser ; **popularizarse** *vpr* se populariser

**populista** *adj, nmf* populiste *mf*

**póquer** *nm* poker *m*

**poquísimo, -a** *adj* (*superl de poco*) très peu (de)

**poquito** *nm*: **un ~ (de)** un petit peu (de) ; **a poquitos** petit à petit ▶ *adv* peu

## por – portaminas

**(PALABRA CLAVE)**

**por** prep **1** (*objetivo, en favor de*) pour ; **luchar por la patria** combattre pour la patrie ; **hazlo por mí** fais-le pour moi

**2** (*+infin*) pour ; **por no llegar tarde** pour ne pas arriver tard ; **por citar unos ejemplos** pour citer quelques exemples

**3** (*causa, agente*) par ; **por escasez de fondos** par manque de fonds ; **le castigaron por desobedecer** il a été puni pour avoir désobéi ; **por eso** c'est pourquoi ; **escrito por él** écrit par lui

**4** (*tiempo*): **por la mañana/Navidad** le matin/vers Noël

**5** (*duración*): **se queda por una semana** il reste une semaine ; **se fue por 3 días** il est parti pour 3 jours

**6** (*lugar*): **pasar por Madrid** passer par Madrid ; **ir a Guayaquil por Quito** aller à Guayaquil via Quito ; **caminar por la calle/por las Ramblas** déambuler dans la rue/sur les Rambles ; **por fuera/dentro** à l'extérieur/à l'intérieur ; **anda por la izquierda** marche à gauche ; **vive por aquí** il habite par ici ; **pasear por el jardín** se promener dans le jardin

**7** (*cambio, precio*): **te doy uno nuevo por el que tienes** je t'en donne un neuf contre le tien ; **lo vendo por 40 euros** je le vends (pour) 40 euros

**8** (*valor distributivo*): **20 euros por hora/cabeza** 20 euros de l'heure/par tête ; **100 km por hora** 100 km à l'heure ; **veinte por ciento** vingt pour cent ; **tres horas por semana** trois heures par semaine ; **por centenares** par centaines

**9** (*modo, medio*) par ; **por avión/correo** par avion/la poste ; **por orden** par ordre ; **caso por caso** cas par cas ; **por tamaños** par ordre de taille

**10** (*multiplicación*): **25 por 4 son 100** 4 fois 25 font 100

**11**: **ir/venir por algo/algn** aller/venir chercher qch/qn ; **estar/quedar por hacer** être/rester à faire

**12** (*evidencia*): **por lo que dicen** d'après ce qu'on dit

**13**: **por bonito que sea** cela a beau être très joli ; **por más que lo intento** j'ai beau essayer

**14**: **por si (acaso)** au cas où ; **lo hice por si acaso** je l'ai fait au cas où ; **por si acaso venía/viniera** au cas où il serait venu/viendrait ; **por si fuera poco** si ça n'était pas assez

**15**: **¿por qué?** pourquoi ? ; **¿por qué no?** pourquoi pas ?

Obsérvese que la preposición **por** seguida de una expresión de tiempo no se traduce en francés:

**Saldremos por la tarde.** Nous partirons le soir.
**Nos vemos el sábado por la mañana.** On se voit samedi matin.

**porcelana** nf porcelaine f
**porcentaje** nm pourcentage m ; **~ de actividad** (*Inform*) taux msg d'activité
**porcentual** adj de pourcentage
**porche** nm arcade f ; (*de casa*) porche m
**porcino, -a** adj porcin(e) ; **ganado ~** porcins mpl ▶ nm (*animal*) porc m ; **carne de ~** viande f de porc
**porción** nf portion f
**pordiosero, -a** nm/f mendiant(e)
**porfiado, -a** adj insistant(e) ; (*terco*) entêté(e)
**porfiar** vi insister (lourdement) ; (*disputar*) discuter
**pormenor** nm détail m
**pormenorice** etc vb ver **pormenorizar**
**pormenorizar** vi détailler
**porno** adj inv porno inv
**pornografía** nf pornographie f
**pornográfico, -a** adj pornographique
**poro** nm pore m
**porongo** (*And, CSur*) nm gourde f à maté
**poroso, -a** adj poreux(-euse)
**poroto** (*And, CSur*) nm haricot m
**porque** conj parce que ; **~ sí** parce que
**porqué** nm pourquoi m
**porquería** nf cochonnerie f, saleté f ; (*algo valor*) cochonnerie ; (*jugarreta*) tour m de cochon ; **de ~** (*Am fam*) à la noix ; **porquerías** nfpl (*comida*) cochonneries fpl ; **hacer porquerías** faire des cochonneries
**porra** nf matraque f ; (*juego de apuestas*) pari m collectif (*entre amis ou collègues*) ; **¡porras!** flûte ! ; **¡vete a la ~!** (*fam*) va te faire voir !
**porrazo** nm coup m ; **darse un ~ con** o **contra algo** se cogner contre qch
**porro** (*fam*) nm joint m
**porrón** nm récipient à bec pour boire le vin à la régalade
**portaaviones** nm inv porte-avions m inv
**portabusto, portabustos** (*Méx*) nm inv soutien-gorge m
**portada** nf couverture f
**portador, -a** nm/f porteur(-euse) ; (*Com*) porteur m ; **cheque al ~** chèque m au porteur
**portaequipajes** nm inv (*maletero*) coffre m ; (*baca*) porte-bagages m inv
**portaesquíes, portaesquís** nm inv porte-skis m inv
**portafolio, portafolios** nm (*Am*) attaché-case m ; **~(s) de inversiones** portefeuille m d'investissements
**portal** nm (*entrada*) vestibule m ; (*puerta*) porte f ; (*Inform*) portail m ; **~ de Belén** crèche f
**portamaletas** nm inv = **portaequipajes**
**portaminas** nm inv portemine m, stylomine m

830 · ESPAÑOL | FRANCÉS

**portaobjeto** nm, **portaobjetos** nm inv porte-objet m
**portapapeles** nm inv (Inform) presse-papiers m
**portar** vt (llevar) porter ; **portarse** vpr (comportarse) se conduire, se comporter ; (fam: comportarse bien) bien se conduire ; **portarse bien** bien se conduire ; (niño) être sage ; **portarse mal** ne pas bien se conduire ; (niño) ne pas être sage ; **se portó muy bien conmigo** il a été très correct o gentil avec moi ; **se ha portado como un cerdo** il s'est comporté comme un salaud (fam)
**portátil** adj portatif(-ive) ; (ordenador) portable
**portaviones** nm inv = **portaaviones**
**portavoz** nmf porte-parole mf inv
**portazo** nm: **dar un ~** claquer la porte
**porte** nm (Com) port m ; (aspecto) allure f ; **~ debido/pagado** (Com) port dû/payé
**portento** nm prodige m
**portentoso, -a** adj prodigieux(-euse)
**porteño, -a** adj de Buenos Aires ▶ nm/f natif(-ive) o habitant(e) de Buenos Aires
**portería** nf loge f (de concierge) ; (Deporte) but m
**portero, -a** nm/f concierge mf ; (de club) portier m ; (Deporte) gardien(ne) de but ▶ nm: **~ automático** interphone m
**portezuela** nf (de vehículo) portière f
**pórtico** nm portique m
**portón** nm grande porte f
**portorriqueño, -a** adj portoricain(e) ▶ nm/f Portoricain(e)
**portuario, -a** adj portuaire ; **trabajador ~** docker m
**Portugal** nm Portugal m
**portugués, -esa** adj portugais(e) ▶ nm/f Portugais(e) ▶ nm (Ling) portugais msg
**porvenir** nm avenir m
**pos**: **en ~ de** prep après ; (fig) en quête de
**posada** nf auberge f ; **dar ~ a** héberger
**posaderas** nfpl fesses fpl
**posar** vt, vi poser ; **posarse** vpr se poser ; (polvo) se déposer
**posavasos** nm inv sous-verre m
**posdata** nf post-scriptum m inv
**pose** nf pose f
**poseedor, a** nm/f possesseur(e) ; (de récord, título) détenteur(-trice)
**poseer** vt posséder ; (conocimientos, belleza) avoir ; (récord, título) détenir
**poseído, -a** adj: **estar ~ de ira/odio** suffoquer de rage/haine ▶ nm/f possédé(e) ; **como un ~** comme un possédé
**posesión** nf possession f ; **estar en ~ de** être en possession de, détenir ; **tomar ~ (de)** prendre possession (de)
**posesionarse** vpr: **~ de** prendre possession de
**posesivo, -a** adj possessif(-ive)
**poseyendo** etc vb ver **poseer**
**posgrado** nm = **postgrado**

**posgraduado, -a** adj, nm/f = **postgraduado**
**posguerra** nf = **postguerra**
**posibilidad** nf possibilité f
**posibilitar** vt permettre
**posible** adj possible ; **de ser ~** si possible ; **en** o **dentro de lo ~** dans la mesure du possible ; **es ~ que** il est possible que ; **hacer todo lo ~** faire tout son etc possible ; **lo antes ~** le plus tôt possible ; **lo menos/más ~** le moins/plus possible ; **estudiar lo más ~** étudier le plus possible ; **lo más pronto ~** le plus vite possible ; **ser/no ser ~ (hacer)** être/ne pas être possible (de faire)
**posiblemente** adv probablement ; **—¿crees que vendrá? —~** est-ce que tu penses qu'elle va venir ? — probablement o c'est possible ; **~ tengamos que mudarnos** on va peut-être devoir déménager, il est possible qu'on doive déménager
**posición** nf position f
**posicionamiento** nm prise f de position
**positivamente** adv positivement
**positivo, -a** adj positif(-ive) ; **el test dio ~** les résultats du test sont positifs ▶ nm (Foto) cliché m
**posmoderno, -a** adj, nm/f postmoderne mf
**poso** nm (de café) marc m ; (de vino) lie f
**posología** nf posologie f
**posoperatorio, -a** adj post-opératoire ▶ nm période f post-opératoire
**posparto, -a** adj postnatal(e) ▶ nm post-partum m inv
**posponer** vt faire passer après ; (aplazar) ajourner, reporter
**posponga** etc, **pospuesto** etc, **pospuse** vb ver **posponer**
**post** (pl **posts**) nm (en sitio web) billet m, post m
**posta** nf: **a ~** exprès
**postal** adj postal(e) ▶ nf carte f postale
**poste** nm poteau m ; (Deporte) pilier m
**póster** nm poster m
**postergar** vt reléguer ; (esp Am: aplazar) reporter
**postergue** etc vb ver **postergar**
**posteridad** nf postérité f
**posterior** adj de derrière ; (parte) postérieur(e) ; (en el tiempo) ultérieur(e) ; **ser ~ a** être ultérieur(e) à
**posteriori**: **a ~** adv a posteriori
**posterioridad** nf: **con ~** par la suite
**posteriormente** adv ultérieurement
**postgrado** nm troisième cycle m
**postgraduado, -a** adj de troisième cycle ▶ nm/f étudiant(e) de troisième cycle ▶ nm (estudios) troisième cycle m
**postguerra** nf après-guerre m ; **en la ~** après-guerre
**postigo** nm volet m ; (de puerta) battant m
**postín** (fam) nm: **de ~** huppé(e) ; **darse ~** se donner de grands airs

**postizo, -a** adj faux (fausse), postiche ▶ nm postiche m
**postoperatorio, -a** adj, nm = **posoperatorio**
**postor, a** nm/f offrant m ; **al mejor ~** au plus offrant
**postración** nf prosternation f ; (abatimiento) prostration f
**postrarse** vpr se prosterner
**postre** nm dessert m ; **para ~** (fig) pour couronner le tout ▶ nf : **a la ~** finalement
**postrero, -a** adj dernier(-ière) ; (momentos, obra) ultime
**postrimerías** nfpl (de siglo) fin f
**postulado** nm postulat m
**postular** vt (defender: teoría) prôner ; (AM: proponer: candidato) nommer ▶ vi (en colecta) quêter, faire la quête ; (AM: para un trabajo) postuler ; **postularse** vpr (AM Pol) se présenter
**póstumo, -a** adj posthume
**postura** nf position f, posture f ; (ante hecho, idea) position
**post-venta** adj inv après-vente inv
**potable** adj potable
**potaje** nm potage m
**potasio** nm potassium m
**pote** nm pot m
**potencia** nf puissance f ; **en ~** en puissance
**potenciación, potenciamiento** nm (impulso) promotion f ; (desarrollo) développement m
**potencial** adj potentiel(le) ▶ nm potentiel m ; **~ eléctrico** potentiel électrique
**potencialmente** adv potentiellement
**potenciar** vt renforcer ; (favorecer) favoriser ; (impulsar) promouvoir ; (desarrollar) développer
**potente** adj puissant(e)
**potestad** nf autorité f ; **patria ~** autorité parentale
**potito** nm (ESP) petit pot m (de nourriture pour bébé)
**poto** (fam) nm (AND, CSUR: culo) derrière m, cul m (fam) ; (vasija) petit pot, utilisé en particulier pour le maté
**potra** nf pouliche f ; **tener ~** (fam) avoir du bol
**potrero** (AM) nm herbage m
**potro** nm poulain m ; (Deporte) cheval m d'arçons
**poyo** nm banc m de pierre (construit contre un mur)
**poza** nf endroit le plus profond
**pozo** nm puits msg ; (de río) endroit le plus profond ; **ser un ~ de sabiduría** être un puits de science
**PP** sigla m (= Partido Popular) parti de droite
**pp.** abr (= páginas) pp. (= pages)
**P.P.** abr = **porte pagado**
**p.p.** abr (= por poderes) p.p. (= par procuration)
**p.p.m.** abr (= palabras por minuto) mots/min (= mots par minute)
**práctica** nf pratique f ; **en la ~** dans la pratique ; **llevar a la** o **poner en ~** mettre en pratique ; **prácticas** nfpl (Escol) travaux mpl pratiques ; (en empresa) stage m ; (Mil) entraînement m
**practicable** adj praticable
**prácticamente** adv pratiquement
**practicante** adj (Rel) pratiquant(e) ▶ nmf (Med) infirmier(-ière)
**practicar** vt, vi pratiquer
**práctico, -a** adj pratique
**practique** etc vb ver **practicar**
**pradera** nf prairie f
**prado** nm pré m ; (AM) gazon m
**Praga** n Prague
**pragmático, -a** adj pragmatique
**pragmatismo** nm pragmatisme m
**preacuerdo** nm accord m de principe
**preámbulo** nm préambule m ; **sin preámbulos** sans préambule
**preaviso** nm préavis msg
**precalentamiento** nm (Deporte) échauffement m
**precalentar** vt (horno) préchauffer
**precaliente** etc vb ver **precalentar**
**precampaña** nf (tb: **precampaña electoral**) précampagne f électorale
**precandidato** (esp MÉX) nm candidat m potentiel
**precariedad** nf (de empleo, salud, situación) précarité f ; (de recursos, medios) manque m
**precario, -a** adj (empleo, salud, situación) précaire ; (recursos, medios): **con medios precarios** avec peu de moyens
**precaución** nf précaution f
**precaverse** vpr : **~ de** o **contra algo** se prémunir contre qch
**precavido, -a** adj prévoyant(e)
**precedencia** nf priorité f
**precedente** adj précédent(e) ▶ nm précédent m ; **sin ~(s)** sans précédent ; **establecer** o **sentar un ~** créer un précédent
**preceder** vt précéder
**preceptivo, -a** adj obligatoire
**precepto** nm précepte m
**preceptor, a** nm/f précepteur(-trice)
**preciado, -a** adj précieux(-euse)
**preciarse** vpr se vanter ; **~ de** se vanter de
**precintar** vt sceller
**precinto** nm (Com : tb : **precinto de garantía**) cachet m
**precio** nm prix msg ; **a cualquier ~** (fig) à tout prix ; **no tener ~** (fig) ne pas avoir de prix ; « **no importa ~** » « prix indifférent » ; **a ~ de saldo** en réclame ; **~ al contado** prix au comptant ; **~ al detalle** prix de détail ; **~ al detallista** prix de gros ; **~ al por menor** prix de détail ; **~ de compra/de coste/de entrega inmediata** prix d'achat/de revient/de livraison immédiate ; **~ de ocasión** prix avantageux ; **~ de oferta** prix promotionnel ; **~ de salida** prix initial, mise f à prix ; **~ de**

**venta al público** prix de vente conseillé ; **~ por unidad** prix à l'unité, prix unitaire ; **~ tope** prix plafond ; **~ unitario** prix à l'unité

**preciosidad** nf (valor) beauté f ; (cosa bonita) merveille f ; **es una ~** c'est une merveille

**precioso, -a** adj (hermoso) très joli(e) ; (de mucho valor) précieux(-euse)

**precipicio** nm (tb fig) précipice m

**precipitación** nf précipitation f

**precipitadamente** adv précipitamment

**precipitado, -a** adj précipité(e) ▶ nm (Quím) précipité m

**precipitar** vt précipiter ; **precipitarse** vpr se précipiter

**precisado, -a** adj: **verse ~ a hacer algo** se voir obligé(e) de faire qch

**precisamente** adv précisément ; **~ por eso** pour cette raison précisément ; **~ fue él quien lo dijo** c'est précisément lui qui l'a dit ; **no es ~ bueno** il n'est pas vraiment bon

**precisar** vt (necesitar) avoir besoin de ; (determinar, especificar) préciser

**precisión** nf précision f ; **de ~** de précision

**preciso, -a** adj précis(e) ; (necesario) nécessaire ; **en ese ~ momento** à ce moment précis ; **es ~ que lo hagas** il faut que tu le fasses

**precocidad** nf précocité f

**precocinado, -a** adj pré-cuit(e) ; **platos precocinados** plats mpl cuisinés

**precolombino, -a** adj précolombien(ne)

**preconcebido, -a** adj préconçu(e)

**preconice** etc vb ver **preconizar**

**preconizar** vt préconiser

**precoz** adj précoce

**precursor, a** nm/f précurseur mf

**predecesor, a** nm/f prédécesseur(e)

**predecir** vt prédire

**predestinado, -a** adj prédestiné(e)

**predeterminar** vt prédéterminer

**predicado** nm (Ling) prédicat m

**predicador, a** nm/f prédicateur(-trice)

**predicar** vt, vi prêcher

**predicción** nf prédiction f ; **~ del tiempo** prévisions fpl météorologiques

**predicho** vb ver **predecir**

**prediga** etc, **predije** etc vb ver **predecir**

**predilección** nf prédilection f ; **tener ~ por algo** avoir une prédilection pour qch

**predilecto, -a** adj préféré(e)

**predique** etc vb ver **predicar**

**predispondré** etc vb ver **predisponer**

**predisponer** vt prédisposer

**predisponga** etc vb ver **predisponer**

**predisposición** nf prédisposition f

**predispuesto** etc, **predispuse** vb ver **predisponer**

**predominante** adj prédominant(e)

**predominar** vi prédominer

**predominio** nm prédominance f

**preelectoral** adj préélectoral(e) ; **sondeo ~** sondage m avant les élections

**preeminencia** nf primauté f

**preescolar** adj préscolaire

**preestablecido, -a** adj préétabli(e)

**preestreno** nm avant-première f

**prefabricado, -a** adj préfabriqué(e)

**prefacio** nm préface f

**prefectura** nf préfecture f

**preferencia** nf (predilección) préférence f ; (Auto) priorité f ; **de ~** de préférence ; **localidad de ~** place f de choix

**preferente** adj (trato) préférentiel(le) ; (lugar) de choix ; (Fin: acción) préférentiel(le) ; **clase ~** (Aviat) classe f affaires

**preferible** adj préférable

**preferido, -a** adj, nm/f préféré(e)

**preferir** vt préférer ; **~ hacer/que** préférer faire/que

**prefiera** etc vb ver **preferir**

**prefijar** vt (fecha, condiciones) fixer d'avance

**prefijo** nm (Telec) indicatif m ; (Ling) préfixe m

**prefiriendo** etc vb ver **preferir**

**pregón** nm (en fiestas) discours msg inaugural ; (de mercancías) cri m ; (aviso público) annonce f

**pregonar** vt crier sur tous les toits ; (edicto) annoncer

**pregunta** nf question f ; **hacer una ~** poser une question ; **~ capciosa** question piège ; **preguntas frecuentes** (Inform) foire f aux questions

**preguntar** vt demander ▶ vi demander ; **~ por algn** demander qn ; **~ por la salud de algn** s'enquérir de la santé de qn ; **preguntarse** vpr se demander

**preguntón, -ona** (fam) adj questionneur(-euse)

**prehistoria** nf préhistoire f

**prehistórico, -a** adj préhistorique

**preinscripción** nf préinscription f

**preinstalado, -a** adj (software) préinstallé(e)

**prejubilación** nf préretraite f

**prejubilar** vt mettre en préretraite

**prejuicio** nm préjugé m ; **tener prejuicios** avoir des préjugés

**prejuzgar** vt préjuger

**prejuzgue** etc vb ver **prejuzgar**

**prelado** nm prélat m

**prelavado** nm prélavage m

**preliminar** adj, nm préliminaire m

**preludio** nm prélude m

**premamá** adj: **vestido ~** robe f de grossesse

**prematrimonial** adj: **relaciones prematrimoniales** relations fpl avant le mariage

**prematuro, -a** adj prématuré(e)

**premeditación** nf préméditation f

**premeditado, -a** adj prémédité(e)

**premeditar** vt préméditer

**premiar** vt récompenser ; (en un concurso) décerner un prix à
**premio** nm récompense f ; (de concurso etc) prix msg ; (Com) prime f ; **~ de consolación** prix de consolation ; **~ gordo** gros lot m
**premisa** nf prémisse f
**premonición** nf prémonition f
**premura** nf (prisa) hâte f
**prenatal** adj prénatal(e)
**prenda** nf (ropa) vêtement m ; (garantía) gage m ; (fam: apelativo) mon chou ; **dejar algo en ~** laisser qch en gage ; **no soltar ~** (fig) ne pas dire un mot ; **prendas** nfpl (juego) gages mpl
**prendado, -a** adj: **~ de algo/algn** épris(e) de qch/qn
**prendedor** nm broche f
**prender** vt (sujetar) attacher ; (delincuente) arrêter ; (esp Am: encender) allumer ; **~ fuego a algo** mettre le feu à qch ▶ vi (idea, miedo) s'enraciner ; (planta, fuego) prendre ; **prenderse** vpr prendre feu ; (esp Am: encenderse) s'allumer
**prendido, -a** (Am) adj (luz etc) allumé(e)
**prensa** nf presse f ; **tener mala ~** avoir mauvaise presse ; **agencia/conferencia de ~** agence f/conférence f de presse
**prensar** vt (papel, uva) presser
**preñado, -a** adj (mujer) enceinte ; **~ de** chargé(e) de
**preocupación** nf souci m
**preocupado, -a** adj préoccupé(e)
**preocupante** adj préoccupant(e), inquiétant(e)
**preocupar** vt préoccuper ; **preocuparse** vpr (inquietarse) se soucier ; **preocuparse de algo** (hacerse cargo) s'occuper de qch ; **preocuparse por algo** se soucier de qch ; **¡no te preocupes!** ne t'en fais pas !
**preolímpico, -a** adj préolympique ▶ nm (competición) épreuve f préolympique
**prepago** nm prépaiement m ; **tarjeta de ~** carte f prépayée
**preparación** nf préparation f
**preparado, -a** adj (dispuesto) prêt(e) ; (plato) préparé(e) ; (estudiante, candidato) bien préparé(e) ; **¡preparados, listos, ya!** à vos marques ... prêts ? ... partez ! ▶ nm (Med) préparation f
**preparador, a** nm/f (instructor: de deportista) entraîneur(-euse) ; (: de opositor) formateur(-trice)
**preparar** vt préparer ; **prepararse** vpr se préparer ; **prepararse para hacer algo** se préparer à faire qch
**preparativos** nmpl préparatifs mpl
**preparatoria** (Am) nf terminale f
**preponderancia** nf prépondérance f ; **tener ~ sobre** avoir la prépondérance sur
**preponderante** adj prépondérant(e)
**preposición** nf (Ling) préposition f

**prepotencia** nf domination f ; (arrogancia) arrogance f
**prepotente** adj dominateur(-trice) ; (arrogante) arrogant(e)
**prerrogativa** nf prérogative f
**presa** nf (de animal) proie f ; (de agua) barrage m ; **hacer ~ en** avoir prise sur ; **ser ~ de** (fig: remordimientos) être en proie à ; (llamas) être la proie de
**presagiar** vt présager
**presagio** nm présage m
**presbítero** nm prêtre m
**prescindible** adj superflu(e) ; **todo lo que sea ~** tout ce dont on peut se passer
**prescindir** vi: **~ de** (privarse de) se passer de ; (descartar) faire abstraction de ; **no podemos ~ de él** nous ne pouvons pas nous passer de lui
**prescribir** vt prescrire
**prescripción** nf prescription f ; **~ facultativa** prescription médicale
**prescrito** pp de **prescribir**
**preseleccionar** vt présélectionner
**presencia** nf présence f ; **en ~ de** en présence de ; **tener buena ~** avoir une bonne présentation ; **~ de ánimo** présence d'esprit
**presencial** adj: **testigo ~** témoin m oculaire
**presenciar** vt (accidente, discusión) être témoin de ; (ceremonia etc) assister à
**presentación** nf présentation f ; (Jur: de pruebas, documentos) production f
**presentador, a** nm/f présentateur(-trice)
**presentar** vt présenter ; (Jur: pruebas, documentos) produire ; **~ al cobro** (Com) présenter au recouvrement ; **presentarse** vpr se présenter ; **presentarse a la policía** se présenter à la police
**presente** adj présent(e) ; **hacer ~** faire savoir ; **tener ~** se souvenir de ; **¡~!** présent ! ▶ nm présent m ▶ nf: **la ~** (carta) la présente ▶ nmf: **los/las presentes** les personnes fpl présentes
**presentimiento** nm pressentiment m
**presentir** vt pressentir ; **~ que** pressentir que
**preservación** nf préservation f
**preservar** vt préserver
**preservativo** nm préservatif m
**presidencia** nf présidence f ; **ocupar la ~** assumer la présidence
**presidenciable** adj, nmf présidentiable mf
**presidencial** adj présidentiel(le) ; **las (elecciones) presidenciales** l'élection f présidentielle o la présidentielle f, les élections fpl présidentielles o les présidentielles fpl
**presidente** nmf président(e)
**presidiario, -a** nm/f détenu(e)
**presidio** nm prison f
**presidir** vt (reunión) présider ; (suj: sentimiento) régner sur
**presienta** etc, **presintiendo** etc vb ver **presentir**

834 · ESPAÑOL | FRANCÉS

**presión** nf (tb fig) pression f ; **a ~** à la pression ; **cerrar a ~** fermer avec des pressions ; **grupo de ~** (Pol) groupe m de pression ; **~ arterial** tension f artérielle ; **~ atmosférica** pression atmosphérique ; **~ sanguínea** tension artérielle

**presionar** vt (coaccionar) faire pression sur ; (botón) appuyer sur ▶ vi: **~ para** o **por** faire pression pour

**preso, -a** adj: **~ de terror/pánico** pris(e) de terreur/panique ; **tomar** o **llevar ~ a algn** faire prisonnier qn ▶ nm/f (en la cárcel) prisonnier(-ière)

**prestación** nf (Admin) prestation f ; **~ social sustitutoria** (Hist) service m des objecteurs de conscience ; **prestaciones** nfpl (Tec, Auto) performances fpl

**prestado, -a** adj emprunté(e) ; **dar algo ~** prêter qch ; **pedir ~** emprunter

**prestamista** nmf prêteur(-euse)

**préstamo** nm prêt m ; **~ con garantía** prêt sur gages ; **~ hipotecario** prêt hypothécaire

**prestancia** nf prestance f

**prestar** vt prêter ; (servicio) rendre ; **prestarse** vpr: **prestarse a hacer** se proposer pour faire ; **prestarse a malentendidos** prêter à confusion

**prestatario, -a** nm/f emprunteur(-euse)

**presteza** nf promptitude f

**prestidigitador, a** nm/f prestidigitateur(-trice)

**prestigio** nm prestige m

**prestigioso, -a** adj prestigieux(-euse)

**presto, -a** adj (rápido) preste ; (dispuesto) prêt(e)

**presumido, -a** adj, nm/f prétentieux(-euse) ; (preocupado de su aspecto) coquet(te)

**presumir** vt présumer ; **según cabe ~** selon toute vraisemblance, à ce que l'on suppose ▶ vi se vanter ; (tener aires) prendre de grands airs ; **~ de listo** se croire intelligent

**presunción** nf présomption f

**presuntamente** adv soi-disant, en principe

**presunto, -a** adj présumé(e) ; (heredero) présomptif(-ive)

**presuntuoso, -a** adj présomptueux(-euse)

**presupondré** etc vb ver **presuponer**

**presuponer** vt présupposer

**presuponga** etc vb ver **presuponer**

**presupuestar** vt (coste, obra) établir un devis de

**presupuestario, -a** adj budgétaire

**presupuesto** pp de **presuponer** ▶ nm (Fin) budget m ; (de costo, obra) devis msg ; **asignación de ~** (Com) dotation f budgétaire

**presupuse** etc vb ver **presuponer**

**presuroso, -a** adj pressé(e)

**pretemporada** nf (Deporte) avant-saison f

**pretencioso, -a** adj prétentieux(-euse)

**pretender** vt (intentar, aspirar a) chercher a ; (afirmar) prétendre ; **solo pretendía ayudarla** je cherchais juste à l'aider ; **¿qué pretendes hacer?** qu'as-tu l'intention de faire ? ; **¿pretendes que te crea?** tu penses vraiment que je vais te croire ?

⚠ De nombreux sens de **pretender** ne correspondent pas au verbe *prétendre*.

**pretendiente, -a** nm/f prétendant(e)

**pretensión** nf prétention f ; **pretensiones** nfpl prétentions fpl ; **tener muchas/pocas pretensiones** avoir des prétentions élevées/ de faibles prétentions

**pretérito, -a** adj (Ling, fig) passé(e)

**pretextar** vt prétexter

**pretexto** nm (excusa) prétexte m ; **so** o **con el ~ de** sous prétexte de

**pretil** nm (valla) garde-fou m ; (baranda) balustrade f

**prevalecer** vi prévaloir

**prevaleciente** adj prédominant(e)

**prevalezca** etc vb ver **prevalecer**

**prevaricación** nf (Jur) délit d'un fonctionnaire qui prend sciemment une décision contraire à l'ordre juridique en vigueur

**prevención** nf prévention f

**prevendré** etc, **prevenga** etc vb ver **prevenir**

**prevenido, -a** adj: **(estar) ~** (preparado) (être) prévenu(e) ; **(ser) ~** (cuidadoso) (être) prévoyant(e) ; **hombre ~ vale por dos** un homme averti en vaut deux

**prevenir** vt prévenir ; (preparar) préparer ; **~ a algn (en) contra (de)/a favor de** prévenir qn contre/en faveur de ; **prevenirse** vpr se préparer ; **prevenirse contra** se prémunir contre

**preventivo, -a** adj préventif(-ive)

**prever** vt prévoir

**previamente** adv préalablement

**previniendo** etc vb ver **prevenir**

**previo, -a** adj (anterior) préalable ; **~ pago de los derechos** moyennant l'acquittement préalable des droits

**previsible** adj prévisible

**previsión** nf prévision f ; **en ~ de** en prévision de ; **~ del tiempo** prévision météorologique ; **~ de ventas** prévision des ventes

**previsor, a** adj prévoyant(e)

**previsto, -a** pp de **prever**; **según lo ~** comme prévu

**PRI** (Méx) sigla m (= Partido Revolucionario Institucional) parti politique

**prieto, -a** adj (apretado) serré(e) ; (esp Méx: moreno) basané(e)

**prima** nf prime f ; **~ única** prime unique ; ver tb **primo**

**primacía** nf primauté f

**primado** nm (Rel) primat m

**primar** vi primer ; **~ sobre** primer sur

**primario, -a** adj primaire ▶ nf (Escol) primaire m ; **primarias** nfpl (Pol) primaires fpl

## primate – procesal

**primate** nm (Zool) primate m
**primavera** nf printemps m
**primaveral** adj printanier(-ière)
**primer** adj ver **primero**
**primera** nf première f ; **a la ~** du premier coup ; **de ~** (fam) de premier ordre
**primerizo, -a** adj (novato) débutant(e), novice ; **ser ~** être novice, ne pas avoir d'expérience ; (precoz) premier(-ière) ▶ nm/f (novato) débutant(e), novice ▶ nf (Med) primipare f, femme f qui accouche pour la première fois
**primero, -a** (antes de nmsg **primer**) adj premier(-ière) ; **primer ministro** Premier ministre m ▶ adv (en primer lugar) d'abord ; (más bien) plutôt ▶ nmf: **ser/llegar el ~** être/arriver le premier ▶ nm: **a primeros (de mes)** en début de mois
**primicia** nf primeur f
**primigenio, -a** adj primitif(-ive)
**primitiva** nf (tb: **lotería primitiva**) loto m
**primitivo, -a** adj primitif(-ive)
**primo, -a** adj (Mat) premier(-ière) ; **materias primas** matières fpl premières ▶ nm/f cousin(e) ; (fam) idiot(e) ; **hacer el ~** faire l'idiot ; **~ hermano** cousin m germain
**primogénito, -a** adj aîné(e)
**primor** nm (cuidado) délicatesse f ; (cosa) merveille f
**primordial** adj primordial(e)
**primoroso, -a** adj délicat(e)
**princesa** nf princesse f
**principado** nm principauté f
**principal** adj principal(e) ; (piso) premier(-ière) ▶ nm principal m ; (piso) premier étage m
**príncipe** nm prince m ; **~ de Gales** (tela) prince de Galles ; **~ heredero** prince héritier
**principiante** adj, nmf débutant(e)
**principio** nm (comienzo) début m ; (origen) commencement m ; (fundamento, moral, tb Quím) principe m ; **a principios de** au début de ; **al ~** au début ; **en ~** en principe
**pringar** vt (Culin: pan) tremper ; (ensuciar) salir ; **~ a algn en un asunto** (fam) mêler qn à une affaire ; **pringarse** vpr se salir
**pringoso, -a** adj (grasiento) graisseux(-euse) ; (pegajoso) poisseux(-euse)
**pringue** vb ver **pringar** ▶ nm (grasa) graisse f ; (suciedad) crasse f
**prior, a** nm/f prieur(e)
**prioridad** nf priorité f
**prioritario, -a** adj prioritaire
**priorizar** vt donner la priorité à ▶ vi déterminer ce qui est prioritaire
**prisa** nf hâte f ; (rapidez) rapidité f ; **correr ~** être urgent(e) ; **darse ~** se dépêcher ; **tener ~** être pressé(e)
**prisión** nf prison f
**prisionero, -a** nm/f prisonnier(-ière)

**prisma** nm (Fís: Óptica) prisme m ; (punto de vista) point m de vue, angle m ; **bajo o desde el ~ de** sous l'angle de
**prismáticos** nmpl jumelles fpl
**privacidad** nf vie f privée
**privación** nf privation f ; **privaciones** nfpl (necesidades) privations fpl
**privado, -a** adj privé(e) ; **en ~** en privé ; « **~ y confidencial** » « personnel »
**privar** vt (despojar) priver ; **~ a algn de hacer** empêcher qn de faire ▶ vi: **me privan las motos** (fam) la moto c'est mon dada ; **privarse** vpr: **privarse de** (abstenerse) se priver de
**privativo, -a** adj: **~ de** propre à
**privatización** nf privatisation f
**privatizar** vt privatiser
**privilegiado, -a** adj, nm/f privilégié(e)
**privilegiar** vt privilégier
**privilegio** nm privilège m
**pro** nm profit m ; **en ~ de** en faveur de ; **los pros y los contras** le pour et le contre ; **ciudadano de ~** honorable citoyen m ; **hombre de ~** homme m de bien ▶ prep: **asociación ~ ciegos** association f au profit des aveugles ▶ pref: **prosoviético** pro-soviétique ; **proamericano** pro-américain
**proa** nf (Náut) proue f
**probabilidad** nf probabilité f ; **probabilidades** nfpl (perspectivas) chances fpl
**probable** adj probable ; **es ~ que** (+ subjuntivo) il est probable que + subjonctif ; **es ~ que no venga** il est probable qu'il ne viendra pas
**probablemente** adv probablement
**probador** nm cabine f d'essayage
**probar** vt essayer ; (demostrar) prouver ; (comida) goûter ▶ vi essayer ; **probarse** vpr: **probarse un traje** essayer un costume
**probeta** nf éprouvette f ; **bebé-~** bébé-éprouvette m
**problema** nm problème m ; **el ~ del paro** le problème du chômage
**problemático, -a** adj problématique ▶ nf problématique f, problèmes mpl, questions fpl
**procaz** adj insolent(e)
**procedencia** nf provenance f
**procedente** adj: **~ de** en provenance de ; (Jur) recevable
**proceder** vi (actuar) procéder ; (ser correcto) convenir ; **~ a** procéder à ; **~ de** provenir de ; **no procede obrar así** il n'y a pas lieu d'agir ainsi ▶ nm (comportamiento) procédé m
**procedimiento** nm (Jur, Admin) procédure f ; (proceso) processus msg ; (método) procédé m
**prócer** (esp Am) nm (Pol) personnage m illustre
**procesado, -a** nm/f (Jur) accusé(e)
**procesador** nm: **~ de textos** (Inform) machine f de traitement de texte
**procesal** adj (Jur) de procédure

836 · ESPAÑOL | FRANCÉS

## procesamiento – proletario

**procesamiento** nm (Inform) traitement m ; **~ de datos/textos** traitement de données/texte ; **~ por lotes** traitement par lots
**procesar** vt (Jur) accuser ; (Inform) traiter
**procesión** nf procession f ; **la ~ va por dentro** il etc souffre en silence
**proceso** nm (desarrollo, procedimiento) processus msg ; (Jur) procès msg ; (lapso) cours msg ; (Inform): **~ (automático) de datos** traitement m (automatique) de données ; **~ de textos** traitement de texte(s) ; **~ no prioritario** traitement non prioritaire ; **~ por pasadas** traitement séquentiel ; **~ en tiempo real** traitement en temps réel
**proclama** nf proclamation f
**proclamación** nf proclamation f
**proclamar** vt proclamer
**proclive** adj: **~ (a)** enclin(e) (à)
**procreación** nf procréation f
**procrear** vt, vi procréer
**procurador, a** nm/f (Jur) avoué m ; (Pol) député(e)
**procurar** vt (intentar) essayer de ; (proporcionar) procurer ; **procurarse** vpr se procurer
**prodigar** vt prodiguer ; **prodigarse** vpr: **prodigarse en** être prodigue de
**prodigio** nm prodige m ; **niño ~** enfant m prodige
**prodigioso, -a** adj prodigieux(-euse)
**pródigo, -a** adj prodigue ; **hijo ~** fils m prodigue
**producción** nf production f ; **~ en serie** production en série
**producir** vt produire ; (impresión, heridas, tristeza) causer ; **producirse** vpr se produire
**productividad** nf productivité f
**productivo, -a** adj productif(-ive)
**producto** nm produit m ; **~ alimenticio** produit alimentaire ; **~ interior bruto** produit intérieur brut ; **productos lácteos** produits laitiers ; **~ nacional bruto** produit national brut
**productor, a** adj, nm/f producteur(-trice) ▶ nf (empresa: Com) producteur m ; (: Cine, TV) société f de production ; (: Mús) maison f de production (de disques)
**produje** etc, **produzca** etc vb ver **producir**
**proeza** nf prouesse f
**profanación** nf profanation f
**profanar** vt profaner
**profano, -a** adj, nm/f profane mf ; **soy ~ en la materia** je suis profane en la matière
**profe** (fam) nmf prof mf (fam)
**profecía** nf prophétie f
**proferir** vt proférer
**profesar** vt professer
**profesión** nf profession f ; **abogado de ~, de ~ abogado** avocat m de profession
**profesional** adj, nmf professionnel(le)
**profesionalidad** nf professionnalisme m (qualité)

**profesionalismo** nm professionnalisme m (caractère)
**profesionista** (Méx) nmf professionnel(le)
**profesor, a** nm/f professeur mf ; **~ adjunto** professeur assistant
**profesorado** nm professorat m
**profeta** nm prophète m
**profetice** etc vb ver **profetizar**
**profético, -a** adj prophétique
**profetizar** vt, vi prophétiser
**profiera** etc vb ver **proferir**
**profilaxis** nf inv (Med) prophylaxie f
**profiriendo** etc vb ver **proferir**
**prófugo, -a** nm/f fugitif(-ive) ▶ nm (Mil) insoumis msg
**profundamente** adv profondément
**profundice** etc vb ver **profundizar**
**profundidad** nf profondeur f ; **tener una ~ de 30 cm** avoir une profondeur de 30 cm ; **profundidades** nfpl (de océano etc) profondeurs fpl
**profundizar** vi: **~ en** (fig) approfondir
**profundo, -a** adj profond(e) ; **poco ~** peu profond(e)
**profusión** nf profusion f
**progenie** nf descendance f
**progenitor** nm ancêtre m ; **progenitores** nmpl (padres) parents mpl
**programa** nm programme m ; **~ de estudios** programme ; **~ verificador de ortografía** (Inform) vérificateur m d'orthographe
**programación** nf programmation f ; **~ estructurada** programmation structurée
**programa-concurso** (pl **programas-concurso**) nm programme m de jeux
**programador, a** nm/f programmeur(-euse) ; **~ de aplicaciones** programmeur(-euse) d'applications ▶ nm programmateur m
**programar** vt programmer
**progre** (fam) adj progressiste
**progresar** vi progresser
**progresión** nf: **~ geométrica/aritmética** progression f géométrique/arithmétique
**progresista** adj, nmf progressiste mf
**progresivo, -a** adj progressif(-ive)
**progreso** nm (avance) progrès msg ; **el ~** le progrès ; **hacer progresos** faire des progrès
**prohibición** nf interdiction f ; (Admin, Jur) prohibition f ; **levantar la ~ de** lever l'interdiction de
**prohibir** vt interdire ; (Admin, Jur) prohiber ; « **prohibido fumar** » « défense de fumer » ; « **prohibida la entrada** » « entrée interdite » ; **dirección prohibida** (Auto) sens m interdit
**prohibitivo, -a** adj prohibitif(-ive)
**prójimo** nm prochain m
**prole** nf progéniture f
**proletariado** nm prolétariat m
**proletario, -a** adj, nm/f prolétaire mf

## proliferación – proporcional

**proliferación** *nf* prolifération *f*; **~ de armas nucleares** prolifération des armes nucléaires
**proliferar** *vi* proliférer
**prolífico, -a** *adj* prolifique
**prolijo, -a** *adj* prolixe; (*esp Am: pulcro*) propre
**prólogo** *nm* prologue *m*
**prolongación** *nf* prolongation *f*
**prolongado, -a** *adj* (*largo*) prolongé(e); (*alargado*) allongé(e)
**prolongar** *vt* prolonger; **prolongarse** *vpr* se prolonger
**prolongue** *etc vb ver* **prolongar**
**prom.** *abr* = **promedio**
**promediar** *vt* (*Mat*) faire la moyenne de; (*tener un promedio de*) atteindre la moyenne de; **la producción promedia 100 barriles diarios** la production est de 100 barils par jour en moyenne
**promedio** *nm* moyenne *f*
**promesa** *nf* promesse *f*; **faltar a una ~** ne pas tenir une promesse ▶ *adj*: **jóvenes promesas** jeunes espoirs *mpl*
**prometedor, a** *adj* prometteur(-euse)
**prometer** *vt*: **~ hacer algo** promettre de faire qch ▶ *vi* promettre; **prometerse** *vpr* (*dos personas*) se fiancer
**prometido, -a** *adj* promis(e) ▶ *nm/f* fiancé(e)
**prominente** *adj* proéminent(e); (*artista*) en vue; (*político*) important(e)
**promiscuidad** *nf* promiscuité *f*
**promiscuo, -a** (*pey*) *adj* (*persona*) de mœurs légères
**promoción** *nf* promotion *f*; **~ por correspondencia directa** (*Com*) publipostage *m*; **~ de ventas** promotion des ventes
**promocional** *adj* promotionnel(le)
**promocionar** *vt* promouvoir; **promocionarse** *vpr* se promouvoir; (*profesionalmente*) monter en grade
**promontorio** *nm* promontoire *m*
**promotor, a** *nm/f* promoteur(-trice)
**promover** *vt* promouvoir; (*escándalo, juicio*) provoquer
**promueva** *etc vb ver* **promover**
**promulgar** *vt* promulguer
**promulgue** *etc vb ver* **promulgar**
**pronombre** *nm* pronom *m*
**pronosticar** *vt* pronostiquer
**pronóstico** *nm* pronostic *m*; **de ~ leve** au pronostic dénué de toute gravité; **de ~ reservado** au pronostic réservé; **~ del tiempo** prévisions *fpl* météorologiques
**pronostique** *etc vb ver* **pronosticar**
**prontitud** *nf* promptitude *f*
**pronto, -a** *adj* (*rápido*) rapide; (*preparado*) prêt(e) ▶ *adv* rapidement; (*dentro de poco*) bientôt; (*temprano*) tôt; **al ~** au début; **de ~** tout à coup; **¡hasta ~!** à bientôt!; **lo más ~ posible** le plus tôt possible; **por lo ~** pour l'instant; **tan ~ como** dès que ▶ *nm* (*impulso*) élan *m*; (: *de ira*) accès *msg*
**prontuario** *nm* (*libro*) précis *m*, abrégé *m*, compendium *m*; (*Arg Jur*) casier *m* judiciaire
**pronunciación** *nf* (*Ling*) prononciation *f*; (*Jur*) prononcé *m*
**pronunciado, -a** *adj* prononcé(e)
**pronunciamiento** *nm* pronunciamiento *m*
**pronunciar** *vt* prononcer; **pronunciarse** *vpr* (*Mil*) se soulever; (*declararse*) se prononcer; **pronunciarse sobre** se prononcer sur
**propagación** *nf* propagation *f*
**propaganda** *nf* (*Pol*) propagande *f*; (*Com*) publicité *f*; **hacer ~ de** (*Com*) faire de la propagande pour
**propagandístico, -a** *adj* (*Pol*) de propagande; (*Com*) publicitaire
**propagar** *vt* propager; **propagarse** *vpr* se propager
**propague** *etc vb ver* **propagar**
**propalar** *vt* (*noticia, secreto*) divulguer
**propano** *nm* propane *m*
**propasarse** *vpr* (*excederse*) dépasser les limites; (*sexualmente*) prendre des libertés
**propensión** *nf* propension *f*
**propenso, -a** *adj*: **~ a** enclin(e) à; (*enfermedad*) sujet(te) à; **ser ~ a hacer algo** être enclin(e) à faire qch
**propiamente** *adv* proprement; **~ dicho** proprement dit
**propiciar** *vt* favoriser
**propicio, -a** *adj* propice
**propiedad** *nf* propriété *f*; **ceder algo a algn en ~** céder la propriété de qch à qn; **ser ~ de** être propriété de; **con ~** (*hablar*) correctement; **~ intelectual** propriété intellectuelle; **~ particular** propriété privée; **~ pública** (*Com*) propriété publique
**propietario, -a** *nm/f* propriétaire *mf*
**propina** *nf* pourboire *m*; **dar algo de ~** donner qch en pourboire
**propinar** *vt* administrer
**propio, -a** *adj* propre; (*mismo*) en personne; **el ~ ministro** le ministre en personne; **¿tienes casa propia?** as-tu une maison à toi?; **eso es muy ~ de él** c'est bien de lui; **nombre ~** nom *m* propre
**propondré** *etc vb ver* **proponer**
**proponer** *vt* proposer; **proponerse** *vpr*: **proponerse hacer** se proposer de faire
**proponga** *etc vb ver* **proponer**
**proporción** *nf* proportion *f*; **en ~ con** en proportion avec; **proporciones** *nfpl* (*dimensiones, tb fig*) proportions *fpl*
**proporcionado, -a** *adj* proportionné(e); **bien ~** bien proportionné(e)
**proporcional** *adj* proportionnel(le); **~ a** proportionnel à

## proporcionar – proveniente

**proporcionar** vt offrir ; (Com) fournir ; **esto le proporciona una renta anual de ...** cela lui rapporte un revenu annuel de ...
**proposición** nf proposition f ; **proposiciones deshonestas** propositions malhonnêtes
**propósito** nm intention f ; **a ~** (adrede) exprès ; (por cierto) à propos ; **hacer algo a ~** faire qch exprès ; **a ~ de** à propos de
**propuesta** nf proposition f
**propuesto, -a** pp de **proponer**
**propugnar** vt défendre
**propulsar** vt (vehículo) propulser ; (fig) stimuler
**propulsión** nf propulsion f ; **~ a chorro** o **por reacción** propulsion par réaction
**propulsor, a** adj (motor) à réaction ; (fig: medida) de stimulation ; (: persona) initiateur(-trice) ▶ nm (Tec: combustible) combustible m de propulsion ; (: motor) propulseur m ▶ nm/f (persona) initiateur(-trice)
**propuse** etc vb ver **proponer**
**prorrata** nf prorata m ; **a ~** au prorata
**prorratear** vt répartir au prorata
**prórroga** nf (de plazo) prorogation f ; (Deporte) prolongations fpl ; (Mil) sursis msg
**prorrogable** adj susceptible d'être prorogé(e)
**prorrogar** vt (plazo) proroger ; (decisión) différer
**prorrogue** etc vb ver **prorrogar**
**prorrumpir** vi: **~ en lágrimas/carcajadas** éclater en sanglots/de rire ; **el público prorrumpió en aplausos** les applaudissements ont fusé dans le public
**prosa** nf (Lit) prose f
**prosaico** adj prosaïque
**proscenio** nm avant-scène f ; (Hist) proscenium m
**proscribir** vt proscrire
**proscripción** nf proscription f
**proscrito, -a** pp de **proscribir** ▶ adj, nm/f proscrit(e)
**prosecución** nf poursuite f
**proseguir** vt poursuivre ▶ vi continuer ; (discusiones etc) se poursuivre ; **~ con algo** poursuivre qch
**prosélito** nm prosélyte m
**prosiga** etc, **prosiguiendo** etc vb ver **proseguir**
**prosista** nmf prosateur(-trice)
**prospección** nf prospection f
**prospecto** nm (Med) notice f ; (publicidad) prospectus msg
**prosperar** vi prospérer
**prosperidad** nf prospérité f
**próspero, -a** adj prospère ; **¡~ año nuevo!** bonne année !
**próstata** nf prostate f
**prostíbulo** nm bordel m
**prostitución** nf prostitution f
**prostituir** vt prostituer ; **prostituirse** vpr se prostituer
**prostituta** nf prostituée f

**prostituyendo** etc vb ver **prostituir**
**protagonice** etc vb ver **protagonizar**
**protagonismo** nm (papel) rôle m central ; (liderazgo) rôle m prépondérant ; (importancia) importance f ; **conceder el ~ al pueblo** placer le peuple au premier plan ; **afán de ~** besoin m d'être au centre de l'attention ; **tuvo poco ~** il n'a pas eu un rôle très marquant ; **el tema adquiere gran ~ en este texto** le thème prend beaucoup d'importance dans ce texte ; **le gusta hacer las cosas sin protagonismos** elle n'aime pas être se mettre en avant
**protagonista** nmf protagoniste mf
**protagonizar** vt (película, suceso) être le (la) protagoniste de
**protección** nf protection f
**proteccionismo** nm (Com) protectionnisme m
**protector, a** adj (barrera, gafas) de protection ; (crema, tono) protecteur(-trice) ▶ nm/f protecteur(-trice)
**protectorado** nm protectorat m
**proteger** vt protéger ; **~ contra grabación** o **contra escritura** (Inform) protéger contre l'écriture ; **protegerse** vpr: **protegerse (de)** se protéger (de)
**protege-slip** (pl **protege-slips**) nm protège-slip m
**protegido, -a** nm/f protégé(e)
**proteína** nf protéine f
**proteja** etc vb ver **proteger**
**protésico, -a** adj prothétique, de prothèse ▶ nm/f prothésiste mf
**prótesis** nf (Med) prothèse f
**protesta** nf protestation f
**protestante** adj, nmf protestant(e)
**protestantismo** nm protestantisme m
**protestar** vt (cheque) protester ▶ vi protester ; **¡protesto!** objection !
**protocolario, -a** adj (ceremonial: acto, honores) protocolaire ; (formal) cérémonieux(-euse)
**protocolo** nm protocole m ; **sin protocolos** sans protocole
**protón** nm proton m
**prototipo** nm prototype m
**protuberancia** nf protubérance f
**prov.** abr = **provincia**
**provecho** nm profit m ; **¡buen ~!** bon appétit ! ; **en ~ de** au profit de ; **sacar ~ de** tirer profit de
**provechoso, -a** adj profitable
**proveedor, a** nm/f fournisseur(-euse)
**proveer** vt (suministrar) fournir ; (preparar) préparer ▶ vi: **~ a** pourvoir à ; **proveerse** vpr: **proveerse de** se pourvoir de
**provendré** etc, **provenga** etc vb ver **provenir**
**proveniente** adj: **~ de** en provenance de ; **gente ~ de diferentes países** des gens originaires de différents pays

**provenir** vi provenir
**Provenza** nf Provence f
**provenzal** adj provençal(e) ▶ nmf
 Provençal(e) ▶ nm (Ling) provençal m
**proverbial** adj proverbial(e)
**proverbio** nm proverbe m
**proveyendo** etc vb ver **proveer**
**providencia** nf providence f; **providencias**
 nfpl (disposiciones) mesures fpl
**providencial** adj providentiel(le)
**provincia** nf province f; (Admin)
 ≈ département m; **un pueblo de provincias**
 un village de province; voir article

> **PROVINCIA**
>
> L'Espagne se compose de 50 divisions administratives, ou **provincias**, qui couvrent la péninsule ainsi que les îles et les villes autonomes d'Afrique du Nord. Chacune possède une capitale (capital de provincia), qui porte en général le même nom que la province. Les **provincias** sont regroupées en comunidades autónomas selon des critères géographiques, historiques et culturels. Il faut préciser que le terme comarca, qui normalement n'a qu'une signification géographique en espagnol, désigne en Catalogne une division administrative bien précise.

**provincial**[1] adj provincial(e)
**provincial**[2]**, a** nm/f (Rel) provincial(e)
**provinciano, -a** (pey) adj provincial(e)
**proviniendo** etc vb ver **provenir**
**provisión** nf (abastecimiento)
 approvisionnement m; (precaución)
 mesure f; **provisiones** nfpl (víveres)
 provisions fpl
**provisional** adj provisoire
**provisionalmente** adv provisoirement
**provisorio, -a** (AM) adj provisoire
**provisto, -a** adj pourvu(e)
**provocación** nf provocation f
**provocador, a** adj, nm/f provocateur(-trice)
**provocar** vt provoquer; (AM): **¿te provoca un café?** ça te dit, un café?
**provocativo, -a** adj provocant(e)
**provoque** etc vb ver **provocar**
**proxeneta** nmf proxénète mf
**próximamente** adv prochainement
**proximidad** nf proximité f; **proximidades**
 nfpl (cercanías) environs mpl
**próximo, -a** adj (cercano) proche; (parada, año) prochain(e); **en fecha próxima** sous peu

> El adjetivo **próximo** se traduce siempre en francés por proche:
> **Oriente Próximo** Proche Orient
> **una casa próxima al centro** une maison proche du centro

salvo cuando tiene el sentido de
«siguiente», en cuyo caso se traduce por
prochain:
**la próxima semana** la semaine prochaine
**Próxima parada: Rennes.** Prochain arrêt:
Rennes.
**Su próximo objetivo es recorrer Europa a pie.** Son prochain objectif est de traverser l'Europe à pied.

**proyección** nf projection f
**proyectar** vt projeter; **proyectarse** vpr se
 projeter
**proyectil** nm projectile m; ~ **teledirigido**
 projectile télécommandé
**proyecto** nm projet m; **tener algo en** ~ avoir
 qch en projet; ~ **de ley** projet de loi
**proyector** nm projecteur m
**prudencia** nf prudence f
**prudencial** adj (prudente: cantidad, distancia)
 raisonnable; **tras un intervalo** ~ après un
 laps de temps raisonnable
**prudente** adj prudent(e)
**prueba** vb ver **probar** ▶ nf (gen) épreuve f;
 (testimonio) témoignage m; (Jur) preuve f; (de ropa) essayage m; **a** ~ à l'épreuve; (Com) à
 l'essai; **a** ~ **de** à l'épreuve de; **a** ~ **de agua/fuego** étanche/à l'épreuve du feu; **en** ~ **de** en
 témoignage de; **período/fase de** ~ période f/
 phase f d'essai; **poner/someter a** ~ mettre/
 soumettre à l'épreuve; **¿tiene usted** ~ **de ello?** en avez-vous la preuve?; ~ **de capacitación** (Com) preuve d'aptitudes; ~ **de fuego** (fig) épreuve du feu
**prurito** nm démangeaison f; (fig) obsession f
**psico...** pref psycho...
**psicoanálisis** nm psychanalyse f
**psicoanalista** nmf psychanalyste mf
**psicodélico, -a** adj psychédélique
**psicología** nf psychologie f
**psicológico, -a** adj psychologique
**psicólogo, -a** nm/f psychologue mf
**psicomotricidad** nf psychomotricité f
**psicópata** nmf psychopathe mf
**psicosis** nf inv psychose f
**psicosomático, -a** adj psychosomatique
**psicoterapeuta** nmf psychothérapeute mf
**psicoterapia** nf psychothérapie f
**psiquiatra** nmf psychiatre mf
**psiquiatría** nf psychiatrie f
**psiquiátrico, -a** adj psychiatrique
**psíquico, -a** adj psychique
**PSOE** [pe'soe] sigla m = **Partido Socialista Obrero Español**
**psoriasis** nf inv psoriasis m
**PSS** sigla f (Hist) = **prestación social sustitutoria**
**Pta.** abr (Geo) = **Punta** pte (= pointe)
**pta., ptas.** abr (Hist) = **peseta(s)**
**Pte.** abr (= Presidente) Pdt m
**ptmo.** abr (Com) = **préstamo**

**pts.** abr (Hist) = **pesetas**
**púa** nf (de planta) piquant m ; (de peine) dent f ; (para guitarra) médiator m ; **alambre de púas** fil m de fer barbelé
**pub** [puβ, paβ, paf] nm pub m
**púber** adj pubère
**pubertad** nf puberté f
**pubis** nm inv pubis m
**publicación** nf publication f
**públicamente** adv publiquement
**publicar** vt publier
**publicidad** nf publicité f ; **dar ~ a** rendre public(-ique) ; **~ en el punto de venta** publicité sur le point de vente
**publicista** nmf publicitaire mf
**publicitario, -a** adj publicitaire
**público, -a** adj public(-ique) ; **hacer ~** (difundir) rendre public(-ique) ▶ nm public m ; **en ~** en public ; **el gran ~** le grand public ; **~ objetivo** (Com) public ciblé
**publique** etc vb ver **publicar**
**publirreportaje** nm publireportage m
**pucha** (And, CSur fam) excl: **¡~(s)!** mince !
**pucherazo** nm (fraude) truquage m ; **dar ~** truquer une élection
**puchero** nm (Culin: olla) marmite f ; (: guiso) pot-au-feu m ; **hacer pucheros** bouder
**pucho** (CSur) nm mégot m
**púdico, -a** adj pudique
**pudiendo** etc vb ver **poder**
**pudiente** adj (rico) riche ; (poderoso) puissant(e)
**pudín** nm pudding m
**pudor** nm pudeur f
**pudoroso, -a** adj pudique
**pudrir** vt pourrir ; **pudrirse** vpr pourrir
**pueblerino, -a** adj villageois(e) ; (pey) de clocher ▶ nm/f villageois(e) ; (pey) péquenaud(e)
**pueblito** (esp Am fam) nm petit village m
**pueblo** vb ver **poblar** ▶ nm peuple m ; (población pequeña) village m ; **~ joven** (Perú) quartier m de bidonvilles
**pueda** etc vb ver **poder**
**puente** nm (gen) pont m ; (de gafas) arcade f ; (de dientes) bridge m ; (Náut: tb: **puente de mando**) passerelle f ; **curso ~** (Escol) cours msg d'adaptation (e) ; **hacer ~** (fam) faire le pont ; **~ aéreo/colgante** pont aérien/suspendu ; **~ levadizo** pont-levis m
**puenting** ['pwentin] nm saut m à l'élastique (généralement depuis un pont)
**puerco, -a** adj cochon(ne) ▶ nm/f (Zool) porc (truie) ; (fam) porc (cochonne) ; **~ espín** porc-épic m
**puericultura** nf puériculture f
**pueril** adj puéril(e)
**puerro** nm poireau m
**puerta** nf porte f ; (de coche) portière f ; (de jardín) portail m, porte f ; (portería: Deporte) but m ; (Inform) port m ; **a ~ cerrada** à huis clos ;

**~ batiente/blindada/corredera** porte battante/blindée/coulissante ; **~ de servicio** porte de service ; **~ (de transmisión) en paralelo/en serie** (Inform) port parallèle/série ; **~ giratoria** tourniquet m, porte à tambour ; **~ principal/trasera** porte d'entrée/de derrière
**puerto** nm (tb Inform) port m ; (de montaña) col m ; **llegar a ~** (fig) arriver à bon port ; **~ franco** port franc ; **~ USB** port USB
**Puerto Rico** nm Porto Rico m
**puertorriqueño, -a** adj portoricain(e) ▶ nm/f Portoricain(e)
**pues** conj (en tal caso) donc ; (puesto que) car ; **~ ... no sé** eh bien ... je ne sais pas ; **¡~ claro!** bien sûr ! ; **¡~ sí!** eh bien, oui !
**puesta** nf: **~ a cero** (Inform) réinitialisation f ; **~ al día/a punto** mise f à jour/au point ; **~ del sol** coucher m du soleil ; **~ en escena** mise en scène ; **~ en marcha** mise en marche
**puesto, -a** pp de **poner** ▶ adj: **ir bien/muy ~** être bien habillé(e)/tiré(e) à quatre épingles ▶ nm (tb Mil) poste m ; (: en clasificación) place f ; (tb: **puesto de trabajo**) poste ; (Com: en mercado) étal m ; (: de flores, periódicos) kiosque m ; **~ de mando/policía/socorro** poste de commandement/police/secours ▶ conj: **~ que** puisque
**púgil** nmf (Boxeo) boxeur(-euse)
**pugna** nf lutte f
**pugnar** vi: **~ por** lutter pour
**puja** nf (esfuerzo) effort m ; (en una subasta) enchère f
**pujante** adj puissant(e), vigoureux(-euse)
**pujanza** nf puissance f, vigueur f
**pujar** vi (en subasta) enchérir ; (fig) lutter
**pulcritud** nf (limpieza, soin) soin m
**pulcro, -a** adj (limpio) impeccable ; (cuidadoso) soigné(e)
**pulga** nf puce f ; **tener malas pulgas** avoir mauvais caractère
**pulgada** nf (medida) pouce m
**pulgar** nm pouce m
**pulgón** nm puceron m
**pulir** vt polir ; (fig) peaufiner
**pulla** nf (broma) pique f
**pulmón** nm poumon m ; **a pleno ~** à pleins poumons ; **~ artificial/de acero** poumon artificiel/d'acier
**pulmonar** adj pulmonaire
**pulmonía** nf pneumonie f
**pulóver** nm pull-over m
**pulpa** nf pulpe f
**pulpería** (Am) nf épicerie f
**púlpito** nm (Rel) chaire f
**pulpo** nm poulpe m
**pulque** (CAm, Méx) nm pulque m
**pulquería** (CAm, Méx) nf débit m de pulque
**pulsación** nf pulsation f ; **pulsaciones por minuto** (del teclado) caractères mpl par minute

**pulsador** *nm* poussoir *m*
**pulsar** *vt* (*tecla, botón*) appuyer sur ▶ *vi* (*latir*) battre
**pulsera** *nf* bracelet *m*; **reloj de ~** bracelet-montre *m*
**pulso** *nm* (*Med*) pouls *msg*; (*Col: pulsera*) bracelet *m*; (: *reloj de pulsera*) bracelet-montre *m*; **a ~** (*tb fig*) à la force du poignet; **con ~ firme** de propos délibéré; **echar un ~** faire un bras de fer
**pulular** *vi* pulluler
**pulverice** *etc vb ver* **pulverizar**
**pulverizador** *nm* pulvérisateur *m*
**pulverizar** *vt* pulvériser
**puma** *nm* puma *m*
**puna** (*And, CSur*) *nf* (*Med*) puna *f*
**punce** *etc vb ver* **punzar**
**punción** *nf* (*Med*) ponction *f*
**pundonor** *nm* point *m* d'honneur
**punitivo, -a** *adj* punitif(-ive)
**punki** ['punki] *adj, nmf* punk *mf*
**punta** *nf* pointe *f*; (*de lengua, dedo*) bout *m*; (*fig: toque*) brin *m*; **horas ~** heures *fpl* de pointe; **tecnología ~** technologie *f* de pointe; **de ~** debout; **de ~ a ~** d'un bout à l'autre; **ir de ~ en blanco** être tiré(e) à quatre épingles; **sacar ~ a** (*lápiz*) tailler; **sacarle ~ a todo** chercher la petite bête; **tener algo en la ~ de la lengua** avoir qch sur le bout de la langue; **se me pusieron los pelos de ~** j'en ai eu les cheveux qui se sont dressés sur la tête; **~ del iceberg** (*fig*) partie *f* visible de l'iceberg
**puntada** *nf* (*Costura*) point *m*
**puntaje** *nm* (*Am*) résultat *m*
**puntal** *nm* étai *m*
**puntapié** *nm* coup *m* de pied; **echar a algn a puntapiés** chasser qn à coups de pied aux fesses
**punteado** *nm* (*Mús*) pincement *m*
**puntear** *vt* (*dibujar*) marquer avec des points; (*Mús*) pincer
**puntera** *nf* (*de zapato*) bout *m*
**puntería** *nf* (*de arma*) visée *f*; (*destreza*) précision *f*
**puntero, -a** *adj* (*industria*) de pointe; (*país*) à la pointe ▶ *nm* (*vara*) baguette *f*
**puntiagudo, -a** *adj* pointu(e)
**puntilla** *nf* (*Costura*) picot *m*; **(andar) de puntillas** (marcher) sur la pointe des pieds
**puntillismo** *nm* pointillisme *m*
**puntilloso, -a** *adj* (*en trabajo*) pointilleux(-euse); (*susceptible*) tatillon(ne)
**punto** *nm* point *m*; **a ~** (*listo*) au point; **estar a ~ de** être sur le point de; **llegar a ~** arriver à point; **al ~** immédiatement; **dos puntos** (*Tip*) deux-points *mpl*; **de ~** tricoté(e); **en ~** (*horas*) pile; **estar en su ~** (*Culin*) être cuit(e) à point; **hasta cierto ~** jusqu'à un certain point; **hasta tal ~ que** à tel point que; **hacer ~** tricoter; **poner un motor a ~** mettre un moteur au point; **puntos a tratar** points à traiter; **~ acápite** (*Am*) point, à la ligne; **~ culminante** point culminant; **~ de apoyo** point d'appui; **~ débil** point faible; **~ de congelación** point de congélation; **~ de equilibrio** (*Com*) seuil *m* de rentabilité; **~ de fusión** point de fusion; **~ de partida** point de départ; **~ de pedido** (*Com*) seuil *m* de réapprovisionnement; **~ de referencia** (*Com*) point de référence; **~ de salida** (*Inform*) point de départ; **~ de venta** (*Com*) point de vente; **~ de vista** point de vue; **~ final** point final; **~ muerto** (*Auto*) point mort; **~ negro** point noir; **puntos suspensivos** points de suspension; **~ y coma** point-virgule *m*
**puntocom** *nf inv, adj inv* point com *f*
**puntuable** *adj* qui compte; **una prueba ~ para el campeonato del mundo** une épreuve qui compte pour le championnat du monde
**puntuación** *nf* (*signos*) ponctuation *f*; (*puntos*) notes *fpl*
**puntual** *adj* ponctuel(le)
**puntualice** *etc vb ver* **puntualizar**
**puntualidad** *nf* ponctualité *f*
**puntualizar** *vt* préciser
**puntualmente** *adv* ponctuellement
**puntuar** *vt* (*Ling, Tip*) ponctuer; (*examen*) noter ▶ *vi* (*Deporte*) marquer des points
**punzada** *nf* (*puntura*) piqûre *f*; (*dolor*) élancement *m*
**punzante** *adj* (*dolor*) lancinant(e); (*herramienta*) pointu(e); (*comentario*) mordant(e)
**punzar** *vt* (*pinchar*) piquer ▶ *vi* (*doler*) élancer
**punzón** *nm* pointeau *m*
**puñado** *nm* poignée *f*; **a puñados** à foison
**puñal** *nm* poignard *m*
**puñalada** *nf* coup *m* de poignard; **una ~ trapera** (*fig*) un coup de Jarnac
**puñeta** (*fam!*) *nf*: **¡~!, ¡qué ~(s)!** merde! (*fam!*); **mandar a algn a hacer puñetas** envoyer paître qn
**puñetazo** *nm* coup *m* de poing
**puñetero, -a** (*fam!*) *adj* fichu(e) (*fam*), foutu(e) (*fam!*)
**puño** *nm* (*Anat*) poing *m*; (*de ropa*) poignet *m*; (*de herramienta*) manche *m*; **como un ~** (*verdad*) flagrant(e); **de su ~ y letra** de sa main; **tener el corazón en un ~** avoir le cœur gros
**pupa** *nf* (*Med: fam: ampolla*) croûte *f*; (: *en los labios*) bouton *m* de fièvre; (*fam: en lenguaje infantil*) bobo *m*; **hacer ~ a algn** faire bobo à qn; **hacerse ~** se faire bobo; **pupas** *nmf inv* (*fam*): **ser un pupas** avoir la poisse (*fam*)
**pupila** *nf* (*Anat*) pupille *f*
**pupilo, -a** *nm/f* (*en pensión*) pensionnaire *mf*; (*en un orfelinato*) pupille *mf*; (*discípulo*) disciple *mf*

**pupitre** nm pupitre m
**puré** nm (Culin) purée f ; **estar hecho ~** (fig) être mort ; **~ de patatas/de verduras** purée de pommes de terre/de légumes
**pureza** nf pureté f
**purga** nf purge f
**purgante** adj purgatif(-ive) ▶ nm purgatif m
**purgar** vt purger ; **purgarse** vpr se purger
**purgatorio** nm purgatoire m
**purgue** etc vb ver **purgar**
**purificación** nf purification f
**purificar** vt purifier
**purifique** etc vb ver **purificar**
**purista** nmf puriste mf
**puritanismo** nm puritanisme m
**puritano, -a** adj, nm/f puritain(e)
**puro, -a** adj pur(e) ; (esp Méx) même ; **por pura casualidad/curiosidad** par pur hasard/pure curiosité ▶ nm (tabaco) cigare m ▶ adv (esp Méx) uniquement ; **de ~ cansado** à force de fatigue
**púrpura** nf pourpre f
**purpúreo, -a** adj pourpré(e)
**purpurina** nf (pintura: gen) peinture f à la poudre de bronze ; (: para decoración, maquillaje) paillettes fpl ; (oropel) clinquant m
**pus** nm pus msg

**puse** etc vb ver **poner**
**pusilánime** adj timoré(e), pusillanime
**pústula** nf pustule f
**puta** (fam!) nf putain f, pute f (fam!) ; ver tb **puto**
**putada** (fam!) nf vacherie f ; **¡qué ~!** quelle vacherie !
**puteada** (CSur fam!) nf insulte f
**putear** (fam!) vt emmerder (fam!)
**puto, -a** (fam!) adj foutu(e) (fam) ; **no me hizo ni ~ caso** elle m'a royalement ignoré (fam) ; **no tengo ni un ~ duro** je n'ai pas un rond (fam) ; **¡ni puta idea!** pas la moindre idée ! ; **de puta madre** (fig: bueno) génial(e) (fam), super inv (fam) ; (uso adverbial) vachement bien, super bien ▶ nm (prostituto) prostitué m ; ver tb **puta**
**putrefacción** nf putréfaction f
**putrefacto, -a** adj putréfié(e), pourri(e)
**pútrido, -a** adj putride
**puzzle** ['puθle] nm puzzle m
**PVC** sigla m (= polyvinyl-chloride) PVC m
**PVP** (Esp) sigla m (= precio de venta al público) ver **precio**
**PYME, pyme** sigla f (= Pequeña y Mediana Empresa) PME f (= petite et moyenne entreprise)
**Pza** abr = **plaza**

**Q, q** [ku] nf (letra) Q, q m inv ; **Q de Querido** ≈ Q comme Quintal
**QED** abr (= lo que se había de demostrar) CQFD (= ce qu'il fallait démontrer)
**q.e.g.e.** abr (= que en gloria esté) qu'il (elle) repose en paix
**q.e.p.d.** abr (= que en paz descanse) qu'il (elle) repose en paix
**q.e.s.m.** abr (= que estrecha su mano) votre ami
**QH** abr (= quiniela hípica) ≈ tiercé m
**qm** abr (= quintal(es) métrico(s)) q (= quintal(aux))
**quad** nm quad m
**quark** (Fís) (pl **quarks**) nm quark m

(PALABRA CLAVE)

**que** pron rel **1** (sujeto) qui ; **el hombre que vino ayer** l'homme qui est venu hier
**2** (objeto) que ; **el sombrero que te compraste** le chapeau que tu t'es acheté ; **la chica que invité** la fille que j'ai invitée
**3** (circunstancial, con prep): **el día que yo llegué** le jour où je suis arrivé ; **el piano con que toca** le piano sur lequel il joue ; **el libro del que te hablé** le livre dont je t'ai parlé ; **la cama en que dormí** le lit dans lequel j'ai dormi ; ver tb **el**
▶ conj **1** (con oración subordinada) que ; **dijo que vendría** il a dit qu'il viendrait ; **espero que lo encuentres** j'espère que tu le retrouveras ; ver tb **el**
**2** (con verbo de mandato): **dile que me llame** dis-lui de m'appeler
**3** (en oración independiente): **¡que entre!** qu'il (elle) entre ! ; **¡que se mejore tu padre!** j'espère que ton père va se rétablir ! ; **que lo haga él** qu'il le fasse, lui ; **que yo sepa** que je sache
**4** (enfático): **¿me quieres? — ¡que sí!** tu m'aimes ? — mais oui !
**5** (repetición): **¿cómo has dicho? — ¿que si ...?** qu'est-ce que tu disais ? — que si ... ?
**6** (consecutivo) que ; **es tan grande que no lo puedo levantar** c'est si gros que je ne peux pas le soulever
**7** (en comparaciones) que ; **es más alto que tú** il est plus grand que toi ; **ese libro es igual que el otro** ce livre est pareil que l'autre ; ver tb **más**; **menos**; **mismo**
**8** (valor disyuntivo): **que venga o que no venga** qu'il vienne ou non
**9** (porque): **no puedo, que tengo que quedarme en casa** je ne peux pas, je dois rester à la maison
**10** (valor condicional): **que no puedes, no lo haces** si tu ne peux pas, ne le fais pas
**11** (valor final): **sal a que te vea** sors pour que je te voie
**12**: **todo el día toca que toca** il joue toute la sainte journée ; **y él dale que dale** (hablando) et lui qui n'arrêtait pas
**13**: **yo que tú ...** si j'étais toi ...

**qué** adj quel(le) ; **¿~ edad tienes?** quel âge as-tu ? ; **¿a ~ velocidad?** à quelle vitesse ? ; **¡~ asco!** comme c'est dégoûtant ! ; **¡~ día más espléndido!** quelle journée splendide ! ▶ pron que, quoi ; **¿~?** quoi ? ; **¿~ quieres?** qu'est-ce que tu veux ? ; **¿de ~ me hablas?** de quoi me parles-tu ? ; **¿~ tal?** (comment) ça va ? ; **¿~ hay de nuevo?** quoi de neuf ? ; **¿~ más?** autre chose ? ; **no sé ~ quiere hacer** je ne sais pas ce qu'il veut faire ; **¡y ~!** et alors ! ▶ adv comme, que ; **¡~ divertido!** comme c'est drôle !

**quebrada** nf vallée f encaissée ; ver tb **quebrado**
**quebradero** nm: ~ **de cabeza** casse-tête m
**quebradizo, -a** adj cassant(e) ; (persona, salud) fragile
**quebrado, -a** adj (roto) cassé(e) ; (línea, masa) brisé(e) ; (terreno) accidenté(e) ▶ nm/f (Com) failli(e) ; ~ **rehabilitado** failli réhabilité ▶ nm (Mat) fraction f
**quebrantahuesos** nm inv gypaète m
**quebrantamiento** nm (de ley, norma) infraction f ; (de salud) affaiblissement m
**quebrantar** vt (moral) saper ; (ley, secreto, promesa) violer ; (salud) affaiblir ;
**quebrantarse** vpr (persona, fuerzas) s'affaiblir
**quebranto** nm (en salud) affaiblissement m ; (en fortuna) perte f ; (fig: pena) affliction f
**quebrar** vt casser ▶ vi faire faillite ;
**quebrarse** vpr se casser ; (línea, cordillera) se briser ; (Med: herniarse) se faire une hernie ; **se le quebró la voz** sa voix s'est brisée

## quechua – quien

**quechua** adj quechua ▶ nmf membre m d'une tribu quechua
**queda** nf: **toque de ~** couvre-feu m
**quedar** vi rester ; (*encontrarse*) se donner rendez-vous ; **~ en** convenir de ; **~ en nada** ne pas aboutir ; **~ por hacer** rester à faire ; **no te queda bien ese vestido** cette robe ne te va pas bien ; **quedamos allí** on se retrouve là ; **quedamos a las seis** (*en pasado*) on a dit six heures ; (*en presente*) on se voit à six heures ; **eso queda muy lejos** c'est très loin ; **nos quedan 12 kms para llegar al pueblo** il nous reste encore 12 km avant d'arriver au village ; **quedan dos horas** il reste deux heures ; **eso queda por/hacia allí** c'est par là ; **ahí quedó la cosa** la chose en est restée là ; **no queda otra** il n'y a pas le choix ; **quedarse** vpr rester ; **quedarse ciego/mudo** devenir aveugle/muet ; **quedarse (con) algo** garder qch ; **quedarse con algn** (*fam*) taquiner qn ; **quedarse sin** ne plus avoir de

> El verbo *rester* en francés no tiene un uso pronominal. Así:
> **Se ha quedado en casa.** Il est resté à la maison.

**quedo, -a** adj (*voz*) bas (basse) ; (*pasos*) feutré(e) ▶ adv (*hablar*) doucement ; (*andar*) à pas feutrés
**quehacer** nm tâche f ; **quehaceres (domésticos)** tâches fpl (domestiques)
**queimada** nf *boisson à base d'eau-de-vie qu'on fait flamber, typique de Galice*
**queja** nf plainte f
**quejarse** vpr se plaindre ; **~ de que ...** se plaindre que ...
**quejica** adj, nmf pleurnichard(e)
**quejido** nm gémissement m, plainte f
**quejoso, -a** adj mécontent(e)
**quejumbroso, -a** adj geignard(e)
**quema** nf incendie m
**quemado, -a** adj brûlé(e) ; **estar ~** (*fam: harto*) en avoir marre (*fam*) ; (: *político, actor*) être fini(e) ▶ nm: **oler a ~** sentir le brûlé
**quemador** nm brûleur m ; **~ de gas** brûleur m (au gaz), feu m
**quemadura** nf brûlure f ; (*de sol*) coup m de soleil
**quemar** vt brûler ; (*fig: malgastar*) flamber ; (: *deteriorar: imagen, persona*) user ; (*fastidiar*) agacer ▶ vi brûler ; **quemarse** vpr (*consumirse*) brûler ; (*del sol*) attraper un coup o des coups de soleil
**quemarropa**: **a ~** adv (*disparar*) à bout portant ; (*preguntar*) à brûle-pourpoint
**quemazón** nf brûlure f ; (*picor*) démangeaison f
**quena** (AM) nf flûte f indienne
**quepí, quepís** nm ver **kepi**
**quepo** etc vb ver **caber**

**queque** (AND, CSUR) nm gâteau m
**querella** nf (*Jur*) plainte f ; (*disputa*) querelle f
**querellarse** vpr porter plainte
**querencia** nf attachement m

(PALABRA CLAVE)

**querer** vt **1** (*desear*) vouloir ; **quiero más dinero** je veux plus d'argent ; **quisiera** o **querría un té** je voudrais un thé ; **sin querer** sans faire exprès ; **quiera o no quiera** qu'il le veuille ou non ; **¡no quiero!** je ne veux pas ! ; **como usted quiera** comme vous voudrez ; **como quien no quiere la cosa** mine de rien ; **¡qué más quisiera yo!** si seulement je pouvais !
**2** (+ *vb dependiente*): **quiero ayudar/que vayas** je veux aider/que tu t'en ailles ; **¿qué quieres decir?** que veux-tu dire ?
**3** (*para pedir algo*): **¿quiere abrir la ventana?** vous voulez bien ouvrir la fenêtre ?
**4** (*amar*) aimer ; (*amigo, perro*) aimer bien ; **quiere mucho a sus hijos** elle aime beaucoup ses enfants ; **te quiero bien** je ne veux que ton bien ; **¡por lo que más quieras!** je t'en prie !
**5** (*requerir*): **esta planta quiere más luz** cette plante a besoin de plus de lumière
**6** (*impersonal*): **quiere llover** il va pleuvoir
**7**: **como quiera que ...** (*dado que*) puisque ..., comme ...

**querido, -a** adj (*mujer, hijo*) chéri(e) ; (*tierra, amigo, en carta*) cher (chère) ; **nuestra querida patria** notre chère patrie ▶ nm/f amant(e) ; **¡sí, ~!** oui, chéri !
**querosén** (AM), **querosene** (AM), **queroseno** nm kérosène m
**querré** etc vb ver **querer**
**quesadilla** (CAM, MÉX) nf *crêpe de maïs fourrée*
**quesera** nf ≈ plateau m à fromage
**quesería** nf fromagerie f
**quesero, -a** adj: **la industria quesera** l'industrie f fromagère
**quesito** nm ≈ vache f qui rit®
**queso** nm fromage m ; **dárselas con ~ a algn** (*fam*) mener qn en bateau ; **~ cremoso** fromage crémeux ; **~ rallado** fromage râpé
**quetzal** nm quetzal m
**quiche** nm quiche f
**quicio** nm gond m ; **estar fuera de ~** être sens dessus dessous ; **sacar a algn de ~** mettre qn hors de soi
**quid** nm quid m ; **dar en el ~** mettre en plein dans le mille
**quiebra** nf effondrement m ; (*Com*) faillite f
**quiebro** vb ver **quebrar** ▶ nm (*del cuerpo*) déhanchement m ; (*del torero*) écart m
**quien** pron (*relativo: sujeto*) qui ; (: *complemento*) qui, que ; **la persona a ~ quiero** la personne que j'aime ; **~ dice eso es tonto** (*indefinido*)

## quién – quórum

celui qui dit cela est un idiot ; **hay ~ piensa que** il y a des gens qui pensent que ; **no hay ~ lo haga** personne n'en est capable ; **~ más, ~ menos tiene sus problemas** tout le monde a des problèmes

**quién** *pron* (*interrogativo*) qui ; **¿~ es?** qui est-ce ? ; (*Telec*) qui est à l'appareil ? ; **¡~ pudiera!** si seulement je pouvais !

**quienquiera** (*pl* **quienesquiera**) *pron* quiconque

**quiera** *etc vb ver* **querer**

**quieto, -a** *adj* (*manos, cuerpo*) immobile ; (*carácter*) tranquille ; **¡estate ~!** reste tranquille !

**quietud** *nf* (*inmovilidad*) immobilité *f*; (*tranquilidad*) tranquillité *f*, quiétude *f*

**quijada** *nf* mâchoire *f*

**quijote** *nm*: **ser un ~** être un Don Quichotte ; **Don Q~** Don Quichotte

**quijotesco, -a** *adj* digne de Don Quichotte, chimérique

**quil., qts.** *abr* (= *quilates*) *ver* **quilate**

**quilate** *nm* carat *m*

**quilla** *nf* quille *f*

**quilo...** = **kilo...**

**quilombo** (*CSur*) *nm* bordel *m* (*fam*)

**quimera** *nf* chimère *f*

**quimérico, -a** *adj* chimérique

**química** *nf* chimie *f*

**químico, -a** *adj* chimique ▶ *nm/f* chimiste *mf*

**quimioterapia** *nf* chimiothérapie *f*

**quina** *nf* quinine *f*

**quincallería** *nf* quincaillerie *f*

**quince** *adj inv, nm inv* quinze *m inv* ; **~ días** quinze jours ; *ver tb* **seis**

**quinceañero, -a** *adj* adolescent(e) ▶ *nm/f* garçon (fille) de quinze ans, adolescent(e)

**quincena** *nf* quinzaine *f*

**quincenal** *adj* (*pago, reunión*) bimensuel(le)

**quincenalmente** *adv* tous les quinze jours

**quincuagésimo, -a** *adj, nm/f* cinquantième *mf*

**quiniela** *nf* (*juego*) ≈ Loto *msg* sportif ; (*impreso*) grille *f* o bulletin *m* de Loto sportif ; **~ hípica** ≈ tiercé *m*

**quinientos, -as** *adj* cinq cents ; *ver tb* **seiscientos**

**quinina** *nf* quinine *f*

**quinqué** *nm* lampe *f* à huile o à pétrole

**quinquenal** *adj* quinquennal(e)

**quinquenio** *nm* quinquennat *m*

**quinqui** (*pey, fam*) *nm* voyou *m*

**quinta** *nf* maison *f* de campagne ; (*Mil*) classe *f*; **la ~ del 56** la classe de 1956

**quintaesencia** *nf* quintessence *f*

**quintal** *nm*: **~ métrico** (*100 kg*) quintal *m*

**quinteto** *nm* quintette *m*

**quinto, -a** *adj* cinquième ▶ *nm* (*Mil*) recrue *f*; (*ordinal*) cinquième *m* ; *ver tb* **sexto**

**quintral** (*CSur*) *nm* gui *m*

**quíntuplo, -a** *adj* quintuple

**quiosco** *nm* kiosque *m*

**quirófano** *nm* salle *f* d'opération

**quiromancia** *nf* chiromancie *f*

**quiromasaje** *nm* massage *m* (*avec les mains*)

**quirúrgico, -a** *adj* chirurgical

**quise** *etc vb ver* **querer**

**quisque** (*fam*) *pron*: **cada** o **todo ~** tous

**quisquilla** *nf* (*Zool*) crevette *f* grise

**quisquilloso, -a** *adj* (*susceptible*) chatouilleux(-euse) ; (*meticuloso*) pointilleux(-euse)

**quiste** *nm* kyste *m*

**quitaesmalte** *nm* dissolvant *m*

**quitamanchas** *nm inv* détachant *m*

**quitanieves** *nm inv* chasse-neige *m inv*

**quitar** *vt* enlever ; (*ropa*) enlever, ôter ; (*dolor*) éliminer ; (*vida*) donner la mort à ; **quítalo de ahí** enlève ça de là ; **me quita mucho tiempo** cela me prend beaucoup de temps ; **~ la televisión/radio** éteindre la télévision/radio ; **~ la mesa** débarrasser la table ; **el café me quita el sueño** le café m'empêche de dormir ; **~ de en medio a algn** se débarrasser de qn ▶ *vi*: **¡quita de ahí!** hors d'ici ! ; **eso no quita para que venga** cela ne l'empêche pas de venir ; **de quita y pon** amovible ; **quitarse** *vpr* (*desaparecer*) partir ; (*ropa*) ôter ; **quitarse algo de encima** se débarrasser de qch ; **quitarse de** arrêter de ; **quitarse del tabaco** o **de fumar** arrêter de fumer ; **se quitó el sombrero** il ôta son chapeau ; **quitarse la vida** se donner la mort

**quitasol** *nm* parasol *m*

**quite** *nm* (*esgrima*) parade *f*; (*Taur*) action de détourner l'attention du taureau ; **estar al ~** être prêt(e) à aider qn

**quiteño, -a** *adj* de Quito ▶ *nm/f* natif(-ive) o habitant(e) de Quito

**Quito** *n* Quito

**quizá, quizás** *adv* peut-être

**quórum** ['kworum] (*pl* **quórums**) *nm* quorum *m*

# Rr

**R, r** ['erre] *nf (letra)* R, r *m inv* ; **R de Ramón** ≈ R comme Raoul
**R.** *abr (Rel)* = **reverendo**; **real**; (= *remite, remitente*) exp. (= *expéditeur*) ; (= *río*) fl. (= *fleuve*)
**rabadilla** *nf (de ave)* croupion *m* ; *(de conejo)* râble *m* ; *(del hombre)* coccyx *msg*
**rábano** *nm* radis *msg* ; **me importa un ~** je m'en moque comme de l'an quarante
**rabia** *nf* rage *f* ; **¡qué ~!** c'est trop bête ! ; **me da ~** ça m'énerve ; **tener ~ a algn** avoir une dent contre qn ; **me da ~ marcharme** je dois partir, c'est trop bête !
**rabiar** *vi (Med)* avoir la rage ; **~ por hacer algo** mourir d'envie de faire qch
**rabieta** *nf* crise *f* (de colère)
**rabillo** *nm (del ojo)* coin *m* ; *(Bot)* queue *f* ; **mirar con el ~ del ojo** regarder du coin de l'œil
**rabino** *nm* rabbin *m*
**rabioso, a** *adj (perro)* enragé(e) ; *(dolor, ganas)* fou (folle) ; **estar ~** (*fig*) être furieux(-euse), avoir la rage
**rabo** *nm* queue *f*
**racanear** (*fam*) *vi (ser vago)* flemmarder (*fam*) ; *(ser tacaño)* être radin(e) (*fam*)
**rácano** (*fam*) *adj*, *nmf* radin(e) (*fam*)
**RACE** *sigla m* (= *Real Automóvil Club de España*) ≈ ACF *m* (= *Automobile Club de France*)
**racha** *nf (de viento)* rafale *f* ; *(serie)* suite *f* ; **buena/mala ~** bonne/mauvaise passe *f* ; **~ de mala suerte** série *f* de malchances
**racial** *adj* racial(e)
**racimo** *nm* grappe *f*
**raciocinio** *nm* raisonnement *m*
**ración** *nf* ration *f* ; *(en bar)* portion *f*
**racional** *adj* rationnel(le) ; **animal ~** être *m* doué de raison
**racionalice** *etc vb ver* **racionalizar**
**racionalismo** *nm* rationalisme *m*
**racionalista** *adj*, *nmf* rationaliste *mf*
**racionalizar** *vt* rationaliser
**racionalmente** *adv* rationnellement
**racionamiento** *nm* rationnement *m*
**racionar** *vt* rationner
**racismo** *nm* racisme *m*
**racista** *adj*, *nmf* raciste *mf*
**radar, rádar** *nm* radar *m*
**radiación** *nf (solar, atómica)* rayonnement *m* ; *(Telec)* radiation *f*
**radiactividad** *nf* = **radioactividad**
**radiactivo, -a** *adj* = **radioactivo**
**radiado, -a** *adj* radiodiffusé(e)
**radiador** *nm* radiateur *m*
**radial** *(Am) adj* radiophonique
**radiante** *adj* radieux(-euse)
**radiar** *vt (programa)* radiodiffuser ; *(ondas, luz)* irradier ; *(Med)* traiter par radiothérapie
**radical** *adj* radical(e) ▶ *nm (Ling, Mat)* radical *m*
**radicalismo** *nm* radicalisme *m*
**radicalización** *nf* radicalisation *f*
**radicalizar** *vt* radicaliser ; **radicalizarse** *vpr* se radicaliser
**radicar** *vi*: **~ en** *(consistir)* résider en ; *(estar situado)* se trouver ; **radicarse** *vpr* s'établir
**radio** *nf (aparato)* radio *f* ; **por ~** à la radio ▶ *nm (Geom)* rayon *m* ; *(Quím)* radium *m*; **~ de acción** rayon d'action
**radioactividad** *nf* radioactivité *f*
**radioactivo, -a** *adj* radioactif(-ive)
**radioaficionado, -a** *nm/f* radioamateur *m*
**radiocasete** *nm* radiocassette *f*
**radiodespertador** *nm* radio-réveil *m*
**radiodifusión** *nf* radiodiffusion *f*
**radioemisora** *nf* station *f* (de radio)
**radiofónico, -a** *adj* radiophonique
**radiografía** *nf* radiographie *f*
**radiólogo, -a** *nm/f* radiologue *mf*
**radionovela** *nf* feuilleton *m* (radiodiffusé)
**radiotaxi** *nm* radio-taxi *m*
**radioteléfono** *nm* radiotéléphone *m*
**radioterapia** *nf* radiothérapie *f*
**radiotransmisor** *nm* poste *m* émetteur
**radioyente** *nmf* auditeur(-trice)
**radique** *etc vb ver* **radicar**
**radón** *nm (Quím)* radon *m*
**RAE** *sigla f* (= *Real Academia Española*) ≈ Académie *f* française
**raer** *vt (superficie)* racler ; *(ropa)* élimer, râper
**ráfaga** *nf* rafale *f* ; *(de luz)* jet *m*
**rafia** *nf* raphia *m*
**rafting** ['raftin] *nm* rafting *m*
**raíces** *nfpl de* **raíz**
**raid** [raid] *nm (Mil)* raid *m*
**raído, -a** *adj (ropa)* élimé(e), râpé(e)
**raigambre** *nf* racines *fpl*

**rail, raíl** *nm* rail *m*
**raíz** *nf* racine *f*; **~ cuadrada** racine carrée; **a ~ de** (*como consecuencia de*) à la suite de; (*después de*) après; **echar raíces** (*fig*) prendre racine
**raja** *nf* (*de melón, limón*) tranche *f*; (*en tela, plástico*) coupure *f*; (*en muro, madera*) fissure *f*
**rajá** *nm* rajah *m*, radja *m*
**rajar** *vt* (*tela*) déchirer; (*madera*) fendre; (*fam: herir*) mettre un coup de couteau ▶ *vi* (*fam*) jacasser; **rajarse** *vpr* se fendre; (*fam*) se dégonfler
**rajatabla**: **a ~** *adv* à la lettre
**RAL** *abr* (*Inform*: = *red de área local*) réseau *m* local
**ralea** (*pey*) *nf*: **de baja ~** de bas étage; **tener mala ~** être mauvais coucheur
**ralentí** (*Auto, Cine*) *nm* ralenti *m*; **al ~** (*tb fig*) au ralenti
**ralentizar** *vt, vi* ralentir; **ralentizarse** *vpr* se ralentir
**rallador** *nm* râpe *f*
**rallar** *vt* râper
**rally** ['rrali] (*pl* **rallys**) *nm* (*Auto*) rallye *m*
**ralo, -a** *adj* clairsemé(e)
**RAM** *sigla f* (= *random access memory*) RAM *f* (= *mémoire vive*)
**rama** *nf* branche *f*; **andarse** *o* **irse por las ramas** (*fig, fam*) tourner autour du pot
**ramadán** *nm* ramadan *m*
**ramaje** *nm* ramage *m*
**ramal** *nm* (*de cuerda*) brin *m*; (*Ferro*) embranchement *m*; (*Auto*) bretelle *f*
**ramalazo** (*fam*) *nm*: **tener un ~ de loco** avoir un grain
**rambla** *nf* promenade *f*, avenue *f*
**ramera** (*fam!*) *nf* catin *f* (*fam!*)
**ramificación** *nf* ramification *f*
**ramificarse** *vpr* se ramifier
**ramifique** *etc vb ver* **ramificarse**
**ramillete** *nm* bouquet *m*
**ramo** *nm* bouquet *m*; (*de industria*) branche *f*
**rampa** *nf* rampe *f*; **~ de acceso** rampe d'accès; **~ de lanzamiento** rampe de lancement
**ramplón, -ona** *adj* vulgaire
**rana** *nf* grenouille *f*; **salir ~** (*fam*) décevoir; **cuando las ranas críen pelo** quand les poules auront des dents
**ranchera** *nf* (*MÉX*) chanson populaire du Mexique; (*Auto*) break *m*
**ranchero** *nm* (*AM*) fermier *m*; (*MÉX*) paysan *m*
**ranchitos** (*VEN*) *nmpl* bidonvilles *mpl*
**rancho** *nm* (*comida*) popote *f*; (*AM*) ranch *m*; (: *pequeño*) petite ferme *f*; (*choza*) cabane *f*; **ranchos** *nmpl* (*VEN*: *barrio de chabolas*) bidonvilles *mpl*
**rancio, -a** *adj* rance; (*vino, fig*) vieux (vieille)
**rango** *nm* rang *m*
**ránking** ['raŋkin] (*pl* **ránkings** ['raŋkin]) *nm* (*clasificación*) classement *m*
**ranura** *nf* rainure *f*; (*de teléfono*) fente *f*; **~ de expansión** (*Inform*) emplacement *m*

**rap** *nm* (*Mús*) rap *m*
**rapacidad** *nf* rapacité *f*
**rapado, -a** *adj* (*pelo*) rasé(e) ▶ *nm/f* (*persona*) skinhead *mf*, skin *mf* ▶ *nm* (*corte de pelo*): **tiene un buen ~** il s'est rasé les cheveux vraiment très courts
**rapapolvo** *nm*: **echar un ~ a algn** sonner les cloches à qn
**rapar** *vt* raser
**rapaz** *adj* (*ave*) de proie ▶ *nf* (*tb fig*) rapace *m* ▶ *nm* gamin *m*
**rapaza** *nf* gamine *f*
**rape** *nm* (*pez*) lotte *f*; **al ~** ras *inv*
**rapé** *nm* tabac *m* à priser
**rapel** *nm* (*Deporte*) rappel *m*
**rapero, -a** *adj* rap ▶ *nm/f* rappeur(-euse)
**rápidamente** *adv* rapidement
**rapidez** *nf* rapidité *f*
**rápido, -a** *adj* rapide ▶ *adv* rapidement ▶ *nm* (*Ferro*) rapide *m*; **rápidos** *nmpl* (*de río*) rapides *mpl*
**rapiña** *nm* rapine *f*; **ave de ~** oiseau *m* de proie
**raptar** *vt* enlever
**rapto** *nm* rapt *m*, enlèvement *m*; (*impulso*) accès *msg*; (*éxtasis*) transport *m*, ravissement *m*
**raptor, a** *nm/f* ravisseur(-euse), kidnappeur(-euse)
**raqueta** *nf* raquette *f*
**raquítico, -a** *adj* rachitique
**raquitismo** *nm* rachitisme *m*
**raramente** *adv* rarement
**rareza** *nf* rareté *f*; (*fig*) excentricité *f*
**raro, -a** *adj* rare; (*extraño*) curieux(-euse), bizarre; **¡qué ~!** c'est curieux!, c'est bizarre!; **¡qué cosa más rara!** comme c'est bizarre!

⚠ **Raro** a plus souvent le sens de *bizarre* que de *rare*.

**ras** *nm*: **a ~ de tierra/del suelo** à ras de terre/au ras du sol
**rasante** *adj* (*vuelo*) en rase-mottes ▶ *nm* pente *f*, inclinaison *f*; **cambio de ~** (*Auto*) haut *m* d'une côte
**rasar** *vt* raser
**rascacielos** *nm inv* gratte-ciel *m inv*
**rascar** *vt* gratter; (*raspar*) racler; **rascarse** *vpr* se gratter
**rasero** *nm* radoire *f*; **doble ~** deux poids, deux mesures; **medir con el mismo ~** (*fig*) mettre sur le même pied, mettre sur un pied d'égalité
**rasgado, -a** *adj*: **ojos rasgados** yeux *mpl* bridés
**rasgar** *vt* déchirer
**rasgo** *nm* trait *m*; **rasgos** *nmpl* (*de rostro*) traits *mpl*; **a grandes rasgos** à grands traits
**rasgue** *etc vb ver* **rasgar**
**rasguear** *vt* (*Mús*) gratter

## rasguñar – reafirmar

**rasguñar** vt égratigner; **rasguñarse** vpr s'égratigner
**rasguño** nm égratignure f
**raso, -a** adj ras(e); **cielo ~** ciel m dégagé ▶ nm satin m; **al ~** à la belle étoile
**raspa** nf (de pez: espina) arête f; (: espinazo) arête f dorsale
**raspado** nm (Med) curetage m
**raspador** nm grattoir m
**raspadura** nf (de pintura) grattage m; (marca) rayure f; **raspaduras** nfpl (restos) restes mpl
**raspar** vt gratter; (arañar) rayer; (limar) râper ▶ vi être rugueux(-euse); (vino) être râpeux(-euse)
**rasque** etc vb ver **rascar**
**rasta** adj, nmf rasta mf
**rastacuero, -a** (AM fam) adj, nm/f rastaquouère m
**rastra** nf: **a rastras** en traînant; (fig) à contrecœur
**rastreador, a** adj: **perro ~** (de cazador) chien m d'arrêt; (de policía) limier m ▶ nm (de huellas, pistas) pisteur m; **~ de minas** dragueur m de mines
**rastrear** vt (pista) suivre; (minas) draguer
**rastreo** nm ratissage m
**rastrero, -a** adj (tb fig) rampant(e)
**rastrillo** nm râteau m; (MÉX) rasoir m
**rastro** nm trace f; (Agr) râteau m; (mercado) marché m aux puces; **el R~** le marché aux puces de Madrid; **perder el ~** perdre la trace; **desaparecer sin dejar ~** disparaître sans laisser de traces; **¡ni ~!** pas la moindre trace!
**rastrojo** nm chaume m
**rasuradora** (MÉX) nf rasoir m
**rasurarse** (AM) vpr se raser
**rata** nf rat m
**ratear** vt voler
**ratero, -a** nm/f voleur(-euse); (AM: de casas) cambrioleur(-euse)
**raticida** nm raticide m
**ratificación** nf ratification f
**ratificar** vt ratifier; **ratificarse** vpr: **ratificarse en algo** réaffirmer qch
**ratifique** etc vb ver **ratificar**
**ratio** nm o nf ratio m
**rato** nm moment m; **a ratos** par moments; **de a ratos** (ARG) de temps en temps; **al poco ~** peu après; **ratos libres** o **de ocio** moments de loisir; **¡hasta otro ~!** à la prochaine!; **hay para ~** il y en a pour un bon moment; **pasar el ~** passer le temps; **pasar un buen/mal ~** passer un bon/mauvais moment
**ratón** nm (tb Inform) souris fsg
**ratonera** nf souricière f
**RAU** sigla f (= República Árabe Unida) RAU f (= République arabe unie)
**raudal** nm torrent m; **a raudales** à flots; **entrar a raudales** entrer à flots
**raudo, -a** adj rapide

**raya** nf raie f; (en tela) rayure f; (Tip) tiret m; (de droga) ligne f; **a rayas** à rayures; **pasarse de la ~** dépasser les bornes; **tener a ~** tenir en respect
**rayado, -a** adj rayé(e)
**rayar** vt rayer ▶ vi: **~ en** o **con** confiner à; (parecerse a) friser; **raya en la cincuentena** il frise la cinquantaine; **al ~ el alba** au point du jour
**rayo** nm rayon m; (en una tormenta) foudre f; **ser un ~** (fig) être très vif (vive); **como un ~** comme un éclair; **la noticia cayó como un ~** la nouvelle a fait l'effet d'une bombe; **pasar como un ~** passer comme un éclair; **~ de luna** rayon de lune; **~ solar** o **de sol** rayon de soleil; **rayos infrarrojos** rayons mpl infrarouges; **rayos X** rayons X
**rayón** nm rayonne f
**rayuela** (ARG) nf marelle f
**raza** nf race f; **de pura ~** (animal) de race; **~ humana** race humaine
**razón** nf (tb Mat) raison f; **a ~ de 10 cada día** à raison de 10 par jour; **«~: aquí»** « s'adresser ici »; **en ~ de** en raison de; **en ~ directa con** en relation directe avec; **perder la ~** perdre la raison; **entrar en ~** entendre raison; **dar la ~ a algn** donner raison à qn; **dar ~ de** renseigner sur; **¡y con ~!** et pour cause!; **tener/no tener ~** avoir raison/tort; **~ directa/inversa** raison directe/indirecte; **~ de ser** raison d'être
**razonable** adj raisonnable
**razonado, -a** adj (Com: cuenta etc) détaillé(e)
**razonamiento** nm raisonnement m
**razonar** vt raisonner; (Com: cuenta) détailler ▶ vi raisonner
**RDA** sigla f (Hist: = República Democrática Alemana) RDA f (= République démocratique allemande)
**Rdo.** abr = **reverendo**
**re** nm (Mús) ré m inv
**re...** (esp AM) pref très
**reabierto** pp ver **reabrir**
**reabrir** vt rouvrir; **reabrirse** vpr se rouvrir
**reacción** nf réaction f; **avión a ~** avion m à réaction; **~ en cadena** réaction en chaîne
**reaccionar** vi réagir
**reaccionario, -a** adj, nm/f réactionnaire mf
**reacio, -a** adj réticent(e); **ser/estar ~ a hacer algo** être/se montrer réticent(e) à faire qch
**reacondicionar** vt (local) restructurer
**reactivar** vt (economía, negociaciones) relancer; **reactivarse** vpr reprendre
**reactor** nm réacteur m; (avión) avion m à réaction; **~ nuclear** réacteur nucléaire
**readaptación** nf: **~ profesional** réadaptation f professionnelle
**readmitir** vt réadmettre
**reafirmar** vt réaffirmer; **reafirmarse** vpr: **reafirmarse en** (posición) rester sur

## reagrupar – recaiga

**reagrupar** vt regrouper
**reajustar** vt (tb Inform) réajuster
**reajuste** nm réajustement m ; **~ de plantilla** compression f de personnel ; **~ ministerial** remaniement m ministériel ; **~ salarial** réajustement des salaires
**real** adj (verdadero) réel(le) ; (del rey, fig) royal(e) ; **R~ Academia Española** voir article

> **REAL ACADEMIA ESPAÑOLA**
>
> La **Real Academia Española**, ou **RAE**, a été créée en 1713 et approuvée par le roi Philippe V en 1714 sous la devise *Limpia, fija y da esplendor* (Elle purifie, fixe et donne de la splendeur) dans le but de préserver la pureté de la langue espagnole. Les 46 membres de cette institution, nommés à vie, comptent parmi les plus grands écrivains et linguistes d'Espagne. Le premier dictionnaire, le *Diccionario de Autoridades* en six volumes, a été publié entre 1726 et 1739. Depuis la version condensée en un volume parue en 1780, plus d'une vingtaine de nouvelles éditions ont été publiées.

**realce** vb ver **realzar** ▶ nm relief m ; **poner de ~** mettre en relief ; **dar ~ a algo** (fig) mettre qch en relief
**real-decreto** (pl **reales-decretos**) nm arrêté m royal
**realeza** nf royauté f
**realice** etc vb ver **realizar**
**realidad** nf réalité f ; **en ~** en réalité
**realismo** nm réalisme m
**realista** adj, nmf réaliste mf ; (Pol) royaliste mf
**reality show** [re'alitiʃow] (pl **reality shows**) nm reality show m
**realizable** adj réalisable
**realización** nf réalisation f ; **~ de plusvalías** réalisation de plus-values
**realizador, -a** nm/f (TV, Cine) réalisateur(-trice)
**realizar** vt réaliser ; **realizarse** vpr se réaliser
**realmente** adv réellement ; (con adjetivo) vraiment ; **es ~ apasionante** c'est vraiment passionnant
**realojar** vt reloger
**realquilar** vt (subarrendar) sous-louer ; (alquilar de nuevo) relouer
**realzar** vt (Tec) surélever ; (belleza) mettre en valeur ; (importancia) augmenter
**reanimación** nf réanimation f
**reanimar** vt ranimer ; **reanimarse** vpr se ranimer
**reanudación** nf (de relación, historia, viaje) reprise f
**reanudar** vt (relación) renouer ; (historia, viaje) reprendre
**reaparecer** vi réapparaître, reparaître ; (artista) faire un come-back
**reaparición** nf réapparition f ; come-back m
**reapertura** nf réouverture f
**rearme** nm réarmement m
**reavivar** vt ranimer
**rebaja** nf solde m ; « **rebajas** » « soldes »
**rebajar** vt rabaisser ; (reducir: artículo) solder ; **rebajarse** vpr: **rebajarse a hacer algo** s'abaisser à faire qch
**rebanada** nf tranche f
**rebanar** vt (pan) couper en tranches ; (dedo) sectionner
**rebañar** vt racler
**rebaño** nm troupeau m
**rebasar** vt dépasser ; (Auto) doubler
**rebatir** vt réfuter
**rebato** nm: **llamar** o **tocar a ~** sonner le glas o tocsin
**rebeca** nf cardigan m
**rebeco** nm chamois m, isard m
**rebelarse** vpr se rebeller
**rebelde** adj rebelle ▶ nmf (Pol) rebelle mf ; (Jur) accusé(e) défaillant(e)
**rebeldía** nf rébellion f ; (Jur) contumace f ; **en ~** par contumace
**rebelión** nf rébellion f
**rebenque** (AM) nm fouet m
**reblandecer** vt ramollir
**reblandezca** etc vb ver **reblandecer**
**rebobinar** vt rembobiner
**reboce** etc vb ver **rebozar**
**rebosante** adj: **~ de** (fig) débordant(e) de
**rebosar** vt, vi déborder ; **~ de salud** respirer la santé
**rebotar** vi rebondir
**rebote** nm rebondissement m ; **de ~** (fig) par ricochet
**rebozado, -a** adj pané(e)
**rebozar** vt paner
**rebozo** nm (mantilla) mantille f ; (disfraz) masque m ; (AM) châle m
**rebrote** nm (de conflicto) reprise f, résurgence f ; (de enfermedad) recrudescence f
**rebuscado, -a** adj recherché(e)
**rebuscar** vt rechercher ▶ vi: **~ (en** o **por)** chercher (dans), fouiller (dans)
**rebuznar** vi braire
**recabar** vt obtenir ; **~ fondos** obtenir des fonds
**recadero** nm garçon m de courses
**recado** nm course f ; (mensaje) message m ; (AM: montura) selle f ; **dejar/tomar un ~** (Telec) laisser/prendre un message ; **recados** nmpl (compras) courses fpl, commissions fpl ; **fui a hacer unos recados** je suis allé faire des courses
**recaer** vi rechuter ; **~ en** (responsabilidad) retomber sur ; (premio) échoir à ; (criminal) retomber dans
**recaída** nf (Med) rechute f
**recaiga** etc vb ver **recaer**

## recalcar – recodo

**recalcar** vt (fig) souligner
**recalcitrante** adj récalcitrant(e)
**recalentamiento** nm: **~ global** réchauffement m global
**recalentar** vt réchauffer; (demasiado) surchauffer; **recalentarse** vpr se réchauffer
**recaliente** etc vb ver **recalentar**
**recalque** etc vb ver **recalcar**
**recámara** nf (habitación) dressing-room m; (de arma) magasin m; (AM) chambre f
**recamarera** (MÉX) nf domestique f
**recambio** nm (de pieza) pièce f détachée o de rechange; (de pluma) recharge f; **piezas de ~** pièces fpl détachées
**recapacitar** vi réfléchir
**recapitular** vt récapituler
**recargable** adj rechargeable
**recargado, -a** adj surchargé(e)
**recargar** vt recharger; (pago) alourdir
**recargo** nm majoration f de prix
**recargue** etc vb ver **recargar**
**recatado, -a** adj réservé(e)
**recato** nm réserve f
**recauchutado, -a** adj rechapé(e)
**recaudación** nf recette f; (acción) perception f
**recaudador, a** nm/f (tb: **recaudador de impuestos**) percepteur(-trice)
**recaudar** vt percevoir
**recaudo** nm: **estar a buen ~** être en lieu sûr; **poner algo a buen ~** mettre qch en lieu sûr
**recayendo** etc vb ver **recaer**
**rece** etc vb ver **rezar**
**recelar** vt: **~ que** soupçonner que; (temer) craindre que ▶ vi se méfier; **recelarse** vpr se méfier
**recelo** nm (desconfianza) méfiance f; (temor) crainte f
**receloso, -a** adj (suspicaz) méfiant(e); (temeroso) craintif(-ive)
**recepción** nf réception f
**recepcionista** nmf réceptionniste mf
**receptáculo** nm réceptacle m
**receptivo, -a** adj réceptif(-ive)
**receptor, a** nm/f réceptionnaire mf ▶ nm (Telec, radio) récepteur m; **descolgar el ~** décrocher le récepteur
**recesión** nf récession f
**receso** nm (descanso) pause f; (AM: parlamentario) intersession f, vacances fpl parlementaires
**receta** nf (Culin) recette f; (Med) ordonnance f
**recetar** vt prescrire
**recetario** nm livre m de recettes
**rechace** etc vb ver **rechazar**
**rechazar** vt (ataque, oferta) repousser; (idea, acusación) rejeter
**rechazo** nm rejet m; (sentimiento) refoulement m; **de ~** par ricochet
**rechifla** nf huées fpl; (fig) risée f
**rechinar** vi grincer
**rechistar** vi: **sin ~** sans broncher
**rechoncho, -a** (fam) adj boulot(te)
**rechupete**: **de ~** adj à s'en lécher les babines o doigts
**recibí** nm reçu m
**recibidor** nm entrée f
**recibimiento** nm accueil m
**recibir** vt, vi recevoir; **recibirse** vpr (AM Escol): **recibirse de** obtenir le diplôme de
**recibo** nm reçu m; **acusar ~ de** accuser réception de
**reciclable** adj recyclable
**reciclado, -a** adj recyclé(e) ▶ nm recyclage m
**reciclaje** nm recyclage m
**reciclar** vt recycler
**recién** adv récemment; (AM: solo) seulement; **~ casado** jeune marié; **el ~ llegado/nacido** le nouveau venu/-né; **~ a las seis me enteré** (AM) je ne l'ai appris qu'à six heures
**reciente** adj récent(e); (pan, herida) frais (fraîche)
**recientemente** adv récemment
**recinto** nm enceinte f; **~ ferial** parc m des expositions
**recio, -a** adj résistant(e); (voz) fort(e) ▶ adv fort, dur
**recipiente** nm (objeto) récipient m; (persona) récipiendaire mf
**reciprocidad** nf réciprocité f
**recíproco, -a** adj réciproque
**recital** nm récital m
**recitar** vt réciter
**reclamación** nf réclamation f; **~ salarial** revendication f salariale
**reclamar** vt, vi réclamer; **~ a algn en justicia** assigner qn en justice
**reclamo** nm (en caza) appeau m; (incentivo) appât m; (AND, CSUR: queja) plainte f; **~ publicitario** réclame f
**reclinable** adj inclinable; **asiento ~** siège m inclinable
**reclinar** vt incliner; **reclinarse** vpr s'incliner
**recluir** vt enfermer; **recluirse** vpr vivre en reclus; **recluirse en su casa** s'enfermer o se cloîtrer chez soi
**reclusión** nf réclusion f; (voluntario) retraite f; **~ perpetua** réclusion à perpétuité
**recluso, -a** adj reclus(e); **población reclusa** population f pénitentiaire ▶ nm/f reclus(e)
**recluta** nmf recrue f ▶ nf recrutement m
**reclutamiento** nm recrutement m
**reclutar** vt recruter
**recluyendo** etc vb ver **recluir**
**recobrar** vt (fuerzas) récupérer; (salud) recouvrer; (ciudad, conocimiento) reprendre; **~ el sentido** reprendre connaissance; **recobrarse** vpr: **recobrarse (de)** se remettre (de)
**recocer** vt trop cuire
**recochineo** nm mise f en boîte
**recodo** nm coude m

## recogedor – recrudezca

**recogedor** *nm* pelle *f*
**recogepelotas** *nmf inv* ramasseur(-euse) de balles
**recoger** *vt* (*firmas, dinero*) recueillir ; (*fruta*) cueillir ; (*del suelo*) ramasser ; (*ordenar*) ranger ; (*juntar*) rassembler ; (*pasar a buscar*) prendre ; (*dar asilo*) recueillir ; (*plegar*) plier ; (*faldas, mangas*) retrousser ; (*polvo*) prendre ; **me recogieron en la estación** ils sont venus me chercher à la gare ; **recogerse** *vpr* se retirer ; (*pelo*) s'attacher
**recogida** *nf* (*Agr*) cueillette *f* ; (*de basura*) ramassage *m* ; (*de cartas*) levée *f* ; **horas de ~** heures *fpl* de levée ; **~ de datos** (*Inform*) saisie *f* de données ; **~ de equipajes** livraison *f* des bagages
**recogido, -a** *adj* (*lugar*) retiré(e) ; (*pequeño*) petit(e)
**recogimiento** *nm* recueillement *m*
**recoja** *etc vb ver* **recoger**
**recolección** *nf* (*Agr*) récolte *f* ; (*de datos, dinero*) collecte *f*
**recolectar** *vt* (*Agr*) récolter ; (*datos, dinero*) collecter
**recolector, a** *adj* collecteur(-trice) ; **camión ~ (de basura)** camion *m* poubelle ▶ *nm/f* (*Agr*) cueilleur(-euse)
**recomencé** *etc*, **recomencemos** *etc vb ver* **recomenzar**
**recomendable** *adj* recommandable ; **poco ~** peu recommandable
**recomendación** *nf* recommandation *f* ; **carta de ~** lettre *f* de recommandation
**recomendar** *vt* recommander
**recomenzar** *vt, vi* recommencer
**recomience** *etc vb ver* **recomenzar**
**recomiende** *etc vb ver* **recomendar**
**recomienzo** *etc vb ver* **recomenzar**
**recompensa** *nf* récompense *f* ; **como** *o* **en ~ por** en récompense de
**recompensar** *vt* récompenser
**recompondré** *etc vb ver* **recomponer**
**recomponer** *vt* réparer
**recomponga** *etc*, **recompuesto** *etc*, **recompuse** *etc vb ver* **recomponer**
**reconciliación** *nf* réconciliation *f*
**reconciliar** *vt* réconcilier ; **reconciliarse** *vpr* se réconcilier
**recóndito, -a** *adj* (*lugar*) retiré(e) ; **en lo más ~ de ...** au plus profond de ...
**reconfortante** *adj* réconfortant(e)
**reconfortar** *vt* réconforter
**reconocer** *vt* reconnaître ; **~ los hechos** reconnaître les faits ; **reconocerse** *vpr*: **reconocerse culpable** reconnaître sa culpabilité
**reconocible** *adj* reconnaissable
**reconocido, -a** *adj* reconnu(e)
**reconocimiento** *nm* reconnaissance *f* ; **~ de (la) voz** (*Inform*) reconnaissance vocale ;

**~ óptico de caracteres** (*Inform*) reconnaissance optique de caractères
**reconozca** *etc vb ver* **reconocer**
**reconquista** *nf* reconquête *f*
**reconquistar** *vt* (*Mil, fig*) reconquérir
**reconsiderar** *vt* reconsidérer
**reconstituyente** *nm* reconstituant *m*
**reconstrucción** *nf* reconstruction *f* ; (*de suceso*) reconstitution *f*
**reconstruir** *vt* reconstruire ; (*suceso*) reconstituer
**reconstruyendo** *etc vb ver* **reconstruir**
**reconversión** *nf* reconversion *f*
**reconvertir** *vt* reconvertir
**recopilación** *nf* (*resumen*) résumé *m* ; (*colección*) recueil *m*, compilation *f*
**recopilar** *vt* compiler
**récord** ['rekorð] (*pl* **récords**) *adj inv* record ; **cifras ~** chiffres *mpl* records ▶ *nm* record *m* ; **batir el ~** battre le record
**recordar** *vt* se rappeler ; (*traer a la memoria*) rappeler ; **~ algo a algn** rappeler qch à qn ; **recuérdale que me debe 5 dólares** rappelle-lui qu'il me doit 5 dollars ; **creo ~** je crois me rappeler ; **me recuerda a su madre** elle me rappelle sa mère ▶ *vi* (*acordarse de*) se rappeler ; **que yo recuerde** pour autant que je me souvienne ; **si mal no recuerdo** si je me souviens bien
**recordatorio** *nm carte souvenir distribuée à l'occasion des premières communions, des enterrements etc*
**recorrer** *vt* parcourir ; (*registrar*) fouiller
**recorrido** *nm* parcours *msg* ; **tren de largo ~** train *m* grandes lignes
**recortado, -a** *adj* découpé(e) ; (*barba*) taillé(e)
**recortar** *vt* découper ; (*pelo*) rafraîchir ; (*presupuesto, gasto*) réduire ; **recortarse** *vpr* (*marcarse*) se détacher
**recorte** *nm* (*de telas, chapas: acto*) coupe *f* ; (*: fragmento*) découpure *f* ; (*de prensa*) coupure *f* ; (*de presupuestos, gastos*) compression *f* ; **~ salarial** réduction *f* de salaire
**recostado, -a** *adj* penché(e) ; **estar ~** être allongé(e)
**recostar** *vt* appuyer ; **recostarse** *vpr* s'appuyer
**recoveco** *nm* (*de camino, río*) détour *m* ; (*en casa*) coin *m*
**recreación** *nf* récréation *f*
**recrear** *vt* recréer ; **recrearse** *vpr*: **recrearse con/en** prendre plaisir à
**recreativo, -a** *adj* récréatif(-ive) ; **sala recreativa** salle *f* de jeux
**recreo** *nm* récréation *f*
**recriminar** *vt* reprocher ▶ *vi* récriminer
**recrudecer** *vi* redoubler d'intensité ; **recrudecerse** *vpr* redoubler d'intensité
**recrudecimiento** *nm* recrudescence *f*
**recrudezca** *etc vb ver* **recrudecer**

**recta** nf ligne f droite ; **~ final** dernière ligne droite
**rectangular** adj rectangulaire
**rectángulo, -a** adj, nm rectangle m
**rectificable** adj rectifiable ; **fácilmente ~** facile à rectifier o corriger
**rectificación** nf rectification f
**rectificar** vt rectifier ▶ vi se corriger
**rectifique** etc vb ver **rectificar**
**rectitud** nf rectitude f
**recto, -a** adj droit(e) ; **en el sentido ~ de la palabra** au sens strict du terme ▶ nm (Anat) rectum m
**rector, a** adj, nm/f recteur(-trice)
**rectorado** nm rectorat m
**recua** nf troupeau m, troupe f ; **una ~ de chiquillos** une ribambelle de gamins
**recuadro** nm case f ; (Tip) encadré m
**recubrir** vt: **~ (con)** recouvrir (de)
**recuento** nm décompte m ; **hacer el ~ de** faire le décompte de
**recuerdo** vb ver **recordar** ▶ nm souvenir m ; « **R~ de Mallorca** » « Souvenir de Majorque » ; **recuerdos** nmpl (saludos) amitiés fpl ; **¡recuerdos a tu madre!** amitiés à ta mère !
**recueste** etc vb ver **recostar**
**recular** vi reculer
**recuperable** adj récupérable
**recuperación** nf récupération f ; (de enfermo) rétablissement m ; (Escol) rattrapage m ; **~ de datos** (Inform) extraction f de données
**recuperar** vt récupérer ; (Inform: archivo) extraire, aller chercher ; **~ fuerzas** reprendre des forces ; **recuperarse** vpr récupérer
**recurrente** adj récurrent(e) ▶ nmf (Jur) appelant(e)
**recurrir** vi (Jur) faire appel ; **~ a algo/a algn** recourir à qch/à qn
**recurso** nm recours msg ; **como último ~** en dernier recours ; **recursos económicos/ naturales** ressources fpl économiques/ naturelles
**recusación** nf (Jur) récusation f
**recusar** vt (Jur) récuser
**red** nf (tejido, trampa) filet m ; (organización) réseau m ; **la R~** (Internet) le Net ; **estar conectado con la ~** être connecté au réseau ; **~ local** (Inform) réseau local ; **~ social** réseau social
**redacción** nf rédaction f
**redactar** vt rédiger
**redactor, a** nm/f rédacteur(-trice) ; **~ jefe** rédacteur(-trice) en chef
**redada** nf (tb: **redada policial**) descente f
**redecilla** nf filet m
**redefinir** vt redéfinir
**redención** nf rédemption f
**redentor, a** adj rédempteur(-trice)
**redescubierto** pp ver **redescubrir**

**redescubrir** vt redécouvrir
**redicho, -a** adj maniéré(e)
**redil** nm enclos m
**redimir** vt racheter
**redistribución** nf (Com) redistribution f
**rédito** nm (Econ) intérêt m
**redoblar** vt redoubler ▶ vi battre le tambour
**redoble** nm (Mús) roulement m
**redomado, -a** adj (astuto) rusé(e) ; **sinvergüenza ~** fieffée canaille f
**redonda** nf (Mús) ronde f ; **a la ~** à la ronde ; **en varios kilómetros a la ~** à plusieurs kilomètres à la ronde
**redondear** vt (negocio, velada) conclure ; (cifra, objeto) arrondir
**redondel** nm cercle m ; (Taur) arène f
**redondo, -a** adj rond(e) ; (completo) parfait(e) ; **en números redondos** en chiffres ronds ▶ nm: **~ de carne** (Culin) romsteck m ; **rehusar en ~** refuser en bloc
**reducción** nf réduction f
**reduccionista** adj réductionniste
**reducido, -a** adj réduit(e) ; **quedar ~ a** en être réduit(e) à
**reducir** vt réduire ; **el terremoto redujo la ciudad a escombros** le tremblement de terre a réduit la ville à l'état de ruines ; **~ las millas a kilómetros** convertir les milles en kilomètres ; **reducirse** vpr se réduire ; **reducirse a** (fig) se réduire à
**reducto** nm réduit m
**reduje** etc vb ver **reducir**
**redundancia** nf redondance f
**redundante** adj redondant(e)
**redundar** vi: **~ en beneficio de algn** tourner à l'avantage de qn
**reduzca** etc vb ver **reducir**
**reedición** nf réédition f
**reeditar** vt rééditer
**reeducación** nf rééducation f
**reelección** nf réélection f
**reembolsable** adj remboursable
**reembolsar** vt rembourser
**reembolso** nm remboursement m ; **enviar algo contra ~** envoyer qch contre remboursement ; **contra ~ del flete** port dû
**reemplace** etc vb ver **reemplazar**
**reemplazar** vt (tb Inform) remplacer
**reemplazo** nm remplacement m ; **de ~** (Mil) du contingent
**reencarnación** nf réincarnation f
**reencarnar** vt réincarner ; **reencarnarse** vpr se réincarner ; **reencarnarse en algn/algo** se réincarner en qn/qch
**reencontrarse** vpr se retrouver
**reencuentro** nm retrouvailles fpl
**reengancharse** vpr (Mil) rempiler
**reenviar** vt (a diferente dirección) faire suivre ; (al remitente) renvoyer
**reescribible** adj réinscriptible

## reescribir – regadío

**reescribir** *vt* récrire
**reestreno** *nm*: **película de ~** reprise *f*
**reestructuración** *nf* restructuration *f*
**reestructurar** *vt* restructurer
**reexpedir** *vt* réexpédier
**reexportación** *nf* réexportation *f*
**reexportar** *vt* réexporter
**REF** (Esp) *sigla m* (Econ: = *Régimen económico fiscal*) régime fiscal
**Ref.ª** *abr* (= *referencia*) réf. (= *référence*)
**refacción** *nf* (AM Tec) réfection *f*; **refacciones** *nfpl* (*reparaciones*) travaux *mpl* de réfection; (MÉx: *piezas de repuesto*) pièces *fpl* détachées
**referencia** *nf* référence *f*; **con ~ a** en ce qui concerne; **hacer ~ a** faire référence à; **~ comercial** (Com) référence commerciale; **referencias** *nfpl* (*de trabajo*) références *fpl*
**referéndum** (*pl* **referéndums**) *nm* référendum *m*
**referente** *adj*: **~ a** relatif(-ive) à
**referir** *vt* rapporter; **~ al lector a un apéndice** renvoyer le lecteur à un appendice; **~ a** (Com) convertir en; **referirse** *vpr*: **referirse a** se référer à; **por lo que se refiere a eso** en ce qui concerne cela
**refiera** *etc vb ver* **referir**
**refilón**: **de ~** *adv* en passant; **mirar a algn de ~** jeter un regard oblique à qn
**refinado, -a** *adj* raffiné(e)
**refinamiento** *nm* raffinement *m*; **~ por pasos** (Inform) approximations *fpl* successives
**refinar** *vt* (*petróleo, azúcar*) raffiner; (*modales*) affiner
**refinería** *nf* raffinerie *f*
**refiriendo** *etc vb ver* **referir**
**reflectante** *adj* réfléchissant(e)
**reflector** *nm* réflecteur *m*; (Aviat, Mil) projecteur *m*
**reflejar** *vt* refléter; **reflejarse** *vpr* se refléter
**reflejo, -a** *adj* réflexe ▶ *nm* reflet *m*; (Anat) réflexe *m*; **reflejos** *nmpl* (*en el pelo*) reflets *mpl*; **pelo castaño con reflejos rubios** cheveux châtains à reflets blonds
**réflex** (Foto) *adj inv* reflex ▶ *nf inv* reflex *m*
**reflexión** *nf* réflexion *f*
**reflexionar** *vi* réfléchir; **~ sobre** réfléchir sur; **¡reflexione!** réfléchissez!
**reflexivo, -a** *adj* (*carácter*) réflexif(-ive); (Ling) réfléchi(e)
**reflexología** *nf* réflexologie *f*
**reflotar** *vt* (*barco*) remettre à flot; (*empresa, negocio*) remettre à flot, redresser
**refluir** *vi* refluer
**reflujo** *nm* reflux *m*
**refluyendo** *etc vb ver* **refluir**
**reforcé** *etc*, **reforcemos** *etc vb ver* **reforzar**
**reforestación** *nf* reforestation *f*, reboisement *m*
**reforma** *nf* réforme *f*; **~ agraria/económica/educativa** réforme agraire/économique/de l'enseignement; **reformas** *nfpl* (*obras*) rénovation *f*, travaux *mpl*
**reformar** *vt* réformer; (*texto*) refondre; (Arq) rénover; **reformarse** *vpr* se réformer
**reformatorio** *nm* (*tb*: **reformatorio de menores**) maison *f* de redressement *o* correction
**reformista** *adj* réformiste
**reforzamiento** *nm* renforcement *m*
**reforzar** *vt* renforcer
**refracción** *nf* réfraction *f*
**refractario, -a** *adj* réfractaire; **ser ~ a** être réfractaire à
**refrán** *nm* proverbe *m*
**refranero** *nm* recueil *m* de proverbes
**refregar** *vt* frotter
**refrenar** *vt* (*deseos*) refréner; (*caballo*) brider
**refrendar** *vt* ratifier
**refrescante** *adj* rafraîchissant(e)
**refrescar** *vt* rafraîchir ▶ *vi* se rafraîchir; **refrescarse** *vpr* se rafraîchir
**refresco** *nm* rafraîchissement *m*; **de ~** (*jugador, tropas*) de renfort
**refresque** *etc vb ver* **refrescar**
**refriega** *vb ver* **refregar** ▶ *nf* bagarre *f*
**refriegue** *etc vb ver* **refregar**
**refrigeración** *nf* réfrigération *f*; **sistema de ~** système *m* de réfrigération
**refrigerado, -a** *adj* réfrigéré(e)
**refrigerador** (*esp* AM) *nm*, **refrigeradora** (AM) *nf* réfrigérateur *m*
**refrigerar** *vt* réfrigérer
**refrigerio** *nm* (*comida*) collation *f*; (*bebida*) rafraîchissement *m*
**refrito** *nm* (Culin): **preparar un ~ de cebolla** faire revenir des oignons
**refucilo** (AND, CSUR) *nm* éclair *m*
**refuerce** *vb ver* **reforzar**
**refuerzo** *vb ver* **reforzar** ▶ *nm* renfort *m*; **refuerzos** *nmpl* (Mil) renforts *mpl*
**refugiado, -a** *nm/f* réfugié(e)
**refugiarse** *vpr* se réfugier
**refugio** *nm* refuge *m*; **~ de montaña** refuge; **~ atómico/subterráneo** abri *m* antiatomique/souterrain
**refulgencia** *nf* éclat *m*
**refulgir** *vi* resplendir
**refulja** *etc vb ver* **refulgir**
**refundir** *vt* refondre
**refunfuñar** *vi* ronchonner
**refunfuñón, -ona** (*fam*) *adj* grognon(ne) ▶ *nm/f* ronchonneur(-euse)
**refusilo** (AND, CSUR) *nm* = **refucilo**
**refutación** *nf* réfutation *f*
**refutar** *vt* réfuter
**regadera** *nf* arrosoir *m*; (MÉx: *ducha*) douche *f*; **estar como una ~** (*fam*) travailler du chapeau (*fam*)
**regadío** *nm* irrigation *f*; **tierras de ~** terres *fpl* irriguées

## regalado – rehaz

**regalado, -a** adj (gratis) offert(e) ; (vida) de château ; **lo tuvo ~** on le lui a apporté sur un plateau ; **a precios regalados** à un prix dérisoire

**regalar** vt offrir ; (mimar) cajoler ; **regalarse** vpr : **regalarse (con)** se régaler (de)

> ⚠ **Regalar** ne signifie pas *régaler*, qui se traduit par **obsequiar con** en espagnol.

**regalía** nf privilège m ; (por derechos) redevance f
**regaliz** nm réglisse m o f
**regalo** nm cadeau m ; (gusto) régal m ; (comodidad) aisance f
**regañadientes** : **a ~** adv en rechignant
**regañar** vt gronder ▶ vi se fâcher ; (dos personas) se disputer
**regañina** nf : **echar una ~ a algn** tirer les oreilles à qn
**regañón, -ona** adj ronchon(ne)
**regar** vt arroser ; (fig) semer
**regata** nf régate f
**regate** nm feinte f
**regatear** vt marchander ; **no ~ esfuerzos** ne pas ménager ses efforts ▶ vi (Com) marchander ; (Deporte) feinter
**regateo** nm (Com) marchandage m
**regazo** nm giron m
**regencia** nf régence f
**regeneración** nf régénération f
**regenerar** vt régénérer
**regentar** vt (empresa, negocio) diriger ; (bar) tenir ; (puesto) être à la tête de
**regente, -a** adj (príncipe) régent(e) ▶ nm/f (Com) gérant(e) ; (Pol) régent(e) ; (Méx : alcalde) maire m
**reggaetón** nm (Mús) = **reguetón**
**regidor, a** adj (Pol) dirigeant(e) ▶ nm/f (de TV, teatro) régisseur(-euse)
**régimen** (pl **regímenes**) nm régime m ; **estar/ponerse a ~** être/se mettre au régime
**regimiento** nm régiment m
**regio, -a** adj royal(e) ; (AM fam) formidable
**regiomontano, -a** (Méx) adj de Monterey ▶ nm/f natif(-ive) o habitant(e) de Monterey
**región** nf région f
**regional** adj régional(e)
**regir** vt (Econ, Jur, Ling) régir ▶ vi (ley) être en vigueur ; **mi abuela ya no rige** ma grand-mère perd la tête
**registrado, -a** (Méx) adj (Correos) recommandé(e)
**registrador, a** nm/f conservateur(-trice) des hypothèques
**registrar** vt fouiller ; (anotar) inscrire ; **registrarse** vpr (inscribirse) s'inscrire ; (ocurrir) avoir lieu
**registro** nm registre m ; (inspección) fouille f ; (de datos) enregistrement m ; (oficina) bureau m d'enregistrement ; **~ civil** état m civil ; **~ de la propiedad** bureau des hypothèques ; **~ electoral** registre électoral
**regla** nf règle f ; **en ~** en règle ; **por ~ general** en règle générale ; **las reglas del juego** les règles du jeu
**reglamentación** nf réglementation f
**reglamentar** vt réglementer
**reglamentariamente** adv réglementairement
**reglamentario, -a** adj réglementaire ; **en la forma reglamentaria** en bonne et due forme
**reglamento** nm règlement m ; **~ del tráfico** code m de la route
**reglar** vt régler
**regocijarse** vpr : **~ de** o **por** se réjouir de
**regocijo** nm réjouissance f
**regodearse** vpr : **~ con** o **en algo** se délecter de qch ; (pey) se réjouir de qch
**regodeo** nm délectation f
**regordete** (fam) adj rondelet(te)
**regresar** vi revenir ; (a casa) rentrer ▶ vt (Méx : devolver) rendre ; **regresarse** vpr (AM) retourner
**regresión** nf (tb Psico) régression f ; **~ demográfica** recul m o déclin m démographique
**regresivo, -a** adj régressif(-ive)
**regreso** nm retour m ; **estar de ~** être de retour
**regué** etc, **reguemos** etc vb ver **regar**
**reguero** nm traînée f ; **como un ~ de pólvora** comme une traînée de poudre
**reguetón** nm (Mús) reggaetón m, reggaeton m
**regulable** adj réglable
**regulación** nf (control) régulation f ; (Tec) réglage m ; **~ de empleo** régulation de l'emploi ; **~ del tráfico** régulation du trafic
**regulador, a** adj régulateur(-trice) ▶ nm régulateur m ; **~ cardíaco** stimulateur m cardiaque
**regular** adj régulier(-ière) ; (mediano) moyen(ne) ; (fam : no bueno) médiocre ; **línea ~** (Aviat) ligne f régulière ; **por lo ~** en général ▶ adv comme ci, comme ça ▶ vt régler ; (normas, salarios) contrôler
**regularice** etc vb ver **regularizar**
**regularidad** nf régularité f ; **con ~** régulièrement
**regularizar** vt régulariser
**regularmente** adv régulièrement
**regusto** nm arrière-goût m
**rehabilitación** nf (de enfermo) rééducation f ; (Arq, de memoria) réhabilitation f
**rehabilitar** vt (enfermo) rééduquer ; (Arq, memoria) réhabiliter
**rehacer** vt refaire ; **va a ~ su vida** il va refaire sa vie ; **rehacerse** vpr se rétablir
**rehaga** etc, **reharé** etc vb ver **rehacer**
**rehaz** vb ver **rehacer**

## rehecho – relincho

**rehecho, -a** pp de **rehacer**
**rehén** nmf otage mf
**rehice** etc, **rehizo** etc vb ver **rehacer**
**rehogar** vt (Culin) faire revenir
**rehuir** vt fuir
**rehusar** vt, vi refuser
**rehuyendo** etc vb ver **rehuir**
**reimpresión** nf réimpression f
**reina** nf reine f ; **~ de (la) belleza/de las fiestas** reine de beauté/de la fête ; **prueba ~** épreuve f phare
**reinado** nm règne m
**reinante** adj régnant(e)
**reinar** vi régner
**reincidente** adj, nmf récidiviste mf
**reincidir** vi (Jur) récidiver ; **~ (en)** (recaer) retomber (dans)
**reincorporación** nf réincorporation f
**reincorporarse** vpr : **~ a** (equipo) réintégrer ; (trabajo) reprendre ; (Mil) être réincorporé(e) dans
**reineta** adj f : **manzana ~** pomme f reinette ▶ nf reinette f
**reingresar** vi : **~ en** retourner à
**reiniciar** vt (Inform) redémarrer
**reino** nm royaume m ; **~ animal/vegetal** règne m animal/végétal ; **el R~ Unido** le Royaume-Uni
**reinserción** nf : **~ social** réinsertion f sociale
**reintegración** nf réintégration f
**reintegrar** vt réintégrer ; **reintegrarse** vpr : **reintegrarse a** réintégrer
**reintegro** nm remboursement m ; (en banco) retrait m
**reinventar** vt réinventer
**reinversión** nm réinvestissement m
**reír** vi rire ; **~ entre dientes** rire sous cape ; **reírse** vpr rire ; **reírse de** rire de
**reiteración** nf réitération f, répétition f ; **llamada de ~** (Com) appel m de suivi
**reiteradamente** adv à plusieurs reprises
**reiterado, -a** adj réitéré(e)
**reiterar** vt réitérer ; **reiterarse** vpr : **reiterarse en algo** réaffirmer qch
**reiterativo, -a** adj réitératif(-ive)
**reivindicación** nf revendication f
**reivindicar** vt revendiquer
**reivindicativo, -a, reivindicatorio, -a** adj revendicatif(-ive)
**reivindique** etc vb ver **reivindicar**
**reja** nf grille f
**rejego, -a** (Méx fam) adj rebelle
**rejilla** nf grillage m ; (en muebles) cannage m ; (en hornillo, de ventilación) grille f ; (para equipaje) filet m
**rejoneador** nm (Taur) sorte de picador
**rejuvenecer** vt, vi rajeunir
**rejuvenezca** etc vb ver **rejuvenecer**
**relación** nf relation f ; (lista) liste f ; (narración) récit m ; **con ~ a, en ~ con** par rapport à ;
estar en o tener buenas relaciones con être en bons termes avec ; **~ calidad-precio** rapport m qualité-prix ; **~ costo-efectivo** o **costo rendimiento** (Com) rapport coût-efficacité ; **relaciones carnales/sexuales** relations charnelles/sexuelles ; **relaciones comerciales** relations commerciales ; **relaciones humanas/laborales** relations humaines/industrielles ; **relaciones públicas** relations publiques ; **relaciones** nfpl (enchufes) relations fpl
**relacionar** vt relier ; **relacionarse** vpr : **relacionarse con** fréquenter
**relajación** nf relaxation f
**relajado, -a** adj relâché(e) ; (costumbres, moral) dissolu(e) ; (ambiente, persona) détendu(e)
**relajante** adj reposant(e) ; (Med) laxatif(-ive)
**relajar** vt (mente, cuerpo) décontracter ; (disciplina, moral) relâcher ; **relajarse** vpr (distraerse) se détendre ; (corromperse) se relâcher
**relajo** nm (esp CAm, Méx : alboroto) tumulte m ; (Carib, CAm, Méx : libertinaje) débauche f
**relamerse** vpr se pourlécher
**relamido, -a** (pey) adj (pulcro) bichonné(e) ; (afectado) collet monté inv
**relámpago** adj inv : **visita/huelga ~** visite f/grève f éclair ▶ nm éclair m ; **como un ~** comme un éclair
**relampaguear** vi étinceler
**relanzar** vt relancer
**relatar** vt relater
**relatividad** nf relativité f
**relativizar** vt relativiser
**relativo, -a** adj relatif(-ive) ; **en lo ~ a** en ce qui concerne
**relato** nm récit m
**relax** [re'laks] nm relax m
**releer** vt relire
**relegar** vt reléguer ; **~ algo al olvido** jeter qch aux oubliettes
**relegue** etc vb ver **relegar**
**relevante** adj important(e)
**relevar** vt relever ; **~ a algn de su cargo** relever qn de ses fonctions ; **relevarse** vpr se relayer
**relevo** nm relève f ; **carrera de relevos** course f de relais ; **coger** o **tomar el ~** prendre le relais
**relieve** nm relief m ; **bajo ~** bas-relief m ; **un personaje de ~** un personnage important ; **dar ~ a** mettre en valeur ; **poner de ~** mettre en relief
**religión** nf religion f
**religiosamente** adv religieusement
**religiosidad** nf (devoción) religiosité f ; (puntualidad, exactitud) scrupule m, exactitude f
**religioso, -a** adj, nm/f religieux(-euse)
**relinchar** vi hennir
**relincho** nm hennissement m

**reliquia** nf relique f; **reliquias del pasado** vestiges mpl du passé

**rellano** nm (Arq) palier m

**rellenar** vt remplir; (Culin) farcir; (Costura) rembourrer

**relleno, -a** adj plein(e); (Culin) farci(e) ▶ nm (Culin) farce f; (de cojín) rembourrage m; (fig) remplissage m

**reloj** [re'lo(x)] nm horloge f; (de pulsera) montre f; **como un ~** comme du papier à musique; **contra ~** contre la montre; **~ de pie** horloge de parquet; **~ (de pulsera)** montre; **~ de sol** cadran m solaire; **~ despertador** réveille-matin m inv; **~ digital** montre à affichage numérique

**relojería** nf horlogerie f; **aparato de ~** mécanisme m d'horlogerie; **bomba de ~** bombe f à retardement

**relojero, -a** nm/f horloger(-ère)

**reluciente** adj reluisant(e)

**relucir** vi reluire; (fig) briller; **sacar algo a ~** mettre qch sur le tapis

**relumbrante** adj reluisant(e)

**relumbrar** vi reluire

**relumbrón** nm faux brillant m, tape-à-l'œil m (fam); **vestirse de ~** porter des oripeaux; **joyas de ~** des bijoux clinquants

**reluzca** etc vb ver **relucir**

**remachar** vt river; (fig) insister sur

**remache** nm rivet m

**remanente** nm (resto) reste m; (Com) surplus msg; (de producto) excédent m

**remangarse** vpr retrousser ses manches

**remanso** nm (de río) bras msg mort

**remar** vi ramer

**remarcar** vt (volver a marcar) remarquer; (esp Am: subrayar) souligner; (Col, CSur: precio) augmenter

**rematadamente** adv complètement, terriblement; **~ mal** terriblement mal; **es ~ tonto** il est complètement idiot

**rematado, -a** adj: **loco ~** fou à lier

**rematador, a** nm/f (Deporte) buteur(-euse); (And, CSur) commissaire-priseur(-euse)

**rematar** vt achever; (trabajo) parfaire; (Com) liquider; (Costura) arrêter ▶ vi (en fútbol) tirer; **~ de cabeza** faire une tête

**remate** nm fin f; (extremo) couronnement m; (Deporte) tir m; (Arq) sommet m; (Com) liquidation f; **de ~** (tonto) complètement; **para ~** pour couronner le tout

**remecer** vt secouer

**remediable** adj remédiable

**remediar** vt remédier à; (evitar) éviter; **sin poder remediarlo** sans pouvoir y remédier

**remedio** nm remède m; (Jur) recours msg; **poner ~ a** remédier à; **no tener más ~** ne pas avoir le choix; **¡qué ~!** c'est comme ça !, on n'y peut rien !; **como último ~** en dernier ressort; **sin ~** (inevitablemente) irrémédiablement

**remedo** nm imitation f; (pey) contrefaçon f

**rememorar** vt remémorer

**remendar** vt raccommoder; (con parche) rapiécer

**remera** (Arg) nf tee-shirt m

**remero, -a** nm/f rameur(-euse) ▶ nm (máquina) rameur m

**remesa** nf (tb Com) envoi m

**remezón** (And, CSur) nm secousse f

**remiendo** vb ver **remendar** ▶ nm raccommodage m; (con parche) rapiéçage m; (fig) arrangement m

**remilgado, -a** adj (melindroso) minaudier(-ière); (afectado) maniéré(e)

**remilgo** nm (melindre) minauderie f; (afectación) manière f

**reminiscencia** nf réminiscence f

**remirar** vt revoir

**remisión** nf (envío) remise f; (Méx Com) envoi m; (Rel) rémission f; **sin ~** sans rémission

**remiso, -a** adj réticent(e)

**remite** nm expéditeur m

**remitente** nmf expéditeur(-trice)

**remitir** vt envoyer ▶ vi (tempestad) se calmer; (fiebre) baisser; **remitirse** vpr: **remitirse a** s'en remettre à

**remo** nm rame f; **cruzar un río a ~** traverser un fleuve à la rame

**remoce** etc vb ver **remozar**

**remodelación** nf (Pol) remaniement m

**remojar** vt laisser tremper; (fam: celebrar) arroser

**remojo** nm: **dejar la ropa en ~** laisser tremper le linge

**remojón** nm: **darse un ~** (por lluvia) prendre une douche; (en mar, río) prendre un bain

**remolacha** nf betterave f

**remolcador** nm remorqueur m

**remolcar** vt remorquer

**remolino** nm remous msg; (de pelo) épi m

**remolón, -ona** adj feignant(e) ▶ nm/f tire-au-flanc m inv, feignant(e)

**remolonear** vi traînasser, lambiner

**remolque** vb ver **remolcar** ▶ nm remorque f; (cuerda) câble m de remorquage; **llevar a ~** prendre en remorque

**remontar** vt remonter; (obstáculo) surmonter; **~ el vuelo** monter en flèche; **remontarse** vpr s'élever; **remontarse a** (Com) s'élever à; (en tiempo) remonter à

**rémora** nf (pez) rémora m; (obstáculo) obstacle m

**remorder** vt causer du remords à; **me remuerde la conciencia** j'ai des remords

**remordimiento** nm remords msg

**remotamente** adv: **ni ~** de loin

**remoto, -a** adj éloigné(e)

**remover** vt remuer

**remozar** vt (Arq) rafraîchir

**remuerda** etc vb ver **remorder**

**remueva** etc vb ver **remover**
**remuneración** nf rémunération f
**remunerado, -a** adj: **trabajo bien/mal ~** travail m bien/mal rémunéré
**remunerar** vt rémunérer
**renacentista** adj de la Renaissance, Renaissance
**renacer** vi renaître
**renacimiento** nm renaissance f; **el R~** la Renaissance
**renacuajo** nm têtard m
**renal** adj rénal(e)
**Renania** nf Rhénanie f
**renazca** etc vb ver **renacer**
**rencilla** nf querelle f
**rencor** nm (resentimiento) rancœur f; **guardar ~ a** garder rancune à
**rencoroso, -a** adj rancunier(-ière)
**rendición** nf reddition f
**rendido, -a** adj épuisé(e); **~ a sus encantos/a su belleza** fasciné(e) par son charme/sa beauté; **su ~ admirador** votre fervent admirateur
**rendija** nf fente f
**rendimiento** nm rendement m; **sacar ~ a algo** tirer parti de qch; **alto/bajo ~** haut/bas rendement; **~ de capital** (Com) rémunération f du capital; **~ de trabajo** revenu m du travail
**rendir** vt rapporter; (agotar) épuiser; (entregar) livrer; **~ homenaje/culto a** rendre hommage/un culte à; **~ cuentas a algn** rendre des comptes à qn ▶ vi (Com) rapporter; **el negocio no rinde** les affaires ne rapportent rien; **rendirse** vpr (cansarse) s'épuiser
**renegado, -a** adj, nm/f (Rel) renégat(e)
**renegar** vi renier; (quejarse) grommeler; (con imprecaciones) blasphémer
**renegociación** nf renégociation f
**renegociar** vt renégocier
**renegué** etc, **reneguemos** etc vb ver **renegar**
**RENFE, Renfe** sigla f (Ferro: = Red Nacional de los Ferrocarriles Españoles) société nationale des chemins de fer espagnols
**renglón** nm ligne f; (Com) chapitre m; **a ~ seguido** aussitôt après
**rengo, -a** (esp Am) adj boiteux(-euse)
**renguera** (Am) nf claudication f
**reniego** etc, **reniegue** etc vb ver **renegar**
**reno** nm renne m
**renombrado, -a** adj renommé(e)
**renombrar** vt (Inform: archivo) rebaptiser
**renombre** nm renom m; **de ~** de renom
**renovable** adj renouvelable
**renovación** nf (de contrato, sistema) renouvellement m; (Arq) rénovation f
**renovador, a** adj, nm/f (tb Pol) rénovateur(-trice) ▶ nm: **~ de muebles** restaurateur de meubles

**renovar** vt renouveler; (Arq) rénover
**renquear** vi boiter; (fam) tirer au flanc
**renta** nf revenu m; (esp Am: alquiler) loyer m; **política de rentas** politique f salariale; **vivir de las rentas** vivre de ses rentes; **~ disponible** revenu (individuel) disponible; **~ gravable** o **imponible** revenu imposable; **~ nacional (bruta)** revenu national (brut); **~ no salarial** rente f; **~ sobre el terreno** (Com) revenu foncier; **~ vitalicia** rente viagère
**rentabilidad** nf rentabilité f
**rentabilizar** vt rentabiliser
**rentable** adj rentable; **no ~** non rentable
**rentar** vt rapporter; (Am: alquilar) louer
**rentista** nmf rentier(-ière)
**renuencia** nf réticence f
**renueve** etc vb ver **renovar**
**renuncia** nf renonciation f; (dimisión) émission f
**renunciar** vi renoncer; **~ a hacer algo** renoncer à faire qch
**reñido, -a** adj (batalla, debate, votación) serré(e); **estar ~ con algn** être brouillé(e) avec qn; **estar ~ con algo** (conceptos etc) être incompatible avec qch; **está ~ con su familia** il est brouillé avec sa famille
**reñir** vt gronder ▶ vi (pareja, amigos) se disputer; (físicamente) se battre
**reo** nmf (Jur) accusé(e); **~ de muerto** condamné à mort
**reojo**: **de ~** adv (mirar) du coin de l'œil
**reorganice** etc vb ver **reorganizar**
**reorganización** nf réorganisation f
**reorganizar** vt réorganiser
**reorientación** nf réorientation f
**reorientar** vt réorienter, donner une nouvelle orientation à
**Rep.** abr = **República**
**repanchigarse** (fam), **repantigarse** (fam) vpr se vautrer (fam); **estar repanchigado en un sillón** être vautré dans un fauteuil
**reparación** nf réparation f; « **reparaciones en el acto** » (calzado) « talon minute »
**reparador, a** adj (sueño) réparateur(-trice); (comida) reconstituant(e) ▶ nm/f (persona) réparateur(-trice), dépanneur(-euse)
**reparar** vt réparer ▶ vi: **~ en** (darse cuenta de) s'apercevoir de; (poner atención en) remarquer; **sin ~ en los gastos** sans regarder à la dépense
**reparo** nm (duda) doute m; (inconveniente) problème m; (escrúpulo) scrupule m; **poner reparos** formuler des objections; **poner reparos a algo** contester qch; **no tuvo ~ en hacerlo** il n'a eu aucun scrupule à le faire
**repartición** nf répartition f; (CSur Admin) département m
**repartidor, a** nm/f livreur(-euse)
**repartir** vt distribuer; (Com) livrer; (riquezas) répartir

**reparto** nm (*de dinero, poder*) répartition f; (*Com*) livraison f; (*Cine, Correos*) distribution f; (*Am: urbanización*) lotissement m; « ~ **a domicilio** » « livraison à domicile »

**repasador** (*CSur*) nm (*trapo de secar*) torchon m

**repasar** vt réviser

**repaso** nm révision f; **curso de** ~ cours m de rattrapage; ~ **general** révision générale

**repatriación** nf rapatriement m

**repatriar** vt rapatrier; **repatriarse** vpr être rapatrié(e)

**repecho** nm côte f, raidillon m

**repelente** adj repoussant(e); (*resabido*) odieux(-euse)

**repeler** vt (*Elec, enemigo*) repousser; (*insecto*) éloigner; (*suj: idea, contacto*) répugner

**repelús** (*fam*) nm: **me da** ~ (*miedo*) ça me donne la chair de poule (*fam*); (*repugnancia*) ça me répugne

**repensar** vt reconsidérer

**repente** nm accès msg; **de** ~ soudain; ~ **de ira** accès de colère

**repentice** etc vb ver **repentizar**

**repentinamente** adv subitement

**repentino, -a** adj (*súbito*) subit(e); (*inesperado*) inopiné(e)

**repentizar** vi, vt (*Mús*) déchiffrer

**repercusión** nf répercussion f; **de amplia** ~ d'une grande portée

**repercutir** vi se répercuter; ~ **en** (*fig*) se répercuter sur

**repertorio** nm répertoire m

**repesca** (*fam*) nf (*Escol*) repêchage m

**repetición** nf répétition f; **escopeta/fusil de** ~ fusil m de chasse/fusil à répétition

**repetidamente** adv à plusieurs reprises

**repetido, -a** adj (*frase*) répandu(e); **repetidas veces** à plusieurs reprises; **lo tengo** ~ je l'ai en double

**repetidor, a** nm/f (*Escol*) répétiteur(-trice) ▶ nm (*de radio, TV*) relais msg

**repetir** vt répéter; (*Escol*) redoubler; (*plato, Teatro*) reprendre ▶ vi (*Escol*) redoubler; (*sabor*) revenir; (*en comida*) en reprendre; **repetirse** vpr se répéter

**repetitivo, -a** adj répétitif(-ive)

**repicar** vi (*campanas*) sonner, carillonner

**repiense** etc vb ver **repensar**

**repintarse** vpr se maquiller exagérément

**repipi** nmf bêcheur(-euse)

**repique** vb ver **repicar** ▶ nm (*de campanas*) carillonnement m

**repiqueteo** nm (*de campanas*) carillonnement m

**repisa** nf étagère f; (*Arq*) console f; (*de chimenea*) dessus msg; (*de ventana*) rebord m

**repitiendo** etc vb ver **repetir**

**replanteamiento** nm reconsidération f, réexamen m

**replantear** vt reconsidérer

**replegarse** vpr se replier

**replegué** etc, **repleguemos** etc vb ver **replegarse**

**repleto, -a** adj plein(e); ~ **de** plein(e) de; **estoy** ~ je suis repu(e)

**réplica** nf réplique f; **derecho de** ~ droit m de réponse

**replicar** vt, vi répliquer; ¡**no repliques!** et pas de discussion!

**repliego** etc vb ver **replegarse**

**repliegue** vb ver **replegarse** ▶ nm (*Mil*) repli m

**replique** etc vb ver **replicar**

**repoblación** nf repeuplement m; ~ **forestal** reboisement m

**repoblar** vt repeupler; (*bosque*) reboiser

**repollo** nm chou m

**repondré** etc vb ver **reponer**

**reponer** vt (*volver a poner*) réinstaller; (*reemplazar*) remplacer; (*Teatro*) reprendre; ~ **que** répondre que; **reponerse** vpr se remettre

**reponga** etc vb ver **reponer**

**reportaje** nm reportage m; ~ **gráfico** reportage photographique

**reportar** vt rapporter; **el asunto no le reportó más que disgustos** cette histoire ne lui a rapporté que des ennuis; **reportarse** vpr (*refrenarse*) se calmer

**reporte** (*Méx*) nm reportage m

**reportero, -a** nm/f reporter m; ~ **gráfico** reporter photographe

**reposabrazos** nm inv accoudoir m

**reposacabezas** nm inv appui-tête m

**reposado, -a** adj reposé(e); (*tranquilo*) calme

**reposar** vi reposer

**reposera** (*CSur*) nf chaise longue f, transat m

**reposición** nf (*de dinero*) réinvestissement m; (*maquinaria*) remplacement m; (*Cine, Teatro*) reprise f

**reposo** nm repos msg; **en** ~ en repos

**repostar** vt se ravitailler en ▶ vi se ravitailler; (*Auto*) se ravitailler en carburant

**repostería** nf pâtisserie f

**repostero, -a** nm/f pâtissier(-ière) ▶ nm (*And, Chi*) garde-manger m

**reprender** vt (*persona*) réprimander; (*comportamiento*) blâmer

**reprensión** nf réprimande f

**represa** nf barrage m

**represalia** nf représailles fpl; **tomar represalias** exercer des représailles

**representación** nf représentation f; **en** ~ **de** en représentation de; **por** ~ par représentation; ~ **visual** (*Inform*) représentation visuelle

**representante** nmf (*Pol, Com*) représentant(e); (*de artista*) agent m; ~ **diplomático(-a)** (*Pol*) représentant(e) diplomatique

## representar – resentirse

**representar** vt représenter ; (significar) signifier ; **tal acto representaría la guerra** une telle action entraînerait la guerre ; **representarse** vpr se représenter

**representativo, -a** adj représentatif(-ive) ; **cargo ~** fonction f représentative

**represión** nf répression f

**represivo, -a, represor, a** adj répressif(-ive)

**reprimenda** nf réprimande f

**reprimir** vt réprimer ; **reprimirse** vpr : **reprimirse de hacer algo** se retenir de faire qch

**reprise, reprís** [re'pris] nm, (a veces) nf (Auto) reprise f

**reprobable** adj répréhensible, condamnable, blâmable

**reprobación** nf réprobation f

**reprobar** vt réprouver ; (Am Escol) ajourner

**réprobo, -a** nm/f réprouvé(e)

**reprochar** vt reprocher

**reproche** nm reproche m

**reproducción** nf reproduction f

**reproducir** vt reproduire ; **reproducirse** vpr se reproduire

**reproductor, a** adj reproducteur(-trice) ▶ nm lecteur m ; **~ (de) MP3/MP4** lecteur MP3/MP4

**reproduje** etc, **reproduzca** etc vb ver **reproducir**

**repruebe** etc vb ver **reprobar**

**reptar** vi ramper

**reptil** nm reptile m

**república** nf république f ; **R~ Árabe Unida** République arabe unie ; **R~ Democrática/Federal Alemana** République démocratique/fédérale d'Allemagne ; **R~ Dominicana** République dominicaine

**republicano, -a** adj, nm/f républicain(e)

**repudiar** vt répudier

**repudio** nm répudiation f

**repueble** etc vb ver **repoblar**

**repuesto** pp de **reponer** ▶ nm (pieza de recambio) pièce f de rechange ; (abastecimiento) ravitaillement m ; **rueda de ~** roue f de secours ; **llevamos otro de ~** nous en avons un de rechange

**repugnancia** nf répugnance f

**repugnante** adj répugnant(e)

**repugnar** vt, vi répugner ; **repugnarse** vpr s'opposer

**repujado, -a** adj gaufré(e)

**repulsa** nf réprobation f

**repulsión** nf répulsion f

**repulsivo, -a** adj répulsif(-ive)

**repuntar** vi (manifestarse) faire son apparition ; (subir) reprendre, se redresser ; (marea) commencer à monter ou à descendre

**repunte** nm (subida) hausse f, reprise f ; **ha habido un ~ económico** il y a eu une reprise économique ; (de mar) début de la marée montante ou descendante

**repuse** etc vb ver **reponer**

**reputación** nf réputation f

**reputar** vt réputer

**requemado, -a** adj brûlé(e) ; (bronceado) hâlé(e)

**requemar** vt brûler ; (secar) dessécher, calciner ; (Culin) laisser griller o attacher

**requerimiento** nm requête f ; (Jur) mise f en demeure

**requerir** vt requérir ; **~ a algn para que haga algo** (ordenar) exiger de qn qu'il fasse qch

**requesón** nm fromage m blanc

**requete...** pref très

**requiebro** nm propos msg galant

**réquiem** (pl **réquiems**) nm requiem m

**requiera** etc, **requiriendo** etc vb ver **requerir**

**requisa** nf (Mil, confiscación) réquisition f ; (inspección) inspection f

**requisar** vt réquisitionner

**requisito** nm condition f requise ; **~ previo** condition préalable ; **tener los requisitos para un cargo** remplir les conditions requises pour un poste

**res** nf bête f

**resabido, -a** adj pédant(e)

**resabio** nm (maña) manie f ; (sabor) arrière-goût m

**resaca** nf (en el mar) ressac m ; (de alcohol) gueule f de bois (fam)

**resacoso, -a** (fam) adj : **estar ~** avoir la gueule de bois (fam)

**resaltar** vt souligner ▶ vi se détacher

**resarcir** vt (reparar) dédommager ; (pagar) indemniser ; **~ a algn de algo** dédommager qn de qch ; **resarcirse** vpr se rattraper

**resarza** etc vb ver **resarcir**

**resbalada** (Am) nf glissade f

**resbaladizo, -a** adj glissant(e)

**resbalar** vi glisser ; (gotas) couler ; **le resbalaban las lágrimas por las mejillas** les larmes coulaient sur ses joues ; **me resbala lo que piense de mí** je me moque bien de ce qu'il peut penser de moi ; **resbalarse** vpr glisser

**resbalón** nm glissade f ; (fig) faux-pas msg

**rescatar** vt sauver ; (pagando rescate) payer la rançon de ; (objeto) récupérer

**rescate** nm sauvetage m ; (dinero) rançon f ; (de objeto) récupération f ; **pagar un ~** payer une rançon

**rescindir** vt résilier

**rescisión** nf résiliation f

**rescoldo** nm braises fpl

**resecar** vt dessécher ; (Med) disséquer ; **resecarse** vpr se dessécher

**reseco, -a** adj desséché(e)

**resentido, -a** adj : **estar ~ con algn** en vouloir à qn ▶ nm/f : **ser un ~** être aigri(e)

**resentimiento** nm ressentiment m

**resentirse** vpr : **~ de** o **con** se ressentir de ; **su salud se resiente** sa santé s'en ressent

**reseña** nf (descripción) description f; (informe, Lit) compte m rendu
**reseñar** vt décrire; (Lit) faire le compte rendu de
**reseque** etc vb ver **resecar**
**reserva** nf réserve f; (de entradas) réservation f; **a ~ de que ...** (AM) sous réserve que ...; **con ~** (con cautela) sous toutes réserves; (con condiciones) sous réserve; **de ~** en réserve; **tener algo de ~** avoir qch en réserve; **gran ~** (vino) grand cru m; **~ de caja** fond m de caisse; **~ de indios** réserve indienne; **reservas del Estado** réserves de l'État; **~ en efectivo** réserve en argent liquide; **reservas en oro** réserves d'or
**reservado, -a** adj réservé(e) ▶ nm cabinet m particulier; (Ferro) compartiment m réservé
**reservar** vt réserver; (Teatro) réserver, louer; **reservarse** vpr se réserver
**reservista** nmf réserviste mf
**resfriado** nm rhume m
**resfriarse** vpr s'enrhumer
**resfrío** (esp AM) nm rhume m
**resguardar** vt protéger; **resguardarse** vpr: **resguardarse de** se protéger de
**resguardo** nm abri m; (justificante, recibo) reçu m
**residencia** nf résidence f; **~ de ancianos** maison f de retraite
**residencial** adj résidentiel(le) ▶ nf (esp AM: urbanización) lotissement m; (AND, CHI) hôtel m modeste
**residente** adj, nmf résident(e)
**residir** vi résider; **~ en** (habitar en: cuidad) résider à; (: país) résider en o à; (consistir en) résider dans
**residual** adj résiduel(le); **aguas residuales** eaux fpl usées
**residuo** nm (sobrante) résidu m; (desperdicios) résidus mpl; **residuos radiactivos** déchets mpl radioactifs
**resienta** etc vb ver **resentirse**
**resignación** nf résignation f
**resignarse** vpr: **~ a** se résigner à
**resina** nf résine f
**resintiendo** etc vb ver **resentirse**
**resistencia** nf résistance f; **no ofrece ~** il n'offre pas de résistance; **la R~** (Mil) la Résistance; **~ pasiva** résistance passive
**resistente** adj résistant(e); **~ al calor** résistant(e) à la chaleur
**resistir** vt résister à; (peso, calor, persona) supporter; **no puedo ~ este frío** je ne peux pas supporter ce froid ▶ vi résister; **resistirse** vpr résister; **resistirse a** (decir, salir) refuser de; (cambio, ataque) résister à; **me resisto a creerlo** je me refuse à le croire; **se le resiste la química** la chimie lui donne du mal; **el detenido se resistió** le détenu a refusé d'obtempérer

**resol** nm réverbération f du soleil
**resollar** vi souffler
**resolución** nf résolution f; (arrojo) détermination f; **con ~** avec vigueur, avec fermeté; **tomar una ~** prendre une résolution; **~ judicial** décision f de justice
**resoluto, -a** adj résolu(e)
**resolver** vt résoudre; **resolverse** vpr se résoudre
**resonancia** nf résonance f; (fig) retentissement m
**resonar** vi résonner
**resoplar** vi haleter
**resoplido** nm halètement m
**resorte** nm (Tec, fig) ressort m
**respaldar** vt appuyer; (Inform) sauvegarder; **respaldarse** vpr (en asiento) s'adosser; **respaldarse en** (fig) s'appuyer sur
**respaldo** nm (de sillón) dossier m; (fig) appui m
**respectivamente** adv respectivement
**respectivo, -a** adj respectif(-ive); **en lo ~ a** en ce qui concerne
**respecto** nm: **al ~** à ce sujet; **con ~ a** en ce qui concerne; **~ de** par rapport à
**respetable** adj respectable ▶ nm public m
**respetar** vt respecter
**respeto** nm respect m; **por ~ a** par respect pour o envers; **faltar al ~ a algn** manquer de respect à qn; **respetos** nmpl respects mpl; **presentar sus respetos a algn** présenter ses respects à qn
**respetuoso, -a** adj respectueux(-euse)
**respingo** nm: **dar** o **pegar un ~** sursauter
**respiración** nf respiration f; **~ artificial** respiration artificielle; **~ asistida** respiration assistée; **~ boca a boca** bouche-à-bouche m
**respiradero** nm arrivée f d'air
**respirador** nm (tb: **respirador artificial**) respirateur m
**respirar** vt, vi respirer; **no dejar ~ a algn** ne pas laisser qn tranquille; **estuvo escuchándole sin ~** il l'a écouté sans broncher o dire un mot; **por fin pude ~** (de alivio) j'ai enfin pu respirer
**respiratorio, -a** adj respiratoire
**respiro** nm répit m; (Com) délai m
**resplandecer** vi resplendir; (belleza) briller; **~ de** rayonner de
**resplandeciente** adj resplendissant(e)
**resplandezca** etc vb ver **resplandecer**
**resplandor** nm éclat m
**responder** vt répondre ▶ vi répondre; **~ a** (situación) répondre à; (guardar relación) avoir trait à; **~ a una pregunta** répondre à une question; **~ a una descripción** répondre à un signalement; **~ de** o **por** répondre de o pour
**respondón, -ona** adj insolent(e); **¡no seas ~!** ne réponds pas!

**responsabilice** etc vb ver **responsabilizar**
**responsabilidad** nf responsabilité f; **bajo mi ~** sous ma responsabilité; **~ ilimitada** (Com) responsabilité illimitée
**responsabilizar** vt responsabiliser, rendre responsable; **responsabilizarse** vpr: **responsabilizarse de** (atentado) revendiquer; (crisis, accidente) assumer la responsabilité de
**responsable** adj, nmf responsable mf; **la persona ~** la personne responsable; **hacerse ~ de algo** assumer la responsabilité de qch
**responsablemente** adv de manière responsable
**responso** nm prière f pour les défunts
**respuesta** nf réponse f
**resquebrajar** vt fendiller, fissurer; **resquebrajarse** vpr se fendiller
**resquemor** nm remords msg
**resquicio** nm fente f; (fig) possibilité f
**resta** nf soustraction f
**restablecer** vt rétablir; **restablecerse** vpr se rétablir
**restablecimiento** nm rétablissement m
**restablezca** etc vb ver **restablecer**
**restallar** vi claquer
**restante** adj restant(e); **lo ~** le reste, ce qui reste; **los restantes** les autres; (cosas) le reste
**restar** vt (Mat) soustraire; (fig) ôter ▶ vi rester

⚠ **Restar** ne signifie généralement pas rester, qui se traduit par **quedar** ou **faltar** en espagnol.

**restauración** nf restauration f
**restaurador, a** nm/f restaurateur(-trice)
**restaurante** [restau'rante] nm restaurant m
**restaurar** vt restaurer
**restitución** nf restitution f
**restituir** vt restituer
**restituyendo** etc vb ver **restituir**
**resto** nm reste m; **echar el ~** jouer le tout pour le tout; **restos** nmpl (Culin, de civilización etc) restes mpl; **restos mortales** dépouille fsg (mortelle)
**restregar** vt frotter
**restregué** etc, **restreguemos** etc vb ver **restregar**
**restricción** nf restriction f; **sin ~ de** sans restriction de
**restrictivo, -a** adj restrictif(-ive)
**restriego** etc, **restriegue** etc vb ver **restregar**
**restringir** vt restreindre
**restrinja** etc vb ver **restringir**
**restructuración** nf restructuration f
**restructurar** vt restructurer
**resucitar** vt, vi ressusciter
**resuello** vb ver **resollar** ▶ nm (aliento) souffle m
**resuelto, -a** pp de **resolver** ▶ adj résolu(e); **estar ~ a hacer algo** être résolu(e) à faire qch

**resuelva** etc vb ver **resolver**
**resuene** etc vb ver **resonar**
**resulta** nf: **de resultas** (entonces) du coup; **de resultas de** (a consecuencia de) à la suite de
**resultado** nm résultat m; **dar ~** réussir; **resultados** nmpl (Inform) résultats mpl
**resultante** adj résultant(e)
**resultar** vi (ser) être; (llegar a ser) finir par être; (salir bien) réussir; (ser consecuencia) résulter; **~ a** (Com) revenir à; **~ de** résulter de; **resulta que ...** il se trouve que ...; **el conductor resultó muerto** le chauffeur est mort; **no resultó** cela n'a pas réussi; **me resulta difícil hacerlo** il m'est difficile de le faire
**resultón, -ona** (fam) adj classe inv
**resumen** nm résumé m; **en ~** en résumé; **hacer un ~** faire un résumé
**resumir** vt résumer; **en resumidas cuentas** en résumé, en bref; **resumirse** vpr se résumer
**resurgimiento** nm résurgence f
**resurgir** vi ressurgir
**resurrección** nf résurrection f
**retablo** nm retable m
**retador, a** adj provocateur(-trice) ▶ nm/f (Am Deporte) challenger m, challengeur(-euse)
**retaguardia** nf arrière-garde f
**retahíla** nf chapelet m
**retal** nm coupon m
**retama** nf genêt m
**retar** vt défier
**retardar** vt (demorar) retarder; (hacer más lento) ralentir
**retardo** nm retard m
**retazo** nm coupon m; **a retazos** (contar) par fragments
**RETD** (Esp) sigla f (Telec) = **Red Especial de Transmisión de Datos**
**rete...** (esp Am) pref très
**retén** nm renfort m, réserve f; (esp Am: control) contrôle m de police, barrage m de police
**retención** nf retenue f; (Med) rétention f; (de prisionero) détention f, garde f à vue; **~ de llamadas** (Telec) mémoire f; **~ de tráfico** embouteillage m; **~ fiscal** prélèvement m fiscal
**retendré** etc vb ver **retener**
**retener** vt retenir; (suj: policía) garder à vue
**retenga** etc vb ver **retener**
**reticencia** nf réticence f
**reticente** adj réticent(e)
**retiene** etc vb ver **retener**
**retina** nf rétine f
**retintín** nm tintement m; **decir algo con ~** dire qch d'un ton moqueur
**retirada** nf (Mil) retraite f; (de dinero) retrait m; (de embajador) rappel m; **batirse en ~** battre en retraite
**retirado, -a** adj (lugar) retiré(e); (vida) calme; (jubilado) retraité(e) ▶ nm/f retraité(e)

**retirar** vt retirer ; (jubilar) mettre à la retraite ; **~ la acusación** retirer la plainte ; **retirarse** vpr se retirer ; (jubilarse) prendre sa retraite
**retiro** nm retraite f
**reto** nm défi m
**retocar** vt retoucher
**retoce** etc vb ver **retozar**
**retomar** vt reprendre
**retoño** nm rejeton m
**retoque** vb ver **retocar** ▶ nm retouche f
**retorcer** vt (tela) essorer ; (brazo) tordre ; (argumento) déformer ; **retorcerse** vpr se tortiller ; (persona) se tordre ; **retorcerse de dolor** se tordre de douleur
**retorcido, -a** adj (tronco) tordu(e) ; (columna) tors(e) ; (personalidad, mente) retors(e)
**retorcimiento** nm (fig) byzantinisme m
**retórica** nf rhétorique f
**retórico, -a** adj rhétorique
**retornable** adj consigné(e)
**retornar** vt (cartas) renvoyer ; (dinero) rendre ▶ vi : **~ (a)** retourner (à)
**retorno** nm retour m ; **~ del carro** (Tip) retour du chariot ; **~ del carro automático** (Tip) retour automatique du chariot
**retortero** nm : **andar al ~** ne pas savoir où donner de la tête ; **andar al ~ por algn** être éperdu(e) d'amour pour qn ; **llevar a algn al ~** faire tourner qn en bourrique ; (enamorar) mener qn par le bout du nez
**retortijón** nm (tb : **retortijón de tripas**) crampe f (d'estomac)
**retorzamos** etc vb ver **retorcer**
**retozar** vi folâtrer
**retozón, -ona** adj folâtre
**retracción** nf rétraction f
**retractarse** vpr se rétracter
**retráctil** adj rétractile
**retraer** vt (antena) rentrer ; (órgano) rétracter ; **retraerse** vpr : **retraerse (de)** se retirer (de)
**retraído, -a** adj renfermé(e)
**retraiga** etc vb ver **retraer**
**retraimiento** nm (aislamiento) retraite f ; (timidez) réserve f
**retraje** etc, **retrajera** etc vb ver **retraer**
**retransmisión** nf retransmission f
**retransmitir** vt retransmettre
**retrasado, -a** adj en retard ; (Med : tb : **retrasado mental**) attardé(e) ; **estar ~** (reloj) retarder ; (persona, país) être en retard
**retrasar** vt, vi retarder ; **retrasarse** vpr (persona, tren) être en retard ; (reloj) retarder ; (quedarse atrás) s'attarder ; (producción) prendre du retard
**retraso** nm retard m ; **llegar con ~** arriver en retard ; **llegar con 25 minutos de ~** arriver avec 25 minutes de retard ; **llevamos un ~ de 6 semanas** nous sommes en retard de 6 semaines ; **~ mental** déficience f mentale ; **retrasos** nmpl (Com) arriérés mpl

**retratar** vt (Arte) faire le portrait de ; (Foto) photographier ; (fig) décrire ; **retratarse** vpr se faire faire son portrait ; (fig) se révéler
**retratista** nmf portraitiste mf
**retrato** nm portrait m ; **ser el vivo ~ de** être tout le portrait de ; **~ robot** portrait-robot m
**retrayendo** etc vb ver **retraer**
**retreta** nf (Mil) retraite f
**retrete** nm toilettes fpl
**retribución** nf rétribution f
**retribuir** vt rétribuer
**retribuyendo** etc vb ver **retribuir**
**retro** (fam) adj inv (moda) rétro
**retro...** pref rétro...
**retroactivo, -a** adj rétroactif(-ive) ; **con efecto ~** avec effet rétroactif
**retroalimentación** nf (Inform) retour m de l'information
**retroceder** vi reculer ; **la policía hizo ~ a la multitud** la police a fait reculer la foule
**retroceso** nm recul m
**retrógrado, -a** adj rétrograde
**retroiluminación** nf rétroéclairage m
**retropropulsión** nf rétropropulsion f
**retrospectiva** nf rétrospective f ; **en ~** rétrospectivement, avec du recul
**retrospectivo, -a** adj rétrospectif(-ive) ; **mirada retrospectiva** regard m rétrospectif
**retrovisor** nm rétroviseur m
**retuerce** etc, **retuerza** etc vb ver **retorcer**
**retuitear** vt retwitter
**retumbante** adj retentissant(e)
**retumbar** vi retentir
**retuve** etc vb ver **retener**
**reuma, reúma** nm rhumatisme m
**reumático, -a** adj (enfermo) rhumatisant(e) ; (enfermedad) rhumatismal(e)
**reumatismo** nm rhumatisme m
**reunificación** nf réunification f
**reunificar** vt réunifier
**reunifique** etc vb ver **reunificar**
**reunión** nf réunion f ; **~ de ventas** (Com) meeting m commercial ; **~ en la cumbre** réunion au sommet ; **~ extraordinaria** réunion extraordinaire
**reunir** vt réunir ; (recoger) rassembler, réunir ; **reunió a sus amigos para discutirlo** il a réuni ses amis pour en débattre ; **reunirse** vpr se réunir
**revalidar** vt (título) confirmer
**revaloración** nf = **revalorización**
**revalorización** nf revalorisation f
**revaluar** vt réévaluer
**revancha** nf revanche f
**revelación** nf révélation f
**revelado** nm (Foto) développement m
**revelador, a** adj révélateur(-trice)
**revelar** vt révéler ; (Foto) développer
**revendedor, a** nm/f revendeur(-euse)
**revendré** etc, **revenga** etc vb ver **revenirse**

**revenirse** *vpr* s'abîmer
**reventa** *nf* revente *f*
**reventar** *vt* (*globo*) faire éclater ; (*presa*) forcer ; (*fam: molestar*) agacer ; **me revienta tener que ponérmelo** ça m'agace de devoir le mettre ▶ *vi* éclater ; ~ **de** (*alegría*) sauter de ; (*ganas*) mourir de ; ~ **por** brûler de ; **estar a** ~ (*lleno*) être plein(e) à craquer ; **reventarse** *vpr* éclater ; **reventarse trabajando** (*fam*) se ruiner la santé au travail
**reventón** *nm* crevaison *f*
**reverberación** *nf* réverbération *f*
**reverberar** *vi* se réverbérer
**reverbero** *nm* = **reverberación**
**reverdecer** *vt, vi* reverdir
**reverencia** *nf* révérence *f*
**reverenciar** *vt* révérer
**reverendo, -a** *adj* révérend(e)
**reverente** *adj* révérencieux(-euse)
**reversa** *nf* (*Am*) marche *f* arrière
**reversible** *adj* réversible
**reverso** *nm* revers *msg*
**revertido, -a** *adj*: **llamar a cobro** ~ téléphoner en PCV
**revertir** *vi* revenir ; ~ **en beneficio/en perjuicio de** tourner à l'avantage/au désavantage de
**revés** *nm* envers *msg* ; (*fig, Tenis*) revers *msg* ; **al** ~ à l'envers ; **y al** ~ et inversement ; **volver algo al** *o* **del** ~ retourner qch ; **los reveses de la fortuna** les revers de fortune
**revestimiento** *nm* revêtement *m* ; ~ **antiadherente** revêtement antiadhérent
**revestir** *vt* (*cubrir*) recouvrir ; (*tener*) revêtir ; **el acto revestía gran solemnidad** la cérémonie revêtait une grande solennité ; **revestirse** *vpr* (*Rel*) se revêtir ; **revestirse con** *o* **de** s'armer de
**reviene** *etc vb ver* **revenirse**
**reviente** *etc vb ver* **reventar**
**revierta** *etc vb ver* **revertir**
**reviniendo** *etc vb ver* **revenirse**
**revirtiendo** *etc vb ver* **revertir**
**revisar** *vt* réviser
**revisión** *nf* révision *f* ; ~ **de cuentas** contrôle des comptes ; ~ **salarial** révision des salaires
**revisor, a** *nm/f* contrôleur(-euse) ; ~ **de cuentas** contrôleur(-euse) des comptes
**revista** *vb ver* **revestir** ▶ *nf* revue *f*, magazine *m* ; **pasar** ~ **a** passer en revue ; ~ **de libros** chronique *f* littéraire ; ~ **literaria** revue littéraire ; **revistas del corazón** presse *f* du cœur
**revistero** *nm* porte-revue(s) *m*
**revitalizar** *vt* revitaliser
**revivir** *vt, vi* revivre
**revocación** *nf* révocation *f*
**revocar** *vt* révoquer
**revolcar** *vt* renverser ; **revolcarse** *vpr* se vautrer

**revolcón** *nm* culbute *f*
**revolotear** *vi* voltiger
**revoloteo** *nm* voltigement *m*
**revolqué** *etc*, **revolquemos** *etc vb ver* **revolcar**
**revoltijo** *nm* fouillis *m*
**revoltoso, -a** *adj* turbulent(e)
**revolución** *nf* révolution *f* ; (*Tec*) tour *m*
**revolucionar** *vt* révolutionner
**revolucionario, -a** *adj, nm/f* révolutionnaire *mf*
**revolver** *vt* remuer ; (*casa*) mettre sens dessus dessous ; (*mezclar*) remuer, agiter ; (*Pol*) soulever ; **han revuelto toda la casa** ils ont mis la maison sens dessus dessous ; **la injusticia me revuelve las tripas** l'injustice me révolte ▶ *vi*: ~ **en** fouiller dans ; **revolverse** *vpr* (*en cama*) s'agiter ; (*de dolor*) s'agiter, se tordre ; (*Meteorología*) se gâter ; **revolverse contra** se retourner contre
**revólver** *nm* revolver *m*
**revoque** *etc vb ver* **revocar**
**revuelco** *etc vb ver* **revolcar**
**revuelo** *nm* vol *m* ; (*fig*) trouble *m* ; **armar** *o* **levantar un gran** ~ jeter le trouble
**revuelque** *etc vb ver* **revolcar**
**revuelta** *nf* révolte *f* ; (*pelea*) bagarre *f*
**revuelto, -a** *pp de* **revolver** ▶ *adj* (*desordenado*) sens dessus dessous ; (*mar*) agité(e) ; (*pueblo*) agité(e) ; (*tiempo*) orageux(-euse) ; (*estómago*) barbouillé(e) ; **todo estaba** ~ tout était sens dessus dessous
**revuelva** *etc vb ver* **revolver**
**revulsivo** *nm*: **servir de** ~ faire réagir
**rey** *nm* roi *m* ; **los Reyes** le Roi et la Reine, les Souverains ; **el deporte** ~ le sport roi ; **Reyes Magos** Rois mages ; *voir article*

> **LOS REYES MAGOS**
>
> Selon la tradition espagnole, pendant la nuit qui précède l'Épiphanie, **los Reyes Magos** apportent aux enfants des cadeaux qu'ils ouvrent le 6 au matin. Le soir du 5 janvier, les Rois mages arrivent dans la ville par mer ou par terre et participent à une procession connue sous le nom de *cabalgata*, à la plus grande joie des enfants.

**reyerta** *nf* rixe *f*
**rezagado, -a** *adj*: **quedar** ~ être en retard ; (*fig*) être à la traîne
**rezagar** *vt* retarder ; **rezagarse** *vpr* traîner
**rezague** *etc vb ver* **rezagar**
**rezar** *vi* prier ; ~ **con** (*fam*) aller avec
**rezo** *nm* prière *f*
**rezongar** *vi* ronchonner
**rezongue** *etc vb ver* **rezongar**
**rezumar** *vt* laisser filtrer ▶ *vi* suinter ; **rezumarse** *vpr* filtrer
**RFA** *sigla f* (= *República Federal Alemana*) RFA *f* (= *République fédérale d'Allemagne*)

**RI** *abr* (= *regimiento de infantería*) RI *m* (= *régiment d'infanterie*)
**ría** *nf* ria *f*
**riachuelo** *nm* ruisseau *m*
**riada** *nf* crue *f*, inondation *f*
**ribeiro** *nm* vin blanc ou rouge léger de la région galicienne de Ribeiro
**ribera** *nf* rive *f*, berge *f*; (*área*) rivage *m*, littoral *m*
**ribereño, -a** *adj, nm/f* riverain(e)
**ribete** *nm* (*de vestido*) liseré *m*; **ribetes** *nmpl* (*atisbos*) côtés *mpl*; **muestra ribetes de filósofo** il a un côté philosophe
**ricamente** *adv* (*lujosamente*) richement; **~ adornado** richement décoré; (*a gusto*) très bien; **he dormido tan ~** j'ai tellement bien dormi
**rice** *etc vb ver* **rizar**
**ricino** *nm*: **aceite de ~** huile *f* de ricin
**rico, -a** *adj* riche; (*comida*) délicieux(-euse); (*niño*) adorable; **~ en** riche en ▶ *nm/f* riche *mf*; **nuevo ~** nouveau riche
**rictus** *nm inv* rictus *msg*; **~ de amargura** grimace *f* d'amertume
**ricura** *nf* amour *m*; **¡qué ~ de vestido/de niño!** quel amour de robe/d'enfant!
**ridiculez** *nf* ridicule *m*; (*nimiedad*) insignifiance *f*
**ridiculice** *etc vb ver* **ridiculizar**
**ridiculizar** *vt* ridiculiser
**ridículo, -a** *adj* ridicule; **hacer el ~** se couvrir de ridicule; **poner a algn en ~** tourner qn en ridicule; **ponerse en ~** s'exposer au ridicule
**riego** *vb ver* **regar** ▶ *nm* arrosage *m*; **~ sanguíneo** irrigation *f*
**riegue** *etc vb ver* **regar**
**riel** *nm* (*Ferro*) rail *m*; (*de cortina*) tringle *f*
**rienda** *nf* rêne *f*; **dar ~ suelta a** donner libre cours à; **llevar las riendas** (*fig*) tenir les rênes
**riendo** *vb ver* **reír**
**riesgo** *nm* risque *m*; **seguro a** o **contra todo ~** assurance *f* tous risques; **~ para la salud** risque pour la santé; **correr el ~ de** courir le risque de
**riesgoso, -a** *adj* (*AM*) dangereux, périlleux(-euse)
**Rif** *nm* Rif *m*
**rifa** *nf* tombola *f*
**rifar** *vt* tirer au sort; **rifarse** *vpr* se disputer
**rifeño, -a** *adj* du Rif ▶ *nm/f* natif(-ive) o habitant(e) du Rif
**rifirrafe** (*fam*), **rifirirafe** (*fam*) *nm* accrochage *m*, altercation *f*
**rifle** *nm* rifle *m*, carabine *f*
**rigidez** *nf* rigidité *f*
**rígido, -a** *adj* rigide; (*cara*) sévère
**rigiendo** *etc vb ver* **regir**
**rigor** *nm* rigueur *f*; **el ~ del invierno** la rigueur de l'hiver; **con todo el ~ científico** avec la plus grande rigueur scientifique; **de ~** de rigueur; **después de los saludos de ~** après les salutations de rigueur
**rigurosamente** *adv* rigoureusement
**riguroso, -a** *adj* rigoureux(-euse); **de rigurosa actualidad** d'une actualité brûlante
**rija** *etc vb ver* **regir**
**rima** *nf* rime *f*; **~ asonante/consonante** rime pauvre/riche; **rimas** *nfpl* (*composición*) rimes *fpl*
**rimar** *vi*: **~ (con)** rimer (avec)
**rimbombante** *adj* (*fig*) ronflant(e)
**rímel** *nm* rimmel *m*
**rimero** *nm* tas *msg*
**rímmel** *nm* = **rímel**
**Rin** *nm* Rhin *m*
**rincón** *nm* coin *m*; **buscar por los rincones** chercher dans tous les coins
**rinconera** *nf* (*armario*) encoignure *f*; (*mesita*) table *f* d'angle
**rindiendo** *etc vb ver* **rendir**
**ring** [riŋ] *nm* (*Boxeo*) ring *m*
**rinitis** *nf inv* rhinite *f*; **~ alérgica** rhinite allergique
**rinoceronte** *nm* rhinocéros *msg*
**riña** *nf* (*disputa*) dispute *f*; (*pelea*) bagarre *f*
**riñendo** *etc vb ver* **reñir**
**riñón** *nm* (*Anat*) rein *m*; (*Culin*) rognon *m*; **me costó un ~** (*fam*) cela m'a coûté les yeux de la tête; **tener dolor de riñones** avoir mal aux reins; **tener riñones** (*fig*) avoir du cran
**riñonera** *nf* banane *f*
**rio** *vb ver* **reír**
**río** *vb ver* **reír** ▶ *nm* (*que desemboca en otro río*) rivière *f*; (*que desemboca en el mar*) fleuve *m*; (*fig*) flot *m*; **~ abajo/arriba** en aval/amont; **cuando el ~ suena, agua lleva** il n'y a pas de fumée sans feu; **a ~ revuelto, ganancia de pescadores** à quelque chose malheur est bon

> Para traducir la palabra *río* en francés se emplea la palabra *rivière* cuando el río desemboca en otro río y *fleuve* cuando lo hace en el mar. Cabe destacar también que mientras que en español todos los ríos son masculinos, en francés pueden ser masculinos o femeninos, si bien el artículo empleado no tiene nada que ver con el género de la palabra *rivière* ni *fleuve* (*la Seine, le Rhône*).

**Río de Janeiro** *n* Rio de Janeiro
**Río de la Plata** *n* Rio de la Plata
**Rioja** *nf*: **La ~** La Rioja
**rioja** *nm* rioja *m* (*vin de La Rioja*)
**riojano, -a** *adj* de La Rioja ▶ *nm/f* natif(-ive) o habitante(e) de La Rioja
**rioplatense** *adj* du Rio de la Plata ▶ *nmf* natif(-ive) o habitant(e) du Rio de la Plata
**ripio** *nm* (*Lit*) cheville *f*

**riqueza** nf richesse f

**risa** nf rire m ; **¡qué ~!** que c'est drôle ! ; **caerse/morirse de ~** se tordre/mourir de rire ; **tomar algo a ~** (a la ligera) prendre qch à la rigolade ; (con buen humor) prendre qch avec bonne humeur ; **el libro es una ~** (es divertido) ce livre est à se tordre de rire ; (no vale nada) ce livre ne vaut rien ; **tener la ~ fácil** rire facilement ; **~ de conejo** rire jaune

**risco** nm rocher m escarpé

**risible** adj risible

**risotada** nf éclat m de rire

**ristra** nf chapelet m ; **~ de ajos** chapelet d'ails

**ristre** nm: **en ~** bien en main

**risueño, -a** adj (alegre) rieur(-euse) ; (fig) souriant(e)

**rítmico, -a** adj rythmique

**ritmo** nm rythme m ; **a ~ lento** au ralenti ; **trabajar a ~ lento** travailler au ralenti ; **~ de vida** rythme de vie

**rito** nm rite m

**ritual** adj rituel(le) ▶ nm rituel m

**rival** adj, nmf rival(e)

**rivalice** etc vb ver **rivalizar**

**rivalidad** nf rivalité f

**rivalizar** vi rivaliser

**rizado, -a** adj (pelo) frisé(e) ; (mar) moutonneux(-euse) ▶ nm frisure f

**rizar** vt friser ; **rizarse** vpr (el pelo) se friser ; (agua, mar) moutonner

**rizo** nm boucle f

**Rma.** abr = **Reverendísima**

**Rmo.** abr = **Reverendísimo**

**RNE** abr = **Radio Nacional de España**

**R. O.** abr (= Real Orden) ordre de Sa Majesté

**robar** vt voler ; (Naipes) piocher ; (atención) dérober

**roble** nm chêne m

**robledal, robledo** nm chênaie f

**robo** nm vol m ; **¡esto es un ~!** c'est du vol ! ; **~ a mano armada** vol à main armée

**robot** [ro'βot] (pl **robots**) adj, nm robot m ; **~ de cocina** robot de cuisine

**robótica** nf robotique f

**robustecer** vt fortifier

**robustezca** etc vb ver **robustecer**

**robusto, -a** adj robuste

**ROC** sigla m (Inform: = reconocimiento óptico de caracteres) ROC (= reconnaissance optique de caractères)

**roca** nf roche f ; **la R~** Gibraltar m

**rocambolesco, -a** adj rocambolesque

**roce** vb ver **rozar** ▶ nm frottement m ; (caricia) frôlement m ; (Tec) friction f ; (señal) éraflure f ; (: en la piel) égratignure f ; (trato) fréquentation f ; **tener un ~ con** s'accrocher avec, avoir une prise de bec avec (fam)

**rociar** vt asperger

**rocín** nm rosse f

**rocío** nm rosée f

**rock** adj, nm (Mús) rock m

**rockero, -a** adj rock ▶ nm/f rocker mf

**rococó** adj inv, nm rococo m

**rocoso, -a** adj rocailleux(-euse)

**rocote, rocoto** (AM) nm poivron m rouge

**rodaballo** nm turbot m

**rodado, -a** adj: **tráfico ~** circulation f routière ; **canto ~** galet m ; **venir ~** se présenter on ne peut mieux

**rodaja** nf tranche f

**rodaje** nm (Cine) tournage m ; **en ~** (Auto) en rodage

**rodamiento** nm chape f

**Ródano** nm Rhône m

**rodante** adj roulant(e) ; **material ~** matériel m roulant

**rodapié** nm plinthe f

**rodar** vt (vehículo) roder ; (bola) faire rouler ; (película) tourner ▶ vi rouler ; (Cine) tourner ; (persona) circuler

**Rodas** nf Rhodes fsg

**rodear** vt entourer ; (dar un rodeo) contourner ; **rodeado de misterio** entouré de mystère ; **rodearse** vpr: **rodearse de amigos** s'entourer d'amis

**rodeo** nm détour m ; (AM Deporte) rodéo m ; **dar un ~** faire un détour ; **dejarse de rodeos** arrêter de tourner autour du pot ; **hablar sin rodeos** parler sans détours

**rodilla** nf genou m ; **de rodillas** à genoux

**rodillazo** nm coup m de genou ; (recibido) coup au genou

**rodillera** nf (protección) genouillère f ; (remiendo) pièce f au genou ; (abombamiento) genou m feutré d'un pantalon

**rodillo** nm rouleau m ; (en máquina de escribir, impresora) chariot m

**rodio** nm rhodium fsg

**roedor, a** adj rongeur(-euse) ▶ nm rongeur m

**roer** vt ronger

**rogar** vt, vi prier ; **se ruega no fumar** prière de ne pas fumer ; **me rogó que me quedara** il m'a prié de rester ; **no se hace de ~** il ne se fait pas prier

**rogué** etc, **roguemos** etc vb ver **rogar**

**roído, -a** adj rongé(e)

**rojizo, -a** adj rougeâtre

**rojo, -a** adj rouge ; **ponerse ~** rougir ▶ nm rouge m ; **al ~ (vivo)** (metal) rouge ; (fig) chauffé(e) à blanc ▶ nm/f (Pol) rouge mf

**rol** nm rôle m

**rollizo, -a** adj rondelet(te)

**rollo** nm rouleau m ; (fam: película) navet m ; (: libro) livre m ronflant ; (: discurso) laïus msg ; **¡qué ~!** quelle barbe ! (fam) ; **la conferencia fue un ~** cette conférence était ronflante

**ROM** sigla f (= memoria de solo lectura) ROM f (= mémoire morte)

**Roma** n Rome

**romance** nm (Ling) roman m ; (Lit) romance f ; (relación) idylle f
**romancero** nm recueil m de « romances »
**romaní** adj rom ▶ nmf Rom mf ▶ nm (Ling) romani m
**románico** adj roman(e) ▶ nm roman m
**romano, -a** adj romain(e) ▶ nm/f Romain(e)
**romanticismo** nm romantisme m
**romántico, -a** adj romantique
**rombo** nm losange m
**romería** nf (Rel) fête f patronale ; (excursión) pèlerinage m ; voir article

> **ROMERÍA**
>
> À l'origine un pèlerinage vers un lieu saint ou une église, en l'honneur de la Sainte Vierge ou du saint local, la **romería** donne également lieu de nos jours à une fête populaire. Les participants, parfois venus de loin, apportent à boire et à manger, et les festivités durent toute une journée.

**romero, -a** nm/f pèlerin m ▶ nm (Bot) romarin m
**romo, -a** adj émoussé(e)
**rompecabezas** nm inv casse-tête m
**rompehielos** nm inv brise-glace m inv
**rompeolas** nm inv brise-lames m inv
**romper** vt casser ; (papel, tela) déchirer ; (contrato) rompre ; **~ filas** (Mil) rompre les rangs ▶ vi (olas) se briser ; (diente) casser ; **~ el día** commencer à faire jour ; **~ a** se mettre à ; **~ a llorar** éclater en sanglots ; **~ con algn** rompre avec qn ; **romperse** vpr se casser
**rompimiento** nm rupture f
**ron** nm rhum m
**roncar** vi ronfler
**roncha** nf éruption f cutanée
**ronco, -a** adj rauque
**ronda** nf (de bebidas) tournée f ; (de negociaciones) série f ; (patrulla) ronde f ; (de naipes) main f, partie f ; (Deporte) tour m ; **ir de ~** faire sa tournée ; **hacer la ~** (Mil) faire sa ronde ; **~ electoral** tournée électorale
**rondar** vt (vigilar) surveiller ; (cortejar) faire du plat à ; (importunar) tourner autour de ; **la cifra ronda el millón** le chiffre frise le million ▶ vi faire une ronde ; (fig) rôder
**rondeño, -a** adj de Ronda ▶ nm/f natif(-ive) o habitant(e) de Ronda
**rondín** (AND) nm harmonica m
**ronque** etc vb ver **roncar**
**ronquera** nf enrouement m
**ronquido** nm ronflement m
**ronronear** vi ronronner
**ronroneo** nm ronronnement m
**roña** nf (Veterinaria) gale f ; (mugre) crasse f ; (óxido) rouille f
**roñica** nmf radin(e)

**roñoso, -a** adj (mugriento) crasseux(-euse) ; (tacaño) radin(e)
**ropa** nf vêtements mpl ; **~ blanca/de casa** linge m blanc/de maison ; **~ de cama** literie f ; **~ interior** o **íntima** sous-vêtements mpl ; **~ sucia** linge sale ; **~ usada** vêtements usagés
**ropaje** nm vêtements mpl
**ropero** nm (de ropa de cama) armoire f (à linge) ; (guardarropa) garde-robe f
**roque** nm (Ajedrez) tour f ; **estar ~** (fam) écraser (fam)
**roquero, -a** adj, nm/f = **rockero**
**rosa** adj inv rose ▶ nf (Bot) rose f ; **estar como una ~** être frais (fraîche) comme une rose ; **verlo todo color de ~** voir la vie en rose ; **~ de los vientos** rose des vents ▶ nm (color) rose m
**rosáceo, -a** adj rose
**rosado, -a** adj rose ; (vino) rosé ▶ nm rosé m
**rosal** nm rosier m
**rosaleda** nf roseraie f
**rosario** nm chapelet m ; (oraciones) rosaire m ; **rezar el ~** dire son chapelet
**rosbif** nm rosbif m
**rosca** nf rond m ; (pan) couronne f ; **hacer la ~ a algn** (fam) faire du plat à qn ; **pasarse de ~** (fig) dépasser les bornes
**roscón** nm (tb: **roscón de Reyes**) sorte de galette des Rois en couronne et recouverte de fruits confits
**Rosellón** nm Roussillon m
**rosetón** nm (Arq) rosace f
**rosquete** (AND fam!) nm pédale f, pédé m (fam !)
**rosquilla** nf beignet à pâte dure en forme d'anneau ; **venderse como rosquillas** se vendre comme des petits pains
**rostro** nm visage m ; **tener mucho ~** (fam) avoir un sacré culot o toupet (fam)
**rotación** nf rotation f ; **~ de cultivos** rotation des cultures
**rotar** vi (girar) tourner ; (turnarse) alterner ; **rotarse** vpr (turnarse) se relayer
**rotativo** nm journal m
**rotatorio, -a** adj rotatif(-ive)
**roto, -a** pp de **romper** ▶ adj cassé(e) ; (tela, papel) déchiré(e) ; (vida) brisé(e) ; (CHI: de clase obrera) ouvrier(-ière) ▶ nm/f (CHI) ouvrier(-ière) ▶ nm (en vestido) accroc m
**rotonda** nf rond-point m
**rótula** nf rotule f
**rotulador** nm feutre m
**rotular** vt (carta, documento) légender
**rótulo** nm (título) enseigne f ; (letrero) écriteau m
**rotundamente** adv catégoriquement
**rotundo, -a** adj catégorique
**rotura** nf rupture f ; (Med) fracture f
**roturar** vt défricher
**roulotte** nf roulotte f, caravane f
**rozadura** nf (huella) éraflure f ; (herida) écorchure f

**rozar** vt frôler ; (*raspar*) érafler ; (*Med*) écorcher ; (*tocar ligeramente: tb fig*) effleurer ; **su actitud roza el fanatismo** son attitude frise le fanatisme ; **rozarse** vpr se frôler ; **rozarse (con)** (*tratar*) se frotter (à)
**Rte.** abr (= *remite, remitente*) exp. (= *expéditeur*)
**RTVE** sigla f = **Radiotelevisión Española**
**Ruán** n Rouen
**ruana** (AND, CARIB) nf poncho m
**Ruanda** nf le Rwanda
**rubeola, rubéola** nf rubéole f
**rubí** nm rubis msg
**rubio, -a** adj, nm/f blond(e) ; **tabaco ~** tabac m blond
**rublo** nm rouble m
**rubor** nm (*sonrojo*) rougeur f ; (*vergüenza*) honte f
**ruborice** etc vb ver **ruborizarse**
**ruborizarse** vpr rougir
**ruboroso, -a** adj rougissant(e)
**rúbrica** nf (*de firma*) paraphe m, parafe m ; (*final*) couronnement m ; (*título*) rubrique f ; **bajo la ~ de** dans la rubrique de
**rubricar** vt (*firmar*) parapher o parafer ; (*concluir*) couronner
**rubrique** etc vb ver **rubricar**
**rubro** (AM) nm (*título*) rubrique f ; (*sector*) secteur m
**rudeza** nf rudesse f
**rudimentario, -a** adj rudimentaire
**rudimentos** nmpl rudiments mpl
**rudo, -a** adj (*material*) rude ; (*modales, persona*) grossier(-ière)
**rueda** nf roue f ; (*corro*) ronde f ; **ir sobre ruedas** aller comme sur des roulettes ; **~ de prensa** conférence f de presse ; **~ de recambio** o **de repuesto** roue de secours ; **~ delantera/trasera** roue avant/arrière ; **~ dentada** roue dentée ; **~ impresora** (*Inform*) marguerite f
**ruedo** vb ver **rodar** ▶ nm (*contorno*) bord m ; (*de vestido*) ourlet m ; (*Taur*) arène f ; (*corro*) ronde f
**ruego** vb ver **rogar** ▶ nm prière f ; **a ruegos de** à la demande de ; « **ruegos y preguntas** » « questions et réponses »
**ruegue** etc vb ver **rogar**
**rufián** nm ruffian m
**rugby** ['ruɣβi] nm rugby m
**rugido** nm rugissement m
**rugir** vi rugir ; (*estómago*) gargouiller
**rugosidad** nf rugosité f
**rugoso, -a** adj rugueux(-euse)

**ruido** nm bruit m ; (*alboroto*) bruit, grabuge m ; **~ de fondo** bruit de fond ; **hacer** o **meter ~** faire du bruit
**ruidoso, -a** adj bruyant(e) ; (*fig*) tapageur(-euse)
**ruin** adj (*vil*) vil(e) ; (*tacaño*) pingre
**ruina** nf ruine f ; **estar hecho una ~** être en piteux état ; **aquello le llevó a la ~** cela a entraîné sa ruine ; **ruinas** nfpl ruines fpl
**ruindad** nf mesquinerie f ; (*acto*) bassesse f
**ruinoso, -a** adj (*tb Com*) ruineux(-euse)
**ruiseñor** nm rossignol m
**ruja** etc vb ver **rugir**
**ruleta** nf roulette f
**ruletero** (CAM, MÉX) nm chauffeur m de taxi
**rulo** nm rouleau m
**rulot, rulote** nf roulotte f, caravane f
**ruma** (AND, CSUR) nf tas msg
**Rumanía** nf Roumanie f
**rumano, -a** adj roumain(e) ▶ nm/f Roumain(e) ▶ nm (*Ling*) roumain m
**rumba** nf rumba f
**rumbero, -a** adj amateur(-trice) de rumba ; (CARIB: *juerguista*) viveur, fêtard(e)
**rumbo** nm (*ruta*) cap m ; (*ángulo de dirección*) rumb m, rhumb m ; (*fig*) direction f ; **con ~ a** en direction de ; **poner ~ a** mettre le cap sur ; **sin ~ fijo** au hasard
**rumboso, -a** (*fam*) adj généreux(-euse)
**rumiante** nm ruminant m
**rumiar** vt, vi ruminer
**rumor** nm (*ruido sordo*) rumeur f ; (*chisme*) bruit m
**rumorearse** vpr : **se rumorea que** le bruit court que
**rumoroso, -a** adj (*arroyo*) gazouillant(e)
**runa** (AND, CSUR) nm indien m
**runrún** nm rumeur f ; (*de una máquina*) ronronnement m ; (*fig*) rengaine f
**rupestre** adj : **pintura ~** peinture f rupestre
**rupia** nf roupie f
**ruptura** nf rupture f ; **~ con** rupture avec
**rural** adj rural(e)
**Rusia** nf Russie f
**ruso, -a** adj russe ▶ nm/f Russe mf ▶ nm (*Ling*) russe m
**rústica** nf : **libro en ~** livre m broché
**rústico, -a** adj (*del campo*) rustique ; (*ordinario*) rustre
**ruta** nf route f
**rutilante** adj rutilant(e)
**rutina** nf routine f ; **~ diaria** routine quotidienne ; **por ~** par routine
**rutinario, -a** adj routinier(-ière)

# Ss

**S¹, s¹** ['ese] nf (letra) S, s m inv ; **S de Sábado** ≈ S comme Suzanne
**S²** abr (= sur) S (= sud)
**S.** abr (= san) St (Ste) (= Saint, Sainte)
**s.** abr = **siglo; siguiente**
**s/** abr (Com) = **su**
**S.ª** abr (Com) = **su**
**S.A.** abr (Com: = Sociedad Anónima) SA f (= société anonyme) ; (= Su Alteza) SA (= Son Altesse)
**sáb.** abr = **sábado**
**sábado** nm samedi m ; **del ~ en ocho días** samedi en huit ; **un ~ sí y otro no, cada dos sábados** un samedi sur deux
**sabana** nf savane f
**sábana** nf drap m ; **se le han pegado las sábanas** (fig) il a eu une panne d'oreiller
**sabandija** nf (Zool) bestiole f ; (fig) fripouille f
**sabañón** nm engelure f
**sabático, -a** adj sabbatique
**sabedor, a** adj: **ser ~ de algo** être informé(e) ou au courant de qch
**sabelotodo** nmf inv monsieur (mademoiselle) je-sais-tout

(PALABRA CLAVE)

**saber** vt savoir ; **a saber** à savoir ; **no lo supe hasta ayer** je ne l'ai appris qu'hier ; **¿sabes conducir/nadar?** sais-tu conduire/nager ? ; **¿sabes francés?** sais-tu parler français ? ; **no sé nada de coches** je n'y connais rien en voitures ; **no sé nada de él** je ne sais rien de lui ; **un no sé qué** un je ne sais quoi ; **saber de memoria** savoir o connaître par cœur ; **lo sé** je (le) sais ; **hacer saber** faire savoir ; **¡cualquiera sabe!** allez savoir ! ; **que yo sepa** que je sache ; **¡si lo sabré yo!** je le sais mieux que personne ! ; **¡vete a saber!** va savoir ! ; **¡yo qué sé!** je n'en sais rien, moi ! ; **¿sabes?** tu vois ?
▶ vi: **saber a** avoir le goût de ; **sabe a fresa** ça a un goût de fraise ; **saber bien/mal** (comida, bebida) avoir bon/mauvais goût ; **le sabe mal que otro saque a bailar a su mujer** ça ne lui plaît pas que d'autres invitent sa femme à danser

**saberse** vpr: **se sabe que ...** on sait que ... ; **no se sabe todavía** on ne sait toujours pas

**sabido, -a** adj: **como es (bien) ~** comme chacun sait
**sabiduría** nf savoir m ; (buen juicio) sagesse f ; **~ popular** sagesse populaire
**sabiendas: a ~** adv en connaissance de cause ; **a ~ de que ...** en sachant que ...
**sabihondo, -a** adj, nm/f pédant(e)
**sabio, -a** adj savant(e) ; (prudente) sage ▶ nm/f savant(e)
**sablazo** nm: **dar un ~ a algn** (fam) plumer qn comme un pigeon (fam)
**sable** nm sabre m
**sabor** nm goût m, saveur f ; (fig) saveur ; **con ~ a** au goût de ; **sin ~** sans aucun goût
**saborear** vt savourer
**sabotaje** nm sabotage m
**saboteador, a** nm/f saboteur(-euse)
**sabotear** vt saboter
**Saboya** nf Savoie f
**sabré** etc vb ver **saber**
**sabroso, -a** adj savoureux(-euse) ; (salado) salé(e)
**sabueso** nm (tb fig) limier m
**saca** nf grand sac m ; **~ de correo(s)** sac postal
**sacacorchos** nm inv tire-bouchon m
**sacapuntas** nm inv taille-crayon m
**sacar** vt sortir ; (muela) arracher ; (dinero, entradas) retirer ; (beneficios) tirer ; (premio) remporter ; (datos) extraire ; (conclusión) arriver à ; (esp Am: ropa) enlever ; (Costura) rallonger ; **~ adelante** (hijos) élever ; (negocio) faire marcher ; **~ a algn a bailar** inviter qn à danser ; **~ algo a relucir** placer qch (dans une conversation) ; **~ a algn de sí** mettre qn hors de soi ; **~ algo en limpio** o **en claro** tirer qch au clair ; **~ algo/a algn en televisión/en el periódico** parler de qch/faire passer qn à la télévision/dans le journal ; **~ brillo a algo** faire briller qch ; **~ una foto** prendre une o en photo ; **~ la lengua** tirer la langue ; **~ buenas/malas notas** avoir de bonnes/ mauvaises notes ▶ vi (Tenis) servir ; (Fútbol) lancer
**sacarina** nf saccharine f
**sacerdocio** nm sacerdoce m
**sacerdotal** adj sacerdotal(e)

## sacerdote – salir

**sacerdote** *nm* prêtre *m*
**sacerdotisa** *nf* prêtresse *f*
**saciar** *vt* assouvir ; **saciarse** *vpr* se rassasier
**saciedad** *nf*: **hasta la ~** (*comer*) à satiété ; (*repetir*) 36 fois la même chose
**saco** *nm* sac *m* ; (*Am: chaqueta*) veste *f* ; **~ de dormir** sac de couchage
**sacramental** *adj* sacramentel(elle)
**sacramento** *nm* sacrement *m*
**sacrificar** *vt* sacrifier ; (*reses*) abattre ; (*animal doméstico*) endormir ; **sacrificarse** *vpr*: **sacrificarse por** se sacrifier pour
**sacrificio** *nm* sacrifice *m*
**sacrifique** *etc vb ver* **sacrificar**
**sacrilegio** *nm* sacrilège *m*
**sacrílego, -a** *adj* sacrilège
**sacristán** *nm* sacristain *m*
**sacristía** *nf* sacristie *f*
**sacro, -a** *adj* sacré(e)
**sacrosanto, -a** *adj* sacro-saint(e)
**sacudida** *nf* secousse *f* ; **~ eléctrica** décharge *f* électrique
**sacudir** *vt* secouer ; (*ala*) battre de ; (*fam: persona*) taper (*fam*) ; **sacudirse** *vpr*: **sacudirse el polvo** s'épousseter ; **sacudirse los mosquitos** chasser les moustiques
**S.A. de C.V.** *abr* (*Méx*: = *Sociedad Anónima de Capital Variable*) SA *f* (= *société anonyme*)
**sádico, -a** *adj, nm/f* sadique *mf*
**sadismo** *nm* sadisme *m*
**sadomasoquista** *adj, nmf* sadomasochiste *mf*
**saeta** *nf* flèche *f* ; (*Mús*) chant religieux de la semaine sainte
**safari** *nm* safari *m*
**saga** *nf* saga *f*
**sagacidad** *nf* sagacité *f*
**sagaz** *adj* sagace
**Sagitario** *nm* (*Astrol*) Sagittaire *m* ; **ser ~** être Sagittaire
**sagrado, -a** *adj* sacré(e)
**Sáhara** ['saxara] *nm*: **el ~** le Sahara
**saharaui** [saxa'rawi] *adj* saharien(ne) ▶ *nmf* Saharien(ne)
**sainete** *nm* (*Teatro*) saynète *f*
**sajón, -ona** *adj* saxon(e) ▶ *nm/f* Saxon(e)
**Sajonia** *nf* Saxe *f*
**sal** *vb ver* **salir** ▶ *nf* sel *m* ; (*encanto*) grâce *f* ; **sales de baño** sels de bain ; **~ de cocina** sel de cuisine ; **~ gorda** gros sel
**sala** *nf* salle *f* ; (*cuarto de estar*) (salle de) séjour *m* ; (*Jur*) tribunal *m* ; **~ de conciertos** salle de concert ; **~ de conferencias** salle de conférences ; **~ de embarque** salle d'embarquement ; **~ de espera** salle d'attente ; **~ de estar** salle de séjour ; **~ de fiestas** salle des fêtes ; **~ de juntas** (*Com*) salle de réunion ; **~ de operaciones** (*Med*) salle d'opération

**salado, -a** *adj* salé(e) ; (*fig*) drôle, amusant(e) ; (*And: desgraciado*) malheureux(-euse) ; **agua salada** eau *f* salée
**salamandra** *nf* salamandre *f*
**salame** (CSur) *nm* salami *m*
**salar** *vt* saler
**salarial** *adj* (*aumento*) de salaire ; (*revisión*) salarial(e)
**salario** *nm* salaire *m* ; **~ mínimo interprofesional** ≈ salaire *m* minimum interprofessionnel de croissance
**salchicha** *nf* saucisse *f*
**salchichón** *nm* saucisson *m*
**saldar** *vt* solder ; (*deuda, diferencias*) régler
**saldo** *nm* solde *m* ; (*de deuda*) règlement *m* ; (*de móvil*) crédit *m* ; **a precio de ~** en solde ; **~ acreedor/deudor** o **pasivo** solde créditeur/débiteur ; **~ anterior** solde reporté ; **~ final** balance *f* après clôture
**saldré** *etc vb ver* **salir**
**salero** *nm* (*Culin*) salière *f* ; (*ingenio*) esprit *m* ; (*encanto*) charme *m*
**salga** *etc vb ver* **salir**
**salida** *nf* sortie *f* ; (*de tren, Aviat, Deporte*) départ *m* ; (*del sol*) lever *m* ; (*fig*) issue *f* ; (: *de estudios*) débouché *m* ; (*fam: ocurrencia*) mot *m* d'esprit ; **calle sin ~** voie *f* sans issue ; **a la ~ del teatro** à la sortie du théâtre ; **dar la ~** (*Deporte*) donner le départ ; **línea de ~** (*Deporte*) ligne *f* de touche ; **no hay ~** il n'y a pas d'issue ; **no tenemos otra ~** nous n'avons pas d'autre issue ; **~ de emergencia/de incendios** sortie de secours ; **~ de tono** propos *msg* déplacé ; **~ impresa** (*Inform*) tirage *m* papier
**salido, -a** (*fam*) *adj* chaud(e) (*fam*)
**saliente** *adj* saillant(e) ; (*cesante*) sortant(e) ▶ *nm* saillie *f*
**salina** *nf* marais *msg* salant ; **salinas** *nfpl* (*fábrica*) salines *fpl*

[PALABRA CLAVE]

**salir** *vi* **1** (*ir afuera*) sortir ; (*tren, avión*) partir ; **salir de** sortir de ; **Juan ha salido** Juan est sorti ; **salió de la cocina** il est sorti de la cuisine ; **salir de viaje** partir en voyage ; **salir corriendo** partir en courant ; **salir bien de algo** (*fig*) bien se sortir de qch
**2** (*aparecer: sol*) se lever ; (: *flor, pelo, dientes*) pousser ; (: *disco, libro*) sortir ; **anoche salió el reportaje en la tele** le reportage est passé hier soir à la télé ; **su foto salió en todos los periódicos** sa photo est parue dans tous les journaux
**3** (*resultar*): **salir bien/mal** réussir/rater ; **el niño nos ha salido muy estudioso** notre fils se révèle très studieux ; **la comida te ha salido exquisita** ton repas est très réussi ; **salir elegido/premiado** être choisi/récompensé ; **ha salido a su madre** il tient

## salitre – salvavidas

de sa mère ; **¡no me sale!** je n'y arrive pas ! ; **sale muy caro** ça revient très cher ; **salís a 15 € cada uno** vous en avez pour 15 € chacun ; **la cena nos salió por 50 euros** le dîner nous a coûté 50 euros ; **no salen las cuentas** ça ne tombe pas juste

**4** (*mancha*) partir ; (*tapón*) s'enlever

**5** (*en el juego*) avoir la main ; (*Deporte*) commencer ; (*Teatro*) entrer en scène

**6**: **salir a** (*desembocar*) déboucher sur

**7**: **salir de** (*proceder*) venir de

**8**: **salir con algn** (*amigos, novios*) sortir avec qn

**9**: **le salió un trabajo** il a trouvé du travail

**10**: **salir adelante** s'en sortir ; **no sé como haré para salir adelante** je ne sais pas comment je vais m'en sortir

**salirse** *vpr* **1** (*líquido, animal*) sortir

**2**: **salirse de** (*carretera, asociación*) quitter ; **salirse del tema** s'écarter du sujet

**3**: **salirse con la suya** n'en faire qu'à sa tête

**salitre** *nm* salpêtre *m*

**saliva** *nf* salive *f*

**salivadera** (*Am*) *nf* crachoir *m*

**salmantino, -a** *adj* de Salamanque ▶ *nm/f* natif(-ive) *o* habitant(e) de Salamanque

**salmo** *nm* psaume *m*

**salmón** *nm* saumon *m*

**salmonela** *nf* salmonelle *f*

**salmonelosis** *nf inv* salmonellose *f*

**salmonete** *nm* rouget *m*

**salmuera** *nf* saumure *f*

**salón** *nm* salon *m* ; (*CHI Ferro*) salle *f* d'attente ; **~ de actos** *o* **de sesiones** salle de réunion ; **~ de baile** salle de danse ; **~ de belleza** institut *m* de beauté ; **~ de té** salon de thé

**salpicadera** (*Méx*) *nf* garde-boue *m inv*

**salpicadero** *nm* (*Auto*) tableau *m* de bord

**salpicadura** *nf* éclaboussure *f*

**salpicar** *vt* éclabousser ; (*esparcir*) parsemer

**salpicón** *nm* (*Culin*) viande ou poisson en vinaigrette

**salpique** *etc vb ver* **salpicar**

**salsa** *nf* (*Culin*) sauce *f* ; (*fig*) piquant *m* ; (*Mús*) salsa *f* ; **está en su ~** (*fam*) il est dans son élément

**salsera** *nf* saucière *f*

**saltador, a** *nm/f* (*Atletismo*) sauteur(-euse) ; (*Natación*) plongeur(-euse)

**saltamontes** *nm inv* sauterelle *f*

**saltar** *vt* sauter ▶ *vi* sauter ; (*al agua*) plonger ; (*quebrarse: cristal*) se briser ; (*explotar: persona*) exploser ; **~ a la comba** sauter à la corde ; **~ a la vista** sauter aux yeux ; **~ con** (*fam: decir*) sortir ; **~ de una cosa a otra** sauter du coq à l'âne ; **saltarse** *vpr* sauter ; **saltarse un semáforo** brûler un feu ; **saltarse todas las reglas** enfreindre toutes les règles ; **se le saltaban las lágrimas** il en avait les larmes aux yeux

**saltarín, -ina** *adj* (*que salta*) sautillant(e) ; (*inquieto*) qui ne tient pas en place

**salteado, -a** *adj* (*Culin*) sauté(e) ; (*sin orden*) dans le désordre

**salteador** *nm* (*tb*: **salteador de caminos**) bandit *m* (de grand chemin)

**saltear** *vt* attaquer ; (*números, páginas*) sauter ; (*Culin*) faire sauter

**saltimbanqui** *nmf* saltimbanque *mf*

**salto** *nm* saut *m* ; (*al agua*) plongeon *m* ; **a saltos** en sautant ; **vivir a ~ de mata** vivre au jour le jour ; **~ de agua** chute *f* d'eau ; **~ de altura/de longitud** saut en hauteur/en longueur ; **~ de cama** saut-de-lit *m* ; **~ de línea (automático)** (*Inform*) retour *m* à la ligne (automatique) ; **~ de página** saut de page ; **~ mortal** saut périlleux

**saltón, -ona** *adj* (*ojos*) globuleux(-euse) ; (*dientes*) en avant

**salubre** *adj* salubre

**salubridad** *nf* salubrité *f*

**salud** *nf* santé *f* ; **estar bien/mal de ~** être en bonne/mauvaise santé ; **¡(a su) ~!** (à votre) santé ! ; **beber a la ~ de** boire à la santé de

**saludable** *adj* sain(e)

**saludar** *vt* (*tb Mil*) saluer ; **ir a ~ a algn** aller dire bonjour à qn ; **salude de mi parte a X** saluez X de ma part ; **le saluda atentamente** (*en carta*) salutations distinguées

**saludo** *nm* salut *m* ; **un ~ afectuoso/cordial** (*en carta*) affectueusement/cordialement ; **saludos** *nmpl* (*en carta*) salutations *fpl*

**salva** *nf* (*Mil*) salve *f* ; **una ~ de aplausos** une salve d'applaudissements

**salvación** *nf* (*tb Rel*) salut *m* ; **¡fue mi ~!** c'est ce qui m'a sauvé !

**salvado** *nm* (*Agr*) son *m*

**salvador** *nm* sauveur *m* ; **el S~** (*Rel*) le Sauveur ; **El S~** (*Geo*) El Salvador *m* ; **San S~** San Salvador

**salvadoreño, -a** *adj* salvadorien(ne) ▶ *nm/f* Salvadorien(ne)

**salvaeslip** (*pl* **salvaeslips**) *nm* protège-slip *m*

**salvaguarda, salvaguardia** *nf* sauvegarde *f*

**salvaguardar** *vt* sauvegarder

**salvajada** *nf* horreur *f*

**salvaje** *adj, nmf* sauvage *mf*

**salvajismo** *nm* sauvagerie *f*

**salvamento** *nm* sauvetage *m*

**salvapantallas** *nm inv* écran *m* de veille

**salvar** *vt* sauver ; (*un barco*) procéder au sauvetage de ; (*obstáculo, distancias*) franchir ; (*exceptuar*) excepter ; (*Inform: archivo*) sauvegarder ; **~ algo/a algn de** sauver qch/qn de ; **salvarse** *vpr* **salvarse (de)** se sauver (de) ; **¡sálvese quien pueda!** sauve qui peut !

**salva-slip** (*pl* **salva-slips**) *nm* protège-slip *m*

**salvavidas** *adj inv*: **bote/chaleco/cinturón ~** canot *m*/gilet *m*/bouée *f* de sauvetage

**salvedad** *nf* exception *f*; **con la ~ de que ...** mis à part le fait que ...
**salvia** *nf* sauge *f*
**salvo, -a** *adj*: **a ~** en lieu sûr ▶ *adv* sauf; **~ que** sauf que ▶ *prep* sauf; **~ error u omisión** sauf erreur ou omission
**salvoconducto** *nm* sauf-conduit *m*
**samaritano, -a** *nm/f* samaritain(e); **el buen ~** le bon Samaritain
**samba** *nf* samba *f*
**sambenito** *nm* (*Hist*) san-benito *m*; (*deshonra*): **le colgaron el ~ de cobarde** il a la réputation d'être lâche, on l'a traité de lâche; **echar el ~ a otro** discréditer quelqu'un d'autre; **quedó con el ~ toda la vida** il a eu cette réputation toute sa vie
**san** *nm* saint *m*; **~ Juan** Saint Jean
**sanar** *vt, vi* guérir
**sanatorio** *nm* sanatorium *m*
**sanción** *nf* sanction *f*; (*aprobación*) approbation *f*
**sancionar** *vt* sanctionner; (*aprobar*) approuver
**sancocho** (*Am*) *nm* pot-au-feu *m inv*
**sandalia** *nf* sandale *f*
**sándalo** *nm* santal *m*, bois *msg* de santal
**sandez** *nf* bêtise *f*; **decir sandeces** dire des bêtises
**sandía** *nf* pastèque *f*
**sandinista** *adj, nmf* (*Pol*) sandiniste *mf*
**sándwich** ['sandwitʃ] (*pl* **sándwichs** *o* **sándwiches**) *nm* sandwich *m*
**saneamiento** *nm* assainissement *m*
**sanear** *vt* assainir
**Sanfermines** *nmpl* festival de saint Fermín; voir article

- **SANFERMINES**

    Les **Sanfermines** de Pampelune sont un festival d'une semaine rendu célèbre par Hemingway. À partir du 7 juillet, fête patronale de *San Fermín*, les habitants de la ville et de plus en plus de touristes, principalement des jeunes, se rassemblent dans les rues pour chanter, boire et danser. Tôt le matin, on lâche des taureaux dans les rues étroites qui conduisent à l'arène. Selon une coutume répandue dans de nombreux villages espagnols, des jeunes gens font acte de courage en s'élançant devant les taureaux, au péril de leur vie.

**sangrante** *adj* sanglant(e); (*fig*) terrible
**sangrar** *vt* saigner; (*Inform, Tip*) commencer en retrait ▶ *vi* saigner
**sangre** *nf* sang *m*; **a ~ fría** de sang-froid; **de ~ fría** (*Zool*) à sang froid; **pura ~** pur-sang *m*; **~ azul** sang bleu; **~ fría** sang-froid *m*
**sangría** *nf* (*Med*) saignée *f*; (*Culin*) sangria *f*; (*Inform, Tip*) retrait *m*; (*fig: gasto*) frais *msg*

**sangriento, -a** *adj* sanglant(e)
**sanguijuela** *nf* sangsue *f*
**sanguinario, -a** *adj* sanguinaire
**sanguíneo, -a** *adj* sanguin(e)
**sanguinolento, -a** *adj* sanguinolent(e); (*manchado*) taché(e) de sang; (*ojos*) injecté(e) (de sang)
**sanidad** *nf* (*Admin*) santé *f*; (*de ciudad, clima*) salubrité *f*; **~ pública** santé publique
**San Isidro** *n* saint Isidore; voir article

- **SAN ISIDRO**

    **San Isidro**, saint patron de Madrid, donne son nom à des festivités d'une semaine qui ont lieu aux alentours du 15 mai. Foire au XVIII[e] siècle, la fête de **San Isidro** consiste de nos jours en diverses manifestations, telles que bals, musique, spectacles, courses de taureaux et une célèbre *romería*.

**sanitario, -a** *adj* sanitaire ▶ *nm*: **sanitarios** sanitaires *mpl* ▶ *nm/f* professionnel(le) de la santé
**sanjacobo** *n* cordon bleu
**San José** *n*: **~ (de Costa Rica)** San José
**San Juan** *n* Saint-Jean

- **SAN JUAN**

    Le **Día de San Juan**, le 24 juin, est un mélange de tradition chrétienne et de fêtes antiques célébrant l'arrivée du solstice d'été. Dans de nombreuses régions, notamment près de la mer, il est courant d'allumer de grands feux de joie le 23 juin et de brûler une effigie avec, en général, pour bûcher, de vieux meubles et autres objets en bois. Ces *hogueras de San Juan*, qui sont souvent accompagnées de feux d'artifice et de musique, attirent beaucoup de monde pour danser ou simplement jouir de cette nuit d'été jusqu'à ce que le feu s'éteigne au petit matin.

**San Marino** *nm*: **(La República de) ~** (la République de) Saint Marin *m*
**sano, -a** *adj* sain(e); (*sin daños*) intact(e); **~ y salvo** sain et sauf
**San Salvador** *n* San Salvador
**sansalvadoreño, -a** *adj* de San Salvador ▶ *nm/f* natif(-ive) *o* habitant(e) de San Salvador
**sánscrito, -a** *adj, nm* sanskrit *m*
**santanderino, -a** *adj* de Santander ▶ *nm/f* natif(-ive) *o* habitant(e) de Santander
**Santiago** *n*: **~ (de Chile)** Santiago (du Chili); **~ (de Compostela)** Saint-Jacques-de-Compostelle
**santiaguino, -a** *adj* de Santiago (du Chili) ▶ *nm/f* natif(-ive) *o* habitant(e) de Santiago (du Chili)

**santiamén – se**

**santiamén** nm: **en un ~** en un clin d'œil
**santidad** nf sainteté f
**santificar** vt sanctifier
**santifique** etc vb ver **santificar**
**santiguarse** vpr se signer
**santigüe** etc vb ver **santiguarse**
**santo, -a** adj saint(e); **hacer su santa voluntad** faire ses quatre volontés; **todo el ~ día** toute la sainte journée ▶ nm/f (Rel) Saint(e); (fig) saint(e) ▶ nm fête f; **¿a ~ de qué…?** en quel honneur…?; **se le fue el ~ al cielo** il a oublié ce qu'il allait dire; **~ y seña** mot m de passe
**Santo Domingo** n (capital) Saint-Domingue; (isla) Hispaniola
**santoral** nm calendrier m mentionnant le nom des saints
**santuario** nm sanctuaire m
**saña** nf (crueldad) sauvagerie f; (furor) fureur f
**sapo** nm crapaud m
**saque** vb ver **sacar** ▶ nm (Tenis) service m; (Fútbol) remise f en jeu; **~ de esquina** corner m; **~ inicial** coup m d'envoi
**saquear** vt piller
**saqueo** nm pillage m
**S.A.R.** abr (= Su Alteza Real) SAR (= Son Altesse Royale)
**sarampión** nm rougeole f
**sarao** nm (fiesta) fête f, soirée f; (fam: lío) esclandre m, histoire f
**sarape** (AM) nm poncho m
**sarcasmo** nm sarcasme m
**sarcástico, -a** adj sarcastique
**sarcófago** nm sarcophage m
**sarcoma** nm sarcome m
**sardana** nf sardane f
**sardina** nf sardine f
**sardo, -a** adj sarde ▶ nm/f Sarde mf
**sardónico, -a** adj sardonique
**sargazo** nm sargasse f
**sargento** nm (Mil) sergent; (fig) personne f autoritaire
**sari** nm sari m
**sarmiento** nm sarment m
**sarna** nf (Med, Zool) gale f
**sarpullido** nm (Med) éruption f
**sarro** nm tartre m
**sarta** nf: **una ~ de mentiras** un chapelet de mensonges
**sartén** nf, (AM) nm (Culin) poêle f (à frire); **tener la ~ por el mango** tenir les rênes
**sastre** nm tailleur m
**sastrería** nf (arte) fabrication f de tailleurs; (tienda) tailleur m
**Satán, Satanás** nm Satan m
**satánico, -a** adj satanique
**satélite** nm satellite m; **vía ~** (Telec) par satellite
**satén** nm satin m
**satinado, -a** adj (papel) satiné(e) ▶ nm satiné m

**sátira** nf satire f
**satírico, -a** adj satirique
**sátiro** nm satyre m
**satisfacción** nf satisfaction f; (para desagravio) satisfaction, réparation f
**satisfacer** vt satisfaire; (deuda) acquitter; **satisfacerse** vpr se satisfaire; (vengarse) se venger
**satisfactorio, -a** adj satisfaisant(e)
**satisfaga** etc, **satisfaré** etc vb ver **satisfacer**
**satisfecho, -a** pp de **satisfacer** ▶ adj satisfait(e)
**satisfice** etc vb ver **satisfacer**
**saturación** nf saturation f
**saturar** vt saturer; **saturarse** vpr être saturé(e)
**Saturno** nm Saturne m
**sauce** nm saule m; **~ llorón** saule pleureur
**saúco** nm sureau m
**saudí, saudita** adj saoudien(ne) ▶ nmf Saoudien(ne)
**sauna** nf, (CSUR) nm sauna m
**savia** nf sève f
**saxo** (fam) nm saxo m; (persona) saxophoniste mf
**saxofón** nm saxophone m
**saxofonista** nmf saxophoniste mf
**sazón** nf (de fruta) maturité f; (Culin) goût m; **a la ~** alors, à cette époque; **en ~** (fruta) mûr(e)
**sazonado, -a** adj (fruta) mûr(e); (Culin) relevé(e)
**sazonar** vt mûrir; (Culin) assaisonner ▶ vi être mûr(e)
**s/c** abr (Com) (= su casa) votre société; (= su cuenta) votre compte
**schop** ['tʃop] (CSUR) nm ver **chop**
**schopería** [tʃope'ria] (CSUR) nf brasserie f
**Scotch** nm scotch m
**Sdo.** abr (Com) = **saldo**
**SE** abr (= sudeste) S.-E. (= sud-est)

(PALABRA CLAVE)

**se** pron **1** (reflexivo) se, s'; (de usted/ustedes) vous; **se divierte** il s'amuse; **lavarse** se laver; **¡siéntese!** asseyez-vous!
**2** (con complemento directo: sg) lui; (: pl) leur; (: usted, ustedes) vous; **se lo dije** (a él) je le lui ai dit; (a ellos) je le leur ai dit; (a usted(es)) je vous l'ai dit; **se compró un sombrero** il s'est acheté un chapeau; **se rompió la pierna** il s'est cassé la jambe; **cortarse el pelo** se faire couper les cheveux
**3** (uso recíproco) se; (: ustedes) vous; **se miraron (el uno al otro)** ils se sont regardés (l'un l'autre); **cuando (ustedes) se conocieron** quand vous vous êtes connus
**4** (en oraciones pasivas): **se han vendido muchos libros** beaucoup de livres ont été vendus; **se compró hace tres años** ça a été acheté il y a trois ans

## sé – seguido

**5** (*impersonal*): **se dice que ...** on dit que ... ; **allí se come muy bien** on y mange très bien ; **se habla inglés** on parle anglais ; **se ruega no fumar** prière de ne pas fumer

**sé** *vb ver* **saber**; **ser**

**sea** *etc vb ver* **ser**

**SEAT** *sigla f* = **Sociedad Española de Automóviles de Turismo**

**sebo** *nm* sébum *m*

**Sec.** *abr* = **secretario**

**secado** *nm* séchage *m* ; **~ a mano** brushing *m*

**secador** *nm* (*tb:* **secador de pelo**) sèche-cheveux *m inv*

**secadora** *nf* sèche-linge *m inv* ; **~ centrífuga** essoreuse *f*

**secam** *sigla m* SECAM *m* (= *procédé séquentiel à mémoire*)

**secano** *nm* (*Agr: tb:* **tierra de secano**) terrain *m* non irrigué ; **cultivo de ~** dry farming *m*

**secante** *nm* (*tb:* **papel secante**) buvard *m*

**secar** *vt* sécher ; (*río, tierra, plantas*) assécher ; **secarse** *vpr* sécher ; (*persona*) se sécher ; **secarse las manos** s'essuyer les mains

**sección** *nf* section *f* ; **~ deportiva** (*en periódico*) pages *fpl* sportives

**seccionar** *vt* (*dividir, cortar*) sectionner

**secesión** *nf* sécession *f*

**seco, -a** *adj* sec (sèche) ; **habrá pan a secas** il n'y aura que du pain ; **Juan, a secas** Juan tout court ; **parar/frenar en ~** s'arrêter/freiner brusquement

**secreción** *nf* sécrétion *f*

**secretaría** *nf* secrétariat *m*

**secretariado** *nm* secrétariat *m*

**secretario, -a** *nm/f* secrétaire *mf* ; **~ adjunto(-a)** (*Com*) secrétaire adjoint(e)

**secretismo** *nm* secret *m*, manque *m* de transparence

**secreto, -a** *adj* secret(-ète) ▶ *nm* secret *m* ; **en ~** en secret ; **~ profesional** secret professionnel

**secta** *nf* secte *f*

**sectario, -a** *adj* sectaire

**sectarismo** *nm* sectarisme *m*

**sector** *nm* secteur *m* ; **~ privado/público** secteur privé/public ; **~ terciario** secteur tertiaire

**sectorial** *adj* sectoriel(le)

**secuaz** (*pey*) *nmf* acolyte *mf*, partisan(e)

**secuela** *nf* séquelle *f*

**secuencia** *nf* séquence *f*

**secuestrador, a** *nm/f* (*de persona*) kidnappeur(-euse), ravisseur(-euse) ; (*tb:* **secuestrador(a) aéreo/a**) pirate *mf* de l'air

**secuestrar** *vt* séquestrer ; (*avión*) détourner ; (*publicación*) retirer de la circulation ; (*bienes: Jur*) séquestrer, mettre sous séquestre

**secuestro** *nm* (*de persona*) enlèvement *m* ; (*de avión*) détournement *m*

**secular** *adj* séculaire

**secundar** *vt* seconder

**secundario, -a** *adj* secondaire ; (*Inform*) d'arrière-plan ▶ *nf* (*Escol*) secondaire *m*

**sed** *nf* soif *f* ; **tener ~** avoir soif

**seda** *nf* soie *f* ; **como una ~** (*sin problema*) comme sur des roulettes ; (*dócil*) doux (douce) comme un agneau

**sedal** *nm* ligne *f*

**sedante** *nm* sédatif *m*

**sedar** *vt* donner un sédatif à, mettre sous calmants

**sede** *nf* siège *m* ; **Santa S~** Saint-Siège *m*

**sedentario, -a** *adj* sédentaire

**SEDIC** *sigla f* = **Sociedad Española de Documentación e Información Científica**

**sedición** *nf* sédition *f*

**sediento, -a** *adj* assoiffé(e) ; **~ de gloria/poder** assoiffé(e) de gloire/pouvoir

**sedimentación** *nf* sédimentation *f*

**sedimentar** *vt* faire se déposer ; **sedimentarse** *vpr* se déposer

**sedimento** *nm* sédiment *m*

**sedoso, -a** *adj* soyeux(-euse)

**seducción** *nf* séduction *f*

**seducir** *vt* séduire

**seductor, a** *adj* séducteur(-trice) ; (*personalidad, idea*) séduisant(e) ▶ *nm/f* séducteur(-trice)

**seduje** *etc*, **seduzca** *etc vb ver* **seducir**

**sefardí, sefardita** *adj, nmf* séfarade *mf*

**segador, a** *nm/f* faucheur(-euse) ▶ *nf* (*Tec*) moissonneuse *f*

**segar** *vt* (*mies*) moissonner ; (*hierba*) faucher ; (*vidas*) briser ; (*esperanzas*) réduire à néant

**seglar** *adj* séculier(-ière)

**segmentar** *vt* segmenter ; **segmentarse** *vpr* se segmenter

**segmento** *nm* segment *m*

**segoviano, -a** *adj* de Ségovie ▶ *nm/f* natif(-ive) *o* habitant(e) de Ségovie

**segregación** *nf* ségrégation *f* ; **~ racial** ségrégation raciale

**segregar** *vt* ségréguer ; (*líquido*) sécréter

**segregue** *etc vb ver* **segregar**

**segué** *etc*, **seguemos** *etc vb ver* **segar**

**seguida** *nf:* **en ~** tout de suite ; **en ~ termino** j'ai presque fini

**seguidamente** *adv* (*sin parar*) à la suite ; (*a continuación*) ensuite

**seguidilla** *nf* (*Mús*) séguédille *f* (*danse et musique modérément rapide à trois temps*) ; (*Lit*) séguédille *f* (*strophe de quatre à sept vers utilisée dans les chansons populaires*)

**seguido, -a** *adj* continu(e) ; (*consecutivo*) de suite, consécutif(-ive) ; (*ininterrumpido*) de suite, d'affilée ; (*línea*) droit(e) ; **cinco días seguidos** cinq jours de suite ▶ *adv* (*derecho*)

## seguidor – semana

tout droit ; (*después*) à la suite ; (AM: *a menudo*) souvent

**seguidor, a** *nm/f* adepte *mf* ; (*Deporte*) supporter *mf*

**seguimiento** *nm* suivi *m*

**seguir** *vt* suivre ▶ *vi* (*venir después*) suivre ; (*continuar*) poursuivre ; **sigo sin comprender** je ne comprends toujours pas ; **sigue lloviendo** il continue de pleuvoir ; **sigue** (*en carta*) T.S.V.P. ; (*en libro, TV*) suite ; **¡siga!** (*AM*) allez-y ! ; **seguirse** *vpr*: **seguirse (de)** s'ensuivre (de), découler

**según** *prep* (*de acuerdo con*) d'après ; (*depende* (*de*)) selon ; (*a medida que*) à mesure que ; (*como*) comme ; **~ parece ...** il semblerait que ... ; **~ esté el tiempo** selon le temps qu'il fera ; **~ me consta** autant que je sache ; **está ~ lo dejaste** c'est resté tel que tu l'avais laissé ▶ *adv* ça dépend

**segundero** *nm* trotteuse *f*

**segundo, -a** *adj* deuxième, second(e) ; (*en discurso*) deuxièmement ; **segunda clase** (*Ferro*) seconde classe *f* ; **de segunda mano** d'occasion ▶ *nm* (*tiempo*) seconde *f* ; (*piso*) deuxième *m*, second *m* ▶ *nf* (*marcha, clase*) seconde *f* ; **con segundas (intenciones)** avec une arrière-pensée ▶ *nm/f* deuxième *mf*, second(e) ; **~ (de a bordo)** (*Náut*) second (à bord)

**seguramente** *adv* sûrement ; **¿lo va a comprar?** — **~** va-t-il l'acheter ? — sûrement

**seguridad** *nf* sécurité *f* ; (*certeza*) certitude *f* ; (*confianza*) confiance *f* ; **cerradura/cinturón de ~** serrure *f*/ceinture *f* de sécurité ; **~ ciudadana** sécurité en ville ; **~ en sí mismo** confiance en soi ; **~ social** sécurité sociale

**seguro, -a** *adj* sûr(e) ; **~ de sí mismo** sûr(e) de soi ; **lo más ~ es que ...** sans doute que ... ▶ *adv* sûrement ▶ *nm* sécurité *f* ; (*de cerradura*) sûreté *f* ; (*de arma*) cran *m* de sûreté ; (*Com*) assurance *f* ; (*CAM, MÉX*) épingle *f* à nourrice ; **~ a todo riesgo/contra terceros** assurance tous risques/au tiers ; **~ contra accidentes/contra incendios** assurance contre les accidents/contre l'incendie ; **S~ de Enfermedad** assurance maladie ; **~ de vida** assurance vie ; **~ dotal con beneficios** assurance à capital différé avec bénéfice ; **~ marítimo** assurance maritime ; **~ mixto** assurance à capital différé ; **~ temporal** assurance à terme

**seis** *adj inv, nm inv* six *m inv* ; **~ mil** six mille ; **el ~ de abril** le six avril ; **hoy es ~** nous sommes le six aujourd'hui ; **son las ~** il est six heures ; **tiene ~ años** il a six ans ; **unos ~** environ six

**seiscientos, -as** *adj* six cents ; **~ veinticinco** six cent vingt-cinq

**seísmo** *nm* séisme *m*

**SELA** *sigla m* (= *Sistema Económico Latinoamericano*) SELA *m* (= Système économique latino-américain)

**selección** *nf* sélection *f* ; **~ nacional** (*Deporte*) équipe *f* nationale ; **~ natural** sélection naturelle

**seleccionador, a** *nm/f* (*Deporte*) sélectionneur(-euse)

**seleccionar** *vt* sélectionner

**selectividad** *nf* (*Univ*) examen d'entrée à l'université ; *voir article*

> **SELECTIVIDAD**
>
> En Espagne, à la fin de leurs études secondaires, les élèves souhaitant aller à l'université doivent passer les épreuves de la **selectividad**, dont la deuxième session se tient en septembre. À partir de la moyenne de la note obtenue à cet examen et de celle obtenue au cours des deux dernières années d'études secondaires, l'élève peut choisir une filière universitaire en fonction du nombre de places offertes et de la note minimale requise par chaque université. Certaines universités organisent en outre un examen d'entrée.

**selectivo, -a** *adj* sélectif(-ive)

**selecto, -a** *adj* sélect(e)

**selector** *nm* (*Tec*) sélecteur *m*

**sellado, -a** *adj* (*documento oficial*) scellé(e) ; (*pasaporte*) tamponné(e)

**sellar** *vt* sceller ; (*pasaporte*) tamponner

**sello** *nm* (*de correos*) timbre *m* ; (*para estampar*) tampon *m* ; (*precinto*) sceau *m* ; (*tb*: **sello distintivo**) cachet *m* ; **~ discográfico** maison *f* de disques ; **~ fiscal** timbre fiscal

**selva** *nf* (*bosque*) forêt *f* ; (*jungla*) jungle *f* ; **la S~ Negra** la Forêt Noire

**selvático, -a** *adj* forestier(-ière) ; (*vegetación*) sauvage

**S.Em.** *abr* (= *Su Eminencia*) SE (= Son Éminence)

**semáforo** *nm* (*Auto*) feu *m* rouge *o* de circulation ; (*Ferro*) sémaphore *m*

**semana** *nf* semaine *f* ; **entre ~** en semaine ; **~ inglesa** semaine de 35 heures ; **~ laboral** semaine de travail ; **S~ Santa** semaine sainte ; *voir article*

> **SEMANA SANTA**
>
> Les célébrations de la **Semana Santa** en Espagne sont souvent grandioses. *Viernes Santo* (le Vendredi saint), *Sábado Santo* (le Samedi saint) et *Domingo de Resurrección* (le dimanche de Pâques) sont des fêtes légales auxquelles s'ajoutent d'autres jours fériés dans chaque région. Dans tout le pays, les membres des *cofradías* (confréries), vêtus de cagoules, avancent en processions dans les rues, précédant leurs *pasos*, des chars

## semanal – sentimentalismo

richement décorés sur lesquels se dressent des statues religieuses. Les processions de la semaine sainte à Séville sont particulièrement renommées.

**semanal** *adj* hebdomadaire
**semanario** *nm* = **semanal**
**semántica** *nf* sémantique *f*
**semántico, -a** *adj* sémantique
**semblante** *nm* (traits *mpl* du) visage *m* ; *(fig)* allure *f*
**semblanza** *nf* essai *m* autobiographique
**sembrado** *nm* terre *f* cultivée, champ *m* ensemencé
**sembrar** *vt* semer
**semejante** *adj, nm* semblable *m* ; **son muy semejantes** ils se ressemblent beaucoup ; **nunca hizo cosa ~** il n'a jamais fait semblable chose
**semejanza** *nf* ressemblance *f* ; **a ~ de** pareil(le) à
**semejar** *vt* ressembler à ; **semejarse** *vpr* se ressembler
**semen** *nm* sperme *m*
**semental** *nm* (*Zool*) géniteur *m*
**sementera** *nf* semailles *fpl* ; *(tierra)* semis *msg*
**semestral** *adj* semestriel(le)
**semestre** *nm* semestre *m*
**semi...** *pref* semi...
**semicircular** *adj* semi-circulaire
**semicírculo** *nm* demi-cercle *m*
**semiconductor** *nm* semi-conducteur *m*
**semiconsciente** *adj* à demi conscient(e)
**semidesnatado, -a** *adj* demi-écrémé(e)
**semifinal** *nf* demi-finale *f*
**semifinalista** *nmf* demi-finaliste *mf*
**semiinconsciente** *adj* à demi inconscient(e)
**semilla** *nf* graine *f*, semence *f*
**semillero** *nm* (*Agr*) semis *msg* ; *(fig)* source *f*
**seminario** *nm* (*Rel, Escol*) séminaire *m*
**seminarista** *nm* séminariste *m*
**semiótica** *nf* sémiotique *f*
**semiseco, -a** *adj* demi-sec(-sèche)
**semita** *adj* sémite ▶ *nmf* Sémite *m*
**sémola** *nf* semoule *f*
**sempiterno, -a** *adj* éternel(le)
**Sena** *nm*: **el ~** la Seine
**senado** *nm* sénat *m*
**senador, a** *nm/f* sénateur(-trice)
**sencillamente** *adv* simplement ; **es ~ imposible** c'est tout simplement impossible
**sencillez** *nf* simplicité *f*
**sencillo, -a** *adj* simple ▶ *nm* (*Am*) chaudière *f*
**senda** *nf* sentier *m*
**senderismo** *nm* randonnée *f*
**senderista** *nmf* (*Deporte*) randonneur(-euse) ; (*Perú Pol*) membre *mf* ou partisan(e) du Sentier Lumineux
**sendero** *nm* sentier *m* ; **S~ Luminoso** (*Perú Pol*) Sentier lumineux
**sendos, -as** *adj pl*: **recibieron ~ golpes** ils ont tous deux reçu des coups
**Senegal** *nm* (*tb*: **El Senegal**) le Sénégal
**senegalés, -esa** *adj* sénégalais(e) ▶ *nm/f* Sénégalais(e)
**senil** *adj* sénile
**sénior** *adj* (*Deporte*) senior ; *(con experiencia)* supérieur(e) ▶ *nmf* (*pl* **séniors** *o* **séniores**) (*Deporte*) senior *m*
**seno** *nm* sein *m* ; (*Mat*) sinus *m* ; **~ materno** sein maternel
**sensación** *nf* sensation *f* ; **causar** *o* **hacer ~** faire sensation
**sensacional** *adj* sensationnel(le)
**sensacionalismo** *nm* sensationnalisme *m*
**sensacionalista** *adj* sensationnaliste, à sensation ; **la prensa ~** la presse sensationnaliste
**sensatez** *nf* bon sens *msg*
**sensato, -a** *adj* sensé(e)
**sensibilidad** *nf* sensibilité *f*
**sensibilizar** *vt* sensibiliser
**sensible** *adj* sensible
**sensiblemente** *adv* sensiblement
**sensiblero, -a** (*pey*) *adj* sentimental(e), qui tombe dans la sensiblerie
**sensitivo, -a** *adj* sensible
**sensor** *nm* détecteur *m* ; **~ de fin de papel** fin *f* de papier
**sensorial** *adj* sensoriel(le)
**sensual** *adj* sensuel(le)
**sensualidad** *nf* sensualité *f*
**sentada** *nf* (*protesta*) sit-in *m inv* ; **de una ~** d'une traite
**sentado, -a** *adj*: **estar ~** être assis(e) ; **dar por ~** considérer comme acquis ; **dejar ~ que ...** établir que ...
**sentar** *vt* asseoir ; (*noticia, hecho, palabras*) établir ▶ *vi* (*vestido, color*) aller ; **~ bien** (*ropa*) aller bien ; (*comida*) faire du bien ; (*vacaciones*) réussir ; **me ha sentado mal** (*comida*) je ne l'ai pas digéré ; (*comentario*) cela m'a blessé ; **sentarse** *vpr* s'asseoir ; (*el tiempo*) se stabiliser ; (*sedimentos*) se déposer ; **¡siéntese!** asseyez-vous !
**sentencia** *nf* sentence *f* ; (*Inform*) instruction *f* ; **~ de muerte** sentence de mort
**sentenciar** *vt* (*Jur*) condamner
**sentido, -a** *adj* (*pérdida*) regretté(e) ; (*carácter*) sensible ; **mi más ~ pésame** mes plus sincères condoléances ▶ *nm* sens *msg* ; **en el buen ~ de la palabra** au bon sens du terme ; **con ~ doble** à double sens ; **sin ~** qui ne veut rien dire ; **tener ~** avoir du sens ; **¿qué ~ tiene que ...?** à quoi cela sert-il de ...? ; **~ común** bon sens ; **~ del humor** sens de l'humour ; **~ único** (*Auto*) sens unique
**sentimental** *adj* sentimental(e) ; **vida ~** vie *f* sentimentale
**sentimentalismo** *nm* sentimentalisme *m*

**sentimiento** nm sentiment m
**sentir** nm opinion f ▶ vt sentir; (lamentar) regretter; (espAm) entendre; (música, arte) avoir un don pour; **lo siento (mucho)** je suis désolé(e); **siento molestarle** je suis désolé de vous déranger ▶ vi sentir; **sentirse** vpr se sentir; **sentirse bien/mal** se sentir bien/mal; **sentirse como en su casa** se sentir chez soi
**seña** nf signe m; (Mil) mot m de passe; **señas** nfpl (dirección) adresse f; **(y) por más señas** (et) en plus de cela; **dar señas de** donner des signes de; **señas personales** (rasgos distintivos) signes mpl particuliers
**señal** nf signal m; (síntoma) signe m; (marca, Inform) marque f; (Com) arrhes fpl; **en ~ de** en signe de; **dar señales de** donner des signes de; **~ de auxilio/de peligro** signal de détresse/d'alarme; **~ de llamada** sonnerie f; **señales de tráfico** panneaux mpl de signalisation; **~ para marcar** tonalité f
**señalado, -a** adj (persona) distingué(e); (fecha) important(e)
**señalar** vt signaler; (poner marcas) marquer; (con el dedo) montrer du doigt; (hora) donner; (fijar) fixer
**señalice** etc vb ver **señalizar**
**señalización** nf signalisation f
**señalizar** vt (Auto) indiquer; (Ferro) signaliser
**señor, a** adj (fam) classe ▶ nm monsieur m; (hombre) homme m; (trato) monsieur; **los señores González** M et Mme González; **S~ Don Jacinto Benavente** (en sobre) Monsieur Jacinto Benavente; **S~ Director ...** (de periódico) Monsieur le directeur ...; **~ juez/Presidente** Monsieur le juge/le président; **Muy ~ mío** cher Monsieur; **Muy señores nuestros** Messieurs; **Nuestro S~** (Rel) Notre Seigneur
**señora** nf madame f; (dama) dame f; (mujer) femme f; **¿está la ~?** madame est-elle chez elle?; **la ~ de Pérez** Madame Pérez; **Nuestra S~** (Rel) Notre-Dame f
**señoría** nf: **su S~** Votre Seigneurie f; (para un juez) Votre Honneur m; **sus Señorías** (Pol) (mes) chers collègues
**señorial** adj seigneurial(e); (casa) cossu(e); (actitud, aire) de grand seigneur
**señorío** nm seigneurie f
**señorita** nf (tratamiento) mademoiselle f; (mujer joven) demoiselle f, jeune fille f; (maestra) maîtresse f
**señorito** nm (tratamiento) jeune monsieur m; (pey) fils msg à papa
**señuelo** nm leurre m
**sep.** abr = **septiembre**
**sepa** etc vb ver **saber**
**separación** nf séparation f; (división) partage m; (distancia) distance f; **~ de bienes** séparation des biens

**separado, -a** adj séparé(e); (Tec) détaché(e); **por ~** séparément
**separador** nm (Inform) borne f
**separadora** nf (Inform): **~ de hojas** séparateur m
**separar** vt séparer; (Tec: pieza) détacher; (persona: de un cargo) relever; (dividir) diviser; **separarse** vpr se séparer; (partes) se détacher; **separarse de** (persona: de un lugar) s'éloigner de; (: de asociación) quitter
**separata** nf (Prensa) tiré m à part
**separatismo** nm séparatisme m
**separatista** adj, nmf séparatiste mf
**separo** (Méx) nm cellule f
**sepelio** nm enterrement m
**sepia** nf (Culin) seiche f ▶ nm (tb: **color sepia**) sépia f
**sept.** abr = **septiembre**
**septentrional** adj septentrional(e)
**septicemia** nf septicémie f
**septiembre** nm septembre m; ver tb **julio**
**séptimo, -a** adj, nm/f septième mf; ver tb **sexto**
**septuagésimo, -a** adj, nm/f soixante-dizième mf
**sepulcral** adj funéraire; (fig) sépulcral(e)
**sepulcro** nm sépulcre m
**sepultar** vt inhumer; (suj: escombros) ensevelir
**sepultura** nf (entierro) inhumation f; (tumba) sépulture f; **dar ~ a** donner une sépulture à; **recibir ~** recevoir une sépulture
**sepulturero, -a** nm/f fossoyeur m
**seque** etc vb ver **secar**
**sequedad** nf sécheresse f
**sequía** nf sécheresse f
**séquito** nm (de rey) cour f; (Pol) partisans mpl
**SER** sigla f (Radio: = Sociedad Española de Radiodifusión) société privée de radiodiffusion

(PALABRA CLAVE)

**ser** vi **1** (descripción, identidad) être; **es médico/muy alto** il est docteur/très grand; **soy Pepe** (Telec) c'est Pepe (à l'appareil)
**2** (suceder): **¿qué ha sido eso?** qu'est-ce que c'était?; **la fiesta es en casa** la fête a lieu chez nous
**3**: **ser de** (posesión): **es de Joaquín** c'est à Joaquín; (origen): **ella es de Cuzco** elle est de Cuzco; (sustancia): **es de piedra** c'est en pierre; **¿qué va a ser de nosotros?** qu'allons-nous devenir?; **es de risa/pena** c'est ridicule/lamentable
**4** (horas, fechas, números): **es la una** il est une heure; **son las seis y media** il est six heures et demie; **es el 1 de junio** c'est le 1er juin; **somos/son seis** nous sommes/ils sont six; **2 y 2 son 4** 2 et 2 font 4
**5** (valer): **¿cuánto es?** c'est combien?
**6**: **ser para: es para pintar** c'est pour peindre; **no es para tanto** ce n'est pas si grave

## Serbia – Seúl

**7** (*en oraciones pasivas*): **ya ha sido descubierto** ça a déjà été découvert ; **fue construido** ça a été construit
**8**: **ser de** (+*vb*): **es de esperar que ...** il faut s'attendre à ce que ...
**9**: **es que**: **es que no puedo** c'est que je ne peux pas ; **¿cómo es que no lo sabes?** comment se fait-il que tu ne le saches pas ?
**10** (*locuciones: con subjuntivo*): **o sea** c'est-à-dire ; **sea él, sea su hermana** soit lui, soit sa sœur ; **tengo que irme, no sea que mis hijos estén esperándome** il faut que j'y aille, au cas où mes enfants m'attendraient
**11** (*con infinitivo*): **a no ser ...** si ce n'est ... ; **a no ser que salga mañana** à moins qu'il ne sorte demain ; **de no ser así** si ce n'était pas le cas
**12**: « **érase una vez ...** » « il était une fois ... »
▶ *nm* (*ente*) être *m* ; **ser humano/vivo** être humain/vivant ; **en lo más íntimo de su ser** au plus profond de son être

**Serbia** *nf* Serbie *f*
**serbio, -a** *adj* serbe ▶ *nm/f* Serbe *mf*
**serbocroata** *adj* serbo-croate ▶ *nmf* Serbo-Croate *mf* ▶ *nm* (*Ling*) serbo-croate *m*
**serenarse** *vpr* s'apaiser ; (*tiempo*) se calmer
**serenata** *nf* (*Mús*) sérénade *f* ; (*fam: molestia*) boucan *m* (*fam*) ; **deja de dar la ~** arrête de casser les pieds (*fam*), tu veux bien nous laisser tranquilles
**serenidad** *nf* sérénité *f*
**sereno, -a** *adj* serein(e) ; (*tiempo*) calme ▶ *nm* veilleur *m* de nuit
**serial** *nm* feuilleton *m*
**serie** *nf* série *f* ; (*TV: por capítulos*) feuilleton *m* ; **fuera de ~** (*Com*) hors série ; (*fig*) hors pair ; **fabricación en ~** fabrication *f* en série ; **interfaz/impresora en ~** (*Inform*) interface *f*/imprimante *f* série
**seriedad** *nf* sérieux *msg* ; (*de crisis*) gravité *f*
**serigrafía** *nf* sérigraphie *f*
**serio, -a** *adj* sérieux(-euse) ; **en ~** sérieusement
**sermón** *nm* sermon *m*
**sermonear** (*pey*) *vt* faire un sermon à ▶ *vi* prêcher
**seropositivo, -a** *adj* séropositif(-ive)
**serotonina** *nf* sérotonine *f*
**serpentear** *vi* serpenter
**serpentina** *nf* serpentin *m*
**serpiente** *nf* serpent *m* ; **~ de cascabel** serpent à sonnettes ; **~ pitón** python *m*
**serranía** *nf* zone *f* montagneuse
**serrano, -a** *adj* montagnard(e) ; (*jamón*) ≈ de Bayonne ▶ *nm/f* montagnard(e)
**serrar** *vt* scier
**serrín** *nm* sciure *f* (de bois)
**serrucho** *nm* scie *f* (égoïne)
**Servia** *nf* Serbie *f*

**servicial** *adj* serviable
**servicio** *nm* service *m* ; **estar de ~** être de service ; **~ a domicilio** service de livraison à domicile ; **~ aduanero** o **aduana** services de douane ; **~ incluido** service compris ; **~ militar** service militaire ; **~ público** (*Com*) service public ; **~ secreto** service secret ; **servicios** *nmpl* (*wáter*) toilettes *fpl* ; (*Econ: sector*) services *mpl*
**servidor, a** *nm/f* serviteur (servante) ; **su seguro ~** votre très humble serviteur ; **un ~** à votre service
**servidumbre** *nf* servitude *f* ; (*criados*) domestiques *mpl*
**servil** (*pey*) *adj* servile
**servilismo** *nm* servilité *f*
**servilleta** *nf* serviette *f*
**servilletero** *nm* rond *m* de serviette
**servir** *vt* servir ; **~ vino a algn** servir du vin à qn ; **¿en qué puedo servirle?** en quoi puis-je vous être utile ? ▶ *vi* servir ; **~ (para)** servir (à) ; **no sirve para nada** ça ne sert à rien ; **~ de guía** servir de guide ; **servirse** *vpr* se servir ; **servirse de algo** se servir de qch ; **sírvase pasar** veuillez entrer
**sésamo** *nm* (*planta*) sésame *m* ; **¡ábrete ~!** sésame ouvre-toi !
**sesear** *vt* prononcer, devant un e ou un i, le c et le z comme un s (*caractéristique propre aux Andalous et aux habitants d'Amérique latine*)
**sesenta** *adj inv, nm inv* soixante *m inv* ; **~ mil** soixante mille ; **tiene ~ años** il a soixante ans ; **unos ~** environ soixante
**sesentón, -ona** *adj, nm/f* sexagénaire *mf*
**seseo** *nm* prononciation, devant un e ou un i, du c et du z comme un s (*caractéristique propre aux Andalous et aux habitants d'Amérique latine*)
**sesgado, -a** *adj* (*Costura*) coupé(e) en biais
**sesgo** *nm* tournure *f* ; **al ~** (*Costura*) en biais
**sesión** *nf* séance *f* ; (*Teatro*) représentation *f* ; **abrir/levantar la ~** ouvrir/lever la séance ; **~ de tarde/de noche** (*Cine*) ≈ séance de 14h/de 20h
**seso** *nm* cerveau *m* ; (*fig*) jugeote *f* ; **devanarse los sesos** se creuser la cervelle ; **sesos** *nmpl* (*Culin*) cervelle *f*
**sesudo, -a** *adj* intelligent(e)
**set** *nm* (*Tenis*) set *m*
**set.** *abr* = **setiembre**
**seta** *nf* champignon *m* ; **~ venenosa** champignon vénéneux
**setecientos, -as** *adj* sept cents ; *ver tb* **seiscientos**
**setenta** *adj inv, nm inv* soixante-dix *m inv* ; *ver tb* **sesenta**
**setiembre** *nm* = **septiembre**
**seto** *nm* haie *f*
**seudo...** *pref* pseudo...
**seudónimo** *nm* pseudonyme *m*
**Seúl** *n* Seoul

878 · ESPAÑOL | FRANCÉS

**s.e.u.o.** abr (= salvo error u omisión) SEO (= sauf erreur ou omission)
**severidad** nf sévérité f
**severo, -a** adj sévère
**Sevilla** n Séville
**sevillanas** nfpl (melodía) musique f populaire de Séville ; (baile) danse f populaire de Séville
**sevillano, -a** adj sévillan(e) ▶ nm/f Sévillan(e)
**sexagenario, -a** adj, nm/f sexagénaire mf
**sexagésimo, -a** adj, nm/f soixantième mf
**S.Exc.** abr (= Su Excelencia) SE (= Son Excellence)
**sexenio** (esp MÉX) nm (Pol) mandat m de 6 ans
**sexismo** nm sexisme m
**sexista** adj, nmf sexiste mf
**sexo** nm sexe m ; **el ~ femenino/masculino** le sexe féminin/masculin
**sexólogo, -a** nm/f sexologue mf
**sex shop** [sek'ʃop] (pl **sex shops**) nf sex-shop m
**sexteto** nm sextuor m
**sexto, -a** adj, nm/f sixième mf ; **Juan S~** Jean Six ; **un ~ de la población** un sixième de la population
**sexual** adj sexuel(le) ; **vida ~** vie f sexuelle
**sexualidad** nf sexualité f
**sexy** adj sexy ▶ nm (atractivo) sex-appeal m
**s.f.** abr (= sin fecha) n.d. (= non daté)
**s/f** abr (Com: = su favor) votre crédit
**SGAE** nf abr (= Sociedad General de Autores de España) société privée espagnole qui se consacre à la défense et à la gestion des droits d'auteur de ses membres, ≈ SACEM f
**sgte., sgtes.** abr = **siguiente(s)**
**share** [ʃear] nm (TV) audimat m
**shiatsu** ['sjatsu] nm shiatsu m
**si** conj si ; **si ... o si ...** si ... ou si ... ; **me pregunto si ...** je me demande si ... ; **si no** sinon ; **¡si fuera verdad!** si seulement ça pouvait être vrai ! ; **¡(pero) si no lo sabía!** (mais) je ne le savais même pas ! ; **por si (acaso)** au cas où ; **¿y si llueve?** et s'il pleut ? ▶ nm (Mús) si m inv
**sí** adv oui ; (tras frase negativa) si ; **¡¿sí?!** (asombro) ah bon ? ; « **nos vas a llevar al cine, ¿a que sí?** » « tu nous emmènes bien au ciné, hein ? » ; **él no quiere pero yo sí** il ne veut pas mais moi oui ; **ella sí vendrá** elle, elle viendra ; **claro que sí** bien sûr que oui/si ; **creo que sí** je crois que oui/si ; **porque sí** (porque lo digo yo) parce que ; **¡sí que lo es!** bien sûr que si ! ; **¡eso sí que no!** alors là, non ! ▶ nm (consentimiento) oui m ▶ pron (uso impersonal) soi ; (sg: m) lui ; (: f) elle ; (: de cosa) lui (elle) ; (: de usted, ustedes) vous ; (pl: m) eux ; (: f) elles ; **por sí solo/solos** à lui seul/eux seuls ; **volver en sí** revenir à soi ; **sí mismo/misma** lui-/elle-même ; **se ríe de sí misma** elle rit d'elle-même ; **hablaban entre sí** ils parlaient entre eux ; **de por sí** en soi
**siamés, -esa** adj, nm/f siamois(e)

**sibarita** adj raffiné(e) ▶ nmf épicurien(ne)
**Siberia** nf Sibérie f
**siberiano, -a** adj sibérien(ne) ▶ nm/f Sibérien(ne)
**sicario** nm tueur m à gages
**sicav** (pl **sicavs**) sigla f (= sociedad de inversión de capital variable) SICAV f inv (= société d'investissement à capital variable)
**Sicilia** nf Sicile f
**siciliano, -a** adj sicilien(ne) ▶ nm/f Sicilien(ne)
**sico...** pref = **psico...**
**SIDA, sida** sigla m (= síndrome de inmuno-deficiencia adquirida) SIDA m, sida m (= syndrome immunodéficitaire acquis)
**sidecar** nm side-car m
**sideral** adj sidéral(e) ; (fam: cantidad) astronomique
**siderurgia** nf sidérurgie f
**siderúrgico, -a** adj sidérurgique
**sidra** nf cidre m
**siega** vb ver **segar** ▶ nf (Agr) moisson f
**siegue** etc vb ver **segar**
**siembra** vb ver **sembrar** ▶ nf (Agr) semailles fpl
**siempre** adv toujours ; **es lo de ~** c'est tout le temps la même chose ; **como ~** comme toujours ; **para ~** pour toujours ; **~ me voy mañana** (AM) de toute façon, je pars demain ▶ conj: **~ que ...** (cada vez que) chaque fois que ... ; (a condición de que) seulement si ...
**sien** nf tempe f
**siento** vb ver **sentar**; **sentir**
**sierra** vb ver **serrar** ▶ nf (Tec) scie f ; (Geo) chaîne f de montagnes ; **la ~** (zona) la montagne
**Sierra Leona** nf la Sierra Leone
**siervo, -a** nm/f serf (serve)
**siesta** nf sieste f ; **dormir la** o **echarse una ~** faire une sieste
**siete** adj inv, nm inv sept m inv ▶ nm (en tela) accroc m ▶ nf (AM fam): **¡la gran ~!** punaise ! (fam) ; **se armó un follón de la gran ~** ça a fait un raffut de tous les diables (fam) ; **hijo de la gran ~** (fam!) fils msg de pute (fam !) ; ver tb **seis**
**sietemesino, -a** adj (niño) prématuré(e) de sept mois ▶ nm/f bébé m prématuré de sept mois
**sífilis** nf inv syphilis fsg
**sifón** nm siphon m ; **whisky con ~** whisky-soda m
**siga** etc vb ver **seguir**
**sigilo** nm silence m ; (secreto) secret m
**sigiloso, -a** adj (silencioso) discret(-ète) ; (secreto) secret(-ète), furtif(ive)
**sigla** nf sigle m
**siglo** nm siècle m ; **hace siglos que no la veo** ça fait des lustres que je ne l'ai pas vue ; **S~ de las Luces** Siècle des lumières ; **S~ de Oro** siècle d'or

## significación – Singapur

**significación** nf signification f
**significado** nm sens m, signification f
**significar** vt signifier
**significativo, -a** adj significatif(-ive)
**signifique** etc vb ver **significar**
**signo** nm signe m ; ~ **de admiración** point m d'exclamation ; ~ **de interrogación** point d'interrogation ; ~ **de más/de menos** signe plus/moins ; **signos de puntuación** signes de ponctuation ; ~ **igual** signe égal
**siguiendo** etc vb ver **seguir**
**siguiente** adj suivant(e) ; **¡el ~!** au suivant !
**sij** (pl **sijs**) adj, nmf sikh(e)
**sílaba** nf syllabe f
**silbar** vt, vi siffler
**silbato** nm sifflet m
**silbido, silbo** nm sifflement m ; (abucheo) sifflet m
**silenciador** nm silencieux msg
**silenciar** vt (Am: persona) faire taire ; (ruidos, escándalo) étouffer
**silencio** nm silence m ; **en el más absoluto ~** dans un silence absolu ; **guardar ~** garder le silence
**silencioso, -a** adj silencieux(-euse)
**sílice** nf silice f
**silicio** nm silicium m
**silicona** nf silicone f
**silla** nf chaise f ; (tb: **silla de montar**) selle f ; ~ **de ruedas** chaise roulante ; ~ **eléctrica** chaise électrique
**sillería** nf sièges mpl ; (Rel) stalles fpl
**sillín** nm selle f
**sillón** nm fauteuil m
**silo** nm (Agr, Mil) silo m
**silueta** nf silhouette f
**silvestre** adj (Bot) sauvage ; (fig) rustique
**sima** nf abîme m
**simbiosis** nf inv symbiose f
**simbolice** etc vb ver **simbolizar**
**simbólico, -a** adj symbolique
**simbolismo** nm symbolisme m
**simbolizar** vt symboliser
**símbolo** nm symbole m ; ~ **gráfico** (Inform) symbole graphique
**simbología** nf symbologie f
**simetría** nf symétrie f
**simétrico, -a** adj symétrique
**simiente** nf graine f
**símil** nm (Lit) similitude f ; (comparación) comparaison f
**similar** adj similaire
**similitud** nf similitude f
**simio** nm singe m
**simpatía** nf sympathie f ; **tener ~ a** avoir de la sympathie pour
**simpatice** etc vb ver **simpatizar**
**simpático, -a** adj (persona) sympathique ; (animal) gentil(le) ; **caer ~ a algn** être sympathique à qn

**simpatiquísimo, -a** adj superl de **simpático**
**simpatizante** nmf sympathisant(e)
**simpatizar** vi : ~ **con** sympathiser avec
**simple** adj simple ▶ nmf (pey) simplet(te)
**simplemente** adv simplement ; ~ **pretendía ayudarte** je voulais simplement t'aider
**simpleza** nf simplicité f d'esprit ; (tontería) bêtise f
**simplicidad** nf simplicité f
**simplificación** nf simplification f
**simplificar** vt simplifier
**simplifique** etc vb ver **simplificar**
**simplista** adj simpliste
**simplón, -ona** adj simplet(te) ▶ nm/f nigaud(e)
**simposio** nm symposium m
**simulación** nf simulation f ; ~ **por ordenador** simulation par ordinateur
**simulacro** nm simulacre m
**simulador** nm : ~ **de vuelo** simulateur m de vol
**simular** vt simuler
**simultanear** vt : ~ **dos cosas** faire deux choses en même temps
**simultáneo, -a** adj simultané(e)
**sin** prep sans ; ~ **hogar** sans domicile ; ~ **decir nada** sans rien dire ; ~ **verlo yo** sans que je le voie ; **platos ~ lavar** assiettes fpl pas lavées ; **la ropa está ~ lavar** le linge n'est pas lavé ; **quedarse ~ algo** ne plus avoir de qch ; ~ **que lo sepa él** sans qu'il le sache ; ~ **embargo** cependant ; **no ~ antes** non sans ▶ conj: ~ **que** (+ subjuntivo) sans que + subjonctif
**sinagoga** nf synagogue f
**Sinaí** nm : **El ~** le Sinaï ; **el Monte ~** le Mont Sinaï
**sinceridad** nf sincérité f
**sincero, -a** adj sincère
**síncope** nm syncope f
**sincronice** etc vb ver **sincronizar**
**sincrónico, -a** adj synchrone ; (Ling) synchronique
**sincronizar** vt synchroniser
**sindical** adj syndical(e) ; **central ~** confédération f
**sindicalista** adj, nmf syndicaliste mf
**sindicar** vt syndiquer ; **sindicarse** vpr se syndiquer
**sindicato** nm syndicat m
**sindique** etc vb ver **sindicar**
**síndrome** nm syndrome m ; ~ **de abstinencia** syndrome de sevrage ; ~ **de la clase turista** syndrome de la classe économique
**sine qua non** adj : **condición ~** condition f sine qua non
**sinergia** nf synergie f
**sinfín** nm : **un ~ de** une infinité de
**sinfonía** nf symphonie f
**sinfónico, -a** adj symphonique
**Singapur** nm Singapour f

## singladura – smartphone

**singladura** nf (camino) voie f; (Náut: recorrido) cinglage; (: día) distance f parcourue par un bateau en 24 heures
**single** nm (disco) single m
**singular** adj singulier(-ière) ▶ nm (Ling) singulier m; **en ~** au singulier
**singularice** etc vb ver **singularizar**
**singularidad** nf singularité f
**singularizar** vt singulariser; **singularizarse** vpr se singulariser
**siniestralidad** nf taux m d'accidents
**siniestro, -a** adj sinistre; (izquierdo) gauche ▶ nm sinistre m; (en carretera) accident m
**sinnúmero** nm = **sinfín**
**sino** nm destin m ▶ conj sinon; **no son 8 ~ 9** il n'y en a pas 8 mais 9; **no solo es lista ~ guapa** non seulement elle est intelligente mais en plus elle est belle
**sinónimo, -a** adj, nm synonyme m
**sinopsis** nf synopsis m o f
**sinrazón** nf injustice f
**sinsabor** nm désagrément m
**sintagma** nm syntagme m
**sintaxis** nf syntaxe f
**síntesis** nf inv synthèse f
**sintetice** etc vb ver **sintetizar**
**sintético, -a** adj (material) synthétique; (producto) de synthèse
**sintetizador** nm synthétiseur m
**sintetizar** vt synthétiser
**sintiendo** etc vb ver **sentir**
**síntoma** nm symptôme m
**sintomático, -a** adj symptomatique
**sintonía** nf (Radio) réglage m; (melodía) indicatif m, jingle m; **estar en ~ con algn/algo** être sur la même longueur d'onde que qn/être en phase avec qch
**sintonice** etc vb ver **sintonizar**
**sintonizador** nm (Radio) tuner m, syntoniseur m
**sintonizar** vt (Radio) régler ▶ vi: **~ con** régler sur; (fig) coïncider avec
**sinuoso, -a** adj sinueux(-euse)
**sinusitis** nf inv sinusite f
**sinvergüenza** adj, nmf canaille f; (descarado) effronté(e)
**sionismo** nm sionisme m
**siqui...** pref = **psiqui...**
**siquiera** conj même si ▶ adv au moins; **ni ~** pas même; **~ bebe algo** bois au moins quelque chose
**sirena** nf sirène f
**Siria** nf Syrie f
**sirimiri** nm bruine f
**sirio, -a** adj syrien(ne) ▶ nm/f Syrien(ne)
**sirviendo** etc vb ver **servir**
**sirviente, -a** nm/f domestique mf
**sisa** nf (Costura) emmanchure f; (robo) vol m à l'étalage
**sisal** nm sisal m

**sisar** vt voler
**sisear** vi dire « chut »
**sísmico, -a** adj sismique
**sismo** nm (esp AM) = **seísmo**
**sismógrafo** nm sismographe m
**sistema** nm système m; **el ~** (Pol) le système; **por ~** systématiquement; **~ binario** (Inform) système binaire; **~ de alerta inmediata** système d'alarme; **~ de facturación** (Com) système de facturation; **~ de fondo fijo** (Com) système de gestion de la petite caisse par avance de fonds; **~ de lógica compartida** (Inform) système de logique commune; **~ educativo** système éducatif; voir article; **~ experto** (Inform) système expert; **~ impositivo** o **tributario** système d'imposition; **~ métrico** système métrique; **~ nervioso** système nerveux; **~ operativo** (Inform) système d'exploitation; **~ solar** système solaire

> **SISTEMA EDUCATIVO**
>
> La réforme du système scolaire espagnol (**sistema educativo**) date de la fin des années 1990. Les cycles EGB, BUP et COU ont été remplacés respectivement par la Primaria, cycle obligatoire de 6 ans, la Secundaria, cycle obligatoire de 4 ans, et le Bachillerato, cycle facultatif de 2 ans dans le secondaire.

**sistemático, -a** adj systématique
**sistémico, -a** adj systémique
**sitiar** vt assiéger
**sitio** nm endroit m; (espacio) place f; (Mil) siège m; **en cualquier ~** n'importe où; **¿hay ~?** il y a de la place ?; **hay ~ de sobra** il y a largement la place; **guardar el ~ a algn** garder la place à qn; **~ web** site m Web
**sito, -a** (formal) adj: **~ en** situé(e) à o en, sis(e) à o en
**situ: in ~** adv in situ
**situación** nf situation f
**situado, -a** adj situé(e); **estar bien ~** (socioeconómicamente) avoir une bonne situation
**situar** vt situer; (socioeconómicamente) placer; **situarse** vpr se situer; (socioeconómicamente) avoir une bonne situation
**siútico, -a** (CHI fam) adj snob
**S.L.** abr (Com: = Sociedad Limitada) SARL f (= société à responsabilité limitée)
**slip** [es'lip] (pl **slips**) nm slip m
**slogan** [es'loɣan] nm = **eslogan**
**slot** [es'lot] (pl **slots**) nm: **~ de expansión** (Inform) logement m d'extension
**S.M.** abr (= Su Majestad) SM (= Sa Majesté); (Rel: = Sociedad Marianista) SM (= marianistes)
**smartphone** [es'martfon] nm smartphone m

**SME** *sigla m* (= Sistema Monetario Europeo) SME *m* (= Système monétaire européen)

**smiley** *nm* émoticône *f*, smiley *m*

**SMIV** *nm abr* (= Sistema Móvil de Identificación de Vehículos) système d'identification de véhicules utilisé par la police espagnole

**smoking** [(e)'smokin] (*pl* **smokings**) *nm* smoking *m*

**SMS** *nm abr* (= Short Message Service) SMS *m*, texto® *m*

**s/n** *abr* = **sin número**

**snob** [es'nob] *nm* = **esnob**

**SO** *abr* (= suroeste) S.-O. (= sud-ouest)

**so** *excl* (a animal) ho! ; **¡so burro!** espèce d'idiot ! ▶ *prep* sous

**s/o** *abr* (= su orden) votre commande

**sobaco** *nm* aisselle *f*

**sobado, -a** *adj* (ropa) élimé(e) ; (libro) vieux (vieille)

**sobar** *vt* tripoter ▶ *vi* (fam) pioncer (fam)

**soberanía** *nf* souveraineté *f*

**soberano, -a** *adj* souverain(e) ; (paliza) magistral(e) ▶ *nm/f* souverain(e) ; **los soberanos** *nmpl* (rey y reina) le couple royal

**soberbia** *nf* superbe *f*, orgueil *m*

**soberbio, -a** *adj* (persona) orgueilleux(-euse) ; (palacio, ejemplar) superbe

**sobornar** *vt* acheter, soudoyer

**soborno** *nm* (un soborno) pot-de-vin *m* ; (el soborno) corruption *f*

**sobra** *nf* excès *msg* ; **de ~** en trop ; **lo sé de ~** je ne le sais que trop bien ; **tengo de ~** j'en ai plus qu'assez ; **sobras** *nfpl* (restos) restes *mpl*

**sobradamente** *adv* (caber) amplement ; (saber) parfaitement bien

**sobrado, -a** *adj* largement suffisant(e) ; **sobradas veces** à plusieurs reprises ; **estar ~ de dinero/tiempo** disposer de beaucoup d'argent/de temps

**sobrante** *adj* restant(e) ▶ *nm* restant *m*

**sobrar** *vi* (quedar) rester ; (estar de más) être de trop ; **sobra una silla** il y a une chaise de trop ; **me sobran tres entradas** j'ai trois entrées en trop

**sobrasada** *nf* sorte de chorizo

**sobre** *prep* sur ; (por encima de) au-dessus de ; (aproximadamente) environ ; **3 ~ 100** 3 sur cent ; **se lanzó ~ él** il s'est jeté sur lui ; **~ todo** surtout ▶ *nm* enveloppe *f*

**sobreabundancia** *nf* surabondance *f*

**sobrecama** *nf* dessus *msg* de lit

**sobrecapitalice** *etc vb ver* **sobrecapitalizar**

**sobrecapitalizar** *vt* surcapitaliser

**sobrecarga** *nf* surcharge *f* ; (Elec) surtension *f*

**sobrecargar** *vt* (camión) surcharger ; (Com) surtaxer

**sobrecargo** *nmf* (Aviat) commissaire *mf* de bord ; (Náut) subrécargue *m*

**sobrecargue** *etc vb ver* **sobrecargar**

**sobrecogedor, a** *adj* saisissant(e)

**sobrecoger** *vt* (sobresaltar) faire sursauter ; (asustar) faire peur (à) ; **sobrecogerse** *vpr* sursauter ; (quedar impresionado): **sobrecogerse (de)** être saisi(e) (par)

**sobrecoja** *etc vb ver* **sobrecoger**

**sobredosis** *nf inv* overdose *f*

**sobreentender** *vt* sous-entendre ; **sobreentenderse** *vpr*: **se sobreentiende (que)** il est sous-entendu (que)

**sobreescribir** *vt* (Inform) écraser

**sobreestimar** *vt* = **sobrestimar**

**sobregiro** *nm* (Com) découvert *m*

**sobrehumano, -a** *adj* surhumain(e)

**sobreimpresión** *nf* (Foto) surimpression *f*

**sobrellevar** *vt* supporter

**sobremanera** *adv* tout spécialement

**sobremesa** *nf*: **de ~** (ordenador) de bureau ; (programación) de l'après-midi ; **en la ~** après manger

**sobrenatural** *adj* surnaturel(le)

**sobrenombre** *nm* surnom *m*

**sobrentender** *vt* = **sobreentender**

**sobrepasar** *vt* dépasser

**sobrepeso** *nm* (de persona) surpoids *m* ; (de paquete, equipaje) surcharge *f*, excédent *m*

**sobrepondré** *etc vb ver* **sobreponer**

**sobreponer** *vt* superposer ; (anteponer) faire passer avant ; **sobreponerse** *vpr*: **sobreponerse a algo** surmonter qch

**sobreponga** *etc vb ver* **sobreponer**

**sobreprima** *nf* (Com) majoration *f*

**sobreproducción** *nf* surproduction *f*

**sobrepuesto** *etc*, **sobrepuse** *etc vb ver* **sobreponer**

**sobresaldré** *etc*, **sobresalga** *etc vb ver* **sobresalir**

**sobresaliente** *adj* excellent(e) ▶ *nm* (Escol) ≈ mention *f* « très bien »

**sobresalir** *vi* (punta) saillir ; (cabeza) dépasser ; (fig) se distinguer

**sobresaltar** *vt* faire sursauter ; **sobresaltarse** *vpr* sursauter

**sobresalto** *nm* sursaut *m*

**sobreseer** *vt*: **~ una causa** (Jur) classer une affaire

**sobreseimiento** *nm* (Jur) non-lieu *m*

**sobrestadía** *nf* (Com) surestarie *f*

**sobrestimar** *vt* surestimer

**sobresueldo** *nm* prime *f*, surpaye *f*

**sobretasa** *nf* (Com) surtaxe *f*

**sobretensión** *nf* (Elec) surtension *f*

**sobretiempo** (Am) *nm* heures *fpl* supplémentaires

**sobretiro** (Méx) *nm* (Escol) nota bene *m inv*

**sobretodo** *nm* pardessus *msg*

**sobrevalorar** *vt* (dinero, moneda) surévaluer ; (persona) surestimer

**sobrevendré** *etc*, **sobrevenga** *etc vb ver* **sobrevenir**

**sobrevenir** *vi* survenir

## sobreviene – solidificar

**sobreviene** etc, **sobrevine** etc vb ver **sobrevenir**
**sobreviviente** adj, nmf survivant(e)
**sobrevivir** vi survivre ; **~ a algn** survivre à qn
**sobrevolar** vt survoler
**sobrevuele** etc vb ver **sobrevolar**
**sobriedad** nf sobriété f
**sobrino, -a** nm/f neveu (nièce)
**sobrio, -a** adj sobre
**socarrón, -ona** adj narquois(e)
**socavar** vt saper
**socavón** nm (en calle) trou m ; (excavado: en monte) galerie f
**sociable** adj sociable
**social** adj social(e)
**socialdemocracia** nf social-démocratie f
**socialdemócrata** adj, nmf social-démocrate mf
**socialice** etc vb ver **socializar**
**socialismo** nm socialisme m
**socialista** adj, nmf socialiste mf
**socializar** vt (Econ) nationaliser
**sociedad** nf société f ; **en ~** en société ; **~ anónima** (Com) société anonyme ; **~ comanditaria** (Com) société en commandite ; **~ conjunta** (Com) société en participation ; **~ de cartera** (Com) société d'investissements ; **~ de consumo** société de consommation ; **~ inmobiliaria** société immobilière ; **~ (de responsabilidad) limitada** (Com) société à responsabilité limitée
**socio, -a** nm/f membre m ; (Com) associé(e) ; **~ activo** membre actif ; **~ capitalista** o **comanditario** commanditaire m
**socioeconómico, -a** adj socioéconomique
**sociología** nf sociologie f
**sociológico, -a** adj sociologique
**sociólogo, -a** nm/f sociologue mf
**socorrer** vt secourir
**socorrido, -a** adj pratique
**socorrismo** nm secourisme m
**socorrista** nmf secouriste mf
**socorro** nm secours msg ; (Mil) secours mpl ; **¡~!** au secours ! ; **puesto de ~** poste m de secours
**soda** nf soda m
**sódico, -a** adj de soude
**sodio** nm sodium m
**soez** adj grossier(-ière)
**sofá** nm canapé m
**sofá-cama** (pl **sofás-cama**) nm canapé-lit m
**Sofía** n (Geo) Sofia
**sofisticación** nf sophistication f
**sofisticado, -a** adj sophistiqué(e)
**sofocante** adj (calor) suffocant(e)
**sofocar** vt suffoquer, étouffer ; (incendio, rebelión) étouffer ; **sofocarse** vpr étouffer ; (fig) s'énerver
**sofoco** nm suffocation f ; (vergüenza) embarras msg ; **sofocos** (Med) bouffées fpl de chaleur
**sofocón** nm: **llevarse** o **pasar un ~** avoir un choc
**sofreír** vt faire rissoler
**sofría** etc, **sofriendo** etc vb ver **sofreír**
**sofrito** vb ver **sofreír** ▶ nm sorte de sauce tomate aux oignons
**software** ['sofwer] nm (Inform) logiciel m
**soga** nf cordage m
**sois** vb ver **ser**
**soja** nf soja m
**sojuzgar** vt soumettre, faire ployer
**sojuzgue** etc vb ver **sojuzgar**
**sol** nm soleil m ; (Mús) sol m inv ; (moneda) sol m ; **hace ~** il fait soleil ; **tomar el ~** prendre le soleil ; **~ naciente/poniente** soleil levant/couchant
**solace** etc vb ver **solazarse**
**solamente** adv seulement
**solapa** nf (de chaqueta) revers msg ; (de libro) rabat m
**solapado, -a** adj dissimulé(e)
**solar** adj solaire ▶ nm terrain m vague
**solario, solárium** nm solarium m
**solaz** nm distraction f
**solazarse** vpr se distraire
**soldada** nf solde f
**soldadera** (MÉx) nf (Hist) vivandière f
**soldado** nm soldat m ; **~ raso** simple soldat
**soldador, a** nm/f soudeur(-euse) ▶ nm fer m à souder
**soldadura** nf (acción) soudure f, soudage m ; (juntura) soudure f ; **~ autógena** soudure autogène ; **~ blanda/fuerte** soudure tendre/forte, brasure f tendre/forte
**soldar** vt souder ; **soldarse** vpr (huesos) se souder
**soleado, -a** adj ensoleillé(e)
**soledad** nf solitude f
**solemne** adj solennel(le) ; (tontería) magistral(e)
**solemnidad** nf solennité f
**soler** vi: **~ hacer algo** avoir l'habitude de faire qch ; **suele salir a las ocho** d'ordinaire, il sort à 8 heures ; **solíamos ir todos los años** nous y allions tous les ans
**solera** nf tradition f ; **vino de ~** grand cru m
**solfeo** nm (Mús) solfège m
**solicitante** nmf demandeur(-euse), solliciteur(-euse) ; (de puesto) candidat(e)
**solicitar** vt solliciter
**solícito, -a** adj plein(e) d'attentions
**solicitud** nf demande f
**solidaridad** nf solidarité f ; **por ~ con** par solidarité avec
**solidario, -a** adj solidaire ; **hacerse ~ de** être solidaire de
**solidarizarse** vpr: **~ con algn** se solidariser avec qn
**solidez** nf solidité f
**solidificar** vt solidifier ; **solidificarse** vpr se solidifier

## sólido – soñoliento

**sólido, -a** adj solide ; (color) grand teint inv ▶ nm solide m
**soliloquio** nm soliloque m
**solista** nmf soliste mf
**solitaria** nf ver m solitaire ; ver tb **solitario**
**solitario, -a** adj, nm/f solitaire mf ▶ nm (Naipes) réussite f ; **hacer algo en** ~ faire qch en solitaire
**soliviantar** vt soulever ; (exasperar) exaspérer
**solloce** etc vb ver **sollozar**
**sollozar** vi sangloter
**sollozo** nm sanglot m
**solo, -a** adj (único) seul(e) (et unique) ; (sin compañía) seul(e) ; (café) noir(e) ; (whisky etc) sec (sèche) ; **hay una sola dificultad** il y a une seule difficulté ; **a solas** tout(e) seul(e) ; (dos personas) seul(e) à seul(e) ▶ adv seulement ; **no ~ ... sino** non seulement ... mais encore ; **tan ~** simplement ; **~ que ...** seulement, ... ; **~ lo sabe él** il n'y a que lui qui le sache ▶ nm (Mús) solo m
**sólo** adv seulement ; ver tb **solo**
**solomillo** nm aloyau m
**solsticio** nm solstice m
**soltar** vt lâcher ; (preso) relâcher ; (pelo) détacher ; (nudo) défaire ; (amarras) larguer ; (estornudo, carcajada) laisser échapper ; (taco) lancer ; (bofetada) flanquer ; **¡suéltame!** lâche-moi ! ; **soltarse** vpr se détacher ; (adquirir destreza) se débrouiller ; (relajarse) se relâcher
**soltero, -a** adj, nm/f célibataire mf
**solterón, -ona** nm/f vieux garçon (vieille fille)
**soltura** nf (al hablar, escribir) aisance f ; (agilidad) adresse f
**soluble** adj soluble ; **~ en agua** soluble dans l'eau
**solución** nf solution f ; **sin ~ de continuidad** sans solution de continuité
**solucionar** vt résoudre
**solvencia** nf (Com) solvabilité f ; (profesional) responsabilité f
**solventar** vt (deudas) régler ; (conflicto) résoudre
**solvente** adj (Com) solvable ; (fuentes) sûr(e) ; (profesional) fiable
**somalí** adj somalien(-enne) ▶ nmf Somalien(-enne)
**Somalia** nf Somalie f
**sombra** nf ombre f ; **sin ~ de duda** sans l'ombre d'un doute ; **tener buena/mala ~** (suerte) avoir de la/pas de chance ; (carácter) être agréable/désagréable ; **sombras chinescas** ombres chinoises ; **~ de ojos** ombre à paupières ; **sombras** nfpl (oscuridad) ombre
**sombrero** nm chapeau m ; **~ de copa** o **de pelo** (AM) haut-de-forme m ; **~ hongo** chapeau melon

**sombrilla** nf ombrelle f ; (de playa) parasol m
**sombrío, -a** adj sombre
**somero, -a** adj sommaire
**someter** vt soumettre ; **~ algo/a algn a** soumettre qch/qn à ; **someterse** vpr se soumettre ; **someterse a** (mayoría, opinión) se soumettre à ; (tratamiento) subir
**sometimiento** nm soumission f
**somier** [so'mjer] (pl **somiers**) nm sommier m
**somnífero** nm somnifère m
**somnolencia** nf somnolence f
**somnoliento, -a** adj somnolent(e)
**somos** vb ver **ser**
**son** vb ver **ser** ▶ nm son m ; **al ~ de** au son de ; **en ~ de paz** en signe de paix
**sonado, -a** adj (comentado) rebattu(e)
**sonajero** nm hochet m
**sonambulismo** nm somnambulisme m
**sonámbulo, -a** adj, nm/f somnambule mf
**sonar** vi sonner ; (música, voz) retentir ; (Ling) être prononcé(e) ; (resultar conocido) dire quelque chose ; (máquina) faire du bruit ; **suena a hueco/falso** ça sonne creux/faux ; **es un nombre que suena** c'est un nom qui sonne bien ; **me suena ese nombre/esa cara** ce nom/ce visage me dit quelque chose ; **sonarse** vpr: **sonarse (la nariz)** se moucher
**sónar** nm sonar m
**sonata** nf sonate f
**sonda** nf sonde f
**sondear** vt sonder ; (Med) examiner à la sonde
**sondeo** nm sondage m ; (Med) examen m à la sonde ; **~ de la opinión pública** sondage de l'opinion publique
**sónico, -a** adj (velocidad, límite) sonique
**sonido** nm son m
**sonorizar** vt sonoriser
**sonoro, -a** adj sonore ; **banda sonora** bande f sonore, bande-son f
**sonotone** nm sonotone m
**sonreír** vi sourire ; **~ a algn** sourire à qn ; **sonreírse** vpr sourire
**sonría** etc, **sonriendo** etc vb ver **sonreír**
**sonriente** adj souriant(e)
**sonrisa** nf sourire m
**sonrojar** vt faire rougir ; **sonrojarse** vpr rougir
**sonrojo** nm honte f
**sonrosado, -a** adj rose
**sonsacar** vt soutirer
**sonsaque** etc vb ver **sonsacar**
**sonso, -a** adj, nm/f = **zonzo**
**sonsonete** nm (ruido) bruit m insistant ; (voz monótona) ton m monotone ; (tono irónico) ton narquois
**soñador, a** nm/f rêveur(-euse)
**soñar** vt, vi rêver ; **~ con algn/algo** rêver de qn/qch ; **~ despierto** rêver tout éveillé
**soñoliento, -a** adj somnolent(e)

**sopa** nf soupe f ; **hasta en la ~** (fam) partout
**sopera** nf soupière f
**sopero, -a** adj (plato, cuchara) à soupe ▶ nm assiette f à soupe
**sopesar** vt peser
**sopetón**: **de ~** adv tout à coup ; (decir) de but en blanc
**soplar** vt souffler ; (fam: delatar) vendre ▶ vi souffler ; (fam: delatar) moucharder (fam) ; (: beber) descendre
**soplete** nm (Tec) lampe f à souder ; **~ soldador** chalumeau m
**soplido** nm souffle m
**soplo** nm souffle m ; (fam) mouchardage m (fam) ; **la semana pasó en un ~** (fam) la semaine a passé à toute vitesse
**soplón, -ona** (fam) nm/f (chismoso) rapporteur(-euse) ; (de policía) mouchard(e) (fam)
**soponcio** (fam) nm évanouissement m
**sopor** nm somnolence f
**soporífero, -a** adj soporifique
**soportable** adj supportable
**soportal** nm porche m ; **soportales** nmpl (alrededor de plaza) arcades fpl
**soportar** vt supporter
**soporte** nm support m ; (fig) soutien m ; **~ de entrada/de salida** support d'entrée/de sortie
**soprano** nmf soprano mf
**soquetes** (AM) nmpl socquettes fpl
**sor** nf: **S~ María** Sœur f Marie
**sorber** vt (sopa) boire en aspirant ; (refresco) siroter ; (absorber) absorber
**sorbete** nm sorbet m
**sorbo** nm gorgée f ; **beber a sorbos** boire à petites gorgées
**sordera** nf surdité f
**sórdido, -a** adj sordide
**sordina** nf (Mús) sourdine f ; **con ~** (fig) en sourdine, secret(-ète)
**sordo, -a** adj, nm/f sourd(e) ; **quedarse ~** devenir sourd(e)
**sordomudo, -a** adj, nm/f sourd-muet (sourde-muette)
**soriano, -a** adj de Soria ▶ nm/f natif(-ive) o habitant(e) de Soria
**sorna** nf ton m sarcastique
**soroche** (AM) nm mal m des montagnes
**sorprendente** adj surprenant(e)
**sorprender** vt surprendre ; **lo sorprendieron robando** ils l'ont surpris en train de voler ; **sorprenderse** vpr: **sorprenderse (de)** être surpris(e) (de)
**sorprendido, -a** adj surpris(e)
**sorpresa** nf surprise f ; **por ~** par surprise
**sorpresivo, -a** (AM) adj surprenant(e)
**sortear** vt tirer (au sort) ; (Mil) affecter ; (dificultad) déjouer
**sorteo** nm tirage m (au sort)

**sortija** nf bague f ; (rizo) boucle f
**sortilegio** nm (hechicería) sorcellerie f ; (hechizo) sortilège m
**SOS** sigla m SOS m
**sosa** nf soude f
**sosegado, -a** adj paisible
**sosegar** vt apaiser ; **sosegarse** vpr s'apaiser
**sosegué** vb ver **sosegar**
**soseguemos** vb ver **sosegar**
**sosiego** vb ver **sosegar** ▶ nm calme m
**sosiegue** etc vb ver **sosegar**
**soslayar** vt contourner
**soslayo**: **de ~** adv (mirar) du coin de l'œil ; (pasar) sans s'arrêter
**soso, -a** adj insipide
**sospecha** nf soupçon m
**sospechar** vt: **~ (que)** soupçonner (que) ▶ vi: **~ de algn** soupçonner qn
**sospechoso, -a** adj, nm/f suspect(e)
**sostén** nm soutien m ; (sujetador) soutien-gorge m
**sostendré** etc vb ver **sostener**
**sostener** vt soutenir ; (alimentar) faire vivre ; **sostenerse** vpr (en pie) se tenir ; (económicamente) survivre ; (seguir) se maintenir
**sostenga** etc vb ver **sostener**
**sostenibilidad** nf (Ecología) durabilité f, pérennité f
**sostenible** adj (situación, opinión) soutenable ; (Ecología) durable ; **su postura resulta difícilmente ~** sa position est difficilement défendable
**sostenido, -a** adj soutenu(e) ; (Mús) dièse ▶ nm (Mús) dièse m
**sostuve** etc vb ver **sostener**
**sota** nf (Naipes) ≈ valet m
**sotana** nf soutane f
**sótano** nm sous-sol m
**sotavento** nm (Náut) côté m sous le vent
**soterrado, -a** adj (miedo, rencor) sourd(e) ; (influencia) caché(e)
**soul** adj inv, nm (Mús) soul m
**soviético, -a** adj soviétique ▶ nm/f Soviétique mf
**soy** vb ver **ser**
**soya** (AM) nf soja m
**SPA** nm abr (= salut per aquam) Spa m
**speed** [es'piθ] (fam) nm speed m (amphétamine)
**spooling** nm (Inform) traitement m différé en entrée/sortie
**sport** [es'por(t)]: **de ~** adj de sport
**spot** [es'pot] (pl **spots**) nm spot m
**sprint** [es'prin] (pl **sprints** [es'prin]) nm sprint m
**squash** [es'kwas] nm squash m
**Sr.** abr (= Señor) M (= Monsieur)
**Sra.** abr (= Señora) Mme (= Madame)
**S.R.C.** abr (= se ruega contestación) RSVP (= répondez s'il vous plaît)

## Sres. – subsidio

**Sres.** *abr* (= *Señores*) MM (= *Messieurs*)
**Sri Lanka** *nm* Sri Lanka *m*
**Srta.** *abr* (= *Señorita*) Mlle (= *Mademoiselle*)
**ss.** *abr* = **siguientes**
**S.S.** *abr* (Rel: = *Su Santidad*) SS (= *Sa Sainteté*) ; (= *Seguridad Social*) SS (= *sécurité sociale*)
**SSE** *abr* (= *sursudeste*) S.-S.-E. (= *sud-sud-est*)
**SS.MM.** *abr* (= *Sus Majestades*) LL.MM. (= *Leurs Majestés*)
**SSO** *abr* (= *sursudoeste*) S.-S.-O. (= *sud-sud-ouest*)
**Sta.** *abr* (= *Santa*) Ste (= *Sainte*)
**stand** [es'tan] *nm* (Com) stand *m*
**stárter** [es'tarter] *nm* (Auto) starter *m*
**status** ['status, es'tatus] *nm inv* statut *m*
**Sto.** *abr* (= *Santo*) St (= *Saint*)
**stock** [es'tok] (*pl* **stocks** [es'tok]) *nm* stock *m*
**stop** [es'top] *nm* (Auto) stop *m*
**su** *adj* (de él, ella, una cosa) son (sa) ; (de ellos, ellas) leur ; (de usted, ustedes) votre ; **sus** (de él, ella, una cosa) ses ; (de ellos, ellas) leurs ; (de usted, ustedes) vos

¡Atención! En francés el adjetivo posesivo concuerda en género y número con la cosa poseída (*son père, sa mère, ses parents*), mientras que en español solo concuerda en número (**su padre**, **su madre**, **sus padres**). Por otro lado, el adjetivo posesivo **su** en español puede hacer referencia a un poseedor (**su padre [de él]** *son père*) o a varios poseedores (**su padre [de ellos]** *leur père*).

**suave** *adj* doux (douce)
**suavemente** *adv* doucement
**suavice** *etc vb ver* **suavizar**
**suavidad** *nf* douceur *f*
**suavizante** *nm* (de ropa) adoucissant *m* ; (de pelo) baume *m*
**suavizar** *vt* adoucir ; (pendiente) rendre plus doux (douce) ; **suavizarse** *vpr* s'adoucir
**subalimentado, -a** *adj* sous-alimenté(e)
**subalterno, -a** *adj*, *nm/f* subalterne *mf*
**subarrendar** *vt* sous-louer
**subarriendo** *nm* sous-location *f*
**subasta** *nf* vente *f* aux enchères ; (de obras, servicios) appel *m* d'offres ; **poner en** *o* **sacar a pública** ~ mettre aux enchères ; ~ **a la baja** enchères *fpl* au rabais
**subastador, a** *nm/f* commissaire-priseur(-euse)
**subastar** *vt* vendre aux enchères
**subcampeón, -ona** *nm/f* second(e)
**subconjunto** *nm* (Mat) sous-ensemble *m*
**subconsciente** *adj* subconscient(e) ▶ *nm* subconscient *m*
**subcontrata** *nf* contrat *m* de sous-traitance
**subcontratar** *vt* sous-traiter
**subcontrato** *nm* sous-traitance *f*
**subdesarrollado, -a** *adj* sous-développé(e)
**subdesarrollo** *nm* sous-développement *m*

**subdirector, a** *nm/f* sous-directeur(-trice)
**subdirectorio** *nm* (Inform) sous-répertoire *m*
**súbdito, -a** *nm/f* sujet(te)
**subdividir** *vt* subdiviser
**subempleo** *nm* sous-emploi *m*
**subestimar** *vt* sous-estimer
**subexponer** *vt* (Foto) sous-exposer
**subfusil** *nm* pistolet-mitrailleur *m*
**subida** *nf* montée *f*
**subido, -a** *adj* (color) soutenu(e) ; (precio) élevé(e)
**subíndice** *nm* (Inform, Tip) indice *m*
**subir** *vt* (mueble, niño) soulever ; (cabeza) lever ; (volumen) augmenter ; (calle) remonter ; (montaña, escalera) monter, gravir ; (precio) augmenter ; (producto) augmenter le prix de ; (empleado) faire monter en grade ▶ *vi* monter ; (precio, temperatura, calidad) augmenter ; (en el empleo) monter en grade ; **subirse** *vpr*: **subirse a** monter dans ; **subirse los pantalones/la falda** remonter son pantalon/sa jupe
**súbito, -a** *adj* subit(e), soudain(e)
**subjetividad** *nf* subjectivité *f*
**subjetivo, -a** *adj* subjectif(-ive)
**subjuntivo** *nm* subjonctif *m*
**sublevación** *nf* soulèvement *m*
**sublevar** *vt* soulever ; (indignar) répugner à ; **sublevarse** *vpr* se soulever
**sublimar** *vt* encenser ; (deseos) sublimer
**sublime** *adj* sublime
**subliminal** *adj* subliminal(e)
**submarinismo** *nm* plongée *f* sous-marine
**submarinista** *nmf* plongeur(-euse) sous-marin(e)
**submarino, -a** *adj* sous-marin(e) ▶ *nm* sous-marin *m*
**subnormal** *adj* anormal(e) ▶ *nmf* handicapé(e) mental(e) ; (fam: insulto) débile *mf* mental(e)
**suboficial** *nm* sous-officier *m*
**subordinado, -a** *adj*, *nm/f* subordonné(e)
**subordinar** *vt*: ~ **algo a algo** subordonner qch à qch ; **subordinarse** *vpr*: **subordinarse a** être subordonné(e) à
**subproducto** *nm* sous-produit *m*
**subrayar** *vt* souligner
**subrepticio, -a** *adj* furtif(-ive)
**subrogar** *vt* (Jur) subroger
**subrutina** *nf* (Inform) sous-programme *m*
**subsahariano, -a** *adj* subsaharien(ne) ▶ *nmf* Subsaharien(ne)
**subsanar** *vt* (error, falta) réparer ; (problema) résoudre
**subscribir** *vt* = **suscribir**
**subscrito** *pp de* **subscribir**
**subsecretario, -a** *nm/f* sous-secrétaire *mf*
**subsidiario, -a** *adj* subsidiaire
**subsidio** *nm* (de enfermedad, paro etc) allocation *f*

886 · ESPAÑOL | FRANCÉS

## subsiguiente – sufrimiento

**subsiguiente** *adj* (*que viene después*) suivant(e), subséquent(e) ; (*que se deriva*): **las consecuencias subsiguientes** les conséquences qui en découlent
**subsistencia** *nf* subsistance *f*
**subsistir** *vi* subsister
**subst...** *pref* = **sust...**
**subsuelo** *nm* sous-sol *m*
**subte** (CSUR) *nm abr* = **subterráneo**
**subterfugio** *nm* subterfuge *m*
**subterráneo, -a** *adj* souterrain(e) ▶ *nm* souterrain *m* ; (CSUR: *metro*) métro *m*
**subtítulo** *nm* sous-titre *m*
**suburbano, -a** *adj* de banlieue ▶ *nm* train *m* de banlieue
**suburbio** *nm* banlieue *f*
**subvención** *nf* subvention *f* ; **~ estatal** subvention de l'État ; **~ para la inversión** prime *f* à l'investissement
**subvencionar** *vt* subventionner
**subversión** *nf* subversion *f*
**subversivo, -a** *adj* subversif(-ive)
**subyacente** *adj* sous-jacent(e)
**subyugar** *vt* opprimer ; (*fig*) subjuguer
**subyugue** *etc vb ver* **subyugar**
**succión** *nf* succion *f*
**succionar** *vt* (*sorber*) sucer ; (*Tec*) absorber
**sucedáneo** *nm* ersatz *m*, succédané *m*
**suceder** *vi* se passer ; **~ a** succéder à ; **lo que sucede es que ...** ce que se passe, c'est que ... ; **~ al rey** succéder au roi
**sucesión** *nf* succession *f*
**sucesivamente** *adv*: **y así ~** et ainsi de suite
**sucesivo, -a** *adj* successif(-ive) ; **en lo ~** à l'avenir
**suceso** *nm* événement *m* ; **sección de sucesos** (*Prensa*) faits *mpl* divers
**sucesor, a** *nm/f* successeur *m*
**sucesorio, -a** *adj* successoral(e), de succession ; (*impuesto*) de succesion ; **tercero en la línea sucesoria** troisième dans l'ordre de succession
**suciedad** *nf* saleté *f*
**sucinto, -a** *adj* succinct(e)
**sucio, -a** *adj* sale ; (*que se ensucia*) salissant(e) ; (*lengua*) blanc (blanche) ; (*negocio*) malhonnête ; (*guerra*) déshonorant(e) ; **juego ~** tricherie *f* ; **en ~** au brouillon
**sucre** (ECU) *nm unité monétaire de l'Équateur*
**suculento, -a** *adj* succulent(e)
**sucumbir** *vi* succomber ; **~ a la tentación** succomber à la tentation
**sucursal** *nf* succursale *f*
**sudaca** (*fam, pey*) *adj*, *nmf* latino *mf*
**sudadera** *nf* sweat-shirt *m*
**Sudáfrica** *nf* Afrique *f* du Sud
**sudafricano, -a** *adj* sud-africain(e) ▶ *nm/f* Sud-Africain(e)
**Sudamérica** *nf* Amérique *f* du Sud
**sudamericano, -a** *adj* sud-américain(e) ▶ *nm/f* Sud-Américain(e)
**Sudán** *nm* Soudan ; **~ del Sur** Soudan du Sud
**sudanés, -esa** *adj* soudanais(e) ▶ *nm/f* Soudanais(e)
**sudar** *vt* (*ropa*) tremper (de sueur) ; (*Bot*) exsuder ▶ *vi* suer, transpirer
**sudeste** *adj* sud-est *inv* ▶ *nm* sud-est *m* ; (*viento*) vent *m* de sud-est
**sudoeste** *adj* sud-ouest *inv* ▶ *nm* sud-ouest *m* ; (*viento*) vent *m* de sud-ouest
**sudoku** *nm* sudoku *m*
**sudor** *nm* sueur *f*, transpiration *f*
**sudoroso, -a** *adj* en sueur
**Suecia** *nf* Suède *f*
**sueco, -a** *adj* suédois(e) ▶ *nm/f* Suédois(e) ; **hacerse el ~** faire la sourde oreille ▶ *nm* (*Ling*) suédois *msg*
**suegro, -a** *nm/f* beau-père (belle-mère) ; **los suegros** les beaux-parents *mpl*
**suela** *nf* semelle *f*
**sueldo** *vb ver* **soldar** ▶ *nm* salaire *m*
**suelo** *vb ver* **soler** ▶ *nm* sol *m* ; **caerse al ~** tomber par terre ; **estar por los suelos** (*precios*) s'être effondré(e)
**suelto, -a** *vb ver* **soltar** ▶ *adj* (*hojas*) volant(e) ; (*pelo, pieza*) détaché(e) ; (*preso*) libéré(e) ; (*por separado: ejemplar*) séparé(e) ; (*arroz*) qui ne colle pas ; (*ropa*) ample ; (*con diarrea*) qui a la colique ; **dinero ~** (petite) monnaie *f* ; **está muy ~ en inglés** il parle anglais couramment ▶ *nm* monnaie *f*
**suene** *etc vb ver* **sonar**
**sueño** *vb ver* **soñar** ▶ *nm* sommeil *m* ; (*lo soñado, fig*) rêve *m* ; **descabezar** *o* **echarse un ~** faire un somme ; **tener ~** avoir sommeil ; **~ pesado** sommeil lourd ; **~ profundo** profond sommeil
**suero** *nm* (*Med*) sérum *m* ; (*de leche*) petit-lait *m*
**suerte** *nf* (*fortuna*) chance *f* ; (*azar*) hasard *m* ; (*destino*) destin *m* ; (*condición*) condition *f* ; (*género*) sorte *f* ; **lo echaron a suertes** ils ont tiré au sort ; **tener ~** avoir de la chance ; **tener mala ~** ne pas avoir de chance ; **de ~ que** de sorte que ; **por ~** par chance
**suertudo, -a** *adj* veinard(e)
**suéter** (*pl* **suéters**) *nm* pull *m*
**suficiencia** *nf* aptitude *f* ; (*pey*) suffisance *f*
**suficiente** *adj* suffisant(e) ▶ *nm* (*Escol*) mention *f* « passable »
**suficientemente** *adv* suffisamment
**sufijo** *nm* suffixe *m*
**sufragar** *vt* (*gastos*) supporter ; (*proyecto*) financer
**sufragio** *nm* suffrage *m*
**sufrague** *etc vb ver* **sufragar**
**sufrido, -a** *adj* (*persona*) résigné(e) ; (*tela, color*) peu salissant(e)
**sufrimiento** *nm* souffrance *f*

**sufrir** vt souffrir de ; (*malos tratos, cambios*) subir ; (*soportar*) supporter ▶ vi souffrir ; **~ del corazón/estómago** être malade du cœur/souffrir de l'estomac ; **hacer ~ a algn** faire souffrir qn

**sugerencia** nf suggestion f

**sugerente** adj suggestif(-ive)

**sugerir** vt suggérer

**sugestión** nf suggestion f

**sugestionar** vt influencer ; **sugestionarse** vpr se faire des idées

**sugestivo, -a** adj suggestif(-ive) ; (*idea*) séduisant(e)

**sugiera** etc, **sugiriendo** etc vb ver **sugerir**

**suicida** adj suicidaire ▶ nmf (*que se mata*) suicidé(e) ; (*que arriesga su vida*) suicidaire mf

**suicidarse** vpr se suicider

**suicidio** nm suicide m

**sui géneris** adj inv sui generis, particulier(-ière)

**suite** [swit] nf (*en hotel, Mús*) suite f

**Suiza** nf Suisse f

**suizo, -a** adj suisse ▶ nm/f Suisse mf ▶ nm (*Culin*) pain m au lait

**sujeción** nf assujettissement m

**sujetador** nm soutien-gorge m

**sujetapapeles** nm inv trombone m

**sujetar** vt attacher ; (*someter*) avoir de l'autorité sur ; **sujetarse** vpr s'attacher ; (*someterse*) se soumettre

**sujeto, -a** adj attaché(e) ; **~ a cambios** susceptible d'être modifié(e) ▶ nm sujet(te)

**sulfato** nm sulfate m

**sulfurar** vt énerver ; **sulfurarse** vpr s'énerver

**sulfuro** nm sulfure m

**sultán, -ana** nm/f sultan(e)

**suma** nf somme f ; (*operación*) addition f ; **en ~** en somme

**sumador** nm additionneur m (électronique)

**sumamente** adv **~ agradecido/necesario** extrêmement reconnaissant/absolument nécessaire

**sumar** vt additionner ▶ vi faire une addition ; **suma y sigue** (*Com*) à reporter ; **sumarse** vpr: **sumarse (a)** (*agregarse*) s'ajouter (à) ; (*adherirse*) se joindre (à), s'additionner (à)

**sumarial** adj procédural(e), de l'instruction

**sumario, -a** adj sommaire ▶ nm (*Jur*) instruction f

**sumarísimo, -a** adj (*juicio*) abrégé(e)

**sumergible** adj (*reloj*) étanche ▶ nm submersible m

**sumergido, -a** adj (*economía*) souterrain(e)

**sumergir** vt submerger ; **sumergirse** vpr plonger

**sumerja** etc vb ver **sumergir**

**sumidero** nm égout m ; (*Tec*) puisard m

**suministrador, a** nm/f fournisseur(-euse)

**suministrar** vt fournir

**suministro** nm approvisionnement m ; **suministros** nmpl (*provisiones*) provisions fpl

**sumir** vt submerger ; (*fig*) plonger ; **sumirse** vpr: **sumirse en** se plonger dans

**sumisión** nf soumission f

**sumiso, -a** adj soumis(e)

**súmmum** nm inv summum m

**sumo, -a** adj (*cuidado*) extrême ; (*grado*) supérieur(e) ; **a lo ~** tout au plus

**suní, sunita** adj, nmf sunnite mf

**suntuoso, -a** adj somptueux(-euse)

**supe** etc vb ver **saber**

**supeditar** vt: **~ algo a algo** faire passer qch avant qch ; **supeditarse** vpr: **supeditarse a** se plier à

**súper** (*fam*) adj inv super ; **~ oferta** offre f exceptionnelle ▶ adv super ; **~ caro** hyper cher ▶ nm supermarché m ▶ nf (*gasolina*) super m

**super...** pref super... ; (*fam: + adjetivo*) hyper ; (*: + adverbio*) super-

**superable** adj surmontable ; (*récord*) qui peut être battu(e)

**superación** nf surpassement m

**superar** vt surpasser ; (*crisis, prueba*) surmonter ; (*récord*) battre ; **superarse** vpr se surpasser

**superávit** (pl **superávits**) nm (*Econ*) excédent m

**superchería** nf (*falsa creencia*) mensonge m ; (*engaño*) supercherie f

**superdotado, -a** adj surdoué(e)

**superficial** adj superficiel(le)

**superficie** nf surface f ; (*área*) superficie f

**superfluo, -a** adj superflu(e)

**superhéroe** nm super-héros m

**superíndice** nm (*Inform, Tip*) exposant m

**superintendente** nmf directeur(-trice)

**superior** adj, nmf supérieur(e)

**superioridad** nf supériorité f

**superlativo, -a** adj (*Ling*) superlatif(-ive) ▶ nm superlatif m

**supermercado** nm supermarché m

**superpoblación** nf surpopulation f

**superponer** vt superposer ; (*anteponer*) faire passer avant

**superposición** nf superposition f

**superpotencia** nf superpuissance f

**superproducción** nf surproduction f

**supersónico, -a** adj supersonique

**superstición** nf superstition f

**supersticioso, -a** adj superstitieux(-euse)

**superventas** nmpl grosses ventes fpl

**supervisar** vt superviser

**supervisión** nf supervision f

**supervisor, a** nm/f surveillant(e)

**supervivencia** nf survie f

**superviviente** adj, nmf survivant(e)

**suplantar** vt supplanter

**suplementario, -a** adj supplémentaire

**suplemento** nm supplément m

**suplencia** nf remplacement m ; (actor) doublage m
**suplente** adj remplaçant(e) ▶ nmf remplaçant(e) ; (actor) doublure f
**supletorio, -a** adj supplémentaire ▶ nm (tb: **teléfono supletorio**) second poste m
**súplica** nf supplication f ; (Rel) supplique f ; (Jur) requête f
**suplicar** vt supplier ; (Jur) faire appel de
**suplicio** nm supplice m
**suplique** etc vb ver **suplicar**
**suplir** vt suppléer ; (objeto) remplacer
**supo** etc vb ver **saber**
**supondré** etc vb ver **suponer**
**suponer** vt supposer ; **era de ~ que ...** il fallait s'attendre à ce que ... ; **supone mucho para mí** cela représente beaucoup pour moi
**suponga** etc vb ver **suponer**
**suposición** nf supposition f
**supositorio** nm suppositoire m
**supremacía** nf suprématie f
**supremo, -a** adj suprême
**supresión** nf suppression f
**suprimir** vt supprimer
**supuestamente** adv à ce qu'on suppose
**supuesto, -a** pp de **suponer** ▶ adj supposé(e) ; **dar por ~ algo** penser que qch est évident ; **¡por ~!** évidemment ! ▶ nm supposition f
**supurar** vi suppurer
**supuse** etc vb ver **suponer**
**sur** adj sud ▶ nm Sud m ; (viento) vent m du Sud
**Suráfrica** nf = **Sudáfrica**
**surafricano, -a** adj, nm/f = **sudafricano**
**Suramérica** nf = **Sudamérica**
**suramericano, -a** adj, nm/f = **sudamericano**
**surcar** vt sillonner
**surco** nm sillon m ; (en agua, piel) ride f
**surcoreano, -a** adj sud-coréen(ne) ▶ nm/f Sud-Coréen(ne)
**sureño, -a** adj du Sud ▶ nm/f natif(-ive) o habitant(e) du Sud
**sureste** = **sudeste**
**surf** nm surf m
**surfear** vt : **~ el Internet** surfer sur Internet
**surfista** nmf surfeur(-euse)
**surgir** vi surgir
**surja** etc vb ver **surgir**
**suroeste** = **sudoeste**
**surque** etc vb ver **surcar**
**surrealismo** nm surréalisme m
**surrealista** adj, nmf surréaliste mf
**surtido, -a** adj (galletas) assorti(e) ; (persona, tienda) fourni(e) ▶ nm assortiment m
**surtidor** nm jet m d'eau ; **~ de gasolina** pompe f à essence
**surtir** vt fournir ; (efecto) produire ; **surtirse** vpr: **surtirse de** se fournir en
**susceptibilidad** nf susceptibilité f ; **no quiero herir susceptibilidades** je ne veux vexer personne
**susceptible** adj susceptible ; **~ de** susceptible de
**suscitar** vt susciter
**suscribir** vt (firmar) souscrire ; (respaldar) approuver ; (Com: acciones, póliza) souscrire à ; **~ a algn a una revista** abonner qn à une revue ; **suscribirse** vpr: **suscribirse (a)** souscrire (à) ; (a periódico etc) s'abonner (à)
**suscripción** nf (a periódico etc) abonnement m ; (Com: de acciones, póliza) souscription f
**suscriptor, a** nm/f (a periódico etc) abonné(e) ; (Com: de acciones, póliza) souscripteur m
**suscrito, -a** pp de **suscribir** ▶ adj: **estar ~ a** être abonné(e) à
**susodicho, -a** adj susdit(e), susmentionné(e)
**suspender** vt suspendre ; (Escol) recaler ; **~ a algn de empleo y sueldo** relever qn de ses fonctions ▶ vi (Escol) échouer, être recalé(e)
**suspense** nm suspense m ; **novela/película de ~** thriller m
**suspensión** nf suspension f ; (de empleo, garantías) suppression f ; **~ de pagos** suspension de paiements
**suspensivo, -a** adj: **puntos suspensivos** points mpl de suspension
**suspenso, -a** adj (en el aire) suspendu(e) ; (desconcertado) interloqué(e) ; (alumno) recalé(e) ▶ nm (Escol) échec m ; **tengo dos suspensos** je n'ai pas eu la moyenne dans deux matières ; **quedar** o **estar en ~** rester en suspens
**suspensores** (AND, CSUR) nmpl bretelles fpl
**suspicacia** nf suspicion f
**suspicaz** adj suspicieux(-euse)
**suspirar** vi soupirer ; **~ por algo/algn** avoir très envie de qch/se languir de qn
**suspiro** nm soupir m
**sustancia** nf substance f ; **sin ~** sans substance ; **~ gris** matière f grise
**sustancial** adj important(e)
**sustancioso, -a** adj substantiel(le)
**sustantivo, -a** adj (Ling) substantif(-ive) ▶ nm substantif m
**sustentación** nf (manutención) sustentation f, entretien m ; (apoyo físico) support m, soutien m
**sustentar** vt (familia) faire vivre, subvenir aux besoins de ; (bóveda) soutenir ; (idea, moral) soutenir ; (esperanzas) nourrir ; **sustentarse** vpr se nourrir
**sustento** nm (alimento) subsistance f ; (apoyo) soutien m
**sustitución** nf substitution f ; (Escol) remplacement m
**sustituir** vt substituer ; (temporalmente) remplacer ; **~ A por B** substituer B à A, remplacer A par B
**sustitutivo, -a** adj substitutif(-ive)
**sustituto, -a** nm/f remplaçant(e)
**sustituyendo** etc vb ver **sustituir**

**susto** *nm* peur *f*; **dar un ~ a algn** faire peur à qn; **darse** *o* **pegarse un ~** avoir peur

**sustracción** *nf* (*robo*) subtilisation *f*, vol *m*; (*Mat*) soustraction *f*

**sustraer** *vt* (*robar*) subtiliser; (*Mat*) soustraire; **sustraerse** *vpr*: **sustraerse a** se soustraire à

**sustraiga** *etc*, **sustraje** *etc*, **sustrajera** *etc* *vb ver* **sustraer**

**sustrato** *nm* substrat *m*

**sustrayendo** *etc* *vb ver* **sustraer**

**susurrar** *vi* chuchoter

**susurro** *nm* chuchotement *m*

**sutil** *adj* subtil(e); (*gasa, hilo*) fin(e); (*brisa*) léger(-ère)

**sutileza** *nf* subtilité *f*; **sutilezas** *nfpl* (*pey*) subtilités *fpl*

**sutura** *nf* suture *f*

**suturar** *vt* suturer

**suyo, -a** *adj* (*de él, ella*) son (sa); (: *de ellos, ellas*) leur; (: *de usted, ustedes*) votre; (*después de un nombre: de él, ella*) à lui (à elle); (: *de ellos, ellas*) à eux (à elles); (: *de usted, ustedes*) à vous; **eso es muy ~** c'est bien de lui ▶ *pron*: **el ~/la suya** (*de él, ella*) le sien (la sienne); (*de ellos, ellas*) le (la) leur; (*de usted, ustedes*) le (la) vôtre; **los suyos** les siens *etc*; **~ afectísimo** (*en carta*) bien affectueusement; **de ~** en soi; **hacer de las suyas** faire des siennes; **lo ~ sería de ...** le mieux serait de ...; **cada uno va a lo ~** chacun s'occupe de ses affaires; **salirse con la suya** avoir ce qu'on veut

# Tt

**T, t** [te] *nf (letra)* T, t *m inv* ; **T de Tarragona** ≈ T comme Thérèse
**T.** *abr (Com)* = **tarifa; tasa**
**t.** *abr* (= *tomo(s)*) t (= *tome(s)*)
**TA** *abr* = **traducción automática**
**Tabacalera** *nf* ≈ SEITA *f*
**tabaco** *nm* tabac *m* ; **~ de pipa** tabac pour la pipe ; **~ negro/rubio** tabac brun/blond
**tábano** *nm* taon *m*
**tabaquera** *nf (caja)* tabatière *f* ; *(empresa)* cigarettier *m*
**tabaquismo** *nm* tabagisme *m* ; **~ pasivo** tabagisme passif
**tabarra** *(fam) nf* casse-pied *m (fam)* ; *(trabajo)* plaie *f (fam)* ; **dar la ~** enquiquiner *(fam)*
**taberna** *nf* taverne *f*
**tabernero, -a** *nm/f* tavernier(-ière)
**tabique** *nm* cloison *f* ; **~ nasal** *(Med)* cloison nasale
**tabla** *nf (de madera)* planche *f* ; *(lista, catálogo)* table *f*, tableau *m* ; *(Mat)* table *f* ; *(de falda)* pli *m* ; *(Arte)* panneau *m* ; **~ de planchar** planche à repasser ; **tablas** *nfpl (Teatro)* planches *fpl* ; **tener tablas** *(actor)* être un(e) comédien(ne) accompli(e) ; **quedar en** o **hacer tablas** faire match nul
**tablado** *nm* plancher *m*, estrade *f* ; *(Teatro)* scène *f*
**tablao** *nm (tb:* **tablao flamenco)** *bar où l'on donne des représentations de flamenco*
**tablero** *nm* planche *f* ; *(pizarra)* tableau *m* ; *(de ajedrez, damas)* damier *m* ; **~ de anuncios** panneau *m* d'affichage ; **~ de mandos** *(Auto, Aviat)* tableau de bord
**tablet** *nf (Inform)* tablette *f*
**tableta** *nf (Med)* comprimé *m* ; *(de chocolate)* tablette *f* ; *(Inform)* tablette *f*
**tablilla** *nf* planchette *f* ; *(Med)* éclisse *f*
**tablón** *nm (de suelo)* planche *f* ; **~ de anuncios** panneau *m* d'affichage
**tabú** *nm* tabou *m*
**tabulación** *nf (Inform)* tabulation *f*
**tabulador** *nm (Inform, Tip)* tabulateur *m*
**tabuladora** *nf:* **~ eléctrica** machine *f* comptable
**tabular** *vt (Tip)* fixer les marges de ; *(valores, datos)* disposer en tableau

**taburete** *nm* tabouret *m*
**TAC** *nf/nm abr* (= *tomografía axial computerizada*) scanographie *f*, tomodensitométrie *f*
**tacañería** *nf* avarice *f*, radinerie *f*
**tacaño, -a** *adj* radin(e)
**tacataca** *nm* trotteur *m*
**tacha** *nf* défaut *m* ; *(Tec)* clou *m* (à grosse tête), broquette *f* ; **poner ~ a** trouver à redire à ; **sin ~** sans défaut
**tachar** *vt* rayer ; *(corregir)* raturer ; **le tachan de irresponsable** ils l'accusent d'être irresponsable
**tacho** *(AM) nm* seau *m*
**tachón** *nm* rature *f* ; *(Tec)* clou *m* de tapissier
**tachuela** *nf* punaise *f*
**tácitamente** *adv* tacitement
**tácito, -a** *adj* tacite ; *(Ling)* implicite
**taciturno, -a** *adj* taciturne, morose
**taco** *nm (tarugo)* cheville *f* ; *(libro de entradas)* carnet *m* ; *(manojo de billetes)* liasse *f* ; *(de bota de fútbol)* crampon *m* ; *(AM: tacón)* talon *m* ; *(tb:* **taco de billar)** queue *f* ; *(de jamón, queso)* cube *m* ; *(fam: lío)* pagaille *f* ; (*: palabrota*) gros mot *m* ; *(CAM, MÉX)* crêpe de maïs fourrée ; *(CHI fam)* bouchon *m* ; **armarse** o **hacerse un ~** s'embrouiller
**tacógrafo** *nm* tachygraphe *m*
**tacón** *nm* talon *m* ; **de ~ alto** à talons hauts
**taconear** *vi:* **se la oía ~** on entendait le martellement de ses talons
**taconeo** *nm* bruit *m* des talons sur le sol
**táctica** *nf* tactique *f*
**táctico, -a** *adj* tactique
**táctil** *adj* tactile
**tacto** *nm* toucher *m* ; *(fig)* tact *m*
**TAE** *nm abr* (= *tasa anual equivalente*) TPA *m*
**taekwondo, tae-kwon-do** *nm* taekwondo *m*
**tafetán** *nm* taffetas *msg*
**tafilete** *nm* maroquin *m*
**tagalo, -a** *adj* Tagal(e) ▶ *nm/f* tagal(e) ▶ *nm (Ling)* tagal *m*
**tahona** *nf (panadería)* boulangerie *f* ; *(molino)* moulin *m*
**tahúr** *nm (jugador)* joueur *m* ; *(pey)* tricheur *m*
**tai-chi** *nm* tai-chi *m*
**tailandés, -esa** *adj* thaïlandais(e) ▶ *nm/f* Thaïlandais(e) ▶ *nm (Ling)* thaïlandais *msg*

## Tailandia – Tánger

**Tailandia** nf Thaïlande f
**taimado, -a** adj rusé(e)
**taita** (AND, CSUR fam) nm papa m
**Taiwán** nm Taiwan f
**tajada** nf tranche f ; (fam: borrachera) cuite f (fam) ; **sacar ~** tirer profit
**tajante** adj catégorique ; (persona) abrupt(e)
**tajantemente** adj catégoriquement
**tajar** vt trancher
**Tajo** nm Tage m
**tajo** nm (corte) coupure f ; (filo) tranchant m ; (Geo) gorge f ; (fam: trabajo) boulot m (fam) ; (bloque de madera) billot m
**tal** adj tel (telle) ; (semejante) un(e) tel (telle), pareil(le) ; **~ día a ~ hora** tel jour à telle heure ; **jamás vi ~ desvergüenza** je n'ai jamais vu une telle effronterie o une effronterie pareille ; **tales cosas** de telles choses ; **el ~ cura** le curé en question ; **un ~ García** un certain García ; **tales como** tels (telles) que ▶ pron (persona) un(e) tel (telle) ; (cosa) une telle chose ; **son ~ para cual** les deux font la paire ; **hablábamos de que si ~ que si cual** nous parlions de choses et d'autres ; **fuimos al cine y ~** nous avons été au ciné et tout ça ▶ adv : **~ como** (igual) tel (telle) que ; **~ como lo dejé** tel que je l'ai laissé ; **~ cual** (como es) tel (telle) quel (quelle) ; **~ el padre, cual el hijo** tel père, tel fils ; **~ vez** peut-être ; **¿qué ~?** ça va ? ; **¿qué ~ has comido?** tu as bien mangé ? ; **con ~ de llamar la atención** du moment qu'il etc attire l'attention ▶ conj : **con ~ (de) que** pourvu que, du moment que
**tala** nf taille f
**taladradora** nf perceuse f ; (de papel) perforeuse f ; **~ neumática** marteau-piqueur m
**taladrar** vt percer
**taladro** nm perceuse f ; (hoyo) trou m (fait à la perceuse) ; **~ neumático** perceuse f pneumatique
**talante** nm humeur f ; (voluntad) attitude f
**talar** vt abattre
**talco** nm (tb: **polvos de talco**) talc m
**talega** nf sac m
**talego** nm sac m ; (fam) taule f (fam) ; (Hist: fam) mille pesetas ; **medio ~** (fam) cinq cents pesetas
**talento** nm talent m ; (capacidad, don) don m
**talentoso, -a** adj talentueux(-euse)
**Talgo** sigla m (Ferro: = tren articulado ligero Goicoechea-Oriol) train rapide
**talibán, -ana** (a veces invariable) adj taliban(e) ▶ nm/f (persona) taliban(e) ; **los talibanes** les taliban(s)
**talidomida** nm thalidomide f
**talismán** nm talisman m
**talla** nf taille f ; (fig) envergure f ; (figura) sculpture f ; **dar la ~** (Mil) avoir la taille requise ; (fig) être à la hauteur
**tallado, -a** adj taillé(e), sculpté(e) ▶ nm sculpture f
**tallar** vt tailler, sculpter ; (grabar) graver ; (medir) toiser
**tallarines** nmpl tagliatelles fpl
**talle** nm taille f ; (figura) silhouette f ; **de ~ esbelto** svelte
**taller** nm atelier m
**tallo** nm (de planta) tige f ; (de hierba) brin m ; (brote) pousse f
**talmente** adv exactement
**Talmud** nm Talmud m
**talón** nm talon m ; (Com) chèque m ; (Tec) bord m ; **pisar a algn los talones** être sur les talons de qn ; **~ de Aquiles** talon d'Achille
**talonario** nm carnet m ; (de cheques) carnet de chèques
**talud** nm talus m
**tamal** nm (AM Culin) tamale m (pâte de maïs sucrée ou salée enveloppée dans une feuille de bananier)
**tamaño, -a** adj pareil(le) ▶ nm taille f ; **de ~ natural** grandeur f nature ; **de ~ grande/pequeño** de grande/petite taille
**tamarindo** nm tamarinier m
**tambaleante** adj chancelant(e) ; (mueble) branlant(e) ; (vehículo) bringuebalant(e)
**tambalearse** vpr chanceler ; (mueble) branler ; (vehículo) bringuebaler
**también** adv aussi ; (además) de plus ; **estoy cansado — yo ~** je suis fatigué — moi aussi
**tambor** nm tambour m ; (Anat) tympan m ; **~ del freno/de lavadora** tambour de frein/de machine à laver
**tamboril** nm tambourin m
**tamborilear** vi tambouriner
**tamborilero, -a** nm/f tambour m
**Támesis** nm Tamise f
**tamice** etc vb ver **tamizar**
**tamiz** nm tamis msg
**tamizar** vt tamiser
**tampoco** adv non plus ; **yo ~ lo compré** je ne l'ai pas acheté non plus
**tampón** nm tampon m
**tan** adv si ; **~ ... como** aussi ... que ; **~ siquiera** seulement ; **es pesada, de ~ amable que es** elle est si aimable qu'elle finit par être ennuyeuse ; **¡qué cosa ~ rara!** comme c'est bizarre ! ; **no es una idea ~ buena** ce n'est pas une si bonne idée
**tanatorio** nm funérarium m
**tanda** nf série f ; (de personas) groupe m ; (turno) tour m ; **~ de penaltis/de inyecciones** série de penaltis/de piqûres ; **~ de golpes** volée f de coups
**tándem** nm tandem m
**tanga** nm string m
**tangente** nf tangente f ; **salirse por la ~** prendre la tangente
**Tánger** n Tanger

**tangerino, -a** adj de Tanger ▶ nm/f natif(-ive) o habitant(e) de Tanger
**tangible** adj tangible
**tango** nm tango m
**tanguero, -a** adj de tango, relatif(-ive) au tango ▶ nm/f passionné(e) de tango
**tanino** nm tanin m
**tankini** nm tankini m
**tano, -a** (CSur pey, fam) adj, nm/f rital(e)
**tanque** nm (Mil) char m d'assaut ; (depósito: Auto) citerne f ; (: Náut) tanker m ; (: de agua) réservoir m
**tanqueta** nf blindé m léger
**tantear** vt jauger ; (probar) essayer ▶ vi (Deporte) compter les points
**tanteo** nm (cálculo) calcul m approximatif ; (prueba) essai m ; (Deporte) score m ; (sondeo) sondage m ; **al ~** à vue d'oeil
**tantito** (Méx fam) adj, adv un peu
**tanto, -a** adj (cantidad) tant de, tellement de ; (en comparaciones) autant de ; **tiene tantos amigos** il a tellement o tant d'amis ; **~ dinero como tú** autant d'argent que toi ; **~ gusto** (al ser presentado) enchanté(e) ▶ adv tant, autant ; (tiempo) si longtemps ; **~ que** tellement que ; **~ como él** autant que lui ; **~ como eso no** pas tant que ça ; **~ es así que ...** à tel point que ... ; **~ más cuanto que ...** d'autant plus que ... ; **~ mejor/peor** tant mieux/pis ; **~ quejarse para nada** tant de plaintes pour rien ; **~ tú como yo** toi autant que moi ; **me he vuelto ronco de** o **con ~ hablar** je me suis enroué à force de parler ; **viene ~** il vient si souvent ; **ni ~ así** (fam) pas une miette ; **en ~ que** pendant que ▶ nm (suma) quantité f ; (proporción) tant m ; (punto) point m ; (gol) but m ; **estar al ~** être au courant ; **estar al ~ de los acontecimientos** être au courant des événements ; **un ~ perezoso** un rien paresseux ; **~ alzado** forfait m ; **~ por ciento** tant pour cent ▶ pron: **cada uno paga ~** chacun paie tant ; **no quiero ~** je n'en veux pas autant ; **gasta ~ que ...** il dépense tellement que ... ; **ni ~ ni tan clavo** n'exagérons rien ; **¡no es para ~!** ce n'est pas si grave ! ; **¡y ~!** et comment ! ; **entre ~** entre-temps ; **por ~, por lo ~** donc, par conséquent ; **uno de tantos** un parmi d'autres ; **he visto ~** j'en ai tellement vu ; **a tantos de agosto** tel jour o telle date en août ; **cuarenta y tantos** quarante et quelques ; **se quedó en el bar hasta las tantas** il est resté dans le bar jusqu'à pas d'une heure ▶ suf: **veintitantos** vingt et quelques
**Tanzania** nf la Tanzanie
**tañer** vt (Mús) jouer ; (campana) sonner
**T/año** abr (= toneladas por año) tonnes par an
**TAO** sigla f (= traducción asistida por ordenador) TAO f (= traduction assistée par ordinateur)

**taoísta** adj, nmf taoïste mf
**tapa** nf couvercle m ; (de libro) couverture f ; (comida) amuse-gueule m, tapa f ; (de zapato) semelle f ; **~ de los sesos** boîte f crânienne
**tapabarro** (And, CSur) nm garde-boue m inv
**tapacubos** nm inv enjoliveur m
**tapadera** nf couvercle m ; (fig) couverture f
**tapadillo** nm: **de ~** en douce
**tapado** nm (Am) manteau m ; (Méx Pol) candidat officiel du PRI, parti politique mexicain
**tapar** vt couvrir ; (hueco, ventana) fermer, boucher ; (ocultar) dissimuler ; (vista) boucher ; (Am: dientes) plomber ; **taparse** vpr se couvrir
**taparrabo** nm, **taparrabos** nm inv pagne m, cache-sexe m
**tapatío, -a** (Méx) adj de Guadalajara ▶ nm/f natif(-ive) o habitant(e) de Guadalajara
**tapeo** nm (esp Esp): **ir de ~** aller manger des tapas ; **bar de ~** bar m à tapas
**tapete** nm tapis msg ; **poner sobre el ~** mettre sur le tapis
**tapia** nf mur m (de clôture) ; **estar (sordo) como una ~** être sourd comme un pot
**tapiar** vt murer
**tapice** etc vb ver **tapizar**
**tapicería** nf tapisserie f ; (para muebles) tissu m d'ameublement ; (para coches) garniture f
**tapicero, -a** nm/f tapissier(-ière)
**tapioca** nf tapioca m
**tapir** nm tapir m
**tapiz** nm tapisserie f
**tapizar** vt (pared) tapisser ; (suelo) recouvrir ; (muebles) recouvrir
**tapón** nm bouchon m ; (Tec) bonde f ; (Med: de cera) bouchon de cire ; **~ de rosca** o **de tuerca** bouchon à vis
**taponar** vt boucher
**taponazo** nm bruit m sec
**tapujo** nm (disimulo) dissimulation f, détour m ; (engaño) tromperie f ; **sin tapujos** sans détours
**taquería** (Méx) nf échoppe où l'on vend des «tacos»
**taquicardia** nf tachycardie f
**taquigrafía** nf sténographie f
**taquígrafo, -a** nm/f sténo mf
**taquilla** nf guichet m ; (suma recogida) recette f ; (armario) casier m
**taquillero, -a** adj: **función taquillera** spectacle m qui fait recette ▶ nm/f guichetier(-ière)
**taquimecanografía** nf sténodactylo(graphie) f
**tara** nf tare f
**tarado, -a** adj (producto) défectueux(-euse) ; (idiota) retardé(e) ; (loco) taré(e) ▶ nm/f taré(e)
**tarambana** adj irresponsable
**tarántula** nf tarentule f
**tararear** vt fredonner

## tardanza – teatro

**tardanza** nf (demora) retard m ; (lentitud) lenteur f

**tardar** vi (tomar tiempo) mettre longtemps, tarder ; (llegar tarde) être en retard ; **¿tarda mucho el tren?** le train arrive bientôt ? ; **a más** ~ au plus tard ; **~ en hacer algo** mettre longtemps o tarder à faire qch ; **no tardes en venir** ne t'attarde pas

**tarde** adv tard ; **~ o temprano** tôt ou tard ; **de ~ en ~** de temps en temps ; **más ~** plus tard ▶ nf (de día) après-midi m inv o f inv ; (de noche) soir m ; **¡buenas tardes!** (de día) bonjour ! ; (de noche) bonsoir ! ; **a o por la ~** (de día) l'après-midi ; (de noche) le soir

**tardío, -a** adj tardif(-ive)

**tardo, -a** adj lent(e)

**tardón, -ona** (fam) adj lambin(e) (fam) ▶ nm/f traînard(e)

**tarea** nf travail m, tâche f ; **tareas** nfpl (Escol) devoirs mpl ; **tareas domésticas** tâches fpl ménagères

**tarifa** nf tarif m ; **~ básica** tarif de base ; **~ completa** plein tarif ; **~ doble** tarif double

**tarima** nf plate-forme f ; (movible) estrade f

**tarjeta** nf carte f ; (Deporte) carton m ; **~ bancaria** carte bancaire ; **~ comercial/de visita** carte de visite ; **~ de circuitos** circuit m imprimé ; **~ de crédito/de débito** carte de crédit/Carte Bleue® ; **~ de embarque/de transporte** carte d'embarquement/de transport ; **~ de identificación fiscal** carte d'immatriculation fiscale ; **~ de teléfono** carte téléphonique ; **~ gráfica/de multifunción** (Inform) carte graphique/multifonction ; **~ postal/de Navidad** carte postale/de Noël ; **~ prepago** carte prépayée ; **~ sanitaria** carte d'assuré social ; **~ SIM** carte SIM ; **~ verde** (MÉX) permis m de travail

**tarot** nm tarot m

**tarraconense** adj de Tarragone ▶ nmf natif(-ive) o habitant(e) de Tarragone

**tarrina** nf barquette f

**tarro** nm pot m

**tarta** nf (pastel) gâteau m ; (torta) tarte f

⚠ **Tarta** désigne aussi bien une *tarte* qu'un *gâteau*.

**tartajear** vi bégayer

**tartamudear** vi bégayer

**tartamudez** nf bégaiement m

**tartamudo, -a** adj, nm/f bègue mf

**tartán** nm tartan m

**tartárico, -a** adj: **ácido ~** acide m tartrique

**tártaro, -a** adj tartare ▶ nm/f Tartare mf ▶ nm (Quím) tartre m

**tartera** nf gamelle f

**tarugo** nm morceau m (de bois) ; (fam) balourd m

**tarumba** adj: **volver a algn ~** rendre qn dingue

**tasa** nf (valoración) évaluation f ; (impuesto) taxe f ; (índice) taux msg ; (medida) mesure f, règle f ; **sin ~** sans mesure ; **tasas académicas** droits mpl d'inscription ; **~ básica** (Com) taux de base ; **~ de cambio/de interés** taux de change/d'intérêt ; **~ de crecimiento/de natalidad/de rendimiento** taux de croissance/de natalité/de rendement ; **tasas universitarias** droits mpl d'inscription à l'université

**tasación** nf taxation f ; (valoración) évaluation f

**tasador, a** nm/f expert qui évalue le prix d'un bien

**tasar** vt (fijar el precio) taxer ; (valorar) évaluer ; (limitar) limiter, rationner ; **~ en** évaluer à

**tasca** (fam) nf bistro(t) m

**tata** nm (AM fam) = **taita** ▶ nf nounou f (fam) ; (fam: hermana) grande sœur f

**tatarabuelo, -a** nm/f trisaïeul(e) ; **tatarabuelos** nmpl trisaïeuls mpl

**tatuaje** nm tatouage m

**tatuar** vt tatouer

**taurino, -a** adj taurin(e)

**Tauro** nm (Astrol) Taureau m ; **ser ~** être Taureau

**tauromaquia** nf tauromachie f

**tautología** nf tautologie f

**taxativamente** adv particulièrement

**taxativo, -a** adj strict(e)

**taxi** nm taxi m

**taxidermia** nf taxidermie f

**taximetrero** (ARG) nm chauffeur m de taxi

**taxímetro** nm taximètre m

**taxista** nmf chauffeur(e) de taxi

**Tayikistán** nm Tadjikistan m

**taza** nf tasse f ; (fam: de retrete) cuvette f ; **~ de/para café** tasse de/à café

**tazón** nm bol m

**TC** sigla m (= *Tribunal Constitucional*) juridiction suprême

**TCI** sigla f (= *tarjeta de circuito impreso*) plaquette f de circuit imprimé

**TDT** nf abr (= *televisión digital terrestre*) TNT f (= *télévision numérique terrestre*)

**te** pron te ; (delante de vocal) t' ; (con imperativo) toi ; **¿te duele mucho el brazo?** ton bras te fait très mal ?, tu as très mal au bras ? ; **te equivocas** tu te trompes ; **¡cálmate!** calme-toi !

**té** nm thé m

**tea** nf torche f

**teatral** adj théâtral(e)

**teatrero, -a** (fam) adj (aficionado): **ser muy ~** être amateur de théâtre ; (fig: exagerado) théâtral(e) ▶ nm/f (aficionado) amateur(-trice) de théâtre ; (profesional) professionnel(le) du théâtre

**teatro** nm théâtre m ; **hacer ~** (fig) jouer la comédie ; **~ de aficionados/variedades** théâtre d'amateurs/de variétés ; **~ de la ópera** opéra m

894 · ESPAÑOL | FRANCÉS

## tebeo – telerrealidad

**tebeo** nm bande f dessinée, BD f
**teca** nf teck m
**techado** nm toit m
**techo** nm (tb fig) plafond m ; (tejado) toit m ; **bajo ~** à l'abri ; **tocar ~** plafonner, atteindre un plafond
**techumbre** nf toiture f
**tecla** nf (Inform, Mús, Tip) touche f ; **tocar muchas teclas** toucher à de nombreux sujets ; **~ de anulación/de borrar** touche d'annulation/d'effacement ; **~ de control/de edición** touche de contrôle/de correction ; **~ de control direccional del cursor** touche de déplacement du curseur ; **~ de retorno/de tabulación** touche de retour chariot/de tabulation ; **~ programable** touche programmable
**teclado** nm clavier m ; **~ inalámbrico** clavier sans fil ; **~ numérico** (Inform) clavier numérique
**teclear** vt (teclado) taper ▶ vi (Mús: fam) pianoter ; (Inform, Tip) taper
**tecleo** nm (Mús) pianotage m ; (fam) pianotage, tapotement m
**teclista** nmf (Mús) claviériste mf ; (Inform) claviste mf
**técnica** nf technique f ; ver tb **técnico**
**técnicamente** adv techniquement
**tecnicismo** nm technicité f ; (Ling) terme m technique
**técnico, -a** adj technique ▶ nm/f technicien(ne)
**tecnicolor** nm technicolor m
**tecnócrata** nmf technocrate mf
**tecnología** nf technologie f ; **~ de la información/punta** technologie de l'information/de pointe
**tecnológico, -a** adj technologique
**tecolote** (CAM, MÉX) nm hibou m
**tedio** nm ennui m
**tedioso, -a** adj ennuyeux(-euse)
**tee** nm tee m
**Teherán** n Téhéran
**teja** nf tuile f
**tejado** nm toit m
**tejano, -a** adj texan(e) ▶ nm/f Texan(e) ; **tejanos** nmpl (vaqueros) jeans mpl
**Tejas** nm Texas msg
**tejemaneje** nm (actividad) agitation f ; (intriga) manigances fpl
**tejer** vt tisser ; (AM) tricoter ; (fig) ourdir ▶ vi: **~ y destejer** faire et défaire
**tejido** nm tissu m
**tejo** nm if m ; **tirar los tejos a algn** (fam) faire des avances à qn
**tejón** nm blaireau m
**tel.** abr (= teléfono) tél. (= téléphone)
**tela** nf tissu m ; (cuadro, lienzo) toile f ; (en líquido) peau f ; **¡hay ~ para rato!** (fam) on en a pour un moment ! ; **poner en ~ de juicio** mettre en doute ; **~ de araña** toile d'araignée ; **~ metálica** grillage m
**telar** nm (máquina) métier m à tisser ; (de teatro) cintre m ; **telares** nmpl (fábrica) usine f textile
**telaraña** nf toile f d'araignée
**tele** (fam) nf télé f (fam)
**tele...** pref télé...
**teleadicto, -a** (fam) nm/f accro mf de la télé
**telebasura** (fam) nf télé-poubelle f (fam)
**telecabina** nf télécabine f
**telecomedia** nf sitcom m
**telecomunicación** nf télécommunication f
**telecontrol** nm télécommande f
**telecopia** nf télécopie f
**telecopiadora** nf: **~ facsímil** télécopieur m
**telediario** nm journal m télévisé
**teledifusión** nf télédiffusion f
**teledirigido, -a** adj téléguidé(e)
**teléf.** abr (= teléfono) tél. (= téléphone)
**telefacsímil** nm télécopie f
**telefax** nm télécopie f
**teleférico** nm téléphérique m
**telefilm, telefilme** nm téléfilm m
**telefonazo** (fam) nm coup m de fil ; **te daré un ~** je te passerai un coup de fil
**telefonear** vt téléphoner à ▶ vi téléphoner
**telefonía** nf téléphonie f ; **~ móvil** ou **celular** téléphonie mobile ou cellulaire ; **~ fija** téléphonie fixe ; **red de ~ móvil** réseau m de téléphonie mobile ; **servicios de ~ móvil** services mpl de téléphonie mobile
**Telefónica** nf ≈ France Télécom
**telefónicamente** adv par téléphone
**telefónico, -a** adj téléphonique
**telefonillo** nm interphone m
**telefonista** nmf standardiste mf
**teléfono** nm téléphone m ; **está hablando por ~** il est au téléphone ; **~ inalámbrico/rojo** téléphone sans fil/rouge ; **~ móvil** (téléphone) portable m
**telefoto** nf téléphotographie f
**telegrafía** nf télégraphie f
**telégrafo** nm télégraphe m
**telegrama** nm télégramme m
**teleimpresor** nm téléimprimeur m
**telemando** nm télécommande f
**telemarketing, telemárketing** nm télémarketing m
**telemática** nf télématique f
**telémetro** nm télémètre m
**telenovela** nf feuilleton m télévisé
**teleobjetivo** nm téléobjectif m
**teleoperador, a** nm/f téléopérateur(-trice)
**telepatía** nf télépathie f
**telepático, -a** adj télépathique
**telepredicador, a** nmf télévangéliste mf
**teleproceso** nm télétraitement m
**teleprograma** nm programme m de télévision
**telerrealidad** nf téléréalité f

**telescópico, -a** *adj* télescopique
**telescopio** *nm* télescope *m*
**teleserie** *nf* série *f* télévisée
**telesilla** *nm* télésiège *m*
**telespectador, a** *nm/f* téléspectateur(-trice)
**telesquí** *nm* téléski *m*
**teletex, teletexto** *nm* télétexte *m*
**teletienda** *nf* télé-achat *m*
**teletipo** *nm* téléimprimeur *m*
**teletrabajador, a** *nm/f* télétravailleur(-euse)
**teletrabajo** *nm* télétravail *m*
**televenta** *nf* télévente *f*
**televidente** *nmf* téléspectateur(-trice)
**televisar** *vt* téléviser
**televisión** *nf* télévision *f*; **~ por cable/por o vía satélite** télévision par câble/par satellite; **~ digital** télévision numérique; **~ privada/pública** télévision privée/publique
**televisivo, -a** *adj* télévisuel(le)
**televisor** *nm* téléviseur *m*; **~ portátil** téléviseur portable
**télex** *nm* télex *m*; **máquina ~** télex; **enviar por ~** télexer
**telón** *nm* rideau *m*; **~ de acero** (Pol) rideau de fer; **~ de boca/de seguridad** rideau de scène/de fer; **~ de fondo** toile *f* de fond
**telonero, -a** *nm/f* (Mús, Teatro) artiste qui passe en première partie
**tema** *nm* thème *m*, sujet *m*; (Mús) thème *m*; (obsesión) marotte *f*; **temas de actualidad** sujets *mpl* d'actualité
**temario** *nm* programme *m*
**temática** *nf* thématique *f*
**temático, -a** *adj* thématique
**tembladera** (Am) *nf* bourbier *m*
**temblar** *vi* trembler
**tembleque** *nm* (hum) tremblement *m*
**temblón, -ona** *adj* tremblant(e)
**temblor** *nm* tremblement *m*; **~ de tierra** tremblement de terre
**tembloroso, -a** *adj* tremblant(e)
**temer** *vt* craindre, avoir peur de; **temo que Juan llegue tarde** je crains que Juan n'arrive tard ▶ *vi* avoir peur; **~ por** avoir peur pour
**temerario, -a** *adj* téméraire
**temeridad** *nf* témérité *f*; (una temeridad) acte *m* téméraire
**temeroso, -a** *adj* craintif(-ive), peureux(-euse); (que inspira temor) redoutable
**temible** *adj* redoutable
**temor** *nm* crainte *f*, peur *f*
**témpano** *nm* (tb: **témpano de hielo**) plaque *f* de glace
**témpera** (Arte) *nf* détrempe *f*
**temperamental** *adj* d'humeur changeante
**temperamento** *nm* tempérament *m*; **tener ~** avoir du tempérament
**temperatura** *nf* température *f*
**tempestad** *nf* tempête *f*

**tempestuoso, -a** *adj* orageux(-euse)
**templado, -a** *adj* tempéré(e); (en el comer, beber) modéré(e); (líquido, comida) tiède; (nervios) solide, bien trempé(e)
**templanza** *nf* tempérance *f*; (en el beber) modération *f*; (del clima) douceur *f*
**templar** *vt* tempérer, modérer; (agua, brisa) tiédir; (solución) diluer; (Mús) accorder; (acero) tremper; **templarse** *vpr* se modérer; (agua, aire) se réchauffer
**templario** *nm* templier *m*
**temple** *nm* (humor) humeur *f*; (serenidad) sang-froid *m*; (Tec) trempe *f*; (Mús) accord *m*; (pintura) détrempe *f*
**templo** *nm* temple *m*; (iglesia) église *f*; **~ metodista** église méthodiste
**tempo** *nm* tempo *m*
**temporada** *nf* période *f*; (estación, social, Deporte) saison *f*; **en plena ~** en pleine saison; **de ~** (trabajo) saisonnier(-ière); (fruta) de saison
**temporal** *adj* temporaire; (Rel) temporel(le) ▶ *nm* tempête *f*
**temporalmente** *adv* temporairement
**temporizador, a** *adj*: **mecanismo ~** mécanisme *m* de minuterie ▶ *nm* minuteur *m*
**tempranero, -a** *adj* (Bot) précoce; (persona) matinal(e)
**temprano, -a** *adj* précoce ▶ *adv* tôt; (demasiado pronto) trop tôt; **levantarse ~** se lever de bonne heure
**ten** *vb ver* **tener**
**tenacidad** *nf* ténacité *f*
**tenacillas** *nfpl* pincettes *fpl*; (para rizar) fer *m* à friser
**tenaz** *adj* tenace
**tenaza** *nf*, **tenazas** *nfpl* pince(s) *f(pl)*
**tendedero** *nm* étendoir *m*, séchoir *m* à linge; (cuerda) corde *f* à linge
**tendencia** *nf* tendance *f*; **~ imperante** tendance dominante; **tener ~ a** avoir tendance à; **~ del mercado** tendance du marché
**tendencioso, -a** *adj* tendancieux(-euse)
**tender** *vt* étendre; (vía férrea, cable) poser; (cuerda, trampa) tendre; **~ la mano** tendre la main; **~ la cama** (Am) faire le lit; **~ la mesa** (Am) mettre la table ▶ *vi*: **~ a** tendre à; **tenderse** *vpr* s'étendre, s'allonger
**ténder** *nm* tender *m*
**tenderete** *nm* (puesto) étalage *m*
**tendero, -a** *nm/f* commerçant(e)
**tendido, -a** *adj* étendu(e), allongé(e); (colgado) accroché(e), pendu(e); **a galope ~** au triple galop ▶ *nm* (Taur) gradins *mpl*; **~ eléctrico** ligne *f* électrique
**tendinitis** *nf inv* tendinite *f*
**tendón** *nm* tendon *m*
**tendré** *etc vb ver* **tener**

## tenebroso – tergiversación

**tenebroso, -a** adj sombre
**tenedor, a** nm/f détenteur(-trice) ; ~ **de acciones** actionnaire mf ; ~ **de libros** comptable mf ; ~ **de póliza** assuré(e), détenteur(-trice) d'une police d'assurance ▶ nm fourchette f ; **restaurante de cinco tenedores** restaurant m cinq étoiles
**teneduría** nf comptabilité f
**tenencia** nf (de propiedad) possession f ; ~ **ilícita de armas/drogas** détention f illégale d'armes/de drogue

(PALABRA CLAVE)

**tener** vt **1** avoir ; (sostener) tenir ; **¿tienes un boli?** tu as un stylo ? ; **¿dónde tienes el libro?** où as-tu mis le livre ? ; **va a tener un niño** elle va avoir un enfant ; **tiene los ojos azules** il a les yeux bleus ; **¡ten!, ¡aquí tienes!** tiens !, voilà ! ; **¡tenga!, ¡aquí tiene!** tenez !, voilà !

**2** (edad) avoir ; (medidas) faire ; **tiene 7 años** il a 7 ans ; **tiene 15 cm de largo** cela fait 15 cm de long ; ver tb **calor; hambre** etc

**3** (sentimiento, dolor) avoir ; **tener admiración/cariño** avoir de l'admiration/l'affection ; **tener miedo** avoir peur ; **¿qué tienes, estás enfermo?** qu'est-ce que tu as, tu es malade ?

**4** (considerar): **lo tengo por brillante** je le considère comme quelqu'un de brillant ; **tener en mucho/poco a algn** avoir beaucoup/peu d'estime pour qn ; **ten por seguro** sois-en sûr

**5**: **tener que**: **tengo/tenemos que acabar este trabajo hoy** il faut que je finisse/nous finissions ce travail aujourd'hui

**6** (+ participio): **tengo terminada ya la mitad del trabajo** j'ai déjà fait la moitié du travail

**7** (+ adj o + gerundio): **nos tiene muy contentos/hartos** nous sommes très satisfaits de lui/nous en avons assez de lui ; **me ha tenido tres horas esperando** il m'a fait attendre pendant trois heures

**8**: **las tiene todas consigo** il a tout pour lui
**tenerse** vpr **1**: **tenerse en pie** se tenir debout
**2**: **tenerse por** se croire ; **se tiene por muy listo** il se croit très intelligent

**tenga** etc vb ver **tener**
**tenia** nf ténia m
**tenida** (CSur) nf tenue f
**teniente** nmf lieutenant m ; ~ **alcalde** adjoint(e) au maire ; ~ **coronel** lieutenant colonel
**tenis** nm tennis msg ; ~ **de mesa** tennis de table, ping-pong m
**tenista** nmf joueur(-euse) de tennis
**tenor** nm (sentido) teneur f ; (Mús) ténor m ; **a** ~ **de** d'après
**tenorio** (fam) nm don Juan m
**tensar** vt tendre ; (arco) bander
**tensión** nf tension f ; **de alta** ~ (Elec) haute tension ; **en** ~ tendu(e) ; **tener la** ~ **alta** avoir de la tension ; ~ **arterial** tension artérielle ; ~ **nerviosa** tension nerveuse
**tenso, -a** adj tendu(e)
**tentación** nf tentation f
**tentáculo** nm tentacule m
**tentado, -a** adj: **estuve** ~ **de decírselo** j'étais tenté de le lui dire
**tentador, a** adj tentant(e) ; (gesto) tentateur(-trice) ▶ nm/f tentateur(-trice)
**tentar** vt tenter ; (palpar, Med) tâter
**tentativa** nf tentative f ; ~ **de asesinato** tentative d'assassinat
**tentempié** (fam) nm en-cas m inv
**tenue** adj (hilo) mince ; (luz) faible ; (sonido, vínculo) ténu(e) ; (neblina) léger(-ère)
**tenuemente** adv légèrement ; (alumbrar) faiblement
**teñir** vt teindre ; (fig) teinter ; **teñirse** vpr se teindre ; **teñirse el pelo** se (faire) teindre les cheveux
**teocali, teocalli** (Méx) nm téocalli m
**teología** nf théologie f
**teológico, -a** adj théologique
**teólogo, -a** nm/f théologien(ne)
**teorema** nm théorème m
**teoría** nf théorie f ; **en** ~ théoriquement, en principe
**teóricamente** adv théoriquement
**teorice** etc vb ver **teorizar**
**teórico, -a** adj théorique ▶ nm/f théoricien(ne)
**teorizar** vi théoriser
**tequila** nf tequila f
**TER** sigla m (= Tren Español Rápido) train rapide
**terapeuta** nmf thérapeute mf
**terapéutica** nf thérapeutique f
**terapéutico, -a** adj thérapeutique
**terapia** nf thérapie f ; ~ **laboral** ergothérapie f
**tercer** adj ver **tercero**
**tercera** nf (Auto) troisième f ; **a la** ~ **va la vencida** la troisième fois sera la bonne
**tercermundista** adj tiers-mondiste
**tercero, -a** (antes de nmsg **tercer**) adj troisième ▶ nm (mediador) tiers msg, tierce personne f ; (Jur) tiers
**terceto** nm (Mús) trio m
**terciado, -a** adj (botella) entamé(e) ; (toro) de taille moyenne ; (arma) en bandoulière
**terciar** vt (bolsa etc) mettre en bandoulière ▶ vi intervenir ; **terciarse** vpr se présenter ; **si se tercia** à l'occasion
**terciario, -a** adj tertiaire
**tercio** nm tiers msg
**terciopelo** nm velours msg
**terco, -a** adj têtu(e)
**tergal®** nm tergal® m
**tergiversación** nf déformation f

## tergiversar – testimonio

**tergiversar** *vt* déformer
**termal** *adj* thermal(e)
**termas** *nfpl* thermes *mpl*
**térmico, -a** *adj* thermique
**terminación** *nf* extrémité *f* ; *(finalización)* achèvement *m*
**terminal** *adj* terminal(e) ; *(enfermo)* en phase terminale ▸ *nm* (*Elec*) borne *f* ; (*Inform*) terminal *m* ; **~ de pantalla** écran *m* de visualisation ▸ *nf* (*Aviat*) aérogare *f*, terminal *m* ; (*Ferro*) terminus *msg*
**terminante** *adj* catégorique ; *(decisión)* final(e)
**terminantemente** *adv* formellement
**terminar** *vt* finir, terminer ▸ *vi* finir ; **~ por hacer algo** finir par faire qch ; **~ en** finir en ; **terminarse** *vpr* finir ; **se ha terminado la leche** il n'y a plus de lait
**término** *nm* terme *m*, fin *f* ; *(parada)* terminus *msg* ; *(límite: de espacio)* bout *m* ; *(palabra)* terme *m* ; **en último ~** en dernier recours ; **~ medio** juste milieu *m* ; **términos** *nmpl* (*tb Com*) termes *mpl* ; **en otros términos** en d'autres termes ; **estar en buenos/malos términos (con algn)** être en bons/mauvais termes (avec qn) ; **en términos de** en termes de ; **en términos claros** en clair ; **según los términos del contrato** selon les termes du contrat
**terminología** *nf* terminologie *f*
**termita** *nf* termite *m*
**termo**® *nm* thermos® *m o f*
**termodinámica** *nf* thermodynamique *f*
**termodinámico, -a** *adj* thermodynamique
**termoimpresora** *nf* imprimante *f* thermique
**termómetro** *nm* thermomètre *m*
**termonuclear** *adj* thermonucléaire
**termostato** *nm* thermostat *m*
**terna** *nf* (*trío*): **una ~ de ...** trois ... ; **una ~ de candidatos** trois candidatures
**ternera** *nf* (*cría, carne*) veau *m*
**ternero, -a** *nm/f* veau (génisse)
**terneza** *nf* tendresse *f*
**ternilla** *nf* cartilage *m*
**terno** *nm* (*esp Am*) costume *m* trois-pièces *inv* ; *(conjunto)* trio *m*
**ternura** *nf* tendresse *f*
**terquedad** *nf* entêtement *m*
**terracota** *nf* terre *f* cuite
**terrado** *nm* terrasse *f*
**terral** (*Am*) *nm* nuage *m* de poussière
**Terranova** *nf* Terre-Neuve *f*
**terraplén** *nm* terre-plein *m*
**terráqueo, -a** *adj*: **globo ~** globe *m* terrestre
**terrario** *nm* terrarium *m*
**terrateniente** *nmf* propriétaire *mf* terrien(ne)
**terraza** *nf* terrasse *f*
**terrazo** *nm* granito *m*
**terremoto** *nm* tremblement *m* de terre
**terrenal** *adj* terrestre
**terreno, -a** *adj* terrestre ▸ *nm* terrain *m* ; **sobre el ~** sur le terrain ; **ceder/perder ~** céder du/perdre du terrain ; **preparar el ~** préparer le terrain ; **~ de juego** terrain de jeu
**terrestre** *adj* terrestre ; *(ruta)* par terre
**terrible** *adj* terrible
**terrícola** *nmf* terrien(ne)
**territorial** *adj* territorial(e)
**territorio** *nm* territoire *m* ; **~ bajo mandato** territoire sous mandat
**terrón** *nm* (*de azúcar*) morceau *m* ; *(de tierra)* motte *f* ; **terrones** *nmpl* (*Agr*) terres *fpl*
**terror** *nm* terreur *f*
**terrorífico, -a** *adj* terrifiant(e)
**terrorismo** *nm* terrorisme *m*
**terrorista** *adj, nmf* terroriste *mf* ; **~ suicida** kamikaze *mf*
**terroso, -a** *adj* terreux(-euse)
**terruño** *nm* terrain *m* ; *(fig)* pays *m* natal ; **apego al ~** attachement *m* au pays natal
**terso, -a** *adj* lisse
**tersura** *nf* douceur *f*
**tertulia** *nf* cercle *m* ; *(sala)* arrière-salle *f* ; **~ literaria** cercle littéraire
**tertuliano, -a** *nm/f* (*Radio, TV*) intervenant(e), participant(e)
**tesina** *nf* mémoire *m*
**tesis** *nf inv* thèse *f*
**tesitura** *nf* situation *f*
**tesón** *nm* ténacité *f*, persévérance *f*
**tesorería** *nf* trésorerie *f*
**tesorero, -a** *nm/f* trésorier(-ière)
**tesoro** *nm* trésor *m* ; **¡mi ~!** (*fam*) mon trésor ! ; **T~ público** Trésor public
**test** [tes] *nm* test *m*
**testaferro** *nm* prête-nom *m*
**testamentaría** *nf* succession *f*
**testamentario, -a** *adj* testamentaire ▸ *nm/f* (*Jur*) exécuteur(-trice) testamentaire
**testamento** *nm* testament *m* ; **Nuevo/Antiguo T~** Nouveau/Ancien Testament
**testar** *vi* tester, faire son testament
**testarada** (*fam*) *nf*: **darse una ~** se cogner la tête
**testarazo** *nm* = **testarada**
**testarudez** *nf* entêtement *m*
**testarudo, -a** *adj* entêté(e)
**testículo** *nm* testicule *m*
**testificar** *vt, vi* témoigner
**testifique** *etc vb ver* **testificar**
**testigo** *nmf* témoin *m* ; **poner a algn por ~** citer qn comme témoin ; **~ de cargo/de descargo** témoin à charge/à décharge ; **~ ocular** témoin oculaire
**testimonial** *adj* symbolique ; (*Jur*) testimonial(e)
**testimoniar** *vt* témoigner de
**testimonio** *nm* témoignage *m* ; **como** *o* **en ~ de** en témoignage de ; **falso ~** faux témoignage

**testosterona** *nf* testostérone *f*
**testuz** *nf (de caballo)* chanfrein *m* ; *(de toro)* cou *m*
**teta** *(fam) nf* téton *m (fam)*, nichon *m (fam)* ; **niño de ~** nourrisson *m*
**tétanos** *nmsg* tétanos *msg*
**tetera** *nf* théière *f*
**tetilla** *nf* tétine *f*
**tetina** *nf* tétine *f*
**tetrabrik**®, **tetra brik**® *nm inv* Tétrabrik®, brique *f*
**tetrapléjico, -a** *adj, nm/f* tétraplégique
**tétrico, -a** *adj* lugubre
**textear** *(esp AM) vt* envoyer un SMS à
**textil** *adj* textile ; **textiles** *nmpl* textiles *mpl*
**texto** *nm* texte *m*
**textual** *adj* textuel(le) ; **son sus palabras textuales** c'est ce qu'il a dit textuellement
**textualmente** *adv* textuellement
**textura** *nf* texture *f*
**tez** *nf (cutis)* peau *f* ; *(color)* teint *m*
**tfno.** *abr (= teléfono)* tél. *(= téléphone)*
**TFT** *nm abr (= thin film transistor)* TFT *m*
**ti** *pron* toi
**tía** *nf* tante *f* ; *(fam)* nana *f (fam)* ; *(: vieja)* mère *f (fam)*
**tianguis** *(MÉX) nm* marché *m*
**tiara** *nf* tiare *f*
**Tíbet** *nm* Tibet *m*
**tibetano, -a** *adj* tibétain(e) ▶ *nm/f* Tibétain(e) ▶ *nm (Ling)* tibétain *m*
**tibia** *nf* tibia *m*
**tibiamente** *adv* tièdement
**tibieza** *nf* tiédeur *f*
**tibio, -a** *adj* tiède
**tiburón** *nm* requin *m*
**TIC** *sigla fpl (= tecnologías de la información y la comunicación)* TIC *fpl (= technologies de l'information et de la communication)*
**tic** *nm* tic *m*
**tico, -a** *(AM fam) adj* costaricien(ne) ▶ *nm/f* Costaricien(ne)
**tictac** *nm* tic-tac *m inv*
**tiemble** *etc vb ver* **temblar**
**tiempo** *nm* temps *msg* ; **a ~** à temps ; **a un o al mismo ~** en même temps ; **a su ~** en temps utile ; **al poco ~** peu après ; **andando el ~** avec le temps ; **cada cierto ~** de temps à autre ; **con ~** à l'avance ; **con el ~** à la longue ; **de ~ en ~** de temps en temps ; **de todos los tiempos** de tous les temps ; **de un ~ a esta parte** depuis quelque temps ; **en mis tiempos** de mon temps ; **en los buenos tiempos** au bon vieux temps ; **ganar ~** gagner du temps ; **hace buen/mal ~** il fait beau/mauvais temps ; **matar el ~** tuer le temps ; **hace ~** il y a quelque temps ; **hacer ~** passer le temps ; **perder el ~** perdre du temps ; **tener ~** avoir le temps ; **¿qué ~ tiene?** quel âge a-t-il ? ; **motor de dos tiempos** moteur *m* deux temps ; **a ~ parcial** à temps partiel ; **en ~ real** *(Inform)* en temps réel ; **~ compartido/de ejecución/máquina** *(Inform)* temps partagé/d'exécution/machine ; **~ de paro** *(Com)* temps mort ; **~ inactivo** *(Com)* durée *f* d'immobilisation ; **~ libre** temps libre ; **~ muerto** *(Deporte, fig)* temps mort ; **~ preferencial** *(Com)* heures *fpl* de grande écoute
**tienda** *vb ver* **tender** ▶ *nf* magasin *m*, boutique *f* ; *(Náut)* taud *m* ; **~ de campaña** tente *f*
**tiene** *etc vb ver* **tener**
**tienta** *nf (Med)* sonde *f* ; **andar a tientas** avancer à tâtons
**tiento** *vb ver* **tentar** ▶ *nm* tact *m* ; *(precaución)* prudence *f* ; **con ~** avec prudence
**tierno, -a** *adj* tendre ; *(reciente)* jeune
**tierra** *nf* terre *f* ; *(país)* pays *msg* ; **~ adentro** à l'intérieur des terres ; **echar/tirar por ~** réduire à néant ; **echar ~ a un asunto** tirer le rideau sur un sujet ; **no es de estas tierras** il n'est pas d'ici ; **~ firme** terre ferme ; **~ natal** pays natal ; **la T~ Santa** la Terre sainte
**tierral** *(AM) nm =* **terral**
**tieso, -a** *adj (rígido)* raide ; *(erguido)* droit(e) ; *(serio)* froid(e) ; *(fam: orgulloso)* fier (fière) ; **dejar ~ a algn** *(fam: matar)* refroidir qn *(fam)* ; *(: sorprender)* laisser qn pantois(e)
**tiesto** *nm* pot *m* de fleurs
**tifoidea** *nf* typhoïde *f*
**tifón** *nm* typhon *m*
**tifus** *nm* typhus *msg* ; **~ icteroides** fièvre *f* jaune
**tigre** *nm* tigre *m* ; *(AM)* jaguar *m*
**tigresa** *nf (animal)* tigresse *f* ; *(mujer fatal)* vamp *f*
**TIJ** *sigla m (= Tribunal Internacional de Justicia)* CIJ *f (= Cour internationale de justice)*
**tijera** *nf*, **tijeras** *nfpl (para plantas)* sécateur *m* ; **de ~** pliant(e) ; **unas tijeras** une paire de ciseaux
**tijeretazo** *nm (con tijera)* coup *m* de ciseaux ; *(recorte)* coupes *fpl*
**tijeretear** *vt* découper
**tila** *nf* tilleul *m*
**tildar** *vt*: **~ de** traiter de
**tilde** *nf* accent *m* ; *(de la ñ)* tilde *m*
**tiliches** *(CAM, MÉX) nmpl* bibelots *mpl*, bazar *msg*
**tilín** *nm* drelin *m* ; **hacer ~ a algn** *(fam)* plaire à qn
**tilo** *nm* tilleul *m*
**timador, a** *nm/f* escroc *m*
**timar** *vt (dinero)* escroquer ; *(persona, fig)* rouler, escroquer
**timbal** *nm (Mús)* timbale *f*
**timbrar** *vt* timbrer
**timbrazo** *nm* coup *m* de sonnette ; **dar un ~** donner un coup de sonnette
**timbre** *nm (Mús, sello)* timbre *m* ; *(de estampar)* cachet *m* ; *(de puerta)* sonnette *f* ; *(tono)* sonnerie *f*

## timidez – tiro

**timidez** *nf* timidité *f*

**tímido, -a** *adj* timide

**timo** *nm* (*estafa*) escroquerie *f*; (*engaño*) arnaque *f*; **dar un ~ a algn** escroquer qn

**timón** *nm* (*Náut*) gouvernail *m*; (*AM Auto*) volant *m*; **coger el ~** prendre les rênes

**timonel** *nmf* (*Náut*) timonier(-ière)

**timorato, -a** *adj* timoré(e); (*mojigato*) pudibond(e)

**tímpano** *nm* (*Anat*) tympan *m*; (*Mús*) tympanon *m*

**tina** *nf* cuve *f*; (*espAM*) baignoire *f*

**tinaja** *nf* jarre *f*

**tinerfeño, -a** *adj* de Tenerife ▶ *nm/f* natif(-ive) *o* habitant(e) de Tenerife

**tinglado** *nm* (*cobertizo*) hangar *m*; (*fig*) combine *f*; **armar un ~** faire des histoires

**tinieblas** *nfpl* ténèbres *fpl*; **estar en ~** (*fig*) être dans le brouillard

**tino** *nm* adresse *f*; (*juicio*) doigté *m*; (*moderación*) retenue *f*; **sin ~** maladroitement; (*sin moderación*) sans retenue

**tinta** *nf* encre *f*; (*Tec*) teinture *f*; (*Arte*) couleur *f*; **sudar ~** trimer, suer sang et eau; **saber algo de buena ~** savoir qch de source sûre; **~ china** encre de chine; **tintas** *nfpl* (*matices*) tons *mpl*; **medias tintas** demi-mesures *fpl*; **(re)cargar las tintas** en rajouter

**tinte** *nm* teinture *f*; (*tintorería*) teinturerie *f*; (*matiz*) teinte *f*; (*apariencia*) allure *f*

**tintero** *nm* encrier *m*; **se le quedó en el ~** il a complètement oublié

**tintinear** *vi* (*cascabel*) tintinnabuler; (*campana*) tinter

**tinto, -a** *adj* (*teñido*) teint(e); (*vino*) rouge ▶ *nm* rouge *m*; (*COL*) café *m* noir

**tintorera** *nf* requin *m*

**tintorería** *nf* teinturerie *f*

**tintorro** (*fam*) *nm* picrate *m* (*fam*)

**tintura** *nf* teinture *f*; **~ de iodo** teinture d'iode

**tiña** *vb ver* **teñir** ▶ *nf* teigne *f*

**tío** *nm* oncle *m*; (*fam: viejo*) père *m* (*fam*); (: *individuo*) type *m* (*fam*), mec *m* (*fam*)

**tiovivo** *nm* manège *m*

**típicamente** *adv* typiquement

**típico, -a** *adj* typique; (*traje*) traditionnel(le)

**tiple** *nmf* soprano *m*

**tipo** *nm* type *m*; (*Anat*) physique *m*; (*Tip*) caractère *m*; **jugarse el ~** risquer sa peau; **~ a término** (*Com*) cotation *f* à terme; **~ bancario/de cambio/de descuento/de interés** taux *msg* bancaire/de change/d'escompte/d'intérêt; **~ base** (*Com*) taux de base; **~ de interés vigente** (*Com*) taux d'intérêt en vigueur; **~ de letra** police *f* de caractères

**tipografía** *nf* typographie *f*; (*lugar*) imprimerie *f*

**tipográfico, -a** *adj* typographique

**tipógrafo, -a** *nm/f* typographe *mf*

**tipología** *nf* typologie *f*

**tique** *nm* ticket *m*; (*en tienda*) ticket *m* de caisse

**tiquismiquis** *nmfv inv* chipoteur(-euse) ▶ *nmpl* (*enfados*) chamailleries *fpl*; (*escrúpulos*) broutilles *fpl*

**TIR** *sigla mpl* (= *Transportes internacionales por carretera*) TIR *mpl* (= *Transports internationaux routiers*)

**tira** *nf* (*cinta*) bande *f*; **tiene la ~ de cosas** (*fam*) il a vachement de trucs (*fam*); **hace la ~ de tiempo** il y a vachement longtemps (*fam*); **~ cómica** bande dessinée; **~ de cuero** lanière *f* ▶ *nm*: **~ y afloja** bras *m* de fer

**tirabuzón** *nm* (*rizo*) boucle *f*; (*sacacorchos*) tire-bouchon *m*

**tirachinas** *nm inv* lance-pierre *m*

**tirada** *nf* lancer *m*, jet *m*; (*distancia*) trotte *f*; (*serie*) tirade *f*; (*Tip*) tirage *m*; **de una ~** d'une traite

**tiradero** *nm*, **tiraderos** *nmpl* (*AM*) décharge *fsg*

**tirado, -a** (*fam*) *adj* (*fácil*) fastoche (*fam*); (*barato*) donné (*fam*); **está ~** c'est fastoche; (*de precio*) c'est donné

**tirador** *nm/f* tireur(-euse); **~ certero** tireur d'élite ▶ *nm* (*mango*) poignée *f*; (*Elec*) cordon *m*; **tiradores** *nmpl* (*CSUR*) bretelles *fpl*

**tiranía** *nf* tyrannie *f*

**tiránico, -a** *adj* tyrannique

**tiranizar** *vt* tyranniser

**tirano, -a** *nm/f* tyran *m*

**tirante** *adj* tendu(e) ▶ *nm* (*de vestido*) bretelle *f*; (*Arq*) traverse *f*; (*Tec*) étai *m*; **tirantes** *nmpl* (*de pantalones*) bretelles *fpl*

**tirantez** *nf* tension *f*

**tirar** *vt* jeter, lancer; (*volcar*) renverser; (*derribar*) abattre, démolir; (*cohete, bomba*) lancer; (*desechar*) jeter; (*dinero*) gaspiller; (*imprimir, disparar*) tirer; (*golpe*) décocher; **~ abajo** descendre ▶ *vi* tirer; (*fig*) attirer; (*interesar*) plaire; (*fam: andar*) aller; (*tender*) tendre; **~ a la derecha** tourner à droite; **tira a su padre** il tient de son père; **~ de algo** tirer qch; **~ a algn de la lengua** tirer la langue à qn; **ir tirando** aller comme ci comme ça; **a todo ~** tout au plus; **tirarse** *vpr* se jeter; (*abalanzarse*) se lancer; (*tumbarse*) s'allonger; **se tiró toda la mañana hablando** il a passé toute la matinée à parler; **tirarse a algn** (*fam!: sexualmente*) se faire qn (*fam*), se taper qn (*fam*)

**tirita** *nf* pansement *m* (adhésif)

**tiritar** *vi* grelotter

**tiritona** *nf* grelottement *m*

**tiro** *nm* tir *m*; (*herida*) balle *f*; (*alcance*) portée *f*; (*de escalera*) marche *f*; (*de chimenea*) tirage *m*; (*de pantalón*) entrejambes *msg*; **caballo de ~** cheval *m* de trait; **andar de tiros largos** être tiré(e) à quatre épingles; **al ~** (*CHI*) tout de suite; **me sentó como un ~** (*fam*) je ne l'ai pas digéré ; **a ~ de piedra** à un jet de pierre ; **se pegó un ~** il s'est tiré une balle dans la tête ; **le salió el ~ por la culata** ça s'est retourné contre lui ; **de a ~** (AM fam) complètement ; **~ al arco/al blanco** tir à l'arc/à blanc ; **~ de gracia** coup m de grâce ; **~ libre** coup franc

**tiroides** nm inv glande f thyroïde

**Tirol** nm: **El ~** le Tyrol

**tirolés, -esa** adj tyrolien(ne) ▶ nm/f Tyrolien(ne)

**tirolina** nf tyrolienne f

**tirón** nm coup m ; (muscular) crampe f ; (fam: de bolso) vol m à la tire ; **de un ~** d'une traite ; **dar un ~ a** arracher

**tirotear** vt tirer sur ; **tirotearse** vpr se tirer dessus

**tiroteo** nm (disparos) fusillade f ; (escaramuza) échange m de coups de feu

**tirria** (fam) nf: **tener ~ a algn** ne pas pouvoir sentir qn

**tisana** nf tisane f

**tísico, -a** adj, nm/f phtisique mf

**tisis** nf phtisie f

**tít.** abr = **título**

**titán** nm titan m ; **una tarea de titanes** un travail de titans

**titánico, -a** adj titanesque

**titanio** nm titane m

**títere** nm marionnette f ; **no dejar ~ con cabeza** tout mettre sens dessus dessous ; **gobierno ~** gouvernement m fantoche

**titilar** vi (luz, estrella) scintiller ; (párpado) clignoter

**titiritero, -a** nm/f marionnettiste mf ; (acróbata) acrobate mf

**titubeante** adj (indeciso) hésitant(e) ; (inestable) vacillant(e)

**titubear** vi (dudar) hésiter ; (moverse) tituber

**titubeo** nm hésitation f

**titulación** nf (Univ) titre m, diplôme m ; « **se necesita ~ universitaria** » « le candidat devra disposer d'un diplôme universitaire »

**titulado, -a** pp de **titular** ▶ nm/f diplômé(e)

**titular** adj titulaire ▶ nmf titulaire mf ▶ nm (Prensa) gros titre m ▶ vt intituler ; **titularse** vpr s'intituler ; (Univ) obtenir son diplôme

**titularidad** nf (propiedad) propriété f ; **una empresa de ~ pública** une entreprise publique ; (de un cargo) titre m, mandat m ; (Deporte): **alcanzar la ~** devenir titulaire

**título** nm titre m ; (Com) valeur f ; (Escol) diplôme m ; **a ~ de** à titre de ; (en calidad de) en qualité de ; **a ~ de curiosidad** par curiosité ; **títulos convertibles de interés fijo** titres mpl de créances convertibles ; **~ de propiedad** titre de propriété

**tiza** nf craie f ; **una ~** une craie

**tiznado, -a** (CAM, MÉX fam!) adj, nm/f con (conne) (fam!)

**tiznar** vt salir, noircir

**tizne** nm suie f

**tizo, tizón** nm tison m

**tlapalería** (MÉX) nf quincaillier m

**Tm.** abr (= tonelada(s) métrica(s)) t (= tonne(s))

**TNT** sigla m (= trinitrotolueno) TNT m (= trinitrotoluène)

**toalla** nf serviette f ; **arrojar** o **tirar la ~** jeter l'éponge

**toallero** nm porte-serviette(s) m

**toallita** nf (tb: **toallita húmeda**) lingette f

**tobillera** nf chevillère f

**tobillo** nm cheville f

**tobogán** nm (rampa) toboggan m ; (trineo) luge f

**toca** nf coiffure f ; (de monja) coiffe f

**tocadiscos** nm inv tourne-disque m

**tocado, -a** adj (fruta) abîmé(e) ; **estar ~ de la cabeza** (fam) être toqué(e) (fam) ▶ nm coiffure f

**tocador** nm (mueble) coiffeuse f ; (cuarto) cabinet m de toilette ; (: público) toilettes fpl pour dames

**tocamientos** nmpl attouchements mpl ; (euf) masturbation f

**tocante**: **~ a** prep touchant à ; **en lo ~ a** pour ce qui concerne

**tocar** vt toucher ; (Mús) jouer de ; (campana) (faire) sonner ; (tambor) battre ; (topar con) heurter ; (referirse a) aborder ; (fam: modificar) toucher à ; **~ el timbre** sonner ; **ahora nos toca postre** c'est le moment de manger le dessert ; **por lo que a mí me toca** en ce qui me concerne ▶ vi (a la puerta) frapper ; (ser de turno) être le tour de ; (atañer) concerner ; **le toca a él hacerlo** c'est à lui de le faire ; **le ha tocado la lotería** il a gagné à la loterie ; **~ de cerca** toucher de près ; **~ en** (Náut) faire escale à ; **esto toca en la locura** cela frise la folie ; **tocarse** vpr se toucher ; (cubrirse la cabeza) se coiffer

**tocateja** (fam): **a ~** adv rubis sur l'ongle

**tocayo, -a** nm/f homonyme mf

**tocho** (fam) nm pavé m

**tocino** nm lard m ; **~ de cielo** pâtisserie à base de jaune d'œuf et de sirop

**tocólogo, -a** nm/f obstétricien(ne)

**tocón** nm (de árbol) souche f ; (pey: persona) peloteur m (fam)

**todavía** adv encore ; (en frases afirmativas o con énfasis) toujours ; **~ más** encore plus ; **~ no** pas encore ; **~ en 1970** encore en 1970 ; **no ha llegado ~** il n'est pas encore arrivé ; **está lloviendo ~** il pleut toujours

**toditito, -a, todito, -a** (esp AM fam) adj tout(e)

PALABRA CLAVE

**todo, -a** adj 1 (sg) tout(e) ; **toda la noche** toute la nuit ; **todo el libro** tout le livre ; **toda una botella** toute une bouteille ; **todo lo contrario** tout le contraire ; **está toda**

**sucia** elle est toute sale ; **a toda prisa** à toute vitesse ; **a todo esto** (*mientras tanto*) pendant ce temps-là ; (*a propósito*) à propos ; **soy todo oídos** je suis tout ouïe ; **es todo un hombre** c'est un vrai homme
**2** (*pl*) tous (toutes) ; **todos vosotros** vous tous ; **todos los libros** tous les livres ; **todas las noches** toutes les nuits ; **todos los que quieran salir** tous ceux qui veulent sortir
**3** (*negativo*): **en todo el día** de (toute) la journée ; **no he dormido en toda la noche** je n'ai pas dormi de la nuit
▶ *pron* **1** tout ; **todos/-as** tous (toutes) ; **lo sabemos todo** nous savons tout ; **todo o nada** tout ou rien ; **vino a buscarme con coche y todo** il est venu me chercher, et en voiture avec ça ; **todos querían ir** ils voulaient tous y aller ; **nos marchamos todos** nous partons tous ; **arriba del todo** tout en haut ; **no me agrada del todo** ça ne me satisfait pas entièrement
**2**: **con todo**: **con todo, él me sigue gustando** malgré tout, il me plaît toujours
▶ *adv* tout ; **vaya todo seguido** allez tout droit
▶ *nm*: **como un todo** comme un tout

**todopoderoso, -a** *adj* tout(e)-puissant(e)
**todoterreno** *nm inv* véhicule *m* tout-terrain
**toga** *nf* toge *f*, robe *f*
**Tokio** *n* Tokyo
**toldo** *nm* (*en ventana, escaparate*) store *m*
**tole** (*fam*) *nm* tollé *m*
**toledano, -a** *adj* de Tolède ▶ *nm/f* natif(-ive) o habitant(e) de Tolède
**tolerable** *adj* tolérable
**tolerancia** *nf* tolérance *f*
**tolerante** *adj* tolérant(e)
**tolerar** *vt* tolérer
**toletole** (*CSUR*) *nm* tollé *m*
**toma** *nf* prise *f* ; **~ de conciencia** prise de conscience ; **~ de posesión** prise de possession ; **~ de tierra** (*Aviat*) atterrissage *m* ; (*Elec*) prise de terre
**tomadura** *nf*: **~ de pelo** plaisanterie *f*
**tomar** *vt* prendre ; **~ la temperatura** prendre la température ; **~ cariño a algn** se prendre d'affection pour qn ; **~ el sol** prendre le soleil ; **~ (buena) nota de algo** prendre (bonne) note de qch ; **no tomó bien la broma** il a mal pris la plaisanterie ; **~ asiento** prendre place ; **~ a bien/a mal** prendre bien/mal ; **~ en serio** prendre au sérieux ; **~ el pelo a algn** faire marcher qn ; **tomarla con algn** s'en prendre à qn ; **~ por escrito** prendre par écrit ; **tome la calle de la derecha** prenez la rue de droite ; **¿qué tomas?** qu'est-ce que tu prends ? ; **¿por quién me tomas?** pour qui tu me prends ? ; **toma y daca** un prêté pour un rendu ▶ *vi* prendre ; (*AM*) boire ; **¡toma!** tiens ! ; **¡vete a ~ por culo!** (*fam!*) va te faire enculer ! (*fam !*) ; **tomarse** *vpr* prendre ; **tomarse por** se prendre pour
**tomate** *nm* tomate *f*
**tomatera** *nf* plant *m* de tomate
**tomavistas** *nm inv* caméra *f*
**tómbola** *nf* tombola *f*
**tomillo** *nm* thym *m*
**tomo** *nm* tome *m* ; **de ~ y lomo** de taille
**ton** *abr* (= *tonelada*) t (= tonne)
**tonada** *nf* air *m*
**tonadilla** *nf* chanson populaire légère et joyeuse
**tonalidad** *nf* tonalité *f*
**tonel** *nm* tonneau *m*
**tonelada** *nf* tonne *f* ; **~ métrica** tonne
**tonelaje** *nm* tonnage *m*
**tongo** *nm* (*Deporte*): **hubo ~** c'était truqué
**tónica** *nf* (*bebida*) tonic *m* ; (*tendencia*) tendance *f*
**tónico, -a** *adj* tonique ▶ *nm* (*Med*) remontant *m*
**tonificador, a, tonificante** *adj* tonifiant(e)
**tonificar** *vt* tonifier
**tonifique** *etc vb ver* **tonificar**
**tonillo** (*pey*) *nm* ton *m* monocorde
**tono** *nm* ton *m* ; **fuera de ~** hors de propos ; **darse ~** se donner de grands airs ; **estar a ~** être en harmonie ; **~ de llamada** sonnerie *f* (de téléphone portable) ; **~ de marcar** (*Telec*) tonalité *f*
**tonsura** *nf* tonsure *f*
**tontear** *vi* (*fam*) faire l'imbécile ; (*coquetear*) flirter
**tontería** *nf* sottise *f*, bêtise *f*
**tonto, -a** *adj* bête, idiot(e) ; **estar ~ con algo** être entiché(e) de qch ; **a tontas y a locas** à tort et à travers ▶ *nm/f* idiot(e), sot (sotte) ; (*payaso*) idiot(e) ; **hacer el ~** faire l'idiot ; **hacerse el ~** faire l'ignorant
**topacio** *nm* topaze *m*
**topadora** (*CSUR, MÉX*) *nf* bulldozer *m*
**topar** *vi*: **~ con** tomber sur ; **~ contra** o **en** buter contre ; **toparse** *vpr*: **toparse con** tomber sur
**tope** *adj inv* limite ; **fecha ~** date *f* limite ; **precio/sueldo ~** prix *m*/salaire *m* maximum ▶ *nm* limite *f* ; (*obstáculo*) difficulté *f* ; (*de puerta*) butoir *m* ; (*Ferro*) tampon *m* ; (*de mecanismo*) butée *f* ; (*MÉX Auto*) ralentisseur *m* ; **a ~** (*fam*: *aprovechar, acelerar*) à fond ; (: *música*) à plein volume ; **a** o **hasta los topes** plein(e) à ras bord ; **~ de tabulación** tabulateur *m*
**tópico, -a** *adj* rebattu(e) ; (*Med*) externe ; **de uso ~** à usage externe ▶ *nm* (*pey*) cliché *m*
**top-less, topless** *nm* (*desnudo femenino*) seins-nus *m inv* ; (*club*) topless club *m* ; **ir en** o **hacer ~** faire du seins nus
**top-model** (*pl* **top-models**) *nmf* top model *m*
**topo** *nm* taupe *f*

**topografía** *nf* topographie *f*
**topógrafo, -a** *nm/f* topographe *mf*; *(agrimensor)* arpenteur *mf*
**topónimo** *nm* toponyme *m*
**toque** *vb ver* **tocar** ▸ *nm (de mano, pincel)* coup *m*; *(Mús)* sonnerie *f*; *(matiz)* touche *f*; *(retoque)* retouche *f*; **dar un ~ a** passer un coup de fil à; *(advertir)* donner un avertissement à; **dar el último ~ a** mettre la dernière touche à; **~ de diana** sonnerie de clairon; **~ de queda** couvre-feu *m*
**toquetear** *vt* tripoter; *(fam!)* peloter *(fam)*
**toquilla** *nf* châle *m*
**tora** *nf* thora *f*
**torácico, -a** *adj* thoracique
**tórax** *nm* thorax *msg*
**torbellino** *nm* tourbillon *m*; *(fig)* tornade *f*
**torcedura** *nf* torsion *f*; *(Med)* entorse *f*
**torcer** *vt* tordre; *(inclinar)* pencher; *(persona)* corrompre; *(sentido)* déformer; **~ la esquina** tourner au coin de la rue; **~ el gesto** se renfrogner ▸ *vi (cambiar de dirección)* tourner; **el coche torció a la derecha** l'auto a viré à droite; **torcerse** *vpr* se tordre; *(inclinarse)* pencher; *(desviarse)* dévier; *(fracasar)* mal tourner; **torcerse un pie** se tordre le pied; **se han torcido las cosas** les choses se sont gâtées
**torcido, -a** *adj* tordu(e); *(cuadro)* penché(e); *(intención, persona)* louche
**tordo, -a** *adj (caballo)* pommelé(e) ▸ *nm* grive *f*
**torear** *vt (toro)* combattre; *(evitar)* esquiver ▸ *vi* toréer
**toreo** *nm* tauromachie *f*
**torero, -a** *nm/f* torero (torera)
**toril** *nm* toril *m*
**tormenta** *nf (tb fig)* orage; **una ~ en un vaso de agua** une tempête dans un verre d'eau
**tormento** *nm* torture *f*; *(fig)* tourment *m*
**tormentoso, -a** *adj* orageux(-euse)
**torna** *nf*: **se han vuelto las tornas** le vent a tourné
**tornadizo, -a** *adj* lunatique
**tornado** *nm* tornade *f*
**tornar** *vt (devolver)* rendre; *(transformar)* rendre ▸ *vi* retourner; **~ a hacer** recommencer à faire; **tornarse** *vpr (ponerse)* devenir; *(volver)* revenir
**tornasol** *nm* tournesol *m*; **papel de ~** papier *m* de tournesol
**tornasolado, -a** *adj (tela)* chatoyant(e); *(mar, superficie)* irisé(e)
**torneado, -a** *adj* tourné(e); *(con curvas: figura)* aux formes arrondies
**tornear** *vt* tourner
**torneo** *nm* tournoi *m*
**tornillo** *nm* vis *fsg*; **apretar los tornillos a algn** serrer la vis à qn; **le falta un ~** *(fam)* il lui manque une case *(fam)*

**torniquete** *nm* tourniquet *m*
**torno** *nm (Tec: grúa)* treuil *m*; (: *de carpintero, alfarero)* tour *m*; **en ~ a** autour de; **~ de banco** étau *m*
**toro** *nm* taureau *m*; *(fam)* malabar *m (fam)*; **los toros** *nmpl (fiesta)* la corrida
**toronja** *nf* pamplemousse *m*
**torpe** *adj* maladroit(e); *(necio)* abruti(e); *(lento)* lent(e)
**torpedear** *vt* torpiller
**torpedero** *nm* torpilleur *m*
**torpedo** *nm* torpille *f*
**torpemente** *adv* maladroitement; *(lentamente)* lentement
**torpeza** *nf* maladresse *f*; *(lentitud)* lenteur *f*
**torre** *nf* tour *f*; *(Mil, Náut)* tourelle *f*; **~ de conducción eléctrica** pylône *m* électrique; **~ de control** tour de contrôle; **~ de marfil** tour d'ivoire; **~ de perforación** foreuse *f*
**torrefacto, -a** *adj*: **café ~** café *m* torréfié
**torrencial** *adj* torrentiel(le)
**torrente** *nm* torrent *m*
**torreta** *nf (Aviat, Mil, Náut)* tourelle *f*; **~ de observación** *o* **de vigilancia** tourelle d'observation *o* de contrôle; *(Elec)* pylône *m*
**tórrido, -a** *adj* torride
**torrija** *nf* pain *m* perdu
**torsión** *nf* torsion *f*
**torso** *nm* torse *m*
**torta** *nf* tarte *f*; *(Méx)* omelette *f*; *(fam)* baffe *f (fam)*; **ni ~** rien du tout, goutte
**tortazo** *(fam) nm (bofetada)* baffe *f (fam)*; *(de coche)* choc *m*
**tortícolis** *nf o nm inv* torticolis *msg*
**tortilla** *nf* omelette *f*; *(Am)* crêpe *f* de maïs; **ha cambiado** *o* **vuelto la ~** le vent a tourné; **~ española/francesa** tortilla *f*/omelette
**tortillera** *(fam!) nf* lesbienne *f*
**tortita** *nf* crêpe *f*
**tórtola** *nf* tourterelle *f*
**tortuga** *nf* tortue *f*; **~ marina** tortue de mer
**tortuoso, -a** *adj* tortueux(-ueuse)
**tortura** *nf* torture *f*
**torturar** *vt* torturer; **torturarse** *vpr* se torturer
**torvo, -a** *adj (mirada)* torve; *(gesto)* menaçant(e)
**torzamos** *etc vb ver* **torcer**
**tos** *nf* toux *fsg*; **~ ferina** coqueluche *f*
**Toscana** *nf*: **La ~** la Toscane
**tosco, -a** *adj (material)* brut(e); *(labor, utensilio)* grossier(-ière); *(persona)* rustre, grossier(-ière)
**toser** *vi* tousser; **no hay quien le tosa** personne ne lui arrive à la cheville
**tosquedad** *nf (de material, labor, utensilio)* rusticité *f*; *(de persona)* grossièreté *f*
**tostada** *nf* tranche *f* de pain grillé, toast *m*
**tostado, -a** *adj* grillé(e); *(por el sol)* bronzé(e)
**tostador** *nm*, **tostadora** *nf* grille-pain *m inv*

## tostar – traje

**tostar** vt (*pan*) faire griller ; (*café*) torréfier ; (*al sol*) dorer ; **tostarse** vpr (*al sol*) se dorer

**tostón** (*fam*) nm: **ser un ~** (*algn*) être un(e) enquiquineur(-euse) (*fam*) ; (*algo*) être rasoir (*fam*)

**total** adj total(e) ▶ adv bref ; **~ que ...** bref, ... ▶ nm total m ; **en ~** au total ; **~ debe/haber** (*Com*) débit m/actif m total

**totalidad** nf totalité f

**totalitario, -a** adj totalitaire

**totalitarismo** nm totalitarisme m

**totalizar** vt totaliser

**totalmente** adv entièrement ; (*antes de adjetivo*) complètement

**tótem** nm totem m

**totopo, totoposte** (*CAm, Méx*) nm crêpe f de maïs frite

**totora** (*And*) nf (*Bot*) jonc m

**tournee** nf = **turné**

**touroperador** nm tour-opérateur m

**toxicidad** nf toxicité f

**tóxico, -a** adj toxique ▶ nm produit m toxique

**toxicomanía** nf toxicomanie f

**toxicómano, -a** nm/f toxicomane mf

**toxina** nf toxine f

**tozudez** nf entêtement m

**tozudo, -a** adj têtu(e)

**traba** nf entrave f ; (*de rueda*) rayon m ; **poner trabas a** mettre des bâtons dans les roues à

**trabajador, a** adj, nm/f travailleur(-euse) ; **~ autónomo** o **por cuenta propia** travailleur indépendant, free-lance mf

**trabajar** vt travailler ; (*mercancía*) faire ; (*intentar conseguir*) s'occuper de ▶ vi travailler ; **¡a ~!** au travail ! ; **~ de** travailler comme

**trabajo** nm travail m ; **tomarse el ~ de** se donner la peine de ; **~ por turnos/a destajo** travail par roulement/à la pièce ; **costar ~** demander du travail ; **~ a tiempo parcial** travail à temps partiel ; **~ de campo** travaux mpl des champs ; **~ en proceso** (*Com*) travaux en cours ; **trabajos forzados** travaux forcés

**trabajosamente** adv avec difficulté

**trabajoso, -a** adj laborieux(-euse)

**trabalenguas** nm inv mot ou phrase difficile à prononcer

**trabar** vt joindre ; (*puerta*) coincer ; (*animal, proceso*) entraver ; (*agarrar*) saisir ; (*salsa*) lier ; (*amistad, conversación*) nouer ; **trabarse** vpr bafouiller ; **se le traba la lengua** il bafouille

**trabazón** nf (*Tec*) jointure f ; (*fig*) cohérence f

**trabilla** nf (*para sujetar el cinturón*) passant m de ceinture ; (*para sujetar el pantalón*) sous-pied m

**trabucar** vt (*desordenar*) déranger ; (*palabras*) interchanger, confondre

**trabuco** nm escopette f

**trabuque** etc vb ver **trabucar**

**tracción** nf traction f ; **~ delantera/trasera** traction avant/arrière

**trace** etc vb ver **trazar**

**tractor** nm tracteur m

**tradición** nf tradition f

**tradicional** adj traditionnel(le)

**tradicionalismo** nm traditionalisme m

**tradicionalista** adj, nmf traditionaliste mf

**tradicionalmente** adv traditionnellement

**traducción** nf traduction f ; **~ asistida por ordenador** traduction assistée par ordinateur, TAO f ; **~ directa** traduction directe ; (*Escol*) version f

**traducible** adj traduisible

**traducir** vt traduire ; (*interpretar*) interpréter ; **traducirse** vpr: **traducirse en** (*fig*) se traduire par

**traductor, a** nm/f traducteur(-trice)

**traduzca** etc vb ver **traducir**

**traer** vt apporter ; (*llevar: ropa*) porter ; (*incluir*) impliquer ; (*ocasionar*) apporter, causer ; **~ a algn frito** o **de cabeza** (*fam*) casser les pieds à qn (*fam*) ; **~ consigo** impliquer ; **traerse** vpr: **traerse algo** tramer qch ; **traerse algo entre manos** manigancer o fabriquer qch ; **es un problema que se las trae** c'est un problème épineux

**traficante** nmf trafiquant(e)

**traficar** vi: **~ con** faire du trafic de

**tráfico** nm (*Auto*) circulation f ; (*Com*) commerce m ; (*: pey*) trafic m ; **~ de drogas** trafic de drogue ; **~ de influencias** trafic d'influence

**trafique** etc vb ver **traficar**

**tragaderas** (*fam*) nfpl: **tener buenas ~** (*ser crédulo*) prendre tout pour argent comptant ; (*tener aguante*) avoir une patience d'ange

**tragaluz** nm vasistas msg

**tragaperras** nf inv machine f à sous

**tragar** vt avaler ; (*devorar*) dévorer ; (*suj: mar, tierra*) engloutir ; **no le puedo ~** je ne peux pas le sentir ; **tragarse** vpr avaler ; (*devorar*) dévorer ; (*desprecio, insulto*) ravaler (*fam*) ; (*discurso, rollo*) se farcir (*fam*)

**tragedia** nf tragédie f

**trágico, -a** adj tragique

**tragicomedia** nf tragi-comédie f

**trago** nm gorgée f ; (*fam: bebida*) verre m ; (*desgracia*) moment m difficile ; **de un ~** d'un trait ; **~ amargo** coup m dur

**trague** etc vb ver **tragar**

**traición** nf trahison f ; **alta ~** haute trahison ; **a ~** en traître

**traicionar** vt trahir

**traicionero, -a** adj, nm/f traître(sse)

**traidor, a** adj, nm/f traître(sse)

**traiga** etc vb ver **traer**

**trailer** (*pl* **trailers**) nm (*Cine*) bande-annonce f ; (*camión*) semi-remorque m

**traje** vb ver **traer** ▶ nm (*de hombre, de época*) costume m ; **~ hecho a la medida** costume sur mesure ; **~ de baño** maillot m de bain ;

**~ de buzo** combinaison f de plongée ; **~ de calle** tenue f de ville ; **~ de chaqueta** tailleur m ; **~ de etiqueta** tenue f de soirée ; **~ de luces** habit m de lumière ; **~ de noche** robe f du soir ; **~ de novia** robe de mariée ; **~ típico** costume traditionnel

**trajeado, -a** (fam) adj fringué(e) (fam)
**traje-pantalón** nm tailleur m pantalon
**trajera** etc vb ver **traer**
**trajín** nm agitation f ; (fam) va-et-vient m inv
**trajinar** vt transporter ▶ vi s'affairer
**trama** nf (de tejido) trame f ; (de obra) intrigue f ; (intriga) machination f
**tramar** vt tramer, ourdir ; **tramarse** vpr: **algo se está tramando** il se trame qch
**tramitación** nf démarches fpl, procédures fpl ; **~ de divorcio** procédures de divorce ; **~ de visado** procédures de délivrance de visa ; **~ de subvención** procédure f d'attribution de subvention
**tramitar** vt (suj: departamento, comisaría) s'occuper de ; (: individuo) faire des démarches pour obtenir
**trámite** nm démarche f ; **trámites** nmpl (burocracia) formalités fpl ; (Jur) mesures fpl
**tramo** nm (de tierra) bande f ; (de escalera) volée f ; (de vía) tronçon m
**tramontana** nf tramontane f
**tramoya** nf (Teatro) machinerie f ; (fig) machination f
**tramoyista** nmf machiniste m ; (fig) conspirateur(-trice)
**trampa** nf piège m ; (en el suelo) trappe f ; (en juego) tricherie f ; (fam: deuda) dette f ; **caer en la ~** tomber dans le piège ; **hacer trampas** tricher
**trampear** vi être criblé(e) de dettes
**trampilla** nf trappe f
**trampolín** nm tremplin m
**tramposo, -a** adj, nm/f tricheur(-euse)
**tranca** nf (palo) trique f ; (de puerta, ventana) barre f ; (fam: borrachera) cuite f (fam) ; **a trancas y barrancas** avec maintes difficultés
**trancar** vt barrer
**trancazo** nm coup m de trique ; (fam) crève f (fam)
**trance** nm (crítico) moment m critique ; (difícil) moment difficile ; (estado hipnótico) transe f ; **estar en ~ de muerte** être à l'article de la mort
**tranco** nm grande enjambée f
**tranque** etc vb ver **trancar**
**tranquilamente** adv tranquillement
**tranquilice** etc vb ver **tranquilizar**
**tranquilidad** nf tranquillité f
**tranquilizador, a** adj (música, ambiente) apaisant(e) ; (hecho, palabras) rassurant(e)
**tranquilizante** nm tranquillisant m
**tranquilizar** vt tranquilliser

**tranquillo** (fam) nm truc m, astuce f ; **coger** o **pillar el ~ a algo** trouver le truc à qch, se faire à qch
**tranquilo, -a** adj calme ; (apacible) tranquille
**Trans.** abr = **transferencia**
**trans...** pref trans... ; ver tb **tras...**
**transacción** nf transaction f
**transar** (Am) vi = **transigir**
**transatlántico, -a** adj, nm = **trasatlántico**
**transbordador** nm transbordeur m, bac m
**transbordar** vt transborder ▶ vi changer de train
**transbordo** nm changement m ; **hacer ~** changer
**transcender** vi = **trascender**
**transcribir** vt (copiar) transcrire ; (de alfabeto distinto) translittérer
**transcripción** nf (copia) transcription f ; (de alfabeto distinto) translittération f
**transcurrir** vi (tiempo) passer ; (hecho, reunión) se dérouler
**transcurso** nm (de tiempo) cours msg ; (de hecho) déroulement m ; **en el ~ de 8 días** en l'espace de 8 jours
**transeúnte** adj de passage ▶ nmf passant(e)
**transexual** nmf transsexuel(le)
**transferencia** nf transfert m ; (Com) virement m ; **~ bancaria** virement bancaire ; **~ de crédito** virement ; **~ electrónica de fondos** système m de virements informatisé
**transferir** vt transférer ; (dinero) virer
**transfiera** etc vb ver **transferir**
**transfiguración** nf transfiguration f
**transfiriendo** etc vb ver **transferir**
**transformación** nf transformation f
**transformador** nm transformateur m
**transformar** vt transformer ; **~ en** transformer en
**transformista** nmf (Teatro) transformiste mf ; (sexual) travesti(e)
**tránsfuga** nmf transfuge m
**transfusión** nf (tb: **transfusión de sangre**) transfusion f (sanguine)
**transgénico, -a** adj transgénique
**transgredir** vt transgresser
**transgresión** nf transgression f
**transgresor, a** nm/f transgresseur(euse)
**transiberiano, -a** adj transsibérien(ne) ▶ nm (Ferro) Transsibérien(ne)
**transición** nf transition f ; **gobierno de ~** gouvernement m de transition ; **período de ~** période f de transition ; **~ democrática** transition démocratique
**transido, -a** adj : **~ de angustia** fou (folle) d'inquiétude ; **~ de dolor** paralysé(e) par la douleur
**transigente** adj (que cede) conciliant(e), transigent(e) ; (tolerante) tolérant(e)
**transigir** vi transiger
**transija** etc vb ver **transigir**

## Transilvania – traspié

**Transilvania** nf Transylvanie f
**transistor** nm transistor m
**transitable** adj praticable
**transitar** vi: ~ **(por)** circuler (sur)
**transitivo, -a** adj transitif(-ive)
**tránsito** nm passage m ; *(de viajeros, mercancías)* transit m ; **horas de máximo ~** heures fpl de pointe ; « **se prohíbe el ~** » « circulation interdite »
**transitorio, -a** adj transitoire
**transmisión** nf transmission f ; *(Radio, TV)* diffusion f ; **correa/eje de ~** courroie f/axe m de transmission ; **~ de datos (en paralelo/en serie)** *(Inform)* transmission de données (en parallèle/en série) ; **~ en circuito** duplex m ; **~ en directo** diffusion en direct ; **~ exterior** émission tournée en extérieur
**transmitir** vt transmettre ; *(aburrimiento, esperanza)* communiquer ; *(Radio, TV)* diffuser
**transmutar** vt transmuer
**transoceánico, -a** adj transocéanique
**transparencia** nf transparence f ; *(foto)* transparent m
**transparentar** vt laisser paraître ▶ vi être transparent(e) ; **transparentarse** vpr être transparent(e)
**transparente** adj transparent(e)
**transpirar** vi *(sudar)* transpirer ; *(exudar)* exsuder
**transportador** nm: **~ de correa** tapis m sg roulant
**transportar** vt transporter
**transporte** nm transport m ; **~ en contenedores** transport par conteneurs ; **~ público** transport public
**transportista** nmf *(Com)* transporteur m
**transversal** adj transversal(e) ▶ nf *(tb:* **calle transversal***)* rue f transversale
**transversalmente** adv transversalement
**tranvía** nm tramway m
**trapecio** nm trapèze m
**trapecista** nmf trapéziste mf
**trapero, -a** nm/f chiffonnier(-ière)
**trapiche** nm moulin m
**trapicheo** *(fam)* nm trafic m, magouille f *(fam)* ▶ nmpl manigances fpl
**trapío** *(fam)* nm *(garbo)* allure f, chien m ; **tener buen ~** avoir de l'allure *ou* du charme ; *(de toro)* prestance f
**trapisonda** nf *(jaleo)* bagarre f, échauffourée f ; *(engaño)* combine f
**trapo** nm chiffon m ; *(de cocina)* torchon m ; **a todo ~** à toute vitesse ; **poner a algn como un ~** *(fam)* descendre qn en flammes *(fam)* ; **sacar los trapos sucios a relucir** se dire ses quatre vérités ; **trapos** nmpl *(fam: de mujer)* chiffons mpl *(fam)*
**tráquea** nf trachée f
**traqueotomía** nf trachéotomie f
**traqueteo** nm cahot m

**tras** prep *(detrás)* derrière ; *(después)* après ; **~ de** en plus de ; **día ~ día** jour après jour ; **uno ~ otro** l'un après l'autre
**tras...** pref trans... ; *ver tb* **trans...**
**trasatlántico, -a** adj, nm transatlantique m
**trascendencia** nf importance f ; *(Filos)* transcendance f
**trascendental, trascendente** adj capital(e)
**trascender** vi *(noticias)* filtrer ; *(olor)* embaumer ; *(acontecimientos)* avoir des répercussions ; **~ de** dépasser ; **~ a** *(sugerir)* évoquer ; *(oler a)* sentir ; **en su novela todo trasciende a romanticismo** dans son roman tout évoque le romantisme
**trascienda** etc vb ver **trascender**
**trasegar** vt déplacer ; *(vino)* transvaser
**trasegué** etc vb ver **trasegar**
**trasero, -a** adj arrière ▶ nm *(Anat)* postérieur m
**trasfondo** nm fond m
**trasgo** nm lutin m, diable m
**trashumancia, trashumación** nf transhumance f
**trashumante** adj transhumant(e)
**trasiego** vb ver **trasegar** ▶ nm *(cambio de sitio)* changement m ; *(jaleo)* chambardement m
**trasiegue** etc vb ver **trasegar**
**traslación** nf déplacement m ; **el movimiento de ~** *(Astron)* la translation
**trasladar** vt déplacer ; *(prisionero)* transférer ; *(empleado)* muter ; *(fecha)* reporter ; **trasladarse** vpr *(mudarse)* déménager ; *(desplazarse)* se déplacer ; **trasladarse a otro puesto** changer d'emploi
**traslado** nm déplacement m ; *(mudanza)* déménagement m ; *(de empleado, prisionero)* transfert m ; *(copia, Jur)* notification f ; **~ de bloque** *(Inform)* déplacement de bloc
**traslúcido, -a** adj translucide
**traslucir** vt laisser entrevoir ; **traslucirse** vpr *(cristal)* être translucide ; *(figura, color)* se voir au travers ; *(fig)* apparaître, se révéler
**trasluz** nm lumière f tamisée ; **al ~** à la lumière
**traslúzca** etc vb ver **traslucir**
**trasmano**: **a ~** adv *(fuera de alcance)* hors de portée ; *(apartado)* éloigné(e), isolé(e)
**trasnochado, -a** adj dépassé(e)
**trasnochador, a** adj, nm/f noctambule mf, couche-tard mf
**trasnochar** vi se coucher tard ; *(no dormir)* passer une nuit blanche
**traspapelar** vt égarer
**traspasar** vt transpercer ; *(propiedad, derechos)* céder ; *(empleado, jugador)* transférer ; *(límites)* dépasser ; *(ley)* transgresser ; « **traspaso negocio** » « bail à céder »
**traspaso** nm *(de negocio, jugador)* cession f, vente f ; *(precio)* reprise f
**traspié** nm faux pas m sg ; *(fig)* faux pas, gaffe f

**trasplantar** vt transplanter; (Med) greffer
**trasplante** nm transplantation f; (Med) greffe f
**trasponer** vt (orden) changer; (cambiar de sitio) déplacer, transporter; (rebasar) franchir; **trasponerse** vpr changer de place; (sol) disparaître
**traspuesto, -a** pp de **trasponer** ▶ adj: **quedarse ~** (quedarse dormido) s'assoupir
**trasquilar** vt (oveja) tondre; (fam: pelo) mal couper
**trasquilón** (fam) nm échelle f
**trastabillar** (esp AM) vi trébucher
**trastada** (fam) nf mauvais tour m
**trastazo** (fam) nm coup m
**traste** nm (Mús) touchette f; **dar al ~ con algo** ficher qch en l'air; **irse al ~** capoter
**trastero** nm débarras msg
**trastienda** nf arrière-boutique f; **obtener algo por la ~** obtenir qch en sous-main
**trasto** nm vieillerie f; (pey: cosa) saleté f; (: persona) bon(ne) à rien; **trastos** nmpl (fam) attirail msg (fam); **tirarse los trastos a la cabeza** se battre comme des chiffonniers
**trastocar** vt déranger
**trastornado, -a** adj (loco) détraqué(e); (agitado) turbulent(e)
**trastornar** vt déranger; (persona) troubler; (: enamorar) envoûter; (: enloquecer) rendre fou (folle); **trastornarse** vpr (plan) échouer; (persona) devenir fou (folle)
**trastorno** nm dérangement m; (confusión) désordre m; (Pol, Med) trouble m; **~ estomacal** trouble gastrique; **~ mental** trouble mental
**trastrocar** vt inverser, intervertir
**trasunto** nm copie f
**trasvase** nm détournement m
**trata** nf (tb: **trata de esclavos**) traite f des noirs; **~ de blancas** traite des blanches
**tratable** adj agréable
**tratado** nm traité m
**tratamiento** nm traitement m; (título) titre m; (de problema) manière f de traiter; **~ de datos/de gráficos/de textos** (Inform) traitement des données/des graphiques/de texte; **~ de márgenes** positionnement m des marges; **~ por lotes** (Inform) traitement par lots
**tratante** nmf négociant(e)
**tratar** vt traiter; (tener contacto) fréquenter; **~ a algn de tú/usted** tutoyer/vouvoyer qn; **~ a algn de tonto** traiter qn d'idiot ▶ vi: **~ de** (hablar sobre) traiter de; (intentar) essayer de; **~ con** traiter avec; **~ en** (Com) être négociant en; **tratarse** vpr: **tratarse de** s'agir de; **se trata de la nueva piscina** c'est à propos de la nouvelle piscine; **¿de qué se trata?** de quoi s'agit-il?
**tratativas** (CSur) nfpl formalités fpl

**trato** nm traitement m; (relaciones) rapport m; (manera de ser) manières fpl; (Com, Jur) marché m; (pacto) traité m; (título) titre m; **de ~ agradable** agréable, charmant(e); **de fácil ~** d'abord facile; **~ equitativo** traitement égal; **¡~ hecho!** marché conclu!; **hacer un ~** faire un marché; **malos tratos** mauvais traitements
**trauma** nm trauma m
**traumático, -a** adj traumatique
**traumatismo** nm traumatisme m
**traumatizar** vt traumatiser
**traumatología** nf traumatologie f
**traumatólogo, -a** nm/f traumatologue mf, traumatologiste mf
**travelling** ['traβelin] (pl **~(s)** ['traβelin]), **travelín** nm (aparato, movimiento) travelling m
**través** nm: **al ~** en travers; **a ~ de** à travers, au travers de; (radio, teléfono) par; (organismo) par l'intermédiaire de; **de ~** (transversalmente) de travers; (de lado) en o de biais
**travesaño** nm (Arq) traverse f; (Deporte) barre f transversale
**travesero, -a** adj (madero, viga) en travers; (flauta) traversière ▶ nm traverse f, entretoise f
**travesía** nf (calle) passage m; (Náut) traversée f
**travesti** nmf travesti(e)
**travesura** nf espièglerie f
**traviesa** nf (Ferro) traverse f
**travieso, -a** adj (niño) espiègle, polisson(ne); (adulto) espiègle; (pícaro) malin(-igne); (ingenioso) astucieux(-euse); **a campo traviesa** à travers champs
**trayecto** nm trajet m; **final del ~** terminus msg
**trayectoria** nf trajectoire f; **la ~ actual del partido** la ligne actuelle du parti
**trayendo** etc vb ver **traer**
**traza** nf (Arq) tracé m, plan m; (aspecto) allure f; (habilidad) facilité f; (Inform) trace f; **llevar trazas de algo** avoir l'air de qch; **por las trazas** apparemment
**trazado** nm (Arq) tracé m; (fig) grandes lignes fpl
**trazador** nm (Inform) traceur m; **~ gráfico** table f traçante
**trazar** vt tracer; (plan) tirer
**trazo** nm (línea) trait m; (bosquejo) ébauche f; **trazos** nmpl (de cara) traits mpl
**TRB** sigla fpl (= toneladas de registro bruto) tonnage m brut
**trébol** nm trèfle m; **tréboles** nmpl (Naipes) trèfle
**trece** adj inv, nm inv treize m inv; **seguir en sus ~** ne pas vouloir en démordre; ver tb **seis**
**trecho** nm (distancia) distance f; (de tiempo) moment m; **de ~ en ~** de temps en temps; **a trechos** çà et là
**tregua** nf trêve f; **sin ~** sans répit

**treinta** *adj inv, nm inv* trente *m inv*; *ver tb* **sesenta**
**treintañero, -a** *adj, nm/f* trentenaire *mf*
**treintena** *nf* trentaine *f*
**tremebundo, -a** *adj* terrible
**tremendamente** *adv* terriblement
**tremendo, -a** *adj* (*terrible*) impressionnant(e); (*imponente*) terrible, impressionnant(e); (*fam*) terrible; **tomarse las cosas a la tremenda** prendre les choses au tragique
**trementina** *nf* térébenthine *f*
**trémulo, -a** *adj* tremblant(e); (*luz*) vacillant(e)
**tren** *nm* train *m*; **a todo ~** à grands frais; **estar como un ~** (*fam*) être canon (*fam*); **~ de aterrizaje** train d'atterrissage; **~ directo/expreso/suplementario** train direct/(train) express *m*/train à supplément; **~ (de) mercancías/de pasajeros** train de marchandises/de voyageurs; **~ de vida** train de vie
**trenca** *nf* duffle-coat *m*
**trence** *etc vb ver* **trenzar**
**trenza** *nf* tresse *f*, natte *f*
**trenzar** *vt* tresser ▶ *vi* (*en baile*) faire des entrechats; **trenzarse** *vpr* (*AM fam*): **trenzarse en una pelea** se mêler à une querelle
**trepa** (*fam*) *nmf* arriviste *mf*
**trepador, a** *adj* (*planta*) grimpant(e) ▶ *nm/f* arriviste *mf* ▶ *nf* (*planta*) plante *f* grimpante
**trepar** *vi* grimper
**trepidante** *adj* trépidant(e); (*ruido*) accablant(e)
**trepidar** *vi* trépider
**tres** *adj inv, nm inv* trois *m inv*; *ver tb* **seis**
**trescientos, -as** *adj* trois cents; *ver tb* **seiscientos**
**tresillo** *nm* salon *m* (*comprenant un canapé et deux fauteuils*); (*Mús*) triolet *m*
**treta** *nf* machination *f*
**tri...** *pref* tri...
**tríada** *nf* triade *f*
**trial** *nm* trial *m*
**triangular** *adj* triangulaire
**triángulo** *nm* triangle *m*
**triates** (*MÉX*) *nmpl* triplés *mpl*
**triatleta** *nmf* triathlète *mf*
**triatlón** *nm* triathlon *m*
**tribal** *adj* tribal(e)
**tribu** *nf* tribu *f*
**tribulación** *nf* tourment *m*
**tribuna** *nf* tribune *f*; **~ de prensa** tribune de la presse
**tribunal** *nm* (*Jur*) tribunal *m*; (*Escol, fig*) jury *m*; **T~ Constitucional** Cour constitutionnelle; **T~ de Cuentas** ≈ Cour *f* des comptes; **T~ de Justicia de las Comunidades Europeas** Cour de justice européenne; **T~ Supremo** Cour suprême; **T~ Tutelar de Menores** Tribunal pour enfants

**tributación** *nf* (*impuestos*) impôts *mpl*; **~ directa** imposition *f* directe; (*sistema*) fiscalité *f*
**tributar** *vt* payer; (*cariño, admiración*) témoigner ▶ *vi* payer des impôts
**tributario, -a** *adj* (*Econ*) fiscal(e); (*río*) tributaire; **sistema ~** système *m* fiscal
**tributo** *nm* impôt *m*; (*precio*) tribut *m*
**tríceps** *nm inv* triceps *m*
**triciclo** *nm* tricycle *m*
**tricornio** *nm* tricorne *m*
**tricota** (*AM*) *nf* tricot *m*
**tricotar** *vt, vi* tricoter
**tricotosa** *nf* machine *f* à tricoter, tricoteuse *f*
**tridimensional** *adj* tridimensionnel(le)
**trienal** *adj* triennal(e)
**trienio** *nm* triennat *m*
**trifulca** (*fam*) *nf* bagarre *f*
**trigal** *nm* champ *m* de blé
**trigésimo, -a** *adj, nm/f* trentième *mf*
**trigo** *nm* blé *m*; **no es ~ limpio** (*persona*) il n'est pas net; (*asunto*) c'est louche
**trigonometría** *nf* trigonométrie *f*
**trigueño, -a** *adj* (*pelo*) châtain clair *inv*; (*piel*) basané(e)
**trilateral** *adj* trilatéral(e)
**trillado, -a** *adj* (*Agr*) battu(e); (*fig*) rebattu(e)
**trilladora** *nf* batteuse *f*
**trillar** *vt* battre
**trillizos, -as** *nmpl/nfpl* triplés(-ées)
**trillón** *nm* trillion *m*
**trilogía** *nf* trilogie *f*
**trimestral** *adj* trimestriel(le)
**trimestre** *nm* trimestre *m*
**trimotor** *nm* trimoteur *m*
**trinar** *vi* (*ave*) gazouiller; **está que trina** (*fam*) il est furieux
**trincar** *vt* arrimer; (*Náut*) amarrer; (*fam: detener*) ramasser; (: *beber*) écluser
**trinchante** *nm* (*cuchillo*) couteau *m* à découper; (*tenedor*) fourchette *f* à découper
**trinchar** *vt* découper
**trinchera** *nf* (*Mil*) tranchée *f*; (*para vía*) percée *f*; (*impermeable*) trench-coat *m*
**trineo** *nm* traîneau *m*; (*pequeño*) luge *f*
**Trinidad** *nf* (*Geografía*) Trinité *f*; (*Rel*): **la (Santísima) ~** la (sainte) Trinité; **~ y Tobago** Trinité-et-Tobago
**trino** *nm* gazouillis *m*
**trinque** *etc vb ver* **trincar**
**trinquete** *nm* (*Tec*) cliquet *m*; (*Náut*) trinquette *f*
**trío** *nm* trio *m*
**tripa** *nf* (*Anat*) tripa *f*; (*fam*) bide *m* (*fam*); (: *embarazo*) ventre *m*; **echar/tener ~** prendre/avoir du ventre; **hacer de tripas corazón** prendre son courage à deux mains; **me duele la ~** j'ai mal au ventre; **tripas** *nfpl* (*Anat*) intestins *mpl*; (*Culin, fig*) tripes *fpl*
**tripartito, -a** *adj* tripartite

**tripi** (fam) nm speed m (LSD)
**triple** adj, nm triple m
**triplicado, -a** adj: **por ~** en trois exemplaires
**triplicar** vt tripler
**triplo** nm = **triple**
**trípode** nm trépied m
**Trípoli** n Tripoli
**tríptico** nm triptyque m
**tripulación** nf équipage m
**tripulante** nmf membre m de l'équipage
**tripular** vt former l'équipage de; **nave espacial tripulada** vaisseau m spatial habité
**triquiñuela** nf subterfuge m
**triquitraque** nm vacarme m
**tris** nm: **estar en un ~ de hacer algo** être sur le point de faire qch
**triste** adj triste; (paisaje) morne; (color, flores) flétri(e); **no queda ni un ~ pañuelo** il ne reste même pas un mouchoir
**tristemente** adv tristement
**tristeza** nf tristesse f
**tristón, -ona** adj triste, tristounet(te)
**tritón** nm triton m
**triturador** nm: **~ de basura** broyeur m à ordures
**trituradora** nf déchiqueteuse f
**triturar** vt triturer, broyer; (mascar) mâcher; (documentos) déchiqueter; (persona: golpear) pulvériser; (: humillar) anéantir
**triunfador, a** adj victorieux(-euse) ▶ nm/f vainqueur m
**triunfal** adj triomphal(e)
**triunfalismo** nm triomphalisme m
**triunfalista** adj, nmf triomphaliste mf
**triunfalmente** adv triomphalement
**triunfante** adj triomphant(e)
**triunfar** vi triompher, gagner; **~ en la vida** réussir dans la vie
**triunfo** nm triomphe m; (Naipes) atout m
**trivial** adj trivial(e), banal(e)
**trivialice** etc vb ver **trivializar**
**trivialidad** nf trivialité f, banalité f; **decir trivialidades** dire des banalités
**trivializar** vt minimiser, banaliser
**triza** nf morceau m, lambeau m; **hacer algo trizas** réduire qch en miettes; **hacer trizas a algn** (golpear) démolir qn; (humillar) écraser qn
**trocar** vt (Com) troquer; (papel, posición) changer; (palabras) échanger; **~ (en)** changer (en); **trocarse** vpr se changer; **trocarse (en)** se changer (en)
**trocear** vt couper en morceaux
**trocha** (AM) nf sentier m
**troche**: **a ~ y moche** adv à tort et à travers
**trofeo** nm trophée m; (botín) butin m; **~ de caza** trophée de chasse
**troglodita** nmf (cavernícola) troglodyte f; (bruto) sauvage mf, ours m mal léché (fam)
**trola** (fam) nf mensonge m

**tromba** nf trombe f; **~ de agua** trombe d'eau
**trombo** nm thrombus m
**trombón** nm trombone m
**trombonista** nmf tromboniste mf
**trombosis** nf inv thrombose f; **~ cerebral** thrombose cérébrale
**trompa** nf (Mús) cor m; (de elefante, insecto, fam) trompe f; **estar ~** (fam) être pompette (fam); **cogerse una ~** (fam) prendre une cuite (fam); **~ de Falopio** trompe de Fallope ▶ nm (Mús) joueur(-euse) de cor
**trompazo** nm, **trompada** nf coup m; (puñetazo) coup de poing; **darse un ~** se donner un coup
**trompeta** nf trompette f; (clarín) clairon m ▶ nmf trompettiste mf
**trompetilla** nf cornet m acoustique
**trompetista** nmf trompettiste mf
**trompicón**: **a trompicones** adv par à-coups
**trompo** nm toupie f
**trona** nf chaise f haute
**tronado, -a** adj toqué(e), dingue
**tronar** vt (CAM, MÉX fam) tuer ▶ vi (Meteorología) tonner
**troncal** adj: **línea ~** ligne f principale; **asignatura ~** matière f du tronc commun
**tronchar** vt (árbol) casser; (vida, esperanza) briser, détruire; **troncharse** vpr se fendre, tomber; **troncharse de risa** se tordre de rire
**troncho** nm tige f
**tronco** nm tronc m; (de familia) lignée f; **dormir** o **estar como un ~** dormir comme une souche
**tronera** nf (Mil) meurtrière f; (Arq) hublot m; (de mesa de billar) poche f
**trono** nm trône m
**tropa** nf troupe f; (gentío) foule f
**tropecé** etc vb ver **tropezar**
**tropecientos** (fam) adj pl: **me ha llamado tropecientas veces** il m'a appelé je ne sais pas combien de fois (fam)
**tropel** nm (desorden) cohue f; (montón) amoncellement m; **en ~** en se bousculant
**tropelía** nm sauvagerie f
**tropezar** vi trébucher; **~ con** (fig) tomber sur; **tropezarse** vpr se rencontrer
**tropezón** nm faux pas msg; **dar un ~** trébucher; **tropezones** nmpl (Culin) morceaux mpl de viande
**tropical** adj tropical(e)
**trópico** nm tropique m
**tropiece** etc vb ver **tropezar**
**tropiezo** vb ver **tropezar** ▶ nm (error) erreur f, bévue f; (revés) revers msg; (obstáculo) difficulté f; (desliz) erreur
**troqué** etc, **troquemos** etc vb ver **trocar**
**trotamundos** (fam) nmf inv globe-trotter mf
**trotar** vi trotter; (fam: viajar) voyager

## trote – turbante

**trote** nm trot m ; (fam) activité f ; **hacer algo al ~** faire qch à toute vitesse ; **de mucho ~** solide, résistant(e) ; **ya no está para esos trotes** ce n'est plus pour lui

**trovador** nm troubadour m

**Troya** nf Troie ; **aquí fue ~** ça a été la catastrophe

**troyano, -a** adj troyen(-enne) ▶ nm/f Troyen(-enne) ▶ nm (Inform) cheval m de Troie

**trozo** nm morceau m ; **a trozos** par endroits

**trucar** vt truquer, trafiquer ; (motor) gonfler

**trucha** nf truite f

**truco** nm truc m ; (Cine) trucage m ; **ya le he cogido el ~** j'ai pigé le truc ; **~ publicitario** astuce f promotionnelle

**truculento, -a** adj truculent(e)

**trueco** etc vb ver **trocar**

**trueno** vb ver **tronar** ▶ nm tonnerre m ; (estampido) coup m de tonnerre

**trueque** vb ver **trocar** ▶ nm échange m ; (Com) troc m

**trufa** nf truffe f

**truhán, -ana** nm/f truand(e)

**truncado, -a** adj tronqué(e) ; (esperanzas) altéré(e) ; (vida) abrégé(e)

**truncar** vt tronquer ; (vida) abréger ; (desarrollo) retarder ; (esperanzas) briser

**trunque** etc vb ver **truncar**

**trusa** nf, **trusas** nfpl (AND, MÉX) caleçons mpl, culottes fpl

**tsunami** (pl **tsunamis** o **~**) nm tsunami m

**Tte.** abr (= Teniente) Lt (= Lieutenant)

**tu** adj ton (ta) ; **tus hijos** tes enfants

> ¡Atención! En francés el adjetivo posesivo concuerda en género y número con la cosa poseída (ton père, ta mère, tes parents), mientras que en español solo concuerda en número (**tu padre, tu madre, tus padres**).

**tú** pron pers (sujeto) tu ; (tras preposición) toi ; **eres tú** c'est toi ; **como tú** comme toi

**tuareg** (pl **~** o **tuaregs**) adj touareg ▶ nmf Touareg mf

**tubérculo** nm tubercule m

**tuberculosis** nf tuberculose f

**tuberculoso, -a** adj, nm/f tuberculeux(-euse)

**tubería** nf tuyau m ; (sistema) tuyauterie f ; (oleoducto etc) conduite f

**tubo** nm tube m ; (de desagüe) tuyau m ; **~ de ensayo** éprouvette f, tube à essai ; **~ de escape** pot m d'échappement ; **~ digestivo** tube digestif

**tucán** nm toucan m

**tuerca** nf écrou m

**tuerce** etc vb ver **torcer**

**tuerto, -a** adj, nm/f borgne mf

**tuerza** etc vb ver **torcer**

**tueste** etc vb ver **tostar**

**tuétano** nm moelle f ; **hasta los tuétanos** jusqu'à la moelle

**tufo** (pey) nm relent m

**tugurio** nm taudis msg

**tuit** nm (en Twitter) tweet m, Twitter® message m

**tuitear** vi tweeter ▶ vt envoyer un tweet à

**tuitero, -a** nm/f twittos mf

**tul** nm tulle m

**tulipán** nm tulipe f

**tullido, -a** adj estropié(e)

**tumba** nf tombe f ; **ser (como) una ~** être muet(te) comme une tombe

**tumbar** vt (extender en el suelo) allonger ; (derribar) renverser ; (fam: suj: olor) empester ; (: en examen) recaler, coller ; (: en competición) battre ▶ vi tomber par terre ; **tumbarse** vpr s'allonger ; (extenderse) s'étendre

**tumbo** nm chute f ; (de vehículo) cahot m ; **ir dando tumbos** avancer par à-coups

**tumbona** nf chaise f longue

**tumefacto, -a** adj (Med) tuméfié(e)

**tumor** nm tumeur f

**túmulo** nm (sepultura) tombeau m ; (Arqueología) tumulus m

**tumulto** nm tumulte m ; (Pol) émeute f, troubles mpl

**tumultuoso, -a** adj tumultueux(-euse)

**tuna** nf petit orchestre m d'étudiants ; ver tb **tuno**

**tunante** adj, nmf coquin(e) ; **¡~!** vilain(e) !

**tunda** nf raclée f

**tundir** vt tondre

**tunecino, -a** adj tunisien(ne) ▶ nm/f Tunisien(ne)

**túnel** nm tunnel m

**Túnez** n (país) Tunisie f ; (ciudad) Tunis

**tungsteno** nm tungstène m

**túnica** nf tunique f

**Tunicia** nf Tunisie f

**tuno, -a** nm/f membre m d'un orchestre d'étudiants

**tuntún: al (buen) ~** adv au petit bonheur, au hasard

**tupamaro, -a** (CSUR) adj (Pol) relatif aux Tupamaros ▶ nm/f Tupamaro m (guérilleros sévissant dans les centres urbains en Uruguay)

**tupé** nm toupet m

**tupí** adj tupi inv ▶ nmf Tupi mf inv

**tupido, -a** adj épais(se)

**tupí-guaraní** adj, nmf ver **tupí**

**turba** nf (muchedumbre) foule f ; (combustible) tourbe f

**turbación** nf (preocupación) inquiétude f ; (sonrojo) gêne f

**turbado, -a** adj (silencio, sueño) troublé(e) ; (preocupado) inquiet(-ète) ; (sonrojado) gêné(e)

**turbante** nm turban m

**turbar** vt (paz, sueño) troubler ; (preocupar) inquiéter, troubler ; (azorar) gêner ; **turbarse** vpr être gêné(e)
**turbina** nf turbine f
**turbio, -a** adj trouble ; (fig) louche
**turbión** nf averse f
**turbo** adj, nm turbo m
**turbodiesel** adj inv, nm turbodiesel m
**turbogenerador** nm turbogénérateur m
**turbohélice** nm turbopropulseur m
**turbulencia** nf agitation f ; (fig) trouble m, agitation
**turbulento, -a** adj agité(e) ; (fig) agité(e), turbulent(e)
**turco, -a** adj turc (turque) ▶ nm/f Turc (Turque) ; (AND, CSUR pey) terme péjoratif qui désigne tout immigré du Moyen-Orient ▶ nm (Ling) turc m
**turgente** adj arrondi(e), galbé(e)
**Turín** n Turin
**turismo** nm tourisme m ; (coche) voiture f (particulière) ; **hacer ~** faire du tourisme ; **casas de ~ rural** gîtes mpl ruraux ; **~ rural** tourisme rural
**turista** nmf touriste mf
**turístico, -a** adj touristique
**túrmix**® nm o nf inv mixeur m
**turnar** vi alterner ; **turnarse** vpr se relayer
**turné** nf tournée f
**turno** nm tour m ; **es su ~** c'est à son tour ; **por turnos** par roulement ; **~ de día/de noche** équipe f de jour/de nuit
**turolense** adj de Teruel ▶ nmf natif(-ive) o habitant(e) de Teruel
**turquesa** adj, nf turquoise f
**Turquía** nf Turquie f
**turrón** nm touron m (sorte de nougat) ; voir article

> **TURRÓN**
>
> Le **turrón** est une sorte de nougat, d'origine orientale, fait avec du miel, des blancs d'œufs et des amandes. On le consomme pendant la période de Noël. Le **turrón** traditionnel peut être dur et contenir des amandes entières (Alicante), ou tendre, à base d'amandes pilées (Jijona). Il existe désormais toute une variété de **turrones**: à la noix de coco, aux fruits confits, au chocolat, etc.

**turulato, -a** adj étourdi(e)
**tute** nm jeu de cartes ; **darse un ~** (fam) mettre un coup
**tutear** vt tutoyer ; **tutearse** vpr se tutoyer
**tutela** nf tutelle f ; **estar bajo la ~ de** (fig) être sous la tutelle de
**tutelar** adj tutélaire ▶ vt avoir la tutelle de
**tuteo** nm tutoiement m ; **se ha extendido mucho el ~** on se tutoie de plus en plus
**tutiplén: a ~** adv en abondance, à profusion
**tutor, a** nm/f (tb Jur) tuteur(-trice) ; (Escol) professeur(e) principal(e) ; **~ de curso** directeur(-trice) d'études
**tutoría** nf (Escol) heure f de permanence (du professeur responsable) ; (Jur) tutelle f
**tutú** nm tutu m
**tuve** etc vb ver **tener**
**tuyo, -a** adj ton (ta) ; **es ~** c'est à toi ▶ pron: **el ~/la tuya** le tien/la tienne ; **los tuyos** (fam) les tiens
**TV** sigla f = **televisión**
**TVE** sigla f = **Televisión Española**
**tweet** nm (en Twitter) tweet m, Twitter® message m
**txistu** nm flûte f basque

# U u

**U, u¹** [u] *nf (letra)* U, u *m inv* ; **U de Ulises** ≈ U comme Ursule

**u²** [u] *conj* ou

**u.** *abr* (= *unidad*) U, u (= *unité*)

**UAR** (ESP) *sigla fpl* = **Unidades Antiterroristas Rurales**

**ubérrimo, -a** *adj* très fertile

**ubicación** *nf* situation *f*

**ubicado, -a** (*esp AM*) *adj* situé(e)

**ubicar** (*esp AM*) *vt* situer ; (*encontrar*) trouver ; **ubicarse** *vpr* se trouver

**ubicuidad** *nf* ubiquité *f* ; **el don de la ~** le don de l'ubiquité

**ubique** *etc vb ver* **ubicar**

**ubre** *nf* mamelle *f*

**UCI** *sigla f* (= *Unidad de Cuidados Intensivos*) unité *f* de soins intensifs

**Ucrania** *nf* Ukraine *f*

**ucraniano, -a** *adj* ukrainien(ne) ▶ *nm/f* Ukrainien(ne)

**Ud** (*pl* **Uds**) *abr* (= *usted(es)*) vous

**UDV** *sigla f* (= *Unidad de Despliegue Visual*) console *f* (de visualisation)

**UE** *sigla f* (= *Unión Europea*) UE *f* (= Union européenne)

**UEFA** *sigla f* (= *Unión de Asociaciones de Fútbol Europeo*) UEFA *f* (= Union of European Football Associations)

**UEM** *nf abr* (= *Unión Económica y Monetaria*) UEM *f* (= Union économique et monétaire)

**UEO** *sigla f* (= *Unión Europea Occidental*) UEO *f* (= Union de l'Europe occidentale)

**UEP** *sigla f* (= *Unión Europea de Pagos*) UEP *f* (= Union européenne des paiements)

**UER** *sigla f* (= *Unión Europea de Radiodifusión*) UER *f* (= Union européenne de radiodiffusion)

**uf** *excl* ouf !

**ufanarse** *vpr*: **~ de** se targuer de

**ufano, -a** *adj* (*arrogante*) suffisant(e) ; (*satisfecho*) satisfait(e)

**Uganda** *nf* l'Ouganda *m*

**ugandés, -esa** *adj* ougandais(e) ▶ *nm/f* Ougandais(e)

**UGT** *sigla f* (= *Unión General de Trabajadores*) syndicat ouvrier

**UIT** *sigla f* (= *Unión Internacional de Telecomunicaciones*) UIT *f* (= Union internationale des télécommunications)

**ujier** *nm* (*Jur*) huissier *m* ; (*portero*) portier *m*

**úlcera** *nf* ulcère *m*

**ulcerar** *vt* ulcérer ; **ulcerarse** *vpr* s'irriter

**ulterior** *adj* ultérieur(e)

**últimamente** *adv* dernièrement

**ultimar** *vt* finaliser ; (*preparativos*) mettre la dernière main à ; (*AM: asesinar*) abattre

**ultimátum** (*pl* **ultimátums**) *nm* ultimatum *m*

**último, -a** *adj* dernier(-ière) ; **este ~** ce dernier ; **por ~** enfin ▶ *nm/f*: **el ~** le dernier ; **a últimos de mes** en fin de mois ▶ *nf*: **a la última** (*en moda*) à la dernière mode ; (*en conocimientos*) au goût du jour ; **en las últimas** (*enfermo*) à l'article de la mort ; (*sin dinero, provisiones*) à sec ▶ *adv*: **ahora ~** (CHI) récemment

**ultra** *adj*, *nmf* (Pol) ultra *mf*

**ultracongelar** *vt* surgeler

**ultraderecha** *nf* extrême-droite *f*

**ultraderechista** *adj* d'extrême-droite ▶ *nmf* extrémiste *mf* de droite

**ultrajar** *vt* outrager

**ultraje** *nm* outrage *m*

**ultraligero** *nm* ULM *m* (= *ultra-léger motorisé*)

**ultramar** *nm*: **de ~** d'outre-mer ; **los países de ~** les pays d'outre-mer

**ultramarinos** *nmpl* (*tb*: **tienda de ultramarinos**) épicerie *f*

**ultranza**: **a ~** *adv* à outrance

**ultrasónico, -a** *adj* hypersonique

**ultratumba** *nf* outre-tombe *f*

**ultravioleta** *adj inv* ultraviolet(te)

**ulular** *vi* hurler ; (*búho*) ululer

**umbilical** *adj*: **cordón ~** cordon *m* ombilical

**umbral** *nm* seuil *m* ; **~ de rentabilidad** seuil de rentabilité

**umbrío, -a** *adj* ombragé(e)

---

**PALABRA CLAVE**

**un, una** *art indef* **1** (*sg*) un(e) ; **una naranja** une orange ; **un arma blanca** une arme blanche **2** (*pl*) des ; **hay unos regalos para ti** il y a des cadeaux pour toi ; **hay unas cervezas en la nevera** il y a des bières dans le frigo **3** (*enfático*): **¡hace un frío!** il fait un de ces froids ! ; **¡tiene una casa!** il a une de ces maisons ! ; *ver tb* **uno**

## U.N.A.M. – uperizado

**U.N.A.M.** *sigla f* (= *Universidad Nacional Autónoma de México*) université de la ville de Mexico
**unánime** *adj* unanime
**unanimidad** *nf* unanimité *f*; **por ~** à l'unanimité
**unción** *nf* onction *f*
**uncir** *vt* atteler
**undécimo, -a** *adj, nm/f* onzième *mf*
**UNED** (ESP) *sigla f* (= *Universidad Nacional de Educación a Distancia*) ≈ CNED *m* (= *Centre national d'enseignement à distance*)
**UNEF** *sigla f* (= *Fuerzas de Urgencia de las Naciones Unidas*) FUNU *f* (= *Force d'urgence des Nations unies*)
**UNESCO, Unesco** *sigla f* (= *Organización de las Naciones Unidas para la Educación, la Ciencia y la Cultura*) UNESCO *f*, Unesco *f* (= *Organisation des Nations unies pour l'éducation, la science et la culture*)
**ungir** *vt* oindre
**ungüento** *nm* onguent *m*
**únicamente** *adv* uniquement
**UNICEF, Unicef** *sigla m* (= *Fondo de las Naciones Unidas para la Infancia*) UNICEF *m o f*, Unicef *m o f* (= *Fonds des Nations unies pour l'enfance*)
**único, -a** *adj* unique
**unicornio** *nm* licorne *f*
**unidad** *nf* unité *f*; **~ central (de proceso)/de control** unité centrale (de traitement)/de commande; **~ de cuidados intensivos** unité de soins intensifs; **~ de disco** lecteur *m* de disque; **~ de entrada/de salida** unité périphérique d'entrée/de sortie; **~ de información** donnée *f*; **~ de presentación visual** *o* **de visualización** écran *m* de visualisation; **~ monetaria** unité monétaire; **~ móvil** (TV) unité mobile; **~ periférica** unité périphérique
**unido, -a** *adj* uni(e)
**unifamiliar** *adj*: **vivienda ~** *logement où vit une seule famille*
**unificar** *vt* unifier
**unifique** *etc vb ver* **unificar**
**uniformado, -a** *adj* en uniforme
**uniformar** *vt* uniformiser; (*personal*) faire porter l'uniforme à
**uniforme** *adj* uniforme; (*color*) uni(e) ▶ *nm* uniforme *m*
**uniformidad** *nf* uniformité *f*
**unilateral** *adj* unilatéral(e)
**unión** *nf* union *f*; (Tec) jointure *f*; **en ~ de** ainsi que; **la U~ Soviética** l'Union soviétique; **punto de ~** (Tec) jointure; **~ aduanera** union douanière; **U~ Europea** Union *f* européenne; **U~ General de Trabajadores** (ESP) syndicat ouvrier; **~ monetaria** union monétaire
**unir** *vt* (*piezas*) assembler; (*cuerdas*) nouer; (*tierras, habitaciones*) relier; (*esfuerzos, familia*) unir; (*empresas*) fusionner; **les une una fuerte amistad** ils éprouvent beaucoup d'amitié l'un pour l'autre; **unirse** *vpr* (*personas*) s'unir; (*empresas*) fusionner; **unirse a** se joindre à; **unirse en matrimonio** s'unir par les liens du mariage
**unisex** *adj inv* unisexe *inv*
**unísono** *nm*: **al ~** à l'unisson
**unitario, -a** *adj* unitaire
**universal** *adj* universel(le)
**universalizar** *vt* universaliser;
**universalizarse** *vpr* s'universaliser
**universidad** *nf* université *f*; **~ a distancia** enseignement *m* à distance; **~ laboral** ≈ Institut *m* universitaire de technologie
**universitario, -a** *adj* universitaire ▶ *nm/f* (*estudiante*) étudiant(e); (*titulado*) professeur *mf* d'université
**universo** *nm* univers *msg*
**unja** *etc vb ver* **ungir**

(PALABRA CLAVE)

**uno, -a** *adj* un(e); **es todo uno** ça ne fait qu'un; **unos pocos** quelques-uns; **unos cien** une centaine; **el día uno** le premier
▶ *pron* **1** un(e); **quiero uno solo** je n'en veux qu'un; **uno de ellos** l'un d'eux; **uno mismo** soi-même; **de uno en uno** un à un
**2** (*alguien*) quelqu'un; **conozco a uno que se te parece** je connais quelqu'un qui te ressemble; **unos querían quedarse** quelques-uns voulaient rester
**3**: (**los**) **unos ...** (**los**) **otros ...** certains *o* les uns ... les autres *o* d'autres; **se miraron el uno al otro** il se sont regardés l'un l'autre; **se pegan unos a otros** ils se battent entre eux
**4** (*impersonal*): **uno se lo imagina** on se l'imagine
**5** (*enfático*): **¡se montó una ...!** il y a eu une de ces pagailles!
▶ *nf* (*hora*): **es la una** il est une heure
▶ *nm* (*número*) un *m*; **el uno de abril** le premier avril

**untar** *vt* (*con aceite, pomada*) enduire; (*en salsa, café*) tremper; (*manchar*) tacher; (*fig, fam*) graisser la patte à (*fam*); **~ el pan con mantequilla** étaler du beurre sur son pain; **untarse** *vpr* (*mancharse*) se tacher; (*fig, fam: forrarse*) s'en mettre plein les poches (*fam*)
**unza** *etc vb ver* **uncir**
**uña** *nf* (Anat) ongle *m*; (*de felino*) griffe *f*; (*de caballo*) sabot *m*; (*arrancaclavos*) arrache-clou *m*; **ser ~ y carne** être comme les deux doigts de la main; **enseñar** *o* **mostrar** *o* **sacar las uñas** montrer *o* sortir ses griffes
**UOE** (ESP) *sigla f* (Mil: = *Unidad de Operaciones Especiales*) commando spécial
**UPA** *sigla f* = **Unión Panamericana**
**UPC** *sigla f* (= *unidad de proceso central*) CPU *f* (= *unité centrale*)
**uperizado, -a** *adj* U.H.T.

## Urales – UVI

**Urales** *nmpl* (*tb*: **Montes Urales**) Oural *msg*
**uralita**® *nf* fibrociment® *m*
**uranio** *nm* uranium *m*
**Urano** *nm* Uranus *f*
**urbanidad** *nf* courtoisie *f*
**urbanismo** *nm* urbanisme *m*
**urbanista** *nmf* urbaniste *mf*
**urbanístico, -a** *adj* urbanistique
**urbanita** (*hum*) *adj, nmf* citadin(e)
**urbanización** *nf* lotissement *m*
**urbanizar** *vt* urbaniser
**urbano, -a** *adj* urbain(e)
**urbe** *nf* grande ville *f*
**urdimbre** *nf* (*de tejido*) chaîne *f*
**urdir** *vt* ourdir
**urea** *nf* urée *f*
**uretra** *nf* urètre *f*
**urgencia** *nf* urgence *f*; **con ~** d'urgence; **en caso de ~** en cas d'urgence; **servicios de ~** services *mpl* d'urgence; **urgencias** *nfpl* (*Med*) urgences *fpl*
**urgente** *adj* urgent(e)
**urgentemente** *adv* urgemment, d'urgence
**urgir** *vi* être urgent(e); **me urge** j'en ai besoin rapidement; **me urge terminarlo** il faut que je termine le plus vite possible
**urinario, -a** *adj* urinaire ▶ *nm* urinoir *m*
**urja** *etc vb ver* **urgir**
**urna** *nf* (*tb Pol*) urne *f*; (*de cristal*) vitrine *f*; **acudir a las urnas** (*votantes*) aller aux urnes
**urogallo** *nm* coq *m* de bruyère
**urología** *nf* urologie *f*
**urólogo, -a** *nm/f* urologue *mf*
**urraca** *nf* pie *f*
**URSS** [urs] *sigla f* (*Hist*: = *Unión de Repúblicas Socialistas Soviéticas*) URSS *f* (= Union des Républiques Socialistes Soviétiques)
**urticaria** *nf* urticaire *f*
**Uruguay** *nm* Uruguay *m*
**uruguayo, -a** *adj* uruguayen(ne) ▶ *nm/f* Uruguayen(ne)
**usado, -a** *adj* usagé(e); (*ropa etc*) usé(e), usagé(e)
**usanza** *nf*: **a ~ (de)** à la manière (de)
**usar** *vt* utiliser; (*ropa*) porter; (*derecho etc*) user de ▶ *vi*: **~ de** user de; **usarse** *vpr* s'utiliser
**usina** (*esp CSur*) *nf*: **~ eléctrica** centrale *f* électrique
**USO** (*Esp*) *sigla f* (= *Unión Sindical Obrera*) syndicat
**uso** *nm* usage *m*; (*aplicación: de objeto, herramienta*) utilisation *f*; **al ~ de la época** dans le style de l'époque; **de ▶ externo** (*Med*) à usage externe; **(estar) en ~** (être) en usage; **hacer ~ de la palabra** faire usage de la parole; **~ y desgaste** usure *f*
**usted** *pron pers* (*singular: formal*) vous; **ustedes** (*formal*) vous *pl*; (*Am: formal y fam*) vous; **tratar o llamar de ~ a algn** vouvoyer qn
**usual** *adj* habituel(le)
**usuario, -a** *nm/f* usager(-ère); (*Inform*) utilisateur(-trice); **~ final** (*Com*) utilisateur(-trice) final(e)
**usufructo** *nm* usufruit *m*
**usura** (*pey*) *nf* usure *f*
**usurero, -a** *nm/f* usurier(-ière)
**usurpar** *vt* usurper
**utensilio** *nm* instrument *m*; (*de cocina*) ustensile *m*
**uterino, -a** *adj* utérin(e)
**útero** *nm* utérus *msg*
**útil** *adj* utile; **día ~** jour *m* ouvrable; **útiles** *nmpl* outils *mpl*
**utilice** *etc vb ver* **utilizar**
**utilidad** *nf* utilité *f*; (*provecho*) avantage *m*; (*Com*) bénéfice *m*; **utilidades líquidas** bénéfice *msg* net
**utilitario** *nm* (*Inform*) utilitaire *m*; (*Auto*) voiture *f* de tourisme
**utilización** *nf* utilisation *f*
**utilizar** *vt* utiliser
**utopía** *nf* utopie *f*
**utópico, -a** *adj* utopique
**UV** *sigla mpl* (= *rayos ultravioleta*) UV *mpl* (= *ultraviolets*)
**UVA** *nmpl abr* UVA *m*
**uva** *nf* raisin *m*; **estar de mala ~** être de mauvais poil; **tener mala ~** avoir un sale caractère; **~ pasa** raisin sec; **las uvas de la suerte** *voir article*

> **LAS UVAS DE LA SUERTE**
>
> En Espagne la tradition de **las uvas de la suerte** joue un rôle important à la Saint-Sylvestre (*Nochevieja*) : à minuit, chaque Espagnol, qu'il se trouve chez lui, dans un restaurant ou sur la *plaza mayor*, mange un grain de raisin à chaque coup de l'horloge de la Puerta del Sol, à Madrid. Cette tradition est censée porter bonheur pour toute l'année suivante.

**UVB** *nmpl abr* UVB *m*
**uve** *nf* (*letra*) v *m inv*; **en forma de ~** en V; **~ doble** double v *m*
**UVI** *sigla f* (= *Unidad de Vigilancia Intensiva*) unité *f* de soins intensifs

**V, v** ['uβe] *nf (letra)* V, v *m inv* ; **V de Valencia** ≈ V comme Victor
**V.** *abr* (= *usted*) vous ; (= *Visto*) vu
**v.** *abr* (*Elec*: = *voltio*) V (= volt) ; (= *ver, véase*) v. (= *voir*) ; (*Lit*: = *verso*) v⁰ (= *verso*)
**va** *vb ver* **ir**
**V.A.** *abr* = **Vuestra Alteza**
**vaca** *nf* vache *f* ; (*carne*) bœuf *m* ; **vacas flacas/gordas** (*fig*) vaches *fpl* maigres/grasses
**vacacional** *adj* de(s) vacances ; **período ~** (période *f* de) vacances *fpl*, période *f* de congé
**vacaciones** *nfpl* vacances *fpl* ; **estar/irse o marcharse de ~** être/partir en vacances
**vacante** *adj* vacant(e) ▶ *nf* poste *m* vacant
**vaciado** *nm* (*Arte*) moulage *m*
**vaciar** *vt* vider ; (*dejar hueco*) évider ; (*Arte*) mouler ; **vaciarse** *vpr* se vider ; (*fig, fam*) se défouler
**vacilación** *nf* hésitation *f*
**vacilante** *adj* vacillant(e) ; (*dudoso*) hésitant(e)
**vacilar** *vt* (*fam*) faire marcher ▶ *vi* hésiter ; (*mueble, lámpara*) chanceler ; (*luz, persona*) vaciller ; (*fam: bromear*) plaisanter
**vacilón** (*CAM, MÉX fam*) *nm* noce *f*
**vacío, -a** *adj* vide ; (*puesto*) libre ; **(volver) de ~** (*sin carga*) (revenir) à vide ; (*sin resultados*) (revenir) les mains vides ▶ *nm* vide *m* ; **envasado al ~** emballé sous vide ; **hacer el ~ a algn** faire le vide autour de qn
**vacuna** *nf* vaccin *m*
**vacunar** *vt* vacciner ; **vacunarse** *vpr* se faire vacciner
**vacuno, -a** *adj* bovin(e)
**vacuo, -a** *adj* vide
**vadear** *vt* passer à gué ; (*problema*) surmonter
**vado** *nm* gué *m* ; « **~ permanente** » (*Auto*) ≈ « sortie *f* de véhicules »
**vagabundear** *vi* vagabonder
**vagabundo, -a** *adj* vagabond(e) ; (*perro*) errant(e) ▶ *nm/f* vagabond(e)
**vagamente** *adv* vaguement
**vagancia** *nf* fainéantise *f*
**vagar** *vi* errer, vagabonder
**vagido** *nm* vagissement *m*
**vagina** *nf* vagin *m*
**vaginal** *adj* vaginal(e)

**vago, -a** *adj* vague ; (*perezoso*) fainéant(e) ▶ *nm/f* fainéant(e)
**vagón** *nm* wagon *m* ; **~ cama/restaurante** wagon-lit *m*/wagon-restaurant *m*
**vagoneta** *nf* wagonnet *m*
**vaguada** *nf* fond *m* (de la vallée)
**vague** *etc vb ver* **vagar**
**vaguear** *vi* fainéanter
**vaguedad** *nf* vague *m*, manque *m* de précision ; **vaguedades** *nfpl*: **decir vaguedades** rester dans le vague
**vaguería** *nf*, **vaguitis** (*fam*) *nf inv* (*ESP*) flemme *f*
**vahído** *nm* vertige *m*
**vaho** *nm* vapeur *f* ; (*aliento*) buée *f* ; **vahos** *nmpl* (*Med*) inhalations *fpl*
**vaina** *nf* (*de espada*) fourreau *m* ; (*de guisantes, judías*) cosse *f* ; (*AM fam*) embêtement *m*
**vainilla** *nf* vanille *f*
**vainita** (*AM*) *nf* haricot *m* vert
**vais** *vb ver* **ir**
**vaivén** *nm* va-et-vient *m inv* ; **vaivenes** *nmpl* (*fig: de la vida*) vicissitudes *fpl*
**vajilla** *nf* vaisselle *f* ; **una ~** un service ; **~ de porcelana** service *m* en porcelaine
**val** *etc*, **valdré** *etc vb ver* **valer**
**vale** *nm* bon *m* ; (*recibo*) reçu *m* ; (*pagaré*) billet *m* à ordre ; (*VEN fam*) copain (copine) ; **~ de regalo** chèque-cadeau *m*
**valedero, -a** *adj* valable
**valenciana** (*MÉX*) *nf* revers *msg* ; *ver tb* **valenciano**
**valenciano, -a** *adj* valencien(ne) ▶ *nm/f* Valencien(ne) ▶ *nm* (*Ling*) valencien *m*
**valentía** *nf* courage *m*, bravoure *f* ; (*proeza*) acte *m* de bravoure
**valentísimo, -a** *adj* (*superl de* **valiente**) valeureux(-euse)
**valentón, -ona** (*pey*) *adj* fanfaron(ne)
**valer** *vt* valoir ; **~ la pena** valoir la peine ▶ *vi* servir ; (*ser válido*) être valable ; (*estar permitido*) être permis(e) ; (*tener mérito*) avoir du mérite ; **~ (para)** servir (à) ; **¿vale?** d'accord ?, ça va ? ; **¡vale!** d'accord ! ; (*¡basta!*) ça suffit ! ; **más vale (hacer/que)** mieux vaut (faire/que) ; **¡eso no vale!** ce n'est pas permis ! ; **no vale nada** ça ne vaut rien ; **no vale para nada**

## valeriana – Varsovia

ça ne sert à rien ; *(persona)* il (elle) n'est bon(ne) à rien ; **me vale madre** *o* **sombrilla** *(Méx fam)* je m'en fous pas mal *(fam)* ▸ *nm* valeur *f* ; **valerse** *vpr* : **valerse de** *(hacer valer)* faire valoir ; *(servirse de)* se servir de ; **(poder) valerse por sí mismo** *(pouvoir)* se débrouiller tout seul

**valeriana** *nf* valériane *f*

**valeroso, -a** *adj* valeureux(-euse)

**valga** *etc vb ver* **valer**

**valía** *nf* valeur *f* ; **de gran ~** de grande valeur

**validar** *vt* valider ; *(Pol: tratado)* ratifier

**validez** *nf* validité *f* ; **dar ~ a algo** valider qch

**valido** *nm (Hist)* favori *m*

**válido, -a** *adj* valable ; *(Deporte)* valide

**valiente** *adj (soldado)* brave, courageux(-euse) ; *(niño, decisión)* courageux(-euse) ; *(pey)* fanfaron(ne) ; *(con ironía)* vaillant(e) ▸ *nmf* brave *mf*

**valija** *nf (CSur)* valise *f* ; *(Correos)* sacoche *f* ; **~ diplomática** valise diplomatique

**valioso, -a** *adj* de valeur

**valla** *nf* clôture *f* ; *(Deporte)* haie *f* ; **~ publicitaria** panneau *m* publicitaire

**vallar** *vt* clôturer

**valle** *nm* vallée *f* ; **~ de lágrimas** vallée de larmes

**vallenato** *nm (Mús)* vallenato *m*, *musique típica de la côte caraïbe colombienne*

**vallisoletano, -a** *adj* de Valladolid ▸ *nm/f* natif(-ive) *o* habitant(e) de Valladolid

**valor** *nm* valeur *f* ; *(valentía)* courage *m* ; *(descaro)* aplomb *m* ; **objetos mpl de valor** ; **sin ~** sans valeur ; **dar/quitar ~ a** donner/ôter de la valeur à ; **~ a la par** valeur au pair ; **~ adquisitivo** pouvoir *m* d'achat ; **~ añadido** valeur ajoutée ; **~ comercial** valeur marchande ; **~ contable** valeur comptable ; **~ de compra** pouvoir d'achat ; **~ de escasez** valeur attachée à la rareté ; **~ de mercado** valeur marchande ; **~ de rescate** valeur de rachat ; **~ desglosado** valeur de liquidation ; **~ de sustitución** valeur de remplacement ; **~ intrínseco/neto/ nominal** valeur intrinsèque/nette/ nominale ; **~ según balance** valeur comptable ; **valores** *nmpl (Econ, Com)* valeurs *fpl*, titres *mpl* ; *(morales)* valeurs ; **escala de valores** échelle *f* de valeurs ; **valores habidos** *o* **en cartera** valeurs détenues en portefeuille

**valoración** *nf* évaluation *f*

**valorar** *vt* évaluer, estimer

**valorización** *nf (valoración)* évaluation *f*, estimation *f* ; *(aumento de valor)* valorisation *f*, mise *f* en valeur

**valorizar** *vt (valorar)* évaluer, estimer ; *(aumentar el valor de)* valoriser, mettre en valeur

**vals** *nm* valse *f*

**valuar** *vt* évaluer, estimer

**válvula** *nf* valve *f*

**vamos** *vb ver* **ir**

**vampiresa** *nf* vamp *f*

**vampiro** *nm* vampire *m*

**van** *vb ver* **ir**

**vanagloriarse** *vpr* : **~ (de)** se vanter (de)

**vandálico, -a** *adj* vandalique, de vandalisme

**vandalismo** *nm* vandalisme *m*

**vándalo, -a** *nm/f (pey)* vandale *mf* ; *(Hist)* Vandale *mf*

**vanguardia** *nf* avant-garde *f* ; **de ~** *(Arte)* d'avant-garde ; **estar en** *o* **ir a la ~ de** être à l'avant-garde de

**vanguardista** *adj* avant-gardiste

**vanidad** *nf* vanité *f*

**vanidoso, -a** *adj* vaniteux(-euse)

**vano, -a** *adj* vain(e) ; *(frívolo)* futile ; **en ~** en vain ▸ *nm (Arq)* embrasure *f*

**vapor** *nm* vapeur *f* ; *(tb:* **barco de vapor***)* (bateau *m* à) vapeur *m* ; **al ~** *(Culin)* à la vapeur ; **máquina de ~** machine *f* à vapeur ; **~ de agua** vapeur d'eau

**vaporice** *etc vb ver* **vaporizar**

**vaporizador** *nm* vaporisateur *m*

**vaporizar** *vt* vaporiser

**vaporoso, -a** *adj* vaporeux(-euse)

**vapulear** *vt* fustiger ; *(reprender)* houspiller

**vaquero** *nm (Cine)* cow-boy *m* ; *(Agr)* vacher *m* ; **vaqueros** *nmpl (pantalones)* jeans *mpl*

**vaquilla** *nf (Am)* génisse *f* ; **vaquillas** *nfpl (Taur)* corrida *f* de jeunes taureaux

**vara** *nf* perche *f* ; *(de mando)* bâton *m*

**varado, -a** *adj (Náut)* échoué(e) ; **estar ~** *(fig)* être enlisé(e)

**varapalo** *nm (disgusto)* revers *m*, coup *m* dur ; *(crítica)* critique *f*

**varar** *vt*, *vi* échouer

**variable** *adj*, *nf* variable *f*

**variación** *nf* changement *m* ; *(Mús)* variation *f* ; **sin ~** inchangé(e)

**variado, -a** *adj* varié(e)

**variante** *nf* variante *f* ; *(Auto)* déviation *f*

**variar** *vt (cambiar)* changer ; *(poner variedad)* varier ▸ *vi* varier ; **~ de** changer de ; **~ de opinión** changer d'avis ; **para ~** pour changer

**varicela** *nf* varicelle *f*

**varices** *nfpl* varices *fpl*

**variedad** *nf* variété *f* ; **variedades** *nfpl (espectáculo)* variétés *fpl*

**varilla** *nf* baguette *f* ; *(de paraguas, abanico)* baleine *f*

**vario, -a** *adj* divers(e) ; **varios** plusieurs ; **« varios »** *(en partida, presupuesto)* « divers »

**variopinto, -a** *adj* bigarré(e)

**varita** *nf* : **~ mágica** baguette *f* magique

**variz** *nf* varice *f* ; **varices** *nfpl (enfermedad)* varices *fpl*

**varón** *nm* homme *m* ; **hijo ~** fils *m*, garçon *m*

**varonil** *adj* viril(e)

**Varsovia** *n* Varsovie

**vas – veloz**

**vas** *vb ver* **ir**
**vasallo, -a** *nm, nf* vassal(e)
**vasco, -a** *adj* basque ; **País V~** Pays *m* basque ▶ *nm/f* Basque *mf* ▶ *nm* (*Ling*) basque *m*
**vascofrancés, -esa** *adj* du Pays basque français ; **País V~** Pays basque français ▶ *nm/f* Basque *mf* français(e)
**vascohablante** *adj, nmf* bascophone *mf*
**Vascongadas** *nfpl*: **las ~** les provinces *fpl* basques
**vascuence** *nm* (*Ling*) basque *m*
**vasectomía** *nf* vasectomie *f*
**vaselina** *nf* vaseline *f*
**vasija** *nf* pot *m*
**vaso** *nm* verre *m* ; (*jarrón*) vase *m* ; (*Anat*) vaisseau *m* ; **vasos comunicantes** vases *mpl* communicants ; **~ de vino** verre de vin ; (*para vino*) verre à vin
**vástago** *nm* (*Bot*) rejeton *m* ; (*Tec*) tige *f* ; (*de familia*) descendant *m*
**vasto, -a** *adj* vaste
**váter** *nm* W.-C. *mpl*
**Vaticano** *nm* Vatican *m* ; **la Ciudad del ~** la Cité du Vatican
**vaticano, -a** *adj* du Vatican, vaticane
**vaticinar** *vt* prédire
**vaticinio** *nm* prédiction *f*
**vatio** *nm* watt *m*
**vaya** *vb ver* **ir** ▶ *excl* (*fastidio*) mince !, zut ! ; (*sorpresa*) eh bien !, tiens ! ; **¿qué tal? — ¡~!** ça va ? — on fait aller ! ; **¡~ tontería!** en voilà une bêtise ! ; **¡~ mansión!** quelle maison !
**Vd** (*pl* **Vds**) *abr* (= *usted(es)*) vous
**Vda.** *abr* (= *viuda*) Vve (= *veuve*)
**ve** *vb ver* **ir**; **ver**
**vea** *etc vb ver* **ver**
**vecinal** *adj* vicinal(e) ; (*problemas*) de voisinage
**vecindad** *nf* voisinage *m*
**vecindario** *nm* voisinage *m*, quartier *m*
**vecino, -a** *adj* voisin(e) ▶ *nm/f* voisin(e) ; (*residente: de pueblo*) habitant(e) ; **asociación de vecinos** association *f* de quartier ; **somos vecinos** nous sommes voisins
**vector** *nm* vecteur *m*
**veda** *nf* (*de pesca, caza*) défense *f*, interdiction *f* ; (*temporada*) fermeture *f*
**vedado** *nm* réserve *f*
**vedar** *vt* interdire, défendre ; (*caza, pesca*) interdire
**vedette** [be'ðet] *nf* vedette *f*
**vega** *nf* plaine *f* fertile
**vegano, -a** *adj, nm/f* végan(e)
**vegetación** *nf* végétation *f* ; **vegetaciones** *nfpl* (*Med*) végétations *fpl*
**vegetal** *adj* végétal(e) ▶ *nm* végétal *m*
**vegetar** (*pey*) *vi* végéter
**vegetariano, -a** *adj* végétarien(ne)
**vegetativo, -a** *adj* végétatif(-ive) ; **sistema nervioso ~** système *m* nerveux végétatif ; **vida vegetativa** vie *f* végétative

**vehemencia** *nf* impétuosité *f* ; (*apasionamiento*) véhémence *f*
**vehemente** *adj* impétueux(-euse) ; (*apasionado*) véhément(e)
**vehículo** *nm* véhicule *m* ; **~ espacial** vaisseau *m* spatial
**veinte** *adj inv, nm inv* vingt *m inv* ; **el siglo ~** le vingtième siècle ; *ver tb* **seis**

> El número **veinte** en francés (*vingt*) va seguido de una s cuando va multiplicado por un número y no va seguido de otra cifra. Por ejemplo: *quatre-vingts*, pero *quatre-vingt-trois*.

**veinteañero, -a, veintiañero, -a** *adj* d'une vingtaine d'années ▶ *nm/f* personne d'une vingtaine d'années
**veintena** *nf* vingtaine *f*
**vejación** *nf* brimade *f*, vexation *f*
**vejar** *vt* brimer
**vejatorio, -a** *adj* humiliant(e)
**vejestorio** (*pey*) *nm* croulant *m*
**vejez** *nf* vieillesse *f*
**vejiga** *nf* vessie *f*
**vela** *nf* bougie *f* ; (*Náut*) voile *f* ; **a toda ~** (*Náut*) toutes voiles dehors ; **barco de ~** bateau *m* à voile ; **estar a dos velas** (*fam*) être fauché(e) (*fam*) ; **en ~** éveillé(e) ; (*velando*) à veiller ; **pasar la noche en ~** passer une nuit blanche
**velada** *nf* veillée *f* ; (*encuentro social*) soirée *f*
**velado, -a** *adj* voilé(e)
**velador** *nm* (*mesa*) guéridon *m* ; (*vigilante*) veilleur *m* ; (*candela*) chandelle *f* ; (*Am*) table *f* de nuit ; (*CSur*) lampe *f* de chevet
**veladora** (*Méx*) *nf* bougie *f*
**velar** *vt* veiller ; (*Foto, cubrir*) voiler ▶ *vi* veiller ; **~ por** veiller à ; **velarse** *vpr* (*Foto*) se voiler
**velatorio** *nm* veillée *f* (funèbre)
**veleidad** *nf* inconstance *f* ; (*capricho*) velléité *f*
**velero** *nm* (*Náut*) voilier *m*
**veleta** *nmf* (*pey*) girouette *f* ▶ *nf* (*para el viento*) girouette
**veliz** (*Méx*) *nm* valise *f*
**vello** *nm* duvet *m*
**vellón** *nm* toison *f*
**velloso, -a** *adj* duveteux(-euse)
**velludo, -a** *adj* poilu(e)
**velo** *nm* voile *m* ; **~ del paladar** (*Anat*) voile du palais
**velocidad** *nf* vitesse *f* ; (*rapidez*) rapidité *f* ; **de alta ~** à grande vitesse ; **cobrar ~** prendre de la vitesse ; **meter la segunda ~** passer en seconde ; **~ de obturación** (*Foto*) vitesse d'obturation ; **~ máxima de impresión** (*Inform*) vitesse maximum d'impression
**velocímetro** *nm* compteur *m* de vitesse
**velocista** *nmf* sprinter, sprinteur(-euse)
**velódromo** *nm* vélodrome *m*
**velorio** *nm* veillée *f* funèbre
**veloz** *adj* rapide

**ven** *vb ver* **venir**
**vena** *nf* veine *f* ; **la ~ poética** la fibre poétique ; **le ha dado la ~ por (hacer)** l'envie lui a pris de (faire) ; **tener ~ de actor/torero** être un acteur/torero né
**venado** *nm* grand gibier *m* ; (*Culin*) venaison *f*
**vencedor, a** *adj* victorieux(-euse) ▶ *nm/f* vainqueur *m*
**vencejo** *nm* martinet *m*
**vencer** *vt* vaincre ; (*obstáculos*) surmonter ; (*por mucho peso*) briser ; **le venció el sueño/el cansancio** il a succombé au sommeil/à la fatigue ▶ *vi* vaincre ; (*pago*) arriver à échéance ; (*plazo*) expirer
**vencido, -a** *adj* vaincu(e) ; (*Com: letra*) arrivé(e) à échéance ; **darse por ~** s'avouer vaincu(e) ; **pagar por o al mes ~** payer à la fin du mois ▶ *adv* : **pagar ~** payer après échéance
**vencimiento** *nm* échéance *f* ; **a su ~** à l'échéance
**venda** *nf* bandage *m*
**vendaje** *nm* bandage *m*
**vendar** *vt* bander
**vendaval** *nm* vent *m* violent
**vendedor, a** *nm/f* vendeur(-euse) ; **~ ambulante** marchand(e) ambulant(e)
**vender** *vt* vendre ; **~ al contado/al por mayor/al por menor/a plazos** vendre au comptant/en gros/au détail/à crédit ; **~ al descubierto** vendre à découvert ; **venderse** *vpr* se vendre ; « **se vende** » « à vendre » ; « **se vende coche** » « voiture à vendre »
**vendimia** *nf* vendange *f*
**vendimiador, a** *nm/f* vendangeur(-euse)
**vendimiar** *vi* faire la vendange
**vendré** *etc vb ver* **venir**
**Venecia** *nf* Venise
**veneciano, -a** *adj* vénitien(ne) ▶ *nm/f* Vénitien(ne)
**veneno** *nm* poison *m*
**venenoso, -a** *adj* (*seta*) vénéneux(-euse) ; (*producto*) toxique
**venerable** *adj* vénérable
**veneración** *nf* vénération *f*
**venerar** *vt* vénérer
**venéreo, -a** *adj* vénérien(ne)
**venezolano, -a** *adj* vénézuélien(ne) ▶ *nm/f* Vénézuélien(ne)
**Venezuela** *nf* Venezuela *m*
**venga** *etc vb ver* **venir**
**vengador, a** *adj*, *nm/f* vengeur(-geresse)
**venganza** *nf* vengeance *f*
**vengar** *vt* venger ; **vengarse** *vpr* se venger
**vengativo, -a** *adj* vindicatif(-ive)
**vengue** *etc vb ver* **vengar**
**venia** *nf* permission *f* ; **con su ~** avec votre permission
**venial** *adj* véniel(le)
**venida** *nf* venue *f*

**venidero, -a** *adj* futur(e), à venir ; **en lo ~** à l'avenir
**venir** *vi* venir ; (*en periódico, texto*) être ; (*llegar, ocurrir*) arriver ; **~ a menos** (*persona*) déchoir ; (*empresa*) être en perte de vitesse ; **~ de** venir de ; **~ bien/mal** convenir/ne pas convenir ; **el año que viene** l'année prochaine ; **y él venga a beber** et lui, vas-y que je te bois ; **¡ven acá!** viens ici ! ; **¡venga!** (*fam*) allez ! ; **¿a qué viene eso?** (*fam*) qu'est-ce que ça veut dire ? ; **¡venga ya!** (*fam*) à d'autres ! ; **¡no me vengas con historias!** (*fam*) ne me raconte pas d'histoires ! ; **venirse** *vpr* : **venirse abajo** s'écrouler ; (*persona*) s'effondrer
**venta** *nf* vente *f* ; (*posada*) auberge *f* ; **estar a la/en ~** être en vente ; **~ a domicilio** vente à domicile ; **~ al contado** vente au comptant ; **~ al detalle** vente au détail ; **~ a plazos** vente à crédit ; **~ al por mayor** vente en gros ; **~ al por menor** vente au détail ; **ventas a término** ventes *fpl* à terme ; **ventas brutas** ventes brutes ; **~ de liquidación** vente de liquidation ; **~ por correo** vente par correspondance ; **~ y arrendamiento al vendedor** cession-bail *f*
**ventaja** *nf* avantage *m* ; **llevar ~ a** (*en carrera*) mener devant
**ventajoso, -a** *adj* avantageux(-euse)
**ventana** *nf* fenêtre *f* ; **~ de guillotina** fenêtre à guillotine ; **~ de la nariz** narine *f*
**ventanal** *nm* baie *f* vitrée, grande *f* fenêtre
**ventanilla** *nf* guichet *m* ; (*de coche*) vitre *f*
**ventilación** *nf* ventilation *f*, aération *f* ; **sin ~** sans aération
**ventilador** *nm* ventilateur *m*
**ventilar** *vt* ventiler, aérer ; (*ropa*) aérer ; (*fig*) divulguer ; (: *resolver*) éclaircir ; **ventilarse** *vpr* s'aérer
**ventisca** *nf*, **ventisquero** *nm* bourrasque *f* de neige
**ventolada** (*Am*) *nf* bourrasque *f*
**ventolera** *nf* bourrasque *f*, rafale *f* ; **le dio la ~ de comprarlo** (*fam*) il s'est mis en tête de l'acheter
**ventosa** *nf* ventouse *f*
**ventosear** *vi* avoir des gaz ; (*una vez*) lâcher un vent
**ventosidad** *nf* (*Anat*) gaz *m inv*
**ventoso, -a** *adj* venteux(-euse)
**ventrículo** *nm* ventricule *m*
**ventrílocuo, -a** *adj*, *nm/f* ventriloque *mf*
**ventura** *nf* félicité *f* ; (*suerte, destino*) fortune *f* ; **a la (buena) ~** à l'aventure
**venturoso, -a** *adj* heureux(-euse)
**Venus** *nm* Vénus *f*
**venza** *etc vb ver* **vencer**
**veo-veo** *nm* (*juego*) jeu *m* de devinette
**ver** *vt* voir ; (*televisión, partido*) regarder ; (*Jur*) entendre ; (*esp Am: mirar*) regarder ; **dejarse ~** se montrer ; **no poder ~ a algn** (*odiar*) ne pas

pouvoir voir qn ; **a ~** voyons voir ; **¿a ~?** fais voir ? ; **a ~ si ...** je me demande si ... ; **a ~, dime** allez, dis-moi ; **voy a ~ que hay** je vais voir ce qu'il y a ; **por lo que veo** à ce que je vois ; **te veo muy contento** tu as l'air très content ; **tiene que ~ con** ça a à voir avec ; **no tener que ~ con** n'avoir rien à voir avec ; **ya verás (cómo)** tu verras (que) ; **¡habráse visto!** tu te rends compte ! ; **¡vieran qué casa!** (*Méx fam*) vous verriez la maison ! ; **¡hubieran visto qué casa!** (*Méx fam*) si vous aviez vu la maison ! ▶ *vi* voir ; **(que) no veas** tu ne peux pas t'imaginer ; **¡hay que ~!** il faut voir ! ; **a mi modo de ~** à mon avis ▶ *nm* allure *f* ; **verse** *vpr* se voir ; (*hallarse*) se trouver ; (*Am fam*) avoir l'air ; **¡nos vemos!** à tout à l'heure ! ; **(ya) se ve que ...** on voit bien que ... ; **te ves divina** (*Am*) tu es divine

**vera** *nf*: **a la ~ de** (*del camino*) au bord de ; (*de algn*) auprès de

**veracidad** *nf* véracité *f*

**veraneante** *nmf* estivant(e)

**veranear** *vi* passer l'été

**veraneo** *nm*: **ir de ~** partir l'été en vacances ; **lugar de ~** lieu *m* de vacances

**veraniego, -a** *adj* estival(e)

**verano** *nm* été *m*

**veras** *nfpl*: **de ~** vraiment ; **esto va de ~** c'est sérieux

**veraz** *adj* véridique

**verbal** *adj* verbal(e)

**verbena** *nf* fête nocturne en plein air ; (*Bot*) verveine *f*

**verbigracia** *adv* par exemple

**verbo** *nm* verbe *m*

**verborrea** (*pey*) *nf* verbiage *m*

**verdad** *nf* vérité *f* ; **¿~?** n'est-ce pas ? ; **de ~** vraiment ; **de ~ que no fui yo** je jure que ce n'est pas moi ; **a decir ~, no quiero** à vrai dire, je ne veux pas ; **¡es ~!** c'est vrai ! ; **la pura ~** la pure vérité ; **la ~ es que ...** en fait ...

**verdaderamente** *adv* vraiment

**verdadero, -a** *adj* véridique ; (*antes del nombre*) vrai(e), véritable ; **¿~ o falso?** vrai ou faux ?

**verde** *adj* (*tb Pol*) vert(e) ; (*plan*) pas encore mûr(e) ; (*chiste*) cochon(ne) (*fam*) ; **viejo ~** vieux cochon *m* (*fam*) ; **poner ~ a algn** (*fam*) descendre qn en flammes (*fam*) ▶ *nm* vert *m* ; (*hierba*) verdure *f*

**verdear, verdecer** *vi* verdir

**verdezca** *etc vb ver* **verdear**

**verdor** *nm* (*color*) couleur *f* verte, vert *m* ; (*lozanía*) luxuriance *f*

**verdoso, -a** *adj* verdâtre

**verdugo** *nm* bourreau *m* ; (*gorro*) cagoule *f*

**verdulera** (*pey*) *nf* marchande *f* de poisson ; *ver tb* **verdulero**

**verdulero, -a** *nm/f* marchand(e) de légumes

**verdura** *nf*, **verduras** *nfpl* légumes *mpl*

⚠ **Verdura** ne signifie pas *verdure*, qui se traduit par **vegetación** en espagnol.

**vereda** *nf* sentier *m* ; (*Am*) trottoir *m* ; **meter a algn en ~** remettre qn dans le droit chemin

**veredicto** *nm* verdict *m*

**verga** *nf* (*pene: Zool*) verge *f* ; (: *fam!: de hombre*) bite (*fam!*) ; (*Náut*) vergue *f*

**vergel** *nm* verger *m*

**vergonzante** *adj* honteux(-euse)

**vergonzoso, -a** *adj* (*persona*) timide ; (*acto, comportamiento*) honteux(-euse)

**vergüenza** *nf* honte *f* ; **no tener ~** ne pas avoir honte ; **me da ~ decírselo** j'ai honte de le lui dire ; **¡qué ~!** quelle honte ! ; **¡es una ~!** c'est une honte !

**vericueto** *nm* sentier *m* escarpé ; (*de ley, burocracia*) méandre *m*

**verídico, -a** *adj* véridique

**verificación** *nf* vérification *f* ; (*de testamento*) homologation *f*

**verificar** *vt* vérifier ; (*testamento*) homologuer ; (*llevar a cabo*) effectuer ; **verificarse** *vpr* avoir lieu ; (*profecía*) se vérifier

**verifique** *etc vb ver* **verificar**

**verja** *nf* grille *f*

**vermut** [ber'mu] (*pl* **vermuts**) *nm* vermouth *m* ; (*esp And, CSur Cine*) matinée *f*

**vernáculo, -a** *adj* vernaculaire

**verosímil** *adj* vraisemblable

**verosimilitud** *nf* vraisemblance *f*

**verruga** *nf* (*Med*) verrue *f* ; (*Bot*) excroissance *f*

**versado, -a** *adj*: **~ en** versé(e) dans

**Versalles** *n* Versailles

**versar** *vi*: **~ sobre** traiter de

**versátil** *adj* (*polivalente*) polyvalent(e) ; (*inconstante*) volage

**versatilidad** *nf* (*polivalencia*) polyvalence *f* ; (*inconstancia*) versatilité *f*

**versículo** *nm* (*Rel*) verset *m*

**versificar** *vt, vi* versifier

**versión** *nf* version *f* ; **nueva ~** nouvelle version ; **en ~ original** en version originale

**verso** *nm* vers *msg* ; **~ blanco/libre** vers blanc/libre

**vértebra** *nf* vertèbre *f*

**vertebrado, -a** *adj* vertébré(e) ▶ *nm* vertébré *m*

**vertebral** *adj* vertébral(e) ; **columna ~** colonne *f* vertébrale

**vertedero** *nm* (*de basura*) décharge *f*, dépotoir *m*

**verter** *vt* verser ; (*derramar*) répandre ; (*basura*) jeter ▶ *vi*: **~ a** (*río*) se jeter dans ; **verterse** *vpr* se répandre

**vertical** *adj* vertical(e) ; (*postura, piano*) droit(e) ▶ *nf* verticale *f*

**vértice** *nm* sommet *m*

**vertido** *nm* (*acción*) déversement *m*, rejet *m* ; **el ~ de residuos nucleares** le déversement

## vertiente – vicio

de déchets nucléaires ; **vertidos** (*residuos*) déchets *mpl* ; **vertidos tóxicos** déchets toxiques
**vertiente** *nf* versant *m* ; (*aspecto*) aspect *m*
**vertiginoso, -a** *adj* vertigineux(-euse)
**vértigo** *nm* vertige *m* ; (*fig*) précipitation *f* ; **me da ~** ça me donne le vertige ; **de ~** (*fam: velocidad*) grand V *inv* ; (: *suma*) fou (folle)
**vesícula** *nf* vésicule *f* ; **~ biliar** vésicule biliaire
**vespa**® *nf* Vespa® *f*
**vespertino, -a** *adj* (*prensa, luz*) du soir
**vespino**® *nmf* mobylette *f*
**vestíbulo** *nm* vestibule *m*
**vestido, -a** *adj* habillé(e) ; (**ir/estar**) **~ de** (être) habillé(e) en ; (*disfrazado*) (être) déguisé(e) en ▶ *nm* habit *m*, vêtement *m* ; (*de mujer*) robe *f*
**vestigio** *nm* vestige *m*
**vestimenta** *nf* habits *mpl*
**vestir** *vt* habiller ; (*llevar puesto*) porter ▶ *vi* s'habiller ; (*ser elegante*) habiller ; **ropa de ~** vêtements *mpl* habillés ; **vestirse** *vpr* s'habiller ; **vestirse de** s'habiller en ; **vestirse de princesa/marinero** se déguiser en princesse/marin
**vestuario** *nm* garde-robe *f* ; (*Teatro, Cine*) costumes *mpl* ; (*local: Teatro*) loge *f* ; **vestuarios** *nmpl* (*Deporte*) vestiaires *mpl*
**Vesubio** *nm* Vésuve *m*
**veta** *nf* (*de mineral*) veine *f*, filon *m* ; (*en piedra, madera*) veine
**vetar** *vt* mettre son veto à
**veteranía** *nf* (longue) expérience *f*, ancienneté *f*
**veterano, -a** *adj* ancien(ne) ▶ *nm/f* vétéran *m*
**veterinaria** *nf* médecine *f* vétérinaire
**veterinario, -a** *nm/f* vétérinaire *mf*
**veto** *nm* veto *m*
**vetusto, -a** *adj* vétuste
**vez** *nf* fois *fsg* ; (*turno*) tour *m* ; **a la ~** en même temps ; **a la ~ que** en même temps que ; **a su ~** à son tour ; **cada ~ más/menos** de plus en plus/de moins en moins ; **hay cada ~ más/menos gente** il y a de plus en plus/de moins en moins de monde ; **una ~** une fois ; **de una ~** en une seule fois ; **de una ~ para siempre** une bonne fois pour toutes ; **en ~ de** au lieu de ; **a veces/algunas veces** parfois ; **otra ~** encore (une fois) ; **una y otra ~** à maintes reprises ; **pocas veces** peu, pas souvent ; **de ~ en cuando** de temps en temps ; **7 veces 9** 7 fois 9 ; **hacer las veces de** tenir lieu de, faire office de ; **tal ~** peut-être ; **¿lo has visto alguna ~?** l'as-tu déjà vu ? ; **¿cuántas veces?** combien de fois ? ; **érase una ~** il était une fois
**v. g., v.gr.** *abr* (= *verbigracia*) i.e. (= *id est*)
**VHF** *sigla f* (= *Very High Frequency*) VHF *f*

**vía** *nf* voie *f* ; **dar ~ libre a** ouvrir la voie à ; **por ~ aérea** par avion ; **por ~ oral** (*Med*) par voie orale ; **por ~ judicial** par voie judiciaire ; **por ~ oficial** par la voie officielle ; **por ~ de** par le canal de ; **en vías de** en voie de ; **un país en vías de desarrollo** un pays en voie de développement ; **transmisión ~ satélite** transmission *f* par satellite ; **Madrid-Berlín ~ París** Madrid-Berlin via Paris ; **vías aéreas** voies *fpl* aériennes ; **~ de comunicación** voie de communication ; **V~ Láctea** Voie lactée ; **~ pública** voie publique ; **~ única** (*Auto*) voie à sens unique
**viabilidad** *nf* viabilité *f*
**viable** *adj* viable
**viaducto** *nm* viaduc *m*
**viajante** *nm* (*Com*) représentant *m*, voyageur *m* de commerce
**viajar** *vi* voyager
**viaje** *nm* voyage *m* ; (*carga*) cargaison *f* ; **agencia de viajes** agence *f* de voyage ; **bolsa/manta de ~** sac *m*/couverture *f* de voyage ; **¡buen ~!** bon voyage ! ; **estar de ~** être en voyage ; **ir de ~** partir en voyage ; **~ de ida y vuelta** voyage aller-retour ; **~ de negocios** voyage d'affaires ; **~ de novios** voyage de noces
**viajero, -a** *adj*, *nm/f* voyageur(-euse)
**vial** *adj* (*Auto: seguridad*) routier(-ière) ; (*Auto: marca*) au sol
**vianda** *nf* victuaille *f*
**viandante** *nmf* piéton(-onne)
**viaraza** (*Am*) *nf* accès *msg* ; (*ocurrencia*) idée *f*
**víbora** *nf* vipère *f*
**vibración** *nf* vibration *f* ; **hay buenas vibraciones** (*fig*) le courant passe bien
**vibrador** *nm* vibrateur *m*
**vibrante** *adj* vibrant(e) ; (*fig: público*) transporté(e)
**vibrar** *vi* vibrer
**vicaría** *nf* (*Rel*) vicariat *m* ; **pasar por la ~** convoler en justes noces
**vicario** *nm* vicaire *m*
**vicealmirante** *nmf* vice-amiral(e)
**vicecónsul** *nm* vice-consul *m*
**vicegerente** *nmf* (*Am*) sous-directeur(-trice)
**vicepresidente** *nmf* vice-président(e)
**viceversa** *adv*: **y ~** et vice versa
**viciado, -a** *adj* (*corrompido*) malsain(e) ; (*postura*) gauchi(e) ; (*aire, atmósfera*) vicié(e)
**viciar** *vt* (*persona, costumbres*) pervertir ; (*Jur, aire*) vicier ; (*objeto, postura*) déformer ; (*mecanismo, dicción*) fausser ; **viciarse** *vpr* (*aire*) devenir vicié(e) ; (*deformarse*) se déformer ; **viciarse con** (*persona*) devenir mordu(e) de
**vicio** *nm* vice *m* ; (*mala costumbre*) mauvaise habitude *f*, défaut *m* ; (*mimo*) faiblesse *f* ; (*deformación*) déformation *f* ; **de** o **por ~** par habitude ; **~ de dicción** défaut de prononciation

## vicioso – vinagrera

**vicioso, -a** *adj, nm/f* vicieux(-euse); **círculo ~** cercle *m* vicieux
**vicisitud** *nf* vicissitude *f*
**víctima** *nf* victime *f*; **ser ~ de** être victime de
**victimario** (*AM*) *nm* assassin *m*
**victimismo** *nm* victimisme *m*
**victoria** *nf* victoire *f*
**victorioso, -a** *adj* victorieux(-euse); **salir ~ de** sortir victorieux(-euse) de
**vicuña** *nf* vigogne *f*
**vid** *nf* vigne *f*
**vida** *nf* vie *f*; (*de aparato, edificio*) durée *f* de vie; **¡~!, ¡~ mía!** mon amour!; **calidad de ~** qualité *f* de la vie; **de por ~** à vie; **en la/mi** *etc* **~** (*nunca*) de la/ma *etc* vie; **estar con ~** être en vie; **hacer ~ social** sortir beaucoup; **ganarse la ~** gagner sa vie; **de ~ o muerte** de vie ou de mort; **¡esto es ~!** ça, c'est la belle vie!; **le va la ~ en esto** sa vie en dépend; **~ de perros** vie de chien; **~ eterna/privada** vie éternelle/privée
**vidente** *nmf* voyant(e)
**vídeo** (*AM*), **video** *nm* vidéo *f*; (*aparato*) magnétoscope *m*; **cinta de ~** cassette *f* vidéo, bande *f* vidéo; **grabar en ~** enregistrer en vidéo; **~ compuesto/inverso** (*Inform*) vidéo composite/inverse; **~ musical** vidéo musicale
**videocámara** *nf* caméra *f* vidéo
**videocasete, videocassette** *nm* vidéocassette *f*
**videoclip** *nm* vidéoclip *m*, clip *m* vidéo
**videoclub** *nm* club *m* vidéo
**videoconferencia** *nf* visioconférence *f*
**videoconsola** *nf* console *f* de jeux
**videodatos** *nmpl* (*Com*) données *fpl* vidéo
**videojuego** *nm* jeu *m* vidéo
**videojugador, -a** *nm/f* joueur(-euse) de jeux vidéos
**videoproyector** *nm* vidéoprojecteur *m*
**videotex, videotexto** *nm* vidéotex *m*
**videovigilancia** *nf* vidéosurveillance *f*
**vidriera** *nf* baie *f* vitrée; (*AM: de tienda*) vitrine *f*; (*puerta*) porte *f* vitrée; *ver tb* **vidriero**
**vidriero, -a** *nm/f* vitrier *m*
**vidrio** *nm* (*material*) verre *m*; (*trozo*) bout *m* de verre; (*de ventana, puerta*) vitre *f*; (*AM*) fenêtre *f*; **pagar los vidrios rotos** payer les pots cassés; **~ cilindrado** verre très épais; **~ inastillable** verre Sécurit®
**vidrioso, -a** *adj* vitreux(-euse)
**vieira** *nf* coquille *f* Saint-Jacques
**viejito, -a** (*AM*) *nm/f* (*amigo*) (mon (ma)) vieux (vieille)
**viejo, -a** *adj* vieux (vieille); (*tiempos*) ancien(ne); **hacerse** *o* **ponerse ~** se faire vieux (vieille) ▶ *nm/f* vieux (vieille); **mi ~/vieja** (*esp CSUR fam: padre/madre*) mon vieux/ma vieille; (: *marido/mujer*) le vieux/la vieille; (: *mi* 

*vida*) mon amour; **mis viejos** (*esp CSUR fam: padres*) mes vieux

> En francés, el adjetivo *vieux* se transforma en *vieil* cuando precede a un sustantivo masculino que comienza por vocal o *h* muda. Por ejemplo: *un vieil homme*.

**Viena** *n* Vienne
**viene** *etc vb ver* **venir**
**vienés, -esa** *adj* viennois(e) ▶ *nm/f* Viennois(e)
**viento** *nm* vent *m*; (*cuerda*) corde *f* de tente; **contra ~ y marea** contre vents et marées; **ir ~ en popa** marcher comme sur des roulettes; **~ de cola/de costado** vent arrière/de travers
**vientre** *nm* ventre *m*; **hacer de ~** aller à la selle
**vier.** *abr* = **viernes**
**viernes** *nm inv* vendredi *m*; **V~ Santo** vendredi saint; *ver tb* **sábado**
**vierta** *etc vb ver* **verter**
**Vietnam** *nm* Vietnam *m*
**vietnamita** *adj* vietnamien(ne) ▶ *nmf* Vietnamien(ne)
**viga** *nf* poutre *f*
**vigencia** *nf* (*de ley, contrato*) validité *f*; (*de costumbres*) actualité *f*; **estar/entrar en ~** être/entrer en vigueur
**vigente** *adj* (*ley etc*) en vigueur; (*costumbre*) actuel(le)
**vigésimo, -a** *adj, nm/f* vingtième *mf*
**vigía** *nmf* guetteur(-euse) ▶ *nf* mirador *m*
**vigilancia** *nf* surveillance *f*
**vigilante** *adj* vigilant(e) ▶ *nm* gardien *m*; **~ jurado** vigile *m*; **~ nocturno** gardien(-enne) de nuit
**vigilar** *vt* surveiller ▶ *vi* être de garde; **~ por** (*salud*) veiller à; (*algn*) veiller sur
**vigilia** *nf* veille *f*; (*Rel*) vigile *f*, veille *f*
**vigor** *nm* vigueur *f*; **en ~** en vigueur; **entrar en ~** entrer en vigueur
**vigoroso, -a** *adj* vigoureux(-euse)
**vigueta** *nf* poutrelle *f*
**VIH** *sigla m* (= *virus de la inmunodeficiencia humana*) VIH *m* (= *virus de l'immunodéficience humaine*)
**vikingo, -a** *adj* viking ▶ *nm/f* Viking *mf*
**vil** *adj* vil(e)
**vileza** *nf* vilenie *f*
**vilipendiar** *vt* vilipender
**villa** *nf* villa *f*; (*población*) ville *f*; **la V~ (de Madrid)** la Ville (de Madrid); **~ miseria** (*CSUR*) bidonville *m*
**villancico** *nm* chant *m* de Noël
**villano** *nm* malfrat *m*
**villorrio** (*pey*) *nm* trou *m*
**vilo**: **en ~** *adv* (*sostener, levantar*) en l'air; **estar en ~** (*fig*) être sur des charbons ardents
**vinagre** *nm* vinaigre *m*
**vinagrera** *nf* vinaigrier *m*; **vinagreras** *nfpl* (*en la mesa*) huilier(-vinaigrier) *m*

**vinagreta** nf vinaigrette f
**vinatero, -a** adj viticole ▶ nm/f viticulteur(-trice)
**vinculación** nf (a partido, idea) lien m; (de grupos, hechos) rapprochement m
**vincular** vt rapprocher; (por contrato, obligación) lier; **vincularse** vpr: **vincularse (a)** se rapprocher (de)
**vínculo** nm lien m
**vindicar** vt défendre; (vengar) venger
**vindique** etc vb ver **vindicar**
**vinícola** adj vinicole
**vinicultura** nf viticulture f
**vinilo** nm vinyle m
**vino** vb ver **venir** ▶ nm vin m; **~ añejo** vin vieux; **~ blanco/rosado/tinto** vin blanc/rosé/rouge; **~ de crianza** grand cru m; **~ de mesa** vin de table; **~ peleón** (fam) pinard m (fam)
**viña** nf vigne f
**viñedo** nm vignoble m
**viñeta** nf vignette f
**viola** nf viole f
**violáceo, -a** adj violacé(e)
**violación** nf (de una persona) viol m; (de derecho, ley) violation f; **~ de contrato** (Com) rupture f de contrat
**violador, a** nm/f violeur(-euse)
**violar** vt violer
**violencia** nf violence f; **~ doméstica** violence domestique, violence conjugale
**violentar** vt forcer; (persona) violenter; **violentarse** vpr se faire violence
**violento, -a** adj violent(e); (embarazoso) embarrassant(e); (incómodo) mal à l'aise inv; **me es muy ~** cela me gêne beaucoup
**violeta** adj violet(te) ▶ nf (Bot) violette f ▶ nm (color) violet m
**violín** nm violon m
**violinista** nmf violoniste mf
**violón** nm contrebasse f
**violoncelista, violonchelista** nmf violoncelliste mf
**violoncelo, violonchelo** nm violoncelle m
**V.I.P.** sigla m (= Very Important Person) VIP m
**viperino, -a** adj: **lengua viperina** langue f de vipère
**virador** nm (para fotocopiadora) toner m
**viraje** nm virage m; (de ideas, procedimientos) revirement m
**viral** adj viral
**virar** vt (Foto) faire virer ▶ vi virer
**virgen** adj vierge ▶ nm/f puceau (pucelle) ▶ nf vierge f; **la (Santísima) V~** la (Sainte) Vierge
**virginidad** nf virginité f
**Virgo** nm (Astrol) la Vierge; **ser ~** être Vierge
**vírico, -a** adj viral(e); **enfermedad vírica** maladie f virale
**viril** adj viril(e); **miembro ~** membre m viril
**virilidad** nf virilité f

**virrey** nm vice-roi m
**virtual** adj virtuel(le); (candidato, presidente) potentiel(le)
**virtud** nf vertu f; **en ~ de** en vertu de
**virtuosismo** nm virtuosité f
**virtuoso, -a** adj vertueux(-euse) ▶ nm/f (Mús) virtuose mf
**viruela** nf variole f; **viruelas** nfpl (pústulas) boutons mpl de variole
**virulencia** nf virulence f
**virulento, -a** adj virulent(e)
**virus** nm inv virus msg
**viruta** nf copeau m
**vis** nf: **~ cómica** génie m comique ▶ adv: **~ a ~** vis-à-vis
**visa** (AM) nf, **visado** nm visa m; **~ de permanencia** permis m de séjour
**visar** vt viser
**víscera** nf viscère m; **vísceras** nfpl viscères mpl
**visceral** adj viscéral(e)
**viscosa** nf viscose f
**viscosidad** nf viscosité f
**viscoso, -a** adj visqueux(-euse)
**visera** nf visière f; (gorra) casquette f à visière
**visibilidad** nf visibilité f
**visible** adj visible; **estar ~** être visible; **exportaciones/importaciones visibles** (Com) exportations fpl/importations fpl visibles
**visigodo, -a** adj wisigoth(e) ▶ nm/f Wisigoth(e)
**visillo** nm voilage m
**visión** nf vision f; **ver visiones** avoir des visions; **~ de conjunto** vue f d'ensemble; **~ global** vue globale
**visionario, -a** adj, nm/f visionnaire mf
**visita** nf visite f; **horas/tarjeta de ~** heures fpl/carte f de visite; **hacer una ~** rendre o faire une visite; **ir de ~** aller rendre visite; **~ de cortesía** visite de courtoisie; **~ de cumplido** visite de politesse
**visitante** adj, nmf visiteur(-euse)
**visitar** vt (familia etc) rendre visite à; (ciudad, museo) visiter; (inspeccionar) faire la visite de
**vislumbrar** vt apercevoir, distinguer; (solución) entrevoir
**vislumbre** nf aperçu m; (de luz, fuego) lueur f
**viso** nm (de metal) éclat m; (de tela) lustre m; (aspecto) luisant m; **tiene visos de ser cierto** cela a l'air d'être vrai
**visón** nm vison m; **abrigo de ~** manteau m de vison
**visor** nm (Foto, de arma) viseur m
**víspera** nf veille f; **la ~** o **en vísperas de** (à) la veille de
**vista** nf vue f; (Jur) audience f; **a primera** o **simple ~** à première vue, au premier abord; **a ~ de pájaro** à vol d'oiseau; **fijar** o **clavar la ~ en algo** fixer qch; **hacer la ~ gorda** fermer les yeux; **tener ~ (para algo)** avoir du flair

(pour qch); **volver la ~** détourner les yeux; **hacer algo a la ~ de todos** faire qch au vu et au su de tous; **está** o **salta a la ~ que** il saute aux yeux que; **a la ~** (Com) à vue; **conocer a algn de ~** connaître qn de vue; **perder algo/a algn de ~** perdre qch/qn de vue; **en ~ de ...** vu ...; **en ~ de que** vu que; **¡hasta la ~!** à bientôt!; **con vistas a** (al mar) avec vue sur; (al futuro, a mejorar) dans le but de; **~ cansada** presbytie f; **~ de lince** yeux mpl de lynx

**vistazo** nm coup m d'œil; **dar** o **echar un ~ a** jeter un coup d'œil à

**visto, -a** vb ver **vestir** ▶ pp de **ver** ▶ adj: **estar muy ~** ne pas être très original(e); **está ~ que** il est clair que; **está bien/mal ~** c'est bien/mal vu; **estaba ~** c'était à prévoir; **~ que** vu que; **por lo ~** apparemment ▶ nm: **~ bueno** accord m; **dar el ~ bueno a** donner son accord pour

**vistoso, -a** adj voyant(e)

**visual** adj visuel(le)

**visualice** etc vb ver **visualizar**

**visualización** nf visualisation f; (Inform) affichage m; **pantalla de ~** écran m d'affichage

**visualizador** nm écran m de visualisation

**visualizar** vt visualiser; (Inform) afficher

**vital** adj vital(e); (persona) plein(e) de vitalité

**vitalicio, -a** adj viager(-ère); (cargo) à vie

**vitalidad** nf vitalité f

**vitalista** adj vitaliste

**vitamina** nf vitamine f

**vitaminado, -a** adj vitaminé(e)

**vitamínico, -a** adj: **complejo ~** complexe m vitaminé

**viticultor, a** nm/f viticulteur(-trice)

**viticultura** nf viticulture f

**vitola** nf (de cigarro) bague f

**vitorear** vt acclamer

**vítores** nmpl clameurs fpl

**vitoriano, -a** adj de Vitória ▶ nm/f natif(-ive) o habitant(e) de Vitória

**vitrina** nf vitrine f

**vitrocerámica** nf (tb: **placa de vitrocerámica**) table f vitrocéramique

**vitrocerámico, -a** adj: **placa vitrocerámica** plaque f vitrocéramique

**vituperar** vt vitupérer

**vituperio** nm vitupération f

**viudedad** nf (estado) veuvage m; (pensión) allocation f de veuvage

**viudez** nf veuvage m

**viudo, -a** adj, nm/f veuf (veuve)

**viva** excl hourra!; **¡~ el rey!** vive le roi! ▶ nm vivat m

**vivac** (pl **vivacs**) nm bivouac m

**vivacidad** nf vivacité f

**vivamente** adv vivement; (describir) de façon vivante

**vivaracho, -a** adj vif (vive)

**vivaz** adj vivace; (ingenio) vif (vive)

**vivencia** nf vécu m

**víveres** nmpl vivres mpl

**vivero** nm (de plantas) pépinière f; (criadero) vivier m; (fig: de discordia) source f; (: delincuentes) nid m

**viveza** nf vivacité f

**vívido, -a** adj vif (vive)

**vividor, a** (pey) nm/f parasite mf; (aprovechado) noceur(-euse)

**vivienda** nf logement m; **~ de protección oficial** HLM m; **viviendas sociales** logements sociaux

**viviente** adj vivant(e)

**vivificar** vt vivifier

**vivifique** etc vb ver **vivificar**

**vivir** vt, vi vivre; **~ de** vivre de; **~ bien/mal** vivre bien/mal; **saber ~** savoir vivre

**vivo, -a** adj vif (vive); (ser, recuerdo, planta) vivant(e); **al rojo ~** à blanc; **en ~** (TV, Mús) en direct

**vizcacha** nf (Zool) sorte de lièvre à longue queue d'Amérique Latine

**vizcaíno, -a** adj de Biscaye ▶ nm/f natif(-ive) o habitant(e) de Biscaye

**Vizcaya** nf Biscaye f; **el Golfo de ~** le golfe de Gascogne

**vizconde** nm vicomte m

**V.M.** abr = **Vuestra Majestad**

**V.O.** abr (= versión original) VO f (= version originale)

**vocablo** nm mot m

**vocabulario** nm vocabulaire m

**vocación** nf vocation f

**vocacional** (MÉX) nf (Escol) collège m technique

**vocal** adj vocal(e) ▶ nmf membre m ▶ nf (Ling) voyelle f

**vocalice** etc vb ver **vocalizar**

**vocalista** nmf chanteur(-euse)

**vocalizar** vt prononcer ▶ vi articuler

**voceador** (AM) nm: **~ de periódicos** crieur m de journaux

**vocear** vt (mercancía) vendre à la criée; (escándalo, noticia) crier sur les toits ▶ vi crier

**vocerío** nm clameur f

**vocero, -a** (AM) nm/f porte-parole m inv

**voces** pl de **voz**

**vociferar** vi vociférer

**vocinglero, -a** adj déchaîné(e)

**vodevil** nm vaudeville m

**vodka** nm vodka f

**vodú** (AM) nm vaudou m

**vol.** abr (= volumen) vol. (= volume)

**volado, -a** (fam) adj: **estar ~** être cinglé(e) (fam)

**volador, a** adj volant(e)

**voladura** nf explosion f; (Minería) minage m

**volandas: en ~** adv en volant; (en un momento) en un clin d'œil

**volantazo** nm (Auto) coup m de volant

**volante** adj volant(e) ▶ nm volant m; (Med: de

# volar – voz

*aviso*) convocation *f* ; **ir al ~** être au volant
**volar** *vt* faire exploser ▶ *vi* voler ; (*tiempo*) passer ; (*noticias*) aller bon train ; (*fam: desaparecer*) filer ; **voy volando** j'y cours ; **volarse** *vpr* s'envoler
**volátil** *adj* (*Econ, Quím*) volatil(e) ; (*carácter, situación*) versatile, instable
**volatilidad** *nf* (*Econ, Quím*) volatilité *f* ; (*de carácter, situación*) versatilité *f*, instabilité *f*
**volcán** *nm* volcan *m* ; **el país es un ~** (*fig*) le pays est une poudrière
**volcánico, -a** *adj* volcanique
**volcar** *vt* (*recipiente*) vider ; (*contenido*) verser ; (*vehículo*) renverser ; (*barco*) faire chavirer ▶ *vi* (*vehículo*) capoter ; (*barco*) chavirer ; **volcarse** *vpr* (*recipiente*) se renverser ; (*vehículo*) capoter ; (*barco*) chavirer ; (*esforzarse*): **volcarse para hacer algo/con algn** se donner beaucoup de mal pour faire qch/avec qn
**volea** *nf* volée *f*
**voleibol** *nm* volley-ball *m*
**voleiplaya** *nm* beach-volley *m*
**voleo** *nm* volée *f* ; **a(l) ~** au petit bonheur, au hasard ; **de un ~** en un tourne-main
**Volga** *nm* Volga *f*
**volición** *nf* volonté *f*
**volqué** *etc*, **volquemos** *etc vb ver* **volcar**
**volquete** *nm* camion *m* à benne
**voltaje** *nm* voltage *m*
**voltear** *vt* faire tourner ; (*persona: en el aire*) faire sauter en l'air ; (*Am*) tourner ; (: *volcar*) verser ▶ *vi*: **~ a hacer algo** (*Am*) recommencer (à faire) qch ; **voltearse** *vpr* (*Am*) se retourner
**voltereta** *nf* (*rodada*) galipette *f* ; (*en el aire*) saut *m* périlleux ; **~ lateral** roue *f*
**voltio** *nm* volt *m*
**voluble** *adj* volubile
**volumen** *nm* volume *m* ; (*Com*) volume, chiffre *m* ; **bajar el ~** baisser le son ; **poner la radio a todo ~** mettre la radio à fond ; **~ de capital** capital *m* ; **~ de negocios/de ventas** chiffre d'affaires/des ventes
**voluminoso, -a** *adj* volumineux(-euse)
**voluntad** *nf* volonté *f* ; **a ~** à volonté ; **buena ~** bonne volonté ; **dar la ~** laisser un pourboire ; **tener mucha/poca ~** être quelqu'un de très volontaire/manquer de volonté ; **por causas ajenas a nuestra ~** pour des raisons indépendantes de notre volonté
**voluntariado** *nm* (*trabajo*) bénévolat *m* ; (*trabajadores*) bénévoles *mpl*
**voluntariamente** *adv* volontairement, de mon/ton/*etc* plein gré
**voluntario, -a** *adj* volontaire ▶ *nm/f* volontaire *mf*, bénévole *mf* ; **ofrecerse (como) ~** se porter volontaire
**voluntarioso, -a** *adj* volontaire
**voluptuoso, -a** *adj* voluptueux(-euse)
**volver** *vt* tourner ; (*boca abajo, de dentro fuera*) retourner ; (*de atrás adelante*) ramener ; (*transformar en: persona*) rendre ; (*manga*) retrousser ; **~ la espalda** tourner le dos ; **~ la vista atrás** regarder en arrière ; **~ loco a algn** rendre qn fou ▶ *vi* (*regresar*) revenir ; (*ir de nuevo*) retourner ; **~ a hacer algo** recommencer (à faire) qch ; **~ de** revenir de ; **~ en sí** revenir à soi ; **volverse** *vpr* (*girar*) se retourner ; (*convertirse en*) devenir ; **volverse loco/insociable** devenir fou/asocial ; **volverse atrás** revenir en arrière ; **su mentira se volvió contra él** *o* **en contra de él** son mensonge s'est retourné contre lui
**vomitar** *vt* vomir ; (*sangre*) cracher ▶ *vi* vomir
**vomitivo, -a** *adj* (*Med*) vomitif(-ive), émétique ; (*fig*) écœurant(e) ▶ *nm* (*Med*) émétique *m*
**vómito** *nm* vomissement *m* ; (*lo vomitado*) vomi *m*
**voracidad** *nf* voracité *f*
**vorágine** *nf* tourbillon *m*
**voraz** *adj* vorace ; (*hambre*) dévorant(e)
**vórtice** *nm* tourbillon *m*
**vos** (*Am*) *pron pers* (*sujeto*) tu ; (*tras preposición*) toi ; **es de/para ~** c'est à/pour toi

> **vos**
>
> En Argentine, en Uruguay, au Paraguay et dans la plupart des pays d'Amérique centrale, le pronom personnel de la deuxième personne du singulier *tú* est remplacé par **vos**, qui à l'origine était la forme de vouvoiement employée jusqu'au XVIe siècle. **Vos** s'emploie avec un verbe conjugué à la deuxième personne du singulier (*¿Vos lo sabías?*) et avec le complément d'objet direct te (*Vos te lo mereces*). Dans le reste des pays hispanophones, c'est le tutoiement (*tuteo*) qui est utilisé, comme en Espagne.

**voseo** (*Am*) *nm* vouvoiement *m*
**Vosgos** *nmpl* Vosges *fpl*
**vosotros, -as** *pron pers* vous *pl* ; **entre ~** parmi vous
**votación** *nf* vote *m* ; **por ~** par vote ; **someter algo a ~** soumettre qch au vote ; **~ secreta/a mano alzada** vote à bulletin secret/à main levée
**votante** *nmf* votant(e), électeur(-trice)
**votar** *vt, vi* voter
**voto** *nm* vote *m* ; (*Rel*) vœu *m* ; **hacer votos por** former des vœux pour ; **dar su ~** voter ; **~ a favor** vote pour ; **~ de censura/de confianza** motion *f* de censure/vote de confiance ; **~ en contra** vote contre
**voy** *vb ver* **ir**
**voz** *nf* voix *fsg* ; (*grito*) cri *m* ; (*rumor*) bruit *m* ; (*Ling: palabra*) mot *m* ; **dar voces** pousser des

cris ; **llamar a algn/hablar a voces** appeler qn/parler en criant ; **la ~ de la conciencia** la voix de la conscience ; **a media ~** à mi-voix ; **a ~ en cuello** o **en grito** à grands cris ; **de viva ~** de vive voix ; **en ~ alta/baja** à voix haute/basse ; **llevar la ~ cantante** mener la danse ; **tener la ~ tomada** être enroué(e) ; **tener ~ y voto** avoir voix au chapitre ; **~ de mando** ton *m* de commandement ; **~ en off** voix off

**vozarrón** *nm* voix *fsg* de stentor
**vra.** *abr* (= *vuestra*) *ver* **vuestro**
**vro.** *abr* = **vuestro**
**Vto.** *abr* (*Com*) = **vencimiento**
**vudú** *nm* vaudou *m*
**vuelco** *vb ver* **volcar** ▶ *nm* culbute *f*, chute *f* ; (*de coche*) tonneau *m* ; **me dio un ~ el corazón** ça m'a fait un coup au cœur
**vuelo** *vb ver* **volar** ▶ *nm* vol *m* ; (*de falda, vestido*) ampleur *f* ; **de altos vuelos** de haut vol ; **alzar el ~** prendre son vol ; **cazar** o **coger al ~** attraper au vol ; **cazarlas** o **cogerlas al ~** (*fig*) ne pas en laisser passer une ; **falda de (mucho) ~** jupe *f* ample ; **~ chárter** vol charter ; **~ en picado** descente *f* en piqué ; **~ espacial** vol spatial ; **~ libre** vol libre ; **~ regular** vol régulier ; **~ sin motor** vol sans moteur
**vuelque** *etc vb ver* **volcar**
**vuelta** *nf* tour *m* ; (*regreso*) retour *m* ; (*en carreras, circuito*) virage *m* ; (*de camino*) détour *m* ; (*de río*) méandre *m* ; (*de papel*) verso *m* ; (*de pantalón, tela, fig*) revers *msg* ; (*en labor de punto*) rangée *f* ; (*situación*) renversement *m* ; (*dinero*) monnaie *f* ; **~ a empezar** retour à la case départ ; **a la ~** (*ESP*) au retour ; **a la ~ (de la esquina)** au coin (de la rue) ; **a ~ de correo** par retour du courrier ; **dar(se) la ~** (*coche*) faire demi-tour ; (*persona*) se retourner ; **dar la ~ a algo** retourner qch ; (*de atrás adelante*) ramener qch ; **dar la ~ al mundo** faire le tour du monde ; **dar vueltas** tourner ; **dar vueltas a algo** (*comida*) remuer qch ; (*manivela*) tourner qch ; **dar vueltas a una idea** tourner et retourner une idée dans sa tête ; **dar una ~** faire un tour ; **dar una ~ a algo** (*llave, tuerca*) donner un tour de qch ; **dar media ~** (*persona*) faire demi-tour ; **estar de ~** être de retour ; **poner a algn de ~ y media** (*fam*) traiter qn de tous les noms ; **no tiene ~ de hoja** il n'y a pas d'autre solution ; **~ ciclista** tour *f* (cycliste) ; **~ de campana** tonneau *m*
**vueltecita** *nf* petit tour *m*
**vueltita** (*AM fam*) *nf* petit tour *m*
**vuelto** *pp de* **volver** ▶ *nm* (*AM*) monnaie *f*
**vuelva** *etc vb ver* **volver**
**vuestro, -a** *adj* votre ; **un amigo ~** un de vos amis, un ami à vous ; **una idea vuestra** une de vos idées ▶ *pron*: **el ~/la vuestra** le/la vôtre ; **los vuestros/las vuestras** les vôtres ; **lo ~** ce qui est à vous ; **¿son vuestros?** c'est à vous ?
**vulgar** *adj* (*pey*) vulgaire ; (*no refinado*) grossier(-ière) ; (*gustos, uso*) commun(e)
**vulgarice** *etc vb ver* **vulgarizar**
**vulgaridad** *nf* vulgarité *f* ; (*de gustos, rasgos*) banalité *f* ; (*grosería*) grossièreté *f* ;
 **vulgaridades** *nfpl* (*trivialidades*) banalités *fpl*
**vulgarismo** *nm* expression *f* populaire
**vulgarizar** *vt* vulgariser
**vulgarmente** *adv* vulgairement, communément
**vulgo** *nm*: **el ~** (*pey*) le commun des mortels
**vulnerable** *adj* vulnérable ; (*punto, zona*) sensible ; **ser ~ a** être vulnérable à
**vulneración** *nf* (*de ley, acuerdo, intimidad*) violation *f* ; (*de derechos, reputación*) atteinte *f*
**vulnerar** *vt* (*ley, acuerdo, intimidad*) violer ; (*derechos, reputación*) porter atteinte à
**vulva** *nf* vulve *f*

**W¹, w** ['uβe 'doble] nf (letra) W, w m inv ; **W de Washington** ≈ W comme William
**W²** abr (= vatio(s)) w (= watt)
**walkie-talkie** nm talkie-walkie m
**walkman®** nm walkman® m, baladeur m
**wasapear** (fam) vt, vi whatsapper
**wáter** ['bater] nm waters mpl, W.-C. mpl
**waterpolo** nm water-polo m
**waterpolista** nmf joueur(-euse) de water-polo
**web** nf (red) Web m ; (página) page f Web
**webcam** nf webcam f
**webmaster** ['webmaster] [web'master] nmf webmaster mf, administrateur(-trice) de site
**western** nm western m
**whiskería** nf bar m à whisky
**whisky** nm whisky m
**widget** (pl **widgets**) nm (Inform) widget m
**Wi-Fi, wifi** nm wi-fi m
**windsurf** ['winsurf] nm windsurf m, planche f à voile
**windsurfista** [winsur'fista] nmf véliplanchiste mf, planchiste mf
**wólfram** ['bolfram], **wolframio** [bol'framjo] nm wolfram m, tungstène m

# Xx

**X, x** ['ekis] *nf (letra)* X, x *m inv* ; **X de Xiquena** ≈ X comme Xavier
**xenofobia** *nf* xénophobie *f*
**xenófobo, -a** *adj* xénophobe
**xenón** *nm* xénon *m*
**xerografía** *nf* xérographie *f*
**xilófono** *nm* xylophone *m*
**xunta** *nf (Pol)* junte *f*

**Y, y¹** [i] *nf (letra)* Y, y *m inv* ; **Y de Yegua** ≈ Y comme Yvonne

**y²** [i] *conj* et ; **y bueno/claro** *(esp ARG: muletilla enfática)* bon/évidemment ; **¿y tu hermana?** et ta sœur ? ; **¿y qué?!** et alors ! ; **¿y si ...?** et si ... ? ; **¡y yo!** moi aussi ! ; **estuvo llora y llora** (AM) il (elle) n'a pas arrêté de pleurer

**ya** *adv* déjà ; *(con presente: ahora)* maintenant ; *(: en seguida)* tout de suite ; *(con futuro: pronto)* bientôt ; **ya no vamos** nous ne partons plus ; **ya lo sé** je sais ; **¡ya era hora!** il était temps ! ; **ya ves** tu vois bien ; **ya veremos** on verra bien ; **ya, ya** *(irón)* mais oui ; **que ya, ya** mais oui, c'est ça ; **ya mismo** *(esp CSUR)* tout de suite ; **desde ya** (CSUR) tout de suite ; *(: claro)* évidemment ; **ya vale (de hacer), ya está bien** ça suffit ; **¡ya está!** ça y est ! ; **¡ya voy!** j'arrive !, j'y vais ! ▶ *excl* OK ! ; *(entiendo)* oui ! ; *(por supuesto)* évidemment ! ; *(por fin)* enfin ! ▶ *conj* déjà ; **ya que** puisque ; **ya que no está ...** puisqu'il n'est pas là ...

**yacaré** (CSUR) *nm* alligator *m*

**yacer** *vi* gésir ; **aquí yace** ci-gît

**yacimiento** *nm* gisement *m* ; **~ petrolífero** gisement de pétrole

**yak** [jak] *(pl* **yaks**) *nm* yak *m*, yack *m*

**Yakarta** *n* Djakarta

**yanqui** *adj* yankee ▶ *nmf* Yankee *mf*

**yapa** (AND, CSUR *fam*) *nf* petit plus *msg*

**yarda** *nf* yard *m*

**yate** *nm* yacht *m*

**yayo, -a** *(fam) nm/f* papi(mamie) *(fam)*

**yazca** *etc vb ver* **yacer**

**yedra** *nf* lierre *m*

**yegua** *nf* jument *f*

**yema** *nf (del huevo)* jaune *m* ; *(Bot)* bourgeon *m* ; *(Culin)* pâtisserie à base de jaune d'œuf mélangé avec du sucre ; **~ del dedo** bout *m* du doigt

**Yemen** *nm* Yémen *m*

**yemení** *adj* yéménite ▶ *nmf* Yéménite *mf*

**yen** *nm* yen *m*

**yendo** *vb ver* **ir**

**yerba** *nf* = **hierba**

**yerbatero, -a** (AM) *adj* de maté ▶ *nm/f (curandero)* guérisseur(-euse)

**yerbera** (CSUR) *nf* récipient *m* à maté

**yerga** *etc*, **yergue** *etc vb ver* **erguir**

**yermo, -a** *adj (no cultivado)* inculte ; *(despoblado)* désert(e) ▶ *nm* terre *f* inculte

**yerno** *nm* gendre *m*

**yerre** *etc vb ver* **errar**

**yerto, -a** *adj* figé(e)

**yesca** *nf* amadou *m*

**yeso** *nm (Geo)* gypse *m* ; *(Arq)* plâtre *m*

**ye-yé** *(anticuado, fam) adj* yé-yé ; **música ~** musique *f* yé-yé

**yídish, yíddish** ['jidiʃ] *nm* yiddish *m*

**yihad** [ji'ad] *nf* djihad *m*

**yihadismo** *nm* djihadisme *m*

**yihadista** *adj, nmf* djihadiste *mf*

**yincana** *nm* = **gincana**

**yo** *pron pers (sujeto)* je ; *(tras preposición)* moi ; **soy yo** c'est moi ; **yo que tú/usted** moi, à ta/votre place

**yodo** *nm* iode *m*

**yoga** *nm* yoga *m*

**yogur, yogurt** *nm* yaourt *m*, yogourt *m* ; **~(t) descremado** *o* **desnatado** yaourt écrémé

**yogurtera** *nf* yaourtière *f*

**yonqui** *(fam) nmf* junkie *mf (fam)*

**yoyó** *(pl* **yoyós**), **yo-yo** *(pl* **yo-yos**) *nm* yoyo *m*

**yuca** *nf* yucca *m*

**yudo** *nm* judo *m*

**yugo** *nm* joug *m*

**Yugoslavia** *nf (Hist)* Yougoslavie *f*

**yugoslavo, -a** *adj (Hist)* yougoslave ▶ *nm/f* Yougoslave *mf*

**yugular** *adj, nf* jugulaire *f*

**yungas** (AND) *nfpl* vallées tropicales des Andes

**yunque** *nm* enclume *f*

**yunta** *nf* attelage *m* ; **yuntas** *nfpl* (VEN: *de camisa)* boutons *mpl* de manchette

**yute** *nm* jute *m*

**yuxtaponer** *vt* juxtaposer

**yuxtaponga** *etc vb ver* **yuxtaponer**

**yuxtaposición** *nf* juxtaposition *f*

**yuxtapuesto** *etc pp*, **yuxtapuse** *vb ver* **yuxtaponer**

**yuyo** (AND, CSUR) *nm* herbe *f*

# Zz

**Z, z** ['θeta, (*esp Am*) 'seta] *nf* (*letra*) Z, z *m inv* ; **Z de Zaragoza** ≈ Z comme Zoë
**zacate** (*Cam, Méx*) *nm* paille *f*
**zafacón** (*Carib*) *nm* corbeille *f* à papiers
**zafarse** *vpr* : ~ **de** se libérer de
**zafio, -a** *adj* rustre
**zafiro** *nm* saphir *m*
**zaga** *nf* : **a la ~** à la traîne ; **ella no le va a la ~** (*fig*) elle n'a rien à lui envier
**zagal, a** *nm/f* (*muchacho*) garçon (fille) ; (*pastor*) pâtre (bergère)
**zaguán** *nm* vestibule *m*
**zaguero, -a** *nm/f* (*Fútbol, Rugby*) arrière *mf*
**zaherir** *vt* mortifier
**zahiera** *etc*, **zahiriendo** *etc vb ver* **zaherir**
**zahorí** *nmf* devin (devineresse)
**zaino, -a** *adj* (*color de caballo*) bai(e) ; (*toro*) noir(e) ; (*pérfido*) perfide
**zalamería** *nf* flatterie *f*
**zalamero, -a** *adj* flatteur(-euse)
**zamarra** *nf* veste *f* en peau
**zamba** *nf* samba *f* ; *ver tb* **zambo**
**Zambeze** *nm* Zambèze *m*
**Zambia** *nf* la Zambie
**zambo, -a** *adj* torse ▶ *nm/f* (*Am*) métis(se) (*de race noire et indienne*)
**zambullida** *nf* plongeon *m*
**zambullirse** *vpr* plonger ; (*fig: en trabajo*) se plonger
**zamorano, -a** *adj* de Zamora ▶ *nm/f* natif(-ive) *o* habitant(e) de Zamora
**zampar** (*fam*) *vt* avaler ; **zamparse** *vpr* : **zamparse algo** s'enfiler qch (*fam*)
**zamuro** (*Ven*) *nm* vautour *m*
**zanahoria** *nf* carotte *f*
**zancada** *nf* enjambée *f* ; **dar zancadas** faire de grandes enjambées
**zancadilla** *nf* croche-pied *m* ; **echar** *o* **poner la ~ a algn** faire un croche-pied à qn ; (*fig*) mettre des bâtons dans les roues à qn
**zanco** *nm* échasse *f*
**zancudo, -a** *adj* : **ave ~** échassier *m* ▶ *nm* (*Am*) moustique *m*
**zángano, -a** *nm/f* feignant(e) ▶ *nm* (*Zool*) faux bourdon *m*
**zanja** *nf* fossé *m*
**zanjar** *vt* trancher

**zapador** *nm* (*Mil*) sapeur *m*
**zapallo** (*And, Csur*) *nm* calebasse *f*
**zapapico** *nm* pic *m* (à deux têtes)
**zapata** *nf* patin *m*
**zapateado** *nm* zapatéado *m*
**zapatear** *vi* taper des pieds ; (*bailar*) danser le zapatéado
**zapatería** *nf* (*tienda*) magasin *m* de chaussures ; (*oficio*) cordonnerie *f*
**zapatero, -a** *nm/f* cordonnier(-ière) ; (*vendedor*) marchand(e) de chaussures
**zapatilla** *nf* (*para casa, ballet*) chausson *m* ; (*para la calle*) chaussure *f* légère ; (*Tec*) joint *m* ; **~ de deporte** chaussure de sport, tennis *f*
**zapatista** *adj, nmf* zapatiste *mf*
**zapato** *nm* chaussure *f* ; **~ de tacón** chaussure à talon
**zapear** *vi* zapper
**zapote** (*Cam, Méx*) *nm* (*arbre*) sapotier *m* ; (*fruta*) sapote *f*
**zapping** ['θapin] *nm* zapping *m* ; **hacer ~** zapper
**zar** *nm* tsar *m*
**zarabanda** *nf* sarabande *f*
**Zaragoza** *n* Saragosse
**zaragozano, -a** *adj* de Saragosse ▶ *nm/f* natif(-ive) *o* habitant(e) de Saragosse
**zarandajas** (*fam*) *nfpl* balivernes *fpl*
**zarandear** *vt* secouer
**zarigüeya** *nf* opossum *m*
**zarpa** *nf* griffe *f* ; **echar la ~ a** (*fam*) se jeter sur
**zarpar** *vi* lever l'ancre
**zarpazo** *nm* coup *m* de griffe
**zarza** *nf* ronce *f*
**zarzal** *nm* fourré *m*
**zarzamora** *nf* (*fruto*) mûre *f* ; (*planta*) ronce *f*
**zarzuela** *nf* zarzuela *f*
**zas** *excl* vlan !
**zen** *adj inv*, *nm* zen *m*
**zenzontle** (*Cam, Méx*) *nm* moqueur *m*
**zeta** *nf* z *m* ▶ *nm* (*Auto: tb*: **coche zeta**) voiture *f* de police
**zigzag** *nm* zigzag *m* ; **en ~** en zigzag
**zigzaguear** *vi* zigzaguer
**Zimbabue, Zimbabwe** *nm* le Zimbabwe
**zinc** *nm* zinc *m*
**zíper** (*Méx*) *nm* fermeture *f* éclair

## zócalo – zutano

**zócalo** *nm* soubassement *m*, plinthe *f*
**zoco** *nm* souk *m*
**zodíaco** *nm* zodiaque *m*; **signo del** ~ signe *m* du zodiaque
**zombi** *nmf* zombie *m*
**zona** *nf* zone *f*; ~ **de desarrollo** *o* **de fomento** zone de développement; ~ **del dólar** (*Com*) zone dollar; ~ **fronteriza/peatonal** zone frontalière/piétonne; ~ **verde** espace *m* vert
**zonzo, -a** (*Am fam*) *adj* bête, idiot(e) ▶ *nm/f* idiot(e)
**zoo** *nm* zoo *m*
**zoología** *nf* zoologie *f*
**zoológico, -a** *adj* zoologique ▶ *nm* (*tb*: **parque zoológico**) zoo *m*
**zoólogo, -a** *nm/f* zoologue *m*
**zoom** [θum] *nm* zoom *m*
**zopenco, -a** (*fam*) *adj, nm/f* crétin(e)
**zopilote** (*Am*) *nm* vautour *m*
**zoquete** (*fam*) *adj, nmf* abruti(e)
**zorra** (*fam, pey*) *nf* pute *f* (*fam!*); *ver tb* **zorro**
**zorro, -a** *adj* rusé(e) ▶ *nm/f* renard(e) ▶ *nm* (*hombre astuto*) renard *m*
**zote** (*fam*) *adj, nmf* abruti(e)
**zozobra** *nf* angoisse *f*
**zozobrar** *vi* (*barco*) couler; (*fig: plan*) échouer

**zueco** *nm* sabot *m*
**zulo** *nm* (*de armas*) cache *f*
**zulú** *adj* zoulou ▶ *nmf* Zoulou *mf*
**zumba** *nf* (*Mús*) zumba *f*
**zumbar** *vi* (*abeja*) bourdonner; (*motor*) vrombir; **me zumban los oídos** j'ai les oreilles qui bourdonnent; **salir zumbando** (*fam*) filer ▶ *vt* (*fam: pegar*) flanquer une gifle à; **zumbarse** *vpr*: **zumbarse de** se moquer de
**zumbido** *nm* (*de abejas*) bourdonnement *m*; (*de motor*) vrombissement *m*; ~ **de oídos** bourdonnement d'oreilles
**zumo** *nm* jus *msg*; ~ **de naranja** jus d'orange
**zurcir** *vt* (*Costura*) raccommoder; **¡que les zurzan!** (*fam*) qu'ils aillent au diable!
**zurdo, -a** *adj* (*persona*) gaucher(-ère); (*mano*) gauche
**zurra** (*fam*) *nf* raclée *f* (*fam*)
**zurrar** *vt* (*fam: pegar*) tabasser (*fam*); (*piel*) tanner
**zurriagazo** *nm* (*latigazo*) coup *m* de fouet; (*desgracia*) coup de malchance
**zurrón** *nm* gibecière *f*
**zurza** *etc vb ver* **zurcir**
**zutano, -a** *nm/f* un(e) tel(le)

# L'espagnol en situation

# Francés activo

**Collaborateurs/Colaboradores**

Lola Busuttil    Xavier Carulla
Laurence Larroche    Rose Rociola    Malihe Sanatian
Christian Salzedo

# L'espagnol en situation

**L'espagnol en situation** a pour objectif de vous aider à vous exprimer en espagnol dans un style simple et naturel.

Dans le Mémo des tournures essentielles, vous trouverez des centaines d'expressions espagnoles de base, qui vous permettront de construire vos propres phrases dans toutes sortes de contextes.

La partie Correspondance contient des modèles de lettres en tout genre, dont vous pourrez vous inspirer pour rédiger à votre tour vos lettres, que ce soit dans un contexte privé ou professionnel. Si vous êtes à la recherche d'un travail, vous y trouverez également des exemples de curriculum vitæ et de lettres de candidature. Pour vous permettre d'adapter ces modèles à vos besoins, nous vous donnons en outre une liste des formules de politesse employées en début et en fin de lettre.

La dernière partie est consacrée à la communication par courrier électronique et par téléphone, et comprend une liste des expressions de base les plus couramment utilisées au téléphone.

**L'espagnol en situation**, complément indispensable de votre dictionnaire, vous permettra de vous exprimer avec aisance dans toutes les situations.

# Table des matières

| | |
|---|---|
| **Mémo des tournures essentielles** | 3 |
| **Correspondance** | 19 |
| **Téléphone et Internet** | 30 |

# Goûts et préférences

## Pour dire ce qu'on aime

| | |
|---|---|
| **A todos nos gusta que** nos reconozcan un trabajo bien hecho. | Quiconque apprécie que … |
| **Me ha gustado mucho** su regalo. | J'ai beaucoup aimé … |
| A mí los turistas que vienen por aquí **me caen (muy) bien.** | … je les aime bien. |
| La verdad es que el chocolate **me vuelve loca.** | J'adore … |
| **Me encanta** el mar y navegar a vela. | J'adore … |
| **Me fascina** observar a la gente. | J'adore … |
| **Lo que más me gustó fue** el postre. | Ce qui m'a plu le plus, c'était … |
| La historia es **mi** asignatura **favorita.** | … ma … préférée. |
| **No hay nada como** una buena ducha por las mañanas. | Il n'y a rien de tel que … |
| **Es la mejor** película **que** he visto en mi vida. | C'est le meilleur … que … |

## Pour dire ce qu'on n'aime pas

| | |
|---|---|
| **No me gusta** comer fuera de casa. | Je n'aime pas … |
| **No me gusta nada que** me mientan. | Je n'aime pas du tout que … |
| **Me cuesta tener que** criticarle en público. | Je trouve difficile de devoir … |
| Mis nuevos vecinos **me caen muy mal** ou **no me caen nada bien.** | … ne me plaisent pas du tout. |
| **Le tengo manía a** ese chico. | … m'est très antipathique. |
| **No soporto que** me hagan esperar. | Je ne supporte pas que … |
| **No aguanto** los programas de ese tipo. | Je ne supporte pas … |
| **Odio** cualquier tipo de violencia. | Je déteste … |
| **Me horrorizan** las corridas de toros. | … me font horreur. |

## Préférences

| | |
|---|---|
| **Prefiero** la lectura **a** la televisión. | Je préfère … à … |
| **Prefiero que** llegues tarde **a que** no vengas. | Je préférerais que … plutôt que … |
| **Es mejor** ou **Es preferible** hablar en el idioma del cliente. | Il vaut mieux ou Il est préférable de … |

## Indifférence

| | |
|---|---|
| **Me da igual** ou **Me da lo mismo** vivir aquí **que** allí. | Cela m'est égal de … ou … |
| **Me es (completamente) indiferente** uno u otro. | …, cela m'est (complètement) égal. |
| ¿Cierro con llave? – **Como quieras.** | … Comme tu veux. |

L'ESPAGNOL EN SITUATION

Si no le veo hoy **no importa**. — Si ..., cela n'a pas d'importance.

**No tiene importancia que** se demoren unos minutos. — Cela n'a pas d'importance que ...

**No me importa** esperar. — Cela ne me dérange pas de ...

### Comment demander à quelqu'un ce qu'il aime
¿**Te gusta** el yogur de fresa? — Est-ce que tu aimes ... ?
¿**Os gusta** jugar a las cartas? — Est-ce que vous aimez ... ?
¿**Cuál** de las tres camisas **te gusta más**? — Laquelle ... préfères-tu ?
¿**Te gustaría** viajar a otra época? — Aimerais-tu ... ?
De las dos posibilidades, ¿**cuál prefiere**? — ..., laquelle préférez-vous ?
¿**Prefieres** salir ahora **o** después de comer? — Préfères-tu ... ou ... ?

## Opinion

### Comment demander l'avis de quelqu'un
¿**Qué piensas de** su actitud? — Que penses-tu de ... ?
¿**Qué te parece** mi trabajo? — Que penses-tu de ... ?
¿**Qué crees tú** *ou* **A ti qué te parece?** ¿Vale la pena? — Qu'en penses-tu ? *ou* Qu'est-ce que tu en penses ? ...

¿**Crees que** le gustará el regalo? — Tu crois que ... ?
¿**Piensas que** se puede estudiar en estas condiciones? — Penses-tu que ... ?
¿**Qué opina de** la exportación de animales vivos? — Qu'est-ce que vous pensez de ... ?

¿**Qué opinión tiene del** aborto? — Quelle est votre opinion sur ... ?

**En tu opinión**, ¿quién tiene la culpa? — D'après toi *ou* À ton avis, ...
**Me gustaría saber tu opinión.** — J'aimerais connaître ton opinion.

### Comment donner son avis
**Creo que** le va a encantar tu regalo. — Je crois que ...
**Pienso que** esa decisión ha sido un error. — Je pense que ...
**Me parece que** les has caído muy bien. — Il me semble que ...
**En mi opinión**, fue un error no decírselo. — D'après moi, ...
**A mi juicio**, están actuando mal. — À mon avis, ...
**Imagino** *ou* **Supongo que** los padres también opinarán. — J'imagine *ou* Je suppose que ...

Considero que eso es injusto.  
Lo que es yo, no lo veo necesario.  
Estoy completamente seguro de que nos lo devolverán.  
Estoy convencida de que no cuentan con fondos suficientes.  
Si quieres que te diga la verdad, no me gusta nada.  
Tengo la impresión de que algo marcha mal.

Je considère que …  
Quant à moi …  
Je suis absolument sûr que …  
Je suis convaincue que …  
À dire vrai, …  
J'ai l'impression que …

### Comment ne pas émettre d'avis

No sabría decir.  
Depende.  
Depende de lo que entiendas por patriotismo.  
Es difícil dar una opinión sin conocer las circunstancias.  
No sé muy bien.  
No estoy seguro.

Je ne pourrais pas dire.  
Cela dépend.  
Cela dépend de ce que tu entends par …  
Il est difficile de donner une opinion …  
Je ne sais pas trop.  
Je ne suis pas sûr.

## Approbation et accord

¡Buena idea! Yo también me voy a bañar.  
Has hecho bien en decírmelo.  
Me parece bien lo que has hecho.  
Me parece muy bien que se lo digas.

Me parece una idea estupenda.

Tienes (toda la) razón.  
Yo también pienso lo mismo.

Estoy de acuerdo con ella en lo que dice del machismo.  
Por supuesto que es injusto.  
En eso tienes ou Te doy toda la razón.

Es cierto que es un tema delicado.  
Los dos somos del mismo parecer ou de la misma opinión.  
Estamos conformes con el precio que piden.

Bonne idée ! …  
Tu as bien fait de …  
Je trouve que tu as bien fait.  
Je pense que c'est très bien que …

Cela me semble une très bonne idée.

Tu as (tout à fait) raison.  
Moi aussi, je suis de cet avis.

Je suis d'accord avec … sur …  
Bien sûr que …  
Là tu as tout à fait raison.

Il est certain que …  
Nous sommes … du même avis.  
Nous sommes d'accord avec …

**L'ESPAGNOL EN SITUATION**

**Estamos dispuestos a** aceptar sus condiciones. — Nous sommes prêts à …

**¡No faltaría más!**, por supuesto que lo haré. — Comment donc ! …
**No tengo ningún inconveniente en que** vengan tus amigos. — Je ne vois aucun inconvénient à ce que …

## Désapprobation et désaccord

**Me parece fatal que** fumen en clase. — Je trouve lamentable que …
**Lo que me parece mal es que** le mientas. — Ce que je ne trouve pas bien c'est que …

**No deberías** haber hablado así. — Tu n'aurais pas dû …
**Me ha decepcionado** lo que ha dicho. — J'ai été déçu par …
**No estoy dispuesto a** tolerar ese comportamiento. — Je ne suis pas disposé à …
**Es intolerable que** no se haya llegado a un acuerdo. — Il est intolérable que …
**No estamos conformes con** este aumento de sueldo. — Nous ne sommes pas d'accord avec …
**Yo no lo veo así.** — Je ne suis pas de cet avis.
**En eso te equivocas** *ou* **estás equivocado.** — C'est là que tu te trompes.
**No estoy de acuerdo contigo en** ese punto. — Je ne suis pas d'accord avec toi sur …

**No estoy de acuerdo con** lo que dices. — Je ne suis pas d'accord avec …

**Estamos en contra de** toda clase de extremismos. — Nous sommes contre …
**¡De ninguna manera!** — Jamais de la vie !
**Me parece una idea descabellada el** cambiar ahora de táctica. — Cela me semble une idée farfelue de …
**No me convence** esa teoría. — Je ne suis pas convaincu par …

**Me temo que no me será posible** aceptar tu oferta. — Je crains de ne pas pouvoir …
**¡Ni pensarlo!** *ou* **¡Ni hablar!** — Pas question !

### Réclamations
**No estoy satisfecho con** mi habitación. — Je ne suis pas satisfait de …
**Estoy muy decepcionado con** el trato recibido. — Je suis très déçu de …
**Quería presentar una reclamación.** — Je voudrais faire une réclamation.

**Quiero hablar con el responsable, por favor.** — Je voudrais parler au responsable, s'il vous plaît.

| | |
|---|---|
| Hay un problema con el aire acondicionado. | Il y a un problème avec … |
| Es absolutamente inaceptable. | C'est absolument inacceptable. |
| ¿Pueden resolverlo inmediatamente? | Ce problème peut-il est résolu de suite ? |

# Excuses

### Comment s'excuser
| | |
|---|---|
| ¡Perdón! | Pardon ! |
| Perdona por lo que dije. | Pardon pour … |
| Perdona, me había olvidado de ti. | Excuse-moi … |
| Perdone que no haya avisado antes. | Excusez-moi de ne pas avoir … |
| Lo siento. A veces me cuesta reprimirme. | Je regrette *ou* Je m'excuse. |
| Lamento mucho lo de anoche. | Je regrette beaucoup … |
| Lamentamos profundamente que haya ocurrido este incidente. | Nous regrettons sincèrement que … |
| Disculpen si les he causado alguna molestia. | Excusez-moi si … |

### En assumant la responsabilité de quelque chose
| | |
|---|---|
| Es culpa mía. Me lo he buscado. | C'est (de) ma faute. |
| Reconozco que estaba equivocado. | Je reconnais que j'avais tort. |
| Debo reconocer *ou* admitir que nos hemos equivocado. | Je dois reconnaître *ou* admettre que … |
| Me responsabilizo plenamente de lo ocurrido. | J'assume l'entière responsabilité de … |
| Admitimos que existen defectos en la organización. | Nous admettons que … |
| No tendría que haber dicho eso. | Je n'aurais pas dû … |

### En niant toute responsabilité
| | |
|---|---|
| No es culpa mía. | Ce n'est pas (de) ma faute. |
| De verdad que no lo hice a propósito. | … je ne l'ai pas fait exprès. |
| Ha sido sin querer. | Je ne l'ai pas fait exprès. |
| Lo dijeron sin mala intención. | … sans mauvaises intentions. |
| No era mi intención ofenderte: hablaba en broma. | Je ne voulais pas te blesser … |

### En exprimant ses regrets

**Lo siento, pero** no consigo acordarme. — Je suis désolé, mais ...
**Siento mucho no haber podido** conseguir la información. — Je suis désolé de ne pas avoir pu ...
**Siento comunicarle que** no podré recibirle. — Je suis au regret de vous informer que ...
**Desgraciadamente, nos es imposible** aceptar su propuesta. — Malheureusement, il nous est impossible de ...

# Explications

## Causes

Tuvimos que marcharnos **porque** se puso a llover. — ... parce que ...
Las plantas se han marchitado **por** exceso de riego. — ... à cause de ...
No salía de casa **por miedo a que** la vieran. — ... de peur que ...
**En vista de que** *ou* **Como** no llegaban, decidimos entrar. — Comme ...
El problema es grave, **ya que** el consumo anual es mayor que la producción. — ... puisque ...
Se recomienda ir pronto, **puesto que** se forman colas enormes. — ... car ...
Tuve que volver, **pues** estaba muy preocupada. — ... car ...
Se cansa mucho, **a causa de** *ou* **debido a** su enfermedad. — ... à cause de ...
Dimitió **por motivos de** salud. — ... pour des raisons de ...
**Dado que** no quieres salir, nos quedaremos aquí. — Puisque ...
Estos problemas **se deben a** una mala gestión. — ... sont dûs à ...

## Conséquences

**Por eso** le tengo tanto aprecio. — C'est pour ça que ...
Los hoteles estaban llenos. **Por tanto**, tuvimos que cancelar el viaje. — C'est pourquoi ...
La película me aburrió **tanto que** me dormí. — ... tellement que ...
No había comido, **así que** me preparé un bocadillo. — ... alors ...
Salieron temprano, **de modo que** cuando él llegó se encontró la casa vacía. — ... de sorte que ...
**Como consecuencia de** la crisis económica, el paro ha aumentado. — À la suite de ...

# Comparaisons

| | |
|---|---|
| Las calles son muy ruidosas **comparadas con** las de nuestro país. | … en comparaison avec … |
| **En comparación con** ella, yo soy muy habladora. | Par rapport à … |
| Estos dos cuadros **son iguales.** | … sont exactement pareils. |
| Su programa político es **igual que** el de la oposición. | … identique à … |
| En nuestras carreteras se producen casi **tantos** accidentes **como** en las de Portugal. | … autant de … que … |
| El paisaje es **tan** bello **como** lo describió el poeta. | … aussi … que … |
| **Es como una especie de** salchicha. | C'est une sorte de … |
| Ambos coches **valen exactamente lo mismo.** | … ont exactement le même prix. |
| Ha vuelto a suceder **lo mismo que** hace unos años. | … la même chose que … |
| Los dos hermanos **se parecen mucho** físicamente. | … se ressemblent beaucoup … |
| Tu hijo **se parece a** Mel Gibson. | … ressemble à … |
| Las temperaturas aquí **son muy parecidas** ou **similares a** las de mi tierra. | … sont très semblables à … |
| Este paisaje **me recuerda a** Andorra. | … me rappelle … |

## Pour souligner une différence

| | |
|---|---|
| A los jóvenes les gusta salir, **mientras que** los mayores prefieren quedarse en casa. | … alors que … |
| En su tierra se le aprecia **(muchísimo) menos que** en el extranjero. | … (beaucoup) moins que … |
| Es **más** inteligente **de lo que parece.** | … plus … qu'il n'y paraît. |
| Este vino **es muy superior al** otro. | … bien meilleur que … |
| Un coche nuevo contamina **bastante menos que** uno viejo. | … bien moins que … |
| Esa canción ya **no** suena **tanto como** el año pasado. | … ne … autant que … |
| Este premio **no es tan** importante **como** el que consiguió hace unos años. | … n'est pas aussi … que … |
| **No se parece en nada a** su padre. | Il ne ressemble pas du tout à … |
| **Se diferencia** ou **Se distingue del** mío **por** el color. | Il se distingue ou se différencie du … par … |
| La realidad **es muy diferente** ou **distinta de** lo que creíamos. | … est bien différente de … |
| **No tiene nada que ver.** | Ça n'a rien à voir. |
| **Son dos cosas completamente diferentes.** | Ce sont deux choses complètement différentes. |
| Me encuentro **muchísimo mejor que** antes. | … beaucoup mieux que … |
| Este hotel es **mucho peor que** el del año pasado. | … bien pire que … |

# Demandes et propositions

## Demandes

| | |
|---|---|
| ¿**Me traes** un vaso de agua? | Tu m'apportes … ? |
| ¿**Me dejas** tu chaqueta? | Tu me laisses … ? |
| ¿**Quieres** echarme una mano? | Tu veux bien … ? |
| ¿**Te importa** echar esta carta al correo? | Tu veux bien … ? |
| ¿**Te puedo pedir un favor?** | Je peux te demander un service ? |
| ¿**Puedes hacerme el favor de** decírselo tú? | Tu peux me rendre service et … ? |
| ¿**Te importaría** cerrar un poco la ventana? | Cela ne te ferait rien de … ? |
| **Por favor**, ven pronto. | S'il te plaît … |
| ¿**Podrías** decirme qué pone aquí, **por favor**? | Pourrais-tu … s'il te plaît ? |
| **Alcánzame** las gafas, **si me haces el favor**. | Passe-moi … s'il te plaît. |
| **Haz el favor de no** poner los pies en el asiento. | Fais-moi le plaisir de ne pas … |
| **Si no es demasiada molestia, ¿podrías** encargarte tú de las bebidas? | Si ce n'est pas trop te demander, pourrais-tu … ? |
| Vuelva a llamar en cinco minutos, **si es tan amable**. | … si vous le voulez bien. |
| **Le agradecería que me ayudara** a resolver el problema. | Je vous serais reconnaissant de m'aider … |
| **Agradeceríamos su colaboración** a este respecto. | Votre collaboration serait la bienvenue … |
| **Tenga la amabilidad de** presentarse en nuestras oficinas en horario laboral. | Veuillez … |

## Propositions

| | |
|---|---|
| ¿**Te ayudo?** | Je t'aide ? |
| ¿**Cierro** la ventana? | Je ferme … ? |
| ¿**Quieres** llevarte mi coche? | Tu veux … ? |
| ¿**Quieres que** vaya a recoger al niño al colegio? | Tu veux que … ? |
| **Déjame que te ayude.** | Laisse-moi t'aider. |
| ¿**Puedo ayudarte en algo?** | Je peux t'aider ? |
| **Si quieres**, te acompaño. | Si tu veux … |
| **Sería un placer** acompañarle. | Ce serait un plaisir de … |

# Conseils et suggestions

## Comment demander conseil

| | |
|---|---|
| ¿Tú qué me aconsejas? | Que me conseilles-tu ? |
| ¿Tú qué harías (si estuvieras) en mi lugar? | Qu'est-ce que tu ferais, toi, (si tu étais) à ma place ? |
| ¿Te puedo pedir un consejo? | Je peux te demander (un) conseil ? |
| Quería pedirte un consejo. | Je voulais te demander (un) conseil. |
| ¿Qué me aconsejarías que hiciera? | Que me conseillerais-tu de faire ? |
| ¿Qué restaurante me recomiendas? | Quel … me recommandes-tu ? |
| ¿Tú qué dices? | Et toi, qu'en penses-tu ? |
| ¿Cómo lo ves? | Qu'est-ce que tu en penses ? |
| ¿Qué hacemos ahora? | Et maintenant qu'est-ce qu'on fait ? |
| ¿Cuál me aconsejas: el Ford o el Seat? | Laquelle me conseilles-tu … ? |

## Comment donner un conseil

| | |
|---|---|
| **Yo que tú** no haría nada por ahora. | Si j'étais toi, … |
| **Yo en su lugar** no lo dudaría. | Moi, à sa place … |
| **Hay que** tomarse las cosas con más calma. | Il faut … |
| **Deberías** mostrarte más abierto en tu relación. | Tu devrais … |
| ¿**Por qué no** lo llamas por teléfono? | Pourquoi ne … ? |
| ¿**Y si** fueras a verlo y le pidieras perdón? | Et si … ? |
| **Yo te aconsejaría** un cambio de aires. | Moi, je te conseillerais … |
| **Harías bien en** visitar a un especialista. | Tu ferais bien de … |
| **Más vale no** ou **Lo mejor sería no** decir nada por el momento. | Il vaut mieux ou Il vaudrait mieux ne … |
| **Yo te diría que** consultaras a un abogado. | Moi, je te conseillerais de … |
| **No sería mala idea** enviarlo todo en una caja. | Ce ne serait pas une mauvaise idée de … |
| **Lo que habría que hacer es** empezar cuanto antes. | Ce qu'il faudrait faire, c'est … |
| **Lo mejor que pueden hacer es** dirigirse a la oficina central. | Le mieux qu'ils aient à faire c'est de … |
| **Sería mejor que** lo hicieras tú. | Il vaudrait mieux que … |
| **Te recomiendo que vayas** a ver esa película. | Je te conseille d'aller … |
| ¿**No crees que sería mejor** hacerlo ahora? | Tu ne crois pas qu'il vaudrait mieux … ? |

**Lo que podríamos hacer es** hablar con él antes de que se marche a Italia.
Ce que nous pourrions faire c'est ...
**Sería cuestión de** hacer una prueba para ver si funciona.
Il faudrait ...

**Si te parece bien,** podemos enviártelo por correo.
Si cela te convient, ...
**Propongo que** busquemos ayuda profesional.
Je propose que ...
**Quizá(s) habría que** ser más firmes con ellos.
Peut-être faudrait-il ...
**Sería preferible** notificárselo en persona.
Il serait préférable de ...
**Estaría bien** encontrar una alternativa más sencilla.
Il faudrait ...
**Convendría que** lo consultara con un contable.
Il faudrait que ...
**Os sugeriría que llamárais** antes por teléfono.
Je vous conseillerais de téléphoner ...

**Sería muy poco aconsejable** enviar más tropas a la zona.
Il serait tout à fait déconseillé de ...

## Encouragements
**¡Bravo!**
Bravo !
**¡Vamos** *ou* **Venga**, que tú puedes!
Vas-y *ou* Allez, ...
**Está muy bien**, sigue así.
C'est très bien, ...
**Le felicito**, ha sabido arreglárselas muy bien.
Je vous félicite, ...
**¡Buen trabajo!**
C'est du bon travail !

## Mises en garde
**Os advierto que** son muy exigentes.
Je vous avertis que ...
**Te lo advierto**: no te va a gustar nada.
Je te préviens ...
**No te fíes de** lo que te digan.
Ne te fie pas à ...
**No os olvidéis de** cerrar la puerta al salir.
N'oubliez pas de ...
**Si no** pides disculpas, **deberás atenerte a las consecuencias.**
Si tu ne ..., tu devras en assumer les conséquences.

**Corremos el riesgo de** perder toda credibilidad.
Nous courons le risque de ...
**Sería una locura** seguir en estas condiciones.
Ce serait une folie de ...

# Intentions et souhaits

## Pour demander à quelqu'un ce qu'il compte faire
**¿Qué piensas hacer?**
Qu'est-ce que tu comptes faire ?
**¿Qué vas a hacer** con las plantas estas vacaciones?
Que vas-tu faire ... ?
**¿Qué planes tienes** para el futuro?
Quels sont tes projets ... ?

¿Qué intentas hacer? | Qu'est-ce que tu essaies de faire ?

¿**Vas a** *ou* **Piensas** invitarlos a la fiesta? | Tu vas *ou* Tu penses … ?

## Pour dire ce qu'on a l'intention de faire
**Voy a** tomar el tren de las siete. | Je vais …
**Tenemos previsto** *ou* **Pensamos** casarnos el año que viene. | Nous avons prévu de …
**Tengo la intención de** empezar una serie de conciertos para niños. | J'ai l'intention de …
**Me propongo** recorrer el país en bicicleta. | Je me propose de …
**Tenía pensado** irme a las ocho. | J'avais pensé …
**Estoy decidida a** conseguir trabajo como sea. | Je suis décidée à …
**Estoy resuelta a no** dejarlo hasta que acabe. | Je suis bien décidée à ne pas …

## Souhaits
**Me gustaría** saber lo que piensan. | J'aimerais …
**Me gustaría que** fuera más sincero conmigo. | J'aimerais que …
**Me encantaría** poder trabajar con un director como él. | Je serais ravie de …
**Ojalá** no llueva mañana. | Pourvu que …
**Esperemos que** todo salga bien. | Espérons que …
**Espero que** no se haya ofendido. | J'espère que …
**Es de esperar que** la propuesta sea aceptada. | Il faut espérer que …
**Quisiera** dedicar una canción a mi hija Gemma. | Je voudrais …
**Desearía que** se les prestara más atención a los ancianos. | Je souhaiterais que …
**Sueña con** llegar a ser modelo. | Elle rêve de …
No, no he estado en París. **¡Qué más quisiera yo!** | … Je ne demanderais pas mieux !

# Obligation

Mañana **tenemos que** levantarnos temprano. | … nous devons …
**No me queda más remedio que** *ou* **No tengo más remedio que** decírselo. | Je ne peux pas faire autrement que de …
**Debes** pedirles disculpas. | Tu dois …
Las circunstancias políticas **me obligaron a** salir de mi país. | … m'ont obligé à …

TOURNURES ESSENTIELLES • 13

L'ESPAGNOL EN SITUATION

| | |
|---|---|
| **Estamos obligados a** *ou* **Tenemos la obligación de** acatar las leyes. | Nous sommes obligés de *ou* Nous sommes dans l'obligation de … |
| En verano **hay que** proteger la piel contra las radiaciones solares. | … il faut … |
| Para viajar a Irán **es preciso** tener visado. | … il faut … |
| **Es obligatorio** llevar el cinturón de seguridad. | … est obligatoire. |
| **Es imprescindible** *ou* **indispensable** leer el documento antes de firmarlo. | Il est indispensable de … |
| **Se exige que** los ciudadanos lleven encima el DNI. | On exige des … que … |

## Permission

### Comment demander la permission de faire quelque chose

| | |
|---|---|
| ¿**Puedo** pasar? | Je peux … ? |
| ¿**Me dejas que** lo use yo antes? | Tu me laisses … ? |
| ¿**Se puede** aparcar aquí? | On peut … ? |
| ¿**Te importa si** subo la tele un poco? | Cela ne te dérange pas si … ? |
| ¿**Podría** hacerte unas preguntas? | Est-ce que je peux … ? |
| ¿**Te molesta que** abra la ventana? | Cela te gêne si … ? |
| ¿**Tendrían inconveniente en que** tomáramos unas fotografías? | Verriez-vous un inconvénient à ce que … ? |

### Autorisation

| | |
|---|---|
| ¡**Naturalmente** *ou* **Claro** que puedes ir! | Évidemment *ou* Bien sûr … |
| **Puedes** llevarte mi coche, si quieres. | Tu peux … |
| **Haz lo que quieras.** | Fais ce que tu veux. |
| **No tengo ningún inconveniente en** que lo uses. | Je ne vois aucun inconvénient à … |
| **Le dejan** acostarse a la hora que quiera. | Ils le laissent … |
| Me dijo que **podía** venir cuando quisiera. | … je pouvais … |
| **Nos dieron permiso para** organizar una fiesta. | Ils nous ont donné la permission de … |
| El alcohol es la única droga cuyo consumo público **está permitido**. | … soit autorisée. |

### Interdiction

| | |
|---|---|
| ¿Dejarte el coche? ¡**Ni pensarlo!** | Il n'en est pas question ! |
| **No puedo dejarte** salir con este tiempo. | Je ne peux pas te laisser … |
| Aquí **no se puede** fumar. | … on ne peut pas … |
| **Prohibida la entrada.** | Défense d'entrer. |

| | |
|---|---|
| **Te prohíbo que** hables así delante de mí. | Je t'interdis de … |
| **Está prohibido.** | C'est interdit *ou* C'est défendu. |
| | |
| **No los dejan** salir a jugar. | Ils ne les laissent pas … |
| **Me han denegado** la beca. | Je n'ai pas obtenu … |
| **No estoy autorizado para** *ou* **a** hacer declaraciones. | Je ne suis pas autorisé à … |
| El médico **me ha prohibido** fumar. | … m'a interdit de … |
| **Tengo totalmente prohibido** el alcohol. | … m'est totalement interdit. |

## Certitude, probabilité et possibilité

### Certitude

| | |
|---|---|
| **Seguro que** no está en casa. | C'est sûr que … |
| **Está claro que** no tienen intención de invitarnos. | Il est clair que … |
| **Estoy segura de que** era él. | Je suis sûre que … |
| **Estaban convencidos de que ganarían** el partido. | Ils étaient sûrs de gagner … |
| **Es obvio** *ou* **Es evidente que** esta medida causará polémica. | Il est évident que … |
| **Por supuesto que** no va a ser fácil. | Il va de soi que … |
| La boda será, **casi con toda seguridad**, en septiembre. | … selon toute probabilité … |
| **Sin lugar a dudas** *ou* **Sin duda alguna**, es la mejor. | … sans aucun doute …. |
| **No cabe la menor duda de que** viven en condiciones infrahumanas. | Il ne fait aucun doute que … |

### Probabilité

| | |
|---|---|
| En este barrio **es fácil que** te atraquen. | … il n'est pas rare de … |
| **Seguramente** se ha retrasado por el camino. | … sûrement … |
| **Debe (de) haberse** olvidado. | Il a dû … |
| **Lo más seguro** *ou* **probable es que** suban los precios. | Le plus probable c'est que … |
| **Es muy posible** *ou* **probable que** no te haya entendido. | Il est fort possible que … |
| **Probablemente** se trate de una falsa alarma. | … probablement … |
| **No me sorprendería que** abandonaran el proyecto. | Cela ne m'étonnerait pas que … |
| | |
| **Tenemos muchas posibilidades de** ganar la Copa. | Nous avons de bonnes chances de … |

### Possibilité

**Igual** tengo suerte y apruebo. — Si ça se trouve ...
**A lo mejor** hago escala en Tenerife de camino a Montevideo. — ... peut-être ...
**Quizá(s)** tengamos que volver antes de lo previsto. — Peut-être que ...
**Tal vez** nuestras sospechas sean infundadas. — Peut-être que ...
**Puede que** nos suban el sueldo. — Il se peut que ...
Dicho comando **podría** ser el autor de los atentados. — ... pourrait ...

## Incertitude, improbabilité et impossibilité

### Incertitude

**No sé** si es buena idea. — Je ne sais pas ...
**No estoy seguro de que** esa sea la mejor solución. — Je ne suis pas sûr que ...
**No es seguro que** el viaje de vuelta sea en tren. — Il n'est pas certain que ...
**No está claro** cuál es la causa del problema. — On ignore ...
**No lo veo muy claro.** — Je ne sais pas vraiment.
**No tengo muy claro que** sea la persona idónea. — Je ne suis pas persuadé que ...

**Me pregunto** si merece la pena trabajar tanto. — Je me demande ...
**Dudo que** nos hagan otra oferta similar. — Je doute que ...
**Ya veremos** si lo consigue o no. — On verra bien ...
**No se sabe con certeza si** es una enfermedad hereditaria. — On ne sait pas avec certitude si ...

### Improbabilité

**Es difícil que** vuelvan a ganar. — Il y a peu de chances que ...
**Dudo mucho que** admita su culpa. — Je doute beaucoup que ...
**Es bastante dudoso que** se convoque un referéndum. — Il est peu probable que ...
**No parece que** vaya a hacer buen tiempo. — Il ne semble pas que ...
**Me extrañaría** ou **Me sorprendería (mucho) que** tuvieran mi talla. — Cela m'étonnerait (beaucoup) que ...
**Es (muy) poco probable que** queden todavía entradas. — Il est (très) peu probable que ...
**Tiene muy pocas posibilidades de** ganar la carrera. — Il a très peu de chances de ...

### Impossibilité

A estas horas **no puede ser** el cartero. — ... cela ne peut pas être ...
**No es posible que** se trate de la misma persona. — Ce n'est pas possible que ...

Es totalmente *ou* completamente imposible que lleguen antes que nosotros.
Il est totalement *ou* absolument impossible ...

No hay *ou* No existe ninguna posibilidad de que se mejore.
Il n'y a aucune chance que ...

Me es imposible recibirle hoy.
Il m'est impossible de ...

## Salutations

¡Hola!
Salut ! *ou* Bonjour ! *ou* Bonsoir !

¿Cómo estás? *ou* ¿Qué tal (estás)?
Ça va ? *ou* Comment vas-tu ?

¿Qué hay?
Alors, ça va ?

¿Cómo va eso? *ou* ¿Qué te cuentas?
Qu'est-ce que tu racontes ?

¿Qué es de tu vida?
Qu'est-ce que tu deviens ?

¡Buenas!
Salut !

Buenos días. ¿Cómo está (usted)?
Bonjour. Comment allez-vous ?

Buenas tardes.
Bonjour *ou* Bonsoir.

Buenas noches.
Bonsoir *ou* Bonne nuit.

### Réponses
Muy bien, ¿y tú *ou* usted?
Très bien, et toi *ou* vous ?

Estupendamente.
Très bien.

Regular.
Pas trop mal.

Vamos *ou* voy tirando.
On fait aller.

No me va mal del todo.
Ça ne va pas trop mal.

No me quejo.
Je ne me plains pas.

(Muy) bien, gracias.
(Très) bien, merci.

### Présentations
Te presento a Carlos.
Je te présente ...

Voy a presentarte a mi novia.
Je vais te présenter ...

Quiero que conozcas a mi marido.
Je voudrais que tu fasses la connaissance de ...

### Une fois qu'on a été présenté
¡Encantado! *ou* ¡Mucho gusto!
Enchanté !

Encantada de conocerle.
Enchantée *ou* Ravie de faire votre connaissance.

¡Hola!, ¿qué tal?
Bonjour ! Comment vas-tu ?

TOURNURES ESSENTIELLES

## Pour prendre congé

| | |
|---|---|
| ¡Adiós! | Au revoir ! |
| ¡Buenas noches! | Bonne soirée *ou* nuit ! |
| ¡Hasta luego! | À plus tard ! |
| ¡Hasta pronto! | À bientôt ! |
| ¡Hasta mañana! | À demain ! |
| ¡Hasta la semana que viene! | À la semaine prochaine ! |
| ¡Hasta el jueves! | À jeudi ! |
| ¡Hasta la vista! | À la prochaine ! |

## Vœux et félicitations

| | |
|---|---|
| ¡Feliz cumpleaños! | Joyeux anniversaire ! |
| ¡(Muchas) felicidades! | Bon anniversaire ! *ou* Joyeuses fêtes ! |
| ¡Feliz Navidad! | Joyeux Noël ! |
| ¡Felices Navidades *ou* Pascuas *ou* Fiestas! | Joyeux Noël *ou* Joyeuses fêtes ! |
| ¡Feliz Año (Nuevo)! | Bonne année ! |
| ¡Feliz aniversario de boda! | Bon anniversaire de mariage ! |
| ¡Enhorabuena! *ou* ¡Felicidades! | Félicitations ! |
| ¡Buen viaje! | Bon voyage ! |
| ¡Suerte! *ou* ¡Que te/os vaya bien! | Bonne chance ! |
| ¡Que tengas suerte! | Bonne chance ! |
| ¡Que (te) lo pases bien! | Amuse-toi bien ! |
| ¡Salud! *ou* ¡A tu salud! | Santé ! *ou* À ta santé ! |
| ¡Que descanses! *ou* ¡Que duermas bien! | Repose-toi bien ! *ou* Dors bien ! |
| ¡Bienvenidos! | Soyez les bienvenus ! |
| ¡Que te mejores! | Soigne-toi bien ! |
| ¡Cuídate! | Prends soin de toi ! |

## Remerciements

| | |
|---|---|
| Gracias. | Merci. |
| Gracias por su colaboración. | Merci pour … |
| Les agradezco que hayan sido tan pacientes. | Je vous remercie d'avoir été si patients. |
| Muchas gracias. | Merci beaucoup. |
| Mil gracias. | Merci mille fois. |
| No sé cómo agradecérselo. | Je ne sais pas comment vous remercier. |
| Le estamos muy agradecidos por haber alojado a nuestra hija. | Nous vous sommes très reconnaissants de … |

# Pour commencer et terminer vos e-mails et vos lettres

## À un ami ou parent

| Formule de début | Formule de fin |
| --- | --- |
| Queridos Sres. Montoya | Un cordial saludo (*assez soutenu*) |
| Estimada Marta | Afectuosamente |
| Queridos tíos | Un abrazo |
| Queridísima Carmen | Con mucho cariño (*familier*) |

### Pour commencer un e-mail/une lettre à un ami ou parent

| | |
| --- | --- |
| Me alegró mucho recibir noticias tuyas. | Cela m'a fait plaisir d'avoir de vos nouvelles. |
| Gracias por tu carta. | Merci pour ta lettre. |
| Perdona que no te haya escrito antes. | Je suis désolé de ne pas t'avoir écrit plus tôt. |
| Espero que estés bien. | J'espère que tu vas bien. |

### Pour terminer un e-mail/une lettre à un ami ou parent

| | |
| --- | --- |
| Escríbeme pronto. | Écris-moi vite. |
| Recuerdos de mi parte a … | Dis bonjour à … de ma part. |
| Dele recuerdos de mi parte a … | Transmettez mes amitiés à … |
| Dale un beso de mi parte a … | Embrasse … pour moi. |
| … te manda recuerdos. | … me charge de transmettre ses amitiés. |
| Besos de parte de … | … t'embrasse. |

## Dans la correspondance professionnelle

| Formule de début | Formule de fin |
| --- | --- |
| Señores<br>Muy señor mío | Reciba un respetuoso saludo de |
| Muy señores nuestros | Atentamente |
| Estimada señora Sotocampo | Le saluda atentamente |
| Estimado Enrique<br>Estimada Mónica | Un cordial saludo (*moins soutenu*) |

L'ESPAGNOL EN SITUATION

CORRESPONDANCE • 19

## Pour commencer un e-mail/une lettre d'ordre professionnel

| | |
|---|---|
| Le agradezco su carta/correo electrónico. | Je vous remercie de votre lettre/e-mail. |
| En respuesta a su carta de … | En réponse à votre lettre du … |
| Con referencia a … | Suite à … |
| Le escribo para … | Je vous écris pour … |
| Le ruego que … | Je vous prie de … |
| Adjunto le remito … | Veuillez trouver ci-joint … |
| Le agradecería que … | Je vous serais reconnaissant de … |
| Nos complace comunicarle que … | Nous avons le plaisir de vous informer que … |
| Lamentamos tener que comunicarles que … | Nous sommes au regret de vous informer que … |

## Pour terminer un e-mail/une lettre d'ordre professionnel

| | |
|---|---|
| En espera de su respuesta … | Dans l'attente de votre réponse … |
| Agradezco de antemano su colaboración. | Je vous remercie à l'avance pour votre collaboration. |
| No dude en ponerse en contacto conmigo si necesita alguna información adicional. | N'hésitez pas à me contacter pour toute information complémentaire. |
| No dude en volver a ponerse en contacto conmigo si cree que le puedo ser de ayuda. | Si je peux vous aider en quoi que ce soit, n'hésitez pas à me recontacter. |
| Le pido disculpas otra vez por las molestias ocasionadas. | Veuillez m'excuser à nouveau pour le désagrément occasionné. |

# E-mail d'ordre professionnel

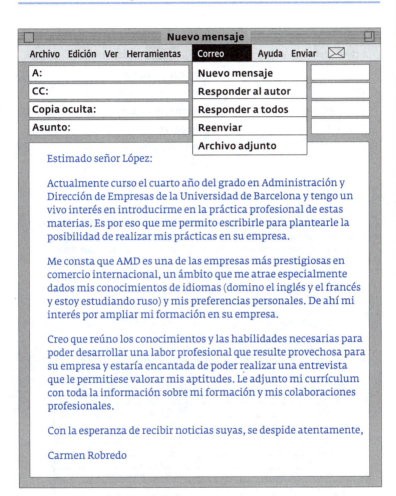

**Nuevo mensaje**

Archivo   Edición   Ver   Herramientas   | Correo |   Ayuda   Enviar

| A: | Nuevo mensaje |
| CC: | Responder al autor |
| Copia oculta: | Responder a todos |
| Asunto: | Reenviar |
|  | Archivo adjunto |

Estimado señor López:

Actualmente curso el cuarto año del grado en Administración y Dirección de Empresas de la Universidad de Barcelona y tengo un vivo interés en introducirme en la práctica profesional de estas materias. Es por eso que me permito escribirle para plantearle la posibilidad de realizar mis prácticas en su empresa.

Me consta que AMD es una de las empresas más prestigiosas en comercio internacional, un ámbito que me atrae especialmente dados mis conocimientos de idiomas (domino el inglés y el francés y estoy estudiando ruso) y mis preferencias personales. De ahí mi interés por ampliar mi formación en su empresa.

Creo que reúno los conocimientos y las habilidades necesarias para poder desarrollar una labor profesional que resulte provechosa para su empresa y estaría encantada de poder realizar una entrevista que le permitiese valorar mis aptitudes. Le adjunto mi currículum con toda la información sobre mi formación y mis colaboraciones profesionales.

Con la esperanza de recibir noticias suyas, se despide atentamente,

Carmen Robredo

# E-mail à un ami ou parent

| | | |
|---|---|---|
| **Nuevo mensaje** | | |
| Archivo  Edición  Ver  Herramientas | Correo    Ayuda  Enviar | |
| A: | Nuevo mensaje | |
| CC: | Responder al autor | |
| Copia oculta: | Responder a todos | |
| Asunto: | Reenviar | |
| | Archivo adjunto | |

Hola Juan

Te escribimos para decirte que este sábado celebramos los 30 años de Alberto en nuestra casa a partir de las 8 de la tarde. Es una fiesta sorpresa, de modo que si te lo encuentras no digas ni palabra. Seremos unas veinte personas y estaremos sin vecinos (que justo se marchan este fin de semana :-). Vamos, que la cosa promete. Hay que llevar algo de beber (de la comida nos encargamos nosotros).

¿Te apuntas? Espero que sí, que hace tiempo que no nos vemos.

Un abrazo,

Laura y Jacinto

| | |
|---|---|
| Archivo | Fichier |
| Edición | Édition |
| Ver | Affichage |
| Herramientas | Outils |
| Correo | Courrier |
| Ayuda | Aide |
| Enviar | Envoyer |
| Nuevo mensaje | Nouveau message |
| Responder | Répondre |
| Responder a todos | Répondre à tous |
| Reenviar | Faire suivre |
| Archivo adjunto | Fichier joint |
| A | À |
| CC | Cc |
| Copia oculta | Copie cachée |
| Asunto | Objet |
| De | De |
| Fecha | Date |

# Lettre d'ordre professionnel

Alice Aubeuf
Les Glycines
12 chemin des Écoliers
87430 CERGY-LES-VOIS
France

Centro Superior de Idiomas Modernos
Universidad Complutense de Madrid
C/ Profesor Aranguren 27, 2a planta
Ciudad Universitaria
28040 MADRID

11 de junio de 2014

Muy señores míos:

Les escribo para pedir información sobre los cursos intensivos de idiomas que ofrecen este verano, en especial sobre el curso denominado «El español de los negocios». He estudiado cuatro años de español en la universidad y me gustaría profundizar mis conocimientos, sobre todo por lo que respecta a la terminología del mundo de los negocios, además de poder practicar el idioma.

He consultado su página web pero no he sabido encontrar los precios de los cursos, por lo que les pediría si me pueden facilitar un listado de los mismos. Además, me gustaría saber si aún quedan plazas libres para el curso «El español de los negocios» que empieza el 4 de agosto.

Por último me gustaría saber si ofrecen ustedes alguna posibilidad de alojamiento mientras se imparten los cursos. Si es así, ¿cuál es el precio por semana?

Agradezco de antemano su atención y quedo a la espera de su respuesta.

Les saluda atentamente,

*Alice Aubeuf*

> On utilise ces formules lorsqu'on ne connaît pas le nom du destinataire.

# Curriculum vitæ

> Aujourd'hui, dans les CV en espagnol, il n'est plus nécessaire d'indiquer sa situation de famille.

Asunción Hernández Gil
Avenida de Cervantes 98, 3º B, 46020 Valencia
Fecha de nacimiento: 2 de agosto de 1985
Teléfono: 96 394 82 45
Móvil: 619 19 77 16
Correo electrónico: asunher@gmail.com

**ESTUDIOS**

| | |
|---|---|
| 2002-2007: | Licenciatura en Filología Francesa, Universidad de Valencia. |
| 2006 (marzo-junio): | Universidad de Estrasburgo, intercambio Erasmus. |
| 2001-2002: | Bachillerato, Instituto Salzillo, Murcia. |

**EXPERIENCIA PROFESIONAL**

| | |
|---|---|
| Desde mayo 2012: | Secretaria trilingüe, ELECTRÓNICA COSTA BLANCA, Valencia. |
| Abril 2009-marzo 2012: | Secretaria de Dirección, L&L TECHNOLOGIES, Nantes, Francia. |
| Enero 2008-febrero 2009: | Secretaria comercial, NM EXPORT IMPORT, Valencia. |
| Veranos 2006 y 2007: | Profesora de francés, Academia PROGRESA, Alcoy. |

**PRINCIPALES COMPETENCIAS PROFESIONALES**
- Excelente manejo del tiempo y capacidad de organización.
- Habilidades comunicativas y de relación con el cliente.
- Capacidad de trabajar en equipo.

**IDIOMAS**
- Francés: Dominio total, tanto hablado como escrito.
- Inglés: Dominio total, tanto hablado como escrito; en posesión del Certificate of Proficiency in English.
- Italiano y portugués: Buen conocimiento, tanto hablado como escrito.

**INFORMACIÓN COMPLEMENTARIA**

Destreza en el manejo de recursos informáticos (Windows, Excel, PowerPoint, QuarkXPress, Wordpress).

En posesión del carnet de conducir Clase B y vehículo propio.

Voluntaria de la Cruz Roja.

Aficiones: Leer, natación, vela, viajes.

# Lettre de candidature

**L'ESPAGNOL EN SITUATION**

Asunción Hernández
Avenida de Cervantes 98, 3° B
46020 Valencia

18 de abril de 2014

Director de Recursos Humanos
INFOCOMP Sistemas
Princesa 8, 6°
28609 Madrid

Muy señor mío:

> Lorsqu'on ignore si le destinataire est un homme ou une femme, il convient d'utiliser la formule ci-contre. Toutefois, si l'on connaît le nom de la personne, on utilise la présentation suivante :
>
> **Sr. Antonio Blanco,**
> **Director de Recursos Humanos,**
> **INFOCOMP** etc
>
> Pour commencer votre lettre, la formule à employer est dans ce cas la suivante :
>
> **Apreciado Sr. Blanco**

En referencia a su anuncio aparecido en "El País" del 15 de abril, quisiera solicitar el puesto de Secretaria de Dirección. Como verá en la copia de mi currículum vítae adjunta, tengo una amplia y dilatada experiencia profesional especialmente centrada en dos ámbitos que son del interés de su empresa: las nuevas tecnologías y el comercio exterior. Domino el francés y el inglés a la perfección, gracias a mi formación, a los tres años que viví en Francia y a mi actividad laboral, y me defiendo con soltura en italiano y portugués. También estoy acostumbrada a trabajar en equipo y a colaborar en la resolución de problemas, organización del trabajo y toma de decisiones.

Conozco el prestigio de su empresa, de la que valoro su capacidad de innovación y su voluntad de liderazgo. Y ello es lo que me motiva a presentar mi candidatura para formar parte de su proyecto.

Quedo a su entera disposición para cualquier información adicional que requiera.

Atentamente,

Asunción Hernández

# Comment indiquer l'adresse sur l'enveloppe

**Au recto**

Le numéro de l'immeuble suivi de celui de l'appartement sont indiqués après le nom de la rue.

timbre

Sr. D. Ignacio Torres de la Fuente
C/ Colón 59, 3° Dcha.
37002 SALAMANCA

**Au verso**

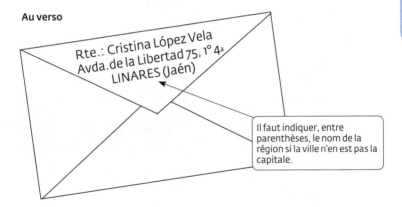

Rte.: Cristina López Vela
Avda. de la Libertad 75, 1° 4ª
LINARES (Jaén)

Il faut indiquer, entre parenthèses, le nom de la région si la ville n'en est pas la capitale.

## Abréviations couramment employées dans les adresses

**Avda.** = avenida  
**C/** = calle  
**Ctra.** = carretera  
**Dcha.** = derecha  
**Izq.** = izquierda  
**P°** = paseo  
**Pza.** = plaza  
**Rte.** = remite  

1°, 2° *etc.* = **primero, segundo** *etc*  
3ª, 4ª *etc.* = **tercera, cuarta** *etc*

CORRESPONDANCE • 27

## Réseaux sociaux

| | |
|---|---|
| una cuenta | un compte |
| verificar su cuenta | vérifier son compte |
| un blog | un blog |
| hacer un comentario sobre | faire un commentaire sur |
| crear/abrir una cuenta | créer/ouvrir un compte |
| un hilo de discusión | un fil de discussion |
| un mensaje privado, un mensaje directo | un message privé (MP), un message direct |
| enviar un mensaje privado a alguien | envoyer un message privé *ou* un MP à qn |
| un(a) seguidor(a) | un suiveur, une suiveuse |
| seguir a | suivre |
| un foro | un forum |
| un(a) amigo(-a) | un(e) ami(e) |
| añadir a la lista de amigos(-as) | ajouter à sa liste d'ami(e)s |
| un hashtag | un mot-dièse, un hashtag |
| un canal de noticias | un news feed, un fil d'actualités *ou* de nouvelles |
| un perfil | un profil |
| una foto del perfil | une photo du profil |
| un canal RSS | un fil d'actualités *ou* de nouvelles RSS |
| una actualización del estado | une mise à jour du statut |
| etiquetar a alguien en una foto | taguer qn sur une photo |
| un trending topic | un sujet tendance |
| un tuit, un tuiteo | un tweet |
| tuitear (sobre) | tweeter (sur) |
| retuitear | retweeter |
| dejar de seguir a | arrêter de suivre |
| un muro | un mur |
| publicar algo en el muro de alguien | poster qch sur le mur de qn |
| escribir en el muro de alguien | écrire sur le mur de qn |

## Abréviations courantes dans les e-mails et SMS

| | |
|---|---|
| a2 | *adiós* |
| ad+ | *además* |
| aptc | *apetece* |
| bn | *bien* |
| bss | *besos* |
| dnd | *donde, dónde* |
| k tl? | *¿qué tal?* |
| kdda | *quedada* |
| kdms? | *¿quedamos?* |
| LDT | *lejos del teclado* |
| LMPP | *lo más pronto posible* |
| MD | *mensaje directo* |
| MSLGR | *me se saltan las lágrimas de risa* |
| mxo | *mucho* |
| npi | *ni idea* |
| pq | *porque* |
| q | *que, qué* |
| qndo | *cuando, cuándo* |
| salu2 | *saludos* |
| stoi | *estoy* |
| tb/tmb | *también* |
| tqm/tkm | *te quiero mucho* |
| vns? | *¿vienes?* |
| wpa | *guapa* |
| xfa | *por fa(vor)* |
| xq | *porque* |

# Téléphone et Internet

## Les différents types de communication

| | |
|---|---|
| Quisiera hacer una llamada al extranjero. | Je voudrais appeler l'étranger. |
| Quisiera hacer una llamada a cobro revertido a París. | Je voudrais téléphoner en P.C.V. à … |
| ¿Qué hay que hacer para obtener línea al exterior? | Que faut-il faire pour avoir la ligne ? |
| ¿Me podrían despertar a las siete y media mañana, por favor? | Pourriez-vous me réveiller à … ? |

## Les renseignements

| | |
|---|---|
| ¿Me puede decir el número de teléfono de Europost? La dirección es Plaza Mayor, 34, Carmona, provincia de Sevilla. | Pourriez-vous me donner le numéro de téléphone de … ? |
| ¿Cuál es el prefijo de León? | Quel est l'indicatif de … ? |
| ¿Cuál es el número de información? | Quel est le numéro des renseignements ? |
| ¿Cuál es el número de Información Horaria? | Quel est le numéro de l'horloge parlante ? |
| ¿Me puede poner con el 0143 65 27 82 de Inglaterra, por favor? | Pourriez-vous me passer le … ? |

## Réponses

| | |
|---|---|
| El número que solicita es el 93 250 24 72. (noventa y tres, dos cincuenta, veinticuatro, setenta y dos) | Le numéro que vous avez demandé est le … |
| Lo siento, pero ese nombre no figura en la guía. | Je suis désolé, ce nom ne figure pas dans l'annuaire. |
| El número que solicita no figura en la guía. | Le numéro que vous avez demandé est sur liste rouge. |

## Lorsque l'abonné répond

| | |
|---|---|
| ¿Me pone con la extensión 615 por favor? | Je voudrais le poste … |
| ¿El Sr. Lambert? | Monsieur … ? |
| Quisiera hablar con Carlos Belmonte, por favor. | Je voudrais parler à … |
| ¿Me podría poner con el Dr. Fernández, por favor? | Pourriez-vous me passer le … ? |

¿Puede decirle que me llame cuando vuelva?  
　　Pourriez-vous lui dire de me rappeler à son retour ?

Volveré a llamar dentro de media hora.  
　　Je rappellerai dans …

## Au standard
¿De parte de quién?  
　　De la part de qui ?  
No se retire *ou* No cuelgue.  
　　Ne quittez pas.  
Le pongo *(Esp) ou* Le estoy conectando *(Am)*.  
　　Je vous le passe.  
Lo siento pero no contestan.  
　　Je suis désolé, ce poste ne répond pas.

El Dr. Palmero está al teléfono *ou* comunicando *(Esp)*. ¿Quiere esperar?  
　　… est en communication. Voulez-vous patienter ?  
¿Quiere dejar algún recado?  
　　Voulez-vous laisser un message ?

Tengo a la Sra. Rubio por la línea 3.  
　　… sur la ligne …  
Tengo una llamada de Milán para el Sr. Urquijo.  
　　Un appel de … pour …

## Messages enregistrés
El número del abonado con el que desea comunicar ha cambiado. Tras el prefijo 96 de Valencia, marque el 3, seguido del número de teléfono anterior.  
　　Le numéro de votre correspondant a changé. Vous devez désormais composer le … après l'indicatif de …

Bienvenido a Viajes Marcus. Para reserva de billetes, por favor marque el 1.  
　　Bienvenue chez … Pour une réservation, tapez 1.  
Buenas tardes. Este es el servicio postventa de Cipresa, S.A. Dentro de unos instantes atenderemos su llamada.  
　　Bonjour, vous êtes en communication avec … Dans quelques instants, nous allons donner suite à votre appel.

Hola. Habla Antonio Peralta. Déjeme su nombre y número de teléfono tras la señal y le devolveré la llamada lo antes posible. Gracias.  
　　Bonjour, ici … Merci de laisser votre nom et votre numéro de téléphone après le signal sonore, je vous rappellerai dès que possible.

## Pour répondre au téléphone
¡Diga! *ou* ¡Dígame!  
　　Allô !  
Soy yo *ou* El mismo.  
　　C'est moi *ou* Lui-même.  
¿Quién habla?  
　　Qui est à l'appareil ?

L'ESPAGNOL EN SITUATION

### Assistance technique

¿Dónde puedo cargar el móvil? — Où est-ce que je peux recharger mon portable ?

Necesito una batería nueva. — Il me faut une batterie neuve.

Quería comprar una tarjeta SIM con/sin contrato. — Je voudrais acheter une carte SIM avec/sans abonnement.

### En cas de difficulté

Todavía está ocupado *ou* comunicando (*Esp*). — C'est toujours occupé.
Se ha cortado. — Nous avons été coupés.
Debo haber marcado el número mal. — J'ai dû faire un mauvais numéro.

Se han cruzado las líneas. — Il y a quelqu'un d'autre sur la ligne.

Se oye muy mal. Cuelga y te volveré a llamar. — Je t'entends très mal.
No tengo teléfono. Llamo desde una cabina. — J'appelle d'une cabine.
No tengo cobertura. — Je n'ai pas de réseau.
No te oigo. — Je ne te capte plus.
Se me ha acabado el crédito. — Je n'ai plus de crédit.

### Internet

¿Tienen conexión wi-fi/a Internet? — Y a-t-il une connexion wi-fi / Internet ?

¿Cuál es la contraseña del wi-fi? — Quel est le mot de passe pour le wi-fi ?

He olvidado mi contraseña. — J'ai oublié mon mot de passe.

¿Sabe la dirección del sitio Web? — Connaissez-vous l'adresse du site Web ?

Quería descargarme el horario. — Je voudrais télécharger …
¿Está usted en Twitter®/Facebook®? — Est-ce que vous êtes sur Twitter®/Facebook® ?

# Francés activo

El propósito del suplemento **Francés activo** es ayudarle a expresarse de forma sencilla pero correcta en un francés fluido y natural.

La sección Expresiones generativas recoge cientos de frases con la traducción de sus elementos clave y constituye un punto de referencia indispensable para expresarse en francés.

En la sección de Correspondencia se encontrarán ejemplos prácticos de correspondencia personal y comercial, solicitudes de empleo y currículum vítae, además de las fórmulas clásicas de encabezamiento y despedida; también se explica cómo poner la dirección en los sobres. Por último, se dan notas orientativas sobre cómo adaptar los ejemplos a las propias necesidades.

Hay, asimismo, una sección adicional que recoge el vocabulario utilizado en SMS y redes sociales, así como las frases más frecuentes que se emplean en distintos tipos de llamadas telefónicas.

Esperamos que la información de este suplemento sea útil y adecuada a sus necesidades y que, junto con el diccionario, ayude a mejorar sus conocimientos y a disfrutar del francés.

# Índice

| | |
|---|---|
| **Expresiones generativas** | 34 |
| **Correspondencia** | 50 |
| **Teléfono e Internet** | 61 |

# Gustos y preferencias

## Para expresar gustos

| | |
|---|---|
| **J'aime** les gâteaux. | Me gustan … |
| **J'aime que** les choses soient à leur place. | Me gusta que … |
| **J'ai bien aimé** le film. | Me gustó … |
| **J'adore** sortir en boîte. | Me encanta … |
| **Ce que je préfère** chez Laurent, c'est son enthousiasme. | Lo que más me gusta … |
| **Ce que j'aime par-dessus tout, c'est** son sourire. | Lo que me gusta por encima de todo, es … |
| La visite des vignobles **m'a beaucoup plu**. | Me gustó mucho … |
| **J'ai un faible pour** le chocolat. | Tengo debilidad por … |
| **Rien ne vaut** un bon café. | No hay nada como … |
| **Rien de tel qu'**un bon bain chaud ! | No hay nada como … |
| Le couscous est **mon** plat **favori**. | … mi … preferido o favorito. |
| La lecture est **une de mes** activités **préférées**. | … una de mis … preferidas o favoritas. |
| **Cela ne me déplaît pas de** sortir seule. | No me importa … |

## Para decir lo que a uno no le gusta

| | |
|---|---|
| **Je n'aime pas** le poisson. | No me gusta … |
| **Je n'aime pas beaucoup** parler en public. | No me gusta mucho … |
| **Je ne l'aime pas du tout.** | No me gusta nada. |
| Cette idée **ne m'emballe pas**. | … no me entusiasma. |
| **Je déteste** la chimie. | Odio … |
| **J'ai horreur du** sport. | Odio … |
| **Je ne supporte pas qu'**on me mente. | No soporto que … |
| Sa façon d'agir **ne me plaît pas du tout**. | No me gusta nada … |
| **Ce que je déteste le plus, c'est** le repassage. | Lo que más odio es … |

## Para decir lo que uno prefiere

| | |
|---|---|
| **Je préfère** le rock **à** la musique classique. | Prefiero … a … |
| **Je préférerais** vivre à Paris. | Preferiría … |
| **J'aimerais mieux** mourir **que de** lui demander un service. | Antes … que … |

### Para expresar indiferencia

| | |
|---|---|
| Ça m'est égal. | Me da igual. |
| Je n'ai pas de préférence. | No tengo preferencias. |
| C'est comme vous voudrez. | Como quiera. |
| Cela n'a aucune importance. | No tiene ninguna importancia. |
| Peu importe. | No importa. |

### Para preguntarle a alguien lo que le gusta

| | |
|---|---|
| Est-ce que vous aimez les frites ? | ¿Le gustan …? |
| Est-ce que vous aimez faire la cuisine ? | ¿Le gusta …? |
| Est-ce que cela vous plaît de vivre en ville ? | ¿Le gusta …? |
| Qu'est-ce que vous préférez : la mer ou la montagne ? | ¿Qué prefiere …? |
| Vous préférez lequel, le rouge ou le noir ? | ¿Cuál prefiere …? |
| Est-ce que vous préférez vivre à la campagne ou en ville ? | ¿Prefiere …? |
| Qu'est-ce que vous aimez le plus à la télévision ? | ¿Qué es lo que más le gusta …? |

## Opiniones

### Para pedir la opinión de alguien

| | |
|---|---|
| Qu'en pensez-vous ? | ¿Qué cree usted? |
| Que pensez-vous de sa façon d'agir ? | ¿Qué piensa de …? |
| Je voudrais savoir ce que vous pensez de son travail. | Quisiera saber qué piensa de … |
| J'aimerais connaître votre avis sur ce problème. | Me gustaría saber su opinión sobre … |
| Est-ce que vous pourriez me donner votre opinion sur cette émission ? | ¿Podría darme su opinión sobre …? |
| Quelle est votre opinion sur la peine de mort ? | ¿Qué opina sobre …? |
| À votre avis, hommes et femmes sont-ils égaux ? | En su opinión … |
| Selon vous, faut-il donner plus de liberté aux jeunes ? | Según usted … |

FRANCÉS ACTIVO

### Para expresar la opinión propia

| | |
|---|---|
| Vous avez raison. | Tiene razón. |
| Il a tort. | Se equivoca. |
| Il a eu tort de démissionner. | Hizo mal en … |
| Je pense que ce sera possible. | Creo que … |
| Je crois que c'est un peu prématuré. | Creo que … |
| Je trouve que c'est normal. | Me parece que … |
| Personnellement, je pense que c'est trop cher. | Personalmente, creo que … |
| Il me semble que vous vous trompez. | Me parece que … |
| J'ai l'impression que ses parents ne la comprennent pas. | Tengo la impresión de que … |
| Je suis certain qu'il est tout à fait sincère. | Tengo la certeza de que … |
| Je suis sûr que Marc va gagner. | Estoy seguro de que … |
| Je suis persuadé qu'il y a d'autres solutions. | Estoy convencido de que … |
| À mon avis, il n'a pas changé. | En mi opinión … |
| D'après moi, il a fait une erreur. | Para mí … |
| Selon moi, c'est impossible. | En mi opinión … |

### Para responder sin expresar una opinión

| | |
|---|---|
| Ça dépend. | Depende. |
| Tout dépend de ce que vous entendez par là. | Depende de lo que entienda por … |
| Je ne peux pas me prononcer. | No puedo opinar. |
| Je n'ai pas d'opinion bien précise à ce sujet. | No tengo una opinión muy clara al respecto. |
| Je ne me suis jamais posé la question. | Nunca me lo he planteado. |
| Je ne sais pas trop. | No sé muy bien. |
| Je ne suis pas sûr. | No estoy seguro. |

## Aprobación y acuerdo

| | |
|---|---|
| Je trouve que c'est une excellente idée. | Me parece (que es) una idea estupenda. |
| Quelle bonne idée ! | ¡Qué buena idea! |
| J'ai beaucoup apprécié son article. | Me gustó mucho … |
| C'est une très bonne chose. | Está muy bien. |
| Je trouve que vous avez raison de vous méfier. | Creo que hace bien en … |
| Vous avez bien fait de laisser vos bagages à la consigne. | Hizo bien en … |
| Vous n'avez pas tort de critiquer le gouvernement. | Razón no le falta para … |

| | |
|---|---|
| Je partage cette opinion. | Comparto esa opinión. |
| Je partage votre inquiétude. | Comparto su … |
| Nous sommes favorables à la création d'emplois. | Estamos a favor de … |
| Nous sommes en faveur d'une Europe unie. | Estamos a favor de … |
| Il est exact que c'est un risque à prendre. | Es cierto que … |
| Il est vrai que cette erreur aurait pu être évitée. | Es verdad que … |
| Je suis d'accord avec vous. | Estoy de acuerdo con usted. |
| Je suis entièrement d'accord avec toi. | Estoy totalmente de acuerdo contigo. |

## Desaprobación y desacuerdo

| | |
|---|---|
| Je trouve qu'il a eu tort d'emprunter autant d'argent. | Creo que ha hecho mal en … |
| C'est dommage qu'il ait réagi ainsi. | Es una pena que … |
| Il est regrettable qu'ils ne nous aient pas prévenus. | Es una lástima que … |
| Cette idée me déplaît profondément. | … me disgusta sobremanera. |
| Je ne supporte pas le mensonge. | No soporto … |
| Nous sommes contre la chasse. | Estamos en contra de … |
| Je suis absolument contre. | Estoy totalmente en contra. |
| Je refuse cette solution. | Rechazo … |
| Je suis opposé à toute forme de censure. | Me opongo a … |
| Je ne partage pas ce point de vue. | No comparto ese punto de vista. |
| Je suis déçu par son attitude. | Me ha decepcionado … |
| Je suis profondément déçu. | Estoy muy decepcionado. |
| Tu n'aurais pas dû lui parler sur ce ton. | No deberías haber … |
| C'est inacceptable. | Es inaceptable. |
| De quel droit agit-il de la sorte ? | ¿Con qué derecho …? |
| Je ne suis pas d'accord. | No estoy de acuerdo. |
| Nous ne sommes pas d'accord avec eux. | No estamos de acuerdo con … |
| Je ne suis absolument pas d'accord avec ce qu'il a dit. | No estoy para nada de acuerdo con … |
| C'est faux de dire que cette erreur était inévitable. | No es cierto que … |
| Vous vous trompez ! | ¡Se equivoca! |

### Quejas

| | |
|---|---|
| Je ne suis pas satisfait de ma chambre. | No estoy satisfecho con … |
| Je suis très déçu du service fourni par votre hôtel. | Estoy muy decepcionado con … |
| Je voudrais faire une réclamation. | Quería presentar una reclamación. |
| Je voudrais parler au responsable, s'il vous plaît. | Quiero hablar con el responsable, por favor. |
| Il y a un problème avec la réservation. | Hay un problema con … |
| C'est absolument inacceptable. | Es absolutamente inaceptable. |
| Pourriez-vous vous en occuper tout de suite ? | ¿Pueden ocuparse de ello inmediatamente? |

## Disculpas

### Para pedir perdón

| | |
|---|---|
| Excusez-moi. | Lo siento. |
| Excusez-moi de vous déranger. | Perdone que le moleste. |
| Oh, pardon ! J'ai dû faire un faux numéro. | ¡Perdone! |
| Je suis désolé de vous avoir réveillé. | Siento mucho … |
| Je suis désolé pour tout ce qui s'est passé. | Lamento mucho … |
| Je vous prie de m'excuser. | Le ruego que me disculpe. |
| Nous prions nos lecteurs de bien vouloir excuser cette omission. | Rogamos a … disculpen … |

### Para aceptar la responsabilidad de algo

| | |
|---|---|
| C'est (de) ma faute : j'aurais dû partir plus tôt. | Es culpa mía: debería haber … |
| Je n'aurais pas dû me moquer d'elle. | No debería haber … |
| Nous avons eu tort de ne pas vérifier cette information. | Hicimos mal en no … |
| J'assume seul l'entière responsabilité de cette erreur. | Me hago plenamente responsable de … |
| Je reconnais que j'aurais dû faire un effort. | Reconozco que … |

### Para rechazar toda responsabilidad

| | |
|---|---|
| Ce n'est pas (de) ma faute. | No es culpa mía. |
| Ce n'est pas (de) ma faute si nous sommes en retard. | No es culpa mía si … |
| Je ne l'ai pas fait exprès. | No lo hice a propósito. |

FRANCÉS ACTIVO

Je ne pouvais pas faire autrement. | No podía hacer otra cosa.
J'avais pourtant cru comprendre que je pouvais me garer là. | Pero yo creí que …
J'avais cru bien faire en le prévenant. | Pensé que hacía bien en …

### Para disculparse por no poder hacer algo
Je regrette, mais ce n'est pas possible. | Lo siento, pero …
Je suis désolé, mais je ne peux pas vous aider. | Lo siento mucho, pero …
Il nous est malheureusement impossible d'accéder à votre demande. | Lamentablemente, nos es imposible …

## Explicaciones

### Para dar las razones de algo
Je n'ai rien acheté **parce que** je n'ai pas d'argent. | … porque …
Je suis arrivé en retard **à cause des** embouteillages. | … a causa de …
**Puisque** tu insistes, je vais rester un jour de plus. | Ya que …
**Comme** j'habitais près de la bibliothèque, j'y allais souvent. | Como …
Je ne pourrai pas venir **car** je n'ai pas fini. | … porque …
**Vu** la situation actuelle, nous ne pouvons pas nous prononcer. | Dada …
**Étant donné** la crise, il est difficile de trouver du travail. | Debido a …
**C'est** une rupture d'essieu **qui a provoqué** le déraillement. | Fue … lo que provocó …
Le théâtre va fermer **faute de** moyens. | … por falta de …
Il a donné sa démission **pour des raisons de** santé. | … por motivos de …
Le projet a été abandonné **en raison de** problèmes juridiques. | … a causa de …
Le malaise des enseignants **est lié à** la difficulté de leur métier. | … está relacionado con …
**Le problème vient de ce que** les gens sont déçus par la politique. | El problema está en que …
Le ralentissement des exportations **provient de** la chute de la demande européenne. | … es consecuencia o resultado de …
La haine **résulte de** l'incompréhension. | … nace de …

### Consecuencias
Je dois partir ce soir. **Je ne pourrai donc pas** venir avec vous. | … de modo que no podré …

| | |
|---|---|
| La distribution a été améliorée, **de telle sorte que** les lecteurs trouveront leur journal plus tôt. | ... de manera que ... |
| Le cidre nouveau est très peu fermenté et **par conséquent** très peu alcoolisé. | ... por consiguiente ... |
| Ce manque de concertation **a eu pour conséquence** une duplication inutile de nos efforts. | ... ha tenido como resultado ... |
| **Voilà pourquoi** on s'en souvient. | Por eso ... |

## Comparaciones

| | |
|---|---|
| **On peut comparer** la télévision **à** une drogue. | ... se puede comparar ... a ... |
| Le Centre Pompidou **est souvent comparé à** un paquebot. | ... se compara a menudo a ... |
| Le bruit **était comparable à** celui d'une moto dépourvue de silencieux. | ... era comparable a ... |
| L'Afrique reste un continent sous-peuplé **comparé à** l'Asie. | ... en comparación con ... |
| Les investissements publicitaires ont connu une légère progression **par rapport à** l'année dernière. | ... en relación con ... |
| **Par comparaison avec** l'Islande, l'Irlande a un climat tropical. | En comparación con ... |
| Cette histoire **ressemble à** un conte de fées. | ... es como o se parece a ... |
| Il adorait cette campagne qui **lui rappelait** l'Andalousie. | ... le recordaba ... |
| Des taux de chômage effrayants, **rappelant ceux** des années 30. | ... similares a ... |
| **Il me fait penser à** mon frère. | Me recuerda a ... |
| Le surf des neiges **est l'équivalent** sur neige **de** la planche à roulettes. | ... es el equivalente de ... |
| Cette somme **correspond à** six mois de salaire. | ... equivale a ... |
| **C'est la même chose.** | Es lo mismo. |
| **Cela revient au même.** | Viene a ser lo mismo. |
| Ce disque **n'est ni meilleur ni moins bon que** les autres. | ... no es ni mejor ni peor que ... |

### Para destacar el contraste

| | |
|---|---|
| **Aucune** catastrophe **ne peut être comparée à** celle de Tchernobyl. | No hay ... que se pueda comparar a ... |
| **On ne peut pas comparer** les usines modernes **à** celles où travaillaient nos grands-parents. | No se pueden comparar ... con ... |
| Les actions de ce groupe **n'ont rien de comparable avec** les agissements des terroristes. | ... no tienen nada que ver con ... |

| | |
|---|---|
| Sa démarche le **différencie** de son frère. | ... diferencia ... |
| L'histoire des États-Unis **ne ressemble en rien à** la nôtre. | ... no se parece en nada a ... |
| **Ça n'a rien à voir.** | No tiene nada que ver. |
| **Ce sont deux choses complètement différentes.** | Son dos cosas completamente diferentes. |
| Il y a des événements bien plus tragiques que de perdre une finale de Coupe d'Europe. | Hay cosas mucho peores que ... |
| Le gruyère **est meilleur que** le comté. | ... es mejor que ... |
| Son deuxième film **est moins** violent **que** le premier. | ... es menos ... que ... |
| L'espérance de vie des femmes est de 81 ans, **tandis que** celle des hommes est de 72 ans. | ... mientras que ... |
| **Alors que** la consommation de vin et de bière diminue, l'eau minérale est un marché en expansion. | Mientras que ... |

## Peticiones y propuestas

### Peticiones

| | |
|---|---|
| **Je voudrais** trois tartelettes. | Quería ... |
| **Je voudrais** connaître les horaires des trains pour Lille. | Quería ... |
| **Pourriez-vous** nous donner un coup de main ? | ¿Podría ...? |
| **Est-ce que vous pouvez** annoncer la bonne nouvelle à Éliane ? | ¿Puede ...? |
| **Est-ce que vous pourriez** venir me chercher ? | ¿Podría ...? |
| **Sois gentille**, fais un saut chez le boulanger. | Hazme un favor ... |
| **Auriez-vous l'amabilité de** m'indiquer la sortie ? | ¿Sería tan amable de ...? |
| **Auriez-vous la gentillesse de** nous donner la recette ? | ¿Tendría la amabilidad de ...? |
| **Auriez-vous l'obligeance de** me garder ma place ? | ¿Podría hacerme el favor de ...? |
| **Puis-je vous demander de** m'accorder un instant ? | ¿Sería tan amable de ...? |
| **Merci de bien vouloir** patienter. | Tenga la amabilidad de ... |
| **Est-ce que cela vous dérangerait d'**ouvrir la fenêtre ? | ¿Le importaría ...? |
| **Je vous serais reconnaissant de me prévenir** dès que possible. | Le agradecería que me avisara ... |
| **Je vous serais reconnaissant de bien vouloir me communiquer** votre décision d'ici vendredi. | Le agradecería que me comunicara ... |

FRANCÉS ACTIVO

### Propuestas

| | |
|---|---|
| **Je peux** passer vous prendre, **si** vous voulez. | Puedo … si … |
| **Je pourrais** vous accompagner. | Podría … |
| **Ça te dit**, une glace ? | ¿Te apetece …? |
| **Ça vous dirait d'**aller faire un tour ? | ¿Le gustaría …? |
| **Que diriez-vous d'**une balade en forêt ? | ¿Le apetecería …? |
| **Est-ce que vous voulez que** j'aille chercher votre voiture ? | ¿Quiere que …? |
| **Est-ce que vous voulez** dîner avec nous un soir ? | ¿Quiere …? |

## Consejos y sugerencias

### Para pedir consejo o sugerencias

| | |
|---|---|
| **À ma place, que feriez-vous ?** | ¿Usted qué haría (si estuviera) en mi lugar? |
| **Quel est votre avis sur la question ?** | ¿Qué opina al respecto? |
| **Qu'est-ce que vous me conseillez**, les Baléares ou les Canaries ? | ¿Qué me aconseja …? |
| **Que me conseillez-vous de faire ?** | ¿Qué me aconseja que haga? |
| Parmi les excursions à faire, **laquelle nous conseilleriez-vous ?** | … ¿cuál nos aconsejaría? |
| **Quelle** stratégie **proposez-vous ?** | ¿Qué … propone *o* sugiere usted? |
| **Que proposez-vous pour** réduire la pollution ? | ¿Qué propone usted para …? |
| **Qu'est-ce que vous proposez contre** le chômage ? | ¿Qué medidas propone usted contra …? |

### Para aconsejar o sugerir algo

| | |
|---|---|
| **À votre place**, je me méfierais. | Yo que usted … |
| **Si j'étais toi**, je ne dirais rien. | Yo en tu lugar … |
| **Si je peux vous donner un conseil**, achetez votre billet à l'avance. | Si me permite que le dé un consejo … |
| **Un conseil** : lisez le mode d'emploi. | Un consejo … |
| **Un bon conseil** : n'attendez pas le dernier moment pour faire votre réservation. | Un consejo … |
| **Vous devriez** voir un spécialiste. | Debería … |
| **Vous feriez bien de** consulter un avocat. | Haría bien en … |
| **Vous feriez mieux d'**acheter une nouvelle voiture. | Más le valdría … |
| **Vous pourriez peut-être** demander à quelqu'un de vous le traduire. | A lo mejor podría … |

| | |
|---|---|
| **Vous pourriez** montrer un peu plus de compréhension. | Podría … |
| **Pourquoi ne pas** lui téléphoner ? | ¿Por qué no …? |
| **Il faudrait peut-être** essayer autre chose. | Quizá(s) habría que … |
| **Et si on** allait au cinéma ? | ¿Y si …? |
| **Je vous propose** le 3 mars à 10 h 30. | ¿Qué le parece …? |
| **Il vaudrait mieux** lui offrir de l'argent qu'un bijou. | Mejor sería … |
| **Il serait préférable d'**attendre le résultat. | Sería mejor … |

### Para animar a alguien

| | |
|---|---|
| **Bravo !** | ¡Bravo! |
| **Vas-y**, tu vas y arriver ! | ¡Vamos *ou* Venga …! |
| **C'est très bien**, continuez comme ça. | Está muy bien … |
| **Je vous félicite**, vous vous êtes très bien débrouillé. | Le felicito … |
| **C'est du très bon travail.** | Es un trabajo bien hecho. |

### Para hacer una advertencia

| | |
|---|---|
| **Je vous préviens**, je ne me laisserai pas faire. | Se lo advierto … |
| **Je te préviens que** ça ne sera pas facile. | Te advierto que … |
| **N'oubliez pas de** conserver le double de votre déclaration d'impôts. | No se olvide de … |
| **Méfiez-vous des** apparences. | No se fíe de … |
| **Surtout**, n'y allez **jamais** le samedi. | Sobre todo, no … nunca … |
| Si tu ne viens pas, **tu risques de** le regretter. | … puede que … |
| **Attention, ça pourrait** vous attirer des ennuis. | Cuidado, eso podría … |

# Intenciones y deseos

### Para preguntar a alguien lo que piensa hacer

| | |
|---|---|
| **Qu'est-ce que vous allez faire ?** | ¿Qué va a hacer? |
| **Qu'est-ce que tu vas faire si** tu rates ton examen ? | ¿Qué vas a hacer si …? |
| **Qu'allez-vous faire** en rentrant? **Avez-vous des projets ?** | ¿Qué va a hacer …? ¿Tiene algún proyecto? |
| **Quels sont vos projets ?** | ¿Qué planes tiene? |
| **Est-ce que tu comptes** passer tes vacances ici ? | ¿Tienes pensado …? |
| **Vous comptez** rester longtemps ? | ¿Tiene pensado …? |
| **Que comptez-vous faire de** votre collection ? | ¿Qué piensa hacer con …? |
| **Comment comptez-vous faire ?** | ¿Cómo piensa hacerlo? |
| **Tu as l'intention de** passer des concours ? | ¿Tienes la intención de …? |
| **Songez-vous à** refaire un film en Europe ? | ¿Tiene pensado …? |

### Para expresar las propias intenciones

| | |
|---|---|
| **Je comptais** m'envoler pour Ajaccio le 8 juillet. | Tenía pensado … |
| **Elle prévoit de** voyager pendant un an. | Tiene previsto … |
| **Il est prévu de** construire un nouveau stade. | Está previsto … |
| **Ils envisagent d'**avoir plusieurs enfants. | Piensan … |
| Cette banque **a l'intention de** fermer un grand nombre de succursales. | … tiene intención de … |
| **Je songe à** abandonner la politique. | Estoy pensando en … |
| **J'ai décidé de** changer de carrière. | He decidido … |
| **Je suis décidée à** arrêter de fumer. | Estoy decidida a … |
| **Je me suis décidée à** y aller. | Me he decidido a … |
| **C'est décidé**, nous partons à la campagne. | Está decidido … |
| **Il n'a jamais été dans nos intentions de** lui cacher la vérité. | No ha sido jamás nuestra intención … |
| **Il n'est pas question pour moi de** renoncer à ce projet. | No me he planteado … |

### Para expresar lo que se desea hacer

| | |
|---|---|
| **Je veux** faire du cinéma. | Quiero … |
| **Je voudrais** savoir jouer aussi bien que lui. | Me gustaría … |
| **J'aimerais** faire du deltaplane. | Me gustaría … |
| **J'aimerais que** mes photos soient publiées dans la presse. | Me gustaría que … |
| **J'aurais aimé** avoir un frère. | Me hubiera gustado … |
| Lionel **voulait à tout prix** partir le soir même. | … quería … a toda costa. |
| **Nous souhaitons** préserver notre indépendance. | Deseamos … |
| **J'espère** avoir des enfants. | Espero … |
| **Nous espérons que** les enfants regarderont cette émission avec leurs parents. | Esperamos que … |
| **Vous rêvez de** faire le tour du monde ? | ¿Sueña con …? |
| **Mon rêve serait d'**avoir une grande maison. | Mi sueño sería … |

## Obligación

| | |
|---|---|
| **Il faut que** je me trouve un logement. | Es preciso que … |
| **Il faut absolument qu'**on se revoie avant le 23 ! | Es imprescindible que … |
| Si vous allez en Pologne, **vous devez** venir nous voir. | … tiene que … |
| Les auteurs du détournement **ont exigé que** l'avion reparte vers New York. | … exigieron que … |
| Ça **me force à** faire de l'exercice. | … me obliga a … |

| | |
|---|---|
| Une violente crise d'asthme **m'a obligé à** consulter un médecin. | ... me obligó a ... |
| **Je suis obligé de** partir. | Tengo que ... |
| **Il est obligé de** travailler, **il n'a pas le choix.** | Tiene que ..., no tiene otro remedio. |
| **On ne peut pas faire autrement que d'**accepter. | No se puede hacer otra cosa que ... |
| L'école **est obligatoire** jusqu'à seize ans. | ... es obligatoria ... |
| **Il est indispensable de** voyager pour comprendre les autres. | Es indispensable ... |

## Permiso

### Para pedir permiso
| | |
|---|---|
| **Je peux** téléphoner ? | ¿Puedo ...? |
| **Je peux** vous demander quelque chose ? | ¿Puedo ...? |
| **Est-ce que je peux** passer vous dire un petit bonjour tout à l'heure ? | ¿Puedo ...? |
| **Ça ne vous dérange pas si** j'arrive en avance ? | ¿Le importa si ...? |
| **Ça ne vous dérange pas que** je fume ? | ¿Le molesta que ...? |
| **Est-ce que ça vous dérange si** j'ouvre la fenêtre ? | ¿Le importa que ...? |
| **Vous permettez**, Madame, **que** je regarde ce qu'il y a dans votre sac ? | ¿Me permite ... que ...? |

### Para dar permiso
| | |
|---|---|
| **(Vous) faites comme vous voulez.** | Como quiera. |
| **Allez-y !** | Adelante! |
| **Je n'y vois pas d'inconvénient.** | No tengo inconveniente. |
| **Vous avez le droit de** porter plainte. | Tiene derecho a ... |
| **Je vous en prie.** | Como no. |

### Para denegar permiso
| | |
|---|---|
| **Je te défends de** sortir ! | Te prohibo ... |
| **C'est défendu.** | Está prohibido. |
| **Il est interdit de** fumer dans les toilettes. | Está prohibido ... |
| Le travail des enfants **est formellement interdit par** une convention de l'ONU. | ... está terminantemente prohibido por ... |
| **Défense d'entrer.** | Prohibida la entrada. |
| **Stationnement interdit.** | Prohibido estacionar. |
| **Interdiction de stationner.** | Prohibido estacionar. |
| **C'est interdit.** | Está prohibido. |

| | |
|---|---|
| Elle interdit à ses enfants **d'ouvrir** la porte. | Prohíbe a … que abran … |
| Tu **n'as pas le droit**. | No tienes derecho. |
| On **n'avait pas le droit de** manger ni de boire pendant le service. | No se podía … |
| **Il n'en est pas question**. | Ni hablar. |

## Certeza, probabilidad y posibilidad

### Certeza

| | |
|---|---|
| **Il est certain qu'**il y aura des problèmes. | Seguro que … |
| **Il ne fait aucun doute que** ce produit connaîtra un réel succès. | No cabe la menor duda de que … |
| **Il est évident qu'**il traverse une période difficile. | Es evidente que … |
| C'est **de toute évidence** la seule chose à faire. | Evidentemente … |
| **Il est indéniable qu'**il a eu tort d'agir ainsi. | Es innegable que … |
| **Je suis sûre que** mon frère te plaira. | Estoy segura de que … |
| **Je suis sûr de** gagner. | Estoy seguro de … |
| **Je suis certain que** nous sommes sur la bonne voie. | Estoy seguro de que … |
| **J'ai la certitude qu'**en travaillant avec lui, je ne m'ennuierai pas. | Tengo la certeza de que … |
| **Je suis persuadé qu'**il y a d'autres solutions. | Estoy convencido de que … |

### Probabilidad

| | |
|---|---|
| **Il est probable que** le prix du pétrole va continuer d'augmenter. | Es probable que … |
| Le taux d'inflation dépassera **très probablement** les 10 %. | Es muy probable que … |
| Ils avaient **sans doute** raison. | Seguramente … |
| 80 % des problèmes de peau sont **sans doute** d'origine psychique. | … sin duda … |
| Les travaux **devraient** débuter au mois d'avril. | … deberían … |
| **Il se pourrait bien qu'**ils cherchent à tester nos réactions. | Es posible que … |
| **Il y a de fortes chances que** la France gagne. | Hay muchas posibilidades de que … |
| **Il a dû oublier** d'ouvrir les fenêtres. | Se debe de haber olvidado de … |

## Posibilidad

| | |
|---|---|
| **C'est possible.** | Es posible. |
| **Il est possible que** cela coûte plus cher. | Es posible que ... |
| **Il n'est pas impossible qu'**il soit parti à Paris. | Cabe la posibilidad de que ... |
| **Il se pourrait que** l'Amérique ait été découverte par des Chinois. | Es posible que o Puede que ... |
| **Il se peut que** ce virus soit particulièrement virulent. | Puede que ... |
| En quelques mois tout **peut** changer. | ... puede ... |
| Les négociations **pourraient** aboutir très prochainement. | ... podrían ... |
| Il a **peut-être** mal compris. | A lo mejor ... |
| **Peut-être que** je me trompe. | Quizá(s) ... |

# Incertidumbre, improbabilidad e imposibilidad

## Incertidumbre

| | |
|---|---|
| **Je ne suis pas sûr que** ce soit utile. | No estoy seguro de que ... |
| **Je ne suis pas sûre d'**y arriver. | No estoy segura de ... |
| **Je ne suis pas certain d'**avoir raison. | No estoy seguro de ... |
| **Elle n'est pas convaincue que** cela soit une bonne idée. | No está convencida de que ... |
| **Il n'est pas certain qu'**un vaccin puisse être mis au point. | No es seguro que ... |
| **Je me demande si** nous avons fait beaucoup de progrès dans ce domaine. | Me pregunto si ... |
| Est-ce raisonnable ? **J'en doute.** | ... Lo dudo. |
| Il se mit à **douter de** la compétence de son médecin. | ... dudar de ... |
| **Je doute fort qu'**il accepte de rester inactif. | Dudo mucho que ... |
| **On ne sait pas exactement** ce qui s'est passé. | No se sabe exactamente ... |

## Improbabilidad

| | |
|---|---|
| Il **ne** changera **probablement pas** d'avis. | Probablemente no ... |
| **Il est peu probable qu'**il reste encore des places. | Es poco probable que ... |
| **Ça m'étonnerait qu'**ils aient ta pointure. | Me sorprendería que ... |
| **Il serait étonnant que** tout se passe conformément aux prévisions. | Sería de extrañar que ... |
| **Nous ne risquons pas de** nous ennuyer. | No creo que nos aburramos. |
| **Elles ne risquent pas d'**avoir le prix Nobel d'économie. | No creo que les den ... |
| **Il y a peu de chances que** le taux de croissance dépasse 1,5 %. | Hay pocas probabilidades de que ... |

### Imposibilidad
C'est impossible. — Es imposible.
Il n'est pas possible qu'il n'y ait rien à faire. — No es posible que ...
Il est impossible que ces renseignements soient faux. — Es imposible que ...
Il n'y a aucune chance qu'ils viennent à notre secours. — No hay ninguna posibilidad de que ...

## Saludos

Bonjour ! — ¡Hola! o ¡Buenos días!
Bonsoir ! — ¡Buenas noches!
Salut ! — ¡Buenas!
Comment allez-vous ? — ¿Cómo está?
Comment ça va ? — ¿Qué hay? o ¿Qué tal?

### Para responder
Très bien, merci, et vous ? — Muy bien, gracias, ¿y usted?
Ça va, et toi ? — Bien, ¿y tú?
Super bien ! — ¡Estupendamente!
On fait aller. — Vamos o Voy tirando.
Couci-couça. — Regular.
Pas mal, merci. — Bien, gracias.

### Presentaciones
Je vous présente Charles. — Le presento a ...
Je vous présente mon amie. — Le presento a ...
Marc ; Laurent — Marc, te presento a Laurent. Laurent, Marc.

Je ne crois pas que vous vous connaissiez. — Creo que no os conocéis.

### Para responder
Enchanté. — Encantado.
Enchanté o Ravi de faire votre connaissance. — Encantado de conocerle.
Salut, moi c'est Dominique. — Hola, soy ...

### Despedidas
Au revoir ! — ¡Adiós!
Bonne nuit ! — ¡Buenas noches!
Salut ! — ¡Adiós!
Ciao ! — ¡Hasta luego!
À bientôt ! — ¡Hasta pronto!

| | |
|---|---|
| À demain ! | ¡Hasta mañana! |
| À la semaine prochaine ! | ¡Hasta la semana que viene! |
| À jeudi ! | ¡Hasta el jueves! |

## Deseos y felicitaciones

| | |
|---|---|
| Bon anniversaire ! | ¡Feliz cumpleaños! *o* ¡Felicidades! |
| Joyeux Noël ! | ¡Feliz Navidad! *o* ¡Felices Pascuas! |
| Bonne année ! | ¡Feliz Año (Nuevo)! |
| Félicitations ! | ¡Enhorabuena! |
| Bon voyage ! | ¡Buen viaje! |
| Bonne chance ! | ¡Suerte! |
| Bienvenue ! | ¡Bienvenido! |
| Amusez-vous bien ! | ¡Que se lo pase bien! |
| Bon appétit ! | ¡Buen provecho! *o* ¡Qué aproveche! |
| (À votre) santé ! | ¡Salud! |
| À la tienne/À la vôtre ! | ¡A tu salud/A su salud! |
| Tchin-tchin ! | ¡Chinchín! |

## Agradecimientos

| | |
|---|---|
| Merci. | Gracias. |
| Merci de votre coopération. | Gracias por … |
| Merci beaucoup. | Muchas gracias. |
| Je vous remercie d'avoir été si patients. | Les agradezco que hayan sido tan pacientes. |
| Je ne sais pas comment vous remercier. | No sé cómo agradecérselo. |
| Nous vous sommes très reconnaissants d'avoir hébergé notre fille. | Le estamos muy agradecidos por … |

# Cómo comenzar y terminar un correo electrónico o una carta

*En la correspondencia personal*

| Encabezamiento | Despedida |
|---|---|
| Cher Monsieur | Je vous envoie mes salutations distinguées |
| Chers Jean et Sylvie | Bien amicalement |
| Chère tante Laure | Je t'embrasse bien |
| Mon cher Laurent | Grosses bises *(informal)* |
| Salut Myriam | À la prochaine *(informal)* |

## Para comenzar un correo electrónico o una carta

| | |
|---|---|
| Je te remercie de ta lettre/ton e-mail. | Muchas gracias por tu carta/correo electrónico. |
| J'ai été très content d'avoir de tes nouvelles. | Me alegró mucho recibir noticias tuyas. |
| Je suis désolé de ne pas vous avoir répondu plus vite. | Siento mucho no haberle contestado antes. |
| J'espère que tu vas bien. | Espero que estés bien. |

## Para terminar un correo electrónico o una carta

| | |
|---|---|
| Écris-moi vite. | Escríbeme pronto. |
| Dis bonjour à … de ma part. | Recuerdos de mi parte a … |
| Transmettez mes amitiés à … | Dele recuerdos de mi parte a … |
| Embrasse … pour moi. | Dale un beso de mi parte a … |
| … me charge de transmettre ses amitiés. | … te manda recuerdos. |
| … t'embrasse. | Besos de parte de … |

*En la correspondencia formal*

| Encabezamiento | Despedida |
| --- | --- |
| Monsieur le Directeur | Je vous prie d'agréer, Monsieur le Directeur, l'assurance de ma considération distinguée |
| Messieurs<br>Monsieur<br>Madame | Je vous prie d'agréer, Messieurs (o Monsieur o Madame), mes salutations distinguées o Veuillez accepter, Messieurs (o Monsieur o Madame), mes salutations distinguées |
| Cher Monsieur/<br>Chère Madame | Croyez, cher Monsieur (o chère Madame), à l'expression de mes sentiments les meilleurs |
| Cher Thomas/<br>Chère Océane | Cordialement (solo en correos electrónicos) |

## Para comenzar un correo electrónico o una carta

Je vous remercie de votre lettre/e-mail. — Le agradezco su carta/correo electrónico.

En réponse à votre lettre du … — En respuesta a su carta de …
Suite à … — Con referencia a …
Je vous écris pour … — Le escribo para …
Je vous prie de … — Le ruego que …
Veuillez trouver ci-joint … — Adjunto le remito …
Je vous serais reconnaissant de … — Le agradecería que …
Nous avons le plaisir de vous informer que … — Nos complace comunicarle que …
Nous sommes au regret de vous informer que … — Lamentamos tener que comunicarles que …

## Para terminar un correo electrónico o una carta

Dans l'attente de votre réponse … — En espera de su respuesta …
N'hésitez pas à me contacter pour toute information complémentaire. — No dude en ponerse en contacto conmigo si necesita alguna información adicional.

En vous remerciant à l'avance pour votre aide. — Agradezco de antemano su colaboración.
Si je peux vous aider en quoi que ce soit, n'hésitez pas à me recontacter. — No dude en volver a ponerse en contacto conmigo si cree que le puedo ser de ayuda.

Veuillez m'excuser à nouveau pour le désagrément occasionné. — Le pido disculpas otra vez por las molestias ocasionadas.

# Solicitud de información por correo electrónico

# Correo electrónico personal

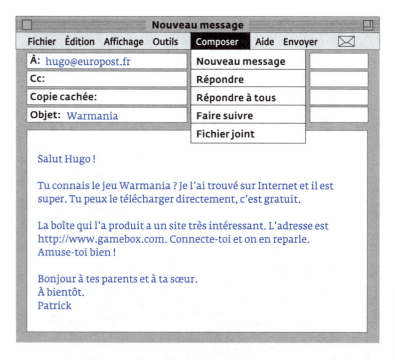

| Fichier | Archivo |
|---|---|
| Édition | Edición |
| Affichage | Ver |
| Outils | Herramientas |
| Courrier | Correo |
| Aide | Ayuda |
| Envoyer | Enviar |
| Nouveau message | Nuevo mensaje |
| Répondre | Responder |
| Répondre à tous | Responder a todos |
| Faire suivre | Reenviar |
| Fichier joint | Archivo adjunto |
| À | A |
| Cc | CC |
| Copie cachée | Copia oculta |
| Objet | Asunto |
| De | De |
| Date | Fecha |

# Solicitud de información por carta

> Debe escribirse el lugar desde el que se envía la carta, así como la fecha. La fecha se introduce con el artículo **le**.

Laurent Messier
47, rue de la Préfecture
06300 NICE

Jeanne Horlier
Bibliothèque des Musées de Strasbourg
1, place Hans Jean Arp,
67076 Strasbourg Cedex

Nice, le 24 juin 2014

Madame,

Actuellement étudiant en deuxième année de DUT information-communication option métiers du livre et du patrimoine, je suis à la recherche d'un stage obligatoire de 2 mois dans le cadre de cette formation. Je serais particulièrement intéressé par un stage d'assistant bibliothécaire au sein d'une bibliothèque spécialisée dans les arts comme la vôtre.

Passionné de peinture, j'ai acquis, en plus de ma formation, une solide culture générale en histoire de l'art grâce aux cours du soir que j'ai suivis durant trois ans à l'École du Louvre.

J'ai également effectué l'année dernière, toujours dans le cadre du DUT, un stage d'un mois à la bibliothèque Arthur Rimbaud (75004 Paris), où j'ai beaucoup appris quant au fonctionnement des bibliothèques de prêt et aux tâches quotidiennes des agents qui y travaillent.

Dans l'espoir de pouvoir vous rencontrer prochainement pour vous convaincre de ma motivation, je vous prie d'agréer, Madame, mes salutations distinguées.

*Laurent Messier*

Laurent Messier

> Para otras alternativas, ver pág. 51.

# Curriculum vitae

## CURRICULUM VITÆ

LEGUEN Marine  
29, rue de Vannes  
35000 RENNES

30 ans  
célibataire  
nationalité française

Tél : 02 99 02 71 28 / 07 93 92 36 54

permis de conduire

e-mail : mleguen@gmail.fr

**Assistante de direction**

7 ans d'expérience dans l'export  
Excellente capacité d'organisation, grande aisance relationnelle

**EXPÉRIENCE PROFESSIONNELLE**

mars 2009 à ce jour  
*Assistante du directeur à l'exportation, Agriventes, Rennes*

- Participation à l'élaboration et suivi des budgets annuels clients
- Suivi des contrats, supervision des portefeuilles de commandes
- Interface commerciaux / administration des ventes / clients
- Marketing : organisation et participation aux événements professionnels, élaboration des outils marketing (notamment maquettes des insertions publicitaires)

2007–2009  
*Secrétaire de direction, France-Exportations, Cognac*

- Suivi de la clientèle
- Coordination marketing, production, douanes, logistique
- Organisation de salons

> Si se está en posesión de títulos españoles y se está solicitando un puesto de trabajo en un país de habla francesa, deben emplearse términos como "**équivalence baccalauréat**" (Bachillerato) o "**équivalence licence de lettres**" (Licenciatura en Filosofía y Letras).

### DIPLÔMES

*2007*     Diplôme de secrétaire bilingue (anglais), délivré par l'École de commerce de Poitiers

*2006*     Licence de langues étrangères appliquées (anglais et russe), Université de Poitiers

*2002*     Baccalauréat (langues) – mention assez bien

### LANGUES

anglais et russe (courant), allemand (bonnes connaissances)

### INFORMATIQUE

Excellente maîtrise du Pack Office (tableaux croisés sous Excel, animations sous PowerPoint, publipostage sous Word, Outlook)

### LOISIRS

Voyages (Russie, Europe du Sud, Royaume-Uni, États-Unis) ; voile

### RÉFÉRENCES

Jean-Alain Reboul,
Directeur à l'exportation,
Agriventes,
192, route de Lorient,
PA Rennes Ouest,
35000 Rennes
02 99 54 12 13
jareboul@agriventes.fr

> Aunque no es imprescindible dar las referencias de los sitios en los que se ha trabajado, esta es una información que puede ser interesante añadir. Se pueden dar los datos de contacto o escribir: **Références fournies sur demande**.

# Solicitud de empleo

> Esta es la forma adecuada de dirigirse a una empresa. Sin embargo, cuando se escribe al titular de un puesto determinado, debe emplearse el modelo siguiente:
> **Monsieur** (o **Madame**) **le Directeur des ressources humaines, Société GERBAULT** etc.
> Y la carta debe empezar así:
> **Monsieur le Directeur des ressources humaines,**
> Si se sabe el nombre de la persona, el encabezamiento debe ser:
> **Monsieur Alain Dupont**
> **Directeur des ressources humaines Société GERBAULT** etc.
> Y la carta debe empezar así: **Monsieur,**

Marine LEGUEN
29, rue de Vannes
35000 RENNES

Service du Personnel
Société GERBAULT
85, bd de la Liberté
35000 RENNES

Rennes, le 12 juillet 2014

Madame, Monsieur,

Votre annonce parue dans *Le Monde* du 8 juillet concernant un poste d'assistante de direction dans votre service Import-Export m'a particulièrement intéressée.

Mon expérience de quatre ans en tant qu'assistante de direction dans le service d'exportation d'une petite entreprise m'a permis d'acquérir un sens des responsabilités ainsi qu'une grande capacité d'adaptation et d'organisation. Le poste que vous proposez m'intéresse tout particulièrement car j'aimerais beaucoup pouvoir utiliser dans le cadre de mon travail ma connaissance de la langue et de la culture russes, acquise lors de mes études et enrichie par de nombreux voyages.

Je me tiens à votre disposition pour vous apporter de plus amples renseignements sur ma formation et mon expérience.

Je vous prie, Madame, Monsieur, de bien vouloir agréer mes salutations distinguées.

*Marine Leguen*
Marine Leguen
PJ : CV

> = "**pièce jointe**"
> (documento adjunto)

**CORRESPONDENCIA** • 57

# Cómo poner la dirección en un sobre

**En la cara**

El número del portal va antes que el nombre de la calle.
Entre el número y el nombre de la calle hay que poner una coma.

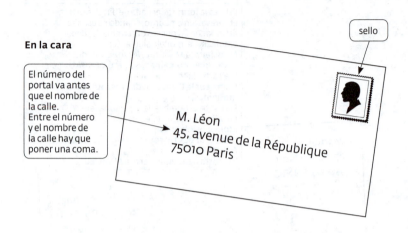

sello

M. Léon
45, avenue de la République
75010 Paris

**En el dorso**

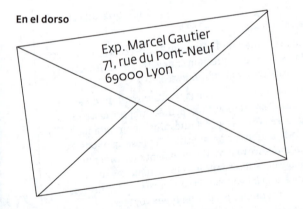

Exp. Marcel Gautier
71, rue du Pont-Neuf
69000 Lyon

**Abreviaturas empleadas frecuentemente en las direcciones**

| av. = avenue | bd = boulevard | Exp. = expéditeur |
| fg = faubourg | pas. = passage | pl. = place |

# Expresiones usadas en las redes sociales

| | |
|---|---|
| un(e) ami(e) | un(a) amigo(-a) |
| ajouter à sa liste d'ami(e)s | añadir a la lista de amigos(-as) |
| un blog | un blog |
| un compte | una cuenta |
| créer/ouvrir un compte | crear/abrir una cuenta |
| vérifier son compte | verificar su cuenta |
| un fil d'actualités o de nouvelles RSS | un canal RSS |
| un fil de discussion | un hilo de discusión |
| un forum | un foro |
| un mot-dièse, un hashtag | un hashtag |
| faire un commentaire sur | hacer un comentario sobre |
| un message privé (MP), un message direct | un mensaje privado, un mensaje directo |
| une mise à jour du statut | una actualización del estado |
| un mur | un muro |
| écrire sur le mur de qn | escribir en el muro de algn |
| un news feed, un fil d'actualités o de nouvelles | un canal de noticias |
| une photo du profil | una foto del perfil |
| poster qch sur le mur de qn | publicar algo en el muro de algn |
| un profil | un perfil |
| retweeter | retuitear |
| un suiveur, une suiveuse | un(a) seguidor(a) |
| un sujet tendance | un trending topic |
| suivre | seguir a |
| taguer qn sur une photo | etiquetar a alguien en una foto |
| un tweet | un tuit, un tuiteo |
| tweeter (sur) | tuitear (sobre) |

## Abreviaturas usadas en el correo electrónico y los SMS

| | |
|---|---|
| @+ | *à plus tard* |
| 2M1 | *demain* |
| 6né | *ciné(ma)* |
| AM | *après-midi* |
| ama | *à mon avis* |
| asap | *aussi vite que possible* |
| ASV | *âge, sexe, ville* |
| b1 | *bien* |
| bal | *boîte aux lettres* |
| biz | *bisous, bises* |
| bjr | *bonjour* |
| bsr | *bonsoir* |
| c | *c'est, ces* |
| dsl | *désolé* |
| HT | *acheter* |
| IR | *hier* |
| ki | *qui* |
| koi | *quoi* |
| lol, mdr | *mort de rire* |
| NRV | *énervé* |
| pk | *pourquoi* |
| slt | *salut* |

# Teléfono e Internet

## Diferentes tipos de llamadas

Je voudrais appeler l'étranger. — Quisiera hacer una llamada al extranjero.

Je voudrais appeler Paris en PCV. — Quisiera hacer una llamada a … a cobro revertido.

Comment est-ce que je peux téléphoner à l'extérieur ? — ¿Qué hay que hacer para obtener línea al exterior?

## Para pedir información

Quel est le numéro des renseignements ? — ¿Cuál es el número del servicio de información telefónica?

Je voudrais le numéro de la société Europost, 20, rue de la Marelle, à Pierrefitte. — ¿Me podría dar el número de teléfono de …?

Quel est l'indicatif de la Martinique ? — ¿Cuál es el prefijo de …?

Quel est le numéro de l'horloge parlante ? — ¿Cuál es el número de Información Horaria?

## Al recibir información

Le numéro que vous avez demandé est le 01 40 32 37 12. (zéro un quarante trente-deux trente-sept douze) — El número que solicita es el …

Je regrette, mais il n'y a pas d'abonné à ce nom. — Lo siento, pero ese nombre no figura en la guía.

Le numéro que vous avez demandé est sur liste rouge. — El número que solicita no figura en la guía.

## Cuando contestan

Je voudrais parler à o Pourrais-je parler à M. Wolff, s'il vous plaît ? — Quisiera hablar con …

Pourriez-vous me passer le docteur Breton, s'il vous plaît ? — ¿Me podría poner con …?

Pourriez-vous me passer le poste 52 64, s'il vous plaît ? — ¿Me pone con la extensión …?

Je rappellerai dans une demi-heure. — Volveré a llamar dentro de …

Pourriez-vous lui demander de me rappeler à son retour ? — ¿Podría decirle que me llame cuando regrese?

FRANCÉS ACTIVO

## Cuando responde la centralita

| | |
|---|---|
| C'est de la part de qui ? | ¿De parte de quién? |
| Je vous le passe. | Le pongo. |
| J'ai un appel de Tokyo pour Mme Lacan. | Tengo una llamada de ... para ... |
| J'ai Mlle Martin en ligne. | Tengo ... al teléfono. |
| Le docteur Robert est en ligne, vous patientez ? | ... está al teléfono o está comunicando. ¿Quiere esperar? |
| Ne quittez pas. | No se retire. |
| Ça ne répond pas. | No contestan. |
| Voulez-vous laisser un message ? | ¿Quiere dejar algún recado? |

## Mensajes grabados

Le numéro de votre correspondant n'est plus attribué. Veuillez consulter l'annuaire ou le service de renseignements.
El número marcado no ha sido reconocido. Rogamos consulte la guía o el servicio de información telefónica.

Le numéro de votre correspondant a changé. Veuillez composer désormais le 33 42 21 70.
El número del abonado con el que desea comunicar ha cambiado. Marque el ...

Par suite de l'encombrement des lignes, votre appel ne peut aboutir. Veuillez rappeler ultérieurement.
Todas las líneas están ocupadas en este momento. Rogamos intente llamar más tarde.

Bonjour, vous êtes en communication avec le service des ventes. Veuillez patienter, nous allons donner suite à votre appel dans quelques instants.
Buenos días. Bienvenido a ... Por favor, espere. Dentro de unos instantes atenderemos su llamada.

Bonjour, vous êtes bien chez M. et Mme Martin. Laissez un message après le bip sonore et nous vous rappellerons dès notre retour. Merci.
Hola. Esta es la casa de ... Déjenos su mensaje tras la señal y le devolveremos la llamada.

## Para contestar

| | |
|---|---|
| Allô ! | ¡Diga! o ¡Dígame! |
| C'est moi o lui-même (o elle-même). | Soy yo o El mismo (o La misma). |
| Qui est à l'appareil ? | ¿Quién habla? |

## Recargas

| | |
|---|---|
| Où est-ce que je peux recharger mon portable ? | ¿Dónde puedo cargar el móvil? |
| Il me faut une batterie neuve. | Necesito una batería nueva. |
| Je voudrais acheter une carte SIM avec/sans abonnement. | Quería comprar una tarjeta SIM con/sin contrato. |

## En caso de dificultad

| | |
|---|---|
| Je n'arrive pas à avoir le numéro. | Está ocupado o Está comunicando. |
| Leur téléphone est en dérangement. | No les funciona el teléfono. |
| Nous avons été coupés. | Se ha cortado la comunicación. |
| J'ai dû faire un faux numéro. | Debo haber marcado el número mal. |
| Il y a quelqu'un d'autre sur la ligne. | Se han cruzado las líneas. |
| La ligne est très mauvaise. | Se oye muy mal. |
| Je n'ai pas de réseau. | No tengo cobertura. |
| Je ne te capte plus. | No te oigo. |
| Je n'ai plus de crédit. | Se me ha acabado el crédito. |

## Internet

| | |
|---|---|
| Y a-t-il une connexion wi-fi/Internet ? | ¿Tienen conexión wi-fi/a Internet? |
| Quel est le mot de passe pour le wi-fi ? | ¿Cuál es la contraseña del wi-fi? |
| J'ai oublié mon mot de passe. | He olvidado mi contraseña. |
| Connaissez-vous l'adresse du site Web ? | ¿Sabe la dirección del sitio Web? |
| Je voudrais télécharger les horaires. | Quería descargarme ... |
| Est-ce que vous êtes sur Twitter®/Facebook® ? | ¿Está usted en Twitter®/Facebook®? |

# Grammaire espagnole

## Table des matières

1 La prononciation et l'accentuation 66
2 Les noms et le groupe nominal 74
3 Les adjectifs 91
4 Le verbe et le groupe verbal 112
5 Les constructions verbales idiomatiques 143
6 Les adverbes 144
7 Les prépositions 150
8 Les changements orthographiques 155
9 Les nombres 157

# 1 La prononciation et l'accentuation

## 1.1 La prononciation des voyelles

La prononciation des voyelles reste la même qu'elles soient accompagnées d'une autre voyelle (dans les diphtongues) ou non, et les voyelles nasales n'existent pas.

|     | exemples | prononciation |
| --- | --- | --- |
| [a] | c**a**sa | « **a** » ouvert comme dans « ch**a**t » |
| [e] | l**e**v**e** | « **é** » à mi-chemin entre le « **é** » fermé de « **é**t**é** » et le « **è** » ouvert de « p**ei**ne » |
| [i] | f**i**lo | « **i** » comme dans « f**i**l » |
| [o] | l**o**c**o** | « **o** » à mi-chemin entre le « **o** » fermé de « ch**o**se » et le « **o** » ouvert de « p**o**rte » |
| [u] | l**u**na | « **ou** » de « tr**ou**ver » ; le « **u** » de « ch**u**t » n'existe pas en espagnol |

## 1.2 La prononciation des diphtongues

On appelle diphtongue deux voyelles que l'on prononce d'une seule émission de voix.

| [ai] | b**ai**le, h**ay** | comparable au « **aille** » de « bat**aille** » |
| [au] | c**au**sa | comparable à « **aoû** » de « **aoû**tien » |
| [ei] | p**ei**ne, r**ey** | comparable au « **ey** » de « ass**ey**ez » |
| [eu] | d**eu**da | comparable au « **éou** » de « S**éou**l » |
| [oi] | b**oi**na, v**oy** | comparable au « **oï** » de « **oï**l » |

## 1.3 La prononciation des semi-consonnes

| [j] | hac**i**a, **y**a<br>t**i**ene, **y**eso<br>lab**i**o, **y**o | Le **i** après une consonne et devant une voyelle, et le **y** devant une voyelle se prononcent comme le « **y** » dans « **y**ak ». |
| [w] | ag**u**a, b**u**en<br>ard**u**o, r**ui**do | Le **u** après une consonne et devant une voyelle se prononce comme « **ou** » dans « **ou**est ». Exceptions : **gue**, **gui**. |

66 | Grammaire espagnole

# 1 La prononciation et l'accentuation

## 1.4 La prononciation des consonnes

De nombreuses consonnes se prononcent exactement comme en français, mais il faut noter les différences suivantes :

| | | |
|---|---|---|
| [β] | la**b**io | Les lettres **b** et **v** se prononcent de la même façon mais ils sont généralement beaucoup plus atténués qu'en français lorsqu'ils sont placés entre deux voyelles – les lèvres se ferment à peine lorsque ce son est prononcé. |
| [ɣ] | ha**g**a | Le **g** se prononce de façon comparable au «**gu**» de «**gu**ide» mais de manière beaucoup plus atténuée. |
| [ɲ] | a**ñ**o | Se prononce à la manière du «**gn**» de «oi**gn**on». |
| [x] | **j**ota | Se prononce en raclant la gorge. |
| [r] | pe**r**a | Il s'agit d'un «**r**» roulé que l'on prononce en faisant vibrer la langue entre le palais et l'arrière des dents. |
| [rr] | pe**rr**o, **r**ojo | Il s'agit du même «**r**» roulé décrit ci-dessus mais doublé. |

| **lettre** | **prononciation** | **exemples** |
|---|---|---|
| **b** | [b] | Au début d'un mot ou après une consonne, il se prononce comme le «**b**» français. |
| **c** | [k] | Devant **a**, **o**, **u** ou une consonne, il se prononce comme le «**c**» de «**c**ar». |
| | [θ] | Devant **e**, **i**, il se prononce en plaçant la langue entre les dents et en soufflant. |
| **ch** | [tʃ] | Se prononce comme le «**tch**» dans «**Tch**équie». |
| **d** | [d] | Se prononce comme le «**d**» de «**d**ent». |
| | [ð], [(ð)] | En Espagne, la prononciation de la lettre **d** est fréquemment atténuée lorsqu'elle est en fin de mot ou dans la terminaison **-ado**. Dans certaines régions, elle se prononce à la manière d'un **z** espagnol et dans d'autres cas elle n'est pas prononcée du tout. |

# 1 La prononciation et l'accentuation

| | | |
|---|---|---|
| **g** | [x] | Se prononce à la manière du **j** espagnol (**j**ota) devant **e** ou **i**. |
| | [g] | Quand il n'est pas devant **e** ou **i**, il se prononce comme le « **g** » de « **g**are ». |
| | [ɣ] | Le **g** se prononce de façon comparable au « **Gwe** » de « **Gwe**naëlle ». |
| **gue** | [ge/ɣe] | Le **u** est muet. |
| **gui** | [gi/ɣi] | Le **u** est muet. |
| **güe** | [gwe/ɣwe] | Le **u** se prononce comme le « **ou** » de « **ou**est ». |
| **güi** | [gwi/ɣwi] | Le **u** se prononce comme le « **ou** » de « **ou**est ». |
| **h** | [-] | Le **h** est toujours muet sauf dans certains mots d'origine étrangère où il se prononce alors comme le **j** espagnol. |
| **j** | [x] | Se prononce comme un « **r** » dur. |
| **ll** | [ʎ/j] | Se prononce théoriquement comme « **lli** » dans « mi**lli**on » en français, bien que dans de nombreuses régions d'Espagne et d'Amérique latine, il soit généralement prononcé comme le « **y** » de « **y**ak ». |
| | [ʃ/ʒ] | Dans certaines régions d'Argentine et d'Uruguay, on le prononce comme le « **ch** » de « **ch**ien » ou le « **j** » de « **j**e ». |
| **ñ** | [ɲ] | Se prononce comme le « **gn** » de « oi**gn**on ». |
| **q** | [k] | Se prononce comme le « **c** » de « **c**ar ». |
| **s** | [s] | Se prononce comme le « **s** » de « **s**ac ». |
| **v** | [b/v] | En Espagne, se prononce pratiquement comme le « **b** » de « **b**ac ». En Amérique latine, il se prononce comme le « **v** » de « **v**ie ». |
| **w** | [w] | Se prononce comme « **w** » en français. |
| | [b] | Dans les mots d'origine étrangère se prononce comme « **b** » (**w**áter). |
| **x** | [ks] | Entre deux voyelles et à la fin d'un mot, se prononce comme le « **x** » de « ta**x**i ». |
| | [s] | Dans les autres cas, il se prononce comme un « **s** ». |

# 1 La prononciation et l'accentuation

| | | |
|---|---|---|
| y | [j] | Se prononce comme le « **y** » de « **y**ak ». |
| | [ʒ] | Dans certaines régions d'Amérique latine, il se prononce comme le « **j** » de « **j**e ». |
| z | [θ] | Se prononce en mettant la langue entre les dents et en soufflant. |
| | [s] | En Amérique latine et en Andalousie, il se prononce comme le « **s** » de « **s**ac ». |

## 1.5 L' accentuation normale tonique

Il existe des règles simples pour savoir quelle syllabe accentuer dans un mot espagnol. Lorsqu'on est en présence d'une exception, un accent écrit du bas vers le haut est nécessaire comme nous le verrons plus loin. Ces règles sont les suivantes :

- les mots qui se terminent par une voyelle, une combinaison de voyelles ou les consonnes **-s** ou **-n** sont accentués sur l'avant-dernière syllabe. La grande majorité des mots espagnols entrent dans cette catégorie.

   **ca**sa *(maison)*         **ca**sas *(maisons)*
   **co**rre *(il court)*         **co**rren *(ils courent)*
   pa**la**bra *(mot)*         pa**la**bras *(mots)*
   **cri**sis *(crise)*         **cri**sis *(crises)*

- les mots qui se terminent par une consonne autre que **-s** ou **-n** portent l'accent tonique sur la dernière syllabe.

   re**loj** *(montre)*
   ver**dad** *(vérité)*
   bati**dor** *(batteur)*

## 1.6 L'accent tonique dans les diphtongues

Pour les diphtongues, on utilise les règles suivantes pour déterminer quelle voyelle doit être accentuée :

- Dans les diphtongues combinant une voyelle dite « faible » (**i**, **u**) et une « forte » (**a**, **e** ou **o**) l'accent est placé sur la voyelle forte :

    **ba**ile *(danse)*
    **bo**ina *(béret)*
    **pe**ine *(peigne)*
    **ca**usa *(cause)*

- Dans les diphtongues formées à partir de deux voyelles « faibles », la seconde porte l'accent :

    fu**i** *(j'allai)*
    vi**u**do *(veuf)*

➤ Notez que deux voyelles « fortes » ne forment pas une diphtongue mais sont prononcées comme deux voyelles distinctes. Dans ce cas, l'accentuation suit les règles normales :

    me ma**re**o *(je ne me sens pas bien)*
    ca**er** *(tomber)*
    **ca**os *(chaos)*
    co**rre**a *(laisse)*

## 1.7 L'accent écrit

Cet accent s'emploie pour indiquer que l'accentuation ne suit pas les règles normales.

  **autobús** *(bus)*        **revolución** *(révolution)*

Quand des pronoms compléments d'objet sont ajoutés à certaines formes verbales, un accent est nécessaire pour montrer que la syllabe accentuée de la forme verbale ne change pas. Ces formes verbales sont :

- le gérondif

**comprando** (*achetant*)          **comprándolo**
(*l'achetant*)

- l'infinitif lorsqu'il est suivi par deux pronoms

**vender** (*vendre*)          **vendérselas** (*les lui/leur vendre*)

- les formes de l'impératif à l'exception de la deuxième personne du pluriel

**compra** (*achète*)          **cómpralo** (*achète-le*)
**hagan** (*faites*)          **háganlo** (*faites-le*)

Les formes du superlatif absolu sont toujours accentuées.

**viejo** (*vieux*)          **viejísimo** (*très vieux*)
**caro** (*cher*)          **carísimo** (*très cher*)

L'ajout du suffixe adverbial **-mente** n'affecte pas l'accentuation des adjectifs.

**fácil** (*facile*)          **fácilmente** (*facilement*)

L'accent est aussi employé pour distinguer à l'écrit les mots qui se prononcent de la même manière mais qui ont un sens ou une fonction différente, à savoir :

- les adjectifs possessifs et les pronoms personnels.

  **Ese es mi coche.**
  *Voici ma voiture.*
  **A mí no me vio.**
  *Il ne m'a pas vu, moi.*
  **¿Te gusta tu trabajo?**
  *Ton travail te plaît ?*
  **Tú, ¿qué opinas?**
  *Et toi, qu'est-ce que tu en penses ?*

- les adjectifs démonstratifs et les pronoms démonstratifs dans certains cas où il y a une ambiguïté possible, comme nous le verrons un peu plus loin.

- les formes interrogatives et exclamatives des adverbes, pronoms et adjectifs.

# 1    La prononciation et l'accentuation

**El niño con quien viajé.**
*L'enfant avec lequel j'ai voyagé.*
**¿Con quién viajaste?**
*Avec qui as-tu voyagé ?*
**Donde quieras.**
*Où tu veux.*
**¿Dónde encontraste eso?**
*Où as-tu trouvé ça ?*

➤ Notez que l'accent est employé dans les formes directes et indirectes des questions et des exclamations :

**¿Cómo se abre?**
*Comment ça s'ouvre ?*
**No sé cómo se abre.**
*Je ne sais pas comment ça s'ouvre.*

- le pronom **él** et l'article **el**.

    **El puerto queda cerca.**
    *Le port est à côté.*
    **Él no quiso hacerlo.**
    *Lui a refusé de le faire.*

- une petite catégorie de mots que l'on pourrait confondre.

    | | |
    |---|---|
    | **de** (*de*) | **dé** (*subj. prés. de* **dar**) |
    | **mas** (*mais*) | **más** (*plus*) |
    | **si** (*si*) | **sí** (*oui ; lui-même, etc.*) |
    | **te** (*toi*) | **té** (*thé*) |

    **Si no viene.**
    *S'il ne vient pas.*
    **Sí que lo sabe.**
    *Oui, il le sait.*

- Seul un petit groupe de mots portent l'accent sur l'antépénultième et ont toujours besoin d'un accent.

    murci**é**lago (*chauve-souris*)        **pá**jaro (*oiseau*)

# 1 La prononciation et l'accentuation

## 1.8 Particularités de l'accentuation au pluriel et au féminin

- Certains noms changent d'accentuation en passant du singulier au pluriel.

  ca**rác**ter *(caractère)*          carac**te**res *(caractères)*
  **ré**gimen *(régime)*              re**gí**menes *(régimes)*

Pour les adjectifs et certains noms, on accentue à l'oral la même syllabe au singulier et au pluriel. Pour montrer cela, il faut :

- ajouter un accent écrit dans le cas des noms et des adjectifs qui se terminent par **-n**.

  **orden** *(ordre)*              **órdenes** *(ordres)*
  **examen** *(examen)*            **exámenes** *(examens)*
  **joven** *(jeune)*              **jóvenes** *(jeunes)*

- supprimer l'accent des noms ou des adjectifs portant un accent sur la dernière syllabe et qui se terminent par **-n** ou **-s**.

  **revolución** *(révolution)*    **revoluciones** *(révolutions)*
  **autobús** *(bus)*              **autobuses** *(bus)*
  **parlanchín** *(bavard)*        **parlanchines** *(bavards)*

La forme féminine des noms et des adjectifs masculins accentués ne porte pas d'accent.

  **marqués** *(marquis)*          **marquesa** *(marquise)*
  **francés** *(français)*         **francesa** *(française)*

# 2 Les noms et le groupe nominal

## 2.1 Le genre des noms

En espagnol, il n'est pas toujours possible de prévoir le genre d'un nom et il faut donc l'apprendre. Les points suivants vous aideront à déterminer le genre d'un nom dans un certain nombre de cas.

- Les noms qui se rapportent à des êtres vivants, humains ou animaux, de sexe masculin sont généralement masculins :

> un hombre ▲ un toro ▲ un enfermero

- Les noms qui se rapportent à des êtres vivants, humains ou animaux, de sexe féminin sont généralement féminins :

> una niña ▲ una vaca ▲ una enfermera

## 2.2 Pour deviner le genre d'un nom, on peut parfois se baser sur sa terminaison.

- Pour les noms masculins :

| | |
|---|---|
| -o | **un clavo ▲ un plátano** |
| | exceptions : *mano, foto, moto* |
| -l | **un tonel ▲ un hotel** |
| | exceptions : *cal, cárcel, catedral, col, miel, piel, sal* |
| -r | **un tractor ▲ el altar** |
| | exceptions : *coliflor, flor, labor, sor* |
| -y | **el rey ▲ un buey** |
| | exception : *ley* |

- Pour les noms féminins :

| | |
|---|---|
| -a | **una casa ▲ la cara** |
| | exceptions : *día, mapa, planeta, problema* |

| | |
|---|---|
| -ión | **una canción ▲ una procesión** |
| | exceptions : la plupart des noms ne se terminant pas en *-ción* ou *-sión*, par exemple : *avión, camión, gorrión* |

# 2 Les noms et le groupe nominal

| | |
|---|---|
| -dad, -tad | una ciudad ▲ la libertad |
| -tud | una multitud |
| -ed | una pared ▲ la sed |
| -itis | una faringitis ▲ la celulitis |
| -iz | una perdiz ▲ una matriz |
| | exceptions : *lápiz, maíz, tapiz* |
| -umbre | la podredumbre ▲ la muchedumbre |

**2.3** Comme en français, l'espagnol peut parfois avoir recours à des mots complètement différents pour distinguer le masculin du féminin :

> mi marido → mi mujer
> un toro → una vaca

**2.4** Dans d'autres cas, la distinction se fait au moyen de la terminaison.

- Pour les noms qui se terminent par **-o**, on remplace ce dernier par **-a** :

> un amigo → una amiga
> un gato → una gata

- Si la forme masculine se termine en **-a**, elle reste telle quelle :

> un deportista → una deportista
> un colega → una colega

- Si la dernière lettre de la forme au masculin singulier est une consonne, on ajoute **-a** pour former le féminin :

> un león → una leona
> un francés → una francesa

➤ Notez que dans ce cas, si la dernière syllabe a un accent, il disparaît au féminin.

## 2 Les noms et le groupe nominal

**2.5** Le **pluriel** peut se former de différentes manières.

- Pour les noms qui se terminent par une voyelle inaccentuée, on ajoute un **-s** à la forme du singulier :

> la casa → las casas          el libro → los libros

- Pour les noms qui se terminent par une consonne ou une voyelle accentuée, on ajoute **-es** à la forme du singulier :

> una pared → unas paredes

➤ Les mots suivants sont des exceptions :

> café → cafés          pie → pies
> mamá → mamás          sofá → sofás
> papá → papás          té → tés

- Les noms qui se terminent par **-n** ou **-s** et dont la dernière syllabe porte un accent perdent cet accent au pluriel :

> la canción → las canciones     el autobús → los autobuses

- Les noms qui se terminent en **-n** et qui ont l'accent tonique sur l'avant-dernière syllabe au singulier portent un accent sur cette syllabe au pluriel de manière à indiquer la place de l'accent tonique :

> un examen → unos exámenes     un crimen → unos crímenes

- Lorsqu'il est en position finale au singulier, **-z** est remplacé par **-c** au pluriel :

> la luz → las luces

- Les noms dont la dernière syllabe est inaccentuée et qui se terminent par **-s** restent inchangés au pluriel :

> un paraguas → unos paraguas
> el lunes → los lunes

# 2 Les noms et le groupe nominal

## 2.6 Les déterminants

Devant un nom ou un adjectif (au début du groupe nominal, donc) on emploie souvent un **déterminant**. Il y en a de différents types : certains servent à désigner quelque chose de concret ou qui a déjà été nommé, d'autres renvoient à quelque chose de général, qu'on évoque pour la première fois. Beaucoup peuvent aussi s'employer comme **pronoms**.

| | |
|---|---|
| articles définis : | **el/los ▲ la/las ▲ lo** |
| adjectifs et pronoms démonstratifs : | **este/estos ▲ ese/esos ▲ aquel/ aquellos esta/estas ▲ esa/esas ▲ aquella/aquellas** |
| pronoms neutres : | **esto ▲ eso ▲ aquello** |
| articles indéfinis : | **un/una ▲ unos/unas** |
| pronoms indéfinis : | **alguien ▲ algo ▲ nadie ▲ nada** |
| quantifieurs : | **poco(s)/poca(s) ▲ bastante(s) ▲ mucho(s)/mucha(s) ▲ demasiado(s)/ demasiada(s) ▲ harto(s)/harta(s)** |
| adjectifs possessifs : | **mi(s) ▲ tu(s) ▲ su(s) ▲ nuestro(s)/ nuestra(s) ▲ vuestro(s)/vuestra(s) ▲ su(s)** |
| pronoms possessifs : | **mío(s)/mía(s) ▲ tuyo(s)/tuya(s) suyo(s)/suya(s) ▲ nuestro(s)/nuestra(s) vuestro(s)/vuestra(s) ▲ suyo(s)/suya(s)** |
| pronoms interrogatifs : | **qué ▲ cuál(es) ▲ quién(es)** |
| numéraux : | **uno ▲ dos ▲ tres ▲ cuatro…** |

## 2.7 L'article défini

| | avec un nom masculin | avec un nom féminin | en français |
|---|---|---|---|
| singulier | **el** | **la** | le, la, l' |
| pluriel | **los** | **las** | les |

- La forme de l'article défini est déterminée par le genre et le nombre du nom.

> **el tren ▲ la estación ▲ los actores ▲ las actrices**

## 2 Les noms et le groupe nominal

➤ Notez que si l'article vient directement avant un nom féminin singulier commençant par un **a-** ou **ha-** accentué, c'est la forme masculine **el** que l'on emploie au lieu de la forme féminine **la** :

> **el agua** *(l'eau)*  **el hacha** *(la hache)*
> **la misma agua** *(la même eau)*  **la mejor hacha**
>  *(la meilleure hache)*

- L'article défini **el** se combine avec la préposition **a** pour donner **al**, et **de** pour donner **del** :

> **al cine** *(au cinéma)*    **del autor** *(de l'auteur)*

**2.8** L'emploi de l'article défini espagnol est souvent comparable à celui de l'article défini français. Il est ainsi employé :

- avec les noms abstraits :

  **El tiempo es oro.**
  *Le temps c'est de l'argent.*

- dans les généralisations :

  **No me gusta el café.**
  *Je n'aime pas le café.*
  **Los niños necesitan ser queridos.**
  *Les enfants ont besoin d'être aimés.*

- avec les parties du corps :

  **Vuelva la cabeza hacia la izquierda.**
  *Tournez la tête vers la gauche.*

- pour les titres, les rangs et les noms de profession suivis d'un nom propre, sauf **Don/Doña, San/Santo(a)** :

  **el rey Jorge III**
  *le roi Georges III*
  **el doctor Ochoa**
  *le docteur Ochoa*
  **Don Arturo Ruiz**
  *M. Arturo Ruiz*

## 2 Les noms et le groupe nominal

Toutefois, plusieurs constructions ont un article en espagnol alors qu'elles n'en ont pas en français, notamment avec :

- certains noms de pays.

    **Trabajó en el Reino Unido durante tres años.**
    *Il a travaillé au Royaume-Uni pendant trois ans.*
    **Nos fuimos de viaje a la India.**
    *Nous sommes partis en voyage en Inde.*

- l'heure.

    **Son las tres.**
    *Il est trois heures.*

- les jours de la semaine, les années.

    **El lunes iré al médico.**
    *Lundi, j'irai chez le médecin.*
    **Me instalé en España en el 2003.**
    *Je me suis installée en Espagne en 2003.*

**2.9** L'article **lo** ne s'emploie pas avec un nom mais :

- devant un adjectif ou un adverbe dans la construction **lo** + adjectif/adverbe + **que**.

    **No sabíamos lo pequeña que era la casa.**
    *Nous ne savions pas à quel point la maison était petite.*
    **Sé lo mucho que te gusta la música.**
    *Je sais combien tu aimes la musique.*

➤ Notez que l'adjectif s'accorde avec le nom auquel il se rapporte :

    **Ya sabes lo buenas que son estas manzanas.**
    *Tu sais combien ces pommes sont bonnes.*

- avec un adjectif ou un participe pour former un nom abstrait.

    **Lo bueno de eso es que…**
    *Ce qu'il y a de bien dans cela c'est que…*

# 2 Les noms et le groupe nominal

**Sentimos mucho lo ocurrido.**
*Nous sommes vraiment désolés de ce qui est arrivé.*

- dans la tournure **lo de** qui permet, à la façon de « ce que, ce qui » en français, de ne pas nommer ce dont on parle.

**Lo de ayer es mejor que lo olvides.**
*Il vaut mieux que tu oublies ce qui s'est passé hier.*
**Lo de tu hermano me preocupa.**
*Ce qui arrive à ton frère m'inquiète.*

- dans des tournures figées dont les plus courantes sont les suivantes.

> a lo mejor ▲ a lo lejos ▲ a lo largo de
> por lo menos ▲ por lo tanto ▲ por lo visto

**A lo mejor ha salido.**
*Peut-être qu'il est sorti.*
**A lo lejos se veían unas casas.**
*Au loin on voyait des maisons.*
**Hubo por lo menos cincuenta heridos.**
*Il y a eu au moins cinquante blessés.*
**No hemos recibido ninguna instrucción,
y por lo tanto no podemos...**
*Nous n'avons reçu aucune instruction,
c'est pourquoi nous ne pouvons pas...*
**Por lo visto, no viene.**
*Apparemment, il ne vient pas.*

**2.10** Pour l'**article indéfini**, on retrouve des formes semblables à celles du français. Attention au pluriel où l'on a une forme au masculin et au féminin :

|  | masculin | féminin | en français |
|---|---|---|---|
| singulier | **un** | **una** | *un, une* |
| pluriel | **unos** | **unas** | *des* |

- On n'emploie pas l'article indéfini avec :

> otro ▲ cierto ▲ semejante ▲ tal

80 | Grammaire espagnole

# 2  Les noms et le groupe nominal

**otro libro**
*un autre livre*
**cierta calle**
*une certaine rue*
**semejante ruido**
*un tel bruit*
**tal mentira**
*un tel mensonge*

- L'article indéfini ne s'emploie pas non plus devant des indénombrables :

**Bebe agua, nunca vino.**
*Il boit de l'eau, jamais de vin.*
**Hoy comeremos pollo.**
*Aujourd'hui nous mangerons du poulet.*

**2.11**  Les pronoms personnels sujet ont un usage limité en espagnol ; en général on les emploie pour créer un effet d'insistance ou pour clarifier quelque chose :

> singulier : **yo** ▲ **tú** ▲ **él/ella/usted (Ud.** ou **Vd.)**
> pluriel : **nosotros/nosotras** ▲ **vosotros/vosotras**
> ▲ **ellos/ellas** ▲ **ustedes (Uds.** ou **Vds.)**

**Él está de acuerdo.**
*Lui, il est d'accord.*
**Yo, no iré.**
*Moi, je n'irai pas.*

- « ce, c' » ne sont en général pas traduits en espagnol :

**¿Qué es? — Es una sorpresa.**
*Qu'est-ce que c'est ? – C'est une surprise.*

## 2.12  usted/ustedes

Il existe en espagnol l'équivalent du vouvoiement français, qui s'en distingue par le fait qu'il a deux formes : une pour le singulier, **usted**, et une pour le pluriel, **ustedes**.

➤ Notez bien que bien qu'il soit employé pour dire « vous », **usted** et **ustedes** sont suivis d'un verbe conjugué à la troisième personne, au singulier et au pluriel respectivement.

## 2.13 Traduire « on »

Le pronom français « on » n'a pas d'équivalent direct en espagnol et il existe plusieurs façons de le traduire.

- Pour énoncer une généralité, on emploie **se** suivi d'un verbe à la troisième personne du singulier ou du pluriel selon le complément qui suit :

    **Se dice que Cervantes es un genio de la literatura.**
    *On dit que Cervantès est un génie de la littérature.*

- Si « on » renvoie à un groupe de personnes plus défini, la troisième personne du pluriel est utilisée :

    **Dicen que es el hombre más rico del pueblo.**
    *On dit que c'est l'homme le plus riche du village.*

- On peut aussi utiliser la troisième personne du pluriel quand l'identité du sujet est inconnue :

    **Le llaman por teléfono.**
    *On vous appelle au téléphone.*

- Si celui ou celle qui parle s'inclut dans le groupe désigné par « on » en français, **uno** (ou **una** au féminin) est employé :

    **Uno disfruta de un día de descanso.**
    *On profite d'une journée de repos.*
    **Uno se siente a gusto en una casa tan cómoda.**
    *On se sent bien dans une maison aussi confortable.*

- Là où « on » en français peut être remplacé par « nous », l'espagnol emploie la première personne du pluriel :

    **Ahora volvemos al hotel.**
    *Maintenant on rentre à l'hôtel.*

## 2.14 Les pronoms personnels compléments d'objet direct

Les pronoms personnels compléments d'objet direct sont les suivants :

> singulier : **me ▲ te ▲ lo/la**
> pluriel :  **nos ▲ os ▲ los/las**

Souvenez-vous que **lo(s)** et **la(s)** sont aussi employés en espagnol pour le vouvoiement d'une ou de plusieurs personnes :

**A usted lo veo cansado.**
*Je vous trouve fatigué.*

- Cependant, l'emploi de **le(s)** est également accepté, en particulier dans les formules de salutation :

**Le saluda atentamente.**
*Veuillez agréer mes salutations distinguées.*

- Sauf à l'impératif affirmatif, à l'infinitif ou au gérondif, le pronom complément d'objet direct vient toujours avant le verbe :

**Te quiero.**
*Je t'aime.*
**Tu hija no nos conoce.**
*Ta fille ne nous connaît pas.*

- Avec un impératif affirmatif, l'infinitif ou le gérondif, le pronom suit le verbe et s'y accole. Dans certains cas, un accent est ajouté pour indiquer où se place l'accent tonique :

**Ayúdame.**
*Aide-moi.*
**Acompáñenos.**
*Venez avec nous.*

- Quand un infinitif ou un gérondif dépend d'un verbe placé avant lui, le pronom peut être placé soit avant le verbe principal, soit après l'infinitif ou le gérondif :

# 2 Les noms et le groupe nominal

**Lo está viendo.** ou **Está viéndolo.**
*Elle est en train de le voir.*
**Nos vienen a ver.** ou **Vienen a vernos.**
*Ils viennent nous voir.*

➤ Notez la manière dont ceci s'applique pour les verbes réfléchis :

**No quería levantarse.**
**No se quería levantar.**
*Il ne voulait pas se lever.*

## 2.15 Les pronoms personnels compléments d'objet indirect

> singulier : **me ▲ te ▲ le**
> pluriel : **nos ▲ os ▲ les**

Les pronoms ci-dessus remplacent la préposition **a** + nom :

**Estoy escribiendo a Teresa.** → **Le estoy escribiendo.**
*J'écris à Teresa.* → *Je lui écris.*

**Da de comer al gato.** → **Dale de comer.**
*Donne à manger au chat.* → *Donne-lui à manger.*

- Le pronom vient avant le verbe, sauf à l'impératif affirmatif, à l'infinitif ou au gérondif :

**Sofía os ha escrito.**
*Sophie vous a écrit.*
**¿Os ha escrito Sofía?**
*Est-ce que Sophie vous a écrit ?*
**No les haga caso.**
*Ne faites pas attention à eux.*

- Avec un impératif affirmatif, un infinitif ou un gérondif, le pronom suit le verbe et s'y accole. On ajoute un accent dans certains cas pour montrer où se place l'accent tonique :

**Respóndame.**
*Répondez-moi.*
**Díganos la respuesta.**
*Donnez-nous la réponse.*

- Là où un infinitif ou un gérondif dépend d'un verbe placé avant lui, le pronom peut être soit accolé après l'infinitif ou le gérondif, soit placé avant le premier verbe :

**Estoy escribiéndole.** ou **Le estoy escribiendo.**
*Je suis en train de lui écrire.*

## 2.16 L'ordre des pronoms

Quand deux pronoms se succèdent, le pronom indirect vient se placer avant le pronom direct :

**Paloma os lo mandará mañana.**
*Paloma vous l'enverra demain.*
**¿Te los ha enseñado mi hermana?**
*Ma sœur te les a-t-elle montrés ?*
**No me lo digas.**
*Ne me le dis pas.*
**Todos estaban pidiéndotelo.**
*Ils te le demandaient tous.*
**No quiere prestárnosla.**
*Il ne veut pas nous la prêter.*

➢ Notez que lorsque deux pronoms compléments d'objet de la troisième personne se suivent, le premier (pronom d'objet indirect) devient **se** :

**Se lo di ayer.**
*Je le lui ai donné hier.*

**2.17** Concernant les **pronoms compléments d'objet**, il faut retenir les points suivants :

- **le/les** peuvent se rapporter aux deux genres tout comme **se**, qui en outre peut être singulier ou pluriel ; c'est pourquoi il est parfois nécessaire d'apporter une clarification. À cet effet, on ajoute **a él** (« à lui »), **a ella** (« à elle »), **a Vd.** (« à vous ») dans la phrase, en général après le verbe :

**Le escriben mucho a ella.**
*Ils lui écrivent souvent.*
**Se lo van a mandar pronto a ellos.**
*Ils le leur enverront rapidement.*

- Quand un nom qui a la fonction de complément d'objet précède le verbe, le pronom complément d'objet qui lui correspond doit être également employé :

**A tu hermano lo conozco bien.**
*Je connais bien ton frère.*
**A María la vemos algunas veces.**
*Nous voyons Maria de temps en temps.*

- On emploie souvent les pronoms compléments d'objet à la place des adjectifs possessifs quand on mentionne des parties du corps, des vêtements, pour rendre l'idée de « possession », ainsi qu'avec certaines constructions avec des verbes réfléchis.

**La chaqueta le estaba ancha.**
*Sa veste était trop grande.*
**Me duele el tobillo.**
*J'ai mal à la cheville.*
**Se me ha perdido el bolígrafo.**
*J'ai perdu mon stylo.*

- En espagnol, **le** et **les** sont souvent employés à la place de **lo** et **los** pour désigner des personnes. **La** est également fréquemment employé à la place de **le** quand on fait référence à une personne ou un animal de sexe féminin, même si certains hispanophones considèrent cet usage comme incorrect.

**Le/Lo encontraron en el cine.**
*Ils l'ont rencontré au cinéma.*
**Les/Los oímos llegar.**
*Nous les avons entendus arriver.*

## 2 Les noms et le groupe nominal

**2.18** Quand ils sont placés après une préposition, les pronoms ne changent généralement pas, sauf dans le cas de **mí** « moi », **ti** « toi », et du réfléchi **sí** (« lui-même, elle-même, eux-mêmes, elles-mêmes, vous-mêmes »).

**¿Hablaron con vosotros?**
*Ils vous ont parlé ?*

- **con** se combine avec **mí**, **ti**, **sí** pour former **conmigo**, **contigo**, **consigo** (« avec moi, avec toi, avec lui/elle » etc.)

    **Venid conmigo.**
    *Venez avec moi.*
    **Lo trajeron consigo.**
    *Ils l'ont amené avec eux.*

- Les prépositions suivantes sont toujours accompagnées d'un pronom sujet :

    > **entre ▲ hasta ▲ incluso ▲ salvo ▲ menos ▲ según**

    **entre tú y ella**
    *entre toi et elle*
    **Hasta yo puedo hacerlo.**
    *Même moi je suis capable de le faire.*
    **todos menos yo**
    *tout le monde sauf moi*
    **según tú**
    *selon toi*

- **mí**, **ti**, **sí** s'emploient pour créer un effet d'insistance, de contraste :

    **¿A ti no te escriben?**
    *Ils ne t'écrivent pas à toi ?*
    **Me lo manda a mí, no a ti.**
    *C'est à moi qu'elle l'envoie, pas à toi.*

- **ello** s'emploie après une préposition pour faire référence à une idée qui a été évoquée auparavant, mais on ne l'emploie jamais dans un sens concret :

> Nunca pensaba en ello.
> *Il n'y pensait jamais.*
> Por todo ello me parece que...
> *Pour toutes ces raisons, il me semble que...*

- **a él, de él** ne s'accolent jamais :

  > A él no lo conozco.
  > *Je ne le connais pas.*
  > No sé nada de él.
  > *Je ne sais rien de lui.*

## 2.19 algo, alguien, alguno/a/os/as

On utilise **algo**, **alguien**, **alguno** pour dire « quelque chose, quelqu'un, certains ». Après une négation, on emploie **nada**, **nadie**, **ninguno** :

> Tengo algo para ti.
> *J'ai quelque chose pour toi.*
> ¿Viste algo?
> *Tu as vu quelque chose ?*
> Alguien me lo ha dicho.
> *Quelqu'un me l'a dit.*
> ¿Has visto a alguien?
> *Est-ce que tu as vu quelqu'un ?*
> Algunos de los niños ya sabían leer.
> *Certains des enfants savaient déjà lire.*
> No veo a nadie.
> *Je ne vois personne.*
> No tengo nada que hacer.
> *Je n'ai rien à faire.*

**2.20** Pour dire « chacun(e) » on emploie **cada uno/una** :

> Le dio una manzana a cada uno.
> *Elle a donné une pomme à chacun.*
> ¡Cada uno a su casa!
> *Chacun chez soi !*

## 2   Les noms et le groupe nominal

**2.21**   cualquiera s'emploie pour dire « n'importe (le)quel/(la)quelle » :

**Cualquiera puede hacerlo.**
*N'importe qui peut faire ça.*
**Cualquiera de las explicaciones vale.**
*N'importe laquelle de ces explications est valable.*

**2.22**   los/las demás signifie « les autres, le reste » :

**Yo me fui, los demás se quedaron.**
*Je suis parti, les autres sont restés.*

**2.23**   On emploie mucho/a/os/as pour dire « beaucoup (de) » et poco/a/os/as pour dire « peu (de) » :

**Muchas casas no tenían jardín.**
*Beaucoup de maisons n'avaient pas de jardin.*
**Había muchos cuadros, pero vi pocos que me puedan gustar.**
*Il y avait beaucoup de tableaux mais j'en ai vu peu qui me plairaient.*

**2.24**   nada signifie « rien » et nadie « personne » :

**¿Qué tienes en la mano? — Nada.**
*Qu'est-ce que tu as dans la main ? – Rien.*
**¿A quién ves? — A nadie.**
*Qui vois-tu ? – Personne.*

**2.25**   ninguno/a s'emploie pour dire « aucun(e) » :

**¿Cuántas tienes? — Ninguna.**
*Tu en as combien ? – Aucune.*

**2.26**   tanto/a/os/as est la traduction de « tant, tellement » :

**¿Se oía mucho ruido? — No tanto.**
*Il y avait beaucoup de bruit ? – Pas tellement.*

# 2 Les noms et le groupe nominal

**2.27** todo/a/os/as signifie « tout » :

**Lo ha estropeado todo.**
*Il a tout gâché.*
**Todo va bien.**
*Tout va bien.*

**2.28** uno… (el) otro, una… (la) otra, unos… (los) otros, unas… (las) otras sont les équivalents de « l'un… l'autre », « les uns… les autres », etc. :

**Unos cuestan 30 euros, los otros 40 euros.**
*Les uns coûtent 30 euros, les autres 40 euros.*

**2.29** varios/as s'emploient pour dire « plusieurs » :

**Varios de ellos me gustaron mucho.**
*Plusieurs d'entre eux m'ont beaucoup plu.*

## 2.30 Traduire « y » et « en »

Les pronoms français **y** et **en** n'ont pas de traductions directes en espagnol. Dans les cas où ils sont indispensables à la compréhension, on utilise la préposition adéquate (**en**, **de**, **con**…) suivie d'un pronom personnel, d'un pronom démonstratif ou d'un adverbe de lieu :

*Je préfère ce dictionnaire car j'y suis habitué.*
**Prefiero este diccionario; estoy acostumbrado a él.**
*Ne vas pas à la boulangerie, j'en viens.*
**No vayas a la panadería, vengo de allí.**

# 3   Les adjectifs

**3.1**   Comme en français, l'adjectif s'accorde en genre et en nombre avec le nom qu'il qualifie. Pour former le **féminin** d'un adjectif, il faut tenir compte des points suivants :

- Pour les adjectifs se terminant en **-o**, on remplace ce dernier par **-a** :

  | **mi hermano pequeño** | → | **mi hermana pequeña** |
  |---|---|---|
  | *mon petit frère* | → | *ma petite sœur* |

- Certains adjectifs de nationalité forment leur féminin en ajoutant un **-a** :

  | **el equipo barcelonés** | → | **la vida barcelonesa** |
  |---|---|---|
  | *l'équipe barcelonaise* | → | *la vie barcelonaise* |

- Cette règle s'applique également aux adjectifs qui se terminent en **-or** (à l'exception des comparatifs irréguliers), **-án**, **-ón**, **-ín** :

  | **un niño encantador** | → | **una niña encantadora** |
  |---|---|---|
  | *un petit garçon charmant* | → | *une petite fille charmante* |
  | **un hombre holgazán** | → | **una mujer holgazana** |
  | *un homme oisif* | → | *une femme oisive* |
  | **un gesto burlón** | → | **una sonrisa burlona** |
  | *un geste moqueur* | → | *un sourire moqueur* |
  | **un chico cantarín** | → | **una chica cantarina** |
  | *un garçon qui aime chanter* | → | *une fille qui aime chanter* |

➤ Notez que l'accent sur la dernière syllabe disparaît au féminin.

- Les autres adjectifs ne changent pas :

  | **un final feliz** | → | **una infancia feliz** |
  |---|---|---|
  | *une fin heureuse* | → | *une enfance heureuse* |
  | **el vestido verde** | → | **la blusa verde** |
  | *la robe verte* | → | *le chemisier vert* |

# 3 Les adjectifs

**3.2** Au **pluriel**, les adjectifs subissent les transformations suivantes :

- Si en position finale on a une voyelle inaccentuée, on ajoute **-s** :

    | **una casa vieja** | → | **unas casas viejas** |
    |---|---|---|
    | *une vieille maison* | → | *de vieilles maisons* |

- Si l'on a une voyelle accentuée ou une consonne, on ajoute **-es** :

    | **un médico iraní** | → | **unos médicos iraníes** |
    |---|---|---|
    | *un médecin iranien* | → | *des médecins iraniens* |
    | **un examen fácil** | → | **unos exámenes fáciles** |
    | *un examen facile* | → | *des examens faciles* |

➢ Notez que pour les mots dont la dernière syllabe se termine par une voyelle accentuée et un **-s**, l'accent disparaît au pluriel :

| **un río francés** | → | **unos ríos franceses** |
|---|---|---|
| *une rivière française* | → | *des rivières françaises* |

- Quand la dernière lettre est un **-z**, elle devient **-c** au pluriel :

    | **un día feliz** | → | **unos días felices** |
    |---|---|---|
    | *un jour heureux* | → | *des jours heureux* |

**3.3** Certains adjectifs et d'autres catégories de mots qui sont utilisés comme des adjectifs ne changent jamais de forme au féminin ou au pluriel ; ils sont **invariables**. Parmi ceux-ci, les plus courants sont :

- les noms de choses qui expriment la couleur, y compris les adjectifs composés.

    **los vestidos naranja**
    *les robes orange*
    **las chaquetas azul marino**
    *les vestes bleu marine*

# 3 Les adjectifs

- les noms employés comme des adjectifs.

    **mujeres soldado**
    *des femmes soldats*

**3.4** Les adjectifs suivants perdent leur -o final devant un nom masculin singulier :

> **bueno ▲ malo ▲ alguno ▲ ninguno ▲ uno ▲ primero
> ▲ tercero ▲ postrero**

Ce phénomène typique de l'espagnol s'appelle l'**apocope** ; il désigne la perte de la dernière voyelle ou syllabe d'un mot.

- **alguno** et **ninguno** doivent comporter un accent indiquant la place de l'accent tonique :

    **algún libro**
    *n'importe quel livre*
    **ningún alumno**
    *aucun élève*

- **grande** (« gros, grand ») devient **gran** devant un nom singulier masculin ou féminin :

    **un gran actor**
    *un grand acteur*

- **Santo** (« saint ») devient **San**, sauf devant les noms de saints débutant par **Do-** ou **To-** :

    **San Antonio**
    *Saint-Antoine*
    **Santo Tomás**
    *Saint-Thomas*

- **ciento** (« cent ») devient **cien** devant un nom masculin ou féminin au pluriel :

    **cien años**
    *cent ans*

# 3 Les adjectifs

➤ attention à **mil** et **millón** :

**cien mil, cien millones**

- **cualquiera** perd son **-a** final devant un nom masculin ou féminin :

  **cualquier día**
  *n'importe quel jour*
  **a cualquier hora**
  *à n'importe quelle heure*

**3.5** Pour apporter une information supplémentaire sur le nom, on peut employer des **propositions subordonnées** introduites par des **pronoms relatifs** :

**Este es el regalo que me ha mandado mi amiga.**
*Ceci est le cadeau que m'a envoyé mon amie.*

Pour parler des personnes, on emploiera :

- **que** si le relatif a le rôle de sujet (équivalent de « qui » en français).

  **Mi hermano, que tiene veinte años, es el más joven.**
  *Mon frère, qui a vingt ans, est le plus jeune.*

- s'il est complément d'objet direct, on emploiera **que** (équivalent de « que » en français), **a quien** ou **a quienes**.

  **Los amigos que más quiero son...**
  *Les amis que j'aime le plus sont...*
  **María, a quien Daniel admira tanto, es...**
  *Marie, que Daniel admire tant, est...*

- pour traduire « à qui », on emploie **a quien** ou **a quienes** au pluriel.

  **Mis abogados, a quienes he escrito hace poco, están...**
  *Mes avocats, à qui j'ai écrit il y a peu, sont...*

- « de qui, dont » se traduit par **del** (ou **de la/de los/de las**) **que**, **de quien**, **de quienes** quand il est complément d'un verbe ou d'un adjectif.

# 3 Les adjectifs

**La chica de la que te hablé llega mañana.**
*La fille dont je t'ai parlé arrive demain.*
**Los niños de quienes se ocupa Vd….**
*Les enfants dont vous vous occupez…*

- « dont » se traduit par **cuyo/a**, **cuyos/as** quand il relie deux noms, pour établir un rapport de possession par exemple.

  **Vendrá la mujer cuyo hijo está enfermo.**
  *La femme dont le fils est malade viendra.*

➤ Notez que l'article est omis et que **cuyo** s'accorde avec le nom qui suit, et non avec le possesseur de ce qu'il désigne.

Pour parler d'objets ou de choses, au singulier et au pluriel, on emploie :

- **que** si le pronom a le rôle de sujet, dans le sens de « qui ».

  **Hay una escalera que lleva a la buhardilla.**
  *Il y a un escalier qui conduit à la mansarde.*

- **que** est aussi employé pour reprendre un nom qui est complément d'objet direct comme « que » en français.

  **La casa que hemos comprado tiene…**
  *La maison que nous avons achetée a…*
  **Este es el regalo que me ha mandado mi amiga.**
  *Voici le cadeau que m'a envoyé mon amie.*

- **al** (ou **a la/a los/a las**) + **que** est l'équivalent de « auquel, à laquelle », etc.

  **El programa al que me refiero fue grabado en…**
  *L'émission à laquelle je fais référence a été enregistrée le…*

- « dont, duquel, de laquelle, desquelles », etc. se traduit par **del** (ou **de la/de los/de las**) + **que**.

  **Las injusticias de las que se quejan…**
  *Les injustices dont ils se plaignent…*

# 3 Les adjectifs

- **el cual**, **el que** s'emploient si la relative est séparée du nom auquel elle se rapporte, ou quand il y a un risque d'ambiguïté quant à son antécédent.

    **El padre de Elena, el cual tiene mucho dinero, es...**
    *Le père d'Elena, lequel a beaucoup d'argent, est...*

    **El cual** est employé ici car **que** ou **quien** pourraient aussi bien se rapporter à Elena – comme si « qui » était employé dans la traduction française.

    **Su hermana, a la cual/la que hacía mucho que no veía, estaba también allí.**
    *Sa sœur, que je n'avais pas vue depuis longtemps, était aussi là.*

- **el cual** peut aussi s'employer quand le verbe de la relative est séparé du pronom relatif.

    **Vieron a su tío, el cual, después de levantarse, salió.**
    *Ils virent leur oncle qui, après s'être levé, sortit.*

- Le pronom « neutre » **lo**, habituellement employé pour faire référence à une idée, une déclaration ou un nom abstrait, se retrouve dans **lo que** et **lo cual**. Il peut aussi être employé comme sujet de la proposition relative.

    **No sabe lo que hace.**
    *Il ne sait pas ce qu'il fait.*
    **Lo que dijiste fue una tontería.**
    *Ce que tu as dit était une ânerie.*
    **Todo estaba en silencio, lo que** (ou **lo cual**) **me pareció muy raro.**
    *Tout était silencieux, ce qui m'a semblé très bizarre.*

- **que** et **quienes** sont généralement employés après les prépositions suivantes :

    > a ▲ con ▲ de ▲ en

    **las tiendas a (las) que íbamos**
    *les boutiques où nous allions*
    **la chica con quien** (ou **la que**) **sale**
    *la fille avec qui (ou laquelle) il sort*

96 | Grammaire espagnole

**el libro de(l) que te hablé**
*le livre dont je t'ai parlé*
**el lío en (el) que te has metido**
*les ennuis dans lesquels tu t'es mis*

Notez que **en que** peut se traduire par « où » :

- quand « où » désigne un endroit ; dans ce cas il peut aussi être remplacé par **en donde** ou **donde**.

    **el sitio en que** (ou **en donde/donde**) **se escondía**
    *l'endroit où il se cachait*

- quand « où » désigne un moment.

    **el año en que naciste**
    *l'année où tu es né*

**El que** ou **el cual** s'emploient après des prépositions, et s'accordent toujours.

**el puente debajo del que/cual pasa el río**
*le pont sous lequel passe la rivière*
**las obras por las cuales/que es famosa**
*les pièces pour lesquelles elle est connue*

## 3.6 **el que**, **la que**, **los que**, **las que** signifient « celui/celle/ceux/celles qui » :

**Esa película es la que quiero ver.**
*Ce film est celui que je veux voir.*
**¿Te acuerdas de ese amigo? El que te presenté ayer.**
*Tu te souviens de cet ami ? Celui que je t'ai présenté hier.*
**Los que quieran entrar tendrán que pagar.**
*Ceux qui voudront entrer devront payer.*

Utilisé dans un sens général, **quien(es)** peut remplacer **el que**, etc.

- **todos los que**, **todas las que** signifient « tous ceux qui, toutes celles qui » :

# 3 Les adjectifs

**Todos los que salían iban de negro.**
*Tous ceux qui sortaient étaient habillés en noir.*
**¿Qué autobuses puedo tomar? — Todos los que pasen por aquí.**
*Quels bus est-ce que je peux prendre ? — Tous ceux qui passent par ici.*

- **todo lo que** s'emploie pour dire « tout ce qui » :

    **Quiero saber todo lo que ha pasado.**
    *Je veux savoir tout ce qui s'est passé.*

- **el de, la de, los de, las de** peuvent signifier « celui de, celle de, ceux de... », etc. :

    **Trae la foto de tu novio y la de tu hermano.**
    *Apporte la photo de ton fiancé et celle de ton frère.*
    **Viajamos en mi coche y en el de María.**
    *Nous avons voyagé dans ma voiture et celle de María.*
    **Te doy estos libros y también los de mi hermana.**
    *Je te donne ces livres et aussi ceux de ma sœur.*

- ou encore « celui avec/celle avec/ceux avec... » :

    **Tu amigo, el de las gafas, me lo contó.**
    *Ton ami, celui avec les lunettes, me l'a raconté.*

## 3.7 Traduire « c'est... qui/c'est... que »

Pour traduire les tournures du type « C'est... qui... » on emploie le verbe **ser** suivi de **quien(es)** puis du verbe conjugué à la personne du sujet et au temps du verbe principal. **Quien(es)** peut se remplacer par **el/la/los/las que** :

**Fue Juan quien rompió el vaso.** ou **Fue Juan el que rompió el vaso.**
*C'est Juan qui a cassé le verre.*
**Seré yo quien daré la respuesta.** ou **Seré yo el que/la que daré la respuesta.**
*C'est moi qui donnerai la réponse.*

Pour les tournures du type « c'est... que... », on emploie également en espagnol le verbe **ser**, mais le pronom relatif employé ensuite dépend du complément qui est introduit : ainsi, « que » peut se traduire par **donde** (lieu), **cuando** (temps), **como** (manière) ou **por lo que** (cause) :

> **Allí es donde vive mi hermana.**
> *C'est là qu'habite ma sœur.*
> **Por eso fue por lo que se enfadó conmigo.**
> *C'est pour ça qu'il s'est fâché avec moi.*

## 3.8 Faire une comparaison

- **más... que...** et **menos... que...** s'emploient respectivement pour dire « plus... que... » et « moins... que... » :

> **una razón más seria**
> *une raison plus sérieuse*
> **Es más alto que mi hermano.**
> *Il est plus grand que mon frère.*
> **una película menos conocida**
> *un film moins connu*
> **Luis es menos tímido que tú.**
> *Luis est moins timide que toi.*

- Pour dire « aussi... que » on emploie **tanto** + nom + **como...** ou **tan** + adjectif ou adverbe + **como...** :

> **Pablo tenía tanto miedo como yo.**
> *Pablo avait aussi peur que moi.*
> **No es tan grande como creía.**
> *Ce n'est pas aussi grand que je croyais.*

- « tellement que » se traduit par la tournure **tan... que...** :

> **El examen era tan difícil que nadie aprobó.**
> *L'examen était si difficile que personne ne l'a eu.*

- **demasiado... para...** s'emploie pour dire « trop... pour... » et **bastante/suficiente... para...** traduit « assez... pour... » :

> **No tengo suficiente dinero para comprarlo.**
> *Je n'ai pas assez d'argent pour l'acheter.*

# 3 Les adjectifs

- Le « que » employé dans les comparaisons en français pour introduire une proposition se traduit en espagnol par **de lo que...** :

  **Está más cansada de lo que parece.**
  *Elle est plus fatiguée qu'elle en a l'air.*

## 3.9 Les superlatifs

- Ceux-ci se forment souvent à partir des tournures **el/la/los/las... más...** pour « le/la/les... le plus... » ou **el/la/los/las... menos...** pour « le/la/les... le moins... » :

  **el caballo más veloz**
  *le cheval le plus rapide*
  **la niña menos habladora**
  *la fillette la moins bavarde*

- Le superlatif absolu (« très, extrêmement » suivi d'un adjectif) peut s'exprimer au moyen de **muy** + adjectif :

  **Este libro es muy interesante.**
  *Ce livre est très intéressant.*

- On peut aussi le former en ajoutant **-ísimo/a/os/as** à l'adjectif s'il se termine par une consonne, ou à sa racine (l'adjectif sans sa voyelle finale) s'il se termine par une voyelle :

  **Tienen un coche rapidísimo.**
  *Ils ont une voiture extrêmement rapide.*

> Notez que pour conserver certains sons, il est parfois nécessaire de modifier la forme finale de l'adjectif quand on ajoute **-ísimo** :

  **un león muy feroz**
  *un lion très féroce*
  **un tigre ferocísimo**
  *un tigre extrêmement féroce*

# 3    Les adjectifs

**3.10**  Un certain nombre d'adjectifs ont des **comparatifs** et des **superlatifs irréguliers** :

| | | |
|---|---|---|
| bueno | mejor (que) | el mejor |
| malo | peor (que) | el peor |
| grande | mayor ou más grande (que) | el más grande ou el mayor |
| pequeño | menor ou más pequeño (que) | el más pequeño |

Les comparatifs irréguliers de **grande** et **pequeño** sont principalement employés pour exprimer :

- l'âge, auquel cas ils se placent après le nom.

    **la hija menor**
    *la fille cadette*

- des ordres de grandeur abstraits et des degrés d'importance, auquel cas ils se placent avant le nom.

    **las mayores dificultades**
    *les plus grandes difficultés*

Les formes régulières sont employées surtout pour décrire la taille physique, concrète :

**Este plato es más grande que aquél.**
*Cette assiette-ci est plus grande que celle-là.*

➢ Notez que bien qu'ils aient la même forme au masculin et au féminin, ils s'accordent toujours en nombre avec le nom :

**mis hermanos mayores**
*mes frères aînés*

**3.11**  Les **adjectifs démonstratifs** sont les suivants :

- au singulier :

    masculin : **este** ▲ **ese** ▲ **aquel** (*ce, cet*)
    féminin : **esta** ▲ **esa** ▲ **aquella** (*cette*)

101

# 3  Les adjectifs

- au pluriel :

> masculin : **estos** ▲ **esos** ▲ **aquellos** *(ces)*
> féminin : **estas** ▲ **esas** ▲ **aquellas** *(ces)*

Les adjectifs démonstratifs précèdent généralement le nom et s'accordent toujours en genre et en nombre.

Les formes **este/a/os/as** sont employées pour parler d'une distance relativement réduite :

> **Este papel en el que escribes...**
> *Ce papier sur lequel tu écris...*

Les formes **ese/a/os/as** sont employées pour désigner une distance intermédiaire :

> **No me gustan esos cuadros.**
> *Je n'aime pas ces tableaux.*

Les formes **aquel/la/los/las** sont employées pour exprimer une distance éloignée dans l'espace ou dans le temps :

> **Aquella calle parece muy ancha.**
> *La rue là-bas paraît vraiment large.*
> **Aquellos años sí que fueron felices.**
> *Ces années-là furent vraiment des années heureuses.*

**3.12**  Pour poser des questions du type « quoi..., (le)quel... » et « combien... », on emploie les **adjectifs interrogatifs** suivants :

> masculin : **¿qué?** ▲ **¿cuánto(s)?**
> féminin : **¿qué?** ▲ **¿cuánta(s)?**

**¿Qué libro te gustó más?**
*Quel livre as-tu préféré ?*
**¿Qué clase de hombre es?**
*Quel genre d'homme est-ce ?*
**¿Qué instrumentos toca Vd.?**
*De quels instruments jouez-vous ?*

# 3 Les adjectifs

**¿Qué ofertas ha recibido Vd.?**
*Quelles offres avez-vous reçues ?*
**¿Cuánto dinero te queda?**
*Combien d'argent est-ce qu'il te reste ?*
**¿Cuánta lluvia ha caído?**
*Quelle quantité de pluie est tombée ?*
**¿Cuántos vestidos quieres comprar?**
*Combien de vêtements veux-tu acheter ?*
**¿Cuántas personas van a venir?**
*Combien de personnes vont venir ?*

➢ Ce sont aussi les formes employées dans les **questions indirectes** :

**No sé a qué hora llegó.**
*Je ne sais pas à quelle heure elle est arrivée.*
**Dígame cuántas postales quiere.**
*Dites-moi combien de cartes postales vous voulez.*

**3.13** La **phrase exclamative** comporte deux points d'exclamation dont le premier, placé en début de phrase, est inversé : « ¡ ». Les mots exclamatifs s'écrivent avec un accent :

> qué ▲ cuánto/a/os/as ▲ cómo

**¡Qué pena!**
*Quel dommage !*
**¡Cuánto tiempo!**
*Ça fait vraiment longtemps !*
**¡Cuánta pobreza!**
*Que de pauvreté !*
**¡Qué bien se está aquí!**
*Qu'on est bien ici !*

- Lorsque la phrase comporte un verbe, les éléments s'organisent dans l'ordre suivant :

Qué
Cuánto/a/os/as  } + adjectif ou adverbe + verbe + sujet
Cómo

**¡Qué bonito es este coche!**
*Que cette voiture est jolie !*

# 3 Les adjectifs

- Si la phrase ne comporte pas de verbe, l'ordre des éléments est le suivant :

**Qué**
**Cuánto/a/os/as**  } + nom + **más/tan** + adjectif
**Cómo**

**¡Qué música más/tan suave!**
*Cette musique est si douce !*

3.14 Pour dire à qui appartient quelque chose, on emploie des **adjectifs possessifs**. Ceux-ci s'accordent en genre et en nombre avec le nom et peuvent prendre deux formes.

3.15 La **forme faible** ou **atone** de l'adjectif possessif se place toujours avant le nom. Il s'agit des formes suivantes :

- avec un objet au singulier.

  masculin :   mi ▲ tu ▲ su ▲ nuestro ▲ vuestro ▲ su
  féminin :    mi ▲ tu ▲ su ▲ nuestra ▲ vuestra ▲ su

- avec un objet au pluriel.

  masculin :   mis ▲ tus ▲ sus ▲ nuestros ▲ vuestros ▲ sus
  féminin :    mis ▲ tus ▲ sus ▲ nuestras ▲ vuestras ▲ sus

**Pilar no ha traído nuestros libros.**
*Pilar n'a pas apporté nos livres.*
**Antonio irá a vuestra casa.**
*Antonio ira chez vous.*
**¿Han vendido su coche tus vecinos?**
*Tes voisins ont-ils vendu leur voiture ?*
**Mi hermano y tu primo no se llevan bien.**
*Mon frère et ton cousin ne s'entendent pas bien.*

# 3 Les adjectifs

- **su(s)** peut signifier « son », « sa », « ses », « votre » (**Vd.**, **Vds.**) ou « leur(s) », c'est pourquoi il est souvent nécessaire d'apporter une clarification. Pour ce faire, on emploie **de él**, **de ella**, **de Vds.** en changeant le possessif en article défini :

  | | | |
  |---|---|---|
  | **su casa** | → | **la casa de él** |
  | **su abrigo** | → | **el abrigo de ella** |
  | **sus amigos** | → | **los amigos de Vd.** |

**3.16** La **forme accentuée** de l'adjectif possessif s'accorde également :

- avec un nom au singulier.

  > masculin : **mío ▲ tuyo ▲ suyo ▲ nuestro ▲ vuestro ▲ suyo**
  > féminin : **mía ▲ tuya ▲ suya ▲ nuestra ▲ vuestra ▲ suya**

- avec un nom au pluriel.

  > masculin : **míos ▲ tuyos ▲ suyos ▲ nuestros ▲ vuestros ▲ suyos**
  > féminin : **mías ▲ tuyas ▲ suyas ▲ nuestras ▲ vuestras ▲ suyas**

- La forme accentuée s'emploie pour traduire la tournure « un de tes », « un de mes ». Elle peut aussi signifier « à moi, à toi, à lui/elle », etc. :

  **Es un capricho suyo.**
  *C'est un de ses caprices.*
  **un amigo nuestro**
  *un ami à nous*

- Elle peut être également employée pour s'adresser à quelqu'un :

  **Muy señor mío:** (dans une lettre)
  *Monsieur,*
  **hija mía**
  *ma fille*
  **¡Dios mío!**
  *Mon Dieu !*
  **amor mío**
  *mon amour*

# 3 Les adjectifs

**3.17** Les **adjectifs indéfinis** sont les suivants :

> alguno(a)/s ▲ ambos(as) ▲ cada ▲ cierto(a)/s
> cualquiera/cualesquiera
> los (las) demás ▲ mismo(a)/s ▲ mucho(a)/s
> ninguno(a)/s ▲ otro(a)/s ▲ poco(a)/s ▲ tal/es
> tanto(a)/s ▲ todo(a)/s ▲ varios(as)

- **alguno** perd le **-o** final devant un nom masculin singulier et prend un accent écrit qui indique où se trouve l'accent tonique :

   **algún día**
   *un jour*
   **alguna razón**
   *quelque raison*

- **ambos** est habituellement utilisé à l'écrit en espagnol, la tournure **los dos/las dos** étant préférée à l'oral :

   **Me gustan ambos cuadros.**
   *J'aime les deux tableaux.*
   **¿Conoces a las dos enfermeras?**
   *Tu connais les deux infirmières ?*

- **ninguno** perd le **-o** final et prend un accent écrit devant un nom masculin. Il ne s'emploie que dans les contextes négatifs :

   **No es ningún tonto.**
   *C'est loin d'être un idiot.*
   **¿No hay animales de compañía en tu casa? — No, ninguno.**
   *Tu n'as pas d'animaux de compagnie chez toi ? – Non, aucun.*

- **otro** n'est jamais précédé d'un article indéfini :

   **¿Me das otra manzana?**
   *Tu me donnes une autre pomme ?*
   **Prefiero estos otros zapatos.**
   *Je préfère ces autres chaussures.*

# 3 Les adjectifs

- **tal** n'est jamais suivi d'un article indéfini :

    **Nunca dije tal cosa.**
    *Je n'ai jamais dit une telle chose.*

## 3.18 La place des adjectifs

En espagnol, les adjectifs suivent généralement le nom :

**la página siguiente**
*la page suivante*
**la hora exacta**
*l'heure exacte*

Pour les mettre en valeur ou renforcer leur sens, ils sont parfois placés avant le nom :

**un dulce sueño**
*un doux rêve*

Comme en français, les **adjectifs indéfinis** précèdent généralement le nom :

**cada día**
*chaque jour*
**otra vez**
*une autre fois*
**poco dinero**
*peu d'argent*

➤ Dans les contextes négatifs, **alguno** vient après le nom :

**sin duda alguna**
*sans le moindre doute*

## 3.19 Les **mots interrogatifs** espagnols sont :

> ¿qué? ▲ ¿cuál(es)? ▲ ¿quién(es)?

107

# 3 Les adjectifs

- **qué** se traduit généralement par « qu', que, quoi ». On le retrouve dans **por qué**, « pourquoi » :

  **¿Qué están haciendo?**
  *Qu'est-ce qu'ils sont en train de faire ?*
  **¿Qué dices?**
  *Qu'est-ce que tu dis ?*
  **¿Para qué lo quieres?**
  *Pourquoi le veux-tu ?*
  **¿Por qué no llegaron Vds. antes?**
  *Pourquoi est-ce que vous n'êtes pas arrivés avant ?*

- **cuál** implique le plus souvent un choix – il se traduit par « quel, lequel » :

  **¿Cuál de estos vestidos te gusta más?**
  *Laquelle de ces robes préfères-tu ?*
  **¿Cuáles viste?**
  *Lesquels as-tu vus ?*

➢ **cuál** peut aussi être employé en dehors de toute notion de choix :

  **¿Cuál es la capital de España?**
  *Quelle est la capitale de l'Espagne ?*
  **¿Cuál es su fecha de nacimiento?**
  *Quelle est votre date de naissance ?*

- Tandis que **qué** peut être pronom et adjectif, **cuál** ne peut être que pronom :

  **¿Qué libro es más interesante?**
  *Quel livre est le plus intéressant ?*
  **¿Cuál (de estos libros) es más interesante?**
  *Lequel (de ces livres) est le plus intéressant ?*

- **quién(es)** renvoie aux personnes. En tant que complément d'objet, il se combine avec les prépositions **a** et **de** dans **a quién(es)** et **de quién(es)** (« à qui, de qui ») :

  **¿Quién ganó la carrera?**
  *Qui a gagné la course ?*

# 3  Les adjectifs

**¿Con quiénes los viste?**
*Avec qui les as-tu vus ?*
**¿A quiénes ayudaste?**
*Qui as-tu aidé ?*
**¿A quién se lo diste?**
*À qui l'as-tu donné ?*
**¿De quién es este libro?**
*À qui est ce livre ?*

- Ces formes se retrouvent aussi dans les interrogations indirectes :

  **Le pregunté para qué lo quería.**
  *Je lui ai demandé pourquoi elle le voulait.*
  **No me dijeron cuáles preferían.**
  *Ils ne m'ont pas dit lesquels ils préféraient.*
  **No sabía a quién acudir.**
  *Je ne savais pas vers qui me tourner.*

**3.20** Pour dire à qui appartient quelque chose, on peut utiliser des **pronoms possessifs**. Ceux-ci correspondent aux **formes fortes de l'adjectif possessif** accompagnées de **l'article défini**. Le pronom s'accorde en genre et en nombre avec le nom qu'il remplace.

- Formes du singulier :

  masculin :  **el mío ▲ el tuyo ▲ el suyo ▲ el nuestro**
  **el vuestro ▲ el suyo**
  féminin :  **la mía ▲ la tuya ▲ la suya ▲ la nuestra**
  **la vuestra ▲ la suya**

- Formes du pluriel :

  masculin :  **los míos ▲ los tuyos ▲ los suyos ▲ los nuestros**
  **los vuestros ▲ los suyos**
  féminin :  **las mías ▲ las tuyas ▲ las suyas ▲ las nuestras**
  **las vuestras ▲ las suyas**

**Pregunta a Cristina si este bolígrafo es el suyo.**
*Demande à Christine si ce stylo est le sien.*

# 3 Les adjectifs

**¿Qué equipo ha ganado, el suyo o el nuestro?**
*Quelle équipe a gagné, la leur ou la nôtre ?*
**Mi perro es más joven que el tuyo.**
*Mon chien est plus jeune que le tien.*
**Daniel pensó que esos libros eran los suyos.**
*Daniel a pensé que ces livres étaient les siens.*
**Si no tienes discos, te prestaré los míos.**
*Si tu n'as pas de disques, je te prêterai les miens.*
**Las habitaciones son menos amplias que las vuestras.**
*Les chambres sont moins grandes que les vôtres.*

➤ Après les prépositions **a** et **de**, on contracte l'article **el** :

> a + el mío → al mío
> de + el mío → del mío

**¿Por qué prefieres este sombrero al mío?**
*Pourquoi est-ce que tu préfères ce chapeau au mien ?*
**Mi libro está encima del tuyo.**
*Mon livre est au-dessus du tien.*

**3.21** Les **pronoms démonstratifs** qui traduisent « celui-ci, celle-ci, celui-là, celle-là », etc. ont les mêmes formes que les adjectifs démonstratifs. À la suite d'une réforme de l'orthographe passée il y a quelques années, il est désormais recommandé d'omettre l'accent écrit qui distinguait les pronoms démonstratifs masculins et féminins des adjectifs démonstratifs, sauf lorsque la phrase est ambiguë, auquel cas (assez rare), les pronoms peuvent porter l'accent. Les **formes neutres esto, eso, aquello** ne portent pas d'accent et se traduisent respectivement par « ceci », « cela », et « cela ».

- Formes du singulier :

> masculin : **este/éste ▲ ese/ése ▲ aquel/aquél**
> féminin : **esta/ésta ▲ esa/ésa ▲ aquella/aquélla**

# 3 Les adjectifs

- Formes du pluriel :

> masculin : **estos/éstos** ▲ **esos/ésos** ▲ **aquellos/aquéllos**
> féminin : **estas/éstas** ▲ **esas/ésas** ▲ **aquellas/aquéllas**

- Formes du neutre :

> neutre : **esto** ▲ **eso** ▲ **aquello**

**¿Qué abrigo te gusta más? — Este de aquí.**
*Quel manteau est-ce que tu préfères ? – Celui-ci.*
**Aquella casa era más grande que esta.**
*Cette maison-là était plus grande que celle-ci.*
**Estos libros y aquellos.**
*Ces livres-ci et ceux-là.*
**Quiero estas sandalias y esas.**
*Je veux ces sandales(-ci) et celles-là.*

Le neutre fait toujours référence à une idée, un propos ou un objet, mais jamais à des noms spécifiques :

**No puedo creer que esto me esté pasando a mí.**
*C'est incroyable que quelque chose comme ça m'arrive à moi.*
**Eso de madrugar es algo que no le gusta.**
*Se lever tôt est quelque chose qu'elle déteste.*
**Aquello sí que me gustó.**
*Ça, ça m'a vraiment plu.*
**Esto es una bicicleta.**
*Ceci est une bicyclette.*

- **Aquel** et **este** peuvent aussi signifier « le premier » et « le second » quand on souhaite préciser de qui on parle après une énumération :

**Hablaban Jaime y Andrés, este a voces y aquel casi en un susurro.**
*Jaime et Andrés parlaient, le second en criant, et le premier presque en murmurant.*

# 4 Le verbe et le groupe verbal

**4.1** L'espagnol a deux verbes pour « être », **ser** et **estar**. Ces deux verbes ne sont pas interchangeables et chacun s'emploie de façon bien précise.

**4.2** **Ser** s'emploie :

- avec un adjectif pour décrire une qualité intrinsèque.

    **Mi hermano es alto.**
    *Mon frère est grand.*
    **María es inteligente.**
    *María est intelligente.*

- avec les professions et les nationalités.

    **Javier es aviador.**
    *Javier est aviateur.*
    **Sus padres son italianos.**
    *Ses parents sont italiens.*

- pour exprimer la possession.

    **La casa es de Miguel.**
    *La maison appartient à Miguel.*

- dans l'expression de l'origine, ou pour dire de quoi quelque chose est fait.

    **Mi hermana es de Granada.**
    *Ma sœur est de Grenade.*
    **Las paredes son de ladrillo.**
    *Les murs sont en brique.*

- avec un pronom ou un infinitif.

    **Soy yo, Enrique.**
    *C'est moi, Enrique.*
    **Todo es proponérselo.**
    *Le tout est de s'y mettre.*

# 4 Le verbe et le groupe verbal

- avec les heures et les jours de la semaine.

  **Son las tres y media.**
  *Il est trois heures et demie.*
  **Mañana es sábado.**
  *Demain c'est samedi.*

- pour former le passif, avec le participe passé qui s'accorde en genre et en nombre avec le nom.

  **Las puertas eran cerradas sigilosamente.**
  *Les portes étaient fermées en silence.*

## 4.3 Estar s'emploie :

- pour indiquer où quelque chose se trouve.

  **La comida está en la mesa.**
  *Le repas est sur la table.*

- avec un adjectif ou une locution adjectivale pour exprimer une qualité ou un état temporaire ou exceptionnel.

  **Su amigo está enfermo.**
  *Son ami est malade.*
  **El lavabo está ocupado.**
  *Les toilettes sont occupées.*
  **Hoy estoy de mal humor.**
  *Je suis de mauvaise humeur aujourd'hui.*
  **Las tiendas están cerradas.**
  *Les magasins sont fermés.*

- pour indiquer comment quelqu'un se trouve à un moment donné

  **¿Cómo están Vds.?**
  *Comment allez-vous ?*
  **Estamos todos bien.**
  *Nous allons tous bien.*

# 4 Le verbe et le groupe verbal

- avec le gérondif, pour former les temps progressifs.

    **Estamos aprendiendo mucho.**
    *Nous apprenons beaucoup de choses.*

- avant **de** + nom pour parler d'une situation professionnelle temporaire.

    **Mi primo está de médico en un pueblo.**
    *Mon cousin travaille comme médecin dans un village (en ce moment).*

**4.4** Bien qu'ils ne soient pas interchangeables, on peut trouver aussi bien **ser** que **estar** avec certains adjectifs. Dans ces cas-là :

- **ser** exprime une qualité permanente ou intrinsèque.

    **Su hermana es muy joven/vieja.**
    *Sa sœur est très jeune/vieille.*
    **Es un borracho.**
    *C'est un ivrogne.*

- **estar** exprime un état ou une qualité temporaire.

    **Está muy joven/vieja con ese vestido.**
    *Elle a l'air très jeune/vieille dans cette robe.*
    **Está borracho.**
    *Il est ivre.*

**4.5** **Les terminaisons** des verbes espagnols indiquent le nombre et la personne du sujet du verbe.

**4.6** Pour certains verbes, les formes du radical et de la terminaison sont parfaitement prévisibles car elles obéissent à des règles précises. C'est pourquoi on appelle ces verbes des **verbes réguliers**, par opposition aux **verbes irréguliers**.

# 4 Le verbe et le groupe verbal

**4.7** Il existe trois types de verbes qui se définissent par la forme que prend la terminaison de l'infinitif :

- les verbes du **premier groupe** sont ceux qui se terminent en **-ar**, comme **hablar**, « parler ».

- les verbes du **deuxième groupe** sont ceux qui se terminent en **-er**, comme **comer**, « manger ».

- les verbes du **troisième groupe** sont ceux qui se terminent en **-ir**, comme **vivir**, « vivre ».

**4.8** Les temps des verbes espagnols peuvent être, comme ceux des verbes français, **simples** ou **composés**.

Pour conjuguer les trois groupes des verbes réguliers, on applique les mêmes principes :

- pour former le présent, l'imparfait, le prétérit et les subjonctifs présent et imparfait, on remplace la terminaison de l'infinitif (**-ar** pour le premier groupe, **-er** pour le second et **-ir** pour le troisième) par les terminaisons de ces temps.

| infinitif : | **hablar** | → | **habl-** + terminaisons |
| infinitif : | **comer** | → | **com-** + terminaisons |
| infinitif : | **vivir** | → | **viv-** + terminaisons |

- pour former le futur et le conditionnel, on conserve l'infinitif tel quel pour lui ajouter les terminaisons appropriées.

| infinitif : | **hablar** | → | **hablar-** + terminaisons |
| infinitif : | **comer** | → | **comer-** + terminaisons |
| infinitif : | **vivir** | → | **vivir-** + terminaisons |

# 4 Le verbe et le groupe verbal

**4.9** Les terminaisons des trois groupes sont les suivantes. Notez que les pronoms personnels ne sont mentionnés ici que par souci de clarté puisqu'ils ne sont que rarement exprimés devant un verbe.

**1er groupe** - modèle des verbes en **-ar** :

|  | présent | imparfait | prétérit |
|---|---|---|---|
| (yo) | -o | -aba | -é |
| (tú) | -as | -abas | -aste |
| (él/ella/Vd.) | -a | -aba | -ó |
| (nosotros/as) | -amos | -ábamos | -amos |
| (vosotros/as) | -áis | -abais | -asteis |
| (ellos/as/Vds.) | -an | -aban | -aron |

|  | subjonctif présent | subjonctif imparfait |
|---|---|---|
| (yo) | -e | -ara ou -ase |
| (tú) | -es | -aras ou -ases |
| (él/ella/Vd.) | -e | -ara ou -ase |
| (nosotros/as) | -emos | -áramos ou -ásemos |
| (vosotros/as) | -éis | -arais ou -aseis |
| (ellos/as/Vds.) | -en | -aran ou -asen |

|  | futur | conditionnel |
|---|---|---|
| (yo) | -é | -ía |
| (tú) | -ás | -ías |
| (él/ella/Vd.) | -á | -ía |
| (nosotros/as) | -emos | -íamos |
| (vosotros/as) | -éis | -íais |
| (ellos/as/Vds.) | -án | -ían |

# 4 Le verbe et le groupe verbal

**2ᵉ groupe** - modèle des verbes en **-er** :

|  | présent | imparfait | prétérit |
|---|---|---|---|
| (yo) | -o | -ía | -í |
| (tú) | -es | -ías | -iste |
| (él/ella/Vd.) | -e | -ía | -ió |
| (nosotros/as) | -emos | -íamos | -imos |
| (vosotros/as) | -éis | -íais | -isteis |
| (ellos/as/Vds.) | -en | -ían | -ieron |

|  | subjonctif présent | subjonctif imparfait |
|---|---|---|
| (yo) | -a | -iera ou -iese |
| (tú) | -as | -ieras ou -ieses |
| (él/ella/Vd.) | -a | -iera ou -iese |
| (nosotros/as) | -amos | -iéramos ou -iésemos |
| (vosotros/as) | -áis | -ierais ou -ieseis |
| (ellos/as/Vds.) | -an | -ieran ou -iesen |

|  | futur | conditionnel |
|---|---|---|
| (yo) | -é | -ía |
| (tú) | -ás | -ías |
| (él/ella/Vd.) | -á | -ía |
| (nosotros/as) | -emos | -íamos |
| (vosotros/as) | -éis | -íais |
| (ellos/as/Vds.) | -án | -ían |

# 4 Le verbe et le groupe verbal

**3ᵉ groupe** - modèle des verbes en **-ir** :

|  | présent | imparfait | prétérit |
|---|---|---|---|
| (yo) | -o | -ía | -í |
| (tú) | -es | -ías | -iste |
| (él/ella/Vd.) | -e | -ía | -ió |
| (nosotros/as) | -imos | -íamos | -imos |
| (vosotros/as) | -ís | -íais | -isteis |
| (ellos/as/Vds.) | -en | -ían | -ieron |

|  | subjonctif présent | subjonctif imparfait |
|---|---|---|
| (yo) | -a | -iera ou -iese |
| (tú) | -as | -ieras ou -ieses |
| (él/ella/Vd.) | -a | -iera ou -iese |
| (nosotros/as) | -amos | -iéramos ou -iésemos |
| (vosotros/as) | -áis | -ierais ou -ieseis |
| (ellos/as/Vds.) | -an | -ieran ou -iesen |

|  | futur | conditionnel |
|---|---|---|
| (yo) | -é | -ía |
| (tú) | -ás | -ías |
| (él/ella/Vd.) | -á | -ía |
| (nosotros/as) | -emos | -íamos |
| (vosotros/as) | -éis | -íais |
| (ellos/as/Vds.) | -án | -ían |

## 4.10 Les verbes irréguliers

En espagnol, un certain nombre de verbes ne suivent pas les modèles de conjugaison des trois principaux groupes verbaux : ce sont les verbes irréguliers. Certains verbes irréguliers sont des cas isolés et leur conjugaison

# 4 Le verbe et le groupe verbal

doit être apprise par cœur. Parmi eux, on trouve des verbes courants comme **andar**, **caer**, **dar**, **decir**, **hacer**, **ir**, **oír**, **poder**, **poner**, **querer**, **saber**, **salir**, **tener**, **traer**, **venir**, **ver**.

Les autres verbes irréguliers peuvent se classer en différentes catégories, en fonction des transformations qu'ils subissent :

- Dans une première catégorie, celle des verbes dits à diphtongaison, la voyelle du radical est remplacée à certaines personnes de certains temps par deux voyelles :

Dans un cas, le **e** du radical devient **ie** :

**pensar** (penser) → **pienso** (je pense)

Dans l'autre, le **o** du radical devient **ue** :

**mover** (bouger) → **muevo** (je bouge)

- Dans une seconde catégorie, on trouve les verbes avec un radical en **e** qui devient **i** :

**pedir** (demander) → **pido** (je demande)

- Une troisième catégorie regroupe les verbes qui combinent diphtongaison et changement de voyelle :

Le **e** du radical va devenir **ie** ou **i** selon le temps et la personne :

**sentir** (sentir) → **siento** (je sens) *mais* **sintiendo** (en sentant)

Le **o** du radical va devenir **ue** ou **u** selon le temps et la personne :

**dormir** (dormir) → **duermo** (je dors) *mais* **durmiendo** (en dormant)

- Une quatrième catégorie comprend les verbes qui se terminent en **-acer**, **-ecer**, **-ocer** ou **-ucir**. Ces verbes nécessitent l'insertion d'un **z** avant le **c** :

**nacer** (naître) → **nazco** (je nais)

# 4    Le verbe et le groupe verbal

Les verbes en **-ducir** relèvent de cette catégorie mais dans leur cas, le **c** devient **j** au passé :

> **conducir** (conduire)  →  **conduzco** (je conduis) *mais* **conduje** (je condusis)

➤ Attention, la conjugaison de **hacer** ne suit pas ce schéma.

- Enfin, on peut distinguer une cinquième catégorie regroupant les verbes qui se terminent en **-uir** et qui nécessitent l'insertion d'un **y** avant la terminaison quand la voyelle de celle-ci est **a**, **o** ou **e** :

> **construir** (construire)  →  **construyo** (je construis)

**4.11**    Le **présent** permet :

- de parler du présent en général, de ce qui est habituel, de ce qui arrive régulièrement.

> **Lee.**
> *Il lit.*

- de parler du futur.

> **Mañana voy a Madrid.**
> *Demain, je vais à Madrid.*

- de parler d'une action qui est en cours au moment où l'on parle, avec la forme progressive (**estar** + participe présent).

> **Está leyendo.**
> *Il est en train de lire.*

**4.12**    Le **futur** a souvent le même emploi qu'en français. Le futur proche est également souvent exprimé avec la tournure **ir** + **a** + infinitif :

> **Lo haré mañana.**
> *Je le ferai demain.*

# 4 Le verbe et le groupe verbal

**Te vas a caer si no tienes cuidado.**
*Tu vas tomber si tu ne fais pas attention.*
**Va a perder el tren.**
*Il va rater le train.*

➤ Notez également que le futur peut servir à exprimer une hypothèse :

**Serán las dos.**
*Il doit être deux heures.*

- Pour dire que quelque chose sera fait ou se sera passé à un moment dans le futur, on peut utiliser le **futur antérieur** qui permet aussi de faire des hypothèses sur des événements récents :

**Ya habrán llegado a casa.**
*Ils doivent être arrivés chez eux maintenant.*

- De la même manière que le futur s'emploie pour formuler des hypothèses par rapport au présent, on a recours au **conditionnel** pour les hypothèses dans le passé :

**Serían las dos.**
*Il devait être deux heures.*
**Tendría unos veinte años.**
*Elle devait avoir une vingtaine d'années.*

**4.13** L'usage de l'**imparfait** espagnol est très comparable à celui du français ; on l'emploie :

- pour évoquer une action ou un état dans le passé, sans idée de début ou de fin.

**Todos mirábamos en silencio.**
*Nous regardions tous en silence.*

- pour parler d'une habitude dans le passé :

**En su juventud se levantaba de madrugada.**
*Dans sa jeunesse, il se levait à l'aube.*

## 4 Le verbe et le groupe verbal

**Hablábamos sin parar durante horas.**
*Nous discutions pendant des heures.*

**4.14** L'emploi du **passé simple** ou **prétérit** est beaucoup plus courant en espagnol qu'en français puisqu'il est également utilisé à l'oral pour évoquer un événement ou une action passés sans lien avec le présent :

**Me desperté y salté de la cama.**
*Je me suis réveillé et j'ai sauté du lit.*

**4.15** Le **passé antérieur** s'emploie principalement à l'écrit, dans les subordonnées de temps, quand le verbe de la principale est au prétérit :

**Apenas hubo acabado, se oyeron unos golpes en la puerta.**
*Elle eut à peine fini qu'on entendit frapper à la porte.*

**4.16** Le **subjonctif** s'emploie fréquemment en espagnol :

- après les verbes exprimant un souhait.

> querer que ▲ desear que

**Queremos que estés contenta.**
*Nous voulons que tu sois heureuse.*
**¿Desea Vd. que lo haga yo?**
*Voulez-vous que je le fasse ?*

- avec les verbes qui expriment une émotion (regret, surprise, honte, plaisir) :

> sentir que ▲ sorprender que ▲ alegrarse de que

**Sentí mucho que no vinieran.**
*J'ai vraiment regretté qu'ils ne viennent pas.*
**Nos sorprendió que no les vieran Vds.**
*Cela nous a étonnés que vous ne les ayez pas vus.*
**Me alegro de que te gusten.**
*Cela me fait plaisir qu'ils te plaisent.*

## 4 Le verbe et le groupe verbal

- avec les verbes exprimant un ordre, une interdiction, une autorisation :

> mandar que ▲ ordenar que
> permitir que ▲ dejar que
> prohibir que ▲ impedir que

**Ha mandado que vuelvan.**
*Il leur a ordonné de revenir.*
**Ordenó que fueran castigados.**
*Il a ordonné qu'ils soient punis.*
**No permitas que entren.**
*Ne les laisse pas entrer.*
**No me dejó que la llevara a casa.**
*Elle ne m'a pas laissé la ramener chez elle.*
**Te prohíbo que digas eso.**
*Je t'interdis de dire ça.*
**No les impido que vengan.**
*Je ne les empêche pas de venir.*

➤ Notez qu'avec tous ces verbes, on peut aussi avoir l'infinitif si le complément d'objet du verbe principal est le sujet de la subordonnée :

**Les ordenó que salieran.** ou **Les ordenó salir.**
*Elle leur a ordonné de sortir.*

- avec les verbes exprimant le doute, l'incertitude, et les verbes d'opinion employés à la forme négative :

> dudar que ▲ no creer que ▲ no pensar que

**Dudo que lo sepan hacer.**
*Je doute qu'ils sachent le faire.*
**No creo que sean tan malos.**
*Je ne crois pas qu'ils soient si méchants.*

- dans les constructions impersonnelles exprimant la nécessité, la possibilité, etc. :

> hace falta que ▲ es necesario que ▲ es posible que
> más vale que ▲ es una lástima que

**¿Hace falta que vaya Jaime?**
*Est-ce qu'il faut que Jaime y aille ?*
**Es posible que tengan razón.**
*Il est possible qu'ils aient raison.*
**Más vale que se quede Vd. en su casa.**
*Il vaut mieux que vous restiez à la maison.*
**Es una lástima que haya perdido su perro.**
*C'est dommage qu'elle ait perdu son chien.*

- dans les constructions impersonnelles qui énoncent un fait ou expriment une certitude, l'indicatif est employé quand le verbe impersonnel est affirmatif :

**Es verdad que va a venir.**
*C'est vrai qu'il va venir.*
**No es verdad que vayan a hacerlo.**
*Ce n'est pas vrai qu'ils vont le faire.*

- avec certaines conjonctions :

> para que ▲ a fin de que ▲ como si ▲ sin que
> a condición de que ▲ con tal (de) que ▲ siempre que
> a menos que ▲ a no ser que ▲ antes (de) que ▲ no
> sea que ▲ mientras (que) ▲ siempre que ▲ (el) que

**Átalas bien para que no se caigan.**
*Attache-les bien pour qu'elles ne tombent pas.*
**Hablaba como si no creyera en sus propias palabras.**
*Il parlait comme s'il ne croyait pas à ce qu'il disait lui-même.*
**Lo haré con tal de que me cuentes todo lo que pasó.**
*Je le ferai à condition que tu me racontes tout ce qui s'est passé.*
**Saldremos de paseo a menos que esté lloviendo.**
*Nous sortirons faire un tour à moins qu'il ne pleuve.*
**Avísale antes de que sea demasiado tarde.**
*Préviens-le avant qu'il ne soit trop tard.*
**Habla en voz baja, no sea que alguien nos oiga.**
*Parlez bas, qu'on ne nous entende pas.*
**Eso no pasará mientras yo sea el jefe aquí.**
*Cela n'arrivera pas tant que je serai le chef ici.*

# 4    Le verbe et le groupe verbal

➤ Pour les conjonctions suivantes, si le sujet est le même pour les deux verbes, l'infinitif est employé et le **que** final est omis :

> **a fin de que ▲ sin que ▲ a condición de que
> con tal (de) que ▲ antes (de) que**

**Salimos sin que nos vieran.**
*Nous sommes sortis sans qu'ils nous voient.*
**Me fui sin esperarla.**
*Je suis parti sans l'attendre.*

• après les conjonctions exprimant un but :

> **de modo que ▲ de forma que ▲ de manera que**

**Vuélvanse de manera que les vea bien.**
*Tournez-vous de façon à ce que je vous voie bien.*

➤ Quand ces conjonctions indiquent un résultat et non un but, le subjonctif n'est pas employé :

**No quieren hacerlo, de manera que tendré que hacerlo yo.**
*Ils ne veulent pas le faire, ce qui fait que je devrai le faire moi-même.*

• dans les propositions relatives dont l'antécédent est négatif, indéfini ou indéterminé :

**No he encontrado a nadie que la conociera.**
*Je n'ai rencontré personne qui la connaisse.*
**No dijo nada que no supiéramos ya.**
*Elle n'a rien dit que nous ne sachions déjà.*
**Necesito a alguien que sepa conducir.**
*J'ai besoin de quelqu'un qui sache conduire.*
**Busco algo que me distraiga.**
*Je cherche quelque chose qui me distraie.*
**Busca una casa que tenga calefacción central.**
*Il cherche une maison qui ait le chauffage central.*

# 4 Le verbe et le groupe verbal

- dans les phrases conditionnelles, dans la proposition comportant **si**, où le français emploie l'imparfait :

  **Si fuéramos en coche llegaríamos a tiempo.**
  *Si nous y allions en voiture, nous arriverions à temps.*

- dans certaines tournures figées généralement traduites par « quoi qu'…, quoi que…, quelque soit… » en français :

  **Diga lo que diga…**
  *Quoi qu'il en dise…*
  **Sea lo que sea…**
  *Quoi qu'il en soit…*

- dans les tournures suivantes par lesquelles on exprime une concession :

**por** + adjectif + subjonctif

  **Por cansado que esté, seguirá trabajando.**
  *Quelle que soit sa fatigue, il continuera à travailler.*

**por** + adverbe + subjonctif

  **Por lejos que viva, iremos a buscarle.**
  *Quelle que soit la distance, nous irons le chercher.*

**por** + **mucho** + subjonctif

  **Por mucho que lo intente, nunca lo conseguirá.**
  *Quels que soient ses efforts, il n'y arrivera jamais.*

**4.17** Dans certains cas, on peut trouver soit l'indicatif, soit le subjonctif ; ce dernier est employé dans certaines constructions où l'on évoque des événements futurs ou hypothétiques, par opposition à l'indicatif qui s'emploie pour parler de faits ou de ce qui se vérifie :

  **Le aconsejé que escuchara música cuando estuviera nervioso.**
  *Je lui ai conseillé d'écouter de la musique quand il se sent nerveux.*
  **Me gusta nadar cuando hace calor.**
  *J'aime nager quand il fait chaud.*

# 4 Le verbe et le groupe verbal

- Parmi les constructions les plus courantes, on trouve :

  > cuando ▲ en cuanto ▲ tan pronto como
  > hasta que ▲ mientras ▲ siempre que ▲ aunque
  > después (de) que

  **Te devolveré el libro tan pronto como lo haya leído.**
  *Je te rendrai le livre aussitôt que je l'aurai lu.*
  **Quédate aquí hasta que volvamos.**
  *Reste ici jusqu'à ce que nous revenions.*
  **No hablen en voz alta mientras ellos estén aquí.**
  *Ne parlez pas à voix haute tant qu'ils sont ici.*
  **Vuelvan por aquí siempre que quieran.**
  *Revenez ici quand vous le voudrez.*
  **No le creeré aunque diga la verdad.**
  *Je ne le croirai pas, même s'il dit la vérité.*
  **Te lo diré después de que te hayas sentado.**
  *Je te le dirai une fois que tu seras assis.*

- ainsi que toutes les conjonctions et pronoms qui se terminent par **-quiera** (expressions françaises de type « où que... », « quel que... » etc.) :

  **La encontraré dondequiera que esté.**
  *Je la retrouverai où qu'elle soit.*

➤ Notez que si le sujet des deux verbes est le même dans les phrases comportant **después (de) que**, cette construction peut être remplacée par **después de** + infinitif :

  **Después de cenar nos fuimos al cine.**
  *Après le repas, nous sommes allés au cinéma.*

## 4.18 La concordance des temps

- Si le verbe de la proposition principale est au présent, au futur ou à l'impératif, le verbe de la subordonnée sera au subjonctif présent ou passé :

  **Quiero que lo hagas. (prés. + subj. prés.)**
  *Je veux que tu le fasses.*

# 4 Le verbe et le groupe verbal

**Temo que no haya venido. (prés. + subj. passé)**
*Je crains qu'il ne soit pas venu.*
**Iremos por aquí para que no nos vean. (futur + subj. prés.)**
*Nous passerons par ici pour qu'ils ne nous voient pas.*

- Si le verbe de la proposition principale est au conditionnel ou à un temps du passé, le verbe de la subordonnée sera au subjonctif imparfait ou au plus-que-parfait du subjonctif :

    **Me gustaría que llegaras temprano. (cond. + subj. imparf.)**
    *J'aimerais que tu arrives tôt.*
    **Les pedí que me esperaran. (prétérit + subj. imparf.)**
    *Je leur ai demandé de m'attendre.*
    **Sentiría mucho que hubiese muerto. (cond. + subj. plus-que-parf.)**
    *Je serais vraiment triste s'il était mort.*

**4.19** On emploie **l'impératif** pour donner des ordres ou des instructions.

- Pour les ordres positifs :

    - les formes pour **Vd.**, **Vds.**, **nosotros/as** sont les mêmes qu'au subjonctif présent
    - la forme pour **tú** est celle de la troisième personne du singulier au présent de l'indicatif
    - pour **vosotros/as**, le **-r** final de l'infinitif se transforme en **-d** :

    **cantar** (« *chanter* ») → **cantad** (« *chantez* »)

    |  | hablar | comer | vivir |
    |---|---|---|---|
    | *(tú)* | **habla** | **come** | **vive** |
    | *(Vd.)* | **hable** | **coma** | **viva** |
    | *(nosotros/as)* | **hablemos** | **comamos** | **vivamos** |
    | *(vosotros/as)* | **hablad** | **comed** | **vivid** |
    | *(Vds.)* | **hablen** | **coman** | **vivan** |

- Dans les ordres négatifs, toutes les formes sont strictement identiques à celles du subjonctif présent.

# 4 Le verbe et le groupe verbal

- Attention aux formes de verbes irréguliers comme **poner** et **hacer** :

|  | poner | hacer |
|---|---|---|
| (tú) | **pon** | **haz** |
| (Vd.) | **ponga** | **haga** |
| (nosotros/as) | **pongamos** | **hagamos** |
| (vosotros/as) | **poned** | **haced** |
| (Vds.) | **pongan** | **hagan** |

Avec l'impératif, le pronom complément se place :

- accolé à la fin du verbe dans les impératifs affirmatifs. Un accent écrit est ajouté pour indiquer la place de l'accent tonique.

    **Perdóneme.**     **Explíquemelo.**
    *Pardonnez-moi.*     *Expliquez-le-moi.*
    **Esperémosla.**     **Devuélvaselo.**
    *Attendons-la.*     *Rendez-le-lui.*

- avant le verbe dans les impératifs négatifs.

    **No me molestes.**     **No se la devolvamos.**
    *Ne me dérange pas.*     *Ne la lui rendons pas.*
    **No les castiguemos.**     **No las contestéis.**
    *Ne les punissons pas.*     *Ne leur répondez pas.*

**4.20** Pour les **verbes réfléchis**, les formes pour **nosotros** et **vosotros** perdent respectivement le **-s** et le **-d** final avant le pronom.

**Levantémonos.**     **Sentaos por favor.**
*Levons-nous.*     *Asseyez-vous s'il vous plaît.*

**4.21** Les **temps composés** espagnols se forment à partir du verbe auxiliaire **haber** et du participe passé du verbe :

# 4 Le verbe et le groupe verbal

- le passé composé = **haber** au présent + participe passé

  **(yo) he hablado**
  *j'ai parlé*

- le plus-que-parfait = **haber** à l'imparfait + participe passé

  **(yo) había hablado**
  *j'avais parlé*

- le futur antérieur = **haber** au futur + participe passé

  **(yo) habré hablado**
  *j'aurai parlé*

- le conditionnel passé = **haber** au conditionnel + participe passé

  **(yo) habría hablado**
  *j'aurais parlé*

- le passé antérieur = **haber** au prétérit + participe passé

  **(yo) hube hablado**
  *j'eus parlé*

- le subjonctif passé = **haber** au subjonctif présent + participe passé

  **(que) (yo) haya hablado**
  *que j'aie parlé*

- le plus-que-parfait du subjonctif = **haber** au subjonctif imparfait + participe passé

  **(que) (yo) hubiera/hubiese hablado**
  *que j'eusse parlé*

## 4  Le verbe et le groupe verbal

**4.22** Savoir construire le participe passé est indispensable pour pouvoir former les temps composés. Pour les verbes réguliers :

- pour les verbes du premier groupe (**cantar**), on remplace **-ar** par **-ado** :

  > **cantar** (« *chanter* »)   →   **cantado**

- pour les verbes du deuxième groupe (**comer**), on remplace **-er** par **-ido** :

  > **comer** (« *manger* »)   →   **comido**

- pour les verbes du troisième groupe (**vivir**), on remplace **-ir** par **-ido** :

  > **vivir** (« *vivre* »)   →   **vivido**

**4.23** À l'infinitif, les **verbes réfléchis** se terminent par le pronom réfléchi **se** qui s'ajoute à la forme du verbe, comme par exemple dans **levantarse** « se lever » ou **lavarse** « se laver ». Les pronoms réfléchis sont :

> singulier : **me ▲ te ▲ se**
> pluriel : **nos ▲ os ▲ se**

**Nos queremos.**
*Nous nous aimons.*
**Se parecen.**
*Ils se ressemblent.*

L'idée de réciprocité peut être renforcée par les expressions **el uno al otro/la una a la otra** (**los unos a los otros/las unas a las otras**) :

**Se miraban el uno al otro.**
*Ils se regardaient (l'un l'autre).*

- Les temps simples et composés des verbes réfléchis se conjuguent comme les autres verbes. La seule irrégularité apparaît aux deux premières personnes du pluriel de l'impératif affirmatif.

- Sauf pour l'infinitif, le gérondif et les impératifs affirmatifs, le pronom se place avant le verbe :

# 4 Le verbe et le groupe verbal

**Me acuesto temprano.**
*Je me couche tôt.*
**¿Cómo se llama Vd.?**
*Comment vous appelez-vous ?*
**No se ha despertado.**
*Il ne s'est pas réveillé.*
**No te levantes.**
*Ne te lève pas.*

- À l'infinitif, au gérondif et dans les phrases impératives affirmatives, le pronom suit le verbe et s'y accole :

**Quiero irme.**
*Je veux m'en aller.*
**Estoy levantándome.**
*Je suis en train de me lever.*
**Siéntense.**
*Asseyez-vous.*
**Vámonos.**
*Allons-y.*

Les verbes réfléchis peuvent également avoir un sens passif ou impersonnel :

**Se perdió la batalla.**
*La bataille fut perdue.*
**No se veían las casas.**
*On ne voyait pas les maisons.*
**Se dice que...**
*On dit que...*
**No se permite...**
*Il n'est pas permis de ...*

**4.24** Le **passif** s'utilise quand on veut attirer l'attention sur ce qui (objet ou personne) subit une action plutôt que sur l'origine de celle-ci :

**Juan cierra la tienda cada tarde a las siete.**
*Juan ferme la boutique à sept heures tous les soirs.*
**La tienda es cerrada por Juan cada tarde.**
*La boutique est fermée tous les soirs par Juan.*

## 4 Le verbe et le groupe verbal

**4.25** En espagnol, le passif se construit avec le verbe **ser** suivi du participe passé. Ce dernier s'accorde en genre et en nombre avec le sujet :

**Pablo ha sido despedido.**
*Paul a été licencié.*
**Su madre era muy admirada.**
*Sa mère était très admirée.*
**El palacio será vendido.**
*Le palais sera vendu.*
**Las puertas habían sido cerradas.**
*Les portes avaient été fermées.*

**4.26** Lorsqu'on utilise la voix passive, il est fréquent de ne pas préciser l'agent de l'action, soit parce qu'on ne le connaît pas, soit parce qu'on ne veut pas le faire, soit parce que cette information n'a pas d'importance :

**La ciudad fue conquistada tras un largo asedio.**
*La ville fut conquise au terme d'un long siège.*
**Ha sido declarado el estado de excepción.**
*L'état d'urgence a été déclaré.*

Si toutefois on souhaite préciser l'agent, on le place après le verbe, précédé de la préposition **por** :

**Las puertas habían sido cerradas por la Guardia Civil.**
*Les portes avaient été fermées par la Guardia Civil.*
**Su madre era muy admirada por sus alumnos.**
*Sa mère était très admirée par ses élèves.*

**4.27** Les **verbes impersonnels** s'emploient seulement à l'infinitif, au gérondif et à la troisième personne. Souvenez-vous qu'en espagnol, on n'utilise pas de pronom sujet avec ces tournures :

**Llueve.**
*Il pleut.*
**Es fácil decir que...**
*Il est facile de dire que...*

# 4 Le verbe et le groupe verbal

- Les verbes impersonnels les plus courants sont les suivants :

> amanecer ▲ anochecer ▲ granizar
> llover ▲ nevar ▲ tronar

**Amanece/Está amaneciendo.**
*Le jour se lève/est en train de se lever.*
**Anochece/Está anocheciendo.**
*La nuit tombe/est en train de tomber.*
**Graniza/Está granizando.**
*Il grêle.*
**Llueve/Está lloviendo.**
*Il pleut.*
**Nieva/Está nevando.**
*Il neige.*
**Truena/Está tronando.**
*On entend le tonnerre.*

## 4.28 L'infinitif peut s'employer :

- après une préposition :

   **Después de desayunar, salió de casa.**
   *Après avoir pris son petit déjeuner, elle est sortie.*
   **Me hizo daño sin saberlo.**
   *Elle m'a fait mal sans s'en rendre compte.*

- lorsqu'on veut former un nom verbal à partir d'un verbe. Ce dernier peut alors être précédé d'un article :

   **Su deporte preferido es montar a caballo.**
   *Son sport préféré est l'équitation.*
   **El viajar tanto me resulta cansado.**
   *Voyager autant me fatigue.*

## 4.29 L'usage impératif de l'infinitif

Dans un registre familier, l'infinitif est parfois employé à la place de l'impératif :

> **Niños, ¡a callar!**
> *Taisez-vous les enfants !*
> **Devolvérselo.**
> *Rendez-le-lui.*

## 4.30 Infinitif et expression de la **simultanéité** : al + infinitif

Pour évoquer deux actions simultanées, on peut employer la forme **al** suivie de l'infinitif :

> **Toma la izquierda al llegar.**
> *Prends la gauche en arrivant.*

Attention à ne pas confondre cette tournure avec l'expression de la manière, pour laquelle on a recours au gérondif :

> **Rompí mi reloj arreglando el coche.**
> *J'ai cassé ma montre en réparant la voiture.*

## 4.31 mandar + infinitif

Pour exprimer l'idée de faire faire quelque chose à quelqu'un, on emploie le verbe **mandar** suivi de l'infinitif :

> **Mandé arreglar mi coche.**
> *J'ai fait réparer ma voiture.*
> **Les mandó recoger los desperdicios que habían dejado.**
> *Il leur a fait ramasser les déchets qu'ils avaient laissés.*

# 4 Le verbe et le groupe verbal

## 4.32 basta con + infinitif

**Basta con** suivi de l'infinitif traduit la tournure « il suffit de » :

> **Basta con leerlo una vez.**
> *Il suffit de le lire une fois.*

Comme son équivalent en français, **bastar** est une structure impersonnelle qui varie en temps mais reste à la troisième personne du singulier :

> **Bastaba con enviar un mensaje.**
> *Il suffisait d'envoyer un message.*

## 4.33 Expression de l'habitude : soler + infinitif

Pour évoquer quelque chose qui est habituel, on emploie le verbe **soler** conjugué, suivi d'un verbe à l'infinitif :

> **Suelo ir al cine los miércoles.**
> *Je vais au cinéma le mercredi.*
> **Mi abuelo solía emplear esta fórmula.**
> *Mon grand-père employait souvent cette formule.*

## 4.34 Expression de la réitération : volver a + infinitif

Pour exprimer la réitération, là où en français on utilise souvent le préfixe « re- » avec le verbe (« revoir, refaire… »), l'espagnol a recours au verbe **volver** suivi de la préposition **a** et de l'infinitif du verbe correspondant à l'action ou à l'événement qui se répète :

> **Vuelve a hacer las mismas tonterías.**
> *Il refait les mêmes bêtises.*
> **Voy a volver a ver esta película.**
> *Je vais revoir ce film.*

Il est également possible d'exprimer l'idée de répétition en ajoutant simplement la tournure **otra vez** au début ou à la fin de la phrase :

> **Otra vez hace las mismas tonterías.**
> **Voy a ver esta película otra vez.**

# 4 Le verbe et le groupe verbal

**4.35** Le **gérondif** se forme en remplaçant la terminaison de l'infinitif par **-ando** pour les verbes réguliers du premier groupe (verbes en **-ar**) et par **-iendo** pour les verbes réguliers du deuxième groupe (verbes en **-er**) et du troisième groupe (verbes en **-ir**).

Le gérondif s'emploie :

- après le verbe **estar** pour former les temps progressifs.

  **Estoy escribiendo una carta.**
  *Je suis en train d'écrire une lettre.*
  **Estaban esperándonos.**
  *Ils nous attendaient.*

- après les verbes **seguir**, **continuar** (« continuer ») et **ir** quand celui-ci exprime l'idée d'une progression.

  **Sigue viniendo todos los días.**
  *Il continue à venir tous les jours.*
  **Los precios continuarán subiendo.**
  *Les prix continueront à augmenter.*
  **El ejército iba avanzando poco a poco.**
  *L'armée avançait peu à peu.*

- dans les constructions de temps comme **llevar** (« il y a... que..., cela fait... que... »).

  **Lleva dos años estudiando inglés.**
  *Cela fait deux ans qu'elle étudie l'anglais.*

- souvent pour préciser la manière de faire quelque chose.

  **Llegó corriendo.**
  *Il est arrivé en courant.*

## 4.36 Expression de la durée : « cela fait... heures/jours/années... »

Pour exprimer la durée, par exemple lorsqu'on veut préciser le temps passé à faire quelque chose, on emploie les verbes **llevar** et **hacer** suivis d'un

# 4 Le verbe et le groupe verbal

complément de temps dans les tournures suivantes :

> **llevar** + complément de temps + gérondif
> **hace** + complément de temps + **que** + indicatif

**Lleva dos días estudiando este tema.** ou **Hace dos días que estudia este tema.**
*Cela fait deux jours qu'il révise cette matière.*

On peut également employer l'expression **desde hace** pour introduire le complément de temps :

**Estudia este tema desde hace dos días.**

## 4.37 Expression de l'obligation

Pour dire que quelque chose doit être fait, doit arriver, doit être d'une certaine façon, on emploie les tournures **tener que**, **deber** ou **hay que** (qui est une forme impersonnelle) suivis de l'infinitif :

**Tenemos que salir temprano mañana.**
*Nous devons sortir tôt demain.*
**Debo visitarles.**
*Je dois leur rendre visite.*
**Hay que entrar por ese lado.**
*Il faut entrer par ce côté.*

L'obligation peut également s'exprimer à l'aide des tournures suivantes :

> **hace falta que ▲ es menester que ▲ es preciso que**

Celles-ci ont deux formes :

- l'une, personnelle, suivie du verbe au subjonctif.

**Hace falta que les vaya a visitar.**
*Je dois leur rendre visite.*
**Es menester que los alumnos lleven uniforme.**
*Les élèves doivent porter un uniforme.*
**Es preciso que entreguemos el ejercicio el jueves por la mañana.**
*Nous devons rendre le devoir jeudi matin.*

# 4 Le verbe et le groupe verbal

- l'autre, impersonnelle, suivie du verbe à l'infinitif.

    **Es preciso entrar por la puerta de atrás.**
    *Il faut entrer par la porte de derrière.*
    **Era menester llevar uniforme.**
    *Il fallait porter un uniforme.*
    **Hace falta levantarse a las cinco cada mañana.**
    *Il faut se lever à cinq heures tous les matins.*

## 4.38 Expression de la probabilité

Pour parler de ce qui est possible, probable, on emploie le verbe **poder** :

**Todavía puede cambiar de opinión.**
*Il peut encore changer d'avis.*
**Creo que puede llover esta tarde.**
*Je pense qu'il peut pleuvoir cet après-midi.*

- On emploie souvent **deber de** :

    **Ha debido de mentir.**
    *Elle a dû mentir.*
    **Debe de estar por aquí cerca.**
    *Ça doit être par ici.*

- On peut aussi avoir recours au futur ou à un certain nombre de tournures comme celles qui suivent :

> quizás ▲ quizá ▲ tal vez ▲ acaso

**Quizás se haya perdido.**
*Elle s'est peut-être perdue.*
**Acaso no llueva.**
*Il ne pleuvra peut-être pas.*
**Tal vez te equivoques.**
*Peut-être que tu te trompes.*

➢ Notez que ces tournures sont suivies du subjonctif lorsqu'elles précèdent le verbe ; si elles viennent après, celui-ci est à l'indicatif :

# 4 Le verbe et le groupe verbal

**Va a venir, quizás, mañana.**
*Il va peut-être venir demain.*

- L'expression de l'hypothèse peut aussi se faire au moyen de structures impersonnelles :

> **es posible que ▲ puede (ser) que**

**Es posible que esté enfermo.**
*Il est possible qu'il soit malade.*
**Puede que hayan girado a la izquierda.**
*Il se peut qu'ils aient tourné à gauche.*
**Puede (ser) que no lo sepa.**
*Il se peut qu'elle ne le sache pas.*


**4.39** Les **questions** peuvent prendre plusieurs formes :

On pose les questions **directes** :

- en inversant l'ordre des mots.

sujet + verbe ➞ verbe + sujet

**¿Vendrá tu madre?**
*Est-ce que ta mère viendra ?*
**¿Lo trajo Vd.?**
*Est-ce que vous l'avez amené ?*
**¿Es posible eso?**
*Est-ce que c'est possible ?*

- en gardant l'ordre normal des mots mais avec une intonation montante.

**El gato, ¿se bebió toda la leche?**
*Le chat a bu tout son lait ?*
**Andrés, ¿va a venir?**
*Andrés va venir ?*

➤ Notez qu'aux temps composés le participe passé n'est jamais séparé de l'auxiliaire :

# 4 Le verbe et le groupe verbal

**¿Lo ha terminado Vd.?**
*Vous l'avez terminé ?*

Pour poser des questions **indirectes**, on emploie l'un des deux modèles suivants :

- mot interrogatif + sujet + verbe

    **Dime qué autobuses pasan por aquí.**
    *Dis-moi quels autobus passent par ici.*
    **No sé cuántas personas vendrán.**
    *Je ne sais pas combien de personnes viendront.*

- mot interrogatif + verbe + sujet

    **Me preguntó dónde trabajaba mi hermano.**
    *Il m'a demandé où travaillait mon frère.*

**4.40** **¿verdad?, ¿no?** s'emploient pour demander confirmation, dans le sens de « non ? », « n'est-ce pas ? », « pas vrai ? » :

**Hace calor, ¿verdad?**
*Il fait chaud, non ?*

**4.41** **sí** s'emploie pour dire « oui » ou « si » en réponse à une question négative ou positive :

**¿Lo has hecho? — Sí.**
*Est-ce que tu l'as fait ? — Oui.*
**¿No lo has hecho? — Sí.**
*Tu ne l'as pas fait ? — Si.*

**4.42** On forme les **phrases négatives** en insérant **no** entre le sujet et le verbe (et tout pronom complément d'objet le précédant) :

| | | |
|---|---|---|
| **El coche es suyo.** | → | **El coche no es suyo.** |
| *La voiture est à lui.* | | *La voiture n'est pas à lui.* |
| **Yo me lo pondré.** | → | **Yo no me lo pondré.** |
| *Je le mettrai.* | | *Je ne le mettrai pas.* |

# 4 Le verbe et le groupe verbal

➤ On notera que dans les expressions du type « pas elle », « pas maintenant » etc., **no** vient en général après le nom auquel il se rapporte :

**¿Quién lo ha hecho? — Ella no.**
*Qui a fait ça ? — Pas elle.*
**Dame ese libro, el que está a tu lado no, el otro.**
*Donne-moi le livre là, pas celui qui est à côté de toi, l'autre.*

**4.43** Les formes de **doubles négations** les plus courantes sont les suivantes :

> no... nada ▲ no... nadie ▲ no... más ▲ no... nunca
> no... jamás ▲ no... más que ▲ no... ningún/ninguno(a)
> no... tampoco ▲ no... ni... ni ▲ no... ni siquiera

**No dicen nada.**
*Ils ne disent rien.*
**No te olvidaré nunca/jamás.**
*Je ne t'oublierai jamais.*
**No se me ha ocurrido ninguna idea.**
*Je n'ai eu aucune idée.*
**No les estaban esperando ni mi hijo ni mi hija.**
*Ni mon fils ni ma fille ne les attendaient.*
**No ha venido ni siquiera Juan.**
*Même Juan n'est pas venu.*

**4.44** **No** précède le verbe (et tout pronom complément) à tous les temps, et le deuxième élément suit le verbe. Ces négations sont parfois placées avant le verbe (à l'exception de **más** et **más que**) et **no** est supprimé :

**Nadie ha venido hoy.**
*Personne n'est venu aujourd'hui.*
**Nunca me han gustado.**
*Je ne les ai jamais aimés.*

# 5 Les constructions verbales idiomatiques

**5.1** Dans de nombreuses constructions verbales, l'élément qui est sujet en français devient complément d'objet indirect en espagnol et le complément d'objet direct du verbe français devient sujet en espagnol :

*J'aime cette maison.* (sujet : « je » ; complément d'objet direct : « cette maison »)
**Esa casa me gusta.** (sujet : **esa casa** ; complément d'objet indirect : **me**)

**5.2** Les verbes suivants adoptent la même construction :

> **gustar ▲ encantar ▲ faltar ▲ quedar ▲ doler**

**Me gustan más estas.**
*Je préfère celles-ci.*
**Nos encanta hacer deporte.**
*Nous adorons faire du sport.*
**Me duele la cabeza.**
*J'ai mal à la tête.*

## 5.3 Acabar de + infinitif

Pour dire que quelque chose vient de se faire, on utilise **acabar de** suivi de l'infinitif :

**Acaba de marcharse.**
*Il vient de partir.*

Attention au sens de cette tournure dans une phrase négative :

**No he acabado de entender su explicación.**
*Je n'ai pas tout à fait compris son explication.*

# 6 Les adverbes

**6.1** On forme généralement les adverbes en ajoutant **-mente** au féminin de l'adjectif. Les accents de l'adjectif ne sont pas affectés, l'accent tonique de **-mente** étant indépendant :

| adjectif féminin | | adverbe |
|---|---|---|
| **lenta** | → | **lentamente** |
| **franca** | → | **francamente** |
| **feliz** | → | **felizmente** |
| **fácil** | → | **fácilmente** |

➤ Notez que **-mente** est omis :

- dans les premiers adverbes quand plusieurs adverbes reliés par une conjonction se succèdent ; le premier est alors remplacé par l'adjectif féminin correspondant :

  **Lo hicieron lenta pero eficazmente.**
  *Ils l'ont fait lentement mais efficacement.*

- dans **recientemente** quand celui-ci précède immédiatement un participe passé ; la dernière syllabe porte alors un accent :

  **El pan estaba recién hecho.**
  *Le pain venait juste d'être fait.*

**6.2** Les adverbes suivants sont irréguliers :

| bueno | → | bien |
|---|---|---|
| malo | → | mal |

**6.3** Les adjectifs employés comme adverbes.

- Certains adjectifs comme ceux présentés ci-dessous sont employés comme adverbes :

  ▲ alto ▲ bajo ▲ barato ▲ caro ▲ claro ▲ derecho ▲ fuerte ▲ rápido

# 6 Les adverbes

**hablar alto/bajo**
*parler fort/bas*
**costar barato/caro**
*être bon marché/coûter cher*
**Habla muy fuerte.**
*Il parle très fort.*

- D'autres adjectifs employés comme des adverbes s'accordent avec le sujet, et peuvent être remplacés par l'adverbe se terminant par **-mente** ou une locution adverbiale :

    **Esperaban impacientes** (ou **impacientemente/con impaciencia**).
    *Ils attendaient impatiemment.*

## 6.4 La place des adverbes

Lorsqu'il accompagne un verbe, l'adverbe peut se placer immédiatement après ou avant celui-ci pour créer un effet d'emphase :

**No conocemos aún al nuevo médico.**
*Nous n'avons toujours pas rencontré le nouveau médecin.*
**Aún estoy esperando.**
*J'attends toujours.*
**Han hablado muy bien.**
*Ils ont très bien parlé.*
**Siempre le regalaban flores.**
*Ils lui offraient toujours des fleurs.*

➢ Notez que l'adverbe ne peut jamais se placer entre l'auxiliaire **haber** et le participe passé des temps composés.

**Ya lo he hecho.**
*Je l'ai déjà fait.*
**No ha estado nunca en Italia.**
*Elle n'est jamais allée en Italie.*

## 6.5 Les adverbes comparatifs et superlatifs

- Les comparatifs se forment avec les constructions suivantes :

# 6 Les adverbes

> **más… (que) ▲ menos… (que)**
> **tanto como ▲ tan… como**
> **tan… que ▲ demasiado… para**
> **(lo) bastante… para ▲ (lo) suficientemente… para**
> **cada vez más/menos**

**más deprisa**
*plus vite*
**Mi hermana canta más fuerte que yo.**
*Ma sœur chante plus fort que moi.*
**Nos vemos menos frecuentemente que antes.**
*Nous nous voyons moins fréquemment qu'avant.*
**Daniel no lee tanto como Andrés.**
*Daniel ne lit pas autant qu'Andrés.*
**Hágalo tan rápido como le sea posible.**
*Faites-le aussi vite que possible.*
**Ganan tan poco como nosotros.**
*Ils gagnent aussi peu que nous.*
**Llegaron tan pronto que tuvieron que esperarnos.**
*Ils sont arrivés si tôt qu'ils ont dû nous attendre.*
**Es demasiado tarde para ir al cine.**
*Il est trop tard pour aller au cinéma.*
**Eres (lo) bastante grande para hacerlo solo.**
*Tu es assez grand pour le faire tout seul.*
**Me gusta el campo cada vez más.**
*J'aime de plus en plus la campagne.*

- Pour les superlatifs, on place **más/menos** (« le plus/moins ») devant l'adverbe :

    **María es la que corre más rápido.**
    *María est celle qui court le plus vite.*
    **El que llegó menos tarde fue Miguel.**
    *Miguel est celui qui est arrivé le moins tard.*

- **lo** s'ajoute devant un superlatif qui est qualifié :

    **Lo hice lo más de prisa que pude.**
    *Je l'ai fait aussi vite que j'ai pu.*

# 6 Les adverbes

## 6.6
Le **superlatif absolu** (« très », « extrêmement » + adverbe) se forme en plaçant **muy** devant l'adverbe. Il existe aussi une forme qui se construit avec le suffixe **-ísimo**.

**muy lentamente**　　　　　**tempranísimo**
*très lentement*　　　　　　*extrêmement tôt*

## 6.7
On dénombre également un certain nombre d'adverbes dont les comparatifs/superlatifs sont irréguliers :

- « bien, mieux, (le) meilleur » :

bien　→　mejor　→　(lo) mejor

> Notez que **más bien** existe aussi dans le sens de « assez » :
> **Era un hombre más bien bajito.**
> *C'était un homme plutôt petit.*

- « mal, pire, (le) pire » :

mal　→　peor　→　(lo) peor

- « beaucoup, plus, (le) plus » :

mucho　→　más　→　(lo) más

- « peu, moins, (le) moins » :

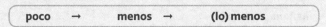

poco　→　menos　→　(lo) menos

## 6.8
Parmi les adverbes les plus courants, on compte les suivants :

- **ahora** (« maintenant »)

  **La película empieza ahora.**
  *Le film commence maintenant.*

# 6 Les adverbes

- **ayer** (« hier »)

    **Pasó ayer.**
    *Elle est passée hier.*

- **bastante** (« assez, plutôt »)

    **Es bastante tarde.**
    *Il est assez tard.*

- **bien** (« bien »)

    **¡Bien hecho!**
    *Bien joué !*

- **cómo** (« comme »)

    **¡Cómo me ha gustado!**
    *Comme j'ai aimé ça !*

- **demasiado** (« trop »)

    | | |
    |---|---|
    | **He comido demasiado.** | **Es demasiado caro.** |
    | *J'ai trop mangé.* | *C'est trop cher.* |

- **hoy** (« aujourd'hui »)

    **El curso empieza hoy.**
    *Le cours commence aujourd'hui.*

- **mañana** (« demain »)

    **Nos marchamos mañana.**
    *Nous partons demain.*

- **más** (« plus ») et **menos** (« moins »)

    | | |
    |---|---|
    | **Mi hermano trabaja más ahora.** | **Se debe beber menos.** |
    | *Mon frère travaille plus maintenant.* | *Il faut boire moins.* |

# 6   Les adverbes

- **mucho** (« beaucoup ») et **poco** (« peu »)

    **¿Lees mucho?**      **Comen poco.**
    *Est-ce que tu lis beaucoup ?*  *Ils mangent peu.*

- **siempre** (« toujours »)

    **Siempre dicen lo mismo.**
    *Ils disent toujours la même chose.*

- **también** (« aussi »)

    **A mí también me gusta.**
    *Moi aussi j'aime bien ça.*

- **tan** (« aussi »)

    **Ana es tan alta como yo.**
    *Ana est aussi grande que moi.*

- **tanto** (« autant »)

    **Nos aburrimos tanto como vosotros.**
    *Nous nous sommes autant ennuyés que vous.*

- **todavía/aún** (« encore, toujours »)

    **Todavía/Aún tengo dos bolígrafos.**
    *J'ai encore deux stylos.*
    **Todavía/Aún no han llegado.**
    *Ils ne sont pas encore arrivés.*

- **ya** (« déjà »)

    **Ya lo he hecho.**
    *Je l'ai déjà fait.*

# 7 Les prépositions

Au sujet des prépositions espagnoles, il faut retenir notamment les points suivants :

- Lorsque le complément d'objet direct d'un verbe est une personne ou un animal domestique, il doit toujours être précédé de **a** :

    **Querían mucho a sus hijos.**
    *Ils aimaient beaucoup leurs enfants.*

    ➤ Cette règle ne s'applique pas au verbe **tener** :

    **Tienen dos hijos.**
    *Ils ont deux enfants.*

- La préposition **de** peut être employée pour décrire quelqu'un ou quelque chose :

    **la mujer del sombrero verde**
    *la femme au chapeau vert*

- La préposition française « à » se traduit parfois par **en** :

    | | |
    |---|---|
    | **en el campo** | *à la campagne* |
    | **en la cama** | *au lit* |
    | **en París** | *à Paris* |
    | **en la escuela** | *à l'école* |
    | **en la planta baja** | *au rez-de-chaussée* |
    | **en este momento** | *à ce moment* |

- **en** peut également être employé là où on utilise « sur » en français :

    **un cuadro en la pared**
    *un tableau sur le mur*

- **por**, qui se traduit souvent par « par » dans les expressions de mouvement, peut aussi exprimer l'idée d'approximation dans l'espace ou dans le temps :

    **Tiene que estar por aquí.**
    *Il doit être par là.*

# 7 Les prépositions

**por la tarde**
*dans l'après-midi*

- **por** traduit également la notion de ce à quoi quelque chose est destiné :

  **libros por leer**
  *des livres à lire*
  **cuentas por pagar**
  *des factures à payer*

- **por** se combine avec un certain nombre d'autres prépositions, notamment pour indiquer où se situe une personne, une chose :

  | | |
  |---|---|
  | **por encima** | *(par-) dessus* |
  | **por debajo** | *(par-) dessous, en bas* |
  | **por detrás** | *par derrière* |

- La préposition **para** s'emploie pour exprimer l'idée de but, de finalité. Elle est souvent traduite par « pour ». Elle peut être suivie d'un verbe à l'infinitif ou de **que** + subjonctif :

  **Te he dado este vestido para que lo lleves.**
  *Je t'ai donné cette robe pour que tu la portes.*

  **Hay que practicar para progresar.**
  *Il faut s'entraîner pour progresser.*

- **para** permet de préciser l'usage d'un certain nombre d'objets :

  **un cepillo para el pelo**
  *une brosse à cheveux*

- **para** peut introduire une destination (avant un nom de lieu), ou un destinataire (personne) :

  **El tren para Burdeos sale a las tres de la tarde.**
  *Le train pour Bordeaux part à 15 heures.*

  **Hay una carta para ti.**
  *Il y a une lettre pour toi.*

# 7 Les prépositions

- **para** s'utilise pour indiquer une limite dans le temps, par exemple un délai, une échéance :

  **Necesitamos este documento para el miércoles.**
  *Il nous faut ce document pour mercredi.*

- **para** est l'équivalent de « pour » dans les expressions du type « bon/mauvais pour… » :

  **Se dice que los productos lácteos son buenos para la salud.**
  *On dit que les produits laitiers sont bons pour la santé.*

- « par » ne se traduit jamais par **para**. Son équivalent est **por** quand il s'agit d'exprimer un lien de causalité :

  **Dejó la puerta abierta por negligencia.**
  *Il a laissé la porte ouverte par négligence.*

  ou d'introduire le complément d'agent dans une tournure passive :

  **Esta película ha sido vista por millones de espectadores.**
  *Ce film a été vu par des millions de spectateurs.*

  ou encore d'exprimer l'idée de moyen :

  **por avión**
  *par avion*

- **por** et **para** s'emploient tous les deux pour donner des indications de lieu. À la différence de **por**, qui permet de situer quelque chose approximativement ou d'indiquer un lieu de passage, **para** s'emploie pour indiquer une destination :

  **Pasamos por el casco antiguo.**
  *Nous sommes passés par la vieille ville.*

  **Nos marchamos para Marruecos.**
  *Nous partons pour le Maroc.*

- Les deux prépositions servent aussi à donner des indications temporelles. **Para** exprime l'idée d'échéance, de limite, tandis que **por** exprime la durée :

# 7 Les prépositions

**Tiene que enviar su respuesta para el 15.**
*Vous devez envoyer votre réponse pour le 15.*

**Estoy de vacaciones por una semana.**
*Je suis en vacances pour une semaine.*

- « par » ne peut pas se traduire par **para**, mais « pour » peut se traduire par **para** ou **por**. Dans le premier cas, on précise le but, dans le second, la cause :

**Lo llamé para conseguir información.**
*Je l'ai appelé pour obtenir des renseignements.*

**Fue premiada por sus talentos de cantante.**
*Elle a été récompensée pour ses talents de chanteuse.*

- « pour » peut aussi se traduire par **por** quand il implique l'idée d'action, d'engagement en faveur de quelque chose ou de quelqu'un :

**Anne luchó toda su vida por los derechos de la mujer.**
*Anne s'est battue toute sa vie pour les droits des femmes.*

**No votaré por ti. ¡Ni hablar!**
*Je ne voterai sûrement pas pour toi !*

ou quand il s'agit de préciser ce qui suscite un intérêt, une préoccupation :

**el interés de los jóvenes por el arte moderno**
*l'intérêt des jeunes pour l'art moderne*

- Quand « pour » est synonyme de « en échange de, à la place de », on le traduit par **por** :

**Lo compré por dos duros.**
*Je l'ai eu pour trois fois rien.*

- Pour exprimer la fréquence, la proportion (« par semaine, par personne » etc.) ainsi que « pour cent », c'est **por** qu'on emploie en espagnol :

**diez por ciento por año**
*dix pour cent par an*

# 7 Les prépositions

- **hacia** indique la direction :

  **Van hacia ese edificio.**
  *Ils vont vers ce bâtiment.*

  et également l'approximation :

  **hacia las tres**
  *vers trois heures*

- comme **por**, il peut s'utiliser par ailleurs avec d'autres prépositions pour exprimer la notion de mouvement dans une certaine direction :

  | | |
  |---|---|
  | **hacia arriba** | *vers le haut* |
  | **hacia abajo** | *vers le bas* |
  | **hacia adelante** | *vers l'avant* |

- **hasta** signifie le plus souvent « jusqu'à » mais dans certains cas, il peut se traduire par « même » :

  **hasta la noche**
  *jusqu'à la nuit*

  **Hasta un tonto lo entendería.**
  *Même un imbécile comprendrait ça.*

- **tras** s'utilise dans les sens de « derrière » et de « après » :

  **Está tras el asiento.**
  *C'est derrière le siège.*
  **uno tras otro**
  *l'un après l'autre*

# 8 Les changements orthographiques

## 8.1
Les consonnes **c, g** et **z** changent sous l'effet de terminaisons plurielles et de certains suffixes. Les changements ci-dessous concernent les verbes. Ils permettent au radical du verbe d'être toujours prononcé comme l'infinitif :

| infinitif | changement | | temps concernés |
|---|---|---|---|
| -car | c + e | → -que | **subj. prés., prét.** |
| -cer, -cir | c + a, o | → -za, -zo | **prés., subj. prés.** |
| -gar | g + e, i | → -gue | **subj. prés., prét.** |
| -guar | gu + e | → -güe | **subj. prés., prét.** |
| -ger, -gir | g + a, o | → -ja, -jo | **prés., subj. prés.** |
| -guir | g + a, o | → -ga, -go | **prés., subj. prés.** |
| -zar | z + e | → -ce | **subj. prés., prét.** |

## 8.2 Les noms et adjectifs pluriels

| singulier | | pluriel |
|---|---|---|
| voyelle + **z** | → | **-ces** |
| voz | → | voces |
| veloz | → | veloces |
| luz | → | luces |
| capaz | → | capaces |

## 8.3 Les noms et adjectifs + suffixes

| terminaison | suffixe | nouvelle terminaison | exemple |
|---|---|---|---|
| voyelle + **z** + | **-cito/a** | **-cecito/a** | **vocecita** |
| **-go, -ga** + | **-ito/a, -illo/a** | **-guito/a, -guillo/a** | **amiguito/a** |
| **-co, -ca** + | **-ito/a, -illo/a** | **-quito/a, -quillo/a** | **foquita** |

## 8.4 Adjectifs superlatifs

| terminaison | exemple | superlatif | exemple |
|---|---|---|---|
| -co/-ca | rico/-a | -quísimo/a | riquísimo/-a |
| -go/-ga | largo/-a | -guísimo/a | larguísimo/-a |
| voyelle + **z** | feroz | -císimo/a | ferocísimo/-a |

# 8 Les changements orthographiques

## 8.5 La modification des conjonctions y et e, o et u

En espagnol, on emploie **y** pour traduire la conjonction « et » et **o** pour traduire « ou ». Cependant, ces conjonctions peuvent changer de forme selon leur environnement :

- **y** devient **e** devant tout mot commençant par « **i-** » ou « **hi-** » sauf lorsque « **hi-** » est suivi d'une voyelle :

    **padre e hijo**
    *père et fils*
    **flores y hierba**
    *des fleurs et de l'herbe*

- **y** demeure devant « **y-** » suivi d'une voyelle :

    **tú y yo**
    *toi et moi*

- De la même manière, on emploie **u** au lieu de **o** devant un mot commençant par « **o-** » ou « **ho-** » :

    **Andrés u Óscar**
    *Andrés ou Óscar*
    **mujeres u hombres famosos**
    *des femmes ou des hommes célèbres*

# 9 Les nombres

## 9.1 Les nombres cardinaux

| | | | |
|---|---|---|---|
| cero | 0 | setenta | 70 |
| **uno (un, una)** | 1 | **ochenta** | 80 |
| **dos** | 2 | **noventa** | 90 |
| **tres** | 3 | **cien (ciento)** | 100 |
| **cuatro** | 4 | **ciento uno (una)** | 101 |
| **cinco** | 5 | **ciento dos** | 102 |
| **seis** | 6 | **ciento diez** | 110 |
| **siete** | 7 | **ciento cuarenta y dos** | 142 |
| **ocho** | 8 | **doscientos(as)** | 200 |
| **nueve** | 9 | **doscientos(as) uno (una)** | 201 |
| **diez** | 10 | **doscientos(as) dos** | 202 |
| **once** | 11 | **trescientos(as)** | 300 |
| **doce** | 12 | **cuatrocientos(as)** | 400 |
| **trece** | 13 | **quinientos(as)** | 500 |
| **catorce** | 14 | **seiscientos(as)** | 600 |
| **quince** | 15 | **setecientos(as)** | 700 |
| **dieciséis** | 16 | **ochocientos(as)** | 800 |
| **diecisiete** | 17 | **novecientos(as)** | 900 |
| **dieciocho** | 18 | **mil** | 1 000 |
| **diecinueve** | 19 | **mil uno (una)** | 1 001 |
| **veinte** | 20 | **mil dos** | 1 002 |
| **veintiuno** | 21 | **mil doscientos(as) veinte** | 1 220 |
| **veintidós** | 22 | **dos mil** | 2 000 |
| **treinta** | 30 | **cien mil** | 100 000 |
| **treinta y uno** | 31 | **doscientos(as) mil** | 200 000 |
| **cuarenta** | 40 | **un millón** | 1 000 000 |
| **cincuenta** | 50 | **dos millones** | 2 000 000 |
| **sesenta** | 60 | **un billón** | 1 000 000 000 000 |

# 9 Les nombres

| Fractions | | Autres | |
|---|---|---|---|
| **un medio ; medio(a)** | ½ | **cero coma cinco** | 0,5 |
| **un tercio** | ⅓ | **uno coma tres** | 1,3 |
| **dos tercios** | ⅔ | **(el, un) diez por ciento** | 10% |
| **un cuarto** | ¼ | **dos más/y dos** | 2+2 |
| **tres cuartos** | ¾ | **dos menos dos** | 2−2 |
| **cinco y tres cuartos** | 5¾ | **dos por dos** | 2×2 |
| | | **dos dividido por dos** | 2÷2 |

## 9.2 Les points à retenir au sujet des nombres cardinaux

- **uno** perd son **o** devant les noms masculins :

  **un libro** *(un livre)*
  **treinta y un niños** *(trente et un enfants)*

- 200, 300, 400, etc. ont des formes féminines :

  **quinientas opciones** *(cinq cents options)*

- **ciento** s'emploie quand le nombre qui suit s'ajoute ; lorsqu'il est multiplié ou devant un nom, on emploie **cien** :

  **ciento cuatro** *(104)* mais **cien mil** *(100 000)*, **cien euros** *(100 euros)*

- **mil** n'est employé au pluriel que dans le sens de « des milliers de » :

  **miles de solicitantes** *(des milliers de candidats)*

## 9.3 Les nombres ordinaux

| | | | |
|---|---|---|---|
| **primer(o)(a)** | 1°,1ª | **undécimo(a)** | 11°,11ª |
| **segundo(a)** | 2°,2ª | **duodécimo(a)** | 12°,12ª |
| **tercer(o)(a)** | 3°,3ª | **decimotercer(o)(a)** | 13°,13ª |
| **cuarto(a)** | 4°,4ª | **decimocuarto(a)** | 14°,14ª |
| **quinto(a)** | 5°,5ª | **decimoquinto(a)** | 15°,15ª |
| **sexto(a)** | 6°,6ª | **decimosexto(a)** | 16°,16ª |
| **séptimo(a)** | 7°,7ª | **decimoséptimo(a)** | 17°,17ª |
| **octavo(a)** | 8°,8ª | **decimoctavo(a)** | 18°,18ª |
| **noveno(a)** | 9°,9ª | **decimonoveno(a)** | 19°,19ª |
| **décimo(a)** | 10°,10ª | **vigésimo(a)** | 20°,20ª |

# 9 Les nombres

## 9.4 Les points à retenir au sujet des nombres ordinaux

- les ordinaux s'accordent en genre et en nombre avec le nom qu'ils accompagnent :

  **la primera vez** *(la première fois)*
  **Felipe segundo** *(Philippe II)*

- **primero** et **tercero** perdent leur **o** devant un nom masculin singulier :

  **el primer premio** *(le premier prix)*
  **el tercer día** *(le troisième jour)*

- à partir de **décimo**, les ordinaux sont rarement employés et sont remplacés par le cardinal :

  **el siglo diecisiete** *(le dix-septième siècle)*
  **Alfonso doce** *(Alphonse XII)*
  **en el piso trece** *(au treizième étage)*

  mais :

  **vigésimo(a)** *(vingtième, sauf avec les titres royaux et les siècles)*
  **centésimo(a)** *(centième)*
  **milésimo(a)** *(millième)*
  **millonésimo(a)** *(millionième)*

## 9.5 Les autres usages des nombres

- Nombres collectifs :

| | |
|---|---|
| **un par** | *une paire* |
| **una decena (de personas)** | *une dizaine (de personnes)* |
| **una docena (de niños)** | *une douzaine (d'enfants)* |
| **una quincena (de hombres)** | *une quinzaine (d'hommes)* |
| **una veintena (de coches)** | *une vingtaine (de voitures)* |
| **un centenar, una centena (de casas)** | *une centaine (de maisons)* |
| **cientos/centenares de personas** | *des centaines de personnes* |
| **un millar (de soldados)** | *un millier (de soldats)* |

# 9 Les nombres

- Mesures :

    **veinte metros cuadrados**
    *vingt mètres carrés*
    **veinte metros cúbicos**
    *vingt mètres cubes*
    **un puente de cuarenta metros de largo/longitud**
    *un pont de quarante mètres de long*

- Distance :

    **De aquí a Madrid hay 400 kilómetros.**
    *D'ici à Madrid, il y a 400 kilomètres.*
    **a siete kilómetros de aquí**
    *à sept kilomètres d'ici*

## 9.6 Les heures

**¿Qué hora es?**
*Quelle heure est-il ?*
**Es...** (une heure, minuit, midi)
*Il est...*
**Son las...** (aux autres heures)
*Il est...*
**Es la una y cuarto.**
*Il est une heure et quart.*
**Son las diez menos cinco.**
*Il est dix heures moins cinq.*

# 9 Les nombres

| | |
|---|---|
| 00.00 | **medianoche ; las doce (de la noche)** *(minuit)* |
| 00.10 | **las doce y diez (de la noche)** *(minuit dix)* |
| 00.15 | **las doce y cuarto** *(minuit et quart)* |
| 00.30 | **las doce y media** |
| 00.45 | **la una menos cuarto** |
| 01.00 | **la una (de la madrugada)** *(une heure du matin)* |
| 01.10 | **la una y diez (de la madrugada)** |
| 02.45 | **las tres menos cuarto** |
| 07.00 | **las siete (de la mañana)** |
| 07.50 | **las ocho menos diez** |
| 12.00 | **mediodía ; las doce (de la mañana)** *(midi)* |
| 13.00 | **la una (de la tarde)** *(une heure de l'après-midi)* |
| 19.00 | **las siete (de la tarde)** *(sept heures du soir, dix-neuf heures)* |
| 21.00 | **las nueve (de la noche)** |

➢ Notez que lorsqu'il s'agit d'un emploi du temps ou d'horaires, c'est l'horloge de 24 heures qui est employée :

**las dieciséis cuarenta y cinco** *(16.45)*

## 9.7 Le calendrier

- Les dates :

**¿Qué día es hoy?**
**¿A qué día estamos?**
*Quel jour est-on aujourd'hui ?*
**Es (el)…**
**Estamos a…**
*On est le…*
**uno/primero de mayo**
*premier mai*
**dos de mayo**
*deux mai*
**lunes tres de octubre**
*lundi trois octobre*
**Vienen el siete de marzo.**
*Ils viennent le sept mars.*

# 9 Les nombres

- Les années :

    **Nací en 1990.**
    *Je suis né en 1990.*
    **el veinte de enero de mil novecientos setenta**
    *le vingt janvier mille neuf cent soixante-dix*

N° d'éditeur : 10209393 - Dépôt légal : Février 2015
Imprimé en Italie par L.E.G.O. S.p. A., Lavis (TN)